Binet/Simon entwickeln den ersten Intelligenztest, 1905

Freud veröffentlicht „Die Psychopathologie des Alltagslebens"

Pawlow entdeckt den konditionierten Reflex, 1901

Freuds „Traumdeutung" erscheint (Beginn der Psychoanalyse), 1900

James publiziert „The Principles of Psychology" 1890 deutsch „Psychologie" 1900

Thorndike veröffentlicht „Animal Intelligence" (Beginn des Funktionalismus) 1898

Köhler findet Einsicht auch bei Affen, 1917

Watson veröffentlicht „Psychologie, wie sie der Behaviorist sieht" (Beginn des Behaviorismus), 1913

Wertheimer entdeckt das Phi-Phänomen (Beginn der Gestaltpsychologie), 1912

1900 — **1910** — **1920**

Erste neuzeitliche Olympische Spiele in Athen 1896

Erster Motorflug der Gebrüder Wright 1903

In Deutschland tritt das BGB in Kraft 1.1. 1900

China schafft die Sklaverei ab 1910

Erstes Fließband bei Ford 1913

Beginn des 1. Weltkriegs 1914

Ende des 1. Weltkriegs 1918

Einführung in die

Psychologie

Verlag Dietmar Klotz
Eschborn bei Frankfurt am Main
1992

Erste Auflage

Lyle E. Bourne
Bruce R. Ekstrand

CIP-Titelaufnahme der Deutschen Bibliothek

Bourne, Lyle E.:
Einführung in die Psychologie / Lyle E. Bourne ; Bruce R. Ekstrand.
[Aus d. Amerikan. übers. von: Susanne Niedernhuber...]. - 1. Aufl. -
Eschborn bei Frankfurt am Main : Klotz, 1992
Einheitssacht.: Psychology <dt.>
ISBN 3-88074-501-3 brosch.
ISBN 3-88074-500-5 kart.
NE: Ekstrand, Bruce R.:

1. Auflage 1992
Titel der Originalausgabe:
Bourne, Lyle E. / Ekstrand Bruce R.
Psychology.
Its Principles and Meanings.

Aus dem Amerikanischen übersetzt von:

Dipl.-Psych. Susanne Niedernhuber
Dipl.-Psych. Gesine Santos de Oliveira
Dipl.-Psych. Christoph Trunk und
Dipl.-Psych. Gunther Damerow

Lektoren: Dipl.-Psych. Wolfgang Stifter und Dipl.-Psych. Klaus Schüller

Satz und Layout: Ilias „Omikros“ Moisidis

Der Verlag bedankt sich sehr herzlich bei den oben genannten Übersetzern sowie Herrn Stifter und Herrn Moisidis, die durch ihre entgegenkommenden Honorarforderungen es erst ermöglicht haben, ein so umfangreiches und graphisch hervorragend gestaltetes Buch zu einem derart günstigen Preis zu veröffentlichen.

Sulzbacher Str. 45
6236 Eschborn bei Frankfurt am Main

ISBN 3-88074-500-5 (kartonierte Ausgabe)
ISBN 3-88074-501-3 (Copy-Print Ausgabe)

Für Rita und Norma
für all die vielen Dinge,
die sie beigetragen haben,
und dafür, daß alles durch sie erst
seinen besonderen Wert erhält

DANK DER VERFASSER

Es ist nicht möglich, hier all die Personen einzeln aufzuführen, die uns bei der Erarbeitung dieser Neuausgabe geholfen haben. Mehrere von ihnen jedoch verdienen besondere Erwähnung, weil ihre Beiträge für uns so wichtig waren. An erster Stelle nennen wir Douglas Bernstein, University of Illinois, Carol Chrvala, University of Colorado, und William Damon, University of Illinois, die uns bei der Überarbeitung mehrerer Kapitel geholfen haben und als Experten in Spezialbereichen zur Verfügung standen. Ihnen allen schulden wir besonderen Dank für ihre großartige Arbeit.

Die Neuausgabe hat durch die Anmerkungen, Empfehlungen und Reaktionen vieler Personen, die sich die Mühe gemacht haben, die Originalausgabe kritisch durchzulesen, Wesentliches hinzugewonnen. Wir möchten unsere Anerkennung aussprechen für die gründlichen, intelligenten und scharfsinnigen Aufsätze, die wir von den folgenden Psychologen und Psychologinnen erhalten haben: Les Beach, Hope College; John Best, Eastern Illinois University; Ted Bosack, Providence College; Gary Bothe, Pensacola Junior College; Karen Christoff, University of Mississippi; Roy Connally, University of Central Florida; Donna Cruse, Oregon State University; Thomas Cunningham, Saint Lawrence University; Kay Deaux, Purdue University; Edward Donohue, Sacred Heart University; Barry Gholson, Memphis State University; Arthur Gutman, Florida Institute of Technology; Theresa Herman, Montclair State College; Thomas Hewett, Drexel University; Wayne Houchins, University of Southwestern Louisiana; Pam Ingram, Ithaca College; Kenneth Kallio, SUNY, Genesco; Thomas Lombardo, University of Mississippi; Peter Manemo, Normandale Community College; Wayne Moss, California State University, Northridge; Jack Nation, Texas A & M; Sheila Novins, Hofstra University; Bruce Overmeir, University of Minnesota; Michael Petersen, Indiana University; Mary Skowronski-Nelson, San Francisco State College; Peg Smith, University of Toledo; Bonnie Strickland, University of Massachusetts; William Wallace, University of Montevallo; and Thomas G. White, Gettysburg College.

Wir danken auch allen, die uns bei der eigentlichen Produktion dieses Buches geholfen haben. Ihre beispiellose Unterstützung und Ermutigung, ihre hervorragenden Ideen und Anregungen, ihr Fachwissen und ihre technischen Beiträge waren von unermeßlichem Wert für das Endprodukt. Wir danken besonders Nedah Abbott, Françoise Bartlett, Mary Ann Gundel, Roz Sackoff, Pat Sarcuni, Lou Scardino und Shirley Wilke.

Boulder, Colorado L.E.B., Jr
September 1984 B.R.E.

Vorwort

zur fünften amerikanischen Auflage

Auch mit dieser Auflage der "Einführung in die Psychologie" möchten wir wieder ein interessantes Lehrbuch mit vielen Informationen für angehende Psychologiestudenten und -studentinnen anbieten. Wir haben versucht, die wichtigsten Themen der Psychologie unterzubringen und sie so erschöpfend wie möglich zu behandeln, ohne aber eine Enzyklopädie daraus zu machen. Solche Bücher sind entweder zu oberflächlich oder zu umfangreich, als daß man sie in einem typischen Einführungskurs verwenden könnte. Wir haben deshalb eine Auswahl getroffen, dabei aber versucht, bei der Behandlung der Themen eine Ausgewogenheit zwischen Ausführlichkeit und Umfang herzustellen, wobei wir -wie sich das für ein Einführungsbuch gehört- im Gesamtumfang bescheiden geblieben sind.

Wir schenken auch weiterhin den Interessen von Studentinnen und Studenten besondere Aufmerksamkeit. Dabei bedienen wir uns wiederum zweier Vorgehensweisen, die bei diesem Buch einmalig sind und von den Lernenden sowie von den Lehrenden positiv aufgenommen wurden. Erstens besteht jedes Kapitel aus zwei Teilen, wobei sich der Hauptteil mit den bekannten Tatsachen und den wichtigsten Theorien auf einem bestimmten Gebiet befaßt. Der Teil "So sieht das in der Praxis aus" behandelt einige Anwendungen und Auswirkungen dieses Grundwissens auf unser Leben. Zweitens werden Artikel aus Zeitungen und Zeitschriften sowie Comics benutzt, um wichtige, interessante oder schwierige Themen der Psychologie lebendig zu veranschaulichen. Die Studenten und Studentinnen haben uns mitgeteilt, daß diese Art der Darbietung erheblich zum besseren Verständnis beigetragen und ihnen beim Arbeiten mehr Spaß bereitet hat.

NEUERUNGEN IN DIESER AUFLAGE

Wir haben uns bemüht, die fünfte Auflage noch genauer und noch aktueller zu gestalten. Es wurde viel Neues aufgenommen, was natürlich auf Kosten manches alten Materials ging. Die Streichungen fielen uns oft schwer, und wir möchten uns bei den Dozenten und Dozentinnen entschuldigen, wenn sie so manches, was ihnen in den früheren Auflagen besonders gut gefiel, nicht mehr wiederfinden. Wir hoffen aber, daß das Neue den Verlust des Alten mehr als nur ausgleicht. Auch haben wir in jedem Kapitel wichtige Teile umgeschrieben, um sie noch deutlicher und zeitgemäßer zu machen. Hier einige der wichtigsten Themen, die entweder in verbesserter oder ausführlicherer Form abgehandelt oder neu eingeführt werden:

- Historische Entwicklung der Psychologie
- Biologische Uhren
- Die unterschiedlichen Funktionen der beiden Großhirnhälften.
- Menschliche Verhaltensgenetik
- Konstruktionsprozesse in der Wahrnehmung
- Die Theorie der Signalentdeckung
- Das Konzept des kognitiven Lernens und die

Beziehungen dieser Lernart zum klassischen und zum instrumentellen Konditionieren
- Kognitionen aus der Sicht des informationstheoretischen Ansatzes
- Die Rolle von Schemata und Repräsentationsprozessen bei Kognitionen
- Die Psychologie der Sprache mit einem zusätzlichen Abschnitt über Pragmatik
- Ein systematischer Vergleich zwischen den gestalttheoretischen und den informationstheoretischen Erklärungsmodellen für die Problemlösungsprozesse
- Urteilsbildung und Entscheidungsfindung mit einer Analyse der Fehlerquellen in Denkprozessen
- Intelligenz aus informationstheoretischer Sicht
- Bedürfnis, Trieb und Anreiz
- Das Kognitionsbedürfnis
- Emotionstheorien
- Die Rolle des Vaters in der Entwicklung des Kindes
- Soziale Entwicklung
- Einstellungsbildung und -änderung
- Attributionstheorie
- Verhandeln und Konflikte mit Mitmenschen lösen
- Das DSM-III: Ein Instrument zur Diagnose psychischer Störungen
- Kognitive Fehlfunktionen bei psychischen Störungen
- Die kognitive Verhaltensmodifikation
- Die Item-Response-Theorie des Testens
- Eine kritische Diskussion erweiterter Bewußtseinszustände

Boulder, Colorado L.E.B.
September 1984 B.R.E.

Inhaltsverzeichnis

Vorwort ix
Liebe Leserin, lieber Leser xxv

1 WAS IST PSYCHOLOGIE? 1

Eine Definition der Psychologie 2

Die Ziele der Psychologie 2
Messen und Beschreiben 2
Verhaltensvoraussage 3
Verhaltenskontrolle und Verhaltensänderung 3
Verhaltenserklärung 3

Einige grundlegende Kontroversen 4

Psychologie als Wissenschaft 5
Die Einzelfallstudie 5
Beobachtung unter natürlichen Bedingungen 5
Tests, Interviews und Umfragen 5
Der korrelationsstatistische Ansatz 6
Die experimentelle Methode 6
Wie ein Experiment schiefgehen kann... 10
Das Quasi-Experiment 11

Psychologie aus historischer Sicht 16
Inhalte des Bewußtseins 16
Bewußtsein und Handeln 17
Verhalten, Handeln und Leistung 17
Die Organisationsprozesse des Geistes 18
Die Motivation und das Unbewußte 19

Gegenwärtige Trends in der Psychologie 20
Wahrnehmung und Informationsverarbeitung 21
Humanistische Psychologie 21

Zusammenfassung 22

So sieht das in der Praxis aus 23

Was tun Psychologen und Psychologinnen? 23
Verschiedene Perspektiven des gleichen Problems 24
Wie werde ich Psychologe oder Psychologin ? 25
Einige Anwendungsgebiete der Psychologie 26
Ethik in der Psychologie 30
Was Psychologie nicht ist 30
Berufsverband Deutscher Psychologen 32

Fundgrube

1-1 Korrelation bedeutet nicht Kausalität 8
1-2 Die Kontrollgruppe 9
1-3 Was stimmt nicht bei diesem Experiment? 13
1-4 Zusammenfassung ethischer Grundsätze 28

2 BIOLOGISCHE GRUNDLAGEN DES VERHALTENS 33

Das Nervensystem: Die Hardware des Verhaltens 34

Die Funktionen des Nervensystems 34
Die Programmierung des Gehirns 36

Das Neuron 37

Neurochemische Prozesse 38
Die Kodierung der Information 40
Neuronale Schaltkreise 40
Entwicklung, Schädigung und Reparaturmechanismen der Neuronen 42

Der Aufbau des Nervensystems 46

Das periphere Nervensystem 47
Das zentrale Nervensystem 47
Ein Gehirn oder zwei? 51

Geschlecht und Gehirn 53

Biologische Uhren 55

Das endokrine System 57

Die Hypophyse 57
Peptide und die Hypophyse 58
Die Schilddrüse 59
Die Nebennieren 59
Die Sexualhormone 60

Verhaltensgenetik 62

Erbanlagen 62

Genetische Funktionen *62*
Die Beziehung Genetik-Verhalten *63*
Genetische- und Umgebungseinflüsse *68*

Zusammenfassung 68

So sieht das in der Praxis aus 70
Psychochirurgie *70*
Gehirnstimulierung *71*
Das Messen der Gehirnaktivität *71*
Psychopharmakologie *74*
Verhaltensgenetik *76*
Mögliche Anwendungen biopsychologischen Wissens *77*

Fundgrube

2-1 Bestandteile des Nervensystems 46

3 EMPFINDUNG UND WAHRNEHMUNG 80

Grundlegende Konzepte bei Empfindung und Wahrnehmung 81
Die fünf Sinne *82*

Visuelle Empfindungsverarbeitung 83
Die physikalischen Eigenschaften des Lichtes *83*
Das Auge *84*
Lichtempfindlichkeit *87*
Visuelles Entdecken und Unterscheiden *89*
Visuelle Auflösung *91*
Wie nehmen wir Farbe wahr? *92*
Wie nehmen wir Helligkeit wahr? *94*

Wahrnehmung von Objekten 95
Dämonen und Detektoren *96*
Wahrnehmung: Unmittelbar oder konstruiert? *101*
Organisationsprozesse bei der Objektwahrnehmung *102*
Objekte im Raum ausfindig machen *103*
Wahrnehmungskonstanz und optische Täuschung *106*

Auditive Empfindungsverarbeitung 108
Die physikalischen Eigenschaften des auditiven Reizes *108*
Das Ohr *110*
Schallempfindlichkeit *111*
Psychologische Dimensionen des Hörerlebnisses *111*
Räumliche Lokalisierung *112*

Die Sinne für Körperposition und Bewegung 112

Der Tastsinn 113
Druck *113*

Temperatur 113
Schmerz 114

Geschmack und Geruch 114
Geschmack 114
Geruch 116

Aufmerksamkeit: Was verarbeitet wird 118

Zusammenfassung 120

So sieht das in der Praxis aus 122
Sehfehler 122
Optische Täuschungen 125
Taubheit 125
Verbesserung der Hörfertigkeiten 128
Wahrnehmungskonflikte 128

Fundgrube

3-1 "Top-down"- und "bottom-up"-Verarbeitung bei der Wahrnehmung 82
3-2 Unmögliche, aber wahrnehmbare Formen 105

4 DIE GRUNDPRINZIPIEN DES LERNENS 130

Lernen und Verhalten 131

Klassisches Konditionieren 133
Pawlows Arbeiten 133
Reize und Reaktionen 133
Kontiguität und vorbereitetes Lernen 135

Instrumentelles oder operantes Konditionieren 136
Historische Vorläufer 137
Verstärkung 138
Die verschiedenen Formen des instrumentellen Konditionierens 142
Die Zwei-Faktoren-Theorie des Lernens: Interaktion von klassischem und instrumentellem Konditionieren 144

Aspekte des Konditionierens 146
Erwerb einer konditionierten Reaktion 146
Löschung und spontane Erholung 146
Intermittierende Verstärkung 146
Gegenkonditionieren 148
Generalisierung und Diskrimination 148
Aberglaube und Autoshaping 149
Gelernte Hilflosigkeit 150
Konditionieren - der Kausalitätsdetektor 151

Kognitives Lernen 153
Was ist kognitives oder Beobachtungslernen? 153

Das Zusammenspiel von kognitivem, klassischem und instrumentellem Lernen 154

Zusammenfassung 155

So sieht das in der Praxis aus 157
Klassisches Konditionieren 157
Instrumentelles Konditionieren 162
Gelernte Hilflosigkeit und Depression 167
Intermittierende Verstärkung und Psychotherapie 169
Die Gebote und Verbote bei Bestrafung 169

Fundgrube

4-1 Alltägliche Beispiele für klassisches Konditionieren 133
4-2 Bestrafungstraining ist nicht dasselbe wie negative Verstärkung 141
4-3 Die Grundsituationen beim instrumentellen Konditionieren 142
4-4 Verstärkungspläne 147
4-5 Konditionierung als Heilung für Bettnässer 159
4-6 Klassisches und instrumentelles Konditionieren arbeiten gewöhnlich zusammen 161
4-7 Der A-B-A-Versuchsplan und die operante Kontrolle des Erbrechens 163

5 MENSCHLICHES LERNEN, GEDÄCHTNIS UND SPRACHE 172

Das Modell der Informationsverarbeitung 173
Verarbeitungsprozesse und -stufen 174
Begrenzte Kapazitäten 174
Kontrollmechanismen 174
Der zweigleisige Informationsfluß 175

Das Gedächtnissystem 175
Sensorisches Gedächtnis und Wiedererkennen von Mustern 176
Kurzzeitgedächtnis 177
Langzeitgedächtnis 178

Enkodierungsprozesse 180
Wiederholende und modifizierende Einübung 180
Verarbeitungsebenen 181
Wirkungsvolle Einübungstechniken 183

Die Repräsentation des Wissens 187
Prozedurales und deklaratives Wissen 187
Wissen in Aussageform 188
Episodisches und semantisches Wissen 188
Die Organisation des Wissens 189

Gedächtnis 191
Vergessen 191
Rekonstruieren 194

Sprache 196
Sprache verstehen 196
Diskursive Informationen verarbeiten 197

Zusammenfassung 202

So sieht das in der Praxis aus 204
Gedächtnis und Lerngewohnheiten verbessern 204
Aussagen von "Augenzeugen" 208
Verbesserung der Lesegeschwindigkeit 209

Fundgrube

5-1 Jeder Mensch hat ein fotografisches Gedächtnis (na ja, fast jeder) 178
5-2 Primär- und Rezenzeffekte im Gedächtnis 179
5-3 Verarbeitungsebenen: Tiefere Verarbeitung verbessert das Gedächtnis 182
5-4 Bildhafte Vorstellung und Lernen: Ein einfaches Experiment 184
5-5 Lerntransfer 190
5-6 Das Wesentliche erfassen 200

6 KOGNITIVE PROZESSE 212

Problemlösen 214
Die Gestalttheorie 214
Informationsverarbeitungsansatz 218
Logik und Einsicht 223

Begriffsbildung 225
Begriffe 227
Begriffe und Wissen 230

Logisches Denken und Analysieren 230
Formale Logik 231
Fehlerquellen beim Schlußfolgern 232
Denken im diskursiven Kontext 234

Bewerten und Entscheiden 234

Intelligenz 236
Die Intelligenzmessung 236
Individuelle Unterschiede im Intelligenzquotienten 239
Komponenten der Intelligenz 241
Informationsverarbeitung und Intelligenz 243
Kreativität 244

Zusammenfassung 247

So sieht das in der Praxis aus 249
Mathematikunterricht 249
Künstliche Intelligenz 251
Anwendung von Heuristiken 252
Stellung in der Geschwisterreihe 255
Intelligenz, Anlage und Umwelt 257

Fundgrube

6-1 Ein wohldefiniertes Konzept aus dem Alltagsleben 226
6-2 War es der Diener? 235
6-3 Intelligenz in Stadt und Land 237
6-4 Lösung für Dimitris' Trapezaufgabe 246
6-5 Lösungen zu den Aufgaben 246

7 MOTIVATION UND EMOTION 262

Motivation als ein Erklärungsbegriff 263
Die Variabilität des Verhaltens 263
Ein Zirkelschluß 263
Motivationale Begriffe 264
Motivation kann nicht alles erklären 264

Grundlegende Begriffe 265
Bedürfnis, Trieb und Anreiz 265
Die Bedeutung von Trieben und Anreizen im Vergleich 266
Die unterschiedlichen Quellen der Motivation 268
Drei Sichtweisen der Motivation 269

Die biologische Grundlage der Motivation 269
Homöostase 270
Essen 270
Trinken 274
Aktivierung 275
Die Instinkte 278

Motivation als Persönlichkeitsmerkmal 280
Henry Murrays Arbeiten zu den psychogenen Bedürfnissen 280
Das Leistungsbedürfnis 283
Das Geselligkeitsbedürfnis 284
Das Bedürfnis nach sozialer Billigung 285
Das Bedürfnis nach Macht 285
Das Kognitionsbedürfnis 286
Eine letzte Mahnung zur Vorsicht 286

Motivation und kognitive Prozesse 286
Schlußfolgerungsprozesse und Attribution 286
Schlußfolgerungsprozesse und Nützlichkeit 287

Sexuelle Motivation 288

Biologische Aspekte 288
Jenseits biologischer Beschränkungen 288

Emotion 292

Klassifikation der Emotionen 292
Emotionstheorien 292
Angst und Ärger 298

Zusammenfassung 300

So sieht das in der Praxis aus 302

Die Motivation erhöhen 302
Intrinsische und extrinsische Motivation 302
Persönlichkeitsaspekte der Motivation verändern 304
Kontrollieren Sie die Hand, die Sie nährt 305
Emotionen kontrollieren 306

Fundgrube

7-1 Abraham Maslows Bedürfnishierarchie 283
7-2 Streß und das allgemeine Adaptationssyndrom 310
7-3 Beeinflussung des Aktivierungsniveaus 311

8 ENTWICKLUNGSPSYCHOLOGIE 312

Theorien zur Entwicklung des Menschen 314

Die psychoanalytische Entwicklungstheorie 314
Der Standpunkt der Behavioristen und Lerntheoretiker 315
Die kognitive Entwicklungstheorie 316
Das Modell der Informationsverarbeitung 316

Forschungsmethoden in der Entwicklungspsychologie 318

Die Entwicklung des Intellekts 318

Wahrnehmung 318
Kognition 322
Sprache 330

Soziale und emotionale Entwicklung 332

Säuglingsalter 333
Kindheit 336
Adoleszenz 340
Erwachsenenalter 345

Zusammenfassung 348

So sieht das in der Praxis aus 350

Erziehung 350
Angewandte Gerontologie 351

Scheidungen, Kindertagesstätten und die Liebesbedürfnisse des Kindes 354
Kindesmißhandlung 355

Fundgrube

8-1 Das Märchen vom Altern 346

9 PERSÖNLICHKEIT 358

Was ist Persönlichkeit 359

Die Rolle von Theorien in der Persönlichkeitsforschung 360

Veranlagungstheorien 360
Persönlichkeitstypen 360
Persönlichkeitseigenschaften 362
Bedürfnistheorie 366
Kritik der Veranlagungstheorien 366

Psychodynamische Theorien 367
Freuds Theorie 367
Fortentwicklungen der Freudschen Theorie 371
Spätere Veränderungen der Psychoanalyse: Ich-Psychologie und soziale Einflüsse 373
Transaktionsanalyse 374
Psychodynamische Ansätze zur Persönlichkeitsbeurteilung 374
Kritik der psychodynamischen Theorien 375

Lerntheorien und soziale Lerntheorien 375
Die Rolle motivationaler Triebe 375
Die Rolle des operanten Konditionierens 376
Die Rolle von Kognition und Imitation 377
Interaktion von Person und Situation 381
Lerntheoretische Ansätze zur Persönlichkeitsbeurteilung 382
Kritik der Lerntheorien 383

Phänomenologische Theorien 384
Die Selbsttheorie von Rogers 384
Maslows Theorie der Selbstverwirklichung 386
Phänomenologische Ansätze zur Persönlichkeitsbeurteilung 387
Kritik der phänomenologischen Theorien 388

Zusammenfassung 388

So sieht das in der Praxis aus 389
Selbstmord und Gewalt 389
Gesundheit 391
Berufserfolg 393
Vor Gericht 394
Partnerwahl 394
Psychische Gesundheit von Kindern 395

Kindesfreundschaften 395
Soziale Fertigkeiten 395
Elterntraining 397
Verbesserung der Leistung in Konkurrenzsituationen 398

Fundgrube

9-1 Die Kniffe der Wahrsager 363
9-2 Eltern als Vorbilder 380

10 SOZIALPSYCHOLOGIE 399

Das Thema der Sozialpsychologie 400
Soziales Wissen 400
Soziale Motivation 401

Der Aufbau sozialen Wissens 402
Soziale Schemata 402
Stereotype 403
Soziale Schemata: Theorien 404

Einstellungen und Urteile 408
Bildung und Änderung von Einstellungen durch Mitteilen und Überreden 408
Verhalten und Einstellung 411
Attribution 413
Attraktivität 415

Die Rolle des Selbst im Sozialverhalten 419
Selbst-Schemata 419
Selbstbewußtsein 420
Motivierende Wirkungen des Selbstwertgefühls 420

Der Einfluss der Anderen 421
Die anderen als eine Ausgangsbasis für unsere Selbsteinschätzung 421
Sozial induzierte Leistungsaktivierung und -hemmung 421
Konformität 424
Gruppenentscheidungen 424
Konfliktlösung durch Verhandeln 426

Zusammenfassung 429

So sieht das in der Praxis aus 431
Forensische Sozialpsychologie 431
Beeinflussungsversuche 432
Die Sozialpsychologie der Gesundheit 433
Prosoziales Verhalten 435
Aggression und Gewalt 438
Umweltpsychologie 439

Fundgrube

10-1 Wenn Prophezeiungen nicht eintreffen 401
10-2 Aschs Befunde zur Konformität 425
10-3 Die Robbers Cave-Studie 428

11 PSYCHISCHE STÖRUNGEN 444

Eine Definition psychischer Störungen 445

Erklärungsmodelle für psychische Störungen 446
Das biologische Modell 447
Das psychodynamische Modell 448
Das verhaltenstheoretische Modell 449
Das phänomenologische Modell 449
Das kognitive Modell 450
Das ethische Modell 450

Diagnostik in der Psychopathologie 451

DSM-III: Kategorien auf Achse I 453
Organisch bedingte psychische Störungen 454
Angstsyndrome 456
Somatoforme Störungen 457
Substanzinduzierte Störungen 460
Psychosexuelle Störungen 464
Affektive Störungen 465
Schizophrene Störungen 470

DSM-III: Kategorien auf Achse II (Persönlichkeitsstörungen) 475
Streß und Persönlichkeitsstörung 476
Passiv-Aggressive Persönlichkeit 476
Paranoide Persönlichkeit 476
Antisoziale Persönlichkeit 477
Dependente Persönlichkeit 477
Zwanghafte Persönlichkeit 478

Zusammenfassung 478

So sieht das in der Praxis aus 480
Wer entscheidet, wer verrückt ist ? 480
Die Qualität der Diagnosen 481
Die Gefahren von Laiendiagnosen 482
Die Nachwirkungen psychischer Erkrankungen 484
Die Schuldunfähigkeit 484

Fundgrube

11-1 Das DSM-III: Ein multiaxiales System zur Klassifierung psychischer Störungen 452
11-2 Ein Fall von Zwangssyndrom 458
11-3 Die sozialen Kosten des Alkoholismus 461
11-4 Psychotisch werden 471
11-5 Ein Fall von paranoider Schizophrenie 472

12 PSYCHOTHERAPIE 486

Eine Definition der Psychotherapie 487
Der Klient/Die Klientin 487

Medizinisch orientierte Therapien 488
Medikamentöse Therapie 489
Hospitalisierung 491
Psychochirurgie und Krampftherapie 492

Psychodynamische Therapien 494
Psychoanalyse 494
Neue Versionen der Psychoanalyse 497

Verhaltenstherapien und kognitive Verhaltenstherapien (Verhaltensmodifikation) 498
Historischer Hintergrund 498
Verhaltenstherapeutische Techniken 500
Kognitive Verhaltenstherapien 505

Phänomenologische Therapien 507
Klientenzentrierte Gesprächspsychotherapie 508
Gestalttherapie 509
Encounter-Gruppen 510

Eine alternative Behandlungsform: Gemeindepsychologie 512
Primäre Dienste 513
Sekundäre Dienste 514
Tertiäre Dienstleistungen 516

Ein abschließender Kommentar 516

Zusammenfassung 517

So sieht das in der Praxis aus 519
Wie effektiv ist Psychotherapie? 519
Welcher Therapeut oder welche Therapeutin ist am geeignetsten? 520
Wie fühlt man sich als Klient/Klientin? 521
Schweigepflicht und therapeutische Beziehung 523
Die wachsende Zahl an Helfern/Helferinnen 524

Fundgrube

12-1 Desensibilisierung einer Akrophobie (Höhenangst) 501
12-2 Vom Umgang mit chronischem Schmerz: Ein neuer verhaltenstherapeutischer Ansatz für ein altes Problem 502
12-3 Gängige irrationale Überzeugungen 506
12-4 Auszug aus einer Gestalt-Gruppentherapiesitzung 510
12-5 Vergleichende Ansätze zur Psychotherapie 513
12-6 Krisenintervention: Ansatz zur Behandlung und Prävention 515

Anhang A ELEMENTARE STATISTIK 526

Deskriptive Statistik 527
Maße der zentralen Tendenz 527
Streuungsmaße 529
Die Normalverteilung 531
Korrelation 533
Regression 535

Inferenzstatistik 537
Schätzung 537
Das Testen von statistischen Hypothesen 538

Fortgeschrittene statistische Methoden 540
Varianzanalyse 540
Faktorenanalyse 541

Fundgrube

A-1 Fehler, die der Forscher begeht 539

Anhang B NEUROPHYSIOLOGIE 542

Der Aufbau der Neuronen 543
Die Nervenzelle 543
Die Synapse 544

Funktionale Eigenschaften der Neuronen 544
Das Ruhepotential der Membran 544
Das Aktionspotential 546
Synaptische Übertragung 547
Neurotransmittersubstanzen 549

Anhang C PSYCHOLOGISCHE TESTS UND BEURTEILUNGSVERFAHREN 554

Testkonstruktion 555
Die Auswahl der Testitems 555
Die Evaluation von Tests und Testitems 557
Reliabilität 558
Validität 558
Ein neuer Ansatz zur Testkonstruktion 559

Was testen Tests? 560
Wozu braucht man Persönlichkeitstests? 560
Welche Arten von Persönlichkeitstests gibt es? 561

Kritik 566
Eigenschaft oder Verhaltensausschnitt? 566
Der Wert von projektiven und subjektiven Testergebnissen 566

Anhang D VERÄNDERTE BEWUSSTSEINSZUSTÄNDE 568

Schlaf und Träume 569
Die Funktionen des Schlafes 570
Hypnagogische und hypnopompische Zustände 571
Normales Träumen 572
Schlaf ohne REM (Traumloser Schlaf?)

Hypnose 578
Psychologische Effekte 578
Zur Frage der Validität 580
Nutzen und Gefahren 581

Drogen 582
Alkoholkonsum 582
Marihuana 583
Drogenkonsum und Drogenmißbrauch 587

Meditation und Biofeedback 588
Meditation 588
Biofeedback: Elektronisches Zen? 593

Fundgrube

D-1 Schlaflosigkeit. Was tun, wenn Sie nicht schlafen können? 575

Glossar 594
Literaturverzeichnis 606
Literaturnachweis 619
Sachverzeichnis 624
Autorenverzeichnis 643

Liebe Leserin, lieber Leser ....

Wir haben ein paar Schlagzeilen und Meldungen ausgesucht, die in den letzten Ausgaben unserer Lokalzeitungen der *Denver Post*, der *Rocky Mountains News* und der *Boulder Daily Camera* erschienen sind, und im folgenden zusammengestellt:

> SARAJEWO, JUGOSLAWIEN: Der junge amerikanische Skifahrer Bill Johnson, der gerne große Worte riskiert, hat die olympische Goldmedaille im Abfahrtslauf gewonnen. Noch niemals hat bisher ein Amerikaner in diesem Rennen eine Medaille errungen. Anfang dieser Woche soll er gesagt haben: "Wenn ich überhaupt besser fahre, dann werde ich sie geradezu aus dem Weg pusten."
>
> NORTHGLENN, COLORADO: Der Leiter einer örtlichen Schule der Baptistengemeinde muß eventuell mit zwei Jahren Gefängnis rechnen, weil er der schweren Körperverletzung angeklagt ist. Er soll ein Kindergartenkind verprügelt haben.
>
> LOS ANGELES (UPI): Immer mehr Frauen werden von harten Drogen abhängig, zum Teil weil sie wachsendem sozialen Druck und größeren beruflichen Anforderungen ausgesetzt sind, sagt der Leiter des Women's Resource Center von Los Angeles.
>
> COLORADO SPRINGS: Acht weiblichen Soldaten in Fort Carson steht wahrscheinlich die Entlassung bevor, wenn sich beweisen läßt, daß sie sich homosexuell betätigt haben, teilte ein Armeesprecher am Freitag mit.
>
> NIZZA, FRANKREICH: Der englische Popstar Boy George wurde nach seiner Ankunft auf dem Flughafen von Nizza mehrere Stunden festgehalten. Boy George, der sich ganz wie eine Frau kleidet, kam eben dadurch mit den Behörden in Konflikt, weil nach französischem Gesetz Personen, die in das Land einreisen, in ihrem Aussehen der Beschreibung in ihrem Reisepaß entsprechen müssen. "Wenn also jemand, der aussieht wie eine Frau, den Reisepaß eines Mannes vorlegt, so müssen wir eine Untersuchung einleiten", sagte ein Polizeisprecher.
>
> KALAMAZOO, MICHIGAN: Am Montag wurde ein Erbe des Upjohn-Pharma-Vermögens zu einem Jahr Gefängnis verurteilt, weil er seine 14 Jahre alte Stieftochter sexuell mißbraucht hatte. Außerdem wurde angeordnet, daß er ein Medikament einzunehmen habe, das den Sexualtrieb reduziert und das von der Firma seiner Familie produziert wird.

> BOULDER, COLORADO: Karen Arp (22) ist eine von vier Frauen unter den 300 Schachspielern, die dieses Wochenende an der siebten der jährlichen offenen Schachmeisterschaften von Boulder teilnehmen. Arp, die bisher noch keine Gelegenheit hatte, als Frau an einer Schachmeisterschaft teilzunehmen, wünscht sich, daß es mehr Frauen gäbe, die dies tun. Was sie daran hindert? "Es muß etwas in der weiblichen Persönlichkeitsbildung sein - eine Art kulturbedingte Voreingenommenheit, etwas, das so früh im Leben einsetzt, daß man es nicht mehr los wird."

Auf die eine oder andere Weise geht es in allen diesen Geschichten um die menschliche Psyche. Psychologie macht Schlagzeile. Man stelle sich einmal vor, wie eine Zeitung aussehen würde, wenn sie nicht über menschliches Verhalten berichten könnte. Wir alle sind davon fasziniert, und zumindest was unser eigenes Verhalten angeht, sind wir alle Amateurpsychologen.

Psychologie ist die Wissenschaft vom Verhalten. Ziel dieser Wissenschaft ist es, Verhalten zu messen und zu beschreiben, es vorauszusagen und zu steuern, zu verstehen und zu erklären. Obwohl Sie alle schon nach Erklärungen für Verhaltensweisen gesucht haben, will dieses Buch Sie in das Studium des Verhaltens als wissenschaftliches Unterfangen und als formale akademische Disziplin einführen. Unser Ziel ist es, Ihnen einen Überblick über das Gebiet der Psychologie heute zu bieten.

Wer die Psychologie kennt, weiß, daß sie sich zu einem sehr großen Teil mit den Unterschieden im menschlichen Verhalten befaßt. Es gibt zwei Arten von Verhaltensunterschieden, die wir uns immer vor Augen halten müssen:

1. Verhaltensunterschiede bei einem einzigen Menschen zwischen einem Zeitpunkt und einem anderen, wie sie z.B. in der Frage angesprochen werden: "Warum habe ich gestern Abend mehr gegessen als sonst?" und 2. Verhaltensunterschiede zwischen Menschen, wie z.B.: "Warum trinkt Ralph immer so viel - Harry aber nie?"

Wenn man Verhaltensunterschiede erklären will, kann man auf vier Verhaltensaspekte zurückgreifen: 1. *Die biologische Anlage:* Das Verhalten ändert sich, weil Menschen von ihrer Biologie her unterschiedlich ausgestattet sind oder weil sich der biologische Zustand ihres Körpers von Zeit zu Zeit ändert. 2. *Das Wissen*: Das Verhalten der Menschen unterscheidet sich, wenn sich ihr Wissen voneinander unterscheidet. Wenn manche Leute z.B. unwissentlich Nahrungsmittel mit hohem Cholesteringehalt zu sich nehmen, andere aber wissentlich nicht. 3. *Die Fähigkeiten* oder *Fertigkeiten*: Viele Leute können radfahren, andere dagegen nicht. 4. *Die Absicht* oder *Motivation*: Manche Leute möchten abnehmen, andere aber nicht. Die Unterschiede im Verhalten, die wir beobachten, sind Unterschiede in der Leistung von Menschen und genau diese Leistung - das nach außen hin sichtbare Verhalten - muß die Wissenschaft der Psychologie erklären. Die Erklärungen werden auf Unterschiede in der *biologischen Anlage*, im *Wissen*, in der *Fertigkeit* und in der *Motivation* hinauslaufen. Diese Begriffe sind für das Verständnis von Verhalten von entscheidender Bedeutung und wir werden in dem ganzen Buch immer wieder auf sie zurückkommen.

In diesem Buch legen wir den Schwerpunkt auf zwei Grundaspekte der Psychologie. Erstens haben wir versucht, die Grunderkenntnisse über das Verhalten darzustellen: Tatsachen, Prinzipien und “Gesetze”. Wir haben versucht, Antworten auf die Frage zu geben: “Was wissen wir über Verhalten?” Zweitens haben wir uns bemüht, die Bedeutung dieses Wissens hervorzuheben: wie man es anwenden kann, und welche Auswirkungen es auf unsere Zukunft haben wird. Wir haben versucht, Antworten auf die Frage zu bieten: “Wie sieht das in der Praxis aus?”

Überall in dem Buch werden Sie Beispiele dafür finden, worum es in der Psychologie geht. Viele davon haben wir Zeitungen und Zeitschriften entnommen. Wir haben diese Ausschnitte für Sie zusammengestellt, nicht weil wir alles glauben, was in jeder dieser Zeitungsnotizen steht, sondern weil sie zum Nachdenken anregen, interessant, faszinierend und manchmal deprimierend sind. Sie dürfen Sie nicht als erwiesene Tatsachen auffassen. Zeitungsausschnitte sind keine gute Quelle für wissenschaftliche Informationen oder psychologische Grundsätze. Sie spiegeln jedoch einigermaßen zutreffend wider, welchen Problemen sich die Psychologie widmen muß. Benutzen Sie Ihren Verstand und denken Sie über die Ideen nach, die in den Ausschnitten zum Ausdruck gebracht werden. Zögern Sie nicht, die “Tatsachen” anzuzweifeln, ebenso wie die Ideen. Übrigens trifft das auch auf das zu, was wir im Text sagen, genauso wie auf alles, was sonst noch in den Zeitungen und Zeitschriften steht.

Wir wünschen uns, daß Sie beim Lesen aufgeschlossen sind. Wenn Sie mit dem Buch fertig sind, hoffen wir, daß Sie neugieriger geworden sind: auf mehr Tatsachen und weniger Spekulationen, auf präziseres Wissen und weniger Vereinfachungen, auf konkretere Antworten auf Ihre Fragen über Verhalten. Wenn dem so ist, werden wir mit dem Buch zufrieden sein.

Wir wünschen uns, daß die Lektüre dieses Buches Ihnen Freude bereiten wird. Wir können Ihnen zwar nicht versprechen, daß Sie es nicht mehr aus der Hand legen wollen, aber wir werden zufrieden sein, wenn sich herausstellt, daß Sie, nachdem Sie es aus der Hand gelegt haben, zumindest gelegentlich über das nachdenken werden, was Sie darin gelesen haben. Und wenn Sie am Ende angelangt sind, hoffen wir, daß Sie zu einem besseren Verständnis und besserer Würdigung der Psychologie gelangt sind.

Mit freundlichen Grüßen

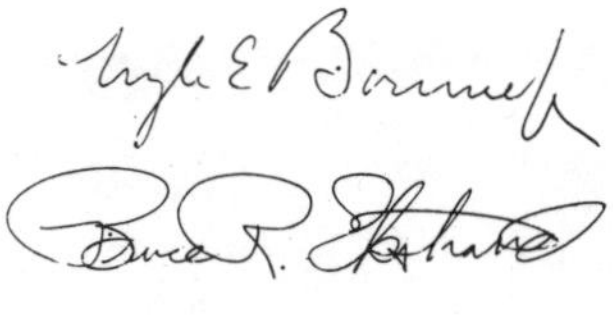

gen, die entscheidender [illegible]

[illegible]

In [illegible] Psychologie [illegible] Methoden [illegible]

[illegible]

[illegible] Zusammen [illegible] Einheit [illegible] dieser Zeit [illegible]

[illegible]

[illegible] Blick auf [illegible] fällt [illegible] Zeiten [illegible]

[illegible]

Wir wünschen uns, daß die Lektüre dieses Buches [illegible]

[illegible]

Was ist Psychologie?

1

2 **Eine Definition der Psychologie**
2 **Die Ziele der Psychologie**
Messen und Beschreiben / Verhaltensvoraussage / Verhaltenskontrolle und Verhaltensänderung / Verhaltenserklärung
4 **Einige grundlegende Kontroversen**
5 **Psychologie als Wissenschaft**
Die Einzelfallstudie / Beobachtung unter natürlichen Bedingungen / Tests, Interviews und Umfragen / Der korrelationsstatistische Ansatz / Die experimentelle Methode / Wie ein Experiment schiefgehen kann.../ Das Quasi-Experiment
15 **Psychologie aus historischer Sicht**
Inhalte des Bewußtseins / Bewußtsein und Handeln / Verhalten, Handeln und Leistung / Die Organisationsprozesse des Geistes / Die Motivation und das Unbewußte
20 **Gegenwärtige Trends in der Psychologie**
Wahrnehmung und Informationsverarbeitung / Humanistische Psychologie
22 **Zusammenfassung**
23 **So sieht das in der Praxis aus**
Was tun Psychologen und Psychologinnen? / Verschiedene Perspektiven des gleichen Problems / Wie werde ich Psychologe oder Psychologin ? / Einige Anwendungsgebiete der Psychologie / Ethik in der Psychologie / Was Psychologie nicht ist / Berufsverband Deutscher Psychologen

Welches sind die zehn Hauptprobleme, denen sich die Welt heute gegenübersieht? Sind es Armut, Krankheit, Krieg oder Verbrechen? Fertigen Sie einmal eine Liste an! Und dann stellen Sie sich die Frage: Was hat die Psychologie - als Erforschung menschlichen und tierischen Verhaltens - mit diesen Problemen zu tun? Werden Sie, indem Sie Psychologie studieren, etwas darüber lernen, wie man sie lösen kann?

Diese zehn Hauptprobleme werden natürlich nicht für jeden die gleichen sein, aber sehr wahrscheinlich werden Sie die erwähnten mit in Ihre Liste aufnehmen und Inflation, Arbeitslosigkeit, Rassendiskriminierung, geschlechtliche Diskriminierung, Energieknappheit, Überbevölkerung und ähnliche mehr hinzufügen. Dies sind wirklich ernste Probleme, und es mag wichtiger erscheinen, sie zu untersuchen als Psychologie zu studieren. Doch warten Sie einen Augenblick! Denn obschon Wissen aus solchen Gebieten wie der Biologie, der Volkswirtschaft, dem Ingenieurwesen und der Geologie unbedingt erforderlich ist, um diese Probleme einer Lösung näherzubringen, ist die Psychologie auch mitbeteiligt. Ein Krieg zwischen Nationen ist ein heftiges Aufeinanderprallen von Menschen, und es sind Menschen, die entscheiden, Kriege zu führen und Schlachten zu schlagen. Solche Entscheidungen sind Teil menschlichen Verhaltens. Die Psychologie erforscht, wie und warum Entscheidungen aller Art getroffen werden. Ist zum Beispiel das Inflationsproblem nicht in großem Maße eine Angelegenheit menschlichen Verhaltens? Wie erreichen wir, daß Menschen ihr Geld sparen anstatt es gänzlich auszugeben, daß sie produktiver arbeiten und ihren Verhältnissen entsprechend leben anstatt auf Kredit darüber hinaus? Dies alles sind Fragen menschlichen Verhaltens, die teilweise durch eine psychologische Untersuchung beantwortet werden können.

Denken Sie einmal über die Probleme der Armut und der Überbevölkerung nach und fragen Sie sich, ob nicht eine Veränderung im Verhalten der Menschen entscheidend für die Lösungen dieser Probleme sein könnte. Dasselbe ließe sich zu den Problemen Diskriminierung und Energiekrise sagen. Und wie verhält es sich schließlich mit unserer Gesundheit? Natürlich kommt es gelegentlich dazu, daß lebenswichtige Organe des Körpers aus rein biologischen Gründen nicht mehr richtig funktionieren. Aber es besteht immer auch ein bedeutender psychologischer Anteil an einer Krankheit. Menschen sind manchmal krank, weil sie einfach krank sein wollen oder weil sie von ihrer Persönlichkeit her für bestimmte Krankheiten anfällig sind. Immer wenn es sich um menschliche Motivation oder Persönlichkeit handelt, ist das Problem ein psychologisches. Darüberhinaus gibt es einen triftigen Grund, anzunehmen, daß die wichtigsten Fortschritte, die man auf dem Gebiet der Gesundheit wird machen können, mit Verhaltensänderungen einhergehen müssen - indem man z.B. Menschen dazu bringt, mit dem Rauchen aufzuhören, sich körperlich zu bewegen, sich zu entspannen und vernünftiger zu essen. Gerade in der Psychologie wird intensiv danach geforscht, wie wir menschliches Verhalten ändern können. Sie spielt also im Dienste der Erhaltung der Gesundheit eine zunehmend wichtige Rolle.

EINE DEFINITION DER PSYCHOLOGIE

Die Psychologie ist die wissenschaftliche Erforschung von Verhalten, wobei es drei Hauptgesichtspunkte gibt: (1) Unser *Wissen über das Verhalten*. Es besteht aus wissenschaftlich abgesicherten Theorien und Daten, die das Verhalten betreffen - im Gegensatz zu Halbwahrheiten, Ammenmärchen, Slogans, Intuition, wilden Vermutungen, gewagten Behauptungen oder sogar landläufigen, wenn auch unbegründeten Meinungen. Die Psychologie beschäftigt sich mit Tatsachen und den Theorien, die durch sie gestützt werden. (2) Die *Forschungsmethoden*, die verwendet werden, um zu diesem Wissen zu gelangen. Man bezeichnet sie allgemein als wissenschaftliche Methoden, die als anerkannte Verfahren gelten, um Verhalten objektiv und unbeeinflußt zu erforschen. (3) Die *Anwendung* dieses *Wissens* bei psychologischen Fragestellungen, um das Wohl aller Menschen zu fördern, wobei man wissenschaftlich abgesicherte psychologische Daten benutzt.

In diesem Kapitel werden wir uns auf grundlegende Forschungsmethoden der Psychologie konzentrieren, d.h. wie man Daten gewinnt. Jedes der verbleibenden Kapitel wird in zwei Teile geteilt sein: der erste wird unser Wissen über ein besonderes psychologisches Gebiet - die Daten oder "Gesetze" in jenem Gebiet der Psychologie - zusammenfassen, und der zweite wird praktische Anwendungen dieses Wissens in unserem alltäglichen Leben beschreiben.

DIE ZIELE DER PSYCHOLOGIE

Die Psychologie hat vier Ziele: (1) Verhalten zu beschreiben und zu messen, (2) Verhalten vorauszusagen, (3) Verhalten zu steuern und zu ändern und schließlich (4) Verhalten zu erklären.

Messen und Beschreiben

Bevor wir Verhalten erklären, ändern oder voraussagen können, müssen wir erst einmal in der Lage sein, es zu beschreiben und zu messen. Ein Großteil der Arbeit eines Psychologen besteht nun genau darin, Verhalten zu messen und zu beschreiben. Alle psychologischen Begriffe und Prozesse, die wir in diesem Buch besprechen werden

- Angst, Lernen, Einstellungen, geistige Fähigkeiten, Depression und weitere - müssen gemessen werden. Ein Hauptziel ist somit, Tests oder Techniken zum Messen zu entwickeln.

Jedes Mittel zum Messen muß zwei Eigenschaften aufweisen: zuerst muß es reliabel oder **zuverlässig**[1] sein, d.h. das Meßergebnis einer Person darf sich nicht durch wiederholtes Testen verändern. Eine Personenwaage, die jedes Mal, wenn Sie sie benutzen, ein unterschiedliches Gewicht anzeigen würde, wäre unzuverlässig und aus diesem Grund nicht zu gebrauchen. Ebenso wäre ein Intelligenztest wertlos, der jedes Mal, wenn Sie damit untersucht werden, ein anderes Ergebnis zeigt.

Jedoch genügt Reliabilität oder Zuverlässigkeit allein nicht. Ein Test muß auch valide oder **gültig** sein, d.h. er muß das messen, was er messen soll. Wenn wir Ihren IQ messen würden, indem wir ein Maßband um Ihre Stirn legten, könnten wir jedesmal zum selben Ergebnis kommen (unsere Messung wäre also zuverlässig), aber diese Meßtechnik hätte wenig mit Intelligenz zu tun.

Die Fragen von Zuverlässigkeit und Gültigkeit beim Messen und Beschreiben berühren alle Techniken, die Psychologen entwickelt haben, um Verhalten zu erfassen. Sie sollten diese Kriterien beachten, wenn Sie die Experimente, Umfragen, Beobachtungen und klinischen Gutachten studieren, von denen in späteren Kapiteln berichtet wird. Diese Kriterien werden im Anhang C ausführlicher behandelt.

Verhaltensvoraussage

Das zweite Ziel der Psychologie ist die Fähigkeit, Verhalten vorauszusagen. Der Erfolg bei diesem Bemühen hängt weitgehend vom richtigen Messen ab. Psychologen benutzen allgemein Messungen des Verhaltens als Hauptgrundlage für eine Voraussage, was ein Mensch in der Zukunft machen wird. Wir sind in der Lage, schulische Leistungen genauer vorauszusagen, wenn wir etwas über das allgemeine geistige Leistungsvermögen eines einzelnen Schülers wissen. Wir sollten in der Lage sein, aus dem Ergebnis eines Industriearbeiters bei einem Eignungstest für Mechaniker den Arbeitserfolg am Fließband vorauszusagen. Hochschulaufnahmeprüfungen helfen bei der Entscheidung, wer zur Hochschule zugelassen wird, und Eignungstests helfen dem Personalchef bei Einstellungsfragen.

Verhaltenskontrolle und Verhaltensänderung

Die Voraussage von Verhalten geht Hand in Hand mit Verhaltensänderung und -kontrolle. Nehmen wir einmal an, wir hätten das notwendige Wissen, um Geisteskrankheiten vorauszusagen. Unser Wunsch wäre es sicher nicht, hier stehen zu bleiben; genaue Voraussagen allein wären nicht befriedigend. Die Psychologen hätten dann ebenfalls den Wunsch, der potentiell psychisch kranken Person zu helfen, ihr Verhalten in hilfreicher Weise zu ändern. In der Tat ist Verhaltensänderung oft das Hauptanliegen des praktizierenden Psychologen. Der Psychotherapeut versucht, das Verhalten eines seelisch Kranken zu ändern; der Betriebspsychologe versucht, das Verhalten der Beschäftigten zu ändern; der Eheberater versucht, das Verhalten zwischen Mann und Frau zu beeinflussen, und der Psychologe im Strafvollzug ist bemüht, das Verhalten von Straftätern zu steuern und zu verändern. In all diesen Fällen bemüht man sich, gegenwärtige oder zukünftige Bedingungen des einzelnen oder der Gesellschaft zu verbessern.

Viele Techniken der Verhaltensänderung sind erstaunlich erfolgreich, gerade deshalb besteht die Gefahr, daß jemand, der sie beherrscht, andere für seine eigenen Zwekke ausnutzt. Deshalb muß in angemessener Weise sichergestellt werden, daß beim Gebrauch hochwirksamer Techniken Regeln der Ethik eingehalten werden. Es gibt zwar augenblicklich keine Droge, mit der man in der Lage ist, Grausamkeit oder Aggression zu steuern, aber bedenken Sie einmal die Probleme, die durch die Entdeckung einer solchen Droge entstehen könnten. Wer würde dann die Entscheidung darüber treffen, wann und bei wem Techniken und Behandlungen dieser Art angewandt werden sollten? Welches wäre dann die Rolle der Gesellschaft, der Regierung und des einzelnen, bei dem sie angewandt werden würde?

Verhaltenserklärung

Dem zuletzt genannten Ziel der Psychologie, Verhalten zu erklären, nähern wir uns über einen Prozess, der das Formulieren von Theorien umfaßt. Theorien bringen bekannte Tatsachen in eine Ordnung und verhelfen uns in den Fällen zu plausiblen Vermutungen, in denen wir eine genaue Lösung nicht kennen.

Einige Leute haben behauptet, Erklärung sei das, was wirklich Psychologie ausmacht. Ein Psychologe mag in der Lage sein, Angst zu beschreiben und zu messen, von diesen Messungen ausgehend die Wahrscheinlichkeit vorauszusagen, mit der jemand psychisch erkranken wird; er mag in der Lage sein, helfend einzugreifen, um das Verhalten des oder der Betreffenden in der Hoffnung zu ändern, damit die Krankheit zu verhindern, aber er weiß vielleicht kaum oder gar nicht, warum diese Techniken funktionieren. Im Prinzip kann fast jeder mit angemessener Intelligenz und den notwendigen Büchern eine Krankheit diagnostizieren und behandeln, ohne die Gründe zu kennen, warum eine verordnete medizinische Behandlung wirkt. Wissenschaft ist in dem Wunsch begründet, Wissen zu sammeln, zu verstehen und die Ursachen der Erscheinungen zu entdecken.

Die Psychologen streben danach, den kompliziertesten Teil der Welt zu verstehen, eben menschliches Verhal-

[1] Fettgedruckte Begriffe werden im Glossar erklärt.

ten. Dieses Unternehmen verspricht faszinierend wie auch lohnend zu sein - und es können ihm große praktische Erfolge beschieden sein. Die psychologische Grundlagenforschung versucht, viele wichtige Probleme im Detail zu verstehen, zum Beispiel psychische Krankheiten, die Prozesse, die für die Lesefertigkeit verantwortlich sind oder die Grundlagen sozialer Interaktion. Die richtige Erklärung dieser psychologischen Phänomene hat weitreichende Konsequenzen für die Lösung der wichtigsten Probleme unserer Gesellschaft.

EINIGE GRUNDLEGENDE KONTROVERSEN

Gewisse Fragen bezüglich des menschlichen Verhaltens werden immer wieder auftauchen, nicht allein in diesem Buch, sondern immer, wenn man versucht, einander zu verstehen. Unserer Meinung nach wird es Ihnen den Einstieg in die Materie erleichtern, wenn Sie folgende Fragen beim Lesen des Buches im Gedächtnis behalten:

1. Ist Verhalten festgelegt (durch anlagebedingte oder umweltbedingte Faktoren) oder haben wir als Individuen mit freiem Willen die Möglichkeit zu wählen, wie wir uns in jeder Situation verhalten wollen? Lesen Sie dieses Buch gerade, weil Sie den Entschluß faßten, es zu lesen oder weil Ihre gesamten vergangenen Erfahrungen Ihr Schicksal in diesem Augenblick vorherbestimmt haben? Dies ist die Kontroverse zwischen *freiem Willen* und *Determiniertheit.*
2. Brauchen wir ein Konstrukt, das wir “Geist” oder “Seele” nennen, oder kann man jedes Verhalten mit Hilfe physischer Prinzipien interpretieren, denen unser biologischer Körper gehorcht? Das heißt, kann man Verhalten mit der Biologie, Physiologie und Biochemie erklären, oder brauchen wir darüber hinaus auch noch etwas Nichtphysisches, den Geist bzw. die Seele? Diese Frage ist natürlich mit dem ersten Thema freier Wille oder Determiniertheit eng verknüpft. Wenn Sie sich für den Geist entscheiden, werden Sie wahrscheinlich auch den freien Willen befürworten. Wenn Sie aber sagen: “Es kommt alles aus dem Körper”, dann sehen Sie Verhalten wahrscheinlich auch als vorherbestimmt an. Dies ist der Gegenstand der *“Körper-Geist”* oder *“Leib-Seele”-Kontroverse.*
3. Ist unser Verhalten von erblichen genetischen Faktoren bestimmt, von den verschiedenen Umwelteinflüssen, denen wir seit unserer Geburt ausgesetzt gewesen sind, oder von einem komplexen Zusammenspiel aller dieser Faktoren? Ist Ihre Intelligenz (die zumindest teilweise dazu beigetragen hat, daß Sie sich an der Universität eingeschrieben haben und an dem Punkt angelangt sind, an dem Sie dieses Buch lesen) von Ihren Eltern ererbt, oder ist sie abhängig von den vielen Umweltbedingungen, die seit Ihrer Geburt auf Sie eingewirkt haben? Ist es möglich, daß beide Faktoren Ihr Verhalten beeinflussen? Hierbei handelt es sich um die *“Anlage-Umwelt”-Kontroverse.*
4. Sind wir uns grundsätzlich unseres Verhaltens bewußt, oder wird vieles von dem, was wir tun, unbewußt gesteuert? In diesem Augenblick lesen Sie dieses Buch aus mehreren Gründen. Sind Sie sich aller dieser Gründe vollständig bewußt? Sind eventuell einige versteckte oder unbewußte Motive am Werk, die Sie zum Lesen “zwingen” und die bestimmen, was sie gerade lesen? Dies ist die *“Bewußt-Unbewußt”-Kontroverse.*
5. Läßt sich menschliches Verhalten verstehen, indem man eine relativ geringe Anzahl Grundprinzipien oder psychologischer “Gesetze” anwendet? Oder ist jeder Mensch so verschieden von anderen, daß allgemeine Verhaltensgesetze sein Verhalten nicht erklären können? In einem gewissen Sinn wird damit die Frage aufgeworfen: “Ist eine Wissenschaft vom Verhalten überhaupt möglich?” Die meisten Wissenschaften gründen sich auf allgemeine Prinzipien oder Gesetze. Die Menschen neigen hingegen dazu, fest an ihre persönliche Einzigartigkeit und Individualität zu glauben, so daß sie gegenüber wissenschaftlichen Theorien der Psychologie voreingenommen sind, die den Anspruch erheben, ihr Verhalten mit ein paar Grundregeln zu erklären. Anderseits aber hat man doch ein paar allgemeingültige Regeln entdeckt, auch wenn Psychologen nicht behaupten, alles zu wissen, was es über menschliches Verhalten zu wissen gibt. Psychologische Prinzipien und Gesetze können sehr wohl die Erklärungen für einen Großteil unseres Verhaltens liefern, ob uns das nun gefällt oder nicht. Das ist die Streitfrage: *“allgemeingültige Gesetzmäßigkeit oder individuelle Einzigartigkeit”.*
6. Wieviel von unserem Verhalten wird bestimmt von Ereignissen oder Erfahrungen, die schon lange zurückliegen, und wieviel von unseren gegenwärtigen Lebensumständen? Darüber sind die Psychologen recht unterschiedlicher Meinung. Sigmund Freud zum Beispiel hielt - wie Sie wahrscheinlich wissen - lang zurückliegende Erfahrungen für sehr bedeutsam, insbesondere die Erfahrungen in verschiedenen kritischen Phasen der Kindheit und die Art und Weise, wie Kinder von ihren Eltern in ihren ersten Lebensjahren und später als Heranwachsende behandelt werden. Wenn Sie heute ein Problem hätten, würde ein Freudscher Psychoanalytiker die Ursachen in Ihrer Vergangenheit suchen. Dagegen konzentrieren sich humanistisch orientierte Psychologen auf das Hier und Jetzt, auf Ihre derzeitigen Lebensumstände, darauf, wie Sie zur Zeit Ihre Welt sehen und erfahren. Theoretiker wie Carl Rogers oder Abraham Maslow, die zwei berühmtesten Pioniere der humanistischen Bewegung, würden sich nicht besonders für Ihre Kindheit und für Ihre Gefühle gegenüber

Ihren Eltern interessieren, sondern sie würden Ihre augenblickliche Situation prüfen, die Art und Weise, wie Sie Hier und Jetzt die Welt und sich selber sehen. Sie würden argumentieren, daß ein gegenwärtig vorhandenes Problem weitestgehend von gegenwärtigen Denk- und Wahrnehmungsweisen verursacht worden ist, daß die Vergangenheit vergangen ist und daß man nichts dagegen tun kann. Es handelt sich also um die Streitfrage: *"spielen lang zurückliegende Ereignisse oder die gegenwärtigen Lebensumstände eine größere Rolle?"*

Sie sehen, daß sich hier immer das Entweder und das Oder gegenüberstehen. So werden die Fragen üblicherweise zur Diskussion gestellt. Leider wird mit einer solchen Formulierung der Eindruck geweckt, daß nur die eine oder die andere Antwort richtig sein kann, also Schwarz oder Weiß. Aber die Antwort auf jede Streitfrage wird mit größter Wahrscheinlichkeit grau sein, also weder Weiß noch Schwarz. Und doch können wir oft beobachten, wie Menschen wichtige Fragen so behandeln, als ob es nur eine richtige Antwort gäbe.

Auch wenn Sie vielleicht erst mit dem Psychologiestudium angefangen haben oder zum ersten Mal an einem Psychologiekurs teilnehmen, haben Sie wahrscheinlich schon Ihre vorgefaßten Meinungen zu diesen Fragen. Dieses Buch und Ihre weitere Ausbildung werden von Ihnen verlangen, daß Sie Ihre Einstellungen sorgfältig überdenken. Welche Einstellung Sie bei diesen Fragen annehmen, kann von entscheidender Bedeutung für Ihr weiteres Leben sein. Sie werden manches anders sehen, wenn Sie meinen, das Verhalten von Menschen sei vorbestimmt - durch ihre Vergangenheit, oder biologisch und genetisch - als wenn Sie glauben, daß Verhalten von freien Willensentscheidungen, vom Verstand oder von den Lebensumständen gesteuert wird. Überlegen Sie, wenn Sie können, wie Ihre Einstellung zu diesen Fragen Ihre Einstellung zu wichtigen Dingen des Lebens beeinflußt, etwa zur Abtreibung, zur Todesstrafe, zu staatlichen Eingriffen in die Angelegenheiten der Bürger, zur Religion, zu Erziehungsmethoden, zu der Frage, ob man Kriminelle zu Gefängnisstrafen verurteilen oder in psychiatrischen Anstalten behandeln soll, zu Hochbegabtenförderungsprogrammen wie z.B. "Head Start", zu der Frage, ob es bei einer Depression vorteilhafter ist, einen Psychotherapeuten aufzusuchen oder sich vom Hausarzt Tabletten verschreiben zu lassen, oder zu der Frage, welche Qualitäten bei einem Ehepartner wichtig sind.

PSYCHOLOGIE ALS WISSENSCHAFT

Um diese Grundfragen untersuchen zu können und um Verhalten im allgemeinen zu verstehen, haben Psychologen neue Methoden erarbeitet oder bestehende aus anderen Wissenschaften übernommen und ihren Fragestellungen angepaßt. Wissenschaftliche Methoden sind für den Fortschritt unerläßlich. Wir müssen daher etwas über Methodologie wissen, damit wir zwischen Tatsachen und Fantasie unterscheiden und uns gegen Irreführung durch falsche Behauptungen wehren können. Die Methoden der Psychologie unterscheiden sich sowohl darin, welche Information über Verhalten sie liefern, als auch darin, für welche Verhaltensweisen sie am besten geeignet sind. Sie schließen sich aber nicht gegenseitig aus und können manchmal kombiniert auf das gleiche Problem angewandt werden, um eine breitere Perspektive zu gewinnen. Wir werden vier Ansätze der wissenschaftlichen Untersuchung des Verhaltens vorstellen und jeweils Beispiele dafür geben, wie man sie anwenden kann.

Die Einzelfallstudie

Die Methode der Einzelfallstudie oder Einzelfallanalyse ist vielleicht die einfachste und direkteste Form psychologischer Untersuchung. Eine Person wird intensiv untersucht, um über ein bestimmtes Problem, eine Frage oder Tatsache so viel wie möglich in bezug auf diesen Menschen zu erfahren. Unter Umständen werden biographische Angaben über die betreffende Person, Werte aus psychologischen Tests und Informationen, die man in ausgedehnten Interviews mit ihr gesammelt hat, miteinander kombiniert.

Das Verfahren der Einzelfallstudie wird am häufigsten angewandt, wenn es darum geht, abnormes Verhalten zu untersuchen. Die vielleicht bekannteste Krankengeschichte in der Psychologie ist die einer Frau mit drei verschiedenen Persönlichkeiten, die durch den Film *"Die drei Gesichter Evas"* populär gemacht worden ist. Solche Krankengeschichten können aufgrund ihrer detaillierten Beschreibung und des ungewöhnlichen Verhaltens, um das es in ihnen geht, große Wirkung ausüben. Eine der ersten und berühmtesten klinischen Fallstudien stammt von Sigmund Freud und betrifft eine Patientin, Anna O., die ohne ersichtlichen Grund gelähmt war. Indem er mit Hilfe verschiedener Quellen eine detaillierte Krankengeschichte verfaßte, konnte Freud die kritischen Ereignisse in Anna O.'s Leben, die zu ihrem pathologischen (von ihm neurotisch genannten) Verhalten beigtragen hatten, Stück für Stück zusammensetzen. Die Ergebnisse dieses einen Falles beeinflußten Freuds Theorie der Psychopathologie sehr stark, denn er glaubte an ihre allgemeine Gültigkeit. Aber aus einem Fall zu verallgemeinern und diesen auf alle Menschen anzuwenden, kann gefährlich sein. Diese Gefahr der übermäßigen Verallgemeinerung sowie die Gefahr der fehlenden Objektivität von seiten des Beobachters stellen zwei schwerwiegende Einschränkungen dieser Methode dar.

Beobachtung unter natürlichen Bedingungen

Die Beobachtung unter natürlichen Bedingungen ist eine Forschungsmethode, bei der Ereignisse, so wie sie in der wirklichen Welt auftreten, systematisch beobachtet und aufgezeichnet werden. Im Gegensatz zur Methode der Einzelfallstudie umfaßt sie zahlreiche Beobachtungen an einer relativ großen Zahl von Personen, und im Gegensatz zu Labormethoden werden die Beobachtungen ohne künstliche Kontrollmaßnahmen oder Manipulationen durchgeführt, die sich auf das fragliche Phänomen störend auswirken könnten. Gewöhnlich bedeutet dies, daß der beobachtete Mensch (oder das Tier) den Beobachter nicht bemerkt.

Angenommen wir interessieren uns für soziale Interaktionen, die in den Bars für "Singles" stattfinden. Wenn der Beobachter oder die Beobachterin mit einem Block an der Bar säße, die Leute beobachtend und sich Notizen machend würde, so würde er bzw. sie höchstwahrscheinlich bemerkt, und genau das würde das Verhalten stören, das ihn bzw. sie interessiert. Der Beobachter wird also die Tatsache verheimlichen, daß überhaupt Beobachtungen stattfinden. Die zu diesem Zweck angewandten Methoden werden zusammenfassend als unauffällige Verfahren bezeichnet. Zu ihnen gehören das Verstecken hinter einem Einwegspiegel, das Beobachten aus großer Entfernung oder die Verwendung elektronischer Überwachungsgeräte. Die Absicht dahinter ist, natürliches Verhalten zu beobachten, ohne seinen Ablauf zu beeinflussen.

Ein solches Vorgehen wirft gewisse ethische Probleme auf. Einerseits muß man fragen, ob es für einen Wissenschaftler überhaupt ethisch vertretbar ist, das Verhalten von Menschen ohne deren Wissen und Zustimmung zu beobachten und aufzuzeichnen. Wie kämen Sie sich vor, wenn Sie feststellen würden, daß ein Psychologe Ihre Annäherungsversuche in einer Bar für Singles auf Video aufgenommen hat? Andererseits ließen sich einige wichtige natürlich Phänomene, die wissenschaftlicher Untersuchung bedürfen, aus ethischen Gründen nicht im Labor produzieren, z.B. die extreme Belastung während einer Naturkatastrophe. Man könnte diese Bedingungen unmöglich in einem Labor herstellen. Aber man kann mit Hilfe der Beobachtung von Menschen, die Opfer einer Überschwemmung, eines Tornados oder einer anderen Katastrophe geworden sind, viel über den Umgang mit Stress lernen. Überwiegt der Nutzen, den die wissenschaftliche Forschung aus der Beobachtung von Menschen unter diesen Bedingungen zieht, den ethischen Preis, daß man dies ohne ihre Zustimmung tut?

Tests, Interviews und Umfragen

TESTS Für so ziemlich jeden vorstellbaren Aspekt des Verhaltens sind psychologische Tests entwickelt und standardisiert worden. Die meisten von uns haben mit solchen Tests Erfahrungen gemacht, sowohl in der Schule als auch am Arbeitsplatz. Es gibt Tests für die Messung allgemeiner Fähigkeiten, genannt Intelligenztests, und solche für die Messung spezifischer Merkmale, wie z.B. der Ängstlichkeit oder der Qualifikation zur Führung anderer Menschen (siehe Kapitel 6 und 9 sowie Anhang C, wo diese psychologischen Tests näher besprochen sind). Alle diese Tests bestehen aus einer Reihe von Fragen, und die Antworten, die die Leute darauf geben, sollen etwas über die Merkmale und Fähigkeiten aussagen, die gemessen werden.

INTERVIEWS Das psychologische Interview wird oft bei der Fallstudienmethode angewandt. In diesem Zusammenhang handelt es sich meist um ein freies und unstrukturiertes Interview. Die Richtung, die es nimmt, wird bestimmt durch die Antworten der interviewten Person und durch die Hypothese, die der Untersuchende eventuell über die diesen Antworten zugrundeliegenden Ursachen hat. Aber Interviews können auch in einem hohen Maß strukturiert sein. Ebenso wie psychologische Tests können sie aus einer Reihe von Fragestellungen bestehen, zu denen sich die Person äußern soll. Ein strukturiertes Interview wird eher verwendet, um Daten über eine Gruppe von Menschen zu sammeln, die zu allgemeinen Schlußfolgerungen über diese Population führen, und nicht, um eine intensive Studie über einen einzelnen Menschen anzufertigen.

UMFRAGEN Umfragen stehen irgendwo zwischen strukturierten Interviews und psychologischen Tests. Auch sie bestehen aus einer Reihe von Fragen, auf die Einzelpersonen antworten sollen. Zweck von Umfragen ist es, allgemeine Meinungen, Einstellungen oder Gefühle zu einem spezifischen Thema zu ergründen. Ein Kandidat für ein politisches Amt zum Beispiel möchte vielleicht die allgemeine Einstellung der Öffentlichkeit zu einer speziellen Frage kennen, ehe er entscheidet, ob er in seiner Wahlkampagne diese Frage besonders herausstellen oder eher herunterspielen sollte.

Eines muß man beachten, wenn man versucht, Umfrageergebnisse auszuwerten: sie können leicht durch subtile Unterschiede in der Formulierung der Fragen beeinflußt werden. Betrachten Sie einmal den Unterschied zwischen den folgenden drei Fragestellungen zur Erforschung der Einstellungen, die die Leute zur Frage der Kostenübernahme für Abtreibungen durch die Krankenkassen haben:

1. Sind Sie dafür, daß die Krankenkassen Abtreibungen bezahlen?
2. Sind Sie dafür, daß die Krankenkassen Abtreibungen bezahlen, so wie es die Frauenverbände fordern?
3. Sind Sie dafür, daß die Krankenkassen Abtreibungen bezahlen, wenn Ihre Beiträge mit dazu verwendet werden?

Der Prozentsatz der Ja-Antworten auf jede dieser Fragen wird wahrscheinlich sehr unterschiedlich sein, obwohl die gestellte Frage scheinbar immer die gleiche ist. Wenn man also ein Umfrageergebnis interpretiert, muß man die Formulierung der Frage sehr genau prüfen, nicht nur die Antworten, die die Leute geben. Man kann eine Frage auf vielerlei Arten so stellen, daß die Antwort in eine bestimmte Richtung gelenkt wird.

Umfragen, besonders die, die man gewöhnlich als "Meinungsumfragen" bezeichnet, haben massive Auswirkungen auf unser Alltagsleben gehabt, weil ihre Ergebnisse von verantwortlichen Leuten dazu benutzt werden, wichtige Entscheidungen zu treffen. Das Positive an ihnen ist, daß die Meinungen der Menschen leichter gehört werden und somit die Entscheidungsträger beeinflussen können. Das Negative an ihnen besteht darin, daß Meinungsumfragen so viel Einfluß gewinnen, daß manche Leute sie verzerrt benutzen können und auch so benutzen (wie z.B. die tendenziöse Formulierung, über die wir soeben gesprochen haben), um zu den Ergebnissen zu kommen, die sie hören wollen.

Der korrelationsstatistische Ansatz

Tests, Interviews, Umfragen und manchmal die Beobachtung unter natürlichen Bedingungen werden häufig unter der allgemeinen Überschrift korrelationsstatistischer Ansatz zur Untersuchung psychologischer Fragen zusammengefaßt. Im allgemeinen verwendet man diesen Ansatz, um festzustellen, in welchem Grad eine Beziehung zwischen zwei oder mehr Variablen besteht. **Variable** nennt man das Merkmal eines Gegenstandes, Ereignisses, einer Person usw., das zwei oder mehr Werte annehmen kann. Ein Psychologe mag z.B. die Hypothese aufstellen, daß die Position, die jemand zu Fragen der Sozialfürsorge einnimmt (eine Variable), sehr stark von seinem Jahreseinkommen abhängt (eine zweite Variable). Im allgemeinen gilt, daß jemand mit höherem Einkommen mit geringerer Wahrscheinlichkeit Sozialhilfezahlungen an Bedürftige befürwortet. Zur Überprüfung dieser Hypothese würde der Psychologe nach Daten suchen, die sowohl das Einkommen als auch Einstellungen gegenüber Sozialhilfe wiedergeben können. Dabei könnte man Interviews oder Umfragen an einem repräsentativen Querschnitt der Bevölkerung durchführen. Für jede Person in der Untersuchung gäbe es zwei Werte, einen für das Jahreseinkommen, und einen, der sowohl die Richtung als auch den Grad der Einstellung gegenüber Sozialhilfevorhaben widerspiegelt, und zwar von "sehr dagegen" bis "sehr dafür".

Um den Grad der Beziehung zwischen diesen Variablen festzustellen, würde der Psychologe einen numerischen oder statistischen Wert ermitteln, den man als **Korrelationskoeffizient** bezeichnet (siehe Anhang A). Eine Korrelation mit dem Wert Null würde in diesem Beispiel bedeuten, daß die Höhe des Einkommens keinen Einfluß auf die Einstellung eines Menschen gegenüber Sozialhilfeplänen hat. Eine positive Korrelation bedeutet, daß die zwei Variablen in Beziehung zueinander stehen: Je höher der Wert auf der einen Seite, umso höher auch der Wert auf der anderen. Eine positive Korrelation bei diesem Beispiel würde bedeuten: Je mehr Geld jemand im Jahr verdient, desto eher ist er geneigt, Sozialhilfepläne zu unterstützen. Dies würde die ursprüngliche Hypothese natürlich nicht stützen. Eine negative Korrelation deutet auf eine Beziehung zwischen den beiden Variablen hin, die entgegengesetzt oder umgekehrt ist: Während der Wert der einen Variablen zunimmt, nimmt der Wert der anderen ab. Bei diesem Beispiel würde eine negative Korrelation bedeuten: Je mehr Menschen verdienen, desto weniger sind sie wahrscheinlich bereit, die Sozialhilfe zu unterstützen und umgekehrt. Somit würde eine negative Korrelation tatsächlich mit der ursprünglichen Hypothese übereinstimmen.

Die experimentelle Methode

Einzelfallstudien, die Beobachtung unter natürlichen Bedingungen und die verschiedenen Korrelationsmethoden haben alle einen großen Nachteil. Obwohl sie zu Informationen über Beziehungen zwischen psychologischen Variablen führen, erlauben sie keine Aussage über Ursache-Wirkung- Zusammenhänge (siehe Fundgrube 1-1). Beispielsweise kann die Fallstudie eines psychisch gestörten Menschen eine schwierige Kindheit aufdecken, was aber nicht bedeutet, daß alle unglücklichen Erfahrungen in der frühen Kindheit zu anormalem Verhalten führen müssen. Alle möglichen anderen Faktoren - auch solche genetischer Art - können sowohl für Kindheits- als auch für Erwachsenenprobleme verantwortlich sein. Zum Beispiel kann die Beobachtung, daß Elche sich nach einem Frühlingsregen häufiger paaren, nicht als Beweis für einen kausalen Zusammenhang zwischen Regen und Paarungsinstinkt herangezogen werden. Vielleicht kommen die Frühlingsregen häufiger am späten Nachmittag vor, die Zeit, in der Elche am liebsten zusammenkommen.

Die Tatsache, daß hohes Einkommen mit Widerstandshaltung gegenüber Sozialhilfe korreliert, bedeutet nicht, daß die Meinung eines Menschen zur Sozialhilfe negativ wird, sobald sich sein Einkommen plötzlich verdoppelt. Tatsache ist, daß Meinungen zur Sozialfürsorge sich gewöhnlich bilden, noch lange bevor der Mensch einen festen Beruf hat. Beobachtende Verfahren sind wichtig, aber die Feststellung direkter Ursache-Wirkung-Beziehungen erfordert eine wirksame Untersuchungsmethode, und zwar die experimentelle Methode.

Experimentalpsychologen versuchen, über das Beobachten hinaus ihren Untersuchungsgegenstand zu manipulieren und zu steuern. Sie bringen das Phänomen, das sie erforschen wollen, ins Labor, wo sie die Untersuchungsbedingungen mit präzise arbeitenden Geräten und genauen Verfahren manipulieren können, und wo sie alle nicht zugehörigen und ablenkenden Variablen durch die Anwendung experimenteller Kontrolltechniken ausschließen können. Experimentalpsychologen stellen Modelle darüber auf, was in der Außenwelt vor sich geht, und untersuchen diese dann unter Bedingungen, unter denen jeweils nur eine Sache verändert wird (siehe Fundgrube 1-2). Wenn die veränderte Bedingung mit einer Verhaltensän-

FUNDGRUBE 1-1

Korrelation bedeutet nicht Kausalität

"Ach deswegen habe ich in diesem Frühjahr so viel zu tun!!!!!"

Wenn zwei Variable miteinander korrelieren, dann neigt man zu dem Schluß, daß eine Variable die andere verursacht. Manche Leute ziehen aus der Korrelation zwischen dem Ausmaß an Gewalttätigkeit im Fernsehen und Gewalttätigkeit im wirklichen Leben den Schluß, daß das Fernsehen die Menschen in ihrem Alltagsverhalten gewalttätiger macht, aber wir können keinen solchen kausalen Schluß aus Korrelationen ableiten.

Diese Hebamme in dem Cartoon kennt vermutlich die bekannte deutsche statistische Untersuchung, bei der nach dem zweiten Weltkrieg über Jahre eine Korrelation zwischen der Zahl der Störche und der Zahl der Geburten in Schleswig-Holstein nachgewiesen wurde. Aber mit den statistischen Methoden ist sie offenbar nicht sehr vertraut.

Bei diesem Beispiel wird sehr deutlich, wie unsinnig es ist, Korrelation und Kausalzusammenhang in einen Topf zu werfen. Offensichtlich hat weder die Zahl der Störche einen Einfluß auf die Zahl der Geburten, noch ist das Umgekehrte der Fall. Vielmehr ist vermutlich ein dritter Faktor für beides verantwortlich, z. B. das Kriegsende.

Am besten läßt sich die Existenz und Richtung einer kausalen Beziehung zweier Variablen mit Hilfe der experimentellen Methode feststellen.

Sind Männer von gebildeten Frauen häufiger herzkrank?

RALEIGH, N.C. (AP) - Je höher die Schulbildung einer Frau, desto wahrscheinlicher ist es, daß ihr Ehemann herzkrank wird, besagt eine neue Untersuchung.

Männer, deren Frauen eine Universität besucht haben und arbeiten, werden mit dreimal höherer Wahrscheinlichkeit herzkrank als Männer, deren Frauen nur die mittlere Reife haben und nicht arbeiten, berichtete am Dienstag Dr. Suzanne G. Haynes von der Universität von North Carolina in Chappel Hill, die Hauptautorin der Studie.

In ihrer Untersuchung, die in der Juliausgabe des "American Journal of Epidemiology" veröffentlicht wurde, stellt sie fest, daß Männer, deren Frauen zehn oder weniger Schuljahre absolviert haben, mit 8,3 Prozent Wahrscheinlichkeit herzkrank werden. Die Wahrscheinlichkeit von Herzkrankheiten bei denjenigen, deren Frauen zwischen zehn und zwölf Jahre zur Schule gegangen sind, beträgt 15,4%, während der Prozentsatz bei den Männer, deren Frauen 13 oder mehr Jahre Schul- oder Hochschulbildung absolviert haben, 21,7% sei.

Boulder (Colo.) Daily Camera
13. Juli 1983

In diesem Fall könnte aber die experimentelle Methode ungeeignet sein. Warum?

Wie würden Sie die in dem Zeitungsausschnitt beschriebenen Angaben interpretieren? Ist die Schlagzeile irreführend?

derung einhergeht, kann der Versuchsleiter sicher sein, daß er es mit einer Ursache-Wirkung-Beziehung zwischen der sich ändernden Variablen und dem fraglichen Verhalten zu tun hat.

Zum Beispiel gibt es in der Psychologie die Hypothese, daß Träume im Schlaf die Konflikte lösen helfen, die sich während des Tages ergeben. Wenn man einen Menschen am Träumen hindern könnte, würden seine Konflikte nicht gelöst, und als Folge davon würde dieser Mensch überängstlich.

Zur Untersuchung dieses Problems brauchen wir erst einmal eine objektive Messung des Träumens. Das heißt, wie kann man erkennen, ob ein schlafender Mensch tatsächlich einen Traum hat? Glücklicherweise gibt es ein ziemlich sicheres Anzeichen für das Träumen, nämlich schnelle Augenbewegungen (REMs = *rapid eye movements*). Wenn eine Versuchsperson schläft, die Augen sich aber schnell bewegen, wird diese Person höchstwahrscheinlich über einen Traum berichten, wenn sie geweckt wird. Übrigens kann man Augenbewegungen sehen, wenn man die geschlossenen Augenlider beobachtet. Noch feinere Messwerte erhält man jedoch, wenn man die elektrische Aktivität in den Muskeln aufzeichnet, die den Augapfel steuern.

Man muß wissen, daß Menschen nicht ununterbrochen während ihres ganzen Schlafs träumen, sondern nur

FUNDGRUBE 1-2

Die Kontrollgruppe

An einem Experiment mit dem einfachsten Aufbau sind zwei Gruppen beteiligt: die *Versuchsgruppe* und die *Kontrollgruppe*. Die Kontrollgruppe liefert die Ausgangsdaten, die mit denen der Versuchsgruppe verglichen werden. Angenommen, der Versuchsleiter möchte wissen, ob eine besondere Behandlung (Behandlung X) von geistigen Erkrankungen wirksam ist. Eine Versuchsgruppe mit Patienten erhält Behandlung X. Der Versuchsleiter beobachtet deren Verhalten und stellt fest, daß eine Besserung eingetreten ist. An diesem Punkt könnte man schließen, daß Behandlung X günstig ist. Aber vielleicht hätte sich der Zustand der Patienten ohnehin gebessert?

Der Versuchsleiter braucht eine Kontrollgruppe von Patienten, die ebenso behandelt werden wie die Versuchsgruppe (gleiche Mahlzeiten, gleiches Krankenhaus, gleiche Diagnose usw.), mit einer *einzigen* Ausnahme: kein Patient dieser Gruppe wird nach der Methode X behandelt. Wenn der Versuchsleiter dann eine stärkere Besserung bei der Versuchsgruppe feststellt als bei der Kontrollgruppe, kann man guten Gewissens sagen, daß der Unterschied bei der Besserung zwischen den beiden Gruppen durch Behandlung X hervorgerufen worden sein muß, da Behandlung X das einzige war, was die beiden Gruppen voneinander unterschied. Viele Experimente mißlingen, weil der Versuchsleiter keine geeignete Kontrollgruppe in seine Untersuchung einbezogen hat.

Die folgenden Experimente sollen Ihnen dabei helfen, die Notwendigkeit und Verwendung von Kontrollgruppen in der psychologischen Forschung besser zu verstehen:

1. Ein Neuropsychologe zerstört chirurgisch einen bestimmten Teil des Gehirns, den Hypothalamus, um festzustellen, ob diese besondere Gehirnstruktur bei der Steuerung des Eßverhaltens wichtig ist. Er braucht nun eine Kontrollgruppe von Tieren, an denen er Gehirnoperationen vornimmt (Narkose, Aufschneiden der Kopfhaut usw.), bei denen aber weder der Hypothalamus noch irgendein anderer Teil des Gehirns zerstört werden. Wenn der Hypothalamus allein für die Steuerung des Essens verantwortlich wäre, müßte der Versuchsleiter größere Eßstörungen bei den Versuchstieren finden als bei den Kontrolltieren.

2. Ein Psychologe möchte wissen, ob Kinder musikalischer werden, wenn man ihnen im frühen Alter klassische Musik vorspielt. Er verabredet mit den Eltern, daß sie ihre Kinder in ihrem Bettchen mindestens sechs Stunden am Tag mit klassischer Musik berieseln, sobald sie sechs Monate alt sind, und zwar an jedem Tag der Woche, zwölf Monate lang. Eine Kontrollgruppe von Kindern muß absolut genauso behandelt werden wie die Versuchsgruppe und über den gleichen Zeitraum, mit der Ausnahme, daß sie keine klassische Musik hört. Der einzige Unterschied zwischen der Versuchs- und der Kontrollgruppe besteht darin, ob sie klassische Musik hören oder nicht. Müßte es mehr als eine Kontrollgruppe in dieser Untersuchung geben?

3. Ein Betriebspsychologe meint, er könne die Produktionsleistung in einer Fabrik erhöhen, indem er die Umgebung angenehmer gestaltet - Räume in hellen Farben, bessere Beleuchtung und Musik. Der Psychologe stellt ein Fließband in einem besonderen Raum der Firma auf und wählt willkürlich eine Gruppe Arbeiter aus, die an diesem Band arbeiten. Er beobachtet, daß die Produktion an diesem Band höher ist als an dem gewöhnlichen Band in der Fabrik und schließt daraus, daß die Beleuchtung, die Farben und die Musik dafür verantwortlich sind. Der Psychologe braucht eine Kontrollgruppe von Arbeitern am normalen Fließband, die auch in einem "besonderen" Raum arbeiten, nur daß dieser Raum genauso gestaltet ist wie der, in dem das gewöhnliche Fließband steht, d.h. daß die üblichen Arbeitsbedingungen vorhanden sind. Die bloße Tatsache, daß man im Rahmen eines Experiments dazu ausgewählt wird, in einem besonderen Raum zu arbeiten, kann dazu führen, daß sich Menschen bei der Arbeit mehr anstrengen, und sei es auch nur, weil sie annehmen, daß jemand ihre Arbeit genauer beobachtet.

während relativ kurzer Phasen. Ferner bestehen hinsichtlich des Umfangs von Träumen große individuelle Unterschiede zwischen den Menschen. Um unsere Schlußfolgerung über das Lösen von Konflikten beim Träumen zu testen, könnten wir den Schlaf von mehreren Versuchspersonen beobachten und die Zahl ihrer Träume mit ihrer eventuell festzustellenden Ängstlichkeit am nächsten Tag korrelieren. Wenn der Umfang an Träumen negativ mit der Höhe der Ängstlichkeit korreliert, sind wir vielleicht versucht, daraus zu schließen, daß unsere Hypothese hinsichtlich des Lösens von Konflikten beim Träumen richtig ist. Nun kann jemand das Argument vorbringen, daß Konflikte zu Depressionen führen, daß depressive Menschen dazu neigen, mehr zu schlafen, und daß sie daher innerhalb von 24 Stunden allgemein länger träumen. Wieder andere werden vielleicht einwenden, daß Menschen, die ängstlich sind, an Schlafstörungen leiden (und daher relativ wenig träumen). Dies sind Alternativhypothesen, die nicht von der Hand zu weisen sind. Somit gelingt es mit Hilfe von Korrelationen nicht, eine präzise Ursache-Wirkung- Beziehung zwischen Konflikten, Träumen und Ängstlichkeit zu bestätigen.

Ein experimenteller Ansatz zur Lösung dieses Problems könnte wie folgt aussehen: als Minimum würden zwei experimentelle Bedingungen hergestellt. Bei beiden würden die Versuchspersonen im Labor schlafen, wobei man den Verlauf ihres Schlafs und die Augenbewegungen aufzeichnet. Bei einer Bedingung würden wir nun versuchen, die betreffenden Personen am Träumen zu hindern. Jedes Mal, wenn Augenbewegungen festgestellt werden, würde man sie wecken, ihnen eine einfache Aufgabe zu erledigen geben und sie dann weiterschlafen lassen. In der zweiten Versuchsbedingung würden die Versuchspersonen ebenso oft geweckt, aber zu Zeiten, in denen keine REM-Aktivität aufgezeichnet wurde. Mit anderen Worten, die Versuchsgruppen würden beide gleich behandelt, abgesehen von dem Zeitpunkt, an dem man sie weckt.

Unabhängige und abhängige Variable

Bei der Beobachtung der Reaktion einer Versuchsperson im Labor kann der Versuchsleiter die meisten, wenn nicht alle Variablen, die die Reaktion beeinflussen könnten, konstant halten oder systematisch ändern. Alle Versuchspersonen reagieren unter den gleichen Umständen weitgehend identisch. Der Unterschied zwischen ihren Reaktionen wird nur durch die Variable oder die Variablen bestimmt, die der Versuchsleiter manipuliert. Ein guter Versuchsleiter wird versuchen, alle Variablen zu steuern oder konstant zu halten, bis auf die eine Variable oder die Variablen, die von besonderem Interesse sind. Die interessierende Variable ist eine, die der Experimentator manipuliert, und man nennt sie *unabhängige Variable*. In unserem Beispiel oben ist die unabhängige Variable der Zeitpunkt, an dem die Versuchsperson geweckt wird. Dieser Zeitpunkt variiert in zweifacher Hinsicht: (1) Aufwecken beim Einsetzen der REM-Aktivität und (2) ebenso häufiges Aufwecken in den Phasen ohne REM-Aktivität. Die Hälfte der Versuchspersonen in dem Experiment wird unter Traumentzug schlafen (aufgeweckt bei REM) und die andere Hälfte ohne Traumentzug (nicht aufgeweckt bei REM).

Einige der berühmtesten Experimente in der Psychologie sind von Harry F. Harlow durchgeführt worden, der mit Affen arbeitete. An diesen Tieren konnte man experimentelle Manipulationen vornehmen, die mit menschlichen Versuchspersonen völlig ausgeschlossen wären. In seiner berühmtesten Untersuchung trennte er neugeborene Affen von ihren Müttern und zog sie in der Isolation mit einer künstlichen Mutter aus Frotteestoff auf.

Der Versuchsleiter mißt auf irgendeine Weise die Reaktionen der Versuchspersonen, damit er feststellen kann, ob sie durch den Unterschied in den Bedingungen für die unabhängige Variable beeinflußt worden sind oder nicht. In unserem Beispiel interessiert uns besonders, ob Traumentzug zu Ängstlichkeit führt, also müssen wir Ängstlichkeit messen können. Glücklicherweise haben die Psychologen eine Anzahl solcher Meßmethoden entwickelt, z. B. Papier-und-Bleistift-Tests, Geräte für die Messung von Aktivität (wie stark jemand an seinem Haar herumfummelt), und physiologische Indizes wie Herzfrequenz oder Umfang der elektrischen Hautaktivität. Der Versuchsleiter kann dann im Laufe des Tages nach der Entzugserfahrung einen oder mehrere dieser Meßverfahren anwenden, um festzustellen, ob die Versuchspersonen in der Traumentzugsgruppe höhere Werte erreichen.

Den Meßwert für die Reaktion nennt man *abhängige Variable*. Der Versuchsleiter ermittelt, ob die abhängige

Variable in irgendeiner Weise von der unabhängigen Variablen abhängig ist. In unserem Beispiel versuchen wir zu bestimmen, ob die Punktzahl einer Versuchsperson bei einem Ängstlichkeitstest (die abhängige Variable) von den Schlafbedingungen beeinflußt worden ist, denen sie die Nacht davor unterworfen war (die unabhängige Variable). Verändern Schlafbedingungen die Ängstlichkeit? Im allgemeinen versucht man in Experimenten *Ursache-Wirkung-Beziehungen* nachzuweisen. Die unabhängige Variable ist die mögliche Ursache, und ihre Auswirkung wird anhand der abhängigen Variablen gemessen.

Der Schwerpunkt der experimentellen Methode liegt darauf, daß die verwendeten Begriffe präzise und klar definiert werden. Ein Versuchsleiter benutzt in der Regel *operationale Definitionen*, d.h. Definitionen, in denen die Operationen oder Maßnahmen angegeben werden, die zum Zweck der Messung oder der Manipulation der experimentellen Bedingungen vorgenommen werden. Somit sind in unserem Beispiel Träume operational definiert als schnelle Augenbewegungen während des Schlafs, und Traumentzug wird operational definiert als Wecken der Versuchsperson, sobald diese schnellen Augenbewegungen auftreten. Ängstlichkeit wird definiert durch einen Punktwert in einem Papier- und Bleistift-Test, einen Meßwert für motorische Aktivität (fummeln), oder einen Meßwert für Herzfrequenz oder elektrische Hautaktivität.

Auswahl und Zuordnung nach dem Zufallsprinzip

Die Methode, wie Versuchspersonen für die verschiedenen Bedingungen in einem Experiment ausgewählt und zugeordnet werden, bestimmt am meisten, ob das Ergebnis verzerrt ist oder nicht. Diese Methode ist ein außerordentlich wichtiger Aspekt bei der Kontrolle eines Experiments. Angenommen die Ängstlichkeit der Gruppe mit Traumentzug ist am nächsten Tag höher als bei der Gruppe ohne Traumentzug. Wie können wir sichergehen, daß die Versuchspersonen in der Gruppe mit Traumentzug nicht ganz allgemein - also in allen Situationen - ängstlicher sind?

Unerwünschte Effekte können in einem Experiment auftreten, weil jeder der beiden (oder mehr) experimentellen Bedingungen verschiedene Gruppen von Versuchspersonen zugeordnet worden sind.

Versuchsleiter können individuelle Unterschiede zwischen Menschen nicht in der gleichen Weise konstant halten wie sie andere Variable kontrollieren können, die in der Laborsituation wirksam werden. Aber sie können folgende Schritte unternehmen, um die Gruppen einander anzugleichen: 1. alle Versuchspersonen aus der Population, auf die sie die Ergebnisse verallgemeinern wollen, nach dem Zufallsprinzip auswählen; 2. den verschiedenen experimentellen Bedingungen Versuchspersonen nach dem Zufallsprinzip zuordnen; 3. in jeder Gruppe ausreichend viele Versuchspersonen verwenden, um zufällige Schwankungen auszugleichen; und 4. alle möglichen Vorsichtsmaßnahmen treffen, damit jede Beeinflussung der Versuchspersonen vermieden wird. Wenn sich Versuchsleiter an diese einfachen Regeln halten, müßten sie für alle experimentellen Bedingungen vergleichbare Versuchspersonengruppen erhalten.

Wie ein Experiment schiefgehen kann...

Ein Experiment kann auf viele verschiedene Arten schiefgehen. Einige Fehler werden in der Forschung immer wieder gemacht, und so werden wir jeden von ihnen kurz beschreiben. Diese verschiedenen Fehler kann man entweder als *interne Validitätsprobleme* oder als *externe Validitätsprobleme* bezeichnen. Interne Validität bezieht sich auf den Grad, in dem das Experiment richtig und "sauber" durchgeführt worden ist, also wie weit Mängel festzustellen sind. Externe Validität bedeutet Anwendbarkeit der Versuchsergebnisse auf andere Situationen, oder den Grad, in dem die Ergebnisse *verallgemeinert* werden können. Wenn Sie z. B. ein Experiment nur mit Männern als Versuchspersonen durchführen, aber schließen, daß Menschen allgemein - also auch Frauen - sich auf eine besondere Weise verhalten, dann beeinträchtigt dies die externe Validität Ihrer Schlußfolgerung. Aber wenn Sie das Experiment nicht ordentlich durchführen, dann wird die interne Validität eingeschränkt sein. Hier einige Beispiele dessen, was Sie falsch machen können:

1. Das häufigste Problem betrifft die Auswahl der richtigen Kontrollgruppen. Sie verfügen beispielsweise über ein neues Mittel zur Behandlung von Warzen. Sie geben das Mittel einer Gruppe heranwachsender Jungen mit Warzen, und sechs Monate später stellen Sie fest, daß 56% ihrer Warzen verschwunden sind. Wenn Sie jetzt daraus schließen, daß Ihr Mittel die Warzen bei Jugendlichen kuriert, dann wird man Ihnen vorwerfen, daß Sie nicht für die interne Validität des Experiments gesorgt haben, denn Sie hatten keine Kontrollgruppe, die nicht behandelt wurde (oder noch besser, die ein Scheinmedikament, ein sogenanntes *Placebo,* bekommen hatte). Schließlich könnten die Warzen lediglich aufgrund einer hormonellen Umstellung verschwunden sein. Aber auch die externe Validität Ihres Experiments ist nicht gewährleistet, denn mit Ihrer Schlußfolgerung übertragen Sie die Ergebnisse auch auf heranwachsende Mädchen. Die Notwendigkeit von Kontrollgruppen wird oft übersehen, auch bei erfahrenen Wissenschaftlern.
2. Ein weiteres Problem entsteht bei psychologischen Experimenten immer dann, wenn entweder die Versuchspersonen oder der Versuchsleiter, der sie testet, mit dem Experiment vertraut ist, wenn der Versuchsleiter weiß, welche Bedingung zu einem bestimmten Zeitpunkt getestet wird, und wenn er weiß, welches Verhalten unter der gegebenen Bedingung auftreten

soll. Versuchspersonen werden sich manchmal so verhalten wie sie meinen, daß der Versuchsleiter es von ihnen erwartet, so als ob er es von ihnen geradezu "fordert". Wenn dies geschieht, nennt man dies *Aufforderungsmerkmale eines Experiments*. Wenn der Versuchsleiter weiß, welcher Bedingung eine bestimmte Versuchsperson zugeordnet worden ist, und wie Versuchspersonen sich unter dieser Bedingung verhalten sollten, so kann er dies oft auf sehr subtile Weise dieser Versuchsperson mitteilen. Wenn die Versuchsperson entsprechend reagiert, kommen die Ergebnisse zustande, die man "erwartet" hat. Die ideale Situation ist dann gegeben, wenn beide, Versuchsleiter und Versuchsperson die Versuchsbedingung und die Hypothese nicht kennen. Dies ist bekannt als *Doppel-Blind-Versuch.*

3. Der häufigste Fehler im Hinblick auf die interne Validität ist aber das *Konfundieren* der unabhängigen Variablen. Wie wir gesehen haben, manipuliert der Wissenschaftler eine unabhängige Variable, um zu sehen, ob diese Manipulation eine Veränderung in der abhängigen Variablen (dem zu messenden Verhalten) "verursacht". Die Absicht ist die, nur diese eine, unabhängige Variable zu manipulieren, damit, wenn sich das Verhalten als Folge davon verändert, mit einiger Sicherheit geschlossen werden kann, daß diese Veränderung tatsächlich auf diese Variable zurückzuführen ist. Wenn es Ihnen jedoch nicht gelingt, beim Manipulieren einer Variablen alle anderen Variablen zu kontrollieren oder konstant zu halten, dann tritt die Konfundierung mit den unabhängigen Variablen auf. Es hat sich mehr als eine Sache verändert, und so kann man nicht bestimmen, ob eine Variable oder eine Kombination von Variablen die Ergebnisse bewirkt hat.
Angenommen Sie wollen Menschen am REM-Schlaf hindern, um zu sehen, ob dies ihre Ängstlichkeit erhöht. Sie wecken die entsprechenden Versuchspersonen in Ihrem Experiment jedesmal dann auf, wenn sie in die REM-Schlafphase eintreten. Die Personen in Ihrer Vergleichskontrollgruppe lassen Sie die ganze Nacht schlafen. Am nächsten Morgen testen Sie die Ängstlichkeit und stellen fest, daß die Gruppe mit REM-Entzug ängstlicher ist. Daraus schließen Sie, daß der Verlust von REM-Schlaf die Ängstlichkeit verstärkt. Aber es liegt eine Konfundierung unabhängiger Variabler vor, so daß diese Schlußfolgerung nicht zutrifft. Es gibt zumindest zwei Dinge, die in Ihren beiden Gruppen verschieden sind: (1) die Länge der Phasen mit REM-Schlaf und (2) die Häufigkeit, mit der der Versuchsleiter die Versuchspersonen geweckt hat. Der Unterschied in der Ängstlichkeit könnte von beiden Variablen verursacht worden sein, aber sie sind konfundiert worden, so daß Sie nicht sagen können, welche tatsächlich verantwortlich ist.

4. Ein weiterer Fehler beim Experimentieren hängt damit zusammen, welche Versuchspersonen für ein Experiment ausgewählt werden: das Auswahlverfahren kann fehlerhaft sein. Wenn Sie eine Umfrage in einer Population, beispielsweise der Gesamtheit der Wähler in den USA, durchführen wollen, dann kann man nichts Schlimmeres tun als die Leute zu bitten, ein Telefon mit einer 900er Nummer anzuwählen und über eine Frage abzustimmen, die ihnen vorgelegt wird. Trotz ihrer Popularität in den Fernseh-Nachrichtensendungen ist dies eine völlig ungeeignete Auswahltechnik. Erstens können nur die Leute mit einem Telefon anrufen. Zweitens werden nur hochmotivierte (oder reiche) Leute anrufen, da das Gespräch 50 Cents kostet. Damit kann man keinen Querschnitt der Wähler bekommen.
Sobald die Versuchspersonen ausgewählt sind, muß man sie nach dem Zufallsprinzip den verschiedenen Bedingungen zuordnen. Wenn Sie zum Beispiel willkürlich 50 Versuchspersonen auswählen und dann die ersten 25 - in der Reihenfolge ihres Eintreffens - der Versuchsbedingung I zuordnen und den Rest der Versuchsbedingung II, dann haben Sie ein einseitiges Zuordnungsverfahren angewandt und das Experiment wird intern nicht valide sein.

5. Ein eng damit zusammenhängendes Problem besteht darin, daß man bewußt eine bestimmte Gruppe von Versuchspersonen benutzt und ihre Ergebnisse dann unangemessen auf andere Gruppen verallgemeinert. In einer Zeitungsmeldung stand, daß man in einer neuen Studie festzustellen versuchte, ob die tägliche Einnah-

Die Geräte oder Techniken, die Psychologen verwenden, können das Verhalten beeinflussen, das sie messen wollen. In solchen Fällen spricht man von *auffälligen* Messungen. Der Wissenschaftler in der Karikatur benutzt sichtlich auffällige Techniken, um Entspannung zu testen. Aber es ist nicht immer leicht, *unauffällige* Methoden zur Beobachtung des Verhaltens zu entwickeln.

me einer Aspirintablette Herzanfälle reduzieren könne. Erstaunlicherweise wollten die Planer des Experiments als Versuchspersonen Ärzte benutzen. Genau genommen können die Ergebnisse nur auf Ärzte anwendbar sein und nur auf solche Ärzte, die bereit waren, sich an der Untersuchung zu beteiligen. Viele Versuchsleiter benutzen nur männliche oder nur weibliche Versuchspersonen (wahrscheinlich, weil sie an Schulen mit nur männlichen oder nur weiblichen Schülern arbeiten). In der Psychologie sind viele Untersuchungen an Studenten durchgeführt worden, und so nehmen die Forscher im stillen an, daß die Ergebnisse auf alle Menschen anzuwenden sind. Ein noch häufiger gehörter Vorwurf gegen psychologische Untersuchungen ist der, daß sie oft an Tieren durchgeführt werden und aus den Ergebnissen Rückschlüsse auf den Menschen gezogen werden. Versuchsleiter müssen vorsichtig sein, was ihre Folgerungen und Verallgemeinerungen aus Tierexperimenten anbelangt.

6. Die abhängige Variable ist das Verhalten, das der Versuchsleiter mißt. Ein Experiment kann mißlingen, weil man eine ungeeignete Variable gewählt hat. Wenn Sie sich für die Wirkung einer bestimmten Diät auf die Fitness bei Menschen interessieren und beschließen, Körpergewicht als Maß für Fitness zu wählen, machen Sie vielleicht einen Fehler. Heute meint man, daß der Prozentsatz des Körpergewichts, der dem Fett zuzuschreiben ist, sich als bester Maßstab für Fitness eignet, nicht das Gesamtgewicht. Sie könnten auch argumentieren, daß der Versuchsleiter als Maß für Fitness lieber den Pulsschlag der Versuchsperson nach einer Übung hätte nehmen sollen. Oft wird es notwendig sein, mehrere Aspekte des fraglichen Phänomens (in diesem Fall Fitness) zu messen, um sicherzustellen, daß Sie keinen falschen Schluß ziehen.
7. Es kann ohne weiteres geschehen, daß ein Versuchsleiter ein absolut akzeptables Experiment durchführt und dann ungeeignete statistische Techniken für die Analyse der Daten verwendet. Daher empfehlen wir jedem, der sich für die Forschung interessiert, einen Einführungskurs in statistische Methoden zu belegen, damit er lernt, selbst einige dieser weit verbreiteten Fehler zu erkennen.

FUNDGRUBE 1-3

Was stimmt nicht bei diesem Experiment?

Ein Psychologe interessiert sich für die Auswirkungen einer Scheidung auf die Kinder. Die Hypothese lautet, daß Kinder, die in vaterlosen Familien aufwachsen, ungünstig beeinflußt werden und so als Erwachsene weniger erfolgreich sind. Aus einer großen Zahl von Versuchspersonen wird eine Gruppe von 30 Erwachsenen wilkürlich ausgewählt (15 Männer und 15 Frauen), die aufgrund von Scheidung in vaterlosen Familien aufgewachsen sind. Ebenfalls ausgewählt wird eine entsprechende Gruppe aus 15 Männer und 15 Frauen, die in Familien aufgewachsen sind, in denen beide Elternteile anwesend waren, bis das Kind das 18. Lebensjahr erreicht hatte. Der Erfolg wird anhand des Jahreseinkommens gemessen.

Die Ergebnisse zeigen, daß das durchschnittliche Jahreseinkommen in der Gruppe, die vaterlos aufgewachsen ist, $11,275 beträgt, in der anderen Gruppe sind es $17,500. Der Psychologe schließt daraus, daß das Aufwachsen in einer vaterlosen Familie zu psychischen Schäden führt, aufgrund derer das Kind letztlich weniger leistungsmotiviert wird (mit dem Ergebnis, daß er als Erwachsener in einer weniger gut bezahlten Stellung arbeitet).

Das Quasi-Experiment

Die experimentelle Methode ist die beste Technik, die uns zur Verfügung steht, um die Ursachen von Verhalten zu bestimmen. Leider gibt es viele Situationen, in denen streng kontrollierte Experimente einfach nicht durchgeführt werden können. Zum Beispiel ist die in Fundgrube 1-3 beschriebene Untersuchung kein wirkliches Experiment. Der Forscher hat die Variable Vater abwesend/Vater anwesend *nicht manipuliert,* sondern einfach nur Familien ausgewählt, bei denen eines dieser beiden Merkmale zutraf. Daher kann man nicht den logischen Schluß ziehen, daß der beobachtete Unterschied im Jahreseinkommen durch die Ab- oder Anwesenheit eines Vaters *verursacht wird.* Viele andere Faktoren werden mit der Abwesenheit (oder Anwesenheit) eines Vaters korreliert, z. B. sind vielleicht Väter mit niedrigem Einkommen häufiger abwesend. Um das Experiment richtig durchzuführen, müßte der Forscher nach dem Zufallsprinzip eine Gruppe von Kleinkindern auf Familien mit und ohne Väter verteilen. Natürlich ist ein solches Experiment unmöglich.

Viele Experimente, die in der Tat wichtige *Ursachen* für das Verhalten aufdecken würden, lassen sich aus moralischen, ethischen, religiösen, wirtschaftlichen oder anderen Gründen nicht durchführen. In solchen Fällen verlassen wir uns häufig auf Informationen, die wir aus nicht-experimentellen Methoden gewinnen, wie z. B. dem korrelationsstatistischen Ansatz.

Zu diesem Zweck haben die Wissenschaftler begonnen, quasiexperimentelle Techniken zu entwickeln. In solchen Untersuchungen versucht der Forscher Bedingungen herzustellen, die denjenigen bei einem echten Experiment so nahe wie möglich kommen. Das kann dazu beitragen, daß einige mögliche Ursachen für Verhalten ausgeschlossen werden, aber nicht alle. In dem gegebenen Beispiel hat der Forscher nicht bewiesen, daß die Anwesenheit eines Vaters die wichtigste Variable ist, die Einkommensunterschiede bei der Nachkommenschaft verursacht. Aber er hat herausgefunden, daß unter natürlichen Umständen diese Variable und andere, die mit ihr korrelieren (wie z. B. Einkommen des Vaters), zusammen für das Einkommen der Nachkommen bestimmend sind. Bei einem Quasi-Experiment versucht man es so einzurichten, daß die *meisten* Alternativerklärungen der Ergebnisse, die hauptsächlich in Frage kommen (aber leider nicht alle), ausgeschlossen werden können.

Der Zeitreihen-Versuchsplan

Ein gutes Beispiel für einen Versuchsplan eines Quasi-Experiments ist bekannt als *unterbrochener Zeitreihen-Versuchsplan.* Zeitreihe bedeutet, daß der Versuchsleiter ein Verhalten, das ihn interessiert, im Laufe der Zeit mehrfach mißt. Unterbrochen heißt, daß an einem bestimmten Punkt eine Behandlung oder eine Variable eingeführt wird. Der Versuchsleiter hat gewöhnlich keine Kontrolle über die Variable oder den Zeitpunkt, an dem sie eingeführt wird. Sinn eines solchen Experiments ist es, festzustellen, ob die Behandlung irgendeine Auswirkung auf das interessierende Verhalten besitzt. Wenn man tatsächlich eine Auswirkung erwartet hat, müßten sich die Meßwerte nach der Behandlung von denen vor der Behandlung unterscheiden. Ein Beispiel für einen Zeitreihen-Versuchsplan wäre die Untersuchung, ob das Verbot der Regierung im Jahre 1976, im Fernsehen und Hörfunk Werbung für Zigaretten zu machen, Auswirkungen auf den Zigarettenumsatz gehabt hat. Man nimmt also die Umsatzzahlen der größten Zigarettenhersteller in den Jahren vor und nach der Einführung dieses Verbots und stellt sie graphisch als Funktion der Zeit dar. Wenn man die Zahlen über Zigarettenkonsum über einen längeren Zeitraum verwendet, kann man besser verstehen, was eventuell in einem bestimmten Zeitraum geschehen ist. Sehen Sie sich Abb. 1-1 an, in der vier hypothetische Ergebnisse mit Hilfe von Zeitreihendaten eingetragen sind. Beachten Sie, daß in jedem Fall ein bedeutender Konsumabfall zwischen 1975 und 1976 stattfindet. Wenn man ihn aus dem Zeitzusammenhang nimmt, könnte dieser Konsumabfall zwischen 1975 und 1976 irrtümlich auf das Verbot der Fernsehwerbung zurückgeführt werden. Aber bei Berücksichtigung des erweiterten zeitlichen Kontexts wird man eventuell zu einem völlig anderen Schluß kommen. In Teil A der Abb. 1-1 zeigen die Daten der erweiterten Zeitreihe deutlich, daß der Konsum seit mehreren Jahren ständig gefallen war. Der Abfall zwischen 1975 und 1976 wäre demnach lediglich eine Fortsetzung eines bestehenden Trends und kaum das Ergebnis des Verbots der Fernsehwerbung. Von den vier Möglichkeiten an Abb. 1-1 bietet nur Teil D einen gewissen Rückhalt für die Schlußfolgerung, daß ein Umsatzrückgang auf die veränderte Werbesituation zurückzuführen ist.

Abbildung 1-1 **Zeitreihendaten aus vier hypothetischen Ergebnisse**

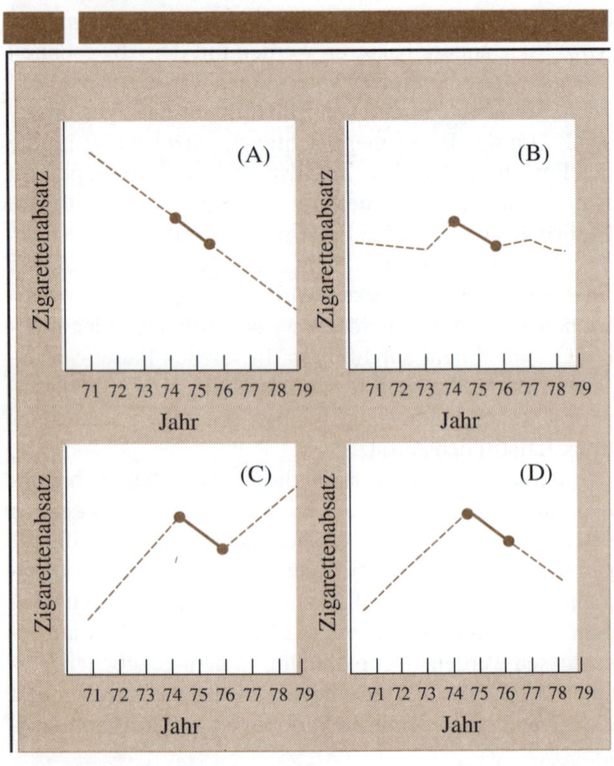

Die erweiterte Zeitreihe ist wichtig für das Ausschließen anderer Faktoren, die zu dem Trend in den Daten beitragen könnten. Sie ist natürlich noch nicht perfekt, denn wir können nicht alle Variable zufriedenstellend kontrollieren, die eventuell in einer Situation wirksam sind. Nichtsdestoweniger sprechen die so gewonnenen Daten definitiv mehr für die Richtigkeit unserer Hypothesen als ein einfacher Vergleich vor und nach einem Test.

Das Problem der Übertragbarkeit auf die Wirklichkeit

Befürworter des quasiexperimentellen Ansatzes kritisieren die experimentelle Forschung häufig mit der Begründung, daß sie unter Umständen nicht repräsentativ für die Wirklichkeit ist. Sie behaupten, Laborexperimente zur Untersuchung eines Problems (solche, in denen der Versuchsleiter die Variablen manipulieren kann) seien zu künstlich oder von der Wirklichkeit zu weit entfernt, als daß man die Ergebnisse sinnvoll auf sie übertragen könnte. Angenommen wir würden unser Stichprobenproblem lösen, indem wir Ratten oder Mäuse untersuchen und tatsächlich nach dem Zufallsprinzip bestimmen, welche Rattenjungen in Käfigen mit und welche in Käfigen ohne die Anwesenheit des Rattenvaters aufwachsen. Wir haben also ein streng kontrolliertes Experiment, aber kann man seine Ergebnisse auf Menschen anwenden? Dies ist eine Frage der *externen Validität.* Wenn sich die Ergebnisse eines Experiments auf viele Situationen anwenden lassen, heißt es, das Experiment habe mehr externe Validität als ein anderes, dessen Ergebnisse man nicht so verallgemeinern kann. Quasi-Experimente besitzen oft mehr externe Validität als streng kontrollierte Experimente, und das kann bei der Entscheidung in Bezug auf die Form der Untersuchung wichtig sein.

PSYCHOLOGIE AUS HISTORISCHER SICHT

Die Menschen waren immer neugierig auf sich selbst. Im Laufe der Zeiten fand diese Neugierde in vielerlei Formen Ausdruck, z. B. durch Schriftsteller und Philosophen und in Religion und Medizin. Aber vor dem 19. Jahrhundert war unsere Neugierde, was uns selbst betraf, weitgehend spekulativ. Es gelangen nur wenige Schlußfolgerungen, auf die sich alle einigen konnten, und in Bezug auf viele Fragen gab es heftige Auseinandersetzungen.

Im 19. Jahrhundert dachten mehrere prominente Wissenschaftler, die Religion, Philosophie, Medizin oder

Weniger Verkehrstote : Das neue Gesetz hat sich bewährt

von NEIL WESTERGAARD

Die Zahl der Verkehrstoten in Colorado hat sich im Monat Juli fast halbiert, und die für die Sicherheit der staatlichen Autobahnen zuständigen Beamten sagen, die strengen neuen Gesetze gegen Trunkenheit am Steuer seien ein Hauptgrund für diesen Rückgang.

Im Juli letzten Jahres wurden auf den Autobahnen von Colorado 103 Personen getötet, aber bis letzten Dienstag waren nur 58 tödlich verunglückt, wie der Sprecher der staatlichen Abteilung für Sicherheit auf den Autobahnen, Lance Clem, mitteilte.

Die Gesamtzahl im letzten Juli war ein Rekord, und es war das erste Mal, daß der Staat mehr als 100 Verkehrstote in einem einzigen Monat zu beklagen hatte, sagte Clem, aber die Gesamtzahl dieses Monats liegt noch immer weit hinter dem Fünfjahresdurchschnitt von 80 Toten für den Monat Juli zurück.

Ferner gab Clem bekannt, daß die derzeitigen Verkehrszählungen einen Anstieg von 1 bis 2% bei der Zahl der Fahrzeuge auf den Straßen Colorados zeigten.

Das neue Gesetz gegen Trunkenheit am Steuer trat am 1. Juli in Kraft.

The Denver Post
29.Juli 1982

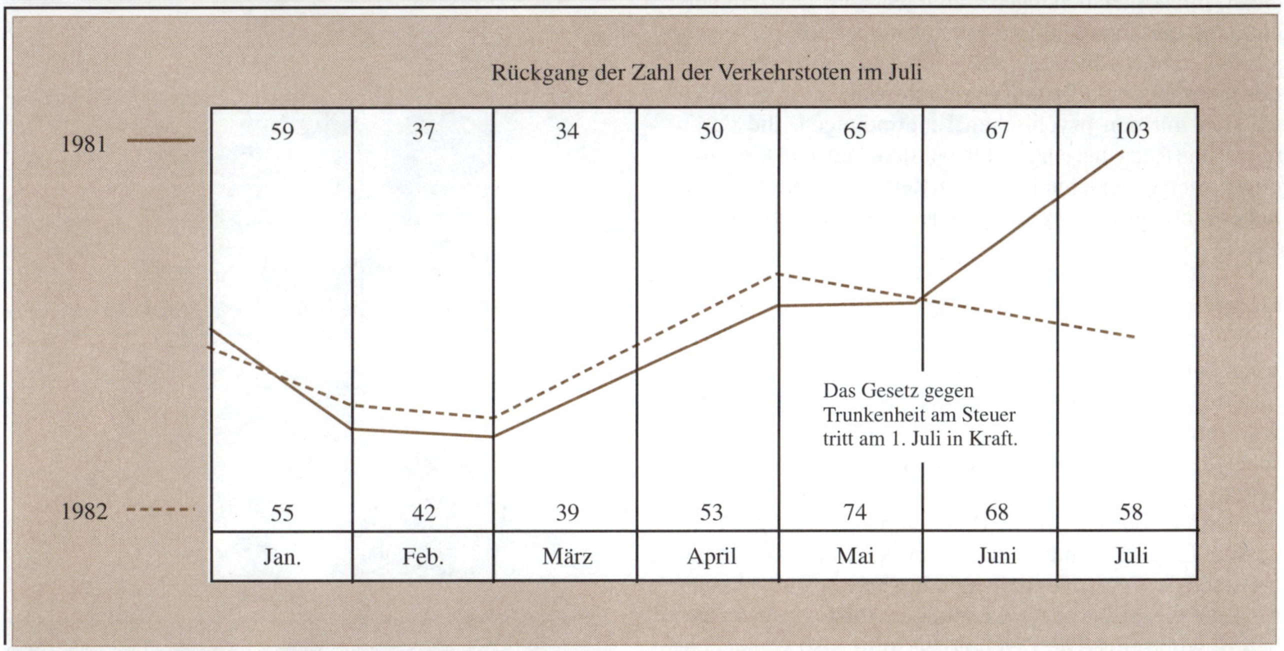

Hier haben Sie ein Beispiel für ein Quasi-Experiment, eine Zeitreihenuntersuchung, die das Straßenverkehrsamt von Colorado durchgeführt hat. Darin wird gefolgert, daß das neue strenge Gesetz des Staates gegen Trunkenheit am Steuer zu einem signifikanten Rückgang der Unfalltodesfälle geführt hat. Diese Folgerung scheint verfrüht; man braucht mehr Daten, und andere Erklärungen müssen auszuschließen sein. Nichtsdestoweniger veranschaulicht diese Untersuchung, wie man Daten aus Zeitreihenuntersuchungen verwenden kann, um zu Schlußfolgerungen zu gelangen. Bedenken Sie, daß quasiexperimentelle Techniken nicht narrensicher sind - es gibt alternative Erklärungen. Fallen Ihnen solche ein?

verwandte Wissenschaften studiert hatten, daß die Methoden der Wissenschaft, die so wichtige Einsichten in andere Gebiete ergeben hatten, sich vielleicht auch auf die Psychologie anwenden ließen und helfen könnten, einen Teil der Kontroverse über die menschliche Natur zu lösen. Von dem Zeitpunkt an gewann die Psychologie eine größere Bedeutung. An die Stelle der Spekulation trat Beweismaterial auf der Grundlage von Beobachtungen. Der Erfolg, wenn auch nach dem heutigen Standard bescheiden, trat nichtsdestoweniger sofort ein. Die wissenschaftliche Methode bot Mittel für einen wirklichen Durchbruch in unserem Verständnis menschlichen Verhaltens.

Der Fortschritt der wissenschaftlichen Psychologie war am Anfang langsam, geriet aber dann schnell unter Dampf. Auf der Einbandinnenseite dieses Buches zeigen wir einen Zeitplan mit den wichtigsten Ereignissen in der Anfangsphase der wissenschaftlichen Psychologie zwischen 1859 und 1920. Ein Großteil dieser Anfangsphase kann als Definieren und Verfeinern des Untersuchungsgegenstands der Psychologie beschrieben werden. Die allerersten wissenschaftlichen Psychologen befaßten sich mit dem, was wir heute *Bewußtsein* nennen. Sie interessierten sich für den Inhalt und die Vorgänge im menschlichen Geist. Ihre Untersuchungen waren jedoch oft extrem vereinfacht, und ihre Schlußfolgerungen über komplexe geistige Aktivität zogen sie aus einfachen Reizdiskriminationsaufgaben und Reaktionszeitmessungen. So befaßten sie sich mit den psychischen Empfindungen, die durch physische Reize hervorgerufen wurden, und dem kleinsten physischen Unterschied zwischen Reizen, den das menschliche Wahrnehmungssystem gerade noch registrieren konnte.

Inhalte des Bewußtseins

Aus dieser Anfangsphase entwickelte sich die Psychologie sehr schnell weiter und erhielt mehr Einheitlichkeit und Struktur, weil sich ihre Vertreter hauptsächlich auf das Bewußtsein konzentrierten. Die ersten größeren theoretischen Schriften in der Psychologie stammten von Wilhelm Wundt (1832-1920), Professor für Philosophie, der 1879 das erste wissenschaftliche Psychologielabor an der Universität Leipzig gründete (Abb. 1-2). Nach Wundt war Gegenstand der Psychologie die unmittelbare bewußte Erfahrung, die Erfahrung oder Erkenntnis des Inhalts seines eigenen Bewußtseins. Die Psychologie sollte also versuchen, die Struktur der bewußten Erfahrung zu verstehen. Wundts Theorie wird gelegentlich *Strukturalismus* genannt. Durch die Entwicklung der modernen Physik und Chemie beeinflußt, forderte Wundt, daß der grundlegende Ansatz der Naturwissenschaft, nämlich die Analyse, auch auf das menschliche Bewußtsein angewendet werden sollte. Um ein Problem zu verstehen, müssen wir es in seine kleinsten Teile oder Elemente zerlegen und dann die Teile selbst als Grundbausteine untersuchen. Der Strukturalismus war also ein Versuch, den Geist in seine Grundbestandteile zu zerlegen, in die sogenannten mentalen Elemente.

Wundt glaubte, daß die Existenz dieser Elemente durch philosophische Argumentation weitgehend als gesichert gelten könnte, aber er wollte sie empirisch nachweisen. Zu diesem Zweck entwickelte er eine Methode, die er *Introspektion* nannte. Die Introspektion erfordert einen Beobachter, der das, was in seinem Bewußtsein aufgrund kontrollierter Stimulation vor sich geht, objektiv betrachten und verbal wiedergaben kann. Diese verbalen Berichte werden dann analysiert und die Elemente in dem Bemühen kategorisiert, die Anzahl und Arten der Elemente im Bewußtsein zu bestimmen. Wundts Studien führten ihn zu dem Schluß, daß es drei Grundelemente gibt, nämlich die *Empfindungen* (die unmittelbaren Produkte äußerlicher Reize), die *Vorstellungen* (Erfahrungen ähnlich den Empfindungen, die das Bewußtsein selbst produziert) und die *Gefühle* (die affektiven oder emotionalen Bestandteile einer Erfahrung).

Abbildung 1-2 Wilhelm Wundt

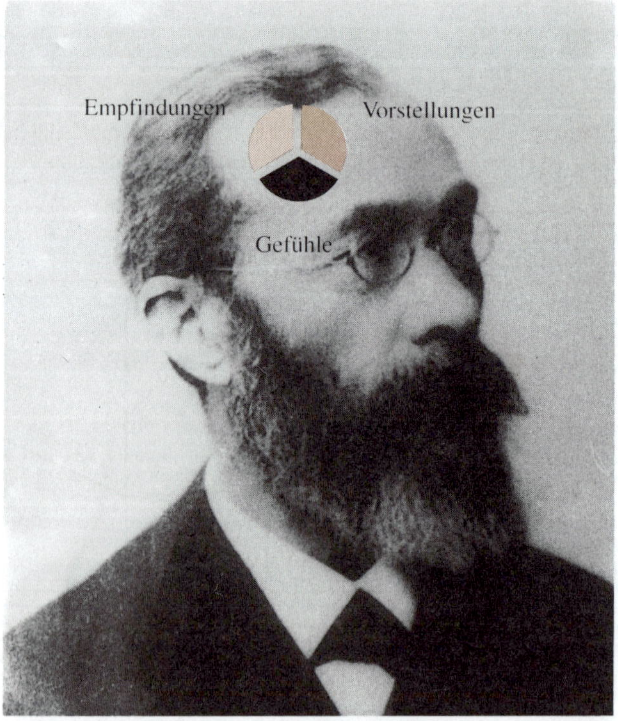

Der Gründer des psychologischen Strukturalismus vertrat die Auffassung, die Psychologie müsse sich mit dem Studium von Inhalten der bewußten Erfahrung mit Hilfe der Methode der Introspektion befassen. Er schloß, daß äußere Reize im Bewußtsein drei Grundelemente aktivierten - Empfindungen, Vorstellungen und Gefühle -, aus denen unsere ganze restliche Erfahrung zusammengesetzt ist.

Bewußtsein und Handeln

Die Grenzen des Strukturalismus bestehen in der Unfähigkeit, Bewußtsein und Handeln in Beziehung zueinander zu setzen. Die Strukturalisten prüfen den Bewußtseinsinhalt, der durch einfache physikalische Reize erzeugt worden ist, aber sie vernachlässigen die Beziehung zwischen diesem Inhalt und der nachfolgenden Handlung. Auf dieses wesentliche Versäumnis haben amerikanische Psychologen der Anfangszeit der Psychologie wie z. B. William James (1842-1910) hingewiesen. James (Abb. 1-3) leugnete nicht, daß Geist und Bewußtsein wichtige Konzepte in der Psychologie sind, er glaubte aber, daß man zu einem vollständigen Bild von der menschlichen Natur nur dann gelangen könne, wenn man den Geist in Bezug zum Handeln setzt. James stellte sich den Geist als Führungsorgan des Körpers vor, dessen Funktion darin bestand, Verhalten zu steuern. Somit sollte der Psychologe sich nicht nur damit beschäftigen, woraus der Geist besteht, sondern auch damit, wie und warum er so und nicht anders

Abbildung 1-3 William James

Einer der ersten und wichtigsten amerikanischen Psychologen, Williams James, gründete das erste Psychologielabor in den USA. Für James war der Inhalt des Geistes ein ununterbrochener "Bewußtseinsstrom", den man nicht in elementare Bausteine zerlegen könne.

arbeitet. Diese Verlagerung der Aufmerksamkeit auf die Funktionen des Geistes anstatt auf seine Inhalte führte schließlich dazu, daß diese Richtung die Bezeichnung *Funktionalismus* erhielt.

Aber James hatte einen weiteren Einwand gegen den Strukturalismus: er meinte, daß Wundt sich zu sehr auf die Zuverlässigkeit der Introspektion als Methode verlassen habe. Z. B. gelingt es unter gewissen Umständen geschulten Beobachtern nicht, einen bewußten Inhalt in der Reaktion auf einen Reiz festzustellen. Somit sind introspektive Ergebnisse unzuverlässig und können keine Grundlage für echte wissenschaftliche Fortschritte sein. James meinte auch, daß sich der Geist nicht analysieren lassen dürfte. Anstatt zu versuchen, den Geist zu beschreiben, als sei er aus elementaren Bausteinen zusammengesetzt - so wie es die Strukturalisten forderten - zog James es vor, das Bewußtsein als etwas Fließendes zu sehen, und er benutzte oft den Ausdruck *Bewußtseinsstrom.*

Die Funktionalisten waren stark beeinflußt von Darwins Evolutionstheorie, in der die Anpassung in erster Linie zur Sicherung des Überlebens dient, und sie waren mit die ersten, die feststellten, daß die wichtigste Methode des Menschen zur Anpassung an seine Umwelt das Lernen ist, das Erwerben von Wissen und Fertigkeiten. Diese Fähigkeit unterscheidet in hohem Maße menschliche Wesen von den niederen Tieren und erlaubt uns trotz unserer relativ begrenzten Physiologie und motorischer Fertigkeiten, uns an die verschiedensten Umweltgegebenheiten anzupassen.

Verhalten, Handeln und Leistung

Die Kritik der Funktionalisten am Strukturalismus reichte John B. Watson (1878-1950) nicht aus. Watson (Abb. 1-4) argumentierte, daß rein innerpsychische Zustände - solche, die wir vorgeblich mit Hilfe der Introspektion untersuchen - nicht der Untersuchungsgegenstand einer seriösen Wissenschaft sein könnten. Nur in der Außenwelt ablaufende Ereignisse - d. h. Handlungen, Reaktionen oder Leistungen, die von anderen beobachtet und gemessen werden können - erfüllen die Anforderungen einer echten wissenschaftlichen Disziplin. Diese Ereignisse nannte Watson *Verhaltensweisen*, und die Lehrmeinung, die er vertrat, wurde später *Behaviorismus* (aus dem Engl. behavior = Verhalten) genannt. Reaktionen oder Verhaltensweisen werden nach Watson direkt durch klar definierbare Reize in der Umgebung beeinflußt. Das Hauptziel der Psychologie ist somit, solche Reiz-Reaktionsbeziehungen zu erkennen, die gesetzmäßig und vorhersagbar sind.

Zur gleichen Zeit hat Iwan Pawlow (1848-1936) in Rußland die Reiz-Reaktions-Analyse in seiner berühmten Beschreibung des klassischen Konditionierens eindrucksvoll demonstriert (s. Kapitel 4).

Bei seinen physiologischen Untersuchungen der Verdauung beobachtete Pawlow, daß sich bei seinen Versuchsobjekten, nämlich Hunden, beim Klang eines neutralen Reizes - etwa einer Glocke - Speichelfluß einstellte, nachdem er wiederholt kurz vor oder während des Fütterns eine Glocke hatte ertönen lassen. Sowohl Pawlow als auch Watson sahen diese Konditionierungsphänomene als Beweis dafür an, wie wichtig das Lernen für das Verhalten ist. Watson faßte Pawlows Forschungsarbeit als Bestätigung für die Gesetzmäßigkeit des Verhaltens auf. Er sah darin auch einen Beweis, daß es möglich sein müßte, jedes noch so komplexe Verhalten auf gelernte Reiz-Reaktions-Einheiten zu reduzieren. Für die Behavioristen bestand das Problem der Psychologie darin, vorherzusagen, welche Reaktionen von welchen Reizen hervorgerufen werden.

Abbildung 1-4 John B. Watson

Für John B. Watson, den Begründer des Behaviorismus, bestand Verhalten aus erlernten Reaktionen auf äußere Reize, die mit den Sinnen wahrgenommen werden. Er lehnte das Konzept Geist ab, weil er es für sinnlos hielt, über die Frage zu spekulieren, ob es den Geist überhaupt gibt. In seinem Verhaltenssystem ersetzte Watson den Geist durch eine "black box" bzw. einen leeren Kopf und befaßte sich ausschließlich mit beobachtbaren Reiz-Reaktionsbeziehungen. Er war der erste Vertreter der Reiz-Reaktions-Psychologie.

Watson glaubte, daß alles Verhalten gelernt sei. Er stellte einmal die kühne Behauptung auf, daß er jedes gesunde Baby zu einem Erwachsenen gleich welcher Art heranziehen könne - zu einem Rechtsanwalt, einem Doktor oder einem Dieb -, und zwar nur durch gesteuertes Konditionieren des Kindes. Heute erkennen wir, daß das Konditionieren und andere Lernprozesse für das Verhalten zwar wichtig sind, Watsons Behauptung aber zu hoch gegriffen war, weil er den Faktor Erbanlagen vernachlässigte.

Die Organisationsprozesse des Geistes

Etwa um die gleiche Zeit wie Watsons Widerstand gegen den Strukturalismus kam eine andere Art Reaktion mit Namen *Gestaltpsychologie* auf, eine Bewegung, die in den Jahren 1910 von Deutschland ausging. Im Wort *Gestalt* - Form oder organisiertes Ganzes - wird deutlich, worauf diese Schule den Schwerpunkt legte, nämlich auf die ordnenden oder organisierenden Kräfte des Geistes. Die Hauptvertreter der Gestaltpsychologie - Wolfgang Köhler (1887-1967), Kurt Koffka (1886-1941) und Max Wertheimer (1880-1943) (Abb. 1-5) - lehnten ebenso wie William James die Vorstellung ab, daß sich Geistesinhalte oder Erfahrungen auf einige wenige grundlegende Bestandteile reduzieren ließen. Sie griffen entgegengesetzte Ideen aus der physikalischen Wissenschaft auf, insbesondere das physikalische Konzept der Feldtheorie, wobei sie argumentierten, daß das Phänomen als Ganzes sich von der Summe seiner Teile unterscheidet. So nehmen wir die

Abbildung 1-5 Max Wertheimer

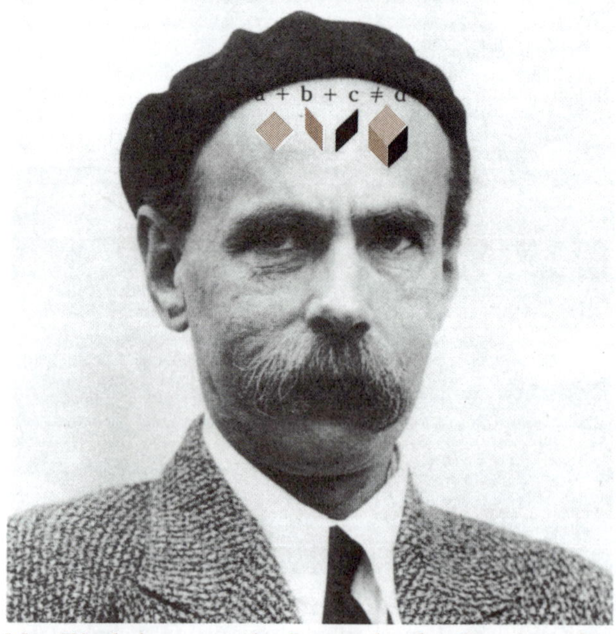

Max Wertheimer war der Begründer der Gestaltpsychologie. Er ging von dem Leitprinzip aus, daß Geistesinhalte und Verhaltensweisen mehr sind als die Summe ihrer Teile.

Kontinuität des Geschehens in einem Film aufgrund einer Reihe stehender Bilder wahr. Selbst in einer Neonreklame gibt es Bewegung. Beide Effekte basieren auf dem Phänomen der Scheinbewegung, das 1912 von Wertheimer erkannt wurde. Abb. 1-6 zeigt ein weiteres Beispiel dafür, wie die Wahrnehmung eines Ganzen sich von den Wahrnehmungen seiner Einzelteile unterscheiden kann. Die Gestalttheorie kann man auf alle wichtigen Formen des Verhaltens anwenden, nicht nur auf die Wahrnehmung. Köhler z. B. glaubte, daß Lernen und Problemlösen weitgehend Funktionen der organisatorischen Prozesse des

Abbildung 1-6 Der gestaltpsychologische Ansatz zur Wahrnehmung

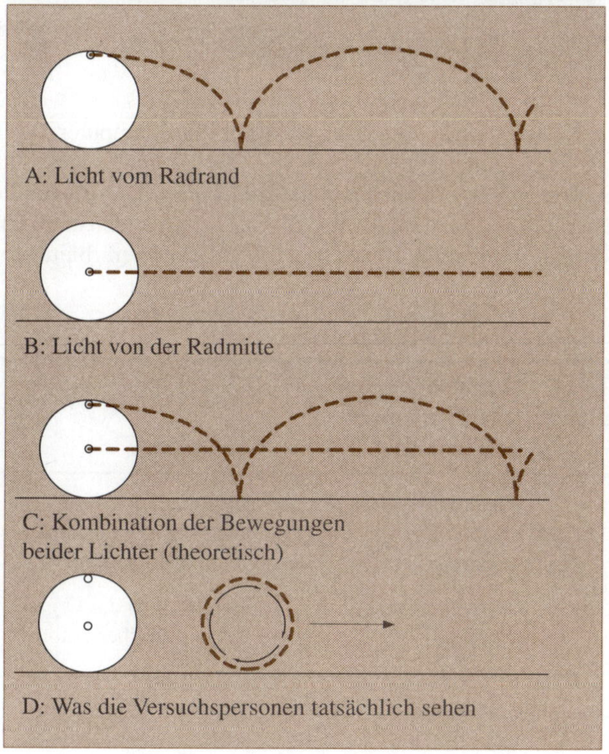

Hier ist ein interessanter Effekt der Wahrnehmung, der ein grundlegendes gestaltpsychologisches Prinzip demonstriert. Er weist darauf hin, daß wir bei der Wahrnehmung eines Ereignisses nicht nur unsere Wahrnehmungen einzelner Teile dieses Ereignisses addieren. Ein Rad wird von links nach rechts in einem dunklen Zimmer über einen Tisch gerollt. Im Fall A ist auf den Rand des Rades ein Licht montiert, und die gestrichelte Linie zeigt an, was die Versuchspersonen wahrnehmen sollten. B zeigt unsere Wahrnehmung eines Lichtes, das in der Mitte des Rades angebracht ist. C gibt die geometrische Summe der Bewegungen der Lichter am Radrand und in der Radmitte an. D zeigt, was die Versuchspersonen aber tatsächlich wahrnehmen.

Geistes sind. Damit meinte er, daß Menschen lernen, Probleme zu lösen, indem sie die verschiedenen Komponenten einer Aufgabe im Geiste organisieren und reorganisieren. Aber nur eine oder höchstens ein paar solcher Organisationsformen bilden ein vollständiges oder zufriedenstellendes Ganzes. Wenn sie das ganze Bild geistig erfassen, erleben sie einen Moment der Einsicht. Achten Sie in der obigen
Beschreibung auf den ständigen Gebrauch von Ausdrükken, die sich auf die Wahrnehmung beziehen, wie z. B. Sehen, Wahrnehmen und Erleben. Das Thema Wahrnehmung findet sich in allen gestalttheoretischen Ansätzen zur Erklärung des Verhaltens. Achten Sie auch darauf, daß hier angedeutet wird, Lernen und Problemlösen seien "Alles-oder-Nichts"-Prozesse, Prozesse der Einsicht. Dies ist ein weiteres Prinzip, das die Gestaltpsychologie von den Ansichten unterscheidet, wonach das Lernen ein Prozeß kontinuierlicher Festigung von Reiz-Reaktions-Verbindungen ist.

Die Motivation und das Unbewußte

Außer dem von Wundt vorgeschlagenen Element der Gefühle scheint in den Anfängen der wissenschaftlichen Psychologie eine wichtige Dimension des menschlichen Wesens vernachlässigt worden zu sein, nämlich die Dimension Motivation-Emotion. Warum tun wir Dinge, die wir tun? Sigmund Freud (1858-1939) hat sich ausdrücklich mit dieser Dimension befaßt. Da er gelernter Mediziner war, versuchte er, naturwissenschaftliche und medizinische Techniken anzuwenden, um anormale Verhaltensformen zu verstehen und zu behandeln. Seine Technik war analytisch und bestand in tiefgehenden und zeitaufwendigen Erforschungen des Bewußtseins von Personen, die unter seelischen Problemen litten. Vieles von dem, was Freud über den Menschen entdeckte, lag weit unter den normalen Bewußtseinsebenen, und die Technik und Schule, die Freud begründete, wurde später *Psychoanalyse* genannt. Die Ansicht, daß Menschen rationale Wesen seien und ihr Verhalten bewußt kontrollieren könnten, wurde durch Freuds Entdeckungen ernsthaft in Frage gestellt. Er fand heraus, daß sich Erfahrungen aus der frühesten Kindheit, Ängste und miteinander in Konflikt stehende unbewußte Motive auf das Verhalten als normaler, reifer Erwachsener auswirken. Obwohl wir diese Gedanken heute für vollkommen vernünftig halten, galten sie als revolutionär, als Freud sie das erste Mal an die Öffentlichkeit trug.

GEGENWÄRTIGE TRENDS IN DER PSYCHOLOGIE

Unser Überblick über die Anfänge der Psychologie war skizzenhaft, sollte jedoch ausreichen, um einige der wichtigsten Trends zu illustrieren. Die verschiedenen historischen Schulen der Psychologie (s. Tabelle 1-1) existieren nicht mehr in ihrer ursprünglichen engen Form, denn als sich die Psychologen näher mit den Problemen befaßten, entdeckten sie, daß sie nicht mit den einfachen Erklärungen auskamen, wie sie der Strukturalismus, der Behaviorismus oder andere Lehrmeinungen anbieten. Sie haben inzwischen erkannt, daß das Verhalten sowohl von Erbanlagen als auch von der Umwelt beeinflußt wird, und daß sowohl geistige Prozesse als auch beobachtbare Handlungen Teil jeder Verhaltensbeschreibung sein müssen. Natürlich setzt man in der heutigen Psychologie unterschiedliche Schwerpunkte und vertritt unterschiedliche Meinungen, aber die extremistischen und engstirnigen Denkweisen, die für die frühen Schulen charakteristisch waren, werden glücklicherweise immer seltener.

Die Entwicklung moderner, elektronischer Computer ist für Psychologen von größtem Wert. Der Computer kann auf verschiedenste Arten benutzt werden, wie z. B. zum Analysieren von Daten, zur Kontrolle von Experimenten und zum Simulieren der menschlichen Informationsverarbeitung.

Wahrnehmung und Informationsverarbeitung

Eine Ansicht über das Verhalten wird heute von Psychologen mit unterschiedlichen Interessen trotzdem weitgehend

TABELLE 1-1 Die wichtigsten theoretischen Schulen in der Geschichte der Psychologie

Schule	Ungefährer Beginn	Führende(r) Vertreter	Hauptuntersuchungsmethode	Hauptsächlicher Untersuchungsgegenstand	Grundsatz
Strukturalismus	1870	W. Wundt	Introspektion	Inhalt der bewußten Erfahrung	Erfahrungen setzen sich aus primären mentalen Elementen zusammen
Funktionalismus	1890	W. James J. Cattell J. Dewey	Introspektion und Experiment	Bewußtsein und Leistung	Der Geist ist das Organ der psychischen Anpassung
Psychoanalyse	1900	S. Freud	Introspektion und Einzelfalldarstellung	Unbewußtes	Das Verhalten von Erwachsenen wird von unbewußten Motivationen gesteuert, die durch frühe Lebenserfahrungen entstanden sind.
Gestaltpsychologie	1912	M. Wertheimer K. Koffka W. Köhler	Experiment	Organisation der bewußten Erfahrung	Wahrnehmungen, Erfahrungen und geistige Vorgänge unterscheiden sich von der Summe ihrer Teile.
Behaviorismus	1913	J. Watson	Experiment	Verhalten wird als Leistung oder Handlung definiert	Alles Verhalten kann mit Reiz-Reaktions-Verbindungen erklärt und durch Konditionieren neuer Reiz-Reaktions-Verbindungen verändert werden.

" Wegen dieser Maschine hat mein Vater keinen Job mehr"

geteilt. Nach dieser Ansicht sind menschliche Wesen aktive Informationsverarbeiter, die sich in ständiger Interaktion mit ihrer Umwelt befinden und kognitive oder geistige Fähigkeiten in alle Interaktionen einbringen.

Diesen Aspekt der Informationsverarbeitung haben Psychologen bei der Analyse aller Verhaltensebenen angewendet, ausgehend vom einfachen Konditionieren bis zu abnormalem Verhalten und therapeutischen Versuchen, dieses zu korrigieren.

Die Informationen gehen in das menschliche Verarbeitungssystem über verschiedene sensorische Rezeptoren ein. Somit ist das System teilweise datenbetrieben und arbeitet im "bottom-up" Modus (siehe die nähere Erläuterung von "bottom-up" in Kap. 5, Abschnitt "Der zweigleisige Informationsfluß"). Die Informationsverarbeitung durchläuft eine Folge von Stadien, beginnend mit der Umsetzung physikalischer Energie in eine psychologische oder geistige Form. Das System enthält auch verschiedene Speicher, die jeweils ihre eigenen Merkmale besitzen. Im *sensorischen Gedächtnis* kann ein Ereignis genau erinnert werden, aber nur für kurze Zeit. Etwas länger bleiben die Informationen im *Kurzzeitgedächtnis*, in dem Gedächtnisspeicher, der uns z. B. erlaubt, uns eine neue Telefonnummer gerade lange genug zu merken, um sie wählen zu können. Die wichtigste Information wird gewöhnlich im *Langzeitgedächtnis* gespeichert, und zwar so lange, bis sie zu einem späteren Zeitpunkt gebraucht wird.

Zusätzlich zu den verschiedenen Gedächtnisarten erlaubt das Informationsverarbeitungssystem auch die Selektion der Aufmerksamkeit, das Erfahren des Bewußtseins, die Fähigkeit, aus eingehenden Daten Schlußfolgerungen zu ziehen und Begriffe zu bilden, das Lösen von Problemen und Treffen von Entscheidungen sowie die Wahl einer Handlung (beobachtbares Verhalten). In diesem Sinn ist das System ideen- oder konzeptgesteuert und funktioniert im Modus "top-down". (siehe die nähere Erläuterung von "top-down" in Kap. 5, Abschnitt "Der zweigleisige Informationsfluß").

Einer grundsätzlichen Ursache für die Schwierigkeiten, die wir haben, um in unserer Welt richtig zu funktionieren, hat man in der Informationstheorie die Bezeichnung *Prozessor mit beschränkter Kapazität* gegeben. In unserem Gedächtnis können enorme Informationsmengen gespeichert werden, aber unser Zentralprozessor kann jeweils nur eine kleine Menge dieser Informationen abrufen und mit ihnen arbeiten. Das Abrufen großer Informationsmengen erfordert daher einen großen Zeitaufwand. Auf der anderen Seite können viele Informationen in das System in ganz kurzer Zeit eingegeben werden, z. B. wenn Sie ein Lehrbuch lesen, das eine Menge neuer Dinge enthält, die Sie sich merken sollen, oder wenn Sie einer Vorlesung zuhören, die mit neuen Informationen gespickt ist. Wieder entstehen Probleme, denn der Prozessor kann nur soundsoviel Informationen gleichzeitig verarbeiten.

Das komplexe Informationsverarbeitungssystem, genannt menschliches Wesen, kann man unmöglich in ein paar kurzen Absätzen zusammenfassen. Da der Aspekt der Informationsverarbeitung in der Psychologie heute sehr wichtig ist, werden wir in den folgenden Kapiteln immer wieder darauf zurückkommen, insbesondere in denjenigen, die sich mit Wahrnehmung, Lernen, Gedächtnis, Sprache und Erkenntnis beschäftigen (s. Kapitel 3 bis 6). Wir werden versuchen aufzuzeigen, wie man aus der Perspektive der Informationstheorie den Versuch unternimmt, die Vielfalt von Verhaltensweisen zu erklären, die Menschen zeigen.

Humanistische Psychologie

Manche Psychologen sehen eine große Schwäche in dem zeitgenössischen Informationsverarbeitungsansatz und glauben, daß darin eine mechanistische Einstellung gegenüber menschlichen Wesen zum Ausdruck kommt. Er scheint darauf hinzudeuten, daß Menschen nicht in der Lage sind, ihr eigenes Schicksal zu lenken, sondern hilflos negativen Einflüssen ausgesetzt sind, die ihnen ihre Umwelt aufzwingt, und von Prozessen gesteuert werden, die von Geburt an im Nervensystem und anderen biologischen Strukturen wirksam sind.

Diese deterministische, wenn auch populäre Einstellung ergibt sich nicht automatisch aus den genannten psychologischen Theorien. Tatsächlich argumentieren manche Psychologen, daß sie zu einfach, irreführend und/oder ungenau ist, und sie empfehlen einen mehr humanistischen statt mechanistischen oder deterministischen Zugang zur Psychologie. Carl Rogers und Abraham Maslow, deren Gedanken wir in späteren Kapiteln im einzelnen schildern werden, sind die führenden Vertreter dieser Richtung, die *humanistische Psychologie* genannt wird. Nach der humanistischen Psychologie ist jeder Mensch einzigartig. Menschen werden nicht von äußeren Kräften gesteuert, sondern sind frei, kreativ und immer bemüht, sich weiterzuentwickeln. Während die deterministische Psychologie das Verhalten als ein geschlossenes System sieht, nimmt die humanistische Psychologie ein offenes System an. Es gibt keine Grenze für das, was menschliche Wesen leisten können.

Aus dieser Sicht kann jeder Mensch durch bewußte Ausübung seines freien Willens sein Schicksal bestimmen. Vernunft und Intuition sind wichtiger als unsere Umwelt oder Biologie, wenn es darum geht, den Verlauf unserer persönlichen Entwicklung zu bestimmen. Man nimmt tatsächlich an, daß jeder Mensch von einem Antrieb motiviert wird, sein ganzes Verhaltenspotential zu "aktualisieren", d. h. zu verwirklichen. Die Selbstaktualisierung oder Selbstverwirklichung ist die Suche nach persönlicher Identität und dem einzigartigen, persönlichen Lebenssinn.

Die humanistische Psychologie ist eindeutig ein Protest gegen den mechanistischen Trend in der heutigen Psychologie. Wie oben gesagt, gibt es Psychologen, die sich entschieden zu ihr bekennen. Obwohl in akademischen Kreisen vielleicht nicht so weit verbreitet wie der informationstheoretische Ansatz, stellt die humanistische Psychologie trotzdem eine wachsende Herausforderung für die vorherrschende Orientierung dar. Wir gehen hierauf ein, nicht weil wir möchten, daß Sie entweder eine humanistische oder eine deterministische Einstellung zu dem Stoff einnehmen sollen, den Sie im nachfolgenden lesen werden, sondern weil wir Ihre Aufmerksamkeit auf die verschiedenen Standpunkte lenken möchten. Wir selber lassen uns in erster Linie von den Grundsätzen der Informationsverarbeitung leiten, aber wir haben versucht, beide Seiten zu zeigen, wenn dies für eine Frage relevant war.

ZUSAMMENFASSUNG

1. Die Psychologie befaßt sich mit dem wissenschaftlichen Studium des Verhaltens. Sie setzt sich zusammen aus Erkenntnissen über das Verhalten, aus verschiedenen Methoden zu seiner Untersuchung, sowie aus einer Reihe von Techniken, die dazu dienen, unser Wissen zur Verbesserung des menschlichen Lebens einzusetzen.

2. Mit der Psychologie verbinden sich bestimmte Zielsetzungen: das Messen und Beschreiben des Verhaltens, seine Vorhersage und Steuerung sowie die Entdeckung grundlegender Verhaltensprinzipien.

3. Es gibt gewisse fundamentale Fragen über menschliches Verhalten, die immer wieder in der Psychologie erörtert werden: Ist die Vererbung oder die Umwelt wichtiger für das Verhalten? Wird das Verhalten von genetischen oder Umweltkräften bestimmt, oder ist es das Ergebnis des freien Willens? Können wir Verhalten mechanistisch erklären, oder brauchen wir ein Konzept wie "Geist" oder "Bewußtsein"? Übt das Bewußtsein oder das Unbewußte einen stärkeren Einfluß auf das Verhalten aus? Ist das Verhalten gesetzmäßig, oder ist jeder Mensch einmalig, so daß sich sein Verhalten nicht vorhersagen läßt? Schließlich ist da noch die Frage, in welchem Umfang unsere persönliche Lebensgeschichte unser gegenwärtiges Verhalten beeinflußt. Diese Fragen sollten sie im Gedächtnis behalten, wenn Sie die späteren Kapitel lesen.

4. Die Psychologen wenden eine Reihe verschiedener Methoden an, um das Verhalten zu erforschen. Es gibt unter anderem (a) die Einzelfallstudie, die intensive Untersuchung eines einzelnen Menschen; (b) die Beobachtung unter natürlichen Bedingungen, die Untersuchung psychischer Prozesse, wie sie im Alltagsleben vorkommen; (c) Umfragen, Tests und Interviews, d. h. Techniken, mit denen Beziehungen zwischen meßbaren Variablen sowie der Ausprägungsgrad dieser Beziehungen aufgedeckt werden sollen; und (d) das Experiment, die Simulierung von psychologischen Situationen im Labor, wobei untersucht wird, wie in diesen Situationen unter kontrollierten Umständen manipulierte, unabhängige Variable abhängige Variable beeinflussen.

5. Das Experiment ist die Methode der Wahl in der Psychologie, weil man damit die eindeutigsten Schlußfolgerungen ziehen kann und weil es häufig zur Entdeckung von Ursache-Wirkung-Beziehungen führt. Viele wichtige Probleme jedoch, wie z. B. Reaktionen auf Naturkatastrophen, eignen sich nicht zur Simulation im Labor und müssen auf andere Art und Weise untersucht werden.

6. Höhepunkte in der Geschichte der Psychologie bilden die Entstehung verschiedener psychologischer Denkmodelle und Theorien in den letzten Jahrzehnten des 19. und zu Anfang des 20. Jahrhunderts. Hier sind vor allem der Strukturalismus, der Funktionalismus, der Behaviorismus, die Gestaltpsychologie und die Psychoanalyse zu nennen.

7. Heute betrachten viele Psychologen menschliches Verhalten vom Standpunkt der Informationstheorie. Sie sehen Menschen als aktive Informationsverarbeiter, die sensorische Signale aus der Umwelt empfangen, sie in geistige Form umsetzen und zum zukünftigen Gebrauch speichern. Manche Psychologen lehnen die Informationstheorie als zu deterministisch ab und schlagen statt dessen einen humanistischen Ansatz vor, der die Einzigartigkeit, den freien Willen und die Vernunft des Menschen betont.

So sieht das in der Praxis aus

Am Ende jedes Kapitels in den Abschnitten “So sieht das in der Praxis aus” behandeln wir die Anwendung des vorher Besprochenen im täglichen Leben. Kapitel 1 konzentrierte sich auf die heutige Bedeutung der Psychologie, ihre Methoden und einige ihrer geschichtlichen Wurzeln. Jetzt werden wir unsere Aufmerksamkeit praktischen Dingen zuwenden: Was Psychologen tun, wie man Psychologe wird, Beispiele für Psychologie in Aktion, ethische Probleme, die in der Praxis der Psychologie entstehen, und ein abschließender Kommentar zu dem, was Psychologie nicht ist.

WAS TUN PSYCHOLOGEN UND PSYCHOLOGINNEN?

Als erstes gilt, daß Psychologen und Psychologinnen sich spezialisieren. Wie in den meisten Disziplinen haben auch sie nicht alle die gleiche Ausbildung oder die gleiche Beschäftigung. Obwohl es verschiedene Möglichkeiten gibt, Psychologen zu kategorisieren, möchten wir eine Klassifizierung vornehmen, wie sie die American Psychological Association (APA) in der Broschüre *“Der Beruf des Psychologen”* (1979) verwendet. Somit haben wir Experimental-, Entwicklungs-, Sozial- und Betriebspsychologen sowie biologische, klinische und pädagogische Psychologen. Natürlich bestehen innerhalb dieser Gruppen weitere Differenzierungen, von denen einige in späteren Kapiteln deutlich werden. Ferner sind nicht alle Psychologen gleichmäßig auf diese Gruppen verteilt. Die Kategorien sind aber nützlich, um die wichtigsten Aktivitäten der Psychologen in ihren Beschäftigungsbereichen zu erklären.

Die folgenden Beschreibungen sind grobe Skizzierungen solcher Aktivitäten, auf die sich Psychologen im allgemeinen spezialisieren.

Experimentalpsychologen und -psychologinnen

Früher meinte man mit dem Begriff Experimentalpsychologie eine Methode zur Untersuchung von Verhaltensprozessen und -phänomenen, nämlich die experimentelle Methode. Heute weist diese Bezeichnung auf Psychologen hin, die sich in der Regel mit einer begrenzten Anzahl von Problemen befassen, etwa aus den Bereichen des Lernens, der Empfindungen und Wahrnehmungen, der menschlichen Leistung, der Motivation und Emotion, der Sprache, der Erkenntnis und der Kommunikation.

Biologische Psychologen und Psychologinnen

Die Tätigkeit von biologischen Psychologen und Psychologinnen ist eng verwandt mit der von Experimentalpsychologen und -psychologinnen. Sie wenden auch häufig die gleichen Methoden an. Biologische Psychologen befassen sich aber vor allem mit den biologischen Hintergründen des Verhaltens. In der Regel wenden sie Techniken aus den biologischen Wissenschaften in Kombination mit experimentellen Verfahren an, um festzustellen, wie das Nervensystem, die Hormone, die Gene und andere biologische Einheiten und Prozesse mit dem Verhalten interagieren.

Entwicklungspsychologen und -psychologinnen

Das besondere Interessengebiet der Entwicklungspsychologen und -psychologinnen sind Änderungen im Verhalten und im Verhaltenspotential im Laufe einer Lebensspanne. In der Vergangenheit haben sie sich auf die frühkindliche Entwicklung konzentriert, aber in neuerer Zeit haben sich Entwicklungspsychologen und -psychologinnen das Konzept der Lebensspanne zu eigen gemacht, weil sie erkannt haben, daß wichtige Verhaltensänderungen in jedem Lebensalter stattfinden. Entwicklungspsychologen und -psychologinnen benutzen experimentelle Methoden, obwohl sie keineswegs auf diese Techniken beschränkt sind.

Sozialpsychologen und -psychologinnen

Sozialpsychologen und -psychologinnen studieren Menschen in Interaktion. Sie interessieren sich insbesondere für die Auswirkungen von anderen Menschen auf ein bestimmtes Individuum, das die Sozialpsychologen gezielt beobachten. Die Forschungsmethoden variieren stark und umfassen die Arbeit im Labor ebenso wie Studien im Alltagsleben. Die Aneignung von Überzeugungen, Einstellungen und Werten, das Verhalten des Individuums in einer Gruppe und das Erlernen von sozialen Rollen sind nur einige der Themen, die Sozialpsychologen interessieren.

Klinische und beratende Psychologen und Psychologinnen

Klinische und beratende Psychologen und Psychologinnen spezialisieren sich auf die Diagnose und Behandlung emotionaler und/oder Anpassungsprobleme. Sie beschäftigen sich mit psychischen Störungen und sind darin ausgebildet, die unterschiedlichsten Probleme zu erkennen und zu behandeln, normale Entwicklungskrisen im jugendlichen Alter ebenso wie extreme psychotische Zustände. Klinische Psychologen und Psychiater haben ein gemeinsames Interesse an der Behandlung seelischer Krankheiten. Wir werden in den Kapiteln 11 und 12 zwischen den Aufgaben eines klinischen Psychologen und denen eines Psychiaters unterscheiden. An diesem Punkt sei lediglich darauf hingewiesen, daß Psychiater Ärzte sind und sich im Verlauf ihres Medizinstudiums auf die Psychopathologie spezialisiert haben, während Psychologen mehr verhaltensorientiert sind.

Pädagogische Psychologen und Psychologinnen

Pädagogische Psychologen und Psychologinnen befassen sich mit der Psychologie, so weit sie die Pädagogik betrifft. Ihre Aktivitäten umfassen Entwurf, Entwicklung und Auswertung von Material und Verfahren in Erziehung und Bildung. Sie sind zumeist in der Praxis tätig, z. B. in Schulen, beim Militär oder bei großen Industriekonzernen.

Arbeits-, Betriebs- und Organisationspsychologen und -psychologinnen

Das Interesse der Betriebspsychologen und -psychologinnen gilt den Verhaltensweisen am Arbeitsplatz in betrieblichen Organisationen, etwa dem Betriebsklima, der Effektivität und der Arbeitsmoral. Sie können aber auch in vielerlei anderer Weise für die Industrie tätig werden. So untersuchen sie, wie ein Arbeitsplan aufgestellt wird oder wie die Zufriedenheit der Leute, die die Dienstleistungen oder Produkte einer Organisation benutzen, gesteigert werden kann. Betriebspsychologen und -psychologinnen beraten mit der Geschäftsleitung z. B. über die Entwicklung besserer Mitarbeiterförderungsprogramme - etwa solche, bei denen eine berufliche Weiterbildung oder Vorruhestandsberatung erfolgt - und Methoden zur wirksameren Organisation der Managementstruktur.

VERSCHIEDENE PERSPEKTIVEN DES GLEICHEN PROBLEMS

Jeder spezialisierte Psychologe bringt eine besondere Perspektive und besondere Zielsetzungen in das Studium des Verhaltens ein. Nehmen wir z. B. die psychologische Untersuchung des Alkoholismus. Der klinische Psychologe würde die Verhaltensprobleme individueller Alkoholiker behandeln und versuchen, ihnen bei der Neuorientierung ihres Lebens zu helfen, damit sie zufrieden ohne Alkohol leben können. Der Experimentalpsychologe konzentriert sich vielleicht auf die Grundsätze des Lernens und der Verstärkung, die beim Alkoholiker dazu geführt haben, Befriedigung aus dem Trinken zu gewinnen, oder auf die Grundsätze von Konditionierung und Bestrafung, die man anwenden könnte, um Trinkgewohnheiten zu ändern. Der biologische Psychologe untersucht vielleicht die genetische Grundlage alkoholabhängigen Verhaltens oder die physiologische Basis der Auswirkungen von Alkohol auf das Verhalten - erben z. B. Alkoholiker eine biologische Störung, die ihr Nervensystem für Alkoholsucht anfällig macht ? Ein Sozialpsychologe untersucht vielleicht die soziale Dynamik, die in den meisten Trinkersituationen auftritt, und analysiert die Auswirkungen wie z. B. Konformität und Überredung. Dieser Ansatz konzentriert sich auf die Beantwortung solcher Fragen, wie z. B. die soziale Umwelt Alkoholikerverhalten unterstützt und wie man dies ändern könne. Ein Persönlichkeitspsychologe mag sich auf die Beschreibung der Persönlichkeit von Alkoholikern konzentrieren und Tests entwickeln, mit denen man die Persönlichkeit des Alkoholikers (falls es sie gibt) messen und Risikopersonen identifizieren kann. Dieser Ansatz führt vielleicht zur Untersuchung von Einflüssen im Leben von Alkoholikern, die mit dem Problemtrinken zu korrelieren scheinen - also zur

Untersuchung der Frage, wie die Alkoholikerpersönlichkeit geformt wird. Ein beratender Psychologe spricht vielleicht mit Studenten darüber, wie sie mit Alkoholproblemen zuhause oder bei Kommilitonen zurecht kommen können. Er bietet vielleicht Beratung an, wenn es in Zusammenhang mit Trinkerproblemen um die Ehe oder die Familie geht. Ein Entwicklungspsychologe konzentriert sich eventuell auf die Entwicklung der Persönlichkeit und des Sozialverhaltens in Jugendalter, wobei er den Schwerpunkt auf die Entwicklung von Problemverhalten wie z. B. Jugendkriminalität, Drogenmißbrauch und Alkoholmißbrauch legt und fragt, warum manche Kinder zu solchen Verhaltensweisen neigen oder dafür prädestiniert zu sein scheinen. Ein Betriebspsychologe schließlich untersucht Auswirkungen der Arbeitsatmosphäre auf das Trinkverhalten und überlegt sich Methoden, wie man die Arbeitsmoral der Arbeitnehmer verbessern kann, um Alkoholismus zu verhindern. Dadurch sollen die schweren Verluste, die durch Alkoholismus verursacht werden - etwa niedrige Produktivität, häufige Abwesenheit vom Arbeitsplatz und schlechte Qualität der Arbeit - verhindert werden.

WIE WERDE ICH PSYCHOLOGE ODER PSYCHOLOGIN?

Man kann auf verschiedene Weise Psychologe oder Psychologin werden. Wie Sie vorgehen, ist davon abhängig, auf welches Gebiet Sie sich spezialisieren möchten.

Die Colleges und Universitäten in den USA vergeben jährlich etwa 50.000 Bakkalaureatentitel ("bachelor degrees") an Studenten und Studentinnen mit dem Hauptfach Psychologie. Viele Arbeitsplätze im Bereich Psychologie erfordern aber einen Promotionsabschluß ("graduate degree"). Wer in Amerika Psychologie studieren will, dem wird die von der American Psychological Association (APA) jährlich herausgegebene Broschüre "Graduate Study in Psychology" empfohlen, um sich über Universitäten zu informieren, die eine Ausbildung mit Promotionsabschluß anbieten. Man sollte auch über seine Pläne und Absichten mit einem oder einer Angehörigen des psychologischen Fachbereichs sprechen, in dem man gerade eingetragen ist. Der- oder diejenige verfügt aller Wahrscheinlichkeit nach aus erster Hand über Informationen über den Studiengang mit Promotionsabschluß und über die Qualifikationen, die dafür erforderlich sind.

Interessiert man sich für klinische Psychologie oder hat man eine Karriere im öffentlichen Dienst ins Auge gefaßt, dann muß man auch über die angebotenen Studiengänge sowie über die Vergabe von Diplomen oder Zertifikate in den einzelnen Bundesstaaten Bescheid wissen. Durch eine Überprüfung nimmt die APA eine Bewertung von Studiengängen mit Promotionsabschluß in klinischer Psychologie und in anderen Bereichen der angewandten Psychologie vor. Damit soll erreicht werden, daß Psychologen und Psychologinnen im öffentlichen Dienst eine angemessene Ausbildung besitzen. Nur Studiengänge mit Promotionsabschluß, die den von der APA gesetzten Standards entsprechen oder diese übertreffen, werden zugelassen. Eine auf den neuesten Stand gebrachte Aufstellung der Colleges und Universitäten, die zugelassene Studiengänge anbieten, findet sich jährlich in der Dezemberausgabe der von der APA herausgegebenen Zeitschrift "American Psychologist".

Hat man einen zugelassenen Studiengang abgeschlossen, so ist man damit noch nicht automatisch für die Ausübung des Berufs eines *Psychologen* bzw. einer *Psychologin* qualifiziert. Die Verwendung dieser Berufbezeichnung von Personen, die gegen ein Honorar ihre Dienste der Öffentlichkeit anbieten, ist in den meisten amerikanischen Bundesstaaten nur dann gestattet, wenn man den durch die Gesetze des jeweiligen Bundesstaates definierten Standards genügt und über die entsprechende Lizenz verfügt. Diese Standards beinhalten in der Regel die Promotion im Fach Psychologie, eine mindestens einjährige Fachassistenzzeit unter Supervision sowie die erfolgreiche Ablegung einer Lizenzprüfung.

Studienabschluß und Berufschancen

Der Studienabschluß in Psychologie bestimmt weitgehend die beruflichen Möglichkeiten, die einem offen stehen. Promovierte Psychologen und Psychologinnen verfügen in der Regel über die längste Ausbildung und haben sich das umfassendste theoretische und praktische Wissen angeeignet. Um den Doktortitel in Philosophie (den "Ph.D.") zu erwerben, muß man nach dem "bachelor's degree" mindestens drei, durchschnittlich etwa fünf Jahre weiterstudieren. Um den Doktortitel zu bekommen, muß man auf akademischem Gebiet schon einiges geleistet haben. Doktoranden und Doktorandinnen, die sich beruflich spezialisieren wollen, müssen vor oder unmittelbar nach ihrer Promotion eine "internship" genannte Fachassistenzzeit (eine praktische Berufausbildung unter strenger Supervision) absolvieren. Studenten und Studentinnen, die in der

Forschung tätig sein wollen, müssen unter Umständen auch nach ihrer Promotion noch ein oder mehrere Jahre lang weiterstudieren.

Promovierte Psychologen und Psychologinnen haben die meisten beruflichen Möglichkeiten. Ein klinischer Psychologe bzw. eine klinische Psychologin mit einem "Ph.D." kann beispielsweise an einer Universität, in einem Rehabilitationszentrum, in einem staatlichen Krankenhaus oder in freier Praxis arbeiten. Der "Ph.D." ist ein Titel, der für wissenschaftliche Forschungsarbeit vergeben wird, und um ihn zu erlangen, muß der oder die Betreffende einen eigenen Forschungsbeitrag auf dem Gebiet der Psychologie geleistet haben. Dieser Beitrag wird in Form einer Dissertation geschrieben, die der Anerkennung durch das Fachbereichskomitee einer Universität bedarf. Klinische Psychologen und Psychologinnen, die mehr therapeutisch als wissenschaftlich tätig sein wollen, können an einem alternativen Ausbildungsprogramm teilnehmen, das mit einem Doktortitel in Psychologie (dem "Psy.D.") abgeschlossen wird. Die Ausbildung zum "Psy.D." erfordert mehr praktische Tätigkeit, wohingegen in der Ausbildung zum "Ph.D." der Schwerpunkt mehr auf die Forschung gelegt wird. Gegenwärtig gibt es aber nur wenige Ausblidungsstätten, an denen man zum Doktor der Psychologie promovieren kann.

Wer sein Psychologiestudium mit einem Diplom (einem "master's degree") abschließen will, muß nach seinem "bachelor's degree" normalerweise noch ein bis zwei Jahre an einer Ausbildungsstätte studieren, an der eine Promotion möglich ist. Das Diplom erhält man, wenn man zusätzlich zu den im Studium geforderten Leistungen entweder praktische Erfahrungen nachweisen kann oder eine Diplomarbeit über ein Forschungsprojekt verfaßt. Psychologen und Psychologinnen mit Diplomabschluß arbeiten im pädagogischen Bereich, in der Forschung oder in freier Praxis. Ihre beruflichen Möglichkeiten sind aber gegenüber denen ihrer promovierten Kollegen und Kolleginnen stärker eingeschränkt. Diejenigen, die nur das "bachelor's degree" erworben haben, besitzen nur geringe Chancen, als Psychologe bzw. Psychologin zu arbeiten.

Informationen über die Verhältnisse in Deutschland finden Sie in folgenden Informationsbroschüren:

1. Bundesanstalt für Arbeit, Nürnberg, Blätter zur Berufskunde, Bd 3, Diplom-Psychologe, Diplom-Psychologin, Bielefeld 1988, W. Bertelsmann Verlag KG.
2. Horst Wilhelm/ Heino Schnur, Studienführer Psychologie, München, Lexika Verlag, Hofangerstr. 27 a, 8000 München 83.
3. Föderation Deutscher Psychologenvereinigungen, Deutsche Gesellschaft für Psychologie e.V., Berufsverband Deutscher Psychologen e.V., Weiterbildung in Klinischer Psychologie, Bildungsgang zum Klinischen Psychologen/Psychotherapeuten, Bonn 1989, Deutscher Psychologen Verlag, Heilsbachstr. 22, 5300 Bonn 1.

EINIGE ANWENDUNGSGEBIETE DER PSYCHOLOGIE

Was Sie über Psychologie gelernt haben, können Sie in Disziplinen oder Berufen, in denen Sie es nicht erwarten würden, ebenso anwenden wie auf eine große Anzahl verschiedener Alltagsprobleme. Überall in diesem Buch werden Sie Artikel über Psychologen bei der Arbeit lesen, die in Zeitungen, Zeitschriften, Fachzeitschriften und anderen Veröffentlichungen erschienen sind.

Um Sie mit den praktischen Anwendungen der Psychologie vertraut zu machen, bieten wir Ihnen in diesem Abschnitt mehrere Beispiele. Wir hoffen, daß wir durch Darstellung der Grundprinzipien der Psychologie ebenso wie der Beispiele für ihre Anwendung Sie mit dem Wissen und den Fertigkeiten ausstatten können, die Sie brauchen, um die Psychologie in Ihrem eigenen Leben anzuwenden.

Psychologie und Recht

Nach unserem Rechtssystem gelten angeklagte Straftäter solange für unschuldig, bis ihre Schuld bewiesen ist. Wenn aber ein Richter an diesen Grundsatz erst nach der Beweisaufnahme erinnert, werden die Geschworenen eher zu einem Schuldspruch kommen, als wenn der Richter dieses Prinzip zu Beginn der Verhandlung erläutert hätte. Zumindest hat sich dies in einer Untersuchung ergeben, die zwei Sozialpsychologen der Universität Kansas, Saul Kassin und Lawrence Wrightsman, durchgeführt haben. Diese Psychologen zeigten kleinen Gruppen von Studenten eine Videoaufzeichnung einer Verhandlung, die auf einem wirklichen Fall beruhte. Nachdem die Studenten das Band gesehen hatten, fragte man sie, ob sie glaubten, der Beklagte sei schuldig oder unschuldig, wieviel Vertrauen sie in ihre eigene Urteilskraft hätten, und was sie noch über die entscheidenden Fakten wüßten, wie z. B. den Ort der Festnahme des Angeklagten.

Sowohl bei seiner Eröffnungsrede als auch im Schlußplädoyer erwähnte der Verteidiger, daß der

Angeklagte unschuldig sei, bis man ihn über jeden Zweifel hinaus für schuldig befunden habe, und daß die Last des Beweises bei der Anklage liege. Bei einer Gruppe der studentischen Versuchspersonen hatten die Sozialpsychologen eine zusätzliche Mahnung durch den Richter an den Anfang der Verhandlung gesetzt. Bei einer anderen Gruppe wurde die zusätzliche Mahnung nach den Schlußplädoyers eingefügt. Eine dritte Gruppe erhielt keinerlei Hinweis.

Von denjenigen, die die Mahnung zu Beginn der Verhandlung gehört hatten, erklärten 37% den Beklagten für schuldig. Diejenigen, für die die Mahnung am Ende der Verhandlung kam, sprachen sich zu 59% für die Verurteilung aus. Von denjenigen, die keine zusätzliche Mahnung erhielten, stimmten 63% für schuldig. Die Studenten, die zu Beginn der Verhandlung erinnert wurden, waren nicht nur weniger überzeugt von der Schuld des Angeklagten, sie konnten sich auch an mehr Tatsachen erinnern, die während der Verhandlung ans Tageslicht gekommen waren. Kassin und Wrightsman glauben, daß Geschworene, die von der Verteidigung an den Grundsatz der Unschuld des Angeklagten erinnert werden, auf die Beweise nur in der Annahme hören, daß der Angeklagte schuldig ist. Die Ergebnisse zeigen, daß eine neutrale Partei, vorzugsweise der Richter, die Geschworenen vor dieser möglichen Voreingenommenheit warnen muß. Ferner sollte die Belehrung stattfinden, noch ehe irgendwelche Beweise vorgelegt worden sind. Juristen und Personen, die in der Rechtsprechung tätig sind, werden sich immer mehr dessen bewußt, daß psychologische Prozesse im Verhalten von Zeugen und Geschworenen wirksam sind, und heute werden Psychologen oft aufgefordert, ihr Sachverständigenurteil über Vorgänge abzugeben, die in Zusammenhang mit der Interpretation menschlichen Verhaltens stehen.

Psychologie und Medizin

Bisher waren Psychologen an der Untersuchung und Behandlung von Geisteskrankheiten beteiligt. In neuerer Zeit aber haben Psychologen erstmals wichtige Beziehungen zwischen dem Geisteszustand und physischen Erkrankungen beobachtet. Laut Dr. Mary McLaughlin, Leiterin der Abteilung Community Medicine am Jewish-Hillside Medical Center, Long Island, leben wir in einem Zeitalter der "Lebensstil"-Krankheiten. McLaughlin glaubt, daß zwei Todesursachen - Herzkrankheiten und Unfälle - direkt auf den Lebensstil des Opfers zurückzuführen sind. Sie argumentiert ferner, daß die Lebensweise eines Menschen erheblich zu folgenden Krankheiten beiträgt: zu Emphysemen, zu Leberzirrhose, möglicherweise zu zwei Arten von Krebs, zu Geschlechtskrankheiten, zu Alkoholismus, zu Fettsucht und zu Drogenmißbrauch.

McLaughlin hat 7000 Erwachsene über einen Zeitraum von 5 Jahren untersucht. Einige dieser Leute hielten sich an 7 vorgeschriebene Gesundheitsregeln: (1) Sie aßen drei Mahlzeiten am Tag in regelmäßigen Abständen, und sie ersetzten Mahlzeiten nicht durch Naschereien (2) und aßen jeden Tag Obst. (3) Sie machten wenigstens zwei- oder dreimal pro Woche mäßig anstrengende körperliche Übungen in Form von Gehen, Fahrradfahren, Schwimmen, Gartenarbeit oder ähnliche. (4) Sie schliefen 7 oder 8 Stunden pro Nacht. (5) Sie rauchten nicht. (6) Sie hielten ein gewisses Durchschnittsgewicht, und (7) sie tranken nicht oder nur mäßig. Nach 5 Jahren war der Gesundheitszustand der Teilnehmer, die diese Regeln beachteten, in etwa der gleiche wie bei Personen, die 30 Jahre jünger waren und keinerlei besondere Gesundheitsregeln beachteten. Psychologen können also zweifellos dazu beitragen, daß wir alle länger, gesünder und glücklicher leben, indem sie untersuchen, warum Leute rauchen, zuviel essen, zuviel trinken und körperliche Bewegung vermeiden.

Psychologie und Werbung

Erfolgreiche Werbekampagnen für neue oder verbesserte Handelsprodukte werden oft auf bewährten psychologischen Grundsätzen aufgebaut. Die Psychologen wissen zum Beispiel, daß der Hörer aus einer Botschaft nicht nur direkt zum Ausdruck gebrachte, sondern auch indirekte oder nur angedeutete Informationen entnimmt. Indirekte Informationen basieren auf versteckten Andeutungen und Schlußfolgerungen. Z.B. sagen Werbesprüche für sogenannte Erkältungsmittel niemals wirklich etwas darüber aus, wie gut das Produkt eine Erkältung vermeiden oder kurieren hilft. Tatsächlich haben diese Produkte keine einzige der beiden Wirkungen. Bestensfalls können sie Symptome wie Kopfschmerzen oder Fieber lindern. Und doch bleibt bei den meisten Leuten, die diese Werbespots hören, die Erinnerung, daß man mit der Marke X erkältungsfrei durch den ganzen Winter kommt. Die Werbespots sind so abgefaßt, daß in ihnen zwar keine direkte Aussage über die Verhinderung von Erkältungen vorkommt, diese Schlußfolgerung aber sehr nahegelegt wird. Somit lügen Werbespots nicht, was ein Verstoß gegen die Vorschriften der Federal Trade Commission (FTC) wäre, aber sie suggerieren Schlußfolgerungen, die einfach nicht wahr sind.

Logisches Denken und Folgern sind, wie wir später sehen werden, etwas, das Psychologen untersuchen und worüber sie eine ganze Menge wissen. Werbeagenturen stellen oft Psychologen ein, damit sie ihnen helfen, überzeugende Werbespots zu liefern. Die FTC wäre gut beraten, ebenfalls Psychologen einzustellen, da sie, wenn sie für versteckte Andeutungen und Schlußfolgerungen sensibel sind, irreführende Werbespots verhindern könnten.

Psychologie und Ihr eigenes Leben

Am Anfang dieses Kapitels hatten wir Sie gebeten, eine Liste mit den für Sie in der heutigen Welt 10 wichtigsten Problemen anzufertigen. Wir hoffen, Sie überzeugt zu haben, daß Lösungen für diese Probleme zu einem großen Teil mit menschlichem Verhalten zu tun haben. Aber wie steht es mit Ihrem persönlichen Leben? Stellen Sie eine Liste Ihrer eigenen 5 oder 10 Probleme auf, und stellen Sie fest, wieviele Punkte entweder mit Ihrem eigenen Verhalten (ich möchte gern abnehmen, oder ich möchte offener sein und leichter Freundschaften schließen) oder mit dem Verhalten wichtiger Leute in Ihrer Umgebung in Zusammenhang stehen (meine Eltern verstehen mich nicht, sie wollen immer, daß ich mich entsprechend ihren eigenen

FUNDGRUBE 1-4

Zusammenfassung ethischer Grundsätze

In den ethischen Richtlinien für die Forschung mit menschlichen Versuchspersonen, die die American Psychological Association aufgestellt hat, gibt es 10 Grundsätze, die wir wie folgt zusammenfassen wollen:

1. Der Versuchsleiter ist persönlich verantwortlich für die ethische Zulässigkeit einer Forschungsarbeit, und er sollte andere konsultieren, falls ein Zweifel besteht.
2. Der Versuchsleiter ist auch für das ethische Verhalten aller derjenigen verantwortlich, die mit ihm zusammen oder für ihn arbeiten, obwohl natürlich jeder Beteiligte auch für sich selbst ethisch verpflichtet ist.
3. Die Versuchspersonen haben ein Recht, so vollständig wie möglich über die Art des Experiments informiert zu werden, ehe sie ihre Zustimmung zur Teilnahme an dem Experiment geben.
4. Der Versuchsleiter muß gegenüber den Versuchspersonen soweit wie möglich offen und ehrlich sein und muß Täuschungsmanöver möglichst vermeiden. Wenn der wahre Zweck des Experiments vor der Versuchspersonen geheim gehalten werden muß, ist diese nach dem Experiment umfassend zu informieren, warum diese Täuschung notwendig war.
5. Es dürfen keine Personen zur Teilnahme gezwungen werden, und sie müssen die Möglichkeit haben, jederzeit auszuscheiden.
6. Der Versuchsleiter muß den Versuchspersonen klarmachen, welches Übereinkommen zwischen den beiden Parteien (Versuchsperson und Versuchsleiter) eingegangen wird, und muß alle Verpflichtungen gegenüber der Versuchsperson erfüllen.
7. Der Versuchsleiter muß Unbequemlichkeiten so gering wie möglich halten und die Versuchsperson vor Schaden und Gefahr schützen. Falls Risiken vorhanden sind, muß die Versuchsperson vollständig darüber informiert werden. Experimentelle Maßnahmen, bei denen es zu schweren und dauernden Schäden kommen kann, sind verboten.
8. Nach dem Experiment muß die Versuchsperson vollständige Rückmeldung über die Art der Untersuchung erhalten.
9. Wenn unerwünschte Folgen eingetreten sind, muß der Versuchsleiter diese festhalten und beseitigen.
10. Alle gesammelten Informationen sind als vertraulich zu behandeln. Wenn dies nicht möglich ist, müssen die Versuchspersonen vorher informiert werden.

Wie würden Sie nun unter Beachtung dieser Grundsätze auf folgende denkbare Experimente reagieren?

1. Versuchspersonen werden gebeten, sich freiwillig an einem Drogenexperiment mit LSD zu beteiligen. Der Versuchsleiter beschließt aber, ihnen nur den wissenschaftlichen Namen der zu verwendenden Droge zu nennen, weil er glaubt, daß zumindestens einige der Versuchspersonen nicht teilnehmen würden, wenn sie wüßten, daß es sich bei der Droge um LSD handelt.
2. Ein Professor bittet die Studenten, in einem seiner Seminare an einem riskanten Experiment teilzunehmen, und verspricht dafür einige zusätzliche Punkte in ihrer Abschlußnote.
3. Gefangene werden dazu bewegt, an einem sehr gefährlichen Experiment teilzunehmen. Sie werden über die Gefahren voll aufgeklärt. Dabei läßt man durchblicken, daß bei Teilnahme vorzeitige Entlassung winkt.

4. Ein Forscher, der Arbeitnehmerproduktivität an einem Fließband untersuchen will, verkleidet sich als Fließbandarbeiter, studiert, beobachtet und notiert das Verhalten der Arbeitnehmer und deren Einstellungen, verrät ihnen aber nie seine wahre Identität.
5. Ein Versuchsleiter manipuliert die Selbstachtung der Versuchspersonen, indem er sie einen vorher arrangierten Erfolg oder Mißerfolg im Wettbewerb mit einem Mitglied des gleichen Geschlechts in Gegenwart eines attraktiven Mitglieds des anderen Geschlechts erfahren läßt. Der vorher arrangierte Mißerfolg ist so angelegt, daß er die Versuchsperson in starke Verlegenheit bringt.

Tiere werden oft in der psychologischen Forschung für Manipulationen benutzt, die man an menschlichen Versuchspersonen nicht vornehmen könnte. Aber der Einsatz von Tieren führt zu einer Reihe eigener ethischer Fragen, und es gibt auch anerkannte ethische Grundsätze für die humane Pflege und Behandlung solcher Versuchstiere.

Herr Professor, die Ratte, die uns nach den Versuchen von letzter Woche entlaufen ist, hat sich einen Anwalt genommen und verklagt unser Institut auf 1 Million.

Psychologen sind tatsächlich für die Durchführung zweifelhafter Experimente verantwortlich gewesen, und oft sind Fragen über die ethische Behandlung von Versuchspersonen aufgetaucht. Nunmehr sind ganz detaillierte ethische Grundsätze für die Durchführung von Forschungsexperimenten aufgestellt worden: Wenn menschliche Versuchspersonen irgendeiner Gefahr ausgesetzt sind, muß das Experiment überprüft und von einem unparteiischen Ausschuß genehmigt werden. Ein unparteiischer Ausschuß würde zweifellos dieses Experiment ablehnen.

Normen verhalte, oder meine Freunde drängen mich immer, Dinge zu tun, die ich lieber nicht täte, und ich habe Schwierigkeiten, mich durchzusetzen). Wir glauben, daß Sie in diesem Buch sehr viele Informationen über die direkten persönlichen Sorgen in Ihrem Leben finden werden, ebenso wie über die großen Probleme der Gesellschaft. Wir werden auf diese Möglichkeiten hinweisen, wo immer sie in diesem Buch zur Sprache gebracht werden.

ETHIK IN DER PSYCHOLOGIE

Die Aktivitäten der Psychologen haben direkte Auswirkungen auf das Privatleben anderer Menschen, sei es in der pädagogischen Forschung oder in der klinischen Arbeit. Psychologen befassen sich fast immer mit den Erfahrungen anderer und sind in der Lage, sie zu beeinflussen. Die Psychologie hat das Ziel, einen positiven Beitrag zum Wohlergehen und zur Verbesserung der Menschheit zu leisten, aber es besteht immer die Gefahr negativer Auswirkungen. Psychologen haben eine ethische Verantwortung, ihre Versuchspersonen und Klienten vor solchen unerwünschten Auswirkungen zu schützen.

Während der Jahre ihres Bestehens hat sich die American Psychological Association mit der Verwirklichung ethischer Regeln in der Psychologie beschäftigt. Deren Verletzung, sei es in der Forschung oder in der klinischen Arbeit, ist Grund für den Ausschluß aus der Organisation. Ferner hat die Organisation ein Buch mit dem Titel "Ethische Grundsätze der Psychologen" veröffentlicht und regelmäßig überarbeitet, das die Pflichten von Psychologen gegenüber den Menschen beschreibt, mit denen sie zu tun haben (siehe Fundgrube 1-4).

Was die Forschung betrifft, so bedeuten diese Grundsätze, daß Psychologen alle notwendigen Schritte unternehmen müssen, um die Vertraulichkeit der Aufzeichnungen über einen jeden Menschen zu garantieren, daß sie wissentlich keine Verfahren anwenden, die Personen schädigen oder verletzen könnten, daß sie den Zweck, das Vorgehen und die Ergebnisse einer Untersuchung, an der Jemand teilnimmt, vollständig offenlegen, und daß sie vor jeder Interaktion von dem oder der Betreffenden freiwillige und vollständige Zustimmung zur Teilnahme einholen. Klinische Psychologen müssen sich mehr oder weniger an die gleichen Regeln halten, aber darüber hinaus müssen sie gewährleisten, daß jeder Test, der mit dem Patienten durchgeführt wird, diesem gegenüber fair ist, und daß alle therapeutischen Schritte seinem Wohlergehen dienen.

Ethische Überlegungen in der Psychologie sind wichtig, aber komplex, da es viele Randfälle gibt. Alle seriösen Psychologen wissen, daß es keine Ausnahmen von der Regel geben darf, nach der die Gebote der Ethik in jedem beruflichen Kontakt mit einer Versuchsperson oder einem Klienten beachtet werden müssen.

WAS PSYCHOLOGIE NICHT IST

Psychologie sollte nicht verwechselt werden mit einer der vielen verschiedenen anderen Methoden, mit denen man versucht, Verhalten vorherzusagen, zu beschreiben und zu verstehen. Die Psychologie bedient sich einer wissenschaftlichen Methode, um diese Ziele zu erreichen, und gründet ihre Schlußfolgerungen über das Verhalten auf das, was man empirisch als wahr nachweisen kann. Psychologen sind in der Regel skeptisch gegenüber allen anderen Methoden, mit denen Informationen über das Verhalten gewonnen werden sollen, und bezeichnen einige dieser Methoden oft als pseudowissenschaftlich. Einige Beispiele:

1. Astrologie - Vorhersage nach den Sternen.
2. Intuition oder gesunder Menschenverstand - ist oft korrekt aber läßt sich auch leicht täuschen.
3. Graphologie - sagt alles über Sie aus Ihrer Handschrift.
4. Weissagungen - Lesen aus Teeblättern und Handlesen.
5. Guruverehrung - an Aussagen über Verhalten glauben, weil irgendein Guru sagt, daß diese Aussagen die Wahrheit sind. Der Guru könnte dabei irgendein Experte sein, dem Sie von vornherein zu glauben geneigt sind, wie z. B. Vater oder Mutter, dem Pfarrer, Ihrem besten Freund, dem Leiter einer Talkshow, einem Politiker oder einem Zeitungsredakteur. Gurus müssen sich nicht unbedingt irren, nur ist es einfach so, daß sie in der Regel eben nicht von wissenschaftlichen Tatsachen ausgehen.

Wir alle sind Amateurpsychologen. Versuchen Sie nicht ständig, das Verhalten, das Sie um sich herum sehen, zu verstehen oder zu erklären? Uns fehlt es nicht an Ideen über die Ursachen des Verhaltens, das wir beobachten. Es scheint immer eine Erklärung zu geben, und manchmal kommt sie aus der Intuition oder dem "gesunden Menschenverstand."

Manchmal stammt sie vom lieben Briefkastenonkel, von der Fernseh-Talkshow und sogar von dem, was Ihnen Ihre Mutter oder Ihr Vater erzählt hat. Es gibt Alte - Weiber - Geschichten, neue Maschen, Wahrsager, Pop-Psychologen und Lebensberatungsbücher über alles. Sie sagen Ihnen, wie Sie überzeugender und weniger ängstlich werden, wie Sie sexuelle Erfüllung finden und wie Sie bis zu einem Gerippe abmagern können. Wir finden für alles eine Erklärung, und wir haben eine natürliche Neigung, diese Erklärungen anzunehmen, um einen Sinn in dem zu finden, was um uns herum vorgeht. Tatsächlich ist diese unsere Neigung, ständig die Ursache unseres eigenen Verhaltens und des Verhaltens anderer zu erklären, ein zentrales Merkmal einer sehr wichtigen psychologischen Theorie, der *Attributionstheorie* (wir suchen ständig Ursachen, denen wir unser Verhalten und das anderer zuordnen können, s. Kapitel 10).

Das Problem bei unserer Neigung, alles, was wir beobachten, irgendeiner Ursache zuzuordnen, ist nur, daß wir dabei so gut wie nie wissenschaftlich vorgehen. Wir sind Amateurpsychologen reinsten Wassers, und dabei benutzen wir die Intuition, den "gesunden Menschenverstand", oder wir raten einfach, gerade wie es kommt.

Testen Sie im folgenden Ihre Überzeugungen. Schreiben Sie ein "Ja" jedesmal vor die Aussagen, die Sie für richtig halten, und ein "Nein" vor diejenigen, die Ihrer Meinung nach falsch sind.

1. Einer der Hauptunterschiede zwischen Menschen und Tieren ist der, daß Tiere nicht denken können.
2. Je schneller man etwas lernt, um so langsamer wird man es vergessen.
3. Die Titel Psychiater, Psychoanalytiker, Psychologe und Psychotherapeut sind mehr oder weniger austauschbar.
4. Kinder mit geringer Intelligenz werden meist kluge Erwachsene.
5. Rothaarige Menschen sind von Natur aus leicht aufbrausend.
6. Meistens wird Homosexualität durch Anomalien in den Genen verursacht, die das Geschlecht bestimmt, d. h. durch Anomalien in den sogenannten X- und Y-Chromosomen.
7. Das Unbewußte befindet sich im unteren Teil des Gehirns unter dem Bewußtsein.
8. Sehr intelligente Kinder sind emotional weniger angepaßt als Kinder von durchschnittlicher Intelligenz.
9. Genie ist nahe verwandt mit Geisteskrankheit.

Sie werden überrascht sein, wenn Sie erfahren, daß alle diese Aussagen, wie sie da stehen, falsch sind, obwohl manche dem gesunden Menschenverstand, der Intuition oder landläufigen Meinungen zu entsprechen scheinen. Wenn Sie in diesem Buch weiterlesen, werden Sie auch feststellen, warum sie falsch sind. Es ist jedoch eine entmutigende Erkenntnis, daß die meisten Leute sehr wenig aus ihrem Psychologiekurs mitnehmen. Bei Tests vor und nach Psychologiekursen hat man herausgefunden, daß die Leute nur zu ungefähr 10% ihre falschen Vorstellungen revidieren. Offensichtlich läßt sich der "gesunde Menschenverstand" nur sehr schwer beeinflussen. Kluge Kursteilnehmer ändern anscheinend ihre vorgefaßten Meinungen nicht mehr als durchschnittlich intelligente Teilnehmer, obwohl hochmotivierte Teilnehmer - wie bei diesem Test gemessen wurde - mehr Gewinn aus dem Psychologiekurs ziehen. Vielleicht läßt sich daraus entnehmen, daß man seine vorgefaßten Denkweisen ändern und ein guter professioneller Psychologe werden kann, wenn man es nur intensiv genug wünscht.

Wir glauben, daß Sie in diesem Kurs am besten arbeiten können, wenn Sie daran denken, daß (1) der gesunde Menschenverstand nicht immer recht hat, (2) daß es ohne weiteres möglich ist, sich von irrigen Annahmen, wie etwa "die Sterne steuern unser Verhalten", weniger beeinflussen zu lassen und (3), daß wissenschaftliche Erkenntnisse, gesammelt mit wissenschaftlichen Methoden, die zuverlässigste Datengrundlage für die Ursachen unseres Verhaltens sind.

BERUFSVERBAND DEUTSCHER PSYCHOLOGEN E.V.

Information für Studenten

Beruflicher und gesellschaftlicher Einsatz als Student/Studentin im BDP

Ihr Berufsziel: Psychologe
Der Beruf beginnt in der Ausbildung.
16.000 Hauptfach-Studierende bundesweit.
Ihre qualifizierte Ausbildung zum Psychologen kann nur durch eine gute Zusammenarbeit zwischen Universität und Praxis gewährleistet werden.
Der Berufsverband Deutscher Psychologen (BDP) und die Deutsche Gesellschaft für Psychologie (DGfPs) arbeiten gemeinsam daran.
Mitglieder im BDP haben die Möglichkeit, sich aktiv und konstruktiv an dieser Aufgabe zu beteiligen.

Als studentisches Mitglied im BDP

- lernen Sie schon während des Studiums Kolleginen und Kollegen aus der Praxis kennen
- gewinnen Sie Einblick in Arbeitsgebiete von Diplom-Psychologen
- finden Sie bei Ihrer Landesgruppe bzw. Ihren Sektionen Unterstützung bei der Suche nach qualifizierten Praktikantenstellen
- erleichtern Sie sich den Einstieg in die berufliche Tätigkeit.
- erhalten Sie Fach- und Sachinformationen durch die Geschäftsstellen des BDP
- arbeiten Sie mit anderen, z.B. in den Regionalgruppen, verstärkt auf gleichen Interessengebieten zusammen
- erhalten Sie Fortbildungsangebote durch das Bildungswerk des BDP
- wirken Sie mit bei der Vertretung der Psychologie in der Öffentlichkeit und bei der Durchsetzung berufsbezogener und fachlicher Ziele.

Gemeinsame Ziele im BDP:

Einsatz für die Psychologie als Wissenschaft und Beruf, für eine bessere psychologische Versorgung.
Setzen Sie sich mit uns ein

- für eine hohe Qualität der Ausbildung der Psychologen, der psychologischen Forschung, des psychologischen Unterrichts
- für die Einheitlichkeit des Diploms und die Erhaltung des Berufes
- für die Weiterbildung in Kooperation von Hochschulinstituten und Praxisinstitutionen
- für verstärkte Fortbildung mit Unterstützung durch die Sektionen, die Landesgruppen und insbesondere das Bildungswerk des BDP
- für eine Bundes-Psychologen-Ordnung und damit das Herausführen aus der Illegalität der heilkundlichen Tätigkeiten, der Verfolgung aufgrund des Heilpraktiker-Gesetzes
- für eine gleichberechtigte und eigenverantwortliche Zusammenarbeit mit anderen Berufsgruppen in der Gesundheitsversorgung.

Organisation des BDP

Der BDP wurde 1946 in Hamburg gegründet. Er ist ein Zusammenschluß von angestellten, beamteten und selbständigen Psychologen. Außerordentliches Mitglied kann jeder werden, der die Diplom-Vorprüfung für Psychologen bestanden hat.
Im BDP sind heute 10.500 Diplom-Psychologen in 11 Landesgruppen organisiert. Spezielle wissenschaftliche oder tätigkeitsfeldbezogene Fragen werden in 10 Sektionen behandelt.
Der Berufsverband Deutscher Psychologen ist mit der Deutschen Gesellschaft für Psychologie (Vereinigung der in Forschung und Lehre tätigen Psychologen) in der Föderation Deutscher Psychologenvereinigungen zusammengeschlossen und hält den Kontakt zu ausländischen und internationalen Psychologenorganisationen.

Fach- und berufspolitischer Orientierungsrahmen, Ziele, Aufgaben, Leistungen

Der Berufsverband Deutscher Psychologen e.V. (BDP) setzt sich ein für die Förderung der wissenschaftlichen Psychologie und die Förderung der Ausübung von Psychologie als selbstverantwortliche Tätigkeit - auf der Basis dieser Wissenschaft und berufsethischer Prinzipien.
Der Verband hat insbesondere folgende Ziele und Aufgaben:

1. die Information der Öffentlichkeit über die Psychologie als Wissenschaft und Beruf;
2. die Mitwirkung bei der Beratung und Unterstützung der Bevölkerung in Fragen der Gesundheitsversorgung, der Gestaltung des Arbeitslebens, der Anwendung psychologischer Fachkunde bei der Gestaltung von Lebensräumen und -formen;
3. die Veranstaltung von Fachkongressen und Fachtagungen, die der Forschung und dem Austausch von Berufserfahrungen dienen; die Betreuung von Fachliteratur, fachlichen und beruflichen Informationen;
4. die Mitwirkung bei der Regelung der psychologischen Aus-, Fort- und Weiterbildung sowie bei Fragen des psychologischen Unterrichts;
5. die Mitwirkung bei der Entwicklung von Rechtsnormen, die die Ausübung psychologischer Heilkunde in Form eines Gesetzes für Klinische Psychologen und in Form von Kammergesetzen regeln.

Der Verband arbeitet -fachbezogen durch die Sektionen- mit Organisationen und Institution zusammen bei Fragen des Arbeitsschutzes, der Arbeitsgestaltung, der beruflichen Beratung und Förderung, der Verkehrssicherheit, der Verbraucherberatung, Werbe- und Medienforschung, bei Fragen der Schul- und Bildungsberatung, des Justizvollzugs. Der Verband wirkt mit bei arbeits- und sozialpolitischen Gesetzgebungsvorhaben, bei bildungspolitischen Stellungsnahmen, bei Modellprogrammen in der Gesundheitsversorgung. Die Zusammenarbeit mit Fachleuten und Organisationen in der Gesundheitsversorgung, bei Kliniken, Jugendheimen, Rehabilitationseinrichtungen und Beratungsstellen wird gepflegt.

Sektionen im BDP:

- Arbeits- und Betriebspsychologie
- Ausbildung in Psychologie
- Forensische und Kriminalpsychologie
- Freiberufliche Psychologen
- Klinische Psychologie
- Markt- und Kommunikationspsychologie
- Politische Psychologie
- Schriftpsychologie
- Schulpsychologie
- Verkehrspsychologie

Adresse des BDP

Bundesgeschäftsstelle
Heilsbachstraße 22
5300 Bonn 1

Biologische Grundlagen des Verhaltens

34 **Das Nervensysstem: Die Hardware des Verhaltens**
Die Funktionen des Nervensystems / Die Programmierung des Gehirns

37 **Das Neuron**
Neurochemische Prozesse / Die Kodierung der Information / Neuronale Schaltkreise / Entwicklung, Schädigung und Reparaturmechanismen von Neuronen

46 **Der Aufbau des Nervensystems**
Das periphere Nervensystem / Das zentrale Nervensystem / Ein Gehirn oder zwei?

53 **Geschlecht und Gehirn**

55 **Biologische Uhren**

57 **Das endokrine System**
Hypophyse / Peptide und die Hypophyse / Die Schilddrüse / Die Nebennieren / Die Sexualhormone

62 **Verhaltensgenetik**
Genetische Strukturen / Genetische Funktionen / Die Beziehung Genetik-Verhalten / Genetische und Umgebungseinflüsse

68 **Zusammenfassung**

70 **So sieht das in der Praxis aus**
Psychochirurgie / Gehirnstimulierung / Das Messen der Gehirnaktivität / Psychopharmakologie / Verhaltensgenetik / Mögliche Anwendungen biopsychologischen Wissens

2

Stevie Wonder ist blind, Beethoven war taub. Es gibt Millionen von Menschen auf der Welt, die auch mit Hörgeräten bzw. Brillen weder hören noch sehen können. Das Verhalten dieser vielen blinden und tauben Menschen ist aufgrund einer Schädigung ihres Nervensystems, die ihre Handlungsfähigkeit begrenzt, beeinträchtigt. Dennoch vollbringen viele Behinderte unglaubliche Leistungen.

Nach einem Autounfall blieb Robert W. vom Genick abwärts gelähmt und an einen Rollstuhl gefesselt. Als begabter Künstler lernte er aber, mit dem Pinsel im Mund zu malen und ist auf diese Weise heute fähig, für sich selbst zu sorgen. Er ist kreativ, intelligent und ausdrucksfähig. Die Schädigung seines Nervensystems schränkt sein Verhalten zwar eindeutig ein, aber vermutlich weniger als man denkt.

Otto Martin (Name geändert) leidet an einer massiven Störung seines Gedächtnisses. Er kann neue Informationen nur behalten, wenn er sie sich immer wieder aufsagt oder aufschreibt. Er erinnert sich zwar an Dinge, die er vor langer Zeit gelernt hat, aber nicht an etwas Neues, was er gerade zu lernen versucht. Dieses Problem entwickelte sich, nachdem sich Otto zur Behandlung seiner schweren Epilepsie einer Gehirnoperation unterzogen hatte. Nach dieser Operation verschwanden seine schweren Anfälle, aber er behielt eine schwere Störung seines Gedächtnisses zurück. Er kann normal sehen, hören, gehen und sprechen, und sein IQ von 118 wurde durch die Operation ebenfalls nicht verringert. Dennoch ist er offensichtlich unfähig, irgendetwas Neues zu lernen, und dies beeinträchtigt sein Verhalten in vielen Situationen schwerwiegend.

Verhalten setzt einen lebendigen Organismus voraus. Unsere biologische Natur spielt eine entscheidende Rolle für das Verständnis unseres psychologischen Charakters. Um Verhalten zu verstehen, müssen wir seine biologischen Grundlagen verstehen, sowohl die genetische Ausstattung des Organismus auf dem Weg über die Eltern, als auch seinen physiologischen Unterbau, insbesondere das Nervensystem und das endokrine System.

Zwei der grundlegenden Probleme der Psychologie, die in Kapitel 1 erörtert wurden, haben eine besondere Bedeutung für dieses Kapitel. Das erste ist das uralte Leib-Seele-Problem. Eine Position besagt, daß Leib und Seele parallel zueinander existieren, aber dennoch voneinander unabhängig sind. Wenn dies stimmen würde, hätte die biologische Realität des Körpers nichts mit der psychologischen Realität der Seele zu tun. Die meisten Psychologen erkennen jedoch an, daß das gesamte Verhalten, einschließlich der höheren mentalen Prozesse, von einem biologischen Lebewesen ausgeführt wird, und daß biologische Faktoren dieses Verhalten beeinflussen. Dies ist der Gegenstand der Biologischen Psychologie (Biopsychologie): das Studium der biologischen Einflüsse - einschließlich der Genetik und der Physiologie- auf das Verhalten.

Die zweite bedeutsame Frage ist das Anlage-Umwelt-Problem, das sich auf die Frage konzentriert, wie weit unser Verhalten ein Produkt der Erfahrung ist (d.h. das Ergebnis eines umweltbedingten Lernprozesses) und wie weit ein Produkt der biologischen Ausstattung (d.h. durch Genetik oder Vererbung bestimmt wird). Wie wir sehen werden, geht die Biopsychologie davon aus, daß das gesamte Verhalten sowohl einen genetischen als auch einen umweltbedingten Aspekt hat. In einigen Fällen spielt die Genetik eine sehr kleine Rolle, aber in anderen Fällen ist ihr Einfluß von überragender Bedeutung.

Genetische Einflüsse auf das Verhalten werden vielleicht deshalb immer so kontrovers gesehen, weil wir glauben wollen, daß wir alle gleich erschaffen worden sind und daß Unterschiede zwischen uns genau genommen nur ein Produkt unserer unterschiedlichen Erfahrungen sind. Wie wir sehen werden, haben jedoch genetische Studien überzeugend bewiesen, daß die Genetik häufig einen bedeutsamen Einfluß auf unser Verhalten hat.

Die Biologische Psychologie untersucht also, wie biologische Variablen das Verhalten beeinflussen. Ihr Interesse gilt primär den zwei Hauptzweigen der Biologie, nämlich der Physiologie und der Genetik, sowie der Frage, wie diese das Verhalten beeinflussen. Dieses Kapitel wird sich mit zwei Themen befassen: (1) mit der Physiologie des Nervensystems und des endokrinen Systems und (2) mit der Genetik des Verhaltens.

DAS NERVENSYSTEM: DIE HARDWARE DES VERHALTENS

Das Nervensystem ist das wichtigste Informationsverarbeitungssystem des Körpers. Es sammelt, organisiert, überträgt und speichert die durch die Sinnesorgane einströmenden Informationen und trifft Entscheidungen auf der Basis dieser und der bereits gespeicherten Informationen. Schließlich schickt es diese Entscheidungen zu den Muskeln und Drüsen, was Aktion oder Verhalten zur Folge hat.

Die Funktionen des Nervensystems

Das Nervensystem hat drei Funktionen: (1) Informationen aus der Außenwelt zu sammeln und zu einem zentralen Ort zu bringen - *die Input-Funktion*; (2) sie danach kontinuierlich im Hinblick auf die im System gespeicherten Informationen zu analysieren, was zu Entscheidungen führt - *die Verarbeitungsfunktion*; und (3) sobald eine Entscheidung getroffen worden ist, Botschaften zu den Handlungsorten zu bringen - die *Output-Funktion*. Die zentrale Verarbeitungsfunktion des Nervensystems ist für die meisten kognitiven Aktivitäten verantwortlich, einschließlich des Denkens, des Erinnerns und Entscheidens. Kein Wunder, daß die Psychologen besonders an den Teilen des Nervensystems interessiert sind, die diese Funktion ausüben.

Betrachten wir den Fall von Otto Martin, der offenbar nicht fähig ist, irgendetwas Neues zu lernen. Otto kann normal sehen, hören, fühlen und sprechen, gehen, sich bewegen; seine Input- und Output-Funktionen scheinen also unversehrt zu sein. Er leidet aufgrund der Gehirnoperation an einer mangelhaften Informationsverarbeitung. Er kann neue Informationen entweder nicht langfristig speichern oder die neu gespeicherten Informationen nicht von seinen Gedächtnisspeichern abrufen.

Betrachten wir nun Robert W., der seit einem Autounfall vom Genick abwärts gelähmt ist. Sein Input-System ist in Ordnung und sein Verarbeitungs-System arbeitet ganz normal, aber sein Output-System wird in Höhe des Genicks blockiert. Die absteigenden Spinalnervenstränge - die "Output"-Richtung im Rückenmark - wurden durchtrennt, was seine Lähmung verursachte. Es können keine Botschaften mehr zu den Muskeln und Drüsen unterhalb der Genickregion gesandt werden. Aber dies ist ein extremer Fall - man muß nicht gelähmt sein, um Probleme auf der Output-Seite zu haben. Erinnern Sie sich noch, wie Sie das erste Mal eine Rede vor einer Gruppe halten mußten? Sie wußten, was Sie sagen wollten, konnten aber Ihre Stimmbänder nicht richtig koordinieren, bzw. Ihre Zunge wollte Ihnen nicht gehorchen, Sie konnten die Worte nicht richtig aussprechen. Oder wissen Sie noch, wie unbeholfen Sie sich gefühlt haben, als Sie mit Ihrem Partner das einzige Paar auf dem Tanzboden waren?

Das Input-System besteht aus den verschiedenen Sinnesorganen des Körpers, deren Funktion es ist, die Informationen aufzunehmen, die von unserer Umwelt her auf uns einwirken, diese Informationen in einen Kode umzuwandeln, den das Gehirn versteht, und die kodierte Botschaft zur Verarbeitung weiterzuleiten. Den Umwandlungsprozeß, bei dem physikalische Energie in Nervenimpulse umgewandelt wird, bezeichnet man als *Transduktion*. Der Kode für die wahrgenommenen Informationen stützt sich lediglich auf ein Merkmal dieses Prozesses - das Aussenden der Impulse durch den Grundbaustein des Systems, die Nervenzelle oder das Neuron.

Ein besonders grausamer Mörder

An einem Tag in den 50er Jahren bemerkte Marjorie Guthrie, daß ihr Ehemann, der gefeierte Folk-Sänger Woody Guthrie, beim Gehen "Schlagseite" hatte. Später bemerkten sie, daß seine Sprache undeutlich war. Sie war aber erst beunruhigt, als er einen plötzlichen Wutanfall bekam, ohne seinen üblichen billigen Wein getrunken zu haben. "Woody", sagte sie, "du bist krank."

Wie krank er wirklich war, wurde nur langsam deutlich. Zunächst sagten die Ärzte dem Balladensänger, er sei ein Alkoholiker. Aber innerhalb der nächsten 5 Jahre verschlimmerten sich seine Symptome allmählich. Bemerkenswerterweise wurden seine Wutanfälle immer intensiver. Schließlich stellte ein junger Arzt die richtige Diagnose. Woody litt an der Huntingtonschen Chorea, einer der grausamsten und verheerendsten neurologischen Erkrankungen. Allmählich verlor Woody die Fähigkeit zu sprechen, zu lesen und zu gehen. Er konnte mit seiner Frau und seinen Kindern nur kommunizieren, indem er mit wild fuchtelndem Arm auf Karten zeigte, die mit "ja" oder "nein" bedruckt waren. Woody Guthrie starb 1967, nach 15 Jahren emotionalem und physischem Leiden, in einem städtischen Krankenhaus.

Die Huntingtonsche Chorea ist eine ererbte degenerative Erkrankung des Zentralnervensystems, die zuerst 1872 von Dr. George Huntington beschrieben wurde, einem Arzt, der auf Long Island im US-Bundesstaat New York praktizierte. Sie wird durch ein dominantes Gen verursacht. Dies bedeutet, daß jeder, der dieses Gen von einem Elternteil erbt, die Erkrankung zwangsläufig bekommen wird - und jedes Kind eines Opfers der Huntingtonschen Chorea erbt das Gen mit mindestens 50prozentiger Wahrscheinlichkeit. Die Huntingtonsche Chorea wird erst dadurch besonders grausam, daß die Symptome meist nicht vor dem 35. Lebensjahr auftreten. Ein Opfer, das die Geschichte der Erkrankung in seiner Familie nicht kennt, kann sie unabsichtlich an seine Kinder weitergeben, bevor es selber erfährt, daß es sie hat. Die Kinder eines Opfers der Huntingtonschen Chorea müssen mit dem schrecklichen Wissen aufwachsen, daß auch sie zu diesem Leiden verdammt sein können.

Die Familie Guthrie liefert eine Veranschaulichung des tragischen Ausmaßes der Huntingtonschen Chorea. Woodys Mutter war an ihr gestorben, aber zu der Zeit sagten die Ärzte, daß die Krankheit nur Frauen treffe und daß ihr Sohn vor ihr sicher sei. Bei zwei von Woodys Kindern aus einer früheren Ehe hat sich seitdem die Huntingtonsche Chorea entwickelt, und der Schatten dieser Krankheit hängt nun über Marjories Kindern - Arlo, 29, selbst ein ausgezeichneter Folk-Sänger (und schon Vater von drei Kindern), sowie Joady, 27, und Nora, 26.

Newsweek, 27. September 1976

Die Genetik des Verhaltens wirkt über die Biochemie. Die Grundeinheiten der Vererbung, die Gene, bestehen aus DNA (Desoxyribonukleinsäure). Die DNA bestimmt, welche biochemischen Substanzen durch die Gehirnzellen und andere Körperzellen erzeugt bzw. nicht erzeugt werden. Dieses biochemische Gleichgewicht steuert wiederum die Tätigkeit des Nervensystems,das seinerseits dem Verhalten zugrunde liegt. Der genetische Einfluß ist bei normalem Verhalten genauso stark wie bei krankem Verhalten - man denkt nur normalerweise nicht daran. Stattdessen betrachten wir normales Verhalten als grundsätzlich umweltbedingt und wenden uns der Vererbung nur im Falle der Erkrankung zu. Dies ist falsch, da Vererbung und Umwelt sowohl bei normalem als auch bei anormalem Verhalten immer zusammenarbeiten.

Nehmen wir den Geruch von Steaks, die auf einem Holzkohlengrill braten. Diese "Information" erreicht die Nase in Form von Molekülen bestimmter Stoffe, die durch die Luft schweben. Diese Moleküle wirken auf spezialisierte Nervenzellen in der Nase ein, die reagieren, indem sie diese chemische Einwirkung in Nervenimpulse umwandeln (Transduktion). Die spezialisierten Zellen in der Nase produzieren eine kodierte Botschaft, die das Gehirn dekodieren kann und als "auf Kohle grillende Steaks" erkennen wird. Die Kodierung des wahrgenommenen Geruchs hängt davon ab, (1) welche Neuronen erregt werden und Impulse aussenden, (2) wie viele Neuronen erregt werden und (3) welche Impulsfrequenz diese Neuronen haben. Der Ort im Gehirn, zu dem diese Neuronen ihre Information bringen, ist sehr bedeutsam, denn die dem Geruchssinn zugeordnete Gehirnregion ist eine andere als die, die mit dem Sehen oder einer anderen Wahrnehmungsfunktion in Verbindung steht.

In jedem Fall wird von dem Wahrnehmungssystem, das erregt worden ist, eine in Form eines Erregungsmusters kodierte Botschaft gebildet. Diese Botschaft wird durch einen Nerven - im Falle des Geruchs durch den Geruchsnerven - für den nächsten Verarbeitungsschritt zum Gehirn weitergeleitet. Das Gehirn analysiert die Information in ihrer kodierten Form, vergleicht sie mit im Gedächtnis gespeicherten Informationen und entscheidet, daß die Information mit dem übereinstimmt, was es als den Geruch von grillenden Steaks kennt. Das Gehirn handelt dann dementsprechend, es sendet vielleicht eine Botschaft zu den Drüsen des Mundes, um sie zur Speichelproduktion anzuregen und für das Essen eines guten Steaks vorzubereiten.

Unsere Wahl der Terminologie (Input, Verarbeitung, Output usw.) legt einen Vergleich zwischen Nervensystem und Computer nahe. Dies ist eine gängige Analogie im Informations-Verarbeitungs-Ansatz der Psychologie. Dieser Ansatz sieht das Nervensystem als die grundlegende "Hardware" des menschlichen Organismus an. Ein Teil dieser Hardware erfüllt die Input-Funktion (z.B. unsere Augen und Ohren und die zum Gehirn hinführenden afferenten Nerven); ein anderer Teil erfüllt die Informations-Verarbeitungs-Funktion (insbesondere das Gehirn); und der Rest handhabt die Output-Funktion (die Nervenstränge, die von Gehirn und Rückenmark wegführen, also die *efferenten* Nerven) und bringt die Botschaften zu Muskeln und Drüsen, die dann "die Arbeit" des Verhaltens vollbringen.

Die Programmierung des Gehirns

Ein Problem des Nervensystems ist, daß es so vieles auf einmal tun muß. Es ist nicht leicht, zugleich zu sprechen und zu tanzen (insbesondere dann, wenn man den Tanz gerade lernt). In der Tat ist es sehr schwer, zwei Dinge auf einmal zu tun, wenn nicht eines davon automatisch getan werden kann. Eine Möglichkeit, ein Nervensystem zu entwerfen wäre, alles aufzulisten, was getan werden muß, und dann spezielle Subsysteme zu errichten, die diese Aufgaben ausführen. Man hätte ein Subsystem für das Atmen, ein anderes für das Sprechen, ein Drittes für das Riechen u.s.w.. Jedes System wäre "Hardware", d.h. in einer ganz bestimmten Weise vorprogrammiert - um nur eine einzige Aufgabe zu erfüllen. Eine Analogie wäre ein Subsystem, das automatisch Eis in einem Kühlschrank macht, aber nichts anderes tun kann - es verbraucht Raum im Kühlschrank und ist wertlos, wenn man kein Eis braucht. Aber das System ist in der Eisproduktion sehr effektiv. Wenn es wichtig ist, jederzeit Eis zu haben, wird man sich vermutlich für eine solche automatische Eismaschine entscheiden. Da auch Atmen lebenswichtig ist, ist es günstig, wenn ein vorprogrammiertes Atemkontrollzentrum in das Gehirn eingebaut ist. Es beansprucht zwar einen Teil der verfügbaren Kapazitäten des Gehirns und es nützt nur der Atmung, weil es auf das Atmen festgelegt ist, doch ist das Atmen so wichtig, daß man den Raum und die Flexibilität gerne zugunsten eines automatischen Kontrollsystems aufgibt. Auf diese Weise kann man tatsächlich zwei Sachen auf einmal tun: atmen und Kaugummi kauen oder atmen und dieses Buch lesen.

Viele Funktionen sind durch einen genetischen Kode im Gehirn vorprogrammiert, z.B. ein automatisches Atemzentrum, ein motorisches Kontrollzentrum, ein Zentrum für die Aufnahme von Sinnesreizen und automatische Zentren, die physiologische Funktionen im ganzen Körper überwachen und steuern. Es gibt auch ein teilweise vorprogrammiertes Sprachzentrum. Glücklicherweise besetzen diese vorprogrammierten automatischen Zentren bei Menschen nicht die gesamten verfügbaren Kapazitäten des Gehirns. Es ist noch viel Gehirnraum übrig, der nicht auf eine bestimmte Funktion festgelegt ist. Die entwicklungsgeschichtlich jüngeren Teile des Gehirns scheinen diejenigen Teile zu sein, die weitgehend frei von spezifischen Funktionen sind. Diese Teile scheinen *durch Erfahrungen mit der Umwelt programmierbar* zu sein. Meist nutzen wir diesen freien, flexiblen Gehirnraum zur Speicherung - um Informationen zu behalten, die für alles Mögliche gut sein könnten, aber nicht unbedingt für etwas ganz Bestimmtes. Die Masse an Informationen, die Sie zu dem Zeitpunkt gespeichert haben, wenn Sie auf die Universität kommen, macht Sie zu dem flexiblen, kreativen, geistreichen, aufgeweckten, listigen, leistungsfähigen und faszinierenden Wesen, das Sie im Vergleich zu den meisten anderen Geschöpfen auf dieser Erde sind.

Der zur Verfügung stehende "Gehirn"-Raum der meisten niedrigeren Organismen ist von festgelegten Schaltkreisen belegt, die von einem genetischen Plan für bestimmte Aufgaben entwickelt wurden. Frösche haben zum Beispiel in ihr visuelles Zentrum einen sehr wirksamen automatischen, akkuraten Insektendetektor eingebaut, der ihnen erlaubt, ihre Zungen im richtigen Augenblick herausschnellen zu lassen, um vorbeikommende Insekten zu fangen. Tiere, die auf der phylogenetischen Skala höher stehen, haben mehr freie Kapazitäten, die durch Erfahrungen programmiert werden können. Menschen scheinen eine nahezu unerschöpfliche Kapazität zu haben, um ihre Gehirne so zu programmieren, wie es erforderlich ist.

Neue Verhaltensweisen, die wir erlernt haben oder Funktionen, die durch Erfahrung und Übung in das Gehirn einprogrammiert worden sind, können manchmal fast ebenso automatisch ablaufen, wie einige der vorprogrammierten Funktionen, z.B. das Atmen. Ein gutes Beispiel dafür ist das Fahren eines Autos. Sie mußten das Fahren monate- oder jahrelang erlernen. Möglicherweise haben sich die elementaren Fähigkeiten schon entwickelt, als Sie lernten, Ihr Dreirad zu steuern. Dennoch fahren die meisten von uns ein Auto, ohne eigentlich darüber nachzudenken. Sie können eine Unterhaltung mit einem Beifahrer führen, über die Tagesereignisse nachdenken und beliebige andere komplexe Aktivitäten während des Autofahrens durchführen. Bedenken Sie, wie komplex das Gehirn und sein Programm sein muß, um diese fast automatische Bedienung eines Autos zu ermöglichen.

Im allgemeinen haben die eingebauten Zentren eine festgelegte Lage im Gehirn. Die Regulation des Atmens befindet sich beispielsweise in einem Gehirnteil, der *Medulla Oblongata* genannt wird. Die sensorische Empfangsstation für die von den Augen eintreffenden Informationen befindet sich in einem Bereich im hinteren Teil des Gehirns, dem *Okzipitallappen* des Kortex. Im Gegensatz dazu sind die flexiblen, programmierbaren Bereiche des Gehirns überall in den entwicklungsgeschichtlich jüngeren Teilen des Gehirns verteilt, in der Regel im Neokortex. Man spricht hier von diffus. Dies bedeutet also, daß sich abstrakte Funktionen nicht in einem bestimmten Teil des Gehirns befinden. (Um auf unsere Analogie zurückzukommen: die eingebaute Eismaschine hat eine festgelegte Lage, die Kühlfunktion ist aber im gesamten Kühlschrank verteilt).

Die Lage einer Gehirnfunktion wirkt sich aus, wenn eine Hirnschädigung vorliegt. Eine Schädigung, die eine eingebaute Funktion direkt trifft, wird diese Funktion stören. Störungen in der Medulla Oblongata bewirken Ihren Tod, da Sie aufhören zu atmen; Schädigungen des Okzipitallappens machen Sie zumindest teilweise blind. Im Gegensatz dazu werden diffuse Systeme seltener, wenn überhaupt von lokalen Schädigungen angegriffen. Das Gedächtnis ist über einen weiten Bereich des Kortex verbreitet und eine einzige kleine Wunde würde es nicht zerstören. Daher konnte Otto Martin sich an alles erinnern, was er vor seiner Gehirnoperation gelernt hatte. Aber es fiel ihm schwer, neu gelernte Informationen zu speichern oder abzurufen. Möglicherweise hat die Operation ein im Hippocampus eingebautes, vorprogrammiertes Zentrum ausgeschaltet, das Erinnerungen aus den programmierbaren, diffus über weite Bereiche des Gehirns verstreuten Gedächtnisspeichern abruft.

In diesem Kapitel werden wir die Hauptteile des Gehirns betrachten. Es wird Ihnen den Einstieg in die Materie erleichtern, wenn Sie sich immer wieder die bereits getroffenen Unterscheidungen der verschiedenen Funktionen des Gehirns vergegenwärtigen: Die Inputfunktionen, die die Informationen zum Gehirn bringen; die vorprogrammierten automatischen Subzentren, die spezielle Funktionen haben; programmierbare Gehirngebiete, die die höheren mentalen Funktionen regeln; und schließlich die Outputsysteme, die Signale oder Kommandos zu den Muskeln und Drüsen senden. Wir beginnen unsere Untersuchung mit einer Betrachtung der Wirkungsweise der Grundeinheit des Nervensystems, des Neurons.

DAS NEURON

Wenn wir das Verhalten von einem biologischen Standpunkt her verstehen wollen, müssen wir zunächst die Physiologie des Nervensystems verstehen. Wenn wir wiederum die Physiologie des Nervensystems verstehen wollen, müssen wir gleichermaßen zuerst das Funktionieren der Grundeinheit des Nervensystems, der Nervenzelle oder des **Neurons**, verstehen (siehe Anhang B).

Obwohl es keine genaue Zählung gibt, enthält unser Nervensystem mindestens 10 Milliarden (und vielleicht sogar bis zu 100 Milliarden) Nervenzellen. Die Neuronen sterben jedoch schließlich ab und werden nicht mehr ersetzt. Es wurde geschätzt, daß Menschen bis zu 10.000 Nervenzellen pro Tag verlieren, ein Verlust, der mit dem Alter ansteigen kann.

Es gibt viele verschiedene Typen von Nervenzellen, die in Struktur und Funktion spezialisiert sind, doch die meisten von ihnen bestehen aus drei strukturellen Einheiten, dem **Soma**, den **Dendriten** und dem **Axon**. Diese Teile der Nervenzelle werden auf Abbildung 2-1 veranschaulicht (siehe auch die Abbildungen B1 und B2 im Anhang B). Der Zellkörper oder das Soma enthält den Nucleus der Nervenzelle, der alle Zellaktivitäten steuert, wie z.B. die Sauerstoffnutzung und die Energieproduktion. Die Dendriten sind kurze "Fasern" oder Fortsätze, die vom Soma ausgehen. Sie wirken wie Empfängerstationen, die Signale von anderen Neuronen aufnehmen. Eine Nervenzelle kann einige wenige oder ein paar hundert Dendriten haben, die dem Zellkörper Informationen zuführen. Jedes Neuron hat eine einzelne längere Faser, das Axon, das vom Soma, dem Zellkörper ausgeht. In einigen Fällen kann sich das Axon nach Austritt aus dem Soma verzweigen. Einige Axone werden über einen Meter lang, andere sind sehr kurz. Die Axone führen die Information weg vom Zellkörper und enden in Verzweigungen, die axonale Endigungen genannt werden. Diese axonalen Endigungen befinden sich in der Nähe der Dendriten und Somas anderer Neuronen und die Signale, die von dem Neuron erzeugt werden, werden entlang dem Axon zu dessen Endigungen und dann zu den Dendriten oder zum Soma des nächsten Neurons weitergeleitet (siehe Abbildung 2-2).

Die Stelle, an der ein Axon eine funktionale Verbindung eingeht, bzw. wo es einem Dendriten oder dem Zellkörper des nächsten Neurons am nächsten kommt, wird **Synapse** genannt. Die axonalen Endigungen verbinden sich jedoch nicht wirklich mit den Dendriten oder dem Soma des nächsten Neurons in der Kommunikationskette, vielmehr befinden sich kleine Zwischenräume zwischen angrenzenden Neuronen, die synaptischen Spalträume. Ein Nervenimpuls wandert das Axon hinunter, dringt in die Endigungen ein und veranlaßt dort das Freiwerden von **chemischen Transmittersubstanzen**, die manchmal auch Neurotransmitter genannt werden. Diese chemischen Transmitter wandern durch den synaptischen Spalt, um das nächste Neuron zu erregen oder zu hemmen. Technische Details der Erzeugung und Übertragung von Nervensignalen, den *Aktionspotentialen*, werden in Anhang B dargestellt.

Abbildung 2-1: Die grundlegenden Teile eines Neurons

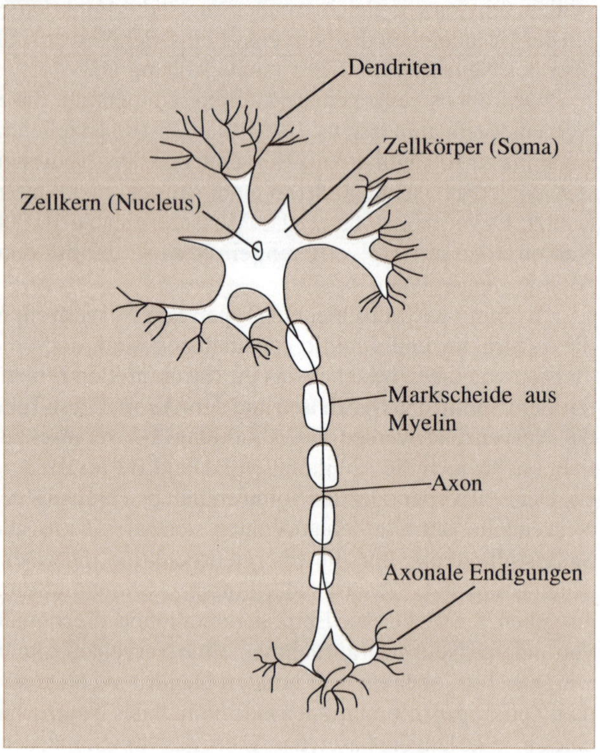

Die meisten Nervenzellen der Wirbeltiere bestehen aus drei grundlegenden Teilen - den Dendriten, dem Zellkörper (Soma) und dem Axon. Das Axon endet in den sogenannten axonalen Endigungen, die die Verbindung zu einer anderen Zelle herstellen - einer anderen Nervenzelle, einem Muskel oder einer Drüse. Viele Axone sind von einer Markscheide aus Myelin umhüllt, die die Leitfähigkeit der Zelle und ihr Aktionspotential erhöht.

Neurochemische Prozesse

Die Forschung hat in den letzten Jahren gezeigt, daß im Gehirn eine große Anzahl von biochemischen Substanzen existiert, die die verschiedenen Teile des Systems und daher auch das Verhalten unterschiedlich beeinflussen. Es gibt offensichtlich zwei Arten von chemischen Verbindungen im Gehirn, die auf die Neuronenaktivität einwirken: (1) die schnellwirkenden Trans*mitter*, die erregende oder hemmende Botschaften über die Synapse von einem Neuron zum nächsten übertragen und (2) die langsamer, aber längerfristig wirkenden *Neuromodulatoren*. Transmitter sind Substanzen, die in den synaptischen Bläschen (synaptischen Vesikeln) der präsynaptischen Endigungen gespeichert werden und freigesetzt werden, wenn das Aktionspotential des Neurons das Axon entlang zur Synapse wandert. Die Transmitter wandern schnell durch den synaptischen Spalt zwischen den Neuronen und wirken auf das nächste Neuron ein. Wenn genug Transmittersubstanz von verschiedenen Synapsen auf das nächste Neuron einwirkt (am gleichen Ort und etwa zur gleichen Zeit), wird im nächsten Neuron das Aussenden eines Impulses ausgelöst. Der Transmitter wird durch andere chemische Verbindungen in der Synapse schnell inaktiviert und daher ist sein Einfluß kurzlebig. Der Transmitter arbeitet wie ein Schlüssel, der im nächsten Neuron ein Schloß finden muß, in das er paßt, um "hereinkommen" bzw. das Neuron aktivieren und einen Impuls auslösen zu können. Dieses Schloß wird *Rezeptor* genannt und jeder Rezeptor akzeptiert nur Transmitter (Schlüssel) von bestimmter Form. Diese Form bezieht sich natürlich auf die chemische oder molekulare Struktur des Transmittermoleküls, das zu der chemischen oder molekularen Struktur des Schlosses auf der Rezeptorseite des nächsten Moleküls passen muß.

Die elektrischen Prozesse in Neuronen sind im Vergleich zu den chemischen Prozessen einfach (ein Nervenimpuls ist wie der andere). Es gibt vermutlich spezielle Transmitter für spezielle Funktionen (wie z.B. einen Transmitter nur für Schmerzsignale), und es wird angenommen, daß diese Transmitter über das ganze Gehirn verteilt sind und nicht an einer bestimmten Stelle konzentriert. Entsprechend dieser Vorstellung gibt es kein "Schmerzzentrum" im Gehirn, also einen Ort, an dem sich alle Schmerzsignale sammeln. Obwohl das Gehirn sicherlich spezialisierte Zentren hat, muß angenommen werden, daß jedes Zentrum sich über verschiedene Zonen erstreckt und durch spezielle chemische Prozesse wirksam wird.

Dies bringt uns zu den Neuromodulatoren. Diese neuentdeckten chemischen Verbindungen scheinen den

Hormonen sehr ähnlich zu sein und werden vermutlich von speziellen neurosekretorischen Zellen in der Hypophyse oder im Hypothalamus produziert. Im Gegensatz zu richtigen Transmittern befinden sich diese Neuromodulatoren nicht in den Vesikeln, sondern "schwimmen" in der Synapse herum. Sie wirken nicht so schnell wie Transmitter, aber ihre Wirkung hält länger an. Neuromodulatoren interagieren mit den Transmittern und beeinflussen deren Funktion. Sie können dies, weil ihre molekulare Struktur der des Transmitters ähnlich ist. Es ist daher möglich, daß ein Neuromodulator auf einem Neuron Rezeptoren belegt und damit diese für Transmittermoleküle nicht verfügbar macht.

Ein kürzlich sehr bekannt gewordener Neuromodulator ist das Beta-Endorphin. Beta-Endorphin reduziert die Schmerzempfindung vermutlich auf die folgende Weise: Wenn der Körper unter Schmerzstreß steht, reagieren die neurosekretorischen Zellen mit einer Ausschüttung von **Beta-Endorphin**. Das Beta-Endorphin breitet sich im gesamten Nervensystem aus und beginnt einige, vielleicht auch viele der Schlösser in den Rezeptoren auf den Neuronen aufzufüllen, die die Schmerzsignale übermitteln. Wenn der Körper weiterhin schmerzauslösende Reizung erfährt, wird der Neurotransmitter für Schmerz (Substanz P) von den Vesikeln freigesetzt und wandert durch die Synapse, um auf das nächste Neuron einzuwirken. Das Endresultat dieser komplizierten chemischen Vorgänge ist, daß man weniger Schmerz fühlt. Man hat das Empfinden, als hätte man eine kleine Dosis Morphium genommen.

Das birgt enorme Anwendungsmöglichkeiten in sich, weil Psychopharmaka, einschließlich der Schmerztabletten, vermutlich auf die oben beschriebene Weise arbeiten. Sie beeinflussen entweder die Transmitter direkt oder die Neuromodulatoren. Wenn es viele Transmitter und viele Neuromodulatoren gibt, die im Gehirn spezifische Effekte haben, dann besteht die Hoffnung, daß neue Medikamente zur genaueren Steuerung von Gehirnfunktionen entwickelt werden können. Zum Beispiel könnte vielleicht ein Medikament zur Behandlung von Übergewicht entwickelt werden, das *speziell* die Essensaufnahme beeinflußt. Einige Medikamente (Amphetamine) vermindern zwar die Nahrungsaufnahme, stören aber massiv viele andere Bereiche im Gehirn. Es könnte jedoch einen chemischen Neuromodulator im Gehirn geben, der für die Nahrungsaufnahme das bewirkt, was Beta-Endorphin für den Schmerz bewirkt. Dieser Neuromodulator könnte die Substanz sein, die das Körpergewicht reguliert, die bestimmt, wieviel Nahrung man aufnimmt, ja sogar wieviel Nahrung als Fett gespeichert wird. Es gibt natürlich noch andere faszi-nierende Möglichkeiten - Substanzen, die den Schlaf, die Sexualität, die Aggression und die Gewalttätigkeit steu-ern.

Transmitter und Neuromodulatoren beeinflussen vermutlich auf die eine oder andere Weise jedes menschliche Verhalten auch das Bewußtsein. Sie wissen bereits, daß bestimmte Stoffe - z.B. Drogen wie Alkohol oder THC, der wirksame Bestandteil des Marihuanas - unseren Bewußtseinszustand beeinflussen können. Auch hier wirken diese psychoaktiven Substanzen zweifellos, indem sie auf das Transmittersystem, das Neuromodulatorsystem oder beides einwirken. Weil diese Systeme aber so eng mit anderen Aspekten des Verhaltens verknüpft sind, ist die Gefahr einer Schädigung der Körperfunktionen groß. Es ist bekannt, daß beispielsweise anhaltender Alkoholkonsum

Abbildung 2-2: Eine Kette von drei Neuronen

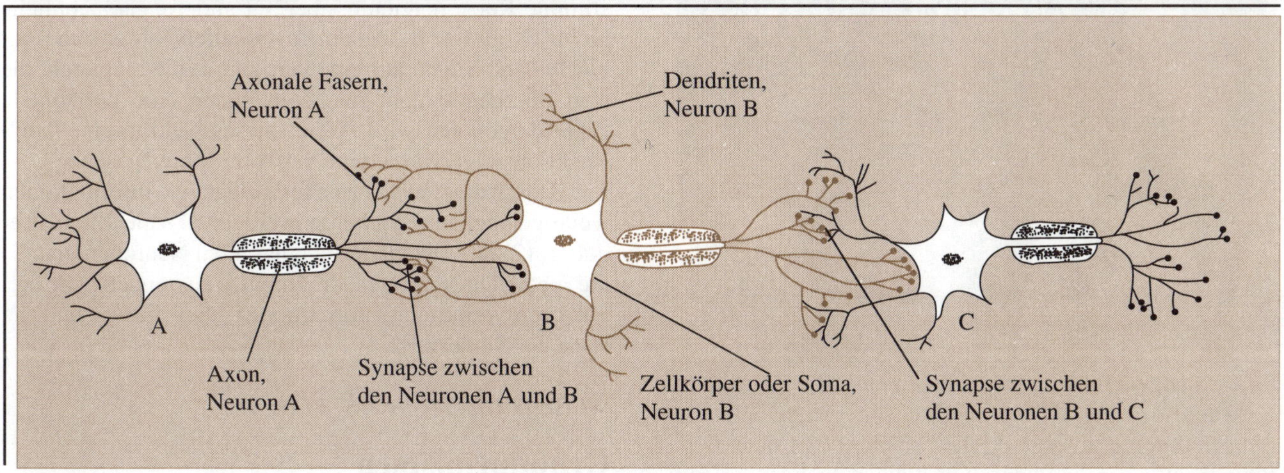

Die axonalen Endigungen von Neuron A verbinden sich mit den Dendriten und dem Soma von Neuron B. Ebenso verbinden sich die axonalen Endigungen von B mit Neuron C.

schwerwiegende Defizite in der Fähigkeit des Gehirns, neue Informationen zu speichern, zur Folge haben kann.

Die Kodierung der Information

Wir können uns das Nervensystem als großes Kommunikationssystem vorstellen, das Informationen von einem Teil des Körpers zu einem anderen übermittelt. Wenn wir z.B. etwas "sehen", wird über einen neuronalen Kommunikationsweg, den Sehnerven, die Information vom Auge zum Gehirn übermittelt. Wenn wir etwas "hören", wird die Information über den Hörnerven vom inneren Ohr zum Gehirn übertragen (siehe Farbtafel 10).

Bevor wir darstellen, wie das Nervensystem die Information kodiert, sollten Sie wissen, daß die meisten Neuronen auch Impulse oder Aktionspotentiale aussenden, wenn nichts passiert - dies wird *Spontan- oder Ruheaktivität* genannt. Ein Neuron kann ein Ereignis durch eine Zunahme der Impulsfrequenz der Aktionspotentiale (das Signalsystem wird eingeschaltet) oder durch eine Abnahme der Impulsfrequenz der Aktionspotentiale (manchmal wird das System ganz abgeschaltet) anzeigen. Mit anderen Worten, ein Neuron kann einen Reiz mit "an"- oder "aus"- Reaktionen anzeigen. Betrachten wir, was passiert, wenn wir auf ein menschliches Auge einen Lichtstrahl lenken. Sitzt die Versuchsperson im Dunkeln, arbeitet ihr Sehnerv mit Ruheaktivität. Wenn dann der Lichtreiz eingeschaltet wird, nimmt die Impulsfrequenz einiger Neuronen des Sehnerven zu und die anderer Neuronen ab. Die Helligkeit des Lichtes wird durch das Ausmaß der Veränderung in einen Kode umgesetzt - ein dunkles Licht wird als geringe Zunahme (oder Abnahme) in der Impulsfrequenz kodiert und ein helles Licht als eine größere Zunahme (oder Abnahme) der Impulsfrequenz.

Es wird angenommen, daß während eines Langstreckenlaufs der Körper als Abwehrmechanismus gegen Schmerz Beta-Endorphin absondert. Der Schmerz hört nach dem Rennen auf, aber die Endorphine bleiben noch einige Zeit zurück. Diese zurückbleibenden Opiate könnten das "High" (das Hochgefühl) des Läufers verursachen.

Außerdem bezieht der neuronale Kode für Helligkeit die Anzahl der Neuronen ein, die ihre Impulsfrequenz in Abhängigkeit von der Reizintensität ändern. Ein dunkles Licht löst eine Veränderung in der Impulsfrequenz einer kleinen Anzahl von Neuronen aus, währenddessen ein helles Licht eine Veränderung in einer großen Anzahl von Neuronen auslöst.

Eine weitere Möglichkeit, die Information zu kodieren, hängt davon ab, welche Neurone Impulse aussenden. Zu verschiedenen Sinnessystemen gehören verschiedene Neuronen. Beispielsweise bewirkt ein visueller Reiz eine Veränderung der Impulsfrequenz der Neuronen des Sehnerven, ein Ton hingegen eine Veränderung der Impulsfrequenz der Neuronen des Hörnerven. Dieses Prinzip gilt auch innerhalb eines bestimmten Sinnessystems. Innerhalb des Auges beispielsweise ist von großer Bedeutung, *welche* Neuronen des Sehnerven erregt werden, weil diese Neuronen die Lage, die Farbe und andere Charakteristika des Reizes, den wir wahrnehmen, kodieren. Darüber hinaus wurde gezeigt, daß Töne verschiedener Höhe verschiedene Neuronen reizen. Im wichtigsten Kode für die Tonhöhe wird verschlüsselt, welche Neuronen Impulse aussenden. Am erstaunlichsten ist aber die relativ neue Entdeckung, daß spezialisierte Zellen im visuellen System (und vielleicht auch in anderen Sinnessystemen) auf bestimmte Reize reagieren, aber auf andere, ganz ähnliche nicht. Es gibt z. B. Zellen im visuellen System, die mit einem "an"-Signal auf eine vertikale Linie reagieren, die aber überhaupt nicht reagieren, wenn eine horizontale Linie dargeboten wird. Wenn dieses Neuron eine "an"-Reaktion zeigt, wurde eine vertikale Linie "gesehen".

Durch drei Faktoren ist festgelegt, wie Informationen weitergeleitet und kodieren werden: (1) die Impulsfrequenz, (2) die Anzahl der reagierenden Neuronen und (3) die speziellen Neuronen, die Impulse aussenden. Alle drei Faktoren vermitteln Informationen über die Art und die Lage der Sinnesreize.

Neuronale Schaltkreise

Grundprinzipien

Einige Neuronen wirken erregend, d.h. sie bewirken, daß das nächste Neuron in der Kette erregt wird und seine Impulsfrequenz über die Spontan-, bzw. Ruheaktivität steigt. Sie erreichen dies, indem sie erregende Transmittersubstanz in den synaptischen Spalt freisetzen, einen Stoff, der bewirkt, daß das nächste Neuron mehr Impulse aussendet. Andere Neuronen sind hemmend - sie setzen hemmende Substanzen frei, wenn sie gereizt werden, und diese bewirken, daß die Impulsfrequenz des nächsten Neurons in der Kette unter die Spontanaktivität absinkt.

Jedes Neuron erhält Inputs von vielen anderen Neuronen. Auf den Dendriten und dem Zellkörper eines einzigen Neurons können z.B. zehntausend Synapsen sein. Einige dieser Synapsen wirken erregend und andere hemmend. Das Neuron erhält widersprüchliche Botschaften - einige Synapsen sagen "sende mehr Impulse aus", und andere sagen "sende weniger Impulse aus". Das Neuron verhält sich chemisch, als wäre es eine Additionsmaschine, es zählt die "mehr" und die "weniger" Botschaften zusammen und berechnet die Nettosumme. Wenn die spontane Impulsfrequenz bei 100 Impulsen/Sekunde liegt und das Neuron insgesamt 50 Einheiten hemmender Botschaften empfängt und 70 Einheiten erregender Botschaften, wird es mit einer Zunahme der Impulsfrequenz auf 120 reagieren, also einer Nettozunahme von 20 Einheiten.

Mit dieser Information können wir einen einfachen Schaltkreis aus ein paar Neuronen zusammenstellen, *die etwas wahrnehmen können*. Abbildung 2-3 zeigt vier Neuronen in einem kleinen Schaltkreis (können Sie sich einen Schaltkreis aus einer Million Neuronen vorstellen?). Die Neuronen A, B und C sind visuelle Rezeptoren, die Licht in neuronale Impulse umwandeln (Transduktion). Jeder dieser drei Rezeptoren ist über eine Synapse mit dem nächsten Neuron in der Kette (Neuron X) verbunden. Um sich ein Bild von diesem Schaltkreis zu machen, kann man ihn sich als eine bürokratische Ordnung vorstellen, in der A, B und C alle X Bericht erstatten, das dann den "oberen Instanzen" berichtet. Um das Beispiel Schaltkreis fortzuführen, wollen wir annehmen, daß (1) X eine Spontanaktivität von 100 Impulsen pro Sekunde hat; (2) Neuron B X zu einer Zunahme der Impulsfrequenz von 10 Einheiten anregt, wenn wir B mit einer Taschenlampe von konstanter Helligkeit beleuchten, und (3) die Neuronen A und C hemmende Neuronen seitlich von B sind und gegenläufig zu B arbeiten. Wenn die gleiche Taschenlampe A, bzw. C beleuchtet, hemmen diese Neuronen X um jeweils 5 Einheiten. Diese Hemmung, die von benachbarten Neuronen ausgeht, wird **laterale Hemmung** genannt.

Betrachten wir uns nun die Impulsfrequenz von Neuron X in Abhängigkeit davon, ob wir Neuron A, B oder C mit der Taschenlampe beleuchten. Wenn das Licht ausgeschaltet ist, wird X mit seiner Ruhefrequenz 100 Impulse aussenden. Wenn wir nur B beleuchten, dann wird die Impulsfrequenz auf 110 steigen. Beachten Sie, daß der Lichtstrahl sehr klein sein müßte, um nur B zu beleuchten und ohne gleichzeitig auch A oder C zu treffen. Wenn wir A, B und C beleuchten, wird sich die Impulsfrequenz von X nicht verändern. Die Impulsfrequenz von X wird durch die

Abbildung 2-3

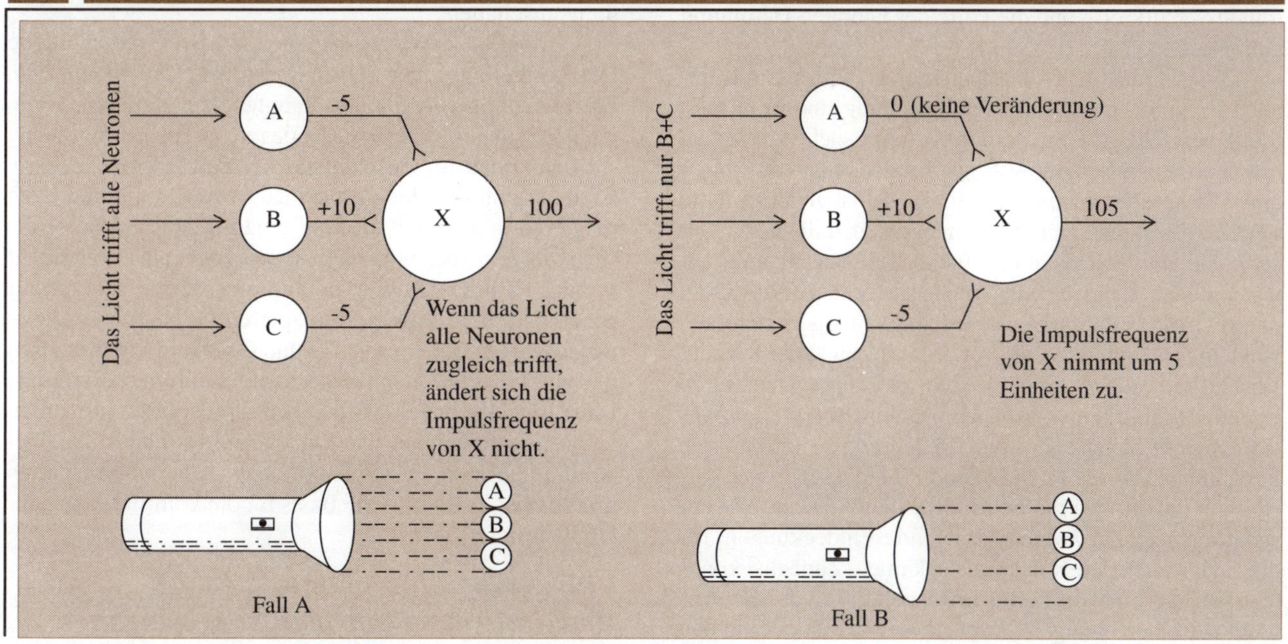

Ein einfacher Schaltkreis eines Detektors für Objektränder, der auf dem Prinzip der lateralen Hemmung beruht (Erläuterungen im Text).

erregende Wirkung von B um 10 Einheiten zunehmen, durch die hemmende Wirkung von A und C jedoch insgesamt 10 Einheiten (je 5) abnehmen. Wenn A und B, aber nicht C beleuchtet wird, wird die Impulsfrequenz von X um 5 Einheiten zunehmen. Wenn das Licht auf B und C, aber nicht auf A scheint, wird die Impulsfrequenz von X auch um 5 Einheiten zunehmen. Die laterale Hemmung von A und C neben B ermöglicht X, wie ein Detektor von Ob-jekträndern zu arbeiten, also von Gebieten, an denen das Licht in seiner Intensität von stark nach schwach übergeht. X ändert seine Impulsfrequenz nur, wenn das Licht A, B und C unterschiedlich beleuchtet. Und unterschiedliches Licht bedeutet, daß dort irgendein Rand oder eine Kontur ist.

Detektorschaltkreise

Mit einfachen neuronalen Schaltkreisen können verschiedene Detektoren gebaut werden. In der Tat scheint Mutter Natur dies auf sehr komplexe Weise getan zu haben. Denken wir beispielsweise an die komplizierten Schaltkreise, die am Fliegendetektor des Frosches beteiligt und in sein Nervensystem eingebaut sein müssen. Nun bedenken Sie, wieviel komplexer diese Schaltkreise sein müssen, um so etwas wie menschliche Reaktionen zu ermöglichen. Ein einziges Neuron kann anzeigen, daß ein Reiz, - z.B. Licht - ankommt (die Impulsfrequenz nimmt zu) und wie hell dieses Licht etwa ist (die Impulsfrequenz nimmt stark oder weniger stark zu). Um dem Gehirn jedoch Objektränder und deren Lage melden zu können, werden neuronale Schaltkreise und die Hilfe der lateralen Hemmung gebraucht.

Wir werden mehr über Detektorschaltkreise in Kapitel 3 erfahren, das sich mit Empfindung und Wahrnehmung beschäftigt. Dort werden wir untersuchen, wie sich die neuronalen Schaltkreise zur Entdeckung von Linien und Winkeln zusammensetzen, so daß man bestimmte Formen erkennen kann. Wenn man erst mal die Form von etwas erkannt hat, dann hat man schon fast erkannt, um was es sich handelt. Ein solcher Mechanismus bildet natürlich die Grundlage unserer Fähigkeit, die verschiedenen Dinge zu erkennen, die vor unseren Augen geschehen. Wir sollten jedoch daran denken, daß diese Detektoren irgendwie fähig sein müssen, dem Gehirn mitzuteilen, was sie entdeckt haben. Vor etwa 25 Jahren revolutionierten Forschungen von D. H. Hubel und T. N. Wiesel unsere Vorstellung davon, wie die Sehrinde arbeitet. Diese Wissenschaftler machten zwei faszinierende Entdeckungen, für die sie kürzlich den Nobelpreis bekamen. Zunächst konnten sie zeigen, daß die Zellen im visuellen Teil des Gehirns nicht auf einen einzigen Punkt auf der Retina oder in den visuellen Raum hinaus "schauen", sondern ein rezeptives Feld haben, das relativ groß ist und manchmal fünf Grad des Gesichtswinkels umfaßt. Die zweite wichtige Entdeckung von Hubel und Wiesel war, daß jede Zelle sehr wählerisch in der Art des visuellen Stimulus ist, der ihre Aktivität verändert. Sie fanden insbesondere, daß bestimmte Zellen im Gehirn empfindlich auf die verschiedenen Ausrichtungen einer Linie reagieren. Diese Zellen arbeiten also als Objektrand- und Ausrichtungsdetektoren (siehe Abbildung 2-4). Wenn wir eine vertikale Linie oder einen vertikalen Objektrand sehen, werden nur die Zellen in der Sehrinde aktiv, die empfindlich für die vertikale Ausrichtung sind, die Zellen, die für andere Ausrichtungen empfindlich sind, sind relativ inaktiv. Wenn die Linie aus der vertikalen Stellung rotiert wird, wird eine ganz andere Zellgruppe, nämlich die Zellen, die auf die neue Ausrichtung der Linie empfindlich reagieren, aktiv werden.

Ein Weg, die Existenz unterschiedlich empfindlicher sensorischer Detektoren nachzuweisen, wäre der Versuch, einen Detektortyp zu überreizen und zu ermüden und dann zu schauen, ob dies eine Veränderung in der Wahrnehmungsfähigkeit zur Folge hat. Es müßte möglich sein, eine bestimmte Gruppe von Detektoren zu ermüden, indem man eine Person ein Bild anstarren läßt, auf dem nur der Stimulus dieses Detektors abgebildet ist. So müßte beispielsweise das minutenlange Anstarren eines Musters von vertikalen Linien die Detektoren für vertikale Linien ermüden. Versuchen Sie dies mit Abbildung 2-5 selbst. Bei diesem Versuch bewirkt das Anschauen der vertikalen Linien auf der linken Seite der Abbildung, daß die Zellen, die empfindlich auf vertikale Orientierung reagieren, ermüdet werden und daher vertikale Linien schlechter wahrnehmen. Deshalb verschwinden die schwachen vertikalen Linien, wenn Sie danach die rechte Seite der Abbildung anschauen.

Hubel und Wiesel haben auch drei verschiedene Detektorzellen in der Sehrinde entdeckt, die sie e*infach*, *komplex* und *hyperkomplex* nannten. Eine einfache Zelle kann z.B. auf eine vertikale Linie reagieren, aber nur wenn sie links oben im Gesichtsfeld ist. Eine komplexe Zelle kann auf eine vertikale Linie unabhängig von deren Lage reagieren und spricht also auf einen Reiz an, den wir als *vertikale Linie* bezeichnen bzw. bearbeitet als Detektor für vertikale Linien. Eine hyperkomplexe Zelle scheint auf ganz bestimmte Muster zu reagieren. Sie kann beispielsweise wie ein Detektor von rechten Winkeln funktionieren und nur reagieren, wenn eine vertikale und eine horizontale Linie im Gesichtsfeld auftauchen. Solche Detektorzellen lassen uns erkennen, wie einzigartig das Gehirn auf bestimmte Formen, Quadrate, Dreiecke u. ä. reagieren kann und so die physiologische Basis für die Wahrnehmung der Umwelt liefert.

Entwicklung, Schädigung und Reparaturmechanismen von Neuronen

Obwohl es auch andere Auffassungen gibt, deutet fast alles darauf hin, daß man als Erwachsener nicht mit einer

Zunahme von Neuronen rechnen kann. Die Neuronen scheinen sich nicht, wie andere Zellen im Körper, nach der Geburt zu reproduzieren. Dagegen sprechen jedoch einige neuere Experimente mit niederen Organismen.

Äquipotentialität

Obwohl Neuronen nicht ersetzt werden, besitzt das Nervensystem eine gewisse Flexibilität. Insbesondere in den Gebieten, die keinerlei vorprogrammierte Funktionen enthalten, können die verbleibenden, nicht beschädigten Neuronen Funktionen übernehmen, die vorher durch inzwischen abgestorbene oder verletzte Neuronen wahrgenommen wurden. So kann beispielsweise eine Hirnschädigung Schwierigkeiten beim Sprechen zur Folge haben (Aphasie). Mit der Zeit wird der kranke Mensch wahrscheinlich einige der verlorenen Sprachfunktionen zurückgewinnen, wenn andere, unversehrte Neuronen "in die Bresche springen". Wir haben vermutlich viele Neuronen mit unspezifischen Funktionen, die als Reserve bereitstehen und aushelfen, wenn sie gebraucht werden.Sie haben die Möglichkeit, viele verschiedene Rollen zu übernehmen. Der berühmte Neuropsychologe Karl Lashley nannte dies das Gesetz der *Äquipotentialität*, das besagt, daß alle Gehirngebiete gleichwertig, d.h. austauschbar sind. Wir wissen, daß dies nicht für die fest verschalteten Bereiche zutrifft, aber innerhalb der von spezifischen Funktionen freien Regionen haben offensichtlich alle Neuronen die Fähigkeit, jede gerade notwendige Aufgabe zu übernehmen.

Neuronen reproduzieren sich nicht. Können sie sich aber selbst reparieren, wenn sie beschädigt sind? Die Antwort ist schwierig, fällt aber zur Zeit grundsätzlich nicht besonders positiv aus. Im Zentralnervensystem ist Reparatur praktisch unmöglich und findet selten statt.

Abbildung 2-4 Das rezeptive Feld einer Zelle in der Sehrinde

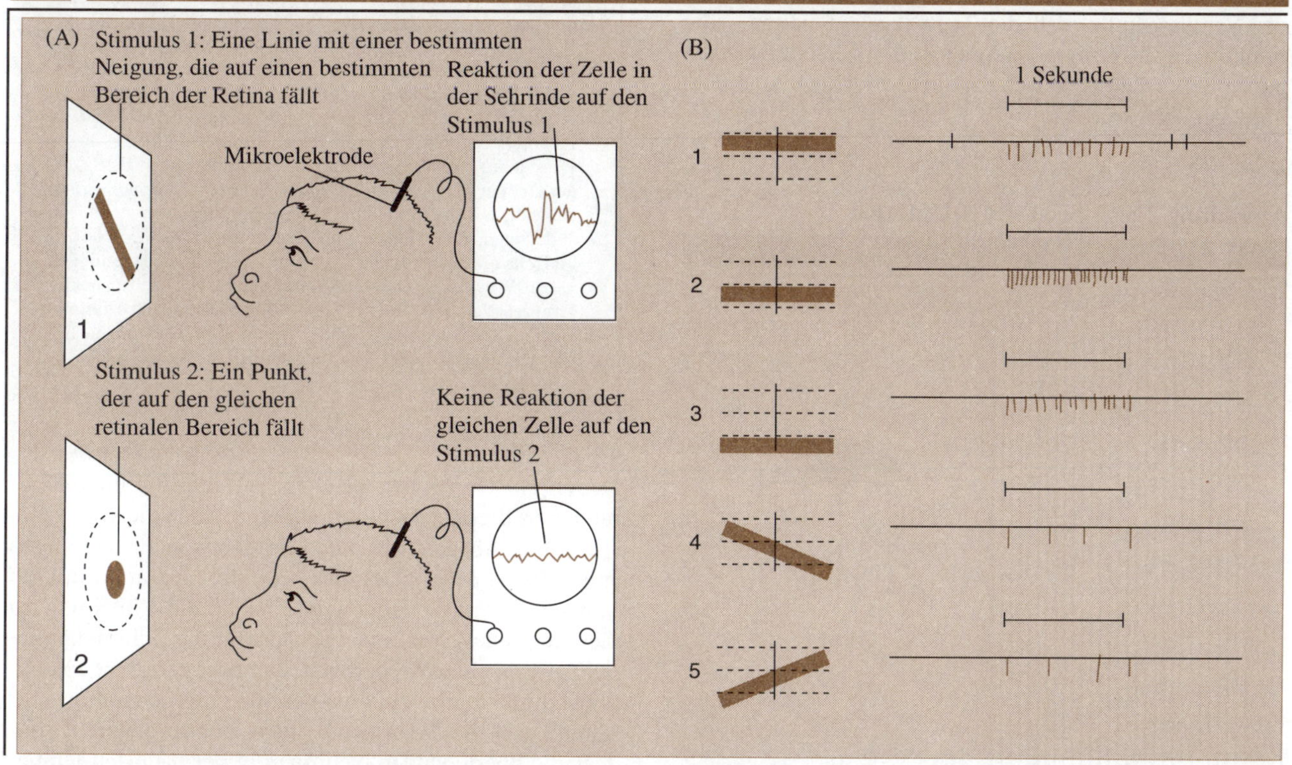

Das rezeptive Feld einer Zelle, festgestellt mit Hilfe einer in den Kortex eingebauten Mikroelektrode. Teil A zeigt, daß einzelne Zellen des Kortex auf Stimuli eines bestimmten Typs in einem bestimmten Bereich der Retina empfindlich reagieren. In diesem Fall löst nur die schräge Linie und nicht der Punkt eine Reaktion des Kortex aus. Die Reaktionen einer einzigen Zelle im Kortex auf fünf verschiedene Linien werden in Teil B gezeigt. Beachten Sie, daß die Zelle vorwiegend auf die horizontale Linie und kaum auf alle schrägen Linien reagiert. Beachten Sie auch, daß die Zelle ebenso empfindlich auf die Lage reagiert - sie sendet die meisten Impulse aus, wenn die waagrechte Linie mitten im Sichtfeld liegt und reagiert weniger stark, wenn diese höher oder niedriger liegt. Die Linie wurde eine Sekunde lang dargeboten, symbolisiert über den fünf graphischen Darstellungen jeweils durch eine Waagerechte.

Daher ist eine Hirn- oder Rückenmarksverletzung so furchtbar. Diese Neuronen können sich vermutlich deshalb nicht regenerieren, weil sie so dicht zusammengepfercht sind, daß sie damit noch nicht einmal beginnen können. Eine weitere Möglichkeit ist, daß einige der Stützzellen im Zentralnervensystem chemische Substanzen in das umgebende Gebiet absondern, die eine Reparatur blockieren. Diese letzte Möglichkeit ist interessant, weil sie vermuten läßt, daß die Injektion anderer Substanzen diesen Effekt neutralisieren und den Neuronen ermöglichen könnte, neue Axone auszubilden. Solche Medikamente könnten in geschädigtes Rückenmarksgewebe oder gar in geschädigte Hinregionen injiziert werden, um die Regeneration zu erleichtern.

Es gibt auch Belege dafür, daß eine medikamentöse Behandlung, mit der bestimmte neuronale Transmitter stimuliert werden sollen, die Wiederherstellung nach einer Schädigung des Zentralnervensystems erleichtert. Eine Untersuchung hat beispielsweise gezeigt, daß sich - unter der Voraussetzung, daß die Tiere Auslauf hatten - die Funktionen von hirngeschädigten Ratten schneller wiederherstellten, wenn kurz nach der Hirnverletzung Amphetamine gegeben wurden.

Abbildung 2-5 Selektive Adaptation

Schauen Sie zwei Minuten lang auf das Zentrum des linken Teils der Abbildung und schauen Sie dann auf die Zeichnung im rechten Teil. Der "Regen" wird für einige Sekunden verschwinden. Das zweiminütige Anschauen der vertikalen Linien ermüdet die Detektoren, so daß sie die schwachen vertikalen Linien des Regens nicht mehr erkennen können.

Wenn eine allgemeine Kopfverletzung vorliegt, ist die Hauptquelle der Funktionsstörung eher die Schwellung innerhalb des Zellkörpers des Neurons, als eine Schä-

Hirnschädigung: Wie das Gehirn sich selbst wieder funktionstüchtig macht

Von den Forschern Rebehak Loy und Teresa Milner, University of California, San Diego wurde nachgewiesen, daß sich der Hippocampus - ein Gehirngebiet, von dem man glaubt, daß es mit Lernen und Gedächtnis zu tun hat - nach einer Verletzung selbst wieder funktionstüchtig macht. Nach einer experimentellen Zerstörung von Zellen im Hippocampus von Rattengehirnen fanden die Wissenschaftler die erwartete Degeneration der Neuronen. Sie entdeckten jedoch, daß die benachbarten Neuronen - offensichtlich zu dem Zweck, sich mit den Zellen des Hippocampus zu verbinden - neue Axone sprießen ließen.

Das wichtigste Ergebnis dieses Experiments von Loy und Milner ist wohl die Tatsache, daß die Gehirne weiblicher Ratten mehr neue Verbindungen sprießen ließen als die männlichen Gehirne. Eine mögliche Erklärung für den Geschlechtsunterschied ist - so Loy - "daß Weibchen und Männchen vor der Verletzung über einen unterschiedlich ausgeprägten Hippocampus verfügten, weil dieser schon früh unterschiedlichen Hormonen ausgesetzt war. Eine andere Möglichkeit wäre, daß die zirkulierenden Hormone der erwachsenen Tiere als Reaktion auf die Verletzung das Sprießen neuer Axone bei den Weibchen fördern und bei den Männchen hemmen".

Ob das Wachstum neuer Axone nach der Zerstörung tatsächlich dem Gedächtnis oder der Herstellung der Funktionstüchtigkeit in anderer Hinsicht zugute kommt oder nicht, ist zur Zeit nicht bekannt. Loy hofft jedoch, daß wir vielleicht "dieses Wissen auf die Wiederherstellung der motorischen Fertigkeiten und der Fähigkeit zu Lernen nach einer Gehirnverletzung anwenden können....Es gab zahlreiche Untersuchungen, die andeuteten, daß Männer und Frauen unterschiedlich lernen und ein unterschiedliches räumliches Vorstellungsvermögen haben. Wir wissen, daß sich Männer und Frauen nach einer Gehirnverletzung in ihrer Fähigkeit unterscheiden, bestimmte Fertigkeiten wiederzuerlangen. Unsere Untersuchungen liefern ein anatomisches Erlärungsmodell für diese Beobachtung."

Science News, 12. Juli 1980

Der Hippocampus ist eine Gehirnstruktur tief im Temporallappen, die offensichtlich eine entscheidende Rolle beim sofortigen Abspeichern und Abrufen von Erinnerungen spielt. Es ist das Gebiet, das bei einer Operation in Otto Martins Gehirn zerstört wurde (siehe die Einleitung zu diesem Kapitel). Nach einer Schädigung des Gehirns kommt es häufig zu einer Wiederherstellung der verlorenen Funktionsfähigkeit, obwohl eine komplette Regeneration sehr selten ist. Neue Neuronen werden nicht produziert, sondern die überlebenden Neuronen in der nächsten Umgebung übernehmen teilweise die Arbeit der beschädigten Neuronen. Aus dem obigen Artikel geht hervor, daß dies durch das Wachstum neuer Axone erreicht werden kann (es gibt vermutlich auch das Wachstum neuer Dendriten). Die Unterschiede zwischen männlichem und weiblichem Gehirn beruhen auf Hormoneinflüssen (siehe "Sexualität und das Gehirn" später in diesem Kapitel).

digung der verbindenden Neuronenfasern (der Axone und Dendriten). Die Verletzung - wie z.B. eine Gehirnerschütterung - kann zur Folge haben, daß die extrazellulären Flüssigkeiten permeabel werden, in die Zellkörper eindringen und sie funktionsuntüchtig machen. Die Folge ist das Koma. Eine Behandlung mit Diuretika, insbesondere mit einer bestimmten Sorte von Diuretika, die spezifisch auf die Permeabilität der Chloridionen einwirkt, kann hier sehr nützlich sein. Klinischen Versuche mit solchen Medikamenten waren erfolgreich, da die Überlebensrate stark anstieg.

Obgleich eine Schädigung des Gehirns oder des Rückenmarks mit großer Wahrscheinlichkeit schlimme Folgen hat, sieht die Sache etwas anders aus, wenn die Schädigung im peripheren Nervensystem auftritt. Beispielsweise kann jemand, der sich einen Nerv in der Hand durchtrennt, damit rechnen, daß er in dem Gebiet, das von diesem Nerven versorgt wird, etwas Gefühl und Beweglichkeit zurückgewinnen wird, wenn in dem Nerv chirurgisch wieder die Verbindung hergestellt werden kann. Wie die Neuronen des Zentralnervensystems können sich auch periphere Neuronen nicht reproduzieren und die Wiederherstellung ihrer Funktionstüchtigkeit hängt von der Regeneration der beschädigten Axone ab.

Die Bedeutung einer mit Reizen angereichterten Umwelt

Obwohl bei unserer Geburt fast alle Neuronen an ihrem Platz sind, sind sie nicht alle angeschlossen, bzw. mit den anderen Neuronen verbunden. Während sich das Gehirn des Neugeborenen entwickelt, wachsen aus den Neuronen Dendriten, die Axone nehmen an Länge zu und entwickeln synaptische Verbindungen mit anderen Neuronen. Eine berühmte Versuchsreihe von David Krech und Mark Rosenzweig zeigte, daß eine mit Reizen angereicherte Umwelt, in der es Schaukeln, Leitern und andere Spielzeuge für kleine Ratten gibt, zu einem "vollständiger entwickelten" Kortex (einem dickeren Kortex mit mehr chemischen

Abbildung 2-6 **Der strukturelle Aufbau des Nervensystems**

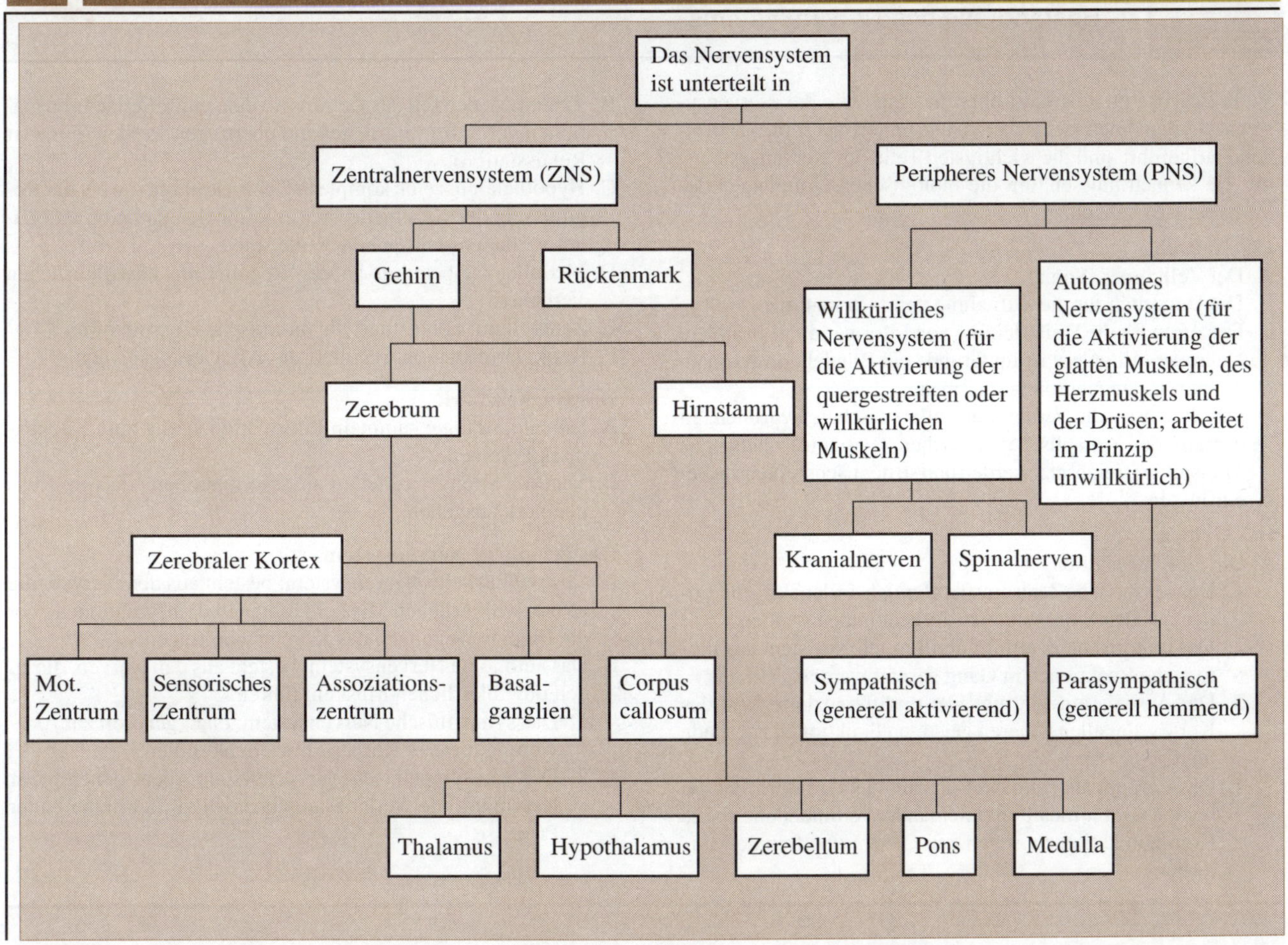

Transmittern) führte als bei Ratten, die in einem leeren Käfig ohne Spielzeuge aufgezogen wurden. Die zusätzliche Stimulation durch die Spielzeuge und das Spiel führte vermutlich zu einer stärkeren Entwicklung des Gehirns im Sinne vollständiger entwickelter Verbindungen. Eine Hirnschädigung aufgrund einer Verletzung hat vermutlich bei einem kleinen Kind oder einem Baby weniger dauerhafte Folgen als bei einem Erwachsenen. Wenn die Schädigung die nicht vorprogrammierten Teile des Gehirns betrifft, kommt es bei Kindern oft zu einer mehr oder weniger kompletten Wiederherstellung, während Erwachsene sich nur teilweise erholen (dennoch im allgemeinen ganz beträchtlich). Kurzum, das junge Gehirn ist - wie der junge Körper - flexibler.

Neuere Untersuchungen belegen, daß sich einige Teile des Gehirns nicht durch wachsende Dendriten, axonale Endigungen und Synapsen entwickeln. Der Prozeß verläuft eher umgekehrt. In einigen Bereichen gibt es im jungen Gehirn viel mehr Verbindungen als im erwachsenen, was die Vermutung nahelegt, daß die Gehirnentwicklung durch eine Entfernung der überflüssigen Verbindungen erfolgt. Während das kleine Kind die Welt um sich herum erfährt, reagiert das Gehirn mit Befreiung von überflüssigen Verbindungen und nicht mit Wachstum.Die Erfahrung arbeitet an einigen Teilen des Gehirns wie ein Bildhauer, der das Unwichtige wegmeißelt und so das Endprodukt modelliert. Das Gehirn profitiert zweifellos von der Erfahrung - auf welchem Weg auch immer - und die Experimente von Krech und Rosenzweig legen nahe, daß es (das Gehirn) bedenklich in der Entwicklung gehemmt werden könnte, wenn es in Isolation aufgezogen wird. Daher werden Eltern ermutigt, ihre Kinder in einer stimulierenden und abwechslungsreichen Umwelt großzuziehen.

DER AUFBAU DES NERVENSYSTEMS

Das Nervensystem setzt sich aus vielen Einzelteilen und Gebieten zusammen. Seinen allgemeinen Aufbau sowie die Hauptteile zeigt Abbildung 2-6. Fundgrube 2-1 umfaßt die Teile, die Sie kennen sollten. Im folgenden wird ein kurzer, vereinfachter Überblick der wichtigsten Kompo-

FUNDGRUBE 2-1

Bestandteile des Nervensystems

Viele Begriffe im Abschnitt über die Anatomie des Nervensystems werden Ihnen vielleicht neu und unvertraut sein. Nachfolgend aufgeführt sind die wichtigsten Teile des Nervensystems, die Sie kennen müssen, um die biologischen Grundlagen des Verhaltens zu verstehen.

Das Neuron

A. Der Zellkörper (Soma)
B. Die Dendriten für die Aufnahme von Informationen.
C. Das Axon für die Weiterleitung von Informationen an andere Neuronen. Ein Nerv ist im Grunde ein Bündel von Axonen, die von vielen Neuronen stammen.
D. Die Synapse - die Verbindungstelle zwischen Neuronen, an der aus den synaptischen Bläschen (Vesikeln) chemische Transmitter freigesetzt werden und so das nächste Neuron beeinflussen.

Das Gehirn

A. Die Großhirnhälften
  1. Das sensorische Zentrum: der Bereich, in dem Informationen aus den Sinnesorganen aufgenommen werden.
  2. Das motorische Zentrum: der Bereich, von dem aus motorische Reaktionen in Gang gesetzt werden.
  3. Das Assoziationszentrum: der undifferenzierte Rest des Kortex, der allen höheren geistigen Funktionen zugrunde liegt.
  4. Das Corpus callosum: das Band aus Nervenfasern, das die beiden Großhirnhälften miteinander verbindet und so die Kommunikation zwischen den Großhirnhälften gewährleistet.

B. Thalamus: der Teil des Gehirns, in dem eintreffende Informationen vorläufig verarbeitet und übertragen werden (eine Art Relaisstation).
C. Hypothalamus: eine komplexe Gehirnstruktur, die bei der Regulierung der verschiedensten emotionalen und motivationalen Verhaltensweisen eine Rolle spielt.
D. Medulla: ist beteiligt an der Regulierung unwillkürlichen Verhaltens.
E. Zerebellum: kontrolliert die motorische Koordination.
F. Retikularformation: reguliert das Aktivierungsniveau.

Das Rückenmark

A. Dorsale Stränge: sammeln Informationen, die zum Rückenmark kommen.
B. Ventrale Stränge: verteilen die Informationen, die vom Rükkenmark ausgehen.

Das periphere Nervensystem

A. Das willkürliche Nervensystem: besteht aus den Nerven, die zu den willkürlichen Muskeln führen und Informationen über die Eigenbewegungen des Körpers übertragen.
B. Das autonome Nervensystem: besteht aus den Nerven, die zu den unwillkürlichen Muskeln führen.
  1. Das sympathische Nervensystem: dient generell zur Aktivierung unseres Körpers, etwa in Notfällen.
  2. Das parasympathische Nervensystem: dient generell zur Hemmung oder Verlangsamung unwillkürlich ablaufender Prozesse.

nenten gegeben. Durch häufige Verweise auf Abbildung 2-6 und Fundgrube 2-1 soll Ihnen das Einprägen der wichtigsten Teile des Nervensystems erheblich erleichtert werden.

Das **zentrale Nervensystem** (ZNS) besteht aus dem Gehirn und dem Rückenmark. Es stellt das interaktive Verarbeitungszentrum für alle Körperfunktionen sowie das Verhalten dar. Das **periphere Nervensystem** umfaßt sämtliche Gehirn- und Spinalnerven. Diese Nerven sind mit dem Gehirn bzw. dem Rückenmark verbunden und lassen sich jeweils unterteilen in *efferente* Nerven, die vom Gehirn bzw. vom Rückenmark ausgehen, sowie *afferente* oder periphere Nerven, die dorthin zurückkehren. Insgesamt existieren zwölf Paar Gehirnnerven und 31 Paar Spinalnerven. Die Gehirnnerven sind in Farbtafel 10 abgebildet. Die schematische Abbildung 2-7 zeigt die Verbindung eines typischen Spinalnerven mit dem Rückenmark.

Das periphere Nervensystem

Das periphere Nervensystem ist in erster Linie für den Empfang und die Aussendung von Informationen zum und vom ZNS zuständig. Es setzt sich aus zwei Komponenten zusammen. Das **willkürliche Nervensystem** besteht aus Nerven, die vor allem den willkürlichen Muskeln dienen, also Muskeln, die absichtliche Bewegung ausführen, welche von höheren Zentren angeordnet wird. Die andere Komponente, das **vegetative (autonome) Nervensystem**

Abbildung 2-7 Anordnung der peripheren Nerven und ihre Verbindung zum Rückenmark

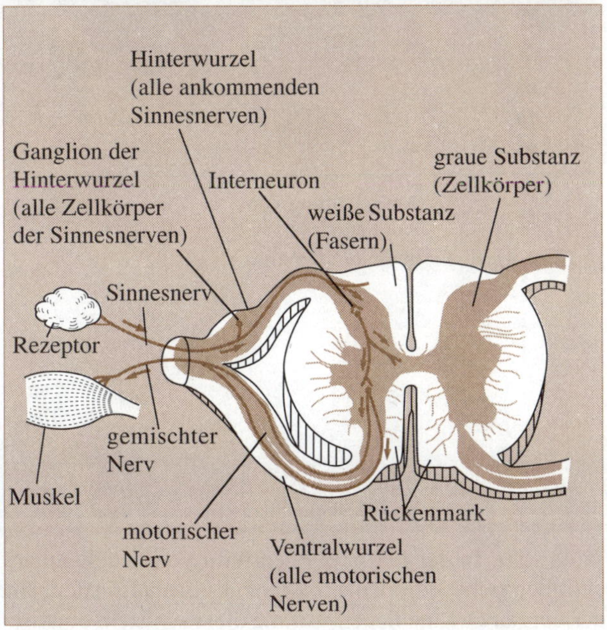

Es ist nur eine Hälfte des Querschnitts durch das Rückenmark erläutert, da die Anordnung auf beiden Seiten gleich ist.

ist für Muskeln und Drüsen zuständig, die nicht willentlich gesteuert werden, sondern reflexmäßig und instinktiv arbeiten. Das vegetative Nervensystem läßt sich wiederum in **Sympathikus** (Sympathikussystem) und **Parasympathikus** (Parasympathikussystem) unterteilen (siehe Abbildung 2-8). Jeder Körperteil, der vom autonomen Nervensystem versorgt wird, ist sowohl mit dem Sympathikus als auch mit dem Parasympathikus mehrfach verbunden. Die beiden Verbindungen haben im allgemeinen gegensätzliche Einflüsse auf das Organ oder die Drüse, wie Sie beim Vergleich der linken und rechten Seite der Abbildung 2-8 feststellen können. So steuert der Parasympathikus z.B. das Zusammenziehen der Pupillen, der Sympathikus dagegen ihre Erweiterung. Die Augen geben also beispielhaft einen Einblick in die Funktionsweise des vegetativen Nervensystems. Sie können sich die Funktionsweise der beiden Untersysteme verdeutlichen, indem Sie kurz ein helles Licht in Ihre Augen fallen lassen. Die Pupillen werden sich automatisch zusammenziehen und wieder ausdehnen, wenn Ihr autonomes Nervensystem normal funktioniert. Bestimmte Drogen beeinflussen auf unterschiedliche Art die eine oder andere Komponente des autonomen Nervensystems. Eine Droge, die den Parasympathikus stimuliert (z.B. Morphium), bewirkt, daß die Pupillen sich ungewöhnlich stark zusammenziehen. Im Gegensatz dazu bewirkt eine Droge, die den Sympathikus stimuliert (z.B. Kokain), eine Erweiterung der Pupillen.

Das vegetative Nervensystem liegt den meisten körperlichen Reaktionen auf Streß und Emotionen zugrunde. Bei ansteigender Intensität der Emotionen wird im allgemeinen die sympathische Komponente dominanter. So kann man beim Zustand hoher Erregung Anzeichen der sympathischen Dominanz erkennen, z.B. erweiterte Pupillen, erhöhte Herzfrequenz und Trockenheit im Mund. Im Gegensatz dazu zeigen sich im Zustand von Ruhe und Gelassenheit Zeichen der parasympathischen Dominanz wie Pupillenkonstriktion und verringerte Herzfrequenz.

Das zentrale Nervensystem

Das **Rückenmark** übernimmt im ZNS an erster Stelle die Übertragung von Informationen zum Gehirn und vom Gehirn zu den peripheren Effektorganen, z.B. Muskeln. Manche Reflexreaktionen (wie der Patellar- oder Kniesehnenreflex) finden jedoch völlig im Rückenmark statt, ohne Befehle des Gehirns. Das Rückenmark ist daher ein besonders bedeutsames "Übertragungskabel". Wie der Fall Robert W. in der Einleitung dieses Kapitels gezeigt hat, hat eine Schädigung des Rückenmarks schwerwiegende Folgen. Einige Teile des Rückenmarks senden ankommende Informationen zum Gehirn (*afferente* oder *sensorische Informationen*), so daß ihre Schädigung den Verlust bestimmter Körperempfindungen bewirkt. Andere

Abbildung 2-8 Schematische Darstellung des vegetativen Nervensystems

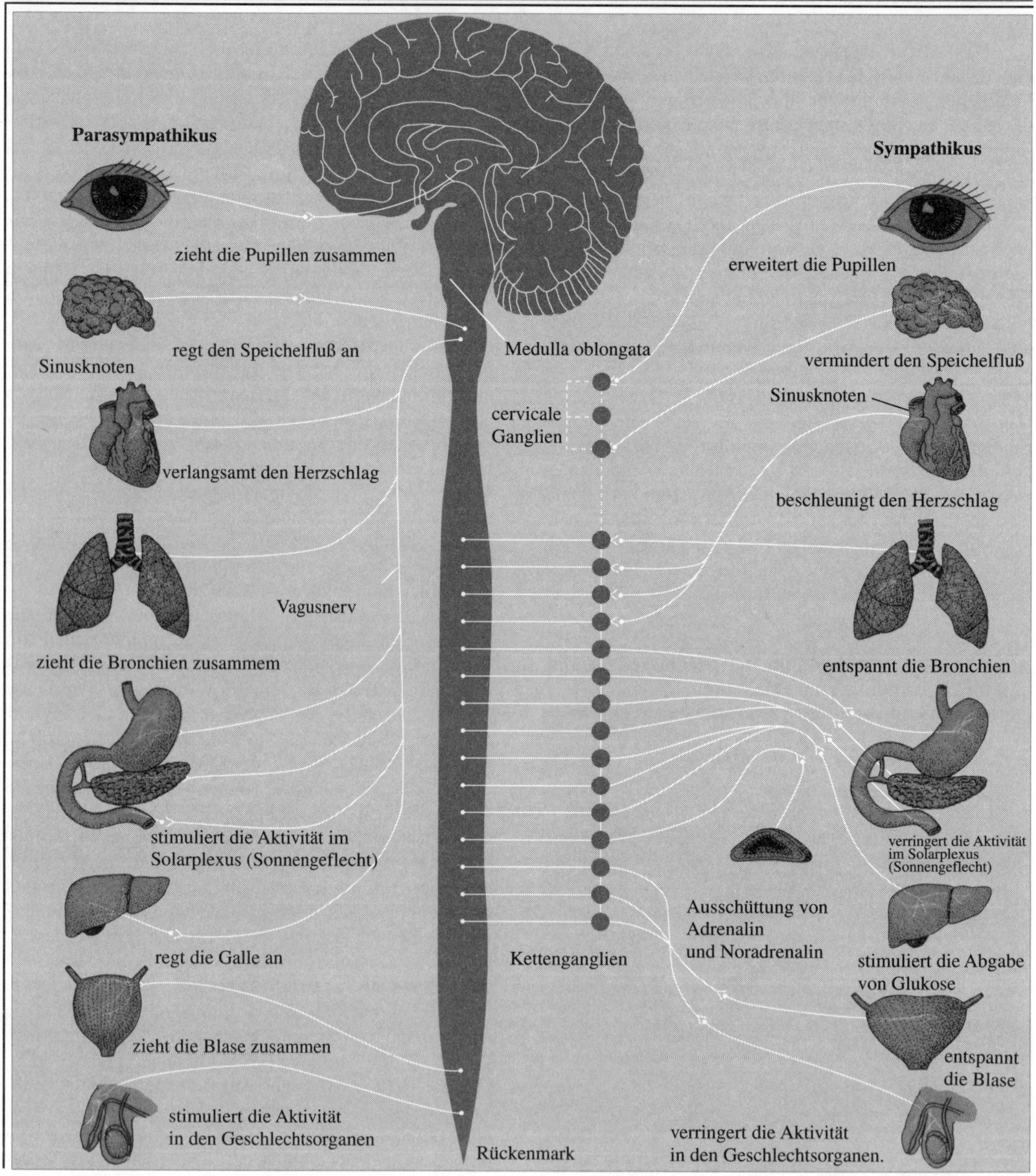

Das Sympathikussystem ist auf der rechten Seite schematisch dargestellt. Die Neuronen bilden dichte Bündel oder Ganglien, die wie Glieder einer Kette auf dem mittleren Teil der Wirbelsäule aufgereiht sind. Im Parasympathikussystem auf der linken Seite findet der Kontakt mit dem Rückenmark am oberen und am unteren Ende der Wirbelsäule statt. In der Peripherie, entfernt vom Rückenmark, befinden sich Neuronenzellkörper, die oftmals in der Nähe derjenigen Organe liegen, auf die dieses System einwirkt. Jedes Organ wird von beiden Systemen, dem sympathischen und dem parasympathischen, "bedient" - mit gegensätzlicher Wirkung.

Teile senden vom Gehirn ausgehende Informationen zu den Muskeln (*efferente* oder *motorische Informationen*), deren Schädigung bewirkt eine Lähmung. Bei einer Schädigung beider Teile treten ein absoluter Gefühlsverlust sowie eine absolute Lähmung ein, die sich von der verletzten Stelle ab nach unten einstellt.

Die meisten Geschehnisse, die Psychologen interessieren, spielen sich im Gehirn ab. Das Gehirn wiegt durchschnittlich 1,3 Kilogramm und hat ein Volumen von etwa 1,3 Litern. Im Gehirn befinden sich 100 Milliarden Neuronen, von denen jedes Verbindungen (Synapsen) vermutlich zu Tausend anderen Neuronen besitzt. Insgesamt vermutet man im Gehirn 100 Billionen Synapsen - gemessen an den Aufgaben des Gehirns ist ein derart großes Verbindungsnetz wahrscheinlich eine Mindestanforderung.

Die wichtigsten Komponenten des Gehirns, die für Psychologen von Interesse sind, sind in Fundgrube 2-1 und in Abbildung 2-6 aufgeführt. Vereinfachend kann man sich das Gehirn aus zwei Teilen bestehend vorstellen, die als Hirnstamm und als Großhirn oder Encephalon (die Großhirnrinde und die ihr angegliederten Strukturen) bezeichnet werden, das den Hirnstamm überlagert. Stellen Sie sich zur Verdeutlichung vor, Ihre Faust in eine große Menge Kuchenteig einzutauchen und anschließend den Arm abgewinkelt hochzuhalten, wobei der Kuchenteig Ihre Faust vollständig umschließt. Ihr Arm und Ihre Faust stellen den Hirnstamm dar, der überall mit dem Rückenmark verbunden ist. Der Teig, der Ihre Faust und damit den oberen Teil des Hirnstammes umschließt, ist das Großhirn. Die äußeren Schichten des Großhirns werden als Großhirnrinde oder zerebraler Kortex bezeichnet. Von diesem Kortex bzw. vom kortikalen Gewebe findet sich beim Menschen eine wesentlich größere Menge als bei anderen Lebewesen. Es ist dafür verantwortlich, daß wir so herausragende Fähigkeiten in bezug auf Sprache, Denken und Gedächtnis besitzen. Im Gegensatz dazu unterscheidet sich der menschliche Hirnstamm wenig von den Hirnstämmen anderer Säugetiere. Die Hirnstämme beinhalten zahlreiche fest verankerte Zentren zur Durchführung bzw. Regulierung grundlegender biologischer Funktionen wie Essen, Schlafen und Atmen.

Der Hirnstamm

Im folgenden werden nur einige wenige der zahlreichen Areale und Nervenstränge des Gehirnstamms vorgestellt. Im unteren Teil des Hirnstammes befinden sich die *Pons* (Brücke), die *Medulla oblongata* sowie das *Kleinhirn*. Im unteren und mittleren Gehirnstamm liegt ein Netzwerk von Fasern, die als *Formatio reticularis* bezeichnet werden. Die Strukturen des Hirnstamms steuern die Muskeln und ihre Koordination (durch das Kleinhirn), die Atmung (durch Medulla und Pons) und schließlich Schlaf und Wachsein (durch Pons und Formatio reticularis).

Der Hirnstamm beinhaltet außerdem viele Zentren, die Informationen zwischen dem Kortex und verschiedenen Sinnesorganen übertragen. Diese Vermittlungszentren verarbeiten auch einige eintreffende Informationen. Das größte dieser Zentren ist der Thalamus. Informationen von allen Sinnessystemen gelangen über den Weg durch den Thalamus zu höheren Gehirnzentren.

Der **Hypothalamus** schließlich ist der Teil des Gehirnstammes, der die Psychologen wohl am stärksten interessiert hat. Er liegt direkt unter dem Thalamus und direkt über der Hypophyse (der "Hauptdrüse des endokrinen Systems") und beinhaltet eine große Anzahl von Zellkernen (Nuclei) (siehe Farbtafel 11). Der Hypothalamus scheint an fast allen Verhaltensfunktionen beteiligt zu sein, u.a. am Schlafen, am Essen, an der emotionalen Steuerung und an der Sexualität. Es konnte auch nachgewiesen werden, daß einige Hypophysenhormone im Hypothalamus produziert werden. Der Hypothalamus spielt weiterhin bei der Regulation der Hypophyse eine wichtige Rolle.

Die Großhirnrinde

Die Großhirnrinde oder der *Kortex* (im oben angeführten Beispiel der "Kuchenteig" über Ihrer Faust) ist in der Mitte in zwei Hemisphären oder Hälften geteilt. Sie werden durch einen Faserstrang verbunden, der zwischen den Hemisphären hin und her verläuft. Dieses **Corpus callosum** (Balken) ist deshalb von besonderer Bedeutung, weil es das Hauptmedium der Kommunikation zwischen den beiden Hirnhälften darstellt.

Jede Hemisphäre des Kortex kann zum Zweck der Klassifikation nach Funktion und Lokalisation eingeteilt werden. Funktionsmäßig besteht der Kortex aus drei Abschnitten: (1) Das *motorische Zentrum* (die motorische Rindenregion) kontrolliert die Bewegungen in bestimmten Körperteilen; jede Muskelgruppe des Körpers hat ein Steuerungszentrum im motorischen Zentrum. (2) Das *sensorische Zentrum* (die sensorische Rindenregion) hat die Aufgabe, Informationen von den Sinnesorganen zu empfangen. (3) Das *Assoziationszentrum* ist der übrige Teil des Kortex und ist vermutlich am stärksten programmierbar. Es liegt der höherstufigen Informationsverarbeitung zugrunde, die zwischen dem Input im sensorischen Zentrum und dem Output des motorischen Zentrums stattfindet.

Im Gehirn befinden sich keinerlei Sinnesrezeptoren, so daß Einschnitte in sein Gewebe keinen Schmerz verursachen. Aus diesem Grund muß Patienten, die sich einer Gehirnoperation unterziehen, nur eine örtliche Betäubung gegeben werden, so daß sie sprechen können, während ihr Kortex operiert wird. Während eines solchen Eingriffs kann der Chirurg verschiedene Kortexregionen elektrisch stimulieren. Wie Sie sich sicher schon denken, führt eine Stimulation in der motorischen Region dazu, daß irgendein Muskel im Körper zuckt. Stimulierung der sensorischen Region bewirkt, daß die Person berichtet, sie fühle, schmekke oder rieche etwas, je nachdem, welche Kortexregion angesprochen wurde. Eine Stimulierung des Assoziationszentrums schließlich hat zur Folge, daß der oder die Betroffene von lebendigen Erinnerungen berichtet, oft Erinnerungen aus wesentlich früherer Zeit. Diese zuletzt genannte Beobachtung hat manche Forscher zu der Auffassung gebracht, daß vielleicht alles, was ein Mensch je erlebt hat,

Abbildung 2-9 Die Großhirnrinde

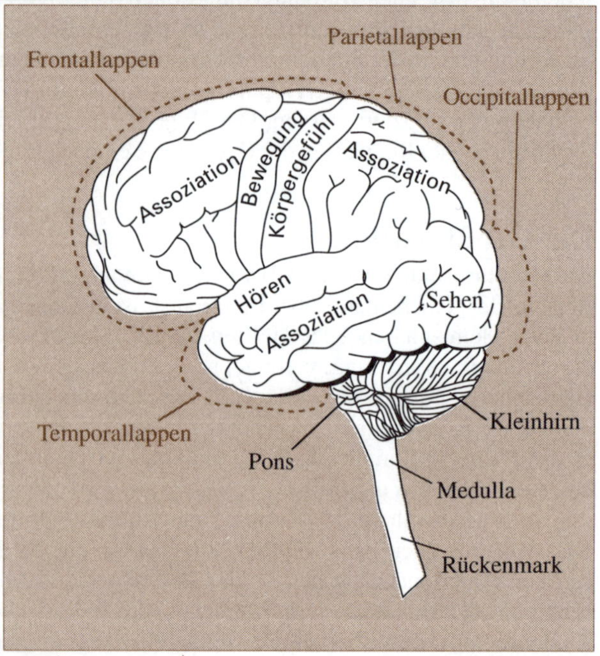

Der Kortex wird oft grob in 4 Lappen oder Abschnitte unterteilt: Frontal- (Stirn-), Parietal- (Scheitel-), Occipital- (Hinterhaupt-) und Temporal- (Schläfen-)lappen. Jedes Sinnessystem sendet Informationen zum Kortex und dort zu einer bestimmten Empfangsstelle. Die Information wird vom peripheren Nervensystem an das ZNS geleitet. Ist die Information erst einmal im Gehirn oder Rückenmark, wird sie weitergeleitet, bis sie die primäre Empfangsstelle für Sinnesinformationen im Kortex erreicht hat. Die Abbildung zeigt die Lage der Empfangsstellen (Projektionsfelder) für Sehen, Hören und Körperempfindungen (Berührung, Schmerz, Temperatur). Direkt vor der zuletzt genannten Region liegt die motorische Rindenregion, die für die Auslösung von motorischen Bewegungen zuständig ist. Eine Stimulierung in ihrem Bereich führt zu einer Muskelbewegung, eine Stimulierung in den sensorischen Projektionsfeldern führt dazu, daß man etwas sieht, hört oder fühlt, je nachdem, welches Gebiet gereizt wurde. Das Assoziationszentrum nimmt den größten Teil des Kortex ein.

im Assoziationszentrum aufbewahrt wird und nur auf dessen Stimulierung wartet, um erinnert zu werden. Neuere Untersuchungen jedoch lassen vermuten, daß zwar sehr viel behalten wird, aber eben doch nicht alles, was ein Mensch erlebt hat.

Die andere Möglichkeit zur Unterteilung des Kortex besteht darin, nach der Lokalisation zu differenzieren. In jeder Hemisphäre kann man vier **Lappen** unterscheiden: (1) Der *Frontallappen* (Stirnlappen) beinhaltet hauptsächlich Assoziationsfelder und die motorischen Regionen. (2) Im *Occipitallappen* (Hinterhauptlappen) liegt vorrangig das sensorische Zentrum für das visuelle System. (3) Der *Temporallappen* (Schläfenlappen) beinhaltet das sensorische Zentrum für das Hören sowie Assoziationsfelder, und (4) der *Parietallappen* (Scheitellappen) beinhaltet das sensorische Zentrum für die anderen Sinne und wiederum Assoziationsfelder. Die Lage dieser vier Lappen können Sie Abbildung 2-9 entnehmen.

Die Basalganglien

Die Basalganglien bestehen aus einer Gruppe von Zellkernen, die tief in den zerebralen Hemisphären liegen. Sie beinhalten auf jeder Seite drei Nuklei: Nucleus caudatus, Putamen und Globus pallidus. Die Basalganglien sind für die Bewegungssteuerung von Bedeutung, und ihre Degeneration ist als ein Faktor an der Parkinson'schen Krankheit beteiligt, einer Krankheit, bei der Betroffene ruckartige, unkontrollierte Bewegungen ausführen. Die Entartung der Basalganglien ist auch ein Symptom der Huntington-Chorea, an der z.B. der Sänger Woody Guthrie gestorben ist.

Das limbische System

Das limbische System ist kein bestimmter Abschnitt, sondern ein Kreislauf, der verschiedene Gebiete samt ihrer Verbindungen untereinander umfaßt (siehe Abbildung 2-10). Es setzt sich aus dem Hypothalamus, der Amygdala (Mandel), Teilen der Hirnrinde wie z.B. dem Hippocampus (Ammonshorn) sowie einer Anzahl weiterer Nuklei und Nervenstränge zusammen. Das limbische System ist an einer Reihe von Funktionen beteiligt, etwa an der Motivation, den Emotionen und dem Gedächtnis. Die Reizung bestimmter Teile des limbischen Systems kann Eß-, Trink- oder aggressives Verhalten auslösen. Verletzungen dieses Systems können schwere Gedächtnisverluste hervorrufen (wie z.B. im Fall Henry Martin) und verschiedene emotionale Veränderungen bewirken (z.B. Fügsamkeit).

Lustzentren

Die Stimulierung bestimmter Gebiete des limbischen Systems und einiger mit ihm verbundener Gebiete kann äußerst angenehme Empfindungen auslösen. James Olds und Peter Milner haben diese wichtige Entdeckung im Jahr 1954 gemacht. Sie konnten damals zeigen, daß Versuchstiere dazu gebracht werden können, einen Hebel zu drükken oder andere Verhaltensweisen zu lernen, wenn sie dafür mit elektrischer Stimulation dieser "Lustzentren" belohnt werden. In manchen Fällen sind Ratten fast buchstäblich verhungert, als sie die Wahl zwischen der Betätigung zweier Hebel hatten, von denen der eine für Futter und der andere für elektrische Stimulierung sorgte. Tiere, die auf diese Weise belohnt werden, sind bereit, elektrisch geladene Gitter zu überqueren, durch Wasser zu schwimmen und extreme Anstrengungen im Kauf zu nehmen. Menschen, deren Lustzentren stimuliert wurden, berichten von äußerst angenehmen Erfahrungen, manchmal ziehen sie einen Vergleich zu den Empfindungen beim Orgasmus.

Die faszinierenden Befunde lassen vermuten, daß diese Gehirngegenden bei Belohnung und Bestrafung - sehr wirksamen Methoden der Verhaltenskontrolle - eine Rolle spielen (siehe Kapitel 4). Neuere Theorien postulieren, daß manches abnorme Verhalten, speziell depressive Zustände, von funktionellen Abnormalitäten dieser Belohnungssyteme ausgelöst werden.

Ein Gehirn oder zwei?

Das Großhirn ist zweiseitig symmetrisch, die rechte und linke zerebrale Hemisphäre sind nahezu spiegelsymmetrisch. Jede Hemisphäre empfängt gewissermaßen Informationen von einer der symmetrischen Körperhälften und steuert deren Handlungen. Im allgemeinen ist die rechte Hirnhälfte für die linke Körperhälfte zuständig und umgekehrt. Eine Ausnahme bildet das visuelle System. Die Hälfte der Informationen, die ein Auge aufnimmt, wird zur einen Hemisphäre geleitet, die andere Hälfte der Informationen zur anderen Hemisphäre, wie wir in Kapitel 3 noch ausführlich behandeln werden. Diese Einteilung der Zuständigkeiten wird zusätzlich dadurch kompliziert, daß die beiden Hirnhälften miteinander kommunizieren können. Wie oben schon angemerkt, existiert ein Bündel von Nervenverbindungen zwischen den Hälften, das als Corpus callosum bezeichnet wird und einen Übertragungsweg für Informationen zwischen den beiden cerebralen Hemisphären darstellt (siehe Abbildungen 2-11 und 2-12).

Die split-brain Operation

Gelegentlich wird bei epileptischen Patienten als letzter Ausweg das Corpus callosum chirurgisch durchtrennt, um zu vermeiden, daß Anfälle von einer cerebralen Hemisphäre in die andere übergreifen. Dieses Vorgehen wird als split-brain-Operation (split: Englisch "teilen", brain: Englisch "Gehirn") bezeichnet. Hier stellt sich aus psychologischer Sicht die Frage, wie diese Patienten die Welt erleben. Erleben sie wirklich zwei verschiedene Welten, die auf den Empfindungen der beiden Körperhälften beruhen? Die Antwort darauf scheint negativ zu sein. Die Patienten führen nach einer solchen Operation in der Tat ein normales Leben. Nur genaue psychologische Untersuchungen können unauffällige Nebenwirkungen aufdecken, die von der Operation hervorgerufen werden.

Abbildung 2-10 Die Hauptareale des limbischen Systems und die wichtigsten mit ihm verbundenen Teile. Dieses System ist im besonderen an der unspezifischen Erregung oder Arousal, an der Motivation und an den Emotionen beteiligt

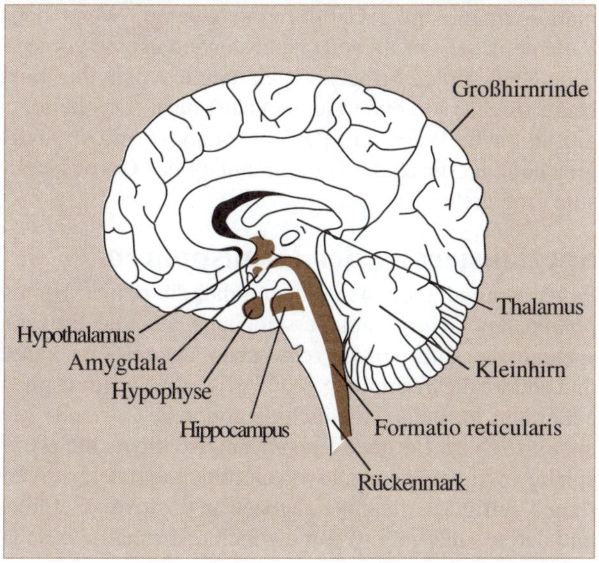

Abbildung 2-11 Ein Längsschnitt durch das menschliche Gehirn

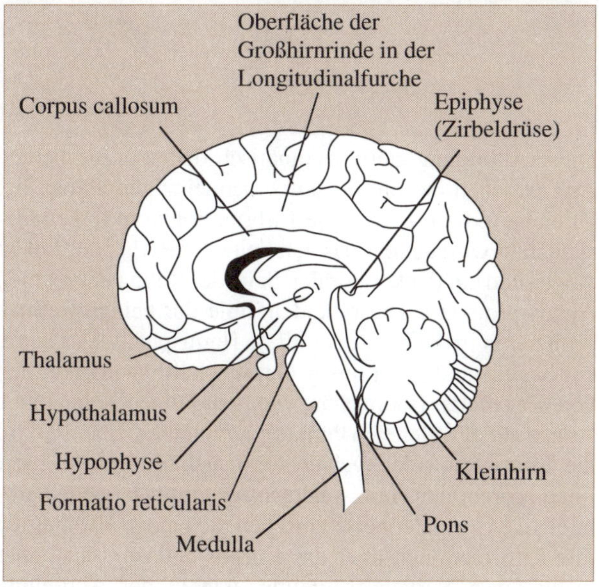

Diese Ansicht erhält man, wenn man das Gehirn in seine zwei Hälften (Hemisphären) teilt. Sie sehen auf die innere Oberfläche der rechten Hirnhälfte.

Um sich die Effekte einer split-brain-Operation zu verdeutlichen, stellen Sie sich den folgenden Test vor. Einem Patienten, dessen Hirnhälften voneinander getrennt sind, werden für einen kurzen Moment zwei Bilder gezeigt. Auf der linken Seite ist ein Löffel, auf der rechten ein Messer dargestellt (siehe Abbildung 2-12). Die Versuchsperson, die auf die Mitte zwischen den beiden Bildern

Abbildung 2-12 Was die Augen sehen

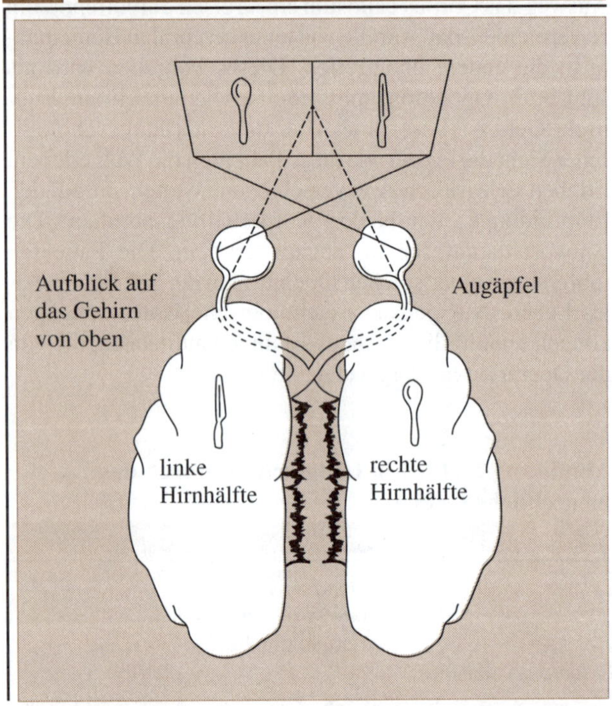

Diese Abbildung stellt schematisch dar, was die beiden Augen sehen, wenn sie auf einen einzigen Punkt der Umgebung fixiert sind. Die Information vom linken Gesichtsfeld wird auf der nasalen Seite der Retina des linken Auges und auf der temporalen Seite der Retina des rechten Auges projiziert. Diese beiden Teile der beiden Retinae projizieren in die rechte cerebrale Hemisphäre. Das heißt, ein Gegenstand in der linken Gesichtshälfte wird lediglich von der rechten Hemisphäre wahrgenommen, solange die Augen auf den gleichen Punkt fixiert bleiben. Ebenso wird die Information der rechten Gesichtshälfte nur von der linken cerebralen Hemisphäre aufgenommen (siehe Farbtafel 12). Normalerweise tauschen die beiden Hirnhälften ihre Informationen über das Corpus callosum aus, aber wenn diese Nervenverbindung, wie in der Abbildung gezeigt, durchtrennt wird, ist kein Austausch möglich. In diesem Fall nimmt die rechte Hemisphäre einen Löffel und die linke ein Messer wahr.

schauen sollte, antwortet auf die Frage, was sie gesehen habe: "Ein Messer".

Als nächstes legt der Versuchsleiter vor den Betreffenden einige Besteckstücke hinter eine Stoffwand und bittet ihn, mit der linken Hand den Gegenstand auszuwählen, den er vorher gesehen hat. Er wird den Löffel ergreifen. Fragt man ihn jedoch, was er gesehen und ausgewählt habe, wird er wieder antworten: "Ein Messer". Diese verbale Antwort jedoch erfolgt normalerweise zögernd und wird von Anzeichen der Unsicherheit begleitet, die andeuten, daß der Patient es eigentlich besser weiß.

Dieses Experiment wurde zuerst von Roger Sperry durchgeführt, einem der Nobelpreisträger für Medizin des Jahres 1981. Die Untersuchung beweist, daß split-brain Patienten die Welt gleichzeitig auf zwei Weisen erleben können. Das Bild des Messers, das auf der rechten Seite dargeboten wurde, wird in der linken zerebralen Hemisphäre wahrgenommen, die unter anderem für die Sprache verantwortlich ist. Die nonverbale rechte Hemisphäre, die auf räumliche Aktivitäten spezialisiert ist, nimmt den Löffel wahr, der auf der linken Seite zu sehen war. Ohne die Verbindung des Corpus callosum, die eine Auflösung der Diskrepanz und eine Integration der Sinnesinformationen ermöglicht hätte, registrieren die beiden zerebralen Hemisphären verschiedene Bilder.

Die Fragen, die Sperry seinen Patienten stellte, wurden von jeder Hemisphäre entsprechend ihrer Fähigkeiten beantwortet. Als die Versuchsperson das gesehene Objekt benennen sollte, berichtete die verbale linke Hemisphäre ihre Information, ein Messer. Aber als die Person mit der linken Hand das Objekt greifen sollte, wurde die räumliche rechte Hemisphäre aktiv und wählte den Löffel. Die rechte Hemisphäre, die nicht über verbale Fähigkeiten verfügt, konnte den gegriffenen Gegenstand nicht benennen.

Dieser Zustand tritt unter normalen Umständen nicht auf, da split-brain-Patienten sich auf das Problem einstellen können. So halten diese Patienten Geschriebenes auf die rechte Seite ihres Gesichtsfeldes, so daß verbale Information in die linke Gehirnhälfte gelangt. Wenn diese Patienten eine Anzahl von Gegenständen in eine vorgegebene Reihenfolge bringen sollen, benutzen sie ihre linke Hand (rechte cerebrale Hemisphäre) dazu. Das heißt, es gibt einfache Wege, um den Informationsverlust auszugleichen, der durch die Durchtrennung des Corpus callosum eingetreten ist.

Spezialisierung der Hemisphären

Es ist heute allgemein anerkannt, daß die beiden Hemisphären des Gehirns auf verschiedene mentale Prozesse spezialisiert sind. Vor kurzem haben Marcel Kinsbourne und andere die Vermutung geäußert, daß jede Hemisphäre außerdem für unterschiedliche emotionale Zustände verantwortlich ist. Befunde legen nahe, daß die rechte Hemisphäre vorrangig an negativen Gefühlen und deren Äußerung beteiligt ist, die linke dagegen an positiven Gefühlen und deren Äußerung. Wenn die rechte Hirnhälfte geschädigt ist und die linke die Leitung übernimmt, erscheint der Patient fröhlich, optimistisch und sogar der Verletzung gegenüber gleichgültig. Andererseits zeigt sich ein Patient, dessen linke Hemisphäre verletzt ist, traurig, wütend, schuldbeladen und voller Verzweiflung.

Bei split-brain-Patienten können scheinbar neutrale Reize Wut und Verärgerung hervorrufen, wenn sie auf die rechte Hirnhälfte projiziert werden, und gegensätzliche Reaktionen bei der Projektion auf die andere Hirnhälfte. Darüber hinaus hat man bei depressiven Patienten abnormale Gehirnwellen und PET-(Positron-Emissionstomographie-) Werte in der rechten, jedoch nicht in der linken Hemisphäre gemessen. Epileptische Anfälle in der rechten Hirnhälfte sind normalerweise vom Ausdruck großer Traurigkeit und Weinen begleitet. Eine Aktivität, die in der linken Hemisphäre bewirkt wird, ruft dagegen unbeabsichtigtes Lachen hervor.

Es deutet also alles darauf hin, daß sowohl emotionales als auch intellektuelles Verhalten auf die Hemisphären verteilt sind. So wie unsere kognitiven Prozesse von der Vernetzung beider Hemisphären abhängen, so hängen auch unsere ausgeglichenen emotionalen Reaktionen davon ab. Eine Hirnhälfte scheint dazu bestimmt zu sein, die Vorzüge jeder Situation zu bewerten, die andere Hälfte dagegen die Nachteile. Die Integration dieser unterschiedlichen Beiträge liefert einen gesunden Zustand in bezug auf Wahrnehmung und Denken.

Wir sind jedoch noch lange nicht so weit, daß wir die Gehirnlateralität verstehen. Es ist Mode geworden, die Lateralität als eine gänzlich vereinfachte Erklärung verschiedener Phänomene zu benutzen, obwohl kaum Belege dafür vorhanden sind. Z.B. hört man gelegentlich, daß die rechte und linke Hirnhälfte verschiedene Persönlichkeitszüge tragen, wobei die Personen, deren linke Hirnhälfte dominiert, vorsichtig, logisch und sprachbegabt seien, die

"Wenn also bei Linkshändern die rechte Hirnhälfte dominiert, können wir daraus schließen, daß Linkshänder als einzige bei rechtem Verstand sind..."

Personen dagegen, deren rechte Hirnhälfte dominiert, eher visuell begabt, unlogisch und ganzheitlich. Aber vergessen wir nicht, daß es in Wirklichkeit nur ein Gehirn gibt, mit vielen verschiedenen Teilen einschließlich der beiden Hemisphären, die alle zusammenarbeiten. Außerdem deuten umfangreiche neue Daten an, daß beide Hirnhälften in der Lage sind, prinzipiell jede Information zu speichern, daß aber je nach der auszuführenden Aufgabe eine Hälfte dominiert. Die gleiche Information ist vielleicht in beiden Hirnhälften gespeichert, kann jedoch nur aus einer Hälfte abgerufen werden. Obwohl split-brain-Arbeiten wichtig und interessant sind und sich die beiden Hirnhälften deutlich in manchen Funktionen unterscheiden, ist es immer noch ein großes Rätsel, wie die vielen komplexen Teile des Gehirns mit ihren verschiedenen Funktionen so reibungslos zusammenarbeiten.

GESCHLECHT UND GEHIRN

Es gibt zunehmend Hinweise darauf, daß anatomische Unterschiede zwischen dem männlichen und weiblichen menschlichen Gehirn bestehen. Neuere anatomische Untersuchungen des Corpus callosum z.B. haben Geschlechtsunterschiede in der Form und Oberfläche dieses Nervenstranges ergeben, das die beiden Gehirnhälften verbindet. Frauen haben in einem Teil des Corpus callosum ein größeres Areal, wodurch wahrscheinlich ein besserer Austausch bestimmter Informationen zwischen den beiden Hirnhälften möglich ist. Natürlich erhebt sich die Frage, ob diese Unterschiede für die zahlreichen Verhaltensunterschiede zwischen Männern und Frauen verantwortlich sind.

Aus Untersuchungen der endokrinen Drüsen ist längst bekannt, daß die Unterschiede zwischen den weiblichen und männlichen Sexualfunktionen (einschließlich der Fortpflanzungsorgane) schon früh in der Entwicklung durch Sexualhormone festgelegt werden. Vor nicht langer Zeit wurde in anatomischen Studien nachgewiesen, daß bestimmte Gebiete des Gehirns für die Ei- oder Spermaproduktion sowie die Entwicklung des geschlechtsspezifischen Verhaltens verantwortlich sind. Schädigungen in diesen Gehirnarealen können verheerende Folgen haben. Bei weiblichen Ratten hat man z.B. ein Gebiet im unteren Teil des Gehirns ausfindig gemacht, dessen Verletzung zum Ende der Eiproduktion führt. Verletzungen im gleichen Gehirngebiet einer männlichen Ratte haben keinen Effekt auf die Spermaproduktion.

Kürzlich stellte eine Reihe von Forscher fest, daß die genannten zerebralen Geschlechtsunterschiede darüber hinaus auch ganz erheblich kognitive Stile beeinflussen können. Ein Beispiel neueren Datums liefert die Arbeit von Jerre Levy von der University of Chicago. Sie hat eine Theorie über die Rolle von Hormonen entwickelt, die unterschiedlich aufgebaute zerebrales Gewebe bei Männern und Frauen produzieren. Levy ist vor allem durch ihre Arbeiten über die Lateralität des Gehirns bekannt, über die unterschiedlichen Rollen, die die rechte und linke Hirnhälfte übernehmen. Sie hat Belege dafür geliefert, daß die linke oder dominante Hemisphäre auf Sprache, Gedächtnis und analytische Fähigkeiten spezialisiert ist und die rechte, nichtdominante Hemisphäre auf die Wahrnehmung von räumlichen Beziehungen. Vor kurzem hat Levy berichtet, daß diese Fähigkeiten in Abhängigkeit vom Geschlecht variieren. Männer treten beim räumlichen Denken hervor, Frauen bei der Sprache. Levy folgerte daraus, daß Frauen normalerweise auf dem rechten Ohr und der rechten Augenseite empfänglicher sind als links, und daß für Männer das Umgekehrte gilt. Dies konnte sie auch bestätigen. Sie zog den Schluß, daß die rechte Hemisphäre für Männer im Verhältnis wichtiger ist als für Frauen. Ein weiteres, kontroverseres Beispiel finden Sie in dem folgenden Artikel "Hängt das räumliches Vorstellungsvermögen von männlichen Hormonen ab?".

Tatsächlich sind unsere Kenntnisse über die anatomischen Unterschiede des männlichen und weiblichen Gehirns noch sehr eingeschränkt, da viele der Untersuchungen an niederen Tieren durchgeführt wurden. Falls jedoch Geschlechtsunterschiede weiterhin bestätigt werden, deutet dies darauf hin, daß die Verhaltensunterschiede zwischen Mann und Frau, die heute oftmals ausschließlich den Einflüssen der Kultur und dem Lernen zugeschrieben werden, zum Teil das Ergebnis von Vorprogrammierungen im Gehirn sind.

Hängt das räumliche Vorstellungsvermögen von männlichen Hormonen ab?

BOSTON (AP). Männliche Pubertierende mit normalem männlichen Hormonspiegel, besitzen ein besseres räumliches Vorstellungsvermögen als solche, bei denen das nicht der Fall ist. Wie jetzt ein Arzt berichtet, kann diese Tatsache vielleicht zur Erklärung beitragen, warum Männer im allgemeinen besser in Mathematik und Technik abschneiden als Frauen.

Männer haben bei Intelligenztests, die das räumliche Vorstellungsvermögen messen - eine wichtige Voraussetzung für mathematische und technische Fertigkeiten -, schon immer bessere Werte erzielt als Frauen. Frauen dagegen verfügen über stärker ausgeprägte verbale Fertigkeiten.

Das New England Journal of Medicine vom Donnerstag berichtet von einer neuen Untersuchung, die die Theorie aufstellt, daß männliche Sexualhormone während der Pubertät ständig auf das Gehirn einwirken und daß diese Hormone für eine vollständige Entwicklung des räumlichen Vorstellungsvermögens notwendig sind.

In einem Leitartikel derselben Ausgabe schreibt ein Psychologe aus Harvard, daß er die Schlußfolgerungen jener Untersuchung mit Skepsis betrachte. Er vermutet, daß Erwartungen und nicht Hormone die Testergebnisse beeinflußt haben.

Die Ärzte waren zu ihren Folgerungen gelangt, nachdem sie festgestellt hatten, daß Männer, die während der Pubertät sehr niedrige Sexualhormonspiegel aufwiesen (idiopathische hypogonadotrope Unterfunktion der Geschlechtsdrüsen), bei Tests zur Messung des räumlichen Vorstellungsvermögens schlecht abschnitten. Diese Tests messen die Fähigkeiten, Formen zu erkennen und mit Gegenständen umzugehen.

Die Studie wurde von Dr. Daniel B. Hier vom Michael Reese Hospital und Medical Center in Chicago und Dr. William F. Crowley Jr. vom Massachusetts General Hospital in Boston durchgeführt.

Wie Hier in einem Interview berichtete, weise die Studie darauf hin, daß männliche Sexualhormone, die Androgene, die Ausbildung eines ausgeprägteren räumlichen Vorstellungsvermögens bei Männern fördern. Intellektuelle Unterschiede zwischen Männern und Frauen, sagte er jedoch, sind wahrscheinlich komplizierter als einfache biochemische Unterschiede.

"Ich halte es für möglich, daß Unterschiede im Androgenspiegel eine Rolle spielen", berichtete Hier. "Ich bezweifle aber, daß sie der einzige oder der bedeutsamste Faktor sind."...

Auch Frauen haben männliche Sexualhormone, jedoch in geringerem Umfang als Männer. Bei Männern mit der genannten Störung fanden sich Sexualhormonspiegel, die denen von Frauen ähnelten.

Die Männer mit dieser Störung hatten bei Tests zur Messung des räumlichen Vorstellungsvermögens deutlich schlechtere Ergebnisse erzielt als 19 nichtbetroffene Männer. Die Tests beinhalteten das Erkennen geometrischer Formen, die durch ablenkende Linien verschleiert waren, und das Benutzen von Klötzen, um geometrische Gebilde zu formen.

Manche Experten vermuten, daß Frauen bei derartigen Tests aufgrund kultureller und sozialer Einflüsse sowie Einflüssen der Umgebung schlechter abschneiden. Zu diesen Experten zählt der Harvard-Psychologe Jerome Kagan, der die Untersuchung im Leitartikel besprochen hat.

Wie Frauen, schrieb er, "zweifeln Männer, die an idiopathischer hypogonadotroper Unterfunktion der Geschlechtsdrüsen leiden und deren Körper den größten Teil ihrer Jugend knabenhaft bleiben, an ihrer Fähigkeit, bei solchen Tests hervorragend abzuschneiden, von denen sie annehmen, daß maskuliner wirkende Männer sie am besten lösen können."...

In der neuen Untersuchung stellten die Ärzte fest, daß bei Tests zur Messung von verbalen Fertigkeiten Männer mit und ohne Geschlechtsdrüsenunterfunktion gleich gut abschnitten. Wenn den Männern mit der Unterfunktion männliche Sexualhormone verabreicht wurden, verbesserten sich ihre Werte für räumliches Vorstellungsvermögen nicht. Aus diesem Grund nehmen die Wissenschaftler an, daß die Hormone während der Pubertät von entscheidender Bedeutung sind.

Rocky Mountain News, Denver
20. Mai 1982

Wo immer psychologische Unterschiede zwischen Männern und Frauen mit biologischen Faktoren zusammengebracht werden, muß es zu Kontroversen kommen. In diesem Fall sind die Daten korrelativer Art, dennoch ziehen die Untersucher einen Ursache-Wirkungs-Schluß.

BIOLOGISCHE UHREN

Die rhythmische Aktivität, die in unsere physiologischen Systeme eingebaut ist, stellt einen der interessantesten Aspekte unserer biologischen Ausstattung dar. Alle Organismen scheinen eine eingebaute **biologische Uhr** zu besitzen. Der allgemeinste physiologische Rhythmus wiederholt sich ungefähr alle 24 Stunden und wird als *circadianer Rhythmus* bezeichnet (circa: Lateinisch "ungefähr", dies: Lateinisch "Tag"). Lange Zeit glaubte man, diese Rhythmen würde durch äußere Reize gesteuert, etwa durch den Wechsel von Hell und Dunkel. Ein externer Stimulus wie das Licht, das den Zyklus beeinflußt, wird als *Zeitgeber* bezeichnet - ein Reiz, der einen Rhythmus darin unterstützt, seinen Zyklus einzuhalten. Inzwischen wissen wir, daß viele Rhythmen zwar von Zeitgebern wie Licht oder Wärme beeinflußt werden, im Grunde aber endogen oder internal sind, d.h. genetisch verankert in der Struktur und der Tätigkeit des Organismus. Wir können dies im Labor feststellen, wo wir die zyklischen Aktivitäten des Organismus unter Ausschaltung von Zeitgebern untersuchen können (z.B. kann ein Organismus unter der Bedingung konstanter Dunkelheit oder Helligkeit untersucht werden). Untersucht man den circadianen Rhythmus auf diese Weise, kommt man zu dem Ergebnis, daß er in der Regel einen Tag umfaßt, bei Menschen eher ein wenig länger als 24 Stunden. Das Sonnenlicht zieht also einen 24-Stunden-Rhythmus nach sich, der eigentlich 24,5 oder 25 Stunden dauern würde.

Praktisch alle unsere physiologischen und Stoffwechselfunktionen weisen Zyklen und rhythmische Muster auf. Als Beispiele dienen der 28-tägige Menstruationszyklus und der 90minütige Traumzyklus während des Schlafs. Selbst die Körpertemperatur schwankt an einem Tag zyklisch von 36,1 Grad bis über 37,2 Grad, 37 Grad ist lediglich ein Durchschnitt. Fast alles Denkbare zeigt eine Variation über die Zeit und einen Rhythmus irgendeiner Art, ein Muster, das im Lauf eines bestimmten Zeitraums wiederholt wird. Die Zeit, die zum Durchlaufen eines Zyklus benötigt wird, bezeichnet man als *Periode* des Rhythmus, und die bekannteste Periode ist der tägliche, circadiane Rhythmus. Alle Stoffwechsel- und physiologischen Funktionen weisen einen circadianen Rhythmus auf, auch das Blutbild und die verschiedenen Spiegel von chemischen Stoffen im Urin. Im Nervensystem und im endokrinen System existieren Rhythmen, und wahrscheinlich ist das Nervensystem der Hauptregulator aller anderen Körperrhythmen.

Variationen in der Arbeit des Nervensystems sind für Psychologen besonders interessant, weil vielleicht außer dem physiologischen Rhythmus auch ein Rhythmus in unserem Verhalten bestehen könnte. In der Tat scheint es Tagesvariationen z.B. bei der Augen-Hand-Koordination und dem Gedächtnis zu geben. Diese Befunde können allerdings leicht überinterpretiert werden, und manch einer hat sich schon von der Idee des *Biorhythmus* mitreißen lassen. Diese Theorie behauptet, daß bestimmte Rhythmen genau mit der Geburt einsetzen und sich nie verändern, was zu der in letzter Zeit populär gewordenen "physiologischen Astrologie" der Biorhythmen geführt hat. Sie können inzwischen Taschenrechner kaufen, die Ihren Biorhythmus für jeden beliebigen Tag erstellen und Ihnen Auskunft darüber geben, was für Sie an diesem Tag vorteilhaft ist bzw. was nicht. Die Belege für biologische Rhythmen sind zahlreich, die für die kultartige Version des Biorhythmus hingegen dürftig. Das Hauptproblem besteht darin, daß alle Rhythmen nur Annäherungen sind; keiner bleibt von Geburt an konstant. Die Vorstellung, daß man Verhalten aufgrund von biologischen Aktivitätsrhythmen vorhersagen kann, ist einigermaßen vernünftig, aber es gibt keine Beweise dafür, daß diese Rhythmen von Geburt an unverändert bleiben, so daß es auch keine sichere Basis für solche Vorhersagen gibt.

So können nach neueren Befunden Krankheit oder verschiedene Drogen den Körperrhythmus aus der Bahn werfen. Eine bedeutsame Anwendung dieser Forschung besteht in der zeitlichen und mengenmäßigen Dosierung von Medikamenten zur Behandlung von Krankheiten. Die Wirkung der Medizin (und damit die Stärke der Dosis) ist abhängig vom circadianen Spiegel vielzähliger anderer Stoffe im Körper. In einer Serie von Tierexperimenten wurde deutlich, daß die richtige Dosierung zum Erreichen des gewünschten Effekts je nach Tageszeit das Doppelte oder die Hälfte der Standarddosierung betragen konnte. Im gleichen Sinn wurde nachgewiesen, daß schädliche Drogen zu unterschiedlichen Tageszeiten unterschiedliche Auswirkungen haben. Eine Dosis, die zu einem Zeitpunkt ein Tier tötet, kann zu einem anderen Zeitpunkt eine geringfügige Wirkung zeigen. Diese Ergebnisse sind für die medikamentöse Behandlung von Krankheiten wichtig, einschließlich der Möglichkeit, normalerweise als giftig geltende Stoffe einzusetzen (z.B. bei der Krebsbehandlung), sofern man sie zur richtigen Tageszeit verabreicht.

Ein Aspekt des Biorhythmus, der große Beachtung gefunden hat, ist der sogenannte jet lag. Die menschlichen Rhythmen ändern sich bei plötzlichen Veränderungen der Zeitzone nicht sofort. In der Tat ist es so, daß manche Menschen mehrere Tage für die Umstellung benötigen, und als Konsequenz davon kann die "Effizienz" für eine Weile beeinträchtigt sein. Dementsprechend gibt es spezielle Regeln für Piloten, wann sie nach einem langen Flug wieder fliegen können, um die Gefahr durch die herabgesetzte Leistungsfähigkeit des Piloten, so klein wie möglich zu halten. Für Schichtarbeiter ist das genauso wichtig (siehe "Schichtwechsel nach der Bio-Uhr"). Viele Firmen verlangen von ihren Arbeitern Schichtwechsel nach z.B. einer Woche. Bei jedem Wechsel besteht die Möglichkeit eines "Schicht lag", der die Leistung des Arbeiters beeinträchtigen kann. Der bekannte Atomunfall auf Three-Mile Island passierte morgens um 4 Uhr 01, also an einem physiologischen Tiefpunkt für Tagesarbeiter. Das E-Werk hatte nach dem Grundsatz von wechselnden, nicht gleichbleibenden Schichten gearbeitet.

Eine interessante neue Spezialisierung in angewandter Psychologie ist die *Chronobiologie*, die Erforschung

Schichtwechsel nach der Bio-Uhr

OGDEN, Utah. Schichtarbeiter der hiesigen Great Salt Lake Minerals and Chemicals Corp. beklagten sich über Schlaflosigkeit zu Hause und Müdigkeit bei der Arbeit. Die Fluktuation war groß. Frustrierte Firmenmanager baten ein Team von Schlafforschern der Harvard- und Stanford-Universität um Hilfe. Sobald Charles Czeisler und seine Kollegen erschienen waren, stieg die Produktivität um 20% an, und die Arbeiter berichteten, sie fühlen sich gesünder und zufriedener. Das Management war begeistert.

Der natürliche Schlaf-Wach-Rhythmus dauert ungefähr 25 Stunden - nach unserer eigenen Neigung würden wir also jeden Tag später zu Bett gehen. Große, plötzliche Zeitunterschiede, die uns zwingen, früher zu schlafen, wie Flüge Richtung Osten, bewirken im Körper den sogenannten "jet-lag".

In den letzten zehn Jahre haben die Arbeiter des Kaliumwerks wöchentlich auf eine frühere Schicht gewechselt, so daß sie in einer Woche von Mitternacht bis acht Uhr morgens, in der nächsten von vier Uhr nachmittags bis Mitternacht und in der folgenden von acht Uhr morgens bis vier Uhr nachmittags arbeiteten. Dieser Plan hatte die gleiche Auswirkung, als wenn die Arbeiter jede Woche in eine Zeitzone geflogen wären, die acht Stunden voraus ist, sagen die Wissenschaftler.

Eine günstigere Regelung, so schlugen sie vor, würde nicht nur berücksichtigen, daß es leichter ist, den Schlaf aufzuschieben, sondern würde den Arbeitern auch mehr Zeit zur Umstellung zur Verfügung stellen. Die Wissenschaftler ließen eine Gruppe von 85 Angestellten auf die spätere statt auf die frühere Schicht wechseln. 33 dieser Männer wechselten die Schicht wöchentlich, die anderen 52 erst nach drei Wochen. Die 85 Männer sowie weitere 68 reguläre Tages- und Schichtarbeiter wurden über Schlaf-Wach-Rhythmen informiert und zu ihrer Arbeitszufriedenheit und Gesundheit befragt.

Nach drei Monaten sagten 70 % der Experimentalgruppe, daß sie das Rotieren auf eine spätere Schicht bevorzugen. Doch nur diejenigen, die alle drei Wochen die Schicht änderten - und die anfangs über die Störung des Familien- und sozialen Lebens durch die neue Schichtregelung geklagt hatten - gaben an, daß sie sich besser fühlen. Darüber hinaus zeigte sich nach neun Monaten, daß die Produktivität sich immer noch verbesserte und daß die Fluktuation bei den Arbeitern, die Schichten wechselten, von etwa 55 auf etwa 30% gesunken war, und damit der Fluktuation von regulären Tagesarbeitern entsprach.

Preston Richey, Produktionleiter der Firma, sagte dazu: "Ich habe ehrlich gesagt nicht geglaubt, daß es klappen würde. Inzwischen haben wir die dreiwöchigen Schichtwechsel eingeführt, wo es nur ging."

Science 1982
Oktober 1982

Jet lag Kost: Überlisten Sie die Uhr

Die Anwendung der Chronobiologie - die Wissenschaft von der inneren Uhr - kann möglicherweise dazu beitragen, Effekte einer bekannten Form von Störung des circadianen Rhythmus zu mildern, die für manche Geschäftsleute ein ernsthaftes Problem aufwirft: des jet lag.

"Ich habe Leute gesehen, die bei Gesprächen über wichtige Angelegenheiten eingeschlafen sind", sagte John Keehan, ein leitender Angestellter der Mobil Oil Corporation, der ungefähr 125 Tage pro Jahr in Übersee verbringt. "Es ist eine Erscheinung, mit der die meisten von uns einfach zu leben gelernt haben."

Mit der Zunahme von Geschäftsreisen steigt aber auch das Interesse nach Anpassungsmöglichkeiten. Während der letzten drei Monate wurde mehr als 13.000 mal nach der "Spezialkost gegen den jet lag" gefragt, die das Argonne National Laboratory entwickelt hat. Sie wird auch als "Diät für Weltreisende" bezeichnet, stammt aus den Untersuchungen des Wissenschaftlers Charles Ehret über circadiane Rhythmen und soll die biologische Uhr überlisten.

Dr. Ehret empfiehlt für den Tag vor einem langen Flug leichte Kost, nämlich Eier, Quark, Fisch, Salat, klare Brühe und Früchte, die wenig Kalorien und Kohlehydrate haben.

Der Reisende sollte seine Uhr und Verhaltensweisen auf die Ortszeit des Zieles umstellen, sobald er das Flugzeug besteigt. Er sollte also ruhen, wenn am Zielort gerade Nacht ist, und nicht essen oder den Film sehen, der gerade läuft. Falls es am Zielort gerade Tag ist, sollte der Reisende während des Fluges aufmerksam und aktiv bleiben. Alle Mahlzeiten sollten in Anpassung an die Zeit des Zielortes eingenommen werden, vor allem ein reichhaltiges, proteinhaltiges Frühstück - selbst wenn man dafür das richtige Essen mitbringen muß. Nach der Ankunft sollte der Reisende zwei Tage lang ein großes, proteinhaltiges Frühstück und Mittagessen sowie ein kohlenhydratreiches Abendessen zu sich nehmen. Schließlich sei frühe Nachtruhe die Regel.

Diese Kost wurde von der 82sten Luftlandedivision der US-Armee als Teil allgemeiner Maßnahmen übernommen, um die Auswirkungen des jet lag bei Blitzeinsätzen zu reduzieren.

New York Times
28. November 1982

Hier wird eine Anwendung der Forschung über biologische Rhythmen aufgezeigt: die Bestimmung der geeignetsten Schichtpläne für Arbeiter, deren Tätigkeit Schichtwechsel erforderlich macht. Letztendlich wird die Forschung vielleicht die biochemische Grundlage für die Rhythmen herausfinden und Rhythmusstörungen wie diese oder den "jet lag" pharmakologisch behandeln können. Ein Forscher hat herausgefunden, daß man einen Teil der Belastung vom jet lag oder Schichtwechsel beseitigen kann, wenn man kurz vor der Zeitumstellung seine Ernährung verändert.

biologischer Rhythmen und der Wege, sie zu beeinflussen. Eine bestechende neue Idee auf diesem Gebiet ist die Beeinflussung des Spiegels einiger wichtiger Substanzen des Nervensystems durch Umstellung der Ernährung. Man kann vielleicht einigen negativen Auswirkungen des jetlag oder Schicht-lag entgegenwirken, indem man bestimmte Speisen zu sich nimmt und andere meidet, wenn die Umstellung kurz bevorsteht (siehe "Jet lag Kost: Überlisten Sie die Uhr").

DAS ENDOKRINE SYSTEM

Man kann sagen, daß alle Körperaktivitäten einschließlich des Verhaltens von zwei interagierenden biologischen Systemen reguliert werden, dem Nervensystem und dem endokrinen System. Das **endokrine System** besteht aus einer Reihe **endokriner Drüsen**, die im ganzen Körper verteilt sind (Abbildung 2-13). Endokrine Drüsen sind Organe, die bestimmte Stoffe, nämlich **Hormone**, produzieren und in den Blutkreislauf des Körpers absondern. Sie werden von sogenannten exokrinen Drüsen unterschieden, die auch chemische Substanzen absondern, diese jedoch nicht in den allgemeinen Kreislauf bringen. Die Speicheldrüsen, die Speichel in den Mund abgeben, sind ein Beispiel für ein exokrines Organ.

Hormone, die vom endokrinen System abgesondert werden, dienen als "chemische Nachrichtenübermittler", indem sie zu anderen Organen wandern und deren Aktivität beeinflussen, einschließlich des Nervensystems. Die Neuromodulatoren z.B., die oben erwähnt wurden, sind Hormone, die für das Funktionieren des Nervensystems wesentlich sind. Umgekehrt kann das Nervensystem verstärkte oder verminderte Aktivität in den endokrinen Drüsen auslösen. Das endokrine und das Nervensystem interagieren also.

Weil Hormone chemisch wirken, durch den Blutkreislauf wandern und tiefgreifende Konsequenzen in anderen Körperteilen bewirken können, kann man die Effekte von Hormonen nur schwer von den Effekten des Nervensystems trennen. Es wurde sogar postuliert, daß die endokrinen Drüsen auch alles das können, was das autonome Nervensystem leistet. Als einen Unterschied muß man sich jedoch merken, daß daß Nervensystem wesentlich schneller arbeitet als das endokrine System.

Hormone können enorme Verhaltensauswirkungen haben. Z.B. können die Geschlechtsdrüsen durch Kastration entfernt werden, um Tiere fügsamer zu machen oder sie zu mästen. Manche Hormone, besonders die der Nebennieren, spielen beim emotionalen Verhalten eine wichtige, komplexe Rolle, und ihr Effekt wird besonders sichtbar, wenn der Körper über lange Zeit Anspannung und Streß unterworfen ist. Unter diesen Umständen können sich die Nebennieren erschöpfen und somit jene Hormone nicht mehr liefern, die unsere Reaktionen auf Streß regeln. Die Fähigkeit zur Bekämpfung von Streß oder Flucht vor Streß kann verlorengehen, und wir werden aggressiv. Wenngleich die sexuelle Aktivität die bekannteste und am meisten publizierte Manifestation der Hormone darstellt, werden wir sehen, daß Hormone eine breitgestreute Anzahl von Verhaltensweisen beeinflussen.

Das endokrine System kann hier nicht ausführlich dargestellt werden, aber es sollen einige der wichtigsten Drüsen, die von ihnen abgesonderten Hormone und ihre Wirkungen vorgestellt werden.

Die Hypophyse

Die **Hypophyse** wird oft auch als Hauptdrüse bezeichnet und unterliegt der direkten Steuerung des Hypothalamus. Sie sondert Hormone ab, die die Aktivität zahlreicher anderer endokriner Drüsen steuern, die sich anderswo im Körper befinden. In Wirklichkeit besteht die Hypophyse aus zwei getrennten Organen, dem Hypophysenvorder- und -hinterlappen. Abbildung 2-14 zeigt die Anatomie der Hypophyse und die Hormone, die sie absondert.

Zu den verschiedenen Arten von Hormonen, die der Hypophysenvorderlappen produziert, zählen (1) das Thyreotropin, (2) das Wachstumshormon, (3) das Adrenokortikotropin (ACTH, adrenocorticoides Hormon) und (4) die Gonadotropine, die später im Abschnitt "Sexualhormone" behandelt werden.

Das Thyreotropin wirkt auf die Schilddrüse ein und regt ihre Produktion und Absonderung von Thyroxin, dem Schilddrüsenhormon, an. Das Thyroxin wird dann durch den Blutkreislauf in alle Bereiche des Körpers verteilt und erhöht die Stoffwechselrate der Zellen.

Das Wachstumshormon - das interessanterweise hauptsächlich während des Schlafs freigesetzt wird - dient einer Anzahl von Stoffwechselfunktionen, die am Wachstum und der Erhaltung des Körpers, einschließlich der Wachstumsgeschwindigkeit von Knochen und weichem Gewebe, beteiligt sind. Eine Überproduktion des Wachstumshormons kann zu grotesken Gewichtszunahmen und abnormem Wachstum von Körperteilen führen.

Das Adrenokortikotropin regt die Absonderung von Hormonen im äußeren Teil der Nebennieren, den Nebennierenrinden, an, im besonderen Cortisol. Cortisol wird anschließend zu allen Bereichen des Körpers transportiert und erhöht die Energieproduktionsrate der Zellen. Dieses Hormon ist für die Mobilisierung der Verteidigung des Körpers in Streßsituationen besonders wichtig.

Der Hypophysenhinterlappen sondert zwei Hormone ab: Adiuretin (Vasopressin) und Oxytocin (Hypophysenhinterlappenhormon). Adiuretin bewirkt durch den Einfluß auf bestimmte Zellen der Nieren eine Verringerung der Wassermenge, die an die Blase weitergeleitet wird. Somit wird der Urin konzentriert und der Körper hält Wasser zurück. Adiuretin spielt bei der Regulierung des Trinkverhaltens eine wichtige Rolle (siehe Kapitel 7). Oxytocin hat zwei Effekte: zum einen bewirkt es beim Brustgewebe die

Abgabe von Milch, zum anderen bewirkt es, daß die geschmeidigen Muskeln des Uterus sich zusammenziehen. Dieses Hormon scheint auch am Geburtsvorgang beteiligt zu sein.

Peptide und die Hypophyse

Derzeit interessieren sich Psychologen für eine neu entdeckte Funktion der Hypophyse (und des Hypothalamus, ihr benachbart und eng verbundenen), nämlich die Herstellung und Absonderung zumindest einiger Neuromodulatoren, die oben erwähnt wurden. Von ihnen wurde das **Beta-Endorphin**, das wie Morphium Schmerzempfindungen steuert, am bekanntesten. Regelmäßig werden neue Neuromodulatoren entdeckt, und es könnten außer den Schmerzrezeptoren noch einige weitere Körperfunktionen betroffen sein. Einer der Neuromodulatoren z.B. "sagt" vermutlich dem Gehirn, wann der Körper genug Nahrung zu sich genommen hat. Weiteres Wissen darüber könnte einmal für Abnahmewilligen nützlich werden.

Die Hypophyse stellt ein sehr großes Proteinmolekül her, das aus einer langen Kette von verschiedenen Aminosäuren besteht. Enzyme wirken in der Hypophyse als Schere und teilen die Kette in mehrere kürzere Ketten unterschiedlicher Länge. Jede kurze Kette, *Peptid* genannt, kann auf verschiedene Teile des Nervensystems unterschiedliche Effekte haben. Es gibt viele, vielleicht sogar Hunderte verschiedene Peptidverbindungen, wobei jede einen spezifischen Effekt hat. Jedes Verhalten, das für das Überleben wichtig ist, scheint durch ein spezifisches Peptid gesteuert zu werden. So scheint ein Peptid zu existieren, das die Nahrungsaufnahme beendet und eines, das die Nahrungsaufnahme auslöst. Es gibt weiterhin eines, das die Flüssigkeitszufuhr beendet und ein anderes, das sie auslöst. Wieder andere beeinflussen sexuelle Aktivitäten und Aggressionen ja möglicherweise sogar das Schlafen und Träumen. Darüber hinaus sind eine Vielzahl von Einflußmöglichkeiten oder Peptiden vorstellbar (siehe "Die Hitparade der Peptide"). Auch die Anwendungsmöglich-

Abbildung 2-13 Die endokrinen Drüsen und ihre Produkte (Hormone)

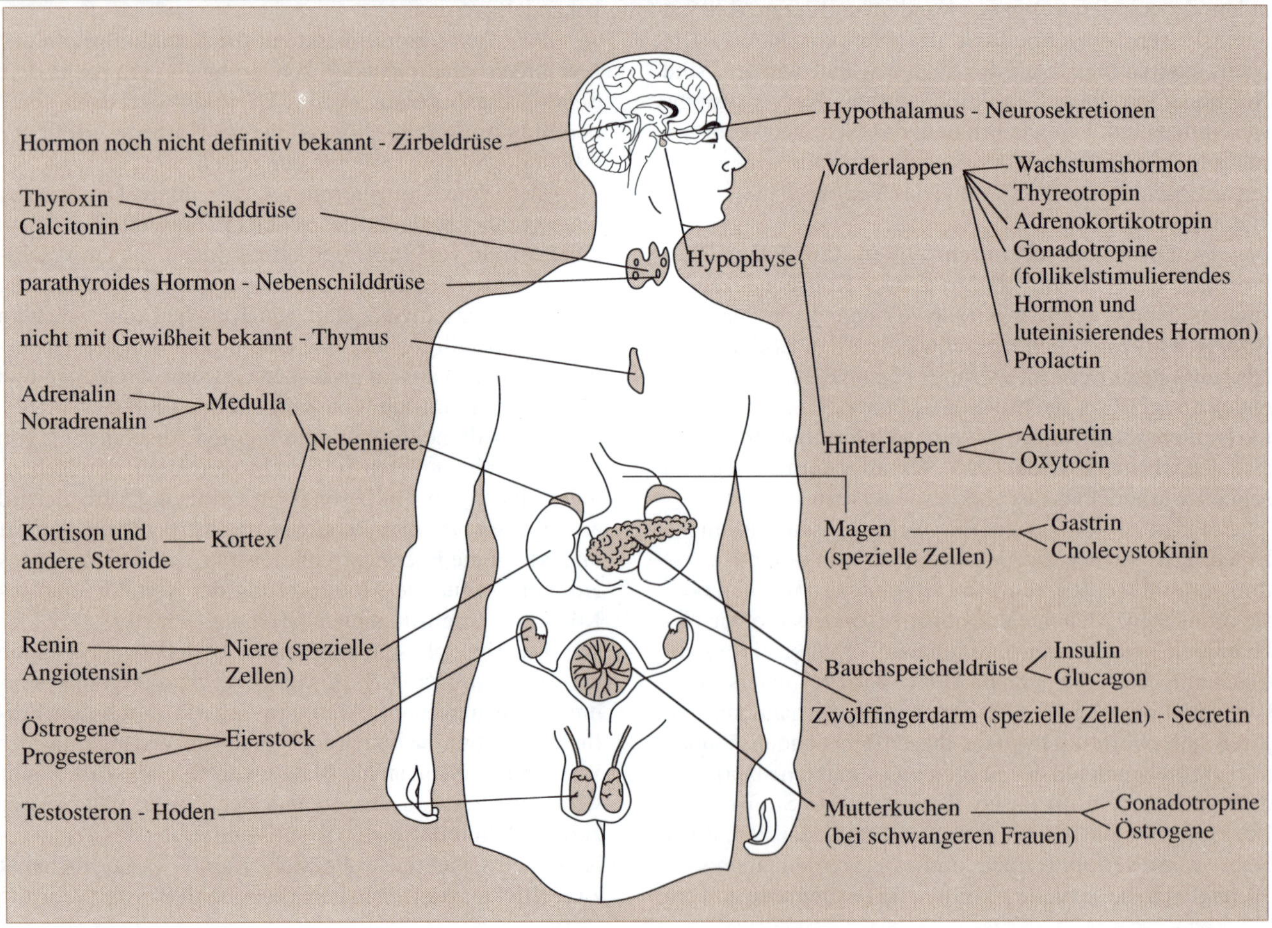

Abbildung 2-14 Die Hypophyse und ihre wichigsten Hormone

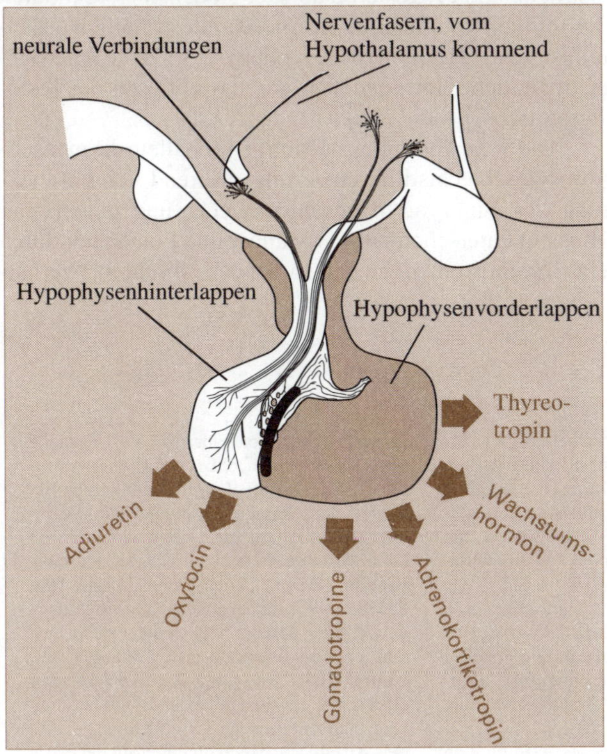

Die Hypophyse wird oft als die Hauptdrüse bezeichnet, weil ihre Hormone fast alle anderen endokrinen Drüsen erheblich beeinflussen

keiten durch die Entwicklung neuer Medikamente zur Hilfe bei medizinischen und psychologischen Problemen sind riesig.

Die Schilddrüse

Bei den meisten Lebewesen befindet sich die **Schilddrüse** im Hals und besteht aus zwei Lappen, die wie ein H geformt sind. Ihre Funktion besteht in der Abgabe von Thyroxin, dessen Produktion durch das Thyreotropin angeregt wird. Thyroxin besitzt verschiedene biologische Funktionen, vor allem die Regulierung des Stoffwechsels im Körper. Diese biologischen Funktionen beeinflussen ihrerseits psychologische Prozesse wie Stimmungen und Bedürfnisse.

Die Nebennieren

Die Nebennieren liegen direkt über den Nieren und setzen sich aus zwei verschiedenen anatomischen Teilen zusammen, dem inneren Teil, dem **Nebennierenmark**, und dem äußeren Teil, der **Nebennierenrinde**.

Das Nebennierenmark

Das Nebennierenmark stellt Adrenalin und Noradrenalin her. Die Wirkung dieser beiden Stoffe besteht darin, den Körper durch erhöhten Blutdruck, Umleitung des Blutes von inneren Organen zu den willkürlich steuerbaren Muskeln und durch Erhöhung des Blutzuckerspiegels auf Notfälle einzustellen. Die Freisetzung dieser Hormone wird durch direkte neurale Innervation des Nebennierenmarks gesteuert. Diese direkte neurale Verbindung erlaubt es dem Mark, schnell auf bedrohliche Situationen zu reagieren. Tatsächlich sondert das Nebennierenmark immer dann Hormone ab, wenn der Körper Streß ausgesetzt ist, und die Hormone bewirken dann, daß der gesamte Körper Streß fühlt. Das Nebennierenmark ist also der Hauptschuldige, wenn wir nervös, angespannt, besorgt, voller Angst oder in Panik sind.

Diese körperlichen Effekte der Ausschüttung von Adrenalin und Noradrenalin in den Blutkreislauf gleichen fast haargenau denen, die durch die Aktivierung des Sympathikus hervorgerufen werden. Hier haben wir also einen deutlichen Fall, daß zwei Systeme praktisch die gleiche Arbeit verrichten. Der Vorteil des hormonalen Systems liegt darin, daß seine Effekte noch anhalten, wenn sich das Nervensystem schon wieder beruhigt hat. Die subjektive Wahrnehmung dieses Phänomens zeigt sich in der Tatsache, daß man noch einige Minuten lang ängstlich bleibt, nachdem der Grund für die Sorge bereits fort ist. Haben Sie schon mal einen Beinahe-Unfall erlebt? Versuchen Sie, sich zu erinnern, wie Sie sich kurz nach dem Vorfall gefühlt haben. Falls Sie danach noch für eine Weile ängstlich gewesen sind, kam dies wahrscheinlich vom verlängerten Effekt der Nebennierenmarkshormone im Blutkreislauf.

Die Nebennierenrinde

Die Nebennierenrinde wird vom Adrenokortikotropin angeregt, das von der Hypophyse abgesondert wird. Die Nebennierenrinde schüttet nicht weniger als 20 verschiedene Hormone aus, die in ihrer Gesamtheit als *Adrenokortikosteroide* bezeichnet werden. Diese Substanzen regulieren zahlreiche Stoffwechselvorgänge, wie den Kohlenhydratestoffwechsel und den Natrium- und Kaliumspiegel. Die Adrenokortikosteroide helfen auch dabei, den Körper zu befähigen, gegen Stressoren anzukämpfen, Infektionen abzuwehren und Krankheiten zu bekämpfen. In dieser Hinsicht ist Cortisol das bekannteste Steroid, dessen künstlich hergestelltes Gegenstück das Cortison ist. Geistiger oder physischer Streß kann das System Hypophyse/Adrenokortikoid/ Nebennierenrinde aktivieren. Dauerhafter Streß kann das System erschöpfen, so daß der Körper gegenüber Infektionen und Krankheiten anfälliger wird. Von den psychologischen Ursachen, die zu physischen Krankheiten führen können, ist dauerhafter Streß vermutlich die wichtigste. Ein neues Feld der Verhaltensmedizin benutzt Streßmanagement, um Menschen dabei zu helfen, Streß zu reduzieren und die Abwehrkräfte des Körpers zu stärken.

Die Sexualhormone

Zu den Sexualhormonen zählen die Gonadotropine, die von der Hypophyse ausgeschieden werden, und die Hormone, die bei Frauen von den Eierstöcken und bei Männern vom Hoden freigesetzt werden. Das follikelstimulierende Hormon (FSH), das luteinisierende Hormon (LH) und Prolactin sind **Gonadotropine**. Die Eierstöcke, stimuliert durch das follikelstimulierende und das luteinisierende Hormon der Hypophyse, sondern die Hormone Östrogen und Progesteron ab. Der Hoden, angeregt durch das follikelstimulierende Hormon (und vermutlich das luteinisierende Hormon) der Hypophyse, setzt die Androgene (männliche Hormone) frei, deren wichtigstes das Testosteron ist.

Die Sexualhormone bestimmen vor allem die menschliche Geschlechtsdifferenzierung während der Entwicklung des Embryo. In geschlechtlicher und genetischer Hinsicht unterscheiden sich Männer und Frauen nur durch ein Chromosom (siehe den folgenden Abschnitt "Verhal-

Die Hitparade der Peptide

LRF ist wegen seines potentiellen aphrodisierenden Effekts der Gegenstand einer intensiven Forschung geworden. Ein bekannter Forscher behauptet, daß eine Firma, die den Auftrag zur Untersuchung von Blutproben impotenter, mit LRF behandelter Männer erhalten hatte, die Daten für den eigenen Gebrauch entwendet hat.

Beta-Endorphin scheint dem Körper - ähnlich wie Morphium - zu helfen, seine Reaktionen auf Schmerz zu unterdrücken. Es gibt einige Hinweise darauf, daß Akupunkturanästhesie und Schmerzstillplacebos durch die Aktivierung von Beta-Endorphin oder einer ähnlichen Substanz funktionieren.

Encephaline, die kleinsten Endorphine, haben ihren Namen aus dem Griechischen. Der Name bedeutet "in Kopf". Was sie dort tun, weiß man nicht genau, aber sie scheinen schmerzstillend zu wirken ähnlich wie die Beta-Endorphine.

Faktor S, der vom Harvard-Forscher John Pappenheimer und seinen Kollegen untersucht wurde, könnte ein schlafförderndes Peptid sein. Es wurde aus der Gehirnflüssigkeit von Ziegen und Schafen isoliert, die zum Wachbleiben gezwungen wurden, und verlängerte die Schlafdauer bei Kaninchen, denen es verabreicht wurde.

Bombesin wurde zuerst in der Haut des Frosches *Bombina bombina* entdeckt und kann Ratten von Warmblütern in Kaltblüter verwandeln, wenn es in ihr Gehirn injiziert wird. Dieser Stoff scheint auch das Sympathikussystem zu aktivieren, das grundlegende Funktionen wie die Streßreaktion und den Blutdruck reguliert. Weiterhin scheint er bei der Entscheidung darüber zu helfen, ob Kalorien aus der Nahrung zur Produktion von Wärme dienen oder als Fettreserve angelegt werden. Daher könnte Bombesin, so spekuliert Marvin Brown vom Salk Institute, die Grundlage eines Medikaments gegen Fettleibigkeit bilden.

Somatostatin scheint im Gehirn einen dem Bombesin gegensätzlichen Effekt zu bewirken. Es schaltet das Sympathikussystem aus. Medikamente, die auf diesem Peptid basieren, können daher bei der Blutdrucksenkung nützlich sein.

Substanz P ist an der Übermittlung von Schmerzsignalen vom Körper zum Gehirn beteiligt. Falls verschiedene technische Schwierigkeiten überwunden werden können, "könnte ein Antagonist der Substanz P", so der Physiologe Roger Nicoll von der University of California, San Francisco, "ein ideales Anästhetikum sein."

Bradykinin könnte eine ähnliche Rolle bei der Schmerzübertragung spielen. Sehr niedrige, durch Injektion verabreichte Dosen dieses Peptids verursachen starke Schmerzen. Offensichtlich ist es unter den bekannten Substanzen diejenige, die die intensivsten Schmerzen auslöst.

Angiotensin, ein Peptid, das die Flüssigkeitsausscheidung in den Nieren reguliert, bringt Versuchstiere dazu, reichlich zu trinken, wenn es in ihr Gehirn injiziert wird. Es kann eventuell auch benutzt werden, um neue Medikamente gegen erhöhten Blutdruck zu entwickeln.

Cholecystokinin, das ursprünglich im Darm entdeckt wurde, kommt in der Großhirnrinde in sehr hoher Konzentration vor. Manche Forscher vermuten, daß durch Cholecystokinin das Gehirnsignal zum Beenden des Essens weitergeleitet wird, und daß ein Mangel an diesem Peptid zu Übergewicht führen kann. Rosalyn Yalow vom Veterans Administration Medical Center, Bronx, stellte fest, daß dieses Peptid bei genetisch bedingt übergewichtigen Mäusen viel weniger im Gehirn verbreitet ist als bei normalen Mäusen.

Neurotensin weist bei Tierexperimenten einen kräftigen analgetischen Effekt auf, und eine pharmazeutische Firma testet zur Zeit eine Anzahl von Medikamenten auf der Basis dieses Peptids daraufhin, ob sie auch effektive Schmerzstiller sind.

Adrenokortikoid, ein Peptid, das von der Hypophyse hergestellt wird, findet sich auch in Nervenzellen des Gehirns. In den letzten zehn Jahren wurde in mehreren Studien nachgewiesen, daß Menschen besser lernen und sich erinnern können, wenn ihnen ein bestimmtes Fragment eines Adrenokortikoidmoleküls injiziert wird. Der niederländische Forscher David de Wied hat herausgefunden, daß die Peptide Vasopressin und Oxytocin ebenfalls Lernen und Erinnern unterstützen. Die Ergebnisse sind faszinierend, aber da die meisten chemischen Modelle von Lernen und Gedächtnis sich als falsch erwiesen haben, betrachten viele Wissenschaftler diese Experimente mit Skepsis.

Science 80, Erstausgabe

Eine der faszinierendsten Entwicklungen der Neurologie ist die Erforschung der Funktion von Peptiden im Nervensystem. Sie beschäftigt sich hauptsächlich mit einer Gruppe von natürlichen Substanzen, die erst neuerdings als "psychoaktiv" erkannt wurden, in dem Sinn, daß sie das Nervensystem höchstwahrscheinlich zu neuraler Reaktionsbereitschaft aktivieren. Und wenn diese Substanzen die neurale Reaktionsbereitschaft regulieren, dann werden sie natürlich auch Verhalten regulieren. Die obige Aufstellung enthält einige der interessantesten Peptide, die an der Verhaltensbeeinflussung beteiligt sind. Viele Peptide sind Hormone oder scheinen sich wie Hormone zu verhalten. Sie werden in einem Teil des Körpers hergestellt und vom Blut zu anderen Stellen getragen, um dort tätig zu werden.

tensgenetik"). Frauen besitzen zwei X-Chromosome, Männer dagegen je ein X- und Y-Chromosom. Die Geschlechtschromosomen lenken hauptsächlich die Produktion von Sexualhormonen. Hier liegt die Entscheidung, ob der Embryo ein Junge oder ein Mädchen wird. Das heißt, das Geschlecht eines Kindes wird dadurch bestimmt, welche Hormone in welchem Ausmaß während des Wachstums des Fötus in den frühesten Entwicklungsstadien vorhanden sind.

Diese Sexualhormone arbeiten auch bei den meisten Tierarten zusammen, und regeln dabei die folgenden Funktionen: (1) Entwicklung und Freisetzung der Eier des Weibchens sowie Wachstum des Spermas des Männchens; (2) Paarungsverhalten; (3) Steuerung einiger physiologischer Vorgänge bei der Geburt; (4) Steuerung des Milchvorrats in den Brustdrüsen und des Pflegetriebs; (5) Steuerung des Aufzuchtverhaltens, z.B. Nestbau, Brüten, sich um die Jungen kümmern.

Fortpflanzungs- oder sexuelles Verhalten ist eigentlich bei allen Lebewesen außer dem Menschen stark durch Hormone reguliert. Beim Menschen spielen Lernen und Sozialisation eine ebenso bedeutende Rolle. Kastration des Männchens führt z.B. bei den meisten Arten zu einem deutlichen Nachlassen sexueller Aktivität, obwohl die Fähigkeit zur Paarung nicht behindert sein muß. Die Verabreichung von Testosteron an diese Tiere stellt die normale sexuelle Aktivität wieder her. Über Männer, von denen man weiß, daß eine Dysfunktion der Geschlechtsdrüsen einen Rückgang ihres sexuellen Verlangens und dadurch selteneren Coitus bewirkt hat, wurden ähnliche Beobachtungen berichtet. Eine Behandlung durch Verabreichung von Androgenen stellt das normale Verlangen und die normalen Aktivitäten recht schnell wieder her. Diese Ergebnisse lassen darauf schließen, daß das männliche sexuelle Verlangen oder die Libido irgendwie durch die Androgene beeinflußt wird.

Bei Frauen ist die Situation offenbar anders. Die Entfernung der Eierstöcke, die den Östrogenspiegel senkt, hat keinen meßbaren Effekt auf das sexuelle Verlangen oder die sexuelle Aktivität. Ebenso wenig bewirkt der Beginn der Menopause. In der Tat deuten einige Daten darauf hin, daß der Sexualtrieb steigt, wenn der Östrogenspiegel fällt. Was steuert also bei Frauen die Libido?

Die Antwort scheint zu sein, daß Androgene sowohl bei Frauen als auch bei Männern diese Funktion erfüllen. Wenn z.B. weibliche Patienten aus medizinischen Gründen Androgene erhalten, steigt das sexuelle Verlangen an. Eine Entfernung der Nebennieren, der Hauptquelle von Androgenen bei Frauen, führt zu einer Abnahme des sexuellen Verlangens. Solche Forschungsergebnisse weisen darauf hin, daß es offenbar die Androgene sind, die sowohl bei Männern als auch bei Frauen libidosteigernd wirken.

Außer dem sexuellen oder Fortpflanzungsverhalten beeinflussen die Sexualhormone wahrscheinlich auch noch eine Anzahl anderer psychologischer Prozesse. Es gibt z.B. wichtige Hinweise, daß das männliche Hormon Testoste-

Streßregulierendes Hormon entdeckt

LA JOLLA, Kalifornien (UPI). Am Donnerstag gaben Wissenschaftler die Entdeckung einer hochwirksamen Gehirnsubstanz bekannt, die bei Menschen Streß steuern soll. Nach Angaben der Wissenschaftler könnte dieser Fund eines Tages zur Behandlung streßbedingter Krankheiten wie Herzbeschwerden, Schlaganfall, Magengeschwüren und hohem Blutdruck führen.

Dr. Wylie Vale, Vorsitzender des biologischen Labors für Peptide am Salk Institut, sagte, daß in Studien nun festgestellt werde, wie die Substanz, ein Hormon des Hypothalamus mit der Bezeichnung Kortikotropin, im Körper wirkt.

Das Hormon, eine Kette von 41 Aminosäuren, soll im Gehirn die auslösende Substanz sein, die andere Hypophysenhormone freisetzt, wenn man Streß ausgesetzt ist, unter anderem Steroide der Nebenniere und einen morphiumähnlichen Schmerzstiller.

Die Existenz des streßregulierenden Hormons ist schon seit nahezu einem Vierteljahrhundert bekannt, und die Wissenschaftler brauchten fast zehn Jahre zu seiner Identifizierung...

"Das (Hormon) scheint ein Schlüssel zur Auslösung der Streßreaktion zu sein, der 'Kampf oder Flucht' Reaktion, die es Mensch und Tier ermöglicht, Bedrohungen in der Umwelt zu begegnen", sagten die Forscher...

Die Streßsymptome sind universal, sagte Dr. Vale. Sie sind charakterisiert durch rasenden Herzschlag, Verkrampfung des Magens und intensivierte Wahrnehmung der Umwelt.

Vor einer Million Jahren war die Streßreaktion bei Menschen von kurzer Dauer. Aber Streß des 20. Jahrhunderts dauert eher länger an und führt zu einer ängstlichen Anspannung, die hohen Blutdruck, Herzkrankheiten, Magengeschwüre, Fortpflanzungsstörungen und andere Beschwerden hervorruft, sagte Vale.

Er fügte hinzu, daß die Forschung letztendlich zur Produktion des Hormons in verschiedenen molekularen Formen führen könnte, um damit streßbedingte Krankheiten zu bekämpfen...

In einem anderen Bericht in der Zeitschrift Science hat ein Team von Wissenschaftlern der Mount Sinai School of Medicine und der Rockefeller University, beide in New York, von Experimenten mit Ratten berichtet. Es zeigte sich, daß Streß die Krankheitsabwehr des Körpers in dem Maße unterdrückt, wie die Intensität der Ursache für den Streß wächst...

Rocky Mountain News, Denver
11. September 1981

Die biopsychologische Erforschung der hormonalen oder endokrinen Faktoren bei der körperlichen Reaktion auf Streß könnte sich auszahlen, wenn man entdeckt, wie die Natur Streß bewältigt.

ron am aggressiven Verhalten von Menschen maßgeblich beteiligt ist. June Reinischs hat die Kinder von Müttern untersucht, die mit Medikamenten gegen Fehlgeburten ähnlich dem Testosteron behandelt worden waren. Die Kinder wurden in sechs Situationen gebracht, die angelegt waren, in ihnen Wut auszulösen, so z.B. wurden sie aus einer Warteschlange verdrängt. Reinischs verglich die Verhaltensweisen von Geschwistern, die zu einer Zeit geboren wurden, als die Mutter die Medikamente nahm, mit den Verhaltensweisen von den Kindern, die geboren wurden, als die Mutter keine solchen Medikamente nahm. Die Jungen und Mädchen, die dem Medikament ausgesetzt gewesen waren, reagierten aggressiver als ihre Brüder und Schwestern. Jungen, die dem Medikament ausgesetzt gewesen waren, erzielten die höchsten Werte für aggressives Verhalten. Betroffene Mädchen erhielten im allgemeinen Werte, die denen der nicht betroffenen Jungen glichen, und nicht betroffene Mädchen waren am wenigsten aggressiv. Reinischs glaubt, daß Aggression zumindest teilweise davon abhängt, ob der Mensch während einer bestimmten kritischen Entwicklungsphase männlichen Hormonen ausgesetzt ist, wobei die Phase wahrscheinlich vor der Geburt beginnt.

Ein möglicher Zusammenhang zwischen Pubertät und Intelligenz

Die physischen und emotionalen Veränderungen in der Pubertät sind gut dokumentiert. Jetzt bringen Forscher, allen voran die Psychologin Merrill Carlsmith von der Stanford University, Beweise für den Einfluß des Zeitpunkts der Geschlechtsreife auch auf die intellektuelle Entwicklung. Die Forschergruppe hat Daten von mehr als 6000 männlichen und weiblichen Jugendlichen im Alter von 12 bis 18 Jahren untersucht. Sie berichtet, daß Jungen, die früh ihre Geschlechtsreife erlangt hatten, bei Standardintelligenz- und -leistungstests höhere Werte als Spätentwickler erreichten. Bei den untersuchten Mädchen wurde dieser generelle Unterschied nicht festgestellt, aber ein faszinierendes Phänomen bemerkten die Wissenschaftler doch. Mädchen, die ihre Reife erst spät erreichten, zeigten gleiche oder bessere Leistungen in Mathematik als die entsprechenden Jungen. Normalerweise bleiben weibliche Jugendliche im Hinblick auf mathematische Fähigkeiten hinter den Jungen zurück, was für die frühreifen Mädchen auch zutraf.

Die Stanford-Wissenschaftler suchen noch nach Gründen für die Verbindung von Reife und Intelligenz, aber manche Forscher führen sie auf die "Lateralisierung" des Gehirns zurück. Mit fortschreitender Entwicklung des Gehirns führen die rechte und linke Seite ihre Funktionen in zunehmender Isolation aus. Diese Lateralisierung scheint von einer grö ßeren mathematischen - aber geringeren verbalen - Begabung begleitet zu sein, was vielleicht erklärt, warum Jungen, die durchschnittlich zwei Jahre später reifen als Mädchen, in Mathematik besser und bei Sprachen schlechter abschneiden. Die Stanforder Ergebnisse legen nahe, daß Mädchen, die spät reif werden, ein stärker lateralisiertes Gehirn und demnach eine größere mathematische Begabung besitzen als ihre frühreifen Schwestern. Auf die gleiche Art kann man begründen, warum frühreife Jungen über mehr verbale Fertigkeiten verfügen als spätreife Jungen.

Newsweek,
1. März 1982

Hormone scheinen die Entwicklung des Gehirns und seine Differenzierung während der Entwicklung des Fötus zu beeinflussen. Von daher überrascht es nicht allzu sehr, daß man Belege für hormonale Einflüsse auch während der Pubertät findet.

VERHALTENSGENETIK

Die Verhaltensgenetik beschäftigt sich damit, *wie weit* und *welches* Verhalten vererbt ist. Man kann sagen, daß die Verhaltensgenetik mit Sir Francis Galtons Studie über hohe Intelligenz bei Blutsverwandten einsetzte. Seine Forschung führte Galton zu der Schlußfolgerung, daß Intelligenz "in der Familie liegt", daß also die Eigenschaft erblich (durch Vererbung beeinflußt) sei. Die Untersuchungen Galtons, wenn auch nicht so exakt wie spätere Experimente, legten nahe, daß Verhaltenseigenschaften zumindest teilweise durch genetische Faktoren bestimmt werden. Seit Galton hat sich eine umfangreiche Forschungsliteratur angesammelt, die deutlich darauf hinweist, daß viele Verhaltensweisen durch das Zusammenspiel genetischer und Umgebungsfaktoren beeinflußt werden.

Erbanlagen

In den letzten 30 Jahren haben Wissenschaftler entdeckt, daß die Erbanlagen, die von den Eltern an ihre Nachkommen weitergegeben werden, Gene aus großen Molekülen der Desoxyribonukleinsäure (DNS) sind. Die Gene werden von **Chromosomen** getragen, die in allen Zellkernen vorhanden sind. Jedes Chromosom trägt eine große Anzahl von Genen. Durch die Zellteilung, *Meiose*, werden menschliche Spermen und Eier mit je 23 Chromosomen ausgestattet. Die Verbindung von Ei und Sperma, die *Fertilisierung* (Befruchtung), ergibt eine Zelle mit 23 Paar Chromosomen. Jedes Paar unterscheidet sich von allen anderen Paaren. Die beiden Chromosomen eines jeden Paares werden als homologe (übereinstimmende) Chromosome bezeichnet, wobei ein homologes Chromosom mütterlichen und das andere väterlichen Ursprungs ist. Die auf diesen Chromosomen getragenen Gene leiten die Entwicklung und das Wachstum aller anderen Zellen im Körper und steuern die Stoffwechselfunktionen in den Zellen. In Abbildung 2-15 wird die Chromosomenausstattung normaler Männer und Frauen sowie eine abweichende Chromosomenanzahl gezeigt.

Genetische Funktionen

Das genetische Material, die DNS, hat zwei Funktionen: sie kodiert die Synthese weiterer DNS und eines anderen großen Moleküls, der Ribonukleinsäure (RNS). Die RNS wird vom Zellkern zum Protoplasma transportiert, wo sie die Synthese von Proteinen kodiert. Eine Untergruppe dieser Proteine, die Enzyme, regulieren den Stoffwechsel aller Zellen.

Obwohl wir viel über die Funktionsweise der DNS wissen, verstehen wir die Mechanismen noch nicht, durch die genetisches Material die Entwicklung und das Verhalten bestimmt. Neuere Forschungen geben allerdings einige Hinweise dazu. Manche Formen geistiger Behinderung z.B. werden durch das Fehlen bestimmter Gene und andere durch das Fehlen ganzer Chromosome verursacht.

Die Krankheit *Phenylketonurie* (PKU) ist eine der Störungen, die aus dem Fehlen eines einzigen Genes resultiert. Die Phenylketonurie wird als ein *rezessiver Erbfaktor*

Abbildung 2-15 Menschliche Chromosomenpaare

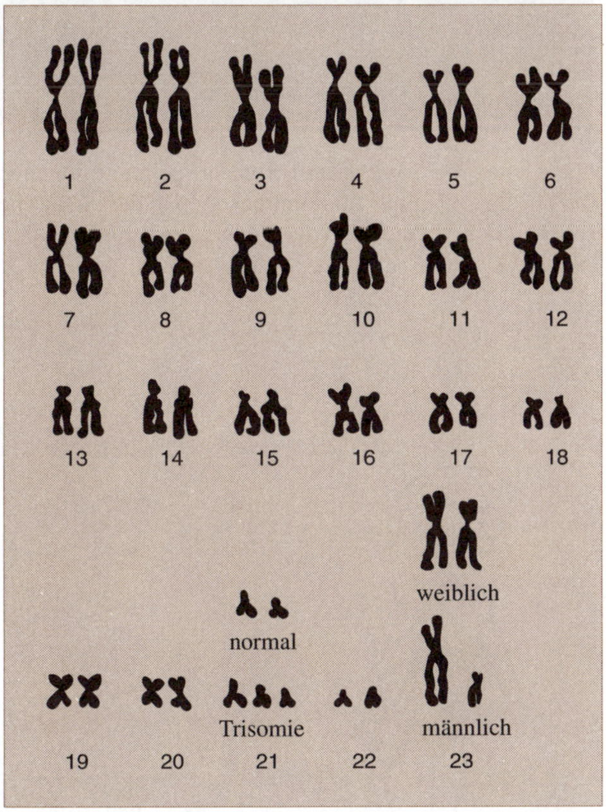

Anhand der ersten 22 Chromosomenpaare (den Autosomen) kann man Männer und Frauen nicht unterscheiden, sondern erst am 23. Paar. Frauen besitzen bei diesem Paar zwei ähnliche Chromosomen, die beide als X-Chromosomen bezeichnet werden. Der weibliche Genotyp ist somit XX. Männer haben beim 23. Paar zwei verschiedene Chromosomen, je ein X- und ein Y-Chromosom, und weisen somit einen XY-Genotyp auf. Beachten Sie das 21. Paar. Manchmal sind dort drei statt zwei Chromosomen vorhanden. Diese "Trisomie" führt zu einer geistigen Behinderung, dem Mongolismus (Down-Syndrom).

übertragen, d.h. die elterlichen Träger geben diesen Genmangel an ein Viertel ihrer Nachkommen weiter. Die Krankheit rührt von der Unfähigkeit her, einen wichtigen Ernährungsbaustein namens Phenylalanin umzuwandeln. Dem/der Betroffenen fehlt das Enzym, das bei normalen Menschen die Umformung des Phenylalanin bewirkt. Schwere geistige Behinderung ist ein Symptom dieser Krankheit. Wir kennen zwar die Ursache für dieses Symptom nicht, aber es ist wahrscheinich, daß der Überfluß an Phenylalanin oder ein abnormes Nebenprodukt für das Nervensystem giftig ist und die normale Entwicklung und die intellektuelle Tätigkeit verhindert. Die Aufklärung des Mechanismus, der zu Phenylketonurie führt, hat frühzeitige Diagnosen ermöglicht. Neugeborene werden auf hohe Phenylalaninspiegel im Blut untersucht. Die Frühdiagnose hat auch zur Entwicklung einer Behandlungsmethode geführt. Kinder mit Phenylketonurie werden auf eine spezielle Kost mit wenig Phenylanalin gesetzt, was zwar hilft, im allgemeinen aber keine gänzliche Heilung bewirkt.

Die Huntington-Chorea ist eine weitere Krankheit, bei der Verhaltenssymptome durch einen einzigen Gendefekt verursacht werden. Sie wird als ein einziger *dominanter Erbfaktor* übertragen, d.h. ein(e) Betroffene(r) vererbt diesen Defekt an die Hälfte des Nachwuchses. Die Tragödie dieser Erbkrankheit in einer bekannten Familie wurde in dem Zeitungsausschnitt "Ein besonders grausamer Mörder" auf Seite 35 dargestellt. Andere Zustandsbilder mit Verhaltenssymptomen werden von Abnormalitäten ganzer Chromosomen, der Autosome oder der Geschlechtshormone, hervorgerufen.

Die Beziehung Genetik-Verhalten

Kinder ähneln ihren Eltern. Mitglieder einer Familie sehen sich oft ähnlich, so daß man von Familienähnlichkeit spricht. Im allgemeinen gilt als erwiesen, daß physische Ähnlichkeit innerhalb einer Familie zu einem großen Teil auf dem Erbmaterial, den Genen, beruht, die die Mitglieder gemeinsam haben. Wenn es auch nicht so offensichtlich sein mag, tendieren Familienmitglieder doch auch zu psychologischer Ähnlichkeit. Aber über die Grundlage dieser psychologischen Ähnlichkeit zwischen Familienmitgliedern besteht Unklarheit. Stammt sie von genetischen Einflüssen auf das Verhalten, wie im Falle der physischen Ähnlichkeit, oder liegt es daran, daß Familienmitglieder normalerweise die gleiche Umgebung teilen? Verhaltensgenetiker nehmen an, daß sowohl die Umwelt als auch die Vererbung zum Verhalten beitragen, und versuchen, den relativen Anteil beider Faktoren zu erforschen.

Bei Menschen benutzt man andere Methoden als bei Tieren, um die Frage nach dem Verhältnis von Vererbung und Umgebung beantworten zu können. Das liegt vor allem daran, daß man bei Versuchstieren spezielle Zuchtexperimente durchführen kann, was bei Menschen nicht möglich ist.

Humangenetik

Zu den Untersuchungsmethoden, die bei Menschen angewendet werden, zählen Zwillingsvergleiche, Familienkorrelationen und Adoptionsstudien. Dahinter steht die folgende Grundidee: die Menge des Erbmaterials, die zwischen Verwandten gleich ist, ist bekannt - je enger die Verwandtschaft, desto mehr gleiches Material. Im Durchschnitt sind z.B. 50% der Gene von normalen Geschwistern (Jungen und Mädchen) gleich, 50% sind unterschiedlich. Eineiige Zwillinge weisen 100% an gleichen Genen auf. Zweieiige Zwillinge sind wie normale Geschwister, sie haben 50% der Gene gemeinsam. Weiter entfernte Verwandte wie Cousins/Cousinen oder Halbgeschwister haben weniger Gene gemeinsam. Nehmen wir an, eine Überprüfung des Verhaltens wird bei Verwandten verschiedenen Grades und damit verschiedener genetischer Ähnlichkeit durchgeführt. Man kann dann die Korrelation zwischen der Verhaltensähnlichkeit unter Verwandten und der bekannten genetischen Ähnlichkeit berechnen. Mit anderen Worten wird z.B. gefragt, ob Ge-

Die Gene, die Mutter und Tochter gemeinsam haben (50%), sind nicht nur für Ähnlichkeiten in der physischen Erscheinung verantwortlich, sondern auch für Verhaltensähnlichkeiten.

Bei der Geburt wurden sie getrennt. Jetzt treffen sich die Becker-Zwillinge zufällig wieder.

schwister sich ähnlicher sind als Cousins/Cousinen oder eineiige Zwillinge sich mehr gleichen als zweieiige. Je höher die Korrelation, desto eher wird man eine genetische Komponente bei dem in Frage stehenden Verhalten vermuten.

Eine hohe Korrelation zwischen verhaltensmäßiger und genetischer Ähnlichkeit könnte allerdings ohne Rückgriff auf die Genetik erklärt werden. Nahe Verwandte haben nicht nur ähnlichere Gene, sondern auch ähnlichere Umgebungen. Die hohe Korrelation *legt* also einen genetischen Beitrag nur *nahe*, beweist ihn aber nicht. Um diesen Beitrag zu beweisen, bräuchte man eine Methode, um genetische und Umgebungsfaktoren zu trennen. Bei Tieren kann man Geschwister sofort nach der Geburt in unterschiedliche Umgebungen bringen und so die Umgebungsähnlichkeit als Faktor ausschalten. Man kann dann Geschwisterpaare, die in der gleichen Umgebung aufgewachsen sind, mit Paaren vergleichen, die in unterschiedlichen Umgebungen aufgewachsen sind.

Bei Menschen sind solche Trennungsexperimente aus ethischen Gründen unmöglich. Die einzige Hoffnung ist, daß man Fälle findet, in denen diese Trennung aus anderen Gründen stattfand. Die Methode der Adoptionsstudien kommt dem am nächsten. Dabei werden Zwillinge und Geschwister, die in unterschiedlichen häuslichen Umgebungen aufgezogen werden, mit Zwillingen und Geschwistern verglichen, die zusammen aufwachsen. Wenn z.B. eineiige Zwillinge, die voneinander getrennt aufwachsen, sich bei der Überprüfung des Verhaltens im gleichen Maß ähneln wie zusammen aufgezogene eineiige Zwillinge, und wenn diese beiden Zwillingspaare sich jeweils ähnlicher sind als zweieiige Zwillinge und normale Geschwister, dann liegt ein deutlicher Beleg für eine genetische Komponente vor (und kaum ein Beleg für einen Umgebungseinfluß).

Studien der Verhaltensgenetik haben Nachweise über das Ausmaß von genetischen und Umgebungseinflüssen auf eine Reihe von Verhaltens- oder psychologischen Charakteristika beim Menschen geliefert. Die vielleicht wichtigsten dieser Untersuchungen haben sich auf Intelligenz bezogen (siehe Kapitel 6, dort werden Intelligenz und IQ-Werte näher besprochen). Thomas Bouchard und M. McGue von der University of Minnesota haben 1981 eine Zusammenfassung der gesamten auf der Welt vorhandenen Literatur über IQ-Korrelationen zwischen Verwandten veröffentlicht. Insgesamt haben sie in 111 Studien fast eine viertel Million Fälle untersucht. Die Korrelationsergebnisse dieser Studien decken sich in bemerkenswerter Weise mit einer Vererbungshypothese. Das heißt, je höher der gemeinsame Genanteil bei Familienmitgliedern ist, desto höher wird die durchschnittliche Korrelation zwischen ihren IQ-Werten ausfallen. Eineiige Zwillinge, die zusammen aufgewachsen sind, zeigen z.B. die höchste IQ-Korrelation. Ebenso haben Zwillingsuntersuchungen aussagekräftige Belege für einen genetischen Zusammenhang bei verschiedenen geistigen Störungen erbracht, besonders bei Schizophrenie und Depression. Darüber hinaus wurde kürzlich beobachtet, daß die Genetik eine überragende Rolle bei vielen Fällen von Alkoholismus spielt. Kinder von alkoholkranken Eltern entwickeln signifikant

Schüchternheit zum Teil vererbt

Von PAUL RAEBURN Schüchternheit scheint ein lebenslanges Charakteristikum zu sein, das nach Angaben eines Forschungsberichts zumindest in manchen Fällen genetisch vorbestimmt ist.

Von den vielen kindlichen Eigenschaften hält sich Schüchternheit offenbar am längsten, sagte Jerome Kagan von der Harvard University.

Ungefähr ein Drittel aller extrem gehemmten Kinder scheint eine genetische Prädisposition zu Schüchternheit, Ängstlichkeit und Furcht vor Fremden zu besitzen, sagte Kagan in einem Bericht vor dem Jahrestreffen der American Association for the Advancement of Science (Amerikanische Gesellschaft zur Förderung der Wissenschaft).

Kagan berichtete, daß Eltern ihren Kindern bei der Überwindung von Schüchternheit helfen können, aber bei Kindern, deren Ängstlichkeit eine genetische Grundlage hat, erweise sich dies als schwieriger.

Seine Forschung hat gezeigt, daß diese Kinder "mit größerer Wahrscheinlichkeit über längere Zeit gehemmt bleiben."

Extrem schüchterne Kinder kann man durch Messung der Herzrate bei der Konfrontation mit etwas Unerwartetem herausfinden, sagte Kagan. Ihr Puls erhöhe sich geringfügig und bleibe dann stabil, was darauf hindeuten könnte, daß sie vergeblich versuchen, das ihnen Begegnete zu verstehen, erklärte er.

Jene Veränderung beim Herzschlag könnte einen genetischen Unterschied im Nervensystem der Kinder anzeigen, einen unbekannten Faktor, der sie zur Schüchternheit prädisponiert, postulierte Kagan.

Das Nervensystem beginnt in der fünften oder sechsten Woche der Schwangerschaft sich zu entwickeln, berichtete der Forscher, und Krankheiten, Infektionen oder Streß der Mutter können seine genetische Ausstattung verändern.

Untersuchungen an Zwillingen haben gezeigt, daß eineiige Zwillinge mit größerer Wahrscheinlichkeit das gleiche Ausmaß von Schüchternheit bzw. in Kagans Worten "Gehemmte Reaktion auf Unerwartetes" aufweisen als zweieiige Zwillinge.

Kagan erklärte, daß dies ein weiterer Grund sei, Schüchternheit als zum Teil genetisch bestimmt anzusehen.

Eine der von ihm zitierten Studien zeigt, daß Schüchternheit für viele Jahre nach der Kindheit und Jugend bis ins Erwachsenenalter andauern kann.

In dieser Untersuchung wurden sieben von 36 extrem gehemmten Jungen bis ins Erwachsenenalter beobachtet. Sie tendierten dazu, keine traditionell männlichen Berufe zu wählen und waren nicht besonders gut im Sport, sagte Kagan.

Rocky Mountain News, Denver
10. Januar 1982

Schüchternheit, definiert als Furcht vor Fremden oder gehemmte Reaktion auf Unerwartetes, hat eine bedeutsame genetische Komponente.

häufiger Alkoholismus als Kinder nichtalkoholkranker Eltern, selbst wenn sie bei Adoptiveltern aufgezogen werden.

Zur Zeit besteht ein recht beträchtliches Interesse an der Vererbbarkeit von Persönlichkeitszügen oder Temperament. Ein Beispiel liefert die Untersuchung von Robert Plomin von der University of Colorado über Schüchternheit. Demnach setzt Schüchternheit im Umgang mit Fremden in der frühen Kindheit ein und hält sich bis zum Erwachsenenalter. Plomin berichtet, daß manche Zwillingskinder bei seinen Hausbesuchen ihm entgegenlaufen und andere während seines gesamten Besuches zurückhaltend bleiben. Eineiige Zwillinge zeigen eine bemerkenswerte Ähnlichkeit in ihrem Annäherungs- oder Rückzugsverhalten, aber diese Verhaltensähnlichkeit gilt nur gegenüber Fremden. Ihr Verhalten gegenüber der Mutter oder anderen bekannten Erwachsenen ist unabhängig davon, ob die Zwillinge eineiig oder zweieiig sind. Das weist darauf hin, daß die Ursache für die Unterschiede, was immer es auch sein mag, gelernt und nicht angeboren ist. Nach Plomin muß man zwischen Schüchternheit und Soziabilität unterscheiden. Ein Einsiedler oder Eremit kann gegenüber einer/einem Bekannten voller Wärme und Mitgefühl sein, Fremde dagegen meiden wie die Pest. Den Zwillingsstudien nach ist das, was als erblich bedingt erscheint, Schüchternheit oder Furcht vor Fremden.

Offensichtlich sind nicht alle Persönlichkeitseigenschaften erblich beeinflußt, so z.B. Soziabilität und Aggressivität nach Auffassung anderer Forscher. Aber zumindest in einem Fall, der Furcht vor Fremden, sind genetische Einflüsse recht bedeutsam. Ihr adaptiver Wert für manche Arten oder bestimmte Umweltbedingungen kann der Vererbbarkeit von Furcht vor Fremden sehr wohl zugrunde liegen.

Abbildung 2-16 IQ - Vererbung und Umwelt

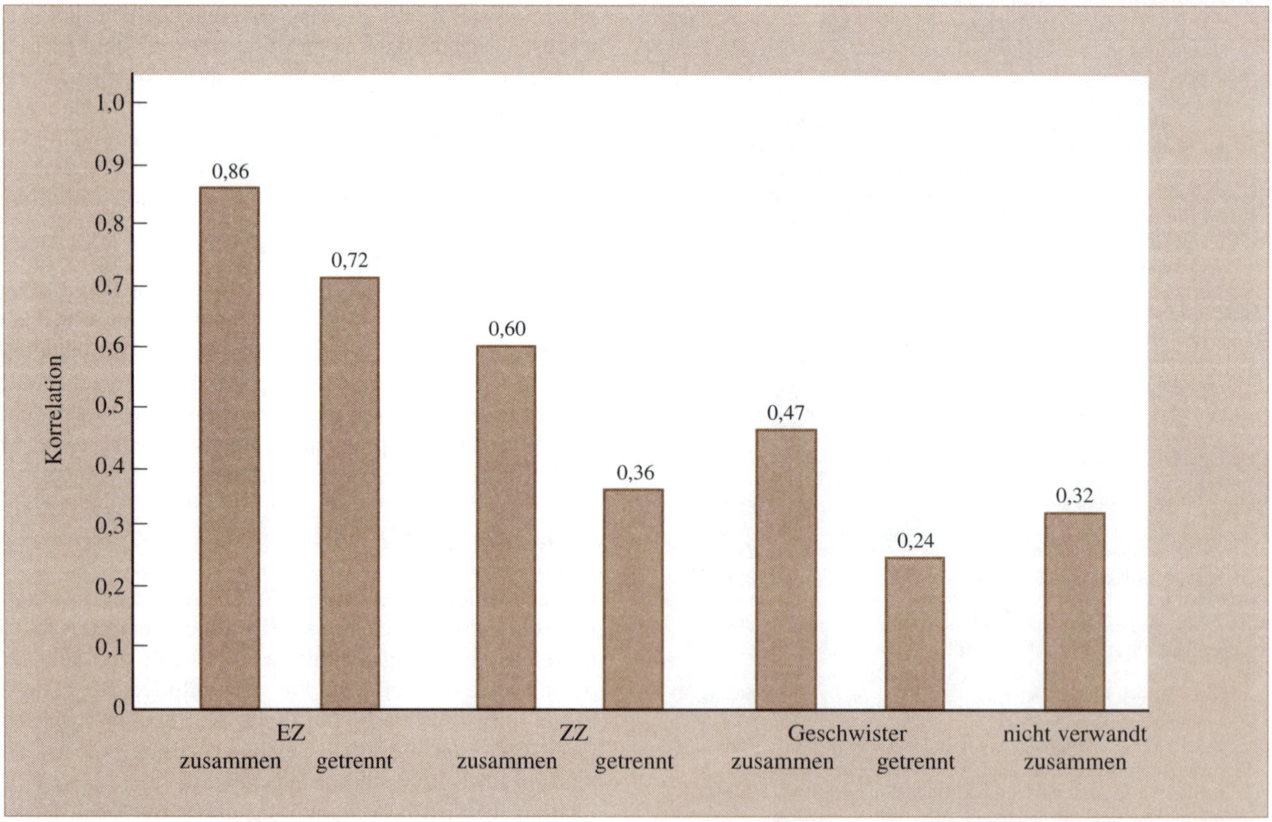

Diese Abbildung verdeutlicht die korrelativen Zusammenhänge zwischen allgemeiner Intelligenz und dem Verwandtschaftsgrad. Je enger die genetische Beziehung ist, desto ähnlicher wird der IQ ausfallen. Die höchsten Korrelationen treten bei eineiigen Zwillingen auf (EZ), was den genetischen Einfluß auf den IQ demonstriert. Getrennt aufgezogene Individuen weisen im allgemeinen, unabhängig von der genetischen Verwandtschaft, eine niedrigere Korrelation auf als im gleichen Zuhause aufgewachsene, was wiederum den Einfluß der Umwelt auf den IQ zeigt.

Thomas Bouchard hat eine äußerst umfangreiche Zwillingsstudie durchgeführt. Darin werden eineiige Zwillinge sechs Tage lang intensiv untersucht. Zusätzlich zu detaillierten Krankengeschichten und medizinischen Tests wurden Daten erhoben, die veschiedene Bereiche sehr detailliert erfassen, u.a. Erfahrungen aus der frühen Kindheit, Ängste und Phobien, persönliche und berufliche Interessen, Werte, Lesegewohnheiten, musikalische Interessen und Intelligenz.

Als Psychologe - so Bouchard - sei er am meisten daran interessiert, wie die Umwelt das Verhalten von Zwillingen verändert. Aber er berichtet, daß seine wichtigsten Ergebnisse bislang auf Verhaltensähnlichkeiten eher durch gemeinsame genetische Ausstattung hindeuten. So weisen getrennt aufgewachsene Zwillinge überraschenderweise weitgehend die gleichen psychiatrischen Krankengeschichten auf wie zusammen aufgewachsene verändern. Im großen und ganzen leiden sie unter den gleichen Phobien und Stimmungsschwankungen. Auch sonst zeigen getrennt aufgewachsene Zwillinge Vorlieben für die gleichen Gebrauchsgüter und betätigen sich in ähnlichen, selbstgewählten Tätigkeiten. Im allgemeinen unterstützen die Ergebnisse stark eine nativistische Position im Hinblick auf viele Verhaltenseigenschaften. Sie implizieren zwar nicht, daß angeborene Verhaltensweisen nicht verändert werden können, aber sie deuten doch darauf hin, daß recht dramatische Veränderungen in der Umwelt nötig sind, um sie zu überwinden.

Die Studie verdeutlicht auch, daß man die Einflüsse von Vererbung und Umwelt auf Verhaltenseigenschaften niemals in genauen Prozentzahlen zusammenfassen kann. So mögen manche Menschen unabhängig von ihrer Erziehung eine aggressive Persönlichkeit aufweisen, die Aggressivität anderer dagegen kann vielleicht direkt auf die frühkindliche Erziehung zurückgeführt werden. In ähnlicher Weise mögen manche Leute unabhängig von äußeren Einflüssen klug oder dumm sein, die Intelligenz anderer wiederum läßt sich unter Umständen sehr leicht verändern. Menschen reagieren auf Einflüsse so unterschiedlich, daß jede Verallgemeinerung über den Beitrag von angeborenen Faktoren wenig Sinn hat. Derzeit zeigen die Ergebnisse jedenfalls deutlich, daß eineiige Zwillinge nicht in der gleichen Familienumgebung aufgezogen werden müssen, um einander ähnlich zu sein. Sie belegen einige von vielen Möglichkeiten, wie Gene das menschliche Verhalten trotz verschiedener Umweltbedingungen beeinflussen (siehe Abbildung 2-16).

Tiergenetik

Verhaltensgenetiker, die mit anderen Lebewesen als Menschen arbeiten, benutzen in großem Umfang Zuchtselektion und Vergleichsstudien bei durch Inzucht erzeugten Arten. Bei der Technik der Zuchtselektion (selektiven Züchtung) werden Tiere aufgrund der gezeigten Ausprägung einer ihrer Eigenschaften für die Zucht ausgewählt. Nehmen Sie das klassische Experiment der Zuchtselektion, von dem Robert Tryon von der University of California in Berkeley berichtet. Tryon stellte den Lernerfolg von Ratten in einem komplizierten Labyrinth fest. Es wurden die Tiere miteinander gekreuzt, die wenige Fehler beim

Abbildung 2-17 Tryons Zuchtselektionsexperiment mit klugen und dummen Ratten

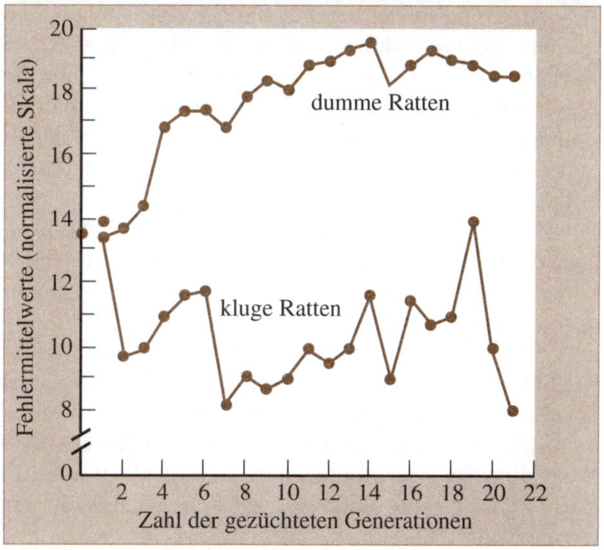

Dies ist ein klassisches frühes Beispiel für genetische Technik. Die selektive Züchtung von Ratten je nach ihrer Lernfähigkeit bringt zwei Stammbaumlinien hervor, die sich so dramatisch von einander unterscheiden, daß alle Individuen der einen Linie besser sind als alle Individuen der anderen Linie.

"Du bist ja genauso gräßlich wie dein Vater!!"
"...aber die Füße und das Herz habe ich von dir."

Lernen begingen, und solche, die viele Fehler machten. Es wurden zwei Abstammungslinien gebildet, wobei die "klügsten" und "dümmsten" Tiere *innerhalb* jeder Linie über viele Generationen weiter vermehrt wurden. Nach einer gewissen Zeit erhielt Tryon zwei Zuchtlinien, die sich beträchtlich in der Fehlerzahl beim Erlernen des Labyrinths unterschieden (siehe Abbildung 2-17). Tryon bezeichnete die zwei Abstammungslinien als "im Labyrinth klug" und "im Labyrinth dumm".

Aufgrund solcher Bezeichnungen folgern viele Leute, daß "generell" kluge und dumme Ratten gezüchtet wurden, aber so ist es nicht. "Im Labyrinth kluge" und "im Labyrinth dumme" Tiere verhalten sich bei Tests in Labyrinths, die dem der Selektierung zu Grunde gelegten ähnlich sind, wie vorhergesagt. In anderen Lernsituationen hingegen sind "im Labyrinth kluge" Ratten nicht unbedingt besser als "im Labyrinth dumme" Ratten. Die Tatsache, daß Tiere nach ihrem Verhalten selektiert werden können, zeigt dennoch an, daß die Lernfähigkeit, zumindest teilweise, durch Erbfaktoren bedingt ist.

Noch weitere Beispiele von Zuchtselektion nach Verhaltenseigenschaften wurden berichtet. Als wichtige Erkenntnis gilt, daß eine Eigenschaft, die selektiert werden kann, durch genetische Faktoren beeinflußt sein muß. Wenn eine Eigenschaft nicht durch Zuchtselektion beeinflußt werden kann, wird sie wahrscheinlich nicht von Genen beeinflußt.

Eine andere Technik bei genetischen Tierstudien ist die Verwendung von Inzuchtlinien, die durch Vermehrung verwandter Tiere entstehen. Wenn Tiere über aufeinander folgende Generationen per Inzucht vermehrt werden, vermindert sich ihre genetische Variabilität bis zu dem Punkt, an dem Tiere einer Inzuchtlinie im wesentlichen von ihrer genetischen Ausstattung her identisch sind, so wie eineiige Zwillinge. Es existieren viele solcher Inzuchtlinien, manche sind schon seit Hunderten von Generationen gezüchtet worden. Wenn sich ein Tier der Inzuchtlinie signifikant von den anderen unterscheidet, muß der wichtigste bestimmende Faktor umweltbedingt sein. Auf der anderen Seite kann man bei dauerhaften Verhaltensunterschieden zwischen Tieren aus zwei (oder mehr) verschiedenen Inzuchtlinien, die in identischer Umgebung aufgezogen und gehalten werden, getrost folgern, daß das fragliche Verhalten durch genetische Variable beeinflußt wird.

Genetische und Umgebungseinflüsse

Die moderne Verhaltensgenetik läßt keinen Zweifel daran, daß die Vererbung für das Verhalten eine wichtige Rolle spielt. Dies dürfte wohl kaum überraschen, denn Verhalten ist eine Funktion von lebenden Organismen, deren genetische Ausstattung in Betracht gezogen werden muß, um individuelle Verhaltensunterschiede zu verstehen. Aber man darf nie die Bedeutung der Umwelt übersehen. Am besten, man betrachtet Verhalten als das Produkt von interagierenden genetischen und Umweltfaktoren.

Psychologen haben sich gewöhnlich mehr für die Auswirkungen der Umwelt als die der Vererbung auf das Verhalten interessiert. Einer der Gründe dafür ist das Gefühl, daß man die Umgebung verändern kann, daß sie leichter in einem Experiment kontrolliert und manipuliert werden kann, wohingegen die genetische Begabung eines Tieres festgelegt ist. Erinnern Sie sich an die Arbeit von Krech/Rosenzweig, die weiter oben genannt wurde? Diese und andere Untersuchungen haben gezeigt, daß Tiere, die unter unterschiedlichen Umweltbedingungen aufgezogen wurden, sich in ihrem Verhalten unterscheiden. Als ausgewachsene Tiere sind Ratten, die unter anregenden Bedingungen aufgewachsen sind, bei einigen Lernaufgaben besser als Ratten, die unter deprivierten Bedingungen aufgewachsen sind. Diese Tiere unterscheiden sich nicht nur in ihrem Verhalten, sondern die aus der anregenden Umgebung haben auch dickere und schwerere Zellschichten im Kortex sowie größere Nervenzellen mit mehr extensiven Dendriten als Tiere aus deprivierten Umgebungen. Diese Unterschiede sind das Ergebnis unterschiedlicher Umgebungen. Denken Sie auch an die beiden Abstammungslinien von "im Labyrinth klugen" und "im Labyrinth dummen" Ratten, die Tryon gezüchtet hat. Die Forschung hat gezeigt, daß eine anregende Umgebung in der Kindheit eine "im Labyrinth dumme" Vererbung kompensieren kann. Angeregte "im Labyrinth dumme" Ratten können aufholen und so gut abschneiden wie "im Labyrinth kluge" Ratten. Kurz gesagt müssen wir uns merken, daß ein sich verhaltender Organismus immer sowohl von Umweltbedingungen geprägt wurde als auch eine biologische oder genetische Ausstattung besitzt. Ein angemessenes Verständnis von Verhalten verlangt, daß wir sowohl Erbals auch Umweltfaktoren sorgfältig in Erwägung ziehen.

ZUSAMMENFASSUNG

1. Die biologischen Grundlagen des Verhaltens umfassen das Nervensystem, das endokrine System und die Verhaltensgenetik. Wir verstehen diese biologischen Mechanismen als ein informationsverarbeitendes System, das Input-Einrichtungen für den Empfang von Informationen aus der Umgebung beinhaltet, einen zentralen Prozessor, der den Input zusammen mit gespeicherten Informationen benutzt, um Entscheidungen zu treffen, und Output-Einrichtungen für die Weitergabe der Entscheidungen zu den ausführenden Organen des Körpers. Wir können zwischen vorprogrammierten und programmierbaren Teilen des zentralen

Prozessors (also zwischen "Hardware" und "Software") unterscheiden: Vorprogrammierte Funktionen, wie die Atmung oder die Blutzirkulation, sind nicht veränderbar, aber programmierbare Funktionen leiten sich von Erfahrung und Praxis ab und verändern sich mit ihnen.

2. Das Neuron kann zwar viele verschiedene Formen annehmen, besteht aber immer aus drei Komponenten - dem Soma (Zellkörper), den Dendriten und dem Axon. Das Neuron ist der Baustein des Nervensystems, eine Zelle, die auf die Leitung und die Umwandlung von Informationen in Form von elektrischen Impulsen spezialisiert ist.

3. Die Nervenleitung geschieht durch ein Alles-oder-Nichts-Aktionspotential. Die Übertragung geschieht an funktionellen Kontakten zwischen den Neuronen, den Synapsen. Die Übertragung über die Synapse beinhaltet das Freisetzen von chemischen Neurotransmitter-Molekülen.

4. Die Informationsübertragung von einem Neuron zum nächsten kann entweder zur Erregung oder Hemmung der nächsten Zelle führen. Fast alle nervösen Aktivitäten und das damit verbundene Verhalten können letztlich im Sinne eines Gleichgewichts zwischen neuraler Erregung und Hemmung verstanden werden.

5. Das Kodieren von Information im Nervensystem basiert auf der Impulszahl, die in jedem Neuron gefeuert wird, der Anzahl von feuernden Neuronen und der jeweiligen Gruppe der feuernden Neuronen. Neuronen schließen sich zu funktionellen Schaltkreisen zusammen, die verschiedene Arten von Stimulation in der Umgebung entdecken helfen. Diese Schaltkreise schließen sich zu neuralen Strukturen zusammen, und neurale Strukturen wiederum zu Komponenten des Nervensystems.

6. Das periphere Nervensystem beinhaltet das gesamte neurale Gewebe außerhalb des Gehirns und des Rückenmarks. Sensorische (afferente) und motorische (efferente) Fasern des peripheren Nervensystems tragen Information zum bzw. fort vom zentralen Nervensystem.

7. Das Nervensystem ist kein statisches Gebilde. Nach der Geburt breitet sich das Nervensystem aus, um neurale Verbindungen zu knüpfen, die Anzahl der Dendriten zu erhöhen und überflüssiges neurales Gewebe zu beseitigen. Verletzungen des Nervensystems sind im großen und ganzen irreparabel, in letzter Zeit war man jedoch mit Verpflanzungen von Gehirngewebe erfolgreich. Nerven in der Peripherie können manchmal nach einer Verletzung durch einen chirurgischen Eingriff wieder verbunden werden und sich manchmal regenerieren.

8. Die animale Komponente des peripheren Nervensystems ist an der Bewegung des Knochengerüsts und der Körperempfindungen beteiligt. Die autonome Komponente des peripheren Nervensystems ist an den emotionalen Reaktionen beteiligt und steuert die unwillkürlichen Muskeln und Drüsen des Körpers. Das autonome Nervensystem ist in Parasympathikus (entspannter Zustand) und Sympathikus (aktivierter Zustand) unterteilt.

9. Das zentrale Nervensystem wird in zwei Komponenten unterteilt: a) den Gehirnstamm und b) die Großhirnrinde oder den zerebralen Kortex. Der Hirnstamm enthält zahlreiche Strukturen mit festgelegten Programmen, die grundlegende Körperfunktionen wie das Atmen steuern. Der Kortex arbeitet flexibler und ist großenteils durch Erfahrung und Übung programmierbar. Die meisten höheren geistigen Funktionen werden durch den Kortex gesteuert.

10. Der Kortex setzt sich aus zwei großen gewundenen Hemisphären zusammen, die den Rest des menschlichen Gehirns ausmachen. Die beiden Hemisphären arbeiten auf koordinierte Art und Weise, indem sie einander Informationen mit Hilfe der Verbindung durch das sogenannte Corpus callosum mitteilen. Patienten, deren Corpus callosum aus medizinischen Gründen durchtrennt wurde, werden als split-brain-Patienten bezeichnet. Untersuchungen an split-brain-Patienten haben gezeigt, daß die beiden Hemisphären unterschiedlich arbeiten dürften, wobei die eine bei logischen und verbalen Aufgaben dominiert, die andere bei Aufgaben, die sensorische und holistische Prozesse sowie ästhetische Fähigkeiten verlangen.

11. Biologische Mechanismen scheinen nach einer eingebauten biologischen Uhr rhythmisch abzulaufen. Der allgemeinste Rhythmus, der circadiane Rhythmus, wiederholt sich alle 24 Stunden. Circadiane Rhythmen sind schwer zu verändern und sind für psychologischen Phänomene wie jet lag und die Leistungsschwankungen innerhalb eines Tages verantwortlich.

12. Das endokrine System setzt sich aus den verschiedenen endokrinen Drüsen zusammen. Diese Drüsen sondern chemische Boten ab, genannt Hormone, die zahlreiche Aspekte der physiologischen und Verhaltensfunktionen durch ihre Wanderung durch den Blutkreislauf beeinflussen.

13. Die enge Beziehung zwischen dem endokrinen und dem Nervensystem wird durch die neurale Steuerung der Hauptdrüse, der Hypophyse, durch den Hypothalamus an der Basis des Gehirns verdeutlicht. Umgekehrt können Hormone die Übertragung von Nervenimpulsen entweder behindern oder aktivieren.

14. Die Peptide stellen eine Klasse von natürlichen Substanzen im Körper dar, von denen man erst seit kurzem weiß, daß sie psychoaktiv sind, indem sie die Reaktionsbereitschaft von neuralem Gewebe regulieren. Beta-Endorphin z.B. hilft dem Körper, seine Empfindlichkeit gegenüber Schmerz praktisch wie mit Morphium abzuschalten.

15. Die Sexualhormone beeinflussen nicht nur sexuelle Verhaltensweisen wie Paarung und Muttertrieb, sondern auch gewisse soziale Verhaltensweisen wie Aggression.

16. Die Verhaltensgenetik beschäftigt sich mit den jeweiligen Beiträgen von Vererbung und Umwelt zum Verhalten und setzt dazu die Methoden der Genetik ein (wozu Zwillingsvergleiche, Vergleiche von Inzuchtlinien und selektive Züchtung gehören).

17. Im Rahmen der Tierforschung wurden Zuchtselektionstechniken benutzt, um zu zeigen, wie die Genetik unter anderem die Lernfähigkeit, den Motivationszustand und Alkoholismus bestimmt. Bei Menschen wurden Methoden der Genetik in Untersuchungen über Intelligenz und verschiedene Persönlichkeitscharakteristika wie Schüchternheit angewendet. Das Fazit dieser Arbeiten betont die Notwendigkeit zur sorgfältigen Berücksichtigung sowohl von Erb- als auch von Umweltfaktoren, um zu einem umfassenden Verständnis des Verhaltens zu gelangen.

So sieht das in der Praxis aus

Obwohl unser Verständnis des Gehirns, des endokrinen Systems, der Genetik und ihrer Beziehungen zum Verhalten noch längst nicht vollständig ist, gibt es schon jetzt Versuche, Forschungsergebnisse auf die Veränderung und Steuerung des Verhaltens anzuwenden. Manche der Methoden, die man zur Erforschung des Nervensystems benutzt hat, sind erfolgreich in der Praxis angewandt worden, so z.B. die chirurgische Durchtrennung von Nervenverbindungen im Gehirn, elektrische und chemische Reizung sowie elektrische Aufzeichnungstechniken. Weiterhin wurde unser Wissen über den Einfluß von Hormonen auf die Psyche in die Praxis umgesetzt, ebenso die neueren Erkenntnisse der Verhaltensgenetik. Mit der Benutzung dieser Techniken und Erkenntnisse eröffnen sich Möglichkeiten zur Einflußnahme auf Verhaltensstörungen, aber sie schließt Mißbrauch und Übergriffe leider nicht aus. Im Hinblick auf die biologische Verhaltenssteuerung gibt es viele Probleme, die zukünftige Forscher auf diesem Gebiet bedenken müssen.

PSYCHOCHIRURGIE

Die Benutzung der Chirurgie zur Verhaltensbeeinflussung reicht bis in alte Kulturen zurück. Die Ägypter und Peruaner nahmen Schädeloperationen vor, bei denen der Schädel geöffnet und das Gehirn freigelegt wurde. Damit sollten Patienten von vermeintlichen Dämonen befreit werden, von denen man glaubte, daß sie abnormales und irrationales Verhalten verursachten. In jüngerer Vergangenheit, speziell in den vierziger und fünfziger Jahren unseres Jahrhunderts, wurde ein Eingriff häufig vorgenommen, bei dem man entweder den Frontalkortex entfernte (Lobektomie) oder seine Verbindungen mit dem Rest des Gehirns unterbrach (Lobotomie). Auf diesem Wege wurde versucht, bestimmte emotionale Zustände, im besonderen extreme Angst, zu mildern. Zwar konnten die Beeinträchtigungen durch diese Eingriffe manchmal gebessert werden, genauso häufig hatten sie aber auch Delibität zufolge.

Solche riskanten Vorgehensweisen sind in der medizinischen Praxis nicht mehr üblich. Indes werden neuere Techniken der Psychochirurgie von vielen Kliniken auf einer mehr oder weniger experimentellen Grundlage eingesetzt. Chirurgische Techniken sind z.B. bei Versuchen benutzt worden, gewalttätiges und abnormales sexuelles Verhalten unter Kontrolle zu bekommen. Bei diesen Eingriffen wird zuerst versucht, den Teil des Gehirns ausfindig zu machen, der vermutlich eine Funktionsstörung aufweist. In die betreffende Region werden dann Elektroden implantiert, und das Gehirn wird mit Strom von geringer Spannung stimuliert. Führt dies zu gewalttätigem Verhalten, kann der Chirurg durch einfaches Erhöhen der Voltzahl des Stroms, eine Läsion erzeugen. Gehirnstrukturen, die aggressives und gewalttätiges Verhalten steuern, sind oft ein Teil des limbischen Systems, und die chirurgische Entfernung von Teilen dieses Systems hat in 40% der Fälle positive Ergebnisse gebracht. Bei Patienten, die eine Serie von Sexualverbrechen begangen haben, wurden Läsionen im Hypothalamus vorgenommen. Wie Sie sicher noch wissen, ist ja der Hypothalamus an der Steuerung bestimmter Aspekte des Sexualverhaltens beteiligt.

Manche Psychiater, Neurochirurgen und Psychologen sind der Ansicht, daß chirurgische Eingriffe ins Gehirn tabu sein sollten. Erstens können die Folgen nie wieder rückgängig gemacht werden. Zweitens kann es zu unerwünschten Nebenwirkungen wie z.B. irreversiblen Persönlichkeitsveränderungen kommen. Andere Ärzte meinen, daß eine psychochirurgische Behandlung als letzter Ausweg möglich sein aber erst dann versucht werden sollte, wenn alle anderen Behandlungsmethoden unwirksam sind. Drittens besteht immer die Gefahr, daß die Gehirnchirurgie wahllos zur Bekämpfung abweichenden Verhaltens eingesetzt wird. Offensichtlich ist noch viel Forschung nötig, ehe man Vertrauen in die Psychochirurgie setzen kann. Es bestehen auch ethische und moralische Erwägungen, die öffentlich zur Sprache gebracht werden müssen.

GEHIRNSTIMULIERUNG

Auch die elektrische Reizung des Gehirns ist zur Verhaltenssteuerung benutzt worden. Josè Delgado, ein Neurowissenschaftler, hat ein dramatisches Beispiel für die Effektivität dieser Technik geliefert: Er brachte einen angreifenden Stier durch ferngesteuerte elektische Stimulation eines bestimmten Teils seines Gehirns zum schlagartigen Stehenbleiben. Ähnliche Ergebnisse hat man an Menschen beobachtet. In das Gehirn von Patienten werden Elektroden implantiert, und sooft sie einen gewalttätigen Anfall kommen fühlen, drücken sie einen Knopf, um ihr Gehirn zu stimulieren. Der elektrische Strom beruhigt die Patienten, und der Anfall wird vermieden. Die Technik der elektrischen Reizung ist auch mit einem gewissen Erfolg benutzt worden, um Erleichterung von extrem starken Schmerzen zu bringen. Die Elektrizität wirkt vermutlich dadurch, daß sie das Gehirn veranlaßt, sein eigenes Morphin, das Peptid *Beta-Endorphin*, freizusetzen.

Die elektrische Reizung des Gehirns ist weiterhin dazu benutzt worden, um "Bewegungen zu programmieren". Experimentell wird dies wie folgt verwirklicht. Zuerst wird bei Affen der motorische Kortex zerstört und stimulierende Elektroden werden in untergeordnete Zentren des Nervensystems der Tiere implantiert. Mit Hilfe eines Computers werden elektrische Signale erzeugt, die den normalen Einfluß des motorischen Kortex auf diese untergeordneten Gehirnstrukturen nachahmen. So werden die Affen dazu programmiert, ihre Gliedmaßen zu bewegen, die durch den Verlust des motorischen Kortex lahmgelegt sind. Ähnliche Vorgehensweisen sind angewendet worden, um Menschen zu helfen, deren sensorische Nervenleitungen gestört sind. Kleine Computer werden dazu programmiert, bestimmte Eigenschaften der visuellen Umgebung "ausfindig zu machen". Dieser Input des Computers wird in kleine elektrische Impulse umgewandelt, die zur Stimulierung des visuellen Kortex benutzt werden. Mit Hilfe dieses Verfahrens können Blinde bestimmte Aspekte ihrer visuellen Umgebung "sehen" und Hindernissen ausweichen. Andere Beispiele in diesem Zusammenhang finden Sie in Kapitel 3.

Zwei neue Anwendungen der Gehirnstimulierungstechniken betreffen das Kleinhirn, das Zentrum der motorischen Steuerung. Erstens ist die Stimulierung des Kleinhirns als Behandlung der Epilepsie nützlich, eine Technik, die Robert Dow als erster eingeführt hat. Theoretisch könnten epileptische Patienten ein Sendegerät bei sich tragen und ihr Kleinhirn stimulieren, sobald sie einen Anfall kommen fühlen. Im zweiten Beispiel hat Robert Heath von der Tulane University festgestellt, daß psychotischen Patienten durch die Reizung des Kleinhirns psychisch beeinflußt werden können. Diese Forschungsergebnisse eröffnen interessante Möglichkeiten. Sie sind jedoch noch vorläufig und bedürfen weiterer Bestätigung.

DAS MESSEN DER GEHIRNAKTIVITÄT

Elektrische Aufzeichnung

Es ist seit vielen Jahren möglich, die elektrische Aktivität des Gehirns mit Hilfe von Oberflächenelektroden, die am Schädel angebracht werden, zu überwachen und aufzuzeichnen. Die bekannteste Form der Aufzeich-

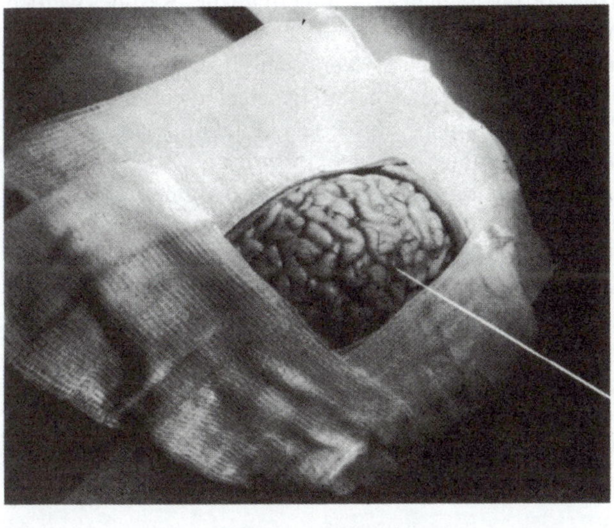

Freigelegtes menschliches Gehirn während eines laserchirurgischen Eingriffs.

Abbildung 2-18 Normale EEG-Aufzeichnungen mit unterschiedlichen Mustern elektrischer Aktivität in verschiedenen Stufen von Schlafen und Wachsein

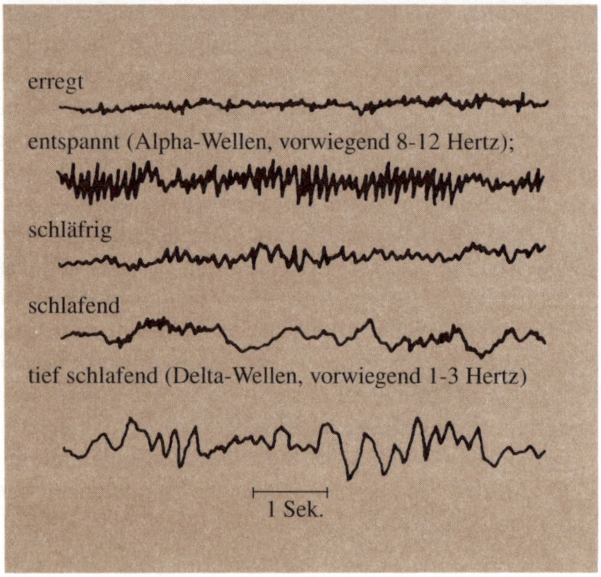

Beachten Sie, daß das EEG bei jedem der genannten Wach- bzw. Schlafzustände eine charakteristische Frequenz (die Anzahl der Schwingungen pro Zeiteinheit) und Amplitude (die Höhe der Schwingungen) aufweist.

nung elektrischer Aktivität ist wohl das **Elektroenzephalogramm** (EEG) (Abbildung 2-18). Wie oben erwähnt, zeigt das EEG während verschiedener Stufen von Wachen und Schlafen typische Muster. Es wurde in der Schlafforschung ausgiebig benutzt. Das EEG ist auch als diagnostisches Instrument äußerst nützlich, um die genaue Lage von Gehirnverletzungen zu ermitteln und epileptische Herde, Tumore oder andere Abnormalitäten des Gehirns genau zu bestimmen, etwa solche, die durch Unfälle verursacht wurden. So dient das EEG nicht nur bei der Feststellung von Gehirnschädigungen, sondern auch bei der Lokalisierung und Charakterisierung der Verletzung.

EEG-Aufzeichnungen sind äußerst komplex. Fachleute brauchen jahrelanges Training, um sie deuten zu können. Für ungeübte Augen sind die Aufzeichnungen so bedeutungslos wie eine Schüssel Spaghetti. In letzter Zeit allerdings wurden Computer eingesetzt, um die Aufzeichnungen von normalen EEGs in Karten mit farbigen Umrissen des Gehirns umzuwandeln. Die Karte kann auf einem Fernsehschirm abgebildet werden, so daß man das Gehirn der betroffenen Person von oben sehen kann. Innerhalb dieses Bildes werden die scheinbar chaotischen EEG-Aufzeichnungen in konzentrische Farbmuster umgewandelt. In dieser Darstellungsform kann man Unregelmäßigkeiten des EEG viel einfacher erkennen als in den normalen EEG-Bildern. Diese Karten fügen dem Bild keine neuen Informationen zu, sondern geben eine visuelle Hilfe für die Interpretation der EEG-Anzeige und vereinfachen die Aufgabe somit sehr. Funktionsstörungen des Gehirns wie die bei der Epilepsie oder Tumore können viel einfacher entdeckt werden.

Diese Technik hat auch einige interessante neue Erkenntnisse über die Dyslexie, eine Lesestörung, gebracht. Forscher haben festgestellt, daß dyslektische Kinder in bestimmten motorischen Gehirnregionen, die für die Planung komplizierter motorischer Aktivitäten verantwortlich sind, starke Alpha-Wellen aufweisen (die man als Indikator für die Inaktivität des Gehirns ansieht). Möglicherweise wird man diese Methode dazu benutzen können, bei Kindern eventuelle Leseschwierigkeiten zu entdecken, noch bevor sie eingeschult werden oder zu lesen beginnen. Diese Technik befindet sich aber noch in der experimentellen Überprüfung. Es muß noch sehr viel geforscht werden, ehe praktischen Anwendung möglich ist.

Eine andere Art von elektrischer Aktivität, die aufgezeichnet werden kann, ist das sogenannte **evozierte Potential** (auch Reiz- oder Reaktionspotential). Das evozierte Potential ist eine elektrische Reaktion des Gehirns auf sensorische Stimulation. Innerhalb der letzten zehn Jahre ist es mit Hilfe der Computertechnik möglich geworden, evozierte Potentiale mit Elektroden aufzuzeichnen, die auf der Oberfläche des Schädels angebracht werden. Die Elektroden sind relativ weit entfernt von der Stelle, wo die evozierten Potentiale entstehen, was die Aufzeichnungen beeinträchtigt. Geräte, die als durchschnittserrechnende Computer bezeichnet werden, sind jedoch dazu fähig, zahlreiche kleine und undeutliche Reaktionen zu entdecken und sie so zu rekonstruieren, daß sie zusammengenommen wie die Reaktion aussehen, die man direkt von der Oberfläche des Gehirns hätte ableiten können.

Die Aufzeichnung des evozierten Potentials ist eine empfindliche Methode, um die Aktivität und die Funktionsweise des Gehirns zu analysieren, ohne den Schädel öffnen oder röntgen zu müssen, Färbemittel injizieren oder ihn auf irgendeine Art schädigen zu müssen. Diese Methode ist sehr vielversprechend, und es besteht die Möglichkeit, daß sie ein wichtiges Mittel zur Diagnose und Behandlung von Verhaltensproblemen wird, die unmittelbar durch gestörte Hirnfunktionen bedingt sind. Evozierte Potentiale wurden z.B. als diagnostische Hilfe zur Identifizierung hyperkinetischer Kinder benutzt. Hyperkinetische Kinder haben zahlreiche Probleme, besonders in der Schule, da ihre Hyperaktivität sie davon abhält, sich auf ihre schulischen Aufgaben zu konzentrieren. Man hat beobachtet, daß die evozierten Reaktionen auf akustische Reize bei hyperaktiven Kindern weniger häufig und von niedrigerer Amplitude sind als die bei einer Kontrollgruppe von normalen Kindern. Die Behandlung der Hyperaktivität mit Medikamenten ist ziemlich erfolgreich, deshalb suchen die Therapeuten seit langem nach einem Test, mit dem man aus einer großen Population von Kindern solche mit Hyperaktivität aussondern kann. Die Messung der evozierten Reaktion könnte durchaus zu solch einem Test werden.

Neuerdings interessieren sich Psychologen für bestimmte Gehirnwellen, die zum gesamten evozierten Potential gehören, weil sie offensichtlich nur dann auftreten, wenn die Versuchsperson eine Entscheidung treffen muß. Eine solche Welle wird als P-300 bezeichnet, weil sie 300 Millisekunden nach dem Reiz auftritt. Die P-300 ist am ausgeprägtesten, wenn der Reiz unerwartet ist, und nimmt langsam ab, wenn derselbe Reiz wieder und wieder auftritt. Das Interesse der Psychologen beruht auf der Hoffnung, daß man auf der Basis der P-300 zu einem physiologischen Index für ein psychologisches Konstrukt - die Entscheidung - gelangt und sich somit unser Wissen darüber erweitert, wie das Gehirn denkt.

Gehirnscanner

Die Gehirnaktivität basiert zum Teil auf dem Glukosestoffwechsel. Je aktiver das Gehirn ist, um so mehr Glukose wandelt es um. Weil das Gehirn aus vielen verschiedenen Teilen besteht und weil die Aktivität jedes Teils in gewissem Grade unabhängig ist, variiert der Glukosestoffwechsel im Gehirn von einem Zeitpunkt zum anderen und von Ort zu Ort. Neuerdings haben Forscher einen Weg gefunden, das Gehirn auf der Grundlage des Glukosestoffwechsels abzubilden. Diese Technik wird als PET bezeichnet. PET ist die Abkürzung für Positron-Emissions- (transaxiale) Tomographie.

Diese Technik funktioniert auf folgende Weise: Eine Versuchsperson erhält eine Injektion einer glukoseähnlichen Mischung mit der Bezeichnung Desoxyglukose, die eine radioaktive Komponente enthält. Sobald die radioaktive Glukose von den Gehirnzellen aufgenommen worden ist, beginnt sie mit der Aussendung positiv geladener Partikel, der Positrone. Die ausgesendeten Positrone stoßen mit den negativ geladenen Elektronen zusammen, die in der Regel in Gehirnzellen vorhanden sind. Jeder Zusammenstoß produziert Partikel mit höherer Energie, Photonen genannt, und das PET-Gerät ermittelt wie ein Scanner Weg und Geschwindigkeit dieser Photonen. Daten über die Photonen werden von einem Computer verarbeitet, der ein zusammengesetztes Farbbild auf seinem Bildschirm zeigt. Dieses Bild, eine Scanneraufnahme des Gehirns, ist eine Karte, die die unterschiedlichen Aktivitäten in verschiedenen Bereichen des Gehirns darstellt. Diese geschieht durch unterschiedliche Farben.

Der PET-Scanner ist die neueste Methode, um die Arbeit im Innern des Gehirns ohne chirurgischen Eingriff zu erforschen. Im Gegensatz zu seinem Vorgänger, dem CAT (computerisierte axiale Tomographie) verwendet der PET keine Röntgenstrahlen. Somit ist er nicht nur weniger gefährlich, sondern zeigt auch - neben Strukturen im Innern des Gehirns - Stoffwechselvorgänge bzw. chemische Aktivitäten.

Es werden zur Zeit viele Experimente mit dem PET-Scanner unternommen, um seinen Anwendungsbereich abzustecken. Wissenschaftler haben z.B. Veränderungen in der Gehirnkarte festgestellt, während eine freiwillige Versuchsperson einige motorische Aktivitäten ausführte. Bei verschiedenen Aktivitäten werden

Das Schrumpfhirn von Alkoholikern

Alkohol hat tiefgreifende Auswirkungen auf den Verstand, wie Ihnen jeder Stammtischbruder erzählen kann. Und diese Auswirkungen sind wohl nicht vorrübergehender Art. Neuere Befunde legen nahe, daß in den Gehirnen von jungen chronischen Alkoholikern Veränderungen der Dichte auftreten. Charles J. Golden und seine Kollegen vom Medical Center der University of Nebraska berichten in der Zeitschrift SCIENCE vom 30. Januar, daß mit Hilfe computerisierter Tomographien (CT) von elf chronischen Alkoholikern, Durchschnittsalter 29 Jahre, Verringerungen in der Dichte ihrer linken Hirnhälften festgestellt wurde. In der rechten Hälfte wurden solche Verringerungen nicht gefunden. Diese Defizite verminderten oder beseitigten den normalen Dichtevorteil der linken Gehirnhälfte, der bei einer Kontrollgruppe vergleichbaren Alters und Ausbildungsstandes feststellbar war. Pro Person wurden drei tomographische Bilder untersucht. Die Tomographieschnitte wurden sorgfältig ausgewählt, um die höheren Gehirnbereiche genau zu berechnen. Für jede tomographische Untersuchung wurde ein Ausdruck erstellt, und es wurden die Schädelkonturen durch Dichtezahlen ermittelt, die durch das CT-Verfahren gefunden wurden. Die Zahlen wurden dann für die drei vorher bestimmten Schnitte verglichen, und die linke Gehirnhälfte der Alkoholiker stellte sich bei zwei der drei Schnitte im Vergleich zu den Kontrollpersonen als signifikant weniger dicht heraus. Der Unterschied zwischen der linken und rechten Gehirnhälfte war bei den Alkoholikern bei den gleichen beiden Schnitten ebenfalls signifikant geringer als bei den Kontrollpersonen.

Die Ergebnisse legen nahe, daß die linke Gehirnhälfte für die Auswirkungen des Alkoholismus physiologisch anfälliger ist als die rechte, und daß signifikante Gehirnveränderungen bei Alkoholikern in ziemlich jungem Alter auftreten können. Die Forscher wissen sehr wohl um die traditionellen Theorien, daß die rechte, nonverbale Gehirnhälfte mehr vom Alkoholismus betroffen ist. Sie meinen jedoch, daß ein Schaden der linken Hälfte aufgrund einer sich langsam entwickelnden Störung wie Alkoholismus eher die visuellen Funktionen als die widerstandsfähigeren verbalen Grundfunktionen betrifft. Die rechte Gehirnhälfte ist vielleicht wegen der langfristigen Wirkung des Alkohols auch nicht in der Lage, diese Funktionen zu übernehmen. Es werden umfassendere Untersuchungen benötigt, um die Ergebnisse der CT auszuwerten und festzustellen, wo genau die Gehirndichte verringert ist. Die Forscher warnen Psychiater und Psychologen vor der Annahme, daß sich Alkoholiker mit gehirngeschädigten Patienten allgemein vergleichen lassen. Dichteanalysen, so die Forscher, werden sich jedoch als wertvolles Hilfsmittel bei der Erforschung des Alkoholismus bewähren.

Science News,
7. Februar 1981.

Eines Tages werden tomographische Gehirnbilder vielleicht ein nützliches Hilfsmittel bei der Diagnose des Alkoholismus sein.

also unterschiedliche Gehirngegenden aktiv. So bietet sich eine neue Technik zum Darstellen der motorischen Steuerungsprozesse im Gehirn.

Eine weitere Anwendungsmöglichkeit ergibt sich im Zusammenhang mit Geisteskrankheiten. Manche Forscher glauben, daß verschiedene Geisteskrankheiten mit unterschiedlicher Gehirnaktivität einhergehen. PET-Bilder bei schizophrenen Patienten haben z.B. eine Hypofrontalität gezeigt, d.h. einen deutlichen Rückgang in der Aktivität der Frontallappen des Gehirns. Außerdem wurde festgestellt, daß das ganze Gehirn bei manischen Phasen intensiv aktiviert wird, was auf einen enorm hohen Glukoseverbrauch hinweist. Man kann in der nahen Zukunft mit vielen weiteren medizinischen Anwendungen dieser Technik rechnen (s.o. "Das Schrumpfhirn von Alkoholikern").

PSYCHOPHARMAKOLOGIE

Die Zahl der Untersuchungen darüber, wie Medikamente das Verhalten beeinflussen, ist gewachsen und hat einen neuen Wissenschaftszweig hervorgerufen, der *Psychopharmakologie* oder Pharmapsychologie genannt wird. Viele Vorgänge im Nervensystem basieren auf chemischen Reaktionen, und vom Verständnis des Einflusses von Medikamenten auf die Psyche können wir viel über die Funktionsweise des Gehirns lernen. Die Anwendungsmöglichkeiten der Psychopharmakologie sind enorm. Kenneth Clark, früherer Präsident der American Psychological Association (Amerikanische Psychologenvereinigung) verlangte die Entwicklung von Medikamenten, um Gewalttätigkeit unter Kontrolle bringen zu können. Er schlug vor, daß die Mächtigen dieser Erde sie nehmen, damit so die Kriegsbedrohung herabgesetzt wird. Wie wir sehen werden, wurden Medikamente mit einigem Erfolg zur Beeinflussung von Fettleibigkeit, Schlaflosigkeit und Schlaftiefe eingesetzt. Und warum sollte man hier aufhören? Wie steht es um die Möglichkeit, Medikamente herzustellen, die die Intelligenz erhöhen, das Gedächtnis verbessern, die Kreativität fördern und kriminelles Verhalten verhindern?

Die pharmakologische Forschung hat auch unser Verständnis für die sogenannten Rauschdrogen

Störungen des chemischen Gleichgewichts als Ursache für Aggressionen beim Menschen

In der ersten veröffentlichten biochemischen Untersuchung der Aggression beim Menschen glauben amerikanische Forscher Belege dafür gefunden zu haben, daß "Aggressionen ... eine biologische Komponente beinhalten könnten." Bei dieser Komponente scheint es sich um das kritische Gleichgewicht von zwei oder drei entscheidenden chemischen Substanzen, nämlich Neurotransmittern des Gehirns, zu handeln.

Die Ergebnisse stimmen mit vorangegangen Tierexperimenten überein, in denen festgestellt wurde, daß Aggressionen mit der Serotonin- und Noradrenalinproduktion zusammenhängen. An Tieren gewonnene Ergebnisse weisen auch darauf hin, daß Dopamin mit Aggressionen in Verbindung steht. Dies wurde aber in der Studie an Menschen nicht bestätigt, wie Frederick K. Goodwin, Leiter der klinischen psychobiologischen Abteilung des National Institute of Mental Health, erklärte...

Goodwin und seine Kollegen ermittelten zuerst die Aggressivität von Freiwilligen, die alle "Anpassungsschwierigkeiten beim Militär" hatten. Ihren Einschätzungen lagen Interviews, Aufzeichnungen über früheres Verhalten und eine Aggressionsskala zugrunde.

Die Aggressionswerte dieser Männer waren sehr unterschiedlich - aber ihr mittlerer Wert war fast fünfmal höher als der Wert einer Kontrollgruppe von "normalen" Versuchspersonen (Angestellte des Naval Medical Center in Bethesda, Maryland). Im allgemeinen wurden die 26 Soldaten so eingeschätzt, daß sie kaum Kontrolle über ihr impulsives Verhalten, hohe Wut- und Aggressionswerte und schlechtes Urteilsvermögen besaßen.

Aber eine Analyse der cerebrospinalen Flüssigkeit der Freiwilligen zu Beginn der Untersuchung zeigte auch eine große Variabilität des Metabolinspiegels von Serotonin von Mann zu Mann. "Serotonin hat bekannterweise einen hemmenden, regulierenden Effekt auf die Aggressionen von Tieren", erklärte Goodwin, ... "Tierexperimente weisen darauf hin, daß eine Verminderung des Serotoninspiegels mit einem Anstieg der Aggressivität einhergeht." Ähnliche Experimente lassen ebenfalls darauf schließen, daß ein erhöhter Noradrenalin- und Dopaminspiegel mit erhöhter Aggression korreliert.

Nachfolgende, detailliertere Untersuchungen der Rückenmarksflüssigkeit der Männer ergaben eine "sehr hohe Korrelation zwischen dem Verhalten und bestimmten chemischen Substanzen im Körper", so Goodwin. Die Männer mit den niedrigsten Aggressionswerten hatten fast ausnahmslos die höchsten Serotoninspiegel - bis zu fünf mal höher als diejenigen am anderen Ende der Skala. Und die Aggressivsten wiesen die höchsten Adrenalinspiegel auf. Die Dopaminspiegel hingegen zeigten keinen Zusammenhang mit der Aggressivität, wie es in Tierexperimenten der Fall gewesen war. "Dies ist ein interessanter Aspekt", erklärte Goodwin, "Es könnte einen Unterschied zwischen den Spezies anzeigen."

Ein Vergleich dieser Ergebnisse mit denen verschiedener Kontrollgruppen zeigte, daß der Zusammenhang zwischen bestimmten chemischen Substanzen im Körper und dem Verhalten bei aggressiven Persönlichkeiten ganz besonderer Natur ist. Er unterscheidet sich deutlich von Beziehungen zwischen biochemischen Werten und Verhalten, die bei Nichtpatienten, manisch Kranken, Depressiven und Alkoholikern gefunden wurden. ...

Science News,
3. Juni 1978

Wenn aggressives Verhalten beim Menschen zumindest teilweise der Steuerung durch Neurotransmitter unterliegt, sind wir nicht weit davon entfernt, Medikamente zur Heilung oder Prävention unkontrollierter Aggressionen zu entwickeln. Mit dem natürlich vorkommenden Element Lithium hat man diesbezüglich schon positive Erfahrungen gemacht.

gefördert. Beispiele für Rauschdrogen sind Narkotika, Alkohol, Barbiturate und Amphetamine. Es gibt klare Beweise, daß die Vererbung beim Alkoholismus eine Hauptrolle spielt, und für den Fall der Narkotikaabhängigkeit wurden ähnliche Vermutungen geäußert. Diese Belege deuten darauf hin, daß es zusätzlich zum Einfluß von Umgebungsfaktoren physische Grundlagen für diese Störungen gibt. Alkoholismus könnte z.B. teilweise durch Mangel an bestimmten Enzymen, die zum Umwandeln von Alkohol notwendig sind, verursacht werden, und dieser Mangel könnte zu einer erhöhten Anfälligkeit gegenüber dieser Droge führen. Menschen, die von Narkotika abhängig werden, könnten ein Nervensystem mit einer ungewöhnlich großen Anzahl von Rezeptoren geerbt haben, die gegenüber diesen Drogen empfindlich sind, so daß es zu einer erhöhten Suchtanfälligkeit kommt.

Langsam beginnen wir auch verschiedene Formen von Drogentoleranz zu verstehen. Die Drogentoleranz wird dadurch definiert, daß nach wiederholter Einnahme einer Droge eine anfangs ausreichende Dosis keine Wirkung mehr hervorruft. Man muß sich verdeutlichen, daß dieses Phänomen eine Reaktion auf eine bestimmte Wirkung beschreibt. So entwickelt sich eine erhöhte Toleranz gegenüber der beruhigenden Wirkung von Barbituraten recht schnell. Eine Toleranzerhöhung gegenüber der atmungshemmenden Wirkung dieser Drogen entwickelt sich jedoch sehr viel langsamer, wenn überhaupt. Zweifelslos ist dieses Phänomen für viele Todesfälle durch Überdosen solcher Drogen verantwortlich.

Eine interessante Theorie hinsichtlich der Entwicklung physischer Abhängigkeit ist die Entwöhnungstheorie. Nach wiederholter Einnahme einer Droge führt ihr plötzliches Absetzen zu massiven, manchmal lebensbedrohenden Entzugserscheinungen. Die Entwöhnungstheorie beruht auf Beobachtungen, daß eine lang andauernde Nichtbeanspruchung eines Muskels zu äußerster Sensitivität des Muskels führt. Ähnliche Befunde wurden von Nervengewebe berichtet. Anhaltende Nichtaktivität einer Nervenzelle kann dazu führen, daß sie so hochempfindlich wird, daß der Nerv bei wieder einsetzender Aktivität auf die Reizung überreagiert. Da wir wissen, daß viele der Drogen, die zur Abhängigkeit führen, auf das Nervensystem dämpfend wirken, führt ihre Einnahme vermutlich zur Nichtbeanspruchung von wichtigen Teilen des Nervensytems. Wenn diese Drogen dann entzogen werden, kann das Nervensystem so überempfindlich sein, daß die störungsfreie Übermittlung von Nervenimpulsen unmöglich wird, was zu den schrecklichen Entzugserscheinungen führt.

Die Medikamentenforschung verspricht auch, zum Verständnis von psychischen Krankheiten beizutragen. Bestimmte Drogen können bei Einnahme großer Mengen eine Reaktion herbeiführen, die an eine psychotische Reaktion erinnert. (Mehr über psychische Störungen und ihre Behandlung erfahren Sie in Kapitel 11 und 12.) Wenn man weiß, wie die Drogen diese Symptome hervorrufen, kann man vielleicht die Psychosen selbst besser verstehen. Schließlich sollte man darauf hinweisen, daß sich die Entwicklung und Erforschung von Medikamenten bereits wesentlich auf die Behandlung von psychischen Krankheiten ausgewirkt hat. Die Neuroleptika und Tranquilizer (Beruhigungsmittel, die zur Behandlung von Psychosen bzw. Neurosen eingesetzt werden) haben die Behandlung dieser Krankheiten im wahrsten Sinne des Wortes revolutioniert und außerdem viel zu unserem Verständnis der diesen Krankheiten zugrunde liegenden Ursachen beigetragen. Z.B. gibt es jetzt eindeutige Hinweise darauf, daß eine Störung der chemischen Übertragung nervöser Impulse, die durch zwei der wichtigsten Neurotransmitter erfolgt, nämlich Dopamin und Noradrenalin (siehe Anhang B), für die Symptome bei bestimmten Psychosen verantwortlich ist.

VERHALTENSGENETIK

Kürzlich wurde ein Zusammenhang zwischen Vererbung und Leseschwierigkeiten (Dyslexie) festgestellt. Nach den Untersuchungen von John DeFries von der University of Colorado besitzen viele Kinder, die schlecht lesen können, ein Gen, das sie von einem ihrer Elternteile bekommen haben und das diese Störung verursacht. So haben sie Schwierigkeiten, zu verstehen, wie die Buchstaben des Alphabets sich zusammenfügen und Worte bilden. Das Wesentliche an der Dyslexie besteht darin, daß die Kinder nicht dumm, unmotiviert oder zurückgeblieben sind. Im allgemeinen sind ihre IQ-Werte normal; es gibt sogar einige Hinweise darauf, daß Dyslektiker überdurchschnittliche mathematische Fähigkeiten besitzen. Und dennoch haben sie Leseschwierigkeiten, die offenbar an eine Chromosomenabnormalität gebunden sind. Zwar gibt es zur Zeit keine medizinische Behandlung für Chromosomenabnormalitäten gibt, jedoch werden korrigierende Verhaltensmaßnahmen angewendet. Dyslektische Kinder können, wenn man sie früh genug als solche erkennt (vielleicht durch eine Untersuchung der Chromosomen), von speziellem Training und Unterricht profitieren, in denen ihnen Lesefertigkeiten und Methoden zur Überwindung ihrer Behinderung beigebracht werden.

Die Arbeit in der Verhaltensgenetik hat weitreichende theoretische und praktische Implikationen. Es ist wahrscheinlich, daß wir irgendwann in der Zukunft über Techniken verfügen, die es uns erlauben, die Gene zu manipulieren, die physische und psychologische Vorgänge bestimmen. Und vielleicht haben wir in der Zukunft auch Techniken, um die Chromosomen so zu beeinflussen, daß man solche Probleme wie geistige Behinderung, Schizophrenie und Alkoholismus ausmerzen kann. Um diese Ziele zu erreichen, arbeiten die Verhaltensgenetiker an Forschungsprogrammen, die die genetischen Beiträge zu verschiedenen psychologischen Störungen aufdecken sollen. Auf diesem Wege hoffen sie letztendlich Techniken zu deren vollständiger Beseitigung zu entwickeln. Es lassen sich auch genetische Techniken vorstellen, die zu Nachwuchs mit positiven Eigenschaften führen, z.B. einer hohen Intelligenz. Unzweifelhaft werden solche Untersuchungen und das von ihnen abgeleitete Wissen neue moralische und ethische Kontroversen bezüglich seiner Anwendung aufwerfen.

Es kann wohl als sicher gelten, daß die Verhaltensgenetik enorme Auswirkungen auf unser zukünftiges Leben haben wird. Sie hat bereits unsere Auffassung von der Psyche insofern geändert, als sie eine allzu einfache Vorstellung von einer ausschließlichen Abhängigkeit von Umwelteinflüssen durch die Erkenntnis ersetzt hat, daß psychisches Verhalten aus interagierenden Umgebungs- und Vererbungsfaktoren entsteht.

Zusammenhang zwischen Krebs und Fähigkeit zur Streßabwehr vermutet

Washington (UPI). Menschen, die sich nicht in der Lage fühlen, Streß zu entfliehen oder damit fertig zu werden, bekommen vermutlich eher Krebs und andere Krankheiten, weil ihr Immunsystem durch ihre seelische Verfassung geschwächt ist, meinten Forscher am Donnerstag.

Die Wissenschaftler von der University of Colorado und der University of Denver kamen aufgrund eines Experiments an Ratten zu dem Schluß, daß nicht einfach das Ausmaß an Streß, den man erleidet, dafür verantwortlich ist, wie der Körper Krankheiten bekämpft, sondern ob man sich auch in der Lage fühlt, mit dem Streß fertig zu werden.

"Unabhängig davon legen diese Befunde eine Verbindung zwischen psychologischen Faktoren und körperlichen Erkrankungen nahe", meinten die Forscher.

Die Untersuchung, über die in der Zeitschrift Science am 5. August berichtet wurde, zeigte, daß Ratten, die Streß in Form von leichten elektrischen Schocks, die sie nicht beeinflussen konnten, erlitten, geschwächte Immunsysteme entwickelten. Das Immunsystem ist für die Abwehr von Krankheit verantwortlich.

Andere Ratten, die die Schocks durch das Drehen eines Rades vorne an ihrem Käfig abstellen konnten, blieben normal.

"Es ist bekannt, daß bei Menschen ein Zusammenhang zwischen psychologischen Zuständen wie Streß und körperlichen Erkrankungen besteht", erklärte Steven Maier, ein Psychologieprofessor von der University of Colorado.

"Uns interessiert, welcher Aspekt des Streßerlebens die wirklich entscheidende Rolle spielt. Es kann nicht die Tatsache sein, daß etwas Unangenehmes passiert, denn vielen Menschen geschieht Unangenehmes und sie werden nicht krank.

Ein wichtiger Aspekt dabei - und sicherlich nicht der einzig wichtige - ist der, ob man gegen den Streß, dem man ausgesetzt ist, etwas unternehmen kann.

Das Fehlen der Fähigkeit oder des Willens, Streß zu bewältigen, wird "gelernte Hilflosigkeit" genannt. Es ließ sich zwar nicht beurteilen, ob eine Ratte sich hilflos fühlt, aber man konnte, indem man ihr die Möglichkeit zur Beeinflussung ihrer Situation nahm, eine auch auf den Menschen übertragbare Erfahrung simulieren.

Nach Ansicht von Steven Maier befinden sich Menschen in einer ähnlichen Situation, wenn sie den Ehepartner verlieren oder an chronischer Depression leiden. Wenn sie aber Möglichkeiten zum Abreagieren oder die Hoffnung haben, selbst mit der Situation fertig zu werden, sind sie wahrscheinlich weniger anfällig für körperliche Erkrankungen.

Maier berichtete, daß das Forscherteam jetzt anhand von Untersuchungen feststellen will, warum unabwendbarer Streß das Immunsystem schwächt. Auch ziehe das Team in Erwägung, mit Menschen zu experimentieren, um zu sehen, ob ihr Immunsystem so wie das der Ratten reagiert.

Das Immunsystem der Ratten wurde untersucht, indem man die Anzahl der Lymphozyten ermittelte, also der krankheitsbekämpfenden weißen Blutzellen. Ratten, die hilflos Schocks ausgesetzt waren und dann Medikamente erhielten, die die Vermehrung von Zellen wie bei Tumoren bewirken, konnten nicht genügend Lymphozyten bilden, um die fremden Substanzen zu bekämpfen.

Rocky Mountain News, Denver
29. Juli 1983

Vieles weist darauf hin, daß Streß zur Entstehung von physischer Krankheit beiträgt, da er das Immunsystem des Körpers schwächt. Diese Untersuchung läßt den Schluß zu, daß Streß eine schwächere Wirkung auf das Immunsystem ausübt, wenn der Organismus die Streßsituation beeinflussen kann.

MÖGLICHE ANWENDUNGEN BIOPSYCHOLOGISCHEN WISSENS

Es gibt viele Möglichkeiten um biochemisches Wissen anzugewenden kann. Hier finden Sie vier Beispiele.

Fettleibigkeit

Die Forschung hat festgestellt, daß bestimmte Gebiete des Hypothalamus für die Steuerung - sowohl den Beginn als auch die Beendigung - des Essens verantwortlich sind (siehe Kapitel 7). Wie oben erwähnt, gibt es vermutlich ein Hormon oder Peptid, das speziell die Zentren des Hypothalamus beeinflußt, die das Eßverhalten steuern. Eine solche Substanz wurde bereits im Magen und Darm gefunden und heißt Cholecystokinin (CCK). Es stellt offensichtlich die Verbindung vom Darm zum Gehirn dar, um die Nahrungsaufnahme zu beenden. Möglich ist, daß bestimmte Formen von chronischem Übergewicht eines Tages mit Medikamenten behandelt werden können, die spezifisch den Hypothalamus beeinflussen und so wie CCK wirken.

Schlaf

Schlaflosigkeit ist in der Bevölkerung der USA eines der verbreitetsten Probleme. Seit die Biopsychologie einen großen Teil der neurologischen Grundlagen für die Steuerung und Regulierung von Schlaf und Wachsein entdeckt hat, besteht kaum Zweifel daran, daß Hilfe für die Schlaflosen winkt. Diese könnte die Form neuer Medikamente haben, die das Schlafzentrum im Gehirn beeinflussen, ohne die unerwünschten Nebenwirkungen von Barbituraten hervorzurufen. Oder es werden elektrische Apparate entwickelt, die durch Reizung des Gehirns Schlaf auslösen. Solche Behandlungstechniken befinden sich schon in der experimentellen Überprüfung und könnten eines Tages das Problem der Schlaflosigkeit beseitigen.

Erfolgreiche Gehirntransplantation bei einer Maus

San Francisco. Ein Stück Gehirn wurde erfolgreich von einer Maus zu einer anderen verpflanzt, wo es nicht nur überlebte, sondern richtig mit dem anderen Gehirn zusammenwuchs und nahezu normal funktionierte, berichtet ein Wissenschaftler.

"Das ist mein Science Fiction Experiment - aber es funktioniert wirklich", sagte Dr. Dorothy Krieger, Leiterin der Endokrinologie am Mount Sinai Medical Center in New York.

Obwohl die partielle Hirnverpflanzung bei sieben von acht Versuchen mit Mäusen erfolgreich war, meinte Krieger: "Ich will nicht darüber spekulieren, wie weit dies auch beim Menschen möglich wäre, das wäre übereilt. Schließlich handelt es sich ja um das erste Experiment dieser Art ..."

Sie sagte, daß für die Verpflanzungen eine spezielle Züchtung von Mäusen benutzt wird, die sowohl normale Tiere als auch einige Mutanten hervorbringt, denen eine wichtige Substanz völlig fehlt, die als LH-(luteinisierendes Hormon) freisetzendes Hormon bezeichnet wird. Dieses Hormon, im Gehirn produziert, steuert die Herstellung anderer Hormone, den Gonadotropinen, die die Entwicklung der Geschlechtsorgane beeinflussen.

Die ausgewachsenen Transplantatempfänger waren genetisch männlich, obwohl sie ohne Sexualhormone eigentlich geschlechtslos waren. Sie hatten winzige Hoden und produzierten kein Sperma.

Das Spendergehirngewebe stammte von ungeborenen Föten, die normal waren, aber aus der gleichen Züchtung stammten, aus der auch die Mutationen hervorgingen.

"Drei Monate nach der Gehirntransplantation haben wir nachgeschaut, und die Hypophyse (ein Hormonsteuerungszentrum im unteren Teil des Gehirns) produzierte Gonadotropin, die Hoden waren größer geworden und stellten Samen her", sagte Krieger.

Bei den Verpflanzungen, so erklärte sie, wird der Teil des Gehirns, der normalerweise das luteinisierende Hormon herstellt - ein Teil, der kleiner ist als ein Streichholzkopf - vom Spendergehirn entnommen und in eine natürliche Lücke des fingerhutgroßen Gehirns der ausgewachsenen Maus eingesetzt.

"Dann unternehmen wir nichts weiter", sagte sie.

Die Gehirnzellen wachsen in der Lükke, die sich in der Nähe ihrer normalen Position befindet, und fangen an, Nervenfasern auszusenden, die sich mit dem übrigen Teil des Gehirns verknüpfen.

"Irgendwie wissen die Nerven einfach, wo sie hinwachsen müssen...", sagte Krieger, "und sie stellen die richtigen Verbindungen her."

Die Fasern bilden eine Nervenbahn, so wie bei einer normalen Maus, die in den unteren Teil des Hypothalamus führt, erklärte sie. Wie dies geschieht, bleibt ungewiß. Dr. Krieger stellte aber fest, daß verschiedene Kommunikationssysteme von Zelle zu Zelle bestehen, so daß die Mäuse genetisch als Männchen vorprogrammiert sind, auch wenn das Programm dafür nicht vor dem Erwachsenenalter eingeschaltet wird.

Die Transplantate werden offensichtlich funktionierende Teile ihres neuen Gehirns, erklärte Krieger.

Nach der Verpflanzung werden zwar wesentlich mehr Sexualhormone produziert, aber doch weniger als normal.

The Denver Post,
18. Juni 1982

Schlaflose können entweder nicht einschlafen oder nicht durchschlafen. Im Gegensatz dazu schlafen Patienten mit Narkolepsie zu jeder Zeit ein, während des ganzen Tages, mit geringer oder gar keiner Vorwarnung und gegen ihren Wunsch. Sie leiden auch unter einer plötzlichen, jedoch reversiblen Muskellähmung, genannt Kataplexie (Schrecklähmung), die nicht selten zu Stürzen führt. Physiologische Untersuchungen haben gezeigt, daß Narkoleptiker beim Einschlafen im Gegensatz zu Normalen direkt in den REM-Schlaf (rapid eye movement, Englisch für "schnelle Augenbewegung") gelangen, der charakteristisch für das Träumen ist (siehe Anhang D). Normales Träumen in der Nacht ist von einer Verringerung des Muskeltonus begleitet, und so paßt die Kataplexie offensichtlich zu der allgemeinen Vorstellung, daß Narkolepsie mit plötzlichem Einsetzen des REM-Schlafes am Tag gleichzusetzen ist. Gegenwärtig gibt es keine Heilung der Narkolepsie, obwohl in der Regel zwei Medikamente verschrieben werden, wovon eins das Einschlafen behandeln und das andere die Muskelschwäche bekämpfen soll. Man hofft, daß ein tieferes Verständnis der biochemischen Auslösemechanismen für die REM-Schlafphasen zu Behandlungstechniken führt, mit denen diese merkwürdige und mit viel Leid verbundene Störung weitgehend geheilt werden kann.

Streß

Streß hat physiologische Auswirkungen, wie die Schwächung des körpereigenen Immunsystems, wodurch die Fähigkeit des Körpers zum Widerstand gegen Krankheit und zur Erholung von Verletzungen reduziert wird (siehe Zeitungsausschnitt "Zusammenhang zwischen Krebs und Fähigkeit zur Streßabwehr vermutet"). Wenn wir herausfinden, wie der Körper auf Streß reagiert, könnte das zur Verhütung von krankhaften physiologischen Veränderungen führen. Für Reaktionen auf Streß sind zwei biochemische Hormongruppen entscheidend, nämlich die kortikosteroiden Hormone aus den Nebennieren und die Endorphine, die im Gehirn vom Hypothalamus-Hypophysenkomplex gebildet werden. Es scheint möglich, neue Medikamente zu entwickeln, die dann, wenn man Streß ausgesetzt ist, diese natürlichen biochemichen Substanzen vermehren.

Noch vielversprechender ist die Möglichkeit, das natürliche Immunsystem des Körpers durch spezielle Ernährung, die reich an den benötigten Stoffen ist, zu unterstützen, so daß das Immunsystem sein eigenes "Streßbewältigungsprogramm" aufstellen kann.

Gehirntransplantationen

Die meisten Menschen halten Gehirnverpflanzungen lediglich für ein Thema von Science Fiction Romanen. Neuerdings wurde jedoch in der wissenschaftlichen Literatur über einige erfolgreiche Transplantationen von Gehirngewebe berichtet. Gewebe, das aus dem Gehirn eines jungen Mäusefötus stammte, wurde in das Gehirn einer ausgewachsenen Maus verpflanzt. Diese Gewebe haben nicht nur ohne Widerstand des Gastgebergehirns überlebt, sondern eine Parkinson-ähnliche Krankheit, an der die ausgewachsene Maus litt, teilweise beseitigt.

Diese Technik befindet sich noch weitgehend in der experimentellen Erprobung, und derzeit ist es nicht möglich, ganze Nervenzentren von einem Gehirn ins andere zu verpflanzen. Die erfolgreichsten Gehirntransplantate waren geringe Gewebsmengen, die chemische Substanzen des Gehirns herstellen und absondern.

Randy Labbe, Arthur Firl, Elliott Mufson und Donald Stein von der Clark University zeigten kürzlich, daß eine Verpflanzung von Gewebe des Frontalkortex von fötalen Ratten in den verletzten Frontalkortex von ausgewachsenen Ratten deren Fähigkeit zum Erlernen einfacher links-rechts alternierender Reaktionen verbesserte. Dieser Effekt war für kortikales Gewebe spezifisch - die Verpflanzung von Gewebe aus dem Kleinhirn in den Frontalkortex verbesserte das Erlernen nicht. Solche Untersuchungen legen nahe, daß sich mit Hilfe von Transplantationen auf operativem Wege Verhaltensdefizite beseitigen ließen, die bei Gehirnschädigungen entstehen.

Der Erfolg dieser ersten Experimente mit Ratten hat bewirkt, daß Wissenschaftler und Neurochirurgen ähnliche Experimente mit Menschen, die an der Parkinsonschen Krankheit leiden, in Erwägung ziehen. Es bedarf aber noch zahlreicher Untersuchungen, um herauszufinden, wie die Verbindungen zwischen dem eingepflanzten Gewebe und dem Gastgebergewebe gebildet werden, aber sobald dieser Vorgang klar ist, könnte man verletztes Gewebe dazu bringen, funktionstüchtige neue Verbindungen zu knüpfen, anstatt neues Gewebe von einem anderen Organismus zu transplantieren. Das Gehirn besitzt offenbar erstaunliche regenerative Eigenschaften, aber wir fangen erst jetzt an zu verstehen, wie die Regeneration funktioniert.

81 **Grundlegende Konzepte bei Empfindung und Wahrnehmung**
Die fünf Sinne
83 **Visuelle Empfindungsverarbeitung**
Die physikalischen Eigenschaften des Lichts / Das Auge / Lichtempfindlichkeit / Visuelles Entdecken und Unterscheiden / Visuelle Auflösung / Wie nehmen wir Farbe wahr? / Wie nehmen wir Helligkeit wahr?
95 **Wahrnehmung von Objekten**
Dämonen und Detektoren / Wahrnehmung: Unmittelbar oder konstruiert? / Organisationsprozesse bei der Objektwahrnehmung / Objekte im Raum ausfindig machen / Wahrnehmungskonstanz und optische Täuschung
108 **Auditive Empfindungsverarbeitung**
Die physikalischen Eigenschaften des auditiven Reizes / Das Ohr / Schallempfindlichkeit / Psychologische Dimensionen des Hörerlebnisses / Räumliche Lokalisierung
112 **Die Sinne für Körperposition und Bewegung**
113 **Der Tastsinn**
Druck / Temperatur / Schmerz
114 **Geschmack und Geruch**
Geschmack / Geruch
118 **Aufmerksamkeit: Was verarbeitet wird**
120 **Zusammenfassung**
122 **So sieht das in der Praxis aus**
Sehfehler / Optische Täuschungen / Taubheit / Verbesserung der Hörfertigkeiten / Wahrnehmungskonflikte

Empfindung und Wahrnehmung

3

Vic Vengeance, ein alternder Rockgitarrist, hat in letzer Zeit Hörbeschwerden. Dauernd muß er andere bitten, lauter zu sprechen. Er muß seine Verstärker lauter einstellen, um alles wie gewohnt mitzukriegen. Darunter leidet seine Musik, und so überredet ihn sein Agent, zum Arzt zu gehen. Er stellt fest, daß Vic innerhalb einer spezifischen Frequenz nichts mehr hören kann. Der Hörverlust wird auf eine Schädigung der Rezeptorzellen in Vics Ohren zurückgeführt, und der Arzt macht dafür die laute Musik verantwortlich, der Vic ständig ausgesetzt war. Darüberhinaus ist der Schaden irreparabel. Vic wird in diesem Frequenzbereich nie wieder normal hören können.

Harald Loschke kommt eines abends spät von einem Vortrag zurück, bei dem ein Astronaut über seine mystischen Erlebnisse bei seiner Rückkehr vom Mond berichtete. Plötzlich sieht Sam ein großes helles Licht am Himmel vor ihm schweben. Er eilt nach Hause und ruft sofort die Polizei an, daß er ein UFO gesehen habe. Er gibt an, daß das helle Licht von einem untertassenartigen Objekt mit einer rosafarbenen Korona ausging, das zu vibrieren schien und ihn scheinbar "beobachtete". Aufzeichnungen über die Flugbewegungen des nahegelegenen Flughafens zeigten, daß das Objekt ein Polizeihubschrauber mit einem Suchlicht gewesen war. Wie konnte Harald den Hubschrauber als eine fliegende Untertasse "wahrnehmen"? Könnte es etwas mit seinen Erwartungen zu tun haben?

(Sinnes-)Empfindung und Wahrnehmung sind zwei psychologische Begriffe, die sich auf den Zufluß von Informationen aus der Umgebung und ihre anfängliche Verarbeitung durch den Organismus beziehen. Der Begriff Empfindung wird im allgemeinen für die unmittelbaren Effekte des Reizes benutzt, der auf ein Sinnesorgan einwirkt, und beinhaltet die Aktivität des Sinnesorgans selbst. Im Gegensatz dazu wird der Begriff der Wahrnehmung für die Nachwirkungen der Rezeptoraktivität verwendet, d.h. für die Prozesse, die der Reizung folgen und die zentraleren kognitiven Funktionen des Organismus in Anspruch nehmen. So ist an der Wahrnehmung also mehr als nur unmittelbare Reizung beteiligt. Anders als bei Empfindungen oder Aktivitäten auf dem Rezeptorniveau ist das, was wir wahrnehmen, durch den Reiz, seine Bedeutung, die augenblicklichen motivationalen Zustände des Organismus, Erwartungen bezüglich ankommender Informationen und andere psychologische Faktoren beeinflußt. Einfach gesagt bezieht sich Empfindung auf die Aufnahme des informatorischen Inputs aus der äußeren Umgebung, und Wahrnehmung bezieht sich auf die weitere Verarbeitung, Interpretation und Benutzung dieses Inputs.

Nicht alle Psychologen sind der Meinung, daß sich eine sinnvolle Unterscheidung zwischen Empfindung und Wahrnehmung treffen läßt. Bestenfalls kann man sagen, daß beide Aktivitäten ineinandergreifen, und so ist manchmal die Entscheidung, ob man einen bestimmten Vorgang als Empfindung oder Wahrnehmung bezeichnen möchte, schwer zu treffen. Empfindungen finden wahrscheinlich niemals ohne Wahrnehmungen statt und umgekehrt. Daher benutzen wir diese Begriffe hauptsächlich deswegen, um zwischen den anfänglichen und den sekundären Aktivitäten - also denen, die der Reizung des Organismus folgen - zu unterscheiden.

Die Unterscheidung zwischen Empfindung und Wahrnehmung steht auch im Zusammenhang mit einer weiteren Unterscheidung, die in Kapitel 1 eingeführt wurde, nämlich der Unterscheidung zwischen der Informationsverarbeitung von oben nach unten ("top-down") und von unten nach oben ("bottom-up"). Empfindungen gelangen durch einen Rezeptor in das System und arbeiten sich von unten her zum zentralen Verarbeitungsmechanismus hoch. Die Auswertung der Daten, die die Rezeptoren liefern, wird von den Informationen, die bereits im System vorhanden sind, und dem augenblicklichen motivationalen Zustand des Organismus beeinflußt. Letztere wirken "top-down", d.h. sie arbeiten sich ihren Weg nach unten durch, um die Interpretation der ankommenden Daten zu beeinflussen. Die Empfindung verläuft demnach im Grunde von unten nach oben und ist datengesteuert. Die Wahrnehmung dagegen benutzt sowohl "bottom-up"- als auch "top-down"Vorgänge: die beiden bestimmen zusammen, wie die Umgebung interpretiert und im Gedächtnis repräsentiert wird. Die Wahrnehmung kann sich jedoch hinsichtlich des jeweiligen Einflusses der beiden Prozesse verändern. Wenn die "top-down"Verarbeitung eine untergeordnete Rolle bei der Wahrnehmung spielt, sagen wir, daß die Wahrnehmung hauptsächlich datengesteuert ist. Wenn aber "top-down"-Vorgänge eine wesentliche Rolle bei der Bestimmung einer Wahrnehmung spielen, nennen wir die Wahrnehmung vorstellungsgeleitet bzw. konzeptgesteuert (siehe Fundgrube 3-1).

GRUNDLEGENDE KONZEPTE BEI EMPFINDUNG UND WAHRNEHMUNG

Sinnes- und Wahrnehmungsprozesse haben dynamischen Charakter. Ständig erzeugen und verändern sie unser inneres Abbild der Welt, damit wir zwei entscheidende Fragen beantworten können: "Was gibt es dort draußen?" und "Wo befindet es sich?" Sinnesinformationen, Gedächtnis, Ansichten und Erwartungen tragen alle zu der genauen inneren Repräsentation der Welt bei, die zu jedem Zeitpunkt besteht.

Während Sie dieses Kapitel lesen, vergegenwärtigen Sie sich bitte deutlich vier verschiedene Konzepte: das physikalische, das physiologische, das Handlungs- und das Erfahrungskonzept (siehe Abbildung 3-1). Physikalische Konzepte beschreiben die physikalischen Charakteristika der Außenwelt; z.B. beinhalten die physikalischen Charakteristika des Lichts Wellenlänge und Intensität, und der Schall wird durch Frequenz und Amplitude beschrieben. Physiologische Konzepte werden verwendet, um das Verhalten von Zellen, besonders von Nervenzellen zu beschreiben. Die beiden wichtigsten Konzepte dabei sind Erregung und Hemmung, die Zunahme und Abnahme in der Aktivität einer Nervenzelle. Spezialisierte Nervenzellen, die Sinnesrezeptor-Zellen, sind für die Veränderung oder Umformung von physikalischer Energie in physiologische Prozesse zuständig. Diese Umformung ist der erste Schritt im Wahrnehmungsprozeß. Handlungskonzepte werden benutzt, um die Aktivität eines Organismus zu beschreiben. Auf den Menschen angewandt beinhalten diese Konzepte das, was er sagt und tut. In einem einfachen Wahrnehmungsexperiment könnte man messen, wie oft eine Person sagt: "Ja, ich habe das Licht gesehen."

Erfahrungskonzepte werden benutzt, um subjektive Erlebnisse zu beschreiben. Anders als die anderen drei Konzepte können diese nicht direkt beobachtet werden; sie sind sozusagen Privatsache eines jeden einzelnen. Wenn Sie den Sonnenuntergang betrachten und sagen, daß er grün aussehe, kann man nicht genau feststellen, ob Sie die Wahrheit sagen. Man stellt fest, was sie gesagt haben, nicht das, was Sie erlebt haben.

Wir beschäftigen uns mit der Wahrnehmung, um die Beziehungen zwischen physikalischem Reiz, neuraler Aktivität, dem, was jemand sagt und tut, und den daraus resultierenden Erfahrungen zu verstehen. Wir wissen zwar schon viel darüber, aber im Vergleich zu dem, was noch fehlt, ist es sehr wenig.

Abbildung 3-1 Die Beziehung zwischen vier Wahrnehmungskonzepten, verdeutlicht an einem Beispiel aus dem wirklichen Leben

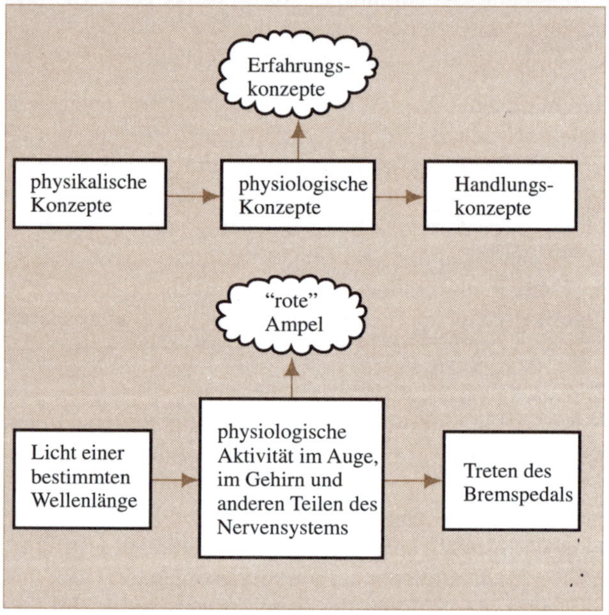

Die fünf Sinne

Unsere fünf Sinne dienen als unsere Hauptinformationsquellen über die Außenwelt. Diese Sinne sind Sehen, Hören, Schmecken, Riechen und die Hautsinne (Berüh-

FUNDGRUBE 3-1

"Top-down"- und "bottom-up"-Verarbeitung bei der Wahrnehmung

Diese Zeichnungen von Gerald Fisher veranschaulichen die Wechselwirkung von "bottom-up"(datengesteuerter) und "top-down"- (konzeptgesteuerter bzw. vorstellungsgeleiteter) Verarbeitung in der Wahrnehmung. Die Figuren in der Mitte sind zweideutig oder umkehrbar und können leicht so oder so wahrgenommen werden: als Gesicht eines Mannes oder als Körper einer Frau. Wie Sie sie wahrnehmen, hängt hauptsächlich von Ihrem Wissen und Ihren Erwartungen ab (top-down Verarbeitung). Die Zeichnungen an den Seiten sind eindeutig - die Daten zwingen Sie mehr zu der einen oder der anderen Interpretation, so daß die "top-down"-Verarbeitung auf das, was Sie sehen, weniger Einfluß hat.

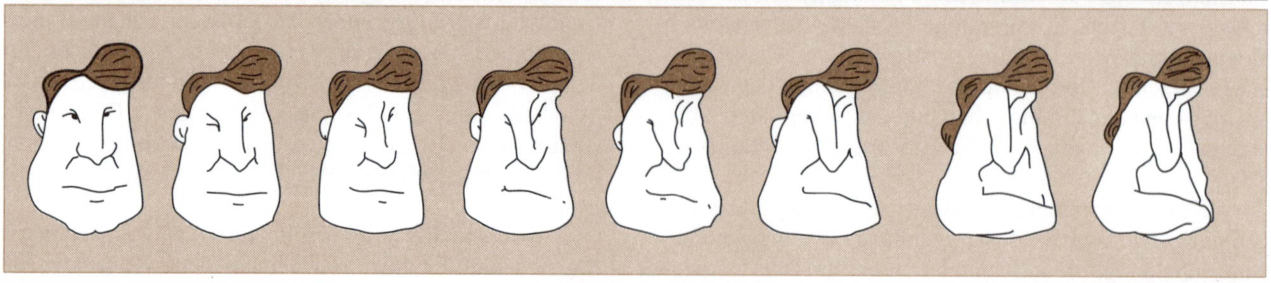

rung, Wärme, Kälte und Schmerz). Diese Sinnessysteme arbeiten mit Hilfe von Rezeptoren oder Transduktoren. Ein **Rezeptor** ist eine spezialisierte Nervenzelle, die physikalische Reize in elektrische Informationen umwandelt. Diese elektrischen Informationen werden dann von zusätzlichen Nervenzellen, die mit den Rezeptoren verbunden sind, zum Gehirn übermittelt. Rezeptoren können anhand der physikalischen Reizung, die zu ihrer Erregung nötig ist, in drei Arten eingeteilt werden. *Photorezeptoren* im Auge sind gegenüber Lichtenergie empfindlich. *Mechanorezeptoren* sind für mechanische Kräfte empfänglich und befinden sich in der Haut, den Gelenken und im inneren Ohr, wo sie für das Hören und für den Gleichgewichtssinn zuständig sind. *Chemorezeptoren* reagieren auf chemische Substanzen und vermitteln uns Geschmack und Geruch. Die Sinne transformieren diese Vielfalt physikalischer Reize in elektrische Signale, die das Gehirn verstehen und bei seiner Erstellung von inneren Repräsentationen der Außenwelt benutzen kann. Tabelle 3-1 nennt einige der Eigenschaften jedes Sinnessystems.

VISUELLE EMPFINDUNGS-VERARBEITUNG

Das visuelle System formt Lichtenergie zu neuraler Aktivität im Gehirn um. Diese Transformation ist recht kompliziert, aber aufgrund des Erkenntnisfortschritts in den letzten 50 Jahren kann man sie heute besser verstehen. Hören Sie einen Moment zu lesen auf und sehen Sie sich um. Schauen Sie auf verschiedene Gegenstände. Machen Sie sich bewußt, daß deren optische Erscheinung auf ihrer Gehirnaktivität beruht. Im folgenden werden die physikalischen, physiologischen und Wahrnehmungsprozesse untersucht, die diese Erlebnisse hervorrufen.

Die physikalischen Eigenschaften des Lichts

Licht ist elektromagnetische Energie, die sichtbar ist, obwohl die meisten derartigen Kräften wie Radio- und Radarwellen oder Röntgenstrahlen nicht gesehen werden können. Licht setzt sich aus Bündeln von Energie zusammen, die Quanten oder Photonen genannt werden. In diesem Buch wird der Begriff Wellenlänge benutzt, um die physikalische Eigenschaft von Photonen zu beschreiben. Die Einheit von Wellenlängen, die benutzt wird, ist wesentlich kleiner als ein Meter, nämlich der Nanometer (1nm = 10^{-9} Meter). Ein Quant von 500 nm Licht hat eine Wellenlänge von nur 0,0000005 Metern! Eine 50 Watt helle Glühbirne sendet pro Sekunde etwa 3.800.000.000.000.000.000 Quanten an sichtbarem Licht aus. Die Bandbreite der Wellenlängen, die unser visuelles System in neurale Signale umwandeln kann, ist unglaublich gering und erstreckt sich von etwa 400 nm bis lediglich 700 nm (siehe Farbtafel 1).

Eine Lichtquelle weist zwei wichtige Charakteristika auf: die Lichtintensität (die Anzahl der Quanten pro Se-

Tabelle 3-1 Charakteristika unserer Sinnessysteme

Sinn	Reiz	Rezeptoren	Mindestreiz	Dem Mindestreiz entsprechender Reiz
Sehen	elektromagnetische Energie, Photonen	Stäbchen und Zapfen in der Netzhaut	1 Photon, das von einem Stäbchen absorbiert wird	Kerzenflamme, gesehen aus einer Entfernung von 48 km
Hören	Schalldruckwellen	Haarzellen auf der Basilarmembran des inneren Ohres	0,0002 Dyne/cm^2	Ticken einer Armbanduhr in einem ruhigen Raum, aus 6m Entfernung
Geschmack	chemische Substanzen, im Speichel aufgelöst	Geschmacksknospen auf der Zunge	mehrere Moleküle (je nachSubstanz)	1 Teelöffel Zucker, in 7,5708 Litern destilliertem Wasser aufgelöst (1 Teil in 2000)
Riechen	chemische Substanzen in der Luft	Rezeptorzellen in der oberen Nasenhöhle	mehrere Moleküle (je nach Substanz)	1 Tropfen Parfum in einem Haus mit drei Zimmern (1 Teil in 500.000.000)
Berührung	mechanische Verschiebung der Haut	Nervenenden in der Haut*	0,1µ (0,00000001 mm) (je nach Körperregion)	Flügel einer Biene, der aus 1cm Entfernung auf Ihre Wange fällt

* vermitteln Empfindungen von Wärme, Kälte, Berührung, Schmerz.

Abbildung 3-2 Das Auge

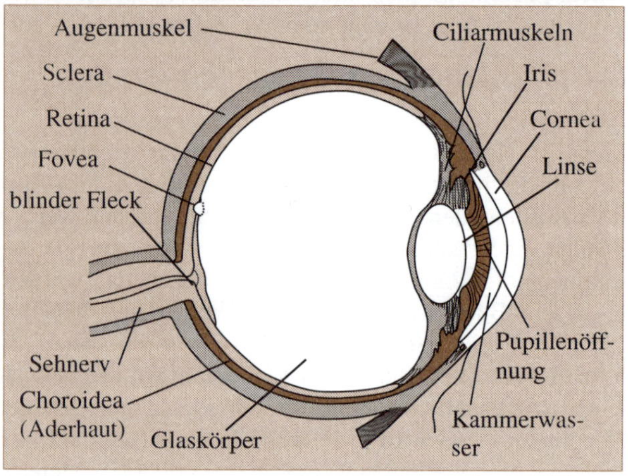

Das Auge ist ein kompliziertes Gebilde aus vielen Teilen. Sein Zweck ist es, ein optisches Bild der Welt auf der Retina abzubilden, wo das Bild in Nervenimpulse umgewandelt wird.

kunde) und die Verteilung der Quanten auf die Wellenlängen (die Anzahl von Quanten pro Sekunde auf jeder Wellenlänge). Quanten gehen in einer Geraden von der Lichtquelle aus, bis sie auf einen Gegenstand treffen. Ist der Gegenstand transparent, gehen die meisten Quanten durch ihn hindurch. Ist der Gegenstand undurchlässig, werden einige Quanten von ihm absorbiert und der Rest reflektiert. Das Verhältnis der Anzahl von Quanten, die von einer Oberfläche reflektiert werden, zu der Anzahl von Quanten, die auf die Oberfläche fallen, wird als Reflexionsgrad der Oberfläche bezeichnet. Der Reflexionsgrad kann für verschiedene Wellenlängen unterschiedlich sein. Zum Beispiel kann eine Oberfläche alle Wellenlängen gleichartig reflektieren, sie kann nur lange oder nur kurze Wellenlängen reflektieren, oder sie kann Wellenlängen in verschiedener Zusammensetzung reflektieren. Der Reflexionsgrad beeinflußt also das Erscheinungsbild einer Oberfläche beträchtlich.

Das Auge

Der Augapfel ist ähnlich einem Fotoapparat ein optisches Instrument. Seine Funktion besteht darin, ein Bild der Außenwelt auf der **Retina** (Netzhaut) zu entwerfen - dem Netzwerk von neuralen Zellen (Photorezeptoren) hinten im Auge. In der Retina werden Lichtquanten in Nervenak-

Abbildung 3-3 Die Beziehung zwischen Größe und Entfernung in der optischen Wahrnehmung

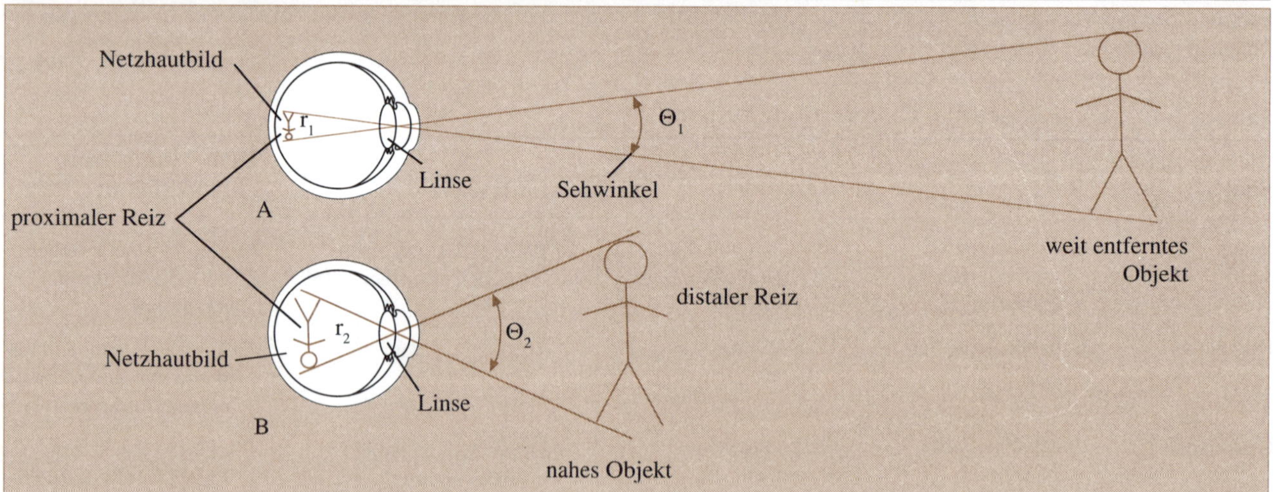

Diese Abbildung zeigt mehrere Faktoren, die an der Wahrnehmung ein- und desselben Objekts aus zwei unterschiedlichen Entfernungen beteiligt sind. Zuerst einmal verändert sich die Größe des Bildes, das das Objekt auf die Netzhaut wirft, mit der Entfernung des Objektes vom Auge. Das gleiche gilt für den Sehwinkel. Der große Sehwinkel von nahen Objekten bedeutet, daß die Lichtstrahlen dieser Objekte von der Linse mehr gekrümmt werden müssen, um auf der Netzhaut ein scharfes Bild des Gegenstandes zu erhalten. Entfernte Objekte haben einen geringen Sehwinkel, und so muß die Linse ihre Form verändern und dünner werden, um das Licht nicht so stark zu krümmen. Dieser Prozeß der Formveränderung der Linse als eine Funktion der Entfernung, um eine Scharfeinstellung zu gewährleisten, wird Akkommodation genannt. Trotz sich verändernder Winkel, sich verändernder Linse und sich veränderner Netzhautbilder wird das Objekt unabhängig von der Entfernung als das gleiche wahrgenommen - das ist Größenkonstanz.

tivität umgewandelt. Die verschiedenen Teile des Auges zeigt Abbildung 3-2. Das optische System des Auges hat zwei Hauptkomponenten, die *Cornea* (Hornhaut) und die *Linse*. Betrachten Sie das Auge eines Freundes aus der Nähe. Die gebogene durchsichtige Oberfläche vorn am Auge ist die Cornea (Hornhaut). Hinter der Cornea können Sie die *Iris* sehen, den farbigen Teil des Auges. Achten Sie darauf, daß die Größe der Öffnung (der *Pupille*) in der Mitte der Iris sich dauernd verändert. Die Iris hilft dabei, das Lichts zu regulieren, das in das Auge tritt. Die Pupille kann im Dunkeln bis zu 8 Millimetern Durchmesser groß werden und sich bei hellem Licht bis auf 2 Millimeter zusammenziehen.

Hinter der Iris befindet sich die Linse, die Sie nur mit einem speziellen Instrument sehen können, das als Spaltlampe oder Biomikroskop bezeichnet und von Augenärzten benutzt wird. Die Linse kann ihre Form verändern und dünner oder dicker werden, um das Bild von Objekten auf der Retina scharf einzustellen. Dieser Prozeß der Scharfeinstellung des Bildes wird als **Akkommodation** bezeichnet und findet automatisch statt. Bei vielen Leuten können die Augen das Bild nicht immer scharf einstellen. Diese Menschen müssen zum Ausgleich eine Brille oder Kontaktlinsen tragen (siehe "So sieht das in der Praxis aus"). Abbildung 3-3 illustriert den Vorgang der Akkommodation. In der Abbildung wird deutlich, daß die Größe des Bildes auf der Retina nicht nur von der physikalischen Größe des Objekts abhängt, sondern auch von der Entfernung des Objekts vom Auge. Wenn z.B. zwei Personen, beide 1,80 Meter groß, in unterschiedlicher Entfernung von Ihnen stehen, wird das Netzhautbild der weiter entfernten kleiner sein als das der näheren Person. Diese Tatsache spielt für das Phänomen der **Größenkonstanz**, das später behandelt wird, eine wichtige Rolle. Das Reizobjekt in der Entfernung wird als *distaler* Reiz bezeichnet, und sein Netzhautbild wird *proximaler* Reiz genannt.

Die Retina: Der physiologische Rezeptor für das Licht

Wenn Photonen von Objekten auf die Retina treffen, werden sie durch die Photorezeptoren in der Retina in elektrische Signale umgewandelt. In der menschlichen Retina gibt es zwei verschiedene Photorezeptoren, die *Stäbchen* und die *Zapfen*, die nach ihrer charakteristischen Form benannt wurden. Es gibt in Wirklichkeit drei verschiedene Zapfenrezeptoren. Die Stäbchen und die drei verschiedenen Zapfen enthalten je ein anderes Photopigment, eine Substanz, die chemisch reagiert, wenn sie von Lichtenergie getroffen wird. Diese Reaktion wandelt Lichtenergie in elektrische Energie um. Die Rezeptoren unterscheiden sich in ihrer Empfindlichkeit für unterschiedliche Wellenlängen des Lichts, weil jede Sorte ein anderes Photopigment enthält. Abbildung 3-4 gibt die jeweilige Sensitivität der drei Zapfen und der Stäbchen für unterschiedliche Wellenlängen an. Die Abbildung zeigt, daß die R-Zapfen für Licht von 570 nm maximal empfindlich sind, die G-Zapfen für Licht von 535 nm und die B-Zapfen für Licht von 445 nm. Die Stäbchenrezeptoren sind für Licht von 510 nm am empfindlichsten. Weiterhin wird deutlich, daß die Stäbchen mehr als 1000mal empfindlicher für Licht mittlerer Wellenlängen sind als die Zapfen, aber daß alle Rezeptoren eine gewisse Sensitivität gegenüber allen sichtbaren Wellenlängen besitzen.

Da Stäbchen so viel sensibler als Zapfen sind, ermöglichen Stäbchen unser Sehen bei Nacht (*skotopisches Sehen*). Am Tage übernehmen die weniger empfindlichen Zapfen die Aufgabe (*photopisches Sehen*). Wegen der mit den Zapfen verbundenen neuralen Schaltungen ist unser Sehen bei Tageslicht durch Farberfahrungen und die Fähigkeit, feine Details zu sehen, gekennzeichnet. Stäbchensehen ermöglicht dagegen nur die Erfahrung von Schwarz,

Abbildung 3-4 Empfindlichkeit der Zapfen und Stäbchen in der Retina

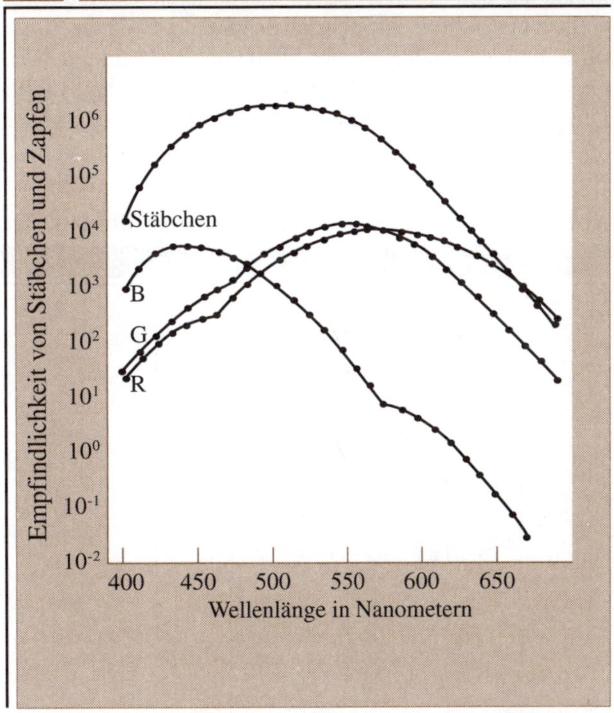

Die Retina enthält Stäbchenrezeptoren und drei unterschiedliche Arten Zapfenrezeptoren. Das Diagramm zeigt die Empfindlichkeit jeder Rezeptorart für verschiedene Wellenlängen des Lichts. Wichtig: Jeder Rezeptor ist zwar für alle Wellenlängen empfindlich, jedoch in unterschiedlichem Maß. Jeder Rezeptor wird der Wellenlänge zugeordnet, auf die er am stärksten reagiert.

Grau und Weiß, mit starkem Verlust feiner Details. Im Abschnitt über Farbsehen werden wir erfahren, warum es diesen Unterschied zwischen skotopischem und photopischem Sehen gibt.

Das elektrische Signal, das von einem Stäbchen oder Zapfen erzeugt wird, hängt von der Anzahl von Lichtquanten ab, die pro Sekunde absorbiert werden. Ist ein Quant absorbiert worden, ist das erzeugte Signal unabhängig von der Wellenlänge jenes Quants dasselbe. Es gibt ungefähr 120 Millionen Stäbchenrezeptoren und etwa 8 Millionen Zapfen in jeder Retina. Die Zapfen konzentrieren sich in der mittleren Region der Retina, der **Fovea** (siehe Abbildung 3-4). Die Stäbchen finden sich in der Peripherie der Retina und treten in der Fovea überhaupt nicht auf. Ein hochkompliziertes Netzwerk neuraler Verbindungen, darunter die Horizontalzellen, Bipolarzellen und Amakrine, verbinden die 8 Millionen Zapfen und 120 Millionen Stäbchen mit 1 Million Ganglienzellen (siehe links oben in Farbtafel 12). Die Axonen dieser Million Ganglienzellen verlassen das Auge und bilden den Sehnerv, der Informationen zu den für das Sehen zuständigen Gebieten im Gehirn übermittelt. Im Bereich des Sehnervs ist das Auge im wahrsten Sinn des Wortes blind (siehe Abbildung 3-5). Die Ganglienzellen sind ständig aktiv, auch ohne Licht. Diese Ruherate der neuralen Aktivität kann bis zu 20 oder 30 Impulsen pro Sekunde ausmachen (siehe Kapitel 2).

Im visuellen System gibt es beträchtliche Konvergenz: viele Rezeptorzellen in der Retina leiten ihre Informationen in eine einzige Ganglienzelle weiter hinten im Verarbeitungsnetzwerk. Eine einzelne Ganglienzelle erhält somit von mehreren Zapfen oder Stäbchen Informationen. Jede Ganglienzelle ist indirekt mit einem kreisförmigen Rezeptorbereich auf der Retina verbunden, und jede Ganglienzelle ist auch mit Zellen auf höheren Stufen im Netzwerk - bis hin zum visuellen Kortex - verbunden. So ist jede Zelle im visuellen Kortex indirekt mit einer Rezeptorregion auf der Netzhaut verbunden. Diese Rezeptorbereiche werden als **rezeptive Felder** der Ganglienzelle oder der kortikalen Zelle bezeichnet (siehe Abbildung 3-6).

Das kreisförmige rezeptive Feld einer Ganglienzelle wird in eine zentrale und die sie umgebende Region eingeteilt. Die Wirkung dieser beiden Regionen des rezeptiven Feldes auf die Ganglienzelle ist gegensätzlich. Bei der Hälfte der Ganglienzellen in der Netzhaut bewirkt ein Lichtstrahl auf die Mitte der rezeptiven Einheit die Erregung der Ganglienzelle (die Erhöhung ihrer neuralen Aktivität), und ein Lichtstrahl auf die umgebende Region hemmt die Zelle (vermindert ihre neurale Aktivität). Man spricht hier von "on-center, off-surround" (Zentrum an, Umgebung aus). Die andere Hälfte der Ganglienzellen in der Retina hat rezeptive Einheiten mit den gerade gegensätzlichen Eigenschaften ("off-center, on-surround", also Zentrum aus, Umgebung an). Ein wichtiger Effekt dieser Anordnung des Inputs auf jede Ganglienzelle ist der, daß die Aktivität einer Ganglienzelle nicht stark von einem

Abbildung 3-5 Veranschaulichung des blinden Flecks

Ärgert Sie dieses freche Balg? Dann lassen Sie es doch einfach verschwinden, indem Sie sein Bild auf den blinden Fleck ihres rechten Auges bringen: Schließen Sie Ihr linkes Auge und fixieren Sie mit dem rechten das Kreuz. Bei einer Entfernung von etwa 35 cm verschwindet das Gesicht, aber die senkrechten Linien bleiben vorhanden.

gleichförmigen Licht beeinflußt wird, das deren rezeptives Feld gänzlich ausfüllt, weil die erregenden und hemmenden Einflüsse einander ausgleichen. Die Ganglienzelle ist sehr sensitiv dafür, daß unterschiedliche Lichtmengen auf die Mitte und die Umgebung der rezeptiven Einheit fallen. So wird oft davon gesprochen, daß Ganglienzellen als Unterschied- oder Kontrastdetektoren arbeiten und weniger als absolute Detektoren für Licht (vgl. Sie die Erörterung der neuralen Schaltkreise in Kapitel 2). Farbtafel 12 veranschaulicht die Hauptwege des Gehirns für das Sehen vom Auge zum visuellen Kortex. In Farbtafel 12 wird ein wichtiges Prinzip gezeigt: ein säuberliches Aufzeichnen (*retinotopes Kartographieren*) der sichtbaren Außenwelt auf die Oberfläche des visuellen Kortex. Jede Region des Gesichtsfeldes ist in einer ihr entsprechenden Gehirnregion abgebildet.

Lichtempfindlichkeit

Wenn man aus der Helligkeit in einen dunklen Raum tritt, kann man anfänglich überhaupt nichts sehen. Nach und nach gewinnt man sein Sehvermögen dann wieder. Diese erhöhte Lichtempfindlichkeit, während man im Dunkeln bleibt, wird **Dunkeladaptation** genannt. Abbildung 3-7 zeigt die Lichtmenge, die man sehen kann, als Funktion der Zeit, die man im Dunkeln zugebracht hat. Sie können sehen, daß diese Funktion zwei Teile aufweist, Zapfen- und Stäbchenkomponente der Kurve genannt. Nach etwa 10 Minuten im Dunkeln erlangen die Zapfen ihre höchste Empfindlichkeit, und an diesem Punkt übernehmen die empfindlicheren Stäbchen das Sehen. Dann, nach etwa 30 Minuten im Dunkeln, erreichen die Stäbchen ihre maxi-

Abbildung 3-6 Rezeptive Felder

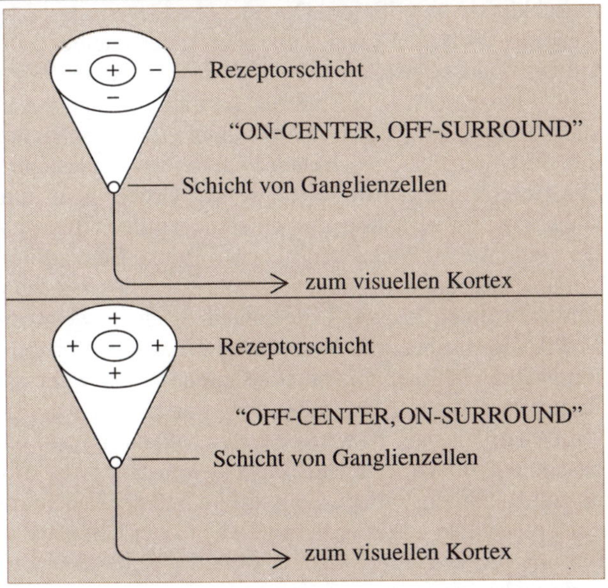

Diese Abbildung veranschaulicht das rezeptive Feld schematisch - das kreisförmige Gebiet der Rezeptoren (Stäbchen und Zapfen), die in einer einzigen Ganglienzelle in der nächsten Schicht der Netzhaut zusammenlaufen. Die 128 Millionen Photorezeptoren laufen in nur etwa 1 Million Ganglienzellen in der nächsten Schicht der Netzhaut zusammen, d.h. jede Ganglienzelle "sammelt" durchschnittlich den Input von 128 Rezeptoren. Diese Konvergenz ist für Stäbchen sehr stark und für Zapfen sehr gering (viele Ganglienzellen erhalten Input von nur einem Zapfen). Die Konvergenz findet auf eine von zwei Arten statt, so daß zwei verschiede Ganglienzellen gebildet werden: (1) On-Center, Off-Surround und (2) Off-Center, On-Surround.

Abbildung 3-7 Dunkeladaptation

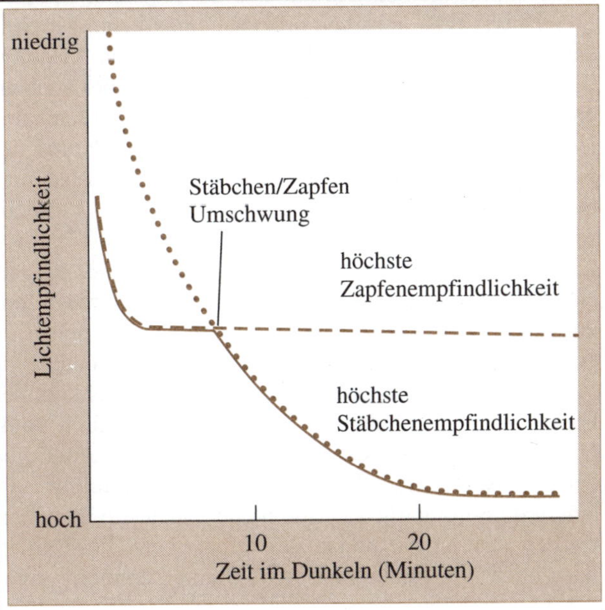

Dunkeladaptation wird in Form der niedrigsten Lichtintensität gemessen, die zu jedem beliebigen Zeitpunkt gesehen werden kann. Mit zunehmender Zeit im Dunkeln sinkt die Intensität des Lichts, das man gerade noch wahrnehmen kann, und man wird lichtempfindlicher. Die durchgezogene Linie bezeichnet die gesamte Empfindlichkeit nach verschieden langen Zeiträumen in völliger Dunkelheit. Sie werden feststellen, daß dies keine glatte Funktion ist. Die gesamte Empfindlichkeit ist ein gemeinsames Produkt von zwei getrennten zugrundeliegenden Prozessen, die unterschiedlich rasch ablaufen und unterschiedliche Endniveaus erreichen: (1) Adaptation der Zapfen (gestrichelte Linie) und (2) Adaptation der Stäbchen (gepunktete Linie). Die Zapfenadaptation geschieht rasch und fast vollständig innerhalb der ersten zehn Minuten im Dunkeln. Die Stäbchenadaptation ist langsamer, erreicht aber ein empfindlicheres Endniveau.

male Empfindlichkeit, die nahezu unglaublich ist. Sorgfältige Messungen haben ergeben, daß die Absorption eines einzigen Lichtquants durch ein einziges Stäbchen eine Veränderung in der Aktivität der Ganglienzelle bewirkt, die ausreicht, um eine sehr schwache Empfindung zu erzeugen. Einige der Quanten eines Lichtreizes werden von der Oberfläche der Cornea und der Linse reflektiert, einige werden von den Flüssigkeiten im Auge absorbiert, und einige treffen auf kein Stäbchen. Deshalb müssen ungefähr 100 Quanten die Oberfläche des Auges erreichen, um sicherzugehen, daß 1 Quant von einem Stäbchen absorbiert wird. Diese Empfindlichkeit entspricht der Wahrnehmung einer einzigen brennenden Kerze aus über 48 km! Denken Sie aber daran, daß diese Schätzung auf optimalen Sichtbedingungen beruht, die man nur im Labor findet.

Dieses Wissen ist von praktischem Nutzen. Ein Soldat auf Nachtpatrouille z.B. muß genügend dunkeladaptiert sein, um den Weg zu erkennen, er muß aber auch ab und zu ein helleres Licht benutzen, um eine Landkarte lesen zu können. Wenn eine normale Taschenlampe benutzt wird, muß der Soldat den Prozeß der Dunkeladaptation noch mal ganz von vorne beginnen. Dieses Problem wurde im zweiten Weltkrieg gelöst. Aus Abbildung 3-4 können Sie entnehmen, daß die R-Zapfen (die, die am empfindlichsten auf Licht langer Wellenlängen reagieren, d.h. rotes Licht) bei Licht langer Wellenlängen genau so empfindlich sind wie Stäbchen, und daß Stäbchen im Vergleich mit ihrer höchsten Lichtempfindlichkeit bei Licht langer Wellenlängen relativ unempfindlich sind. D.h. wenn der Soldat eine Taschenlampe mit rotem Filter benutzt, werden die Zapfen ausreichend stimuliert, um eine gute Sehschärfe zu ermöglichen, aber die Stäbchen werden ausreichend dunkeladaptiert bleiben. Dies Prinzip wird auch von Photographen in Dunkelkammern angewendet. Wenn sie rote Schutzbrillen tragen, während sie sich draußen in normalem Raumlicht aufhalten, können sie schneller sehen, sobald sie in die Dunkelkammer zurückkehren.

"Machen Sie hier den Sehtest für den Führerschein?"

Das Konzept der Schwelle

Eine **Schwelle** ist die Reizstärke, die notwendig ist, um bei einer Wahrnehmungsaufgabe eine bestimmte Zahl richtiger Lösungen zu erreichen. Oft benutzen wir als Schwellenniveau die Reizstärke, die nötig ist, um in 75% der Fälle korrekt wahrzunehmen, aber diese Wahl ist völlig willkürlich. Ist ein Reiz unter dem Schwellenniveau, wird er immer noch wahrgenommen, nur eben weniger häufig. Sehr exakte Experimente zum Sehen und Hören konnten keine Reizstärke feststellen, unterhalb derer der Reiz niemals wahrgenommen wurde. Immer gibt es einen sehr geringen Prozentsatz richtiger Wahrnehungen, selbst bei dem schwächstmöglichen Reiz.

Die **absolute (Empfindungs-) Schwelle** ist ein Maß für die Fähigkeit eines Menschen feststellen zu können, ob ein Reitz vorhanden ist oder nicht. Sie wird berechnet, indem eine Versuchsperson einen Reiz vor einer Geräuschkulisse identifiziert. Dies steht im Gegensatz zu der Aufgabe, zwischen zwei Reizen zu unterscheiden. Die **Unterschiedsschwelle** (auch als *eben merklicher Unterschied* bekannt) ist ein Maß für die Fähigkeit einer Versuchsperson, zwei Reize von einander zu unterscheiden, d.h. die Unterschiede zwischen zwei Reizen festzustellen. Die Unterschiedsschwelle ist in ihrer Größe nicht konstant, sondern verändert sich entsprechend der Intensität der beiden miteinander verglichenen Reize. Eine geringe Veränderung am Lautstärkeregler ihres Radios z.B. wird subjektiv einen großen Unterschied machen, wenn die Musik von vornherein leise war, aber die gleiche Zunahme wird vielleicht überhaupt nicht wahrgenommen, wenn das Radio von Anfang an weit aufgedreht war. Es gibt in der Tat ein Prinzip, das als *Webersche Regel* bekannt ist und das besagt, daß die Unterschiedsschwelle konstant proportional zur Reizintensität ist. Z.B. wird im Fall der Lautstärke ein Unterschied von etwa 9% zwischen zwei Tönen benötigt, um ihn wahrzunehmen, egal ob die beiden Töne im lauten oder leisen Bereich liegen.

Die Stevenssche Potenzfunktion

Wie wir in Kapitel 1 gesehen haben, versuchte man in den Anfängen der wissenschaftlichen Erforschung des menschlichen Geistes, die Beziehung zwischen externer Reizung und der daraus resultierenden Empfindung festzustellen. Dies ist die Beziehung zwischen physikalischen Konzepten (z.B. der Amplitude eines Tons) und Erfahrungskonzepten (z.B. der wahrgenommenen Lautheit des Tons), wie in Abbildung 3-1 gezeigt wird. Diese Anstrengungen führten zur Entdeckung einer allgemeinen mathematischen Beziehung, die zuerst von G.T. Fechner im Jahr 1860 beschrieben wurde und später von S.S. Stevens in den 30er Jahren unseres Jahrhunderts weiterentwickelt wurde. Man würde vielleicht eine lineare Beziehung erwarten, daß also die Zunahme der physikalischen Intensität um eine Einheit die Zunahme der Empfindungsintensität um eine Einheit bewirkt. Aber inzwischen weiß man, daß dies falsch ist. Die Stärke der Empfindung ist nämlich eine Potenzfunktion der Reizintensität:

$$\text{Empfindung} = k\ (\text{Intensität})^n$$

wobei k eine beliebige Variable ist.

Dieser Exponentialgleichung nach sind Empfindungen gesetzmäßig und daher vorhersagbar mit den physikalischen Eigenschaften des Reizes verbunden, der sie hervorruft. Dieses Gesetz ist als *Stevenssche Potenzfunktion* bekannt. Der Exponent ist für jede Sinnesdimension anders (für Lautheit z.B. beträgt n 0,6, für Schwere 1,45), aber die Grundform der Gleichung ist für alle gleich. Kurzum, das psychologische Empfinden der Außenwelt ist mathematisch von den physikalischen Umgebungsreizen abhängig, doch jede physikalische Dimension (z.B. Dezibel oder Kilogramm) hat ihren eigenen Exponenten.

Visuelles Entdecken und Unterscheiden

Was muß im Nervensystem geschehen, damit ein schwaches Licht im Dunkeln entdeckt werden kann? Da die Ganglienzellen ständig, sogar im Dunkeln, Signale zum Gehirn zurücksenden, muß das Licht, das auf die Retina fällt, diese Aktivität in einer bestimmten Mindeststärke verändern, um bemerkt zu werden. Die Wahrnehmung beinhaltet zwei getrennte Vorgänge - einen Empfindungprozeß und einen Entscheidungsprozeß. Der Empfindungsprozeß verarbeitet die Impulse der Ganglienzellen zu einer visuellen Empfindung. Der Entscheidungsprozeß muß bestimmen, ob eine visuelle Empfindung von Licht her stammt, das von der Retina absorbiert wird, oder von zufälliger Aktivität in der Retina herrührt. Der Entscheidungsprozeß legt fest, ob die/der Betreffende sagt: "Ja, ich habe das Licht gesehen" oder "Nein, ich habe es nicht gesehen".

Signalentdeckungs-Analyse

Wird ein sehr schwaches Licht wahrgenommen, unterscheidet sich die Bandbreite der Empfindungen, die vom Empfindungsvorgang hervorgerufen wird, nicht sehr von den Empfindungen, die im Dunkeln zufällig entstehen. Es ist daher unmöglich, ein sehr schwaches Licht mit 100prozentiger Genauigkeit zu entdecken. Stellen Sie sich vor, es wird gerade Ihre Wahrnehmung dieses schwachen Lichtes getestet, wobei das Licht bei einer Reihe von Versuchen in 50% der Durchgänge erscheint und in 50% nicht. Sie sollen jedesmal "ja" oder "nein" sagen, je nachdem, ob Sie meinen, das Licht erschien oder nicht. Bei dem schwachen Licht sind zwei Fehlerarten möglich: (1) *blinder Alarm* - Sie würden sagen "Ja, ich habe es gesehen", wenn in Wirklichkeit kein Licht da war - und (2) *Auslassung* - Sie würden sagen "Es war kein Licht da", wenn doch eins vorhanden war. Es gibt auch zwei Arten, richtig zu antworten: (1) *Treffer* - Sie würden bei einem Durchgang "Ja" sagen, wenn das Licht gezeigt wurde, und (2) *korrekte Zurückweisung* - Sie würden "nein" sagen, wenn kein Licht gezeigt wurde. Es gibt also insgesamt vier Ergebnisse, die beim Wahrnehmen eines Stimulus, der da oder nicht da sein kann, möglich sind. Tabelle 3-2 zeigt diese Ergebnisse.

Die **Signalentdeckungs-Theorie** besagt, daß es zusätzlich zum Empfindungsprozeß, der an der Wahrnehmung eines Reizes beteiligt ist, auch einen Entscheidungsprozeß gibt. Dieser Entscheidungsprozeß wählt auf der Dimension der Empfindungsstärke einen kritischen Punkt. Ein Sinneserlebnis, dessen Intensität diesen kritischen Punkt übersteigt, veranlaßt Sie, "ja" zu sagen, und eines unterhalb veranlaßt Sie, "nein" zu sagen.

Die Einführung dieses kritischen Punkts als Entscheidungskriterium fügt eine ganze neue Dimension zur Wahrnehmung von Reizen hinzu. Die Wahrnehmung ist nicht nur eine Funktion der Stärke des Reizes (einleuchtenderweise wird ein Licht oder ein Ton im allgemeinen schneller entdeckt, je heller bzw. lauter der Reiz ist) - Ihre Entscheidung, ob der Reiz da war oder nicht, hängt auch davon ab, wo Sie den kritischen Punkt setzen (siehe Tabelle 3-3). Der Witz an dieser Sache ist natürlich, daß die Festsetzung dieses kritischen Punkts zum großen Teil willkürlich - unter Ihrer Kontrolle - geschieht, wohingegen die Empfindungsaktivität, die der Reiz auslöst, zum großen Teil unwillentlich ist, also ein direktes Ergebnis der physiologischen Aktivität, die durch den Reiz ausgelöst wird. Sagt man einer Versuchsperson, die in das Sonarskop schaut: "Rufen Sie, wenn Sie *irgendetwas* sehen", wird der kritische Punkt sehr niedrig angesetzt werden. Aber wenn man den Geschworenen sagt: "Sprechen Sie erst schuldig, wenn die Anklage die Schuld über allen Zweifel hinaus

Tabelle 3-2 Der allgemeine Fall

Der Reiz war in Wirklichkeit:	Die Versuchsperson gibt an, der Reiz war: vorhanden	nicht vorhanden
vorhanden	Treffer	Auslassung
nicht vorhanden	blinder Alarm	korrekte Zurückweisung

nachweist", dann wird dieser kritische Punkt sehr hoch angesetzt werden.

Der Grund, daß man im Gerichtssaal einen hohen kritischen Wert und für den U-Boot-Entdecker einen niedrigen hat, liegt an der unterschiedlichen Bedeutung, die man den Ergebnissen beimißt, besonders den Fehlern, die man in den beiden verschiedenen Situationen begehen kann. Im Gerichtssaal will man sich mehr vor blinden Alarmen schützen (unschuldige Leute kommen ins Gefängnis) als vor dem Übersehen (der Bösewicht kommt davon). Bei der U-Boot-Entdeckung ist die Situation umgekehrt: das Schiff wird torpediert, wenn man etwas übersieht, aber ein blinder Alarm ist nicht so schlimm. Das Problem liegt darin, daß man bei konstanter Reizintensität beim Anheben des kritischen Werts zur Vermeidung blinder Alarme in der Tat auch blinde Alarme vermindert, aber dafür mehr und mehr übersieht.

Abbildung 3-8 veranschaulicht die Auswirkung der Verschiebung des kritischen Werts auf der Dimension des sensorischen Outputs von links nach rechts. Dies läßt sich damit vergleichen, daß man einen stärkeren Reiz braucht, bis man "ja" sagt, oder überzeugendere Belege, bis man "schuldig" sagt. Um die volle Auswirkung zu zeigen, müssen wir eine zweite Normalkurve einführen, die Geräuschkurve. Im Sinnessystem gibt es immer "Geräusche", etwa wie die Hintergrundrate der Entladung von sensorischen Neuronen. Dies ist die Basisrate der "sensorischen" Aktivität, wenn kein Reiz da ist. Dieses Geräusch oder Rauschen ist nicht konstant. Manchmal ist es hoch, manchmal niedrig, und dies kann durch eine Normalverteilung dargestellt werden. Aber es ist nur ein Rauschen. Wenn man es also wahrnimmt und fälschlicherweise für einen Reiz hält, begeht man den Fehler des blinden Alarms. In Bild I der Abbildung 3-8 sieht man eine einzige Kurve, die Geräuschkurve, mit dem kritischen Wert bei Punkt A, also sehr niedrig. Die Prozentzahlen in den Bereichen unter der Kurve rechts und links der Kriteriumslinie geben die Prozentsätze von Fällen an, mit denen man die jeweilige Antwort geben würde. Im Bild I hat man das Kriterium A so gelegt, daß es die Geräuschverteilung in 70 und 30 Prozent teilt. Kurzum, Bild I verdeutlicht ein Experiment, bei dem eine Person gebeten wurde, einen Reiz vor einem Geräuschhintergrund wahrzunehmen. Der Reiz wird aber niemals dargeboten, und die Person wählt ein Kriterium, das in 70 % der Fälle eine "ja"-Antwort und in 30 % der Fälle eine "nein"Antwort bewirkt. Dies soll Ihnen zeigen, daß die Fläche rechts von der senkrechten Linie durch die Geräuschkurve der Häufigkeit des blinden Alarms entspricht und daß die Fläche links von der senkrechten Linie durch die Geräuschkurve der Häufigkeit der korrekten Zurückweisung entspricht.

Aber bisher haben wir noch keinerlei Signale eingeführt. Das geschieht in Bild II, wo es zusätzlich zur Geräuschkurve einen konstanten sensorischen Output gibt, verursacht durch ein echtes Signal. Dieser Output führt zu einer zweiten Normalverteilung, die man *Signal-Geräusch Kurve* nennen könnte. Wir haben dem Rauschen einen starken Reiz beigegeben, um die Signal-Geräusch Kurve rechts neben die Geräuschkurve zu verschieben. Wir haben das Kriterium wie im Bild I bei Punkt A beibehalten, und diese Linie teilt auch die Signal-Geräusch Kurve in zwei Teile, einen sehr kleinen Teil am linken Ende der Signal-Geräusch Kurve und einen sehr großen Teil rechts von der Kriteriumslinie. Der Teil links der Linie (man sagt "nein",

Tabelle 3-3 Zwei Beispiele für die Signalentdeckungs-Theorie

U-Boot — Sie sagen:

in Wirklichkeit	Ich sehe eins	nichts
feindliches U-Boot	*Treffer*: Sie meiden den Feind	*Auslassung*: Sie werden vom Feind torpediert
kein feindliches U-Boot	*blinder Alarm*: Sie alarmieren die Crew, aber nichts passiert	*korrekte Zurückweisung*: Sie lassen sich nicht aus der Ruhe bringen

Gerichtssaal — Sie sagen:

in Wirklichkeit	schuldig	nicht schuldig
schuldig	*Treffer*: Sie verurteilen und bestrafen die/den richtige(n) Angeklagte(n)	*Auslassung*: Der Bösewicht kommt davon
unschuldig	*blinder Alarm*: Sie bestrafen den/die Falsche(n)	*korrekte Zurückweisung*: Der Gerechtigkeit wurde Genüge getan, der Unschuldige ist frei

weil der Output schwächer als das Kriterium ist) auf der Signal-Geräusch Kurve (es ist ein Signal vorhanden, aber der sensorische Output ist nicht sehr hoch) entspricht der Prozentzahl der Fälle, in denen man "nein" sagt, obwohl in Wirklichkeit ein Signal vorhanden war. Dies ist der Prozentsatz der Auslassung. Der Teil rechts von der Kriteriumslinie durch die Signal-Geräusch Kurve entspricht analog dazu dem Prozentsatz der Fälle, in denen man "ja" sagt, wenn wirklich ein Reiz dargeboten wurde, und ist der Prozentsatz der Treffer.

Bei Betrachtung des zweiten Bildes stellen Sie sich jetzt vor, daß die Linie A nach rechts verschoben wird. Was geschieht mit den vier verschiedenen Prozentsätzen (den vier verschiedenen Schnittflächen unter den beiden Kurven)? Bewegt sich das Kriterium nach rechts, sinkt die Trefferrate, und bei Versuchen, bei denen das Signal im Geräusch vorhanden ist, steigt die Übersehensrate. Bei Versuchen nur mit dem Geräusch sinkt die Rate der blinden Alarme, und die Rate der korrekten Zurückweisung steigt. Man gibt somit weniger oft blinden Alarm, hat aber auch weniger Treffer (siehe Bild III).

Visuelle Auflösung

Visuelle Auflösung ist die Fähigkeit, feine Details zu sehen, und wird normalerweise mit der **Sehschärfe** gleichgesetzt (je stärker die Sehschärfe, desto besser ist das Sehen). Ein Mensch mit schlechter Sehschärfe hat Schwierigkeiten beim Lesen, Nähen oder anderen Aufgaben, die die Wahrnehmung feiner Details verlangen. Bei schwachem Licht ist unsere Sehschärfe schlecht und verbessert sich mit zunehmender Beleuchtung stetig, wie Abbildung 3-9 zeigt. Wie die Dunkeladaptationsfunktion (Abbildung 3-7) hat die Zunahme der Sehschärfe in Abbildung 3-9 zwei Komponenten: eine untere, die dem Stäbchensehen entspricht, und eine obere, die dem Zapfensehen entspricht. Die Beleuchtungsmenge, bei der das Auge von Stäbchen auf Zapfen wechselt, ist die Lichtmenge des Vollmondes in einer klaren Nacht.

Wie sich aus Abbildung 3-9 ergibt, ist die Sehschärfe für Zapfen besser als für Stäbchen, weil (1) Zapfen auf der Retina dichter zusammenliegen als Stäbchen und weil (2) Stäbchen und Zapfen auf den Ganglienzellen unterschiedlich zusammenlaufen. Die Informationen von vielen Stäbchen gelangen zu einer einzigen Ganglienzelle, wo man nicht mehr sagen kann, welche Stäbchen gereizt wurden. Im Gegensatz dazu gelangen die Informationen von relativ wenigen, dicht zusammenliegenden Zapfen zu einer einzigen Ganglienzelle, so daß man genauer lokalisieren kann, welche Zapfen gereizt wurden. Zapfen arbeiten natürlich nur bei relativ hoher Beleuchtung, und Stäbchen erfüllen ihre Funktion, wenn das Licht schwach ist.

Unter idealen Bedingungen ist die Auflösung in unserem visuellen System erstaunlich. Im Labor kann ein normalsichtiger Mensch eine dünne schwarze Linie mit einer Winkelweite von 0,5 Bogensekunden wahrnehmen. Mit einer solchen Auflösung ist man in der Lage ein schwarzes Kabel von ca. 1/2 cm Durchmesser gegen den hellen Himmel aus über 2400 m Entfernung wahrzunehmen!

Im Labor läßt sich die visuelle Auflösung durch die Benutzung visueller Gitter, wie den in Abbildung 3-10 gezeigten, messen. Ermitteln Sie in einem gut erleuchteten Raum den Abstand Ihrer Augen zu dieser Seite, bei dem Sie das rechte Gitter (das feinste) gerade noch sehen können. Wenn Sie die Seite weiter weg bewegen, verschwindet das rechte Gitter, die beiden anderen aber bleiben sichtbar. Wiederholen Sie die Messung in einem schwach erleuchteten Raum, und Sie werden merken, wie viel näher Sie das Buch halten müssen, um die Linien dieses Gitters zu erkennen.

Abbildung 3-8 Geräuschkurve

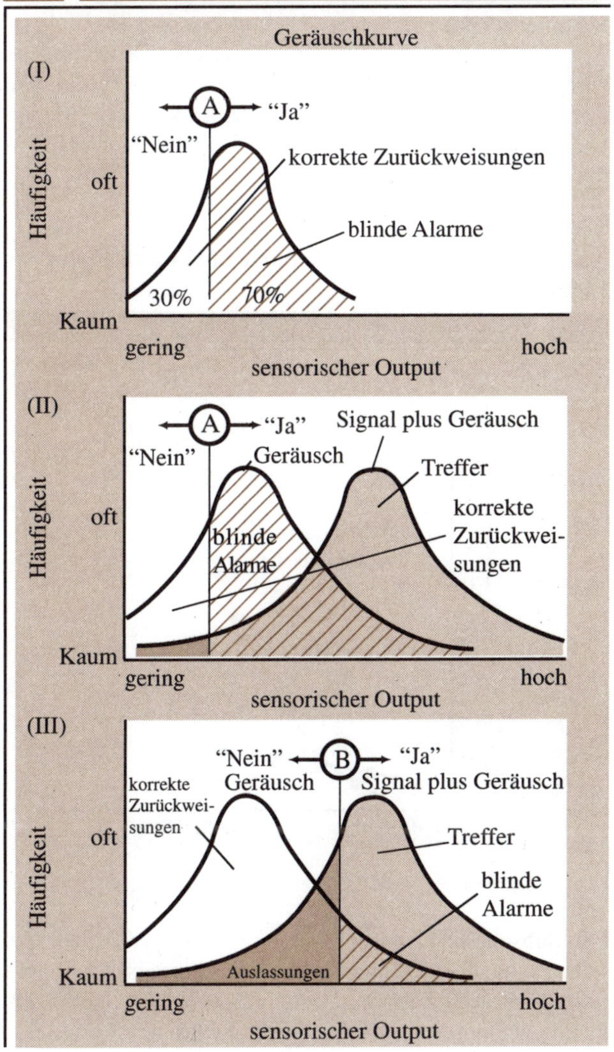

Wie nehmen wir Farbe wahr?

Eine der wichtigen Funktionen unserer Sinnesprozesse besteht darin, die Wahrnehmungqualitäten der Oberflächen von Objekten abzubilden. Von diesen verschiedenen Erfahrungen ist das Erleben von Farbe die wichtigste. Beim Sehen am Tage können die Sinnesprozesse eine große Vielfalt von Farberlebnissen bewirken, die dabei helfen, daß man Gegenstände besser voneinander unterscheiden kann. Farbe ist ein beschreibender Begriff für Erlebnisse. Sie ist keine physikalische Eigenschaft des Lichts.

Das Farberleben setzt sich aus drei getrennten und unabhängigen Erlebnissen (psychologischen Dimensionen) zusammen: Farbton, Sättigung und Helligkeit. Der **Farbton** ist eine Dimension des Farberlebens, dem wir unterschiedliche qualitative Bezeichnungen geben: z.B. rot, violett, blau, gelb, purpurn und grün. Die zweite Dimension des Farberlebens ist die **Sättigung**, die beschreibt, wie intensiv das Erleben des Farbtons ist. Weißes Licht ist z.B. ein gänzlich ungesättigtes Farberleben. Rosa ist eine zum Teil gesättigte Farbe, und rot ist zutiefst gesättigt. Die dritte Dimension der Farbe ist die **Helligkeit**, ein Erleben von hell bis dunkel. Schwarz und Weiß bilden die beiden Extreme des Erlebens. Marineblau z.B. ist im Vergleich zu Graublau relativ dunkel. Da jedes Farberleben durch seinen Farbton, seine Sättigung und seine Helligkeit beschrieben werden kann, können alle existierenden Farben in einem dreidimensionalen Farbenraum beschrieben werden (Farbtafel 2).

Abbildung 3-9 Die Sehschärfe als Funktion der Lichtintensität

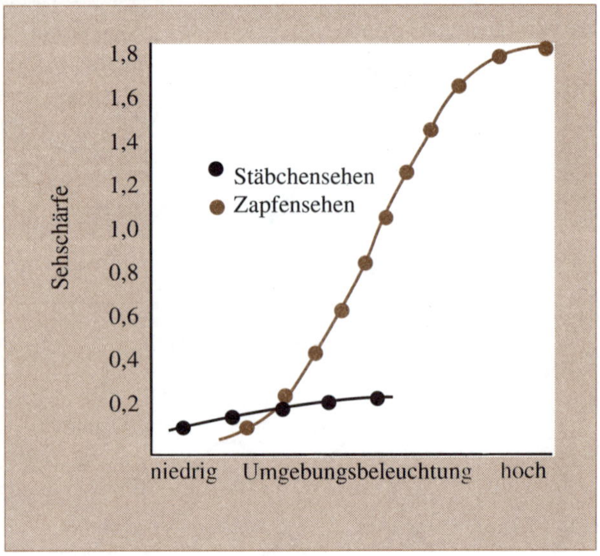

Die Sehschärfe hängt von der Intensität der Raum- oder Umgebungsbeleuchtung ab. Die Sehschärfe ist bei Tageslicht, wenn die Zapfen aktiv sind, wesentlich besser als nachts, wenn nur die Stäbchen aktiv sind.

Abbildung 3-10 Gittermuster, die bei Labormessungen der visuellen Auflösung benutzt werden

Welche Wahrnehmungsmechanismen schaffen aus der physikalischen Energie des Lichts das Farberleben? Farbtafel 3 stellt ein schematisches Diagramm des Farbwahrnehmungsmechanismus dar zusammen mit einer Darstellung der verschiedenen Farbtöne und Sättigungen, die der Mechanismus bewirken kann. Dieser Mechanismus schafft das Farberleben, indem er die Anzahl der Lichtquanten bewertet, die von drei verschiedenen Zapfenrezeptoren jeweils absorbiert werden. Abbildung 3-4 zeigt, wie die drei Zapfenarten sich in ihrer Empfindlichkeit gegenüber verschiedenen Wellenlängen unterscheiden. Das elektrische Signal, das in einem Zapfen erzeugt wird, ist zu der Zahl der von ihm absorbierten Quanten proportional. Wenn daher das auf die Retina fallende Licht hauptsächlich aus Quanten mit langer Wellenlänge besteht, dann senden die R-Zapfen ein Signal aus, das stärker als das der G- oder B-Zapfen ist. Licht mit hauptsächlich kurzen Wellenlängen dagegen bewirkt, daß die B-Zapfen das stärkste elektrische Signal aussenden. Licht mit gleichen Anteilen aller sichtbaren Wellenlängen bewirkt bei allen drei Arten von Zapfen die gleiche Aktivität.

Die elektrische Aktivität der drei Zapfenarten bildet nur den Anfang. Als nächstes vergleichen neurale Mechanismen - als entgegengesetzte Verarbeitungskanäle bezeichnet - die Aktivität der Zapfen miteinander. Es gibt zwei solche Kanäle, und ihre Aktivität wird zusammengezählt, um das Farberleben von Farbton und Sättigung zu bilden. Der erste Kanal, der R/G-Kanal, vergleicht die Aktivität in den R-Zapfen mit der Aktivität in den G-Zapfen. Sind die beiden gleich, verändert der R/G-Kanal sein Ruhesignal zum Gehirn nicht. Absorbieren die R-

Zapfen aber mehr Quanten als die G-Zapfen, erhöht der R/G-Kanal seine Aktivität, und absorbieren die G-Zapfen mehr Quanten als die R-Zapfen, verringert der R/G-Kanal seine Aktivität.

Der zweite Kanal, der Y/B-Kanal, vergleicht die Aktivität der B-Zapfen mit der aufsummierten Aktivität der R- und G-Zapfen (R + G). Enthält das Licht, das auf die Netzhaut fällt, hauptsächlich kurze Wellenlängen, sind die B-Zapfen am aktivsten, und der Y/B-Kanal verringert sein Signal zum Gehirn. Absorbieren die R- und G-Zapfen mehr Quanten als die B-Zapfen, erhöht der Y/B-Kanal sein Signal.

Das Farberleben ergibt sich aus verschiedenen Kombinationen der Signale von den R/G- und Y/B-Kanälen. Diese möglichen Kombinationen sind in Farbtafel 3 als Farbdreieck dargestellt (ein Schnitt durch den Farbenraum von Farbtafel 2). Welche Farbe, welchen Farbton und welche Sättigung man erlebt, hängt genau von der Stelle des Farbdreiecks ab, die durch die Aktivität der zwei Farbkanäle stimuliert wird. Wenn die beiden Kanäle z.B. gemeinsam das Ruhesignal senden, erlebt man keine Farbe (weiß oder grau), wie in der Mitte des Farbdreiecks gezeigt wird. Hohe Aktivität im R/G-Kanal, verbunden mit mittlerer Aktivität im Y/B-Kanal, bewirkt die Wahrnehmung von Rot. Mittlere Aktivität im R/G-Kanal, verbunden mit hoher Aktivität im Y/B-Kanal bewirkt die Wahrnehmung von Gelb. Niedrige Aktivität in beiden Kanälen bewirkt eine Empfindung irgendwo zwischen Blaugrün und Purpur, je nachdem, welcher Kanal dominiert.

Die Farberlebnisse, die vom Licht einzelner Wellenlängen ausgelöst werden (monochromatisches Licht), sind ebenfalls in Farbtafel 3 dargestellt. Diese Erlebnisse sind so weit wie möglich von der weißen Mitte entfernt und sind daher die am höchsten gesättigten Farben, die man erleben kann. Beachten Sie, daß die Farbe Purpur nicht durch Licht einer einzigen Wellenlänge geschaffen werden kann. Um Purpur zu sehen, müssen den Farbwahrnehmungsmechanismen mehrere Wellenlängen gleichzeitig dargeboten werden - in diesem Fall lange und kurze.

Farbtafel 3 sagt auch voraus, welche Farbe man erlebt, wenn Licht aus zwei Lichtquellen gemischt wird. Mischt man monochromatisches Licht von 400 nm mit Licht von 700 nm, ist die wahrgenommene Farbe der Mischung eine der Farben, die auf die gerade Verbindungslinie zwischen den beiden Punkten fallen. Um welche Farbe genau es sich dabei handelt, hängt von der relativen Menge jedes Lichts ab. Verläuft die Verbindunglinie zwischen den beiden Farben durch den Punkt, der mit "weiß" markiert ist, werden die beiden Farben als *Komplementärfarben* bezeichnet. Zwei Komplementärfarben rufen ein Erleben ohne Farbton hervor, wenn sie im richtigen Verhältnis gemischt werden (siehe Farbtafeln 4, 5 und 6).

Beim Farbwahrnehmungsprozeß gibt es einen dritten Mechanismus, der in Farbtafel 3 gezeigt wird. Dieser Kanal, der L-Kanal (L für "Lumineszenz" oder Leuchtdichte - auch als Helligkeitskanal bezeichnet), gibt die gesamte Quantenabsorption der R-, G- und B-Zapfen an. Wie durch die gestrichelte Linie in Farbtafel 3 angezeigt wird, ist der Beitrag der B-Zapfen zum L-Kanal relativ gering. Die Aktivität im L-Kanal ist die Hauptdeterminante für das Wahrnehmungserlebnis von Helligkeit, aber die Helligkeit wird in gewissem Grade auch von der Aktivität im R/G- und im Y/B-Kanal beeinflußt. Um es abschließend noch einmal zusammenzufassen: es gibt drei Kanäle. Der R/Gund Y/G-Kanal zusammen bestimmen das Erleben von Farbton und Sättigung, und der L-Kanal bestimmt zum großen Teil, wie hell oder dunkel die Farbe ist.

Farbenblindheit

Manche Menschen haben keinen normalen Farbwahrnehmungsmechanismus, sondern leiden an einem Defekt in einer oder mehreren der drei Zapfenarten. Die häufigste Farbenblindheit ist die Rot-Grün Blindheit, die auf einem Mangel des richtigen Photopigments in den R- oder G-Zapfen beruht. Diese beiden mangelhaften Rot-Grün Mechanismen werden in Abbildung 3-11 gezeigt. Ein Beispiel eines Tests für Rot-Grün Blindheit ist in Farbtafel 7 abgebildet. Jemand wird als rot-grün blind bezeichnet, weil er/sie nicht zwischen den Farben unterscheiden kann, die ein normaler Mensch als Rot und Grün sieht, obwohl der Ausdruck *farbenblind* eigentlich nicht richtig zutrifft. Zwar funktioniert der R/G-Farbkanal bei diesen defekten Wahrnehmungsmechanismen nicht richtig, doch ist der Y/B-Kanal fast ganz normal. Sorgfältige Experimente mit Personen, die auf einem Auge rot-grün blind sind, mit dem

Abbildung 3-11 Rot-Grün-Blindheit

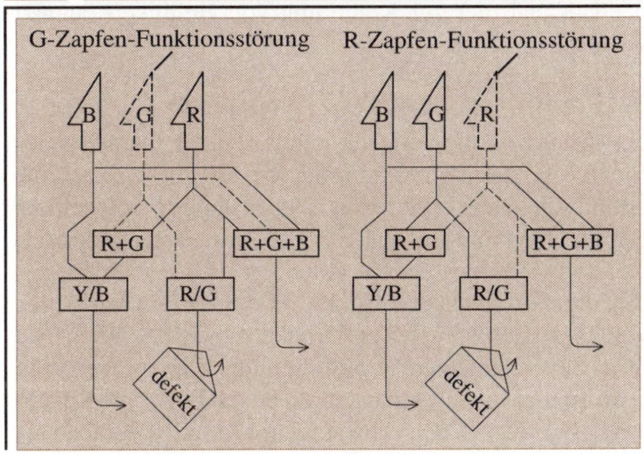

Zwei Bedingungen sind für die Rot-Grün Blindheit verantwortlich: ein Fehlen der G-Zapfen (links) oder ein Fehlen der R-Zapfen (rechts). In beiden Fällen wirkt sich das Fehlen der Zapfen auf den R-/G-Farbkanal aus, nicht aber auf den Y-/B-Farbkanal.

anderen Auge aber Farben normal sehen können (eine seltene Störung, bis jetzt sind weniger als 50 Fälle bekannt), haben gezeigt, daß eine rot-grün-farbenblinde Person die Welt in Farben aus blauen und gelben Farbtönen erlebt. Farbtafel 8 stellt das Farberleben von Menschen dar, die unter verschiedenen Störungen der Farbwahrnehmung leiden.

In der Netzhaut sind sowohl Stäbchen als auch Zapfen mit Ganglienzellen verbunden. Bei einer Lichtintensität wie beim Tageslicht können die Zapfen arbeiten, und daher spiegeln die Signale, die von den Ganglienzellen zum Gehirn gesendet werden, Zapfenaktivität wieder. Aber nachts können die Zapfen nicht arbeiten, und die Stäbchen übernehmen die Aufgabe. Signale der Ganglienzellen zum Gehirn spiegeln dann Stäbchenaktivität wieder. Schauen sie sich das Farbenmodell in Farbtafel 3 gut an. Um richtig zu funktionieren, müssen die entgegengesetzten Mechanismen Input von Zapfen mit unterschiedlicher spektraler Empfindlichkeit erhalten. Aber in der Nacht werden die drei verschiedenen Zapfenarten von einer Stäbchenart ersetzt, und die entgegengesetzten Farbwahrnehmungsmechanismen erhalten jetzt den gleichen Input. Das Ergebnis dieses Zustands ist, daß der R/G- und der Y/B-Kanal Signale zum Gehirn senden, die besagen, daß alle Rezeptoren gleiche Anzahlen von Quanten absorbieren, ein Zustand, der die Wahrnehmung von weiß bewirkt.

Wenn man nachts draußen ist, stellt man fest, daß die Wahrnehmungserlebnisse nur aus Grautönen bestehen. Gegenstände erscheinen als helleres oder dunkleres Grau, aber man hat kein Erleben von Farbtönen, weil nachts - bei schwacher Beleuchtung - an erster Stelle die Stäbchen für das verantwortlich sind, was wir sehen. Der einzige Kanal, der unterschiedliche Signale zum Gehirn senden kann, ist der L-Kanal, der zur Kodierung von Helligkeit benutzt wird.

Wie nehmen wir Helligkeit wahr?

Das Erleben von Helligkeit hängt von der Intensität des Lichts ab, das von Gegenständen kommt. Tatsächlich beruht die Helligkeit eines Gegenstandes auf seinem Reflexionsvermögen. Diese weiße Seite Papier reflektiert ungefähr 80% des auf sie fallenden Lichts, wohingegen die Druckerschwärze etwa 5% reflektiert (ein Verhältnis von 16 zu 1 für Papier zu Druckerschwärze). Wenn Sie diese Seite betrachten, absorbieren Ihre Zapfenrezeptoren etwa 16 mal so viele Quanten pro Sekunde wie die Rezeptoren, die das von den schwarzgedruckten Buchstaben reflektierte Licht aufnehmen. Dieses Verhältnis (16 zu 1) bleibt unabhängig von der Beleuchtungsintensität konstant. Weil die Ganglienzellen in der Retina für die relative Intensität des Lichts empfindlich sind, das auf die Mitte und die Umgebung ihrer rezeptiven Felder fällt, behalten

Abbildung 3-12 Der Helligkeitskontrast

Obwohl die beiden Quadrate in der Mitte genau die gleiche Lichtmenge zum Auge reflektieren, erscheint das rechte wegen seines Kontrastes zum weißen Umfeld dunkler.

Gegenstände bei hellem Sonnenlicht und in einem dunklen Raum die gleiche Helligkeit. Ein Stück Kohle sieht im oder bei Tageslicht schwarz aus, weil es in beiden Fällen weniger Licht zu den Augen reflektiert als die anderen Gegenstände daneben.

Diese Konstanz der Helligkeit von Objekten bei unterschiedlicher Beleuchtungsintensität wird **Helligkeitskonstanz** genannt. Sie ist eine von mehreren Wahrnehmungskonstanzen und spiegelt ein allgemeines Prinzip des Wahrnehmungsprozesses wider: Wahrnehmungseigenschaften von Objekten bleiben trotz stark veränderlicher Sehbedingungen konstant. Stellen Sie sich vor, wie instabil die Welt um Sie herum wäre, wenn sich z.B. ein Stück Papier in seiner Erscheinung von Schwarz nach Weiß veränderte, wenn Sie sich von einem verdunkelten Raum in helles Sonnenlicht begeben.

Die Wahrnehmung von Helligkeit ist nicht nur eine Funktion des Reflexionsvermögens. Die Helligkeit einer Oberfläche hängt auch von der Helligkeit benachbarter Gegenstände ab. Abbildung 3-12 enthält zwei kleine Quadrate, die die gleiche Quantität an Licht zu Ihrem Auge reflektieren, dennoch erscheinen die Quadrate nicht gleich hell. Das rechte Quadrat, das von einem weißen Feld umgeben ist, erscheint dunkler als das linke Quadrat, das von einem schwarzen Feld umgeben ist. Dieses Phänomen wird als *Helligkeitskontrast* bezeichnet und basiert auf der Tatsache, daß die Netzhautgebiete neben jedem Quadrat nicht stimuliert werden. Der *Farbkontrast* ist ein ähnlicher Effekt. Wenn die umgebenden Flächen eine gesättigte Farbe hätten (z.B. strahlendes Blau), würde statt des Graus die Komplementärfarbe (hier Gelb) in der Mitte erscheinen.

Abbildung 3-13 zeigt zwei weitere Beispiele, bei denen die wahrgenommene Helligkeit einer Oberfläche nicht der Lumineszenz (Leuchtdichte) des Lichtes entspricht, das von der Oberfläche kommt, sondern auch von der Lumineszenz der angrenzenden Gebiete beeinflußt ist.

Obwohl jeder der Streifen im linken Bild das Licht einheitlich reflektiert (die linke Seite jedes Streifens reflektiert genau so viel Licht wie die rechte Seite), scheinen sie in bezug auf ihre Helligkeit doch nicht gleich zu sein. Dieser Wahrnehmungseffekt ist eine Konsequenz der Fähigkeit des visuellen Systems, Objektränder hervorzuheben. Die dunklen und hellen Zonen am Rand jedes Streifens werden nach Ernst Mach, der sie im 19. Jahrhundert beschrieben hat, als Machsche Streifen bezeichnet. Beim Hermannschen Gitter, dem rechten Bild in Abbildung 3-13, ist das Licht, das von den weißen Flächen reflektiert wird, überall gleichmäßig. Dennoch gibt es jeweils zwischen den vier schwarzen Ecken einen Kontrasteffekt, der zum Erscheinen von dunklen Punkten führt. Diese Punkte sind Schöpfungen unseres Wahrnehmungssystems und entsprechen nicht einer niedrigeren Lichtintensität dieser Gebiete. Beide Wahrnehmungsphänomene ergeben sich aufgrund der kreisförmigen, in Zentrum und Umgebung aufgebauten rezeptiven Felder der Ganglienzellen.

WAHRNEHMUNG VON OBJEKTEN

Die Wahrnehmungsprozesse beantworten ständig zwei wichtige Fragen: "Was gibt es dort draußen?" und "Wo befindet es sich?" Unsere innere Abbildung der Außenwelt ist voller Objekte, und es kommt selten vor, daß unsere Wahrnehmungsvorgänge aus dem physikalischen Input ins visuelle System keine Abbilder von Objekten herstellen. Selbst wenn der physikalische Reiz mehrdeutig ist, wird ein inneres Abbild irgendeines Objektes geschaffen. Wie bereits erwähnt, ist dieses innere Abbild ein gemeinsames Produkt von "top-down"- und "bottom-up" Prozessen.

Abbildung 3-13 Helligkeitswahrnehmung als eine Folge der rezeptiven Felder von Ganglienzellen

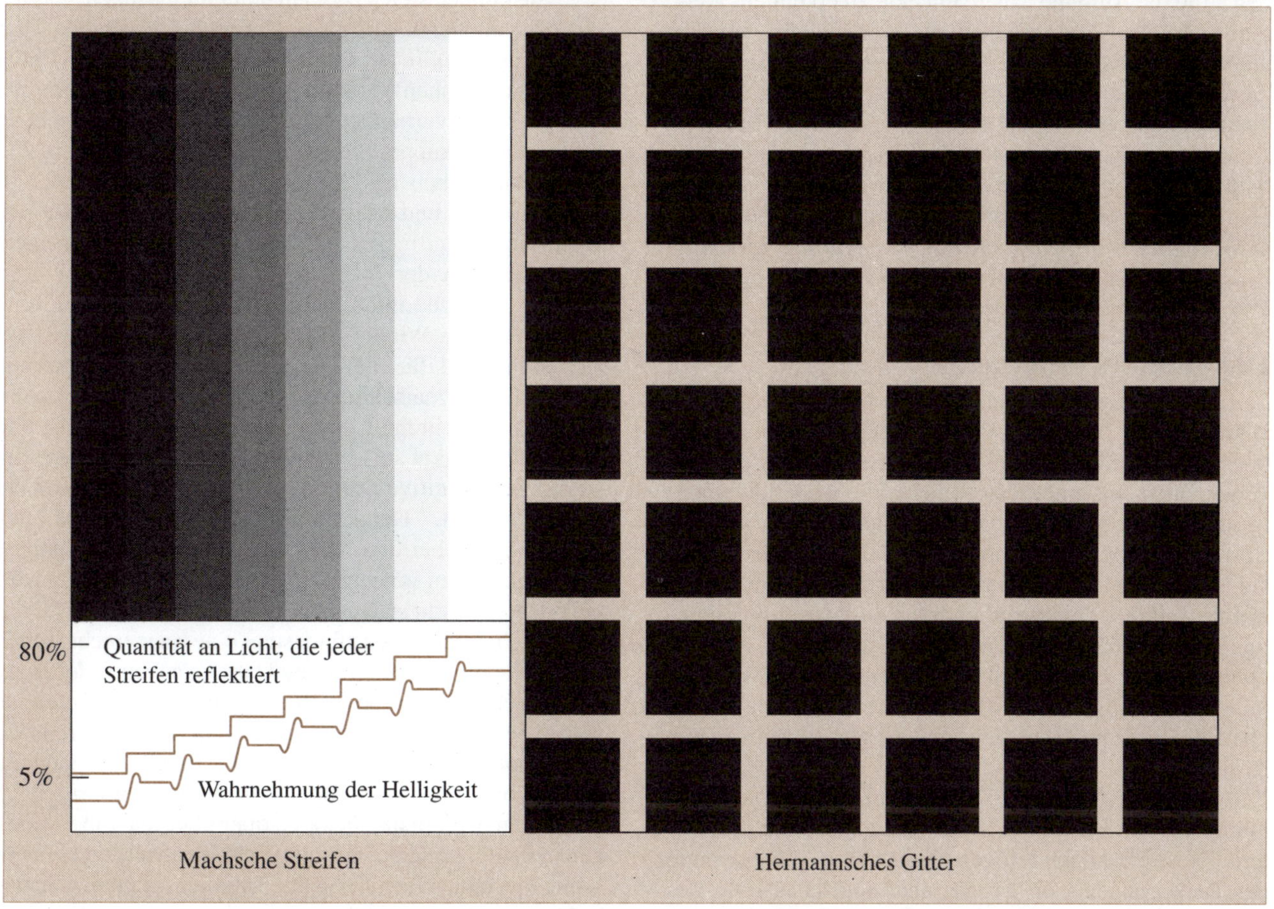

Die Streifen im linken Bild haben die gleiche Leuchtdichte, obwohl ihre Helligkeit sehr unterschiedlich erscheint. Im rechten Bild existieren die dunklen Flecken an den Schnittpunkten der hellen Streifen nicht, sie sind ein Wahrnehmungseffekt.

Dämonen und Detektoren

Wie stellt das Gehirn aus den Milliarden von Informationsbits, die von den Sinnesorganen zu ihm gelangen, sinnvolle Wahrnehmungen her? Man ist jetzt der Überzeugung, daß der grundlegende Vorgang ein Entdecken von Merkmalen oder Abstrahieren von Informationen durch Neuronenkreise ist, die wie Detektoren arbeiten. Dies basiert zum großen Teil auf der Arbeit von Hubel und Wiesel, die dafür den Nobelpreis erhalten haben und die in Kapitel 2 beschrieben wurde. Diese Arbeit liefert den physiologischen Unterbau für das psychologische Modell der konstruierten Wahrnehmung, das als Pandämonium bezeichnet wird (Abbildung 3-14). Dieses Modell darüber, wie das Gehirn die Außenwelt wahrnehmen und Reize als sinnvoll erkennen lernt, wurde 1959 von Oliver Selfridge vorgeschlagen, ein paar Jahre vor der Entdeckung von Detektorneuronen durch Hubel und Wiesel.

Das Pandämonium bildet sich aus kleinen "Dämonen", die die Aufgabe haben, Objekte zu erkennen. Wenn man sich diese Dämonen nicht als kleine Wichte, sondern als Neurone oder Neuronenkreise vorstellt, die darauf eingestellt sind, nur auf bestimmte Reize zu reagieren, dann versteht man, was Hubel und Wiesel meinen. Vorsicht: Dämonen im Kopf gibt es nicht, nur Neuronen und Neuronenkreise. Aber es macht mehr Spaß, wenn man sie sich als Dämonen vorstellt. Vergessen Sie aber nicht, daß dies *nur eine Metapher für neurale Kreise und neurale Merkmalsdetektoren* ist, deren Existenz nun unabhängig von Hubel und Wiesel bestätigt worden ist.

Die Dämonenhierachie

Selfridge schlägt vor, daß es verschiedene Arten von Dämonen gibt, die Aufgaben verschiedener Komplexität übernehmen. Sie sind in einer Hierarchie angeordnet, vergleichbar mit einer Firmenhierachie, wobei die wichtigsten Dämonen die verantwortungsvollsten und schwierigsten Aufgaben übernehmen. Die Informationen gehen verstreut in das System ein und werden durch die Dämonenhierarchie nach oben durchgeschleust, wo eine endgültige Entscheidung darüber getroffen wird, was wahrgenommen wird. Das Modell kann veranschaulicht werden, indem man zeigt, wie es Buchstaben wahrnimmt, eine visuelle Erkennungsaufgabe, die wir alle früh im Leben lernen.

Die unterste Sprosse der Firmenleiter im Pandämonium wird von *Bilddämonen* bevölkert, den Sklavenarbeitern. Diese Dämonen fertigen einfach eine Aufzeichnung des Reizes an, als ob sie ein neurologisches Foto des Reizes knipsten. Die Bilddämonen tun mit dem Reiz nichts weiter, als ihn aufzuzeichnen und ihn in die Verarbeitungshierarchie einzugeben.

An nächster Stelle kommen die *Merkmalsdämonen*, die das Bild, das die Bilddämonen angefertigt haben, analysieren, um festzustellen, ob bestimmte Merkmale vorhanden sind. Die Merkmalsdämonen sind die Hubel-Wiesel Detektoren, die nach bestimmten Merkmalen wie senkrechten Linien, gebogenen Linien und rechten Winkeln suchen. Das Bild des Großbuchstabens A könnte z.B. das Interesse der Dämonen aktivieren, die bestimmte Merkmale wie schräge Linien, waagerechte Linien und spitze Winkel suchen. Ein nach gebogenen Linien suchender Dämon würde das Bild auch untersuchen, würde aber nicht aktiviert oder interessiert sein, weil der Buchstabe A keine gebogenen Linien aufweist. Das Interesse dieses Dämons könnte aber vom Buchstaben B mit seiner geschwungenen und wohlgeformten Gestalt aktiviert werden. Aktivierung bedeutet in diesem Zusammenhang, daß die Neuronen, die jedem Dämon entsprechen, ihre Entladungshäufigkeit erhöhen. Im Modell des Pandämoniums können wir uns dies so vorstellen, daß der Merkmalsdämon zu der nächsthöheren Hierarchiestufe laut ausruft, er habe schräge Linien, spitze Winkel, waagerechte Linien oder was jeder Merkmalsdämon auch immer suchen soll, entdeckt.

Sie können sich jetzt wahrscheinlich denken, was auf der nächsthöheren Stufe der Hierarchie geschieht. Dort sollen die *kognitiven Dämonen* laut rufen (ihre Entladungsrate erhöhen), sobald sie meinen, ein bestimmter Buchstabe sei vorhanden, d.h. sobald sie das Rufen einer bestimmten Gruppe von Merkmalsdämonen hören. Für jeden Buchstaben des Alphabets gibt es einen kognitiven Dämonen, und so wird der kognitive Dämon für den Buchstaben A aufmerksam, wenn er das Rufen von einem oder mehreren der folgenden Merkmalsdämonen hört: Dämon "schräge Linie", Dämon "waagerechte Linie" und Dämon "spitzer Winkel". Der kognitive Dämon "A" wird sich dann sehr dafür interessieren und sehr laut rufen, wenn alle drei Merkmalsdämonen vorhanden sind. Wenn das Muster zwei schräge Linien, eine waagerechte Linie und drei spitze Winkel aufweist, muß es das große A sein, und so ruft der kognitive Dämon "A" wie verrückt "Es ist ein A, es ist ein A." Der kognitive Dämon "V" wird auch rufen, weil er bei den Merkmalsdämonen zwei schräge Linien und einen spitzen Winkel entdeckt hat, aber er wird beim Reiz A nicht so laut rufen wie der Dämon "A". Dreizehn Buchstaben haben mindestens eine waagerechte Linie, so daß alle diese 13 kognitiven Dämonen wegen der einen waagerechten Linie beim Buchstaben A etwas Interesse zeigen werden, aber sie werden nicht so laut rufen wie derDämon "A" oder der Dämon "V". Tabelle 3-4 zeigt die 26 Großbuchstaben des Alphabets, die auf der Grundlage der sieben Merkmale, die oben quer über der Tabelle aufgelistet sind, voneinander unterschieden werden können. Wenn Merkmalsdämonen zählen können, braucht man nur sieben von ihnen, um alle Buchstaben auseinanderhalten zu können.

Schließlich befindet sich an der Spitze der Firma ein oberster Geschäftsleiter, *Entscheidungdämon* genannt, der das letzte Glied der Kette bildet. Der Entscheidungsdämon muß auf alle Dämonen des mittleren Managements hören, herausfinden, welcher am lautesten ruft, und aufgrund der Lautstärke und der Art ihres Schreiens entscheiden, welcher Buchstabe vorgelegt worden ist. Es ist der Entscheidungsdämon, der die endgültige Wahrnehmung des Buchstabens bestimmt. Von hier aus gibt es komplexere Stufen, um Wörter und Sätze wahrzunehmen, und andere, ähnliche Firmen, die zur Wahrnehmung von Formen, Farben, Tönen und dergleichen da sind.

Unter diesen Dämonen gibt es ein physikalisches System, in diesem Fall Neuronen oder neurale Kreise, die darauf "abgestimmt" sind, nur auf bestimmte Stimuli zu reagieren. Diese Abstimmung ist hauptsächlich das Ergebnis von Erfahrung: das System lernt, wie die Welt wahrgenommen werden muß. Gleichzeitig gibt es genetische Beschränkungen , die auf der Zusammensetzung und dem Aufbau der Neuronen beruhen, die der Mensch geerbt hat.

Das Modell von Hebb

Eine äußerst nützliche neurale Theorie stammt von dem berühmten physiologischen Psychologen D.O. Hebb,

Abbildung 3-14 Pandämonium

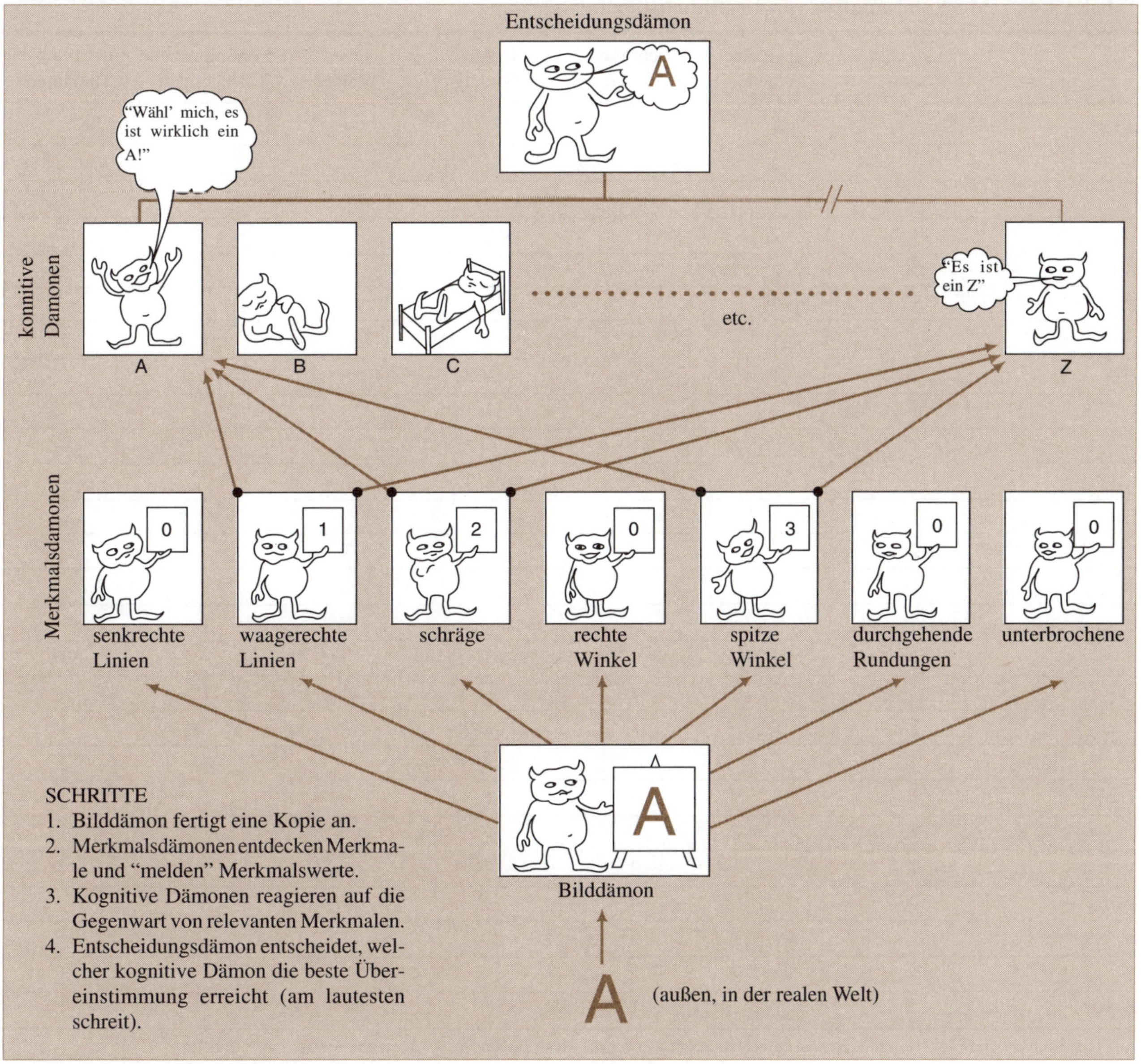

SCHRITTE
1. Bilddämon fertigt eine Kopie an.
2. Merkmalsdämonen entdecken Merkmale und "melden" Merkmalswerte.
3. Kognitive Dämonen reagieren auf die Gegenwart von relevanten Merkmalen.
4. Entscheidungsdämon entscheidet, welcher kognitive Dämon die beste Übereinstimmung erreicht (am lautesten schreit).

der die These aufstellte, daß eine Neuronengruppe sich mit einer anderen verbindet, weil bei ihnen zu etwa gleicher Zeit bei wiederholten Gelegenheiten physiologische Aktivität ausgelöst wurde. Solch eine Neuronengruppe wird als *Zellverband* bezeichnet. Wenn z.B. eine senkrechte Linie an einer bestimmten Stelle der Retina eine bestimmte Gruppe von Neuronen aktiviert (die Senkrecht-Detektoren) und eine waagerechte Linie eine weitere Gruppe aktiviert, und wenn eine senkrechte und waagerechte Linie häufig dicht beieinander dargeboten werden, dann könnten sich diese gemeinsam erregten Neuronen miteinander verbinden. Das Ergebnis wäre ein neuer Zellverband, der aktiv ist, wenn eine senkrechte *und* eine waagerechte Linie örtlich und zeitlich zusammen dargeboten werden. Es wäre dann ein Detektor für rechte Winkel, d.h. der Dämon "rechter Winkel". Auf ähnliche Weise können Zellverbände, die häufig zusammen aktiv waren, zu größeren Gruppierungen von Neuronen verbunden werden, Gruppierungen, die Hebb als *Phasensequenzen* bezeichnete. Dies könnte Gruppen von Merkmalen entsprechen, die verbunden sind, um ein Muster zu bilden, und wenn sie zusammen aktiv sind, legen Gruppen von Merkmalsdämonen einen kognitiven Dämon fest, wie z.B. für die Buchstaben des Alphabets. Die Theorie von Hebb wurde ursprünglich in den frühen vierziger Jahren vorgeschlagen, aber zu jener Zeit lehnten viele Psychologen sie als zu weit hergeholt ab.

Tabelle 3-4 Merkmalsanalyse von Großbuchstaben

	senkrechte Linien	waagerechte Linien	schräge Linien	rechte Winkel	spitze Winkel	kontinuierliche Biegungen	unterbrochene Biegungen
A		1	2		3		
B	1	3		4			2
C							1
D	1	2		2			1
E	1	3		4			
F	1	2		3			
G	1	1		1			1
H	2	1		4			
I	1	2		4			
J	1						1
K	1		2	1	2		
L	1	1		1			
M	2		2		3		
N	1	1		1			
O						1	
P	1	2		3			1
Q			1		2	1	
R	1	2	1	2			1
S							2
T	1	1		2			
U	2						1
V			2		1		
W			4		3		
X			2		2		
Y	1		2		1		
Z		2	1		2		

Aus P.H. Lindsay und D.A. Norman. Human Information Processing, 2. Auflage. New York: Academic Press, 1977. Tabelle 7-1.

Aber jetzt, da neue Erkenntnisse zu den Vorgängen bei der Wahrnehmung und in den Nervenleitungen vorliegen, wachsen die Hinweise für die Richtigkeit dieses Denkmodells rasch an.

"Top-Down" Verarbeitung

Was eben beschrieben wurde, ist die "bottom-up" Verarbeitung, die im Pandämonium-Modell von den Dämonen ausgeführt wird. Das Modell kann auch benutzt werden, um die "top-down" Verarbeitung zu beschreiben. Sie verarbeitet bereits im Nervensystem vorhandene Information, und nicht diejenige, die im ankommenden Reiz enthalten ist. Das folgende Beispiel bezieht sich auf die "Einstellung" oder Erwartung bei der Wahrnehmung. Hier ein Symbol:

Ist es der Buchstabe B, oder könnte es die Zahl 13 sein? Es ist nicht klar, weil es ein mehrdeutiges Bild ist - im Reiz sind nicht genügend Informationen enthalten, um zwischen den beiden Alternativen unterscheiden zu können. Die Dämonen müssen unter diesen unklaren Umständen ihr Bestes geben, und manche der Dämonen auf höherer Stufe müssen Informationen benutzen, die schon im System vorhanden sind, um ihnen bei der Entscheidung zu helfen, ob es ein B oder eine 13 ist. Darauf bezieht sich die "top-down"-Verarbeitung und natürlich ist die endgültige Wahrnehmung, ob es ein B oder eine 13 ist, ein gemeinsames Produkt von "top-down"- und "bottom-up"-Prozessen.

In diesem Fall ist alles, was man braucht, ein kognitiver Dämon, der "im voraus" entscheidet, daß das, was er gleich wahrnimmt, ein Buchstabe und nicht eine Zahl ist. Er "stellt" das System auf Buchstaben "ein", weil er Buchstaben erwartet, und erregt die kognitiven Buchstabendämonen mehr als andere Gruppen von Dämonen, wie die Zahlendämonen. So ist es das Rufen der Buchstabendämonen, das die meiste Beachtung erfährt, und unter den Buchstabendämonen ruft der B-Dämon am lautesten.

Es muß Prozesse höherer Ordnung (Dämonen) geben, die die Entscheidungsdämonen dazu bewegen, unter den verschiedenen Inputs zu unterscheiden. Dieser Teil des Systems ist für das stets vorhandene Wahrnehmungsphänomen verantwortlich, das *Einstellung* oder *Erwartung* genannt wird. Einstellungs- oder Erwartungseffekte werden vorrangig von Informationen abgeleitet, die man im Gedächtnis gespeichert hat. Wenn man vor kurzem in der Zeitung gelesen hat, daß jemand von einer Kreuzotter gebissen wurde, man schon immer gehört hat, daß es in den Wäldern der Umgebung viele Schlangen gibt, man vor Schlangen recht ängstlich ist und in diesen Wäldern spazierengeht, richtet man sehr viel Aufmerksamkeit auf seinen "Schlangendetektor-"Dämon und wenig Aufmerksamkeit auf seinen "Stockdetektor"-Dämon. Wenn der Blick einen Stock im Unterholz streift, kommt es zu mehrdeutigem Reiz-Input, aber man nimmt ihn sehr wahrscheinlich als Schlange wahr. Und weil man natürlich seine ganze Aufmerksamkeit auf den Boden und auf Reize richtet, die wie Schlangen aussehen, nimmt man sehr wahrscheinlich nicht die wilden Blumen wahr. Dieser einfache Effekt kürzlich gemachter Erfahrungen auf die Entscheidungen des Dämonen wurde am Anfang dieses Kapitels durch die Reihe von Zeichnungen im Schlaglicht 3-1 veranschaulicht, in denen man die mittlere Zeichnung anders wahrnimmt, wenn man die Reihe von links nach rechts betrachtet, als wenn man sie von rechts nach links ansieht.

Wahrnehmungsentscheidungen werden immer im Zusammenhang getroffen. Wenn Entscheidungen schwerfallen, berücksichtigt der Entscheidungsdämon den Kontext, indem er benutzt, was er über den Kontext weiß, um sich dabei zu helfen, "intelligent" zu raten. Auf der Grundlage seines Wissens über das, was normalerweise in einem bestimmten Kontext geschieht, erwartet der Dämon, bestimmte Dinge wahrzunehmen und andere nicht (und ist erstaunt, wenn die ankommende Information, von unten nach oben verarbeitet, ihn zu dem Schluß zwingt, daß etwas Unerwartetes geschehen ist). Wenn man erwartet, auf eine Schlange zu stoßen, wird alles, was auch nur entfernt wie eine Schlange aussieht, den Dämon zu der Entscheidung bringen: "Es muß eine Schlange sein." Sehr viel mehr Informationen sind nötig, damit der Dämon draußen in der freien Natur entscheidet: "Dies ist ein Gartenschlauch." Man nimmt etwas auf dem Boden in einem Schnellrestaurant eher als Pommes Frites wahr, als wenn man den gleichen Gegenstand in der Oper auf dem Boden sieht.

Schemata

Die Psychologie benutzt den Begriff **Schema**, um diese Auswirkung des Kontextes auf die Gedanken und Wahrnehmungen festzuhalten. Schema ist ein Begriff, der in diesem Buch wiederholt vorkommt. Wenn wir über unsere Welt lernen, entwickeln wir verschiedene Schemata über die verschiedenen Erfahrungen, die wir machen. Jedes Schema ist wie eine Kategorie, in die wir die Informationen aus unserer Erfahrung eingliedern. Man könnte z.B. sagen, daß jeder von uns ein Schema von Schnellrestaurants besitzt, das auf unseren Besuchen bei McDonald's, Burger King, Wienerwald, Pizza Hut usw. basiert. Natürlich haben wir Tausende und Abertausende von Schemata, von ganz einfachen wie einem Schema für jeden Buchstaben oder jede Zahl bis zu sehr komplexen wie einem Schema für den Besuch eines exquisiten Restaurants. Wenn man etwas Bestimmtes erlebt, aktiviert man die angemessensten, relevantesten oder in unmittelbarer Vergangenheit erworbenen Schemata und benutzt sie als Grundlage für die Interpretation (Wahrnehmung) dieser Erlebnisse. Wenn man ein für die Situation angemessenes Schema aktiviert, werden die Wahrnehmungen weitgehend genau sein. Paßt das aktivierte Schema nicht zur Situation, kann es die richtige Wahrnehmung behindern oder sie wenigstens auf spezifische Art verdrehen (wenn man einen Wasserschlauch fälschlicherweise für eine Schlange hält oder seinen Professor nicht erkennt, wenn er einem auf dem Fußballplatz begegnet). Schemata sind Kürzel, um unser Wissen oder vermeintliches Wissen über bestimmte Kategorien von Dingen einzufangen, und sie kommen sehr gelegen, uns beim Ergänzen fehlender Informationen zu helfen, wenn wir das nächste Mal in der gleichen Situation sind. Stellen Sie sich nur einen Augenblick lang Ihr Schnellrestaurant-Schema vor, und denken Sie an alle Dinge, die Sie in praktisch jedem Schnellrestaurant zu sehen, hören, riechen und schmecken erwarten. Wenn Sie eine Zeit lang bei diesem Schema verweilen, werden sie bemerken, daß jedes Schema eine große Menge an Informationen birgt und daß diese Informationen durch das Schema ziemlich säuberlich aufgebaut und katalogisiert sind, abgelegt und abrufbereit zur Benutzung als Faktensammlung, um beim nächsten Mal, wenn Sie an irgendeinem Ort der Welt über die Schwelle eines Schnellrestaurants treten, benutzt zu werden.

Was man zu sehen erwartet, bestimmt oft, was man wirklich sieht. Die meisten Kraftfahrer, die die Staatengrenze nach Illinois überqueren, werden an diesem Schild nichts Ungewöhnliches bemerken. Wie kann man mit den Begriffen Schema und "top-down" Verarbeitung diese Falschwahrnehmung erklären?

Merkmalsdetektoren und die Erbe-Umwelt-Kontroverse

Die Existenz von Neuronen im visuellen Kortex, die auf bestimmte Merkmale eines Reizes antworten - wie etwa auf den Orientierungswinkel von Linien des wahrgenommenen Reizes (Orientierungsdetektoren) oder die Richtung der Bewegung dieses Reizes über die Netzhaut (Richtungsdetektoren) - wirft die Frage auf, wie es dazu kommt, daß diese Neuronen selektiv auf eine bestimmte Orientierung oder eine bestimmte Richtung des Reizes reagieren. Ist dies in jedem Neuron durch den genetischen Entwurf des Gehirns vorprogrammiert, oder wird es durch Erfahrung gelernt? Kann die Selektivität der Neuronen durch Erfahrung verändert werden, d.h. lernt das Gehirn wahrzunehmen oder ist es programmiert, wahrzunehmen?

Man scheint bei dieser Frage eher zu der Antwort zu tendieren, daß die Neuronen des Gehirns genetisch vorprogrammiert sind, aber zwei verschiedene Gruppen von Forschern haben gezeigt, daß man die Detektoren durch Erfahrung beeinflussen kann. Beide Gruppen haben die Orientierungsdetektoren bei jungen Katzen untersucht und probiert, die Detektoren zu beeinflussen, indem sie die Kätzchen in einer visuell eingeschränkten Umwelt aufwachsen ließen. Eine Gruppe z.B. ließ die Kätzchen spezielle Brillen tragen, wenn sie Licht ausgesetzt waren, und die Muster, die jedem Auge dargeboten wurden, wurden durch "Dias" gesteuert, die in die Linsen der Brillen eingesetzt waren. Auf diese Art konnte das Kätzchen nur horizontale oder vertikale Linien wahrnehmen. Die Frage war, ob diese Erfahrung die Anzahl von Horizontal- (oder Vertikal-) Detektoren im Gehirn beeinflussen kann. Die Antwort war für beide Gruppen (Blakemore & Cooper, 1970; Hirsch & Spinelli, 1970, 1971) ein deutliches Ja. Die Dedektoren, die durch die entsprechenden Linien aktiviert wurden nahmen zu, die nicht aktivierten nahmen ab.

Es scheint auch eine "kritische Phase" zu existieren, in der diese Umgebungseffekte stattfinden, und zwar in den ersten 4 oder 5 Lebensmonaten eines Kätzchens. Danach ist das Gehirn in bezug auf seine Detektoren weitgehend programmiert, und das selektive Erleben von bestimmten Mustern hat keine Auswirkungen. Diese Ergebnisse heben die Bedeutung hervor, die eine reiche und abwechslungsreiche Umgebung auf die Entwicklung von Säuglingen hat, eine Umgebung, die der von Erwachsenen so ähnlich wie möglich ist, damit das Gehirn alle neuralen Detektoren entwickelt, die für eine richtige Wahrnehmung der Erwachsenenwelt nötig sind. Auch diese Ergebnisse legen die Schlußfolgerung nahe, daß sowohl Erbe als auch Umwelt wichtig sind, sogar für das sich entwickelnde Gehirn. Obgleich es ein vorprogrammiertes Schema für das Gehirn gibt, beruhen die entgültigen Funktionen auch auf der Erfahrung.

Wahrnehmung: Unmittelbar oder konstruiert?

Wie Sie sich vielleicht vorstellen können, wird die Theorie über die Dämonen, die Entscheidungen treffen, nicht von allen Psychologen akzeptiert. Es ist nur eine Theorie. Einen kleinen Dämonen (manchmal Homunkulus genannt) im Innern des Kopfes zu postulieren, der alle Arbeit erledigt und alles ausknobelt, ist vielleicht ein zu einfacher Weg, um das Funktionieren der Wahrnehmung zu erklären. Eine offensichtliche Schwierigkeit dieser Vorstellung liegt darin, daß man sich darum Gedanken machen muß, wie der kleine Dämon arbeitet und ob in seinem Kopf ein noch kleinerer Dämon nötig ist oder nicht.

Eine Gegenposition zur Dämonentheorie, oder zu jeder Theorie, die die "top-down"-Verarbeitung und die Erstellung interner Abbildungen betont, ist das Argument, daß Wahrnehmung ein direktes Ergebnis des eintreffenden Reizes ist, wie er auf der Rezeptoroberfläche registriert wird. Dies ist die Theorie der unmittelbaren Wahrnehmung, die im Gegensatz zu der Theorie steht, daß Wahrnehmungen vom Gehirn (oder von Dämonen im Gehirn) konstruiert werden. In dieser Theorie werden Wahrnehmungen als auschließliches Ergebnis der im Reiz vorhandenen Informationen gesehen. Sie legt den Schwerpunkt auf die "bottom-up"-Verarbeitung und besagt, daß die Informationen, die man braucht, um die Außenwelt wahrzunehmen, im Reiz enthalten sind und nur extrahiert zu werden brauchen.

Nehmen Sie die Tiefenwahrnehmung als Beispiel. In der konstruktionistischen Auffassung muß Tiefe eine Angelegenheit der inneren Repräsentation sein, denn die Oberfläche der Sinnesorgane wie die Retina sind zweidimensional. Wir konstruieren die Vorstellung von drei Dimensionen aus einer Reihe von zweidimensionalen Hinweisen (cues), die von den beiden Netzhäuten kommen. Im Gegensatz dazu argumentieren Theoretiker der unmittelbaren Wahrnehmung wie J.J. Gibson, daß Tiefe direkt wahrgenommen werden kann, weil sie der Information, die auf der Netzhaut in Empfang genommen wird, innewohnt. Obwohl die Retina in der Tat ein physikalisches zweidimensionales Bild zur Verfügung stellen mag, enthält das Bild Texturgradienten, die uns direkt Tiefeninformationen vermitteln. Abbildung 3-15 zeigt Beispiele für diesen Prozeß. Die Tatsache, daß ein Objekt gleicher Größe proportional die gleiche Hintergrundfläche einnimmt, unabhängig von seiner Stellung im Raum, verbunden mit der Tatsache, daß sein Netzhautbild in seiner Größe variiert, führt uns direkt zum Wissen um seine Position im Raum.

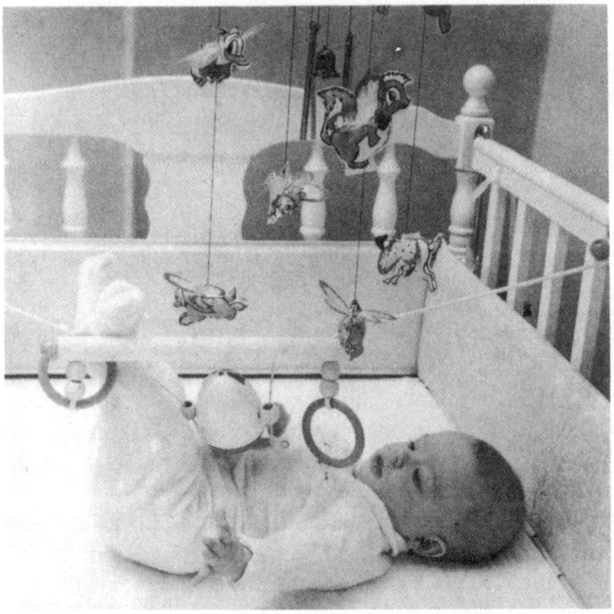

Die visuelle Umgebung eines Säuglings spielt bei der Entwicklung von visuellen Merkmalsdetektoren eine Rolle.

Um sicher zu sein, muß man - meist als Kleinkind oder Schulkind - lernen, was die Informationen, die in einem Netzhautbild enthalten sind, in bezug auf Tiefe oder jedes andere Wahrnehmungsphänomen bedeuten. Aber sobald dieses Wahrnehmungslernen abgeschlossen ist, kann die Tiefenwahrnehmung direkt auf der Basis der eintreffenden Reize geschehen.

In einer gewohnten Umgebung unter optimalen Wahrnehmungsbedingungen (viel Licht zum Sehen), scheint die Wahrnehmung direkt und automatisch zu funktionieren. Um die andere Seite der Wahrnehmung - die aufbauende, aktive Seite - zu sehen, muß man nur die Bedingungen ungünstig gestalten (schwaches Licht oder sehr leise Töne) und ungewohnte sowie mehrdeutige Reize benutzen. Ein gutes Beispiel ist Harald Loschkes Wahrnehmung eines UFOs am Anfang des Kapitels. Sind die Bedingungen schlecht, erlangen die Konstruktionsprozesse mehr Bedeutung und füllen die Lücken mit dem bestmöglichen Wissen darüber aus, was der Reiz sein könnte. So täuscht man das Wahrnehmungssystem am besten: (1) Man bereitet das System darauf vor, bestimmte Dinge zu erwarten (Schlangen oder UFOs oder Wild), und (2) erschwert man das Sehen (schwaches Licht oder obskure Erscheinung im Gebüsch). Und siehe da, man nimmt im Gebüsch ein Reh wahr, wo sich keins befindet, eine Schlange im Unterholz, bei der es sich in Wirklichkeit um einen Stock handelt, oder ein UFO-Raumschiff, das sich als ein Polizeihelikopter mit einem Suchlicht erweist.

Wahrscheinlich arbeiten bei den menschlichen Wahrnehmungen sowohl "top-down"- als auch "bottom-up"-Prozesse ununterbrochen und gleichzeitig. Einen Prozeß anzunehmen und den anderen auszuschließen, wie es Theoretiker manchmal tun, ist einfach eine zu simple Sicht der Wahrnehmung. Bei der Behandlung dieses Themas soll versucht werden, durchgängig Beispiele für beide Arten von Prozessen aufzuzeigen.

Organisationsprozesse bei der Objektwahrnehmung

Wir haben bisher betrachtet, wie das Wahrnehmungssystem die individuellen Merkmale von Objekten analysiert und wahrnimmt. Unter den meisten Umständen ist uns dieser Merkmalsentdeckungsprozeß nicht bewußt. Wir nehmen eher Kenntnis von ganzen Objekten und Beziehungen zwischen Objekten. Die Wahrnehmung ganzer Objekte muß auf der Wirkung von "top-down"-Organisationsprinzipien basieren, die mit eintreffenden Daten über Merkmale interagieren. Die wichtigsten "top-down"-Prinzipien sind zuerst von den Gestaltpsychologen Anfang dieses Jahrhunderts beschrieben worden.

Das grundlegende Prinzip der Wahrnehmungsorganisation ist die **Prägnanz** oder "gute Gestalt". Dieses Prinzip besagt, daß die Wahrnehmungsprozesse Objekte bilden, indem sie visuelle Elemente auf die einfachste mögliche Art zusammmen gruppieren. Was wird von den beiden Elementen in Abbildung 3-15A, die mit "3" bezeichnet sind, dargestellt? Die meisten Leute würden sagen, daß es zwei Rechtecke sind, eins hinter dem anderen. Das Prinzip der Prägnanz sagt diese Wahrnehmung voraus, weil es einfacher ist, zwei Rechtecke wahrzunehmen, von denen das eine einen Teil des anderen verdeckt, als ein Rechteck mit Ausschnitt wahrzunehmen, wie es in Abbildung 3-15B gezeigt ist. Abbildung 3-16 veranschaulicht einige weitere Gestaltprinzipien: *Nähe*, *Ähnlichkeit* und *Geschlossenheit*.

Manchmal sind die Informationen in einem Reiz mehrdeutig und erlauben keine eindeutige Wahrnehmungsorganisation. Sehen Sie sich den oberen Teil der Abbildung 3-17 an: man kann die Zeichnung entweder als Kaninchen oder als Ente wahrnehmen. Während Ihre Wahrnehmungsprozesse festzustellen versuchen, was davon "besser" ist,

Abbildung 3-15 Tiefenwahrnehmung

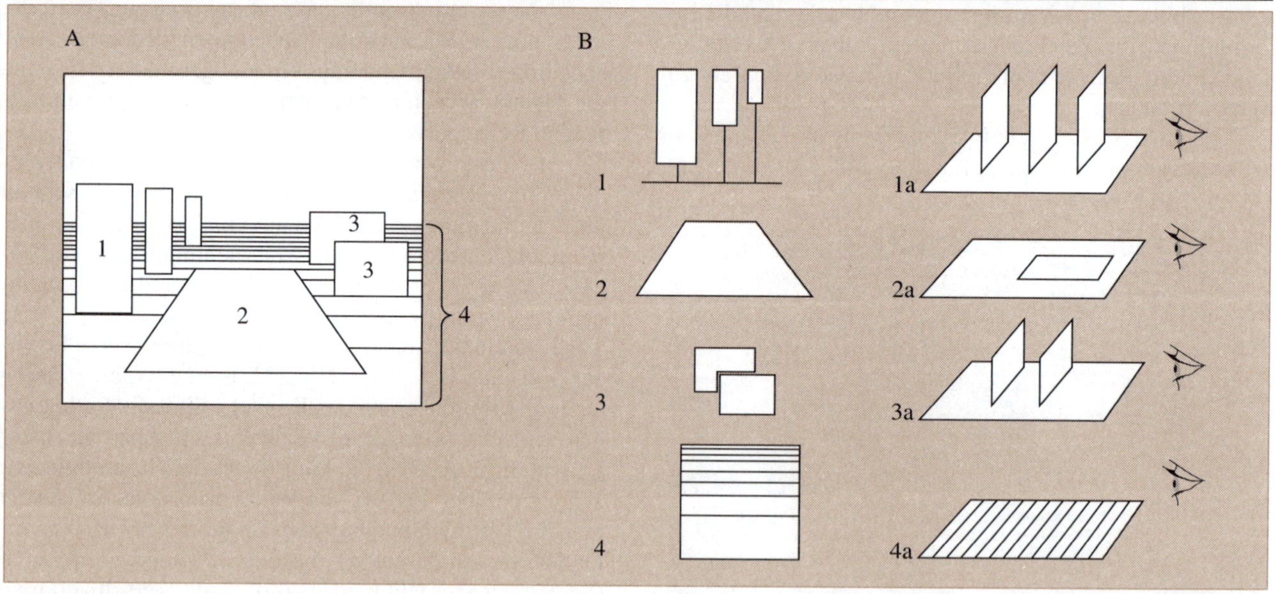

Das Prägnanzprinzip der Organisation wird hier auf die Tiefenwahrnehmung angewendet. (A) ist die Zeichnung einer Oberfläche, die als vom Auge wegführend (in die Tiefe) oder als flache, zweidimensionale Oberfläche gesehen werden kann. Die Teile (A1-A4) stellen monokulare Hinweise (cues) für Tiefe dar. Die drei Säulen von (A1) könnten von (B1) oder (B1a) stammen. Was erscheint einfacher? Bei (A2) könnte die Form ein Trapez (B2) oder ein Quadrat (B2a) sein. Was erscheint einfacher? Bei (A3) könnte dem einen Rechteck eine Ecke fehlen (B3) oder hinter dem vorderen stehen (B3a). Was erscheint einfacher? Bei (A4) könnte die Oberflächentextur zum oberen Teil des Bildes zunehmend feiner werden (B4) oder wegführen (B4a). Was erscheint einfacher? In jedem Fall ergeben sich einfachere Formen der Objekte, wenn man die Bilder dreidimensional auffaßt: die Säulen sind alle gleich groß; das Gebilde auf dem Boden ist gleichförmig; die beiden Rechtecke sind gleich; und die Textur des Bodens ist gleichmäßig. Aus diesen Gründen wird die flache Szene als dreidimensional wahrgenommen, weil das die einfachste Wahrnehmung ist.

wechselt Ihr Erleben der Zeichnung zwischen den beiden Möglichkeiten hin und her. Es scheint nicht möglich, beides - Kaninchen und Ente - gleichzeitig wahrzunehmen. Sobald man andere visuelle Informationen liefert, stabilisiert sich unser Wahrnehmungserlebnis entweder als Kaninchen oder als Ente. Das gleiche trifft auf den unteren Teil der Abbildung zu, den man entweder als junge oder als alte Frau sehen kann. Abbildung 3-17 läßt Sie die Dynamik der Wahrnehmungsprozesse erleben.

Objekte im Raum ausfindig machen

Ein wichtiger Aspekt der Objektwahrnehmung ist die Beziehung von Objekten untereinander und zum Betrachter. Die Fähigkeit, sich die Entfernung und Tiefe von Objekten vorzustellen, wird **Tiefenwahrnehmung** ge-

Abbildung 3-16 Die Gestaltprinzipien

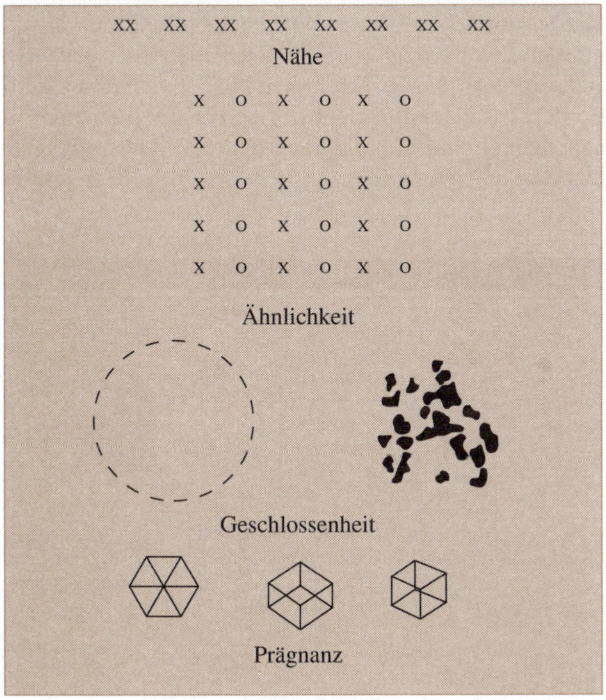

Hier sehen Sie die Darstellung von vier Gestaltprinzipien der Wahrnehmungsorganisation. *Nähe:* Nah beieinander befindliche Elemente werden meistens als Einheit wahrgenommen (Sie sehen 8 XX-Paare, nicht 16 X). *Ähnlichkeit*: Identische oder ähnliche Dinge werden meist als Gruppe wahrgenommen (Sie sehen Spalten von X und O, nicht Reihen von gemischten X und O). *Geschlossenheit*: Unvollständige Figuren werden meistens ausgefüllt (als ganze wahrgenommen). *Prägnanz*: Hat man die Wahl zwischen möglichen Wahrnehmungen, zieht man die einfachste vor (alle drei Figuren können als dreidimensional wahrgenommen werden, aber die erste ist leichter als zweidimensional zu sehen).

Abbildung 3-17 Umkehrbilder

Umkehrbilder demonstrieren überzeugend, daß die Wahrnehmung ein Produkt aus dem Reiz und den internen Konstruktionsprozessen ist. Der Wahrnehmende kann aus den gleichen Daten zwei verschiedene Interpretationen konstruieren und ein umkehrbares oder mehrdeutiges Bild sehen. Das Bild von Kaninchen und Ente in der oberen Zeichnung wurde 1900 vom Psychologen Joseph Jastrow als Beispiel für die Mehrdeutigkeit konkurrierender Schemata benutzt. Ist es ein Kaninchen, sieht das Gesicht nach rechts; ist es eine Ente, sieht das Gesicht nach links. Es ist schwierig, Ente und Kaninchen zugleich zu sehen. Welche beiden Deutungen sind für das untere Bild möglich?

nannt. Um den Eindruck der Tiefe zu gewinnen benötigt unser Wahrnehmungssystem zwei Datenquellen: (1) Informationen aus dem Netzhautbild jedes Auges allein (monokulare Tiefenhinweise) und (2) Informationen, für die beide Augen gleichzeitig nötig sind (binokulare Tiefenhinweise).

Die wichtigsten **monokularen Tiefenhinweise** sind teilweise Überlappung, Größe, Schattierung (anhaftende und auf das Objekt geworfene Schatten), Texturgradienten, lineare Perspektive und parallaktische Verschiebung. Abbildung 3-18 stellt einige dieser Hinweise dar. Die **parallaktische Verschiebung** ist die scheinbare Bewegung von Objekten, die dann entsteht, wenn man den Kopf hin- und herbewegt. Schaut man aus dem seitlichen Fenster eines fahrenden Zuges oder Autos, scheinen sich entfernte Objekte langsam zu bewegen und nähere Objekte schneller. Die scheinbare Bewegung dieser Objekte, die durch ihre verschiedenen Entfernungen verursacht wird, wird als parallaktische Verschiebung bezeichnet. Unser visuelles System reagiert auf diese Bewegung sehr empfindlich, und nur eine geringe Menge ist nötig, um Informationen über den Tiefeneindruck von Objekten zu liefern.

Die lineare Perspektive ist das scheinbare Zusammenlaufen paralleler Linien, wie Bahnschienen oder gepflügte Ackerfurchen, was zu einem starken Tiefeneindruck führt. Berücksichtigt man auch noch einen Texturgradienten - je näher Dinge sind, um so grober ist ihre Textur -, erhält man den starken Tiefeneffekt, der in diesem Bild gezeigt wird.

Abbildung 3-18 Monokulare Tiefenhinweise

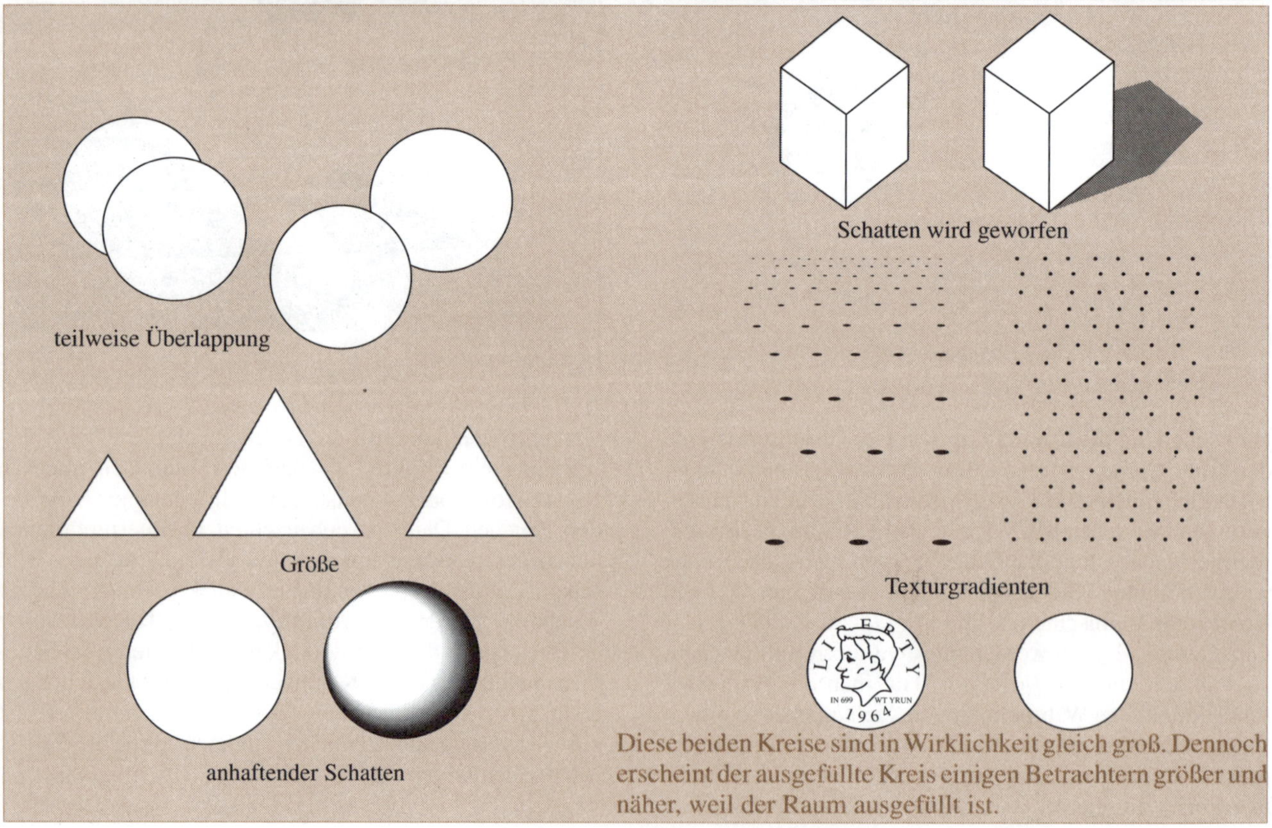

Wenn Objekte relativ nah am Auge sind, gibt es zwei physiologische Hinweise auf die Tiefe: (1) **Akkommodation** - die Form der Linse des Auges wird durch Muskeln verändert, um das Bild auf der Retina scharf einzustellen und (2) **Konvergenz** - die Ausrichtung der Augäpfel wird durch Muskeln verändert, um jedes Auge direkt auf den Gegenstand gerichtet zu halten. Unsere Empfindlichkeit auf diese Muskelveränderungen dient als ein Hinweis auf die Tiefe, aber nur für Objekte, die sich innerhalb ein bis zwei Meter vor unseren Augen befinden.

Die anderen monokularen Tiefenhinweise wurden im 15. Jahrhundert von italienischen Künstlern der Renaissance entdeckt, die sie nutzten, um dreidimensionale Szenen auf einer flachen Leinwand zu malen. Bei richtiger Nutzung der monokularen Hinweise kann ein Künstler einen bemerkenswert realistischen dreidimensionalen Tiefeneffekt erreichen. Moderne Künstler, wie Maurits Escher, waren in der Lage, auf ebenen Oberflächen Bilder von "unmöglichen" Objekten zu zeichnen, indem sie die Tiefenhinweise, die unsere Wahrnehmungsprozesse verwenden, raffiniert ausnutzen (siehe Fundgrube 3-2 und Abbildung 3-19).

Die binokularen Informationen über Tiefe basieren auf der Tatsache, daß die beiden Augen im Kopf auf gleicher Höhe liegen aber voneinander getrennt sind. Jedes Auge betrachtet die Umgebung aus einer etwas anderen Position, und daher fällt das Netzhautbild jedes Objekts auf leicht unterschiedliche Stellen der beiden Netzhäute. Der Unterschied in der Netzhautposition des Abbildes eines Gegenstandes im linken und rechten Auge wird als **Disparität (Verschiedenheit) der Netzhautpunkte** bezeichnet. Objekte in verschiedenem Abstand rufen eine unterschiedlich starke Disparität hervor und je weiter ein Objekt entfernt ist, desto weniger Disparität tritt auf. Es gibt Mechanismen im Gehirn, wahrscheinlich im visuellen Kortex, die für die Disparität der Netzhautpunkte empfindlich sind. Diese Disparitätsdetektoren sammeln Informationen über Unterschiede der Netzhautpunkte, die das System benutzt, um den Tiefeneindruck zu bewirken.

Wenn man ein Gemälde oder Foto anschaut, gleichen

FUNDGRUBE 3-2

Unmögliche, aber wahrnehmbare Formen

Psychologen und Künstler waren beim Zeichnen von Formen, deren Komponenten unmögliche Beziehungen haben, besonders erfinderisch. Abbildung 3-19 veranschaulicht drei davon. Keine dieser Zeichnungen ließe sich in einen dreidimensionalen Gegenstand zum Anfassen verwandeln. Aber sie sind interessant, weil sie den Betrachter täuschen, wenn er sie als normale zweidimensionale Zeichnungen sieht.. In Wirklichkeit werden wir natürlich nicht getäuscht. Wir erkennen die Zeichnungen als unmöglich. Aber das ist schwer, denn die Informationen sind sehr konsequent, wenn man eine beliebige Stelle der Zeichnungen ansieht. Es ist, als ob wir aufgrund eines Blickes eine bestimmte Erwartung in bezug auf die Zeichnung aufbauen, und wenn wir die Augen auf eine andere Stelle richten, entspricht sie nicht unseren Erwartungen. Obwohl es bis heute nicht gänzlich geklärt ist, wie diese Zeichnungen wahrgenommen werden, haben wir wohl wieder einen Fall, in dem unsere Erwartungen wichtig dafür sind, was wir wahrnehmen und wie wir es konstruieren müssen. Wird diesen Erwartungen nicht entsprochen, dann werden wir getäuscht.

Abbildung 3-19 Zweidimensionale Zeichnungen unmöglicher dreidimensionaler Formen

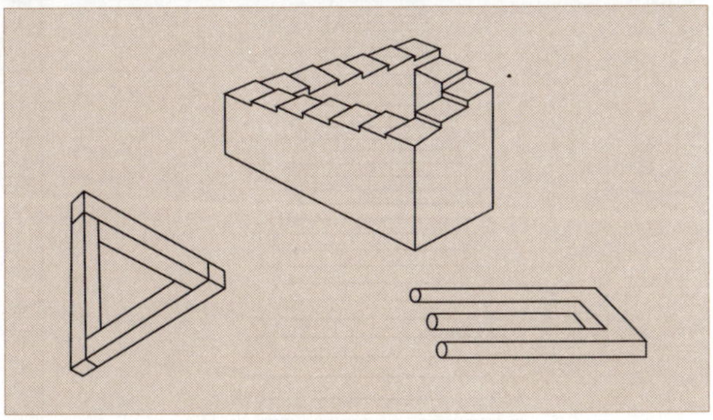

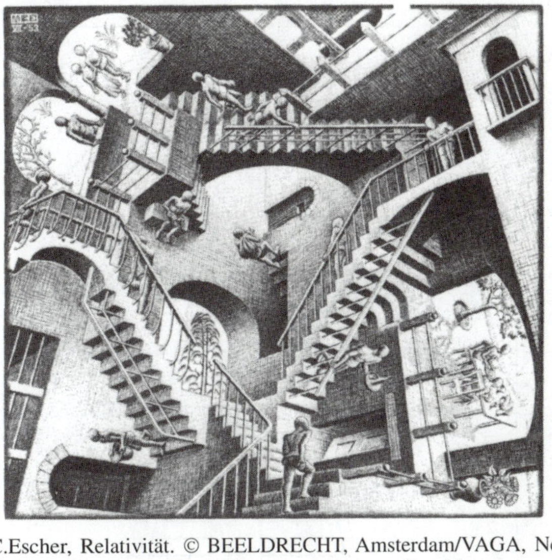

M.C.Escher, Relativität. © BEELDRECHT, Amsterdam/VAGA, New York 1982. Sammlung Haags Gemeentemuseum - Den Haag.

die stereoskopischen Vorgänge die monokularen Tiefenhinweise aus, indem sie Informationen liefern, wonach die Szene "eigentlich" eine flache Oberfläche ist. Das Erleben der Tiefe kann beträchtlich verstärkt werden, wenn man Gemälde und Fotos mit einem Auge betrachtet (um dreidimensionales Sehen auszuschalten) und den Kopf sehr ruhig hält (um die parallaktische Verschiebung auszuschalten). Auf diese Weise betrachtet, erzeugen viele Gemälde und Fotos überraschend realistische Tiefenerlebnisse. Der beste Trick, die Wahrnehmungsprozesse zu täuschen besteht darin, alle monokularen und binokularen Hinweise zusammenzufassen, wie es bei einem 3-D-Film geschieht. Unter diesen Umständen ist das innere Abbild den Umständen im wirklichen Leben so ähnlich, daß wir uns täuschen lassen. (Fliegende Gegenstände wirken im 3-D-Film so realistisch, daß sich Besucher oft bücken, um nicht getroffen zu werden).

Wahrnehmungskonstanz und optische Täuschung

Eine sehr beeindruckende Fähigkeit unserer Wahrnehmungsprozesse besteht darin, eine stabile interne Repräsentation von Gegenständen aufrecht zu erhalten, obwohl der physikalische Reiz sich dauernd verändert. Das Wahrnehmungssystem zeigt über fast alle physikalischen Dimensionen Konstanz. Die **Helligkeitskonstanz** z.B. ist die Wahrnehmung konstanter Helligkeit, trotz großer Unterschiede in der tatsächlichen Lichtmenge, die von einem Gegenstand reflektiert wird. Kreuz und Pik auf Spielkarten sehen unter der Mittagssonne gerade so schwarz aus wie in einer dunklen Kneipe. Oder nehmen wir die **Formkonstanz**. Die Türen und Fenster sehen rechteckig aus, egal mit welchem Sehwinkel man sie betrachtet. Der obere Teil eines Trinkglases erscheint uns rund, obwohl das Netzhautbild vermutlich elliptisch ist. Die Formkonstanz ist die Fähigkeit, ein gleichbleibendes inneres Abbild der Form eines Gegenstandes aufrecht zu halten, trotz unterschiedlicher Sehwinkel und Entfernungen.

Größenkonstanz ist die Fähigkeit der Wahrnehmungsprozesse, ein Objekt in gleicher Größe darzustellen, auch wenn sein Netzhautbild sich drastisch verändert. Betrachten Sie die beiden Teile der Abbildung 3-20. Die Figur im linken Bild steht 3 Meter vom Betrachter entfernt. In der rechten Zeichnung ist die gleiche Figur 15 Meter entfernt. Mißt man mit einem Lineal die Größe des Bildes der Figur links, stellt man fest, daß sie fünfmal so groß ist wie die Figur rechts. Diese Zeichnungen ahmen das Netzhautbild des Beobachters unter zwei Sehbedingungen nach. Das Netzhautbild der entfernteren Figur beträgt ein Fünftel des Netzhautbildes der näheren Figur. Und doch sieht die linke Figur selbst in der Zeichnung nicht fünfmal größer aus als die rechte. Die Größe der beiden Figuren bleibt trotz der Veränderungen der Größe des Netzhautbildes unverändert. Wir "wissen", daß der Junge gleich groß bleibt. Dieses Wissen, das auf unserem inneren Abbild beruht, spielt bei der Größenkonstanz eine Rolle.

Was ist die Grundlage dieser Fähigkeit? Unser Wissen gehört sicher zum Teil dazu, jedenfalls für bekannte

Abbildung 3-20 Größenkonstanz

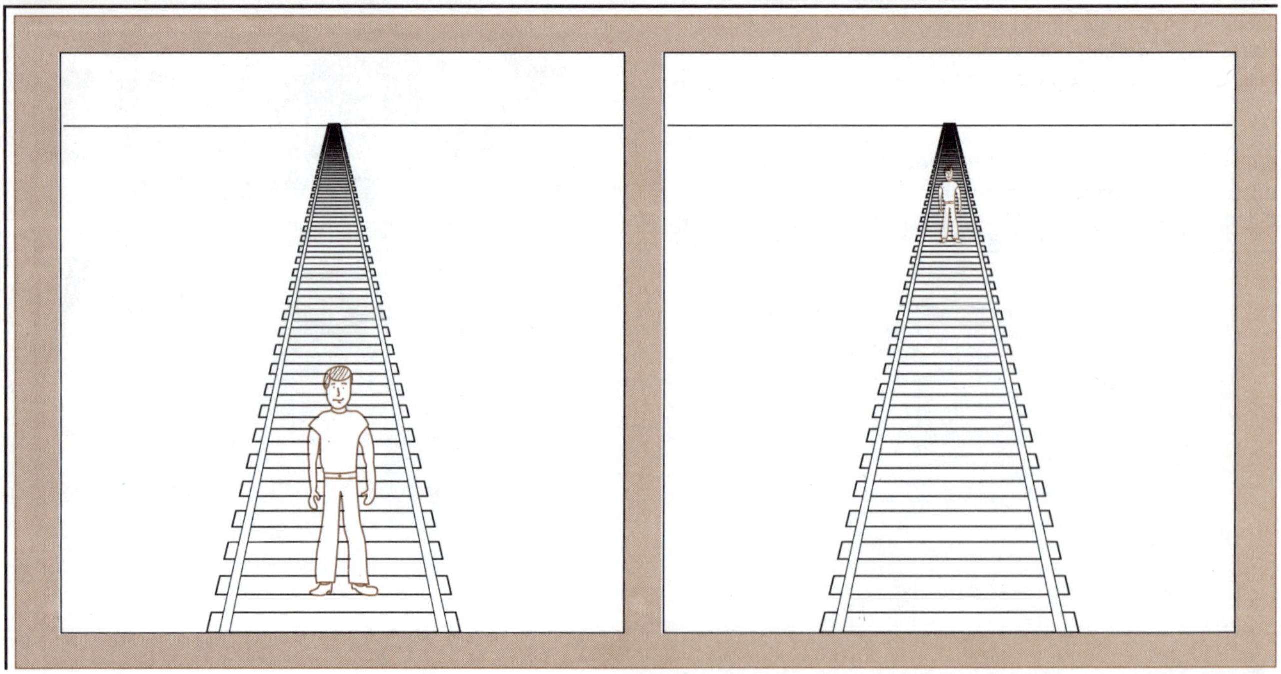

Abbildung 3-21 Verarbeitung von binokularer und monokularer Information

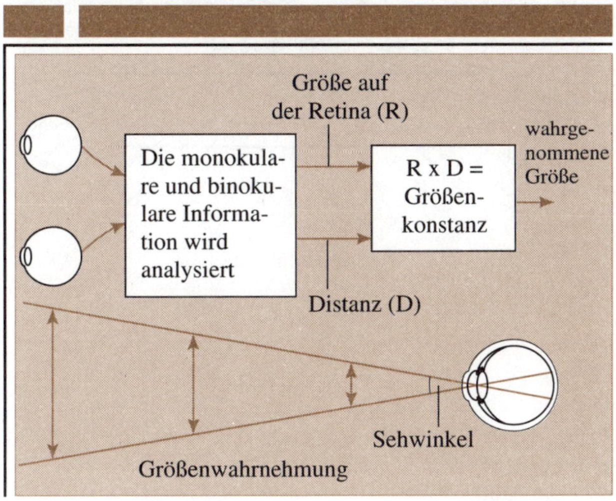

Seit Jahrhunderten wußten Maler die Illusion von Tiefe zu schaffen, indem sie die monokularen Tiefenhinweise manipuliert haben. Hier ist ein Beispiel unserer Tage, geschaffen von Bill Reed und Chris Pielek aus Rockford, Illinois. Die beiden Maler hatten sich entschlossen, ihrem Vorgesetzten, der in Urlaub war, einen Streich zu spielen. Sie verbrachten das ganze Wochenende damit, ein Bild zu malen, um den Eindruck zu erwecken, drei Kollegen befänden sich durch ein defektes Baugerüst in Lebensgefahr. Sie benutzten Malerkollegen als Modelle für die vorläufige Skizze. Mit dieser realistischen Darstellung brachten sie sogar den Verkehr zum Erliegen, bis Behörden und die Maler das Mißverständnis aufklärten.

Dinge wie Menschen, aber es ist für die Größenkonstanz nicht nötig. Experimente mit ungewohnten Objekten als Testreizen haben gezeigt, daß unsere Wahrnehmungsprozesse bei so großen Entfernungen wie z.B. 1200 Metern einigermaßen genaue innere Abbilder der wahren Größe von Objekten herstellen können! Wie können Wahrnehmungsprozesse so genau arbeiten?

Die Größenkonstanz erfordert zwei getrennte Vorgänge, die in Abbildung 3-21 dargestellt sind. Ein Prozeß untersucht die Größe des Netzhautbildes, der andere rechnet aus, wie weit das Objekt entfernt ist. Wie im unteren

Dadurch daß unser Wahrnehmungsapparat die Entfernung und die Größe des Netzhautbildes berücksichtigt, können wir die Personen im Vordergrund, in der Mitte und im Hintergrund zutreffend als ungefähr gleich groß wahrnehmen. Dieses Phänomen wird Größenkonstanz genannt.

Teil von Abbildung 3-21 gezeigt wird, bestimmt nicht die Größe des Netzhautbildes allein die tatsächliche Größe eines Objekts, man muß auch die Entfernung vom Beobachter kennen. Vermutlich läuft der Beurteilungsprozeß so ab, daß die geschätzte Größe des Netzhautbildes mit der geschätzten Entfernung des Objektes multipliziert wird. Das Ergebnis dieser Berechnung ist der Bezugsrahmen für die wirkliche Größe in der internen Repräsentation des Objekts.

Eine wichtige Eigenschaft des Modells aus Abbildung 3-21 ist, daß die Genauigkeit der abgebildeten Größe nur so gut wie die Genauigkeit der Schätzungen der Größe des Netzhautbildes und der Entfernung des Objektes ist. Die Größe des Netzhautbildes wird genau registriert, weil es direkt auf der Netzhaut vorhanden ist. Aber die Schätzung der Entfernung des Objekts ist eine andere Sache und hängt von der Qualität der monokularen und binokularen Tiefenhinweise ab. Wenn man den Mechanismus mit einem "Trick" dazu bringen könnte, die Entfernung des Objektes ungenau zu schätzen, dann wäre die Wahrnehmung der Größe des Objekts ebenfalls ungenau.

Viele optische Täuschungen führt man auf die Größenkonstanz-Mechanismen zurück, wenn falsche Entfernungsinformationen im Spiel sind. Die bekannteste Täuschung, die die Menschen seit Jahrhunderten fasziniert, ist die Mondtäuschung. Der Mond erscheint am Horizont wesentlich größer, als wenn er oben am Himmel steht. Dies ist weder optisch noch physikalisch erklärbar, es ist ein Wahrnehmungseffekt. Untersuchungen haben gezeigt, daß Versuchspersonen die Objekte in der Nähe des Horizonts als weiter entfernt beurteilen als Objekte über sich. Die Schätzung der Entfernung des Mondes hängt also von seiner Lage am Himmel ab. Wenn der Mond am Horizont steht, schätzt der Wahrnehmungsapparat ihn 2,5 bis 4,0mal weiter entfernt ein, als wenn er über einem steht. Als Konsequenz berechnet der Größenkonstanzmechanismus eine geschätzte "wahre" Größe, die für den Mond am Horizont 2,5 bis 4,0mal größer ist als für den Mond hoch am Himmel.

Optische Täuschungen haben Psychologen fasziniert, denn wenn man sie verstünde, könnte man auch die normale Funktion des visuellen Apparates besser einschätzen. In Abbildung 3-22 werden vier Sinnes- oder optische Täuschungen gezeigt, die auf vermutlich sehr ähnliche Weise wie die oben behandelte Mondtäuschung entstehen - durch die Falschanwendung von Entfernungshinweisen. In der Ponzo-Täuschung sind die beiden waagerechten Linien tatsächlich gleich lang, obwohl die obere länger erscheint. Die Größenkonstanz legt nahe, daß unser Wahrnehmungsapparat schätzt, daß die obere Linie weiter entfernt ist als die untere (vor allem wegen der perspektivischen Hinweise), und somit erscheint die obere Linie als länger (obwohl die beiden Linien ein gleich großes Netzhautbild haben). Können Sie sich ähnliche Erklärungen für die anderen Täuschungen in Fundgrube 3-3 denken?

Abbildung 3-22 Optische Täuschungen

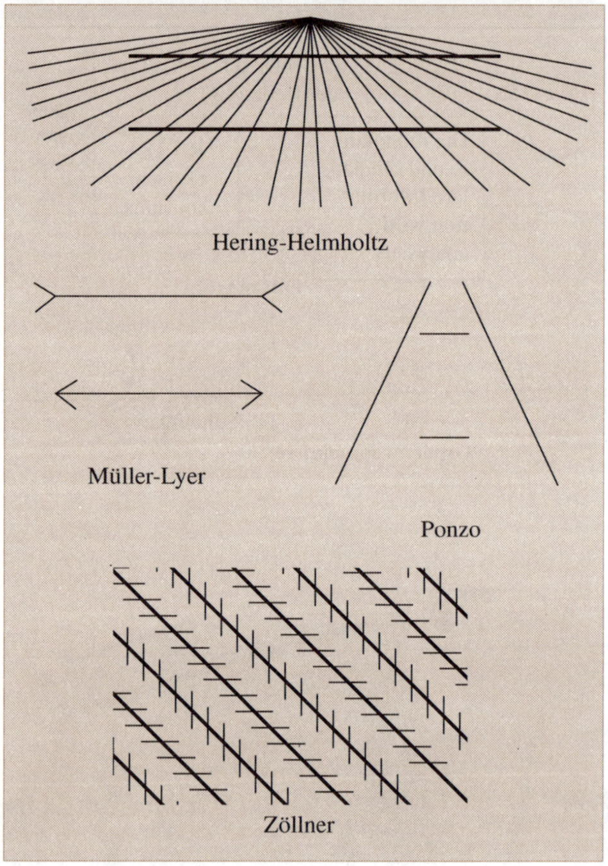

Vier verschiedene optische Täuschungen, von denen man annimmt, daß sie durch eine "Falschanwendung" von Entfernungshinweisen entstehen.

AUDITIVE EMPFINDUNGSVERARBEITUNG

Obwohl unsere genauesten Informationen über Objekte von der visuellen Wahrnehmung stammen, tragen die auditiven Prozesse viele wichtige Informationen zu unserem inneren Abbild der Außenwelt bei. Da viele der Prinzipien beim Hören denen beim Sehen ähnlich sind, werden wir die auditive Wahrnehmung kürzer behandeln.

Die physikalischen Eigenschaften des auditiven Reizes

Die Luft um uns herum setzt sich aus verschiedenen Molekülen zusammen. Schallwellen sind Störungen im normalerweise gleichförmigen Druck dieser Moleküle und werden durch vibrierende Objekte verursacht. Wenn

FUNDGRUBE 3-3

Subjektive Konturen

Abbildung 3-23

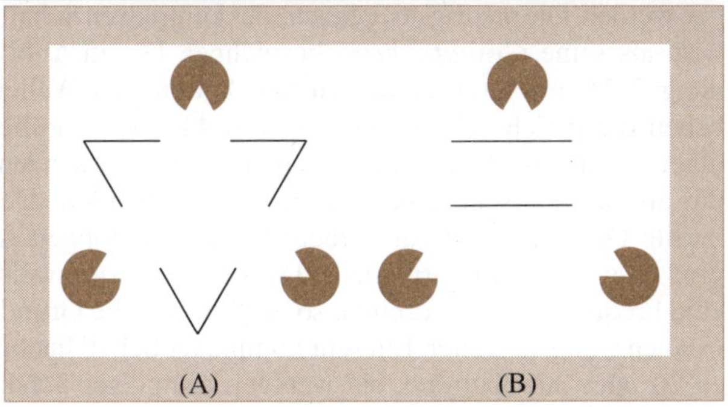

Diese beiden Abbildungen veranschaulichen das als subjektive Konturen bezeichnete Phänomen. Drei "pac-men" (Figuren aus einem Videospiel; die unvollständigen Kreise im Bild), richtig angeordnet, bewirken die Illusion eines Dreiecks. Wir sehen Konturen (Umrisse oder Kanten einer Figur), die physikalisch nicht vorhanden sind. Sie werden subjektive Konturen genannt. In Feld (A) erscheint das weiße Dreieck sogar weißer als der weiße Hintergrund. Feld (B) zeigt, daß subjektive Konturen die gleichen Wahrnehmungseffekte wie echte Konturen haben können. Die Ponzo-Täuschung wird mit den gleichen subjektiven Konturen geschaffen, die in Feld A benutzt werden. Im allgemeinen verdeutlichen subjektive Konturphänomene sehr drastisch den massiven Effekt der "top-down"-Verarbeitung, die mit eintreffenden Daten interagiert, um bedeutungsvolle, ganzheitliche Wahrnehmungen der Welt zu schaffen. Walter S. Pritchard von der Southeast Missouri State University und Joel Warm von der University of Cincinnati haben kürzlich Belege für die Wichtigkeit der "top-down"-Verarbeitung bei der Wahrnehmung von subjektiven Konturen vorgelegt.

das vibrierende Objekt (z.B. der Konus im Lautsprecher Ihres Radios) sich hin- und herbewegt, drückt es die Luft um sich herum abwechselnd zusammen und verdünnt sie. Diese Wellen von Zusammendrücken und Verdünnen verbreiten sich dann mit einer Geschwindigkeit von etwa 331 Metern pro Sekunde (1191,6 km pro Stunde).

Der einfachste Schall ist der Schall, der von einer Stimmgabel erzeugt wird. Solch ein Schall wird als reiner oder *einfacher Ton* bezeichnet, und seine Wellenform wird unten in Abbildung 3-24 gezeigt. Die Zeit, die ein Schall für einen Zyklus von Zusammendrücken und Verdünnung benötigt, wird seine *Periode* genannt. Ein bekannterer Weg, um den zeitlichen Aspekt von Schall auszudrücken, ist die *Frequenz* - die Anzahl von Zyklen in einer Sekunde. Wir können Schall in der Frequenz von 20 Zyklen pro Sekunde (abgekürzt Hz für Hertz) bis hoch zu 20.000 Hz wahrnehmen. Ein zweiter Aspekt des reinen Tons ist seine *Amplitude*, die in Druckeinheiten ausgedrückt wird: Dyn pro Quadratzentimeter. Unter idealen Bedingungen kann man Veränderungen des Druckes von etwa 0,0002 Dyn/cm^2 hören. Der stärkste Schalldruck, den wir ohne Ohrschäden hören können, beträgt etwa 200 Dyn/cm^2, ein Druckunterschied von 1 Million zu 1. Um die Benutzung sehr kleiner Zahlen (wie oben) zu umgehen, wird die Schallamplitude normalerweise durch eine logarithmische Transformation in **Dezibel** (dB) umgewandelt. Die niedrigste hörbare Amplitude beläuft sich auf 0 dB, und die höchste Amplitude vor dem Einsetzen von Schmerz und Hörschäden liegt bei etwa 120 dB. Abbildung 3-25 nennt die Amplitude gewöhnlicher Geräusche in Dezibel.

Der einfache Ton unten in Abbildung 3-24 wird wegen der mathematischen Beschreibung seiner Form als *Sinuswellenton* bezeichnet. Die meisten in der Natur vor-

Abbildung 3-24 Einfache und komplexe Töne

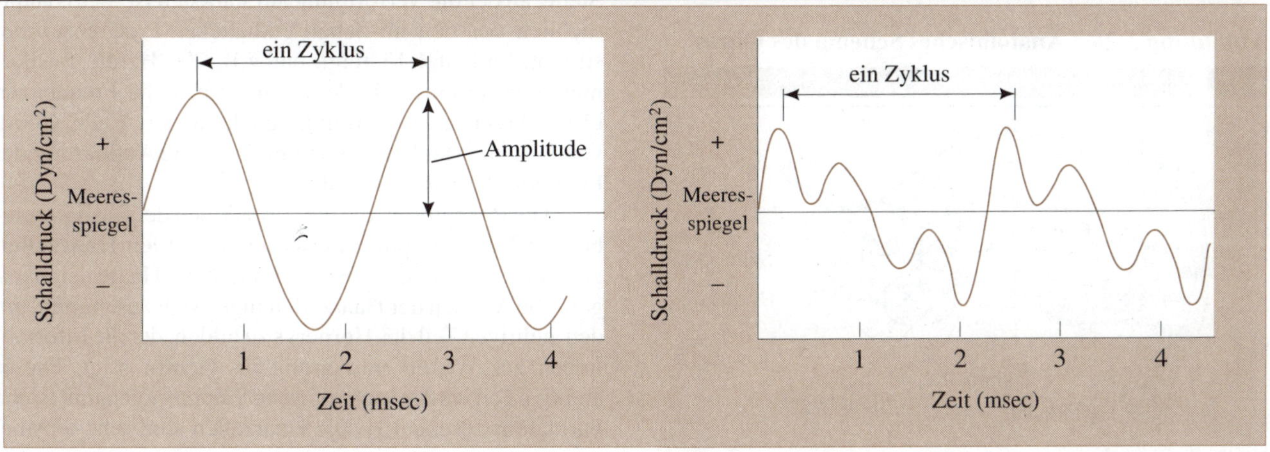

Abbildung 3-25 Die Dezibelskala

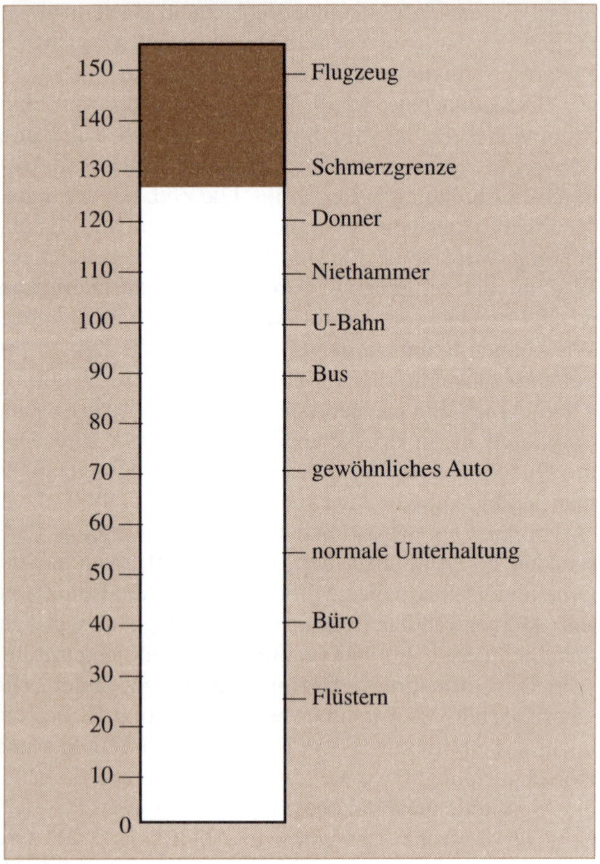

Die Abbildung zeigt die Intensität verschiedener bekannter Geräusche in Dezibel (dB). Der Schall der Mondrakete Saturn V beim Abheben, an der Abschußrampe gemessen, betrug etwa 180 dB. Ratten gehen ein, wenn sie andauernd 150 dB ausgesetzt sind.

Abbildung 3-26 Anatomisches Schema des Ohres

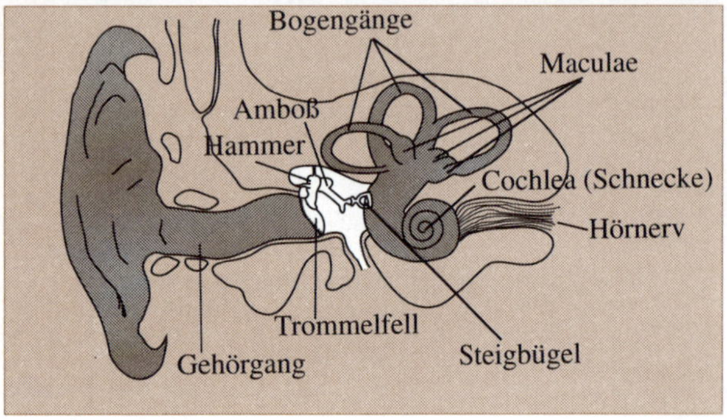

kommenden Töne sind jedoch ihrer Form nach keine einfachen Sinuswellen. Die Töne, die von den Stimmbändern und von Musikinstrumenten erzeugt werden, haben z.B. komplexe Wellenformen, wie die auf der rechten Seite von Abbildung 3-24. Ein komplexer Schall kann als Zusammensetzung vieler einfacher Sinuswellentöne beschrieben werden. Die niedrigste Frequenz des komplexen Schalls wird als seine *Grundfrequenz* bezeichnet. Die in Abbildung 3-24 gezeigten einfachen und komplexen Wellen haben die gleiche Grundfrequenz von 440 Hz. Darüber hinaus beinhaltet der komplexe Schall andere Frequenzen, die als harmonische Obertöne bezeichnet werden. Der zweite Oberton weist eine Frequenz auf, die doppelt so groß ist wie die Grundfrequenz. Der dritte Oberton weist eine Frequenz auf, die dreimal so groß ist wie die Grundfrequenz, und so weiter. Ein sehr komplexer Schall hat bis zu 20 oder 30 Obertöne, ein weniger komplexer Schall dagegen hat nur ein paar. Ein einfacher Ton weist natürlich nur die Grundfrequenz auf.

Das Ohr

Das Ohr ist ein komplexes Organ, das zwei Sinnesfunktionen dient, dem Hören und dem Empfinden der Körperposition. Es hat drei Teile (äußeres, mittleres und inneres Ohr), wie in Abbildung 3-26 gezeigt wird.

Die Hauptfunktion des Hörapparates besteht darin, Schalldruckwellen aus der Luft in Impulse im Hörnerv umzuwandeln. Schall tritt in das *äußere Ohr* ein und bewirkt, daß das Trommelfell so wie der Schall selbst vibriert. Die Vibrationen des Trommelfells werden durch drei Knochen (Knöchelchen) des *Mittelohres* zum *inneren Ohr* übermittelt. Diese Knochen, die kleinsten im menschlichen Körper, werden nach ihrer Form benannt: Hammer, Amboß und Steigbügel.

Das innere Ohr ist eine spiralige Röhre von 34 mm Länge, die nach dem griechischen Wort für Schnecke als **Cochlea** bezeichnet wird. Die Cochlea (Schnecke) ist mit Flüssigkeit angefüllt und der Länge nach durch eine flexible Membran, die **Basilarmembran**, geteilt. Schallvibrationen im inneren Ohr verursachen stehende Wellen, die die Basilarmembran verbiegen und verformen. Die genaue Stelle, an der die Verformung am stärksten ist, wird hauptsächlich von den im Schall enthaltenen Frequenzen bestimmt. Farbtafel 13 zeigt, daß z.B. 200 Hz die Basilarmembran an einem Ende stimulieren, hohe Frequenzen (20.000 Hz) dagegen stimulieren das andere Ende. Georg von Békésy erhielt den Nobelpreis für die Aufklärung der Funktion der Basilarmembran.

Die Rezeptoren, die die Vibrationen der Basilarmembran in Nervenimpulse umwandeln, werden **Haarzellen** genannt, weil an ihrem oberen Ende steife Haare herausragen. Die Axonen der Haarzellen fügen sich zusammen, um den auditiven Teil des Hörnervs zu bilden, der die Informationen zur Weiterverarbeitung ins Gehirn trägt. Dieser auditive Teil wird manchmal *Schneckennerv* genannt (siehe Farbtafeln 10 und 13). Die Haarzellen sind sehr sensibel für das Verforen der Basilarmembran. Verformt sich die Basilarmembran zu stark, wie es bei Schall von über 120 dB geschieht, werden die Haarzellen dauerhaft geschädigt, und es kommt zu einem Hörverlust (siehe “So sieht das in der Praxis aus”)

Schallempfindlichkeit

Unsere Ohren sind nicht für alle Schallfrequenzen gleich empfindlich. Abbildung 3-27 zeigt, wieviel Schalldruck (in Dezibel) nötig ist, um Schall verschiedener Frequenzen wahrzunehmen. Wie schon gesagt, ist die niedrigste Frequenz, die das auditive System in ein Hörerlebnis umwandeln kann, etwa 20 Hz. Die obere Grenze liegt bei 20.000 Hz, wird aber mit dem Alter niedriger. Aus Abbildung 3-27 können Sie entnehmen, daß man zur Wahrnehmung eines Tons von 30 Hz 60 dB benötigt, obwohl man nur 0 dB braucht, um einen Ton von 1000 Hz wahrzunehmen (60 dB ist der 1000fache Druck von 0 dB).

Für Menschen besteht die wichtigste Funktion des Hörens in seiner Rolle bei der sprachlichen Kommunikation. Abbildung 3-27 zeigt die Schalldruckpegel und Frequenzen normaler Unterhaltung. Um Sprache zu verstehen, muß das Ohr in der Lage sein, diese Frequenzen zu hören, jedoch gibt es eine obere Grenze des Schalldrucks, die das Ohr aushalten kann, etwa 120 dB für alle Frequenzen. Dieser Schalldruck verursacht Unbehagen und ein

Abbildung 3-27 Die Druck- und Frequenzbereiche des Hörens

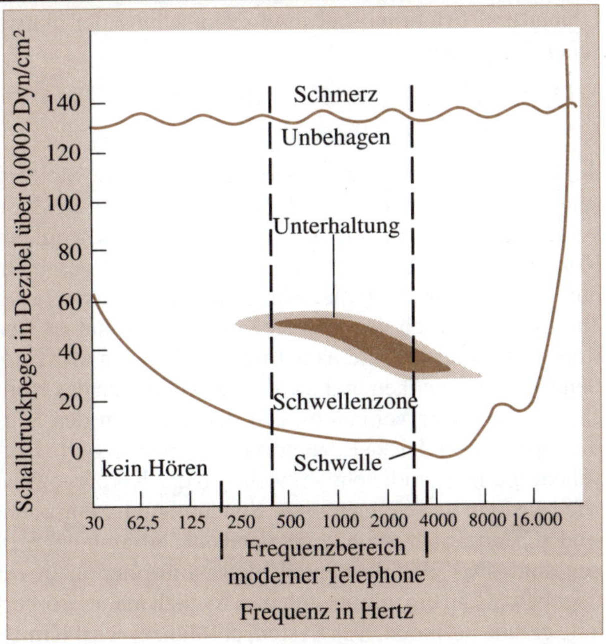

Die untere Kurve zeigt die absolute Hörschwelle im Bereich von 30 bis 16.000 Hz. Diese Schwelle ist der Druck in Dezibel, der benötigt wird, damit ein Ton gerade hörbar ist.

Summen in den Ohren. Oberhalb dieses Druckes riskiert man physischen Schaden für die Ohren. Wenn man einem lauten Ton ausgesetzt war und danach länger als ein oder zwei Sekunden ein Klingeln in den Ohren spürt, war der Ton zu stark und damit gefährlich.

Psychologische Dimensionen des Hörerlebnisses

Hörerlebnisse unterscheiden sich in drei psychologischen Dimensionen - Lautstärke, Tonhöhe und Klangfarbe. Das Erleben von Lautstärke beschreibt man mit Wörtern wie *laut* und *leise* und bei Musik mit *forte*, *fortissimo*, *pianissimo* und *piano*. Die Lautstärke eines Tons hängt nicht nur von seiner physikalischen Intensität ab, sondern auch von seiner Frequenz und Komplexität. Wie Sie in Abbildung 3-27 sehen können, ist ein Ton von 30 dB deutlich hörbar, wenn seine Frequenz 1000 Hz beträgt, aber er ist nicht hörbar, wenn seine Frequenz 125 Hz beträgt.

Die zweite psychologische Dimension des Schallerlebnisses ist die **Tonhöhe**, die in erster Linie von der physikalischen Dimension der Frequenz abhängt. Die Tonhöhe ist die Eigenschaft, die durch Wörter wie *hoch* und *niedrig* beschrieben wird. Tonleitern werden aus Tönen unterschiedlicher Tonhöhen gebildet, die in aufsteigender Reihe angeordnet sind. Stimmungsvolle Töne werden als Musik bezeichnet. Andere Töne, wie z.B. das Rascheln von Laub, wirken nicht in diesem Sinne stimmungsvoll und werden deshalb nicht als Musik bezeichnet. Komplexe Töne, die eine Grundfrequenz und eine Anzahl von Obertönen enthalten (Abbildung 3-24), verursachen einen ausgeprägten Gehörseindruck, der der Grundfrequenz des komplexen Tons entspricht. Vier Töne - alle mit der gleichen Grundfrequenz von z.B. 440 Hz, aber unterschiedlich bezüglich der Anzahl und Intensität ihrer Harmonien - werden als Töne mit gleicher Tonhöhe wahrgenommen.

Die Tonhöhe wird im Ohr auf zwei Arten kodiert: (1) für niedrige Frequenzen unter etwa 400 Hz ist die Rate neuraler Impulse direkt proportional zur Frequenz des Tons; und (2) für höhere Frequenzen verändert sich die Stelle auf der Basilarmembran, die maximal gereizt wird, mit der Frequenz.

Die dritte wichtige psychologische Dimension des Schalls ist die **Klangfarbe**. Die Klangfarbe ist das psychologische Erlebnis, das es ermöglicht, zwischen Klängen mit gleicher Lautstärke und Tonhöhe zu unterscheiden. Die Klangfarbe erlaubt es uns, zwischen einer Oboe und einer Violine zu unterscheiden, selbst wenn sie die gleiche Note mit gleicher Lautstärke spielen. Die Klangfarbe ist eine qualitative Dimension, die mit der Sprache nicht gut wiedergegeben werden kann. Manche Töne werden als *nasal* beschrieben, und andere sind *klangvoll* oder *kräftig*.

Das Erleben von Klangfarbe hängt hauptsächlich von der physikalischen Komplexität des Klangs ab, d.h. der Anzahl und Intensität seiner Obertöne. Ein einfacher Sinuswellenton klingt im Vergleich mit einem Orgelton fade und leblos. Sie enthält viele Obertöne, aber der einfache Ton hat lediglich seine Grundfrequenz.

Räumliche Lokalisierung

Das auditive System hilft dabei, Objekte im Raum zu lokalisieren, indem es die Anordnung der Ohren auf gegenüberliegenden Seiten des Kopfes ausnutzt. Wegen dieser Trennung der Ohren reizt eine Schallquelle, die nicht geradeaus vor uns liegt, die beiden Ohren mit etwas unterschiedlichen Intensitäten und mit einer etwas unterschiedlichen Ankunftszeit. Ist ein Schall links lokalisiert, erhält das linke Ohr eine intensivere Reizung als das rechte, das im "Schatten" des Kopfes liegt. Darüberhinaus erreicht der Schall das linke Ohr etwas früher als das rechte.

Foto: Dietrich Skrock

Extreme Schallamplituden können die Ohren dauerhaft schädigen und die Hörfähigkeit beeinträchtigen. Dies ist leider bei Schlagzeugern, Gitarristen (erinnern Sie sich an Vic Vengeance?) und Fabrikarbeitern gar nicht so selten.

Der Wahrnehmungsmechanismus, der die Zeitverzögerung zwischen den beiden Ohren mißt, ist so empfindlich, daß er einen Unterschied von nur 5 Mikrosekunden (0,000005 sec) zuverlässig wahrnehmen kann! Die Kombination von Intensitäts- und Zeitunterschied zwischen den beiden Ohren wird von den auditiven Lokalisierungsmechanismen benutzt, um Schallquellen gezielt links, in der Mitte und rechts auszumachen. Stereophone High Fidelity Aufnahmen benutzen zwei oder mehr Mikrophone, um Klänge von Musikinstrumenten so aufzunehmen, wie die Ohren es an ihrer Stelle täten. Diese beiden Tonspuren werden dann durch zwei Lautsprecher wiedergegeben, und unter idealen Bedingungen nehmen die Ohren der Zuhörer im Wohnzimmer Töne war, die denen bei der Aufnahme gleichen.

Die Lokalisierung von Objekten auf der Basis reflektierten Schalls ist besonders wichtig für Blinde. Blinde lernen aufgrund des Schalls allein, recht genau zu lokalisieren. Ein Experiment zeigte, daß eine blinde Versuchsperson große Hindernisse auf ihrem Weg aus einer Entfernung von 3 oder 5 Metern wahrnehmen konnte. Aber die Fähigkeit einer Blinden, erfolgreich einen Raum mit mehreren Hindernissen zu durchqueren, wird stark vermindert, wenn dort ein Teppich ausliegt (der den Schall von Schritten dämpft) oder Ohrpfropfen getragen werden. Sehende Versuchspersonen, deren Augen verbunden werden, können Objekte nur sehr schlecht lokalisieren, verbessern sich aber durch Übung, was darauf hinweist, daß die Fähigkeit Blinder ein Ergebnis ihrer beträchtlichen Übung und Erfahrung bei ihrer Erforschung der akustischen Umgebung ist.

DIE SINNE FÜR KÖRPERPOSITION UND BEWEGUNG

Sogar mit verbundenen Augen kann man die Stellung seines Körpers im Raum spüren, die jeweilige Position verschiedener Körperteile und die Bewegung sowohl des Körpers als Ganzes als auch seiner Teile. Dies geschieht durch zwei Sinnessysteme. Ein System ist diffus, wie der Tastsinn, der durch den ganzen Körper verbreitet ist. Die Rezeptoren dieses Systems befinden sich in den Muskeln, Sehnen und Gelenken und melden Bewegungen des Knochengerüsts oder Veränderungen der Knochen des Körpers zueinander. Diese Rezeptoren, die spezialisierte Nervenendigungen sind, nehmen wahr, ob das Körpergewebe wie Muskeln und Sehnen unter Spannung oder entspannt sind, d.h. ob sie auseinandergezogen oder zusammengezogen sind. Das Gehirn wandelt diese Information in ein Lagebewßtsein um, d.h. es sagt mir, wo sich meine Körperteile gerade befinden. Das System als Ganzes wird **Kinästhesie** (Bewegungsempfindung, Muskelgefühl) genannt.

Der **Gleichgewichtssinn** arbeitet in Übereinstimmung mit der Kinästhesie und den anderen Sinnen, um die Körperposition im Raum bewußt zu machen. Dieses Sin-

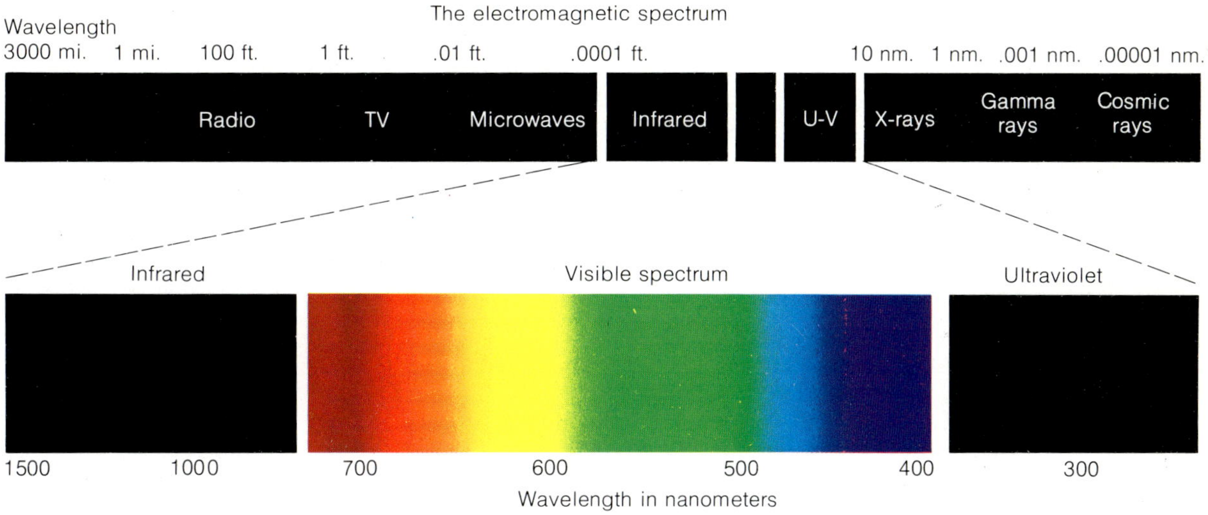

Plate 1 The electromagnetic spectrum The full spectrum of electromagnetic radiation, of which the human eye can see only the narrow band extending from 400 to 700 nanometers in wavelength. A nanometer (abbreviated nm.) is a very small unit of length equivalent to 1/1,000,000,000 meter (a meter is 39.37 inches).

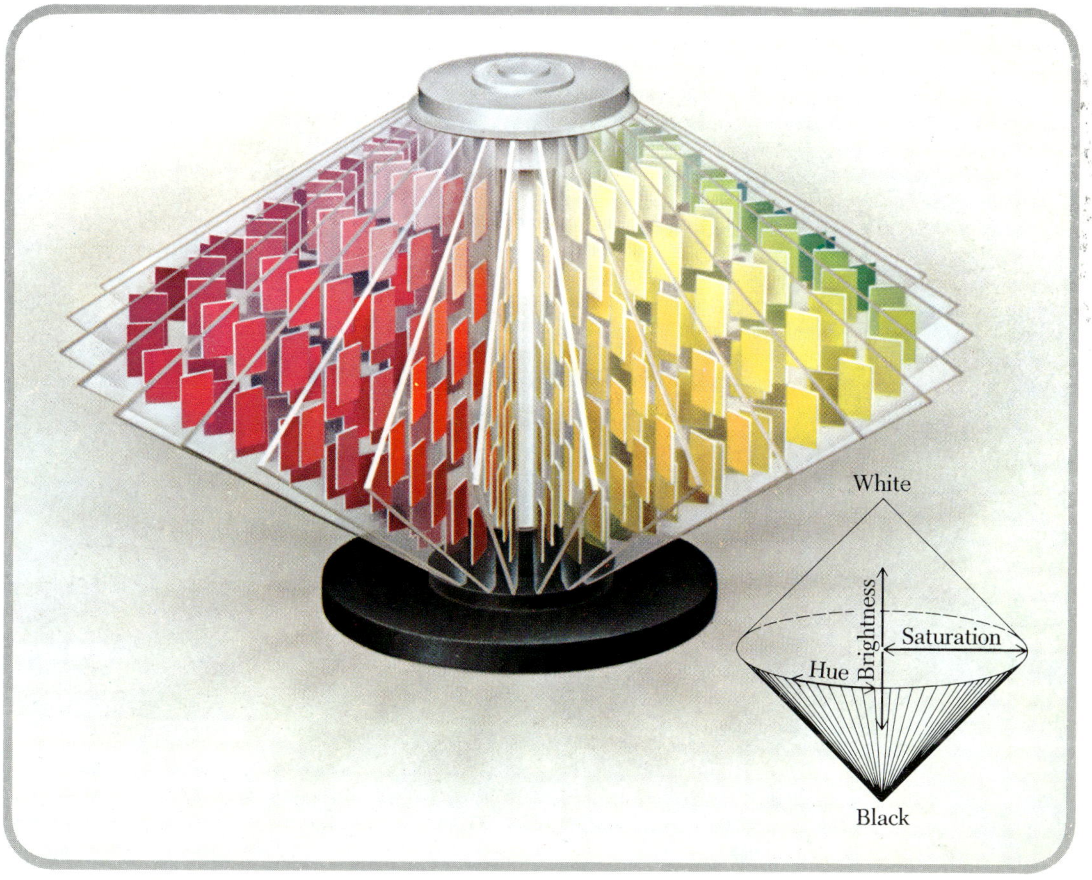

Plate 2 Color solid Three dimensions of color sensitivity—hue, brightness, and saturation—can be seen in this color solid. The gradual change in brightness from black to white along the central axis is illustrated by the diagram.

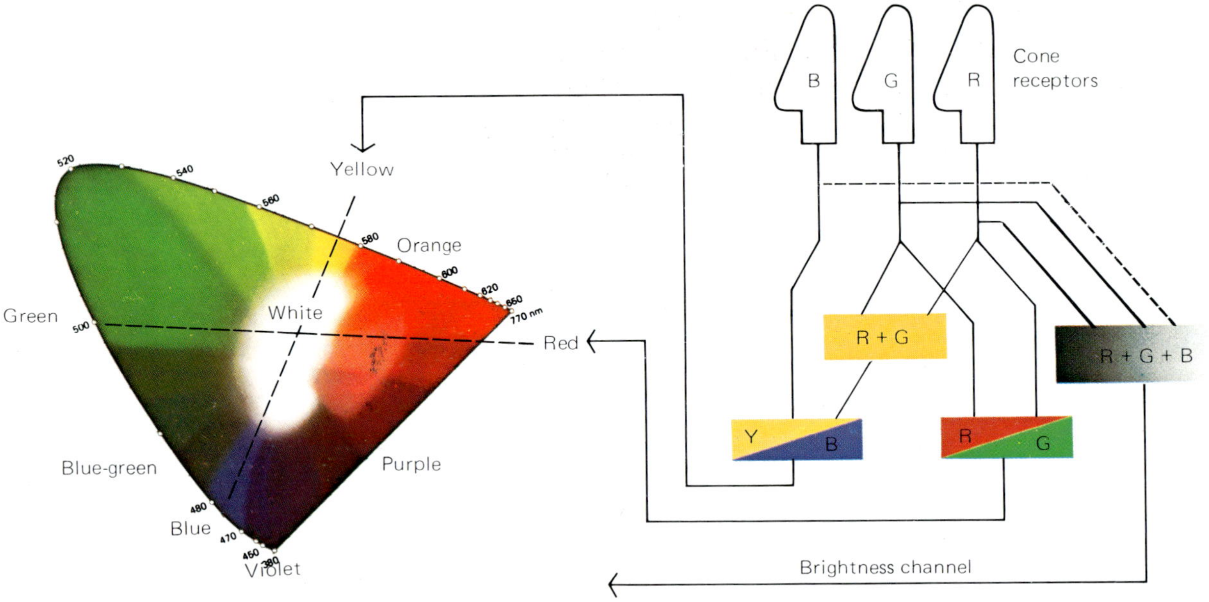

Plate 3 Internal representation of color spectrum The standard chromaticity diagram (left) and its relationship to the internal representation of color experience (right)

Plate 4 Negative afterimage Look steadily for about 20 seconds at the dot inside the blue circle, then transfer your gaze to the dot inside the gray rectangle. Now do the same with the dot inside the yellow circle. What you see is a negative afterimage. Each afterimage is the complementary color of the color you stared at.

Plate 5 Additive color mixture If a *light* of a single wavelength is shined onto a white surface, the perceived color will correspond to that wavelength, because the surface reflects only that wavelength to the eye. Now if two lights of different wavelengths are shined on the surface together, the resulting perceived color will be an *additive* mixture. The surface will reflect both wavelengths, and they will add together to produce a color sensation. As shown in Plate 5, it is possible to produce the complete spectrum of colors by additive mixture if you mix three properly chosen lights in the correct proportions.

Plate 6 Subtractive color mixture In contrast to mixing lights, when paints are combined the resulting perceived color is produced by subtraction. For example, a yellow paint absorbs (subtracts) primarily nonyellow wavelengths. If you mix a yellow paint with a blue paint (which absorbs primarily nonblue wavelengths), the result is a subtraction which leaves wavelengths between yellow and blue, namely green. Plate 6 illustrates how you can produce a variety of colors by subtractive mixture given three appropriately chosen paints.

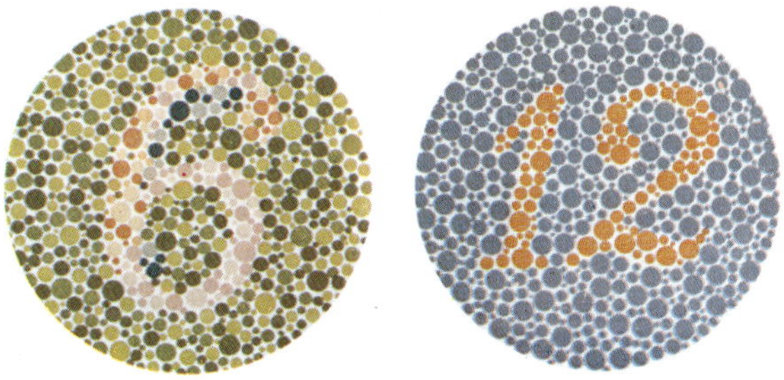

Plate 7 Tests for colorblindness People with normal vision see a number 6 in the left-hand plate, while those with red-green color blindness do not. Those with normal vision see the number 12 in the right-hand plate; those with red-green color blindness may see one number or none. These two illustrations are from a series of 15 color-blindness tests necessary for a complete color recognition examination.

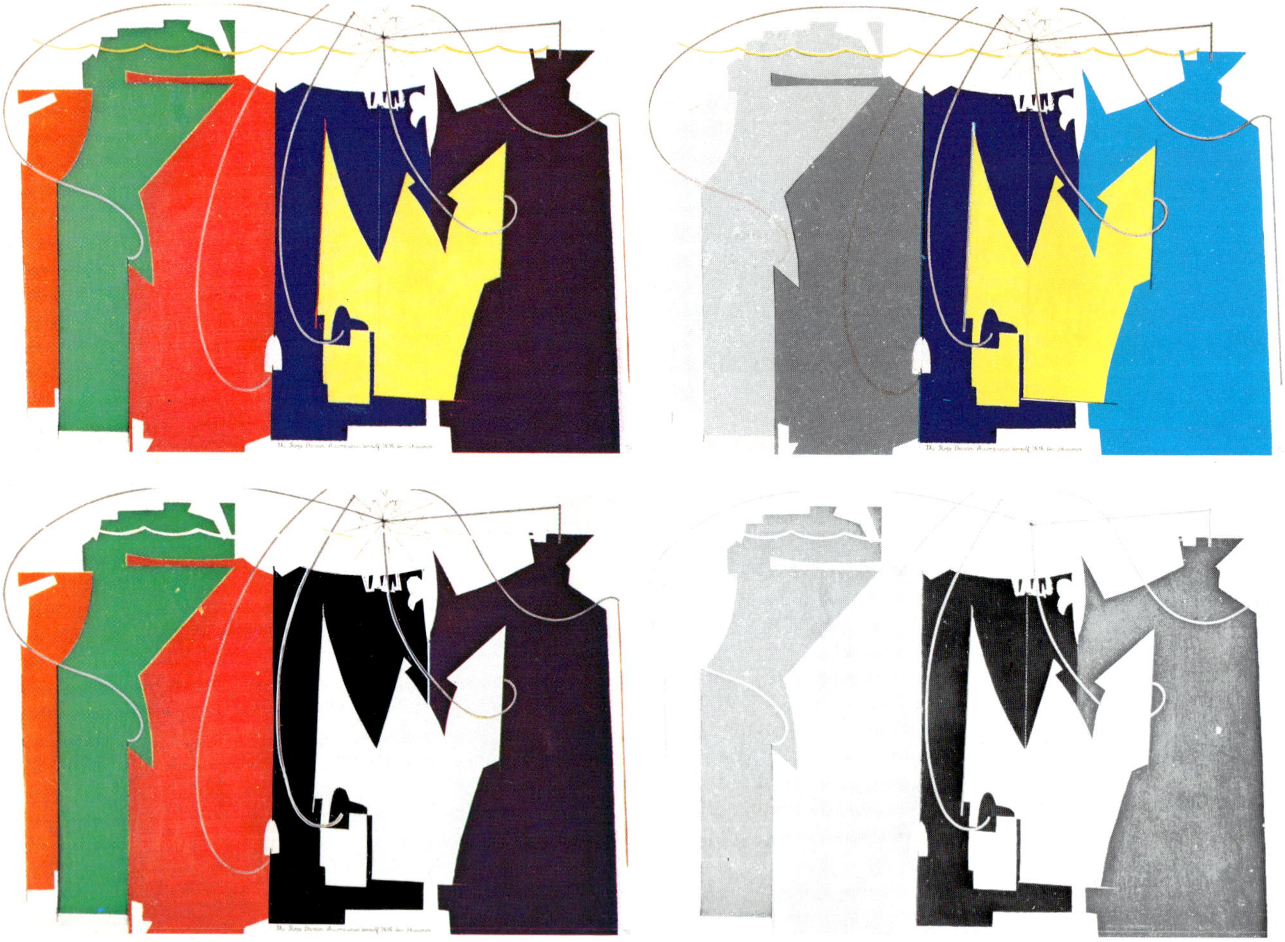

Plate 8 Colorblindness The painting in the upper left panel appears as it would to a person with normal color vision. If you suffered from red-green blindness, the same picture would be seen as it is in the upper right panel. Similarly, the lower left and lower right panels show how the picture would look to persons with yellow-blue or total color blindness, respectively.
(Man Ray, "The Rope Dancer Accompanies Herself with Her Shadows," 1916. Oil on canvas, 52″ × 6′1⅜″. Collection, The Museum of Modern Art, New York. Gift of G. David Thompson.)

Plate 9 The negative afterimage Stare at the center of this flag for about 30 seconds. Then, look away to a white wall or a blank sheet of paper. You will see a negative afterimage in the colors complementary to those in this figure. The existence of such negative afterimages is one major kind of evidence for opponent process channels in color perception.

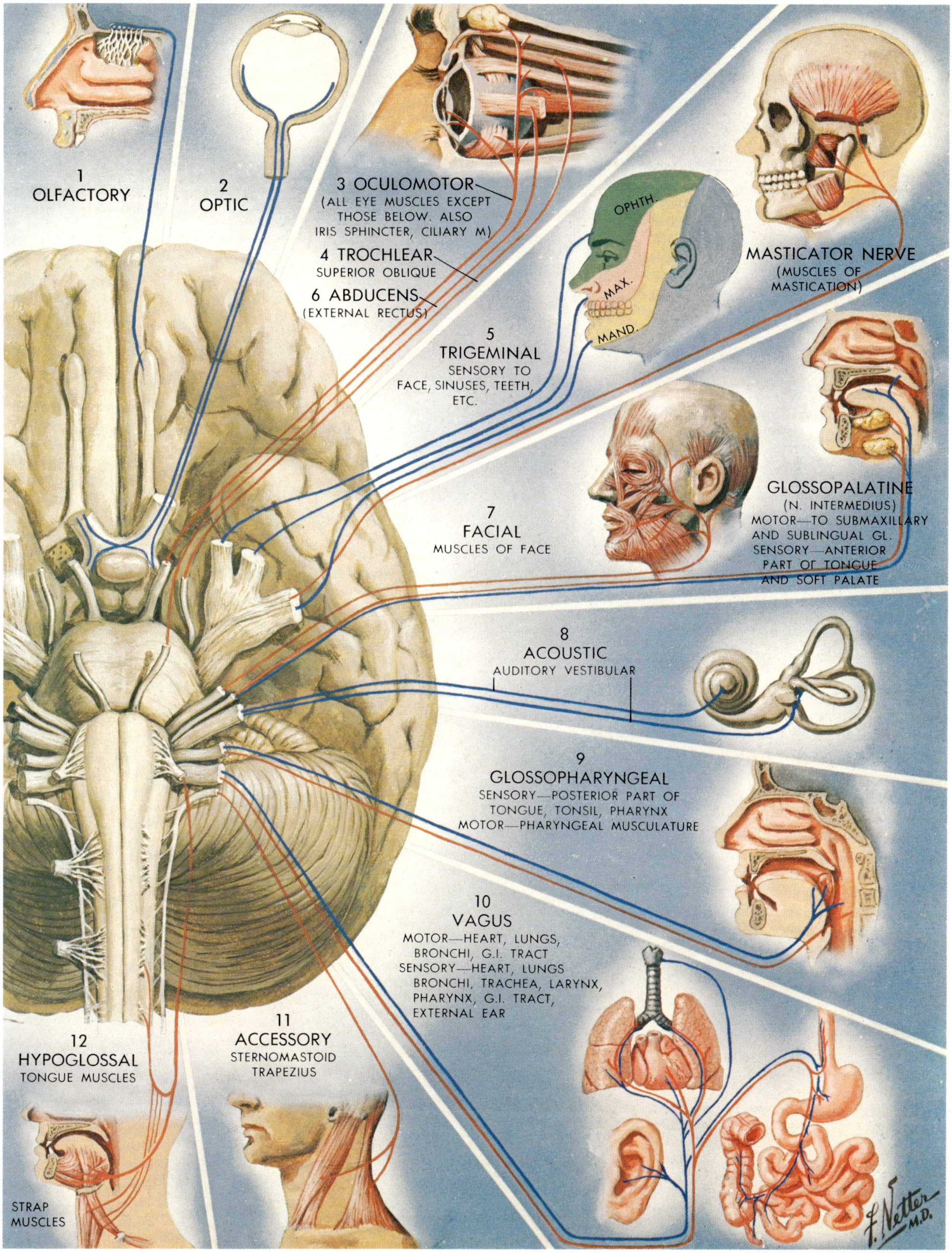

Plate 10 Cranial nerves

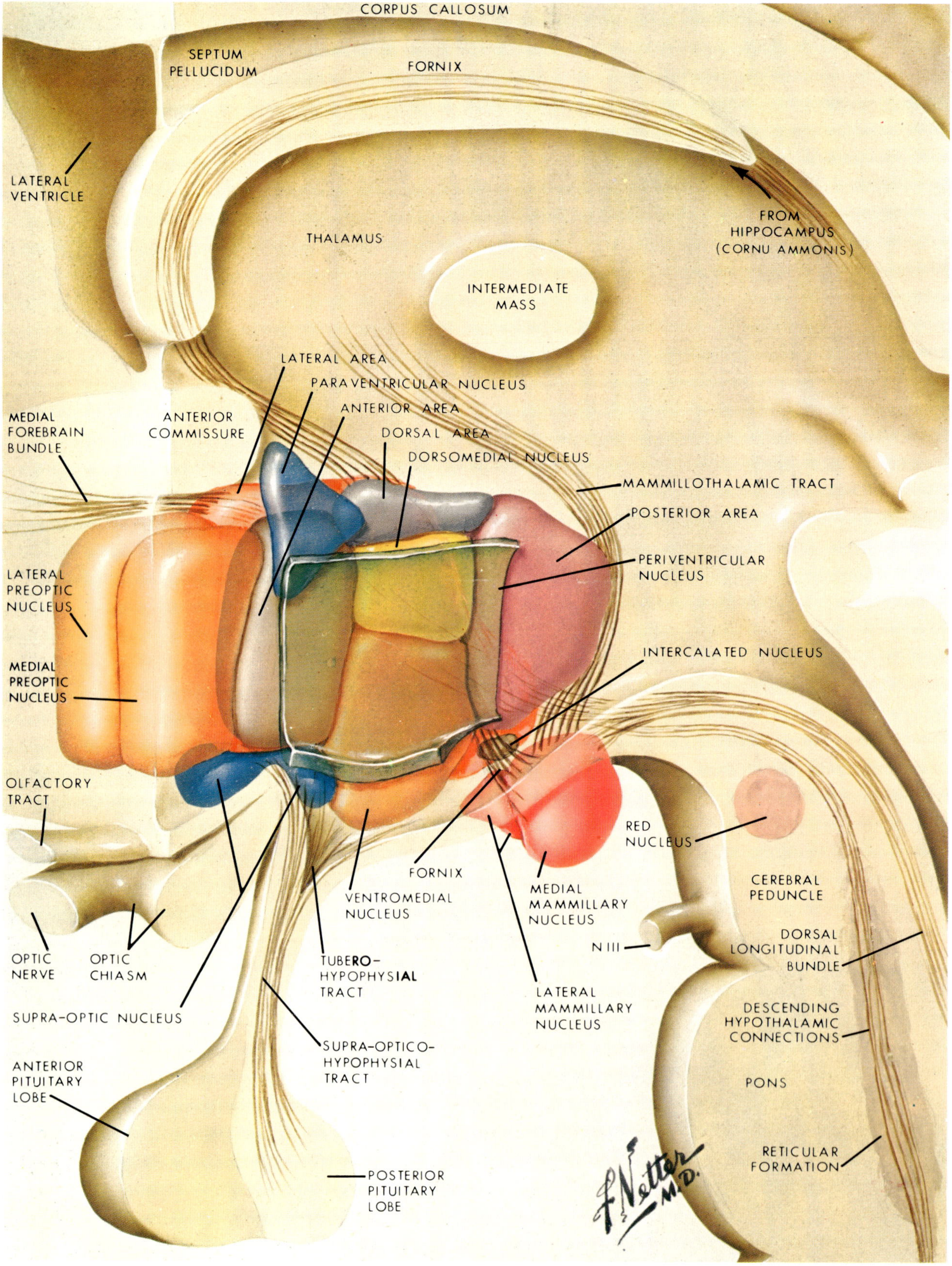

Plate 11 Schematic reproduction of hypothalamus (three-dimensional)

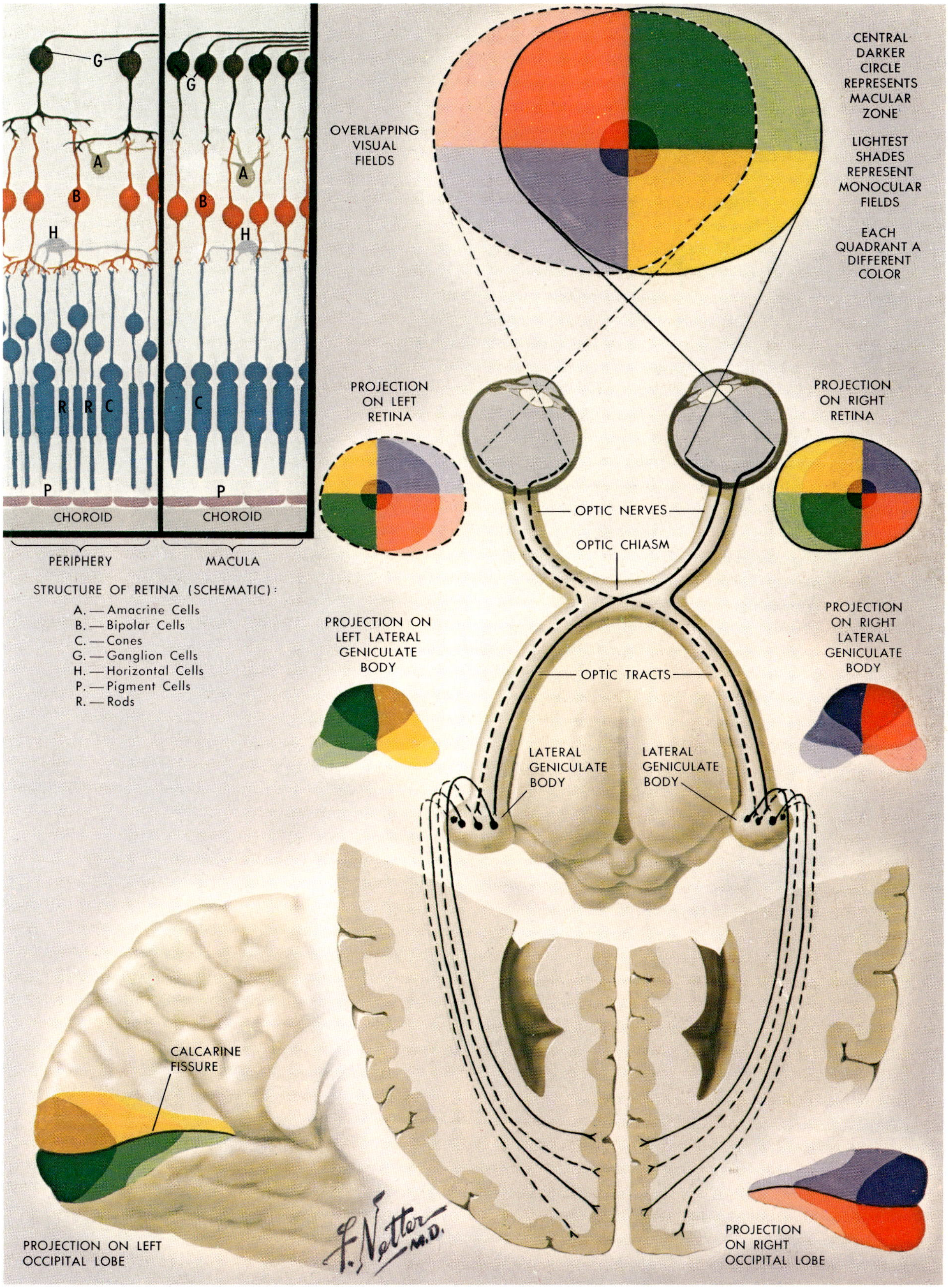

Plate 12 Optic system

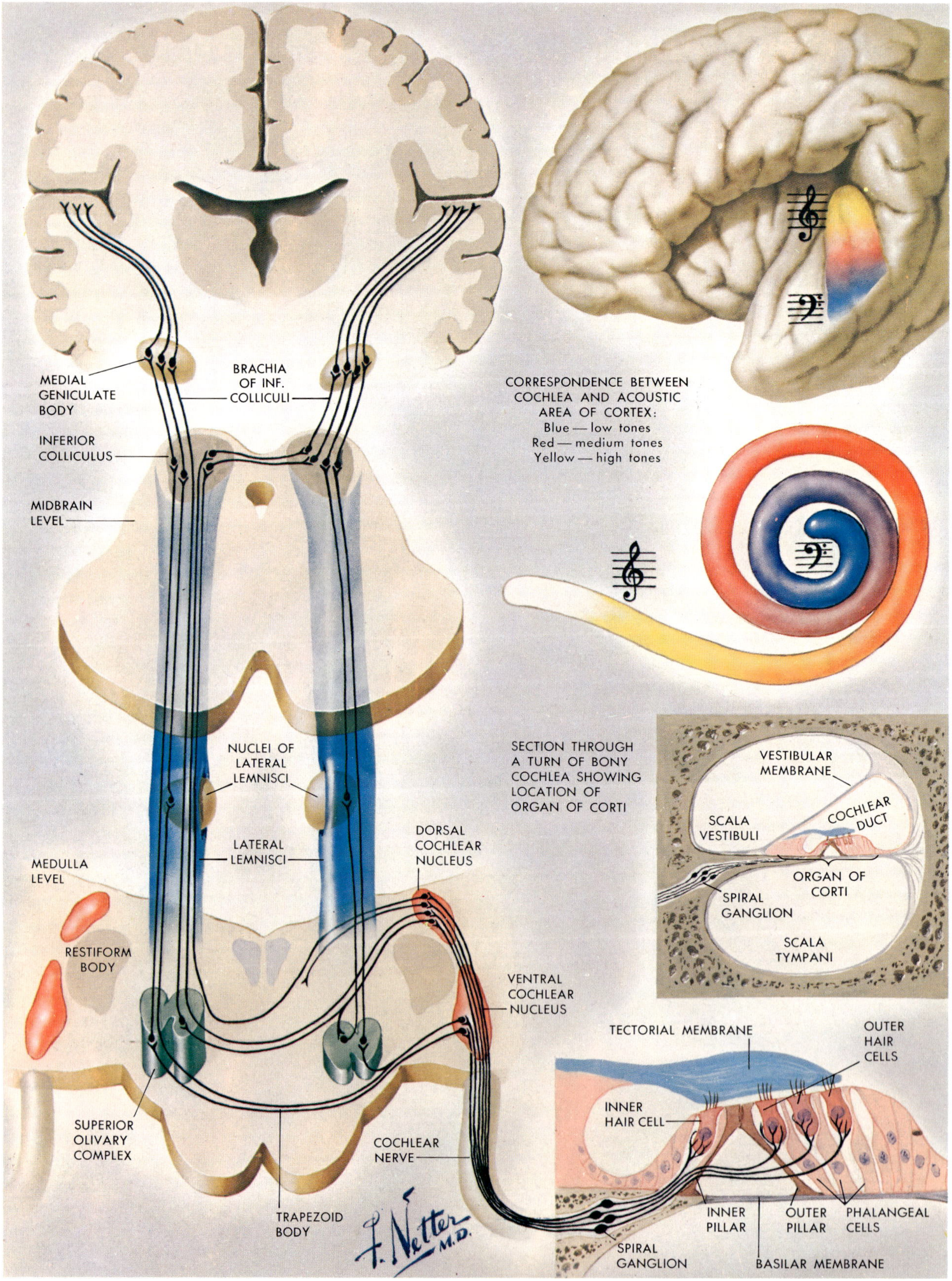

Plate 13 Acoustic system

Deutsche Übersetzung zu den Farbtafeln Wir bitten um Verständnis für diese vereinfachte ökonomische Lösung, die sehr zu dem günstigen Verkaufspreis des Buches beiträgt.

TAFEL 1

Das elektromagnetische Spektrum
Wellenlänge
5000 km / 1,6 km / 30m / 30 cm / 0,003 cm / 0,00003 cm / 10 nm / 1 nm / 0,001 nm / 0,00001 nm;
Radio / Fernsehen / Mikrowellen / Infrarot / UV / Röntgenstrahlen / Gammastrahlen / kosmische Strahlen / Infrarot / sichtbares Spektrum / Ultraviolett
Wellenlänge in Nanometern

Tafel 1 Das elektromagnetische Spektrum Das gesamte Spektrum elektromagnetischer Strahlung, von dem das menschliche Auge nur den schmalen Bereich von 400 bis 700 Nanometern Wellenlänge sehen kann. Ein Nanometer (abgekürzt nm) ist eine sehr kleine Längeneinheit, die 1/1.000.000.000 Metern entspricht.

TAFEL 2

(oben und unten:) Weiß / Schwarz
(links und rechts:) Farbton / Sättigung
(quer:) Helligkeit

Tafel 2 Farbenraum Drei Dimensionen der Farbempfindlichkeit - Farbton, Helligkeit und Sättigung - kann man in diesem Farbenraum sehen. Die kleine Abbildung veranschaulicht die fortschreitende Veränderung in der Helligkeit von Schwarz nach Weiß entlang der Mittelachse.

TAFEL 3

(linke Seite des Dreiecks von oben nach unten:) grün / blaugrün / blau / violett
(Mitte:) Weiß
(rechte Seiten von oben nach unten:) gelb / orange / rot / purpur
(rechte Hälfte der Abbildung:) Zapfenrezeptoren / Helligkeitskanal

Tafel 3 Interne Repräsentation des Farbspektrums Die Normfarbtafel (links) und ihre Beziehung zur inneren Abbildung des Farberlebens (rechts).

TAFEL 4

Tafel 4 Negatives Nachbild Fixieren Sie etwa 20 Sekunden lang den Punkt innerhalb des blauen Kreises, und richten Sie Ihren Blick danach auf den Punkt innerhalb des grauen Rechtecks. Tun Sie dann das gleiche mit dem Punkt innerhalb des gelben Kreises. Was Sie sehen, ist ein negatives Nachbild. Jedes Nachbild zeigt die Komplementärfarbe zu der Farbe, auf die Sie fest geschaut haben.

TAFEL 5

Tafel 5 Additive Farbmischung Wenn ein *Licht* einer einzelnen Wellenlänge auf eine weiße Oberfläche gerichtet wird, entspricht die wahrgenommene Farbe jener Wellenlänge, weil die Oberfläche nur jene Wellenlänge zum Auge reflektiert. Wenn jetzt zwei Lichter verschiedener Wellenlängen zusammen auf die Oberfläche gerichtet werden, ist die resultierende wahrgenommene Farbe eine *additive* Mischung. Die Oberfläche reflektiert beide Wellenlängen, und sie fügen sich zu einem einzigen Farbeindruck zusammen. Wie in der obigen Abbildung gezeigt wird, ist es möglich, das gesamte Farbspektrum durch additive Mischung herzustellen, indem man drei richtig ausgewählte Farben im richtigen Verhältnis mischt.

TAFEL 6

Tafel 6 Subtraktive Farbmischung Im Gegensatz zum Mischen von Licht entsteht die resultierende wahrgenommene Farbe beim Zusammenfügen von (Tusch-)Farbe durch Subtraktion. So z.B. absorbiert (subtrahiert) eine gelbe Farbe vorwiegend nichtgelbe Wellenlängen. Mischt man eine gelbe Farbe mit einer blauen (die hauptsächlich nichtblaue Wellenlängen absorbiert), ist das Ergebnis eine Subtraktion, die Wellenlängen zwischen Gelb und Blau übrigläßt, nämlich Grün. Die Abbildung stellt dar, wie man eine Vielfalt von Farben durch subtraktive Mischung herstellen kann, sofern man drei richtig ausgewählte Farben hat.

TAFEL 7

Tafel 7 Tests für Farbenblindheit Normalsichtige sehen in der linken Abbildung die Zahl 6, Menschen mit Rot-Grün-Blindheit dagegen sehen dies nicht. Normalsichtige sehen in der rechten Abbildung die Zahl 12. Manche Menschen mit Rot-Grün-Blindheit sehen eine Zahl, andere dagegen nicht. Diese beiden Abbildungen stammen aus einer Reihe von 15 Tafeln, die für eine vollständige Farberkennungsuntersuchung nötig sind.

TAFEL 8

Tafel 8 Farbenblindheit So wie das Bild oben links dargestellt ist, wird es von jedem Normalsichtigen wahrgenommen. Wenn man an Rot-Grün-Blindheit leidet, sieht man das gleiche Bild so wie oben rechts. Entsprechend zeigen die Abbildungen unten links und unten rechts, wie das Bild für eine Person mit Gelb-Blau- bzw. totaler Farbblindheit aussehen würde. (Man Ray, "The Rope Dancer Accompanies Herself with Her Shadows", 1916. Öl auf Leinwand, 132x23 cm. Sammlung, Museum of Modern Art, New York. Geschenk von G. David Thompson.)

TAFEL 9

Tafel 9 Das negative Nachbild Fixieren Sie ungefähr 30 Sekunden die Mitte dieser Flagge. Sehen Sie anschließend auf eine weiße Wand oder ein leeres Blatt Papier. Sie werden ein negatives Nachbild in den Farben sehen, die zu denen in diesem Bild komplementär sind. Die Existenz solcher negativer Nachbilder ist ein wichtiger Beleg für entgegengesetzte Verarbeitungskanäle bei der Farbwahrnehmung.

TAFEL 10

Tafel 10 Die Gehirnnerven 1 Nervus olfactorius 2 Nervus opticus 3 Nervus oculomotorius (für alle Augenmuskeln außer denen, die unten genannt sind. Auch Schließmuskel der Iris, Ziliarmuskeln) 4 Nervus trochlearis - höher, schräg 6 Nervus abducens ("Seitenwender") 5 Nervus trigeminus - Sinnesnerv für Gesicht, Stirnhöhle, Zähne etc.; (im "Kopf" von oben nach unten:) Sehlappen, Kiefer, Mandala; (rechts oben im Bild:) Mastikatornerv (Kaumuskeln) 7 Nervus facialis - Gesichtsmuskeln (rechts daneben:) Nervus intermedius - motorisch: zum unter dem Kiefer und unter der Zunge liegenden Glossopalatin; sensorisch: vorderer Teil der Zunge und weicher Gaumen 8 Nervus statoacusticus - auditiv, vestibulär 9 Nervus glossopharyngeus - sensorisch: hinterer Teil der Zunge, Mandeln, Rachen; motorisch: Rachenmuskulatur 10 Nervus vagus - motorisch: Herz, Lunge, Bronchien, gastrointestinaler Trakt; sensorisch: Herz, Lunge, Bronchien, Luftröhre, Kehlkopf, Rachen, gastro-intestinaler Trakt, äußeres Ohr 11 Nervus accessorius - sternomastoider Trapezkörper 12 Nervus hypoglossus - Zungenmuskeln

TAFEL 11

Tafel 11 Schematische Darstellung des Hypothalamus (dreidimensional) lateral ventricle = Seitenventrikel / septum pelludicum = Septum pelludicum / corpus callosum = Balken / fornix = Fornix / thalamus = Thalamus / intermediate mass = dazwischenliegende Masse / from hippocampus (cornu ammonis) = vom Ammonshorn / lateral area = seitlicher Bereich / paraventricular nucleus = Nucleus paraventricularis / anterior area = vorderer Bereich / dorsal area = dorsaler Bereich / dorsomedial nucleus = Dorsomedialkern / anterior commissure = vordere Commissura / medial forebrain bundle = mittleres Vorderhirnbündel / lateral preoptic nucleus = seitlicher präoptischer Kern / medial preoptic nucleus = mittlerer präoptischer Kern / olfactory tract = olfaktorischer Trakt / mammillothalamic tract = Tractus mammillothalamicus / posterior area = hinterer Bereich / periventricular nucleus = periventrikularer Kern / intercalated nucleus = zwischengeschalteter Kern / optic nerve = Sehnerv / optic chiasm = Sehnervenkreuzung / supra-optic nucleus = supraoptischer Kern / anterior pituitary lobe = Hypophysenvorderlappen / posterior pituitary lobe = Hypophysenhinterlappen / supra-optico-hypophysial tract = supraoptisch-hypophysärer Trakt / tuberohypophysial tract = tubero-hypophysärer Trakt / ventromedial nucleus = Ventromedialkern / fornix = Fornix / medial mammillary nucleus = medialer Mammillarkern / lateral mammillary nucleus = lateraler Mammillarkern / N III = Nervus oculomotorius / red nucleus = Nucleus ruber / cerebral peduncle = Hirnstiel / dorsal longitudinal bundle = dorsales Längsbündel / descending hypothalamic connections = absteigende Verbindungen des Hypothalamus / pons = Brücke / reticular formation = Formatio reticularis

TAFEL 12

Tafel 12 Das optische System choroid = Aderhaut / periphery = Peripherie / macula = Makula / structure of retina (schematic): = Aufbau der Netzhaut (schematisch): A = Amakrine, B = Bipolarzellen, C = Zapfen, G = Ganglienzellen, H = Horizontalzellen, P = Pigmentzellen, R = Stäbchen / overlapping visual fields = sich überschneidende Gesichtsfelder / projection on left retina = Abbild auf der linken Netzhaut / projection on left lateral geniculate body = Abbild auf dem linken Corpus geniculatum laterale / optic nerves = Sehnerven / optic chiasm = Sehnervkreuzung / optic tracts = Sehstränge / lateral geniculate body = Corpus geniculatum laterale / central darker circle represents macular zone = der dunklere Kreis in der Mitte stellt die Makulazone dar / lightest shades represent monocular fields = hellste Schattierungen stellen die monokularen Felder dar / each quadrant a different color = jeder Quadrant eine andere Farbe / projection on right retina = Abbild auf der rechten Netzhaut / projection on right lateral geniculate body = Abbild auf dem rechten Corpus geniculatum laterale / calcarine fissure = Fissura calcarina / projection on left occipital lobe = Abbild auf dem linken Hinterhauptlappen / projection on right occipital lobe = Abbild auf dem rechten Hinterhauptlappen

TAFEL 13

Tafel 13 Das akustische System medial geniculate body = Corpus geniculatum mediale / inferior colliculus = Colliculi inferiores / brachia of inf. colliculi = Brachia der Colliculi inferiores / midbrain level = Mittelhirnniveau / correspondence between cochlea and acoustic area of cortex = Entsprechung zwischen Schnecke und akustischer Region des Cortex: blau = tiefe Töne, rot = mittlere Töne, gelb = hohe Töne / nuclei of lateral lemnisci = Kerne der seitlichen unteren Schleifenbahnen / lateral lemnisci = seitliche untere Schleifenbahnen / medulla level = Rückenmarksniveau / restiform body = strangförmiger Körper / superior olivary complex = obere Oliven / trapezoid body = Trapezkörper / cochlear nerve = Schneckennerv / ventral cochlear nucleus = Nucleus cochlearis ventralis / dorsal cochlear nucleus = Nucleus cochlearis dorsalis / section through a turn of bony cochlea showing location of organ of corti = Schnitt durch eine Drehung der knochigen Schnecke, der die Lage des Cortischen Organs zeigt / vestibular membrane = Vestibularmembran / scala vestibuli = Vorhoftreppe / cochlear duct = Schneckengang / organ of corti = Cortisches Organ / spiral ganglion = Ganglion spirale cochleae / scala tympany = Paukentreppe / tectorial membrane = Membrana tectoria / outer hair cells = äußere Haarzellen / inner hair cells = innere Haarzellen / spiral ganglion = Ganglion spirale cochleae / inner pillar = innere Säule / outer pillar = äußere Säule / phalangeal cells = Phalanxzellen / basilar membrane = Basilarmembran nessystem ist zentral gelegen, anatomisch mit der Schnecke verbunden und somit ein Teil des inneren Ohres. Es enthält zwei unterschiedliche Gruppen von Rezeptoren. Eine liegt in den sogenannten *Bogengängen*, drei ringförmigen Erweiterungen des inneren Ohres, wobei je eine grob gesagt in jeder der drei räumlichen Dimensionen liegt. Die andere Gruppe liegt in den *Maculae* am unteren Teil der Bogengänge, wo sie sich mit der Cochlea vereinigt. Der Gleichgewichtssinn in Verbindung mit der Cochlea und dem Rest des Ohres wird in Abbildung 3-26 gezeigt.

So wie in der Cochlea sind die Sinneszellen des Gleichgewichtssinnes Haarzellen. In den Maculae sind sie an der Spitze verflochten und mit Silikon beschwert. Diese Zellen reagieren auf Schwerkraft. Wenn sich der Kopf im Raum neu ausrichtet, verändert er die Zugrichtung der Schwerkraft an diesen Haarzellen. Dies löst Aktionspotentiale im Nerv aus, die dem Gehirn ermöglichen, die Lage des Kopfes im Raum festzustellen. Die Bogengänge enthalten auch Haarzellen, die auf Veränderungen in der Bewegungsrichtung der Flüssigkeit in den Bogengängen reagieren. Wenn sich der Körper in eine der drei räumlichen Dimensionen bewegt, wird in der Flüssigkeit des Kanals, der zu der Ebene, in der die Kopfbewegung stattfindet, am nächsten liegt, eine dem entsprechende Bewegung ausgelöst. Die Stimulation der Haarzellen wiederum löst Impulse zum Gehirn aus, die wieder übersetzt werden, diesmal in das Bewußtsein, wie sich der Kopf, und daher der Körper als Ganzes, bewegt.

Der Orientierungs- und Bewegungssinn basieren auf relativ einfachen physikalischen Prinzipien. Trotzdem machen sie es zusammen mit dem Sehvermögen möglich, daß wir uns problemlos in der dreidimensionalen Welt bewegen können.

DER TASTSINN

Anders als Sehen oder Hören ist der Tastsinn kein einzelner Sinn. Es gibt nämlich vier mögliche Empfindungen aus dem Kontakt der Haut mit Objekten: Druck, Schmerz, Wärme und Kälte. Die Haut enthält eine Vielfalt spezialisierter Nervenendigungen (siehe Abbildung 3-28). Die genauen Funktionen dieser Endigungen sind jedoch noch nicht geklärt.

Druck

Ein Maß der Druckempfindlichkeit ist die "Zwei-Punkte"-Schwelle: Wie weit müssen die Spitzen eines Zirkels voneinander entfernt sein, um zwei anstatt einen Punkt wahrzunehmen? Die Zwei-Punkte-Schwelle ist auf der Körperoberfläche sehr unterschiedlich. Am oberen Teil des Zeigefingers beträgt sie etwa 2,0 mm, aber auf der Haut des Unterarms etwa 10 mm. Versuchen Sie es selbst. Binden Sie zwei Bleistifte mit Klebestreifen zusammen - ihre Spitzen werden etwa 5 mm auseinander liegen. Berühren Sie die Haut ihres Fingers leicht mit den beiden Spitzen. Sie werden zwei Kontaktpunkte spüren. Bewegen Sie dann die Spitzen ihren Finger hoch in Richtung Ihres Arms. Ab irgendeiner Stelle werden Sie nicht mehr zwei Punkte auf der Haut spüren, sondern nur noch einen.

Temperatur

Unsere Empfindlichkeit für Wärme und Kälte wird von einzelnen Punkten auf der Haut vermittelt. Wenn Sie Ihre Haut mit der Spitze eines kalten Metallstabs berühren, werden Sie merken, daß Sie die Kälte nur an einigen Punkten spüren können und an anderen nicht. Entsprechend können Sie bei Verwendung eines warmen Metallstabes die Wärme nur an bestimmten Stellen der Haut empfinden. Unser Erleben von Wärme und Kälte hängt vom Kontext und der Temperatur ab. Im Winter z.B. empfindet der Eine im Hause eine Temperatur von 18 Grad Celsius als kühl, die Andere, die von draußen aus der Eiseskälte kommt, empfindet die 18 Grad Celsius dagegen vielleicht als sehr warm.

Abbildung 3-28 Ein Querschnitt durch die menschliche Haut

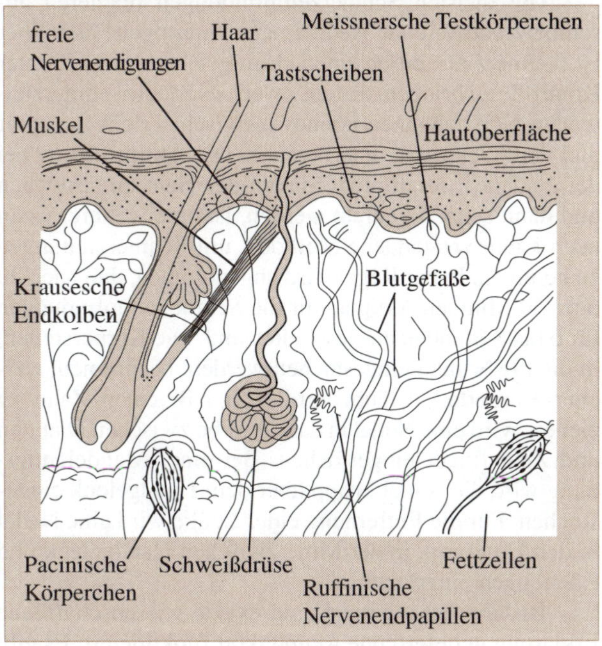

Diese Zeichnung zeigt viele der spezialisierten Nervenendigungen, die unterhalb der Hautoberfläche liegen. Man nimmt an, daß diese verschiedenen Endigungen auf irgendeine Weise den verschiedenen Sinneserlebnissen entsprechen. Ihre extreme Kleinheit erschwert es jedoch, sie physiologisch zu untersuchen.

Schmerz

Die Rezeptoren für Schmerzempfindungen sind die sich verzweigenden Enden der Dendriten bestimmter Sinnesneuronen, die als freie Nervenendigungen bezeichnet werden. Schmerzrezeptoren befinden sich in fast jedem Gewebe des menschlichen Körpers und können durch praktisch jede Art von Reiz stimuliert werden, der in übermäßigem Ausmaß auftritt. Wenn also Reize für Empfindungen wie Berührung, Druck, Hitze und Kälte eine bestimmte Schwelle erreichen, rufen sie gleichfalls ein Schmerzerlebnis hervor. Schmerzrezeptoren dienen wegen ihrer Empfindlichkeit für viele Reize auch als Schutz, indem sie auch solche Reize anzeigen, die den Körper gefährden können.

Der Körper stellt natürliche Schmerzstiller her, wie die Enkephaline und das Beta-Endorphin, die bereits in Kapitel 2 erwähnt wurden. Sowohl Enkephaline als auch Endorphine scheinen die Leitungen in den für Schmerz zuständigen Sinnesnerven zu hemmen. Ein Transmitter, genannt Substanz P, wird mit der Weiterleitung von schmerzbezogenen Impulsen auf diesen Schmerzpfaden in Verbindung gebracht, und so üben die Endorphine ihren analgetischen Effekt vielleicht durch die Hemmung der Freisetzung von Substanz P aus.

Die meisten Schmerzempfindungen reagieren auf schmerzreduzierende Medikamente. In einigen Fällen aber ist Schmerz nur durch einen chirurgischen Eingriff unter Kontrolle zu bringen, dessen Zweck es ist, die schmerzleitenden Nervenbahnen irgendwo zwischen dem Rezeptor und dem Gehirn zu unterbrechen. Die **Akupunktur**, bei der Nadeln in bestimmte Stellen der Haut eingestochen und dann schnell gedreht werden, ist eine weitere, wenn auch kaum verstandene Methode, um Schmerzleitungen zu hemmen. In der Regel wird angenommen, daß nach 20 oder 30 Minuten Akupunktur die Schmerzempfindungen für 6 bis 8 Stunden ausgeschaltet sind. Die Körperstellen, in die die Nadeln eingestochen werden, bestimmen, welcher Körperteil betäubt wird. Um z.B. einen Zahn zu ziehen, wird eine Nadel in das Gewebe zwischen Daumen und Zeigefinger eingestochen. Bei einer Mandelentfernung wird die Nadel knapp über dem Handgelenk eingestochen. Für die Entfernung einer Lunge wird eine Nadel in den Unterarm, in der Mitte zwischen Handgelenk und Ellenbogen eingestochen.

Bislang hat niemand eine exakte wissenschaftliche Erklärung geliefert, wie Akupunktur funktioniert. Es gibt aber eine sogenannte "Torschlußtheorie", die annimmt, daß das Drehen der Akupunkturnadel zwei Gruppen von Nerven reizt, die schließlich in das Rückenmark und in die Rückenmarkssynapse mit den gleichen Neuronen einmünden. Ein Nerv enthält Fasern für Schmerz, der andere enthält Fasern für Berührung. Der Impuls, der entlang der Berührungsneuronen verläuft, ist aufgrund eines Unterschieds im Durchmesser des Nerven schneller als der, der entlang der Schmerzneuronen verläuft. Weil die Berührungsimpulse das Rückenmark zuerst erreichen, haben sie Vorrang vor den Schmerzimpulsen und "schließen das Tor" für Schmerz zum Gehirn. Vergessen wir aber nicht, daß diese Behauptung nur eine Hypothese ist und es keinen unmittelbaren Beweis für sie gibt.

Unsere Fähigkeit, Objekte durch Berühren zu erkennen, hat zur Entdeckung von zwei unterschiedliche Formen von Berührungswahrnehmungen geführt: aktive und passive Berührung. Bei der passiven Berührung ist man sich des Berührungserlebnisses normalerweise bewußt (z.B. Druck, Wärme, Kühle, Unebenheit). Aktive Berührung ist mehr auf die Identifikation von Objekten ausgerichtet als auf die Art des Erlebens selbst. Diese Fähigkeit, Objekte durch aktives Berühren zu identifizieren, ist von dem blinden Franzosen Louis Braille verwertet worden. Er entwickelte 1824 sein System von erhabenen Punkten, um die Buchstaben des Alphabets darzustellen, und ermöglichte es somit Blinden, gedrucktes Material zu lesen. Ein in Brailleschrift Geübter kann mit einer Geschwindigkeit von etwa 105 Wörtern pro Minute lesen (Menschen, die sehen können, lesen normal Gedrucktes mit Geschwindigkeiten von 200 bis 800 Wörtern pro Minute; siehe Kapitel 6). Mit dem Einsetzen der Computertechnologie wurde eine Reihe von Vorrichtungen entwickelt, um visuelle Reize (wie sie von einer Fernsehkamera gesehen werden) in Vibrationen auf der Haut umzuwandeln. Damit war es Blinden in begrenztem Rahmen möglich mit Hilfe ihrer Berührungsempfindlichkeit auf der Haut, innere Abbilder "visueller" Objekte zu erstellen, sogar von gedrucktem Material.

GESCHMACK UND GERUCH

Die Sinne für Geschmack und Geruch hängen von der Absorption von Molekülen (den physikalischen Reizen) durch Rezeptoren auf der Zunge bzw. in der Nase ab. Über die neuralen Mechanismen, die diese Information verarbeiten, ist wesentlich weniger bekannt als über das Sehen und Hören.

Geschmack

Die Geschmacksrezeptoren sind in Gruppen in den Geschmacksknospen angeordnet, die auf der Zungenoberfläche zu sehen sind. Jede Geschmacksknospe enthält etwa 10 bis 15 einzelne Rezeptorzellen, und insgesamt gibt es etwa 10.000 Knospen auf der Zunge (siehe Abbildung 3-29). Die einzelnen Rezeptorzellen sind empfindlich für bestimmte spezifische Moleküle der geschmeckten Substanz und absorbieren sie. Diese Zellen haben ein kurzes Leben, da jeder Rezeptor etwa 4 Tage lebt, ehe er verbraucht ist und durch einen neuen ersetzt wird, der in der Geschmacksknospe hergestellt wird.

Traditionellerweise werden Geschmackserlebnisse in vier unterschiedliche Kategorien eingeteilt: salzig, süß, bitter und sauer, die wahrscheinlich nur praktische Bezeichnungen für vertraute Geschmackserlebnisse darstellen. Susan Schiffman und Robert Erickson von der Duke University haben uns daran erinnert, daß diese Empfindungen lediglich Punkte auf verschiedenen Geschmacksdimensionen sind und daß der Geschmack einer beliebigen Substanz eine komplexe Kombination von zwei oder mehr Dimensionen ist. Wir werden weiterhin die vier traditionellen Begriffe verwenden, aber Sie sollten daran denken, daß es in Wirklichkeit eine unbegrenzte Zahl von Geschmacksempfindungen gibt.

Nicht alle Zungenregionen sind gleich empfindlich für diese Erfahrungen. Die Seiten der Zunge sind für saure Substanzen am empfindlichsten. Die Empfindlichkeit für salzigen Geschmack herrscht überall vor, an den vorderen Seiten ist sie noch etwas stärker ausgeprägt. Die Zungenspitze ist für süßen Geschmack am empfindlichsten, und der hintere Teil der Zunge soll normalerweise bitteren Geschmack feststellen. Neuere Untersuchungen weisen darauf hin, daß die Zunge vorne eine niedrigere *absolute* Schwelle für bittere Substanzen besitzt als hinten. Trotzdem ist der hintere Teil der Zunge bei Werten oberhalb der Schwelle, denen man normalerweise ausgesetzt ist, für bitteren Geschmack empfänglicher, d.h. er hat eine niedrigere *Unterschieds*schwelle als der vordere Teil der Zunge.

Legen Sie etwas Salz auf die Zungenspitze und dann an die Seite der Zunge. Wiederholen Sie dieses Experiment mit etwas Zucker. Sie werden feststellen, daß der Salzgeschmack an der Seite der Zunge viel stärker und der Zuckergeschmack an der Spitze stärker ist.

Abbildung 3-29 Eine Geschmacksknospe

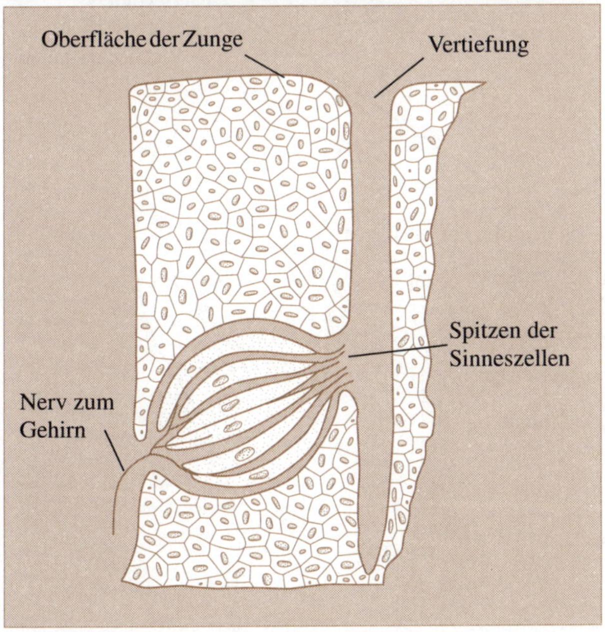

Die Rezeptorzellen der Geschmacksknospen verwandeln Substanzen, die im Speichel gelöst sind, in neurale Impulse, die zum Gehirn gesendet werden.

Es ist möglich, das Geschmackserlebnis zu verändern, indem man bestimmte Geschmacksrezeptoren ausschaltet. Artischockenherzen z.B. enthalten eine Substanz, die die Empfindlichkeit aller Rezeptoren außer denen, die auf süß reagieren, ausschalten. Nachdem man ein Artischockenherz gegessen hat, schmecken die meisten Substanzen süß. Versuchen Sie folgendes Experiment. Nehmen Sie einen Schluck Wasser und spülen Sie damit den Mund aus. Die meisten Menschen empfinden Wasser als neutral oder leicht bitter im Geschmack. Essen Sie nun ein Stück eines Artischockenherzens und kauen es sorgfältig. Nehmen Sie nochmals einen Schluck Wasser und konzentrieren Sie sich auf Ihr Geschmackserlebnis. Das Wasser wird erheblich süßer schmecken als vorher.

Eine Geschmacksknospe für alle Geschmacksrichtungen

Süß, salzig, sauer und bitter sind nicht länger auf bestimmte Gebiete der Zunge beschränkt. Schwedische Forscher berichten, daß eine einzige menschliche Geschmacksknospe mehr als eine Geschmacksqualität empfinden kann. In einem Fall konnten sie sogar nachweisen, daß eine einzige Geschmacksknospe alle vier Qualitäten wahrnehmen konnte. Kristina Arvidson und Ulf Friberg vom Karolinska Insitut in Stockholm haben Testlösungen auf einzelne Papillen (die sichtbaren hervortretenden Stellen) auf die Zungen von Testpersonen aufgetragen. Von 110 getesteten Papillen haben 46 auf mindestens einen Geschmack reagiert, 39 reagierten auf mehr als einen Geschmack und 14 reagierten auf alle vier. Die Forscher entfernten dann die Papillen mit einem dünnen Skalpell und bestimmten mit der Mikroskopie die Anzahl der Geschmacksknospen in jeder Papille. In 62 der 64 Papillen, die nie reagiert hatten, wurden keine Geschmacksknospen gefunden. Die anderen Papillen enthielten eine bis 15 Geschmacksknospen (der Durchschnitt war vier, der Median 3). Die Zahl der identifizierten Geschmacksqualitäten stieg generell mit der Anzahl der Geschmacksknospen, aber in wenigstens 10 Fällen konnte eine Papille mehr Geschmacksrichtungen empfinden, als sie Geschmacksknospen enthielt. Z.B. empfanden sechs Papillen mit nur einer Geschmacksknospe zwei, drei oder vier Geschmacksrichtungen, berichteten Arvidson und Friberg in der Zeitschrift Science vom 15. August.

Science News,
23. August 1980

Nach herkömmlicher Sicht gibt es für jede der vier grundlegenden Geschmacksempfindungen verschiedene Geschmacksknospen. Neuere Untersuchungen stellen diese Annahme jedoch in Frage und legen nahe, daß manche Geschmacksknospen mehr als eine Qualität wahrnehmen können. In diesem Fall würden die verschiedenen Geschmacksempfindungen von der Verarbeitung stammen, die stattfindet, nachdem die Information die Zunge verläßt.

Geruch

Die Rezeptoren für Geruch liegen im oberen Teil der Nasenhöhle (Abbildung 3-30). Es gibt in jedem Nasenloch etwa 30 Millionen dieser Rezeptoren, was uns eine außergewöhnliche Geruchsempfindlichkeit verleiht. Menschen können Gerüche aus nur etwa 100 Molekülen wahrnehmen, und viele Tiere sind sogar noch empfindlicher. Die neuralen Informationen der Riechrezeptoren (olfaktorische Rezeptoren) wandern direkt zum Kortex (alle anderen Sinnessysteme senden ihre Informationen über den Thalamus zum Kortex).

Es hat verschiedene Versuche gegeben, unser Geruchserleben in wenige Kategorien oder "Grundgerüche" zu klassifizieren, aber diese Klassifikationen werden nicht von allen Forschern akzeptiert. Das bekannteste System setzt sich aus sieben Primärgerüchen und sieben Sekundärgerüchen zusammen. Die Primärgerüche in diesem System sind *ätherisch* (z.B. Flüssigkeit aus der chemischen Reinigung), *kampferartig* (Mottenkugeln), *moschusartig* (Angelikawurzelöl), *blumig* (Rosen), *minzig* (Pfefferminzbonbon), *stechend* (Essig) und *faul* (faule Eier). Stoffe mit Molekülen ähnlichen Geruchs sind ähnlich aufgebaut. Diese Entdeckung hat zur stereochemischen Theorie des Geruchs geführt, in der die Hypothese aufgestellt wird, daß Riechrezeptoren sensible Arreale auf ihrer Zellmembran besitzen und für Moleküle bestimmten Aufbaus empfänglich sind. Jedes Geruchsmolekül ist ein Schlüssel, der nur in bestimmte Schlösser auf einer Rezeptorzelle paßt. Unglücklicherweise gibt es Moleküle mit ähnlichem Aufau, die sehr unterschiedliche Gerüche aufweisen. Es muß also noch mehr Forschung betrieben werden, ehe wir die Abläufe im olfaktorischen System wirklich verstehen.

Der Geruch scheint zwei Funktionen zu dienen: der Bewertung des Essens und der Kommunikation. Für die erste Funktion verbindet sich Geruch mit Geschmack, um uns eine Bewertung der Eßbarkeit von Nahrungsmitteln zu ermöglichen. Vieles von dem, was man als Geschmack erlebt, ist in Wirklichkeit durch den Geruch vermittelt. Wenn man an einer Erkältung leidet und die Nase verstopft ist, empfindet man das Essen als fade und geschmacklos. Würden Sie glauben, daß ein Apfel und eine Zwiebel den gleichen Geschmack haben, daß der Unterschied zwischen ihnen völlig aufgrund ihres Geruchs entsteht? Schneiden Sie ein kleines Stück Apfel und ein ebenso kleines Stück Zwiebel zurecht (etwa einen Würfel von 1 cm). Halten Sie die Nase mit einer Hand zu, nehmen ein Stück in den Mund und kauen Sie es einen Moment lang.

Abbildung 3-30 Das olfaktorische System

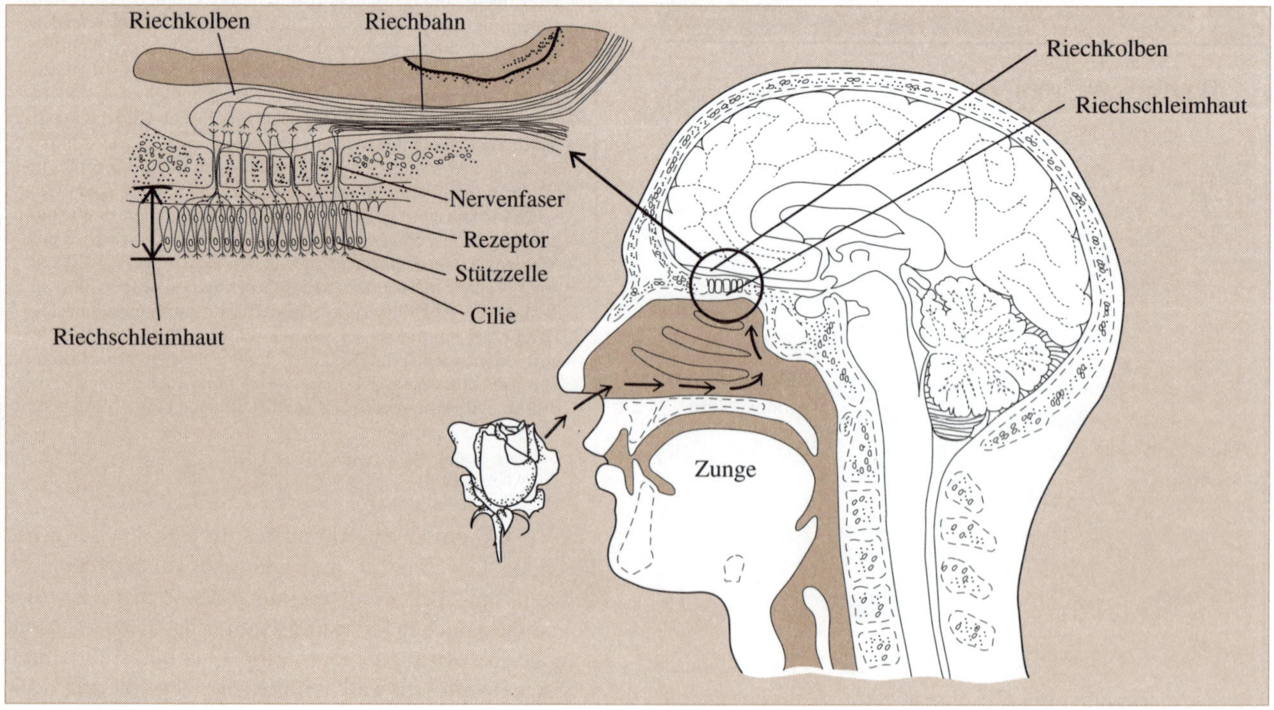

Die Rezeptorzellen in der Nase reagieren auf Moleküle in der Luft, die über den Riechkolben neurale Impulse zum Gehirn senden.

Nehmen Sie dann das zweite Stück in den Mund. Solange nichts von dem Geruch in Ihre Nase gelangt, werden der Apfel und die Zwiebel gleich schmecken.

Die Kommunikationsfunktion des Geruchs ist für Tiere wichtiger als für Menschen, z.B. beim Markieren des Territoriums und in der sexuellen Anziehung. Die Grundstoffe für die Kommunikation werden als **Pheromone** bezeichnet. Viele Tiere haben spezielle Drüsen, die Pheromone, die zur Kennzeichnung des Territoriums dienen, produzieren, andere scheiden sie mit ihrem Urin aus. Sie haben vielleicht bemerkt, daß Hunde oft an den weit entfernten Ecken des Hofs urinieren. Der Hund kennzeichnet in Wirklichkeit sein Territorium mit seinem eigenen Geruch. Andere Hunde, die auf den Hof kommen, erkennen den Geruch sofort und werden dann eher fortbleiben. Wenn Honigbienen durch einen Eindringling im Bienenkorb gestört werden, setzen sie ein Alarmpheromon frei. Dieses Pheromon zieht andere Honigbienen des Korbs an und veranlaßt sie, den fremden Eindringling anzugreifen.

Pheromone sind auch für das Sexualverhalten von Bedeutung. Wenn ein Mäuseweibchen, das sich mit einem Mäusemännchen gepaart hat, innerhalb von 24 Stunden dem Geruch einer fremden Maus ausgesetzt ist, wird das Mäuseweibchen nicht schwanger. Der Geruch der fremden Maus bewirkt die Freisetzung von Hormonen beim Weibchen, die die Schwangerschaft abblocken. Viele weibliche Tiere geben, wenn sie sexuell empfänglich sind, spezielle Pheromone ab, die Männchen der gleichen Art anziehen. Schwammspinner sind in dieser Hinsicht außergewöhnlich. Das Schwammspinnermännchen kann ein empfängliches Schwammspinnerweibchen aus mehreren Kilometern Entfernung mit Hilfe von Sexualpheromonen orten. Weibliche Katzen und Hunde geben, wenn sie heiß sind, Pheromone ab, die Männchen anziehen, oft aus einer beträchtlichen Entfernung. Wenn Sie eine unkastrierte weibliche Katze oder Hündin als Haustier haben, werden Sie dieses Phänomen beobachtet haben.

Ob Pheromone auch beim Menschen vorkommen ist ungeklärt, direkte Nachweise gibt es nicht. Frauen - soviel ist bekannt - unterscheiden sich in ihrer Empfindlichkeit für bestimmte moschusartige Gerüche (z.B. von männlichem Urin) zu verschiedenen Zeitpunkten ihres Menstruationszyklus. Ihre Empfindlichkeit auf diese Gerüche ist kurz vor dem Follikelsprung am höchsten und während der Menstruation am niedrigsten. Da diese moschusartigen Gerüche an männliche Sexualhormone gebunden sind, könnte diese zyklische Veränderung eine pheromonähnliche Funktion anzeigen. Ein weiteres Beweisstück stammt

Jetzt stinkt mir's aber

Vom 8. - 12. November 1981 versammelten sich an der Hebräischen Universität Jerusalem eine Reihe von Spezialisten, um über den Einfluß von Geschmack und Geruch auf das Verhalten von Mensch und Tier zu diskutieren und ihre Forschungsergebnisse darzustellen. (J. E. Steiner/ J. R. Ganchrow (Hg.): Determination of Behaviour by Chemical Stimuli, London 1982, IRL Press.) Ein sehr ungewöhnliches Experiment stellten zwei deutsche Psychologinnen (Margaret Schleidt und Barbara Hold) vor. Sie entwickelten eine Art T-Shirt Test, um zu untersuchen, ob Männer und Frauen allein am Geruch ihre(n) jeweilige(n) Partner/in feststellen können. Etwa 100 Paare aus Deutschland, Italien und Japan trugen sieben Nächte lang das gleiche T-Shirt. Anschließend sollten sie aus je zehn T-Shirts ihr eigenes und das ihres Partners herausfinden. Außerdem wurde um eine Beurteilung des Geruchs gebeten. Erstaunt sie das folgende Ergebnis?

1) Etwa 80% der Versuchspersonen in allen Kulturen waren in der Lage, ihr eigenes T-Shirt und das ihres Partners zu erkennen. Offensichtlich spielt der Geruch in unserem Leben eine größere Rolle als uns normalerweise klar ist.
2) Männer und Frauen beurteilen die männlichen Gerüche allgemein als unangenehmer als die weiblichen. Dies scheint daran zu liegen, daß Männer allgemein einen "strengeren" Geruch haben als Frauen. Diese Tendenz verstärkte sich noch, wenn die Versuchspersonen den Geruch fälschlich zuordneten (z.B. den Geruch von einer Frau einem Mann). Das wiederum bedeutet, daß in der Vorstellung sowohl bei Männern und Frauen, der männliche Geruch als negativer und der weibliche als positiver eingeschätzt wird als der tatsächliche Geruch. Die allgemeine kulturelle Auffassung "Männer riechen schlecht" und "Frauen riechen gut" wird hier deutlich nachgewiesen.
3) Nur japanische Frauen beurteilen die Gerüche ihrer Ehemänner als unangenehmer als ihre eigenen. Warum? Hypothese von Schleidt/Hold: Liegt es vielleicht daran, daß die Japanerinnen ihren Partner nicht frei wählen dürfen?

Noch wichtiger scheint der Geruchssinn bei Tieren zu sein. So konnte G. Beauchamp bei Meerschweinchen nachweisen, daß das Männchen sein Interesse an der Paarung verliert, wenn es den Uringeruch des Weibchens nicht wahrnehmen kann. Ja, eine Entfernung des vomeronasalen Organs bedeutet in der freien Wildbahn sogar, daß das Männchen das Weibchen nicht finden kann, selbst wenn es ganz in der Nähe ist. Forschungen über Geschmack sind bedeutsam für das Ernährungsverhalten. Der französische Psychologe Jacques Le Magnen fand bei Ratten, daß sie sich bei einer abwechslungsreichen Kost schnell überfressen und fett werden, dagegen bei eintöniger Nahrung nicht. Allein der Anblick eines abwechslungsreichen Mals bewirkt bei Ratten und Menschen nicht nur, daß ihnen das Wasser im Munde zusammenläuft, sondern auch einen Ausstoß von Plasma-Insulin, der wiederum den Hunger verstärkt. Es wird mehr gegessen. Jedesmal wenn eine neue Geschmacksrichtung (sprich Gang) präsentiert wird, wiederholt sich der Vorgang. (Nebenbei bemerkt: Hat es einen "Grund", daß diese Untersuchung gerade in Frankreich durchgeführt wurde? Wie heißt es doch so schön: "Leben wie Gott in Frankreich"). Hinzu kommt, daß dieser konditionierte Hunger auch durch feststehende Essenszeiten verstärkt wird. Wir essen dann nicht nach unseren körperlichen Bedürfnissen, sondern, aufgrund des gesteigerten Hungers, viel mehr als nötig wäre. Fazit: Unter sonst gleichen Umständen verhilft unregelmäßiges Essen und eintönige Nahrung zur Gewichtsabnahme.

Anand Govind

aus Studien über Frauen, die in Wohnheimen zusammenleben. Am Anfang des Zusammenlebens hat jede einen anderen Menstruationszyklus, d.h. sie haben ihre Periode zu verschiedenen Zeitpunkten des Monats. Aber nachdem sie einige Monate zusammen gelebt haben, haben viele der Frauen den gleichen Menstruationszyklus, d.h. ihre Periode kommt jeden Monat zur gleichen Zeit. Ein Grund dafür liegt in den Pheromonen. Diese Gerüche haben offenbar keine besondere Bedeutung, die man verbalisieren könnte, die aber Areale tief im Innern des Gehirns der Frauen, die die Menstruation steuern (z.B. den Hypothalamus), zu einem Zykluswechsel veranlassen, so daß sie alle zur gleichen Zeit menstruieren. Beim Schreiben dieser Zeilen, war noch kein spezifisches menschliches Sexualpheromon identifiziert worden.

AUFMERKSAMKEIT: WAS VERARBEITET WIRD

Unsere Wahrnehmungsprozesse vermögen zwar auf erstaunliche Weise reiche und komplexe Abbilder der Welt herzustellen, doch ist diese Fähigkeit nicht ohne Grenzen. Tatsächlich wird nur ein geringer Teil der gesamten Informationen, die dem Wahrnehmungssystem zur Verfügung stehen, registriert und in sinnvoller Weise weiterverarbeitet. Menschen sind selektiv, und die Auswahl von Informationen fängt an genau dem Punkt an, an dem sie zuerst von den Sinnen wahrgenommen werden.

Die Auswahl von Informationen kann auf mindestens zwei verschiedenen Wegen geschehen. Erstens gibt es eine periphere Art der Selektion, die am besten durch die Tatsache veranschaulicht wird, daß wir unsere Augenbewegungen, die Richtung, in die die Augen sehen, und das Einstellen der Augen auf einen bestimmten Ort im Raum steuern. Wie oben dargestellt wurde, hat die Fovea jeder Retina eine dichte Konzentration von Zapfen für eine hohe Sehschärfe. Zusätzlich ist der Teil des Gehirns, der die Informationen von der Fovea analysiert, unverhältnismäßig groß. Die Fovea nimmt nur etwa ein Sechstausendstel des gesamten Gesichtsfeldes ein, dennoch ist ein ganzes Drittel des visuellen Kortex des Gehirns dem Verarbeiten von Informationen von der Fovea vorbehalten. Die Fovea erhält Informationen von dem Punkt, auf den die Augen gerichtet und auf den sie scharf eingestellt sind. Alles, was an dem Punkt passiert, wird vollständiger verarbeitet als alles andere im Gesichtsfeld. Auf diesem Teil des Gesichtsfeldes liegt also das Zentrum der Aufmerksamkeit. In den anderen Sinnessystemen gibt es analoge Orientierungsmechanismen. Man kann z.B. seinen Kopf so drehen, daß man die Ohren in die günstigste Hörposition bringt. Auch den Körper kann man entsprechend bewegen, wenn man erwas anfassen oder spüren möchte. Schließlich kann man auch Speisen u.a. Objekte mit der Zunge in Kontakt bringen, um Geschmacksempfindungen hervorzurufen. Alle genannten Beispiele erfordern die periphere Steuerung der Aufmerksamkeit.

Die interessanteren und wahrscheinlich stärkeren Aufmerksamkeitsprozesse - oder -ressourcen - sind die, die zentral oder kognitiv gesteuert werden. Diese Ressourcen sind jedoch beschränkt, und so müssen sie aufgeteilt werden, vermutlich auf eine Weise, die dem Organismus maximal zugute kommt. Anders ausgedrückt kann man sich, selbst wenn die Augen nicht so wie beschrieben funktionieren würden, jederzeit einem selbst gewählten Ausschnitt der Umgebung zuwenden.

Rufen Sie sich noch einmal das Pandämonium (S. 97) in Erinnerung. Wir können eine Vielfalt verschiedener Informationsinputs erkennen, interpretieren und verstehen. Die "kognitiven Dämonen" können jede sinnvolle Information verarbeiten. Aber Informationen, die aus der Umgebung registriert wurden, werden nur die Dämonen aktivieren, die die Bedeutung in jenem Reiz erkennen. Wenn wir jetzt die Aufmerksamkeit ins Spiel bringen, stellen wir fest, daß nicht alle Dämonen unbedingt zur selben Zeit oder auf dem gleichen Niveau aktiv sind. Es ist möglich, daß einige für eintreffende Informationen empfänglicher gemacht werden als andere. Dies geschieht vermutlich dadurch, daß wir ihnen mehr Aufmerksamkeit zuwenden. Es ist, als ob die aufmerksamen Dämonen in einem Zustand der Erwartung wären. Jeder Reiz, der eintrifft, löst eher ihre Aktivität aus als die der nichtaufmerksamen Dämonen.

Wie können unser Aufmerksamkeitspotential auf verschiedene Weisen aufteilen. Es könnten z.B. genügend Ressourcen vorhanden sein, daß wir zwei oder mehr relativ einfache Wahrnehmungsaufgaben zugleich durchführen können. Wir können z.B. gleichzeitig die Bewegungen und die Klänge einer Rockband wahrnehmen. Andererseits kann eine sehr schwierige Aufgabe alle Ressourcen beanspruchen, und somit wäre es unmöglich, gleichzeitig andere Aufgaben auszuführen. Nehmen Sie z.B. an, Sie wären auf einer Party mit vielen Leuten, die in verschiedenen kleinen Gruppen gleichzeitig reden. Die Klänge verschiedener Stimmen gelangen alle gleichzeitig an Ihr Ohr. Wenn Sie nun anstelle Ihres Kopfes ein Mikrofon bringen und die Schalleindrücke mit einem Schallspektograph aufzeichneten, würden Sie ein sehr komplexes akustisches Signal hören. In Ihren Ohren produzieren die vielen Stimmen - manche männlich, manche weiblich, jede mit einer charakteristischen Klangfarbe, Tonhöhe und Lautheit und an einer bestimmten Stelle im Raum lokalisiert - einen außergewöhnlich komplizierten Eindruck. Jetzt können Sie Ihre Aufmerksamkeit auf jede bestimmte Stimme richten, die Sie wählen, auch eine Stimme, die im Vergleich zu anderen relativ leise ist. Generell treffen Sie diese Auswahl auf der Grundlage gewisser physikalischer Charakteristika der bestimmten Stimme. In der Tat müssen Sie sich, um etwas zu verstehen, auf nur einen Sprecher konzentrieren. Unsere beschränkten Aufmerksamkeitsressourcen erlauben uns, gleichzeitig nur eine Spur oder Wortkette zu verarbeiten. Sie können Ihre Ressourcen auf die Verarbeitung jeder von Ihnen gewählten Stimme verteilen, vorausgesetzt ihre Intensität ist groß genug, durch den Rest der akustischen Signale hindurchzugelangen. Gleichzeitig kann aber nur der Sinn einer Stimme erfaßt werden. Sorgfältige Untersuchungen haben gezeigt, daß man einen Teil von zwei Mitteilungen verpaßt, wenn man versucht, zwei Stimmen auf einmal zuzuhören. Man versucht in diesem Fall durch geschickte Zeitaufteilung eine zentrale Weiterverarbeitung zu gewährleisten, d.h. durch raschen Wechsel der Aufmerksamkeit von einer Stimme zur anderen in der Hoffnung, nichts Wichtiges zu verpassen, während man nicht zuhört. Oder man versucht, das Verpaßte durch Raten zu ersetzen.

Es ist deshshalb verständlich, daß der selektive Aufmerksamkeitseffekt, der eben beschrieben wurde, als *Cocktailparty-Phänomen* bezeichnet wird. Untersuchungen zeigen, daß man, wenn man völlig auf die Bedeutung einer Stimme unter mehreren achtet, an den anderen Stimmen mehr oder weniger nur eine abrupte Tonveränderung (wie von männlich zu weiblich) oder eine andere massive physikalische Veränderung bemerkt. Sogar wenn die nichtbeachteten Stimmen in fremde Sprachen umschlagen, bleibt diese Veränderung unentdeckt.

Diese Aufmerksamkeitsselektivität scheint in jeder Sinnesmodalität vorzukommen und kann durch Übung nicht verändert werden. Eine visuelle Analogie der selektiven Höruntersuchung wurde entwickelt, indem man zwei Spiele auf Video aufnahm und sie Zuschauern mit vollständiger visueller Überschneidung vorführte, so als wenn ein Fernsehgerät zwei Sender gleichzeitig zeigen würde. Unter diesen Umständen können die Zuschauer auf das eine oder das andere Spiel achten, nicht aber auf beide. In der Tat ist es genauso einfach, ein Spiel zu verfolgen, wenn es ein anderes überlagert, als wenn es allein gezeigt würde. Den Zuschauern gelingt es ohne Schwierigkeit, selbst beim ersten Mal. Die Leistung bei dieser Aufgabe verschlechtert sich nur, wenn man gebeten wird, beide Spiele zugleich zu verfolgen. Dabei ergeben sich äußerst hohe Fehlerzahlen und Falschwahrnehmungen.

Die Informationen auf der nichtbeachteten Spur, sei es Stimme oder visueller Eindruck, werden nicht völlig ignoriert, wie durch die Tatsache gezeigt wird, daß manche Reize die Oberhand gewinnen, selbst wenn man sich auf etwas gänzlich anderes konzentriert. Wenn Sie z.B. einem Sprecher zuhören, kann Ihre Aufmerksamkeit manchmal durch eine zweite Stimme abgelenkt werden, die ein für Sie bedeutsames Wort wie z.B. Ihren Namen erwähnt. Ein anderes Beispiel ist die schlafende Mutter, die von einem leisen Weinen ihres Babys aufgeweckt werden kann, nicht jedoch von anderen, lauteren Geräuschen. Die praktische Folge hiervon ist, daß Sie normalerweise sorglos Ihre Aufmerksamkeit auf eine einzelne Hauptaufgabe konzentrieren können, wohl wissend, daß wichtige Informationen im Hintergrund nicht absolut unwirksam sein werden.

Ein letzter Punkt zum Thema Aufmerksamkeit. Es ist für Menschen nicht ungewöhnlich, daß sie mit zwei komplexen Aufgaben gleichzeitig beschäftigt sind. So können viele von uns ein Auto lenken, während sie zur gleichen Zeit in der Lage sind, eine sinnvolle Unterhaltung mit ihrem Mitfahrer zu führen. Keine der Aufgaben ist einfach, was Sie sich klarmachen können, wenn Sie an die Schwierigkeiten zurückdenken, die Sie beim Fahrenlernen hatten, oder wenn Sie ein kleines Kind beobachten, wie es mit dem Lernen der Sprache kämpft. Wie kommt es, daß wir als Erwachsene diese beiden komplexen Aufgaben simultan erledigen können? Wie kann ein geübter Schreibmaschinenschreiber gleichzeitig ein Manuskript fehlerlos abschreiben und eine Unterhaltung mithören, die auf der anderen Seite des Büros stattfindet? Die Antwort ist offenbar, daß diese Fertigkeiten, wenn wir sie entwickeln, weniger und weniger Aufmerksamkeitskapazität verlangen. Bestimmte Fertigkeiten - wie die, die zum Fahren eines Autos nötig sind -, können automatisch werden. Wir führen sie aus, ohne ihnen viel unserer bewußten Aufmerksamkeit zu widmen. Dies läßt fast unsere ganze Kapazität für andere Aufgaben frei. Aber nicht alle Aufgaben können automatisiert werden. Solche, die laufend semantisches Wissen verlangen, wie z.B.eine Unterhaltung, benötigen zuviel Aufmerksamkeit. Andererseits lassen sich Aufgaben, die motorische Fertigkeiten erfordern, am ehesten automatisieren und können deshalb mit geringster Aufmerksamkeitsüberwachung ausgeführt werden.

ZUSAMMENFASSUNG

1. Empfindung und Wahrnehmung beschäftigen sich mit der Aufnahme von Informationen aus der Außenwelt. Der Begriff Empfindung bezieht sich auf die anfänglichen Aufnahmeprozesse, einschließlich der Aktivitäten der Sinnesorgane. Der Begriff der Wahrnehmung bezieht sich auf die Nachwirkungen der Rezeptoraktivität, d.h. auf die Prozesse, die der Reize folgen und die zentraleren kognitiven Funktionen des Organismus in Anspruch nehmen. Zusammen liefern Empfindung und Wahrnehmung ein inneres Abbild der Außenwelt.

2. Sinnesrezeptoren wandeln physikalische Energie wie Licht, Schall, Hitze und Druck in Nervenimpulse um, in Signale, die das Gehirn verstehen kann.

3. Das menschliche Auge ist für eine schmale Bandbreite elektromagnetischer Wellenlängen empfindlich, die von etwa 400 bis 700 nm reicht. Diese Energie wird Licht genannt, weil sie visuelle Erlebnisse hervorruft. Das Auge ist sehr ähnlich aufgebaut wie ein Fotoapparat und bildet ein umgekehrtes Bild der Außenwelt auf seiner hinteren Oberfläche, der Netzhaut, ab. Die Netzhaut enthält vier unterschiedliche Photorezeptoren. Die Stäbchen, die sehr empfindlich sind und bei geringem Licht arbeiten (skotopisches Sehen) sowie die drei Zapfenarten, die bei Tageslicht arbeiten (photopisches Sehen) und die Grundlage für das Farbensehen bilden.

4. Die Stäbchen und Zapfen sind durch ein komplexes Netzwerk von Horizontal- und Bipolarzellen und Amakrinen mit Ganglienzellen in der Netzhaut verbunden. Jede Ganglienzelle erhält Input von mehreren Stäbchen und Zapfen. Die zahlreicheren Stäbchen weisen eine größere Konvergenz auf die Ganglienzellen auf als die enger angeordneten Zapfen. Das Gebiet der Netzhaut, das eine bestimmte Ganglienzelle beeinflußt, ist das rezeptive Feld jener Ganglienzelle. Diese Felder sind kreisförmig und bestehen aus einer zentralen und einer äußeren Region. Ähnlich konvergiert die Information von einer bestimmten Stelle der Retina auf eine einzige Zelle im cerebralen Kortex und bildet so das rezeptive Feld jener kortikalen Zelle.

5. Zellen des visuellen Kortex liefern die ersten Stufen der Muster- oder Objektwahrnehmung. Diese kortikalen Zellen sind für bestimmte Reize empfindlich, z.B. waagerechte Linien, Ecken, Krümmungen und ähnliches. Eine Theorie, Pandämonium genannt, vergleicht die Arbeitsweise dieser kortikalen Zellen mit der von Detektordämonen. Diese Dämonen werden von Impulsen gereizt, die der Rezeptor aufgenommen hat. Die Kombination verschiedener Dämonen, die von der eintreffenden Reizung erregt werden, bildet die Grundlage, auf der Linien und Muster erkannt werden.

6. Die Sehschärfe ist die Fähigkeit, feine Details zu sehen. Mit Zunahme des Lichts erhöht sich die Sehschärfe.

7. Das Sehen von Farbe ist eins der grundlegenden Seherlebnisse. Die neurale Aktivität der drei Zapfenarten wird in der Netzhaut zusammengeführt, um drei neurale Kanäle der Farbinformation zu bilden: einen R/G-Kanal, einen Y/B-Kanal und einen L-Kanal. Unsere gesamten Farberlebnisse ergeben sich aus verschiedenen Kombinationen der Tätigkeit dieser drei Kanäle. Das Farberleben basiert auf drei Dimensionen: Farbton, Sättigung und Helligkeit. Der Farbton ist die qualitative Art der Farbe, die Sättigung ist die Intensität der Farbe, und die Helligkeit ist die Beschreibung der Farbe von dunkel bis hell.

8. Gestaltprinzipien beschreiben, wie Reize in ganze und sinnvolle Wahrnehmungen organisiert werden. Das Grundprinzip wird als Prägnanz oder "gute Gestalt" bezeichnet. Andere Gestaltprinzipien sind Nähe, Ähnlichkeit und Geschlossenheit.

9. Zwei Klassen von Signalreizen (cues) sind für die Tiefenwahrnehmung wichtig: die, die die Tätigkeit beider Augen erfordern (binokulares Sehen), und die, die die Tätigkeit nur eines Auges verlangen (monokulares Sehen). Geübte Künstler können bestimmte monokulare Hinweise benutzen, um dem Betrachter eine realistische, dreidimensionale Wahrnehmung auf einer zweidimensionalen Leinwand zu vermitteln.

10. Die Wahrnehmungskonstanz ist der Prozeß der Aufrechterhaltung eines inneren Abbildes eines Objekts, selbst wenn der Kontext des Objekts sich verändert. Der Begriff Größenkonstanz z.B. bezieht sich auf den Prozeß, der es uns ermöglicht, das gleiche Objekt in seiner Größe als stabil zu sehen, obwohl wir uns hin und herbewegen und es von verschiedenen Entfernungen und Winkeln betrachten. Zwei Informationen sind bei diesem Effekt wichtig: die Größe des Netzhautbildes und die Entfernung des Betrachters zum Objekt. Ein weiteres Beispiel ist die Helligkeitskonstanz, die sich darauf bezieht, daß Objekte als gleich hell wahrgenommen werden, unabhängig von der auf sie fallenden Beleuchtungsmenge. Wenn die Größenkonstanz gestört wird, resultieren daraus überraschende Täuschungen, z.B. die Mondtäuschung.

11. Die Wahrnehmungstheorien unterscheiden sich darin, ob sie den Schwerpunkt auf die "top-down"- oder die "bottom-up"-Prozesse legen. Die, die "bottom-up"-Prozesse betonen, beschreiben die Wahrnehmung als eine direkte Funktion der Reizaufnahme. Die Theorien, die die "top-down"-Prozesse hervorheben, betrachten die Wahrnehmung als einen konstruktiven Prozeß.

12. Das Gehör wird durch Schalldruckwellen gereizt, die sich durch die Luft ausbreiten. Physikalischer Schall wird durch seine Intensität, Frequenz und Komplexität beschrieben. Unser Hörvermögen deckt einen Frequenzbereich von 20 bis 20.000 Hz ab. Wir können Töne von 0 dB bis 120 dB hören.

13. Das innere Ohr untersucht komplexe Schallwellen auf seine Sinuswellen- (Oberton-) Komponenten. Die Basilarmembran des inneren Ohres wird von verschiedenen Schallfrequenzen an verschiedenen Stellen gereizt. Sehr geringe Frequenzen unter 400 Hz werden werden jedoch in Nervenimpulse pro Sekunde umgewandelt.

14. Schall wird auf 3 psychologische Dimensionen erlebt: Lautstärke, Tonhöhe und Klangfarbe. Die Klangfarbe ist die Qualität, die es ermöglicht, den Unterschied zwischen einer Violine und einer Flöte zu erkennen. Der Musikgenuß durch gemeinsam gespielte Noten, hängt von der Stelle auf der Basilarmembran ab, die durch die Harmonien zum Schwingen gebracht wird.

15. Man kann die Position und Bewegung seines Körpers und verschiedener Körperteile im Raum selbst mit geschlossenen Augen spüren. Zwei Sinnesapparate helfen dabei. Einer, die Kinästhesie, ist über den ganzen Körper verteilt, mit Rezeptoren in den Muskeln, Sehnen und Gelenken. Der andere, der Gleichgewichtssinn, hat seine Rezeptoren neben der Cochlea im inneren Ohr.

16. Vier Formen des Erlebens, die auf dem Kontakt zwischen der Haut und einem Objekt beruhen, machen den Tastsinn aus: Druck, Schmerz, Wärme und Kälte. Diese vier Erlebensarten werden durch spezialisierte Nervenendigungen (Rezeptoren) in der Haut vermittelt.

17. Geschmack und Geruch sind zusammenhängende Sinne, die von der Absorption chemischer Moleküle durch Rezeptoren auf der Zunge und in der Nase abhängen. Geschmackserlebnisse werden als salzig, süß, bitter und sauer beschrieben. Geruchserlebnisse werden desgleichen als ätherisch, kampferartig, moschusarig, minzig, blumig, stechend und faul beschrieben. Geruch ist bei Tieren für die Kommunikation und die sexuelle Anziehung wichtig.

18. Einer Außenwelt mit zahlreichen Reizen stehen wir mit Wahrnehmungsprozessen beschränkter Kapazität gegenüber. Durch die Aufmerksamkeit werden Reize für detaillierte Verarbeitung ausgewählt. Die Auswahl kann auf einem peripheren oder einem zentraleren Niveau erfolgen.

So sieht das in der Praxis aus

SEHFEHLER

Brillen

Erstmalig wurde das Wissen über das Netzhautbild bei der Einführung der Brille angewandt. Das Auge soll ein scharfes Bild auf die Netzhaut werfen, und dieses Bild wird dann durch neurale Prozesse weiterverarbeitet. Wenn das Bild nicht scharf ist, gibt es weniger Informationen, die interne Repräsentation kann so mangelhaft werden, daß die Kommunikation mit der Außenwelt leidet.

Es gibt zwei Arten weit verbreiteter Schwierigkeiten in bezug auf die Scharfeinstellung. Erstens wäre die Kurzsichtigkeit oder Myopie zu nennen. In dem Fall hat das Auge zuviel Brechkraft. Als Folge bildet es von entfernten Objekten ein Bild vor statt auf der Netzhaut ab, und diese entfernten Objekte werden als verschwommen wahrgenommen. Ein Kurzsichtiger kann Objekte nah vor den Augen deutlich sehen, wo die zusätzliche Brechkraft benötigt wird. Um es einem Kurzsichtigen doch zu ermöglichen, entfernte Objekte deutlich zu sehen, wird die überflüssige Brechkraft des Auges kompensiert, indem vor den Augen eine zerstreuende Linse benutzt wird (siehe Abbildung 3-31). Eine zerstreuende Linse ist an den Seiten dicker als in der Mitte.

Die zweite Schwierigkeit bezüglich der Scharfeinstellung wird Weitsichtigkeit oder Hyperopie genannt und ergibt sich, wenn das Auge nicht genug Brechkraft aufweist. Eine weitsichtiger Mensch kann entfernte

Abbildung 3-31 Schwierigkeiten bei der Scharfeinstellung

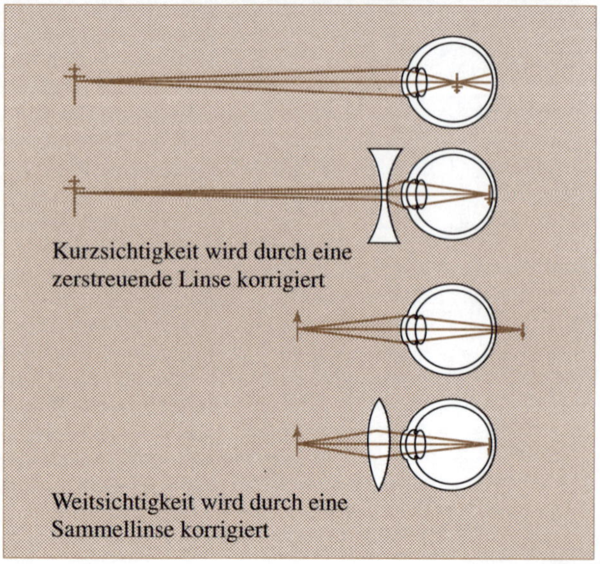

Hilfe für Babys mit Sehfehlern

Von MATT CLARK

Kaum eine physische Funktion ist während der frühen Lebensmonate eines Babys verletzbarer als seine Fähigkeit zu sehen. Wenn die entscheidenden Sehzentren im Gehirn des Säuglings keine normalen optischen Signale empfangen - was der Fall ist, wenn das Kind z.B. grauen Star hat oder schielt -, arbeiten sie immer schlechter und hören am Ende ganz auf. Diese Art von Blindheit wird Amblyopie genannt und betrifft mehr als 2 % aller Amerikaner. Aber in letzter Zeit haben Forscher enorme Fortschritte zum Verständnis der neurologischen Prozesse gemacht, die zu Amblyopie führen, und Ärzte behandeln inzwischen sogar die kleinsten Kinder.

Sie wissen seit langem, daß große Unterschiede im Sehvermögen beider Augen zu Amblyopie führen können. Die Behandlung besteht darin, das Problem im schwächeren Auge zu korrigieren und dann seine Benutzung zu erzwingen, indem das gesunde Auge für unterschiedlich lange Zeit abgedeckt wird. Dabei ist die zeitliche Abstimmung entscheidend. Dr. Torsten N. Wiesel und David H. Hübel von der Harvard Medical School erhielten letzten Herbst den Nobelpreis für Arbeiten an Katzen und Affen, mit denen sie nachwiesen, daß anhaltender Schaden an den visuellen Zentren im Gehirn früh im Leben auftritt, wenn Sehprobleme nicht behoben werden.

Atrophie: Bei einem Seminar in der letzten Woche, das von dem Forschungsinstitut Research to Prevent Blindness gesponsort wurde, beschrieb Dr. Gunter K. von Noorden vom Baylor College of Medicine weitere Experimente mit Primaten. Bei einigen der Tiere rief von Noorden Amblyopie hervor, indem er ein Auge zunähte. Andere mußten spezielle Prismen tragen, die starke Sehunterschiede zwischen den beiden Augen bewirkten. Und einige wurden durch einen chirurgischen Eingriff an den Augenmuskeln zum Schielen gezwungen. Schließlich entwickelten die Affen Amblyopie und verloren das eine Augenlicht. Durch Benutzung winziger Elektroden, die in das Gehirn gepflanzt wurden, konnte von Noorden die Gebiete des visuellen Kortex identifizieren, die inaktiv geworden waren, und anschließende Autopsien deckten eine Atrophie der Gehirnzentren auf, die mit dem fehlerhaften Auge verbunden waren. Andere Experimente, in denen das sehtüchtige Auge abgedeckt war, zeigten, daß die Gehirnzellen zu ihrer normalen Funktion zurückkehrten und die Sehkraft wiederhergestellt wurde, falls die Behandlung früh genug erfolgte. Von Noorden ist der Auffassung, daß das Kleinkind in seinen ersten zwei Lebensjahren für dauerhaften Sehverlust am anfälligsten ist, je früher die Behandlung beginnt, desto besser.

Seit kurzem wenden Chirurgen diese Erkentnisse bei Babys an, die mit grauem Star auf einem Auge oder mit defekten Hornhäuten geboren wurden. Bis vor kurzem galten solche Probleme als hoffnungslos. Aber Dr. Creig S. Hoyt von der University of California, San Francisco, hat kürzlich bei 22 Kleinkindern grauen Star operiert, manchmal nur ein paar Stunden nach der Geburt. Heute haben 17 seiner Patienten ein so gutes Sehvermögen, daß sie lesen können. Hoyt betonte, daß Babys bei der Geburt routinemäßig auf grauen Star hin untersucht werden und nach Möglichkeit innerhalb von 24 Stunden operiert werden sollten. "Dies sind echte Notfälle", sagte er....

Ein guter Sehtest ist entscheidend, um eine Amblyopie frühzeitig zu entdecken. Aber wie testet man die Sehkraft eines Kindes, das die herkömmlichen Tafeln nicht lesen kann? Der Psychologe Richard Held vom Massachusetts Institute of Technology kam auf eine geniale Lösung dieses Problems, die als preferencial viewing procedure (etwa: Bevozugungstest) bezeichnet wird. Sie basiert auf der Tatsache, daß ein Baby, dem zwei Lichtmuster in einem dunklen Raum gezeigt werden, häufiger das Muster mit den meisten Streifen ansieht. Im Test werden dem Baby zwei Dias vorgeführt, eines gänzlich leer, das andere mit abwechselnd schwarzen und weißen Streifen. Mit fortschreitendem Test werden die Streifen dünner und dünner, bis das Baby nicht mehr hinschaut. An diesem Punkt zieht der Untersucher den Schluß, daß das Baby den Unterschied nicht mehr wahrnehmen kann. So stellte Held fest, daß die Sehkraft bei normalen Babys während der ersten zehn Lebenswochen 20/800 beträgt - damit sind sie praktisch blind -, und sich zum Ende des ersten Jahres stetig auf 20/50 verbessert. Glücklicherweise bestätigt der Test auch, daß ein mit grauem Star geborenes Kind nach sofortigem chirurgischem Eingriff die Sehkraft doch noch erlangen kann.

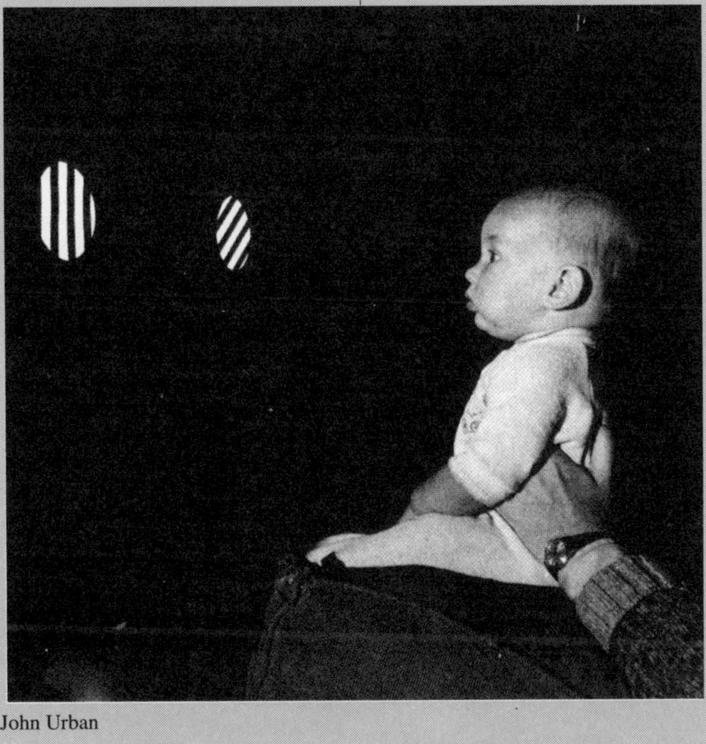

John Urban

Augentest eines Babys. Ein sechs Monate alter Junge betrachtet im Massachusetts Institute of Technology Lichtstreifen.

Newsweek, 31. Mai 1982

Objekte deutlich sehen, hat aber nicht genug Brechkraft, um nahe Objekte scharf einzustellen. In diesem Fall besteht die verwendete Korrekturmöglichkeit darin, eine Sammellinse - die in der Mitte dicker ist als an den Seiten - zu benutzen. Wenn die weitsichtige Person jetzt auf ein nahes Objekt schaut, wird das Bild dieses Objekts auf der Netzhaut scharf eingestellt, nicht dahinter (siehe Abbildung 3-31). Linsen sind wie Krücken. Sie sind Hilfen, aber sie beheben das Problem selbst nicht. Sie erleichtern es uns nur, mit der Umwelt klar zu kommen. Vielleicht erfindet in der Zukunft jemand Methoden, die es Kurzsichtigen oder Weitsichtigen ermöglichen, ohne Benutzung dieser optischen Krücken normal zu sehen.

Blindheit

Blindheit entsteht, wenn der visuelle Apparat irgendwo unterbrochen ist. Man kann wegen einer Beeinträchtigung der Augen, wie z.B. grauem Star erblinden oder wegen Schäden an Netzhaut oder Sehnerv. In diesen beiden Fällen wird man blind, weil die Information das Gehirn nicht mehr erreicht. Wenn jedoch in den Seharealen des Gehirns eine Schädigung eintritt, wird die Sehfähigkeit oft nicht völlig zerstört. Wie der Zeitungsausschnitt "Wie blinde Menschen dennoch 'sehen' können" nahelegt, haben Leute, deren visueller Kortex verletzt wurde und die als Ergebnis "blind" sind, vermutlich nur eine Störung bestimmter visueller Prozesse - der Prozesse, die die Frage "Was gibt es da draußen?" beantworten. Wenn die Wahrnehmungsmechanismen, die Objekte lokalisieren, intakt bleiben, wird es vielleicht möglich, solche "blinden" Personen darin zu trainieren, diese intakten Mechanismen besser zu benutzen. Nur weitere Forschung wird darüber Aufschluß geben.

Wenn Blindheit verursacht wird, weil Informationen nicht das Gehirn erreichen, läßt sich das Gehirn vielleicht direkt mit den benötigten Informationen versorgen. Ein Ansatz besteht darin, den visuellen Kortex direkt zu reizen, indem elektrische Signale verwendet werden, die von einer winzigen Fernsehkamera stammen, die auf dem Rahmen einer Brille befestigt ist. Der bislang fehlende Erfolg dieses Ansatzes zeigt, daß wir noch nicht sehr viel über die Funktionen des visuellen Kortex wissen. Die in dieser Methode vorhandenen Möglichkeiten, Blinden zu helfen, sind noch lange nicht ausgeschöpft.

Wie blinde Menschen dennoch "sehen" können

STATE COLLEGE, Pa. AP. Menschen mit "Augen im Hinterkopf" gibt es vielleicht häufiger als man denkt, meint ein Professor der Pennsylvania State University.

Dr. Herschel Leibowitz, Professor der Psychologie, sagte, seine Forschung an Blinden zeige, daß Menschen zwei Arten von Sehvermögen besitzen: normales Sehvermögen, das ihnen das Sehen ermöglicht, und ein "Sehen" nach Art eines Rundsichtradars, das ihnen unterbewußt sagt, wo sie sich in bezug zur Umgebung befinden.

Somit kann ein Blinder, dessen "Rundumsehen" nicht zerstört wurde, Wände meiden, obwohl er sie nicht sehen kann, erklärte Leibowitz.

Weil nun - so Professor Leibowitz - die beiden Systeme zu verschiedenen Teilen des Gehirns gehören, kann man bei manchen Gehirnverletzungen eine Art des Sehens verlieren und die andere beibehalten. Fokales Sehen - wie Leibowitz das Sehvermögen bezeichnet, das für das Lesen und Erkennen von Objekten benutzt wird - wird vom visuellen Kortex im äußeren Teil des Gehirns gesteuert, "Rundumsehen" dagegen nach Auffassung von Leibowitz vom Mittelhirn.

Leibowitz nimmt an, daß sich die Erklärung für "Rundumsehen" in der Interaktion von Fasern aus der peripheren Netzhaut des Auges mit Gleichgewichtsfasern des inneren Ohres, die durch die Schwerkraft stimuliert werden, findet. Das verleihe den Menschen ein Gefühl von Gleichgewicht, ein Effekt, der mehr durch motorische Aktivität als durch Bewußtsein dentsteht.

Leibowitz verwies auf Experimente an der neurologischen Klinik der Universität Freiburg, Bundesrepublik Deutschland, die er vergangenes Jahr zusammen mit dem Neurologen Dr. Johannes Dichgans durchgeführt hatte. Sie bestätigten, daß Menschen und auch Tiere über beide Arten von Sehvermögen verfügen.

"Fokales Sehen kann durch Brillen verbessert werden. Es hat mit dem 'Was' der Wahrnehmung zu tun", sagte Leibowitz. "Rundumsehen hingegen ist das 'Wo' der Wahrnehmung. Es erlaubt uns, uns frei zu bewegen und uns im Raum zu orientieren"...

The Denver Post,
13. Oktober 1977

Wie könnte sich die Hypothese von Professor Leibowitz testen lassen, daß es neben dem normalen noch eine zweite Form des Sehens gibt?

OPTISCHE TÄUSCHUNGEN

Optische Täuschungen entstehen dann,wenn unsere Wahrnehmungsprozesse aufgrund ungenauer und irreführender Informationen ein inneres Abbild herstellen. Es macht Spaß, diese Täuschungen im Hörsaal zu erleben, in der Realität, z.B. beim Steuern eines Flugzeugs, können die Konsequenzen sehr unangenehm werden . Die moderne Technik hat unsere Wirkungsmöglichkeiten in ungeahntem Ausmaß erweitert. Es überrascht deshalb nicht, daß unser Wahrnehmungsapparat damit manchmal nicht Schritt halten kann. Im Laufe seiner Entwicklung wurde er z.B. niemals im Flugzeug benutzt. Glücklicherweise gibt es Instrumente zur Unterstützung unserer Sinnesempfindungen und des Wahrnehmungsapparates. In den großen Passsagierflugzeugen werden die Instrumente so oft benötigt, daß sicherlich die Unfallhäufigkeit weit größer wäre, wenn sich die Piloten allein auf ihre Wahrnehmung verließen.

Nach einer Reihe von Unfällen, in denen Passagierflugzeuge bei der Landung abstürzten, entdeckte der Psychologe Conrad Kraft eine Sinnestäuschung, die zu den Abstürzen geführt hatte. Kraft stellte zuerst fest, daß die Abstürze alle nachts bei guter Sicht stattgefunden hatten, als die Piloten eine entfernte Landebahn ansteuerten, wobei sie dunkles, unbeleuchtetes Land oder Wasser überqueren mußten. Er führte dann mehrere Experimente durch und entdeckte, daß die Piloten ihre Höhe erheblich überschätzten, wenn sie unter diesen Bedingungen landeten und sich bezüglich der Höhe auf ihre Augen verließen (anstatt auf den Höhenmesser zu schauen). Diese Überschätzung bewirkte vermutlich, daß das Flugzeug zu früh Höhe verlor und bereits Bodenberüheung hatte, ehe der Pilot die Gefahr erkannte. Heute wird den Piloten eingetrichtert, sich nicht nur auf ihre Sinne zu verlassen, sondern auch die Fluginstrumente zu benutzen.

TAUBHEIT

Teilweise oder gar nicht mehr hören zu können ist für viele Menschen schwer zu verkraften, besonders für ältere. Hörverlust kann sich aus mechanischen Veränderungen im mittlerern oder inneren Ohr oder durch Schaden an den Nervenleitungen ergeben. Ein gewisser Verlust der Empfindlichkeit für hohe Frequenzen beruht direkt auf dem Alterungsprozeß. Abbildung 3-32 zeigt diesen Trend. Im Alter von über 30 Jahren wird man zunehmend taub für Frequenzen oberhalb von 1.000 Hz. Bis zum Alter von 70 Jahren ist dieser Verlust

Abbildung 3-32 Die Beziehung zwischen Hörverlust und Alter

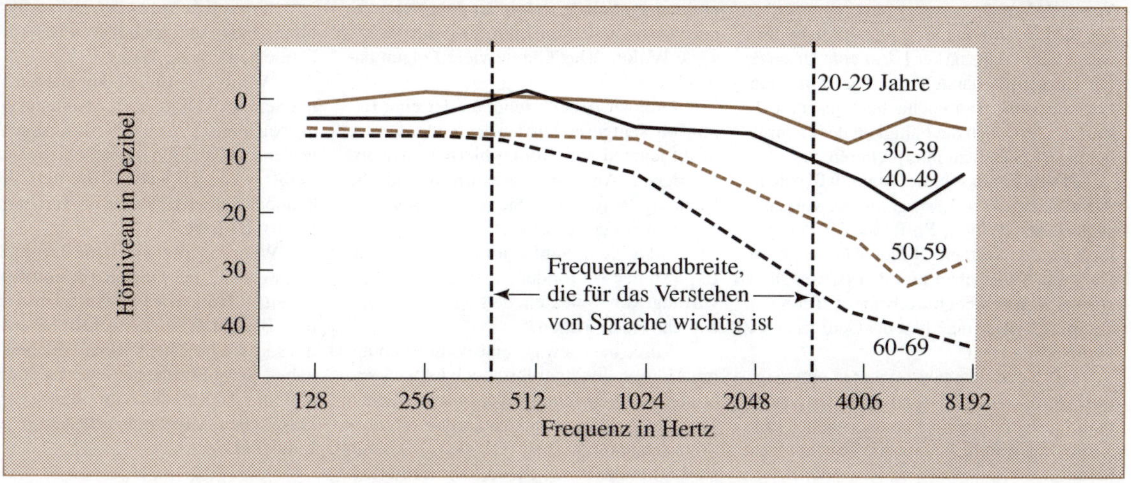

Mit dem Altern nimmt unsere Sensibilität für hohe Frequenzen ab und dadurch leidet auch unser Sprachverständnis. Jede Kurve repräsentiert für die genannten Altersgruppen die Abnahme der Hörempfindlichkeit für verschiedene Frequenzen.

so stark, daß sogar das Sprachverständnis behindert ist. Dieser Verlust trägt zum Gefühl der Isolation bei, das viele ältere Menschen in unserer Gesellschaft erleben.

Ein großer Teil dieses Empfindlichkeitsverlustes rührt wohl daher, daß wir zeitlebens zuviel lauten Geräuschen ausgesetzt sind. Abbildung 3-33 zeigt den Einfluß verschiedener Berufe auf die Empfindlichkeit gegenüber hohen Frequenzen. Menschen, die in lauten Umgebungen arbeiten (z.B. Arbeiter auf Bauernhöfen oder in Fabriken, die Lärm ausgesetzt sind), hören im Alter schlechter als z.B. Büropersonal. Experimente haben auch gezeigt, daß Lärm zusätzliche schädliche Effekte haben kann, hier wären etwa Depressionen zu nennen.

Wie beim Sehen versuchen Wissenschaftler, das Hörvermögen tauber Menschen durch elektrische Reizung des Hörnerven wiederherzustellen. Man hofft, daß elektrische Signale von einem Mikrophon so transformiert werden können, daß sie für den Hörnerv eines tauben Patienten "erkennbar" werden und damit zu relativ "normalem" Input ins Gehirn zu führen. Bislang hat man nur eingeschränkten Erfolg mit dieser Technik erlangt. Aber vielleicht verhelfen die Kentnisse aus diesen ersten Versuchen dazu, daß Menschen heute in 50 Jahren wieder hören können.

Das künstliche Ohr

Normalerweise pflanzen sich Schallwellen durch das Trommelfell und die Knöchelchen des mittleren Ohres zur Cochlea fort. In der Cochlea bewegen diese Vibrationen bestimmte mikroskopisch kleine Haarzellen, die nach der Tonhöhe auf der Basilarmembran angeordnet sind. Die Haarzellen wiederum senden durch den Hörnerv elektrische Signale zum Gehirn.

Bei manchen Formen der Taubheit sterben die Haarzellen ab, weil sie nicht länger arbeiten, und somit gibt es keine Möglichkeit, den Hörnerv zu reizen. Kürzlich haben Forscher an der University of Utah einen Weg gefunden, die Haarzellen zu umgehen, indem winzige Kabel zu kleinen Platinelektroden geführt werden, die an ausgewählten Punkten entlang der Basilarmembran eingepflanzt werden, und somit direkt die Hörnerven anzapfen. Dazu muß der taube Paient(in) operiert werden, wobei ein kleiner Stecker hinter dem Ohr angebracht wird. Dann werden ein Kabel, das an ein komplexes elektronisches System angeschlossen ist, und ein Mikrophon in den Stecker eingesteckt. Die Stimme des Sprechers wird vom Mikrophon in elektrische

Starker Lärm schädigt die Wahrnehmungsfunktionen des Gehirns

Von JON VAN

DE KALB, Illinois. Es gibt zahlreiche Beweise dafür, daß starker Lärm eine Ursache für Hörverlust darstellt, und jetzt hat ein Forscher aus Illinois nachgewiesen, daß starker Lärm auch die Fähigkeit des Gehirns behindert, Schall zu interpretieren.

"Dies ist das erste Mal, daß solche Auswirkungen von Lärm gefunden wurden", sagte James Willott, Professor für Psychologie an der Northern Illinois University in De Kalb. "Wir haben nun den Beweis, daß starker Lärm neben teilweiser Taubheit komplexe Folgen innerhalb des Gehirns selbst verursachen kann."...

Die Neuronenreaktion war in einer signifikanten Zahl von Fällen verändert, nachdem die betreffenden Personen dem Lärm ausgesetzt waren, fanden die Psychologen heraus....

"Dies läßt vermuten, daß das Gehirn einen Teil der Fähigkeit verliert, den wahrgenommenen Schall, richtig zu interpretieren, nachdem man starkem Lärm ausgesetzt war", sagte Willot. "Das könnte viele Folgen haben."

An einer Arbeitsstelle, an der eine Explosion stattgefunden hat, ruft ihnen vielleicht jemand zu: 'Komm hierher, hier bist Du sicher'. Aber Sie würden in die falsche Richtung laufen, weil Sie nicht sagen können, woher der Schall kam.

Auf einem Schlachtfeld, wo überall Explosionen stattfinden, wird dies zur Verwirrung von Soldaten beitragen, die sich zurechtfinden wollen."

Willot hatte zwar seine Untersuchung mit Mäusen durchgeführt, doch hätten - wie er sagte - Untersuchungen des menschlichen Verhaltens gezeigt, daß Menschen offenbar Wahrnehmungsverluste erleiden, nachdem sie Lärm ausgesetzt waren, der vermutlich zu einer veränderten Neuronenreaktion geführt hat.

"Wir müssen über den Hörverlust selbst hinausgehen und die höheren Denkprozesse betrachten", sagte Willot.

"Wenn ein Student den ganzen Vormittag seinen Walkman eingeschaltet hat und am Nachmittag zu einer Vorlesung geht, kann er dann vollständig verstehen, was er hört? Selbst wenn er jedes Wort hört, kann er dennoch Schwierigkeiten im Aufnehmen des Lernstoffs haben."

Während die meisten Befürchtungen dahingehen, daß laute Rock-and-Roll-Musik einen Hörverlust bewirkt, kann nach einem Bericht in der Zeitschrift Science auch die klassische Musik einen solchen Effekt haben. Schwedische Forscher fanden heraus, daß die Hälfte der von ihnen geprüften klassischen Musikkonzerte lauter war als Industrielärm.

Boulder (Colorado), *Daily Camera*
9. Juli 1982

Energie umgewandelt, die die Basilarmembran zur Aktivität zwingt.Das wird im Gehirn als Sprache wahrgenommen.

Dieser Apparat ist derzeit vergleichsweise noch primitiv und benötigt umfangreiches elektronisches Zubehör. Aber die Wissenschaftler hoffen, es bald soweit fortentwickeln zu könnnen, daß es nicht größer als eine Zigarettenschachtel ist. Damit wäre vielen tauben Patienten geholfen, für die die althergebrachten Hörhilfen wertlos sind.

Taubheit und Geisteskrankheiten

Die Unfähigkeit, die Welt um sich herum wahrzunehmen, kann offensichtlich zu bestimmten Geisteskrankheiten führen. Haben Sie schon mal vermutet, daß Leute hinter Ihrem Rücken über Sie flüstern? Philip Zimbardo stellte die These auf, daß Menschen, die aufgrund des Alters langsam ihr Hörvermögen verlieren, manchmal diese paranoiden Vorstellungen haben, die tatsächlich eine Folge ihrer zunehmenden Taubheit sind. In einer Untersuchung führte er bei normalen Versuchspersonen durch Hypnose einen zeitweiligen Hörverlust herbei. Die hypnotisierten Versuchspersonen wurden in drei Gruppen eingeteilt. In einer Gruppe wurde den Versuchspersonen mitgeteilt, ihr Hörvermögen würde sich ändern, wenn sie das Wort *focus* sehen, und zwar so, daß ihnen alle Geräusche schwächer vorkommen würden. Die Stimmen anderer Leute wären besonders schwer zu hören. Sie würden das Gefühl haben, daß sie nur flüsterten. Den Versuchspersonen wurde auch gesagt, daß sie sich nicht daran erinnern würden, diese Instruktionen erhalten zu haben. Die Versuchspersonen einer weiteren Gruppe erhielten die gleichen Instruktionen. Ihnen wurde aber zusätzlich gesagt, daß sie sich daran erinnern würden, warum sie nicht hören könnten. Schließlich wurde den Versuchspersonen

Abbildung 3-33 Der Zusammenhang zwischen Hörverlust und Umgebungslärm

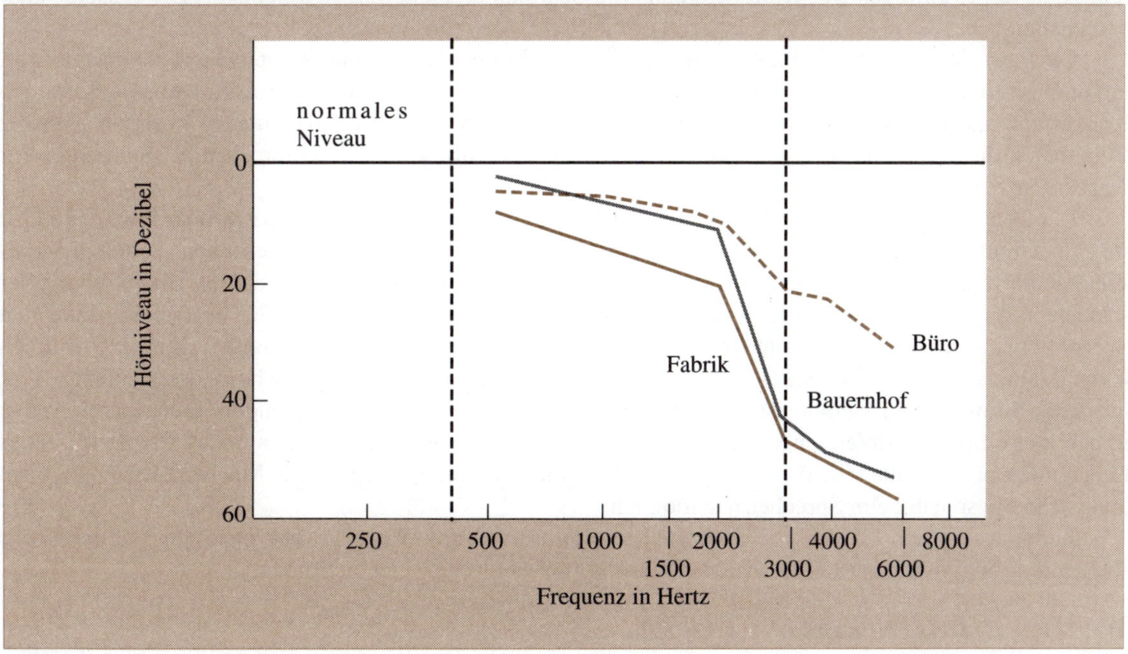

Wenn keine Vorsichtsmaßnahmen ergriffen werden, verursacht es einen bleibenden Empfindlichkeitsverlust besonders für hohe Frequenzen, wenn man fortgesetzt lautem Schall ausgesetzt ist. Die graphische Darstellung zeigt, daß Arbeiter auf Bauernhöfen und in Fabriken (also in lauter Umgebung) stärkeren Hörverlust erleiden als Büroarbeiter (ruhige Umgebungen). Um den vorzubeugen empfielt sich ein Hörschutz bei starkem Lärm.

einer Kontrollgruppe mitgeteilt, das Wort *focus* bewirke, daß ihr linkes Ohr juckt, so daß sie gezwungen wären, sich zu kratzen. Sie könnten sich aber nicht daran erinnern, warum.

Während des Experiments wurde das Wort *focus* kurz auf eine Leinwand geblendet, und wie geplant hatten die Studenten der ersten beiden Gruppen in der folgenden 30minütigen Diskussion mit informierten Helfern des Versuchsleiters Schwierigkeiten zu hören. Danach füllten alle Versuchspersonen einen Persönlichkeitstest aus, der auch Meßwerte für Paranoia enthielt. Daraus ergab sich, daß die Studenten, die sich nicht daran erinnern konnten, warum sie Schwierigkeiten hatten zu hören, paranoider waren als die anderen. Sie glaubeten, daß andere Leute über sie redeten, und berichteten, über Gefühle von Aggressionen und Verwirrung.

Zimbardos Hypothese ist, daß ältere Personen manchmal auf analoge Art paranoid werden. Wenn ihr Hörvermögen allmählich nachläßt, vermuten sie nicht selten, daß andere flüstern, obwohl diese ganz normal reden. Von der Wahrnehmung des Flüsterns ist es nur ein Schritt zur Wahrnehmung, daß andere hinter ihrem Rücken sprechen. Zimbardo vertritt generell die Auffassung, daß manche Geisteskrankheiten in der Tat auf Mißverständnissen und falschen Erklärungen ganz natürlicher Ereignisse beruhen. Sein Vorschlag ist, daß potentielle Geisteskrankheiten im Keim erstickt werden können, wenn diese Vorurteile und Falschwahrnehmungen früh genug entdeckt und korrigiert werden.

VERBESSERUNG DER HÖRFERTIGKEITEN

Wie Sie aus der Diskussion über die Aufmerksamkeit noch wissen, haben Menschen praktisch einen einspurigen Verstand, d.h. sie können sich nur einer Nachricht oder einem Informationskanal gleichzeitig widmen und sind gegenüber dem Rest der Umwelt nicht aufnahmefähig. Manche Psychologen glauben aber, daß man sogar diesen einen Kanal nur zeitweise bewußt wahrnehmen kann. In der Geschäftswelt kann das einen Geschäftsmann Millionen von Dollar kosten und unter Umständen den Erfolg in allen Lebensbereichen stören. Es gibt Beweise dafür, daß wir im Laufe unserer Entwicklung lernen, bestimmte Botschaften "auszuschalten". Man kann beobachten wie so etwas läuft, wenn zum Beispiel eine Mutter ihrem Kind ständig droht oder auf es einredet. Das Kind wird dann die Gewohnheit nicht hinzuhören bis ins Erwachsenenalter beibehalten.

Die Firma Sperry gab vor kurzem eine beträchtliche Summe für eine bundesweite Werbekampagne aus, um herauszustellen, wie wichtig gutes Zuhören ist. Damit wollte die Firma ihr Image verbessern und die Konkurrenz auf die Plätze verweisen. Während der Kampagne wurde der Vorstandsvorsitzende von der Wichtigkeit des Zuhörens so überzeugt, daß er mit der Durchführung von entprechenden Seminaren für Angestellte begann.

Der Gedanke ist der, daß Zuhören für den Erfolg in allen Lebensbereichen von zentraler Wichtigkeit ist, sei es im Geschäftsleben, in der Hochschule oder im Zusammenleben mit den Mitmenschen allgemein. Gutes Zuhören entwickelt sich nicht ohne weiteres, sondern ist ein komplexer Vorgang, der die Überwindung der schlechten Angewohnheiten aus der Kindheit verlangt. Einige der Schlüsselprinzipien im Trainingskurs, den Sperry entwickelt hat, sind die folgenden: Versuchen Sie erstens nicht, die Wichtigkeit dessen, was Ihnen jemand sagt, zu bewerten, ehe Sie es nicht vollständig verstanden haben. Hören Sie besonders denjenigen zu, mit denen Sie nicht einer Meinung sind. Achten Sie zweitens auf Dinge, die Sie besonders interessieren. Selbst in den langweiligsten Referaten werden Sie oft etwas finden, was für Ihr Fortkommen oder persönliches Leben relevant ist. Achten Sie drittens auf den Inhalt, nicht auf die Vortragsweise. Machen Sie sich Notizen und sitzen Sie so nah beim Sprecher wie möglich.

Zumindest in den Köpfen von Sperrys Firmenleitern hat das Hörprogramm geholfen und den Profit sowie die Produktivität der Firma erhöht. Vielleicht funktioniert es auch bei Ihnen.

WAHRNEHMUNGSKONFLIKTE

Alle Sinnesmodalitäten tragen mit ihrer Information zu unserem inneren Abbild der Außenwelt bei, und in der Regel gibt es keinen Konflikt zwischen ihnen. Aber was passiert, wenn das Gehirn von zwei oder mehr Sinnen widersprüchliche Informationen erhält? Normalerweise passiert dann folgendes: Entweder geht die Verarbeitung normal weiter, indem alle Quellen widersprüchlicher Information außer einer ignoriert werden, oder die Verarbeitung wird durch den Konflikt stark verlangsamt.

In der ersten Situation wird ein Teil der eintreffenden Information ignoriert. Der häufigste Fall ist der, daß visuelle Informationen sich gegen Informationen aus anderen Quellen durchsetzen. Die Fähigkeit eines Bauchredners hängt von dieser Dominanz des visuellen Systems ab. Einerseits signalisiert der auditive Lokalisationsmechanismus des Beobachters, daß die Quelle der Puppenstimme der Mund des Bauchredners ist, aber andererseits bringt der visuelle Apparat des Beobachters die Bewegung des Puppenmundes mit den Sprechgeräuschen in Verbindung. Weil die Augen feststellen, daß der Mund des Bauchredners sich nicht bewegt, wohl aber der der Puppe, hat man das Erlebnis einer sprechenden Puppe. Bauchredner "verlagern" ihre Stimme nicht anderswohin. Sie sind auf den Effekt der Dominanz des visuellen Sinnes angewiesen. Wenn Sie Ihre Augen schließen, während Sie der Vorstellung eines Bauchredners zuhören, werden Sie merken, daß die Puppenstimme und die Stimme des Bauchredners von der gleichen Stelle kommen.

Ein weiteres anschauliches Beispiel für den Konflikt zwischen zwei Wahrnehmungsinformationen ist die See-, Luft- oder Autokrankheit. Das Gehirn hat zwei Hauptinformationsquellen über Körperbewegung: das visuelle System und das Gleichgewichtssystem im inneren Ohr. Normalerweise senden die beiden Systeme die gleichen Informationen über die Körperbewegung. Aber stellen Sie sich diese Situation vor: Wenn Ihr ganzes Zimmer mit Ihnen darin um 30 Grad nach einer Seite schräggestellt wäre, wie würden Sie das wissen? Vom Sehen her betrachtet würden Sie es nicht wissen, da optisch alles gleich bliebe. Aber Ihr Gleichgewichtssinn würde signalisieren, daß alles gekippt ist. Wenn man sich auf einem Schiff befindet, besonders unter Deck in einer Kabine, signalisiert der Gleichgewichtssinn, daß man schaukelt, wenn sich das Schiff hin- und herbewegt. Aber unter Deck hat das visuelle System keine Informationen über die Bewegung, denn wenn sich der Körper bewegt, bewegt sich auch die ganze Kabine. Das visuelle System kann also keine Bewegung feststellen. Diese Situation – wir wissen bisher nicht genau warum – verursacht Übelkeit und oft auch Erbrechen.

Um der Seekrankheit vorzubeugen oder sie bereits in ihren Anfängen erfolgreich zu bekämpfen, muß man die Übereinstimmung zwischen den visuellen und den Gleichgewichtsinformationen wiederherstellen. Wenn man den Horizont oder ein Objekt an Land fixiert, während der Körper hin- und herschaukelt, kann das optische System die Bewegung durch den Vergleich mit dem feststehenden Land oder Horizont registrieren. Es signalisiert dann dem Gehirn - in Übereinstimmung mit dem Gleichgewichtssinn -, daß sich der Körper bewegt. Die Symptome der Übelkeit werden schnell verschwinden. Gestandene Seeleute passen sich an die Nichtübereinstimmung zwischen den beiden Systemen an, so daß sie nicht mehr seekrank werden. Sie berichten aber, daß der Boden unter ihnen zu schwanken scheint, winn sie nach längerer Seefahrt an Land gehen.

Die Grundprinzipien des Lernens

4

131 **Lernen und Verhalten**
133 **Klassisches Konditionieren**
Pawlows Arbeiten / Reize und Reaktionen / Kontiguität und vorbereitetes Lernen
136 **Instrumentelles oder operantes Konditionieren**
Historische Vorläufer / Verstärkung / Die verschiedenen Formen des instrumentellen Konditionierens / Die Zwei-Faktoren-Theorie des Lernens: Interaktion von klassischem und instrumentellem Konditionieren
146 **Aspekte des Konditionierens**
Erwerb einer konditionierten Reaktion / Löschung und spontane Erholung / Intermittierende Verstärkung / Gegenkonditionieren / Generalisierung und Diskrimination / Aberglaube und Autoshaping / Gelernte Hilflosigkeit / Konditionieren - der Kausalitätsdetektor
153 **Kognitives Lernen**
Was ist kognitives oder Beobachtungslernen? / Das Zusammenspiel von kognitivem, klassischem und instrumentellem Lernen
155 **Zusammenfassung**
157 **So sieht das in der Praxis aus**
Klassisches Konditionieren / Instrumentelles Konditionieren / Gelernte Hilflosigkeit und Depression / Intermittierende Verstärkung und Psychotherapie / Die Gebote und Verbote bei Bestrafung

Dave steht knapp davor, vom College geworfen zu werden. Er braucht dieses Semester einen Durchschnitt von 2,5, um auf dem College bleiben zu können, und dafür muß er in seinem Einführungskurs in die Psychologie die Note B erhalten. Deshalb liest er dieses Buch mit der Absicht, sich Kenntnisse in Psychologie anzueignen, also aus diesem Buch zu lernen.

Der dreijährige Sohn von Heiko und Karin hat den Spitznamen "Sven die Nervensäge" bekommen. Die Eltern sind fest entschlossen, Kinderpsychologie zu lernen, um sie bei Dennis anzuwenden und sein Verhalten zu verändern, hoffen aber auch, daß Sven dazu bereit ist.

Gunter Gebel-Williams, der Stardompteur für wilde Tiere beim Zirkus Ringling Brothers-Barnum & Bailey, hat einen neuen Kniff, um seine Löwen und Tiger zu dressieren. Er möchte, daß sie lernen, eine Pyramide zu bilden, auf die er dann klettern kann. Prima, daß er die Lernprinzipien aus dem FF kennt.

Stellen Sie sich vor, in einer Welt zu leben, in der niemand irgendetwas lernt - glauben Sie, ein Überleben wäre möglich? Sicher, genetische Veränderungen, die in Kapitel 2 besprochen wurden, sind ein Mittel zum Überleben. Einen Teil unseres Verhaltenspotentials haben wir der biologischen Evolution zu verdanken. Aber biologische Veränderungen benötigen lange Zeit, viel länger, als wir im Laufe eines Lebens zur Verfügung haben. Wir brauchen eine schnellere Methode der Verhaltensänderung. Es gibt einen Weg, unser Verhalten entsprechend unseren Erfahrungen zu verändern, so daß wir in Zukunft nicht die gleichen Fehler wiederholen. Dieser Vorgang wird Lernen genannt. Lernen ist der einzige psychologische Mechanismus, den wir für die Anpassung an unsere Umgebung zur Verfügung haben. Lernen ist für die Erklärung menschlichen Verhaltens so wesentlich, daß sich alle Sparten der Psychologie auf Lernkonzepte stützen. Erfahrung ist der große Lehrer, und die Menschen sind die besten Schüler auf der Erde. Aufgrund der Bedeutung des Lernens sind seiner Erörterung zwei Kapitel gewidmet. Dieses Kapitel konzentriert sich auf die grundlegenden Lernprozesse, Kapitel 5 behandelt komplexere Lernformen, wobei der Schwerpunkt auf dem menschlichen Gedächtnis und der Informationsverarbeitung liegt.

LERNEN UND VERHALTEN

Für unsere Zwecke soll Lernen als eine relativ dauerhafte Veränderung des Verhaltens definiert werden, die auf Erfahrung und Übung zurückgeführt werden kann. Lernen steht in engem Zusammenhang mit Wissen, Fertigkeiten und Absichten. Man stellt sich gewöhnlich vor, daß Wissen und Absichten durch Erfahrung erlangt werden und Fertigkeiten durch Übung. Ein Lehrer könnte seiner Klasse erzählen, daß Kolumbus im Jahr 1492 Amerika entdeckt hat, und von da an *wissen* die Schüler diese Tatsache, solange sie sie behalten, und können auf eine entsprechende Frage antworten. Wenn man aufgrund eines Ereignisses oder einer Aktivität eine angenehme Erfahrung gemacht hat, wie z.B. beim Genuß eines guten Glases Wein oder eines Eisbechers, werden diese Aktivitäten zum Gegenstand der Wünsche und *Absichten.*

Manche Aktivitäten, wie Autofahren oder Fußball spielen, beinhalten sowohl *Fertigkeiten* als auch Wissen und Absicht. Die Wiederholung dieser Aktivitäten, also Übung, führt zu einer Verbesserung der Fertigkeiten. Behalten Sie im Gedächtnis, daß die Definition des Lernens auf alle genannten Fälle zutrifft.

Wichtig ist die Beziehung zwischen Lernen und tatsächlichem Verhalten (dem Verhalten, das in einer bestimmten Situation beobachtet wird). Die meisten Lerntheorien, ja sogar die meisten Verhaltenstheorien, heben diese spezielle Beziehung hervor und machen eine deutliche Unterscheidung zwischen den beiden Begriffen. Herkömmlicherweise wird argumentiert, daß Lernen niemals direkt beobachtet wird. In vielen Theorien wird dem Lernen der Status einer **intervenierenden Variablen** gegeben, einer Variablen, die zwischen einem Reiz in der Umwelt und einer Antwort oder Reaktion einer Person steht (interveniert) und eine Beziehung zwischen ihnen herstellt. Lernen wird nicht direkt beobachtet, sondern aus der Beobachtung einer **Verhaltensänderung** gefolgert.

Lernen und beobachtetes Verhalten sind somit eng verbundene, aber unterschiedliche Konzepte. Zu oft aber wird die Unterscheidung nicht beachtet, und das beobachtete Verhalten wird als ein direktes und genaues Maß dafür genommen, wieviel jemand gelernt hat. Demnach sollte das Verhalten, etwa die Leistung in einem Test, sich verbessern, wenn Lernen stattfindet, und wenn weniger gelernt - oder ein Teil des Gelernten vergessen wird -, sollte die Leistung sich verschlechtern. Aber die Leistung ist nicht immer eine genaue Widerspiegelung des Gelernten. Denken Sie an eine Basketballmannschaft, die die ganze Saison über gut gespielt hat, beim entscheidenden Turnier aber haushoch verliert. Die Mannschaft hat eine schlechte Leistung gebracht, aber nicht, weil die Spieler vergessen haben, wie man spielt, oder weil sie irgendwelche Fertigkeiten verlernt haben. Andere Faktoren wie Anspannung oder Ablenkung haben sie daran gehindert, auf dem Niveau zu spielen, das ihrer wirklichen Fähigkeit entspricht. Lehrer berichten oft darüber, daß Schüler nicht soviel leisten, wie sie eigentlich könnten. Schüler mögen über das nötige Wissen und die Fertigkeit verfügen, aber aus irgendeinem Grund schlägt sich dies nicht in der Leistung nieder. Ihre schlechte Leistung wird oft der fehlenden Motivation zugeschrieben.

Die meisten Lernprozesse können in drei Gruppen kategorisiert werden: (1) **klassisches Konditionieren**, (2) **instrumentelles** oder **operantes Konditionieren** und (3) **kognitives** oder **Beobachtungslernen**. Jede dieser Lernarten hat ihr eigenes typisches Beispiel: beim klassischen Konditionieren ist das der Pawlowsche Hund, der Speichel absondert; beim instrumentellen Konditionieren sind es Skinners Ratten, die Hebel betätigen; und was Sie eben gerade tun (ein Buch lesen), ist ein Beispiel für kognitives Lernen. Daß bei den ersten beiden Kategorien der Begriff *Konditionieren* anstatt *Lernen* benutzt wird, liegt an den historischen Gegebenheiten. Für unsere Zwecke können die Wörter *Lernen* und *Konditionieren* austauschbar verwendet werden. Sie sollten sich dessen bewußt sein, daß diese Klassifikation der Lernarten eine gewisse Vereinfachung ist, daß im wirklichen Leben jeder Lernvorgang sehr wahrscheinlich mehr als eine Art Lernen beinhaltet.

J. P. Pawlow (1849-1936)

Abbildung 4-1 Pawlowsche Versuchsanordnung

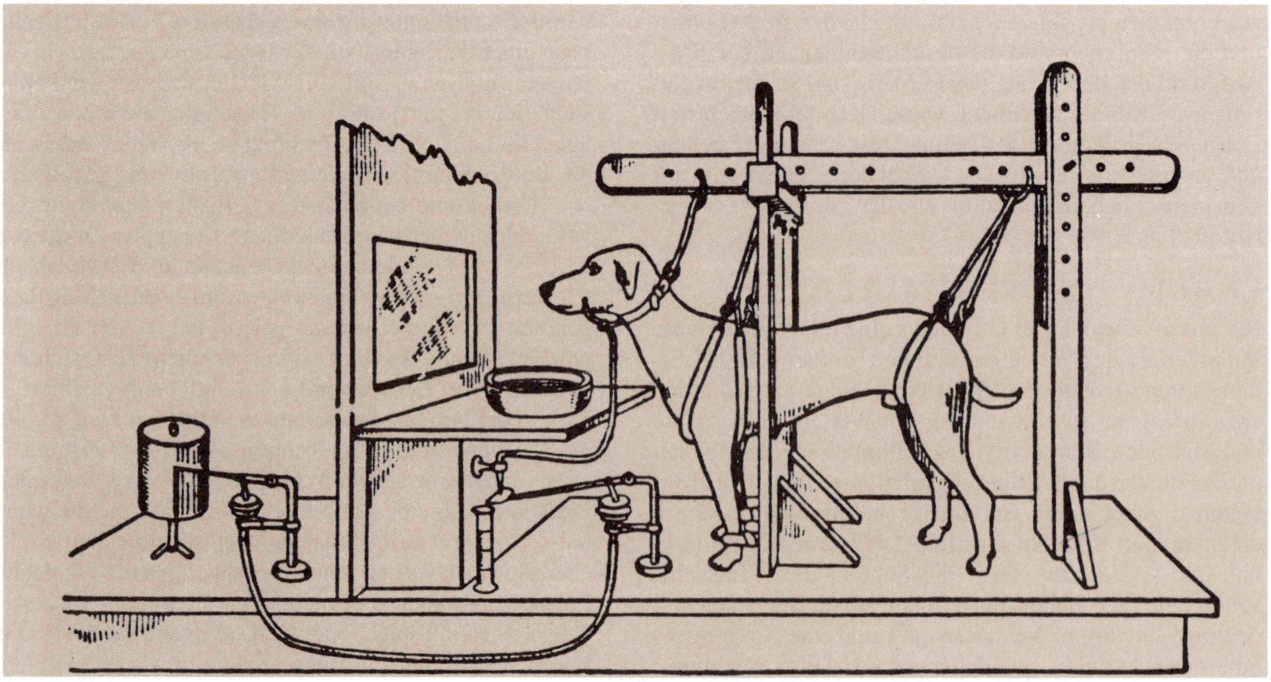

Aus Garret, H. E., *Great Experiments in Psychology*, London 1959, Vision Press

Pawlows Arbeiten

Iwan Pawlow, russischer Physiologe und Nobelpreisträger, war einer der ersten, die das Phänomen des klassischen Konditionierens beschrieben. Bei seinen Studien über die Verdauung untersuchte er die Eigenschaften des Speichelflusses bei Hunden, eine Reflexreaktion auf Futter im Maul. Pawlows Methode bestand darin, dem Hund Futter darzubieten und den abgesonderten Speichel zu messen (siehe Abbildung 4-1). Bei diesem Vorgang entdeckte er folgendes: Wenn ein neutraler Reiz, der nicht automatisch Speichelfluß bewirkte - etwa eine Glocke -, wiederholt mit dem Futter zusammen auftrat, "lernte" der Hund nach und nach, beim Klang der Glocke allein Speichel abzusondern, ohne daß Futter vorhanden war. Der Kern des klassischen Konditionierens besteht darin, daß man lernt, auf einen vorher neutralen Reiz zu reagieren, weil dieser Reiz mit einem anderen Reiz, der bereits eine Reaktion auslöst, verbunden wird.

Die Bedeutung von Pawlows Arbeit kann nicht überschätzt werden. Nicht lange, nachdem sie bekannt wurde, begannen manche Psychologen wie John B. Watson (siehe Kapitel 1) zu argumentieren, daß das ganze Verhalten auf klassischem Konditionieren beruht. Diese extreme Sichtweise ist zwar in amerikanischen Fachkreisen nicht mehr verbreitet, die russische Psychologie wird aber immer noch von Theorien beherrscht, die auf den Prinzipien des klassischen Konditionierens beruhen. Auf jeden Fall besteht Übereinstimmung, daß ein wesentlicher Teil unseres Verhaltens besser verstanden werden kann, wenn man den Einfluß des klassischen Konditionierens versteht.

Reize und Reaktionen

Die konditionierende Situation schließt vier Ereignisse ein, wobei zwei den Reiz (Stimulus) und zwei die Reaktion

Tabelle 4-1 Grundlegende Merkmale des klassischen Konditionierens

I. Vor der Konditionierung		
1 Fleisch zeigen	und man erhält	Speichelfluß
UKS darbieten	⟶	UKR
2 Glocke tönen lassen	und man erhält	keinen Speichelfluß
KS	⟶	keine Reaktion
II. Während der Konditionierung (Lernphase)		
1 Glocke tönen lassen	und dann	Fleisch zeigen
KS + UKS zusammen dargeboten		
2 KS + UKS mehrfach wiederholen		
III. Nach der Konditionierung		
1 Glocke tönen lassen	und man erhält	Speichelfluß
KS	⟶	KR

FUNDGRUBE 4-1

Alltägliche Beispiele für klassisches Konditionieren

Beispiele für klassisches Konditionieren sind im täglichen Leben von Tieren und Menschen reichlich vorhanden. Ein wichtiges Beispiel ist das Konditionieren von emotionalen Reaktionen. Manche Psychologen haben argumentiert, daß Angst - vielleicht das allgemeinste Symptom einer emotionalen Störung - ein Fall von klassisch konditionierter Furcht ist. Nehmen Sie an, jemand erlebt wegen einer wilden Autofahrt, die mit einem Unfall und schmerzhaften Verletzungen endet, schreckliche Furcht. Die Furcht und der Schmerz (UKS) wurden im Zusammenhang mit "Auto"-Stimuli hervorgerufen und können somit auf diese Stimuli konditioniert werden. Selbst nach der Genesung kann der bloße Anblick eines Autos vage emotionale Angstgefühle beim Betroffenen hervorrufen. Obwohl physischer Schmerz nicht vorhanden wäre, würde "seelischer Schmerz" oder konditionierte Angst ausgelöst werden. Manche Psychologen glauben, daß Furcht, die auf spezifische neutrale Stimuli konditioniert ist, den Kern der Angst ausmacht (siehe Abbildung 4-2). Dies und andere alltägliche Beispiele für klassisches Konditionieren werden unten in Diagrammen dargestellt.

Grundlegendes Muster	KS - - - → UKS ⟶	(KR) UKR
Nach einem Autounfall erregt der Anblick eines Autos Angst	Anblick des Autos - - - → Autounfall und Verletzung ⟶	Angst
Kind weint beim Anblick des Babysitters, ehe Eltern fortgehen	Babysitter kommt - - - → Eltern verlassen das Kind ⟶	Weinen
Anblick einer Katze ruft Keuchen hervor, noch ehe ein Haar den Körper berühren kann	Anblick einer Katze - - - → Katzenhaar ⟶	allergische Reaktion, z.B. Keuchen
Ständige Sorgen um die Arbeit, auch in der Freizeit, führt zu Magengeschwüren	an die Arbeit denken, sich darüber Sorgen machen - - - → Anspannung oder Angst (bei der Arbeit) ⟶	Produktion von Säure im Magen

des Organismus betreffen. Es gibt einen neutralen Stimulus, der vor der Konditionierung nicht die gewünschte, zu lernende Reaktion auslöst. Das ist der **konditionierte Stimulus** (KS), im Beispiel von Pawlow die Glocke. Der zweite Stimulus ist der **unkonditionierte Stimulus** (UKS). Vor der Konditionierung löst er die gewünschte Reaktion zuverlässig aus. Die Darbietung von Fleisch, dem UKS, löst vor der Konditionierung Speichelfluß aus. Die Speichelflußreaktion auf den UKS ist als **unkonditionierte Reaktion** (UR) bekannt. Dies ist der Reflex oder die automatische Reaktion, die erfolgt, ehe das Konditionieren stattgefunden hat. Die Reaktion, die als Ergebnis des Konditionierens eintritt, wird **konditionierte Reaktion** (KR) genannt - eine Speichelflußreaktion auf die Glocke allein, ohne daß Fleisch vorhanden ist.

Die Konditionierung erfolgt, sobald die beiden Stimuli wiederholt nahe beieinander (in räumlicher und zeitlicher Nähe) dargeboten werden. Normalerweise wird der UKS kurz nach dem KS dargeboten. Allmählich, nach mehreren Verbindungen des KS und UKS, fängt der KS an, den Speichelfluß auszulösen. Wenn dies geschieht, hat das Tier eine KR gezeigt. Der vormals neutrale KS (Glocke) kann jetzt allein den Speichelfluß auslösen. (Eine Übersicht über den Ablauf beim klassischen Konditionieren finden Sie in Tabelle 4-1 und einige alltägliche Beispiele für klassisches Konditionieren in Fundgrube 4-1.)

Zur Untersuchung des klassischen Konditionierens beim Menschen wird gerne der Lidschlußreflex benutzt. Der UKS ist ein Luftstoß (ins Auge der Versuchsperson geblasen), der regelmäßig und zwingend zum Schließen der Augen bzw. Zwinkern führt (der UKR). Die Versuchsleiter benutzen einen Apparat, der sowohl den Luftstoß abgibt als auch die Amplitude, Latenz (Reaktionszeit) und andere Charakteristika des Reflexes mißt. Der Lidschlußreflex kann auf einen neutralen Reiz konditioniert werden, z.B. auf das Wort *Psychologie*. Die Konditionierung beginnt damit, daß der KS *(Psychologie)* mit dem UKS (Luftstoß) verbunden wird. Normalerweise geht man so vor, daß der KS kurz vor dem UKS auftritt, denn die Forschung hat gezeigt, daß ein Intervall von 0,5 Sekunden zwischen den beiden Stimuli (das *KS-UKS-Intervall*) die schnellste Konditionierung des Lidschlußreflexes hervorbringt. Der Versuchsleiter kontrolliert in regelmäßigen Abständen, ob eine KR vorhanden ist, ein Zwinkern als Reaktion auf das Wort Psychologie allein. Dazu kann der UKS in Probedurchläufen einfach ausgelassen werden, oder der Versuchsleiter sieht die Videoaufzeichnungen der Augenbewegungen durch, um festzustellen, ob die Versuchsperson bereits vor dem Luftstoß zu zwinkern beginnt. Findet das

"Sankt Ildefonso pflegte mich häufig zu schelten und zu bestrafen. Er ließ mich auf dem nackten Boden sitzen und mit den Katzen des Klosters essen. Diese Katzen waren so niederträchtig, daß sie meine Bußfertigkeit ausnutzten. Sie machten mich wütend, weil sie meine ausgesuchtesten Stückchen stahlen. Es half nichts, sie wegzujagen. Aber ich fand einen Weg, mit den Biestern fertig zu werden, um meine Mahlzeiten zu genießen.

Ich steckte sie alle in einen Sack, und in einer pechschwarzen Nacht brachte ich sie in einen Keller. Erst hustete ich, dann prügelte ich sie sofort bis zum Geht-nicht-mehr. Sie winselten und kreischten wie eine Orgel in der Hölle. Dann hörte ich ein Weilchen auf und wiederholte den Vorgang: erst ein Husten und dann eine Tracht Prügel. Endlich merkte ich, daß die Viecher sogar ohne Schlagen wie der wahre Teufel stöhnten und schrien, sobald ich hustete. Ich ließ sie frei. Von da an warf ich nur einen Blick um mich, wann immer ich auf dem Boden essen mußte. Wenn eines der Tiere sich meinem Essen näherte, mußte ich nur husten, und wie die Katze da rannte!"

Dieser Text stammt aus einem Drama von Lope de Vega (1562 - 1635) über San. Ildefonso (606 - 667), Erzbischof von Teledo. Entdeckt durch die Zeitschrift "American Psychologist", 1955. Konditionierte Reflexe gab es natürlich schon immer. Aber daß bereits ein Dichter im 17. Jahrhundert darüber berichtet - ohne zu wissen, um was es sich handelt - ist schon überraschend. Wie erstaunt wäre wohl Pawlow (1849 - 1936) gewesen, wenn er auf diese Schilderung von Lope de Vega gestoßen wäre.

Abbildung 4-2 Klassische Konditionierung von Angst

Ein kleines Kind entwickelt Angst vor einem Tier, weil das Tier mit einem angstauslösenden Reiz verbunden (assoziiert) wurde. In Bild I nähert sich das Kind der Ratte und zeigt vor der Konditionierung keinerlei Anzeichen von Angst. Dann wird die Ratte zusammen mit einem lauten Geräusch dargeboten, das das Kind erschreckt (Bild 2). Nach der Konditionierung kann die Ratte allein beim Kind Angst auslösen (Bild 3). Am schlimmsten ist, daß das Kind jetzt sehr wahrscheinlich vor allen haarigen Dingen Angst hat, wie z.B. Kaninchen, Stofftieren oder sogar einem Mann mit Bart (Bild 4). Die Angst, die ursprünglich auf die Ratte konditioniert war, wurde nun auf ähnliche Reize generalisiert. Welches -glauben Sie- ist der KS und der UKS, welches die KR und die UKR? Welches sind die generalisierten Reize? Wie könnte ein Kind oder sogar ein Erwachsener lernen, vor Polizeibeamten Angst zu haben? Vor Ärzten und Zahnärzten? Vor Fremden? Vor Höhe? Vor Prüfungen?

Augenzwinkern nach dem KS (und vor dem UKS) statt, hat die Konditionierung stattgefunden. Die Versuchsperson zwinkert bei einem vorher neutralen Reiz und hat eine KR erworben (auszuführen gelernt).

Wenn man ein längeres Zeitintervall zwischen dem KS und dem UKS einfügt, wird die Konditionierung erschwert, und wenn das KS-UKS-Intervall sehr lang wird, findet nur unter ganz besonderen Umständen eine Konditionierung statt. Das optimale Intervall zur Konditionierung hängt von der Reaktion ab, die konditioniert wird. Es beträgt etwa 0,5 Sekunden für schnelle Reaktionen wie das Augenzwinkern, ist aber bei langsamer einsetzenden und länger andauernden emotionalen Reaktionen wie Angst länger. Die Konditionierung von Angst (siehe Abbildung 4-2) auf einen neutralen Reiz funktioniert bei KS-UKS-Intervallen von etwa 10 Sekunden am besten, aber auch noch bei Intervallen, die bis zu mehreren Minuten lang sind.

Im allgemeinen jedoch müssen der KS und der UKS einigermaßen nah beieinander auftreten, damit eine Konditionierung stattfindet. Dies ist das **Kontiguitätsgesetz** (Gesetz der Berührungsassoziation). Übrigens ist das Konditionieren nicht nur eine Frage der Kontiguität (engen Aufeinanderfolge) von KS und UKS, sondern hängt auch von der Reihenfolge dieser Ereignisse ab: Der KS muß vor dem UKS auftreten, damit sich eine stabile Konditionierung entwickelt.

Kontiguität und vorbereitetes Lernen

Das Kontiguitätsgesetz besagt, daß ein Organismus zwei beliebige Reiz assoziieren wird, die örtlich und zeitlich nah beieinander erlebt werden. Für jedes Reizpaar gibt es ein optimales Konditionierungsintervall, das normalerweise sehr kurz ist.

Aber was geschieht, wenn der KS vom UKS durch ein langes Intervall getrennt ist? Nehmen wir z.B. an, die Glocke ertönt, aber das Futter wird erst in 30 Minuten dargeboten. Das Futter löst natürlich beim Hund Speichelfluß aus, aber selbst nach mehreren Versuchen, bei denen sowohl Futter als auch Glocke dargeboten werden, sondert der Hund beim Klang der Glocke allein keinen Speichel ab. Eine Konditionierung findet bei einer so langen Verspätung nicht statt. Somit scheint das Kontiguitätsgesetz voll und ganz bestätigt zu sein.

Es gibt allerdings auch Untersuchungen, die Konditionierung selbst bei einem Intervall von sage und schreibe 7 Stunden zwischen KS und UKS nachweisen konnten. S. H. Revusky (1968) führte so ein Experiment durch und benutzte Röntgenstrahlen als den UKS und eine süße Nahrungslösung als den KS. Zuerst wurde gezeigt, daß Röntgenstrahlen die UKR nämlich Übelkeit (Strahlenkrankheit) auslösen, und diese auf die Lösung konditioniert werden kann. Ratten, die die süße Lösung tranken, während sie bestrahlt wurden, entwickelten eine entschiedene Abneigung dagegen, obwohl sie sie normalerweise sehr gerne mochten. Schließlich wurde den Tieren beim Geschmack und Geruch der Lösung schlecht, selbst wenn keine Röntgenstrahlen mehr verabreicht wurden. Somit hatten die Ratten eine konditionierte Aversion (starke Abneigung) gegenüber Süßem entwickelt, wie das Kontiguitätsgesetz vorhergesagt hatte.

Revusky versuchte nun den gleichen Konditionierungsvorgang, nur daß er das KS-UKS-Intervall auf 7 Stunden veränderte, so daß die Reize nicht länger in enger zeitlicher Abfolge auftraten. Die Ratten tranken das süße Wasser und wurden 7 Stunden später bestrahlt. Selbst bei einer so langen Zwischenzeit entwickelten die Ratten eine Abneigung gegenüber der Lösung.

Dieses Phänomen legt nahe, daß Organismen ein bereits vorhandenes Konditionierungssystem besitzen, das ihnen ermöglicht, bestimmte Reize schnell zu assoziieren. So nimmt man an, daß durch dieses System Futterreize durch die Geschmackswahrnehmung mit dem Gefühl der Übelkeit verbunden werden. Solch ein System hätte für die Spezies Überlebenswert, weil es den Organismus davor bewahren würde, schädliche Nahrung aufzunehmen. Wenn die Konditionierung durch ein solches System bereits angelegt ist, wird sie als **vorbereitetes Lernen** bezeichnet.

Das Konzept des vorbereiteten Lernens wurde sehr schön in einem Experiment veranschaulicht, das von Garcia und Koelling (1966) durchgeführt wurde. Sie setzten Ratten einem gemischten Reiz aus süßem Geschmack, Licht und Lärm aus. Sobald die Ratte an einer mit süßer Lösung gefüllten Röhre leckte, ging gleichzeitig das Licht an und ertönte der Lärm. Bei manchen Ratten folgte dem "süßen hellen lauten Wasser" eine übelkeitsinduzierende Substanz. Bei anderen Ratten folgte dem "süßen hellen lauten Wasser" ein elektrischer Schock an den Pfoten. Die Ratten wurden dann daraufhin untersucht, ob sie eine Aversion gegen den süßen Geschmack oder gegen das Licht und den Lärm entwickelt hatten.

Die Ergebnisse waren hoch interessant. Die Ratten, denen nach dem Trinken des süßen hellen lauten Wassers schlecht geworden war, bildeten eine Aversion gegenüber dem süßen Geschmack aus, aber nicht gegenüber dem Licht oder Lärm. Das heißt, sie tranken keine süße Lösung mehr, aber tranken bereitwillig ungesüßtes Wasser, wenn Licht und Lärm vorhanden waren. Im Gegensatz dazu bildeten die Ratten, die nach dem KS einen elektrischen Schock an den Pfoten erhalten hatten, eine Aversion gegenüber dem Licht und dem Lärm statt gegenüber dem Geschmack aus. Sie tranken die süße Lösung, tranken sie aber nicht bei Licht und Lärm. Dies legt nahe, daß die Ratten Konsequenzen im Magen-Darm-Bereich (Übelkeit) mit Geschmacksstimuli assoziieren und Konsequenzen von außen (Schock an den Pfoten) mit externen Reizen wie Licht und Geräuschen. Ein solcher Mechanismus hat einen hohen Anpassungswert, da Übelkeit in der Natur durch Nahrung, und äußerlicher Schmerz in der Regel durch ein externes Ereignis verursacht wird (ein Raubtier, Hinfallen usw.). Auf diese Weise lernt der Organismus schnell, mögliche Gefahren zu vermeiden.

Tabelle 4-2 Die grundlegenden Merkmale des operanten Konditionierens

Reaktion		Konsequenz
Die Versuchsperson führt eine Reaktion aus R	die gefolgt wird von ⟶	einer Stimuluskonsequenz S
hungrige Ratte drückt einen Hebel R	⟶	Versuchsleiter gibt Futter S
kleiner Junge weint R	⟶	Mutter spendet Trost S
Student liest Psychologietext R	⟶	Professor gibt gute Note S

INSTRUMENTELLES ODER OPERANTES KONDITIONIEREN

Die zweite grundlegende Lernart wird **instrumentelles** oder **operantes Konditionieren** genannt. Der Begriff operant wird benutzt, um die Aktivität zu betonen, die von den Lernenden verlangt wird (sie müssen in ihrer Umgebung "operieren", also handeln), und der Begriff *instrumentell* zeigt an, daß die Lernenden eine gewisse Kontrolle über ihre Umgebung besitzen (was sie tun, ist instrumentell, d.h. ursächlich für die Folgen). Somit beinhaltet instrumentelles Konditionieren in der Regel mehr Aktivität auf seiten des Lernenden als das klassische Konditionieren.

Wann immer sich jemand so verhält, daß er eine angenehme Konsequenz (Belohnung) erfährt oder eine unangenehme Konsequenz (Bestrafung) vermeidet, ist das Verhalten ein Beispiel für eine instrumentelle Handlung. Die Betonung liegt dabei auf der Absicht und dem Erreichen. Der Lernende handelt mit Absicht auf eine bestimmte Weise, um etwas Bestimmtes zu erreichen. Belohnungen erhalten und Bestrafungen vermeiden umfaßt fast alles, was man tut. Einige Psychologen glauben sogar, daß instrumentelles Verhalten alle absichtlichen Handlungen umfaßt. Es überrascht deshalb nicht, daß instrumentelles Lernen oder Konditionieren eine der wichtigsten Konzeptionen der Psychologie ist.

Die Schlüsselworte dazu heißen *Kontingenz* und *Konsequenzen*. Instrumentelles Lernen ist Lernen anhand der Konsequenzen bestimmter Verhaltensweisen. Lernen, daß ein bestimmtes Ereignis folgt, wenn man eine bestimmte Reaktion ausgeführt hat. Z.B. könnte ein kleiner Junge lernen, daß seine Mutter ihm Aufmerksamkeit schenkt und ihn tröstet, ihm vielleicht sogar etwas Süßes gibt, damit "es ihm besser geht", wenn er weint. Die Grundidee ist einfach: Lernen besteht aus der Entdeckung, daß auf eine bestimmte Reaktion (R) ein bestimmtes Ereignis (S), eine bestimmte Konsequenz folgt (Tabelle 4-2).

Es gibt eine weitere Möglichkeit, das instrumentelle

Lernen zu betrachten, nämlich hinsichtlich der Kontingenz. Der Lernende entdeckt, daß er eine bestimmte Reaktion zeigen muß (vielleicht Weinen), damit sich eine bestimmte Konsequenz einstellt (etwa eine Süßigkeit erhalten). In einem solchen Fall sagt man, daß das Erhalten der Süßigkeit durch das Weinen bedingt wird. Die Stimuluskonsequenz wird durch eine bestimmte Reaktion des Lernenden bedingt. Kurz gesagt haben Reaktionen Konsequenzen. Wenn man bestimmte Konsequenzen erreichen will, muß man bestimmte Reaktionen ausführen, weil die Konsequenzen von diesen Reaktionen abhängen. Ein kleiner Junge muß vielleicht den Mülleimer hinausbringen und den Rasen mähen, um sein Taschengeld zu bekommen. Sein Verhalten, den Mülleimer hinauszubringen und den Rasen zu mähen, ist ein Beispiel für instrumentelles Verhalten. Als Konsequenz, daß er seine Pflichten erfüllt, erhält er sein Taschengeld, loben ihn seine Eltern, danken ihm usw. Daß er sein Taschengeld bekommt, wird dadurch bedingt, daß er seine Pflichten erfüllt.

Wann immer das Auftreten einer bestimmten Stimuluskonsequenz vom Verhalten des Organismus abhängt bzw. wann immer eine bestimmte Reaktion zu bestimmten Konsequenzen führt, liegt eine instrumentelle Lernsituation vor. Diese Kontingenz von Reaktion und Belohnung ist natürlich beim klassischen Konditionieren nicht gegeben. Der Luftstoß (UKS) beim klassischen Konditionieren des Lidschlußreflexes z.B. wird ungeachtet dessen erteilt, ob die Versuchsperson zwinkert, wenn der KS dargeboten wird. Natürlich gibt es beim klassischen Konditionieren auch eine Kontingenz, aber es ist eine Kontingenz zwischen zwei Stimuli (dem KS und dem UKS). Im Gegensatz dazu beinhaltet instrumentelles Konditionieren eine Kontingenz zwischen einer Reaktion und der folgenden Stimuluskonsequenz (dem Verstärker). Der Verstärker (das Taschengeld des Jungen z.B.) hängt vom vorherigen Auftreten einer bestimmten Reaktion ab (den Rasen mähen).

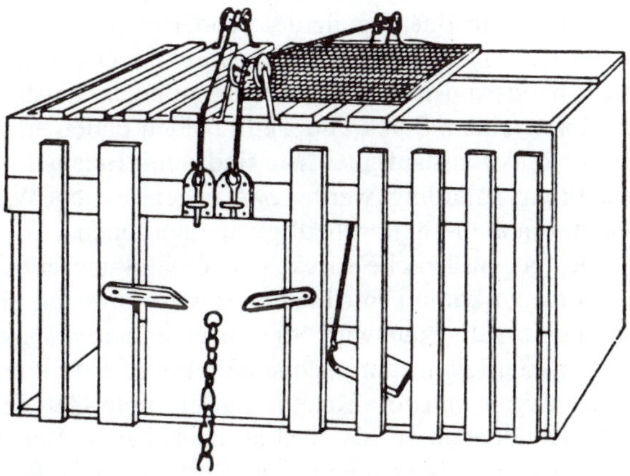

"Problem-Box". Ein Käfig, den das Tier von innen durch einen Hebelmechanismus öffnen kann.

Historische Vorläufer

Während sich klassisches Konditionieren mit dem Namen Pawlow verbindet, ist instrumentelles Konditionieren mit den Namen E.L. Thorndike und B.F. Skinner verknüpft (siehe Kapitel 1). Thorndike war der erste, der Laborexperimente durchführte, bei denen instrumentelles Konditionieren eingesetzt wurde. Seine Arbeit führte ihn zur Formulierung des **law of effect** (Gesetz der Wirkung), welches der Vorläufer des heutigen Prinzips der Verstärkung ist (siehe unten). Aber es war Skinner, der das operante Konditionieren berühmt machte. Er untersuchte das Verhalten von Tauben, Ratten und Menschen, sogar das seiner eigenen Kinder, und seine Arbeit hat dazu geführt, daß die grundlegenden Elemente und Gesetze des operanten Konditionierens erkannt wurden. Er ist führend auf dem Gebiet des operanten Konditionierens und war fast allein dafür verantwortlich, seine Bedeutung für die Analyse, Vorhersage und Steuerung des Verhaltens zu erkennen. Seine bahnbrechenden Anstrengungen führten zur Entwicklung einer ganzen Verhaltensphilosophie, die als *funktionale Analyse* bekannt ist, weil sie das Auffinden der Ereignisse betont, die das Verhalten bedingen. Seine Entdeckungen waren das Fundament für eine neue Technik, die **Verhaltensmodifikation**, die noch in ihren frühen Anfängen steckt, aber trotzdem schon enormen Erfolg bei der Anwendung hatte. Sie ist eine der umstrittensten Fortentwicklungen in der Geschichte der Psychologie.

Abbildung 4-3 Die Skinner-Box

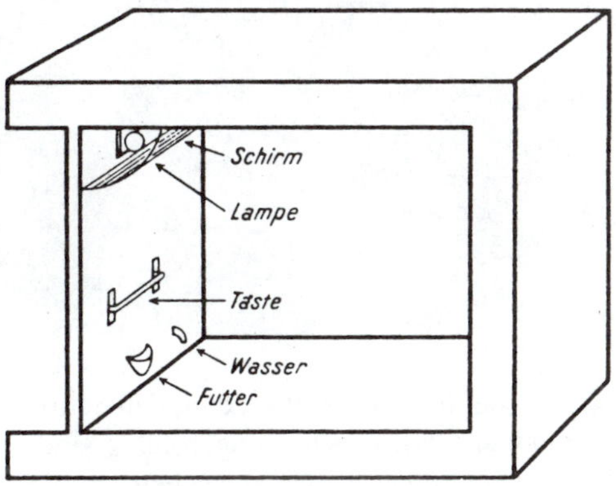

Die Skinner-Box ist der am meisten benutzte experimentelle Apparat zur Untersuchung des operanten Konditionierens. Wenn das Versuchstier die Taste drückt, fällt Futter in den Napf. Die Lampe ermöglicht Konditionierungen auf Lichtreize.

Verstärkung

Ein **Verstärker** ist ein Ereignis (eine Konsequenz), das die Wahrscheinlichkeit jeder beliebigen Reaktion, mit der er assoziiert ist, erhöht. Ein Verstärker ist der wirksame Reiz, der das Lernen instrumenteller Reaktionen ermöglicht. Skinner benutzte eine Vorrichtung, die heute als Skinner-Box bekannt ist, um die Beziehung zwischen den Vorgängen beim instrumentellen Konditionieren zu untersuchen. Er setzte eine Ratte in einen Glaskäfig, der einen Hebel und ein Futternapf enthielt (siehe Abbildung 4-3). Das Tier durfte den Käfig uneingeschränkt erforschen. Wenn es zufällig den Hebel hinunterdrückte, fiel automatisch ein Futterkügelchen in den Napf. Eine Vorrichtung, die mit dem Hebel verbunden war, registrierte jeden Hebeldruck der Ratte, während sie im Glaskäfig war. Das Drücken des Hebels war die zu erlernende Reaktion (die operante Reaktion), und das Futterkügelchen war die Stimuluskonsequenz (der Verstärker). Skinner entdeckte, daß die Häufigkeit, mit der die Ratte den Hebel betätigte, sich gewaltig erhöhte, wenn sie bei jedem Hebeldruck mit Futter belohnt wurde. Die Ratte lernte die instrumentelle Reaktion durch Verstärkung.

Abbildung 4-4 Sekundäre Verstärkung

Wolfgang Köhler hat um 1920 gezeigt, daß Schimpansen zu erstaunlichen Intelligenzleistungen fähig sind. Inzwischen können Schimpansen wie Menschen darauf trainiert werden, für Geld (sekundäre Verstärkung) zu arbeiten, das gegen primäre Verstärker eingetauscht werden kann. Schimpansen können darauf trainiert werden, den ganzen Tag für sogenannte Poker-Chips zu arbeiten, wenn sie vorher gelernt haben, daß sie mit Poker-Chips Futter erhalten können.

Positive und negative Verstärkung

Der Begriff *Verstärkung* wird benutzt, um anzuzeigen, daß die Häufigkeit einer Reaktion steigt, wenn auf die Reaktion der verstärkende Stimulus folgt. Es gibt zwei Wege, einen Anstieg der Reaktionshäufigkeit zu bewirken: positive Verstärkung und negative Verstärkung.

Bei der positiven Verstärkung wird die Reaktionshäufigkeit oder Reaktionsstärke dadurch erhöht, daß ein angenehmer Stimulus dargeboten wird, wenn der Organismus die erwünschte Reaktion ausführt. Somit ist die Belohnung der Ratte durch ein Futterkügelchen, wenn sie den Hebel drückt, ein Beispiel für positive Verstärkung. Die Häufigkeit, mit der sie den Hebel drückt, steigt.

Die negative Verstärkung führt ebenfalls zu *erhöhten* Reaktionsraten. Dies wird aber durch eine negative Kontingenz erreicht. Eine bestimmte Reaktion führt dazu, daß ein unangenehmer Reiz beendet oder vermieden wird. Wenn z.B. der Boden des Rattenkäfigs elektrisch geladen ist, so daß die Ratte im Käfig ständig Schocks erhält, und wenn die Schocks jedesmal eine Zeitlang beendet werden, wenn die Ratte den Hebel drückt, dann wird der Hebel häufiger betätigt werden. Das Hebeldrücken wird verstärkt, aber es wird negativ verstärkt. Das Drücken des Hebels führt zur Beendigung des Schocks (eines unangenehmen Reizes). Im Gegensatz dazu führt das Drücken des Hebels bei der positiven Verstärkung zu einem angenehmen Reize (einem Stück Futter). In beiden Fällen erhöht sich die Reaktionshäufigkeit. Sie sind somit Beispiele für Verstärkung. Allerdings werden zwei gegensätzliche Wege benutzt, um die Reaktionshäufigkeit zu erhöhen.

Der gegensätzliche Effekt der Verstärkung auf die Reaktionsrate kommt in Situationen vor, in denen eine Kontingenz aufgebaut wird, die zu einer *verminderten* Reaktionshäufigkeit führt, schließlich bis zu dem Punkt, daß der Organismus die Reaktion völlig unterläßt. Eine solche Kontingenz ist als Bestrafung bekannt. Bei der Bestrafung folgt ein unangenehmer Reiz, wenn die Reaktion ausgeführt wird. Wenn man z.B. eine Ratte nimmt, die durch positive Verstärkung einen Hebel zu drücken gelernt hat, und dann anfängt, die Ratte jedesmal mit einem elektrischen Schock zu bestrafen, wenn sie den Hebel drückt, würde man feststellen, daß sie es seltener tut und schließlich ganz damit aufhört.

Primäre und sekundäre Verstärkung

Die Verstärker, die wir bislang betrachtet haben, sind automatisch wirksam. Das Versuchstier muß keine Vorerfahrung mit Futter oder elektrischem Schock haben, damit sie seine Reaktionshäufigkeit erhöhen. Verstärker wie Futter für das hungrige Tier, Wasser für das durstige Tier und schmerzhafter Schock sind alles Beispiele "angeborener" oder "ungelernter" Verstärker. In der Fachsprache bezeichnet man sie als **primäre Verstärker**.

Andere Reize können zu Verstärkern werden, wenn der Organismus lernt, daß sie mit primären Verstärkern assoziiert sind oder daß sie benutzt werden können, um primäre Verstärker zu erhalten. Wenn das Tier oder die Versuchsperson dies lernt, werden sie zu **sekundären Verstärkern**. Das herausragende Beispiel eines sekundären Verstärkers bei Menschen ist natürlich das Geld. Betrachten Sie einen Geldschein und und fragen Sie sich, warum wir alle viel lernen und erstaunliche Leistungen vollbringen, um Geld zu erhalten. Der Geldschein kann nicht gegessen oder getrunken werden. Er wird nur deshalb ein Verstärker, weil wir gelernt haben, daß man mit Geld Lebensmittel, Getränke und viele andere Dinge kaufen kann; d.h. mit Geld kann man primäre Verstärker (siehe Abbildung 4-4) und viele sekundäre Verstärker kaufen.

In unserer Gesellschaft sind sekundäre Verstärker äußerst wichtig. Die meisten Leute sind nicht am Verhungern, am Verdursten oder leiden an Sauerstoffmangel. Natürlich kann die Aussicht auf sexuelle Belohnung einen Teil des menschlichen Verhaltens steuern, aber die meisten unserer Aktivitäten, abgesehen von der Sexualität, müssen nicht durch primäre Verstärker motiviert werden. Psychologen aller Schulen haben die Existenz vieler gelernter sekundärer Verstärker postuliert. Außer Geld sind Prestige, Ruhm, Sicherheit und Anerkennung augenfällige Beispiele. Die sozialen Faktoren werden in dieser Auflistung natürlich stark betont, was auf die Existenz eines starken gelernten Bedürfnisses hinweist, von anderen anerkannt zu werden. Dies wiederum trägt dazu bei, daß wir uns von Menschen abhängig machen, die diese Verstärker geben können.

Obwohl es ziemlich offensichtlich ist, daß Menschen im allgemeinen soziale Tiere mit einem starken Bedürfnis sind, von anderen Mitgliedern der Art gemocht zu werden, basiert dies nicht unbedingt auf Lernvorgängen. Die Soziobiologie, ein neues Feld, das in letzter Zeit viel Publizität erfährt, behauptet, daß der Spezies ein großer Teil dieser Verhaltensweise angeboren ist. Es ist auch richtig, daß sekundäre Verstärker nicht gut funktionieren, wenn sie in kontrollierten Laborsituationen gelernt wurden, es sei denn, sie werden ziemlich häufig mit primären Verstärkern assoziiert . Technisch ausgedrückt werden sekundäre Verstärker recht schnell gelöscht, wenn sie nicht gelegentlich mit primären Verstärkern assoziiert werden. Diese Tatsache führt viele Fachleute zu dem Schluß, daß menschliches Verhalten nicht einfach dadurch erklärt werden kann, daß es durch sekundäre Verstärker gesteuert wird, da diese Verstärker (wie Prestige, Ruhm, Anerkennung) nur auf höchst indirekte Weise mit primären Verstärkern (Nahrung, Wasser, Sex usw.) verbunden sind. Das läßt die Möglichkeit offen, für Belohnungen mit sozialer Grundlage andere Erklärungen zu geben. Die naheliegendste davon ist die, daß die Evolution eine Spezies geschaffen hat (Menschen), die einen angeborenen sozialen Charakter besitzt. Mit anderen Worten könnten die sozialen Belohnungen als primäre Verstärker gesehen werden, und nicht als sekundäre, die auf Lernen basieren. Dies ist ein interessanter Punkt, den man in Erwägung ziehen muß.

Viele sekundäre Verstärker entwickeln sich offenbar durch klassisches Konditionieren. Für ein Kind sind die Eltern die wichtigste Quelle sekundärer Verstärkung. Es ist fast immer einer der beiden Eltern, der dem Kind seine primären Verstärker gibt. Er gibt ihm zu essen und zu trinken, er wechselt ihm die Windeln und spendet ihm Trost. Dadurch ist der bloße Anblick der Eltern schon eine Belohnung, und das Kind wird sich anstrengen (z.B. herumkrabbeln), nur um sie nicht aus den Augen zu verlieren.

Unglücklicherweise können Eltern eine schlechte Gewohnheit verstärken, indem sie dem Kind zur falschen Zeit Aufmerksamkeit widmen. Nehmen Sie an, ein kleiner Junge spielt mit seinem Freund, und seine Mutter hört, wie er etwas "Böses" sagt oder tut. Wenn sie sofort zu ihm läuft, wird eine sekundäre Verstärkung des unerwünschten Verhaltens gebildet, selbst wenn sie ihn dann ausschimpft. Weil Aufmerksamkeit eine so starke Wirkung hat, empfehlen viele Psychologen, die weniger schlimmen Angewohnheiten eines Kindes zu ignorieren, zumindest als erster Versuch. Das Kind zu ignorieren, wenn es "Böses" tut, ist eine Form, Verstärkung zu entziehen. Dahinter steht die Absicht, unerwünschtes Verhalten zu löschen.

Verstärker finden

Um instrumentelles Belohnungstraining in die Wege zu leiten, muß man die Objekte, Ereignisse oder Gelegenheiten suchen, die der Lernende wertschätzt. Offensichtlich können Süßigkeiten und andere beliebte Speisen bei Kindern als Verstärkungsmöglichkeiten benutzt werden, obwohl dabei viele unerwünschte Nebeneffekte auftreten können. Manchmal ist es schwer, die wirklich wirksamen Verstärker zu finden.

Ein allgemeines Prinzip, das bei der Suche von Verstärkern hilft, wurde von David Premack von der University of Pennsylvania vorgeschlagen. Das *Premack-Prinzip* besagt, daß die weniger wahrscheinliche von zwei Verhaltensweisen mit unterschiedlicher Auftretenswahrscheinlichkeit dadurch verstärkt werden kann, daß man die Möglichkeit zur Ausführung des wahrscheinlicheren Verhaltens gibt. Bei freier Wahl würden z.B. die meisten Kinder lieber fernsehen, als für die Schule zu lernen, und so ist Fernsehen das wahrscheinlichere Verhalten. Das Premack-Prinzip besagt, daß mehr gelernt wird, wenn man die Fernsehdauer vom Lernen für die Schule abhängig macht. Ferner ist es wahrscheinlicher, daß Kinder Süßigkeiten essen, als daß sie kleine Erledigungen ausführen, sofern sie die Wahl haben. Somit kann eine Süßigkeit benutzt werden, um zur Arbeit anzuspornen. In einem Gefängnis ist Fußballspielen wahrscheinlicher als das Erlernen einer neuen Fertigkeit, wenn die Wahlmöglichkeit besteht. Um das Erlernen der Fertigkeit zu unterstützen, könnte die Gefängnisverwaltung den Zugang zum Fußballfeld als Verstärker benutzen.

Aber die Lage ist nicht ganz so einfach, wie sie beschrieben wurde. Wie eine Premack-Kontingenz wirkt, wird davon abhängen, wieviel Zeit für die beliebtere Verhaltensweise gewährt wird und wieviel Zeit mit der weniger beliebten Aktivität zugebracht werden soll. James Allison von der Indiana University zeigte, daß es einen Kompromiß zwischen den beiden Verhaltensweisen gibt.

Wenn es die Wahl hat, wird ein Kind fernsehen oder Heftchen anschauen, statt Hausaufgaben zu erledigen. Somit kann Fernsehen nach dem Premack-Prinzip als Verstärker benutzt werden, um die Zeit, die es mit Hausaufgaben verbringt, zu verlängern. Trifft das auch auf Sie zu? Wenn Sie Schwierigkeiten haben, sich zum Lernen aufzuraffen, dann nehmen Sie sich vor, das Fernsehen vom Bewältigen eines Lernstoffs abhängig zu machen. Wählen Sie eine Sendung aus, die Sie interessiert. Dann schließen Sie einen Vertrag mit sich selbst ab: "Ich werde die Sendung erst ansehen, wenn ich die Arbeit erledigt habe." Verstärken Sie mit anderen Worten ihr Lernen durch die Erlaubnis fernzusehen. Verstärker sind natürlich oft spezifisch für eine Spezies. Somit kann man nicht sicher sein, daß etwas, das das Verhalten einer Ratte verstärkt, auch bei Menschen funktioniert und umgekehrt.

Dompteure wußten intuitiv über die Prinzipien der Konditionierung Bescheid, lange bevor diese Prinzipien wissenschaftlich nachgewiesen wurden.

Verbringt man mit der einen Alternative mehr Zeit, so führt das zu einer kürzen Beschäftigung mit den anderen. Allison nennt dieses Phänomen *Erhaltung* der Aktivität. Wenn wir beispielweise - unter Anwendung des Premack-Prinzips - ein Kind veranlassen, für die Schule zu lernen, um fernsehen zu dürfen, könnten wir erwarten, daß das Kind zu um so mehr Hausaufgaben bereit ist, je länger es fernsehen darf. Dagegen sagt Allisons Prinzip der Aktivitätserhaltung gerade das Gegenteil vorher, und die meisten wissenschaftlichen Untersuchungen unterstützen diese Behauptung. Das Kind wird, sagen wir in einer Woche, länger lernen, wenn die "Belohnung" für jede Lerneinheit 15 Minuten statt eine Stunde Fernsehen beträgt. Trotz dieser Komplikation behält das Premack-Prinzip seine

FUNDGRUBE 4-2

Bestrafungstraining ist nicht dasselbe wie negative Verstärkung

Bestrafungstraining
Ein unangenehmer Reiz folgt in Abhängigkeit auf ein bestimmtes *unerwünschtes* Vehalten. Dieser bestrafende Reiz hört irgendwann auf, aber die Beendigung hängt auf keine Weise von dem Verhalten des bestraften Organismus ab.

Beispiele

1. Ein Kind verschüttet seine Milch, und die Eltern geben ihm einen Klaps.
2. Ein Häftling spuckt einem Wärter ins Gesicht und wird mit einem Stock geschlagen.

Negative Verstärkung
Ein unangenehmer Reiz wird in Abhängigkeit von einem bestimmten *erwünschten* Verhalten *beendet*. Der Beginn des unerwünschten Reizes steht in keinerlei Zusammenhang mit dem Auftreten eines bestimmten Verhaltens.

Beispiele

1. Ein Kriegsgefangener wird gefoltert, bis er die von den Feinden gewünschten Antworten gibt, z.B. ein Geständnis ablegt. Daraufhin wird die Folter beendet. Dadurch wird gefördert, das zu sagen, was der Feind hören will.
2. Eine Ratte erhält so lange Schocks, bis sie über eine Hürde springt. Genau in diesem Moment enden die Schocks. Dies erhöht die Auftretenswahrscheinlichkeit des Springens.

In den meisten alltäglichen Situationen treten Bestrafung und negative Verstärkung zusammen auf und werden daher leicht verwechselt. Das gleiche Ereignis wird dazu benutzt, eine Reaktion zu bestrafen und die andere negativ zu verstärken.

Beispiel

Ein kleiner Junge kommt nach Hause und wirft seine Jacke auf den Boden. Die Mutter oder der Vater schimpft mit dem Kind, bis es die Jacke aufhebt und in die Garderobe hängt, wobei das Schimpfen aufhört.

Hier dient das Schimpfen einmal als Bestrafung und einmal als negativer Verstärker. Es stellt eine Bestrafung dafür da, daß der Junge die Jacke auf den Boden geworfen hat, weil es ein unangenehmer Reiz ist, der wegen dieses Verhaltens eingetreten ist. Es ist ein negativer Verstärker, weil es ununterbrochen stattfindet, bis der Junge die Jacke aufhebt und aufhängt, wobei das Schimpfen dann aufhört. Die Mutter oder der Vater hat den Jungen dafür *bestraft*, daß er die Jacke auf den Boden geworfen hat, und ihn dafür *negativ belohnt*, daß er sie in die Garderobe gehängt hat.

Bestrafung wird zur *Verminderung* der Häufigkeit einer unerwünschten Reaktion benutzt, und negative Verstärkung wird zur *Erhöhung* der Häufigkeit einer erwünschten Reaktion benutzt. Es ist jedoch möglich, daß man eine Reaktion, deren Häufigkeit man nicht erhöhen möchte, durch Zufall negativ verstärkt. Nehmen Sie an, die Mutter oder der Vater schimpft mit dem Kind, bis es anfängt zu weinen, wobei die Mutter bzw. der Vater vielleicht ein schlechtes Gewissen bekommt. Sie bzw. er hört dann zu schimpfen auf. Hier kann leicht eine Kontingenz zwischen dem Weinen und der Beendigung des Schimpfens entstehen, so daß das Weinen negativ verstärkt wird. Das Kind lernt schnell, zu weinen, sobald Mutter oder Vater zu schimpfen anfängt, denn "dadurch hören sie mit der Schreierei auf."

Gültigkeit. Bei freier Wahl ist die Auftretenshäufigkeit eines Verhaltens ein hervorragender Indikator dafür, ob es als Verstärker benutzt werden kann.

Die verschiedenen Formen des instrumentellen Konditionierens

Es gibt vier grundlegende Formen der instrumentellen Konditionierung. Man kann die Häufigkeit der Reaktion entweder erhöhen oder vermindern, und man kann dies durch Benutzung eines angenehmen Reizes (Essen) oder unangenehmen Reizes (elektrischer Schock) tun. Dies ergibt vier Kombinationen: (1) Wenn man die Reaktionsrate durch Einsatz eines angenehmen Reizes erhöht, hat man eine positive Verstärkungssituation, die als *Belohnungstraining* bezeichnet wird; (2) wenn man die Reaktionsrate durch Verwendung eines angenehmen Reizes vermindert, erzeugt man eine Situation, die als *Bestrafung durch "time-out"* oder *Unterlassungstraining* bezeichnet wird; (3) erhöht man die Reaktionsrate durch Verwendung eines unangenehmen Reizes, hat man eine negative Verstärkungssituation, die oft *Fluchttraining* genannt wird; und (4) wenn man die Reaktionshäufigkeit vermindert, indem man einen unangenehmen Reiz verwendet, hat man *Bestrafungstraining* (siehe Fundgrube 4-2).

Im folgenden soll jede der vier Formen des instrumentellen Konditionierens besprochen werden: (1) Beim Belohnungstraining wird positive Verstärkung eingesetzt, um eine erwünschte Reaktion zu bekräftigen, d. h. ein angenehmer Reiz folgt auf erwünschte Reaktion. Daß man sein Taschengeld bekommt, wenn man den Abfall hinausträgt, ist ein Beispiel für Belohnungstraining. (2) Es gibt zwei Wege, die Häufigkeit einer Reaktion zu vermindern, indem angenehme Ereignisse eingesetzt werden. Der eine Weg besteht darin, daß beim *Unterlassungstraining* ange-

FUNDGRUBE 4-3

Die Grundsituationen beim instrumentellen Konditionieren

Es gibt acht Situationen beim instrumentellen Konditionieren, die entsprechend den folgenden drei Dimensionen klassifiziert werden können: (1) die Reaktionshäufigkeit wird entweder erhöht (der Organismus zeigt mehr Reaktionen) oder vermindert (der Organismus unterläßt Reaktionen); (2) die Stimuluskonsequenzen einer Reaktion sind entweder angenehm oder unangenehm; und (3) ein diskriminativer Reiz (cue) ist entweder vorhanden oder nicht vorhanden.

Das Folgende sind Beispiele für Situationen beim instrumentellen Konditionieren, je eins für jede der acht Situationen, die in der Tabelle aufgeführt sind. Versuchen Sie, jedes Beispiel der dazugehörigen Situation zuzuordnen.

1. Sie fahren nur dann unterhalb der Geschwindigkeitsbegrenzung, wenn Ihr Radardetektor "Polizei" signalisiert.
2. Ihre Eltern bieten Ihnen neue Klamotten an, wenn Sie Ihre schlechten Ernährungsgewohnheiten ändern.
3. Um Ihren kleinen Hund zur Stubenreinheit zu erziehen, geben Sie ihm einen Klaps auf die Schnauze, wenn er den Teppich naß macht.
4. Sie lernen, in Gegenwart Ihres Vaters niemals linke politische Ideen zu äußern, weil das immer dazu führt, daß Sie sich gegenseitig anschreien.
5. Ihr kleiner Bruder bekommt immer seinen Willen, wenn er sich in einen Wutanfall hineinsteigert.
6. Wenn Sie vor einer bevorstehenden Prüfung nervös werden, sehen Sie fern, anstatt zu lernen oder an die Prüfung zu denken.
7. Sie haben Ihren Hund darauf dressiert, eine Reihe von Kunststückchen auszuführen, indem Sie den Hund gelegentlich mit Hundekuchen belohnt haben; der Hund führt die Kunststückchen für niemand anderen aus.
8. Jimmy trinkt und raucht nicht, wenn Tante Emily da ist, in der Hoffnung, daß sie ihn in ihrem Testament berücksichtigt.

kein diskriminativer Reiz

Stimuluskonsequenz:	Reaktionshäufigkeit: erhöht sich	Reaktionshäufigkeit: nimmt ab
angenehm	positive Verstärkung, Belohnungstraining	Bestrafung durch Unterbrechung, Unterlassungstraining
unangenehm	negative Verstärkung, Fluchttraining	Bestrafungstraining

diskriminativer Reiz vorhanden

Stimuluskonsequenz:	Reaktionshäufigkeit: erhöht sich	Reaktionshäufigkeit: nimmt ab
angenehm	diskriminierendes operantes Training	diskriminierendes Unterlassungstraining
unangenehm	aktives Vermeidungstraining	diskriminierendes Bestrafungstraining

nehme Ereignisse davon abhängig gemacht werden, daß eine unerwünschte Reaktion eine bestimmte Zeit lang nicht ausgeführt wird. Man macht sich z.B. den Kauf eines Schokoriegels davon abhängig, daß man eine Stunde lang nicht raucht. Die Belohnung wird dadurch bedingt, daß man eine bestimmte Reaktion nicht ausführt. Der andere Weg, eine Reaktion durch den Einsatz eines angenehmen Reizes zu schwächen, die *Bestrafung durch "time-out"*, besteht darin, daß man einen angenehmen Zustand beendet, sobald die unerwünschte Reaktion stattfindet. Z.B. erlauben die Eltern ihrem Kind nicht, ihr Auto zu benutzen, wenn es etwas tut, was die Eltern nicht billigen (z.B. spät nach Hause kommen, schlechte Noten erhalten, schlechten Umgang pflegen, zu viel Zeit und Geld in der Automatenhalle verbringen bzw. ausgeben usw. - kommt Ihnen das bekannt vor?). Die Bezeichnung dieser Konditionierungssituation bezieht sich auf die Tatsache, daß das Kind weniger Zeit für beliebte Tätigkeiten hat (im Engl.: to take *time out* from positive things). (3) Beim Fluchttraining wird negative Verstärkung eingesetzt, um die Häufigkeit einer erwünschten Reaktion zu erhöhen. Führt der Lernende die gewünschte Reaktion aus, wird als Folge ein unangenehmer Reiz beendet. Man einen Hund z.B. darauf dressieren, einen Zaun zu überspringen, indem man ihn solange elektrischen Schocks aussetzt, bis er springt. Das Beenden der Schocks ist durch das Springen bedingt. Einem Häftling zu sagen, er könne "wegen guter Führung vorzeitig entlassen" werden, ist ein Beispiel für Fluchttraining - er kann dem Gefangenendasein entgehen, wenn er "gutes Verhalten" zeigt. (4) Der vierte Fall schließlich ist Bestrafungstraining, das benutzt wird, um den Lernenden dazu zu bringen, daß er mit einer unerwünschten Reaktion aufhört. Wenn er die unerwünschte Reaktion ausführt, folgt ein unangenehmer Reiz, und so lernt er, die Reaktion zu unterlassen. Ein Beispiel dafür ist, daß Kinder einen Klaps erhalten, wenn sie "unanständige" Wörter benutzen; ein anderes Beispiel ist, daß Leute ins Gefängnis kommen, wenn sie gegen Gesetze verstoßen.

Diskriminative Reize (Cues)

Nehmen Sie an, ein kleines Mädchen wird von ihren Eltern bestraft, weil sie "unanständige" Ausdrücke benutzt. Man könnte erwarten, daß sie diese nie wieder sagt. Aber das Kind kann nur bestraft werden, wenn die Eltern da sind und hören, daß es die Worte benutzt; d.h., es kann nur dann bestraft werden, wenn ein bestimmter Hinweisreiz (ihre Eltern) da ist. Ist der Hinweisreiz nicht vorhanden, kann die Reaktion ohne drohende Bestrafung ausgeführt werden. Ob also das Kind unanständige Wörter gebraucht oder nicht, hängt davon ab, ob seine Eltern anwesend sind. Das Kind kann zwischen An- und Abwesenheit der Eltern unterscheiden, und es lernt, das Verhalten, unanständige Wörter zu gebrauchen, von dieser Unterscheidung abhängig zu machen. Es gibt jetzt einen Hinweisreiz (die Eltern), der bestimmt, ob das Kind unanständige Wörter sagt oder nicht. Dieser Vorgang ist als **Reizkontrolle** bekannt, und der kontrollierende Reiz wird **diskriminativer Reiz** oder *cue* (Hinweisreiz) genannt.

Bei der Reizkontrolle ist ein Hinweisreiz vorhanden, der dem oder der Lernenden signalisiert, daß eine Belohnung oder Bestrafung in Abhängigkeit von seinem oder ihrem Verhalten stattfinden wird. Belohnung oder Bestrafung wird nur dann vom Verhalten bedingt, wenn dieser diskriminative Reiz vorhanden ist. Ist dies nicht der Fall, oder ist ein anderer Reiz da, erfolgt keine Belohnung oder Bestrafung, egal was der Lernende tut. Diese Situationen, die Hinweise enthalten, unterscheiden sich also von den Situationen, die keine Hinweise enthalten, d.h. Situationen, bei denen Belohnung und Bestrafung immer erfolgen und vom Verhalten bedingt werden. Es sollte klar sein, daß in realen Lernsituationen fast immer diskriminative Reize vorhanden sind, so daß es sehr wichtig ist, diese Form des Lernens zu verstehen.

Reizkontrolliertes Lernen (auch diskriminatives Lernen genannt) läßt sich im Labor demonstrieren. Eine Ratte kann darauf dressiert werden, für Futter (Belohnung) einen Hebel zu drücken, wenn ein Summer ertönt (cue ist vorhanden), und ihn nicht zu drücken, wenn kein Summer ertönt (cue ist nicht vorhanden). Die Ratte lernt es, den Hebel nicht mehr zu drücken, sobald der Summer aufhört, und ihn wieder zu drücken, sobald der Summer wieder ertönt. Man sagt dann, das Drücken des Hebels unterliegt der Kontrolle des Summers (Reizes). Das Verhalten wird in gewissem Sinn vom Summer gesteuert.

Jeder der vier Lerntypen, die wir besprochen haben, hat sein Gegenstück, das einen diskriminativen Reiz beinhaltet (vergl. Fundgrube 4-3). Wenn die Ratte den Hebel nur dann drückt, um Futter zu erhalten, wenn der Summer ertönt, ist das ein Beispiel für eine *diskriminative* operante Reaktion. Teenager, die *nur dann* nicht rauchen, wenn ihre Eltern da sind und ihre Abstinenz belohnen, geben ein Beispiel für die *diskriminierende Unterlassungsreaktion.* Gefangene, die *nur dann* bei der Arbeit kräftig zupacken, wenn ein Wärter zuschaut, veranschaulichen die *diskriminierende Fluchtreaktion* oder *aktive Vermeidung* (sie produzieren aktiv die erwünschten Reaktionen, um zu vermeiden, daß der Wärter sie bestraft). Das Mädchen, das *nur dann* unanständige Wörter meidet, wenn seine Eltern da sind und es bestrafen können, liefert ein Beispiel für den Vorgang der *diskriminierenden Bestrafung.*

Verhaltensformung (Shaping)

Eine Psychologin, die operantes Training einsetzt, kann eine Hilfstechnik namens **Verhaltensformung** (Shaping) benutzen, wenn die erwünschte Reaktion ungewöhnlich oder schwierig ist. Verhaltensformung ist Lernen in kleinen Schritten, wobei jeder nachfolgende Schritt eine

"Platz! Dreh Dich herum! Spiel tot! Naja, eins von den dreien ist auch nicht schlecht!"

Der Hund hat auf einen diskriminativen Reiz reagiert: den verbalen Befehl "Platz." Es scheint aber, daß er bei jedem Befehl "Platz machen" wird, und daher ist es noch keine diskriminierende Reaktion. Wie würden Sie weitermachen?

Oliver, der Sohn des Dompteurs Gunther Gebel-Williams, erhält von seinem talentierten Vater einige Hinweise, wie man Maharani, den ersten weißen Tiger in der 109jährigen Geschichte des Zirkus Ringling Brothers and Barnum & Bailey, pflegt und füttert.

Reaktion verlangt, die dem erwünschten Verhalten näher kommt. Dies ist auch als Methode der sukzessiven oder stufenweisen Annäherung bekannt.

Nehmen Sie an, Gunther Gebel-Williams wolle seinem neuen Löwen beibringen, sich auf Kommando auf dem Rücken herumzurollen. Er könnte damit anfangen, den Löwen dafür zu belohnen, wenn er einfach den Kopf in Richtung Boden neigt. Wenn der Löwe anfängt, sich immer in Richtung Boden auszurichten, könnte Gunther von ihm verlangen, daß er sich auf den Boden legt, ehe er eine Belohnung erhält. Wenn der Löwe sich auf Befehl immer auf den Boden fallen läßt, könnte Gunther die Belohnung zurückhalten, bis das Tier leichte Schaukelbewegungen ausführt. Beim nächsten Schritt könnte der Löwe nur belohnt werden, wenn er sich auf den Boden fallen läßt und sich auf die Seite rollt. Schließlich wird das Tier nur dann verstärkt, wenn es sich ganz herumrollt, und an dem Punkt ist das Ziel der Verhaltensformung erreicht. Die Verhaltensformung fängt damit an, daß praktisch jede beliebige Reaktion verstärkt wird, die mit dem Endprodukt vereinbar ist, und verlangt mit jedem Schritt eine sukzessive Annäherung an dieses Endprodukt.

Die Zwei-Faktoren-Theorie des Lernens: Interaktion von klassischem und instrumentellem Konditionieren

Bislang wurden klassisches und instrumentelles Konditionieren behandelt, als wären sie zwei völlig getrennte Vorgänge, wobei manche Lernsituationen Fälle des einen und manche Lernsituationen Fälle des anderen darstellen. Viele Lernsituationen beinhalten aber beides, weil die meisten instrumentellen Verstärker auch als wirksame UKS für klassisches Konditionieren dienen (eine Reflexreaktion hervorrufen). Wenn z.B. Futter als Verstärker eingesetzt wird, wirkt es als ein UKS und löst reflexartig die UKR des Speichelflusses aus.

Klassisches und instrumentelles Konditionieren kommen nicht nur häufig zusammen vor, sie interagieren auch auf bedeutsame Weise miteinander. Diese Interaktion wurde von O. Hobart Mowrer, Richard Solomon und anderen in der sogenannten *Zwei-Faktoren-Theorie des Lernens* beschrieben (siehe Tabelle 4-3). Die erste Phase besteht in der klassischen Konditionierung einer emotionalen Reaktion. Diese emotionale Reaktion liefert bei ihrer Entstehung die Motivation, sich mit der zweiten Phase zu beschäftigen, der instrumentellen Konditionierung einer weiteren Reaktion.

Um diese Theorie zu überprüfen, wollen wir sie auf ein aktives Vermeidungslernen anwenden (siehe Fundgrube 4-2). Beim Vermeidungslernen wird einem schmerzhaften Ereignis, z.B. einem elektrischen Schock, ein Warnsignal vorgeschaltet. Wenn in dem Zeitintervall zwischen dem Einsetzen des Warnsignals und dem festgelegten Zeitpunkt des Schocks eine Reaktion stattfindet (z.B. ein Hebel gedrückt wird), hört das Warnsignal auf, und der Schock wird vermieden. Findet während des Zeitintervalls keine Reaktion statt, wird der Schock erteilt. Bei den ersten Durchgängen, die der Organismus mit dem Ablauf Warnsignal - Schock macht, kommt natürlich keine Reaktion vor, weil noch kein Lernen stattgefunden hat. Das bedeutet, daß dem Warnreiz immer ein Schock folgt. Nach der Zwei-Faktoren-Theorie führt dies zu klassisch konditionierter Furcht vor dem Warnsignal. Bei späteren Durchgängen müßte das Einsetzen des Warnsignals diese klassisch konditionierte Furcht auslösen, und die Zwei-Faktoren-Theorie behauptet, daß dieser Angstzustand die Vermeidungsreaktion motiviert. Weiterhin führt die Vermeidungsreaktion dazu, daß außer dem Vermeiden des Schocks das Warnsignal beendet wird. Das Ende des Warnsignals (jetzt ein konditionierter Reiz für die konditionierte Furchtreaktion) müßte die Furcht beenden, die das Warnsignal auslöst, und nach der Zwei-Faktoren-Theorie sollte dies die Vermeidungsreaktion negativ verstärken. Vielleicht hilft es Ihnen, sich das anhand von willkürlichen und unwillkürlichen Reaktionen vorzustellen. Das Tier drückt den Hebel (eine willkürliche, instrumentell konditionierte Reaktion) und beendet damit die Furcht (eine unwillkürliche, klassisch konditionierte Reaktion).

Damit ist impliziert, daß klassisch konditionierte Reaktionen instrumentelle Reaktionen steuern oder regulieren können. Man sagt, das Einsetzen der klassisch konditionierten Furchtreaktion motiviere die Vermeidungsreaktion, und seine Beendigung verstärke diese Reaktion. Die Zwei-Faktoren-Theorie behauptet, daß ein großer Teil des instrumentellen Lernens direkt durch solche klassisch konditionierten Zustände gesteuert wird und nicht durch primäre Verstärker.

Eine letzte Bemerkung: Diese Theorie legt nahe, daß ein großer Teil des Verhaltens - sowohl bei Tieren als auch bei Menschen - gelernt wird, um unangenehme emotionale Zustände wie Angst zu beenden. Lesen Sie dieses Buch, um sich weiterzubilden oder um die Furcht zu vermeiden, bei der Prüfung durchzufallen? (Vgl. auch Kapitel 7).

Tabelle 4-3 Diagramm der Zwei-Faktoren-Theorie des Lernens

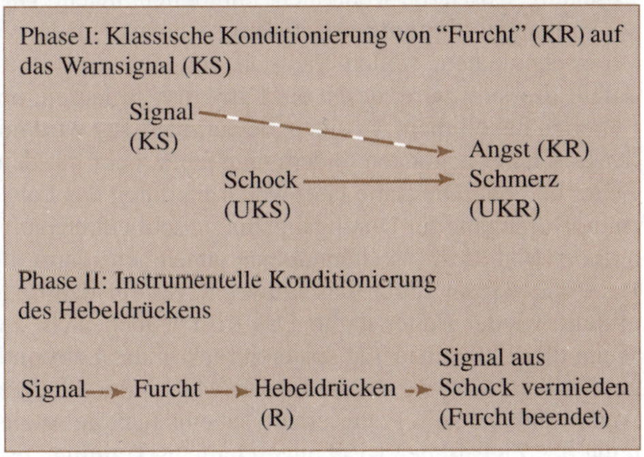

Abbildung 4-5 Die Sequenz Aneignung - Löschung - spontane Erholung

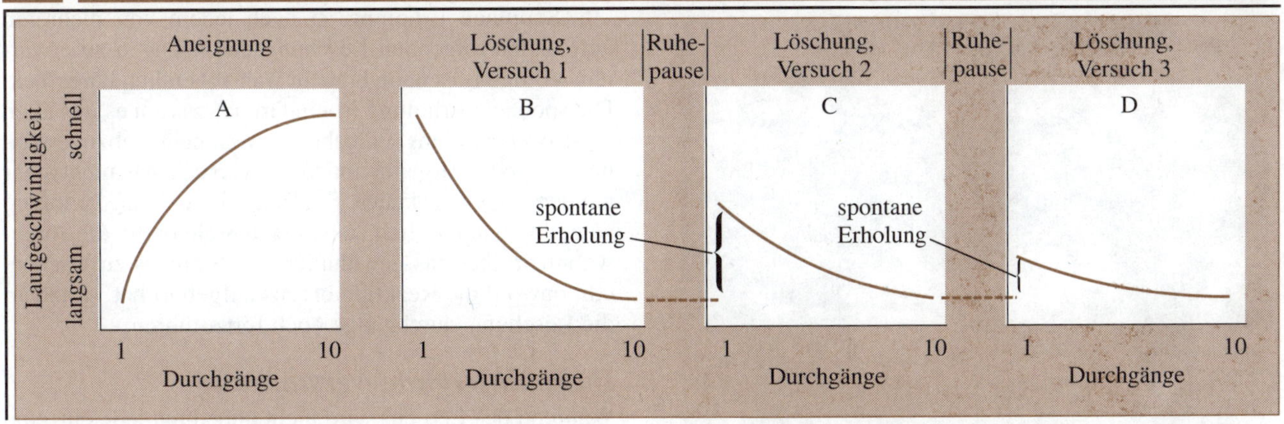

Die Abbildung veranschaulicht drei grundlegende Aspekte der Konditionierung: Aneignung, Löschung und spontane Erholung einer Reaktion von Ratten. Bild A zeigt die negativ beschleunigte Lernkurve. Die Geschwindigkeit erhöht sich bei jedem Durchgang, aber bei jedem nachfolgenden Durchgang immer weniger. Die nächsten drei Bilder zeigen Löschungsdurchgänge, die von Ruhepausen unterbrochen werden. Bei der Löschung wird der Verstärker (in diesem Fall Rattenfutter) nicht mehr dargeboten. Die Laufgeschwindigkeit sinkt in allen drei Durchgängen auf ihr ursprüngliches Niveau zurück. Zwischen den Löschungsdurchgängen zeigt sich jedoch ein Erholungseffekt, der als spontane Erholung bezeichnet wird. Die Stärke der spontanen Erholung wird mit jedem Löschungsdurchgang geringer.

ASPEKTE DES KONDITIONIERENS

Erwerb einer konditionierten Reaktion

Eine konditionierte Reaktion ist per Definition eine Reaktion, die auf Erfahrungen beruht. Alle anderen Aspekte des Konditionierens hängen vom Lernprozeß ab. Das Lernen ist normalerweise ein Vorgang in kleinen Schritten, der sich über eine Reihe von Erfahrungen oder Versuchsdurchgängen erstreckt. Wie wir gesehen haben, werden im Aneignungstraining bei der klassischen Konditionierung der KS und UKS paarweise (kurz hintereinander) dargeboten, wohingegen bei der instrumentellen Konditionierung ein Verstärker eingesetzt wird, um die erwünschte Reaktion zu erreichen. Im Laufe dieser Durchgänge erhöht sich die Auftretenswahrscheinlichkeit der Reaktion aufgrund des Prinzips der Kontiguität oder des Prinzips der Verstärkung oder aufgrund beider Prinzipien. Man kann eine Lernkurve zeichnen, die diese Veränderungen im Lauf der Versuche aufzeigt. Die Lernkurve weist für die meisten Reaktionen eine negative Beschleunigung auf, d.h. die Reaktionsstärke steigt bei den ersten Versuchen schnell und bei jedem nachfolgenden Versuch immer langsamer an, bis sie schließlich in einer Asymptote bzw. einem Plateau endet (siehe Abbildung 4-5).

Löschung und spontane Erholung

Löschung ist ein Vorgang, der dann stattfindet, wenn der UKS (beim klassischen Konditionieren) nicht mehr auf den KS folgt oder wenn der Verstärker (beim instrumentellen Konditionieren) nicht mehr auf die gelernte Reaktion folgt. Beim klassischen Konditionieren verliert der KS seine Kraft, die KR hervorzurufen, wenn er wiederholt alleine dargeboten wird. Beim instrumentellen Konditionieren kommt die Reaktion weniger häufig vor, wenn der Verstärker nicht mehr folgt. Ein Beispiel für die Bedeutung der Löschung ist das Abgewöhnen einer schlechten Gewohnheit. Gewohnheiten, ob gut oder schlecht, werden meist gelernt, weil man dafür etwas erhalten hat, eine Verstärkung. Die Angewohnheit kann abgewöhnt werden und müßte verschwinden, wenn man den Verstärker der schlechten Gewohnheit herausfindet und entfernt. Können Sie dieses Prinzip darauf anwenden, einem Kind Wutanfälle abzugewöhnen?

Es gibt jedoch einen Vorgang, der eine vollständige Löschung schwierig, wenn nicht unmöglich, macht. Dieser Vorgang wird **spontane Erholung** genannt. Um dies zu veranschaulichen, stellen Sie sich vor, daß eine Ratte darauf dressiert wird, durch ein Labyrinth zu laufen, um Futter zu bekommen. An einem bestimmten Tag wird mit der Löschung begonnen, indem man nicht mehr mit dem Futter belohnt. Die Ratte läuft weiterhin durch das Labyrinth, Durchgang für Durchgang, bis sie schließlich damit aufhört. Von da ab - so könnte man annehmen - läuft die Ratte nie wieder durch das Labyrinth, es sei denn, sie erhielte wieder Futter dafür. Das trifft jedoch nicht zu. Wenn die Ratte einen Tag später zurück in das Labyrinth gesetzt wird, wird sie wieder ein paar Mal hindurchlaufen. Auch wenn sie kein Futter erhält, scheint sich die Anziehung des Ziels ohne zwischengeschaltetes Training, also spontan, wiederherzustellen. Bestünde das Ziel darin, das Durchlaufen abzugewöhnen, würde die spontane Erholung gegen die Löschung arbeiten.

Spontane Erholung ist nach jedem von mehreren aufeinanderfolgenden Löschungsdurchgängen zu erwarten. Völlige Löschung braucht wahrscheinlich lange Zeit. Die spontane Erholung ist ein Grund, warum es uns allen so schwer fällt, uns schlechte Gewohnheiten abzugewöhnen. Fragen Sie irgendjemand, der versucht hat, nicht mehr auf den Nägeln zu kauen. Ein Weg, die spontane Erholung so gering wie möglich zu halten, besteht darin, die Angewohnheit über das gewöhnliche Maß hinaus zu löschen, d.h. obwohl die Reaktion bereits aufgehört hat, trotzdem die Löschungsdurchgänge noch fortzuführen.

Nach getaner Arbeit bei einer Touristenattraktion in Tampa, Florida, richtet Speedy, ein zehnjähriger Orang-Utan, einen geliehenen Fotoapparat auf Tiga, sein neunjähriges Modell. Speedys Verhalten war spontan und ungeprobt. Würden Sie das als Einsicht bezeichnen? Könnte er es durch Versuch und Irrtum gelernt haben? Oder handelt es sich um kognitives oder Beobachtungslernen?

Intermittierende Verstärkung

Während des Lernens wird nicht unbedingt jede einzelne Reaktion des Lernenden verstärkt. D.h., die Reaktionen des Lernenden werden nur zum Teil verstärkt. Die **intermittierende Verstärkung**, ein Verstärkungsplan, bei dem weniger als 100% aller richtigen Reaktionen verstärkt werden, ist eine wertvolle Hilfe, um neue Gewohnheiten zu lehren. Zum einen spart man Geld und Mühe, wenn man seinem Hund nicht jedes Mal einen Hundekuchen geben muß, wenn er die Zeitung oder die Pantoffeln bringt. Bei

Beginn des Trainings würde man wahrscheinlich *kontinuierliche* (100prozentige) *Verstärkung* anwenden. Sobald das Tier jedoch recht gut reagiert, kann man den Prozentsatz nach und nach herabsetzen, mit dem überraschenden Effekt, daß sich das Verhalten nicht verschlechtert. Im Gegenteil es gibt Hinweise darauf, daß das intermittierend verstärkte Versuchstier die Reaktion schneller und lebhafter ausführt als ein kontinuierlich verstärktes Versuchstier. Die Hauptarten der intermittierenden Verstärkung werden im Fundgrube 4-4 beschrieben.

Nehmen Sie jetzt einmal an, Sie leiten die Löschung in die Wege - Sie geben dem Tier keine Belohnungen mehr. Hier ist die Wirkung auch überraschend. Es dauert viel länger, das Verhalten eines Tieres zu löschen, das unter der Bedingung intermittierender Verstärkung gelernt hat, als das von einem Tier, das kontinuierlich verstärkt wurde. Intuitiv erscheint es so, als ob das intermittierend verstärkte Tier nicht bemerkt, daß die Löschung begonnen hat. Das Tier ist gewohnt, nur bei manchen Versuchen belohnt zu werden. Das kontinuierlich verstärkte Tier dagegen bemerkt schon beim ersten Löschungsversuch eine abrupte Veränderung der Situation.

Jede Gewohnheit, die instrumentell durch intermittierende Verstärkung gelernt wurde, ist schwer zu löschen

FUNDGRUBE 4-4

Verstärkungspläne

Es gibt vier verschiedene intermittierende Verstärkungspläne, die als eine Kombination von zwei Variablen mit je zwei Ausprägungen betrachtet werden können (siehe das untenstehende Diagramm). Zum einen kann die Verstärkung davon abhängen, wieviele Reaktionen die Versuchsperson ausführt (Quotenpläne) oder wieviel Zeit seit der letzten Verstärkung vergangen ist (Intervallpläne). Zum anderen kann die Anzahl der Reaktionen beim Quotenplan bzw. die Zeit beim Intervallplan fest und unveränderlich oder zufällig und sehr variabel sein. Das liefert uns vier Kombinationen, die im folgenden gezeigt und beschrieben werden.

	Quote	**Intervall**
feste Pläne	feste Quote (FQ)	festes Intervall (FI)
variable Pläne	variable Quote (VQ)	variables Intervall (VI)

1. *Feste Quote:* Man verstärkt, nachdem eine feste Anzahl von Reaktionen stattgefunden hat. Z.B. belohnen Sie Ihren Hund für jede vierte richtige Reaktion.

2. *Festes Intervall:* Man verstärkt die erste Reaktion, die nach einer festgelegten Zeitdauer seit der letzten Reaktion vorkommt. Sie könnten eine Ratte für das erste Hebeldrücken belohnen, nachdem eine Minute seit der letzten Belohnung vergangen ist. Wenn die Ratte während der einminütigen Verzögerung den Hebel drückt, hat sie davon keinen Vorteil. Ein Beispiel aus dem täglichen Leben für einen Verstärkungsplan mit festem Intervall: Lohnzahlung an jedem Freitag.

3. *Variable Quote:* Man verstärkt durchschnittlich jede n-te Reaktion, z.B. jede vierte Reaktion. Manchmal wird die Verstärkung zufällig nach der ersten, manchmal nach der sechsten, nach der dritten, nach der neunten Reaktion usw. gegeben, wobei es einen bestimmten Durchschnittswert der Verstärkungshäufigkeit gibt (n). Der Gewinnplan eines Geldspielautomaten in Las Vegas ist ein gutes Beispiel hierfür.

4. *Variables Intervall:* Man verstärkt die erste Reaktion nach einem *durchschnittlichen Zeitintervall*, beispielsweise nach einer Minute. Manchmal müssen nur 5 Sekunden verstreichen, manchmal 2 Minuten, manchmal 45 Sekunden usw., aber im Durchschnitt wird das Zeitintervall auf einen bestimmten Wert festgelegt. Sind Sie schon mal per Anhalter gefahren? Ist das ein gutes Beispiel?

Im allgemeinen führen die variablen Pläne (variables Intervall und variable Quote) zu viel höheren Reaktionshäufigkeiten. Sie führen ebenfalls zu höherer Resistenz gegenüber der Löschung. Tauben und Ratten zeigen sehr ausgeprägt die gewünschten Verhaltensweisen über sehr lange Zeiträume für sehr geringe Belohnung, vorausgesetzt, die Belohnungen werden nach dem richtigen Plan gegeben. Sie reagieren auch weiterhin für lange Zeit, nachdem man ihnen gar keine Belohnungen mehr gibt.

Spielkasinos arbeiten mit variabler Ausschüttung, um Gewinne zu erzielen.

Für das Foto danken wir der Spielbank Bad Homburg.

(dieses Phänomen ist dagegen bei klassisch konditionierten Reaktionen nicht stark ausgeprägt). Intermittierende Verstärkung ist für Menschen ein überall vorhandenes Phänomen. Nicht jede Zigarette schmeckt gut, nur einige davon; auch der beste Glücksspieler gewinnt nicht bei jedem Spiel; Wutanfälle führen nicht immer dazu, daß man "seinen Willen durchsetzt". Aufgrund der intermittierenden Verstärkung kann man erwarten, daß unsere guten Gewohnheiten auch in Notzeiten weiterbestehen. Aber ebenso bleiben unsere schlechten Gewohnheiten bestehen, und einfache Löschung ist wahrscheinlich nicht der Weg, sie loszuwerden, es sei denn, man hat viel Zeit und Geduld.

Gegenkonditionieren

Denken Sie an eine Mutter, die ihr Kind bestraft, weil es sich mit einem Freund gestritten hat. Die Aufmerksamkeit der Mutter ist für das Kind belohnend und wird mit einer Bestrafung verbunden, die es von der Mutter erhält, sobald sie eingreift. Das unangemessene Verhalten des Kindes kann somit unter diesen Umständen verstärkt statt geschwächt werden. Ein jugendlicher Delinquent wird normalerweise durch seine Aktivitäten sowohl belohnt als auch bestraft. Ebenso geht es einem Raucher, einem Sexualverbrecher, einem Phobiker usw. Dadurch wird es noch mehr erschwert, sich die schlechten Gewonheiten abzugewöhnen oder sie durch andere zu ersetzen. Der Vorgang, eine Gewohnheit durch eine andere zu ersetzen, statt sie einfach ersatzlos zu löschen, wird **Gegenkonditionieren** genannt. Die Forschung zeigt, daß Gegenkonditionieren geeigneter ist als nur die Löschung, um unerwünschte Reaktionen zu beseitigen. Dies trifft besonders zu, wenn die neue Ersatzreaktion mit der unerwünschten Reaktion unvereinbar ist.

Generalisierung und Diskrimination

Die Bedeutung zweier Lernprozesse mit Schlüsselfunktion, **Generalisierung** und **Diskrimination**, ist in der vorhergehenden Diskussion implizit enthalten. Es gibt zwei Arten der Generalisierung, nämlich Reaktionsgeneralisierung und Reizgeneralisierung. Bei der Reaktionsgeneralisierung führt eine Person, die eine bestimmte Reaktion geübt hat, manchmal eine ähnliche Reaktion aus, wenn das ursprünglich gelernte Verhalten auf irgendeine Weise verhindert oder erschwert wird. Die Reizgeneralisierung bezieht sich auf das Vorkommen einer gelernten Reaktion unter Umständen, die denen der ursprünglichen Trainingssituation ähnlich sind, sich aber von ihr merkbar unterscheiden.

Stellen Sie sich als Beispiel für Reaktionsgeneralisierung vor, eine Ratte in einer Skinner-Box darauf zu trainieren, für Futterkügelchen einen Hebel zu drücken. Das erste erfolgreiche Drücken des Hebels kann recht zufällig sein. Sagen wir, das Tier drückt den Hebel mit ausreichender Kraft mit seiner linken Pfote, während es den Käfig erforscht. Die sofortige Ausschüttung des Futterkügelchens verstärkt die Reaktion der linken Pfote. Das Tier hat eine erhöhte Tendenz, die gleiche Reaktion zu wiederholen. Mit fortlaufenden Reaktionen und Verstärkungen gewinnt die Reaktion an Stärke. Aber normalerweise bleibt diese Stärke nicht auf das Drücken mit der linken Pfote beschränkt, nur weil das Tier so begonnen hat. Die Reaktionsstärke wird vielmehr auf andere, ähnliche Reaktionen generalisieren.

Wenn jetzt die Absicht darin bestünde, ein Tier darauf zu trainieren, einen Hebel nur mit seinem Schwanz zu drücken, müßte man eine andere Vorgehensweise benutzen. Das Tier würde nur belohnt, wenn es mit seinem Schwanz drückt, und niemals, wenn es mit seiner Pfote oder Nase drückt. Diese Methode würde alle Reaktionen außer dem Drücken mit dem Schwanz effektiv löschen. Der Vorgang würde **Reaktionsdiskrimination** oder **-differenzierung** genannt, was zu einer sehr spezifischen, stilisierten Reaktion führt - nämlich nur mit dem Schwanz zu drücken.

Von mir aus rauche wieder, aber laß' meine Bleistifte in Ruhe!!!

Falls Sie versuchen sollten, mit dem Rauchen aufzuhören, würde *Löschung* einfach Aufhören bedeuten, wohingegen *Gegenkonditionierung* hieße, die alte Gewohnheit durch eine neue zu ersetzen. Im allgemeinen ist Gegenkonditionieren ein besserer Vorgang, um schlechte Gewohnheiten loszuwerden, vorausgesetzt natürlich, daß die Ersatzgewohnheit nicht schlechter als die ursprüngliche Gewohnheit ist.

Es gibt beim menschlichen Verhalten viele Beispiele für Reaktionsgeneralisierung und -differenzierung. Beim Sport z.B. gibt es meist nur einen besten Weg (oder wenige), einen gewünschten Bewegungsablauf durchzuführen, z.B. beim Hochsprung oder Stabhochsprung. Selbst geringfügige Abweichungen von der Idealbewegung, also eine Reaktionsgeneralisierung, kann zu Mißerfolg führen, wenn man an einem Wettbewerb teilnimmt. Ein Sportler muß jahrelang die Differenzierung üben, bis er die ideale Bewegung mit kleiner Abweichung wieder und wieder ausführen kann. Betrachten Sie das Problem der Reaktionsdifferenzierung im Hinblick darauf, ein Klavierkonzert zu spielen, einen Diamanten zu schleifen oder eine Bombe zu entschärfen.

Ebenso ist die Reizgeneralisierung ein wichtiges Phänomen, dem viel Aufmerksamkeit sowohl von experimentellen als auch von theoretischen Psychologen gewidmet wurde. Bei diesem Phänomen kommt es immer wieder vor, daß eine Reaktion, die man in einer bestimmten Reizsituation gelernt hat, in anderen ähnlichen Situationen ebenfalls auftritt. Generalisierung hat prinzipiell sowohl positive als auch negative Konsequenzen. Positiv betrachtet muß eine wünschenswerte Reaktion nicht wieder und wieder für jeden neuen Reiz, bei dem sie angemessen ist, gelernt werden. Dieser Vorgang soll dem komplexeren Vorgang des Lernens von Begriffen zugrunde liegen (siehe Kapitel 6). Auf der Grundlage von Erfahrungen mit Hunden z.B. generalisiert man die Bezeichnung Hund auf praktisch jedes neue Tier mit ähnlichen äußeren Merkmalen. Man hat den Begriff "Hund" gelernt, unterstützt durch die Reizgeneralisierung.

Negativ betrachtet könnte man unangemessen generalisieren. Ein Kind z.B., das gelernt hat, sich vor einem bestimmten Hund zu fürchten, mag diese Furcht auf alle Hunde generalisieren, auf andere Tiere und sogar Stofftiere. Dies wiederum könnte sich durch die Reizgeneralisierung zu einer Hundephobie entwickeln.

Mit einem **sogenannten Gradienten der Reizgeneralisierung** kann man das Ausmaß der Generalisierung verschiedener Reize anzeigen. Nehmen Sie an, Tauben würden darauf trainiert, auf einen Knopf zu hacken, der mit einem Licht von 550 nm beleuchtet wird (eine grünlich-gelbe Farbe). Der Versuchsleiter kann den Gradienten oder das Niveau der Generalisierung bestimmen, indem er die Stärke der Reaktion auf Knöpfe anderer Farben prüft (siehe Abbildung 4-6). Je ähnlicher ein Testreiz dem ursprünglichen Trainingsreiz ist, desto größer ist die Wahrscheinlichkeit, daß der Organismus darauf so reagiert, wie er es gelernt hat. Somit ist es nicht überraschend, daß die Kurve in Abbildung 4-6 für Knöpfe mit einer Beleuchtung um 550 nm die größte Reaktionshäufigkeit der Tauben zeigt.

Viele Reaktionen sind nur in einer Situation akzeptabel und in anderen nicht. In diesen Fällen kann die Stimulusgeneralisierung Fehler verursachen, die zu Bestrafung führen. Somit wird es notwendig, eine **Reizdiskrimination** zu lernen, im wesentlichen das Gegenteil der Reizgeneralisierung. Der oder die Lernende muß üben, zwischen Reizen zu unterscheiden, so daß er oder sie auf einige reagiert und auf andere nicht. Beim Autofahrenlernen ist es z.B. wichtig, bei einer roten Ampel zu bremsen, bei einer grünen dagegen nicht.

Aberglaube und Autoshaping

Bis hier hat sich dieses Kapitel vorrangig damit beschäftigt, was geschieht, wenn bestimmte Reaktionen eines Organismus verstärkt werden. In der Realität jedoch kommen verstärkende Reize oft unabhängig von bestimmten Reaktionen vor. Eine Sechs zu würfeln ist z.B. ein zufälliges Ereignis, das nicht von einem bestimmten Verhalten abhängt. Aber das Vorkommen solcher "Zufallsverstärker" kann manchmal Verhaltensweisen bekräftigen, die dem Verstärker zufällig vorangegangen waren. Der oder die Würfelnde kann z.B. die Würfel gedrückt haben, ehe er/sie sie warf, und das Vorkommen einer Sechs könnte dieses Verhalten verstärken, obwohl es keine echte Beziehung zwischen dem Drücken und der nachfolgenden Sechs gibt. Damit kann das Drücken so verstärkt worden sein, daß der oder die Würfelnde es in Zukunft wieder probiert. Logischerweise hat er oder sie vor der nächsten Sechs dann wieder gedrückt. Manche Aberglauben und manche "merkwürdigen" Verhaltensweise beruhen vielleicht auf solchen Vorgängen. Natürlich wird das Drücken der Würfel nicht bei jedem Wurf verstärkt, sondern nur gelegentlich; die Verstärkung wäre demnach intermittierend und nicht kontinuierlich. Wie wir gerade gesehen haben, würde dies bedeuten, daß die Reaktion des Drückens widerstandsfähig gegenüber Löschung ist, gerade das gehört aber zum Aberglauben.

Ein eng verwandtes Phänomen, das im Labor beobachtet wurde, ist die Selbstformung oder das Autoshaping (der englische Originalausdruck ist auch im Deutschen üblich, Anm. d. Übers.). Eine Taube, die einige Zeit nicht gefuttert wurde, wird in eine Skinner-Box gesetzt, in der sich eine Taste zum Hacken und eine Futterkiste befinden. Die Taste wird in bestimmten Abständen erleuchtet, und kurz danach wird Futter in die Kiste gegeben, und zwar automatisch, unabhängig davon, was der Vogel tut. Trotzdem fängt der Vogel an, nachdem die erhellte Taste und das Futter ein paar Mal zusammen auftraten, auf die Taste zu hacken, wenn sie erleuchtet ist. Der Vogel hat sich selbst auferlegt (=Autoshaping oder Verhaltensformung), auf die Taste zu hacken, obwohl das Hacken nichts damit zu tun hat, daß er Futter bekommt.

Das Autoshaping ist eher von theoretischem Interesse gewesen, weil das, was wie eine instrumentelle Aneignung einer Hackreaktion wirkt, in Wirklichkeit keine ist. Wie wird die Reaktion gelernt? Autoshaping ist ein Beispiel für die Wechselwirkung zwischen klassischem und instrumentellem Konditionieren. Licht und Futter zusammen führen zur klassischen Konditionierung. Somit reagiert der Vogel auf das Licht in einer ähnlichen Art wie auf Futter. Das Licht ist ein Ersatz geworden, ein konditionierter Reiz für Futter. Wann immer jetzt das Licht angeht, hackt der Vogel. Auf das Hacken der erleuchteten Taste folgt in der Tat eine Futtergabe, so daß das Hacken, sobald es durch den klassischen Konditionierungsvorgang initiiert wurde, durch die instrumentelle Konditionierungskomponente verstärkt und bekräftigt wird.

Sowohl abergläubisches Verhalten als auch Autoshaping legen nahe, daß Lebewesen irgendwie prädisponiert sind, Gründe für bedeutsame Ereignisse zu finden. Tritt ein bedeutsames Ereignis auf, etwa wenn eine hungrige Taube Futter erhält, denkt das Lebewesen zeitlich zurück, um einen Grund dafür zu finden. Diese Prädisposition ist wie vorbereitetes Lernen. Das Lebewesen ist mit einem System ausgestattet, um Reizereignisse mit wichtigen Konsequenzen zu verbinden. So eine Möglichkeit wurde in den 30er Jahren von Edward C. Tolman vorausgesehen, der Lernen in Begriffen von Hinweisen und Erwartungen beschrieb. Der Organismus lernt, daß Reize Hinweise für bevorstehende Konsequenzen sind. Es ist, als ob Organismen einen eingebauten Kausalitätsdetektor besitzen, eine Möglichkeit, auf die später noch eingegangen wird.

Abbildung 4-6 Gradient der Stimulusgeneralisierung

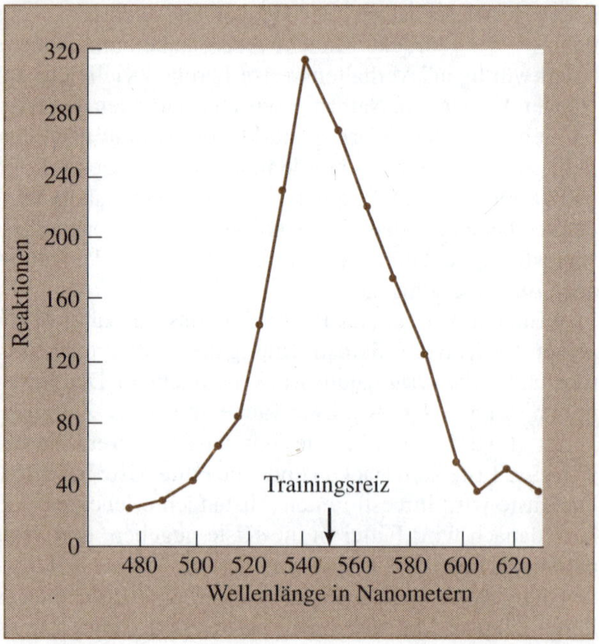

Der Gradient bzw. das Niveau der Reizgeneralisierung wird für eine Gruppe von Tauben gezeigt, die darauf trainiert wurden, auf einen Knopf zu hacken, der mit einem Licht von 550 nm erleuchtet ist. Ihnen wurden dann Testknöpfe mit mehreren anderen Farben dargeboten, die von 480 bis 620 nm reichten. Die Kurve zeigt, daß die Vögel um so mehr hackten, je ähnlicher der Testreiz dem Trainingsreiz von 550 nm war.

Gelernte Hilflosigkeit

Selbstformung und abergläubisches Verhalten kommen oft vor, wenn Organismen angenehmen, verstärkenden Ereignissen ausgesetzt waren, die von ihrem Verhalten unabhängig sind. Die Organismen haben keine Kontrolle darüber, ob der Verstärker gegeben wird, aber sie verhalten sich so, als ob sie Kontrolle darüber hätten. Aber was geschieht, wenn Organismen *unangenehmen* oder aversiven Ereignissen ausgesetzt sind, auf die sie keinen Einfluß haben? Diese Frage wurde von Steven F. Maier und Martin E.P. Seligman untersucht.

Maier und Seligman gaben Hunden elektrische Schocks, die die Hunde beeinflussen konnten. Sie konnten den Schock beenden (ihm entfliehen), indem sie eine Platte drückten. Eine andere Gruppe von Hunden erhielt eine identische Serie von Schocks, auf die sie keinen Einfluß hatten. Jeder Hund dieser Gruppe wurde mit einem Hund der ersten Gruppe parallelisiert. Jeder Schock fing für *beide* Hunde zur gleichen Zeit an und hörte für beide Hunde dann auf, wenn der Hund der ersten Gruppe die Platte drückte. Somit konnten die Hunde der ersten Gruppe dem Schock durch ihre Reaktion entfliehen, aber die Hunde der zweiten Gruppe hatten keinen Einfluß, sie konnten nicht entfliehen.

Beide Hundegruppen wurden später in eine andere Situation gebracht, in der sie dem Schock entfliehen konnten, indem sie über eine Hürde sprangen. Jetzt war die Flucht für alle Hunde möglich. Seligman und Maier stellten jedoch fest, daß nur die Hunde in der neuen Situation zu fliehen lernten, die auch anfangs den Schocks ausweichen konnten. Die Hunde, die anfangs Schocks bekamen, die sie nicht beeinflussen konnten, lernten nicht zu fliehen, obwohl obwohl es nun, in der neuen Situation, möglich gewesen wäre. Maier und Seligman nannten dies **gelernte Hilflosigkeit**.

Seligman und Maier entwickelten die Hypothese der sogenannten gelernten Hilflosigkeit, um den späteren Mißerfolg beim Lernen zu erklären, der dadurch hervorgerufen wurde, daß die Hunde einem unbeeinflußbaren Schock ausgesetzt waren. Im wesentlichen argumentierten sie, daß die Hunde, die einem unvermeidbaren Schock ausgesetzt waren, lernten, daß das Ende des Schocks und ihr, wie auch immer geartetes, Verhalten nichts miteinander zu tun hatten, daß der Schock also nicht beeinflußt werden konnte. Sie behaupteten weiterhin, daß sich diese Erfahrung auf die Motivation und das Lernen auswirkt. Erstens reduziert die Erfahrung die Motivation des Organismus zum Fliehen, wenn er später in einer anderen Situation mit einem Schock konfrontiert wird. Zweitens lernt der Hund nicht den Zusammenhang, daß er den Schock durch seine Flucht beenden kann.

Bestimmte Erfahrungen können das Auftreten der gelernten Hilflosigkeit verhindern. Angenommen, man wird einem entfliehbaren Schock ausgesetzt, ehe man einen unbeeinflußbaren Schock erhält. Dadurch wird man nicht so leicht annehmen, daß der Schock unbeeinflußbar ist und es wird verhindert, daß der unausweichliche Schock einen späteren Mißerfolg beim Lernen verursacht. Seligman und Maier zeigten, daß solch ein "Immunisierungseffekt" tatsächlich vorkommt. Gleichzeitig ist in der Hypothese der gelernten Hilflosigkeit eine mögliche Hilfe schon enthalten. Wenn die Versuchstiere nicht lernen, weil sie erwarten, daß der Schock unausweichlich ist, könnte man dieser Erwartung entgegenarbeiten und somit den Mißerfolg beim Lernen beseitigen, indem man sie "mit der Nase draufstößt", daß der Schock jetzt abwendbar ist. Dies kann dadurch erreicht werden, daß man das Versuchstier physisch dazu zwingt, die Reaktion auszuführen, die den Schock beendet (über die Hürde springen). Seligman und Maier zeigten, daß dieses Vorgehen in der Tat eine erfolgreiche Therapie ist.

Unkontrollierbare aversive Reize haben neben den fehlenden Fluchtreaktionen weitere Folgen. Versuchspersonen z.B., denen unkontrollierbare aversive Ereignisse zugefügt werden, sind später in Situationen mit sozialem Wettbewerb weniger aggressiv und dominant. Somit haben Erfahrungen mit unvermeidbaren aversiven Ereignissen emotionale sowie kognitive und motivationale Veränderungen zur Folge. Ein neue bemerkenswerte Untersuchung zeigt, daß Organismen, die aversive Ereignisse außerhalb ihrer Beeinflußbarkeit erfahren haben, später weniger empfindlich auf schmerzhafte Reize reagieren. Diese analgetische Reaktion folgt dann, wenn man *unkontrollierbaren* aversiven Reizen ausgesetzt war. Sie kommt nicht vor, wenn die Versuchsperson die unangenehmen Ereignisse beeinflussen kann. Dieses Ergebnis ist von beträchtlicher Bedeutung, weil es nahelegt, daß der psychologische Faktor "Kontrolle" die Nervensysteme, die an der Entstehung von Schmerz beteiligt sind, beeinflussen kann.

Wir haben in Kapitel 2 einige der Wege beschrieben, wie Schmerz physiologisch reguliert werden kann, und welche Rolle die gehirneigenen "Opiate" bei diesem Vorgang spielen. Wir wissen also, daß diese Stoffe - bekannt als Endorphine und Enkephaline - an der Schmerzregulierung beteiligt sind. So liegt die Vermutung nahe, daß fehlende Kontrolle über aversive Reize, sie in irgendeiner Form verändern könnte. Vielleicht aktiviert solche Erfahrung die gehirneigenen Opiatsysteme, so daß spätere aversive Ereignisse weniger schmerzhaft werden. Wenn man vor einem aversiven Reiz flüchten oder ihn vermeiden kann, ist es am besten, die Herausforderung anzunehmen und genau das zu tun. Aber wenn dies nicht möglich ist, wäre es sinnvoll, wenn das Ereignis weniger schmerzhaft ist. Dies würde es dem Organismus ermöglichen, körperliche Reserven solange zurückzuhalten, bis eine Gelegenheit z.B. zur Flucht vorhanden ist. Wenn dies zutrifft, kann das Opiatsystem äußere Einflüsse auf den Organismus steuern und bestimmt damit die Auswirkungen von unkontrollierbaren aversiven Ereignissen.

Unkontrollierbaren aversiven Ereignissen ausgesetzt zu sein, hat auch andere physiologische Folgen. Jay M. Weiss zeigte, daß Versuchstiere, die unvermeidbarem Schock ausgesetzt waren, eine viel stärkere Streßreaktion zeigen als Tiere, die vergleichbarem, aber entfliehbarem Schock ausgesetzt waren. Ratten, die den Schock nicht beeinflussen konnten, entwickelten schwere Magengeschwüre. Die Ratten, die den Schock beeinflussen konnten, entwickelten dagegen keine. Solche physiologischen Auswirkungen sind nicht auf periphere Veränderungen wie Magengeschwüre beschränkt. Wenn man unkontrollierbaren aversiven Ereignissen ausgesetzt ist, bewirkt das auch Störungen im Zentralnervensystem, z.B. bei den Neurotransmittern Dopamin und Norepinephrin (siehe Anhang B). Die Möglichkeit, auf aversive Reize Einfluß zu nehmen, hat demnach zahlreiche Auswirkungen, besonders auf das Verhalten und die Gesundheit.

Konditionieren — der Kausalitätsdetektor

Die wichtigste Aufgabe des Konditionierens besteht darin, dem Lebewesen zu ermöglichen, die Beziehung zwischen Ereignissen der Umgebung zu lernen und dadurch das Auftreten biologisch wichtiger Reize vorherzusehen. Sinnvollerweise sollte der Konditionierungsmechanismus so funktionieren, daß er auf bestimmte Beziehungen zwischen Ereignissen anspricht und auf andere nicht. Häufig erleben wir, daß zwei Ereignisse unter Bedingungen zusammen auftreten, in denen es keine "wirkliche" oder kausale Beziehung zwischen ihnen gibt (z.B. beim Drükken eines Würfels, um eine Sechs zu erhalten, vgl. "Aberglaube und Autoshaping"). Es könnte z.B. zu regnen anfangen, nachdem Sie sich gerade an der Nase gekratzt haben. Offensichtlich ist das gemeinsame Vorkommen von Regen und Nasekratzen zufällig. Es ruft keinen Regen hervor, wenn man sich an der Nase kratzt. Es wäre demnach keine sinnvolle Anpassungsleistung, eine Verbindung zwischen Nasekratzen und Regen zu bilden. Der Konditionierungsmechanismus sollte also so konstruiert sein, daß dann eine Verbindung geschaffen wird, wenn es eine "wahre" kausale Beziehung zwischen Ereignissen gibt, aber nicht, wenn die Beziehung unecht oder zufällig ist. Das heißt, die Evolution sollte einen Mechanismus auswählen, der sich nur auf solche Konditionierungsmerkmale stützt, die zu kausalen Beziehungen gehören.

Zu lernen, daß Ereignis A Ereignis B ankündigt, hilft nur dann dabei, mit B in der Zukunft umzugehen, wenn A wahrscheinlich weiterhin B vorangeht. Dies ist dann am wahrscheinlichsten, wenn B von A verursacht wird.

Viele Eigenschaften des Konditionierens, die wir schon kennengelernt haben, kann man in diesem Zusammenhang verstehen. Wir haben z.B. gesehen, daß für die Konditionierung häufig wiederholte gemeinsame Darbietungen eines KS und UKS verlangt werden. Einleuchtenderweise ist die Wahrscheinlichkeit, daß A (der KS) B (den UKS) in Zukunft ankündigt, größer, wenn A und B in der Vergangenheit oft zusammen auftraten. Dagegen ist es unwahrscheinlich, daß Nasekratzen und Regen häufig gemeinsam auftreten. Für andere Faktoren, wie z.B. die Gleichzeitigkeit, gilt ähnliches.

Verschiedene neuere Untersuchungsergebnisse legen die Vermutung nahe, daß *Konditionieren dazu dient, die Kausalstruktur der Umgebung zu verinnerlichen* und die besten Prädiktoren wichtiger Ereignisse zu isolieren. Es ist interessant, daß, wenn ein Ereignis unmittelbar auf ein anderes folgt, wir manchmal annehmen, das erste habe das zweite verursacht, ein andermal dagegen nicht. Wenn wir eine rollende Kugel sehen, die an eine andere anstößt, sodaß diese weiterrollt, nehmen wir an, daß die erste der Grund für die Bewegung der zweiten ist. Ohne eine Berührung wären wir jedoch sicher, daß die erste Kugel nicht die Bewegung der zweiten verursacht hat. Die Forschung hat gezeigt, daß zusätzlich dazu, daß Dinge zur gleichen Zeit stattfinden (zeitliche Kontiguität), zwei Faktoren wichtig sind, damit wir zwei Ereignisse als kausal verbunden wahrnehmen. Ein Faktor ist die Lokalisation an einer ähnlichen Stelle im Raum (räumliche Kontiguität), der andere ist die Ähnlichkeit der Intensitätsabläufe der Reize. Der Begriff *Intensitätsablauf* bezieht sich auf die Tatsache, daß sich jeder Reiz im Lauf der Zeit auf bestimmte Art verändert. Manche Reize haben z.B. einen plötzlichen Anfang, werden dann aber immer schwächer. Ein Geschmacksreiz ist dafür ein gutes Beispiel. Andere Reize - z.B. ein elektrisches Licht - können einen plötzlichen Anfang und ein plötzliches Ende haben. In der Tat ist fast jeder denkbare Ablauf möglich. Neuere Experimente zeigen, daß diese beiden Faktoren auch die Konditionierung beeinflussen. Die Konditionierung geschieht viel schneller, wenn der KS und UKS räumliche Nähe und gleiche Intensitätsabläufe aufweisen. Dieselben Merkmale, die unseren Eindruck bestimmen, daß ein Ereignis das andere verursacht, beeinflussen also auch die Konditionierung.

Noch beeindruckender sind Experimente, die darauf hinweisen, daß die Konditionierung auf einen Reiz nicht nur dadurch bestimmt wird, wie gut dieser Reiz den UKS vorhersagt, sondern auch dadurch, ob andere Reize in der Umgebung noch bessere Prädiktoren des UKS sind. In einem Experiment wurden Ratten zwei verschiedenen KS ausgesetzt. Der eine KS war ein Licht zusammen mit einem Ton einer bestimmten Frequenz ($L + T_1$), und der andere KS war eine Kombination des gleichen Lichts mit einem anderen Ton ($L + T_2$). Eine Gruppe Versuchstiere, als korrelierte Gruppe bezeichnet, erhielt den UKS immer nach der gleichen Kombination von Licht und Ton, aber nie nach der anderen. Eine zweite Gruppe, die unkorrelierte Gruppe, erhielt den UKS in 50% der Durchgänge nach jeder der Kombinationen. Während der restlichen 50% der Durchgänge folgte nichts auf den KS. Dieser Versuchsplan wird in Abbildung 4-7 schematisch dargestellt. Die Frage war, ob die Konditionierung auf das Licht in den zwei Gruppen unterschiedlich sein würde. Von einem einfachen Standpunkt her gesehen, sollte die Konditionierung in beiden Gruppen gleich sein, da der UKS in beiden Gruppen in 50% der Fälle auf das Licht folgt. Das heißt, das Licht sagt vorher, daß der UKS in beiden Gruppen mit einer Wahrscheinlichkeit von 0,5 folgen wird, und ist somit in beiden Gruppen ein gleich guter Prädiktor. Die Gruppen unterscheiden sich nur hinsichtlich dessen, wie gut der Tonstimulus als Prädiktor ist. Bei der korrelierten Gruppe ist der Ton ein sehr guter Prädiktor: wenn T_1 vorhanden ist, folgt der UKS immer, aber wenn T_2 vorhanden ist, folgt der UKS nie. Der Ton erlaubt dem Tier also, sicher zu sein, ob der UKS folgen wird. In der unkorrelierten Gruppe sind die Töne hinsichtlich ihrer Genauigkeit, mit der sie den UKS vorhersagen, nicht genauer als das Licht. Das Ergebnis dieses Experiments war, daß die Konditionierung auf das Licht bei der unkorrelierten Gruppe wesentlich größer war als in der korrelierten Gruppe. Die Konditionierung wird daher nicht einfach dadurch bestimmt, wie gut ein gegebener Hinweis einen UKS vorhersagt, sondern auch dadurch, wie gut andere vorhandene Hinweise ihn vorhersagen. Im allgemeinen ist die Konditionierung auf den besten Prädiktor, den gültigsten Hinweis, am stärksten.

Diese Aspekte zur Kausalität und relativen Gültigkeit beziehen sich auf das klassische Konditionieren, aber sie scheinen ebenso auf das instrumentelle Lernen zuzutreffen. Das instrumentelle Lernen ist dann am effektivsten, wenn Reaktionen und Verstärker ähnliche räumliche und zeitliche Eigenschaften haben. Bestrafung z.B. ist dann

Abbildung 4-7 Elemente eines zusammengesetzten KS als Prädiktoren des UKS

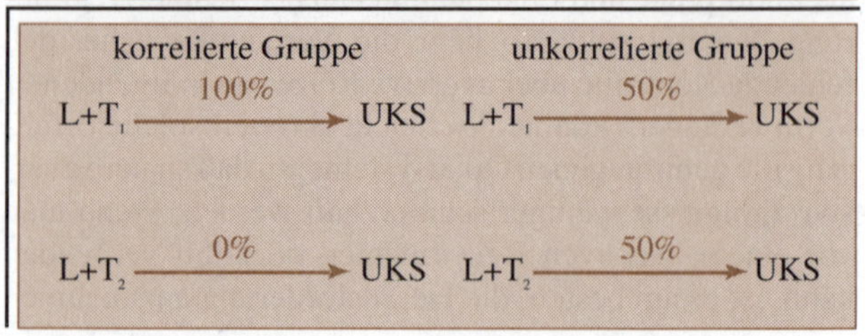

am wirkungsvollsten, wenn der Strafreiz auf den gleichen Körperteil gegeben wird, der zur Ausübung der zu bestrafenden Reaktion benutzt wurde. Geben Sie also den Schock auf die Vorderpfoten der Ratte, wenn Sie eine Reaktion des Hebeldrückens bestrafen, die sie mit ihren Vorderpfoten ausübt. Wie gut eine beliebige Reaktion gelernt wird, wird darüberhinaus dadurch bestimmt, wie stark andere auftretende Reaktionen mit dem Verstärker korreliert sind. Überraschenderweise kann instrumentelles Reaktionslernen dadurch verändert werden, wie gut vorhandene Reize den Verstärker vorhersagen. Es wurden Experimente mit dem gleichen Versuchsplan wie in Abbildung 4-7 durchgeführt. Der einzige Unterschied bestand darin, daß das Licht durch eine geforderte Reaktion ersetzt wurde. Die Reaktion (z.B. Hebeldrücken durch eine Ratte) wurde von einem von zwei Tönen begleitet; in 50% der Fälle folgten Futtergaben. Was sich unterschied, war die Vorhersagbarkeit des Tons. Je vorhersagberer der Ton ist, desto schlechter wird die Reaktion gelernt. Diese Ähnlichkeit von klassischem Konditionieren und instrumentellem Lernen, zusammen mit der Austauschbarkeit von KS und Reaktionen, die um die Assoziation mit dem UKS oder Verstärker wetteifern, läßt an einen gemeinsamen zugrundeliegenden Mechanismus denken. Dieser Mechanismus könnte dadurch funktionieren, daß kausale Beziehungen in der Umgebung herausgefiltert und mit den stärksten vorhandenen Prädiktoren verbunden werden, seien sie Reize oder Reaktionen.

KOGNITIVES LERNEN

Bis jetzt hat sich unsere Erörterung auf klassisches und instrumentelles Konditionieren konzentriert. Nun werden wir unsere Aufmerksamkeit kurz einer dritten Lernart zuwenden, die man als kognitives oder Beobachtungslernen bezeichnet. Zuerst sollten Sie wissen, daß manche Psychologen denken, diese dritte Kategorie sei unnötig. Alles Lernen sei entweder klassisch oder instrumentell konditioniert oder manchmal eine Kombination von beidem. Aber andere sind ebenso überzeugt davon, daß kognitives Lernen eine eigenständige Form des Lernens ist, die man nicht auf die beiden anderen reduzieren kann. Betrachten Sie einige der gängigen Beispiele für kognitives Lernen: (1) Sie lernen Fakten über die Psychologie, indem Sie dieses Buch lesen oder eine Vorlesung besuchen. (2) Ein kleines Mädchen ahmt das Verhalten einer Zeichentrickfigur aus dem Fernsehen nach, während sie mit ihrer Puppe spielt. (3) Teenager übernehmen den letzten Schrei in der Sprache (z.B. "mach' mich nicht an") oder Mode (z.B. Miniröcke und Pumphosen). Sehen Sie eine Möglichkeit, diese Beispiele nur mit klassischem und instrumentellem Konditionieren zu erklären? Werden Sie klassisch oder instrumentell konditioniert, wenn Sie dies lesen?

Als Student lernt man das meiste eher kognitiv oder durch Beobachtung als durch Konditionierung.

Was ist kognitives oder Beobachtungslernen?

Wir definieren kognitives Lernen als die Aneignung oder Umstrukturierung von Wissen, das auf der Nutzung unserer kognitiven Fähigkeiten beruht: Wahrnehmen, Vorstellen, Folgern und anderen Formen der Informationsverarbeitung. Die zu erlernende "Reaktion" muß nicht in beobachtbarer Weise ausgeführt werden, es gibt keine Verstärkung für den Lernenden von außen, es gibt keine offensichtlichen Paarungen von KS und UKS, und es werden keine Reflexreaktionen hervorgerufen. Der Lernende lernt dadurch, daß er jemanden oder etwas beobachtet - durch Lesen, Zuhören, Zusehen, Anfassen oder was auch immer -, und die so beobachteten Informationen verarbeitet. Auf den ersten Blick scheint kognitives Lernen ein passiver Vorgang zu sein, d.h., es gibt keine offensichtliche Veränderung oder Verbesserung des Verhaltens. Dies sollte jedoch nicht als ein Zeichen für völlige Inaktivität auf Seiten des Lernenden gedeutet werden. Der Lernende ist in der Regel sehr wohl kognitiv aktiv und verarbeitet die ankommenden Informationen zur Speicherung im Gedächtnis. Die Effekte des kognitiven Lernens können natürlich nicht beobachtet werden, bis sich eine Gelegenheit zur Überprüfung - meistens zu einem späteren Zeitpunkt - ergibt.

Zur Veranschaulichung einige Beispiele. Wie gelangt man mit Sauerstofflaschen auf dem Rücken von einem Boot ins Wasser? Man rollt sich rückwärts über die Seite des Bootes, stimmt's? Woher wußten Sie die Antwort? Die meisten Leute sind noch nie getaucht, trotzdem wissen sie die richtige Antwort. Sie haben niemals die richtige Reaktion ausgeführt, somit wurde die Reaktion niemals verstärkt, und somit kann es sich nicht um instrumentelles Konditionieren handeln. Entsprechend wurde die Reaktion niemals als Reflex hervorgerufen, somit kann es sich nicht um klassisches Konditionieren handeln. Die meisten Leute haben dieses Verhalten anhand von Beispielen im Fernsehen, in Filmen oder sonstwo gelernt. Sie stellen das Gelernte erst unter Beweis, wenn sie zu einem späteren Zeitpunkt geprüft werden - so wie wir Sie eben geprüft haben.

Das Zusammenspiel von kognitivem, klassischem und instrumentellem Lernen

In den meisten natürlichen Lernsituationen dürften Elemente aller drei Lernarten enthalten sein. Es gibt wohl keinen reinen Fall von kognitivem Lernen, und das übliche gut gelernte Verhalten ist wahrscheinlich ein gemeinsames Produkt aus allen drei Lernarten. Eine Verabredung beinhaltet offensichtlich sowohl kognitives als auch instrumentelles Lernen. Die kognitive oder Beobachtungskomponente stammt von den Erfolgen oder Mißerfolgen, die man stellvertretend im Fernsehen, in Filmen, Büchern und von Freunden erfahren hat. Die instrumentelle Komponente rührt von den Fällen her, in denen man belohnt wurde, wenn der oder die andere die Verabredung einhielt, oder in denen man bestraft wurde, wenn man abgewiesen wurde. Durch Beobachtung erhält man Informationen, die man zum späteren Gebrauch speichert. Das Handeln aufgrund dieser Informationen ist instrumentell. Die Handlungen rufen Folgen hervor, und man verändert sein Verhalten angesichts dieser Folgen.

Gibt es bei Verabredungen eine Komponente des klassischen Konditionierens? Nehmen wir einmal die Nervosität, die gewöhnlich da ist, während man den/die Partner(in) um ein Treffen bittet. Wenn dieses gleiche Gefühl von Nervosität bereits hervorgerufen wird, wenn man daran denkt, um ein Treffen zu bitten, oder wenn man lediglich zum Telefon geht, ist die klassische Konditionierung von Nervosität auf einen neutralen KS (das Telefon) die naheliegende Erklärung.

Wir nehmen meist an, daß kognitives Lernen nur beim Menschen vorkommt. Schließlich sind es Menschen,

Können Babys schon sehr früh Erwachsene imitieren?

SEATTLE. Grimassenschneiden vor einem Baby wird jetzt auch von der Wissenschaft unterstützt. Zwei Experimente von Psychologen zeigen, daß Neugeborene die Gesichtsausdrücke Erwachsener nicht nur erkennen, sondern auch nachahmen können.

Diese überraschenden Ergebnisse stammen aus Untersuchungen von 36 Stunden alten Säuglingen, die Tiffany Field von der Medical School der University of Miami sowie Andrew Meltzoff und Keith Moore von der University of Washington in Seattle durchgeführt haben. In Fields Experiment wurden die Gesichtsausdrücke von Säuglingen festgehalten, während sie Erwachsene anschauten, die glückliche, traurige oder überraschte Gesichter machten. Meltzoff führte eine ähnliche Studie mit Erwachsenen durch, die ihren Mund entweder weit öffneten oder ihre Zunge hinausstreckten.

Beide Untersuchungen zeigen, daß die Säuglinge sehr häufig mit dem gleichen Ausdruck wie die Erwachsenen reagieren. Das bedeutet nicht unbedingt, daß das Baby den Ausdruck lernt, indem es einen Erwachsenen beobachtet. Lächeln z.B. tritt spontan auf und mit Hilfe von Ultraschallbildern hat man es sogar bei Föten im Mutterleib beobachtet. Aber diese neuen Studien haben nachgewiesen, daß ein Neugeborenes das Lächeln eines Erwachsenen wahrnehmen und es mit eigenen Gesichtsbewegungen beantworten kann.

"Säuglinge sind weiter entwickelt, als wir bisher angenommen haben", meint Meltzoff. "Sie liegen nicht nur in ihren Kinderwagen und strampeln und weinen ab und zu. Sie können auf Erwachsene reagieren."

Manche Psychologen aber betrachten diese Interpretation mit Skepsis. Jerome Kagan von der Harvard University hat gezeigt, daß ein Baby seine Zunge herausstreckt, wenn man einfach einen Stift in Richtung seines Mundes bewegt. Er glaubt, daß die Gesichtsausdrücke von Neugeborenen keine bewußten Nachahmungen sind. "Ein neugeborenes Baby öffnet seinen Mund als Reaktion auf eine Vielzahl von Reizen, wovon einer der Anblick eines offenen Mundes sein kann", sagt Kagan. "Es ist interessant. Aber man kann es nicht als Nachahmung bezeichnen. Ein Säugling erlangt diese Fähigkeit erst, wenn er fünf oder sechs Monate alt ist."

Science 82, Dezember 1982

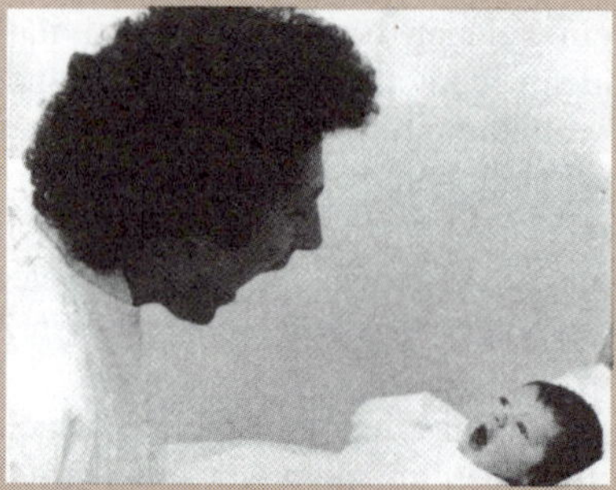

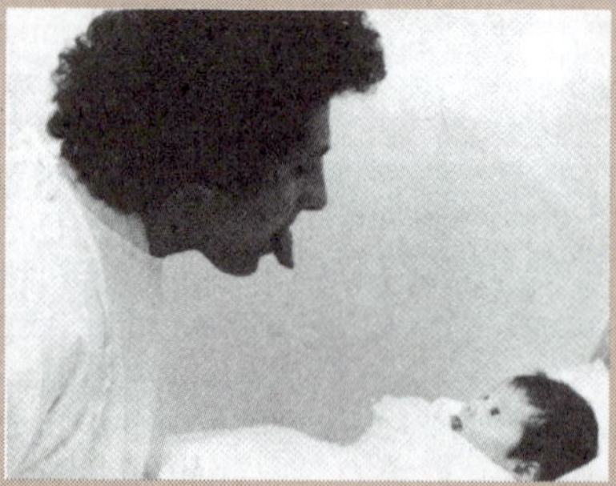

Foto von Andrew Meltzoff (2)

Ein Neugeborenes sieht, wie ein Erwachsener eine Grimasse schneidet - und antwortet auf gleiche Art.

Es gibt zahlreiche Hinweise darauf, daß Menschen in sehr jungem Alter klassisch und instrumentell konditioniert werden können, vielleicht sogar vor der Geburt. Wann menschliche Säuglinge jedoch kognitiv oder durch Beobachtung - also auf die dritte Art - lernen können, ist immer noch Gegenstand einer Kontroverse.

die reden, lesen und anderen zuhören. Kognitives Lernen ist in der Tat die wichtigste Form des menschlichen Lernens. Vergessen Sie jedoch nicht, daß Beobachtungslernen auch bei vielen Tierarten festgestellt wurde, indem sie einander nachahmen. Affen etwa ahmen andere Affen oder sogar einen Menschen nach. Der größte Teil unseres Wissens über kognitives Lernen stammt allerdings von Untersuchungen an Menschen, und deshalb soll menschliches Lernen das Hauptthema des nächsten Kapitels sein.

ZUSAMMENFASSUNG

1. Lernen wird als eine relativ dauerhafte Veränderung des Verhaltenspotentials definiert, die auf Erfahrung und Übung zurückgeführt werden kann. Als intervenierende Variable kann Lernen nicht direkt beobachtet werden, sondern man schließt darauf anhand von Veränderungen im beobachtbaren Verhalten.

2. Lernen findet auf drei Arten statt: durch klassisches Konditionieren, durch instrumentelles oder operantes Konditionieren und durch kognitives oder Beobachtungslernen.

3. Beim klassischen Konditionieren löst ein neutraler Reiz (KS) eine bestimmte Reaktion (KR) aus. Vor der Konditionierung wurde diese Reaktion (UKR) nur durch einen anderen Reiz (UKS) ausgelöst. Die Untersuchung des klassischen Konditionierens begann mit den Arbeiten von I. Pawlow.

4. Klassisches Konditionieren stellt man sich hauptsächlich als eine Funktion des gemeinsamen Auftretens (der Kontingenz) zwischen KS und UKS während der Lernversuche vor. Mit anderen Worten: der KS tritt an die Stelle des UKS oder kündigt ihn an.

5. Im allgemeinen ist das klassische Konditionieren am wirksamsten, wenn KS und UKS räumlich und zeitlich nahe beieinander auftreten. Dies ist das Prinzip der Kontiguität. Unter manchen Umständen jedoch kann die Konditionierung auch dann stattfinden, wenn KS und UKS durch ein langes Zeitintervall getrennt werden, wie z.B. bei der Konditionierung von Abneigung gegen einen Geschmack. In den Fällen, in denen das vorkommt, verfügen Organismen über ein schon vorher bestehendes "Konditionierungsprogramm", das sie darauf vorbereitet, eine Reaktion schnell mit bestimmten Reizen zu verbinden. Dieses Phänomen wird vorbereitetes Lernen genannt.

6. Beim instrumentellen oder operanten Konditionieren werden die Reaktionen des Organismus verstärkt, indem man sie belohnt oder bestraft, d.h. eine Kontingenz zwischen diesen Reaktionen und ihren Folgen herstellt. Durch diesen Vorgang können die Lebewesen darauf trainiert werden, entweder eine neue Reaktion zu zeigen oder eine alte zu unterlassen. Das Training basiert auf Verstärkungen, die von der Reaktion abhängig gemacht werden. Das Prinzip der Verstärkung wurde zuerst von Thorndike als law of effect formuliert. Der überragende Forscher auf dem Gebiet des operanten Konditionierens ist B.F. Skinner.

7. Ein Verstärker ist ein Ereignis (eine Konsequenz), das die Wahrscheinlichkeit jeder beliebigen Reaktion, mit der es verbunden ist, erhöht. Verstärker können entweder positiv oder negativ sein. Positive und negative Verstärker können entweder primär (die Grundbedürfnisse des Organismus ansprechend) oder sekundär (gelernt) sein.

8. Das Premack-Prinzip liefert eine Möglichkeit, verstärkende Kontingenzen zu finden. Das Prinzip besagt, daß von zwei Verhaltensweisen mit unterschiedlicher Auftretenswahrscheinlichkeit das weniger wahrscheinliche Verhalten dadurch verstärkt werden kann, indem man dem Organismus die Möglichkeit zu dem wahrscheinlicheren (beliebteren) Verhalten gibt.

9. Es gibt vier Paradigmen des instrumentellen Konditionierens, die in einem Vier-Felder-Schema dargestellt werden können. Das Schema gibt an, ob das Training dazu führen soll, daß eine neue Reaktion gezeigt oder eine alte unterlassen wird, und ob die Kontingenz angenehm oder unangenehm ist. Diese vier Paradigmen können ohne Hinweise oder mit einem Hinweis (diskriminativer Reiz) benutzt werden, der den Lernenden darüber informiert, daß die Verstärkung verfügbar ist.

10. Shaping oder sukzessive Annäherung (Belohnung stufenweiser Annäherungen an das gewünschte Verhalten) wird häufig bei Experimenten mit dem operanten Konditionieren benutzt, um ein Verhalten schneller auszubilden. Es eignet sich hervorragend, um Organismen neue Reaktionen beizubringen.

11. Die Zwei-Faktoren-Theorie behauptet, daß in jeder realen Lernsituation im allgemeinen sowohl klassisches als auch instrumentelles Konditionieren vorhanden sind und daß klassisches Konditionieren die Grundlage für die Motivation instrumentellen Konditionierens bildet.

12. Konditionierungsvorgänge haben mehrere Aspekte. Der erste ist die Reaktionsaneignung, die im allgemeinen in einer Reihe von Lerndurchgängen stattfindet, in denen das angemessene Verhalten bekräftigt und so immer mehr gefestigt wird.

13. Ein weiterer Aspekt ist die Löschung, ein Vorgang, der eine gelernte Reaktion beseitigt und deshalb erst dann stattfinden kann, wenn die Reaktion bereits gelernt wurde. Die Löschung basiert auf dem Fehlen entweder des UKS (beim klassischen Konditionieren) oder des Verstärkers (beim instrumentellen Konditionieren). Intermittierende Verstärkung während der Aneignung erschwert und verlangsamt die Löschung. Bestrafung kann zusammen mit Löschung eingesetzt werden, um eine konditionierte Reaktion zu unterdrücken. Gegenkonditionierung kann zusammen mit Löschung eingesetzt werden, um eine alte, unerwünschte konditionierte Reaktion durch eine neue zu ersetzen.

14. Wurde eine Reaktion in Gegenwart eines bestimmten Reizes gelernt, tendiert sie dazu, auf andere ähnliche Reize zu generalisieren. Organismen können jedoch darauf trainiert werden, die gelernte Reaktion nur dann auszuführen, wenn ähnliche Reize gegeben werden. Dementsprechend wird der Organismus, wenn die gelernte Reaktion blockiert oder behindert wird, versuchen, auf eine ähnliche Reaktion auszuweichen. Diese Tendenz, auf an-

dere Reaktionen zu generalisieren, kann auch durch entsprechendes Reaktionsdiskriminierungstraining verkürzt werden.
15. Man hat manchmal beobachtet, daß Tiere im Labor Verhaltensweisen ausführen, die sie sich selbst beigebracht haben und auf zufälligen Verstärkungskontingenzen basieren. Solche Verhaltensweisen bezeichnet man als abergläubisch. Das Autoshaping ist eine bestimmte Art und Weise, sich selbst etwas beizubringen. Es kann durch die Interaktion von operanten und klassischen Konditionierungsprozessen erklärt werden (Zwei-Faktoren-Theorie des Lernens). Gelernte Hilflosigkeit ist ein Phänomen, das vorkommt, wenn Reaktion und unangenehme Reize unabhängig voneinander auftreten, d.h., wenn die Versuchsperson die negativ verstärkenden Ereignisse in der Umgebung nicht beeinflussen kann. Unter diesen Umständen scheint der Organismus auf Hilflosigkeit konditioniert zu werden.
16. Der Sinn des Konditionierens könnte darin bestehen, kausale Beziehungen in der Umgebung zu entdecken, und somit den Organismus in die Lage zu versetzen, wichtige Ereignisse vorherzusehen. Faktoren, die unseren Eindruck von Kausalität verändern, verändern auch die Konditionierung.
17. Kognitives Lernen ist die Aneignung oder Umstrukturierung von Wissen auf der Grundlage von Wahrnehmung und Verarbeitung von Informationen aus der Umgebung. Kognitives Lernen kommt häufig in Kombination mit klassischem und instrumentellem Konditionieren vor.

So sieht das in der Praxis aus

Klassische und operante Konditionierungstechniken werden auf vielen Gebieten angewendet. Wenn auch einige der Anwendungen unmenschlich oder entwürdigend erscheinen, haben diese Techniken viele Verhaltensänderungen bewirkt, die dem Einzelnen und der Gesellschaft zugute gekommen sind. Es könnten natürlich Probleme entstehen, wenn ein Machthaber entschiede, diese Techniken zu seinem Vorteil zu nutzen. Ein Mißbrauch würde der Menschheit schaden. Wir beginnen gerade damit, die Lernprinzipien für die Praxis nutzbar zu machen. Die zukünftigen Möglichkeiten verlangen, daß die Öffentlichkeit über die damit verbundenen Nutzen und Gefahren aufgeklärt wird.

KLASSISCHES KONDITIONIEREN

Morphintoleranz

Selbst wo man es gar nicht für möglich hielte, spielt Lernen oftmals doch eine Rolle. Ein Beispiel dafür ist die Medikamententoleranz, die Tatsache, daß eine bestimmte Dosis bei wiederholter Anwendung einen immer schwächeren Effekt hat. Man muß also ständig die Dosis erhöhen, um die gleiche Wirkung zu erzielen. Die meisten Erklärungsversuche für die Medikamententoleranz beziehen sich auf die zellulären Wirkungen des betreffenden Medikaments. Im Hinblick auf Morphium wird dementsprechend angenommen, daß durch wiederholtes Einnehmen, entweder die Empfindlichkeit der Morphiumrezeptoren im Gehirn herabgesetzt oder die Zuleitung zu ihnen blockiert wird.

Shepard Siegel hat kürzlich deutliche Hinweise darauf gefunden, daß die physiologische Argumentation nicht ausreicht, um die Morphintoleranz zu erklären, sondern daß auch Lernen daran beteiligt ist. Sie werden sich erinnern, daß die KR, die sich als Folge des klassischen Konditionierens auf einen KS entwickelt, sich oft von der UKR auf den UKS unterscheidet. Wenn der UKS ein Medikament ist, ist die KR sogar oft das Gegenteil der UKR. Insulin (UKS) z.B. vermindert den Blutzucker (UKR). Ein Reiz jedoch, der wiederholt mit Insulin zusammen auftritt (z.B. der Injektionsvorgang), erhöht oft den Blutzucker (KR), wenn er allein dargeboten wird. D.h., die Injektion eines inaktiven Plazebos (etwa einer Kochsalzlösung) führt zum Anstieg des Blutzuckers, wenn die Versuchsperson vorher Insulininjektionen bekommen hatte. Diese entgegengesetzte Reaktion ist offensichtlich ein Teil der normalen körperlichen Abwehrreaktionen, weil ein konstanter Zustand erhalten werden soll (vgl. Prinzip der Homöostase, das in Kapitel 7 behandelt wird).

Was ist, wenn das auch auf Morphium zutrifft? Wenn jemand wiederholt Morphium einnimmt, müßte eine Konditionierung auf jene Reize stattfinden, die dem Morphium vorangehen. Diese Reize sind das Injektionsritual. Die KR müßte gegensätzlich zu dem Effekt sein, der durch das Morphium hervorgerufen wird, und müßte somit der Aktivität des Morphiums entgegenwirken. Wenn die KR relativ lang anhält, müßte sie die Wirkung des Morphiums herabsetzen, da sie das Gegenteil der Morphiumreaktion ist.

Morphium ist ein Analgetikum. Es vermindert die Schmerzempfindlichkeit, und gegenüber dieser Wirkung des Medikaments entwickelt sich eine Toleranz. Das heißt der schmerzlindernde Effekt wird mit jeder injizierten Dosis geringer. Siegel hat argumentiert, daß dies z.T. deshalb geschieht, weil sich als KR eine erhöhte Empfindlichkeit gegenüber dem Injektionsvorgang entwickelt und einen Teil der schmerzlindernden Wirkung des Morphiums kompensiert. Dieser Ansicht nach müßte die Morphintoleranz vermindert oder beseitigt werden, wenn das Morphium ohne die Reize, die es normalerweise begleiten, gegeben wird. Die gegensätzliche KR dürfte nicht vorkommen, wenn die Reize, auf die sie konditioniert ist, nicht dargeboten werden. Anhand von Theorien, in denen die Widerstandsfähigkeit nur als ein zelluläres Phänomen aufgefaßt wird, läßt sich natürlich nicht vorhersagen, daß Reize, die der Morphiumgabe vorangehen, einen Unterschied bewirken. Siegel hat tatsächlich gezeigt, daß die Morphintoleranz deutlich herabgesetzt wird, wenn die üblichen Reize, die dem Morphium vorangehen, nicht gleichzeitig auftreten. Die schmerzlindernden Wirkungen des Morphiums wurden wiederhergestellt, indem man einfach zusammen mit der Morphiumgabe neue Reize einführte.

Diese Interpretation der Morphintoleranz hat bedeutende Implikationen. Denken Sie an den Heroinabhängigen, der die Droge gewohnheitsmäßig in einem bestimmten Milieu einnimmt, etwa in einer bestimmten Clique an einem bestimmten Ort. Es ist anzunehmen, daß diese Umgebungsreize eine KR auslösen, die in ihrer Wirkung gegensätzlich zu dem Effekt des Heroins ist. Dies führt dazu, daß eine immer größere Dosis genommen wird, um den gleichen Effekt zu erzielen. Was könnte passieren, wenn jemand diese große Dosis zusammen mit anderen an einem anderen Ort einnimmt? Könnte das zum Tod durch Überdosis beitragen?

Das Phänomen der Gegensätzlichkeit zwischen KR und UKR kann uns dabei helfen, die Bedeutung des klassischen Konditionierens für die Anpassung besser zu verstehen. Es ermöglicht dem Körper, sich gegen wiederholt auftretende Reize zu verteidigen, die körperliche Veränderungen hervorrufen. Dieser Mechanismus unterstützt den Organismus, sein Gleichgewicht zu bewahren und mit schädlichen Einwirkungen besser umgehen zu können.

Asthma

Wie wir in Kapitel 7 sehen werden, ist ein großer Anteil der Emotionen physiologischer Natur, z.B. die Beschleunigung des Herzschlags. Solche physiologischen Reaktionen geschehen oft reflexartig oder automatisch als Reaktion auf einen emotionsauslösenden Reiz, wenn man z.B. im Wald unerwartet auf eine Schlange trifft. An sich funktioniert der emotionsauslösende Reiz als UKS für die physiologische UKR. Wann immer ein UKS-UKR-Ablauf stattfindet, ergibt sich eine Gelegenheit zum klassischen Konditionieren. Wenn ein bestimmter neutraler Reiz gleichzeitig mit dem UKS-UKR-Ablauf auftritt, könnte jener Reiz ein konditionierter Stimulus (ein KS) für die physiologische Reaktion werden. Der KS allein könnte dann die physiologische Reaktion als eine KR hervorrufen. Das Endergebnis besteht darin, daß sonst neutrale, unemotionale, harmlose Objekte und Situationen durch klassisches Konditionieren als starke emotionale Reize zu wirken beginnen.

Ein interessantes Beispiel für diese Möglichkeit ist die Atemstörung Asthma. Für manche Leute beginnt Asthma als relativ einfache allergische Reaktion (UKR) auf spezifische Substanzen (UKS) wie Staub, Katzenhaare oder Pollen. Wenn diese Allergene wiederholt von einem nichtallergenen Reiz begleitet werden, kann die allergische Reaktion klassisch auf diesen Reiz konditioniert werden und ihn somit in ein Allergen verwandeln. Eine Patientin kann dann allein beim Anblick einer Katze am anderen Ende des Raums oder sogar eines Katzenbildes Atemprobleme bekommen. Manchmal ist die asthmatische Reaktion so heftig, daß die Patientin in Angst oder sogar Panik gerät. Diese extreme Furchtreaktion ist potentiell auch auf einen neutralen Reiz konditionierbar, was die Voraussetzung für phobieähnliche Reaktionen schafft. Das bloße Erwähnen von Katzen löst einen Anfall von Angst aus, die die asthmatische Reaktion, die vielleicht auch auftritt, nur verschärft.

So wie die Konditionierung eine mögliche Basis für den Aufbau der asthmatischen oder Angstreaktion bildet, kann sie auch als hilfreicher Mechanismus für die Behandlung solcher Zustände dienen. (Vgl. Fundgrube 4-5.) Wie kann man klassisches Konditionieren dafür einsetzen? Eine Möglichkeit besteht darin, die betroffene Person dazu zu bringen, die unerwünschte Angst-/ Asthma-KR durch eine andere Reaktion zu ersetzen. Die damit unvereinbare Reaktion der Wahl ist Entspannung. Man kann der betroffenen Patientin beibringen, sich auf einen Signalreiz hin schnell zu entspannen. Nach dem Entspannungstraining wird zusammen mit einem Reiz, der dem angstauslösenden KS ähnlich ist, der Signalreiz zur Entspannung eingeführt. Der KS wird in dem Moment entfernt, in dem die Patientin die leisesten Anzeichen von Angst berichtet, und der entspannte Zustand wird wiederhergestellt. Dieses Vorgehen wird solange wiederholt, bis der Reiz keine Angst mehr hervorruft. Als nächstes wird ein Reiz, der dem ursprünglichen angstauslösenden Reiz noch ähnlicher ist, eingeführt, und der gesamte Entspannungsvorgang wird erneut durchgeführt. Nach und nach lernt die Patientin, sich angesichts von Reizen, die dem ursprünglichen angstauslösenden KS immer ähnlicher werden, zu entspannen. Schließlich kann der ursprüngliche KS dargeboten werden, ohne daß er die konditionierte Angstreaktion auslöst. Wichtig ist, daß der ursprüngliche UKS und die UKR (Katzenhaare und Atemprobleme) bei dieser Behandlung niemals vorkommen. Somit hat man der Patientin nicht nur beigebracht, sich angesichts des KS zu entspannen, sondern man hat auch die Bedingungen für die Löschung der KS-KR-Verbindung geschaffen, die die unangemessene Angst überhaupt verursacht hat. Dadurch wird die Allergie zwar nicht geheilt, aber Entspannung und Löschung helfen dabei, die emotionale Komponente des Asthmas unter Kontrolle zu behalten.

FUNDGRUBE 4-5

Verhaltenstherapeutische Behandlung für Bettnässer

Die Prinzipien des klassischen Konditionierens wurden eingesetzt, um Kinder vom Bettnässen (**Enuresis**) zu heilen. Der Reiz, der uns mitten in der Nacht weckt, ist normalerweise die Spannung der Blase, aber das bettnässende Kind hat noch nicht gelernt, daraufhin aufzuwachen. Um das Einnässen des Kindes zu verhindern, muß man das Aufwachen als Reaktion auf den Reiz der Blasenspannung konditionieren. Der UKS wäre ein Reiz, der das Kind weckt, wie etwa ein lauter Summton oder eine Klingel. Nach wiederholter Verbindung der Klingel mit dem KS der Blasenspannung genügt die Blasenspannung allein, um das Kind aufzuwecken.

Wie können Eltern in der Praxis jedoch wissen, wann die Blase des Kindes voll ist, so daß sie die Klingel ertönen lassen können? Offensichtlich ist die Blase voll, wenn das Kind beginnt, das Bett zu nässen, aber wie können die Eltern wissen, wann das Kind das Bett näßt? Ein Psychologe hat einen Apparat entworfen, der aus einem Bettuch mit elektrischen Drähten besteht, die den Urin registrieren. Durch die Feuchtigkeit wird ein elektrischer Kreis geschlossen. Dadurch wiederrum ertönt die Klingel und das Kind wacht auf. Nach einer kurzen Trainingsphase mit dieser "Klingeldecke" wacht das Kind immer häufiger vor dem Urinlassen von selbst auf. Tatsächlich funktioniert diese Einrichtung so gut, daß manche Firmen sie zu außergewöhnlich hohen Preisen an verzweifelte Eltern verkaufen oder verleihen. Gut funktionierende Exemplare können jedoch in den USA für einen geringen Geldbetrag von den meisten großen Versandhäusern bezogen werden. Die sogenannten "Klingelhosen", die in der Reinlichkeitserziehung angewendet werden, beruhen auf dem gleichen Prinzip und arbeiten somit ebenfalls auf der Grundlage der klassischen Konditionierung.

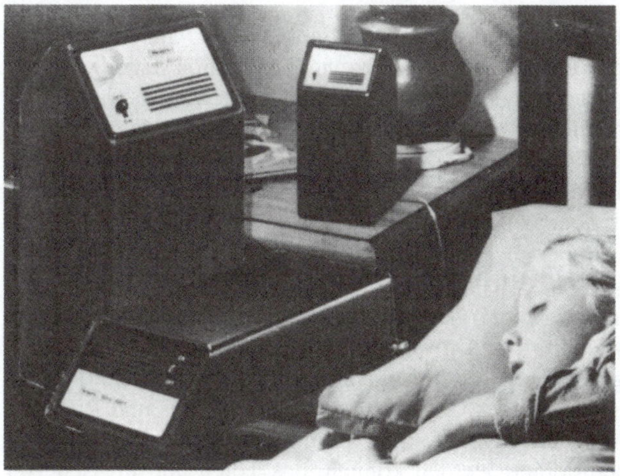

Bettnässeralarm: Diese Vorrichtung, vom Kaufhaus Sears angeboten, funktioniert auf der Basis der Grundprinzipien der klassischen Konditionierung um Enuresis zu heilen.

Wie diagnostiziert und versteht man Säuglinge?

Für den behandelnden Arzt oder Psychologen ist es schwierig, Säuglinge zu verstehen, da sie ja nicht sprechen können. Sie können nicht erklären, was ihnen fehlt, was sie tun können und möchten. Konditionierungstechniken - klassische sowie instrumentelle - können dabei helfen und wurden auch dazu eingesetzt, die "Kommunikation" mit Säuglingen zu unterstützen. Frühes Erkennen von Hör- oder Sehfehlern bei Neugeborenen z.B. könnte helfen, spätere schwerwiegendere Probleme zu verhindern. Aber man kann den Säugling nicht bitten, Buchstaben aus 6 Metern Entfernung abzulesen. Man könnte jedoch versuchen, das Kind auf einen optischen oder akustischen KS zu konditionieren. Der Nachweis für die Konditionierung wäre der Nachweis dafür, daß der Säugling den benutzten Reiz sehen oder hören kann.

In einer verwandten, aber gegensätzlichen Nutzung des klassischen Konditionierens kann diese Technik benutzt werden, um Personen zu entlarven, die bei Hörtests Taubheit vorspielen, um Behindertenvergünstigungen zu erlangen. Das Hörvermögen wird normalerweise geprüft, indem man Personen bittet, anzuzeigen, welche aus einer Reihe von Tönen sie hören können. Dabei ist es natürlich einfach, Taubheit oder wenigstens eine Hörbehinderung vorzuspielen. Bei Verdacht darauf wird ein Konditionierungsvorgang eingesetzt, bei dem der Ton (KS) mit einem schwachen Schock verbunden wird, der eine Reflexreaktion der Haut (die galvanische Hautreaktion) hervorruft. Als Reaktion auf den Schock verändert sich die elektrische Leitfähigkeit der Haut. Zeigt also jemand Konditionierung auf den KS, den Ton, muß er oder sie den Ton gehört haben.

Behandlung von "abweichendem" Verhalten

Klassisches Konditionieren wurde mit nicht sehr großem Erfolg bei der Behandlung abweichenden Verhaltens angewendet. Besonders auf diesem Gebiet ist die Anwendung von Lernprinzipien sehr umstritten. Die Homosexualität z.B. wurde mit Techniken behandelt, die auf dem klassischen Konditionieren beruhen. Einem männlichen Homosexuellen, der seinen sexuellen Lebensstil verändern will, könnten Bilder von nackten Männern als KS gezeigt werden, und zwar in Verbindung mit Injektionen einer Art Morphium, das schnell Übelkeit und Erbrechen hervorruft. Das unterbleibt dagegen, wenn Bilder von nackten Frauen gezeigt werden. Alternativ könnten starke Schocks gleichzeitig mit den Bildern der nackten Männer, jedoch nicht mit denen der Frauen gegeben werden. Dahinter steht die Idee, eine unangenehme Reaktion (die KR) klassisch zu konditionieren, so daß der KS vermieden wird (der KS wird in einen unangenehmen Reiz verwandelt). Eine ähnliche Behandlungsart wurde zum Einsatz bei Pädophilen - also Männern, die eine sexuelle Neigung zu Kindern haben - entwickelt. Es sollte sich eine unangenehme konditionierte Reaktion entwickeln, wenn man Bilder von nackten Kindern mit sehr unangenehmen Ereignissen verbindet (Schock oder Übergeben), was dem Betroffenen helfen sollte, das unerwünschte Verhalten aufzugeben. Die gleiche Technik kann auf die Alkoholsucht angewendet werden. Der Anblick, Geruch und Geschmack von Alkohol kann klassisch konditioniert werden, so daß sie Übelkeit auslösen, wenn sie klassisch mit einem übelkeitsinduzierenden Medikament verbunden werden.

Aber diese klassischen Konditionierungstechniken waren nicht besonders effektiv. Sie stellten sich nicht als Wunderkuren gegen unerwünschtes Verhalten heraus, wenngleich manchen Leuten sicher geholfen wurde. Es scheint klar zu sein, daß diese Behandlungsart bei vielen Menschen Bedenken wegen "Gedankenkontrolle" und der Möglichkeiten eines Mißbrauchs solcher Techniken wachruft. Die Leute fürchten sich vor diesen Methoden, besonders, wenn sie gesehen haben, wie deren Mißbrauch in Filmen wie *Uhrwerk Orange* lebendig veranschaulicht wurde. Tatsächlich sind die Möglichkeiten eines Mißbrauchs gegeben, wenngleich in den meisten Zukunftsromanen und -filmen auch übertrieben werden dürfte.

Das Konditionieren von Geschmacksaversionen

Koyoten töten manchmal Schafe, und als Konsequenz werden sie von den Schafzüchten abgeschossen. Gegen das Abschlachten der Koyoten wehren sich wiederum die Umwelt- und Naturschützer. So hat sich eine Kontroverse entwickelt, und es werden Lösungen gesucht, die für die Umweltschützer und die Schafzüchter gleichermaßen zufriedenstellend sind. Daraufhin probierten es Gustavson, Garcia, Hankins und Rusiniak (1974) mit stark verzögerter Konditionierung. Ausgehend von Laborexperimenten zur konditionierten Aversion nahmen sie an, daß Koyoten darauf konditioniert werden können, das Töten und Fressen von Schafen aufzugeben.

Das grundlegende Vorgehen im Labor bestand darin, Schaffleisch an Koyoten zu verfüttern, das mit Lithiumchlorid versetzt war, einer Substanz, die bei den Koyoten starke Übelkeit hervorruft. Trotz der langen Verzögerung zwischen dem KS (der Geschmack des Fleischs) und der UKR (Übelkeit), entwickelten so behandelte Koyoten eine sofortige Abneigung gegenüber dem giftigen Futter. Nur eine oder zwei "Behandlungen" waren nötig, um das Verlangen der Koyoten nach Schaffleisch zu stoppen. Gustavson und seine Kollegen zeigten gleichzeitig, daß dadurch die Jagdbereitschaft auf Kaninchen und andere Tiere nicht berührt wurde. Die Behandlung resultierte in einer spezifischen Abneigung gegenüber Schafen. Daraus entwickelten die Autoren eine entsprechende Methode für die Praxis. Schaffleischköder - versetzt mit einer nicht tödlichen, aber übelkeitsinduzierenden Substanz - wurden in dem Gebiet verteilt, von dem man wußte, daß dort die Koyoten Jagd auf Schafe machen. Ein Koyote, der auf diesen Köder trifft, frißt das Schaffleisch und entwickelt automatisch eine sofortige Aversion dagegen. Daraufhin tötet er keine Schafe mehr, jagt aber weiterhin Arten, die für den Menschen von weniger Wert sind.

Eine weitere wichtige Anwendung der Konditionierung von Geschmacksaversionen bezieht sich auf die Chemotherapie, ein bei Krebspatienten häufig angewendetes therapeutisches Vorgehen. Die chemischen Wirkstoffe, die das krebsartige Wachstum stoppen sollen, sind toxisch und rufen oft Übelkeit und Erbrechen hervor. Als Nebeneffekt der Chemotherapie wird die Nahrungsaufnahme reduziert, und es folgen Schwächung und Gewichtsverlust.

Die herkömmliche Annahme geht dahin daß die verminderte Nahrungsaufnahme eine direkte Wirkung der chemischen Substanzen auf den Appetit ist - d.h. der Chemotherapie-Patient ist einfach nicht hungrig und ißt deshalb nicht. Das Wissen um die Konditionierung von Geschmacksaversionen legt jedoch eine andere Möglichkeit nahe. Da die verwendeten chemischen Wirkstoffe Übelkeit verursachen, müßten Geschmacksaversionen auf das konditioniert werden, was der Patient in den letzten Stunden vor der Chemotherapiesitzung gegessen hat. Da der Patient üblicherweise an verschiedenen Tagen verschiedene Gerichte ißt, würden Aversionen auf jedes dieser Gerichte konditioniert. Somit ißt der Patient nicht weniger, weil Appetitlosigkeit vorliegt, sondern weil Aversionen gegen die normalen Gerichte konditioniert werden.

In der Tat haben Ilene Bernstein und Mary Webster von der University of Washington diesen Effekt bei Krebspatienten kürzlich nachgewiesen. In einer anderen Untersuchung berichteten diese Forscherinnen, daß Krebspatienten, die wahrscheinlich aufgrund des Effekts der Geschmacksaversion ihren Appetit verloren hatten, sofort mehr aßen, wenn ihnen neue Gerichte angeboten wurden. Meinen Sie, daß Techniken zur Geschmacksaversion auch benutzt werden können, um Alkoholsucht oder pathologisches Überfressen zu behandeln? (Vgl. Fundgrube 4-6.)

INSTRUMENTELLES KONDITIONIEREN

Biofeedback

Psychologen haben entdeckt, wie man Konditionierungstechniken einsetzen kann, um physiologische Reaktionen zu beeinflussen, die normalerweise zentral gesteuert werden. Nehmen Sie als Beispiel den

FUNDGRUBE 4-6

Klassisches und instrumentelles Konditionieren arbeiten gewöhnlich zusammen

Eine neuartige Behandlung von Spielsucht

ENGLAND (UPI). Ärzte haben eine neuartige Methode gefunden, um den zwanghaften Glücksspieler David Smith davon abzubringen, sein Geld "aus dem Fenster zu schmeißen".

"Zweimal täglich tippe ich beim Pferderennen", erklärte Smith zu seiner Behandlung. "Dann lassen sie mich die Sendung zu dem Rennen hören. Wenn ich aufgeregt werde, drückt ein Arzt oder eine Krankenschwester einen Knopf, der mir einen unangenehmen elektrischen Schock in die Arme verpaßt."

"Das holt mich jedesmal wieder auf den Boden zurück", berichtet er. "So langsam werde ich schon sauer auf die Rennen und das ganze Drumherum."

DeKalb (Illinois) *Daily Chronicle*
10. Oktober 1973

Bei den meisten Anwendungen der Verhaltensmodifikation setzt sich die Therapie sowohl aus klassischem als auch aus instrumentellem Konditionieren zusammen, wobei meist eine der Komponenten deutlich überwiegt.

Die Ereignisse

Den Rennen zuhören ——→ Aufregung

veranlaßt Therapeuten dazu, den Schock zu

erteilen ——→ Schmerz, Unbehagen

Klassische Konditionierungskomponente

KS (den Rennen zuhören) - - - - → KR (ängstlich)

UKS (Schock) ——→ UKR (Schmerz und Unbehagen)

Ergebnisse: Schließlich ruft der KS allein (den Rennen zuhören) eine KR ähnlich der UKR hervor. Der Patient fühlt sich ängstlich (konditionierte Angst), sobald er die Rennen hört.

Instrumentelle Konditionierungskomponente

R (aufgeregt werden) ——→ S (Schock)

Ergebnisse: Der Patient lernt, daß die Folgen des Aufgeregtwerdens unangenehm sind. Um den Schock zu vermeiden, lernt er, die "Aufregungsreaktion" zu vermeiden, was natürlich bedeutet, daß er sagen würde, daß er es nicht mehr genießt (davon aufgeregt wird), den Rennen zuzuhören.

Blutdruck. Um ihn instrumentell zu konditionieren, braucht man einen Apparat, der die Versuchsperson ständig überwacht und über ihren Blutdruck auf dem Laufenden hält. Um ihn zur operanten Konditionierung einsetzen zu können, muß der Apparat in der Lage sein anzuzeigen (z.B. durch einen Ton), wenn der Blutdruck über ein festgelegtes Niveau hinaus ansteigt. Der/die Benutzer/in wird angewiesen, den Ton auf jeden Fall zu vermeiden.

Nun könnte man eine Technik der Verhaltensformung einsetzen. Am Anfang würde man das kritische Blutdruckniveau ziemlich hoch ansetzen und außerdem so, daß schon eine geringe Abnahme den Ton stoppt. Dadurch wird die Versuchsperson informiert, daß das vorangehende Verhalten ihren Blutdruck gesenkt hat. Jene Aktivitäten - welche immer es auch sein mögen und ob sie bewußt oder unbewußt ablaufen - werden verstärkt. Wenn sie wiederholt werden, werden sie wieder verstärkt. Allmählich lernt der/die Benutzer/in den Ton meistens zu verhindern.

Wenn dieses Ziel erreicht ist, wird das kritische Niveau gesenkt, so daß der/die Betroffene nach einem noch niedrigeren Blutdruck streben muß. Nach und nach wird das kritische Niveau auf die gewünschte Höhe festgesetzt.

Ein weiteres Beispiel für Biofeedback ist die Veränderung der Blutzirkulation und ihres Einflusses auf die Temperatur verschiedener Körperteile. Elektroden, die an der Haut des betroffenen Körperteils angebracht werden (die sich normalerweise kalt anfühlen), registrieren die Hauttemperatur und melden sie an die Patientin. Diese wird instruiert, auf jede mögliche Weise zu versuchen, daß sich der Körperteil erwärmt. Die sofortige und genaue Rückmeldung von den Elektroden teilt der Patientin mit, welche Strategien erfolgreich sind, und ermöglicht die Beeinflussung (shaping) der Temperatur. Neue klinische Untersuchungen haben gezeigt, daß Menschen mit kalten Händen oder Füßen, die durch schlechte Zirkulation verursacht werden (Raynaud-Krankheit), mit dieser Biofeedbackmethode enorm geholfen werden kann.

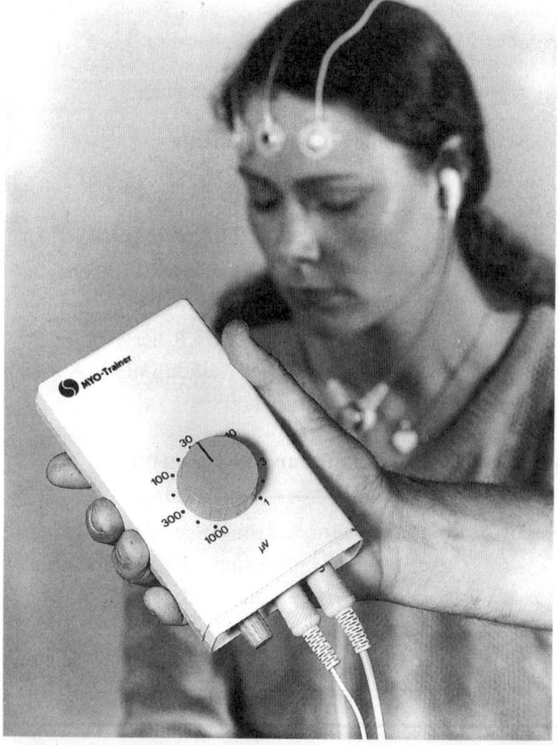

Mit freundlicher Genehmigung der Firma SOM Gerätebau, Murrhardt.

Biofeedbackvorrichtungen helfen, indem sie Informationen rückmelden, Menschen zu lernen, physiologische Reaktionen zu steuern.

Der vielleicht effektivste Nutzen von Biofeedback besteht darin, Menschen beizubringen, sich zu entspannen. Es sind Feedbackvorrichtungen erhältlich, die den Patienten über das Niveau der Muskelanspannung in fast allen Körperteilen informieren, so daß der Patient verschiedene Methoden ausprobieren kann, um diese Spannung zu mindern. Der Patient oder die Patientin kann dann jederzeit einsetzen, was er oder sie gelernt hat, wenn eine anspannende Situation entsteht, wie etwa eine öffentliche Rede zu halten. Biofeedback über die Spannung in bestimmten Muskeln der Stirn und des Nackens hat vielen Personen geholfen, mit chronischer Migräne fertig zu werden.

Eine letzte Anwendung des Biofeedback bezieht sich auf die operante Konditionierung verschiedener Gehirnwellen zur Behandlung der Epilepsie. Indem sie lernen, bestimmte Gehirnwellen zu verstärken (in diesem Fall den sensorisch-motorischen Rhythmus), können Patienten die Häufigkeit der Anfallswellen in ihrem Gehirn vermindern. Mehrere Untersuchungen haben gezeigt, daß manchen epileptischen Patienten durch dieses Biofeedback geholfen wurde. Die Behandlung beinhaltet, daß dem Patienten ein Ton oder Licht oder beides (die Verstärker) rückgemeldet wird, wenn die Gehirnwellen das gewünschte Muster zeigen. Der Patient versucht, einfach zu lernen, bei welchem Verhalten der Ton oder das Licht anbleibt. Wenn die Patienten beginnen, Anfallsaktivität zu zeigen, wird das Training vorübergehend unterbrochen, so daß sie keine Verstärker erhalten. Dieses Ausbleiben der Verstärkung wird technisch *"Time-out"* genannt. Wenn man daran gewöhnt war, verstärkt zu werden, und dann gibt es ein "Time-out", gefällt es einem wahrscheinlich nicht, wenn die Verstärker (Süßigkeiten, Licht, Ton) plötzlich wegfallen. Mit anderen Worten: Das Time-out (die Unterbrechung) könnte die Wirkung einer Bestrafung haben. Neuere Arbeiten legen nahe, daß manche

FUNDGRUBE 4-7

Der A-B-A-Versuchsplan und die operante Kontrolle des Erbrechens

Laura war ein neunjähriges Mädchen in einem Heim für behinderte Kinder. Eines Tages fing sie an, im Unterricht zu erbrechen, und bald erbrach sie täglich. Wenn sie auf ihr Kleid erbrach, schickte sie der Lehrer zu ihrer Wohngruppe zurück. Es konnte keine medizinische Ursache für das Erbrechen gefunden werden, und kein Medikament schien zu helfen. Vielleicht war das Erbrechen keine Reflexhandlung, sondern eine Reaktion (*operantes* Verhalten), die Laura wegen ihrer Konsequenzen zeigte (sie konnte den Unterricht verlassen).

Um diese Hypothese zu testen, entschied man sich, Lauras Erbrechen unter drei Bedingungen zu untersuchen: (A) Löschung. Die Verstärkung wird aufgehoben. Laura muß im Unterricht bleiben, ungeachtet ihres Erbrechens. (B) Wiedereinsetzung. Die ursprüngliche Verstärkung wird wieder eingesetzt; Laura wird zu ihrer Wohneinheit zurückgeschickt, wenn sie erbricht. (A) wieder Löschung. Laura darf erneut den Unterricht nicht verlassen, wenn sie erbricht.

Die Ergebnisse waren beeindruckend. Während der ersten Löschungsperiode erbrach Laura anfangs viel, aber nach und nach verminderte sich die Häufigkeit, bis es ganz ausblieb. Dann begann die Wiedereinsetzung (Laura konnte gehen, wenn sie erbrach). Es dauerte recht lange, bis sie schließlich wieder erbrach, aber als sie es dann tat, durfte sie gehen. Sofort trat ihr Erbrechen regelmäßig auf. Sie erbrach einmal täglich und verließ den Unterricht. Während der Wiederholungslöschung schließlich war sie wieder gezwungen, trotz ihres Erbrechens im Unterricht zu bleiben. Anfangs erbrach sie wieder viel, aber allmählich ging das Erbrechen zurück, bis es ganz ausblieb.

Dieser Fall (Wolf, Birnbauer, Lawler und Williams 1970) veranschaulicht die Anwendung des operanten Konditionierens auf ein Verhaltensproblem: sobald der verstärkende Auslöser erkannt wird, kann seine Ausschaltung benutzt werden, um das unerwünschte Verhalten zu beenden. Dieser Fall veranschaulicht auch den A-B-A-Versuchsplan (den Umkehrungsplan), den Psychologen einsetzen, um sicherzugehen, daß sie die relevanten Verstärker eines Verhaltens gefunden haben. Dieser Plan besteht aus drei Phasen, wobei die erste und dritte Phase gleich sind (daher A-B-A). Von einer Phase zur nächsten kehrt sich die Kontingenz um, von der man denkt, sie verstärke das Verhalten. In diesem Fall bestand der Behandlungsplan darin, von Abwesenheit zu Anwesenheit und dann zurück zur Abwesenheit des Verstärkers zu wechseln. Die Möglichkeit, das Verhalten umzukehren (das Erbrechen wieder auftreten zu lassen und es dann zum zweiten Mal verschwinden zu lassen), schließt die alternative Interpretation aus, daß Laura das Erbrechen ohne Änderung der Verstärkungskontingenzen beendet hätte.

Tabelle 4-4 Einige Beispiele für Verhaltensmodifikation

1. Ein Junge im Vorschulalter hörte auf, ständig zu weinen indem der Lehrer ihn ignorierte, wenn er weinte, und ihm Aufmerksamkeit gab, wenn er sprach. Vorher hatte der Lehrer genau das Gegenteil getan.
2. Beseitigung der psychotischen Reaktion einer Schizophrenen, die immer über die "königliche Familie" sprach und sich selber als Königin bezeichnete. Die Schwestern wurden angewiesen, sie mit sozialer Zuwendung und Zigaretten zu belohnen, wenn sie normal sprach, und sie zu ignorieren, wenn sie über die königliche Familie sprach.
3. Heilung eines Patienten von der Zwangsvorstellungen, er müsse seine Frau strangulieren, indem man ihn dazu brachte, sich selber zu bestrafen, wenn er solche Gedanken hatte. Er tat dies, indem er ein dickes Gummiband um sein Handgelenk trug, das er so lange kräftig zurückschnappen ließ und sich so Schmerz zufügte, bis die Zwangsvorstellungen verschwanden.
4. Normales Gehen und Stehen wurde bei einem Kind verstärkt, das oft im Klassenzimmer herumkrabbelte, indem der Lehrer das Kind lobte, wenn es ging, und ignorierte, wenn es krabbelte.
5. Wutanfälle und heftiges Weinen eines Kindes beim Zubettgehen verschwanden, indem die Eltern einfach aus dem Schlafzimmer fortblieben, nachdem das Kind ins Bett gebracht worden war. Vorher hatte das Kind geweint und geschrien, bis ein Elternteil in sein Zimmer zurückgekehrt war, und die Eltern hatten die Gewohnheit entwickelt, bei dem Kind zu bleiben, bis es einschlief.
6. Eine Patientin wurde beigebracht, ohne fremde Hilfe zu essen, vorher verlangte sie immer, von einer Krankenschwester mit dem Löffel gefüttert zu werden. Die Patientin legte Wert darauf sauber und ordentlich zu bleiben, und so wurde die Schwester angehalten, beim Füttern mit dem Löffel immer etwas Essen auf die Patientin zu verschütten. Praktisch wurde der Patientin beigebracht: "Wenn Du sauber bleiben willst, mußt Du selbständig essen." Wenn sie selbständig aß, verstärkte die Schwester dies mit Lob und sozialer Zuwendung.
7. Nathan Azrin und Robert Foxx entwickelten ein Belohnungstraining, mit dem Kinder innerhalb von 24 Std. sauber werden können (1974).

der Effekte der operanten Konditionierung von Gehirnwellen weniger auf positiver Verstärkung eines Verhaltens (der normalen Wellen) beruhen als vielmehr auf Bestrafung (durch Time-out) eines anderen Verhaltens (der Anfallswellen). Dies ist ein technischer Aspekt des Feedback von Gehirnwellen, aber er zeigt, daß Forscher nicht genau wissen, was operant konditioniert wird. Noch wichtiger jedoch ist die Erkenntnis, daß die Unterbrechung erwarteter Verstärkung so wie Bestrafung wirken kann. Durch eine Unterbrechung kann man fast den gleichen Effekt erhalten, als wenn man eine Bestrafung erteilt. Und für die meisten von uns ist es leichter, zu unterbrechen ("heute Abend gehst du ohne zu essen ins Bett"), als den Kindern einen Klaps zu geben. (vgl. Fundgrube 4-7.)

Verhaltensmodifikation

Die Behandlung von Verhaltensstörungen durch die Anwendung operanter Konditionierung ist als **Verhaltensmodifikation** bekannt geworden. Operante Techniken wurden erfolgreich auf unerwünschte Verhaltensweisen wie Stottern, Wutanfälle, schlechte Lerngewohnheiten, Rauchen, übermäßiges Essen und andere Probleme angewendet (vgl. Tabelle 4-4).

Lehrer werden darin geschult, operante Techniken im Umgang mit schwierigen Schülern anzuwenden. So werden mutistische Kinder oft dafür verstärkt, allein zu spielen, weil der Lehrer sich ihnen in dem Bemühen zuwendet, sie für Gruppenaktivitäten zu interessieren. Statt dessen sollte der Lehrer sie nur dann mit seiner Aufmerksamkeit belohnen, wenn er sieht, daß sie an Gruppenaktivitäten teilnehmen. Der Lehrer, der Verstärkungsprinzipien nicht kennt oder nicht anwendet, ermuntert schlechtes Betragen und Störungen des Unterrichts dadurch, daß er ihnen Aufmerksamkeit schenkt. Man schafft viel besser Abhilfe, wenn man solche Aktivitäten bereits in ihrer Anfangsphase ignoriert.

Taubensprache

PROVIDENCE, RHODE ISLAND. Tauben können lernen, alle Buchstaben des Alphabets voneinander zu unterscheiden und es hat den Anschein, als ob sie es in sehr ähnlicher Weise wie Menschen tun.

Donald S. Blough, ein Psychologe an der Brown University, brachte den Vögeln alle Buchstaben bei, indem er sie jeweils zusammen mit zwei Duplikaten eines anderen Buchstaben auf dem Bildschirm eines Heimcomputers aufleuchten ließ. Wenn eine Taube auf den Schalter für den richtigen Buchstaben hackte, wurde sie mit Körnern belohnt. Nach vier Monate dauernden Versuchen konnten die Tauben alle Buchstaben des Alphabets von einander unterscheiden.

Frühere Studien haben gezeigt, daß Tauben natürliche Objekte wie Bäume, Fische und Menschen auf Fotos erkennen können. Der Psychologe B.F. Skinner war von ihrer Diskriminationsfähigkeit so beeindruckt, daß er während des zweiten Weltkriegs die Vögel darauf trainierte, auf ein Bild eines feindlichen Schiffes zu hacken, das auf einen Richtungssensor projiziert wurde. Die Idee des "Project Pigeon" (Projekt Taube), das niemals über Labortests hinauskam, bestand darin, daß Tauben in einer Rakete fliegen und sie zum Ziel führen sollten. Tauben sind auch darauf trainiert worden, mangelhafte Teile auf Fließbändern aufzuspüren, und die Küstenwache hat ihre scharfe Sehkraft ausgenutzt, indem sie eingesetzt wurden, um orangefarbene Lebensrettungsringe bei Suchaktionen aus der Luft zu entdecken.

Ira Wyman

Eine Taube lernt, O und E zu unterscheiden. Sie wird gefüttert, wenn sie auf die Glasscheibe vor dem O hackt.

Wissenschaftler haben angenommen, daß das Erkennen abstrakter Formen wie Buchstaben ein großes Gehirn wie das von Menschen und höheren Primaten voraussetzt. Bloughs Untersuchung jedoch zeigt, daß diese Fähigkeit eine grundlegende Fähigkeit des Nervensystems sein kann, die auch bei vielen niederen Tieren vorkommt. Das beweist auch die Tatsache, daß Tauben und Menschen oft die gleichen Buchstabenpaare verwechseln: M und N, U und V. "Daraus kann man schließen", meint Blough, "daß Tauben in der Außenwelt die gleichen Bilder sehen wie wir". Aber das Gehirn von Vögeln hat seine Grenzen. Tauben können Buchstaben nur erkennen, nicht verstehen, und Blough sagt, daß keine Gefahr besteht, daß Brieftauben die Briefe lesen.

Science 82,
Dezember 1982

Tauben wurden durch operantes Konditionieren darauf trainiert, manche erstaunlichen Leistungen zu vollbringen. Hier ist ein neueres Beispiel aus dem Labor von Donald S. Blough.

Im zweiten Weltkrieg benutzten Psychologen die operante Konditionierung im Rahmen einer ungewöhnlichen Aufgabe, nämlich Tauben darauf zu trainieren, Raketen zu ihren Zielen zu führen. Die Taube wurde in die Raketenspitze gesetzt. Wenn die Rakete sich dem Ziel näherte, hackte die Taube auf eine Taste und sandte somit Signale aus, die die Richtung der Rakete solange veränderten, bis sie auf dem richtigen Weg war.

Tauben wurden auch darauf trainiert, als Qualitätsprüfer zu arbeiten. Eine Firma, die Gelatinekapseln für Medikamente fertigt, hatte das Problem, Mängel zu entdecken, die für das menschliche Auge schwer zu erkennen sind. Darüber hinaus war die Prüfungsaufgabe für Menschen langweilig. Tauben, die eine bemerkenswerte Sehkraft haben, wurden durch Verhaltensformung darauf trainiert, Mängel zu entdecken, und ihre Arbeit war besser als die von Menschen. Trotzdem entschied sich die Firma, keine Tauben einzusetzen. Können Sie sich den Grund denken?

Die Token-Ökonomie. Das Belohnungstraining, das von den Prinzipien der operanten Konditionierung abgeleitet ist, wird in großem Umfang bei Patienten angewendet, die in Nervenheilanstalten zusammen leben. Das Ziel besteht darin, den Patienten beizubringen, sich "normaler" zu verhalten. Das Krankenhauspersonal und die Patienten stellen eine Kleingesellschaft dar, die auf einer Token-Ökonomie beruht. Tokens bzw. Ersatzgeld (Pokerchips) werden, wie Geld, als sekundäre Verstärker benutzt. Die Patienten bekommen für bestimmtes erwünschtes Verhalten Tokens, die sie gegen besondere Privilegien eintauschen können.

Am Anfang kann der Patient schon für die leichteste Verhaltensänderung Punkte erhalten. Allmählich werden die Voraussetzungen angehoben, bis der Patient sich normal verhalten muß, um Belohnungen zu erhalten. In einem Projekt wurde Ersatzgeld für das folgende erwünschte Verhalten bezahlt: jeden Morgen schnell und zur richtigen Zeit aufstehen; sich selbst und seine Kleidung sauberhalten; Reinigungspflichten

Warum nicht bei der Sozialhilfe positive Verstärkung geben?

Von WILLIAM RASPBERRY

WASHINGTON — Es scheint so, daß Menschen Möglichkeiten suchen, sich von anderen positiv abzuheben.

Wir wissen das natürlich, und wir handeln häufig auf der Grundlage dieses Wissens. Wir geben Bonbons und andere Belohnungen an Kinder, die ihre Hausaufgaben ungewöhnlich gut erledigen. Wir geben Arbeitern, die besonders tüchtig sind, einen Bonus.

Wir bürgen als Referenz, verleihen Ehrenpreise und benennen öffentliche Gebäude nach Personen, die sich ganz besonders für das Gemeinwohl aufopfern. Wir erfinden immer Wege, das menschliche Drängen danach zu befriedigen, sich hervorzuheben.

Aber irgendwie verläßt uns dieser Instinkt - der jene Attribute so effektiv verstärkt und ermutigt, die unserer Meinung nach im öffentlichen Interesse sind -, wenn es um Sozialhilfe geht.

Wir schaffen alle Arten von hilfreichen Einrichtungen für die Bedürftigen unter uns: Sozialwohnungen, finanzielle Unterstützung, Ausbildung, besondere Schulprojekte. Aber anstatt diese Einrichtungen einzusetzen, um Gutes zu verstärken und anzuregen, tun wir genau das Gegenteil.

Das wichtigste Kriterium für den Zugang zu diesen Einrichtungen ist: Mißerfolg.

Man muß eine totale Niete sein, um in den Genuß einer Sozialwohnung zu kommen (man wird dort rausgeschmissen, wenn es einem besser geht). Man muß praktisch ohne Ressourcen - finanzieller und anderer Art - sein, um sich für Zahlungen der Sozialhilfe zu qualifizieren. Man muß in der Ausbildung Mißerfolg haben, um an ein ganzes Bündel von speziellen Ausbildungsprogrammen zu gelangen.

Im allgemeinen belohnen wir Verhalten, das wir fördern möchten. Aber bei der Sozialhilfe belohnen wir Verhalten, das wir entschieden ablehnen. Und wir sind unendlich überrascht, wenn die Leute negativ darauf reagieren, wenn wir sie für ihr unerwünschtes Verhalten belohnen.

Ich habe das Gefühl, daß es für uns alle besser wäre, wenn wir das Ganze umkehren würden. Nehmen Sie z.B. an, daß man zusätzlich zu schierer Not - einem negativen Kriterium - positive Kriterien für, sagen wir, Zugang zu Sozialwohnungen erstellen würde. Man könnte etwa verlangen, daß Anwärter für Sozialwohnungen sich verpflichten, für die Instandhaltung sowohl ihrer Wohnung als auch - auf Rotationsbasis - gemeinsamer Flächen wie Flur und Rasen zu sorgen.

Nehmen Sie an, diese Familien könnten durch beispielhafte Erfüllung der ihnen aufgetragenen Pflichten Wertpunkte für komfortablere Sozialwohnungen verdienen und, wenn ihre ökonomische Situation sich etwas bessert, sogar Unterstützung für Wohneigentum erhalten. (Andererseits gäbe es natürlich für schlechtes Verhalten Minuspunkte, die, wenn sie zu zahlreich werden, mit einer Kündigung bestraft werden.)

Meiner Vermutung nach würde man dadurch nicht nur den Vandalismus und andere Aggressionen gegenüber öffentlichen Hilfseinrichtungen abbauen, sondern auch die Anzahl der Familien stark erhöhen, die keiner Unterstützung mehr bedürften. Zusätzlich könnte es eine heilsame Wirkung auf die Fähigkeit und Neigung der Familien haben, ihre Kinder zu mehr Disziplin anzuhalten....

Rocky Mountain News, Denver
23. Februar 1978

Können die Prinzipien des instrumentellen Konditionierens auch auf gesellschaftlichem Niveau funktionieren? Hier lesen Sie die Meinung eines Einzelnen dazu.

auf der Station ausführen und Arbeiten außerhalb der Station ausführen, wie Gartenarbeiten verrichten oder die Wäsche waschen. Das Ersatzgeld kann benutzt werden, um ein Bett mit einer Federkernmatratze als Ersatz für ein Feldbett zu kaufen, die Gelegenheit zum Fernsehen zu erhalten oder in einem gemütlichen Raum zu essen statt in dem gewöhnlichen ungeschmückten Saal.

Programme der Token-Ökonomie sind äußerst erfolgreich gewesen. Viele Langzeitpatienten übernehmen das Modellverhalten der Helfer, und manchmal verändert sich die gesamte Station völlig. Folgestudien finden noch statt, aber auf der Grundlage des bisherigen Wissens hat man schon allen Grund zu der Annahme, daß Techniken dieser Art den Umschulungsprozeß von Patienten beschleunigen und schnellere Entlassung bewirken. Das Programm bietet Belohnungen für die Patienten, die an ihren Problemen arbeiten, und ermutigt sie, neue Fertigkeiten zu entwickeln, die nach der Entlassung hilfreich sind. Die Reaktion auf die Token-Ökonomie ist jedoch nicht gänzlich positiv. Viele Laien und gleichermaßen Experten meinen, daß diese Programme die Patienten entmenschlichen, sie wie niedere Tiere dressieren. Dieser Einwand ist nicht unbegründet, aber er muß auch im Zusammenhang mit den beachtlichen Sozialisierungserfolgen gesehen werden.

Der Verhaltensvertrag. Eine weitere beliebte Methode der Verhaltensmodifikation ist der Verhaltensvertrag. Dabei setzt sich derjenige, dessen Verhalten geändert werden soll, in Form eines Vertrages genau definierte Ziele. Positive Verstärkung wird dann gegeben, wenn die Ziele erreicht werden, und Bestrafung, wenn sie nicht erfüllt werden. Z.B. könnte eine Frau, die abnehmen will, einen Vertrag aufstellen, daß sie pro Woche ein Pfund abnehmen muß. Sie würde sich beispielweise verpflichten, am Anfang der Woche einen kleinen Geldbetrag zu hinterlegen, in der Hoffnung, ihn am Ende der Woche zurückzuerhalten, wenn das Ziel erreicht wurde.

Die Vertragsmethode kann in vielen Situationen eingesetzt werden, in denen Leute ihr Verhalten verändern möchten. Zigarettenrauchen und Trinken sind augenfällige Beispiele. Können Sie sich vorstellen, wie die Vertragsmethode eingesetzt werden könnte, um schüchternen Personen zu helfen, selbstbewußter zu werden? Der Vorteil der Vertragsmethode besteht darin, daß sie ein schwieriges, langfristiges Ziel in leichter erreichbare kurzfristige Ziele unterteilt, die häufig verstärkt werden können.

Selbstkontrolle

Sie können alle Prinzipien der instrumentellen Konditionierung auf sich selbst anwenden. Ein weiter oben genanntes Beispiel ist die Gummiband-Technik zur Selbstbestrafung unerwünschten Verhaltens. Techniken dieser Art werden als Selbstkontrolle oder Selbstbestimmung bezeichnet. Einige andere Beispiele werden in einem neueren Buch von D.L. Watson und Roland Tharp von der University of Hawaii beschrieben, die einige Richtlinien für diese Techniken aufgestellt haben. Einer ihrer Fälle könnte für Sie von besonderem Interesse sein. Sie beschreiben einen jungen Studenten, der seine Lerngewohnheiten verbessern wollte. Obwohl er oft und lange in der Bibliothek war, meinte er, nicht effizient zu lernen. Durch sorgfältige Selbstbeobachtung stellte er fest, daß er weniger als 20% der Zeit in der Bibliothek tatsächlich lernte. Können Sie sich vorstellen, was er in der Zwischenzeit machte? Er entdeckte, daß er meistens hübsche Mädchen beobachtete. Er stellte weiterhin fest, daß sein Verhalten hochzuschauen, das mit Lernen inkompatibel ist, offensichtlich belohnt wird. Wenn er von seinen Büchern aufsah, wurde er nämlich durch die angenehme Konsequenz belohnt, ein hübsches Mädchen zu sehen. Er erhielt außerdem nur intermittierende Verstärkung, wodurch sich die Gewohnheit, von den Büchern aufzusehen, besonders schwer abgewöhnen ließ. Nachdem er "Mädchen ansehen" als Verstärker identifiziert hatte, stellte er einen Plan zur Selbstkontrolle auf, um sein Lernverhalten zu verbessern. Kurz gesagt machte er das Betrachten von Mädchen vom Lernen abhängig, nicht vom Vermeiden des Lernens. Er tat dies, indem er zum Lernen allein in seinem Zimmer blieb und sein Lernen später mit einem Ausflug in die Bibliothek belohnte, um dort Mädchen zu beobachten. Diese Techniken funktionieren jedoch nur, wenn man gewillt ist, Zeit darauf zu verwenden, sein eigenes Verhalten genau zu beobachten und aufzuzeichnen. Dies ist der einzige Weg, um die verstärkenden Kontingenzen für ein unerwünschtes Verhalten genau festzustellen.

GELERNTE HILFLOSIGKEIT UND DEPRESSION

Als wir die gelernte Hilflosigkeit behandelt haben, haben wir beschrieben, daß Tiere, die aversiven Ereignissen ausgesetzt sind, die sie nicht beeinflussen können, Symptome starken physischen Stresses zeigen. Später gelingt es ihnen nicht, zu lernen, einem aversiven Ereignis zu entfliehen. Gelernte Hilflosigkeit ist nicht auf Tiere beschränkt. Menschlichen Versuchspersonen mißlingt es später auch, zu lernen, aversiven Reizen zu entfliehen, wenn sie zuvor unkontrollierbaren aversiven Reizen ausgesetzt waren. In der Tat werden sie sogar verzagt, wenn sie z.B. Anagramme lösen sollen und zuvor unlösbare Anagramme erhalten hatten. Ein unlösbares Problem ist analog zu einem unbeeinflußbaren Ereignis. Es wird keine Lösung gefunden, wie sehr man sich auch anstrengt. Wie Ratten zeigen Menschen, die unbeeinflußbaren aversiven Reizen ausgesetzt sind, mehr Anzeichen von Streß als solche, die beeinflußbaren Ereignissen ausgesetzt sind. Es ist gezeigt worden, daß Lärm, den jemand nicht beeinflussen kann, mehr Streß auslöst als ein vergleichbarer beeinflußbarer Lärm.

Die Forschung über gelernte Hilflosigkeit ist auf eine Vielzahl von Anpassungsproblemen bei Menschen ausgedehnt worden. Manche Depressionen scheinen durch Umgebungsereignisse herbeigeführt zu werden, und andere scheinen zyklisch ohne Ursache in der Umgebung aufzutreten. Seligman hat argumentiert, daß gelernte Hilflosigkeit ein Modell für die erste Art von Depressionen ist. Er meint, daß die Ursache gelernter Hilflosigkeit die gleiche ist wie die Ursache der Depression, daß die Symptome gleich sind, und daß Behandlung und Vorsorge für beide ähnlich sind. Er glaubt, daß Depression nicht von negativen Ereignissen allgemein verursacht wird, sondern durch das Auftreten widriger Ereignisse, über die der Mensch keine Kontrolle hat. Wenn er nun dazu gezwungen wird, zu erkennen, daß Lebensereignisse beeinflußbar sind, wird die Therapie vermutlich erfolgreich sein.

Diese Ansicht von Depression hat eine große intuitive Anziehungskraft, weil Depressionen offenbar tatsächlich durch unbeeinflußbare Ereignisse ausgelöst werden. Ereignisse wie der Tod eines Ehepartners, Trennung vom Ehepartner, Arbeitsplatzverlust und Altern gehen häufig schweren Depressionen voraus. Noch wichtiger ist, daß Seligman experimentelle Nachweise für seine Behauptungen geliefert hat. Seine Experimente zeigen, daß depressive Menschen auf der einen und nicht-depressive Menschen , denen unlösbare Aufgaben gestellt werden auf der anderen Seite, sich in einer Vielzahl von Umständen ähnlich verhalten. Er hat auch gezeigt, daß depressive Menschen dazu neigen, Ereignisse, denen sie ausgesetzt sind, als unbeeinflußbar anzusehen, daß aber nicht-depressive Menschen die gleichen Ereignisse als beeinflußbar ansehen.

Die Modellvorstellung, daß eine Depression nichts anderes als gelernte Hilfosigkeit sei, wurde vor kurzem von Seligman und seinen Mitarbeitern umformuliert, um die Komplexität menschlicher Erfahrungen besser zu berücksichtigen. Die Hauptschwierigkeit mit dem ursprünglichen Modell war, daß es nicht zwischen verschiedenen Erfahrungen unterschied, die sich nicht beeinflussen lassen. Wir alle werden ziemlich häufig mit unbeeinflußbaren Ereignissen konfrontiert, aber wir werden deshalb nicht unbedingt depressiv. Sie haben z.B. keinen Einfluß darauf, ob es heute regnet, aber das Auftreten von Regen würde Sie wahrscheinlich nicht in tiefe Depression fallen lassen.

Die Grundidee des neuformulierten Modells ist die: Jemand bemerkt, daß er keinen Einfluß auf ein Ereignis hat, und fragt sich, warum das so ist. Die Antwort oder *Attribution* ("Welchem Umstand kann ich diesen Einflußverlust zuschreiben?") der Person scheint wesentlich dafür zu sein, wie sehr sie das Empfinden hat, daß sie dieses Ereignis nicht beeinflussen kann. (vgl. dazu Kapitel 10: Attributionstheorie.) Drei Aspekte der Attributionen eines Menschen sind wichtig. Der erste ist, ob er glaubt, daß nur er unfähig ist, Einfluß auf das Ereignis auszuüben (persönliche Attribution), oder ob andere Menschen ebenfalls keinen Einfluß haben (universelle Attribution). Eine persönliche Attribution führt zu schwereren Symptomen als eine universelle Attribution. Deshalb ist die Tatsache, daß wir keinen Einfluß darauf haben, ob es regnen wird oder nicht, nicht sehr quälend - auch niemand anders hat darauf Einfluß.

Der zweite Aspekt ist, ob der Mensch fühlt, daß er niemals Einfluß auf das Ereignis haben wird (stabile Attribution) oder ob der fehlende Einfluß nur vorübergehend ist (instabil). Eine Frau z.B., die von einem

"Gelernte Hilflosigkeit" bei Frauen, die sich schlagen lassen

Von RYKKEN JOHNSON.
Frauen, die sich mit Schlägen ihrer männlichen Partner abfinden, könnten nach Auffassung einer Psychologin des Colorado Women's College in Denver ein Beispiel für "gelernte Hilflosigkeit" sein.

Mißhandelte Frauen, die sich weigern, ihre aggressiven Partner zu verlassen, verhalten sich sehr ähnlich wie Hunde und Ratten, die in Laborexperimenten auf Passivität konditioniert wurden, berichtete Dr. Lenore Walker, Lehrbeauftragte für Psychologie am CWC.... Walker bezog sich auf Studien von Martin Seligman an der University of Pennsylvania, die die Grundlage für ihre Hypothese liefern....

"Mißhandelte Frauen verhalten sich wie Versuchstiere in Seligmans Experimenten zur gelernten Hilflosigkeit", stellte Walker fest. "Sie glauben, daß ihnen niemand helfen kann und auch, daß sie ihren Mann nicht von seiner Gewalttätigkeit werden abbringen können", stellte Walker fest. "Sie haben eine negative kognitive Einstellung, verhalten sich passiv und glauben, sie seien in ihrem häuslichen Leben machtlos."

Ironischerweise, so behauptet Walker in ihrem Artikel, haben viele mißhandelte Frauen einen verantwortungsvollen Job und können eine "erstaunliche Karriere vorweisen". "Dennoch", so schrieb Walker, "zögern sie sehr, ihre Beziehung aufzugeben. Sie haben Schwierigkeiten, zu lernen, Einfluß auf ihr Leben zu nehmen."...

Walker betont, daß sie nicht der Auffassung ist, Frauen "wollen geschlagen werden" oder seien in irgendeiner Weise schuld an diesem Verhalten ihrer Partner...

Statt dessen, sagt sie, lernen mißhandelte Frauen, sich ihrer besonderen Situation anzupassen und sich an die Vorstellung zu gewöhnen, daß sie nichts gegen die Prügel tun können. Walker berichtet, sie kenne eine mißhandelte Frau, die wußte, daß weitere Schläge kommen würden, die eine gewisse "Spannung" in ihrem Haus fühlen konnte. Da aber ein wichtiges Treffen bevorstand, "provozierte sie eine Auseinandersetzung... um es hinter sich zu haben, noch ehe das Treffen stattfand."

Walker rät aber mißhandelten Frauen eindringlich, aus ihrer fürchterlichen Situation auszusteigen. "Mein Ratschlag ist: `Geh nicht weg, sondern lauf weg.' Frauen erkennen nicht, in was für einer Situation sie stecken", meinte sie....

The Denver Post,
13. September 1976

Passivität kann entstehen, wenn Menschen Erfahrungen gemacht haben, bei denen Hilflosigkeit als überdauerndes Verhalten gelernt wurde.

Liebhaber zurückgewiesen wird, könnte diese Ablehnung auf ihre mangelnde Attraktivität zurückführen, einen Faktor, der sich im Lauf der Zeit wahrscheinlich nicht ändert. Alternativ könnte dieselbe Frau die Zurückweisung in der Weise attribuieren, daß sie in letzter Zeit schlechte Laune hatte, etwas, was sich ändern kann. Stabile Attributionen dürften schwerwiegendere Wirkungen haben als instabile.

Der letzte Aspekt ist, ob die fehlende Beeinflußbarkeit einem sehr allgemeinen, globalen Faktor zugeschrieben wird oder einem mehr eingeschränkten, spezifischen Faktor. Die zurückgewiesene Frau z.B. könnte zu dem Schluß gelangen, daß sie für alle Männer unattraktiv ist (global) oder nur für einen bestimmten Mann, ihren Liebhaber (spezifisch). Globale Attributionen führen zu schwerwiegenderen Konsequenzen. Eine Depression dürfte sich demnach mit größter Wahrscheinlichkeit dann einstellen und dann am schwerwiegendsten sein, wenn jemand das Empfinden hat, auf ein wichtiges Ereignis keinen Einfluß zu haben, und eine persönliche, stabile sowie globale Attribution für den fehlenden Einfluß vornimmt.

Carol S. Dweck hat behauptet, daß viele Fälle chronischen Mißerfolgs in der Schule auf gelernte Hilflosigkeit zurückgeführt werden können. Das Kind könnte durch Zufall lernen, daß Erfolg in der Schule nicht erreichbar ist, wie sehr es sich auch anstrengt (unabhängig von seinen Leistungen), und so hört das Kind auf, sich zu bemühen. Dweck stellte fest, daß es einen ausgesprochen positiven Effekt auf viele Kinder mit chronischem Mißerfolg in der Schule hat, wenn man sie zu einer konstruktiven Lösung ihrer Probleme zwingt. Sie zeigt den Kindern, daß sie sich nicht genug bemühen, wenn es ihnen nicht gelingt, Mathematikaufgaben zu lösen, anstatt ihnen zu sagen, daß sie dumm oder die Aufgaben unlösbar seien.

Schließlich wurde die Auffassung vertreten, daß ein großer Teil des Stresses des Stadtlebens (z.B. Lärm, Menschenmengen, Verbrechen), unserer Einflußlosigkeit zuzuschreiben ist . Es wurde sogar argumentiert, daß eine große Wohndichte negative Konsequenzen für die Bewohner hat, weil sie unter solchen Bedingungen weniger Einfluß haben. In den nächsten Jahren werden diese Gedanken mit Sicherheit weiter verfolgt und wissenschaftlich untersucht.

INTERMITTIERENDE VERSTÄRKUNG UND PSYCHOTHERAPIE

Wie wir gesehen haben, läßt sich eine Reaktion, die unter der Bedingung intermittierender Verstärkung gelernt wurde (nur gelegentlich verstärkt), schwerer löschen als eine Reaktion, die durch kontinuierliche Verstärkung gelernt wurde (bei jedem Auftreten belohnt). Intermittierende Verstärkung erschwert es somit, "schlechte" Angewohnheiten loszuwerden, die man sich abgewöhnen will, wie Rauchen oder Glücksspielen. Aber gleichzeitig kann intermittierende Verstärkung vorteilhaft benutzt werden, um "gute" Angewohnheiten dauerhafter zu erhalten und zu erreichen, daß sie bei persönlichen Schwierigkeiten weniger leicht aufgegeben werden. Der Psychologe Jack R. Nation von der Texas A & M University erinnerte Therapeuten vor kurzem daran, daß sie an den Effekt der intermittierenden Verstärkung denken sollten, wenn sie erreichen wollen, daß ihre Patienten auch nach dem Ende der Therapie, das neue und gesündere Verhalten beibehalten. Therapeuten wenden nach Nation normalerweise kontinuierliche Verstärkung an, wenn sie bei ihrem Patienten ein neues, "besseres" Verhalten erreichen wollen. Jedes Mal, wenn es dem Patienten gelingt, das neue Verhalten zu zeigen - etwa selbstbewußt zu sein und zu verlangen, was ihm zusteht -, verstärkt der Therapeut den Patienten, normalerweise mit verbalem Lob. Aber wir sagen voraus, daß die neu gelernte Selbstbehauptungsreaktion schnell gelöscht ist, sobald der Patient ins "wirkliche" Leben hinausgeht, ohne daß der Therapeut dabei ist, um die neuen Verhaltensweisen kontinuierlich zu verstärken. Nation meint, daß in allen Therapieformen, in denen den Patienten neue Verhaltensweisen beigebracht werden, während der Therapie intermittierende Verstärkung eingesetzt werden sollte. Nation nennt das Ausdauertraining. Loben Sie den Patienten nicht jedes Mal. Loben Sie ihn oder sie anfangs, wenn er oder sie zu lernen beginnt, aber übergehen Sie einige Belohnungen, sobald er oder sie den Dreh herausbekommt. Das gleiche Prinzip kann auf jede Lernsituation angewendet werden, die Verstärker enthält. Nehmen wir einmal die Belohnung eines Kindes durch seine Eltern mit Süßem oder Geld wenn es die Wahrheit sagt, seine Pflichten erfüllt oder Hausaufgaben macht. Das gewünschte Verhalten jedesmal zu belohnen (kontinuierliche Verstärkung), wird dafür sorgen, daß die Arbeit erledigt wird, solange ein Elternteil da ist, um das Geld und Süßes zu verteilen. Aber Eltern und Lehrer sind nicht immer da, um Belohnungen auszugeben. Wenn das Kind immer eine Belohnung erwartet und sie dann nicht bekommt, kann die erwünschte Reaktion schnell gelöscht werden. Machen Sie sich doch einmal klar: Im wirklichen Leben wird man nicht immerzu belohnt, sondern nur gelegentlich, und oft auch nur selten. Aber trotzdem verhalten wir uns alle weiterhin vernünftig, auch wenn wir nicht belohnt werden. Das liegt u.a. an unserer Erfahrung mit intermittierender Verstärkung.

DIE GEBOTE UND VERBOTE BEI BESTRAFUNG

Vermutlich ist die Bestrafung die gebräuchlichste Methode im täglichen Leben, um unerwünschte Gewohnheiten zu bekämpfen, d.h. jedesmal wenn die unerwünschte Gewohnheit auftritt, wird ein Bestrafungsreiz erteilt. Es gibt eine alte Technik, die vor kurzem in einer Fernsehkampagne zum Abgewöhnen des Rauchens populär gemacht wurde: ein dickes Gummiband um das Handgelenk zu legen und es zurückschnappen zu lassen, wenn man ans Rauchen denkt. Manche Psychologen üben jedoch an der Bestrafungsmethode Kritik, da Bestrafung unerwünschte Nebenwirkungen haben kann. Drei davon sind besonders wichtig. Erstens kann die Bestrafung einer Gewohnheit unangemessen auf weitere, ähnliche Gewohnheiten generalisieren und diese Gewohnheiten ebenfalls vermindern. Die Eltern könnten ein Kind z.B. dafür bestrafen, wenn es gegenüber einem Spielkameraden zu aggressiv ist. Dies könnte generalisieren und dazu führen, daß das Kind sich niemals selbst behauptet, obwohl Selbstbehauptung oft erwartet wird. Zweitens könnte das bestrafte Kind einfach lernen, die Bestrafungsanlässe deutlicher zu unterscheiden (vgl. Fundgrube 4-3: diskriminierendes Bestrafungstraining). In diesem Fall ändert das Kind sein Verhalten nicht, sondern agiert nur vorsichtiger. Es ist gegenüber seinen Spielkameraden so aggressiv wie vorher, aber nur, wenn die Eltern nicht da sind. Drittens stellt das bestrafte Kind fest, daß Bestrafung oder ihre Androhung ein sehr erfolgreicher Weg ist, anderen den eigenen Willen aufzuzwingen (Prinzip des Lernens durch Beobachtung). Das treffendste Beispiel hierfür dürfte wohl die Kindesmißhandlung sein, da man fast regelmäßig feststellen kann, daß mißhandelnde Eltern als Kinder selber mißhandelt wurden.

Es gibt allerdings einige Situationen, in denen eine Bestrafung funktioniert, besonders dann, wenn sie nicht übermäßig hart ist. Frank Logan (1970) hat die vorhandenen Untersuchungsergebnisse in sieben Empfehlungen zusammengefaßt, die die wirksame Nutzung von Bestrafung betreffen. Sie sind in Tabelle 4–5 aufgeführt. Wie aber Logan selber warnt, sollen seine Folgerungen nicht zum Einsatz der Bestrafung ermuntern, sondern eher Richtlinien für ihre angemessene Anwendung darstellen.

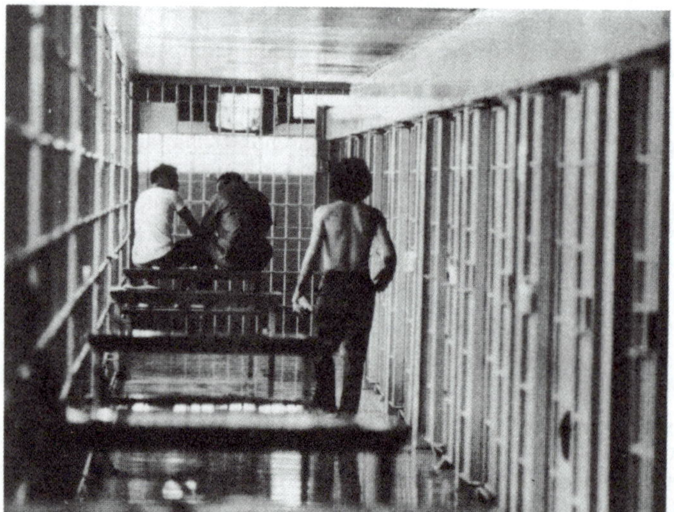

Eine der schwersten Bestrafungen der Gesellschaft ist die Haft. Welche Form des Lernens (siehe Fundgrube 4-3, "Die Grundsituationen beim instrumentellen Konditionieren") wird in einem modernen, humanen Gefängnis, in dem keine körperliche Bestrafung vorgenommen wird, verwendet?

Tabelle 4-5 Prinzipien für den effektiven Einsatz von Bestrafung

1. *Vermeiden Sie ungeeignete Bestrafung.*
Ist die Bestrafung nicht stark genug, um das Verhalten zu ändern, wirkt sie als Belohnung, und es kann sich eine Fixierung auf das Verhalten entwickeln. Eine zu geringe Geldstrafe für Luftverschmutzung wird dementsprechend in der Praxis zur Verunreinigung ermuntern.
2. *Wenn irgend möglich, sollte die Bestrafung an das Vergehen angepaßt sein.*
Die Bestrafung sollte ein Verhalten unterstützen, das mit der unerwünschten Reaktion unvereinbar ist. Eine Gefängnisstrafe für einen Dieb ist nicht unbedingt mit zukünftigen Verbrechen inkompatibel, weil er die Zeit nutzen könnte, um effizientere Techniken zu lernen und bessere Einbruchspläne zu schmieden.
3. *Verlangen Sie wenigstens eine inkompatible Fluchtreaktion.*
Um die Strafe zu beenden, sollte man von dem Delinquenten verlangen, daß er sein Vergehen wieder gutmachen muß, d.h. etwas zu tun, was mit diesem Vergehen inkompatibel ist. Gefängnisstrafen sollten unbefristet sein. Sie könnten aufgehoben werden, sobald der Delinquent glaubwürdig erkennen läßt, daß er sich geändert hat oder - im Fall von Vandalismus - bis der Schaden wieder gut gemacht wurde.
4. *Wenn irgend möglich, bestrafen Sie sofort.*
Weil die Wirkung der Strafe z.T. ein Ergebnis der klassischen Konditionierung ist, und weil klassisches Konditionieren bei kurzen Intervallen zwischen dem KS und dem UKS am effektivsten ist, sollte man versuchen, sofort noch dem unerwünschten Verhalten zu bestrafen. Noch besser ist es, dann zu bestrafen, wenn das unerwünschte Verhalten gerade ausgeführt werden soll, aber das ist natürlich oft nicht möglich.
5. *Wenn eine Bestrafung nicht sofort erteilt werden kann, versuchen Sie, die Umstände wieder herzustellen oder in Erinnerung zu rufen, unter denen das unerwünschte Verhalten aufgetreten ist.*
Wenn ein Kind gestern etwas ausgefressen hat, für das es heute bestraft werden soll, ruft man ihm das Ereignis wieder in Erinnerung. Noch besser ist es, "zum Ort des Geschehens zurückzukehren". Lassen Sie den Delinquenten die Verfehlung wiederholen oder die Wiederholung simulieren, und bestrafen erst dann. Wenn Sie Gegenkonditionierung anwenden wollen, muß der Delinquent das unerwünschte Verhalten wiederholen und anschließend das erwünschte - dazu inkompatible - Verhalten ausführen. Wenn Sie z.B. auf eine Party gehen und dort gleich eine Zigarette schnorren wollen, obwohl Sie gerade dabei sind, sich das Rauchen abzugewöhnen, machen Sie auf dem Absatz kehrt, um mit den Händen in den Taschen wieder zurückzukommen.
6. *Vermeiden Sie Belohnungen im Anschluß an Bestrafung.*
Wenn Sie Ihr Kind bedauern, nachdem Sie es bestraft haben, und es dann mit Zuwendung und Eis beruhigen, werden die Bestrafungsreize zu sekundären Verstärkern (sie werden mit Belohnungen assoziiert und dadurch nicht mehr wirksam). Wenn jemand bestraft werden *will*, nennt man das Masochismus. Seine Ursache kann daher kommen, daß man im Anschluß an Bestrafungen immer Belohnungen erlebt hat, so daß die Bestrafung selbst belohnend wird.
7. *Bieten Sie immer eine akzeptable Alternative zum bestraften Verhalten.*
Wenn ein starker Trieb das Verhalten motiviert, verhindert Bestrafung die Befriedigung dieses Triebs. Dadurch kommt die oder der Betroffene in einen starken Konflikt. Er oder Sie will den Trieb befriedigen, weiß aber, daß Bestrafung folgt. Anhaltende Triebkonflikte (z.B. im sexuellen Bereich) können zu Neurosen führen. Versuchen Sie in solchen Fällen, alternative Möglichkeiten zu zeigen mit denen der Trieb vermindert werden kann.

173 **Das Modell der Informationsverarbeitung**
Verarbeitungsprozesse und -stufen / Begrenzte Kapazitäten / Kontrollmechanismen / Der zweigleisige Informationsfluß
175 **Das Gedächtnissystem**
Sensorisches Gedächtnis und Wiedererkennen von Mustern / Kurzzeitgedächtnis / Langzeitgedächtnis
180 **Enkodierungsprozesse**
Wiederholende und modifizierende Einübung / Verarbeitungsebenen / Wirkungsvolle Einübungstechniken
187 **Die Repräsentation des Wissens**
Prozedurales und deklaratives Wissen / Wissen in Aussageform / Episodisches und semantisches Wissen / Die Organisation des Wissens
191 **Gedächtnis**
Vergessen / Rekonstruieren
196 **Sprache**
Sprache verstehen / Diskursive Informationen verarbeiten
202 **Zusammenfassung**
204 **So sieht das in der Praxis aus**
Gedächtnis und Lerngewohnheiten verbessern / Aussagen von "Augenzeugen" / Verbesserung der Lesegeschwindigkeit

Menschliches Lernen, Gedächtnis und Sprache

5

Auf Parties unterhält Hans seine Freunde gerne mit seinen verblüffenden Gedächtnisleistungen. Am liebsten beginnt er damit, daß er jede anwesende Person bittet, sich ein Nahrungsmittel zu denken. Dann sagen alle - bis ungefähr 50 Personen - das von ihnen gedachte Nahrungsmittel der Reihe nach auf. Nachdem Hans alle Namen einmal gehört hat, wiederholt er sie in der genannten Reihenfolge - und genauso problemlos macht er das rückwärts. Auch kann er jeder Person das Nahrungsmittel nennen, das sie sich ausgedacht hatte. Wie kommt Hans an so außergewöhnliche Fähigkeiten? Er macht ansonsten keinen intelligenteren Eindruck als andere auch. Ob diese Begabung vielleicht einfach angeboren ist?

Auf ihrem Heimweg eines Abends sieht Petra plötzlich einen Mann, der gerade dabei ist, ein Auto aufzubrechen. Als Petra um Hilfe ruft, läuft der Mann davon. Vorher kann Petra aber noch deutlich sein Gesicht erkennen. Bei einer späteren polizeilichen Gegenüberstellung soll sie den Mann aus einer Reihe von fünf Personen identifizieren. Mit ziemlicher Sicherheit weist Petra recht schnell auf den Mann, den sie für den Einbrecher hält. Aufgrund dieser Indentifizierung wird der Mann verurteilt und ins Gefängnis gebracht. Einige Zeit später jedoch wird seine Unschuld nachgewiesen. Wie kann ein solcher Irrtum passieren? Wie kann ein Augenzeuge ein derart fehlerhaftes Gedächtnis haben?

Auf einer ziemlich lauten Coktailparty belauscht Alfred seine Frau und seinen Nachbar Bernd bei einem privaten Gespräch. Er bekommt nur Bruchstücke mit, hört aber, wie seine Frau sagt: "Ich würde ja liebend gern, aber ich kann wirklich erst, wenn Alfred auf Geschäftsreise fährt." Später stellt Alfred seine Frau wegen ihrer Verabredung mit Bernd zur Rede und muß beschämt anhören, daß es bei dem ganzen Gespräch nur darum ging, Bernd bei seinen Vorbereitungen zum Kirchenfest zu helfen. Die gleichen Worte können höchst unterschiedliche Bedeutungen haben. Wie entscheidet man, welche gerade gemeint ist? Sollten vielleicht Alfreds Befürchtungen oder der fehlende Gesprächszusammenhang eine wichtige Rolle gespielt haben?

Menschliches Lernen und Verhalten ist sicherlich zum Teil mit den klassischen und instrumentellen Lerntheorien erklärbar. Aber können Sie sich wirklich vorstellen, daß alles, was wir lernen, *ausschließlich* auf Konditionierung beruht? Meinen Sie, es wäre beispielsweise möglich, Psychologie ausschließlich mit Hilfe Pawlowscher Konditionierung zu erlernen? Was wäre denn jeweils der konditionierte und unkonditionierte Reiz bzw. die konditionierte und unkonditionierte Reaktion all der Fakten, die Sie beim Lesen dieses Buches lernen? Und wenn Sie die instrumentelle Konditionierung hinzunehmen: Könnten Sie die Belohnungen und Strafen nennen, die Sie demnach für Ihr Lernen anhand dieses Buches erhalten müßten? Die meisten Psychologen sind heute zu der Einsicht gelangt, daß klassische und instrumentelle Konditionierung nicht ausreicht, Lernprozesse, insbesondere menschliche, zu erklären - es müssen noch andere Prozesse wirksam sein.

Wie bereits am Ende des letzten Kapitels erwähnt, gibt es einen dritten und äußerst wichtigen Lerntyp, der das menschliche Lernen wesentlich bestimmt: Kognitives Lernen oder Lernen durch Beobachtung. Es ist jenes Lernen, das Sie durch Wahrnehmung von Verhaltensweisen anderer Menschen vollziehen, dadurch, daß Sie ihnen zuhören, daß Sie lesen, oder allgemein ausgedrückt, daß Sie die Informationen in Ihrer Umwelt wahrnehmen, selektieren und verarbeiten.

Kognitives Lernen ist hauptsächlich, allerdings nicht ausschließlich, von unserer allgemeinen Sprachkapazität abhängig. Zunächst stellen wir fest, daß bereits sehr viele der durch Wahrnehmung erlernten Informationen verbal verschlüsselt sind, d. h. sie sind sprachlich ausgedrückt. Wir lernen, indem wir lesen oder anderen Menschen zuhören. Auch wenn das, was wir wahrnehmen, non-verbal ist, verwandeln resp. verschlüsseln wir es in linguistischer Form. Das tun wir nicht nur, um Kommunikation über das Wahrgenommene zu ermöglichen, sondern es handelt sich hierbei auch um einen Mechanismus des Gedächtnisses. Erinnern Sie sich beispielsweise noch an das letzte Tennisspiel, das Sie gesehen haben? Sie werden sicherlich noch einige Bilder davon vor Augen haben, aber kommen Ihnen nicht auch ein paar verbale Beschreibungen des Spiels in den Kopf? Vieles von dem, was wir gelernt haben, an das wir uns erinnern können und was wir im Moment wissen, wurde durch Wahrnehmung gelernt und ist verbal verschlüsselt. So haben sich einige Forscher auf dem Gebiet des menschlichen Lernverhaltens darauf konzentriert, das Lernen von verbal verschlüsselten Informationen zu untersuchen. Auf keinen Fall können die klassischen und instrumentellen Konditionierungsprinzipien eine ausreichende theoretische Erklärung für diesen Lernvorgang geben. Es wurde inzwischen ein völlig anderer Ansatz entwickelt, sprachlich gesteuertes Lernen zu analysieren: Die Theorie der Informationsverarbeitung.

DAS MODELL DER INFORMATIONSVERARBEITUNG

Bei ihren Bemühungen, theoretische Modelle für die verschiedenen Prozesse und Stadien zu finden, die beim komplexen menschlichen Lernen und Gedächtnis eine Rolle spielen, stießen Psychologen auf eine Reihe von

Konzepten der Kommunikationstechnik und Computerwissenschaft, die ihnen für ihre Überlegungen sehr hilfreich und nützlich erschienen. Sie fanden sogar heraus, daß es durchaus Analogien zwischen den Informationsverarbeitungsfunktionen von Computern und denen von Menschen gibt. Diese Analogien waren die Basis für eine der bemerkenswertesten Entwicklungen der modernen Psychologie - nämlich die Theorie der Informationsverarbeitung, die bereits in Kapitel 1 eingeführt wurde. Vier Schwerpunkte dieser Theorie sind für unsere gegenwärtigen Zwecke wichtig.

Verarbeitungsprozesse und -stufen

Zunächst unterteilen wir den Informationsfluß in verschiedene Stufen und untersuchen, was mit dem Informationsmaterial im Verlaufe dieser Stufen geschieht. Auf jeder Stufe des Systems wird die Information weiterverarbeitet. Sie wird auf die eine oder andere Weise analysiert, eingeübt oder verändert (transformiert) und gelangt so zur nächsten Stufe, auf der wiederum andere Verarbeitungsprozesse stattfinden. Zwischen *Verarbeitungsstufen* und *Verarbeitungsprozessen* ist sorgfältig zu unterscheiden: Zum Beispiel ist das Wiederholen einer Information ein *Einübungsprozeß*, der die Information auf der Stufe "lebendig hält", die wir als Kurzzeitgedächtnis bezeichnen. Dies geschieht beispielsweise, wenn Sie eine Telefonnummer wählen und diese so lange im Kopf wiederholen, bis Sie zu Ende gewählt haben.

Generell lassen sich Lern- und Gedächtnisprozesse in drei weitgefaßte Kategorien einteilen: **Enkodierung, Speicherung** und **Abruf**. Die Aktivität dieser Prozesse ist für das gesamte System von großer Bedeutung. Wir werden hierauf später noch einmal zurückkommen.

Begrenzte Kapazitäten

Der zweite Schwerpunkt der Informationsverarbeitungstheorie ist *die Annahme von begrenzten Kapazitäten*. Es wird angenommen, daß die Informationen, die das System verarbeiten kann, begrenzt sind. Mit anderen Worten: die Informationsverarbeitung benötigt eine gewisse Aufmerksamkeit, eine gewisse Verarbeitungskapazität - und wir verfügen anscheinend lediglich über eine begrenzte Kapazität oder Raum, in dem diese komplizierten Vorgänge, bei denen es sich ja im Grunde um normale geistige Aktivitäten handelt, möglich sind. Wir können nicht zuviele Dinge gleichzeitig tun, sonst wird das System überlastet und bricht zusammen. Wenn Sie von einem Werbespot im Fernsehen abgelenkt werden, während Sie gerade eine Telefonnummer innerlich wiederholen, kann es Ihnen passieren, daß Sie diese vergessen. Vielleicht kommt Ihnen auch folgende Situation bekannt vor: Sie versuchen, einen Text zu lernen, während im Hintergrund Radiomusik läuft. Solange die Musik leise ist und es sich außerdem um Instrumentalmusik handelt, wird Ihre Aufmerksamkeit wahrscheinlich kaum beeinträchtigt. Wenn dagegen die Musik abbricht und der Radiosprecher lauthals ein morgen stattfindendes Rockkonzert ankündigt, wird sich die Aufmerksamkeit, die Sie bis dahin auf den Text gewendet hatten, wohl verringern. Wie sehr sie sich verringert, hängt unmittelbar davon ab, wie aufmerksam Sie dem Sprecher zugehört haben.

Kontrollmechanismen

Der dritte Schwerpunkt der Informationsverarbeitungstheorie ist die Annahme eines *Kontrollmechanismus* über den Verlauf und die Analyse aller Daten im System. Der Kontrollmechanismus verfügt über übergeordnete Funktionen, um die Gesamtoperationen des Systems zu lenken. Im eben angeführten Beispiel würde ein "Aufmerksamkeitskontrollmechanismus" Sie dazu veranlassen, das Radio abzuschalten, sofern Sie bereits von dem Konzert informiert sind. So verfahren wir ja normalerweise mit uns bereits bekannten Werbespots. In bezug auf eine Telefonnummer, die Sie behalten möchten, würde also ein Kontrollmechanismus entscheiden, wie diese Information zu verarbeiten ist. Wenn Sie die Nummer nur so lange behalten möchten, bis Sie sie einmal gewählt haben, da Sie meinen, daß Sie sie danach nicht mehr brauchen werden, wird der am ehesten in Frage kommende Prozeß das Wiederholen der Nummer bis zur Beendigung des Wählvorgangs sein. Wenn Sie aber der Meinung sind, daß Sie in Zukunft die neue Telefonnummer mindestens einmal pro

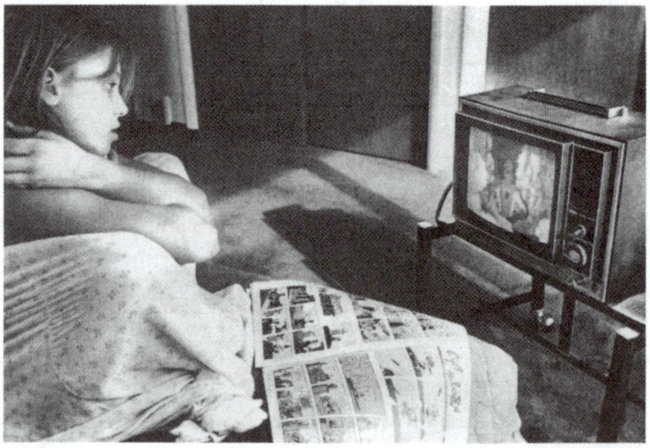

Dem Verarbeitungsprozeß sind Grenzen gesetzt. Sie können sich nicht bewußt auf zwei Dinge gleichzeitig konzentrieren, obwohl Sie sehr schnell zwischen verschiedenen Aufgaben wechseln können (time sharing). Es ist nur möglich, zwei Handlungen gleichzeitig zu vollziehen, wenn eine der beiden automatisch, d. h. unbewußt, getan werden kann. Beide Beschäftigungen dieses Mädchens - Lesen und Fernsehen - beanspruchen die Aufmerksamkeit des Bewußtseins, so daß die eine notwendigerweise die andere beeinträchtigt.

Woche benutzen werden, dann kann der Kontrollmechanismus verschiedene andere Verarbeitungsprozesse abrufen (beispielsweise das Bilden von Reimen mit den Zahlen der Nummer), die eine längere Erinnerung ermöglichen (Aktivierung des Langzeitgedächtnisses). Es gibt Fälle in Amerika, in denen sich das Wissen um diese Prozesse bereits in Form von Serviceleistungen niedergeschlagen hat. Wenn sie in Denver telefonisch Karten für ein Eishockeyspiel bestellen möchten, wählen Sie 534-PUCK - was eine verarbeitete Version von 534-7825 ist.

Der zweigleisige Informationsfluß

Der vierte Schwerpunkt der Informationsverarbeitungstheorie ist, daß die Informationen aus zwei interagierenden Quellen stammen. Die gegenwärtige Umwelt des Organismus ist die eine Informationsquelle - neue Daten werden über die Rezeptoren ins System eingespeist. Die zweite Quelle ist das bereits im System gespeicherte Wissen. Ist das System weitgehend von neuen Informationen abhängig, nennen wir es "durch Sinnesdaten betrieben". Wir sprechen hier davon als aufsteigende Analyse (bottom-up). Geht es demgegenüber vorrangig um bereits gespeicherte Informationen, bezeichnen wir das System als "durch Wissen betrieben" resp. als absteigende Analyse (top-down). Angenommen, Sie wollen telefonieren und brauchen dazu eine bestimmte Telefonnummer: Sie können dann entweder die Auskunft anrufen oder im Telefonbuch nachsehen - somit wäre der Anruf weitgehend "durch Sinnesdaten betrieben". Wenn sie hingegen die Nummer bereits wissen, werden Sie Ihr Gedächtnis benutzen - der Anruf wäre dann "durch Wissen betrieben".

In der Realität spielen in jeder Situation beide Verarbeitungsverfahren eine Rolle, da sie miteinander interagieren. Neue Informationen werden mit Hilfe der bereits gespeicherten verarbeitet. Inwiefern der eine oder andere Speicher mehr oder weniger aktiviert wird, hängt natürlich von der jeweiligen Situation ab; auf jeden Fall sind sie aber immer beide und in gegenseitiger Beeinflussung beteiligt. Um sich beispielsweise die Nummer in Denver merken zu können (neues Wissen), muß man die Bedeutung des Wortes Puck kennen (gespeichertes Wissen). Hierbei handelt es sich nicht um einen eindimensionalen Vorgang. Wissen kann neue Informationen modifizieren und ebenso können neue Informationen das Wissen modifizieren. Nachdem Sie einmal die Denver Eishockey-Nummer behalten haben, wird diese Information zu einem Teil Ihres Wissens über die Welt und es somit auch gleichzeitig verändern.

DAS GEDÄCHTNISSYSTEM

Man unterscheidet drei Gedächtnisspeicher: (1) das **sensorische Gedächtnis**, das nur für eine ganz kurze Zeit anhält (0,5 bis 2 Sekunden), (2) das **Kurzzeitgedächtnis (KZG)**, das auch nur vorläufig ist (15 bis 20 Sekunden) und in dem jeweils die Informationen gespeichert sind, die Ihnen gerade bewußt präsent sind; und (3) das **Langzeitgedächtnis (LZG)**, das unbegrenzt andauert und in dem das Wissen gespeichert ist, das gegenwärtig nicht bewußt ist, aber bewußt werden kann, wenn sich die betreffende Information abrufen läßt. Der Terminologie von William James folgend (siehe Kapitel 1), wird das Kurzzeitgedächtnis auch als *Primärgedächtnis* und das Langzeitgedächtnis als *Sekundärgedächtnis* bezeichnet.

In Abbildung 5-1 sehen Sie ein Diagramm des Gedächtnissystems. Wir haben den Informationsfluß in verschiedene "Gedächtnisstufen" unterteilt. Bitte beachten

Abbildung 5-1 Das Gedächtnissystem

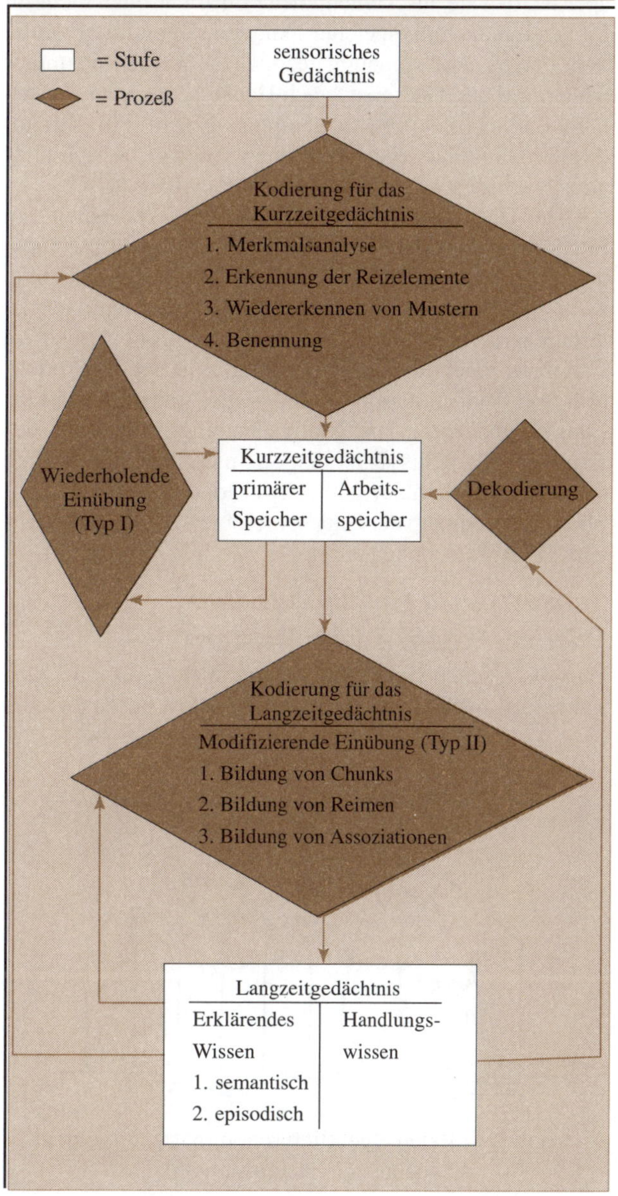

Sie dabei, daß die Information nicht von Stufe zu Stufe "springt", sondern sich im Verlaufe des Systems kontinuierlich transformiert. Die Darstellung in Stufen ist also lediglich eine vereinfachende Schematisierung. Kurzzeitgedächtnis und Langzeitgedächtnis können durchaus verschiedene Teile des Gehirns benutzen. Brenda Milner hat ein Symptom untersucht, das bei Personen auftreten kann, die einen Hirnschaden im Hippocampus haben (siehe das Beispiel von Otto Martin in Kap. 2). Diese Menschen können sich an Dinge erinnern, die vor ihrem Unfall passiert sind, und behalten neue Informationen, solange sie sie wiederholen - sie verfügen also sowohl über ein Kurzzeit- als auch über ein Langzeitgedächtnis. Ihr Problem aber ist, daß sie anscheinend neue Informationen nicht im Langzeitgedächtnis speichern können. Wenn ihre Familie z. B. in eine neue Wohnung gezogen ist, werden sie immer wieder zur alten Adresse "nach Hause" gehen, da sie sich nicht daran erinnern können, umgezogen zu sein. Um mit diesem Handikap leben zu können, müssen sie sich alles aufschreiben, was sie nicht vergessen wollen.

Im Gegensatz hierzu ist die Amnesie zu sehen, ein Phänomen, das durch unterschiedliche Kopfverletzungen auftreten kann. In diesem Fall ist die betreffende Person zwar ganz normal in der Lage, neue Informationen zu lernen und zu behalten, hat aber eine große Lücke im Langzeitgedächtnis. Der Hippocampus ist bei der Produktion von Gedächtnisspuren und deren Transferierung ins Langzeitgedächtnis maßgeblich beteiligt. Die Lage des Langzeitgedächtnisses ist bis jetzt nicht bekannt. Es läßt sich offensichtlich nur sehr schwer lokalisieren - ein Problem, das zu einem der Hauptprobleme in der gegenwärtigen Gehirnforschung gehört.

Sensorisches Gedächtnis und Wiedererkennen von Mustern

Im sensorischen Gedächtnis kann ein Reiz für eine ganz kurze Zeit nachwirken, nachdem er selbst bereits wieder

"Habe ich Ihnen eigentlich schon mal von meinem schlechten Gedächtnis erzählt?"

verschwunden ist. Diesen Effekt könnte man bei visuellen Reizen etwa mit einem ganz kurzen "fotografischen Gedächtnis" vergleichen. In der Fachterminologie nennt man dieses Nachbild *ikonische Repräsentation.* Dementsprechend wird der mentale Echoeffekt beim Hören als *echoische Repräsentation* bezeichnet.

Das sensorische Gedächtnis hat folgende Grundeigenschaften: Erstens ist es ein System mit extrem hoher Kapazität, das jegliche ihm zugängliche Information in jedem Augenblick registriert. Zweitens werden diese Informationen "so wie sie sind" registriert, d. h. sie werden noch nicht bearbeitet oder analysiert. Diese Gedächtnisrepräsentation stimmt also mit der Wirklichkeit überein, da sie ein exaktes Abbild der Außenwelt darstellt. Drittens ist dieses Gedächtnis sehr kurzlebig, es verschwindet bei visuellen Reizen nach einer Sekunde, bei auditiven Reizen nach vier Sekunden. Dieses sensorische Gedächtnis ist derart flüchtig, daß wir normalerweise seine Existenz gar nicht bemerken, so daß spezielle Testverfahren nötig sind, um es überhaupt untersuchen zu können (siehe Fundgrube 5-1).

Wenn wir die Informationen des sensorischen Gedächtnisses behalten wollen, müssen wir sie schnell verarbeiten, bevor sie wieder verschwinden. Dieser Verarbeitungsprozeß beginnt mit der selektiven Wahrnehmung dessen, was wir aus der Vielfalt an Informationen im sensorischen Gedächtnis behalten wollen.

Nach dieser Selektion wird der folgende Verarbeitungsprozeß als *Wiedererkennen von Mustern* bezeichnet. Bei diesem Prozeß gelangt die Information des sensorischen Gedächtnisses in Berührung mit der des Langzeitgedächtnisses, unserem Wissen über die Welt. Neue Input-Informationen müssen mit den Informationen des Langzeitgedächtnisses verbunden werden, damit sie als vertraut wiedererkannt oder identifiziert werden können. Da jetzt das Langzeitgedächtnis in den Prozeß eingeschaltet ist, spielt nun auch die aufsteigende und absteigende Verarbeitung eine Rolle; es handelt sich also um einen zweigleisigen Informationsfluß.

Die aufsteigende Verarbeitung beginnt mit der Merkmalsanalyse (siehe Kap. 3). Wenn wir beispielsweise während des Lesens auf das Wort "Orang-Utan" stoßen, analysieren wir seine Merkmale wie die Linien, Winkel und Kurven der Buchstaben, ihre Anordnung und das Wort selbst. Dann suchen wir im Langzeitgedächtnis nach korrespondierenden Informationen. Wenn eine Verbindung hergestellt werden kann - was der Fall sein wird, wenn wir dem Wort Orang-Utan bereits vorher begegnet sind -, wird die korrespondierende Information im Langzeitgedächtnis aktiviert. Dies können Fakten sein wie z. B. "Orang-Utans sind Affen". Diese aktivierte Information kann dann ins Bewußtsein gelangen, d. h. das Item wurde erfolgreich als Muster wiedererkannt, verschlüsselt und (zeitweilig) im Kurzzeitgedächtnis gespeichert. Inzwischen hat man festgestellt, daß nicht nur das sensorische System Informationen ins Gehirn sendet, sondern daß auch das Gehirn untergeordnete Prozesse der Merkmalsanalyse oder des Wiedererkennens von Mustern beeinflußt. Bei der Verarbeitung von Reizen, die in einen Zusammenhang eingebunden sind - in den meisten Fällen also -, ist diese interagierende Verarbeitung üblich. Stellen Sie sich vor, Sie hören plötzlich den Laut "V-e-e-r-s-t-a-a-n-d". Wie Sie diese Information verarbeiten, hängt weitestgehend von dem Zusammenhang ab, in dem Sie sie hören, wie die folgenden Sätze verdeutlichen:

"Ich verstand es einfach nicht-
in diesem Vers stand geschrieben:
Doch als sie dort am U-fer stand
verlor sie gänzlich den Verstand!"

In solchen Situationen bestimmt offensichtlich das bereits im Gedächtnis gespeicherte Wissen über den Zusammenhang eines Ereignisses die Art und Weise, wie wir die Information über dieses Ereignis im sensorischen Gedächtnis verschlüsseln.

Kurzzeitgedächtnis

Das **Kurzzeitgedächtnis** ist die Stufe zwischen sensorischem Gedächtnis und Langzeitgedächtnis. Es unterscheidet sich vom sensorischen Gedächtnis in vier Merkmalen: (1) Es verfügt über eine extrem begrenzte Kapazität. Es kann nämlich nur 7 Informationsdaten speichern. (2) Die Information im Kurzzeitgedächtnis wird absteigend analysiert. Das Ergebnis ist eine kodierte Repräsentation, die voraussichtlich nicht mehr exakt der introspektierten Information entspricht. (3) Der Repräsentationskode der Information im Kurzzeitgedächtnis ist meistens verbaler Art, im Gegensatz zur sensorischen (ikonischen oder echoischen) Repräsentation. (4) Auch die Information im Kurzzeitgedächtnis wird relativ schnell wieder gelöscht, allerdings nicht so schnell wie im sensorischen Gedächtnis (spätestens nach 20-30 Sekunden).

Man kann sich das Kurzzeitgedächtnis in zwei Abschnitte unterteilt vorstellen: (1) den primären Speicher und (2) den Arbeitsspeicher. Der *primäre Speicher* beinhaltet Informationen, die ohne Verzögerung abrufbar sind oder unmittelbar "abgelesen" werden können. Der *Arbeitsspeicher* verarbeitet und transformiert die in ihm gespeicherten Informationen, er ändert also deren Verschlüsselung. Roberta Klatzky sprach in diesem Zusammenhang von der Analogie zwischen dem Kurzzeitgedächtnis und einer Werkbank in einer Schreinerei. Das Arbeitsmaterial des Schreiners liegt griffbereit auf einem Platz auf der Bank (primärer Speicher). Den Rest der Bank braucht der Schreiner, um aus diesem Material mit seinem Werkzeug Gegenstände zu zimmern. Wieviel Platz er für das Material hat und wieviel er für dessen Bearbeitung braucht, ist von Fall zu Fall verschieden. Manchmal wird er viel Platz für seine Tätigkeit brauchen, dann muß er den Platz für das Material einschränken. Ein anderes Mal kommt er mit weniger Raum für seine Arbeit aus, dann hat er genug Platz für das Arbeitsmaterial. Im Kurzzeitgedächtnis können wir dem primären Speicher viel Platz einräumen und sind somit in der Lage, ein Maximum an Informationen sofort präsent zu haben - was allerdings nur wenig Platz für die Informationsverarbeitung läßt. Sobald eine Aufgabe einen gewissen Arbeitsaufwand erfordert, müssen wir die entsprechende Kapazität dem primären Speicher entziehen, haben dann also nicht so viele primäre Informationen zur Hand. Genauso wie der Schreiner, der mit dem Platz auf seiner Werkbank auskommen muß, müssen wir unsere Gedächtnisarbeit mit einem begrenzten Kurzzeitgedächtnis leisten.

Man hat herausgefunden, daß das Kurzzeitgedächtnis ca. 7 "Informationsblocks" oder "Chunks" gleichzeitig behalten kann, solange diese Informationen nicht bearbeitet werden müssen. In Untersuchungen zur Gedächtnisspanne wurde Versuchspersonen z. B. eine Reihe von Ziffern vorgelesen (1-3-9-8-7-5-6), sodann wurden sie gebeten, diese zu wiederholen (es war keine Verarbeitung notwendig). So konnte man feststellen, daß die Kapazität der Gedächtnisspanne ca. 7 Items umfasst, variabel um plus oder minus 2 Items. Sobald die Versuchspersonen aufgefordert werden, die ihnen gegebenen Informationen zu bearbeiten, fällt die Anzahl der reproduzierten Items, da die enstsprechende Ressourcen im Arbeitsgedächtnis gebraucht werden.

Beachten Sie, daß wir von 7 "Chunks" (Informationsblocks) sprachen und nicht von 7 Informationseinheiten. Ein **Chunk** kann viele Einheiten oder "bits" von Informationen enthalten. Das Wort *Freud* z. B. besteht aus fünf Buchstaben. Dieses Wort könnte dann einer dieser 7 Chunks sein. Sie können also ca. 7 Wörter mit jeweils 5 Buchstaben gleichzeitig behalten, d. h., Sie sind in der Lage, ca. 35 Buchstaben auf einmal abzurufen. Wenn Sie aber in einem Test eine Anordnung von Buchstaben behalten sollen, die Sie nicht in Worte -"Blocks" -, zusammenfassen können (z. B. BRHSKQM), dann können Sie auch nur ungefähr 7 Buchstaben behalten. Um eine Maximierung unseres Gedächtnisses zu erreichen, versuchen wir ständig, möglichst viele Informationen in diesen 7 Chunks unterzubringen. Sehen Sie sich die folgende Buchstabenreihe an: DPI-CAV-TDA-SAC. Sie besteht aus 12 Buchstaben und liegt somit knapp über der Gedächtnisspanne für Buchstaben im Kurzzeitgedächtnis. Sie können diese Reihe in 4 Gruppen à 3 Buchstaben einteilen, aber diese Blocks machen keinen Sinn. Sie können dieselbe Reihe aber auch in folgende Blocks einteilen: ADAC-SPD-CIA-TV. Nun ist es kein Problem mehr, die 12 Buchstaben zu behalten, da sie in sinnvolle Einheiten zusammengefaßt (umkodiert) wurden. Jede Einheit hat mehr als einen Buchstaben, d. h. die Kapazität übersteigt 7 Buchstaben. Informationen in immer größeren Chunks zusammenzufassen, ist eine der wichtigsten Aufgaben des Arbeitsspeichers. Auch ist dies der

Schlüssel zur Erweiterung Ihrer eigenen Gedächtniskapazität.

Das Gegenteil zur Verschlüsselung oder Enkodierung ist die Entschlüsselung oder *Dekodierung*, die sich ebenfalls im Arbeitsspeicher vollzieht. Wenn Sie die Buchstabenreihe knigwghnerkr sehen, werden Sie vielleicht zunächst in KNI-GWG-HNE-RKR umkodieren und dann von dort z. B. in Knie-Gehweg-Henne-Erker, womit Sie eine 12 Buchstaben-Sequenz in vier Begriffe kodiert haben. Mit einer solchen Sequenz können Ihnen allerdings Irrtümer aufgrund von Dekodierungsfehlern unterlaufen (siehe Fundgrube 5-2).

Langzeitgedächtnis

Die dritte Komponente des Gedächtnissystems ist das Langzeitgedächtnis. Es unterscheidet sich vom sensorischen Gedächtnis und vom Kurzzeitgedächtnis aufgrund von drei Merkmalen: (1) Soweit wir bisher wissen, ist seine Kapazität unbegrenzt - nicht nur für Gegenwartsinformationen, sondern auch für sämtliche vorhergegangenen Erfahrungen. (2) Die Informationen im Langzeitgedächtnis sind weitgehend verarbeitet und stark assoziativ mit-

FUNDGRUBE 5-1

Jeder Mensch hat ein fotografisches Gedächtnis (na ja, fast jeder)

In der gegenwärtigen Forschung gilt als erwiesen, daß unser Gehirn einen visuellen Reiz noch eine sehr kurze Zeit sieht, auch nachdem der Reiz physisch gar nicht mehr vorhanden ist. Dieses Phänomen nennt man sensorisches Gedächtnis oder visuellen Kurzzeitspeicher.

Die ersten genaueren Studien zur Erforschung des visuell-sensorischen Gedächtnisses stammen von George Sperling. Versuchspersonen wurden drei Reihen mit jeweils vier Symbolen (Zahlen und Buchstaben) vorgelegt

7 H T 9
P D 3 1
2 K 8 G

Die Darbietung dauerte jeweils weniger als ein Zehntel einer Sekunde. Anschließend wurden die Versuchspersonen aufgefordert, alle Symbole zu reproduzieren. Normalerweise begannen die Versuchspersonen dann aufzusagen, was sie von links nach rechts und von oben nach unten gesehen hatten. Die meisten Versuchspersonen kamen bei der Reproduktion kaum über eine Zeile hinaus, da dann die sensorische Vorstellung verschwunden war. Wenn allerdings eine Versuchsperson eine Vorstellung von der gesamten Matrix gebildet hatte, war sie in der Lage, jede Reihe zu reproduzieren, solange dies in dem Zeitraum geschah, in dem die sensorische Vorstellung noch vorhanden war. Sperling wies nun folgendes nach: Wenn er gleichzeitig mit der Darbietung durch einen Pfeil die Reihe markierte, die zuerst reproduziert werden sollte, konnten die Versuchspersonen jede beliebige gewünschte Reihe reproduzieren. Das bedeutet, daß die Versuchspersonen irgendwie eine Vorstellung von der gesamten Anordnung haben mußten, nachdem die Vorstellung bereits verschwunden war. Sperlings Methode wird als *partielle Balkenmethode* (cued partial report) bezeichnet, da die Versuchsperson einen Balken (Pfeil) zu sehen bekommt und nur einen Teil der dargebotenen Information reproduzieren soll (die Reihe, auf die der Pfeil zeigt). Der Versuchsperson wird also z. B. folgende Darstellung gezeigt:

  8 9 M F
→ 1 J 7 W
  X V 6 2

Noch besser wird die Reproduktion, wenn der Pfeil gezeigt wird, bevor die Versuchsperson die Symbole sieht, da sie sich dann auf die entsprechende Reihe vorher konzentrieren kann. Aber selbst wenn der Pfeil erst *nach* der übrigen Darstellung gezeigt wurde, waren die Versuchspersonen in der Lage, jede gewünschte Reihe zu reproduzieren, allerdings nur, wenn er unmittelbar im Anschluß gezeigt wurde. Wenn der Pfeil erst gezeigt wurde, wenn die innere Vorstellung schon wieder verschwunden war, war die Reproduktionsleistung der Versuchspersonen nicht sehr hoch. Unser visuell-sensorisches Gedächtnis hat also nur eine sehr begrenzte Gedächtnisleistung.

Je größer der Verzögerungsintervall zwischen Symbolen und Pfeil wurde (Verzögerungsintervall von 0 bis 1 Sek.), desto mehr nahm die Reproduktionsleistung ab. Mit einer Verzögerungszeit von 1 Sekunde waren die Ergebnisse der partiellen Balken-Methode nicht besser als die der Normalmethode (siehe Abb. 5-2).

Abbildung 5-2 Rückgang des visuell-sensorischen Gedächtnisses

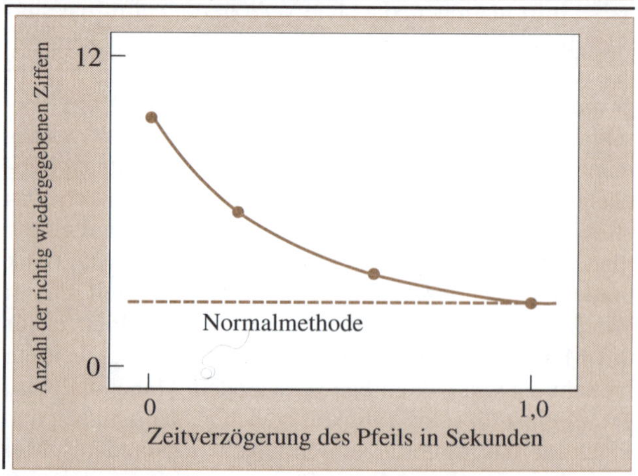

einander verflochten. Aus dieser Verarbeitung und Verflechtung der Informationen ergibt sich konsequenterweise die potentielle Gefahr von tendenziösen Entstellungen und Verzerrungen. Dies ist die Ursache für Fälle, in denen Erinnerungen aus dem Langzeitgedächtnis nicht mit den Fakten der Wirklichkeit übereinstimmen (vgl. “Aussagen von Augenzeugen auf S. 208). (3) Die Informationen im Langzeitgedächtnis lassen sich sehr viel schwieriger vergessen als die des sensorischen und des Kurzzeitgedächtnisses. Von einigen Wissenschaftlern wird sogar die These

FUNDGRUBE 5-2

Primär- und Rezenzeffekte im Gedächtnis

Hier ist ein einfaches Gedächtnisexperiment zum verbalen Lernen, das Sie mit Bekannten durchführen können. Es verdeutlicht diverse Phänomene, unter anderem den grundlegende *serialen Positionseffekt* (serial-position-effect). In Tabelle 5-1 sehen Sie eine Liste von sinnlosen Silben. Übertragen Sie jeweils eine Silbe auf eine Karte, sodaß Sie 11 verschiedene Karten haben, die Sie Ihren Versuchspersonen zeigen können. Sie brauchen ca. 10 Personen, um den Test durchführen zu können. Testen Sie jede Person einzeln. Zeigen Sie den Versuchspersonen alle Karten hintereinander jeweils 3 Sekunden lang. Bitten Sie nun die Versuchspersonen, die Silben auswendig zu lernen, um sie später in beliebiger Reihenfolge zu reproduzieren. Nachdem Sie einer Versuchsperson alle Karten gezeigt haben, bitten Sie sie, die Silben in beliebiger Reihenfolge aufzusagen.

Nachdem Sie alle Personen getestet haben, stellen Sie zunächst fest, wieviele Personen das erste Item der Liste an erster Stelle genannt haben. Vergleichen Sie nun das an zweiter Stelle genannte Item mit der gezeigten Reihenfolge und so fort bis zum Ende der Liste. Das Ergebnis können Sie nun zeichnerisch darstellen. Dabei erhalten Sie die Positionskurve. Hierzu tragen Sie jeweils die Anzahl der Personen, die eine Silbe an der richtigen Position reproduziert hatten, in das Diagramm ein und verbinden diese Punkte zu einer Kurve. Ein Muster einer solchen Kurve finden Sie in Abb. 5-3.

Diese Kurve verdeutlicht zwei Phänomene. Das erste nennt man den *Primäreffekt* (primacy effect), da die Silben vom Anfang der Liste noch meistens richtig reproduziert werden. Das zweite nennt man den *Rezenzeffekt* (recency effect), da auch Silben vom Ende der Liste gut reproduziert werden. Haben Sie diese beiden Effekte in Ihrer serialen Positionskurve auch feststellen können? Der Primäreffekt tritt auf, weil die ersten Items ein “leeres” Kurzzeitgedächtnis zur Verfügung haben und deshalb entsprechend gründlich verarbeitet werden können. Dies vergrößert auch ihre Chance, ins Langzeitgedächtnis übertragen zu werden. Die Items in der Mitte der Liste müssen sich die zur Verfügung stehenden Ressourcen schon mit den bereits gespeicherten Items teilen und haben so eine geringe Chance, ins Langzeitgedächtnis zu gelangen. Daraus ergibt sich, daß jedes hinzukommende Item weniger Verarbeitung erhält und schwieriger zu reproduzieren sein wird. Dies geschieht bis zu den Items, die am Ende der Liste stehen und den Rezenzeffekt auslösen. Was hat es nun damit auf sich? Nun, die Items am Ende der Liste befinden sich noch im Kurzzeitgedächtnis, wenn die Reproduktion beginnt. Die Versuchsperson reproduziert sie also eher aus dem Kurzzeitgedächtnis als aus dem Langzeitgedächtnis. Der Unterschied zwischen Rezenz- und Primäreffekt ist ein Grund dafür, warum man von zwei Gedächtnisspeichern spricht - einem Kurzzeit- und einem Langzeitspeicher.

Wenn der Rezenzeffekt dadurch zustande kommt, daß direkt aus dem Kurzzeitgedächtnis reproduziert wird, müßte er ja eigentlich zu verringern oder sogar zu eliminieren sein, indem man eine Pause macht, bevor man die Versuchsperson zur Reproduktion auffordert. Murray Glanzer und A. R. Cunitz von der Universität New York führten dieses klassische Experiment durch und beobachteten, daß der Rezenzeffekt verschwindet, wenn eine Pause von 30 Sekunden zwischen Lernvorgang und Reproduktion eingelegt wird. Hiervon wird der Primäreffekt überhaupt nicht beeinflusst, woraus zu schließen ist, daß es zwei verschiedene Gedächtnissysteme gibt, eines für Primär- und eines für Rezenzvorgänge.

TABELLE 5-1 Liste sinnloser Silben

BOR	CAH
WIF	NUX
MAQ	LEB
SUR	ZOD
DIV	CUG
PEJ	

Abbildung 5-3 Seriale Positionskurve (Stichprobe)

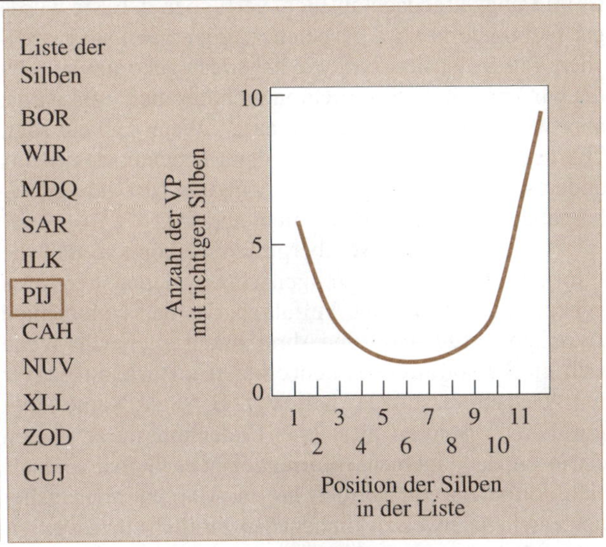

vertreten, daß die Informationen im Langzeitgedächtnis niemals vergessen werden.

Wenn nun die Erinnerungen im Langzeitgedächtnis so vergessens-"resistent" sind, warum täuschen sie uns dann so oft? Der Grund liegt hauptsächlich in der Diskrepanz zwischen der *Verfügbarkeit* und der *Abrufbarkeit* von Informationen. Abrufbarkeit bedeutet, daß uns auf Wunsch jede gespeicherte Information sofort zugänglich ist. Wenn ein Gedächtnistest nicht bestanden wird, kann dies also zwei verschiedene Ursachen haben: (1) Die Information ist im Langzeitgedächtnis nicht verfügbar, d. h. sie wurde gar nicht gelernt bzw. gespeichert, oder wenn sie gespeichert wurde, ist sie irgendwie abhanden gekommen; oder (2) wir können die Information nicht abrufen - sie ist da, aber wir kommen nicht an sie heran. Wenn jemand sagt: "Es liegt mir auf der Zunge", dann bedeutet das nichts anderes, als daß er weiß, die Information ist zwar verfügbar, aber er kann sie gerade nicht abrufen.

Um die Hypothese überprüfen zu können, daß die Informationen im Langzeitgedächtnis niemals verloren gehen, brauchen wir ein Verfahren, das den Unterschied zwischen Verfügbarkeit und Abrufbarkeit untersucht. Wenn sich eine Person an etwas nicht erinnern kann, kann man ihr mit "Gedächtnisstützen" helfen (z. B. "Sein Name fängt mit 'F' an"). Studien mit solchen Gedächtnisstützen haben erwiesen, daß viel mehr Informationen verfügbar sind, als sich normalerweise abrufen lassen. Man hat aber bisher noch nicht nachweisen können, daß wirklich alles, was wir gelernt haben, auch verfügbar ist. Die Meinungen hierüber gehen nach wie vor auseinander: Einige Forscher glauben, daß Informationen im Langzeitgedächtnis verloren gehen können; andere meinen, sie gingen niemals verloren, sondern es würde nur schwieriger, sie abzurufen.

ENKODIERUNGSPROZESSE

Jede neue Information aus der Umwelt, die Sie sich aneignen möchten, muß enkodiert werden. Sie müssen sie *verinnerlichen* und ins Gedächtnis übertragen. Die Information muß also wahrgenommen werden und dann in ein geistiges Protokoll resp. eine mentale Repräsentation modifiziert werden. Normalerweise bemerken wir diese Enkodierungsprozesse gar nicht. Wenn wir z. B. auf eine rote Ampel zufahren, halten wir an. Unser Verhalten in dieser Situation beruht darauf, daß wir die Ampel wahrnehmen und richtig auf sie reagieren. Die Bremse zu betätigen ist eine wichtige Konsequenz der erfolgreichen Kodierung der Tatsache, daß die Ampel rot ist.

Doch meistens verläuft die Enkodierung nicht so mühelos oder unmittelbar. Einen Text für eine Prüfung zu lernen ist ein Beispiel für eine Enkodierung, die einen großen Aufwand erfordert. Zum Lesen und Verstehen schriftlicher Informationen ist eine ganze Reihe von Verarbeitungsprozessen notwendig, insbesondere, wenn das Wissen dieser Informationen später überprüft werden soll. Wiederum ganz andere Enkodierungsprozesse laufen bei der Betrachtung eines Bildes oder beim Hören eines Musikstückes ab. Auch wenn wir nicht unbedingt die Intentionen des Künstlers erkennen können, so werden wir doch mit einiger Anstrengung und Phantasie das Endprodukt erfassen und irgendeinen Eindruck von ihm gewinnen. Darüberhinaus können wir uns im Nachhinein, wenn wir danach gefragt werden, an das Erlebnis erinnern und es beschreiben, da wir eine Repräsentation des Bildes oder Musikstücks im Langzeitgedächtnis besitzen. Der Verarbeitungsprozeß, in dem solche Repräsentationen gebildet werden, ist die Enkodierung.

Wiederholende und modifizierende Einübung

Wie funktionieren Enkodierungsprozesse und welche eignen sich am besten für die Bildung dauerhafter Erinnerungen? Ein Enkodierungsprozeß, den wir kennengelernt hatten, ist die *Einübung*. Wissenschaftler unterscheiden zwei Arten von Einübungsprozessen. *Typ I* ist die *wiederholende Einübung*, d. h. ein Inhalt wird häufig genug wiederholt, um zu verhindern, daß er aus dem Kurzzeitgedächtnis verschwindet. Er wird dabei in keiner Weise modifiziert, er wird nur einfach so lange wie nötig "am Leben gehalten", wie z. B. beim Wiederholen einer Telefonnummer, nachdem man sie im Telefonbuch gesucht hat und nun zum Hörer greift.

Eine Zeitlang glaubte man, daß ein Inhalt automatisch im Langzeitgedächtnis gespeichert wird, wenn er nur lange genug wiederholt wird. Man ging ferner davon aus, daß er umso dauerhafter im Langzeitgedächtnis bleiben würde, je öfter man ihn wiederholt. Aber nach neuesten Erkenntnissen zieht Einübung keineswegs automatisch die Einspeicherung eines Items ins Langzeitgedächtnis nach sich. Eine solche Einspeicherung wäre denn wohl auch eher hinderlich. Stellen Sie sich vor, jede Telefonnummer, die Sie einmal nachgeschlagen und dann bis zum Wählen behalten haben, würde automatisch in Ihrem Langzeitgedächtnis gespeichert. Das Resultat wäre ein völliges Durcheinander, weil sich die Telefonnummern in Ihrem Langzeitgedächtnis gegenseitig stören würden. Das wäre sicherlich äußerst unpraktisch, wenn doch der Zweck des Behaltens nur sein sollte, einen Inhalt für eine kurze Zeitspanne unverändert zur Verfügung zu haben.

Grundsätzlich gilt, daß zusätzliche über simples Wiederholen hinausgehende Verarbeitungsprozesse notwendig sind, um einen Inhalt im Langzeitgedächtnis zu behalten. Dafür ist die Einübung vom *Typ II* oder die *modifizierende* Einübung erforderlich. Die modifizierende Einübung verbindet den neuen Inhalt mit dem bereits im Langzeitgedächtnis gespeicherten Wissen. Dies kann auf verschiedenste Art und Weise geschehen. Sie können z. B. versuchen, den neuen Inhalt mit bereits vorhandenem Wissen in Verbindung zu bringen; Sie können auch versuchen, den neuen Inhalt in eine Kategorie ähnlicher Inhalte, die Sie in Ihrem Langzeitgedächtnis gespeichert haben, einzuordnen; oder Sie können sich den neuen Inhalt bildlich vorstellen und ihn so behalten. Das Wort *"Freud"* erinnert Sie vielleicht an die Begriffe *"Couch"*, *"Wien"* oder *"Ödipus"* (siehe Abb. 5-4). Sie können es aber auch in die Kategorie *"Psychologe"* oder *"Psychiater"* einordnen; oder Sie stellen sich vor, wie Freud aussah. Alle diese Möglichkeiten stellen nichts anderes dar als Verknüpfungen des neuen Inhalts mit bereits vorhandenem Wissen in Ihrem Langzeitgedächtnis und die Einspeicherung dieses Inhalts.

Verarbeitungsebenen

Anhand von Experimenten konnte nachgewiesen werden, daß der Umfang und die Art der modifizierenden Einübung wesentlich den Umfang an Wissen bestimmt, der vom Kurzzeitgedächtnis ins Langzeitgedächtnis gelangt. Die bekanntesten Untersuchungen, die sich hiermit befassen, wurden von Fergus Craik und Robert Lockhart (1972) durchgeführt. Sie stellten fest, daß es **unterschiedliche Ebenen der Verarbeitung gibt:** Auf einigen Ebenen wird der Inhalt nur flüchtig oder oberflächlich verarbeitet, während er auf anderen Ebenen eine tiefer gehende Verarbeitung erhält. Die grundlegende Annahme lautet: je tiefer und gründlicher ein Inhalt verarbeitet wird, um so leichter läßt er sich aus dem Langzeitgedächtnis abrufen. Die Verarbeitung eines Inhalts auf einer solchen tieferen Ebene ist für seine Speicherung im Langzeitgedächtnis sehr viel wichtiger als ihn für sich zu wiederholen (also seine Einübung vom Typ I).

Es gibt unterschiedlich tiefe Verarbeitungsebenen. Weniger tiefgehende Verarbeitungen beziehen sich auf die rein sensorischen Aspekte eines Inhalts zum Beispiel auf den Klang eines Wortes, den Rhythmus eines Verses oder die Größe einer Zeichnung. Auf tieferen Verarbeitungsebenen werden seine semantischen Aspekte verarbeitet, (also das, was es bedeutet), wie z. B. die Definition eines Begriffes oder die Kategorie von Gegenständen, die auf einer Zeitung abgebildet sind. Wenn Ihnen das Wort *"Pferd"* genannt wird und Sie dann ein Reimwort denken, z. B. *"Herd"*, handelt es sich um eine oberflächliche (phonemische) Verarbeitung. Wenn Sie dagegen andere Worte assoziieren, die mit dem Sinn des Wortes *"Pferd"* zusammenhängen, also z. B. *"wird geritten"*, *"Jockey"*, *"gezähmtes Tier"*, dann handelt es sich um eine tiefergehende (semantische) Verarbeitung. Anhand vieler Experimente konnte nachgewiesen werden, daß Worte, die tief verarbeitet wurden, besser reproduziert werden können als solche, die nur oberflächlich verarbeitet wurden. Ähnliche Ergebnisse wurden in Versuchen mit Sätzen, Bildern und anderem Informationsmaterial erzielt.

Abbildung 5-4 Modifizierende Einübung

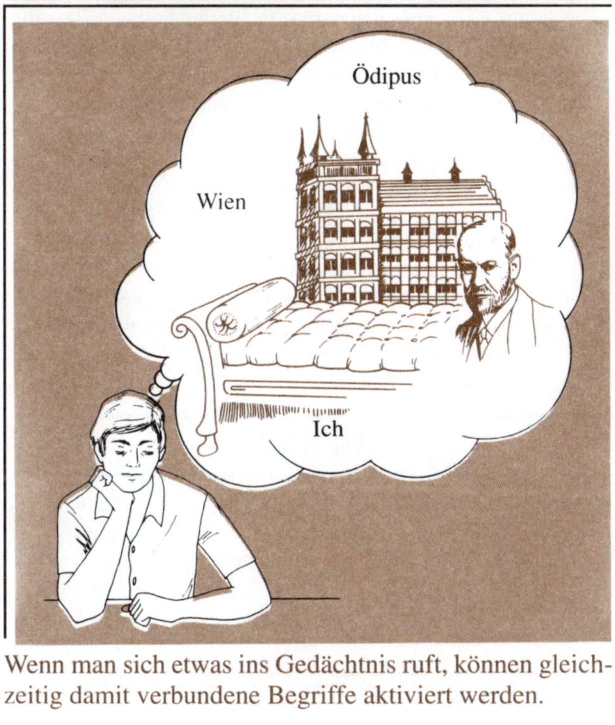

Wenn man sich etwas ins Gedächtnis ruft, können gleichzeitig damit verbundene Begriffe aktiviert werden.

Verknüpfung mit anderen Gedächtnisinhalten

Es gibt verschiedene Gründe dafür, daß eine tiefergehende Verarbeitung zu besserem Behalten führt als eine oberflächliche. Bei einer tiefergehenden Verarbeitung spielt der Sinn, die Semantik eines Inhalts eine wichtige Rolle. Sie können also bei der Erwähnung des Begriffes "Pferd" an viele mit ihm zusammenhängende Dinge denken - wie ein Pferd aussieht, was man mit ihm machen kann, zu was für einer Kategorie von Tieren es gehört etc. All diese Informationen können in den Einspeicherungsprozeß des Begriffes "Pferd" einbezogen werden, wenn es sich um eine semantische Verarbeitung handelt. Hieran wird deutlich, daß viel modifizierende Einübung notwendig ist und daß viele Assoziationen zwischen dem Begriff "Pferd" und dem bereits im Langzeitgedächtnis gespeicherten Wissen möglich sind. Je mehr Verbindungen zwischen einem neuen Inhalt und dem gespeicherten Wissen bestehen, desto leichter läßt er sich abrufen, weil er über mehrere Wege wieder in das Gedächtnis zurückgerufen werden kann (siehe Fundgrube 5-3).

Ausgeprägtheit

Ein weiterer Vorteil der semantischen gegenüber der phonemischen Verarbeitung ist, daß eine semantisch kodierte Information *ausgeprägter* ist als eine non-semantisch gespeicherte. Je ungewöhnlicher Ihre Assoziationen sind, desto besser werden Sie sich an den Begriff erinnern.

Wenn Sie lediglich die Anzahl der Buchstaben eines Begriffes einspeichern, wird Ihre Erinnerung wohl kaum sehr ausgeprägt sein (insbesondere wenn Sie bedenken, wieviele Begriffe es mit der gleichen Buchstabenzahl gibt). Ausgeprägte Kodierungen werden eher erinnert, besonders wenn die Kontrollbedingungen mit denen des Lernprozesses übereinstimmen (siehe "Die Steuerung des Vergessens", S. 193). Es sind die einprägsamen Erlebnisse eines bestimmten Kontextes, an die man sich erinnert, wenn dieser Kontext wieder hergestellt wird. Erinnern Sie sich beispielsweise an Ihre Abiturprüfung, versuchen Sie, sich in die Zeit und den Kontext zurückzuversetzen. Wenn Ihnen dies gelingt, werden Sie sich sicherlich automatisch auch an einige Prüfungsfragen erinnern können.

Zusätzliche geistige Anstrengung

Eine tiefergehende Verarbeitung stellt größere Anforderungen. Henry Ellis von der Universität New Mexico meint nun, daß genau diese zusätzliche geistige Anstrengung die Behaltensleistung fördert. Gedächtnisaufgaben also, die einer Person größere Anstrengungen abverlangen, führen zu besseren Reproduktionsleistungen als solche, die weniger Anstrengung erfordern.

Die benötigte geistige Anstrengung läßt sich anhand von Testaufgaben messen, die geteilte Aufmerksamkeit erfordern. Z. B. wird eine Gruppe von Versuchspersonen (Gruppe 1) aufgefordert, zwei Aufgaben A und B gleichzeitig (simultan) zu erfüllen. Die Ergebnisse dieser Gruppe werden mit denen einer anderen Gruppe (Gruppe 2) verglichen, die nur Aufgabe B lösen soll. Die Ergebnisse der Gruppe 1 sind dann insgesamt schlechter als die von Gruppe 2. Die schlechtere Leistung von Gruppe 1 ist das Maß für die Anstrengung, die diese Gruppe in die Lösung der Aufgabe A investiert hatte. Je größer die Anstrengung für Aufgabe A ist, desto schlechter ist das Resultat der Aufgabe B.

Mit diesem allgemeinen Vorgehen wurde nachgewiesen, daß semantische Verarbeitung mit geistiger Anstrengung korreliert. Stellen Sie sich z. B. vor, man zeigt Ihnen den Begriff "Auto" und stellt Ihnen gleichzeitig für die

FUNDGRUBE 5-3

Verarbeitungsebenen: Tiefere Verarbeitung verbessert das Gedächtnis

Die Theorie der Verarbeitungsebenen besagt, daß der Lernerfolg hauptsächlich von der Wahl des Verarbeitungstyps abhängt, mit dem die zu lernenden Informationen verarbeitet werden. Phonemische Verarbeitungsprozesse sind weniger effektiv als semantische Verarbeitungsprozesse. Vertiefende Verarbeitungsprozesse erfordern die Aufmerksamkeit der Person hinsichtlich der Semantik (der Bedeutung) eines Begriffs. Phonemische Verarbeitung bezieht sich entsprechend auf die non-semantischen Aspekte eines Begriffs, wie z. B. den Klang eines Wortes. Das einfachste Verfahren zur Überprüfung dieser Theorie ist folgendes: Man legt Versuchspersonen eine Liste von Begriffen vor. Sie werden nicht darüber informiert, daß sie diese später wiederholen sollen. Eine Gruppe wird nun gebeten, eine Aufgabe mit diesen Begriffen zu lösen, die lediglich auf phonemischer Verarbeitung beruht, die zweite Gruppe soll Aufgaben mit semantischer Verarbeitung erfüllen. Nachdem alle Begriffe bearbeitet sind, fordert man die Versuchspersonen auf, einen Reproduktionstest zu machen. Die Versuchspersonen mit semantischer Verarbeitung reproduzieren wesentlich mehr Begriffe.

Machen Sie dieses Experiment mit ein paar Freunden. Am Ende dieses Textes finden Sie eine Liste von Begriffen, die Sie zunächst auf einzelne Karten übertragen. Dann zeigen Sie die Karten nacheinander einer Gruppe von Personen und bitten diese, sich jeweils ein Wort auszudenken, das sich auf den gezeigten Begriff reimt (Aufgabe mit phonemischer Verarbeitung). Die zweite Gruppe fordern Sie auf, sich jeweils ein Wort auszudenken, das den gleichen Sinn hat wie der gezeigte Begriff (Aufgabe mit semantischer Verarbeitung). Verraten Sie keiner der beiden Gruppen, daß Sie vorhaben, ihr Gedächtnis zu testen. Sie werden feststellen, daß die Reproduktionsleistung der Gruppe, die sich Synonyme ausdenken sollte, besser ist als die der Gruppe, die Reime gebildet hatte. Sollte man die Zeit für die Darbietung der Worte beschränken?

Bedenken Sie, daß keine der Gruppen wußte, daß Sie einen Gedächtnistest durchführen würden- es hatte also vermutlich niemand die Intention, die Begriffe auswendig zu lernen. Trotzdem hatten die Versuchspersonen viele Begriffe gelernt und waren in der Lage, diese später zu wiederholen, besonders die Personen, die semantisch verarbeitet hatten. Das bedeutet, daß das Verarbeitungsverfahren, das Sie wählen, um neues Material zu lernen, eine ganz wesentliche Rolle spielt. Was wäre geschehen, wenn Sie eine dritte Gruppe gehabt hätten, die Sie einfach aufgefordert hätten, die Begriffe auswendig zu lernen? Thomas Hyde und James Jenkins stellten fest, daß das Ergebnis in diesem Falle nicht besser wäre als das, was man erzielt, wenn man semantisch verarbeiten läßt, ohne Instruktionen zum Auswendiglernen zu geben. Hyde und Jenkins kamen zu dem Schluß, daß Lerninstruktionen, die vertiefende Verarbeitung des Materials beinhalten, zu seiner besseren Reproduzierbarkeit beitragen.

Wörterliste

schnell	Schuh	Decke	Karte
kalt	Koch	Spiel	Auto
Buch	stehlen	Spaziergang	Spielzeug
Stuhl	richtig	verrückt	Briefmarke
verloren	trinken	Fußtritt	Haus

tiefergehende Verarbeitung die Frage:"Enthält ein Auto Wasser?". Um diese Frage richtig zu beantworten, müssen sie sich daran erinnern, daß z. B. das Kühlsystem oder die Scheibenwischanlage der meisten Autos Wasser benötigt. An solche Dinge zu denken, ist anstrengender, als die oberflächliche Frage zu beantworten: "Hat es vier Buchstaben?". Die größere geistige Anstrengung und höhere Konzentration, die für die semantische Verarbeitung eines Inhalts notwendig ist, trägt zu seiner dauerhaften Speicherung im Langzeitgedächtnis bei. Tieferes Verarbeiten erfordert also eine größere geistige Anstrengung.

Es wäre denkbar, daß Anstrengung und Tiefe unabhängig voneinander die Gedächtnisleistung bestimmen. Für jede Gedächtnisaufgabe gilt jedoch: Je mehr Anstrengung beim Lernen investiert wird, desto besser läßt sich das Gelernte behalten. Man könnte ja auch meinen, daß tiefere Verarbeitung ohne viel Anstrengung und Willen seitens des oder der Lernenden auf "magische Weise" haltbare Erinnerungen prägt. Leider ist es nicht ganz so einfach: Sowohl die Anstrengung als auch die Einübungstechnik sind für gutes Behalten ausschlaggebend.

Wirkungsvolle Einübungstechniken

Es gibt zwei besonders nützliche Einübungstechniken, wenn man neuen Stoff lernen möchte. Bei der ersten stellt man sich etwas bildhaft vor. Die zweite besteht darin, das zu lernende Material in eine sinnvolle Ordnung zu bringen, die einer bereits bekannten Struktur entspricht. Wann immer eine dieser beiden Techniken - bildhafte Vorstellung und Strukturierung - verwendet werden kann, wird dadurch die Gedächtnisleistung gesteigert.

Bildhafte Vorstellung (Imagination)

Wie leicht sich bildhafte Vorstellungen produzieren lassen, ist abhängig von der Art des zu erlernenden Materials. Wenn Sie von Bildern, Diagrammen, Filmen oder anderen audiovisuellen Medien lernen, wird die Vorstellungskraft direkt angesprochen, da ja das betreffende Material bereits in visueller Form vorliegt. Verbales Material kann jedoch nicht so direkt in Bilder umgesetzt werden - es ist zunächst ein Verarbeitungsprozeß notwendig, der es entsprechend modifiziert. Wie leicht diese Umwandlung möglich ist, hängt von der Konkretheit des verbalen Inhalts ab. Konkrete Begriffe wie physische Objekte (z. B. Tisch, Tür, Wiese) sind relativ leicht vorstellbar. Abstrakte Begriffe dagegen besitzen keine greifbare Entsprechung und können deshalb normalerweise nicht bildlich vorgestellt werden (siehe Fundgrube 5-4).

Die bildhafte Vorstellung oder Imagination erleichtert das Lernen neuer Informationen und fördert außerdem die Qualität der Reproduktionen. Personen, die aufgefordert werden, zu dem Lernmaterial ungewöhnliche Vorstellungen zu entwickeln, haben wesentlich bessere Gedächtnisleistungen als Personen, die ohne solche Vorstellungen lernen. Anscheinend steigern Enkodierungsprozesse mit Imagination die Anzahl der gespeicherten Items im Langzeitgedächtnis. Seit Jahrhunderten gründen Gedächtniskünstler ihre ungewöhnlichen Fähigkeiten auf visuelle Vorstellungen. Versuchen Sie z. B. einmal, eine Liste von Objekten zu behalten, indem Sie sich diese in senkrechter

Gedichte oder Geschichten ?

Fast kein Erwachsener hat die Kinderlieder und -gedichte vergessen, die er in seiner Kindheit gelernt hat, und oft können Erwachsene diese noch mit erstaunlicher Genauigkeit aufsagen. So meinten Sozialwissenschaftler und Pädagogen lange Zeit, daß sich phonemische Reime lernfördernd bei Kindern auswirken. Reime werden in Schulen und Fersehprogrammen als Erziehungsmethode eingesetzt - eine Methode, die jüngsten Untersuchungen zufolge einer gründlichen Überprüfung bedarf.

In einer Serie von Experimenten, die in der Januar-Ausgabe der Zeitschrift "Developmental Psychology" veröffentlicht wurden, fanden die Forscher Donald S. Hayes, Bruce E. Chemelski und Melvin Palmer von der Universität von Maine in Orono heraus, daß Reime für Vorschüler nicht nur nicht fördernd sind, sondern daß sie geradezu die Fähigkeit hemmen, Informationen zu behalten. Im Vergleich zu Kindern, denen Prosageschichten vorgelesen wurden, konnten Kinder, denen der gleiche Inhalt in Form von Reimen vorgelesen wurde, sich hinterher an weniger erinnern. Dies legt die Vermutung nahe, daß Reime die Aufmerksamkeit von Kindern vom Inhalt eines Textes ablenken.

Das traditionelle Argument für das Lehren anhand von Reimen war, daß Kindern Reime besser gefallen als Prosa und daß sie deshalb bei Reimen aufmerksamer zuhören. Die Forscher bestätigten zwar, daß Vorschulkinder tatsächlich lieber Reime als Prosa mögen, aber der Grund hierfür ist, daß sie einfach den Gleichklang in Reimen gerne hören und sich weniger für den Inhalt interessieren. Auch wenn ein Lehrer den Eindruck hat, die Kinder würden bei Reimen größere Aufmerksamkeit zeigen, ist es doch eher so, daß sich dahinter eine recht flüchtige Art mentaler Verarbeitung verbirgt.

Es ist jedoch gar nicht erstaunlich, daß der normale Erwachsenenverstand meint, man sollte mit Hilfe von Reimen lehren, denn als die Forscher dieselben Experimente mit Studenten durchführten, kamen sie zu gegenteiligen Ergebnissen, nämlich, daß sich bei Erwachsenen die Reime durchaus als äußerst lernfördernd erweisen. Sie stellten fest, daß Erwachsene Reime als mnemotechnische Hilfe nutzen können - eine Fähigkeit, über die Kinder offensichtlich noch nicht verfügen.

Science News,
30. Januar 1982

Das Reimen ist eine nichtsemantische Form der Informationsverarbeitung, die die Aufmerksamkeit des oder der Lernenden auf die akustischen Merkmale des Lernmaterials lenkt. Bei Kindern geht dies auf Kosten ihrer Aufmerksamkeit für den Inhalt und führt dazu, daß er schlechter behalten wird. Bei Erwachsenen bietet das Reimen ein zusätzliches Unterscheidungsmerkmal über den semantischen Inhalt hinaus und kann so das Behalten des Lernmaterials verbessern.

Anordnung vorstellen, jeweils ein Begriff über dem anderen. Versuchen Sie, die gesamte Anordnung zu imaginieren. Eine andere Technik ist, sich Bilder zu den Begriffen auszudenken. Im Gehirn gibt es ein Teil, der Corpus Callosum heißt, ein Begriff, der schwierig zu behalten ist. (Erinnern Sie sich noch an die Erwähnung des Corpus Callosum in Kap. 2?) Es handelt sich dabei um den Nervenstrang, der die beiden Hemisphären des Gehirns miteinander verbindet. Stellen Sie sich nun einen riesigen Leichnam (engl.: colossal corpse) vor, der auf einer Platte zwischen zwei riesigen Haufen Gehirnmasse liegt. Wenn es Ihnen gelingt, dieses innere Bild herzustellen, werden Sie die Bezeichnung für diesen Teil des Gehirns wohl nie mehr vergessen.

Warum können bildhafte Vorstellungen Lernen und Gedächtnis verbessern? Eine allgemein anerkannte Antwort fand Allan Paivio von der Universität Westontario. Seine Theorie, die sogenannte "Duale Kodierungstheorie", beinhaltet, daß Menschen zwei primäre Erinnerungsmethoden haben: eine verbale und eine visuelle. Wenn etwas auf beide Arten eingespeichert wird, wie z. B. normalerweise leicht vorstellbare Begriffe, ist die Chance, sich später wieder daran zu erinnern größer, als bei der Speicherung auf eine Art. Zwei verschiedene Kodes für denselben Inhalt vergrößern die Möglichkeit seiner Reproduzierbarkeit im Gedächtnis. Bildhafte Vorstellungen können ferner benutzt werden, um deutlich voneinander verschiedene Informationen zu einem einzigen Block zusammenzufassen. Wir wollen uns nun der Frage zuwenden, welche Rolle die Strukturierung im Gedächtnis spielt.

FUNDGRUBE 5-4

Bildhafte Vorstellung und Lernen: Ein einfaches Experiment

Nachfolgend finden Sie zwei Listen mit Begriffen. Die eine enthält Begriffe, die sich leicht bildlich vorstellen lassen (praktische Begriffe), die andere solche, die nur schwer bildlich vorstellbar sind (abstrakte Begriffe). Sehen Sie sich jede Liste 30 Sekunden lang an und schreiben Sie alle Begriffe auf, die Sie behalten haben. Sie werden feststellen, daß sich die bildhafte Vorstellung lernfördernd auswirkt.

Praktische Begriffe (lassen sich leicht bildlich vorstellen)	**Abstrakte Begriffe** (lassen sich schwer bildlich vorstellen)
Hammer	Ungerechtigkeit
Wolke	Neid
Haus	Freude
Auto	Institution
Tennisball	Bildung
Zaun	Mode
Zigarre	Anspruchslosigkeit
Hochhaus	Motiv
Lastwagen	Verachtung
Kleid	Tiefe
Wörterbuch	Gedanke
Tisch	sinnlos
Fenster	Vereinbarung
Telefon	Gesellschaft
Kartoffel	Temperament

Strukturierung

Die Bedeutung der Strukturierung für die Speicherung von Information in das Langzeitgedächtnis ist in vielen Bereichen gezeigt worden. Wir wollen uns zunächst die Strukturierung von Information bei Bildern ansehen. Nehmen

Das menschliche Gedächtnis funktioniert ähnlich wie ein Aktenschrank. Genau wie dieser benötigt es spezifische Abrufsignale, damit man sicher die "richtigen Akten" findet.

Abbildung 5-5 Wie Strukturierung das Gedächtnis beeinflußt

Bild A
ZUFÄLLIGE ANORDNUNG

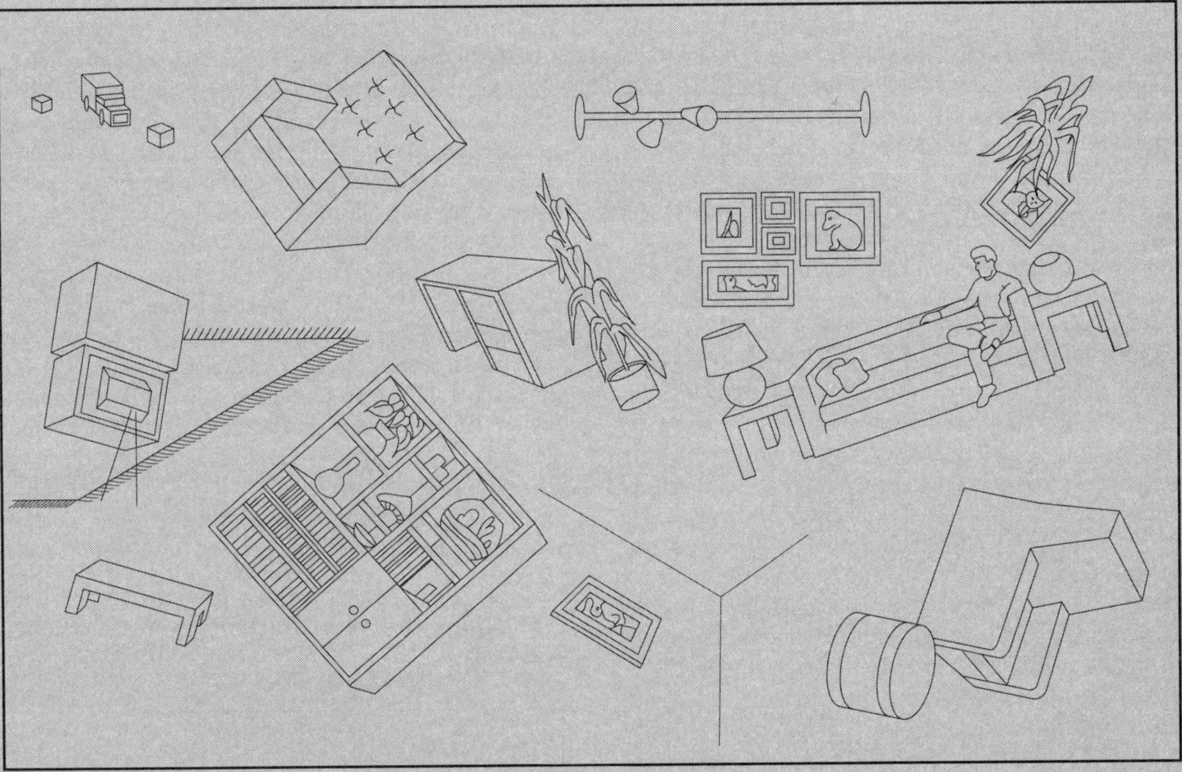

Bild B
STRUKTURIERTE ANORDNUNG

Sie einmal an, es wird Ihnen ein Bild mit 12 verschiedenen Gegenständen gezeigt, die rein zufällig angeordnet sind (Abbildung 5-5, Bild A).

Einige Gegenstände stehen auf dem Kopf oder seltsam schräg - der Fernseher steht auf dem Kopf, einige Gemälde befinden sich oberhalb eines Schemels und so weiter. Die Szene ist ein ausgesprochenes Durcheinander, und Ihre Aufgabe besteht darin, sich die Gegenstände und ihre Lage in dem Bild zu merken! Nehmen Sie jetzt an, Sie erhalten ein Bild mit den gleichen Gegenständen, die aber auf geordnete und logische Art in einem Zimmer als Hintergrund arrangiert sind (Abbildung 5-5, Bild B). Der Kaffeetisch steht vor dem Sofa, die Gemälde hängen an der Wand usw. Sie werden bei der Gedächtnisaufgabe mit dem geordneten Bild wahrscheinlich sehr viel besser abschneiden als mit dem ungeordneten Bild. Genau dieses Ergebnis hat sich auch in Experimenten ergeben. Man kann Informationen wesentlich leichter als einzelnes Bild verschlüsseln, wenn es auf verständliche und gewohnte Weise angeordnet ist. Das gleiche gilt für verbale Nachrichten, wie wir noch sehen werden. Je besser die Nachricht logisch gegliedert ist, desto leichter kann man sie lesen und sich merken.

Ähnliche Effekte hat man bei der Darbietung von Wortlisten beobachtet. Man tut sich schwerer, eine Liste nicht zusammengehöriger Wörter zu behalten als eine Liste zusammengehöriger Wörter. Eine Liste aus Wortgruppen, bei der jede Gruppe eine logische Kategorie von Objekten repräsentiert, könnte zum Beispiel recht leicht in ein System gebracht werden: *Habicht, Pflaume, Pfirsich, Auto, Adler, Apfel, Zug*. Anstatt jedes Item als isolierte Einheit ins Langzeitgedächtnis enkodieren zu müssen, kann man die zusammengehörigen Wörter in Gruppen fassen und sie als eine einzige Einheit verschlüsseln. Wenn Sie die Liste wiedergeben sollen, müssen Sie sich nur an eine geringe Anzahl von Einheiten erinnern statt an eine lange Liste nicht zusammengehöriger Items. Eine weitere effektive Systematisierungsmethode besteht darin, eine Geschichte zu erfinden, in der jedes Wort der Liste vorkommt; somit schafft man sich eine verständliche und bedeutungsvolle Struktur für alle Items, die man sich merken soll.

Eine wichtige systematisierende Verschlüsselungstechnik ist das *chunking*, das Bilden von Einheiten oder "Blocks" (chunks) nicht zusammengehöriger Items aufgrund bestimmter vertrauter Regeln. William Chase und Anders Ericsson haben diese Technik besonders eindrucksvoll untersucht. Für ihre Untersuchung wählten sie die Aufgabe zum unmittelbaren Zahlengedächtnis, bei der die Versuchsperson eine Liste von Ziffern in zufälliger Reihenfolge mit einer Geschwindigkeit von etwa einer Ziffer pro Sekunde dargeboten bekommt. Nach der Darbietung der Liste muß die Versuchsperson sie in der ursprünglichen Reihenfolge wiedergeben. Wegen der relativ hohen Darbietungsgeschwindigkeit können die Versuchspersonen die Liste normalerweise nicht in ihr Langzeitgedächtnis enkodieren, sondern müssen versuchen, die Liste im Kurzzeitgedächtnis zu behalten. Es sei daran erinnert, daß die Kapazität des Kurzzeitgedächtnisses bei etwa sieben Informationseinheiten liegt. Für den normalen Menschen stellt jede Ziffer der Liste ein chunk dar, und nur Listen mit bis zu ungefähr sieben Ziffern können korrekt wiedergegeben werden. Auch die Versuchsperson von Chase und Ericsson unterlag dieser Beschränkung, bis sie eine einzigartige chunking-Strategie entdeckte. Ihre Erfahrung als Langstreckenläufer führte sie zu der Strategie, Gruppen von jeweils drei Ziffern als Laufzeiten zu verschlüsseln. Die Sequenz "4", "1", "3" wurde als eine gute Zeit für einen Ein-Meilen-Lauf zusammengefaßt, "9", "2", "7" als eine gute Zeit für einen Zwei-Meilen-Lauf, "6", "5", "8" als eine schlechte Zeit für einen Ein-Meilen-Lauf und so weiter. Kurze Sequenzen, die nicht als Laufzeiten interpretiert werden konnten, wurden als Alter enkodiert, wie 75, 81 und 64.

Bei dieser chunking-Methode kommt es demnach darauf an, daß die Versuchsperson Ziffernfolgen mit Infor-

Abbildung 5-6 Die Ergebnisse von Chase und Ericsson

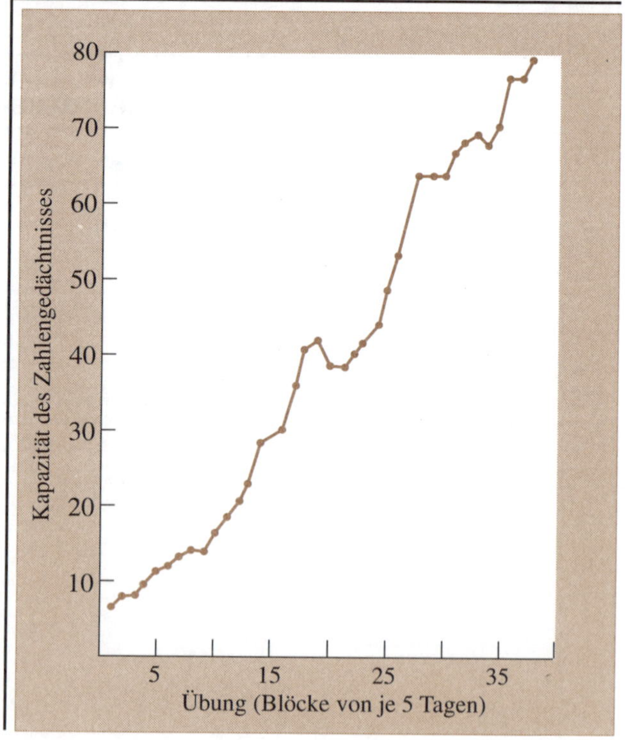

Diese Abbildung zeigt das Zahlengedächtnis des von Chase und Ericsson untersuchten Gedächtniskünstlers. In 190 Übungsstunden (38 Blöcke von je 5 Tagen) verzehnfachte sich seine Gedächtnisleistung.

mationen aus dem Langzeitgedächtnis verbindet. Dadurch kann sie diese Ziffernfolgen als Einheiten ins Langzeitgedächtnis enkodieren. Die Versuchsperson ist dann davon entlastet, die gesamte Liste im - in seiner Kapazität beschränkten - Kurzzeitgedächtnis zu behalten. Der größte Teil der Liste wird eigentlich im Langzeitgedächtnis gespeichert: Es mag unglaublich klingen, aber es funktioniert tatsächlich. Die Versuchsperson von Chase und Ericsson war kein Genie; aber nach einem Jahr Übung erreichte sie ein Zahlengedächtnis für mehr als 80 Items, wie in Abbildung 5-6 gezeigt wird.

Damit soll nicht behauptet werden, daß jeder eine Gedächtnisleistung von 80 Ziffern entwickeln kann; Chase und Ericsson haben diese Ergebnisse aber mit anderen Versuchspersonen wiederholt. Durch intensive, langfristige Übung entwickelte jede Versuchsperson ihr eigenes System. Das gemeinsame Merkmal dieser Systeme war die Organisation von Information in Blocks. Jede Versuchsperson entwickelte eine unglaubliche Fertigkeit darin, Informationen schnell zu verschlüsseln und aus ihrem sehr systematisierten Gedächtnis wieder abzurufen. Darüberhinaus sind diese Fertigkeiten nicht einfach auf das unmittelbare Zahlengedächtnis beschränkt. Ericsson hat eine ähnlich stark ausgeprägte Fertigkeit auch bei einem Kellner nachgewiesen, der vollständige Essensbestellungen für 16 Personen bewältigen kann, ohne irgendetwas aufzuschreiben.

DIE REPRÄSENTATION DES WISSENS

Wenn es ein einzelnes Konzept gibt, das für das Verständnis des menschlichen Lernens und Gedächtnisses grundlegend ist, dann ist es die Vorstellung, daß wir interne geistige Abbilder unserer persönlichen Wirklichkeit speichern. Was wir im Gedächtnis haben, sind geistige Abbilder von der Welt um uns herum und von unserer Interaktion mit ihr. Diese Abbilder oder Repräsentationen entstehen dadurch, daß wir Informationen über neue Erfahrungen ins Gedächtnis enkodieren. Unsere Erfahrungen wie auch deren gedächtnismäßige Repräsentation können dabei unterschiedlichster Art sein. In diesem Abschnitt werden wir die verschiedenen Arten der Repräsentationen im Langzeitgedächtnis behandeln.

Prozedurales und deklaratives Wissen

Die Unterscheidung zwischen prozeduralem und deklarativem Wissen bezieht sich auf den Unterschied zwischen dem "Wissen, wie" und dem "Wissen, daß". Sie wissen z.B., wie man Fahrrad fährt, und Sie wissen auch, daß George Washington niemals gelogen hat. Wenn Sie wissen, wie man Fahrrad fährt, könnte das, was Sie wissen bzw. in Ihrem Gedächtnis speichern, eine Sequenz von koordinierten Muskelbewegungen sein. Wenn Sie wissen, daß George Washington niemals gelogen hat, besteht Ihr Wissen aus einer Tatsache, einem Stück Information. Im folgenden werden einige weitere Aspekte genannt, bezüglich derer sich prozedurales und deklaratives Wissen unterscheiden:

1. Deklaratives Wissen besitzt man, oder man besitzt es nicht (Alles-oder-Nichts-Prinzip), prozedurales Wissen dagegen kann man teilweise besitzen. (Mit anderen Worten: Entweder wissen Sie etwas, oder Sie wissen es nicht - aber das Schreibmaschineschreiben z.B. können Sie zum Teil beherrschen, ohne ein Experte darin sein zu müssen.)
2. Deklaratives Wissen wird über eine darauf bezogene Ausssage von einem Moment auf den anderen erlangt, prozedurales Wissen dagegen allmählich, indem man eine Fertigkeit ausführt. (Wenn man Ihnen sagt, daß Freud eine Tochter namens Anna hatte, wissen Sie diese Tatsache zumindest vorübergehend; aber wenn man Ihnen erklärt, wie man Schreibmaschine schreibt, müssen Sie üben und die richtigen motorischen Bewegungen nach und nach lernen.)
3. Deklaratives Wissen kann verbal mitgeteilt werden, prozedurales Wissen jedoch kann sehr oft nur gezeigt werden. (Man kann Ihnen über Freuds Tochter erzählen - aber es ist schwierig, Ihnen auf verbalem Wege beizubringen, wie man beim Skilaufen einen Parallelschwung ausführt.)
4. Deklaratives Wissen könnte in anderen Gehirnstrukturen abgebildet sein als prozedurales Wissen. Erinnern Sie sich an Otto Martin, den Patienten mit der Hirnverletzung aus Kapitel 2, der die Fähigkeit verloren hatte, neue Informationen aus dem Kurzzeit- ins Langzeitgedächtnis zu übertragen? Neuere Untersuchungen von Neal Cohen und Larry Squire von der University of California, San Diego, und Morris Moscovitz von der University of Toronto haben gezeigt, daß dieser Mangel auf neues deklaratives Wissen beschränkt ist. Im Lauf von mehreren Sitzungen erlangen Patienten wie Otto neue Fertigkeiten. Sie können z.B. das gleiche Puzzlebild bei aufeinanderfolgenden Versuchen immer schneller zusammensetzen, obwohl sie jedes Mal behaupten, sie hätten das Puzzle niemals zuvor gesehen oder zu lösen versucht.

Alle prozeduralen Fertigkeiten müssen geübt werden, damit man sie beherrscht. Man kann eine prozedurale Fertigkeit nicht entwickeln, indem man ausschließlich deklarative Information durch Unterweisung aufnimmt. Ein erstklassiges Beispiel dafür ist der Versuch, das Golfspielen zu lernen. Wenn man auch alle Bücher und Zeitschriften liest und von einem Experten viele Anweisungen erhält, kommen die guten Leistungen doch erst mit umfangreicher Übung. Das Problem besteht darin, daß man vielleicht nicht sein ganzes prozedurales Wissen in deklaratives Wissen umformen kann und umgekehrt. Es ist sehr schwierig, jemandem eine Fertigkeit zu erklären, selbst wenn man in bezug auf diese Aktivität ein Experte ist. Was denken Sie, wie gut Sie wohl jemandem erklären könnten, wie man ein Auto mit Gangschaltung fährt? Selbst wenn Sie jahrelang einen Wagen mit Gangschaltung gefahren sind, wäre Ihre Erklärung nicht mit der Erfahrung des Lernenden vergleichbar, ein paar Stunden wirklich zu fahren.

Darüberhinaus verlangt prozedurales Wissen eine Rückmeldung zum Lernenden über seine Leistung. Ein Golfspieler erhält nach jedem Schlag eine sofortige Rückmeldung. Wenn sie auch unangenehm sein mag, ist die Rückmeldung für eine Verbesserung unbedingt notwendig. Wenn ein Golfspieler im Keller übt und auf ein Übungsloch zielt, geht viel von der Rückmeldung verloren, und der Übungsgewinn ist bei weitem nicht so groß wie der, der auf dem Golfplatz erreicht werden kann. Idealerweise sollte die Rückmeldung sofort, vollständig, regelmäßig und am besten nach jeder Reaktion erfolgen, damit das Lernen so effektiv wie möglich ist.

Wissen in Aussageform

Die Theorie der zweifachen Kodierung mit ihren verbalen und bildlichen Komponenten wurde schon erörtert. Diese Theorie besagt, daß das Gehirn zwei verschiedene Kodes verwendet, wovon der eine auf diskreten Einheiten (Worten) basiert, die seriell verarbeitet werden, und der andere auf einem integrierten Ganzen (einem Bild), dessen Teile parallel verarbeitet werden. Bei serieller Verarbeitung wird ein Element nach dem anderen sukzessiv bearbeitet, bei paralleler Verarbeitung mehrere Elemente gleichzeitig.

Arbeitet das Gehirn tatsächlich mithilfe zweier unterschiedlicher Kodierungsformen? Walter Kintsch von der University of Colorado schlägt ein Modell vor, wonach sich sowohl verbale (digitale) wie bildliche (analoge) Information in einer abstrakteren, nämlich propositionalen Form (Proposition = Aussage) darstellen lassen. Er postuliert, daß die propositionale Darstellung von Information den einzigen und tatsächlichen Gedächtniskode bildet. Eine Proposition reduziert einen Satz auf seine logische Form - einen zentralen relationalen Term und eine Reihe von Elementen, für die die Relation erfüllt ist. Den zentralen relationalen Term bezeichnet man als *Prädikat*, die einzelnen Elemente als dessen *Argumente*. Formal läßt sich dies folgendermaßen darstellen:

Behauptung = $P\ (a_1, a_2, \ldots a_n\ )$,

wobei P das Prädikat und $a \ldots a$ dessen Argumente darstellen. Nehmen Sie das Beispiel "Dieter fuhr mit dem Fahrrad zum Lebensmittelgeschäft." In propositionaler oder Aussageform stellt man diese Information so dar:

Proposition = Fahren (Dieter, Fahrrad, Geschäft, Vergangenheit).

Die Effizienz einer Wissensrepräsentation in propositionaler Form wird durch die Tatsache erwiesen, daß auch Computer Information in propositionaler Form speichern und verarbeiten. Sie können gespeicherte Behauptungen entschlüsseln, um verbalen oder bildlichen Output herzustellen. Das menschliche Gedächtnis könnte auf analoge Weise arbeiten, wobei die basale Informationseinheit in propositionaler Form vorliegt und recht abstrakt ist. Der Input in das Wissenssystem kann verbal oder bildlich sein, die Repräsentation erfolgt in propositionaler Form. Entsprechend kann der Output vom System verbal oder bildlich sein, weil beides aus einer in propositionaler Form gegebenen Wissensbasis erzeugt werden kann.

Episodisches und semantisches Wissen

Die Unterscheidung zwischen episodischem und semantischem Wissen bezieht sich mehr auf den inhaltlichen als auf den formalen Aspekt der Wissensrepräsentation. Eine episodische Erinnerung ist ein Abbild eines Ereignisses oder einer Erfahrung, die insofern autobiographisch ist, als sie die Information enthält, daß "es mir zur Zeit X am Ort Y passiert ist". Episodische Erinnerungen beziehen sich auf Ereignisse in der eigenen Vergangenheit einer Person. Ein wesentlicher Teil einer episodischen Repräsentation ist ihr Bezug zum Wissen der sich erinnernden Person über ihre persönliche Identität. Im Gegensatz dazu enthalten semantische Repräsentationen Information, die normalerweise keine solche autobiographische Bezüge enthält. Statt dessen enthält sie konzeptuelle Information, die nicht an Zeit und Ort gebunden ist. Sie könnten z.B. ein Konzept davon haben, was eine "purpurfarbene Kuh" ist, ohne jemals eine gesehen zu haben oder Kenntnis davon zu haben, wo oder wann Sie den Ausdruck das erste Mal gehört haben. Solch eine Repräsentation wäre rein seman-

Abbildung 5-7 Eine einfache Hierarchie im semantischen Gedächtnis

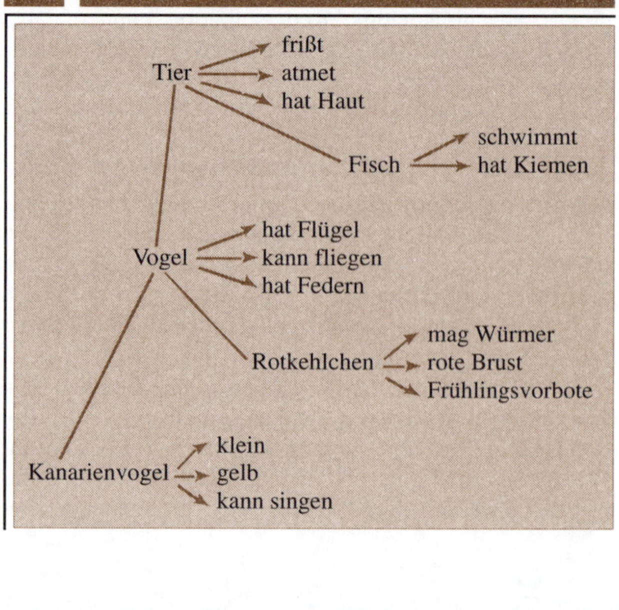

tisch. Wenn Sie jedoch wirklich eine purpurfarbene Kuh gesehen haben, wäre Ihre Erinnerung an jenes Ereignis eine episodische Erinnerung, die wahrscheinlich auch die Zeit und den Ort enthielte, wann und wo sie diese Kuh gesehen haben. Ein Großteil von Erlebnissen gleicher inhaltlicher Bestimmtheit könnte anfangs episodisch im Kontext der ursprünglichen Erfahrung repräsentiert werden - z.B. schnurrt jede Katze, die Sie sehen, wenn Sie sie hochheben oder streicheln. Schließlich jedoch werden Sie eine sehr allgemeine Vorstellung von Katzen und Schnurren entwickeln, die nicht unbedingt mit spezifischen Ereignissen verbunden ist. Diese Vorstellung wäre ein Teil Ihres semantischen Wissens.

Man kann den Unterschied zwischen semantischem und episodischem Gedächtnis auch auf der Grundlage des Modells der propositionalen Wissensrepräsentation beschreiben. Episodische Erinnerungen enthalten Argumente, die zum Kontext der Erfahrung gehören, aber semantische Erinnerungen enthalten keine Kontextargumente. Diese Unterscheidung hat Implikationen für das Abrufen der Information aus dem Gedächtnis. Wenn der Lernkontext wiederhergestellt wird, hilft das dem Gedächtnis nur dann, wenn der Kontext enkodiert wurde und noch ein Teil der propositionalen Form des Gelernten ist. Die Tatsache, daß ein Augenzeuge sich an mehr erinnert, wenn er zum Schauplatz des Verbrechens zurückkehrt, impliziert, daß Kontextargumente gespeichert wurden; wenn man sie wieder aufleben läßt, können sie benutzt werden, um andere damit verbundene Argumente abzurufen.

Die Organisation des Wissens

Wir alle haben eine ungeheure Menge an Informationen in unserem Langzeitgedächtnis gespeichert. Außerdem fügen wir andauernd neue Informationen hinzu. Es ist wirklich erstaunlich, daß so viel von diesen Informationen verfügbar ist, wenn wir sie benötigen. Angesichts der riesigen Informationsmenge, die es enthalten muß, arbeitet unser Gedächtnis erstaunlich gut, was nur bedeuten kann, daß die Informationen auf irgendeine Art systematisiert sind. Zwei wichtige Vorstellungen über den Aufbau des Wissens im Langzeitgedächtnis sind das Netzwerkprinzip und das Schemataprinzip.

Netzwerke

Gedächtnismodelle, die auf dem Netzwerkprinzip beruhen, nehmen an, daß Informationen in ein Netzwerk von Knoten (Lokalisationen) und Verbindungen (Assoziationen) zwischen diesen Knoten strukturiert sind. Weiterhin ist das Netzwerk hierarchisch aufgebaut, wobei allgemeinere bzw. abstraktere Informationen höher in der Hierarchie angeordnet sind (siehe Abbildung 5-7). Versuchen Sie Fragen wie "Haben Kanarienvögel Federn?" oder "Haben Kanarienvögel eine Haut?" zu beantworten. Im semantischen Gedächtnis gibt es einen Knoten, der der Vorstellung "Kanarienvogel" entspricht. Ausgehend von diesem Knoten gibt es Verbindungen, die zu anderen Knoten führen. Die Information zu jeder Vorstellung ist an einem Knoten gespeichert, und die Verbindungen spezifizieren seine Eigenschaften. Wenn man Abbildung 5-7 betrachtet, sieht man, daß am Knoten für Kanarienvögel drei Eigenschaften oder Merkmale von Kanarienvögeln gespeichert sind: sie können singen, sie sind klein, und sie sind gelb. Man sieht auch eine Verbindung vom Kanarienvogel nach oben in der Hierarchie zu der allgemeineren Vorstellung "Vogel". Beim Knoten für Vögel ist zusätzliche Information gespeichert, die auf Vögel im allgemeinen zutrifft, auch auf Kanarienvögel: sie haben Flügel und Federn und können fliegen. Wieder weiter oben erreicht man den Knoten für Tiere, wo man noch allgemeinere Informationen findet, u.a. die Tatsache, daß Tiere eine Haut haben. Um die erste Frage zu beantworten, müßte man das Netzwerk beim Knoten für den Kanarienvogel betreten, der in der Frage angesprochen ist, und dann einen Schritt höher zum Knoten für Vögel gehen. Es ist, als wenn man zu sich selbst sagte: "Ein Kanarienvogel ist ein Vogel, und Vögel haben Federn; also haben Kanarienvögel Federn." Also beantwortet man die erste Frage mit "ja". Um die zweite Frage zu beantworten, müßte man zwei Schritte vom "Kanarienvogel"-Knoten aufwärts zum "Tier"-Knoten gehen, um die Antwort zu finden, weil "hat eine Haut" beim Knoten für Tiere gespeichert ist.

Forschungsergebnisse deuten darauf hin, daß man die Frage nach den Federn schneller beantwortet als die Frage nach der Haut, was die Vorstellung einer Hierarchie unterstützt (Collins & Quillian 1969). Sie legen auch nahe, daß "hat eine Haut" höher in der Hierarchie gespeichert wird als "hat Federn". Netzwerkmodelle wie dieses sind

"Hör mal, es gibt zwei Dinge, über die man sich Sorgen machen muß, wenn man älter wird. Das erste ist, daß das Gedächtnis nachläßt, und das zweite habe ich vergessen..."

nur ein Theorientyp, wenn auch zur Zeit weit verbreitet. Stellen Sie sich nur die Größe und Komplexität eines Netzwerks vor, das alle Informationen, die jemand besitzt, enthalten kann!

Das Netzwerkprinzip paßt gut zu der Vorstellung, daß Informationen in Form von Propositionen gespeichert werden. Die Argumente entsprechen Knoten in einem Netzwerk, und die Prädikate dienen als Verbindungen, die Pfade bereitstellen, damit man sich durch das Netzwerk bewegen und Informationen systematisch abrufen kann.

Schemata

Denken Sie einen Moment darüber nach, und Sie werden bemerken, daß vieles von Ihrem Wissen stereotypiert ist. Viele unserer alltäglichen Erfahrungen sind routinemäßig, wiederkehrend und sehr vorhersagbar. Stellen Sie sich z.B. vor, bei McDonald's zu Mittag zu essen. Ist das nicht jedes Mal fast die gleiche Erfahrung? Unser Wissen über solche allgemeinen und vorhersagbaren Erfahrungen ist auf spezielle Weise systematisiert. Genauer gesagt sind Teile unseres semantischen Gedächtnisnetzwerks hochstrukturiert. Diese straff organisierten Wissenseinheiten werden weitgehend von verschiedenen Psychologen Schemata (in der Einzahl Schema), Rahmen oder Skripte genannt.

Dinge wie Geburtstagsfeiern, Baseballspiele, Restaurantbesuche, Wäsche waschen, Lebensmittel einkaufen, Verabredungen usw. lassen sich als Schemata auffassen. Unser Schema für Restaurantbesuche könnte Wissen über die Gründe für den Besuch enthalten (um Hunger oder Appetit zu stillen), über die typischen Ereignisse in einem Restaurant (eintreten, einen Platz suchen, eine Speisekarte erhalten, das Essen wählen, es bestellen, das Essen erhalten, die Rechnung bekommen, sie bezahlen, Trinkgeld geben und hinausgehen) und auch über die üblicherweise am Restaurantschema beteiligten Personen (Wirt oder Wirtin, Kellner oder Kellnerin, Koch, Kassierer).

Obwohl das Wissen in einem Schema großenteils sehr stereotyp ist bzw. von Zeit zu Zeit wiederholt werden kann, kann das Schema verschiedene Feindifferenzierungen enthalten, um mit veränderlichen Situationen fertig zu werden. Ein Schema für "ins Restaurant gehen" z.B. kann ein Schnellimbiß-Skript, Cafeteria-Skript und ein Nobelrestaurant-Skript enthalten. Sie würden die typischen Ereignisse und wichtigsten Begriffsbildungen enthalten, die man benötigt, wenn man eines der gananten Restaurants besucht.

Die Knoten des Netzwerkes eines Schemas können als freie Speicherstellen gedacht werden, in die die speziellen Details einer aktuellen Situation abgespeichert sind, für die man das Schema gerade benutzt. Falls einige dieser Details in einer bestimmten Situation fehlen oder nicht beachtet werden, enthält das Schema Standardparameter, die es automatisch einsetzt. Dieses "Normwissen" besteht aus Details, die üblicherweise auf solche Ereignisse zutreffen (z.B. haben Küchen meistens Herde und Spülbecken, die in einen Schrank eingelassen sind), und es ermöglicht, etwas anzunehmen, zu wissen und zu folgern, was man nicht spezifisch erfahren hat. Beachten Sie die folgenden beiden Sätze:

> Heinz führte Iris in ein französisches Restaurant.
> Heinz führte Iris in ein heruntergekommenes Lokal.

FUNDGRUBE 5-5

Lerntransfer

Wenn man etwas Neues lernt, also neues Wissen oder eine neue Fertigkeit erwirbt, tut man das gewöhnlich mit der Absicht, es später zu benutzen. In manchen Fällen wird man später gebeten, die genaue Information, die man gelernt hat, ins Gedächtnis zurückzurufen bzw. zu erinnern, etwa bei Abschlußklausuren eines Kurses an der Universität. Dies gehört zur Psychologie des *Gedächtnisses*, die im nächsten Abschnitt behandelt wird. Eng verwandt mit dem Erinnern ist das Phänomen des **Lerntransfers**, das sich auf die Auswirkung von früherem Lernen auf die nachfolgende Leistung bei einer anderen Aufgabe bezieht. Ein Beispiel für Transfer ist das Fahren eines neuen Autos. Obwohl die nötigen Reaktionen denen ähnlich sind, die man früher beim Fahren gelernt hat, sind sie doch nicht genau die gleichen. Oft ist es notwendig, alte Gewohnheiten anzupassen oder einige neue zu lernen. Man könnte sogar feststellen, daß einige der alten Gewohnheiten die reibungslose Bedienung des neuen Autos behindern. Worauf es ankommt ist, daß das früher Gelernte weiter wirkt, und das wird als Lerntransfer bezeichnet. Tabelle 5-2 zeigt die Definitionen von positivem und negativem Transfer von Aufgabe 1 auf Aufgabe 2.

Tabelle 5-2 Lerntransfer

Gruppe	Stufe 1	Stufe 2
Experimental-	lernt Aufgabe 1	lernt Aufgabe 2
Kontroll-	tut nichts	lernt Aufgabe 2

1. Ist die Experimentalgruppe bei Aufgabe 2 *besser* als die Kontrollgruppe, liegt *positiver Transfer* vor.
2. Ist die Experimentalgruppe bei Aufgabe 2 *schlechter* als die Kontrollgruppe, liegt *negativer Transfer* vor.
3. Unterscheiden sich die Experimentalgruppe und die Kontrollgruppe nicht, liegt *kein Transfer* vor.

Die wichtigste Variable beim Lerntransfer ist die Ähnlichkeit der beiden Aufgaben. Sind die Aufgaben 1 und 2 sehr ähnlich, ist ein positiver Transfer wahrscheinlich. Erfordern sie gegensätzliche oder miteinander im Konflikt stehende Verhaltensweisen (z.B. in Großbritannien auf der linken Straßenseite zu fahren), kann man negativen Transfer erwarten.

Das Normwissen, das in unseren "Nobelrestaurant"- und "Gaststätten"-Schienen gespeichert ist, erlaubt es uns, Erwartungen darüber zu formulieren, was für Kleidung Heinz und Iris trugen, ob Kerzen auf dem Tisch standen, welche Ausstattung sie umgab usw. Die Normwerte für die "Gaststätten"-Schiene unseres Rahmens lassen uns ganz andere Schlüsse ziehen als die Werte für unsere "Nobelrestaurant"-Schiene.

Zusammenfassend haben Schemata folgende gemeinsame Eigenschaften: (1) sie unterstützen die Systematisierung des Langzeitgedächtnisses; (2) sie enthalten stereotypierte Information; und (3) sie enthalten Normwissen. Ohne solch ein hochorganisiertes System wäre unser semantisches Wissen sehr schwer zu benutzen. Die meisten von uns haben in ihrem Gedächtnis eine unermeßliche Informationsmenge gespeichert. Damit Sie eine Vorstellung davon haben, wieviel wir wissen, bedenken Sie, daß ein durchschnittlicher amerikanischer Studienanfänger die Bedeutung von 80000 bis 90000 Worten kennt. In unserem Langzeitgedächtnis haben wir auch die Relationen zwischen logischen Konzepten und vielen persönlichen Erfahrungen gespeichert. Der allgemeine zentrale Verarbeitungs- oder Steuerungsmechanismus muß somit anspruchsvolle Abruftechniken besitzen, mit denen er im Gedächtnis nach Fakten suchen kann, die für eine vorliegende Aufgabe relevant sind (siehe Fundgrube 5-5). Schemata erleichtern das Abrufen, indem sie unser Wissen systematisieren. Lassen Sie uns nun unsere Aufmerksamkeit auf den Abrufprozeß richten.

GEDÄCHTNIS

Bislang haben wir über den Enkodierungsprozeß gesprochen - darüber, wie Informationen in das System gelangen, deren Darstellungsform und Organisation. Jetzt werden wir das Gedächtnis betrachten: Was geschieht mit der Information, nachdem sie enkodiert wurde? Wenn sich die verschlüsselte Information im System befindet, aber nicht benutzt wird, sagt man, sie ist im Speicher. Später, wenn die Information benötigt wird, muß das System sie abrufen. Erfolgreiches Abrufen impliziert, daß die Information (1) vorhanden und (2) zugänglich ist. Vergessen bedeutet, daß die Information entweder nicht vorhanden ist (sie wurde aus dem Speicher verloren) oder, falls vorhanden, nicht zugänglich ist. Dies sind die zwei Grundlagen des Vergessens.

Vergessen

Psychologen nehmen an, daß Lernen oder Enkodieren eine Spur im Gedächtnissystem hinterläßt. Die Spur kann sich dynamisch verändern und mit der Zeit schwächer oder verwischt werden. In beiden Fällen kann die ursprüngliche Spur zum Zeitpunkt des Abrufens nicht vorhanden sein. Mißerfolg beim Abrufen wird unter diesen Umständen **spurabhängiges Vergessen** genannt. Die ursprüngliche Spur ist nicht vorhanden.

In anderen Fällen kann man eine vorhandene Spur nicht abrufen, weil die Hinweise, die man zum Zeitpunkt des Abrufens hat, nicht angemessen sind. Entweder sind die Kontexthinweise der ursprünglichen Lernsituation beim Erinnern nicht vorhanden, oder störende Hinweise blockieren das Abrufen aus dem Gedächtnis. Diese Art des mißlungenen Abrufens wird **hinweisabhängiges Vergessen** genannt. Die Spur ist vorhanden, aber nicht zugänglich.

Wir werden jetzt mehrere Theorien des Vergessens behandeln. Jede Theorie stützt sich entweder auf spur- oder hinweisreizabhängige Prozesse, oder integriert beide Modelle.

Gestalttheorie

Die Gestalttheorie des Gedächtnisses, Prototyp für ein spurabhängiges Modell, besagt, daß alles Vergessen ein Ergebnis automatischer Veränderungen der Gedächtnisspur im Lauf der Zeit ist. Die einfachste Form der Veränderung ist Verfall, die allmähliche Abschwächung und das letztendliche Verschwinden einer Gedächtnisspur nach einem Zeitraum der Nichtnutzung. Wiederholter Abruf der Erinnerung kann sie reaktivieren und wieder stärken, aber man muß sie benutzen, sonst verliert man sie. Doch Verfall ist nur eine Form der Spurveränderung. Die Gestaltpsychologen behaupten, daß sich eine Spur im Lauf der Zeit auf drei Arten verändern kann, durch (1) *Leveling* (Glättung), (2) *Sharpening* (Akzentuierung) oder (3) *Assimilation* (Angleichung). Leveling bedeutet den Verlust von Details, vermutlich durch einfaches Verfallen. Unter Sharpening versteht man die Betonung bestimmter Merkmale der Spur, so daß ihnen mehr Bedeutung zugemessen wird, als sie ursprünglich besaßen. Assimilation schließlich ist der Prozeß der zunehmenden Angleichung einer Spur in Richtung auf etwas bereits Bekanntes - um den Preis der Verwischung der ursprünglichen Spur. Um dies zu veranschaulichen, stellen Sie sich einen Augenzeugen eines Autounfalls vor; der Unfall wurde durch einen Mann verursacht, der einen japanischen Kleinwagen fuhr. Später, wenn der Augenzeuge befragt wird, kann er sich nur einige Details ins Gedächtnis rufen, wie die Farbe der Wagen, die Anzahl der Passagiere usw. (Glättung). Aber er erinnert sich, daß der männliche Fahrer des japanischen Wagens äußerst leichtsinnig, schlecht und unsicher fuhr (Akzentuierung). Schließlich erinnert er sich (fälschlicherweise) daran, daß der japanische Wagen ein Toyota war, obwohl er in Wirklichkeit eine wesentlich weniger weit verbreitete Marke war, ein Isuzu (Angleichung).

Konsolidierung

Dem Enkodierungsstadium im Prozeß des Behaltens entspricht die *Konsolidierungstheorie* des Gedächtnisses. Diese Theorie postuliert, daß jede Erfahrung die Bildung einer Gedächtnisspur nach sich zieht. Die Spur kann man sich als kleinen elektrischen und chemischen Schaltkreis vorstellen, der im Gehirn gebildet wird, wobei der Kreislauf die Erfahrung in noch näher zu bestimmender Weise verschlüsselt. Dieser Kreislauf muß sich konsolidieren (sich festigen), damit die Erfahrung permanent gespeichert wird. Zunächst ist der Kreislauf nicht sehr stabil, und der Kreislauf muß viele Male durchlaufen werden, um ihn zu konsolidieren, ihn endgültig und beständig zu machen. In der Spanne zwischen dem Ende des Lernens und dem Ende der Konsolidierung kann der Kreislauf leicht zerstört werden. Nach der Konsolidierungstheorie liegt ein Faktor beim Vergessen darin , daß die Erinnerung teilweise bereits vor ihrer Konsolidierung zerstört wurde, ehe sie gefestigt ist. Diese Theorie stellt das Enkodieren von Informationen in den Mittelpunkt und postuliert, daß mißlungenes Erinnern eine Folge inadäquater Enkodierung ins Langzeitgedächtnis sein kann.

Welche Einflüsse könnten den Konsolidierungsvorgang beeinträchtigen? Der Großteil der Forschung konzentrierte sich auf die Wirkungen von Elektroschocks auf das Gehirn kurz nach dem Lernen. Ein Schock mit einer Intensität, die hoch genug ist, um einen Krampf auszulösen, wird **Elektrokrampfschock** genannt. Elektrokrampfschocks wurden bei Menschen zur Behandlung schwerer Depressionen eingesetzt. Patienten, die Elektrokrampfschocks erhalten, berichten für Ereignisse, die kurz vor dem Elektrokrampfschock stattgefunden haben, einen vollständigen Gedächtnisverlust - ein Phänomen, das als **retrograde Amnesie** bekannt ist. Ihr Langzeitgedächtnis jedoch bleibt völlig intakt. Vergleichbare Prozesse spielen sich ab, wenn jemand etwa in Folge eines Schlages auf den Kopf in Ohnmacht fällt. Der starke elektrische Schock oder der Schlag auf den Kopf unterbricht die Erinnerungen, die gerade konsolidiert werden, aber Ereignisse, die vorher stattfanden, bleiben unbeeinflußt.

Doch einige neue Beobachtungen lassen vermuten, daß retrograde Amnesie nicht vollständig darauf zurückgeführt werden kann, daß die Spur nicht vorhanden ist. Sie könnte teilweise durch die Unzugänglichkeit der Spur verursacht werden. Tiere, die darauf trainiert wurden, einen Schock an den Pfoten zu vermeiden, sind amnestisch, wenn gleich nach dem Training ein Elektrokrampfschock gegeben wird, zeigen also retrograde Amnesie. Wenn man ihnen jedoch "zur Erinnerung" einen Schock auf die Pfoten gibt, kurz bevor man ihr Gedächtnis testet, wird die Amnesie vermindert. Dies legt nahe, daß der Elektrokrampfschock die Gedächtnisspur nicht völlig auslöscht. Wenn angemessene Hinweisreize wiedereingesetzt werden und sich das Erinnern verbessert, muß das Vergessen, das der Elektrokrampfschock verursacht hat, zum Teil hinweisabhängig gewesen sein. Personen mit Amnesie zeigen in Analogie zu den tierexperimentellen Befunden allmähliche Verbesserungen ihrer Erinnerung, wenn man ihnen angemessene Gedächtnishilfen gibt.

Ein anderer Aspekt der Konsolidierungstheorie ist sogar noch interessanter. Da eine permanente Erinnerung durch den Konsolidierungsvorgang ermöglicht wird, müßte das Erinnern erleichtert werden, wenn die Konsolidierung erleichtert werden könnte. Vielleicht erleichtert es die Konsolidierung, wenn man die Zeit verlängert, die die für die Konsolidierung ursächliche elektrische Aktivität andauert. Von bestimmten Medikamenten, darunter Strychnin und Pikrotoxin, vermutet man, daß sie genau diese Fähigkeit besitzen. Diese Stoffe stimulieren das Gehirn und könnten eine schnellere, effizientere und permanentere Gedächtnisspeicherung bewirken. Werden diese Stoffe nach jedem Lernversuch an Tiere verabreicht, führt das tatsächlich zu schnellerem Lernen und ist ein gewichtiges Argument für die Konsolidierungstheorie.

Die Theorie der Enkodierspezifität

Die Theorie der Hinweisabhängigkeit besagt, daß alles Vergessen der Tatsache zuzuschreiben ist, daß Hinweise, die beim Erinnern vorhanden sind, sich von den Hinweisen unterscheiden, die in der ursprünglichen Lernsituation vorhanden waren. Weil Hinweise sich im Lauf der Zeit verändern, besteht immer die Möglichkeit, daß man sie vergißt; umgekehrt kann man das Erinnern in dem Ausmaß erleichtern, in dem man die Hinweise aus der ursprünglichen Lernsituation wiedereinsetzt. Dahinter steht die Vorstellung, daß der Zugang zum Gedächtnis damit anfängt und davon abhängt, welche Stimuli oder Hinweise zum Zeitpunkt des Erinnerns vorhanden sind.

Die bekannteste Version dieser Vorstellung wurde von Endel Tulving von der University of Toronto entwickelt, der sie das *Prinzip der Enkodierspezifität* nannte. Tulving zeigte, daß die Stimuli, die von dem Item geliefert werden, welches mit dem zu lernenden Item in der Lernsituation gemeinsam auftrat, die geeignetsten Hinweise sind, um Zugang zu einem gewünschten Item im episodischen Gedächtnis zu erhalten. Tulving zeigte Versuchspersonen eine Reihe von Wortpaaren, wie *Zug-schwarz, Klebstoff-Stuhl* usw., und wies sie an, sich das zweite Wort aus jedem Paar zu merken. Er sagte ihnen, daß das erste Item jedes Paares nicht gelernt werden muß, ihnen aber helfen könnte, sich an das zweite Item zu erinnern. Später prüfte er die Erinnerung der gelernten (GEL) Items, ohne jegliche Gedächtnisstütze anzubieten. Die ausschlaggebende Einsicht kam von den Fällen, in denen die Versuchspersonen die GEL-Items nicht erinnern konnten, z.B. *schwarz*. Welche Erinnerungshinweise würden den Versuchspersonen am effektivsten helfen, das Wort *schwarz* abzurufen? Wenn man ihnen das Wort *weiß* darbietet, denken die meisten Leute sofort an schwarz als damit eng verbundenes Wort, und so würde man vermuten, daß *weiß* ein hervorragender Abrufhinweis für *schwarz* wäre. Überraschenderweise fand Tulving, daß das Wort "weiß" keineswegs in besonderer Weise erinnerungsfördernd wirkte. Die beste Gedächtnisstütze war das ursprüngliche Item, *Zug*, das zusammen mit schwarz gezeigt worden war. Es war, als ob die beiden Items, Zug und schwarz, spezifisch zusammen verschlüsselt wären, so daß der einzige Zugangsweg zum einen durch das andere führte. Erinnerung ist demnach im großen und ganzen vom Wiedereinsetzen ursprünglicher Enkodierhinweise abhängig, so die grundsätzliche Aussage der Theorie der Hinweisreizabhängigkeit des Gedächtnisses.

Interferenztheorie

Eine weit akzeptierte Theorie des Vergessens, die Interferenztheorie, vereinigt die Modelle der Spur- wie Hinweisreizabhängigkeit. Diese Theorie postuliert, daß Vergessen durch Interferenz (Überlagerung) der Erinnerungen verursacht wird, besonders bei Erinnerungen an ähnliche Ereignisse. Wenn eine alte Erinnerung eine neuere stört, heißt es, die neuere Erinnerung wurde wegen **proaktiver Hemmung** vergessen. Wenn eine neue Erinnerung eine ältere stört, sagt man, die ältere wurde wegen **retroaktiver Hemmung** vergessen.

Das Prinzip der Spurabhängigkeit liegt bei dieser Theorie in der Modellvorstellung begründet, wonach das Lernen eines Items das *Verlernen* eines älteren Items dadurch bewirken kann, daß dessen Spur verändert wird. Hinweisabhängigkeit zeigt sich in der Form des *Wettbewerbs von Reaktionen* - der gleiche Hinweis ist mit mehr als einer Reaktion verbunden. Bedenken Sie, was passiert, wenn Sie von einem Haus oder einer Wohnung umziehen und die Telefonnummer ändern müssen. Zuerst fallen Ihnen vielleicht zwei Antworten ein, wenn Sie nach Ihrer Telefonnummer gefragt werden: die richtige neue Nummer und die störende alte Nummer. Die beiden möglichen Reaktionen wetteifern miteinander, und es könnte Ihnen unklar sein, welche Sie als Antwort geben müssen. Dies ist ein Beispiel für den Wettbewerb von Reaktionen. Letztlich gelangen Sie jedoch an einen Punkt, an dem Sie ohne weiteres in der Lage sind, die richtige neue Telefonnummer zu nennen, wenn Sie gefragt werden. Dies mag geschehen, weil Sie die alte Nummer "verlernt" haben. Sie ist dann nicht mehr vorhanden oder zugänglich, und wenn Sie nach Ihrer alten Telefonnummer gefragt werden, werden Sie sehr wahrscheinlich kaum mehr eine korrekte Antwort geben können (vorausgesetzt, Sie benutzen Ihre alte Nummer nicht regelmäßig).

Die Steuerung des Vergessens

Die Begriffe Spur- und Hinweisabhängigkeit sagen auch etwas über die Möglichkeiten aus, das Vergessen zu beeinflussen. Aus der Theorie der Hinweisabhängigkeit folgt eindeutig, daß man die Ähnlichkeit zwischen der Abrufsituation und der Lernsituation maximieren sollte, wenn man die Gedächtnisleistung erhöhen will. Eine Vorhersage der Theorie lautet, daß man sich bei einer Prüfung an mehr erinnert, wenn man im gleichen Raum lernt, in dem man auch die Prüfung ablegt. Steven M. Smith von der Texas A & M University hat diese Vorhersage bestätigt und gezeigt, daß Reize, die mit dem Raum verbunden sind, auch mit dem in dem Raum gelernten Stoff assoziiert werden. Sie dienen im Folgenden als Orientierungspunkte des Gedächtnisses, die den Ablauf des Abrufens leiten.

Der physiologische Zustand des Lernenden bildet ebenfalls einen Teil des Lernkontextes und kann eine weitere Quelle von Gedächtnisstützen sein. Damit man eine gute Erinnerungsleistung erzielt, sollte der körperliche Zustand also zum Zeitpunkt des Lernens wie des Erinnerns so ähnlich wie möglich sein. Es existieren anekdotische Berichte von Alkoholkranken, die Dinge verstekken, während sie betrunken sind, sich in nüchternem Zustand nicht an das Versteck erinnern können, es aber wiederfinden können, wenn sie von neuem betrunken sind. Dieses Phänomen wird **zustandsabhängiges Lernen** genannt. Bei Laborstudien über zustandsabhängiges Lernen hat man gewöhnlich mit Hilfe von Medikamenten bestimmte Zustände induziert. So läßt sich experimentell nachweisen, daß eine Ratte, die unter Einfluß von Amphetaminen durch ein Labyrinth laufen lernt, eine bessere Leistung zeigt, wenn ihr die Amphetamine auch kurz vor den Versuchsdurchgängen verabreicht werden, in denen das von ihr Gelernte überprüft wird.

Kürzlich hat Gordon Bower von der Stanford University zustandsabhängiges Lernen in Abhängigkeit von der Stimmungslage oder des emotionalen Zustandes zum Zeitpunkt des Lernens und Erinnerns nachgewiesen. Per-

"Mein Gott, waren wir das? Ich kann mich überhaupt nicht mehr daran erinnern."

Mit dieser Gedächtnisstütze (Fotos) sollte der Mann sich nach der Theorie der Hinweisabhängigkeit an alles erinnern. Können Sie sich andere Gründe denken, warum er Schwierigkeiten haben könnte, sich zu erinnern?

sonen lernten neuen Stoff entweder in einem gehobenen oder traurigen Gemütszustand und wurden später gebeten, den Stoff entweder in dem gleichen oder in dem gegensätzlichen Gemütszustand abzurufen. Ihre Erinnerung war am besten, wenn ihre Stimmungslage beim Lernen und Testen gleich war.

Eine andere Art von Kontextphänomen bei der Erinnerung wird **Hypermnesie** genannt und bezieht sich auf eine außergewöhnlich hohe Gedächtnisleistung; sie wird oft durch wiederholte Versuche, sich zu erinnern, verursacht. Wenn man Schwierigkeiten hat, sich an etwas zu erinnern, soll man sich weiter bemühen, und man wird sehr wahrscheinlich erfolgreich sein und die gesuchten Daten zurückholen. Die Befragung eines Zeugen kann beinhalten, daß man die Person immer wieder ihre Erinnerung an ein Ereignis durchgehen läßt, weil wahrscheinlich jedes Mal neue Information erinnert wird.

Die Verbesserung der Erinnerung durch Befragung und wiederholte Erinnerungsversuche könnte durch Wiedereinsetzen von Hinweisen verursacht sein. An je mehr man sich erinnert, desto mehr Hinweise gibt es für andere Aspekte der Erinnerung. Durch seine Fragen könnte der Untersucher zusätzliche Hinweise wiedereinsetzen. Denken Sie daran, daß die Erinnerung gelegentlich unter Hypnose verbessert werden kann. Das kann ein Ergebnis der gemeinsamen Wirkung von mehrfachen Versuchen, sich zu erinnern, und den vorsichtigen Fragen des Hypnotiseurs sein und nicht notwendigerweise Resultat eines wie auch immer gearteten Effekts der Hypnose per se.

Wenn Information enkodiert und im Gedächtnis nach einem bestimmten System organisiert wird, sollte das Abrufen erfolgreich sein, wenn es nach eben jenem Organisationssystem erfolgt. Wenn Sie gebeten werden, die 50 Bundesstaaten der USA zu nennen, wäre es geschickt, Ihre Erinnerung nach der Region zu systematisieren. Beginnen Sie mit den Staaten einer beliebigen Region, z.B. den Neuenglandstaaten, und fahren Sie dann mit der nächsten Region fort. Bei Aufgaben wie diesen haben Versuchspersonen gezeigt, daß sie sich beim Erinnern automatisch auf die Organisation des Gedächtnisses verlassen. Um das Beispiel weiterzuführen: man würde wahrscheinlich kurze Pausen zwischen der Nennung von Staaten der einen Region bemerken und eine längere Pause, ehe die Staaten einer anderen Region genannt werden.

Diese Ergebnisse weisen darauf hin, daß das Abrufen beinhaltet, daß man so viele Elemente einer Gruppe von Informationen wie möglich sammelt, um dann zu einer anderen Gruppe von Informationen überzugehen. Dieser Vorgang ist gänzlich davon abhängig, wie die Information enkodiert bzw. im Gedächtnis repräsentiert wurde. Wenn die Information auf unsystematische Weise abgebildet ist, ist ein Erinnerungsplan, der auf Systematisierung basiert, nicht effektiv. Das Abrufen kann aber stark verbessert werden, wenn Information rational organisiert ist, insbesondere wenn man verschiedene Gruppen von Informationen in einem Schema organisieren kann. Wenn man erkennen kann, wie verschiedene Kapitel in einem Text verbunden sind, empfindet man den Stoff als leichter zu lernen und zu erinnern, als wenn man jedes Kapitel als isolierte Gruppe von Informationen betrachtet.

Rekonstruieren

Was bis jetzt über das Abrufen gesagt wurde, könnte im Sinne eines Modells verstanden werden, das das Gehirn als Kopiermaschine betrachtet. Man enkodiert etwas (kopiert es) und speichert es für den späteren Abruf im Gedächtnis (Abruf und "Vorlesen" der Kopie). Dennoch ist der Großteil der Daten zu Gedächtnisphänomenen nicht mit solch einem Modell konsistent, worauf Sir Frederic Bartlett 1932 hinwies. Statt dessen lassen sich Gedächtnisleistungen eher im Sinne eines **Konstruktions-/Rekonstruktionsmodells** begreifen. Man kopiert Ereignisse nicht einfach und bewahrt die Kopien auf, sondern man *konstruiert* Abbildungen der Ereignisse, die dann gespeichert werden. Beim Versuch, ein Ereignis zu erinnern, ruft man die Repräsentation ab und versucht, das Ereignis von der Repräsentation abzuleiten oder zu *rekonstruieren*. Der Vorgang ähnelt dem, was wir tun, wenn wir die fehlenden Informationen aus einem abgerufenen Schema ableiten. Dieses Prinzip wird besonders deutlich, wenn man versucht, sich an eine Unterhaltung oder etwas, was man gelesen hat, zu erinnern. Man hat gewöhnlich keine wörtlichen Kopien der Unterhaltung oder den gedruckten Text im Gedächtnis, sondern allgemeine Vorstellungen oder Tatsachen über das, was gesagt oder gelesen wurde - Vorstellungen oder Tatsachen, die man abstrahiert hat, als man zuhörte oder las. Bei vielen Gelegenheiten ist das Abrufen also eine Problemlösungsaufgabe, bei der verschiedene Informationsteile ausgewertet werden müssen, damit man sich erinnert.

Dieses Modell verdeutlicht, daß aufgrund der Abstraktheit der Gedächtnisrepräsentationen sowie der Tatsache, daß Abrufen Rekonstruieren impliziert, die Erinnerung auf zwei Arten gestört werden kann. Erstens kann die Verzerrung beim Enkodieren vorkommen, wenn man den allgemeinen Inhalt einer Unterhaltung oder einer gedruckten Passage abstrahieren muß. Man kann die eintreffende Information falsch interpretieren und somit etwas abbilden, was in der Unterhaltung oder Passage nicht vorhanden war. Dies wird konstruktive Verarbeitung genannt, unter Bezugnahme auf die Konstruktion zusätzlicher (möglicherweise falscher) Information durch den Zuhörer oder Leser. Beim Lesen oder Zuhören abstrahiert man Information und konstruiert die generelle Bedeutung oder das "Wesentliche". Man könnte in dem Wesentlichen falsche Informationen einschließen, die nie wirklich gegeben wurden, die man aber für wahr hielt.

Betrachten Sie die folgenden Abschnitte und die

verzerrte oder falsch weiterverarbeitete Information, die von einem Zuhörer konstruiert werden könnte:

1. Ralph versuchte, das Vogelhäuschen zu reparieren. Er schlug gerade den Nagel ein, als sein Vater herauskam, um ihm zuzusehen und ihm bei der Arbeit zu helfen.
2. Es war spät am Abend, als das Telefon klingelte und eine Stimme verzweifelt schrie. Nur 30 Sekunden, ehe es zu spät gewesen wäre, warf der Spion das Geheimdokument in den Kamin.

Beim ersten Beispiel würden Sie wahrscheinlich die allgemeine Vorstellung speichern, daß Ralph ein Vogelhäuschen mit Hammer und Nagel reparierte und sein Vater ihm half. Tatsächlich sagt die Passage nicht aus, das überhaupt ein Hammer beteiligt war. Beim zweiten Beispiel würden Sie wahrscheinlich die allgemeine Vorstellung speichern, daß der Spion ein Geheimdokument verbrannte, gerade ehe die Polizei eintraf. Aber der Satz sagt nichts über Brennen oder die Polizei. Johnson, Bransford und Solomon (1973) fragten Versuchspersonen, die diese Beispiele gehört hatten, ob sie die folgenden beiden Testsätze gehört hatten:

1'. Ralph benutzte den Hammer, um das Vogelhäuschen zu reparieren, als sein Vater herauskam, um ihm zuzusehen und ihm bei der Arbeit zu helfen.
2'. Nur 30 Sekunden, ehe es zu spät gewesen wäre, verbrannte der Spion das Geheimdokument.

Die Versuchspersonen urteilten meistens fälschlicherweise, daß sie (1') und (2') gehört hätten, obwohl sie in Wirklichkeit nur (1) und (2) gehört hatten. Offensichtlich interpretierten sie (1) und (2) falsch und enkodierten allgemeine Information, nicht wortwörtliche Kopien. Bei der Prüfung holten sie die allgemeinen Vorstellungen zurück

Abbildung 5-8 Stimulusfiguren und ihre verbalen Bezeichnungen

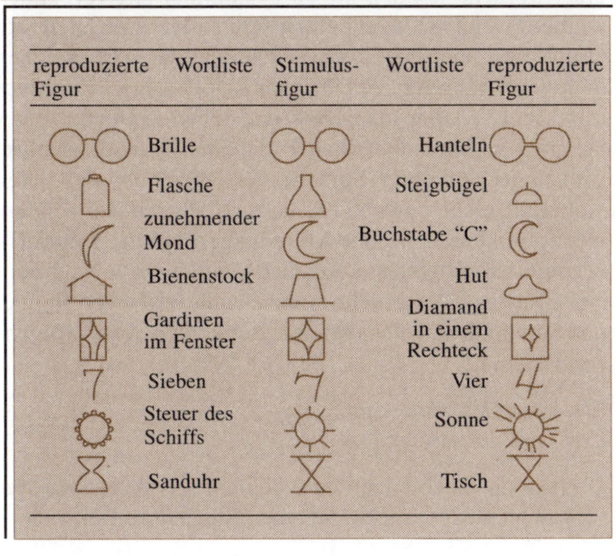

(in denen *Hammer* und *verbrannte* vorkamen) und rekonstruierten von dieser Information eine Vorstellung dessen, was sie gehört haben mußten. Die Rekonstruktion war dann (1') und (2') ähnlich genug, um die Versuchspersonen zu täuschen, so daß sie glaubten, sie hatten genau diese Sätze gehört.

Die Erinnerung kann auch beim Abrufen Störungen unterliegen. Fehler beim Abrufen können entweder hinweisabhängig oder spurabhängig sein. Spurabhängige Verzerrungen resultieren aus Veränderungen der Spur wie denen, die die Gestaltpsychologen postulieren - Leveling, Sharpening und Assimilation der Spur. Wenn z.B. Details fehlen, impliziert das Prinzip der Assimilation, daß die Erinnerung der Person in Richtung von sehr Bekanntem oder Normalem verzerrt wird: zum Standardwert des Schemas. So mag der Zeuge eines Autounfalles im Laufe der Zeit den Isuzu vergessen, wobei die Spur sich dem typischen japanischen Wagen angleicht, und bei der Erinnerung rekonstruiert der Zeuge so vom generellen bzw. Standardwert einen Toyota.

Die Rekonstruktion von Erinnerungen unterliegt auch hinweisabhängigen Effekten oder Störungen, wenn die Hinweise, die beim Erinnern vorliegen, nicht mit den Hinweisen identisch sind, die zum Zeitpunkt des Lernens präsent waren. Abrufhinweisreize können einen deutlichen Einfluß auf Rekonstruktionen von Erinnerungen haben. Hanawalt und Demarest (1939) untersuchten das Gedächtnis für Zeichnungen und zeigten, daß Information, die beim Testen gegeben wurde, das Abrufen beeinflußte. Den Versuchspersonen wurde eine Reihe von Zeichnungen ähnlich denen in Abbildung 5-8 gezeigt. Beim Testen wurde ihnen eine von zwei Listen mit verbalen Bezeichnungen gegeben, ehe sie versuchten, die Zeichnungen aus dem Gedächtnis aufzuzeichnen. Die Zeichnungen der Versuchspersonen wurden tatsächlich vom Vorhandensein der verbalen Liste beim Erinnern beeinflußt, wobei die Zeichnungen dazu neigten, mit den ihnen gegebenen Bezeichnungen übereinzustimmen. Der Effekt war für das längste Behaltensintervall am stärksten. Hier benutzten die Versuchspersonen ihre Schemata von Dingen wie Gardinen und Flaschen, um sich bei der Erinnerung an die Zeichnungen führen zu lassen.

Um die bisherigen Überlegungen zusammenzufassen: Das Gedächtnis basiert wahrscheinlich selten auf genauen Kopien der ursprünglichen Erfahrung. Wenn man Information enkodiert, ist man keine passive Kopiermaschine, die perfekte Reproduktionen für späteres Abrufen ablegt. Statt dessen abstrahiert und interpretiert man aktiv Informationen, wenn man sie empfängt (man konstruiert, während man lernt), und man legt vielleicht nur allgemeine Abbilder der Information ab. Später, wenn nötig, kann man die allgemeine Information zurückholen und die ursprüngliche Erfahrung rekonstruieren. Als Ergebnis kann die Erinnerung ungenau sein, (1) weil man die Information falsch interpretiert oder gleich zu Anfang falsches Wissen hinzugefügt hat, (2) weil man eine zu unvollständige Spur zurückbehalten hat, um eine genaue Rekonstruktion vorzunehmen, oder (3) weil man beim Rekonstruktionsvorgang selbst Fehler gemacht hat.

SPRACHE

Praktisch jedes Thema, das in diesem Kapitel untersucht wurde, stellte Bezüge zu den verbalen Fertigkeiten her, die man so sehr als gegeben ansieht. Wahrscheinlich spielt nichts eine so zentrale Rolle bei der vollentwickelten menschlichen Informationsverarbeitung wie die Sprache. Unser Wissen über Sprache und unsere Fähigkeit, sie zu verstehen und zu produzieren, beeinflussen tiefgreifend die Art, wie wir Information enkodieren, speichern und abrufen. Sprache bildet den grundlegenden Mechanismus für menschliches Beobachtungslernen. Was man beobachtet, besteht oft schon in sprachlicher Form (z.B. ein Text),

Die Beherrschung der Sprache ist wahrscheinlich die wichtigste Fähigkeit, die jedes Kind lernen muß. Verschiedenste computergestützte Lernhilfen werden entwickelt, um diesen Prozeß zu fördern.

oder das Verarbeitungssystem kodiert es in eine sprachlichen Repräsentation um. Sprache wird oft als unsere größte intellektuelle Errungenschaft angesehen.

Sprachen unterscheiden sich von Kultur zu Kultur, aber die Sprache jeder Kultur bietet ihren Mitgliedern eine allgemein akzeptierte Form, ihre Erfahrungen zu beschreiben, zu behalten und sie anderen mitzuteilen. In einer Sprache repräsentieren optische und akustische - geschriebene und gesprochene - Symbole verschiedene Gegenstände, Ereignisse, Handlungen und Beziehungen, die unsere Erfahrungen ausmachen. Diese Symbole werden auf systematische Weise kombiniert, um noch umfassendere Vorstellungen abzubilden. Die Existenz der Sprache wirft für kognitive Psychologen eine Reihe interessanter Fragen auf: Was ist Sprache, und wie verstehen wir sie? Wie wird Sprache gelernt? Wie beeinflußt Sprache Lernen und Erinnern? Der Spracherwerb findet hauptsächlich in den ersten Lebensjahren statt; dieser Vorgang wird in Kapitel 8 beschrieben. Im Moment werden wir uns darauf konzentrieren, wie Sprache verstanden wird.

Sprache verstehen

Der vertraute Akt, etwas zu verstehen, was jemand zu uns sagt, ist in Wirklichkeit eine komplizierte und bemerkenswerte Leistung. Ein Sprecher wandelt eine bedeutungsvolle Erfahrung in eine Reihe von Vokalisierungen um, und der Zuhörer wiederum übersetzt diese Vokalisierungen in eine Bedeutung zurück. Wir wollen annehmen, der Sprecher macht seine Sache gut. Betrachten wir die Aufgabe des Zuhörers. Um aus der Vokalisierung Bedeutung zu extrahieren, muß der Zuhörer (1) Bedeutungseinheiten identifizieren und (2) die Regeln, die ihrer Systematisierung zugrunde liegen, verstehen können.

Diese beiden Aufgaben entsprechen jeweils den beiden größten Strukturkomponenten eines jeden Satzes: (1) Semantik und (2) Syntax. Der Begriff **Syntax** bezieht sich auf die formale Struktur der Symbolketten, aus denen sich die Sätze zusammensetzen. Die elementaren Einheiten einer Sprache können nur in bestimmter Art verbunden werden, wenn sie verständlich sein sollen. Der Nichtsatz "tippt miserabel Rolf" veranschaulicht das. Die gleichen Wörter, in richtiger syntaktischer Reihenfolge, "Rolf tippt miserabel ", kann man leicht verstehen. Sprecher einer bestimmten Sprache verhalten sich, *als ob* sie die syntaktischen Regeln ihrer Sprache verstehen, obwohl ihnen vielleicht nicht bewußt ist, daß sie Regeln verwenden, wenn sie sprechen oder Mitteilungen hören. **Semantik** bezieht sich andererseits auf die *Bedeutung* bzw. Nachricht eines Satzes. Es ist nicht immer leicht, zwischen Syntax und Semantik zu unterscheiden. Betrachten Sie die folgenden Beispiele:

Ernst hat sich zurückgezogen.
Ernst hat das zurückgezogen.

Die beiden Sätze haben eine ähnliche Syntax, aber verschiedene Bedeutungen. Nehmen Sie andere Beispiele:

Ernst fährt mit seiner Freundin durch eine Landschaft, die sehr schön ist.
Das Vergessen der Kinder brachte sie in Schwierigkeiten.

Die Sätze sind semantisch zweideutig, weil ihre syntaktische Struktur ihnen nicht eine, und nur eine Bedeutung zuweist. Interessanterweise fanden es Informatiker schwierig, als sie die ersten Maschinen entwickelten, die Sätze verstehen und übersetzen konnten, diesen genügend syntaktische und semantische Weisheit zu geben, damit sie die Sprache angemessen verstehen. Ein solcher Computer paraphrasierte etwa den Satz "Der Geist ist willig, aber das Fleisch ist schwach" als "Der Wein ist zustimmbar, aber der Braten ist fade". Solche Mißerfolge sind nicht nur amüsant, sie lehren uns auch eine Menge über die Komplexität der Sprache - im besonderen, daß die Bedeutung eines Satzes wesentlich mehr ist, als einzelne Worte oder Konzepte aneinanderzureihen.

Die Bedeutung eines bestimmten Satzes wird auf mindestens drei naheliegenden Stufen extrahiert. Zuerst muß man die Bedeutungen der einzelnen Wörter des Satzes kennen, d.h., man muß ein "gedankliches Wörterbuch" haben. Auf einer zweiten Ebene sind einzelne Wörter zu elementaren Propositionen (oder Aussagen) organisiert, die in Grammatikbüchern als Wortverbindung und Satzteil bezeichnet werden. Auf der dritten Stufe verbinden sich diese elementaren Satzkomponenten, um den ganzen Satz zu bilden. Somit hat man drei Stufen, auf denen die Bedeutung arbeitet: (1) das Wortniveau, (2) das Niveau der Propositionen und (3) das Satzniveau.

Betrachten Sie diesen Satz:

Der verletzte Student rief ängstlich den Hausarzt an.

Anhand dieses leicht verständlichen Satzes können die drei Bedeutungsniveaus erläutert werden. Zuerst muß man jedes Wort im gedanklichen Wörterbuch "nachschlagen". Aber Verständnis umfaßt mehr als Wissen um die Bedeutung der einzelnen Wörter. Die elementare Proposition (Aussage) "Hausarzt" hat eine Bedeutung, die nicht einfach eine Summe der Bedeutungen der beiden Worte "Haus" und "Arzt" ist. Aus diesem Grund existiert eine Bedeutungsebene in der Form propositionaler Elemente, von denen es in diesem Satz drei gibt:

Der verletzte Student
rief ängstlich...
an den Hausarzt

Zudem ist dieser Satz mehrdeutig. Nur aufgrund seiner Einzelkomponenten, kann man ihm nicht eindeutig verstehen. Isoliert betrachtet hat "rief ängstlich... an" mehrere mögliche Bedeutungen. Nur, wenn es mit anderen Satzteilen in Zusammenhang gesetzt wird, wird klar, daß der Student den Arzt wahrscheinlich per Telefon rief, und ihn nicht "anrief", wie z.B. Gott oder anflehte. Dieses dritte bzw. Satzniveau greift im wesentlichen auf unser Wissen von der Welt zurück, unser semantisches Gedächtnis. Die Interaktion eines Satzes mit dem semantischen Gedächtnis ermöglicht es uns, Schlüsse zu ziehen, die über den Satz selbst hinausgehen. Der Satz "Babe Ruth schaffte einen 'Homerun' und drei erfolgreiche Läufe" z.B. beschreibt eine bestimmte Handlung. Aber er impliziert sehr viel mehr. Er impliziert, daß ein Baseballspiel stattfand, gerade eine bestimmte Phase war, wahrscheinlich die New York Yankees teilnahmen, daß der Ball dem Schläger zugeworfen wurde, daß zwei Mitspieler am Mal waren usw. Wir werden Schlußfolgerungen im nächsten Abschnitt näher betrachten.

Durch diese Analyse der Bedeutung gelangt man zum Verständnis einzelner Sätze. Wenn man aber liest, sich unterhält oder einer Vorlesung zuhört, sind die Sätze aneinander gereiht. Es kann Bedeutungen geben, die nur aus der Analyse größerer Einheiten des Zusammenhangs entnommen werden können, was uns zum Thema der Verarbeitung von längeren Informationen führt.

Diskursive Informationen verarbeiten

Wie versteht man die Informationen aus diskursiven Mitteilungen - einer mündlichen oder schriftlichen Nachricht, die aus zwei oder mehr Sätzen besteht? Psychologen haben angenommen, daß das Verstehen gänzlich eine "bottom-up"-Verarbeitung ist. Indem man die Nachricht Schritt für Schritt in aufeinanderfolgenden Analysestufen verarbeitet, extrahiert man so das Gesamt der darin enthaltenen Informationen. Daneben existiert auch "top-down"-Verarbeitung. Der Leser oder Zuhörer verfügt in seinem Gedächtnis über umfangreiches Wissen, das mit der Information interagiert, die durch die bottom-up-Analyse von Tönen und Symbolen extrahiert wird. Um die neu ankommende Information zu verstehen, kann das, was man schon weiß, so wichtig sein wie die neue Information selbst. Drei Arten von gespeichertem Wissen beeinflussen den Verständnisvorgang: Wissen über (1) die Sprache, (2) die Welt im allgemeinen und (3) das spezifische Thema der sprachlichen Botschaft. Natürlich muß man sich erinnern bzw. die Information aus dem Speicher zurückholen können, um sie während der Verarbeitung der Mitteilung zu verwenden - eine Tätigkeit, die komplexe kognitive Aktivität verlangt. Gedächtnis, Sprache und Denken sind weitgehend voneinander abhängige Prozesse.

Sprachliche Mitteilungen zu verstehen beinhaltet mehr, als einzelne Worte zu entschlüsseln und Syntaxregeln anzuwenden. Wnn man sprachliche Mitteilungen verstehen möchte, testet man bestimmte erfolgversprechende Hypothesen über die beabsichtigte Bedeutung der Nachricht. Es geht dann zuerst darum, die Bedeutung einer Mitteilung abzuleiten, und nicht, die Wortfolge syntaktisch zu analysieren; das Wissen um syntaktische Regeln kann allerdings zur Unterstützung des Verständnisses angewendet werden.

Beim Verstehen geschriebener oder gesprochener sprachlicher Mitteilungen wird eine Anzahl verschiedener Informationsquellen benutzt, vergleichbar den Vorgängen bei der Dekodierung einzelner Worte. Wir nehmen Worte und Sätze optisch oder akustisch wahr, und es liegt nun an uns, die Bedeutung der Nachricht zu verstehen. Neben der physikalischen Information über das geschriebene oder gesprochene Wort benutzen wir auch unser eigenes Wissen, repräsentiert in Schemata, zum betreffenden Thema, um unser Verständnis der Nachricht zu ermöglichen.

Meistens ist man sich der Bedeutung des Allgemeinwissens für das Verständnis der Sprache nicht bewußt. Wenn man beim Lesen nicht das Wissen aufrufen kann, das man zum Verständnis des Abschnitts braucht, dann kann das Gelesene als Unsinn erscheinen. Lesen Sie den folgenden Absatz:

Würden die Ballons platzen, wäre der Schall nicht hörbar, da alles zu weit vom richtigen Stockwerk entfernt wäre. Ein geschlossenes Fenster würde ebenfalls den Schall unhörbar machen, da die meisten Gebäude gut isoliert sind. Da die gesamte Tätigkeit von einem stetigen Elektrizitätsfluß abhängt, würde ein Bruch in der Mitte des Kabels auch Schwierigkeiten verursachen. Natürlich könnte der Freund rufen, aber die menschliche Stimme ist nicht laut genug, um so weit zu tragen. Ein zusätzliches Problem ist, daß eine Saite des Instruments reißen könnte. Dann gäbe es keine Begleitung zu der Nachricht. Es ist deutlich, daß im Idealfall weniger Distanz vorläge. Dann gäbe es weniger potentielle Schwierigkeiten. Von Angesicht zu Angesicht könnte am wenigsten schiefgehen. (Bransford & Johnson 1973, S. 392-393)

Dieser Absatz, der wie Unsinn klingt, ist schwer zu verstehen, weil Sie nicht das nötige Grundlagenwissen haben, um die Bedeutung der Sätze zu verstehen. Die Bedeutung liegt nicht ausschließlich in den Worten und Sätzen, die den Absatz ausmachen; wäre das so, wäre dieser grammatisch richtige Stoff verständlich. Statt dessen ist das Verstehen einer Mitteilung offensichtlich ein aktiver Vorgang, bei dem man die Information interpretiert, die in den Worten und Sätzen und durch die Syntax enthalten ist. Damit man etwas versteht, muß dieser Interpretationsvorgang auf Dinge zurückgreifen, die nicht rein linguistisches Wissen darstellen. Um das Wissen zu erhalten, das zum Verständnis des Absatzes im Beispiel nötig ist, betrachten Sie die Zeichnung der "elektronischen Serenade" auf Seite 201 und lesen Sie den Abschnitt dann noch einmal. Jetzt sollte er bedeutungsvoll und leicht verständlich sein. Sobald Sie Ihr Wissen über Musikverstärkung und Schemata von Serenaden anwenden, können Sie diesen Abschnitt leicht verstehen. Diese Übung sollte Sie davon überzeugen, daß beim Verstehen von geschriebener oder gesprochener Sprache kognitive Prozesse aktiv beteiligt sind, und der Erfolg dabei von unserer Verarbeitung und unserem Wissen abhängt.

Ein großer Teil unseres Wissens über die Welt und darüber, wie Sprache und diskursive Mitteilungen strukturiert sind, ist im Langzeitgedächtnis abgespeichert. Wie wir gesehen haben, ist Wissen in Schemata systematisiert, und man kann während des Verstehens darauf zurückgreifen. Wenn man einen Abschnitt über den Vulkan Mt. St. Helen lesen, erwartet man, Sätze , die die Verwüstung des Landes, Rauch und Ascheschwaden usw. beschreiben. Diese Informationen sind leicht verfügbar, sobald man bemerkt, daß das Thema ein Vulkanausbruch ist. Man wird Informationen, die für solch ein Ereignis relevant sind, ohne weiteres verstehen und enkodieren, weil man in gewissem Grad voraussagen kann, was im allgemeinen passiert, wenn ein Vulkan ausbricht. Man wäre sehr verwundert, wenn der Autor geschrieben hätte, daß der Himmel klar wurde, als der Vulkan ausbrach. Solch eine Information verletzt unsere Erwartungen über das Geschehen, und es wäre uns wichtig, daß der Autor eine Erklärung liefert.

Schlußfolgerungen

Die Verwendung von Allgemeinwissen unterstützt das Verstehen nicht nur dadurch, daß es einen Abschnitt in einen bedeutungsvollen Zusammenhang setzt, sondern es führt auch zu komplexer oder konstruktiver Verarbeitung einer Mitteilung. Man erhält die volle Bedeutung einer Mitteilung vielleicht nicht allein aus dem Satz. Die meisten Sätze interagieren mit unserem Allgemeinwissen über die Welt (Schemata), um *Schlußfolgerungsprozesse* zu ermöglichen. Eine Klasse von Schlußfolgerungsprozessen beim Verstehen ist die Vorannahme. Dieser Begriff bezieht sich auf die Vorstellung, daß ein Satz Information übermittelt, die beinhaltet, daß andere Information auch wahr sein muß - eine Vorstellung, die der des Normwissens ähnlich ist. Wenn jemand sagt "John machte das Fenster zu" oder "John machte das Fenster nicht zu", dann impliziert er oder sie, daß das Fenster offen war. Man enkodiert vielleicht die Information, daß das Fenster offen war, ohne sorgfältige Prüfung, obwohl sie nie explizit gesagt wurde. Normalerweise werden Vorannahmen automatisch angenommen. Wenn jemand Roberts Freundin Petra erzählt, daß Robert nicht aufgehört hat, mit Marion auszugehen, ist die Vorannahme, daß Robert mit Marion ausgeht. Wenn Petra die Vorannahme als gegeben nimmt, käme Robert in Schwierigkeiten, obwohl er vielleicht nie mit Marion ausgegangen ist. Die Vorannahmen einer Mitteilung werden vom Zuhörer oft für gegeben genommen, und so sind sie häufig irreführend.

Man kann beim Verstehen auch anders geartete Schlüsse ziehen. Sie dienen dazu, die Information eines Satzes auszuarbeiten oder auszuschmücken, statt notwendigerweise wahre Bedingungen zu implizieren, wie es bei Vorannahmen der Fall ist. Wenn man etwa den Satz "Der Karateschüler zerbrach den Zementblock" liest, macht man die Vorannahme, daß der Block vor der Handlung ganz war. Aber auf der Grundlage des Satzes und eines Schemas für Karate könnte man auch andere ausschmükkende Schlüsse ziehen, etwa die Vorstellung, daß der Schüler einen Karateschlag einsetzte, um den Block zu zerbrechen. Das muß jedoch überhaupt nicht wahr sein. Der Schüler könnte ungeschickt gewesen sein und den Block einfach zerbrochen haben, weil er ihn fallen ließ. Ausschmückende Schlüsse sind also nicht unbedingt wahr, aber wahrscheinlich bilden sie richtige Information ab. Dies ist wieder so wie das Einsetzen von fehlenden Informationen in das Karateschema.

Manchmal werden nicht Schlußfolgerungen über Tatsachen, sondern über die Absichten des Sprechers verlangt. Schlüsse über Absichten sind das Hauptinteresse eines relativ jungen Forschungsgebiets der Psycholinguistik, das als **Pragmatik** bekannt ist. Nehmen Sie an, Ihnen ist kühl, und so fragen Sie Ihren Zimmerkollegen: "Können Sie das Fenster schließen?" Eine mögliche Antwort ist ein schlichtes und einfaches "ja". Aber solch eine Antwort ist wörtlich und nicht mit dem konsistent, was Sie sich vorstellten, nämlich das Fenster zu schließen, damit Ihnen wärmer wird. Aber Ihr Zimmerkollege ist nicht auf Ihre Absichten eingestellt und hat nicht auf den pragmatischen Inhalt Ihrer Botschaft reagiert. Die meisten Leute jedoch würden die pragmatische Bedeutung Ihrer Frage verstehen und einfach das Fenster schließen. Mißlungene Kommunikation resultiert häufig daraus, daß man die wörtliche, aber nicht die vom Sprecher beabsichtigte, pragmatische Bedeutung versteht. Das klassische Beispiel von Mißkommunikation ist es, wenn man im Scherz etwas zu jemandem sagt, der einen "ernst" bzw. wörtlich nimmt.

Information als Resultat eines Schlußfolgerungsprozesses (Voranname n, Ausarbeitungen und pragmatischer Inhalt) ist beim Verstehen jeder Nachricht enthalten. Obwohl die Schlußfolgerungen nicht immer zutreffend sind, sind sie doch wichtig, um eine Mitteilung ganz zu verstehen. Wenn der Schreiber oder Sprecher die Sprache sorgfältig benutzt, kann man sich auf sich selbst verlassen, um beim Lesen oder Zuhören auf die richtige Information zu schließen. Wenn alles sorgfältig und explizit ausgedrückt wäre, wären Mitteilungen jedoch wirklich sehr langweilig, und Redundanz würde zu einem noch größeren Problem. Gleichzeitig muß man darauf vertrauen, daß das, was der Redner oder Schreiber als Schlußfolgerung offen gelassen hat, wirklich wahr ist. Auf dieser Grundlage beruht der ungeschriebene Vertrag zwischen Mitteilendem und Verstehendem.

Geschichten verstehen

Wenn man sich daran macht, einen Roman, den man gerade liest, zu verstehen, benutzt man Allgemeinwissen (vieles davon ist in systematisierter, schematischer Weise gespeichert), das für das Thema der Geschichte relevant ist. Aber man verläßt sich auch auf sein Wissen darüber, wie Geschichten aufgebaut sind. Durch die Erfahrungen mit Literatur hat man sich an verschiedene Techniken der Handlungs- und Charakterentwicklung, an verschiedene Beschreibungsformen, Schlüsse usw. gewöhnt. Dieses Wissen bildet ein Schema für den Aufbau von Geschichten. Oft ist man sich dessen bewußt, an welcher Stelle der Geschichte man ist, und je nach dem Interesse an jedem Teil möchte man vielleicht unterschiedlich sorgfältig lesen. Interessantere Teile könnten sorgfältiger gelesen werden und einen zentraleren Teil der Erinnerung an die Geschichte bilden.

Einige Forscher haben die Struktur von Absätzen und einfachen Geschichten erfolgreich beschrieben, und es wurden sogar "Grammatiken" für relativ einfache Ge-

Abbildung 5-9 **Grundzüge einer Geschichte**

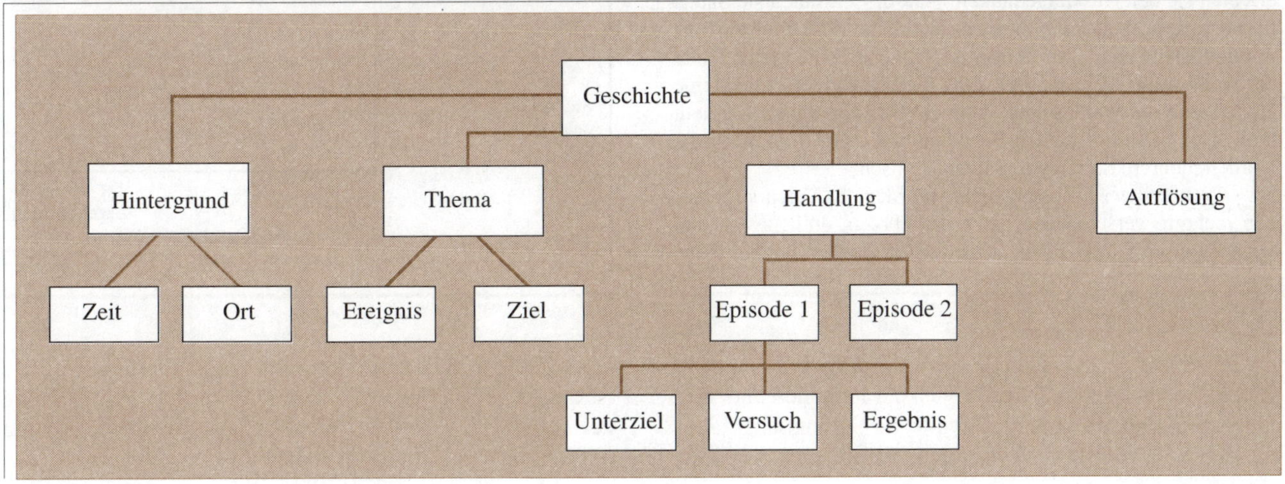

schichten entwickelt (siehe Abbildung 5-9). Solche Grammatiken repräsentieren Wege, verschiedene Teile der Geschichte zu beschreiben oder zu kategorisieren, und sollen unser schematisches Wissen über die Struktur von Geschichten widerspiegeln. Betrachten Sie die folgende Beschreibung der Grundzüge einer Geschichte: Eine bestimmte Geschichte ist aus Hintergrund plus Thema plus Handlung plus Auflösung zusammengesetzt. Ein Hintergrund setzt sich aus Zeit plus Ort zusammen. Das Thema wird bestimmt durch ein Ereignis oder Ziel; eine Handlung besteht aus einer Reihe von Episoden; und eine Episode setzt sich aus einem Unterziel, einem Versuch und einem Ergebnis zusammen. Diese teilweise Beschreibung zeigt an, daß Geschichten hierarchische Strukturen sein können, d.h. in abgestuften Folgen arrangiert sein können - über die Sätze hinaus, die sie enthalten. Es ist für das

FUNDGRUBE 5-6

Das Wesentliche erfassen

Kann man sich an etwas erinnern, was man nie gelernt hat? Ein Gedächtnisexperiment zur Wiedererkennung von John Bransford und Jeffery Franks zeigte genau solch einen Effekt. Anstatt der üblichen Wortliste benutzten Bransford und Franks eine Reihe von Sätzen zu einem verwandten Thema. Wenn man einen Satz oder einer Passage aus einem Roman erkennen will, scheint man nicht den genauen Wortlaut zu erkennen, sondern das allgemeine Thema oder den "Gesamtgedanken", der mit den Sätzen ausgedrückt wird. Gedächtnistheorien haben jedoch das Erinnern bestimmter Worte oder Elemente betont, so als ob man sich jedes Wort merkt, anstatt eine abstrakte "Vorstellung" zu lernen, die man dem Roman beim Lesen "entnimmt". Die Ergebnisse der Untersuchung von Bransford und Franks jedoch legen nahe, daß Gedächtnistheorien jetzt diesen Abstraktionsprozeß einbeziehen müssen.

Die Serie von Sätzen, die in diesem Experiment benutzt wurden, konnten als einzelne Sätze mit vier Elementen dargeboten werden, die einen "Gesamtgedanken" ausdrücken.

Gesamtgedanke: Der Felsen, der den Berg herunterrollte, zerschmetterte die kleine Hütte am Waldesrand. *Vier Komponenten*: (1) der Felsen rollte den Berg hinunter; (2) der Felsen zerschmetterte die kleine Hütte; (3) die Hütte war klein; (4) die Hütte stand am Waldesrand.

Während der Lernphase sahen die Versuchspersonen niemals den Satz, der alle vier Elemente enthielt; niemals sahen oder erlebten sie den Gesamtgedanken. Statt dessen sahen sie Sätze, die nur ein, zwei oder drei Elemente enthielten. Z.B. hieß ein Satz mit drei Elementen "Der Felsen zerschmetterte die kleine Hütte am Waldesrand". Ein Satz mit zwei Elementen hieß "Die kleine Hütte stand am Waldesrand". Und ein Satz mit einem Element hieß "Der Felsen rollte den Berg hinunter". Für die Lernphase wurden mehrere Serien von Sätzen gemischt.

Während der Erhebungsphase wurden den Versuchspersonen mehrere verschiedene Sätze dargeboten: drei-, zwei- und einelementige Sätze, die sie auch vorher gesehen hatten; vier-, drei-, zwei- und einelementige Sätze, die sie nie vorher gesehen hatten; und letztlich einige Sätze, die nichts mit dem vorangegangenen Stoff zu tun hatten. Das grundlegende Ergebnis war, daß die Versuchspersonen sich umso sicherer waren, einen Satz schon vorher gesehen zu haben, je mehr Elemente des Gesamtgedankens der Testsatz enthielt. Sie waren sich am sichersten, den vierelementigen "Gesamtgedanken" gesehen zu haben, der während der Lernphase niemals dargeboten worden war, wie man in Abbildung 5-10 sieht.

Die Ergebnisse der Untersuchung von Bransford und Franks legen nahe, daß die Versuchspersonen während des Lernens, während sie Sätze mit drei, zwei und einem Element hörten, tatsächlich den Gesamtgedanken abstrahierten und speicherten, obwohl er nie in seiner Gesamtheit dargeboten wurde.

Abbildung 5-10 Grad der Überzeugung, daß man einen Satz vorher gesehen hatte

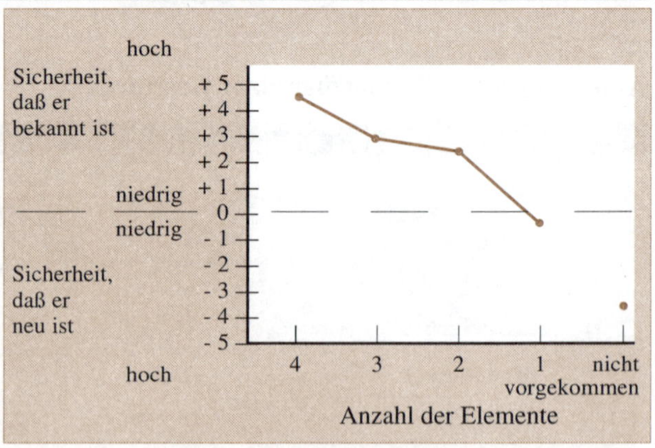

Da der Satz mit den vier Elementen in Wirklichkeit nie dargeboten wurde, muß das Wissen der Personen über den Satz zum Teil durch top-down-Verarbeitung abgeleitet worden sein. So etwas geschieht, wenn man eine Geschichte liest und das Wesentliche behält. Das Wesentliche ist ein gemeinsames Produkt der bottom-up-Verarbeitung der Information im Text und der top-down-Anwendung des Wissens, das man im Gedächtnis gespeichert hat.

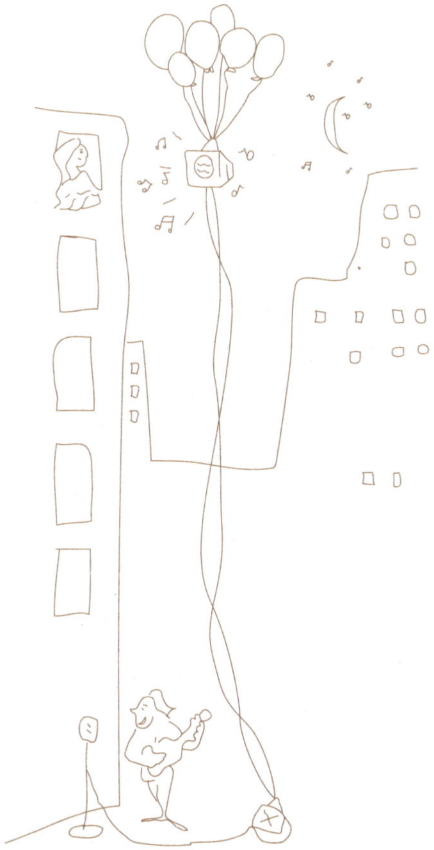

Wenn Sie diese Zeichnung einer "elektronischen Serenade" angeschaut haben, sollten Sie zu dem Abschnitt auf Seite 198 zurückkehren und prüfen, ob er jetzt leichter zu verstehen ist, da sie nun das relevante Wissen für das Verständnis besitzen.

Verständnis entscheidend, die Struktur einer Geschichte zu verstehen. Die volle Bedeutung einer Episode hängt von ihrer Beziehung zur Handlung ab, und das Thema gibt der Handlung Bedeutung. Wenn z.B. Sätze, die das Thema einer Geschichte vermitteln, gestrichen werden oder sogar vom Anfang der Geschichte ans Ende verschoben werden, würde unser Verständnis und Behalten der Geschichte vermindert. Ohne Informationen über das umfassende Thema der Geschichte würde die Handlung unsystematisch erscheinen, und einzelne Episoden könnten sinnlos erscheinen.

Ihre Struktur beeinflußt auch die Art und Weise, wie man Geschichten erinnert oder zusammenfaßt. Wie oben bereits ausgeführt, schließt die Erinnerung an Prosa rekonstruktive Prozesse mit ein, deren Funktion die generelle abstrakte Repräsentation der ursprünglichen Botschaft ist. Diese Rekonstruktion könnte auf der Grundlage des Schema-Wissens über die Informationen, die in solchen Geschichten typischerweise vorkommen, erfolgen. Wir wissen u. a., daß praktisch jede Geschichte einen irgendwie gearteten Hintergrund hat, und die Ereignisse in der Geschichte sollten Hinweise über Zeit und Ort geben. Von dieser Information könnte man einen plausiblen Hintergrund ableiten und in die Erinnerung einschließen. Die hierarchische Struktur der Geschichte ist wichtig dafür, wie man zusammenfaßt. Wenn man ein Buch von 100000 Worten liest und gebeten wird, davon eine Zusammenfassung in 100 Worten zu schreiben, muß man ein sehr unnachsichtiger Redakteur sein. Was man für die Zusammenfassung auswählt, hängt teilweise vom Verwendungszweck der Zusammenfassung ab. Aber in jedem Fall würde man sich auf sein Wissen über die Struktur der Geschichte und die Funktion jedes Elements der Struktur verlassen, um die Auswahl von Informationen zu lenken, die in die Zusammenfassung eingehen sollen. Neuere Forschungsergebnisse legen nahe, daß Versuchspersonen recht gut darin übereinstimmen, welche Aspekte sie berücksichtigen, wenn sie Geschichten zusammenfassen sollen, solange sie an Geschichten mit gewohnten Strukturen arbeiten. Bei Zusammenfassungen von Geschichten, die ungewöhnliche Strukturen aufwiesen, wie etwa einige Sagen der amerikanischen Indianer, stimmten die Versuchspersonen nicht überein, weil sie ihr Wissen über Strukturen von Geschichten nicht einsetzen konnten, um die Elemente der ungewöhnlichen Geschichten zu systematisieren. Ohne solch eine allgemeine Organisation passen die verschiedenen Teile der Geschichten nicht gut zusammen, und obwohl jeder Satz verständlich sein mag, ist die Geschichte als Ganzes nicht verständlich für jene, die mit ihrer Struktur nicht vertraut sind.

Im allgemeinen basiert der Vorgang des Verstehens von Geschichten, wie der Vorgang der Enkodierung anders gearteter Informationen, auf der Entwicklung einer abstrakten Repräsentation der zentralen Aspekte der Geschichte. Häufig nennt man diese Repräsentation das Wesentliche der Geschichte (siehe Fundgrube 5-6). Ob man das Wesentliche der Geschichte versteht, hängt stark vom Wissen über den Aufbau von Geschichten ab, da das Wesentliche zumindest teilweise durch den Aufbau bestimmt wird. Man muß auch angemessenes Wissen über das allgemeine Thema der Geschichte besitzen, um die Bedeutung der verschiedenen Teile der Geschichte richtig einzuschätzen. Struktur und Thema zu kennen ist wichtig, um das Wesentliche einer Geschichte zu erfassen. Man kann das Wesentliche als ein Schema sehen, das man konstruiert und mit spezifischen Informationen füllt. Fragen darüber, wie Leser und Zuhörer das Wesentliche von Geschichten erfassen, haben jetzt entscheidend mehr Aufmerksamkeit von Gedächtnis- und Sprachforschern erhalten, und man hofft, noch wesentlich mehr über diesen faszinierenden Vorgang zu lernen.

ZUSAMMENFASSUNG

1. Die moderne Erforschung des menschlichen Lernens, Gedächtnisses und der Sprache wird vom Informationsverarbeitungsansatz geprägt. Dieser Ansatz konzentriert sich auf drei globale Konzepte: Lernen bzw. Enkodieren, Speichern sowie Abrufen von Informationen. Obwohl menschliches Lernen zum Teil den Prinzipien des klassischen und instrumentellen Konditionierens unterliegt, ist auch kognitives oder Beobachtungslernen als eine Hauptkomponente daran beteiligt.

2. Der Ansatz der Informationsverarbeitung hat vier Charakteristika: (a) er analysiert den Informationsfluß auf der Grundlage von Teilkomponenten und Unterprozessen; (b) er nimmt an, daß das System eine beschränkte Kapazität hat, was bei großen Informationsmengen Engpässe verursachen kann; (c) er ordnet den Informationsfluß durch Steuerungsmechanismen; und (d) er enthält einen Informationsfluß in zwei Richtungen, aufsteigend (datengesteuert) und absteigend (wissensgesteuert).

3. Das grundlegende Gedächtnissystem besteht aus drei Gedächtnisstufen: (a) sensorisches Gedächtnis, (b) Kurzzeitgedächtnis und (c) Langzeitgedächtnis.

4. Die Hauptcharakteristika des sensorischen Gedächtnisses sind (a) hohe Kapazität, (b) wahrheitsgemäße Abbildung und (c) sehr kurzzeitige Speicherung. Das sensorische Gedächtnis ist am Prozeß der Mustererkennung beteiligt, wobei die Repräsentation im Kurzzeitgedächtnis mit derjenigen im Langzeitgedächtnis bzw. dem Wissen über den Aufbau der Welt verglichen wird.

5. Die Hauptcharakteristika des Kurzzeitgedächtnisses sind (a) beschränkte Kapazität, (b) kodierte Repräsentation, typischerweise verbal, (c) nur vorübergehende Speicherung, aber nicht so kurzfristig wie die des sensorischen Gedächtnisses. Man ist sich der Inhalte des Kurzzeitgedächtnisses bewußt, was auf das sensorische und Langzeitgedächtnis nicht zutrifft. Das Kurzzeitgedächtnis wird manchmal in zwei Teile geteilt: in den primären Speicher und den Arbeitsspeicher. Der primäre Speicher ist der Inhalt, und der Arbeitsspeicher liefert Platz im Bewußtsein, damit kognitive Prozesse mit diesen Inhalten arbeiten können.

6. Die Hauptcharakteristika des Langzeitgedächtnisses sind (a) unbeschränkte Kapazität, (b) tiefgreifend verarbeitete und kodierte Informationen und (c) Informationen, die gegenüber dem Vergessen höchst widerstandsfähig sind. Informationen im Langzeitgedächtnis scheinen vergessen worden zu sein, weil entweder ihre Spur nicht mehr vorhanden ist oder sie nicht mehr zugänglich bzw. abrufbar sind.

7. Einübung ist wichtig für das Lernen oder Enkodieren neuer Information. Es gibt zwei Arten von Einübungs-Prozessen: (a) wiederholende Einübung, die die Informationen im Kurzzeitgedächtnis bewahrt und (b) modifizierende Einübung, die den Transfer von Informationen ins Langzeitgedächtnis erleichtert. Diese Unterscheidung impliziert, daß Informationen auf verschiedenen Stufen verarbeitet werden können.

8. Eine einflußreiche Gedächtnistheorie basiert auf dem Prinzip, daß eine tiefere Verarbeitung eindeutigere Enkodierungen, besseres Lernen und längeres Behalten bewirkt. Es gibt einige Hinweise darauf, daß das Ausmaß der geistigen Anstrengung ebenfalls die Dauer des Behaltens beeinflußt.

9. Es gibt zwei besonders effektive Enkodiertechniken für neuen Stoff. Einer basiert auf dem Einsatz von bildhaften Vorstellungen, der andere basiert auf der Systematisierung des Stoffes in größeren Einheiten, Hierarchien oder Schemata.

10. Das Langzeitgedächtnis ist der "Lagerungsraum" für Wissen, das in einer Vielzahl von Formen repräsentiert ist: (a) prozedural oder deklarativ, (b) digital (propositional) oder analog und (c) episodisch oder semantisch.

11. Wissen ist auf mehrere Arten systematisiert, am bekanntesten sind Netzwerke und Schemata.

12. Theorien über das Vergessen betonen entweder den Faktor der Spurabhängigkeit oder den der Hinweisabhängigkeit. Die Gestalttheorie erklärt das Vergessen mit automatischen Veränderungen in der Gedächtnisspur über die Zeit aufgrund von (a) Leveling, (b) Sharpening oder (c) Assimilation. Die Konsolidierungstheorie erklärt das Vergessen mit der unvollständigen Konsolidierung der Gedächtnisspur nach dem anfänglichen Enkodieren und während der Speicherungsphase. Die Theorie der Enkodierspezifität betont hinweisabhängiges Vergessen und den Unterschied zwischen den Hinweisen, die während des Enkodierens vorhanden sind und denen, die beim Abrufen vorhanden sind. Die Interferenztheorie schließt sowohl Hinweisabhängigkeit als auch Spurabhängigkeit ein. Die Effekte der Hinweisabhängigkeit ergeben sich aus proaktiver oder retroaktiver Interferenz.

13. Vergessen ist nicht immer eine Reduktion des ursprünglichen Informationsumfangs. Manchmal benutzt man sein Wissen über die Welt, um Ereignisse der Vergangenheit zu rekonstruieren. Unter diesen Umständen wird die Erinnerung durch Schlüsse über das, was geschehen sein könnte, ausgeschmückt.

14. Das Erinnern kann erleichtert werden durch (a) Wiedereinsetzen des ursprünglichen Enkodierkontextes, (b) wiederholte Versuche, sich zu erinnern, (c) Benutzen einer systematischen Abrufstrategie und (d) Konstruktion fehlender Elemente, indem man ein angemessenes Schema benutzt.

15. Lernen, Gedächtnis und Sprache sind höchst eng miteinander verbunden und voneinander abhängig. Sprache liefert bei Menschen den grundlegenden Mechanismus für Beobachtungslernen und beeinflußt, wie man Informationen enkodiert, speichert und abruft.

16. Die beiden wichtigsten strukturellen Komponenten der Sprache sind Syntax und Semantik. Syntax bezieht sich auf die Anordnung linguistischer Einheiten in grammatische Zeichenfolgen, die Bedeutung vermitteln. Semantik bezieht sich auf die Bedeutung selbst, den Inhalt der Zeichenfolgen. Es gibt in jeder grammatischen Äußerung mehrere Bedeutungsstufen: (1) das Wortniveau, (b) das propositionale Niveau, (c) das Satzniveau und (d) das diskursive Niveau.

17. Mitteilungen zu verstehen beinhaltet, daß man das Wesentliche aus dem sprachlichen Material herauszieht. Das Wesentliche zu verstehen hängt vom Zugang zum Wissen ab. Mitteilungen verlangen eine Dekodierung, und Dekodierungen verlangen Vorannahmen, Schlußfolgerungen, Normwissen und Erwartungen, die in der Nachricht selbst nicht enthalten sind.

18. Das Verstehen langer Erzählungen und Geschichten scheint darauf zu basieren, daß man allgemeine Grundzüge von Geschichten kennt, die die Geschichte in Komponenten wie Hintergrund, Thema, Handlung und Auflösung gliedert.

19. Manchmal werden Schlußfolgerungen über die Absichten des Sprechers verlangt und nicht über die Tatsachen. Schlußfolgerungen über Absichten gehören zur pragmatischen Bedeutung einer Nachricht.

So sieht das in der Praxis aus

GEDÄCHTNIS UND LERNGEWOHNHEITEN VERBESSERN

Die Gedächtnisforschung am Menschen zeigt Möglichkeiten, was man unternehmen kann, um seine Lern- und Gedächtnisfertigkeiten zu verbessern. Eins der wichtigsten Dinge dabei ist es, den Stoff gleich zu Anfang so intensiv wie möglich zu lernen. Je besser man den Stoff anfangs lernt, desto widerstandsfähiger ist er gegenüber dem Vergessen.

Während des Lernens ist es wichtig, daß man den Stoff vollkommen versteht. Das Verständnis wird erleichtert, indem man vorhandenes Wissen zu dem Thema oder dem Wesentlichen des zu lesenden Textes in Beziehung setzt. Was in dem Abschnitt über die "elektronische Serenade" gesagt wurde, ist viel leichter zu verstehen und deshalb zu erinnern, wenn man zuerst die Zeichnung betrachtet, die das Thema veranschaulicht. Die meisten Lehrbücher haben deshalb Überschriften, damit Sie im voraus über das Thema des nächsten Abschnitts Bescheid wissen. Oftmals haben sie in jedem Kapitel ein Inhaltsverzeichnis und eine Zusammenfassung. Wir schlagen vor, daß Sie die Technik des "Vorschauens" benutzen: das Inhaltsverzeichnis lesen, im Kapitel blättern und dabei die Überschriften und die Abfolge der Themen registrieren und damit enden, daß Sie die Zusammenfassung langsam und sorgfältig lesen. Gehen Sie dann zurück und lesen Sie das Kapitel. Es wurde gezeigt, daß dieses Vorgehen sowohl dem Verständnis als auch dem Behalten des Stoffes zugute

Vertraute Umgebungen liefern Gedächtnisstützen

Studenten, die in ungewohnter Umgebung Prüfungen ablegen, können ihre Leistung vielleicht verbessern, indem sie für ein oder zwei Minuten halt machen und sich ihren Seminarraum vorstellen, ehe sie mit der Bearbeitung beginnen. Experimente von Steven Smith, einem Psychologen der Texas A & M University, legen nahe, daß man mit Hilfe dieses Tricks ein Phänomen umgehen kann, das vor mehreren Jahren festgestellt wurde: Man kann Wortlisten in einem fremden Raum schwerer erinnern als in dem Raum, in dem man sie ursprünglich gelernt hat.

Smith setzte fünf Gruppen von je 10 Studenten in eine Halle im Untergeschoß, wo ihnen mit Hilfe eines Kassettenrecorders 90 einsilbige Worte in Abständen von 3 Sekunden laut dargeboten wurden. Die Studenten wurden angewiesen, so viele von den Worten wie möglich zu behalten. Am nächsten Tag kehrten sie zuzück, um ihre Erinnerung zu prüfen. Eine Gruppe wurde im gleichen Raum, die anderen vier Gruppen in einem Raum im fünften Stock getestet. Von den Gruppen in der ungewohnten Umgebung erhielt eine keine spezielle Anweisung, eine andere sollte drei Minuten lang an ein Zimmer zu Hause denken, ehe die Prüfung begann, und eine dritte Gruppe sollte drei Minuten an die Halle im Untergeschoß denken und eine Liste dessen anfertigen, was man dort sehen, hören und riechen kann. Eine vierte Gruppe erhielt die gleiche Instruktion wie die dritte Gruppe und sah zusätzlich Dias von der Halle.

Die Studenten, die in der Halle im Untergeschoß getestet wurden, erinnerten im Durchschnitt 18 von den 90 Worten richtig. Die Studenten im Raum oben, die keine Anweisung erhalten hatten, erinnerten sich durchschnittlich an 12 Worte, diejenigen, die an zu Hause dachten, an 9,6 Worte. Die Studenten, die erst an die Halle denken sollten, und die Gruppe, die auch Dias davon sah, erinnerten sich jedoch an 17,2 bzw. 18,8 richtige Items und schnitten damit genauso gut oder besser ab als Studenten, deren Erinnerungsvermögen in der Halle geprüft wurde.

Smith ist sich nicht sicher, ob die Studenten bestimmte Merkmale des Raumes, in dem sie lernten, als gedankliche "Aufhänger" für die Erinnerung benutzten oder ob die Erinnerung an Details aus dem ursprünglichen Raum einfach ihr Wohlbefinden erhöhte. Jedenfalls analysiert Smith nun die Klausurnoten von Studenten, die für die Prüfung auf verschiedene Unterrichtsräume aufgeteilt wurden, unter diesem Gesichtspunkt. (Dies wird oft gemacht, damit zwischen den Teilnehmern an der Prüfung leere Plätze sind. Wegen seiner Ergebnisse empfindet Smith es als ungerecht, seine eigenen Seminargruppen so aufzuteilen). Seine Schlußfolgerungen sind noch zurückhaltend, aber die Umgebung scheint das Gedächtnis bei Essaytests, bei denen man Informationen in vergleichbarer Weise wie bei der Reproduktion von Wortlisten abrufen muß, am nachhaltigsten zu beeinflussen....

Psychology Today
Oktober 1980

kommt. Die Vorschau hilft, indem sie Sie über die Themen bzw. die wesentlichen Aspekte des Kapitels orientiert und Ihnen dabei hilft, den sachlogischen Zusammenhang herzustellen. Eine "geistige Landkarte", ein Schema oder Umriß der Themen, fest in ihren Gedanken verankert, unterstützt Ihr Gedächtnis. Das Abrufen eines Themas führt automatisch dazu, daß verwandte Themen abgerufen werden, während Sie in Ihrem Schema für das Kapitel stöbern.

Hinweise für den Abruf

Das Prinzip des hinweisabhängigen Vergessens betont die Bedeutung von Abrufreizen für eine gute Erinnerungsleistung. Die Erinnerung ist am besten, wenn die Enkodierung der Information eindeutig ist und beim Lernen und zum Zeitpunkt des Abrufens die gleichen oder ähnlichen Hinweise vorhanden sind. Um sich am besten zu erinnern, sollte man zum "Ort des Verbrechens" zurückkehren. Das heißt, rekonstruieren Sie die Kontext- und Lernreize, wenn Sie sich erinnern wollen. Lernen Sie dort, wo Sie die Leistung zeigen müssen, und zwar unter Bedingungen, die denen, unter denen Sie geprüft werden, ähnlich sind. Um Lern- und Prüfungskontext so ähnlich wie möglich zu gestalten, sollten Sie es vermeiden, sich mit Hilfe psychoaktiver Substanzen beim Lernen länger wach zu halten. Mit solchen Mitteln setzen Sie sich der Gefahr zustandsabhängigen Lernens aus, naturgemäß mit Ausnahme des Falls, daß Sie das Mittel auch kurz vor der Prüfung einnehmen. In dem Fall könnten unerwünschte Nebeneffekte wie Ängstlichkeit oder Verwirrung Ihre Leistung in der Prüfung negativ beeinflussen.

Während des Lernens sollten Sie versuchen, sich selbst Abrufhinweise zu schaffen, von denen Sie wissen, daß sie beim Abrufen des Gelernten vorhanden sind. Versuchen Sie im Fall einer Prüfung, Hinweise im Prüfungsraum zu finden, die Sie für den zu lernenden Stoff als "Gedächtnisstütze" benutzen können. Der Raum könnte z.B. Schilder mit dem Aufdruck "Rauchen verboten" enthalten, eine Tafel der chemischen Elemente und eine Landkarte. Versuchen Sie, sich Bilder auszudenken, in denen Sie diese Gegenstände mit ihrem Lernstoff verbinden. Üben Sie auch Ihre Abrufhinweise und rufen Sie den Stoff ab. Sagen Sie sich oder einem Freund die wichtigen Punkte auf, wenn Sie einen Abschnitt gelernt haben. Tun Sie sich mit Freunden zusammen und prüfen Sie einander zu dem Stoff. Sie müssen abrufen können, was Sie gelernt haben. Wenn Sie das Abrufen nicht üben, riskieren Sie, mehr zu wissen, als Sie in einer Prüfung zeigen können.

Eine erprobte Lernmethode, die die Bedeutung der eben besprochenen Vorstellungen berücksichtigt, heißt *SQ3R*. SQ3R steht für survey (überblicken), question (fragen), read (lesen), recite (aufsagen) und review (wiederholen). Diese Methode empfiehlt, daß man (1) das Kapitel überfliegen bzw. eine Vorschau machen sollte, (2) sich selber fragen sollte, was man zu lernen erwartet, (3) es sorgfältig lesen sollte, (4) den Stoff aus dem Gedächtnis in eigenen Worten wiedergeben sollte und (5) wiederholen sollte, indem man Überschriften oder einen Überblick über das Kapitel als Abrufhinweise benutzt.

Mnemotechnische Methoden

Eine Anzahl von Gedächtnishilfen, die **mnemotechnische Methoden** genannt werden, können Ihnen helfen, sich Informationen zu merken. Eine besteht darin, sich vor dem Lernen eine Reihe von "Aufhängern" für das Gedächtnis zu merken. Ein Reim hilft dabei, das Wort abzurufen, wenn die Zahl gegeben wird. Ein Beispiel:

Eins ist Heinz.
Zwei ein Geweih.
Drei ist Brei.
Vier ein Tier.
usw.

Benutzen Sie Ihre Vorstellungskraft und "hängen" Sie jeden Gegenstand, den Sie kaufen wollen, auf einen Zahlwort-Haken, wenn Ihre Aufgabe darin besteht, eine Einkaufsliste zu behalten. Dies können Sie tun, indem Sie ein Bild benutzen, daß eine Interaktion zwischen einem Hakenwort und einem Item der Liste herstellt. Steht Milch als zweites auf der Liste, denken Sie an ein Geweih, das eine Milchtüte aufgespießt hat. Fahren Sie fort, jeden Gegenstand auf den nächsten Zahlwort-Haken zu hängen. Wenn Sie in das Geschäft kommen, müßte es das Bild des gewünschten Items hervorrufen, wenn Sie sich jedes "Aufhängerwort" aufsagen.

Eine andere mnemotechnische Methode ist die *Methode der Orte*. In diesem Fall sind die Gedächtnisaufhänger eine Folge von Orten, die leicht in der Reihenfolge erinnert werden können. Jeder Gegenstand, der gelernt werden muß, wird an einen anderen Ort plaziert, wenn möglich durch Vorstellungskraft. Die Orte können Dinge sein, die Sie auf einem langen Spaziergang von zu Hause aus sehen würden, z.B. ein Briefkasten, eine Kirche, ein Friseur. Nehmen Sie wieder an, daß Milch auf Ihrer Liste steht. Sie könnten sich Milch vorstellen, die aus dem Briefkasten strömt und Passanten durchnäßt. Um die Liste abzurufen, müssen Sie nur gedanklich den Spaziergang wiederholen und an jedem Ort stehenbleiben, um die gewünschte Information zu erinnern.

Eine weitere erprobte mnemotechnische Methode ist die *Umsetzung in Alltagssprache*, die benutzt wird, wenn man etwas Ungewohntes behalten soll. Die grundlegende Idee besteht darin, daß man den ungewohnten Ausdruck in ein oder mehrere Worte umformt, die man schon kennt oder die ein Teil der natürlichen Sprache sind. Wenn Sie etwa den neuen Begriff "olfaktorisch" (Sinnesmodalität des Riechens) zu lernen versuchen, so verbinden Sie ihn in Gedanken mit dem Wort "Ölfabrik" (ein stark riechender Ort).

Eine Methode, bei der sowohl imaginative Verfahren wie auch die Methode der Umsetzung in Alltagssprache zur Anwendung kommen, wird die *Methode der Schlüsselbegriffe* genannt und hat sich beim Vokabellernen für eine Fremdsprache bewährt. Nehmen wir an, Sie wollten das spanische Wort *carta* lernen, was "Brief" bedeutet. Zuerst verwandeln Sie das ungewohnte spanische Wort *carta* in ein deutsches Wort, das ähnlich klingt, etwa "Karte". Dann bilden sie ein optisches Bild eines Briefes, der auf einer Landkarte liegt. Sie können das Bild verwenden, um sich zu helfen, die Bedeutung *von* carta zu erinnern, wenn Sie zukünftig auf das Wort treffen.

Eine weitere, häufig verwendete mnemotechnische Methode schließlich besteht in der Akronymtechnik. Dabei bedient man sich einer Buchstabenfolge, die in der Regel lautlich gut umzusetzen ist, und die aus den jeweiligen Anfangsbuchstaben der durch sie repräsentierten Gegenstände aufgebaut ist. Wenn Sie kreativ sind, können Sie Ihre eigenen Akronyme für neuen Stoff ausdenken, den Sie lernen müssen. Am Anfang dieses Kapitels haben wir Ihnen vier Charakteristika des Ansatzes der Informationsverarbeitung genannt. Können Sie ein Akronym erstellen, das Ihnen hilft, sich an die Charakteristika zu erinnern? Wenn ja, haben Sie eine große Informationsmenge in einer Einheit zusammengefaßt. Wie wäre es mit PASI?

P(*P* rozesse und Stufen)
A(*A* nnahme der beschränkten Kapazität)
S(*S* teuerungsmechanismus)
I(*I* nformationsfluß in zwei Richtungen)

"Wenn Du jung bist, klappt es von alleine, aber wenn Du etwas älter wirst, mußt Du auf Mnemotechniken zurückgreifen."
American Scientist, September 1978. Nachdruck mit Genehmigung von Sidney Harris.

Systematisierung und Chunking

Eines der wirkungsvollsten Verfahren, die Gedächtniskapazität zu erhöhen, besteht darin, Information schrittweise in umfassendere Einheiten (chunks) zu organisieren. Man kann sich z.B. sieben Worte mit je 5 Buchstaben ungefähr so leicht merken wie eine Kette von 7 nicht zusammengehörigen Buchstaben. Im ersten Fall hat man eigentlich seine Gedächtniskapazität für Buchstaben um einen Faktor von 5 erhöht (35 statt 7 Buchstaben), weil die Buchstaben zu Worten zusammengefaßt werden können. Ein typisches Beispiel aus der Lebenswelt der USA für die Möglichkeit, Zahlen mit Hilfe von Buchstabenfolgen verdichtet zu enkodieren, besteht in der - dort - gegebenen Möglichkeit, die den Telefonnummern korrespondierenden Buchstaben zu Worten (chunks) zu komprimieren.

Erinnern Sie sich an 534-PUCK? Ein noch eindrucksvolleres Beispiel ist der von Chase und Ericsson vorgestellte Gedächtniskünstler, der Zahlen in hierarchisch strukturierte Laufzeiten zusammenfaßte.

Wie wird man auf einem beliebigen Gebiet zum Experten (z.B. beim Schachspiel, der Computerprogrammierung, der medizinischen Diagnostik)? Offensichtlich haben Experten mehr Wissen auf ihrem Gebiet als Neulinge. Aber es ist nicht nur mehr Wissen im Sinn einer riesigen Liste von Fakten. Das Wissen von Experten ist wohlorganisiert, meistens in einer Hierarchie von Einheiten. Darüber hinaus enthält jede Einheit eines Experten viel mehr Information als die durchschnittliche Einheit eines Neulings. Ein Schachanfänger z.B. betrachtet die Konfiguration auf dem Brett und sieht einzelne Figuren. Der Experte sieht die allgemeine Konfiguration als bedeutungsvolle Einheit - das gesamte Brett könnte als eine einzige Einheit verschlüsselt werden. Auf jedem Gebiet wird man Experte, indem man nicht nur immer mehr Fakten lernt, sondern indem man die Fakten in zunehmend größere Einheiten ordnet. Vergessen Sie nicht, daß es Einheiten innerhalb von Einheiten gibt. Buchstaben etwa bilden als Wort eine Einheit, Worte als Sätze, Sätze bilden als Absatz eine Einheit usw. Auf jeder Stufe sind die Einheiten bedeutungsvoll, aber die Informationsmenge pro Einheit erhöht sich beim Aufstieg in der Hierarchie. Die hierarchische Organisierung ermöglicht es dem Fachmann nicht nur, neue Information schnell zu verschlüsseln, sondern dient auch als Schema dafür, die Information wie benötigt abzurufen.

Wenn Sie versuchen, auf einem neuen Gebiet Fachmann zu werden, sollten Sie mit jemandem sprechen, der schon Fachmann ist. Fragen Sie den Fachmann nicht nach einer Liste von Fakten, sondern lassen Sie sich einen systematischen Überblick über das Themengebiet geben. Sie sollten in der Antwort des Experten ein hierarchisches System erkennen können. Wenn z.B. ein Basketballtrainer gefragt wird, könnte er antworten: "Das Spiel teilt sich in Angriff, Verteidigung und Übergangsphase ein. Es gibt zwei grundlegende Arten der Verteidigung - Manndeckung oder Zonendeckung. Zonendeckung wiederum kann man in vier Arten einteilen..." Ein systematisiertes Schema spart Ihnen eine Menge Zeit, wenn Sie die Fakten lernen. Wenn Sie das Schema des Experten im voraus bekommen, bedeutet das, daß Sie ein System besitzen, für das Sie andernfalls sehr viel Zeit und Mühe hätten aufwenden müssen, um es herauszufinden.

Verarbeitungstiefe und Gedächtnis

Man hört oft von der Wichtigkeit der Lernmotivation, daß es für Studenten wichtig ist, lernen zu wollen. Aber hilft einem die Absicht, etwas zu lernen, dann auch beim Lernen? Es gibt Belege, wonach es nicht so sehr auf die Absicht, sondern vielmehr auf die Verarbeitungstiefe ankommt. Hyde und Jenkins (1973) haben gezeigt, daß Studenten, die angehalten wurden, etwas auf einem tiefen semantischen Niveau zu verarbeiten, ohne daß sie die Absicht zu lernen haben, trotzdem etwa so viel lernen wie Versuchspersonen, die bewußt zu lernen versuchen. Das legt nahe, daß Lernen ohne Absicht stattfinden würde, wenn man Wege fände, die Studenten dazu zu bringen, den Lernstoff richtig zu verarbeiten. Wenn die Schulen die Tatsachen über die amerikanische Geschichte in ein Atari Videospiel verpacken könnten, würden die Schüler vielleicht mehr und schneller lernen. Das Videospiel müßte natürlich die richtige Verarbeitungsart und -tiefe bewirken. Obwohl zur Zeit keine Videospiele dieser Art erhältlich sind, weist doch der Boom der Personalcomputer Elemente dieser Methode auf. Viele Menschen, besonders Kinder, fahren auf Computerspiele ab und lernen dabei wegen der nötigen Verarbeitung bei der Interaktion mit dem Computer unabsichtlich einiges, u.a. Programmieren.

Die Bedeutung der Verarbeitungstiefe ist für gute Lehrer nicht überraschend. Sie haben viele Wege, "Tricks" und Techniken, um ihre Schüler dazu zu bewegen, Lernstoffe in ausreichender Tiefe zu verarbeiten, damit sie gut behalten werden, obwohl die Schüler sich oft nicht bewußt sind, daß sie lernen, und geringe oder keine Absicht zu lernen haben. Denken Sie an Ihren besten Lehrer aus der Grundschule zurück. Hat er oder sie Sie irgendwie zum Lernen gebracht, obwohl Sie nicht so recht wollten?

AUSSAGEN VON "AUGENZEUGEN"

Wenn man eine Anzahl von Sätzen hört, die alle auf ein allgemeines Thema bezogen sind, hat man unter Umständen große Schwierigkeiten, zwischen den Sätzen, die man wirklich gehört hat, und solchen Sätzen zu unterscheiden, die nicht dargeboten wurden, aber "zu dem Thema passen". Man weiß auch, daß der Kontext, in dem ein beliebiger Satz gesprochen wird, viel mit seiner Bedeutung und Interpretation zu tun hat. Folglich kann es einem schwerfallen, zwischen dem zu unterscheiden, was wirklich passiert ist, und dem, von dem man denkt, es sei geschehen. Dieser schlußfolgernde Aspekt des Erinnerns beschränkt sich nicht darauf, Sätze genau abzurufen, sondern kann auch die Erinnerung an "Tatsachen" beeinflussen, wie in Experimenten von Elisabeth Loftus und ihren Mitarbeitern gezeigt wurde.

In diesen Untersuchungen sahen Personen, denen gesagt worden war, daß sie Teilnehmer an einem Gedächtnisexperiment seien, einen Film über einen Autounfall. Anschließend wurden ihnen Fragen zu dem Film gestellt. Die kritische Variable betraf die Art, in der die Fragen formuliert waren. Manchen Personen wurden Fragen gestellt wie "Haben Sie *den* beschädigten Scheinwerfer gesehen?" Der bestimmte Artikel *den* impliziert, daß es einen beschädigten Scheinwerfer gab, wobei die Versuchsperson nur zu entscheiden braucht, ob sie ihn bemerkt hat oder nicht. Andere wurden gefragt "Haben Sie *einen* beschädigten Scheinwerfer gesehen?" Der unbestimmte Artikel *einen* hat keine Implikation - in der Tat erhebt er die Frage, ob es einen beschädigten Scheinwerfer gab oder nicht und auch die Frage, ob der Beobachter ihn gesehen hat oder nicht.

Es wurden mehrere Fragen in beiden Formen über Dinge gestellt, die in dem Film vorkamen bzw. nicht vorkamen. Die Form der Frage beeinflußte nicht die Häufigkeit, mit der Personen angaben, daß sie etwas gesehen hatten, das in Wirklichkeit nicht geschehen war. Stellte man die Fragen jedoch, indem man *den* benutzte, führte das zu einer viel stärkeren Tendenz, darauf zu beharren, etwas gesehen zu haben, was nie vorgekommen war! Es wurde eine falsche Annahme gemacht.

Kleider machen Verbrecher

Von HAL GOODMAN

Sie sitzen in einem Raum der Polizei, wo Ihnen verschiedene Personen vorgeführt werden, unter denen Sie den Bösewicht identifizieren sollen, der Ihren Taschenrechner gestohlen hat. Die Polizei kann Ihnen eine von vier Vorführungsgruppen zeigen:

1) Der Hauptverdächtige trägt ein Sweatshirt der University of Manitoba (Sie sind sicher, daß der Dieb es bei seiner Tat getragen hat), wohingegen alle anderen anders gekleidet sind.

2) Alle tragen ein Sweatshirt der University of Manitoba.

3) Alle sind anders gekleidet, keiner trägt ein Sweatshirt der University of Manitoba.

4) Alle tragen einen Laborkittel.

Welche Aufstellung hilft Ihnen am besten, den Schuldigen zu entdecken? Rod Lindsay, ein Psychologe an der Queens University in Ontario, und Harold Wallbridge, ein Student an der University of Manitoba, stellten ein unechtes Verbrechen und testeten diese Aufstellungen an den Zeugen. Es überraschte niemanden, daß die Aufstellung, bei der nur der echte Gauner das belastende Kleidungsstück trug, die meisten richtigen Identifizierungen hervorbrachte. Aber die Aufstellung im "kriminellen Gewand", bei der alle das berüchtigte Sweatshirt trugen, lag nicht weit dahinter. Darüber hinaus erwies sich in vier ähnlichen Aufstellungen, in denen der wirliche Verbrecher nicht zugegen war, dieses Kleidungsarrangement als am besten geeignet, Identifikationen von unschuldigen Personen zu vermindern.

Die Forscher folgerten, daß die beste Aufstellung für die Polizei die ist, bei der alle Verdächtigen Kleidung tragen, die dem ähneln, was der Verbrecher zum Zeitpunkt des Verbrechers getragen haben soll. Lindsay und Wallbridge räumen jedoch ein, daß diese vorläufigen Ergebnisse vielleicht nicht direkt auf wirkliche Polizeiarbeit angewendet werden können. Zum einen bestanden die experimentellen Aufstellungen aus Personen, die einander in ihrem Erscheinungsbild recht ähnlich waren. Zum andern sind die Beschreibungen der Kleidung eines Missetäters oft unvollständig oder unrichtig. Und selbst wenn die Polizei weiß, was der Verbrecher trug, wie könnte sie den notwendigen Vorrat an Kleidung laufend bereithalten?

Lindsay beschäftigt sich zur Zeit mit anderen Untersuchungen, die, so hofft er, den Vorgang praktikabler machen. In einer Untersuchung z.B. ist jeder im Stil des Verbrechers gekleidet, aber nicht in der tatsächlichen Kleidung. Für den Moment, sagt Lindsay, "ist die Beeinflussung der Aufstellung kein feststehendes Verfahren sondern erst ein interessantes Versuchsfeld".

Psychology Today
Dezember 1982

Über ähnliche Effekte "suggestiver Fragen" wurde von Loftus und John Palmer berichtet. Zeugen, die einen Autounfall beobachtet hatten, wurden entweder gefragt "Wie schnell fuhren die Autos, als sie zusammenstießen?" oder "Wie schnell fuhren die Autos, als sie zusammenkrachten?" Zeugen, denen die erste Frage gestellt wurde, schätzten viel geringere Geschwindigkeiten als Zeugen, denen die zweite Frage gestellt wurde. Diese Ergebnisse stimmen mit der Theorie überein, daß Erinnerungen rekonstruiert werden, und weisen darauf hin, daß man die Annahme von Personen hinsichtlich dessen, was geschehen sei, beeinflussen kann, wenn man ihnen beim Erinnern plausible Schlußfolgerungen nahelegt. Indem man einfach die richtigen Fragen stellt, kann man zumindest einige Leute überzeugen, daß sie Ereignisse gesehen haben, die nicht geschehen sind. Die Implikationen solcher Ergebnisse für Untersuchungen vor Gericht oder Polizeiverhöre sind ziemlich offensichtlich. Solche Befragungen sollen die "Tatsachen" feststellen, und die Rechtsanwälte sollen die Zeugen nicht "beeinflussen". Diese Ergebnisse weisen darauf hin, daß es schwierig sein kann festzulegen, was eine "suggestive Frage" ist.

VERBESSERUNG DER LESEGESCHWINDIGKEIT

Kann man wirklich lernen, Tausende Worte pro Minute zu lesen (statt nur ein paar Hundert) und das Gelesene doch noch zu verstehen, wie Schnellesekurse behaupten? Hierüber wurde nicht viel geforscht, aber was man

Auf das Verständnis kommt es an

Von RICHARD WEINSTEIN

WASHINGTON. Warum können Kinder geschriebenes Material nicht besser verstehen?

Nach Ansicht des Psychologen Richard C. Anderson, Direktor des Center for the Study of Reading (Zentrum zur Erforschung des Lesens) an der University of Illinois ist ein Hauptgrund dafür, daß Lehrer die Kinder nicht dazu anleiten, darüber nachzudenken, was sie lesen. Statt dessen liegt der Schwerpunkt stark auf der Phonetik und dem Lehren der Bedeutung der einzelnen Worte. Lesen beinhaltet die integrierte, gezielte Verwendung vieler Fertigkeiten, sagte Anderson, aber heute versuchen Leseprogramme, diese Fertigkeiten vom Lesen isoliert zu lehren...

Reihum Vorlesen

Eine der vielen Untersuchungen, die Grundlage für die Lehrprogramme des Zentrums wurde, befaßte sich mit der übliche Methode, Kinder reihum vorlesen zu lassen, wobei sich die Kinder beim Vorlesen einer Geschichte abwechseln. Forscher in Urbana, Illinois, untersuchten Drittklässler, um diese Methode mit anderen Methoden zu vergleichen, wie Vorhersagespielen und Lesen, denen Fragen des Lehrers über den gelesenen Stoff folgten.

Sie fanden heraus, daß das Reihum-Lesen im Vergleich zu anderen Methoden beklagenswert ineffektiv war, das Verständnis der Schüler zu verbessern. Dennoch wird es in den Schulen täglich von mehr als 10 Millionen Kindern praktiziert, wohingegen die effizienteren Methoden von einer relativ geringen Schülerzahl im Land benutzt werden.

In einer einjährigen Studie, bei der der Leseunterricht in 14 Schuldistrikten von Illinois beobachtet wurde, fanden Forscher, daß von fast 12.000 Minuten (200 Stunden) Zeit, die mit dem Leseunterricht verbracht wurde, nur 45 Minuten dem Verständnis gewidmet wurden, das über die Bedeutung der einzelnen Worte hinausging. Das bedeutet, daß diese Schüler von Illinois *pro Monat* etwa fünf Minuten direkt angeleitet wurden, das, was sie zu lesen lernten, auch zu verstehen.

Gleichzeitig stellten Forscher fest, daß zehnmal so viel Unterrichtszeit darauf verwendet wurde, diese Fähigkeit zu bewerten. Mit anderen Worten: Das Verständnis wurde häufig geprüft aber selten gelehrt.

Fertigkeiten vereinen

Als ein Ergebnis dieser und anderer Untersuchungen hat das Zentrum Programme entworfen, die nicht nur Phonetik und die Bedeutung neuer Worte lehren, sondern beides mit dem Gesamtverständnis verbinden. Indem sie kognitive Fertigkeiten trainieren, versuchen die Lehrmethoden des Zentrums, das Allgemeinwissen der Schüler einzubeziehen.

Kinder werden angeleitet, Fragen zu beantworten, für die man Information aus mehr als einem Satz benötigt. Der Satz "Der Klang war schlecht, weil die Naht gerissen war" z.B. ist ohne einen anderen Satz bedeutungslos, der den Schülern mitteilt, daß ein Dudelsack benutzt wurde. Und sogar hier achten die Lehrer des Zentrums darauf, daß "Dudelsack" für die Schüler verständlich ist.

Andere Vorgehensweisen des Zentrums bringen den Schülern bei, sich beim Lesen selber Fragen zu stellen und effektivere Zusammenfassungen des von ihnen zu bewältigenden Stoffes zu machen. Die Lehrmethoden liefern auch Anleitungen dazu, wie Autoren ihre Geschichten und Texte aufbauen. Untersuchungen im Klassenzimmer haben gezeigt, daß schlechte Leser, die diese Techniken üben, verblüffende Fortschritte in bezug auf ihre Fähigkeit machen, bei Lesetests Fragen zu beantworten.

APA Monitor
Januar 1982

Eine der grundlegenden Anwendungen der Forschung über das menschliche System zur Informationsverarbeitung besteht darin, Lesefertigkeiten zu unterrichten. Das Lesezentrum an der University of Illinois ist auf diesem Gebiet eine der führenden Institutionen.

"Sie können zwischen drei Kursen wählen. Sie können die Geschwindigkeit etwas erhöhen und Ihr Verständnis beibehalten, Sie können die Geschwindigkeit beträchtlich erhöhen und Ihr Verständnis vermindern, oder Sie könnten die Geschwindigkeit kolossal erhöhen, dann verstehen Sie gar nichts mehr."

American Scientist, Juli-August 1977. Nachdruck mit Genehmigung von Sidney Harris.

Trotz der Behauptungen von Vertretern, die Ihnen einen Kurs in "Schnellesen" verkaufen wollen, gibt es in Wirklichkeit einen Kompromiß zwischen Geschwindigkeit und Verständnis. Dies ist ein echtes Beispiel für die Grenzen menschlicher Kognition und Informationsverarbeitung.

gemacht hat, legt nahe, daß man, um die Frage zu beantworten, das Wort *verstehen* sorgfältig definieren muß. Wenn man nur daran interessiert ist, eine sehr allgemeine Vorstellung einer geschriebenen Nachricht zu erfassen, kann schnelles Lesen sehr gut funktionieren. Aber nur eine langsamere Lesegeschwindigkeit ermöglicht es, einen Abschnitt ganz zu verstehen und Details zu erinnern. Der Grund ist, daß unsere Lesegeschwindigkeit durch physische Faktoren beschränkt ist. Wenn man liest, bewegt man seine Augen in kurzen Fixierungen über die Seite (die durchschnittliche Fixierung dauert ungefähr eine Viertelsekunde), und die Bewegungen zwischen den Fixierungen sind sehr schnell. Da wir bei jeder Fixierung nur ein oder zwei Worte wahrnehmen können, sind unserer Geschwindigkeit sehr enge Grenzen gesetzt, wenn wir jedes Wort lesen wollen. Forscher haben eine Grenze von etwa 600 Worten pro Minute errechnet. Ein Mensch, der mit einer schnelleren Geschwindigkeit liest, verarbeitet nicht jedes Wort.

Die Beantwortung der Frage, wie wirksam Schnellesen sein kann, hängt also von der Tiefe des Verständnisses ab, die wir erreichen wollen. Wenn wir einen Abschnitt mit einer Geschwindigkeit von 3000 Worten pro Minute lesen, können wir nicht die ganze Information des Abschnitts sehen, geschweige denn verstehen. Aber wir können eine Vorstellung davon bekommen, um was es in dem Abschnitt geht. Wenn Sie überlegen, ob Sie lernen wollen, schnell zu lesen, überlegen Sie sich, wie Sie diese Fertigkeit einsetzen möchten. Es könnte Gelegenheiten geben, bei denen Sie etwas schnell lesen möchten, um eine allgemeine Vorstellung des Inhalts zu bekommen oder eine bestimmte Information zu finden. In einem Schnellesekurs könnten Sie das üben. Sie könnten auch davon profitieren, indem Sie selbständig üben, etwas zu überfliegen oder selektiv zu lesen. Aber wenn Sie erwarten, Ihre Lehrbücher und anderen schwierigen Stoff mit einer Geschwindigkeit von 1000 Worten pro Minute zu lesen und auch noch gut bei Ihren Prüfungen abzuschneiden, dann werden Sie enttäuscht sein.

Vielleicht könnten Sie schneller lesen als Sie es jetzt tun, selbst wenn Sie den Text voll verstehen wollen. Wie oben bereits erwähnt, liegt die physische Begrenzung für die Lesegeschwindigkeit bei etwa 600 Worten pro Minute, wenn jedes Wort gelesen wird. Lesen Sie schon so schnell? Nicht viele Leute können das, z.T. deshalb, weil sie bestimmte Lesegewohnheiten haben, die sie behindern. Sich sorgfältig jedes Wort herzusagen oder auf das Gelesene zurückzuschauen sind zwei Beispiele dafür. Sie mögen diese Techniken manchmal benutzen müssen, um Ihr Verständnis zu unterstützen, aber Sie benutzen sie vielleicht auch, wenn Sie es nicht müssen. Sie werden feststellen, daß sich Ihre Geschwindigkeit erhöht, wenn Sie nicht so oft zurückschauen, ohne daß Ihr Verständnis darunter leidet. Sie werden überrascht sein, wie viel schneller Sie sind, wenn Sie sich das zum Ziel setzen und versuchen, zeitaufwendige Schritte wegzutrainieren, die nicht nötig sind, den Absatz zu verstehen. Der Schlüssel dazu ist, im voraus zu entscheiden, was Sie von einem Text lernen wollen, und Ihren Stil an dieses Ziel anzupassen (verschaffen Sie sich einen Überblick und stellen Sie sich wie bei SQ3R Fragen).

Hüten Sie sich vor Behauptungen, daß man bei extrem hohen Lesegeschwindigkeiten fantastisch gut verstehen kann. Oft testet der Verständnistest allgemeine Informationen, die der Leser schon kannte. Man benötigt eine Kontrollgruppe von Personen, die den Test ablegen, ohne etwas gelesen zu haben. Aber solche Gruppen werden kaum einbezogen, und so sind die Tests zum Leseverständnis oft nicht valide.

6 Kognitive Prozesse

214 **Problemlösen**
Die Gestalttheorie / Der Informationsverarbeitungsansatz / Logik und Einsicht

225 **Begriffsbildung**
Begriffe / Begriffe und Wissen

230 **Logisches Denken und Analysieren**
Formale Logik / Fehlerquellen beim Schlußfolgern / Denken im diskursiven Kontext

234 **Bewerten und Entscheiden**

236 **Intelligenz**
Die Intelligenzmessung / Individuelle Unterschiede im Intelligenzquotienten / Komponenten der Intelligenz / Informationsverarbeitung und Intelligenz / Kreativität

247 **Zusammenfassung**

249 **So sieht das in der Praxis aus**
Mathematikunterricht / Künstliche Intelligenz / Anwendung von Heuristiken / Stellung in der Geschwisterreihe / Intelligenz, Anlage und Umwelt

Dimitri, ein Schüler der Sekundarstufe, sollte als Hausaufgabe die Fläche eines Trapezes, einer vierseitigen Figur, bestimmen. Wie Sie aus der Abbildung erkennen können, hat ein Trapez zwei parallele Seiten und zwei schräge Seiten gleicher Länge. Die Höhe h der Figur, die Länge t der oberen Seite und die der unteren, b, waren gegeben. Dimitri weiß zwar, wie man die Fläche eines Rechtecks oder Dreiecks berechnet, die Flächenberechnung beim Trapez war jedoch neu für ihn, so daß er verwirrt aufgab. Später allerdings, als er gerade einen Roman las, kam ihm eine Idee. Er konnte sein Wissen über Rechtecke und Dreiecke nutzen, um die Aufgabe mit dem Trapez zu lösen. Können Sie Dimitris Einfall nachvollziehen? (Die Antwort wird in Fundgrube 6-4 gegeben).

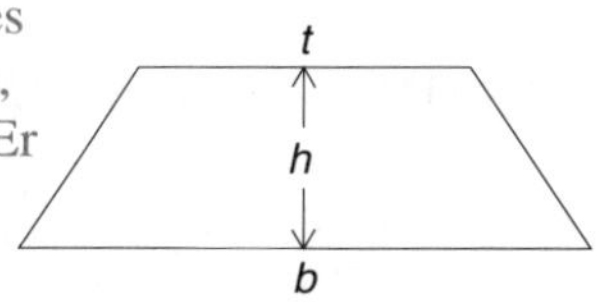

Petra nahm vor kurzem an einer Diskussion über die Vorzüge eines staatlich unterstützten Krankenversicherungsprogramms teil. Ein Teilnehmer argumentierte: "Kommunisten sind für die Vergesellschaftung der Medizin. Die Gesetzesvorlage, ein staatliches Krankenversicherungsprogramm zu erstellen, ist ein Schritt in Richtung der Vergesellschaftung der Medizin. Solch eine Gesetzesvorlage wird daher von Kommunisten angeregt." Für Petra klang das Argument logisch und überzeugend, und auf dem Heimweg dachte sie daran, an ihre Abgeordnete zu schreiben und sie zu bitten, daß sie gegen den Gesetzesentwurf stimmt. War die Schlußfolgerung des Diskussionsteilnehmers logisch, und dachte Petra logisch, als sie das Argument für stichfest hielt?

Barbara und Elisabeth, zwei eineiige Zwillinge, die kurz nach der Geburt von ihren Eltern getrennt wurden, wuchsen in verschiedenen Familien auf. Barbara wurde von einem Anwalt und seiner Frau, einer Professorin, in einem Umfeld der oberen Mittelschicht in einer größeren texanischen Stadt aufgezogen. Elisabeth wurde im ländlichen Colorado, in der Nähe der Grenze zu Kansas, von einem Bauernehepaar aufgezogen. Am Ende der High School (des Gymnasiums) nahmen beide an Aufnahmetests der Universitäten teil. Elisabeth schnitt dabei verhältnismäßig schlecht ab und wurde fast zu keiner Universität zugelassen. Barbara, die viel bessere Ergebnisse erreichte, konnte sich die Universität aussuchen. Es traf sich, daß beide Mädchen die gleiche Universität besuchten. Elisabeth erhielt immer die besten Noten, während Barbara, die an den gleichen Kursen teilnahm, eine durchschnittliche Studentin war. Welche Faktoren aus Vererbung und Umwelt könnten die Unterschiede zwischen den beiden Mädchen in bezug auf ihre intellektuellen Fähigkeiten und ihre Leistungen in Schule und Universität erklären?

Kopfnuß 1

Affirmo Negato, Professor für Logik, mußte feststellen, daß eine Kopie der Abschlußklausur gestohlen worden war. Seine Sekretärin machte drei Studenten ausfindig, die in seinem Büro gewesen waren: Bill, Jim und Alphonso. Negato befragte alle drei, die folgendes behaupteten:

BILL: "Jim hat die Klausur gestohlen."
JIM: "Stimmt, ich habe es getan."
ALPHONSO: "Ich war es nicht!"

Negato wußte, daß mindestens einer der Verdächtigen log und mindestens einer die Wahrheit sagte. Auf dieser Grundlage konnte er logisch folgern, welcher Student die Klausur entwendet hatte. Können Sie es auch herausfinden?

Was sich in unserem Kopf abspielt - geistige Aktivitäten bzw. Denken -, bezeichnet man als kognitive Prozesse. Zu diesen Prozessen gehört die Auswahl von Information aus der Umgebung, die Veränderung dieser Information im Hinblick auf das bereits vorhandene Wissen (Gedächtnis) und ihre Anwendung auf die vorliegende Aufgabe. Lernen und Erinnern sind Beispiele für kognitive Prozesse; sie wurden in Kapitel 5 besprochen. In diesem Kapitel sollen die komplexeren kognitiven Vorgänge vorgestellt werden, darunter die, die am Problemlösen, der Begriffsbildung und am Schlußfolgern beteiligt sind. Hat man erst einmal bestimmte Tatsachen oder Fertigkeiten gelernt, kann man sie im allgemeinen auf verschiedene neue Aufgaben anwenden. In dem Ausmaß, in dem man sein Wissen und seine Fertigkeiten einsetzen kann, um neue Erfahrungen zu verstehen oder schwierige Probleme zu lösen, wird man als intelligent angesehen. Die Intelligenz beruht hauptsächlich darauf, wie effektiv man in verschiedenen Situationen kognitive Fertigkeiten einsetzen kann.

Viele alltägliche Verrichtungen machen einfallsreiches Planen oder Denken erforderlich, etwa die richtigen Kurse für das neue Semester zu wählen, eine Frage zu einem Aufsatz beantworten, die beste Reihenfolge herausfinden, in der man eine Reihe von Besorgungen erledigt oder überlegen, wie man einen Freund zu einem großen Gefallen überreden kann. In Situationen wie diesen muß man verschiedene Wissensquellen nutzen und mehrere mögliche Handlungswege bewerten, d.h. man muß seine kognitiven Möglichkeiten nutzen.

PROBLEMLÖSEN

Vieles, was man über kognitive Prozesse weiß, stammt von Beobachtungen an Personen, die Probleme zu lösen versuchen, wie Dimitri, der die Fläche des Trapezes zu bestimmen versucht. Um ein Problem zu lösen, muß man sich von einer Situation oder einem Gegenstand einen anderen Begriff machen, man muß auf neuartige Weise denken, um ein Ziel zu erreichen. Ein Hauptcharakteristikum des Problemlösens, das es vom einfachen Ausführen gut gelernter Verhaltensweisen oder auch vom Lernen neuer Information abhebt, ist die Tatsache, daß das neue Wissen von der Person selbst hervorgebracht werden muß. Es liegt an der Person selbst, einen Weg zu finden, um eine problematische Situation zu verändern und in einen neuen, akzeptablen Zustand zu verwandeln. Oft sind nicht nur die Schritte neu, die zur Problemlösung eingesetzt werden, sondern auch das Endprodukt.

In den letzten Jahren wurde die Erforschung des Problemlöseverhaltens von zwei Theorien beherrscht, der Gestalttheorie und dem Ansatz der Informationsverarbeitung. Die Gestalttheorie konzentriert sich auf die Fähigkeit einer Person, das Problem richtig zu sehen bzw. sich ein richtiges Bild davon zu machen. Die Theorie der Informationsverarbeitung konzentriert sich auf kognitive Handlungen, mit denen die gegebenen Größen eines Problems in das Ziel bzw. die Lösung transformiert werden. Im folgenden soll näher betrachtet werden, wie diese Theorien versuchen, das Problemlösen zu erklären.

Die Gestalttheorie

Die Gestalttheorie entstand kurz nach der Jahrhundertwende in Deutschland gleichzeitig mit dem Behaviorismus in den USA. Die Gestaltpsychologen interessierten sich hauptsächlich für die Wahrnehmung, wendeten die **Gestalttheorie** aber auf fast alle wichtigen psychologischen Fragestellungen an. Weil es für sie beim Denken und Problemlösen darauf ankam, etwas richtig zu "sehen", beeinflußte ihr Interesse an Wahrnehmungsprozessen stark ihre Vorstellung von kognitiven Vorgängen. Das Finden einer Problemlösung wurde als *Einsicht* bezeichnet, d.h., man sieht, wie sich die verschiedenen Aspekte eines Problems zu einem angemessenen Ganzen, einer *Gestalt*, zusammenfügen. Um ein Problem zu lösen, muß man es aktiv aus verschiedenen Perspektiven betrachten, bis die Teile des Problems ihren Platz eingenommen haben. Oftmals ist eine *neue* Perspektive der Schlüssel zur Problemlösung, wie beim Beispiel von Dimitri und dem Trapez. Dimitri muß erkennen können (d.h. eine Einsicht haben), daß das Trapez in ein Rechteck umgewandelt werden kann (siehe Fundgrube 6-4). Ein zentraler Aspekt der Gestalttheorie, der sie von passiven Reiz-Reaktionstheorien unterscheidet, ist die Betonung des aktiven Denkens.

Der Einfluß der Wahrnehmungsorganisation beim Problemlösen war für die Gestaltpsychologen ein Hauptanliegen. Betrachten Sie z.B. diese Aufgabe:

Mathearbeit

Psychologen untersuchen das Denken, indem sie das Verhalten von Personen beobachten, die mathematische Probleme wie die in dem Cartoon angesprochenen zu lösen versuchen. Dabei verändern sie die Merkmale des Problems, den Problemlöser und die Information, die ihm gegeben wird (z.B. Hinweise oder Lösungshilfen).

Bewegen Sie in der folgenden Anordnung der 16 Streichhölzer drei, und zwar nur drei Streichhölzer, sodaß Sie vier gleich große Quadrate erhalten.

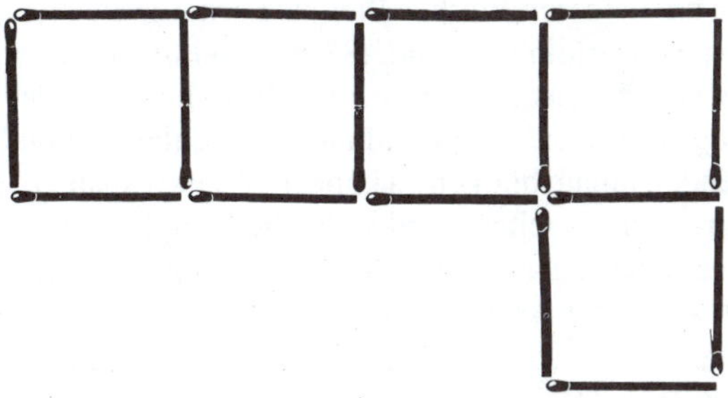

Ob man bei dieser Aufgabe zu einer Lösung kommt (siehe Fundgrube 6-4), hängt von der Fähigkeit ab, sich verschiedene Anordnungen der Streichhölzer vorzustellen. Hat man dabei Schwierigkeiten, dann führt das dazu, daß man Aufgaben dieser Art nicht zu lösen vermag.

Funktionale Fixierung

Auch auf subtilere Weise beeinflußt die Wahrnehmung das Problemlösen. Nehmen Sie an, jemand soll entdecken, daß eine Streichholzschachtel an die Wand geheftet und als Kerzenständer verwendet werden kann. Die Schwierigkeit des Problems hängt davon ab, wie die Reißzwecken, die Streichhölzer und die Streichholzschachtel angeordnet sind, wenn sie der Versuchsperson zuerst gezeigt werden. Wenn die Reißzwecken und Streichhölzer lose auf dem Tisch liegen und die Schachtel leer ist, erscheint die Aufgabe trivial, und die Lösung wird leicht entdeckt. Wenn sich jedoch die Reißzwecken oder Streichhölzer in der Schachtel befinden, wenn man sie der Versuchsperson vorlegt, ist das Problem recht schwierig. Wenn die Streichholzschachtel als Behälter benutzt wird, fällt es oft schwer, sie überhaupt zu bemerken oder sich vorzustellen, daß sie in der Aufgabe auch eine andere Funktion einnehmen kann. Dieses Phänomen wird als **funktionale Fixierung** bezeichnet. Bei Experimenten zur funktionalen Fixierung legen sich Personen hinsichtlich ihrer Wahrnehmung bestimmter Gegenstände oder deren Verwendungsmöglichkeiten so fest bzw. sind so fest darauf "fixiert", daß sie die Gegenstände nicht auf neuartige Weise verwenden können, um das Problem zu lösen.

Ein klassisches Beispiel einer Aufgabe zur funktionalen Fixiertheit ist die Aufgabe mit zwei pendelnden Seilen. Um diese Aufgabe zu lösen, muß die Versuchsperson die Enden zweier Seile verknoten, die von der Decke herabhängen. Die Seile sind zu weit von einander entfernt, als daß die Person das zweite Seil erreichen könnte, während sie das erste hält. Die Lösung besteht darin, daß man aus einer Reihe von Gegenständen auf dem Tisch (u.a. eine Zange) einen schweren Gegenstand wählt, ihn an das Ende des einen Seiles bindet, es in Schwingung versetzt und während man das andere Seil festhält - das Pendel ergreift, wenn es einem am nächsten ist (siehe Abbildung 6-1). Soll die Versuchsperson vor dieser Aufgabe einen einfachen Stromkreis verdrahten, bei dem sie eine Zange benutzen muß, würde die Versuchsperson die Zange weniger wahrscheinlich als Pendelgewicht einsetzen, selbst wenn sie offensichtlich der am besten geeignete Gegenstand für diesen Zweck wäre.

Zwei interessante Aspekte der funktionalen Fixierung veranschaulichen die Bedeutung vorangegangener Erfahrungen mit einem Gegenstand bzw. die Bedeutung

Abbildung 6-1 Das Problem mit den zwei Seilen

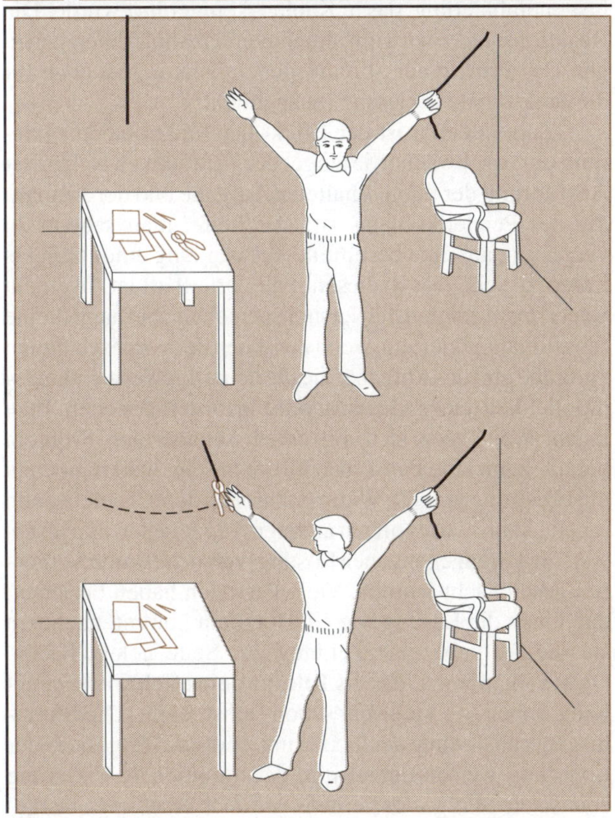

Dies ist wahrscheinlich die bekannteste Aufgabe, die in Laboruntersuchungen zum Problemlösen benutzt wurde. Die Versuchsperson muß einen Weg finden, wie sie die beiden Seile zusammenknoten kann, obwohl es nicht möglich ist, das zweite Seil zu ergreifen, während man das erste festhält. Es sind mehrere Gegenstände vorhanden, die man zur Lösung des Problems einsetzen kann, z.B. ein Stuhl, Papiertücher, eine Zange und einige Büroklammern. Die Lösung besteht darin, die Zange an das eine Seil zu binden und es wie ein Pendel in Bewegung zu setzen, so daß man es greifen kann, während man das andere Seil festhält.

des Lernens über den Gegenstand, der auf neuartige Weise benutzt werden muß. Zum einen ist der Effekt der funktionalen Fixierung um so stärker, je ähnlicher der Gegenstand, den man in der vorangegangenen Aufgabe benutzt hat, dem Gegenstand ist, den man zur Lösung der eigentlichen Problemlöseaufgabe benutzen muß. Wenn statt der Zange, die man bei der Verdrahtungsaufgabe benutzt hat, eine neue, mit der vorherigen identische Zange auf den Tisch gelegt wird, werden die Versuchspersonen weniger zögern, sie als Pendelgewicht einzusetzen. Der Effekt ist noch stärker, wenn man eine ähnliche, aber andere Zange hinlegt. Sie erinnern sich sicher an das Konzept der Stimulusgeneralisierung, das in Kapitel 4 eingeführt wurde: Die Reaktionsstärke wird mit abnehmender Ähnlichkeit geringer. Das Prinzip der Stimulusgeneralisierung ist auch für die funktionale Fixierung maßgeblich.

Zum anderen ist der Effekt der funktionalen Fixierung um so schwächer, je länger der Zeitraum zwischen der Ausführung der vorgeschalteten Aufgabe und der Aufnahme des Pendelproblems ist. Das heißt, man scheint zu vergessen, auf eine bestimmte Verwendung eines Objekts fixiert zu sein, was in diesem Fall vorteilhaft ist. In einem Experiment zeigten die Versuchspersonen überhaupt keine funktionale Fixierung, wenn zwischen der vorgeschalteten Aufgabe und der Aufgabe, die die neuartige Verwendungsmöglichkeit eines Gegenstandes erforderte, sieben Tage lagen. Wenn man sich mit einem schwierigen Problem befaßt, kann eine Pause also hilfreich sein, weil man dann die Fixierung vergißt. Widmet man sich dem Problem dann erneut, kann man es oft mit anderen Augen sehen und lösen, weil die vorangegangenen Lösungsversuche durch Vergessen geschwächt wurden. Viele Personen haben berichtet, daß ihnen die Lösung wie ein Blitzlicht kommt, nachdem sie die Aufgabe eine Zeitlang zur Seite gelegt haben. Dieses Phänomen, das als **Inkubationseffekt** bezeichnet wird, haben Sie vielleicht schon selbst erlebt. Die Stimulusgeneralisierung der Fixierung und das Vergessen der Fixierung weisen darauf hin, daß funktionale Fixierung ebenso eine Folge des Lernens wie auch eine Folge festgelegter Wahrnehmung ist.

Ein gutes Beispiel, wie man funktionale Fixierung überwinden kann, war der wichtige Durchbruch in der Gestaltung von Tennisschlägern. Bei den Bemühungen, bessere Schläger zu entwickeln, hatten die Hersteller es vernachlässigt, auch die Möglichkeit zur Veränderung der *Größe* der Schlagfläche mit einzubeziehen. Dann tauchte vor ein paar Jahren der "Prince" auf, ein vielbeachteter Schläger mit vergrößerter Schlagfläche, der das Spiel vieler Tennisfans verbessert hat. Zahlreiche alltägliche Beispiele von Versuchen, funktionale Fixierung zu überwinden, sind weniger aufsehenerregend. Jemand hat einmal Zahnseide benutzt, um einen Stoß alte Zeitungen zusammenzubinden, weil keine Schnur zur Hand war. Haben Sie jemals einen Sitzgurt benutzt, um eine Flasche zu öffnen, die keinen Schraubverschluß hatte? Oder haben Sie einen leeren Eierbehälter als Form für die Herstellung von Eiswürfeln verwendet? Um funktionale Fixierung zu überwinden, ist es wichtig, über die üblichsten oder zuletzt vorgekommenen Verwendungsmöglichkeiten von Gegenständen hinausblicken zu können. Wie wir später in diesem Kapitel noch sehen werden, ist die Fähigkeit, eine Anzahl möglicher Lösungen für Probleme formulieren zu können, ein wichtiger Aspekt kreativen Denkens.

Kopfnuß 2

Ein Vater und seine beiden Söhne wollen einen Fluß überqueren. Sie haben ein Boot, das bis zu 200 Pfund tragen kann. Jeder Sohn wiegt 100 Pfund, der Vater 200. Wie können sie alle drei über den Fluß gelangen?

Mental Sets

Die klassischen Arbeiten von Abraham Luchins liefern ein ähnliches Beispiel dafür, wie sich das Lernen festgelegter Vorgehensweisen auf die Fähigkeit auswirkt, neuartige Vorgehensweisen zu entdecken. Nachdem man mehrere ähnliche Aufgaben gelöst hat, gewöhnt man sich manchmal bestimmte Vorgehensweisen an, die vielleicht nicht wirksam sind oder sogar versagen, wenn sich die Aufgabe geringfügig ändert. Luchins veranschaulichte dieses Phänomen, indem er Versuchspersonen eine Serie von Aufgaben stellte, wofür sie jeweils einen Wasserhahn und drei verschiedene Krüge (A, B und C) mit unterschiedlichem Fassungsvermögen zur Verfügung hatten. Nehmen Sie z.B. an, A, B und C könnten 10, 32 bzw. 7 Wassereinheiten fassen. Ihre Aufgabe ist es, diese Krüge zu verwenden, um genau 8 Wassereinheiten abzumessen. Durch Probieren werden Sie herausfinden, daß die Lösung darin besteht, B mit Wasser zu füllen und es von B in A zu gießen, wobei Sie A mit 10 Einheiten füllen und 22 Einheiten in B verbleiben. Dann gießen Sie von B nach C, wobei Sie C mit 7 Einheiten füllen. Als nächstes gießen Sie das Wasser aus C aus und wiederholen den letzten Schritt. B enthält dann 8 Einheiten.

Um noch mehr zu üben, können Sie die Aufgaben 1 bis 5 in Tabelle 6-1 lösen. Sie werden sehen, daß jedes Problem durch die gleiche Vorgehensweise gelöst wird, die man durch die Formel $B - A - 2C$ beschreiben kann. Haben Sie sich erst einmal daran gewöhnt, so vorzugehen d. h. ein **"mental set"** (von engl. "mental" = geistig und "set" = Haltung) gebildet, können Sie derartige Probleme ohne weiteres lösen. Sie werden sich jedoch schwertun, wenn Sie auf einen anderen Aufgabentyp stoßen. Mental sets können manchmal nur mit Mühe überwunden werden, und wenn eine Aufgabe nicht mit der Formel gelöst werden kann, bereitet sie mehr Kopfzerbrechen. Fahren Sie mit Aufgabe 6 und 7 aus Tabelle 6-1 fort. Aufgabe 6 kann sowohl mit Hilfe der Formel als auch auf effizientere Weise gelöst werden; Aufgabe 7 jedoch kann nicht mit der gewohnten Formel gelöst werden. Im Experiment gelingt es regelmäßig einigen Versuchspersonen auch nach mehreren Minuten nicht, Aufgabe 7 zu lösen. Dabei ist die Lösung für Aufgabe 7 einfacher als die Formel, die man in den vorangegangenen Aufgaben benutzt hat: Füllen Sie A, dann gießen Sie A in C, und schon haben Sie die richtige Anzahl von Einheiten in A zurückbehalten. Übrigens die gleiche einfache Lösung gilt auch für Aufgabe 6.

Man kann sagen, daß ein mental set die Bereitwilligkeit einschränkt, verschiedene Methoden auszuprobieren oder ein neues Problem auf eine andere Art wahrzunehmen als vorher. Die Sichtweise des Problems wird zu eng, als daß man alternative, möglicherweise einfachere Vorgehensweisen sehen könnte. Stellen Sie sich ihren Ärger vor, wenn sie feststellen müßten, daß die langweilige und zeitaufwendige Weise, wie Sie jahrelang über Ihre Ausgaben Buch geführt haben, viele überflüssige Schritte beinhaltet und daß es eine viel einfachere Methode gibt.

Ähnliche Situationen wie die, in denen sich die Versuchspersonen beim Experiment mit den Wasserkrügen befanden, erleben auch Studenten der Mathematik, Physik und Ingenieurwissenschaften. Bei vielen Gelegenheiten wird den Studenten beigebracht, bestimmte Aufgabentypen mit bestimmten Formeln zu lösen. Manchmal aber überprüfen die Professoren gern die Fähigkeit der Studenten, ihr Wissen auf durchdachtere, analytischere Weise einzusetzen. So stoßen Studenten oft auf Fangfragen, bei denen der übliche Lösungsweg zwar zur richtigen Antwort führen kann, aber wesentlich mehr Schritte beinhaltet als nötig. Es ist vielleicht eine einfachere Lösung möglich, wenn man andere Gleichungen verwendet; dazu ist oft eine andere Sichtweise der Aufgabe erforderlich. Auf ähnliche Weise kann in einer Klausur eine Aufgabe gestellt werden, die auf den ersten Blick unlösbar erscheint, doch die richtige, veränderte Sichtweise der Aufgabe (z.B. die Lösung für Dimitris Flächenberechnung beim Trapez) kann zu einer recht offensichtlichen Lösung führen.

Es sollte deutlich geworden sein, daß mental sets und die funktionale Fixierung ähnliche oder verwandte Konzepte sind. Beide beinhalten die Anwendung vorhandenen Wissens auf ein neuartiges Problem. Beide führen zu Schwierigkeiten bei der Problemlösung, wenn das vorhandene Wissen unzweckmäßig ist. Sie sollten an diese Erwägungen denken, wenn Sie vor einer schwierigen Aufgabe stehen. Wenn Ihre ersten Versuche auf Ihrem vorhandenen Wissen basieren und fehlschlagen, sollten Sie unterbrechen und überlegen, ob Sie von einem unzweckmäßigen mental set oder von funktionaler Fixierung beeinflußt werden. Sie sollten stets bereit sein, neue und ungewöhnliche Ansätze auszuprobieren.

Einsicht

Die Beschäftigung mit Themen wie diesen hat zu einem besonderen Interesse an Aufgaben geführt, bei denen **Einsicht** nötig ist, d.h. Probleme, die durch einen Geistesblitz gelöst werden, weil man eine neue und aufschlußreiche

Tabelle 6-1 Aufgaben zur Veranschaulichung des Effekts von mental sets

SCHRITT I: LÖSEN SIE DIE ERSTEN FÜNF AUFGABEN

Aufgabe	Sie haben drei Krüge mit folgendem Fassungsvermögen: A	B	C	Sie sollen diese Menge erhalten
1	21	127	3	100
2	14	163	25	99
3	18	43	10	5
4	9	42	6	21
5	20	59	4	31

SCHRITT II: HALT! HABEN SIE DIE REGEL ENTDECKT?

SCHRITT III: LÖSEN SIE DIE BEIDEN NÄCHSTEN AUFGABEN

Aufgabe	A	B	C	Sie sollen diese Menge erhalten
6	23	49	3	20
7	10	36	7	3

Quelle: Abraham S. Luchins & Edith H. Luchins, *Rigidity of Behavior*. Eugene: University of Oregon Press, 1959, S.109.

Sichtweise einer Situation erlangt hat. Es gibt zahlreiche Berichte, daß großartige künstlerische und wissenschaftliche Leistungen durch einen plötzlichen Einfall entstanden sind - das sogenannte Aha-Erlebnis. Unter anderem haben Mozart, Einstein und Edison berichtet, durch einen Geistesblitz Erfolg gehabt zu haben.

Einige der frühen Arbeiten zu diesem Forschungsgebiet wurden von Wolfgang Köhler durchgeführt, der in Gefangenschaft gehaltene Schimpansen untersuchte. In einer seiner Untersuchungen wurde ein Schimpanse mit dem Problem konfrontiert, eine Banane zu holen, die außerhalb seiner Reichweite an der Decke des Käfigs hing. Im Käfig befanden sich mehrere Kartons, die aufeinander gestapelt werden mußten, um einen Sockel zu bilden, von wo aus der Schimpanse die Banane erreichen konnte. Zuerst zeigte der Schimpanse Versuch-und-Irrtum Verhalten, ohne Erfolg zu haben, und zog sich dann eine Weile von der Aufgabe zurück (nachdenken?). Es schien, als ob ihm die Lösung letztlich in einem Augenblick der Einsicht kam, als ob der Schimpanse ganz plötzlich bemerkte, wie das Problem zu lösen war. Das Tier sprang plötzlich auf, stapelte die Kisten übereinander und kletterte hinauf, um die Banane zu holen.

Köhler war überzeugt, daß sein Schimpanse die Aufgabe durch Einsicht gelöst hatte, indem er das Problem von verschiedenen Seiten betrachtet hatte, bis die Lösung von allein kam. Später zeigte sich bei genaueren Untersuchungen mit dieser Aufgabe, daß Einsicht kaum vorkommt, wenn nicht angemessene Vorerfahrungen vorhanden sind. Tiere, die keinerlei Erfahrung mit "stapelbaren" Kisten hatten, lösten die Aufgabe selten durch Einsicht. Je mehr Gelegenheit die Tiere vor dem Experiment haben, mit den Kisten zu spielen und sie zu erforschen, desto wahrscheinlicher ist es, daß sie die Aufgabe durch Einsicht lösen. Es scheint, daß angemessene Erfahrungen einsichtiges Problemlösen wahrscheinlicher machen, weil sie die nötigen Ideen und Fertigkeiten für die Problemlösung bereitstellen. Einsicht findet also dann statt, wenn die Komponenten richtig kombiniert bzw. zusammengestellt sind. Wenn dies geschieht, ist die Lösung augenblicklich ersichtlich, und man fragt sich: "Warum habe ich nicht gleich daran gedacht?"

Der Informationsverarbeitungansatz

Der Informationsverarbeitungsansatz beherrscht heute die Erforschung des Problemlösens. Häufig waren Arbeiten

Eine schon seit langem existierende Frage in der Kognitionspsychologie ist es, ob man Probleme allmählich löst - durch *Versuch und Irrtum* -, wobei der Lernende der Lösung mit jedem Versuch näher kommt, oder ob man sie plötzlich löst, so als ob die Person eine *Einsicht* in das Problem hätte. Dieser Cartoon ist eine Nachahmung der berühmten Untersuchung von Köhler, der feststellte, daß Schimpansen auf der Grundlage von Einsicht Probleme lösen können - sie können Kartons übereinander stapeln und auf den Stoß hinaufklettern, um an die Bananen zu gelangen. Es stellt sich jedoch heraus, daß *vorherige Erfahrung* mit dem Aufgabenmaterial wichtig dafür ist, ob die Schimpansen die Aufgabe lösen oder nicht.

zum Problemlösen mit der Entwicklung von Computersimulationsmodellen verbunden. Dabei soll der Computer so programmiert werden, daß er einen Menschen simuliert, d.h. so wie ein Mensch handelt, der versucht, eine bestimmte Aufgabe zu lösen. Wie die Gestalttheorie macht diese Methode zur Untersuchung von Problemlöseprozessen gewisse Annahmen darüber, wie Aufgaben gelöst werden und welche Aufgabentypen untersucht werden sollten. Anstatt Aufgaben zur Einsicht zu untersuchen, bei denen oft die Wahrnehmung einer Aufgabe plötzlich umstrukturiert wird, haben Vertreter des Informationsverarbeitungsansatzes Aufgaben untersucht, die viele Schritte beinhalten. Eine typische Problemlöseaufgabe, die von Psychologen des Informationsverarbeitungsansatzes betrachtet wurde, würde eine Reihe von Schritten erfordern, mit denen man jeweils ein Stück weiter in Richtung eines genau definierten Ziels gelangt. Problemlösen besteht darin, daß man eine gegebene Problemsituation bewertet, einen mehrerer möglicher Schritte zu ihrer Lösung wählt, die sich ergebende Situation bewertet, dann wieder den nächsten angemessensten Schritt aussucht und durchführt usw. So geht man vor, bis man die Aufgabe gelöst hat (siehe Abbildung 6-2). Bei jedem Schritt des Problemlösevorgangs verarbeitet man Information. Die Aufgabe des Psychologen besteht darin, die Information sowie deren Verarbeitung bei den einzelnen Schritten zu beschreiben und zu erklären.

Ehe es weitergeht, denken Sie noch einmal an PASI, die vier grundlegenden Eigenschaften des Informationsverarbeitungsansatzes, die in Kapitel 5 skizziert wurden? Erstens wird der Informationsfluß in Prozesse und Phasen zergliedert. Zweitens nimmt man an, daß das System eine beschränkte Kapazität zur Informationsverarbeitung hat. Drittens gibt es Kontrollmechanismen, die den Informationsfluß und seine Zergliederung im System überwachen. Viertens ermöglicht das System einen Informationsfluß in zwei Richtungen, bei dem eine Interaktion stattfindet und der auf wissensgesteuerten und datengesteuerten Prozessen beruht.

Aufgabenanalyse - Die Beschreibung des Problemraums

Alan Newell und Herbert Simon von der Carnegie-Mellon University haben eine zum Klassiker gewordene Beschreibung des Informationsverarbeitungsansatzes zum Problemlösen verfaßt. Sie untersuchten die verschiedenen Phasen und Prozesse, aus denen sich fast alle Problemlösesituationen zusammensetzen, und entwickelten ein Computerprogramm, *General Problem Solver* (GPS; Allgemeiner Problemlöser) genannt, das menschliches Problemlöseverhalten bei einer Anzahl verschiedener Aufgaben erfolgreich simuliert. Nach Newell und Simon untersucht ein Problemlöser zuerst die Aufgabe bzw. das Problem. Der Zweck dieser Analyse ist es, eine innere Abbildung der Aufgabe im Gedächtnis zu formen. Diese Abbildung wird als *Problemraum* bezeichnet, in dem alle Lösungsversuche ausgeführt werden. Der Problemraum enthält eine Reihe von Elementen: (1) die *Anfangsphase* der Aufgabe, die auf den gegebenen Größen beruht; (2) der *Zielzustand*, der angestrebt wird; (3) alle zulässigen Zwischenphasen, die von den Regeln der Aufgabe ermöglicht werden; und (4) Operatoren, also die Prozesse, die angewendet werden können, um von einer Phase zur anderen und letztlich zum Zielzustand zu gelangen. Diese Elemente des Problem-

Abbildung 6-2 Problemlösen als Informationsverarbeitung

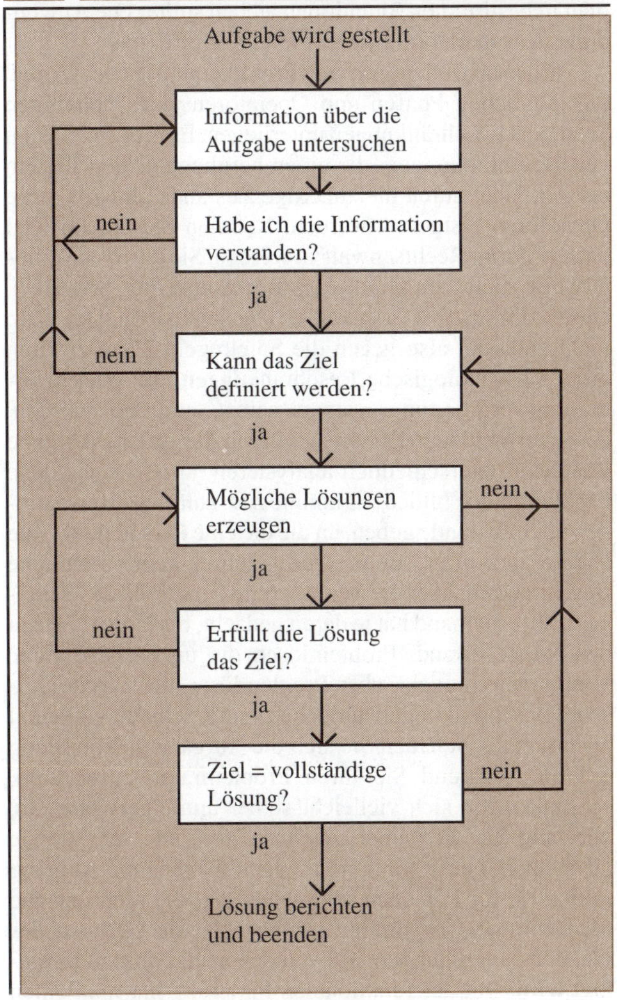

Es ist charakteristisch für den Informationsverarbeitungsansatz, daß das gesamte Problemlöseverhalten in getrennte Unterphasen (bzw. Zustände) und Prozesse (bzw. Operatoren) aufgeteilt wird, mit denen man von einer Phase in die nächste gelangt. Die Analogie zum Flußdiagramm eines Computerprogrammes ist nicht zufällig.

raums kann man bei praktisch jeder Aufgabe finden, die heutzutage in der Forschung zum Problemlösen untersucht wird.

Stellen Sie sich ein Schachspiel als Problemlösesituation vor. Der Problemraum eines Anfängers würde aus der Anfangsphase bestehen (die anfängliche Anordnung der Figuren auf dem Schachbrett), weiterhin aus einer allgemeinen Zielvorstellung (eine Konfiguration, bei der der König des Gegenspielers gefangen ist), verschiedenen Zwischenstadien und einem Satz Operatoren. Die Operatoren wären die zulässigen Züge mit jeder Schachfigur, die dem Spieler zur Verfügung steht. Je besser man spielt, desto besser kann man beurteilen, mit welchen Figuren man in bestimmten Situationen ziehen sollte: Die Anwendung der Operatoren wird zunehmend effektiver.

Das Vorhandensein eines Problemraums bedeutet, daß die möglichen Phasen und Operatoren jedes beliebigen Problems Beschränkungen unterliegen. Es gibt zwei Arten von Beschränkungen; die einen beruhen auf den Regeln der Aufgabe, durch die zulässige Zustände und zulässige Operatoren festgelegt werden. Nehmen Sie an, Ihr Ziel besteht darin, Rechtsanwalt zu werden. Sie dürfen bekannterweise nicht den Grad eines Rechtsanwaltes erwerben, ehe Sie Ihr erstes Staatsexamen abgelegt haben. Das wäre nicht zulässig, also gegen die Spielregeln. Zum zweiten gibt es psychologische Beschränkungen, die vom Informationsverarbeitungssystems selbst auferlegt werden. Zwei verschiedene Personen würden die gleiche Aufgabe vielleicht unterschiedlich analysieren, also verschiedene Problemräume bilden. Es könnte z.B. zulässige Bewegungen oder Zustände geben, an die die eine Person denkt, die andere aber nicht. Beim Tennis gab es keine rechtliche Beschränkung über die Veränderung der Größe des Schlägers, aber niemand hat je daran gedacht, bis Howard Head den Prince erfand. Problemlöser, die unzulässige Züge vornehmen, mogeln, aber Problemlöser, die psychologische Beschränkungen umgehen, sind schlau, vielleicht auch kreativ. Schauen Sie sich die Aufgabe in Abbildung 6-3 an. Während Sie Ihren Problemraum entwickeln, schränken Sie sich vielleicht selber unnötigerweise ein, wie lang Sie die Linien zeichnen bzw. wie sehr sie sie ausdehnen. Diese Einschränkungen machen die Aufgabe in der Tat für Personen sehr schwierig, die nicht auf die Idee kommen, bestimmte Linien über die Grenzen des Quadrats auszudehnen, das von den neun Punkten festgelegt wird. Bei der funktionalen Fixierung hat man einen ähnlichen Effekt - der Problemlöser legt seinen Problemlöseraum so fest, daß er die Verwendungsmöglichkeiten eines wichtigen Elementes beschränkt. Bei der Aufgabe mit den zwei Seilen ist es durchaus zulässig, die Zangen als Pendelgewicht zu benutzen, aber es kann psychologisch gesehen schwierig sein, das zu bemerken. Darüberhinaus können Inkubationseffekte durch die Neubestimmung des Problemraums erklärt werden. Nach einer Unterbrechung kann man das Problem anders definieren und einen ganz neuen, zutreffenderen Problemraum schaffen.

Beschränkungen kognitiver Prozesse

Aufgrund ihrer kognitiven Fähigkeiten können Menschen komplexe Aufgaben vollbringen. Aber ihre Kapazität zum Erinnern und Verarbeiten von Information ist beschränkt, denn der Geist kann nur mit kleinen Informationsmengen auf einmal fertig werden. Es gibt Beschränkungen, wieviel Information man im Kurzzeitgedächtnis behalten kann und was man mit dieser Information tun kann. Versuchen Sie z.B., 378 mit 49 im Kopf zu multiplizieren, ohne Papier und Bleistift zu benutzen.

Die Beschränkung der Verarbeitungskapazität hat zur Folge, daß jeder von uns nur eine gewisse Menge von Verarbeitungsressourcen besitzt, auf die man zurückgreifen kann, wenn man Aufgaben ausführt. Eine schwierige Aufgabe wie Lesen, die sehr viel Aufmerksamkeit verlangt, erfordert mehr Ressourcen als eine einfache Aufgabe wie Treppensteigen. Manche Aufgaben sind so kompliziert und verlangen so viele Verarbeitungsressourcen, daß man sie ohne Unterstützung nicht ausführen kann. Bei dem Beispiel der Multiplikation ist es sehr hilfreich, Papier und Bleistift (noch besser einen Taschenrechner) zur Verfügung zu haben, um über die Operationen auf dem Laufenden zu bleiben. Wenn man Prosa und Poesie schreibt oder Musik komponiert, ist es sinnvoll, wenn der Autor

Abbildung 6-3 Die Aufgabe zum Punkteverbinden

Denken Sie über die folgende Aufgabe nach: Ohne abzusetzen, sollen Sie vier ununterbrochene Geraden durch die Punkte der Figur ziehen, so daß durch jeden Punkt mindestens eine Gerade geht. Zur Lösung dieser Aufgabe benötigen Sie kein Wissen und keine Fertigkeit, die Sie noch nicht besitzen. Sie müssen vielleicht verändern, was Sie wissen, oder es auf neuartige Weise einsetzen, aber Sie müssen nichts Neues lernen. Wenn Ihnen die Aufgabe schwerfällt, denken Sie daran, daß Sie vielleicht nicht die ganze Information, die gegeben ist, beachten. Sind Sie in Ihrem Ansatz restriktiv oder zu selektiv? Wenn Sie die Lösung noch nicht gefunden haben, können Sie sie in Fundgrube 6-5 nachlesen.

bzw. Komponist jedes Element aufschreibt, sobald es ihm eingefallen ist. Obwohl wir es für selbstverständlich halten, könnten wir ohne derartige Hilfe von außen manche kognitive Aufgabe nicht ausführen.

Denken Sie an Versuche, zwei oder mehr Dinge auf einmal zu tun. Haben Sie schon probiert, beim Treppensteigen zu lesen? Vielleicht waren Sie erfolgreich, vielleicht aber auch nicht, denn manche Aufgaben kann man gleichzeitig - parallel - ausführen, weil verschiedene geistige Operationen beteiligt sind. Z.B. können die meisten Leute Autofahren und sich dabei mit einem Mitfahrer unterhalten. Andere Aufgabenkombinationen können nicht erfolgreich parallel ausgeführt werden, z.B. ein Diktat aufnehmen, während man ein Lehrbuch liest. Warum ist das so, und wodurch wird festgelegt, ob man zwei bestimmte Aufgaben gleichzeitig, also parallel, durchführen kann?

Offenbar gibt es zwei Gründe dafür, daß man zwei Aufgaben nicht erfolgreich zur gleichen Zeit ausführen kann. Erstens nimmt jede Aufgabe allein einen großen Anteil der beschränkten Ressourcen in Anspruch. Lesen beansprucht viel Aufmerksamkeit, ebenso das Zuhören bei einem Diktat. Wenn Sie versuchen, gleichzeitig zuzuhören und zu lesen, würden Sie sicher feststellen, daß Sie nur eine der beiden Nachrichten verstehen können. Beide Nachrichten gleichzeitig zu verstehen, ist für Ihre Verarbeitungskapazität eine zu große Belastung, und Sie müssen die Leistung bei der einen Aufgabe opfern, um sie bei der anderen zu erreichen.

Der zweite Grund, warum man zwei Aufgaben u.U. nicht erfolgreich parallel ausführen kann, besteht darin, daß vielleicht beide denselben Teil des Informationsverarbeitungssystems benutzen, der jedoch die beiden Aufgaben nicht gleichzeitig erledigen kann. Betrachten Sie noch einmal das Beispiel, beim Lesen Treppen zu steigen. Wenn man Schwierigkeiten hat, diese beiden Aufgaben zusammen durchzuführen, liegt das sehr wahrscheinlich daran, daß man sowohl beim Lesen als auch beim Treppensteigen das System zur visuellen Verarbeitung benutzt. Wenn man das Ende der Treppen nicht sieht, macht man vielleicht einen Schritt nach oben, wo keine Stufe mehr ist, oder man stolpert vielleicht, weil man die Anzahl der Stufen unterschätzt. Da das System zur visuellen Verarbeitung beim Lesen ausgelastet ist, kann man keine richtige Information über den Weg sammeln. Würde man beim Treppensteigen aber die gleiche Nachricht h ö r e n, hätte man wahrscheinlich keine Schwierigkeiten, weil dann das visuelle Verarbeitungssystem für die Füße zur Verfügung steht.

Trotz der recht einschneidenden Beschränkung der Verarbeitungskapazität kann man lernen, komplexe Aufgaben parallel auszuführen. Ulric Neisser von der Cornell University z.B. hat gezeigt, daß Versuchspersonen üben können, nicht zusammengehörige Worte aus einem Diktat wiederzugeben, während sie gleichzeitig eine Geschichte lesen und verstehen. Ergebnisse wie diese weisen darauf hin, daß Versuchspersonen Kapazitätsbeschränkungen mit Übung überwinden können; vielleicht lernen sie, wie man die beiden Aufgaben als eine einzige komplexe Aufgabe bearbeitet, oder sie werden vielleicht bei jeder einzelnen Aufgabe geübter und benötigen dadurch weniger Verarbeitungsressourcen. Aber man muß ausgiebig üben!

Algorithmen und Heuristiken

Einer der wichtigsten Aspekte beim Problemlösen ist das Auswählen der Operatoren, die man auf Elemente der Aufgabe anwenden will. Von welcher Information läßt sich ein Problemlöser leiten, wenn er einen Operator auswählt, um ihn in einer gegegenen Situation anzuwenden? D.h., wie entscheidet der Problemlöser, welchen Schritt er als nächstes durchführt? In manchen Situationen ist die Antwort einfach, weil sich der Problemlöser auf einen gutentwikkelten Algorithmus verläßt, der sicherstellt, daß man die Antwort findet. Bei einem **Algorithmus** ist sichergestellt, daß man zur Lösung einer Aufgabe gelangt. Bei Anagrammen (z.B. "Welches Wort kann man aus den Buchstaben IERES bilden?") findet man die Lösung, wenn man jede mögliche Reihenfolge der Buchstaben betrachtet (bei einem Wort aus fünf Buchstaben insgesamt 120!). Algorithmen bieten zwar garantierte Lösungen, weisen aber eine Reihe von Nachteilen auf. Zum einen können sie ineffizient und zeitaufwendig sein. Sie mußten wahrscheinlich nicht alle 120 Kombinationen der Buchstaben IERES auflisten, um auf REISE zu kommen. Wenn man Algorithmen automatisch anwendet, ohne daß man wirksamere Methoden in Erwägung zieht, übersieht man u.U. viele einfachere Lösungswege; erinnern Sie sich an den "mental set"-Effekt , der weiter oben behandelt wurde. Auch können nicht alle Aufgaben durch bekannte Algorithmen gelöst werden. Es gibt keinen bekannten Weg, um jedes Schachspiel zu gewinnen; nicht jede Integralaufgabe bei der Differentialrechnung kann mit Hilfe eines Algorithmus gelöst werden; auch Aufgaben wie die mit den Seilen und dem Pendelgewicht aus Abbildung 6-1 können nicht beim ersten Mal mit einem Algorithmus gelöst werden.

Computer sind sehr gut geeignet, Algorithmen zur Problemlösung auszuführen. Ihnen macht die langweilige Arbeit, alle Möglichkeiten durchzuspielen, nichts aus, und sie sind dabei sehr schnell und genau. Menschen dagegen leiden im Vergleich dazu unter gewissen Beschränkungen: Sie langweilen sich schnell, und sie haben eine beschränkte Verarbeitungskapazität, so daß sie viel eher nach Abkürzungen suchen. Eine **Heuristik** bildet eine Art von Abkürzung, mit deren Hilfe mögliche effiziente Lösungswege entworfen und bewertet werden, die jedoch nicht zwangsläufig zu einer Lösung des Problems führen müssen. Bei einem komplexen Spiel wie Schach etwa kann die Auswahl der Züge durch Heuristiken gelenkt werden. Eine allgemeine Heuristik besteht darin, daß man versucht,

Kontrolle über die Mitte des Spielfelds zu erlangen. Züge, die mehr eigene Spielfiguren in die mittleren Positionen bringen, würden bei dieser Methode hoch bewertet werden.

Ein Hauptinteresse der Untersuchungen hat der Wesensart der Heuristiken gegolten, die bei Problemlöseaufgaben eingesetzt werden. In ihrer Entwicklung des GPS statteten Newell und Simon ihr Programm mit einer wirkungsvollen, allgemeinen heuristischen Methode aus: der **Mittel-Zweck-Analyse**. Diese Heuristik vergleicht den gegenwärtigen Zustand des Problems mit dem erwünschten (Ziel-) Zustand und findet einen Weg, die festgestellten Unterschiede zu vermindern bzw. zu beseitigen.

Mike Atwood und Peter Polson von der University of Colorado gaben Personen leicht veränderte Versionen der Wasserkrugaufgabe, z.B.

> Aufgabe 1: Gegeben sind die Krüge A, B und C mit Fassungsvermögen von 8, 5 und 3 Litern, wobei Krug A mit Wasser gefüllt ist und Krug B und C leer sind. Sie sollen das Ziel erreichen, in Krug A und auch in Krug B 4 Liter zu haben.
>
> Aufgabe 2: Gegeben sind die Krüge A, B und C mit Fassungsvermögen von 24, 21 und 3 Litern, wobei Krug A mit Wasser gefüllt ist und Krug B und C leer sind. Sie sollen das Ziel erreichen, in Krug A und auch in Krug B 12 Liter zu haben.

Bei der Mittel-Zweck-Analyse vergleicht man die Wassermengen in den Krügen A und B mit den erwünschten Mengen und versucht, die Unterschiede zu vermindern. Sehen Sie sich diesen Ansatz anhand von Aufgabe 1 an. Am Anfang enthält Krug A 4 Liter Wasser zuviel und Krug B 4 Liter zuwenig, ein Gesamtunterschied von 8 Litern (zwischen dem gegenwärtigen und dem erwünschten Zustand). Es gibt zwei zulässige Möglichkeiten. Das Wasser von Krug A kann in Krug B oder C gegossen werden. Wird das Wasser benutzt, um Krug B zu füllen, enthält Krug A dann 3 Liter (1 Liter vom Ziel entfernt) und Krug B 5 Liter (1 Viertelliter vom Ziel entfernt), ein Gesamtunterschied von 2 Litern. Wird Krug C gefüllt, enthält Krug A 5 Liter (1 Liter entfernt) und Krug B bleibt leer (4 Liter zuwenig), ein Gesamtunterschied von 5 Litern. In der Tat kann die Aufgabe auf beiden Wegen gelöst werden, aber aufgrund einer Mittel-Zweck-Analyse füllt man lieber Krug B, weil das zu einem geringeren Unterschied zwischen dem gegenwärtigen und dem erwünschten Zustand führt. Bei Atwoods und Polsons Experiment füllten die Versuchspersonen mit einer Wahrscheinlichkeit von 2 zu 1 Krug B, was nahelegt, daß die meisten eine Mittel-Zweck-Strategie verfolgten.

Weitere Belege dafür, daß diese Strategie benutzt wurde, erhielt man durch einen Vergleich der relativen Schwierigkeit der Aufgaben 1 und 2. Aufgabe 2 kann man erfolgreich lösen, indem man den Unterschied zwischen der gegenwärtigen Menge in Krug A und B und der erwünschten Menge vermindert, wohingegen man bei Aufgabe 1 zwei- oder dreimal gegen die Mittel-Zweck-Analyse verstoßen muß. D.h., um Aufgabe 1 zu lösen (aber nicht Aufgabe 2), müssen die Unterschiede zwischen den erwünschten Mengen manchmal *erhöht* werden. Atwood und Polson folgerten, daß Aufgabe 1 für Personen, die lieber eine Mittel-Zweck-Analyse benutzen, schwerer wäre als Aufgabe 2, was auch bestätigt wurde. Diese und weitere Ergebnisse veranschaulichen zwei wichtige Aspekte der Mittel-Zweck-Analyse. Erstens ist die Mittel-Zweck-Analyse eine wirkungsvolle Methode, um bestimmte Aufgabentypen zu lösen; im allgemeinen wird sie eher von effizienteren oder erfahreneren Problemlösern benutzt. Zweitens ist die Mittel-Zweck-Analyse eine heuristische Methode, die keine Lösung garantiert - Aufgabe 1 kann nicht durch strikte Anwendung der Strategie gelöst werden. Drittens kann die Strategie offensichtlich nicht klappen, wenn man das Ziel nicht genau kennt. Versuchen Sie z.B., die Mittel-Zweck-Analyse auf die Streichholzaufgabe von Seite 199 anzuwenden.

Mißerfolge bei rigider Anwendung der Mittel-Zweck-Analyse, weisen darauf hin, daß man einen allgemeinen Plan für den Einsatz der Mittel-Zweck-Analyse und anderer heuristischer Methoden benötigt. Die strikte Anwendung der Mittel-Zweck-Analyse ist ein Ansatz, bei dem blind ein Schritt nach dem anderen durchgeführt wird. Oft kann man vom **Vorausplanen** und der Entwicklung einer Schrittfolge profitieren (siehe Tabelle 6-2). Doch nicht immer kann man eine Schrittfolge entwickeln, die lang genug ist, um den Zielzustand zu erreichen, so daß man statt dessen Zwischenstufen bzw. *Zwischenziele* zu erreichen versuchen muß. Um die Aufgabe mit den drei Scheiben des "Turms von Hanoi" zu lösen, die in Abbildung 6-4 veranschaulicht wird, muß man z.B. bestimmte Zwischenziele erreichen. Die Aufgabe besteht darin, immer eine Scheibe auf einmal von einem Pflock zum nächsten

Abbildung 6-4 Der Turm von Hanoi

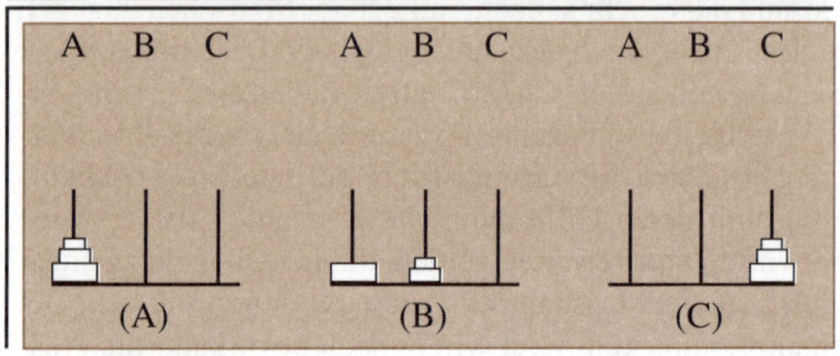

Bild A zeigt den Ausgangszustand; Bild B zeigt ein nötiges Zwischenziel; und Bild C zeigt das endgültige Ziel.

umzustecken, bis alle drei in der gleichen Reihenfolge auf Pflock C gestapelt sind. Als Einschränkung darf keine Scheibe auf einer Scheibe liegen, die kleiner ist als sie selbst; auf jedem Pflock muß die kleinste Scheibe oben und die größte unten liegen. Um diese Aufgabe zu lösen, müssen die beiden kleineren Scheiben von Pflock A fortgenommen werden, und Pflock C muß ganz leer sein, so daß die größte Scheibe von A nach C gelegt werden kann. Das bedeutet, daß Pflock B so wie in Bild B der Abbildung besetzt sein muß. Ist das Zwischenziel erst einmal erreicht, kann man sich das nächste Zwischenziel setzen und anstreben, bis man die endgültige Lösung erreicht. Der Einsatz von Zwischenzielen ist dann hilfreich, wenn eine Strategie nach dem Motto "alles auf einmal" wahrscheinlich in eine Sackgasse führt. Es ist besser, vorauszuplanen und zwischengeschaltete Aufgaben festzulegen, von denen man weiß, daß man sie erst lösen muß, ehe man die eigentliche Aufgabe lösen kann. Wenn man diese zwischengeschaltete Aufgabe zuerst in Angriff nimmt, erreicht man das Endziel wahrscheinlich auf effizientere Weise, selbst wenn man nicht die gesamte Schrittfolge bis zum endgültigen Ziel vorausplanen kann. Versuchen Sie nun, den Turm von Hanoi mit vier oder sogar fünf Scheiben zu lösen. Denken Sie daran, Zwischenziele einzuplanen und zu benutzen.

Noch ein wichtiger Hinweis über Zwischenziele. Wenn man mit einer Aufgabe konfrontiert ist, scheint die Lösung oft unglaublich weit entfernt und unerreichbar zu sein (z.B. Rechtsanwalt zu werden oder sein eigenes gutgehendes Geschäft zu besitzen). Das birgt die Gefahr, daß man seine Motivation verliert, weil man keinen direkten Weg sehen kann. Wenn man den Vorgang jedoch in immer kleinere Zwischenziele aufteilt, gelangt man zu dem Punkt, an dem das erste Zwischenziel recht erreichbar zu sein scheint, dann das nächste usw., also immer ein Zwischenziel nach dem anderen, bis man letztlich sein übergeordnetes Ziel erreicht (siehe Tabelle 6-3).

Logik und Einsicht

Zum Problemlösen ist wahrscheinlich sowohl Einsicht als auch Logik nötig, also sowohl Nachdenken auf gut Glück als auch sorgfältiges Planen. Die Gestalttheorie und auch der Ansatz der Informationsverarbeitung leisten nützliche Beiträge zu unserem Verständnis des Problemlösens. Die Gestaltpsychologie ist zur Erklärung von einfachen, sofort verständlichen Problemlösungen besser geeignet, der

Tabelle 6-2 Ein Beispiel für die Mittel-Zweck-Analyse: Karriereentwicklung

Aufgabe: Wie verbessere ich meine Aussichten, zum Studium der Rechtswissenschaften zugelassen zu werden? (fängt in den USA vergleichsweise nach dem 1. Staatsexamen bzw. der Diplomvorprüfung an)

Ausgangsphase: Zweites Studienjahr, schlechte Noten, Hauptfach Biologie, schüchtern

Ziel: Zulassung zum Studium der Rechtswissenschaften

Schritt	gegenwärtiger Zustand	Abweichungen	Operator	neuer Zustand
1	2. Studienjahr, Notendurchschnitt 3,6 Hauptfach Biologie schüchtern	schlechte Noten, falsches Hauptfach, wenig selbstsicher	Hauptfach wechseln	Notendurchschnitt 3,6 Hauptfach Politikwissenschaften, schüchtern
2	Notendurchschnitt 3,6 Hauptfach Politikwissenschaften, schüchtern	schlechte Noten, wenig selbstsicher	mehr lernen	Notendurchschnitt 2,2 Hauptfach Politikwissenschaften, schüchtern
3	Notendurchschnitt 2,2 Hauptfach Politikwissenschaften, schüchtern	wenig selbstsicher	Selbstsicherheitstraining	Notendurchschnitt 2,2 Hauptfach Politikwissenschaften, selbstsicher

Dies ist natürlich eine verkürzte Auflistung der Schritte. Man müßte einen Studienberater aufsuchen, um eine Zusammenstellung *aller* Unterschiede zwischen dem gegenwärtigen und dem erwünschten Zielzustand anzufertigen. Durch die Mittel-Zweck-Analyse ist man gezwungen, alle Unterschiede aufzulisten und sich mit den nötigen Schritten für die Beseitigung der einzelnen Unterschiede auseinanderzusetzen, so daß man Fortschritte in Richtung des Ziels machen kann. Deshalb ist sie so eine gute heuristische Methode. Wenn man eine solche Analyse am Anfang des Studiums vornimmt, hat das den zusätzlichen Vorteil, daß man zum sorgfältigen Planen gezwungen wird.

Tabelle 6-3 Zusammenfassung der Phasen beim Problemlösen

VORBEREITUNG: DIE AUFGABE VERSTEHEN

1. Feststellen, was gegeben ist - den Ausgangszustand beschreiben.
2. Die Kriterien für die Lösung feststellen.
3. Die Regeln zur Durchführung und die Beschränkungen feststellen.

Ergebnis: Konzeptualisierung des Problemraums, Aufgliederung des Problems in Teile bzw. Zwischenaufgaben mit Zwischenzielen

PRODUKTION: MÖGLICHE LÖSUNGEN FINDEN

1. Die Aufgabe mit früheren Aufgaben vergleichen.
2. Relevante Tatsachen und erfolgreich angewendete Vorgehensweisen aus dem Langzeitgedächtnis holen.
3. Hypothesen hinsichtlich möglicher Schritte bilden.
4. Die Umgebung nach relevanter Information durchsehen.

Ergebnis: Eine oder mehrere mögliche Lösungen

BEWERTUNG: DIE MÖGLICHEN LÖSUNGEN BEWERTEN

1. Jede Lösungsalternative mit den Kriterien für die Lösung vergleichen.
2. Beinhaltet die Lösung zulässige Zustände und zulässige Operatoren?
3. Ist die Lösung praktikabel und effizient genug?
4. Unpraktikable, unangemessene und uneffiziente Lösungen aussondern.
5. Aus den verbleibenden Lösungen die auswählen, die die Kriterien maximiert.

AUSWAHL DER BESTEN LÖSUNG

Wie sich die Welt in unserem Kopf dreht

Von HARRIS DIENSTFREY Proust erinnerte sich noch gut an den Geschmack der Madeleines (leckerer Kuchen) aus seiner Kindheit. Glücklicherweise rief er sich nicht das Straßengewirr ins Gedächtnis, das zur Bäckerei führte.

Barbara Tversky, eine Psychologin an der Standford University, hat Belege dafür, daß zwei mnemotechnische Denkabläufe ins Spiel kommen, die die Details der Erinnerung systematisch verzerren, wenn man sich visuelles Material wie Landkarten oder die räumliche Strukturierung seiner Nachbarschaft vergegenwärtigt. Beim Denkablauf "Richtung", werden verwandte Items in regelmäßigeren Mustern angeordnet, als dies den tatsächlichen Verhältnissen entspricht - z.B. parallele Straßenzüge, die in Wirklichkeit einen Winkel zu einander bilden. Der andere Denkablauf, "Drehung", ordnet Formen so an, daß ihre Achse mit der Achse ihres Hintergrundes übereinstimmt - z.B. erscheint ein Land auf der geistigen Landkarte senkrecht, obwohl seine Nord-Süd-Achse gekippt ist.

Tversky stellte diese Prozesse in fünf Experimenten fest, die mit verschiedenen Gruppen von Studenten der Universität Stanford durchgeführt wurden. Beim ersten Experiment betrachteten die Studenten eine Broschüre, die einfache schwarz-weiße Landkarten enthielt, die verschiedene Kontinente umrissen und in jedem ein paar Städte sowie verschiedene Längen- und Breitengrade anzeigten. Die Studenten blätterten dann um und wurden gebeten, die östlichste Stadt aus einem Paar wie New York und Santiago oder die südlichste aus einem Paar wie Philadelphia und Rom zu nennen.

Die überwältigende Mehrheit lokalisierte Santiago westlich von New York und Rom südlich von Philadelphia. Offensichtlich stellten die Studenten Nord- und Südamerika vertikal auf und legten Nordamerika und Europa auf die gleiche Horizontale. Beim Lesen einer anderen Karte schienen die Studenten die Bucht von San Francisco, die diagonal verläuft, auf eine Vertikale gedreht zu haben das brachte sie dazu, nahegelegene Städte falsch zu lokalisieren.

Um die Möglichkeit gering zu halten, daß die Studenten von falschen Erinnerungen an ihren Geographieunterricht oder falschen Informationen aus dem Unterricht beeinflußt wurden, stellte Tversky vergleichbare Fragen über nummerierte Punkte auf Landkarten erfundener Länder. Sie erhielt dieselben Verzerrungen. Als nächstes bat sie Studenten, Landkarten von Palo Alto in Kalifornien (wo Stanford liegt) zu zeichnen, und stellte fest, daß die Studenten dazu neigten, die Straßen vertikal und horizontal anzuordnen, obwohl sie in Wirklichkeit vielschichtiger verlaufen. Letztlich ordnete Tversky auf vertikalen oder horizontalen Rechtecken die Umrisse von formlosen oder unregelmäßigen geometrischen Formen an. Als sie die Studenten bat, die Anordnung mit Papierausschnitten nachzustellen, reihten die meisten Studenten die Formen nicht nur auf, sondern drehten sie, so daß ihre Achsen mit denen des Hintergrunds konvergierten.

Diese Ergebnisse sind eine weitere Bestätigung, daß manche Fehler auch vom Denken selber verursacht werden, und nicht nur von den emotionalen Prozessen, die Freud als "Psychopathologie des Alltagslebens" beschrieb. ... Die Ergebnisse weisen auch deutlich darauf hin, daß die meisten von uns sich auf Reisen von Landkarten und nicht vom Gedächtnis führen lassen sollten.

Psychology Today
Juni 1981

Nach der Gestaltpsychologie wird vieles, was in unseren Köpfen vor sich geht, von automatisch arbeitenden Kräften beherrscht. Man hat solche Effekte zuerst bei der Wahrnehmung vorgefunden, und dann wieder beim Gedächtnis. Hier ist ein Beispiel, bei dem diese Wahrnehmungs- und Erinnerungskräfte sich zusammenschließen, um Gedanken und Problemlösen zu beeinflussen. Der Artikel bezeichnet diese Interaktion als einen Denkablauf und impliziert damit eine bewußte und zweckgerichtete Handlung, aber die Effekte scheinen doch ziemlich automatisch abzulaufen.

Ansatz der Informationsverarbeitung dagegen ist besser, wenn auf dem Weg zum eigentlichen Ziel viele Schritte liegen. Die beiden Ansätze unterscheiden sich hinsichtlich des Problemlösens in einem Punkt. Die Gestalttheorie behandelt Problemlösen als intuitiven und manchmal automatischen Prozeß. Die Lösung ist vorhanden, wenn man die Aufgabe nur auf richtige Weise betrachtet. Denkt man die Aufgabe durch, kommt man schließlich zur richtigen Sichtweise, da sich die Lösung an diesem Punkt von alleine ergibt und glasklar ist. Man hat eine Einsicht gehabt.

Die Informationsverarbeitungstheorie andererseits beschreibt Problemlösen als ein bewußtes, geplantes und logisches Vorgehen. Sie betont die Aufgliederung der Aufgabe in Abschnitte, wobei die Unterschiede zwischen dem Anfangszustand und dem Ziel- oder Zwischenzielzustand festgestellt werden. Außerdem betont sie die Anwendung von logischen Operatoren, um diese Unterschiede zu vermindern bzw. zu beseitigen, sowie die Verwendung von Plänen, Algorithmen und Heuristiken und im allgemeinen den systematischen Zugang zu der Aufgabe. Die Lösung ergibt sich nicht von alleine, sondern wird durch eine Reihe logischer Schritte erreicht.

BEGRIFFSBILDUNG

Einen Begriff kann man sich am besten als die *grundlegende Wissenseinheit* vorstellen. Es ist etwas, dessen man sich bewußt sein und worüber man nachdenken kann, wie etwas, das unaktiviert im Gedächtnis steht, bis man einen Grund hat, um es zu benutzen. Einige Analogien werden veranschaulichen, was mit einem Begriff gemeint ist. Erstens kann man sich ein Begriff als einen *Baustein* denken, insofern, als man aus einzelnen Begriffen komplexe Wissensstrukturen bilden kann, so wie man mit Bauklötzen Türme oder Burgen bauen kann, wenn man sie richtig zusammensetzt. Unser Wissen um "Geburtstagsfeiern" z.B. wird aus den Begriffen "Geschenke", "Kuchen", "Spiele", "Gäste", "Einladungen" usw. aufgebaut.

Zweitens kann man sich einen Begriff als *geistiges Quantum* denken. In der Physik ist ein Quantum ein Energiepaket oder -bündel (z.B. werden Quanten, die ein visuelles Erlebnis anregen, Lichtphotonen genannt - siehe

Ist Problemlösen Amerikas verlorene Kunst?

Von MALCOLM W. BROWNE

...In letzter Zeit haben viele Psychologen behauptet, daß Problemlösen eine Kunst ist, die man lernen kann, wenn man ein Mindestmaß an Intelligenz besitzt. Ein Teil des Schlüssels dazu, meinen sie, besteht darin, daß man sich angewöhnt, nach dem Ungewöhnlichen zu suchen, immer nach Wegen Ausschau zu halten, die um das Problem herumführen, wenn es einem zu schwierig erscheint.

Ein beliebtes Beispiel ist der Lastwagen mit hoher Ladung, der nicht unter einer niedrigen Brücke hindurchkommen kann, bis ein kleiner Junge vorschlägt, etwas Luft aus den Reifen zu lassen.

Psychologen haben einige Faustregeln entwickelt, um die Problemlösefähigkeit zu verbessern. Wenn man von einem auf einen anderen Gedankengang wechselt, umgeht man die Gefahr, sich festzufahren. Auch Selbstkritik und die Besprechung der eigenen Ideen mit anderen Menschen werden als hilfreich angesehen. Weiterhin könnte es nützen, wenn man Symbole für die verschiedenen Elemente einer Aufgabe entwickelt und sie als Modell zusammensetzt.

Aber vor allem erfordert die Problemlösefähigkeit wohl "Expertentum".

Einige neuere Untersuchungen haben gezeigt, daß niemand mehr als sieben unverbundene Dinge auf einmal behalten kann, obwohl Akademiker sich etwa 50.000 Worte und Ausdrücke und ein Schachexperte ungefähr genau so viele Züge merken kann.

Das bedeutet, daß das menschliche Gehirn so ähnlich wie ein Computerspeichersystem arbeitet. Um eine bestimmte Information abzurufen, muß der Nachdenkende (oder der Computer) das Schubfach noch wissen, wo er sie verstaut hat, und das Schubfach ist ein Teil einer viel größeren intellektuellen Struktur, die er geschaffen hat.

Ein Team aus Computerexperten und Psychologen von der Carnegie-Mellon University hat kürzlich eine interessante Entdekkung über den Unterschied zwischen Experten und Anfängern beim Schach gemacht. Wenn man einem Experten und einem Anfänger ein Schachbrett zeigt, bei dem die Figuren so wie mitten in einem Spiel angeordnet sind, kann sich der Experte leicht ihre Positionen merken, aber der Anfänger nicht. Sind die Schachfiguren jedoch einfach zufällig über das Brett verteilt, schneidet der Experte beim Erinnern der Positionen kein bißchen besser ab als der Anfänger.

Sachkenntnis scheint also von drei Dingen abzuhängen: viele Fakten anzusammeln, sie in einem effizienten Gedächtnisnetzwerk abzuspeichern und in der Lage zu sein, Beziehungen zwischen den Fakten in verschiedenen Teilen des Netzwerkes wahrzunehmen.

Um ein Fachmann auf irgendeinem Gebiet zu werden - sei es Klempnerei oder Quantenphysik -, ist geistige Arbeit und Zeit erforderlich. Um Fachmann zu werden, muß man das Gebiet immer wieder durchdenken, von vielen verschiedenen Winkeln aus anfassen und beschnüffeln und seine verschiedenen Facetten sorgfältig in den Werkzeugkasten des Gehirns ablegen. Diese Übung fördert Sachkentnnis und Problemlösefähigkeit und kann helfen, die Bevölkerung vor Gehirnfäulnis zu retten.

Aber man kann es auch sein lassen und Fernsehen.

New York Times
29. Juli 1980

Wir haben gezeigt, wie das informationsverarbeitende System seine beschränkte Kapazität überwinden kann, indem es Information in Einheiten höherer Ordnung zusammenfaßt. Expertentum auf jedem beliebigen Gebiet basiert auf einer Hierarchie der Einheiten. Das ist nicht nur für ein gutes Gedächtnis wichtig, wie wir in Kapitel 5 festgestellt haben, sondern auch für umfassenderes Problemlösen. Psychologen haben viel über Problemlösen gelernt, indem sie die Bemühungen von Fachleuten mit denen von Anfängern, z.B. beim Schach, verglichen haben.

Kapitel 3). In der Psychologie ist ein Begriff ein *Wissenspaket* bzw. *Informationspaket oder -bündel*. Diese Wissenspakete sind hochstrukturiert, und zwar sowohl in sich selbst als auch untereinander (etwa in Schemata), so wie Photonen verschiedener Wellenlänge verschiedene Farben des Lichts ergeben (weißes Licht z.B. besteht aus allen Wellenlängen des Spektrums).

Drittens kann man sich einen Begriff als einen *Eintrag in ein Wörterbuch* vorstellen. Der Eintrag enthält eine Definition des Begriffs und ein oder mehrere Beispiele. Zur Definition gehört (1) eine Auflistung der wichtigen oder relevanten Eigenschaften des Begriffs und (2) alle notwendigen Beziehungen zwischen jenen Eigenschaften. Wenn man die Definition auf eine Reihe von Gegenständen anwendet, kann man die Gegenstände in Gruppen ordnen, in Beispiele und Nichtbeispiele des Begriffs. Die Definition des Begriffs *Junggeselle* als ledige männliche Person erlaubt es, Personen aufgrund der relevanten Eigenschaften (ledig, männlich) und der Regel bzw. Beziehung (beide Eigenschaften müssen gegeben sein, damit es ein Beispiel für den Begriff ist) in zwei Gruppen einzuteilen. Begriffe dienen als geistiges Wörterbuch im semantischen Gedächtnis (siehe Kapitel 5) und liefern die Basis, um die Erfahrungswelt zu interpretieren.

Ein Begriff steht für eine Kategorie von Erfahrungen, da es per Definition für jeden Begriff mehr als ein Beispiel gibt. Obwohl jede Erfahrung in gewissem Maß neu ist, läßt ihre Ähnlichkeit zu früheren Erfahrungen meistens zu, daß man sie als Beispiel für einen schon bekannten Begriff betrachtet. Man muß Ihnen nicht jedes Mal, wenn Sie auf ein vierbeiniges, haariges Geschöpf treffen, das bellt, sagen, daß es ein Hund ist. Außerdem können Sie, wenn Sie dieses neue Wesen als Hund erkennen, alles, was Sie gelernt und im semantischen Gedächtnis gespeichert haben, auf diesen neuen Fall anwenden. Unsere Fähigkeit, Begriffe zu bilden, ermöglicht also eine enorme kognitive Ökonomie bei unserer inneren Abbildung der Welt.

FUNDGRUBE 6-1

Ein wohldefinierter Begriff aus dem Alltagsleben

Wer kann bei Wahlen in den Bundesstaaten seine Stimme abgeben?

Die kritischen Dimensionen

1. Alter: 18 Jahre und darüber, unter 18 Jahren
2. Steuerzahler: ja, nein
3. ins Wählerverzeichnis aufgenommen: ja, nein
4. Eigentümer von Grundbesitz in dem Bundesstaat: ja, nein

Personen, die in Felder mit einem X fallen, können in diesem fiktiven Bundesstaat wählen. Personen in Feldern mit einem O können nicht wählen. Können Sie den Begriff des Wahlberechtigten definieren?

ALTER

	18 und darüber		unter 18	
	Steuerzahler		Steuerzahler	
Grundbesitzer	ja	nein	ja	nein
Nein	X	O	O	O
Ja	X	X	O	O

Begriffe

Es gibt zwei Arten von Begriffen, nämlich (1) wohldefinierte oder logische Begriffe und (2) schlecht definierte oder unscharfe Begriffe (siehe Fundgrube 6-1). Wissenschaftler streben danach, wohldefinierte Begriffe zu formulieren oder zu entdecken, wobei die Betonung auf der genauen Definition liegt. Bei der Elektrizität ist der Begriff "Spannung" durch eine Beziehung zwischen Strom und Widerstand in einem beliebigen Kreislauf genau definiert. Für das Finanzamt ist unser früheres Beispiel des Junggesellen durch seinen Familienstand und sein Geschlecht gut definiert - man ist ein Junggeselle, oder man ist keiner, und dazwischen gibt es nichts. Im Gegensatz dazu sind die meisten nicht-wissenschaftlichen Begriffe, die normalen Begriffe, die man im täglichen Leben benutzt, nicht so genau, und so bezeichnet man sie als schlecht definierte oder unscharfe Begriffe. Betrachten Sie das Beispiel *Kleidung*. Für Kleidung gibt es eine Definition im Wörterbuch. Wenn Sie aber einen Moment darüber nachdenken, werden Sie bemerken, daß die Definition auf einige Beispiele besser paßt als auf andere. Es gibt gute und weniger gute Beispiele für den Begriff. In manchen Fällen wird es Ihnen sogar schwerfallen, sich zu entscheiden. Ein Anzug oder ein Kleid sind eindeutig Kleidung, aber wie sieht es mit einem Gürtel, einem Schal, einem Ring, einem Stirnband oder einem Mieder aus? Einige dieser Beispiele stehen nahe an der unscharfen Grenze zwischen Kleidung und anderen Kategorien. Denken Sie an (1) einen Mann, der mit seiner Freundin zusammenlebt, (2) einen Mann, der von seiner Frau getrennt ist und alleine lebt, und an (3) einen Mann, der mit seinem Freund wie mit einem Ehepartner zusammenlebt. Sind sie Junggesellen oder nicht?

Psychologen haben sowohl wohldefinierte als auch schlecht definierte Begriffe untersucht. Bei Untersuchungen zu wohldefinierten Begriffe haben sie ihr Augenmerk auf den *Prozeß* der Begriffsbildung gerichtet, die Methoden, die Personen benutzen und die effizientesten Wege, jemandem neue Begriffe beizubringen. Untersuchungen zu unscharfen Begriffen haben sich vorrangig mit der Struktur von Begriffen, der Unterscheidung zwischen guten und schlechten Beispielen und der Anwendung von Begriffen auf neue Fälle beschäftigt.

Wohldefinierte Begriffe

Es gibt viele Forschungsergebnisse darüber, wie wohldefinierte Begriffe gelernt werden. In diesen Untersuchungen wird dem Lernenden eine Reihe von zutreffenden bzw. nichtzutreffenden Beispielen für einen unbekannten Begriff dargeboten. Eine solche Aufgabe wird in Abbildung 6-5 gezeigt. Die Versuchsperson muß auf der Grundlage der Liste zutreffender wie nichtzutreffender Beispiele den Begriff entdecken. Bei manchen Experimenten darf die Versuchsperson jedes beliebige Objekt aus der Gesamtmenge auswählen und fragen, ob es ein Beispiel für den Begriff ist oder nicht (Selektionsmethode). Bei ande-

Tabelle 6-4 Vorsichtiges Fokussieren - eine wirkungsvolle Methode, um Begriffe zu entdecken

Versuchsperson wählt	Rückmeldung: "Ist dies ein Beispiel?"	momentane Hypothese
1. kleines blaues Quadrat	ja	"klein, blau, Quadrat"
2. mittleres blaues Quadrat	nein	"klein, blau, Quadrat"
3. kleines schwarzes Quadrat	ja	"klein, Quadrat"
4. kleines blaues Dreieck	nein	"klein, Quadrat"

Begriff: Alle Figuren, die klein und quadratisch sind.

Diese Tabelle veranschaulicht eine wirkungsvolle Methode, um Aufgaben zum Lernen von Begriffen zu lösen; sie heißt *vorsichtiges Fokussieren*. Diese Versuchsperson hat den Begriff herausgefunden, indem sie strategisch nur vier Stimuli ausgewählt hat. Die Methode besteht darin, daß man sich auf das erste Beispiel konzentriert, dessen Eigenschaften alle relevant sein können und somit in die erste Hypothese eingehen. Bei der nachfolgenden Auswahl wird ein, und zwar nur ein Merkmal (daher "vorsichtig") verändert. Führt die Auswahl zu einem unzutreffenden Beispiel, muß das geänderte Merkmal relevant sein, aber wenn die Auswahl ein Beispiel ist, ist das geänderte Merkmal gleichgültig. Diese Methode garantiert, daß jeder ausgewählte Stimulus Information über die Relevanz eines Merkmals liefert. Der scharfsinnige Leser bemerkt sicher, daß dieses vorsichtige Fokussieren nur bei Begriffen funktioniert, die auf der "Und"-Regel beruhen (der konjunktiven Regel).

Abbildung 6-5 Ein wohldefinierter Begriff

Bild A: Die Gesamtheit aller Merkmalträger mit 27 Figuren: alle Kombinationen von 3 Farben, 3 Größen und 3 Formen

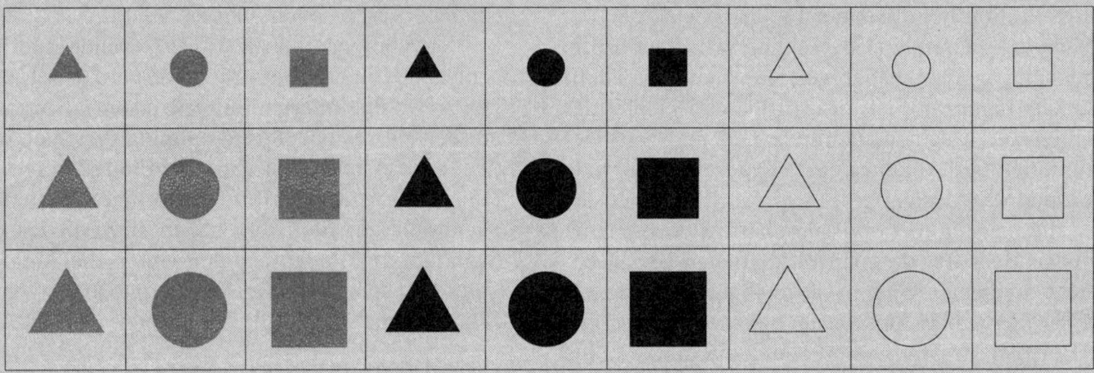

Bild B: Die Merkmalträger sind in Beispiele und Nichtbeispiele des Begriffs "braun und/oder quadratisch" unterteilt

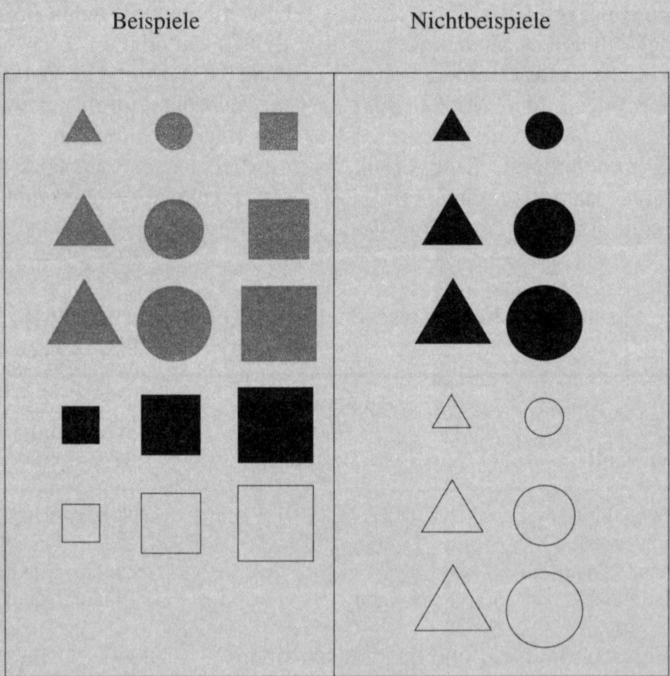

Bei diesem Beispiel ist der Begriff "braun und/ oder quadratisch". Seine relevanten Merkmale sind "braun" und "quadratisch", und die Regel bzw. Beziehung zwischen den Merkmalen ist "und/ oder". Die und/oder-Regel wird manchmal als disjunktive Regel bezeichnet. Begriffe dieser Art werden dementsprechend disjunktive Begriffe genannt.

ren Experimenten wird der Versuchsperson eine vom Versuchsleiter ausgewählte Reihe von zutreffenden wie unzutreffenden Beispielen dargeboten (Rezeptionsmethode). Das Vorgehen bei der Selektionsmethode wird entsprechend der experimentellen wissenschaftlichen Methodik verändert. Die Versuchsperson kann den Informationsfluß über den unbekannten Begriff steuern, so wie ein echter Wissenschaftler entscheiden muß, welches Experiment er als nächstes durchführt. Jedoch entspricht das Vorgehen bei der Rezeptionsmethode mehr dem wirklichen

Leben. Die Versuchsperson ist dem Versuchsleiter ausgeliefert, so wie ein Kind dem natürlichen Fluß der Ereignisse ausgeliefert ist, die die Umgebung liefert.

Wenn man wohldefinierte Begriffe bildet, scheint es hauptsächlich darum zu gehen, daß man eine Hypothese formuliert und sie in Experimenten testet. Die Versuchsperson rät also einen unbekannten Begriff und benutzt jedes zutreffende und unzutreffende Beispiel, um die Hypothese zu testen. Um auf Abbildung 6-5 zurückzukommen: nehmen Sie an, das erste Beispiel des Begriffes , das Sie sehen, ist ein kleines braunes Quadrat. Sie könnten darauf tippen (die Hypothese aufstellen), daß alle Beispiele braun sind bzw. daß "braune Figuren" (im Gegensatz zu nicht braunen Figuren) der Begriff ist. Was tun Sie als nächstes? Bei der Selektionsmethode würden Sie vielleicht Ihre Hypothese testen, indem sie ein kleines nichtbraunes Quadrat aussuchen, um festzustellen, ob das ein unzutreffendes Beispiel ist. Alternativ könnten Sie ein großes braunes Quadrat auswählen, um festzustellen, ob es ein Beispiel ist. Ist das große braune Quadrat ein Beispiel, dann können Sie zwei Dinge folgern: (1) braun ist weiterhin die richtige Hypothese und (2) die Größe spielt keine Rolle. Ist das große braune Quadrat kein Beispiel, können Sie folgern, daß (1) Ihre Hypothese "braun" falsch oder unvollständig ist und (2) Größe irgendwie wichtig ist. Mit einem umfassenden Plan oder einer Methode, um Objekte zum Test der Hypothese auszuwählen, werden Sie allmählich zur richtigen Hypothese oder Lösung gelangen. Die Ergebnisse zeigen, daß die meisten Versuchspersonen solche Pläne oder Methoden entwickeln (in Tabelle 6-4 wird ein Beispiel gezeigt). Auch bei der Rezeptionsmethode sind Hypothesenformulierung und –prüfung der Hauptprozeß, nur muß die Versuchsperson jetzt warten, bis der Versuchsleiter die Objekte zeigt, die für den Test der Hypothese benötigt werden. Als Lernmethode ist dieses Vorgehen weniger effizient, da der Lernende sich auf sein Gedächtnis verlassen muß, während er darauf wartet, daß der Versuchsleiter das richtige Objekt zeigt.

Wir glauben nicht, daß die Versuchspersonen in diesen Experimenten gute Wissenschaftler sind und ihr Vorgehen äußerst logisch ist. Sie machen Fehler und sind häufig inkonsistent, aber trotzdem gehen sie im Grunde an die Aufgabe heran, indem sie Hypothesen formulieren und testen. Weiterhin basieren diese Hypothesen oft auf wenigen oder keinen Belegen. Der Ansatz des Hypothesentestens ist so vorherrschend, daß manche Psychologen ihn als einen grundlegenden Lernprozeß ansehen. Man will die Erfahrungswelt im Geist kategorisieren. Das tut man, indem man ein bekanntes Konzept (etwa "braun") als Hypothese auf neue Erfahrungen anwendet, und diese Hypothese beibehält, bis man damit unvereinbare Daten findet.

Schlecht definierte Begriffe

Die meisten natürlichen oder gängigen Begriffe sind schlecht definiert. Die Grenze, die zutreffende und unzutreffende Beispiele trennt, ist unscharf, und die Beispiele selbst unterscheiden sich darin, wie gut sie den Begriff veranschaulichen. Eleanor Rosch von der University of California, Berkeley, hat von einer sorgfältigen Analyse natürlicher Begriffe berichtet, die den Unterschied zwischen natürlichen und wohldefinierten Begriffen verdeutlicht. Erstens hat jede natürliche Kategorie einen *Prototyp* - das beste Beispiel für den Begriff. Der Prototyp dient als Anhaltspunkt für die Kategorie und liefert eine Grundlage für die Einschätzung anderer Beispiele. Z.B. betrachten die meisten Personen *Stuhl* als das passendste Beispiel für Möbel; *Papierkorb* wird dagegen als wesentlich weniger typisch eingeschätzt. Zweitens haben Beispiele natürlicher Begriffe Merkmale gemeinsam, aber nicht alle Beispiele haben die gleichen Merkmale. Der Prototyp ist immer das Beispiel, das die größte Anzahl gemeinsamer Merkmale aufweist, und stellt somit den Stimulus dar, der all den anderen Mitgliedern der Kategorie am ähnlichsten ist. Die Beispiele schwanken von typisch (gute Beispiele) bis weniger typisch (schlechte Beispiele), je nach der Anzahl von Merkmalen, die sie mit dem Prototyp gemeinsam haben. Weil der *Stuhl* im Beispiel des Möbels mehr Merkmale mit anderen Mitgliedern der Möbelkategorie gemeinsam hat als der *Papierkorb*, ist er ein besseres Beispiel. Drittens haben natürliche Begriffe ihren Ursprung in der Art, wie die Welt aufgebaut ist. Bestimmte Merkmale kommen oft gemeinsam vor bzw. korrelieren, so daß sie die Voraussetzung für eine natürliche Kategorie schaffen. Flügel, Federn, Füße mit Krallen und Zwitschern sind Merkmale, die in der Wirklichkeit zusammen auftreten und somit die Voraussetzung für die natürliche Kategorie "Vogel" schaffen. Natürlich muß der menschliche Geist diese Korrelation bemerken, damit er den Begriff erkennen kann.

Rosch unterscheidet bei natürlichen Kategorien drei Abstraktionsniveaus: (1) übergeordnet, (2) grundlegend und (3) untergeordnet. Natürliche Begriffe sind hierarchisch aufgebaut, wobei die übergeordneten Kategorien die grundlegenden Begriffe und die ihrerseits die untergeordneten Begriffe zusammenfassen. Möbel ist ein Beispiel einer übergeordneten Kategorie, da es eine Anzahl von grundlegenden Kategorien wie Tisch, Stuhl und Papierkorb zusammenfaßt. Jede grundlegende Kategorie faßt eine Anzahl untergeordneter Kategorien wie Eßzimmertisch, Kaffeetisch und Schreibtisch zusammen. Rosch argumentiert, daß das grundlegende Niveau das wichtigste ist, und daß jederman im wesentlichen die gleichen grundlegenden Kategorien hat.

Welches die grundlegenden Kategorien sind, wird von zwei gegensätzlichen kognitiven Prinzipien bestimmt: (1) Der Verstand will seine Nutzung von Information aus der Umgebung maximieren - er möchte so feine Unterscheidungen wie nur möglich treffen; und (2) der Verstand hat eine beschränkte kognitive Kapazität - er kann nur mit wenigen Unterscheidungen auf einmal arbeiten. Grundlegende Kategorien stellen den besten Kompromiß zwischen diesen beiden gegensätzlichen Prinzipien dar, denn sie weisen das Kategorisierungsniveau auf, das die Nutzung vorhandener Information maximiert, ohne das System zu überladen. Psychophysische Untersuchungen z.B. zeigen, daß das visuelle System in der Lage ist, allein auf der Farbskala mehr als 7 Millionen Unterscheidungen zu treffen - ein äußerst feines Unterscheidungsniveau, das man sehr selten benutzt. Können Sie sich vorstellen, 7 Millionen Farbabstufungen zu unterscheiden, jede mit ihrem eigenen Namen? Aber mit 7 Millionen Namen könnten Sie die Nutzung der Information maximieren. Sie wüßten z.B. *genau*, welche Farbe ein Gegenstand hat, aber das würde offensichtlich das System überlasten. Statt dessen zwingt uns die beschränkte Kapazität dazu, unser Grundniveau zur Unterscheidung viel höher, an einem gröberen Niveau anzusetzen. Wir kommen in den meisten Fällen sehr gut mit nur einigen Farben zurecht (rot, blau, grün usw.).

Es gibt eine Reihe von Hinweisen, die nahelegen, daß die grundlegenden Kategorien unsere grundlegenden geistigen "Werkzeuge" zur Umweltbewältigung sind. Erstens gibt es Belege, daß Kinder erst grundlegende Begriffe lernen, ehe sie übergeordnete oder untergeordnete Begriffe lernen. Zweitens bilden grundlegende Begriffe mit einem vorstellbaren Prototyp die höchste Stufe in der Hierarchie. Man kann sich leicht einen typischen Stuhl vorstellen (Grundniveau), es ist dagegen schwierig, sich das prototypische Möbelstück vorzustellen (übergeordnetes Niveau). Drittens sind grundlegende Begriffe das höchste Niveau, auf dem man mit Beispielen des Begriffes gleichartig interagiert. Man benimmt sich gegenüber allen Stühlen praktisch gleich (man setzt sich auf sie), aber man verhält sich nicht gegenüber allen Möbelstücken gleich. Viertens ist das grundlegende Niveau das höchste Niveau, bei dem die Beispiele viele Eigenschaften gemeinsam haben. Stühle haben z.B. viele Eigenschaften gemeinsam, Möbel dagegen relativ wenig.

Begriffe und Wissen

Unser Wissen über die Welt besteht vorrangig aus einer Hierarchie logischer und unscharfer Begriffe. Diese Struktur ist in der Tat wohl etwas, was man wegen der riesigen Informationsmenge, die auf die Sinnessysteme einwirkt, und der beschränkten Kapazität des kognitiven Systems nicht vermeiden kann. Die Kategorisierung ist eine erzwungene Form kognitiver Ökonomie und wird auf zwei Arten widergespiegelt: (1) Begriffe ermöglichen es, viele verschiedene Objekte oder Erfahrungen so zu behandeln, als wären sie gleich; und (2) die Hierarchie der Begriffe erleichtert es, bei Bedarf zu verwandter Information Zugang zu haben. Aber es kann bei dieser begrifflichen Strukturierung des Wissens auch Schwierigkeiten geben. Es sind nicht alle Beispiele eines Begriffes gleich oder identisch, und es kann manchmal unangemessen sein, sie als gleich zu behandeln. Ein gutes Beispiel hierfür ist die Stereotypie, alle Menschen gleich zu behandeln, die ein bestimmtes Merkmal aufweisen. Iren werden z.B. als Vieltrinker stereotypiert. Obwohl Begriffe eine außerordentliche kognitive Ökonomie anbieten, bestehen also auch individuelle Unterschiede.

LOGISCHES DENKEN UND ANALYSIEREN

Man dachte einst, daß die Gesetze der Logik auch die Gesetze menschlichen Denkens sind. Formale Logik hat sich zum Teil als Theorie darüber, wie der menschliche Geist arbeitet, zum eigenständigen Gebiet entwickelt. Natürlich wäre es bequem, wenn der Geist aller Menschen völlig logisch wäre und auf gleiche Art arbeitete. Es ist jedoch offenbar, daß zum menschlichen Denken mehr gehört als nur Logik. Der Geist kann logisch denken und tut es auch oft. Aber Denken wird ebenfalls von nichtlogischen Faktoren wie Emotionen und bereits vorhandenem Wissen beeinflußt.

Daß emotionale Faktoren das Denken verzerren können, ist selbstverständlich. Viele Menschen denken z.B. nicht logisch über Kernkraftwerke, Abtreibung, zwischenmenschliche Beziehungen oder Geschäftsangelegenheiten nach. Die Emotionen spielen auf zweierlei Wegen eine Rolle. Erstens bringen sie eine Erregung und Aktivierung mit sich, die - wenn sie stark ist - das System überlasten und einen Zusammenbruch der Leistung verursachen kann (siehe die Erörterung zum Yerkes-Dodson-Gesetz in Kapitel 7). Ein angemessenes Erregungsniveau bewirkt wahrscheinlich bessere Aufmerksamkeit und fördert das Denken, hohe Erregung jedoch ist bestimmt nicht förderlich für klares Denken, besonders wenn die vorliegende Aufgabe komplex ist. Zweitens ist es schwer, in Situationen vernünftig zu bleiben, von denen man sich emotional angesprochen fühlt, "Liebe macht blind" ist ein Beispiel dafür. Führt ein rationales Argument zu negativen Schlüssen über Dinge, die wir mögen, bzw. zu positiven Schlüssen über Dinge, die wir nicht mögen, dann lehnen wir diese Schlüsse wahrscheinlich ab. Oft suchen wir dann gerne nach einer Begründung, die uns gefällt, auch wenn sie unlogisch ist.

Der Einfluß von bereits bestehendem Wissen ist genauso wichtig wie der Einfluß von emotionalen Faktoren. Erinnern Sie sich an Petra aus der Einleitung? Sie war teilweise ein Opfer ihres Vorwissens. Ihr Wissen (z.B. daß Kommunisten versuchen, die Gesetzgebung des Landes zu beeinflussen), brachte sie dazu, eine unrichtige Schlußfolgerung zu akzeptieren.

Offenbar ist das Denken nicht immer logisch. Doch trotz der verzerrenden Einflüsse von Emotion und Vorwissen schafft man es oft, auf logisch korrekte Weise zu einem richtigen Schluß zu gelangen. Somit ist es ebenso wichtig, die Logik des Denkens zu verstehen wie auch die Abweichungen von der Logik.

Formale Logik

Die formale Logik besteht aus einer Sammlung von Regeln, um eine Behauptung zu analysieren und zu entscheiden, ob sie in sich konsistent ist. Durch Übung in formaler Logik entwickeln wir intellektuelle Fertigkeiten (Kompetenzen), die es uns ermöglichen, unsere eigenen Behauptungen und die anderer zu analysieren. Personen, die nicht darin geübt sind, begehen zahlreiche Denkfehler, aber diese Fehler sind vorhersagbar und als einfache Abweichungen vom Logischen verständlich. Mehr über Logik zu wissen, hilft uns verstehen, wie Menschen normalerweise denken.

Syllogismen

Ein **Syllogismus** ist ein dreistufiger Schlußprozeß, der aus zwei zutreffenden Voraussetzungen und einer Schlußfolgerung besteht, die sich aus den Voraussetzungen ergeben bzw. nicht ergeben kann. Die Aufgabe besteht darin, daß man entscheidet, ob die Schlußfolgerung wahr ist, wobei man nur die in den beiden Voraussetzungen enthaltene Information benutzt. Der wohl bekannteste Syllogismus heißt

Alle Menschen sind sterblich.
Sokrates ist ein Mensch.
Also ist Sokrates sterblich.

Wenn die Leistung bei Syllogismen experimentell untersucht wird, werden oft abstraktere Syllogismen dargeboten. Statt echte Worte zu verwenden, wie bei dem Beispiel mit Sokrates, ersetzen die Logiker sie durch Buchstaben:

Alle A sind B.
Alle B sind C.
Also sind alle A C.

Dieser Syllogismus ist richtig. Aber es stellt sich heraus, daß es verhältnismäßig schwer zu entscheiden ist, ob die Schlußfolgerungen richtig, falsch oder unbestimmt sind, die von Voraussetzungen in dieser abstrakten Form gezogen werden.

Im allgemeinen neigen Menschen dazu, zu viele ungültige oder unbestimmte Schlußfolgerungen als gültig anzusehen. Lassen Sie uns einige Syllogismen untersuchen, um zu merken, wie schwierig diese Aufgabe ist. Versuchen Sie zu entscheiden, welche Schlüsse unbedingt richtig sind; die beiden Voraussetzungen sind jeweils gegeben.

Syllogismus 1
Alle A sind B.
Alle B sind C.
Also sind alle A C — *Richtig oder falsch?*

Syllogismus 2
Kein A ist B.
Alle B sind C.
Also ist kein A C. — *Richtig oder falsch?*

Syllogismus 3
Alle A sind B.
Alle C sind B.
Also sind alle A C. — *Richtig oder falsch?*

Syllogismus 4
Manche A sind B.
Manche B sind C.
Also sind manche A C. — *Richtig oder falsch?*

Wenn Sie diese vier Schlußfolgerungsaufgaben zu lösen versucht haben, ohne weitergelesen zu haben, sind Sie vielleicht erstaunt, daß nur die Schlußfolgerung im Syllogismus 1 *logisch* richtig ist. Viele Personen akzeptieren alle vier Folgerungen als gültig. Um zu verstehen, wie dies geschieht, betrachten Sie kurz den Unterschied zwischen formaler Logik und der eigenen, persönlichen Logik. Sehen Sie die Voraussetzung in Syllogismus 3 an. Diese Behauptung ist in der Tat mehrdeutig, denn sie kann auf zwei verschiedene Beziehungen zwischen A und B zutreffen. Diese beiden Bedeutungen werden in Abbildung 6-6 veranschaulicht; die Diagramme erleichtern es, die Bedeutung der Behauptungen zu verstehen. Man sieht, daß "Alle A sind B" sich auf eine Situation beziehen kann, in der es nur eine Gruppe gibt, die als AB bezeichnet wird; d.h., "Alle A sind B und alle B sind A". Auf der anderen Seite kann "Alle A sind B" sich auch darauf beziehen, daß

Abbildung 6-6 Diagramme der beiden möglichen Bedeutungen von "Alle A sind B"

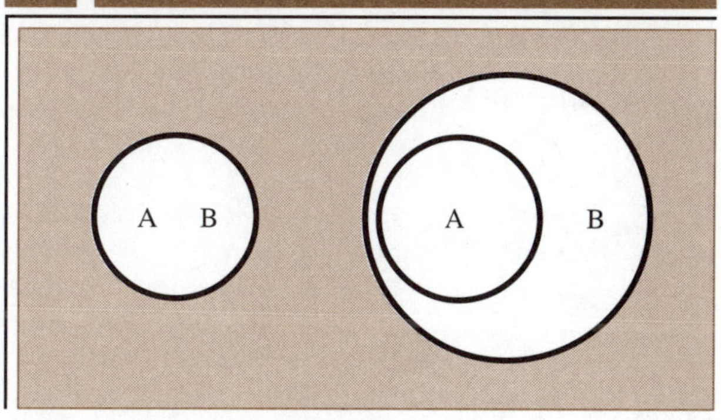

Wie das Diagramm zeigt, folgt aus "Alle A sind B" nicht logisch "Alle B sind A". Man macht oft Denkfehler, weil man nicht bemerkt, daß eine Prämisse oft mehr als **eine** logisch gültige Interpretation ermöglicht.

als A bezeichnete Dinge in der größeren Gruppe B enthalten sind, wie in dem Satz "Alle Hunde sind Tiere".

Die formale Logik macht drei Voraussetzungen: (1) Jede Prämisse muß mit all ihren möglichen Bedeutungen betrachtet werden. (2) Die verschiedenen Bedeutungen der Prämissen können auf jede mögliche Weise kombiniert werden. (3) Eine Schlußfolgerung kann nur dann gültig sein, wenn sie auf jede mögliche Kombination der Prämissen zutrifft. Wenn man die Prämissen so interpretieren und kombinieren kann, daß eine bestimmte Schlußfolgerung nicht zutrifft, dann ist diese Schlußfolgerung logisch nicht gültig. In Abbildung 6-7 sind für die Syllogismen 2 bis 4 die Wege verdeutlicht, in denen man die Prämissen kombinieren kann, um eine Beziehung zwischen A und C zu erhalten, die mit der behaupteten Schlußfolgerung nicht übereinstimmt.

Abbildung 6-7 Diagramme möglicher Bedeutungen der Syllogismen 1-4

Fehlerquellen beim Schlußfolgern

Es wäre nicht überraschend, wenn Sie feststellten, daß Sie sich wirklich anstrengen mußten, um die obenstehende Beschreibung der formalen Logik zu verstehen. Die formale Logik erfordert ganz offenbar, daß man eine beträchtliche Informationsmenge verarbeitet, um eine Behauptung zu untersuchen oder eine Denkaufgabe zu lösen. Weil unser Informationsverarbeitungsmechanismus beschränkt ist, machen wir Fehler. Obwohl Versuchspersonen dazu neigen, viele ungültige Schlußfolgerungen als gültig zu akzeptieren, sind die Fehler, die sie begehen, nicht zufällig; es gibt mindestens drei Fehlerquellen (siehe Tabelle 6-5).

Umkehrungen

Eine *ungültige* oder *unzulässige Umkehrung* stammt daher, daß man die Prämissen nicht richtig verstanden hat, oder vielmehr weil man die Prämissen umgekehrt hat, so daß sie eine fehlerhafte Bedeutung erlangen, aus der die Schlußfolgerung abgeleitet wird. Betrachten Sie noch einmal Syllogismus 3. In diesem Fall ist die Schlußfolgerung logisch nicht gültig, weil die Prämissen so kombiniert werden können, daß die Schlußfolgerung nicht richtig ist (siehe Abbildung 6-7). Nehmen Sie an, Sie würden für die Behauptung "Alle A sind B" nur eine mögliche Bedeutung jeder Prämisse beachten, genau gesagt die erste Bedeutung in Abbildung 6-6. Somit würden Sie die erste Prämisse so interpretieren, daß auch "Alle B sind A" zutrifft, und die Prämisse würde auch "Alle B sind C" bedeuten. Beides sind unzulässige Umkehrungen der genannten Prämissen. Wenn Sie diese unzulässigen Umkehrungen vornehmen, ist die Schlußfolgerung zwar richtig, basiert aber auf fehlerhafter Logik. Ihre Fehler liegen dann daran, daß Sie versäumt haben, andere Bedeutungen der Prämissen in Betracht zu ziehen.

Atmosphäreneffekt

Es können auch aufgrund der Neigung, Schlußfolgerungen mit oberflächlicher Ähnlichkeit zu den Prämissen zu akzeptieren, Fehler entstehen. Das heißt, die Struktur bzw. Syntax der Prämissen schafft eine *Atmosphäre*, in der ein Schluß mit einer ähnlichen Struktur als gültig angenommen wird. Eine Reihe von Prämissen, die wie Syllogismus 3 die Form "Alle ______ sind _____" haben, stellt eine Atmosphäre für einen Schluß der gleichen Form her (siehe Abbildung 6-7). Alternativ wird eine Atmosphäre für eine negative Folgerung gebildet, wenn eine oder zwei Prämissen negativ ist bzw. sind, so wie bei Syllogismus 2. Die Unfähigkeit, das Atmosphärische einer Aufgabe zu ignorieren, führt oft zu Denkfehlern.

Manchmal stimmt das Atmosphärische der Aufgabe mit der richtigen Antwort überein, wie bei Syllogismus 1, aber meistens ist das nicht der Fall. Es ist also immer wichtig, über das Atmosphärische einer Aufgabe hinauszusehen, wenn man richtig schlußfolgern möchte. Bei Reden wird das Atmosphärische manchmal sehr effektiv eingesetzt, um unlogische Schlußfolgerungen überzeugend darzustellen. Der Zuhörer hat kaum Zeit oder Verarbeitungskapazität zur Verfügung, um die Logik der Behauptungen näher zu untersuchen, und akzeptiert die Argumente des Sprechers daher manchmal, ohne sie zu durchdenken, und so kann er sie nicht ablehnen. Hierauf und auf ähnliche Themen wird in Kapitel 10 weiter eingegangen. Wie Sie sich vielleicht vorstellen können, haben sich Menschen - Tyrannen wie Heilige - die Wirkung des Atmosphärischen im Lauf der gesamten Geschichte zunutze gemacht.

Eine weitere interessante Eigenschaft von Syllogismen ist es, daß Personen oft gültige Gegenbeispiele für die Schlußfolgerung des Syllogismus erkennen können, obwohl sie nicht selber auf die Schlußfolgerung kommen. Viele Versuchspersonen akzeptieren z.B. die Folgerung aus Syllogismus 3 als gültig. Wenn der Syllogismus aber konkret statt abstrakt dargestellt wird, bemerken die Versuchspersonen schnell, daß die Schlußfolgerung inkorrekt ist:

Manche Frauen sind Rechtsanwälte.
Manche Männer sind Rechtsanwälte.
Manche Frauen sind Männer.

Trotzdem führen konkrete Behauptungen wie "Alle Katzen sind Tiere" nicht immer zu genauerem Schlußfolgern. Syllogismen, die konkrete Behauptungen beinhalten, machen es möglich, daß man von einem semantischen oder Bedeutungsfaktor beeinflußt wird, nämlich aus der Wahrheit oder Nicht-Wahrheit der Schlußfolgerung. Man neigt zur Akzeptanz von Schlüssen, die sachlich richtig sind oder mit den eigenen Ansichten übereinstimmen, egal, ob sie logisch aus den Prämissen des Argumentes folgen. Sind z.B. die Prämissen "Alle Katzen sind Fleischfresser" und "Alle Tiger sind Fleischfresser" gegeben, neigt man stark dazu, die Schlußfolgerung "Alle Tiger sind Katzen" anzunehmen, die zwar sachlich richtig, aber logisch ungültig ist. Dieses Argument entspricht Syllogismus 3; wenn Sie "Hunde" durch "Tiger" ersetzen, werden Sie sehen, daß die Schlußfolgerung sich nicht zwingend ergibt.

Falsche Prämissen

Betrachten Sie die folgenden Tatsachen: Schlechte Autofahrer fahren meisten zu schnell und zu dicht auf. Aber oft fahren sie trotzdem unfallfrei, und beweisen sich damit selbst, daß sie hervorragend und gleichzeitig vernünftig fahren. Weiterhin zeigen ihnen Beispiele aus dem Fernsehen und den Zeitungen, daß Autounfälle anderen Personen zustoßen, nicht ihnen. Irreführende Informationen und Erfahrung ermuntern zu falschen Schlußfolgerungen. Schlechte Fahrer finden somit Gründe, mit denen sie es erklären können, warum sie Sicherheitsmaßnahmen wie Sicherheitsgurte ablehnen bzw. nicht benutzen.

Diese Denkweise kann leicht zu syllogistischem Denken in Bezug gesetzt werden. Der schlechte Fahrer erfindet eine oder mehrere falsche Prämissen - z.B. daß Unfälle nur anderen zustoßen -, denen er auf "logische" Weise falsche Schlüsse folgen läßt.

Nehmen Sie ein anderes Beispiel, eine Gerichtsverhandlung, bei der die Anklage diese Prämissen vorstellt:

Der Angeklagte stammt aus einer zerrütteten Familie. Menschen, die aus zerrütteten Familien stammen, sind Verbrecher. Also ist der Angeklagte ein Verbrecher.

Hier ist die Folgerung logisch gültig aber falsch, weil sie von einer falschen Prämisse abgeleitet wurde. Die Annahme dieser falschen Schlußfolgerung könnte für die Entscheidung des Gerichts, ob der Angeklagte schuldig oder unschuldig ist, entscheidend sein.

Tabelle 6-5 Wie Denkfehler entstehen können

1. Man bemerkt nicht, daß eine Behauptung mehr als eine Bedeutung oder Interpretationsmöglichkeit haben kann. Z.B. kann "Alle A sind B" entweder (1) eine völlige Überlappung bedeuten - alle B sind auch A, oder (2) die A sind eine Untergruppe von B.
2. Das vorhandene Wissen über das Problem wirkt sich in negativer Weise aus. Was man z.B. über die Nachteile des Kommunismus weiß, hindert einen daran, zu glauben, daß die russischen Athleten olympische Wettbewerbe auf faire und legale Weise gewinnen.
3. Emotionale Faktoren verzerren die Logik oder setzen sich darüber hinweg.
   a. Emotionale Erregung stört klares Denken und schafft so die Anfälligkeit für Denkfehler. Wenn Sie "rot sehen", werden Sie daran gehindert, eine richtige Schlußfolgerung zu ziehen.
   b. Emotionale Bindung an das, worüber man nachdenkt, zwingt zu einer unrichtigen Schlußfolgerung. Man kann z.B. keine zutreffende Kritik an jemandem, den man liebt, akzeptieren.
4. Man kehrt eine Prämisse unzulässig um. Die Tatsache, daß einige A nicht B sind, läßt uns glauben, daß einige B nicht A sind.
5. Der Atmosphäreneffekt wirkt - die Art, in der die Prämissen formuliert sind, bestimmt, welche Schlußfolgerung man annimmt. Die Tatsache etwa, daß einige A B sind und einige A C, führt dazu, daß man die ungültige Schlußfolgerung annimmt, einige B sind C.
6. Wenn man eine falsche Prämisse annimmt, führt ein solcher Fehler trotz ganz logischen Denkens zu falschen Schlußfolgerungen. Wenn man z.B. die falsche Prämisse annimmt, daß Fußballspieler unterdurchschnittliche Intelligenzquotienten aufweisen und daß Personen mit unterdurchschnittlichen Intelligenzquotienten keine Universitätsabschlüsse erreichen, dann folgt logischerweise daraus, daß Fußballspieler keine Universitätsabschlüsse erhalten.

Kopfnuß 3

Nehmen Sie an, die folgenden Aussagen seien wahr:

Alle Logiker sind Professoren.
Alle Professoren sind zerstreut.
Manche Professoren sind lustig.
Manche lustigen Personen sind intelligent.

Welche der folgenden Schlußfolgerungen ist auf der Grundlage dieser Information richtig?

1. Manche lustigen Personen sind zerstreut.
2. Manche intelligenten Personen sind Logiker.
3. Manche Logiker sind lustig.
4. Alle Logiker sind zerstreut.
5. Keine dieser Schlußfolgerungen.

Betrachten Sie zuletzt einige der Dinge, die Sie sich aufgrund von Denkfehlern selbst zuschreiben:

Studenten, die bei Klausuren durchfallen, sind dumm.
Ich bin bei einer Klausur durchgefallen.
Also bin ich dumm.

Wieder ist der Syllogismus vom logischen Standpunkt her völlig gültig. Das Problem besteht darin, daß der Denker eine falsche Prämisse über die Intelligenz und die Klausuren annimmt. Es gibt viele Gründe, warum ein kluger Student bei einer Klausur durchfallen kann.

Kognitive Psychologen glauben, daß Denkfehler wie diese, die sich direkt auf das Selbstkonzept einer Person beziehen, ernste Persönlichkeitsprobleme schaffen können. Depressive Persönlichkeiten etwa scheinen besonders empfänglich für Denkfehler zu sein, die das Selbstvertrauen untergraben (siehe den Zeitungsausschnitt "Anhaltende Selbstkritik kann zu Depressionen führen" im Abschnitt "So sieht das in der Praxis aus" am Ende dieses Kapitels). Eine Form der Psychotherapie (siehe Kapitel 12) basiert auf kognitiven Prinzipien. Bei diesem Ansatz stellt der Psychologe falsche Schlußfolgerungsprozesse fest und zeigt den Patienten, wie sie logisch über sich selbst nachdenken können.

Denken im diskursiven Kontext

Die meisten Diskurse, seien es Unterhaltungen oder Texte, folgen den Regeln der Konventionen. Nach den Aussagen des Linguisten H. P. Grice folgen diese Gewohnheitsregeln einem Prinzip der Zusammenarbeit, das besagt, daß ein Sprecher (oder Schreiber) die Sprache auf eine solche Weise erzeugt, daß die Effektivität seiner Kommunikation mit einem Zuhörer (oder Leser) so groß wie möglich ist. Dieses Prinzip umfaßt vier Aspekte. Erstens ist die Struktur der Äußerungen des Senders nicht mehr oder weniger informativ als nötig. Zweitens wird nur das gesagt, wovon der Sprecher überzeugt ist und wofür er angemessene Belege hat. Drittens ist die Äußerung relevant. Viertens ist die Äußerung so strukturiert, daß sie leicht verständlich ist. Die meisten Menschen folgen in ihren Unterhaltungen mit anderen und auch beim Schreiben diesen Prinzipien, ohne sich ihrer überhaupt bewußt zu sein. Aber für die Struktur unserer mündlichen oder schriftlichen Äußerungen ergeben sich einige wichtige Konsequenzen.

Insbesondere verbleibt ein großer Teil der Information implizit (der Empfänger muß auf sie schließen), statt daß sie explizit geäußert wird. Nehmen wir an, wir beschreiben ein Ereignis, das wir beobachtet haben. Wir könnten anfangen, indem wir das Folgende sagen:

Heinz warf den Ball durch das Fenster.
Herr Koch kam aus dem Haus gelaufen.

Der Zuhörer würde aus diesen Sätzen wahrscheinlich verschiedene Dinge verstehen und entnehmen, und zwar auf Grundlage seiner Erfahrungen. Einige davon sind:

Der Ball zerbrach das Fenster.
Es war das Fenster von Herr Koch .
Er kam herausgelaufen, um herauszufinden, wer den Ball geworfen hat.
Er war wütend.

Diese Dinge müssen in der Beschreibung der Szene nicht ausdrücklich genannt werden, weil die Zuhörer sie selbst einsetzen können. Würde man alle Schlüsse explizit ausdrücken, würde der Zuhörer die Mitteilung wahrscheinlich recht seltsam finden: "Mein Hund Ralph frißt nur 'Zarte Häppchen'. Hunde sind Tiere. Tiere fressen Futter. Tiere haben Vorlieben für bestimmte Arten von Futter. Aber neulich brachte ich Ralph dazu, etwas Hundefutter aus der Dose zu fressen." Im Vorgang des Verstehens sind deshalb viele unserer üblichen Schlußfolgerungen enthalten.

BEWERTEN UND ENTSCHEIDEN

Ziel des Schlußfolgern ist es, aus einer Reihe von gegebenen Aussagen, die meist in Form von mehreren Prämissen formuliert werden, die logische Folgerung zu ziehen. Mit den die Regeln der Logik kann man entscheiden, ob die Schlußfolgerung sich aus den Fakten ergibt oder nicht. Aber in vielen Fällen schreiben die Fakten nicht eine bestimmte, einzelne, logische Schlußfolgerung vor. Es kann mehrere Möglichkeiten geben, und man muß sich auf der Grundlage der Aussage, die man zur Verfügung hat, zwischen ihnen entscheiden. Die Alternativen, zwischen denen man wählen kann, können mit unterschiedlicher Wahrscheinlichkeit richtig sein, und man kann sein Wissen um diese Wahrscheinlichkeiten einsetzen, um seine Entscheidung zu erleichtern (siehe Fundgrube 6-2).

Kopfnuß 4

Welcher Buchstabe ist in dieser Reihe der nächste?

B C C E D G ?

Um dies zu veranschaulichen, denken Sie an den Münzwurf am Beginn eines Fußballspiels. Sie sind der Kapitän der Mannschaft, der sich jede Woche für Wappen oder Zahl entscheiden muß. Zunächst einmal wissen Sie, daß die Wahrscheinlichkeit für Wappen 0,5 ist. Die Wahrscheinlichkeiten von Wappen und Zahl liefern keine Grundlage, sich für eins von beiden zu entscheiden, und so tippen oder wählen Sie je nach Vorliebe. Nehmen wir nun an, Spiel 6 steht an, und Sie wissen, daß die ersten fünf Male immer Wappen geworfen wurde. Wofür entscheiden Sie sich jetzt? Wenn Sie annehmen, daß es eine normale Münze ist und daß jeder Münzwurf unabhängig von vorangegangenen Würfen ist, dann werden Sie wissen, daß die Wahrscheinlichkeit für Wappen und Zahl immer noch gleich ist, und daß einfaches Raten immer noch angemessen ist. Dies ist der rationale Ansatz für die Entscheidung und basiert auf den Tatsachen der Wahrscheinlichkeitstheorie. In solchen Situationen würden sich aber viele Personen für Zahl entscheiden, weil sie glauben, daß die Wahrscheinlichkeit, daß die Serie von Wappen fortgesetzt wird, sehr unwahrscheinlich ist. Andere Personen wählen wieder Wappen, weil Sie glauben, daß die Münze eine Tendenz in diese Richtung haben könnte. In beiden Fällen verläßt sich der Entscheidende auf Wissen um vergangene Ereignisse, die - aufgrund rationaler Überlegungen - nichts mit dem Ergebnis des nächsten Münzwurfs zu tun haben.

Es sollte Sie nicht überraschen, daß das Beste, was man tun kann, ist, rationaler Überlegung zu folgen, wenn man Entscheidungen trifft, die auf der Wahrscheinlichkeitstheorie beruhen, weil es zu der besten Lösung führt. Ebenfalls sollte es Sie nicht überraschen, daß Menschen meistens nicht völlig rational denken. Wir neigen dazu, uns in unseren Bewertungen von nicht dazugehörenden, irrelevanten Faktoren beeinflussen zu lassen. Daß man seine Wahl für den nächsten Münzwurf von seinem Wissen über den vorangegangenen Wurf beeinflussen läßt, ist ein bekanntes Beispiel. Dieser Fehler ist so verbreitet - anzunehmen, daß eine Serie gleicher Ereignisse beim nächsten Versuch unterbrochen wird -, daß man ihm eine eigene Bezeichnung gegeben hat, *gambler's fallacy* (Trugschluß des Glücksspielers). Aber auch auf andere Weise verzerrt unser Wissen um vorangegangene Ereignisse und über die Welt im allgemeinen unsere Entscheidungen. Diese nichtrationalen oder intuitiven Faktoren haben Amos Tversky von der Stanford University und Daniel Kahneman von der University of British Columbia als *Entscheidungsheuristiken* bezeichnet.

Denken Sie daran, daß eine Heuristik eine Methode ist, mit der man eine Problemlösung abkürzen kann, aber nicht unter Garantie zu einer Lösung gelangt. Entscheidungsheuristiken sind in ähnlichem Sinn Abkürzungen, um zu einer Entscheidung zu gelangen. Sie ersparen die oftmals arbeitsaufwendigen Berechnungen, die ein rationales Vorgehen fordert, aber sie führen mit weniger Wahrscheinlichkeit zur richtigen Entscheidung. Es sollen hier nur zwei der wichtigsten Heuristiken besprochen werden,

FUNDGRUBE 6-2

War es der Diener?

Ein Aufgabentyp bei der Denkforschung ist die "Wer war's"-Aufgabe, bei der die Versuchsperson Informationen über eine recht komplexe Reihe von Beziehungen erhält und bestimmen muß, wie sie zusammenpassen. Solche Aufgaben können sehr schwierig sein. Obwohl man bei ihnen auch z.T. herausfinden muß, "was sich woraus ergibt" (ähnlich wie bei Syllogismen), hängt ihre Lösung hauptsächlich vom richtigen Hypothesenbilden ab (was muß ich als nächstes herausfinden). Aufgrund dieser Notwendigkeit zum Hypothesenbilden ist die Leistung bei "Wer-war's"-Aufgaben nicht eng mit der Leistung bei syllogistischen Denkaufgaben verbunden. Versuchen Sie sich bei diesem ziemlich unrealistischen Rätsel als Detektiv.

Es ist ein Mord geschehen. Eine Untersuchung der tödlichen Verletzung hat ergeben, daß der Mörder einen Dolch verwendet hat, der auf der Leiche ein ungewöhnliches Mal hinterlassen hat. Es gibt fünf Verdächtige: Arzt, Diener, Koch, Gärtner und Buchhalter. Jeder war allein in einem der fünf Zimmer der Wohnung und hatte niemanden, der seine Unschuld bezeugen konnte. Die Zimmer liegen hintereinander an einem einzigen Korridor: Schlafzimmer, Arbeitszimmer, Wohnzimmer, Eßzimmer und Küche, genau in dieser Reihenfolge. Als zusätzliche Beweise aus verschiedenen Quellen sind vorhanden:

Der Butler war im Schlafzimmer.
Der Mann mit dem Gift befand sich im Zimmer, in dessen Nachbarzimmer sich der Mann mit dem braunen Pullover aufhielt.
Der Mann mit dem Dolch trug eine graue Jacke.
Der Mann mit dem Taschenmesser trug eine schwarze Jacke.
Der Koch trug einen braunen Pullover.
Der Gärtner war im Zimmer neben dem Eßzimmer.
Der Mann mit dem Gift war im Wohnzimmer. Der Mann mit der Pistole befand sich in dem Zimmer neben dem Mann, der die blaue Jacke trug.
Der Gärtner hatte ein Seil.
Der Arzt hielt sich im Zimmer neben dem Mann mit der schwarzen Jacke auf.
Der Buchhalter trug einen grünen Pullover.

Der gewiefte Inspektor leitete ab, wer der Mörder war, als er die Beweise durchsah. Können auch Sie das Verbrechen aufklären? Die Antwort finden Sie in Fundgrube 6-5.

die Kahneman und Tversky untersucht haben.

Die erste ist die *Dominanz:* Entscheidungen werden durch die Inhalte verzerrt, die zum Zeitpunkt der Entscheidungsfindung am stärksten im Gedächtnis vorhanden sind. Trotz all der positiven Belege, die für das Studium der Rechtswissenschaft sprechen, entscheidet man sich dagegen, weil man vor kurzem einen unglücklichen Rechtsanwalt getroffen hat. Diese eine Erfahrung ist wegen ihrer Lebendigkeit, und weil sie erst vor kurzem geschah, zum Zeitpunkt der Entscheidung im Gedächtnis sehr vorherrschend und erdrückt alle anderen Gerichtspunkte. Die zweite Heuristik ist die *Repräsentativität:* Entscheidungen werden in Richtung des Ergebnisses verzerrt, das bei den vorliegenden Beweisen am repräsentativsten ist. Nehmen Sie z.B. an, es ist ein Mord geschehen, und das Viertel ist abgesperrt, ehe der Mörder entfliehen kann. In der Vergangenheit hat dieses Vorgehen in 75 % der Fälle dazu geführt, daß der Verbrecher gefaßt wurde. Dieses Mal erwischt die Polizei nur eine alte Dame mit Turnschuhen. Der zuständige Beamte läßt sie laufen, weil sie für die Population von Kriminellen nicht repräsentativ ist. Aufgrund rationaler Überlegung ist die Wahrscheinlichkeit, daß sie schuldig ist 0,75, aber der Beamte hat sich auf seine Intuition statt auf die gegebenen objektiven Wahrscheinlichkeiten verlassen.

Kahnemann und Tversky haben mehr als ein Dutzend verschiedene heuristische Prinzipien entdeckt, auf die sich Menschen bei Entscheidungen im wirklichen Leben verlassen. Aber meistens führen diese heuristische Entscheidungen nicht zu optimalen Ergebnissen. Daraus kann man lernen, daß man sich die Zeit und Mühe nehmen sollte, die ein rationaler Ansatz erfordert, statt sich auf sein Gefühl oder seine Intuition zu verlassen, wenn man Entscheidungen mit bestmöglichen Ergebnissen treffen möchte.

INTELLIGENZ

Intelligenz bezieht sich auf die Fähigkeit einer Person, kognitive Aufgaben zu lösen. Manche Psychologen sind der Auffassung, daß der Leistung bei allen kognitiven Aufgaben eine generelle kognitive Fähigkeit zugrunde liegt, d.h., wenn man eine Aufgabe gut lösen kann, kann man auch alle anderen gut lösen. Andere Psychologen sind der Ansicht, daß mit Intelligenz eine Reihe relativ unverbundener kognitiver Fähigkeiten gemeint ist, d.h., eine hohe Leistung bei einer Aufgabe bedeutet nicht unbedingt, daß man auch bei anderen Aufgaben viel leistet. Da es für beide Vorstellungen unterstützende Forschungsergebnisse gibt, weist die Intelligenz wahrscheinlich sowohl allgemeine wie auch spezifische Komponenten auf.

Das Intelligenzkonzept wird eng mit Intelligenztests verbunden. Weil in unserer Gesellschaft viel Wert auf Intelligenz gelegt wird, werden die Ergebnisse aus Intelligenztests oft zu wichtigen Entscheidungen über den weiteren Werdegang eines Menschen herangezogen. Die Frage, *warum* Menschen hohe oder niedrige Testwerte erzielen, hat zu starken Kontroversen in intellektuellen und auch in sozialen und politischen Kreisen Anlaß gegeben. Dieser Abschnitt erläutert die Geschichte und die verschiedenen Arten der Intelligenztests und betrachtet dann erneut, was Intelligenz bedeutet. Erst wenn die Grundlagen klar sind, wird besprochen, warum die Menschen sich hinsichtlich ihrer Intelligenz unterscheiden.

Die Intelligenzmessung

Bei der Intelligenzmessung muß man die Unterscheidung zwischen *Fähigkeit* und *Leistung* beachten. Ein wahrer Fähigkeitstest mißt das Leistungspotential eines Probanden, nicht aber das jetzige Wissen und die Fertigkeiten des Probanden. Ein Leistungstest dagegen mißt *bestehendes* Wissen und Fertigkeiten, unabhängig von der Fähigkeit oder dem Potential des Probanden zu zukünftigen Leistungen. Seine jetzigen Kenntnisse sind sein Leistungsniveau, sein Potential für zukünftige Leistungen ist dagegen sein Fähigkeitsniveau.

Mit Intelligenztests versucht man im allgemeinen, die intellektuelle Fähigkeit zu messen. In der Praxis ist es jedoch extrem schwierig, wenn nicht gar unmöglich, einen Test zu konstruieren, der reine Fähigkeiten mißt und von den Leistungen des Probanden völlig unabhängig ist. Das bedeutet, daß zwei Personen aus verschiedenen Gründen den gleichen Wert bei einem Intelligenztest erlangen können, eine etwa aufgrund ihrer hohen Fähigkeit und ihrer niedrigen Leistung, die andere vielleicht aufgrund ihrer niedrigen Fähigkeit und ihrer hohen Leistung. Die gegenwärtige Diskussion um die Fairness von Intelligenztests dreht sich zum großen Teil um dieses Problem, daß also z.B. Personen mit ausgeprägten Fähigkeiten vielleicht niedrige Werte erhalten, weil die soziale Herkunft ihr Leistungsniveau beschränkt.

Der Binet-Simon-Test

Das erste allgemeine Intelligenzmaß wurde aus einem einfachen, praktischen Grund entwickelt. Das französische Kultusministerium beschloß um die Jahrhundertwende, daß Kinder mit Schulschwierigkeiten für Sonderschulen erfaßt werden sollten. Das Ministerium beauftragte Alfred Binet, einen bekannten Psychologen, und seinen Kollegen Thodore Simon, einen Test zu entwickeln, der zum Aussondern dieser Kinder geeignet wäre. Seit jener Zeit wurde der Test, der Binet-Simon-Test genannt wird, wiederholt und systematisch revidiert, so daß heute auf der ganzen Welt Versionen dieses Tests benutzt werden. Die neueren Revisionen wurden an der Stanford University unternommen und sind als *Stanford-Binet-Intelligenz-Tests* (SIT) bekannt.

Binet und Simon gingen von zwei Annahmen aus. Erstens glaubten sie, daß sich Intelligenz aus vielen Fähigkeiten zusammensetzt, so daß Intelligenztests viele verschiedene Arten von Items enthalten müssen. Die meisten Items der Binet-Simon-Tests basieren auf einfachen alltäglichen Aufgaben, da Binet einen Test konstruieren wollte, der reine Fähigkeit mißt und nicht für eine bestimmte Gruppe von Kindern besonders von Vorteil ist. Trotz dieses Anliegens und sorgfältiger Auswahl von Items weiß man jedoch, daß Binets Test selbst in seinen neuesten Versionen nicht frei von Umgebungseinflüssen ist. Es gibt in der Tat keinen Test, der wirklich "kulturunabhängig" ist, weil man bei der Auswahl der Items notwendigerweise von Annahmen darüber ausgeht, welche Erfahrungen Menschen tatsächlich gemacht haben. Wenn manche Menschen bestimmte, im Test vorausgesetzte Erfahrungen weniger gemacht haben als andere Menschen, können Unterschiede in ihren Testergebnissen nicht überzeugend auf Unterschiede in ihrer reinen Fähigkeit, von diesen Erfahrungen zu profitieren, zurückgeführt werden (siehe Fundgrube 6-3).

Als zweite Annahme steht hinter den Binet-Simon-Tests, daß die Intelligenz sich mit dem Lebensalter verändert. Deshalb müssen die Items, die für Binet-Simon-Tests ausgewählt werden, nach Alter und Schwierigkeitsgrad abgestuft werden. Items, die zum Testen der Intelligenz von Dreijährigen benutzt werden, sind für Zehnjährige nicht angemessen. Die gleichen Items unterscheiden einfach nicht auf jeder Altersstufe zwischen hoch-, niedrig- oder mittelintelligenten Kindern, weshalb Binet-Simon-Tests eine Sammlung von Untertests für jedes Lebensalter sind. In Tabelle 6-6 werden zur Verdeutlichung einige Items für verschiedene Altersstufen dargestellt.

Binet führte das Konzept des **Intelligenzalters** ein (IA). Kann ein Kind die Items lösen, die ein durchschnittliches neunjähriges Kind erfolgreich bearbeitet, sagt man, das Kind hat ein Intelligenzalter von 9 Jahren. Das Intelligenzalter wird unabhängig vom **Lebensalter** (LA) definiert. Kann ein Sechsjähriger also die Tests bestehen, die von einem durchschnittlichen Neunjährigen bestanden werden, ist das Kind in seiner geistigen Entwicklung Gleichaltrigen weit voraus. Wenn ein Elfjähriger nur die Items lösen kann, die ein durchschnittlicher Neunjähriger bewältigt, ist er in seiner Entwicklung zurückgeblieben. Binet war der Ansicht, daß ein dummes Kind in seiner geistigen Entwicklung zurückgeblieben ist und daß ein kluges Kind in seinem geistigen Wachstum einen Vorsprung besitzt.

Es ist wichtig, das Konzept des Intelligenzalters nicht überzubewerten; es ist einfach eine Methode, um die Leistung bei einem Intelligenztest zu bewerten. Die Items für Siebenjährige sind schwieriger als die für Sechsjährige, und die sind wiederum schwieriger als die Items für Fünfjährige usw. Anstatt "Punkte" für richtig gelöste Items zu bekommen, werden dem Kind Monate und Jahre für sein geistiges Alter "gutgeschrieben". Von zwei getesteten Kindern hat das Kind mit dem höheren Intelligenzalter einfach mehr und schwierigere Testitems bewältigt. Nehmen Sie an, ein Kind bewältigt alle Items bis einschließ-

FUNDGRUBE 6-3

Intelligenz in Stadt und Land

Normalerweise wird in Intelligenztests eine Überprüfung des Alltagswissens mit eingeschlossen, die auf der Annahme beruht, daß jederman in etwa die gleiche Möglichkeit hatte, sich solches Wissen anzueignen. Wenn diese Annahme richtig ist, müssen die Testteilnehmer, die mehr richtige Antworten geben, besser lernen und sich erinnern können. Die Probleme bei der Entwicklung von Wissenstests, die gegenüber verschiedenen Teilen einer Population gerecht sind, werden in einer klassischen Untersuchung von Myra Shimberg gut veranschaulicht. Es wurden dazu zwei verschiedene Wissenstests entwickelt, zu denen Sie unten Beispielfragen finden. Beide Tests scheinen das Allgemeinwissen von Schulkindern zufriedenstellend zu messen und enthalten Fragen, die denen aus standardisierten Intelligenztests ähneln.

Wissenstest A

1. Welche Farbe hat die amerikanische Flagge?
2. Welches ist der größte Fluß in den USA?
3. Wo liegt der Gefrierpunkt des Wassers?

Wissenstest B

1. Woraus besteht Butter?
2. Nenne eine Gemüsesorte, die am Boden wächst.
3. Wie oft ist Vollmond?

Es wurde jedoch festgestellt, daß die beiden Tests gewisse, wenn auch feine Verzerrungen aufwiesen. Bei Test A schnitten Schulkinder aus der Stadt viel besser ab als Schulkinder vom Land, und bei Test B war es genau umgekehrt, so daß die Kinder vom Land dort signifikant höhere Ergebnisse erzielten. Durch Analysen der je 25 Testitems erkannte man, daß es viele Fragen gab, bei denen die Richtung der Verzerrung nicht aufgrund des Inhalts vorausgesagt werden konnte. Trotzdem ergaben die beiden Tests radikal unterschiedliche Bilder der Leistung von Stadt- und Landkindern.

Diese Untersuchung zeigte, daß Items bei Intelligenztests auf fast unmerkliche Weise zum Vorteil des einen oder anderen Teils der Population verzerrt sein können, was auch in anderen Untersuchungen bestätigt wurde. Solche Ergebnisse weisen darauf hin, wie schwierig es zu verwirklichen ist, daß "jeder die gleiche Chance gehabt hat, das erforderliche Wissen zum Bestehen des Tests zu erwerben".

lich zur Altersstufe von 7 Jahren; dazu 4 von 6 Items, die je 2 Monate des Intelligenzalters der Altersstufe 8 Jahre repräsentatieren und noch 2 von 6 Items für die Altersstufe 9 Jahre. Es fällt bei allen Aufgaben für Zehnjährige durch. Sein Intelligenzalter liegt dann bei 7 Jahren plus 8 plus 4 Monaten, also bei 7 Jahren plus 12 Monaten, d.h. bei 8 Jahren.

Intelligenzquotient

Die bekannteste Bewertung, die man beim Binet-Simon-Test und im Prinzip bei jedem beliebigen Intelligenztest erhält, ist der **Intelligenzquotient** oder **IQ**, der angibt, wie eine Person im Vergleich zu Gleichaltrigen abscheidet. Eine der Formeln für den IQ, die das Intelligenzalter verwendet, lautet

$$IQ = \frac{\text{Intelligenzalter}}{\text{Lebensalter}} \times 100.$$

Da der Test so entwickelt ist, daß ein durchschnittliches Kind ein Intelligenzalter gleich seinem Lebensalter erhält, beträgt der mittlere Intelligenzquotient 100. Kinder, die mehr Items bewältigen als der Durchschnitt der Gleichaltrigen, haben ein geistiges Alter, das höher als ihr Lebensalter ist, somit liegt ihr IQ über 100. Die Kinder, die nicht soviel leisten wie der Durchschnitt, haben IQs unter 100. Sehen wir uns das frühere Beispiel des Kindes an, das ein Intelligenzalter von 8 Jahren erlangte. Es erhielte einen IQ von

$$\frac{8}{6} \times 100 = 133$$

Wäre das Kind 10 Jahre alt, wäre sein IQ

$$\frac{8}{10} \times 100 = 80$$

Dieses Verhältnis, der IQ, zeigt also die Leistung einer Person bei einem Test relativ zur Leistung Gleichaltriger an.

Man muß nicht mit dem Intelligenzalter rechnen, um einen IQ zu bestimmen. Die allgemeinste Formel für den IQ, die die Punkte aus dem Test benutzt, lautet

$$IQ = \frac{\text{Punktwert der Person}}{\text{Durchschnittswert der Altersgruppe}} \times 100$$

Wenn man im Vergleich zu seiner Altersgruppe überdurchschnittlich viele Punkte erzielt, hat man einen IQ über 100. Ist der Punktwert kleiner als der Durchschnitt, liegt der IQ unter 100.

Der Hamburg-Wechsler-Test

Ein weiterer häufig benutzter Intelligenztest ist der nach seinem Autor, dem Psychologen David Wechsler, benannte Wechsler-Test. Eine Version des Tests wurde für Erwachsene entwickelt und wird als Hamburg-Wechsler-Intelligenztest für Erwachsene (HAWIE) bezeichnet. Ein zweiter Test wird für Kinder im Alter von etwa 6 bis 16 Jahren angewendet (HAWIK). Eine dritte Version, die für noch jüngere Kinder im Alter von 4 bis 6,5 Jahren angewendet wird, heißt HAWIVA (Hannover-Wechsler-Intelligenztest für das Vorschulalter). Items des Wechsler-Tests ähneln denen des Binet-Simon-Tests, sind aber nicht nach

Tabelle 6-6 Testitems für die Altersstufe 5 Jahre und 12 Jahre aus der neuesten Revision (1960) des Binet-Simon-Tests

5 Jahre

1. Vervollständigt die Zeichnung eines Menschen, dem Beine und andere Körperteile fehlen.
2. Nachdem es ihm vorgemacht wurde, faltet das Kind ein quadratisches Papier zweimal, um ein Dreieck zu erhalten.
3. Erklärt die folgen drei Worte: Ball, Hut, Herd.
4. Erkennt Ähnlichkeiten und Unterschiede zwischen ausgewählten Bildern.
5. Setzt zwei Dreiecke zu einem Rechteck zusammen.

12 Jahre

1. Erklärt 14 Wörter, z.B. Eile, Unterricht und Fertigkeit.
2. Erkennt, daß Äußerungen wie "Bill Jones Füße sind so groß, daß er seine Hose über den Kopf ziehen muß" absurd sind.
3. Versteht, wenn ein komplexes Bild widersinnig ist.
4. Wiederholt fünf Zahlen rückwärts.
5. Erklärt mehrere abstrakte Worte, etwa Mitleid und Neugier.
6. Setzt bei mehreren unvollständigen Sätzen die fehlenden Worte ein, z.B. "Man kann nicht ...... ein Held sein, aber man kann immer ein Mann sein".

"... Du bist der erste Mann, dem ich je begegnet bin, dessen Taillenumfang zu seinem Intelligenzquotienten paßt ..."

Altersskalen aufgebaut, sondern werden in Subskalen zusammengefaßt, um verschiedene Fähigkeiten zu prüfen. Die Leistung auf jeder Subskala ergibt einen Wert, der direkt in den IQ umgewandelt werden kann. Etwa die Hälfte des Tests mißt verbale Fähigkeiten, darunter Definitionen sowie Ähnlichkeiten und Unterschiede von Worten. Die andere Hälfte bewertet die Leistung bei (nonverbalen) Fähigkeiten wie dem Zusammensetzen von Figuren und Ordnen von Bildern. (Tabelle 6-7 zeigt Beispiele dazu.) Bei den Wechsler Tests wird generell sowohl ein Handlungs- und ein Verbal-IQ berechnet, der Binet-Simon-Test betont dagegen mehr die verbalen Fähigkeiten.

Individuelle Unterschiede im Intelligenzquotienten

Ein IQ von 100 gilt als durchschnittlich. Die Hälfte aller Erwachsenen erreicht beim HAWIE Werte von 90 bis 110 (siehe Tabelle 6-8); extrem hohe und niedrige Werte stellen dagegen Ausnahmen dar.

Der hochbegabte Mensch

Menschen mit hohem IQ werden als Genies bezeichnet. In den meisten Fällen handelt es sich dabei um Menschen, die nicht nur talentiert sind, sondern auch Bemerkenswertes geleistet haben. Durch Schätzungen aufgrund von biographischen Informationen konnten Psychologen bei Persönlichkeiten der Geschichte Werte von über 125, teils sogar von 200 feststellen, wenn auch keine Testdaten verfügbar waren. So wurden in einer der Studien für Johann Sebastian Bach ein IQ von 125 ermittelt, für Napoleon und

Standardisierte Schultests - oder lieber Chaos?

Von PATRICIA McCORMACK

Die National Education Association (Nationale Erziehungs-Vereinigung) sowie einige andere Gruppen wollen standardisierte Tests aus den Schulen verbannen, um "die Kleinen" zu schützen. Kinder wären sicherlich die letzten, die einem solchen Vorhaben widersprechen.

Doch es gibt noch eine andere Seite. Experten, die die Angelegenheit im Rahmen einer überregionalen Konferenz untersuchen, behaupten, daß ein Leben ohne Tests chaotisch wäre.

Testgegner sind da anderer Meinung. Sie sind davon überzeugt, daß standardisierte Tests diskriminieren und daher ungerecht sind. Tests, so sagen sie, stempeln Kinder für ihr Lebtag ab als intelligent oder dumm, leistungsorientiert oder nicht, als zweitklassig, als mittelmäßig.

Am meisten kritisiert wird der Scholastic Achievement Test (Hochschuleignungstest), der vor allem für die Entscheidung über die Zulassung zum College eingesetzt wird.

Dr. Robert L. Ebel, Professor für Erziehungswissenschaften an der Michigan State University, meint jedoch:

"Die sozialen Konsequenzen wären furchtbar, wenn Tests nicht mehr benutzt würden. Informationen aufgrund von Tests sind bei Schulen und Colleges, in der Wirtschaft und beim Staat wirklich unabkömmlich. Diese Institutionen leiden nicht daran, daß zu viel getestet wird, sondern daran, daß zu wenig gute Tests benutzt werden.

Testgegner haben den falschen Ansatzpunkt gewählt; nicht das Testen an sich ist schädlich, sondern die häufige Benutzung schlechter Tests."

Ebel spricht einen der größten Testgegner an - die NAACP, National Association for the Advancement of Colored People (Nationale Vereinigung zur Förderung Farbiger).

Die Opposition der "Führung der NAACP" gegen das Testen dient laut Ebel deren "sofortigen und eingegrenzten speziellen Interessen. Sie sehen in den Tests Barrieren für schlecht ausgebildete Minderheiten, die sie an weiterer Ausbildung und Anstellung hindern. Sie sehen Tests nicht als unvoreingenommene Einschätzung der Kompetenz, als gewichtige Argumente für die Gleichheit von Ausbildungsmöglichkeiten an.

Die niedrigen Werte, die Minderheiten oft bei Tests erhalten, können in den seltensten Fällen auf eine Voreingenommenheit im Test zurückgeführt werden. Fast immer sind sie Ausdruck des Schadens einer unangemessenen Schulbildung."

Ebel nannte folgende schädliche soziale Konsequenzen eines Verzichts auf Tests in Schulen und Colleges:

• Der Verzicht auf Tests würde es den Gemeinden erschweren, hervorragende Schulleistungen festzustellen. Tests können zeigen, wieviel jemand von dem angebotenen Stoff gelernt hat. Sie können zeigen, wie effektiv der Unterricht war und mit welchem Erfolg die Schüler gelernt haben.

• Minderheiten erschweren, die Hilfe eines objektiven Nachweises in ihren Bemühungen um gleichen Zugang zu Bildungs- und Anstellungsmöglichkeiten zu erhalten. Tests sind farbenblind. Sie sind im Kern unvoreingenommen. Niedrige Werte einer beliebigen Gruppe in einem Test bedeuten nicht, daß der Test ihr gegenüber voreingenommen ist - sondern daß sie, aus welchem Grund auch immer, die im Test gefragte Information nicht gelernt hat.

• lernwilligen Schülern und Studenten erschweren, zielstrebig zu lernen. Dazu brauchen sie klar umrissene Lernziele und Erfolgsindikatoren beim Erreichen dieser Ziele. Gute Tests helfen bei der Zieldefinition und geben Auskunft über den Erfolg.

• den Schulen erschweren, kompetente Lehrkräfte auszuwählen und weiterhin einzusetzen. Ein guter Lehrer muß den Lehrstoff und dessen Vermittlung gut beherrschen. Keiner, der gut informiert und vernünftig ist, wird in Frage stellen, daß Tests die Menge des relevanten Wissens eines Lehrers messen können...

The Denver Post
7. November 1980

Intelligenztests sind nicht vollkommen, aber sie werden besser, indem wir forschend mehr über das Wesen der verschiedenartigen Fähigkeiten herausfinden, aus denen sich Intelligenz zusammensetzt. Diese Tests sind nützlich, wenn sie richtig eingesetzt und interpretiert werden. Doch nicht jeder stimmt mit der im obigen Artikel aufgestellten Behauptung überein, solche Tests seien "im wesentlichen frei von Vorurteilen". Mehr darüber in dem Abschnitt "So sieht das in der Praxis aus" am Ende dieses Kapitels.

Voltaire ein IQ von 135 bzw. 170. Diese numerischen Werte sind zwar lediglich Schätzungen und können um einen Betrag von 10 oder mehr vom wahren Wert nach oben oder unten abweichen. Sie zeigen jedoch, daß die Personen, die bedeutende Beiträge für die Gesellschaft oder Kultur leisten, oftmals einen überdurchschnittlichen IQ erzielen.

Neuere Untersuchungen, bei denen begabte Kinder mit IQ-Werten von 135 und höher über ihre gesamte Lebensspanne beobachtet wurden, unterstützen diese Ergebnisse. Entgegen der landläufigen Meinung sind hochbegabte Kinder eher überdurchschnittlich gut an ihre Umgebung angepaßt, sind psychisch gesund und setzen ihre Fähigkeiten so ein, daß sie bedeutenden Einfluß auf die Gesellschaft ausüben. Interessanterweise allerdings sind Genies nicht immer Frühentwickler. Albert Einstein konnte erst im Alter von vier Jahren sprechen und mit sieben noch nicht lesen. Mozart dagegen komponierte sein erstes Stück, als er sechs war.

Der geistig behinderte Mensch

Am anderen Extrem der IQ-Verteilung finden wir Menschen, die bei Tests der allgemeinen Intelligenz (wie z.B. denen von Binet oder Wechsler) Werte unterhalb des Durchschnitts erreichen. Weiterhin gibt es verschiedene Abweichungsgrade unterhalb des Durchschnitts. Die Grenze bildet eine Bandbreite von etwa 70 bis 85 IQ-Punkten, und ein Mensch, der diese Punktzahl erreicht, entspricht auf der Binetskala ungefähr einem Erwachsenen mit einem Intelligenzalter von 12 Jahren. Menschen auf diesem Niveau liegen deutlich unterhalb des Durchschnitts, werden aber nicht als geistig behindert bezeichnet.

Ein als geistig behindert bezeichneter Mensch zeigt in seiner Entwicklungsphase (die willkürlich auf 0 bis 18 Jahre festgelegt ist) eine signifikant unterdurchschnittliche allgemeine intellektuelle Fähigkeit, die mit schlecht angepaßtem Verhalten einhergeht. (Angepaßtes Verhalten kann man sich als das Ausmaß denken, in dem ein Mensch sich in eine Gemeinschaft eingliedern und sich wie die Gleichaltrigen verhalten kann.) Obwohl es in diesem Kapitel vorrangig um Intelligenz geht, müssen wir uns klar machen, daß geistige Behinderung ein Zustand ist, bei dem der Intelligenzwert *und* das angepaßte Verhalten signifikante Handicaps bilden. Diese beiden Dimensionen werden getrennt bewertet. Angepaßtes Verhalten wird manchmal mit speziellen Tests gemessen, aber eine endgültige Auswertung hängt oft von der klinischen Beurteilung eines Psychologen oder eines Teams von Sachverständigen ab.

Eine deutlich unterdurchschnittliche allgemeine Intelligenz wird in den Tests von Binet oder Wechsler durch IQ-Werte von weniger als 70 Punkten reflektiert. In der Vergangenheit wurden geistig Behinderte mit Ausdrücken wie *Schwachsinnige* oder *Idioten* bezeichnet, doch inzwischen verwendet man Adjektive, die das Ausmaß der Retardierung (der Behinderung) ausdrücken. Das Ausmaß der Retardierung und die dem entsprechende Punktbandbreite im Wechsler-Test sind *leicht* (IQ von 55 bis 69), *mäßig* (IQ von 40 bis 54), *schwer* (IQ von 25 bis 39) und *stark* (IQ unter 25). Tabelle 6-9 gibt eine detailiertere Beschreibung der Verhaltensweisen an, die mit jedem Retardierungsniveau verbunden sind.

Man kann das Ausmaß der geistigen Behinderung auch klassifizieren, indem man angibt, ob die Person gefördert werden kann bzw. lernfähig ist. Jene Personen, die als leicht und mäßig geistig behindert eingestuft werden, können normalerweise einige grundlegende Fertigkeiten erlernen, und die schwer Retardierten können eini-

Tabelle 6-7 Beispiele für Testmaterialien des HAWIE

Handlungs-IQ

A. *Zahlen-Symbol-Test* - ein Test mit Zeitbeschränkung für die Fähigkeit, Zahlen durch Symbole zu ersetzen.
B. *Mosaik-Test* - ein Test der Fähigkeit, vorgegebene Formen mit farbigen Klötzen zu legen.
C. *Figurenlegen* - ein Test der Fähigkeit, Puzzleteile zu einem Gesamten zusammenzusetzen.
D. *Bilderordnen* - ein Test der Fähigkeit, Bilder in eine Reihenfolge zu bringen, so daß sie eine logische, zusammenhängende Geschichte erzählen (so wie das Ordnen von einzelnen Cartoonbildern).

Verbal-IQ

A. *Zahlennachsprechen* - ein Test der Fähigkeit, eine Zahlenreihe sofort vor- und rückwärts zu wiederholen.
B. *Gemeinsamkeitenfinden* - ein Test der Fähigkeit, zu erklären, inwiefern Dinge sich gleichen, z.B. ein Bus und ein Flugzeug.
C. *Wortschatztest* - ein Test der Fähigkeit, Worte zu definieren.
D. *Rechneriches Denken* - Aufgaben, die arithmetische Fähigkeiten und allgemeine Problemlösefertigkeiten prüfen.
E. *Allgemeines Wissen* - z.B. Fragen danach, wer das Telefon erfunden hat, wer ein berühmtes Buch verfaßt hat oder woher das Öl stammt.

Tabelle 6-8 Unterschiede im Intelligenzquotienten

Punktzahl	ungefährer Prozentsatz der Bevölkerung
130 und darüber	2
120 - 129	7
110 - 119	16
100 - 109	25
90 - 99	25
80 - 89	16
70 - 79	7
unter 70	2

ge Gewohnheiten zur Selbsterhaltung erwerben. Aber die stark Behinderten sind auf Hilfe angewiesen; sie erhalten sie oft in einer Institution, obwohl den Eltern heutzutage beigebracht wird, zu Hause eine gewisse Unterstützung zu geben. Spezielle Programme für die förderbaren Behinderten an den Schulen vor Ort führten oft zu signifikantem Ansteigen im IQ. Andere Maßnahmen versuchen, den förderungsfähigen Behinderten Arbeit in "Behindertenwerkstätten" zu vermitteln, wo sie in ihrem eigenen Tempo arbeiten können und bezahlt werden. Man hofft, daß Eltern mit dieser Unterstützung bereit sind, die Kinder zu Hause zu behalten, statt sie in ein Heim zu geben. Behindertenheime entwickelten sich allzuoft zu "Abstellgleisen", wo die Behinderten außer Sichtweite der Gesellschaft verwahrt wurden. Man glaubt, daß viele Menschen, die als behindert eingestuft sind, ein glücklicheres, produktiveres Leben führen können, wenn sie nicht in einem Heim leben müssen.

Komponenten der Intelligenz

Ist Intelligenz eine einzige allgemeine Fähigkeit, oder setzt sie sich aus vielen spezifischen Fähigkeiten zusammen? Als man bestimmen wollte, ob es spezifische Fähigkeiten gibt (und wenn ja, wieviele), untersuchte man zuerst die Konsistenz des IQ-Wertes einer Person bei verschiedenen Intelligenztests. Eine hohe Konsistenz bedeutet, daß Personen, die bei einem Test gut abschneiden, auch bei anderen Tests gut abschneiden, und daß Personen, die bei einem Test schlecht abschneiden, auch bei anderen Tests kein gutes Ergebnis erreichen. Sind die individuellen Unterschiede von Test zu Test konsistent, messen die Tests im Grunde die gleiche Fähigkeit, obwohl sie vielleicht unterschiedliche Namen und unterschiedlichen Inhalt haben. Auf der anderen Seite schließt man von inkonsistenten individuellen Unterschieden (die Personen erreichen auf unsystematische Weise bei manchen Tests viele Punkte, bei anderen Tests jedoch wenige, durchschnittlich viele oder auch viele Punkte), daß die Tests unterschiedliche Fähigkeiten messen. Mit anderen Worten bedeuten inkonsistente individuelle Unterschiede, daß die Werte einer

Tabelle 6-9 Klassifikation geistiger Behinderungen

	Vorschulalter 0 - 5 Reife und Entwicklung	**Schulalter 6 - 21 Erziehung**	**Erwachsener 21 und älter soziale und berufliche Fähigkeiten**
stark	Starke Behinderung: Minimale sensumotorische Fähigkeiten, bedarf der Pflege.	Deutliche Verzögerung der Entwicklung: Zeigt grundlegende emotionale Reaktionen, lernt manchmal mit einem guten Lehrer, die Beine, Hände und Kiefer zu benutzen, benötigt dauernde Pflege.	Kann eventuell gehen, braucht oft Pflege, kann u.U. einfache Dinge sprechen, profitiert im allgemeinen von regelmäßiger physischer Aktivität, kann sich nicht selbst versorgen.
schwer	Deutliche Verzögerung der motorischen Entwicklung: Keine oder kaum eine Kommunikationsfertigkeit, kann manchmal grundlegende Fertigkeiten erlernen, z.B. eigenständig zu essen.	Läuft normalerweise, falls nicht spezielle Störungen vorliegen, zeigt etwas Sprachverständnis und einige Reaktionen, Gewohnheiten können systematisch eintrainiert werden.	Kann sich an tägliche Routine und wiederholte Aktivitäten anpassen, braucht fortgesetzte Führung und Unterstützung in einer beschützenden Umgebung.
mäßig	Bemerkbare Verzögerungen der motorischen Entwicklung, besonders der Sprache, kann verschiedene Fertigkeiten erlernen.	Kann einfache Kommunikation lernen, grundlegende Gesundheits- und Hygienegewohnheiten und einfache manuelle Fertigkeiten erwerben, jedoch nicht Lesen oder Rechnen.	Kann einfache Aufgaben unter beschützenden Bedingungen ausführen, nimmt an einfachen Freizeitvergnügen teil, bewegt sich in bekannter Umgebung allein, kann sich normalerweise nicht selbst versorgen.
leicht	Von einem zufälligen Beobachter oft nicht als behindert wahrgenommen, ist aber langsamer beim Gehen, selber essen und reden als andere Kinder.	Kann mit Sonderunterricht praktische Fertigkeiten sowie Lesen und Rechnen bis zum Niveau der sechsten Klasse lernen, kann zu sozialer Anpassung angeleitet werden.	Kann meistens soziale und berufliche Fertigkeiten erwerben, die für eine Selbstversorgung ausreichen, braucht teilweise gelegentliche Führung und Unterstützung, wenn unter ungewöhnlichem sozialen oder ökonomischen Streß.

Person in einem Test nicht von ihrem Ergebnis in einem anderen Test vorhergesagt werden können. Wenn man weiß, daß jemand bei einem Test gut abgeschnitten hat, hilft das nicht bei der Vorhersage, ob die Person bei einem anderen Test gut abschneidet.

Um zu bestimmen, welche Gruppen von Tests konsistente individuelle Unterschiede aufweisen, wird die **Faktorenanalyse**, eine statistische Methode, benutzt. Eine Gruppe von Tests, bei der diese Konsistenz gefunden wird, bildet einen Faktor (siehe Anhang A).

Wenn man mit Hilfe der Faktorenanalyse nur einen Faktor findet, ist das ein Nachweis, daß allen Tests eine allgemeine Fähigkeit zugrunde liegt. Findet man mehrere Faktoren, entspricht jeder Faktor einer spezifischen Fähigkeit, die nur von einer Untergruppe der Tests angesprochen wird. Charles Spearman, der Erfinder der Faktorenanalyse, entdeckte als erster, daß die Intelligenz sowohl allgemeine (generelle) als auch spezifische Fähigkeiten umfaßt (er nannte sie **g-Faktor** und **s-Faktoren**).

Flüssige und kristallisierte Intelligenz

Raymond Cattell schlug eine andere Einteilung der Intelligenz in zwei sehr unterschiedliche Kategorien vor: (1) *flüssige Intelligenz* und (2) *kristallisierte Intelligenz*. Die *flüssige Intelligenz* erfordert einsichtsvolle Leistungen wie Denken, wobei Lernerfahrungen eine geringe Rolle spielen. Diese Intelligenzart entspricht dem, was Spearman als reine Fähigkeit oder g-Faktor bezeichnet hat. *Kristallisier-*

Biologische Grundlage der Intelligenz

Von SHARON BEGLEY
mit RITA DALLAS und JOHN CAREY

Manchen Leuten erscheint die Intelligenzmessung als eine moderne Art der Alchemie, von Schwindlern geplant und von Rassismus besudelt. Das Thema löst heftige Auseinandersetzungen darüber aus, ob Intelligenz vererbt wird, ob sie sich in verschiedenen Rassen unterscheidet und ob Intelligenztests überhaupt wirklich Intelligenz messen oder lediglich angeben, wie gut sich jemand an die dominante Kultur angepaßt hat. Jetzt behaupten zwei britische Forscherteams, daß sie Beweise für eine biologische Grundlage der Intelligenz haben. "Es ist ein Schritt auf dem Weg zu einem kulturunabhängigen Intelligenztest," erläuterte Ian Deary von der University of Edinburgh.

Die Forscher untersuchten, wie lange Versuchspersonen zur Aufnahme von Informationen benötigen. Deary und der Psychologe Chris Brand zeigten Erwachsenen und Vierjährigen Bilder von langen und kurzen Linien oder spielten eine hohe und eine tiefe Note, und fragten dann, welche Linie links war bzw. welcher Ton zuerst kam. Personen, die bei Standardintelligenztests gut abschnitten (einen IQ von etwa 135 erhielten), benötigten nur eine Fünfzigstelsekunde, um die Linien zu betrachten und die richtige Antwort zu geben. Diejenigen mit niedrigeren IQs (75) brauchten fünfmal so lange. Da die Korrelation für den akustischen und visuellen Test hoch genug war, konnten die Forscher schließen, daß mehr als die Hälfte des IQ durch "Schnelldenken" erklärt werden kann. Der Rest kann der Konzentration oder dem Lernen zugerechnet werden. In ausgefeilteren Experimenten plazierten Elaine und Alan Hendrickson vom Londoner Institute of Psychiatry Elektroden auf den Kopf von Freiwilligen und spielten 100 gleiche Töne. Die Gehirnwellen, die diese Töne hervorriefen, waren bei Personen mit einem höheren IQ schärfer und komplexer.

Weil seine Ergebnisse auch auf kleine Kinder zutreffen, ist Brand überzeugt, daß Intelligenz weniger das Produkt des Lernens als vielmehr eine biologische Begabung ist. Nach Alan Hendrickson hängt sie davon ab, wie gut das Gehirn verdrahtet ist. Bei Personen mit hohem IQ stellen die Neurone im Gehirn genauere Verbindungen her, und somit werden Informationen, die von einem Neuron zum nächsten getragen werden, weniger wahrscheinlich durcheinandergebracht. Gute neurale Verbindungen ermöglichen es, daß man längere Gedankenketten erstellen kann, ohne daß Information verloren geht. Das könnte erklären, warum Versuchspersonen mit niedrigen IQs bei einfachen Aufgaben ebenso gut abschneiden wie Personen mit hohen IQs, aber dort zurückfallen, wo längere Gedankenketten nötig sind.

Wie andere Untersuchungen des IQ sind diese neueren unter Beschuß geraten, obwohl sie keine rassistischen Vergleiche ziehen. Die Experimente geben keine Antwort darüber, wie (wenn überhaupt) IQ-Werte mit Leistungen im wirklichen Leben verbunden sind - ob sie z.B. schulischen Erfolg vorhersagen. Die Ergebnisse von Brand hängen nach Leon Kamin von der Princeton University grundlegend davon ab, ob stark geistig Behinderte in die Stichprobe aufgenommen werden. Da diese niedrige IQs aufweisen und auf Reize langsamer reagieren, so argumentiert Kamin, gibt es offensichtlich eine Korrelation, aber die geistige Geschwindigkeit ist nicht für die Unterscheidung zwischen Menschen mit durchschnittlichen IQs geeignet. Brand ist nicht der Ansicht, daß seine Arbeit deshalb ungültig ist. Schnelldenken, so meint er, ist der wichtigste Faktor, der Jedem ein grundlegendes Maß an Intelligenz verleiht. Andere Begabungen, wie Kreativität und Urteilskraft, liefern den zusätzlichen Anstoß, der einen Einstein vom Dorfschullehrer unterscheidet.

"Abfallhaufen"

Die U.S. Marine zeigt Interesse daran, Brands Test bei Soldaten anzuwenden, und eines Tages werden Testverfahren wie diese vielleicht die üblichen IQ-Untersuchungen ersetzen oder ergänzen. Das würde die kultur- und schichtspezifischen Voreingenommenheiten vermeiden und es nach Elaine Hendrickson ermöglichen, behinderte Kinder zu bewerten, die "nicht in der Lage sind, einen traditionellen Intelligenztest abzulegen, und Gefahr laufen, auf den Abfallhaufen geworfen zu werden." Brand macht sich sogar noch größere Hoffnungen: "Wenn Intelligenz wirklich biologisch fundiert ist, dann werden wir bald die Mittel zur Verfügung haben, sie durch Ernährung oder Medikamente zu verbessern".

Newsweek
18. Oktober 1982

Eine alte Vorstellung, tauchte kürzlich wieder auf, daß Intelligenz ein Produkt der Geschwindigkeit neuraler Prozesse ist - je schneller das Nervensystem auf neue Information reagiert, desto höher ist die Intelligenz. Diese Vorstellung beinhaltet auch die Idee, daß Intelligenz eine einheitliche generelle Fähigkeit ist, die ihren Ursprung in der Erbanlage hat. Aber viele Forscher auf diesem Gebiet meinen, daß diese Sichtweise zu stark vereinfacht ist.

te Intelligenz dagegen erfordert gelernte Fertigkeiten und Wissen (z.B. Wortschatz), die mit der Zeit und durch Erfahrung erworben wurden. Die kristallisierte Intelligenz basiert auf intellektuellen Leistungen statt auf spezifischen natürlichen Fähigkeiten (s-Faktoren).

Weil kristallisierte Fähigkeiten durch die Qualität der flüssigen Intelligenz entwickelt und bestimmt werden, sind sowohl angemessene Lernerfahrungen als auch angemessene flüssige Intelligenz nötig, um eine hohe Qualität der kristallisierten Fähigkeiten zu ermöglichen. Ein benachteiligtes Kind mit hoher flüssiger Intelligenz entwickelt nur einen eingeschränkten Wortschatz, wenn es keine passenden Lerngelegenheiten erhält. Auf ähnliche Weise ist ein Kind aus guten einer Familie nicht in der Lage, einen umfangreichen Wortschatz zu entwickeln, wenn es nicht genug flüssige Intelligenz besitzt, die es der Aufgabe widmen kann.

Tests der flüssigen Intelligenz neigen dazu, hoch miteinander zu korrelieren, so daß sie die besten vorliegenden Maße für reine Fähigkeit sind. Tests der kristallisierten Intelligenz korrelieren auch hoch. Der Unterschied zwischen diesen Konzepten ist, daß Tests der beiden verschiedenen Gruppen nicht so hoch miteinander korrelieren wie Tests innerhalb jeder Gruppe. Da jedoch eine gewisse Korrelation besteht, glaubt Cattell, daß das die Notwendigkeit flüssiger Intelligenz für die Entwicklung der kristallisierten Intelligenz anzeigt.

Abbildung 6-8 Guilfords Modell der Intelligenzstruktur

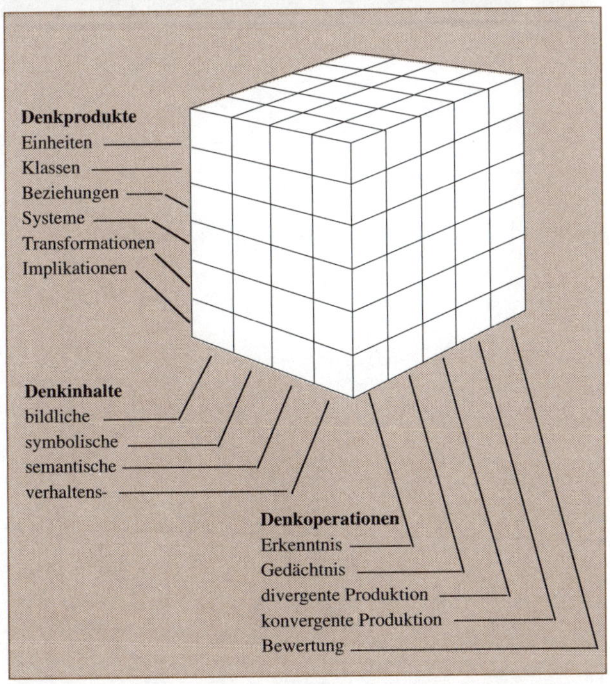

Nach Guilford setzt sich die Intelligenz aus 120 Komponenten (Fähigkeiten) zusammen. In diesem Diagramm können Sie sehen, wie diese 120 Komponenten (Würfel) von der Kombination von sechs Denkprodukten mit fünf Denkoperationen und vier Denkinhalten abgeleitet werden.

Das Intelligenzmodell

Auf der Grundlage eines andersgearteten faktorenanalytischen Vorgehens hat J. P. Guilford die Existenz von 120 getrennten Fähigkeiten bzw. Intelligenzkomponenten postuliert, die die Intelligenzstruktur ausmachen. Die Fähigkeiten werden durch die Kombinationsmöglichkeiten von fünf Denkoperationen (z.B. Gedächtnis), sechs Denkprodukten (z.B. Einheiten oder Transformationen) und vier Denkinhalten oder Materialien (z.B. bildliche, semantische) definiert, wie Abbildung 6-8 veranschaulicht. Eine der 120 Fähigkeiten ist z.B. das Gedächtnis für semantische Einheiten, und ein passender Test dafür wäre das Nachsprechen einzelner Worte. In diesem begrifflichen Schema sind die verschiedenen Fähigkeiten angeblich nicht miteinander verbunden. Es wird eine bestimmte Art der Faktorenanalyse eingesetzt, die Faktoren ergibt, die nicht miteinander korrelieren. (Dieser Ansatz steht in deutlichem Gegensatz zu Cattells Theorie der miteinander verbundenen Faktoren.) Guilford und seine Kollegen haben Belege für die Existenz von mehr als 75 der 120 angeblich vorhandenen Fähigkeiten geliefert.

Da es eine Anzahl verschiedener intellektueller Fähigkeiten gibt, muß die Fragestellung, ob jemand intelligent ist, komplexer sein als anfangs angenommen. Ein Mensch kann auf viele Arten intelligent sein und bestimmte Stärken und Schwächen haben. Die intellektuellen Fähigkeiten eines Menschen können z.B. als Werteprofil bei einer Reihe von Fähigkeitsfaktoren beschrieben werden. Ein Mensch ist vielleicht bei numerischen und mathematischen Aufgaben geschickt, hat aber geringe Sprachbegabung. Ein anderer Mensch kann auf beiden Gebieten hervorragend sein. Die Kombination der Stärken und Schwächen jedes Menschen bestimmt, wie erfolgreich er bei einer bestimmten Aufgabe sein wird. Man kann nur schwer sagen, wie eine Gruppe von Fähigkeiten (seien es nun 7 oder 120) zusammengesetzt sein sollte, um einen einzigen Intelligenzwert zu ergeben, und deshalb ist es oft nützlicher, die interessierende intellektuelle Fähigkeit zu betrachten und die Bewertungen auf diese Fähigkeit aufzubauen.

Informationsverarbeitung und Intelligenz

In den vergangenen Jahren haben Forscher sich bemüht, die Brücke zwischen der Arbeit an Intelligenztests und der Forschung an grundlegenden kognitiven Prozessen zu schlagen. Earl Hunt von der University of Washington z.B.

verglich Personen mit hohem und niedrigem Wert in einem gebräuchlichen Test der verbalen Fähigkeit hinsichtlich einer Vielzahl von Aufgaben zur Informationsverarbeitung. Hinter dieser Untersuchung stand die Überlegung, daß ein Test zur verbalen Fähigkeit messen sollte, was jemand über Sprache weiß (Zeichensetzung, Rechtschreibung, Grammatik, Wortschatz usw.). Trifft es zu, daß Personen mit hohen und niedrigen Werten bei diesem Test (hoch Sprachbegabte und weniger Sprachbegabte) sich darin unterscheiden, wie sie Information verarbeiten? In einem weiteren Ansatz verglich Hunt mehr und weniger Sprachbegabte bei Aufgaben wie dem Kurzzeitgedächtnis für Buchstabenketten, der Geschwindigkeit in der Bewertung hinsichtlich Gleichheit/Ungleichheit von physikalischen oder semantischen Eigenschaften von zwei Reizen, und schließlich die Urteilsgeschwindigkeit in bezug auf Richtigkeit einer Bildbeschreibung. Hoch und niedrig Sprachbegabte unterschieden sich bei einigen Aufgaben, bei anderen jedoch nicht. Verglichen mit den wenig Sprachbegabten konnten die höher Sprachbegabten das Kurzzeitgedächtnis schneller "abfragen", bekannte Information schneller aus dem Langzeitgedächtnis abrufen und die Information über die Reihenfolge von Items über kurze Zeiträume besser behalten.

Bei einem ähnlichen Forschungsunternehmen verglichen Marcel Just und Patricia Carpenter von der Carnegie-Melon University die Leistungen von Personen, die sich bei einer Rotationsaufgabe hinsichtlich ihres räumlichen Vorstellungsvermögens unterschieden. Beispiele der Items, die in der Arbeit von Just und Carpenter verwendet wurden, werden in Abbildung 6-9 gezeigt. In Bild A kann man recht leicht erkennen, daß es sich in beiden Fällen um den gleichen Würfel handelt, wobei der Würfel auf der linken Seite um 90 Grad gedreht wurde, um den Würfel so wie auf der rechten Seite zu zeigen. In Bild B sind die beiden Würfel ebenfalls gleich, aber es wurde eine kompliziertere Drehung benutzt, um den Würfel so wie auf der rechten Seite zu zeigen. Frühere Arbeiten zu solchen Aufgaben hatten gezeigt, daß die Reaktionszeit sich für jede Drehung in bestimmtem Ausmaß erhöht, je mehr Drehungen um 90 Grad gemacht werden. Just und Carpenter erhielten für niedrig räumlich Begabte ähnliche Ergebnisse. Für Personen mit hoher räumlicher Begabung aber gab es viele Gelegenheiten, bei denen komplexe Transformationen (wie die von Bild B in Abbildung 6-9) in kürzerer Zeit gelöst wurden, als man aufgrund der Anzahl der benötigten Drehungen um 90 Grad erwartet hätte. Versuchspersonen mit hoher räumlicher Begabung konnten effizientere Prüfstrategien benutzen und mußten nicht jede Drehung im Geist nachvollziehen, ehe sie die Antwort gaben, wie es auf Personen mit geringer räumlicher Begabung zuzutreffen scheint.

Der Ansatz der Informationsverarbeitung bei der Intelligenzforschung ist ein verhältnismäßig neues Unterfangen, das recht vielversprechend ist. Es basiert auf der theoretischen Vorstellung, daß Intelligenz ein Produkt davon ist, wie effizient das System zur Informationsverarbeitung arbeitet. Es beginnt mit einer experimentellen Unterteilung des Systems in Teilprozesse wie Kurzzeitgedächtnis, Verteilung der Aufmerksamkeit und Abruf der Information aus dem semantischen Gedächtnis. Es untersucht diese Prozesse im Hinblick auf individuelle Unterschiede und versucht, sie zu traditionelleren und umfassenderen Intelligenzmaßen in Beziehung zu setzen. Wenn Korrelationen bestehen, hat man einen Beleg, daß die Verarbeitungskomponente an der Intelligenz beteiligt ist. Als langfristiges Ziel will man feststellen, wie sich diese Verarbeitungskomponenten zusammensetzen, um das gesamte Niveau der intellektuellen Tätigkeit zu bestimmen. Man ist von diesem Ziel weit entfernt, aber der Ansatz läßt darauf hoffen, neue Erkenntnisse über die Intelligenz zu erhalten.

Kreativität

Bei den meisten Intelligenztests, die bis jetzt behandelt wurden, wurde jedes Item so ausgesucht, daß es eine klar umrissene, allgemein akzeptierte Antwort gegeben wer-

Kopfnuß 5

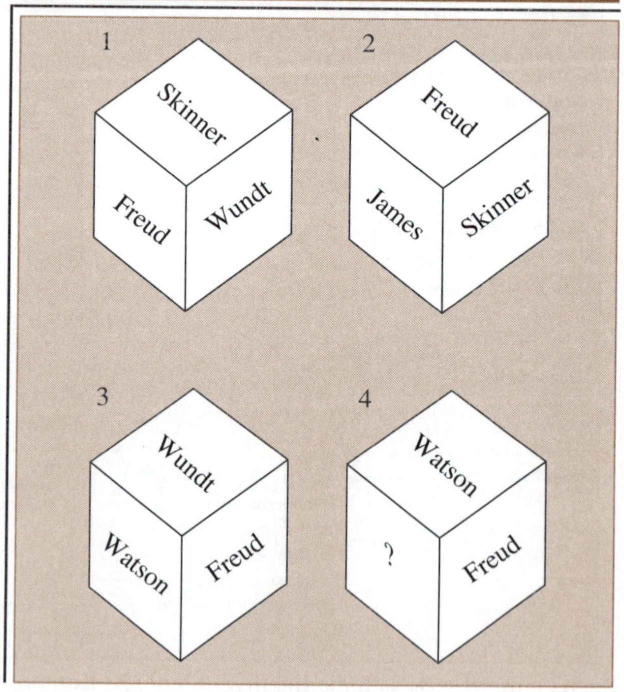

Oben sehen Sie vier verschiedene Ansichten des gleichen Würfels, auf dessen sechs Seiten die Namen von berühmten Psychologen stehen. Welcher Name erscheint bei Bild 4 auf der Seite mit dem Fragezeichen, und in welcher Richtung?

den kann. Aber in vielen anderen Situationen sind mehrere "richtige" Antworten möglich, wobei manche "besser" als andere sind. Mit dem Ausdruck *Kreativität* beschreibt man das Verhalten, eine originelle, praktische Idee zu entwickeln bzw. ein solches Produkt oder eine solche Lösung für eine Aufgabe zu finden. Es ist schwierig, Kreativität zu bewerten, weil man die Qualität des Produkts von kreativem Verhalten subjektiv bewerten muß. Die Bewerter sind sich oft nicht einig über das Ausmaß der Kreativität, weil sie keine Übereinstimmung dahingehend erzielen, in welchem Ausmaß ein Produkt praktisch oder anwendbar ist. Zwei Beurteiler mögen sich einig sein, daß ein Gemälde originell ist, aber sie können völlig unterschiedlicher Meinung darin sein, ob es eine wichtige neue Idee enthält oder nicht.

Manche Kreativitätstests wurden auf der Grundlage einiger Elemente aus Guilfords Modell der Intelligenzstruktur aufgebaut. Der Vorgang der *divergenten Produktion* bezieht sich auf die Fähigkeit, eine Anzahl verschiedener, aber zutreffender Antworten auf Aufgaben wie z.B. "Nennen Sie so viele Verwendungsmöglichkeiten für eine Tasse wie möglich" zu geben. Jemand, der viele verschiedene Antworten geben kann (Flüssigkeiten aufbewahren, als Blumenvase oder Briefbeschwerer verwenden, ein Insekt fangen), würde für die divergente Produktion und damit die Kreativität eine hohe Punktzahl erhalten. Items

Der Zeichenergänzungstest zur Kreativität

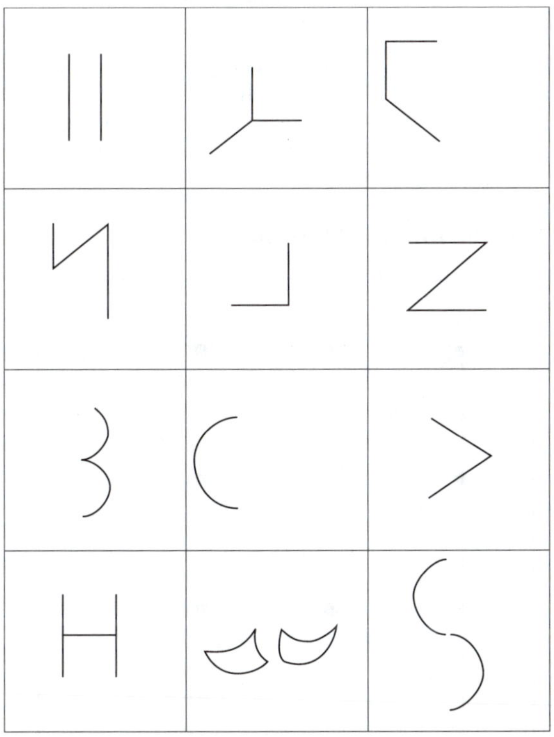

Schmücken Sie diese einfachen Figuren mit einem Bleistift auf beliebige Weise aus. Wenn Sie fertig sind, lesen Sie Seite 247.

in Kreativitätstests erfordern normalerweise, daß man eine oder mehrere einzigartige, zutreffende Antworten gibt, die auf einer Kombination von Denken und Hintergrundwissen basieren. Beachten Sie, daß diese Fähigkeit ein Beispiel dafür ist, Beschränkungen durch funktionale Fixierung und durch Einstellungen zu überwinden.

Zusätzlich kann bei Kreativitätstests auch verlangt werden, daß man konvergentes Denken anwendet, um aus der Menge der gefundenen Lösungsmöglichkeiten die angemessenste auszuwählen. Eine Versuchsperson könnte etwa gebeten werden, für ein konkretes Problem eine spezifische Lösung vorzuschlagen. Es genügt nicht, wenn man viele Lösungsvorschläge machen kann; man muß auch Logik und Denken anwenden können, um die beste Lösung auszusuchen. Es kann z.B. viele Wege zum Gipfel eines Berges geben, aber nur einer ist am leichtesten zu bewältigen.

Bei anderen Arten von Items in Kreativitätstests muß man sich eine Anzahl verschiedener Ausgänge für eine Fabel ausdenken, Verbesserungen für Produkte vorschlagen und so viele Bedeutungen wie möglich für mehrdeutige Worte nennen (z.B. Atlas = Kartenwerk, Halswirbel, Gebälkträger). Ein weiterer Aufgabentyp ist konvergent und fragt nach schwachen Assoziationen zwischen Worten. Welches einzelne Wort ist z.B. mit den Worten *Maus, Schimmel* und *Hütte* verbunden? Die Lösung können Sie auf Seite 246 nachschlagen.

Kreativität und Intelligenz stehen in einem nicht ganz einfachen Zusammenhang. Bis zu einem gewissen Intelligenzniveau (IQ von ungefähr 110) ist die Korrelation zwischen Intelligenz und Kreativität hoch, auf höherem

Abbildung 6-9 Gedankliche Rotationsaufgabe

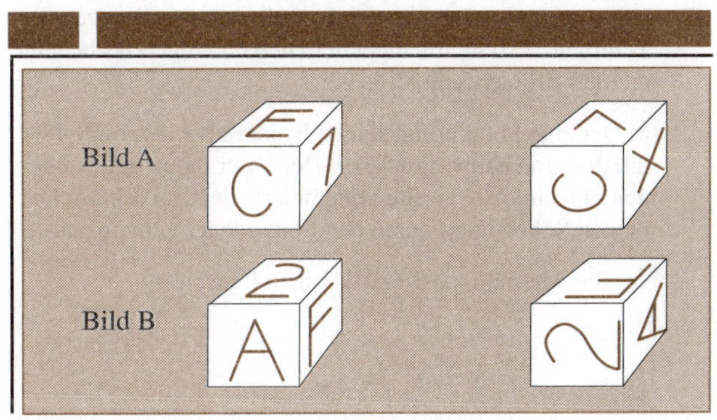

Dies sind zwei der gedanklichen Rotationsaufgaben, die Just und Carpenter benutzt haben. In beiden Fällen muß die Versuchsperson angeben, ob der Würfel auf der linken Seite so gedreht werden kann, daß er den Würfel auf der rechten Seite ergibt. Man geht davon aus, daß jede Zahl und jeder Buchstabe nur einmal pro Würfel vorkommen.

FUNDGRUBE 6-4

Lösung für Dimitris Trapezaufgabe, Seite 213

Formen Sie das Trapez ein ein Rechteck um.

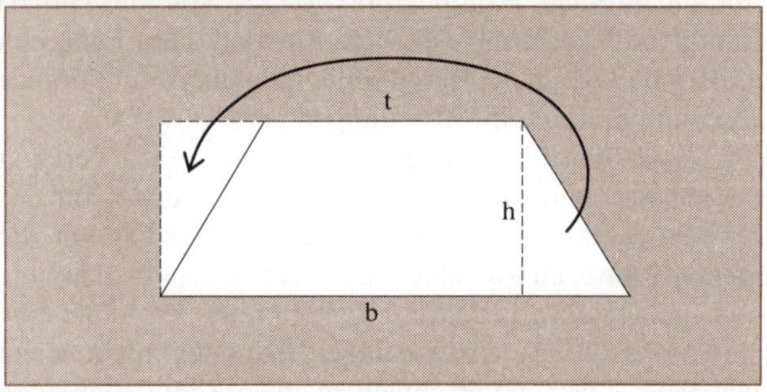

Intelligenzniveau gibt es eine geringe oder gar keine Korrelation. Ein Mensch mit äußerst hoher Intelligenz (sagen wir 140) ist oft nicht sehr kreativ, jemand mit niedrigerer Intelligenz (etwa 115) kann dagegen sehr kreativ sein. Ein bestimmtes Ausmaß an Intelligenz ist also notwendig, damit jemand sehr kreativ ist, aber hohe Intelligenz garantiert keine Kreativität. Zusätzlich hat Teresa Amabile von der Brandeis University darauf hingewiesen, daß Umgebungsfaktoren, sowohl soziale als auch physikalische, und auch Persönlichkeitsfaktoren für eine vollständige Untersuchung der Kreativität wichtig sind, denn kreative Personen haben wahrscheinlich einzigartige Persönlichkeitscharakteristika und benötigen eine spezielle Umgebung, in der sie arbeiten können. Psychologen fangen gerade erst an, den Beitrag dieser nichtkognitiven Faktoren auf den Kreativitätsprozeß zu untersuchen.

Antwort zum Assoziationstest

Käse

FUNDGRUBE 6-5

Lösungen zu den Aufgaben

Streichholzaufgabe

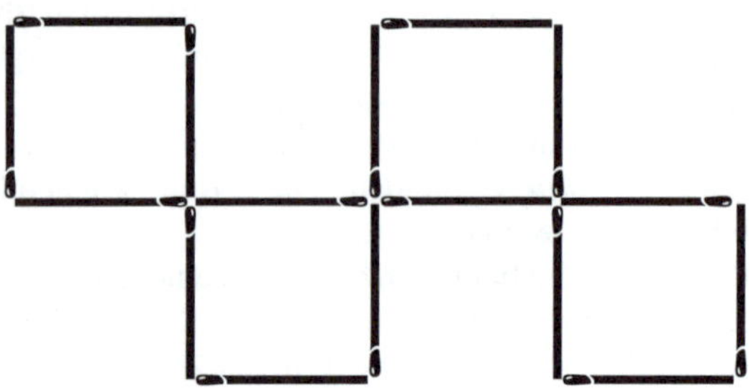

Antworten zu den Kopfnüssen

1. Hätte Alphonso die Klausur gestohlen, dann würden alle drei Verdächtigen lügen; deshalb muß Alphonso die Wahrheit sagen. Ist Jim der Dieb, dann sagen alle drei die Wahrheit; also ist Jim nicht der Dieb und lügt. Das bedeutet, daß Bill der Schuldige ist.
2. (a) Der eine Sohn bringt seinen Bruder über den Fluß, läßt ihn dort und kehrt zurück. (b) Der Vater rudert selbst über den Fluß, und der zweite Sohn rudert allein zurück. (c) Die beiden Söhne überqueren den Fluß wieder gemeinsam.
3. Nur die Alternativen 1 und 4 folgen logisch.
4. E
5. James

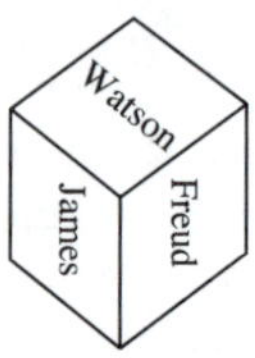

"Wer war's?"

Zimmer	*Person*	*Kleidung*	*Waffe*
Schlafzimmer	Diener	schwarze Jacke	Taschenmesser
Arbeitszimmer	*Arzt*	*graue Jacke*	*Dolch*
Wohnzimmer	Buchhalter	grüner Pullover	Gift
Eßzimmer	Koch	brauner Pullover	Pistole
Küche	Gärtner	blaue Jacke	Seil

Die Information, die in der Geschichte gegeben wird, kann wie gezeigt sortiert und in einer Tabelle aufgelistet werden. Die Tatsachen können dann benutzt werden, um abzuleiten, daß der Arzt, der eine graue Jacke trug, im Arbeitszimmer war, einen Dolch hatte und der Mörder war.

Die Aufgabe zum Punkteverbinden

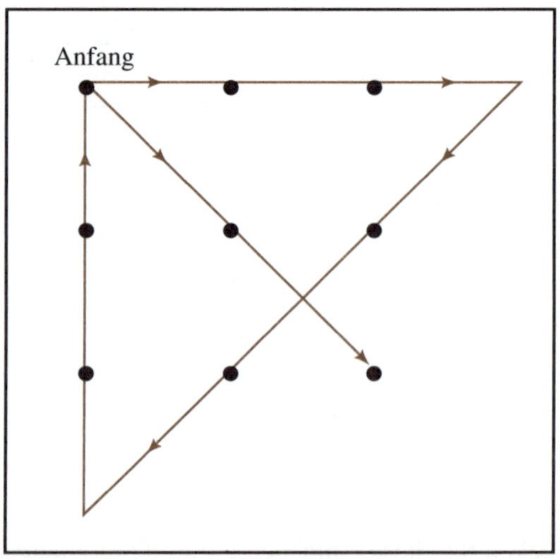

ZUSAMMENFASSUNG

1. Kognitive Prozesse sind jene Aktivitäten, die man im Kopf ausführt - komplexe geistige Operationen, die sich zwischen der Darbietung des Reizes und der sichtbaren Reaktion abspielen. Die Teilgebiete der Kognition, die in diesem Kapitel besprochen wurden, sind Problemlösen, Begriffsbildung und logisches Denken. Die allgemeine Fähigkeit, die der Kognition zugrunde liegt, wird als Intelligenz bezeichnet. Beim Menschen drücken sich Intelligenz und kognitive Prozesse hauptsächlich im Medium der Sprache aus.

2. Problemlösen besteht aus drei Stufen: Vorbereitung, Erzeugen von Ideen und Bewertung. Die Forschung zum Problemlösen wird von zwei Ansätzen beherrscht, der Gestalttheorie und dem Ansatz der Informationsverarbeitung. Die Gestalttheorie konzentriert sich auf die Wahrnehmung von Beziehungen zwischen Elementen des Problems, und der Informationsverarbeitungsansatz, der auf der Analogie zwischen Menschen und Computern beruht, konzentriert sich auf die Unterteilung der Kognition in Stufen und Prozesse.

3. Die Gestaltpsychologen haben die Konzepte der funktionalen Fixierung, der Einstellung und der Einsicht entdeckt und untersucht. Alle drei betonen den Gesichtspunkt, daß Elemente des Problems aus einer neuen Perspektive wahrgenommen werden.

4. Die Informationsverarbeitungstheorie betont die Einteilung des kognitiven Verhaltens in Stufen und Prozesse. Sie legt Wert auf die Methoden, die Menschen beim Problemlösen benutzen, darunter die Mittel-Zweck-Analyse, das Bilden von Unterzielen, Planen und andere heuristische Methoden und Algorithmen. Algorithmen sind Pläne, die die Lösung der Aufgabe garantieren, was aber viel Zeit und Mühe kosten kann. Heuristiken sind Abkürzungen, die oft das Problem lösen, aber keine Garantie dafür bieten.

5. Die Gestalttheorie betont Einsicht und automatische Prozesse beim Problemlösen. Im Gegensatz dazu betont die Informa-

Beispielantworten für den Zeichenergänzungstest

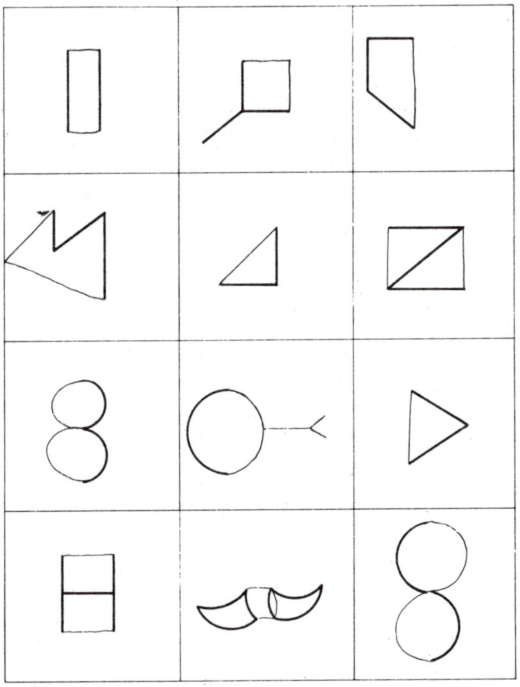

Die Zeichnungen auf der linken Seite zeigen durchschnittliche Lösungen beim Vervollständigen der Vorlage, und die auf der rechten Seite sind Beispiele für die Reaktionen eines kreativen Menschen. Die größere Komplexität und Asymmetrie ist mit Kreativität verbunden. Solche Unterschiede sind nicht auf die Vervollständigung von Zeichnungen beschränkt. Zeigt man Menschen Zeichnungen oder Farbmuster unterschiedlicher Komplexität und Symmetrie ziehen kreative Persönlichkeiten komplexe und asymmetrische Darstellungen meist vor. Manche Psychologen behaupten sogar, daß die Vorliebe oder das "Bedürfnis" nach Komplexität ein integraler Bestandteil kreativen Verhaltens ist.

tionsverarbeitung die Aufgabenanalyse und die Formulierung langfristiger Pläne zum Problemlösen.

6. Ein Begriff ist eine Grundeinheit des Wissens, eine geistige Einheit, die dabei hilft, viele Objekte oder Ereignisse in eine einzige Kategorie einzuordnen. Man kann es sich auch als einen Wörterbucheintrag im semantischen Gedächtnis vorstellen.

7. Es wurden zwei Arten von Begriffen beschrieben, wohldefinierte und schlecht definierte. Wohldefinierte Begriffe sind logisch und deterministisch und haben deutliche Grenzen zwischen Beispielen für den Begriff und Nichtbeispielen. Schlecht definierte Begriffe sind natürlicher, können schlechter definiert werden und neigen dazu, unscharfe Grenzen zu haben.

8. Die Forschung an wohldefinierten Begriffen hat den Prozeß deutlich gemacht, durch den Begriffe gebildet oder identifiziert werden. Diese Prozesse scheinen auf der Hypothesenformulierung und deren Testung zu basieren, die von einer Gesamtstrategie geleitet werden. Die Forschung an schlecht definierten Begriffen hat sich mit Fragen über den Aufbau der Begriffe beschäftigt. Schlecht definierte Begriffe lassen sich am besten durch einen Prototyp erklären. Die Beispiele für schlecht definierte Begriffe haben gemeinsame Merkmale und Familienähnlichkeiten.

9. Nach Rosch haben natürliche Begriffe drei Abstraktions-Niveaus: übergeordnet, grundlegend und untergeordnet. Die grundlegende Kategorie ist die wichtigste und bildet die Überschneidung von zwei gegensätzlichen kognitiven Prinzipien. Erstens sollte ein Begriff die in der Umgebung vorhandene Information getreu abbilden, d.h. so gut wie möglich. Zweitens aber haben Menschen ständig eine beschränkte Kapazität für die Informationsverarbeitung. Das grundlegende Niveau von Begriffen ist also das Niveau, das die Informationsabbildung maximiert, ohne das System für die kognitive Verarbeitung zu überlasten.

10. Logisches Denken ist der Prozeß, bei dem Argumente untersucht und Schlußfolgerungen gebildet werden. Formale Logik ist das typische Kriterium für richtiges Denken. Menschen sind normalerweise jedoch nicht ganz logisch, folgen aber einer Art natürlicher oder persönlicher Logik, die manchmal zu Fehlern führt.

11. Zu den Faktoren, die bei der natürlichen Logik Fehler verursachen, gehören Vorwissen und emotionale Einflüsse. Außerdem können Fehler daraus entstehen, daß man Prämissen je nach der allgemeinen Umgebung des Arguments oder Kontexts fälschlicherweise ungültig macht oder umkehrt, oder eine falsche Prämisse annimmt.

12. Rationale Entscheidungen und Urteilsprozesse beruhen auf gut durchdachten mathematischen Modellen. Wie beim Denken weichen Menschen jedoch vom rationalen Ansatz ab und verlassen sich oft auf ihre Intuition. Zwei Faktoren beeinflussen unsere intuitiven Heuristiken zur Entscheidungsfindung. 1. Die Verfügbarkeit von Information im Gedächtnis zum Zeitpunkt der Urteilsbildung 2. Unsere Erwartung hinsichtlich der möglichen Ergebnisse unter Berücksichtigung unseres Wissens über die Entscheidungssituation.

13. Intelligenz ist reine kognitive Fähigkeit und bezieht sich als solche auf alle Begriffe, die in Kapitel 5 und 6 besprochen wurden. Obwohl man sich Intelligenz oft als eine allgemeine kognitive Fähigkeit vorstellt, zeigt die Forschung, daß auch eine Anzahl charakteristischer, spezifischer Fähigkeiten beteiligt ist.

14. Es gibt viele verschiedene Intelligenztests, davon sind die beiden bekanntesten der HAWIE und der Stanford-Binet-Test. Die Werte in diesen Tests werden in einen Intelligenzquotienten (IQ) umgewandelt, indem man sie mit den Werten der Durchschnittsbevölkerung vergleicht. IQ-Werte müssen an das Alter der getesteten Person angepaßt werden, zumindest bis zum Alter von 13 Jahren. Danach scheinen sie sich einzupendeln und konstant zu bleiben.

15. Die Wissenschaftler Spearman, Cattell und Guilford haben die die Faktorenanalyse auf die Intelligenz und Intelligenztests angewendet. Alle drei stimmen überein, daß Intelligenz verschiedene Komponenten hat, die man unabhängig von einander überprüfen kann. Neuere Forschungen auf der Grundlage des Modells der Informationsverarbeitung versprechen, einen Beitrag zur Unterteilung der Intelligenz in ihre einzelnen kognitiven Prozesse zu liefern.

16. Kreativität bezieht sich auf eine spezielle Form des Problemlösens, darunter künstlerische und wissenschaftliche Leistungen. Eine kreative Lösung ist sowohl originell als auch praktisch. Es wurden Methoden entwickelt, um die Kreativität zu messen und auch anzuregen. Diese Forschung weist auch darauf hin, daß Intelligenz nicht Kreativität garantiert, obwohl die beiden miteinander verbunden sind.

So sieht das in der Praxis aus

MATHEMATIKUNTERRICHT

Ein großer Teil der menschlichen Energie wird auf den Versuch verwendet, Mathematik zu lehren oder zu lernen. Weil viele Menschen mit beträchtlicher Angst an die Mathematik herangehen und mathematische Aufgaben als den absoluten Horror ansehen, würde es ohne Zweifel bei Vielen Zustimmung finden, wenn die Idealmethode zum Unterrichten von Mathematik gefunden würde. Die Forschung zum Mathematikunterricht zeigt jedoch, daß dies nicht einfach ist. Forscher haben festgestellt, daß nicht eine einzelne Methode besser oder schlechter als andere ist, sondern daß verschiedene Unterrichtsmethoden zu unterschiedlichen Wissens*arten* führen, wobei eine Art von Wissen für verschiedene Zwecke unterschiedlich gut geeignet sein kann.

In einer Untersuchung an Collegestudenten verglichen Richard Mayer von der University of California in Santa Barbara und James Greeno von der University of Pittsburgh zwei verschiedene Unterrichtstechniken, die als Formelüben und allgemeines Üben bezeichnet werden. Als Unterrichtsziel sollte gelernt werden, eine mathematische Formel zu benutzen, mit der man bestimmte Aufgaben lösen kann. Die Formel selbst sieht schwierig aus:

$$P(\mathrm{X} = r/N) = \frac{N}{r} p^r (1 - p)^{N-r}$$

Beim Formelüben wurde schrittweise geübt, die Formel zur Berechnung der Antworten zu benutzen. Im Unterricht wurden nach der Darbietung der Formel die Einzelteile erläutert und erklärt, wie man verschiedene Teile der Aufgabe berechnet und sie zu einer endgültigen, numerischen Lösung zusammenfaßt. Den Studenten dagegen, die allgemein übten, wurde die Formel bis zum Schluß des Unterrichts nicht gezeigt. Beim allgemeinen Üben lag das Hauptgewicht darauf, die Ausdrücke in der Formel zu Begriffen in Beziehung zu setzen, die die Studenten schon kennen mußten. Es wurden Ausdrücke wie *Versuch, Ergebnis, Ereignis* und *Wahrscheinlichkeit* erklärt und allmählich verschiedene Begriffe eingeführt, bis die ganze Formel abgedeckt war.

Um die Unterrichtstechniken zu vergleichen, wurden im Anschluß an den Unterricht verschiedene Testaufgaben gestellt. Als Ergebnis erwies sich, daß Studenten, die direktes Formel-Training erhalten hatten, und Studenten, die allgemeine Fertigkeiten geübt hatten, bei unterschiedlichen Aufgabentypen jeweils unterschiedlich gut abschnitten. Die Studenten, die die Formel geübt hatten, zeigten bei "bekannten" Aufgaben und auch bei Aufgaben, die nur leicht von denen aus dem Unterricht abwichen, eine bessere Leistung. Bekannte Testaufgaben waren wie solche aus dem Unterricht, bei denen einfach die Formel angewendet werden mußte, um die Antwort zu erhalten. Wenn sich bei einer Testaufgabe jedoch herausstellte, daß man mit der Formel *nicht* zu einer numerischen Lösung gelangen kann (weil "unmögliche" Zahlen oder unzureichende Informationen gegeben waren), oder wenn Fragen zu der Formel gestellt wurden ("Kann r größer sein als N?"), zeigten jene Studenten eine bessere Leistung, die allgemeine Fertigkeiten geübt hatten.

Die Forscher wiesen auf einen wichtigen Aspekt hin, daß nämlich die Frage, ob eine Unterrichtsmethode besser oder schlechter als eine andere ist, zu einfach ist. Es genügt nicht, zu fragen, wieviel ein Student gelernt hat - man muß auch wissen, *was* der Student gelernt hat. Die Ergebnisse legen nahe, daß ein Lehrer sorgfältig überlegen muß, was die Studenten nach dem Unterricht wissen sollen, wenn er eine Unterrichtsmethode wählt.

Diese Ergebnisse werfen eine Reihe interessanter Fragen auf. Zeigen die Studenten, die auf beide Arten unterrichtet werden, bei allen Aufgaben die besten Leistungen? Wenn ein kombinierter Unterricht gegeben

Können Tiere denken?

Können Tiere wie Menschen denken, schlußfolgern und sich erinnern? Wissenschaftler nahmen an, daß Ratten, die durch ein Labyrinth zu laufen lernten, nur wie Roboter reagierten und die richtigen Gänge durchliefen, um Futter zu erhalten. Diese Erklärung war einleuchtend, denn man erwartet, daß aufgrund der Evolution die Lebewesen überleben, die sich instinktiv einen einfachen Weg merken können, um Futter zu finden. Aber in neuen Experimenten haben Psychologen nachgewiesen, daß manche Tiere richtige Kategorien bilden, komplizierte geistige Landkarten ihrer Welt entwerfen und Denkprozessen folgen, die man nicht durch Verhaltenskonditionierung erklären kann. Die Ergebnisse, die im vergangenen Monat während des ersten amerikanischen Kongresses über die Kognition bei Tieren an der Columbia University vorgestellt wurden, weisen darauf hin, daß "der menschliche Geist nicht einzigartig ist", wie Mark Rilling von der Michigan State University sich ausdrückte.

Die neuen Theorien erhielten Unterstützung, als Psychologen Intelligenztests entwickelten, die die Tiere nicht bestehen können, wenn sie lediglich eine konditionierte Reaktion auf einen Stimulus zeigen. Bei einem Experiment wollte man feststellen, ob Tauben Kategorien bilden können. Zu diesem Zweck brachten die Wissenschaftler den Tauben bei, auf eine Taste zu picken, sobald sie ein Dia eines Menschen sahen. Für jede richtige Reaktion wurden die Tauben mit Futter belohnt. Anschließend zeigten die Wissenschaftler den Tauben Dias, die sie nie zuvor gesehen hatten und von denen einige Menschen zeigten und andere Gegenstände. Die Tauben schnitten glänzend ab. Unabhängig davon, ob das Dia eine oder mehrere Personen abbildete und unabhängig vom Aussehen, pickten die Tauben richtig, weil sie offensichtlich den Begriff "Menschen" verstanden hatten. Da sie auf etwa 1200 Dias reagieren mußten, ist es unwahrscheinlich, daß sie sich einfach für jedes Bild an die richtige Reaktion erinnerten.

Äpfel und Trauben

Auch Affen scheinen dazu fähig zu sein, Kategorien zu bilden. Anthony Wright vom Health Center (Gesundheitszentrum) der University of Texas berichtet, daß Affen im allgemeinen jeweils Äpfeln mit Äpfeln und Trauben mit Trauben verknüpfen können, wenn man ihnen Paare von Dias zeigt, die Früchte abbilden. Die Affen verstanden offenbar, daß Äpfel sich bedeutsam von Trauben unterscheiden, denn man konnte sie nicht überlisten, die einfacheren Kategorien Farbe oder Anzahl zu benutzen, um rote Äpfel mit roten Trauben oder zwei Äpfel mit zwei Trauben zu verbinden.

Vor wenigen Jahren legten mehrere Untersuchungen nahe, daß Schimpansen die Anfänge der Sprache lernen können, bis Herbert Terrace von der Columbia University eine vernichtende Kritik an diesen Behauptungen veröffentlichte. Nachdem er sich in die Literatur vertieft hatte, stellte er fest, daß viele Fehler der Affen nicht gezählt wurden, sodaß man annehmen kann, daß die richtige Anwendung auf reinem Zufall beruht. Delphine aber sind vielleicht wahre Sprachgenies unter den Tieren. Louis Herman von der University of Hawaii berichtet, daß zwei dieser Säugetiere, von denen einer eine Zeichen- und Gestensprache und der andere eine Sprache mit computerproduzierten Tönen gelernt hatte, mehr als nur Wortketten bilden konnten. Da sie den Unterschied zwischen "Ball hole Frisbee" (hole den Ball und bring ihn zum Frisbee) und "Frisbee hole Ball" verstanden, beherrschten sie offenbar die Anfänge der Syntax, und nicht nur die Bedeutung der einzelnen Worte. "Dies ist die einzige uns bekannte und überzeugende Demonstartion", bei der Tiere syntaktische Unterschiede verstehen, erläuterte Herman.

Das Gedächtnis, das die Grundlage aller höheren geistigen Fertigkeiten ist, speichert nicht nur Information, sondern enkodiert sie auch, damit sie zugänglich ist. Um herauszufinden, wie Ratten sich erinnern, haben Psychologen einfallsreiche Labyrinthe mit geraden Gängen entworfen, die von einem Abteil in der Mitte ausgehen. Während die Ratten umherlaufen, fressen sie das Futter in jedem Gang, fast ohne dabei auf einen Gang zurückzukehren, von dem sie das Futter schon gefressen haben. Außerdem wechseln die Tiere oft die Reihenfolge, in der sie die Gänge entlanglaufen. Da sie keine Markierungen hinterlassen, um anzuzeigen, wo sie schon waren, müssen sie wohl geistige Landkarten des Labyrinths zeichnen, wobei sie vielleicht Glühbirnen an der Decke oder Fenster als Orientierungspunkte verwenden, um darüber auf dem Laufenden zu bleiben, wo sie schon waren. Als die Forscher das ganze Labyrinth drehten, richteten die Ratten sich tatsächlich nach solchen Orientierungspunkten...

Aufmerksamkeit

Wahre Intelligenz erfordert, daß ein Tier nicht ein geistiger Staubsauger ist, der mit jedem Stück Information, das ihm zufällig begegnet, den ganzen Krempel aufsaugt. Es muß statt dessen selektiv sein, sich also nur auf wichtige Ereignisse beziehen. Um die Konzentrationsfähigkeit eines Tieres zu untersuchen, brachte Alan Kamil von der University of Massachusetts Eichelhähern bei, auf eine Taste zu picken, sobald sie auf einem Dia eine Raupe, und zwar irgendeine Raupe sahen, die durch Baumrinde getarnt war. Wenn Kamil zwei Raupenarten nahm, pickten die Vögel in 80 % der Fälle richtig. Aber wenn bei den Dias nur eine Art vorkam, stieg der Prozentsatz der richtigen Reaktionen auf 95. Da die Vögel keine größere Belohnung erhielten, wenn sie eine bestimmte Raupenart erkannten, konnte die Verbesserung nicht durch einfache Konditionierung erklärt werden. Die Häher scheinen fähig zu sein, ihre Wahrnehmung zu schärfen, indem sie ihre Aufmerksamkeit auf nur eine Sache richten, und wie Menschen sind sie dabei erfolgreicher.

Newsweek
26. Juli 1982

wird, sollte dann das Formeltraining oder das allgemeine Training zuerst erfolgen? Profitieren einige Studenten mehr von einer Übungsart und andere besser von einer anderen Unterrichtsmethode? Kann man rechtzeitig Lerntypen feststellen, so daß jeder die für ihn angemessenste Unterrichtsmethode erfährt? Dies sind wichtige anwendungsbezogene Fragen für die Unterrichtspraxis. Die Forschung an diesen Fragestellungen geht zwar weiter, aber bisher gibt es noch keine eindeutigen Antworten. Die Forschung zum Mathematikunterricht ist auch mit einem umfassenderen Thema verbunden, daß nämlich unterschiedliche Unterrichtsmethoden zu unterschiedlichen Kenntnissen führen. Wenn Forscher zu verstehen versuchen, was mit "unterschiedlichen Kenntnissen" gemeint ist, ist das mit der globalen und schwierigen Frage verbunden, was es bedeutet, etwas zu wissen.

KÜNSTLICHE INTELLIGENZ

Eine der spannendsten und nützlichsten Anwendungen der Erforschung kognitiver Prozesse ist die Entwicklung eines raffinierten Computersystems, das diese Prozesse simulieren kann. Die Idee besteht darin, daß man ein Computerprogramm erstellt, das jede beliebige Aufgabe mindestens so gut ausführen kann wie ein Experte. Wenn der Computer normale kognitive Tätigkeit von Menschen simuliert, beschreibt man das als *künstliche Intelligenz*. Arbeitet die Maschine dagegen auf dem Niveau eines Fachmannes, wird sie als *Expertensystem* bezeichnet. Letztendlich wird die Leistung der Maschine vielleicht die des Experten übertreffen, was neue Entdeckungen, wichtige wissenschaftliche Erkenntnisse und kreative, künstlerische Leistungen ermöglichen würde.

Schach spielen

Die Schachspielprogramme, die während der letzten 30 Jahre entwickelt wurden, sollen jeden menschlichen Spieler schlagen. Dieses Ziel wurde zwar noch nicht erreicht, aber Computer können so programmiert werden, daß sie auf Meisterschaftsniveau mithalten können. Wie wurde das erreicht?

Beim Schachspiel muß man eine größere Anzahl möglicher Züge berücksichtigen, sie analysieren und daraufhin den Zug auswählen den man als besten erachtet. Man bewertet die Züge durch Vorwärtsschauen, d.h. man muß die möglichen Fortsetzungen des Spiels bis zu einer gewissen Tiefe durchdenken.Da es - wie Newell und Simon nachweisen - etwa 10^{120} Möglichkeiten zu durchdenken gibt und wesentlich weniger als 10^{120} Nanosekunden pro hundert zum Nachdenken zur Verfügung stehen, kann man die Fortsetzungen nicht bis zum Ende des Spiels durchdenken. Selbst der schnellste zur Zeit erhältliche Computer könnte nur einen Bruchteil der Möglichkeiten berücksichtigen. Deshalb können nur Zugfolgen bis zu einer bestimmten Länge gedanklich durchgespielt werden. Die daraus resultierenden Endergebnisse müssen hinsichtlich der Wahrscheinlichkeit, das Spiel zu gewinnen, bewertet werden, wozu man Heuristiken wie die Mittel-Zweck-Analyse einsetzen kann. Weil die Möglichkeiten des Computers nicht ausreichen, um alle möglichen Züge zu umfassen, müssen sich Schachprogramme auf die gleichen Heuristiken verlassen, die Menschen einsetzen.

Ein Merkmal des menschlichen Schachspiels, das in den meisten Schachprogrammen fehlt, ist ein Plan, den man das ganze Spiel über beibehält. Die Schachprogramme arbeiten dagegen so, daß sie von der vorliegenden Konfiguration auf dem Brett den bestmöglichen Zug auswählen. Beim nächsten Zug beginnt das Programm von vorne und und leitet von der Konfiguration, zu der der Gegenzug des anderen Spielers geführt hat, den besten Zug ab. Auf diese Weise setzt sich das Spiel des Programms aus einer Reihe unabhängiger Züge statt aus einer umfassenden Strategie zusammen. Wenn die Programme zukünftig allgemeine Pläne für eine Serie von Schachzügen entwickeln können, werden sie vielleicht erfolgreicher.

Aus der Arbeit an Schachprogrammen kann man vieles lernen. Bei der Entwicklung eines Computersystems, das komplexe Aufgaben von Menschen erledigen kann, lassen sich nicht immer um jeden Preis Algorithmen einsetzen. Bei vielen Gelegenheiten reichen selbst die Möglichkeiten des Computers nicht aus, um alle möglichen Lösungen zu einem Problem komplett zu umfassen. Statt dessen muß man das System oft mit Fähigkeiten ähnlich denen von Menschen ausstatten, die an solchen Aufgaben arbeiten, für die das Programm gedacht ist. Dadurch erfährt man mehr darüber, wie die Aufgabe angegangen werden kann, und - was vielleicht noch wichtiger ist - man lernt mehr darüber, wie Menschen die Aufgabe ausführen.

Expertensysteme

Vor kurzem wurden Expertensysteme konstruiert, die auf Gebieten wie der organischen Chemie und der Diagnose ansteckender Krankheiten Probleme lösen sollen. Edward Feigenbaum von der Stanford University hat ein Expertensystem namens MYCIN entwickelt, das bestimmte Krankheiten diagnostizieren soll. Das System setzt sich aus einem Katalog von Fakten über Krankheiten, ihre Symptome und Behandlungen zusammen, die durch intensive und aufwendige Befragungen von Experten erhalten wurden. Zusätzlich zu dieser Wissensbasis enthält das Programm Interpreten, die Fakten verbinden und Überlappungen bzw. Teilüberlappungen zwischen der Liste von Symptomen eines Patienten und der Symptomliste prototypischer Fälle jeder Krankheit erkennen. Wie der Arzt mit seinem Patienten, so arbeitet MYCIN auf interaktive Weise. Nachdem der Arzt vorläufige Daten in MYCIN eingegeben hat, antwortet MYCIN entweder mit einer Diagnose oder - häufiger - mit weiteren Fragen, die der Arzt beantworten muß. MYCIN könnte z.B. den

Leberenzymspiegel im Blut des Patienten wissen müssen, ehe es eine Diagnose versucht. Wenn der Arzt diesen Test nicht angefordert hatte, erinnert das Expertensystem ihn daran.

Expertensysteme wie MYCIN haben gegenüber einem menschlichen Experten mehrere Vorteile. Erstens wird das Expertensystem weniger wahrscheinlich mit Information überlastet - es kann mit vielen Fakten gleichzeitig arbeiten. Zweitens verarbeitet das Expertensystem die Information vollständig, sorgfältig und schnell. Der menschliche Experte wird dagegen leicht abgelenkt, ist langsam und gibt manchmal auf, wenn die Folgerungen zu kompliziert werden. Drittens hat das Expertensystem ein umfangreiches Gedächtnis und vergißt keine Tatsache, die einmal eingegeben wurde, und übersieht nicht, wenn eine notwendige, aber wesentliche Tatsache fehlt. Menschliche Diagnostiker haben bekannterweise ein lückenhaftes Gedächtnis. Viertens sind Expertensysteme nicht anfällig für den Einfluß von Emotionen, Intuition und anderen Fremdeinflüssen wie der Verfügbarkeits- oder der Repräsentativitätsheuristik bei der Entscheidungsfindung. Man ist noch nicht soweit, daß das Expertensystem einen richtigen Arzt ersetzen kann, aber ganz offenbar können die Expertensysteme eine wertvolle Hilfe für den Arzt sein, um die ungeheure Datenmenge über einen Patienten zu interpretieren. Somit kann eine Diagnose gestellt werden, die alle Aspekte über den Zustand des Patienten einbezieht. Aber die medizinische Diagnose ist nur ein Bereich für Expertensysteme; andere sind im Kommen. Vor kurzem wurde von einem erfolgreichen Expertensystem berichtet, das Geologen hilft, neue Öl- und Gasquellen zu entdecken.

Anwendung von Heuristiken

Viele Alltagsprobleme können gelöst werden, indem man Heuristiken wie die Mittel-Zweck-Analyse, Planen und Rückwärtsarbeiten anwendet. Wenn sich ein Student zum Studium der Rechtswissenschaften oder für ein Promotionsstudium bewirbt, benutzt er die Mittel-Zweck-Analyse und plant auch. In beiden Fällen wird in den USA z.B. gefordert, daß man an standardisierten Tests teilnimmt, deren einer Teil verbale Fähigkeiten

Der Ansatz der Informationsverarbeitung bei der Analyse kognitiver Prozesse, der auf den Prinzipien der Computerwissenschaft beruht, verspricht, einen erheblichen Einfluß auf unser Leben auszuüben. Es gibt schon jetzt komplizierte Programme, die logische Aufgaben lösen, Bridge und Schach spielen und sogar Psychotherapie leiten. Computer werden eine größere Rolle dabei spielen, Menschen beizubringen, wie man denkt, schlußfolgert und Aufgaben auf praktisch jedem beliebigen Wissensgebiet löst. Computer werden z.B. eingesetzt, um Medizinstudenten beizubringen, wie man nach den von Spezialisten benutzten Prinzipien Diagnosen stellt. Die Computerprogramme basieren auf detaillierten Analysen des Verhaltens und Wissens von Experten, so daß der Computer wie ein Fachmann arbeiten kann. Dieses spannende neue Gebiet im Überschneidungsbereich von Psychologie und Informatik wird künstliche Intelligenz genannt.

erfordert. Um das gewünschte Studium aufnehmen zu können, muß der Student beim Test gut abschneiden. Um das Teilziel, beim Test gut abzuschneiden, zu erreichen, muß man ausgeprägte verbale Fähigkeiten besitzen. Der Student, der den Eindruck hat, daß er diese Fähigkeit nicht besitzt, täte gut daran, den Zustand zu verändern (d.h. den Unterschied zwischen gegenwärtiger und gewünschter Fähigkeit zu vermindern). Deshalb könnte der Student einen Kurs belegen, um seinen Wortschatz zu erweitern, und das Lesen und Beantworten von Fragen unter Zeitdruck zu üben, um beim Leseverständnis gut abzuschneiden. Zusätzlich muß der Student angemessene Leistungen in bestimmten Kursen nachweisen, um das Promotionsstudium aufzunehmen. Als Folge muß der Student ein Lernprogramm aufstellen, um sich auf das richtige Spezialgebiet vorzubereiten. Dies sind Beispiele dafür, wie man die Schritte plant, die für das Ziel erforderlich sind (zum Studium der Rechtswissenschaften oder zum Promotionsstudium zugelassen zu werden), und wie man Wege findet, um die Unterschiede zwischen dem augenblicklichen und den verschiedenen Zwischenzielzuständen zu vermindern (die verbale Fähigkeit zu verbessern).

Auch die Heuristik, rückwärts zu arbeiten, kann hier verwendet werden, um z.B. das Wissen und die Fertigkeiten zu bestimmen, die erforderlich sind, um ein erfolgreicher Anwalt oder Professor zu werden. Zuerst würde man überlegen, was ein Anwalt oder Professor tun muß, um erfolgreich zu sein. Wenn man davon ausgeht, daß mit dem Erfolg bestimmte Fertigkeiten verbunden sind, kann man einen weiteren Schritt rückwärts gehen und feststellen, wie man diese Fertigkeiten entwickelt usw. Rückwärts zu arbeiten ist in den Fällen eine nützliche Heuristik, in denen der Zielzustand genau spezifiziert ist. Deshalb wird die Technik auch bei der Entwicklung mathematischer Beweise häufig benutzt. Die zu beweisende Behauptung ist eindeutig, und die Beweise für Theoreme in der Geometrie und Logik verlassen sich in hohem Maß auf diese Heuristik.

Oft kann man Aufgaben einfach deshalb nicht lösen, weil man aufgibt. Man befindet sich an einem Punkt A und versucht, zu Punkt Z zu gelangen, der unglaublich weit entfernt scheint. Weil es keine deutlichen Wege von A nach Z gibt, empfindet man die Aufgabe als zu schwierig und gibt voller Frustration auf. Für diese Probleme gibt es viele Beispiele: (1) den Studenten, der einen Kurs in einem wissenschaftlichen Fach nicht besteht, weil die Begriffe schwer zu verstehen und anzuwenden sind, (2) die mißhandelte Frau, die bei ihrem Mann bleibt, weil sie sich nicht denken kann, wie sie aus ihrer Lage herauskommen und auf sich selbst gestellt leben kann, (3) den frustrierten Bürger, der zum ersten Mal Steuern bezahlt und die Formulare des Finanzamts unverständlich findet und (4) den Gymnasiasten aus einer wenig wohlhabenden Familie, der die Schule verläßt, weil die Hindernisse vor weiterer Ausbildung und einem besseren Leben sehr hoch erscheinen. Solche komplexen und scheinbar unlösbaren Probleme bieten sich für die Anwendung von Problemlöseheuristiken geradezu an. Es gibt natürlich keine Garantie, daß das Problem gelöst werden kann, aber ein systematischer, analytischer Ansatz zeigt, wie man mit dem Problem umgehen kann, sodaß mehr Aussicht auf Erfolg besteht.
Wenn Sie vor solch einem Problem stehen, versuchen Sie folgendes:

Schritt 1: Fertigen Sie eine Liste der Unterschiede zwischen dem gegenwärtigen und dem gewünschten Zustand an.

Schritt 2: Listen Sie alles auf, was Sie tun könnten, um jeden dieser Unterschiede zu vermindern oder zu beseitigen.

Schritt 3: Versuchen Sie, anhand Ihrer Listen ein Zwischenziel festzulegen, das relativ einfach zu erreichen ist - dazu muß man eine Aktivität aus Schritt 2 auf einen der Unterschiede aus Schritt 1 der Liste anwenden.

Schritt 4: Setzen Sie, wenn möglich, eine Reihe von Zwischenziele fest, die Sie, wenn sie erreicht sind, von Punkt A in Richtung von Punkt B bringen.

Schritt 5: Wenn Sie an irgendeinem Punkt der Reihe steckenbleiben, versuchen Sie, sich von Punkt Z in Richtung Punkt A wieder zurückzuarbeiten und dabei eventuell begangene Fehler zu korrigieren.

Sie müssen komplexe Probleme also in erreichbare, kleinere Schritte aufgliedern und einen Plan entwickeln, um ein Zwischenziel nach dem anderen zu erreichen. Ist der Schritt klein genug, wird das Vorgehen einfach erscheinen und Sie trotzdem in die gewünschte Richtung fortbewegen. Jeder Schritt, auch wenn er noch so klein ist, bietet bei seiner Überwindung seine eigene Belohnung, daß Sie nämlich das Gefühl der Frustration überwinden, das durch die große Entfernung vom Hauptziel verursacht wird. Wenn Sie bei jedem kleinen Schritt Erfolg haben, läßt sich nicht nur das Problem besser bewältigen, sondern wird auch Ihre Motivation zum Weitermachen in Richtung des Endzieles gefördert.

Problemlösefertigkeiten und Kreativität verbessern

Ein mögliches Anwendungsgebiet der Kognitionsforschung, das sich anbietet, ist Bildung und Unterricht. In der Tat werden an einigen Universitäten spezielle Seminare angeboten, in denen Problemlösefähigkeit und möglichst auch Kreativität erhöht werden sollen. Die Mittel-Zweck-Analyse und die anderen Heuristiken, die im vorangegangenen Abschnitt besprochen wurden, sind gute Hilfsmittel zum Problemlösen. Aber für den Fall, daß sie Ihnen nicht helfen, folgen hier einige weitere Vorschläge aus der Kognitionsforschung. Wenn Sie beim Problemlösen auf Schwierigkeiten stoßen, ...

1. ... sollten Sie über die vermeintlichen Grenzen hinausschauen - fragen Sie sich, welche Beschränkungen Sie dem Problem auferlegen und sehen Sie, ob manche dieser Beschränkungen beseitigt werden können. Der Tennisschläger Prince wäre nie erfunden worden, wenn man die scheinbare Größenbeschränkung nicht überdacht hätte.
2. ... sollten Sie Ihren Sichtwinkel der Aufgabe verändern. Versuchen Sie, Elemente in verschiedenen Beziehungen zueinander zu sehen. Als Dimitri sah, daß ein Trapez in ein Rechteck umgeformt werden kann, fiel es ihm leicht, die Fläche zu berechnen.
3. ... sollten Sie die Art Ihrer Problemrepräsentation verändern. Wenn das Denken in Worten nicht hilft, versuchen Sie es mit Bildern oder Skizzen des Problems.
4. ... sollten Sie versuchen, durch Analogien auf eine Lösung zu kommen. Denken Sie darüber nach, wie etwas in einem Ihnen gut bekannten Gebiet funktioniert, und halten Sie nach Parallelen zu Ihrem gegenwärtigen Problem Ausschau. In der Wissenschaft ist dies eine bekannte Strategie. Physiker haben z.B. ihr Wissen über das Solarsystem benutzt, um die Struktur von Atomen zu verstehen. Passender in diesem Zusammenhang ist der Einsatz von Computern als Analogie für kognitive Prozesse beim Menschen.
5. ... sollten Sie gut Buch führen. Schreiben Sie auf, was Sie getan haben und wie Sie es getan haben. Benutzen Sie Papier und Bleistift, um Ihr Gedächtnis zu unterstützen und zu verhindern, daß Ihr Informationsverarbeitungssystem überlastet wird.
6. ... sollten Sie sich nicht an einer Strategie festbeißen es sei denn, es ist ein Algorithmus. Keine einzige Strategie hilft garantiert bei allen Problemen. Wenn eine Strategie erfolglos bleibt, suchen Sie nach Alternativen. Ein guter Baseball-Trainer bereitet seine Mannschaft darauf vor, mehrere Strategien zu benutzen, und ein guter Verkäufer hat mehrere verschiedene Verkaufsgespräche auf Lager. Kein Schachexperte beschränkt sich auf eine Strategie, sondern kennt mehrere Ansätze und benutzt sie, um seinen Gegenspieler aus dem Gleichgewicht zu bringen.
7. ... sollten Sie sich nicht vor alternativen und ungewöhnlichen Möglichkeiten bei schwierigen Problemen verschließen. Ein Küchenmesser kann als Schraubenzieher dienen; Zahnseide kann eine Schnur ersetzen; und dieses Buch kann ein Briefbeschwerer sein.
8. ... sollten Sie sich versichern, daß Sie richtig vorbereitet sind - holen Sie alle Information ein, die Sie zum Anfang benötigen. Weil Mißerfolg oft daraus resultiert, daß man eine wichtige Information nicht besitzt, ist es so ratsam, einen Fachmann um Rat zu bitten.
9. ... sollten Sie für einige Zeit unterbrechen, wenn sonst gar nichts hilft (Inkubationsphase).

In Kursen zur Steigerung der Kreativität werden viele dieser Techniken eingesetzt. Dahinter steht die Idee, daß Problemlösen durch gewohnheits- und routinemäßige Verhaltensweisen gekennzeichnet ist, die in der Vergangenheit erfolgreich waren. Um etwas zu erreichen, das wirklich originell oder kreativ ist, muß man über Gewohnheit und Routine hinausblicken und neue Denkansätze zulassen. Die meisten der obengenannten Vorschläge sind dafür gedacht, diese neuartigen Denkweisen zu wecken, indem sie die hinderlichen Auswirkungen der alten Gewohnheiten beseitigen.

Eine wohlbekannte Technik, Hindernisse dieser Art zu beheben, ist das *Brainstorming*. Beim Brainstorming werden die einzelnen Personen einer Gruppe aufgefordert, alle ihre Ideen zur Lösung eines Problems zu nennen, ohne sich über ihre Praktikabilität oder Brauchbarkeit Gedanken zu machen. Jedes Individuum in der Gruppe stimuliert die anderen und stößt dabei manchmal auf eine wirklich kreative Idee. Damit das Brainstorming auch klappt, müssen die Gruppenmitglieder gewillt sein, sehr ausgefallene Ideen zu äußern und zu hören. Sie können Brainstorming für sich selbst anwenden, indem Sie alle Ideen, die Ihnen in den Kopf kommen, auflisten, auch wenn sie noch so dumm erscheinen. Den Ergebnissen nach funktioniert diese Technik jedoch in Gruppen am besten.

Anhaltende Selbstkritik kann zu Depressionen führen

Von MARILYN MACHLOWITZ NEW YORK - Als Martin E.P. Seligman, jetzt Psychologieprofessor an der University of Pennsylvania, Student war und Experimente an Tieren durchführte, stieß er unerwartet auf ein Phänomen, das er später "gelernte Hilflosigkeit" nannte.

Zufolge der Theorie, die er schließlich entwickelte, entstehen Depressionen daraus, wie die Menschen ihre Erfahrungen betrachten.

Etwa zur gleichen Zeit forschte Dr. Aaron T. Beck, der inzwischen Direktor des Center for Cognitive Therapy (Zentrum für kognitive Therapie) an der University of Pennsylvania ist, bei seinen Patienten nach der Aggressivität und dem Leidensbedürfnis, also nach den Dingen, die nach herkömmlicher psychoanalytischer Auffassung als wichtige Ursachen für eine Depression gelten. Er stellte fest, daß depressive Patienten die Welt in einem unbarmherzig negativen Licht betrachteten, und er zeigte später, daß ihre Zukunftsperspektive durch Therapie schnell verändert werden kann.

Die kognitive Therapie von Beck und Seligmans Konzept der gelernten Hilflosigkeit nehmen hinsichtlich der Depression ähnliche Standpunkte ein. Beide haben auch in den letzten Jahren eine Welle von Untersuchungen ausgelöst, die zu Bestätigung ihrer Thesen, aber auch zu Kritik geführt hat.

Das National Institute of Mental Health (Nationales Institut für geistige Gesundheit) hat vor kurzem mit einer Studie begonnen, um die Ergebnisse zu vergleichen, die sich bei der kognitiven Therapie von Beck, der medikamentösen Behandlung und einer Therapie, die sich auf die Beziehungen depressiver Personen konzentriert, feststellen lassen.

Seligman formulierte seine Schlußfolgerungen auf der Grundlage seiner frühen experimentellen Studien, die er mit J. Bruce Overmier und Steven Maier durchführte. Zunächst erhielten Hunde, die der Situation nicht entfliehen konnten, schwache Elektroschocks. In einer zweiten Untersuchungsserie erhielten die Hunde wiederum Schocks, denen sie jedoch entfliehen konnten - sie versuchten es aber nicht einmal. Sie lagen nur passiv da und akzeptierten den Schmerz. Es schien, daß die Tiere wegen der Unfähigkeit, ihre Erfahrungen zu beeinflussen, in einen Zustand fielen, der an die klinische Depression bei Menschen erinnerte.

Später stellten Seligman und seine Mitarbeiter Donald Hiroto und William Miller fest, daß Menschen, die unbeeinflußbarem Lärm ausgesetzt wurden oder denen unlösbare Aufgaben dargeboten wurden, sich so ähnlich wie die Hunde verhielten. Sie zogen den Schluß, daß gelernte Hilflosigkeit bei Menschen durch Passivität, verminderte Aggressivität, schwachen Appetit, geringes sexuelles Verlangen, Traurigkeit, Ängstlichkeit, Feindseligkeit, verringertes Selbstwertgefühl, herabgesetzte Lernfähigkeit und ein Defizit an Neurotransmittern (also den chemischen Substanzen, die die Kommunikation zwischen den Neuronen ermöglichen) gekennzeichnet ist. Die gelernte Hilflosigkeit, die er in seinen Experimenten beobachtet hatte, ähnelte also manchen Formen der Depression.

In den folgenden Untersuchungen stellten Seligman und seine Mitarbeiter Lyn Abramson, Lauren Alloy und Christopher Peterson fest, daß depressive Personen negative Ereignisse als Ereignisse mit "inneren, stabilen und universalen Ursachen" wahrnehmen, also zu einem Denkstil neigten, der ihre Depression untermauerte. Die Depressiven machten sich selbst, nicht aber andere Personen oder die Umgebung für ihre Schwierigkeiten verantwortlich.

Sie schrieben bei negativen Ereignissen die Schuld auch eigenen Eigenschaften zu, die dauerhaft und nicht vorübergehender Natur waren. Weil diese unveränderlichen, der Person innewohnenden Eigenschaften als Ursache jedes Mißerfolgs angesehen wurden, hinderten sie auch viele weitere Aktivitäten der Betroffenen.

Bei der Arbeit etwa würde derjenige eher denken "Ich mache alles falsch" als "Mein Chef hat mir einen miesen Job aufgebrummt".

Weiterhin, meint Seligman, neigt der Depressive auch dazu, die Ursachen positiver Ergebnisse Kräften außerhalb seiner selbst zuzuschreiben, was ihn um Erfolgserlebnisse bringt, selbst wenn ihm etwas gelungen ist. Und, wie Beck schon festgestellt hatte, bissen sich Depressive tendenziell an schlechten Ergebnissen fest, stellten selbst neutrale Ereignisse als negativ dar und ignorierten angenehme Vorkommnisse fast vollständig. ...

Seligman berichtete, daß diese Betrachtungsweise des Lebens - er nennt es einen Attributionsstil -, nicht die Ursache der Depression ist, sondern Menschen dafür eher prädestiniert und die Krankheit verlängert. In der Tat, so sagte er, konnte mit Tests in einer Langzeitstudie an Kindern und Erwachsenen festgestellt werden, wer später – mehr oder weniger – depressiv wurde...

Nach Seligman könnten Erfolgserlebnisse in der Kindheit die Entwicklung einer depressiven Haltung und auch der gelernten Hilflosigkeit abwenden. Hat sich beides erst einmal entwickelt, fuhr er fort, könnte es durch Becks kognitive Therapie behandelt werden. Aber die Behandlung kann schwierig sein, weil Attributionsstile "tief verankert" sind und für den Patienten "fast alles als Beweis gilt", was seine bereits vorhandene Haltung verstärkt.

Zum Beispiel würde ein Redner mit diesem Attributionsstil, der jemand aus dem Publikum um acht Uhr morgens gähnen sieht, eher schließen "Ich muß langweilig sein" als "Er muß müde sein".

The Denver Post
11. Juni 1981

Bei seelischen Krankheiten spielen oft falsche Kognitionen eine Rolle. Die kognitive Psychotherapie zielt darauf ab, die Krankheit zu beheben, indem den Patienten geholfen wird, die Fehler in ihrer Denk- und Schlußfolgerungsweise zu korrigieren.

STELLUNG IN DER GESCHWISTERREIHE

Es ist intuitiv einleuchtend, daß die Stellung in der Geschwisterreihe die Persönlichkeit und die intellektuelle Entwicklung beeinflußt. Das älteste Kind hat es in vielerlei Hinsicht am schwersten, besonders in der Kindheit. Es ist für ihn oder sie schwieriger, durch den Geburtskanal zu gelangen; die Mutter hat wahrscheinlich länger Wehen; der Druck auf den Kopf bei der Geburt ist meist stärker; das Erstgeborene hat bei der Geburt eine geringere Überlebenswahrscheinlichkeit; und er oder sie wird bei der Geburt eher weniger

Stellung in der Geschwisterreihe und Intelligenz

Die Vorstellung, daß die Intelligenz eines Kindes von Familiengröße und Stellung in der Geschwisterreihe abhängt, ist für Verhaltenswissenschaftler nicht neu. Francis Galton, der Begründer der Eugenik, sprach von der Überlegenheit des Erstgeborenen, und Lerntheoretiker seit Edward Thorndike waren an der Bedeutung der Familienkonstellation für die intellektuelle Entwicklung interessiert. In den letzten Jahren war der Psychologe Robert B. Zajonc von der University of Michigan der populärste Theoretiker, dessen sogenanntes "Zusammenflußmodell" die geringere Intelligenz von später geborenen Kindern als Funktion des durchschnittlichen intellektuellen Klimas der Familie erklärt. Nach Zajoncs Theorie vermindert sich mit zunehmender Familiengröße das intellektuelle Klima, so daß die später geborenen Geschwister, je nach dem Altersabstand der Kinder, in einer weniger stimulierenden Umwelt aufwachsen.

Neue Daten stellen jetzt die Zusammenflußtheorie und die Verbindung zwischen Familiengröße und Intelligenz in Frage. Der Psychologe Richard C. Galbraith von der Brigham Young University nennt in einem Artikel, der im März in der DEVELOPMENTAL PSYCHOLOGY veröffentlicht wird, Daten über Intelligenz und Familie von fast 11000 Studenten der Universität. Er zieht daraus den Schluß, daß die Familiengröße einen neutralen oder leicht positiven Effekt auf die Intelligenz hat; dagegen ist der Abstand zwischen zwei Kindern seiner Aussage nach zur Erklärung der Unterschiede in der Intelligenz von Geschwistern nicht hilfreich.

Aus theoretischer Sicht wichtiger ist für Galbraith, daß das Zusammenflußmodell nicht zutrifft. Da es auf umfangreichen Daten aus amtlichen Stellen beruht statt auf tatsächlichen Untersuchungen an Geschwistern, so argumentiert er, vernachlässigt das Modell individuelle Intelligenzunterschiede zwischen Geschwistern und kann Fälle, bei denen jüngere Geschwister intelligent sind, nur durch unrealistische Altersunterschiede erklären. Das Modell hat sich nur deshalb seit 1975 ohne ernste Hinterfragung gehalten, weil es dem Zeitgeist entsprach und die erwünschte Bevorzugung für kleinere Familien unterstützte, erklärte Galbraith gegenüber SCIENCE NEWS.

Der Psychologe Michael L. Berbaum von der Brandeis University, Zajonc und der Psychologe Gregory B. Markus von der University of Michigan argumentieren in einer Widerlegung zu Galbraith, daß er die Intelligenz als statisch betrachtet, eine Sichtweise, die der Zusammenflußtheorie nicht entspricht. Sie fügen weiter hinzu, daß die vorwiegend aus Mormonen bestehende Population, die Galbraith untersucht hat, durch große und besonders fürsorgliche Familien gekennzeichnet ist, so daß seine Vorhersagen mit ihrem mathematischen Modell vielleicht deshalb nicht so gut zutreffen.

Science News
27. März 1982

Zajoncs "Zusammenfluß"-Theorie über die Effekte der Familienkonfiguration auf die Intelligenz wurde von anderen angegriffen.

wiegen als später Geborene. Aber nach zwei oder drei Jahren wiegt das Erstgeborene oft mehr und ist größer, als die nachfolgenden Geschwister im gleichen Alter verstärkte. Das anfängliche verstärkte Wachstum des Erstgeborenen kommt wahrscheinlich daher, daß die Eltern sich um niemand andern kümmern müssen und es deshalb intensiver pflegen. Die Größenunterschiede verschwinden in der Regel bis zum Erwachsenenalter, weil das Essen in späteren Entwicklungsstadien wesentlich weniger durch die Aufmerksamkeit der Eltern beeinflußt wird.

Psychologen haben zwar mögliche Beziehungen zwischen Stellung in der Geschwisterreihe und Persönlichkeit untersucht, hatten es aber schwer, sie nachzuweisen. Keine dieser Beziehungen ist besonders ausgeprägt, und so versuchte man, alle Faktoren zu identifizieren, die zu den verschiedenen Beziehungen beitragen. Trotzdem möchte niemand den Schluß ziehen, daß die Stellung in der Geschwisterreihe für die menschliche Entwicklung völlig irrelevant ist. Einfache Generalisierungen sind wahrscheinlich deshalb unmöglich, weil so viele *andere* Faktoren beteiligt sind (siehe Kapitel 8).

Nehmen wir eine neuere Untersuchung von Robert B. Zajonc zur Intelligenz, für die er die Daten über die Intelligenz aus einer Untersuchung von fast 400000 niederländischen Kindern auswertete. Er entwickelte ein Modell, um die Auswirkungen der Stellung in der Geschwisterreihe auf die Intelligenz zu beschreiben. Zum einen zeigten die Gesamtdaten, daß dieser Faktor einen Effekt hatte. Das erstgeborene Kind ist im allgemeinen ein wenig intelligenter als das zweitgeborene, das zweitgeborene Kind ist wiederum etwas intelligenter als das drittgeborene Kind usw. Aber die Daten zeigen auch deutlich, daß die Gesamtgröße der Familie bei diesem Zusammenhang ein weiterer Faktor ist. Je größer die Familie, desto geringer ist die intellektuelle Fähigkeit bei allen Kindern. Das Erstgeborene aus einer Familie mit zwei Kindern ist demnach wahrscheinlich klüger als das Erstgeborene in einer Familie mit drei Kindern. Das Erstgeborene in einer sehr großen Familie mit z.B. neun Kindern ist wahrscheinlich *weniger* intelligent als das Zweit-, Dritt- oder Viertgeborene in einer Familie mit nur vier Kindern. Somit können Erstgeborene *weniger* klug sein als Viertgeborene, wenn sich die Familien*größe* unterscheidet.

Zajoncs Daten zeigten auch, daß diese Wirkungen der Stellung in der Geschwisterreihe und Familiengröße auf den IQ auch vom Abstand der Geschwister abhängt, denn je weniger die Kinder altersmäßig auseinander sind, desto niedriger ist in der Regel ihre Intelligenz. Ein drittgeborenes Kind in einer Familie mit drei Kindern kann intelligenter sein als das zweitgeborene in einer anderen Familie mit drei Kindern, wenn die erste Familie ihre Kinder innerhalb von zehn Jahren, die zweite aber innerhalb von drei Jahren bekommt. Eine letzte Entdeckung von Zajonc ist, daß das letztgeborene Kind in einer Familie zu niedrigerer Intelligenz neigt, als man aufgrund der Faktoren Familiengröße und Abstand vorhersagen würde. Er vermutet die Ursache darin, daß das letzte Kind nicht von der intellektuellen Herausforderung, jüngere Geschwister anzuleiten, profitiert.

Was könnte für diese Auswirkungen der Geburtenfolge ursächlich sein? Nehmen wir an, der Effekt wird durch die Umgebung, nicht durch die Genetik bestimmt - ein erstgeborenes Kind ist immer ein Erstgeborenes, egal ob weitere Geschwister folgen. Hinsichtlich der Gene unterscheiden sich Erstgeborene nicht darin, ob sie ein, drei oder acht Geschwister haben. Aber nach Zajoncs Daten sind einige Erstgeborene aus sehr großen Familien nicht so intelligent wie Zweit- oder Drittgeborene aus kleinen Familien. Somit ist vielleicht nicht die Geburtenfolge an sich für den IQ eines Kindes verantwortlich, sondern die Aufmerksamkeit, die ein Kind in einer kleinen Familie erhält; die Interaktion mit den Eltern könnte in einer kleinen Familie größer sein, was den IQ positiv beeinflußt. Im Gegensatz dazu interagiert jedes Kind einer großen Familie wahrscheinlich weniger mit den Eltern und erfährt deshalb weniger intellektuelle Herausforderung oder Stimulation. Die Anzahl der Stunden mit Eltern-Kind-Kontakt könnte ein gleich guter Prädiktor des IQ sein wie die Geburtenfolge.

Natürlich wird die Intelligenz von vielen weiteren Faktoren außer Geburtenfolge, Familiengröße und Altersunterschied zwischen den Kindern beeinflußt. Darüber hinaus stimmen die Daten über die Effekte der Geburtenfolge auf den IQ nicht immer überein (siehe den Zeitungsausschnitt "Stellung in der Geschwisterreihe und Intelligenz"). Aber Zajoncs Analysen geben für Interessenten, die die Intelligenz ihrer Kinder maximieren wollen, folgende Hinweise: (1) Lassen Sie Ihre Familie klein - am besten sind zwei Kinder, (2) planen Sie so, daß zwischen den Kindern einige Jahre liegen und (3) versuchen Sie, andere jüngere Kinder in der Nachbarschaft zu finden, die das letzte Kind anleiten können.

INTELLIGENZ, ANLAGE UND UMWELT

Die Frage, ob Intelligenz durch Anlage oder Umwelt bestimmt wird, hat beträchtliches öffentliches Interesse und Kontroversen ausgelöst. In den vergangenen Jahren führten Arthur Jensens Annahme, daß Rassenunterschiede in der Intelligenz auf genetische Unterschiede zurückgeführt werden *könnten*, und William Shockleys Vorschlag, daß man Wege suchen sollte, um Menschen mit niedriger Intelligenz davon abzuhalten, Kinder zu bekommen, zu erhitzten Debatten, sozialen Protesten und rechtlichen Schritten. Viele Berichterstatter haben festgestellt, daß die Themen mehr Aufruhr erzeugt als Licht in die Angelegenheit gebracht haben, weil Menschen auf der Grundlage von Emotionen, Politik und Religion zu verfestigten Standpunkten gelangt sind, sodaß eine vernünftige Diskussion der Probleme nahezu unmöglich ist. Wir können hier keine gründliche Erörterung dieser Fragen leisten. Die Themen sind äußerst komplex - viele Bücher wurden darüber geschrieben, ohne zu einer Klärung der Probleme zu gelangen. Wir können aber versuchen, ein grundlegendes Verständnis der angesprochenen Themen zu wecken.

Auf eine bestimmte Person angewendet, ist das Thema "Anlage oder Umwelt" bedeutungslos. Die Frage "Ist meine Intelligenz Veranlagung oder Umwelteinfluß?" ist müßig. Ein Individuum ist gleichzeitig Produkt sowohl genetisch bedingter Begabung als auch Erfahrung; beide sind notwendig und miteinander verflochten. Wenn Sie keine genetische Ausstattung hätten, würden Sie nicht existieren. Im ähnlichen Sinn können Sie nicht existieren, ohne in einer Umgebung zu sein und Erfahrungen zu machen. Also besitzt die Frage "Anlage oder Umwelt" nur Bedeutung, wenn man sie auf menschliche Unterschiede anwendet, obwohl manch einer argumentieren würde, daß die Frage selbst in diesem Fall ohne Sinn ist.

Die grundlegende Beobachtung ist, daß Individuen sich in ihren Werten in Intelligenztests unterscheiden. Warum? Man hat seit langem erkannt, daß es auf diese Frage keine letztgültige Antwort gibt. In welchem Ausmaß sind die Unterschiede in der Intelligenz auf Unterschiede in der Anlage bzw. auf Unterschiede in der Umgebung (Erfahrung) zurückzuführen? Zur Zeit gibt es keine allgemein akzeptierte Antwort.

Ein Großteil der Kontroverse dreht sich um die Vererbbarkeit. Grob gesagt ist die Vererbbarkeit das Ausmaß, in dem Unterschiede in einer gemessenen Eigenschaft auf Unterschiede in der genetischen Ausstattung zurückgeführt werden können. Wenn die individuellen Unterschiede in der Eigenschaft völlig

Verbesserungen im Hochschuleignungstest durch "Motivation"?

VON CHERYL M. FIELDS.

Wahrscheinlich trägt die Motivation zum Teil dazu bei, daß einige Schüler höhere Werte im Scholastic Aptitude Test (SAT; Hochschuleignungstest) erzielen, wenn sie einem entsprechenden Repetitorkurs absolviert haben.

Dies berichtet der Educational Testing Service ETS, der den besagten Test veröffentlicht. Demnach sind Motivation, andere Persönlichkeitseigenschaften und eine normale intellektuelle Entwicklung an der Verbesserung der Testergebnisse um 20 bis 35 Punkte beteiligt, die die Federal Trade Commission (FTC) (Überregionale Handelskommission) bei Absolventen eines bestimmten Repetitorkurses festgestellt hat.

Solche Kurse setzen eine Vielfalt von Materialien und Unterrichtstechniken ein, um Schülern zu einer Verbesserung ihrer Testwerte zu verhelfen, so z.B. durch Übungen an Beispielfragen.

Die Daten, die von der Handelskommission von drei Repetitorkursen gesammelt worden waren, wurden überprüft und führten zu Ergebnissen, die mit denen der Kommission vergleichbar sind, berichteten Sprecher des ETS. Für die Schüler zweier Schulen zeigten sich inkonsistente und unwesentliche Wirkungen des Trainings. Bei den Schülern der dritten Schule wurden für die verbalen und die Mathematikwerte Verbesserungen um etwa 20 bis 35 Punkte festgestellt, berichtete der ETS, worin sich wahrscheinlich die Wirkung von Motivation und anderen Persönlichkeitscharakteristika zeigt.

Verbesserung um 11 und 30 Punkte

Wenn man bei der Analyse der FTC-Daten zusätzlich die normalen Punktanstiege derjenigen Schüler berücksichtigt, die den Test ein zweites Mal ablegen ohne den Vorteil der Trainingskurse zu haben, steigen die Werte um etwa 11 Punkte beim Verbalteil des SAT und um 30 Punkte bei seinem mathematischen Teil, fügte der ETS hinzu.

Jedes Jahr legen mehr als eine Million Abgänger von der High School den Leistungstest ab. Da dessen Ergebnisse von Colleges und Universitäten für die Entscheidung über die Zulassung benutzt werden, melden sich manche Schüler für die Trainingskurse in der Hoffnung an, ihre Werte aufzubessern, wenn sie mit ihrer Leistung beim ersten Versuch nicht zufrieden sind.

Die FTC hat nur Schüler untersucht, die bereits an Trainingskursen teilnehmen, erklären Sprecher des Educational Testing Service.

Folglich, fahren sie fort, kann man die Wirkungen der Kurse nicht vom Einfluß der Motivation und anderer Persönlichkeitscharakteristika der Schüler trennen, die sich an solchen Schulen einschreiben.

Wenn man Schüler mit ähnlicher Motivation und ähnlichem Familienhintergrund zufällig zu Gruppen mit und ohne Training zuordnen könnte, wäre ihre Leistung beim zweiten Versuch besser, behauptet Samuel Messik, ein Vizepräsident des ETS.

Ohne solche zufällige Zuordnung, erklärt der ETS, sind die Ergebnisse der FTC-Untersuchung und anderer Untersuchungen über das Training nicht eindeutig, weil "die gleichen Persönlichkeitsfaktoren, die einen Schüler zur Teilnahme an einem Repetitorium bewegt haben, wenigstens zum Teil für die nachfolgende Leistung im SAT verantwortlich sind, und nicht allein ein Ergebnis des Repetitoriums."

Als Beispiel nennt Winton Manning, ein Vizepräsident des ETS, daß ein Schüler mit guten Noten im Gymnasium, der plötzlich unerwartet niedrige Werte beim Schulleistungstest erreicht, sich für einen Trainingskurs anmelden könnte und hoch motiviert sei, sein Ergebnis zu verbessern.

"Ob die Zunahmen um 20 bis 30 Punkte auf dieser Skala, die von 200 bis 800 Punkten reicht, nun auf das Training oder auf persönliche und Hintergrundfaktoren zurückzuführen sind oder nicht, sie entsprechen jedenfalls etwa drei zusätzlichen richtig beantworteten Items. Der gleiche Effekt könnte erzielt werden, wenn die Schüler vergleichbar viel Zeit und Anstrengung auf eigenständiges Lernen oder regelmäßige wissenschaftliche Kurse verwenden", meint der ETS.

Der Service besteht darauf, daß man beim SAT relativ wenig von kurzzeitigem Einpauken oder vom Eindrillen der Übungsfragen profitiert. Er erkennt jedoch an, daß manche Untersuchungen zu den Repetitorien, die viele Arbeitsstunden an Kursarbeit und Hausaufgaben erfordern, größere Verbesserungen berichten als die Untersuchungen über Kurzzeitrepetitorien.

Der Inhalt solcher längerfristigen Repetitorien wurde noch nicht systematisch ausgewertet. Da aber der SAT dafür erstellt wurde, Fähigkeiten zu messen, die über viele Schuljahre entwickelt wurden, "sollten nützliche Lernerfahrungen, die deren weitere Entwicklung erleichtern und zu Anstiegen im Testwert führen, willkommen sein", sagten die Sprecher.

"Solche verbesserten Testresultate, die höhere Leistungen widerspiegeln, schaden dem SAT nicht. Im Gegenteil, sie tragen zu seiner Validität, als Maß der verbalen und mathematischen Denkfähigkeit, bei." ...

Chronicle of Higher Education
Juni 1980

Die Intelligenz ist angeblich stabil. Wenn Training und Übung den Wert verändern können, dann muß der Test außer Intelligenz noch etwas anderes messen.

durch genetische Unterschiede verursacht werden, beträgt die Vererbbarkeit 100 %. Haben sie nichts mit genetischen Unterschieden zu tun, ist die Vererbbarkeit 0 %. Werte zwischen 0 und 100 Prozent zeigen unterschiedlich starke Beziehungen zwischen der jeweiligen Eigenschaft und der genetischen Struktur an.

Daß Intelligenz hohe Vererbbarkeit aufweist, wird durch das Ergebnis, daß Übereinstimmungen im IQ stark mit Übereinstimmungen in der genetischen Ausstattung korrelieren, nahegelegt. Eineiige Zwillinge z.B. gleichen sich genetisch mehr als zweieiige Zwillinge; die IQ-Werte von eineiigen Zwillingen sind mit Sicherheit ähnlicher als die von zweieiigen Zwillingen. Dieses Ergebnis hat manche Wissenschaftler zu der Schlußfolgerung geführt, daß 70 bis 80 % der Intelligenzunterschiede durch die Vererbung erklärt werden können. Es überrascht Sie vielleicht, daß andere Forscher, die im Grunde die gleichen Daten untersucht haben, die Vererbbarkeit der Intelligenz auf 45, 25 oder sogar 0 % geschätzt haben.

Wie können auf der Grundlage der gleichen Daten solche unterschiedlichen Behauptungen aufgestellt werden? Zum einen haben die Forscher die Vererbbarkeit mit unterschiedlichen Methoden berechnet. Es wurden Methoden für die Schätzung der Vererbbarkeit entwickelt, um die Ergebnisse aus Zuchtexperimenten mit Pflanzen und Tieren zu analysieren (um bestimmen zu helfen, wie sehr ein Merkmal durch selektive Züchtung entwickelt werden kann). Zu den Bedingungen solcher Experimente gehört normalerweise, daß Pflanzen oder Tiere mit bekannten genetischen Unterschieden zufällig (unsystematisch) unterschiedlichen Umgebungen zugeordnet werden. Ein Problem, wenn man Vererblichkeitsschätzungen auf individuelle Unterschiede in den IQ-Werten anwendet, ist, daß Menschen *nicht* zufällig unterschiedlichen Umgebungen zugeordnet werden. Kurz gesagt, das menschliche Verhalten beruht nicht allein auf genetischen Unterschieden sondern ist auch abhängig von der Umgebung, in der der Mensch lebt.

Ein zweites Problem besteht darin, daß die Meßwerte über die Ähnlichkeit der IQs bei Menschen mit unterschiedlicher genetischer Ähnlichkeit nicht besonders reliabel sind. Denken Sie mal darüber nach - es ist recht schwierig, eineiige Zwillinge oder eineiige, nicht zusammen aufgewachsene Zwillinge aber auch Tanten und Nichten zu finden, um ihre Intelligenzquotienten zu messen. Daraus ergibt sich die Frage, wie repräsentativ jene Versuchspersonen, die an der Intelligenzforschung teilnehmen, für "Menschen im allgemeinen" sind. Weiterhin ist die Variabilität der Ergebnisse von Untersuchung zu Untersuchung größer, als manche Berichte nahelegen. Leon Kamin lieferte in seinem Buch *The Science and Politics of IQ* (1974) die schärfste Kritik an der Reliabilität der Ergebnisse und argumentierte, daß die vorliegenden Daten nicht glaubwürdig genug sind, um Analysen der Vererbbarkeit zu rechtfertigen.

Selbst wenn die Forscher sich über die Reliabilität der Ergebnisse einig wären, blieben doch Interpretationsschwierigkeiten. Es wurde z.B. argumentiert, daß eineiige Zwillige häufiger ähnliche Erfahrungen machen als zweieiige Zwillinge. Wenn das zutrifft, könnte die "Tatsache", daß eineiige Zwillinge ähnlichere IQs haben, von ihrer größeren genetischen Ähnlichkeit, ihrer größeren Ähnlichkeit der Erfahrungen oder einer unbekannten Kombination beider Faktoren stammen. Die Forscher haben die genetische Ähnlichkeit noch nicht zufriedenstellend von der Ähnlichkeit der Erfahrungen getrennt.

Vererbbarkeitsschätzungen wurden in manchen Fällen auch falsch interpretiert; gelegentlich kamen Forscher zu Folgerungen, die sich nicht unbedingt ergeben, wenn ein Befund hoher Vererbbarkeit gegeben ist. So wird oft die Ansicht vertreten, daß eine hohe Vererbbarkeit der Intelligenz bedeutet, daß die Intelligenz einer Person "fest" ist und daß daran wenig oder nichts getan werden kann. Diese Ansicht ist falsch. Hohe Vererbbarkeit bedeutet, daß die individuellen Unterschiede in einer Eigenschaft (z.B. dem IQ) in einer bestimmten Population von Individuen unter bestimmten Umständen zu einem bestimmten Zeitpunkt hauptsächlich auf Unterschiede in der genetischen Ausstattung zurückzuführen sind. Wenn man in einer Population, in einer Situation und zu einem Zeitpunkt eine hohe Vererbbarkeit findet, bedeutet das *nicht*, daß Unterschiede im IQ in anderen Populationen, Situationen oder zu anderen Zeitpunkten ebenfalls hauptsächlich durch genetische Unterschiede verursacht werden. Außerdem bedeutet hohe Vererbbarkeit *nicht*, daß eine Eigenschaft nicht verändert werden kann, indem die Umgebung verändert wird. Um diese Ausführungen zu verstehen, wollen wir einige hypothetische Untersuchungen mit Pflanzen betrachten.

Stellen Sie sich vor, wir pflanzen Samen mit unterschiedlicher genetischer Ausstattung in genau die gleichen Umgebungsbedingungen und messen später die Höhe der Pflanzen. Da jede Pflanze genau die gleiche Umgebung hat, können alle Größenunterschiede auf Unterschiede in der genetischen Ausstattung zurückgeführt werden; die Vererbbarkeit betrüge 100 %. Stellen Sie sich jetzt vor, daß wir in einem anderen Experiment Samen mit identischer genetischer Ausstattung in unterschiedliche Umgebungen pflanzen. Unter diesen Umständen, und da alle Pflanzen genetisch identisch wären, würden alle Größenunterschiede der Pflanzen auf Umgebungsunterschiede zurückgeführt werden; die Vererbbarkeit betrüge 0 %. Wie Sie sehen können, bedeutet hohe Vererbbarkeit in einer Umgebung nicht, daß auch in anderen Umgebungen eine hohe Vererbbarkeit festgestellt werden muß. Betrachten Sie noch einmal das erste Experiment - genetisch unterschiedliche Pflanzen mit der gleichen Umgebung. Alle Größenunterschiede sind deutlich auf genetische Unterschiede zurückzuführen.

Die tatsächliche Höhe der Pflanzen hängt jedoch davon ab, ob wir sie düngen oder nicht. Unabhängig davon, ob man nun keine der Pflanzen düngt oder alle gleichmäßig düngt, würden Größenunterschiede von genetischen Unterschieden verursacht. Natürlich wären alle Pflanzen in der gedüngten Erde größer! Wendet man dies auf die Intelligenz an, bedeutet das, daß es selbst dann durch eine angemessene Verbesserung der Lebensbedingungen immer noch möglich ist, jeden intelligenter zu machen (absolut gesehen), wenn

Erbe und Umwelt für Intelligenzentwicklung wichtiger als Rassenzugehörigkeit

Von CHERYL M. FIELDS
Neuere Untersuchungen über die IQs und die Werte in Schulleistungstests von schwarzen und weißen adoptierten Kindern zeigen, daß sowohl die genetische Ausstattung als auch die Familienumgebung nicht aber die Rasse - beträchtlichen Einfluß auf die intellektuelle Leistung ausüben.

Dieses neueste Kapitel in der anhaltenden, explosiven Kontroverse über die Auswirkungen von Genen, Umwelt und Rasse auf die Intelligenz der Menschen war Thema eines Vortrags von Sandra Scarr, Psychologieprofessorin an der Yale University, den sie anläßlich des Jahrestreffen der American Psychological Association hielt.

Auf der Basis zweier Adoptionsstudien und anderer Forschungsprojekte, die sie als Professorin für Kinderpsychologie an der University of Minnesota durchgeführt hatte, gelangte sie zu folgendem Schluß: "Die Tests, die ich durchführen konnte, zeigen, daß es keine nennenswerten genetischen Unterschiede zwischen schwarzen und weißen U.S. Amerikanern hinsichtlich des IQ, der Persönlichkeit oder des Verhaltens gibt."

Adoptierte Kinder erzielten gute Werte
Im Rahmen der Adoptionsforschung stellte Frau Scarr fest, daß schwarze und gemischtrassige Kinder, die von 101 weißen Familien der Arbeiter- bis oberen Mittelschicht adoptiert wurden, in einer Untersuchung im Durchschnitt 110 Punkte bei Intelligenztests erhielten. Dieser Wert liegt deutlich über dem Durchschnitt von 90, den schwarze Kinder im Norden der zentralen USA im allgemeinen erzielen.

Werte in Schulleistungstests, die von den Schulen aus ganz Minnesota zur Verfügung gestellt wurden, zeigten auch, daß die adoptierten Kinder hinsichtlich Wortschatz, Lesen und Mathematik nicht nur Werte über dem Durchschnitt von schwarzen und gemischtrassigen Kindern aus öffentlichen Schulen des Bundesstaats erhalten, sondern "Werte über dem nationalen Durchschnitt von weißen Kindern erzielten", berichtete Frau Scarr.

Solche überdurchschnittlichen Leistungen lassen sich mit der Tatsache vereinbaren, fuhr sie fort, daß die Adoptiveltern durch ihren Wunsch, Kinder zu adoptieren, und durch die Erfüllung der verschiedenen Kriterien, die von Adoptionsstellen verlangt werden, "eine überdurchschnittlich gute" Auswahl hinsichtlich des IQs der Eltern, des Einkommens, der beruflichen Position und des Wunsches nach Kindern darstellen.

Der Umstand, daß sich der regelmäßig beobachtete Unterschied von 10 bis 15 IQ-Punkten zwischen Schwarzen und Weißen nicht auf die Rassenzugehörigkeit zurückführen läßt, wurde - so Frau Scarr - auch in einer Studie an 104 weißen Familien demonstriert, die weiße Kinder adoptiert hatten. Es handelte sich dabei um Kinder, die zum Zeitpunkt der Untersuchung zwischen 16 und 22 Jahren alt waren. Ihr durchschnittlicher IQ betrug 106, lag also sehr nahe an den 110 Punkten, die die adoptierten schwarzen Kinder erhielten, deren Durchschnittsalter 7 Jahre war.

Eltern hatten durchschnittliche IQs
Daten, die die staatliche Wohlfahrtsbehörde und Adoptionsagenturen zur Verfügung stellten, weisen darauf hin, daß die leiblichen Eltern der adoptierten Kinder in beiden Untersuchungen durchschnittliche IQ-Werte und einen durchschnittlichen Bildungsstand besaßen, erläuterte Frau Scarr. Der durchschnittliche IQ der leiblichen Mütter der weißen Adoptivkinder wurde mit etwa 100 vorhergesagt, berichtete sie.

"Wir zogen den Schluß, daß die Umgebung der Adoptiveltern die Werte der genotypisch durchschnittlichen Gruppen um 5 bis 15 Punkte erhöht hat", sagte Frau Scarr.

"Daß die schwarzen und gemischtrassigen Kinder im Kulturkreis der Tests und der Schulen aufwuchsen, führte zu einer intellektuellen Leistung, die der Leistung von weißen Adoptivkindern in vergleichbaren Familien ähnlich ist. Deshalb ist es sehr unwahrscheinlich, daß genetische Unterschiede zwischen den Rassen für den Großteil der häufig beobachteten Leistungsunterschiede zwischen schwarzen und weißen Gruppen verantwortlich sind", folgerte Frau Scarr.

Eine weitere Untersuchung, die in der Zeitschrift *Human Genetics* veröffentlicht werden soll, deckt ebenfalls keine durch die Rasse begründeten Intelligenzunterschiede auf, berichtete Frau Scarr. Bei dieser Untersuchung wurde anhand von Blutgruppen der

Anteil afrikanischer und weißer Vorfahren in einer Gruppe von Schwarzen geschätzt, wobei die Schätzungen auf der Häufigkeit und Konzentration verschiedener Blutkomponenten beruhten.

IQ nicht der "bedeutsamste menschliche Wert"

Wie Frau Scarr sagte, zeigte die Untersuchung, daß "ein größerer oder kleinerer Anteil an afrikanischen Vorfahren in keinem Zusammenhang damit steht, wie gut man bei kognitiven Tests abschnitt... Schwarze mit einem größeren Anteil weißer Vorfahren schnitten nicht besser ab als andere Schwarze mit mehr afrikanischen Vorfahren."

Frau Scarr und ein Forscherkollege, Richard A. Weinberg, ebenfalls Psychologe an der University of Minnesota, heben hervor, daß sie die IQ-Werte durch ihre Verwendung nicht als "bedeutsamsten menschlichen Wert" gutheißen wollen. Obwohl IQ-Tests für das berufliche Fortkommen in der Mittelschicht wichtig sind, bleiben davon die meisten menschlichen Eigenschaften unberührt, die für das soziale Zusammenleben bedeutsam sind. Mitgefühl, Kontaktbereitschaft und Nächstenliebe, um nur einige zu nennen, sind wichtige menschliche Eigenschaften, die nicht durch einen hohen IQ garantiert werden. Außerdem ist die erfolgreiche Anpassung innerhalb ethnischer Untergruppen vielleicht weniger abhängig von den intellektuellen Fertigkeiten, als die Anpassung in einer Umgebung der weißen Mittelschicht.

Daß ein starker Umgebungseinfluß auf die intellektuelle Leistung und kein rassischer Einfluß gefunden wurde, halten viele Psychologen nicht für kontrovers. Frau Scarr zog jedoch auch Folgerungen über die Rolle der Genetik bei der Intelligenz, die kontroverser sind.

In einer Untersuchung an mehreren Rassen hatten die Eltern auch 145 eigene, leibliche Kinder. In der Studie an Heranwachsenden wurden die 104 Adoptiveltern mit einer Kontrollgruppe von 120 Nicht Adoptiveltern mit Kindern im gleichen Alter verglichen.

Nach Frau Scarr zeigte sich ein genetischer Einfluß auf die Intelligenz, als die Forscher versuchten, die Varianz der IQ-Werte der Adoptivkinder zu erklären - d.h. die Tatsache warum ein Kind 90 Punkte und ein anderes 120 erhielt? Obwohl die Adoptivgruppen im Durchschnitt Werte von 110 und 106 aufwiesen, reichten die tatsächlichen Werte von etwa 75 bis 150.

Komplexe statistische Analysen

Im wesentlichen stellten die Forscher fest, daß die am meisten "bevorteilten" Familien hinsichtlich des IQs der Eltern, des Einkommens, der Bildung und anderer Indikatoren nicht unbedingt die angepaßtesten Kinder mit den höchsten IQs produzierten. ...

In der Untersuchung an mehreren Rassen stellte Frau Scarr in ähnlichem Sinn fest, daß in den Familien mit leiblichen und adoptierten Kindern die Information über Bildung, IQ und Beruf der Eltern "etwa doppelt so viel der Varianz (in den IQs der Kinder) vorhersagt, wenn sie biologisch verwandt sind", als wenn sie adoptiert sind.

Aus diesen und anderen Analysen, folgert Frau Scarr, "scheint es uns offensichtlich, daß die Untersuchung von Adoptiv- und leiblichen Familien deutlich die Vorstellung unterstützt, daß die Hälfte ... oder sogar mehr der langfristigen Auswirkungen des sogenannten Familienhintergrundes auf die intellektuelle Leistung des Kindes von der Genetik, nicht von der Übermittlung durch die Umgebung abhängt."

Wie sie hinzufügte, lassen die Ergebnisse vermuten, "daß in einer 'menschenwürdigen Umgebung' im sozioökonomischen Niveau sowohl der Arbeiter als auch der Mittelschicht kaum Belege für unterschiedliche Umgebungseffekte" auf die Intelligenz vorhanden sind.

Studien wie diese sollten es ermöglichen, daß "Verhaltenswissenschaftler und Politiker die wichtigen von den unwichtigen Unterschieden in der Umgebung von Personen trennen", hofft Frau Scarr. Außerdem sollten solche Untersuchungen Psychologen und andere davon abhalten, jeden dazu zu bewegen, daß er "professionelle" Erziehungspraktiken anwendet, da "nicht nachgewiesen wurde, daß Variationen in den Erziehungspraktiken hinsichtlich ihrer Wirkungen funktionell unterschiedlich sind".

Chronicle of Higher Education
12. September 1977

individuelle Unterschiede in der Intelligenz ganz auf genetische Unterschiede zurückgeführt werden können. Außerdem würde die Vererbbarkeit abnehmen, wenn man die Lebensbedingungen für nur einige Individuen verbessert und somit die Bedingung identischer Umgebungen beseitigt!

Das Thema Anlage-Umwelt ist kompliziert genug, wenn man nur individuelle Intelligenzunterschiede betrachtet. Die Frage wird noch komplizierter und brisanter, wenn rassische Intelligenzunterschiede diskutiert werden, besonders Unterschiede zwischen Schwarzen und Weißen. Es ist eine statistische Tatsache, daß die Schwarzen in den USA durchschnittlich niedrigere Werte in IQ-Tests erhalten als Weiße. Was ist der Grund dafür? Vor mehreren Jahren löste schon der Vorschlag, daß die IQ-Unterschiede zwischen Schwarzen und Weißen auf genetische Unterschiede zwischen ihnen zurückgeführt werden *könnten*, eine hitzige Debatte in wissenschaftlichen, sozialen und politischen Kreisen aus. Die grundsätzliche Frage bei diesem Thema lautet, ob Schwarze und Weiße gleiche Erfahrungen machen, die für die Leistung bei Intelligenztests wichtig sind. Jene, die Unterschiede zwischen Schwarzen und Weißen auf Umgebungsfaktoren zurückführen, argumentieren, daß Intelligenztests zum Vorteil der Weißen voreingenommen sind und daß Schwarzen nicht die gleichen für den Test relevanten Erfahrungen zuteil geworden sind. Es ist schwierig, diese Frage zu lösen, und zur Zeit gibt es keine eindeutigen Beweise, daß der Unterschied zwischen Schwarzen und Weißen in ihrem durchschnittlichen IQ genetisch bestimmt ist.

Motivation und Emotion

263 Motivation als ein Erklärungsbegriff
Die Variabilität des Verhaltens / Ein Zirkelschluß / Motivationale Begriffe / Motivation kann nicht alles erklären

265 Grundlegende Begriffe
Bedürfnis, Trieb und Anreiz / Die Bedeutung von Trieben und Anreizen im Vergleich / Die unterschiedlichen Quellen der Motivation / Drei Sichtweisen der Motivation

269 Die biologische Grundlage der Motivation
Homöostase / Essen / Trinken / Aktivierung / Die Instinkte

280 Motivation als Persönlichkeitsmerkmal
Henry Murrays Arbeiten zu den psychogenen Bedürfnissen / Das Leistungsbedürfnis / Das Geselligkeitsbedürfnis / Das Bedürfnis nach sozialer Billigung / Das Bedürfnis nach Macht / Das Kognitionsbedürfnis / Eine letzte Mahnung zur Vorsicht

286 Motivation und kognitive Prozesse
Schlußfolgerungsprozesse und Attribution / Schlußfolgerungsprozesse und Nützlichkeit

288 Sexuelle Motivation
Biologische Aspekte / Jenseits biologischer Beschränkungen

292 Emotion
Klassifikation der Emotionen / Emotionstheorien / Angst und Ärger

300 Zusammenfassung

302 So sieht das in der Praxis aus
Die Motivation erhöhen / Intrinsische und extrinsische Motivation / Persönlichkeitsaspekte der Motivation verändern / Kontrollieren Sie die Hand, die Sie nährt / Emotionen kontrollieren

7

Robert S. ist 15 Jahre alt und 1,70 Meter groß; er ist ein passabler Schüler und der Klassenkasper. Karin R. ist gleichfalls 15 und eine gute Schülerin; sie gilt als recht hübsch und ist allgemein sehr beliebt. Beide haben Schwierigkeiten mit ihrem Appetit und ihrem Körpergewicht. Robert ißt fast ununterbrochen und bringt stattliche 117 Kilogramm auf die Waage; Karin dagegen verspürt keinerlei Lust, etwas zu essen, und wiegt nur magere 39 Kilogramm. Welche psychologischen und physiologischen Faktoren regeln Appetit und Nahrungsaufnahme, und in welcher Weise haben sich diese Faktoren bei Robert und Karin fehlentwickelt?

Arthur studiert im dritten Jahr an einer der traditionsreichen Eliteuniversitäten an der amerikanischen Ostküste. Er gehört zu den Besten seines Jahrgangs und erreichte bei der letzten Zwischenprüfung in der von ihm gewählten Studienklasse mit dem Hauptfach Informatik einen sehr guten Notendurchschnitt. Außerdem gehört er der Tennismannschaft an, erfreut sich großer Beliebtheit bei seinen Kommilitonen und ist der aussichtsreichste Kandidat für das Amt des Klassensprechers. Er kommt aus bescheidenen sozialen Verhältnissen, und seine Eltern bestanden stets darauf, daß er seine Bedürfnisse aus eigenen Mitteln befriedigte. Zur Zeit arbeitet er nebenbei als Kellner in einer Kneipe. Letzte Woche stand Arthur in den Zeitungen und mußte zugeben, daß er bei Glücksspielen große Summen verloren hatte und bei mehreren Wettbüros und Kredithaien hoch verschuldet war. Arthur war offensichtlich bei allem, was er tat, hoch motiviert, Erfolg zu haben. Was ist falsch gelaufen? Was könnte ihn zum Glücksspiel motiviert haben?

Heike steht an sieben Tage in der Woche um 5.15 Uhr auf, um mit einem anstrengenden Traingsprogramm zu beginnen. Auf 15 Minuten Gymnastik folgt ein Lauf von mehr als 15 Kilometern mit mehreren Sprinteinlagen. Nach einer Entspannungsphase mit neuerlicher Gymnastik nimmt sie ein kohlehydratreiches, makrobiotisches Frühstück zu sich, das mit einer Reihe von Vitamin- und Mineralzusätzen angereichert ist. Sie ist voll berufstätig, aber in ihre einstündige Mittagspause zwängt sie noch 30 Minuten Schwimmen. Nach Feierabend schindet sie sich eine Stunde lang beim örtlichen Schwimmverein, und nach dem Abendessen läuft sie nochmals, wobei wiederum ein Sprinttraining eingeschlossen ist. Heike glaubt, daß sie in diesem Jahr gute Aussichten hat, als Marathonläuferin die Qualifikation für die Leichtathletik Olympiamannschaft zu schaffen. Welche Faktoren motivieren Heike, so viel Zeit und Kraft in ihr Training zu stecken und sich über eine so lange Zeitspanne solchen Mühen zu unterziehen? Können Sie sich vorstellen, selbst ebenfalls so hoch motiviert zu sein?

Dieses Kapitel handelt von der Motivation. Hinter dem Interesse an der Motivation steht die Frage nach den *Gründen*, die Menschen dazu bewegen, sich in bestimmter Weise zu verhalten. Im Gegensatz dazu geht es bei der Frage nach der *Art und Weise*, in der sie das tun, gewöhnlich um ihre Kenntnisse, Fertigkeiten und Leistungen. In diesem Kapitel setzen wir voraus, daß Menschen die Fähigkeit besitzen, auf diese oder jene Weise zu handeln, und fragen, aus welchem Grund sie jeweils das tun, was sie tun. Die Motivation ist eine der wichtigsten Antworten auf diese Frage.

MOTIVATION ALS EIN ERKLÄRUNGSBEGRIFF

Die Variabilität des Verhaltens

Unterschiedliche Menschen verhalten sich in gleichen Situationen unterschiedlich. Auf derselben Cocktailparty greifen einige Leute zu, wenn Speisen angeboten werden, andere aber nicht. Dies ist ein Verhaltensunterschied *zwischen verschiedenen Menschen*. Es gibt aber auch Variabilität bei *ein und derselben* Person. Wenn man an einer Speisegaststätte vorbeikommt, geht man manchmal hinein und verzehrt etwas, bei anderen Gelegenheiten jedoch läßt man sie links liegen. Diese Variabilität des Verhaltens sowohl zwischen verschiedenen Personen als auch bei ein und derselben Person zu unterschiedlichen Zeitpunkten versuchen die Psychologen zu verstehen.

Ein Zirkelschluß

Stellen wir uns einmal einen Mann vor, der zahlreiche Cocktailparties besucht. Nehmen wir weiter an, er langt auf einer Party kräftig zu und ißt auf der nächsten überhaupt nichts. Motivation ist eine naheliegende Möglichkeit, die Unterschiedlichkeit seines Verhaltens zu erklären. Wir setzen die Existenz einer Motivation zur Nahrungsaufnahme voraus und "erklären" die Verhaltensunterschiede, indem wir sie darauf zurückführen, daß der Mann bei der einen Gelegenheit hungrig war, bei der anderen dagegen nicht. Diese Erklärung ist sinnvoll, jedoch ist der darin enthaltene Zirkelschluß zu beachten. Der einzige Hinweis, aus dem wir schließen konnten, daß der Mann bei der ersten Gelegenheit Hunger hatte, war die Tatsache, daß er etwas aß - die gleiche Handlung, die wir zu erklären versuchen. Der Zirkelschluß sieht also wie folgt aus: Er ißt etwas. Warum? Weil er Hunger hatte. Woher wissen wir, daß er hungrig war? Aufgrund der Beobachtung, daß er etwas aß.

Motivationale Begriffe

Um diesen Zirkelschluß zu vermeiden, suchen die Psychologen nach *eigenständigen* Definitionsmöglichkeiten für die Motivation. Häufig laufen diese darauf hinaus, daß die Stärke der Motivation durch die Länge der Zeitspanne bestimmt wird, die verstrichen ist, seit die betreffende Person zum letzten Mal eine Befriedigung des entsprechenden Bedürfnisses erfahren hat. In unserem Beispiel würden das Vorhandensein und das Ausmaß des Hungers durch die Anzahl der Stunden bestimmt, die vergangen sind, seit der Mann zum letzten Mal etwas gegessen hat - die Stunden der Nahrungsdeprivation. So würde der Hunger nicht - wie in dem besprochenen Zirkelschluß - dadurch, daß jemand ißt, und dadurch wieviel er zu sich nimmt, bestimmt, sondern durch das Ausmaß der Deprivation. Nun läuft die Schlußfolgerung in dieser Weise ab: Er ißt etwas. Warum? Weil er Hunger hatte. Woher wissen wir, daß er hungrig war? Aufgrund der Tatsache, daß fünf Stunden vergangen sind, seit er zum letzten Mal etwas gegessen hat.

Motivationale Begriffe, wie beispielsweise Hunger, besitzen einen großen Erklärungswert, weil sie eine Vielzahl von Verhaltensweisen abzudecken vermögen, ohne daß für jede beobachtete Handlung ein neues Prinzip eingeführt werden muß. Die Menschen gehen in Lebensmittelgeschäften einkaufen, arbeiten, stehlen Geld, betteln, bauen in Gärten Pflanzen an, stehen in Selbstbedienungsrestaurants in langen Schlangen, töten Tiere und tun dergleichen mehr - alles, um sich Nahrung zu verschaffen. Zahlreiche unterschiedliche Verhaltensweisen gehören hierher, die alle auf Nahrung abzielen und sämtlich durch die Einführung eines einzigen Begriffs, nämlich der Nahrungsmotivation oder des Hungers, verstanden werden können. Anstatt für jede dieser Verhaltensweisen eine spezifische Erklärung anzuführen, können wir durch Rückgriff auf den Hungerbegriff allen oder zumindest sehr vielen von ihnen Rechnung tragen.

Motivation kann nicht alles erklären

Motivationale Begriffe werden in der Psychologie benutzt, weil sie die Unterschiede im Verhalten teilweise verständlich machen. In dieser Hinsicht unterscheiden sich motivationale Begriffe nicht von anderen grundlegenden Gedanken der Psychologie. Betrachten wir zum Beispiel den Begriff des Lernens. Wir gebrauchen ihn gleichfalls, um Verhaltensunterschiede zu erklären: Anne kann gut Bridge spielen, Uli dagegen ist ein schwacher Spieler. Anne hat Unterricht genommen und *gelernt*, wie man es spielt, Uli aber nicht. Wir führen den Unterschied auf den Erwerb von Kenntnissen oder Fertigkeiten zurück. Nehmen wir einen anderen Begriff, den der Vererbung: Anne und Uli zeichnen sich durch unterschiedliche Intelligenzquotienten aus, die teilweise durch ihre unterschiedliche genetische Ausstattung bedingt sind. Lernen und Vererbung sind zwei Begriffe, mittels derer man verstehen kann, warum Menschen sich unterschiedlich verhalten, sie können allerdings nicht die gesamte Variabilität des Verhaltens abdecken. Motivationale Begriffe schließen die verbleibenden Verständnislücken.

Wie können wir die Wirkungen der Motivation von jenen des Lernens und der Vererbung trennen? Betrachten wir das folgende Beispiel: Zwei Ratten, von denen uns bekannt ist, daß ihre genetischen Ausstattungen einander völlig gleichen (infolge langanhaltender Inzucht: siehe Kapitel 2) und daß auch ihre Lebensgeschichten keinerlei Unterschiede aufweisen, haben gelernt, einen geraden Gang entlang zu einer Zielkammer zu laufen, wo Futter für sie bereitliegt. Diese beiden Ratten bewegen sich nun möglicherweise mit höchst unterschiedlicher Geschwindigkeit durch den Gang. Darüberhinaus vergeht vielleicht noch unterschiedlich viel Zeit, bis sie jeweils mit dem Fressen beginnen, oder sie nehmen unterschiedliche Mengen Futter zu sich, wenn sie einmal die Zielkammer erreicht haben. Wir sehen, daß diese beiden Ratten sich dann auf drei abhängigen Variablen unterscheiden, nämlich der Laufgeschwindigkeit, der Zeitspanne bis zum Beginn des Fressens und der aufgenommenen Futtermenge. Warum? Vererbung oder Lernen kommen als Ursachen nicht in Frage, weil wir mittels wissenschaftlicher Verfahren dafür gesorgt haben, daß die Ratten sich auf diesen beiden wichtigen Dimensionen nicht unterscheiden. Aber die Motivation könnte der Grund sein. Vielleicht hatte man der einen Ratte, unmittelbar bevor man sie in den Gang setzte, soviel Käse, wie sie fressen konnte, gegeben, während die andere seit 24 Stunden nichts gefressen hatte. Die Unterschiede auf allen drei abhängigen Variablen würden dann als bedingt durch den Unterschied bei einem einzigen Faktor aufgefaßt, nämlich der Motivation oder, in unserem Beispiel, dem Hunger.

Man beachte, daß wir nur deshalb sicher sein konnten, daß die Lerngeschichten unserer Ratten gleich waren, und daß sie identische genetische Ausstattungen hatten, weil sie unter Laborbedingungen gezüchtet worden waren, wodurch diese Einflußfaktoren kontrolliert werden können. Bei der Erforschung menschlichen Verhaltens können wir jedoch praktisch niemals gewiß sein, daß zwei Personen gleiche genetische Ausstattungen oder Lerngeschichten haben. Es ist schwierig zu erklären, warum Menschen unterschiedliches Verhalten zeigen, und gleichermaßen schwierig, mit einiger Sicherheit zu schließen, daß Unterschiede in der Motivation ursächlich für solche Variabilität des Verhaltens sind. Im allgemeinen ist Motivation jedoch ein für das Verhalten wesentlicher Aspekt, wenn auch auf jeden Fall nur eine der darauf wirkenden grundlegenden Einflußgrößen.

Stellen wir uns einen Studenten vor, der spätabends noch an seinem Schreibtisch sitzt und lernt. Plötzlich steht er auf, geht zu zwei Freunden und überredet sie, mit ihm über das Universitätsgelände zum Studentenklub zu gehen. Dort bestellen sie sich eine Pizza. Da dieser junge Mann eine ähnliche biologische Ausstattung und ein ähnliches Wissen über die Welt besitzt wie die meisten anderen Studenten, können wir sein Verhalten wohl nicht durch Rückgriff auf Vererbung oder Lernen erklären. Vielmehr werden wir wahrscheinlich zu dem Schluß kommen, daß seine Motivation verschieden von der anderer Menschen war, die nicht weggingen, um eine Pizza zu essen. Darüberhinaus muß sich seine Motivation an diesem Abend von der am Abend vorher, als er bis zum Schlafengehen lernte, unterscheiden.

Wir wollen dieses Beispiel systematisch analysieren. Die folgenden Komponenten können wir isolieren: (1) einen reagierenden Organismus, (2) von diesem Organismus ausgeführtes intrumentelles Verhalten - vom Schreibtisch aufstehen, zwei andere überreden, gehen, eine Pizza bestellen, (3) einen Zielgegenstand - eine gebackene und tafelfertige Pizza und (4) auf dieses Ziel hin gerichtetes Verhalten - die Pizza essen. Alle diese Sachverhalte sind beobachtbar. Wir können den Organismus, sein instrumentelles Verhalten, den Zielgegenstand und das auf diesen gerichtete Verhalten sehen (oder uns bildlich vorstellen).

Bedürfnis, Trieb und Anreiz

Um zu verstehen, wie diese Komponenten miteinander verbunden sind, greifen die Psychologen üblicherweise auf motivationale Grundbegriffe zurück, wobei sie Schlußfolgerungen über drei nicht beobachtbare Sachverhalte anstellen: (1) Bedürfnis, (2) Trieb und (3) Anreiz. Ein solcher Faktor, den wir nicht unmittelbar sehen können, ist das bei einem Organismus gegebene **Bedürfnis**, worunter ein innerer biologischer oder kognitiver Zustand der Abweichung von einer Norm zu verstehen ist, der nach Korrektur verlangt. Zwei Beispiele für ein biologisches Bedürfnis sind das in gewissen Zeitabständen immer wiederkehrende Verlangen des Körpers nach Nahrung und jenes nach Wasser. Ein Beispiel aus dem kognitiven Bereich wäre das Bedürfnis, etwas zu leisten - ein Geschäftsmann im Ruhestand verspürt in sich den Wunsch, noch einmal mit einer neuen Unternehmung ins Geschäftsleben zurückzukehren. Beide Bedürfnisarten werden im weiteren Verlauf dieses Kapitels noch eingehender betrachtet werden. Für den Augenblick halten wir fest, daß Bedürfnisse Zustände der Abweichung sind, die korrigierende Handlungen motivieren.

Ein zweiter, nicht direkt beobachtbarer Faktor, ist der **Trieb**. Trieb nennt man den motivationalen Schub, den das Verhalten als Folge der Tatsache erfährt, daß bei einem Organismus ein Bedürfniszustand besteht oder sich allmählich aufbaut. Im allgemeinen bezieht sich der Begriff Trieb auf das erhöhte energetische Niveau, das sich in gesteigerter Aktivität oder Erregung äußert und von dem betreffenden Organismus als Konsequenz der Tatsache aufgebaut wird, daß er über einen bestimmten Zeitraum den Zielgegenstand entbehren mußte. Wenn unser studentischer Freund einige Zeit nichts gegessen hat, nehmen wir an, er verzichtete auf das Abendessen, weil das psychologische Buch, das er gerade durcharbeitete, ihn so sehr fesselte, wird sich ein Zustand des Bedürfnisses nach Nahrung (Hunger) entwickeln. Es ist offensichtlich, daß zwischen Bedürfnisstärke und Triebstärke ein enger Zusammenhang besteht. Allerdings ist die Korrelation nicht vollständig, denn bei sehr großer Stärke eines Bedürfnisses, etwa wenn ein Mensch buchstäblich vor Hunger fast umkommt, kann es zu einem tiefen Absinken der Triebstärke oder der für das Verhalten verfügbaren Energie kommen.

Der dritte, der direkten Beobachtung nicht zugängliche Faktor, der **Anreiz**, bezieht sich auf die Wirkungen, die die Zielgegenstände selbst auf das Verhalten ausüben - die Anziehungskraft eines positiven Anreizes (Annäherung) oder die Abstoßung durch einen negativen Anreiz (Vermeidung). Wenn wir die Begriffe *Zielgegenstand* oder *Anreiz* gebrauchen, umfaßt ihre Bedeutung für uns nicht nur mit den Händen greifbare Gegenstände wie eine Pizza, sondern auch nicht handgreiflich gegebene Geschehnisse oder Sachverhalte wie ein Sieg im Marathonlauf oder die Wahl zum Klassensprecher. Objekte, die Menschen motivieren, sie anzustreben, nennt man *positive Anreize*. Objekte, die zu ihrer Vermeidung motivieren, heißen *negative Anreize*. Die Stärke der motivierenden Eigenschaft eines bestimmten Objekts im Vergleich zu anderen innerhalb derselben allgemeinen Kategorie von Objekten ist der *Anreizwert* dieses Objekts. Der Student in unserem Beispiel ist bereit, für eine Pizza über das Universitätsgelände zu gehen. Aber wie weit zu gehen wäre er bereit gewesen, wenn nichts als ein Teller mit verkochtem Gemüse angeboten worden wäre? Sowohl Pizza als auch Gemüse sind Nahrungsmittel und beides kann sein Bedürfnis gleich gut stillen. Dennoch ist seine auf die Pizza gerichtete Motivation wohl die stärkere. Folglich hat eine Pizza einen höheren Anreizwert als verkochtes Gemüse.

Wir sehen sofort, daß der Begriff des Anreizes dem Begriff der Verstärkung, der in Kapitel 4 behandelt wurde, verwandt ist. Verstärkung ist ein genau definierter Begriff, der sich ausschließlich auf solche Situationen bezieht, in denen die Auftrittswahrscheinlichkeit einer Reaktion sich erhöht, wenn das Auftreten eines bestimmten Reizereignisses kontingent zu dieser Reaktion erfolgt. Beispielsweise wird einer Ratte nur dann Futter gegeben, wenn sie einen Hebel drückt, und wir beobachten nun, daß sie diesen Hebel mit zunehmender Häufigkeit drückt. Anreiz ist ein breiterer und weniger gut definierter Begriff, bei dem erschlossene motivationale Qualitäten wie Anziehung / Abstoßung und Bevorzugung zu der objektiv beobachtbaren Verstärkungswirkung hinzugefügt sind.

Motivation ist also das Zusammenwirken von Trieb und Anreiz, wobei Trieb in erster Linie einen aus äußeren Anzeichen erschlossenen inneren Zustand des Organismus meint, und Anreiz sich auf die Merkmale von Zielgegenständen bezieht. Das Triebniveau leitet sich vor allem von den Bedürfnissen des Organismus her, die entweder kognitiv ("Ich möchte ein Glas Bier") oder biologisch ("Ich habe Durst") begründet sein können. Der Anreizwert bezieht sich auf die Anziehungskraft der verschiedenen Zielgegenstände (Pizza gegenüber Gemüse). Der Trieb steht mit dem inneren Zustand des Organismus in Verbindung, während der Anreiz sich auf die äußere Situation, auf ein Merkmal des äußeren Zielgegenstandes, bezieht. Motivation ist die vereinte Wirksamkeit von Trieben und Anreizen, von Druck und Zug, und in diesem Zusammenspiel liegt ein Großteil der Unterschiedlichkeit, die menschliches Verhalten auszeichnet, begründet.

Die Bedeutung von Trieben und Anreizen im Vergleich

Frühe Abhandlungen über Motivation betonten die Wichtigkeit der Triebe, jedoch wurden im Laufe der Jahre immer mehr empirische Befunde berichtet, die zu der Vermutung Anlaß gaben, daß Anreize möglicherweise eine wesentlichere Rolle spielen, besonders dann, wenn es um menschliches Verhalten geht. Dies führte dazu, daß man seit einigen Jahren weniger Gewicht auf Triebe legt und stattdessen die Rolle von Anreizen als Motivationsfaktoren stärker hervorhebt. In einer Untersuchung wurde herausgefunden, daß Tiere instrumentell handeln, um Belohnungen zu erhalten, die in keinerlei Beziehung zu einem der bekannten Bedürfniszustände stehen. Ratten führen Verhaltensweisen aus, um eine süße Saccharinlösung zu erhalten, auch wenn sie vorher keinen Mangel an Wasser hatten, und obwohl das Saccharin, ein synthetischer Süßstoff, keine für ihren Körper verwertbaren Nährstoffe enthält. Saccharin besitzt einen positiven Anreizwert - es schmeckt süß -, aber es befriedigt keinen bekannten Trieb oder Bedürfniszustand. Affen reagieren und lernen, nur um die Gelegenheit zu haben, aus ihrem Käfig hinaus in das Laboratorium zu blicken oder für sie neue Dinge zu sehen (siehe Abbildung 7 -1). Selbstverständlich tun auch Men-

Meist sind wir nicht durch solche Anreize motiviert, die uns handgreiflich vor Augen stehen. Sehr viel häufiger resultiert die Motivation aus unserer Fähigkeit, das Erlangen positiver Anreize oder die Vermeidung negativer geistig vorwegzunehmen. Wir werden durch unser Wissen motiviert, daß bestimmte Verhaltensweisen zu positiven Anreizen hin- oder von negativen Anreizen wegführen.

Abbildung 7 -1 Der neugierige Affe

Eine der Schwierigkeiten im Zusammenhang mit der Triebtheorie wurde offenkundig, als in verschiedenen Experimenten bewiesen wurde, daß Tiere sich durch Belohnungen, die keinen der bekannten Triebe befriedigen, zum Lernen und instrumentellen Verhalten bewegen lassen. Deshalb bereitete es Schwierigkeiten, weiterhin die Ansicht aufrechtzuerhalten, sie seien in erster Linie durch einen Trieb motiviert gewesen. In einer dieser Untersuchungen wurde gezeigt, daß Affen lernen, einen Hebel zu betätigen, durch den sie eine Klappe an ihrem Käfig öffnen können, die ihnen den Blick in das Laboratorium freigibt oder es ihnen ermöglicht, Dinge zu sehen, die für sie neu sind, wie etwa eine Spielzeugeisenbahn. Der Affe in der Abbildung oben scheint sich jedoch mehr für den Photographen zu interessieren als für die Eisenbahn.

schen vielerlei, was keinem der bekannten Triebe eine Befriedigung verschafft - sie fahren mit der Geisterbahn, lesen Kriminalromane, spielen alle möglichen Arten von Spielen, laufen nackt durch Universitätscafeterien und versuchen, den Weltrekord im Dauerduschen zu brechen. Es erscheint praktisch unmöglich, solche Verhaltensweisen dadurch zu erklären, daß damit Triebe befriedigt werden sollten. Eher sieht es so aus, daß ihre Gründe in den Konsequenzen liegen - Aufregung, Vergnügen, Erkenntnis, Ansehen oder was auch immer.

So hat sich, besonders was die menschliche Motivation anbelangt, das Schwergewicht von den Trieben zu den Anreizen verlagert, vom Drücken zum Ziehen, von der Motivation im Sinne des Bestrebens, einen Trieb zu befriedigen, zur Motivation im Sinne des Strebens nach Zielen oder im Sinne der Ausführung von Verhalten mit der Absicht, positive Anreize zu erlangen und negative zu vermeiden. Es fehlt jedoch noch das Verständnis, wie die motivationalen Wirkungen von Anreizen entstehen, und wie sich bei uns die Anreizwerte der unterschiedlichen Gegenstände entwickeln. Warum ist etwas, was für den einen Menschen einen positiven Anreiz darstellt (wie z. B. Schnecken oder Kaviar), für den anderen ein negativer Anreiz?

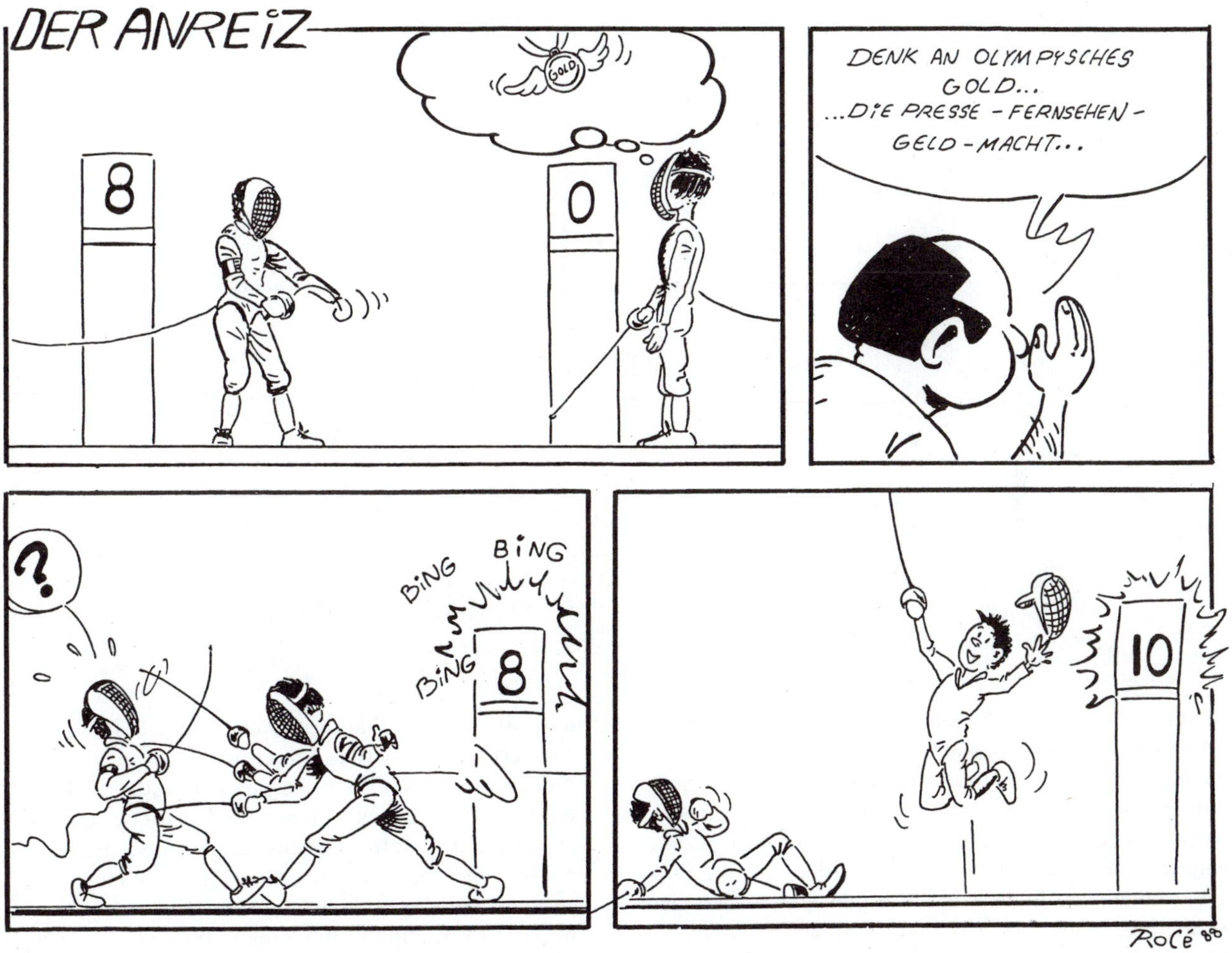

Der Begriff Anreiz bezieht sich auf die *motivationalen* Eigenschaften eines Zielgegenstandes. Mehrere Dinge werden hier als Belohnung in Aussicht gestellt. Es ist fraglich, was davon den Fechter am meisten motiviert. Da er seinen Schützling sicher gut kennt, wird der Trainer vermutlich aus gutem Grund die Goldmedaille zuerst erwähnt haben. Die Aussicht auf die Goldmedaille wird ihn vielleicht stärker motivieren als das Geld und er würde sich für eine Belohnung durch eine Goldmedaille mehr anstrengen als für eine Belohnung durch Geld. In diesem Fall könnte man sagen, daß der Anreizwert einer Goldmedaille höher ist als der des Geldes. Aber wahrscheinlich um ganz sicher zu gehen, stellt der Trainer mehrere Belohnungen in Aussicht.

Die unterschiedlichen Quellen der Motivation

Wir haben in unserer bisherigen Darstellung der Einfachheit halber angenommen, daß zu einem gegebenen Zeitpunkt in einem Organismus nur eine einzige Motivationsquelle wirksam ist. Tatsächlich aber üben in einer beliebigen Situation oft mehr als nur eine Motivationsquelle ihren Einfluß aus. Der Student in unserem Beispiel könnte aus mehreren Gründen in den Studentenklub gehen: (1) um eine Pizza zu essen, (2) um ein Bier zu trinken und (3) um sich die Zeit auf angenehme Weise zu vertreiben. Wenn die unterschiedlichen Quellen der Motivation alle in ein und dieselbe Richtung weisen, kann man ihren Einfluß einfach "addieren", wobei sich das Gesamtniveau der Motivation erhöht, und man muß nicht zusätzliche Überlegungen anstellen. Ein interessanter Fall besteht jedoch, wenn zwei oder mehr Motivationsquellen verschiedenartige Hand-

Abbildung 7-2 Ein Annäherungs-Vermeidungs-Konflikt

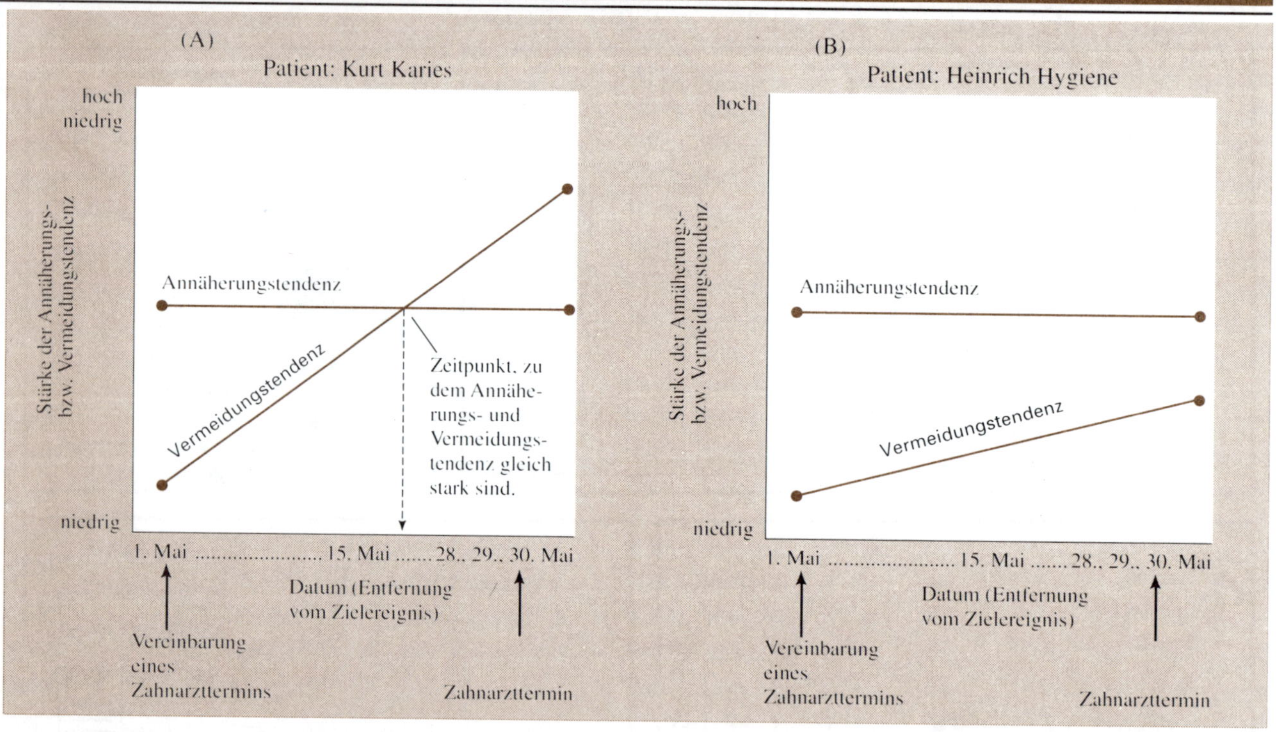

Schaubild A stellt den Annäherungs-Vermeidungs-Konflikt des Patienten Kurt Karies dar, der am 1. Mai mit seinem Zahnarzt einen Termin vereinbart, einen knappen Monat, bevor er dann tatsächlich erscheinen soll. Es bestehen zwei Tendenzen: eine Tendenz der Annäherung (zum Zahnarzt hingehen) und eine der Vermeidung (dem Zahnarzt fernbleiben). In unserem Beispiel ändert sich der Annäherungsgradient beim Näherrücken des Termins nicht, jedoch wird die Vermeidungstendenz immer stärker (Kurt sieht starke Schmerzen auf sich zukommen), je mehr sich die zeitliche Distanz zum geplanten Zahnarztbesuch verringert. Zunächst ist die Annäherungstendenz deutlich stärker als die Vermeidungstendenz, weshalb eine Terminvereinbarung getroffen wird. Später jedoch, wenn der Zahnarzttermin nähergerückt ist, verstärkt sich die Vermeidungstendenz, bis sie schließlich zu irgendeinem Zeitpunkt die gleiche Stärke erreicht wie die Tendenz zur Annäherung. Dies ist der Punkt, wo der Konflikt um die Frage, was zu tun sei, sein größtes Ausmaß annimmt, der Punkt des Schwankens. Hier wird Kurt möglicherweise versuchen, den Termin abzusagen oder wenigstens zu verschieben. In jeglicher Konfliktsituation hängt das, was dann tatsächlich geschieht, von der Höhe der Annäherungs- und Vermeidungsgradienten sowie von deren Steilheit ab. Zum Beispiel ist die Vermeidungstendenz in Schaubild B nicht so stark wie die in Schaubild A, denn Heinrich Hygiene hat nicht soviel Angst vor dem Zahnarzt wie Kurt. Bei Heinrich schneiden sich die Annäherungs- und die Vermeidungstendenz zu keinem Zeitpunkt, und deshalb unternimmt er auch keinen Versuch, seinen Termin abzusagen.

lungsabläufe gebieten. Unter derartigen Bedingungen spricht man von einem Zustand des *motivationalen Konflikts,* in dem eine Person sich befindet.

Ein Konflikt besteht immer dann, wenn mindestens zwei Motivationsquellen, deren Befriedigung sich wechselseitig ausschließt, in Konkurrenz stehen. Erinnern wir uns an die Unterscheidung zwischen der Annäherungstendenz auf positive Anreize hin und der Vermeidungstendenz von negativen Anreizen weg. Im Rahmen von Annäherung und Vermeidung lassen sich drei Arten von Konflikten beschreiben:

1. *Annäherungs-Annäherungs-Konflikt :* In diesem Fall gibt es zwei positive Anreize, aber nicht beide können erlangt werden - man muß sich entweder für den einen oder für den anderen entscheiden. Ein gutes Beispiel hierfür ist die Entscheidung, ob man abends ins Kino geht oder sich im Fernsehen eine seiner Lieblingssendungen ansieht. Ein Annäherungs-Annäherungs-Konflikt läßt sich im allgemeinen leicht lösen (ins Kino kann man auch am nächsten Abend gehen), es sei denn, daß die Motivation in Richtung beider Anreize sehr stark ist, und die Ziele einander wirklich kategorisch ausschließen.
2. *Vermeidungs-Vermeidungs-Konflikt:* Dieser Konflikt ergibt sich, wenn zwischen zwei negativen Alternativen oder Anreizen eine Wahl getroffen werden muß. Beispielsweise könnte es sein, daß man sich entscheiden muß, welchen von zwei langweiligen Lehrtexten man heute abend durcharbeiten will. Eine der wesentlichsten Besonderheiten des Vermeidungs-Vermeidungs-Konflikts ist, daß es meist schwierig ist, ihn zu lösen, vor allem dann, wenn beide Anreize sehr stark negativ sind. Häufig gelingt es uns nicht, überhaupt zu einer Entscheidung zu kommen. Stattdessen versuchen wir, aus der Konfliktsituation zu entfliehen, beispielsweise indem wir fernsehen und überhaupt nicht lernen.
3. *Annäherungs-Vermeidungs-Konflikt:* Oft hat ein Ziel oder ein Anreiz sowohl positive als auch negative Seiten, was dazu führt, daß gleichzeitig Tendenzen der Annäherung und der Vermeidung geweckt werden. So können beispielsweise dieselben Speisen, die man als besonders schmackhaft schätzt, möglicherweise Gewichtszunahme und Karies verursachen. Bei dieser Konfliktart scheint die "Entfernung" von dem Anreiz eine wichtige Rolle zu spielen. Ist die Entfernung groß, fallen die negativen Gesichtspunkte offenbar weniger ins Gewicht als die positiven, und so strebt man dem Ziel zu, vereinbart zum Beispiel für einen Zeitpunkt in sechs Monaten einen Termin beim Zahnarzt. Wenn dieser Termin jedoch näherrückt, gewinnen die negativen Aspekte an Bedeutung und übertreffen möglicherweise irgendwann die positiven, was dann zur Aufgabe des Ziels führt (man sagt den Termin ab). Die Abbildung 7 - 2 stellt die Reaktion zweier unterschiedlicher Patienten auf den eben geschilderten Annäherungs-Vermeidungs-Konflikt dar.

Drei Sichtweisen der Motivation

Die Psychologen haben versucht, die motivationalen Prozesse von drei unterschiedlichen Standpunkten aus zu verstehen: (1) aus biologischer, (2) aus sozial- und persönlichkeitspsychologischer und (3) aus kognitionspsychologischer Sicht. Diese drei Sichtweisen können wir uns anhand unseres Pizzabeispiels deutlich machen. Biologisch orientierte Herangehensweisen konzentrieren sich auf den inneren Zustand des Hungers bei dem Studenten, auf die physiologischen Folgeerscheinungen von Nahrungsentzug und Pizzaverzehr. Aus dem Blickwinkel der Sozial- und Persönlichkeitspsychologie beschäftigt man sich mit beispielsweise der Frage, warum der Student zwei Freunde dafür zu gewinnen suchte, mit ihm zu kommen, oder jener, warum die drei sich entschieden, in den Studentenklub zu gehen, anstatt sich die Pizza bringen zu lassen. Aus kognitionspsychologischer Sicht wird zum Beispiel gefragt, warum die drei Pizza wählten und nicht etwa Hamburger, warum sie zu Fuß gingen und nicht mit dem Auto fuhren, und welchen Preis sie für die Pizza höchstens zu zahlen bereit waren. Zusammenfassend kann man sagen, daß Motivation nicht vollkommen verstanden werden kann, wenn nicht (1) die biologische Ausstattung einer Person, (2) ihre Persönlichkeit und ihr soziales Umfeld sowie (3) ihr Denken und ihr Wissen über die Welt in die Betrachtung einbezogen werden. Wir werden uns mit jeder dieser Sichtweisen in diesem Kapitel eingehend beschäftigen.

DIE BIOLOGISCHE GRUNDLAGE DER MOTIVATION

Wir sind lebende Wesen und besitzen Körper, die für ihr Überleben bestimmte Dinge brauchen - unsere Grundbedürfnisse. Die Motivierung eines großen Teils unseres Verhaltens kann auf diese Bedürfnisse zurückgeführt werden, die die Quellen unserer Primärtriebe sind. Wir benötigen Nahrung, Wasser, Luft, Schlaf sowie eine gewisse Zufuhr von Wärme, und unser Handeln kann häufig als Versuch betrachtet werden, diese lebenswichtigen Dinge zu erlangen. Wir besitzen angeborene physiologische Systeme zur Regelung der Aufnahme von zum Beispiel Nahrung oder Wasser. Diese Bedürfnisse und die Systeme, die sie regeln, verleihen der Nahrung und dem Wasser ihre Kraft, Verhalten zu verstärken. In diesem Abschnitt wollen wir uns an den Beispielen des Essens und des Trinkens mit solchen Regelsystemen auseinandersetzen. Zunächst jedoch muß der wichtige Begriff der Homöostase erläutert werden.

Homöostase

Komplexe physiologische Systeme geben die Bedingungen vor, unter denen ein Bedürfnis nach Nahrung oder Wasser besteht, das dann im Organismus die Bereitschaft weckt, zu essen, zu trinken oder Verhaltensweisen auszuführen, die früher bereits ein oder mehrere Male die Aufnahme von Nahrung oder Wasser ermöglicht haben. Sobald Nahrung und Wasser in genügender Menge aufgenommen worden sind, verspürt das System diese Tatsache, und der Organismus ist nicht länger bereit, zu essen oder zu trinken.

Die grundsätzliche Aufgabe solcher physiologischen Systeme besteht darin, in unseren Körpern einen bestimmten "Stabilitätszustand" aufrechtzuerhalten. Man sagt von solchen Systemen, ihre Arbeitsweise folge dem Prinzip der **Homöostase**. Dieses Prinzip läßt sich am besten anhand der Analogie der Zentralheizung in einem Wohnhaus erläutern. Das Heizungssystem ist darauf ausgerichtet, einen bestimmten Stabilitätszustand, etwa eine Raumtemperatur von 20° C, aufrechtzuerhalten. Dies wird mittels eines Thermostaten (ein Homöostat für die Temperatur) erreicht, der das Bedürfnis nach Wärmezufuhr ermittelt, den Heizkessel in Gang setzt, wenn die Temperatur zu niedrig ist, und ihn wieder abstellt, wenn die Raumtemperatur erneut etwa 20° C erreicht hat.

Die unseren biologischen Bedürfnissen zugrundeliegenden physiologischen Systeme arbeiten offenbar in ähnlicher Weise, das heißt, sie folgen einem homöostatischen Prinzip. Folglich müssen wir annehmen, daß wir "Fühler" haben, die ermitteln, ob wir Nahrung oder Wasser benötigen. Sobald ein solches Bedürfnis ein bestimmtes Ausmaß erreicht hat, werden wir motiviert, Handlungen auszuführen, die der Erlangung und Aufnahme von Nahrung oder Wasser dienlich sind. Sobald wir essen oder trinken, verspürt das System eine Abnahme des Bedürfnisses und verändert in der Folge unser Verhalten dahingehend, daß wir das Essen oder Trinken rechtzeitig beenden. Selbstverständlich dürfen wir nicht vergessen, daß dieses homöostatische System von einem komplexen System gelernter Verhaltensweisen überlagert ist, die dazu dienen, Nahrung und Wasser verfügbar zu machen. Wir haben gelernt, die Bedürfnisse vorwegzunehmen, um dem Verhungern oder Austrocknen vorzubeugen. Zahlreiche dieser Verhaltensweisen sind gelernt worden, weil sie durch Nahrung oder Wasser verstärkt wurden. Ein Teil der Motivation zu diesen Verhaltensweisen leitet sich jedoch von der Tatsache her, daß Nahrung und Wasser positive Anreize sind. Aber wenn wir einmal gelernt haben, wie man Nahrung oder Wasser finden, erbetteln oder borgen kann, regeln die homöostatischen Systeme, wieviel davon wir aufnehmen. Als nächstes werden wir drei wichtige Beispiele für homöostatische Systeme betrachten: (1) Essen, (2) Trinken und (3) das Aktivierungsniveau.

Essen

Zu einem Teil dient unser Essen der Befriedigung eines biologischen Grundbedürfnisses. Wir müssen die verschiedenen Gewebe, Organe und andere Teile unseres Körpers mit den für Wachstum und einwandfreie Funktion notwendigen Nährstoffen versorgen. So unterschiedliche Stoffe wie Kalzium, Natrium, Eisen, Eiweiß und die verschiedenen Vitamine müssen dem Organismus zugeführt werden, und es ist Aufgabe des homöostatischen Systems, die Aufrechterhaltung der Versorgung mit ihnen zu regeln. Das Essen ist der auf der Verhaltensseite liegende Teil dieses Systems, über den die Aufnahme der Nahrung in den Körper erfolgt, wo sie dann verwertet werden kann. Das homöostatische System ist sehr kompliziert, und es müssen noch viele offene Fragen im Zusammenhang damit geklärt werden, wenn wir auch einige wichtige Tatsachen bereits heute kennen. Zunächst ist uns bekannt, daß das homöostatische System unglaublich gut arbeitet, wenn es sich selbst überlassen bleibt. Ungeachtet großer Unterschiede bei unserem Energieeinsatz bleibt unser Körpergewicht bemerkenswert konstant - das System paßt offensichtlich die Aufnahme dem Verbrauch an. Man stelle sich nur einmal vor, das System würde permanent um den winzigen Betrag von 15 Gramm pro Tag abweichen. Innerhalb eines Jahres würde sich dies zu einer Zunahme oder Abnahme von über fünf Kilogramm addieren. Einen im Alter von 15 Jahren 75 Kilogramm wiegenden Menschen würde ein solches System mit 45 Jahren auf 225 Kilogramm gebracht haben oder -soweit man sich ein negatives Gewicht überhaupt vorstellen kann - auf minus 75 Kilogramm.

Weiterhin wissen wir, daß dieses komplexe System eine Vielfalt von Kontrollfaktoren einschließt, deren Zweck der Ersatz oder die Unterstützung eventuell versagender Teile des Systems ist. Das bedeutet, daß es nicht annähernd so einfach ist wie ein Zentralheizungssystem.

Der festgesetzte Richtwert für das Körpergewicht

So wie der Thermostat in der Wohnung auf einen bestimmten Richtwert für die Wärme eingestellt ist, ist im Körper ein solcher Richtwert für das Gewicht festgesetzt, und der Organismus regelt die Nahrungsaufnahme derart, daß dieser Richtwert eingehalten wird. Der führende Vertreter der Theorie des "festgesetzten Gewichts" ist Richard Keesey, der an der Universität von Wisconsin lehrt. Das homöostatische System, das dieses festgesetzte Gewicht regelt, ist kompliziert. Wie der Leser vielleicht richtig vermutet, sind die in diesem Zusammenhang wichtigsten Variablen das Körperfett und die Art und Weise, wie es gespeichert wird. Sowohl die Anzahl der Fettzellen im Körper eines Menschen als auch deren Größe haben wesentlichen Einfluß auf das Gewicht. Man kann infolge einer zu großen Anzahl von Fettzellen übergewichtig sein, infolge einer zu großen Menge von Fettmolekülen in den einzelnen Zellen oder infolge beider Umstände gleichzeitig. Das Gehirn regelt die Nahrungsaufnahme derart, daß die Menge des gespeicherten Fettes gleichbleibt. Im Gehirn ist offenbar der Hypothalamus (siehe Kapitel 2) das für die Gewichtsregulierung wichtigste Organ. Es gibt empirische Belege dafür, daß er diese Aufgabe dadurch bewältigt, daß er ständig den Spiegel des Glyzerols, einer freien Fettsäure, im Blutkreislauf überwacht. Wenn die Menge des gespeicherten Fettes zunimmt, steigt auch der Glyzerolspiegel im Blut an. Der Spiegel des Glyzerols im Blut steigt und fällt proportional zu den Veränderungen beim gespeicherten Fett, und der Hypothalamus reagiert auf Schwankungen beim Glyzerol mit der Einleitung entsprechender Änderungen bei der Nahrungsaufnahme.

Die empirischen Belege für die wichtige Rolle des Hypothalamus stammen aus Untersuchungen über die operative Zerstörung sowie über die elektrische Stimulierung oder Aktivierung zweier Teilbereiche desselben: des Nucleus ventromedialis und des Nucleus lateralis. Die Zerstörung dieser Bereiche erreicht man, indem man mit chirurgischen Mitteln Läsionen in ihnen hervorruft.

Abbildung 7-3 **Hypothalamische Hyperphagie**

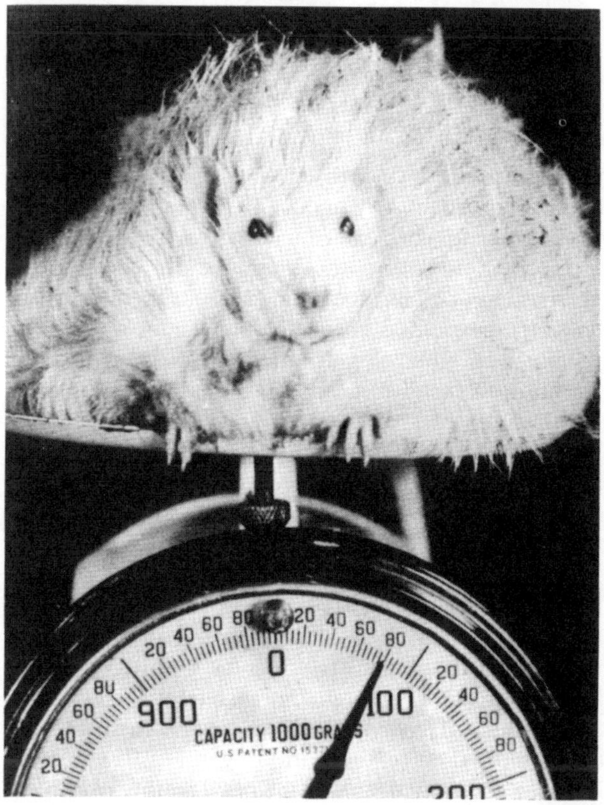

Eine hyperphagische Ratte, deren Fettleibigkeit auf eine Läsion im Nucleus ventromedialis des Hypothalamus zurückzuführen ist. Diese Ratte wiegt 1080 Gramm (der Zeiger hat das Zifferblatt etwas mehr als einmal umrundet). Eine normale Ratte des gleichen Alters wiegt weniger als 200 Gramm.

Eine Läsion im Nucleus ventromedialis bei einem Tier verursacht **Hyperphagie**, ein abnorm gesteigertes Verlangen nach Nahrung. Ein solches Tier überfrißt sich und wird ungeheuer dick (siehe Abbildung 7 - 3). Aber das Tier frißt nicht ohne Unterlaß weiter, bis es platzt. Stattdessen stellt sich das Tier auf ein neues, wenn auch sehr viel höheres Gewicht ein und behält dieses dann bei. Es ist, als sei der Thermostat oder "Fettostat" auf einen höheren Richtwert eingestellt worden. In der Tat ist es so, daß Tiere, die gestopft und zwangsgefüttert wurden, damit sie vor der Operation ein starkes Übergewicht erreichten, nach dem Eingriff nicht übermäßig fressen, sondern zunächst solange weniger Futter zu sich nehmen, bis sie ihr Gewicht auf das neue Niveau, das nun natürlich höher als normal liegt, abgesenkt haben.

Die operative Zerstörung des lateralen Hypothalamus hat eine entgegengesetzte Wirkung, indem sie offenbar eine Verstellung des "Fettostats" auf einen niedrigen Wert zur Folge hat. Nach einem solchen Eingriff zeigen Tiere **Aphagie;** sie fressen überhaupt nichts. Eine so plötzliche und vollständige Beendigung der Nahrungsaufnahme würde normalerweise zum Tode führen, weshalb sie eine Zeitlang zwangsernährt werden müssen. Nach der Genesung fressen sie aus eigenem Antrieb, jedoch halten sie ihr Körpergewicht auf einem sehr viel niedrigeren Niveau aufrecht, als es normalerweise der Fall ist. Bringt man die Tiere vor dem Eingriff durch Nahrungsentzug allmählich auf ein sehr geringes Gewicht, dann werden sie nach der Operation fressen, um den neuen Richtwert zu erreichen, der viel niedriger als im Normalzustand, aber höher als das durch den Nahrungsentzug erzielte Gewicht liegt.

Tabelle 7-1 Wirkungen von operativer Zerstörung und elektrischer Stimulierung (Aktivierung) zweier Teilbereiche des Hypothalamus

	Zerstörung	Aktivierung
Nucleus ventromedialis	Das Tier entwickelt eine Hyperphagie und überfrißt sich	Ein hungriges Tier, das gerade frißt, hört sofort damit auf
Nucleus lateralis	Das Tier entwickelt eine Aphagie - es frißt überhaupt nichts und geht zugrunde, wenn es nicht zwangsernährt wird	Das Tier beginnt sofort zu fressen - sogar dann, wenn es sich gerade sattgefressen hat

Die elektrische Stimulierung dieser beiden Teilbereiche des Hypothalamus ruft Wirkungen hervor, die jenen, die durch ihre operative Zerstörung verursacht werden, entgegengesetzt sind. Die Stimulierung des Nucleus ventromedialis bewirkt bei einem hungrigen Tier, das gerade frißt, eine sofortige Beendigung dieser Tätigkeit. Beim Nucleus lateralis hat die Stimulierung zur Folge, daß ein Tier auf der Stelle zu fressen beginnt, sogar dann, wenn es sich unmittelbar vorher sattgefressen hat (siehe Tabelle 7–1).

Kurzfristige Schwankungen um den festgesetzten Richtwert

Gerade haben wir uns mit dem langfristig wirksamen, stabilen Bestimmungsfaktor von Gewicht und Nahrungsaufnahme befaßt. Es gibt jedoch auch kurzfristige, von einem Tag auf den anderen beobachtbare Unterschiede bei der Menge der aufgenommenen Nahrung. Diese Schwankungen sind offenbar mehr vom Glukosespiegel (Zucker) im Blut abhängig als vom Körperfett oder vom Glyzerolspiegel. Der für diese Kurzzeitschwankungen hauptverantwortliche Teil des Gehirns ist gleichfalls wieder einmal der Hypothalamus.

Die Glukose ist die grundlegende Energiequelle des Körpers, und wenn sie rasch verbraucht wird, wirkt sich dies auf den Glukosespiegel im Blut aus. Offenbar überwacht der Körper den Glukosespiegel, denn dieser wird ständig reguliert, damit er gewisse Grenzwerte nicht unter- oder überschreitet. Wenn der Glukosespiegel im Blut absinkt, verbrauchen wir im allgemeinen Energie und benötigen Nahrung. Dieses Fallen des Blutzuckerspiegels wird auf irgendeine Weise registriert und führt dazu, daß wir essen.

Wenn man dem Körper Insulin zuführt, hat dies ein Absinken des Glukosespiegels im Blut zur Folge. Personen, die Insulininjektionen erhalten, berichten, daß sie bald danach ein Hungergefühl verspüren, und Tiere, denen man Insulin injiziert, beginnen zu fressen. Den umgekehrten Effekt kann man ebenfalls herbeiführen: Gibt man hungrigen Tieren Glukoseinjektionen, dann hören sie auf zu fressen. In Wirklichkeit läuft diese Regelung wahrscheinlich komplizierter als über ein einfaches allgemeines Überwachen des auf den gesamten Blutkreislauf bezogenen durchschnittlichen Glukosespiegels. Der durchschnittliche Spiegel steht in keiner engen Beziehung zum Hunger und zur verzehrten Menge. Deswegen wurde der Vorschlag gemacht, den *Unterschied* zwischen dem Glukosespiegel in den Arterien und demjenigen in den Venen als die Größe anzusehen, die überwacht wird. Auf jeden Fall steht fest, daß der Glukosespiegel eine Rolle spielt.

Im Magen, in der Leber und im Hypothalamus gibt es Zellen, die man Glukorezeptoren nennt. Diese sind darauf spezialisiert, die lokalen Glukosespiegel zu messen und dem Gehirn einen eventuellen Bedarf an Nahrung zu melden, worauf jenes dann den Eßvorgang einleitet.

Vermutlich liegen die Zentren für die Regelung sowohl des auf der Fettspeicherung aufbauenden langfristigen Körpergewichts als auch des am Glukosespiegel sich orientierenden Kurzzeitsystems im Hypothalamus und sind vielfältig miteinander verflochten. Wie wir bereits angemerkt haben, ist der Hypothalamus nur ein Teil - wenn auch offenbar der entscheidende - des komplizierten Systems, das die Nahrungsaufnahme regelt. Auf welche Weise der Hypothalamus diese Aufgabe bewältigt, ist zur Zeit noch nicht vollständig bekannt.

Periphere Meßfühler

Die Spiegel von Fett und Zucker im Blut sowie der Hypothalamus sind entscheidend, aber es gibt noch andere, ebenfalls wichtige Faktoren. Betrachten wir zum Beispiel den Magen. Wir haben bereits die wahrscheinliche Existenz von Glukorezeptoren im Magen erwähnt, die die Glukose überwachen und das Gehirn über die Ergebnisse informieren. Außerdem kontrolliert der Magen die Nahrungsmenge, die sich in ihm befindet, und meldet sie dem Gehirn. Der Magen und der Dünndarm sondern ein Hormon ab, das Enterogastron, in dem eine wirkungsreiche chemische Substanz mit Namen Cholecystokinin (CCK) enthalten ist, ein Mitglied der "Hitparade der Peptide" (siehe Kapitel 2). CCK ist ein wirkungsvolles Sättigungssignal - es übt einen hemmenden Einfluß auf die Nahrungsaufnahme aus. Auch im Mund wird die verzehrte Nahrungsmenge mittels des Geschmackssinns, des Geruchssinns und der Rezeptoren in der Kau- und Schluckmuskulatur überwacht. All diese Informationsquellen nutzt das Gehirn bei der Entscheidung über Beginn oder Ende des Eßvorgangs.

Aber weder die Vorgänge im Mund noch die im Magen sind für sich allein unbedingt notwendig. Man kann bei einem Tier, das für Belohnungen durch Futter ein bestimmtes Verhalten ausführt, dieses Futter unter vollständiger Umgehung des Mundes direkt seinem Magen zuführen. Das Gewicht eines solchen Tieres wird weiterhin innerhalb des normalen Bereichs liegen, obgleich es von dem Futter, für das es sich anstrengt, niemals auch nur einen Bissen schmeckt oder kaut. Ebenso ist es möglich, den Magen operativ zu entfernen oder die von diesem zum Gehirn führenden Nervenbahnen zu durchtrennen, und das so behandelte Tier bleibt dennoch in der Lage, sein Freßverhalten zu regulieren. Die vom Mund und vom Magen ausgehenden Einflüsse spielen eine Rolle, jedoch sind sie nur Teile des Gesamtsystems.

Der Geschmackssinn scheint wesentlich daran beteiligt zu sein, zu regulieren, welche Art von Speisen wir zu uns nehmen, wie Experimente, die sich mit *spezifischen Bedürfnissen* befaßten, deutlich gemacht haben. Man kann einen spezifischen Bedürfniszustand bei einem Tier erzeugen, indem man es mit einer Diätkost füttert, in der ein bestimmter Nährstoff, zum Beispiel Kochsalz, fehlt. Offenbar existiert ein angeborenes System, dessen Aufgabe die Kontrolle und Regelung der Zufuhr von Natrium (Kochsalz) ist, und der Geschmack ist der dafür ausschlaggebende Sinn. Wenn man dem Lieblingsfutter einer Ratte sämtliches Natrium entzieht, um bei ihr einen Natriummangel hervorzurufen, frißt diese Ratte, wenn man ihr mehrere Arten Futter zur freien Auswahl bereitstellt, sofort nur jene, die Natrium enthalten. Selbstverständlich spielt der Geschmack auch bei den lustvollen Gesichtspunkten der Nahrung eine Rolle, und beim menschlichen Eßverhalten steht häufig die Erzeugung von solchen Geschmacksempfindungen im Mittelpunkt, die zu genießen wir gelernt haben.

Aus diesen Experimenten zu spezifischen Bedürfnissen schloß man früher, wir hätten spezialisierte Rezeptoren, die die Zufuhr aller verschiedenen Arten von Nährstoffen, die unser Körper braucht, regelten. Folglich nahm man die Existenz von Meßfühlern für Kochsalz, für sämtliche lebenswichtigen Vitamine und Mineralstoffe sowie alle sonstigen Nährstoffe an. Es wurde die Meinung vertreten, eine angemessene Ernährung sei eine automatische Folge der Kontrolle dieser Meßfühler über das, was wir zu uns nehmen. Wenn es auch denkbar ist, daß ein paar solcher Kontrollmechanismen in das Gesamtsystem integriert sind (beispielsweise für Kochsalz), hat es heute den Anschein, daß die meisten Befunde dieser Experimente mit der Neuartigkeit des Geschmacks erklärt werden können. Wenn jemandem ein bestimmter Nährstoff einige Zeit versagt war, und man ihm nun eine Speise anbietet, die diesen Nährstoff enthält, wird er sie essen, aber wohl eher deshalb, weil sie einen neuartigen und vermutlich angenehmeren Geschmack hat, denn er mußte diesen Geschmack ja für eine Weile entbehren. Hinzu kommt, daß Tiere, die infolge des Entzugs eines bestimmten Nährstoffes an einer Mangelkrankheit leiden, sehr wahrscheinlich mehr als üblich von diesem Stoff fressen, wenn er ihrer Nahrung wieder beigefügt wird, aber nicht wegen eines spezifischen Meßfühlers oder einer Neuartigkeit, sondern eher aufgrund der verstärkenden Wirkung einer verbesserten Gesundheit.

Die Rolle der Leber

Bei der Formulierung ihrer Theorien über das Eßverhalten haben fast alle physiologischen Psychologen die Wichtigkeit des Gehirns, besonders des Hypothalamus, betont. Das Gehirn und das Nervensystem sind entscheidend für die Verhaltensseite der Nahrungsaufnahme, aber die Leber ist vermutlich das Schlüsselorgan, das den Strom der Nährstoffe zu den Körpergeweben und aus den Fettspeichern überwacht und Meldungen darüber aussendet (Friedman & Stricker 1976). Die Leber ist für den Stoffwechsel des Körpers wohl unverzichtbar und scheint der zentrale Verarbeitungsort der Nährstoffphysiologie zu sein. Verarbeitungsprozesse wie die Umwandlung von Aminosäuren im Glukose, von Fettsäuren in Ketone und von Glukose in Energie zur sofortigen Nutzung oder in Fette zur Speicherung finden sämtlich in der Leber statt. Über den Blutkreislauf schickt die Leber ihre unterschiedlichen Produkte hin zu den Geweben, wo sie entweder im Zellstoffwechsel verbraucht oder für eine spätere Nutzung als Fett gespeichert werden. Wegen ihrer Rolle als zentrale Verarbeitungsstätte haben wir Grund zu der Annahme, daß die Leber den jeweiligen Spiegel der verschiedenen Stoffe im Blut feststellt und ihre Verarbeitungsabläufe entsprechend regelt. Wenn diese Vermutung richtig ist, dann wäre es sehr gut möglich, daß die Leber die Stelle ist, wo das Signal zur Nahrungsaufnahme seinen Ursprung hat, das dann dem Gehirn übermittelt wird. Unser Wissen über die Rolle der Leber ist noch lückenhaft, aber es ist zu vermuten, daß dieses Organ bei der Regelung des Eßverhaltens eine sehr viel bedeutendere Rolle spielt, als man bisher angenommen hat.

Äußere Regulationsfaktoren

Haben Sie sich schon einmal beim Abendessen mit Entenbraten "vollgestopft" und dann doch noch irgendwie Platz gefunden für das Sahnedessert? Haben Sie schon einmal etwas gegessen, weil es gut aussah, oder haben Sie schon einmal ganz plötzlich Hunger bekommen, weil Sie die Pizza rochen, die Ihrem Wohnungsnachbarn gerade geliefert worden war? Es ist offensichtlich, daß auch Reize außerhalb des Körpers dazu beitragen, uns zum Essen anzuregen. Der Anblick und der Geruch von Speisen, die Vorstellung der durch sie ausgelösten Geschmacksempfindungen, ja sogar die Gegenwart anderer Esser können uns zum Essen animieren.

Vielleicht ist das Erstaunlichste im Zusammenhang mit diesen äußeren Faktoren die Tatsache, daß wir trotz ihrer ständigen Gegenwart imstande sind, unsere Nahrungsaufnahme so gut zu regulieren. Allerdings gibt es auch eindrucksvolle Beweise dafür, daß äußere Reize die inneren Regelsysteme, die wir gerade besprochen haben, bei einigen Menschen weitgehend außer Kraft setzen und somit deren Eßverhalten beherrschen können. Wie Sie vielleicht schon ahnen, handelt es sich hierbei um Menschen mit Gewichtsproblemen, um die Fettleibigen oder Übergewichtigen. Wir werden deren Leiden im Abschnitt "So sieht das in der Praxis aus" in diesem Kapitel erörtern.

Schlußbemerkung

Abschließend halten wir als Hauptfaktum, das es zum Thema Hunger und Essen im Gedächtnis zu behalten gilt, fest, daß diese durch ein komplexes, homöostatisches System geregelt werden, in das zahlreiche, miteinander interagierende Faktoren einbezogen sind: Glukose, Glyzerol, CCK, Anzahl und Größe der Fettzellen, Sinnesempfindungen im Magen und im Mund, der Hypothalamus, Insulin, die Leber sowie möglicherweise noch andere, bisher unentdeckte Einflußfaktoren. Trotz seiner Kompliziertheit arbeitet dieses System im Normalfall höchst wirkungsvoll und versorgt den Körper mit genügend Nährstoffen, um eine gute Gesundheit zu gewährleisten.

Trinken

Unser Körper benötigt zur Aufrechterhaltung seiner Funktionen außer Nahrung auch Wasser. Damit die im Körper enthaltene Flüssigkeitsmenge innerhalb eines bestimmten kritischen Bereichs bleibt, hat der Mensch ein komplexes und hochentwickeltes homöostatisches System ausgebildet. Steigt der Flüssigkeitsgehalt auf einen zu hohen Wert an, entledigt sich der Körper des überschüssigen Wassers, indem er es im Schweiß oder im Urin ausscheidet. Wenn der Flüssigkeitsgehalt zu weit absinkt, leitet der Körper Maßnahmen mit dem Ziel ein, das in ihm vorhandene Wasser zu sichern, zunächst durch Verminderung der Urinbildung und dann indem unsere Motivation angeregt wird, Wasser zu suchen und zu trinken.

Wie beim Hunger scheint der Hypothalamus auch bei der Homöostase der Körperflüssigkeit eine entscheidende Rolle zu spielen, denn er steuert zwei Schlüsselvorgänge: (1) das Trinken und (2) die Urinbildung. Wenn dem Hypothalamus gemeldet wird, daß unsere Flüssigkeitsmenge zu gering ist, reagiert das System darauf, indem es uns motiviert, Wasser zu suchen und zu trinken, und indem es die Menge des pro Zeiteinheit in den Nieren gebildeten Urins verringert. Als Folge davon trinken wir mehr und scheiden weniger aus, bis das Gleichgewicht wiederhergestellt ist.

Die Zerstörung bestimmter Teile des Hypothalamus kann bei Ratten das normale Trinkverhalten vollkommen aus dem Gleichgewicht bringen, wobei ein solches Tier entweder eine Adipsie (es trinkt gar nichts mehr) oder eine Polydipsie (es trinkt im Übermaß) entfaltet. Vor kurzem wurde aus dem Bereich des menschlichen Verhaltens über einen Fall berichtet, in dem ein Mann nach einer Hirnverletzung, die er sich bei einem Autounfall zugezogen hatte, eine starke Polydipsie entwickelte. Er trank zunächst 75 Liter Wasser pro Tag, reduzierte seine tägliche Menge später jedoch auf 25 Liter. Die Vermutung drängt sich auf, daß sein Hypothalamus von der Verletzung betroffen war.

Der Hypothalamus kann einen Flüssigkeitsmangel im Körper auf zweierlei Weise wahrnehmen. Die erste Möglichkeit liegt in einigen Zellen im Hypothalamus selbst begründet. Diese sogenannten Osmorezeptoren schrumpfen offenbar in ihrer Größe, wenn der Wassergehalt absinkt. Die zweite besteht darin, daß der Hypothalamus aus den Nieren und dem Herzen Informationen über Veränderungen des Blutvolumens erhält.

Der Hypothalamus reagiert auf diese Veränderungen, indem er die Hirnanhangdrüse (Hypophyse) zur Absonderung eines Hormons, das als das **antidiuretische Hormon** (ADH; siehe Kapitel 2) bekannt ist, anregt. Dieses Hormon gelangt mit dem Blutstrom zu den Nieren, wo es die Urinbildung hemmt. Indem er weniger Urin bildet, bewahrt der Körper das in ihm vorhandene Wasser und hält damit die Auswirkungen des herabgesetzten Flüssigkeitsgehalts auf einem Minimum.

"Gütiger Gott, wann fängst du endlich mit deiner Diät an?"

Die zweite Reaktion des Hypothalamus besteht darin, daß er jene Verhaltensweisen aktiviert, die wir an den Tag legen, wenn wir Durst haben - wir beschaffen uns Wasser, Bier, oder was sonst gerade zur Hand ist, und trinken es. Wie dies genau abläuft, ist noch nicht bekannt, aber offenbar schließt das Verhalten die Anwendung unseres Wissens und unserer Fertigkeiten ein, um die lebensnotwendige Flüssigkeit ausfindig zu machen. Schließlich überwachen, wie wir heute wissen, Rezeptoren im Mund, in der Kehle und im Magen, wieviel Flüssigkeit wir zu uns nehmen, wenn wir trinken, um zur rechten Zeit dem Hypothalamus das Signal zu geben, die Aktivierung des Durstsystems zu beenden und die Hypophyse nicht mehr zur Absonderung von ADH anzuregen.

Im Einklang mit den Begriffen, die wir bei der Analyse der Motivation verwendet haben, können wir uns das gerade beschriebene biologische System als den Hypothalamus , die Hormone ADH und Angiotensin sowie verschiedene Rezeptoren in den Blutgefäßen und im Mund vorstellen, wobei diese Elemente zusammenwirkend die Stärke unserer Bereitschaft regeln, etwas zu trinken. Wasser oder andere Flüssigkeiten werden für uns nur dann zu positiven Anreizen, die zum Trinken motivieren, wenn die Stärke der Bereitschaft ein bestimmtes kritisches Ausmaß übersteigt. Andernfalls besitzen Wasser und sonstige Getränke keinerlei positiven Anreizwert.

Selbstverständlich wird die Entscheidung darüber, welche spezielle Flüssigkeit wir wählen - ob wir Wasser, Bier, Wein oder Cola trinken - von anderen Faktoren bestimmt, insbesondere dem Geschmack. Die angenehmen oder unangenehmen Geschmacksempfindungen, die durch die unterschiedlichen Flüssigkeiten hervorgerufen werden, vergrößern (oder vermindern) deren positive Anreizwerte. Der Anreizwert des Getränks in Verbindung mit unserem Wissen darüber, welche Verhaltensweisen notwendig sind, um an dieses bestimmte Getränk zu kommen, entscheiden zum Beispiel darüber, ob wir zu Hause Wasser trinken oder zur Eckkneipe gehen, um ein paar Biere zu zischen.

Aktivierung

Man glaubte früher allgemein, das Ziel des Verhaltens sei es, alle Bedürfnisse zu befriedigen, um das Aktivierungsniveau möglichst gering oder auf dem Nullpunkt zu halten. Häufig jedoch verhalten wir uns auf eine Weise, die zu dieser These vollkommen im Widerspruch steht - wir versuchen, unser Aktivierungsniveau zu steigern. Um dies zu erreichen, suchen wir anregende Reize, anstatt sie zu meiden. In solchen Situationen werden äußere Stimulationsquellen zu positiven Anreizen, denen wir zustreben, um uns ihnen aussetzen zu können. Man denke an Bergsteiger, Sensationsdarsteller, Rennfahrer und Skispringer. Erinnern Sie sich an die Dinge, von denen Sie sagen können, daß Sie sie tun, weil sie "Spaß machen", wie Kartenspiele, Fernsehen, das Lesen von Kriminalgeschichten und Tennisspielen. Viele dieser Tätigkeiten haben einen Aspekt gemeinsam - sie beinhalten, daß man sich äußeren Reizen aussetzt, die ein gewisses Maß an Erregung bewirken. Solche Aktivitäten können schwerlich als Versuche betrachtet werden, Aktivierung zu beseitigen. Folglich ist die Theorie, die behauptet, wir würden danach streben, die Aktivierung zu minimieren, schlicht falsch. Stattdessen gibt es vermutlich ein homöostatisches System, das das Ausmaß der Aktivierung so reguliert, daß dieses auf oder wenigstens nahe bei einem *optimalen* Niveau gehalten wird.

Zwei ziemlich überraschende Forschungsergebnisse legen nahe, daß unsere Motivation nicht darauf abzielt, ein Minimum an Stimulierung einzuhalten. Erstens machten James Olds und Peter Milner eine äußerst wichtige Entdekkung, als sie die Wirkung von elektrischer Reizung des Gehirns auf das Verhalten untersuchten. Mittels eines operativen Eingriffs waren Elektroden tief in die Gehirne von Ratten versenkt worden, wodurch die elektrische Stimulierung ausgewählter Hirnregionen ermöglicht wurde (Abbildung 7-4). Bei diesen Experimenten fanden Olds und Milner heraus, daß die Ratten große Mühen auf sich nahmen, um eine Reizung bestimmter Regionen ihrer Gehirne zu erreichen. In der Folge wurde demonstriert, daß eine Ratte bereit ist, einen Hebel Tausende von Malen pro Tag zu drücken, um eine solche Hirnreizung auszulösen. Es gab Berichte, daß Ratten - vorausgesetzt, die Elektroden befinden sich an der richtigen Stelle - so viel Zeit auf das Auslösen der Reizung mittels Hebeldruck verwenden können, daß sie das Fressen ganz vernachlässigen. Entsprechend existieren auch Hirnregionen, deren elektrische Stimulierung offenbar äußerst unangenehm ist. Die Ratten geben sich gleichfalls viel Mühe - aber um die Reizung dieser Regionen zu *vermeiden.*

Die zweite Untersuchung ging das Problem der Stimulierung von der entgegengesetzten Seite an. Wenn wir wirklich danach streben würden, das Aktivierungsniveau so gering wie möglich zu halten, dann müßte der Zustand,

Abbildung 7-4 Eine der Ratten mit implantierter Elektrode aus den Experimenten von James Olds

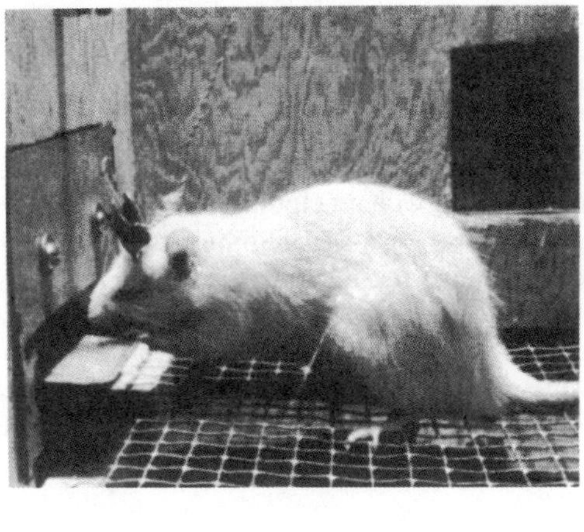

in dem die Stimulierung auf ein Mindestmaß reduziert ist, der begehrteste von allen sein. Wie würde sich ein Zustand des Entzugs von Reizen oder Sinneseindrücken auswirken? Die Antwort auf diese Frage ergab sich aus der Forschungsarbeit von W.H. Bexton, W. Heron und T.H. Scott, die Studenten in den Anfangssemestern für die Teilnahme an einem Experiment zur **sensorischen Deprivation** bis zu 25 Dollar pro Tag zahlten. Die Versuchspersonen waren gehalten, sich so lange wie eben möglich in einem Raum unter Bedingungen aufzuhalten, die die Stimulierung der Sinnesorgane so weit wie möglich ausschalten sollten (siehe Abbildung 7-5). Selbstverständlich wurden die Versuchspersonen ausreichend mit Nahrung, Wasser, Sauerstoff und Wärme versorgt, und auch ihren Hygienebedürfnissen wurde in angemessener Weise Rechnung getragen. Aber sämtliche sonstigen Sinneseindrücke wurden mit allen Mitteln von ihnen ferngehalten. Von großer Bedeutung war der Befund, daß es trotz der für die damalige Zeit (um 1953) beträchtlichen Bezahlung keiner der Studenten allzu lange in dieser Umgebung aushielt. Einige Versuchspersonen berichteten über groteske Erlebnisse bis hin zu Halluzinationen, die aufgetreten waren, nachdem sie eine Reihe von Stunden in der geschilderten Situation verbracht hatten. Alles in allem wurde diese Umgebung nicht als angenehm empfunden. Daraus kann man schließen, daß wir eine solche Umgebung, in der die Einwirkung von Reizen auf ein Minimum reduziert ist, im allgemeinen nicht anstreben.

Homöostase der Aktivierung

Die gerade beschriebenen und etliche andere Untersuchungen haben zu der Erkenntnis geführt, daß das Aktivierungsniveau eine entscheidende Rolle im Motivationsgeschehen spielt. Man ist nun der Ansicht, unsere Motivation ziele darauf ab, ein optimales, vermutlich mittleres Aktivierungsniveau aufrechtzuerhalten. Selbstverständlich sind individuelle Abweichungen möglich - wahrscheinlich liegt das optimale Niveau bei einigen Menschen sehr hoch und bei einigen anderen sehr niedrig, während es bei der überwiegenden Mehrzahl innerhalb eines mittleren Bereichs zu finden ist. Das Aktivierungsniveau zu einem bestimmten Zeitpunkt ist von der Gesamtheit aller momentan auf den Organismus einwirkenden äußeren und inneren Reize abhängig. Wenn das augenblicklich gegebene Aktivierungsniveau über dem Optimum liegt, ist der Organismus motiviert, das Ausmaß der Stimulierung herabzusetzen. Ist man beispielsweise durch das Anschauen eines schaurigen Horrorfilms stark verängstigt (befindet sich also über dem optimalen Aktivierungsniveau), so wird man möglicherweise während der gruseligsten Filmszenen sich die Hände vor die Augen halten oder gar das Kino verlassen, damit die Aufregung nicht ein vollkommen unerträgliches Ausmaß annimmt. Liegt auf der anderen Seite das gegenwärtige Aktivierungsniveau niedriger als das Optimum, ist die Motivation des Organismus darauf gerichtet, Dinge zu tun, die eine Vergrößerung des Ausmaßes der Stimulierung zur Folge haben - dies könnte der Grund gewesen sein, weshalb man zuvor beschlossen hat, sich den Horrorfilm anzusehen.

Beachten Sie, daß es sich hier um ein homöostatisches System handelt - wenn man zu stark oder zu wenig aktiviert ist, wird man dazu motiviert, seine Situation zu verändern, bis das Aktivierungsniveau in den normalen Bereich zu-

Abbildung 7-5 Ein Experiment zur sensorischen Deprivation

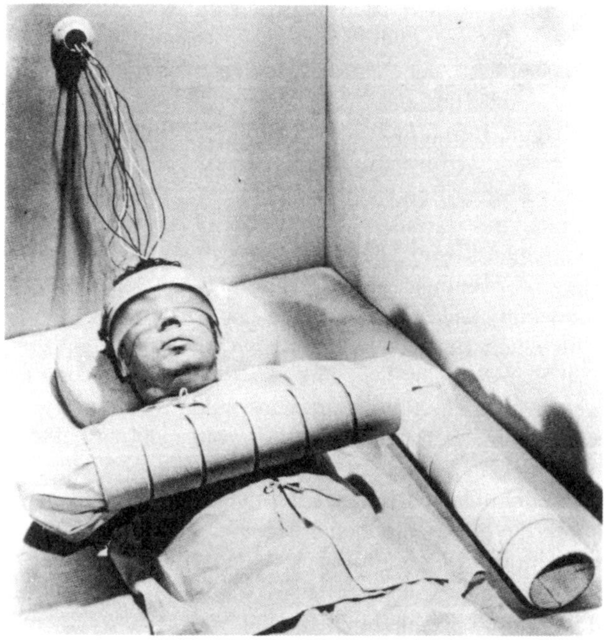

In einer Reihe von Experimenten an der Mc Gill-Universität zahlte man Studenten 25 Dollar für jeden Tag, den sie in ununterbrochener Folge in einem Raum zubrachten, in dem die Einwirkung von Reizen auf ein unumgängliches Minimum reduziert war. Sie trugen über ihren Augen einen Schirm, der ihnen nur noch einen schwachen Lichtschimmer zu sehen erlaubte. Die Arme steckten in Behältern, deren Inneres sich der Form der Arme anpaßte, und die es den Versuchspersonen unmöglich machten, mit den Händen noch irgendetwas zu betasten. Die teilnehmenden Studenten lagen in einem schallisolierten Raum, in dem außer dem beständigen Summen eines Ventilators kein Geräusch zu vernehmen war. Nur wenige konnten länger als zwei Tage in dieser Umgebung ausharren, und es kamen einige sehr groteske Verhaltens- und Erlebnisweisen, wie zum Beispiel Halluzinationen, vor. Eine Theorie über Halluzinationen besagt, daß es sich bei diesen um selbsterzeugte Reize handele, deren Zweck es sei, die Aktivierung in Richtung auf das optimale Niveau der betreffenden Person anzuheben. Was könnte dies für unsere Träume bedeuten?

Abbildung 7-6 **Das Yerkes-Dodson-Gesetz**

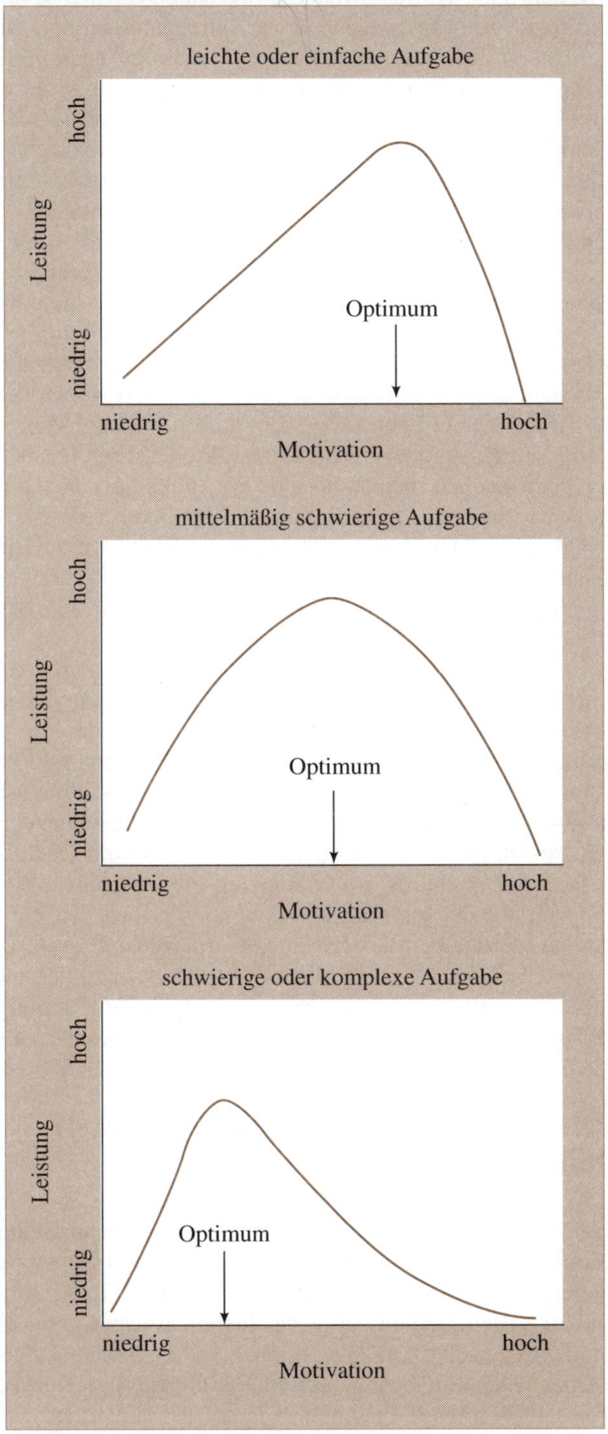

Die Kurven zeigen den Effekt, der als das Yerkes-Dodson-Gesetz der Motivation und Leistung bekannt ist. Bei allen Aufgaben bewirkt die Erhöhung der Motivation eine Erhöhung der Leistung. Mit zunehmender Aufgabenschwierigkeit nimmt das optimale Motivationsniveau (das zur besten Leistung führt) ab.

rückkehrt. Daraus folgt auch, daß jeder Reiz eine Motivationsquelle sein kann, sofern er nur intensiv genug ist. Er erhöht das Aktivierungsniveau dann so stark, daß die Person übermäßig aktiviert ist und den Reiz beseitigen oder seine Intensität vermindern will. Ein extrem lauter und anhaltender Lärm z.B. würde Sie motivieren, etwas dagegen zu unternehmen. Ebenso würde eine zu geringe Stimulation Ihre Aktivation unterhalb des normalen Niveaus verschieben, wodurch Ihre Motivation steigt, die Stimulation zu erhöhen. Wenn Sie allein in Ihrem Zimmer sind und sich langweilen (zu geringe Stimulation), schalten Sie vielleicht das Radio an oder verlassen das Zimmer, um anderswo fernzusehen.

Die Höhe des optimalen Aktivierungsniveaus richtet sich nach der Person und der vorliegenden Aufgabe. Für jedes Verhalten gibt es eine optimale Aktivierung. Die Beziehung zwischen Aktivierung und der Effizienz des Verhaltens ist eine *umgekehrte U-Funktion*. Bei sehr niedriger Aktivierung, etwa wenn man döst und kurz vorm Einschlafen ist, kann man keine besonders gute Leistung vollbringen. Bei äußerst hoher Aktivierung wiederum ist das Verhalten konfus und ineffizient, so daß man von anderen vielleicht als "wild geworden" oder "rasend" beschrieben wird. Zwischen den Extremen Schlaf und Ekstase gibt es mittlere Aktivierung , die für das Verhalten optimal sein sollen.

Wo genau das optimale Niveau liegt, hängt von der Schwierigkeit der vorliegenden Aufgabe ab. Für eine sehr einfache Aufgabe (oder eine schwierige, die man gut gelernt hat) liegt das Niveau sehr hoch: die Aufgabe ist so leicht, daß die Effizienz nicht leidet, solange die Aktivierung nicht extrem hoch ist. Für eine sehr schwierige oder komplizierte Aufgabe liegt das optimale Niveau im niedrigen Bereich: man sollte in gewissem Maße aktiviert sein, aber nicht zu stark. Dieses Prinzip ist allgemein als **Yerkes-Dodson-Gesetz** bekannt und bezieht sich auf die Motivation im allgemeinen, nicht nur auf die Aspekte im Zusammenhang mit der Aktivierung. Das Gesetz besagt, daß das optimale Motivationsniveau von der Aufgabenschwierigkeit abhängt - je schwieriger oder komplexer die Aufgabe ist, desto niedriger liegt der Punkt der optimalen Motivation (siehe Abbildung 7-6).

Das optimale Aktivierungsniveau ist auch nicht für alle Menschen gleich; manche haben ein sehr hohes optimales Niveau, andere ein sehr niedriges. Dies ist analog zu dem, was Marvin Zuckerman von der University of Delaware die *Suche nach Aktivierung* nannte. Menschen mit hohem optimalem Aktivierungsniveau suchen sich Stimulierungsmöglichkeiten (z.B. Bergsteigen), um eine hohe Aktivierung aufrecht zu erhalten - dies sind diejenigen, die nach Aufregung streben. Menschen, deren optimale Aktivierung auf einem niedrigen Niveau liegt, versuchen, die

Stimulation niedrig zu halten. Ihre Hobbies sind eher Briefmarken und Münzen sammeln als Bergsteigen.

Der Anreizwert eines bestimmten externen Reizes hängt auch von unserer Aktivierung zu einem bestimmten Zeitpunkt ab. Wenn wir schon mäßig aktiviert sind, würden wir wahrscheinlich nicht eine Kassette mit einer Auflistung aller Schlußnotierungen der New Yorker Börse anhören wollen. Aber die Personen in Experimenten zur sensorischen Deprivation, die unteraktiviert sind, sind oft recht froh, etwas über den täglichen Kursgewinn von IBM, AT&T und GM zu hören. Ein geruhsamer Spaziergang im Wald kann angenehm sein, wenn wir uns gestört und beunruhigt fühlen (Übererregung), aber er ist vielleicht weniger angenehm, wenn wir uns von aller Welt verlassen und gelangweilt vorkommen.

Die Instinkte

Ein Instinkt ist ein vererbtes Verhaltensmuster - eine Disposition, sich auf eine festgelegte, genetisch bestimmte Weise zu verhalten. Der Begriff Instinkt hat seine Ursprünge in Charles Darwins Evolutionstheorie. Darwin betonte den Überlebenswert von instinktivem Verhalten, besonders derjenigen Instinkte, die Aggression, Nahrungsaufnahme und Fortpflanzung regulieren. Sexuelles Verhalten bei niederen Tieren z.B. ist höchst ritualisiert, komplex, aber ungelernt: es ist genetisch so programmiert, daß es unter den angemessenen Umweltbedingungen auftritt. Dies garantiert praktisch das Überleben der Spezies durch einen automatischen Fortpflanzungsprozeß.

Instinkte (feststehende Verhaltensmuster) sollen im Gehirn vorprogrammiert und deshalb nicht durch Erfahrung veränderbar sein. Eins der am meisten untersuchten feststehenden Verhaltensmuster ist die Prägung, z.B. wenn die jungen Gänse der Mutter in einer Reihe folgen. Junge Gänse werden gleich nach dem Schlüpfen - einem kritischen Zeitraum - auf das erste Objekt geprägt, das sich langsam bewegt - selbst wenn das Objekt nicht ihre Mutter ist. Sie können auf einen Hund, einen Menschen oder alles andere, was ihnen begegnet, geprägt werden. Zum Glück ist in der Natur fast immer die Mutter das Objekt.

Darwin glaubte, daß Menschen von niederen Tierarten abstammen. Wenn niedere Tiere vom Instinkt geleitet werden, dann kann auch manches Verhalten von Menschen instinktiv sein. Instinkte sind wie antreibende Kräfte, die jemanden zwingen oder motivieren, sich auf bestimmte Weise zu verhalten. Freud gründete seine gesamte Motivationstheorie auf die Existenz eines instinktiven Ausdrukkes biologischer Energie, die er als *Libido* bezeichnete. Das Instinktkonzept beherrschte die Motivationspsychologie etwa seit der Jahrhundertwende, als zwei berühmte Psychologen, William McDougall und William James, dieses Konzept als das zentrale erklärende Konstrukt in ihre Theorien aufnahmen.

Aber die Popularität der Instinkte hielt nicht lange an. Den Instinkttheorien wurde vorgeworfen, sie seien für das Verständnis des Verhaltens unnütz, vor allem wegen des Problems der Zirkelschlüsse: Er kämpft. Warum? Wegen eines starken Aggressionsinstinktes. Woher weißt Du, daß er einen solchen Instinkt besitzt? Weil er kämpft. Psychologen waren bei ihrem Rekurs auf Instinkte auch nicht wählerisch. Man dachte, "alles auf der Welt" würde von Instinkten verursacht. Das Instinktkonzept "erklärte" alles und nichts, so daß es den Weg für eine andere Erklärung frei machte.

Statt mit den Instinkten beschäftigte man sich dann mit dem Lernen. Bei den Instinkttheorien geht man davon aus, daß das Verhalten vorrangig eine Funktion der Vererbung ist. In den frühen Jahren dieses Jahrhunderts wandte sich die Psychologie gänzlich von dieser Vorstellung ab und konzentrierte sich statt dessen auf das Lernkonzept. Klassisches Konditionieren, Pawlow, Watson und der Aufstieg des Behaviorismus waren zum großen Teil für den Niedergang der Instinkttheorien verantwortlich. Das Verhalten wurde als in erster Linie gelernt, nicht als vererbt angesehen. Aber die Lerntheorien fanden schnell heraus, daß man ein irgendwie geartetes Motivationsprinzip braucht. Statt des Instinktes sahen sie das **Trieb**konzept als zentrale motivierende Kraft an.

Die Ethologie und die Wiederauferstehung der Instinkte

Das Instinktkonzept ruhte bis in die 30er Jahre, als es in den Schriften einer kleinen Gruppe einflußreicher europäischer Zoologen, die Tierverhalten in der natürlichen Umgebung untersuchten, wieder auftauchte. Sie nannten ihre Wissenschaft **Ethologie** und ließen das Instinktkonzept in neuer und wissenschaftlich akzeptabler Form wieder auferstehen. Die drei bedeutendsten Ethologen sind Konrad Lorenz, Karl von Frisch und Nikolaas Tinbergen. Sie waren 1973 die ersten Wissenschaftler, die den Nobelpreis für Physiologie und Medizin für Arbeiten erhielten, die sich ausschließlich mit dem Verhalten beschäftigten.

Feststehende Verhaltensmuster

Für die Ethologen wird ein Instinkt als eine unveränderliche Verhaltenssequenz definiert, die bei den Mitgliedern einer einzelnen Tierart universell beobachtbar ist und nur bei dieser einen Art auftritt. Weiterhin findet dazu kein Lernvorgang statt - das Verhalten ist der Tierart angeboren. Ein Instinkt ist also ein *angeborenes Verhaltensmuster* für eine *feststehende Handlung*, die für eine bestimmte Tierart spezifisch (artspezifisch) ist. Die entscheidenden Aspekte dieses Verhaltens sind demnach, daß es (1) angeboren ist, (2) von einem Zeitpunkt zum anderen unverändert bleibt, (3) bei allen Mitgliedern der Art universell vorliegt (wenn man zum richtigen Zeitpunkt am richtigen Ort das richtige Geschlecht beobachtet) und (4) das Verhaltensmuster für die Art einzigartig ist. Erinnern Sie sich an das Konzept eines vorprogrammierten Systems aus Kapitel 2. Feststehende Verhaltensmuster sind hervorragende Beispiele für die Vorprogrammierung im Gehirn.

Die moderne Ethologie besteht natürlich aus wesentlich mehr als nur der Vorstellung, daß das Verhalten ein Instinkt ist. Angeborene feststehende Verhaltensmuster finden nicht einfach von allein statt; sie werden durch Stimuli ausgelöst, die man als **Signalreize** oder **Auslöser** bezeichnet (siehe Abbildung 7-7). Das Verhaltensmuster zur Verteidigung seines Territoriums wird beim Goldspecht z.B. durch den schwarzen "Schnurrbart" eines anderen männlichen Goldspechts "ausgelöst", wenn der auf der Jagd nach Fliegen in das Gebiet einzudringen versucht. Für das Eichhörnchen wird das Verhalten, Nüsse einzugraben, durch jedes runde und harte Objekt ausgelöst. Legen Sie eine Stahlkugel auf einen Betonboden, und das Eichhörnchen wird alle Bewegungen (das feststehende Verhaltensmuster) ausführen, um die Kugel einzugraben.

Signalreize sind nur unter bestimmten Bedingungen wirksam. Das instinktive, feststehende Verhaltensmuster wird nur ausgelöst, wenn das Tier biologisch bereit (z.B. hormonell zur Paarung bereit) ist und angemessene Um-

Abbildung 7-7 Wichtige Begriffe in der Ethologie

Eine Henne sucht verzweifelt nach einem piependen Küken, das sie nicht sehen kann, und vernachlässigt dabei ein Küken in Not, das sie zwar sehen, aber nicht hören kann. Für ihr mütterliches Verhalten ist der Ton das auslösende Signal. Können Sie sich denken, warum gerade der Ton und nicht der Anblick sich hier als Auslöser entwickelt hat?

Der Instinkt des männlichen Goldspechts, sein Territorium zu verteidigen, wird durch den Anblick eines anderen Goldspechts in seinem Territorium ausgelöst, vorausgesetzt, der Eindringling hat den schwarzen "Schnurrbart", der das Männchen vom Weibchen unterscheidet. Dieser schwarze Fleck ist der Auslösereiz.

Auslösereize sind im allgemeinen einfach, aber spezifisch und auffällig, so daß sie in der Natur nicht mit anderen Charakteristika verwechselt werden. Z.B. hacken die Küken der Silbermöwe auf den roten Fleck auf dem Schnabel der Eltern, um Futter zu bekommen.

weltbedingungen vorliegen (z.B. die natürliche Umwelt zur richtigen Jahreszeit). Dies ist ein Grund, warum es oft so schwer ist, Tiere wie z.B. den Panda im Zoo zur Fortpflanzung zu bringen. Der auslösende Reiz ist in seiner Gesamtheit eine Konfiguration mehrerer Elemente, darunter interne physiologische Zustände und externe Umweltbedingungen.

Die Ethologie und die revidierte Auffassung von Instinkten ist nicht ohne Kritik und Probleme geblieben. Ein Problem war die Neigung der Ethologen, ihre Ergebnisse ohne angemessene Belege auf Menschen zu übertragen. Lorenz z.B. impliziert in seinem Buch *Das sogenannte Böse. Naturgeschichte der Aggression,* daß die Aggressivität beim Menschen im Prinzip instinktiv ist. In dieser Hinsicht haben die Ethologen von Schriftstellern wie Desmond Morris *(Der nackte Affe)* und Robert Ardrey *(Der territoriale Imperativ)* Unterstützung erhalten, die die Instinktkonzepte freizügig auf Menschen angewendet haben. Haben wir ein persönliches Territorium, das wir instinktiv gegen Eindringlinge verteidigen? Sind solche Instinkte für Weltprobleme wie den Konflikt zwischen Arabern und Israelis oder für Kriege im allgemeinen verantwortlich? Die Ideen sind sicher provokativ und einer Untersuchung wert, aber zur Zeit liefern die Belege höchstens andeutungsweise eine Unterstützung dafür.

Tiere zeigen oft "Imponiergehabe" als Teil ihres ritualisierten Sexualverhaltens. Der männliche Pfau mit seinem riesigen Rad, mit dem er eine Partnerin anlocken will, ist ein bekanntes Beispiel dafür. Kann man den Begriff des Imponiergehabes auf Menschen anwenden? Wenn ja, ist solches Verhalten angeboren oder gelernt?

MOTIVATION ALS PERSÖNLICHKEITSMERKMAL

Beim Nachdenken über menschliches Verhalten und die Faktoren, die es motivieren, zieht man leicht den Schluß, daß Instinkte, biologische Bedürfnisse nach Nahrung und Wasser, ein Bedürfnis nach der optimalen Stimulierung und ähnliche Faktoren nicht sehr viel erklären. Sicher ähnelt unser Verhalten kaum den feststehenden Verhaltensmustern, die für instinktives Verhalten charakteristisch sind. Darüberhinaus sind die meisten von uns in der glücklichen Lage, genug zu essen und zu trinken zu haben. Es ist wahr, daß manches, was wir tun, wahrscheinlich von diesen Bedürfnissen motiviert wird, aber dieses Verhalten scheint eine ziemlich untergeordnete Rolle zu spielen und selten vorzukommen. Vielleicht handeln wir meistens hauptsächlich um des Vergnügens und der Anregung willen, damit wir ein optimales Aktivierungsniveau beibehalten. Aber geht es beim Verhalten von Menschen nicht um viel mehr als nur um die Aufrechterhaltung einer optimalen Aktivierung?

Psychologen haben das Motivationskonzept als ein Persönlichkeitsmerkmal betrachtet, um so die Motivierung von einzigartigen menschlichen Verhaltensweisen zu erklären. Wie die Motivation ist die Persönlichkeit ein Konzept, daß zur Erklärung der Variabilität des Verhaltens benutzt wird, und viele Persönlichkeitstheoretiker haben Motivationskonzepte bei ihrer Beschreibung der Persönlichkeit in den Mittelpunkt gestellt. So definiert man die Persönlichkeit durch die Beschreibung der Motive oder spezifischer, die Bedürfnisse einer Person. Man könnte kurz sagen: "Man ist, was man braucht." Wenn man mit anderen Menschen zusammensein möchte, ist man freundlich, extravertiert und gesellig. Wenn man hart arbeiten muß, um besser als andere zu sein, sagt man, man ist fordernd gegenüber sich selbst oder voll Energie. In gewissem Ausmaß ist die Beschreibung dessen, was man braucht, also eine Beschreibung sowohl der Persönlichkeit als auch der Motivationen. Mit anderen Worten: man muß die Persönlichkeit verstehen, wenn man die menschliche Motivation verstehen will.

Henry Murrays Arbeiten zu den psychogenen Bedürfnissen

Der erste Forscher auf diesem Gebiet war Henry Murray. Für ihn war das Bedürfniskonzept von zentraler Bedeutung für die Persönlichkeit, so daß er viel Zeit damit verbrachte, die Messung von Bedürfnissen zu objektivieren und die verschiedenartigen Bedürfnisse des Menschen zu kartographieren. Seine Berühmtheit verdankt er wahrscheinlich der Tatsache, daß er mit Christiana Morgan den Thematischen Apperzeptionstest (TAT) entwickelt hat (siehe Abbildung 7-8). Bei diesem Test wird der Person ein Bild gezeigt, und sie soll eine Geschichte über das Geschehen im Bild erfinden. Die grundlegende Annahme ist, daß die Versuchsperson ihre eigenen Bedürfnisse in die Geschichte "projiziert", so daß eine sorgfältige Analyse der Geschichten viel über die Person offenbart, die sie entworfen hat. Murray entwickelte auch Fragebögen, um Bedürfnisse direkter zu erfassen. Seine intensive Untersuchung einer kleinen Gruppe von Versuchspersonen ließ ihn annehmen, daß es viele unabhängige menschliche Bedürfnisse gibt. Tabelle 7-2 führt 20 repräsentative Bedürfnisse auf, die nach Murray in jedem von uns in unterschiedlicher Ausprägung vorhanden sind. Er weitete diese Liste in seinen späteren Schriften noch etwas aus und veränderte sie, aber sie sollte Ihnen schon erlauben, sich einen Begriff davon zu bilden, was er als Bedürfnisse von Menschen ansah. Die Liste besteht hauptsächlich aus den *psychogenen* (psychologischen oder gelernten) *Bedürfnissen,* im Gegensatz zu den von Murray sogenannten *viszerogenen Bedürfnissen,* u.a. dem Bedürfnis nach Essen, Wasser und Sauerstoff.

Murray wies noch auf etwas anderes Wichtiges hin, nämlich daß jede Person eine Bedürfnishierarchie hat. Manche Bedürfnisse sind wichtiger als andere, wobei die viszerogenen Bedürfnisse am wichtigsten sind, weil von ihnen das Überleben abhängt. Die Bedürfnisse werden von jedem Menschen in der Reihenfolge ihrer Priorität befriedigt - wenn zwei unvereinbare Bedürfnisse auftreten, wird das stärkere Bedürfnis zuerst erfüllt, das also in der Hierarchie höher steht. Wenn Sie ein Bedürfnis nach Flüssigkeit und Aggression verspüren, werden Sie wahrscheinlich erst trinken und dann kämpfen.

Schließlich erkannte Murray auch, daß die Motivation zum Teil eine Funktion von Umweltfaktoren ist, was er als *Umwelteffekt* (presses) bezeichnete. Sie könnten ein starkes Leistungsbedürfnis (n Leistung ["n" steht für need = Bedürfnis, Anm. d.Ü.]) als Persönlichkeitsmerkmal haben, und bestimmte Umweltbedingungen werden dieses Bedürfnis erregen. Wenn Sie z.B. sehen, wie ein Freund jemanden beim Schachspiel besiegt, könnte das Ihr eigenes Leistungsmotiv anregen und Sie veranlassen, Ihren Freund herauszufordern. Dies wäre ein Fall von "press" zur Leistung (p Leistung). Sehen Sie ein Bild eines saftigen Steaks, würde p Nahrung sein, was sie zusammen mit Ihrem viszerogenen Bedürfnis nach Nahrung (n Nahrung) zum Essen motivieren würde. Für Murray ist die Motivation demnach ein Ergebnis der kombinierten Wirkung von persönlichen Bedürfnissen (Charakteristika von Personen) und "presses" (Charakteristika der Umwelt).

Die menschlichen Bedürfnisse, die wir in diesem Abschnitt erörtern werden, beruhen alle auf einem Modell wie dem von Murray. Während ihrer psychologischen Entwicklung eignet sich jeder bestimmte psychologische Bedürfnisse an (lernt sie). Verschiedene Menschen eignen sich die verschiedenen Bedürfnisse in unterschiedlicher Ausprägung an und haben somit unterschiedliche Bedürfnishierarchien. Anfänglich entwickeln sich die psychologischen Bedürfnisse aus den vererbten, angeborenen, biologischen Bedürfnissen, aber später werden diese Bedürfnisse irgendwie unabhängig von den biologischen Bedürfnissen, und was früher diese Bedürfnisse befriedigt hat, wird selber ein Ziel.

Fangen wir z.B. mit dem biologischen Bedürfnis nach Essen und Wasser an, das für ein Baby durch andere Personen befriedigt wird, nämlich die Eltern. Das Baby ist fast ganz auf andere Menschen angewiesen und fühlt sich wahrscheinlich am wohlsten, wenn andere Personen in der Nähe sind und seine Bedürfnisse nach Ernährung, Beschäftigung und Unterhaltung etc. erfüllen. Weil dies über einen längeren Zeitraum der Fall ist, werden die Personen, die das Kind pflegen, zu sekundären Verstärkern (siehe Kapitel 4), da sie ständig mit dem allgemeinen Wohlergehen des Babies verbunden waren. Als sekundäre Verstärker werden die Personen dann selbst Zielobjekte, so daß das Kind mit Menschen zusammen sein und von diesen Menschen umsorgt und gemocht werden will. Es wird sich dann so verhalten, daß es die Anerkennung und Zuneigung anderer Menschen erhält. Nach einer Weile kann man davon ausgehen, daß das Kind das Bedürfnis, mit anderen zusammen zu sein und deren Anerkennung zu erhalten (in

Abbildung 7-8 Menschliche Motive und Bedürfnisse messen

Das Ziel beim TAT besteht darin, eine kurze Geschichte zu dem, was in einem Bild wie diesem geschieht, zu erfinden. Versuchen Sie es doch einmal selbst. Erzählen Sie in Ihrer Geschichte, (1) was passiert und wer die Personen sind, (2) was zu der abgebildeten Situation geführt hat, (3) was die Personen im Bild denken und fühlen und (4) was in der Zukunft passiert. Erzählt Ihre Geschichte etwas über Sie selbst und Ihre Motive und Bedürfnisse?

der Liste von Murray n Geselligkeit), und das Bedürfnis, von anderen ernährt, geliebt und beschützt zu werden (n Beistand), enwickelt hat. Wenn die Menschen im Leben des Kindes selbst Leistung wertschätzen und belohnen, könnte das Kind ein starkes Leistungsbedürfnis entwickeln (n Leistung), damit die Erwachsenen es anerkennen.

Wenngleich dies nur ein spekulatives Beispiel ist, können Sie doch sehen, wie ein Kind drei der menschlichen Bedürfnisse entwickeln könnte, die Murray identifiziert hat. Natürlich machen verschiedene Kinder unterschiedliche Erfahrungen und haben unterschiedliche Eltern, die selber unterschiedliche Bedürfnisse und Werte haben. Aus diesen Unterschieden in den Umweltbedingungen lernt jedes Kind andere Prioritäten. Jedes Kind entwickelt die menschlichen Bedürfnisse in anderer Ausprägung oder Stärke, so daß es im Erwachsenenalter seine eigene Hierarchie psychologischer Bedürfnisse hat. Diese Variation in der Ausprägung der verschiedenen Bedürfnisse ist es, was im großen und ganzen die Unterschiede in der Persönlichkeit von Erwachsenen erklärt. Neuere Belege, die diese Analyse unterstützen, wurden von David McClelland und David Pilon von der Harvard University geliefert. Ihre Ergebnisse zeigen signifikante Korrelationen zwischen Erziehungspraktiken (etwa der Regelmäßigkeit des Stillens, der Strenge beim Reinlichkeitstraining und dem Zulassen von sexuellem und aggressivem Verhalten) und dem Bedürfnis nach Leistung und Macht beim Erwachsenen. (Siehe auch Fundgrube 7-1.) Wir werden uns jetzt einigen der spezifischen menschlichen Bedürfnisse zuwenden, die die Psychologen am meisten interessiert haben.

Tabelle 7-2 Die 20 menschlichen Bedürfnisse nach Henry Murray

Bedürfnis	kurze Definition
Demütigung	Aufgeben. Sich Bestrafung unterwerfen und sie akzeptieren. Sich entschuldigen, gestehen, sühnen. Selbstherabsetzung.
Leistung	Hindernisse überwinden, Macht ausüben, danach streben, etwas Schwieriges so gut und so schnell wie möglich zu tun.
Geselligkeit	Freundschaften und Bindungen bilden. Andere grüßen, sich zu ihnen gesellen und mit ihnen leben. Mit anderen zusammen arbeiten und sich gesellig mit ihnen unter halten. Lieben. Gruppen beitreten.
Aggressivität	Jemanden angreifen oder verletzen. Einen Mord begehen, klein machen, verletzen, beschuldigen, anklagen oder lächerlich machen. Hart strafen. Sadismus.
Autonomie	Beeinflussung oder Zwang widerstehen. Einer Autorität trotzen oder an einem neuen Ort Freiheit suchen. Nach Unabhängigkeit streben.
Widerstand	Es stolz ablehnen, eine Niederlage zuzugeben, indem man es nochmal versucht und sich rächt. Die schwierigsten Aufgaben auswählen. Seine Ehre aktiv verteidigen.
Verteidigung	Sich gegen Beschuldigung oder Herabsetzung wehren. Seine Handlungen rechtfertigen. Beschönigungen, Erklärungen und Entschuldigungen anbieten. "Eindringlingen" widerstehen
Ehrerbietung	Einen höherstehenden Verbündeten bewundern und ihm gern folgen. Mit einem Führer zusammenarbeiten. Gerne dienen.
Dominanz	Andere beeinflussen oder steuern. Überreden, verbieten, vorschreiben. Führen und anleiten. Bezähmen. Das Verhalten einer Gruppe organisieren.
Selbstdarstellung	Die Aufmerksamkeit auf sich ziehen. Andere anregen, amüsieren, aufwühlen, schockieren, in Spannung versetzen. Selbstdramatisierung.
Schadensvermeidung	Schmerz, physische Verletzung, Krankheit und Tod vermeiden. Aus einer gefährlichen Situation fliehen. Vorsichtsmaßnahmen ergreifen.
Demütigung vermeiden	Mißerfolg, Beschämung, Erniedrigung und Spott vermeiden. Nichts tun, was außerhalb der eigenen Macht steht. Eine körperliche Entstellung verdecken.
Pflege	Einen hilflosen Mitmenschen ernähren, ihm helfen oder ihn beschützen. Sympathie ausdrücken. Ein Kind "bemuttern".
Ordnung	Gegenstände ordnen, organisieren, weglegen. Sauber und ordentlich sein. Peinlich genau sein.
Spiel	Sich entspannen, amüsieren, Abwechslung und Unterhaltung suchen. Spaß haben, spielen. Lachen, witzeln und vergnügt sein. Ernste Anspannung vermeiden.
Ablehnung	Jemanden brüskieren, ignorieren oder ausschließen. Distanziert und gleichgültig sein. Diskriminieren.
Empfindung	Sinnesempfindungen suchen und genießen.
Sex	Eine erotische Beziehung eingehen und aufrecht erhalten. Geschlechtsverkehr ausführen.
Beistand	Hilfe, Schutz oder Sympathie suchen. Nach Hilfe rufen. Um Gnade bitten. An einem liebevoll pflegenden Elternteil hängen. Abhängig sein.
Verstehen	Erfahrungen analysieren, abstrahieren, zwischen Begriffen unterscheiden, Beziehungen definieren. Ideen verbinden.

Das Leistungsbedürfnis

Die gründliche Erforschung der Leistungsmotivation (n ach = need for achievement) verdanken wir hauptsächlich der umfangreichen Forschungstätigkeit von David McClelland und J.W. Atkinson. Diese Forscher weiteten Murrays TAT-Techniken zur Messung von Bedürfnissen aus und entwickelten Auswertungssysteme für die Geschichten, die die Versuchspersonen als Antwort auf die sorgfältig ausgewählten Bilder erzählten. Ihre Aufmerksamkeit richtete sich zuerst auf das Leistungsbedürfnis - das Bedürfnis, hervorzuragen, Hindernisse zu überwinden, einen hohen Standard zu erreichen, Schwieriges zu vollbringen. In den USA ist man so leistungsorientiert, daß der Begriff der Motivation schon fast gleichbedeutend mit dem der Leistungsmotivation gebraucht wird.

Nachdem McClelland und Atkinson ein TAT-Auswertungssystem für das Leistungsbedürfnis entwickelt hatten, zeigten sie, daß man die Leistungsmotivation einfach dadurch anregen kann, daß man Versuchspersonen in einem Experiment sagt, sie hätten versagt. Die Versuchspersonen unterzogen sich einer Reihe von Tests. Dann wurde ihnen gesagt, daß sie schlecht abgeschnitten hätten, und anschließend sollten sie TAT-Geschichten erzählen. Die Erfahrung mit Mißerfolg stimulierte das Leistungsmo-

FUNDGRUBE 7-1

Abraham Maslows Bedürfnishierarchie

Der Psychologe, der am häufigsten mit der Anordnung von Bedürfnissen nach ihrer Wichtigkeit in Verbindung gebracht wird, ist Abraham Maslow. Seine Schriften haben sich außerordentlich stark auf die moderne Bewegung der humanistischen Psychologie ausgewirkt. In der Tat war er einer der Gründer dieser Bewegung. Maslow gruppierte die verschiedenen Bedürfnisse (wie die von Henry Murray postulierten) in fünf Kategorien und ordnete sie in einer aufsteigenden Reihenfolge an, wie es Abbildung 7-9 zeigt. Mit Ausnahme des obersten Bedürfnisses, der Selbstverwirklichung, sprechen die Bedürfnisse für sich selbst.

Durch seine Betonung der Selbstverwirklichung hat Maslow seine herausragende Bedeutung in der Schule der humanistischen Psychologie gewonnen. Die Selbstverwirklichung stellt man sich als ein Bedürfnis vor, sich selbst zu erfüllen, "das zu werden, wozu man fähig ist." Es ist ein Bedürfnis, seine Talente, seine Fähigkeiten und sein Potential voll zu entwickeln und zu benutzen. Es ist ein Bedürfnis, das nur wenige Menschen je verwirklicht haben, und Maslow beschäftigte sich viel mit Menschen (wie Eleanor Roosevelt und Albert Einstein), von denen er dachte, daß sie sich selbst verwirklicht hätten.

Abbildung 7-9 Maslows Bedürfnishierarchie

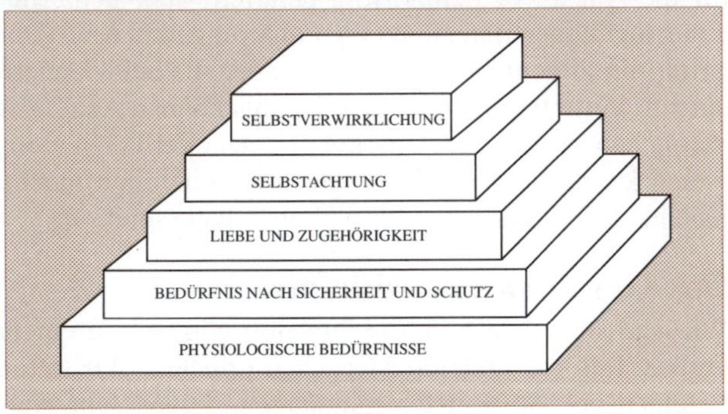

Nach Maslows Motivationstheorie bilden menschliche Bedürfnisse eine Hierarchie. Erst müssen die niederen Bedürfnisse befriedigt werden, ehe man die höheren Bedürfnisse spüren kann.

Die Bedürfnisse, die in der Hierarchie höher stehen, kommen erst dann zum Tragen, wenn die niedrigeren Bedürfnisse erfüllt sind. Man braucht keine Liebe, keine Zugehörigkeit und keinen Selbstwert, wenn man nicht die physiologischen und Sicherheitsbedürfnisse befriedigt hat. Wenn man in Angst um seine Sicherheit oder die nächste Mahlzeit lebt, wird man kaum ein Bedürfnis nach Liebe oder Selbstschätzung haben. In unserer Gesellschaft, in der Sicherheit und und die Befriedigung physiologischer Bedürfnisse für jedermann hinreichend verwirklicht sind, scheinen wir hauptsächlich durch die Bedürfnisse nach Liebe und Selbstachtung motiviert zu sein.

Maslow spürte, daß die Unfähigkeit, diese Bedürfnisse zu befriedigen, in den USA die Hauptursache für neurotische Störungen ist. Idealerweise würde eine Gesellschaft natürlich für alle basalen Bedürfnisse sorgen und es jedem ermöglichen, das Bedürfnis nach Selbstverwirklichung zu realisieren. Obwohl wenige Personen dieses Bedürfnis wohl jemals völlig befriedigt haben, sollte jeder nach dieser Stufe der Pyramide streben, frei von den basalen Bedürfnissen. In der Tat "streben" solche Menschen nach Maslow nicht mehr danach, sich selbst zu verwirklichen sondern "sind" es. Sie sind sie selber und nicht jemand, der etwas sucht, was außerhalb seiner selbst liegt.

Maslows spätere Denkweise führte ihn dazu, noch eine sechste Stufe zu seiner Bedürfnishierarchie hinzuzufügen, die Transzendenz. Für Maslow war die Transzendenz das höchste Bedürfnis nach spiritueller Identität jenseits des Selbst oder der persönlichen Identität. Die Nachweise für die Existenz dieser Stufe sind gänzlich anekdotischer Art und wesentlich weniger überzeugend als die für die anderen Stufen.

tiv, wie durch einen Anstieg in der Anzahl von leistungsbezogenen Themen und Elementen in den Geschichten gemessen wurde. Die beiden Psychologen konnten darüberhinaus nachweisen, daß Individuen sich in ihrem Leistungsbedürfnis unterscheiden und daß jede Person ein relativ zeitstabiles n ach-Niveau besitzt.

Leistungsunterschiede durch Leistungsbedürfnis verursacht

Viele Untersuchungen haben erwiesen, daß Menschen mit hohem Leistungsbedürfnis, wie es durch den TAT gemessen werden kann, bei einer Reihe experimenteller Laboraufgaben - etwa beim Lösen von Anagrammen oder arithmetischen Berechnungen - besser abschneiden als Menschen mit niedrigem Leistungsbedürfnis. Es wurde ebenfalls gezeigt, daß Menschen mit hohem Leistungsbedürfnis bei vergleichbarer Intelligenz bessere schulische Ergebnisse zeigen als Menschen mit niedrigerem Leistungsbedürfnis. Im Berufsleben kommen Menschen mit hohem Leistungsbedürfnis weiter voran als Menschen mit niedrigerem Leistungsbedürfnis, die die gleiche Ausbildung und die gleichen Aufstiegschancen besitzen.

Wie schon früher erwähnt, wird die Leistungsmotivation offensichtlich in der Kindheit entwickelt und hauptsächlich durch die kulturelle und elterliche Betonung von Leistung bestimmt. Diese Werte werden in der kulturellen Sozialisation auf die Kinder übertragen. In einer Studie wurde z.B. gezeigt, daß Mütter, die selbst ein hohes Leistungsbedürfnis aufwiesen, sich ihren Kindern gegenüber anders verhielten als Mütter mit niedrigem Leistungsbedürfnis. Mütter mit hohem Leistungsbedürfnis verlangten, daß ihre Kinder in einem früheren Alter unabhängig und selbstgenügsam werden, als Mütter mit niedrigem Leistungsbedürfnis es taten. Mütter mit niedrigem Leistungsbedürfnis beschützten ihre Kinder stärker und sprachen häufiger und länger Verbote aus. Erinnert Sie das irgendwie an Arthur vom Anfang dieses Kapitels?

Erfolg und Mißerfolg

Kürzlich wurde behauptet, daß das Leistungsbedürfnis nicht ein einfaches eindimensionales Persönlichkeitsmerkmal ist, sondern eine komplexe Kombination von Faktoren. Atkinson z.B. hat behauptet, daß mindestens zwei Faktoren an der Leistung beteiligt sind, ein *Erfolgsbedürfnis* und eine umgekehrt wirkende *Angst vor Mißerfolg,* und daß bei verschiedenen Menschen unterschiedliche Kombinationen dieser beiden Motive vorliegen. Deshalb wählen die Personen unterschiedliche Aufgaben und setzen sich unterschiedliche Ziele. Z.B. wählt ein Mensch, der ein hohes Erfolgsbedürfnis und eine geringe Angst vor Mißerfolg hat, eher Aufgaben mittlerer Schwierigkeit und ein Ziel, das nicht leicht, aber trotzdem realistisch ist. Eine anderer Mensch, der ein hohes Erfolgsbedürfnis und gleichzeitig hohe Angst vor Mißerfolg hat, wird sich dagegen viel niedrigere Ziele setzen und vielleicht einfachere Aufgaben wählen.

Atkinson betonte die Bedeutung von situativen Faktoren, die jederzeit wirken, besonders die Wahrscheinlichkeit von Erfolg oder Mißerfolg bei einer bestimmten Aufgabe und den Anreizwert von Erfolg und Mißerfolg. Wenn die vorliegende Aufgabe so schwierig ist, daß niemand sie lösen kann, dann muß man sich nicht schämen, wenn man sie nicht löst, und mißt ihr keinen negativen Anreizwert bei. Ebenso ist ein Erfolg nicht viel wert, wenn die Aufgabe so leicht ist, daß sie jeder lösen kann; sie hat einen geringen positiven Anreizwert. Auch das Ziel selbst (unabhängig von der Wahrscheinlichkeit, es zu erreichen) hat einen positiven Anreizwert, der das Ausmaß der Motivation, sich dafür anzustrengen, bestimmt. Eine Mensch mit hohem Leistungsbedürfnis wird nicht versuchen, jedes denkbare Ziel ohne Unterschied zu erreichen. Er könnte sich sehr anstrengen, ein kostbares Ziel zu erreichen, sich aber für ein niedrig bewertetes Ziel nur wenig engagieren.

1969 versetzte Matina Horner viele Psychologen in Aufruhr, als sie von Untersuchungen berichtete, die auf den TAT-Geschichten von Frauen beruhten und nahelegten, daß Frauen eine größere *Angst vor Erfolg* haben als Männer. Der Grund lag aus ihrer Sicht darin, daß Erfolg mit der traditionellen Frauenrolle in unserer Gesellschaft in Konflikt steht. Nach Horners Hypothese lassen viele Frauen es einfach nicht zu, daß sie auf einem Gebiet erfolgreich sind, welches sie als eine Domäne der Männer ansehen. Wie Sie sich schon denken können, ist Horners Angst-vor-Erfolg-Hypothese in den nachfolgenden Jahren nicht ohne Kritik geblieben. Es scheint tatsächlich eine Angst vor dem Abweichen von der Geschlechtsrollennorm zu geben, aber es gibt auch Belege dafür, daß diese Angst sowohl bei Männern als auch bei Frauen auftritt. Es soll damit nicht gesagt werden, daß es keine Angst vor Erfolg gibt. Es wurden in der Tat in zahlreichen Untersuchungen Belege für die Angst vor dem Erfolg geliefert, aber keine der Untersuchungen unterstützt die Folgerung, daß Angst vor Erfolg im allgemeinen öfter bei Frauen als bei Männern auftritt. Vertreter beiderlei Geschlechts können Angst vor Erfolg haben, was sie wiederum zu einem Verhalten motivieren kann, das Erfolg weniger wahrscheinlich macht. Könnte dies die Ursache für Arthurs Glücksspiel sein?

Das Geselligkeitsbedürfnis

Wir sind soziale Wesen, die ihre Befriedigung zu einem großen Teil von anderen Menschen erhalten. Wir treten Vereinen bei, Studentenverbindungen, den Weight-Watchers und den Anonymen Spielern. Wir strengen uns sehr an, Freundschaften zu schließen, und werden oft sehr abhängig von ihnen. Henry Murray würde sagen, daß wir ein Geselligkeitsbedürfnis (n aff[iliation]) haben, und daß uns dieses Bedürfnis wie das Leistungsbedürfnis motiviert, indem es bestimmte Ziele in positive Anreize verwandelt, etwa die Aufnahme in den örtlichen Sportverein. In diesem Sinne gelten alle Ereignisse, die mit dem Verlust von Freunden verbunden sind, für Menschen mit hohem Geselligkeitsbedürfnis als negative Anreize. Solch ein Mensch wird es vermeiden, die Gefühle seiner Freunde zu verletzen oder etwas zu tun, was die Freunde mißbilligen würden.

Wie das Leistungsbedürfnis stellt man sich das Geselligkeitsbedürfnis als eine Persönlichkeitsprädisposition vor, die wohl in der Kindheit gelernt wird und die bei verschiedenen Menschen in unterschiedlicher Ausprägung vorliegt. Wie das Leistungsbedürfnis unterliegt das Geselligkeitsbedürfnis den momentanen Gegebenheiten. Jemand mit hohem Geselligkeitsbedürfnis wird nicht vom Ziel motiviert werden, sich mit einem äußerst unangenehmen und unbeliebten Zeitgenossen oder Gruppe zusammenzutun. Statt dessen werden solche Menschen durch eine freundliche Bitte um Zusammenarbeit oder um Unterstützung für einen gemeinsamen Zweck motiviert, vorausgesetzt die Bitte kommt von einem Menschen oder Gruppe mit positivem Anreizwert.

Schließlich wurde behauptet, daß der Wunsch, sich mit anderen zusammenzutun, nicht wirklich ein Bedürfnis ist, sondern eher ein Ziel für ein anderes Bedürfnis, nämlich das Bedürfnis, Angst zu fliehen oder zu vermeiden oder von anderen anerkannt zu werden. Dies wird als Bedürfnis nach sozialer Anerkennung bezeichnet und im folgenden Abschnitt besprochen.

Das Bedürfnis nach sozialer Billigung

Das Bedürfnis nach sozialer Anerkennung ist vielleicht das reinste psychische Bedürfnis - das Bedürfnis, daß andere uns und unsere Handlungen anerkennen. Es ist z.B. offensichtlich, daß das Geselligkeitsbedürfnis auf einem Bedürfnis nach sozialer Anerkennung beruht. Ebenfalls könnte man argumentieren, daß das Leistungsbedürfnis auf einem Bedürfnis beruht, Anerkennung und Billigung von anderen zu erhalten. Wenn andere das Streben nach Leistung nicht hoch bewerten würden, dann würden die Menschen eben wahrscheinlich nicht nach Leistung streben. Die Unterschiede zwischen Kulturen und Familien hinsichtlich der Leistungsmotivation lassen vermuten, daß Anerkennung von anderen die Stärke des Leistungsmotivs deutlich beeinflußt. Manche Menschen würden fast alles tun, um von anderen anerkannt und deshalb gemocht zu werden. Umgekehrt tun solche Menschen fast alles, um zu vermeiden, daß andere sie nicht anerkennen und deshalb auch nicht mögen.

Das Bedürfnis nach sozialer Anerkennung ist ein wichtiges Motiv, um einen großen Teil unseres Sozialverhaltens zu verstehen. Bedenken Sie z.B., warum Personen dazu neigen, sich konform zu verhalten, also zu tun, was andere tun oder vermeintlich tun würden. Die ersten Erforscher des Bedürfnisses nach sozialer Anerkennung waren Douglas Crowne und David Marlowe. Diese Forscher haben gemeinsam einen Test zur Messung der sozialen Erwünschtheit entwickelt, dem Bedürfnis, von anderen gemocht zu werden bzw. sozial erwünscht zu sein. Sie zeigen, daß Menschen mit hohem bzw. niedrigem Testwert, die demnach ein stark bzw. schwach ausgeprägtes Anerkennungsmotiv haben müßten, sich manchmal auf absolut andere Weise verhalten.

Menschen mit hohem und niedrigem Bedürfnis nach sozialer Anerkennung unterscheiden sich u.a. in ihrer sozialen Konformität. In einem Experiment zeigten Crowne und Marlowe ihren Versuchspersonen Dias mit zwei Ansammlungen von Punkten, von denen die eine deutlich größer war. Die Versuchsperson sollte sagen, welche Menge größer ist, was in Wirklichkeit eine sehr einfache Aufgabe war - bis auf die Tatsache, daß noch andere "Versuchspersonen" im Raum waren (sie waren in Wirklichkeit keine Versuchspersonen, sondern Assistenten von Crowne und Marlow), die logen und eine falsche Antwort gaben, ehe die eigentliche Versuchsperson zu Wort kam. Die Ergebnisse zeigten, daß Menschen mit hohem Bedürfnis nach sozialer Anerkennung in 59 Prozent der Durchgänge, bei denen die Vertrauten des Versuchsleiters logen, gegen ihre eigene Überzeugung entschieden. Menschen mit geringem Bedürfnis nach sozialer Anerkennung zeigten sich nur in 34 Prozent der Zeit konform und logen. Diese Ergebnisse zeigen, daß Menschen mit hohem und niedrigem Anerkennungsmotiv sich unterschiedlich verhalten, und sie lassen vermuten, daß Konformität (in diesem Fall verstanden als Bereitschaft, der Einschätzung anderer zustimmen) aus dem Bedürfnis, die Anerkennung anderer zu erhalten, entspringt. Wieviel von Ihrem Verhalten wird durch den Wunsch, erwünscht zu sein, motiviert?

Das Bedürfnis nach Macht

Vor kurzem weitete McClelland sein Forschungsgebiet aus, um auch das von ihm so genannte Bedürfnis nach Macht - die Machtmotivation -, d.h. das Bedürfnis, andere zu beherrschen und zu steuern, einzuschließen. Aus dieser Arbeit haben sich zwei interessante Ergebnisse herauskristallisiert. So wurde in einer Untersuchung gezeigt, daß die Unterdrückung oder Hemmung der Machtmotivation mit hohem Blutdruck in Zusammenhang steht. Aufgrund der Einschätzung des Machtbedürfnisses von Versuchspersonen im Alter von 30 Jahren konnte McClelland ihren Blutdruck in 20 Jahren vorhersagen. In einer zweiten Untersuchung beobachtete McClelland eine signifikante Korrelation zwischen den Machtbedürfnissen von Männern (während des Studiums gemessen) und dem Berufserfolg ihrer Frauen 10 Jahre später. Je höher das Machtbedürfnis der Männer, desto geringer ausgeprägt war das Karrierestreben der Ehefrau. Solche Korrelationen, die Zusammenhänge über Zeitstrecken von 10 bis 20 Jahren aufwiesen, unterstützen sehr die Existenz eines relativ stabilen Persönlichkeitsmerkmals, das ein Bedürfnis nach Macht enthält. Wie das Leistungsbedürfnis, das Bedürfnis nach Geselligkeit und das Anerkennungsbedürfnis impliziert das Bedürfnis nach Macht, daß die Motivation zum Teil durch die stabilen Veranlagungen einer Person bestimmt wird, d.h. durch die Persönlichkeit.

Das Kognitionsbedürfnis

Eines der interessanteren Bedürfnisse, das Henry Murray vorgeschlagen hat, ist das Bedürfnis zu verstehen, zu unterscheiden, zu analysieren, zu abstrahieren und seine Erfahrungen zu verbinden. Man könnte dies ein Bedürfnis nach Informationsverarbeitung nennen, ein Bedürfnis, sich mit kognitiven Vorgängen zu beschäftigen, oder einfach ein Kognitionsbedürfnis (Cohen 1957). Vor kurzem lieferten John Cacioppo von der University of Iowa und Richard Petty von der University of Missouri empirische Unterstützung für die Existenz eines unabhängigen Kognitionsbedürfnisses. Zuerst entwickelten sie einen zuverlässigen Papier-und-Bleistift-Test, um zu zeigen, daß die Stärke des Kognitionsbedürfnisses sich bei Menschen unterscheidet. Als nächstes wiesen sie nach, daß das Kognitionsbedürfnis nicht auf dem gleichen Konzept beruht wie Testangst, kognitiver Stil, soziale Erwünschtheit oder Intelligenz. Schließlich zeigten sie experimentell, daß Menschen mit hohem oder niedrigem Kognitionsbedürfnis sich in ihrer Vorliebe für komplexe kognitive Aufgaben unterscheiden. Ihre Ergebnisse legen einen tatsächlichen individuellen Unterschied für die Neigung nahe, sich mit Denken zu beschäftigen und es zu genießen. Das Kognitionsbedürfnis kann gut der Persönlichkeitsaspekt der Motivation sein, der erklärt, warum manche Menschen lieber Mensch-ärgere-dich-nicht als Schach spielen oder lieber Comics als Romane lesen. Wie sieht es mit Ihrem Kognitionsbedürfnis aus? Glauben Sie an die Möglichkeit, daß Ihre kognitiven Bedürfnisse sich zu verschiedenen Zeitpunkten im Leben verändern?

Eine letzte Mahnung zur Vorsicht

Die Erforschung menschlicher Motive als Persönlichkeitseigenschaften hat großen Anklang gefunden und scheint erheblicher zu unserem Verständnis des menschlichen Verhaltens beizutragen. Man muß aber bedenken, daß es dabei auch Fallgruben gibt (siehe den Abschnitt über Veranlagungstheorien der Persönlichkeit in Kapitel 9). Mit einer langen Liste von Bedürfnissen kann man praktisch alles erklären, indem man sagt, die Person hat etwas getan, um das und das Bedürfnis zu befriedigen. Es ist das gleiche Problem, das man mit einer langen Liste von Instinkten oder einer langen Liste von Trieben hat, mit denen man früher alles erklärt hat. Eine lange Liste von Bedürfnissen ist demnach vielleicht kein so großer Fortschritt wie zuerst angenommen. Man muß daran denken, daß man unabhängige Methoden braucht, um diese Bedürfnisse zu definieren und zu messen, damit man Zirkelschlüsse vermeidet. Außerdem sind die meisten Untersuchungen, die in diesem Kapitel erwähnt wurden, im Grunde korrelativer Art. Wenn man Menschen mit hoher und niedriger Leistungsmotivation auswählt und sieht, daß die mit hoher Motivation bei einer Aufgabe besser abschneiden, hat man lediglich eine Korrelation zwischen Leistungsbedürfnis und Leistung. Das bedeutet nicht, daß die Unterschiede im Leistungsbedürfnis die Unterschiede in der Leistung verursacht haben. Vielleicht sind Personen mit hohem Leistungsbedürfnis intelligenter, harmonischer, energischer oder was auch immer als Menschen mit niedrigem Leistungsbedürfnis. Wenn das so ist, könnte der Leistungsunterschied auf eben diesem Faktor und nicht auf dem Leistungsbedürfnis beruhen. Es ist nicht leicht, auf diesem komplexen Gebiet der menschlichen Motivation zu eindeutigen Schlüssen zu gelangen, und so muß man immer vorsichtig sein.

MOTIVATION UND KOGNITIVE PROZESSE

Die menschlichen Motivationen sind gelernt, das Verhalten niederer Tierarten dagegen wird mehr durch vorprogrammierte biologische Systeme geleitet. Die Anreize, nach denen Menschen streben, sind eindeutig ein Produkt ihrer Erfahrungen. Selbst wenn Sie keinen Rosenkohl mögen, könnte ein einzelner Happen Rosenkohl a la Julia Child, in Zitronenbutter und verschiedenen Gewürzen sautiert, Sie zu einem Liebhaber dieses ansonsten faden Gemüses machen. Sie haben gelernt und sind sich jetzt kognitiv eines neuen Anreizwertes für Rosenkohl bewußt.

In diesem Kapitel haben wir durchgängig Beispiele für Motivation benutzt, bei denen es um Lernen und kognitive Vorgänge ging. Jetzt werden wir die Rolle der Kognition bei der Motivation direkt betrachten. Man muß zu Anfang anmerken, daß Menschen die Fähigkeit besitzen, neue Anreize nicht nur durch direkte Erfahrung, sondern auch durch Schlußfolgerung zu erlangen. Wenn Ihnen Erbsen, Bohnen und Karotten a la Julia Child geschmeckt haben, könnten Sie *folgern*, daß so vorbereiteter Rosenkohl besser schmeckt (einen höheren Anreizwert hat) als schlichter Rosenkohl.

Schlußfolgerungsprozesse und Attribution

Es ist klar, daß viele Anreizwerte durch Schlußfolgerungsprozesse, Beobachtung oder Nachahmung gelernt werden. Denken Sie an Ihre Nachbarin, der gerade ein neues Paar Ski der Marke X gekauft hat. Wenn sie eine ausgezeichnete Skiläuferin ist, die am Wochenende Skiunterricht gibt, werden Sie wahrscheinlich schlußfolgern, daß die Marke hervorragend ist, und werden ihr deshalb einen hohen Anreizwert beimessen.

Die Entstehung von Anreizwerten über Schlußfolgerungsprozesse ist eng mit dem Prozeß der *Attribution* und der Attributionstheorie verbunden. Die Attributionstheorie wurde hauptsächlich im Kontext der Sozialpsychologie entwickelt (siehe Kapitel 10). Sie geht davon aus, daß jeder Menschen in einer sozialen Situation ständig das Verhalten anderer analysiert und versucht, die "warum"-Frage zu beantworten und Attributionen zu vollziehen bzw. Behauptungen über die Ursachen des Verhaltens der anderen Mensch aufzustellen. Wir fragen uns ständig mit Bezug auf unser eigenes Verhalten: "Warum habe ich das getan?" Dies wird Selbstattribution genannt - man bezeichnet damit die Gründe oder Erklärungen, die wir für unser eigenes Verhalten zur Verfügung haben.

Denken Sie noch einmal an die Nachbarin und ihre neuen Skier. Warum hat sie Marke X gekauft? Wenn wir den Kauf auf die Tatsache zurückführen, daß sie eine hervorragende Skiläuferin ist, intelligent ist und vor dem Handeln sorgfältig Informationen einholt, werden wir wahrscheinlich folgern, daß Marke X in ihrer Preisklasse Skier höchster Qualität sind. Diese kognitiven Überlegungen würden den Anreizwert von Marke X für uns erhöhen. Nehmen Sie im Gegensatz dazu an, wir analysieren die Situation und kommen zu folgendem Ergebnis: Sie ist Skilehrerin, und die Hersteller von Marke X haben ihr die Ski als Werbemaßnahme umsonst zukommen lassen, damit die Leute glauben, alle Skilehrer würden Marke X benutzen. Dann führen wir ihre Verwendung der Marke X auf die Tatsache zurück (d.h., wir vollziehen einen Attributionsprozeß), daß sie diese umsonst bekam, nicht aber auf die Qualität der Skier. In einem solchen Fall wird der Anreizwert der Marke X wohl kaum sehr stark zunehmen.

Ein Hauptziel aller Werbung ist es, ein Bedürfnis nach einem Produkt zu wecken bzw. den Anreizwert eines Produktes *in unserer Vorstellung* zu erhöhen. Wir sollten nicht vergessen, daß die Betonung auf unserer kognitiven Aktivität liegt. Weil der Anbieter selten dafür sorgen kann, daß wir das Produkt selbst erfahren (außer vielleicht durch eine kostenlose Probe), werden Fernseh- und Zeitschriftenwerbung entwickelt, damit wir *denken*, das Produkt sei hervorragend. Wenn wir ein solches Produkt brauchen (Triebkonzept), werden wir folgern, daß Marke X einen hohen Anreizwert hat. Jetzt wissen wir, warum Produkte so oft auf eine Weise abgebildet werden, daß wir schließen oder folgern, was für wundervolle Dinge uns geschehen, wenn wir diese bestimmte Marke wählen.

Schlußfolgerungsprozesse und Nützlichkeit

Der Anreizwert ist im allgemeinen relativ. Marke X kann mehr Merkmale aufweisen, die Sie schätzen, als Marke Y, aber vielleicht müssen Sie länger arbeiten, um X zu erhalten, oder X kostet mehr als Y. Wenn Sie erst einmal entschieden haben, daß Sie etwas Bestimmtes benötigen, dann müssen Sie sich fragen, wie gut Ihre Chancen stehen, es zu bekommen. Wie groß ist die Wahrscheinlichkeit, daß Verhalten B Objekt X hervorbringt? Die Psychologen wurden durch die Vertreter der oft so genannten *subjektiven Nützlichkeitstheorie* auf diesen Aspekt der Motivation aufmerksam. Diese allgemeine Theorie betont auch die Kognition, besonders die Entscheidung über das auszuführende Verhalten.

Die Nützlichkeitstheorie verbindet Anreiz und Trieb bzw. Schieben und Ziehen in einem Begriff - der *Nützlichkeit*. Wie nützlich wäre ein bestimmtes Zielobjekt oder ein bestimmter Zielzustand für Sie? Das Ausmaß des Nutzens eines Objektes ist seine Nützlichkeit. Beachten Sie die Verbindung von Bedürfnis und Anreiz - wenn Sie keine Skier brauchen, hätte selbst das qualitativ beste Paar auf der Welt geringe Nützlichkeit für Sie, und wenn Sie fast am Verhungern sind, hätte ein noch so unappetitliches Essen hohe Nützlichkeit. Die Nützlichkeit ist demnach eine gemeinsame Funktion, wie sehr man etwas zu brauchen *meint* und wie attraktiv das bestimmte Objekt ist. Die Nützlichkeitstheorie konzentriert sich auf die Tatsache, daß es in jeder Situation mindestens zwei alternative Verhaltensweisen gibt, zwischen denen man wählen kann. Jede davon führt mit einer bestimmten Wahrscheinlichkeit zu einem bestimmten Ergebnis oder Ziel, und jedes Ziel hat seine eigene Nützlichkeit.

Stellen Sie sich eine amerikanische Spielshow im Fernsehen vor, bei der sich ein Teilnehmer in folgender Situation befindet: Der Gastgeber Monte Hall eröffnet ihm die Wahl zwischen einem sicheren Gewinn von 500 Dollar und dem, was immer sich hinter Vorhang 3 verbirgt. Hinter dem Vorhang befindet sich mit gleicher Wahrscheinlichkeit etwas Tolles (hohe Nützlichkeit) oder etwas Dummes bzw. Albernes (niedrige Nützlichkeit). Der Teilnehmer kann die 500 Dollar mit Sicherheit bekommen. Die Wahrscheinlichkeit für ihn, etwas viel Nützlicheres als 500 Dollar zu bekommen, ist gering. Ebenso die Wahrscheinlichkeit, etwas weniger Nützliches zu bekommen.

Die Nützlichkeitstheorie erinnert uns daran, daß die Erfolgswahrscheinlichkeit einen entscheidenden Aspekt der Gesamtmotivation darstellt. Wie können Sie die Höhe Ihrer Erfolgswahrscheinlichkeit und den Nützlichkeitswert eines bestimmten Ergebnisses bestimmen? Die Antwort darauf ist, daß Sie sie gedanklich *schätzen* und dabei Ihr Wissen und Ihre Fertigkeiten einsetzen - Ihre kognitiven Fähigkeiten verwenden. Weil Sie schätzen und nicht richtig berechnen, erhalten Sie eine *subjektive* Wahrscheinlichkeit und eine *subjektive* Nützlichkeit. Der Theorie nach machen wir für jede Handlungsalternative eine überschlägige Bewertung, das ergibt die *erwartete Nützlichkeit*. Das geschieht, indem wir die subjektive Nützlichkeit des Zielobjektes mit der subjektiven Wahrscheinlichkeit, daß ein bestimmtes Verhalten zu dem Zielobjekt führt, verbinden. Nehmen Sie an, die subjektive Nützlichkeit des tollen Gegenstandes hinter dem Vorhang 3 wird mit 5.000 Dollar bemessen, und die subjektive Wahrscheinlichkeit, daß das Objekt tatsächlich hinter Vorhang 3 ist, liegt bei 0,1 (eine Wahrscheinlichkeit von 1 zu 10 oder 10 zu 100). Multipliziert man die beiden Werte (0,1 x 5.000), gibt das eine gesamte subjektive Nützlichkeit von 500 Dollar. Dies ist genauso viel wie die Nützlichkeit der sicheren 500 Dollar, was die Entscheidung bestimmt erschwert.

Denken Sie daran, daß subjektive Wahrscheinlichkeit und Nützlichkeit Bewertungen sind. Die tatsächliche Nützlichkeit könnte sich als anders erweisen, z.B. wenn die Person herausfindet, daß der "tolle Preis" eigentlich nur 2.000 Dollar wert ist. Eine zentrale Vorstellung in der Nützlichkeitstheorie ist es, daß das, was wir denken, unser Verhalten bestimmt, und nicht das, was wirklich wahr ist. Wenn wir glauben, unsere Chancen liegen bei 1 zu 10, wählen wir wohl eher Vorhang 3, als wenn wir unsere Chancen mit 1 zu 1.000 einschätzen.

Sind alle anderen Faktoren gleich, korreliert die erwartete Nützlichkeit einer Handlung eng mit der allgemeinen Motivation für die Handlung. Wenn ein bestimmtes Verhalten wahrscheinlich zu einem sehr erwünschten Ziel oder Zustand (hohe Nützlichkeit, hoher Anreizwert) führt, dann wird die Motivation für das Verhalten recht hoch sein. Ebenso wird eine geringe Erfolgswahrscheinlichkeit, ein wenig nützliches Objekt zu erhalten, mit Sicherheit zu einer niedrigen Motivation für das Verhalten führen. Die Nützlichkeitstheorie konzentriert unsere Aufmerksamkeit "auf den Kopf" der sich verhaltenden Person, auf die kognitiven Aspekte der Motivation und auf die Tatsache, daß selbst bei den einfachsten Wahlmöglichkeiten und Motivationssituationen viel Informationsverarbeitung stattfindet.

SEXUELLE MOTIVATION

Das Sexualverhalten, besonders das von Menschen, wird auf viele verschiedene komplexe Weisen motiviert. Jedes sexuelle Verhalten wird wahrscheinlich von mehr als einem Faktor motiviert, und die motivierenden Faktoren verändern sich von einem Fall zum nächsten. Um die sexuelle Motivation zu verstehen, müssen wir bei allen Konzepten, die in diesem Kapitel besprochen wurden, eine Anleihe machen. Lassen Sie uns diese Faktoren kurz wiederholen und sehen, wie sie auf das Sexualverhalten zutreffen.

Zuerst haben wir von Trieben und Anreizen als den schiebenden und ziehenden Kräften bei der Verhaltensmotivation gesprochen. Manche Aspekte des Sexualverhaltens kann man durch einen Sexualtrieb erklären, obwohl es offensichtlich ist, daß sexuelle Deprivation nicht die gleichen furchtbaren Auswirkungen hat wie Deprivation von Nahrung und Wasser. Vom Anreiz her gesehen, brauchen wir kaum jemandem zu erzählen, daß Sexualverhalten unglaublich angenehm sein kann, und deshalb kann die Gelegenheit zum Geschlechtsverkehr einen enormen positiven Anreizwert aufweisen. Menschen sind motiviert, alles mögliche zu tun, um diesen Anreiz zu erhalten.

Biologische Aspekte

Wie steht es um die biologische Grundlage der Motivation? Hier muß man zwei Aspekte betrachten. Erstens ist ein großer Teil des Verhaltens von Mensch und Tier durch einen biologischen Trieb motiviert, sich fortzupflanzen und die Art zu erhalten. Eine Theorie, die *Soziobiologie,* führt diese Vorstellung zum Äußersten und behauptet, daß alles Verhalten von einem überragenden Trieb gesteuert wird, die Gene von einer Generation zur nächsten weiterzugeben. Zweitens wird das Sexualverhalten biologisch vorrangig durch das endokrine System des Körpers reguliert, wie wir in Kapitel 2 erfahren haben.

Das Sexualverhalten von Tieren scheint ritualisiert, instinktiv und biologisch angetrieben zu sein. Wie die feststehenden Verhaltensmuster, die von den Ethologen beschrieben wurden, setzt das Sexualverhalten automatisch ein, wenn ein Tier biologisch dazu bereit (z.B. "läufig") ist und der angemessene Auslösereiz vorliegt. Auch bei Menschen gibt es einige Hinweise auf biologische Regulation. Bei Frauen korreliert das sexuelle Verlangen mit dem Menstruationszyklus, der von Hormonen gesteuert wird. Außerdem unterdrückt Alkoholkonsum die neurale Aktivität und das Hormon Testosteron bei Männern und kann als Folge einen unterdrückenden Effekt auf die männliche Potenz haben. Auch der Erfolg der Hormontherapie bei einigen Auffälligkeiten im Sexualverhalten erinnert daran, daß biologische Faktoren eine wichtige Rolle bei den sexuellen Aktivitäten von Menschen spielen.

Schließlich untersuchten C. S. Ford und F. A. Beach das Sexualverhalten in mehreren Kulturen und bei Tieren. Sie gingen von der allgemeinen These aus, daß ein grundlegender Trieb zum Sexualverhalten besteht, und argumentierten, daß jedes Verhalten, das sowohl bei Menschen als auch bei Tieren vorliegt, genetisch veranlagt ist. Sie folgerten, daß vier Typen von sexuellem Verhalten dieses Kriterium erfüllen, weil sie bei allen Primaten einschließlich des Menschen auftreten. Diese Verhaltensweisen sind der Koitus, die Masturbation, homosexuelle Betätigungen und das Anlocken eines Sexualpartners mit Hilfe spezieller Handlungen (z.B. Imponiergehabe).

Jenseits biologischer Beschränkungen

Trotz der Bedeutung des biologischen Triebes für die Fortpflanzung und trotz der hormonellen Steuerung der Fortpflanzungsaktivitäten können diese Faktoren allein doch nicht das gesamte menschliche Sexualverhalten erklären. In der Tat haben Menschen sich großenteils, wenn auch nicht vollständig, von der biologischen Steuerung befreit. Die alltägliche Verwendung von Maßnahmen und Vorrichtungen zur Schwangerschaftsverhütung etwa zeigt, daß nicht alle sexuellen Handlungen zum Zweck der Fortpflanzung stattfinden. Man weiß auch, daß Menschen unabhängig von der Zeit und dem Hormonspiegel sexuell tätig sind. Die Korrelation zwischen dem Hormonspiegel und dem Sexualverhalten bei Menschen ist nicht sehr hoch. Um die menschliche Sexualmotivation zu verstehen, müssen wir uns stärker psychologischen Konzepten zuwenden: Lernen, sozialen bzw. Persönlichkeitsfaktoren und kognitiven Prozessen.

Lernfaktoren bei der Sexualmotivation

Während der vergangenen zwei Jahrzehnte hat sich die zunehmend vorherrschende Meinung von der Biologie ab- und dem Lernen als Erklärung für das menschliche Sexualverhalten zugewandt. Forschungsergebnisse zeigen, daß immer weniger Belege für hormonelle oder andere biologische Steuerung des sexuellen Verhaltens und immer mehr Belege für gelerntes sexuelles Verhalten vorhanden sind, je höher man in der phylogenetischen Skala steigt. Solange es keinen spezifischen lerntheoretischen Ansatz zur sexuellen Entwicklung gibt, müssen wir davon ausgehen, daß auf das sexuelle Lernen die gleichen allgemeinen Prinzipien zutreffen wie auf andere Lernarten auch. Wir wollen hier nicht versuchen, die Sexualität von allen möglichen theoretischen Blickwinkeln her zu sehen. Statt dessen wollen wir uns auf die Untersuchung einiger Konzepte konzentrieren, die auf die meisten Lerntheorien zutreffen, und sie auf die Sexualität übertragen. Greifen wir das Paradigma des operanten Konditionierens auf (siehe Kapitel 4). Erlebnisse verfestigen sich zu Verhaltensmustern, wenn sie belohnt oder verstärkt werden. Stellen Sie sich z.B. vor, daß ein Kind sexuell stimuliert wird, während es sich an einen Gegenstand lehnt oder vielleicht auf einen Baum klettert. Das Kind versteht das sexuelle Gefühl zwar nicht ganz, aber die Erfahrung war angenehm, und so könnte es versuchen, das Erlebnis zu wiederholen, vielleicht unter Zuhilfenahme der Hände. Schließlich wird diese Handlung weiterhin ausgeführt, bis sie zur Masturbation und dem Orgasmus führt. Jedes Mal wird die Handlung durch die empfundene Lust bekräftigt, so daß sich eine Gewohnheit oder ein Muster aufbaut. Beim weiteren Lernen werden die sexuellen Aktivitäten mit bestimmten Umweltbedingungen (z.B. Dunkelheit, im Bett liegen) und sozialem Bewußtsein (Einstellungen der Eltern und Gleichaltrigen) verknüpft.

Beim lerntheoretischen Ansatz geht man davon aus, daß das ganze Leben hindurch Veränderungen stattfinden, auch wenn die frühen wiederholten Erfahrungen am einflußreichsten sein mögen. Die allgemeine Anwendung von Lernprinzipien auf das sexuelle Verhalten wird durch den Einsatz der Reizgeneralisierung und Diskrimination erweitert. Bei der Generalisierung kann ein bestimmter Reiz

Der Zyklus des Verlangens

Von LINDA ASHER

Sind Frauen, wie nichtmenschliche weibliche Primaten, während des allmonatlichen Eisprungs, wenn die Empfängnis am ehesten stattfindet, sexuell aktiver als sonst? Psychoanalytisch orientierte Untersuchungen stellten vor Jahren bei Frauen einen derartigen Anstieg des Verlangens in der Mitte des Zyklus fest, indem ihr emotionales Leben im Wach- und Traumzustand untersucht wurde. Andere Forschungsarbeiten wählten die tatsächliche Häufigkeit des Geschlechtsverkehrs der Frauen zur Datengrundlage und stellten keine Bevorzugung fest. Vor kurzem hat eine Forschergruppe an der Wesleyan University Frauen nicht nur zum Geschlechtsverkehr im allgemeinen, sondern auch zum Geschlechtsverkehr, den sie selbst initiierten, befragt, und weiterhin bezüglich Liebkosungen, Masturbation, Fantasien und Stimulation durch Bücher und Filme. Um die Zeit des Eisprungs - so stellten sie fest - macht die von Frauen initiierte sexuelle Aktivität einen lustbetonten Sprung nach oben und erhöht sich um etwa 20 % - außer bei Frauen, die die Pille nehmen.

Bei dieser Untersuchung, an der 35 weiße verheiratete Frauen von 21 bis 37 Jahren freiwillig teilnahmen, mußten über durchschnittlich vier Monate hinweg im Auftrag der Psychologen David B. Adams, Alice Ross Gold und der wissenschaftlichen Hilfskraft Anne D. Burt täglich Fragebögen ausgefüllt werden. 12 der Frauen benutzten die Pille, 11 waren durch ein Pessar oder durch Vasektomie des männlichen Partners vor einer Schwangerschaft geschützt, und 12 benutzten Methoden, die vor jedem Geschlechtsverkehr eine sorgfältige Planung erfordern, wie Kondome, ein Diaphragma, Schaum oder die Rhythmusmethode.

Die Gruppe der Frauen ohne Pille schien in der Mitte ihres Zyklus merklich stärker erregt zu sein, obwohl diejenigen, die die Schwangerschaftsverhütung vor jedem Verkehr planen mußten, nicht so oft Geschlechtsverkehr hatten wie die Frauen mit weniger aufwendigen Techniken. Vielleicht zeigten die Pillenbenutzerinnen deshalb keinen solchen Gipfel in der Mitte des Zyklus, weil die Pille den Eisprung hemmt. In der Tat masturbierten die Frauen, die die Pille nahmen, aus unerklärlichen Gründen in der Mitte ihres Zyklus sogar weniger und regten seltener einen Geschlechtsverkehr an.

Wie die Forscher betonen, kann der Zyklus des Verlangens außer vom Eisprung noch von einer großen Zahl anderer Faktoren beeinflußt werden. Die Untersuchung hat z.B. ergeben, daß viele Frauen, besonders bei Paaren, die während der Menstruation auf Geschlechtsverkehr verzichten, einen signifikanten Anstieg des Geschlechtsverkehrs gleich nach der Regel aufweisen. "Aber der Gipfel, den wir um den Zeitpunkt des Eisprungs gefunden haben, zeigt an, daß es für den Sexualtrieb von Frauen eine zyklische biologische Basis gibt", erklärte Gold *Psychology Today* in einem Interview. "Sie ist kein Hauptfaktor, aber sie ist vorhanden."

Psychology Today
Februar 1979

Dieser Artikel soll uns Menschen daran erinnern, daß unser sexuelles Verhalten immer noch wenigstens teilweise durch unser biologisches Erbgut gesteuert wird. Glauben Sie, daß man die Frauen den drei verschiedenen Schwangerschaftsverhütungsmethoden zufällig hätte zuordnen müssen? Wäre das möglich gewesen?

eine Reaktion hervorrufen, die auf einen verwandten, aber anderen Reiz konditioniert ist. Zu lernen, sexuelle Gefühle mit einem bestimmten Mitglied des anderen Geschlechts zu verbinden, kann so auf alle oder die meisten Mitglieder des anderen Geschlechts generalisieren. Die Diskrimination funktioniert gegenläufig zur Generalisierung und erlaubt uns, die Objekte einzugrenzen, auf die wir sexuell reagieren, um nicht durch eine immer größer werdende Menge von Reizen erregt zu werden.

Außer durch das operante Konditionieren lernen wir sexuelles Verhalten und sexuelle Anreize auch durch Beobachtung. Kino, Fernsehen und Bücher sind besonders reichhaltige Informationsquellen über Sex. Alle bieten einflußreiche Modelle, deren Sexualverhalten nachgeamt werden kann. Wie wir aus unserer früheren Besprechung des kognitiven oder Beobachtungslernens wissen (siehe Kapitel 4), wird ein Verhalten mit größerer Wahrscheinlichkeit nachgeahmt, wenn das Modell für sein Verhalten belohnt wird. Deshalb sind so viele Menschen über die Darstellung der Sexualität in den Medien besorgt.

Soziale und Persönlichkeitsfaktoren bei der sexuellen Motivation

Die Bedürfnisse nach Leistung, Geselligkeit, sozialer Billigung und Macht sind alle ein signifikanter Teil des menschlichen Sexualverhaltens. Es gibt ganz klar Situationen, in denen sexuelles Verhalten als eine Leistung behandelt wird, ein Spiel, bei dem man Punkte "machen" will - ein ziemlich trauriger Sachverhalt, aber trotzdem oft wahr. Ebenso fragwürdig ist es, wenn man mit sexuellem Verhalten sein Bedürfnis nach Anerkennung erfüllen will, indem man Sex als Bestechungsmittel für Anerkennung anbietet. Sexuelles Verhalten kann auch benutzt werden, um das Bedürfnis nach Macht oder das Bedürfnis, andere zu beherrschen, zu befriedigen. So wird der eine Partner der "Eroberte", und der andere ist nur daran interessiert, seine Macht zu beweisen. Oft mag es auch darauf hinauslaufen, daß die Leute deshalb nach Macht streben, weil sie dafür

Die Patienten sind meist zufrieden

Impotenz: Nicht jeder ist für die Autoinjektionstherapie geeignet

Sie leiden darunter, reden aber meist nicht darüber - rund drei bis vier Millionen Männer in der Bundesrepublik haben Potenzstörungen. Über Behandlungsmethoden wurde auf der Freiburger Fortbildungstagung über erektile Funktionsstörungen berichtet.

Urologen unterscheiden zwei Hauptgruppen von Betroffenen, junge Männer von der Pubertät an, die niemals eine Erektion hatten und ältere ab 45 bis 50 Jahren mit vorher normalen Erektionen. Während die jugendliche Impotenz auf angeborenen Funktionsstörungen beruht, sind die Ursachen bei älteren Männern und vor allem bei Rauchern Durchblutungsstörungen, Bluthochdruck, Diabetes, Fettstoffwechselstörungen und psychische Faktoren. Zur sicheren Unterscheidung von organisch oder psychisch bedingter Impotenz verweisen Urologen zunächst auf die eingehende Befragung des Patienten besonders auch im Hinblick auf eventuelle Partnerprobleme. Das Gespräch mit den Patienten wird durch Doppleruntersuchungen und Pharmakotests objektiviert. Dabei werden gefäßerweiternde Medikamente in den Penis eingespritzt. Die Reaktion auf die Dosierung zeigt, ob es sich bei der vorliegenden Störung um eine arterielle Durchblutungsstörung handelt. Kommt es bereits bei geringer Dosis zur vollen Erektion, ist die Impotenz psychisch bedingt, zeigt erst hohe Dosierung Wirkung, ist von einer arteriellen Durchblutungsstörung auszugehen.

Als weitere Abklärungsmaßnahmen wurden in Freiburg die röntgenologische Gefäßdarstellung und das Messen der Nervenleitgeschwindigkeit empfohlen. Im Mittelpunkt der Therapiediskussion stand "Skat" - die Schwellkörperautoinjektionstherapie, die 1985 erstmals von Adrian Zorgiopt im "Journal of Urology" publiziert wurde. Bei "Skat" injiziert der Patient sich selbst fünf bis zehn Minuten vor dem Verkehr die Wirksubstanz (Prostaglandin, Phentolamin-Papaverin-Gemisch). Die nachfolgende Erektion hält eine halbe Stunde bis eine Stunde lang. Die Selbstbehandlung, die sich nach Erfahrung der urologischen Experten sowohl für Männer mit psychisch als auch für solche mit organisch bedingten Potenzstörungen eigne, komme bei den Patienten sehr gut an.

Ulrich Wetterauer, Organisator der Fortbildungstagung: "Die Patienten sind zufrieden; da es sich meist um ältere Männer mit langjährigen Partnerinnen handelt, stört "Skat" auch die Beziehung nicht." Als Komplikation kann es zur Dauererektion kommen. Bei Langzeitanwendung über Jahre kommt es bei bis zu vier Prozent der Patienten zu Schwellkörpervernarbungen (Fibrose). Wetterauer: "Dann geht nichts mehr. Da ohne "Skat" aber auch nichts geht, wird das Risiko von den Patienten in Kauf genommen." Allerdings kommt auch nicht jeder für die Skat-Therapie in Frage: "Die sorgfältige Patientenauswahl ist unabdingbar. Es muß sich um einsichtige Leute mit Selbstkontrolle handeln." Die Freiburger Urologen verlangen von Anwärtern, daß sie das Rauchen aufgeben und Alkohol nur in Maßen konsumieren.

In Freiburg bedauerten die Experten, daß die Wirksubstanzen Prostaglandin und das Papaverin-Phentolamin-Gemisch vom Bundesgesundheitsamt für die Therapie noch nicht zugelassen sind. Wetterauer: "Wir müssen uns die Medikamente selbst herstellen und der Patient muß das Risiko der Behandlung selbst tragen." Der Arzt beruft sich auf seine Therapiefreiheit bei der Behandlung einer Krankheit, die für viele Männer fatal ist. Auch zum Schutz der Patienten halten Urologen es für zwingend notwendig, daß Diagnostik und Therapie der Potenzstörungen standardisiert werden, "dies ist nur möglich bei einer Zulassung der Wirksubstanzen durch das BGA".

Praktiker sollten nach dringender Empfehlung der Experten "im Moment absolut noch nicht mit Skat arbeiten", sondern zum spezialisierten Urologen überweisen. "Vier Jahre Skat-Erfahrung sind wenig, wir brauchen acht bis zehn Jahre. Wir probieren alle noch rum, aber ohne vasoaktive Substanz geht gar nichts auf dem Sektor".

Ulla Bettge

Die neue Ärztliche
9. Mai 1989

Mit freundlicher Genehmigung von Verlag und Autorin

nicht selten sexuell belohnt werden. Im positiveren Sinn bringt das Geselligkeitsbedürfnis Leute zusammen, um sich zu vergnügen, sich zu verlieben und die Schönheit und Lust gegenseitiger sexueller Erfüllung zu teilen.

Die meisten Erklärungen des Sexualverhaltens auf der Basis von sozialen oder Persönlichkeitsfaktoren sind tendenziell Erweiterungen einer bestimmten Schule der Persönlichkeitstheorie, wobei in der Regel die zwischenmenschlichen Beziehungen eine Hauptrolle spielen. In solchen Theorien stellt die Sexualität einen Teil eines Prozesses, wie z.B. Maslows Selbstverwirklichung, dar (siehe Fundgrube 7-1), ohne daß die Entwicklung dieses Prozesses erklärt wird. Eine Ausnahme bildet die Theorie von Ken Hardy von der Brigham Young University, die sowohl lerntheoretische als auch sozialpsychologische Konzepte berücksichtigt. Hardy postuliert, daß man ein spezifisches Sexualverhalten entwickelt, weil man gelernt hat, daß man dadurch eine positive Veränderung in seinem Leben bewirkt. Und es ist die Erwartung einer positiven Veränderung, die die Grundlage der sexuellen Motivation bildet.

Nach Hardy bauen kleine Kinder versuchsweise eine Reihe positiver Erwartungen hinsichtlich einfacher sexueller Aktivitäten wie Umarmen und Küssen auf, indem sie offenbar positive Reaktionen auf diese Handlungen bei Eltern, älteren Geschwistern und in den Medien beobachten. Die Kinder fangen dann an, diese Verhaltensweisen auszuprobieren, aber nicht wegen biologischer Ursachen, sondern als Funktion kognitiver Prozesse. Werden die ersten Erfahrungen positiv verstärkt (durch soziale Verstärker), erhöht das die subjektive Valenz der darauf bezogenen Kognitionen. Wird das Wissen verfeinert, wird auch die Erwartung, daß noch mehr Ereignisse positiv sind, durch eine Art Generalisierung, die auf früheren positiven Erfahrungen beruht, erweitert. Dies wiederum erhöht die Wahrscheinlichkeit, daß wegen der Erwartung positiver Veränderungen neue Erfahrungen ausprobiert werden. Was sich letztlich entwickelt, ist nach Hardys Theorie ein gelerntes Verlangen, nicht ein biologischer Trieb.

Kognitive Faktoren bei der sexuellen Motivation

Bei Tieren scheint das Sexualverhalten völlig natürlich, automatisch und instinktiv zu sein. Denken, Wissen, Schlußfolgern und Attribution spielen eine untergeordnete oder gar keine Rolle. Im Gegensatz dazu kann das menschliche Sexualverhalten stärker kognitiv als biologisch determiniert sein. Denken, Erwartungen und Wissen sind die Hauptfaktoren, die die Entscheidung beeinflussen, ob, wo und mit wem man sexuelles Verhalten ausführt. Als einfache Veranschaulichung stellen Sie sich Ihre Gedanken vor, wenn sie jemanden in aufreizender Kleidung oder allein in einer Bar sehen oder wenn eine Person des anderen Geschlechts Sie zum Essen einlädt. Viele Attributionen, die Sie unter diesen Umständen machen würden, beziehen sich auf die Sexualität. Außerdem würde die Entscheidung über Ihr weiteres Vorgehen zum Teil durch Ihre Nützlichkeitsanalyse bestimmt - der Wert des Anreizes und Ihre Chancen, ihn zu bekommen.

Das Sexualverhalten wird teils durch einen Trieb und teils durch Anreize motiviert. Wir sind biologisch veranlagt, uns sexuell zu verhalten, und die Umwelt enthält die uns dazu veranlassenden Reize. Letztlich ist das Sexualverhalten tief in der Physiologie des endokrinen Systems verwurzelt, in der Biologie der Instinkte und im Fortpflanzungsbedürfnis. Es ist aber auch sehr angenehm und erregend und wird bei Menschen durch Lernen, psychogene Bedürfnisse und kognitive Prozesse beeinflußt. Jedes dieser Konzepte ist hilfreich, um die vielen Faktoren zu verstehen, die der sexuellen Motivation des Menschen zugrunde liegen.

Sexuelles Verlangen dämpfen

Wie zwei Wissenschaftler der John Hopkins University berichten, kann abweichendes Sexualverhalten wie Pädophilie und Exhibitionismus durch eine abnormale hormonelle Gehirnaktivität verursacht werden. Die zwei Wissenschaftler behaupten weiterhin, daß sie Sexualverbrecher erfolgreich mit einem "Depressivum für sexuelles Verlangen" behandelt haben. Fred S. Berlin und John Money geben an, daß sie ein Bündel biologischer Abnormalitäten bei den Sexualtätern gefunden haben, die seit über einem Jahrzehnt in ihre Klinik überwiesen wurden - Ergebnisse, die ihrer Meinung nach die Ansicht in Frage stellen, daß allein Erfahrungen in frühen Jahren zum abweichenden Verhalten im Erwachsenenalter führen. Sie haben zwar keine Theorie darüber, wie die Gehirnabnormalitäten unkonventionelles Sexualverhalten auslösen, aber sie behaupten, daß ihre 20 Versuchspersonen ein ungewöhnliches Gehirnscan (corticale Atrophie), eine ungewöhnliche elektrische Aktivität und einen signifikant erhöhten Testosteron- (ein männliches Sexualhormon) und Hypophysenhormonspiegel aufweisen. Zusätzlich, so Berlin, wurde nun die Mehrheit seiner Patienten erfolgreich mit einem Medikament namens Depo Provera behandelt, das den Testosteronspiegel im Blut senkt. Anders als die Kastration - eine andere Behandlungsmethode, die bei Sexualverbrechern angewendet wird - senkt Depo Provera den Testosteronspiegel, indem es direkt auf das Gehirn wirkt, wo es auch das Testosteron nachahmt und ein Ansteigen der Hypophysenhormone verhindert. Nach Berlin wird dadurch das Verhalten unterdrückt, das sich bei diesen ausschließlich männlichen Patienten in einem übermäßigen sexuellen Verlangen äußert. Das Medikament macht nicht impotent, aber die Männer berichten, daß sie mit diesem verminderten Sexualtrieb eine willkürliche Entscheidung über ihre sexuelle Aktivität treffen können. Zwar verändert sich ihr starkes sexuelles Interesse nicht, aber 17 der 20 Patienten haben verbotenes sexuelles Verhalten vermieden, in einem Fall 15 Jahre lang.

Science News
23. Oktober 1982

EMOTION

Menschen lieben und hassen. Sie fürchten sich, sind ängstlich und manchmal sogar zu Tode erschrocken. Sie sind glücklich und traurig, wütend und rasend. Menschen sind emotional. Sie haben Gefühle. Außerdem sind mit diesen Emotionen motivationale Konsequenzen verbunden. Menschen kämpfen, weil sie vielleicht wütend und haßerfüllt sind. Menschen finden sich, so sagt man, weil sie sich lieben. Menschen sind zu allen möglichen Dingen motiviert, um unangenehmen emotionalen Zuständen (Furcht, Wut, Angst) zu entgehen, sie zu vermeiden oder um angenehme emotionale Zustände (Liebe, Glück, Freude, Lust) zu erreichen. Es ist demnach offensichtlich, daß Emotion und Motivation eng verwandte Themen sind.

Klassifikation der Emotionen

Man hat sich sehr um ein Klassifikationssystem für Emotionen bemüht. Es gibt in der englischen Sprache Hunderte von Worten, die sich auf verschiedene emotionale Erfahrungen beziehen, von Todesangst bis Ekstase. Viele davon überlappen sich jedoch in ihrer Bedeutung (z.B. "joyous" und "happy", beides bedeutet "glücklich") oder beziehen sich lediglich auf geringfügige Unterschiede in der Intensität der Emotion. Emotionen haben zwei Hauptdimensionen: (1) die qualitative Dimension bzw. *angenehm - unangenehm* und (2) die quantitative Dimension bzw. *Intensität.* Emotionale Zustände sind im Grunde angenehm oder unangenehm, und zwar unterschiedlich stark angenehm oder unangenehm. Der Unterschied zwischen Wut und Raserei besteht hauptsächlich in der Intensität, ebenso der Unterschied zwischen Glück und Ekstase.

Diese beiden Dimensionen bestimmen auch die motivationalen Folgen emotionaler Zustände. Erstens können wir erwarten, daß unangenehme emotionale Zustände (und die Ursachen, von denen sie unserer Erfahrung nach hervorgerufen werden) als negative Anreize wirken (wir werden motiviert sein, sie zu vermeiden oder ihnen zu entfliehen). Ebenso sind angenehme Zustände (und die Ursachen, von denen sie hervorgerufen werden) positive Anreize (wir werden motiviert sein, sie zu erreichen). Weil wir lernen, können wir die emotionalen Zustände voraussehen, die bestimmte Objekte, Ereignisse und Umstände hervorrufen werden. Wir können dann die Ziele anstreben, von denen wir erwarten, daß sie positive Emotionen auslösen, und die Ziele vermeiden, von denen wir annehmen, daß sie zu unangenehmen emotionalen Erfahrungen führen. Natürlich können wir nicht alles Unangenehme *vermeiden* - manchmal landet man eben durch Zufall auf einer absolut langweiligen Party. Unter diesen Umständen wird man motiviert sein, (der Langeweile) zu *entfliehen,* weil man es verpaßt hat, den Gastgebern aus dem Weg zu gehen.

Zweitens können wir erwarten, daß die Stärke der Motivation von der Intensität des vorausgesehenen oder erlebten Zustands abhängig ist. Je stärker oder intensiver die Emotion ist, desto größer wird die Motivation sein, sie zu erleben oder zu vermeiden. Mit anderen Worten bestimmt die emotionale Intensität die Stärke des Anreizes, und ob die Emotion angenehm oder unangenehm ist, bestimmt, ob der Anreiz positiv (annähern) oder negativ (vermeiden) ist.

Eleanor Daly, William Lancee und Janet Polivy von der University of Toronto haben behauptet, daß eine dritte Dimension, die *Aktivität,* für eine vollständige Beschreibung der emotionalen Erfahrung erforderlich ist. Wenn man nur die Dimensionen Intensität und angenehm - unangenehm verwendet, kann man schlecht zwischen bestimmten Emotionen wie Wut und Trauer unterscheiden. Beide sind unangenehm und können intensiv sein. Aber Trauer ist ein passiverer emotionaler Zustand als Wut, so daß die Aktivitätsdimension eingeführt werden muß, um solche Unterschiede zu erklären.

Emotionstheorien

Die verschiedenen Aspekte der Emotion

Das Konzept der Emotion ist äußerst komplex, weil es so viele verschiedene Aspekte aufweist und auf so viel verschiedene Weisen benutzt wird. Zum einen hat die Emotion einen biologischen Aspekt. Zur Emotion gehört eine physiologische Erregung, die hauptsächlich vom autonomen Nervensystem und den dazugehörigen Hormonen gesteuert wird (siehe Kapitel 2). Mit anderen Worten beinhaltet die Emotion eine biologische Aktivierung - der Körper wird zur Handlung "angeheizt". Ein zweiter Aspekt ist motivationaler Art. Emotionen können als Anreize wirken und uns motivieren, bestimmte emotionale Zustände anzustreben (z.B. sind wir bereit Geld zu bezahlen, um uns amüsieren zu lassen) und andere zu vermeiden (z.B. lernen wir, um unangenehmes Versagen zu vermeiden). Drittens hat die Emotion einen kognitiven Aspekt. Emotionen treten in einem Kontext auf, und das emotionale Erlebnis hängt von der kognitiven Interpretation des Kontexts ab. Wir sind z.B. mehr oder weniger wütend auf einen Kellner, der an unserem Tisch Wein verschüttet, je nachdem, ob wir sein Mißgeschick für ein Versehen oder für einen weiteren Beweis für den schlechten Service halten. Weiterhin umfaßt der Emotionsbegriff einen Erfahrungsaspekt. Dieser Aspekt zielt auf die persönlichen Gefühle, die wir in emotional gefärbten Situationen erfahren. Dies ist der Aspekt der Emotion, der sich wissenschaftlich am schwersten handhaben läßt, weil Gefühle, wie alle anderen Erfahrungen, ganz persönlichen und von anderen nicht beobachtbar sind. Der letzte Aspekt der Emotion umfaßt die Verhaltensdimension. Emotionen geben Anlaß zu emotionalem Ausdruck: Ausdrucksreaktionen des Gesichts, Weinen, Lachen und Gesten aller Art. Und wie alle Reaktionen unterliegen emotionale Reaktionen den Prinzipien des instrumentellen Konditionierens. So kann ein Kind z.B. zu weinen lernen, um seinen Willen durchzusetzen.

Für Emotionstheoretiker ist es eine Herausforderung, diese verschiedenen Aspekte der Emotion zu integrieren. Die Frage ist, wie die biologischen, motivationalen, Erfahrungs-, kognitiven und Verhaltensaspekte der Emotion zueinander in Beziehung stehen. Gibt es z.B. für jedes emotionale Gefühl ein biologisches Äquivalent? Im folgenden sehen wir uns verschiedene Emotionstheorien an, die sich in ihrer Betonung bestimmter Aspekte und in den Hypothesen über das Zusammenspiel dieser Aspekte voneinander unterscheiden.

Die James-Lange-Theorie

Stellen Sie sich vor, Sie treffen unerwartet auf einen wilden Bär in Ihrem Schlafzimmer. Wahrscheinlich geschehen sofort zwei Dinge: (1) Sie laufen fort und (2) Sie haben ein emotionales Gefühl, daß man normalerweise als Angst bezeichnet. Die meisten von uns würden annehmen, daß man zuerst die Angst erlebt und dann wegläuft. Die erste wichtige psychologische Theorie über emotionales Verhalten postulierte, daß genau das Gegenteil geschieht. Diese Theorie ist als *James-Lange-Theorie* bekannt, nach William James und Carl Lange, die in den späten 80er Jahren des letzten Jahrhunderts unabhängig voneinander behaupteten, daß man erst wegläuft und dann Angst bekommt. Genauer gesagt ist es so, daß der Anblick des Bärs im Schlafzimmer gleichzeitig zum Laufen und zu den verschiedensten Veränderungen in der Körperphysiologie führt, u.a. erhöhtem Blutdruck und Herzschlag. Wenn man diese Veränderungen im Körper wahrnimmt, erlebt man die Emotion (Angst). Das bedeutet, daß man unterschiedliche Emotionen empfindet, weil der Körper für jede Emotion unterschiedliche physiologische Veränderungen realisiert. Angst ist nicht das gleiche wie Wut, vor allem weil die physiologische Aktivität des Körpers beim Erleben dieser beiden Emotionen qualitativ anders ist. Ob das tatsächlich so ist, werden wir weiter unten untersuchen. Im Moment merken wir uns nur, daß die James-Lange-Theorie es so postuliert.

Die Cannon-Bard-Theorie

Nicht alle Psychologen sind mit der James-Lange-Theorie einverstanden. Eine bedeutende Gegenposition bildet die *Cannon-Bard-Theorie,* benannt nach W.B. Cannon und P. Bard, die die Theorie 1915 formulierten. James und Lange sagen "Wir sehen den Bär, wir laufen (und unsere Körperphysiologie verändert sich), und dann empfinden wir Angst". Die Cannon-Bard-Theorie kommt zu der dem Alltagsdenken viel näheren Aussage: "Wir sehen den Bär, wir haben Angst, und dann laufen wir (und unsere Körperphysiologie verändert sich)". Cannon und Bard dachten, daß der Thalamus (siehe Kapitel 2) der "Sitz der Emotionen" ist (Heute wissen wir, daß sie mit dem Hypothalamus besser gelegen hätten). Durch einen emotionalen Reiz - so Cannon und Bard -, wird als erstes der Thalamus heftig erregt. Er sendet dann elektrische Impulse in höher gelegene Hirnareale, um den cerebralen Kortex zu aktivieren, und nach unten in den Körper, um das autonome Nervensystem zu aktivieren. Der cerebrale Kortex läßt das emotionale Erlebnis bzw. das Gefühl entstehen, und das autonome Nervensystem stellt einen allgemeinen Erregungszustand her, der auf "Kampf oder Flucht" vorbereitet. Schließlich gibt es eine offen beobachtbare Reaktion, die Verhaltenskomponente der Emotion, die erst nach dem biologischen und dem Erfahrungsaspekt auftritt. Dieser Theorie nach gibt es jedoch nur einen biologischen Zustand, nämlich die Aktivation, die sich allerdings in ihrer Intensität verändern kann.

Gibt es qualitativ unterschiedliche physiologische Zustände?

Die James-Lange-Theorie bejaht diese Frage, die Cannon-Bard-Theorie dagegen verneint sie. In mehreren Untersuchungen sprachen die Belege gegen die James-Lange-Theorie. Cannon kritisierte die James-Lange-Theorie, weil die zu dem Zeitpunkt vorhandenen Belege keine unterschiedlichen physiologischen Korrelate für unterschiedliche Emotionen zeigten. Cannon dachte auch, daß die physiologischen Veränderungen in der Körperperipherie zu langsam stattfinden, um als Hauptquelle der Emotion in Frage zu kommen. In einer Untersuchung wurde Versuchspersonen Adrenalin (Epinephrin) injiziert, das im autonomen Nervensystem Erregungsprozesse hervorruft. Ungeachtet dieser Tatsache berichteten die Versuchspersonen nicht von emotionalen Erlebnissen. Cannon sah den Grund darin, daß das zentrale Nervensystem nicht durch den Thalamus aktiviert wurde (es gab keinen emotionalen Stimulus). Die meisten Belege sprechen gegen die James-Lange-Theorie, dennoch stirbt sie sehr langsam.

Die James-Lange-Theorie existiert zum Teil noch deshalb, weil es einige Belege für physiologische Unterschiede zwischen bestimmten emotionalen Zuständen gibt. Häufig wird die Arbeit von A.F. Ax zitiert, der physiologische Unterschiede zwischen Angst und Wut nachgewiesen hat. Die Nebennieren scheiden zwei verschiedene Hormone aus, Adrenalin und Noradrenalin. Ax stellte fest, daß bei Angst Adrenalin vorherrscht, und daß an der Wut sowohl Adrenalin als auch Noradrenalin beteiligt sind. Andere Untersuchungen haben gezeigt, daß verfolgte Tiere (die also Angst haben müßten) viel Adrenalin aussondern, im Gegensatz zu den Tieren, von denen sie verfolgt werden. Letzere ("wütende" Tiere?) zeigen vorrangig die Abgabe von Noradrenalin. Neuere Arbeiten haben sich auf die biochemischen Substanzen konzentriert, die als Neurotransmitter im zentralen Nervensystem dienen, das - je nach der Emotion - auf offenbar verschiedene Weise beteiligt ist.

Es ist seit langem bekannt, daß bestimmte Gesichtsausdrücke in allen Kulturen mit den gleichen Emotionen verbunden sind, z.B. lächeln Menschen aus aller Welt, wenn sie sich freuen, und runzeln die Stirn, wenn sie traurig sind. Weil diese Muskelbewegungen ein Teil des physiologischen Aspekts der Emotion sind, kann man diese universelle Mimik als Beleg für das Vorhandensein unterschiedlicher physiologischer Reaktionen ansehen, die den verschiedenen Emotionen zugrunde liegen. Die Universalität der Mimik läßt vermuten, daß die biologischen Aspekte der Emotion eine Grundlage in der Genetik haben.

Paul Ekman, Robert Levenson und Wallace Friesen von der School of Medicine an der University of California baten Versuchspersonen, mimisch eine Emotion darzustellen (z.B. Trauer), und maßen dann ihre verschiedenen physiologischen Reaktionen (z.B. Herzschlag, Hauttemperatur). Andere Versuchspersonen sollten nichts darstellen, sondern sollten ein persönliches emotionales Erlebnis in Gedanken nachvollziehen. Beide Gruppen zeigten für verschiedene Emotionen deutlich unterschiedliche physiologische Reaktionen. Diese Ergebnisse zeigen, daß wir physiologisch ganz anders reagieren, je nachdem ob wir versuchen, glücklich oder traurig auszusehen bzw. uns an ein schönes oder trauriges Erlebnis zu erinnern. Obwohl die Belege zur Zeit nicht überwältigend sind, legen diese Daten doch nahe, daß es wirklich verschiedene physiologische Reaktionen gibt, die den verschiedenen emotionalen Erlebnissen zugrunde liegen, so wie es die James-Lange-Theorie behauptet.

Der kognitive Aspekt der Emotionen

Nehmen wir an, daß emotionale Zustände hauptsächlich aus unspezifischer Aktivierung bestehen - wie die meisten Ergebnisse nahelegen -, ohne daß es qualitativ unterschiedliche physiologische Reaktionen für die verschiedenen Emotionen gibt. Wie kann man dann in einem Zustand emotionaler Aktivierung wissen, ob man glücklich oder traurig, erfreut oder wütend ist? Die Antwort erhält man wahrscheinlich, wenn man die gesamte emotionale Empfindung in zwei Komponenten teilt: (1) die *unspezifische Aktivierung* und (2) die *kognitive Bewertung* der Situation - etwa "ein Bär ist in meinem Schlafzimmer, und gleich greift er mich an". Kurz gesagt, die kognitive Bewertung der Situation beantwortet die Frage: "Warum bin ich so erregt?". Zwischen der Aktivierung und ihrer Bewertung besteht ein ständiges Zusammenspiel, aus dem das emotionale Erlebnis hervorgeht. Das Erlebnis ist also ein gemeinsames Produkt der Aktivierung (die in jeweils spezifischer Ausprägung vorliegt) und der Bewertung der Situation. In dieser Theorie finden die zeitlichen Verhältnisse beider Komponenten keine besondere Beachtung, da Aktivierung und Bewertung sich ständig verändern und miteinander interagieren. Manchmal kann die Aktivierung dem Bewertungsprozeß zeitlich vorgeordnet sein, manchmal aber auch im Anschluß an einen Bewertungsprozeß auftreten.

Das neue Element in dieser Deutung ist die kognitive Bewertung. Der Mensch bewertet die Situation und sucht gleichzeitig nach etwas, worauf er die Aktivierung zurückführen kann (in unserem Beispiel ist es offensichtlich der Bär). Dieser Teil der Theorie stammt aus der *Attributionstheorie*. Entscheidend ist, daß man die Aktivierung auf ein Ereignis zurückführen kann und eine Bewertung dieses Ereignisses vorliegt (z.B. "er kann mir Schaden zufügen"). Ohne diese Komponenten gäbe es kein emotionales Erlebnis, selbst wenn eine Aktivierung da ist. Versuchspersonen, denen Adrenalin injiziert wurde, welches autonome Aktivierung bewirkt, dürften nicht emotional reagieren, weil sie die Aktivierung ausschließlich auf die Tatsache der Injektion zurückführen können. Auf der anderen Seite kann man den Versuchspersonen eine Falschinformation über die Injektion geben ("dies ist eine Vita-

Lächeln ist ein universeller Gesichtsausdruck der Freude.

minspritze") und ihnen sagen, daß sie zu keiner Aktivierung führt. Wenn die Versuchspersonen dann erregt werden, brauchen sie eine Erklärung dafür und werden ihre Lage bewerten, indem sie eine Erklärung suchen.

Stanley Schachter und Jerome Singer von der Columbia University haben ihre Versuchspersonen auf genau diese Weise irregeführt. Die Versuchspersonen erhielten eine Adrenalinspritze, glaubten jedoch, es handele sich um ein Vitaminpräparat. Nach der "Vitaminspritze" sollte die Hälfte der Versuchspersonen mit jemand anderem in einem Zimmer warten, der so tat, als sei er sehr wütend. Diese Versuchspersonen berichteten, daß sie auch sehr wütend wurden. Die andere Hälfte wartete zusammen mit jemandem, der sich sehr glücklich aufführte, und diese Versuchspersonen gaben an, auch sehr froh zu sein. Sie schrieben also ihre autonome Aktivierung fälschlicherweise der Situation zu und erlebten ein emotionales Gefühl, das mit ihrer Bewertung der Situation übereinstimmte. In einer Kontrollbedingung, bei der die Versuchspersonen eine Placeboinjektion erhielten, traten diese emotionalen Reaktionen nicht auf. Wahrscheinlich liegt das daran, daß ohne Adrenalin ein zu geringes Niveau autonomer Aktivierung vorlag. Für das Empfinden einer Emotion sind also autonome Aktivierung wie situative Variablen erforderlich.

Zum Beweis für das Hin und Her zwischen Aktivierung und Bewertung, ist durch Untersuchungen gezeigt worden, daß sowohl die Ausprägung der Aktivierung als auch die zur Aktivierung führende Situation bewertet werden. Die Bewertung des eigenen Aktivierungsniveaus wird in das System zurückgemeldet, und dies kann seinerseits die Bewertung der Situation beeinflussen. In einem einfallsreichen Experiment konnte Stuart Valins dieses Feedback nachweisen. Männlichen Versuchspersonen wurde mitgeteilt, daß sie ihren eigenen Herzschlag über Lautsprecher hören, obwohl sie in Wirklichkeit eine vorbereitete Kassette hörten. Valins zeigte diesen Männern dann Bilder von nackten Frauen aus *Playboy.* Bei der Hälfte der Nacktphotos wurden die vorgespielten Herztöne vom Versuchsleiter bei der Darbietung des Bildes beschleunigt. So sollte bei den Versuchspersonen der falsche Eindruck erweckt werden, daß sie von diesen bestimmten Bildern besonders erregt wurden. Später mußten die Versuchspersonen die nackten Frauen hinsichtlich ihrer Attraktivität bewerten, und wie vorhergesagt bewerteten sie die Bilder, die mit dem erhöhten Herzschlag verbunden waren, als attraktiver als die anderen. Daraus ergibt sich die Schlußfolgerung, daß die Versuchspersonen nach einer Erklärung für ihre Erregung suchten. Daraufhin attribuierten sie den nackten Frauen besonders attraktive Merkmale und hatten damit die gewünschte Erklärung für ihre Erregung.

In der Tat hat Valins gezeigt, daß die Versuchspersonen diese Nacktphotos immer noch als attraktiver bewerteten, nachdem man ihnen gesagt hatte, daß der "Herzschlag" nicht echt war. Echt oder nicht, die Versuchspersonen entdeckten dadurch mehr attraktive Merkmale. Es wurde auch gezeigt, daß der "Herzschlag"-Effekt nicht auftritt, wenn die Nacktfotos in schneller Reihenfolge präsentiert werden, weil die Versuchsperson dann wohl keine Zeit hat, die Erklärung für ihre autonome Aktivierung zu suchen. Sie hat keine Zeit, an den Playmates ganz besonders attraktive Merkmale zu finden.

An der ursprünglichen Untersuchung von Schachter und Singer wurde auf der Grundlage fehlender experimenteller Kontrollen Kritik geübt. Zusätzlich gab es einige Schwierigkeiten, die Ergebnisse zu replizieren (siehe Maslach und Marshall & Zimbardo und die Antwort von Schachter & Singer, jeweils 1979). Schließlich konnte eine neuere Literaturdurchsicht (Reisenzein 1983) keinen stichhaltigen Nachweis finden, daß die autonome Aktivierung eine *notwendige* Vorbedingung für eine Emotion ist, wie die Theorie von Schachter & Singer impliziert.

Dessen ungeachtet wird die Wichtigkeit der kognitiven Bewertung allgemein akzeptiert. So verknüpft die derzeit wohl am meisten anerkannte Emotionstheorie die kognitive Bewertung mit dem Prinzip der unspezifischen Aktivierung (ähnlich der Cannon-Bard-Theorie). Dieser dritte Ansatz wurde als *Musikbox-Theorie* bekannt. Die Aktivierungskomponente entspricht dabei dem Einwerfen des Geldes, um das System anzuregen, und die Bewertung entspricht der Auswahl des Liedes.

Robert Zajonc von der University of Michigan hat die Behauptung der Musikbox-Theorie in Frage gestellt, wonach vor Emotionsprozessen immer eine Bewertung steht. Zajonc ist der Ansicht, daß der Emotionsprozeß und die Verhaltensreaktion in den meisten Umständen zu schnell ablaufen, als daß vorher viel kognitive Aktivität stattfinden könnte. Wenn Sie einen Bär in Ihrem Schlafzimmer vorfinden, verbringen Sie nicht viel Zeit mit willkürlicher kognitiver Analyse, ehe Sie Angst haben und zu laufen beginnen. Zajonc behauptet statt dessen, daß kognitive Bewertung und emotionales Empfinden relativ unabhängig voneinander sind und parallel ablaufen und daß jedes von ihnen als Antwort auf einen emotionalen Reiz zuerst ablaufen kann. Im Zusammenhang mit der Interaktion von kognitiver Bewertung, subjektiven Gefühlen und physiologischer Aktivierung ist vieles zur Zeit noch sehr unklar. Zajonc hat mit seinen neueren Ausführungen wieder Interesse an diesem Thema geweckt, das derzeit der Gegenstand heißer Debatten und intensiver Forschung ist (siehe Abbildung 7-10).

Mittlerweile wird eine Verbindung aus verschiedenen Theorien am häufigsten akzepteirt. Die Emotion wird dabei als komplexe Funktion mehrerer interagierender Faktoren angesehen: (1) des Aktivierungsniveaus. Die Stärke der Aktivierung (oder genauer, das Ausmaß, in dem das Arousalniveau von einen Normalwert abweicht) beeinflußt wahrscheinlich die Intensitätsdimension der Emotion; (2) der kognitiven Bewertung der Situation, die die Veränderung des Aktivierungsniveaus bewirkt und mindestens zum Teil die Dimension angenehm - unangenehm bestimmt; und (3) der Bewertung der Veränderung der Aktivierung, die wiederum die kognitive Bewertung der Situation beeinflussen kann. Ein vierter Faktor ist das für die Aktivierung spezifische physiologische Korrelat, das teilweise die Qualität der Erfahrung bestimmen kann (ist es Furcht oder Wut?). Bis jetzt wissen wir aber sehr wenig darüber, welche biochemischen und physiologischen Faktoren die verschiedenen emotionalen Zustände unterscheiden.

Abbildung 7-10 Schematische Abbildung von vier Emotionstheorien

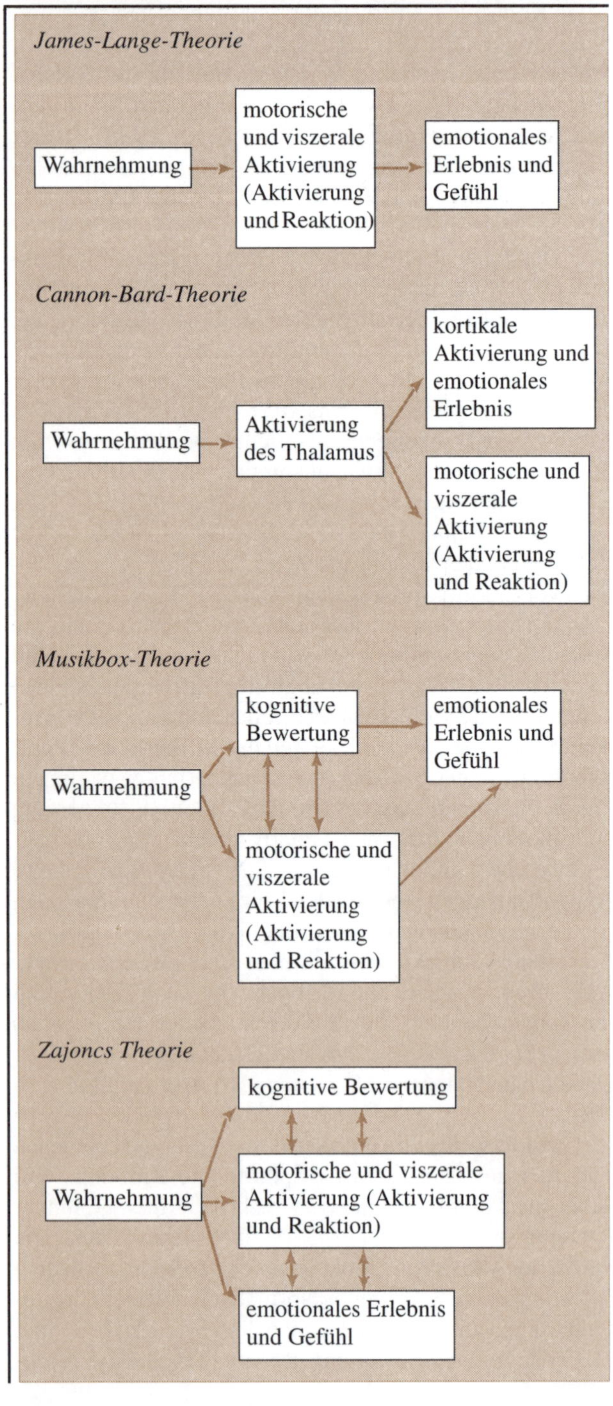

Es ist auch denkbar, daß das Ausmaß der Abweichung des Aktivierungsniveaus vom Normalwert dabei hilft, zusätzlich zur Intensitätsdimension die Dimension angenehm - unangenehm festzulegen. Wenn man annimmt, daß es ein homöostatisches System der Aktivierungssteuerung gibt, welches das Aktivierungsniveau im mittleren Bereich zu halten versucht, dann könnte man vermuten, daß eine sehr große Abweichung der Aktivierung von diesem optimalen Niveau im allgemeinen als unangenehm erlebt wird. Man könnte auch erwarten, daß das homöostatische System in solchen Fällen sofort versuchen wird, diesen starken Abweichungen entgegenzuwirken, um das Aktivierungsniveau in den mittleren Bereich zurückzubringen.

Die Wirkung antagonistischer Prozesse bei den Emotionen

Richard Solomon und John Corbit von der University of Pennsylvania haben genau solch ein entgegengesetzt arbeitendes Modell mit antagonistischen Prozessen vorgeschlagen. Bei einer großen Veränderung des Aktivierungsniveaus durch einen angenehmen oder unangenehmen Reiz wird das homöostatische System sofort einen antagonistischen Prozeß aktivieren, um der emotionalen Reaktion entgegenzuwirken. Der antagonistische Prozeß hat im allgemeinen genau die gegensätzlichen Wirkungen wie der anfängliche, d.h. das gesamte Emotionserlebnis ist eine Kombination der antagonistischen Prozesse. Solomon und Corbit nennen die anfängliche Reaktion den *a-Prozeß* und die antagonistische Reaktion den *b-Prozeß* (siehe Abbildung 7-11). Ist die anfängliche Erfahrung angenehm, wird sie nur über einen gewissen Zeitraum maximal angenehm sein, weil der antagonistische Prozeß, der per definitionem unangenehm ist, bald aktiviert wird und beginnt, dem angenehmen Prozeß entgegenzuwirken. Wenn der unangenehme antagonistische Prozeß an Stärke gewinnt, wird das Erlebnis zunehmend unangenehmer. Würde die ursprüngliche Reizsituation, die den angenehmen Prozeß ausgelöst hat, plötzlich beendet, würde man nur das Wirken des antagonistischen Prozesses erleben; d.h. man würde eine unangenehme Emotion erleben.

Denken Sie z.B. an Drogenabhängigkeit. Die anfänglichen Erfahrungen mit der Droge sind angenehm und verschaffen dem Benutzer ein "Hoch". Aber bald entsteht ein entgegengesetzer, unangenehmer antagonistischer Prozeß und wird mit jedem Gebrauch stärker. Als Folge entwickelt man eine Toleranz für die Droge, jedes nachfolgende Erlebnis führt zu einem geringeren Hoch. Nach und nach wird die Person von der Droge abhängig, nicht wegen ihrer angenehmen Effekte (die vielleicht gar nicht mehr erfahren werden), sondern um die unangenehme Erfahrung des antagonistischen Prozesses zu vermeiden. Ist die Droge nicht erhältlich, kommt es zu Entzugserscheinungen: dem vollen unangenehmen antagonistischen Prozeß in ganzer Stärke.

Nehmen Sie dagegen an, der anfängliche Erregungszustand ist unangenehm. Bald darauf wird ein angenehmer antagonistischer Prozeß aktiviert, um der unangenehmen Erregung entgegenzuwirken. Solch eine Erfahrung wird nur am Anfang maximal unangenehm sein, da der antagonistische Prozeß beginnen wird, das Ausmaß der unangenehmen Erfahrung zu mildern oder zu verringern. Wenn zu diesem Zeitpunkt die ursprüngliche unangenehme Stimulussituation beseitigt wird, bleibt nur der antagonistische Prozeß aktiv, und man erlebt eine angenehme Emotion. Erkennen Sie, wie dieser Teil der Theorie benutzt werden

Abbildung 7-11 Der *a*- und *b*-Prozeß

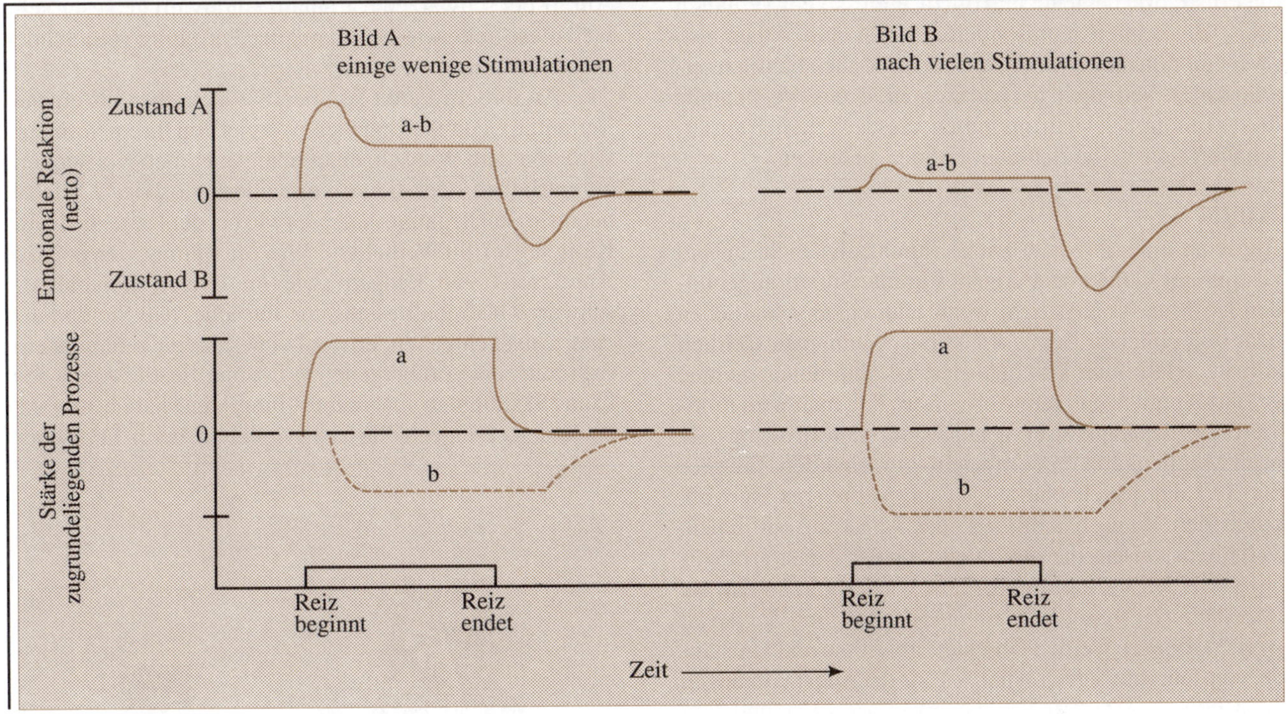

Nach der Theorie der antagonistischen Prozesse löst ein emotionaler Stimulus zuerst einen a-Prozeß aus, auf den ein antagonistischer b-Prozeß folgt. Die erlebte Emotion ist das Nettoergebnis, das man durch Subtraktion des b-Prozesses vom a-Prozeß erhält. Der untere Teil der Abbildung zeigt den a- und b-Prozeß getrennt voneinander. Der obere Teil zeigt die Netto-Wirkung der Subtraktion des b-Prozesses vom a-Prozeß. Nach wiederholter Stimulation bleibt der a-Prozeß konstant, und der b-Prozeß wird stärker (vergleichen Sie Bild A mit Bild B). Nach vielen Stimulationen ist der b-Prozeß stark genug, den a-Prozeß zu kompensieren, so daß der Reiz eine wesentlich verminderte Anfangsaktivierung auslöst. Wenn der Stimulus entfernt wird, nimmt der a-Prozeß rapide ab, der b-Prozeß dagegen hält noch eine Weile an. Die Netto-Wirkung dieses unterschiedlichen Verfalls ist eine intensive emotionale "Nachreaktion", die entgegengesetzt zur Anfangsaktivierung ist und stattfindet, wenn der Reiz entfernt wird. Bitte gehen Sie die folgenden Beispiele anhand der obigen Abbildungen durch?

1. Eine Person fängt mit dem Joggen an, wobei der a-Prozeß der Schmerz und die Qual beim Training und der b-Prozeß die Gegenreaktion des Körpers ist. Können Sie das "Hoch" der Langstreckenläufer erklären?
2. Jemand verliebt sich, wobei der a-Prozeß die Ekstase und Freude ist, mit der geliebten Person zusammen zu sein, und der b-Prozeß eine dagegenwirkende Reaktion. Können Sie erklären, warum zwei Menschen, die lange Zeit beisammen waren, dies weniger genießen können, aber gleichzeitig sich elend und allein fühlen, wenn sie getrennt sind?
3. Jemand wird kokainsüchtig, wobei der a-Prozeß der anfängliche "rush" und der b-Prozeß die Gegenreaktion des Körpers ist. Können Sie erklären, warum länger Abhängige eine höhere Dosis brauchen, um den gleichen Effekt zu erzielen?

kann, um die "Freude beim Jogging" oder das Phänomen des Masochismus zu erklären?

Angst und Ärger

An den motivationalen Konsequenzen der zwei Emotionen Angst und Ärger waren die Psychologen besonders interessiert. Die Angst ist von Interesse, weil sie offensichtlich eine zentrale Rolle in der Motivation abnormen (siehe Kapitel 11) und alltäglichen Verhaltens spielt. Und der Ärger ist von Interesse, weil er die Standardemotion ist, die die Frustration begleitet und oft zu aggressivem Verhalten führt. Zusammen repräsentieren Angst und Ärger also zwei emotionale Zustände, die bei Menschen häufig unerwünschtes Verhalten hervorrufen, und das Verständnis dieser Emotionen kann uns helfen, dieses Verhalten auszuschalten oder in die richtigen Bahnen zu lenken.

Angst

Angst ist eine antizipatorische Furcht, die nicht an ein bestimmtes Objekt oder eine bestimmte Situation gebunden ist. Man ist ängstlich, wenn man einen schädlichen oder bedrohlichen Reiz voraussieht. Wenn er tatsächlich auftritt, erlebt man Furcht. Angst ist eine unangenehme Erfahrung mit negativem Anreizwert, d.h. man wird motiviert sein, der Angst zu entgehen, wenn sie auftritt, bzw. sie nach Möglichkeit von vornherein zu vermeiden. Ein großer Teil des psychopathologischen Verhaltens ist wohl durch den Wunsch motiviert, der Angst zu entfliehen. Verhaltensweisen, die die Flucht vor der Angst ermöglichen, werden verstärkt und somit wiederholt, so daß sie letztlich zu Gewohnheiten für den Umgang mit der Angst werden. Ebenso werden Objekte, Ereignisse und Umstände, von denen man gelernt hat, daß sie der Angst vorbeugen oder ihr entgegenwirken, zu positiven Anreizen, und man richtet sein Verhalten darauf aus, diese immer wieder zu erreichen. In manchen Fällen kann der/die Betroffene die angstauslösenden Stimuli gar nicht erkennen, was als *freiflottierende Angst* oder als *diffuse Angst* bezeichnet wird.

Das klassische Experiment, in dem Angst als motivierende Kraft nachgewiesen wurde, hat Neal Miller mit Ratten durchgeführt. Miller benutzte einen Doppelkäfig, dessen eine Hälfte weiß und die andere schwarz war. Eine Ratte wurde in die weiße Hälfte gesetzt, und erhielt dort einen elektrischen Schlag, der die Ratte veranlaßte, in den schwarzen Teil des Käfigs zu laufen, wo sie dem Schock entging. Dieses Vorgehen wurde mehrmals wiederholt, bis die Angst auf die weiße Hälfte konditioniert war. Von dem Punkt ab wurden keine weiteren Schocks mehr gegeben. Trotz fehlender Schocks zeigte die Ratte weiterhin Anzeichen von Angst, wenn sie in die weiße Käfighälfte gesetzt wurde. Die Ratte war "ängstlich" und lief weiterhin auf die schwarze Seite, obwohl sie nie wieder einen Schock erhielt. Die weiße Seite erlangte einen negativen Anreizwert, und die schwarze Seite erlangte wahrscheinlich einen positiven Anreizwert.

Als nächstes wurde eine Tür zwischen die beiden Käfighälften gebaut, und in die weiße Hälfte wurde ein Rad gestellt. Dieses Rad öffnete die Tür, wenn die Ratte es drehte. Die Ratte lernte in der Folge, das Rad zu drehen, um aus der weißen Hälfte zu entkommen, obwohl kein Schock gegeben wurde. Die Ratte floh also nicht vor einem tatsächlichem Schock, sondern vor einem drohendem Schock. Sie floh aus der weißen Hälfte, weil diese mit dem Schock assoziiert gewesen war. Offenbar wurde sie durch die konditionierte Furcht oder Angst motiviert, die die weiße Hälfte hervorrief, aber sie könnte auch durch den positiven Anreiz der schwarzen Käfighälfte motiviert gewesen sein, weil diese Seite wiederholt mit der Befreiung vom Schock assoziiert war.

An diesem Punkt könnten Sie sich über Ihr eigenes Verhalten Gedanken machen. Wieviel von Ihrem Verhalten wird von dem Wunsch, einer unangenehmen Konsequenz zu entfliehen oder sie zu vermeiden, motiviert? Wie oft beeinflussen negative Anreize (wie bei der Ratte die weiße Käfighälfte) Ihr Verhalten? Wie oft stammt der positive Anreizwert von Dingen (wie im obigen Beispiel die schwarze Käfighälfte) aus der Tatsache, daß Sie dadurch einer Angst entgehen, obwohl vieles davon vielleicht einfach nur eine vorübergehende Lösung für die Angst sein kann? Sie könnten vor einer Prüfung Angst haben, und statt zu lernen, ertappen Sie sich vielleicht beim Fernsehen,

"Deine Technik ist gut Kleiner, aber bei deinem Spiel fehlt der Haß!"

Emotionen werden allgemein als wichtige Quellen der Motivation angesehen. Beim Sport wird das besonders deutlich. Emotionen beinhalten eine Aktivierungskomponente, und Aktivierung korreliert mit der Motivation.

einer momentanen Erholung von der Angst. Oder denken Sie an den Alkoholiker, der beim Alkohol vorübergehende Entlastung von der Angst finden kann (der Alkohol wird zu einem positiven Anreiz). Weil man auf so viele unangepaßte Weisen mit der Angst umgehen kann, die einfach zum Leben gehört, kann sie zu einem verheerenden Zustand werden. Sie kann zwar angemessenes Verhalten wie das Lernen vor einer Prüfung motivieren, kann aber auch Verhalten motivieren, das letztendlich Unannehmlichkeiten verursacht. In Kapitel 11 werden wir mehr über die Angst zu berichten haben.

Ärger

Wenn Sie jemanden bei seinen Bemühungen, ein Ziel zu erreichen, behindern, bewirken Sie wahrscheinlich einen emotionalen Zustand der Frustration, oft begleitet von Ärger. Dieser emotionale Zustand hat motivationale Eigenschaften. Er kann eine aggressive Reaktion verursachen, die nach Möglichkeit gegen den Urheber der Behinderung gerichtet wird. Diese Deutung, daß also Aggression durch Ärger motiviert wird, ist als die **Frustrations-Aggressions-Hypothese** bekannt. Sie wurde zuerst 1939 von einer Gruppe von Psychologen an der Yale University formuliert (Dollard, Doob, Miller, Mowrer und Sears).

Als Beispiel für eine Untersuchung, die diese Hypothese unterstützt, stellen Sie sich folgendes Experiment vor. Eine sehr hungrige Taube wurde darauf trainiert, auf eine Scheibe in einer Skinnerbox zu picken, um Körner zu bekommen. Nachdem die Taube diese Reaktion gelernt hatte, wurde eine weitere unbeteiligte Artgenossin zusammen mit der trainierten Taube in die Box gesetzt, und gleichzeitig das Futtern beendet (Löschung). In dieser Löschungsphase griff die trainierte Taube die unbeteiligte Taube an, indem sie auf ihren Kopf, ihren Nacken und

Abbildung 7-12 Ein Ersatzobjekt für die Aggression

Zwei Ratten kämpfen miteinander und ignorieren dabei die Puppe. Aber wenn ein angemessenes Objekt für die Aggression fehlt, verschiebt die Ratte ihre Aggression und greift den unschuldigen "Zuschauer" an. Das geeignetste Objekt für die Aggression ist der Gegenstand, der die Quelle der Frustration ist. Oft ist es nicht möglich, die Aggression gegen diese Quelle zu richten, wenn etwa jemand von seinem Chef frustriert wird und zögert, ihm gegenüber wütend zu werden, aus Angst, daß ihm gekündigt wird. So verschiebt er seine Aggression auf einen "unschuldigen Zuschauer", vielleicht seine Sekretärin oder seine Frau.

"Darf ich diesmal den Automaten für Dich treten, Vati?"

The Family Circus von Bil Keane. Nachdruck mit freundlicher Genehmigung durch: The Register and Tribune Syndicate.

In einer modernen technologischen Gesellschaft sind Automaten, die nicht richtig funktionieren, eine bekannte Frustrationsquelle, wie dieser Witz zeigt. Die normale Reaktion - entsprechend der Frustrations-Aggressions-Hypothese - ist ein aggressiver Akt, der gegen den Automaten gerichtet wird. Der Witz zeigt auch, daß Kinder Aggression durch Nachahmung lernen können. Wahrscheinlich hat der Junge in der Vergangenheit mehrmals gesehen, daß sein Vater den Getränkeautomaten trat, und ist schon darauf vorbereitet, den Automaten an seiner Stelle zu treten.

besonders ihre Augen pickte. Es gibt kaum Zweifel, daß dies eine Angriffsreaktion war, offensichtlich von der Frustration ausgelöst, die durch das Ende der Futterbelohnung entstanden war (vergleichen Sie dies mit Abbildung 7-12).

Weil die gleiche Angriffsreaktion bei Vögeln ausgelöst wurde, die allein aufgezogen wurden, liegt nahe, daß es eine angeborene, biologische Komponente für dieses Verhalten gibt. Diese Folgerung stimmt mit der Behauptung der Ethologen überein, die argumentieren, daß es einen aggressiven Instinkt bei Menschen und auch bei Tieren gibt. Wenngleich es auch wahr sein mag, daß es aggressive Instinkte gibt, die uns bei Frustration zum Kämpfen prädisponieren, ist es doch deutlich, daß Lernen ebenfalls wichtig ist. Wir lernen aggressive Verhaltensformen, wenn wir anderen bei aggressivem Verhalten zuschauen. Wenn wir solche nachahmende Beobachtung verhindern könnten, würde damit vermutlich auch die Entwicklung von Aggression gebremst Dies ist u.a. der Grund, warum so viele Fachleute gegen Gewalt im Fernsehen sind.

Frustration ruft oft, aber nicht immer Aggression hervor. Obwohl Frustration hinreichen kann, um Aggression auszulösen, konnte man nicht nachweisen, daß Frustration ein notwendiger Faktor für die Aggression ist, d.h. daß den Aggressionen immer Frustrationen vorausgehen. In der Tat sind manche aggressiven Handlungen wahrscheinlich nicht das Produkt von Wut, sondern eher gelernte instrumentelle Reaktionen. Bei manchen Gelegenheiten verhalten sich Leute aggressiv, um ein Wunschziel zu erreichen, wenn ein Kind z.B. ein anderes Kind vom besten Platz vorm Fernseher wegschubst. Die Motivation für das Schubsen stammt aus dem positiven Anreiz, das Fernsehen besser sehen zu können, und nicht von einem vorausgeahnten emotionalen Zustand wie Wut oder Frustration. Diese Sichtweise der Aggression betont das Lernen, nicht die Emotion. Sie besagt, daß Personen die aggressive Reaktionen gelernt haben, weil sie dafür in der Vergangenheit belohnt wurden (instrumentelles Konditionieren), oder weil sie gesehen haben, wie andere mit aggressivem Verhalten erfolgreich waren (Beobachtungslernen).

ZUSAMMENFASSUNG

1. Die Motivation ist ein Konzept zur Erklärung, warum Organismen sich in bestimmter Weise verhalten, im Gegensatz zur Frage nach dem "Wie" des Verhaltens. Es wird benutzt, um die beobachtbare Variabilität im Verhalten beim gleichen Individuum (er verhält sich in zwei gleichen Situationen jeweils anders) und zwischen Individuen (in der gleichen Situation verhalten sich zwei verschiedene Personen unterschiedlich) zu erklären. Drei Ansätze wurden besprochen: (1) der biologische Ansatz, (2) der sozial- und persönlichkeitsorientierte Ansatz und (3) der kognitive Ansatz.

2. Um die Rolle der Motivation beim Verhalten zu erklären, greifen Psychologen auf drei nicht direkt beobachtbare Konstrukte zurück: Bedürfnis, Trieb und Anreiz. Ein Bedürfnis ist ein interner biologischer Zustand, der Korrektur erfordert. Ein Trieb ist der motivationale Schub für das Verhalten, wenn der Organismus in einem Bedürfniszustand ist. Ein Anreiz ist die Anziehung oder Abstoßung, die ein Objekt, das für die Bedürfnisse des Organismus relevant ist, bietet. In der neueren Forschung hat sich eine Verschiebung von der Betonung des Triebs zur Betonung des Anreizes als dem wichtigsten Aspekt der Motivation gezeigt, besonders bei der Untersuchung menschlichen Verhaltens.

3. Ein Konflikt besteht, wenn es zwei oder mehr konkurrierende Quellen der Motivation gibt, die nicht alle befriedigt werden können. Die klassischen Formen des Konflikts sind der Annäherungs-Annäherungs-, Vermeidungs-Vermeidungs- und Annäherungs-Vermeidungs-Konflikt, wobei der letztere gewöhnlich die größte Intensität erreicht.

4. Wir haben eingebaute physiologische Systeme, die die Aufnahme von Nahrung und Flüssigkeit erfordern. Diese Systeme funktionieren nach den Prinzipien der Homöostase, wobei das Ziel darin besteht, einen stabilen Zustand innerhalb des Körpers aufrecht zu erhalten.

5. Das homöostatische System, das die Nahrungsaufnahme reguliert, ist komplex und beruht auf einem vorgegebenen Gewichtsniveau, das vorrangig durch Vererbung bestimmt wird und die Überwachung des Fett- und Zuckerspiegels im Blut vornimmt. Der Hypothalamus ist der wichtigste neurologische Mechanismus, um das Gewicht und die Nahrungsaufnahme zu regeln. Es gibt auch periphere Regulatoren, von denen die Leber wichtig ist, und externe Regulatoren in Form von Anblick, Geruch und vorweggenommenen Geschmacksempfindungen.

6. Ein homöostatisches System hält auch die Flüssigkeit innerhalb eines bestimmten Soll-Bereichs. Ist der Flüssigkeitsspiegel zu niedrig, speichert der Körper durch die Verminderung der Urinbildung Flüssigkeit und aktiviert das Verhalten, Flüssigkeit zu finden und zu trinken. Der Hypothalamus spielt auch bei der Homöostase der Körperflüssigkeiten eine zentrale Rolle.

7. Ein Großteil unseres Verhaltens scheint durch ein homöostatisches System motiviert zu sein, das unsere Aktivierung auf einem bestimmten optimalen Niveau hält. Liegt das Aktivierungsniveau unter dem optimalen Soll-wert, sucht man nach Reizquellen, und wenn man zu sehr aktiviert ist, versucht man, die Reize abzustellen.

8. Ein Instinkt ist eine vererbte, unveränderliche Verhaltenssequenz, die für die Spezies einzigartig ist. Er ist ein feststehendes Verhaltensmuster, das durch "Auslöse-" Reize aus der Umwelt herbeigeführt wird. Die Ethologie hat das Instinktkonzept wieder zum Leben erweckt und es benutzt, um Freß-, Fortpflanzungs- und Verteidigungsverhalten bei Tieren zu erklären.

9. Psychologen, die sich mit der menschlichen Motivation beschäftigen, sehen sie oft als Prädisposition (d.h. als Persönlichkeitsmerkmal) an, auf bestimmte Anreize zu reagieren. Henry Murray bestimmte 20 verschiedene psychogene Bedürfnisse, darunter ein Leistungsbedürfnis, ein Geselligkeitsbedürfnis und ein Bedürfnis nach Ordnung. Neuere Forschungsarbeiten haben das Bedürfnis nach sozialer Billigung, das Bedürfnis nach Macht und das Bedürfnis nach Kognition untersucht.

10. Kognitive Aktivität z.B. die Attributionen, die wir unserer Umwelt zuschreiben und die subjektive Nützlichkeit verschiedener Handlungsalternativen, tragen maßgeblich dazu bei, wie wir uns verhalten und wie sehr wir uns auf einzelne Handlungsalternativen festlegen. Der wichtigste kognitive Aspekt der Motivation ist eine Bewertung unserer gegenwärtigen Situation und des Aktivierungsniveaus angesichts unseres Wissens über die Welt.

11. Das Sexualverhalten wird auf komplexe Weise motiviert. Um die sexuelle Motivation zu verstehen, muß man zusätzlich zu den offensichtlichen biologischen Faktoren auch Lernfaktoren, soziale und Persönlichkeitsfaktoren sowie kognitive Faktoren berücksichtigen.

12. Es gibt zwei Dimensionen der Emotion, die qualitative Dimension angenehm - unangenehm und die quantitative Dimension der Intensität. Aber die Emotion ist ein komplexes und schwieriges Gebiet mit mindestens fünf Aspekten: physiologische Aktivierung, Motivation, Erfahrung, eine kognitive Interpretation des Kontexts und eine Verhaltenskomponente.

13. Verschiedene Theorien haben versucht, diese Aspekte der Emotion zu integrieren, und haben dabei jeweils einen betont. Zu den wichtigen Motivationstheorien gehört die James-Lange-Theorie, bei der Emotion als ein Gefühl von Veränderungen in der Körperphysiologie beschrieben wird. Die Cannon-Bard-Theorie behauptet, daß Gefühle, Verhalten und physiologische Veränderungen als Funktion eines Reizes, der die Aktivität im Thalamus auslöst, parallel auftreten. Eine dritte, neuere Theorie, die Musikbox-Theorie, betont die Kombination von kognitiven Faktoren und Aktivierungsniveau . Erregt ein emotionaler Reiz das System, hängen die Verhaltensreaktion und das emotionale Gefühl von der nachfolgenden Bewertung der Erregung und des Kontexts ab. Die Theorie der antagonistischen Prozesse schließlich behandelt angenehme und unangenehme Gefühle. Wenn das Aktivierungsniveau durch einen angenehmen oder durch einen unangenehmen Reiz verändert wird, aktiviert das homöostatische System sofort einen antagonistischen Prozeß, um der ersten emotionalen Reaktion entgegenzuwirken.

14. Psychologen haben sich besonders für die motivationalen Folgen der Emotion interessiert, besonders der unangenehmen emotionalen Reaktionen. Dies hat zu umfassenden Untersuchungen der Angst und des Ärgers geführt, besonders der gelernten Angst und des Zusammenhangs zwischen Ärger und Aggression.

So sieht das in der Praxis aus

DIE MOTIVATION ERHÖHEN

Wenn die psychologische Forschung die Identifizierung der Faktoren ermöglicht, die die Motivation beeinflussen, sollte es auch möglich sein, über diese Faktoren auf ein Individuum oder eine Gruppe einzuwirken, um dadurch die Motivation für eine bestimmte Verhaltensweise zu erhöhen. Der Schwerpunkt bei solch einem Bemühen läge wahrscheinlich darauf, die Leistung auf die eine oder andere Weise zu verbessern. In Unternehmen z.B. ist es offenbar wichtig für die Geschäftsleitung, daß die Produktivität der Beschäftigten erhöht wird bzw. daß die Mitarbeiter ihre Motivation in Richtung auf vermehrte Produktivität verstärken. In der Tat haben sich natürlich Betriebspsychologen mit dieser Angelegenheit seit langem beschäftigt und untersucht, wie die Motivationsprinzipien auf die Arbeitsumgebung angewendet werden können. Es wurden viele Untersuchungen über die Wirkung verschiedener Anreize auf die Produktivität durchgeführt, um die optimalen Anreizbedingungen für die Beschäftigten herauszufinden.

Vor kurzem wurde erkannt, daß die Leistung am Arbeitsplatz von mehr als nur den finanziellen Anreizen abhängt. Oft ist es genau so wichtig, die Angestellten zu loben und anzuerkennen. Stellen Sie sich folgenden Fall vor. Vor einigen Jahren hat die Leitung der Emery Air Freight Corporation (Emery Luftfrachtgesellschaft) ein Förderprogramm zur Leistungssteigerung aufgestellt, das auf den Vorstellungen des operanten Konditionierens zur Motivation beruht. Das Kernstück des Programms bestand daraus, den Mitarbeitern bestimmte Ziele zu setzen und ihnen häufig Rückmeldung zu geben, wieweit sie gekommen waren. Erstes Ziel war Verkürzung der Wartezeit für die Kunden, wenn sie Fragen zur Luftfracht hatten. Das Ziel bestand darin, alle Kundenanfragen innerhalb von 90 Minuten zu beantworten. Im Gegensatz zur Auffassung der Mitarbeiter zeigten Untersuchungen, daß die Antwort für den Kunden tatsächlich in nur etwa 30 Prozent der Fälle in weniger als 90 Minuten gegeben wurde. Durch genaue Aufzeichnungen und Lob für Verbesserungen konnte die Geschäftsleitung die Leistung in einer sehr kurzen Zeit drastisch verbessern - in manchen Büros dauerte es nur einen Tag, bis das Kriterium von 90 Minuten erreicht wurde. Drei Jahre nach Einführung des Programms ist die Bearbeitungsgeschwindigkeit für eine Kundenanfrage so weit gestiegen, daß 90 bis 95% aller Kunden innerhalb von 90 Minuten eine Antwort erhalten.

Als nächstes wurden die gleichen Methoden auf die Arbeiter an der Verladerampe angewendet, um sie zu motivieren, mehr Container zu verwenden. Es sollten viele kleine Sendungen in einem Container zusammen verpackt werden, was zu erheblichen Einsparungen der Luftfrachtkosten führt. Wenn die Arbeiter an den Rampen motiviert werden könnten, mehr Container einzusetzen, würde die Firma viel Geld sparen. Auch hier wurde festgestellt, daß die Arbeiter fälschlicherweise dachten, sie würden die Container bereits häufig benutzen. Nur bei etwa 45% der Sendungen, in denen Container verwendet werden konnten, wurden sie wirklich eingesetzt. Indem man genaue Aufzeichnungen anfertigte, konnte die Geschäftsleitung den Arbeitern Rückmeldung über ihre Leistung geben und sie belohnen - wieder mit Lob und Anerkennung -, wenn die Zahl der verwendeten Container anstieg. Als Ergebnis erhöhte sich die Verwendung von Containern von den anfänglichen 45% auf über 9 %, und nach zwei Jahren befand sie sich immer noch auf einem sehr hohen Niveau. In einem Monat allein sparte die Firma durch das Containerprogramm 125.000 Dollar.

INTRINSISCHE UND EXTRINSISCHE MOTIVATION

Es scheint offensichtlich, daß man die Motivation (und dadurch die Leistung) am besten durch eine Erhöhung der Anreize steigert. Aber es ist eine heikle Angelegenheit, die Anreize zu erhöhen, weil dies oftmals anders als gewünscht wirken kann.

In der neueren Forschung wurde nachgewiesen, daß man die Motivation durch Belohnungen für Leistungen *vermindern* kann. Der Grund besteht darin, daß die Leute von allein motiviert sind, bestimmte

Den Firmen, die den Arbeitern selbst gehören, geht es besser

WASHINGTON (UPI). Wie eine ökonomische Forschungsgruppe mitteilt, kann die Beteiligung der Angestellten am Besitz und der Entscheidungsfindung amerikanischer Firmen eine verbesserte Produktion, höhere Effizienz, bessere Beziehungen zur Gewerkschaft und mehr Profit bedeuten.

Ein 98seitiger Bericht des nichtkommerziellen National Center for Economic Alternatives (Nationales Zentrum für wirtschaftliche Alternativen) besagt, daß 30 arbeitereigene Firmen 1,5 mal so ertragreich sind wie kommerzielle Firmen vergleichbarer Größe des gleichen Industriezweigs.

Eine 1979 vom Finanzausschuß des Senats in Auftrag gegebene Studie an 75 Firmen, bei denen die Angestellten im Durchschnitt 20% der Firmen besaßen, zeigte, daß die Umsätze in den ersten drei Jahren seit der Beteiligung der Angestellten um 25% und der Gewinn um 157% anstiegen.

Beispiele:

Arbeitereigene Sperrholz-Kooperativen im pazifischen Nordwesten, die seit 50 Jahren bestanden, zeigten durchweg bessere Leistungen als Firmen mit konventioneller Eigentumsverteilung.

Die Mohawk Valley Community Corp., eine Firma für Bibliotheksmobiliar in Herkimer, Bundesstaat New York, verzeichnete im ersten Jahr eine Steigerung des Gewinns von 17%, nachdem die Arbeiter und die Gemeinde die Firma von Sperry Rand übernommen hatten.

Im Kaiser Stahlwalzwerk, dem wegen Konkurrenz durch japanische Importe die Schließung drohte, erhöhte die Gründung eines Arbeiter-Management-Kommittees die Produktivität innerhalb von drei Monaten um 32% und sicherte so die Arbeitsplätze.

Die Untersuchung wies auf zunehmende Unterstützung des Kongresses für Firmen im Eigentum der Beschäftigten hin und führte als Beispiel an, daß der Autohersteller Chrysler aus dem Hilfsprogramm des Kongresses 162,5 Millionen Dollar dafür verwenden muß, daß 15-20% der stimmberechtigten Aktien auf die Arbeiter übergehen.

Boulder Daily Camera

Die Motivation, hart zu arbeiten, hängt zumindest teilweise von den Anreizen ab, die die Firmenleitung bietet. Edwin Locke von der University of Maryland stellte fest, daß Geld der bei weitem effektivste Anreiz ist, wenn man es mit drei gebräuchlichen psychologischen Ansätzen zur Verbesserung der Motivation der Arbeiter vergleicht: (1) spezifische Ziele setzen, (2) Beteiligung der Arbeiter an Entscheidungen des Managements und (3) Programme zur Bereicherung der Arbeit (job enrichment). Wenn die Firma den Arbeitern aber gehört, wird die individuelle Lohnhöhe weniger wichtig, und das Gesamtwohl der Firma wird zu einem wichtigen motivationalen Faktor. Können Sie sich denken, wie die Nützlichkeitstheorie sich auf diese Situation anwenden läßt?

Dinge zu tun. Manche Aufgaben sind interessant und machen Spaß, so daß sie demjenigen, der sie ausführt, ihre eigenen Belohnungen liefern. Wenn ein Psychologe, Lehrer, Arbeitgeber oder Elternteil jemandem greifbare Belohnungen für eine Aufgabe gibt, die er oder sie ohnehin gut ausführen würde, wird der Betreffende der Aufgabe gegenüber manchmal eine negativere Einstellung entwickeln. Wenn die Aufgabe vorher von allein wert erschien, ausgeführt zu werden, sorgt das neue Belohnungssystem dafür, daß sie jetzt den Charakter einer Arbeit annimmt. Die Aufgabe wird nun als etwas wahrgenommen, was man tun muß, um die Belohnung zu erhalten, nicht mehr als etwas, was an sich wichtig ist. Wenn jemand etwas ohne greifbare Belohnung tut, sagt man, er ist *intrinsisch motiviert.* Wenn jemand im Gegensatz dazu etwas tut, um eine bestimmte greifbare Belohnung zu erhalten, etwa eine Gehaltsüberweisung, sagt man, daß er *extrinsisch motiviert* ist. Entscheidet sich ein Hobbyphotograph, ein Berufsphotograph zu werden, bekommt das Photographieren einen anderen Beigeschmack, macht viel weniger Spaß und ist viel eher eine Plackerei.

Wie Edward Deci behauptet, wirkt Lob anders als Geld, weil Lob eine Rückmeldung über Kompetenz und Strebsamkeit beinhaltet. Intrinsisch interessant sind vermutlich die Aufgaben, die nach ihrer Beendigung automatisch ein Gefühl der Kompetenz geben. Vielleicht ist das der Grund, warum Lob und Anerkennung im Fall der Emery Air Freight so gut wirkten.

Robert White hat ein *Kompetenz-Motiv* als Grundlage für die intrinsische Motivation postuliert. Nach Whites Theorie veranlaßt uns das Kompetenz-Motiv, so mit unserer Umwelt umzugehen, daß wir sie beherrschen und steuern können. Wir werden intrinsisch belohnt, indem wir uns selber Kompetenz in der Welt beweisen. White sieht das Kompetenz-Motiv als grundlegend für die Menschen an - es ist ein Primärtrieb wie Hunger und Durst. Man kann damit Verhalten erklären, für das es scheinbar keine Belohnung gibt. Bergsteigen z.B. kann als Versuch gesehen werden, Kompetenz über die Umwelt zu beweisen. Tatsächlich besteigt mancher Berge, nur "weil sie da sind", und der Bergsteiger muß sie bezwingen, um sich kompetent zu fühlen.

Da greifbare externe Belohnungen nicht immer den gewünschten Effekt haben, die Motivation zu erhöhen, muß man den verwendeten Anreizen viel Aufmerksamkeit schenken. In der Schule etwa könnte man die Aufgabe des Lernens versehentlich in eine Pflicht verwandeln, wenn man den Schülern alle möglichen Belohnungen verspricht. Viele Eltern und Großeltern versprechen den Kindern Geld oder besondere Privilegien für gute Noten, und diese Versprechungen können zu einer Einstellung gegenüber der Schule führen, bei der Lernen mehr wie Arbeiten erscheint. Wir hoffen, daß weitere Forschung auf diesem Gebiet der Motivation uns ermöglicht, herauszufinden, wie man Verhalten am besten motiviert, und das schließt ein, wie man am besten intrinsische Motivation für die wichtigsten Aufgaben in unserem Leben entwickelt.

PERSÖNLICHKEITSASPEKTE DER MOTIVATION VERÄNDERN

Wie wir gesehen haben, wird die Motivation oft als ein Persönlichkeitsmerkmal angesehen, besonders wenn es um menschliche Motive oder Bedürfnisse geht. Weiter oben in diesem Kapitel haben wir uns auf die Leistungsmotivation konzentriert. Kann man solche Persönlichkeitscharakteristika bei Erwachsenen verändern? Meist hat man angenommen, daß es ziemlich schwierig - wenn nicht unmöglich - ist, Persönlichkeitscharakteristika wie die Leistungsmotivation zu verändern, wenn jemand das Erwachsenenalter erreicht hat. Aber wir erwarten, daß unsere Kenntnis der menschlichen Motivation es schließlich ermöglichen wird, die Persönlichkeitsaspekte der Motivation zu beeinflussen oder zu ändern. Dieses Thema wurde noch nicht intensiv erforscht, vor allem, weil man bis jetzt noch kein vollständiges Wissen um die menschliche Persönlichkeit besitzt. Aber man kann annehmen, daß mit zunehmendem Wissen auch die Fähigkeit, die menschliche Motivation zu verändern, steigen wird.

Betrachten Sie zum Beispiel die Arbeit von David McClelland zur Leistungsmotivation. Mit dem Wissen, das er aus seiner Forschung zur Entwicklung der Leistungsmotivation und aus anderen Gebieten der Psychologie abgeleitet hat, hat er einen Trainingskurs entwickelt, um dasLeistungsbedürfnis der Teilnehmer zu erhöhen. Er hat diesen Kurs mit vielen Geschäftsleuten, hauptsächlich in Indien, durchgeführt, und hat sorgfältige Nachfolgestudien über die Wirkungen des Kurses auf die späteren Leistungen der Teilnehmer im Geschäftsleben unternommen.

Die Teilnehmer wurden intensiv in der Theorie und Messung der Leistungsmotivation trainiert. Sie legten alle den TAT ab und bewerteten ihre eigenen Geschichten hinsichtlich der Leistungsmotivation. Es wurde ihnen beigebracht, alle Umstände im Sinne der Leistungsmotivation zu durchdenken. Sie untersuchten das Niveau der Leistungsmotivation in ihrer eigenen Kultur, indem sie Bücher, Kindergeschichten und kulturelle Bräuche hinsichtlich der Leistung bewerteten. Sie übten auch anhand eines Planspiels, bei dem jeder in Leistungsbegriffen denken sollte (z.B. Ziele für Profit und Produktivität setzen) und schnell Rückmeldung darüber erhielt, wie gut er die Geschäfte führte. Zur Bewertung wurden die Teilnehmer des Kurses mit einer Kontrollgruppe aus Teilnehmern verglichen, die sich für den Kurs beworben hatten, aber nicht zugelassen wurden. Bei zahlreichen Maßen für die wirtschaftliche Effizienz - dem Aufbau eines neuen Geschäfts, dem Ableisten von Überstunden, der Erhöhung der Anzahl der Angestellten eines bestehenden Geschäfts usw. - schnitten die Kursteilnehmer viel besser ab als die Kontrollgruppe. Das wird natürlich als Beleg angesehen, daß der Kurs die Leistungsmotivation der Teilnehmer tatsächlich erhöht hat.

McClelland hat seinen Kurs spezifisch dafür entwickelt, nur die Leistungsmotivation zu erhöhen. Er glaubt jedoch, daß seine durch den Kursaufbau realisierten Prinzipien auf jeden Persönlichkeitsaspekt der Motivation anwendbar sind. Kurzum, seine Ergebnisse lassen vermuten, daß man Trainingsprogramme oder Kurse zu allen psychischen Bedürfnissen oder Motiven entwickeln kann, etwa zum Geselligkeitsbedürfnis, dem Machtbedürfnis und dem Bedürfnis nach sozialer Anerkennung.

In der Tat hat McClelland dies für das Machtbedürfnis, den Brennpunkt seiner neueren Forschungsarbeiten, weitergeführt. Es sollen hier zwei Beispiele genannt werden. Erstens stellte er fest, daß das Machtbedürfnis bei der Persönlichkeit von Alkoholkranken eine größere Rolle spielt. Trinken ist für sie durch ein Machtbedürfnis motiviert. Besonders wenn er/sie schon vorher machtlos war oder einen Verlust früherer Macht erlebt hat, kann man leicht erkennen, warum Trinken dieses Bedürfnis künstlich befriedigt. Eine Analyse der von Alkoholkranken ausgedachten Geschichten unterstützt diese Auffasssung. Sie haben ein starkes Machtbedürfnis und fühlen sich nach dem Trinken mächtiger. Als man diese Wirkung erkannt hatte, wollte man in die Therapie für Alkoholkranke ein spezielles Training einfügen. McClelland und seine Mitarbeiter entwickelten einen Kurzkurs, den man als Machtbewußtseinstraining bezeichnen könnte, bei dem die alkoholkranken Patienten sich ihrer Machtbedürfnisse bewußt wurden und erkannten, wie sie diese Bedürfnisse durch das Trinken befriedigen wollten. Dann wurde ihnen geholfen, auf andere Weise mit ihren Machtbedürfnissen umzugehen. In einem Pilottest zu diesem Machtbewußtseinstraining wurde festgestellt, daß doppelt so viele Patienten ein Jahr lang nach dem Training (Standardtherapie plus Machtbewußtsein) ohne Alkohol auskamen wie die, die nur an der Standardtherapie teilgenommen hatten.

Das zweite Beispiel bezieht sich auf das von McClelland so bezeichnete imperiale Machtsyndrom. Menschen mit diesem Syndrom haben ein starkes Bedürfnis nach Macht und gleichzeitig ein geringes Geselligkeitsbedürfnis (ein geringes Bedürfnis, von allen gemocht zu werden) sowie eine starke Selbstkontrolle (sie sind in ihrem Verhalten sehr organisiert). Zuerst stellte McClelland fest, daß Menschen mit dem imperialen Machtsyndrom effektivere Manager sind als andere. Somit könnte eine Anwendung dieses Ergebnisses darin bestehen, leitende Angestellte auf der Basis von Tests zur Messung des imperialen Machtsyndroms auszuwählen. Als zweites entwickelte McClelland ein spezielles Trainingsprogramm für Manager, das sie dazu anregen sollte, die erfolgreichen Manager nachzuahmen. Wieder waren die Ergebnisse des kurzen Trainingsprogramms vielversprechend. Die Angestellten bewerteten diese Manager höher, und ihre Arbeitsmoral war besser. (Interessanterweise waren diejenigen, die man als Träger des imperialen Machtsyndroms identifiziert hatte, auch diejenigen mit dem höchsten Blutdruck nach 20 Jahren Berufstätigkeit.

Seit neuestem konzentrieren sich McClelland und seine Kollegen auf einen mehr verhaltensorientierten Ansatz, den sie als Kompetenztesten bezeichnen. Sie argumentieren, daß es das Verhalten ist, was Erfolgreiche erfolgreich bzw. für ihre Arbeit kompetent macht. Deshalb sollte man bei der Personalauswahl Bewerber auswählen, die schon die erwünschten Verhaltensweisen zeigen bzw. man sollte das *spezifische* erforderliche Verhalten beim Personaltraining üben. Der herkömmliche Ansatz besteht darin, Erfolgreiche und Durchschnittliche bei einer Arbeit zu vergleichen, z.B. beim Verkauf von Enzyklopädien. Wie verhalten sich die erfogreichen Verkäufer im Gegensatz zu den durchschnittlichen? McClellands Beratungsfirma wird Tests zur Identifizierung von Bewerbern entwickeln, die schon das erforderliche Verhalten aufweisen, und einen Trainingskurs vorbereiten, um diese Verhaltensweisen bereits angestellten Mitarbeitern beizubringen. Erste Erfogskontrollenn natürlich an den Verkaufszahlen gemessen, waren recht positev.

KONTROLLIEREN SIE DIE HAND, DIE SIE NÄHRT

Ein Gebiet, auf das sich die Motivationsforschung konzentriert, ist Hunger und Nahrungsaufnahme. Das Wissen aus diesem Forschungsgebiet wird auf die Beeinflussung des Körpergewichts angewendet. Für Millionen Amerikaner ist Übergewicht ein Problem. Aber im anderen Extrem gibt es zwei Eßstörungen, die in letzter Zeit beträchtliche Publizität erfahren haben: (1) Anorexia nervosa (Magersucht) - frau ißt nicht genug, um die normalen Körperfunktionen zu erhalten, und (2) Bulimie - das Syndrom des Fressens und Brechens. Erinnern Sie sich an Robert S. und Karin R. vom Anfang des Kapitels?

Übergewichtige haben oft unter Herzkrankheiten und anderen körperlichen Beschwerden zu leiden, aber schlimmer noch ist die Ablehnung, die sie oft spüren. Zur Zeit haben wir noch keine sehr guten Methoden, um das Übergewicht zu beeinflussen. Die Betroffenen können eine Diät machen und abnehmen, aber nur ein Bruchteil von ihnen kann das erlangte Gewicht halten. Die meisten nehmen das abgehungerte Gewicht später wieder zu und verbringen einen Großteil ihres Lebens damit, immer wieder die gleichen 10 Pfund abzunehmen. In letzter Zeit ist die Forschung den Ursachen für dieses Verhalten nähergekommen, und dieses Wissen könnte letztlich zu wirksamen Methoden im Kampf gegen das Übergewicht führen.

Zahlreiche Experimente von Stanley Schachter und seinen Kollegen weisen nach, daß Übergewichtige Schwierigkeiten mit der Beeinflussung ihres Gewichts haben, weil sie vor allem als Reaktion auf unkontrollierbare externe Reize in ihrer Umwelt essen. Diese Orientierung auf externe Hinweise zeigt sich u.a. in der Tendenz, (1) daß übergewichtige Angehörige der kaukasischen Rasse in chinesischen Restaurants Gabeln statt Stäbchen benutzen; (2) daß übergewichtige Piloten der Air France sich von Veränderungen der Essenszeiten weniger gestört fühlen; (3) daß übergewichtige orthodoxe Juden sich weniger unwohl als Normalgewichtige fühlen, wenn sie am Yom Kippur Tag fasten (aber nur, wenn sie in der Synagoge fasten, wo es keine Essensreize gibt), und (4) daß übergewichtige Personen im Supermarkt eher impulsiv einkaufen.

Schachters Experiment wies nach, daß normalgewichtige Personen im Gegensatz dazu auf interne physiologische Reize reagieren. Normale Personen essen, weil ihr inneres Nahrungsaufnahme-System ihnen "sagt", wann sie essen sollen, wohingegen übergewichtige Personen essen, wann immer sie auf externe Stimuli treffen, die etwas mit Essen zu tun haben, z.B. wenn sie an einer Bäckerei vorbeikommen oder eine Fernsehwerbung für tiefgefrorene Pizza sehen. Normalgewichtige treffen zwar auf die gleichen Reize, aber ihre Nahrungsaufnahme unterliegt nicht dem externen Einfluß, und daher reagieren sie auch nicht. Daraus folgt, daß Übergewichtige das Abnehmen leicht fallen müßte, wenn sie sich von solchen Reizen fernhalten. Und das ist in der Tat so. Wenn Übergewichtige ins Krankenhaus kommen und kein Fernsehen, keine Zeitschriften und keine anderen Reize auf sie einströmen, die sich auf Essen beziehen, können sie ohne große Frustration und Beschwerden sehr viel abnehmen. Was aber geschieht, wenn sie das Krankenhaus verlassen und in die Welt der Kühlschränke, Restaurants, McDonalds und 31 Sorten Eiskrem zurückkehren? Ja, tatsächlich, sie nehmen wieder zu, was sie abgenommen hatten.

In neueren Forschungsarbeiten hat Judith Rodin, eine frühere Schülerin Schachters, jetzt führende Autorität für Übergewicht, an dieser Theorie einige Zweifel geäußert. Ihren Ergebnissen nach ist es ein Charakteristikum auch bei vielen Normalgewichtigen, für externe essensbezogene Reize empfänglich zu sein. Außerdem reagieren viele Übergewichtige nicht in hohem Ausmaß auf externe Reize - manche tun es, andere nicht. Rodins neueste Forschung und theoretische Betrachtung hat sich mehr mit physiologischen Faktoren wie dem Grundumsatz beschäftigt, der durch verschiedene Hormone gesteuert und wahrscheinlich stark von genetischen Faktoren beeinflußt wird. Es hat sich z.B. gezeigt, daß bei übergewichtigen und normalgewichtigen Menschen ein unterschiedlicher Spiegel eines entscheidenden Stoffwechselenzyms (ATPase) vorliegt. Vielleicht bestimmt die Genetik den Enzymspiegel, der wiederum den Grundumsatz steuert, mit dem man Kalorien verbrennt, wobei manche Menschen einen hohen, andere dagegen einen niedrigen Umsatz erblich bedingt aufweisen. Es wurde z.B. nachgewiesen, daß zwei verschiedene Menschen mit gleichem Gewicht und gleicher Aktivität sich bis zu 100% in der benötigten Nahrungsmenge unterscheiden, um das Gewicht auf einem konstanten Niveau zu halten.

Rodin hat untersucht, wie der Körper darauf reagiert, wenn er übergewichtig wird oder hungert. Wenn ein Mensch dick wird, finden erhebliche Veränderungen statt, darunter eine Verminderung des Kalorienverbrauchs, was das Problem noch verschärft. Überraschenderweise zeigen die Ergebnisse auch, daß ein verlangsamter Grundumsatz einsetzt, wenn man hungert - als ob der Körper versteht, daß er keine Nahrung erhält, und den Mangel kompensiert, indem er den Stoffwechsel drastisch vermindert und Energie speichert. Folglich verliert man trotz des Hungerns kaum Gewicht. Rodins Empfehlung ist es, daß man bei einer Diät mehrere kleine Mahlzeiten pro Tag einnimmt und die sogenannten Hungerkuren lieber bleiben läßt.

Offensichtlich ist Übergewicht ein außerordentlich schwieriges Problem, an dem genetische, physiologische und psychologische Faktoren beteiligt sind, die auf komplexe Weise interagieren. Wenn wir dieses Puzzle anhand von Forschungsergebnissen aufdröseln, haben wir eines Tages vielleicht erprobte und anhaltende Methoden der Gewichtskontrolle. Ein mögliches Nebenprodukt wäre eine verbesserte Behandlung für Bulimie und Anorexia nervosa.

EMOTIONEN KONTROLLIEREN

Könnten wir unsere Emotionen vollständig verstehen, könnten wir sie auch steuern und angemessen ausdrücken. Das Wissen um Emotionen hat möglicherweise weitreichende Anwendungsmöglichkeiten auf dem Gebiet der psychischen Gesundheit. Viele Psychologen sind der Ansicht, daß die Unfähigkeit, mit Emotionen umzugehen und sie angemessen auszudrücken, die Hauptursache der psychischen Krankheiten ist. Als Hauptmotivation für Fehlverhalten werden die Versuche des Individuums, der Angst zu entfliehen, angesehen. Wie wir in Kapitel 11 und 12 sehen werden, ist die Angst ein zentraler Begriff zum Verständnis psychischer Störungen, und somit ist es ein Hauptproblem der Psychotherapie, Klienten den angemessenen Umgang mit ihrer Angst beizubringen.

Die vollständige Kenntnis der Physiologie, die der Emotion zugrundeliegt, wird auch zur Beeinflussung von Emotionen beitragen. Bereits jetzt haben wir Beruhigungsmittel und "stimmungshebende" Medikamente, und wenn unser Wissen über die Physiologie der Emotion zunimmt, wird man zusätzliche Methoden entwickeln. Wie wir in Kapitel 2 gesehen haben, kann man inzwischen mit chirurgischen Eingriffen, bei denen Teile des Gehirns zerstört werden, Gewalt und Aggression beeinflussen. Es wurde vorgeschlagen, daß alle politischen Führer der Welt Medikamente bekommen sollen, um ihre Aggression in den Griff zu bekommen. Vielleicht könnte man letztlich alle Gewalt, von der Kindesmißhandlung bis zum Krieg, steuern und beseitigen.

Könnte man Emotionen steuern, würde sich das auf unsere physische und auch auf unsere psychische Gesundheit auswirken. Die Medizin hat bei vielen Krankheiten, den sogenannten psychosomatischen Störungen, emotionale Faktoren berücksichtigt. So wird in der Regel angenommen, daß Asthma und Magengeschwüre zum Teil von emotionalen Faktoren verursacht werden. Wäre unser Wissen über die

Bulimie im Tiermodell

Bulimie ist eine Eßstörung, die durch Verschlingen und Erbrechen gekennzeichnet ist. Bulimikerinnen - meistens Frauen - verschlingen Süßes und sehr fettige Speisen mit bis zu 20.000 Kalorien und zwingen sich anschließend , um nicht zuzunehmen, zum Erbrechen. Während manche Bulimikerinnen normalgewichtig und manche übergewichtig sind, leiden andere an Anorexia nervosa, einer Störung durch selbstauferlegtes Hungern. Eine Frage, für die sich Wissenschaftler interessieren, ist die, wie Bulimikerinnen so viel essen können: warum werden sie nicht satt? Wissenschaftler am New York Krankenhaus in White Plains haben jetzt ein Tiermodell der Bulimie entwickelt, und ihre vorläufigen Ergebnisse daraus legen nahe, daß die Störung an eine Dysfunktion bestimmter Darm-Gehirn-Peptide gebunden sein könnte, die beim Gefühl der Sättigung eine Rolle spielen. Der Psychiater James Gibbs und seine Mitarbeiter haben mit Ratten gearbeitet, die operiert wurden, so daß Futter nie in den Magen gelangte. Mit dieser "Scheinfütterungstechnik" konnten sie die Wirkungen von Geschmack auf die Sättigung und das Freßverhalten untersuchen.

Sie fanden heraus, daß die Tiere bei reichhaltigerem Futter bedeutend mehr fressen, wenn sie vom Magen keine Information über die Sättigung erhalten. Aber normalerweise gibt es zwei Peptide im Darm - Bombesin und Cholecystokinin -, die durch die Verdauung der Nahrung freigesetzt werden und zum Gehirn wandern, um ein Sättigungsgefühl herbeizuführen und weitere Nahrungsaufnahme zu verhindern. Verabreichte man den Ratten vor der Fütterung diese Substanzen, verminderten sie das Fressen von faden Speisen, konnten aber das Fressen von süßem Futter wesentlich weniger steuern (Bombesin konnte in diesem Zusammenhang gar nichts ausrichten). Die Einwirkung dieser natürlichen Peptide zur Sättigung ist durch den Einfluß süßen Geschmacks beschränkt, folgerten die Forscher. Dieses Ergebnis hilft erklären, warum Bulimiker sich immer auf reichhaltige Nahrung stürzen, und weist auch auf die Möglichkeit einer Störung im zentralen Nervensystem hin - wo die konkurrierenden Signale von Süße und Sättigung vermutlich integriert werden.

Science News
14. Mai 1983

Hier sehen Sie neuere Belege, die eine Verbindung zwischen Peptiden im Magen (siehe "Die Hitparade der Peptide" in Kapitel 2) und Eßstörungen unterstützen.

Brustkrebs-Rezidive durch Streß

Britische Studie läßt Zusammenhang mit Schicksalsschlägen vermuten

FRANKFURT Streß kann möglicherweise Rezidive von Brustkrebs begünstigen. Dies läßt eine englische Studie vermuten, in der 50 Frauen, die ein Brustkrebs-Rezidiv erlitten hatten, nach Schicksalsschlägen und persönlichen Problemen befragt wurden, die im krankheitsfreien Zeitraum nach der Operation aufgetreten waren. Verglichen wurden sie mit 50 Frauen, die etwa gleichzeitig an Brustkrebs operiert worden waren, sich aber noch in Remission befanden ("British Medical Journal", Band 298, S. 291 bis 293). Ein großer Nachteil bisheriger Studien liegt nach Ansicht der englischen Forscher darin, daß der Beginn des Tumorwachstums nicht genau bestimmt werden konnte. In der vorliegenden Studie wurden nur Frauen im postoperativen Stadium einbezogen, da Rezidive durch die regelmäßige Verlaufskontrolle meist sehr früh erkannt werden. Die Kontroll-Patientinnen waren bezüglich des Operationsdatums sowie der wichtigsten pathologischen Faktoren, die als prognostisch bedeutsam gelten (etwa Tumorgröße, Zahl der befallenen Lymphknoten, Art der Behandlung) angepaßt.

Es zeigte sich, daß schwere Schicksalsschläge das Risiko, ein Rezidiv zu erleiden, deutlich zu erhöhen scheinen. Da sich dieses Ergebnis auf nur wenige Patientinnen bezieht, ist für eine endgültige Beurteilung eine große prospektive Studie notwendig. Es muß auch geklärt werden, inwieweit sich Streß und weitere Faktoren wie Streßbewältigung und soziale Unterstützung gegenseitig beeinflussen.

Die neue Ärztliche
16.Feb. 1989

Mit freundlicher Genehmigung des Verlags und der Autorin Frau Ingrid Kresch

Emotion ausreichend, wären wir vermutlich in der Lage, Menschen beizubringen, wie sie ihre Emotionen kontrollieren und somit ihre physische Gesundheit verbessern können. Vor kurzem wurde behauptet, daß emotionale Faktoren zu zwei Krankheiten beitragen, die als Haupttodesursachen gelten, nämlich Krebs und Herzkrankheiten. Wäre das wahr, könnte die Fähigkeit, unsere emotionalen Gewohnheiten zu ändern, unser Leben bedeutend verlängern. Zumindest sollte es möglich sein, Personen zu identifizieren, die aufgrund ihrer emotionalen Gewohnheiten ein hohes Gesundheitsrisiko tragen. Vielleicht könnte man diese Menschen dann medizinisch vorbeugend zu behandeln.

Emotionale Kontrolle kann man auf zwei Wegen erlangen, die den beiden Hauptkomponenten der Emotion entsprechen - allgemeines Aktivierungsniveau und kognitive Bewertung. Erstens kann man den Menschen beibringen, ihr allgemeines Aktivierungsniveau zu beeinflussen oder zu verändern. Normalerweise nimmt man an, daß Menschen, die emotionale Kontrolle benötigen, übermäßig aktiviert sind. Deshalb

Rat eines Professors: bei Prüfungen tief durchatmen und sich einen Strand vorstellen

Von MICHAEL DECOURCY HINDS

NEW YORK. "Gleich beginnt die Abschlußprüfung. Der Professor braucht unendlich lange, die Prüfungshefte zu sortieren, Ihre Hände fühlen sich klebrig an. Sie wissen nicht, was sie erwartet. Alles, was Sie gelernt haben, schießt Ihnen durch den Kopf, der zu hämmern anfängt. Wichtige Namen und Daten fallen Ihnen ein und entfallen Ihnen wieder." - Aus einem Merkblatt zur Angstvorbeugung an der New York University.

Während der nächsten drei Wochen werden die Studenten in etwa der Hälfte der Colleges und in den meisten High Schools der USA noch für die Abschlußprüfungen büffeln. Manche werden sich selbst mit so viel Angst quälen, daß Ihre Ängste selbsterfüllende Prophezeiungen sein können: die Angst vorm Durchfallen behindert andere Gedanken, und sie fallen durch.

Aber dies wird 20 ängstlichen Studenten wahrscheinlich nicht passieren, die im vergangenen Semester an einem Pilot-Projekt zur Verhaltensänderung an der New York University teilgenommen haben.

"Prüfungsangst ist, als ob man dem Studenten ein Messer an den Hals setzt. Er befindet sich in einer Lage, die völlig außerhalb seiner Kontrolle ist, und er ängstigt sich zu Tode", meint Iris Fodor, Psychologieprofessorin und Leiterin des Projekts. "Wir versuchen, dem Studenten die Kontrolle zurückzugeben."

Die meisten der 50 Studenten, die seit Beginn des Projekts daran teilgenommen haben, sagten, sie fühlten sich wesentlich optimistischer und könnten besser mit ihrer Angst umgehen, so Fodor.

Das Programm beruht auf experimentellen Projekten, die vor kurzem von anderen Psychologen durchgeführt wurden. Es werden Prüfungsbedingungen simuliert, damit die Studenten lernen, angstauslösende Gedanken zu erkennen und durch positive zu ersetzen.

Obwohl eine erfolgreiche Verhaltensänderung eine intensive, individuelle Behandlung durch erfahrene Therapeuten erfordert, gibt es dabei auch einige Tips zur Selbsthilfe, die sich auch für andere als hilfreich erweisen können, die bald eine Prüfung ablegen.

Ein Tp wäre es, eine Anzahl angstauslösender Situationen nach ihrer Intensität aufzulisten. von der Situation, daß man im Unterricht eine beiläufige Frage beantworten muß, bis zu der Situation, daß man sich einer schwierigen Testaufgabe in einer wichtigen Abschlußklausur gegenübersieht. Dann stellt man sich die am wenigsten angstauslösende Situation lebhaft vor und überwacht die dabei auftretenden Gedanken und körperlichen Gefühle.

Im Unterricht wurden die Studenten, sobald sie sich angespannt fühlten, dazu ermuntert, geistig an einen sonnigen Strand, in ein heißes Bad oder an einen anderen entspannenden Ort zu entfliehen. Die Studenten übten, dieses Bild beim geringsten Anzeichen für Anspannung auf Abruf bereit zu halten.

Ihnen wurde beigebracht, tief und langsam zu atmen, bis sie sich erleichtert fühlten. Tiefes Atmen ist nach Fodor für die Entspannung sehr wichtig, weshalb Angstempfängliche - die zu niedrigem, flachem Atmen neigen - Yoga lernen sollten. Auch die Muskeln abwechselnd anzuspannen und wieder loszulassen hilft, Streß zu erleichtern.

Andere Tips für Angstempfängliche Personen sind z.B. folgende:

Überwachen Sie Ihren inneren Dialog und unterbinden Sie jedes negative Denken. Fodor und andere glauben, daß das, was man kurz vor und während der Prüfung zu sich selbst sagt, die Leistung beeinflußt. Ersetzen Sie "Ich bin so dumm" durch "Komm zur Ruhe, atme tief durch, mach nur einen Schritt auf einmal".

"Sei nicht unrealistisch, Dein Leben ist nicht ruiniert, wenn Du in Biologie durchfällst", empfahl Fodor. Sehen Sie die Prüfung aus der richtigen Perspektive.

Haben Sie Humor. Übertreiben Sie die Situation, bis sie komisch wird, oder denken Sie sich ein Lied aus, in dem Sie sich über sich selbst lustig machen.

Seien Sie nicht zu hart gegen sich selbst. "Es ist destruktiv und hilft doch nicht."

The Denver Post
30. Mai 1979

lernen sie Entspannungstechniken wie Meditation oder Biofeedback, um die Muskelanspannung zu beeinflussen. Eine sehr wirksame Methode für den Umgang mit Streß ist es, einfach entspannt und ruhig zu bleiben. Außer bei leichten Aufgaben erschwert ein sehr hohes Aktivierungsniveau eine gute Leistung (nach dem Yerkes-Dodson-Gesetz), und deshalb werden Entspannung und die Verminderung des Aktivierungsniveaus fast immer helfen. Eine der besten Methoden, sich zu entspannen, ist tiefes Atmen - tief einatmen und langsam ausatmen (siehe auch Fundgrube 7-2).

Der zweite Aspekt der Emotionen ist die Bewertung der Situation. Die Emotionen zu kontrollieren bedeutet, daß man lernen muß, seine kognitiven Bewertungen zu kontrollieren und zu verändern. Man muß in der Lage sein, sein Denken beeinflussen zu können. Wenn man z.B. nicht über seine Probleme nachdenkt, wird die Emotion verschwinden. Denken Sie an die zwei gebräuchlichsten Merkmale von Meditation und Yoga: tiefes Atmen und sich versenken in ein Mantra (eine Klangfolge, die man sich immer wieder vorsagt). Das tiefe Atmen wird, wie oben erwähnt, das Aktivierungsniveau vermindern, und das Versenken in einMantra hält die uns davon ab, irgendwelche kognitiven Bewertungen der Situation vorzunehmen. Zusammen angewendet sind diese beiden Techniken eine hervorragende Behandlung, um emotionalen Streß zu vermindern.

Man kann wahrscheinlich nicht in jeder anspannenden Situation in einen meditativen Zustand erreichen, aber man kann versuchen, die Umstände anders zu bewerten, die die Emotionen verursachen. Man kann

Lügt der Lügendetektor?

Zahlen täuschen / Physiologische Reaktion nicht erwiesen

Ein sicheres Verfahren, Lügner zu entlarven - wer wünschte es sich nicht? Ob allerdings die sogenannten Lügendetektoren dazu in der Lage sind, ist zumindest zweifelhaft. Diese Geräte, die während einer Befragung den Herzschlag, die Atemfrequenz, den Blutdruck und die Hautfeuchtigkeit aufzeichnen, sollen nach Ansicht ihrer Befürworter die Erregung anzeigen, die auftreten kann, wenn jemand sein Wissen zu verbergen oder zu verfälschen versucht. Die Verläßlichkeit der psycho-physiologischen Befunde ist jedoch umstritten. In der Bundesrepublik, Österreich und der Schweiz dürfen die Geräte deshalb bei gerichtlichen Ermittlungsverfahren nicht verwendet werden; in den Vereinigten Staaten und Großbritannien dagegen gibt es Pläne, sie noch häufiger als bisher zu nutzen - in Kriminalfällen ebenso wie bei der Beurteilung von Angestellten.

Die Kritik an den Detektoren bezieht sich nicht allein auf die unbewiesene Annahme, Lügen sei stets mit charakteristischen physiologischen Merkmalen verbunden. Neue Zweifel an den vorgeblichen Leistungen des Verfahrens sind aufgekommen, seit man schwerwiegende Mängel bei der Planung der Experimente und erhebliche Unterschiede zwischen den Ergebnisse mehrerer Studien entdeckt hat. Die Amerikaner Allan S. Brett, Michael Philipps und John F. Beary weisen nun darauf hin, daß bei der Anwendung des Lügendetektors wie bei jedem anderen Diagnoseverfahren mit einer gewissen Unsicherheit zu rechnen sei. Um den Aussagewert eines solchen Verfahrens tatsächlich beurteilen zu können, müsse man nicht nur dessen Leistung und Empfindlichkeit berücksichtigen, sondern auch die Häufigkeit, mit der ein positives Ergebnis zu erwarten ist.

Bei den meisten Untersuchungen zur Verläßlichkeit der Lügendetektoren fanden die Forscher so schwere methodische Mängel, daß sie für eine weitere Auswertung nicht in Frage kamen. Nur zwei Studien hatten die Interpretationen der Detektor-Diagnosen durch spätere Geständnisse bestätigen oder widerlegen können. Als zutreffend erwiesen hatten sich die "Aussagen" des Gerätes dabei für rund 76 Prozent der Lügner und 63 Prozent derer, die die Wahrheit gesagt hatten ("The Lancet", Bd. 1/86, S. 544).

Solche Zahlen täuschen leicht. Eine praxisnahe Rechnung macht dies deutlich: Wenn von 1000 Personen 50 nicht die Wahrheit sagen, wird der Detektor zu Recht 38 von ihnen als Lügner und 599 als verläßlich einstufen; 351 von 389 vermeintlichen Lügnern aber wird er zu Unrecht verdächtigen. Nur in zehn Prozent der Fälle träfe damit eine Verdächtigung zu, zugleich bliebe ein Drittel der Lügner unentdeckt. Brett, Philipps und Beary zeigen sich nicht überrascht von diesen Ergebnissen. Schließlich, gibt es bislang noch keinen Hinweis, geschweige denn einen Nachweis für eine unausweichliche physiologische Reaktion beim Verschweigen der Wahrheit.

Frankfurter Allgemeine Zeitung
7. Mai 1986
Mit freundlicher Genehmigung vom Verlag und der Autorin Frau Dr. Caroline Möhring

Funktionieren Lügendetektoren wirklich? Lügen hat emotionale Folgen, darunter eine automatische physiologische Aktivierungskomponente. Lügendetektoren versuchen, die verschiedenen Aspekte dieser Aktivierung aufzuzeichnen, etwa den Herzschlag und Veränderungen der Atmung. Ganz sicher ist, daß sie die physiologische Aktivierung messen können. Das Problem besteht darin, daß Lügen nur eine der Aktivitäten ist, die Aktivierungsanstieg bewirkt, und daß der Lügendetektor nicht zwischen diesen verschiedenen Aktivitäten unterscheiden kann. Er kann z.B. nicht den Unterschied zwischen Lügen und Schreck, Wut oder einer beliebigen Zahl anderer Zustände kennen. Die Supermarktangestellte in diesem Beispiel war vielleicht wegen der Frage nach ihrer toten Mutter aufgeregt und log nicht, aber diesen Unterschied kann der Detektor nicht feststellen. Bestenfalls können Lügendetektoren also benutzt werden, um die Möglichkeit, daß jemand gelogen hat, festzustellen. Lügendetektoren schneiden wahrscheinlich bei Unschuldigen schlecht ab, die aus anderen Gründe als aus Schuld von den Fragen emotional erregt werden.

lernen, mehrere kognitive Bewertungen der gleichen Situation vorzunehmen und somit größere Kontrolle über seine Emotionen zu erhalten. Nehmen Sie an, im Verkehr schert jemand vor Ihnen ein, so daß Sie voll in die Bremse treten müssen. Bewerten Sie das Ereignis auf mehr als nur eine Art. Wenn Sie über die Situation hinsichtlich der Gefahr für Sie selbst oder der Abnutzung Ihrer Bremsen oder der zusätzlichen Verzögerung nachdenken, werden Sie wahrscheinlich am Ende wütend sein. Aber nehmen wir an, Sie denken mehr daran, daß Sie ein guter Fahrer sind und wie wichtig defensives Fahren ist, weil niemand auf der Straße perfekt ist. Solche Gedanken würden wahrscheinlich verhindern, daß Sie Wut erleben. Im allgemeinen sollten Sie innehalten, wenn Sie starke Emotionen verspüren, und sich fragen, ob Sie die Angelegenheit nicht auch konstruktiver sehen könnten. Dieser Ansatz wird oft hilfreich sein, nicht nur weil er Ihre emotionalen Reaktionen unter Kontrolle bringt, sondern weil er Ihnen hilft, Ihren nächsten Schritt festzulegen.

Wenn Sie lernen, Ihr Aktivierungsniveau zu beeinflussen und Ihre kognitiven Bewertungen flexibler zu gestalten (besonders wenn Sie lernen, sich in die Lage des anderen zu versetzen oder sich vorzustellen, wie

FUNDGRUBE 7-2

Streß und das allgemeine Adaptationssyndrom

"Streß" kann man auf mehrere Weise definieren, je nach Sichtweise. Vom physiologischen Standpunkt her gesehen könnte man Streß als einen Zustand definieren, bei dem der Körper seine Ressourcen mobilisiert und mehr Energie als üblich einsetzt. Allgemein treten Reaktionen auf Streßsituationen, worunter man extreme Überarbeitung, Angst, Schmerz, Fieber usw. versteht, in drei deutlichen Stufen auf, die Hans Selye als *allgemeines Adaptationssyndrom* bezeichnet hat (siehe Abbildung 7-13).

Die Alarmreaktion
Die erste Reaktion auf Streß ähnelt der bei emotionalen Zuständen. Es treten Veränderungen des Herzschlags, der Atmung, des Hautwiderstands und der endokrinen Aktivität auf. Um dem Körper zusätzliche Energie zur Verfügung zu stellen, sondert die Nebenniere viel Adrenalin und Noradrenalin ab, das die Leber beeinflußt, mehr gespeicherten Zucker freizusetzen. Im allgemeinen wird bei intensivem Streß das sympathische Nervensystem aktiviert, das parasympathische Nervensystem dagegen wird gehemmt.

Das Resistenzstadium
Während der zweiten Phase des allgemeinen Adaptationssyndroms normalisieren sich die Körpervorgänge wieder, und das Individuum hält den Streß aus. Allerding ist das Individuum einer brträchtlichen Belastung unterworfen, und wenn der Streß weiter anhält oder neuer Streß hizukommt, könnte es in die dritte Stufe der Reaktion eintreten.

Die Erschöpfung
In dieser Phase kann es passieren, daß die Ressourcen erschöpfen, die das Individuum mobilisiert hatte, um mit dem Streß umzugehen. Hält der Streß weiter an, könnte das Individuum so schwach werden, daß es stirbt. Psychologischer Streß gelangt selten in diese letzte Stufe. Sie tritt eher dann auf, wenn jemand lange Zeit Kälte, Hitze oder anderen extremen Bedingungen ausgesetzt ist.

Abbildung 7-13

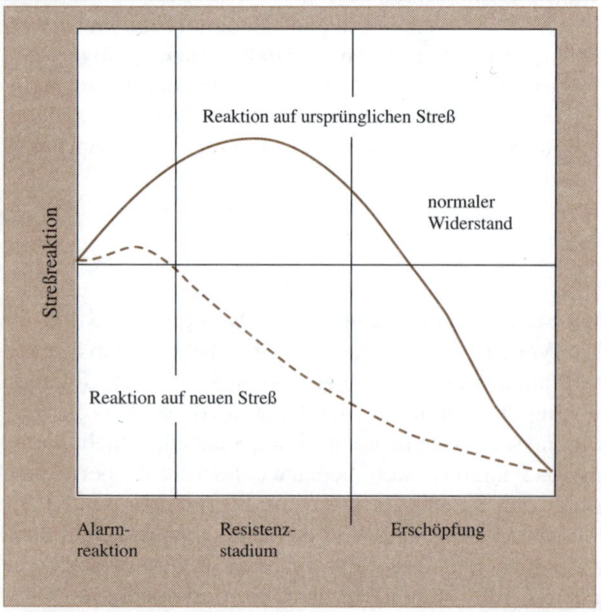

Der Widerstand gegenüber Streß erhöht sich während der Alarm- und Resistenzphase des allgemeinen Adaptationssyndroms. Hält die Streßsituation aber zu lange an oder tritt ein zweiter Streß auf, kann das Individuum in das sogenannte Erschöpfungsstadium eintreten, was ernsthafte Folgen hat.

FUNDGRUBE 7-3

Beeinflussung des Aktivierungsniveaus

Langsames, tiefes Atmen hilft dabei, die von Herbert Benson so bezeichnete Entspannungsreaktion herbeizuführen. Er schlägt vor, daß man zur Auslösung dieser natürlichen Reaktion, die Streß entgegenwirkt, folgendes tun sollte:

1. Gehen Sie an einen ruhigen Ort abseits, wo Sie nicht gestört oder abgelenkt werden.
2. Nehmen Sie eine bequeme Position ein, in der Sie Ihre Muskeln nicht halten müssen - etwa in einem gemütlichen Sessel mit guter Kopfstütze.
3. Sagen Sie sich etwas wieder und wieder vor. Dies ist das *Mantra,* das für Sie "persönlich ausgesucht" wird, wenn Sie Meditationsunterricht nehmen, aber Benson glaubt, daß jedes beliebige Geräusch oder Wort ausreicht. Beachten Sie, daß Sie keine kognitiven Bewertungen der streßvollen Ereignisse in Ihrem Leben treffen können, wenn Sie das Wort *Kosmos* wiederholen und sich wirklich darauf konzentrieren.
4. Bleiben Sie passiv - machen Sie sich keine Sorgen darüber, ob es ihnen gut oder schlecht geht. Ablenkende Gedanken treten von alleine auf, aber wenn Sie sie whrnehmen, sollten Sie sie nicht wichtig nehmen und statt dessen Ihre Aufmerksamkeit auf das Geräusch oder Mantra, das Sie vor sich hinsagen, richten.

Es kann sehr hilfreich sein, die Fähigkeit zur willentlichen Entspannung unter Verwendung des Atmens und der obigen Schritte zu entwickeln. Bensons Buch, *Gesund im Streß,* liefert Ihnen weitere Informationen darüber.

der Andere die Situation bewertet), dann haben Sie zwei wirksame Hilfsmittel, um Ihre Emotionen zu steuern. Die Steuerung der Emotionen kann Ihnen vielleicht helfen, Krankheiten wie Magengeschwüre, Asthma und Herzkrankheiten zu vermeiden, ganz zu schweigen von der Angst und den Problemen, die sie verursacht. Ein zusätzlicher Gewinn solch eines einfachen Vorgehens ist es, daß unnötige Gewalt vielleicht vermieden wird. Sie können sich viel Streß ersparen, der leider immer da ist, wenn Sie lernen, sich zu entspannen und über streßbeladene Ereignisse auf konstruktive Weise nachzudenken. (Siehe auch Fundgrube 7-3).

314 Theorien zur Entwicklung des Menschen
Die psychoanalytische Entwicklungstheorie / Der Standpunkt der Behavioristen und Lerntheoretiker / Die kognitive Entwicklungstheorie / Das Modell der Informationsverarbeitung
318 Forschungsmethoden in der Entwicklungspsychologie
318 Die Entwicklung des Intellekts
Wahrnehmung / Kognition / Sprache
332 Soziale und emotionale Entwicklung
Säuglingsalter / Kindheit / Adoleszenz / Erwachsenenalter
348 Zusammenfassung
350 So sieht das in der Praxis aus
Erziehung / Angewandte Gerontologie / Scheidungen, Kindertagesstätten und die Liebesbedürfnisse des Kindes / Kindesmißhandlung

Entwicklungs-psychologie

8

Die sechsjährige Sarah hat Schwierigkeiten, das Addieren und Subtrahieren zu erlernen. Verglichen mit den anderen Erstkläßlern bleibt sie weit zurück und ihre Eltern befürchten, sie könnte "geistig retardiert" oder "lernbehindert" sein. Freunde beruhigen sie aber und meinen, daß Sarah wahrscheinlich nur ein "Spätzünder" sei und bald die Gleichaltrigen einholen werde. Wie können wir feststellen, ob sich ein Kind bezüglich wichtiger Fähigkeiten normal entwickelt?

Frau und Herr Müller sind besorgt über ihren heranwachsenden Sohn Mathias, der keine Freunde hat. Mathias verbringt den größten Teil seiner Freizeit vor dem Fernseher oder allein mit Videospielen. Er zeigt wenig Interesse an seiner Umwelt und ergreift nicht die Initiative, soziale Kontakte herzustellen. Herr und Frau Müller machen für Mathias einen Termin beim Schulpsychologen aus, der ihnen dann mitteilt, daß sich Mathias in einer Identitätskrise des Jugendalters befindet. Was ist eine Identitätskrise? Welche Auswirkungen hat sie? Muß jeder eine solche Phase durchmachen?

Frank scheint alles zu haben, was ein Mann mittleren Alters begehren könnte. Er ist ein angesehener Rechtsanwalt mit hohem Lebensstandard, intakter Familie und hervorragender körperlicher Gesundheit. Trotzdem klagt er darüber, daß er an seinem Leben keinen rechten Spaß hat. Er sagt, daß ihm nichts, von dem was er tut, etwas bedeutet und daß er manchmal sogar an Selbstmord denkt. Franks Psychotherapeut erklärt ihm, daß er sich gerade in einer "Midlife-Krise" befindet. Gibt es andere wichtige Krisen im Erwachsenenalter und wie können sie erfolgreich überwunden werden?

Die Entwicklungspsychologie beschäftigt sich mit Veränderungen im Denken und Verhalten im Laufe des Lebens. Ein Entwicklungspsychologe stellt z. B. folgende Fragen: Welche Entwicklungsveränderungen im Laufe des Lebens gibt es? Welche Erfahrungen fördern sie und welche Hindernisse hemmen sie? Sind einige Verhaltensweisen schwieriger zu erwerben als andere? Welche entscheidenden Verhaltens- und Denkformen unterscheiden einen Vierjährigen von einem Achtjährigen oder einen Zehnjährigen von einem Erwachsenen? Dies sind einige der entwicklungspsychologischen Fragen, mit denen wir uns in diesem Kapitel beschäftigen werden.

Nicht alle psychischen und verhaltensmäßigen Veränderungen sind für den Entwicklungspsychologen gleichermaßen interessant. Momentane Stimmungsveränderungen haben beispielsweise im allgemeinen keine entwicklungspsychologische Bedeutung. Dies trifft auch auf vorübergehende Einstellungen, zufällige Handlungen oder eine ganze Reihe anderer Gedanken oder Verhaltensweisen zu, die keine längerfristigen Folgen für das Leben des Einzelnen nach sich ziehen. Entwicklungspsychologen sind vielmehr an den psychischen Veränderungen interessiert, die einen grundlegenden Wandel in der Anpassung des Einzelnen an die Welt anzeigen. Solche Veränderungen befähigen einen Menschen, die körperlichen, kognitiven oder sozialen Anforderungen erfolgreicher zu bewältigen.

Entwicklungspsychologen interessieren sich insbesondere für das Leben von Kindern, für ihre familiäre Umwelt, ihr Verhalten zu Hause und in der Schule, sowie ihre Wachstums- und Anpassungsmöglichkeiten. Welche Folgen haben unterschiedliche Erziehungsstile, verschiedene Arten der Mutter-Kind-Interaktion oder soziale Erfahrungen wie etwa eine Scheidung in der Familie? Welche Bedeutung haben persönliche Merkmale des Kindes wie Geschlecht oder Temperament? Wie weit hat jedes Kind Probleme während des Heranwachsens, die es nicht mit anderen Kindern teilt? Wie können wir als Eltern oder Fachleute in der Praxis die Chancen eines Kindes für eine erfolgreiche Anpassung an die Welt sowohl jetzt als auch in Zukunft verbessern?

Ein Neugeborenes benötigt über zwei Jahrzehnte, um die kognitiven und sozialen Fähigkeiten zu erwerben, die es als reifer Erwachsener in der modernen Gesellschaft benötigt. Sogar dann ist die Entwicklung aber noch nicht abgeschlossen. Ein Mensch vermag ein Leben lang neue Fähigkeiten zu erwerben, zu neuen Einsichten und einer neuen Lebensanschauung zu gelangen, oder neue Beziehungsformen zu anderen zu finden. Manchmal entstehen diese Veränderungen von selbst, ein anderes Mal durch soziale Erfahrungen. Einige Veränderungen vollziehen sich leicht, andere sind das Ergebnis einer langen und mühsamen Auseinandersetzung mit dem eigenen Denken und Verhalten. Solche Veränderungen sind Teil des dynamischen Wandlungsprozesses, den wir menschliche Entwicklung nennen.

Im vergangenen Jahrzehnt interessierten sich die Forscher mehr für den Prozeß der lebenslangen Veränderung und Entwicklung, der über Kindheit und Jugend hinweg andauert. Die Entwicklung des Menschen ist nicht mit Erreichen der Reife beendet, und einige Psychologen richteten ihr Augenmerk sogar auf "Stufen" der Entwicklung Erwachsener. Diese Themen sind ebenfalls ein Zweig der Entwicklungspsychologie und wir werden später in diesem Kapitel auf sie eingehen.

THEORIEN ZUR ENTWICKLUNG DES MENSCHEN

Am Entwicklungsprozeß sind viele Faktoren beteiligt. Der Körper des Kindes einschließlich des Gehirns reift biologisch. Dann machen Kinder viele verschiedene Erfahrungen mit der Außenwelt, etwa in Verbindung mit den Erziehungsmethoden ihrer Eltern, mit der Schule oder mit Gleichaltrigen. Schließlich nähern sich Kinder der Welt mit Neugier und dem Verlangen, Wissen zu erwerben. Beides motiviert sie, neue Wege zu finden, sich zu verhalten und die Welt mit Sinn zu erfüllen. Diese externen und internen Bedingungen sind wesentlich für die Entwicklung. Ein Faktor allein dürfte für eine wesentliche psychische Veränderung nicht ausreichen, doch die Kombination mehrerer verschiedener Faktoren wirkt sich tiefgehend auf die Entwicklung des Einzelnen aus.

Entwicklungstheorien versuchen zu erklären, wie diese und andere Faktoren in wechselseitigen Beziehungen zueinander stehen. Sie unterscheiden sich aber in ihren Annahmen darüber, welche Faktoren am wichtigsten sind. Die drei bedeutendsten gebräuchlichen Entwicklungstheorien sind die psychoanalytische Theorie, die behavioristische Lerntheorie und die kognitive Entwicklungstheorie. Wir werden kurz die jeweils vertretene Sichtweise beschreiben. Zusätzlich werden wir das Informationsverarbeitungsmodell beschreiben, das unlängst sowohl einen theoretischen als auch empirischen Beitrag zum Verständnis der Entwicklung lieferte.

Die psychoanalytische Entwicklungstheorie

Die psychoanalytische Theorie - von Sigmund Freud vor über 80 Jahren entworfen (vergl. Kapitel 1) - sieht die menschliche Entwicklung als Ergebnis widerstreitender biologischer und sozialer Kräfte. Freud stellte sich einen lebenslangen Konflikt zwischen inneren antisozialen Trieben vor, die ein Teil der menschlichen Natur sind, und den Zwängen der Zivilisation, die eine Unterdrückung dieser Triebe erfordern. Nach Freud müssen in der Entwicklung die eigenen Bedürfnisse und Wünsche in produktive und sozial akzeptable Formen umgeleitet werden. In vielerlei Hinsicht schildert die psychoanalytische Theorie den Menschen als einen Organismus, der sich ständig im Konflikt zwischen inneren und äußeren Kräften befindet, die häufig jenseits seines Einflusses liegen. Nur durch die Entwicklung der Instanz des "Ich", das diese Kräfte reguliert, gewinnt der Mensch teilweise die Kontrolle über sein eigenes Schicksal zurück.

Die Theorie der Freudianer hebt zwei Entwicklungsaspekte hervor: den *psychodynamischen* und den der *Abfolge* bestimmter Entwicklungsphasen. Der psychodynamische Aspekt besteht aus zwei grundlegenden menschlichen Trieben oder Bedürfnissen. Freud erkannte zwei umfassende Triebe, von denen einer die *Kräfte des Lebens* (Eros) und der andere die des *Todes* (Thanatos) verkörpert. Diese Kräfte befinden sich häufig im Konflikt miteinander und mit den Forderungen der Gesellschaft. Sexuelles Begehren ist beispielsweise ein Trieb des Eros und ist - wie in Freuds viktorianischer Gesellschaft - gesellschaftlich geächtet. (Kritiker von heute bemängeln an Freuds Theorie u. a., daß sie veraltet ist, weil viele der sexuellen Tabus nicht mehr existieren). Die Aggression wiederum ist einer der Triebe des Thanatos.In ihrer Reinform wird sie allgemein für antisozial gehalten. Gemäß Freud ist Entwicklung das Ergebnis der eigenen Versuche, die Konflikte zwischen den widerstreitenden Trieben zu verringern, ebenso wie zwischen jedem Trieb und den Ansprüchen der Kultur. Persönliches Ziel während der Entwicklung ist, zufriedenstellende Formen der Befriedigung dieser Grundtriebe zu finden. Aus Freuds pessimistischer Sicht läßt sich dieses Ziel niemals völlig erreichen, und der Einzelne ist bis zu einem gewissen Grad zu einem lebenslangen Konflikt verurteilt, von dem man nur hoffen kann, daß er sich in kontrollierbaren Grenzen hält.

Nun zum zweiten Aspekt der psychoanalytischen Theorie, nämlich dem, daß jeder bestimmte Entwicklungsstadien durchmacht. Freud bezeichnete sie als *psychosexuelle Phasen*, weil ihre Reihenfolge in seiner Theorie dadurch festgelegt ist, daß sich die sexuelle Energie im Verlauf der biologischen Reifung von einem Teil des Körpers zu einem anderen verlagert. Parallel dazu, wie unterschiedliche Regionen des Körpers zum Zentrum sexueller Energie werden, verändert sich das Lebensgefühl des kleinen Kindes wesentlich. Während der *oralen Phase*, die die ersten 18 Monate des Lebens umfaßt, ist der Mund der empfindsamste Körperteil. Das Baby "erfährt" die Welt durch angenehme Tätigkeiten wie Saugen und Berührungen mit dem Mund. In der *analen Phase*, die bis zum dritten Lebensjahr dauert, ist die psychische Energie auf die Organe gerichtet, die die Ausscheidungen der Faeces aus dem Körper regulieren. Dies ist das entscheidende Alter für die Sauberkeitserziehung. Während der *phallischen Phase* entdecken die Kinder ihre Genitalien als Quelle von Lustempfindungen. Die Jungen machen den Ödipuskomplex durch, die Mädchen den Elektrakomplex. Diese Komplexe haben Phantasien über sexuelle Beziehungen zum andersgeschlechtlichen Elternteil zum Inhalt. Die psychosexuelle Energie tritt während der *Latenzphase*, deren Dauer etwa dem Besuch der Grundschule entspricht, in den Hintergrund. In dieser Zeit erwerben Kinder die kognitiven und sozialen Fähigkeiten, die sie auf das Leben als Erwachsene vorbereiten. Während der Pubertät erwachen die sexuellen Kräfte wieder und während der letzten, der *genitalen Phase* zentriert sich die Energie erneut im

Genitalbereich. Zu dieser Zeit sollte der Mensch aber fähig sein, diese Energie auf Familiengründung und produktive Arbeit zu lenken.

Spätere Versionen der psychoanalytischen Theorie, z. B. die von Erik Erikson, messen den sozialen Einflüssen auf die Reihenfolge der Lebensphasen ebenso starke Bedeutung bei wie den biologischen. Erikson nahm eine Abänderung des Freudschen Phasenmodells vor. Er beschrieb die sozialen Beziehungen, die Kinder in den verschiedenen Lebensabschnitten eingehen, anstatt sich auf die rein biologische Entwicklung ihrer sexuellen Energie zu beschränken. Erikson und andere haben diese psychosozialen Stadien auch auf die gesamte Lebensspanne übertragen, auf das mittlere wie das höhere Lebensalter.

Die psychoanalytische Theorie wurde mit der Begründung kritisiert, daß es ihr an wissenschaftlicher Genauigkeit mangele. Viele psychonanalytische Konstrukte führen beispielsweise zu etlichen, sich widersprechenden Vorhersagen menschlichen Verhaltens. Wie kann diese Theorie überprüft werden, wenn wir nicht einmal ihre spezifischen Vorhersagen kennen? Trotz solcher Ungewißheit ist dieser Ansatz dennoch von großem Einfluß in der Entwicklungspsychologie - vielleicht, weil er sich mit wesentlichen menschlichen Phänomenen wie Emotionen beschäftigt, die andere theoretische Ansätze häufig nicht berühren. Insbesondere Eriksons Version des psychoanalytischen Standpunktes regte zu mehr klinischen und empirischen Arbeiten über den Persönlichkeitsaufbau Jugendlicher an als jede andere theoretische Schrift. Wir werden seine Theorie später in diesem Kapitel beschreiben.

Abschließend sei vermerkt, daß der strukturelle Aspekt der psychoanalytischen Theorie auf dem Es, Ich und Über-Ich beruht. Diese werden detailliert in Kapitel 9 abgehandelt.

Der Standpunkt der Behavioristen und Lerntheoretiker

Während psychoanalytisch orientierte Theoretiker die menschliche Entwicklung als Ergebnis innerer Konflikte sehen, heben die Behavioristen Umwelteinflüsse hervor. Die Behavioristen glauben nicht, daß das Konzept der Entwicklungsphasen eine gültige Erklärung des Entwicklungsprozesses ist. Für sie ist Entwicklung eine Funktion des Lernens; Erfahrungen werden von unterschiedlichen Menschen verarbeitet, und dies erklärt die Unterschiede im Verhalten des Einzelnen. Tatsächlich glauben die Behavioristen nicht, daß es Entwicklungsphasen gibt. Nach ihrer Auffassung finden in allen Lebensabschnitten Lernprozesse statt, die sich im wesentlichen gleichen.

Die Bedeutung des Lernens wurde von einer Reihe von Behavioristen wie z. B. Ivan Pawlow und John Watson genau untersucht (vergl. Kapitel 1 und 4). Es war aber erst die Arbeit B. F. Skinners, die dem Behaviorismus seine maßgebliche Bedeutung in der modernen Psychologie verlieh. Skinner erkannte zwei Arten von Verhalten, nämlich Reaktionsverhalten und operantes Verhalten. Reaktionsverhalten, d. h. klassisch konditioniertes Verhalten, wie etwa vermehrter Speichelfluß beim Anblick von Pfannkuchen in der Fernsehwerbung, wird durch das, was ihm vorausgeht, gesteuert. Diese Verhaltensweisen wurden von Pawlow und Watson untersucht. Operantes Verhalten wird von dem gesteuert, was ihm folgt, und die Entwicklung dieser Vorstellung war Skinners bedeutendster Beitrag zur Psychologie. Skinner entdeckte, daß die Reize (oder Umweltereignisse), die einem Verhalten folgen, dieses Verhalten entweder verstärken oder abschwächen können. Operantes Verhalten ist eine Funktion seiner Folgen. Wir können also die Wirksamkeit eines Umwelteinflusses durch seine Auswirkungen auf ein Verhalten beurteilen. Beispielsweise hat körperliche Züchtigung für manche Kinder teilweise den Effekt einer Verstärkung, weil sie Zuwendung bedeutet. Dagegen stellt sie für andere lediglich Bestrafung dar.

"Skinnerianer" betrachten Entwicklung als das Ergebnis verschiedener Arten von Konditionierung, als Endergebnis einer langen Reihe oder "Kette" von Erfahrungen. Aus diesem Grund behaupten sie, daß die Fähigkeit zu lernen - d. h. sich zu entwickeln - unbegrenzt wäre, wenn die Umwelt richtig strukturiert ist. Beispielsweise können als stark retardiert klassifizierte Menschen manchmal neue und anpassungsfähige Verhaltensweisen erlernen.

Eine andere Gruppe von Behavioristen meint, daß neben den Umwelteinflüssen weitere Faktoren betrachtet werden sollten. Anhänger der sozialen Lerntheorie wie etwa Albert Bandura (siehe Kapitel 9), glauben, daß eine wechselseitige Geben- und Nehmen-Beziehung zwischen Organismus und Umwelt besteht, auch wenn Entwicklung eine Funktion des Lernens ist. Nach ihrer Auffassung trägt das Verständnis von Prozessen des Erinnerns, der Wahrnehmung und anderer geistiger Vorgänge wesentlich zum Verständnis dessen bei, wie Menschen Verhalten erwerben. Die bedeutendsten Arbeiten dieser Theoretiker haben die Nachahmung oder das Lernen am Modell zum Gegenstand, also den Prozeß des Erlernens neuer Dinge durch die Beobachtung anderer.

In vielerlei Hinsicht ist der behavioristische Standpunkt heute so umstritten wie der psychoanalytische Standpunkt vor 70 Jahren. Aus Sicht der Kritiker ist die Hauptschwachstelle, daß die behavioristische Sichtweise die Entwicklung als gänzlich passiven Vorgang darstellt. Die Einwirkung oder Steuerung durch den sich entwickelnden Organismus wird nicht berücksichtigt. Andererseits verdanken wir dem behavioristischen Standpunkt wegen seiner Anwendung streng wissenschaftlicher Verfahren die Möglichkeit, Faktoren, die das Verhalten beeinflussen, nach einem System anzuordnen und zu verstehen. Der

Behaviorismus hat auch einen außerordentlich großen Einfluß auf die angewandte Psychologie im allgemeinen ausgeübt. Behavioristische Techniken werden nicht nur in vielen verschiedenen Therapiesituationen benutzt - etwa bei der Desensibilisierung von Kindern gegenüber bestimmten Ängsten -, sondern sie haben auch das programmierte Lernen hervorgebracht, das die Pädagogik in großem Maße förderte. Die moderne Übertragung solcher Verfahren auf Heimcomputer hat zur weiten Verbreitung von Softwarepaketen geführt, mit denen man kleinen Kindern die Grundkenntnisse im Schreiben, Rechnen und Sprechen beibringen kann.

Die kognitive Entwicklungstheorie

Obwohl das psychoanalytische und behavioristische Modell viele Psychologen beeinflußten, war ein Kritikpunkt an diesen Modellen, daß sie annehmen, der Mensch spiele in seiner eigenen Entwicklung eine passive Rolle. Im Gegensatz dazu geht das kognitive Entwicklungsmodell davon aus, daß der Mensch im Verlauf seiner Entwicklung sein eigenes Weltverständnis aktiv selber bestimmt. Weiterhin behaupten die kognitiven Entwicklungspsychologen, dieses selbst aufgebaute Weltbild lege fest, wie weit ein Kind fähig ist, von anderen zu lernen, und so sein alltägliches Verhalten zu Hause, in der Schule und beim Spielen beeinflußt.

Dieser Entwicklungsprozeß des aktiven eigenen Aufbaus eines Weltbildes ist das Ergebnis eines Ungleichgewichts, von "Stadien des Disequilibriums" zwischen dem gegenwärtigen Wissen und der durch die materielle und soziale Umwelt repräsentierten Wirklichkeit. Wenn ein Mensch entdeckt, daß eine bestimmte Vorstellung von der Welt mit dem, wie sie wirklich ist, nicht übereinstimmt, so ist er gezwungen, diese Vorstellung zu ändern. Entwicklung ist infolgedessen die Revidierung ungenauer und unangemessener Vorstellungen motiviert durch den eigenen Wunsch, der Welt in bestmöglicher Weise Sinn zu verleihen. So mag beispielsweise ein Kind glauben, daß 10 Gegenstände mehr werden, wenn man sie auf einen Haufen legt. Eines Tages zählt das Kind die Gegenstände vor und nach dem Aufstapeln und entdeckt, daß ihre Anzahl gleich bleibt. Das Kind ist dann gezwungen, die Vorstellung zu revidieren, daß die Anordnung von Gegenständen ihre Anzahl bestimmt und zieht folglich die neue Annahme in Betracht, daß die Anzahl über alle räumlichen Umformungen hinweg "erhalten" bleibt. Während des ganzen Lebens bauen wir neues Wissen über die Welt in zahllosen solchen Experimenten auf.

Die kognitive Entwicklungstheorie wurde auch Piaget'sche Theorie genannt, da ihr ursprünglicher und berühmtester Vertreter der schweizer Psychologe Jean Piaget war. Piaget schlug eine Reihe von Stadien vor, die die Wandlung des kindlichen Weltverständnisses von Geburt an bis einschließlich der Jugend beschreiben. Diese Stadien unterscheiden sich auf vielerlei Art von den psychoanalytischen Phasen. Erstens beschreiben sie eher Veränderungen in den Denkvorgängen des Kindes als in seiner emotionalen, sexuellen oder sozialen Orientierung. Zweitens sind Piagets Stadien als Ergebnis der aktiven Erforschung der Umwelt durch das Kind zu sehen, und nicht als Resultat biologischer Reifung oder der Verlagerung von körperlichen Empfindungen. Aber das Piaget'sche Stadien- wie das psychoanalytische Phasenmodell - haben einige Annahmen, die sie vom Modell des sozialen Lernens unterscheiden. Beide - sowohl die Piaget'schen Stadien wie die Phasen im psychoanalytischen Modell - haben eine bestimmte Reihenfolge, die auch durch spezifische sozio-kulturelle Faktoren nicht beeinflußt wird. Ebenso implizieren beide Modelle, daß unterschiedliche Entwicklungsperioden qualitativ verschieden voneinander sind. Ein Kind kann nicht einfach als "kleiner Erwachsener" gesehen werden, sondern als ein Mensch, der auf eine spezifische Weise die Welt erfährt. Anstatt zu sagen, daß Kinder weniger wissen, sollten wir besser sagen, daß Kinder die Dinge anders sehen als Erwachsene.

In Piagets Modell bauen die verschiedenen Stadien solchermaßen aufeinander auf, daß jede neue Stufe eine Neugestaltung und Erweiterung aller vorhergehenden Stadien ist. Denken Sie an das gestaltpsychologische Konzept, daß das Ganze mehr ist als die Summe der Teile. Die Entwicklung aus der Sicht der kognitiven Entwicklungstheorie ist ein Prozeß, in dem verschiedenartige Elemente eine neue Struktur bilden, die anders und leistungsfähiger ist als all die bisherigen Vorstellungen von der Welt, die sie mit umfaßt.

Das Modell der Informationsverarbeitung

Eine der Auswirkungen des Computerzeitalters auf die Psychologie ist das Bemühen der Wissenschaftler, Computermodelle zur Simulation der menschlichen Intelligenz zu benutzen. Entwicklungspsychologen beschrieben die kognitive Entwicklung von Kinder in Form von Termini der Informationsverarbeitung wie Enkodierung, Dekodierung, Speicherung und Reproduktion. Psychologen, die das Modell der Informationsverarbeitung auf den Menschen übertragen, glauben, daß seine geistige Betätigung wie ein Computer sowohl Hardware als auch Software erfordert. Im Fall des menschlichen Verstandes entspricht die Hardware den physiologischen Eigenschaften des menschlichen Gehirns, wozu auch seine Größe und Reife gehören. Diese "Hardware" des Gehirns verändert sich während des gesamten Lebens und ist anfällig für Beschädigung, Krankheit und möglicherweise auch für eine gewisse Desintegration im hohen Alter. Normalerweise aber finden solche Veränderungen nach den ersten Lebensjahren relativ langsam statt und die Hauptmerkmale der Hardware des menschlichen Geistes stabilisieren sich weitgehend. Im Gegensatz dazu verändern sich die Softwaremerkmale, die aus den "Programmen" bestehen, die Kinder für die Informationsverarbeitungen benötigen, während der Entwicklung sehr rasch. Diese geistigen Programme interessieren einen Wissenschaftler, der vom Modell der Informationsverarbeitung ausgeht, am meisten.

Um die Hauptbestandteile der Software des kindlichen Verstandes zu analysieren, versuchen kognitive Theoretiker die geistige Funktionsweise von Kindern in Einzelteile aufzugliedern. Ein Forscher legt einem Kind ein schwieriges Problem vor und versucht dann, bis in das letzte Detail zu beobachten, wie das Kind das Problem erfaßt und damit umgeht. Dazu gehört häufig eine Analyse folgender Aspekte: Wie verläuft die Blickrichtung des Kindes beim Betrachten der Aufgabe? Wie lange benötigt das Kind, bis es antwortet? Welche weiteren Auskünfte gibt das Kind über das Problem? Wie gut erinnert das Kind sich an wichtige (und unwichtige) Bestandteile des Problems?

Herzschlag und Intelligenz

In einem schwach erleuchteten Raum sitzt ein zweijähriges Kind auf dem Schoß seiner Mutter und hat die Aufmerksamkeit auf eine Hand gelenkt, die hinter einem schwarzen Vorhang auftaucht, der so etwas wie eine kleine Bühne begrenzt. Die Hand ergreift einen Stab und bewegt sich auf drei große Glühbirnen zu. Wenn der Stab eine der Glühbirnen berührt, leuchten alle drei auf. Die Hand zieht sich zurück. Einige Minuten später taucht sie wieder auf, mit der Innenfläche nach unten. Sie bewegt sich auf die erleuchteten Glühbirnen zu, die daraufhin verlöschen.

Der kleine Junge beginnt zu zappeln, beruhigt sich aber wieder, sobald das Ganze noch einmal abläuft - insgesamt sechsmal. Dann tritt eine Veränderung ein. Der Stab erscheint allein und berührt die Glühbirnen. Diesmal aber leuchtet keine von den dreien auf, sondern erst dann, nachdem der Stab verschwunden ist. Dies wiederholt sich noch zweimal. Dann läuft das Geschehen wie zu Anfang wieder ab.

In der Zwischenzeit senden Elektroden auf der Brust des Kindes kontinuierlich Meßwerte über seinen Herzschlag zu einem Acht-Kanal-Polygraphen, der sich in einem Nebenraum befindet. Dort werden die aufgezeichneten Kurven auf Anzeichen von geistiger Anstrengung analysiert, die sich in einer Beschleunigung des Herzschlags offenbart, oder auf Anzeichen des Erkennens - des sogenannten "Aha"-Effekts -, der sich als Abnahme um sechs Herzschläge oder mehr manifestiert. Beobachter hinter einem Einwegspiegel achten auf Reaktionen des Kindes wie auf ein Lächeln, sobald die Hand wieder auftaucht, eine Geste oder ein Wort des Erkennens, sobald sie erneut zum Vorschein kommt, und auf eine Veränderung im Ausdruck, wenn der Stab allein erscheint.

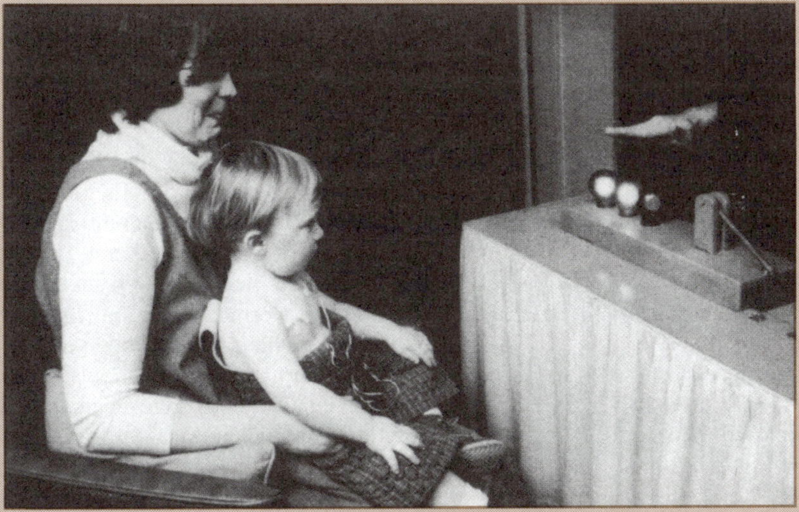

Der zweijährige Scott Fuller, den man in seiner Entwicklung für verlangsamt hielt, erweist sich bei dem "Handtheater"-Test am Tufts-New England Medical Center in Boston seinen Altersgenossen als ebenbürtig.

Diese "Vorführung" ist Teil eines neuartigen Intelligenztests für Kleinkinder, der am Center for Behavioral Pediatrics and Infant Development des Tufts-New England Medical Center in Boston von dem Psychologen Philip R. Zelazo und dem Kinderarzt Richard B. Kearsley entwickelt wurde. Behinderte Kinder oder solche, die noch nicht sprechen können, werfen beim Testen allgemein die meisten Probleme auf. Haben sie Schwierigkeiten mit dem Hören oder mit dem Gebrauch ihrer Arme und Hände, dann - so Zelazo und Kearsley - kommt man mit Hilfe herkömmlicher Tests unter Umständen zu dem Ergebnis, daß sie geistig behindert sind, auch wenn sie tatsächlich normal sind.

Diese neuen Intelligenztests erfassen die Fähigkeit des Kindes, seine Aufmerksamkeit auf etwas zu richten, Ähnlichkeiten und Unterschiede zu bemerken sowie Erinnerungen zu bilden. Mit anderen Worten: Sie erfassen die Fähigkeit zum Sammeln und Verarbeiten von Informationen, wohingegen andere Tests lediglich die Fähigkeit messen, Fragen mit Hilfe von Gesten und Worten richtig zu beantworten.

In den vergangen vier Jahren hat sich Zelazos und Kearsleys neuer Test gegenüber Standardtests in vielen Fällen als weitaus genauer erwiesen, und zwar bei der Messung geistiger Fähigkeiten von Kindern im Alter von ein bis drei Jahren, die unter einer zerebralen Lähmung leiden, denen Gliedmaßen fehlen oder die in ihrer Entwicklung gestört sind.

Science 82
Mai 1982

Hier haben wir eine Anwendung des informationstheoretischen Ansatzes auf die Erforschung der intellektuellen Entwicklung. Dadurch, daß man sich am Herzschlag des Kindes orientiert, erhält man Aufschluß über seine Fähigkeiten, Informationen zu verarbeiten, ohne auf seine Sprache angewiesen zu sein.

Dieses Vorgehen steht im krassen Gegensatz zu Piagets Methode, die sich allgemein nur auf die Lösung des Problems durch das Kind konzentriert und diese Lösung anhand der globalen geistigen Strukturen, die sich zeigen, analysiert. Das Modell der Informationsverarbeitung vertritt die Überzeugung, daß sich solche geistigen Strukturen aus verschiedenen Abläufen zusammensetzen, die einzeln beschrieben werden müssen, wenn die kognitive Entwicklung völlig verstanden werden soll.

FORSCHUNGSMETHODEN IN DER ENTWICKLUNGSPSYCHOLOGIE

Teils, weil die Untersuchung von Entwicklung die Untersuchung von Veränderungen ist, und teils, weil die Versuchspersonen in der entwicklungspsychologischen Forschung häufig Kinder sind, sind die Forschungsmethoden in der Entwicklungspsychologie sehr verschieden von anderen psychologischen Untersuchungsmethoden.

Wir können die Verhaltensentwicklung in der Weise untersuchen, in dem wir annähernd gleichzeitig Gruppen von Kindern unterschiedlichen Alters beobachten oder testen. Wenn es sich zeigt, daß ältere Kinder anders handeln als jüngere, können wir daraus schließen, daß der Unterschied ein Entwicklungsmerkmal ist. Dies ist eine *Querschnittsuntersuchung*. Um aber zu bestätigen, daß die in einer solchen Untersuchung gefundenen Unterschiede tatsächlich Entwicklungsunterschiede sind, bedarf es einer *Längsschnittuntersuchung*, in der die Menschen regelmäßig untersucht werden, während sie älter werden. Der Grund dafür ist, daß Unterschiede, die in einer Querschnittsstudie gefunden werden, von Generations- statt von Entwicklungsunterschieden herrühren können. Ein berühmtes Beispiel dafür war eine falsche Schlußfolgerung, die aus Querschnittsuntersuchungen der Intelligenz gezogen wurde, und zwar zu einer Zeit, als die Messung des IQ's Verbreitung fand. Die Daten ergaben, daß in der Stichprobe Erwachsene mittleren Alters niedrigere IQ-Werte hatten als jüngere Erwachsene und Jugendliche. Daraus wurde geschlossen, daß die Intelligenz des Menschen mit dem Alter abnimmt, sobald die Reife erreicht war. Später ergaben Längsschnittstudien bei den meisten Menschen kein solches Absinken zwischen dem frühen und mittleren Erwachsenenalter. Die früheren Querschnittsuntersuchungen wurden in der Form uminterpretiert, daß die beobachteten Unterschiede in Wirklichkeit den größeren intellektuellen Fähigkeiten der Personen, die später geboren und unterrichtet worden waren, zuzuschreiben waren als den Erwachsenen mittleren Alters in der ursprünglichen Stichprobe.

Längsschnittuntersuchungen haben ebenfalls ihre Schwächen. Zum einen erfordern Längsschnittstudien wiederholtes Testen und Beobachtung derselben Versuchspersonen, und es ist möglich, daß diese wiederholten Messungen den Entwicklungsverlauf der Probanden beeinflussen. Auf diese Weise kann es problematisch werden, über die spezielle Probandengruppe in der Untersuchung hinaus zu generalisieren. Um sowohl die Schwächen der Längs-, als auch der Querschnittsversuchspläne zu vermeiden, haben die Entwicklungspsychologen begonnen, beide zu einem Plan, *Kreuz-Sequenz-Panel-Design* genannt, zu kombinieren, in welchem Versuchsteilnehmer verschiedenen Lebensalters getestet werden und ihre Entwicklung dann über mehrere Jahre hinweg längsschnittlich verfolgt wird. Auf diese Weise können Psychologen anhand der ursprünglichen Testergebnisse bestimmen, ob das nachfolgende wiederholte Testen einen merklichen Einfluß auf die Probanden hatte. Darüberhinaus kann der Experimentator Generationsunterschiede von Entwicklungsunterschieden trennen. Nur wenn die ursprünglich zwischen den Altersgruppen beobachteten Unterschiede sich wiederholen, während die Probanden der verschiedenen Altersgruppen älter werden, können sie dem Einfluß der Entwicklung zugeschrieben werden. Diese Methode wird in steigendem Maße von "Lifespan"-Wissenschaftlern benutzt, die sowohl an Entwicklungs- als auch geschichtlichen Einflüssen im Leben des Einzelnen interessiert sind.

DIE ENTWICKLUNG DES INTELLEKTS

Die Welt, in der wir leben, ist ungeheuer kompliziert und besteht aus einer Vielfalt von Menschen, Objekten und Ereignissen. Zusätzlich gibt es unsichtbare Beziehungen, die verschiedene Teile der Welt miteinander verbinden: Physikalische Beziehungen wie das Gesetz der Schwerkraft und soziale Beziehungen wie Freundschaften. Eine lebensnotwendige Aufgabe während des Heranwachsens ist, genaues und hilfreiches Wissen über die Welt um uns in all ihrer Kompliziertheit zu entwickeln. Es gibt mehrere Formen von Wissen, die uns zur Verfügung stehen. Die Wahrnehmung befähigt uns zur unmittelbaren Bewertung von Informationen, sobald sie uns durch unsere Sinne erreichen. Das Erkenntnisvermögen ermöglicht uns, die Ereignisse, die wie beobachten, zu beurteilen und unsere Erfahrungen sinnvoll zu ordnen. Die Sprache als Vermittler befähigt uns, unsere Gedanken auszutauschen. Alle diese kognitiven Fähigkeiten entwickeln sich rasch während der Kindheit. In diesem Abschnitt werden wir den Wissenserwerb in jedem dieser drei Intelligenzbereiche abhandeln: die Entwicklung der Wahrnehmung, die kognitive Entwicklung und die Sprachentwicklung.

Wahrnehmung

Wahrnehmung beim Säugling

Sogar Neugeborene zeigen bestimmte Wahrnehmungsfähigkeiten. Sie werden von Reizen aus der Umwelt angezogen, können geringe Unterschiede in der Tonhöhe hören, etwa zwischen zwei Tönen, die aus dem Klavier nebeneinander liegen, und können zwischen verschiedenen Gerüchen und Geschmäcken unterscheiden.

Interessanterweise ist die wichtigste Sinnesmodalität - das Sehvermögen - bei der Geburt weniger ausgereift als die anderen Modalitäten. Wenn ein Neugeborenes seine Augen öffnet, befindet sich sein visueller Brennpunkt verhältnismäßig starr ungefähr 23 cm von der Cornea entfernt, was annähernd der Entfernung zwischen dem Baby und dem Gesicht seiner Mutter während des Stillens entspricht. Die Augenkoordination des Neugeborenen ist schlecht, weil seine Augenmuskulatur schwach ist. Tatsächlich scheint das Neugeborene häufig zu schielen. Die Retina ist gleichfalls unreif, aber sie reagiert auf Veränderungen in der Lichtintensität. Es wird geschätzt, daß Neugeborene zum Zeitpunkt der Geburt nur ein Sehvermögen von 20/600 haben (normale Kinder verfügen über eine Sehkraft von 20/20). nach einem Monat verbessert sich das Sehvermögen des Kindes auf ungefähr 20/150. Erst wenn das Kind etwa ein Jahr alt ist, erreicht seine Sehschärfe den Grad von 20/20.

Neugeborene verbringen einen großen Teil ihr Wachzeit bloß damit, herumzuschauen, und sie zeigen in dieser Hinsicht eindeutige Vorlieben. Allgemein scheinen sie am meisten an Bewegungen, scharfen Kontrasten oder interessanten Konturen interessiert zu sein. Eine Vorrichtung, die benutzt wird, um das Sehverhalten zu messen wird in Abbildung 8-1 gezeigt. Säuglinge, denen eine sich bewegende und eine sich nicht bewegende Anordnung von Lichtern gezeigt werden, lenken ihre Aufmerksamkeit stärker auf die sich bewegende Anordnung. Einen Tag alte Säuglinge schauen auch länger auf ein gemustertes Objekt wie etwa eine Zielscheibe als auf einfarbige Figuren wie eine rote Scheibe (siehe Abbildung 8-2).

Neue Experimente zeigten auch, daß Neugeborene mit besonderem Interesse Formen mit scharfen Kanten und häufigen Veränderungen in ihren Umrissen anschauen. Diese Vorlieben treten so früh im Leben auf, daß viele Menschen folgern, die Empfänglichkeit für Bewegung, Kontrast und Kontur sei angeboren.

Nach ein paar Monaten entwickelt der Säugling eine Wahrnehmungspräferenz für das menschliche Gesicht. Hält man ihm die Strichzeichnung eines Gesichtes vor, lächelt ein zwei Monate alter Säugling mehr als bei einem ebenso komplexen Muster, das aber keinen Menschen darstellt. Der Säugling beachtet eine dreidimensionale Maske mehr als die Strichzeichnung eines Gesichtes, und er schenkt echten Gesichtern mehr Aufmerksamkeit als

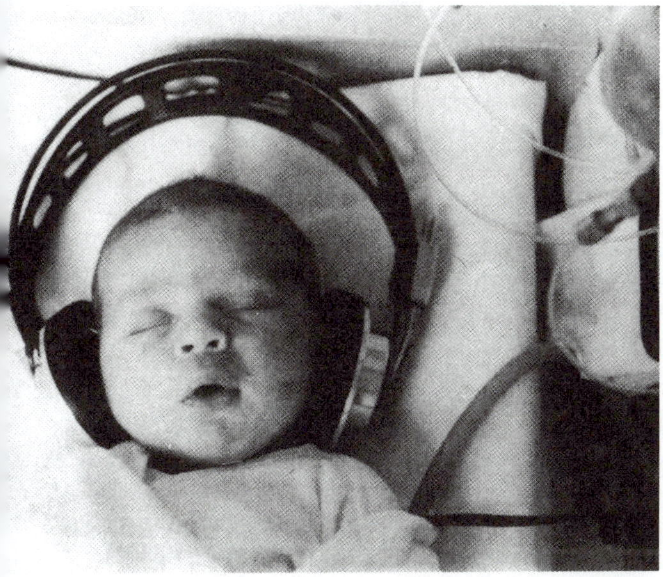

Die moderne Technologie ermöglichte Entwicklungspsychologen, die Fähigkeiten zur Sinneswahrnehmung beim Säugling fast unmittelbar nach der Geburt zu testen. Hier trägt ein zwei Tage alter Säugling Kopfhörer als Teil eines Untersuchungprogrammes zur Prüfung von Geschmack, Gehör, Geräuscherkennung und Geruch.

Abbildung 8-1 Wie man erfaßt, was Säuglinge am liebsten anschauen

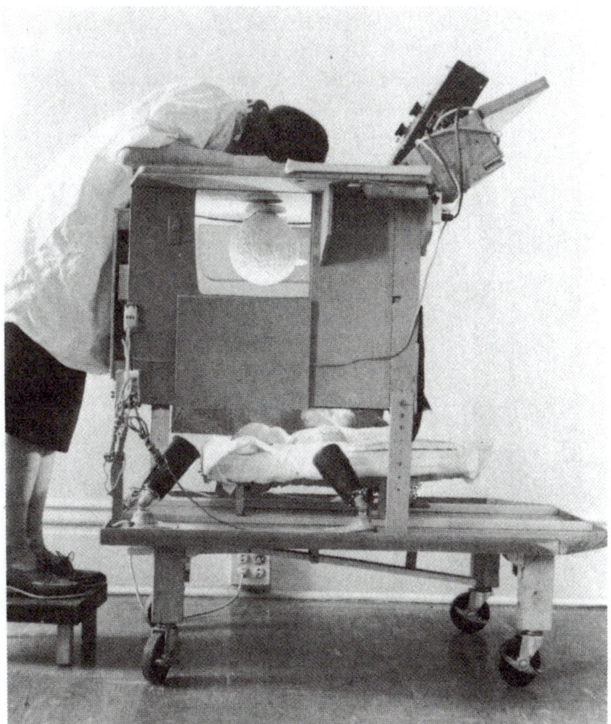

Ein Gerät, mit dem man den Anreizwert verschiedener visueller Formen oder Gegenstände messen kann, der sich darin ausdrückt, wie lange sie angeschaut werden. Das Kind liegt auf einer Matratze unterhalb der Kammer und betrachtet Gegenstände, die an der Kammerdecke hängen. Ein Guckloch erlaubt einem Beobachter zu erfassen, wie lange das Kind die verschiedenen Testobjekte anschaut.

Masken. Nach einigen Monaten bringen ihn echte und vertraute Gesichter eher zum Lächeln als unvertraute. Dann, mit etwa zwei Jahren, schwindet im allgemeinen die Vorliebe des Kindes für vertraute und eher wirklichkeitsgetreue Gegenstände. Nun sind es ungewöhnliche Reize, die es fesseln und offenbar die Gestalt von Problemen annehmen, die nach einer Lösung verlangen. So entfaltet sich die aktive Wahrnehmung des Kindes ausgehend von einer Phase, in der es seine Aufmerksamkeit vor allem auf Bewegung, Kontrast und Konturen richtet, über eine zweite Phase, in der das Vertraute und Bedeutungsvolle es am meisten fesselt, schließlich hin zu einer Stufe, auf der die Suche nach dem Ungewohnten im Mittelpunkt steht.

Andere wichtige Wahrnehmungsleistungen entfalten sich rasch in den ersten paar Lebensmonaten. Die dreidimensionale Wahrnehmung oder Tiefenwahrnehmung scheint sich zu entwickeln, sobald die Koordination des visumotorischen Systems einsetzt (also schon nach zwei Monaten). Gleichwohl herrscht über diesen Punkt unter Wissenschaftlern, die die kindliche Wahrnehmung untersuchen, eine gewisse Uneinigkeit. Einige glauben, daß wirkliche Tiefenwahrnehmung ausgedehnte Erfahrung mit räumlicher Tiefe voraussetze, wogegen andere meinen, sie sei im Grunde schon bei der Geburt vorhanden. Daß kleine

Abbildung 8-2 Säuglinge bevorzugen Formen

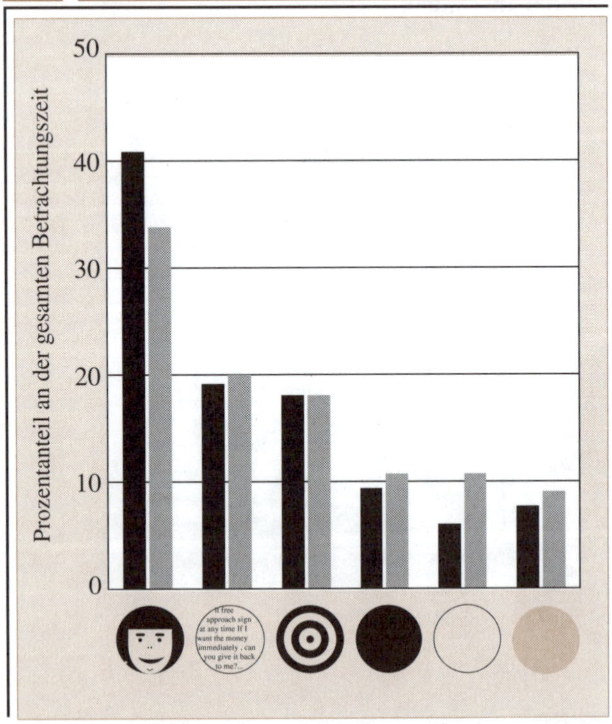

Daß eher die Form als die Farbe oder Helligkeit ausschlaggebend ist, wird daraus ersichtlich, wie Säuglinge auf ein Gesicht, ein Stück aus einer Buchseite, eine Zielscheibe und auf einfarbige rote, weiße und gelbe Scheiben reagieren. Sogar die jüngsten Kinder zogen Scheiben mit einem Muster vor. Die schwarzen Säulen zeigen die Ergebnisse für Kinder von zwei bis drei Monaten, die grauen Säulen die für Kinder älter als drei Monate.

Abbildung 8-3 Die visuelle Klippe

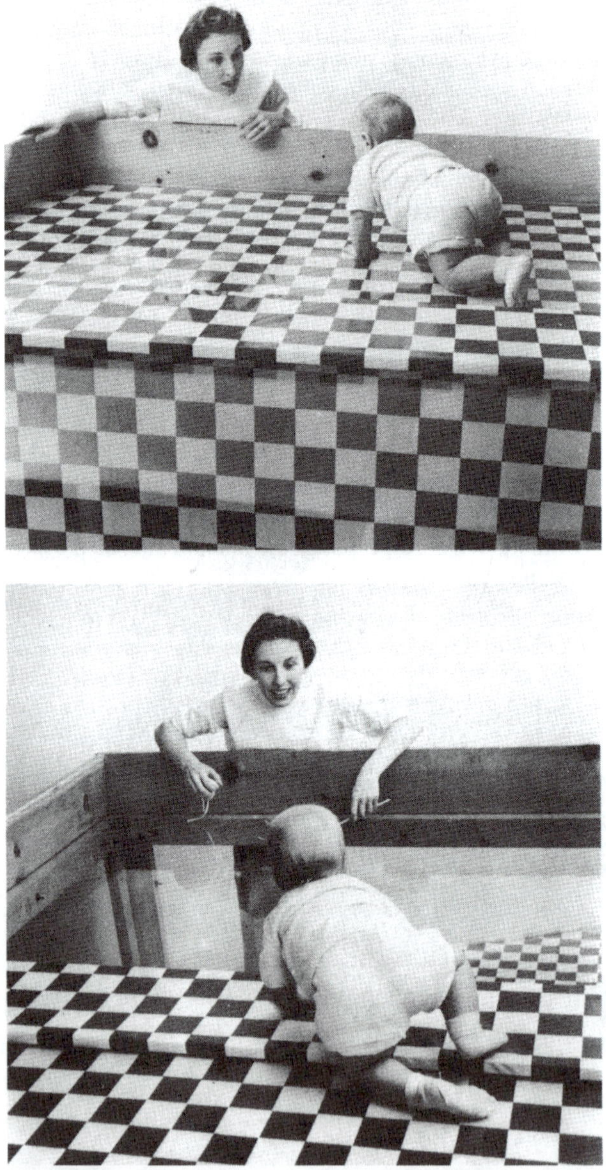

Eine Mutter testet ihr Kind an der visuellen Klippe. Oben krabbelt das Kind eifrig auf die Mutter zu, auf der "seichten" Seite der Klippe, wo das Schachbrettmuster direkt unter der Glasoberfläche verläuft. Unten hat man das Muster auf den Fußboden gelegt und gaukelt damit einen Abgrund oder eine Klippe vor. Nun weigert sich das Kind, über die Klippe hinauszukrabbeln, obwohl die Mutter es anspornt.

Kinder über Tiefenwahrnehmung verfügen, hat man mit der "visuellen Klippe" nachgewiesen (Abbildung 8-3). Dabei ist ein scheinbarer Abgrund in einen ebenen Glasboden eingebaut, und man spornt das Kind an, quer über den Boden und damit überden Rand der "Klippe" zu krabbeln. Wenn das Kind sich sträubt, über die Klippe zu krabbeln, nehmen wir an, daß es die Tiefe wahrnehmen kann. Tatsächlich krabbeln Säuglinge meist nicht hinüber, nicht einmal, um die Mutter zu erreichen. Daraus haben Psychologen geschlossen, daß Säuglinge, spätestens sobald sie (mit vier bis sechs Monaten) krabbeln können, auch räumliche Tiefe wahrnehmen können, obwohl dabei noch immer strittig ist, zu welchem Zeitpunkt vor dem Krabbeln sich diese Fähigkeit wohl entfaltet.

Säuglinge können Gegenstände nicht nur dreidimensional wahrnehmen, sondern auch sehr bald Größen, Farben und Formen unterscheiden. Darüber hinaus erwerben sie bald Größen- und Objektkonstanz und begreifen, daß Objekte, wenn sie sich bewegen und daher Eindrücke wechselnder Größe und Form auf der Netzhaut hinterlassen, dennoch ihre ursprüngliche Größe und Form behalten. Das heißt, ein kleines Ei hat, selbst wenn es sich bewegt und dreht, so daß sein Erscheinungsbild im Gesichtsfeld sich ändert, noch immer dieselbe Größe und Form. Was die anderen Sinne angeht, so lernt das Neugeborene mit bemerkenswerter Geschwindigkeit, die Quellen von Tönen auszumachen und Geschmäcke und Gerüche zu unterscheiden, und es entfaltet ein gutes taktiles Empfindungsvermögen, besonders um den Mund herum.

Die weitere Entwicklung der Wahrnehmung

Neue Sinneserfahrungen leiten Verhaltensänderungen ein, die sowohl neues Wissen als auch neue Wege widerspiegeln, auf denen das Kind zu Wissen gelangt. Betrachten Sie das folgende Experiment: Einem Kind werden die Augen verbunden, und man läßt es einen eigenartig geformten Gegenstand tastend erkunden. Daraufhin wird ihm der Gegenstand mit mehreren anderen erneut vorgeführt, und das Kind muß den fraglichen Gegenstand allein durch Berührung erkennen. Stellt man Dreijährigen diese Aufgabe, halten sie den betreffenden Gegenstand für gewöhnlich nur kurz in den Handflächen. Die Berührung ist minimal und wenig aufschlußreich, und natürlich kann das Kind den Gegenstand daraufhin nicht unter den anderen herausfinden. Dagegen lassen Sieben- und Achtjährige ihre Finger um die Kanten gleiten und spreizen Daumen und Zeigefinger auseinander im offensichtlichen Bestreben, die Länge des Gegenstandes zu schätzen. Zehnjährige gehen rationell vor und berühren nur die Punkte, die den Gegenstand vermutlich von anderen unterscheiden; diese systematische Suchmethode erlaubt älteren Kindern, Gegenstände schneller und zielsicherer zu erkennen. Systematische, rationelle und gründliche Suchmethoden entwickeln sich mit zunehmendem Alter in allen Sinnen, nicht nur im Tastsinn.

Eleanor Gibson hat in einer Analyse des Lesevorgangs gezeigt, daß sowohl das, was gesucht wird, als auch die Suchmethode selbst sich mit dem Alter ändern. Wenn Erwachsene ein Buch überfliegen, nutzen sie ausgefeilte Fertigkeiten, über die Dreijährige noch nicht verfügen. Fordert man sie auf, Buchstaben ausfindig zu machen, werden Dreijährige Strichzeichnungen ganz richtig ausscheiden, aber sie werden fälschlicherweise annehmen, alle für sie unkenntlichen Kritzeleien seien Buchstaben. Sogar Fünfjährige, die wissen, welche Zeichen Buchstaben sind, können Wörter oft nicht voneinander abgrenzen, weil sie die Zwischenräume zwischen ihnen nicht beachten (Abbildung 8-4).

Wenn das Kind zehn oder zwölf ist, sind die Wahrnehmungsleistungen, einschließlich derer, die beim Lesen eine Rolle spielen, fast vollständig entfaltet. Doch manche Änderungen vollziehen sich auch erst später, wie etwa die bei den meisten Menschen zu beobachtende Funktionsminderung in einem oder mehreren Sinnen, die das Altern mit sich bringt. Außerdem kann intensives Spezialtraining die übliche Wahrnehmungsleistung bedeutend steigern.

Abbildung 8-4 **Was ist hier Schrift und was nicht?**

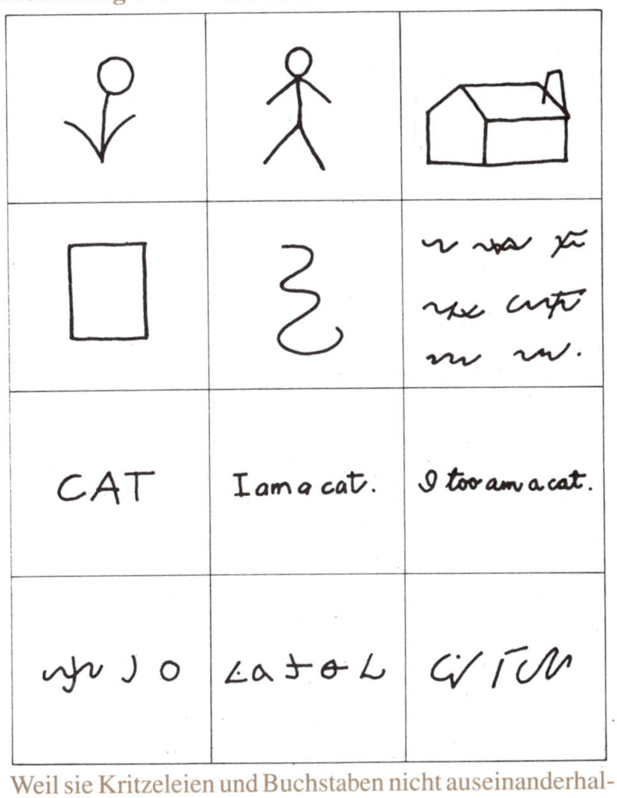

Weil sie Kritzeleien und Buchstaben nicht auseinanderhalten, haben dreijährige Kinder Schwierigkeiten zu entscheiden, welche Zeichen Schrift darstellen. Selbst Fünfjährige können sich dabei noch schwertun.

Schnelleseübungen zum Beispiel können die kognitiven Strategien, die jemand beim Überfliegen von Texten anwendet, noch im fortgeschrittenen Alter ändern.

Kognition

Die ersten Anzeichen von Lernvorgängen

Früher dachte man, daß Neugeborene nicht aktiv lernen könnten, doch mit der Hilfe neuer experimenteller Methoden entzauberten Forscher diesen Mythos nach und nach. Es gibt sogar Belege dafür, daß schon vor der Geburt Lernprozesse ablaufen.

Ein alltägliches Beispiel frühen Lernens ist die klassische Konditionierung des antizipatorischen Saugens, das einsetzt, wenn das Baby einen Schnuller erblickt. In einem der Experimente hierzu erklang, kurz bevor ein Schnuller dargeboten wurde, ein Ton. Babies von nur drei oder vier Tagen lernten schnell, daß der Ton ein Zeichen für den kurz darauf erscheinenden Schnuller war. Sogar während der Löschungsphase (das heißt, als der Ton nicht mehr länger mit dem Lutscher gekoppelt wurde) reagierten viele Babies weiterhin mit Saugen auf den bloßen Ton hin. Die Konditionierung von Saugreaktionen ist eines der ersten Anzeichen für Lernvorgänge, das Eltern bemerken. Babies erkennen normalerweise die mit der Fütterung verbundene Körperposition wieder und fangen an zu saugen, sobald sie in diese Lage gebracht werden.

Auch instrumentelles oder operantes Konditionieren läßt sich bei Säuglingen nachweisen. Der tschechische Psychologe Hanus Papousek brachte Babies bei, beim Ertönen eines Summers ihren Kopf nach rechts und beim Ertönen einer Glocke nach links zu drehen. Schnuller mit Milch darin dienten als Belohnung für die Kopfdrehungen der Säuglinge. Schon mit drei Wochen waren Säuglinge fähig, den Summer und die Glocke auseinanderzuhalten, und reagierten richtig mit einer Kopfdrehung nach links oder rechts. Anthony DeCasper und William Fifer von der *University of North Carolina* in Greensboro legten ihrer Untersuchung das Modell des instrumentellem Konditionierens zugrunde und konnten nachweisen, daß Neugeborene nach weniger als drei Tagen bereits lernen können, zwischen der Stimme ihrer eigenen Mutter und der einer fremden Frau zu unterscheiden. Zweifellos sind Babies sehr früh fähig, Unterscheidungen zu erlernen.

Auch Imitationslernen ist in einem sehr frühen Alter möglich, vielleicht bereits nach 36 Stunden. Tiffany Field, Robert Woodson, Reena Greenberg und Debra Cohen von der *University of Miami* haben gezeigt, daß menschliche Neugeborene zwischen einem frohen, traurigen und überraschten Gesicht unterscheiden können, das ihnen vorgemacht wird.

Doch darüber hinaus beobachteten sie, wie die Neugeborenen die Gesichtsausdrücke des Vorbildes nachahmten. Ein Beobachter, der nur das Gesicht des Säuglings sah, konnte dennoch erkennen, welches Gefühl das Modell gerade darzustellen versuchte (Abbildung 8-5).

Die Stadien der kognitiven Entwicklung

Piagets Theorie hat in den letzten dreißig Jahren die Erforschung der kognitiven Entwicklung beherrscht. Seine Theorie postuliert zwei grundlegende Prozesse, die die Entwicklung durch eine Abfolge getrennter psychologischer Stadien hindurchgeleiten. Einer dieser Vorgänge ist die **Assimilation**, mittels derer das Kind empfangene Information verarbeitet oder abändert, um sie mit dem in Einklang zu bringen, was es schon von der Welt weiß. Zum Beispiel "kennt" ein Säugling Gegenstände wohl hauptsächlich daher, daß er an ihnen saugt, und nimmt daher an, alle Gegenstände seien "zum Saugen". Wenn ihm ein neuer Gegenstand begegnet, assimiliert der Säugling diesen Gegenstand in sein Saugschema (oder seine mentale Struktur), indem er den Gegenstand in den Mund steckt. Der komplementäre Vorgang der **Akkomodation** verändert die innere Struktur, bis sie mit den Anforderungen der Realität in Einklang steht. Wenn das neue Objekt, dem der Säugling begegnet, ein spitzer und bitter schmeckender Bleistift ist, entdeckt er somit, daß er nicht an allen Dingen saugen kann. Das Saugschema wird dann der Realität angepaßt, indem es um den Begriff "Gegenstände, die nicht zum Saugen da sind" erweitert wird. Durch Assimilation ist das Kind imstande, neue Informationen mit Hilfe alter Vorstellungen zu begreifen, durch Akkomodation kann es seine Vorstellungen wenn nötig ändern. Zusammen bilden die beiden einen zweipoligen Prozeß, der **Equilibration** heißt, da sein Ziel ist, ein *Equilibrium* oder Gleichgewicht herzustellen zwischen der Denkstruktur eines Kindes und den Anforderungen der Außenwelt. Sobald das Kind ein Ungleichgewicht wahrnimmt, spornt dieser Zustand es an, sich weiterzuentwickeln.

SENSUMOTORISCHES STADIUM Piaget postuliert in seiner Theorie vier Stadien oder Abschnitte der Entwicklung: (1) sensumotorisches Stadium, (2) präoperationales Stadium, (3) Stadium der konkreten Denkoperationen und (4) Stadium der formalen Denkoperationen. Das erste, sensumotorische Stadium beginnt mit der Geburt und umfaßt etwa die ersten beiden Lebensjahre. Während dieses Stadiums vollzieht sich die Entwicklung von reflexgebundenem Verhalten hin zu rudimentären Denkprozessen. Mit der Geburt verfügt der Säugling zunächst nur über reflektorische Verhaltensweisen wie zum Beispiel Saug- und Greifreflexe, und sein Überleben hängt daher von einer erwachsenen Pflegeperson ab. Gegen Ende des ersten Monats jedoch haben sich einige dieser Reflexe zu Handlungsschemas entfaltet, mittels derer Säuglinge ihre unmittelbare Umgebung zu erkunden beginnen. Durch die verschiedenen an Hände, Mund, Augen und Ohren gebundenen Schemas nimmt das Kind Information über die Welt auf, die ihrerseits zu weiterer Ausdifferenzierung und Entfaltung der Schemas führt. Mit etwa vier Monaten fangen Babies an, ihre verschiedenen Schemas zu *koordinieren*: sie schauen das an, wonach sie greifen. Sie bewegen die Hände, um einen Gegenstand zu berühren, blicken dabei zwischen Hand und Gegenstand hin und her und arbeiten sich so mit Hilfe von Versuch und Irrtum an den Gegenstand heran.

Während dieser ersten vier Lebensmonate jedoch sind Babies sich ihrer selbst und der Gegenstände um sie herum weitgehend nicht bewußt. Sie erkennen nicht, daß die Flasche, die sie in der einen Minute packen, und die Flasche, an der sie in der nächsten saugen, ein und derselbe Gegenstand sind. Verschwinden Objekte aus ihrem Gesichtsfeld, gilt das Sprichwort: Aus den Augen, aus dem Sinn. Diesen Sachverhalt bezeichnete Piaget als Fehlen von Objektpermanenz.

Abbildung 8-5

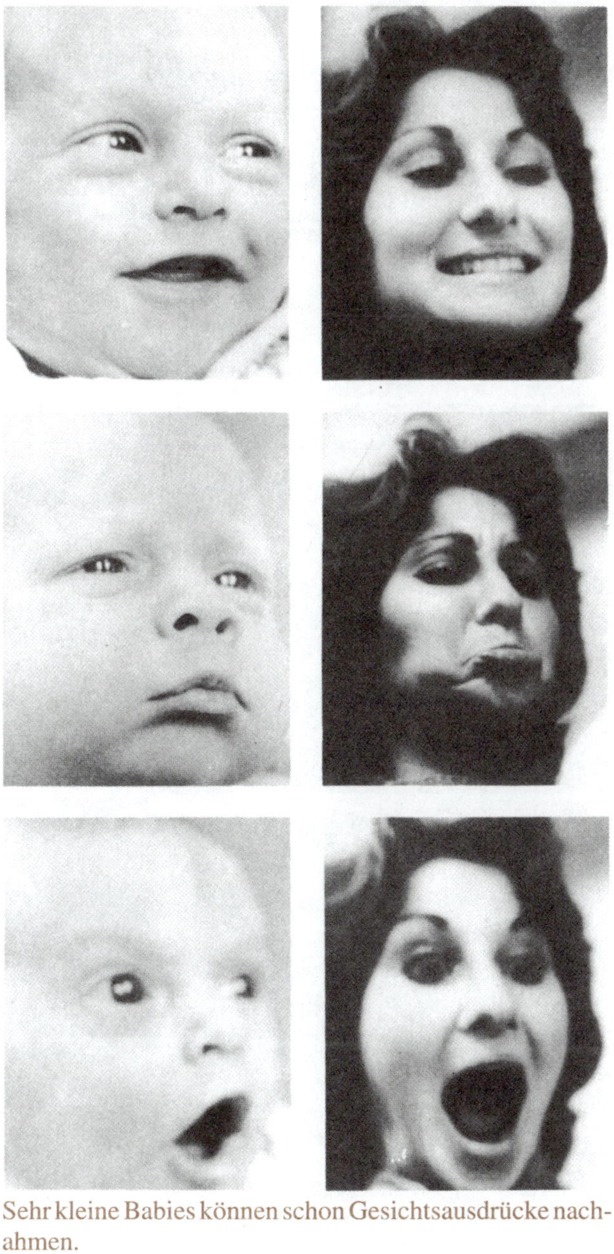

Sehr kleine Babies können schon Gesichtsausdrücke nachahmen.

Zwischen dem vierten und achten Monat beginnen Kinder, Objekte zunehmend aktiv und zielgerichtet zu handhaben, wenn auch ihre ersten Versuche oft komisch wirken. Sie hören etwa ein fesselndes Geräusch und wollen, daß es sich wiederholt; doch da sie nicht wissen, was den Laut verursachte, versuchen sie das Geräusch erneut entstehen zu lassen, indem sie wiederholen, was immer sie gerade taten, als sie das Geräusch hörten. Piaget sah darin "magische Handlungsweisen, die fesselnde Schauspiele zum Bleiben bewegen sollen." Während dieser Zeit reift im Säugling allmählich nach und nach die neue Erkenntnis, daß Objekte weiterexistieren, auch wenn er sie nicht mehr sieht. Läßt man ein Spielzeug fallen, wird der Säugling danach suchen, doch nur für eine kurze Weile.

In den letzten vier Monaten des ersten Jahres macht das magische Denken mehr und mehr zielgerichteter Aktivität Platz. Zu diesem Zeitpunkt haben die Kinder die Fähigkeit zur stabilen Repräsentation von Objekten erworben (Abbildung 8-6). Eine Art inneres Bild des Gegenstands ermöglicht ihnen, sich an ihn zu erinnern und ihn räumlich zu lokalisieren, und ihr sich entwickelnder Sinn für Raum und Zeit zeigt sich etwa in dem zielgerichteten Handlungsplan, bei dem sie ein Kissen anheben, um nach einem versteckten Gegenstand zu suchen. Doch die geistigen Möglichkeiten des Kindes sind noch immer recht begrenzt. Wenn wir den Gegenstand unter einem Kissen verstecken und ihn dann vor den Augen des Kindes unter ein zweites rücken, wird es unter dem ersten Kissen nachschauen und nur mit geringer Wahrscheinlichkeit unter dem zweiten suchen.

Das zwölf bis vierzehn Monate alte Kind jedoch wird vermutlich zum zweiten Kissen gehen und den versteckten Gegenstand finden. Der Säugling, nun schon ein Kleinkind, entwickelt immer komplexere Hypothesen über Ereignisse und versucht, diese Hypothesen unter dem Eindruck seiner Erfahrungen realitätsgerecht zu modifizieren. So wechselt das Kleinkind zum Beispiel systematisch die Position, von der aus es ein Spielzeug fallen läßt, um dadurch herauszufinden, wo es jeweils landet.

Die Endphase der sensumotorischen Entwicklung umfaßt die letzte Hälfte des zweiten Lebensjahres. In den vorangehenden sechs Monaten ist das Kind augenscheinlich ratlos, wenn man einen Gegenstand unter ein Kissen legt und ihn dann in der geschlossenen Faust zu einem anderen Kissen wandern läßt. Doch ältere Kinder lassen sich von dieser Bewegung nicht an der Nase herumführen, weil sie erraten können, was in der wandernden Hand ist. Dies ist der Anfang der Fähigkeit, Objekte geistig zu repräsentieren, die im Wahrnehmungsfeld leibhaftig nicht länger vorhanden sind. Hiermit beginnt, kurz gesagt, das Denken auf der Grundlage von Symbolen.

PRÄOPERATIONALES STADIUM Den Zeitabschnitt von zwei bis sieben Jahren haben Piaget und seinem Ansatz verpflichtete Forscher das *präoperationale Stadium* genannt. Während dieser Zeit entfaltet sich die Sprachbeherrschung des Kindes, und es erwirbt die Fähigkeit, Objekte der Außenwelt mittels sprachlicher Symbole geistig zu repräsentieren. Das Denken vollzieht sich mehr und mehr auf sprachlicher Grundlage. Während dieser Entwicklungsphase erwirbt das Kind auch einen Begriff vom Zahlensystem.

Die präoperationale Phase ist von vielen Entwicklungsübergängen gekennzeichnet. Die kindliche Sicht der Welt erweitert sich mit rasanter Geschwindigkeit, doch herrscht immer noch Unsicherheit in der Verwendung

Abbildung 8-6 Objektpermanenz

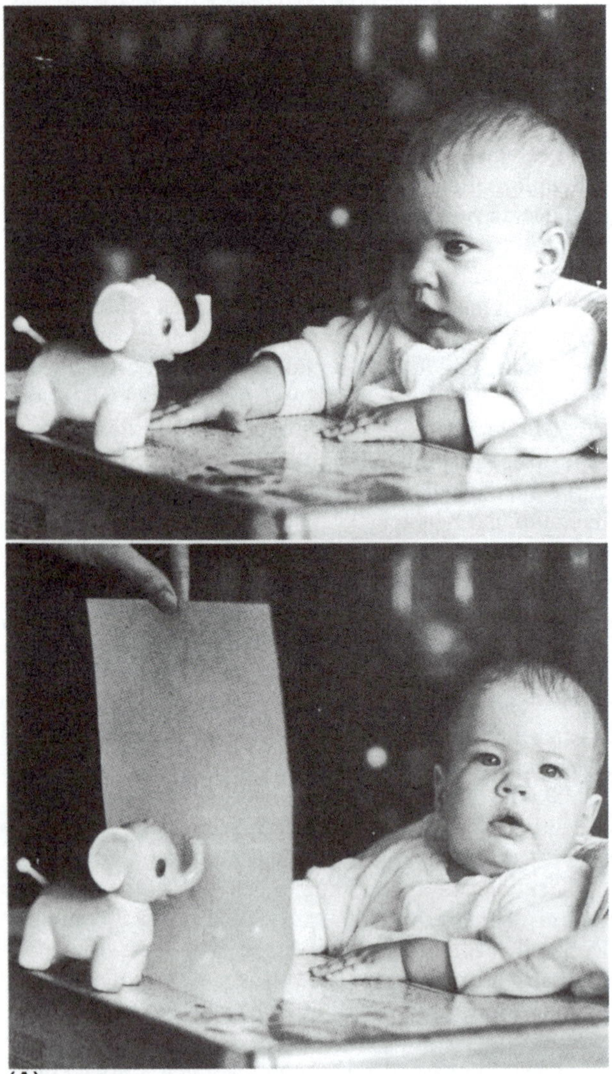

(A)

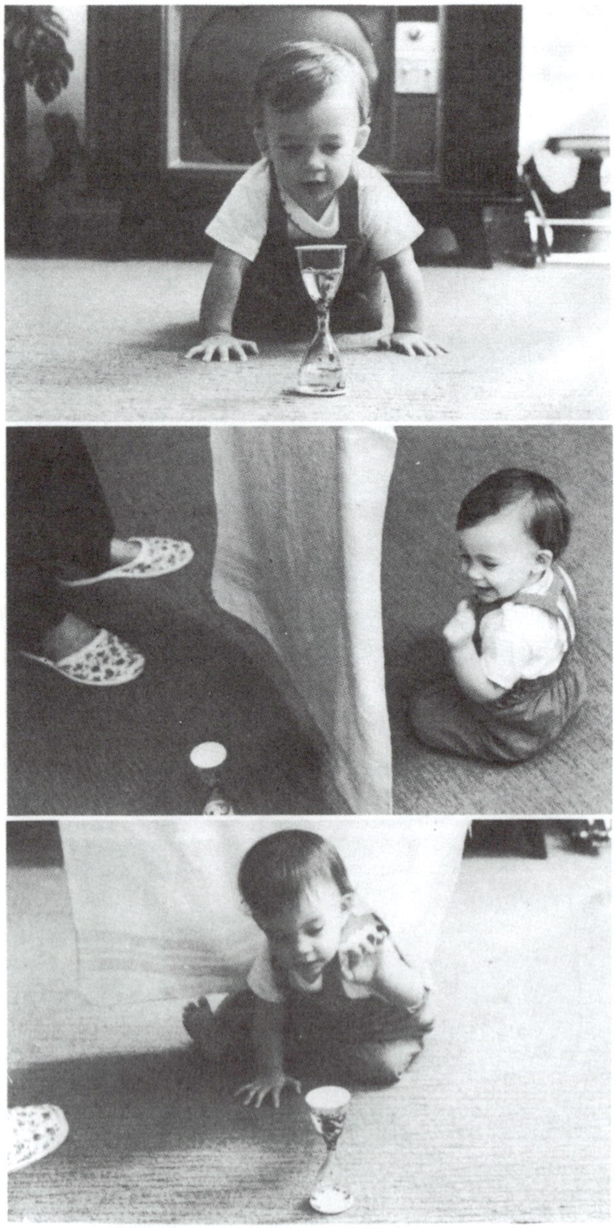

(B)

In den ersten vier Lebensmonaten beachtet ein Säugling nur Objekte, die ihm leibhaftig und greifbar gegenwärtig sind (A). Ab acht Monaten weiß das Kind die Stelle, wo Gegenstände versteckt oder eingeschlossen sind, und wendet sich ihr zu (B).

physikalischer Begriffe und in der Zuschreibung von Ursache und Wirkung. Während dieser Phase ziehen Kinder unlogische Schlüsse und schreiben oft ihre eigenen Gefühle unbelebten Objekten zu. Sie nehmen zum Beispiel an, Wolken würden "weinen", um Regen zu erzeugen. Die einzigartige Wirklichkeitsauffassung des kleinen Kindes offenbart sich im folgenden Dialog:

ERWACHSENER:	Warum ist es nachts dunkel?
KIND:	Weil der Weihnachtsmann einem keine Spielsachen gibt, wenn man nicht schläft.
ERWACHSENER:	Wo kommt die Dunkelheit abends her?
KIND:	Na, von den Räubern. Sie nehmen was, oder Mutter zieht die Rolläden runter, und dann ist's ganz dunkel.
ERWACHSENER:	Wie wird es Tag?
KIND:	Gott sagt zu der Dunkelheit, geh weg.

(Laurendeau & Pinard, 1962, S. 170f.)

Dieser Dialog veranschaulicht, was Piaget als Egozentrismus bezeichnete: Die Neigung kleiner Kinder, sich als den Mittelpunkt aller Dinge zu sehen, und die Unfähigkeit, Sachverhalte aus der Perspektive anderer zu betrachten. Im obigen Beispiel glaubt das Kind tatsächlich, Anbruch und Ende der Nacht hätten etwas damit zu tun, daß der Weihnachtsmann und die Mutter die Kinder ins Bett schicken. Diese auf die eigene Person bezogene Sicht von Ereignissen ist für die frühe Kindheit charakteristisch, da kleine Kinder nicht die vielen anderen Menschen berücksichtigen, die denselben Einbruch der Nacht wie sie erleben. Piaget berichtet zahllose ähnliche Beispiele für Egozentrismus, so zum Beispiel daß Kinder sagen, die Sonne folge ihnen den ganzen Tag überallhin, oder Flüsse würden fließen, damit sie frisches Wasser zu trinken hätten. Obwohl die frappierendsten Formen des Egozentrismus mit dem Eintritt in die mittlere Kindheit überwunden werden, finden sich selbst noch bei Erwachsenen, die mit neuen und komplexen Aufgaben konfrontiert sind, egozentrische Betrachtungsweisen. Neigen Sie selbst zum Beispiel nicht auch dazu, sich bei bestimmten Problemen wie ausgeprägter Schüchternheit für den einzigen Menschen zu halten, der davon betroffen ist?

"... Du bist ein präoperationales Kind in einer Übergangsphase - also was willst du schon wissen!"

DAS STADIUM DER KONKRETEN DENKOPERATIONEN Der Abschnitt zwischen sieben und elf Jahren, den Piaget das *Stadium der konkreten Operationen* nennt, zeichnet sich dadurch aus, daß Kinder mit Hilfe neu entstehender Denkoperationen ein Ereignis aus vielen Blickwinkeln betrachten und folglich die Grenzen ihres eigenen Standpunktes überwinden können. Ein Beispiel dafür ist das Verhalten von Kindern in Piagets "Drei-Berge-Experiment". Sieht es sich einer Anordnung von drei Modellbergen gegenüber, nimmt ein Kind im präoperationalen Stadium an, die Anordung sehe aus allen Blickrichtungen genauso aus wie von seinem augenblicklichen Standpunkt. Sobald sich konkrete Operationen herausbilden, können Kinder rekonstruieren, wie andere die Anordnung sehen. Sie verstehen also, daß es vom Standpunkt abhängt, wie die Berge aussehen. Im Fall der Bergaufgabe überschreiten Kinder mittels konkreter Denkoperationen ihre derzeitige Perspektive, indem sie in der Vorstellung räumliche Verhältnisse, wie rechts und links oder vor und hinter, aufrechterhalten.

Piagets berühmteste Beispiele für konkrete Denkoperationen sind seine Experimente zum "Prinzip der Erhaltung". Kinder, das zeigte Piaget mit diesen Experimenten, können erst im Stadium der konkreten Denkoperationen verstehen, daß Gegenstände nicht an Substanz gewinnen oder verlieren, wenn sich ihr Aussehen ändert. In einem von Piagets Experimenten zum Erhaltungsprinzip zeigt man Kindern zwei gleiche Becher, die bis zur selben Höhe mit Wasser gefüllt sind. Den einen Becher gießt man in ein höheres, aber schmaleres Gefäß, wobei natürlich der

"Warum hast du den Brei geteilt, Mami? Jetzt hab' ich doppelt so viel zu essen."

Ist dies ein Beispiel für das Erhaltungsprinzip?

Sexualhormone und die Mathematik

Unter mathematisch Hochbegabten finden sich deutlich mehr Männer als Frauen. Warum?

Von DIETER E. ZIMMER

Eines der letzten Themen, die in der Zeitschrift *Behavioral and Brain Sciences* hin- und herdiskutiert wurden, war ein heikles, eines, das schon lange schwelt und an dem die Öffentlichkeit gefühlvoll Anteil nimmt: Geschlechtsunterschiede in der mathematischen Begabung. Die Diskussionsgrundlage lieferte Camilla Benbow, die sich seit vielen Jahren mit dieser Streitfrage beschäftigt.

In den Vereinigten Staaten gibt es kein standardisiertes Abitur. Wenn sich die Hochschulen mit ihren höchst verschiedenen Ansprüchen Studenten aussuchen, richten sie sich zum Teil nach den Ergebnissen eines bundeseinheitlichen Eignungstests, des SAT (Scholastic Aptitude Test), der weniger nach Wissen als nach der allgemeinen Studienfähigkeit fragt und dem sich alle Aspiranten freiwillig stellen. Er hat zwei Teile, einen sprachlichen (SAT-V) und einen mathematischen (SAT-M).

In der Hoffnung, rechtzeitig frühreife Talente zu entdecken, wird der SAT-M seit Anfang der siebziger Jahre auch Zwölf- und Dreizehnjährigen gegeben, die durch überragende mathematische Leistungen aufgefallen sind - den besten drei Prozent ihrer Jahrgänge, bis 1982 insgesamt etwa 50 000 Schülerinnen und Schülern. Von Anfang an fiel auf: Jungen schnitten in diesem Test besser ab als Mädchen, und je dünner die mathematische Luft, um so größer war der Abstand. Genauer: Auf zwei zwölf- bis dreizehnjährige Jungen, die die Punktzahl 500 erreichten (entspricht der mittleren Leistung eines siebzehnjährigen College-Anwärters), kam nur ein Mädchen; die Punktzahl 600 erreichten viermal so viele Jungen wie Mädchen, und am obersten Ende, bei 700 Punkten, war das Verhältnis fast dreizehn zu eins!

Mädchen rechnen besser

Ein naheliegender Verdacht war, daß der Test viele mathematisch hochbegabte Mädchen gar nicht erreicht habe. Eine Überprüfung zeigte jedoch, daß die Teilnehmerinnen die mathematische Elite ihres Geschlechts sogar noch besser repräsentierten als die männlichen Teilnehmer. Auch ließen die Forscher den Test in Hamburg und in China ausprobieren; die Zahlenverhältnisse waren etwa die gleichen.

Bei der Diskussion von Benbows Artikel in *BBS* kam kein einziger empirischer Tatbestand zum Vorschein, der ihre Befunde entkräftet hätte, und auch entscheidende Mängel wurden ihr nicht nachgewiesen. Die Einwände liefen meist darauf hinaus, daß man gern noch überzeugendere Daten hätte, ehe man weitreichende Konsequenzen anvisiert - und daß vieles noch unverstanden ist. Mehrmals wurde etwa beklagt, was auch Benbow selber bedauert hatte: daß man nicht genau wisse, was der SAT-M eigentlich mißt, und daß es bis heute keine Theorie des mathematischen Denkens gebe, die einem verriete, genau welche kognitiven Prozesse an ihm beteiligt sind. Aber daß der SAT-M irgendeinen nicht unerheblichen Teil des mathematischen Denkens anzapft und daß dabei vom zwölften Lebensjahr an beträchtliche Geschlechtsunterschiede auftreten: das scheint Bestand zu haben. Unversehrt ging es aus dem Fegefeuer der Kritik hervor. Einiges trug die Diskussion nach. Die Psychologin Sarah Burnett ergänzte, daß dieser Geschlechtsunterschied nicht auf die drei Prozent der Zwölf- und Dreizehnjährigen beschränkt ist, die Benbows Projekt erfaßt: in der Gesamtheit der Siebzehnjährigen, die ein College-Studium vorhaben, ist er nicht weniger ausgeprägt. Klar war lange, daß mathematisches Denken nicht dasselbe ist wie Rechnen; und daß jüngere Mädchen den Jungen im Rechnen überlegen sind. Unklar war aber, ob die Überlegenheit der Jungen im mathematischen Denken erst mit zwölf Jahren auftritt oder sich auch schon vorher bemerkbar macht. Hierzu hatte Arthur Jensen neue Zahlen: Neun- bis elfjährige Mädchen haben danach einen um drei Punkte höheren Intelligenzquotienten als Jungen, und rechnen können sie deutlich besser; aber bei abstrakteren arithmetischen Aufgaben werden auch sie schon von Jungen übertroffen.

Der Sachverhalt selber scheint also eindeutig. Aber woran liegt's? Viele Wissenschaftler waren sich bislang mit der Volksmeinung einig: an der unterschiedlichen Sozialisation von Mädchen und Jungen. Jungen, so heißt es, werden direkt oder indirekt zur Mathematik hin erzogen, Mädchen von ihr weg. Daß sich dergleichen abspielt und irgendwie zum Stand der Dinge beiträgt, darin waren sich auch in *BBS* alle einig. Aber wieviel trägt es bei? Und welcher Einfluß gibt den Ausschlag?

Benbow hat in "ihrer" Gruppe der Hochbegabten die geläufigsten Sozialisations-Thesen nachgeprüft. Mädchen gefällt Mathe weniger? Das mag für die Allgemeinheit zutreffen, aber für die mathematisch hochbegabten Mädchen ihres Samples trifft es keineswegs zu. Mädchen versprechen sich von der Mathematik weniger als Jungen für ihre berufliche Karriere? Vielleicht - nicht aber die hochbegabten Mädchen. Mathematik gilt als männliche Domäne? Nicht bei den hochbegabten Mädchen. Die Eltern ermutigen mathematisches Talent bei Jungen eher als bei Mädchen? Nicht bei den Hochbegabten. Die Leistungsmotivation ist bei den Mädchen geringer? Ist sie nicht. Mädchen nehmen in der Schule weniger Mathematik? Das trifft nicht mehr zu, und ihre Zensuren sind sogar besser als die der Jungen. Die einzige Korrelation, die auch in dieser Gruppe Bestand hatte, war die: Mädchen vertrauen ihren mathematischen Fähigkeiten weniger als Jungen.

Aber selbst wenn es starke Korrelationen dieser Art gäbe, wäre damit noch nichts bewiesen. Daß A und B miteinander korrelieren, sagt nichts darüber aus, was hier was verursacht - in der Diskussion erinnerte vor allem Hans Jürgen Eysenck daran. Es könnte zwar sein, daß Mädchen in höherer Mathematik schlechter sind, weil sie Mathematik nicht mögen, weniger belegen oder sich in der Mathematik weniger zutrauen. Aber wenn sie weniger begabt wären, hätte das die nämlichen Folgen: Sie würden Mathematik weniger mögen, weniger belegen, sich weniger zutrauen... Korrelationen allein erlauben eben prinzipiell nicht zu entscheiden was Ursache und was Folge ist.

Außerdem hätte eine rein soziale Herleitung dieses Unterschieds einige harte Nüsse zu knacken. Zwei legte Diane Mc-Guinness auf den Tisch: "Wie kann es sein, daß die Gesellschaft die arithmetischen Fähigkeiten der Mädchen fördert, in denen sie den Knaben oft überlegen sind, dann aber die weibliche Leistung beim mathematischen Denken und in der höheren Mathematik drückt? Wieso sollte der Gesellschaft daran gelegen sein, daß Mädchen schlecht in Mathematik, aber nicht in anderen Schulfächern wie Fremdsprachen, Kunst und Biologie sind?" Und warum tritt der Unterschied auf, wenn die Pubertät einsetzt, ganz als handele es sich um ein Reifungsgeschehen: Wechseln Kinder mit zwölf Jahren etwa plötzlich in eine Welt über, in der ganz andere Standards und Erwartungen gelten als vorher?

Camilla Benbow begann, nach anderen möglichen Ursachen zu fahnden, nach biologischen, *horribile dictu*. Vordergründig gibt es auch hier nur einige sonderbare Korrelationen, die niemand erklären kann und die auch nichts beweisen: Unter den mathematischen Hochbegabten sind doppelt so viele Kurzsichtige, Linkshänder und Allergiker wie in der allgemeinen Bevölkerung. Irgend etwas muß während der Reifung im Gehirn vorfallen, das einerseits zu mathematischer Begabung, andererseits oft zu Kurzsichtigkeit, Linkshändigkeit und Allergien, hauptsächlich Heuschnupfen führt. Niemand weiß, was.

Immerhin aber gibt es zwei Denkmodelle. Das eine stammt von dem unlängst verstorbenen Neuroanatom Norman Geschwind. Es besagt, daß das im Fetus zu einer bestimmten Periode ausgeschüttete männliche Geschlechtshormon Testosteron das Gehirn auf riskante Weise prägt, gewisse Hochbegabungen können ebenso die Folge sein wie Linkshändigkeit oder Autoimmunkrankheiten, Allergien etwa. Das andere vertritt der Däne Helmut Nyborg. Er meint, verantwortlich für die mathematische Hochbegabung wäre nicht das pränatale Testosteron an sich, sondern das Verhältnis zwischen ihm und dem weiblichen Östradiol. Direkt läßt sich beides nicht überprüfen; aber mit der Zeit sollte sich für beide Modelle einiges an indirekten Pro und Kontra einfinden.

Der Verdacht, daß biologische Faktoren im Spiel sein könnten, stützt sich aber noch auf etwas anderes. Es ist seit den zwanziger Jahren bekannt, daß Jungen und Männer mit räumlichen Problemen aller Art besser fertig werden als Mädchen und Frauen: Sie können sich Gegenstände genauer vorstellen, können sie im

Geist besser drehen und wenden, finden leichter aus Labyrinthen heraus, sind besser im Kartenlesen. Natürlich bezieht sich das immer auf den Durchschnitt, und die Unterschiede innerhalb jedes Geschlechts sind größer als der mittlere Unterschied zwischen den Geschlechtern; es gibt viele Männer, die bei solchen Aufgaben sehr schlecht abschneiden, und viele Frauen, die gerade darin sehr gut sind - aber besonders an den Enden der Verteilungskurve sind beide Geschlechter nicht gleich häufig vertreten.

Kein psychobiologischer Geschlechtsunterschied ist so genau erforscht wie der in der Raumvorstellung, ausgenommen vielleicht, daß sich Jungen von Geburt an und vielleicht sogar schon davor stärker bewegen. Bei einem gern benutzten Test, bei dem man gezeichnete dreidimensionale Figuren in der Vorstellung drehen muß, sind nur 24 Prozent der Frauen besser als der Durchschnitt. Bei einem anderen Test, einem aus der Schule Piagets, war 84 Prozent aller erwachsenen Männer, aber nur 31 Prozent der Frauen klar, daß der Wasserspiegel horizontal bleibt, auch wenn man den Behälter kippt.

Seit den sechziger Jahren weiß man zudem, daß die beiden Gehirnhälften Verschiedenes leisten; daß bei Rechtshändern normalerweise die meisten Sprachfunktionen in der linken Hemisphäre, das räumliche Vorstellungsvermögen aber in der rechten Hemisphäre beheimatet ist; daß diese Aufgabenverteilung bei Frauen und Männern etwas anders ist, und zwar von Geburt an. Der unterschiedliche Raumsinn der beiden Geschlechter hat seine Ursachen also wahrscheinlich in ihrer unterschiedlichen Gehirnlateralisation, und diese wiederum dürfte durch pränatale Hormone ausgelöst werden und damit letztlich vor allem auf Unterschiede im genetischen Programm zurückgehen.

Der Geschlechtsunterschied bei der Raumvorstellung ist des öfteren für unerheblich erklärt worden; für einige Berufe ist er aber durchaus erheblich. Das gleiche sind Raumvorstellung und mathematisches Denken gewiß nicht; aber erwiesenermaßen korreliert beides miteinander. Hochentwickeltes mathematisches Denken ohne ein hochentwickeltes räumliches Vorstellungsvermögen dürfte es kaum geben. Darum ist es nicht abwegig, wenn man heute die Erklärung für den Geschlechtsunterschied beim mathematischen Denken in der gleichen Richtung sucht, in der man sie im Falle der Raumvorstellung zumindest ansatz- und bruchstückweise gefunden hat.

Benbows Fazit lautete, daß "eine Kombination (biologischer und sozialer) Faktoren den Geschlechtsunterschied beim mathematischen Denken" verursache - eine Feststellung, die es allen halbwegs recht macht, die aber in ihrer Allgemeinheit niemanden zufriedenstellt, die Autorin selber wohl auch nicht.

Mit Doping zum Physiker?

Mehrmals wurde darauf aufmerksam gemacht, daß es durchaus eine Methode gäbe, herauszufinden, ob genetische Faktoren bei der mathematischen Hochbegabtheit im Spiel sind und welches Gewicht sie haben: Zwillingsstudien. Sie werden nun wohl in Angriff genommen. Ada Zohar und Ruth Guttman von der Universität Jerusalem wiesen auf mehrere ältere, vorwiegend skandinavische Zwillingsstudien hin, die für die mathematische Leistung in der allgemeinen Bevölkerung eine Erblichkeit von etwa 60 Prozent ermittelt hatten. Mathematische Leistung (vorwiegend Schulzensuren) ist nicht identisch mit dem, was Tests wie der SAT-M messen; aber wenn das eine großteils genetischen Einflüssen unterliegt, wird auch das andere nicht von ihnen frei sein.

Was ist mathematisches Denken? Man weiß es nicht; aber es muß etwas damit zu tun haben, quantitative Muster zu erfassen und in langen, abstrakten Gedankenketten genau auf den Punkt zu bringen. Wozu dient mathematisches Denken? Im normalen Leben ist es zu wenig nütze; aber Physiker, theoretisch arbeitender Ingenieur, Informatiker kann (und will!) nicht werden, wem es daran gebricht - und wenn dieses Talent unter Mädchen seltener ist, werden sie auch in solchen Berufen seltener zu finden sein. Daß es Frauen mit diesem Talent in solchen Berufen oft viel schwerer gemacht wird als Männern, ist eine leidige Tatsache; diesen Hürden, zu denen auch die statistischen Fehlschlüsse der Männerwelt gehören, sollte der Kampf gelten.

Kann und soll man mathematisches Denken fördern? Soll man Interventionsprogramme ersinnen, die den Abstand der Mädchen verringern? Auch das größte Talent kann verkümmern, wenn es keine ihm gemäße Stimulierung erfährt; also sollte die Schule die Begabten, gleich welchen Geschlechts, mit ihrem Talent nicht allein lassen. Wie man mathematische Unbegabtheit in Talent verwandeln kann, weiß jedoch zur Zeit kein Mensch; insofern ist es viel zu früh, über Kompensationsmaßnahmen zu reden. Wenn man eines Tages herausfände, daß didaktische Akzentverschiebungen und Kniffe ausreichten, sollte man die natürlich schleunigst in die Praxis umsetzen. Wenn sich aber Leistungssteigerungen nur durch Hormonbehandlungen oder dergleichen erzielen ließen, dann sollte man sich wohl lieber zweimal überlegen, ob man einen großen Teil der Jugend routinemäßig dopen will, damit ebenso viele Frauen Physiker werden wie Männer.

Am Ende fragt es sich dann eben wieder, ob wir unsere Unterschiede akzeptieren wollen - die zwischen einzelnen und die zwischen Gruppen, auch zwischen den Geschlechtern.

D.E.Z.

Die Zeit
2. Dez. 1988

Mit freundlicher Genehmigung vom Verlag und Autor

Kultivierter Wissenschafts-Konflikt

Sie erscheint seit zehn Jahren, wird in Princeton von Stevan Harnad streng redigiert, in Cambridge von der Universitätspresse verlegt, heißt kurz *BBS*, mit vollem Namen *Behavioral and Brain Sciences* - und ist als Zeitschrift etwas Einzigartiges.

In einer Welt zunehmender Spezialisierung unterstützt sie den Blick über den Gartenzaun. Hier geben Forscher Überblicke über ein Thema, über ihr Thema, vorzugsweise dann, wenn es umstritten ist. Hier treffen sich alle Wissenschaften, die sich mit dem Gehirn und dem Verhalten befassen, von der Molekularbiologie bis zur Linguistik. *BBS* trägt damit zur Integration des Wissens bei, was um so schwieriger, aber auch um so dringlicher wird, je speziellere Wege jedes Fach geht.

Fast alle anderen wissenschaftlichen Zeitschriften veröffentlichen punktuelle Forschungsberichte, manchmal auch kritische Leserbriefe - dann aber meist erst Monate oder Jahre nach dem Erscheinen des Berichts. *BBS* dagegen kultiviert geradezu den wissenschaftlichen Konflikt: Jeder Artikel wird vor der Publikation Dutzenden oder Hunderten der besten Sachverständigen zugesandt, und deren Stellungnahmen werden gleich mitgedruckt; das Schlußwort hat jeweils der Autor. Immer sind diese Antworten mehr als bloße Stoßseufzer der Sympathie oder Antipathie, und nicht selten sind sie originale Forschungsbeiträge, in denen bis dato Unbekanntes das Licht der Fachwelt erblickt. Eine redaktionelle Grundregel besteht darauf, daß alles Spezielle klar erläutert wird; eine andere verbietet *hyperbole and remarks ad hominem* (Übertreibungen und persönliche Angriffe). Kontroversen werden in Anglosaxonia sowieso verhaltener und weniger giftig ausgetragen als in Mitteleuropa.

Was der Leser von *BBS* alle Vierteljahr im dunkelroten Umschlag bekommt, sind also mehrere erstrangig besetzte und ziemlich sachliche wissenschaftliche Fachkongresse - nur besser vermittelt, denn die Beiträge können ausgefeilter sein als die Wortmeldungen im Tohuwabohu einer Tagung.

Als Benbow und Stanley 1980 über geschlechtsabhängige Unterschiede in der mathematischen Begabung berichteten, entfachten sie damit beträchtlichen Streit, da sie nahelegten, die Unterschiede könnten nicht mit Umweltfaktoren erklärt werden.

Wasserspiegel steigt (s. Abb. 8-7). Kinder im präoperationalen Denkstadium behaupten, nun sei es mehr Wasser, weil sie auf den höheren Wasserstand im ersten im Vergleich mit dem im zweiten Becher konzentriert sind. Das Kind berücksichtigt nur einen Aspekt der Sachlage, die Höhe; es nimmt keine Notiz von dem geringeren Durchmesser des neuen Bechers oder davon, wie er gefüllt wurde. Falls das Kind sich erinnern würde, daß der neue Becher mit ebenso viel Wasser gefüllt ist wie der unveränderte Becher, würde es vielleicht erkennen, daß die Wassermenge unverändert bleibt.

Etwa mit sieben begreift das Kind die Lösung des Problems der Mengenerhaltung, indem es drei Typen konkreter Denkoperationen entwickelt, die wir hier anhand der Wasserpegelaufgabe veranschaulichen wollen. Der erste Typ ist die Kompensation: Das Wasser erreicht einen höheren Stand, doch diese Änderung wird aufgewogen von einem Abnehmen des Becherdurchmessers. Die zweite Operation ist die der *Reversibilität* (Umkehrbarkeit): Wenn wir das Wasser in seinen alten Becher zurückschütten, wird es seinen ursprünglichen Stand erreichen. Die dritte Operation ist die der *Identität*: Kein Wasser wurde hinzugefügt oder weggenommen, also muß es noch dieselbe Menge sein. Diese drei Denkoperationen unterstützen einander und bilden eine psychische "Gruppierung", die zu einer strukturellen Einheit im Gefüge des Denkens wird.

In der Zeit der konkreten Denkoperationen erwirbt das Kind die Begriffe der Kompensation, Reversibilität und Identität und wendet sie auf mannigfache Aufgaben an. Während dieses Zeitabschnittes lernt es Klassifikationssysteme und das Zahlensystem. Da es diese Denkoperationen in vielen verschiedenen Situationen und, bei einer beliebigen konkreten Aufgabe, mit vielen verschiedenen Zahlen ausführen kann, findet sein Bedürfnis nach schlichtem Auswendiglernen ein Ende. Denn für alle Situationen gelten dieselben Regeln. Während dieser Zeit läßt das Kind erkennen, daß ihm allmählich deutlich wird, wie Rechnen und andere Wissenszweige auf Regelsystemen aufbauen.

Psychologen haben unlängst mit noch größerer Genauigkeit die Schritte erforscht, die durchlaufen werden müssen, um mathematische und physikalische Aufgaben mit Hilfe konkreter Denkoperationen zu lösen. Zum Beispiel schrieb David Klahr von der *Carnegie-Mellon University* ein Computerprogramm, das simulieren soll, wie ein Kind eine Aufgabe zum Prinzip der Mengenkonstanz auffaßt. Robbie Case und andere Erziehungswissenschaftler entwarfen Schullehrpläne für Mathematik, die die sich allmählich herausbildenden konkreten Denkprozesse der Kinder berücksichtigen.

DAS STADIUM DER FORMALEN DENKOPERATIONEN Die komplexe, abstrakte und reife Logik der Adoleszenz führt allmählich hin zur systematischen Analyse, Erforschung und Lösung von Problemen. Diesen Typ des Denkens nannte Piaget die formalen Operationen.

An der folgenden Aufgabe läßt sich veranschaulichen, wie das Stadium der formalen Denkoperationen sich von vorausgegangenen Stadien der kognitiven Entwicklung unterscheidet. Man stellt vier gleichartige Glasbehäl-

Abb. 8-7 Mengenerhaltung

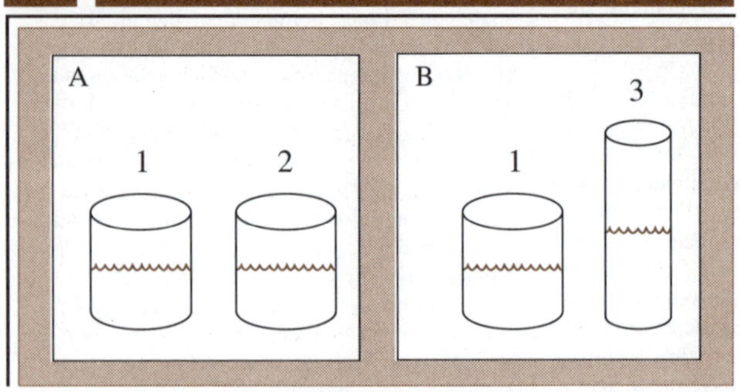

Man zeigt einem Kind zwei Becher mit Flüssigkeit darin (Bild A) und fragt es: "Wo ist mehr drin, in 1 oder 2?" Ein fünfjähriges Kind erwidert, die Becher enthielten gleiche Mengen. Man gießt den Inhalt von Becher 2 in den höheren und engeren Becher 3 (Bild B). Wieder fragt man das Kind: "Wo ist mehr drin?" Das fünfjährige Kind antwortet: "In 3." Daher sagt man, es sei nicht imstande, Mengen in seiner Vorstellung konstant zu halten.

Abbildung 8-8 Die Chemieaufgabe

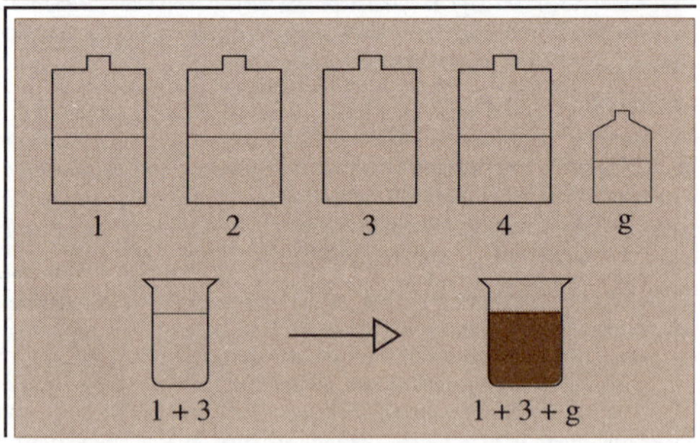

Die Chemieaufgabe veranschaulicht die verschiedenen von Piaget beschriebenen Stadien der kognitiven Entwicklung. Man gibt Kindern verschiedener Altersstufen vier Behälter mit farb- und geruchlosen Chemikalien und dazu ein fünftes Becherglas (g). Darauf zeigt man den Kindern ein Glas mit einer Verbindung zweier Chemikalien. (Die Kinder wissen nicht, daß es die Chemikalien 1 und 3 sind.) Wenn man mehrere Tropfen g hinzufügt, wird die Flüssigkeit in dem Glas gelb. Aufgabe der Kinder ist es, diese Farbe selber zu erzeugen.

ter mit verschiedenen farb- und geruchlosen Chemikalien vor die Versuchsperson auf den Tisch, dazu einen anderen, kleinen Behälter mit einer fünften Substanz, Kaliumjodid (Abb. 8-8). Aus zweien der gleichen Behälter werden bestimmte Mengen der Substanzen in ein leeres Glas zusammengegossen. Der Versuchsleiter fügt dann einige Tropfen Kaliumjodid hinzu, worauf die Flüssigkeit, bestehend aus zwei unbekannten Chemikalien und dem Kaliumjodid, sich gelb färbt. Man bittet die Versuchsperson, diese Farbe mit Hilfe beliebiger oder auch aller Behälter noch einmal zu erzeugen.

Kinder im präoperationalen Stadium mischen die Chemikalien wahllos, ohne daß sie darüber auf dem laufenden zu bleiben versuchen, was sie bis dahin getan haben. Doch zwischen sieben und elf fangen Kinder an, die Chemikalien systematisch zu kombinieren, kommen allerdings für gewöhnlich nach einigen Schritten durcheinander. Kinder über elf jedoch sind fähig, die Aufgabe nach einem logischen und vollständigen Plan anzupacken. Sie entnehmen immer nur je eine Substanz und merken sich diejenigen, bei denen es nicht klappte, so daß sie sich nicht wiederholen. Piagets Erklärung für diese altersabhängigen Unterschiede in der Problemlösefähigkeit ist in Tabelle 8–1 zusammengefaßt.

Robert Siegler hat formale Denkoperationen auf die Grundregeln hin untersucht, die Kinder anwenden müssen, um kognitive Aufgaben zu lösen. Jede Aufgabe, die einem Kind begegnet, hat ganz eigene Merkmale, und ihre Lösung verlangt von anderen Fällen leicht abweichende Regeln; doch sind viele Regeln allgemein genug, um über viele Aufgaben hinweg zu gelten. Sieglers Informationsverarbeitungansatz hebt sich so von Piaget ab, da er nicht annimmt, daß mit formalen Denkoperationen alle Aufgaben unmittelbar zu lösen sind, sondern vielmehr voraussetzt, daß das Kind die ganz besonderen Bestandteile einer jeder Aufgabe meistern muß. Indem er mit Kindern bestimmte wirkungsvolle Denkregeln einübte, brachte Siegler sie dahin, schwierige Aufgaben, die formale Operationen nötig machen, sogar schon vor Erreichen der Adoleszenz zu lösen. Im allgemeinen jedoch sind die meisten Kinder weit im zweiten Lebensjahrzehnt, bevor sie sich formales Denken spontan aneignen. Einige Untersuchungen haben sogar ergeben, daß viele Menschen solche Fähigkeiten nie entfalten.

Tabelle 8-1 Lösungsstrategien für die Chemieaufgabe im Vergleich

Stadium	Vorgehen	Erklärung
sensumotorisch (Geburt bis zwei Jahre)	Kind ignoriert die Aufforderung und spielt mit Spielsachen.	Wortschatz und motorische Fertigkeiten des Kindes sind zu gering, um die Anforderungen der Aufgabe zu begreifen. Bis etwa acht Monate verfügt es über keine Objektpermanenz. Verschwindet ein Behälter aus seiner Sicht, wird das Kind nicht danach suchen.
präoperational (2 bis 7)	Kind kombiniert aufs Geratewohl zwei Behälter.	Begreift das Ziel, testet aber regellos. (Nimmt ein Glas plus g, dann das nächste, dann das dritte.) Das Kind verliert aus den Augen, was es bisher getan hat, und teilt die Kombinationen nicht danach ein, ob sie Gelb oder kein Gelb ergeben. Das Kind denkt wahrscheinlich, ein belangloses Merkmal wie die Form der Behälter oder die Flüssigkeitsmenge bestimme die Farbe.
konkrete Operationen (7 bis11)	Das Kind fügt systematisch Flüssigkeit aus je einem der Behälter zu g hinzu. Fängt dann an, g mit je zwei Behältern zu kombinieren und kommt durcheinander.	Testet nach einer Regel immer nur einen Behälter, hat aber Schwierigkeiten, gleichzeitig zwei Variablen regelgeleitet zu prüfen. Kann Kombinationen von Behältern danach einteilen, ob sie Gelb erzeugen oder nicht. Verfügt über die logischen Operationen der Reversibilität und Identität. Versteht das Erhaltungsprinzip. Weiß, das Problem bezieht sich auf die Substanzen, nicht die Form ihrer Behälter.
formale Operationen (11 und älter)	Kind kombiniert jeden Behälter einzeln mit g.Behält Überblick über das System und kann beide Substanzen, die Farbe erzeugen, sowie einige der anderen in ihrer Funktion für die Aufgabe identifizieren.	Verfügt über Kenntnis von Vertauschungs- und Kombinationsregeln. Kann über seine Daten hinausgehen und in abstrakten Begriffen die Art seines Testsystems beschreiben. Kann herausfinden, was geschehen würde, wenn neue Substanzen hinzukämen. Kann mit hypothetischen Situationen und Wahrscheinlichkeitsgesetzen umgehen, und so weiter. (Verfügt über die Grundlagen der symbolischen Logik.)

Jenseits der formalen Denkoperationen

Gibt es ein Stadium jenseits formaler Denkoperationen? Davon gehen viele zeitgenössische Psychologen aus, die sich mit der gesamten Lebensspanne des Menschen beschäftigen. Ein solches fortentwickeltes Stadium postulierte Klaus Riegal, der über einen post-formalen Typ des Denkens schrieb, die sogenannten *dialektischen Operationen*. Anders als formale lösen dialektische Denkoperationen komplizierte Probleme nicht nur, sondern können auch welche erzeugen. Denn wer dialektische Denkoperationen benutzt, scheut nicht vor Widersprüchen zurück: Statt, wie die Logik formaler Operationen das verlangt, Widersprüche stets auflösen zu wollen, duldet die dialektische Denkoperation den Widerspruch als eine unvermeidliche Facette der Wirklichkeit. Dadurch ermöglichen dialektische Operationen kreative Sprünge über die momentanen Zwänge des eigenen Denkens hinweg. Psychologen, die Riegals Ansicht aufgegriffen haben, glauben, daß dialektische Operationen den kulturellen Fortschritt jeder Generation über den Stand der vorhergehenden hinaus erklären. Dialektische Denkoperationen, nimmt man an, tauchen irgendwann im frühen Erwachsenenalter bei Menschen auf, die das Glück haben, weiterzuwachsen und sich zu wandeln.

Es wird viel darüber diskutiert, ob das Alter ein Abnehmen, einen Fortschritt oder einen Stillstand der geistigen Fähigkeiten mit sich bringt. Vor Jahren legte David Wechsler, der das Instrumentarium des Intelligenztests mit verfeinern half, Daten vor, die einen dramatischen Niedergang der meisten geistigen Funktionen etwa ab 35 zeigten. Doch Wechslers Daten waren aus Querschnittsstudien herausgelesen, die ja meist die Unterschiede zwischen Altersgruppen überbetonen, falls auch in den Kohorten (Jahrgängen), aus denen die verschiedenen Altersgruppen zusammengesetzt sind, stark unterschiedliche Werte auftreten. Doch mittlerweile können Statistiker mit Hilfe des sequentiellen Querschnitts-Gruppendesigns, das wir weiter oben besprochen haben, Kohorteneffekte eliminieren. Wissenschaftler, die sich die gesamte Lebensspanne zum Forschungsgegenstand gewählt haben, wie Paul Baltes, Werner Schaie und Ghisella Labouvie-Vief, fanden heraus, daß geistige Funktionen im Erwachsenenalter weit weniger zurückgehen als man einst glaubte. Bei den meisten Erwachsenen nehmen Reaktionszeit, Wahrnehmungsschärfe und Erinnerungsvermögen etwas ab, doch Sprach–, Problemlöse- und Denkfähigkeiten lassen, wenn überhaupt, wenig nach. Was sich an Leistungsminderung tatsächlich vollzieht, setzt eher erst im siebten, kaum jedoch schon im vierten oder fünften Lebensjahrzehnt ein. Darüber hinaus kann ein geringes Nachlassen etwa des Erinnerungsvermögens mehr als aufgewogen werden durch größere geistige Reife, und die wesentlichen Bestandteile geistiger Tätigkeit können sich im Alter sogar weiterentwickeln. Psychologen haben zum Beispiel die Hypothese aufgestellt, daß bei manchen älteren Menschen eine Weisheit zum Vorschein kommt, die in keinem anderen Lebensalter erreicht wird. Leider haben Entwicklungspsychologen noch keinen Test entworfen, um solche Weisheit zu messen. Bis sie das tun, bleibt das Altern ein Geheimnis.

Sprache

Der Spracherwerb ist eine dem Menschen vorbehaltene Leistung. Er vollzieht sich mit bemerkenswerter Geschwindigkeit. Ein Kind beginnt mit etwa einem Jahr verständlich zu sprechen und meistert dann innerhalb von etwa drei Jahren die Grundlagen der Sprache. Mit vier hat das Kind einen Wortschatz von gut tausend Wörtern und kann die meisten grammatischen Strukturen verstehen und bilden. Lassen Sie uns nun untersuchen, wie das zustande kommt, und betrachten, welche Rolle Reifungs- und Lernvorgänge dabei spielen.

Der Anfang des Sprechens

Die Lautäußerung durchläuft vier Phasen, vom Schreien über behagliches Gurgeln und "Juchzen" zum Lallen oder Brabbeln und von da zum Sprechen von Worten. Die ersten vokalartigen Laute des Babys ergeben sich ganz beiläufig aus seinen alltäglichen Lebensaufgaben - aus dem Atmen, Verdauen und dem Schreien, wenn es etwas quält. "Juchzen" beginnt mit etwa zwölf Wochen, wenn das Kind auf interessant aussehende Dinge um es herum, vor allem auf Gesichter, mit der Stimme reagiert. Erwachsene, besonders die Mutter, tragen hierzu bei, indem sie in Antwort auf sein Juchzen und andere Lautäußerungen "Gespräche" mit dem Kind führen.

Allmählich tauchen Konsonanten auf, und mit etwa sechs Monaten beginnt das Brabbeln oder Lallen. Konsonanten und Vokale werden zu einsilbigen Äußerungen verbunden *(na)*; mit etwa acht Monaten fangen Kinder an, ihr eigenes Sprechen und das anderer nachzumachen und erzeugen mehrmals dieselbe Silbe wie in *di, di, di, di*. Einige der Plappersilben werden mit Objekten oder Ereignissen verknüpft und gehen mit etwa einem Jahr in die ersten Worte des Kindes über.

Obwohl solche "Worte" strenggenommen keiner eigentlichen Sprache angehören, funktionieren sie wie eigentliche Worte, weil sie der eindeutigen Kennzeichnung von Objekten und Objektklassen dienen. Die Bedeutung des Babywortes ist eher ungenauer - anders gesagt: anpassungsfähiger - als die des entsprechenden Erwachsenenwortes. *Da da* kann Vater, Mutter, einen Babysitter oder gar irgendeinen beliebigen Erwachsenen meinen.

Im ersten Lebensjahr hinkt das Sprechen ein wenig hinter dem Verstehen her. Kinder können die Unterschiede zwischen b und p hören, obwohl sie selbst nicht imstande sind, die Laute unterschiedlich auszusprechen. Ein Kind, das etwa Stefan heißt, mag das S in seinem Namen selber lispeln und doch kreischend protestieren, wenn jemand anders ihn falsch ausspricht. Bei Intelligenztests rechnet man damit, daß zehn Monate alte Kinder auf Fragen wie "Wo ist Papa?" zutreffend mit einer Gebärde reagieren; doch erwartet man von ihnen keine gesprochene Antwort, bevor sie älter sind.

Ein- und Zweiwortsätze

Zwischen 8 und 18 Monaten eignen sich Kinder ein Vokabular von Hunderten von Wörtern an, obwohl sie im allgemeinen noch in Einwortsätzen reden. Oft packt ein Kind die Bedeutung eines gesamten Satzes in ein einziges Wort. "Milch" kann heißen "die verschüttete Milch", "ich will Milch" oder einfach "das ist Milch". Sprachpsychologen nennen solche Ausdrücke mit erweiterter Bedeutung, die aus nur einem Wort bestehen, *Holophrasen*.

Während des zweiten Lebensjahres verketten Kinder nach und nach je zwei Wörter zu sogenannten *Duos*. Roger Brown hat einige Typen von Duos bestimmt, die im Sprechen von Zweijährigen regelmäßig auftreten. Zu den Typen gehören *Benennen* ("Ein Keks!"), *Wiederauftreten* ("Noch Hund"), *Nichtvorhandensein* ("Milch tschüs") und *Handelnder/Handlung* ("Susie lauft"). Diese kurzen Äußerungen sind die erste Bemühung des Kindes um grammatische Konstruktion, und Brown hat darauf hingewiesen, daß sie bemerkenswert fehlerarm sind. Zum Beispiel werfen Kinder selten Subjekt und Objekt durcheinander (sie sagen kaum "haut Willi", wenn sie meinen "Willi haut"). Andere Beispiele für frühe Zweiwortsätze finden sich in Tabelle 8-2.

Den Einzelteilen des Problemlösens auf der Spur

Erleiden unsere geistigen Fähigkeiten beim Älterwerden Rückschläge, die wir nicht wieder wettmachen können? Die Forschungsergebnisse hierzu sind widersprüchlich, doch weist manches darauf hin, daß sich beim Älterwerden zwar die Kapazität zur Informationsverarbeitung mindert, sich außerdem aber auch mentale Strategien entfalten, die den Verlust ausgleichen. Neil Charmes von der *University of Waterloo* in Ontario, Kanada, schlägt vor, man solle diese Faktoren untersuchen, indem man die Leistung verschiedener Altersgruppen in denselben Problemlöseaufgaben prüft. Während der einzelne bei manchen Verarbeitungs- und Lernmethoden - wie etwa bei Merkhilfen - frei darüber verfügen kann, ob und wie er sie einsetzt, sind andere Komponenten seines Vorgehens, wie etwa seine Verarbeitungsgeschwindigkeit und die Kapazität seines Kurzzeitgedächtnisses, weniger flexibel. Charness meint, die Wirkungen dieser Mechanismen unterschiedlicher Flexibilität könne man am besten mit seinem Problemlöseansatz aufspüren. Er untersuchte 34 Schachspieler zwischen 16 und 64 Jahren und berichtet in der Märzausgabe des *Journal of Experimental Psychology: General,* ältere Schachspieler seien, obwohl aufgrund ihres Alters ihr Verarbeitungs- und Erinnerungsvermögen nachließe, in ihrer *Problemlöseleistung* Jüngeren, die ebenso gut Schach spielen, ebenbürtig. Man zeigte den Spielern Schachbretter, auf denen man Figuren angeordnet hatte, und bat sie, den besten Zug für Weiß zu wählen. Aus dem spielerischen Können, nicht aber aus dem Alter, ließ sich vorhersagen, ob sie richtig entscheiden würden. Spielerisches Können war auch ein wichtiger Prädiktor dafür, wie rasch sie ein Urteil über die Stellung der eigenen Figuren abgeben konnten. Ältere Spieler konnten sich allerdings schlechter an die Positionen erinnern, auf die die Figuren in vorherigen Durchgängen gesetzt worden waren. Charness meint, diese Ergebnisse deuteten darauf hin, daß ältere Spieler ihre Gedächtnisschwächen überwinden und mit den Leistungen jüngerer Gegner gleichziehen, indem sie die vorliegende Aufgabe rationeller auf die beste Lösung hin abklopfen. Ob sich der Befund auf andere Fähigkeiten übertragen läßt, und wie ältere und jüngere Schachspieler im einzelnen vorgehen, wenn sie Züge beurteilen, diese Fragen harren weiterer Forschung.

Science News,
4. April 1981

Die Regeln der "Babysprache"

Jeder weiß, daß Erwachsene mit kleinen Kindern anders als mit anderen Erwachsenen reden, und in den letzten Jahren haben Wissenschaftler die Vermutung entwickelt, der lebhafte Tonfall dieser "Babysprache" spiele vielleicht eine wichtige Rolle in der vorsprachlichen Verständigung mit ganz kleinen Kindern. In der Septemberausgabe von *Developmental Psychology* wird von neuen Forschungsarbeiten berichtet, aus denen hervorgeht, daß die "Babysprache" frischgebackener Mütter tatsächlich System hat und einzigartige Beispiele von Sprechmelodien enthält, die mit unterschiedlichen Motiven und Gefühlen verquickt sind. Daniel N. Stern und seine Kollegen vom *Cornell University Medical College* in New York City verwendeten ein Schallspektroskop, um die "Konturen" des Tonfalls von sechs Müttern zu analysieren, die sich mit ihren Kindern beschäftigten. Sie fanden heraus, daß die Mütter sich für verschiedene Satzarten, zum Beispiel für Aussagesätze und Ja-Nein-Fragen, jeweils eines charakteristischen Tonfalles bedienten. Es ließ sich auch vorhersagen, in welchen spezifischen Zusammenhängen die Mütter ganz bestimmte Sprechmelodien benutzten: Ihre Tonlage stieg, wenn sie die Aufmerksamkeit des Kindes auf sich zu lenken versuchten, und schwankte in charakteristischer Weise, wenn sie versuchten, den Blick oder das Lächeln eines Babys andauern zu lassen. Obwohl nicht bewiesen ist, daß ganz kleine Kinder die Bedeutung des Tonfalls in "Babysprache" erfassen können (die Kinder in dieser Studie waren jünger als sechs Monate), lassen, so meinen die Wissenschaftler, ihre Ergebnisse die Vorstellung plausibel erscheinen, der Tonfall diene dazu, Information über Absichten und Gefühle der Mutter zu vermitteln. Andere Forschungsarbeiten, so merken sie an, haben ergeben, daß Mütter meist mit übertriebenem Tonfall sprechen, wenn das Kind zwischen zwei und sechs Monaten alt ist, und daß Kinder mit sechs Monaten in der Lage sind, Melodien und Betonungen zu unterscheiden. Solche frühen Tonfallformen, meinen sie, könnten ein Grundgerüst für die spätere Sprachentwicklung liefern.

Science News,
2. Oktober 1982

Einige frühe Sprachpsychologen beschrieben die Kindersprache dieser Zweiwortstufe als eine stark vereinfachende oder eine "Telegrammstil"-Fassung der Erwachsenensprache. Doch neuere Befunde legen nahe, daß die Sprache des kleinen Kindes einzigartig ist. Durch ihre Eigentümlichkeit entstehen ungewöhnliche Sätze, die in der Erwachsenensprache nicht auftreten und daher keine unmittelbaren Nachahmungen sein können, wie etwa bei "Schuh ganz fort" oder "Auto tschüs". Den "Minisätzen" des Kindes fehlen viele Merkmale der Erwachsenensprache, wie etwa die formale Bezogenheit von Substantiv und Verbum oder Substantiv und Adjektiv. Doch sind seine Sätze dennoch verständlich, zweckgerichtet und folgen einer sprachlichen Regel. Und was das Wichtigste ist, sie übermitteln einen Sinn.

Sprachliche Umformungen

Bald schreitet das Kind von Zweiwortsätzen fort zu einfachen Aussagesätzen. Dann, während des dritten Jahres, erscheinen in seinen Äußerungen Umformungen dieser Aussagesätze. "Du bist dorthin gegangen" ist zum Beispiel ein einfacher Aussagesatz, der sich in eine Frage ("Bist du dorthin gegangen?"), eine verneinte Aussage ("Du bist nicht hingegangen") und in eine Reihe anderer Satzarten umformen läßt, die alle einen besonderen Sinn vermitteln. Zuerst jedoch muß das Kind elementare grammatische Umformungsregeln lernen, die es sich nach dem zweiten Lebensjahr mit erstaunlicher Schnelligkeit aneignet.

Vor dem Ende des dritten Jahres beherrschen Kinder ein Vokabular von über tausend Wörtern und fügen allmählich immer kompliziertere Sätze zusammen. In ihrem Sprechen treten die ersten Fragen mit Wer, Was, Wo, Wann und Warum auf. Sie treffen häufiger verneinte Aussagen ("Jetzt nicht hungrig") und werden bald die raffiniertesten Satzbauvarianten ausprobieren, wie etwa Fragen mit Nachhaken ("Wir gehen jetzt bald, oder nicht?"). Wenn sie in die Schule kommen, verfügen Kinder normalerweise über eine Sprache, die in Satzbau und Grammatik von der Erwachsenensprache nicht mehr zu unterscheiden ist.

Tabelle 8-2 Frühe Zweiwortsätze (Duos)

Ein Mantel.	Noch Kaffee.
Ein Sellerie.	Noch Nuß.
Eine Bettina.	Zwei Strumpf.
Ein Hände.	Zwei Schuhe.
Der Kreisel.	Zwei Bauklotz.
Meine Mama.	Großer Stiefel.
Der Adam dort.	Armer Mann.
Mein Stuhl.	Kleiner Kreisel.
Das Knie dort.	Knie schmutzig.

Sprache und Denken

Fast alle Psychologen glauben, daß Sprache und Denken eng verwandt sind, doch wie sie genau miteinander verknüpft sind, darüber gehen die Meinungen beträchtlich auseinander. Piaget und seine Anhänger glauben, Sprache ergebe sich aus wesentlichen Fortschritten in den geistigen Fähigkeiten der Kinder, besonders in ihrer Fähigkeit zu symbolisieren, die sich am Ende des Säuglingsalters entfaltet. Aus dieser Sicht ist Sprache eines der vielen Nebenprodukte - wenn auch zugegebenermaßen ein wertvolles - des kognitiven Wachstums. Belege für diese Anschauung finden sich in Piagets Experiment zum Erhaltungsprinzip. Wie Kinder das Wort *mehr* verwenden (beispielsweise in "Dieser Becher hat mehr Wasser"), das wandelt sich merklich, nachdem sie die Denkoperationen entfaltet haben, die sie brauchen, um sowohl Höhe als auch Breite in ihren Mengenschätzungen berücksichtigen zu können.

Von einem entgegengesetzten Standpunkt aus betrachtet ist es die Sprache, die das Denken gliedert; sobald Kinder Worte und Satzbau lernen, vervielfacht sich ihr Denkvermögen. Ein Beispiel für diesen Standpunkt ist *Whorfs Hypothese,* die viele Kulturanthropologen verfechten. Benjamin Lee Whorf und Edward Sapir wiesen darauf hin, daß das spezielle Vokabular einer bestimmten Kultur zeigt, wie die Angehörigen der Kultur die Welt wahrnehmen. Zum Beispiel haben die Inuit ("Eskimos") mehrere verschiedene Worte für Schnee und können, vielleicht aus diesem Grunde, zwischen Schneearten leichter unterscheiden als Angehörige anderer Kulturen mit nur einem entsprechenden Wort. In einer extremen Spielart dieser Position wird behauptet, daß Kinder, sobald sie die Sprache ihrer Kultur beherrschen, auch bereits alle grundlegenden Regelsysteme und Begriffe gelernt haben, die sie zum Funktionieren in dieser Gesellschaft brauchen werden.

Eine Zwischenposition nehmen sowjetische Psychologen wie Lev S. Wygotski (1896-1934) und A.R. Luria ein. Wygotski zeichnete in seiner Theorie ein Bild, in dem Sprache und Denken sich gemeinsam entfalten und einander dabei fördern. Im Säuglingsalter, schrieb er, gibt es vorsprachliche Begriffe und vorrationale Wörter, doch funktionieren sie nicht im Sinne eigentlicher Intelligenz. Wenn im Laufe der Kindheit die Ströme von Denken und Sprache zusammenfließen, werden dadurch beide ungleich mächtiger. Infolge dieser Verschmelzung werden Kinder fähig, sich und ihre Umgebung zu beherrschen, auf logischem Wege die Welt zu ergründen und ihre eigenen Vorstellungen anderen gegenüber sinnvoll auszudrücken.

SOZIALE UND EMOTIONALE ENTWICKLUNG

Nichts in der persönlichen Entwicklung eines Kindes ist so wichtig wie der Aufbau eines befriedigenden Verhältnisses mit seiner sozialen Umwelt. Von der Geburt an ist ein Kind Teil eines sozialen Geflechtes sowohl aus greifbaren anderen Menschen als auch aus weniger greifbaren Institutionen, Regeln und Verhaltensnormen. Die Entwicklungsziele des heranwachsenden Kindes bestehen darin, nutzbringende und befriedigende Beziehungen mit anderen Menschen aus dem sozialen Geflecht, die für das Kind wichtig sind, aufzubauen, Teil wichtiger Institutionen - wie der Schule - zu sein sowie nach den Regeln und Normen zu leben, die gesellschaftliches Leben funktionieren lassen. Wenn es diese gesellschaftlichen Aufgaben nicht vollbringt, kann das verheerende Folgen haben. Versagt es darin, gute soziale Beziehungen aufzubauen, kann das ein Kind in den Konflikt mit der Gesellschaft oder in die Isolation treiben. Gelingt es ihm nicht, an sozialen gesellschaftliche Institutionen engagiert teilzuhaben, führt das zu grundlegenden Defiziten in Fähigkeiten und Fertigkeiten. Und gelingt es ihm nicht, kulturelle Regeln und Normen zu übernehmen, kann es als Außenseiter und Krimineller enden.

Sogar die Entwicklung des Selbst und die Erfahrung der inneren Einheit des Selbst sind ganz in die soziale Entwicklung einer Person eingebunden. Durchs ganze Leben, besonders jedoch am Anfang, kennt man sich selber nur durch andere. Denn zumindest im Säuglingsalter und in der frühen Kindheit bestimmen soziale Beziehungen zum großen Teil, was ein Mensch von sich selber denkt. Soziale Entwicklung und Persönlichkeitsbildung sind daher während des Heranwachsens unauflöslich miteinander verwoben.

In der sozialen Entwicklung des Kindes sind zwei sich ergänzende Prozesse am Werk. Zum ersten, der *Integration* oder "Sozialisation" der Person, gehören ihre Anstrengungen, mit anderen auszukommen, ihr Verhalten nach den gesellschaftlichen Regeln und Normen auszurichten und ein Gewissen zu entwickeln. Der Integrationsprozeß bindet das Individuum durch Beziehungen und Verantwortlichkeiten an die Gesellschaft. Der zweite Prozeß, die *Differenzierung,* formt die unverwechselbare gesellschaftliche Identität und Persönlichkeit des einzelnen. Differenzierung bedeutet, daß jemand Gespür für das eigene Selbst entwickelt, seine ganz persönlichen Eigenarten kennenlernt und die Bedeutungen seiner eigenen Geschlechtsrolle, seiner Rolle in der Familie und seines Sozialstatus versteht. Soziale Entwicklung kann nicht ohne einen Differenzierungsprozeß erfolgen, da die Bildung einer in sich einheitlichen Persönlichkeit verlangt, daß man sich von anderen absetzt und herausfindet, was die eigenen Besonderheiten im Umgang mit anderen sind.

In diesem Abschnitt werden wir die Entwicklung der Person in allen Lebensabschnitten besprechen und dabei beide Aspekte der sozialen Entwicklung beachten, Sozialisation wie Identitätsbildung. Außerdem werden wir einige neuere Forschungsarbeiten betrachten, die sich mit der emotionalen Entwicklung und mit deren Bedeutung für das Kind als gesellschaftliches Wesen befassen.

Säuglingsalter

Bereits beim Säugling können wir den zweiseitigen Prozeß der sozialen Entwicklung am Werke sehen. Viele Entwicklungspsychologen glauben mittlerweile, daß ererbte Verhaltensformen gleich bei der Geburt den Grundstein für die integrative Funktion der sozialen Entwicklung legen. Diese angeborenen Verhaltensweisen sichern dem Säugling den Kontakt mit denjenigen Menschen in der Gesellschaft, die er zum Überleben braucht, weil sie ihm Schutz, Zuflucht und Nahrung geben. Für die meisten Säuglinge ragt unter diesen Menschen die Mutter hervor. Die Verhaltensformen, die der Säugling einsetzt, um engen und an-

Abbildung 8-9 Anschmiegen an "Mama"

Harry Harlow untersuchte das Zuwendungsverhalten von Affenbabies mit Hilfe von Ersatzmüttern aus Maschendraht und Plüsch. Setzt man Affenbabies in eine neue Umgebung, werden sie äußerst aufgeregt und furchtsam und klammern sich an ihre Mütter - seien es nun die echten oder nur Ersatzmütter -, bis sie sich beruhigt haben. Später fangen sie an, die neue Umgebung zu erkunden; die Entfernung von "Mama" steigern sie dabei nur nach und nach.

haltenden Kontakt mit der Mutter herzustellen, heißen *Bindungs- oder Zuwendungsverhalten* (attachment behaviors). Diese Verhaltensweisen umfassen Lächeln, "Juchzen" und Greifen als die positiven Mittel des Kindes, die Mutter in seine Reichweite zu locken, und Weinen, Stampfen oder Schreien als seine negativen Mittel, um gegen das Weggehen der Mutter zu protestieren.

Obwohl nicht alle Kinderpsychologen darin einig sind, daß das Bindungsverhalten biologisch fundiert ist, machen Befunde aus Feldstudien und Laborexperimenten es einem schwer, die Argumente für eine biologische Grundlage anzufechten. Harry Harlows klassische Untersuchungen mit Rhesusaffen (s. Abbildung 8-9) und andere Studien mit Menschensäuglingen haben gezeigt, daß urtypisches Bindungsverhalten, wie etwa das Anklammern, nicht gelernt ist und daß enger, häufiger Kontakt mit einem anderen Menschen - gewöhnlich der Mutter - während der ersten paar Lebensmonate ein elementares Bedürfnis ist. Das Bedürfnis nach häufigem Körperkontakt ist nicht aus einem anderen, etwa dem Nahrungsbedürfnis, abgeleitet. Noch läßt es sich gefahrlos aus dem Leben des Kindes ausmerzen: In Untersuchungen mit Tieren und mit Heimkindern fanden Wissenschaftler heraus, daß Säuglinge, denen das "Bemuttertwerden" in stetigem Körperkontakt fehlt, oft psychotisches Verhalten und eine gehemmte Intelligenzentwicklung aufweisen und früh sterben. Falls sie solche Entbehrungen überleben, haben die Kinder später im Leben massive Schwierigkeiten, soziale und sexuelle Beziehungen mit Gleichaltrigen aufzunehmen. Folglich ist das körperliche und emotionale Band, das sich üblicherweise zwischen Mutter und Kind knüpft, mehr als nur eine äußerst erfolgreiche soziale Beziehung. Es ist zunächst der Schlüssel zum Überleben des Kindes, doch es ist auch eine entscheidende Voraussetzung dafür, daß die spätere Entwicklung des Kindes den bestmöglichen Verlauf nimmt.

Mary Ainsworth entwarf ein experimentelles Verfahren, mit dem sich untersuchen läßt, auf welche Weisen sich Säuglinge und ihre Mütter einander zuwenden. Bei der Technik der "ungewohnten Situation" beobachtet man Kinder dabei, wie sie, in Anwesenheit oder Abwesenheit der Mutter, einem Fremden sowie neuen Gegenständen begegnen. Ainsworth fand heraus, daß Kinder mit einer "gesicherten Bindung" ihre Mütter als "Stützpunkt" benutzen, um ihre Umgebung zu erkunden. Obwohl sie sich freuen, wenn ihre Mutter da ist, und sie warmherzig begrüßen, wenn sie kurz weg war, sind sie imstande, sich auf eigene Faust in die Welt zu wagen. Säuglinge ohne gesicherte Bindung dagegen zeigen wenig Interesse daran, neue Gegenstände oder Menschen zu erforschen; in einer neuen Umgebung klammern sie sich oft an ihre Mutter und zeigen dennoch keine augenfällige Wärme oder Zuneigung, wenn sie sie bei ihrer Rückkehr begrüßen. Ainsworth und ihre Mitarbeiter stellten einige deutlich ausgeprägte Formen von sicherer und unsicherer Bindung fest; sie glauben, daß die Art der Bindung zwischen Mutter und Säugling die späteren sozialen Beziehungen von Kindern stark beeinflußt. Alan Sroufe und seine Mitarbeiter legten Daten aus einer Längsschnittstudie vor, denen zufolge Säuglinge mit verläßlicher Bindung leichter als Säuglinge mit ungesicherter Bindung positive und nutzbringende Beziehungen mit Gleichaltrigen anknüpfen, wenn sie etwas älter sind. Eine Studie von Stayton, Hogan und Ainsworth ergab, daß Säuglinge mit einer sicheren affektiven Bindung, im Gegensatz zu solchen mit ungesicherter Bindung, die Autorität ihrer Eltern ohne weiteres akzeptierten, wenn sie heranwuchsen. Für solche Kinder scheint die Sozialisation ein verhältnismäßig natürlicher und streßfreier Vorgang zu sein.

Bis in die jüngste Vergangenheit nahm man noch so gut wie keine Notiz von der Beziehung des Vaters zum Säugling. Doch Wissenschaftler erkennen nun, daß in den meisten Familien der Vater wohl eine ebenso wichtige Bezugsperson ist wie die Mutter. Untersuchungen von Kinderpsychologen wie Michael Lamb haben gezeigt, daß Väter eine einzigartige und entscheidende Rolle in der sozialen Entwicklung des Säuglings spielen. Väter sind besonders geschickt in körperbetonten Spielen mit ihren kleinen Kindern, die dabei aufblühen.

Während die sozialen Beziehungen des Säuglings mit der Pflegeperson sich entfalten, passiert er einige wichtige Marksteine der Gefühlsentwicklung. Im zweiten oder dritten Monat, fanden Robert Emde und seine Mitarbeiter heraus, lächeln Säuglinge auf eine Reihe unterschiedlicher Reize hin, wie etwa beim Klang von Glocken, beim Anblick von Lichtern und anderen fesselnden Dingen zum Anschauen. Bald jedoch ruft der Anblick der Pflegeperson besondere Freude hervor. Mit sieben Monaten wird die Abwesenheit der Pflegeperson zu einem aufwühlenden Ereignis für das Kind. John Bowlby bezeichnete die leidenschaftlichen Proteste des Säuglings gegen das Verschwinden der Pflegeperson als "Trennungsangst". Etwa zu dieser Zeit beginnen Säuglinge auch zu "fremdeln". Wenn dann eine unvertraute Person sich dem Kind nähert, "versteinert" es entweder oder bricht in Weinkrämpfe aus. Robert Emde meint, die Entfaltung des Fremdelns im ersten Lebensjahr sei ein auf der ganzen Welt anzutreffendes Phänomen.

Die Gefühlsäußerungen der Säuglinge helfen ihnen, mit ihrer sozialen Umwelt in Kontakt zu treten. Neuere Forschungen haben aufgedeckt, daß Säuglinge schon bei der Geburt klar ausgeprägte Gefühlszustände durchleben, die sie durch ihren jeweiligen Gesichtsausdruck unmißverständlich mitteilen. Die Wissenschaftler glauben, sowohl die Gefühlszustände als auch die Gesichtsausdrücke seien angeboren. Außerdem hat man gezeigt, daß Erwachsene den Gefühlszustand eines Kindes anhand des Gesichtsausdruckes zuverlässig beurteilen können. Das heißt, mimische Signale sind für den Säugling ein geeignetes Mittel, sich der Pflegeperson mitzuteilen.

Das enge Band der Mutter-Kind-Beziehung hat für das Kind viel Gutes, doch liegt darin auch ein Problem begründet: Anfangs ist es sehr schwierig für das Kind, zwischen der Mutter und sich selbst zu unterscheiden. Zunächst hat der Säugling sogar Schwierigkeiten, seinen eigenen Körper von dem der Mutter zu unterscheiden. Doch selbst nachdem der Säugling seine eigene körperliche Identität konsolidiert hat, identifiziert er seine Weltsicht weit bis ins zweite Lebensjahr hinein mit derjenigen der Mutter. Letztendlich muß das Kind seine eigenen Wünsche und Gedanken von denen der Mutter unterscheiden können und Wege finden, seine eigene Unabhängigkeit zu behaupten. Die ersten Anzeichen davon treten meist am Ende des Säuglingsalters hervor, im Lärm und Geschrei des sogenannten "schrecklichen zweiten Jahres". Was seine sozialen Beziehungen angeht, so erringt das Kind in diesem Zeitabschnitt seine ersten Erfolge darin, sich ein objektives Verständnis seines Selbst anzueignen, ein Verständnis, das nicht mehr durch die Verwechslung von Selbst und Pflegeperson verzerrt ist. Kinder beginnen nun die Einzigartigkeit ihrer eigenen Weltsicht zu erkennen, und sie billigen dem Rest der Welt zu, daß er seinen eigenen Weg geht. Obwohl die Eltern in dieser Zeit ziemliche Schwierigkeiten mit dem Kind haben, stellt dieses "schreckliche zweite Jahr", was die soziale Entwicklung des Kindes angeht, eine gewaltige Differenzierungsleistung dar.

Vor kurzem haben Michael Lewis und Jeanne Brooks-Gunn eine Untersuchung über den Erwerb der Selbstkenntnis abgeschlossen. Die Forscher prüften, ob sich Kinder auf Bildern, in Spiegeln und auf dem Fernsehschirm selbst erkennen konnten; sie betupften die Nasen der Kinder mit roter Farbe und warteten, ob sie irgendeine Veränderung an sich bemerkten. Sie zeigten den Kindern auch Bilder von sich und anderen Kindern, um zu sehen, ob sie sich selber unter den anderen herausfinden konnten. Lewis und Brooks-Gunn kamen zu dem Schluß, daß Kinder erst mit etwa fünfzehn Monaten definitiv erkennen können, ob sie (etwa durch die rotgefärbte Nase) anders aussehen. Außerdem können Kinder vor diesem Alter sich und andere nicht aufgrund von Gesichts- und anderen Merkmalen auseinanderhalten. Bei ihren ersten Unterscheidungen scheinen sie von Alter und Geschlecht auszugehen (das heißt, ein Kind

Ein Einzelkind zu sein ist *kein* Schaden

von MAURY M. BREECHER

Verhaltenswissenschaftler stellen den Mythos des selbstsüchtigen, einsamen und fehlangepaßten Einzelkindes zunehmend in Frage.

Dr. Toni Falbo, Psychologin und selbst ein Einzelkind, hat auf diesem Forschungsgebiet Pionierarbeit geleistet. Sie interviewte 1.785 Studenten im ersten Studienabschnitt an der *University of Texas* in Austin und teilte sie auf in Gruppen von Einzelkindern, Erstgeborenen, zwischen Geschwistern Geborenen und Letztgeborenen. Jeder der Studenten füllte Fragebogen aus, die Persönlichkeitsmerkmale aufdecken sollen.

Die Ergebnisse? "Einzelkinder sind nur darin einzigartig, daß sie stärker dazu neigen, selbst die Verantwortung für die Folgen zu übernehmen, die sich aus ihren Lebensumständen ergeben," sagt Dr. Falbo. "Sie schieben die Schuld nicht Umständen zu, über die sie keine Macht haben."

Einzelkinder, fand sie heraus, "schließen sich weniger leicht der Masse an." Obwohl sie "seltener in Vereine eintreten", sind sie "häufig Anführer in den Clubs, denen sie sich tatsächlich anschließen. Diese Ergebnisse laufen dem sogenannten gesunden Menschenverstand zuwider, der davon ausgeht, daß ein Kind, wenn es keine Geschwister hat, ohne soziale Fertigkeiten aufwächst und ein selbstsüchtiger und in sich gekehrter Mensch wird. Das Grundprinzip hinter dieser Binsenweisheit ist, die Interaktion mit Geschwistern vermittle wesentliche und unersetzliche Erfahrungen, auf denen die Persönlichkeit eines Menschen gründe. Amerikaner glauben, daß ein Kind ohne Brüder und Schwestern die sozialen Fertigkeiten nicht entfalten kann, die jemand braucht, um ein annehmbarer Erwachsener zu werden. Doch das stimmt einfach nicht." ...

"Unsere mit 3.221 Menschen durchgeführte Studie zeigte, daß Einzelkinder ebenso gut dran sind wie die, die mit Schwestern und Brüdern aufgezogen werden," berichtet Dr. John Claudy, Ph.D., ein Wissenschaftler an den *American Institutes for Research* in Palo Alto, Kalifornien. "Einzelkinder hoben sich dadurch von anderen ab, daß sie leicht höhere Werte in Tests der kognitiven Fähigkeiten erzielten und gebildeter, reifer und feinfühliger zu sein schienen."

Eine andere Studie stammt von drei Soziologieprofessoren an der *Bowling Green University* in Ohio. Sie befragten 7.512 Erwachsene, unter ihnen 845 Einzelkinder. "Falls, wie viele seit langem behaupten, Einzelkinder tatsächlich für bestimmte Verhaltensstörungen anfällig sind," meint Dr. Jerry Wicks, ein Assistenzprofessor für Soziologie, der die Befragung zusammen mit Dr. H. Theodore Groat und Dr. Arthur Neal durchführte, "würde man doch erwarten, daß diese Probleme sich in Beruf, Ehe und Familie bemerkbar machen. Doch unsere Studie zeigte, daß Einzelkinder in diesen Dingen keineswegs mehr Probleme haben als andere. ... Doch der Glaube, Einzelkinder seien selbstsüchtig, einsam und fehlangepaßt, ist noch immer so mächtig, daß als Grund für ein zweites Kind am häufigsten angegeben wird, man wolle das erste davor bewahren, ein Einzelkind zu bleiben." (...)

Rocky Mountain News, Denver, 14.12.1980

Viele Psychologen haben Vermutungen über Persönlichkeitsmerkmale angestellt, die sich aus der Stellung in der Geschwisterreihe ergeben könnten. Erstgeborene und Einzelkinder haben dabei am meisten Beachtung erfahren. Die Daten (etwa der obigen Studie) deuten selten auf Persönlichkeitsunterschiede hin, die sich auf die Familiengröße oder die Stellung in der Geschwisterreihe zurückführen ließen.

erkennt, ob es ein Mädchen oder ein Junge ist). Andere Unterscheidungsmerkmale erkennen sie erst später und fügen sie zu diesen ersten hinzu.

Kindheit

Während das Kind dem Säuglingsalter entwächst, spielen Interaktionen mit Gleichaltrigen (peers) eine zunehmend wichtige Rolle in seiner sozialen Entwicklung. Schon während des Säuglingsalters nehmen Kinder zweckgerichtete Kontakte zu Gleichaltrigen auf; in einem Forschungsgebiet, das zur Zeit gerade einen Boom erlebt, häufen sich Belege dafür, in welch bemerkenswerter Weise aufeinander bezogen, kooperativ und alles in allem raffiniert die Interaktionen von Säuglingen miteinander sind. Doch im eigentlichen Sinne soziales und kooperatives Spielen mit Gleichaltrigen stellt sich erst in der Vorschulzeit ein, im Alter von drei bis fünf Jahren. Erst dann geht egozentrisches Spielen und Nebeneinander-Spielen unter Kindern allmählich zurück. An ihre Stelle tritt allmählich ein echtes Wechselspiel von Ideen und Handlungen. Dieser Austausch zwingt das Kind, mit Standpunkten zurechtzukommen, die zu seinem eigenen oft in Widerspruch stehen, und ermutigt es dazu, sich neue Vorstellungen und Verhaltensweisen zu eigen zu machen.

Kindergesichter

von ROBERT J. TROTTER

(...) Der Psychologe Carroll Izard und seine Doktoranden und Mitarbeiter an der *University of Delaware* lesen in den Gesichtern von Säuglingen und tragen so einen Wissensschatz zusammen, der uns eines Tages vielleicht helfen wird, besser mit Säuglingen zu kommunizieren. Diese Psychologen arbeiten daran, die manchmal rätselhaften Gesichtsausdrücke von Kindern zu entschlüsseln. Sie erforschen die emotionalen Wurzeln normaler und abnormer Entwicklung von Kindern und finden Hinweise darauf, warum Jungen und Mädchen unterschiedlich reagieren und oft zu ganz unterschiedlichem Gefühlswesen heranwachsen.

Izards Forschung entspringt, wie vieles in der Wissenschaft des zwanzigsten Jahrhunderts, aus Beobachtungen Charles Darwins. 1872 veröffentlichte Darwin *The Expression of Emotion in Man and Animals* (dt. *Der Ausdruck der Gemütsbewegungen bei dem Menschen und den Tieren*), worin er die These aufstellte, es gebe einige Gefühlsäußerungen, wie Lächeln, Stirnrunzeln und angeekelte Mienen, die angeboren und universell seien. Weil Darwin diese und andere Gesichtsausdrücke in aller Welt gesehen und herausgefunden hatte, daß sie in ursprünglichen und fortgeschrittenen Gesellschaften dieselben Bedeutungen hatten, schloß er, bestimmte Gefühle und die Art, in der wir sie ausdrücken, müßten Teil unseres biologischen Erbes sein.

Vor sieben Jahren wandte sich Izard Säuglingen als Versuchspersonen für seine Emotionsforschung zu und begann eine breit angelegte Suche nach den grundlegenden Emotionen bei Säuglingen. Er wollte herausfinden, welche davon angeboren sind, welche sich später ausbilden und unter welchen Bedingungen sie sie zeigen. Nach Tausenden von Stunden, in denen die Reaktionen von Säuglingen in mannigfaltigen Situationen studiert, auf Video aufgezeichnet und analysiert wurden, hat Izard begonnen, eine "Gefühlswissenschaft", wie er es nennt, niederzulegen. "Ein Bild mag tausend Worte wert sein," meint Izard, "aber ein Bild von einem Säugling ist zehntausend wert."

Ein Zweig der gegenwärtigen Forschung konzentriert sich auf die Berührungen zwischen Mutter und Kind und den Austausch von Gesichtsausdrücken. So soll erklärt werden, wie Säuglinge schrittweise lernen, den Gefühlsausdruck zu steuern, und warum Jungen und Mädchen sich emotional im allgemeinen unterscheiden. Säuglinge reagieren auf bestimmte Situationen spontan und steuern ihre Äußerungen erst im Laufe des Heranreifens. Eine Hypothese besagt, daß das Kind diese Steuerung durch den unablässigen Austausch von Gesichtsausdrücken mit der Mutter lernt. (Da die untersuchten Kinder fast ausnahmslos von ihren Müttern begleitet werden, gibt es wenig Gelegenheit, den entsprechenden Austausch mit dem Vater zu beobachten.)

Carol Malatesta von der *New School for Social Research*, die als Postdoktoranden-Stipendiatin ein Jahr bei Izard verbringt, kodiert Anzahl und Variationsbreite der Gesichtsausdrücke, die Mütter und Kinder vom frühen Säuglingsalter an austauschen. Sie schätzt, daß ein Kind in der Zeit zwischen drei und sechs Monaten, der Hochsaison des Spiels von Angesicht zu Angesicht, mit 32.000 Gesichtsausdrücken von Gefühlen konfrontiert wird. "Das ist nicht gerade ein geringfügiges Lernangebot," meint sie.

Malatesta stellt fest, daß Mütter oft bestimmte Mienen, die sie an ihren Kindern sehen, wiederholen - Mienen des Glücks, der Freude und der Überaschung wie auch einige Anzeichen gespielter Wut, von Traurigkeit und Sorge. Doch wenn die Kinder älter werden, lassen die Mütter meist von Äußerungen negativer Gefühle ab und zeigen auch hauptsächlich die für Erwachsene typischen Mienen.

Dieses wiederholte Modellieren ausgewählter Gefühle, deren Bandbreite mit wachsendem Alter des Kindes immer weiter eingegrenzt wird, ist wohl ein wesentlicher Vorgang in der Sozialisation der Gefühle - Kinder lernen so, welche Gefühle gesellschaftlich akzeptabel sind.

In Izards Laboratorium wird auch das Bindeglied zwischen körperlichen Handlungen und bestimmten Gefühlsäußerungen untersucht. Izard erwartet jedoch, daß dieses Bindeglied nur schwach ausgeprägt ist. "Gefühlsausdruck und menschliches Verhalten sind, wenn überhaupt, nur locker miteinander verschaltet ," meint er. "Denn wollten wir uns stets nach unseren Gefühlen richten, bräuchten wir einen ungeheuer großen Handlungsspielraum. Stellen Sie sich einmal vor, wie die Welt aussähe, wenn wir bei Angst jedesmal wie ein Karnickel losrennen, und jedesmal, wenn wir wütend sind, wie ein Löwe jemanden anfallen würden! Wonach wir daher wirklich suchen, sind Hinweise darauf, daß ein Gefühl eine Verhaltenstendenz auslöst." ...

The Denver Post,
27.11.1983

Einige Psychologen glauben, daß Gefühle, wie sie sich in unserem Mienenspiel zeigen, angeboren sind und sich daher schon bei ganz kleinen Kindern beobachten lassen. Andere betonen, der Hauptmotor der emotionalen Entwicklung sei das Lernen. Dies ist ein weiteres Beispiel für die Anlage-Umwelt Kontroverse, die wir in Kapitel 1 behandelt haben.

L.S. Wygotski nannte das Spiel von Kindern eine "Zone der unmittelbaren Entwicklung", weil das Spielen auf mannigfache Weise zur Entfaltung der geistigen und sozialen Fähigkeiten der Kinder beiträgt. Cathryn Garvey wies die bemerkenswerte Raffinesse und Vielseitigkeit kindlicher Gruppenspiele nach: Besonders bedeutsam erscheint dabei die Art, in der Kinder in ihren spielerischen Interaktionen neue gesellschaftliche Rollen ausprobieren und Regeln des Umgangs mit anderen Menschen einüben. Im Spiel kann das Kind so tun, als sei es ein Vater, ein Schulrektor, ein Polizist oder ein Baby, und es kann widerstreitende Wünsche oder seine Schwierigkeiten direkt in Handlungen umsetzen, ohne die Folgen befürchten zu müssen, die sich daraus im wirklichen Leben ergeben würden. Das Spiel gibt Kindern eine Gelegenheit zu experimentieren, zu symbolisieren und neue gesellschaftliche Verhaltensweisen zu erfinden. Es ist Handeln, das nicht ernst gemeint ist und dennoch ernstlichen Nutzen für die soziale Entwicklung des Kindes bringt.

Beziehungen zu Gleichaltrigen

Im Laufe der Interaktion mit Gleichaltrigen beginnen Kinder nach einiger Zeit dauerhafte soziale Beziehungen aufzubauen und diese mit Hilfe von Normen und Wertvor-

Die Weisheit der Säuglinge

von SHARON BEGLEY, unter Mitarbeit von JOHN CAREY

... "[Säuglinge] können viel mehr, als wir denken - und das viel früher, als wir bislang dachten," sagt der Psychologe Michael Lewis, Leiter des *Institute for the Study of Exceptional Children* (Institut für die Untersuchung hochbegabter Kinder) in Princeton, New Jersey.

Indem sie das geistige Handeln von Säuglingen untersuchen, entschlüsseln Wissenschaftler die Arbeitsweisen des menschlichen Verstandes. Forscher haben zum Beispiel herausgefunden, daß Säuglinge sich sehr bald den Begriff des "Selbst" aneignen, das heißt, die Vorstellung, daß sie von anderen Dingen in der Welt verschieden sind. Dies legt den Schluß nahe, das Gehirn sei durch entsprechende Verschaltungen darauf vorbereitet, diesen Begriff hervorzubringen. Entgegen der weitverbreiteten Anschauung, der zufolge Sprache das menschliche Denken formt, scheinen Kinder, die noch nicht sprechen können, bereits so abstrakte Vorstellungen zu begreifen wie das Zuordnen von Gegenständen zu Klassen. Diese Ergebnisse enthalten eine wichtige Botschaft an Eltern: Da der Geist schon im Säugling zu entstehen beginnt, sollte man ihn früh anspornen.

Die Sinne

Kinder entfalten zweifellos schon im sechsten Schwangerschaftsmonat scharfe Sinneswahrnehmungen, meint der Kinderarzt T. Berry Brazelton vom *Children's Hospital Medical Center* in Boston. Wenn Schwangere (mit einem Bauchgürtel, der die Reaktionen des Fötus erfassen soll) Räume mit grellen Lampen und schrillen Geräuschen darin betreten, schreckt der Fötus auf. Weiches Licht und sanfte Geräusche dagegen ziehen ihn an. Diese Reaktionen sind ziemlich unabhängig von der Reaktion der Mutter. Gleich nach der Geburt haben die Säuglinge sogar noch schärfere Sinne. Sie können die Stimme ihrer Mutter von der eines männlichen Kinderarztes unterscheiden und den Unterschied zwischen Schachbrettern mit verschieden großen Feldern wahrnehmen.

Da Säuglinge ihre Welt von dem Augenblick an wahrnehmen können, in dem sie in sie eintreten, müssen sie wohl bei ihrer Ankunft bereits dafür gerüstet sein, die Welt zu erkunden - und sie letzten Endes zu verstehen. Wissenschaftler fesselt die Frage, wo diese Mitgift der Natur aufhört und die Erfahrung einsetzt. Die bisherigen Befunde legen nahe, daß in den ersten drei Lebensmonaten Säuglinge ihren Reflexen folgen. Zum Beispiel lächeln alle Neugeborenen, sogar wenn sie blind sind, und alle Babies halten Gegenstände fest, die man in ihre Handfläche legt. Beide Handlungsmuster sind offensichtlich zuvor so fest im Gehirn verdrahtet worden wie der Sehnerv.

Solche Verdrahtung im voraus gleicht jedoch weniger einem fertigen Schaltbrett als einigen Grundschaltungen. Wissenschaftler vermuten, daß sich in Abhängigkeit von den Erfahrungen, die der Säugling macht, Verschaltungen entwickeln, mit denen er typisch menschliche Gedanken denken kann. "Kinder werden mit einer bestimmten Anzahl von Veranlagungen geboren, die sie die Welt in einer ganz bestimmten Weise wahrnehmen läßt," meint der Psychologe Jerome Kagan von der *Harvard University*. Wenn sie etwas wahrnehmen, das zu diesen Veranlagungen paßt - wenn sie etwa sehen, daß ihr Spiegelbild ihrem latenten Selbstbild entspricht -, dann nehmen sie diese Erfahrung in sich auf. (...)

Gemeinsame Merkmale

Da die Fähigkeit, Kategorien zu bilden, die Grundlage für weiter fortgeschrittenes begriffliches Denken ist, spürt der Psychologe Leslie Cohen von der *University of Texas* dieser Fertigkeit mit Tests nach. Er zeigt Babies eine Reihe von Bildern, die alle zu einer Kategorie gehören, und zeichnet auf, wie lange sie jedes betrachten. Wenn sie nichts als Stofftiere sehen, langweilen sie sich sehr bald. Cohen stellt fest, daß schon sieben Monate alte Kinder Stofftiere als Vertreter derselben Klasse zu erkennen scheinen, seien es nun Hasen oder Pandas. Doch wenn er Bilder aus einer anderen Klasse einstreut, etwa von einer Rassel, merken sie auf. Cohen vermutet, daß die Kinder in den vielen Beispielen gemeinsame Merkmale erkennen und sie benutzen, um Klassen zu bilden.

Diese Erklärung der Klassenbildung widerspricht der Ansicht, Menschen benötigten Sprache, um den geistigen Sprung vom Besonderen zum Allgemeinen zu schaffen. Früher dachten Psychologen, daß Menschen das, was sie sehen, bezeichnen - also zum Beispiel Häuser, Kirchen und Wolkenkratzer allesamt Gebäude nennen -, um so zu Verallgemeinerungen zu gelangen. Doch wenn schon Säuglinge verallgemeinern, können Worte keine Voraussetzung dafür sein. Stattdessen bilden Babies wohl "visuelle Durchschnittswerte". Vielleicht abstrahieren sie mental gemeinsame Merkmale, um sich geistige Urbilder zu zeichnen. Wenn sie ein abstraktes Bild mit Mauern, einem Dach und anderen Merkmalen eines Gebäudes entwerfen, können sie daraufhin jedes Gebäude in die richtige Klasse einordnen.

Da nun Wissenschaftler einsehen, wie viel sich bereits im Kopf von Säuglingen tut, ziehen sie auch praktische Schlüsse aus ihren Einsichten. Eine Mutter, sagen sie, sollte erkennen, daß ihr Baby gleich von der Geburt an auf sie anspricht. Eltern sollten ihren Kindern mehr als eine anregende Umgebung mit bunten Mobiles und Spielzeugen bieten: Sie sollten auch auf sie eingehen. Je mehr das Baby das Gefühl hat, es könne seine Welt beeinflussen, desto mehr wird es sie neugierig erforschen und an ihr teilhaben.

Newsweek,
12.1.1981

stellungen zu ordnen, die die Beziehungen stabilisieren helfen. Die häufigste soziale Beziehung zwischen Gleichaltrigen ist die Freundschaft; in den Vorschuljahren beobachten wir, wie Kinder zum ersten Mal gewahr werden, daß Freunde Menschen von besonderer Bedeutung sind. Die Forschung zur sozialen Wahrnehmung, das heißt, zum kindlichen Verständnis der gesellschaftlichen Sphäre, hat nachgezeichnet, wie sich der Freundschaftsbegriff von Kindern entfaltet. Für Kinder im Vorschul- und frühen Schulalter sind Freunde zunächst einfach Spielkameraden oder jene, mit denen sie häufig zusammenkommen, wie etwa Nachbarn und Mitschüler. Auf dieser frühen Entwicklungsstufe bilden sich Freundschaften durch materiell orientierte Handlungen, wie das Geben und Teilen von Spielzeug oder Essen und andere Gunstbeweise, und sie enden durch ebenso materiell orientierte, doch ablehnende Handlungen, wie etwa Stehlen, Hauen und Weigerungen zu teilen. Doch Freundschaften beginnen nicht nur schnell, sie enden auch rasch und werden dann leicht wieder aufgenommen, da zu diesem Zeitpunkt die Freundschaftsbeziehung für die Kinder keinen dauerhaften oder gar langfristigen Zustand bedeutet. Später, etwa von der mittleren Schulzeit bis in die frühe Adoleszenz, schreitet der Freundschaftsbegriff der Kinder weiter fort. Infolgedessen ändert sich der Charakter ihrer Beziehungen mit Gleichaltrigen. Auf der zweiten Entwicklungsstufe von Freundschaft ist ein Freund ein besonderer Gefährte und nicht nur irgendjemand, der zufällig mit dem Kind spielt. Insbesondere sind Freunde nun Menschen, die dem Kind helfen, wenn es sie braucht, und die freundlich und nett zu ihm sowie vertrauenswürdig sind. Freundschaft bedeutet jetzt eine Beziehung, die im beiderseitigen Interesse liegt. Daher ist jede Seite gehalten, auf die Bedürfnisse oder Wünsche der anderen einzugehen. Auf diese Weise werden Kinderfreundschaften beständiger, da sie nun darauf gründen, daß die Kinder spezielle Eigenschaften wie Freundlichkeit aneinander schätzen sowie sich gegenseitig vertrauen.

In sozialen Beziehungen wie der Freundschaft lernen Kinder eine Menge über die Erwartungen, Bedürfnisse und Sichtweisen anderer. Die Fähigkeit, den Standpunkt eines anderen in einer Frage vorherzusehen, nennt man *innere Rollenübernahme*. Ihre Entwicklung hat Robert Selman nachgezeichnet. Anfangs fällt es dem kleinen Kind schwer, seinen eigenen Standpunkt von fremden Blickwinkeln zu trennen. Diese frühe Verwechslung von Perspektiven gehört zu jener geistigen Verfassung, die Piaget "Egozentrismus" nannte; gleichwohl haben neuere Forschungen von Selman und anderen gezeigt, wie schon das kleine Kind in gewissen Grenzen versteht, daß andere die Welt anscheinend mit anderen Augen sehen, und daher nicht so völlig egozentrisch ist, wie Piagets Schriften das nahelegen. In der mittleren Kindheit entsteht das Vermögen zur "zweigestaffelten" inneren Rollenübernahme: Das Kind kann nun erkennen, daß andere seinen eigenen Blickwinkel ebenso einnehmen können wie das Kind sich die Perspektive der anderen vorstellen kann. Am Ende der Kindheit kann es den Blickwinkel einer "dritten Partei" einnehmen und verstehen, daß es überindividuelle Sichtweisen in seiner Kultur gibt, die über dem stehen, was einzelne denken.

Innere Rollenübernahme trägt zum Einfühlungsvermögen, zur *Empathie* des Kindes für andere bei und führt damit zur Sensibilität für ihre Bedürfnisse und Wünsche. Diese Sensibilität für die Bedürfnisse anderer regt ein Kind oft dazu an, prosozial, das heißt, hilfsbereit oder "selbstlos" zu handeln. Der zweite wesenliche Antrieb zu prosozialem Handeln ist ein moralisches Empfinden, das sich in den Kinderjahren ebenfalls rasch entfaltet.

Das moralische Empfinden des Kindes

Moralisches Empfinden drückt sich aus in Gerechtigkeitssinn und Achtung vor gesellschaftlichen Regeln. Es hilft Kindern, ihr Verhältnis zu Erwachsenen und Gleichaltrigen relativ friedlich und geordnet zu gestalten. Wenn Kinder zum Beispiel gut mit ihren Freunden auskommen sollen, müssen sie lernen, bei Spielzeugen andere auch an die Reihe zu lassen. Sonst artet das Zusammenspielen in endlosen Streit aus und macht nicht viel Freude.

Im Leben des Kindes äußert sich moralisches Empfinden zuerst darin, daß es beim Spielen mit andern "gerecht" vorgeht, das heißt, mit ihnen teilt, sich abwechselt und so weiter. William Damon von der *Clark University* beschrieb, wie sich der Gerechtigkeitssinn im Denken und Verhalten kleiner Kinder entfaltet. Auf der frühesten Entwicklungsstufe, die sich vor allem bei Kindern findet, die vier Jahre und jünger sind, hängt es einfach von den eigenen Wünschen des Kindes ab, was "gerecht" ist. Zum Beispiel sagt ein Junge, es sei gerecht, wenn er mehr Eis als seine Schwester bekommt, weil er Eis eben mag und deshalb mehr davon abbekommen will. Es bedeutet schon einen kleinen Fortschritt, wenn das Kind solche egozentrischen Wünsche rechtfertigt, indem es sich auf irgendein "objektives" Kriterium bezieht. Zum Beispiel sagt ein Mädchen dann, daß ihr zustehe, was sie haben will, weil sie von allen im Haus am schnellsten rennen könne, weil sie ein Mädchen sei, und so weiter. Dabei ist gleichgültig, ob solche Kriterien unlogisch oder unwahr sind oder mit der betreffenden Belohnung gar nichts zu tun haben. Auf der folgenden Stufe, die normalerweise im Alter von sechs Jahren beginnt, ist Gerechtigkeit mit strikter Gleichheit verknüpft: Gerecht ist, wenn jeder ohne Rücksicht darauf, ob er es verdient oder dringend braucht, dasselbe bekommt. Auf der nächsten Stufe wird Gerechtigkeit mit Verdienst gleichgesetzt: Die am härtesten gearbeitet haben oder die Klügsten oder Bravsten waren, sollten besonders belohnt werden, weil sie es verdienen. Dieses Stadium findet sich normalerweise in der mittleren Kindheit, das heißt, in der Grundschulzeit und noch eine Weile danach. Etwas ältere Kinder stellen sich Gerechtigkeit als einen

Kompromiß vor, der auf die Benachteiligten - die Armen, die Unbegabten - besondere Rücksicht nimmt. Schließlich wägen die innerhalb dieser Altersspanne am weitesten fortgeschrittenen Kinder in jeder einzelnen Situation ab, wofür die Belohnung erfolgen soll.

Moralisches Empfinden bezieht sich nicht nur auf gerechte Verteilung, sondern schließt auch Achtung vor den gesellschaftlichen Regeln ein. Piaget erforschte, wie Kinder sich an gesellschaftlichen Regeln orientieren. Er beobachtete in den Straßen von Genf Kinder, wie sie auf eine dort übliche Art mit Murmeln spielten. Er erkannte vier Stadien im regelgerichteten Verhalten der Kinder. Kurz nach dem Säuglingsalter spielen kleine Kinder zunächst für sich und ohne sozialen Kontakt; sie erfinden dabei ihre ganz eigene, *idiosynkratische Moralität*: Das Kind folgt beim Murmelspiel gewissen Regeln, doch kein anderer Spieler hat an ihnen teil. Im zweiten Stadium der *heteronomen Moralität* nimmt das Kind, das nun etwa fünf ist, die Spielregeln sehr ernst und benimmt sich, als seien sie heilig und unabänderlich. Der Buchstabe des Gesetzes gilt ihm über alles. Trotz dieser unbeugsamen Einstellung folgen Kinder in diesem Alter aber Regeln oft nur nach Lust und Laune, denn ihre uneingeschränkte Achtung für Gesetze setzt sich nicht um in konsequente Befolgung. Das dritte Stadium nach Piaget ist das der *autonomen Moralität*. Jetzt sieht das mittlerweile acht- oder neunjährige Kind Regeln als Vereinbarungen an, die sich durchaus ändern lassen, weil Menschen sie nur getroffen haben, damit sie ihren Zwecken dienlich sind. Das Kind gehorcht nun Regeln nicht mehr so sehr, weil es sich dazu gezwungen sieht, sondern weil es das Grundprinzip von Kooperation und Gegenseitigkeit anerkennt. Tatsächlich befolgt das Kind Regeln nun konsequenter als zuvor. Das vierte Stadium setzt etwa mit den formalen Denkoperationen ein: Während Kinder fähig werden, über hypothetische Möglichkeiten und formale Regelsysteme nachzudenken, treten in ihren Überlegungen nach und nach komplexe politische und gesellschaftliche Begriffe zutage, die einer *ideologischen Moralität* entspringen. Wie wir im folgenden Teil sehen werden, revidierte und erweiterte Lawrence Kohlberg Piagets Theorie des moralischen Urteils und konzentrierte sich dabei besonders auf Adoleszenz und Erwachsenenalter.

Die Eltern-Kind Beziehung

Eltern beeinflussen das Verhalten und die Entwicklung ihrer Sprößlinge während der gesamten Kinderjahre außerordentlich stark. Der Erziehungsstil eines Elternteiles kann weitreichende Folgen für die persönliche Entwicklung des Kindes haben. Diana Baumrind unterscheidet drei Erziehungsstile: den *autoritären*, den *autoritativen*, das heißt, auf echter Autorität beruhenden, und den *permissiven* ("laisser-faire"), der die Kinder gewähren läßt. Autoritäre Eltern unterwerfen ihre Kinder einer strengen Disziplin, fordern von ihnen Reife, ohne sich mit ihnen sehr oft oder sehr klar zu verständigen, und sind nicht besonders herzlich oder liebevoll. Auch autoritative Eltern nehmen ihre Kinder an die Zügel und stellen Forderungen an sie, doch sie gehen demokratischer vor und besprechen Familienprobleme und Entscheidungen mit ihnen. Sie sind außerdem sehr liebevoll. Permissive Eltern haben einen guten Draht zu ihren Kindern, doch sie gewöhnen sie nicht an Disziplin und verlangen keine geistigen oder sozialen Fortschritte von ihnen. Baumrind fand heraus, daß Kinder autoritativer Eltern eher "instrumentelle Kompetenzen" (soziales Verantwortungsgefühl, Unabhängigkeit, Leistungsorientierung und Vitalität) entwickeln als Kinder autoritärer oder permissiver Eltern. Dieser Befund traf besonders auf Mädchen zu, deren Selbstsicherheit und Durchsetzungsfähigkeit bei autoritativer Erziehung beträchtlich höher waren. Interessanterweise gingen der autoritäre und der permissive Erziehungsstil, die doch dem Augenschein nach einander völlig entgegengesetzt sind, beide mit Schüchternheit und Abhängigkeit der Mädchen und Feindseligkeit der Jungen einher.

Baumrinds Einteilung der elterlichen Erziehungsstile ist nur eine unter vielen. Man hat die Wirkungen eines strafenden Stils ebenso erforscht wie die spezieller Erziehungsmethoden, etwa des "Hineinführens" *(induction)*. (Dabei überredet man ein Kind zu einer prosozialen Handlung und erklärt ihm dabei dann eingehend die Gründe für diese Handlung.) Forscher, die sich mit Erziehungsstilen befaßten, haben meistens herausgefunden, daß sich der beste Stil ergibt, wenn in sich schlüssige Richtlinien kombiniert sind mit unmißverständlichen Erläuterungen der ihnen zugrunde liegenden Erziehungsmaximen. Mark Lepper fand außerdem heraus, daß der sozialisierende Einfluß eines Erwachsenen auf Kinder am längsten anhält, wenn die Kinder das Gefühl haben, daß sie über ihr Handeln selber entscheiden.

Die Aneignung der Geschlechterrollen

Der Differenzierungsaspekt der sozialen Entwicklung kommt in der Kindheit darin zum Tragen, daß Kinder ständig danach trachten, sich zu definieren. Wie Lewis und Brooks-Gunn herausgefunden haben, ist einer der frühesten Anhaltspunkte für die eigene Identität das Geschlecht, vielleicht weil es eines unserer wichtigsten persönlichen Merkmale ist. Kinderpsychologen haben aus diesem Grunde die Entfaltung der Geschlechterrollen eingehend studiert.

Die Unterschiede zwischen Männern und Frauen sind zunächst einmal physiologischer und biologischer Natur. Doch um Männlichkeit und Weiblichkeit unter einem psychologischen Blickwinkel zu bestimmen, müssen wir auch andere Kriterien anwenden. Frühe Übung und Erfahrung sind zum Beispiel beide entscheidend dafür, daß sich eine Identifikation mit der Geschlechtsrolle entwickelt.

Während man einst dachte, die Übernahme von Geschlechterrollen sei erblich bedingt, legen neuere Befunde nahe, daß wir sie erlernen. In einer Studie zum Beispiel bat man Eltern: "Beschreiben Sie Ihr Baby, wie Sie es einem guten Freund beschreiben würden." Die Eltern füllten auch einen Fragebogen aus, in dem sie den Säugling anhand von achtzehn Skalen wie "hart - weich", "groß - klein" und "locker - nervös" beurteilen sollten. Schließlich analysierte der Psychologe für jeden Säugling Krankenhausdaten zu Gewicht, Größe, Muskeltonus, Reflexe, Puls und so weiter. Keine dieser Datenkategorien offenbarte irgendeinen Unterschied zwischen den männlichen und den weiblichen Säuglingen. Dagegen entdeckten die Eltern deutliche Unterschiede. Eltern von Mädchen hielten ihr Kind für bedeutend "weicher" und "kleiner" und schrieben ihm "feinere Gesichtszüge" zu als Eltern von Jungen. Väter zählten mehr angebliche Unterschiede in Aussehen und Verhalten der männlichen und weiblichen Säuglinge auf als Mütter. Solche Befunde legen den Schluß sehr nahe, daß Geschlechterstereotypen einrasten, sobald die Eltern das Geschlecht ihres Kindes erfahren, und nicht so sehr von biologischen Fakten abhängen, wie man einst dachte.

Mit zwei oder drei nehmen sich die meisten Kinder als Mädchen oder Jungen wahr. Fehlt in diesem Alter jede Ausdifferenzierung der Geschlechtsrolle, kann das auf spätere Anpassungsschwierigkeiten hindeuten. John Money von der *John Hopkins University* hat festgestellt, daß man Kinder nach schweren Unfällen, die ihre *biologischen* Geschlechtsfunktionen geschädigt haben, mit medizinischen Methoden - das heißt mit Hormonen - und mit sozialen Techniken - indem man den Eltern Unterricht gibt - behandeln kann, so daß sie sich trotz ihrer eigentlichen biologischen Ausstattung auf neue psychosexuelle Rollen umorientieren. Sehr kleine Kinder haben noch keine Geschlechtsidentität aufgebaut, und bestimmte Umwelteinflüsse zu Beginn des Lebens können die spätere Entwicklung unwiderruflich prägen. In unserer Gesellschaft lernen Kinder jedoch üblicherweise, daß die Geschlechterrollen bestimmte Verhaltensweisen einschließen. Von Jungen erwartet man zum Beispiel - und die Erwartung bestätigt sich dann auch -, daß ihre Kinderspiele wilder sind als die von Mädchen.

Adoleszenz

Biologisch gesehen wandelt sich ein Mensch weit über die Kindheit hinaus fortwährend. Die Adoleszenz ist gekennzeichnet von einer dramatischen geschlechtlichen Reifung des Körpers. Die Marksteine dieses Reifungsvorganges zeigt Abbildung 8-10. In diesem Abschnitt jedoch werden wir nicht die biologische Reifung betrachten, sondern die sozialen und psychischen Wandlungen von Adoleszenten.

In jeder von der Technik bestimmten Gesellschaft stellen sich den Adoleszenten eine Reihe neuer Aufgaben und Fragen, die sowohl mit Institutionen zu tun haben (Berufsfindung, politische Zugehörigkeit, wirtschaftlicher Status) als auch mit zwischenmenschlichen Beziehungen (sexuelle Intimität, Heirat, Verantwortung für eine Familie). Nicht alle diese Aufgaben müssen schon während der Adoleszenz gelöst werden, doch die Jugendlichen werden sich immer mehr bewußt, daß ihre Zukunft davon geprägt sein wird, wie sie sie schließlich lösen. Folglich steht bei ihrer sozialen Entwicklung von nun an mehr auf dem Spiel. Das Vermögen der Adoleszenten, die gesellschaftliche Welt und den eigenen Standort in ihr zu verstehen, wird bis zum äußersten auf die Probe gestellt. Daher ist es nicht verwunderlich, daß Romanciers und Psychologen, seit sie über diese oft von Angst und Widersprüchen gezeichneten Jahre schreiben, immer wieder zu Goethes Metapher vom "Sturm und Drang" gegriffen haben.

Freundschaft in der Adoleszenz

Freundschaften in der Adoleszenz heben sich durch eine Reihe von Merkmalen von den beiden oben beschriebenen Entwicklungsstufen der Beziehungen zu Gleichaltrigen ab. Freunde und Freundinnen sind für Adoleszente zunächst Menschen, die einander verstehen und sich ihre geheimsten Gedanken und Gefühle mitteilen; ein Freund oder eine Freundin hilft in seelischen Nöten, wenn man einsam oder traurig ist, wenn man unter einem Verlust leidet oder Angst hat. Freundschaft bedeutet nicht länger nur den Rahmen, innerhalb dessen man sich, wie in den

Abbildung 8-10 Der typische Verlauf der sexuellen Reifung bei Jungen und Mädchen

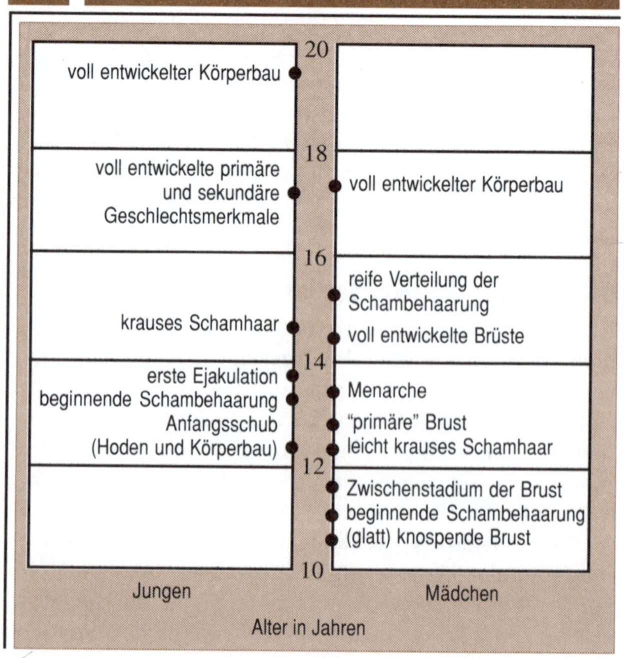

Kinderjahren, nach dem Tauschprinzip Dinge schenkt, sich gegenseitig einen Gefallen tut oder hilft. In der Adoleszenz werden Freundschaften immer inniger und zu dem, was Harry Stack Sullivan mit "Kameradschaft" *(chumship)* meinte. In Sullivans Theorie ist die Kameradschaft für Jugendliche eine wichtige Zuflucht vor dem Druck, den Eltern und Schule auf ihn ausüben, und ein Grundstein für psychische Gesundheit und Reife. Die Enge und Vertrautheit der Beziehungen zu anderen Jugendlichen sind auch ein Grund für die Bildung der nach außen abgekapselten "Cliquen". Da Freunde oder Freundinnen nun als ausgesuchte Menschen gelten, die sich in einem privaten Bereich einander mitteilen, achten die Mitglieder sorgfältig darauf, wer zu ihrem Bund gehören soll und wer nicht.

Der Soziologe Dexter Dunphy beobachtete amerikanische Stadtjugendliche in ihrem Alltag und skizzierte eine fünfphasige Entwicklung jugendlicher *peer-groups* (siehe Abbildung 8-11). Unmittelbar nach der Kindheit verbringen Teenager die meiste Zeit mit engen Freunden bzw. Freundinnen ihres eigenen Geschlechts. Diese gleichgeschlechtlichen Freundschaften erweitern sich bald und schließen dann weitere Freunde bzw. Freundinnen desselben Geschlechts ein, bis sich, wenn die Mitglieder um fünfzehn Jahre alt sind, hierarchisch organisierte "Cliquen" entwickeln. Bald darauf sind die Cliquen gemischt, und Verabredungen innerhalb der Clique werden zum Hauptmodus der sozialen Interaktion. Am Ende der Adoleszenz sind die Beziehungen unter Gleichaltrigen hauptsächlich von engen heterosexuellen Paarbindungen geprägt.

Abbildung 8-11 Entwicklungsstadien von Gruppen in der Adoleszenz

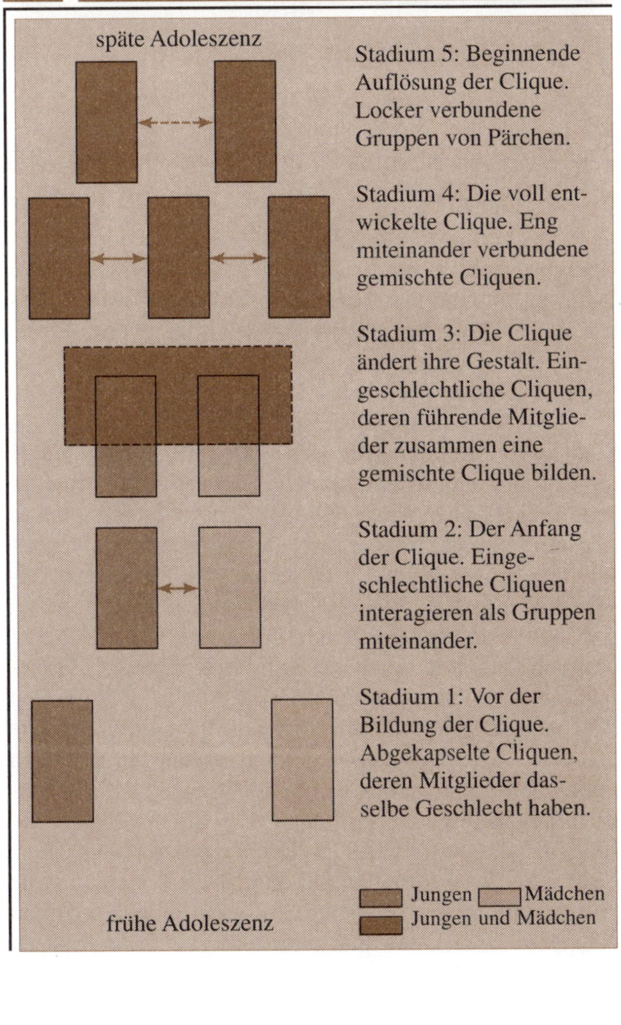

Eine der schwierigsten Anforderungen, mit der das gesellschaftliche Leben die Jugendlichen konfrontiert, besteht darin, daß sie die in der Pubertät erwachten Geschlechtstriebe in ihre Beziehungen zu Gleichaltrigen einfügen sollen, denn das verlangt von den Jugendlichen, daß sie einfache Freundschaften in sexuelle Beziehungen umformen. Die Zeit, in der sie sich oft verabreden, gibt den Jugendlichen eine Gelegenheit zu experimentieren, so daß sie die Umformung in einer verantwortungsvollen, sie selbst und den Partner befriedigenden Weise vollziehen können. Die ersten sexuellen Beziehungen von Heranwachsenden sind oft beliebig und ohne tieferes emotionales Engagement. Sie gehen sie ein, um etwa soziale Fertigkeiten zu erlernen, um zu experimentieren oder sich einfach zu erholen. Später im Leben streben diese Jugendlichen im allgemeinen danach, dauerhafte Liebesbeziehungen, in denen sie sich auch emotional engagieren, zu ihren Sexualpartnern aufzubauen.

Die Moralität von Jugendlichen

Das Interesse von Psychologen, die wissen möchten, auf welche Weise Jugendliche sich in die Gesellschaft einfügen, richtet sich vor allem auf ihr moralisches Urteil. Lawrence Kohlbergs bekannte Arbeiten zum moralischen Urteil konzentrierten sich meist auf die moralische Entwicklung von der frühen Adoleszenz bis zum Ende der Collegejahre. Kohlberg spürte der Entwicklung der individuellen Moralvorstellungen mit Hilfe klinischer Interviews nach. Zu Beginn erzählte er den Interviewpartnern eine Geschichte wie die folgende:

> Ein Mann wollte ein neues Medikament kaufen, das seine Frau vor einer tödlichen und ansonsten unheilbaren Krankheit bewahren konnte. Der Erfinder des Medikamentes war auf Profit aus und versuchte dem Ehemann viel mehr abzuknöpfen, als dieser bezahlen konnte. Als der Erfinder sich weigerte, seinen Preis zu ändern, stahl der verzweifelte Ehemann das Medikament.

Nach dieser Geschichte sollten die Interviewpartner das, was der Ehemann getan hatte, nach moralischen Gesichtspunkten beurteilen. War der Diebstahl gerechtfertigt? Warum, oder warum nicht? Kohlberg stellte fest, daß Leute unterschiedliche moralische Kriterien anwenden und unterschiedliche Standpunkte beziehen, je nach ihrem Entwicklungs- und Erfahrungsstand.

Laut Kohlberg entwickelt sich moralisches Empfinden in Stadien, wobei jede Stufe eine reifere Form des moralischen Urteilens bedeutet als die vorherige (siehe Tabelle 8-3 und Abbildung 8-12). Es gibt sechs Stadien. In Stadium 1 glauben Kinder, die meist zehn oder jünger sind, daß Macht, Strafen und Vorschriften sich aus sich selbst rechtfertigen. Dieses Stadium deckt sich weitgehend mit Piagets heteronomer Moralität. In Kohlbergs Stadium 2 tritt zum ersten Mal ein Sinn für Gegenseitigkeit, die auf moralischen Prinzipien ruht, zutage. In diesem Stadium begreifen die Kinder, die nun zwölf oder älter sind, Gerechtigkeit als einen nach dem Gleichheitsprinzip verlaufenden Abtausch guter oder böser Taten ("Eine Hand wäscht die andere" oder "Auge um Auge, Zahn um Zahn"). Die Stadien 3 und 4 heißen *konventionelle moralische Orientierungen;* normalerweise kommen Jugendliche nicht über diese Entwicklungsstufen hinaus. Die Jugendlichen in Stadium 3 verstehen und billigen die goldene Regel ("Was du nicht willst, daß man dir tu..."); sie schätzen Freigebigkeit für die Bedürftigen, Vergebung für Fehltritte und ähnliche Handlungsweisen hoch. In Stadium 3 bedeutet

Tabelle 8-3 Kohlbergs Stadien der moralischen Entwicklung

Ebene	Stadium
Ebene eins	*prämoralisch*
Stufe 1	Orientierung an Bestrafung und Gehorsam. Befolgt Regeln, um Strafe zu vermeiden.
Stufe 2	Naiver zweckgerichteter Hedonismus. Konform, um belohnt zu werden, gefällig, damit man ihm einen Gefallen tut.
Ebene zwei	*konventionelle Rollenkonformität*
Stufe 3	Moralität des "guten Jungen" und des "guten Mädchens". Konform, um Mißfallen oder Abneigung anderer zu vermeiden.
Stufe 4	An der Wahrung von Recht und Ordnung orientierte Moralität. Konform, um nicht von Autoritätspersonen getadelt zu werden.
Ebene drei	*selbstakzeptierte moralische Grundsätze*
Stufe 5	Moralität orientiert am Prinzip des Gesellschaftsvertrages, an Persönlichkeitsrechten und demokratisch akzeptierten Gesetzen. Konform, um Wohl der Allgemeinheit zu wahren.
Stufe 6	An persönlichen Gewissensgrundsätzen orientierte Moralität. Konform, um Selbstverurteilung zu entgehen.

Abbildung 8-12 Aussagen sieben- bis sechzehnjähriger Jungen, bezogen auf Kohlbergs drei Ebenen des moralischen Urteils (Prozentanteile)

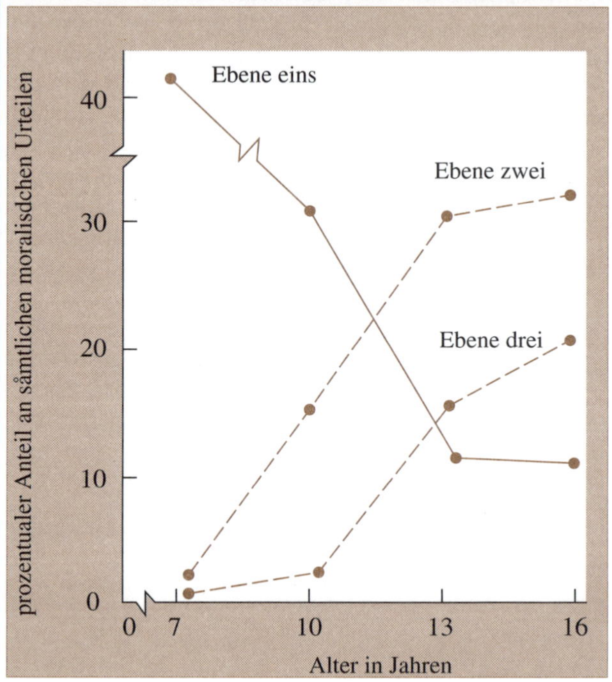

Die Abbildung veranschaulicht, wie der erste Typ moralischen Denkens mit zunehmendem Alter typischerweise schwindet und die fortgeschrittenen moralischen Urteile dabei zunehmen.

Gerechtigkeit, in zwischenmenschlichen Beziehungen Gutes zu tun. Stadium 4 erweitert den Begriff der Gerechtigkeit, so daß er die gesamte soziale Ordnung umfaßt und nun auch bedeutet, daß man ein guter Bürger werden, hart arbeiten und das Recht wahren soll.

Die Stadien 5 und 6 sind die *prinzipiengeleiteten* Stadien des moralischen Urteilens. Prinzipiengeleitete moralische Denker in Stadium 5 können über so metaethische Fragen nachsinnen wie "Warum sollen wir ethisch handeln?" Sie stellen sich vor, daß eine moralische Verantwortung bindet, sobald man die Rechte für sich in Anspruch nimmt, die die Gesellschaft bietet. Dieser Moralbegriff beruht also auf der Vorstellung eines "Gesellschaftsvertrages". Auf der höchsten Stufe in Kohlbergs System, im Stadium 6, kann der Mensch sich flexibel in die Rollen aller Parteien eines moralischen Konflikts einfühlen. Die gerechte Lösung, zu der er gelangt, sprengt in gewissen Fällen den Rahmen, den der Gehorsam gegen die gesellschaftlichen Regeln setzt. Doch respektieren solche Lösungen stets die universellen Rechte anderer Menschen. Eine gerechte Lösung in Stadium 6 "ist eine für alle Parteien annehmbare Lösung ... , zu der man selbst dann gelangen würde, wenn man unterstellte, keine der Parteien

Um die Leiden seiner Frau zu lindern, beschaffte er ihr verbotene Medikamente

CHICAGO (UPI) - Otis Bowens Amtszeit als Gouverneur von Indiana ging dem Ende zu; seine Frau Beth lag mit Knochenkrebs im Sterben. Da nahm er das Recht selbst in die Hand. Getrieben vom Leid seiner Frau benutzte der Arzt und Politiker nicht zugelassene Medikamente, um ihre Schmerzen zu lindern.

Bowen ging ihre Schmerzen mit einem industriellen Lösungsmittel an, mit dem man Arthritis bei Tieren behandelt, milderte ihre von der Chemotherapie rührende Übelkeit mit einem Marihuanaextrakt und versuchte, sie mit einer illegal aus Frankreich importierten Knochenarznei zu heilen.

Mrs. Bowen starb am 1. Januar, während Bowen sich darauf vorbereitete, das Gouverneursamt abzugeben. Er hatte es zwei Amtszeiten lang bekleidet - länger läßt das Gesetz es nicht zu.

In den letzten Monaten ihrer Krankheit hatte Mrs. Bowen unter quälenden Schmerzen gelitten, während sie langsam an Knochenkrebs, genauer, an einem multiplen Myelom starb.

Bowen, der nun dem Lehrkörper der medizinischen Fakultät an der *Indiana University* in Indianapolis angehört, sagte am Freitag, er habe zu illegalen Medikamenten Zuflucht genommen, damit seine Frau - und er selbst - mit dem Schmerz leben konnten. ...

The Denver Post,
15.2.1981

Wie würden Sie den moralischen Entwicklungsstand, der hier zutage tritt, in den Begriffen von Kohlbergs Stadiensystem beschreiben?

wüßte vorher, auf welcher Seite sie in der betreffenden Situation stünde" (Kohlberg 1971, S. 213). Obwohl in Stadium 6 die Gesellschaftsordnung grundsätzlich geachtet wird, setzt sich der oder die Betreffende gelegentlich über ihre Gesetze hinweg, wenn blinder Gehorsam gegen sie krasse Ungerechtigkeit nach sich zöge. Grundsätze wie das gleiche Recht aller auf Leben stehen über allem anderen; das Gesetz erscheint als ein unvollkommenes Mittel, um solch hohen Zielen näherzukommen, und nicht mehr als moralischer Selbstzweck.

Der Übergang von konventioneller Moralität (Stufen 3 und 4) zu prinzipiengeleiteter Moralität (Stufen 5 und 6) zeigt oft den Übergang von der Adoleszenz ins Erwachsenenalter an. Dieser Übergang ist zuweilen schmerzhaft, erfordert er doch, daß man die eigenen Einstellungen im Lichte der kollektiven Institutionen und Vorschriften bewertet, die notwendig sind, um das soziale Leben einer hochentwickelten Gesellschaft aufrechtzuerhalten. Diesen Übergang hat man als einen langen und konfliktreichen Abschnitt beschrieben, in dem die Heranwachsenden oft versucht sind, die Werte ihrer Kultur in Bausch und Bogen abzulehnen, weil "alles relativ ist." Erst wenn die Jugendlichen fähig sind, diejenigen moralischen Grundsätze, die unerschütterliches Engagement verlangen, von denjenigen Konventionen und Maßstäben zu trennen, die von Kultur zu Kultur verschieden und daher willkürlich sind, erst dann werden sie soweit sein, daß sie sich eine festgefügte, auf Grundsätzen aufbauende Moralität schaffen können.

Identitätsbildung in der Adoleszenz

Während der Adoleszenz drängt sich die Frage "Wer bin ich?" in den Vordergrund und bringt viel Verwirrung, Aufruhr und Angst mit sich. Die Heranwachsenden können diese Frage nur beantworten, indem sie ein stabiles und in sich stimmiges Empfinden einer inneren Einheit ihrer eigenen Person ausbilden. In seinen Schriften über die "Identitätskrise" hat Erik Erikson diesen Differenzierungsvorgang eingehend beschrieben, der zur sozialen Entwicklung der Heranwachsenden gehört.

Erikson schildert die Adoleszenten, wie sie um eine Lösung ihrer Identitätskrise ringen, in Farben, wie sie andere Psychologen zur Schilderung des Übergangs von konventioneller zu prinzipiengeleiteter Moralität gebrauchen. Die Heranwachsenden stellen selbst die am tiefsten verwurzelten Überzeugungen in Frage, werfen liebgewonnene Ideen über Bord und werden scharfe Kritiker sowohl ihrer selbst als auch der Gesellschaft.

Erst nach einer langen Zeit der qualvollen Selbstprüfung, die manchmal begleitet ist von wildem Hin- und Herschwanken zwischen Zynismus und Schwärmerei, zwischen politischem Idealismus und egoistischer Selbstbeobachtung, zwischen Hedonismus und Askese, gewinnen Heranwachsende eine Identität, die fest genug ist, den vielfachen Zwängen und Forderungen einer komplexen, modernen Gesellschaft standzuhalten.

Eriksons Theorie der Identitätsbildung steht im Mittelpunkt seines achtphasigen, den gesamten Lebenszyklus umfassenden Modells der psychosozialen Entwicklung (Tabelle 8-4). Aus Eriksons Sicht sind auf jeder Entwicklungsstufe alle Themen der psychosozialen Entwicklung miteinander verflochten, doch jedes der Themen erlangt in einer bestimmten Lebensperiode beherrschenden Einfluß. Während dieser Zeit stellt das jeweilige Entwicklungsthema eine *Krise* oder einen Wendepunkt für den Betreffenden dar. Unter jedem Entwicklungsthema öffnen sich dem Menschen entweder, falls er die Krise meistert, Wege zu Wachstum und künftiger Stärke, oder er wird, falls er die Krise nicht bewältigt, anfällig für Fehlanpassung und künftigen Stillstand. Anpassungsfähigkeit in der psychosozialen Entwicklung besteht darin, daß jemand nach und nach die im Lebenszyklus aufeinander folgenden Krisen bewältigt. Wie er die Krise jeweils meistert, wirkt sich sowohl auf die übrigen Entwicklungsthemen aus, die neben der Krise ja weiterbestehen, als auch darauf, wie er alle künftigen Krisen löst.

Obwohl sogar Säuglinge schon mit dem Problem der Ich-Identität ringen - wie Lewis und Brooks-Gunn feststellten -, ist nicht die Ich-Identität das wichtigste Entwicklungsthema des Säuglingsalters, sondern das Urvertrauen. Identität ist erst in der Adoleszenz, wenn die "Identitätskrise" zum Dreh- und Angelpunkt der psychosozialen Entwicklung wird, das herausragende Thema.

Der Zusammenhang zwischen der lebenslangen Identitätsentwicklung und den hauptsächlichen psychosozialen Entwicklungskrisen ist für Erikson ein *genetischer*. In Eriksons Theorie bedeutet das, daß sich alle Themen der psychosozialen Entwicklung zu ihren Wurzeln in der Säuglingszeit zurückverfolgen lassen; außerdem sind alle hauptsächlichen Lebenskrisen aufeinanderfolgend angeordnet, das heißt, auf jede erfolgreiche Bewältigung folgt unweigerlich die nächste Krise. Jedes Thema der psycho-

Tabelle 8-4 Die acht Stadien der psychosozialen Entwicklung nach Erikson

psychosoziale Phase		Aufgabe oder Krise	soziale Bedingungen	psychosoziale Folgen
Phase 1 (Geburt bis 2 Jahre)	oral-sensorisch	Kann ich der Welt trauen?	Fürsorge und Befriedigung der Grundbedürfnisse	Urvertrauen
			Fehlende Fürsorge	Mißtrauen
Phase 2 (2-3 Jahre)	muskulär-anal	Kann ich mein Handeln selbst steuern?	Entbehrung, Toleranz und Fürsorge	Autonomie
			Overprotection ("überbehütender" Erziehungsstil) und mangelnde Fürsorge.	Scham und Zweifel
Phase 3 (4-5)	lokomotorisch-genital	Kann ich von meinen Eltern unabhängig werden, indem ich meine Grenzen erprobe?	Ermunterung zum Erproben	Initiative
			Mangelnde Gelegenheit zum Erproben	Schuld
Phase 4 (6-11)	Latenz	Kann ich die zur Anpassung nötigen Fähigkeiten beherrschen lernen?	Angemessenes Üben und Ermutigung	Leistung
			Dürftiges Üben und fehlende Unterstützung	Minderwertigkeitsgefühl
Phase 5 (12-18)	Pubertät und Adoleszenz	Wer bin ich? Was sind meine Überzeugungen, Gefühle und Einstellungen?	Innere Festigkeit und positive Rückmeldungen	Identität
			Ziellosigkeit und unklare Rückmeldungen	Rollenkonfusion
Phase 6	frühes Erwachsenenalter	Kann ich mich einem anderen Menschen ganz geben?	Wärme und Anteilnahme	Intimität
			Einsamkeit	Isolierung
Phase 7	Erwachsenenalter	Was kann ich kommenden Generationen bieten?	Zielbewußtheit und Produktivität	Generativität
			Fehlendes Wachstum und Regression	Stagnation
Phase 8	Reife	Habe ich in meinem Leben durch Arbeit und Spiel Zufriedenheit und Erfüllung gefunden?	Einheit und Erfüllung	Ich-Integrität
			Ekel und Unzufriedenheit	Verzweiflung

sozialen Entwicklung kann man rückwärts zu seinen früheren und vorwärts zu seinen späteren Gestaltungen verfolgen. Es läßt sich also sowohl vor als auch nach dem besonderen Krisenabschnitt, in dem es die Tagesordnung beherrschte, ausfindig machen.

Erwachsenenalter

Sobald sie die Identitätskrise bewältigt haben, treten Heranwachsende in den nächsten Akt des Dramas ein. Nun müssen sie sich mit den Krisen des Erwachsenenalters auseinandersetzen. Die erste Herausforderung besteht nach Erikson darin, eine dauerhafte und enge Vertrauensbeziehung zu einem geliebten Menschen aufzubauen. Menschen mit einer gefestigten Identität sind bereit, sich anderen zu öffnen und wichtige Seiten ihres Innenlebens mit ihnen zu teilen. Sie können es riskieren, sich in einem anderen Menschen zu "verlieren". Doch Menschen, deren Identität zu zerbrechlich ist, als daß sie es riskieren könnten, verletzt zu werden, beschränken sich auf oberflächliche Beziehungen und erleben sich daher am Ende als von anderen abgeschnitten. Auf die erfolgreiche Meisterung der Identitätskrise folgt außerdem die Herausforderung der "Generativität". Um dem Gefühl der Stagnation zu entgehen, müssen Erwachsene herausfinden, wie sie zu ihrer Welt, etwa durch schöpferische Leistungen oder indem sie Kinder aufziehen, ihren Beitrag leisten können.

In modernen Gesellschaften gelangen die meisten Menschen, auch lange nachdem die anfängliche Identitätskrise vorbei ist, zu immer neuen Urteilen über ihre Identität. Solche Neubewertungen ergeben sich oft im mittleren Alter, nach der Pensionierung, nach dem Verlust des Arbeitsplatzes oder nach einer Trennung vom Ehepartner. Obwohl diese erneuten Selbsteinschätzungen in ihrer Bedeutung für die persönliche Entwicklung nicht an die jener früheren Krise heranreichen, sind sie oft ebenso aufwühlend. Wieder muß der Mensch seine eigene Persönlichkeit erkunden und umgestalten, um zufriedenstellende Antworten auf die Frage "Wer bin ich?" zu finden.

Nach Erikson kämpfen wir in unserer letzten Lebenskrise darum, ein Gefühl der Ganzheit oder Integrität zu erreichen, um nicht in Verzweiflung zu fallen. Diese Krise zu meistern ist das Ziel, auf das uns die sieben vorausgegangenen Phasen vorbereitet haben. Falls ein Mensch die schwierigen Aufgaben von Intimität und Generativität gelöst hat, kann er die Erwachsenenjahre damit zubringen,

"Ich war auch mal alt, aber das lag mir nicht."

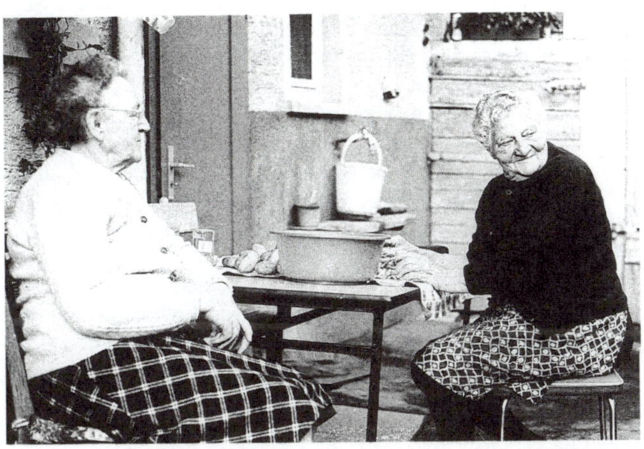

Nach Erikson ringen wir in der letzten psychosozialen Phase unseres Lebens um ein Gefühl der Einheit und Erfüllung, damit wir nicht in Ekel und Verzweiflung versinken. Bewältigen wir diese Krise, so gewinnen wir am Ende der Erwachsenenjahre ein Gefühl inneren Friedens.

seinem Leben jenen einigenden Sinn zu verleihen, den Erikson *Ich-Integrität* nannte. Ein Gefühl der Integrität entwickelt sich dann, wenn jemand spürt, daß er sein Leben zielbewußt und engagiert gelebt hat und daß seine Anstrengungen auf gute Ziele gerichtet waren. Wenn jemand jedoch sehen muß, daß er sinnlos und ohne Hingabe gelebt hat, wird daraus Ekel folgen, gepaart mit Verzweiflung: "Es ist zu spät (oder zu schwierig), mich jetzt noch zu ändern, also werde ich nie etwas aus mir machen." Eine gesunde Bewältigung dieser Krise führt dazu, daß wir unser Leben mit einem Gefühl der Ganzheit und des inneren Friedens beschließen. (Siehe auch Fundgrube 8-1.)

Einige Psychologen haben versucht, über den Entwicklungsverlauf im Erwachsenenalter exaktere Aussagen zu treffen als Erikson. Sie umreißen "Stadien" wie die Ehe, die "zweite Adoleszenz" der Lebensmitte, den Abschnitt nach 50, in dem man "abgeklärter" wird, und so weiter. Doch eine Schwierigkeit dieser Art von Analyse liegt darin, daß nicht jeder diese speziellen Ereignisse erlebt. Problematisch ist auch, daß es keinen einleuchtenden Grund gibt, warum diese Ereignisse unbedingt in einer bestimmten Reihenfolge ablaufen sollten, außer dem, daß viele Mittelschichtsamerikaner sie eben faktisch in jeweils etwa demselben Alter durchmachen. Diese "Stadien" erfüllen daher kein einziges der Kriterien für echte Entwicklungsstadien: Sie sind weder universell noch laufen sie in einer logisch begründbaren, festen Reihenfolge ab, noch bauen sie aufeinander auf in dem Sinne, daß grundlegende Fähigkeiten oder Persönlichkeitsmerkmale jeweils auf neue Weise zusammengefügt würden.

Ein neuerer Zugang zur Psychologie des Erwachsenenalters, die Entwicklungspsychologie der Lebensspanne *(life-span psychology),* versucht den Schwächen der Stadienmodelle abzuhelfen. Die Betrachtung der Lebens-

FUNDGRUBE 8-1

Das Märchen vom Altern

Die gängigen Ansichten über alte Menschen schließen bemerkenswert viele Irrtümer ein. Erdmure Palmore entwarf ein kleines Quiz, das den betreffenden Wissensstand erfaßt. Wieviel wissen Sie über alte Menschen? Wie viele der folgenden Aussagen können Sie richtig einschätzen? Streichen Sie R an für "richtig" und F für "falsch".

R F 1. Die meisten alten Menschen (das heißt, die über 65) sind senil (das heißt, ihr Gedächtnis hat Schaden gelitten, sie sind desorientiert oder schwachsinnig).
R F 2. Meist werden im Alter alle fünf Sinne schwächer.
R F 3. Die meisten alten Menschen haben kein Interesse an sexuellen Beziehungen oder sind nicht dazu imstande.
R F 4. Die Lungenkapazität nimmt im Alter gewöhnlich ab.
R F 5. Die meisten alten Menschen fühlen sich fast immer elend.
R F 6. Die Körperkraft nimmt im Alter gewöhnlich ab.
R F 7. Mindestens ein Zehntel der alten Menschen lebt in Langzeiteinrichtungen (zum Beispiel in Pflegeheimen, psychiatrischen Krankenhäusern, Altersheimen).
R F 8. Fahrer über 65 haben weniger Verkehrsunfälle als jüngere.
R F 9. Die meisten älteren Arbeiter können nicht so effektiv arbeiten wie die jüngeren.
R F 10. Etwa 80 Prozent der alten Menschen sind gesund genug, um ihren gewohnten Tätigkeiten nachzugehen.
R F 11. Die meisten alten Menschen sind festgefahren und unfähig, sich noch zu ändern.
R F 12. Alte Menschen brauchen gewöhnlich länger, um etwas Neues zu lernen.
R F 13. Es ist alten Leuten fast nicht möglich, Neues zu lernen.
R F 14. Die Reaktionszeit der meisten älteren Menschen ist länger als die der jüngeren.
R F 15. Im allgemeinen sind sich alte Menschen ziemlich ähnlich.
R F 16. Den meisten alten Menschen ist es selten langweilig.
R F 17. Die meisten alten Menschen sind von anderen abgeschnitten und einsam.
R F 18. Ältere Arbeiter haben weniger Unfälle als jüngere.
R F 19. Über 15 Prozent der US-Bevölkerung sind zur Zeit 65 oder älter.
R F 20. Für die meisten praktischen Ärzte rangieren alte Patienten unter "ferner liefen".
R F 21. Das Einkommen der meisten alten Menschen bewegt sich unter der (von der Regierung festgesetzten) Armutsgrenze.
R F 22. Die meisten alten Leute arbeiten oder würden gerne irgendeine Arbeit haben (einschließlich Hausarbeit und unentgeltlicher und ehrenamtlicher Arbeit).
R F 23. Ältere Menschen werden meist religiöser als sie zuvor waren.
R F 24. Die meisten alten Menschen werden selten ärgerlich oder wütend.
R F 25. Der Gesundheitsstand und die sozioökonomische Stellung der älteren Menschen werden, verglichen mit Jüngeren, im Jahr 2000 etwa gleich sein wie jetzt.

Die Lösung ist simpel: Alle Aussagen mit ungeraden Zahlen sind falsch, alle mit geraden richtig.

spanne konzentriert sich auf universelle Vorgänge, durch die Menschen aller Altersstufen als gesellschaftliche und geistige Wesen wachsen. Die *life-span* Psychologen versuchen festzustellen, warum der eine ein zentrales Ereignis - etwa eine wirtschaftliche Notlage - durchlebt und einen Weg findet, Nutzen daraus zu ziehen, während ein anderer sich dem möglichen Entwicklungsfortschritt widersetzt. So versuchen *life-span*-Psychologen Alter und Entwicklungsvorgänge auseinanderzuhalten; sie nehmen an, daß alle Menschen sich weiterentwickeln können, vorausgesetzt, sie bleiben offen für gesellschaftliche Einflüsse und neue Ideen.

Bei der derzeit vielleicht heftigsten Debatte über die Entwicklung des Erwachsenen geht es darum, ob unsere

Wenn es aufs Alter nicht mehr ankäme

von KENNETH L. WOODWARD, unter Mitarbeit von ELOISE SALHOLZ

Vor einem halben Jahrzehnt war die größte Sensation in der Psychologie die Entdekkung, daß Erwachsene genau wie Kinder vorhersagbare "Lebensstadien" durchlaufen. Gail Sheehy hat in ihrem Buch "Passages" die Vorstellung popularisiert, der Lebensweg des Menschen sei eine Art Treppe aus psychosozialen Krisen; jeder könne sich darauf einstellen, daß er die Krisen in etwa denselben Lebensabschnitten wie andere Menschen erlebe. Doch nun zweifelt eine andere Schule von Verhaltenswissenschaftlern die Theorien der Lebensstadien nachdrücklich an und schlägt ein elastischeres Modell dafür vor, wie sich der Mensch in seiner Lebensspanne entwickelt *(life-span development)*. Nach diesem Paradigma wandeln sich Menschen zwar ihr ganzes Leben hindurch, aber nicht in Stadien; vielmehr sind die Veränderungen nicht unbedingt in einer festen Reihenfolge geordnet, sind nicht unwiderruflich und an kein bestimmtes Alter geknüpft.

Hinter der Analyse der Lebensspanne steht als Hauptannahme, daß nach der Adoleszenz das Alter keinen zuverlässigen Anhaltspunkt mehr dafür bietet, wie jemand fühlt oder handelt. "Unsere Gesellschaft gewöhnt sich an den 28jährigen Bürgermeister, ... den 50jährigen Pensionär, den 65jährigen Vater eines Vorschulkindes und den 70jährigen Schüler," bemerkt die Gerontologin Bernice L. Neugarten von der *University of Chicago*. Neugarten folgert, die Vereinigten Staaten entwickelten sich zu einer "Gesellschaft, in der das Alter ohne Belang ist."

Bedarf

Wenn das Alter tatsächlich keine Rolle mehr spielen würde, hätte das weitreichende Folgen. Psychologisch gesehen würden die Menschen ihren persönlichen Lebensweg nicht mehr an gesellschaftlich vorgegebenen "Fahrplänen" messen; Frauen würden sich nicht mit 40 alt, Männer mit 50 nicht aus dem Rennen geschlagen und ältere Menschen nicht mehr schon mit 65 als altes Eisen vorkommen. Idealerweise würde man Jugendlichkeit weder vergöttern noch ablehnen, und es gäbe keine speziellen Unterstützungen für die alten Menschen. Tatsächlich stellen einige Leute, die wollen, daß das Alter keine Rolle mehr spielen soll, bereits in Frage, ob es sinnvoll ist, Sozialhilfe und andere Leistungen an ältere Leute unabhängig von deren Bedürftigkeit zu zahlen. Doch viele Wissenschaftler bezweifeln auch, daß das Alter jemals belanglos sein wird, und sogar einige *life-span*-Spezialisten meinen, das würde die Gesellschaftsordnung zerstören. "Wir brauchen einfach Altersnormen, um Bezugspunkte für unser Leben zu haben und es gliedern zu können ," sagt der Soziologe Glen H. Elder Jr. von der *Cornell University*. "Eine Gesellschaft, in der das Alter belanglos ist, läuft aus dem Ruder."

Die Erforschung der Lebensspanne ist ein multidisziplinäres Unternehmen; seit noch nicht zwei Jahrzehnten versucht man zu erklären, wie Menschen sich von der Geburt bis zum Tod verändern und entwickeln. Am anspruchsvollsten ist diese Forschung da, wo sie die traditionelle westliche Sichtweise angreift, die Gestalt des Erwachsenenalters werde weitgehend von Kindheitserfahrungen festgelegt. *Life-span* Forscher führen stattdessen Argumente dafür ins Feld, daß lebensverändernde Ereignisse *(life-events)* im späteren Leben weit bedeutsamere Folgen hätten als die traditionellen Theorien zugestehen. Zudem meint der Entwicklungspsychologe Paul Baltes von der *Pennsylvania State University*: "Wenn Menschen älter werden, werden sie immer unterschiedlicher, so daß man vom Alter immer weniger auf Charakter und Verhalten schließen kann. ..."

Normen

Glen Elder glaubt, daß Menschen Altersnormen brauchen, an die ihre Erwartungen anknüpfen können. "Wenn man Neugartens These konsequent durchdenkt," sagt er, "hat man zum Schluß ein Bild der Lebensspanne vor sich, in dem der Mensch keine Möglichkeit hat, lebensverändernde Ereignisse wie Heirat, Kinderkriegen und Tod vorherzusehen und sich auf sie vorzubereiten." Marjorie Fiske, Leiterin des *Human Development and Aging Program* an der *University of California* in San Francisco, behauptet, die Idee, das Alter sei belanglos, ermutige die alten Menschen lediglich zu dem Versuch, jung zu bleiben, und nehme so dem Alter seine Würde...

Es ist recht unwahrscheinlich, daß die Gesellschaft das Alter je als völlig unerheblich betrachten wird. Da der Altersdurchschnitt der US-Amerikaner steigt, werden vielleicht im Gegenteil die alten Menschen als Respektspersonen neue und klarer definierte Rollen einnehmen. Dennoch haben *life-span* Studien Entscheidungsträger im sozialen Bereich bereits dazu gezwungen, ihre stereotype Geringschätzung des Alters zu revidieren und aus den Verfahrensweisen der Behörden die "positive Diskriminierung" alter Menschen zu verbannen - sogar wo sie ihnen wirklich nützt. Und was noch schwerer wiegt: Die Forschung zur Lebensspanne erinnert uns daran, daß die Gesellschaft selbst es ist, die die Bedeutung des Alters festsetzt. Die Frage bleibt, ob die US-Amerikaner sich aus ihrer Schwärmerei für die Jugend lösen und in den alten Menschen eine Würde entdecken werden, nach der die jungen mit gutem Grund trachten können.

Newsweek,
11.8.1980

Die jüngste Schulrichtung innerhalb der Entwicklungspsychologie nennt man heute meist Entwicklungspsychologie der Lebensspanne. Sie steht im Gegensatz zu Theorien, nach denen sich die Entwicklung in starren Stadien vollzieht. Theoretiker der Lebensspanne sehen die Entwicklung eines Menschen meist als einen fließenden und flexiblen Prozeß, der sich durch sein ganzes Leben zieht.

Persönlichkeit das ganze Leben hindurch unverändert bleibt. Muß ein Schüchterner stets schüchtern bleiben oder eine Anspruchsvolle immer anspruchsvoll? Entwicklungspsychologen wie Orville Brim und Jerome Kagan haben hervorgehoben, daß der Mensch stets wachsen und sich ändern kann, und warten mit vielen Belegen dafür auf, daß psychische Prozesse sehr formbar sind. Der Persönlichkeitsforscher Jack Block dagegen hat umfangreiche Längsschnittstudien veröffentlicht, aus denen hervorgeht, daß Menschen tatsächlich im Laufe ihrer gesamten Entwicklung stabile Merkmale aufweisen. Sowohl Block als auch die Gerontologen Paul Costa und Robert McCrea haben festgestellt, daß sich früh im Leben stabile Persönlichkeitsdimensionen zeigen und weit bis ins Erwachsenenalter unverändert bleiben können. Es ist eine der Hauptaufgaben zukünftiger Entwicklungspsychologen, dieses Paradox einer Unveränderlichkeit im Wandel zu entschlüsseln.

ZUSAMMENFASSUNG

1. Entwicklungspsychologen untersuchen Wandlungen des Verhaltens und Denkens, die lang anhaltende Auswirkungen darauf haben, wie ein Mensch sich an die Welt anpaßt. Obwohl sich das Interesse von Entwicklungspsychologen vor allem auf Kinder und die Umweltfaktoren richtet, die auf sie wirken, erstreckt sich das Feld der Entwicklungspsychologie über die gesamte Lebensspanne hin, von der Empfängnis bis zum Tod.

2. Wir unterscheiden mindestens vier verschiedene Blickwinkel auf die psychische Entwicklung, den psychoanalytischen, den lerntheoretischen, den kognitiven und den Ansatz der Informationsverarbeitung. Jede der Perspektiven gründet auf ihren eigenen Annahmen über die Ursachen von Entwicklungsabläufen, und jede bedingt eine besondere Forschungsmethodik. Die meisten heutigen Entwicklungspsychologen jedoch nehmen einen eklektischen Standpunkt ein und machen bei mehr als einer der Perspektiven Anleihen in Theorie und Methodik.

3. Die Entfaltung der körperlichen, sozialen und geistigen Fähigkeiten entspringt aus einem Zusammenspiel von kombinierten Faktoren. Zu diesen Faktoren gehören die genetische Ausstattung des Kindes, der Prozeß der biologischen Reifung, Lernvorgänge und die Eigeninitiative des Kindes, wenn es sich Können erwerben will. Es ist schwierig, wenn nicht unmöglich, die genaue Wirkung eines beliebigen Faktors separat von den anderen zu bestimmen.

4. Kinder unterscheiden sich voneinander durch die Geschwindigkeit, in der sie körperliche wie geistige Fähigkeiten erwerben. Solche Entwicklungsunterschiede sind unter Umständen für ein einzelnes Kind auf Dauer wichtig, doch starten viele Kinder langsamer als ihre Altersgenossen und überflügeln sie am Ende.

5. In mancher Hinsicht verläuft die Entwicklung kontinuierlich, in anderer diskontinuierlich. Sie ist insofern kontinuierlich, als sich nur schrittweise und mit von Tag zu Tag oft wechselnder Geschwindigkeit etwas ändert. Sie ist diskontinuierlich, insofern das Denken und Handeln von Menschen auf verschiedenen Altersstufen grundverschiedene Merkmale aufweist.

6. Entwicklungsbedingte Unterschiede zwischen Altersgruppen untersucht man entweder mit einem Querschnittsdesign, in dem man Gruppen verschiedener Altersstufen miteinander vergleicht, oder mit einem Längsschnittdesign, in dem man die Entwicklung einzelner Menschen verfolgt. Beide Forschungspläne haben Stärken und Schwächen. Die ideale Strategie kombiniert deshalb die zwei.

7. An der geistigen Entwicklung sind drei qualitativ verschiedene Prozesse beteiligt: Wahrnehmen, Erkennen und Spracherwerb. Der grundlegendste Prozeß ist die Wahrnehmung; sie hängt von der Reifung der Sinne ab, von denen beim Menschen nicht alle schon bei seiner Geburt voll funktionsfähig sind. Das Wahrnehmungsvermögen reift jedoch schnell und gleicht nach dem ersten Lebensjahr im wesentlichen dem von Erwachsenen.

8. Piaget hat die umfassendste Analyse der kognitiven Entwicklung vorgelegt. Er teilt die kognitive Entwicklung in vier Stadien mit grundlegend unterschiedlichen Eigenschaften ein: sensumotorisches Stadium (Geburt bis zwei Jahre), präoperationales Stadium (2 bis 7 Jahre), Stadium der konkreten Operationen (7 bis 11 Jahre), Stadium der formalen Operationen (ab 11 Jahren).

9. In weniger als vier Jahren wird ein Kind fähig, komplexe und grammatikalisch richtige Sätze zu sprechen. Entwicklungspsychologen streiten sich jedoch noch darüber, ob nun die kognitive Entwicklung des Kindes Voraussetzung für den Spracherwerb ist oder ob umgekehrt erst der Spracherwerb den Boden für fortgeschrittenes Denken bereitet.

10. Soziale und emotionale Entwicklung erfüllen zwei Funktionen: Sie gliedern das Kind in seine Gesellschaft ein und heben es von anderen Menschen ab. Die Eingliederung verlangt, daß das Kind Beziehungen zu anderen aufbaut und sein Handeln an den Vorschriften der Gesellschaft auszurichten lernt. Differenzierung der Persönlichkeit dagegen bedeutet, daß das Kind eine Identität aufbauen und ein Gefühl für sein Selbst erwerben muß.

11. Der Säugling erlebt eine emotionale Bindung *(attachment)* an seine primäre Bezugsperson. Im Idealfall fühlt das Kind sich in dieser Bindung so sicher, daß es schließlich wagt, Unabhängigkeit zu beanspruchen. Die erste Selbstkenntnis des Kindes bildet sich bereits während der Säuglingsjahre.

12. Interaktionen mit Gleichaltrigen, wie Spielen und Teilen, sind wesentlich für die soziale Entwicklung eines Kindes. Durch Beziehungen zu Gleichaltrigen machen Kinder sich einen Begriff von Freundschaft, Gerechtigkeit und anderen wichtigen gesellschaftlichen Vorstellungen. Außerdem können sie im Spiel mit Gleichaltrigen das Befolgen gesellschaftlicher Regeln ausprobieren und üben. Später werden Handlungen dieser Art zu einem ernsthaften und notwendigen Teil des Erwachsenenlebens.

13. Eltern haben einen ungeheuren Einfluß auf die soziale Entwicklung ihrer Kinder. Sie haben unterschiedliche Erziehungsstile; bestimmte Erziehungsstile ziehen, wie man nachgewiesen hat, spezielles Verhalten der Kinder nach sich.

14. In der Adoleszenz werden Freundschaften inniger. Das moralische Empfinden öffnet sich zu einer weiteren Perspektive und bezieht die gesamte Gesellschaft mit ein. Zudem wird das logische Denken zunehmend abstrakt, hypothetisch und regelgeleitet. Adoleszente gliedern die vielen und komplizierten Erkenntnisse über ihr Selbst zu einem einheitlichen Identitätsempfinden.

15. Bis vor kurzem wußte man wenig über die Entwicklung in den Erwachsenenjahren. Nun, da es die Entwicklungstheorien der Lebensspanne und dazugehörige Methoden gibt, entdecken Psychologen, daß die Entwicklung des Menschen bis in die späteren Lebensjahre dynamisch bleibt.

So sieht das in der Praxis aus

Weil Entwicklungspsychologie die gesamte Lebensspanne umfaßt, ergibt sich aus ihr eine breite Palette praktischer Anwendungen. Sie bietet den Eltern und Lehrern von Kleinkindern Leitlinien; sie hilft uns auch zu verstehen, wie wir mit den Herausforderungen und Problemen des Alterns sinnvoll umgehen können. Die Entwicklungspsychologie kann auch zur Klärung kontroverser Fragen der zeitgenössischen Gesellschaft beitragen: Wie verändern Kindertagesstätten das Familienleben? Wie wirken sich Scheidungen auf das seelische Wohlbefinden der Kinder aus? Und was macht das Fernsehen mit den Kleinen? Indem wir mehr und mehr über die normalen Wachstumsprozesse beim Menschen herausfinden, können wir immer besser darüber entscheiden, wie gesellschaftliche Institutionen und Verfahrensweisen gestaltet werden sollen, damit sie die Entwicklung des Kindes auf optimale Weise fördern.

ERZIEHUNG

Seit jeher werden entwicklungspsychologische Erkenntnisse vor allem im Bereich der Kindererziehung angewandt. Eltern sind verständlicherweise daran interessiert, was die Wissenschaft über das Großziehen von Kindern zu sagen hat, und Psychologen haben oft ihre Meinung dazu geäußert. Solche Meinungen bewegen sich allerdings innerhalb eines weiten Spektrums, je nachdem, welche Entwicklungstheorie bei den Psychologen der jeweiligen Epoche gerade am meisten en vogue war. In den zwanziger und dreißiger Jahren dieses Jahrhunderts stützte John Watson sich auf seine behavioristische Theorie, als er Eltern dringend riet, ihre Kinder nicht zu sehr zu verhätscheln, denn er glaubte, dies würde Abhängigkeitsverhalten belohnen und einen schwachen Charakter erzeugen. Doch weitere Fortschritte in der Entwicklungspsychologie haben diese Sichtweise entkräftet: Die Attachment-Theorien haben gezeigt, daß die Kinder liebevoller Eltern meist eine gesicherte affektive Bindung an sie haben und daß sie, anders als Kinder mit unsicherer Bindung, sich nicht an ihre Eltern klammern. Vielmehr sind sie recht durchsetzungsfähig und unabhängig.

Permissivität oder Laisser-faire ist ein anderer Erziehungsstil, dessen Popularität so schnell zerronnen ist, wie sie begonnen hat. Viele klagten Dr. Benjamin Spock an, er habe in seinem vielgelesenen *Baby and Child Care* (dt. *Säuglings- und Kinderpflege,* Frankfurt 1970/1978) völliges Gewährenlassen befürwortet, wogegen Spock selbst abstreitet, daß seine Erziehungsphilosophie von jeder Disziplin abrate. Der gegenwärtige Wissensstand legt einen gemäßigten Kurs nahe, in dem sich elterliche Führung mit einer demokratischen Familienatmosphäre verbindet. Die Arbeiten Diana Baumrinds und anderer zeigen, wie wir erwähnt haben, daß diese elterliche Haltung das Kind hinführt zu Tüchtigkeit, Lebendigkeit und Umgänglichkeit.

Im vergangenen Jahrzehnt hat eine Reihe von Familienexperten versucht, die Kunst der Erziehung mehr und mehr zu einer Wissenschaft zu machen. Das von Dr. Thomas Gordon entwickelte "Training zur Steigerung der elterlichen Effizienz" *(parent effectiveness training)* ist eins der bekannten Beispiele für diesen Trend. Man bietet Eltern Workshops und Kurse an, in denen sie Techniken lernen, wie sie mit ihren Kindern kommunizieren, wie sie ohne Zwangsmaßnahmen ihre Autorität behaupten und wie sie Konflikte mit den Kindern lösen können. Über eine halbe Million Eltern haben an Trainingsseminaren zur Steigerung der elterlichen Effizienz teilgenommen; viele berichten, ihr Zuhause sei infolgedessen harmonischer geworden.

Sogar manch eine Beziehung zwischen Mutter und Säugling kann nach Meinung einiger Entwicklungspsychologen von einem Training profitieren. Indem sie die Strukturen der Kommunikation zwischen Mutter und Säugling beobachteten, haben Psychologen festgestellt, wie Erwachsene Säuglinge ermuntern können, in ein Wechselspiel von Äußerungen mit ihnen zu treten. Kinderärzte arbeiten mit benachteiligten und zerrütteten Familien, um die Qualität der Interaktion zwischen Mutter und Säugling zu erhöhen. Mit Videoaufzeichnungen erfolgreicher Mutter-Kind Kommunikationen demonstrieren sie, wie man eine enge und lebendige Austauschbeziehung erreichen kann. Solch ein Training kann nicht nur die psychische Entwicklung des Kindes fördern, sondern auch der Mutter helfen, sich in der Erziehung sicherer zu fühlen.

Läßt sich Drogenmißbrauch vorhersagen?

von RONALD KOTULAK
CHICAGO - Welche Kinder sich später in der Adoleszenz als Drogen-, Alkohol- und Zigarettenkonsumenten erweisen, läßt sich, einer Langzeitstudie der *University of Chicago* zufolge, womöglich schon in der ersten Klasse vorhersagen.

Die Jungen in der ersten Klasse, die das höchste Risiko haben, später Drogenkonsumenten zu werden, sind diejenigen, die zugleich schüchtern und aggressiv sind, meint Dr. Sheppard G. Kellam, Leiter des *Social Psychiatry Research Center in Chicago.*

Jungen in der ersten Klasse, die nur aggressiv sind, haben das nächsthöhere Risiko, gefolgt von den nur Schüchternen.

Ein vierter Risikofaktor ist nach Kellams Ansicht Intelligenz: Aufgeweckte Jungen und Mädchen experimentieren meist früher und häufiger mit Drogen als ihre Klassenkameraden. Die Faktoren Schüchternheit und Aggressivität scheinen für Mädchen keine Gültigkeit zu haben.

"Wir fanden, daß diese Faktoren sichere und starke Prädiktoren für den Drogenkonsum der späteren Teenager sind," sagte Kellam, der seine Forschungen zusammen mit Dr. Margaret Ensminger, der stellvertretenden Leiterin des Zentrums, unternahm.

Die Ergebnisse öffneten einen Weg, auf dem man dem Drogen- und Alkoholmißbrauch unter Jugendlichen vorbeugen könne: Man könne Programme entwickeln, die an den Risikofaktoren der Erstklässler ansetzten. ...

Der Hauptrisikofaktor für adoleszente Mädchen, die Drogen, Alkohol und Zigaretten konsumieren, scheint in der Wahl des Freundeskreises zu liegen: Der Druck der Gleichaltrigengruppe spielt demnach eine wichtige Rolle. ...

Schüchtern-aggressive Erstkläßler schilderte Kellam als Einzelgänger. Sie saßen für sich und äußerten weder ihre Meinung noch nahmen sie am Unterricht teil. Sie verprügelten aber andere Kinder, verstießen gegen Regeln der Schule und so weiter.

Aggressive Erstkläßler taten sich meist mit anderen aggressiven Kindern zusammen. Sie kämpften oft miteinander, weigerten sich, Anweisungen zu folgen und waren im Unterricht ungezogen.

Mehr als ein Drittel der Schüler fiel in diese drei Kategorien und verteilte sich etwa gleichmäßig auf sie.

Als sie die Adoleszenz erreichten, rauchten 45 Prozent der Schüchtern-Aggressiven Marihuana, 60 Prozent waren starke Zigarettenraucher, 18 Prozent tranken Spirituosen und 60 Prozent Bier und Wein.

In der aggressiven Gruppe rauchten 35 Prozent der Adoleszenten Marihuana, 40 Prozent waren starke Zigarettenraucher, 18 Prozent tranken Spirituosen und 38 Prozent Bier und Wein.

Von den Schüchternen rauchten 10 Prozent Marihuana, 5 Prozent Zigaretten, keiner trank Spirituosen, und 20 Prozent tranken Bier und Wein.

"Unter den Erstkläßlern springen diese Schüler einem unweigerlich ins Auge. Sie sind die Hauptzielgruppe von Präventionsprogrammen, die Verhaltensprobleme in der Adoleszenz verhindern sollen," sagte Kellam. ...

Das Grundproblem dieser fehlangepaßten Erstkläßler liege darin, daß sie im großen und ganzen beim Lernen versagten. Ihre Aggression oder Schüchternheit oder die Mischung der beiden seien Symptome dafür, daß sie sich nicht an die Schule gewöhnt hätten.

Die erste Klasse sei vermutlich die kritischste Zeit und gebe den Ausschlag, ob ein Kind es akzeptiere oder ablehne, daß es lernen soll. Hier sei es zum ersten Mal regelrechtem Unterricht ausgesetzt, und der Druck sei größer als jemals später in seiner Ausbildung. ...

The Denver Post,
16.7.1982

Man kann die Techniken der Entwicklungspsychologie verwenden, um Verhaltensprobleme zu prognostizieren, die vielleicht auf präventive Maßnahmen ansprechen.

Beachten Sie bei diesem Beispiel, wie wichtig das frühe Lernversagen erscheint.

Dies ist besonders für sehr junge Mütter wichtig (von denen viele unverheiratet sind), da ihnen oft die Erfahrung wie auch die unentbehrliche Unterstützung anderer fehlt.

ANGEWANDTE GERONTOLOGIE

Weil wir länger leben und die Geburtenrate sich stabilisiert hat, steigt in den westlichen Industriegesellschaften der Anteil älterer Menschen. Aufgrund dieses Trends steigt das Interesse an Gerontologie und man unternimmt neue Versuche, die letzten Lebensjahre so erfüllt und produktiv wie möglich zu gestalten. Neue Forschungsergebnisse stellen die althergebrachten Mythen über die Einschränkungen in Frage, die das Alter angeblich mit sich bringt. Wissenschaftler sind intensiv damit befaßt, wie sich der körperliche und geistige Horizont der älteren Menschen erweitern läßt, und vielleicht gelingt es ihnen sogar, das Leben selbst zu verlängern.

Die meisten Wissenschaftler glauben, daß jede Spezies eine maximale Lebensspanne hat. Diese Schranke nennt man auch, nach dem Altersforscher Leonard Hayflick (*Children's Hospital Medical Center* in Oakland, Kalifornien), die "Hayflickgrenze". Die Grenze für Menschen verläuft bei etwa 95 Jahren und ergibt sich aus der beschränkten Anzahl von Teilungen und Reproduktionen, zu denen die Zellen unseres Organismus fähig sind. Außerdem werden unsere Körperzellen täglich durch Strahlung, Hitze, Krankheit und ähnliches geschädigt. Wird der Schaden groß, kann die Lebenserwartung weit unter die Hayflickgrenze unserer Spezies sinken.

So sprechen Sie am besten mit Kleinkindern

von MICHAEL PYE

Je mehr Aufmerksamkeit Erwachsene einem kleinen Kind widmen, das zeigt die Forschung, umso schneller lernt das Kind die Sprache und umso mehr Geschick entwickelt es darin. Obwohl große Brüder und Schwestern dem Kind einiges beibringen - vor allem neue Wörter -, ermutigen sie ihr Geschwisterchen nicht immer, neue Worte und grammatische Konstruktionen auch zu gebrauchen. Darin besitzen Erwachsene das größte Geschick. Es ist deshalb wichtig, daß Sie sich nicht nur die Zeit nehmen, zu ihrem kleinen Kind zu sprechen, sondern auch, ihm geduldig zuzuhören. Kinder versuchen nachzuahmen, wie die Großen sprechen, und schnappen deshalb Sätze, Ideen und Wörter auf; es fällt ihnen jedoch oft schwer, sie wie die Großen zu verwenden. Wenn Sie aufmerksam zuhören, merken Sie vielleicht, daß Ihr Kind Ihnen mehr zu sagen hat als oberflächliches Zuhören vermuten läßt.

Nützliche Tips

Wenn Sie mit ihrem Kind reden, behalten Sie folgende Punkte im Auge:

1. Verbessern Sie nicht immer das, was Sie für Fehler halten. Denken Sie daran: Ein Kind weiß noch gar nicht genug von den Regeln der Sprache, um wirkliche Fehler zu machen. Vielleicht hat Ihr Kind nur einen Teil von einer Idee begriffen - zum Beispiel wirft es Pronomen durcheinander, liegt aber bei den Personalpronomen (ich, du, sie) oder bei Singular und Plural (ich, wir) richtig. Lassen Sie Ihr Kind das Miteinandersprechen genießen und schrittweise lernen, sich auszudrücken.

2. Versuchen Sie das, was Ihr Kind sagt, zu erweitern, indem Sie neue Wörter, Begriffe und grammatische Konstruktionen hinzufügen. Wenn Ihr Kind Dinge durcheinanderbringt, wiederholen Sie sinngemäß, was es gesagt hat, aber in Erwachsenensprache. Greifen Sie das Thema des Kindes auf und fügen Sie etwas hinzu: Wenn ein Ball sein Thema ist, beschreiben Sie auch seine Farbe, während Sie über das Werfen und Fangen reden. Wenn Sie etwas zu dem hinzufügen, was Ihr Kind bereits zu sagen versucht, können Sie ihm so genau das beibringen, was es wissen muß.

3. Reden Sie entweder über Greifbares oder über naheliegende Ereignisse. Kinder können das, was als nächstes passiert, leichter angehen als das, was nächsten Sonntag passiert. Schon mit 28 Monaten können sie recht komplizierte grammatische Konstruktionen begreifen, falls sie mit etwas zu tun haben, was sie gleichzeitig sehen oder spüren können.

4. Unterschätzen Sie das Wissen ihres Kindes nicht. Mit ein wenig Hilfe kann es vielleicht in Worte fassen, was bereits in seinem Kopf ist. Kinder wissen, wie man den Sprechstil wechselt, ganz so wie Sie es tun, wenn Sie mit verschiedenen Leuten reden. Wenn Sie sich an naheliegende Dinge und einfache Ideen halten, werden Kinder versuchen, mit Ihnen Schritt zu halten. Und trauen Sie Ihrem Instinkt - Eltern stimmen ihr Sprechen mindestens ebenso gut auf das Wissen eines Kleinkindes ab wie sie ihr Sprechen dem besonderen Hintergrund und Stil eines Nachbarn oder Kollegen angleichen.

5. Lassen Sie Ihr Kind die verschiedenen Sprechstile miterleben, die Sie und Ihr Ehepartner im Privat- und Geschäftsleben verwenden. Kinder müssen das öffentliche und ausführliche Sprechen, das sich ausschließlich an andere Erwachsene richtet - insbesondere, wenn es sich nicht um Familienmitglieder handelt -, ebenso kennenlernen wie jenes vertraute und ungezwungene Sprechen, das sich in der Familie abspielt.

6. Lesen Sie Ihrem Kind etwas vor, und beantworten Sie dann seine Fragen. Versuchen Sie, es zum Sprechen über die Geschichten zu bringen, die es hört. Mit diesem einfachen Mittel halten Sie die Kinder dazu an, sich mit einer Sprache auseinanderzusetzen, die öffentlich und kompliziert ist, und bringen sie auf neue Gesprächsthemen.

7. Versuchen Sie, die Kinder zu genau den Witzen und Sprechspielen zu ermuntern, die Sie manchmal auf die Palme bringen - sie sind grundlegende Lernwerkzeuge. Falls Sie darauf kommen, was Ihr Kind durch die Spiele herausfinden will, sagen Sie es ihm. Je besser diese Sprachspiele klappen, desto eher kann ein Kind die Regeln dieses neuen Spielzeugs, der Sprache, austesten, und umso stärker wird später sein Sprachvermögen sein.

Parents,
März 1983

Einige Wissenschaftler wie Joan Smith-Sonneborn von der *University of Wyoming* suchen intensiv nach Methoden, mit denen sich die maximalen Lebensspannen verschiedener Lebewesen verlängern lassen. Indem sie Reparaturenzyme in Einzeller - genauer: Pantoffeltierchen - spritzte, konnte Dr. Smith-Sonneborn deren Lebensspanne um fast ein Drittel über die Hayflickgrenze hinaus steigern. Sollte dieses Forschungsprogramm am Ende Ähnliches für uns Menschen ergeben, könnten wir es miterleben, wie Leute das stattliche Alter von 130 erreichen.

Doch die meisten Entwicklungsforscher, die sich der Gerontologie verschrieben haben, befassen sich mit weniger publikumswirksamen, aber dringlicheren Fragen. In unserer Gesellschaft werden die älteren Menschen oft von ihren Familien abgeschnitten, da diese sie eher als emotionale und finanzielle Last ansehen denn als Gefährten zu schätzen. Außerdem müssen die meisten Menschen über siebzig mit der Pensionierung fertigwerden, einem der belastendsten Ereignisse im Leben. Ferner können viele alte Menschen den Verlust des lebenslangen Ehepartners fast nicht ertragen.

Ein Ansatz in der Altenarbeit hilft alten Menschen, ihre alten "Beziehungsgeflechte" *(social networks)* wiederaufzubauen und neue zu schaffen. Man ermuntert die Nachkommen der alten Menschen, ihre kleinen Kinder so oft wie möglich zu Besuchen mitzubringen; dahinter steht die Idee, daß die Vermischung der Generationen für jung und alt gesund ist. Auch ermutigt man alte Menschen, sich neue Fertigkeiten anzueignen, die schwer zu erlernen sind, für die sie aber bisher vielleicht nie Zeit hatten. Die letzten Jahre des Lebens bieten die Möglichkeit, sich Wissen anzueignen, das man einst vielleicht als unpraktisch und als

Oma auf neuen Wegen

Experten widerlegen Vorurteile über das Altern

FRANKFURT - Oma möchte sie von ihren Enkeln nun wirklich nicht genannt werden. Sie sollen sie einfach bei ihrem Vornamen nennen. Professor Dr. Martha Krause-Lang, Sozialwissenschaftlerin aus Aachen, kennt viele ältere Menschen, die so reagieren. Für Frau Lang ist ein derartiges Verhalten Ausdruck für das negative Image, das ältere Menschen in unserer Gesellschaft haben. Das hat die Expertin auf einer Veranstaltung der Frankfurter Caritas zum Thema "Älterwerden in Frankfurt" jetzt ausgeführt. Die "Jedermann-Meinung", wie sie sie nannte, sei von dem Klischee geprägt, das Alter bestehe in einer Anhäufung von Krisen, "plötzlich ist alles schwarz in schwarz". Diesem und ähnlichen Vorurteilen trat sie in ihrem Referat entgegen.

Die Einstellung, Altsein bedeute zwangsläufig Krankheit und Gebrechlichkeit, hält die Sozialwissenschaftlerin für falsch. Die neue Gesundheitsministerin, Ursula Lehr, hätte bereits dazu beigetragen, daß diese Meinung gründlich revidiert werden mußte. Das gleiche gelte für das Fehlurteil, der alte Mensch sei nicht mehr lernfähig. Ergebnisse aus der Forschung bestätigen dies, wie Dr. Birgit Stappen aus Trier erklärte. Die Psychologin promovierte bei Frau Lehr über das Thema "Auseinandersetzungsformen mit Verwitwung im höheren Alter". Sie hat jetzt einen Lehrauftrag für Fragen der stationären Altenhilfe in Heidelberg. In ihrem Vortrag in Frankfurt wurde deutlich, daß die Lernfähigkeit im Alter dann besonders gut ist, wenn die Menschen die Inhalte als sinnvoll und persönlich bedeutsam erleben würden. Auch in anderer Hinsicht dürfen die Senioren mit Optimismus in die Zukunft schauen. So ist es nach den Darstellungen von Frau Krause-Lang weder richtig, daß der dritte Lebensabschnitt immer mit Einsamkeit einhergeht, noch mit Hilfebedürftigkeit verbunden sein muß. Die Fähigkeit der meisten Menschen, mit dem Leben selbst fertig zu werden, sei erstaunlich hoch. Und diejenigen, die der Hilfe bedürften, würden nicht im Stich gelassen. Statistiken belegten, daß 75 bis 80 Prozent aller Pflegebedürftigen von ihren Familien betreut würden.

"Aber Herr Kollege, jedes Jahr weigern Sie sich zu emeritieren, inzwischen sind Sie mit 85 doch wirklich zu alt..."

"Waaas? zu alt?"

Der neue Trend, Altern als Chance und Herausforderung zu betrachten, wurde auch in Frankfurt immer wieder deutlich. Nach Ansicht von Frau Stappen kommt es darauf an, dem älteren Menschen zu vermitteln, daß er noch etwas bewirken und seine Situation aktiv bewältigen kann. Zu einem selbständigen Leben auch im Alter würden in Zukunft immer mehr Bürger fähig sein. Darauf würden die Wegweiser aus den Forschungsergebnissen hindeuten.

Eine Voraussetzung für ein erfolgreiches Älterwerden ist die eigene Aktivität nach dem Motto "Wer rastet, der rostet". Das zeigten die Referate, aber auch die Beiträge in den Arbeitsgruppen der ehrenamtlichen Helfer. Um möglichst lange fit zu bleiben, sollen Hobbys und Kontakte gepflegt werden. Es kommt darauf an, daß sich der einzelne weiterbildet und sich Aufgaben stellt, die seinem Leben einen Inhalt geben. Freilich müssen auch die Rahmenbedingungen stimmen. Die Fachleute wünschen sich differenzierte Angebote, die über ein "Abspeisen mit Kaffee und Kuchen hinausgehen" und den individuellen Bedürfnissen des einzelnen gerecht werden - genannt wurden etwa Reisegruppen oder spezielle Bildungsangebote. Besonders wichtig scheint dabei der Austausch zwischen den Generationen. Dieser Wunsch wurde in Wortbeiträgen ebenso immer wieder deutlich wie das Anliegen, mehr Wohnformen zu schaffen, die es alten Menschen ermöglichen, mit jungen zusammen zu wohnen. Laut wurde auch der Ruf nach einem Ausbau von ambulanten Diensten, die auf die unterschiedlichsten Bedürfnisse zugeschnitten sind, und nach mehr Tagesheimen. In Tagesheimen sieht der Caritasdirektor Werner Osypka eine große Zukunft. Sie seien menschengemäßer, kostengünstiger und die Personalfrage sei dort leichter zu lösen. Osypka ist überzeugt, daß in der kommenden Zeit viel für die Pensionäre getan werden wird: "Wir stehen erst am Anfang einer Gesellschaft, die sich um alte Menschen kümmert."

Brigitte Roth

Die neue Ärztliche
9. März 1989

Mit freundlicher Genehmigung von Verlag und Autorin

Neuere Forschungen haben viele Ansichten über das Alter als Märchen entlarvt. Unter anderem wird diese Forschung wohl dazu beitragen, das Selbstbild älterer Menschen zu stärken, was umgekehrt ihre Lebensqualität heben wird.

Zeitverschwendung ansah - man kann etwa eine alte Sprache wie Griechisch lernen. Diese und ähnliche Programme regen alte Menschen dazu an, die letzte Stufe ihres Lebens als eine lockende Aufgabe statt als eine leere Zeit des Verfalls zu betrachten.

"Mit dem gleichgeschlechtlichen Elternteil sind Kinder besser dran"

von CHUCK COOK

DALLAS - Vielleicht ist die beste Lösung für die Probleme des Sorgerechts, daß man Mädchen mit ihrer Mutter und Jungen mit ihrem Vater leben läßt. Das folgt aus einer Studie, die zwei Wissenschaftler an der *University of Texas* in Dallas kürzlich abgeschlossen haben.

Diese Schlußfolgerung stützt zum Teil eine Haltung, die sich an den mit Familienrecht befaßten Gerichten durchzusetzen beginnt. Familienrichter erzählen, Vätern würde nun öfter als früher das Sorgerecht zuerkannt, und immer mehr Mütter würden freiwillig das Sorgerecht über ihre Kinder abtreten.

In der *UTD*-Studie untersuchten Dr. Richard A. Warshak und Dr. John Santrock zwei Jahre lang 64 Kinder in der Region von Dallas. Die Kinder waren alle zwischen sechs und elf und lebten mit einer alleinerziehenden Mutter, einem alleinerziehenden Vater oder mit beiden Eltern.

Während sie vorsichtig sind und "nicht empfehlen, daß das Mädchen immer zur Mutter und der Junge immer zum Vater kommen soll", fanden die zwei Psychologen "massive Beweise dafür, daß das Geschlecht von Kindern und Sorgeberechtigten gleich sein sollte." Dennoch, vermerken Warshak und Santrock, gebe es keinen Ersatz für das Zusammenleben mit beiden Eltern in einem stabilen Milieu.

Bisher nahmen die Richter üblicherweise an, das beste für die Kinder sei, mit der Mutter zu leben. Deswegen schreiben Warshak und Santrock: "Viele Eltern lassen sich bei der Scheidung nie ernsthaft Alternativen dazu durch den Kopf gehen, daß die Mutter das Sorgerecht erhält."

Tatsächlich können Alternativen - wie gemeinschaftliches Sorgerecht, freier und leichter Zugang für das Kind zu dem Elternteil, mit dem es nicht lebt, oder Sorgerecht des Vaters - förderlicher für das Kind sein, stellten die Forscher fest.

Während sie die Wirkungen von Sorgerechtsregelungen auf Kinder untersuchten, bemerkten Warshak und Santrock, daß Jungen und Mädchen unmittelbar nach der Trennung ihrer Eltern an den gleichen Ängsten litten.

Doch allmählich schälten sich Unterschiede heraus zwischen Kindern, die mit dem gegengeschlechtlichen Elternteil lebten, und denen, die beim Elternteil ihres eigenen Geschlechts lebten.

In den Fällen, wo Eltern das Sorgerecht für Kinder ihres eigenen Geschlechts hatten, stellten die Psychologen fest, daß die Kinder weniger anspruchsvoll, reifer im Umgang mit anderen und unabhängiger waren. Kinder, die beim gegengeschlechtlichen Elternteil lebten, zeigten mehr Ängstlichkeit, geringeres Selbstwertgefühl und geringeres Geschick im Umgang mit anderen. ...

In ihrem Bericht schlagen Warshak und Santrock eine Reihe möglicher Ursachen vor, auf die ihre Ergebnisse zurückgehen könnten:

Die psychoanalytische Theorie betont, wie wichtig die Identifizierung mit dem gleichgeschlechtlichen Elternteil sei. "Diese Identifizierung," meinen die Wissenschaftler, "ist vielleicht schwieriger aufrechtzuerhalten, wenn das Kind weniger Zugang zu dem entsprechenden Elternteil hat." - "Eltern wissen bei einem Kind desselben Geschlechts vielleicht besser, wie sie mit ihm interagieren sollen, und fühlen sich wohler mit ihm."

Hat ein Elternteil das Sorgerecht für ein gegengeschlechtliches Kind, so sieht er es womöglich als Ersatz für den früheren Ehepartner. In diesem Fall baut der Erwachsene unangebrachterweise darauf, daß das Kind ihn tröstet, oder das Kind ist Zielscheibe für fehlgelenkte Feindseligkeit.

Frühere Sorgerechtsentscheidungen, schreiben Warshak und Santrock, gründeten auf Klischees und Vorurteilen, die um das "Mysterium der Mutterschaft" kreisten. Die Gerichte müßten heutzutage zu einem neuen Bewußtsein dessen gelangen, wie komplex Sorgerechtsfälle sind, empfehlen die Wissenschaftler. ...

Boulder (Colorado), *Daily Camera*, 19.3.1982

Hier wird die psychoanalytische Sichtweise auf die Frage des Sorgerechts nach einer Scheidung angewandt. Andere Sichtweisen legen andere Lösungen nahe, und so ist die Frage des Sorgerechts noch immer heiß umkämpft.

Scheidungen, Kindertagesstätten und die Liebesbedürfnisse des Kindes

Wie gut kann ein anderer Mensch, oder eine Gruppe von Menschen, die biologische Mutter des Kindes darin ersetzen, dem Kind eine sichere affektive Bindung zu bieten? Diese Frage steht gegenwärtig im Mittelpunkt einer heftigen Debatte nicht nur unter Psychologen, sondern auch unter Bürgern, die sich über Rechts- und Gesetzespolitik Gedanken machen. Gerichte haben bisher, um ein Beispiel zu nennen, üblicherweise die Mutter bei Sorgerechtsentscheidungen bevorzugt, unter der Annahme, daß die Mutter-Kind Bindung unersetzlich ist. Doch viele Kinderpsychologen verfechten nun die Ansicht, Kinder sollten zu dem Elternteil kommen, der ihnen am ehesten eine beständige und dauerhafte Beziehung bieten kann. Von diesem Standpunkt betrachtet ist das Kind in seinen Bedürfnissen nach Zuwendung nicht auf einen bestimmten Menschen, etwa die Mutter, angewiesen, sondern auf die Kontinuität, mit der andere sich um es kümmern. Daher hält man es für wesentlich, daß die Beziehung des Vaters zu dem Kind ebenfalls bewahrt wird. Einige Befunde weisen auch darauf hin, daß die Qualität der Pflege wichtiger ist als die Pflegeperson. Daher kann Ehezwist, der Eltern davon abhält, aufmerksam mit ihren Kindern umzugehen, für die Kinder schädlicher sein als eine Scheidung, die "reinen Tisch macht."

Zu einem weiteren strittigen sozialpolitischen Thema, das mit der Theorie der affektiven Bindung verquickt ist, sind in den letzten Jahren die Kindertagesstätten geworden, weil heute viele Frauen bald nach der Geburt ihres Kindes an den Arbeitsplatz zurückkehren. Kindertagesstätten fußen auf der Annahme, daß

Kinder im Durchgangsstadium

"Manche weitverbreiteten Schriften machen einen glauben, Scheidung sei das Tor zur Selbstentfaltung und dahinter erwarte einen ein großartiges Erlebnis: die Entdeckung des wunderbaren neuen Selbst. Nun, unsere Daten zeigen, daß es keine Scheidung ohne Opfer gibt. Scheidung ist eine Durchgangsphase, und zwar eine sehr schmerzliche.

Normalerweise geht es weiter abwärts, bevor es aufwärts geht. Am Ende des ersten Jahres waren unsere geschiedenen Mütter und ihre Kinder schlechter in Form als zwei Monate nach der Scheidung, wenn sie seufzen: 'Mein Gott, was geschieht mit mir. Ich dachte, mir würde es nach und nach besser gehen, aber jetzt geht's noch weiter bergab.' Schließlich geht es ihnen tatsächlich besser; die meisten von unseren Leuten waren nach zwei Jahren wieder ganz gut beisammen.

Man jubelt den Single gern zu jemandem hoch, der endlich kräftig auf den Putz hauen kann. Doch die Wirklichkeit sieht oft anders aus. Viele Männer in unserer Stichprobe fühlten sich im Kontakt mit dem anderen Geschlecht wie kleine dumme Jungs. Von einem frischgeschiedenen Mann erwartet die Gesellschaft, daß er allzeit bereit und darauf aus ist, jede Frau in jeder beliebigen Situation anzumachen. Das kann sehr einschüchternd sein. Einige unserer Männer rissen Frauen auf, brachten sie nach Hause, hüpften mit ihnen ins Bett und dachten dann: 'Oh mein Gott, warum tue ich das? Warum bin ich hier? Was zum Teufel geht hier vor - das ist ja grauenhaft!'

Frauen stieß der Gelegenheitssex noch mehr ab als Männer. Manchmal hatten sie das Gefühl, sie seien eine dritte Person, die zwei anderen beim Verkehr zuschaue. Sie entwickelten so viel Distanz zu dem Ganzen, daß sie sich wie die Cheshirekatze aus Alice im Wunderland vorkamen, die sich unsichtbar machen kann; sie schienen in der Luft zu schweben und grinsend wie die Katze auf alles runterzuschauen.

Die Nachwirkungen einer Scheidung scheinen bei kleinen Jungen ganz anders als bei Mädchen zu sein. Jungen leiden heftiger und länger als Mädchen, obwohl sich im allgemeinen beide schließlich erholen. Dieser geschlechtsabhängige Unterschied scheint daher zu rühren, daß Jungen im Vergleich weniger Unterstützung von Gleichaltrigen, von Eltern und von Lehrern erhalten.

Irgendwie denken wir, um kleine Mädchen müßten wir uns intensiv kümmern, damit sie eine Belastung durchstehen, während Jungen angeblich robuster sind und es alleine durchstehen können. Also das ist Quatsch. Jungen sind sehr verletzlich. Sämtliche Studien zeigen, daß Jungs viel anfälliger sind, sei es nun für Stress in einer intakten Familie oder für Konflikte in einer Familie nach der Scheidung.

Auch wenn er kein Sorgerecht hat, ist die fortwährende Beteiligung des Vaters die wichtigste Stütze, die sowohl Mutter als auch Kinder haben können. Diese Tatsache ist sehr wichtig, wenn man Empfehlungen geben will, wie das Sorgerecht geregelt werden soll. Je mehr der Vater, der kein Sorgerecht hat, einbezogen ist, umso besser für das Kind.

Streit ist sehr schlecht für Kinder, aber wenn nur ein Elternteil da ist, kann das noch schlimmer sein, weil nicht mehr wie zuvor jeder Elternteil als Puffer zwischen den Kindern und dem jeweils anderen Elternteil steht und so Schaden von ihnen abwenden kann. Wenn die Mutter unter Druck steht oder überhaupt eine saft- und kraftlose Mutter ist, kriegt das Kind das direkt ab, wenn es nur mit ihr zusammenlebt."

APA Monitor,
Mai 1981

Hier präsentiert E. Mavis Heatherington von der *University of Virginia* ein paar Gedanken über Scheidung. Was Scheidung und ihre Wirkung auf Kinder angeht, zählt Dr. Heatherington zu den weltweit führenden Autoritäten.

das psychische Wachstum eines Kindes nicht leidet, wenn sich während eines großen Teiles seiner wachen Zeit eine Ersatzmutter um es kümmert. Diese Annahme wird gestützt durch eine bekannte experimentelle Untersuchung, die Jerome Kagan von der *Harvard University* über einen Zeitraum von fünf Jahren durchführte, sowie durch Beobachtungsstudien über kollektive Erziehung in Israel und der Sowjetunion.

Darüberhinaus weisen einige Daten aus Studien mit Rhesusaffen sowie gelegentliche Berichte über kleine Kinder, die im Krieg Waisen wurden, darauf hin, daß mutterlose Kinder unter Umständen bei Gleichaltrigen den Körperkontakt und die soziale Bindung finden, die sie brauchen, um zu überleben und sich zu entfalten. Im Gegensatz dazu machen allerdings besorgte Entwicklungspsychologinnen wie Selma Fraiberg geltend, daß eine bestehende Eltern-Kind Beziehung in all ihrer Vertrautheit, Feinheit und Komplexität niemals kopiert werden kann und daß es "das Geburtsrecht jedes Kindes" ist, während der ersten Lebensjahre eine solche Beziehung ohne Unterbrechung zu genießen.

Außerdem legen einige jüngere Befunde den Schluß nahe, daß Kindertagesstätten tatsächlich anderes Verhalten hervorbringen. Wenn diese Debatte einmal entschieden ist, wird das sicher in jeder Gesellschaft, die die Freiheit besitzt, über die Institutionen ihrer Kultur zu entscheiden, tiefgreifende Auswirkungen auf die Erziehungsgewohnheiten haben.

KINDESMISSHANDLUNG

Die körperliche und seelische Mißhandlung von Kindern ist ein schwieriges und komplexes Problem. In der Vergangenheit wurden den zuständigen Behörden wenige Fälle gemeldet, weil die Leute Angst hatten, sie würden in langwierige Gerichtsverfahren verwickelt. Es gab auch wenige Gesetze zur Kindesmißhandlung,

"In der Tagesstätte werden Kinder aggressiver"

NEW YORK (AP) - Kinder, die als Säuglinge in eine Kindertagesstätte aufgenommen wurden, stritten öfter mit Gleichaltrigen und verweigerten ihren Erziehern öfter den Gehorsam, sagte eine Entwicklungsexpertin am Mittwoch.

Dale Farran, Professorin an der *University of North Carolina*, kündigte an, eine Studie, die sie selbst geleitet habe und die im Laufe des Jahres veröffentlicht werden solle, füge sich in eine Reihe neuerer Gutachten, "die nahelegen, daß Kindertagesstätten vielleicht mehr schädliche Folgen haben, als wir bisher dachten."

In ihrer Studie an etwa hundert Kindern aus armen Familien in Chapel Hill, North Carolina, stellte sie fest, daß diejenigen, die vom Säuglingsalter bis zum Alter von fünf Jahren die Kindertagesstätte besucht hatten, "15mal aggressiver" waren als jene, die in dem Alter keine Kindertagesstätte besucht hatten.

Die Hälfte der Kinder kam im Alter von sechs Wochen bis drei Monaten in das *Graham Child Development Center*. Die andere Hälfte besuchte entweder nie oder erst ab drei Jahren eine Kindertagesstätte.

Als man die zwei Gruppen letzten Herbst verglich, stellten die Wissenschaftler fest, daß die Gruppe derer, die schon als Säuglinge in die Einrichtung gekommen waren, im Durchschnitt 15mal so viele aggressive Handlungen beging wie die Kontrollgruppe.

Die Studie ... ergab "nicht nur höhere Durchsetzungsfähigkeit oder die Bereitschaft, sich für die eigenen Rechte einzusetzen," sondern auch eine höhere Neigung zu physischen und verbalen Angriffen auf andere Kinder.

Farran ... sagte, Kinder aus Tagesstätten seien "aktiver, leichter frustriert, weniger zur Kooperation mit Erwachsenen bereit, mehr auf Kinder als auf Erwachsene orientiert, ablenkbarer und weniger aufgabenorientiert."

Die Professorin Alison Clarke-Stewart von der *University of Chicago* jedoch ... gab zu bedenken, daß aggressive Neigungen weder unerwünscht noch von Dauer sein müßten. Eltern sollten Vorzüge und Grenzen von Kindertagesstätten gegeneinander abwägen, statt sie rundweg abzulehnen.

Obwohl sie einräumte, Tagesstättenkinder erschienen aggressiver und weniger kooperativ, interpretiere ihres Erachtens Farran die einschlägige Forschung "zu sehr zum Negativen hin".

"Kinder werden in jenen Jahren ohnehin aggressiver. Da wir wissen, daß Tagesstättenkinder den anderen voraus sind, werden sie vielleicht einfach früher aggressiv als die, die zu Hause bleiben. Die erhöhte Aggressivität verschwindet dann vielleicht mit sechs oder sieben."

Es gebe auch keine Beweise dafür, daß sich das Verhalten in der Tagesstätte nach draußen überträgt. "Sie handeln vielleicht aggressiv, weil sie in der Hackordnung der Tagesstätte relativ hoch stehen. Das heißt aber nicht, daß sie sich draußen genauso aufführen."

Rocky Mountain News, Denver, 19.8.1982

die den Leuten, die unmittelbaren Einblick hatten, (zum Beispiel Lehrern, Ärzten, Krankenschwestern und -pflegern, Sozialarbeitern) Handlungsmöglichkeiten eröffneten. Oft wurden die, die zu helfen versuchten, in einen solchen Papierkrieg verstrickt und mußten so viele Vergeltungsdrohungen von Eltern hinnehmen, daß sie die Sache schließlich lieber auf sich beruhen ließen. Erst seit kurzem sind in den USA Ärzte (und andere) durch Einzelstaats- und Bundesgesetze verpflichtet, Fälle von Kindesmißhandlung zu melden, die ihnen begegnen.

Wie läßt Kindesmißhandlung sich definieren? Wenn einem Kind großes körperliches Leid zugefügt wird, ist offensichtlich, daß eine Mißhandlung vorliegt. Doch oft ist es schwierig, einen solchen Fall juristisch korrekt nachzuweisen. Meistens führt eine Mißhandlung zur nächsten, und wenn man schließlich einschreitet, hat das Kind oft schon großen Schaden erlitten. Außerdem ist die Entscheidung äußerst heikel, wann handgreifliche Disziplinierungsmaßnahmen, wie dem Kind den Hintern zu versohlen, zur Mißhandlung werden. Das Ganze wird noch undurchsichtiger, wenn es um sexuellen Mißbrauch oder um emotionale Mißhandlung geht, von der keine körperlichen Nachwirkungen bleiben. Wie soll ein besorgter Bürger nachweisen, daß ein Elternteil ein Kind psychisch oder sexuell mißbraucht?

Wie viele Kindesmißhandlungen geschehen, ist schwer zu bestimmen. Schätzungen bewegen sich bei jährlich 200.000 bis 250.000 Fällen in den USA, wobei natürlich viele Fälle den Behörden nicht gemeldet werden. Leider behandeln manche Ärzte nur die Symptome des Kindes und ignorieren familiäre Konflikte und seelische Störungen des mißhandelnden Elternteils.

Was sind das für Menschen, die Kinder mißhandeln? Darauf gibt es keine Antwort. Kindesmißhandler kommen aus allen sozialen und ökonomischen Schichten unserer Gesellschaft. Zu ihnen gehören Männer wie Frauen, gebildete wie ungebildete Menschen, gesetzestreue Bürger wie Vorbestrafte. Noch komplizierter wird die Sachlage dadurch, daß sie oft nur eines von mehreren Kindern in der Familie mißhandeln; es hat gewöhnlich von der Geburt an ein schwieriges Temperament und "lockt" so die elterlichen Attacken an. Es existiert also eine unglückselige Wechselwirkung zwischen Eltern mit einer Neigung zur Mißhandlung und ganz besonderen Kindern, die zur Kindesmißhandlung führt.

Eines der wenigen bekannten allgemeinen Merkmale von Kindesmißhandlern ist, daß viele selber als Kinder Opfer von Mißhandlungen waren. Überdies wiederholen sie oft genau den Mißbrauch, dem sie selbst ausgesetzt waren - physisch, sexuell oder emotional.

Wie können wir die Probleme der Kindesmißhandlung anpacken? Zunächst sollte man zukünftigen Eltern Unterricht geben und sie ermuntern zu erforschen, wie sie selber erzogen wurden. Ein weiterer Schritt sollte darin bestehen, Menschen aus allen Arbeitsgebieten - wie Medizin, Erziehung, Rechtswesen und Psychologie - einzubeziehen, in die das Thema hineinspielt. Auch Elternorganisationen sind wichtig, an die sich Mißhandler anonym um Hilfe wenden können, wenn sie in einer Krise stecken. Schließlich sollten besondere Hilfsprogramme für mißhandelte Kinder durchgeführt werden, um sicherzustellen, daß ihre zukünftige Entwicklung nicht von den Erlebnissen beeinträchtigt ist, die sie hinter sich haben.

Eine andere Methode, die bereits gute Ergebnisse zeitigt, besteht darin, bei der Geburt eines Kindes zu beobachten, wie sich die Eltern ihm gegenüber verhalten. Zum Beispiel kann man das Ausmaß des Augenkontaktes zwischen Mutter und Säugling erfassen. Wissenschaftler am *University of Colorado Medical Center* haben entdeckt, wie man aus den frühen Eltern-Kind Interaktionen Prognosen darüber ableiten kann, welche Eltern ihre Kinder vermutlich mißhandeln werden. So kann man Mißhandlungen vielleicht verhindern, indem man den Eltern Beratung und Hilfe anbietet.

Persönlichkeit

359 **Was ist Persönlichkeit**

360 **Die Rolle der Theorien bei der Untersuchung der Persönlichkeit**

360 **Veranlagungstheorien**
Persönlichkeitstypen / Persönlichkeitseigenschaften / Bedürfnistheorie / Kritik der Veranlagungstheorien

367 **Psychodynamische Theorien**
Freuds Theorie / Fortentwicklungen der Freudschen Theorie / Spätere Veränderungen der Psychoanalyse: Ich-Psychologie und soziale Einflüsse / Transaktionsanalyse / Psychodynamische Ansätze zur Persönlichkeitsbeurteilung / Kritik der psychodynamischen Theorien

375 **Lerntheorien und soziale Lerntheorien**
Die Rolle motivationaler Triebe / Die Rolle des operanten Konditionierens / Die Rolle von Kognition und Imitation / Interaktion von Person und Situation / Lerntheoretische Ansätze zur Persönlichkeitsbeurteilung / Kritik der Lerntheorien

384 **Phänomenologische Theorien**
Die Selbsttheorie von Rogers / Maslows Theorie der Selbstverwicklichung / Phänomenologische Ansätze zur Persönlichkeitsbeurteilung / Kritik der phänomenologischen Theorien

388 **Zusammenfassung**

389 **So sieht das in der Praxis aus**
Selbstmord und Gewalt / Gesundheit / Berufserfolg / Vor Gericht / Partnerwahl / Psychische Gesundheit von Kindern / Kindesfreundschaften / Soziale Fertigkeiten / Elterntraining / Verbesserung der Leistung in Konkurrenzsituationen

9

Stellen Sie sich vor, als Teil eines Psychologieexperiments verbringen Sie einen Abend damit, das Verhalten der Käufer in einem großen und geschäftigen Supermarkt zu beobachten. Sie halten das ungefähre Alter und Gewicht der Personen fest, die Süßigkeiten, saure Sahne und tiefgefrorene Torten kaufen (um sie später mit jenen Personen zu vergleichen, die bei Knäckebrot und Hüttenkäse bleiben). Plötzlich gehen alle Lichter aus. Als unerschrockener Wissenschaftler versuchen Sie, Ihre Beobachtungen bei Notbeleuchtung fortzuführen, doch unter diesen Umständen können Sie Alter und Gewicht schlecht schätzen. Deshalb richten Sie Ihre Aufmerksamkeit darauf, wie einzelne Personen die Situation bewältigen. In der Obstabteilung sehen Sie jemanden, der ganz ruhig die Avocados drückt, als ob nichts Ungewöhnliches stattfände. Aber am Gemüsestand bekommt jemand Angst und fängt an zu schreien. Als Sie an die Fleischtheke kommen, sehen Sie einen opportunistischen Käufer, der sich unter jeden Arm einen Rippenbraten klemmt und in Richtung Ausgang verschwindet. Sie hören, wie ein wütender Kunde in der Nähe dem Geschäftsführer droht, daß er einen solchen Vorfall nicht hinnehmen und in Zukunft bei der Konkurrenz einkaufen will.

Sie stellen also fest, daß jeder Einzelne auf den unerwarteten Stromausfall anders reagiert. Das ist nicht besonders überraschend, denn vom menschlichen Verhalten erwartet man eine große Mannigfaltigkeit. Natürlich erwartet man auch, daß jeder Einzelne in seinem Verhalten in verschiedenen Situationen normalerweise eine gewisse Regelmäßigkeit zeigt. Jemand, der bei Parties ruhig und schüchtern ist, verhält sich also auch in Seminaren, bei öffentlichen Veranstaltungen und bei einem Treffen ängstlich und zurückhaltend. Ebenso erwarten Sie von einem guten Freund, daß er sich Ihnen gegenüber in den meisten Situationen herzlich und interessiert verhält, und zwar immer, nicht nur ab und zu. Wie kann man diese Unterschiede zwischen Personen sowie die Regelmäßigkeiten im Verhalten ein und derselben Person, die man vielleicht fraglos als Teil der menschlichen Natur ansieht, verstehen und erklären? Wodurch kommt die Unterschiedlichkeit zwischen den Menschen sowie die Regelmäßigkeit im Verhalten des einzelnen Individuums zustande? Seit Jahrhunderten haben Philosophen, Ärzte und religiöse Führer mit dieser grundlegenden Frage über Personen und ihr Verhalten gerungen, und in den letzten Jahrzehnten haben Psychologen sich damit beschäftigt und Theorien erstellt.

Der am häufigsten verwandte Begriff, um individuelle Unterschiede und Verhaltensregelmäßigkeiten bei Menschen zu beschreiben, ist derjenige der *Persönlichkeit.* Man hört in alltäglichen Situationen, wie das Verhalten von Menschen durch ihre Persönlichkeit beschrieben wird: "Er wäre ja ganz nett, wenn er nur nicht solch eine aggressive Persönlichkeit hätte"; "Dein neuer Freund ist ein bißchen schwermütig, aber er hat eine tolle Persönlichkeit"; "Meine Psychologieprofessorin hat ein großes Fachwissen, aber ihr fehlt Persönlichkeit". Außerdem wird das Konzept der Persönlichkeit oft benutzt, um Verhalten zu erklären: "Ich glaube, mein Kommilitone ist depressiv, weil er eine grundlegend unsichere Persönlichkeit hat" oder "Wegen ihrer stabilen Persönlichkeit wird sie mit jeder Situation fertig".

WAS IST PERSÖNLICHKEIT?

Obwohl fast jeder den Begriff Persönlichkeit häufig benutzt, gibt es wenig Übereinstimmung darüber, was er wirklich bedeutet. Notieren Sie Ihre eigene Definition (ehe Sie dieses Kapitel durchlesen) und fragen Sie dann drei Freunde nach ihrer Definition, um eine Vorstellung von dieser Schwierigkeit zu bekommen. Wahrscheinlich werden Sie feststellen, daß jeder eine etwas unterschiedliche Auffassung des Begriffs hat und daß die drei Definitionen ihrer Freunde sich von der Ihren unterscheiden. Solche Meinungsunterschiede ergeben sich nicht nur aus der Tatsache, daß Sie und Ihre Freunde keine erfahrenen Psychologen sind, sondern auch aus der Allgemeinheit des Persönlichkeitskonzeptes. Auch Experten sind sich oft nicht über die Bedeutung dieses Ausdrucks einig!

Im Lauf der Jahre wurde Persönlichkeit auf verschiedene Weise definiert, u.a. durch Bezugnahme auf das äußere Erscheinungsbild, die Rolle, die jemand im Leben übernimmt, die Gesamtheit der Qualitäten und Attribute, wie man "wirklich" ist, das allgemeine Verhalten usw. Es gibt inzwischen Dutzende formaler Definitionen (siehe Tabelle 9-1), von denen aber keine allgemein akzeptiert wird. Wie alle Definitionen reflektieren die Beispiele in der Tabelle das Interesse des Autors: Vorhersage (Cattell), Dynamik (Allport), Veranlagung (Eysenck), individuelle Unterschiede (Guilford), Beschreibung (McClelland) und meßbares Verhalten (Mischel). Aber jeder dieser Aspekte wird von der generellen Auffassung von Persönlichkeit als *einem Konzept, das individuelle Verhaltensunterschiede und Verhaltensregelmäßigkeiten beschreibt und erklärt,* berücksichtigt.

Es ist einfacher, Persönlichkeit als ein Forschungsgebiet der Psychologie statt als "etwas" zu beschreiben, das Menschen "haben". Weil das Persönlichkeitskonzept so allgemein ist, ist zu seiner Erforschung ein Rückgriff auf mehr Teildisziplinen der Psychologie erforderlich als im Falle jedes anderen psychologischen Begriffes. Ein an der Persönlichkeit interessierter Psychologe könnte so unterschiedliche Fragen wie diese stellen: Wie entwickeln sich Persönlichkeitscharakteristika? Erlaubt das Vorliegen eines Persönlichkeitsmerkmales eine Aussage darüber, mit welcher Wahrscheinlichkeit eine Person bestimmte weitere Charakteristika aufweist? Wie beeinflussen andere Personen die Persönlichkeitsentwicklung eines Individuums? Wann und warum verhalten sich manche Perso-

Tabelle 9-1 Einige Definitionen für "Persönlichkeit"

1. Das, was eine Vorhersage über das Verhalten einer Person in einer bestimmten Situation erlaubt (R.C. Cattell).
2. Die dynamische Organisation jener psychophysischen Systeme innerhalb des Individuums, welche dessen einzigartige Anpassung an seine Umgebung bestimmen (G. Allport).
3. Die mehr oder weniger stabile und andauernde Organisation des Charakters, Temperaments, Intellekts und der Konstitution einer Person, die ihre einzigartige Anpassung an die Umwelt bestimmt (H. Eysenck).
4. Die einzigartige Struktur von Wesenszügen einer Person (J.P. Guilford).
5. Die angemessenste Konzeptualisierung des Verhaltens einer Person in allen Einzelheiten (D. McClelland).
6. Die kennzeichnenden Verhaltensformen, die die Anpassung jeder Person an die Situationen in ihrem Leben charakterisieren (W. Mischel).

nen in vielen Situationen gleich und andere nicht? Wie beeinflussen genetische und physiologische Faktoren die Persönlichkeit? Wodurch erscheint jemand "normal" oder "nicht normal"? Kann die Persönlichkeit verändert werden, und wenn ja, wie?

Die Erforschung der Persönlichkeit kann alle Spielarten des menschlichen Verhaltens zu ihrem Untersuchungsgegenstand machen. So ergeben sich Überschneidungen mit der Entwicklungs- und Sozialpsychologie, sowie der Experimentellen, Physiologischen und Klinischen Psychologie. In gewisser Weise erforscht also jeder Psychologe, der sich mit menschlichem Verhalten beschäftigt, einen Teilbereich der Persönlichkeit.

DIE ROLLE VON THEORIEN IN DER PERSÖNLICHKEITSFORSCHUNG

Worauf basieren die psychologischen Untersuchungen der menschlichen Persönlichkeit, wenn wir doch gesehen haben, daß es keine allgemein akzeptierte Definition für Persönlichkeit gibt? Ein Forscher muß schließlich anhand von theoretischen Vorannahmen vorgehen. Der Psychologe orientiert sich an einer Persönlichkeits*theorie,* die deshalb wichtig ist, weil sie einige grundlegende Annahmen über das menschliche Verhalten im allgemeinen und eine Arbeitsdefinition des Persönlichkeitskonzeptes im besonderen liefert.

In diesem Kapitel legen wir eine Definition und Diskussion von vier Kategorien von Persönlichkeitstheorien vor: *Veranlagungs*theorien, *psychodynamische* Theorien, *Lern*theorien und *phänomenologische* Theorien. Wenn Sie die Kategorien näher betrachten, sollten Sie nicht fragen, welche davon "richtig" oder "falsch" ist; vielmehr sollten Sie fragen, welche die effizienteste, vollständigste und überprüfbarste Erklärung über die Entwicklung, Aufrechterhaltung und Veränderung menschlichen Verhaltens anbietet, sei es für "normales" oder "abweichendes" Verhalten. Bemerken Sie, daß jede dieser vier Kategorien von Theorien eine Art "Strategie" für die Untersuchung der Persönlichkeit bildet (Liebert & Spiegler 1982), daß sie also nicht nur eine Betrachtungsweise der Persönlichkeit liefert, sondern auch eine Reihe von Vorgehensweisen zu ihrer Messung und Erforschung. Jede Gruppe von Ansätzen hat Wichtiges darüber zu sagen, wie abweichendes oder anormales Verhalten entsteht, und mit Ausnahme der Veranlagungstheorien wurden im Rahmen der jeweiligen theoretischen Orientierung Verfahren entwickelt, um eine Veränderung in Richtung einer gesunderen Persönlichkeit zu bewirken; diese Themen werden in den Kapiteln 11 und 12 besprochen.

VERANLAGUNGSTHEORIEN

Veranlagungstheorien gehen davon aus, daß der Begriff der Persönlichkeit als *Gesamt angeborener Dispositionen,* sich in bestimmter Weise zu verhalten, beschrieben werden kann. Weiterhin postulieren sie, daß diese Veranlagungen relativ stabil über die Zeit sind und auf eine Vielfalt von Umständen generalisieren. Auf der Grundlage dieser Annahmen ergibt sich als Konsequenz, daß man einige Vorhersagen über das zukünftige Verhalten von Menschen treffen kann, wenn man ihre Veranlagungen versteht. Wenn man z.B. sagt "Er ist ein nervöser Mensch", "Freundlichkeit ist ihre herausragende Eigenschaft" oder "Wegen ihres ausgeprägten Erfolgsbedürfnisses drängt es manche Leute dazu, hart zu arbeiten", übernimmt man - oft unbewußt - eine *Veranlagungs*theorie der Persönlichkeit. Die Namen, die diesen vermeintlichen Verhaltensdispositionen gegeben werden, sind von Theorie zu Theorie unterschiedlich. Wir werden drei derartige Theorien betrachten, die die Veranlagung nach (1) Typen, (2) Eigenschaften und (3) Bedürfnissen unterteilen.

Persönlichkeitstypen

Manche Veranlagungstheorien nehmen an, daß es eine umschriebene Anzahl spezifizierbarer Persönlichkeits*typen* gibt, und daß jeder dieser Typen durch unterschiedliche Verhaltensdispositionen charakterisiert ist. Einer der ersten Persönlichkeitstheoretiker war der griechische Arzt Hippokrates. Er ging von der Annahme aus, daß der menschliche Körper vier Flüssigkeiten bzw. Säfte enthält (Blut, Schleim, gelbe und schwarze Galle), und teilte Personen entsprechend in vier Persönlichkeitstypen ein: Phlegmatiker (ein ruhiges, apathisches Temperament, das durch zu viel Schleim verursacht wird), Choleriker (ein hitzköpfiges, reizbares Temperament wegen zu viel Gallensaft), Sanguiniker (ein optimistisches, hoffnungsvolles Temperament, das der Dominanz des Bluts zugeschrieben wird) und Melancholiker (ein trauriges, depressives Temperament, das auf schwarzer Galle beruht). Hippokrates' Theorie wird zwar nicht mehr ernst genommen, aber weil die von ihm aufgestellten Typen immer noch zur Beschreibung von Personen herangezogen werden, können Sie diese vier Persönlichkeitstypen noch im Wörterbuch finden.

Seit Hippokrates wurden mehrere andere Persönlichkeitstheorien entwickelt, bei denen meistens Verhaltensdispositionen zu physischen Charakteristika in Verbindung gesetzt werden. Cesare Lombroso z.B., ein italienischer Anthropologe des 19. Jahrhunderts, behauptete, daß die Gesichtszüge von Personen Hinweise auf das von ihnen zu erwartende Verhalten geben. Diese "Wissenschaft" wurde *Physiognomie* genannt und verband Faktoren wie Kopfumfang, Abstand der Augen von einander, Form des Kinns und Haarfarbe mit dem Persönlichkeitstyp.

Die ausgefeilteste Persönlichkeitstheorie, die auf Körpereigenschaften beruhte, wurde in den späten 40er und frühen 50er Jahren dieses Jahrhunderts von William Sheldon entwickelt. Sheldon stellte in seinem System drei Körpertypen vor: endomorph, mesomorph und ektomorph (siehe Abbildung 9-1). Allerdings ordnete er Personen nicht einfach einer der Kategorien zu, sondern beschrieb sie auf einer Sieben-Punkte-Skala hinsichtlich des Ausprägungsgrades, in dem die Personen Eigenschaften jedes Typs zeigten. Das Ergebnis bestand aus Körperbauprofilen, etwa 1-4-2 oder 6-2-1. Anschließend untersuchte Sheldon die Beziehung zwischen dem Körperbau einer Person und ihrem Temperament. Er stellte fest, daß endomorphe Personen dazu neigten, "viszeroton" zu sein (entspannt, gesellig, langsam und tolerant); mesomorphe Personen waren "somatoton" (selbstsicher, sportlich, voller Energie und mutig); ektomorphe Personen schließlich waren "zerebroton" (introvertiert, zurückhaltend, ängstlich und künstlerisch). Interessanterweise entsprechen diese Beziehungen beliebten Stereotypen von Aussehen und Verhalten (der gemütliche Dicke, der mutige Athlet, der zerbrechliche, sensible Künstler).

Diese Stereotype erklären vielleicht auch, warum die Beziehung zwischen Körperbau und Persönlichkeit trotz nur geringer Unterstützung der wissenschaftlichen Forschung für Sheldons Theorie noch in gewissem Maß akzeptiert wird. Unser Eindruck von anderen Personen (und zum Teil unser Eindruck von uns selbst) wird von der äußeren Erscheinung bestimmt; wir neigen gewissermaßen alle dazu, "Körperbau-Theoretiker" zu sein. In der Tat verbindet man vielleicht bestimmte Körpertypen mit bestimmten Persönlichkeitscharakteristika, weil man von Personen mit solchem Körperbau eben solche Charakteristika erwartet. Wie wir in Kapitel 10 sehen werden, können z.B. die physischen Eigenschaften anderer Personen unsere Zuneigung zu ihnen beeinflussen und uns auch veranlassen, Schlüsse über ihre Persönlichkeit zu ziehen. Der gleiche Gedankengang könnte die Daten erklären, die

zeigen, daß Personen in bestimmten beruflichen Positionen "gleich aussehen": vielleicht sind auch Arbeitgeber Körperbau-Theoretiker.

Typologische Theorien der Persönlichkeit sind so beliebt, weil sie so bequem und einfach sind. Es wäre angenehm, alles über eine Person zu wissen, indem man auf ihr Gesicht schaut, auf ihre Kleidung, Handschrift, Frisur, ihren Körpertyp oder ihre genetische Ausstattung, oder indem man nach ihrem Sternzeichen fragt. Das menschliche Verhalten ist jedoch zu vielfältig und zu kompliziert, als daß man es fein säuberlich in Schubladen einordnen könnte. Typologische Theorien der Persönlichkeit sind also im allgemeinen nicht valide, weil sie zu stark vereinfachte und unangemessene Verhaltensbeschreibungen darstellen. Außerdem können sie Schaden anrichten, weil sie leicht Vorurteile gegenüber Personen erzeugen oder aufrecht erhalten. Aber Stereotype und Schubfächer machen unser Leben schlicht und einfach; man kann mit einer Vielzahl von Personen umgehen, wenn man sie in einige wenige Kategorien oder geistige Schemata einordnet, selbst wenn man damit keiner der Personen gerecht

Abbildung 9-1 Extrembeispiele für Sheldons Körpertypen

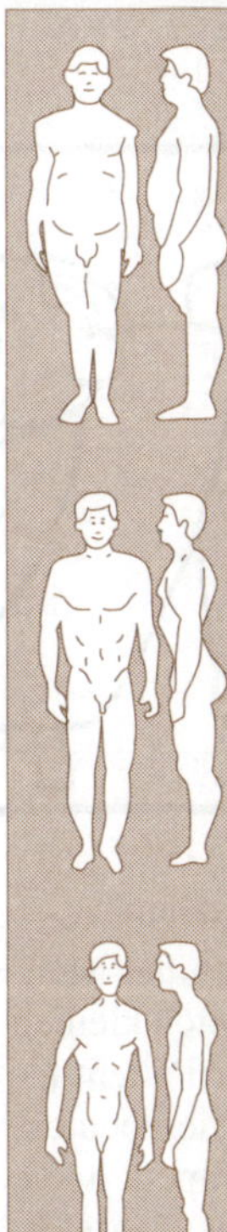

Körperbau	Temperament
endomorph (weich und rund, überentwickelter Verdauungsapparat; z.B. Orson Welles)	viszeroton (entspannt, ißt gern, gesellig)
mesomorph (muskulös, rechteckig, stark; z.B. Arnold Schwarzenegger)	somatoton (voll Energie, selbstsicher, mutig)
ektomorph (lang, zerbrechlich, großes Gehirn und empfindliches Nervensystem; z.B. Don Knotts)	zerebroton (zurückhaltend, ängstlich, introvertiert, künstlerisch)

wird. Es ist äußerst einfach, beim Umgang mit anderen ein Verfechter typologischer Ansätze zu sein.

Persönlichkeitseigenschaften

Eigenschaftstheorien der Persönlichkeit (Traittheorien) wollen die Begrenzungen der Typologien vermeiden, indem sie sowohl die Vielfältigkeit menschlichen Verhaltens als auch individuelle Verhaltenskonsistenzen erklären wollen. Sie gehen davon aus, daß das menschliche Verhalten nicht durch den Verweis auf die Zugehörigkeit zu einem bestimmten Typus erklärt werden kann, sondern durch Bezugnahme auf eine Vielzahl stabiler Persönlichkeitseigenschaften (z.B. Abhängigkeit, Aggressivität, Freundlichkeit und Rücksichtnahme), die jedes Individuum in gewisser Ausprägung besitzt. Wie die Durchschnittsnote im Examen durch die Leistung des Studenten in vielen einzelnen Kursen bestimmt wird, wird die Persönlichkeit durch die spezielle Kombination der Eigenschaften festgelegt, die in jedem Individuum vorhanden und unterschiedlich stark ausgeprägt sind. Die Vorstellung, daß viele Kombinationen von Eigenschaften unterschiedlicher Ausprägung möglich sind, erklärt sowohl die Einzigartigkeit des Individuums als auch die Unterschiede zwischen Personen, und die Vorstellung, daß die Eigenschaften einer Person überdauernd sind, erklärt die relative Übereinstimmung im Verhalten jeder Person über die Zeit und in vielen verschiedenen Situationen.

Wie die Typenlehre hat der Eigenschaftsansatz eine deutliche Anziehungskraft, weshalb auch die meisten von uns Eigenschaften benutzen, um andere zu beschreiben. Wenn Sie etwa einen Freund nach seinen Eltern fragen, erhalten Sie sehr wahrscheinlich eine Auflistung von Eigenschaften: "Vater ist *arbeitsam, ernst* und *schüchtern,* aber auch übermäßig *abhängig* und *unsicher.* Mutter ist *warmherzig, extravertiert, leistungsstark* und *optimistisch,* aber auch *impulsiv* und oft *herrisch.*"

Die Gefahr liegt bei der leichtfertigen Anwendung dieser Auffassung von Persönlichkeit darin, daß Eigenschaftsbeschreibungen wie "Die Ehrlichkeit ist Ralphs stärkste Eigenschaft" zu leicht als Erklärungen benutzt werden können. Wenn man Ralphs Ehrlichkeit zur "Erklärung" seiner Wahrheitsliebe benutzt, führt das zu einer Aussage, die zwar richtig sein kann, aber für das Verständnis des Verhaltens nicht besonders nützlich ist: "Ralph ist ehrlich, weil er Wahrheitsliebe besitzt". Diese Behauptung sagt so viel aus wie "Ralph ist 1,80 Meter groß, weil er von Kopf bis Fuß 180 Zentimeter mißt". Die Beschreibung eines Verhaltens kann nicht gleichzeitig seine Ursache sein. Man muß mit Eigenschaftsbezeichnungen vorsichtig umgehen, damit man sich nicht selber täuscht und denkt, daß man Verhalten erklärt hat, wenn man es in Wirklichkeit nur beschrieben hat.

Im Lauf der Jahre gab es zahlreiche Versuche, dieses Problem zu vermeiden. Manche frühen Bemühungen wie die von Franz Gall (1758-1828) waren vorübergehend einflußreich, wurden letztendlich aber angezweifelt. Gall glaubte, daß alle Verhaltensdispositionen und Fähigkeiten neurophysiologisch im Gehirn existierten und daß eine

Die Persönlichkeit wird aus dem Verhalten erschlossen; oft zieht man Schlüsse über die Persönlichkeit eines Menschen, die auf der Beobachtung eines unglaublich kleinen Verhaltensausschnitts beruhen. Hier zieht der Patient einen Schluß über die Persönlichkeit seines Therapeuten, der auf der Tatsache beruht, daß der Therapeut viele Fragen stellt. Wenn man die Persönlichkeit als Kausalerklärung für Verhalten benutzt, muß man aufpassen, nicht in Zirkelschlüsse zu verfallen, die gar nichts erklären. Z.B.: "Warum stellt er so viele Fragen? Weil er eine abscheuliche, neugierige Persönlichkeit hat. Woher weißt Du das über seine Persönlichkeit? Ich weiß es, weil er mir viele abscheuliche, neugierige Fragen stellt." Es ist wichtig, den Unterschied zwischen der Anwendung von Persönlichkeitskonzepten als Mittel zur Verhaltensbeschreibung und ihrer Verwendung als Mittel zur Verhaltenserklärung nicht zu verwischen.

Eigenschaft oder Fähigkeit um so stärker ausgeprägt ist, je besser der entsprechende Teil des Gehirns entwickelt ist. Gall und sein bekanntester Schüler, Johann Spurzheim, glaubten, daß es mehr als 37 Eigenschaften gibt, und entwickelten eine "Landkarte" des Kopfes mit all diesen Eigenschaften. Die Persönlichkeitsbeurteilung bestand dann darin, den Schädel nach Erhebungen (gut entwickelte Eigenschaften) und Senkungen (schlecht entwickelte Eigenschaften) abzutasten, eine Technik, die als *Phrenologie* bekannt ist. Gall und Spurzheim reisten durch ganz Europa und tasteten gegen eine Gebühr Köpfe ab. Vielleicht ist der Ausdruck "seinen Kopf untersuchen lassen" (having your head examined) ein Ergebnis dieser Reise über den Kontinent. (Siehe auch Fundgrube 9–1.)

FUNDGRUBE 9-1

Die Kniffe der Wahrsager

I. Junges Mädchen
  A. Stürmischer Typ
    1. Ich kann den richtigen Mann für mich nicht bekommen oder halten.
    2. Mein Gewissen belastet mich.
    3. Ich habe Probleme.
  B. Häuslicher Typ
    1. Ich habe Angst vor Männern.
    2. Ich habe vor dem Leben und vor Verantwortung Angst.
    3. Ich habe vor meiner Mutter Angst.
  C. Karrieretyp (meistens auf einen Bruder neidisch)
    1. Unter 25 Jahren: Ich bin ehrgeizig. Ich hasse und verachte Männer und Heirat!
    2. Über 25 Jahren: Ich gerate in Panik. Vielleicht heiratet mich keiner!

II. Reife Frau (30 - 50 Jahre)
  A. Noch stürmisch
    1. Warum macht es nicht mehr so viel Spaß? Ich bin allein.
    2. Ich habe Angst, daß mein Gesicht Narben bekommt oder daß ich bei einem Brand elendiglich zugrunde gehe. (Das zieht immer!)
    3. Ich muß an irgendetwas glauben - das Okkulte, eine neue Religion ohne Moral oder Sie, Frau Wahrsagerin!
  B. Ehefrau und Mutter
    1. Trifft mein Mann sich mit einer anderen Frau?
    2. Wann wird er mehr Geld verdienen?
    3. Ich mache mir Sorgen um die Kinder...

III. Älteres Fräulein
  A. Noch ansehnlich
    1. Wann werde ich ihm begegnen?
  B. Ohne Hoffnung
    1. Meine beste Freundin hat mich schlecht behandelt.
    2. Ich bin niedergeschmettert - ein Heiratsschwindler hat mich um meine Ersparnisse gebracht!

IV. Junger Mann
  A. Stößt sich die Hörner ab
    1. Gibt es ein System, um bei Rennwetten zu gewinnen?
    2. Was macht man, wenn man ein Mädchen geschwängert hat?
      a. Bescheißt sie mich?
  B. Guter Junge
    1. Werde ich Erfolg haben?
    2. Wie kann ich meine Ausbildung verbessern?
    3. Hat mein Mädchen außer mir noch einen anderen?
      a. Sie hat noch einen Typ A.
    4. Ich habe Angst vor Mutter!

V. Reifer Mann
  A. Schürzenjäger, verheiratet oder ledig
    1. Probleme mit Frauen
      a. Ich kann sie nicht kriegen!
      b. Ich kann sie nicht loswerden!
      c. Ihre männliche Verwandtschaft ist hinter mir her!
      d. Weiß meine Frau Bescheid?
  B. Geschäftsmann
    1. Wo soll das Geld herkommen?
    2. Wird dieses Geschäft klappen?
    3. Habe ich bei *dem* Geschäft richtig gehandelt?
    4. Was tut meine Frau den ganzen Tag?

VI. Ältere Personen
  A. Frau
    1. Wird meine Tochter einen guten Mann bekommen?
    2. Ist die Person eine gute Ehefrau für meinen Sohn?
    3. Werden die Kinder (oder Enkelkinder) gut geraten?
  B. Mann
    1. Werde ich im Ruhestand genug Geld haben?
    2. Ich habe Angst vor dem Sterben.
  C. Beide
    1. Werde ich mich einer Operation unterziehen müssen?

VII. Klugscheißer
  A. Rowdy
    1. Eine falsche Bewegung, Wahrsagerin, und ich klebe Dir eine! (Sorge vorsichtig dafür, daß er hinauskommt)
  B. Defensiver Prahler
    1. Ich bin klüger als die meisten Leute; ich durchschaue Sie. (Schmeichel ihm; er wird Dir am Ende aus der Hand fressen).

Wie können Wahrsager, Hand- und Kaffeesatzleser usw. die Persönlichkeit durchschauen und deren Probleme so gut beschreiben, daß sie viele ihrer Kunden damit beeindrucken? Der obige Entwurf aus einem Aufsatz zu diesem Thema mit dem Titel "Wahrsager müssen nie am Hungertuch nagen" bietet dazu einen Einblick. Indem der Wahrsager einen Kunden einem der sieben Typen zuordnet, kann er in Allgemeinplätzen sprechen, die mit großer Wahrscheinlichkeit auf Personen des Typs zutreffen (der "Barnum-Effekt"). Dieser faszinierende Aufsatz von William L. Gresham erschien 1949 in der Zeitschrift *Esquire*. Übrigens führt die rigide Anwendung der Typenlehre zum Konzept des Stereotyps, ein Konzept, das zum Vorurteil führt. Wir werden dieses Konzept in Kapitel 10 näher besprechen.

Eigenschaften als Wesenheiten (Entitäten)

Gordon Allport war einer der ersten und einflußreichsten modernen Persönlichkeitstheoretiker und hat von den 30er bis in die 60er Jahre gearbeitet. Auch er glaubte, daß Personen tatsächlich Eigenschaften als "neuropsychische Systeme" besitzen, beschrieb sie aber auf ganz andere und wissenschaftlichere Art als Gall. Allport stellte verschiedene Arten von Eigenschaften fest, die nach ihrer Allgemeinheit geordnet sind: (1) *Kardinal*eigenschaften, die das Verhalten unter der breitesten Bandbreite von Umständen bestimmen (beschreibt man z.B. jemanden als menschenfreundlich oder als "echten Albert Schweitzer", verwendet man die Kardinaleigenschaft Menschlichkeit); (2) *Zentral*eigenschaften, die nicht so breitgefaßt wie Kardinaleigenschaften, aber noch ziemlich allgemein sind (die Mutter z.B. als "warmherzig, extravertiert, leistungsstark und optimistisch" zu beschreiben); und (3) eng gefaßte *Sekundär*eigenschaften, die nur unter bestimmten Umständen auftauchen (z.B. "Morgens ist sie meistens miesepetrig"). Außerdem wies Allport darauf hin, daß manche Eigenschaften *in gewisser Ausprägung* in jeder Person vorliegen (*allgemeine* Eigenschaften, z.B. Aggressivität), andere dagegen sind für das Individuum einzigartig (*individuelle* Eigenschaften, z.B. zynische verbale Angriffe) und können nur am Einzelfall und über einen langen Zeitraum erforscht werden. Besonders Kardinaleigenschaften treffen nur auf relativ wenige Personen zu.

Allports Methoden zur Beschreibung allgemeiner Eigenschaften bestanden unter anderem darin, Personen danach zu fragen, wie sie sich in bestimmten Situationen verhalten würden. Ihre Reaktionen ermöglichten ihm, zweierlei zu tun. Erstens konnte er die Stärke und Stabilität einer Eigenschaft eines Individuums messen, indem er bestimmte, wie oft und wie generell die Person die Eigenschaft zeigte. Zweitens konnte er die Häufigkeit von Eigenschaften bei den Personen im allgemeinen messen, indem er die Antworten, die er von vielen Versuchspersonen erhielt, zusammenzählte.

Allports Einfluß auf die Entwicklung moderner Eigenschaftstheorien war beträchtlich, aber eine Schwierigkeit bei diesem Ansatz ist, daß man sein Leben lang damit zubringen könnte, alle 18000 Bezeichnungen für Eigenschaften der englischen Sprache zu beschreiben und zu untersuchen, ganz abgesehen von den Beziehungen zwischen ihnen. Es wurde eine effizientere Methoden benötigt, mit Eigenschaften umzugehen, und die *Faktorenanalyse* stellt eine solche Methode dar.

Eigenschaften als Faktoren

Die **Faktorenanalyse** ist im Grunde eine statistische Vorgehensweise, die dem Persönlichkeitsforscher die Betrachtung großer Datenmengen ermöglicht, die für die Eigenschaften vieler Individuen relevant sind, und die Zusammenfassung dessen, was damit "einhergeht". Dann kann der Forscher verwandte Eigenschaften gruppieren und sie als Persönlichkeitsfaktoren klassifizieren. Anhand eines Beispiels, das auf dem Verhalten einer einzelnen Person beruht, soll die Grundidee verdeutlicht werden. Eine sorgfältige Beobachtung eines Mannes über mehrere Tage hinweg könnte zu einer langen und vielfältigen Liste höchst spezifischer Aktivitäten führen, darunter "tut Essen in den Mund", "harkt Laub zusammen", "spielt Tennis", "wachst Auto ein", "liest Zeitung", "sitzt am Tisch", "kaut Essen", "küßt Ehefrau", "fährt zum Tennisplatz", "kauft Zeitung", "schluckt Essen", "verbrennt Laub", "schreibt Berichte", "sitzt auf Toilette", "zieht Kleidung aus", "hat Geschlechtsverkehr", "schläft 8 Stunden lang", "wäscht

Abbildung 9-2 Charakteristika von Introvertierten und Extravertierten bei zunehmendem Neurotizismus

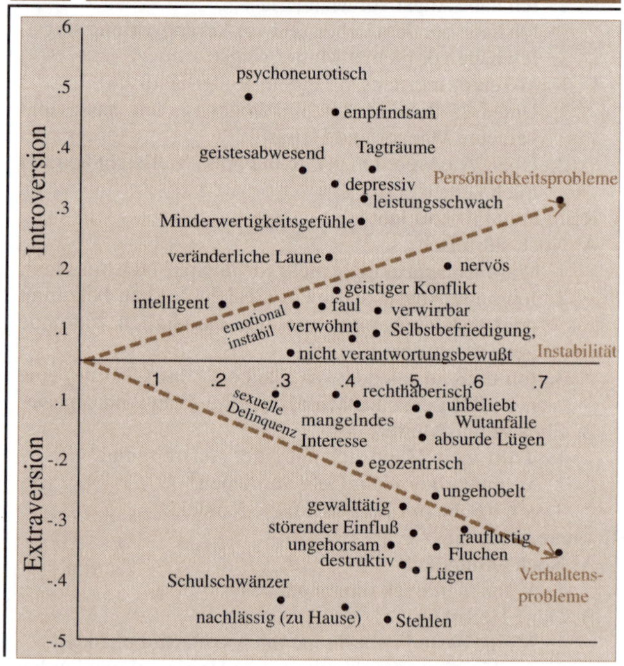

Punkte auf der waagerechten Achse repräsentieren das Ausmaß der Persönlichkeitsstabilität, von relativ normal auf der linken Seite bis höchst neurotisch auf der rechten. Die senkrechte Achse zeigt die Dimension Introversion-Extraversion. Der Graph legt nahe, daß jemand, der sich oft prügelt und öffentlich flucht, wahrscheinlich sehr extravertiert und ziemlich neurotisch ist. Im Gegensatz dazu ist ein tagträumender, depressiver Einzelgänger eher eine introvertierte Person mit einem mäßigen Ausmaß an Neurotizismus. Man kann auf der Grundlage von Eysencks Analyse vorhersagen, daß relativ normale Introvertierte und Extravertierte ganz unterschiedliche Symptome zeigen, wenn sie neurotisch werden. Dementsprechend sollten sie verschiedene Therapien erhalten.

ab", "hat Auseinandersetzung mit Chef", "stellt Wecker ein", "sieht fern", "streichelt Hund" usw. Sie könnten dann zwar über das Verhalten des Mannes berichten, indem Sie einfach alles auflisten, was er während des Beobachtungszeitraumes getan hat (was analog zur Auflistung aller Persönlichkeitseigenschaften einer Person ist), aber die Ergebnisse wären schwer zu handhaben.

Alternativ könnten Sie alle spezifischen Verhaltensweisen unter einigen Kategorien (analog zu Persönlichkeitsfaktoren) zusammenfassen, und Sie würden bemerken, daß bestimmte Verhaltensweisen irgendwie verbunden sind. Eine Gruppe von Verhaltensweisen wie "spielt Tennis", "streichelt Hund", "fährt zum Tennisplatz", "liest Zeitung" und "sieht fern" könnte als "Entspannung" oder "Erholung" bezeichnet werden (der Name ist willkürlich; man könnte es ebenso "Verhalten Gruppe A" nennen). Mehrere andere Verhaltensweisen könnten mit denen, die als "Entspannung" bezeichnet werden, nicht in Beziehung stehen, aber auch eng mit einander verbunden sein - etwa "wäscht ab", "harkt Laub zusammen", "verbrennt Laub", "wachst Auto" - diese Gruppe könnte "Hausarbeiten" genannt werden. Auf gleiche Weise könnten Sie alle anderen beobachteten Verhaltensweisen gruppieren und benennen; das Ergebnis wäre ein Bericht, der besagt, daß die Person ihre Zeit mit fünf Verhaltenskategorien verbracht hat: "Hausarbeit", "Beruf", "Entspannung", "sexuelle Aktivität" (was nicht das gleiche wie "Entspannung" sein muß) und "Körperpflege".

Die Faktorenanalyse (siehe Kapitel 1 und die Anhänge A und C) ermöglicht Zusammenfassungen wie die in unserem Beispiel. Allerdings wird der Zusammenhang zwischen spezifischen Eigenschaften bei der Faktorenanalyse nicht einfach durch direkte Beobachtungen eines einzelnen Individuums bestimmt, sondern durch aufwendige statistische Analysen, bei denen sehr viele Versuchspersonen eingesetzt werden. Wir werden uns nun der Arbeit eines der führenden Theoretiker zuwenden, der die Faktorenanalyse in seiner Untersuchung der Persönlichkeitseigenschaften verwendet hat.

Cattels Oberflächen- und Grundeigenschaften

Raymond B. Cattell, dessen Hauptwerk in den 50er und 60er Jahren entstand, ist einer der herausragendsten Verfechter der Faktorenanalyse als Mittel der Persönlichkeitsforschung. In seiner Forschung über die Persönlichkeit erschloß er drei Informationsquellen menschlichen Verhaltens, die er als L-Daten, Q-Daten und T-Daten bezeichnete. L-Daten stammen nicht direkt von der untersuchten Person; sie werden im allgemeinen aus Aufzeichnungen anderer Personen gewonnen, die das betreffende Individuum beobachtet haben und Informationen über sein Verhalten liefern können. Q-Daten bestehen aus den Antworten der Person zu Fragen über sich selbst. T-Daten sind Werte in standardisierten, objektiven Tests, wie dem von Cattell selbst entwickelten 16 PF Test (siehe unten). Cattell war überzeugt, daß man kein vollständiges Bild der Persönlichkeit erhalten kann, ohne diese Datenquellen vollständig zu benutzen.

Wie Allport erkannte Cattell, daß einige Eigenschaften umfassender und vorherrschender als andere sind. Auf der Grundlage umfassender Forschungsarbeiten gruppierte er menschliches Verhalten in etwa 35 *Eigenschaftscluster* (-bündel). Cattell nannte diese Cluster *Oberflächeneigenschaften* (surface traits), weil sie offenkundige Verhaltensweisen zusammenfassen, die ganz selbstverständlich miteinander verbunden sind. "Ehrlich" z.B. ist eine Oberflächeneigenschaft, die eine Bandbreite verwandter Verhaltensweisen wie "eine verlorene Brieftasche abliefern", "die Wahrheit sagen", "den Knollen für falsches Parken zahlen" usw. zusammenfaßt. Das andere Ende dieser Eigenschaftsdimension, "unehrlich", faßt eine Reihe entgegensetzten Verhaltensweisen zusammen.

Weil sie nur Bündel von offenkundigen Verhaltensweisen beschreiben, betrachtete Cattell diese Oberflächeneigenschaften mehr als "Symptome" oder *Manifestationen* der Persönlichkeit denn als die eigentliche grundlegende Persönlichkeit selbst. Um diese grundlegenderen Elemente - den Ursprung der Persönlichkeit - zu identifizieren, untersuchte Cattel die Oberflächeneigenschaften mit Hilfe der Faktorenanalyse. Dadurch isolierte er 16 Grundeigenschaften (source traits), und 1964 entwickelte er den 16PF Test (Persönlichkeitsfaktoren), um ihre relative Stärke bei einzelnen Versuchspersonen zu messen. Anstatt die Persönlichkeit durch spezifische Verhaltensweisen oder gar -bündel (Oberflächeneigenschaften) zu beschreiben, lieferte Cattel also für jede Person ein Profil ihrer Werte in Grundeigenschaften wie z.B. "zurückhaltend - aus sich herausgehend", "scheu - unternehmungslustig" oder "entspannt - gespannt" (siehe Anhang C). Cattell betrachtete diese Grundeigenschaften als Bausteine der Persönlichkeit und bemerkte, daß sie entweder aus Umwelteinflüssen (*umweltgeformte* Eigenschaften) oder genetisch-konstitutionalen Faktoren (*konstitutionale* Eigenschaften) entstehen.

Eysencks drei grundlegende Persönlichkeitsdimensionen

Cattells Forschung war hauptsächlich auf die Beschreibung der sogenannten normalen Aspekte der Persönlichkeit beschränkt und führte zur Isolation von 16 Grundeigenschaften. Auch Hans Eysenck, ein britischer Psychologe, dessen Hauptschaffensperiode in den 60er Jahren begann, entwickelte einen faktorenanalytischen Ansatz; er identifizierte jedoch nur drei grundlegende Persönlichkeitsdimensionen, die sich sowohl auf "abnormales" als auch "normales" Verhalten beziehen. Eysenck ging von der Annahme aus, daß Persönlichkeitseigenschaften auf

Lernen beruhen (klassisches und operantes Konditionieren, siehe Kapitel 4), und daß manche Personen aufgrund von genetisch-konstitutionellen Faktoren leichter konditioniert werden können als andere. Das eine Kind vermeidet z.B. eine verbotene Aktivität, nachdem es dafür nur einmal bestraft wurde; das andere Kind lernt das Unterlassen vielleicht viel langsamer; und ein drittes Kind hält eventuell immer an der Aktivität fest. Eysenck stellte fest, daß er die Faktorenanalyse zur Beurteilung menschlichen Verhaltens und den daraus bestehenden Faktoren benutzen und dadurch jede beliebige Person auf drei Dimensionen beschreiben konnte: Neurotizismus, Psychotizismus und Introversion-Extraversion. (Eysenck verwendet die Ausdrücke *introvertiert* und *extravertiert* in einer Bedeutung, die sich von dem beliebten Stereotyp abhebt, daß Extravertierte aus sich herausgehen und Introvertierte schüchtern und zurückgezogen sind. In Eysencks Terminologie gilt eine solche Person als introvertiert, die sehr schnell konditioniert wird und deshalb Verhaltensweisen entwickelt, die ihre Empfänglichkeit für die Konditionierung reflektieren, etwa Angst und Depression. Eine extravertierte Person dagegen wird weniger leicht konditioniert und neigt dazu, impulsiver und unlenkbarer zu sein.)

Auf der Basis speziell entwickelter Persönlichkeitstests wie dem Maudsley Personality Inventory (MPI; Maudsley Persönlichkeitsinventar) kann ein Individuum auf jeder dieser Dimensionen bewertet werden. Eysenck stellte fest, daß bestimmte Kombinationen von Persönlichkeitsfaktoren mit bestimmten Verhaltensweisen verbunden sind (siehe Abbildung 9-2). Neurotische Introvertierte z.B. zeigen mit hoher Wahrscheinlichkeit intensive Emotionen in Verbindung mit Angst, wohingegen neurotische Extravertierte zwar auch emotional sind, aber ihr Verhalten antisozial oder sogar kriminell ist.

Interessanterweise hat Eysencks Theorie klare Implikationen für die Psychotherapie (siehe Kapitel 12), obwohl sie keine Vorschläge für neue Techniken der Persönlichkeitsveränderung enthält. Bei der Arbeit mit einem neurotisch introvertierten Patienten hat der Therapeut zum Ziel, dieser Person dabei zu helfen, überlernte Reaktionen zu vermindern (etwa Angst vor Autoritäten). Im Gegensatz dazu könnte eine *Zunahme* konditionierter Reaktionen erwünscht sein, wenn man mit einem Extravertierten zu tun hat, der nicht gelernt hat, "sich an die Regeln zu halten".

Bedürfnistheorie

Eine weitere Spezies der Veranlagungstheorie geht davon aus, daß Verhalten von den Bedürfnissen bzw. Zielen des Individuums statt von Eigenschaften oder dem Persönlichkeitstyp gesteuert wird. Ein Beispiel für diesen Ansatz sind die Arbeiten von Henry Murray (siehe Kapitel 7), der die Existenz von 12 primären menschlichen Bedürfnissen (darunter die Bedürfnisse nach Luft, Wasser, Essen, Sex) und 27 sekundären oder psychogenen Bedürfnissen (etwa die Bedürfnisse nach Leistung, Anerkennung, Dominanz, Autonomie, Aggression, Zugehörigkeit und Pflege) postulierte. Zusammen mit dem Umwelteinfluß, „press" genannt, formen diese Bedürfnisse die Persönlichkeit und das Verhalten einer Person. Im Sinne Murrays bedeutet die Messung der Persönlichkeit, daß man sowohl manifeste (offensichtliche) wie auch latente (verborgene) Bedürfnisse exakt erfaßt.

Manifeste Bedürfnisse können direkt gemessen werden, indem man beobachtet, wie oft, wie lange und wie intensiv sich eine Person auf bestimmte Weise verhält. Wer viel Zeit damit verbringt, andere zu schikanieren, hat ein stärkeres Aggressionsbedürfnis als jemand, der sich selten oder nie so verhält. Latente Bedürfnisse dagegen sind nicht offensichtlich - ein latentes Bedürfnis nach Zuneigung z.B. könnte sich in romantischen Tagträumen zeigen - und muß deshalb indirekt gemessen werden. Zu diesem Zweck entwickelten Murray und seine Kollegin Christiana Morgan 1943 den Thematischen Apperzeptionstest (TAT), bei dem die Versuchsperson einen mehrdeutigen Reiz betrachtet, etwa ein Bild (siehe Kapitel 7 und Anhang C), und aufgefordert wird, eine darauf bezogene Geschichte zu erzählen. Der Inhalt der Geschichte wird als Widerspiegelung der latenten Bedürfnisse der Person interpretiert. Tests dieser Art werden als **projektive Tests** bezeichnet, weil sie es der Versuchsperson ermöglichen, Aspekte ihrer Persönlichkeit auf relativ neutrale Stimuli zu "projizieren". Weitere projektive Tests werden bei der Erörterung der psychodynamischen Theorien im nächsten Abschnitt vorgestellt.

Kritik an den Veranlagungstheorien

Die Veranlagungstheorien waren in der Psychologie einflußreich und haben viele weitere Forschungsarbeiten stimuliert, die schließlich eine verbesserte Beschreibung und Vorhersage menschlichen Verhaltens ermöglichten. Sie wurden aber auch in mehreren Punkten kritisiert. Obwohl Veranlagungstheorien die Persönlichkeit beschreiben (unter Bezugnahme auf Eigenschaften, Typen oder Bedürfnisse), bieten sie kaum eine Erklärung dafür, wie die Persönlichkeit sich entwickelt. Dieses relativ geringe Interesse für Prozesse der Persönlichkeitsentwicklung ist eine der Schwächen dieses Ansatzes.

Weiterhin erscheint fraglich, daß die Persönlichkeit ausschließlich eine Sammlung stabiler, andauernder, unveränderlicher Eigenschaften ist. Verhalten und Persönlichkeit scheinen jedoch nicht immer (oder typischerweise) unabhängig von den gegenwärtigen Umständen bzw. dem Kontext des Individuums zu sein - man verhält sich nicht immer gleich. Vielleicht ist man meistens großzügig, gelegentlich aber ausgesprochen geizig. Es ist oft schwierig, die Variabilität des Verhaltens einer Person anhand von Veranlagungstheorien zu erklären. Diese Theorien neigen dann zur Überbetonung der Veranlagung (der Persönlichkeit eines Menschen) und zur Unterbetonung der Rolle des Kontexts oder der gegenwärtigen Lage des Individuums. Nach der Attributionstheorie (siehe Kapitel 7 und 10) ist dies der grundlegende Attributionsfehler, für den wir alle anfällig sind, wenn wir das Verhalten anderer zu erklären suchen.

Schließlich werden Veranlagungstheorien für ihre fast ausschließliche Verwendung von subjektiven Daten (Selbstbeschreibungen) bei der Persönlichkeitsbeurteilung und Forschung kritisiert. Das Befragen einer Person über ihr Verhalten mag einer der direktesten Wege sein, um Information über ihre Persönlichkeit zu gewinnen, aber es ist auch riskant, weil die Daten, die bei einem Persönlichkeitstest gesammelt wurden, verschiedentlich beeinflußt oder verzerrt werden können. Versuchspersonen bemühen sich vielleicht, sich auf eine besonders positive oder negative Weise darzustellen, oder ihre Antworten könnten durch Faktoren wie die Charakteristika des Testleiters, die Situation, in der der Test durchgeführt wird oder vorangegangene Ereignisse beeinflußt sein.

PSYCHODYNAMISCHE THEORIEN

Psychodynamische Theorien beruhen auf der Annahme, daß Persönlichkeit und Persönlichkeitsentwicklung von intrapsychischen Ereignissen und Konflikten bestimmt werden, d.h. von Ereignissen und Konflikten, die in der Seele stattfinden, und auf der zusätzlichen Annahme, daß diese seelischen Prozesse am besten durch sorgfältige, in die Tiefe gehende Untersuchungen einzelner Versuchspersonen erforscht und verstanden werden können. Die Fundamente für diesen Ansatz wurden im späten 19. Jahrhundert gelegt, hauptsächlich durch Sigmund Freud. Als Arzt, der sich den Prinzipien der Wissenschaft verschrieben hatte, entwickelte Freud eine der umfassendsten und einflußreichsten Persönlichkeitstheorien überhaupt.

Freuds Theorie

Freud nannte seinen Ansatz **Psychoanalyse** und gründete seine Überlegungen auf einige grundlegende Prinzipien. Eines davon ist der *psychische Determinismus,* die Vorstellung, daß menschliches Verhalten nicht zufällig, sondern in Übereinstimmung mit intrapsychischen Ursachen auftritt, die für einen außenstehenden Beobachter oder sogar für die betreffende Person nicht immer offenbar sein müssen. Dieses Konzept, daß unser gesamtes Verhalten etwas "bedeutet", selbst wenn man sich der Bedeutung nicht bewußt ist, ist eins der bedeutsamsten und weitbekannten Merkmale von Freuds Theorie. In der psychoanalytischen Perspektive sind nur wenige Aspekte des menschlichen Verhaltens als zufällig zu begreifen: Wenn man das Wort *Sex* schreibt, obwohl man eigentlich *Sechs* schreiben wollte, wenn man seinen Liebsten mit dem Namen einer anderen Person anredet oder wenn man den Geburtstag eines Freundes vergißt, kann das als ein Ausdruck von Gefühlen, Wünschen, Ängsten oder Impulsen bezeichnet werden, derer man sich nicht bewußt ist.

Der Teil der geistigen Tätigkeit, dessen man sich nicht bewußt ist und zu dem man keinen Zugang hat, nannte Freud das **Unbewußte**. Gedanken, Gefühle und Vorstellungen, die einem momentan nicht bewußt sind, die jedoch jederzeit **bewußt** werden können, werden als **vorbewußt** bezeichnet. Man kann z.B. seine Zunge leicht wahrnehmen, obwohl man wahrscheinlich nicht an sie gedacht hat, bis man diesen Satz las. Solche Gedanken sind vorbewußt. Wenn man dagegen einen unbewußten Haß gegenüber einem guten Freund hegt, würde man nach Freud behaupten, daß keine solchen Gefühle existieren, weil man sie nicht bewußt erlebt.

Eine weitere Grundannahme von Freud ist, daß die menschliche Persönlichkeit durch die kontinuierliche Bemühung des Menschen geformt werde, einerseits seine angeborenen Triebe oder Impulse zu befriedigen (hauptsächlich Sexual- und Aggressionstrieb), unter gleichzeitiger Auseinandersetzung mit einer äußeren Umgebung, die ein vollkommen uneingeschränktes Verhalten nicht duldet. Nach Freuds Ansicht werden alle Menschen mit triebhaften oder angeborenen sexuellen und aggressiven Impulsen geboren. Diese Impulse verlangen sofortige Befriedigung, aber die Personen können sie nicht immer direkt ausleben, ohne sich selber Schaden oder unangenehme Folgen zuzufügen. Somit wird es für jede Person zur lebenslangen Aufgabe, Triebimpulse irgendwie zu befriedigen und dabei gleichzeitig die Anforderungen, Regeln und Realitäten der Umgebung zu beachten. Ein Teenager möchte vielleicht unbedingt eine tolle neue Stereoanlage besitzen, weil er aber von den Eltern und anderen Vertretern der Gesellschaft sozialisiert wurde, weiß er, daß es nicht angemessen ist (milde ausgedrückt!), einfach in ein Fachgeschäft zu gehen und sein Lieblingsgerät zu stehlen. Deshalb wird sich der Teenager vielleicht erst eine Teilzeitbeschäftigung suchen, zu sparen beginnen und nach mehrern Monaten letztlich sein ursprüngliches Ziel erreichen. Diese Lösung ist sozial wesentlich akzeptabeler als ein direktes Ausleben von Impulsen und reflektiert somit einen Kompromiß zwischen Instinkt und Realität. Für Freud ist die Persönlichkeit demnach eine Art Arena, in der der Trieb (das, was Individuen tun möchten) mit Moral und Vernunft (was sie als erwünschte oder machbare Handlung gelernt haben) im Konflikt steht, und in der ein Kompromiß ausgearbeitet wird.

Es muß erwähnt werden, daß Freud in einer Zeit viktorianischer sexueller Repression lebte und arbeitete. Weil eine offene Diskussion über die Sexualität Erwachsener als unanständig galt, stellten seine Hypothesen über die kindliche Sexualität geradezu eine Ketzerei dar, so daß seine Ansichten ihn zu einem Rebellen gegen die Gesellschaft machten. Freuds Theorie wurde als gefährlich für

Oben: Freud 1922, mit 66 Jahren. Dies war eine von Freuds produktivsten, aber auch enttäuschendsten Zeiten. Das Kommitee, eine Gruppe seiner Schüler, die seit 10 Jahren bestanden hatte, wurde durch die Uneinigkeit ihrer Mitglieder aufgelöst. Dieses Ereignis fiel mit den ersten Anzeichen von Krebs zusammen, dem Freud schließlich erlag. 1920 modifizierte er seine ursprünglichen Vorstellungen über das Unbewußte und begann mit einer neuen Theorie des Ich, die als großer Fortschritt in der Theorie der Psychoanalyse angesehen wird.
Unten: Freud 1938, mit 82 Jahren. Weil er Jude war, mußte Freud seine Heimatstadt Wien nach dem "Anschluß" Österreichs an das Deutsche Reich durch die Nationalsozialisten verlassen. Hier wird er bei der Arbeit an seinem *Abriß der Psychoanalyse* gezeigt, den er noch nicht beendet hatte, als er 1939 starb.

die bestehende gesellschaftliche Ordnung angesehen, und sein Mut, solch einen Standpunkt zu vertreten, sollte nicht unterschätzt werden.

Struktur der Persönlichkeit

Freud nannte die unbewußten, triebhaften Anteile der Persönlichkeit das *Es*. Im Es befinden sich alle vererbten sexuellen, aggressiven und anderen Impulse, die nach sofortiger Befriedigung streben. Die psychische Energie, **Libido,** die das Verhalten motiviert, ist bei Geburt ein Teil des Es. Weil das Es versucht, seine Wünsche ohne Verzug zu erfüllen, handelt es nach dem **Lustprinzip** (dies könnte man als "wenn es angenehm ist, tu es" umschreiben). Das Es ist unbewußt und steht somit nicht in Verbindung mit der Außenwelt.

Im Lauf der Entwicklung erlegt die wirkliche Welt der direkten Erfüllung der im Es lokalisierten Triebimpulse zunehmend mehr Beschränkungen auf. Gleichzeitig nimmt ein zweiter Aspekt der Persönlichkeit, das **Ich,** Gestalt an. Das Ich erhält seine Energie vom Es, aber es ist zum Teil bewußt und steht somit im Kontakt mit der äußeren Realität. Die Funktion des Ich besteht hauptsächlich darin, Wege zu finden, um die Befriedigung der Impulse des Es zu ermöglichen und gleichzeitig den Organismus als Ganzes vor Gefahr zu schützen. In unserem Beispiel des Teenagers und der Stereoanlage hat das Ich die Ausführung eines sozial akzeptierten Mittels zur Zielerreichung geplant und gesteuert. Weil das Ich die Realität berücksichtigt, während es den Ausdruck der Es-Impulse zu erleichtern versucht, arbeitet es nach dem **Realitätsprinzip** (dies könnte man als "wenn du es tun willst, tu es unauffällig" oder "tu es später" oder "sei vorsichtig" umschreiben).

Abbildung 9-3 Die Beziehung des Es, Ich und Überich zu den Bewußtseinsebenen

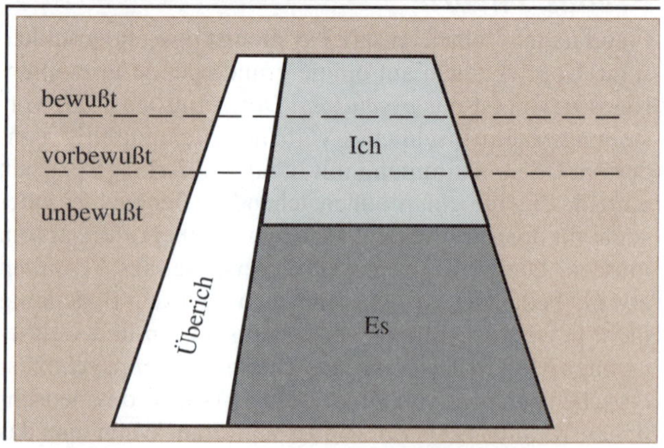

Freuds größter Einfluß stammt von seiner Vorstellung, daß ein großer Teil unseres Verhaltens dem Unbewußten zugeschrieben werden kann. Aber die Steuerung des Verhaltens durch Unbewußtes ist auch die Quelle größter Kontroverse über Freud.

Mit fortschreitender Entwicklung bildet sich eine dritte Persönlichkeitskomponente, das **Überich.** Es entspricht in etwa dem "Gewissen", da es die Belehrungen der Familie und Kultur eines Individuums über Ethik, Moral und Werte enthält - wie man sich verhalten *sollte*. In der Freudschen Theorie internalisiert das Überich bei seiner Entwicklung diese Belehrungen, so daß sie nicht als die Werthaltungen von jemand anderem arbeiten, sondern als eigene. Somit funktioniert dieser Aspekt der Persönlichkeit als eine Art internalisierter Repräsentant der Gesellschaft, der versucht, uns zu beeinflussen, so daß wir uns auf sozial akzeptable Weise verhalten. Folgt man den Anordnungen des Überichs nicht, bekommt man als Folge Schuldgefühle.

In Freuds System ist die Persönlichkeit also eine dreiteilige Struktur, teils bewußt, teils unbewußt (siehe Abbildung 9-3), die ständig mit sich selbst in Konflikt steht. Das Ich nimmt an den meisten dieser intrapsychischen Konflikte teil, weil es einen Weg finden muß, um die ungestümen Impulse des Es, die perfektionistischen Forderungen des Überich und die Erfordernisse der Außenwelt zu vereinbaren. In Tabelle 9-2 werden einige Beispiele für intrapsychische Konflikte gezeigt.

Abwehrmechanismen des Ich

Nach Freud ist eine der Hauptfunktionen des Ich der Schutz vor (1) Bedrohungen aus physischer Gefahr, (2) der Möglichkeit, daß tabuisierte Es-Impulse bewußt werden und (3) der Verdammung durch das Überich, falls seine rigiden Standards verletzt werden. Wenn die Es-Impulse z.B. eine hungrige Person in Versuchung führen, sich im Restaurant am Nachbartisch zu bedienen, während sie auf ihr eigenes Mittagessen wartet, würde das Ich die potentielle physische Gefahr solch einer Handlung sehen (besonders wenn der andere Gast groß und unfreundlich ist) und würde auch vom Überich zu "hören" bekommen, daß solch ein Verhalten falsch ist. Offensichtlich muß das Ich "etwas tun".

In seinen frühen Schriften nahm Freud an, daß das Ich versucht, die Es-Impulse hauptsächlich durch den **Abwehrmechanismus der Verdrängung** vom Bewußtsein fernzuhalten. Bei einer hungrigen Person könnte das Ich so handeln, daß der starke Hunger nicht bewußt wird. Dramatischer ist es, wenn ein Vater starke unbewußte Impulse hat, seine Kinder zu ermorden; dann hält ihn sein Ich vielleicht einfach davon ab, sich dieser Impulse bewußt zu werden. Eine Zeit lang dachte Freud, daß Verdrängung Angst verursache, aber später schloß er, daß es umgekehrt ist: Angst entsteht, wenn Es-Impulse ins Bewußtsein vorzudringen drohen, und die Verdrängung vermindert die Angst. Aber die Verdrängung erfordert ständige Anstrengung, so wie es ist, wenn man einen voll aufgeblasenen Plastikball unter Wasser zu halten versucht. Gelegentlich können unterdrückte Inhalte aufzutauchen drohen oder tatsächlich auftauchen, so daß man Angst bekommt.

Weil vollständige Verdrängung ohne zusätzliche Hilfe unwahrscheinlich ist, kam Freud zu der Überzeugung, daß das Ich oft mehrere zusätzliche Abwehrmechanismen einsetzt, um unakzeptable Inhalte aus dem Bewußtsein fernzuhalten (siehe Tabelle 9-3). Der wohl einfachste Abwehrmechanismus ist die **Verleugnung.** Eine Frau z.B., deren Mann vor kurzem starb, verhält sich vielleicht eine Zeit lang so, als ob er noch am Leben wäre, indem sie das Abendessen für zwei Personen vorbereitet oder die Zeitung auf seinen Platz legt. Ein weiterer bekannter Abwehrmechanismus ist die **Reaktionsbildung,** bei der das Individuum anders denkt und handelt, als es seinen unbewußten Impulsen entspricht. Im Beispiel des mordlüsternen Vaters von oben ist der Mann seinen Kindern gegenüber vielleicht übermäßig beschützend und drückt große Besorgnis um ihr Wohlergehen aus. Er könnte (natürlich unbewußt) den Abwehrmechanismus **Projektion** einsetzen, durch den er seine eigenen tabuisierten Impulse anderen zuschreibt. Dies könnte die Form annehmen, daß er sich äußerst stark mit dem Problem der Kindesmißhand-

Tabelle 9-2 Mögliche Konflikte zwischen den Aspekten der Persönlichkeit

Konflikt	Beispiel
Es gegen Ich	Sich zwischen einer kleinen, sofortigen und einer größeren Belohnung entscheiden, auf die man länger warten muß (Belohnungsaufschub)
Es gegen Überich	Entscheiden, ob man das Geld zurück gibt, das man zuviel bekommt oder weniger zahlen soll
Ich gegen Überich	Sich entscheiden, ob man realistisch handeln soll (z.B. eine "Notlüge" erzählen soll) oder einem möglicherweise kostenaufwendigen oder unrealistischen Gewissensgrundsatz anhängen soll (z.B. immer die Wahrheit sagen)
Es und Ich gegen Überich	Sich entscheiden, ob man den Angriff eines schwachen Gegners rächt oder "die andere Wange hinhält"
Es und Überich gegen Ich	Sich entscheiden, ob man realistisch handeln und dabei entgegen seinen Wünschen und moralischen Überzeugungen handeln soll (z.B. die Entscheidung überzeugter Katholiken, ob sie Verhütungsmittel benutzen sollen)
Ich und Überich gegen Es	Sich entscheiden, ob man "impulsiv" etwas stehlen soll, was man gerne haben möchte, sich aber nicht leisten kann - das Ich wäre an einem solchen Konflikt wahrscheinlich zunehmend beteiligt, je größer die Wahrscheinlichkeit ist, gefaßt zu werden

lung in seiner Gemeinde auseinandersetzt. Der Abwehrmechanismus **Verschiebung** läßt einen verkleideten Ausdruck der Es-Impulse zu. In diesem Fall "reagiert sich" der Vater, der unbewußt seine Kinder verletzen möchte, "ab", indem er den Haushund, einen jungen Angestellten oder ein anderes, akzeptables Opfer anschreit. Wenn er unangemessenes oder unakzeptierbares Verhalten gegenüber seinen Kindern rechtfertigt oder erklärt, ohne den "wirklichen" unbewußten Grund zu kennen, benutzt er den Abwehrmechanismus **Rationalisierung.** So könnte er darauf hinweisen, daß er seine Kinder oft bestraft, weil er sie liebt und es "zu ihrem Besten" ist.

Tabelle 9-3 Abwehrmechanismen

1. Verdrängung	5. Verschiebung
2. Verleugnung	6. Rationalisierung
3. Reaktionsbildung	7. Sublimierung
4. Projektion	8. Regression

Beispiele für entsprechendes Verhalten - Können Sie jedes Beispiel dem entsprechenden Abwehrmechanismus zuordnen?

a. Ein Mann mit beträchtlicher Abneigung gegen Tiere wird Tierpfleger im Zoo.
b. Eine Frau mit unbewußtem Haß auf ihre Mutter drückt ihr gegenüber keine feindseligen Gefühle aus, sondern wird äußerst ängstlich, wenn sie ihre Eltern besucht.
c. Ein Student, der Angst hat, daß er von der Universität abgehen muß, wird zum Bettnässer.
d. Ein Ehepaar mißhandelt sein Kind körperlich regelmäßig und sagt dabei, daß solche Bestrafung das Kind "moralisch stärkt".
e. Ein Mann behütet seine Tochter übermäßig, läßt keine Treffen mit Jungen zu und sagt, daß diese heutzutage nur am Körper der Frauen interessiert seien.
f. Ein Mann muß zugeben, daß er pleite ist, bleibt aber bei seinem extravaganten Lebensstil.
g. Ein sexuell frustrierter Student verbringt seine gesamte Freizeit im Labor und arbeitet an der Theorie seines Mentors über Haustiere.
h. Eine höhere Angestellte, die eine Beförderung verpaßt hat, kündigt ihrer Mitarbeiterin.

Anmerkung: Jedes Verhalten kann verschiedentlich interpretiert werden; davon ist vieles normal und beinhaltet keinen Abwehrmechanismus gegen neurotische Angst. Ein Mann kann z.B. seine Tochter aus Liebe beschützen und ein Angestellter kann seinen Sekretär kündigen, weil dieser nicht kompetent ist. Nur ein geübter Therapeut kann durch sorgfältige Arbeit feststellen, ob neurotische Angst vorliegt und zu dem abnormalen Verhalten führt, das die Verwendung eines oder mehrerer Abwehrmechanismen anzeigt. Die Freudsche Theorie stellt in dieser Hinsicht ein großes Problem dar, weil fast jedes Verhalten so dargestellt werden kann, daß es als abwehrend und deshalb neurotisch erscheinen kann - sehen Sie sich also vor, nicht von Ihren Interpretationen mitgerissen zu werden!

In Freuds Sichtweise führt nur einer der Abwehrmechanismen zu sozial adaptivem Verhalten. Er wird als **Sublimierung** bezeichnet und läßt den Ausdruck tabuisierter Impulse durch produktive, kreative Kanäle zu. So wurde behauptet, daß die sexuellen Impulse eines Individuums in manchen Fällen in künstlerische Energie umgeformt werden können und zur Produktion von Gemälden oder Skulpturen führen. Sublimierung kann eine mehr oder weniger permanente Lösung sein, um jemanden vor Angst zu schützen. Die anderen Abwehrmechanismen aber sind weniger erwünschte Alternativen, die große Mengen psychischer Energie "binden", und sie können am Ende zusammenbrechen und es somit zulassen, daß die unterdrückten Inhalte teilweise durchbrechen und die Person zwingen, sich auf noch primitivere Weise zu schützen. (Aus diesem Grund lassen fehlangepaßte Abwehrmechanismen oft eine Psychotherapie notwendig erscheinen; siehe Kapitel 12).

Freud war überzeugt, daß man in gewissem Ausmaß **Regression** zeigt, d.h. auf Verhaltenscharakteristika aus früheren, weniger reifen Entwicklungsstadien zurückfällt, wenn die Abwehrmechanismen des Erwachsenen nicht wirken. Teilweise Regression kann zu Verhaltensweisen führen, die einfach unreif oder sonst geringfügig unangemessen sind, z.B. ein Wutanfall eines Erwachsenen. Tiefergehende Regression kann zu schwer gestörten und sogar psychotischen Verhaltensweisen führen.

Freuds Stufen der Persönlichkeitsentwicklung

Wie wir schon in Kapitel 8 gesagt haben, postulierte Freud, daß jeder Mensch mehrere *psychosexuelle Entwicklungsphasen* durchläuft. Jede Phase wird nach der Körperregion, der erogenen Zone benannt, auf die sich das lustvolle Interesse im jeweiligen Lebensabschnitt hauptsächlich richtet. Das erste Lebensjahr etwa ist die *orale Phase,* weil Essen, Nuckeln und andere auf die Mundregion zentrierte Aktivitäten die vorrangigen Quellen angenehmer Stimulation sind. Werden die oralen Bedürfnisse wegen zu frühen oder verspäteten Abstillens frustriert oder übermäßig befriedigt, könnte das Kind an manchem Verhalten festhalten, das mit der oralen Phase verbunden sind, und nicht zur nächsten Entwicklungsstufe fortschreiten. Freud bezeichnete dieses Phänomen als **Fixierung,** da die Persönlichkeit auf eine Befriedigung fixiert ist (in diesem Fall orale Befriedigung), die zu dem Zeitpunkt der einzige ihr zur Verfügung stehende Weg ist, Angst und Frustration zu bewältigen.

Von Erwachsenen, die von „oralem Verhalten" abhängig sind, etwa Rauchen, übermäßigem Essen, oder "beißendem" Sarkasmus, kann man sagen, daß sie eine orale Persönlichkeit haben oder ein gewisses Maß an oraler Fixierung aufweisen. Freud glaubte, daß eine Person um so mehr typische Verhaltensweisen einer bestimmten psychosexuellen Phase zeigt und unter Streß darauf zurückfällt, je stärker sie auf diese Phase fixiert ist.

Freud nahm an, daß der Anus und die Stimuli, die mit dem Ausstoßen und dem Zurückhalten von Exkrementen verbunden sind, für das zweite oder dritte Lebensjahr in der Entwicklung eines Kindes von zentraler Bedeutung sind. Deshalb nannte er diese Zeitspanne die *anale Phase,* deren entscheidendes Merkmal das Reinlichkeitstraining ist, und dachte, daß anale Fixierung entweder aus übermäßig strengen oder übermäßig nachsichtigen Trainingspraktiken stammt. Eine Fixierung auf die anale Phase zeigt sich im Erwachsenenalter entweder durch besonders "enges", kontrolliertes Verhalten (anal-retentives Verhalten, etwa geizig, verstopft, ordentlich, übermäßig auf Sauberkeit und kleine Einzelheiten bedacht) oder durch sehr "loses", unordentliches Verhalten (anal-expulsives Verhalten, z.B. nachlässig, unordentlich oder übermäßig großzügig).

Wenn nach der analen Phase die Genitalien zur primären Lustquelle werden (im Alter von etwa 4 Jahren), tritt das Kind in die phallische Phase ein. Freud dachte, daß der Junge während der *phallischen Phase* beginnt, gegenüber seiner Mutter sexuelle Wünsche zu hegen, und deshalb seinen Vater ausschalten will, damit er nicht mit ihm konkurrieren muß. Weil diese Wünsche den Grundkonflikt der griechischen Tragödie "Ödipus Rex" reflektieren, bezeichnete Freud sie als **Ödipuskomplex.** Da der Junge befürchtet, daß er für seine inzestuösen und mörderischen Wünsche kastriert wird, löst er den Konflikt und die daraus resultierende Angst gewöhnlich dadurch, daß er seine auf die Mutter gerichteten sexuellen Wünsche unterdrückt. Er versucht, seinen Vater nachzuahmen (der sein Vorbild wird), was als **Identifikation** bezeichnet wird, und findet letztendlich eine angemessene weibliche Geschlechtspartnerin. Freud zeigte einen vergleichbaren, wenn auch wesentlich weniger spezifizierten Prozeß für Mädchen auf, der jetzt als **Elektrakomplex** bezeichnet wird (nach einem weiteren griechischen Stück). Nach Freud erlebt ein Mädchen "Penisneid", weil sie dieses Organ nicht besitzt; das kann zum Wunsch führen, ihren Vater zu besitzen und ihre Mutter abzulehnen. Sie muß diese Situation lösen, indem sie ihre inzestuösen Gefühle unterdrückt, sich mit ihrer Mutter identifiziert und schließlich einen angemessenen männlichen Sexualpartner findet.

"Haste viel zu knappern...
...aber es lohnt sich"

Freud glaubte, daß die erfolgreiche Auflösung der Konflikte in der phallischen Phase für eine gesunde Persönlichkeitsentwicklung entscheidend ist, da die Identifikation mit dem gleichgeschlechtlichen Elternteil das Auftreten geschlechtstypischer Verhaltensweisen erleichtert. Allerdings ist die Konfliktlösung in dieser Phase äußerst schwierig. Freud dachte, daß die Fixierung auf die phallische Phase häufig auftritt und für eine Vielzahl späterer zwischenmenschlicher Konflikte verantwortlich ist, z.B. Aggression und verschiedene abweichende sexuelle Verhaltensweisen, darunter auch *Exhibitionismus.*

Nach der phallischen Phase tritt das Kind in eine sexuell ruhige Periode ein, die bis zum Beginn der Pubertät anhält. Sie wird als *Latenzphase* bezeichnet und ist durch ein fehlendes sexuelles Interesse gezeichnet.

Während der Adoleszenz reift das Kind physisch und sexuell und tritt in die *genitale Phase* ein, die sich zeitlich über das gesamte nachfolgende Erwachsenenleben erstreckt. Die Lust konzentriert sich wiederum auf die genitale Zone, aber das Individuum sucht jetzt mehr als die Selbstbefriedigung, die für die phallische Phase charakteristisch ist. Wenn die vorhergehenden Phasen problemlos verlaufen sind, wird die Person versuchen, stabile, langfristige sexuelle Beziehungen aufzubauen, die auch die Bedürfnisse anderer berücksichtigen.

Freud nahm an, daß Individuen nicht zuverlässig über ihre eigene Persönlichkeit berichten können, weil sich ein so großer Teil der Persönlichkeit auf dem unbewußten Niveau abspielt. So entwickelten er und seine Schüler spezielle Methoden, um die unbewußten Aspekte der Persönlichkeit zu beurteilen. Die Hauptschwierigkeit sah Freud darin, die Abwehrmechanismen zu umgehen, die unbewußte Inhalte davon abhalten, an die Oberfläche zu gelangen. Während seiner ersten Versuche interviewte er Patienten unter Hypnose. Später wandte er Prozeduren wie die *freie Assoziation* an, die Analyse "zufälligen" Verhaltens wie Versprechern und die Interpretation von Träumen (siehe Kapitel 12). Heute werden auch projektive Tests wie der Rorschach Test und der TAT benutzt, um das Unbewußte zu erforschen (siehe Anhang C).

Fortentwicklungen der Freudschen Theorie

Freuds ursprüngliche Ideen haben im Laufe der Jahre viele Veränderungen erfahren. In der Tat hat Freud selber seine Ansichten kontinuierlich verändert und ergänzt, und so kann man von vielen Versionen seiner Theorie sprechen. An einigen wenigen Grundprinzipien hielt er jedoch fest, vor allem am Trieb als Grundlage des menschlichen Verhaltens (mit der Betonung von Sexualität und Aggression), und in diesem Punkt waren viele seiner bekannten Nachfolger letztlich anderer Meinung. Jeder von ihnen veränderte Freuds Vorstellungen auf geringfügig andere Weise, was das Erscheinen neuer psychodynamischer Theorien und auch Revisionen der Freudschen Ansicht zur Folge hatte. Diese Veränderungen der Theorie kündigten auch die Entstehung einer Gruppe neuer Therapieansätze an.

Die frühen Abwandlungen der Freudschen Theorie betonten im allgemeinen nicht mehr die vererbte, triebhafte Grundlage menschlichen Verhaltens, sondern lenkten die Aufmerksamkeit mehr auf Umgebungsfaktoren, besonders auf den Einfluß der sozialen Situation des Individuums. Hier wollen wir kurz einige der vielen Ansätze betrachten, die aus dem Freudschen System erwachsen sind.

Carl G. Jung

Ursprünglich war Jung einer von Freuds engsten Anhängern und Förderern, aber später teilte er nicht mehr die Ansichten der Wiener Schule und gründete in Zürich sein eigenes System der *analytischen Psychologie*. Freud meinte, das Individuum sei von Trieben durchrüttelt und ständig in Konflikte darüber verwickelt, wie triebhafte Bedürfnisse erfüllt werden können bzw. wie damit umgegangen werden kann; Jung dagegen hatte eine weitere Auffassung des Triebbegriffs. Er argumentierte z.B., daß die Libido eine *allgemeine* psychische Kraft ist, nicht nur von sexuellen und aggressiven Instinkten, und daß jede Person eine angeborene Tendenz hat, die *transzendente Funktion,* um unbewußte libidinöse Bedürfnisse mit den Erfordernissen der Realität in Einklang zu bringen.

Weiterhin behauptete Jung, daß sich das Unbewußte aus zwei Bereichen zusammensetzt - aus dem **persönlichen Unbewußten** und auf noch tieferem Niveau dem **kollektiven Unbewußten.** Das persönliche Unbewußte enthält das, was Freud als Vorbewußtes und Unbewußtes bezeichnet hatte, der Ort zugänglicher und nicht zugänglicher Erinnerungen und Impulse. Das kollektive Unbewußte dagegen ist mehr ein mystisches Konstrukt, das die grundlegenden Bilder und Vorstellungen enthält, die alle Menschen nach Jungs Auffassung vom Beginn der Zeit an teilen. Diese Bilder und Vorstellungen, Jung nannte sie **Archetypen,** schaffen für die Menschen Prädispositionen, die Welt auf bestimmte Weise wahrzunehmen und mit ihr zu interagieren. Beispiele für Jungsche Archetypen sind der Held (die Personifikation des Guten), die Mutter (als Symbol der Fürsorge) und der Schatten (unsere "Schattenseite"). Jung listete auch Archetypen auf, die Aspekte des anderen Geschlechts repräsentieren, die seiner Ansicht nach jeder in sich trägt. Die weiblichen Aspekte der männlichen Persönlichkeit nannte er Anima, und die männlichen Aspekte des weiblichen Wesens nnannte er Animus.

Jung glaubte, daß Personen dazu neigen, die Welt hinsichtlich dieser sehr grundlegenden Archetypen zu sehen (denken Sie z. B. an solch grundlegende mutterbezogene Konzepte wie Alma Mater, Mutterschiff, Mutter Erde und Heilige Mutter) und daß ihr Verhalten durch eine Kombination von (1) dem kollektiven Unbewußten, (2) dem persönlichen Unbewußten (à la Freud) und (3) die einzigartigen Persönlichkeitseigenschaften geformt wird, die jede Person bildet, um sich an die Welt anzupassen. Jungs Theorie verbindet also den Eigenschafts- und psychodynamischen Ansatz der Persönlichkeit.

Die Persönlichkeitseigenschaften, die sich nach Jung durch *Individuation* entwickeln, repräsentieren die Kombination von zwei Menschen*typen* (Introvertierten und Extravertierten) und vier geistigen *Funktionen* (Fühlen, Denken, Empfinden und Intuition). Variationen im *Ausmaß,* in dem jede Person Introversion oder Extraversion und jede der vier geistigen Funktionen zeigt, ermöglicht eine unendliche Zahl einzigartiger Persönlichkeiten. Jung war der erste, der die Dimension Introversion-Extraversion in die Persönlichkeitstheorie eingeführt hat (und er war auch der erste, der die Persönlichkeit mit Wortassoziationstests gemessen hat).

Wie Freud glaubte Jung, daß Verhaltensstörungen sich aus einer Disharmonie zwischen verschiedenen Aspekten der Persönlichkeit ergeben, ging dabei aber von einer größeren Anzahl von Komponenten aus. Bei der Neurose etwa können Konflikte zwischen dem persönlichen Unbewußten, dem Ich und dem kollektiven Unbewußten sowie innerhalb einer jeden Struktur bestehen. Wenn diese Konflikte so extrem werden, daß die zugrundeliegende Einheit zwischen den verschiedenen Persönlichkeitsstrukturen erschüttert wird, entsteht eine Psychose. Jung hatte den Eindruck, daß die Persönlichkeit durch einen vorausschauenden, zielgerichteten Prozeß gesteuert wird, und in dem Sinn ist seine Theorie eine optimistische Alternative zu Freuds pessimistischer Auffassung des Individuums.

Alfred Adler

Einer der ersten Kollegen Freuds, der die Triebtheorie des Verhaltens ablehnte, war Alfred Adler. Er entwickelte statt dessen die *Individualpsychologie,* die es als wichtigsten Faktor in der Persönlichkeitsentwicklung ansieht, daß jede Person ihr Leben in einer völlig hilflosen, untergeordneten Position beginnt. Adler war überzeugt, daß das spätere Verhalten des Individuums ein "Streben nach Überlegenheit" repräsentiert (zuerst innerhalb der Familie und dann in der umfassenderen sozialen Umwelt) und daß die Art, in der jede Person Überlegenheit zu erlangen versucht, den Lebensstil des Individuums ausmacht. Er glaubte, daß adaptive Lebensstile durch Kooperation, soziales Interesse, Mut und gesunden Menschenverstand charakterisiert werden, bei schlecht angepaßten Lebensstilen dagegen liegen übertriebenes Wettbewerbsverhalten, Rücksichtslosigkeit und die Verzerrung der Wirklichkeit vor. Nach Adler sind die schlecht angepaßten Lebensstile und die von ihnen verursachten Verhaltensprobleme nicht auf ungelöste unbewußte Konflikte zurückzuführen, sondern auf falsche Vorstellungen von der Welt bzw. auf *grundlegende Mißverständnisse* (fehlerbehaftetes Denken oder Wahrnehmen). Ein Kind könnte z.B. entdecken, daß es gut Kontrolle über andere ausüben kann (und somit ein Gefühl von Überlegenheit gewinnen kann), wenn es von diesen anderen sehr abhängig ist. Dadurch entwickelt es vielleicht im Lauf der Zeit das Mißverständnis, daß es ein "Sonderfall" ist und nicht selbständig zurecht kommen kann. Folglich kann sich ein Lebensstil entwickeln, bei dem die Person immer krank, verletzt, furchtsam oder irgendwie behindert ist und deshalb Aufmerksamkeit und besondere Beachtung von anderen benötigt. Weitere alltägliche Beispiele "grundlegender Mißverständnisse" oder "persönlicher Fiktionen" sind Gedanken wie "Ich muß es allen recht machen", "Das Leben ist schwer" oder "Menschen sind feindselig".

Anders als Freud glaubte Adler, daß viele dieser kognitiven und Verhaltensprobleme bewußt oder zumindest durch sorgfältige Interviews, in denen sowohl offensichtliche als auch unterschwellige Merkmale des Lebensstils der Person aufgedeckt werden, für das Bewußtsein zugänglich sind. Er vermutete z.B., daß die frühesten Erinnerungen einer Person Hinweise auf die Eigenschaften und Ursprünge ihres Lebensstils geben können. Solche Erinnerungen können ein Thema enthalten (wie ignoriert oder herabgesetzt werden), das nahelegt, daß die Person sich in ihrem heutigen Verhalten (dem Lebensstil) fortlaufend bemüht, Erniedrigungen von früher zu überwinden. Auch die Familiengeschichte einer Person ist von Bedeutung, um etwas über den Lebensstil zu erfahren; ein gutes Beispiel dafür ist die Stellung in der Geschwisterreihe. Die frühe soziale Umwelt eines Erstgeborenen ist ganz anders als die des jüngsten von elf Kindern und kann einen enormen Einfluß auf das Selbstbild der Person in der Kindheit und im späteren Leben ausüben (z.B. "der Anführer" im Gegensatz zum "Baby") (siehe Kapitel 6).

Spätere Veränderungen der Psychoanalyse: Ich-Psychologie und soziale Einflüsse

Bei den neueren Entwicklungen von Freuds Vorstellungen werden statt der biologischen oder Triebfaktoren in der Persönlichkeitsentwicklung und bei Persönlichkeitsstörungen die Rolle des Ich und der Einfluß sozialer und kultureller Faktoren betont. Diese Neufassungen kamen z.T. aufgrund der gleichen Unzufriedenheit mit den pessimistischen Ansichten Freuds zustande, wegen derer sich Jung und Adler abgewendet hatten, aber auch weil es ein wachsendes Interesse an den Prinzipien der normalen, gesunden psychologischen Entwicklung gab.

Interessanterweise war es Freuds Tochter Anna, die ab 1922 Aufsätze veröffentlichte, in denen sie die Wichtigkeit der Erforschung des Ichs und der Wege betont, in denen das Ich Personen bei ihrer Anpassung, Problemlösung und Kreativität unterstützt. Ihr Buch *Das Ich und die Abwehrmechanismen* von 1936 half, eine Bewegung in Gang zu setzen, die als *Ich-Psychologie* oder *Ich-Analyse* bekannt wurde und eine Vielzahl von gleichgesinnten Theoretikern anzog, darunter Erik H. Erikson, Heinz Hartmann und aus neuerer Zeit Heinz Kohut. Ich-Analytiker vermuten, daß das Ich sich nicht vollständig aus dem Es entwickelt und daß seine Funktionen nicht nur im Schutz vor Angst und im Auflösen unbewußter Konflikte bestehen. Vielmehr enthält das Ich dieser Auffassung nach *konfliktfreie* Zonen, deren Funktion darin besteht, psychischen Funktionen wie z. B. Wachstum, Autonomie, Meisterung der Umgebung, Lernen, Gedächtnis, Aufmerksamkeit, Wahrnehmung und Sprachentwicklung zu fördern. Die Ich-Analytiker strebten eine Verbreiterung des psychoanalytischen Ansatzes an, so daß er eine vollständige Theorie würde, die die gesamte Bandbreite bekannter psychischer Prozesse wie auch die verschiedenen Formen der psychischen Störungen erklären könnte (siehe Liebert und Spiegler 1982).

Die psychoanalytische Theorie wurde auch dadurch ausgeweitet, daß hervorgehoben wurde, wie andere Personen und Gruppen die Persönlichkeitsentwicklung des Individuums und deren Störungen beeinflussen. Diese soziale bzw. interpersonale oder kulturelle Betonung setzte eigentlich mit Adler ein, wurde aber durch solch Neo-Freudianer wie Karen Horney, Erich Fromm und Harry Stack Sullivan erst voll zur Geltung gebracht. Diese Theoretiker erklärten allesamt, daß Freud versäumt hat, die sozio-kulturellen Aspekte der Persönlichkeitsentwicklung genügend zu berücksichtigen. Persönlichkeit, so behaupteten sie, wird stärker durch die Gesellschaft, Kultur und die anderen Menschen im Leben des Individuums geformt und beeinflußt als durch Triebe. Anhand von Horneys Theorie soll dieser Trend veranschaulicht werden.

In Horneys Theorie über die Funktionsweise der neurotischen Persönlichkeit sind Beziehungen zu anderen die dominanten Merkmale. Für Horney ist die *Grundangst* das wichtigste Persönlichkeitskonstrukt; es hat seine Wurzeln in der Kindheit, wenn das Kind vor allem Angst hat, isoliert, verlassen und hilflos zu sein. Die Grundangst entsteht daraus, daß Geborgenheit, Sicherheit und die physiologischen Bedürfnisse bedroht werden, um Maslows Hierarchie zum Vergleich heranzuziehen (siehe Kapitel 7). Das Kind entwickelt Strategien, um seine Grundangst zu bewältigen, wobei jede dieser Strategien zu einem permanenten Persönlichkeitsmerkmal des Individuums werden kann.

Horney postulierte, daß die Lösungsstrategien zur Bewältigung der um die Grundangst zentrierten Probleme leicht zu irrationalen und schlecht angepaßten (neurotischen) Verhaltensformen werden können. Die Strategie wird zu einem so wichtigen Teil der Persönlichkeitsstruktur, daß sie die Merkmale eines Triebs oder Bedürfnisses annimmt. Horney stellte 10 *neurotische Bedürfnisse* fest, die drei Einstellungen ausmachen, die eine Person in ihren Beziehungen zu anderen Personen einnehmen kann (siehe Tabelle 9-4). Die Strategie könnte den Menschen veranlassen, (1) sich zu anderen Menschen hinzuwenden, (2) sich gegen andere Menschen zu wenden oder (3) sich von anderen Menschen abzuwenden.

Die Ich-Analytiker und Neofreudianer haben also Grundannahmen der Sozialpsychologie einbezogen, insbesondere den Einfluß, den die tatsächliche oder implizierte Anwesenheit anderer Menschen auf das Verhalten ausübt. Sie gehen davon aus, daß Persönlichkeit durch Erfahrung geformt wird – soziale und kulturelle Erfahrung–, und folglich leicht verändert werden kann. Dieser Ansatz hat naturgemäß zu einer stärkeren Beachtung der großen

Tabelle 9-4 Horneys Liste mit 10 neurotischen Bedürfnissen (neurotischer Umgang mit Grundangst)

1. *Bedürfnisse, bei denen man sich anderen Personen zuwendet.*
   a. Das Bedürfnis nach Zuneigung und Zustimmung - die Person möchte es jedem Recht machen und von allen gemocht werden.
   b. Das Bedürfnis nach einem "Partner", der das eigene Leben übernimmt - unterdrückt die eigene Persönlichkeit und wird bei jemand anderem zum "Parasiten".
2. *Bedürfnisse, bei denen man sich gegen andere Personen wendet.*
   a. Das Bedürfnis nach Macht, hauptsächlich um andere zu beherrschen - strebt vielleicht durch geistige Überlegenheit und auf offensichtlichere Weise nach Macht.
   b. Das Bedürfnis, andere auszunutzen.
   c. Das Bedürfnis nach Prestige - sucht nach öffentlicher Anerkennung und Bewunderung.
   d. Das Bedürfnis nach persönlicher Bewunderung - überschätzt neurotisch den eigenen Wert und möchte, daß dieses falsche Äußere bewundert wird.
   e. Das Bedürfnis nach persönlicher Leistung - ist im Grunde unsicher und sucht in Wirklichkeit nach zunehmend mehr Leistungen, strebt übertrieben nach Zielen, die für andere nicht wichtig sind.
3. *Bedürfnisse, bei denen man sich von Personen abwendet.*
   a. Das Bedürfnis nach Selbstgenügsamkeit und Unabhängigkeit - ist völlig frustriert von Versuchen, mit anderen Verbindungen einzugehen, gibt sie im Wesentlichen auf und wird zum Einzelgänger, zum Eremit.
   b. Das Bedürfnis nach Perfektion und Unangreifbarkeit - befürchtet, daß andere Fehler und Schwächen entdecken, und strebt deshalb ständig nach Perfektion, um unverletzlich zu sein.
   c. Das Bedürfnis, sein Leben auf enge Grenzen zu beschränken - bleibt im Hintergrund, stellt wenige Forderungen, ist übermäßig bescheiden und selbstkritisch.

interindividuellen Unterschieden geführt, die es unmöglich machen, jedes Individuum mithilfe der gleichen Begriffe zu beschreiben. Mit dieser Ansicht stimmt Erik H. Eriksons Modell der *psychosozialen* (nicht psychosexuellen) Entwicklung überein, das in Kapitel 8 erörtert wurde. Es ist wichtig, daß, während Freuds Theorie vornehmlich auf die männliche Sexualität sowie intrapsychische Prozesse konzentriert war, die Neo-Freudianer und Ich-Analytiker geholfen haben, diese Einseitigkeit auszugleichen, indem sie der weiblichen Psychodynamik gleiche Aufmerksamkeit geschenkt haben. Diese Gruppe hat auch darauf hingewiesen, daß die Entwicklung, einschließlich der Persönlichkeitsentwicklung, nicht nur in der Kindheit, sondern über die gesamte Lebensspanne stattfindet (siehe Kapitel 8). Außerdem haben sie kognitive Psychologen veranlaßt, die grundlegende Informationsverarbeitung, das "Editieren" und selektive Gedächtnisfunktionen zu untersuchen, die Analytiker klinisch über Jahrzehnte beobachtet haben.

Transaktionsanalyse

Der Psychiater Eric Berne arbeitete viele von Freuds grundlegenden Vorstellungen in Begriffe und Konzepte um, die große Aufmerksamkeit erregt haben. In Übereinstimmung mit den Ich-Analytikern, die die Ich-Funktionen (anstelle der Es-Funktionen) bei der Bildung und Beeinflussung des Verhaltens betonten, beschrieb Berne eine Triade von *Ich-Zuständen,* nämlich "Eltern", "Erwachsener" und "Kind" (die dem Überich, Ich und Es gleichkommen). Bücher von Berne (z. B. *Games People Play*) und anderen (z.B. *Ich bin okay, Du bist okay* von T.A. Harris) beschreiben den Einsatz der **Transaktionsanalyse,** um zu zeigen, wie Ich-Zustände auf zwischenmenschliches Verhalten einwirken. Das lebendige Interesse der Öffentlichkeit an diesem Ansatz in den letzten Jahren zeugt von der andauernden Nachwirkung mancher der Ansichten Freuds und ihrem Einfluß auf die moderne Theoriebildung.

Psychodynamische Ansätze zur Persönlichkeitsbeurteilung

Die meisten Vertreter der psychodynamischen Theorie meinen, daß die Informationen über Persönlichkeitscharakteristika und intrapsychische Merkmale zum großen Teil durch verschiedene Arten von psychologischen Tests gewonnen werden können. Persönlichkeitsbeschreibungen für Forschungszwecke und zur Vorbereitung von Therapien beruhen häufig auf den Ergebnissen mehrerer objektiver und projektiver Tests, von denen manche im Anhang C detailliert beschrieben werden.

Eine weitere Quelle psychodynamisch orientierter Daten für die Persönlichkeitsbeurteilung ist das schon früher erwähnte klinische oder Forschungsinterview. Der Interviewer richtet seine Aufmerksamkeit hauptsächlich auf *freie Assoziationen,* Berichte über *Träume, Ausrutscher* beim Sprechen ("Freudsche Versprecher") und *all-*

tägliches Verhalten, die Hinweise auf wichtige unbewußte Tendenzen und Abwehrmechanismen geben (siehe Kapitel 12). Besonders Neofreudianer achten in den Interviews auf Aussagen, frühe Erinnerungen und Geschichten, die einen Einblick in sich wiederholende zwischenmenschliche Verhaltensstrukturen (oder Spiele) und Ich-Funktionen geben können.

Kritik der psychodynamischen Theorien

Freuds Einfluß ist nicht zu übersehen: seine Konzepte sind so bekannt, daß sie zu einem Teil unserer Sprache und Kultur geworden sind, und es ist daher nicht ungewöhnlich, wenn wir uns in alltäglichen Unterhaltungen auf "Freudsche Versprecher", unbewußte Motivation, den Ödipuskomplex und die Psychoanalyse beziehen. Freuds Theorie wurde jedoch auch in mehreren Aspekten stark kritisiert. Seine Konzepte (wie das Es, Ich und Überich, die Abwehrmechanismen und das Unbewußte) sind ausgefeilte Abstraktionen, die nicht ohne weiteres gemessen werden können, und die Techniken, die zur Beurteilung der Persönlichkeit und ihrer Funktionsweise im Freudschen Sinn entwickelt wurden, haben sich als nicht besonders reliabel oder valide erwiesen. Weiterhin hat die Tatsache, daß Freuds Ansatz hauptsächlich auf seinen Erfahrungen mit einer relativ kleinen Anzahl von Fallstudien beruht (einige Patienten und Freud selbst) statt auf experimenteller Forschung, zur Kritik Anlaß gegeben, daß psychodynamische Bezeichnungen unwissenschaftlich sind und auf die Mehrzahl der Menschen nicht zutreffen.

Die Kritiker weisen auch darauf hin, daß man viele von Freuds Annahmen über die Persönlichkeit nur schwer oder gar nicht bewerten kann, weil man praktisch jedes Untersuchungsergebnis als mit seiner Theorie vereinbar interpretieren kann. Wenn psychoanalytische Interviews oder projektive Testergebnisse z.B. zu dem Schluß führen, daß ein Mensch starke unbewußte Gefühle der Aggression gegen die ganze Welt verbirgt, wird nachfolgendes aggressives Verhalten als Beweis für den Durchbruch unbewußter Impulse interpretiert und somit die ursprüngliche Hypothese bestätigt. Aber das *Fehlen* aggressiven Verhaltens kann auch als Beweis für zugrundeliegende Aggression angesehen werden, weil es als Abwehrmechanismus gedeutet werden kann (Verdrängung oder Reaktionsbildung). Es wurde auch argumentiert, daß psychodynamische Persönlichkeitstheorien die Interpretation des Verhaltens als pathologisch zu einfach machen, so daß Probleme geschaffen werden, wo es vorher keine gab. Man könnte jemanden z.B. als ängstlich und unsicher bezeichnen, wenn er frühzeitig zur Arbeit erscheint, als widerwillig und aggressiv, wenn er spät kommt, und als zwanghaft, wenn er auf die Minute genau da ist.

LERNTHEORIEN UND SOZIALE LERNTHEORIEN

Anstatt intrapsychische Konflikte, Triebe oder Veranlagungen (wie überdauernde Eigenschaften) zu betonen, konzentrieren sich Lerntheorien auf Verhalten und die Umweltbedingungen, die es beeinflussen. Von diesem Standpunkt aus betrachtet ist die Persönlichkeit die Gesamtsumme des Verhaltens des Individuums, nicht irgendeine hypothetische Struktur, die sich im Verhalten zeigt. Die Lerntheorien nehmen auch an, daß Verhalten (Persönlichkeit) hauptsächlich durch Lernen bestimmt wird, das oft in einem sozialen Kontext stattfindet (dann wird es soziales Lernen genannt). Diese beiden Grundannahmen führten zu einem Ansatz der Persönlichkeitstheorie, der als *soziale Lerntheorie* bezeichnet wird und sowohl die Variation als auch die Regelmäßigkeit im Verhalten erklärt. Dieser Ansatz erklärt Unterschiede zwischen Personen durch die einzigartige Lerngeschichte jedes Einzelnen. Unter Streß - wie etwa bei einer Prüfung - wird eine Person, die gelernt hat, sich bei Schwierigkeiten auf andere zu verlassen, abzuschreiben versuchen, jemand anders dagegen, der dafür belohnt wurde, sich auf sich selbst zu verlassen, schreibt vielleicht nicht ab.

In den Lerntheorien werden regelmäßig auftretende Verhaltensweisen des Individuums als eine Funktion generalisierten Lernens angesehen. Jemand könnte lernen, sich in den meisten Situationen ruhig und beherrscht zu verhalten, weil solches Verhalten über mehrere Jahre und unter vielen Umständen regelmäßig belohnt wurde. Weiterhin werden in diesen Theorien Unterschiede im individuellen Verhalten und andere "unvorhersagbare" Verhaltensphänomene nach dem Prinzip der Verhaltensspezifität aufgefaßt - der Vorstellung, daß Verhaltensänderungen zu bestimmten Umständen passen.

Es gibt viele lerntheoretische Ansätze der Persönlichkeitsforschung. Obwohl sie sich oft in bestimmten Details grundlegend unterscheiden, haben sie doch bestimmte Merkmale gemeinsam: (1) die Annahme, daß meßbare Verhaltensweisen die Persönlichkeit ausmachen, (2) eine Betonung der Umwelteinflüsse statt der Vererbungs- oder biologischen Einflüsse auf die Persönlichkeit und die Persönlichkeitsentwicklung, (3) Berücksichtigung experimenteller Forschung auf der Grundlage von menschlichen und tierischen Verhaltensdaten und (4) der Einsatz wissenschaftlicher Methoden, um Hypothesen über Techniken zur Verhaltens- und Persönlichkeitsänderung zu bewerten. Der Hauptunterschied zwischen diesen Theorien basiert auf dem Lernprozeß, der betrachtet wird (z.B. klassisches oder instrumentelles Konditionieren oder soziales Lernen durch Beobachtung; siehe Kapitel 4) und dem Ausmaß, in dem die Kognition (Denken) das Lernen und das sichtbare Verhalten beeinflußt.

Die Rolle motivationaler Triebe

Eine der ersten Lerntheorien entstand als Teil eines Versuchs, Freuds klinische Konzepte in eine Sprache umzuformen, die sich mit experimentellen Ergebnissen über das Lernen von Menschen und Tieren vereinbaren lassen. Dieser Aufgabe haben sich in den 40er Jahren John Dollard und Neal Miller gewidmet. Sie gingen von der Annahme aus, daß Menschen nicht mit Trieben, sondern mit Primär*bedürfnissen* auf die Welt kommen - nach Essen, Wasser, Sauerstoff usw. -, die befriedigt werden müssen. Sie nahmen weiter an, daß jede Person *lernt,* diese Bedürfnisse (und andere darauf beruhende Bedürfnisse) auf unterschiedliche Weise zu befriedigen, so daß sich individuelle Verhaltensmuster (Persönlichkeiten) entwickeln. Das Bedürfnis eines Babys nach Nahrung etwa führt zu starken inneren Stimuli, z.B. Magenknurren. Dollard und Miller nannten solche Stimuli *Primärtriebe,* weil sie Verhalten motivieren oder erzwingen, das auf die Befriedigung primärer Bedürfnisse früh im Leben ausgerichtet ist. Solches Verhalten ist gewöhnlich recht diffus und generalisiert, wie Schreien und Zappeln. Es kann bewirken, daß ein Elternteil Essen bringt, was den Hungertrieb vermindert und das Verhalten, das dazu geführt hat, *belohnt* oder *verstärkt.* Auf diese Weise lernt jedes Kind, jene bestimmten Verhaltensweisen zu wiederholen, die zur Verminderung primärer Triebe führen bzw. damit verbunden sind.

Natürlich glaubten Dollard und Miller nicht, daß alles menschliche Verhalten deshalb gelernt wird, weil es Primärbedürfnisse reduziert. So wird das beim Autofahren nötige Verhalten durch Lob, Ermunterung und andere soziale Belohnungen verstärkt, die offensichtlich keine Primärbedürfnisse betreffen. Dollard und Miller postulierten, daß diese Belohnungen *sekundäre* oder *gelernte* Triebe vermindern. Ausgehend von experimentellen Befunden stellten sie fest, daß Menschen "Bedürfnisse lernen" können (etwa Lob), und die daraus resultierenden gelernten oder sekundären Triebe können auf die gleiche Weise wie primäre Triebe Verhalten motivieren.

Dollard und Miller haben sich mit vielen Freudschen Konzepten beschäftigt, aber anstatt sie als intrapsychische Ereignisse zu behandeln, betrachteten sie sie als experimentell erforschbare Phänomene, die von der Umwelt bestimmt werden. Ein Konflikt z.B. war für sie nicht ein Aufeinanderprallen von Es, Ich und Überich, sondern das Ergebnis des Wettbewerbs zwischen unvereinbaren Verhaltenstendenzen. Diese Tendenzen teilten sie in zwei Typen ein: Annäherungstendenzen beinhalten Verhaltensweisen, mit denen sich die Person beschäftigen möchte, und Vermeidungstendenzen beinhalten einen Rückzug von Verhaltensweisen, die die eine Person umgehen möchte. Man ist in Konflikt, (1) wenn man zwischen zwei positiven Aktivitäten wählen muß *(Annäherungs-Annäherungskonflikt),* etwa ins Kino oder zu einer Party gehen; (2) wenn man zwischen zwei negativen Aktivitäten wählen muß *(Vermeidungs-Vermeidungskonflikt),* z.B. den Rasen mähen oder den Mülleimer leeren; (3) wenn man entscheiden muß, ob man etwas tun will, was positive und auch negative Aspekte aufweist *(Annäherungs-Vermeidungskonflikt),* z.B. mit einem Menschen zusammensein, der attraktiv, aber rücksichtslos ist.

Am schwierigsten zu lösen sind wahrscheinlich die Situationen, die als doppelte Annäherungs-Vermeidungskonflikte bekannt sind. Dabei steht die Person vor zwei Alternativen, von denen jede positive und negative Merkmale aufweist. Vielleicht mußten Sie sich einmal entscheiden, welches von zwei Restaurants Sie aufsuchen wollen, wobei das eine in der Nähe und teuer, das andere weniger kostenaufwendig und dafür ungünstig gelegen ist; dann wissen Sie, wie man sich bei einem solchen Konflikt fühlt. Wenn man wählen muß, auf welches College man gehen will, führt das oft zu doppelten (oder dreifachen) Annäherungs-Vermeidungskonflikten, weil das eine College vielleicht einen guten Ruf hat, aber sehr groß und unpersönlich ist, das andere dagegen kleiner und freundlicher, aber weniger für seine gute Ausbildung bekannt ist.

Wie Freud betonten Dollard und Miller die Rolle von Konflikten und Angst beim Auftreten von Verhaltensstörungen, aber sie benutzten die Terminologie der Lerntheorie. In ihrer Ausdrucksweise könnte ein "neurotischer" Konflikt wie folgt analysiert werden: Der Annäherungstendenz einer Person an eine Person des anderen Geschlechts könnte eine gleichzeitige Vermeidungstendenz entgegenarbeiten, vielleicht Angst, die auf negativen sozialen Erfahrungen oder Warnungen der Eltern vor der offenen Äußerung sexueller Wünsche beruht. Je mehr sich die Person der gefürchteten und doch erwünschten Situation annähert, desto stärker wird die Vermeidungstendenz. Das Individuum zieht sich zurück und vermindert somit seine Angst, was aber die Annäherungstendenz wieder erscheinen läßt. Bei einem solchen Konflikt schwankt die Person wahrscheinlich zwischen Annäherung und Vermeidung hin und her, und in manchen Fällen kann es ihr psychisch so schlecht gehen, daß sie eine Therapie benötigt, um die Annäherungstendenzen zu stärken, die Vermeidungstendenzen zu vermindern oder beides.

Die Rolle des operanten Konditionierens

Im System von Dollard und Miller werden einige von Freuds Vorstellungen über intrapsychische Abläufe verworfen, andere Konzepte wie Triebe und Angst wiederum wurden beibehalten. Ihre Theorie hing bei der Erklärung der Persönlichkeit somit in gewissem Ausmaß von hypothetischen internen Prozessen und Mechanismen ab. Ein ganz anderer lerntheoretischer Ansatz wurde von dem bekannten amerikanischen Psychologen B.F. Skinner vorgestellt. Er sieht Persönlichkeit als gelernt an, nimmt aber an, daß man nicht auf Konstrukte wie Angst, Trieb, Motiv, Konflikt und Bedürfnis schließen muß, um das Lernen zu erklären und zu verstehen. Skinner behauptet statt dessen, daß sorgfältige Beobachtungen und Experimente an den erlernten Beziehungen zwischen Stimuli aus der Umgebung und beobachtbarem Verhalten letztlich ein vollständiges Bild der Entwicklung, Aufrechterhaltung und Veränderung menschlichen Verhaltens ergeben (erinnern Sie sich hier an die Erörterung des operanten Konditionierens aus Kapitel 4, das für Skinners Sichtweise des Verhaltens zentral ist). Man sollte also einfach beobachten, wie Verhalten zu seinen Konsequenzen in Beziehung steht, und dann diese Beziehungen beschreiben, statt über die Persönlichkeit (das Verhalten) zu theoretisieren und unbeobachtbare Konstrukte zu ihrer Erklärung einzuführen (wie das Ich, einen Trieb oder eine Eigenschaft). Diese Methode, mehr über das Verhalten zu erfahren, wird *Funktionsanalyse* genannt, weil sie die ursächlichen bzw. funktionalen Beziehungen zwischen Umgebung und Verhalten analysiert.

Als Beispiel dafür, wie Skinners Funktionsanalyse hypothetische Konstrukte umgeht, wollen wir betrachten, was man sich unter einem Motiv oder Bedürfnis vorstellt. Veranlagungstheoretiker behaupten, daß Individuen Bedürfnisse oder Motive "haben", deren Existenz aus dem Verhalten erschlossen wird; aggressives Verhalten etwa spiegelt das Bedürfnis nach Dominanz wieder. Skinner würde sich statt dessen auf die funktionalen Beziehungen zwischen aggressivem Verhalten und seinen Folgen konzentrieren. Er würde argumentieren, daß das aggressive Verhalten einer Person die Tatsache widerspiegelt, daß solches Verhalten in der Vergangenheit belohnt oder verstärkt wurde - d.h., es wurde operant konditioniert. Es ist keine weitere Erklärung hinsichtlich interner Veranlagungen erforderlich. Skinner würde demnach behaupten, daß die in Frage stehende Person durch operante Konditionierung *gelernt* hat, sich aggressiv zu verhalten, nicht daß sie "ein Bedürfnis hat, aggressiv zu sein".

Den gleichen Ansatz kann man auf Triebe anwenden. Statt zu sagen, daß eine Person, die 48 Stunden lang nicht gegessen hat, einen starken Hungertrieb "hat", könnte man einfach beobachten, daß Essen nach solchem Entzug eine stärkere Belohnung ist, als wenn kein Entzug stattgefunden hätte. "Hunger" kann man demnach statt durch die Triebstärke durch die Anzahl von Stunden seit der letzten Mahlzeit definieren.

Auf ähnliche Weise kann man Verhaltensstörungen ohne Bezugnahme auf dazwischengeschaltete Konstrukte verstehen. Eine Person, die den ganzen Tag lang wortlos in die Luft starrt, keine Kontrolle über Darm und Blase ausübt und mit einem Löffel gefüttert werden muß, würde man nicht als "psychotisch", "regrediert" oder "psychisch krank" betrachten. Statt dessen würde man bei Skinners lerntheoretischer Version der Persönlichkeit annehmen, daß das Individuum diese "gestörten" Verhaltensweisen wegen ungünstige Verhältnisse bei Belohnung und Bestrafung über wahrscheinlich lange Zeit allmählich entwickelt hat.

Wie andere Versionen der Lerntheorie trägt Skinners Ansatz nicht nur zum Verständnis bei, wie Verhalten gelernt wird (wie es zu der Umgebung in Beziehung steht), sondern führt auch direkt und logisch zu angemessenen "Behandlungs-" Methoden. Wie zu erwarten neigt man bei diesen Methoden dazu, sich auf beobachtbare Verhaltensweisen als "Angriffspunkte" für die Behandlung zu konzentrieren und die Verwendung von Prinzipien des operanten Konditionierens zu betonen, um die Verhaltensänderungen zu bewirken (siehe Kapitel 12).

Die Rolle von Kognition und Imitation

Skinners Funktionsanalyse ist einerseits einflußreich und hat viele begeisterte Anhänger gefunden, hat aber andererseits auch beträchtlichen Widerstand geweckt. Viele Theoretiker, auch aus dem Lager der Lerntheorie, sind der Ansicht, daß Skinner kognitiven oder symbolischen Vorgängen bei der Entwicklung und Aufrechterhaltung der Persönlichkeit (des Verhaltens) zu wenig Aufmerksamkeit widmet. Dementsprechend sind mehrere alternative *soziale Lerntheorien* entstanden.

Kontrollerwartung (Locus of control)

In der sozialen Lerntheorie von Julian B. Rotter nimmt die Rolle kognitiver Variablen eine zentrale Stellung ein. Er betont die Bedeutung von *Erwartungen* bei der Entwicklung, Aufrechterhaltung und Veränderung des Verhaltens. In Rotters System hängt die Wahrscheinlichkeit für das Auftreten eines bestimmtes Verhaltens davon ab, (1) was der Erwartung der Person nach auf die Reaktion folgt und (2) welchen Wert die Person diesem Ergebnis beimißt. Man zahlt also für eine Eintrittskarte, wenn man erwartet, daß man dadurch ins Kino eingelassen wird (Ergebnis) und daß der Film interessant ist (Wert). Rotter nimmt an, daß die Erwartungen und Werte, die das Verhalten (die Persönlichkeit) beeinflussen, bestimmen und verändern, ein Teil des Grundwissens jeder Person sind und durch Lernen erlangt wurden. Deshalb muß jemand in der Vergangenheit direkt oder stellvertretend Erfahrung mit äquivalenten oder ähnlichen Situationen gemacht haben, um eine Ergebniserwartung zu "haben" oder den Wert des Ergebnisses beurteilen zu können. Das was man weiß, also ein kognitives Konzept, ist hierbei entscheidend.

Besonders bekannt wurde aus Rotters Theorie das Konzept der generalisierten Erwartung, vor allem seine Anwendung auf den Vorgang, wie Personen die Verursachung von Ereignissen wahrnehmen. Rotter entwickelte einen Test, die *"internal-external Locus of Control-Skala"* (auch I-E-Skala, siehe Tabelle 9-5). Vereinfacht gesagt mißt dieser Test, wie stark jemand im allgemeinen annimmt, daß hauptsächlich seine eigenen Anstrengungen (internale Kontrolle) oder Faktoren außerhalb seines Einflusses (externale Kontrolle) sein Schicksal bestimmen.

Eine beachtliche Anzahl von Untersuchungen weist darauf hin, daß die Kontrollerwartung mit einer Reihe von

Verhaltensweisen in Beziehung steht, darunter bestimmten Fertigkeiten. Rhea Eskew und Charles Riche vom Georgia Institute of Technology z.B. stellten fest, daß "Internale", die ihre Arbeitsgeschwindigkeit selbst bestimmen, besser abschneiden als "Externale", die ihr Tempo auch selbst bestimmen, und daß "Externale", deren Geschwindigkeit von einer Maschine vorgegeben wird, besser abschneiden als "Internale" in der gleichen Situation.

Beobachtung und Imitation

Ein weiterer Vertreter der sozial-kognitiven Lerntheorie ist Albert Bandura, Psychologe an der Stanford University. Seine umfangreichen Veröffentlichungen haben zahlreiche Untersuchungen über die Auswirkungen kognitiver Aktivitäten und sozialer Einflüsse auf das Lernen angeregt.

Am bekanntesten sind wohl Banduras Arbeiten zum *Beobachtungslernen* (siehe Kapitel 4), bei denen er zeigte, daß Menschen ohne Belohnung oder Verstärkung und sogar ohne Gelegenheit zur Übung neue Verhaltensweisen erlernen können. Die Person muß nur ein anderes Individuum (ein Modell) beobachten können, das das zu lernende Verhalten zeigt; später, besonders wenn das Modell für sein Verhalten belohnt wurde, zeigt der Beobachter vielleicht auch die neue Reaktion. Kinder können z.B. lernen, Aggressionen zu zeigen, indem sie ein Modell bei der Ausführung aggressiven Verhaltens beobachten. In einem bekannten Experiment (siehe Abbildung 9-4) ließen Bandura und seine Kollegen Vorschulkinder Modelle beobachten, die entweder ruhig neben einer aufblasbaren Puppe saßen oder diese heftig attackierten. Bei nachfolgenden Verhaltenserhebungen neigten diejenigen der Kinder, die ein aggressives Modell beobachtet hatten, zu einer recht präzisen Annäherung an das Verhalten des Modells, während die Kinder, die ein passives Modell gesehen hatten, zu nicht-aggressivem Verhalten tendierten. (Siehe auch Fundgrube 9-2).

In Banduras Theorie liegt also eine starke Betonung auf stellvertretenden Vorgängen - Vorgänge, die Beobachtung und Nachahmung anderer Personen enthalten. Für Bandura entwickelt sich die Persönlichkeit nicht nur durch das, was man direkt lernt (durch klassisches oder operantes Konditionieren), sondern auch durch Beobachtung des Verhaltens anderer Personen sowie seinen Folgen und dem Wissen, wie diese Folgen auf einen selbst zutreffen könnten. Nach Bandura können stellvertretende Prozesse zu den verschiedensten Verhaltenseffekten führen: (1) Aneignung neuer Reaktionen, wie bei dem Experiment mit der aufblasbaren Puppe; (2) Hemmung oder Enthemmung eines bereits gelernten Verhaltens, wenn man z.B. ein Rotlicht an der Fußgängerampel mißachtet, nachdem man eben jemand dabei beobachtet hat; und (3) Förderung oder Auslösung eines Verhaltens, wie zum Beispiel bei Benzinknappheit, wenn sich eine lange Autoschlange vor einer geschlossenen Tankstelle bildet, nachdem ein einziger Witzbold vor die Zapfsäule gefahren ist.

Bemerken Sie, daß Banduras Theorie nicht nur hervorhebt, welche Rolle Beobachtungs- und kognitive Prozesse beim Lernen spielen, sondern auch erkennt, wie stark soziale und primäre Verstärkung die weitere Ausführung neuer oder veränderter Verhaltensweisen beeinflussen. So könnte man lernen, wie man Personen des anderen Geschlechts kennenlernt, indem man andere beobachtet, die dabei erfolgreich sind, aber wenn die Strategie nicht wirklich (wenigstens gelegentlich) zu positiven Konsequenzen führt, wird sie schließlich nicht mehr angewendet.

In der Tat zeigte Bandura in seinen neueren Schriften, daß die Entwicklung und die Veränderungen im menschlichen Verhalten von einer Kombination aus drei Faktoren verursacht werden, die alle ständig miteinander interagieren. Diese drei Faktoren sind (1) was Menschen denken, wahrnehmen, wissen und erwarten *(kognitive Variablen);* (2) was Menschen tatsächlich tun *(Verhaltensvariablen);* und (3) was mit Menschen geschieht *(Umweltvariablen).* Bandura (1978) bezeichnet diesen Prozeß als *reziproken Determinismus* und bemerkt, daß Fernsehen ein alltägliches Beispiel dafür liefert. Die Kognitionen des Beobach-

Tabelle 9-5 Die Messung der Kontrollerwartung

Instruktion: Wählen Sie die Antwort, die Ihre Ansicht am besten beschreibt.

1. Berufserfolg hängt hauptsächlich davon ab,
   a. daß man zur richtigen Zeit am richtigen Ort ist,
   b. daß man hart arbeitet und sich der Aufgabe verschreibt.
2. Bei der Abschlußklausur in Psychologie gut abzuschneiden, hängt vorrangig davon ab,
   a. genügend Zeit zum Lernen zu finden,
   b. in welchem Ausmaß die Fragen zu dem passen, was man weiß.
3. Kriminelle sind
   a. als solche geboren, nicht gemacht - Opfer des Schicksals,
   b. Personen, die sich absichtlich entscheiden, Verbrechen zu begehen.
4. Im allgemeinen
   a. bin ich meines Glückes Schmied,
   b. glaube ich an Glück.

Hier sind einige Testitems, die denen der I-E-Skala von Julian Rotter ähneln. Sicherlich merken Sie schnell, welche Antworten internale (bzw. externale) Kontrollerwartung nahelegen. Personen, die sich am externalen Ende der Skala befinden, glauben, daß sie kaum Kontrolle über Ereignisse in ihrem Leben haben. Solche Personen dazu zu bewegen, sich selbst zu helfen oder ihre Lage zu verbessern, kann schwer sein. Die Personen am internalen Ende der Skala glauben, daß sie die Schmiede ihres eigenen Glückes sind: sie können ihre Lage verbessern, wenn sie sich einfach sehr darum bemühen.

ters (d.h. seine Vorlieben) beeinflussen die Auswahl des Programms (das Verhalten), was wiederum die Sendung bestimmt (Umweltstimulation), die auf dem Bildschirm erscheint. Solche Wahlmöglichkeiten dienen dazu, bestimmte Kognitionen zu stärken (z.B. "Die Sendung gefällt mir"). Obwohl alle Zuschauer einer Sendung die gleichen Umweltstimuli sehen, können die Kognitionen jedes Zuschauers (Wahrnehmungen, Voreingenommenheiten usw.) die Bedeutung der Sendung für ihn verändern. Außerdem kann die Qualität einer Sendung (Umwelt) bestimmte Kognitionen beeinflussen (z.B. "Die Sendung ist nicht mehr gut"), was wiederum die zukünftige Programmwahl verändern und somit dazu beitragen kann, die Fernsehumwelt zu verändern, indem die Sendung nicht mehr ausgestrahlt wird. Jede der drei Variablen ist auch reziprok; sie beeinflußt die beiden anderen und wird von ihnen beeinflußt.

Ein weiteres wichtiges Merkmal von Banduras Modell besteht darin, daß die Bedeutung jedes der drei Faktoren von Zeitpunkt zu Zeitpunkt und von Person zu Person variieren kann. Wenn man einen drohenden Autounfall abwenden muß, wird das Verhalten der meisten Fahrer z.B. vorrangig von der externen Umwelt beeinflußt (d.h.

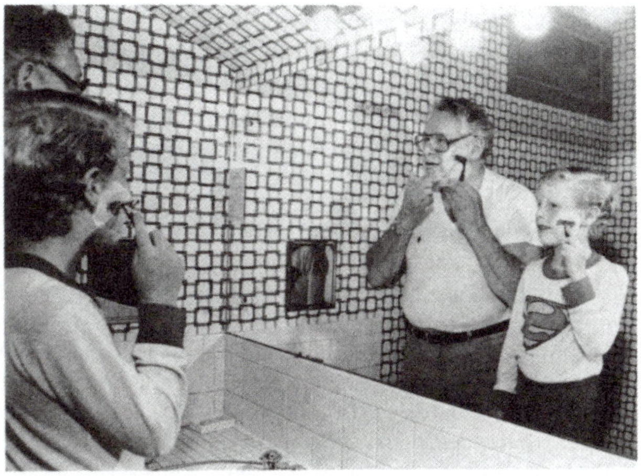

Für soziale Lerntheoretiker wäre dies ein Beispiel für Lernen durch Nachahmung. Freudianer dagegen würden die Situation als Beispiel für die Identifikation mit dem gleichgeschlechtlichen Elternteil ansehen.

Abbildung 9-4 Aggression durch Nachahmung lernen

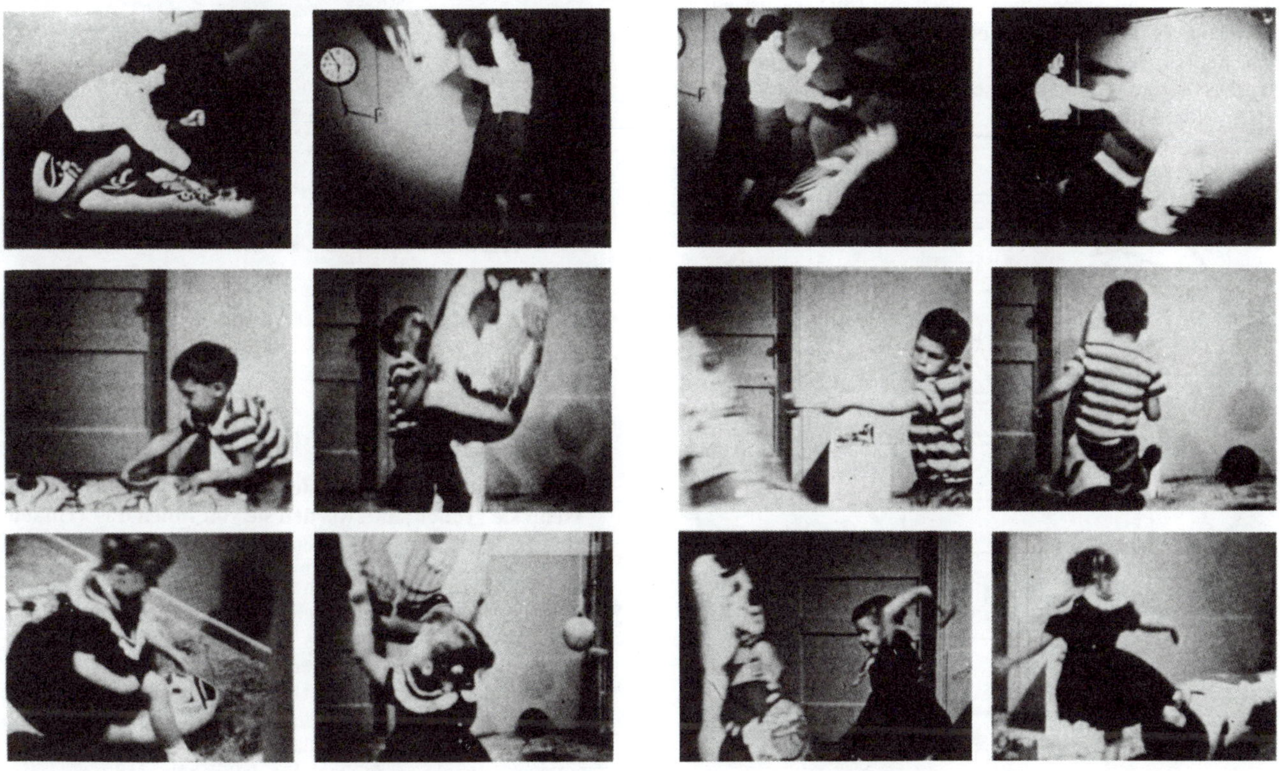

In besonderen Situationen besteht wenig Zweifel daran, daß Kinder aggressive Handlungen von erwachsenen Modellen nachahmen werden. Hier sind einige Bilder aus einer inzwischen klassischen Untersuchung von Bandura, Ross und Ross (1963). In der oberen Reihe zeigt ein erwachsenes Modell vier verschiedene Möglichkeiten, eine aufblasbare Puppe anzugreifen. Die nächste Reihe zeigt einen Jungen und ein Mädchen, die das Verhalten des Modells nachahmen.

der Lokalisation, Richtung und Geschwindigkeit des anderen Autos). Bei einer schwierigen Mathematikaufgabe wird das Verhalten der Person dagegen zum Teil von den Details der Aufgabe (der Umwelt) und zum Teil davon abhängen, wie sicher sie sich ist, die Aufgabe erfolgreich lösen zu können (eine kognitive Variable). Bandura vermutet, daß das Gefühl der *Selbsteffektivität* - die gelernte Erwartung, daß man bei etwas Erfolg hat - in manchen Situationen Hindernisse aus der Umwelt überwinden und größten Einfluß bei der Bestimmung des Verhaltens des Individuums nehmen kann. Passend zu der Vorstellung des reziproken Determinismus jedoch weist Bandura (1980) darauf hin, daß Menschen nicht immer alle Aspekte ihres Verhaltens und ihrer Umwelt unter Kontrolle haben. An-

FUNDGRUBE 9-2

Eltern als Vorbilder

Der Ansatz des sozialen Lernens bei den Persönlichkeitstheorien befaßt sich mit Lernen durch Beobachtung. Man ahmt oft Verhalten nach, das man bei anderen beobachtet, besonders wenn die anderen davon profitieren oder dafür belohnt werden. Das Verhalten von Eltern vor den Augen ihrer Kinder ist hier von besonderer Bedeutung. Im Rahmen dieser Theorie wurde argumentiert, daß Drogen- und Alkoholprobleme bei jungen Leuten ihre Wurzeln im Elternhaus haben, wo die Kinder häufig beobachten können, wie ihre Eltern trinken und Pillen für jedes Wehwehchen einnehmen. Mit dieser Theorie wurde auch das Argument gegen Gewalt im Fernsehen unterstützt und insistiert, daß die Bösen am Ende immer verlieren sollten, wenn denn überhaupt Gewalt gezeigt werden muß. Diese Ansicht verweist auf die Tatsache, daß man auch lernt, etwas *nicht* zu tun, wenn man beobachtet hat, daß andere dafür bestraft wurden. Sowohl gute als auch schlechte Verhaltensweisen können durch Beobachtung gelernt werden. Die untenstehende Werbung, die von einem großen Alkoholhersteller unterstützt wird, greift dieses Thema auf.

"Ich habe Kopfschmerzen, ich sollte wohl besser ein paar Smarties einnehmen."

The Family Circus von Bil Keane, nachgedruckt mit freundlicher Genehmigung von The Register and Tribune Syndicate, Inc.

Als sie klein waren, haben sie von Ihnen sprechen gelernt. Wenn sie größer sind, werden sie von Ihnen das Trinken lernen.

Ihre Kinder ahmen Sie nach. Im Guten und im Schlechten. Und ihre ersten Lektionen über das Trinken erhalten sie von Ihnen. Bei Ihren Cocktail-Stunden. Bei Ihren Parties. Und wenn sie alt genug fürs Trinken sind, werden sie sich Ihre Trinkgewohnheiten zu eigen machen. Sorgen Sie dafür, daß es gute sind.

Seagram
Spirituosenfabrik

dererseits werden sie aber auch nicht vollständig durch die Umwelt gesteuert. Die Kontrolle wechselt ständig mit den sich ändernden Situationen.

Interaktion von Person und Situation

Eine verwandte und vielleicht noch umfassendere soziale Lerntheorie der Persönlichkeit wurde von Walter Mischel entwickelt, einem Kollegen Banduras an der Stanford University. Mischel (1978) weist darauf hin, daß man nicht nur untersuchen muß, was Personen tun und in welchen Umgebungen sie es tun, wenn man menschliches Verhalten verstehen will, sondern daß man auch unterschwellige "Personenvariablen" untersuchen muß wie z.B. die folgenden:

1. Die Bandbreite der Gedanken und Handlungen, deren eine Person fähig ist (jemand verhält sich zum Beispiel wenig selbstbewußt; liegt das daran, daß er oder sie nicht weiß, wie man selbstbewußt ist?).
2. Wie die Person mit ihre Umwelt umgeht oder sie wahrnimmt (z.B. könnten "defensive" Personen dazu neigen, die meisten Bemerkungen anderer als Kritik an sich zu interpretieren).
3. Was die Person als Ergebnis ihres Verhaltens erwartet (z.B. könnte jemand glauben, daß er sich in einer bestimmten Situation noch so sehr anstrengen kann und doch erfolglos bleibt oder daß er seine Probleme fast nie lösen kann).
4. Der Wert, den eine Person den Konsequenzen des Verhaltens beimißt (z.B. wird ein Student nicht besonders eifrig lernen, wenn gute Noten ihm nicht wichtig sind).
5. Wie die Person sich *selbst reguliert.* Dazu muß sie sich Ziele setzen (z.B. realistische bzw. unrealistische) und Kriterien für Selbstbelohnung festlegen (ist die Person leicht mit sich zufrieden oder macht sie sich leicht selbst Vorwürfe und geizt mit Eigenlob?) Selbstregulation bezieht sich auch auf die Fähigkeit der Person, ihr Verhalten an veränderliche Umstände anzupassen (beharrt die Person z.B. auf einer Bitte, nachdem sie ihr abgeschlagen wurde, oder probiert sie andere Möglichkeiten aus?) Letztlich bedeutet Selbstregulation die Fähigkeit der Person, Pläne zu erstellen und auszuführen (z.B. eine logische Verhaltenskette durchzuführen, die zu einem Ziel führt).

Ähnlich wie Bandura betont Mischel in seiner Theorie, daß Menschen weder passive Adressaten für Kräfte aus der Umwelt noch völlig unabhängig von diesen Kräften sind; statt dessen sind sie aktive Teilnehmer in einem ständigen Wechselspiel zwischen sich selbst und den Situationen, in denen sie sich befinden.

In dieser Hinsicht liefern die Ansätze des sozialkognitiven Lernens der Persönlichkeitstheorien eine wichtige Mittelstellung zwischen "personorientierten" Theorien (etwa Veranlagungstheorien, nach denen menschliches Verhalten von Eigenschaften und anderen Variablen

Untersuchung stellt Verbindung zwischen Publicity und Selbstmord fest

WASHINGTON (UPI). Wie ein kalifornischer Soziologe berichtet, scheint Zeitungspublicity über Selbstmorde eine Zunahme ähnlicher Fälle auszulösen, die als Unfälle von Privatflugzeugen getarnt werden.

In einer fünfjährigen Untersuchung stellte David P. Phillips fest, daß Abstürze von privaten und Geschäftsflugzeugen, bei denen mehrere Menschen ums Leben kamen, drei Tage nach der breiten Veröffentlichung von Selbstmorden stark angestiegen sind.

Als Phillips, der an der University of California in San Diego tätig ist, ... die Untersuchung durchführte, lagen bereits Ergebnisse anderer Forscher vor, nach denen im Anschluß an die Veröffentlichung von Selbstmorden mehr Selbstmorde und Verkehrsunfälle geschehen.

"Diese Ergebnisse lassen vermuten, daß Artikel über Selbstmorde zu einem Anstieg der Selbstmorde beitragen, von denen manche als Verkehrsunfälle getarnt sind", erklärte Phillips. "Wenn etwa ein Pilot absichtlich mit einem Passagierflugzeug zusammenstößt, kann das ein getarnter Selbstmord sein. Falls Selbstmorde nachfolgende Selbstmorde auslösen, müßten Flugzeugunglücke mit Todesfolgen drastisch und schnell ansteigen, sobald nur ein paar Geschichten veröffentlicht wurden."

Wie Phillips berichtete, zeigte seine vorläufige Forschung, daß Unfälle nichtkommerzieller Flugzeuge einem Muster folgen, das dem bei Kraftfahrzeugen ähnelt und am dritten Tag nach den Berichten über den Unfall einen Höhepunkt erreicht.

"Auf der Grundlage dieser früheren Untersuchungen sagte ich voraus, daß auch im Untersuchungszeitraum von 1968 bis 1973 für den dritten Tag ein Höhepunkt festzustellen sei", schrieb er. "Und wie vorhergesagt stiegen die Flugzeugunglücke am dritten Tag nach den Berichten über Selbstmorde deutlich an."

Am dritten Tag gibt es - so Phillips - fast doppelt so viele Todesfälle als im Durchschnitt in 14 Tagen.

Philips untersuchte die Bundesstaaten, in denen es die meisten Zivilflugzeuge gibt, recherchierte in den größten Zeitungen jener Staaten und stellte fest: "Die Zeitungspublicity über einen Selbstmord korrelierte hoch mit der Anzahl der Unfälle mit Todesfolge im Anschluß daran." ...

Rocky Mountain News, Denver
20. August 1978

Soziales Lernen bezieht sich auf Wissen, das durch Beobachtung anderer Personen erlangt wird und zur Nachahmung des Beobachteten führen kann. Einen großen Teil seiner Wissensbasis erlangt man auf diese stellvertretende Weise, wenn man z.B. im Fernsehen, in Zeitungen und Büchern Verhalten beobachtet bzw. liest. Weil man mit Sicherheit schlechte Dinge lernen kann, die andere tun, etwa wenn man im Fernsehen Gewalt sieht, möchten manche Leute eine Zensur einführen. Sollten Zeitungen Gewalt oder Selbstmorde herunterspielen oder sogar gar nicht darüber berichten, weil die Forschung herausgefunden hat, daß solches Verhalten nachgeahmt wird? Erinnern Sie sich an den Tylenolunfall 1982? In welchem Ausmaß schossen die Tylenol-Nachahmungstäter durch die intensive Berichterstattung in Zeitungen und Fernsehen aus dem Boden!

in der Person gesteuert wird) und "situationsorientierten" Theorien (etwa das operante Konditionieren, nach dem Verhalten hauptsächlich durch Verstärkung, Strafe und die Umwelt beeinflußt wird). Bandura, Mischel, Rotter und andere kognitiv orientierte Lerntheoretiker versuchen nicht, die Person-Situation-Debatte zu lösen, indem sie den Wert der einen oder der anderen Seite beweisen. Statt dessen weisen sie auf die Notwendigkeit hin, daß man versuchen muß, die komplexe Interaktion beider Variablen zu erkennen und zu verstehen.

Eine wichtige Implikation dieses "interaktionistischen" Standpunktes ist, daß man die Persönlichkeit an sich vielleicht nicht erforschen kann. Um ein besseres Verständnis zu erlangen, müßte man sich hauptsächlich auf die Interaktion zwischen Person und Situation konzentrieren. Mischel (1981) vermutet, daß zwar manche Personen relativ konstant in so wichtigen Dimensionen wie Intelligenz, Problemlösestil und vielen verschiedenen Persönlichkeitseigenschaften (wie sie von anderen und der Person selbst eingestuft werden) sein können, daß aber die oben genannten fünf Klassen von "Personenvariablen" wahrscheinlich festlegen, wie ein Individuum (selbst ein generell vorhersagbar handelndes Individuum) mit einer neuen Situation umgeht. Betrachten Sie zur Veranschaulichung eine Untersuchung von Haney, Banks und Zimbardo (1973), die an der Stanford University durchgeführt wurde. College-Studenten aus gutem Hause, bei denen aus der Vergangenheit keine Anzeichen für gewalttätige oder aggressive Tendenzen vorlagen, fingen an, anderen Studenten zu drohen, sie auszunutzen und auf andere Weise zu Opfern zu machen, als sie in einem simulierten Gefängnis als "Wärter" und die anderen Studenten als Gefangene auftraten. Dieses untypische Verhalten ließ nach, sobald die Versuchsleiter das Experiment beendeten, da sie Übergriffe befürchteten. Waren die Studenten "wirklich" aggressive Personen, die sich vorher hinter einer Fassade aus Anständigkeit versteckt hatten? Wahrscheinlicher ist, daß die Situation (in diesem Fall eine Simulation, die mehrere Tage und Nächte andauerte) stärker als die früher gezeigten Eigenschaften wurde, nachdem die "Personvariablen" den Studenten erlaubt hatten, in die Rolle von Wärtern zu schlüpfen, wie sie sie kannten. In einer weniger beherrschenden Situation (etwa wenn man von einem Freund gebeten wird, einen anderen Freund links liegen zu lassen), würde man mehr Variablität zwischen den Personen erwarten - manche würden sich daran halten, andere wieder nicht, weil hier die konstanten Personenvariablen stärkeren Einfluß auf das Verhalten hätten (ein anderer Aspekt dieser Untersuchung wird in Kapitel 10 besprochen).

Aus dieser Denkweise ergibt sich eine umfassende und möglicherweise ergiebige Perspektive. Mischel (1981, S. 532-533) drückt es wie folgt aus:

> In diesem Menschenbild sind Menschen aktive, aufmerksame Problemlöser und können von einer enormen Bandbreite an Erfahrungen und kognitiven Fähigkeiten profitieren, ... aktiv ihre psychische Welt erstellen, interpretieren und Information auf möglicherweise kreative Art verarbeiten, die Welt beeinflussen und auch gesetzmäßig von ihr beeinflußt werden. ... Es ist ein Menschenbild, das ein Licht auf die Nachteile aller simplizistischen Theorien wirft, die Verhalten als ausschließliches Ergebnis einer beliebigen, beschränkten Ansammlung von Determinanten ansehen, ob diese nun Gewohnheiten, Eigenschaften, Triebe, Konstrukte, Instinkte, Gene oder Verstärker sind.

Lerntheoretische Ansätze zur Persönlichkeitsbeurteilung

Wie schon früher angemerkt, gingen die verschiedenen Methoden zur Persönlichkeitsbeurteilung der Veranlagungs- und psychodynamischen Persönlichkeitstheorien - Bleistift-und-Papier-Tests, Traumanalyse, projektive Techniken -, davon aus, daß die Antworten einer Person Anzeichen oder *Indikatoren* für ihre zugrundeliegenden Persönlichkeitseigenschaften oder Charakteristika liefern. Lerntheoretische Ansätze zur Persönlichkeitsbeurteilung dagegen gehen von radikal anderen Annahmen aus. Weil sie Verhalten und Persönlichkeit als nahezu identisch ansehen, beschäftigt man sich in der Lerntheorie nicht mit zugrundeliegenden Eigenschaften oder Konstrukten. Statt dessen versucht man, sorgfältig und systematisch zu beurteilen, (1) wie die in Frage stehende Person sich verhält und (2) welche Umwelt- und anderen Bedingungen jenes Verhalten beeinflussen.

Somit würde angenommen, daß die Antwort einer Person auf die Karten des Rorschach-Tests nicht unbewußte Prozesse, sondern das Verhalten jener Person bei psychologischen Tests aufdeckt. Mit anderen Worten behandelt der lerntheoretische Ansatz die Reaktionen auf jede beliebige Methode zur Persönlichkeitsbeurteilung als Verhaltens*stichprobe,* die zur Vorhersage zukünftigen Verhaltens bei ähnlichen oder verwandten Gegebenheiten nützlich ist, und nicht als Zeichen umfassender, generalisierter Persönlichkeitscharakteristika (siehe Anhang C). Aufgrund dieser Orientierung neigen lerntheoretische Vorgehensweisen mehr als traditionelle Persönlichkeitstests dazu, direkt oder indirekt die Verhaltensbeobachtung hervorzuheben.

Die verwendeten Fragebögen stellen deshalb meistens direkt und ohne Umschweife Fragen, um einfach Informationen über die Wirkungen von Stimuli aus der Umwelt auf das Verhalten zu bekommen. Beispiele für diese Art von "Test" sind der Fear Survey Schedule (Wolpe und Lang, 1964), bei dem Personen angeben sollen, wie sehr sie vor verschiedenen Objekten und Situationen Angst haben, und der Reinforcement Survey Schedule (Cautela und Kastenbaum, 1967), bei dem die Beantworter angeben sollen, wie sehr ihnen verschiedene Aktivitäten Spaß machen, etwa Tanzen, sich mit Freunden unterhalten und Essen.

Übereinstimmend mit den kognitiven Verhaltenstheorien von Rotter, Bandura und Mischel werden in der sozialen Lerntheorie bei der Persönlichkeitsbeurteilung einige Papier-und-Bleistift-Tests eingesetzt, um die kognitiven Faktoren zu bestimmen, die mit dem Verhalten interagieren und es vielleicht steuern. Eines dieser Maße haben wir bereits betrachtet, nämlich Rotters Skala der internen und externen Verhaltenskontrolle. Eine weitere Neuerung ist die Beurteilung zu Banduras Konzept der Selbstwirksamkeit. Es gibt keinen einzelnen Test der Selbstwirksamkeit, aber alle bisher entwickelten Maße gleichen sich insofern, als sie Personen bitten, Erwartungen über ihr eigenes Verhalten zu nennen: Was können Sie tun? Was können Sie nicht tun? Wie sicher sind Sie sich dessen? Ein Beispiel eines Items einer Skala zur Selbstwirksamkeit für Raucher ist folgendes:

Welchen Erfolg erwarten Sie, wenn Sie das Rauchen aufgeben wollen? (Kreuzen Sie die Zahl an, die ihre Antwort am genauesten wiedergibt.)

1	2	3	4	5	6	7
Werde es bestimmt nicht schaffen			Erfolgswahrscheinlichkeit 50 zu 50			Bin mit Sicherheit erfolgreich

Es wurde gezeigt, daß Daten aus Tests dieser Art zukünftiges Verhalten vorhersagen, etwa die Fähigkeit, beim Aufhören mit dem Rauchen erfolgreich zu sein (Condiotte und Lichtenstein, 1981).Lerntheoretiker verwenden auch verschiedene Methoden der direkten Verhaltensbeobachtung. Bei manchen soll die Person als ihr eigener Beobachter auftreten; diese Technik wird häufig benutzt, wenn das besondere Interesse sich auf das Verhalten von Erwachsenen in der natürlichen Umwelt richtet. Beispiele für diese Vorgehensweise - die Selbstbeobachtung - sind z.B., daß man Personen bittet, die Anzahl der gerauchten Zigaretten oder die Häufigkeit und Dauer von Schlafstörungen festzuhalten. Ein Kliniker, der solche Beurteilungsmethoden einsetzt, versucht die Depression oder Angstanfälle eines Patienten zu verstehen, indem er die Person die Verhaltensweisen, Gefühle und Gedanken näher beschreiben läßt, die diese Zustände ausmachen, sowie die Häufigkeit ihres Auftretens und die Umstände aufzeichnen läßt, die den Zuständen vorausgehen, sie begleiten und ihnen folgen.

Diese Art von Persönlichkeitsbeurteilung führt zu genauen Tatsachen über das Verhalten ("Diese Person verhält sich im Durchschnitt dreimal pro Woche depressiv") statt zu Etiketten ("Diese Person ist depressiv"). Außerdem kann die Technik Hinweise auf Faktoren geben, die zu dem Problem beitragen. Eine sorgfältige Verhaltensanalyse der "Depression" deckt oft auf, daß Episoden des Unwohlseins häufig mit Perioden verbunden sind, während derer der Klient keine Gelegenheit zu Aktivitäten hat, die ihm Spaß machen. Eine Zunahme solcher Aktivitäten könnte somit Teil eines umfassenden Behandlungsprogramms werden.

In anderen Formen der lerntheoretisch orientierten Persönlichkeitsbeurteilung nimmt speziell trainiertes Personal systematische Verhaltensbeobachtungen von Kindern oder Erwachsenen vor. Die Methode besteht darin, einfach ein Kind in einem großen Spielzimmer zu beobachten, das eine große Auswahl an Spielzeugen, Spielen und anderem Material enthält. Wenn der Beobachter die relative Zeitspanne aufzeichnet, die das Kind mit jeder der verschiedenen möglichen Aktivitäten zubringt, kann er bestimmen, welche Dinge das Kind interessieren (und die dann bei einem späteren Programm zur Verhaltensänderung als Belohnungen eingesetzt werden können). Wieder wird deutlich, daß beim lerntheoretischen Ansatz nicht versucht wird, die internen Bedürfnisse, Eigenschaften oder Motive des Kindes zu identifizieren, sondern die externen Stimuli, die sein Verhalten beeinflussen.

Kritik der Lerntheorien

An den Lerntheorien der Persönlichkeit wurde hauptsächlich kritisiert, daß ihre Betonung des Lernens als Basis für Verhalten zu einer eingeschränkten Perspektive führt. Dieses Argument wurde neuerdings durch die neuere Betonung kognitiver Prozesse in den sozialen Lerntheorien etwas abgeschwächt, aber einige Kritiker weisen immer noch darauf hin, daß Lerntheorien dem Einfluß von vererbten physiologischen und konstitutionellen Faktoren bei der Bestimmung menschlichen Verhaltens zu wenig Aufmerksamkeit schenken. Andere wenden ein, daß die experimentellen Belege für verschiedene Lernprinzipien nicht unumstritten sind und daß diese Prinzipien wirklich nicht so fest etabliert sind, wie Lerntheoretiker uns glauben machen wollen.

Zusätzliche Kritik wurde an den Experimenten geübt, die zur Unterstützung der Lerntheorien der Persönlichkeit zitiert werden. Selbst wenn Lernphänomene durch Forschung an Tieren gut bestätigt sind, kann man sie nicht immer auf Menschen übertragen. Eine Katze, die sich einer schwierigen oder unlösbaren Aufgabe gegenübersieht, könnte ein seltsames Verhalten - die experimentelle Neurose - zeigen, aber neurotisches Verhalten von Menschen muß sich nicht auf die gleiche Weise entwickeln. In der Tat, selbst wenn lerntheoretische Behandlungen ein Persönlichkeitsproblem *lösen,* muß das Problem sich nicht entsprechend der Lernprinzipien *entwickelt* haben.

Ein weiterer Kritikpunkt ist es, daß einige lerntheoretische Persönlichkeitsbeurteilungen auf Verhaltensbeobachtungen in gestellten Situationen beruhen (etwa im Labor, wo Versuchspersonen gebeten werden, sich im Rollenspiel selbstsicher zu geben), was nicht unbedingt das Verhalten von Personen in natürlichen Umgebungen reflektieren muß.

Letztlich wollen es viele Leute einfach nicht wahrhaben, daß die Beziehung des Menschen zu seiner Umwelt bestimmt werden soll durch Gesetze, die durch experimentelle Laborversuche gefunden wurden. Nach ihrer Interpretation impliziert die Lerntheorie, daß menschliche Persönlichkeit sich entwickelt, verändert und das Verhalten steuert unter Ausschluß des freien Willens, der Selbstbestimmung und jener schwer definierbaren Eigenschaft namens Menschlichkeit. Lerntheoretiker sehen in diesem Vorwurf ein Mißverständnis ihres Standpunktes, aber das Thema Humanismus-Behaviorismus (siehe Kapitel 1) bleibt weiterhin ein Punkt lebhafter Debatte.

PHÄNOMENOLOGISCHE THEORIEN

Bisher haben wir Persönlichkeitstheorien untersucht, die menschliches Verhalten als hauptsächlich beeinflußt sehen von (1) zugrundeliegenden Eigenschaften und Bedürfnissen, (2) intrapsychischen Ereignissen und Konflikten und (3) direktem oder stellvertretendem Lernen. Eine vierte Gruppe, die *phänomenologischen Theorien,* lehnt viele dieser Grundannahmen der anderen drei Ansätze ab. In diesem vierten Ansatz geht man davon aus, daß das Verhalten jedes Menschen in jedem beliebigen Moment vorrangig von der Wahrnehmung der Welt durch eben diese Person bestimmt wird. Mit anderen Worten glauben phänomenologische Theoretiker, daß jeder einzigartig ist, weil er die Ereignisse in der Welt - d.h. die Wirklichkeit - etwas anders wahrnimmt als andere Menschen, und daß das Verhalten jedes Menschen die Betrachtungsweise dieser Phänomene von Augenblick zu Augenblick reflektiert. So kann der eine Mensch z.B. positiv auf eine politische Rede reagieren und sich vornehmen, den Sprecher zu wählen, aber der andere Mensch, der den gleichen Redner hört, entscheidet sich vielleicht für dessen Konkurrenten. Für Phänomenologen beruhen diese divergenten Reaktionen nicht auf den Persönlichkeitseigenschaften, der Entwicklung des Ich oder der Lerngeschichte des Zuhörers, sondern auf seiner individuellen Wahrnehmung des Kandidaten, dem er zuhört.

Demnach sind wir keine passiven "Träger" einer Persönlichkeit oder einfache Empfänger von Verstärkungen. Vielmehr betonen diese Theorien, daß Menschen aktiv sind und denken, daß sie planen und ihr Verhalten wählen können, und daß jede Person letztlich für ihre Handlungen verantwortlich ist. Obwohl phänomenologische Theorien die Existenz biologischer Bedürfnisse anerkennen, werden diese bei der Betrachtung der Persönlichkeit und ihrer Entwicklung weniger hervorgehoben. Statt dessen nehmen Vertreter dieser Theorien an, daß Menschen mit einem Wachstumspotential geboren werden, das dem Verhalten den Antrieb gibt. Man denkt, daß jede Person eine angeborene Tendenz besitzt, zu wachsen und sich zu einem gänzlich reifen Individuum zu entwickeln, so wie ein Same das Potential besitzt, eine Blume zu werden. Im Gegensatz zu Freud, für den Menschen durch nackte instinktive Begierden motiviert werden, sehen die meisten phänomenologischen Theoretiker das Individuum als ein gutes an, das natürlicherweise nach Liebe, Freude, Kreativität, Harmonie und anderen positiven Zielen strebt. Deshalb sagt man, daß phänomenologische Theorien auf einer *humanistischen* Philosophie beruhen.

Die vielleicht wichtigste Implikation der phänomenologischen Sicht der Persönlichkeitsentwicklung, -bewertung und -veränderung ist, daß niemand das Verhalten eines anderen wirklich verstehen kann, wenn er nicht die Welt mit den Augen des anderen sehen kann. Dementsprechend lehnen die phänomenologischen Theorien, wie auch die Lerntheorien, das Konzept der Geisteskrankheit und andere negative Etiketten für seltsames, ungewöhnliches oder unerwartetes Verhalten ab. Statt dessen versichern sie, daß alle menschliche Aktivität normal, rational und sinnvoll ist, *betrachtet man sie vom Standpunkt der beobachteten Person.* Menschen, die anderen gegenüber gewalttätig sind, werden demnach nicht als "krank" oder "gestört" angesehen, sondern als Personen, die einfach entsprechend ihrer Wahrnehmungen anderer Menschen handeln. Wenn man "in ihren Kopf schauen könnte", könnte man ihr Verhalten verstehen, weil man die Welt so sehen würde, wie sie es tun.

Phänomenologische Theorien haben sich aus mehreren Quellen entwickelt. Zum Teil stellen sie eine Reaktion auf Freud dar. Adler nahm in seiner Ablehnung der Bedeutung von Instinkten und seiner Betonung der Einzigartigkeit des Individuums und seiner Konzeptionen über die Welt manche Formulierung phänomenologischer Theorien vorweg. Das Interesse gegenüber der Wahrnehmung der Realität durch Individuen wurde zum Teil auch von den existentiellen Philosophen Heidegger, Kierkegaard, Sartre und Camus geweckt, die versichern, daß die Bedeutung und der Wert des Lebens und allem Dazugehörigen nicht etwas Innerliches ist, sondern durch den Wahrnehmenden bestimmt wird. Jemand ist z.B. nicht "wirklich" schön oder häßlich; diese Qualitäten können der Person nur zugewiesen werden, wenn jemand anders die in Frage stehende Person sieht und auf sie reagiert. Somit sieht jeder mit seinen Augen eine andere "Realität". Diese Betonung der individuellen Sicht der Realität wurde auch durch die Schriften der Gestaltpsychologen unterstützt, die, wie wir in Kapitel 3 gesehen haben, hervorheben, daß der Wahrnehmende beim Betrachten der Welt ein aktiver Teilnehmer und nicht nur ein passiver Aufnehmer ist.

Die Selbsttheorie von Rogers

Die *Selbsttheorie* des amerikanischen Psychologen Carl Rogers ist wohl das bekannteste Beispiel phänomenologischer Persönlichkeitsansätze. Viele von Rogers grundlegenden Vorstellungen über die Persönlichkeit ähneln denen anderer Phänomenologen. Z.B. sind folgende Aussagen aus Rogers Schriften für alle phänomenologischen Theorien charakteristisch: "Jedes Individuum existiert in einer sich ständig ändernden Erfahrungswelt, deren Mittelpunkt das Individuum selbst ist." "Der Organismus reagiert auf das Feld, so wie er es erlebt und wahrnimmt. Für das Individuum ist dieses Wahrnehmungsfeld 'Realität'". "Der Organismus reagiert als ein organisiertes Ganzes auf dieses phänomenologische Feld."

Rogers nimmt an, daß das einzige angeborene Motiv des Menschen die Tendenz zur "Selbstverwirklichung" ist, und daß dieses Konzept ausreicht, um das Auftreten allen menschlichen Verhaltens zu erklären, von der elementarsten Nahrungssuche bis zu den sehr sublimen Handlungen künstlerischen Schaffens. Er hat diese angeborene Qualität als "richtungsweisenden Trend, der in jedem organischen und menschlichen Leben klar ersichtlich ist - der Drang, sich zu entfalten, zu erweitern, zu entwickeln, zu reifen - die Tendenz, alle Fähigkeiten des Organismus auszudrücken und zu aktivieren" definiert (Rogers 1961). Unter diesem Grundmotiv betrachtet Rogers die menschliche Persönlichkeit (wie sie sich im Verhalten äußert) als die Anstrengungen von Individuen, sich innerhalb der Welt, wie sie sie sehen, selbst zu verwirklichen.

In ihrer Entwicklung und der Interaktion mit der Umgebung fängt die Person an, zwischen der Umwelt und sich selbst zu unterscheiden. Mit anderen Worten wird sich jeder von uns eines Teils seiner Erfahrungen bewußt, den er als "ich" erkennt. Nach Rogers werden alle Erfahrungen einer Person, auch Selbsterfahrungen, positiv oder negativ bewertet. Die Person bewertet Erfahrungen danach, ob sie zur persönlichen Entfaltung oder Selbstverwirklichung beitragen oder nicht. Erfahrungen werden zum Teil durch direkte, *organismische* Gefühle bewertet, wenn etwa ein Kind Eiskrem einfach des Geschmacks wegen positiv bewertet; und zum Teil durch den Einfluß anderer, wenn etwa ein kleiner Junge die Stimulierung seiner Genitalien negativ bewertet, obwohl es sich "gut anfühlt", seine Mutter ihm aber gesagt hat, daß solches Verhalten "schlecht" ist.

Somit entsteht das Selbst oder Selbstkonzept nicht lediglich als eine Reihe von Erfahrungen, sondern als eine Reihe von *bewerteten* Erfahrungen, und der positive oder negative Wert, der diesen Erfahrungen zugewiesen wird, wird durch die Kombination direkter Bewertungen und Bewertungen durch andere Personen beeinflußt.

Positive Selbstachtung

Rogers postuliert, daß Menschen tendenziell so handeln, daß sie positive Beachtung (gute Bewertungen) von anderen erhalten, was ihnen eine positive Selbstachtung ermöglicht. Führt das Verhalten einer Person zu positiven direkten (organismischen) Erfahrungen und auch zu positiver Beachtung durch andere, treten keine Probleme auf. Übt ein Kind z.B. Lesen, erhält es nicht nur positive direkte Bachtung von den Eltern, wie etwa "ich bin so stolz auf dich"; das Ergebnis wird wahrscheinlich eine positiv bewertete Selbsterfahrung sein, wie etwa "ich lese gern". Hier steht die positive, direkte organismische Erfahrung im Einklang mit der positiven Selbsterfahrung, bzw. ist, wie Rogers es ausdrückt, *kongruent* damit, und das Kind nimmt sein eigenes Verhalten und dessen Bewertung korrekt wahr.

Aber wie in dem Beispiel des Jungen, der seine Genitalien berührt, kann manche Verhaltensweise neben einer positiven organismischen Erfahrung eine negative Reaktion von anderen hervorrufen. Wenn dies geschieht, und besonders wenn es früh im Leben geschieht, können die Bewertungen der anderen die direkte Bewertung des Individuums unterdrücken. Statt eine Selbsterfahrung wie "Masturbation macht mir Spaß, aber meine Mutter ist dagegen" zu entwickeln, könnte sich der Junge dann die Selbsterfahrung "ich will nicht masturbieren" aneignen. Rogers vermutet, daß diese unangenehme Diskrepanz bzw. *Inkongruenz* zwischen organismischen Erfahrungen und Selbsterfahrungen durch etwas verursacht wird, was er *an Bedingungen gebundene Wertschätzung* nennt - Gefühle, daß man von anderen (und letztlich vom Selbst) nur eine an Bedingungen gebundene positive Beachtung erhalten kann, d.h., wenn man sich auf bestimmte vorgeschriebene Weise verhält. Gewöhnlich knüpfen Eltern und andere Bedingungen an die Wertschätzung, später aber auch das Selbst.

Nach Rogers führt die Erkenntnis, daß die eigenen Gefühle und/oder das Verhalten die Bedingungen für Wertschätzung nicht erfüllen, zu Angst vor dem möglichen Verlust positiver Beachtung. Um dies zu verhindern, könnte man danach streben, Inkongruenz zu vermindern, indem man die Realität oder die eigene Erfahrung davon verzerrt oder falsch wahrnimmt, so daß sie zum Selbstkonzept paßt. Kinder werden gewöhnlich angehalten, sich so zu verhalten, wie es für ihr Geschlecht "angemessen" ist, und erhalten vielleicht nur positive Bewertungen, wenn sie solches Verhalten zeigen. Wenn eine Mutter also ihren kleinen Sohn schimpft, weil er emotionales Verhalten gezeigt hat (z.B. Weinen) und ihn für unemotionales, "männliches" Verhalten lobt, formuliert sie wahrscheinlich Bedingungen für die Wertschätzung. Wenn der Junge sich wirklich besser fühlt, wenn er starke Emotionen ausdrückt als wenn er sie unterdrückt, muß er wahrscheinlich diese Erfahrung ignorieren, um sich an die Forderungen der Situation anzupassen. Oder er könnte seine eigene persönliche Wirklichkeit verzerren - die Tatsache, daß er sich besser fühlt, wenn er seine Emotionen ausdrückt -, indem er der Meinung zustimmt, daß jemand, der emotional ist, schwach ist.

Rogers meint, daß Verhaltensstörungen aus den Versuchen des Individuums entstehen, Inkongruenz zu vermindern, indem es wirkliche Gefühle und Erfahrungen an das Selbstkonzept anpaßt. Je mehr Inkongruenz und Verzerrung vorliegt, desto ernster wird die Störung sein. Rogers Ansatz zur Behandlung psychischer Probleme zielt darauf ab, Menschen bei der Verminderung von Inkongruenz zu helfen, ohne daß die Realität verzerrt wird (siehe Kapitel 12).

Lernen, Gefühle zu empfinden

Viele von Rogers Vorstellungen über Persönlichkeit und Persönlichkeitsveränderung ähneln denen, die sich in der Gestalttherapie von Frederick S. (Fritz) Perls finden. Perls benutzte zwar Ausdrücke und Vorgehensweisen, die sich wesentlich von Rogers unterscheiden, und konzentrierte sich mehr auf Erfahrungen des Persönlichkeitswachstums als auf die Entwicklung einer formalen, erforschbaren Persönlichkeitstheorie, aber ihre Ideen sind sehr ähnlich. Perls glaubte, daß Verhaltensprobleme auftauchen, wenn Menschen ihre Gefühle oder Erfahrungen verneinen oder leugnen (d.h., wenn sie - in Rogers Ausdrucksweise - inkongruent sind) oder wenn sie Gefühle oder Ideen, die sie von anderen ausgeliehen haben, als ihre eigenen darstellen. Die Gestalttherapie ist dementsprechend darauf ausgerichtet, Menschen zu helfen, für sich selbst Verantwortung zu übernehmen und authentische Gefühle zu erleben bzw. damit "in Berührung zu kommen". Sie geht davon aus, daß die Menschen dann den vorher unbewußten Konflikten und internen Inkonsistenzen gegenübertreten und sie lösen können. Die Anwendung der Konzepte und Prinzipien, die Rogers und Perls (und andere) entwickelt haben, löste das weitverbreitete Interesse und das schnelle Wachstum einer Vielzahl von Encounter- und Selbsterfahrungsgruppen aus (siehe Kapitel 12).

Maslows Theorie der Selbstverwirklichung

Ein weiterer wichtiger phänomenologischer Theoretiker ist Abraham Maslow, dessen Bedürfnistheorie in Kapitel 7 besprochen wurde. Maslow gründete seine Theorie auf die Vorstellung, daß Menschen von Natur aus gut sind und daß die Hauptziele menschlicher Anstrengungen Erfüllung, Wachstum und Glück sind. Maslow behauptete, daß jeder Mensch eine Bedürfnishierarchie hat (physiologische Bedürfnisse, Sicherheit, Liebe, Selbstwert und Selbstverwirklichung), wobei jeweils erst das basalere befriedigt sein muß, ehe das nächste verhaltenssteuernd wirken kann. Zusätzlich berücksichtigte Maslow ästhetische Bedürfnisse bzw. den Wunsch nach Struktur, Ordnung und Symmetrie in der Welt um uns herum.

Das höchste Ziel eines Individuums besteht darin, sich selbst zu verwirklichen. Man kann aber keine Selbstverwirklichung erreichen, ehe man nicht seine Welt so strukturiert hat, daß die Defizit- oder D-Bedürfnisse (physiologische Bedürfnisse, Sicherheit, Liebe und - am wichtigsten - Selbstwertbedürfnisse) leicht befriedigt werden können. Um in Richtung Selbstverwirklichung zu arbeiten, muß man nach Maslow seine Zukunftsperspektive oder Phänomenologie grundlegend verschieben (siehe Tabelle 9-6). Maslow betrachtete den Vorgang als Veränderung der Werte und des Kognitionsmodus, fort von den D-Bedürfnissen und hin zu dem, was er *Metabedürfnisse* oder *S-Werte* (Seins-Werte) nannte. D-Bedürfnisse betonen die negative Seite des Lebens - seine Defizite. S-Werte konzentrieren sich auf die positive Seite des Lebens, auf das Hier und Jetzt, und auf die Qualitäten Wahrheit, Gerechtigkeit, Schönheit und das Gute. Die D-Bedürfnisse einer Person müssen unter Kontrolle sein, ehe sie wirklich die Metabedürfnisse ansprechen kann. Natürlich kann niemand die Motivation für S-Werte ständig aufrecht erhalten, weil Menschen, um zu überleben, regelmäßig ihre auf einem niedrigeren Niveau angesiedelten D-Bedürfnisse beachten müssen.

Momente der S-Wert-Dominanz werden Grenzerfahrungen genannt. Diese Gelegenheiten sind durch überwältigende Gefühle der Erregung und großer Anspannung oder durch Frieden, Ruhe und ein tiefes Gefühl der Entspannung gekennzeichnet. Jeder hat zum einen oder anderen Zeitpunkt eine Grenzerfahrung, und diese Erfahrun-

Tabelle 9-6 Einige Attribute der selbstverwirklichten Person

1. Kann die Realität genau und effizient wahrnehmen.
2. Akzeptiert sich selbst, andere und die Welt.
3. Spontan und natürlich, besonders in ihren Gedanken und Gefühlen.
4. Problemzentriert: macht sich Gedanken über Probleme außerhalb ihrer selbst und hat Durchblick.
5. Braucht und wünscht sich Alleinsein und Privatsphäre; kann sich auf die eigenen Möglichkeiten und Quellen verlassen.
6. Autonom: relativ unabhängig von äußerlichen Befriedigungen, z.B. Akzeptanz oder Beliebtheit.
7. Fähig, immer wieder sogar die einfachsten, allgemeinsten Erfahrungen wertzuschätzen (z.B. einen Sonnenuntergang, eine Blume oder eine andere Person).
8. Erfährt "mystische" oder "ozeanische" Gefühle, bei denen man sich nicht an Zeit und Raum gebunden fühlt und mit der Natur eins ist.
9. Identifiziert sich mit der Menschheit als Ganzes.
10. Hat tiefe Bindungen mit relativ wenigen anderen.
11. Wirklich demokratisch: unvoreingenommen und voller Respekt für alle anderen.
12. Ethisch: kann zwischen Mittel und Zweck unterscheiden.
13. Gedankenvoller, philosophischer, nicht abwertender Sinn für Humor; kann über die menschliche Lage lachen, nicht über ein bestimmtes Individuum.
14. Kreativ und erfinderisch: ist nicht unbedingt großartig talentiert, sondern geht mit einer naiven und unverdorbenen Frische an die Dinge heran.
15. Kann sich von der Kultur, in der sie lebt, lösen; erkennt die Notwendigkeit für Veränderung und Verbesserung.

gen helfen uns, unsere Identität zu finden und uns in Richtung Selbstverwirklichung zu bewegen. Angeblich sind jene Personen der Selbstverwirklichung am nächsten, die häufig Grenzerfahrungen haben und die ihre Identität gefunden haben.

Maslow hat für Personen, die an ihrer Selbstverwirklichung arbeiten wollen, Vorschläge entwickelt; wenn Sie die Charakteristika selbstverwirklichter Personen untersuchen (Tabelle 9-6), können sie wahrscheinlich weitere Vorschläge machen. Im folgenden einige Möglichkeiten:

1. Seien Sie offener für Ihre Gefühle - "verschließen" Sie Ihre Emotionen nicht.
2. Versuchen Sie, in jeder Situation, auch in schwierigen oder streßbeladenen Situationen, eine positive Perspektive einzunehmen, sich selbst zu fragen, was Sie daraus entnehmen können, das Ihnen langfristig zugute kommt.
3. Versuchen Sie, der Welt um Sie herum weniger zynisch und weniger kritisch gegenüber zu stehen; wenn Sie doch etwas kritisieren, nehmen Sie sich vor, an dessen Veränderung zu arbeiten.
4. Setzen Sie sich selbst positive, aber realistische Ziele; strengen Sie sich dann an und versuchen Sie, sie zu erreichen, aber erwarten Sie nicht, daß Sie niemals Mißerfolg haben werden.
5. Setzen Sie sich für das ein, was Sie ehrlich für richtig halten, selbst wenn Sie gegen den Strom schwimmen.
6. Lassen Sie in Ihrem Leben etwas Platz für Spontaneität, und versuchen Sie ab und zu neue und ungewöhnliche, vielleicht sogar kindische Dinge - vermindern Sie die Rigidität Ihres Verhaltens.
7. Seien Sie gegenüber anderen aufrichtiger über Ihre Stärken und Schwächen, Ihre Hoffnungen und Ängste - lassen Sie andere mehr an sich teilhaben.

Phänomenologische Ansätze zur Persönlichkeitsbeurteilung

Manche phänomenologisch orientierten Theoretiker, wie Rogers, haben sich gegen jede formale Beurteilung gewendet, weil die benutzten Vorgehensweisen aus ihrer Sicht dem Wesen der Sache nach entmenschlichend sind, den Klienten Verantwortung entziehen und, wenn eine Therapie erforderlich ist, die Qualität der Beziehung zwischen Therapeut und Klient beeinträchtigen können. Andere Phänomenologen schlagen vor, daß Beurteilungsdaten, die durch traditionelle Methoden *gesammelt* werden, wie Tests, manchmal nützlich sein können, wenn sie auf menschlichere Weise *benutzt* werden. Testantworten könnten z.B. als Hinweise darauf gesehen werden, wie der Klient die Welt ansieht, statt daß man sie in einem Wert zusammenfaßt oder als Profil aufzeichnet. Ein weiterer Ansatz ist es, Testantworten mit dem Klienten zu besprechen, um ihm damit zu helfen, sich selbst besser kennenzulernen.

Ein dritter Trend in der phänomenologischen Beruteilung war die Entwicklung spezieller Testinstrumente, die dafür gedacht waren, herkömmliche Tests zu verbessern. Ein Beispiel ist das Personal Orientation Inventory (POI), von dem in Tabelle 9-7 einige Items genannt werden. Die Antworten einer Person auf diese Items können hinsichtlich der allgemeinen Selbstverwirklichung ausgewertet oder in ein Persönlichkeitsprofil gezeichnet werden, wie es ähnlich auch die traditionelleren Persönlichkeitstests benutzen (siehe Anhang C). Das POI-Profil zeigt das Ausmaß der Orientierung einer Person auf die Gegenwart versus Vergangenheit oder Zukunft an. Es zeigt auch die Sensibilität der Person für ihre eigenen Gefühle, die Genauigkeit der Selbstwahrnehmung und die Fähigkeit, echte Gefühle auszudrücken und bedeutungsvolle Beziehungen mit anderen aufzubauen.

Diese Dimensionen stehen dafür, was Phänomenologen für eine gesunde Persönlichkeitsentwicklung und –veränderung für erforderlich halten. So überrascht es nicht, daß der POI dazu benutzt wird, um die Wirkungen

Tabelle 9-7 Beispielitems aus dem Personal Orientation Inventory

Instruktion: Wählen Sie die Antwort, die Sie am treffendsten beschreibt.

1. a. Ich hebe gute Dinge lieber für zukünftige Verwendung auf.
   b. Ich verwende gute Dinge lieber jetzt.
2. a. Meine moralischen Werte werden von der Gesellschaft vorgeschrieben.
   b. Meine moralischen Werte sind selbstbestimmt.
3. a. Ich treffe meine Entscheidungen oft spontan.
   b. Ich treffe meine Entscheindungen selten spontan.
4. a. Es ist wichtig, daß andere meinen Standpunkt akzeptieren.
   b. Es ist nicht nötig, daß andere meinen Standpunkt akzeptieren.
5. a. Ich versuche, ehrlich zu sein, aber manchmal mißlingt es mir.
   b. Ich versuche, ehrlich zu sein, und ich bin ehrlich.
6. a. Ich habe Schwierigkeiten, Sexualität und Liebe zu verbinden.
   b. Ich habe keine Schwierigkeiten, Sexualität und Liebe zu verbinden.
7. a. Menschen sind sowohl gut als auch schlecht.
   b. Menschen sind entweder gut oder schlecht.
8. a. Ich finde manche Leute dumm und uninteressant.
   b. Ich finde niemals jemanden dumm und uninteressant.
9. a. Ich habe Angst, zärtlich zu sein.
   b. Ich habe keine Angst, zärtlich zu sein.

Der Personal Orientation Inventory (Shostrom 1963) wird oft von phänomenologischen Forschern benutzt, um das Ausmaß an Selbstverwirklichung zu beurteilen. Tabelle 9–7 listet die Charakteristika auf, die Maslow an Personen, die sich selbst verwirklichen, festgestellt hat. Finden Sie heraus, welche Antworten Maslow als positiv für Selbstverwirklichung wertet. Die Antworten finden Sie auf Seite 388.

von Erfahrungen aus Encountergruppen zu messen (siehe Kapitel 12). In der Regel wird der POI vorher (z.B. vor einer Wochenend-Marathon-Gruppe) gegeben und hinterher.

Kritik der phänomenologischen Theorien

Kritiker des phänomenologischen Ansatzes, wie die der anderen besprochenen Ansätze, halten ihn für zu begrenzt. Sie weisen darauf hin, daß Phänomenologen die Bedeutung unbewußter Motivation, Verstärkungskontingenzen, biologischer oder genetischer Faktoren, situativer Einflüsse und ähnlichem nicht erkennen, weil sie ihre Aufmerksamkeit auf unmittelbare bewußte Erfahrungen als Hauptdeterminante für das Verhalten richten. Ein weiterer Kritikpunkt besteht darin, daß die phänomenologischen Theorien nicht ausführlich genug beschreiben, wie sich Persönlichkeit entwickelt; die Behauptung, daß angeblich eine angeborene Tendenz den Organismus zum Wachstum oder zur Verwirklichung "antreibt", kann für seine Entwicklung verantwortlich sein, erklärt sie aber nicht.

Dies führt zu einer Kritik: phänomenologische Theorien liefern hervorragende Beschreibungen menschlichen Verhaltens, liefern aber im allgemeinen keine wissenschaftliche Erforschung der funktionalen Ursachen von Verhalten. Anzunehmen, daß sich Personen wegen ihrer einzigartigen Wahrnehmung der Realität so verhalten, wie sie es tun, oder weil sie danach streben, sich selbst zu verwirklichen, fördert nicht das Verständnis der Variablen, die für die Entwicklung und Veränderung menschlichen Verhaltens wichtig sind.

Schließlich behaupten Kritiker, daß viele phänomenologische Konzepte, wie z.B. psychodynamische Variablen, vage sind und deshalb nur schwer oder gar nicht gemessen werden können. In der Tat sehen viele phänomenologische Theoretiker (mit Ausnahme von Rogers) die Forschung am menschlichen Verhalten als relativ unwichtig an, verglichen mit Aktivitäten, die erhöhtes individuelles Bewußtsein fördern sollen. Wegen der Betonung von Erlebnisdaten statt experimenteller Beweise werden phänomenologische Theorien von denen abgelehnt, die einen sorgfältigen, kontrollierten Forschungsansatz bevorzugen. Wenn Menschen als "vorübergehende Materialisation im Wirbel eines Energiestrudels, im enormen und unverständlichen Meer von Energie, das wir Universum nennen" beschrieben werden (Kempler 1973, S. 117), ist es schwer, eine leicht prüfbare Hypothese über ihr Verhalten aufzustellen. Aber die Nutzung des POI und verwandter Maße, um phänomenologische Wachstumserlebnisse zu bewerten, könnte helfen, Kritik dieser Art abzuschwächen, wenigstens in gewissem Ausmaß.

ZUSAMMENFASSUNG

1. Persönlichkeit ist ein umfassender Begriff, der benutzt wird, um individuelle Unterschiede sowie Regelmäßigkeiten im Verhalten zu beschreiben und zu erklären. Viele verschiedene Theorien wurden vorgeschlagen, die die Persönlichkeit erklären sollen. Jede davon fängt mit einer Arbeitsdefinition des Konzeptes und einigen grundlegenden Annahmen über menschliches Verhalten an, aber es gibt viele theoretische Meinungsverschiedenheiten über die richtigen Definitionen und die notwendigen Annahmen.
2. Persönlichkeitstheorien fallen in vier allgemeine Klassen: Veranlagungs-, psychodynamische, Lern- und phänomenologische Theorien. Jeder Ansatz hat seine Stärken und Schwächen, und jeder sucht nach einem Weg, Persönlichkeit zu verstehen und auch die Mittel zu ihrer Beurteilung, Erforschung und Veränderung zu finden.
3. Manche Veranlagungstheorien gehen davon aus, daß es eine kleine Anzahl Persönlichkeitstypen gibt, von denen jeder bestimmte allgemeine Verhaltenstendenzen aufweist.
4. Für Veranlagungstheoretiker ist die Persönlichkeit aus Charakteristika zusammengesetzt, wie Eigenschaften oder Bedürfnissen, die das Verhalten der Person leiten.
5. Psychodynamische Theorien stammen hauptsächlich von Sigmund Freuds Schriften über die Psychoanalyse ab. Sie nehmen an, daß die Persönlichkeit durch Ereignisse und Konflikte (von denen viele unbewußt sind) geformt wird, die durch die Wirkung einer angenommenen geistigen Struktur, nämlich das Es, Ich und Überich, ausgelöst werden.
6. Lerntheorien gründen ihren Ansatz auf die Annahme, daß Persönlichkeit im Grunde die Gesamtheit der gelernten Verhaltensweisen jedes Individuums ist, nicht eine unabhängige Struktur, die lediglich im Verhalten reflektiert wird. Nach Auffassung der Lerntheorie hängt die Persönlichkeit vom sozialen Kontext ab und kann sich demnach auch mit ihm verändern.
7. Veranlagungs-, psychodynamische und Lerntheorien unterscheiden sich hauptsächlich darin, ob sie Eigenschaften und innere Bedürfnisse oder Umgebungskontingenzen und kognitive Variablen als Hauptdeterminanten der Persönlichkeit eines Individuums betonen. Im Gegensatz dazu sehen phänomenologische Theoretiker die Persönlichkeit als ein verhaltensleitendes Muster von Kognitionen und Wahrnehmungen der Realität, einzigartig für jedes Individuum. Um eine Persönlichkeit zu verstehen, muß man in der Lage sein, die Dinge aus der Sicht jener Person zu sehen.
8. Jede Persönlichkeitstheorie hat ihre Schwächen. Bis jetzt gibt es keine vollständige oder universell akzeptierte Beschreibung und Erklärung der Persönlichkeit.

So antwortet jemand, der sich selbstverwirklicht hat:

1. b	4. b	7. a
2. b	5. b	8. a
3. a	6. a	9. b

So sieht das in der Praxis aus

Bisher haben wir gesehen, wie Psychologen verschiedener theoretischer Orientierung sich das Konzept "Persönlichkeit" vorstellen. Aber Persönlichkeit ist mehr als ein Konzept aus dem Elfenbeinturm, fern vom täglichen Leben. Deshalb werden wir in diesem Abschnitt untersuchen, wie Eigenschafts-/Typkonzepte, psychodynamische Konzepte, phänomenologische Konzepte und Konzepte des sozialen Lernens das Leben von Millionen Menschen beeinflussen.

SELBSTMORD UND GEWALT

Jedes Jahr nehmen sich etwa 25.000 Amerikaner das Leben, darunter ungefähr 1.000 Collegestudenten. Vor ihrem Selbstmord waren viele depressiv, aber andere offensichtlich nicht. Unzählige Tausende anderer Menschen leiden an Depressionen, ohne sich das Leben zu nehmen. Wie können Psychologen und andere an der Selbstmordverhütung Interessierte wissen, wer Selbstmord begehen wird und wer nicht? Gibt es eine "Selbstmörderpersönlichkeit"?

Leider liefern die Daten aus traditionellen Persönlichkeitstests wie z.B. dem Minnesota Multiphasic Personality Inventory (MMPI; siehe Anhang C) keine klare Antwort. In einer Studie wurde z.B. festgestellt, daß jene Personen, die nur an Selbstmord gedacht hatten, auffälliger waren als die, die tatsächlich einen Selbstmordversuch unternommen hatten, und auch als "Kontrollpersonen", die niemals an Selbsttötung gedacht hatten. In anderen, neueren Studien (z.B. Clopton, Pallis & Birtchnell 1979) unterschieden sich MMPI-Daten, die vor Selbstmordversuchen oder gelungenen Selbstmorden erhoben worden waren, nicht signifikant von den Daten nicht selbstmordgefährdeter Personen. Auf der Grundlage des Rorschach-Tests wurden ähnliche Ergebnisse berichtet (Geller & Atkins 1978).

Wenn man sich die Persönlichkeit als eine Sammlung überdauernder Eigenschaften oder Charakteristika vorstellt, kann die Persönlichkeit eines Menschen demnach wenig über ihr Selbstmordpotential aussagen. Wenn man Persönlichkeit jedoch unter Bezugnahme auf offenes Verhalten und andere beobachtbare Daten definiert, steigt die Genauigkeit der Vorhersagen über Selbstmord deutlich an. Es ist z.B. bekannt, daß das größte Selbstmordrisiko für Männer über 50 Jahren besteht, die geschieden sind, allein leben, eine Reihe von Selbstmordversuchen hinter sich haben und/oder über Selbstmord sprechen, depressiv oder unter Streß sind, keine Familie oder Freunde haben und einen klaren und Erfolg versprechenden Plan für den Selbstmord ausgearbeitet haben. Natürlich löst das Vorhandensein all dieser Faktoren nicht unbedingt einen Selbstmord aus, aber das Wissen darüber liefert einige Richtlinien für haupt- und ehrenamtlich Beschäftigte, die bei "Notrufen" oder in anderen Situationen mit selbstmordgefährdeten Personen zu tun haben. In diesem Sinne gibt es dann eine "Selbstmörderpersönlichkeit", aber sie kann durch die soziale Lerntheorie besser beschrieben werden als durch die Veranlagungs- oder Eigenschaftstheorie.

Psychologen werden nicht nur danach gefragt, welche Personen sich mit gewisser Wahrscheinlichkeit selbst etwas antun, sondern sollen auch beurteilen, wer wahrscheinlich anderen Schaden zufügen wird. In einer Gesellschaft wie der unseren, in der die Gewaltverbrechen erschreckend hoch sind (Mord, Vergewaltigung, Raubüberfälle usw.), besteht ein dringendes Bedürfnis, "gefährliche" Personen zu identifizieren - d.h. diejenigen, die wahrscheinlich gewalttätige Verbrechen begehen werden. Wir suchen nach Hinweisen in der Persönlichkeit, mit denen man gewalttätige Personen identifizieren kann, und wir suchen nach Wegen, um vorherzusagen, ob jemand, der schon ein Gewaltverbrechen begangen hat, wahrscheinlich rückfällig wird. Anfragen nach solchen Vorhersagen kommen meistens von Schulen, Gerichten und anderen Stellen, die über Straftäter Entscheidungen fällen müssen, welche letztlich die Gesellschaft betreffen: besteht das Risiko, daß ein bestimmtes Kind eine kriminelle Karriere einschlägt und somit besonderer Beratung oder Behandlung bedarf? Sollte ein nicht gewalttätiger jugendlicher Straftäter Bewährung erhalten oder in eine Besserungsanstalt gesteckt werden? Sollte ein Erwachsener, der eines gewalttätigen Verbrechens überführt wurde, ins

Ein Psychologe sagt: Wie man altert, hängt von der Persönlichkeit ab

Von MARGERY ROSE-CLAPP

Wie ein Psychologe aus Denver berichtet, liegt die Selbstmordrate älterer Männer vier- bis fünfmal höher als die von älteren Frauen.

Dr. Martin Dubin, ein Psychologe am Bethesda Community Mental Health Center (Gesundheitszentrum der Gemeinde Bethesda), erklärte einer Gruppe älterer Mitbürger, ... daß Drogen- und Alkoholprobleme sowie der Verlust des Arbeitsplatzes zur chronischen Depression beitragen, die man im hohen Alter oft findet.

Im Zusammenhang mit der Erörterung der Pensionierung und des Rückzugs von der Gesellschaft in den späteren Jahren im Gegensatz zur Fortführung der Aktivitäten rief Dubin die Senioren auf, spezifische Situationen zu nennen, auf die man im Rentenalter trifft.

Der Verlust des Ehepartners wurde dabei als besondere Belastung genannt. ...

Andere berichteten, daß neben dem Ruhestand physische Einschränkungen und ein geringes Selbstwertgefühl eine Belastung darstellen. Begrenzte Geldmittel sind ein weiterer Faktor, mit dem sie fertig werden müssen, fuhren die Senioren fort.

Sie fügten hinzu, daß mit der Inflation die Angst vor finanzieller Abhängigkeit von den Kindern steigt.

Die gesellschaftliche Entwicklung zwingt die Alten in finanzielle und emotionale Abhängigkeit, und dann werde ihnen gesagt, sie sollten sich nicht abhängig fühlen oder sein, argumentierten die Teilnehmer.

Die Senioren boten weiterhin Lösungen an, um mit den Problemen des Alterns würdevoll umzugehen, und behaupteten, daß man seine Persönlichkeit und seinen Lebensstil zwar verändern kann, die frühen Grundeinstellungen aber beibehalten werden und sich nur von Zeit zu Zeit durch erzwungene Veränderungen anpassen.

Es ist ihrer Meinung nach wichtig, den Geist nach der Pensionierung wach zu halten sowie Hobbies und neue Freunde zu finden. Manche möchten in der Nähe anderer Senioren wohnen, andere aber lieber mit Familien und Kindern.

Familienbindungen unterstützen die Geselligkeit, behaupteten sie übereinstimmend, und Feiertage mit Familie und Freunden sind weniger deprimierend. ...

Dubin erklärte der Gruppe, daß die Selbstmordrate bei Frauen im Alter von 40 Jahren einen Gipfel erreiche und dann abfalle, und daß Männer häufiger Selbstmord begehen als Frauen. Seniorenzentren helfen oft dabei, die Isolation Alleinstehender zu durchbrechen, fügte er hinzu.

Bei der Erörterung verschiedener Theorien der Persönlichkeitsentwicklung sagte Dubin, daß auch im hohen Alter Persönlichkeitseigenschaften einen Einfluß haben, ob man problemlos altert oder nicht.

Dazu zählt Schwung im Gegensatz zu Apathie; Entschlossenheit im Gegensatz zu Stärke; verwirklichte Wunschziele und das Selbstwertgefühl.

Aus diesen Eigenschaften haben sich in Forschungsstudien vier Persönlichkeitstypen ergeben, die bestimmen, wie würdevoll man altern wird. Der "einzige wirkliche erfolgreiche Alternstyp", berichtete Dubin, "ist die 'integrierte' Persönlichkeit."

Eine integrierte Person ist selbstbewußt, hat ein gutes Identitätsgefühl, ist mit sich selbst zufrieden, weiß, wer sie ist und ist nicht von der Angst vor dem Tod besessen.

Eine auf Abwehr bedachte Person baut nur auf ihre Karriere, ist voller Ambitionen und weist eine starke Leistungsorientierung auf. Diese Person sieht sich selbst wahrscheinlich als "Der Architekt John Smith" statt einfach als "John Smith". Arbeitsplatzverlust oder Pensionierung erschüttert ihre Identität. Dubin meinte, daß leitende Angestellte oft diesem Persönlichkeitstyp entsprechen.

Der dritte Typ ist die passiv-abhängige Person, die sich ihr Leben lang bei jemand anders am Schürzenzipfel festgehalten hat. Diese Person zeigt selten Wut, Feindseligkeit oder Aggression, und ihr Rückzug ist ein machtvolles Hilfsmittel, sich jemand anders gefügig zu machen.

Der vierte Persönlichkeitstyp ist "nicht integriert. Diese Gruppe braucht Unterstützung oder Behandlung. Sie wird nicht mit Belastungen des Lebens oder dem Alter fertig. Sie sind verärgert, verängstigt, belastet und können sich nicht entscheiden", sagte Dubin.

The Denver Post,
23. März, 1980

Dies ist eine neue, interessante Anwendung von Persönlichkeitskonzepten. Die Methode kann benutzt werden, um vorherzusagen und vielleicht am Ende Einfluß darauf zu nehmen, wie Menschen - besonders in unserer Gesellschaft - mit den Problemen des Alterns umgehen.

Gefängnis kommen, an einem Rehabilitationsprogramm in der Gemeinde teilnehmen oder in eine psychiatrische Anstalt für Straftäter eingewiesen werden? Ist ein ehemals gewalttätiger Gefangener reif für seine Entlassung?

Diese Fragen lassen sich besonders schwer beantworten, weil man eine sehr kleine Gruppe gefährlicher Personen in einer sehr großen Population zu identifizieren versucht. In einer Untersuchung an 900 geisteskranken Patienten in Anstalten wurde z.B. festgestellt, daß weniger als sechs nach ihrer Entlassung ein gewalttätiges Verbrechen begingen; weiterhin geht es nur bei etwa 7 von je 100.000 Festnahmen in den Vereinigten Staaten um Gewaltverbrechen.

Manche Experten, die die Persönlichkeit aus der Perspektive der Veranlagungs- oder psychodynamischen Theorie sehen, verwenden Instrumente wie den Rorschach-Test oder den MMPI in der Hoffnung, daß die Testantworten Hinweise auf zukünftiges kriminelles Verhalten geben. Wie beim Selbstmord hat sich allerdings aus solchen Tests keine "kriminelle Persönlichkeit" ergeben. Der MMPI, TAT, Rorschach und andere objektive und projektive Persönlichkeitsmaße können Gruppen identifizieren, die mit größerer Wahrscheinlichkeit als andere gewalttätig sind, aber - wie ein Fachmann feststellte - "es konnte daraus keine strukturierte oder projektive Testskala entwickelt werden, die bei alleiniger Verwendung die Gewalttätigkeit eines Individuums befriedigend voraussagt" (Megargee 1970, S. 246). Vorhersagen, die auf solchen Tests beruhen, sind oft falsch und können tragische Folgen nach sich ziehen. Das Problem besteht z.T. darin, daß die Tendenz einer Person, sich gewalttätig zu verhalten oder gewalttätiges Verhalten zu hemmen, über die Zeit und von Fall zu Fall variiert. Situative Faktoren (wie z.B. Rausch oder die Gegenwart von Kindern) sind daher oft entscheidend und müssen bei einer wirklich umfassenden Beurteilung beachtet werden (erinnern Sie sich an unsere frühere Erörterung der Interaktion von Person und Situation).

Auch die Kenntnis der Lerngeschichte und des Verhaltens einer Person kann die Vorhersagegenauigkeit erhöhen. Je früher im Leben jemand z.B. verhaftet wird oder wegen einer Straftat vor Gericht kommt, desto wahrscheinlicher bleibt er weiter kriminell; je früher im Leben ein Straftäter sein Zuhause verläßt, desto wahrscheinlicher bleibt er sein Leben lang straffällig; und je schwerwiegender die erste Straftat ist, desto größer ist die Wahrscheinlichkeit, daß spätere Verbrechen auch schwerwiegend sind. Auch die Art von Verbrechen, die eine Person begangen hat, kann prognostische Hinweise liefern. Ironischerweise werden Mörder, Vergewaltiger und andere gewalttätige Verbrecher während ihrer Bewährung am wenigsten rückfällig; statt dessen sind Verstöße von Kriminellen am wahrscheinlichsten, die gewaltfreie Verbrechen wie Diebstahl, Einbruch oder Betrug begangen haben.

GESUNDHEIT

Wie wir in Kapitel 11 noch sehen werden, gehört zu vielen physischen Erkrankungen eine psychische Komponente. Eine emotionale Reaktion auf Streß kann z.B. physische Störungen verursachen, die zu Depressionen oder anderen psychischen Folgen führen kann. Einige Forscher haben die Hypothese formuliert, daß es gelingen könnte, mithilfe von Persönlichkeitsvariablen die spezifischen Krankheitsformen zu bestimmen, für die jemand anfällig ist (siehe Tabelle 9-8, die eine derartige Theorie aufzeigt).

Es gibt kaum Nachweise dafür, daß spezifische Persönlichkeitseigenschaften mit dem Vorkommen eines Herzinfarkts verbunden sind, aber ein mit der Persönlichkeit verbundenes Verhaltens*muster* - als Typ A bezeichnet - wurde mit koronaren Herzerkrankungen (Rosenman, Brand, Jenkins et al. 1975) und mit hohem Blutdruck in Verbindung gebracht (Harrell 1980). Personen, die stark wettbewerbsorientiert, ungeduldig, fordernd, über Zeitverlust besorgt und häufig auch aggressiv sind, zeigen das Typ A Muster. Im Labor z.B. ist es wahrscheinlicher, daß Typ A Personen sich selbst bei geistigen und physischen Aufgaben stärker fordern, daß sie meinen, die Zeit vergehe langsamer, als objektiv der Fall ist, daß sie weniger effizient bei Verzögerungsreaktionen sind und gegenüber anderen mehr Aggressionen zeigen als die weniger für koronare Erkrankungen empfänglichen B Typen (Glass 1977). Außerhalb des Labors sind diese Personen wahrscheinlich immer "vollbeschäftigt", finden nie Zeit zum Ausruhen und sind fast ausschließlich leistungs- und wettbewerbsorientiert.

Das Typ A Verhalten wird durch spezielle Interviews diagnostiziert, bei denen die Personen über Ungeduld, Zeitknappheit und Wettbewerb befragt werden. Eine alternative Typ A Beurteilungsmethode bietet der Jenkins Activity Survey, ein Fragebogen mit 61 Mehrfachwahl-Fragen, der ein Interview überflüssig

Tabelle 9-8 Einstellungen des Patienten und seine psychosomatischen Reaktionen

Störung	Einstellung
Magengeschwüre	Meint, nicht das zu erhalten, was ihm zusteht, und will sich rächen
Erhöhter Blutdruck	Meint, daß ihm Böses droht und er auf alles gefaßt sein muß
Asthma	Fühlt sich im Stich gelassen und will den Verursacher oder die Situation abwehren
Dickdarmentzündung	Fühlt sich verletzt oder herabgewürdigt und möchte den dafür Verantwortlichen loswerden
Ekzeme	Wird frustriert und kann nichts tun, außer die Frustration an sich selbst auszulassen
Akne	Meint, man hackt auf ihm herum, und will allein gelassen werden
Schuppenflechte	Meint, man quält ihn ständig und er muß sich damit abfinden
Rheumatische Arthritis	Fühlt sich angebunden und will frei sein
Kreuzschmerzen	Möchte fortlaufen
Raynaud-Krankheit	Möchte jemandem Gewalt antun

Vergessen Sie nicht, daß dies eine Liste von Hypothesen über psychosomatische Störungen ist. Die Belege zur Unterstützung der Auffassung, daß es eine Verbindung zwischen einer bestimmten Persönlichkeit und einer bestimmten Krankheit gibt, sind eher schwach.

Die süchtige Persönlichkeit - gemeinsame Eigenschaften gefunden

Von BRYCE NELSON

Wer ist der Süchtige?

Angesichts der tagtäglichen Tragödien Süchtiger, von denen alle Gemeinden der Nation betroffen werden - viele Millionen Amerikaner sind allein nach Alkohol und Rauschdrogen süchtig - fragen sich massenweise Wissenschaftlern: Welche Aspekte der Psyche tragen zur Sucht bei? Gibt es gemeinsame Fäden, die sich durch alle Arten von Sucht ziehen, sei es die Sucht nach harten Drogen, nach Zigaretten, nach dem Glücksspiel oder nach übermäßigem Essen?

Diese Fragen sind Teil eines viel umfassenderen Bestrebens; beim Wissen um die chemischen Vorgänge im Zusammenhang mit der Sucht ist man schon einen Schritt weiter, seit Biochemiker die Substanzen und Mechanismen isoliert haben, wodurch das Gehirn sich selbst lustvoll stimuliert. Die gesamten Bemühungen im Rahmen der Suchtforschung haben bereits zu Erkenntnissen geführt, die eine Vielfalt von Therapien angezeigt erscheinen lassen. Zwar sind manche davon schon sehr vielversprechend, aber sie würden alle davon profitieren, wenn man die süchtige Persönlichkeit besser verstehen würde.

Trotz des großen Unterschieds zwischen der Sucht nach Drogen und der nach dem Glücksspiel halten manche Experten für psychische Gesundheit es für nützlich, alle selbstzerstörerischen, zwanghaften Verhaltensweisen zur Sucht zu zählen. Manche gehen sogar so weit, das relativ gutartige zwanghafte Fernsehen dazu zu zählen.

Eine neue Studie, die für die National Academy of Sciences (Nationale Wissenschaftsakademie) durchgeführt wurde, trägt einen großen Teil des vorhandenen Wissens über die Rolle der Persönlichkeit bei der Sucht - besonders bei Drogen und Alkohol - zusammen und folgert, daß es kein einzelnes Bündel psychischer Charakteristika gibt, das alle Suchtarten umfaßt. Man hat in der Untersuchung jedoch gemeinsame Elemente bei allen Suchtarten entdeckt.

In dem Bericht wird festgestellt, daß es mehrere "signifikante Persönlichkeitsfaktoren" gibt, die zur Sucht beitragen:

Impulsives Verhalten, Schwierigkeiten dabei, Belohnungen aufzuschieben; eine antisoziale Persönlichkeit und der Wunsch nach starken Empfindungen.

Weiterhin unkonventionelles Verhalten verbunden mit einer schwachen Bindung an die Leistungsziele, die in der Gesellschaft geschätzt werden.

Ein Gefühl sozialer Entfremdung und eine allgemeine Toleranz für Abweichungen.

Ein Gefühl erhöhten Stresses. Dies könnte erklären helfen, warum die schwersten Drogen- und Alkoholprobleme oft in der Pubertät und anderen belastenden Übergangszeiten auftreten.

Wie auch andere, die sich mit dem Thema beschäftigt haben, meint Alan R. Lang, Autor der Untersuchung und Psychologieprofessor an der Florida State University, daß die anhaltende Suche nach Persönlichkeitseigenschaften, die bei der Entwicklung von Sucht eine Rolle spielen, ein wesentlicher Teil des umfassenderen Kampfes gegen die Sucht ist. "Wenn wir die Persönlichkeitsfaktoren besser identifizieren können", erklärte er in einem Interview, "können sie uns helfen, bessere Behandlungsmethoden zu entwickeln und neue Methoden zur Intervention und zum Aufbrechen der suchterzeugenden Voraussetzungen zu finden."

Darüberhinaus glaubt Dr. Lang, daß man aufgrund von Erkenntnissen aus derartigen Forschungen viel wirksamere Vorbeugungsprogramme entwerfen kann als die derzeit praktizierten. Man sollte intervenieren, "ehe die Probleme die kritische Phase erreichen". Andere Verhaltenswissenschaftler, die Süchtige untersucht haben, verlängern die Liste der Persönlichkeitseigenschaften des Berichts und weisen auf weitere, oft gefundene Persönlichkeits- bzw. Hintergrundmerkmale hin - fehlende Selbstachtung, deutliche Depression oder Angst, physische oder sexuelle Mißhandlung in der Kindheit und stark widersprüchliche Erwartungen der Eltern...

Zwanghaftigkeit spielt eine wichtige Rolle

Das entscheidende Charakteristikum ist Mäßigung. Die meisten Trinker werden nicht zu Alkoholikern, und die meisten Läufer werden keine Laufsüchtigen. Wenn aber der Läufer seine Aktivität zwanghaft einsetzt, um mit ungelösten inneren Konflikten umzugehen, so daß er dabei seinen Körper schädigt oder seinen Arbeitsplatz und seine familiären Bindungen zerstört, dann ist er ein Opfer der Sucht geworden. Er ist so abhängig vom physischen "Hoch" geworden, das ihm sein alles andere dominierendes Laufen gibt, daß er sich nicht mit den Schwierigkeiten beschäftigen kann, die dies verursacht.

Nachdem das "Commitee on Substance Abuse and Habitual Behavior" festgestellt hatte, daß es gemeinsame Merkmale im zwanghaften Verhalten gibt, untersuchte es kürzlich die Abhängigkeit von Opiaten, Alkohol, Rauchen, übermäßigem Essen, Glücksspielen und Fernsehen...

Wie Dr. Charles P. O'Brian (ein Mitglied des Kommitees) berichtete, benötigt man bei all diesen Suchtarten zunehmend größere Mengen an Stimulation, um das gleiche Lustgefühl zu erzeugen, und entwickelt Entzugssymptome, wenn das suchtverursachende Stimulus entzogen wird. O'Brian stellte auch fest, daß Süchtige von der einen auf die andere Sucht umsteigen, wenn sie keine Gelegenheit haben, ihrer ursprünglichen Sucht nachzugehen.

Er erklärte, daß bei den untersuchten Süchtigen sehr wichtige Ähnlichkeiten in den Persönlichkeitscharakteristika vorlagen, darunter die Neigung zu Depression, abhängigem Verhalten und Schwierigkeiten, langfristige persönliche Ziele zu formulieren, weil sie sich auf die kurzfristigen Ziele konzentrieren.

Obwohl die Persönlichkeit eine signifikante Rolle beim Suchtverhalten spielt, merken Verhaltensforscher oft an, daß die Sucht ein Produkt des komplizierten Zusammenspiels zwischen sozialen, psychologischen und physiologischen Komponenten darstellt - aber die Kenntnis der genauen Mischung bleibt weiterhin schwierig.

New York Times,
18. Januar 1983

Die Persönlichkeitsforschung leistet vielleicht eines Tages einen bedeutenden Beitrag zur Verhinderung und Behandlung der Sucht.

macht. Das Interview und der Fragebogen zur Messung des Typ A Verhaltens werden zur Zeit zusammen mit verschiedenen physiologischen Tests benutzt, um die Effekte psychologischer Behandlungsprogramme zu messen, bei denen sich Typ A Personen in Richtung von Typ B Personen verändern sollen (Suinn 1982).

Es ist eine interessante Querverbindung, daß Typ A Personen einige Persönlichkeitscharakteristika mit

Personen teilen, die an einer anderen kardiovaskulären Störung leiden, der Migräne. Von Migräne Betroffene sind oft fordernd, angespannt, perfektionistisch, nicht flexibel und nachtragend. D.J. Dalession hat vermutet, daß die lähmenden Kopfschmerzen in Wirklichkeit eine Art "Sicherheitsventil" sein könnten, das diese Personen davor bewahrt, sich selbst im wahrsten Sinn des Wortes in den Tod zu treiben.

Ein weniger fortgeschrittenes, aber trotzdem interessantes Forschungsgebiet sind die psychologischen Faktoren, die Krebs vorhersagen könnten. Ein Großteil dieser Forschung ist von der Art her psychodynamisch und basiert auf Theorien, nach denen Krebs die Folge von (1) Trauma und Depression im Anschluß an den Verlust einer geliebten Person, der Arbeit oder des Selbstwertes (besonders bei Personen, die sich leicht hilflos fühlen) oder (2) der Unterdrückung von Emotionen und den unbewußten Abwehrmechanismen Leugnung und Verdrängung ist. In einer neueren Untersuchung (Dattore, Shontz & Coyne 1980) fand man insofern Unterstützung für beide Hypothesen, als Krebspatienten - im Vergleich zu nicht an Krebs erkrankten Personen - signifikant höhere Werte bei Depression und Verdrängung aufwiesen, wie sich im MMPI und dem Byrne Repression-Sensitization-Test zeigte, die Jahre vor Auftreten der Erkrankung erhoben worden waren. Wie bei den Herzkrankheiten erfordert die Verbindung zwischen Krebs und Persönlichkeit noch wesentlich mehr Forschung.

Eine weitere Facette der Verbindung von Persönlichkeit und Gesundheit bezieht sich auf die Frage, warum manche Personen *nicht* krank werden, selbst wenn bei ihnen Bedingungen vorliegen, die bekanntlich bei so vielen anderen schwere Krankheiten auslösen. Obwohl Typ A Personen z.B. deutlich mehr an koronaren Herzerkrankungen leiden als Typ B Personen, erleidet nur eine Minderheit der Typ A Personen wirklich einen Herzinfarkt. Dies liegt vielleicht daran, daß Typ A Verhalten nur bei jenen Personen den Herzinfarkt vorhersagt, die ihre Lage als belastend und unkontrollierbar *wahrnehmen*. Personen, die leistungsorientiert sind, sich aber von den Veränderungen und Herausforderungen des Lebens aufgerufen und angestachelt fühlen und meinen, eine gewisse Kontrolle über die Ereignisse zu haben, scheinen weit weniger anfällig für ernste Krankheiten zu sein. Suzanne Kobasa, Salvatore Maddi und Stephen Kahn von der University of Chicago haben diese Personen als streßresistente oder "zähe" Persönlichkeiten bezeichnet. Die neuere Forschung auf diesem Gebiet, der Verhaltensmedizin, beschäftigt sich damit, wie und warum nun die eine Persönlichkeit gesund bleibt und die andere nicht.

BERUFSERFOLG

Jedes Jahr werden in Handel und Industrie Tausende von Personalentscheidungen getroffen. Ihr Ziel ist, nur die fähigsten Leute einzustellen und genau die richtigen Angestellten auf Positionen zu befördern, in denen sie für sich und die Organisation das Beste leisten. Verschlechtern sich die ökonomischen Bedingungen, steigen die Bedeutung dieser Entscheidungen und die Kosten für Fehlentscheidungen besonders hoch. Man kann relativ leicht vorhersagen, ob jemand gut Schreibmaschine schreiben, einen Lastwagen fahren oder das Telefon beantworten wird - ein Test, bei dem die Person spezifische Fertigkeiten beweisen soll, kann unerwünschte Angestellte recht gut aussondern. Aber wie ist es mit der Vorhersage, wie gut jemand mit anderen auskommen, als Supervisor handeln oder mit belastenden Situationen umgehen wird? Derartige Entscheidungen werden durch eine Beurteilung von Persönlichkeitseigenschaften und -typen unterstützt.

Das Vorstellungsgespräch bietet einen Rahmen für Persönlichkeitsbewertungen. Viele Arbeitgeber sind stolz darauf, die Persönlichkeit "lesen" zu können, indem sie die Kleidung, Frisur, den Blickkontakt, die Stimme des Bewerbers usw. bewerten. Da Arbeitgeber auch nur Menschen sind, sollte es nicht überraschen, daß sie sich bei ihren Bewertungen der Persönlichkeit eines Kandidaten wahrscheinlich an einige der bekannten Stereotype über den Körpertyp und andere Merkmale anlehnen, wie sie weiter oben in diesem Kapitel beschrieben wurden. Sie treffen also wahrscheinlich Schnellbewertungen. Sie sehen Mesomorphe wahrscheinlich als energievolle, gut angepaßte Personen mit Selbstvertrauen an sowie Endomorphe als faul, impulsiv und unbeliebt. Sie betrachten den Bart eines Mannes vermutlich als Zeichen für seine politische Liberalität oder die Brille einer Frau als einen Hinweis auf ihre überragende Intelligenz. Trotz der Ungenauigkeit der Stereotype legen die Arbeitgeber in den Persönlichkeitsbewertungen meist größeres Gewicht auf diese und weitere nonverbale Hinweise, etwa den Blickkontakt oder die Haltung, als auf das, was die Bewerber über sich *sagen* (Schneider, Hastof & Ellsworth 1979). Die Arbeitgeber nehmen fälschlicherweise an, daß das, was man an einem Menschen sieht, valider ist als das, was er sagt. Dies zeigt sich in den letzten Jahren in der Veröffentlichung von Ratgebern, die Arbeitssuchenden und Aufsteigewilligen Tips zur Kleidung und zum Benehmen geben, mit denen sie den besten Eindruck hinterlassen.

"Also irgendwie sieht man's Ihnen am Gesicht an, daß Sie auch 'Republikaner' sind."

Zur Persönlichkeitsbeurteilung in der Geschäftswelt gehören meist Persönlichkeitstests und auch Vorstellungsgespräche. Zu den in Unternehmen am meisten verwendeten Auswahlverfahren zählen projektive Tests wie der Rorschach-Test (besonders bei der Auswahl leitender Angestellter, obwohl es deutliche Hinweise gegen ihre Validität und Nützlichkeit gibt) und Fragebögen zur Selbstbeschreibung wie der MMPI und der Guilford-Zimmerman Temperament Survey (bei denen die Bewerber z.B. beantworten müssen, ob sie eine neue Aufgabe mit Begeisterung angehen). Im großen und ganzen sind die Persönlichkeitsfragebögen für das industrielle Umfeld nicht gut geeignet, und ihr Einsatz kann auch zu Streitfällen führen: Angestellte haben bereits ihre Vorgesetzten (bzw. ihre potentiellen Vorgesetzen) wegen der Verwendung von Persönlichkeitstests verklagt, weil das die Privatsphäre verletzt (Dahlstrom 1980).

VOR GERICHT

Auch für Rechtsanwälte ist die Einschätzung von Klienten wichtig, besonders bei Schwurgerichtsverfahren. Seit kurzem setzen Psychologen eine besondere Art der Persönlichkeitsbeurteilung ein, um die der Verteidigung und die Anklage bei der Auswahl der Geschworenen *(voir dire)* zu unterstützen (Suggs & Sales 1978). Der Begriff *voir dire* in der juristischen Fachsprache stammt von dem altfranzösischen Ausdruck für "die Wahrheit sagen" und bezieht sich auf den Eid der potentiellen Geschworenen, daß sie wahrheitsgemäß antworten. Man will jene Personen aus der Jury aussondern, die – je nachdem, auf welcher Seite man steht – dem Angeklagten oder den Argumenten des Klägers gegenüber wahrscheinlich nicht parteiisch sein werden. Die Hinweise, die Rechtsanwälte und Psychologen beim *voir dire* benutzen, sind bislang nicht überzeugend validiert, so daß man ihren Wert noch weiter erforschen muß (siehe Kapitel 10 zur Jury-Forschung).

PARTNERWAHL

So wie Arbeitgeber bei Bewerbungsgesprächen ziehen die meisten Menschen daraus Schlüsse, wie jemand aussieht und handelt. Weil man annimmt, daß bestimmte Persönlichkeiten besser "zusammenpassen" als andere, sind verschiedene kommerzielle und private Partner-Vermittlungsinstitute entstanden. Sie sammeln aus einer großen Gruppe von Männern und Frauen Persönlichkeitsdaten (meistens durch Fragebögen) und "verkuppeln" durch Übereinstimmung per Computer oder subjektiv die Paare, die scheinbar gut miteinander auskommen werden. Die Paarbildung beruht meistens auf Theorien der Anziehung durch Ähnlichkeit (siehe

Kapitel 10), aber in mindestens zwei Experimenten wurde gezeigt, daß diese systematischen Zusammenführungen dem Ergebnis nach keinen Deut besser als eine zufällige Auswahl sind.

In der Tat, ob der Trend zur Benutzung von Persönlichkeitseigenschaften oder -typen zur Vorhersage menschlichen Verhaltens in einem beliebigen Kontext sich als hilfreich erweist, hängt im großen und ganzen davon ab, wie sorgfältig die Testbenutzer die Validität und Nützlichkeit ihrer Methoden prüfen. Eine Bewertung um der Bewertung willen ist für niemanden von Vorteil, und weil mancher - wie wir gesehen haben - der Meinung ist, die Persönlichkeitsmessung dringe in die Privatspäre ein, sollte sie auf Gebiete beschränkt werden, in denen ihr Wert eindeutig nachweisbar ist.

PSYCHISCHE GESUNDHEIT VON KINDERN

Freud wies darauf hin, daß es in den ersten Lebensmonaten zwischen Kind und Eltern – besonders der Mutter – eine spezielle Art der Bindung gibt. Wie wir in Kapitel 8 gesehen haben, können Kinder, die diese Bindung bzw. das *bonding* nicht erfahren haben, im späteren Leben an psychischen Problemen leiden. Aber viele Kinder und ihre Eltern haben keine Gelegenheit, mit dem Bindungsprozeß zu beginnen, weil das Baby wegen einer Frühgeburt oder einer ernsten Krankheit erst nach einigen Wochen oder sogar Monaten nach Hause darf. Es gibt einige Hinweise, daß diese Kinder mit größerer Wahrscheinlichkeit emotional benachteiligt oder sogar physisch mißhandelt werden als Kinder mit Gelegenheit zu normaler, früher Bindung (siehe z.B. Homan & Kanwar 1975).

In der Vergangenheit haben die Krankenhäuser regelmäßig nur in den allgemeinen Besuchszeiten den Kontakt zwischen den Babies und ihren Eltern erlaubt. Aber psychodynamisch orientierte Persönlichkeitstheoretiker (unter anderen) haben behauptet, daß dieses Verfahren vielleicht wirklich verhindert, daß die Eltern sich in ihre Babies "verlieben"; es kommt sogar vor, daß die Eltern ihr Kind nicht als ihr eigenes ansehen. Um die möglichen negativen Effekte früher Trennung zu vermeiden, haben manche Krankenhäuser ihre Besuchsregelungen verändert und spezielle Projekte eingeführt, bei denen Eltern dazu ermuntert werden, bei ihren Babies zu bleiben und sich so viel und so normal wie möglich mit ihnen zu beschäftigen. Gleichzeitig können die Eltern professionelle Hilfe erhalten, um psychische Hindernisse bei der Entwicklung einer Bindung zu überwinden. Das kann besonders wichtig sein, wenn bei den Eltern (bewußte oder unbewußte) Gefühle der Enttäuschung, des Unmuts oder sogar Hasses gegen das von ihnen als "defekt" betrachtete Kind vermutet werden. Es werden auch besondere Diagnose- und Behandlungsmethoden entwickelt, um eine unzureichende Bindung festzustellen und zu heilen, die dann auftreten kann, wenn das Kind aus dem Krankenhaus nach Hause kommt (Trout 1981).

KINDESFREUNDSCHAFTEN

Wie wir in Kapitel 8 gesehen haben, sind Freundschaften ein wichtiger Teil in der sozialen Entwicklung von Kindern. Manche Kinder schließen leicht Freundschaften und sind beliebt, andere sind dabei weniger erfolgreich und weniger beliebt. Beliebte Kinder haben beim Aufwachsen vergleichsweise wenige Anpassungsprobleme, unbeliebte Kinder dagegen haben wahrscheinlich mehr Schulschwierigkeiten, zeigen delinquentes Verhalten oder verschiedene psychische Störungen. Was macht den Unterschied aus? Soziale Lerntheoretiker betrachten verschiedene Persönlichkeiten als die Gesamtsumme unterschiedlicher offener und bedingter Verhaltensformen. Sie haben z.B. gezeigt, daß beliebte Kinder bestimmte Verhaltensweisen weit häufiger zeigen und benutzen als unbeliebte Kinder (siehe Tabelle 9-9). Mit diesen Unterschieden im Kopf hat man spezielle Programme entwickelt, um Kindern beizubringen, jene Verhaltensweisen zu zeigen, die ihren sozialen Erfolg wahrscheinlich verbessern. Man ist recht erfolgreich darin gewesen, Kindern auf diese Weise zu einer "beliebteren Persönlichkeit" zu verhelfen, und die Forschung zu diesem Thema wird weitergeführt (Oden & Asher 1977).

SOZIALE FERTIGKEITEN

Die Möglichkeit, "Persönlichkeit zu unterrichten", ist keineswegs auf unbeliebte Kinder beschränkt. Eine große Bandbreite der sozialen Fertigkeiten, die mit einer ausgewogenen, funktionellen Persönlichkeit verbunden sind, wird Collegestudenten, Hausfrauen, Geschiedenen und jedem anderen beigebracht, dessen Lebensfreude dadurch beschränkt oder behindert wird, daß er/sie unfähig ist, für sich selber einzutreten, Bedürfnisse auszudrücken, anderen zuzuhören, sich zu organisieren usw. Kurse und Programme zum Selbstsicherheitstraining, zu sozialen Fertigkeiten, Schüchternheit und Streßbewältigung gibt es heutzutage

Tabelle 9-9 Verhaltensweisen, die für beliebte und unbeliebte Kinder charakteristisch sind*

Typ	aus der Sicht Gleichaltriger	sichtbares Verhalten
beliebt	kooperiert; führt Gleichaltrige an	aktive Interaktion; prosoziales Verhalten; setzt Normen für andere
unbeliebt	stört die Gruppe; streitet	unangemessenes Spielverhalten; schließt Spielkameraden aus; schlägt sie; zeigt aversives verbales und physisches Verhalten

* Übernommen aus Putallaz, M. und Gottman, J.M. Social relationship problems in children: An approach to intervention. In E.B. Lahey und A.E. Kazdin (Hrsg.). Advances in clinical child psychology (New York: Plenum Publishing Company 1984), Vol. 6

wie Sand am Meer; sie spiegeln das wachsende Verständnis wider, daß unsere Persönlichkeit in gewissem Ausmaß das ist, wozu wir sie machen.

Beim Beratungszentrum der UCLA (University of California in Los Angeles) z.B. können Studenten, denen es an Selbstvertrauen und sozialen Fertigkeiten fehlt, an einem Workshop zum Thema "Soziales Vertrauen aufbauen" teilnehmen. Gruppen von acht bis zwölf Studenten treffen sich wöchentlich zwei Stunden, um ihre Probleme zu erörtern und spezifische Hilfe zu erhalten. Außerdem üben sie z.B., wie man eine Unterhaltung einleitet und führt, wie man nonverbale Hinweise liest und wie man mit Ablehnung umgeht. Es werden Ihnen auch Hausaufgaben aufgegeben, die sie während der Woche erledigen müssen - z.B. mit einem Fremden sprechen oder eine neue Bekanntschaft machen.

Derartige Programme können für jene sehr hilfreich sein, die niemals die erforderlichen sozialen Fertigkeiten gelernt haben, und auch für die, die das richtige Verhalten in sozialen Situationen zwar kennen, es aber aus Angst noch nicht ausgeführt haben (mehr über den Ansatz der sozialen Lerntheorie zur Verhaltensänderung in Kapitel 12).

"Vermutlich trainiert er gerade soziale Fitness!"

Die geistige Einstellung ist der Schlüssel zum sportlichen Erfolg

Von CHRISTOPHER DRAKE

SAN JOSE, Kalifornien. Sie denken, Sie haben eine gute Rückhand, Ihr Aufschlag ist super und Sie sind so anmutig wie ein Schwan. Weshalb also, fragen Sie sich, geht es mitten im zweiten Satz immer bergab mit Ihnen?

Vielleicht sollten Sie Ihre geistige Fitness überprüfen. Oder vielleicht sind Sie einer der Spieler, der zu Schuldgefühlen neigt. Oder vielleicht haben Sie sich immer nur selbst getäuscht und sind nicht ehrgeizig, sondern würden viel lieber im Kino sitzen und Popkorn knabbern.

Es gibt Hilfe für Sie. Für 25 Dollar kann der Wochenend-Sportler das tun, was Hunderte professioneller Sportler schon jahrelang tun - seine Motivation testen. "Die geistige Einstellung trennt die guten von den hervorragenden Spielern", behauptet William Winslow, Präsident des Winslow Research Institute of San Jose, des größten amerikanischen Testzentrums für Sportler ...

Mit dem Athletic Motivation Inventory (AMI) des Institutes, mit dessen Entwicklung drei Professoren der San Jose State University vor über einem Jahrzehnt begonnen haben, wurden bis jetzt 100.000 Sportler von der High School, dem College und auch professionelle Ligaspieler getestet. Er gibt sowohl den Trainern als auch den Sportlern einen Einblick in ihre geistige Einstellung, indem er die Stärke von elf wesentlichen Eigenschaften testet - Antrieb, Aggressivität, Entschlossenheit, Anfälligkeit für Schuldgefühle, Führungswille, Selbstvertrauen, emotionale Kontrolle, geistige Fitness, Trainierbarkeit, Gewissenhaftigkeit und Vertrauen (zu Mannschaftsgefährten).

Und jetzt weitet man ihn aus, um auch den sogenannten Freizeitsportler einzuschließen, sei er Golfspieler, Läufer, Tennisspieler oder Volleyballspieler. ...

Manche dieser Eigenschaften kann man mit dem gesunden Menschenverstand erfassen, obwohl der Sportler sich ihrer vielleicht nicht bewußt ist. Antrieb - der Wunsch zu gewinnen - oder Aggressivität - die Konfrontation genießen - bilden einen wesentlichen Bestandteil bei jedem Schlag, jedem Schritt der meisten Wettspiele. Aber der Spieler kann über allgemeines Wissen hinausgehen, indem er sieht, wo er im Vergleich mit Tausenden von anderen Sportlern steht.

Der Test enthält 162 Fragen, z.B. "Beim Sport muß man entweder schieben oder wird geschoben" (um die Aggressivität zu messen). Weiterhin wird danch gefragt ob der Sportler Lob braucht (geistige Fitness) oder ob er schlecht schläft, weil er sich wegen des morgigen Spiels Gedanken macht - ein Maß für seine Neigung zu Schuldgefühlen. "Ein Spieler mit 90% richtigen Antworten verwirklicht wahrscheinlich sein Potential, aber jemand mit 50 oder 60 Prozent hat noch einen weiten Weg vor sich", meint Winslow.

Die Sportler haben vielleicht nie über ihre Neigung zu Schuldgefühlen nachgedacht, die - so Winslow - einen ansonsten hervorragenden Spieler ruinieren kann. Das ist der Typ, der über jedem einzelnen seiner Fehler brütet. Natürlich führt das zu eher mehr Fehlern, bis der Spieler letztendlich denkt: "Ich habe meine Mannschaft enttäuscht. Ich sollte nicht spielen. Ich bin wirklich ein Versager." ...

Selbstvertrauen und emotionale Kontrolle, sind die beiden Eigenschaften, die Winslow für einen erfolgreichen Spieler am wichtigsten hält. ...

Mit dem Aufschwung des Frauensports beteiligen sich nun zunehmend auch Sportlerinnen am AMI, berichtet Winslow. Seiner Auskunft nach besteht ein deutlicher Unterschied zwischen den Werten von Männern und Frauen.

"Frauen erzielen für Aggression und emotionale Kontrolle deutlich niedrigere Werte", erzählte er. "Für Entschlossenheit erhalten sie die gleichen Werte (wie Männer). Bei der Gewissenhaftigkeit liegen sie höher, beim Vertrauen wiederum niedriger als Männer. Bei allen anderen Eigenschaften sind ihre Werte niedriger."

Wilsons Meinung nach sind die verschiedenen Sportmöglichkeiten, die den beiden Geschlechtern zur Verfügung stehen, der Grund für diese Unterschiede. ...

Außer daß die Sportler etwas über sich selbst erfahren, wird der AMI auch von Trainern im ganzen Land benutzt, um herauszufinden, wie sie mit ihren Mannschaften am besten arbeiten können. Der Trainer erfährt z.B., daß er den Spieler mit einem niedrigen Wert bei geistiger Fitness nicht anschreien soll, daß er aber mit jemandem, der darin einen hohen Wert hat, härter umgehen kann. Laut AMI müßte er dem Spieler mit hohem Führungswillen einige Verantwortung geben, auch wenn dieser nicht der Mannschaftskapitän ist. Trainiert er eine Football- oder Fußballmannschaft - Sportarten, die viel Aggression erfordern - wird ihm geraten, den hoch aggressiven Spieler als Vorbild für die anderen zu benutzen. ...

Boulder (Colorado), *Daily Camera*
27. März 1980

Dies ist praktische Persönlichkeitspsychologie. Jetzt kann man Soldaten oder Sportler aufgrund der Ergebnisse eines Persönlichkeitstests auswählen. Beachten Sie die Betonung des Eigenschafts-/Veranlagungsansatzes.

Wie würden Sie andere persönlichkeitstheoretische Ansätze in die Überprüfung der sportlichen Leistung einbauen?

ELTERNTRAINING

Das Elterntraining (Parent Effectiveness Training, PET) ist ein Kurs, bei dem Eltern lernen, wie sie effektiver mit ihren Kindern interagieren können. Er wurde von Thomas Gordon entwickelt, der offenbar von Rogers Selbsttheorie beeinflußt wurde. Seit 1963 haben über eine halbe Million Eltern am Kurs von Gordon oder einem seiner vielen dazu ausgebildeten Kursleiter teilgenommen. Im alltäglichen Leben ergeben sich zwischen Eltern und Kindern Konflikte, mit denen sie effektiv oder ineffektiv umgehen können. Aber bei ineffektiven Eltern-Kind-Beziehungen gibt es immer einen Gewinner und einen Verlierer. Oft wird der Konflikt z.B. dadurch gelöst, daß die Eltern entscheiden, was getan wird, und dem Kind diese Entscheidung aufzwingen. Gehorcht das Kind, gibt es kurzfristig gesehen keine Probleme, und die Eltern setzen ihren Willen durch. Das Kind ist jedoch eindeutig der Verlierer. Und als Verlierer ist es wahrscheinlich nicht motiviert, die Forderungen zu erfüllen, die ihm von den Eltern auferlegt worden sind. Weiterhin wird das Kind sich wahrscheinlich über die Elten ärgern und aus der ganzen Interaktion mit schlechten Gefühlen hervorgehen. Die Kosten für die Eltern sind ein verärgertes Kind, das oft nicht gehorcht und weder mit sich noch mit den Eltern zufrieden ist.

Demnach ist es ineffektiv, einen Konflikt durch eine willkürliche Entscheidung zu beenden. Unter manchen Umständen kann das Kind Gewinner und die Eltern Verlierer sein. Manche Kinder lernen, wie sie ihre Eltern mit Wutanfällen oder Tricks, so daß sie sich schuldig fühlen, beeinflussen können. Es ist genauso wenig förderlich, wenn regelmäßig einseitig das Kind oder immer die Eltern die Auseinandersetzung gewinnen. Das Kind gehorcht dann nicht mehr, und seine Einschüchterungsversuche übertragen sich auf Interaktionen mit anderen, die vielleicht weniger gewillt sind, sein Verhalten zu akzeptieren. Die Eltern werden ärgerlich, gereizt und wütend.

Üblicherweise sind weder Eltern noch Kind immer nur Gewinner oder Verlierer. Mal gewinnt das Kind, indem es jammert oder nicht ißt, und mal die Eltern durch Macht und Autorität. Einen Gewinner und einen Verlierer gibt es jedoch immer. Gordon bietet dazu eine Alternative an, bei der keiner verliert. Seine Methode besteht darin, mit Eltern und Kind zu üben, für Konflikte eine beiderseits akzeptable Lösung zu suchen. Die Vorgehensweise beim Training ist zu detailliert, als daß man sie hier schildern könnte, besteht aber im wesentlichen darin, daß man beide Seiten auf die Notwendigkeit aufmerksam macht, bestehende Probleme zu erkennen und eine Lösung zu suchen, auf die man sich einigen kann und die für beide Seiten günstig ist. Man muß zusammen auf diese Lösung kommen, so daß keiner als Gewinner oder Verlierer dasteht. Wenn es also keinen Verlierer mehr gibt, sind auch Ärger, Wut, Aggression und nachfolgende Probleme beseitigt. So lautet jedenfalls die Theorie, und sie scheint zuzutreffen.

VERBESSERUNG DER LEISTUNG IN KONKURRENZSITUATIONEN

Nach der psychoanalytischen Theorie kann die Leistung einer Person in sportlichen oder intellektuellen Wettbewerbssituationen durch die Vorstellung des Gewinnens gestört werden, weil dadurch ein unbewußter Ödipus- oder Elektrakomplex - das Besiegen eines Elternteils, um die Liebe des anderen zu gewinnen - aktiviert werden könnte. Solche Faktoren könnten den sonst unerklärlichen "Schwächeperioden" bei Sportlern oder den "Erfolgsängsten" zugrunde liegen, die manche Personen befallen. Lloyd Silverman, David Ross, John Adler und David Lustig, psychoanalytische Forscher an der New York University, haben vermutet, daß die Leistung in einer Wettbewerbssituation verbessert oder verschlechtert werden kann, wenn man Botschaften zeigt, die sich auf unbewußte Konflikte beziehen und subliminal sind, d.h. nicht bewußt wahrgenommen werden können (siehe die subliminale Werbung, Kapitel 3). Mit einer Nachricht, die unterhalb der Bewußtseinsschwelle liegt, müßte man die Abwehrmechanismen umgehen und direkt zum Unbewußten "sprechen" können. In einer Reihe von Experimenten wurde männlichen Collegestudenten die subliminale Nachricht "Es ist falsch, Vater zu besiegen" oder "Es ist in Ordnung, Vater zu besiegen" dargeboten, ehe sie an einem Dart-Wettbewerb teilnahmen. Die Ergebnisse zeigten, daß die Versuchspersonen nach der "ist falsch"-Nachricht viel schlechter abschnitten als nach der "ist in Ordnung"-Nachricht.

Die Methodologie solcher Forschung ist in den letzten Jahren Zielscheibe harter Kritik gewesen, aber sie veranschaulicht doch, wie psychoanalytische Persönlichkeitstheorien außerhalb der Domäne der Psychopathologie benutzt werden können. Es bleibt abzuwarten, ob Silvermans Methode der "subliminalen psychodynamischen Aktivierung" für die Sportpsychologie wertvoll ist, um die athletischen Leistungen zu verbessern, oder für das schulische Umfeld, um die Werte bei Wettbewerbstests wie dem Scholastic Aptitude Test (für die Zulassung zum College) oder dem Graduate Record Examination (für die Zulassung zum weiterführenden Studium) zu verbessern.

400 Das Thema der Sozialpsychologie
Soziales Wissen / Soziale Motivation
402 Der Aufbau sozialen Wissens
Soziale Schemata / Stereotype / Soziale Schemata: Theorien
408 Einstellungen und Urteile
Bildung und Änderung von Einstellungen durch Mitteilen und Überreden / Verhalten und Einstellung / Attribution / Attraktivität
419 Die Rolle des Selbst im Sozialverhalten
Selbst-Schemata / Selbstbewußheit / Motivierende Wirkungen des Selbstwertgefühls
421 Der Einfluss der Anderen
Die anderen als eine Ausgangsbasis für unsere Selbsteinschätzung / Sozial induzierte Leistungsaktivierung und -hemmung / Konformität / Gruppenentscheidungen / Konfliktlösung durch Verhandeln
429 Zusammenfassung
Forensische Sozialpsychologie / Beeinflussungsversuche / Die Sozialpsychologie der Gesundheit / Prosoziales Verhalten / Aggression und Gewalt / Umweltpsychologie
431 So sieht das in der Praxis aus
Forensische Sozialpsychologie / Beeinflussungsversuche / Die Sozialpsychologie der Gesundheit / Prosoziales Verhalten / Aggression und Gewalt / Umweltpsychologie

Sozial-psychologie

10

Peter nimmt an einem Einstellungsgespräch bei einem großen Computerhersteller teil, um sich für eine Stelle als Management-Trainee zu bewerben. Er sorgt sich, was für einen Eindruck er wohl auf die Frau machen wird, die das Auswahlverfahren durchführt; der Mitarbeiterin der Personalabteilung liegt ihrerseits daran, Peter davon zu überzeugen, daß es für ihn von Vorteil wäre, zu ihrer Firma zu kommen. Das Verhalten des einen während des Interviews beeinflußt entscheidend das Verhalten des Gegenübers, und was die beiden übereinander denken, ist auf komplexe Weise bestimmt durch die verschiedenen Information, die sie verarbeiten.

Stefan geht in die Unterstufe der Highschool. Ein paar Freunde drängen ihn, eine Zigarette zu rauchen. Obwohl er weiß, daß es seiner Gesundheit abträglich ist, gibt er ihrem Druck nach. Warum richtet er in vieler Hinsicht sein Verhalten nach ihnen aus, von seiner Kleidung bis hin zu den schlechten Angewohnheiten, die er sich zulegt? Warum üben Fernsehwerbespots, die rauchende Machos zeigen, auf Stefan und seine Freunde solche Wirkung aus?

Heiner ist ein "Spießbürger", Hilde eine "linke Konformistin", Doris ist eine "Zimperliese", Regine ein "Bücherwurm", Inge ein "Wildfang" - die Liste gängiger Klischees ist endlos. Warum stecken wir Menschen in Schubladen und behandeln sie dann entsprechend, in der Annahme, das Etikett, das wir ihnen verpaßt haben, verrate uns alles, was wir über sie wissen müßten?

Michael ist im ersten Universitätsjahr. Bei der Party einer Studentenvereinigung wurde er Marianne vorgestellt und tanzte einmal mit ihr, bevor sie gehen mußte. Später an diesem Abend bekannte Michael seinem Zimmergenossen, daß er "das Mädchen seiner Träume" getroffen habe - warmherzig, sensibel, schön, intelligent und wohlhabend. Was meinen Sie, wie zutreffend er Marianne wohl einschätzen mag?

DAS THEMA DER SOZIALPSYCHOLOGIE

Sozialpsychologen befassen sich mit den gesellschaftlichen Aspekten unserer Persönlichkeit - dem Verhalten von Menschen in Gruppen und der Wirkung dieser sozialen Erfahrung auf sie. Die Sozialpsychologie untersucht, wie das wirkliche oder vorgestellte Verhalten anderer auf das Verhalten von einzelnen und von Gruppen wirkt. Ihr Thema ist das spezifische Verhalten, das wir in der zwischenmenschlichen Sphäre, das heißt, wenn mindestens noch ein anderer Mensch zugegen ist, an den Tag legen.

Denken Sie einen Augenblick über Ihr eigenes Leben und die Situationen nach, in denen Sie sich normalerweise bewegen. Wieviel Prozent Ihrer Zeit verbringen Sie täglich ganz allein, ohne daß ein anderer Mensch Ihr Verhalten auf irgendeine Weise beobachten kann? Bei den meisten von uns ist dieser Zeitanteil recht gering. Ein gewaltiger Teil unseres Verhaltens spielt sich nicht in der Abgeschiedenheit, sondern im Beisein anderer ab. Glauben Sie, daß Ihr Verhalten anders ist, wenn andere um Sie herum sind? - Natürlich ist es anders, und die besondere Aufgabe der Sozialpsychologie besteht darin, solche Phänomene zu erklären und zu verstehen. Um unser Sozialverhalten zu verstehen, werden wir viele der Begriffe anwenden müssen, die wir bereits vorgestellt haben. Außerdem werden wir neuen Begriffen begegnen, die sich ausschließlich auf unser Sozialverhalten beziehen. Im großen und ganzen werden wir uns vor allem mit zweien der verhaltenssteuernden Größen beschäftigen, die wir zu Anfang des Buches eingeführt haben, nämlich mit dem Wissen eines Menschen und mit seinen Motivationen oder Intentionen.

Soziales Wissen

Ein entscheidender Aspekt zwischenmenschlichen Verhaltens hat mit dem Parameter *Wissen* zu tun. Während ein Mensch in eine Kultur "hineinsozialisiert" wird, erwirbt er viele Kenntnisse darüber, wie er sich in sozialen Situationen verhalten muß. Vieles von diesem Wissen wird sprachlich vermittelt, in Anweisungen der Eltern, Lehrer und anderer. Wohl noch mehr Wissen erwerben wir in nonverbaler Form, indem wir beobachten, was andere Menschen tun, und nicht nur hören, was sie sagen. Einige dieser nonverbalen Informationen werden mit sehr feinen Mitteln ausgedrückt, zum Beispiel über Tonfall, Gesichtsausdruck und "Körpersprache".

Wir erwerben auch Wissen über z.B. Status und Schicht, und wir bilden Stereotypen, das heißt, wir machen uns im Grunde rein schematische Begriffe von bestimmten Menschentypen. Tatsächlich läuft das, was Soziologen mit Sozialisation bezeichnet haben, auf den Erwerb dieses Wissens hinaus, das wir *soziales Wissen* nennen wollen.

Die Menge des sozialen Wissens, die auf die beschränkte Kapazität unserer Informationsverarbeitungssysteme eindringt, ist überwältigend groß. Daher muß soziales Wissen wie andere Arten des Wissens gut gegliedert werden, um von höchstmöglichem Nutzen für uns zu sein.

Soziales Wissen muß in Chunks oder Schemata gegliedert sein (siehe Kapitel 5 und 6). Nehmen Sie an, für den heutigen Nachmittag seien sie zu einer Toga-Party in das Haus einer Studentenvereinigung eingeladen. In Ihrem Gehirn ist vermutlich eine allgemeine Vorstellung davon abgespeichert, wie man sich bei solchen Festen gibt und welches Verhalten die Leute von einem erwarten. Diese Information holen Sie aus Ihrem Gedächtnis in einem einzigen großen Chunk hervor, der viele kleine Informationselemente über Sozialverhalten auf Toga-Parties umfaßt. In der Terminologie der kognitiven Psychologie würden wir sagen: Sie aktivieren das Toga-Party-Schema. Die in diesem Schema enthaltene Information hilft Ihnen, sich zu entscheiden, ob Sie die Einladung annehmen sollen; sie nimmt Einfluß auf Ihre Motivation, zu der Party zu gehen; und falls Sie sich entscheiden zu gehen, bestimmt sie sicherlich Ihr Verhalten bei der Party mit. Soziales Wissen, das weitgehend in Schemata gegliedert ist, ist eine Hauptdeterminante des Sozialverhaltens und daher Thema des ersten Teils in diesem Kapitel.

Soziale Motivation

Eine zweite Überlegung betrifft die soziale Motivation. Verhalten in sozialen Kontexten hat wie alles Verhalten eine motivationale Komponente. Erinnern Sie sich an Kapitel 7: Motivation geht hervor aus dem Zusammenspiel von Trieben und Anreizen, von antreibenden und anziehenden Kräften, oder aus dem Zusammentreffen der Anlagen eines Menschen mit auslösenden Umständen, die die Anlagen aktivieren. Dies gilt auch für unser Sozialverhalten. Menschen zeigen in sozialen Situationen ein bestimmtes Verhalten, weil sie entweder beabsichtigen, ein erwünschtes Ergebnis zu erreichen, oder unerwünschten oder unangenehmen Folgen aus dem Weg gehen wollen. Die Folgen haben einen positiven oder negativen Anreizwert für uns, da wir besondere Bedürfnisse oder Anlagen in uns tragen, aus denen Verhalten hervorgeht, das wie von Trieben gesteuert erscheint. Unser Verhalten in der Gegenwart anderer ist zum Teil von Faktoren motiviert, die keine Wirkung haben, wenn wir für uns sind.

Bedürfnis nach sozialer Anerkennung

Ein motivationspsychologischer Begriff, der für die Analyse des Sozialverhaltens besonders wichtig erscheint, ist das *Bedürfnis nach sozialer Anerkennung* (wir haben es in Kapitel 7 besprochen). Früh im Leben erwerben wir uns das soziale Wissen, daß es wünschenswert ist, andere dazu zu bringen, daß sie uns mögen und unser Verhalten akzeptieren. In vielen Situationen zeigen wir daher spezielle Verhaltensweisen, mit Hilfe derer wir, unserem sozialen Wissen zufolge, die Billigung der anderen erreichen können. Andererseits zeigen wir in unangenehmen Situationen oft Verhaltensweisen, die die Mißbilligung anderer vermeiden helfen sollen. Eine Motivation, die dem Bedürfnis nach sozialer Anerkennung in einer Gruppensituation entspringt, kann ungeheuren Einfluß auf unser Verhalten haben. In dem Beispiel zu Beginn dieses Kapitels fängt Stefan vielleicht deshalb an zu rauchen, weil er möchte, daß seine "Freunde" ihn mögen; oder er fängt vielleicht an, Tabak zu kauen, weil er seiner eigenen Vorstellung von einem richtigen Mann entsprechen will. Wenn Sie zu der Toga-Party gingen, würden Sie dort womöglich einige Dinge "gegen Ihr besseres Wissen" tun, das heißt, Sie würden sie nicht tun, wenn Sie für sich wären, und auch in den meisten anderen Situationen nicht. Zum Beispiel würden Sie vielleicht an dem Wettbewerb der nassen Togen teilnehmen, weil Sie wollen, daß andere Leute auf der Party Sie mögen oder akzeptieren.

Sympathie und Antipathie

Daß wir andere dazu bringen, uns zu mögen, oder es vermeiden wollen, daß sie uns ablehnen, ist ein wichtiger Grundgedanke in der Sozialpsychologie. In diesem Kapitel werden wir ausführlich auf die Faktoren eingehen, die zu Sympathie und Antipathie zwischen Menschen, anders gesagt, zu mehr oder weniger starker *Attraktion* füreinander führen. Unsere eigenen Eindrücke davon, ob wir andere mögen oder nicht mögen, bestimmen zu großen Teilen, wie wir mit diesen anderen umgehen. Außerdem spielt unser Eindruck von uns selbst - unser *Selbstbild* - eine entscheidende Rolle dabei, wie wir uns anderen gegenüber verhalten. Betrachten Sie das Beispiel von Peter, der sich bei einer Computerfirma einem Einstellungsinterview unterzieht. Für das Ergebnis des Interviews sind ausschlaggebend: sein Selbstbild, sein Eindruck von der Interviewerin und ihr Eindruck von ihm. Dieses Wechselspiel von billigenden und mißbilligenden Urteilen und von Sympathie und Antipathie ist verwoben mit unserem sozialen Wissen darüber, wie wir uns verhalten sollten und wie der andere sich unseren Wünschen entsprechend verhalten sollte. Lückenhaftes soziales Wissen ("Ich hab' nicht gewußt, daß ich die Interviewerin besser nicht zu einem Drink einladen sollte!") kann ebenso leicht wie mangelhafte Motivation unangemessenes Verhalten nach sich ziehen.

Während Sie dieses Kapitel lesen, behalten Sie bitte im Auge, daß die beiden gerade eingeführten Begriffe - soziales Wissen und soziale Motivation - viele zwischenmenschliche Verhaltensweisen erklären. Viele unselige Folgen des Verhaltens mancher Menschen lassen sich auf fehlerhaftes soziales Wissen zurückführen - zum Beispiel auf die Überzeugung, Frauen würden tabakkauende Männer mögen. Oder sie lassen sich auf fehlerhafte soziale Motivation zurückführen, wie im Fall Stefans, der zu rauchen anfängt, um Anerkennung zu gewinnen oder Ablehnung zu vermeiden. Auf der positiven Seite gilt dasselbe: Vieles von dem Guten in der Welt kommt zustande, weil wir soziales Wissen und das Bedürfnis nach sozialer Anerkennung richtig einsetzen. Richten Sie Ihr Augenmerk auf Unterschiede im sozialen Wissen und in der sozialen Motivation, wenn Sie sich die Varianten zwischenmenschlichen Verhaltens erklären wollen, die wir in diesem Kapitel unter die Lupe nehmen.

DER AUFBAU SOZIALEN WISSENS

Wie Sir Fredrick Bartlett vor vielen Jahren feststellte, enthält unser Gedächtnis äußerst komplexe Repräsentationen der Außenwelt. Diese Repräsentationen, die sich aus Konfigurationen von miteinander verknüpften Begriffen zusammensetzen, dienen uns dazu, größere Informationsmengen zu interpretieren und zu organisieren, die wir entweder in einer einzelnen Situation oder über eine längere Zeit hinweg ansammeln. Kognitions- und Sozialpsychologen haben solchen "Wissensstrukturen" verschiedene Namen gegeben. Der am weitesten verbreitete ist - wie Sie sich aus Kapitel 5 und 6 erinnern werden - **Schema**.

Soziale Schemata

Mittels Schemata deuten und gliedern wir Informationen über Menschen und Ereignisse; sie bilden eine Grundlage, von der aus wir Schlüsse über sie ziehen können. Das heißt, wenn wir neue Informationen aufgenommen und ihre charakteristischen Merkmale enkodiert haben, vergleichen wir den Satz der enkodierten Merkmale mit den Merkmalen von Schemata, die sich möglicherweise eignen, diese neuen Informationen zu deuten. Falls genügend Merkmale des neuen Objektes oder Ereignisses denen eines bereits bestehenden Schemas entsprechen, erkennen wir das neue Objekt oder Ereignis als einen Beispielfall des Schemas. Nach dieser Identifikation neigen wir dazu anzunehmen, das Objekt oder Ereignis besitze die Charakteristika des Schemas, das wir zuvor zu seiner Deutung benutzten. Andererseits tendieren wir dazu, die Merkmale des ursprünglichen Objektes oder Ereignisses zu vergessen, die mit dem Schema nichts zu tun haben.

Auf Schemata beruhende Schlußfolgerungen

Man erzählt uns, ein Mann sei hochgewachsen, stämmig, von rötlicher Gesichtsfarbe, und er spreche und lache laut. Er trägt zerknitterte Synthetikanzüge und benutzt Haarwasser, um sein Haar glatt nach hinten zu kämmen. Diese Beschreibung legt den "typischen Vertreter" nahe. (Das heißt, wir enkodieren die Informationen über die äußere Erscheinung dieser Einzelperson so, daß sie in ein prototypisches "Vertreter"-Schema passen.) In der Folge schließen wir vielleicht, daß dieser Mann überdurchschnittlich viel trinkt, primitive Witze zum besten gibt, immer ein "super Angebot" auf Lager hat, viel Zeit auf Achse in schäbigen Motelzimmern verbringt und Sport nur als Zuschauer genießt. Im Gegensatz dazu aktiviert die Beschreibung eines großen, hageren Mannes mit zerzaustem Haar, einer Hornbrille und einer abgetragenen Kordjacke mit Flicken an den Ellbogen ein ganz anderes Schema, etwa das des zerstreuten Professors. Folglich läuft in uns eine ganz andere Serie von Schlüssen über Persönlichkeit und Interessen dieses Mannes ab. Womöglich liegen wir mit unseren Schlußfolgerungen bei beiden Männern daneben. Doch das Schema, das wir nun einmal aktivieren und von dem wir beim Deuten und Gliedern von Information ausgehen, hat beträchtlichen Einfluß darauf, welche Schlüsse wir ziehen.

Der Einfluß eines Schemas auf eine Schlußfolgerung ist aus mehreren Gründen von Bedeutung. Erstens wird eine Schlußfolgerung, sobald wir sie über einen Menschen getroffen haben, Teil der Vorstellung, die wir uns von diesem Menschen machen, und tritt vielleicht gar an die Stelle der ursprünglichen Informationen. Tatsächlich kann, wenn wir gleich bei der Informationsaufnahme die betreffende Schlußfolgerung ziehen und sie unserer Vorstellung von dem Menschen einverleiben, diese Schlußfolgerung mit der Zeit nicht mehr von den ursprünglichen Informationen zu unterscheiden sein. Wir erinnern uns womöglich an die Schlußfolgerung, als habe man sie uns tatsächlich mitgeteilt und wissen nicht mehr, daß wir sie selber gezogen haben.

Ein gutes Beispiel liefert uns eine Studie, in der die Probanden von einer länger zurückliegenden Unterhaltung zwischen einem Mann und seiner Verlobten unterrichtet wurden. Während der Unterhaltung sagt der Mann zu der Frau, er wolle keine Kinder, worauf ein erbitterter Streit ausbricht. Der Versuchsleiter, der das Paar angeblich kannte, bemerkte beiläufig, das Paar habe schließlich geheiratet, und nach vier Jahren seien sie noch immer glücklich zusammen. Einen Monat später nahmen die Probanden erneut an dem Experiment teil; man bat sie, sich an die Informationen zu erinnern, die sie in der vorhergehenden Sitzung erhalten hatten. Man forderte sie ausdrücklich auf, *keine* Schlüsse zu ziehen und nicht zu raten, sondern nur die tatsächlich dargebotenen Informationen zu berichten, soweit sie sich an sie erinnern konnten. Trotz dieser Anweisungen unterliefen den Probanden viele Erinnerungsfehler. Ihr gemeinsamer Nenner war, daß sie die Meinungsverschiedenheit über den Kinderwunsch mit der

Tatsache in Einklang brachten, daß das Paar nun glücklich verheiratet war. Zum Beispiel "erinnerte sich" ein Proband, die Frau habe herausgefunden, daß sie keine Kinder bekommen könne; ein zweiter "erinnerte sich", der Mann habe seine Meinung geändert und doch Kinder gewollt. Diese Fehler basierten vermutlich auf Schlüssen, die die Probanden, ausgehend von Schemata über glücklich Verheiratete, gezogen hatten, als ihnen die Informationen vermittelt wurden. Später konnten sie die Schlüsse nicht mehr von den ursprünglichen Informationen unterscheiden, auf denen die Schlüsse eigentlich basierten.

Die sich selbst erfüllende Prophezeiung

Die Vorstellung oder Repräsentation, die wir uns von einem Menschen bilden, wirkt sich nicht nur auf die Schlüsse, die wir über ihn ziehen, sondern auch auf unser Verhalten ihm gegenüber aus. Diese Tendenz gewinnt an Bedeutung, wenn wir uns vor Augen halten, daß unser Verhalten gegenüber anderen oft deren Verhalten gegenüber uns mitbestimmt. Falls wir - auf der Basis der Vorstellung, die wir uns von ihm gebildet haben - erwarten, daß ein Mensch warm und freundlich ist, geben wir uns ihm gegenüber eher freundlich. Umgekehrt kann dann unser Verhalten diesen Menschen dazu veranlassen, uns gegenüber freundlich zu sein und so unsere Erwartungen zu bestätigen. Falls unsere Vorstellung von einem anderen uns dagegen nahelegt, er sei ein unangenehmer Zeitgenosse, geben wir uns ihm gegenüber eher kalt und gleichgültig. Der Betreffende revanchiert sich dann vielleicht, indem er seinerseits widerlich ist, und bestätigt so nur unsere möglicherweise irrigen Erwartungen. Hier handelt es sich um eine **sich selbst erfüllende Prophezeiung** *(self-fulfilling prophecy)*. Sie kann sogar dann eine Rolle spielen, wenn die Informationen, auf denen unsere Vorstellung von dem Betreffenden beruht, ganz und gar an den Haaren herbeigezogen sind.

Voreingenommenes Schlußfolgern

Wenn wir über Menschen Schlüsse ziehen, urteilen wir befangen. Viele Eindrücke, die wir von anderen haben, oder Urteile, die wir über sie fällen, laufen auf die Unterscheidung zwischen "gut" und "schlecht" hinaus, wobei wir andere Eigenschaften aus dieser Grundentscheidung ableiten. In der Sozialpsychologie nennt man dies den *Halo-Effekt* (Halo: Hof um eine Lichtquelle), da wir von jemandem, den wir für "gut" halten, meinen, er sei durchweg "gut", und ihm sämtliche positiven Eigenschaften zuschreiben. So umgibt ihn eine positive Aura. Auch der negative Halo-Effekt kommt vor, bei dem wir jemandem, den wir in die Schublade "schlecht" gesteckt haben, sämtliche negativen Attribute anhängen. Um diese Voreingenommenheit bei der Eindrucksbildung vorzuführen, legten K. Dion, Ellen Berscheid und Elaine Walster ihren Probanden Fotos von Menschen vor, die von attraktivem, unattraktivem oder durchschnittlichem Äußeren waren. Die Probanden wurden gebeten, die dargestellten Menschen hinsichtlich einer Reihe von Merkmalen einzuschätzen, die nichts mit der äußeren Erscheinung zu tun hatten. Die attraktiven Menschen wurden auf diesen Dimensionen am günstigsten eingeschätzt, während die unattraktiven die ungünstigsten Beurteilungen erhielten. Nach Ansicht der Forscher hatten die Probanden angenommen, daß die attraktiven Menschen, da sie ja schon ein positives Merkmal aufzuweisen hatten, sich noch durch eine Reihe weiterer positiver Merkmale auszeichnen müßten (positiver Halo-Effekt); bei den unattraktiven Menschen hätten sie angenommen, sie hätten noch zusätzliche schlechte Eigenschaften (negativer Halo-Effekt).

Wenn wir uns einen Eindruck von anderen machen, neigen wir auch dazu, aus der Anwesenheit eines Merkmals auf weitere Eigenschaften zu schließen, die der oder die Betreffende vermeintlich aufweist. Anscheinend fassen wir bestimmte Persönlichkeitscharakteristika zu Clustern zusammen. Wenn wir zum Beispiel jemanden für intelligent halten, nehmen wir auch an, daß er oder sie phantasievoll, klug, ehrgeizig, besonnen, gewissenhaft und zuverlässig ist. Dieser Hang zum logischen Fehler der vorschnellen Verallgemeinerung wird verständlich vor dem Hintergrund dessen, was wir oben über Schemata sagten: Wir versuchen Menschen in passende Schemata einzuordnen. Lernen wir neue Leute kennen, versuchen wir sogleich, sie in eines unserer bereits bestehenden Schemata einzufügen. Wenn wir sehen, daß sie einige der Merkmale zeigen, die mit einem bestimmten Schema verknüpft sind, nehmen wir an, daß sie alle anderen Attribute auch besitzen, die dieses Schema ausmachen.

Schließlich hat man gezeigt, daß wir, wenn wir Schlüsse über andere ziehen, vorhandene Zweifel eher zu ihren Gunsten auslegen. Das heißt, unsere Bewertungen fallen dann eher positiv als negativ aus. Dies nennt man Positivitätstendenz (positivity bias).

Stereotype

Wie die Bildung von Eindrücken mit der Entwicklung von Stereotypen zusammenhängt, liegt wohl auf der Hand. Stereotypen sind soziale Schemata, deren Attribute wir bestimmten sozialen Gruppen zusprechen. Ausgehend von bestimmten offenkundigen Merkmalen wie Geschlecht oder Rassenzugehörigkeit ordnen wir den einzelnen Menschen einer bestimmten sozialen Gruppe zu. Sodann ziehen wir, indem wir uns auf unser soziales Wissen über diese Gruppe verlassen, Schlüsse über die Persönlichkeit und das Verhalten jenes einzelnen. Die Bewertung eines Menschen anhand eines Schemas wird insoweit zutreffend sein, als die mit diesem Schema verknüpften Merkmale auf ihn zutreffen und als er sich dem Stereotyp angepaßt hat. Im allgemeinen hält man Stereotypen für unerwünscht, da man meint, sie liefen stets auf Vorurteile hinaus und förderten ungenaue Wahrnehmung und diskriminierendes Verhalten. Doch wenn wir keinerlei Information über einen Menschen haben, kann uns das Wissen über die Gruppe, zu der er gehört, helfen, indem es uns Hinweise darauf liefert, wie wir ihn wahrnehmen und uns ihm gegenüber verhalten sollen. Wir geraten allerdings in die Klemme, wenn der Betreffende kein typischer Vertreter unseres Schemas oder wenn das Schema ungenau ist.

Soziale Schemata: Theorien

Angehörige derselben Kultur teilen viele Erfahrungen miteinander. Aus diesen gemeinsamen Erfahrungen entsteht ihr soziales Wissen. Wie alles Wissen ist soziales Wissen nach allgemeinen Regeln und Schemata aufgebaut. Zum Beispiel mögen wir die Menschen meistens, die mit uns in einer Angelegenheit derselben Meinung sind; oder wir sind umgekehrt meist mit den Menschen einer Meinung, die wir mögen. Sympathie und Einverständnis gehören zusammen. Gleichermaßen lernen wir, daß Menschen in aller Regel hart arbeiten müssen, um Geld zu verdienen, oder daß Leute üblicherweise auch an das glauben, was sie sagen. Darüber hinaus verleiben wir uns neues Wissen so ein und leiten aus altem Wissen Schlüsse auf eine Weise ab, in der keine Brüche mit Schemata, die unser Wissen ordnen helfen, und mit allgemeinen Regeln entstehen. Mit anderen Worten, unser Verhalten paßt sich im allgemeinen dem an und steht mit dem in Einklang, was wir bereits wissen und glauben - wir nennen dies das Prinzip der allgemeinen Konsistenz des sozialen Wissens. Wenn wir zum Beispiel glauben, daß Sympathie und Einverständnis zusammengehören, und man uns sagt, Hans und Inge seien beide für einen Atomwaffenstop, werden wir wohl unwillkürlich vermuten, daß Hans und Inge sich sympathisch sind. Wir vermuten das, obwohl wir keine anderen Informationen über Hans und Inge haben und nicht einmal wissen, ob sie einander überhaupt kennen. Die Vermutung geht vom Konsistenzprinzip aus, das angibt, was wozu passen soll. Das Konsistenzprinzip spielt in Theorien des Sozialverhaltens eine herausragende Rolle, besonders in Einstellungs-theorien und Theorien über die soziale Anziehung. Wir wenden uns nun den zwei hauptsächlichen vom Konsistenzprinzip ausgehenden Theorien zu.

Die Theorie des kognitiven Gleichgewichts

Fritz Heider schlug eine Theorie des kognitiven Gleichgewichts vor, die erklären soll, wie Einstellungen sich bilden und wandeln und wie sie miteinander zusammenhängen. Eine Einstellung ist ein spezielles Schema mit einer starken Bewertungskomponente. Einstellungen sind gelernt und helfen, wie alle Schemata, unser Verhalten zu steuern. Zum Beispiel wissen wir alle etwas über Atomenergie, das heißt, wir haben ein Schema von ihr. Wenn sich aus diesem Schema wertende Informationen ableiten - daß Atomenergie gut oder schlecht für unser Land ist -, dann wird es zur Einstellung. Die Grundannahme in Heiders Theorie ist: Wir haben es am liebsten, wenn unsere Einstellungen im Einklang miteinander stehen. Wir wollen, daß unsere Meinungen, unsere Verhaltensweisen und Gefühle gegen-

Stereotypen sind soziale Schemata über Menschengruppen. Jeder gebraucht solche Schemata in seinen alltäglichen Interaktionen. Die meisten Stereotypen enthalten ein oder mehrere negative Attribute. (Beispiele: Iren sind Trunkenbolde, Schotten sind Geizhälse, Juden sind skrupellose Geschäftemacher, Südländer klauen.) Solche Stereotypen bilden die kognitive Basis für Vorurteile.

über anderen Menschen und Dingen zueinander passen und folgerichtig und konsistent sind. So statten wir unser Leben mit einem Gefühl der Ordnung und Regelmäßigkeit aus und vereinfachen unsere Verhaltensweisen und Interaktionen mit der Welt und anderen Menschen.

In seiner Theorie des kognitiven Gleichgewichts behauptet Heider: Wenn jemand meint, zwischen zwei Elementen (zum Beispiel zwischen zwei Menschen oder zwischen einem Menschen und einem Sachverhalt) bestehe eine positive Verknüpfung - sie sind einander sympathisch oder gehören, für den Betrachter, zur selben Gruppe oder Kategorie -, dann bringt er normalerweise beiden Elementen ähnliche Gefühle entgegen: entweder mag er sie beide, oder er ist beiden abgeneigt. Wenn jedoch jemand meint, zwei Elemente seien dissoziiert - weil sie Vertreter verschiedener Kategorien sind oder einander nicht mögen -, bringt er ihnen meist unterschiedliche Gefühle entgegen: er mag das eine Element, und das andere nicht. Diese Zusammenhänge stellt man graphisch dar wie folgt: *P* steht für Person, *O* und *X* stehen für die zwei anderen Menschen oder Einstellungsobjekte; die Beziehungen zwischen ihnen bezeichnet man entweder mit + (positiv oder geneigt) oder - (negativ oder abgeneigt).

Abbildung 10-1 zeigt alle acht möglichen *P-O-X*-Konfigurationen. Die erste stellt eine Situation dar, in der *P* sowohl *O* als auch *X* sympathisch sind und in der *P* annimmt, daß *O X* zuneigt. Davon hebt sich die in Diagramm 4 dargestellte Situation ab, in der *P O* nicht mag, *X* dagegen mag und glaubt, daß *O X* abgeneigt ist. Bitte beachten Sie, daß in jedem der ersten vier Diagramme die Zahl der negativen Beziehungen gerade ist (0 oder 2).

Abbildung 10-1 Heiders Theorie des kognitiven Gleichgewichts

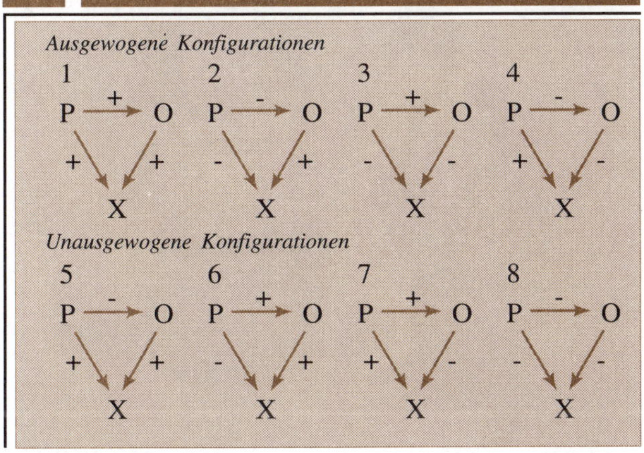

In Heiders *P-O-X*-Modell sind acht Konfigurationen möglich, von denen nur vier ausgewogen sind. Unausgewogene Konfigurationen sind labil; daher wandeln sie sich mit der Zeit in Richtung auf eine ausgewogene Konfiguration hin (Beispiele s. Text).

Diese vier Konfigurationen sind diejenigen, in denen die Beziehungen zwischen den Elementen *P*, *O* und *X* im Einklang miteinander stehen; Heider nannte sie ausgewogene Situationen und fand heraus, daß bei einer Struktur mit drei Elementen die ausgewogenen Konfigurationen eine gerade Zahl negativer Beziehungen enthalten. Alle anderen Konfigurationen sind unausgewogen und enthalten eine ungerade Zahl negativer Beziehungen (1 oder 3). Die Konfigurationen 5 bis 8 in Abbildung 10-1 sind unausgewogen.

In diesem Sinne stellte Heider zwei Hypothesen auf:

1. Kennt jemand zwei von drei Beziehungen in einer dreielementigen Struktur, wird er sich die dritte Beziehung so erschließen, daß sie im Gleichgewicht mit den beiden anderen ist.
2. Erhält jemand Informationen, die in einer Struktur von drei Kognitionen ein Ungleichgewicht schaffen, wird er eine Kognition so ändern, daß das Gleichgewicht wiederhergestellt wird.

Betrachten wir beispielsweise eine Situation mit folgenden Elementen: einer Frau (*P*), ihrer Einstellung zu einem Mann (*O*) und der Einstellung beider zu einseitiger atomarer Abrüstung (*X*). Vier ausgewogene Situationen sind möglich. Eine ausgewogene Konstellation haben wir dann, wenn die Beziehungen zwischen den Elementen im Einklang miteinander sind. Mag die Frau den Mann, und sind beide für einseitige atomare Abrüstung, kommt es zu einem Gleichgewicht. Ein ausgewogener Zustand ist auch dann erreicht, wenn die Frau den Mann mag und keiner von beiden für Abrüstung ist. Ein dritter ausgewogener Fall ist dann gegeben, wenn die Frau den Mann nicht mag und im Gegensatz zu ihm für Abrüstung ist. Die vierte ausgewogene Situation kommt zustande, wenn die Frau den Mann nicht mag und gegen, er jedoch für einseitige atomare Abrüstung ist. In den beiden letzten Fällen ist jemand, den sie nicht mag, zugleich anderer Meinung als sie. So entsteht keine Inkonsistenz zwischen ihrer Einstellung zu dem Mann und ihrer Einstellung zur Abrüstung. Eine unausgewogene Situation besteht zum Beispiel dann, wenn die Frau den Mann sympathisch findet und für Abrüstung ist, während er dagegen ist. Hier liegt sowohl ein Konflikt als auch ein Zustand des Ungleichgewichts vor, da zwei Menschen, die einander mögen, verschiedener Meinung sind.

Heider stellt in seiner Theorie die Hypothese auf, daß wir, wenn wir uns in einem Zustand des Ungleichgewichts befinden, Ausgewogenheit anstreben. Dies können wir durch eine Reihe von Maßnahmen erreichen, etwa indem wir unsere Gefühle dem anderen Menschen gegenüber, oder indem wir unsere Einstellung zu dem betreffenden

Sachverhalt ändern. Wir können auch der Realität Gewalt antun und uns vormachen, der andere sei mit uns einer Meinung, oder versuchen, die Wichtigkeit des betreffenden Problems herunterzuspielen; denn erscheint uns die Sache nebensächlich, wird unsere Meinungsverschiedenheit weniger Ungleichgewicht in uns verursachen, als wenn die Sache von Bedeutung für uns ist. So kann die Frau in der unausgewogenen Situation ihre Empfindungen dem Mann gegenüber ändern (und sich einreden, daß sie ihn gar nicht mag), oder sie kann ihre Einstellung zu dem Problem ändern (und sich einreden, in Wirklichkeit sei einseitige atomare Abrüstung doch keine gute Idee). Oder sie redet sich ein, der Mann sei in Wahrheit *für* Abrüstung. Als letzte Möglichkeit, ein Gleichgewicht zu erreichen, bleibt ihr, die Wichtigkeit der Abrüstungsfrage herunterspielen, so daß es nicht darauf ankommt, ob sie und der Mann geteilter Meinung sind. Welches Mittel jemand wählt, um zu einem kognitiven Gleichgewicht zu gelangen, hängt davon ab, wie wohl ihm dabei ist, wenn er es einsetzt, und was für ein Mensch er ist. Geht es um eine Sache von geringer Wichtigkeit, ist es für die Frau vielleicht einfacher, ihre Meinung zu ändern, damit sie mit der des Mannes übereinstimmt, als die Beziehung zu ihm abzubrechen. Ist die Frage für sie jedoch von großer Bedeutung, so ist die Beziehung gefährdet, da sie eher ihre Einstellung zu dem Mann ändern wird.

Kognitive Dissonanz

Leon Festinger ergänzte und erweiterte Heiders Prinzipien zu dem, was als **Theorie der kognitiven Dissonanz** bekannt ist. Festinger betont die motivationalen Eigenschaften des Ungleichgewichts, das er kognitive Dissonanz nennt. Die Dissonanztheorie handelt im wesentlichen davon, daß Menschen zum Rationalisieren neigen, das heißt, daß sie sich für ihr Verhalten und ihre Entscheidungen Rechtfertigungen ausdenken, um sich selber davon zu überzeugen, daß sie richtig handeln. Normalerweise sind bestimmte Meinungen und Einstellungen *konsonant* (im Einklang) mit der Entscheidung für eine Verhaltensweise und besagen, daß unsere Entscheidung richtig ist. Andere dagegen sind *dissonant* mit der Verhaltensweise und besagen, daß wir uns besser nicht so verhalten sollten. Wenn also jemand beschlossen hat, mit dem Rauchen aufzuhören, besagen gewisse konsonante Gedanken ("Rauchen ist gesundheitsschädlich", "Rauchen ist teuer", und so weiter), er habe eine richtige Entscheidung getroffen, während andere, dissonante Gedanken ("Zigaretten schmecken gut", "Zigaretten beruhigen die Nerven", und so weiter) besagen, er habe eine falsche Entscheidung getroffen. Die Stärke der von einer Kognition verursachten Konsonanz oder Dissonanz hängt davon ab, wie fest man daran glaubt, daß die Kognition der Wahrheit entspricht, und wie hoch man ihre Bedeutung für die eigene Entscheidung einschätzt. Menschen ist daran gelegen, das heißt, sie sind dazu motiviert, Dissonanz zu reduzieren. Dies können wir auf verschiedene Weisen erreichen. Zum einen können wir die subjektive Bedeutung der dissonanten Kognitionen verringern. In unserem Beispiel kann der Exraucher seine Überzeugungen abschwächen, Zigaretten schmeckten gut oder Rauchen beruhige die Nerven. Eine zweite Methode besteht darin, das subjektive Gewicht der konsonanten Kognitionen zu erhöhen; so kann er die Überzeugung in sich stärken, Rauchen sei gesundheitsschädlich und teuer. Ein weiteres Mittel ist das Hinzufügen neuer Kognitionen, die den Entschluß stützen; zum Beispiel macht er sich auf die Suche nach zusätzlichen Informationen, die für seinen Entschluß sprechen. Oder er versucht, andere Menschen zu überreden, wie er das Rauchen aufzugeben, da die Kognition "Andere haben sich entschlossen, das Rauchen aufzugeben" mit seiner eigenen Entscheidung zum Aufhören konsonant ist.

Das Interesse empirisch arbeitender Wissenschaftler an der Dissonanztheorie rührt hauptsächlich von einem zweiten Postulat her, das besagt: Je größer die Dissonanz ist, die jemand erlebt, desto unangenehmer ist sie für ihn, und desto motivierter wird er sein, sie zu verringern, indem er seine Meinungen ändert. In einer Studie bot man den Probanden 20 Dollar dafür, daß sie andere davon zu überzeugen versuchten, eine Aufgabe, die sie selber für stumpfsinnig hielten, sei in Wirklichkeit hochinteressant. Anderen Probanden bot man nur einen Dollar für ihre Überzeugungsarbeit. In beiden Fällen bat man die Probanden,

"Wie kann er was taugen, wenn er nichts kostet?"

Aus der Theorie der kognitiven Dissonanz ergibt sich: Wenn etwas nichts kostet, kann es nicht zugleich wertvoll sein.

nachdem sie den Auftrag ausgeführt hatten, ihr eigenes Interesse an der Aufgabe anzugeben. Welche Gruppe dürfte die Aufgabe wohl günstiger beurteilt haben?

Vermutlich ist die Ansicht, die Aufgabe sei in Wahrheit langweilig, dissonant mit der Entscheidung dafür, jemand anderen davon zu überzeugen, sie sei interessant. Doch daß der Proband für den Auftrag bezahlt wird, ist konsonant mit seiner Entscheidung, ihn auch auszuführen; daher ist das *Ausmaß* der Konsonanz größer, wenn der Lohn 20 Dollar als wenn er nur einen Dollar beträgt. Also ist der Quotient aus dissonanten Kognitionen zu konsonanten Kognitionen in diesem ersten Fall kleiner. Deshalb wird der Proband, dem man nur einen Dollar gibt - und in der Studie war das auch tatsächlich so -, die Aufgabe für interessanter halten als der Proband, dem man 20 Dollar bezahlt.

In einer neueren Studie baten M. P. Zanna und J. Cooper ihre studentischen Probanden, sich freiwillig für einen Aufsatz zu melden, in dem sie in einer Frage einen bestimmten Standpunkt vertreten sollten, dem sie anfangs ablehnend gegenüberstanden. Bevor sie jedoch mit dem Schreiben begannen, bekamen sie eine Tablette - in Wirklichkeit ein Placebo. Einigen Probanden sagte man, die Tablette steigere Spannung oder Unbehagen, anderen Studenten suggerierte man, die Tablette werde sie entspannen. Unter den Kontrollbedingungen gab es keine Tablette. In allen Fällen fühlten die Probanden sich vermutlich unbehaglich, weil sie ein Verhalten zeigen mußten, das ihrer Einstellung zuwiderlief. Die Überlegung der Autoren war jedoch folgende: Wenn man den Probanden gesagt hatte, sie würden eine Tablette schlucken, die Unbehagen hervorrief, würden sie ihr Unbehagen der Tablette zuschreiben und nicht der erlebten Dissonanz; daher würden sie ihre Meinung zu der Position, die sie vertreten mußten, nicht zu ändern versuchen, um Dissonanz zu verringern. Wenn sie andererseits eine Tablette genommen hatten, von der sie dachten, sie habe entspannende Wirkung, sie danach aber Unbehagen spürten, würden sie folgern, daß sie über ihren Entschluß, den Aufsatz zu schreiben, völlig aus der Fassung geraten wären, und würden versuchen, die Dissonanz zu verringern, indem sie ihre Meinungen *tiefgreifender* änderten, als wenn sie die Tablette nicht genom-

FUNDGRUBE 10-1

Wenn Prophezeiungen nicht eintreffen

Was geschieht, wenn Sie mit Leidenschaft eine Vorhersage machen - Sie erzählen Ihren Freunden wieder und wieder, daß Sie abnehmen werden oder daß Frankfurt Deutscher Meister wird - und die Prognose dann kläglich danebengeht? Die Folge ist Dissonanz, die Sie auf irgend eine Weise verringern müssen. Leon Festinger, Henry Riecken und Stanley Schachter führten eine Untersuchung zu diesem Problem durch, das sie "Wenn Prophezeiungen nicht eintreffen" getauft haben. (Mehr darüber in dem Buch dieser Autoren *When Prophecy Fails: A Social and Psychological Study of a Modern Group That Predicted the Destruction of the World.* New York: Harper & Row, 1956.)

Die Forscher studierten die religiöse Gefolgschaft einer Frau, die einige Jahre zuvor das Ende der Welt für den Dezember des betreffenden Jahres vorhergesagt hatte. Sie und ihre Jünger glaubten, daß sie als einzige verschont würden, weil ein Raumschiff sie bergen würde. Einige der Mitglieder brachten beträchtliche finanzielle Opfer, um sich der Gruppe anschließen zu können; sie alle glaubten felsenfest an die prophetischen Gaben der Frau und daran, daß ihre Überzeugungen in der kommenden Katastrophe auf die Probe gestellt würden. Der Boden war bereitet für einen mächtigen Zusammenprall zwischen den Kognitionen von Prophezeiung und tatsächlichem Ausgang. Die Stunde lag fest, in der die Welt untergehen sollte - doch die Prophezeiung traf nicht ein.

Die Wissenschaftler, die das Geschehen genau verfolgten (und sogar so weit gingen, sich der Gruppe anzuschließen), stellten eine eigenartige Prognose auf: Die Jünger würden nicht auseinandergehen und versuchen, die Angelegenheit durch tadellosen und unauffälligen Lebenswandel zu bewältigen und vergessen zu machen, sondern stattdessen an ihrem Glauben und ihrer Bindung an die Gruppe festhalten und die Schar der Anhänger sogar noch zu vergrößern suchen. Die Wissenschaftler hatten recht. Als die Stunde der Vernichtung verstrich, wuchs in der Gruppe die Besorgnis. Doch bald empfing die Führerin eine "Botschaft", die Hingabe der Gruppe sei für die Welt die Rettung gewesen. Dank ihrer Aufopferung sei die Vernichtung abgewendet worden.

Im kritischen Augenblick waren zwei Tatsachen zueinander dissonant. Die Jünger glaubten an ihre Seherin - doch ihre Prophezeiung traf nicht ein. Da sie lieber an ihrem Glauben festhalten wollten, erkannten die Jünger daraufhin eine Neuinterpretation der Ereignisse rückhaltlos an. Daß die Welt nicht unterging, sahen sie als ein noch großartigeres Zeichen für die Macht der Seherin. Nun gaben sie ihrem Anliegen eine neue Stoßrichtung. Bevor das Orakel versagte, hatte die Gruppe die Öffentlichkeit gemieden. Nun hingegen bemühte sie sich aktiv, neue Anhänger zu gewinnen. Mit Bedacht gaben sie sich öffentlich der Lächerlichkeit preis, im Glauben, dies werde ihrer Sache mehr Popularität verschaffen. Kurz, sie taten, was sie konnten, um die Anzahl konsonanter Elemente zu erhöhen und die der dissonanten zu verringern.

men hätten. Genau das kam auch am Ende heraus. Das heißt, die Probanden, die eine angeblich anregende Tablette nahmen, änderten ihre Meinung - im Vergleich mit den Probanden, die keine Tablette erhalten hatten - nur sehr geringfügig, nachdem sie den Aufsatz geschrieben hatten; die Probanden, die eine angeblich entspannende Tablette nahmen, änderten ihre Ansichten sogar noch mehr als die Probanden, die keine Tablette bekamen. Dieser Befund ist aus zwei Gründen von Bedeutung. Erstens belegt er, daß ein Meinungswandel nach einer bestimmten Verhaltensweise oft aus dem Wunsch hervorgeht, Gefühle des Unbehagens loszuwerden, die einer Inkonsistenz zwischen den eigenen Ansichten und dem Entschluß zu der Verhaltensweise entstammen. Zweitens legt der Befund nahe, daß Menschen nicht versuchen, Inkonsistenzen zu beseitigen, falls es Alternativerklärungen für das Unbehagen gibt, das sie ihnen bereiten. (Siehe auch Fundgrube 10-1.)

EINSTELLUNGEN UND URTEILE

Wir haben gerade die Prozesse analysiert, die am Werk sind, wenn wir Informationen benutzen, um Einstellungen zu bilden und Urteile zu fällen. Eine andere wichtige Frage ist, *welche* Informationen dabei benutzt werden und wie *groß* der Einfluß ist, den diese auf die betreffenden Einstellungen und Urteile nehmen. Diese allgemeine Frage bildet den Mittelpunkt von drei Forschungsgebieten der Sozialpsychologie: (1) Einstellungen unter dem Einfluß von Mitteilungen und Überredungsversuchen; (2) Attribution; (3) soziale Anziehung.

Bildung und Änderung von Einstellungen durch Mitteilen und Überreden

Ohne Zweifel sind unsere Überzeugungen und Einstellungen beeinflußt von dem, was wir in Zeitungen und Zeitschriften lesen und im Fernsehen sehen. Wir werden auch beeinflußt von Vorträgen und informellen Gesprächen. Doch welche Arten der schriftlichen und mündlichen Kommunikation haben die größte Wirkung, und aus welchen Gründen? In der Tat ließen sich viele Faktoren aufweisen, die bestimmen, welchen Einfluß eine Mitteilung auf Überzeugungen und Meinungen hat. Carl Hovland und Irving Janis schlugen 1953 ein Modell der Einstellungsbildung und -änderung vor, das drei Elemente enthält. Das erste Element ist ein Sender oder Kommunikator, der in einer Frage einen bestimmten Standpunkt einnimmt und bestrebt ist, andere von der "Richtigkeit" seiner Haltung zu überzeugen. Das zweite Element im Modell von Hovland und Janis besteht in der Mitteilung, die darauf angelegt ist, einen Einstellungswandel in Richtung auf den Standpunkt des Senders hin einzuleiten. Schließlich werden situative Variablen als wichtige Mediatoren im Prozeß der Einstellungsbildung und -änderung in das Modell einbezogen. Solche Situationsvariablen kommen etwa ins Spiel, wenn man vor einem Überredungsversuch die Adressaten vorwarnt, oder wenn Ablenkungsmanöver den Überredungserfolg erhöhen. Wir werden jedes dieser drei Elemente und die auf sie einwirkenden Faktoren kurz betrachten.

Sendervariablen

Es ließ sich durchgängig nachweisen, daß ein Sender um so erfolgreicher darin ist, eine Einstellungsänderung herbeizuführen, je positiver ihn die Adressaten bewerten. Im Lichte dessen, was wir zuvor über die Gleichgewichts- und die Dissonanztheorie sagten, sind diese Befunde leicht zu verstehen. Je günstiger Menschen die Quelle einer von ihrer eigenen Meinung eigentlich abweichenden Mitteilung bewerten, desto eher werden sie ihre Einstellung so ändern, daß sie sich mit der des Senders deckt. So stellen sie ein Gleichgewicht her zwischen ihrer Bewertung der Quelle der Mitteilung und ihrer Übereinstimmung mit dem Sender hinsichtlich des Einstellungsobjekts. Bewertet der Empfänger den Sender dagegen negativ, muß er seine Einstellung nicht ändern, um ein kognitives Gleichgewicht zu erlangen, da die Situation für ihn ja bereits ausgewogen ist; denn er ist ja anderer Meinung als derjenige, den er nicht mag (Konfigurationen 2 und 4 in Abbildung 10-1).

Verschiedene Faktoren bestimmen, ob ein Sender günstig beurteilt wird, doch am meisten Aufmerksamkeit hat man der Variable "Glaubwürdigkeit des Senders" geschenkt. Glaubwürdigkeit hat mit dem unterstellten Fachwissen des Senders zu tun. Betrachten sie den Sender der Mitteilung zudem als vertrauenswürdig oder bedeutend, neigen Menschen dazu, der Mitteilung Gehör zu schenken und ihr wenig Widerstand entgegenzusetzen. In diesem Fall werden sie stärker von der Botschaft beeinflußt, als wenn der Sender nur über geringe Glaubwürdigkeit verfügt.

Obwohl diese Prognose von den Forschungsdaten im allgemeinen bestätigt wird, sind die tatsächlichen Vorgänge noch etwas komplizierter. Denn der ihr zugrunde liegende Gedankengang gilt nur für einen echten Sinneswandel in Richtung auf den in der Botschaft vertretenen Standpunkt hin. Doch die Überzeugungen, die Menschen aussprechen, müssen nicht ausschließlich von ihren tatsächlichen Einstellungen determiniert sein. Zum Beispiel äußern Menschen vielleicht Meinungen, die der eines angesehenen Senders ähneln, weil sie sich denken, daß diese Meinungen sozial erwünscht sind und ihnen wahrscheinlich die Anerkennung anderer einbringen. Ähnliche Effekte treten auf, wenn man den Sender sympathisch findet. Diese Faktoren können dazu führen, daß jemand öffentlich mit großem Nachdruck die Meinung eines hochgeschätzten anderen vertritt, ohne daß sich deswegen notwendigerweise seine private Meinung ändert.

Daher muß man oft unterscheiden, ob Fachwissen und Kompetenz des Senders, die vermutlich eine echte Meinungsänderung hervorrufen, oder andere Charakteristika des Senders den stärkeren Einfluß ausüben. Ein gutes Beispiel für die Notwendigkeit dieser Unterscheidung liefert eine Studie von Herbert Kelman aus den frühen fünfziger Jahren. Probanden an einer Universität, an der nur Schwarze studierten, hörten eine Rede vom Band. Der Redner sprach sich dafür aus, es solle weiterhin ausschließlich von Schwarzen besuchte Colleges und Universitäten geben. Die Beschreibung des Redners variierte allerdings. Nachdem sie die Rede gehört hatten, äußerten die Probanden ihre eigene Einstellung zu Colleges nur für Schwarze. Zuvor hatte man ihnen entweder gesagt, daß ihre Antwort anonym bleiben, oder, daß sie als die ihre erkennbar sein würde. Wurde der Sender als Experte für die Geschichte der Schwarzen geschildert, beeinflußte das die Meinung der Probanden sowohl unter der Versuchsbedingung "anonym" wie auch "erkennbar", und die Meinungsänderung blieb über längere Zeit stabil; in diesem Fall lag also vermutlich ein echter Meinungswandel vor. Charakterisierte man den Sender jedoch als einen wohlhabenden ehemaligen Studenten, der der Universität und einzelnen Studenten oft Geld spendete, dann änderten die Probanden ihre Meinung nur, wenn sie glaubten, ihre Antworten könnten veröffentlicht werden; dieser Meinungswandel war nicht von Dauer.

Schließlich neigen wir auch dann dazu, gegen die Mitteilung eines Senders Einwände zu machen, wenn wir spüren, daß die Mitteilung mit dem Ziel der Überredung erfolgt. Wenn wir glauben, daß jemand darauf aus ist, uns zu beeinflussen, denken wir weniger wohlwollend über seine Botschaft und werden daher weniger von ihr beeinflußt. So werden Probanden, die einen Text unter der Annahme lesen, man teste ihr Auffassungsvermögen, stärker beeinflußt als andere, denen man ausdrücklich sagt, der Experimentator sei daran interessiert, die Überzeugungskraft des Textes zu erfassen. Im ersten Fall neigen die Probanden vermutlich weniger dazu, sich der Botschaft zu widersetzen, und neigen so eher dazu, ihre Einstellung zu ändern.

Mitteilungsvariablen

Das wichtigste Merkmal der Mitteilung ist, wie weit der in ihr vertretene Standpunkt von dem des Empfängers entfernt ist. Mit der Diskrepanz zwischen Sender und Empfänger steigt auch das Ausmaß der Belastung durch das kognitive Ungleichgewicht. Daher scheint es, als ob unter den Bedingungen hoher Diskrepanz ein stärkerer Meinungswandel erfolgen müßte. Doch ist die Beziehung zwischen Diskrepanz und Ausmaß des Einstellungswandels nicht immer so eindeutig. Mit wachsender Diskrepanz erscheint es dem einzelnen immer schwieriger, seine Einstellung zu ändern und so der Diskrepanz zu entgehen. Folglich setzt er andere Mittel ein, um die Dissonanz abzubauen: Er zweifelt etwa die Glaubwürdigkeit des Senders an. Zwei Faktoren sind also am Werk, wenn die Diskrepanz wächst: (1) ein Einstellungswandel wird immer schwieriger, und (2) es wird immer einfacher, den Sender herabzusetzen und abzulehnen. An einem bestimmten Punkt wird es leichter, den Streß des Dissonanzgefühls dadurch abzubauen, daß man den Sender ablehnt, als dadurch, daß man die eigene Einstellung ändert. Ab diesem Punkt nimmt das Ausmaß der Einstellungsänderung ab. Zweifellos ist das Herabsetzen einer äußerst glaubwürdigen Quelle schwieriger als die Ablehnung einer Quelle von mittlerer oder geringer Glaubwürdigkeit. Mit einem Wort, je mehr Diskrepanz eine Mitteilung auslöst, desto mehr Einfluß übt sie aus - doch nur bis zu einer bestimmten Grenze. Ab dieser Grenze wird es einfacher, den Sender zurückzuweisen, als seine eigene Meinung zu ändern. Wo die Grenze verläuft, hängt zum Teil davon ab, wie glaubwürdig die Quelle ist und wie sehr der Empfänger zu Anfang auf seine eigene Meinung festgelegt war.

Eine andere Mitteilungsvariable, die auf den Einstellungswandel einwirkt, ist die Ablenkung durch inhaltsrelevante Merkmale. Als Beispiel diene eine Botschaft, die tägliches Zähneputzen empfiehlt und gekoppelt ist mit Fotos von angefaulten Zähnen und krankem Zahnfleisch, die einen das Grausen lehren. Mag dieses Material auch informativ sein, so ruft es doch auch Angst und Besorgnis hervor, und die Angst lenkt dann als "Lärm von innen" den Empfänger davon ab, auf den eigentlichen Inhalt der Mitteilung zu achten und sich über ihn eine Meinung zu bilden. Botschaften, die mäßig angsterregendes oder ablenkendes Material enthalten, haben größere Wirkung als jene, die nur ein bißchen Angst einjagen. Sind jedoch die angsterregenden Anteile der Botschaft übertrieben stark geraten, stören sie das Aufnehmen der Botschaft und stoßen beim Empfänger auf Widerstand, so daß ihr Einfluß sinkt. Die Forschung zur Effektivität furchteinflößender Mitteilungen stützt diesen Gedankengang weitgehend. Eine Studie von Howard Leventhal an der *Yale University* zum Beispiel ergab: Wenn Menschen glauben, sie könnten mit der in einer Mitteilung dargestellten Gefahr fertigwerden (wenn etwa Raucher sich für fähig halten, mit dem Rauchen aufzuhören), führt angsterregendes Material dazu, daß sie eine Mitteilung eher akzeptieren, die ein Verhalten befürwortet, mit dem die Gefahr sich ausschalten läßt. Doch wenn Menschen das Gefühl haben, sie könnten die Gefahr nicht bewältigen (wenn zum Beispiel Raucher sich nicht in der Lage sehen, mit dem Rauchen aufzuhören), hat angsterregendes Material den gegenteiligen Effekt. Höchstwahrscheinlich führt das angsterregende Material bei denjenigen, die sich der Gefahr gewachsen fühlen, zu einem mittleren Angst- oder Ablenkungsniveau und hat so einen positiven Einfluß, wogegen es bei denen, die sich der Gefahr nicht gewachsen fühlen, ein hohes Angstniveau auslöst, so daß die Mitteilung geringere Wirkung hat.

Situative Variablen

Nehmen wir an, jemand empfängt eine Mitteilung unter Bedingungen, in denen er sich voll und ganz auf den Inhalt konzentrieren kann, sagen wir, in einer ruhigen Bibliothek. Unter diesen Umständen kann er die Mitteilung am besten erfassen, doch auch am besten für sich im stillen widerlegen, so daß die Informationen wenig Einfluß auf seine Überzeugung ausüben. Nehmen wir den gegensätzlichen Fall: Die Mitteilung wird in einer Situation übermittelt, in der ihn vieles ablenkt und seine Konzentration stört, sagen wir, während eines Fußballspiels. Unter diesen Bedingungen kann er die Informationen noch immer aufnehmen, doch sie nicht mehr sorgfältig beurteilen oder ihren Inhalt widerlegen. In diesem Fall kann der Einfluß der Mitteilung beträchtlich sein. Wenn die Ablenkung natürlich zu weit geht, kann er die Mitteilung nicht einmal mehr verstehen, und ihr Einfluß ist wiederum gering. Daraus folgt, daß ein Überzeugungsversuch größeren Einfluß hat, wenn er unter Bedingungen mäßiger Ablenkung erfolgt, als wenn die Ablenkung übermäßig oder minimal ist. Denn der Empfänger kann so die Botschaft begreifen, doch nicht gründlich über sie nachdenken.

Mehrere Studien haben diesen Effekt nachgewiesen. In einer Untersuchung Leon Festingers hörten Mitglieder einer Studentenvereinigung eine Rede, in der Studentenvereinigungen kritisiert wurden. Dazu lief entweder ein Video der Rede oder ein sehr unterhaltsamer Stummfilm, der mit dem Vortrag nichts zu tun hatte. Die Einstellungen der Probanden zu Studentenvereinen wurden unter der zweiten Bedingung mehr beeinflußt als unter der ersten, offenbar weil der unterhaltsame Film die Probanden davon abhielt, die Argumente des Überzeugungsversuches für sich zu entkräften.

Diese Schlußfolgerung unterliegt jedoch einer wichtigen Einschränkung. Denn die obige Deutung unterstellt, die Probanden seien motiviert gewesen, sich gegen die Mitteilung zu sperren. Stützt eine Mitteilung den Standpunkt, den man ohnehin schon hat, oder hat man zu dem Thema keine feste Meinung, wird man sich ihr weniger widersetzen, sogar wenn man nicht abgelenkt ist. Tatsächlich zeigte die Untersuchung, daß Nichtmitglieder, die eine Rede gegen Studentenvereinigungen hörten, unter beiden Ablenkungsbedingungen gleichermaßen beeinflußt wurden. Dieser Befund legt nahe, daß sich diese Probanden, anders als die Mitglieder, sogar dann nicht gegen den Inhalt der Rede sperrten, wenn die Ablenkung gering war, und so auch unter dieser Versuchsbedingung beeinflußt wurden.

Eine zusätzliche situative Variable ist die Vorwarnung: Man sagt jemand, daß ihn eine Mitteilung erwartet, die ihn zu etwas überreden will. Solch eine Warnung verringert das Ausmaß des durch die Mitteilung ausgelösten Einstellungswandels, wenn der Betreffende zu Anfang einen festen Standpunkt hat. Hat er jedoch keine klare Position bezogen, verstärkt die Vorwarnung den Einstellungswandel eher als ihn abzublocken. Für diese widersprüchlichen Effekte der vorherigen Warnung gibt es zwei Erklärungen. Man nimmt an, daß jemand, bei dem die Vorwarnung den Widerstand gegenüber einem Einstellungswandel erhöht (wie im Fall dessen, der gleich zu Anfang eine klare Position bezieht), Gegenargumente zu entwickeln beginnt, schon bevor die Botschaft tatsächlich über ihn ergeht. Doch ist sich jemand seines Standpunktes nur wenig gewiß, so hat er vermutlich dem Wandel nur wenig Widerstand entgegenzusetzen; erwartet er durchschlagende und überzeugende Argumente, so hat er wenig Grund, seinen ursprünglichen Standpunkt beizubehalten. Daher vollzieht sich ein Einstellungswandel leichter bei Menschen, die keinem Standpunkt verpflichtet sind.

Widerstand gegen Überzeugungsversuche

In engem Zusammenhang mit dem Verhältnis von Vorwarnung zu Einstellungsänderung steht eine Untersuchungsreihe, die William McGuire von der Yale University durchgeführt hat. In seinem informationstheoretischen Ansatz geht McGuire davon aus, daß sich der Widerstand gegen einen Überredungsversuch, der eine bestimmte Meinung in Frage stellt, stärken läßt, indem man die Fähigkeit des Empfängers erhöht, Gegenargumente vorzubringen oder die Kritik zu entkräften. Diese Fähigkeit wiederum hängt von zwei allgemeinen Faktoren ab: (1) dem Wissen, das einer für Gegenargumente zur Verfügung hat und (2) der Übung, die er darin hat, Einwände gegen die angegriffene Meinung zurückzuweisen.

Um dies nachzuweisen, wählte McGuire Binsenweisheiten aus (zum Beispiel: "Man sollte täglich die Zähne putzen"), die wir normalerweise akzeptieren, ohne ihre Geltung zu hinterfragen. McGuire überlegte sich, daß diese - wenn auch festen - Überzeugungen Einflußversuchen zugänglich sein müßten, da die Probanden weder über das Vorwissen noch über die Übung verfügten, um einem Angriff auf diese Überzeugungen wirksam entgegentreten zu können. Tatsächlich erwiesen sich Überredungsversuche, die diese Binsenweisheiten kritisierten, als geeignet, die Überzeugung der Probanden zu erschüttern. Um diesen Einfluß zu vermindern, konfrontierte McGuire einige der Probanden mit Argumenten gegen die Binsenweisheit und ließ sie dann entweder Widerlegungen dieser Argumente lesen oder ihre eigenen Gegenargumente niederschreiben. Wir können annehmen, daß das Lesen der Widerlegungen ihr Wissen vermehrte, während das Schreiben ihnen Übung darin vermittelte, Kritik zurückzuweisen. Beide Vorgehensweisen erwiesen sich als geeignet, den Widerstand gegen einen nachfolgenden Angriff auf die Binsenweisheit zu steigern. Dagegen waren Probanden, die Informationen lasen, die *für* die Binsenweisheit sprachen, später so anfällig für Angriffe auf diese wie Probanden, die gar keine Informationen erhielten. Da die für die Binsenweisheiten sprechenden Informationen weder Übung noch für das Widerlegen von Argumenten geeignetes Wissen boten, stand dieses Ergebnis im Einklang mit McGuires Schlußfolgerungen.

Der interessanteste Teil von McGuires Forschungsarbeit hat ergeben, daß der Widerstand gegen Überredungsversuche sich sogar dann erhöht, wenn die Argumente, die zuvor in den "Abwehrmanövern" widerlegt wurden, andere sind als die in der nachfolgenden Attacke enthaltenen. Überdies reichte es, um ihren Widerstand gegen Überzeugungsversuche zu erhöhen, aus, die Probanden lediglich mit Argumenten *gegen* die Binsenweisheit zu konfrontieren, vorausgesetzt, man ließ zwischen der Darbietung dieser Argumente und dem Überzeugungsversuch eine Weile verstreichen. McGuire geht davon aus, daß die Konfrontation mit diesen Argumenten die Probanden gewahr werden läßt, wie anfällig sie gegen Überredungsversuche sind, und sie von innen heraus dazu anspornt, ihre Abwehr auszubauen, indem sie sich entweder zusätzliches Wissen aneignen oder das Vorbringen von Gegenargumenten einüben. Folglich werden sie resistenter gegen Einflußversuche. Dies nennt man einen *Impfeffekt*; denn eine kleine Dosis der "Krankheit" - Konfrontation mit einem Argument gegen die Binsenweisheit - macht einen gegen eine spätere stärkere Dosis - den Überredungsversuch, der die Binsenweisheit attackiert - immun.

Verhalten und Einstellung

Ursprünglich nahm man an, die Einstellungen eines Menschen bestimmten auch sein Verhalten: Wenn wir atomare Abrüstung befürworten, ließe sich dann prognostizieren, daß unsere Einstellung sich in der einen oder anderen Weise auch in unserem Verhalten ausdrücken wird. Zum Beispiel könnten wir an die Gesetzgeber auf Einzelstaats- und Bundesebene schreiben und darauf drängen, daß sie für Abrüstung eintreten. Man könnte auch prognostizieren, daß wir an Demonstrationen und Protestmärschen gegen die wachsenden Waffenarsenale teilnehmen. Doch die Forschung hat gezeigt, daß der Zusammenhang zwischen Einstellung und Verhalten nicht so eindeutig ist. Man hat festgestellt, daß unsere Einstellungen gegenüber einem Menschen oder einer Sache keine folgerichtigen und ge-

Immunisierung gegen Gruppendruck

von JUDITH SERRIN

Eine der von Eltern am meisten gefürchteten Kinderkrankheiten ist sehr ansteckend, befällt ihre Opfer in der frühen Adoleszenz, hält etwa ein Jahrzehnt an, und außer Zeit kennt man kein Heilmittel für sie. Die "Krankheit" ist der *peer pressure*, der Druck der Gleichaltrigen. Für viele Eltern ist ein solcher "Krankheitsfall" ganz und gar hoffnungslos.

"Eltern klagen oft, das Problem mit ihrem kleinen Johnny seien die Kinder, mit denen er herumziehe," meint Dr. Irving Sarnoff, ein New Yorker Schulpsychiater.

Ein Vater von drei Kindern aus dem Mittelwesten klagte: "Alles, was dir mit deinen Kindern bleibt, sind acht oder neun Jahre, dann ist die *peer group* am Drücker."

Psychologen und andere, die mit Kindern arbeiten, sind nicht ganz so pessimistisch. Während der Druck der Gleichaltrigen zum Heranwachsen gehöre und sich nie ganz ausrotten lasse, könne man Kinder gegen seine schlimmsten Folgen oft immun machen. Das Geheimnis liege zum Teil darin, daß man die Vorbeugebemühungen früh genug beginne, meint Sylvia Cutts, Leiterin einer Antidrogenkampagne in Schulen von New York City. Im allgemeinen werde das Bedürfnis, von Gleichaltrigen gemocht zu werden, in den frühen Teenagerjahren besonders mächtig, sagte Cutts in einem Interview. Wegen der unterschiedlichen Reifungsgeschwindigkeit seien Mädchen etwas früher betroffen als Jungen.

Wenn die Berater, die mit Cutts arbeiten, mit Sechstklässlern zu tun haben, "arbeiten sie mit jungen Damen, die sie davon überzeugen müssen, daß sie schön sind, und zwar schön aus sich selbst heraus, und daß sie daher keine Drogenkuriere für ihre Freunde spielen müssen." Cutts meinte, Eltern sollten schon in den Vorschuljahren anfangen, das Selbstwertgefühl ihrer Kinder aufzubauen und ihnen ein Gefühl ihrer Wichtigkeit als Persönlichkeit zu geben....

Experten meinen außerdem, man sollte Kindern von klein auf Erfahrung im Treffen von Entscheidungen vermitteln und so verhindern, daß sie später bereitwillig andere für sich entscheiden lassen. Sobald ein Kind in das empfängliche Alter kommt, sind die Möglichkeiten begrenzter, den Druck der Gleichaltrigen zu bekämpfen. Eine Methode, die Cutts vorschlägt, basiert darauf, daß man das Kind mit Arbeit, Unterricht oder anderen Aktivitäten beschäftigt hält....

[Sarnoff meint,] Eltern sollten oft in sich gehen, wenn ihre Kinder sich den Gleichaltrigen zu leicht fügten. Manchmal setzten Eltern ihre Kinder unter Druck, sie müßten beliebte Kinder sein. In anderen Fällen "ist nicht das, was die Eltern sagen, der Grund, sondern wie sie ihr Leben führen." Sarnoff meint, Eltern, die übertriebene Besorgnis hegen, was die Nachbarn oder die Leute im Club wohl sagen, sollten nicht überrascht sein, wenn ihre Kinder mit den Wölfen heulen....

Cutts empfiehlt, Eltern sollten mit ihren Kindern über das reden, was sie Überlebenskunst nennt, also etwa über das Lügen. Viele Teenager zum Beispiel legten sich einen erfundenen Kater als Entschuldigung dafür zu, daß sie bei einer Fete Saft statt Bier trinken....

Boulder (Colorado) *Daily Camera*, 12.12.1979

nauen Prognosen darüber erlauben, wie wir uns diesem Menschen oder dieser Sache gegenüber tatsächlich verhalten werden.

Zum Beispiel gibt es viele Menschen, die Sie mögen, mit denen Sie aber vermutlich nicht zusammenwohnen wollten oder die Sie für keine Arbeitsstelle je empfehlen würden. Manche Professoren sind Ihnen wohl verhaßt, aber ihre Veranstaltungen wollen Sie trotzdem belegen. Sie sind vielleicht für die Legalisierung der Abtreibung, würden jedoch an sich selber nie eine durchführen lassen. Sie sind vielleicht überzeugt, daß Zigaretten krebserregend sind, und rauchen dennoch. Zweifellos fließen neben unserer Einstellung viele Faktoren in unsere Entscheidung darüber ein, wie wir uns gegenüber einem Menschen oder einer Sache verhalten.

Einstellungsstärke

Folglich sind viele Forschungsanstrengungen darauf gerichtet, diese Faktoren zu klären, die den Zusammenhang zwischen Einstellung und Verhalten determinieren. Ein bedeutsamer Faktor hat mit der Einstellung selbst zu tun. Einstellung und Verhalten gehen oft dann auseinander, wenn die Einstellung nur schwach ausgeprägt oder der Betreffende der Sache ambivalent gegenübersteht. Idealerweise ist die Einstellung stark und deutlich ausgeprägt und gibt unter Druck nicht ohne weiteres nach. Untersuchungen haben gezeigt, daß ein Widerspruch von politischer Einstellung und tatsächlichem Wahlverhalten meistens bei Leuten auftritt, die anfangs ambivalent oder unsicher sind, welchen Kandidaten sie wählen sollen.

Verfügbarkeit der Einstellung

Man hat auch herausgefunden, daß die Einstellung eines Menschen eine zuverlässigere Verhaltensprognose erlaubt, wenn man dafür sorgt, daß sie ihm deutlich ins Bewußtsein rückt. Dies wurde klar nachgewiesen in einer Studie, die Mark Snyder und William Swann an der *University of Minnesota* durchführten. Sie untersuchten Einstellungen zu Quotierungsregelungen und Geschworenenprozessen. Die Experimentatoren machten Probanden zu Pseudogeschworenen und übertrugen ihnen einen Fall zur Entscheidung, in dem eine Frau aufgrund ihres Geschlechts benachteiligt worden war. Unter der Bedingung "Bewußtmachung der Einstellung" wies man die Probanden an, über ihre Meinung zu Quotierungen nachzudenken, bevor sie über den Fall entschieden. Diese Instruktionen sollten den Probanden einstellungsrelevante Informationen bewußt verfügbar machen, die bereits in ihrem Gedächtnis gespeichert waren (siehe die Besprechung der Zugriffsheuristik für die Entscheidungsfindung in Kapitel 6). Unter der Bedingung "keine Bewußtmachung der Einstellung" sagte man den Probanden nicht, daß der Fall eine Entscheidung über eine Quotierungsregelung erfordern würde. Die Ergebnisse deuteten darauf hin, daß die Einstellung der Probanden zu Quotierungen, wenn man sie ihnen vor ihrer Entscheidung zu Bewußtsein brachte, in engem Zusammenhang mit ihrem tatsächlichen Verhalten stand (als Verhaltensindikator dienten ihre Urteilssprüche in dem Diskriminierungsfall). Doch galt dies nicht, wenn man ihnen ihre Einstellung zu Quotierungen nicht ins Bewußtsein gerückt hatte. Ein weiterer Grund dafür, daß Einstellung und Verhalten oft auseinanderklaffen, ist also darin zu suchen, daß wir im Augenblick einer anstehenden Entscheidung zuweilen keinen Zugriff auf Informationen haben, die in unserem Gedächtnis über die betreffende Einstellung gespeichert sind.

Präzision der Einstellungsbeschreibung

Die Forschung hat auch gezeigt, daß unsere Verhaltensprognosen umso eher zutreffen, je spezifischer die Einstellungsmaße werden. Ein Politologe beispielsweise sei daran interessiert, das Wählerverhalten gegenüber einem bestimmten Kandidaten der Demokraten vorherzusagen. Die Prognose wird genauer sein, wenn der Untersucher die Einstellung der Öffentlichkeit gegenüber diesem Kandidaten erhebt, als wenn er nur ihre Einstellung zur demokratischen Partei erfaßt. Ähnlich verhält es sich, wenn das Verhalten, das wir vorhersagen wollen, nicht in direktem Zusammenhang mit der gemessenen Einstellung steht: Wir sollten dann keine enge Beziehung zwischen Verhalten und Einstellung erwarten. In einigen Studien versuchte man, die Häufigkeit des Kirchgangs ausgehend von einem Einstellungsmaß vorherzusagen, das erfaßte, ob jemand an Gott glaubt oder nicht. Sodann versuchte man, die Häufigkeit der Kirchenbesuche zu prognostizieren. Üblicherweise zeigen diese Studien einen nur schwach ausgeprägten Zusammenhang zwischen selbstberichtetem Gottesglauben und Kirchenbesuch. Diese Ergebnisse überraschen nicht, wenn wir erkennen, daß Kirchenbesuch nicht notwendigerweise mit Gottesglauben zu tun hat. Tatsächlich halten viele Menschen, die sich als gläubig bezeichnen, den Besuch von Gottesdiensten für sinnlos. Andererseits gehen manche Menschen, die nicht an Gott glauben, aus einer Reihe anderer Gründe in die Kirche - etwa weil sie Gemeinschaft suchen. Begreift man die Beziehung zwischen Einstellung und Verhalten so, wie wir es tun, überrascht es nicht, daß uns das Wissen um den Glauben eines Menschen nicht in die Lage versetzt, mit hoher Genauigkeit vorherzusagen, ob er auch in die Kirche geht. Verschaffen wir uns dagegen Daten über seine Einstellung zum Kirchenbesuch, dürfte sich unsere Fähigkeit, den tatsächlichen Kirchenbesuch vorherzusagen, beträchtlich erhöhen.

Im Zentrum der sozialpsychologischen Forschung der letzten fünfzehn Jahre stand die Frage, wie wir uns unser eigenes Verhalten und das Verhalten anderer erklären. Sozialpsychologen nennen diese Begründungen *Attributionen*. Als wir die Theorie des kognitiven Gleichgewichts vorstellten, hoben wir hervor, daß Menschen das Bedürfnis haben, die Welt um sie herum so vorhersagbar und widerspruchsfrei wie möglich zu machen. Attributionen sind ein Versuch, dieses Bedürfnis zu erfüllen, denn sie sind Feststellungen darüber, auf welche Ursache ein Ereignis aller Wahrscheinlichkeit nach zurückgeht. Zu wissen, warum etwas geschieht, oder warum sich jemand in bestimmter Weise verhält, versetzt uns in die Lage, zukünftige Ereignisse vorauszusagen, und erlaubt uns, einen Zusammenhang zwischen unserer kognitiven Weltrepräsentation und unserem eigenen Verhalten herzustellen.

Für Verhaltensweisen und ihre Folgen gibt es oft mehrere Erklärungsmöglichkeiten. Ein Student zum Beispiel, der für eine Prüfung in einem einführenden Psychologiekurs lernt, kann das aus folgenden Gründen tun: (1) Er will eine Eins in dem Kurs; (2) er interessiert sich aus eigenem Antrieb für den Stoff; (3) eine schlechte Note wäre eine Enttäuschung für seine Eltern; (4) er hat mit einem Freund gewettet, wer von beiden die bessere Note bekommt, und so weiter. Normalerweise gibt es tatsächlich mehrere mögliche Gründe für eine Verhaltensweise. In der Attributionsforschung bemüht man sich festzustellen, welche Erklärungen wir für unser Verhalten angeben, und warum wir jeweils eine bestimmte Erklärung einer anderen vorziehen.

Internale und externale Attributionen

Wenn wir das Verhalten anderer zu erklären suchen, lokalisieren wir seine Ursache in dem Menschen, in dessen Umwelt oder in einer Kombination aus beiden. Entdecken wir die Ursache seines Verhaltens in dem Menschen selbst, so ist dies eine internale oder personenbezogene Attribution; entdecken wir die Ursache in seiner Umwelt, ist das eine externale oder situationsbezogene Attribution. Fällt ein Student in einer Klausur durch, kann der Professor den Grund darin suchen, daß die Fähigkeiten des Studenten nicht hinreichen oder daß er nicht lange genug gelernt hat

Baseball, Apfeltorte und "Lusttendenz"

"Na, es war, äh, also, totaler Einsatz der ganzen Mannschaft, und wie der, äh, Trainer ja gesagt hat, in dieser Mannschaft gibt's keine Stars. Der einzelne, also der ist eben nur so gut wie der Rest der Mannschaft. Aber ich kann Ihnen sagen, die Säuglinge da draußen hab' ich heute echt plattgewalzt."

Ohne es zu wissen, wirft der Sprecher, ein fiktiver Rückraumspieler einer siegreichen Footballmannschaft, ein paar knifflige Probleme für Sozialwissenschaftler auf. Seine artigen Komplimente an die Mannschaftskameraden könnte man als eine externale Attribution betrachten, doch da Football ein Mannschaftssport ist, könnte es sich dennoch auch um eine internale Attribution handeln; es ist allerdings auch völlig eindeutig, daß man den ersten Teil seiner Aussage, da er sich auf eine ganze Spielzeit und nicht nur ein einzelnes Spiel bezieht, auf der Dimension "stabil - variabel" als eine stabile Attribution verzeichnen sollte. Im zweiten Teil stellt der Sprecher fest, er verfüge über ein gespenstisches Geschick, gegnerischen Mannschaftsmitgliedern körperlichen Schaden zuzufügen - unleugbar eine internale Attribution; daß er sich offensichtlich auf das gerade beendete Spiel bezieht, kennzeichnet diesen Teil seines Kommentars jedoch als eine variable Attribution.

Die Sozialwissenschaftler Richard R. Lau von der *University of California* in Los Angeles und Dan Russell von der *University of Iowa* wandten diese und andere Kriterien auf 594 veröffentlichte Begründungen in 107 Artikeln über 33 große Sportereignisse an. Ihre Untersuchung zählt zu den umfassendsten, die je zur "hedonistischen Tendenz" durchgeführt wurden - zur "Neigung, Erfolg internal zu attribuieren (also sich selbst, den Mannschaftskameraden usw. zugute zu halten) und Fehlschläge externalen Faktoren zuzuschreiben (dem Wetter, dem Glück, dem Gegner usw.)."

Wie erwartet waren nach einem Spielgewinn vier von fünf Attributionen der Spieler und Trainer, nach einer Niederlage dagegen nur wenig mehr als die Hälfte der Attributionen internal. Sportjournalisten erschienen da etwas objektiver. Sie führten nach Siegen ihrer Heimmannschaft in 69 Prozent der Fälle internale Gründe an, gegenüber 57 Prozent bei Niederlagen....

Science News,
16.8.1980

Die Attributionstheorie auf dem Prüfstand des Alltags: Wenn sie ihr eigenes Verhalten begründen, neigen Sportler dazu, das Erfreuliche ihrem eigenen Können und die Fehlschläge Faktoren zuzuschreiben, auf die sie keinen Einfluß haben. Dies nennt man Lust- oder hedonistische Tendenz oder Tendenz, zu den eigenen Gunsten zu attribuieren. Eine auf dem Prinzip der Attribution fußende Depressionstheorie besagt, daß bei Depressiven die hedonistische Tendenz auf den Kopf gestellt ist: Sie machen sich selbst für alles Schlechte verantwortlich (internale Attribution) und unterstellen, alles Gute sei das Verdienst anderer (externale Attribution). Schlägt man die Brücke von dieser Denkweise der Depressiven zu ihrem Gefühl der Ohnmacht, irgendetwas ändern zu können (siehe "Gelernte Hilflosigkeit", Kapitel 4), muß man sich nicht mehr wundern, daß diese Menschen deprimiert sind.

- er attribuiert internal oder personenbezogen. Umgekehrt kann der Professor auch external oder situationsbezogen attribuieren: Die Klausur sei zu schwierig gewesen, oder die Zeit habe nicht gereicht, alle Fragen zu bearbeiten. Oder der Professor nimmt an, der Student sei infolge einer Kombination aus beiden Arten von Gründen durchgefallen: Er habe für eine schwierige Klausur nicht eifrig genug gelernt.

Stabile und instabile Attributionsmerkmale

Ein weiterer wichtiger Punkt bei Kausalattributionen hat damit zu tun, wie stabil die vermutete Ursache des Ereignisses oder Verhaltens ist. Das heißt, wir müssen entscheiden, ob die Ursache ein verhältnismäßig stabiles oder ein instabiles, flüchtiges Merkmal der Situation oder des betreffenden Menschen ist. Vermuten wir eine stabile Ursache, dann erwarten wir auch, daß das Ereignis oder Verhalten später wieder auftreten wird. So können wir Ereignisse vorhersagen und uns mit unserem eigenen Verhalten auf sie einstellen. Zum Beispiel finden wir den Grund für eine gehässige Bemerkung unseres Kollegen während der Mittagspause in einem stabilen Merkmal: Er ist ganz generell aggressiv. Haben wir diese Neigung unseres Kollegen erkannt, dann können wir uns von da an solche Bemerkungen vom Leibe halten, indem wir zu einer anderen Zeit in die Mittagspause gehen. Umgekehrt könnten wir seine Bemerkung auf das Konto eines variablen Merkmales verbuchen: Er ist durcheinander und sehr gestreßt. So müßten wir unser Verhalten in keiner Weise ändern, um ähnlichen Bemerkungen aus dem Weg zu gehen.

Andere Faktoren

Die Forschung hat einige interessante weitere Rahmenbedingungen des Attributionsprozesses aufgedeckt. Zum Beispiel trifft es meist zu, daß bei unseren Attributionen die Informationen über unvorteilhaftes oder sozial unerwünschtes Verhalten stärker gewichtet werden als die Informationen zugunsten des oder der Betreffenden. Wenn uns eine Kommilitonin überschwenglich dafür dankt, daß wir ihr unsere Mitschrift aus dem Psychologieseminar geliehen haben, haben wir kaum Anhaltspunkte dafür, was für ein Mensch sie eigentlich ist. Vielleicht dankt sie uns, einfach weil das eine sozial erwünschte Handlung ist und man das von einem erwartet. Doch wenn sie uns die Aufzeichnungen in schlechtem Zustand zurückgibt - Seiten sind zerrissen, verschmutzt und ein paar fehlen gar - und uns weder dankt noch sich entschuldigt, sind wir uns unserer Attribution recht sicher: Sie ist einfach eine wurstige, verantwortungslose und undankbare Person. Ihr unangemessenes Verhalten liefert uns viele Informationen, auf die wir unsere Attributionen gründen können. Unsere stillschweigende Annahme scheint zu sein, daß sozial unerwünschtes Verhalten das wahre Gesicht eines Menschen spiegelt.

Zudem sind unsere Attributionen energischer und bestimmter, wenn die Handlungen eines Menschen *hedonistische Relevanz* für uns haben, also unseren "Lustgewinn" betreffen. Die hedonistische Relevanz drückt sich darin aus, wieviel Gewinn oder Verlust das Verhalten eines anderen für uns bedeutet. Ist das, was Petra tut, für uns von hohem Belohnungswert (sie leiht uns Geld, so daß wir unsere Studiengebühren zahlen können), werden wir mit hoher Wahrscheinlichkeit folgern, daß sie eine hilfsbereite Frau ist. Doch sind die Kosten für Petras Hilfe hoch (sie leiht uns das Geld zu einem Zinssatz von 25 Prozent), sind wir eher geneigt, den Grund mit felsenfester Überzeugung darin zu sehen, daß Petra eine skrupellose und unfreundliche Person ist.

Weiterhin fließt in unsere Attributionen ein, wie oft in einer Reihe unterschiedlicher Situationen ein bestimmter Effekt auf ein bestimmtes Verhalten folgt. Beobachten wir das Verhalten anderer, so achten wir darauf, ob ein Verhalten regelmäßig ganz bestimmte Folgen nach sich zieht. Nehmen wir an, wir bemerken, daß Georg nie etwas Nettes über andere sagt, außer wenn er will, daß sie ihm einen Gefallen tun - dann hat er viele Komplimente parat und zeigt sich von seiner gutmütigen Seite. Wenn Georg nun zu uns kommt und sich darüber ausläßt, wie sehr ihm unsere Kleidung, unsere Frisur und so weiter gefallen, können wir recht sicher sein, daß es nicht lange dauern wird, bis Georg uns um einen Gefallen bittet.

In einem der interessantesten Gebiete der Attributionstheorie beschäftigt man sich mit dem Vergleich von Selbst- und Fremdattribution. Auf welche Ursachen führen Sie Ihr eigenes Verhalten zurück, und welche Schlüsse zieht demgegenüber jemand, der Sie beobachtet? Eine Version der Attributionstheorie legt nahe, daß Selbstattributionen meist vorwiegend von Umweltfaktoren ausgehen. So orten Sie, wenn Sie sagen: "Ich hab' ihm eine gescheuert, weil er mich beleidigt hat!", den Grund für Ihr Verhalten external in der Situation. Dagegen neigen Beobachter (zum Beispiel Ihres Verhaltens) dazu, Attributionen weniger auf den Situationszusammenhang oder die Umwelt zu gründen als auf die mutmaßliche Persönlichkeit des Beobachteten. Hat jemand Ihren Streit beobachtet, würde er mit höherer Wahrscheinlichkeit als Sie folgern, daß Sie den anderen geohrfeigt haben, weil Sie nun einmal ein feindseliges, aggressives Individuum sind. Unser eigenes Verhalten erklären wir lieber mit den Umständen, das der andern dagegen mit ihrer mutmaßlichen Persönlichkeit.

Neuere Forschungsarbeiten haben ergeben, daß unsere Erklärungen für eigenes Verhalten auch davon abhängen, ob die Folgen des Verhaltens unseren Wünschen entsprechen oder nicht. Wenn unser Handeln Erfolg hat und wir zum Beispiel ein Tennismatch gewinnen, neigen wir dazu, uns selbst das Verdienst zuzusprechen: Wir hätten gewonnen, weil wir geschickter, fixer und so weiter seien. Gewinnt unser Gegner, schreiben wir das eher den Umständen als seinen Fähigkeiten oder seiner Persönlichkeit zu: "Der Ball ist versprungen - er hat bloß Glück gehabt." Sind dagegen die Folgen unerwünscht, kehrt sich in unserem Kopf die Situation leicht um. Wir sagen, wir hätten verloren, weil die Umstände ungünstig für uns gewesen seien oder weil wir Pech gehabt hätten. Doch hat der andere verloren, dann weil er nichts kann oder ungeschickt ist oder weil ihm der Spielwitz fehlt. (Siehe "Baseball, Apfeltorte und 'Lusttendenz'".)

Tabelle 10-1 faßt zusammen, wie diese zwei Attributionstendenzen darauf Einfluß nehmen, ob wir zu internalen oder externalen Verhaltenserklärungen greifen. Welche Art der Erklärung wir wählen, hängt davon ab, (1) wessen Verhalten erklärt wird (das eigene oder das der anderen) und (2) ob es erfolgreich oder erfolglos ist.

Wenn wir Versagen oder schwache Leistungen eher den Umständen als uns selbst anlasten, dient das vielleicht auch der Anpassung an unsere Umgebung. Zumindest erscheint ein Fehlschlag uns dann in einem Licht, das uns Angst und das Gefühl der Unzulänglichkeit erspart. Denn solche Gefühle verschlimmern unsere Situation nur noch, provozieren weitere Fehlschläge und können uns in einen pathologischen Teufelskreis stürzen. Eine Laborstudie veranschaulicht diesen Vorgang. Während die Probanden eine Aufgabe bearbeiteten, erfaßte man, wie flüssig sie nebenher sprechen konnten; man bat sie zu begründen, warum sie stotterten. Die Probanden, die die Gründe bei sich selbst suchten (Selbstattribution), stotterten signifikant stärker als diejenigen, die ihr Stottern auf die Anspannung in der Experimentalsituation zurückführten. Hieraus läßt sich eine Lehre für die Therapie ziehen: Angst ist oft durch unangemessene Selbstattribution verursacht; mancher zum Beispiel nimmt für alles die Schuld auf sich und ist beinahe außerstande, wenigstens einen Teil der Ursachen in den besonderen Umständen zu vermuten.

TABELLE 10-1 Häufige Attributionstendenzen

	"Wohlverhalten" oder Erfolg	**"Fehlverhalten" oder Mißerfolg**
mein Verhalten	*internal* "Ich bin der Größte!"	*external* "Mich hat der Teufel geritten!"
dein Verhalten	*external* "Du hast bloß Schwein gehabt!"	*internal* "Du hast einfach nicht das Zeug dazu!"

In der Begründung unseres eigenen Verhaltens irren wir uns gerne in ganz bestimmte Richtungen: Haben wir Erfolg, sind die Ursachen angeblich internal, versagen wir, sind sie external. Genau das Gegenteil gilt, wenn wir das Verhalten anderer erklären.

Attraktivität

Es zieht uns aus vielfältigen Gründen zu anderen Menschen hin, das heißt, es gibt viele verschiedene Arten der Attraktivität *(interpersonal attraction)*. Zu einem Freund oder einer Freundin unseres eigenen Geschlechts fühlen wir uns auf andere Weise hingezogen als zu jemand vom anderen Geschlecht, der oder die unsere Aufmerksamkeit fesselt. "Liebe" meint je nach Zusammenhang Verschiedenes - es kommt ganz darauf an, ob es sich um romantische Liebe handelt oder ob sie sich etwa auf Eltern oder Kinder richtet. In diesem Abschnitt wollen wir vier Faktoren besprechen, die die Attraktivität beeinflussen, die ein Mensch auf uns ausübt: (1) Ähnlichkeit, (2) Schönheit, (3) Nähe und (4) soziale Tauschprozesse.

Das Ähnlichkeitsprinzip

Die frühe Forschung zu den Bedingungen der Attraktivität konzentrierte sich auf die Frage, welche Faktoren wirksam sind, wenn wir uns zu Menschen unmittelbar hingezogen fühlen, obgleich wir sie noch gar nicht kennen. Einige Faktoren kristallisierten sich heraus, die entscheidenden Einfluß darauf haben, ob und wie wir Beziehungen zu anderen Menschen aufnehmen und fortführen. Ein solcher Faktor ist die *Ähnlichkeit* in Persönlichkeitsmerkmalen, Werthaltungen und Überzeugungen; dies fügt sich zu dem, was wir über Heiders Theorie des kognitiven Gleichgewichts sagten. Menschen, deren Einstellungen und Werthaltungen unseren eigenen zu gleichen scheinen, ziehen uns an und sind uns sympathisch. Donn Byrne von der *Purdue University* meint, unsere Sympathie für einen anderen hänge damit zusammen, wie viele unserer Einstellungen den seinen gleichen. In einem typischen Experiment zu diesem Thema gibt man Probanden, deren Einstellung zu verschiedenen Fragen man zuvor festgestellt hat, falsche Informationen über die Einstellungen eines (fiktiven) Menschen, von dem sie annehmen müssen, es gebe ihn tatsächlich und sie würden ihn gleich kennenlernen. Der Anteil derjenigen Einstellungen des Phantoms, die sich mit den zuvor geäußerten der Probanden decken, wird planmäßig variiert. Dann fordert man die Probanden auf, den anderen auf Skalen einzustufen, die seine Attraktivität messen. Wie zu erwarten, fallen diese Bewertungen umso günstiger für das Phantom aus, je höher der Anteil gemeinsamer Einstellungen ist.

Doch gibt es auch Ausnahmen vom Ähnlichkeitsprinzip. Unter bestimmten Umständen ziehen sich Gegensätze an. Wenn ein Mensch anders ist als wir und dieser Unterschied unseren Bedürfnissen entgegenkommt, dann zieht er uns an. In diesem Fall sind die Bedürfnisse komplementär. Einen sehr dominanten Menschen zieht es zu Partnern, die sich unterordnen und ihn ihrerseits attraktiv finden. Auf diese Weise ist beiden Seiten gedient. Zweifellos ist es ja einfacher, über jemanden zu dominieren, der gerne gehorcht, als über jemanden, der ebenso dominieren will!

Das "Schönheits"-Prinzip

Ein anderes recht offenkundiges Moment bei der Aufnahme und Unterhaltung zwischenmenschlicher Beziehungen ist der körperliche Reiz, den jemand ausstrahlt. Die riesigen Summen, die in Werbekampagnen für eine Vielfalt von Kosmetika, Kleidern, Fitnessprogrammen, kalorienarmen Lebensmitteln und ähnlichem fließen, sind ein Beweis dafür, wie hoch körperliche Attraktivität in unserer Gesellschaft bewertet wird. In der Tat hat die Forschung gezeigt, daß wir unwillkürlich annehmen: "Was schön ist, ist auch gut." D. Landy und H. Sigall ließen männliche Probanden Aufsätze lesen, die angeblich von Frauen geschrieben waren. Den Aufsätzen waren Fotos der vorgeblichen Autorinnen beigefügt; sie zeigten entweder eine attraktive oder eine unattraktive Frau. Außerdem waren die Aufsätze entweder in gutem oder schlechtem Stil verfaßt. Die Probanden sollten nun die Qualität der Aufsätze beurteilen. Dabei schnitten die Aufsätze attraktiver Scheinautorinnen besser ab, ganz gleich, ob die Aufsätze, sachlich betrachtet, gut oder schlecht waren. Der körperliche Reiz eines Menschen hat ohne Zweifel großen Einfluß darauf, welchen Eindruck wir von ihm gewinnen und welche Eigenschaften wir ihm zuschreiben.

Der Faktor der Nähe

Ein letzter Faktor, der zur Bildung zwischenmenschlicher Beziehungen beiträgt, ist die Nähe. Es zieht uns ganz einfach eher zu Leuten hin, die in unserer Nähe leben, als zu denen, die weiter weg sind. Dies ließ sich wiederholt in Studien belegen, die sich mit den Freundschaftsstrukturen in Mietshäusern, Sozialwohnungen und Wohnheimen befaßten. Am einfachsten läßt sich der Nähe-Effekt damit erklären, daß wir zu Menschen, die in unserer Nähe wohnen, eher Zugang haben und ihnen öfter begegnen. Es fällt uns schwer, für jemanden Sympathie zu entwickeln, dem wir nur selten begegnen, oder eine Beziehung zu jemandem aufrechtzuerhalten, den wir kaum einmal sehen. Ein anderer Faktor, der für den positiven Effekt der Nähe auf die Attraktivität verantwortlich ist, besteht in unserer Hoffnung, daß die weitere Interaktion so angenehm wie möglich für uns verlaufen wird. Wenn wir wissen, daß uns eine bestimmte Situation bevorsteht, versuchen wir im allgemeinen - ganz wie die Theorie des kognitiven Gleichgewichts und die Dissonanztheorie das nahelegen -, das beste aus ihr zu machen. Steht daher zu erwarten, daß wir mit unseren Zimmernachbarn im Wohnheim regelmäßig zusammenkommen werden, so ist es auf lange Sicht einfacher und angenehmer, wenn die Interaktionen mit ihnen grundsätzlich positiv verlaufen. Wir sind daher geneigt, unsere Nachbarn sympathisch zu finden.

Das Prinzip sozialer Tauschprozesse

Es ist wichtig, die Faktoren zu kennen, die zur Attraktivität beitragen. Allerdings hilft uns das nicht zu verstehen, warum Menschen Beziehungen aufnehmen und fortführen. Doch die Arbeit John Thibauts und Harold Kelleys zur *Theorie sozialer Tauschprozesse* hat ein interessantes Erklärungsmodell hervorgebracht. Nach dieser Theorie wird eine Beziehung zwischen zwei Menschen aufgenommen und aufrechterhalten, falls für beide die Gewinne aus der Interaktion die Kosten übersteigen. Winkt eine andere Beziehung, in der der Gewinn höher ist und die Kosten niedriger oder ebenso hoch sind wie in der momentanen Beziehung, dann, so prognostiziert die Theorie sozialer Tauschprozesse, geben wir die weniger lohnende Interaktion auf. Zum Beispiel machen Gerd und Andreas ab, daß sie zusammen für ihre erste Psychologieklausur lernen wollen. Beim Lernen wird offenkundig, daß Andreas sich

Im allgemeinen gilt: Gleich und gleich gesellt sich gern. Gegensätze ziehen sich nur selten an.

ausgiebig auf ihre gemeinsame Sitzung vorbereitet hat, während Gerd wenig von dem Stoff begriffen hat. Zweifellos sind Gerds Gewinne hoch (er profitiert von Andreas' Vorbereitung) und seine Kosten gering (er mußte nicht mal büffeln). Dagegen sind Andreas' Gewinne gering (Gerd hat ihm zum Prüfungsstoff keine Informationen zu bieten) und seine Kosten hoch (er hat gebüffelt und sieht sich nun genötigt, Gerd alles zu erklären). Sicher wäre es zu Andreas' Vorteil, wenn er zur nächsten Klausur einen anderen Partner fände!

Eliot Aronson von der *University of California* in Santa Cruz übertrug die Prinzipien der Theorie sozialer Austauschprozesse auf die Faktoren, die das Phänomen der Attraktivität steuern. Zum Beispiel sind Beziehungen über weite Entfernungen hinweg potentiell so lohnend wie die zu Menschen in unserer Nähe. Doch erstere sind kostspieliger, was Zeit, Mühe, finanziellen Aufwand und so weiter angeht. So entscheiden sich Menschen gewöhnlich für Beziehungen zu Leuten, die in ihrer Nähe leben. Die Theorie sozialer Austauschprozesse erklärt auch, warum der physische Reiz eines Menschen so wesentlich für die Anziehung ist, die er auf andere ausübt. Da Attraktivität in

Die Schönheit ist unser Schicksal

von JANE E. BRODY

Studien zur körperlichen Attraktivität belegen, daß Menschen andere Menschen tatsächlich nach Äußerlichkeiten beurteilen, was auf die Beurteilten oft dramatische Auswirkungen hat. Die Ergebnisse legen nahe, daß die auf den physischen Reiz eines Menschen gegründeten Erwartungen zu Prophezeiungen werden können, die sich selbst erfüllen und seinen Lebensweg nachhaltig beeinflussen.

Die Untersuchungen zeigen, daß wir Menschen, die bekanntermaßen (oder angeblich) attraktiv aussehen, mit einer Menge wünschenswerter Eigenschaften ausstatten: In unserer Vorstellung besitzen sie etwa Wärme, Ausgeglichenheit, Sensibilität, Freundlichkeit und Aufrichtigkeit und haben das Zeug zum Erfolg im gesellschaftlichen Leben, in der Ehe und im Beruf. Laut Dr. Ellen Berscheid, Professorin für Psychologie an der *University of Minnesota*, können diese Anschauungen über körperlich attraktive Menschen und die Vorzugsbehandlung, die ihnen dadurch zuteil wird, nachhaltige Folgen für die Persönlichkeit der Betreffenden, ihren Umgang mit anderen und ihre Bildungs- und Berufsmöglichkeiten haben.

Die Bedeutung der physischen Attraktivität nehme zu und werde weiter wachsen, da durch immer häufigeren Wohnsitz- und Arbeitsplatzwechsel und durch Scheidungen immer mehr Menschen zu einmaligen oder zeitlich eng begrenzten Interaktionen mit anderen genötigt seien, in denen sie aufgrund des ersten Eindrucks beurteilt würden.

Die Psychologin, die seit fünfzehn Jahren die Wirkungen physischer Attraktivität untersucht, glaubt, daß ihre Ergebnisse "ein neues Licht auf Freuds Aussage 'Die Anatomie ist das Schicksal' [*Gesammelte Werke* VIII, 90; XIII, 400] werfen." (Freuds These bezog sich nur auf die körperlichen Unterschiede zwischen Mann und Frau.) Ihre Forschungsergebnisse liefen der demokratischen Vorstellung zuwider, daß "bei der Geburt alle Menschen gleich sind"; vielmehr könne die äußere Erscheinung eines Menschen wichtige Weichen für sein Leben stellen.

"Es ist zweifellos ein Märchen, daß 'Schönheit nicht unter die Hautoberfläche reicht'," meint Dr. Berscheid, und sie fügt hinzu, sowohl Laien als auch amerikanische Psychologen hätten die Idee lange von sich gewiesen, daß attraktive Menschen begünstigt seien. "Es macht einen großen Unterschied in unserem Leben, wie wir aussehen - das ist eine Tatsache, die den meisten von uns ein Unwohlsein verursacht. Durch ihr Erbgut festgelegt zu sein, ist den Amerikanern ein Greuel. Sie wollen glauben, daß alle als Gleiche geboren werden, mit gleichen Chancen zu einem glücklichen Leben," bemerkte Dr. Berscheid bei einem Interview in New York. "Doch es ist nun mal nicht so. Die wichtigsten Faktoren, die unseren Erfolg im Leben bestimmen, sind genetisch determiniert: Aussehen, Intelligenz, Geschlecht und Körpergröße." Sie führte eine an der *University of Minnesota* laufende Studie über eineiige Zwillinge an, die voneinander getrennt aufgewachsen waren. Die Studie zeigt ihrer Ansicht nach, daß "Kinder mit identischem Erbgut einander sehr ähnlich werden, obgleich sie in sehr unterschiedlichen Milieus aufwachsen."

Die Vorzugsbehandlung attraktiver Menschen fange sogleich nach der Geburt an und setze sich durch Kindheit und Adoleszenz bis ins Erwachsenenalter fort. Im folgenden einige der eindrucksvolleren Forschungsergebnisse (die Probanden waren in allen Fällen normal aussehende Menschen unterschiedlicher Attraktivitätsgrade):

Dr. Judith Langlois von der *University of Texas* in Austin berichtet vorläufige Forschungsergebnisse, denen zufolge Neugeborene, die von unabhängigen Beurteilern als attraktiv eingestuft wurden, mehr gehalten, geknuddelt und geküßt werden als unattraktive Säuglinge. Andererseits bieten Mütter unattraktiver Säuglinge diesen häufigere und vielfältigere Anregung und fördern so vielleicht ihre geistige Entwicklung.

In einer Studie von Karen Dion an der *University of Minnesota* ergab sich, daß diejenigen Kinder in einem Kindergarten, die von Erwachsenen als attraktiv eingeschätzt wurden, bei ihren Freunden und Freundinnen beliebter waren.

Eine weitere Studie an der *University of Minnesota* von Elaine Hatfield Walster und ihren Mitarbeitern ergab, daß Collegestudenten, die bei einem "Computertanz" zu Paaren zusammengestellt wurden, physisch attraktive Partner bevorzugten; Intelligenz, soziale Gewandtheit und Persönlichkeitseigenschaften der zugewiesenen Partner hatten wenig mit der Reaktion der Studenten und Studentinnen auf sie zu tun. Die Wissenschaftlerinnen folgerten: "Diese Ergebnisse straften die Lügen, die in Vorausstudien von ganz anderen Dingen *gesagt* hatten, sie seien ihnen wichtig." ...

Dr. Berscheid berichtet: "Eine Frau, die mit einem Mann telefonierte, der glaubte, sie sei attraktiv, wurde von ihm - allein auf der Basis ihres Sprechverhaltens - als ausgeglichener, umgänglicher und lebhafter beurteilt als eine Frau, die zu einem Mann sprach, der sie für unattraktiv hielt." Darüber hinaus wurden die Männer, die dachten, sie sprächen mit einer attraktiven Frau, ihrerseits – wiederum nur aufgrund der Unterhaltung – von Beobachtern als geselliger, leidenschaftlicher, interessanter, unabhängiger, kühner, mehr aus sich herausgehend, humorvoller und im Umgang mit Menschen gewandter eingeschätzt. (Siehe Diagramm auf S. 418.)

Dr. Berscheid meint, daß Frauen, da sie sozial und ökonomisch unabhängiger werden, nun größeres Gewicht auf die Attraktivität von Männern legen, "die jetzt, wie die Frauen seit eh und je, ebenfalls ihr Fleisch zur Schau stellen". Als Beispiele dafür, daß Frauen mehr auf das Aussehen von Männern geben, führte sie zwei Neuerrungenschaften an: Aktposter von Männern und Nackttänzer.

New York Times,
11.9.1981

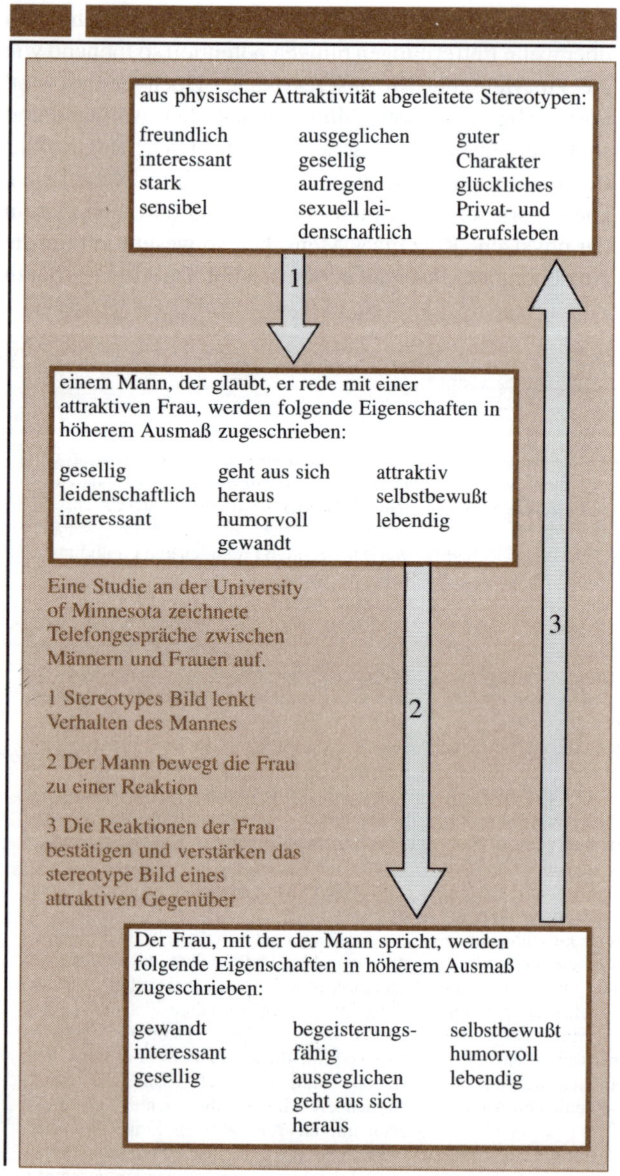

der Gesellschaft hoch gewertet wird, ist es sehr lohnend, sich mit den schönen Menschen in der Welt zusammenzutun. Auch der bereits besprochene Haloeffekt kann hier zum Verständnis beitragen. Wenn ein schöner Mensch damit zugleich auch "gut" ist und wir uns mit einem solchen guten, schönen Menschen zusammentun, muß etwas von seiner guten Aura notwendigerweise auf uns übergehen. Bis zu einem gewissen Grad wird man auch uns daher als gut und schön betrachten, und wir werden den entsprechenden Gewinn daraus ziehen. Schließlich ist noch ein Phänomen namens *reziproke Sympathie* zu berücksichtigen: Wir fühlen uns zu denen hingezogen, die uns mögen. Dies läßt sich ebenfalls mittels der Theorie sozialer Austauschprozesse erklären: Es ist ganz einfach in sich schon lohnend, wenn uns jemand mag.

Die Theorie sozialer Austauschprozesse bezieht sich auf Kosten und Nutzen sozialer Beziehungen für den einzelnen. Eine Variante dieser Idee verlagert den Akzent vom einzelnen auf Kosten und Nutzen *beider* Seiten. Die Theorie der Verteilungsgerechtigkeit in sozialen Beziehungen, kürzer **Equity-Theorie**, geht von der Annahme aus, daß eine Gruppe von Menschen ihren Gewinn in einer beliebigen Interaktionssituation maximieren kann, indem sie zu einer Übereinkunft gelangt, wie sich Kosten und Nutzen gerecht auf die Gruppenmitglieder verteilen lassen.

In einer gerechten Welt würde Fairneß herrschen: Was man aus einer Beziehung gewönne, würde etwa dem entsprechen, was man in sie an persönlichen Eigenschaften und Verhaltensweisen hineinsteckte. Stabile Beziehungen bilden sich nur, wenn Input und Output im Gleichgewicht sind. Fühlen sich Menschen über lange Zeit hinweg zueinander hingezogen, so basiert das auf der Stabilität und dem Ausmaß der Verteilungsgerechtigkeit in der Beziehung. Ungerechte Verteilung führt zu Instabilität und verminderter Attraktivität des anderen, vor allem natürlich für denjenigen, der den kürzeren zieht, weil er mehr hineinsteckt als für ihn bei dem Ganzen herausschaut. Interessanterweise liegt auch dann bereits eine ungerechte Verteilung vor, wenn einer von beiden - ohne daß der andere deshalb gleich Verluste macht - Oberwasser gewinnt, weil er wenig investiert und doch viel Gewinn aus der Beziehung zieht. In einem solchen Fall zerbricht die Beziehung vermutlich entweder, oder man startet Versuche, zu einer gerechten Verteilung zu gelangen.

Verteilungsgerechtigkeit geht alle Aspekte einer Beziehung an, nicht nur die Art, in der zwei Menschen miteinander umgehen. Sie erstreckt sich auch auf Aspekte, die nicht direkt mit dem Verhalten zu tun haben, wie etwa auf den Grad der äußeren Schönheit der beiden. Das Prinzip der Verteilungsgerechtigkeit besagt, daß stabile Sympathien füreinander sich am ehesten dann entwickeln, wenn die beiden Menschen etwa gleich schön sind. Am besten sollte wohl auch die Finanzkraft der beiden ausgewogen sein. Das für eine stabile Sympathiebeziehung entscheidende Merkmal jedoch ist die pauschale Verteilungsgerechtigkeit; Ausgeglichenheit in jeder Hinsicht ist nicht vonnöten. Ausgleichende Faktoren machen einander wett und halten die Dinge im ungefähren Gleichgewicht, etwa wenn ein steinreicher, aber wenig schöner Mann eine stabile Beziehung zu einer armen, aber schönen Frau aufbaut. In einem anderen Fall könnte der ausgefallene Charakter des Mannes seinen Mangel an körperlichem Reiz aufwiegen.

Die Equity-Theorie trägt am meisten zur Klärung der Frage bei, welche Beziehungen von Dauer sind: Die Stabilität der Beziehung ist direkt proportional zum Ausmaß der Verteilungsgerechtigkeit. Daß uns ein Mensch bei der ersten Begegnung gleich anzieht, ist dagegen weniger eine Sache der Verteilungsgerechtigkeit, obwohl wir, wenn wir uns entscheiden, welchen unserer Sympathien wir nachgehen sollen, wohl auch die jeweilige Verteilungsgerechtigkeit der potentiellen Beziehung abschätzen. Wir sind vielleicht von jemand gefesselt, der viel schöner als wir selber ist, doch wir unternehmen nichts, weil wir eine unausgewogene und daher kurzlebige Beziehung befürchten.

DIE ROLLE DES SELBST IM SOZIALVERHALTEN

Durch eine Annahme unterscheidet sich ein Großteil der Sozialpsychologie von anderen Forschungsgebieten: Sie zieht nämlich in Betracht, daß die Vorstellungen, die jemand von sich selbst hat (dies ist eine ganz entscheidende Gruppe von Schemata), von Bedeutung dafür sind, wie er soziale Informationen verarbeitet und sich anschließend in sozialen Situationen verhält. Mit anderen Worten, die wichtigsten Schemata, die jeder von uns hat, sind unsere Selbst-Schemata, die zusammen unser Selbstkonzept bilden. Dies war in vielem, was wir über Attribution und Attraktivität gesagt haben, bereits implizit. Weil jedoch das Selbstbild entscheidenden Einfluß hat und es auf vielfältige Weise in die Verarbeitung sozialer Informationen eingeht, werden wir einen kurzen Überblick über seine Wirkungen geben. Wir betrachten (1) die Rolle von Selbst-Schemata beim Ordnen und Deuten von Informationen über andere; (2) die Wirkung von Selbstbewußtheit auf unser Verhalten und Urteilen in sozialen Situationen; (3) die motivationalen Wirkungen, die das Selbstwertgefühl auf unser Verhalten und Urteilen ausübt.

Selbst-Schemata

Wir erwähnten weiter oben, daß Menschen, wenn sie Informationen verarbeiten und ordnen, auf die zuvor erworbenen Schemata zurückgreifen, die im Gedächtnis leicht zugänglich sind. Die am leichtesten zugänglichen Schemata sind vielleicht die, die wir über uns selbst gebildet haben. Die Belege dafür, daß wir oft Informationen über uns selbst als Grundlage verwenden, von der aus wir neue Informationen verarbeiten und Schlüsse über andere Menschen ziehen, sind zahlreich, doch wir wollen hier nur ein paar Beispiele anführen.

1. Menschen haben ein besseres Gedächtnis für Informationen über andere, wenn man sie zuvor angeregt hat, sich beim Nachdenken über die Informationen auf sich selbst zu beziehen (und sich zum Beispiel zu fragen, ob sie ähnliche Eigenschaften wie der oder die andere haben oder nicht), als wenn man sie aufgefordert hat, sich auf andere Weise mit der Information auseinanderzusetzen.
2. Menschen benutzen ihre eigene Meinung zu einem Thema als Maßstab, anhand dessen sie einschätzen können, ob andere sich zustimmend oder kritisch zu einer Sache äußern. Zum Beispiel können Sie die Aussage "Jimmy Carter war als Präsident Durchschnitt" entweder als eine zugunsten oder zu Ungunsten Carters auslegen, je nachdem, was Sie selbst von Carters Leistung halten. Wenn Sie denken, daß er ein schlechter Präsident war, deuten Sie den Satz als zu vorteilhaft für ihn und schätzen den Menschen, der ihn äußert, als Carteranhänger ein; das Gegenteil geschieht, falls Sie der Ansicht sind, Carter habe seine Aufgabe in hervorragender Weise erledigt.

Gleich und gleich gesellt sich gern

Menschen geben sich wohl Fantasien über Liebesaffären mit dem denkbar attraktivsten Partner hin, doch in der Realität sind ihre engsten Beziehungen die zu Freunden und Geliebten, die ihnen an körperlicher Anziehungskraft am nächsten kommen. Eine Untersuchung an der *University of California* in Los Angeles befaßte sich mit 150 Studentenpaaren. Der Grad der Nähe variierte: Manche der Paare hatten nur gelegentlich ein Rendezvous, andere waren verheiratet. Jene, die einander in ihrer Attraktivität nach dem Urteil anderer am nächsten kamen, schätzten später die Entwicklung ihrer Liebesbeziehung am positivsten ein.

Gregory L. White von der *University of Maryland* berichtet im *Journal of Personality and Social Psychology*, daß er alle 300 Männer und Frauen einzeln fotografierte, ein Schiedsrichtergremium ihre Attraktivität einschätzen und die Probanden ihr Liebesleben in einem Fragebogen bewerten ließ. Neun Monate später legte Dr. White vielen der ursprünglichen Untersuchungsteilnehmer noch einmal einen Test vor, um den Fortgang des Werbens umeinander oder der Ehe einschätzen zu können.

Beim ersten Durchgang stellte er fest, daß die verheirateten Paare - die, wie er annahm, am engsten miteinander verbundenen Paare in seiner Stichprobe - einander an Attraktivität am nächsten kamen.

Als den Probanden der zweite Fragebogen vorgelegt wurde, berichteten zwanzig Paare, die mehr oder weniger fest miteinander gegangen waren, sie seien auseinander. Und wie vorausgesagt waren sie diejenigen, die einander an Attraktivität am wenigsten ebenbürtig waren.

New York Times,
23.12.1980

Die Equity-Theorie sagt vorher, daß eine Beziehung zwischen Partnern, die in gleichem Maße zu ihr beitragen, stabil ist. Verteilungsgerechtigkeit bezieht sich dabei sowohl auf Verhaltensdimensionen (zum Beispiel sind zwei Menschen gleich freundlich zueinander) wie auf körperliche Merkmale, wie diese Zeitungsmeldung belegt.

3. Wenn wir uns zu einer Verhaltensweise entschlossen haben, können wir das Wissen darum, was sich da in uns abgespielt hat, benutzen, um vorherzusagen, was andere unter denselben Umständen tun werden. Dies kann zum Urteilsfehler des falschen Schlusses von sich auf andere führen oder zur häufigen Annahme, daß mehr Leute sich wie wir verhalten, als es tatsächlich der Fall ist. Außerdem beurteilen wir dann Leute als "Abweichler", die sich lediglich anders verhalten als wir.

Selbstbewußtheit

All dies geschieht vermutlich leichter, wenn wir aktiv über uns selbst nachdenken, uns also unserer selbst gewärtig sind; wir neigen daher, wenn wir Informationen über andere verarbeiten, eher dazu, uns selbst als Vergleichsmaßstab zu benutzen. Doch solche Selbstbewußtheit hat noch weiterreichende Folgen. Zum einen sind Menschen, wenn sie sich selbst genau beobachten, sensibler für die Konsequenzen ihres Verhaltens. Dies zieht vielfältige Wirkungen nach sich. Zum Beispiel legen sie dann dasjenige Verhalten an den Tag, das sie als sozial erwünscht oder als im Einklang mit erlernten Verhaltensnormen ansehen. Mit abnehmender Selbstbewußtheit schwindet die Neigung, sich die sozialen Konsequenzen des eigenen Verhaltens zu überlegen, und der Betreffende zeigt vielleicht Verhaltensweisen, die den allgemein anerkannten Normen für das Sozialverhalten zuwiderlaufen. Kurz, Selbstbewußtheit kann dazu dienen, dem Verhalten Schranken zu setzen, damit es Anforderungen und Normen entspricht.

Die Rolle der Selbstbewußtheit hat man im Rahmen verschiedener Forschungsparadigmen untersucht. In einer Studie beobachteten Forscher unauffällig Kinder an Halloween (31. Oktober: Kinder gehen in Kostümen von Haustür zu Haustür und rufen *"Trick or treat!"*, also sinngemäß: Wir spielen Ihnen einen Streich, wenn Sie nicht was Schönes - vor allem Süßigkeiten - rausrücken, Anm. d. Übers.). Man hatte die Kinder zuvor aufgefordert, jedes solle nur eine Süßigkeit nehmen. Unter Normalbedingungen verletzten viele Kinder diese Norm und nahmen mehr als sie sollten. Doch nannte man jedes Kind beim Namen, wenn es an die Tür kam, nahm diese Neigung beträchtlich ab. Obwohl die Kinder nicht wußten, daß sie beobachtet wurden, wurden sie sich offenbar ihrer selbst als Person gewahr, wenn man sie beim Namen nannte, und dies brachte sie wohl dazu, sich jene allgemeinen Normvorschriften für das Sozialverhalten in Erinnnerung zu rufen, die ihnen in der Begeisterung für Halloween offenbar entfallen waren.

Selbstbewußtheit läßt sich auf recht raffinierte Weise erzeugen. Im Labor sind die Probanden zum Beispiel sensibler für externe Bewertungsmaßstäbe, wenn sie sich in einem Raum mit einem Spiegel befinden. Obgleich der Spiegel mit dem Experiment angeblich nichts zu tun hat, werden sich Probanden, die sich in dem Spiegel sehen, offensichtlich stärker ihrer selbst bewußt und haben folglich ein feineres Gespür für die Konsequenzen ihres Verhaltens. Diese Feinfühligkeit kommt auf verschiedene Weisen zum Ausdruck, die von einer Tendenz, weniger positive (das heißt, "bescheidenere") Selbsteinschätzungen abzugeben, bis hin zu einer erhöhten Bereitschaft reichen, einem anderen Menschen einen Elektroschock zu verabreichen, wobei solches Handeln entweder sozialen Normen entsprechen oder ihnen zuwiderlaufen kann.

Motivierende Wirkungen des Selbstwertgefühls

Viele Forschungsarbeiten gründen auf der Annahme, daß Menschen motiviert sind, sich so zu verhalten, daß sie dabei ihr Selbstbild wahren und heben. Darüber hinaus verzerren Menschen, um dieses Selbstbild zu schützen, ihre Wahrnehmung dessen, wie andere sich ihnen gegenüber verhalten. So ziehen wir, wie wir bei unserer Besprechung der Attributionsprozesse erwähnten, Informationen in Zweifel, die besagen, wir hätten bei einer Aufgabe schlecht abgeschnitten, und schieben unser Versagen darauf, daß wir uns zu wenig angestrengt oder Pech gehabt hätten oder daß die Aufgabe unmöglich jemand meistern könne. Wir sind in der Tat motiviert, aktiv nach Informationen zu suchen, die uns helfen, unsere Selbstachtung zu wahren: Erreichen wir in einem Intelligenztest einen niedrigen Wert, suchen wir lieber nach Informationen, die die Validität des Tests in Frage stellen, als nach Informationen, die nahelegen, daß die Testergebnisse zutreffen. Die Neigung, Menschen verächtlich zu machen, die ein ungünstiges Urteil über uns fällen - sie läßt sich aus der Theorie des kognitiven Gleichgewichts ableiten -, läßt sich auch als ein Mittel betrachten, mit dem wir unsere Selbstachtung wahren, indem wir den Urheber der Einschätzung herabsetzen: Der Lehrer, der uns durchfallen ließ, ist unfähig; wer uns um eines anderen Partners willen verlassen hat, ist nicht wert, daß man mit ihm zusammen ist. Die Gründe für diesen Motivationseffekt liegen recht klar auf der Hand. Im Extremfall kann es verheerende Konsequenzen für unsere geistige Gesundheit haben, wenn es uns nicht gelingt, unsere Selbstwertschätzung aufrechtzuerhalten, und wir können etwa in eine schwere Depression fallen (siehe Kapitel 11).

Hier haben wir nur ein paar Beispiele dafür angeführt, wie das "Selbst" in die Informationsverarbeitung eingeht: (1) als eine Informationsquelle, (2) als Vergleichsmaßstab oder (3) als eine motivierende Kraft, die mitbestimmt, wie wir auf Informationen reagieren und zu welchen Verhaltensweisen wir uns entschließen. Das Selbst spielt auch eine entscheidende Rolle, wenn es um die Wirkung geht, die andere Menschen auf unser Verhalten ausüben. Diesem Thema wenden wir uns nun zu.

DER EINFLUSS DER ANDEREN

Unser Verhalten ist kaum jemals frei vom Einfluß anderer Menschen. In diesem Abschnitt werden wir uns, um diesen Zusammenhang zu veranschaulichen, mit folgenden fünf Themen befassen: (1) die anderen als Maßstab für unsere Selbstbewertung; (2) Aktivierung und Hemmung unseres Verhaltens durch andere; (3) Konformität mit Gruppennormen; (4) Entscheidungsfindung in Gruppen; (5) Handeln und Verhandeln mit anderen.

Die anderen als eine Ausgangsbasis für unsere Selbsteinschätzung

Wir nehmen nicht nur uns selbst als Vergleichsbasis, um andere zu beurteilen, sondern wir ziehen auch das Verhalten anderer Menschen heran, um uns selbst zu bewerten. Diese Neigung, uns mit anderen zu vergleichen, wirft zwei Fragen auf: (1) Wann vergleichen wir uns mit anderen? (2) *Mit wem* vergleichen wir uns?

Wann?

Menschen vergleichen sich am ehesten dann mit anderen, wenn sie sich selbst oder die eigenen Reaktionen einschätzen wollen, aber keine zuvor entwickelten verinnerlichten Maßstäbe oder Normen zur Verfügung haben, anhand derer sie diese Einschätzungen treffen könnten. Dies ist am ehesten dann der Fall, wenn die Situation für uns neuartig ist oder die Informationen, die wir über uns selbst empfangen, nicht eindeutig sind. Frühe Forschungsarbeiten von Stanley Schachter und seinen Kollegen zum Bedürfnis nach Nähe liefern dazu ein gutes Beispiel. Man erzählte weiblichen Probanden zu Beginn einer Untersuchung, sie würden sich einer Reihe von Elektroschocks zu unterziehen haben, die ihnen entweder als sehr schwach oder als sehr schmerzhaft geschildert wurden. Während sie darauf warteten, daß das Experiment beginnen würde, sollten sie wählen, ob sie alleine sitzen wollten oder lieber in einem Raum mit einer anderen Kandidatin. Unter den Probandinnen, die sich auf heftige Schocks einstellen mußten, entschieden sich mehr dafür, mit der Gefährtin zu warten, als unter denen, die nur leichten Schocks entgegensahen. Die allgemein akzeptierte Deutung ist die, daß die Probandinnen es vorzogen, mit anderen Teilnehmerinnen zu warten, weil diese einen Vergleichsmaßstab boten, an dem die Probandinnen sich bei der Einschätzung ihrer eigenen Reaktionen orientieren konnten; so konnten sie bestimmen, ob sie weniger oder stärker aufgeregt und besorgt als "der Durchschnitt" waren.

Mit wem?

Nicht jeder ist eine brauchbare Informationsquelle. Die Menschen, mit denen wir uns am ehesten vergleichen, sind vielmehr jene, die uns - wie wir glauben - in Merkmalen ähneln, die für diejenigen unserer Eigenschaften von Belang sind, die wir bei uns selbst beurteilen wollen. So werden Collegestudenten ihre Leistungen bei ihrer ersten Psychologieklausur kaum mit denen von weiter fortgeschrittenen Kommilitonen oder von Leuten vergleichen wollen, die die Highschool vorzeitig verlassen haben. Vielmehr ziehen Studenten es im allgemeinen vor, ihre Ergebnisse mit denjenigen zu vergleichen, die andere mit ähnlicher Lebensgeschichte und Vorbildung erzielt haben. Daraus folgt natürlich, daß wir uns, je nachdem, welches unserer Merkmale wir beurteilen wollen, mit verschiedenen Menschen vergleichen, die mit der Zeit auch wechseln können, wenn unsere Lebensumstände und Erfahrungen sich ändern.

Manchmal suchen sich Menschen ungeeignete Vorbilder zum Vergleich aus, und zwar oft aufgrund von Ähnlichkeiten, die mit der betreffenden Sache nichts zu tun haben. Jemand sieht zum Beispiel, daß viele, die ihm offenbar gleichen, einen Marathonlauf durchstehen, nimmt an einem Lauf teil, ohne ausreichend trainiert zu haben, und geht kläglich unter. Er hat nicht berücksichtigt, daß die Leute, die er die Ziellinie überqueren sah, vielleicht ein Jahr lang hart trainiert haben. Wenn Sie nicht genug über die Menschen wissen, mit denen Sie sich vergleichen, kann das böse Folgen für Sie haben; wenn Sie es versäumen, sich mit anderen zu vergleichen, die Ihnen wirklich ähnlich sind, schätzen Sie Ihre eigene Lage womöglich völlig falsch ein.

Sozial induzierte Leistungsaktivierung und -hemmung

Die bloße Gegenwart anderer Menschen kann ausreichen, um Ihr Verhalten in einer Situation zu beeinflussen. Sozialpsychologen haben versucht festzustellen, ob ein Publikum die Leistung eines Menschen fördert oder hemmt. Frühe Forschungsarbeiten schienen zu zeigen, daß Menschen in Gegenwart anderer höhere Leistungen erbringen als wenn sie alleine sind. Dieses Phänomen ist bekannt als *sozial induzierte Leistungsaktivierung (social facilitation)*: Die Anwesenheit anderer hebt die Leistung. Doch bei weiteren Forschungen entdeckte man Fälle, in denen ein Publikum die Leistung drückt statt sie zu heben. Robert Zajonc versuchte diese einander widersprechenden Ergebnisse unter einen Hut zu bringen und postulierte, daß die Anwesenheit anderer entweder die Motivation, die Aktivierung oder die Triebstärke erhöhe. Laut dem Yerkes-Dodson-Gesetz (siehe Kapitel 7) fördert dieser gesteigerte Trieb manchmal die Leistung, und manchmal beeinträchtigt er sie. Wenn die Situation simple, fest eingeprägte Verhaltensweisen verlangt, fördert der gesteigerte Trieb die Leistung. So steigt unser Aktivierungsgrad, wenn wir vor einem Publikum einfache Mathematik- oder Buchstabieraufgaben lösen sollen, und daher wird unsere Leistung sich erhöhen. Wenn im Gegensatz dazu die Situation Reaktionen verlangt, die schwierig oder nicht gründlich gelernt sind, beeinträchtigt die Gegenwart anderer die Leistung *(sozial induzierte Leistungshemmung (social inhibition))*. Charles Bond und Linda Titus vom *Connecticut College* geben einen Überblick über gut zweihundert Studien zur sozial induzierten Leistungsaktivierung. In Übereinstimmung mit Zajoncs Theorie kamen sie zu dem Schluß: Die Anwesenheit anderer (1) erhöht Leistungsgeschwindigkeit und Sorgfalt, wenn die Aufgabe einfach ist, und (2) vermindert dieselben, wenn die Aufgabe kompliziert ist.

Sozial induzierte Trägheit

Wenn Menschen zusammen an einer gemeinsamen Aufgabe arbeiten, sollte sich, aufgrund sozial induzierter Leistungsaktivierung, ihre Arbeitsleistung eigentlich erhöhen. Teamgeist, so denkt man, ermutigt den einzelnen, sich anzustrengen. Doch es kann auch anders kommen, wenn Menschen glauben, ihr persönlicher Beitrag zur Gruppenleistung sei nicht zu ermitteln oder zu messen. Unter diesen Bedingungen kann - durch sozial induzierte Leistungshemmung - die Leistung einzelner nachlassen. Dieses Phänomen nennt man *sozial induzierte Trägheit (social loafing)*.

In einigen jüngeren Studien sollten die Probanden verhältnismäßig einfache, aber ermüdende Tätigkeiten ausführen, die normalerweise nur in Gruppen auftreten. Sie sollten etwa Beifall jubeln oder applaudieren. Beide Aufgaben hängen von der einfachen Summe der Einzelleistungen ab und sind leicht zu messen. Man kann erwarten, daß, je mehr Menschen klatschen oder jubeln, der Lärm desto größer und der Geräuschpegel umso höher ist. Doch der Geräuschpegel steigt nicht proportional zur Gruppengröße. Vielmehr sinkt der vom einzelnen erzeugte durchschnittliche Geräuschpegel mit wachsender Gruppengröße. Dies ist ein Beispiel für sozial induzierte Trägheit.

Eine Erklärung für die sozial induzierte Trägheit besteht darin, daß Menschen, wenn sie in einer Gruppe eine Leistung erbringen, das Gefühl haben, daß Lob oder Tadel, mit denen man sie bedenkt, weniger von ihrer persönlichen Leistung abhängen, als wenn sie die Aufgabe alleine bearbeiten würden. Sie können sich "in der Menge verbergen" und damit den negativen Folgen ihrer sinkenden Leistung aus dem Wege gehen. Wertet man die Gesamtleistung der *Gruppe*, so müssen sich Lob oder Tadel gleichmäßig auf die Mitglieder verteilen, ungeachtet ihrer Einzelbeiträge. Daher entwickeln sich meist einige Gruppenmitglieder zu Trittbrettfahrern und reisen auf Kosten der sich abmühenden Gruppe. Die Versuchung dazu wächst mit der Gruppengröße und mit der Anstrengung, die die Aufgabe verlangt. Könnte das angebliche Nachlassen der Produktivität amerikanischer Arbeiter Ihrer Ansicht nach mit dem Phänomen der sozial induzierten Trägheit zu tun haben? (Antwort weiter unten.)

Dieses allgemeine Phänomen läßt sich zum Beispiel auch in Fällen beobachten, in denen Menschen sich Ressourcen teilen müssen. Man erinnert uns unablässig daran, daß unsere Luft und unser Wasser verschmutzt und unsere Energievorräte begrenzt sind, sowie an andere Gefahren, die unsere lebenswichtigen Ressourcen ernstlich bedrohen. Doch daß wir unsere Ressourcen *teilen*, mag ein Grund für die oft beobachtete Neigung einzelner sein, mehr als den ihnen zustehenden Anteil zu verbrauchen. Vielleicht denken sie dabei: "Andere werden schon sparsam sein" oder "den Unterschied merkt doch keiner". Es ist vielleicht - ähnlich wie in der Industrie, die gegen sinkende Arbeitsleistung vorgehen muß - notwendig, die Verantwortlichkeit des einzelnen zu stärken, um diesen Verschwendungstendenzen gegenzusteuern. Den einzelnen zum sparsamen Umgang mit Ressourcen anzuhalten ist vermutlich ebenso wichtig wie neue Energiequellen zu finden oder schadstoffreie Motoren zu entwickeln.

Entpersönlichung (Deindividuation)

Das Zurücktreten der Identität des einzelnen verleitet ihn nicht immer zur Trägheit. Verstößt die betreffende Handlung gegen das Gesetz oder andere gesellschaftliche Normen, kann Identitätsverlust ein Verhalten sogar potenzieren. Sozialpsychologen meinen, daß Gewalttaten in Menschenansammlungen zu einem großen Teil deshalb so häufig vorkommen, weil die Menschen in der Masse ihre persönliche Identität einbüßen. Sie fühlen sich weniger verantwortlich für ihr Verhalten, können nicht so leicht bestraft werden, weil man sie nicht identifizieren kann, und neigen daher eher zur Gewalt. Philip Zimbardo von der *Stanford University* führte ein geniales Experiment durch, mit dem er die Wichtigkeit der **Deindividuation** oder **Entpersönlichung**, des Identitätsverlustes in Gruppensituationen, veranschaulichen wollte. Gruppen von je vier Probandinnen hörten Aufzeichnungen von Interviews mit ihren potentiellen "Opfern". Einige der Gruppen wurden einer Entpersönlichungsprozedur unterzogen: Die Frauen verbargen sich unter Gewändern und Kapuzen, und die Versuchsleiter nannten sie nie beim Namen. In den anderen Gruppen waren die Frauen nicht verkleidet; sie trugen Namensschildchen, und alle nannten einander beim Namen. Dies waren die "identifizierbaren" Gruppen. Jede Gruppe hörte Interviews mit angenehm und unangenehm wirkenden "Opfern". Später brachte man jedes Gruppenmitglied dazu, den Opfern, die es nun durch eine Einwegscheibe sehen konnte, Elektroschocks zu geben. Das Opfer war natürlich eine Mitarbeiterin Zimbardos und mußte

Entpersönlichung tritt nicht nur im Labor auf.

keine Stromschläge erdulden. Sie tat aber, als würde sie welche spüren. Das entscheidende Ergebnis war, daß die Frauen in den entpersönlichten Gruppen längere Schocks gaben als die Frauen in den identifizierbaren Gruppen, gleich, ob sie das Opfer nun als eine angenehme oder unangenehme Frau wahrnahmen.

In einer anderen Studie ließ Zimbardo männliche Studenten, die sich freiwillig gemeldet hatten, die Rollen von Wächtern und Häftlingen in einem simulierten Gefängnis spielen. Das Experiment fand über mehrere Tage hinweg in einer wirklichkeitsnahen Gefängnisatmosphäre statt. Obwohl die Teilnehmer typische Collegestudenten waren, verleiteten ihre zugewiesenen Rollen sie zu Impulsivhandlungen, die sie außerhalb des Gefängnisses für verwerflich gehalten hätten. Zum Beispiel waren die uniformierten "Wächter" oft brutal und sadistisch zu den "Häftlingen" und zwangen sie zu erniedrigenden Handlungen. Das Experiment wurde sogar vorzeitig beendet, da viele der Teilnehmer Merkmale schwerer emotionaler Störung zeigten. Offenbar wurden die Probanden, indem sie die in der sozialen Struktur des Experimentes vorgesehenen Rollen einnahmen, *entpersönlicht* oder waren sich

INNERBETRIEBLICHE GRUPPENDYNAMIK

Können Sie Konformität mit dem Ähnlichkeitsprinzip der Attraktivität erklären?

ihrer selbst als eigenständige Wesen weniger bewußt. Daher verloren sie das Gespür für moralische und soziale Normen, die sie sich außerhalb des experimentellen Milieus normalerweise zu eigen machten. Die Uniformen von Wächtern, Polizisten und Militärs unterstreichen die Bedeutung sozialer Rollen und verringern die der persönlichen Identität.

Konformität

Gruppen üben Macht über den einzelnen aus. In der Gegenwart anderer neigen die meisten von uns dazu, die Werthaltungen, Einstellungen und Verhaltensweisen anderer Gruppenmitglieder zu übernehmen - wir "gehen konform". Menschen passen sich den Urteilen oder dem Verhalten anderer aus zwei Gründen an. Der eine hat mit der Glaubwürdigkeit von *Informationen* zu tun: Menschen gehen davon aus, daß Meinungen oder Verhaltensweisen anderer womöglich richtiger sind als ihre eigenen. Zweitens wollen Menschen unter Umständen nicht, gleich ob sie die Gruppenmeinungen oder das Gruppenverhalten für richtig halten, daß es so *aussieht*, als wichen sie vom Gruppenkonsens ab. Dieser *normative* Einfluß tritt dann besonders deutlich hervor, wenn Menschen (1) daran liegt, von anderen Gruppenmitgliedern anerkannt zu werden, und wenn sie (2) spüren, daß diese Anerkennung davon abhängig ist, daß sie sich die Mehrheitsmeinung zu eigen machen.

Die Konformität ist normalerweise dann am größten, wenn ein Mensch glaubt, er sei der einzige, der von der Richtschnur der Gruppenmeinung abweicht. Solomon Asch stellte zum Beispiel fest, daß die Angleichung an die Gruppe beträchtlich nachläßt, wenn die Probanden sehen, daß zumindest noch ein anderes Mitglied gerne von der Gruppennorm abweichen würde. (Siehe Fundgrube 10-2.) Aus diesem Ergebnis lassen sich wichtige Schlüsse ziehen. Zum Beispiel kann der Druck einer Gruppe, sich einen Standpunkt oder ein Verhalten zu eigen zu machen, dazu führen, daß eine Gruppennorm entsteht und beibehalten wird, die in Wirklichkeit nur wenige Gruppenmitglieder für erstrebenswert halten, der sich aber keiner offen entgegenstellen will, weil er fälschlicherweise glaubt, daß andere seinen Widerstand mißbilligen würden. Doch sobald eine Person bereit ist auszuscheren, trauen sich andere auch und nehmen den Standpunkt ein, den sie persönlich für richtig halten.

Während die gerade geschilderte Konformitätsforschung sich mit Gruppenentscheidungen befaßt, ist Konformität ein darüber hinausreichendes allgemeines Phänomen. Ein gewisses Maß an Konformität zeigen wir vielleicht einfach deshalb, damit die Verständigung mit anderen leichter und ein angenehmer alltäglicher Umgang mit ihnen möglich wird. Wenn wir einen Menschen das erste Mal treffen, werden wir wohl selten Extrempositionen zu einem Thema vertreten, da wir den anderen nicht vor den Kopf stoßen wollen. Gehören Sie dem linksliberalen Spektrum an, werden Sie einem Konservativen kaum mitteilen, daß Sie deren Politik für gefährlich halten. Vielmehr versuchen wir in einer solchen Situation, irgendwo in der Mitte zwischen unserer tatsächlichen Überzeugung und der vermeintlichen Überzeugung des anderen zu lavieren. Oder wir drücken unsere Meinung so vorsichtig und tastend aus, daß sie keinen Anstoß erregen kann. Diese Art der Konformität ist schlicht eine Frage des Anstands.

Die Neigung, sich in sozialen Situationen nach den Erwartungen anderer zu richten, kann uns dennoch zu ganz erstaunlichen Handlungen treiben, wie Stanley Milgram in einer - unter den heute gültigen ethischen Forschungsrichtlinien nicht mehr replizierbaren - Studie eindrucksvoll nachgewiesen hat. Die Probanden sollten einem anderen Probanden Elektroschocks geben, wenn er bei einem Lernexperiment Fehler machte. Das "Opfer" - ein Mitarbeiter, der natürlich keine wirklichen Schocks erhielt - machte absichtlich immer wieder dieselben Fehler, so daß die Probanden sich genötigt sahen, ihm Schocks steigender Intensität zuzufügen. Als die Schocks an Stärke zunahmen, wurde das Opfer äußerst unruhig, klagte über sein schwaches Herz und bat den Versuchsleiter dringend, das Experiment abzubrechen. Trotz der flehentlichen Bitten fuhren die meisten Probanden mit den Schocks fort - oft bis hinauf zu 450 Volt -, wenn der Versuchsleiter nur schwachen Druck ausübte, indem er darauf hinwies, sie müßten im Interesse des Gelingens der Untersuchung weitermachen.

Interessanterweise meinten viele Probanden in einer Kontrollgruppe, denen man die Untersuchung lediglich beschrieb, das Experiment verstoße gegen die Moral, und sie würden sich weigern, dabei mitzumachen. Die Studie ist ein schlagendes Beispiel dafür, wie sozialer Druck Menschen zu einem Verhalten bewegen kann, an dem sie unter anderen Umständen Anstoß nehmen würden.

Gruppenentscheidungen

Obwohl es reichlich Belege dafür gibt, daß es sich auf das Funktionieren einer Gruppe auswirkt, wenn die Mitglieder sich konform verhalten, scheint ein häufig berichtetes Resultat nicht recht ins Bild zu passen: Ein Gruppenurteil zeigt meist eine extremere Tendenz als der *Durchschnitt* der Einzelurteile, die vor Beteiligung an der Gruppenentscheidung gefällt wurden. Außerdem spiegelt sich diese Verschiebung zu den Extremen hin in den Urteilen, die die einzelnen nach der Gruppenentscheidung abgeben. Dieses Phänomen, die *Extremisierung* von Einstellungen durch *Gruppeninteraktion* oder der *Gruppenpolarisierungseffekt*, hat man in einer Reihe von Situationen aufgewiesen, in denen es um das Fällen von Urteilen geht. Eine der interessantesten Situationen liegt dann vor, wenn eine

FUNDGRUBE 10-2

Aschs Befunde zur Konformität

Abbildung 10-2 Mit dem Strom oder gegen den Strom?

In der klassischen Konformitätsstudie ließ Solomon Asch sieben Probanden um einen Tisch sitzen und Einschätzungen abgeben, welche von drei Strecken ebenso lang war wie eine zuvor gezeigte Bezugsstrecke. Der einzige wirkliche Proband hatte die Nummer 6; die anderen waren bezahlte Verbündete Aschs. Die Aufgabe war sehr einfach, doch unter einer Experimentalbedingung logen alle Verbündeten und erklärten eine falsche Strecke für die richtige. Wenn Nummer 6 antworten sollte, zeigte er Anzeichen eines inneren Konfliktes (er schien hin- und hergerissen, prüfte doppelt nach, und so weiter), ob er sich dem Gruppenurteil fügen oder die seiner Wahrnehmung nach richtige Antwort geben sollte.

Abbildung 10-3 Aschs Aufgabe

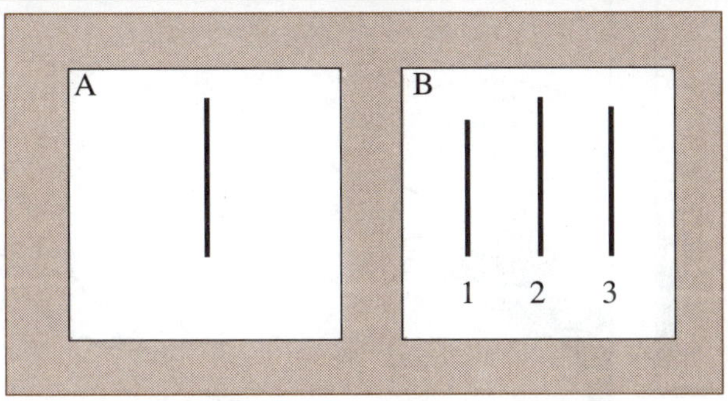

Nachdem sie Tafel A gesehen haben, sollen die Probanden auf B die entsprechende Strecke auswählen.

Abbildung 10-4 Aschs Ergebnisse

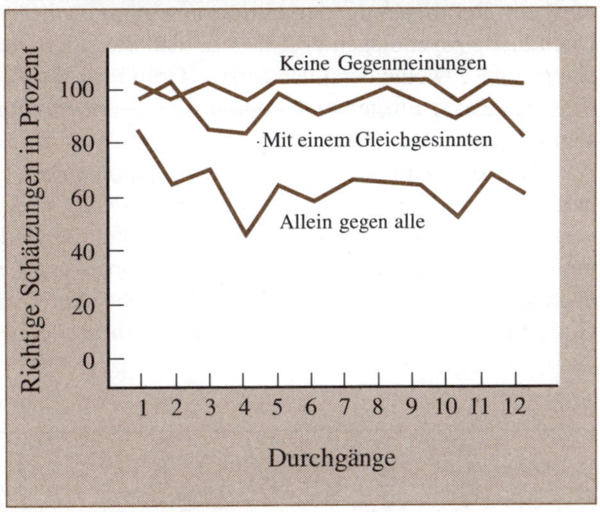

Die Zahl richtiger Antworten von Proband 6 unter drei Bedingungen: Die Gruppe lügt nicht (keine Gegenmeinungen); alle anderen lügen (allein gegen alle); ein Verbündeter macht mit Nummer 6 gegen die Mehrheitsmeinung Front (mit einem Gleichgesinnten). Ein einziger Mitstreiter reicht hier also aus, um der Konformität entgegenzuwirken.

Gruppe aufgefordert wird, eine Entscheidung zu treffen, die ein Risiko in sich birgt. In diesem Fall wird die Gruppendiskussion, falls die Probanden bereits zu einer risikofreudigen Entscheidung neigen, die Risikobereitschaft noch weiter erhöhen. Neigen die einzelnen dagegen zur Vorsicht, *senkt* die Gruppendiskussion die Risikobereitschaft.

Man hat verschiedene Erklärungen für dieses Phänomen des Entscheidungsverhaltens in Gruppen vorgeschlagen. Eine geht davon aus, daß Menschen, die extreme Positionen bevorzugen, oft auch die Anführer einer Gruppe sind, sich stärker an ihr beteiligen, eine größere Rolle in ihr spielen und bei einer gemeinsamen Entscheidung andere Mitglieder eher überzeugen können. Haben diese Radikalen also größeren Einfluß auf die Gruppe, so folgt daraus, daß nach der Diskussion der Frage die Gruppe als Ganzes eine extremere Position einnehmen wird. Doch für diese Erklärung des Polarisierungseffektes gibt es wenige schlüssige empirische Belege. Es ist denkbar und sogar wahrscheinlich, daß die Gruppenmitglieder unterschiedlich leicht von einer Position zu überzeugen sind und dies zur Polarisierung der Gruppenmeinung beiträgt. Doch Sozialpsychologen gestehen zu, daß dies nicht der Haupt-, geschweige denn der einzige Grund für die Polarisierung von Einstellungen durch Gruppeninteraktion sein kann.

Eine zweite Erklärung scheint dem Phänomen besser gerecht zu werden: Extreme Standpunkte zu einer Frage verschaffen ein höheres Prestige als "gewöhnliche" Standpunkte. Wird eine Entscheidung in einer Gruppensituation diskutiert, so gewinnt diese gesellschaftliche Norm an Gewicht für uns. Wir hegen nämlich die Überzeugung, daß man einen klaren Standpunkt in einer Sache haben sollte, und bilden uns insgeheim ein, daß wir selbst ein bißchen über dem "Durchschnitt" liegen, da wir eher als andere bereit seien, klar Stellung zu beziehen. Doch wenn wir dann beim Vergleich mit anderen Gruppenmitgliedern merken, daß unsere Ansichten nur "Durchschnitt" sind, versuchen wir unser Selbstbild zu wahren, indem wir unseren Standpunkt in die eine oder andere Richtung radikalisieren.

E. Burnstein und A. Vinokur haben eine dritte Erklärung für die Extremisierung von Einstellungen durch Gruppeninteraktion vorgeschlagen. Sie sehen die Gruppendiskussion als Situation, in der es vorrangig um das Überzeugen der anderen geht. Argumente werden vorgetragen, die sie vom Wert eines bestimmten Standpunktes überzeugen sollen. Gibt es mehr Argumente für eine riskante als für eine vorsichtige Entscheidung, so wechseln die Gruppenmitglieder zu risikofreudigeren Standpunkten über. Umgekehrt wächst ihr Sicherheitsbedürfnis, wenn die Argumente zugunsten der Vorsicht überwiegen. Burnstein und Vinokur legen Daten vor, die tatsächlich darauf hinweisen, daß das Verhältnis von risikofreudigen zu sicherheitsorientierten Argumenten eng mit dem sich in der Gruppe vollziehenden Einstellungswechsel verknüpft ist.

Diese drei Erklärungen der Einstellungsextremisierung schließen einander nicht aus; alle beschriebenen Mechanismen tragen vermutlich gemeinsam, wenn auch nicht zu gleichen Teilen, zu dem Phänomen bei.

Konfliktlösung durch Verhandeln

Der vorangegangene Abschnitt beschränkte sich auf Situationen, in denen Menschen kooperieren, um das gemeinsame Ziel, nämlich die richtige Entscheidung, zu erreichen. In anderen Situationen haben die Beteiligten unterschiedliche Ziele, und das Verhalten eines jeden beeinflußt sowohl das, was für ihn, als auch das, was für die anderen bei

dem Ganzen herauskommt. Darüber hinaus können die Ziele der Beteiligten im Widerstreit stehen, so daß das, was für den einen der Wunschzustand wäre, den anderen nicht reizt. Wie werden solche Konflikte gelöst?

Situationen, in denen den Gewinnen des einen Beteiligten entsprechende Verluste des anderen korrespondieren, nennt man "Nullsummenspiele": Die Summe aller Gewinne und Verluste ist Null. Im wirklichen Leben kommt häufiger die - für den Sozialpsychologen daher interessantere - Situation vor, daß die Gewinne und Verluste zusammen nicht Null ergeben. Vielmehr können die Beteiligten beide gewinnen oder beide verlieren. In einer solchen Lage können die Beteiligten zusammenarbeiten, um die Gesamtgewinne beider Seiten zu maximieren, oder sie können miteinander konkurrieren. Wie können Psychologen vorhersagen, ob Menschen mit Kooperation oder Wettbewerb reagieren?

Das Gefangenendilemma

Das Gefangenendilemma ist ein Spiel, das Sozialpsychologen gerne einsetzen, um Kooperations- und Konkurrenzverhalten zu untersuchen. In der Geschichte zu diesem Spiel werden zwei Leute verhaftet, ins Gefängnis gebracht und dort voneinander getrennt. Die Staatsanwältin ist sich sicher, daß die zwei Häftlinge ein bestimmtes Verbrechen begangen haben, doch sie hat nicht genügend Beweise, um eine Verurteilung vor Gericht zu erreichen. Sie macht jedem der Häftlinge klar, daß ihm zwei Wege offenstehen: Er kann ein Geständnis ablegen oder es verweigern. Weigern sie sich beide zu gestehen, wird die Staatsanwältin sie wegen eines geringeren Vergehens anklagen; gestehen sie beide, kommen sie ebenfalls vor Gericht, und die Staatsanwältin wird für ein hohes Strafmaß plädieren; gesteht nur einer, wird er eine mildere Strafe bekommen, während den zweiten Häftling ein noch höheres Strafmaß als im zweiten Fall erwartet. Im Gefangenendilemma-Spiel kooperativ zu handeln bedeutet, das Verbrechen zu verschweigen. Ein Geständnis dagegen bedeutet, daß der Betreffende sich entschlossen hat, mit dem anderen zu konkurrieren.

Forschungsarbeiten mit diesem und ähnlichen Spielen haben ergeben, daß es die Kooperation fördert, wenn die beiden Spieler ihre Reaktionen aufeinander abstimmen. Das heißt, beiderseitiger Erfolg ist wahrscheinlicher, wenn ein Spieler auf das kooperative Verhalten des anderen Spielers seinerseits kooperativ und, wenn der andere die Zähne zeigt, seinerseits rivalisierend antwortet. (Können Sie diese Befunde mit dem erklären, was Sie über die Theorie sozialer Tauschprozesse und die Equity-Theorie wissen?) Es erleichtert die Kooperation auch, wenn die Teilnehmer sich miteinander verständigen dürfen. Eine naheliegende Erklärung dafür ist, daß die Verständigung die Spieler davor bewahrt, die Absichten des Gegners zu verkennen. Ohne jegliche Verständigung oder Information über den Gegenspieler neigen die Probanden zur Annahme, der andere werde den Weg gegenseitiger Rivalität einschlagen. Folglich zeigen sie selbst mehr rivalisierendes Verhalten.

Auch das spezielle Motiv oder Ziel des Spiels nimmt Einfluß darauf, ob die Spieler kooperieren oder rivalisieren. Morton Deutsch gab seinen Probanden drei Arten von Instruktionen: kooperationsorientierte, die die Sorge um das Wohl des anderen Spielers betonten; wettbewerbsorientierte Instruktionen, die unterstrichen, es sei wichtig, so viel Geld wie möglich und insbesondere mehr als der andere zu gewinnen; auf den Einzelspieler zentrierte Instruktionen, die hervorhoben, der Zweck des Spieles sei, so viel Geld wie möglich zu gewinnen und sich nicht darum zu scheren, was für den Gegenspieler dabei herausspringt. Es ergab sich, daß die Probanden mit kooperationsorientierten Instruktionen tatsächlich neunzig Prozent, jene mit den wettbewerbsorientierten Instruktionen aber nur zwanzig Prozent ihrer Entscheidungen gemeinsam fällten. Die Probanden mit personorientierten Instruktionen kooperierten etwa die Hälfte der Zeit miteinander.

Schließlich ist das Auftreten kooperativen Verhaltens in diesen Spielen davon abhängig, ob der eine Spieler dem anderen droht. Hat nur einer der beiden Spieler beim Gefangenendilemma oder in einem ähnlichen Verhandlungsspiel irgendeine Drohung geäußert, und ist es wahrscheinlich, daß er die Drohung gegen den anderen Spieler wahrmachen wird, kommt es zu mehr kooperativen Verhaltensweisen, als wenn die Spieler sich gegenseitig bedrohen oder irgendeine Form von Macht übereinander ausüben. Doch die Kooperation erreicht nur dann Spitzenwerte, wenn keiner der beiden Spieler die Möglichkeit hat, den Gegner zu bedrohen. (Siehe auch Fundgrube 10-3.)

Verhandeln und Koalieren

Man hat Konfliktlösungsstrategien auch auf anderem Wege erforscht, indem man im Labor komplexe Verhandlungssituationen simulierte, wie man sie in Debatten zwischen Unternehmern und Lohnabhängigen sowie in der Parteipolitik findet. Nehmen wir zum Beispiel an, Adams, Black und Cooper seien Kandidaten für die Nominierung durch eine US-Partei. Um nominiert zu werden, braucht man 450 Stimmen. Adams hat 400 Stimmen hinter sich, Black 300 und Cooper 200. Keinem der drei reichen also die Stimmen für einen Alleinsieg, doch jedes beliebige Zweiergespann kann siegen, indem es seine Stimmen zusammenwirft und eine Koalition bildet. Nehmen wir an, daß ein Sieg bei der Nominierung das Recht bedeutet, hundert Posten mit den eigenen Leuten zu besetzen. Welche beiden Kandidaten werden eine Koalition eingehen, und wie werden sie die Posten unter sich aufteilen?

Man hat verschiedene theoretische Modelle entworfen, um diese Fragen zu beantworten. Die Modelle unterscheiden sich in Einzelheiten, doch die erfolgreicheren basieren alle auf den Überlegungen zur Verteilungsgerechtigkeit in sozialen Beziehungen, mit denen wir uns weiter oben in diesem Kapitel befaßt haben.

Nehmen wir zunächst an, jeder Kandidat glaube, daß er bei einer Koalition mit einem anderen so viel gewinnt (das heißt, so viele Ämter besetzen kann), wie es seinem Einsatz (das heißt, seinem Stimmenanteil) entspricht. Unter diesen Umständen würde jeder Kandidat am liebsten eine Koalition mit demjenigen eingehen, der weniger beitragen kann, vorausgesetzt, dessen Beitrag reicht aus, um den Sieg zu gewährleisten. So würde Adams eine Koalition mit Cooper einer Koalition mit Black vorziehen, da Adams im ersten Fall auf 67 Prozent (400:[400+200]), im zweiten aber nur auf 57 Prozent (400:[400+300]) der Posten rechnen könnte. Black würde seinerseits eine Koalition mit Cooper vorziehen, und Cooper würde lieber mit Black zusammengehen. Daher werden Cooper und Black lieber miteinander als mit Adams koalieren, so daß sich die beiden schwächeren Kandidaten gegen den mächtigsten, das heißt, den mit dem größten Stimmenanteil, zusammentun.

Die Dinge können jedoch komplizierter liegen. Glaubt Adams, daß Black und Cooper gegen ihn koalieren könnten, und zieht er ein Bündnis mit Cooper vor, so wird er

FUNDGRUBE 10-3

Die Robbers Cave-Studie

M. Sherif, O.J. Harvey, B.J. White, R. Hood und C. Sherif veröffentlichten 1961 eine mittlerweile klassische sozialpsychologische Studie über Gruppenkonflikte. Nach dem Ort des Ferienlagers in Oklahoma nennt man sie die *Robbers Cave*-Studie.

Die Probanden waren zwölfjährige Jungen, ausgewählt als typische amerikanische Mittelschichtkinder. Sie waren normale, gesunde, an ihre Umgebung gut angepaßte, glückliche Kinder, hatten gern ihren Spaß und steckten voller Energie. Die Versuchsleiter teilten die Jungen in zwei homogene Gruppen auf, sodaß sie sich in Eigenschaften wie Intelligenz und Körpergröße glichen.

Die Jungen erfuhren, daß sie in ein Feriensommerlager gehen würden, und daß man jede Gruppe für sich in ein abgeschiedenes Pfadfinderlager bringen würde.

Das Ferienlager stand in Wirklichkeit unter Aufsicht der Experimentatoren, und die Leiter des Camps waren bei ihnen angestellt. Die Leiter beobachteten das Verhalten der Jungen und berichteten es den Experimentatoren. (Die Daten wurden unauffällig erhoben, da die Jungen die eigentliche Funktion der Gruppenleiter nicht ahnten.) Die Experimentatoren und die Leiter richteten die Aktivitäten im Lager nach einem zuvor ausgearbeiteten Plan ein, der drei Phasen hatte.

Im ersten Stadium befaßte man sich getrennt mit den beiden Gruppen von Jungen, so daß sie sich mit ihrer Gruppe zu identifizieren und ihr zugehörig zu fühlen begannen. Dies erreichte man, indem man die Jungen an Projekten arbeiten ließ, mit denen sie Ziele erreichen würden, die sie alle guthießen und die die Kooperation aller erforderten. Zum Beispiel sollten sie das Schwimmloch ausbauen und eine Seilbrücke errichten. Man ging mit den Jungen so um, daß sich zwei Gruppen mit einem hohen Maß an Gruppenkohäsion bildeten. Die eine Gruppe nannte sich selbst die Klapperschlangen, die anderen waren die Adler. In diesem Stadium waren die Gruppen voneinander getrennt und arbeiteten unabhängig voneinander an verschiedenen Projekten. Am Ende des ersten Stadiums war es den Versuchsleitern gelungen, zwei echte und nicht bloß zusammengewürfelte Gruppen zu schaffen. Alle Jungen fühlten sich eindeutig ihrer Gruppe zugehörig.

Im zweiten Stadium begannen die Berater den Konflikt zwischen den Gruppen zu schüren, indem sie sie in einer Reihe von Wettkämpfen wie Baseball und Tauziehen gegeneinander antreten ließen. Die Konkurrenz führte zur Feindschaft zwischen den Gruppen, die sich beschimpften, prügelten und gegenseitig in ihren Lagern überfielen. Die Klapperschlangen verabscheuten die Adler und umgekehrt. Die Jungen hatten Vorurteile gegen die Mitglieder der fremden Gruppe und schworen auf die Mitglieder der eigenen Gruppe.

Das dritte Stadium bestand aus Bemühungen, die Feindseligkeit zwischen den Gruppen abzubauen. Die beiden Gruppen einfach zusammenzubringen (zum Beispiel zu gemeinsamen Mahlzeiten) dämpfte die Feindseligkeiten nicht. Daß man den Jungen einen gemeinsamen Feind (eine dritte Gruppe von Jungen) bot, minderte die Feindschaft von Klapperschlangen und Adlern nur teilweise. Die Gruppen verschoben die Feindseligkeit lediglich auf den gemeinsamen Feind.

Was die Feindseligkeit insgesamt schwinden ließ, war eben das, was im ersten Stadium dafür gesorgt hatte, daß sich in den Gruppen ein Zusammengehörigkeitsgefühl entwickelte. Die Experimentatoren stellten die Gruppen vor Aufgaben, zu deren Erfüllung sie zusammenarbeiten mußten. Die Aufgabenziele waren so gewählt, daß sie den Mitgliedern beider Gruppen am Herzen lagen. Zum Beispiel sorgte man dafür, daß der Lager-Lkw auf dem Weg zu einer Zelttour liegenblieb, auf die sich alle gefreut hatten. Alle Jungen mußten mit anpacken und den Lkw einen Hügel hinaufziehen, um ihn wieder in Gang zu bringen. Da das Ziel ein positives war, kam es zu keinen Feindseligkeiten. Da die beiden Gruppen sich gemeinsam anstrengen mußten, war Feindschaft zwischen ihnen nicht länger angemessen. Eine Reihe von solchen Kooperation erfordernden Abenteuern führte schließlich dazu, daß die Gruppen freundlich miteinander umgingen, bis die Jungen am Ende verlangten, sie wollten alle zusammen in einem Bus heimfahren. Mit ihrem bei einem Wettkampf gewonnenen Geld lud eine der Gruppen auf dem Heimweg gar die andere zu Milchshakes ein.

seinen Anspruch auf einen dem Stimmenanteil entsprechenden Proporz (das heißt, auf 67 Posten) aufgeben und Cooper etwas mehr bieten, als dieser von Black bekäme. Da Cooper von Black 40 Prozent (200:[200+300]) fordern könnte, bietet ihm Adams vielleicht 41 Ämter und begnügt sich mit den übrigen 59 Prozent (die immer noch leicht über dem liegen, was er aus einer Koalition mit Black erwarten könnte). Nehmen die Ereignisse eine solche Wendung, so sieht Black sich vielleicht zu Gegenangeboten genötigt, und so weiter. Ein interessanter Gesichtspunkt an diesem Beispiel ist, daß Cooper, der Kandidat mit dem geringsten Stimmenanteil, zum begehrtesten Koalitionspartner wird, wogegen Adams, obwohl er die meisten Delegierten hinter sich hat, als Koalitionspartner am wenigsten attraktiv ist. Wenn die Regeln also nicht verlangen, daß der Kandidat mit der einfachen Mehrheit der Stimmen gewinnt, erweist derselbe sich unter Umständen, sobald die Koalitionsverhandlungen beginnen, als der schwächste. Dies widerspricht unserer Intuition und unserem gesunden Menschenverstand ganz und gar.

ZUSAMMENFASSUNG

1. Wir ordnen Informationen über bestimmte Menschen und Ereignisse mit Hilfe von Schemata. Sobald wir Menschen oder ein Ereignis mit Hilfe eines Schemas klassifiziert haben, ziehen wir den Schluß, daß sie auch andere Merkmale aufweisen, die zwar nicht in den uns dargebotenen Informationen vorkamen, doch für andere Vertreter des Schemas typisch sind (aus dem Fehlen von Informationen abgeleitetes Wissen; siehe Kapitel 6).

2. Viele Sozialpsychologen gehen davon aus, daß Menschen Stimmigkeit in ihrem Leben haben: Sie möchten, daß ihre Überzeugungen, ihre Einstellungen und ihr Verhalten logisch zusammenpassen; sie möchten auch, daß die Überzeugungen, die Einstellungen und das Verhalten anderer um sie herum im Einklang miteinander stehen. So verschaffen Menschen sich das Gefühl, ihr Leben mitsamt den Menschen und Ereignissen darin sei wohlgeordnet und gut zu bewältigen, und können ihre Verhaltensweisen und Interaktionen mit der Umwelt überschauen und einfacher gestalten.

3. Überzeugungsversuche mit dem Ziel, die Einstellungen anderer zu einem bestimmten Thema zu ändern, lassen sich in drei Elemente aufgliedern: den Sender des Überzeugungsversuches, den Inhalt der Kommunikation sowie Situationsfaktoren, die den Einfluß von Sender und Botschaft modifizieren. Jedes dieser drei Elemente steht unter dem Einfluß verschiedener Faktoren wie der Glaubwürdigkeit und dem Fachwissen des Senders, der Ablenkung durch inhaltliche Details, des anfänglichen Engagements in der betreffenden Frage und eventueller Warnungen vor Überredungsversuchen. Der Widerstand gegen Überzeugungsversuche läßt sich steigern, indem man den Betreffenden Informationen präsentiert, mit deren Hilfe sie Kritik gegen die eigene Position widerlegen können.

4. Doch Einstellungen gegenüber einem Menschen oder einer Sache erlauben nicht unbedingt genaue Prognosen des Verhaltens gegenüber diesem Menschen oder dieser Sache. Genauere Verhaltensprognosen lassen sich treffen, wenn die Einstellung von zentraler Bedeutung für den Betreffenden ist, wenn er an ihr festhält, sie klar äußern kann und unter Druck nicht leicht von ihr abläßt. Außerdem werden Verhaltensprognosen genauer, wenn man bereichsspezifische Einstellungsmaße erhebt.

5. Attributionen, das heißt Aussagen über die wahrscheinliche Ursache eines Ereignisses, lassen sich als Versuch verstehen, das Bedürfnis nach einer vorhersagbaren und in sich schlüssigen Welt zu befriedigen. Weiß man, wie und warum etwas geschieht, so kann man zukünftige Ereignisse und Verhaltensweisen vorhersagen und das eigene Verhalten auf der Grundlage dieser Erwartungen abstimmen.

6. Als Ursache eines Verhaltens kann man den betreffenden Menschen, die Situation oder eine Kombination aus beiden betrachten. Sieht jemand die Verhaltensursache im einzelnen Menschen, so nennt man das eine internale Attribution. Wird die Situation zur Erklärung herangezogen, liegt eine externale Attribution vor. Außerdem ist zu unterscheiden, ob von stabilen oder variablen Ursachen ausgegangen wird.

7. Verhaltensattributionen fallen eher external, also situationsbezogen aus, wenn es Hinweise dafür gibt, daß sich andere Menschen unter ähnlichen Umständen nicht so verhalten würden, oder wenn es unwahrscheinlich ist, daß das Verhalten sich auch auf andere Situationen ausweitet. Erklärungen des eigenen Verhaltens sind oft von dem Verlangen diktiert, die Selbstachtung zu wahren. So finden wir uns bereit, die Verantwortung für unsere Erfolge zu übernehmen, während wir die Fehlschläge lieber externalen Faktoren zuschreiben.

8. Menschen fühlen sich zueinander aus vielfältigen Gründen hingezogen. Im allgemeinen ziehen uns die an, die uns ähneln, sowie attraktive und in unserer Nähe lebende Menschen.

9. Die Theorie sozialer Austauschprozesse erklärt die Bildung und Pflege zwischenmenschlicher Beziehungen in Begriffen einer Kosten-Nutzen-Analyse. Kurz gesagt bildet und hält sich eine Beziehung dann, wenn für jeden Beteiligten die Gewinne aus der Interaktion größer als die Kosten sind.

10. Menschen gehen oft von ihren eigenen Merkmalen aus, um Informationen über andere deuten und ordnen zu können, und benutzen, wenn sie andere beurteilen wollen, sich selbst als Vergleichsmaßstab. Regt man ihre Selbstbewußtheit an, so werden Menschen feinfühliger dafür, wie ihr Verhalten bei anderen ankommt, und ändern es dementsprechend.

11. Menschen benutzen andere als Maßstab, um sich selbst und ihre Reaktionen auf neuartige Situationen einordnen zu können, besonders wenn ihnen andere Maßstäbe für die Selbstbewertung nicht zur Verfügung stehen. Menschen vergleichen sich am liebsten mit anderen, die ihnen in den für die Selbstbewertung wesentlichen Bereichen im großen und ganzen ähnlich sind, was Lebensumstände und Erfahrungen angeht.

12. Die Anwesenheit anderer erhöht die Leistung, wenn die Aufgabe einfaches und fest eingeprägtes Verhalten verlangt; die Leistung sinkt jedoch, wenn die Aufgabe kompliziert ist. Außerdem kann die Anwesenheit anderer dazu führen, daß man sich für das Erreichen von Gruppenzielen weniger verantwortlich fühlt und Abstand davon nimmt, Menschen in Not zu helfen.
13. Menschen gleichen ihre Ansichten denen anderer aus zwei Gründen an. Zur Konformität kommt es, wenn ein einzelner sich seiner selbst nicht sicher oder von seiner Meinung nicht wirklich überzeugt ist und daher geneigt ist zu glauben, andere hätten eher recht. Konformität tritt auch dann auf, wenn ein Mensch sich danach sehnt, daß andere ihn anerkennen, und glaubt, diese Anerkennung sei nur durch Konformität zu gewinnen.
14. In einer Wettbewerbssituation basieren die Lösungen, zu denen die Gegner gemeinsam gelangen, teils auf der Idee der Gleichberechtigung (alle Parteien erhalten gleich große Anteile an den zur Verfügung stehenden Gewinnen), teils auf der Idee der Verteilungsgerechtigkeit (die Gewinne der einzelnen entsprechen ihren Leistungen für die Gruppe). Kooperatives Verhalten tritt gehäuft auf, wenn die zwei Beteiligten ihre Reaktionen aufeinander abstimmen oder wenn man ihnen erlaubt, sich untereinander zu verständigen. Auch das Spielthema oder Spielziel hat Einfluß darauf, ob die Beteiligten kooperieren; liegt der Zweck des Spieles eindeutig darin, die Gewinne für alle Spieler zu maximieren, erleichtert das die Kooperation.
15. In bestimmten Situationen bilden Menschen Koalitionen mit anderen, um mehr für sich selbst herausholen zu können. Dabei ziehen sie oft die Koalitionspartner vor, die eigentlich am wenigsten beizusteuern haben, da diese nur einen kleineren Gewinnanteil beanspruchen können.

So sieht das in der Praxis aus

Die Erkenntnisse der Sozialpsychologie lassen sich in vielen verschiedenen Bereichen anwenden. Zum Beispiel sind in jedem Industriebetrieb Produktionsvolumen und -qualität sowie die Arbeitsmoral von den Einstellungen der Beschäftigten gegenüber den Kollegen und dem Unternehmen abhängig. Es gibt Gruppennormen dafür, wie und wieviel man arbeiten, wie man sich bei der Arbeit verhalten und wem man sich anschließen soll. Führungskräfte müssen ausgewählt und ausgebildet werden. Praktisch jeder Teil der Sozialpsychologie läßt sich in der Industrie anwenden, da ein Unternehmen eine Gesellschaft im kleinen ist. Die Sozialpsychologie läßt sich auch in Erziehungsinstitutionen, psychiatrischen Kliniken und Gefängnissen nutzbringend anwenden. Die Sozialpsychologie der Sexualität reicht vom Studium der Promiskuität bis zur Untersuchung von Liebe und platonischer Freundschaft. Es gibt eine Sozialpsychologie der Organisationen, der Familie, des Vorurteils, des Altruismus, und so weiter. Kurz, weil Sozialverhalten so weit verbreitet ist, besitzt die Sozialpsychologie ein so breites Anwendungsgebiet.

FORENSISCHE SOZIALPSYCHOLOGIE

Das Geschworenengericht als soziale Gruppe

Amerikanische Sozialpsychologen untersuchen zunehmend Probleme der Geschworenenauswahl sowie der Entscheidungsfindung durch Geschworenengerichte. [Das deutsche Recht kennt zwar Schöffen, sieht jedoch bei Strafprozessen keine Geschworenenentscheidungen vor. Anm. d. Übers.] Die Erkenntnisse der Sozialpsychologie treffen nicht nur auf das zu, was im psychologischen Labor, sondern auch auf das, was im Beratungsraum solcher Juries vor sich geht. Zum Beispiel hat man herausgefunden, daß Menschen mit höherem Prestige, das heißt aus einer höheren Gesellschaftsschicht, sich an den Diskussionen eifriger beteiligen und öfter als Jurysprecher gewählt werden als andere.

Körperliche Attraktivität spielt beim Urteilsspruch der Geschworenen mit eine Rolle. In mehreren Studien wurden attraktive Straffällige nachsichtiger behandelt. Doch eine jüngere Studie zeigt, daß Schönheit zuweilen auch von Nachteil ist. Ging es um Einbruch - ein Vergehen, das von der äußeren Erscheinung unabhängig ist -, kamen attraktive weibliche Angeklagte mit milderen Strafen davon. Ging es um Betrügereien, wo Vergehen und äußere Erscheinung miteinander verknüpft sind, erhielten attraktive Sünderinnen härtere Strafen.

Grundlage der Entscheidungen von Geschworenenjuries (die einstimmig gefaßt werden müssen, Anm. d. Übers.) sind gemeinsame Beratungen, während derer es zu verschiedenen Interaktionen wie Überzeugungsversuchen, Verhandlungen und konformem Mitziehen kommt. James Davis und seine Mitarbeiter an der *University of Illinois* haben sich mit der Entscheidungsfindung von Juries bei gestellten Gerichtsverhandlungen befaßt. Unter anderem stellte Davis fest: (1) In Übereinstimmung mit der im Rechtssystem der USA verankerten Unschuldsvermutung sprechen Juries im Zweifelsfall einen Angeklagten eher frei; (2) wenn nicht eine Zweidrittelmehrheit sich gleich am Beginn der Beratungen für den einen oder anderen Beschluß ausspricht, kommt es leicht dazu, daß die Jury zu keinem Urteilsspruch gelangen kann, weil einzelne Mitglieder sich gegen die Mehrheitsmeinung aussprechen; (3) bei einer Zwölferjury ist es wahrscheinlicher, daß sie am Ende beschlußunfähig ist, als bei einer Jury mit nur sechs Geschworenen. Alle drei Ergebnisse verdeutlichen, wie wichtig soziale Interaktionen bei der Entscheidungsfindung in Gruppen sind. Der erste Befund ist eine Folge gesellschaftlicher Wertvorstellungen, an denen die Geschworenen teilhaben. Der zweite legt nahe, daß eine Minderheit sich dem Willen der Mehrheit meist beugt und konform geht, wenn es sich nur um eine große Mehrheit handelt. Das dritte Ergebnis bedeutet wohl, daß wir an einer abweichenden

Meinung, sofern es nur wenigstens einen anderen gibt, der ihr auch anhängt, leichter festhalten können. Das heißt, zwei halten zehn anderen eher stand (der Fall einer entscheidungsunfähigen Jury mit zehn gegen zwei Voten) als daß einer allein, der sich fünf anderen gegenübersieht, durchhält (Entscheidungsunfähigkeit durch fünf Voten gegen ein Votum). Während entscheidungsunfähige Juries im US-Rechtssystem für den Angeklagten von Vorteil sind, schrumpfen bei einer kleinen Jury seine Chancen. Dies ist besonders interessant angesichts der kürzlichen Entscheidung des *Supreme Court* [Oberstes Bundesgericht], die bei Strafverfahren im Staat Florida Geschworenengerichte mit nur sechs Mitgliedern zuläßt.

BEEINFLUSSUNGSVERSUCHE

Meinungsbeeinflussung ist in den USA ein großer Geschäftszweig. Dabei werden hauptsächlich die Prinzipien der Einstellungsbildung und -änderung angewandt. Das augenfälligste Beispiel ist die Werbung. Eine Anzeige oder ein Werbespot sind grundsätzlich Botschaften, die Ihre Einstellung einem Produkt oder einer Dienstleistung gegenüber ändern sollen und dazu besonders die Handlungskomponente der Einstellung anzugehen versuchen: Die Inserenten wollen, daß Sie ihr Erzeugnis kaufen.

Wenden wir die Prinzipien der Einstellungsänderung auf die Werbung an, um zu sehen, wie eine wirkungsvolle, das heißt, zum Kauf verleitende Anzeige aussehen müßte. Daß wir eine solche Anzeige unter ästhetischen Gesichtspunkten vielleicht schrecklich finden, spielt für dieses Geschäft keine Rolle, wie Sie sehr wohl wissen, falls Sie je ferngesehen haben.

Eine erfolgreiche Werbung für ein neues Müsli könnte folgende Merkmale haben:

1. Sie ist eingängig oder lebendig oder laut, denn Sie wollen, daß Ihre Werbung sich heraushebt und gesehen oder gehört wird. Sie soll viel „action“ enthalten, damit dem Zuhörer keine Zeit bleibt zu überlegen, was gegen die Behauptungen der Anzeige oder des Spots sprechen oder wie er zu Gegenargumenten gelangen könnte.
2. Sie ist von schlichter Einfalt: Ihre Botschaft soll für alle, an die sie gerichtet ist, klar verständlich sein.
3. Sie wiederholt die Botschaft wieder und wieder: “Kaufen Sie Knusperknusperknäuschen! Knusperknu-

Triumph der süßen Spots

In Kindersendungen eingestreute Fernsehwerbespots für Nahrungsmittel sind ein sowohl politisch als auch ernährungswissenschaftlich heiß umkämpftes Thema. Obwohl einiges dafür spricht, daß Werbespots die Eßgewohnheiten eines Kindes tatsächlich verändern können, muß erst noch geklärt werden, wie groß ihr Einfluß nun wirklich ist. Viele Untersuchungen, die die Wirkung von Werbespots erfassen wollten, gingen lediglich von den eigenen Angaben der Kinder darüber aus, was sie aßen.

Doch nun berichten Wissenschaftler von der *University of Montana* davon, wie sie bei 47 Vier- und Fünfjährigen vor und nach verschiedenen Fernsehwerbungen erfaßt haben, welche Speisen sie tatsächlich am liebsten mögen und verzehren. Zuerst setzte man den Kleinen je acht Minuten lang Proben von Nahrungsmitteln mit niedrigem Ernährungswert (Maischips, Plätzchen, süße Müslis, Cola und andere Süßgetränke) und hohem Ernährungswert vor (Käse, Möhren, Trauben, Äpfel, Milch und Orangensaft). Man maß, wieviel und wovon sie am meisten aßen und erhob weitere Informationen per Interview.

Eine Woche später machten die Kinder noch einmal dasselbe mit, doch zuvor sahen sie zwölf Minuten einer Kindersendung. Darin eingestreut war ein halbes Dutzend Werbespots entweder für nährstoffarme oder nährstoffreiche Speisen oder - in der Kontrollgruppe - für Spielzeug. Es ergab sich, daß die Spots für die nährstoffarmen Speisen deutlichen Einfluß darauf hatten, was und wieviel die Kinder aßen, nicht aber die Spots für nährstoffreiche Speisen. “Kinder, die Werbung für *Hersheys* [Schokoladenriegel] und *Fritos* [Kartoffelchips] sahen, verzehrten mehr von diesen Produkten, während jene, die Werbung für Milch, Trauben und Käse sahen, ihren betreffenden Konsum nicht wesentlich steigerten,” berichtet das Team, angeführt von dem Psychologen D. Balfour Jeffrey. Den Kindern blieben die Werbespots für Speisen von geringem Ernährungswert auch besser im Gedächtnis haften als die anderen Spots.

Die Ergebnisse, so meinen die Autoren, legen nicht nur nahe, daß Werbespots die Eßgewohnheiten von Kindern tatsächlich beeinflussen. Leute, die Werbung für gesunde Kost machen, sollten auch ihre Spots massenwirksamer gestalten und ganz wie in der Werbung für nährstoffarme Produkte “viele der Techniken benutzen, deren Wirksamkeit die Forschung zum Modellernen erwiesen hat. Sie sollten also viele Modelle, die das Kind zur Nachahmung anregen, auf einmal präsentieren, *peer groups* zeigen, Ohrwürmer unterlegen, mehr „action“ einbauen, und so weiter.”

Science News,
22.9.1979

Ein Beispiel dafür, wie die Prinzipien wirkungsvoller Werbung eingesetzt werden.

sperknäuschen, das beste Müsli, das Sie je probiert haben. Denken Sie dran - Knusperknusperknäuschen. Ja, holen Sie sich Knusperknusperknäuschen noch heute!"

4. In Ihrem Spot sagt ein berühmter Fußballspieler, daß er Knusperknusperknäuschen jeden Tag zu sich nimmt, und läßt durchblicken, daß er deshalb ein so guter Spieler ist. Einen Fußballstar würden Sie natürlich nur dann einsetzen, wenn Fußballspieler in den Augen Ihrer Zielgruppe ein hohes Prestige und einen hohen Sozialstatus besitzen und den Wunsch in ihr wecken, genauso zu sein. Sie wählen die Akteure mit Blick auf das Publikum, auf das Ihr Spot wirken soll. Ein berühmter Trabrennfahrer würde Ihnen beim Anpreisen eines Rolls-Royce wohl keine guten Dienste leisten.
5. Ihr Spot macht dem Publikum anschaulich, wie wertvoll Knusperknusperknäuschen ist, vielleicht indem er all die schönen, reichen, knackigen, rundum glücklichen Leute zeigt, die Knusperknusperknäuschen essen.

Wie würden Sie, wenn Sie diese fünf Prinzipien zum Maßstab nehmen, die Erzeugnisse der Werbebranche beurteilen? Haben Sie je einen Werbespot gesehen, der der obigen Beschreibung entspricht?

Beeinflussungsversuche wie Reden, Werbespots und Leitartikel verfehlen allerdings zuweilen ihr Ziel, Meinungen zu ändern, obwohl sie scheinbar genau richtig aufgebaut sind. Das beste Beispiel dafür ist, daß durch die Kampagne gegen das Rauchen der Zigarettenkonsum in den USA nicht zurückgegangen ist, trotz einiger sehr kluger und spannender Werbespots, eines Trommelfeuers von Zeitungs- und Zeitschriftenartikeln, warnender Hinweise auf Zigarettenpäckchen und eines Verbots von Zigarettenwerbung im Fernsehen. Ein Hauptproblem dabei ist offenbar, die Aufmerksamkeit der Zuschauer auf die Botschaft zu lenken. Raucher schenken dieser Antiwerbung wahrscheinlich weniger Beachtung, und bei ihnen kommen weniger Informationen über die schädlichen Wirkungen des Rauchens an. Die Warnungen auf Zigarettenpäckchen etwa nehmen sie kaum oder überhaupt nicht wahr.

Eine Beeinflussungstechnik, die einigen Erfolg gegen das Zigarettenrauchen verspricht, ist das *Rollenspiel*. In einer Studie forderte man Raucher auf, in die Rolle eines Patienten zu schlüpfen, bei dem man gerade Lungenkrebs diagnostiziert hat. Ähnlich wie beim Psychodrama (siehe Kapitel 12) begab sich jeder Proband in die Rolle des sterbenden Krebspatienten, während der Versuchsleiter den Arzt spielte und wiederholt Informationen über die schädlichen Folgen des Rauchens anbot. Rollenspiel reduzierte den Zigarettenkonsum wesentlich. In anderen, ähnlichen Studien ergab sich ein deutlicher Einstellungswandel daraus, daß der Proband eine Rede hielt, in der er die Ansichten vertreten sollte, denen er sich nach dem Willen der Experimentatoren annähern sollte; die Einstellungsänderung war besonders ausgeprägt, wenn er die Rede aus dem Stegreif halten mußte. Bringt man einen Spießer dazu, sich vor ein Publikum zu stellen und eine Rede zu improvisieren, in der er sich für Gleichberechtigung, Integration von Randgruppen und Bürgerrechte aussprechen muß, so weitet sich sein Horizont mehr als der des Publikums, das seiner Rede lediglich zuhört. Wie läßt sich das mit der Dissonanztheorie erklären? Warum zeigt es mehr Wirkung, wenn er die Rede aus dem Stegreif hält, anstatt daß er sie vorbereitet und abliest?

Beeinflussungsversuchen begegnen wir in unserem Leben auf Schritt und Tritt. Denken Sie nur an den gewaltigen Werbeaufwand in Wahlkämpfen, an Kirchenpredigten, an Regierungskampagnen gegen Drogen- und Alkoholmißbrauch. Auch Ihre Ausbildung hat viel mit Einstellungsbildung und -änderung zu tun, und wir hoffen, daß sich einige Ihrer Einstellungen zur Psychologie beim Lesen dieses Buchs ändern werden.

DIE SOZIALPSYCHOLOGIE DER GESUNDHEIT

Was macht Menschen krank? Die meisten Ärzte lenken unsere Aufmerksamkeit auf Parasiten, Bakterien und Viren. Psychiater und klinische Psychologen meinen, daß Menschen sich manchmal krankdenken. Richard Totman, ein Sozialpsychologe, vertritt die Ansicht, die Gesellschaft sei an vielen Krankheiten schuld. Er führt viele Studien an, die zeigen, daß sogenannte körperliche Leiden wie Magengeschwüre, Bluthochdruck, Herzleiden und sogar Krebs und Senilität daher kommen, daß Menschen außerstande sind, sich so zu verhalten, wie die Gesellschaft es von ihnen erwartet. Totman glaubt, daß körperliche Krankheiten eher von gesellschaftlichen Faktoren als von Viren oder Verschleißerscheinungen herrühren. Es gibt sehr viele Belege dafür, daß Menschen mit Problemen in der sozialen Sphäre - etwa jene, die kürzlich den Ehepartner oder ihre Arbeitsstelle verloren haben oder die nach einem Umzug ihre neue häusliche Situation aus der Bahn wirft -

für bestimmte Krankheiten weit anfälliger sind als Menschen, die sich in ihrem Leben und in ihrer Rolle sicher fühlen.

Totman beansprucht vielleicht einen zu weiten Geltungsbereich für seine Aussage, doch erkennen immer mehr Experten an, daß soziale Faktoren für die Krankheitsentstehung eine wichtige Rolle spielen.

Gewisse Krankheiten rühren nicht nur von soziopsychischen Vorgängen her, sondern lassen sich nach denselben Prinzipien auch behandeln. Die Wirksamkeit von Psychotherapie geht zum Teil darauf zurück, daß sie dem Patienten Kosten in Form von Geld und Mühe abverlangt. Um diese Kosten zu rechtfertigen, versuchen Patienten, die Überzeugung in sich zu stärken, daß die Therapie ihnen geholfen hat. Eine Reihe von Untersuchungen stützt diese Sichtweise, die auf der Theorie der kognitiven Dissonanz basiert. In einer Studie verglich man die Effekte von Psychotherapie mit den Effekten einfacher Bewegungsübungen. Von Unterstützung durch Freunde und geliebte Menschen betrachtet man als einen wichtigen Bestandteil sowohl der geistigen als auch der körperlichen Gesundheit. Vorsicht - hier haben wir es mit Korrelationsdaten zu tun!

Gute Freunde verlängern das Leben

Alleinstehende sind öfter krank und sterben früher als Ehepaare.

Partnerschaft, Freundschaft und mitmenschliche Hilfe beeinflussen Gesundheit und Lebenserwartung günstig. Ein Single-Dasein bewirkt offenbar das Gegenteil.

Alle Anzeichen deuten darauf hin, daß etwa das Alleinsein nach einer gescheiterten Ehe weder die ersehnte Befreiung vom Streß noch den erhofften seelischen und körperlichen Aufschwung für den Beginn des sehnsüchtig erwarteten "neuen Lebens" mit sich bringt. Wie der Münchner Psychiater Dr. Friedrich Strian vom Max-Planck-Institut für Psychiatrie erklärte, hätten epidemiologische Langzeitstudien, die sich auf die Gesamtbevölkerung in den Vereinigten Staaten erstreckten, gezeigt, daß alleinstehende Männer und Frauen häufiger krank sind als verheiratete Personen. Sie fehlten insgesamt öfter aus Gesundheitsgründen am Arbeitsplatz, sind länger in Kliniken und müssen mit einer mindestens doppelt so hohen Sterberate rechnen.

Die Ergebnisse einer Studie mit mehr als 77 000 Männern in Göteborg/Schweden deuten in die gleiche Richtung. So mußten im Laufe von 10 Jahren von den verheirateten Männern 51,2 Prozent, von den Junggesellen 52,8 Prozent, von den Geschiedenen jedoch 62,1 Prozent stationär behandelt werden. Im gleichen Zeitraum starben 0,2 Prozent der Verheirateten, 1,1 Prozent der Ledigen, aber 2,4 Prozent der Geschiedenen, zwölfmal so viele Singles wie Ehemänner.

In der Bundesrepublik Deutschland ist die Situation ähnlich. Wissenschaftler des Mannheimer Zentralinstituts für Seelische Gesundheit fanden in psychiatrischen Kliniken überdurchschnittlich viele Geschiedene. Zwar müssen Frauen meist etwas häufiger als Männer einen Psychiater zu Rate ziehen, in den Kliniken finden sich jedoch mehr geschiedene Männer. Professor Jiri Bojanowski folgert daraus: "Es scheint, daß sich die Ehe bei Männern noch günstiger auf die Psyche auswirkt als bei Frauen".

Diese Vermutung wird auch durch die Selbstmordzahlen bestätigt. Geschiedene sind in allen Ländern stärker durch Selbstmord bedroht als Verwitwete, Ledige oder Verheiratete. Im Vergleich zu Verheirateten gleichen Alters verüben geschiedene Männer rund fünf bis siebenmal, geschiedene Frauen drei bis viermal häufiger Selbstmord. Besonders auffällig ist dabei die überraschend hohe Selbstmordrate der Männer im ersten halben Jahr nach der Scheidung.

Depressionen durch soziale Vereinsamung

Wie eine Studie in San Francisco ergab, wird bei Frauen, die den Partner durch Tod oder Scheidung verlieren, das Immunsystem geschwächt. Sie erkranken deshalb schneller und schwerer an einer Herpes-Infektion. Freilich führen auch häufige Streitereien zur Krankheitsanfälligkeit: Bei Frauen mit Eheproblemen fanden die Forscher ebenfalls eine Herabsetzung der Abwehrkräfte.

Auch die Sterblichkeit bestimmter organischer Erkrankungen ist bei Geschiedenen höher als bei Verheirateten. Geschiedene kommen häufiger durch Leberzirrhose, Lungenkrebs, Tuberkulose, Zuckerkrankheit und Herzinfarkte ums Leben als Verheiratete. Auch hier sind die geschiedenen Männer jedoch stärker betroffen als die geschiedenen Frauen.

Dagegen haben gute Freunde eine ausgesprochen lebensverlängernde Wirkung, für Frauen noch mehr als für die Männer. Nach neunjähriger Beobachtung von 7 000 zufällig ausgewählter erwachsener Einwohner des Bezirks Alameda/Kalifornien kam Lisa Berkman von der Yale-University School of Medicine zu dem Schluß, daß die Menschen mit den meisten sozialen Kontakten am wenigsten in Gefahr waren, während der Beobachtungszeit zu sterben. Die Auswertung der Daten im Blick auf die Altersunterschiede ergab beim Vorhandensein eines zuverlässigen Netzes von Freunden, Verwandten und Bekannten eine deutlich meßbare Verringerung der Gefahr des baldigen Todes. Dies zeigte sich bei den Frauen noch weitaus klarer als bei den Männern.

Vor allem unter dem Aspekt des Alters bekommt das verklärte Bild des unabhängigen "Single" deutliche Risse. Bei Frauen werden öfter Depressionen diagnostiziert, geschiedene Männer greifen häufiger zum Alkohol. Arzneimittelmißbrauch ist unter den Singles doppelt so häufig wie bei Ehepaaren. Der amerikanische Wissenschaftler Dr. J. J. Lynch mahnt angesichts dieser Erkenntnisse: "Wir müssen lernen, in Gemeinschaft zu leben oder uns mit der Möglichkeit vertraut machen, als Alleinstehende vorzeitig zu sterben. Die Natur bedient sich vieler Möglichkeiten, das Leben vereinsamter Personen zu verkürzen."

L.S.

Die neue Ärztliche, 19.8.1986
Mit freundlicher Genehmigung von Verlag und Autor

beiden Methoden sagte man den Probanden, es handle sich um erprobte Methoden zur Behandlung einer Schlangenphobie. Ließ man ihnen keine Wahl zwischen den zwei Methoden, sondern wies sie per Zufall der einen oder anderen Untersuchungsbedingung zu, zeigten beide Wirkung, das heißt, in der Folge fiel es den Probanden leichter, sich Schlangen zu nähern. Ein Sozialpsychologe würde sagen: Die Entscheidung, sich freiwillig irgendeiner unangenehmen, kostspieligen oder schwierigen Erfahrung zu unterziehen, ruft Dissonanz hervor. Diese führt ihrerseits zu einem Einstellungswandel - in diesem Falle gegenüber Schlangen -, durch den sich rechtfertigen läßt, daß man sich der Erfahrung aussetzt. Jede beliebige Therapie kann daher Wirkung haben, vorausgesetzt, (1) man macht sie freiwillig mit und (2) sie ist unangenehm oder mühevoll genug, um kognitive Dissonanz zu erzeugen.

In einer anderen Studie gab man Probanden, die seit längerem unter Schlaflosigkeit litten, die Anweisung, eine Tablette - in Wirklichkeit ein Placebo - einzunehmen, bevor sie zu Bett gingen. Einigen Patienten sagte man, die Tablette würde sie entspannen, anderen, sie würde sie vorübergehend anregen. Am nächsten Morgen fragte man die Patienten, wie sie geschlafen hatten. Diejenigen, die die angeblich anregenden Tabletten geschluckt hatten, waren ihren Angaben zufolge schneller eingeschlafen als die Patienten mit den angeblich beruhigenden Tabletten. Aus einer sozialpsychologischen Perspektive läßt sich dieses Ergebnis wie folgt erklären. An Schlaflosigkeit leidende Menschen sind beim Zubettgehen normalerweise rastlos. Jene, die dachten, die Tablette würde sie anregen, schrieben ihre Unruhe dem angeblichen Medikament zu und machten sich wegen ihr keine Sorgen. Folglich entspannten sie sich sogar und schliefen leichter ein. Doch jene, die dachten, die Tablette würde sie entspannen, und wie üblich noch ruhelos waren, zogen den Schluß, sie seien trotz der Tablette nervös und ihre Schlaflosigkeit sei also noch schlimmer als sonst. Weil sie sich deswegen Sorgen machten, hatten sie sogar noch mehr Einschlafschwierigkeiten als sonst. Obwohl die Tablette selbst keinen Einfluß darauf haben konnte, wie schnell sie einschliefen, führten die Patienten, je nachdem, wie man ihnen die Wirkung der Tablette beschrieben hatte, ihr Verhalten auf verschiedene Ursachen zurück. Diese Attributionen beeinflußten umgekehrt ihr nachfolgendes Verhalten, das heißt, den Zeitpunkt des Einschlafens.

PROSOZIALES VERHALTEN

Seit langem versuchen Sozialpsychologen zu bestimmen, wovon die Motivation eines Menschen zu prosozialem Verhalten determiniert ist, worunter wir hier Verhaltensweisen mit positiven Konsequenzen für die Gemeinschaft verstehen. Zu solchen Verhaltensweisen gehören Altruismus, Hilfeleistung, helfendes Eingreifen als Zuschauer, Wohltätigkeit, Kooperation und das Retten anderer aus Gefahr. Prosoziales Verhalten wird häufig in Feldstudien erforscht, in denen der Experimentator als "Opfer" die Probanden um Hilfe angeht oder einen Unfall in der Öffentlichkeit inszeniert. Der Experimentator versucht sodann zu erfassen, unter welchen Bedingungen dem Opfer Hilfe angeboten oder verweigert wird. Dies soll verhindern, daß die Probanden wissen, daß sie beobachtet werden, und folglich Hilfe anbieten, sogar wenn sie es nicht wollen, nur um dem Experimentator in einem günstigen Licht zu erscheinen.

John Darley von der *Princeton University* und Bibb Latané von der *University of North Carolina* leisteten viel Pionierarbeit zu einer der Formen prosozialen Verhaltens, dem helfenden Eingreifen als Zuschauer *(bystander intervention)*. Darley und Latané meinen, daß ein Mensch bei der Entscheidung, ob er in einer Notfallsituation eingreifen soll, fünf Phasen durchläuft. Zunächst muß er überhaupt bemerken, daß da etwas vor sich geht. Dann muß er diese Ereignisse als solche deuten, die Hilfe notwendig machen. Drittens muß er die Verantwortung auf sich nehmen, die es bedeutet, einzugreifen und Hilfe anzubieten. Im vierten Stadium muß er entscheiden, welche Art von Unterstützung die geeignete ist. Schließlich muß er auch tatsächlich helfen. Sowohl Situationsfaktoren als auch Persönlichkeitsmerkmale des Opfers und des Helfers nehmen Einfluß auf den Ausgang jedes dieser fünf Stadien. Eine eindeutige Notsituation (wenn etwa Rauch und Flammen aus einem Gebäude schlagen), in der eine Einmischung keine hohen Kosten bedeutet (einem Fremden lediglich den Weg zu zeigen kostet uns weniger als in ein brennendes Gebäude zu rennen, um Menschen dort herauszuholen), führt in mehr Fällen zu Hilfeverhalten als eine uneindeutige und/oder kostspielige Situation. Außerdem kommt es darauf an, ob andere Menschen dabei sind. Verstärken andere Sie dafür, daß Sie helfen, oder sehen Sie jemand anderen Hilfe anbieten, so werden Sie mit höherer Wahrscheinlichkeit Hilfe leisten. Menschen sind jedoch weniger gewillt, einem Menschen in Not zu helfen, wenn sie meinen, daß andere auch noch da sind und für Hilfeleistungen prinzipiell bereitstehen. Die Wahrscheinlichkeit, daß ein Mensch in Not Hilfe erhält, *sinkt* sogar mit steigender Zahl der zur Hilfe fähigen Menschen. Überdeutlich läßt sich das an dem bekannten Fall der Kitty Genovese sehen, der sich in New York zugetragen hat. Nicht weniger als 38 Zeugen in einem benachbarten Gebäude hörten die Frau schreien und beobachteten, wie sie angegriffen und schließlich auf einem Parkplatz ermordet wurde. Kein einziger versuchte einzugreifen oder auch nur die Polizei zu rufen. Dieses Phänomen nannte man schließlich *den gleichgültigen Zuschauer (bystander apathy)*. Latané und Darley waren die ersten, die dieses Phänomen im Labor untersuchten. Die Probanden nahmen an einem Experiment in Gruppen zu zwei, drei oder sechs Personen teil. Unter allen Versuchsbedingungen waren die Probanden voneinander abgesondert und verständigten sich über eine Gegensprechanlage. Während des Experiments war zu hören, wie ein Proband (in Wirklichkeit ein Mitarbeiter) einen epileptischen Anfall erlitt. Er wurde zunehmend aufgeregter, redete immer unzusammenhängender, bat wiederholt um Hilfe und verlor schließlich offenbar das Bewußtsein. Glaubten die Probanden, daß nur zwei Personen, sie selbst und das Opfer, da waren, leisteten 85 Prozent Hilfe (indem sie den Notfall dem Versuchsleiter meldeten). War jedoch noch ein weiterer Proband anwesend, halfen nur 62 Prozent, waren es vier, sank die Prozentzahl auf 31. Laut Latané und Darley fühlten die Probanden, wenn sie glaubten, daß auch andere helfen konnten, sich weniger verantwortlich und waren daher weniger geneigt, ihre Hilfe anzubieten. Eine alternative Erklärungsmöglichkeit besteht darin, daß die Probanden sich unsicher waren, ob die offensichtlichen Beschwerden des Opfers tatsächlich einen Notfall bedeuteten, und es daher anderen überließen, das zu entscheiden. Unabhängig von seiner Erklärung läßt das Phänomen unser Sozialverhalten in einem bestürzenden Licht erscheinen.

Während der Studie von Latané und Darley blieben die Probanden anonym und erwarteten nicht, daß sie einander begegnen würden. Glaubten die Probanden jedoch, daß sie die anderen *nach* dem Experiment sehen und mit ihnen zu tun haben würden, stieg die Gesamtwahrscheinlichkeit der Hilfeleistung beträchtlich, und die entsprechenden Prozentzahlen hingen weniger davon ab, wie viele andere noch da waren und helfen konnten. Wenn Menschen also nicht anonym füreinander sind und erwarten, daß andere ihr Verhalten bewerten werden, neigen sie weniger dazu, Verantwortung auf andere abzuwälzen, und ihre Hilfsbereitschaft wächst. Der Vergleich dieser Befunde mit denen zur Entpersönlichung (s. S. 422) ist aufschlußreich. Dort

"Urbane Gleichgültigkeit" bei Dutzenden von Mordzeugen

NEW YORK (UPI) - Mindestens dreißig Menschen sahen, wie mitten am Vormittag im *Central Park* ein Stadtstreicher attakkiert, geschlagen und erstochen wurde, doch keiner kam dem Opfer zu Hilfe....

"Keiner ging auch nur in die Nähe," sagte der Polizeioffizier der Verkehrsbehörde Charles Irving. "So halbwegs kann ich es sogar verstehen - es war so entsetzlich, daß sie Angst haben mußten. Doch eine Gruppe kann allein durch ihre Größe schon Macht ausüben - sie hätten einen Stein oder irgendetwas werfen können. Doch sie taten nichts, um das Schreckliche aufzuhalten."

Irving sagte, dreißig bis vierzig Leute hätten entlang *Central Park West* gestanden. Etwa dreißig Meter entfernt griff ein Mann, der als Jimmy Lee Jones identifiziert wurde, einen anderen an, der auf einem Felsen im Park geschlafen hatte, und drosch mit einem Abfallkorb aus Drahtgeflecht auf ihn ein. Jones zog ein Stück Draht aus der Tasche, versuchte damit den Kopf des Opfers abzutrennen, um dann mit einem siebzig Zentimeter langen Holz auf dessen Gesicht, Hals und Hinterkopf einzustechen. Der Angreifer, sagte Irving, versuchte, sein Opfer unter den Augen der Menge zu enthaupten....

Irving hatte bei einer nahegelegenen U-Bahn-Station zu tun, als ein paar Frauen ihn holten, die den Überfall mitangesehen hatten. "Drei oder vier machten eine Aussage, aber das sind drei oder vier von vierzig." Als Irving den Tatort erreichte, lag das Opfer mit dem Gesicht in einer Blutlache, und Jones kniete über ihm. Jones wurde festgenommen.

"Wir haben Grund zu der Annahme, daß er seit längerem geistesgestört ist. Um sowas zu tun, muß er es sein." Die Szene erinnert daran, wie Kitty Genovese, eine Bardame aus dem Stadtteil Queens, 1963 ermordet wurde. In jenem Fall bezeugten drei Dutzend Menschen, sie hätten Miss Genoveses Schreie gehört oder gesehen, wie sie erstochen wurde. Doch keiner hatte irgendeinen Rettungsversuch unternommen.

Der Fall dient seit langem als Paradebeispiel dafür, wie gleichgültig Großstadtbewohner gegenüber der Not von Verbrechensopfern sind....

Boulder (Colorado) *Daily Camera*, 25.8.1980

Sozialpsychologen ringen mit dem Problem des gleichgültigen Zuschauers, der sich weigert, bei einem Notfall zu helfen. Eine Theorie besagt: Je mehr Menschen zuschauen, desto eher neigt jeder einzelne dazu anzunehmen, daß jemand anders in der Gruppe die Verantwortung übernehmen wird.

zeigten Menschen, die durch ihren Namen kenntlich gemacht waren, eine geringere Neigung, gegen soziale Normen verantwortlichen Handelns zu verstoßen. Ähnliches gilt vielleicht auch für gleichgültige Zuschauer.

Auch die seelische Verfassung des potentiellen Helfers bestimmt mit, ob er sich tatsächlich aufrafft. Erfolgserlebnisse und gute Laune fördern die Hilfsbereitschaft, während Mißerfolg und schlechte Laune sie hemmen. Auch Mitgefühl für das Opfer oder Schuldgefühle, weil man jemand Schaden zugefügt hat, erhöhen die Häufigkeit von Hilfehandlungen. Im allgemeinen helfen wir denen am häufigsten, die auf andere angewiesen und deren Bedürfnisse legitim sind und nicht auf ihr eigenes Verschulden zurückgehen. Wir zeigen uns auch hilfsbereit gegenüber Freunden, Verwandten, attraktiven sowie uns ähnlichen Menschen. Können Sie dafür eine Erklärung geben?

Das Fernsehen führt auch ein paar "prosoziale" Verhaltensweisen vor

von GLENN COLLINS

NEW YORK - Hat das Fernsehen irgendwelche erwiesenermaßen positiven Wirkungen auf das Verhalten der Zuschauer, Wirkungen, die vielleicht jene schlimmen Folgen des Fernsehens, die kürzlich in den Schlagzeilen waren, aufwiegen oder zumindest mildern? Laut einigen Wissenschaftlern ist die Antwort ein entschiedenes "Ja - aber".

Mit der Veröffentlichung einer von der Bundesregierung in Auftrag gegebenen Studie im Mai dieses Jahres, die den Bericht des *Surgeon General* [höchster beamteter Arzt im Gesundheitswesen der USA] aus dem Jahr 1972 aktualisierte, erreichte die lange Kontroverse um das Verhältnis von Fernsehen und realer Gewalt einen neuen Höhepunkt. In dem neuen Bericht kommt das *National Institute of Mental Health* zu dem Schluß, die wissenschaftliche Beweislast sei "erdrückend", daß "exzessive" Gewalt auf dem Bildschirm direkt zu Aggression und gewalttätigem Verhalten bei Kindern und Jugendlichen führe. Diese Schlußfolgerung basiert auf 2500 seit 1970 veröffentlichten Studien.

Sprecher von Fernsehgesellschaften und Fernsehindustrie kritisierten Teile des Berichts. Und während einige der Mitautoren die Schlußfolgerungen des Berichts ausdrücklich gutheißen, weisen sie doch gleichzeitig darauf hin, daß man in der Debatte wichtige Aspekte der Studie übersehen habe.

"Leider haben die Medien in ihrer Berichterstattung fast ausschließlich den Aspekt der Gewaltdarstellung im Fernsehen hervorgehoben," meint Jerome L. Singer, Psychologieprofessor an der *Yale University* und Mitglied des achtköpfigen Gelehrtengremiums, das das *National Institute of Mental Health* beriet. "Eins der Ergebnisse des Berichts, das man versäumt hat hervorzuheben, betrifft den Umstand, daß das Fernsehen die Zuschauer sehr wohl dazu anhalten kann, mit anderen zu teilen, zu kooperieren und andere auch mal an die Reihe zu lassen. In dieser Richtung kann das Fernsehen außerordentlich konstruktiv wirken. Es kann auch gesundheitsförderndes Verhalten wie Nichtrauchen darstellen. Leider sind Fernsehsendungen nicht so aufgebaut, als daß diese Möglichkeiten voll genutzt würden."

In dem Bericht angeführte Forschungsarbeiten belegen, daß Fernsehsendungen einige, aber nicht alle konstruktiven Denk- und Handlungsweisen zeigen, die Wissenschaftler "prosoziales Verhalten" nennen. Im Gesamtspektrum solcher Verhaltensweisen finden sich Altruismus, Mitgefühl, Miteinanderteilen, Kooperation und Selbstbeherrschung.

Dr. Robert M. Liebert und seine Mitarbeiter am *Long Island Research Institute*, einer der Forschungseinrichtungen des *New York State Office for Mental Health*, konzentrierten sich in einer 1976 publizierten und in dem Bericht zitierten Studie auf konstruktives Verhalten. Die Wissenschaftler zeichneten über viele Wochen hinweg Samstagmorgens Kindersendungen auf und zählten die dargestellten prosozialen Verhaltensweisen aus. Pro Stunde ermittelten sie durchschnittlich 13 altruistische Handlungen und fünf mitfühlende Reaktionen.

Dr. Joyce N. Sprafkin, Leiterin des Kommunikations-Labors an demselben Institut, erforscht die positiven Effekte des Fernsehens seit sieben Jahren. "Im Fernsehen sehen wir oft altruistische oder mitfühlende Verhaltensweisen. Ein anderes prosoziales Verhalten sehen wir seltener: Figuren, denen es gelingt, aggressive Regungen zu beherrschen."

Sprafkin, die den Bericht des *National Institute of Mental Health* mitverfaßt hat, hat in Untersuchungen mit Erstkläßlern nachgewiesen, daß das Fernsehen altruistisches Verhalten fördern kann. Gruppen von Sechsjährigen sahen eine Folge von *Lassie*, in der der Junge Jeff sein Leben riskiert, um Lassies Welpen zu retten. Danach waren die Kinder hilfsbereiter und großzügiger als Kinder in Kontrollgruppen, die eine nichtaltruistische Folge gesehen hatten. Alle Kinder wurden unmittelbar nach dem Fernsehen mittels eines findigen Spiels getestet, in dem sie Spielzeug opfern sollten, um einem anderen helfen zu können.

In späteren Studien, die sie im Rahmen eines bundesstaatlichen Behandlungsprogramms mit hundert emotional gestörten, aggressiven Kindern durchführte, ergab sich, daß prosoziale Verhaltensweisen, die die Kinder auf dem Bildschirm sehen, auf ihr Alltagsleben ausstrahlen können. Unter anderem hänselten die Kinder einander weniger und gingen weniger destruktiv mit dem Eigentum anderer um.

Dennoch stehen im Fernsehen, meint Sprafkin, altruistische und gewalttätige Botschaften oft nebeneinander. Über Programmdirektoren sagt sie: "Ich glaube nicht an eine Verschwörung, die Kinder aggressiv machen will. Ich glaube, sie finden ein Erfolgsrezept und halten dann daran fest, und zu diesem Rezept gehört ein gewisses Maß Brutalität. Das ist ein Jammer, denn aus der Forschung ergibt sich, daß das Fernsehen eine wichtige erzieherische Kraft von großem sozialem Nutzen sein kann." ...

Boulder (Colorado) *Daily Camera*, 16.8.1982

Fernsehen ist nicht nur schlecht. Obwohl die Forschung sich auf unerwünschtes Verhalten wie Aggression und Brutalität konzentriert, hat sie auch gezeigt, daß man prosoziale Verhaltensweisen über das Fernsehen lernen kann.

AGGRESSION UND GEWALT

Sozialpsychologen ist sehr daran gelegen, unser Verständnis aggressiven und gewalttätigen Verhaltens zu erweitern. Welche Faktoren fördern aggressive Verhaltensweisen, welche hemmen sie?

Aggressives Verhalten ist oft ganz einfach eine Reaktion auf Belästigung, Kritik und Frustration. Tut einer dem anderen etwas an, so ist es hochwahrscheinlich, daß der Gekränkte wütend wird und Angriffslust gegen den Urheber der Attacke sich in ihm regt. Auch wenn die Versuche eines Menschen, sein erstrebtes Ziel zu erreichen, mutwillig vereitelt werden, steigen Aggressionen in ihm hoch. Sieht er, daß die Frustration ihm unabsichtlich oder gerechtfertigterweise zugefügt wurde oder machen "mildernde Umstände" sie erträglicher, so wird er weniger wütend und neigt nicht so leicht zu aggressiven Reaktionen. Hat die Frustration also ihren guten Grund, ist die Aggression minimal.

Frustration, Belästigung und Kritik machen eine aggressive Reaktion wahrscheinlicher, obwohl wir frustrierte oder wütende Menschen sich oft ruhig und friedfertig verhalten sehen. Gleichermaßen beobachten wir auch, wie Menschen aggressiv reagieren, die zuvor gar nicht geärgert oder frustriert wurden. Wir werden uns daher einer anderen Gruppe von Faktoren zuwenden, die, wie man gezeigt hat, aggressives Handeln steuern. Albert Bandura von der *Stanford University* führte eine Reihe inzwischen klassischer Experimente zum aggressiven Verhalten von Kindern durch. Er zeigte Kindern einen Film, in dem ein Erwachsener dafür belohnt wurde, daß er aggressiv gegen eine Plastikpuppe von der Größe eines Erwachsenen vorging. Er schlug auf die Puppe ein, sprang auf sie und beschimpfte sie. Kinder in einer Kontrollgruppe sahen einen Film, in dem ein Erwachsener friedfertig mit einem Baukasten spielte. Sodann frustrierte man die Kinder, um aggressive Gefühle in ihnen zu wecken. Gab man ihnen später Gelegenheit, mit der Stehaufpuppe zu spielen, griffen die Kinder, die den Erwachsenen die Puppe hatten attackieren sehen, die Puppe häufiger an als die Kinder der Kontrollgruppe. Es scheint also, als ob das Beobachten aggressiver Verhaltensweisen die Wahrscheinlichkeit erhöht, daß Kinder sich ähnlich angriffslustig verhalten; dies gilt besonders, wenn man zuvor aggressive Gefühle in ihnen geweckt hat.

Wieviel Aggression tatsächlich im Verhalten zum Ausdruck kommt, hängt auch davon ab, ob aggressivitätsfördernde Hinweisreize oder Auslöser vorhanden sind. In einer von Leonard Berkowitz von der *University of Wisconsin* durchgeführten Studie verabreichte einer seiner Mitarbeiter den Probanden entweder einen oder sieben Elektroschocks. Sie erhielten dann die Möglichkeit, sich mittels Elektroschocks zu revanchieren. In der Nähe einiger Probanden lagen ein Gewehr und ein Revolver (Aggressionsauslöser), bei anderen waren es zwei Badmintonschläger (neutrale Reize). Gewehr und Revolver steigerten die Zahl der Schocks beträchtlich, die die Probanden dem Mitarbeiter zufügten.

Daneben hat man versucht, den Einfluß der Medien auf aggressives Verhalten abzuschätzen. Einige Psychologen meinen, Brutalität auf dem Bildschirm ermutige den Zuschauer zu ähnlichen Gewaltakten. Andere sind demgegenüber der Ansicht, Fernsehgewalt habe kathartische Wirkung, das heißt, sie biete ein harmloses Ventil für aggressive Regungen. Frühe Versuche, die Wirkung der Medien auf die Aggressivität empirisch zu prüfen, führten zu widersprüchlichen Ergebnissen. Laborstudien schienen für die erste Sichtweise zu sprechen, wonach Fernsehbrutalitäten den Zuschauer zu aggressivem Verhalten ermuntern. Robert Liebert und Robert Baron von der *Purdue University* zeigten Kindern zwei Arten von Fernsehsendungen. Die einen sahen eine Folge von *Die Unbestechlichen (The Untouchables)*, einer höchst brutalen Krimiserie um Polizisten und Gangster. Eine zweite Gruppe von Kindern sah eine Sportübertragung. Man ließ die Kinder dann in einem anderen Raum mit einer anderen Gruppe von Kindern spielen. Die Kinder, die den brutalen Krimi gesehen hatten, vollzogen wesentlich mehr aggressive Handlungen gegenüber anderen Kindern als jene, die die Sportsendung gesehen hatten.

Neuere Forschungsarbeiten von Leonard Berkowitz sowie von Leonard Eron und Rowell Huesmann von der *University of Illinois* in Chicago scheinen klar zu zeigen, daß Fernsehen tatsächlich als ein Medium fungiert, durch das Kinder lernen, sich aggressiv zu verhalten. Eron und Huesmann führten eine Längsschnittstudie durch, in der sie bei fast fünfhundert Kindern die Beziehung zwischen ihrem Konsum von Fernsehbrutalitäten und ihrem Aggressionsverhalten erfaßten. Die ersten Daten sammelten sie, als die Kinder acht Jahre alt waren; die Nachuntersuchung fand zehn Jahre später statt. Es zeigte sich, daß aggressive Verhaltensweisen eng mit dem Betrachten von Gewalt auf dem Bildschirm zusammenhingen. Das heißt, während die Kinder mehr und mehr brutale Sendungen sahen, stieg auch die Häufigkeit aggressiven Verhaltens. Wie eng diese Beziehung war, hing davon ab, inwieweit die Kinder sich mit brutalen Figuren identifizierten und wie wirklichkeitsnah der Inhalt der Sendung ihnen erschien. Außerdem wurde der Zusammenhang mit jedem Jahr ausgeprägter. Daraus läßt sich schließen, daß es einen kumulativen Effekt von Fernsehbrutalitäten gibt und sich aggressives Verhalten unter ihrem Einfluß immer weiter entfaltet. Schließlich ergab sich, daß die aggressiven Kinder sich mehr Fernsehsendungen brutalen Inhalts anschauten als die anderen Kinder. Es scheint hier also eine Kreisbeziehung zwischen aggressiven Verhaltensweisen und dem Konsum von Fernsehbrutalitäten zu bestehen. Eron gibt zu bedenken, daß aggressives Verhalten ein Kind bei seinen Altersgenossen unbeliebt macht. Sie wenden sich folglich dem Fernsehen zu, das ihnen Unterhaltung bietet und ihnen bestätigt, daß ihr eigenes Verhalten richtig ist, sowie ihnen weitere aggressive Verhaltensweisen beibringt. Diese Kinder verhalten sich weiterhin aggressiv und treiben ihre Altersgenossen immer weiter von sich weg. Das Fernsehen wird so zur Hauptquelle ihres Vergnügens, und sie bleiben in dem Teufelskreis gefangen, innerhalb dessen sie sich immer neue aggressive Verhaltensweisen aneignen.

UMWELTPSYCHOLOGIE

Die *Ökologische Psychologie*, eine neuentstehende Teildisziplin der Psychologie, untersucht, wie die physikalische und soziale Umgebung eines Menschen sein Verhalten bestimmt. Wie Sie sich denken können, gibt es viele Überschneidungen zwischen Umwelt- und Sozialpsychologie. In einem Teilgebiet der Ökologischen Psychologie geht es um das Verhalten in Kleingruppen; dabei liegt der Akzent darauf, wie die einzelnen innerhalb der Gruppe mit ihrem Eigenraum umgehen. In einem anderen Teilgebiet geht man der Frage nach, wie Menschen auf Streßfaktoren in ihrer Umgebung wie Lärm, Luftverschmutzung und hohe Bevölkerungsdichte reagieren.

Eigenraum und Territorialverhalten

Wir wissen, daß manche Tiere ein bestimmtes Gebiet abstecken und gegen Angehörige der eigenen Spezies verteidigen. Hunde zum Beispiel urinieren, um ihr Territorium mit ihrem Eigengeruch zu markieren. Die meisten Untersuchungen zum Territorialverhalten wurden mit Tieren unternommen, doch einige Wissenschaftler haben Vermutungen angestellt, daß auch Menschen eine solche Neigung zeigen. Zweifellos markieren Menschen ihr eigenes Revier - das Schild "Betreten verboten" ist ein vertrauter Anblick. Manche Straßenbanden in den großen Städten des amerikanischen Ostens markieren ihr Territorium mit Graffiti. Oft sieht man das Graffito einer bestimmten Gang umso häufiger, je näher man ihrem geographischen Zentrum kommt. Revierzeichen helfen dem einzelnen zu wissen, "wo er hingehört" und sich aus Gebieten, in denen er unwillkommen ist, herauszuhalten. Diese Praxis hilft also bestimmte aggressive und brutale Akte zu vermeiden. Doch Territorialität funktioniert, wo überhaupt, beim Menschen nach anderen Prinzipien als bei Tieren. Territorien haben feste Grenzen, wogegen Menschen sich recht frei umherbewegen. Ein bestimmtes Revier für sich abzustecken ist also für Menschen von geringerem Überlebenswert als für Tiere. Sozialpsychologen machen geltend, daß für Menschen der **Eigenraum** *(personal space)* wichtiger ist, ein Areal ohne sichtbare Grenzen und ohne festen Ort, das mit seinem Besitzer umherwandert. Das Eindringen anderer in diesen Raum verursacht Unbehagen.

Trotz seiner Beweglichkeit läßt der Eigenraum sich vermessen. Eine Technik besteht darin, einen Menschen ins Zentrum eines ansonsten leeren Raums zu plazieren und einen anderen aufzufordern, sich dieser Zielperson zu nähern. Die Zielperson soll "Halt!" sagen, sobald der andere ihm "unangenehm nahe" ist. Man wiederholt den Annäherungsversuch aus verschiedenen Richtungen.

Eine Studie wandte diese Technik bei Häftlingen an. Es stellte sich heraus, daß für Gewaltdelikte vorbestrafte Gefangene wesentlich weitere Eigenräume besaßen als ihre friedfertigeren Genossen. Höchstwahrscheinlich ist der Eigenraum jedes einzelnen Menschen verschieden groß. Hochangesehene oder charismatische Menschen umgeben sich mit einem breiteren Raumgürtel als der Durchschnittsmensch. Außerdem hängt die Größe des Eigenraumes davon ab, welche Art der Interaktion gerade abläuft. Zweifellos läßt man jemanden, mit dem man vertraut umgeht, weiter in seinen Eigenraum vordringen als jemand, mit dem man sich lediglich unterhält oder mit dem man in einer offiziellen Sache zu tun hat. Auch das Alter spielt eine Rolle, meint Leslie Hayduk von der kanadischen *University of Alberta*. In einem kürzlich veröffentlichten

Überblick über die einschlägige Forschung kommt sie zu dem Schluß, daß der Eigenraum bis zum Alter von einundzwanzig langsam wächst. E.T. Hall (1969) spricht statt von einer einzigen von vier Distanzzonen des Eigenraumes und ordnet jeder Zone bestimmte Aktivitäten zu (s. Tabelle 10-2).

Robert Sommer von der *University of California* in Davis befragte Studenten zu ihrer Sitzordnung in einer Bibliothek. Fragte er sie, wo sie sitzen würden, um Ablenkungen aus dem Weg zu gehen, entschieden die Studenten sich vorwiegend für das Kopfende eines Tisches. Doch fragte er sie, wo sie sitzen würden, um jemand anderen davon abzuschrecken, sich an denselben Tisch zu setzen, wählten sie öfter die Mitte des Tisches. Wie erfolgreich beide Strategien sind, hängt natürlich davon ab, wie voll der Raum ist. Ist er ziemlich leer, tut die Strategie, sich mitten an den Tisch zu setzen, ihre Wirkung. Füllt sich der Raum jedoch, läuft ein

Der gute Ton in engen Räumen

von JOAN SWEENEY

Vor kurzem betrat in der Innenstadt von Los Angeles eine Frau den Fahrstuhl eines Bürogebäudes. Neugierig, wie die drei Leute, die schon im Fahrstuhl waren, reagieren würden, drehte sie sich nicht um, sondern fuhr fort, sie anzuschauen. Dem Trio wurde es offensichtlich unbehaglich und es bewegte sich unwillkürlich zur Fahrstuhlrückwand hin. Die Blicke der drei sprangen nervös zwischen der Stockwerksanzeige über der Tür und der Frau hin und her.

"Der entsetzlichste Schnitzer, der Fauxpas par excellence, den ein Mensch in einem Fahrstuhl begehen kann, besteht darin, mit dem Gesicht zur Rückwand zu stehen," erklärte die Psychologin Layne Longfellow aus Phoenix, die Vorlesungen über vorbewußte Kontrakte hält, über Verhaltenskonventionen, die nie ausgesprochen werden. "Jeder weiß, wie man sich in einem Fahrstuhl verhalten soll, ohne daß es ihm je einer gesagt hätte."

Die Konvention verlangt: Man betritt den Fahrstuhl, dreht sich zur Tür, um mit den Händen vor sich oder an den Seiten dazustehen, geht dem Blickkontakt mit den anderen aus dem Wege, überlicherweise indem man der Anzeige über der Tür zuschaut, wie sie die Stockwerke zählt, vermeidet es, die anderen zu berühren, und hält sich mit dem Sprechen zurück, indem man Gespräche mit Begleitern unterbricht oder sich nur sehr leise mit ihnen weiterunterhält.

Steht man mit dem Gesicht zur Rückwand des Fahrstuhls, so bricht man diesen Vertrag, meint Longfellow, so daß das Verhalten der anderen Passagiere nun von dem Verlangen bestimmt wird, den Grobian zu neutralisieren. "Jeder räumt dem Irren, der falsch herum steht, soviel Platz wie möglich ein. Wenn er so was Unerhörtes tut wie falsch herum zu stehen und sie anzuschauen, dann ist er zu weiß Gott was imstande."

Wenige Wissenschaftler vertiefen sich ernsthaft in das, was man "Fahrstuhletikette" nennen könnte. Doch das Thema erlaubt einen Blick darauf, wie der Mensch sich den Herausforderungen und den räumlichen Beschränkungen anpaßt, die ihm das moderne städtische Leben zumutet. Einige Sozialwissenschaftler haben Theorien über das Verhalten im Fahrstuhl entwickelt, die auf der Proxemik - der Untersuchung dessen, wie Menschen sich selbst im Raum einordnen - und auf Überlegungen zur Intimität beruhen.

Fahrstühle machen es einem schwer, das ungeschriebene Gebot zu befolgen: Du sollst nicht in den Eigenraum eines andern eindringen. "In der Öffentlichkeit halten wir ständig eine unsichtbare Blase der Distanz um uns herum aufrecht," erklärt Bernard Grofman, Professor der Sozialpsychologie und politischen Wissenschaften an der *University of California* in Irvine. "Man soll die Grenze eines fremden Eigenraums nicht überschreiten, doch in einem vollen Fahrstuhl ist das sehr schwierig. In einem Fahrstuhl versuchen wir vorzugeben, daß wir überhaupt keinen Raum einnehmen. Deshalb sieht man Menschen im Fahrstuhl buchstäblich schrumpfen, einen Buckel machen, die Ellbogen eng an den Körper ziehen, die Hände nach unten strecken und Gestik vermeiden. Dies alles sind Zeichen an die anderen, daß wir sie nicht bedrohen oder in ihren Eigenraum eindringen wollen, und daß uns, sollte es dennoch dazu kommen, die Umstände dazu zwingen."

Im allgemeinen werden die vier Ecken eines Fahrstuhls zuerst besetzt. Kommt ein fünfter herein, so steht er normalerweise im Zentrum. ...

The Denver Post, 2.9.1982

Eine Gruppe von Fahrstuhlgästen. Sie stehen in den Kabinenecken und gegen die Wände; steigt jemand anders zu und bleibt mit dem Gesicht zu ihnen gewandt stehen, starren sie auf die Stockwerksnummern über der Tür.

an der Tischmitte Sitzender Gefahr, umzingelt zu werden. Wird es also eng, so ist ein Stuhl am Kopfende die bessere Wahl, und Studenten entscheiden sich daher, wenn keine weiteren Faktoren im Spiel sind, im allgemeinen eher für das Kopfende eines Bibliothekstisches. Sie können ja das nächste Mal, wenn Sie in einer Bibliothek arbeiten, prüfen, ob Sie eine ähnliche Neigung verspüren.

Sommer untersuchte auch das Verhalten von Probanden, in deren Eigenraum eine Experimentatorin eindrang. Sie saß auf einem Stuhl unmittelbar neben den Probanden und ließ nur 30 Zentimeter Abstand. In Halls Tabelle der vier Distanzzonen finden Sie, daß schon eine Distanz von 45 Zentimetern zwischen zwei Menschen ihre Intimzonen aufbricht. Daher war dies ein zwischen Fremden unangebrachtes Verhalten. Studenten, in deren Eigenraum die Experimentatorin nicht eindrang, dienten als Kontrollgruppe. Überschreitet jemand die Grenzen unseres Eigenraumes, animiert uns das zu einer von mehreren Abwehrreaktionen: Wir bewegen uns von dem Eindringling weg; wir zeigen Ängstlichkeit, Unruhe und Unbehagen; wir schränken unsere motorischen Aktivitäten ein oder versteinern gar und rühren uns überhaupt nicht mehr. Die "überfallenen" Probanden in Sommers Studie verließen ihren Platz tatsächlich schneller. Nach dreißig Minuten hatten 70 Prozent die Flucht ergriffen. Dagegen hatten nur 13 Prozent der unbedrängten Studenten in der Kontrollgruppe ihren Platz verlassen.

Gelegentlich reichen Defensivtaktiken nicht aus, um Übergriffe auf den Eigenraum zu verhindern. Dann bleibt uns nur Kampf oder Flucht. Die typische Reaktion in unserem Kulturkreis ist die Flucht. In einer Studie drangen die Experimentatoren an einer Straßenecke in den Eigenraum von Fußgängern ein. Je näher der Experimentator ihnen trat, desto schneller überquerten sie die Straße. Stand die Fußgängerampel auf rot, änderten die Bedrängten ihre Körperhaltung, vermieden Blickkontakt und zeigten gelegentlich auch physiologische Reaktionen wie Schwitzen.

Umweltbedingter Streß

Seine Umwelt übt auf den Menschen von Tag zu Tag vielfältigen Druck aus. Diese Belastungen sind oft, wie wir weiter oben bemerkten, an der Entstehung von Krankheiten beteiligt. Daß wir uns der Beziehung zwischen Gesundheitszustand und umweltbedingtem Streß bewußter geworden sind, hat dazu geführt, daß wichtige Gesetze auf nationaler, Bundesstaats- und lokaler Ebene verabschiedet worden sind. Streßquellen wie Lärm, Luftverschmutzung und Vermassung bedrängen einen in der Stadt mehr als anderswo. Man sollte also erwarten, daß Städter mehr zu leiden haben als die, die auf dem Land leben.

Die meisten US-Amerikaner leben oder arbeiten in Großstädten. Trotz der Flucht in die Vorstädte wachsen die Städte weiter. Die meisten Menschen sind heutzutage fast kontinuierlich in Kontakt oder in Interaktion mit anderen, ihnen meist fremden Menschen. Daher sind Sozialpsychologen zunehmend daran interessiert, herauszufinden, wie hohe Bevölkerungsdichte und das Großstadtleben im allgemeinen sich auf das Verhalten der Menschen auswirken. Dieses Interesse wurde teilweise durch die vielen Vorfälle der letzten

Tabelle 10-2 Die vier (für die USA gültigen) Distanzzonen

Distanz	Zone	Aktivitäten	Empfindungen
0 bis 45 cm	intim	Sportarten mit Körperkontakt (Sex, Ringen)	Sehr stark. Berührung geht vor Sprechen.
45 bis 120 cm	persönlich	Interaktionen mit Freunden und Bekannten	Gemäßigt. Normale Sichtverhältnisse. Sprechen geht vor Berühren.
120 bis 360 cm	sozial	Arbeit und Geschäft	Minimal. Normale Sprechlautstärke. Keine Berührungen.
über 360 cm	öffentlich	formelle Interaktionen - z.B. das Halten einer Rede	Sehr schwach. Übertriebene Gestik unterstreicht das Gesagte.

Merkmale der vier von Hall (1969) vorgeschlagenen Zonen der physischen Distanz zwischen Menschen. Je größer die Distanz, desto schwächer die Empfindungen.

Jahre geweckt, die - wie zum Beispiel die Gleichgültigkeit der Zeugen von Verbrechen - die Pathologie der Gesellschaft offenlegen und *anscheinend* nur in Großstädten auftreten.

Stanley Milgram von der *Columbia University* schlägt eine sozialpsychologische Deutung des Verhaltens von Stadtbewohnern vor; seine Hypothese ist: Wir sind *mit Informationen überlastet.* Er gibt zu bedenken, daß Bewohner von Großstädten einer oft überwältigenden Flut von Reizen und Informationen ausgesetzt sind. Folglich entwickeln sie Methoden, um sich gegen die Überlastung zu schützen. Zu den häufigsten Methoden gehört, daß man sich nicht in die Angelegenheiten anderer einmischt, ihre Privatsphäre respektiert, vom eigenen abweichende Lebensstile toleriert und Fremden mißtraut.

Milgram führte eine Reihe von Experimenten durch, um zu zeigen, daß es diese Methoden gibt und wie sie funktionieren. Zum Beispiel versuchten in einer Studie die Experimentatoren eine ausgewählte Stichprobe von New Yorkern und eine ähnliche Stichprobe von Einwohnern einer kleinen Stadt bei New York City dahin zu bringen, daß sie zu ihnen nach Hause eingeladen wurden. Männer erhielten dabei in der Kleinstadt drei- bis fünfmal so oft Zutritt wie in der Großstadt. Experimentator*innen* erhielten sogar noch leichter Zutritt und hatten in der Kleinstadt in fast hundert Prozent der Fälle Erfolg. Allerdings wurden in der Großstadt selbst Frauen bei weniger als der Hälfte ihrer Versuche eingeladen. Offensichtlich sind Großstädter Fremden gegenüber mißtrauischer als Kleinstädter. Diese Ergebnisse sind ganz und gar auf der Linie von Milgrams Hypothese.

Wir führen einige Befunde zur Wirkung hoher Bevölkerungsdichte auf, die mit Milgrams Überlastungshypothese in Einklang stehen: (1) Je dichter in ihrer Umgebung alles aufeinandergedrängt ist, desto weniger interagieren Kinder miteinander; (2) Übergriffe in den Eigenraum eines Menschen führen in der Großstadt zu rascherem Rückzug als in ländlichen Gegenden; (3) im Gedränge schauen sich Erwachsene seltener ins Gesicht als in Situationen mit weniger Menschen. Die Studien, aus denen diese Befunde stammen, zeigen, wie schwer wir die Menschenmassen und die Beschränkung unserer Privatsphäre ertragen können, die nun einmal zum Großstadtleben gehören. Oft wundern sich Menschen, die nicht in der Stadt wohnen, wie man in einer so belastenden Umgebung überhaupt zurechtkommen kann. Doch die Städter richten sich ein. Milgram bietet uns eine Erklärung dafür an, wie diese Anpassung funktioniert, und beschreibt den Preis, den ein Städter dafür zahlen muß.

Die von Milgram genannten Methoden gegen eine Überlastung durch zu viele Informationen führen oft dazu, daß das Verantwortungsgefühl für andere merklich abnimmt. Städter lernen, Fremde zu ignorieren, um kognitive Verarbeitungskapazitäten für Interaktionen höherer Priorität freizuhalten. Diese Gleichgültigkeit gegenüber den Bedürfnissen anderer kommt in vielen Situationen des Stadtlebens zum Vorschein. Städter sind nicht nur oft gleichgültige Zuschauer, sondern einiges weist darauf hin, daß sie Kontakt mit Fremden aktiv meiden.

Die psychologischen Unterschiede zwischen Klein- und Großstadtleben gehen über bloße Gleichgültigkeit gegen andere hinaus. Zum Beispiel wird auch fremdes Eigentum mit unterschiedlichen Augen gesehen. Ein Auto, das Sozialpsychologen im kalifornischen Palo Alto "herrenlos" stehenließen, blieb für eine volle Woche unbeschädigt. Jemand schloß sogar die Motorhaube, um den Wagen vor Regen zu schützen. Ein Wagen dagegen, den man in New York City in der Bronx stehenließ, wurde schnell Opfer von Vandalen und Dieben. Schon nach zehn Minuten erschienen die ersten Vandalen. Kofferraum und Handschuhfach wurden ausgeräumt und Batterie und Kühler ausgebaut. Kurz danach bockte ein anderer den Wagen auf und schraubte einen Reifen ab. In nur einem Tag verschwanden sämtliche Teile des Wagens, die sich wegtragen ließen.

Vandalismus ist eine Verhaltensweise, die sich mit Milgrams Überlastungshypothese nicht zufriedenstellend erklären läßt. Philip Zimbardo benutzt den Begriff der Entpersönlichung, um zu begründen, warum fremdes Eigentum in Palo Alto so respektiert, in der Bronx dagegen so eklatant mißachtet wird. Sind wir in der Menge nur ein unbekanntes Gesicht neben anderen, fallen unsere Hemmungen, uns wie Vandalen und überhaupt unsozial aufzuführen. Da die Anonymität in der Stadt größer ist, gibt man dort der Versuchung eher nach, sich unsozial zu verhalten, sobald die Gelegenheit winkt.

Dies bedeutet nicht, daß das Leben auf dem Land auf seine Weise nicht auch belastend ist. Es mag manchen überraschen, daß die Menschen auf dem Land sich mehr Medikamente gegen "Streß" verschreiben lassen als die Städter. Anscheinend läßt sich auch nicht mit Sicherheit sagen, wo mehr psychiatrische Krankheiten auftreten. Städter haben sich offenbar erfolgreich an die Belastungen durch ihre Umgebung angepaßt. Vielleicht kann man daraus schließen, daß der Mensch anpassungsfähig genug ist, um es mit Streß jeder Art oder jeden Ausmaßes aufzunehmen, wo immer er ihm begegnet. Obwohl man sich vielleicht mehr anstrengen muß, um zurechtzukommen, entschädigen die kulturellen und wirtschaftlichen Vorteile der Großstadt einen dafür und werden weiterhin Menschen anziehen, solange der Streß sich in den Grenzen der menschlichen Anpassungsfähigkeit hält.

Psychische Störungen

11

445 Eine Definition psychischer Störungen

446 Erklärungsmodelle für psychische Störungen
Das biologische Modell / Das psychodynamische Modell / Das verhaltenstheoretische Modell / Das phänomenologische Modell / Das kognitive Modell / Das ethische Modell

451 Diagnose psychischer Störungen

453 DSM-III: Kategorien auf Achse I
Organisch bedingte psychische Störungen / Angstsyndrome / Somatoforme Störungen / Substanzinduzierte Störungen / Psychosexuelle Störungen / Affektive Störungen / Schizophrene Störungen

475 DSM-III: Kategorien auf Achse II (Persönlichkeitsstörungen)
Streß- und Persönlichkeitsstörungen / Die passiv-aggressive Persönlichkeit / Die paranoide Persönlichkeit / Die antisoziale Persönlichkeit / Die dependente Persönlichkeit / Die zwanghafte Persönlichkeit

478 Zusammenfassung

480 So sieht das in der Praxis aus
Wer entscheidet, wer verrückt ist ? / Die Qualität der Diagnostik / Die Gefahren von Laiendiagnosen / Die Nachwirkungen psychischer Erkrankungen / Die Schuldunfähigkeit

Luise war ein schüchternes Kind. Sie las lieber romantische Romane und träumte in den Tag hinein, statt mit anderen Kindern zu spielen. Sie hatte eine lebhafte Fantasie und erdachte sich eine Gruppe ganz besonderer Spielkameraden, die über übernatürliche Kräfte verfügten. Mit zunehmendem Alter wurden aber diese Phantasien immer wichtiger für sie anstatt an Bedeutung zu verlieren. Sie zog sich mehr und mehr in ihre eigene Welt zurück, ging vorzeitig von der Schule ab und lebte behütet bei ihren Eltern. Luise kleidete sich sonderbar und sprach häufig eine Geheimsprache, die nur ihre unsichtbaren "Freunde" verstehen konnten. Aufgrund ihres seltsamen Verhaltens kam eine Berufstätigkeit für sie nicht in Frage. Schließlich brachten ihre Eltern sie zu einem Psychiater.

Uschi, die verzweifelte 28jährige Ehefrau eines Medizinstudenten, nahm eine Überdosis Schlaftabletten. Sie wurde sofort ins Krankenhaus gebracht und dort erfolgreich behandelt. Als man sie während ihres kurzen Aufenthaltes dort psychologisch untersuchte, wurden eine seit langem bestehende Depression und eine schwere Alkoholsucht festgestellt (sie war betrunken, als sie die Schlaftabletten nahm). Uschi weigerte sich, eine Entziehungskur zu machen. Obwohl ihr Mann aufgefordert wurde, sie zu dieser Behandlung zu motivieren, weigerte er sich, dies zu tun. Sie wurde gegen ärztlichen Rat aus dem Krankenhaus entlassen.

Karl ist ein attraktiver junger Mann, der so charmant und überzeugend wirkt, daß er jeden dazu bringen kann, ihm einen Gefallen zu tun. Er überredete eine Kollegin dazu, ihm ihr neues Auto zu überlassen, um - wie er sagte - das Grab seiner Mutter zu besuchen. Dann fuhr er mit dem Auto zu einer Bar, sprach dort eine Frau an und betrank sich maßlos. Hinterher fuhr er das Auto in einen Straßengraben und verursachte einen größeren Schaden. Karl blieb unverletzt, dachte aber nicht daran, der Eigentümerin des Autos zu sagen, daß er einen Unfall gebaut hatte. Sie hat ihn zwar verklagt, aber Karl hat inzwischen seinen Job gekündigt und ist seitdem verschwunden.

Die oben beschriebenen Personen zeigen Verhaltensweisen, die ihnen und/oder ihrer Umwelt Probleme bereiten. Sie liefern uns einige Beispiele für abweichendes Verhalten oder **psychische Störungen,** die in einer Nation wie den USA einen Großteil aller Gesundheitsstörungen oder Krankheiten ausmachen. Menschen mit schweren psychischen Störungen belegen mehr Krankenhausbetten als Menschen mit anderen Krankheiten. Eine Schätzung zufolge sind über 1 Million Menschen in den Vereinigten Staaten akut schizophren, über 2 Millionen leiden an tiefen Depressionen, und 10 bis 15 Millionen sind dem Alkohol oder anderen Drogen verfallen. Mindestens einer von 10 Menschen in den USA braucht Hilfe oder eine Behandlung seiner psychischen Probleme, und vermutlich ist keine Familie von solchen Problemen gänzlich unberührt.

Wie die anfangs genannten Beispiele zeigen, ist es aufgrund der extremen Vielfalt psychischer Störungen schwierig, eine einzige Definition vorzunehmen, die auf alle Fälle zutrifft. Einige Psychologen haben versucht, die traditionell als psychopathologisch bezeichneten Verhaltensweisen als solche zu definieren, die durch subjektives Unbehagen (d.h. Gefühle von Ängstlichkeit oder Depressivität oder eine andere Form von Unzufriedenheit) gekennzeichnet sind. Dieses Unbehagen kann "rein psychisch" sein, wie im Falle eines Menschen, der behauptet, Brustschmerzen zu haben,aber keine physischen Symptome einer Krankheit aufweist. Aber in einigen Fällen zeigt das *Fehlen* von Unbehagen die psychische Störung an, so wenn jemand auf den Tod eines geliebten Menschen ohne die geringste Spur von Kummer oder Depression reagiert. Daher deckt diese Definition nicht alle Fälle ab.

Psychische Störungen wurden auch als Verhalten definiert, das *von der Norm abweicht.* Diese Definition ist aber ebenfalls nicht zufriedenstellend, weil sie positive Abweichungen wie hohe Intelligenz oder Kreativität , die selten als pathologisch angesehen werden, einschließt. Auch gelten bestimmte abweichende Verhaltensweisen als auffälliger als andere. So dürfte das Essen von Erbsen mit einem Messer zwar ungewöhnlicher als der Selbstmord sein, doch würde man es als viel weniger pathologisch ansehen.

Andere haben psychische Störungen als *unangepaßtes Verhalten* definiert, d.h. als Verhalten, das ungünstige Folgen für die Gesellschaft oder den Einzelnen selber hat. Diese Definition umfaßt viele der von uns beschriebenen Zustände wie etwa Spielsucht, Alkoholismus oder Selbstmord, und kommt dem näher, was wir unter psychischen Störungen verstehen.

EINE DEFINITION PSYCHISCHER STÖRUNGEN

Wir definieren eine psychische Störung als sozial *unangemessenes Verhalten, dessen Konsequenzen für einen selbst oder die Gesellschaft schädlich sind.* Ein solches Verhalten kann *organische Ursachen* haben (wie z.B. eine Abnormität in der genetischen Ausstattung, ein biochemisches Ungleichgewicht, oder ein Hirnschaden), es kann *rein funktional* bedingt sein (etwa wenn es die Folge eines Mangels an Kenntnissen, Kompetenz oder Motivation ist), oder es entsteht aus einer Kombination von organischen Ursachen und funktionellen Störungen. Kurz: Unangemessenes oder unangepaßtes Verhalten kann ganz verschiedene Gründe haben. So verfügt jemand eventuell nicht über die notwendige physiologische Ausstattung, oder die notwendigen Kenntnisse oder die erforderliche Kompetenz, oder aber er oder sie zieht aus irgendeinem Grund vor, sich auf eine Weise zu verhalten, die andere als unangemessen ansehen.

Das Wort *unangemessen* ist wichtig für unsere Definition, da das Abstempeln eines Verhaltens als abnormal zwangsläufig kulturell geprägt ist. Eine Frau aus einer ländlichen Gegend, die glaubt, sie sei verhext worden, verhält sich in ihrer Gemeinde vielleicht ganz angemessen, obwohl ein Psychologe oder Psychiater aus der Stadt ihr Verhalten als abnormal ansehen würde. Die Ethnologin und Anthropologin Ruth Benedict beschrieb, daß Trance und Besessenheit bei einigen kalifornischen Indianerstämmen ein Zeichen von Prestige und Macht sein können, während die meisten anderen Kulturen diese Phänomene für abnormal oder pathologisch halten. Der Alltag eines Volkes auf einer Insel in Nordwest-Melanesien ist durch Mißtrauen und Paranoia geprägt. Die Einwohner leben ständig mit der Vorstellung, daß ihr Nachbar sie vergiften könnte. Das Verhalten einer Person, die nicht mißtrauisch ist, würde man als unangemessen bzw. unangepaßt betrachten. In unserer eigenen Gesellschaft halten die erfolgreichen Kriminellen die gesetzestreuen Bürger für "verrückt", weil sie so hart arbeiten und so wenig dafür bekommen. Dieselben Bürger glauben wiederum, daß jemand, der für seinen Lebensunterhalt betrügt, stiehlt oder tötet, psychisch nicht ganz normal ist. Es gibt also keine Denk- oder Verhaltensweisen, die in allen Gesellschaften, Kulturen und Subkulturen als angemessen bzw. unangemessen angesehen werden. Einige extreme Verhaltensweisen hält man jedoch in den meisten Kulturen für absonderlich. In der Tat kennen die meisten Naturvölker so etwas wie "Verrücktheit", auch wenn sie sie anders als wir definieren.

ERKLÄRUNGSMODELLE FÜR PSYCHISCHE STÖRUNGEN

Es gibt sehr viele Verhaltensweisen, die unter Umständen als pathologisch (abnormal) angesehen werden. Darunter können fallen: Physische Symptome, bizarre Aktivitäten, absonderliche Denkweisen, gedrückte Stimmungslagen oder Kombination dieser und anderer Probleme. Bedenken wir dies, so überrascht nicht, daß es viele Theorien gibt, die psychische Störungen zu beschreiben und zu erklären versuchen und daraus Behandlungsmaßnahmen ableiten.

Wie "normal" sind die Amerikaner?

Die geistige Gesundheit der Amerikaner erregt schon seit langem das Interesse der Wissenschaftler. Mindestens vier große Umfragen wurden während der letzten 30 Jahre durchgeführt, um festzustellen, wie stark psychische Störungen in der Gesamtbevölkerung verbreitet sind. Schätzungen aus diesen Umfragen reichen von einem Minimum von 10 Prozent bis zu einem Maximum von über 80 Prozent. Im Jahre 1979 begann das National Institute of Mental Health (NIMH) in Rockville im Bundestaat Maryland mit der größten und am sorgfältigsten geplanten Umfrage über psychische Störungen. Es wurden 20.000 Haushalte in 5 amerikanischen Städten befragt. Die vorläufigen Ergebnisse aus drei dieser Städte stehen in einem krassen Widerspruch zur psychiatrischen Lehrmeinung.

Das überraschendste Ergebnis war, daß bei jungen Erwachsenen - an erster Stelle bei den 25 bis 44jährigen und an zweiter Stelle bei den 18 bis 24jährigen - die meisten psychischen Störungen auftraten. Die Forscher erwarteten, daß die Gruppe der ältesten Befragten (diejenigen über 65) häufiger von solchen Störungen berichten würde;einfach weil sie schon länger mit dem Risiko einer psychischen Erkrankung leben. Die schweren psychischen Krankheiten - Schizophrenie, Angstneurose, Zwangssyndrom, Depression, psychopathische Persönlichkeitsstörungen, Alkoholabhängigkeit - waren bei den jüngeren Erwachsenen verbreiteter. Nach Auffassung des NIMH-Epidemiologen Darrel A. Regier, des Leiters der Untersuchung, sind diese Daten mit Vorsicht zu interpretieren: Sie könnten auf einem Selektionseffekt beruhen oder dadurch zustande gekommen sein, daß ältere Leute nicht von ihren Problemen berichten (vielleicht weil sie sie vergessen). Wie Regier jedoch hinzufügte, kann aus diesen Daten auch gefolgert werden, daß tatsächlich innerhalb der letzten Generationen die Zahl der geistigen Erkrankungen gestiegen ist.

Die Wissenschaftler haben auch herausgefunden, daß die häufigste psychische Störung in der heutigen amerikanischen Gesellschaft die Alkoholabhängigkeit ist. Einer von sieben der befragten Erwachsenen war nach eigenen Angaben Alkoholiker. Dies widerspricht der weit verbreiteten Ansicht, daß die Depression am häufigsten auftritt. Phobien waren ebenfalls häufiger als Depressionen, die erst an dritter Stelle rangierten und an denen offenbar 5 Prozent der Befragten litten. An nächster Stelle stand der Drogenmißbrauch, der größtenteils bei den 18- bis 24jährigen festgestellt wurde (was wohl nicht überrascht).

Die Daten der Umfrage stammen aus Interviews, die mit über 11.000 Erwachsenen aus Baltimore, St. Louis und New Haven im Bundestaat Connecticut durchgeführt wurden. Weitere Ergebnisse waren:

Bei Männern traten Geisteskrankheiten etwas häufiger auf als bei Frauen. Dies widerspricht der verbreiteten Ansicht, daß Frauen für Geisteskrankheiten anfälliger seien. Die Umfrage bezog sich aber nur auf 15 ausgewählte Störungen, so daß - wie die Forscher anmerkten - die ermittelten Zahlen die Gesamtverbreitung psychischer Störungen in der Gemeinschaft eventuell nicht genau widerspiegeln. Wie aus anderen Untersuchungen hervorgeht, leiden Männer und Frauen an unterschiedlichen Störungen. Bei Männern fanden sich fünfmal so häufig Alkoholprobleme und psychopathische Persönlichkeitsstörungen, während Frauen doppelt so häufig unter Depressionen und wesentlich häufiger unter Phobien - etwa unter Agoraphobien litten. Überraschenderweise gab es keinen Geschlechtsunterschied im Hinblick auf die Anorexia Nervosa, die sowohl bei Frauen als auch bei Männern selten vorkam.

Bei Schwarzen und Weißen waren psychische Krankheiten im allgemeinen gleich weit verbreitet. Die Schwarzen litten aber häufiger unter Drogenabhängigkeit und Phobien; bei den Weißen hingegen traten Anorexia Nervosa und Depressionen etwas häufiger auf.

Es bestand kein Zusammenhang zwischen dem Verlust einer nahestehenden Person und Depressionen.

Bei Stadtbewohnern traten Geisteskrankheiten etwas häufiger auf als bei Menschen, die in ländlichen Gegenden lebten. Umgekehrt waren Collegeabsolventen etwas weniger stark von psychischen Erkrankungen betroffen als Befragte ohne Collegeabschluß...

Science News,
5. November 1983

Wie wir in dem Kapitel über Persönlichkeit (Kapitel 9) gesehen haben, gehen psychologische Theorien in der Regel von einer theoretischen Konzeption des Verhaltens aus. Das gleiche gilt, wenn wir es mit abweichendem Verhalten zu tun haben.

Der Versuch, eine brauchbare Theorie zu entwickeln, die erklärt, warum Menschen sich "verrückt verhalten", hat eine lange Geschichte. In prähistorischer Zeit wurde offensichtlich geglaubt, daß "verrückte" Menschen von Dämonen oder bösen Geistern besessen sind. Die Behandlung bestand darin, Löcher in den Schädel des Opfers zu bohren, um dem Geist zu ermöglichen, das Opfer zu verlassen. Im antiken Griechenland wurde abnormales Verhalten dem Wirken von Göttern und Göttinnen zugeschrieben. Erst der Arzt Hippokrates behauptete, physische, nicht übernatürliche Kräfte seien dafür verantwortlich. Sein biologischer oder medizinischer Ansatz führte eine Vorstellung von *Geisteskrankheit* ein, die bis zum Mittelalter vorherrschend bleiben sollte. Dann nämlich setzte sich wieder die alte Anschauung durch, daß Geisteskranke unter dem Einfluß böser Geister standen. Während dieses dunklen Zeitalters glaubte man, daß jeder, der sich "verrückt" verhielt, vom Teufel besessen oder mit ihm im Bunde sei. Die Kirche, die für Verhaltensstörungen zuständig geworden war, verfolgte diese Menschen mit aller Härte. Folterung, Exorzismus und Verbrennung auf dem Scheiterhaufen waren die üblichen "Behandlungen".

Im sechzehnten Jahrhundert wurden die Geisteskranken jedoch wieder von Ärzten behandelt. Sie wurden in Krankenhäuser und Irrenanstalten verbannt. Es wurde angenommen, daß sie an einer nicht näher bestimmbaren Krankheit oder an einem Hirnschaden litten. Heute kann man diese Krankheiten oder Schädigungen viel besser erklären. Das biologische oder medizinische Modell ist heutzutage auf dem Gebiet der psychischen Störungen vorherrschend. Es gibt jedoch auch noch andere Modelle. Daher werden wir nach der Beschreibung des biologischen Erklärungsmodells das psychodynamische, das verhaltenstheoretische, das phänomenologische, das kognitive und das ethische Modell darstellen (siehe Tabelle 11-1).

Wie wir schon in dem Kapitel über Persönlichkeit (Kapitel 9) gesehen haben, hat das theoretische Konzept vom Wesen der psychischen Störungen einen gewaltigen Einfluß darauf, wie man den anderen sieht. Es legt auch weitgehend fest, ob man seine Gefühle und Verhaltensweisen als pathologisch oder als normal begreift. Der eigene Ansatz dient einem auch als Richtlinie dafür, welche Therapie man für den einzelnen Patienten als geeignet hält (siehe Kapitel 12).

Das biologische Modell

Wie wir gerade gesehen haben, beruht das **biologische Modell** (oder auch medizinische Modell) auf der Annahme, daß Menschen grundsätzlich biologische Organismen

Das Bethlehem Royal Hospital in London - bekannter unter dem Namen Bedlam - wurde vor etwa 500 Jahren zur Behandlung von Geisteskranken gegründet. Dieser Kupferstich von William Hogarth für die Bilderfolge "Das Leben eines Wüstlings" stammt aus dem 18. Jahrhundert.

sind und daß eine Störung oder Schädigung der biologischen "Maschine" für alle psychischen Störungen verantwortlich ist. Daher kommt auch das Wort *Geisteskrankheit.* Weiterhin geht dieser Ansatz davon aus, daß die Forschung in Zukunft die biologischen Ursachen aller Geisteskrankheiten herausfinden wird, sofern sie nicht schon bekannt sind. Dieses Modell übt einen großen Einfluß auf die laufenden Forschungen und die Theorienbildung aus. Dies ist nicht nur deshalb der Fall, weil die Ärzteschaft im allgemeinen als Autorität für Verhaltensstörungen angesehen wird, sondern auch, weil sehr viel darauf hindeutet, daß viele psychische Störungen tatsächlich eine physische oder *organische* Ursache haben. Beispiele hierfür sind der Verlust intellektueller Fähigkeiten, die Desorganisation des Verhaltens und die Persönlichkeitsveränderungen aufgrund des Alterungsprozesses, aufgrund von Krankheiten wie z.B. der Huntingtonschen Chorea oder durch die Wirkung von Giften wie Alkohol oder anderen Drogen. Es deutet auch einiges darauf hin, daß genetische oder biochemische Faktoren einige der schweren Störungen des Denkens und Fühlens, die später beschrieben werden, hervorrufen können. Ebenso hat die Entwicklung von Medikamenten zur Beeinflussung von Verhaltensstörungen die Stellung des biologischen Ansatzes gestützt. Schließlich ist auch das am meisten anerkannte Klassifikationssystem für psychische Störungen fast genauso aufgebaut wie die Klassifikationssysteme der Ärzte für physische Krankheiten. Wir werden dieses Klassifikationssystem später noch näher beschreiben.

Tabelle 11-1 Erklärungsmodelle für psychische Störungen

Erklärungs-Modell	Theoretische Ursache der Abnormalität	Theoretische Behandlung
Biologisch/ medizinisch	Organische Störung	Medikamente, Ruhe, körperliche Behandlung
Psychodynamisch	Unbewußte Konflikte	Einsicht in die Konflikte (emotionales und intellektuelles Verständnis der Konflikte)
Verhaltens-theoretisch	Schlecht angepaßtes Lernen	Verlernen, Lernen, Wiedererlernen
Phänomenologisch	Fehlen eines Sinnes im Leben oder Verzerrung des Erlebens	Entwicklung von Bewußtsein und Offenheit
Kognitiv	Fehlerhaftes Denken	Erlernen neuer Formen der Interpretation von Erfahrungen
Ethisch	Fehlen von Verantwortungsbewußtsein	Annahme von Verantwortungsbewußtsein

Trotz seiner vorherrschenden Position stören sich viele Ärzte und Nichtmediziner am biologischen Modell. Wenn beispielsweise eindeutig organische Probleme vorliegen, sind Ärzte die angemessenen Helfer. Es gibt aber viele Probleme, die andere Ursachen haben und die auch von nicht-medizinischen Helfern behandelt werden können. Ein Mensch, der ängstlich ist und mit anderen nicht zurecht kommt, hat diese Eigenschaft im allgemeinen nicht aufgrund einer körperlich begründeten Krankheit. Die Störung kann sich vielleicht wie eine solche Krankheit äußern, aber dies macht sie noch nicht zu einer körperlichen Erkrankung, die die Hilfe eines Arztes erfordert.

Wie weiter kritisch vermerkt wird, führt das medizinische Modell dazu, daß die Menschen kein Verantwortungsbewußtsein mehr für ihr Verhalten übernehmen. Viele Menschen verlangen von ihren Therapeuten, daß sie sie von ihren Verhaltensstörungen "kurieren", so als handelte es sich um einen Ausschlag. Im allgemeinen hat aber der Therapeut (Arzt oder "Laie") kein "Heilmittel" - der Patient muß Verantwortung für die Veränderung (nicht Heilung) seines Verhaltens selbst übernehmen.

Obwohl man den Begriff *geisteskrank* für eine humanere Bezeichnung von Menschen mit psychischen Problemen hielt als *wahnsinnig* oder *irre,* bringen nur wenige Menschen den Geisteskranken das gleiche Mitgefühl entgegen wie den körperlich Kranken. Nach wie vor ist man "Geisteskranken" gegenüber häufig negativ eingestellt oder man hat Angst vor ihnen. Obwohl das medizinische Modell den Anstoß dazu gegeben hat, Menschen mit psychischen Problemen medizinisch zu behandeln anstatt sie zu verfolgen, hat es wohl eine andere Art von Stigma geschaffen.

Trotz seiner negativen Konsequenzen hat sich das medizinische Modell behauptet und lieferte die Basis für ein verwandtes Modell, das als psychodynamisches Modell bekannt ist.

Das psychodynamische Modell

Die Hauptannahme des **psychodynamischen Modells** ist, daß psychische Probleme, die einem Menschen nicht bewußt sein müssen, *wie* körperliche Krankheiten wirken und so die Symptome einer "Geisteskrankheit" hervorbringen. Abnormales Verhalten, das offensichtlich keine organischen Ursachen hat, spiegelt einen Kampf oder Konflikt zwischen verschiedenen Teilen der Persönlichkeit eines Menschen wider und ist nicht die Folge einer physischen Erkrankung. Wie in Kapitel 9 beschrieben, war es Freud – von seiner Ausbildung her Arzt -, der die erste psychodynamische Theorie entwickelte, weil er für bestimmte psychische Probleme keine neurologische Basis finden konnte.

Freud glaubte, daß Verhalten teilweise von psychischen Konflikten bestimmt wird, die vollkommen unbewußt sein können. Er stellte die Theorie auf, daß psychische Prozesse auf drei Ebenen ablaufen: der **bewußten,** der **vorbewußten** und der **unbewußten.** Die bewußte Ebene besteht aus den Vorstellungen, Gedanken, Impulsen und Bildern, die uns in einem bestimmten Augenblick bewußt sind. Die vorbewußte Ebene besteht aus Vorstellungen, Gedanken, Impulsen und Bildern, die uns momentan nicht bewußt sind, die aber ohne oder mit wenig Schwierigkeiten bewußt gemacht werden können. Das Unbewußte ist der Teil der Psyche, der versteckt ist, sogar vor uns selbst. Es enthält die sexuellen und aggressiven Instinkte sowie Erinnerungen, Gedanken, Impulse und Vorstellungen, die einst bewußt waren, aber aus dem Bewußtsein verbannt wurden, weil sie Angst erzeugten.

Wie wir in Kapitel 9 gesehen haben, war Freud der Ansicht, daß Angst und andere Verhaltensstörungen aus Konflikten mit sozial unakzeptierbaren Triebregungen erwachsen. Das Ausleben dieser Triebregungen würde zu Bestrafung und Mißbilligung führen, sei es durch andere oder den Betroffenen selbst. Zum Beispiel findet ein kleiner Junge heraus, daß seine Mutter äußerst verletzt und sehr mißbilligend reagiert, wenn er seiner Wut Ausdruck verleiht, und so kann es sein, daß er seine Wutgefühle vergißt oder unterdrückt. Ab diesem Moment ist er unbewußt wütend (vielleicht sogar auf seine Mutter), doch bewußt verhält er sich so, daß andere und er selbst davon überzeugt sind, er sei ruhig und immer beherrscht. Wenn der Vorgang hier beendet wäre, gäbe es keinerlei Probleme, er wäre einfach ein stiller Junge. Freud hingegen glaubte, daß wütende Gedanken trotzdem bestehen bleiben und unbewußte Konflikte hervorrufen, die wiederum seelischen Störungen (mit Symptomen wie Angst, einem Magengeschwür oder einer Depression) Vorschub leisten. Nach der psychodynamischen Sichtweise soll die betroffene Person bei einer Therapie solche unbewußten Prozesse erkennen, und die Symptome, die diese verursacht haben, sollen dadurch abgeschwächt werden.

In den Vereinigten Staaten waren einige der einflußreichsten Verfechter der psychodynamischen Sichtweise Psychiater, die interessanterweise selber Mediziner waren. Aber auch andere Berufsgruppen, die sich um die seelische Gesundheit kümmern, haben sich mit der Vorstellung angefreundet, daß psychopathologische Symptome das Ergebnis psychodynamischer Prozesse sind. Die Weiterentwicklungen der Freudschen Theorien durch die Neo-Freudianer und die Ich-Psychologie haben diese Vorstellung nur noch attraktiver gemacht (siehe Kapitel 9).

Das verhaltenstheoretische Modell

Der verhaltenstheoretische Standpunkt mißt unbewußten Konflikten für die Entstehung psychopathologischer Phänomene keine Bedeutung bei, ja er bezweifelt sogar die Existenz solcher Konflikte. Aus der **verhaltenstheoretischen Sicht** wurde gestörtes Verhalten bei früheren Erfahrungen in sozialen Situationen gelernt. Die Anhänger dieser Ansicht erkennen durchaus an, daß genetische Prädispositionen, biochemische Faktoren und andere organische Variablen den Rahmen dafür, was gelernt wird, setzen und begrenzen. Ein Mensch mag beispielsweise mit einer unattraktiven äußeren Erscheinung geboren sein, aber ob er nun scheu, zurückgezogen und deprimiert oder gesellig, extravertiert und glücklich wird, hängt hauptsächlich davon ab, wie er von anderen behandelt wird, und wie er selbst diese Behandlung interpretiert. Beachten Sie bei diesem Beispiel, daß der verhaltenstheoretische Ansatz sowohl die externalen Folgen des Verhaltens (Belohnung/Bestrafung), als auch die internale Bewertung dieser Folgen (Denkgewohnheiten) als bedeutend für die Entwicklung von Verhaltensstörungen einschätzt.

Beachten Sie auch, daß bei diesem Ansatz dieselben Prinzipien, die für normales Verhalten verantwortlich sind, zur Erklärung abnormalen Verhaltens herangezogen werden. Das bedeutet, daß -wie wir in Kapitel 9 gesehen haben- Menschen mit psychischen Störungen nicht als "verrückt" oder "geisteskrank" angesehen werden. Sie haben vielmehr eine ungünstige Lerngeschichte hinter sich, die dazu führte, daß sie sich so verhalten und so denken, wie sie es tun. Es gibt bei diesem Ansatz auch nicht die Anschauung, daß gestörtes Denken oder Verhalten nur Symptome für eine grundlegendere, vielleicht unbewußte Störung sind, sondern die gestörten Denk- und Verhaltensweisen selbst werden als das Hauptproblem betrachtet. Statt seelische Krankheiten zu diagnostizieren und zu klassifizieren (wie beim biologischen oder tiefenpsychologischen Ansatz), versuchen folglich die Verhaltenstherapeuten problematisches Denken und Verhalten zu beobachten und zu beschreiben. Im nächsten Schritt bestimmen sie dann, auf welche Weise die Störung durch das soziale Umfeld der betroffenen Person aufrecht erhalten wird. Das Ergebnis ist eine Zusammenfassung dessen, was diese Person in Zukunft lernen und verlernen muß. Wie man diese Veränderung bewirken will, hängt davon ab, ob Skinners Ansatz der operanten Konditionierung oder eher kognitiv orientierte Verfahren -wie die von Bandura- angewandt werden (ausführlicher in den Kapiteln 9 und 12).

Für die eher traditionellen biologischen und tiefenpsychologischen Standpunkte stellte der verhaltenstheoretische Ansatz eine beträchtliche Herausforderung dar; aber der nächste Ansatz, den wir im folgenden behandeln werden, war eine Herausforderung für alle drei.

Das phänomenologische Modell

Wie wir in Kapitel 9 schon gesehen haben, wird aus **phänomenologischer** (oder humanistischer) **Perspektive** das Verhalten von Menschen -ob nun normal oder abweichend- nicht von der Biologie, von den Trieben oder durch

Verstärkung gesteuert, sondern durch den individuellen Menschen selbst, zum einen durch seine ganz persönliche Wahrnehmung der Welt, zum anderen durch sein Bedürfnis nach Selbstverwirklichung. Daraus folgt, daß abweichendes Verhalten nicht Krankheit, unbewußte Konflikte oder fehlgelaufene Konditionierung widerspiegelt, sondern eine verzerrte Wahrnehmung von sich selbst oder von der Welt. Je stärker die Verzerrung ist, desto schwerer wird die Störung sein. Gewissermaßen könnte dann jedes Verhalten -egal wie "gestört"- als normal angesehen werden, wenn man die Dinge aus den Augen des Betroffenen sehen könnte.

Wenn jeder Mensch im Prinzip normal ist und bloß auf Hindernisse bei seiner Selbstverwirklichung stößt (siehe Kapitel 9), gibt es offensichtlich keinen Grund, ihm irgendein diagnostisches Etikett zuzuteilen oder eine Bestandsaufnahme seines Verhaltensrepertoires vorzunehmen. Man muß nur versuchen, diese Person zu verstehen - und ihr Hilfestellung bei der Selbsterkenntnis leisten. Dann beginnt das problematische Denken und Verhalten zu verschwinden (siehe Kapitel 12).

Das kognitive Modell

In mancher Hinsicht ähnelt der phänomenologische Ansatz dem der kognitiv orientierten Behavioristen, die auch dem Umstand große Bedeutung beimessen, wie Menschen die Dinge in ihrer Umwelt und ihrer inneren Welt interpretieren. Tatsächlich sind diese beiden Ansätze zu einer neuen Sichtweise verschmolzen,die man die **kognitive Sichtweise** der Psychopathologie nennen könnte. Aus dieser Perspektive liegen die Ursachen von Verhaltensstörungen nicht so sehr darin, was jemandem zustößt (z.B. kritische Lebensereignisse), sondern darin, wie er/sie über die Ereignisse denkt.

Nehmen wir einmal an, zwei verschiedene Leute haben auf dem Weg zu einer wichtigen Verabredung eine Reifenpanne. Beide sind natürlich nicht gerade glücklich über dieses Mißgeschick, aber kognitiv reagieren sie völlig verschieden. Der eine denkt sich: "So ein Mist, jetzt sitz ich aber wirklich in der Klemme. Besser ich rufe da an und sage Bescheid, daß ich zu spät komme." Der andere denkt sich: "So gehts mir doch immer. Wenn ich mal was anpakke, geht es hundertprozentig schief. Mir wird nie etwas gelingen." Die kognitive Sichtweise interpretiert die erste Reaktion als konstruktiv, die zweite als unlogisch und selbstherabsetzend.

Aaron T.Beck, ein Hauptbefürworter des kognitiven Modells emotionaler Störungen und Professor an der University of Pennsylvania, glaubt, daß eine solche unangemessene Informationsverarbeitung von einer fehlerhaften kognitiven Repräsentation der persönlichen Welt herrührt. Beck behauptet, daß beispielsweise bei Depressiven die Gedanken und Vorstellungen auf negativen Überzeugungen in drei Bereichen basieren (die sogenannte "Kognitive Triade"): 1. Selbstwert, 2. die Welt im allgemeinen und 3. die Zukunft. Diese negative Triade funktioniert ganz schematisch (siehe Kapitel 6): Jede neue Information (hier die Reifenpanne) wird nach diesem Schema interpretiert und führt zu unangemessenen Reaktionen ("Mir wird nie was gelingen...").

Die kognitiven Modelle der Psychopathologie konzentrieren sich darauf, welche Rolle Überzeugungen, kognitive Repräsentationen, fehlerhafte Informationsverarbeitung und Wahrnehmungsverzerrungen bei der Entwicklung und Aufrechterhaltung von emotionalen Störungen spielen. Es stellt sich aber im Hinblick auf diese Modelle die Frage, was -nach dem Motto "Henne oder Ei"- zuerst da war, das heißt, haben Leute psychische Probleme aufgrund ihrer Art zu denken, oder ist ihr Denken unangemessen, weil sie psychische Probleme haben?

Das ethische Modell

Bei einem Angriff auf die medizinische Betrachtungsweise psychischer Krankheiten gab Thomas Szasz (1961) die Anregung, emotionale Probleme, unter denen Menschen leiden, am besten als "Probleme bei der Lebensbewältigung" zu betrachten. Er gab zu bedenken, daß das menschliche Leben im wesentlichen nicht harmonisch und befriedigend verläuft, sondern eher mit finanziellen, sozialen, biologischen und politischen Belastungen angefüllt ist. Menschen, die professionelle Hilfe in Anspruch nehmen, kommen allein damit nicht mehr zurecht.

Szasz behauptet, daß der "Mythos der Geisteskrankheit" den Betroffenen gestattet, die *moralische* Verantwortung für ihr Handeln abzuwälzen. Der **ethische Standpunkt** vertritt die Ansicht, daß Menschen *sehr wohl* für ihr Verhalten verantwortlich sind; die Befürworter argumentieren, daß die Probleme nur verschlimmert werden, wenn wir Leute, die sich "verrückt" benehmen, behandeln, als wären sie körperlich krank. Zum Beispiel könnten diese zu der Überzeugung kommen: Der Arzt hätte ihnen gesagt, sie wären geisteskrank und bräuchten Medikamente und stationäre Behandlung, also bräuchten sie sich selbst nicht mehr um eine Verbesserung ihres Zustands zu bemühen. Besser erstmal abwarten, bis die Behandlung "wirkt". Nicht nur die Helfer erwarten weniger von dem Patienten ("er kann nichts dafür; er ist krank"), auch er selbst erwartet weniger von sich, und damit sinken die Chancen, daß eine Behandlung -welche auch immer- etwas fruchtet.

Folglich geht der ethische Standpunkt davon aus, daß Menschen für ihr problematisches Verhalten selbst verantwortlich sind, und führt das Verhalten nicht auf Krankheit, ungelöste Kindheitskonflikte, Verstärkung oder andere beherrschende Faktoren zurück. Die Frage nach der Verantwortung für das eigene Verhalten hat weitreichende, soziale Implikationen; zum Beispiel haben unsere Gerichte dauernd Schwierigkeiten bei der Lösung der Streitfrage nach der persönlichen Verantwortung. Wenn das Verhalten eines Menschen durch seine Lerngeschichte vorherbestimmt ist, wie kann er dann für sein strafbares Verhalten haftbar gemacht werden? Wenn ein Mann auf den Präsidenten geschossen hat und es gesteht, soll dann auf strafrechtliche Sanktionen verzichtet werden, weil seine Geisteskrankheit dieses Verhalten ausgelöst hat?

DIAGNOSTIK IN DER PSYCHOPATHOLOGIE

Viele Leute, die in diesem Bereich arbeiten, finden es wichtig, die verschiedenen Fälle des abweichenden Verhaltens genau zu benennen, um etwas Ordnung in die Vielfalt psychopathologischer Erscheinungen zu bringen. Das Ziel dieser Bemühungen ist, festzulegen, wieviele *Arten* von Störungen es gibt, was für sie charakteristisch ist, wie lange sie dauern, und welche Behandlung für jede einzelne am meisten Erfolg verspricht. Bei den biologischen und tiefenpsychologischen Ansätzen wird dieser Vorgang *Diagnostik* genannt, manchmal auch Psychodiagnostik, um sie etwas von der medizinischen Diagnostik abzuheben.

Ein Hauptziel eines jeden psychodiagnostischen Systems besteht darin, den professionellen Helfern zu ermöglichen, miteinander über ihre Patienten eindeutig zu kommunizieren. Diagnostische Bezeichnungen sollen zahlreiche allgemeine Informationen über gestörtes Verhalten vermitteln und es den Therapeuten, Forschern und anderen erlauben, sich über die Psychopathologie im allgemeinen oder über spezielle Fälle zu verständigen. Wenn ein Psychologe weiß, daß ein Klient ähnliche Symptome hat wie ein früherer Patient, kann ihm dies zu vernünftigen Erwartungen im Hinblick auf die Zukunft und die Besserungsaussichten dieses Menschen verhelfen. Aufgrund dessen kann er die Therapie planen und durchführen, die am ehesten in Frage kommt. Der Psychopathologie-Forschung helfen die genauen diagnostischen Benennungen dabei, homogene Experimentalgruppen zusammenzustellen (z.B. depressive im Gegensatz zu ängstlichen Probanden), sei es zur Evaluierung von Therapiemethoden oder für Experimente.

Diagnostische Urteile über psychische Störungen können auf viele Informationsquellen gestützt sein, etwa auf Gespräche mit dem Betroffenen selbst, mit seiner Familie oder Freunden, auf Testdaten (siehe Anhang C), sowie auf Aufzeichnungen über seine medizinische und soziale Vorgeschichte. Was auch immer die Quellen sein mögen, der Diagnostiker sieht sich mit der schwierigen Aufgabe konfrontiert, so viel wie möglich über eine Person zu erfahren und in relativ kurzer Zeit eine genaue und folgenschwere Zusammenfassung oder Bezeichnung für die Probleme dieser Person zu erstellen. Ist das wirklich zu schaffen? Und soll es überhaupt so gemacht werden? Eine Diskussion des Für und Wider der Diagnostik findet sich in "So sieht das in der Praxis aus" am Ende dieses Kapitels.

Das am häufigsten benutzte Schema zur Klassifizierung abweichenden Verhaltens beruht auf der Gruppierung von Personen, die Ähnlichkeiten hinsichtlich Verhaltens- und Gefühlsmerkmalen aufweisen. Dabei setzt man voraus, daß diese Merkmale sinnvoll und zuverlässig gruppierbar sind. Demgemäß würden alle Menschen mit bestimmten Verhaltensweisen die gleiche Bezeichnung erhalten. Die Verhaltens- und Gefühlsmerkmale von psychischen Krankheiten werden oft *Symptome* genannt, was hauptsächlich auf die medizinisch/biologische Ansicht zurückgeht, daß abweichendes Verhalten auf eine zugrundeliegende Störung hinweist (so wie Fieber ein Symptom ist für eine Erkältung oder Infektion). Andere Ansätze benutzen das Wort Symptom nicht so gern und haben sich eigene, spezielle Klassifizierungen ausgedacht. Das einflußreichste und am weitesten verbreitete diagnostische System spiegelt aber noch die biologische und tiefenpsycholgische Perspektive wieder. Es handelt sich um das *Diagnostic and Statistical Manual of Mental Disorders,* abgekürzt DSM (diagnostischer und statistischer Leitfaden für psychische Störungen), das im Laufe der letzten 25 Jahre von der American Psychiatric Association (Verband der amerikanischen Psychiater) entwickelt wurde; die neueste Version, das DSM-III, wurde 1980 veröffentlicht (Anm. des Verlages: Inzwischen ist auch die 4. Version dieses Manuals in Deutschland erhältlich).

Das DSM-III ist genau wie seine Vorgänger DSM-I und DSM-II ein umstrittenes Klassifikationssystem, aber man versucht, es mit jeder Auflage zu verbessern. Zum Beispiel wurden die Störungen in früheren DSM-Ausgaben nicht nur anhand von Symptomen klassifiziert, sondern auch implizite Angaben zu den Ursachen gemacht. Diese hypothetischen Ursachen bildeten den zentralen Gegenstand der Kontroversen. Außerdem war es in der Regel schwierig, einer einzelnen Person mehr als eine diagnostische Kategorie zuzuordnen (wenn sie unter mehr als einem Problem litt), eine Aussage über das Ausmaß an Streß zu machen, dem diese Person ausgesetzt war, sowie nicht nur ihre Störungen, sondern auch ihre Stärken aufzuzeigen. Denn dafür stellte das alte System nicht ausreichend Kategorien zur Verfügung. Im DSM-III jedoch wird eine Person auf *fünf* Dimensionen beurteilt. Jede Dimension beleuchtet einen bestimmten Aspekt des Falles und wird Achse genannt, daher bezeichnet man das DSM-III als multiaxiales System (siehe Fundgrube 11-1).

Kurz zusammengefaßt werden die Hauptsymptome, die zum gegenwärtigen Zeitpunkt auftreten, auf Achse I klassifiziert. Aber falls noch andere, seit langer Zeit bestehende Problemverhaltensweisen vorhanden sind, die getrennt von den gegenwärtigen Symptomen betrachtet werden müssen, werden diese als Persönlichkeitsstörung auf Achse II eingeordnet, also unabhängig von der Diagnose auf Achse I. Alle körperlichen Störungen werden auf Achse III eingetragen. Achse IV beinhaltet eine Einschätzung des Schweregrades der psychosozialen Belastungsfaktoren, und Achse V schließlich zeigt das höchste Anpassungsniveau auf, das die Person im vergangenen Jahr erreicht hat. Somit läßt das DSM-III viel deutlicher als die früheren Systeme die Komplexität von psychischen Problemen erkennen und versucht, die wichtigsten Informationen zusammenzufassen, die man benötigt, um eine Person in ihrer Besonderheit zu verstehen.

Dementsprechend kompliziert ist das vollständige DSM-III, und es lassen sich hier unmöglich alle Kategorien beschreiben. Wir werden den Umfang unserer Darstellung begrenzen, und zwar auf 7 der 16 Hauptkategorien auf Achse I (die sich auf die aktuelle Symptomatologie bezieht) und auf 5 der 12 Persönlichkeitsstörungen auf Achse

FUNDGRUBE 11-1

Das DSM-III: Ein multiaxiales System zur Klassifizierung psychischer Störungen

1980 veröffentlichte die American Psychiatric Association ein überarbeitetes Klassifikationssystem für abweichendes Verhalten. Diese dritte Ausgabe des *Diagnostic and Statistical Manual of Mental Disorders,* abgekürzt DSM-III (diagnostischer und statistischer Leitfaden für psychische Störungen), deckt einen größeren Bereich abweichender Verhaltensweisen ab und verfügt über differenziertere diagnostische Kriterien als die vorhergehenden Systeme. Zusätzlich läßt das DSM-III die Komplexität der Klassifikation psychischer Störungen erkennen und versucht, die früheren System zu verbessern, indem es fünf Hauptdimensionen der Klassifikation aufstellt. Dieses sogenannte *multiaxiale Klassifikationsschema* enthält die folgenden Hauptteile:

Achse I: Aktuelle Symptomatologie

Achse I umfaßt einen großen Bereich von Symptomhäufungen oder klinischen Syndromen. Das traditionelle diagnostische System, das nur auf Kategorien basierte, wurde erweitert und enthält jetzt umfassendere Klassifikationskategorien. Das neue System wurde sogar genau deswegen kritisiert, weil es einfach zu vieles in die psychischen Störungen einbezieht, unter anderem "Störungen" wie Nikotinentzugssyndrom, Koffeinvergiftung und entwicklungsbedingte Rechenstörung. Trotzdem stellt das DSM-III allgemein eine Verbesserung gegenüber früheren Systemen dar, weil es explizitere Kriterien anbietet, die eine zuverlässige Diagnose ermöglichen können.

Achse II: Persönlichkeitsstörungen

Diese Dimension berücksichtigt die Komplexität psychischer Störungen und ist für die Diagnose von sekundären und begleitenden Störungen vorgesehen, zusätzlich zu den Hauptsymptomen und Syndromen auf Achse I. Auf Achse II werden Persönlichkeitsstörungen oder unangepaßte Charakterzüge festgehalten. Zum Beispiel kann jemand auf Achse I als vorwiegend depressiv eingestuft werden und gleichzeitig schon lange bestehende zwanghafte Züge haben, dann würde auf Achse II die Diagnose "zwanghafte Persönlichkeit" eingetragen.

Achse III: Körperliche Störungen

Diese Dimension ermöglicht es dem Diagnostiker, bestehende Störungen aufzuzeichnen, die für das Verständnis oder die Behandlung des Patienten wichtig sein können.

Achse IV: Schwere der psychosozialen Belastungsfaktoren

Hier kann der Kliniker den Schweregrad der Streßbelastung einschätzen, der der Klient im Laufe des letzten Jahres ausgesetzt war. Die Kodierungen und Beschreibungen der entsprechenden Schätzskala sind zusammen mit Beispielen für die jeweiligen Streßniveaus in Tabelle 11-2 wiedergegeben.

Achse V: Niveau der sozialen Anpassung

Informationen über den höchsten Anpassungsgrad eines Klienten sind eine wichtige Hilfe sowohl für die Entwicklung von Behandlungsprogrammen, als auch für das Verständnis des Schweregrades der gegenwärtigen Störung. Das Anpassungsniveau wird nach dem Schema in Tabelle 11-3 eingeschätzt.

Ein Fallbeispiel für das DSM-III

Betty D., 43 Jahre alt, wurde ins Krankenhaus eingewiesen, weil

Tabelle 11-2 Skala der Schwere von Belastungsfaktoren, Achse IV

Kodierung	Bezeichnung	Beispiele
1	keine	keine erkennbaren psychosozialen Belastungsfaktoren
2	minimal	kleinere Gesetzesübertretungen, geringe Bankschulden
3	leicht	Streit mit den Nachbarn; Änderung der Arbeitszeit
4	mäßig	neue berufliche Laufbahn; Tod eines nahen Freundes; Schwangerschaft
5	schwer	eigene schwere Krankheit oder solche in der Familie; erheblicher finanzieller Verlust; Trennung vom Ehepartner; Geburt eines Kindes
6	sehr schwer	Tod eines nahen Verwandten; Scheidung
7	katastrophal	Aufenthalt im Konzentrationslager; verheerende Naturkatastrophe
0	nicht einstufbar	keine Informationen oder nicht anwendbar

II. Eine vollständige Auflistung der Kategorien auf den beiden Hauptachsen I und II findet sich im hinteren Buchdeckel auf der Innenseite.

DSM-III: KATEGORIEN AUF ACHSE I

Wir werden auf 7 wichtige diagnostische Kategorien auf Achse I eingehen: (1) organisch bedingte psychische Störungen, (2) Angstsyndrome, (3) somatoforme Störungen, (4) Substanzinduzierte Störungen, (5) psychosexuelle Störungen, (6) affektive Störungen und (7) schizophrene Störungen. Denken Sie im folgenden stets daran, daß Streß diesen Störungen oftmals vorangeht, und viele davon unmittelbar durch Streß erzeugt werden (worauf die Exi-

sie mehrfach aufgrund ihrer Trunkenheit aufgefallen war. Dabei hatte sie oft öffentliches Ärgernis erregt, zum Beispiel, weil sie ihre Gläser nach anderen Gästen einer Bar warf, was kürzlich dazu führte, daß sie zweimal inhaftiert wurde. Während ihres Krankenhausaufenthaltes erlebte sie starke Entzugssymptome, u.a. auch ein Delirium Tremens (in der amerikanischen Umgangssprache als "Schüttelfrost" bezeichnet).

Auf Achse I erhielt sie die Diagnose *"Alkoholmißbrauch"*.

Die Anamnese ergab ein schon lange bestehendes Abhängigkeitsproblem, wobei sie die Verantwortung für ihr Leben auf andere abschob. Es mangelte ihr an Selbstvertrauen, und sie hielt sich für unfähig, ohne ihren Ehemann, bzw. jetzt nach der Scheidung ohne einen männlichen Partner, zu leben.

Auf Achse II erhielt sie die Diagnose *"Dependente Persönlichkeitsstörung"*.

Durch ihren langjährigen Alkoholkonsum hatte sie sich schwere körperliche Leiden zugezogen, die nach einer medizinischen Untersuchung auf Achse III als *"alkoholbedingte Leberzirrhose"* diagnostiziert wurde.

Betty hatte in den letzten Monaten unter großen psychischen Belastungen gelitten: Scheidung, extreme finanzielle Rückschläge, verschiedene Auseinandersetzungen, Zerbrechen von Liebesbeziehungen, Verfall ihrer moralischen Maßstäbe und Gefängnishaft. So wurde sie auf Achse IV (psychosoziale Belastung) als *"sehr schwer"* eingestuft (Rang 6 auf einer 7-Rang-Skala).

Sie kam nicht gut zurecht im letzten Jahr. Ihre Beziehungen zur Familie und am Arbeitsplatz hatten sich verschlechtert, beruflichen Ansprüchen konnte sie nicht genügen und meistens war sie betrunken. Ihre Einschätzung auf Achse V (Anpassungsniveau) lag daher bei *"niedrig"*.

Tabelle 11-3 Anpassungsniveau

Stufen	Beispiele
1. *Hervorragend* - Ungewöhnlicher Anpassungsgrad in beruflicher und gesellschaftlicher Hinsicht sowie in der Freizeitgestaltung	Alleinstehender Elternteil in ungünstiger Umgebung versorgt Kinder und Haushalt ausgezeichnet, hat gute Beziehungen zu Freunden und findet Zeit für ein Hobby.
2. *Sehr gut* - Besser als durchschnittlich im gesellschaftlichen, beruflichen und Freizeitbereich	65-jähriger verwitweter Rentner hat einige ehrenamtliche Tätigkeiten, trifft häufig alte Freunde und pflegt Hobbies.
3. *Gut* - Nur leichte Beeinträchtigungen entweder in beruflicher oder sozialer Hinsicht.	Eine Frau mit vielen Freunden übt einen anspruchsvollen Beruf sehr gut aus, gibt aber zu, daß sie überfordert ist.
4. *Ausreichend* - Mäßige Beeinträchtigungen entweder im sozialen oder beruflichen Bereich oder etwas Einschränkung bei beiden.	Ein Rechtsanwalt hat Mühe bei der Wahrnehmung von Prozeßterminen. Hat verschiedene Bekanntschaften, aber wenig gute Freunde.
5. *Niedrig* - Deutliche Einschränkung im sozialen oder beruflichen Bereich, oder niedrige Einschränkung bei beidem.	Ein Mann mit ein oder zwei Freunden, aber Schwierigkeiten einen Arbeitsplatz länger als ein paar Wochen zu behalten.
6. *Sehr niedrig* - Erhebliche Beeinträchtigungen sowohl im beruflichen als auch im sozialen Bereich.	Eine Hausfrau ist unfähig zur Hausarbeit und hat heftige Auseinandersetzungen mit Nachbarn und Familie.
7. *Stark behindert* - Erhebliche Einschränkungen in praktisch allen Funktionsbereichen	Ein älterer Mann benötigt Aufsicht, um die einfachste, persönliche Hygiene aufrechtzuerhalten und ist oft verwirrt.

stenz der Achse IV im DSM-III auch hinweisen soll). Demgemäß werden psychische Krankheiten oft als abweichende und unangemessene Reaktion auf Streß angesehen. Sogar wenn es bekannte physische Ursachen für eine Störung gibt -etwa Abbauprozesse im Gehirn-, kann die äußere psychosoziale Belastung eine zusätzliche Quelle für die Störung darstellen.

Ein Kriterium zur Differenzierung der verschiedenen Formen psychischer Krankheiten ist die Unterscheidung zwischen funktionellen und organischen Störungen. Eine **funktionelle Störung** wird auf ein Problem zurückgeführt, das vorwiegend die Folge von psychischen, weniger von biologischen Faktoren ist. Die meisten intensiven Ängste sind wahrscheinlich durch psychische Faktoren (je nach theoretischem Blickwinkel: ungünstige Lernerfahrungen oder unbewußte Konflikte) verursacht, und nicht durch physische Probleme. Tatsächlich dürften die meisten psychischen Störungen funktioneller Natur sein, oder zumindest wurden die vermuteten organischen Ursachen noch nicht entdeckt. Andererseits sind viele Formen abweichenden Verhaltens zweifellos körperlich bedingt und diese nennen wir **organisch bedingte psychische Störungen.** In der Regel sind dabei Schäden im Zentralnervensystem (Gehirn und Rückenmark) die Ursache, etwa aufgrund von angeborenen Defekten, von Verletzungen, von toxischen Substanzen wie Alkohol oder Blei, von Krankheiten wie der progressiven Paralyse (Spätstadium der Syphilis mit Degenerierung des ZNS) oder aufgrund von allgemeinen Beeinträchtigungen durch Alterungsprozesse ("Arterienverkalkung", Alzheimersche Krankheit).

Die Differenzierung zwischen organisch bedingten und funktionellen Störungen ist in der Klinischen Psychologie von großer Wichtigkeit. Dazu gibt es eine interessante Fallgeschichte über einen Mann, der eine Flasche Insektenvernichtungsmittel getrunken hatte, in der Hoffnung, daß er davon krank würde, und seine Frau ihn bedauern würde. Sein Verhalten würden wir als funktionell abweichend ansehen, jedoch waren die Folgen des Verhaltens eine Vergiftung und eine schwere organische Krankheit. Chronischer Alkoholismus ist heutzutage vielleicht die verbreitetste Ursache für organisch bedingte psychopathologische Erscheinungen. Bei einigen der organisch bedingten psychischen Störungen kann das problematische Verhalten beseitigt werden, wenn die zugrundeliegende biophysische Dysfunktion geheilt wird, aber in vielen anderen Fällen (wie der progressiven Paralyse) sind solche Störungen irreversibel.

Eine andere, schon sehr alte, Differenzierung ist die zwischen psychotischen Störungen **(Psychosen)** und neurotischen Störungen **(Neurosen).** Das Hauptunterscheidungsmerkmal besteht darin, ob eine Person noch Bezug zur Realität hat und fähig ist, ihr Alltagsleben zu meistern, oder nicht. Die Merkmale von psychotischen Störungen sind massive Beeinträchtigung des Denkens, Realitätsverzerrung und Verlust der Realitätsprüfung. Psychotische Menschen sehen oft den Unterschied zwischen Realität und Phantasie nicht mehr und sind durch ihre Störung oft nicht mehr in der Lage, einem Beruf nachzugehen und unabhängig zu leben. Neurotische Störungen haben nicht ganz so schlimme Auswirkungen, denn ein neurotischer Mensch behält die grundlegende Kontrolle über seine Gefühle und Gedanken und bleibt in Kontakt mit der Realität. Trotzdem empfinden auch diese Personen beträchtliche Ängste und Unbehagen durch ihre uneffektive Art, Alltagsprobleme zu bewältigen. Das DSM-III bezieht sich unmittelbar auf diese Unterscheidung, daher sind die Bezeichnungen *"Psychose"* und *"Neurose"* offiziell keine diagnostischen Kategorien mehr. Aber von professionellen Helfern und von der Öffentlichkeit werden sie trotzdem noch häufig zur Veranschaulichung benutzt. Im DSM-III stehen an ihrer Stelle jetzt die Hauptkategorien von Achse I. Sieben der wichtigsten Kategorien werden wir im folgenden näher untersuchen.

Organisch bedingte psychische Störungen

Abweichende Verhaltensweisen, die durch zeitweilige oder andauernde Veränderungen im Zentralnervensystem verursacht sind, werden den organisch bedingten psychischen Störungen zugeordnet. Eine große Vielfalt von Verhaltensweisen wird auf Hirnschäden zurückgeführt. Beispielsweise die abnormen Handlungen eines 80jährigen Mannes, der nach einem anständig geführten Leben begann, seine Genitalien öffentlich zu entblößen und kleinen Kindern die Hosen herunterzuziehen, das unberechenbare, gewalttätige Verhalten eines Heranwachsenden, der die Droge PCP ("angel dust") eingenommen hat, oder der Scharfschütze mit einem Hirntumor, der vom Glockenturm der University of Texas herab einige Menschen erschossen hat. Diese Fälle illustrieren dramatisch die Bedeutung des Gehirns für das menschliche Verhalten und die Probleme, die eine Hirnfunktionsstörung begleiten können.

Organische Störungen (wie der Fall des Woody Guthrie in Kapitel 2) sind für über 6% aller Einweisungen in psychiatrische Krankenhäuser verantwortlich. Wenn man die organischen Störungen toxischer Genese (durch Mißbrauch von Alkohol oder anderen Substanzen) und die geistige Retardierung dazuzählt, steigt der Anteil sogar auf 30%. Die vielen emotionalen, motivationalen und verhaltensmäßigen Symptome, die mit organischen Störungen einhergehen, werden als eine der sechs organischen Hirnstörungen klassifiziert: (1) Delir und Demenz, (2) amnestisches Syndrom (Fehlen von Erinnerungen) und organische Halluzinose, (3) organisches Wahnsyndrom und organisches affektives Syndrom, (4) organische Persönlichkeitsstörung, (5) Intoxikation und Entzug und (6) atypisches oder gemischtes hirnorganisches Psychosyndrom. Wenn die spezifische Ursache der Störung bekannt ist (wie Drogen oder Hirnschwund), wird sie auf Achse III (körperliche

Arbeitsplätze, die wiederholt großem Streß aussetzen -wie hier Goldhandel im Saal der Chicagoer Handelskammer-können zur Entwicklung psychischer und physischer Störungen beitragen.

Störungen) vermerkt.

Unter *Delir* versteht man einen verwirrten oder getrübten Bewußtseinszustand, bei dem eine Person nicht registriert, was in ihrer Umgebung geschieht. Eine delirante Person zeigt Unfähigkeit zu längerer Aufmerksamkeit, verzerrte Reizwahrnehmung und gestörte Denkprozesse. Dieses Syndrom (früher akutes Hirnsyndrom genannt) sei am Beispiel eines Majors im Ruhestand veranschaulicht, der immer wieder Trugwahrnehmungen unterlag. So versuchte er, Wasser aus einem Lichtschalter in seine Tasse laufen zu lassen oder hielt bei mehreren Gelegenheiten seinen Sohn für den Psychologen, mit dem er gesprochen hatte.

Das Hauptproblem bei einer *Demenz* ist der Verlust der intellektuellen Fähigkeiten wie logisches Folgern, Urteilen und abstraktes Denken. Eine Demenz kann allein, aber auch in Kombination mit einem Delir auftreten. Einige Arten der Demenz sind irreversibel und verschlimmern sich ständig (wie bei vielen Fällen von Senilität), andere bleiben ziemlich stabil oder gehen phasenweise sogar zurück.

Zum *amnestischen Syndrom* gehören Unterbrechungen oder Beeinträchtigungen des Gedächtnisses. Der oder die Betroffene ist unfähig, neues Material zu lernen (Defizit des Kurzzeitgedächtnisses). Möglicherweise kann er oder sie sich sogar an wichtige Lebensereignisse nicht mehr erinnern und ist folglich verwirrt und desorientiert.

Personen mit einem *organischen Wahnsyndrom* ha-

Aluminium Ursache für Dialyse-Demenz

Das Aluminium, das man früher für ein harmloses Element unserer Umwelt gehalten hat, wurde schon in den letzten Jahren mit zwei verschiedenen Arten der Demenz (geistiger Verfall) in Verbindung gebracht, mit der senilen Demenz und der Parkinsonschen Demenz. Nun wird es noch mit einer dritten Art von Demenz verknüpft, nämlich mit der Dialyse-Demenz (abgeleitet von der Dialyse bei Nierenkranken). So jedenfalls wird es von A.M. Davison und seinen Kollegen am St. James' Hospital in Leeds (Großbritannien) in der Zeitschrift *Lancet* vom 9. Oktober berichtet.

Davison und sein Team haben zum Teil bestätigt, was andere Forscher zwischen 1976 und 1978 schon vermuteten, nämlich, daß die sogenannte Dialyse-Demenz, die eine überraschend große Zahl von Nieren-Dialyse-Patienten befällt, eventuell von dem Aluminium herrührt, das in dem Wasser enthalten ist, welches der Blutreinigungsflüssigkeit (Dialysat) zugesetzt wird. Aber Davison und seine Kollegen sind noch einen Schritt weitergegangen als die früheren Forscher, indem sie gezeigt haben, daß sich durch ein Entfernen des Aluminiums aus dem Dialysat die Symptome der Dialyse-Demenz verringern, ja ihnen sogar vorgebeugt wird. Zwischen 1968 und 1978 untersuchten sie 108 Patienten, bei denen die Dialyse im Krankenhaus, und 150 Patienten, bei denen sie zu Hause durchgeführt wurde. Davon entwickelten 18 Patienten eine Dialyse-Demenz, alle aus der Heimbehandlungsgruppe. Eine Analyse des Leitungswassers dieser Patienten enthüllte, daß bei allen 18 eine hohe Konzentration von Aluminium -mehr als 80 Mikrogramm pro Liter- enthalten war. Im Gegensatz dazu bekamen die Krankenhauspatienten ein Dialysat mit deionisiertem Wasser, das praktisch kein Aluminium enthält.

Nach 1978 filterten die Forscher das hochkonzentrierte Aluminium aus dem Leitungswasser von 9 der 150 Heimdialyse-Patienten heraus, die seit 1 - 4 Jahren zu Hause behandelt wurden und noch keinerlei Anzeichen von Dialyse-Demenz aufwiesen. Man wollte feststellen, ob das Entfernen des Aluminiums einer Demenz auch vorbeugen könnte. Die Ergebnisse waren gemischt: Bei 6 der 9 Patienten schien sich das Entfernen des Aluminiums mehr oder weniger positiv auszuwirken, 4 zeigten überhaupt keine Symptome und 2 entwickelten eine leichte Form der Demenz, von der sie sich langsam wieder erholten. Doch zwei andere Patienten konnten auf diese Weise nicht geschützt werden, sie bekamen eine Demenz und starben an Komplikationen, die im Zusammenhang damit entstanden. Der 9. Patient starb an den Folgen einer Nierentransplantation ohne Zusammenhang zu einer Demenz. Bei einem zweiten, günstiger verlaufenden Versuch beseitigten die Forscher das Aluminium aus dem Leitungswasser in der Wohnung von 24 Patienten, bevor diese mit der Heimdialyse anfingen. Diese Präventivmaßnahme schien zu wirken: Keiner der Patienten war von einer Dialyse-Demenz betroffen.

Davison und sein Team folgern daraus, daß es offenbar einen ursächlichen Zusammenhang zwischen Aluminium und Dialyse-Demenz gibt.

Science News
6. November 1980

Hirnstörungen und organisch bedingte Psychosen können durch ein breites Spektrum an toxischen Substanzen verursacht sein. Hier ein Bericht aus der neueren Forschung über die Folgen davon, wenn Aluminium durch die Hämodialyse in den Körper gelangt.

ben Wahnzustände oder falsche Überzeugungen über sich selbst und ihre Umgebung, aber in der Regel sind sie weder verwirrt, noch leiden sie unter Gedächtnisverlust. Eher gehören zu dem klinischen Bild eine kognitive oder intellektuelle Beeinträchtigung, unübliche motorische Aktivität, auffällige oder ungepflegte Kleidung sowie Sprachstörungen. Möglicherweise hat der Betroffene schwer zerrüttete Beziehungen zu seiner Familie oder anderen Bekannten, oder er handelt aus Wahnvorstellungen heraus. So beispielsweise ein Mann, der auf einer belebten Straße mehrmals eine Schrotflinte in dem Glauben abgefeuert hat, dort fände eine Invasion von einem anderen Planeten statt. Wenn ein Patient Dinge sieht oder hört, die überhaupt nicht da sind (wie Marsmännchen), spricht man von Halluzinationen bzw. von einem Anfall der *Halluzinose*. Falls diese Halluzinationen von einer Störung des Nervensystems herrühren, wird der Zustand organische Halluzinose genannt. Die Halluzinose ist ein recht häufiger Zustand unter den 6 Klassen der organisch bedingten psychischen Störungen.

Die *organische Persönlichkeitsstörung* ist meist gekennzeichnet durch dramatische Persönlichkeitsveränderungen wie heftige Temperamentsausbrüche, unvermittelte Wutanfälle oder Schreikrämpfe, und oft gibt es in der jüngsten Vergangenheit Hinweise auf ein eingeschränktes soziales Urteilsvermögen, z.B. sexuelles Fehlverhalten. Das organische Persönlichkeitssyndrom gründet sich häufig auf eine unmittelbare, strukturelle Schädigung des Gehirns, z.B. Gehirnschwund oder Hirntumoren.

Das Syndrom der *Intoxikation* umfaßt unangepaßtes Verhalten in Folge des Konsums von toxischen Substanzen wie Alkohol, Cannabis, Amphetamine oder anderer Drogen. Um die Diagnose "pathologisch" zu rechtfertigen, muß die Vergiftung schwer sein und sozial unangemessenes Verhalten nach sich ziehen. Der gesellige Konsum von Alkohol oder Cannabis wird nicht als Intoxikation bewertet, ausgenommen jemand käme deswegen seiner Arbeit nicht mehr nach oder zeigte auffälliges Verhalten, wie Schlägereien in der Öffentlichkeit. *Entzug* ist ein rein physiologischer Zustand, der durch Reduktion oder völliges Weglassen von Suchtmitteln entsteht.

Die Klassifikation *atypische oder gemischte hirnorganische Syndrome* benutzt man für organische Hirnstörungen, die nicht leicht in andere Klassen einzuordnen sind; es handelt sich dabei um ein Sammelbecken für unspezifische Störungen mit vermuteter organischer Grundlage.

Angstsyndrome

Diese Kategorie beinhaltet (1) *Phobien* (starke, irrationale Ängste), (2) *Angstzustände* (dauerhafte, irrationale Befürchtungen unbestimmten Ursprungs) und (3) *posttraumatische Belastungsreaktionen* (Angst in Folge intensiver, belastender Erlebnisse wie Naturkatastrophen, Vergewaltigung, militärischer Einsatz, Unfälle, unmenschliche Gefangenschaft und Folter). Es handelt sich hier um funktionelle Störungen, die in früheren Ausgaben des DSM einer größeren Kategorie "Neurosen" zugeordnet wurden. Sie alle sind charakterisiert durch Angsterleben oder unangemessenes Verhalten, um dieser Angst zu entkommen oder sie zu vermeiden. Solche Flucht- und Vermeidungsstrategien unterscheiden sich in mehrerer Hinsicht von anderen, angepaßteren Verhaltensmustern: Erstens wird die betroffene Person ängstlich, wenn man sie davon abhält, das Verhalten auszuführen, und zweitens ist das Verhalten starr und übertrieben, der oder die Betreffende kann es nicht entspannt ausführen. Schließlich ist das Bedürfnis nach diesem Verhalten geradezu unersättlich; der oder die Betreffende scheint niemals locker darauf verzichten zu können.

Es ist leicht einzusehen, warum die Angst, bzw. Angstabwehr für die Betroffenen zum Problem wird. Der Kampf gegen die Angst verschlingt einen ungeheuren Teil der Energie, die sie an anderer Stelle brauchen könnten. Außerdem werden sie durch die ständige Abwehr ihrer Angst daran gehindert, irgendetwas zu unternehmen, damit diese Angst auf Dauer verschwindet. Dieses sich selbst Aufrechterhalten von Angststörungen wird auch das **neurotische Paradox** genannt.

Mit neurotischem Paradox ist gemeint, daß der ängstliche Mensch auch angesichts nachteiliger Konsequenzen auf seinem unangepaßten Verhalten beharrt. Die Verhaltenstheorie erklärt dieses Phänomen damit, daß die unangenehmen Konsequenzen erst einige Zeit nach dem Abwehrverhalten auftreten, während die Angstreduktion eine sofortige Konsequenz ist, die das abweichende Verhalten unmittelbar verstärkt. Zum Beispiel mag die Angst eines Studenten vor dem Gespräch mit Professoren ihn dazu verleiten, wiederholt Termine bei Professoren nicht einzuhalten. Das Absagen solcher Treffen bietet sofortige Erleichterung, erzeugt aber langfristig ein schweres Kommunikationsproblem. Die unmittelbare Angstreduktion wird **primärer Krankheitsgewinn** genannt und ist in ihrer Wirkung so stark, daß später auftretende negative Konsequenzen kaum noch einen Effekt auf das abweichende Verhalten haben.

"Neurotisches" Verhalten ist so extrem dauerhaft, weil es neben der Spannungsreduktion (primärer Krankheitsgewinn) oft noch viele andere Folgen hat. Diesen zusätzlichen Nutzen nennt man **sekundären Krankheitsgewinn**, d.h. jemand bekommt Zuneigung und Unterstützung von Freunden, oder für ihn werden besondere Regelungen aufgestellt, die ihn von unbeliebten Aktivitäten und Pflichten befreien. Die Tatsache, daß er sowohl primären als auch sekundären Gewinn bezieht, macht es noch schwieriger, das abweichende Verhalten zu verändern. Daher wird der Therapeut in manchen Fällen nicht nur an der primären Ursache der Angst arbeiten, sondern auch die Quellen des sekundären Krankheitsgewinnes herausfinden und beseitigen müssen.

Phobische Störungen

Phobien sind heftige, irrationale Ängste, die einen dauerhaften, starken Wunsch nach Vermeidung eines Objektes oder einer Situation beinhalten. Sie werden in der Regel auch von den Betroffenen selbst als irrational erkannt. Kommen diese in plötzlichen Kontakt mit dem gefürchteten Objekt oder der gefürchteten Handlung, kriegen sie panische Angst und versuchen zu fliehen. Fünf der verbreitetsten Phobien sind: (1) Angst vor Höhe (Akrophobie), (2) Angst vor engen, abgeschlossenen Räumen (Klaustrophobie), (3) Angst vor freien, öffentlichen Plätzen (Agoraphobie), (4) Angst vor Tieren (Zoophobie) und (5) Angst vor Unbekanntem (Xenophobie). Bei anderen, weniger häufigen Phobien bezieht sich die Angst auf Luftballons, Blitzlichtkameras, Telefone, Blumen und eine Vielzahl anderer Objekte.

Man muß die Phobien von der leichten Furcht abgrenzen, die viele Leute angesichts großer Höhe, Katzen, Insekten oder anderer Objekte befällt, denn solche Befürchtungen haben keine ernsthaften Konsequenzen für das Leben dieser Leute. Im Gegensatz dazu haben Phobien im allgemeinen starke Auswirkungen auf das Leben der Betroffenen und schränken deren soziale Möglichkeiten drastisch ein. Als Beispiel diene der Fall einer Sekretärin, die im 97. Stockwerk eines New Yorker Bürohauses arbeitete. Sie entwickelte eine Phobie gegen geschlossene Räume und konnte daraufhin den Aufzug zu ihrem Arbeitsplatz nicht mehr benutzen.

Angstzustände

Der Begriff Angstzustände bezieht sich auf irrationale Angstgefühle, die der oder die Betroffene -anders als bei den Phobien- nicht auf einen bestimmten Auslöser zurückführen kann. Wenn diese Angst dauerhaft, unspezifisch und mindestens einen Monat lang vorhanden ist, spricht man von einem generalisierten Angstsyndrom. Die Betroffenen fühlen sich in der Regel angespannt, nervös, "zerfahren" und "durchgedreht"; sie können einen trockenen Mund, feucht-kalte Hände und einen schnellen Herzschlag haben. Manche fühlen sich dauernd "kurz davor", das heißt sie leben in der ängstlichen Erwartung, daß gleich irgendetwas Unbestimmtes, aber auf jeden Fall Schreckliches, passieren wird.

Bei anderen Fällen tritt die Angst in Form heftiger Attacken auf. Dieser Zustand ist als *Paniksyndrom* bekannt. Zusätzlich zu dem Gefühl des Entsetzens oder eines unmittelbar drohenden Verhängnisses kann die betreffende Person starkes Herzklopfen, Harndrang, Schwindel, Würgegefühle oder andere körperliche Symptome verspüren. Mit anderen Worten, sie durchlebt die Gefühle und körperlichen Reaktionen eines Menschen, der in Lebensgefahr schwebt (und einige sind sich auch sicher, daß sie jetzt gleich sterben werden), ohne daß irgendein realer Grund für dieses Verhalten erkennbar wäre.

Zwangssyndrome

Wenn ein Mensch immer wieder über eine Verhaltensweise nachdenkt oder sie ausführt und extrem ängstlich wird, falls die Umstände ihn daran hindern, bezeichnet man dies als Zwangssyndrom. Die meisten von uns haben von Zeit zu Zeit solche fixen Ideen, beispielsweise, wenn wir ein Lied nicht mehr aus dem Kopf kriegen. Wir fühlen uns manchmal auch gezwungen, eine Handlung auszuführen, z.B. nachzusehen, ob eine Tür auch wirklich zu ist. Pathologisch wird so ein Zwang erst, wenn es einem Menschen dadurch unmöglich wird, sich angemessen zu verhalten. Da Zwangsgedanken und Zwangshandlungen meistens gemeinsam auftreten, werden sie unter dem Begriff **Zwangssyndrom** zusammengefaßt.

Ein Zwangsverhalten erfüllt seine Funktion in zweierlei Hinsicht. Zum einen kann es den Klienten vor angsterzeugenden Gedanken bewahren, denn die Betroffenen können sich im Geiste unaufhörlich mit trivialen Gedanken beschäftigen (z.B. Auswendiggelerntes aufsagen), um das Bewußtwerden von erschreckenden Gedanken und Erinnerungen zu verhindern. Zwanghaftes Verhalten kann auch einhergehen mit starren, wiederholten Reaktionen wie Zaunpfähle oder Herzschläge zählen. Jemand, der nie von vorgegebenen Zeitplänen abweicht oder sein Heim extrem ordentlich hält, tut das vielleicht, um ein mögliches Umkippen ins Gegenteil zu vermeiden.

Zum anderen beinhaltet das Zwangsverhalten manchmal auch einen symbolischen Bezug zu dem angsterzeugenden Gedanken. In einem Fall hatte eine Frau die Zwangsbefürchtung, sie würde sich selbst verletzen, wenn sie nur ein Küchenmesser in die Hand nehmen würde. Diese Befürchtung erschreckte sie so sehr, daß sie kein Essen mehr zubereiten konnte. Eine Therapie führte zu der Interpretation, daß ihr Zwangsgedanke den Wunsch verdeckte, ihren Ehemann zu töten. Durch ihr zwanghaftes Vermeiden von Messern konnte sie sich davor schützen, ihren Konflikt offen auszutragen. Weiterhin kann Zwangsverhalten ein Ausdruck von Schuld und Angst vor Bestrafung sein. Das klassische Beispiel dafür ist das zwanghafte Händewaschen von Lady Macbeth bei Shakespeare. Zwanghaftes Händewaschen wird außerdem mit Masturbationskonflikten in Verbindung gebracht. (Siehe Fundgrube 11-2.)

Somatoforme Störungen

Psychische Probleme können sich in körperlichen Symptomen niederschlagen. Eine Gruppe der funktionellen Störungen, die **somatoformen Störungen,** zeigt sich speziell in körperlichen Symptomen , für die es keine nachweisbaren organischen Ursachen gibt. Zusätzlich zu eher alltäglichen Beschwerden (Übelkeit, Durchfall) kann es zu dramatischen Erscheinungen kommen, etwa zu plötzlicher Erblindung oder zu starken Schmerzen ohne organische Ursache. Gewöhnlich existiert bei diesen Fällen eine ausgedehnte, mannigfaltige Krankheitsgeschichte, parallel zu einer vorwiegenden Beschäftigung mit der Thematik Krankheit/Gesundheit.

Es gibt mehrere Arten somatoformer Störungen, die sich im allgemeinen hinsichtlich Symptombild, Beginn der Störung, möglicher Ursachen und Ausmaß der Behinderung durch die Störung voneinander unterscheiden lassen. Vier Arten werden wir hier vorstellen: (1) Somatisierungssyndrom, (2) Hypochondrie, (3) Konversionssyndrom und (4) psychogenes Schmerzsyndrom. Da der Patient Merkmale von mehr als einer dieser Klassen besitzen kann, ist es nicht immer einfach, das vorherrschende Symptom zu klassifizieren.

Somatisierungssyndrom

Typisch für das Somatisierungssyndrom ist eine Häufung von unklaren, aber immer wiederkehrenden Beschwerden. Die Patienten -vorwiegend Frauen- haben eine lange, komplizierte Krankheitsgeschichte voller Beschwerden, normalerweise schon vor dem 30. Lebensjahr, sie suchen ununterbrochen medizinische Betreuung und wechseln häufig den Arzt. Personen mit einem Somatisierungssyndrom können wiederholt nach unnötigen Operationen verlangen und haben große Vorräte an verschiednenen Medikamenten zu Hause. Die Störung ist chronisch und neigt zu hoher Resistenz gegenüber psychologischer Behandlung, zum Teil, weil solche Patienten sich weigern, an psychische Ursachen für ihre Beschwerden zu glauben. Sie halten ihre Krankheiten für "rein medizinisch" und suchen weiterhin nach dem Arzt, der sie als körperlich Kranke behandelt.

Hypochondrie

Ein Problem, das in engem Bezug zum Somatisierungssyndrom steht, aber in der Regel eher bei Leuten über 30 Jahren auftritt, ist die **Hypochondrie.** Sie zeigt sich durch überwiegende Beschäftigung mit körperlicher Gesundheit, normalerweise bezogen auf ein einziges Organ oder eine bestimmte Krankheit. Ein Hypochonder könnte zum Beispiel die Gesundheitsartikel in Zeitungen und Zeitschriften lesen und dann mit allen Symptomen der neue-

FUNDGRUBE 11-2

Ein Fall von Zwangssyndrom

Helene L., 15 Jahre, Schülerin an einer Oberschule, wurde auf Drängen des Schulpsychologen von ihren Eltern in private, psychiatrische Behandlung gebracht, weil sie ständig Schwierigkeiten in der Schule hatte und ihre Leistungen deutlich unter dem Durchschnitt lagen.

Helene war das ältere von zwei Kindern. Ihre Eltern waren kühl und zurückweisend. Sie hatten nie mehr getan, als sich um Helenes körperliche Bedürfnisse zu kümmern und waren sicher niemals in der Lage gewesen, Helene Verständnis oder zumindest Aufmerksamkeit entgegenzubringen. Die Mutter hatte viele ähnliche Zwangssymptome wie Helene, aber das schien sie dem Kind nur noch weiter zu entfremden. Helene galt immer schon als schwierig, und ihre Überspanntheit verschärfte einerseits die Zurückweisung durch die Eltern und machte es ihr andererseits schwer, mit den Klassenkameraden zurechtzukommen. Schon im Vorschulalter, als sie gerade zu zählen gelernt hatte, verspürte sie den Drang, so weit zu zählen wie sie konnte, und erreichte dabei oft astronomische Ziffern. Diese Faszination an Zahlen setzte sich in der Schule fort. Manchmal weigerte sie sich, Worte zu benutzen, und wollte lieber in Geheimzahlen sprechen. Ihre Mitschüler/innen fanden sie von Anfang an merkwürdig und reagierten, indem sie sie ächteten und quälten.

Mit dem Heranwachsen vergrößerte Helene ihr Repertoire von Zwangssymptomen. Eines ihrer frühesten Symptome war der Zwang, ihre Schritte zu zählen. Später verspürte sie das dringende Verlangen, sich beim Gehen über die Schulter zu sehen, obwohl sie nicht sagen konnte, nach was sie da suchte. Sie fing an, sich wiederholt ihre Hände zu waschen, und unterbrach zu diesem Zweck alles, was sie gerade tat. Dann fühlte sie die Notwendigkeit, immer wieder bestimmte Körperteile von sich zu betrachten, zum Beispiel alle 5 Minuten ihre Ellenbogen, obwohl sie auch hier überhaupt keinen Grund für ihr Verhalten angeben konnte. Später wiederholte sie verschiedene, harmlose Sätze, etwa "Dies ist ein schönes Haus", immer und immer wieder. Sie konnte zwar keine plausible Erklärung für diese Aktivitäten geben, aber immer wenn sie sie nicht ausführte, empfand sie große Angst, die nur durch die Zwangshandlung selbst gemindert werden konnte.

Obwohl Helene offenbar ein kluges Kind war, kam sie in der Schule nicht gut zurecht, weder leistungsmäßig noch in der Klassengemeinschaft. Ein Grund für ihr Leistungsdefizit war vielleicht, daß sie sich hauptsächlich mit ihren Ritualen beschäftigte, statt ihre ganze Aufmerksamkeit der Arbeit zu schenken. Wenn sie beispielsweise das Gefühl hatte, daß sie einen Punkt des Lehrstoffes völlig begriffen hatte, konnte sie dem Unterricht nicht länger folgen. Denn statt ihrer Selbsteinschätzung zu vertrauen, suchte sie eine Bestätigung, indem sie eine Vielfalt von "Beweisen" erfand, in der Art: "Wenn ich es wirklich richtig verstehe, wird der nächste Satz der Lehrerin weniger als 5 Worte enthalten" oder "Wenn sie in der nächsten Minute etwas an die Tafel schreibt, dann liege ich richtig". Sie dachte sich eine ganze Reihe solcher ermüdender "Beweise" aus, und wenn ihr ursprüngliches Gefühl nicht "bestätigt" wurde oder sie versuchte, auf solche Phantasiebeweise zu verzichten, wurde sie sehr ängstlich. (Aus: Zax & Stricker, 1963, S.172-173) sten "Modekrankheit" zum Arzt rennen. Solche Personen können die Bedeutung von kleinen Wehwehchen verdrehen, sich in verschiedenen Körperteilen Unbehagen einbilden und sich dauernd über ihre angegriffene Gesundheit beschweren, obwohl ein Arzt selten einen körperlichen Schaden feststellen kann. Die Ärzte schätzen, daß bei nicht weniger als 60% ihrer Patienten in physischen Symptomen Lebensängste zum Ausdruck kommen. Ein Spezialfall ist das "Medizinstudenten-Syndrom". Studenten, die gerade in einem Krankenhaus lernen und arbeiten, meinen jede Krankheit, über die sie etwas lesen oder mit der sie gerade konfrontiert wurden, selber zu bekommen. Dabei handelt es sich wahrscheinlich um eine Reaktion auf den extremen Leistungsdruck beim Medizinstudium. Einige männliche Studenten zeigen sich sehr erleichtert, wenn sie auf einer Geburtshilfestation eingesetzt werden.

Ähnliche Erscheinungen kann es auch geben, wenn Psychologiestudenten etwas über Psychopathologie lesen. Auch sie können eine Art "Medizinstudenten-Syndrom" entwickeln. Sie erkennen sich selber plötzlich auf jeder Seite in den Beschreibungen wieder und schließen daraus, daß sie schwerwiegende emotionale Probleme haben. Höchstwahrscheinlich aber handelt es sich dabei um ziemlich gut angepaßte Menschen ohne ernsthafte psychische Beeinträchtigungen, die manche Gefühle und Gedanken haben mögen, die sich in die diagnostischen Kategorien einordnen ließen.

Konversionssyndrom

Man kann die angsterzeugenden Gedanken auch bekämpfen, indem man sich bestimmten Erfahrungen selektiv entzieht. Eine Unterkategorie dieser Reaktionsweise ist das **Konversionssyndrom** , bei dem eine Person ihre Angst reduziert, indem sie einen bestimmten Körperteil "stillegt" (durch Lähmung, Blindheit, Taubheit oder dergleichen). Damit wandelt diese Person ihr seelisches Problem in ein körperliches um und bewahrt sich damit selbst vor angsterzeugenden Verhaltensweisen. So würde ein Schüler, der auf einmal blind wird, unfähig, eine Klassenarbeit mitzuschreiben. Diese Ausfallserscheinungen rühren gänzlich von psychischen Faktoren her, es existieren keinerlei tatsächliche physiologische Veränderungen. Konversionssyndrome -früher *Hysterie* genannt- waren die Störungen, die Freud den entscheidenden Anstoß zur Entwicklung seiner psychoanalytischen Theorie gaben (siehe Kapitel 9).

Eine der berühmtesten Konversionsstörungen ist die sogenannte "Handschuh-Anästhesie", bei der eine Person jegliches Gefühl in der Hand verliert, und zwar auf einer Fläche, die dem Umriß eines Handschuhs ziemlich ähnelt (siehe Abbildung 11-1). Mediziner können das Symptom sofort als nicht organisch bedingt identifizieren, weil schmale Nervenstränge, die für die Empfindung in der Hand wichtig sind, bis hoch in den Arm hinaufführen. Es ist also unmöglich, eine handschuhartige Gefühllosigkeit der Hand zu haben, wenn nicht gleichzeitig auch Taubheitsgefühle im Arm auftreten. Konversionssyndrome waren zu Freuds Zeiten recht häufig (und gaben für ihn den Ausschlag, von der Neurologie zur Psychologie zu wechseln), aber heutzutage sind die Leute über biophysische Vorgänge besser informiert und ihre Reaktionen auf Angst nehmen andere Formen an, z.B. Schmerzen oder Simulieren von körperlichen Beschwerden. Allein das Lesen dieses Kapitels kann Sie davor bewahren, eine Handschuhanästhesie zu entwickeln. Als eine Folge der Massenkommunikation und des hohen Standards an psychologischem Wissen sind die Konversionsstörungen subtiler geworden. Die Konversions-"Hysterie", die immer als der große "Imitator" anderer Krankheiten angesehen wurde, hat sich den modernen Trends angepaßt; man findet sie heute maskiert als Multiple Sklerose oder in Form anderer neurologischer Erkrankungen, als Rückenschmerzen oder als andere orthopädische Beschwerden.

Psychogenes Schmerzsyndrom

Charakteristisch für das **psychogene Schmerzsyndrom** ist das Klagen über Schmerzen, für die es keine organische

Abbildung 11-1 "Handschuhanästhesie"

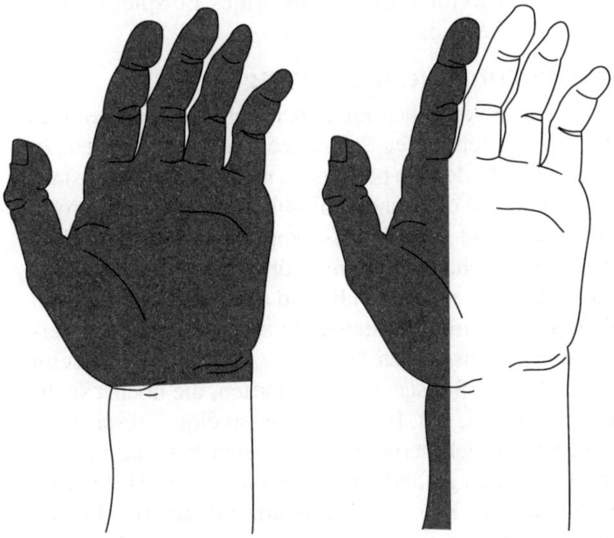

Bei der als "Handschuh-Anästhesie" bekannten Konversionsstörung verliert die betroffene Person jegliches Gefühl in der Hand. Das taube Gebiet zeigt die Umrisse eines Handschuhs und hört am Handgelenk auf. Da aber die Nervenstränge der Hand bis in den Arm reichen (rechte Abbildung), ist es unmöglich eine *körperlich bedingte* Gefühllosigkeit mit dem Muster eines Handschuhs (linke Abbildung) zu haben, wenn nicht gleichzeitig Teile des Armes gefühllos sind.

Erklärung gibt. Häufig wird über Schmerzen in Körperregionen geklagt, deren anatomische Verteilung von Schmerzrezeptoren im Widerspruch dazu steht, oder der berichtete Schmerz ist im Verhältnis zu unbedeutenden, körperlichen Veränderungen, die aufgetreten sind, übermäßig heftig. Der Schmerz ist insofern wirklich vorhanden, als die Person ihn ja wirklich spürt, im Gegensatz zu einer bewußt vorgetäuschten *Simulation*. Jedoch bringt auch das Schmerzsyndrom oft einen *sekundären Krankheitsgewinn* mit sich, sei es Krankengeld von einer Versicherung, die Sorge und Aufmerksamkeit der Familie oder das Vermeiden unbeliebter Tätigkeiten und Pflichten.

Die derzeitigen Ansätze zur Behandlung unterscheiden oft nicht mehr zwischen wirklichem und eingebildetem Schmerz, sondern behandeln es als eigenes Problem an sich, wenn jemand behauptet, er habe Schmerzen (siehe Fundgrube 12-2 in Kapitel 12). Viele Patienten mit psychogenem Schmerzsyndrom geraten bei ihren Versuchen, sich den Schmerz zu erleichtern, noch tiefer in die Tinte. Die meisten machen exzessiv Gebrauch von Analgetika und Tranquilizern, und viele werden von diesen Medikamenten abhängig. Es kann so weit gehen, daß diese Patienten sich in der Hoffnung, danach ihre Schmerzen zu verlieren, Operationen unterziehen, und dann tatsächlich zu Invaliden werden. Ein allzuhäufiges Beispiel für den Einfluß der Seele auf den Körper.

Substanzinduzierte Störungen

Einige Leute versuchen ihr Leben durch exzessiven Gebrauch von chemischen Substanzen, genannt Drogen, zu bewältigen. Zu den am häufigsten mißbrauchten Substanzen zählt der Alkohol, andere Problemdrogen sind Heroin, Barbiturate und Kokain. Es empfiehlt sich, zwischen psychischer Abhängigkeit und körperlicher Sucht zu unterscheiden. Im ersteren Fall wird der Mensch psychisch abhängig von einer Substanz, die an sich wenig suchterzeugende Eigenschaften hat, wie z.B. Marihuana. Beim zweiten hat die Substanz Eigenschaften, die höchst suchterzeugend sind, z.B. Heroin. Wenn so eine Substanz für den Süchtigen nicht verfügbar ist, erezeugt dies eine massive und oft wirklich gefährliche Entzugsreaktion. Das DSM-III enthält eine Kategorie **Substanzinduzierte Störungen,** in der jede wichtige Abhängigkeit von chemischen Substanzen aufgelistet wird. Wir werden zunächst das häufigste Problem betrachten, die Alkoholabhängigkeit.

Alkoholabhängigkeit (Alkoholismus)

Ein Alkoholiker ist definiert als ein exzessiver Trinker, dessen Abhängigkeit vom Alkohol so stark ist, daß sie sein soziales Leben behindert. Einige, die beruflich mit Alkoholismus zu tun haben, benutzen den Ausdruck *Alkoholiker* nicht gern, weil er Visionen von einem heruntergekommenen menschlichen Wrack heraufbeschwört. Auch die meisten schweren Trinker selbst können sich mit so einem Bild nicht identifizieren und weigern sich zu akzeptieren, daß sie Alkoholiker sind; andere wiederum ziehen die Bezeichnung *Problemtrinker* vor. Wie auch immer man es nennt, den Alkoholmißbrauch gibt es in allen sozialen Schichten und allen Berufsgruppen, wobei die Auftretenshäufigkeit in mittleren und oberen sozioökonomischen Schichten höher zu sein scheint. In den USA machen die "Penner" schätzungsweise nur 5% der 10 Millionen Alkoholiker aus. Alkoholismus steht an 4.Stelle auf der Rangliste der Gesundheitsprobleme des Landes und ist zudem ein schwerwiegendes gesellschaftliches Problem. Langzeitkonsum von Alkohol kann zu Schädigungen des Zentralnervensystems führen und steigert die Anfälligkeit für Krankheiten wie Tuberkulose und Leberschäden. Alkoholismus kann auch die Ursache sein für Familienzerrüttung, beeinträchtigte Leistung am Arbeitsplatz und soziale Isolation. Eine neuere Studie schätzt die jährlichen Kosten durch Produktionsverluste aufgrund von Alkoholismus auf 20 Milliarden Dollar. Die Gesellschaft ist außerdem noch durch die hohe Kriminalität betroffen, die mit dem Alkoholismus einhergeht, und durch die tragischen Folgen von Trunkenheit im Straßenverkehr.

Im Gegensatz zur volkstümlichen Ansicht stimuliert Alkohol nicht, sondern macht auf die Dauer depressiv. Die erste Wirkung des Alkohols besteht darin, Prozesse auf höherer Gehirnebene zu hemmen und die auf den niedrigeren Gefühlsebenen inhibitorische Kontrolle zu reduzieren. Folglich kann nach geringem Alkoholkonsum die sexuelle Aktivität ansteigen, da die sexuellen Kontrollinstanzen gehemmt werden. Aber bei einem höheren Grad der Intoxikation wird das sexuelle Bedürfnis selbst auch vermindert. Exzessives Trinken führt ausnahmslos zu beträchtlicher motorischer Dysfunktion und zur Unfähigkeit, feine Unterscheidungen zu treffen (siehe Anhang D). Wichtiger für die Entwicklung einer Alkoholabhängigkeit ist aber noch, daß durch Alkohol die Wahrnehmung unerwünschter Gefühle (pychisch und physisch) gedämpft wird.

Viele Menschen können ihren Alkoholkonsum auf geselliges Trinken beschränken, aber für andere ist es der erste Schritt zum Alkoholiker (die *präalkoholische Phase*, siehe Fundgrube 11-3). In der zweiten oder *Prodromalphase* trinkt die Person schon morgens und erlebt erste Ausfallserscheinungen. In der *kritischen Phase* verliert sie die Kontrolle über ihr Trinkverhalten, und in der *chronischen Phase* kommt es zu ausgedehnten "Sauftouren" sowie zu einer Beeinträchtigung der Denkprozesse.

Das DSM-III unterscheidet zwischen Alkohol*mißbrauch* und Alkohol*abhängigkeit* (Alkoholismus). In beiden Fällen weist die Person einen pathologischen Alkoholkonsum auf, z.B.:

- tägliches Bedürfnis nach Alkohol,
- Unfähigkeit, das Trinken zu reduzieren oder ganz damit aufzuhören,

- für 2 Tage oder mehr auf Zechtour gehen,
- vergessen, was sich im Rausch ereignet hat, und
- ungenießbaren Alkohol trinken (z.B. Haarwasser oder Hustensaft)

Bei der Alkoholabhängigkeit gibt es ein weiteres suchttypisches Merkmal: Man muß immer mehr trinken, um dieselbe Wirkung zu erzielen (das nennt man eine "Toleranz" entwickeln). Wenn ein Abhängiger den Alkoholkonsum einschränkt oder ganz aufhört zu trinken, erscheinen *Entzugssymptome* wie Schüttelfrost, Übelkeit, Schwäche, Schwitzen, erhöhte Herzfrequenz und erhöhter Blutdruck, Angst, Depression und andere unangenehme Veränderungen. Bei schweren Fällen können diese Entzugssymptome ein *Delirium Tremens* (DT) beinhalten, bei dem der Patient/die Patientin visuelle Halluzinationen erlebt, die oft furchterregend sind.

URSACHEN DES ALKOHOLISMUS Es gibt viele Hinweise auf eine genetische Prädisposition, aber Alkoholismus hat sicher nicht nur diese eine Ursache. Die meisten Psychologen glauben, daß der Alkoholiker das Trinken gelernt hat, um seine Ängste zu vermindern, oder um sich stärker zu fühlen. Für die Annahme, daß Alkoholiker unter ungewöhnlichen Belastungen leiden, gibt es jedoch keine

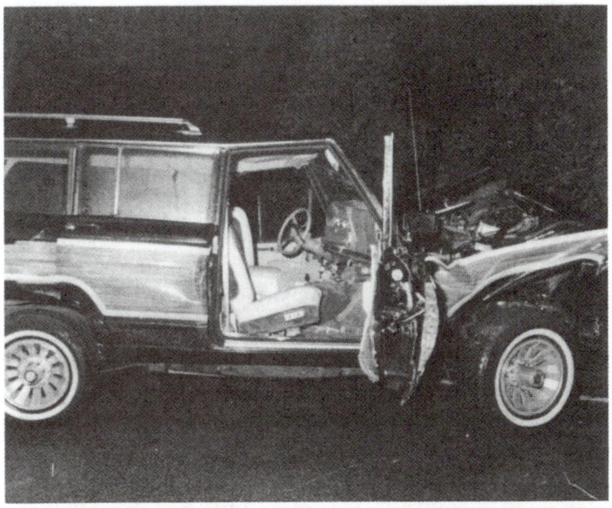

Der Tod auf der Landstraße ist oft eine tragische Folge von Alkoholmißbrauch. Bei diesem Unfall starb ein Jugendlicher.

FUNDGRUBE 11-3

Die sozialen Kosten des Alkoholismus

Auf der ganzen Welt gibt es über 80 Millionen Alkoholiker und Drogensüchtige.

Über 10 Millionen Amerikaner, davon 2 Millionen Frauen, sind Alkoholiker.

In den USA gibt es pro Jahr im Zusammenhang mit Alkohol 205.000 Todesfälle.

Etwa die Hälfte der Verkehrsunfälle, die Hälfte der Tötungsdelikte und ein Drittel der Selbstmorde geschehen in Verbindung mit Alkohol.

Der Alkoholismus verursacht in den USA pro Jahr 43 Milliarden Dollar an Kosten durch Produktionsverluste und medizinische Ausgaben.

Unter jungen Leuten wird der Alkoholmißbrauch üblich; 19% der 14- bis 17-jährigen können jetzt schon als Problemtrinker bezeichnet werden.

Die sieben Gefahrensignale des Alkoholismus

1. *Häufiges Verlangen nach Alkohol,* besonders nach der Arbeit. Man beunruhigt sich ständig, ob man noch genug zu trinken hat.
2. *Ansteigender Konsum*. Der Anstieg kann schrittweise sein, ist aber über längere Zeit hinweg beachtlich. Der/die Betroffene beginnt, sich über sein/ihr exzessives Trinken Sorgen zu machen.
3. *Außergewöhnliches Verhalten während der Intoxikation.* Unakzeptables Benehmen, z.B. verbale oder physische Aggression gegen andere; am nächsten Tag Schuldgefühle deswegen.
4. *Gedächtnislücken.* Unfähigkeit sich am nächsten Tag an Teile des vorhergehenden Abends zu erinnern.
5. *Morgendliches Trinken* als "Starthilfe" für den neuen Tag oder um einen Kater zu beheben.
6. *Sozialen Verpflichtungen nicht nachkommen.* Z.B. Schule schwänzen oder die Arbeit versäumen infolge eines Rausches oder eines Katers.
7. *Kontrollverlust* während der Intoxikation ist ein recht aufschlußreicher präalkoholischer Indikator, und ein Hinweis darauf, daß der oder die Betrffende noch ernstere Probleme vor sich hat.

Die Entwicklungsstadien des Alkoholismus

1. Präalkoholische Phase	→	soziales Trinken → Trinken zur Spannungsreduktion → tägliches Trinken.
2. Prodromalphase (Anfangsphase)	→	Gedächtnislücken →am nächsten Tag morgens trinken, um einen Kater zu lindern, oder um einen schwierigen Tag durchzustehen
3. Kritische Phase	→	Verlust der Kontrolle über das Trinken → Verlust der Familie und des Arbeitsplatzes
4. Chronische Phase	→	ausgedehnte Zechtouren → Beeinträchtigung des Denkens.

Befunde. Vielmehr sollen es unreife, impulsive Menschen mit niedriger Selbsteinschätzung sein. Alkoholiker neigen zu dem Glauben, daß sie nicht ihren eigenen Maßstäben und Zielen gemäß leben können, und sie sind unfähig, Mißerfolge zu ertragen.

BEHANDLUNG VON ALKOHOLISMUS Die Behandlung von Alkoholikern ist äußerst schwierig. Eine Behandlungsmethode, die einigen Erfolg zu verzeichnen hatte, benutzt die Techniken des *aversiven Konditionierens* (siehe Kapitel 4). Dabei wird Alkohol gleichzeitig mit einem aversiven Stimulus (z.B. einem Elektroschock) dargeboten. Eine andere Technik des aversiven Konditionierens ist die Verabreichung von *Antabus*, einem Medikament, das starken Brechreiz erzeugt, sobald Alkohol konsumiert wird. Weil das Medikament jeden Tag eingenommen werden muß, erfordert es die Mitarbeit des Alkoholikers. Ein solches Behandlungsproramm kann also nur dem Alkoholiker helfen, der sein Trinken wirklich unter Kontrolle bringen will und nur eine "Krücke" braucht, um endgültig mit dem Trinken aufzuhören. Einigen Alkoholikern hilft dabei auch das Wissen, daß ein Weitertrinken zu ernsthafter Erkrankung führen wird.

Ein etwas schonenderer Ansatz basiert auf einer Veränderung des kognitiven Verhaltens, nämlich der verdeckten Sensibilisierung (siehe Kapitel 12). Hier stellt sich der Alkoholiker abstoßende Erlebnisse (z.B. Erbrechen) in Verbindung mit dem Trinken oder dem Gedanken an Alkohol vor. Diese Konditionierungsmethoden wurden oft dazu benutzt, um den Alkoholkonsum zu reduzieren, oder um die Betroffenen zu einem sozialen und kontrollierten Trinken zu bringen. Jedoch wird in letzter Zeit die Validität dieser Ergebnisse und Techniken in Frage gestellt. Die Forschung zum *sozialen oder kontrollierten Trinken* hat eine Kontroverse hervorgerufen, denn die meisten Fachleute für Alkoholismus sind der Ansicht, daß völlige *Abstinenz* der einzige zuverlässige Weg ist, sich von der Alkoholabhängigkeit zu befreien.

Die Anonymen Alkoholiker (AA), eine Organisation, die auf gegenseitiger Hilfe basiert und eine religiöse Orientierung hat, verbucht ansehnliche Erfolge bei der Behandlung von jenen Alkoholikern, die wirklich zu einer Zusammenarbeit bereit sind. Die AA-Gruppen bieten soziale Unterstützung und Rückhalt durch ehemalige Alkoholiker, die die Probleme von anderen Alkoholikern verstehen können. Die AA-Mitglieder helfen den neuen Mitgliedern, den Versuchungen während des "Trockenwerdens" zu widerstehen und veranstalten gesellige Zusammenkünfte, um einer Rückkehr zu den alten Trinkgewohnheiten vorzubeugen, besonders während der Freizeit. Alkoholiker müssen als Ersatz für das Trinken neue Möglichkeiten der Freizeitbeschäftigung lernen. Ein Teil der Schwierigkeiten bei der Behandlung von Alkoholismus kommt auch daher, daß Alkoholiker häufig ihre Probleme mit dem Alkohol nicht wahrhaben wollen, nicht freiwillig eine Behandlung aufsuchen, und in den meisten Staaten der USA auch nicht zu einer Behandlung gezwungen werden können.

Abhängigkeit von anderen chemischen Substanzen (Drogensucht)

Abgesehen vom Alkohol sind rezeptpflichtige Medikamente diejenigen chemischen Substanzen, die am meisten mißbraucht werden. Das können beispielsweise angstlösende Medikamente (Valium und Librium), Schlafmittel (Barbiturate), Schmerzmittel (Kokain) oder Appetitzügler (Amphetamine) sein.

Eine suchterzeugende Substanz -die Straßendroge Heroin- verursacht sehr schwere physische und psychische Störungen. Aber auch in sozialer Hinsicht ist die Heroinabhängigkeit sehr problematisch. Mit der Heroinsucht ist eine ausgeprägte Neigung zu strafbaren Handlungen verbunden und die Süchtigen zeigen kaum noch sozial angemessenes Verhalten (Arbeiten, für eine Familie sorgen). Außerdem existiert eine Art Ansteckungseffekt; die Schätzungen belaufen sich dahin, daß jeder Süchtige sechs andere Personen in den Konsum von Betäubungsmitteln einführt.

Zwischen Drogensucht und Alkoholismus gibt es mehrere Unterschiede. Von der psychologischen Seite her erzeugen viele Drogen eher einen euphorischen Zustand ("high") als eine Spannungsreduktion, wie sie beim Konsum von Alkohol auftritt. Weiterhin ist die Toleranz für Drogensüchtige ein noch größeres Problem als für Alkoholiker, weil sie eine immer größere Menge einer teuren, oft illegalen Substanz benötigen, um ihren "high"-Zustand aufrechtzuerhalten. Die Sucht kann zu einer erdrückenden, finanziellen Last werden: Mancher Süchtige braucht bis zu 100$ oder mehr pro Tag, um seine Sucht zu befriedigen. Für viele von ihnen ist Diebstahl oder Prostitution der einzige Weg, um an die nötigen Mittel heranzukommen. Weil sich Süchtige bei der Qualität der Drogen nie sicher sein können, sind Überdosierungen üblich, die oft zum Tod führen.

Genau wie ein Alkoholiker beim Alkoholentzug wird der Drogensüchtige innerhalb von 2 Tagen schwer krank, nachdem er die Einnahme der Droge abgebrochen hat. Je nach Schweregrad der Sucht können die Symptome des Heroinentzugs 4 bis 12 Stunden nach Einnahme der letzten Dosis einsetzen. Anfangs können Ruhelosigkeit, Depression und Gereiztheit auftreten, gefolgt von Erbrechen, Durchfall, Krämpfen, Schmerzen, starken Kopfschmerzen, Zittern und möglicherweise Halluzinationen und Delir. Die Symptome erreichen nach 3 bis 4 Tagen ihren Höhepunkt und lassen ab dem fünften Tag langsam nach. Die vor dem Entzug aufgebaute Toleranz verschwindet, nachdem der Süchtige einen "turkey" durchgemacht hat. (Die Bezeichnung "turkey" - zu deutsch wörtlich "Truthahn" -

entstand aufgrund der "Gänsehaut", die man während des Entzugs beobachten kann). Es sind schon Leute daran gestorben, weil sie nach dem Entzug eine genauso starke Dosis genommen haben wie vorher.

URSACHEN DER SUCHT Viele Heroinsüchtige sind von ihrer Lerngeschichte her antisozialer als die eher triebhaften, unreifen und abhängigen Persönlichkeiten, die zu Alkoholikern werden. Ein Anzeichen für die Persönlichkeitsstörung dieser Süchtigen ist, daß viele von ihnen die Entziehungs-"Kur" in Wirklichkeit nicht machen, um geheilt zu werden, sondern um mit niedrigerer Dosis -die nicht so teuer ist- von vorne anzufangen. Obwohl die Entzugssymptome wirklich massiv sind, ist es nicht immer die Furcht vor dem Entzug, die dazu führt, daß der regelmäßige Konsum beibehalten wird. Viele Drogensüchtige finden ganz einfach, daß Drogen ein bequemer Weg sind, um einen genußorientierten Zugang zum Leben zu bewahren.

Aber das stimmt nicht für alle Drogensüchtigen. Zum Beispiel gebrauchten 20% der Patienten eines Landeskrankenhauses für Drogensucht die Drogen ursprünglich, um ihre Ängste zu lindern. Diese Patienten litten unter Selbstunsicherheit und holten sich in der Drogenzene seelischen Rückhalt. Eine andere Gruppe von Süchtigen stammte aus liberalen Familien der Mittelschicht. Sie begannen mit dem Drogenkonsum während der Adoleszenz und hatten Heroin unter Umständen nur aus Neugier probiert. Oft rebellierten sie gegen den Lebensstil ihrer Familien und fingen mit den Drogen aus dem Wunsch heraus an, alternative Lebensstile kennenzulernen. Diese Gruppe betätigt sich nur selten in krimineller Weise.

SUCHTTHERAPIE Die Behandlung Drogensüchtiger ist noch schwieriger als die Behandlung Alkoholabhängiger. Psychotherapien sind meistens nicht erfolgreich, da die Süchtigen wenig Motivaion haben, sich sozial angemessen zu verhalten. Die Erfolgsquote von erzwungener stationärer Behandlung liegt zwischen 1 und 51 %, wobei Medikamente dabei bisher wenig gebraucht wurden; erst in letzter Zeit wird *Methadon* in steigendem Maße verabeicht. Methadon beugt den Entzugssymptomen bei der Heroinabstinenz vor. Falls es oral eingenommen wird, erzeugt es nicht diesen intensiven "high"-Zustand, der sonst die Drogenkonsumenten von ihren täglichen Aufgaben abhält. (Interessanterweise erzeugt Methadon aber ein eigenes abgeschwächtes "high", was zu einem Schwarzmarkt für Methadon geführt hat). Obwohl Methadon einen Heroinrausch verhindern kann - und damit die angenehmen (verstärkenden) Aspekte der Droge vermindert,- wird diese Behandlungstechnik scharf kritisiert, denn Methadon ist selbst suchterzeugend. In diesem Zusammenhang sollten wir uns daran erinnern, daß vor Jahren noch für Heroin als "Heilkur" gegen Morphiumsucht geworben wurde. Methadon ist billig und legal, solange es nur im Rahmen von medizinisch überwachten Behandlungsprogrammen verwendet wird. Zumindest verringert Methadon die Wahrscheinlichkeit, daß Süchtige stehlen oder sich prostituieren müssen, um sich die Drogen zu beschaffen. Methadon ist allerdings kein Allheilmittel, was sich durch folgende Tatsache belegen läßt: Sobald ein Süchtiger oder eine Süchtige aufhört es einzunehmen, kehrt das Verlangen nach Heroin sofort zurück.

Andere Drogen -wie das *Naloxon*- werden Heroin-Antagonisten genannt, weil sie verhindern, daß der Süchtige "high" wird, wenn er Heroin zu sich nimmt. Solche Drogen können im Umgang mit der Drogensucht hilfreich sein, aber sie erfordern genau wie Antabus, daß der Süchtige regelmäßig zur Behandlung erscheint, und das ist oft nicht der Fall.

Ein Fall von Kokainmißbrauch

Georg ist 28 Jahre alt und ein sehr erfolgreicher Vertreter. Mit 23 Jahren fing er an, Kokain zu schnupfen. 3 Jahre später begann er, sich das Kokain zu spritzen. Er braucht täglich hochdosiertes, pharmazeutisches Kokain und nimmt auch regelmäßig Heroin und andere Betäubungsmittel. Die Gründe für seinen Kokaingebrauch sieht Georg darin: (1) daß er sich dann selbstsicher, stark und mächtig fühlt, (2) daß es ihm ungewöhnliche Energie, Antrieb und Durchhaltevermögen für seine Arbeit als Geschäftsmann gibt,und (3) weil die Droge es ihm ermöglicht, für lange, zermürbende Stunden ohne Atempause ein hohes Leistungsniveau zu erhalten. Der Psychologe, der Georg interviewte, nahm an, daß ihm das Kokain als Stütze für sein einsames Leben diente, wodurch er unabhängig, autonom und selbstgenügsam sein konnte, sich weder an jemand anlehnen mußte, noch von irgendeinem Menschen abhängig war. Georg faßte seine Gefühle wie folgt zusammen: "Es machte mich mächtig, stark und kreativ. Du fühlst überhaupt keinen Schmerz. Dein Körper funktioniert wie eine wundervolle Maschine. Ich fühlte mich wie an der Spitze der Welt, als könnte ich einfach alles tun. Aber nach einer Spritze mit 2 Gramm Koks kriege ich Paranoia. Ich hab befürchtet, daß gleich irgendetwas passiert. Dann fühlst du dich, als ob jemand deine Gedanken liest; als ob die Leute versuchen würden, dich zu erwischen; als ob die Polizei jede Sekunde die Tür einschlagen würde." Georg hatte schwere Entzugserscheinungen, weil er beträchtliche Mengen Kokain konsumiert hatte: "Du kannst dich nicht entspannen. Du legst dich hin und bist total wach. Du bist depressiv und höllisch ängstlich, weil du kein Koks mehr da hast. Körperlich bist du erschöpft und ausgebrannt, aber du bist noch voll da. Das war alles total verrückt. Ich hab mit dem Koks angefangen, um meine Verkaufsfahrten durchzuhalten. Dann kam ich zum Heroin, um das Kokain loszuwerden. Und jetzt nehm ich Methadon, um mit dem Heroin klarzukommen. Verrückt ist das."

DHEW Publikation 76-392, 1976

Psychosexuelle Störungen

Im DSM-III Klassifikationsschema gibt es 4 getrennte Unterklassen von **psychosexuellen Störungen:**

(1) *Störungen der Geschlechtsidentität,* Unsicherheit über die Zugehörigkeit zu einem Geschlecht;
(2) *Paraphilien,* außergewöhnliche oder unübliche sexuelle Vorstellungen oder ungeeignete Sexualobjekte;
(3) *Psychosexuelle Dysfunktionen,* das Ausbleiben einer vollständigen oder befriedigenden sexuellen Reaktion und
(4) *Ich-dystone* (unerwünschte) *Homosexualität.*

Störungen der Geschlechtsidentität beinhalten ein deutliches und zwingendes Unbehagen mit dem eigenen anatomischen Geschlecht - das starke Empfinden, daß die eigene Anatomie falsch ist. Ein männlicher *Transsexueller* mit dem Wunsch nach einer Operation zur Geschlechtsumwandlungs beklagt sich, daß er "in Wirklichkeit eine Frau sei, die in einem männlichen Körperbau gefangen ist". Die meisten Transsexuellen möchten ihre Genitalien "loswerden" und zum anderen Geschlecht gehören. Früher wurden in den USA Hunderte von Geschlechtsumwandlungen durchgeführt, aber diese Operation ist kein Wundermittel gegen seelische Probleme und wird heute bei weitem nicht mehr so häufig vorgenommen.

Bei den Paraphilien braucht eine Person seltsame Handlungen oder ungewöhniche Praktiken, um sexuell erregt zu werden. Betrachten wir hier zum Beispiel den *Fetischismus,* d.h. das Bedürfnis, unübliche Objekte oder Situationen zur sexuellen Befriedigung zu benutzen. Der Betroffene kann Frauenkleidung oder Schuhe in den Vorgang der Masturbaion oder den Geschlechtsverkehr einbeziehen. Eine andere Paraphilie wird *Voyeurismus* genannt; der Voyeur sieht anderen Leuten zu, die nackt sind oder sich gerade ausziehen, und masturbiert normalerweise dabei. *Exhibitionismus* tritt auf, wenn jemand versucht, andere zu erschrecken, indem er seine Genitalien zur Schau stellt und manchmal dabei masturbiert (man findet dies fast ausschließlich bei Männern). Bei dieser Störung scheint es eine starke Komponente von Aggressivität zu geben; so wurde z.B. ein junger Mann sieben mal dabei erwischt, wie er sich in einer Kirche vor älteren Frauen exhibitionierte. Auch scheint der Exhibitionist eine starke Tendenz zur Wiederholung seines abweichenden Verhaltens zu haben. Ein sehr bekannter Football-Spieler wurde mehrmals angetroffen, wie er sich unter ähnlichen Umständen exhibitionierte. Andere Paraphilien sind sexuelle Neigungen zu ungeeigneten Objekten wie zu Tieren (*Zoophilie,* früher Sodomie genannt) und zu Kindern (*Pädophilie*).

Psychosexuelle Dysfunktionen nennt man psychische Störungen, die die charakteristische sexuelle Reaktion beim Mann oder bei der Frau beeinträchtigen. Der typische sexuelle Reaktionszyklus eines Erwachsenen besteht aus (1) Appetenz, (2) Erregung, (3) Orgasmus und (4) Entspannung. Der Ablauf dieses sexuellen Zyklus kann durch Hemmungen gestört werden. Jemand könnte zum Beispiel einen gehemmten Sexualtrieb in Situationen erleben, wo

Wege zum Leben ohne Alkohol

Die Anonymen Alkoholiker helfen in Frankfurt seit 25 Jahren

lr. Die Idee kam aus Amerika. Vier Männer und eine Frau trafen sich im Januar 1963 im Gemeinderaum einer kleinen Kirche der amerikanischen Streitkräfte im Nordend, um nach dem Vorbild aus der Neuen Welt zu versuchen, vom Alkohol loszukommen. Amerikanische Soldaten und der evangelische Pfarrer Rudolf Erhardt hatten die kleine Gruppe mit der Arbeit der Anonymen Alkoholiker vertraut gemacht, deren Therapie auch heute noch allein aus der Anleitung zur Selbsthilfe und dem Erfahrungsaustausch von Menschen mit den gleichen Problemen besteht. Diesem Programm bleiben die Anonymen Alkoholiker auch anläßlich ihres Jubiläums treu: Zu ihrem fünfundzwanzigjährigen Bestehen laden die Frankfurter Gruppen am 23. Januar von 15 bis 17 Uhr zu einer Informationsveranstaltung ins Dominikanerkloster.

Aus den bescheidenen Anfängen in der Lübecker Straße haben sich bis heute fast fünfzig Gruppen mit etwa fünfhundert Mitgliedern entwickelt. Sie gehören zur weitverzweigten Familie dieser Selbsthilfegemeinschaft, der in 165 Ländern rund zwei Millionen Menschen angehören.

Auch die Frankfurter mußten zu Beginn der sechziger Jahre nicht nur mit organisatorischen Schwierigkeiten fertig werden, sondern sich auch mit einer Umwelt auseinandersetzen, die für Alkoholabhängige nicht mehr als Verachtung übrig hatte. "Ein Alkoholiker war in den Augen der meisten Menschen Schrott und Abfall, mit dem niemand etwas zu tun haben wollte", erinnern sich Mitglieder der ersten Gruppen. Um ihnen einen neuen Treffpunkt zu verschaffen, mußte Pfarrer Erhardt damals sogar zu einem Trick greifen. Er meldete die Anonymen Alkoholiker unter dem Namen "Freundeskreis Erhardt" an. Der heute 85 Jahre alte Geistliche wird am 23. Januar von seinen Erfahrungen berichten.

Die Selbsthilfegruppen stehen jedem offen, der mit dem Trinken aufhören will - Grenzen zwischen Kulturen, Völkern und sozialen Schichten gibt es nicht. Die Anonymen Alkoholiker lassen niemanden, der sich ihnen anschließen will, im Zweifel darüber, daß seine einzige Möglichkeit der Heilung von der Krankheit Alkoholismus ein Leben ohne Alkohol ist. Für dieses neue Leben wollen sie Kraft und Hoffnung geben, Lösungswege aufzeigen und Empfehlungen geben, niemals Patentrezepte. Mitgliederlisten sind ebenso tabu wie Beiträge, Vorschriften und Anwesenheitspflicht. Jeder Besuch ist und bleibt anonym, mehr als Vornamen werden nicht genannt.

Ihre Selbständigkeit beweisen die Gruppen auch auf andere Weise. Sie finanzieren sich ausschließlich durch eigene Spenden und lehnen jegliche andere von außen kommende finanzielle Unterstützung ab, da sie glauben, daß selbst wohlgemeinte Spenden sie in eine neue Abhängigkeit zwingen könnten. Dieses Selbstbewußtsein kommt nicht von ungefähr. Die Zahl derer, die erst durch die Hilfe der Anonymen Alkoholiker Mut und Kraft fanden, keinen Alkohol mehr anzurühren, ist Legion.

Frankfurter Allgemeine Zeitung,
14. Januar 1988
Mit freundlicher Genehmigung der FAZ

man dies normalerweise nicht erwarten würde (z.B. frisch verheiratet). Auch in der Erregungshase können Hemmungen auftreten. Eine gehemmte sexuelle Erregung (gemeinhin bekannt als *Impotenz* oder *Frigidität*) bedeutet, daß der Mann Schwierigkeiten beim Erreichen oder Aufrechterhalten einer Erektion hat bzw. die Scheide der Frau nicht ausreichend feucht wird, um einen Geschlechtsverkehr durchführen zu können. Auch kann es Probleme in der Orgasmusphase geben, was dazu führt, daß der Orgasmus zu früh oder gar nicht stattfindet. In einigen Fällen kann der Geschlechtsverkehr sogar von starken Schmerzen begleitet sein.

William Masters und Virginia Johnson haben in den letzten Jahren sowohl die normale als auch die dysfunktionale sexuelle Reaktion sowie die Behandlung sexueller Störungen untersucht. Die Meß- und Behandlungsmethoden, die diese beiden Forscher einführten, haben vielen Menschen zu einem befriedigenderen Sexualleben verholfen. Außerdem ebneten sie dadurch den Weg für zusätzliche Untersuchungen durch andere Forscher, die unser Wissen über die Ursachen und Behandlungsmethoden von psychosexuellen Störungen sehr vorangebracht haben.

Ich-dystone Homosexualität nennt man die sexuelle Anziehung zu Mitgliedern des eigenen Geschlechts, allerdings begleitet von Gefühlen der Angst und des Unglücklichseins sowie dem Wunsch, heterosexuell zu sein. Dabei muß klargestellt werden, daß nicht alle Homosexuellen als gestört betrachtet werden. 1973 entfernte die American Psychiatric Association die Homosexualität von ihrer Liste der psychischen Krankheiten. Der Grund war, daß viele Homosexuelle ihren Lebensstil durchaus nicht als unangemessen und auffällig empfinden und auch keine begleitenden psychischen Probleme erleben. Das heutige diagnostische System DSM-III betrachtet Homosexualität nur dann als Störung, wenn die sexuelle Orientierung vom Betroffenen als dauernde Belastung empfunden wird. Erst wenn jemand unglücklich und unbefriedigt ist und sich wünscht, heterosexuell zu sein, dann wird das Problem *dyston* genannt. Zu einem behandlungsbedürftigen Problem wird es nur dann, wenn der Homosexuelle seine Wünsche nicht mit sich selbst in Einklang bringen kann.

Affektive Störungen

Psychische Veränderungen spiegeln sich oft in Stimmungszuständen wider. Die Stimmung -oder der Affekt- ist eine emotionale Verfassung, die unser Handeln regelt und unser gesamtes Verhalten steuert. Wenn man deprimiert ist, scheint einfach nichts richtig zu laufen - das Leben ist leer und sinnlos und die Zukunft scheint hoffnungslos. Wenn man aber in gehobener Stimmung ist, scheinen die Ausichten rosig, kein Problem kann einen belasten oder einem den Schwung nehmen.

Menschen können aus vielen Gründen - auch aufgrund von Veränderungen in der Außenwelt - Stimmungswechsel erleben. Der Tod eines geliebten Menschen oder der Verlust materieller Güter können ein längeres Stimmungstief hervorrufen. Umgekehrt kann ein unerwartetes Glück die Stimmung heben, man fühlt sich für einige Zeit positiv und optimistisch.

Dieser Abschnitt behandelt außergewöhnliche Stimmungsbeeinträchtigungen, die heutzutage weitverbreitet sind. Hierbei werden wir zwei Formen näher betrachten: (1) die leichteren *dysthymen Störungen,* die früher neurotische Depression genannt wurden, und (2) die viel schwereren *typischen affektiven Störungen,* bei denen auch ein Bruch mit der Realität (Psychose) auftreten kann.

Dysthyme Störung (Neurotische Depression)

Das zunehmende Auftreten der dysthymen Störung (früher: Neurotische Depression) läßt manche Leute befürchten, wir stünden vor einer Epidemie der Depressionen. Charakteristisch für die *dysthyme Störung* ist eine tiefe depressive Verstimmung, die in der Regel von starken Angstgefühlen begleitet wird. Die Betroffenen fühlen sich müde, schwach und erschöpft und können trotzdem nur schwer einschlafen. Sie halten sich für wertlose Menschen, die im Leben nichts erreicht haben und auch in der Zukunft nichts mehr erreichen werden. Neurotisch Depressive fühlen sich oft schuldig und haben an nichts mehr Freude. Trotz dieser Symptome behalten die Betreffenden den Kontakt zur Realität, wenn auch häufig leichte Realitätsverzerrungen vorhanden sind. In der Regel erhalten sie ein annehmbares Maß an Alltagsfunktionen aufrecht, eine Tatsache, die die neurotische Depression von der viel schwereren psychotischen Depression untercheidet. Wenn jemand solche Symptome hin und wieder für einige Wochen hat, ist das noch nicht als dysthyme Störung zu bezeichnen; nach der Definition des DSM-III müssen die Symptome mindestens 2 Jahre praktisch ununterbrochen bestanden haben, um von einer dysthymen Störung sprechen zu können.

Typische affektive Störungen

Es gibt zwei Arten von typischen affektiven Störungen, die sich beide auf besonders schwere Verstimmungen beziehen und psychotische Ausmaße annehmen können. Die eine wird *bipolare Störung* genannt (früher: manisch-depressive Psychose), die andere *typische Depression* (früher: psychotische Depression).

Emil Kraepelin war ein deutscher Psychiater im 19. Jahrhundert, dessen frühe Klassifikationsbemühungen zum heutigen psychiatrischen Diagnose-System geführt haben. Er erkannte, daß die beiden emotionalen Störungen mit gegensätzlichen Merkmalen -nämlich Depression und Manie- Teile desselben psychopathologischen Prozesses sind. Von Menschen, die zwischen den beiden Polen Depression und Manie hin- und herpendeln, sagt man, sie hätten eine bipolare Störung. Die depressiven Phasen beinhalten tiefe Traurigkeit, Einsamkeit und mangelndes Selbstwertgefühl. Die Gedankengänge sind verlangsamt, das Antriebsniveau ist niedrig. In ganz schweren Fällen haben solche Menschen auch Visionen, hören Stimmen (Halluzinationen), fallen in einen Stupor oder zeigen auf andere Weise einen völligen Mangel an Realitätskontakt. Im Gegensatz dazu erleben Menschen während einer *manischen Phase* ohne äußeren Anlaß gehobene Stimmung, Überaktivität und Überschwenglichkeit. Sie verhalten sich unberechenbar, sind oft gereizt, schlafen wenig oder gar nicht und sind stark beschäftigt mit merkwürdigen Aktivitäten, wie z.B. lange Abhandlungen über die Geheimnisse des Lebens oder die Förderung des Weltfriedens zu verfassen. Sie zeigen überhöhte Selbsteinschätzung, verkünden großartige Dinge über sich selbst und leiden oft an *Größenwahn* (sie glauben zum Beispiel, sie wären Jesus Christus) oder behaupten, sie hätten überirdische Kräfte. Auch sie können Halluzinationen haben (zum Beispiel, daß sie durch Wände sehen können) und sich so übertrieben verhalten, daß sie die Aufmerksamkeit der Polizei auf sich ziehen. Als Beispiel mag hier ein Mann gelten, der nackt einen belebten Bürgersteig entlangrannte und dabei seine Göttlichkeit verkündete. Wenn ein manisch-depressiver Zyklus vorliegt, aber die Intensität der beiden Stimmungspole nicht so ausgeprägt ist, sprechen wir von einer *zyklothymen Störung*.

Menschen mit so starken Stimmungsschwankungen zwischen Manie und Depression sind verhältnismäßig selten. Häufiger ist der unipolare Zustand, die *typische Depression*, die auch psychotische Ausmaße annehmen kann, falls der Betroffene den Kontakt zur Realität verliert. Menschen mit einer unipolaren, typischen Depression können Halluzinationen und Wahnzustände, verknüpft mit depressiven Gedanken, haben. Ein Beispiel hierfür ist ein psychotisch Depressiver, der das Gefühl hatte, daß seine Eingeweide verfaulen und voller Insekten sind. Die Schwere der Depression läßt sich als Kontinuum darstellen: Von der normalen Depression (ausgelöst durch normale Enttäuschungen im Leben) über die dysthymen Störungen (neurotische Depression) bis zur typischen Depression (psychotische Depression). Alle Depressionsformen, ob sie nun schwer oder leicht sind, beinhalten Phantasievortellungen, die wahnhaft werden können. Es ist zum Beispiel nicht ungewöhnich, wenn depressive Jugendliche Selbstmordphantasien haben: Sie stellen sich dann vor, daß sie wenigstens bei ihrem Begräbnis endlich richtig gewürdigt würden. Ist die Depression aber sehr schwer, kann der Betroffene diese Phantasie auch "ausleben".

Suizid

Die meisten Leute glauben, daß der Suizid am tiefsten Punkt der Depression geschieht. Bei einer schweren Depression jedoch hat ein Mensch nur selten genügend Antrieb, um einen Selbstmord zu versuchen. Das Risiko ist am größten, während die Depression schon abklingt. Der Mensch ist immer noch depressiv, aber er hat jetzt genug Energie, um etwas dagegen zu unternehmen. Tatsächlich kann das Abklingen der tiefsten Depression ein Hinweis dafür sein, daß jemand endlich eine Lösung für seine persönlichen Probleme gefunden hat: den Tod. Sowohl die tiefste Depression als auch die Suizide treten gehäuft zur Ferienzeit, bei schönem Wetter, sogar in den ersten Frühlingstagen auf, also nicht gerade zu trüben Zeiten. Dies hat offensichtlich etwas mit der Diskrepanz zu tun zwischen dem, wie sich der Mensch fühlt, und dem, wie er sich nach seiner Meinung fühlen sollte. So führt die allgemeine Erwartung, daß an Weihnachten jeder Mensch glücklich sein sollte, dazu, daß sich Depressive in diesen Tagen noch depressiver fühlen.

In den USA steht der Selbstmord mit über 200.000 dokumentierten Suizidversuchen und 25.000 gelungenen Suiziden an 10. Stelle der Todesursachen. Dabei begehen dreimal so viel Männer wie Frauen Selbstmord; hingegen wird er von dreimal so vielen Frauen wie Männern versucht. Am verbreitetsten ist der Suizidversuch in der berufstätigen Bevölkerung. Während nationaler Krisenzeiten, wie im Krieg, sinkt die Suizidrate, während sie bei wirtschaftlichen Depressionen ansteigt. (Mehr über die Vorhersage von Suizid in "So sieht das in der Praxis aus" in Kapitel 9).

Die Ursachen von affektiven Störungen

VERERBUNG Um die Rolle der Erblichkeit bei den affektiven Störungen zu belegen, werden häufig Bevölkerungsstatistiken herangezogen. Herbert Kallman von der Harvard University hat festgestellt, daß 25% der Brüder, Schwestern, Eltern und Kinder von Manisch-Depressiven ebenfalls manisch-depressiv waren, während die Rate in der Gesamtbevölkerung um die 0,5% liegt. Kallman verglich die Konkordanzraten von Manisch-Depressiven bei zweieiigen und eineiigen Zwillingen. Die *Konkordanzrate* ist definiert als die Wahrscheinlichkeit, mit der ein Zwilling manisch-depressiv wird, falls der andere Zwilling als manisch-depressiv diagnostiziert wurde. Zweieiige Zwillinge haben dieselbe Gen-Überlappung wie normale Geschwister auch, während eineiige Zwillinge eine identische genetische Ausstattung haben. Kallman berichtet, daß die Konkordanzrate für zweieiige Zwillinge bei 0,265 und für eineiige Zwillinge bei 0,957 lag. Er folgerte daraus, daß die manisch-depressive Reaktion aus einem genetischen Defekt bei den neurohormonalen Mechanismen resuliert, die die Emotionen steuern.

Die neuere Forschung und eine sorgfältigere Kontrolle der Umwelteinflüsse lassen darauf schließen, daß Kallman die Bedeutung der genetischen Komponente überschätzt haben könnte. Trotzdem unterstützen alle Ergebnisse die These, daß bei den bipolaren Störungen ein wichtiger genetischer Bestandteil existiert. Bei den unipolaren depressiven Störungen gibt es dagegen weniger Hinweise für eine genetische Komponente.

BIOCHEMISCHE URSACHEN Die jüngere Forschung führte zu einem ansteigenden Interesse an der Rolle, die biochemische Faktoren bei affektiven Störungen spielen. Eine Theorie geht davon aus, daß Stimmungen durch chemische Substanzen im Gehirn reguliert werden, den sogenannten *Neurotransmittern,* die dafür sorgen, daß eine Nervenzelle eine andere Nervenzelle aktivieren kann (Siehe Kapitel 2 und Anhang B). Man nimmt an, daß Defizite bei zweien dieser Neurotransmitter, nämlich dem Norepinephrin und dem Serotonin, zu schwerer emotio-

Suizid erweist sich als bedeutendes Gesundheitsproblem

Suizid stellt ein relativ neues und bedrückendes Forschungsgebiet dar. Die Psychiaterin Dr. Betsy Comstock ist Präsidentin der American Association of Suicidology (Amerikanische Gesellschaft für Suizid-Forschung), einer seit 11 Jahren bestehenden Vereinigung von professionellen und freiwilligen Helfern im Bereich der seelischen Gesundheit. Freiwillige Helfer sind beispielsweise diejenigen, die bei der Telefonseelsorge Suizidverhütung betreiben. Das folgende Gespräch fand in ihrem Büro im Baylor College of Medicine im Texas Medical Center von Houston statt.

"Suizid ist zwar ein seltenes Ereignis," sagte Dr.Comstock, "aber für die öffentliche Gesundheitsfürsorge ein Problem ansehnlicher Größenordnung. In unserem Land bringen sich 35.000 Menschen im Jahr, das sind 95 pro Tag, selbst ums Leben. Landesweit steht der Selbstmord in der Regel an 10. Stelle der Todesursachen. An einigen Universitäten ist Selbstmord die Haupttodesursache, an den meisten Universitäten steht er an erster oder zweiter Stelle.

Die Yale University hat vor einigen Jahren eine Haus-für-Haus-Untersuchung in New Haven, Connecticut, durchgeführt. Dabei zeigte sich, daß 400 von 100.000 Einwohnern (also einer von 250) einen Suizidversuch unternommen hatten. Aber 30-40 mal mehr Menschen kannten suizidale Stimmungen: Den Wunsch zu sterben, Gedanken an Selbsttötung oder Pläne für einen Selbstmord.

Wenn ich von der Anzahl der Klienten ausgehe, die die Notaufnahme im Krankenhaus aufsuchen und Behandlung brauchen, würde ich schätzen, daß auf 100.000 Leute 2000 Selbstmordversuche kommen."

Frage: Was für Menschen begehen Selbstmord?

Antwort: Wir verzeichnen einen Anstieg der Selbstmordversuche und der Todesfälle durch Selbstmord bei jungen Leuten zwischen 15 und 24 Jahren. Vor den späten sechziger Jahren war der Anteil dieser Altersgruppe zu vernachlässigen. In den späten Sechzigern begann die Veränderung; die Rate stieg fast auf das Doppelte von vorher. Ich bin geneigt, dies der damaligen Zeitgeschichte zuzuordnen. Es gab massive soziologische Verschiebungen, Instabilität und Mobilität unter jungen Leuten, und die sogenannten Alternativen wandten sich von der etablierten Gesellschaft ab. Die jungen Leute, die zwar zur alternativen Gesellschaft gehören wollten, aber dennoch ein Gefühl der Identität und für kulturelle Prinzipien brauchten, litten unter diesem Zwiespalt.

Frage: Wären der Verfall von religiösen Überzeugungen und von Familienbindungen ein Teil dieser kulturellen Prinzipien?

Antwort: Ja, genau. Auch die Drogenkultur ist ein Faktor, nämlich sich der Droge zuzuwenden, wenn Belastungen auftauchen. Noch vor einigen Jahren war die häufigste Suizidform, sich zu erschießen. Heute ist die häufigste Art, eine Überdosis Beruhigungsmittel zu nehmen.

Das Klischee, daß Farbige niemals Suizid begehen, ist nichts anderes als eben ein Klischee. Im einzelnen liegen die statistischen Zahlen der schwarzen Männer recht nah an denen der weißen Männer, während die schwarzen Frauen statistisch einiges hinter den weißen Frauen zurückbleiben.

Frage: Gibt es ein charakteristisches Profil des typischen Selbstmörders?

Antwort: Der Suizid ist in seiner Dynamik so veränderlich , wie es die Menschen selbst sind. Es gibt wohl bestimmte Menschen, die anfälliger für Suizid sind als andere, aber ich wäre doch vorsichtig, ein "Profil" zu erstellen, denn jemand, der nicht in das Profil paßt, meint sonst vielleicht, für ihn sei die Gefahr gebannt. Und so einfach ist es nicht. Eine Gruppe, auf die ich aufpassen würde, sind die hoch impulsiven Menschen. Ich finde wirklich, das sollte man in die Zeitung setzen. Mit impulsiven Leuten meine ich solche, die häufig ihren Arbeitsplatz und ihren Wohnsitz wechseln, die in der Ehe wenig Stabilität zeigen, die ihr Eigentum unberechenbar kaufen und verkaufen. Bei Menschen, die alles impulsiv tun, ist die Selbstmordrate höher, denn wenn ihnen der Suizid erst einmal als Problemlösung in den Sinn gekommen ist, führen sie ihn eher aus als andere. Beständigkeit in der Lebensführung ist geradezu ein Abschreckungsmittel gegen Suizid.

Wenn sich solche Menschen ihrer Impulsivität bewußt sind, können sie sich vielleicht selbst bremsen und noch einmal darüber nachdenken. Sie sollten ihre eigenen Entscheidungsprozesse beobachten und notfalls die Bremse ziehen, ganz besonders bei so grundlegenden Fragen wie Leben und Tod. Man müßte ihnen einbläuen: 'Mach dir das vorher klar: Wenn du jemals die Idee hast, dich umzubringen, dann schlaf noch einmal drüber, bevor du es tust.' Das allein könnte viele Leute retten.

Frage: Hat sich die öffentliche Meinung über Suizid verändert? Wird Suizid heute eher akzeptiert?

Antwort: Davon bin ich nicht so überzeugt. Es ist auch heute noch eine stigmatisierende Angelegenheit. Oft geht die Empfindung einer Familienschande damit einher. Beim Selbstmord ist es viel schwieriger mit der Trauerreaktion umzugehen. Denn die Hinterbliebenen müssen auch noch Schuldgefühle, Ärger und das Nicht-Akzeptieren-Können bekämpfen...

Frage: Mal abgesehen davon, daß ich einen suizidgefährdeten Menschen körperlich am Selbstmord hindere, wie soll ich ihn denn behandeln?

Antwort: Zuerst einmal, versuchen Sie ihm zu vermitteln, daß hier ein anderer Mensch steht, und zwar ein direkt betroffener Mensch. Fordern Sie von ihm, daß er diesem Menschen Aufmerksamkeit schenkt, daß er als direkt Betroffener das Recht dazu hat. Mit Vorhaltungen werden Sie nicht weit kommen. Wenn Sie zum Beispiel sagen: Dein Selbstmord wird andere Menschen verletzen oder etwas in der Art. Sie müssen darauf bestehen, daß sich der Betroffene Gedanken darüber macht, ob es nicht doch noch eine andere Möglichkeit gibt, an die er noch nicht gedacht hat... und, gerade weil die Entscheidung für den Tod jeder Mensch zu jeder Zeit treffen kann, sollte man sich doch die Zeit nehmen, andere Hilfsmöglichkeiten zu erkunden. Also, ich habe noch nie mit jemandem gesprochen, der nicht zwiespältig dem Tod gegenüber war - wirklich nie. Kann sein, daß es solche Leute gibt, aber ich persönlich habe noch nie mit so jemandem gesprochen.

Boulder (Colorado) *Daily Camera,*
18. Januar 1978

naler Gestörtheit und den typischen Stimmungsschwankungen der Manisch-Depressiven führen können. Es gibt dafür aber nur einen indirekten Befund. Bekannt ist, daß eine Gruppe von Medikamenten (die trizyklischen Antidepressiva, siehe Kapitel 12), die bei einigen Patienten die Depression behebt, den Norepinephrinspiegel und den Serotoninspiegel im Gehirn ansteigen läßt. Ein anderes Medikament hingegen (Reserpin), das eher depressionsfördernd wirkt, läßt beide Spiegel absinken (siehe Anhang D).

PSYCHISCHE URSACHEN Einige Aspekte der affektiven Störungen lassen sich schwer in eine rein biologische Theorie einordnen. Zum Beispiel kommt eine unverhältnismäßig hohe Anzahl affektiver Störungen in eher gehobenen sozioökonomischen Schichten vor, und das Einkommen kann ja nun schwerlich biologisch vorherbestimmt sein. Depression wird auch oft auf persönliche Verluste, wie den Tod eines geliebten Menschen oder schwere finanzielle Einbußen, zurückgeführt. Gelegentlich folgt eine neurotische Depression auch dann, wenn jemand ein wichtiges Ziel im Leben erreicht hat, da auch der "Verlust" des Zieles einen Menschen aus der Fassung bringen kann. Wenigstens vier weitere Faktoren wurden als wichtig für Depressionen bezeichnet, und jeder von ihnen verbindet sich mit einer anderen theoretischen Orientierung. Gemäß der Freudschen Theorie ist Depression das Ergebis der Unfähigkeit, seinen Ärger und seine Aggression nach außen zu wenden, selbst wenn dies völlig angebracht wäre. Statt dessen wenden solche Menschen ihren Ärger nach innen, gegen sich selbst, wobei sie sich selbst davon überzeugen, wertlos zu sein, und nichts Gutes verdient zu haben.

Carl Rogers ist der Ansicht, daß Depression dann entsteht, wenn der Mensch ein Bild seines Idealselbst in sich trägt, das sich seiner Meinung nach stark vom Realselbst unterscheidet. Das Idealselbst ist so perfekt, daß das Realselbst himmelweit davon entfernt zu sein scheint, irgendeine der Qualitäten des Idealselbst jemals zu erreichen. Rogers vertritt die Meinung, eines der Hauptziele des Menschen sei das Streben nach Selbstaktualisierung. Wenn jemand der Auffassung ist, zwischen seinem Idealselbst und seinem Realselbst herrsche eine große Diskrepanz, führe dies zur Depression.

Eine dritte Erklärungsmöglichkeit für Depression basiert auf der Verhaltenstheorie und besagt, daß ein Mensch depressiv wird, weil es ihm oder ihr an positiver Verstärkung mangelt. Man nimmt an, daß Gefühle des Glücks, der Freiheit und des Selbstwertes hauptsächlich von konsistenten Belohnungen für das eigene Verhalten herrühren. Wenn sich ein Mensch in einer Lebenssituation befindet, in der sein Verhalten fast nur durch negative Reize bestimmt wird (alle seine Handlungen sind auf die Vermeidung von Bestrafung ausgerichtet), wird er darauf emotional depressiv reagieren.

Wie wir in Kapitel 4 schon gesehen haben, entstand aus der Tierforschung zur *gelernten Hilflosigkeit* noch eine andere Konzeptualisierung der Depression. Bei dem klassischen Versuch zur gelernten Hilflosigkeit wird ein Hund in einen großen Käfig gesetzt und bekommt einen Elektroschock verabreicht. Der Hund hat keine Möglichkeit, dem

Manisch-depressive Krankheit kann vererbt sein: Eine Studie

NEW ORLEANS (AP) - Eine medizinische Studie an 12.500 Mitliedern der Amish-Sekte* in Pennsylvania läßt vermuten, daß die manisch-depressive Krankheit vererbt sein könnte.

Die Fünfjahresstudie zeigt, daß Kinder mit einem manisch-depressiven Elternteil zu 38% Wahrscheinlichkeit die Störung auch bekommen werden, wie Dr.Janice Egeland den Mitgliedern der American Psychiatric Association mitteilte.

"Die manisch-depressive Krankheit ist unter den Amish nicht häufiger als in der Gesamtbevölkerung, aber hier können wir das gehäufte Auftreten in bestimmten Familienlinien verfolgen", sagte Dr. Egeland. " Wenn man sein Augenmerk auf Herzinfarkt, Diabetes oder Krebs legt, scheinen sie alle ziemlich gleichmäßig verteilt, aber diese seelische Krankheit ist nicht gleichverteilt, sondern konzentriert sich in bestimmten Sippen."

Behandlungsmethode gesucht

Der nächste Schritt ist der Versuch, bei allen Kranken eine Art "Wegweiser" zu isolieren, einen gemeinsamen Nenner, wie z.B. die Anwesenheit eines bestimmten Enzyms im Blut der Betroffenen, damit eine Früherkennung und Behandlung vor dem Auftreten der Symptome einsetzen kann...

Unter den untersuchten Amish-Leuten fanden sich 112 Fälle von seelischer Erkrankung und beinahe 65% davon waren manisch-depressiv.

Laut Dr.Egeland wurden gerade die Amish für die Studie ausgewählt, weil ihre Gesellschaft weitgehend von der Außenwelt abgeschlossen ist. Außerdem neigen die Amish zu starkem Familienzusammenhalt und ihre ausgedehnten Familienlinien bilden eine einzigartige Forschungsgelegenheit.

Keine Technik bitte!

Innerhalb der konservativen Sekte werden keine Autos, keine landwirtschaftlichen Maschinen und keine Elektrizität benutzt. Und die Sekte praktiziert eine Art "Bann", bei dem Mitglieder, welche die Regeln der Gemeinschaft verletzt haben, völlig ignoriert werden.

Ein weiterer Befund war, daß Männer erheblich anfälliger für schwere Depressionen sind, als man bisher annahm...

Boulder (Colorado) *Daily Camera,*
15. Mai 1981

* Anm.d.Ü.: Die Amish-People sind eine konservative Gruppe der Sekte der Mennoniten. Sie leben völlig abgeschlossen von der Außenwelt in Pennsylvania, USA. Sie sind strenggläubig und halten sich ganz fern von der modernen Welt und der modernen Lebensart, einschließlich aller technischen Errungenschaften.

Schock zu entfliehen, und nach einiger Zeit scheint die Reaktionsweise des Hundes der menschlichen Depression sehr ähnlich zu sein. Der Hund wird passiv, verliert seinen Appetit, verliert an Gewicht und jegliche Motivation zu entfliehen. Wenn er später die Gelegenheit zur Flucht erhält, versucht er es nicht einmal mehr. Martin Seligman von der University of Pennsylvania stellt sich die Entwicklung der menschlichen Depression in ähnlichen Abläufen vor. Ein Mensch kommt zu der Überzeugung, daß er keinerlei Kontrolle über sein Schicksal hat, daß es keinen Weg gibt, um angsterzeugenden Situationen zu entfliehen, und gibt auf. Wenn er sich dann auch noch die persönliche Verantwortung für die mangelnde Kontrolle zuschreibt, schadet dies seiner Selbsteinschätzung, und die Depression könnte tiefer werden. Nicht alle Untersuchungen bestätigen die Analogie zwischen gelernter Hilflosigkeit

Tausende amerikanische Kinder von Depression betroffen?

von ROCHELLE SEMMEL ALBIN

Nach Jahren der Diskussion meint eine wachsende Anzahl von Psychiatern und Psychologen, daß auch Kinder an Depressionen leiden können. Die Kliniker waren lange der Auffassung, daß Kinder unter 14 Jahren psychisch überhaupt nicht in der Lage wären, eine Depression zu erleben, und einige von ihnen sind auch weiterhin skeptisch.

Dr. Jules Bemporad, Psychiater an der Harvard Medical School, sagt:"Die wirkliche Depression kommt daher, daß sich jemand externe Ereignisse selbst zuschreibt. Kinder jedoch können das Leben nur intuitiv erfassen und suchen nicht nach Gründen." Trotzdem haben die Fortschritte bei der Diagnose und Behandlung der Erwachsenen-Depression auch Forschungsbemühungen über die Anwendbarkeit dieser Ergebnisse bei Kindern hervorgebracht.

Die Wissenschaftler schätzen, daß 5-20% aller Erwachsenen depressiv sind. Ihre Unfähigkeit, die Auftretenshäufigkeit (Inzidenz) exakter festzuegen, läßt vermuten, daß sie dauernd unterschiedliche Definitionen von Depression verwenden. Aber sie stimmen alle überein, daß sich depressive Erwachsene traurig und wertlos fühlen und hoffnungslos in die Zukunft blicken. Außerdem verlieren depressive Erwachsene das Interesse an angenehmen Beschäftigungen und leiden an Antriebsmangel und Schlafstörungen.

Daraus folgerte man bisher, daß Kinder, die diese Symptome nicht haben, auch nicht depressiv sein können. Inzwischen glauben viele Forscher, daß sich die Symptome der Kinder einfach von denen der Erwachsenen unterscheiden, weil die psychologische Entwicklung der Kinder noch nicht abgeschlossen ist.

Die Epidemiologen wissen noch nicht genau, wie verbreitet die Depression unter Kindern ist. Dr. Jamad Kashani, ein Kinderpsychiater an der Medical School der University of Missouri, meint, "daß vielleicht etwa 2% aller Kinder depressiv sind." Diese Zahl entnimmt er einer Studie mit über 100 Mädchen und Jungen zwischen 7 und 12 Jahren. Wenn man die kürzlich von der American Psychiatric Association herausgegebenen Kriterien anlegt, so vermutet er, daß "über 400.000 depressive Kinder in diesem Land leben"...

Die Unsicherheit über die Existenz einer Depression im Kindesalter könnte mit der Tatsache verknüpft sein, daß deren Symptome nicht völlig mit denen der Erwachsenen-Depression übereinstimmen. Dies hat die Differenzierung zwischen gewöhnlicher Traurigkeit oder Unglücklichsein und echter Depression erschwert. Die Hoffnungslosigkeit zum Beispiel ist typisch für depressive Erwachsene, nicht aber für Kinder.

"Hoffnungslosigkeit", erklärt Dr. Maria Kovacs (Psychologin am Pittsburgh Western Psychiatric Institute), "setzt voraus, daß man fähig ist, über die Zukunft nachzudenken. Piagets Arbeiten haben gezeigt, daß kleine Kinder eine nur sehr begrenzte Fähigkeit haben, die Zukunft zu verstehen und Ereignisse zeitlich einzuordnen. Schon von daher ist es sehr unwahrscheinlich, daß Kinder sich hoffnungslos fühlen, wenn sie depressiv sind."

Mehr als alle anderen Symptome sind es die Gedanken der Hoffnungslosigkeit, die depressive Erwachsene in den Selbstmord treiben. Dr.Kovacs deutete an, daß der dramatische Anstieg des Suizids bei Jugendlichen daher stammen könnte, daß sich die Vorstellung davon, was Zukunft ist, und daran anknüpfend die Fähigkeit zum Empfinden von Hoffnungslosigkeit, erst im zweiten Lebensjahrzehnt entwickelt. "Für ein 10 Jahre altes Kind scheinen die nächsten 10 Jahre endlos", erklärt sie, "aber für einen Erwachsenen ist es sogar denkbar, Pläne so weit im voraus zu machen."

Wie sie weiter erklärt, macht die Tatsache, daß sich depressive Kinder eher ungeliebt und einsam fühlen statt wie Erwachsene traurig zu sein, die Unterscheidung zwischen Depression und Unglücklichsein noch undurchsichtiger. Und weil das Spielen im Leben des Kindes viele Funktionen erfüllt, spielen depressive Kinder oft weiterhin, und können -anders als depressive Erwachsene - dabei auch Freude empfinden. "Es fällt uns nur schwer, diese Art von Verhalten als depressiv zu diagnostizieren".

120 Symptome identifiziert

Dr. Kovacs hat mehr als 120 Symptome ausfindig gemacht, die in der Forschung einer Depression im Kindesalter zugeordnet wurden. Dies ist eine Zahl, die eine Diagnose recht schwierig macht. Sie überlegt, ob dieses weite Spektrum von Symptomen vielleicht durch die entwicklungsbedingten Veränderungen, die Kinder durchlaufen, entstanden ist. In einer Untersuchung, die sie letztes Jahr für das National Institute of Mental Health (Nationale Gesellschaft für seelische Gesundheit) durchgeführt hat, begann sie, die Beziehung zwischen berichteten Symptomen und kognitivem bzw. physiologischem Entwicklungsstand zu erforschen.

"Wir denken, daß wir die Erklärung für die unterschiedlichen Depressionssymptome bei Kindern verschiedenen Alters dadurch finden werden, daß wir den Grad der kognitiven und pubertären Entwicklung eines Kindes berücksichtigen. Ein Kind, das noch zu klein ist, um einen Begriff von der Zukunft zu haben, wird nicht hoffnungslos werden ,wenn es depressiv ist. Weiter könnte die Intensität und Schwere der kindlichen Depression in Bezug zur steigenden Hormonausschüttung in der Pubertät stehen."

Dr. Kovacs hat fünf grundlegende Symptome isoliert, von denen sie glaubt, daß sie bei allen depressiven Kindern -unabhängig vom Alter- auftreten.

"Die Forschungsergebnisse machen deutich, daß alle depressiven Kinder Stimmungsschwankungen wie Traurigkeit und Gereiztheit erleben, unter Schlafstörungen leiden, keinen Appetit oder umgekehrt einen gesteigerten Appetit haben, sich wertlos fühlen und sich von anderen Menschen zurückziehen." Sie hofft, daß sie "verschiedene Versionen einer kognitiven Psychotherapie für Kinder verschiedenen Alters" entwickeln wird.

"Nur wenige depressive Kinder kommen zu einem Psychologen oder einem Psychiater. Wegen der Verwirrung über die Diagnose werden depressive Kinder nur sehr selten behandelt," meint Dr. Kovacs..

New York Times,
31. März 1981.

und Depression, aber die Befunde sind doch interessant genug, um einer weiteren Erforschung wert zu sein.

Alles in allem gibt es also mindestens fünf mögliche psychologische Faktoren, die bei der Depression eine Rolle spielen können: (1) persönliche Verluste, (2) nach innen gekehrter Ärger, (3) eine ungewöhnlich große Diskrepanz zwischen realem und idealem Selbst, (4) Mangel an positiver Verstärkung und (5) gelernte Hilflosigkeit. Ausgelöst werden dysthyme Störungen oft durch einen persönlichen Verlust, aber die ganzen anderen Faktoren sind vermutlich wichtig für das Aufrechterhalten der Depression. In einem beliebigen Einzelfall mögen auch nur ein oder zwei der Faktoren am Werk sein, aber ein Faktor allein läßt sich höchstwahrscheinlich nicht für alle depressiven Störungen verantwortich machen.

Schizophrene Störungen

Der Begriff *Schizophrenie* bezieht sich auf eine Gruppe psychotischer Störungen, die sich durch Beeinträchtigungen im Denken und Fühlen, sowie durch deutliche Realitätsverzerrungen charakterisieren lassen. Die schizophrenen Denkvorgänge sind unvorhersagbar und folgen oft einer Kette freier Assoziationen, die für andere schwer nachzuvollziehen ist. Das folgende Beispiel stammt aus einem Gespräch mit einem hospitalisierten Schizophrenen:

> "Wie alt sind Sie?"
> "Nun, ich bin Jahrhunderte alt, Sir."
> "Seit wann sind Sie hier?"
> "Ich bin nun seit und für lange Zeit auf diesem Besitz. Ich kann die genaue Zeit nicht angeben, da wir nachts von der Luft absorbiert werden, und sie bringen die Leute wieder zurück. Sie töten alles; sie machen dich lügen; sie können durch unsere Kehlen sprechen."
> "Wer ist das?"
> "Na, die Luft." (White, 1932, S.228)

Im allgemeinen ziehen sich Schizophrene von zwischenmenschlichen Beziehungen zurück. Ihre emotionalen Reaktionen sind abgestumpft oder abgeflacht und können in außergewöhnliche, unangemessene Gefühlsreaktionen umschlagen. Ein anderes häufiges Symptom ist die Depersonalisation, der Verlust der persönlichen Identität. Es kann sein, daß der Schizophrene überwiegend mit Körperfunktionen beschäftigt ist, denen er nicht-menschliche Ursachen zuschreibt. Solche Menschen glauben zu spüren, daß sich ihre Hand in Stein verwandelt, daß ihr Körper voller Käfer ist, oder daß andere ihre Gedanken hören können. Sie scheinen völlig vertieft in ihre inneren Phantasien. Wahrscheinlich haben die meisten Schizophrenen völlig normale intellektuelle Fähigkeiten, aber ihre

Psychotiker ziehen den Wahn vor

WASHINGTON - Der Größenwahn mancher Schizophrener kann für diese weit angenehmer sein als die nackte Realität, der sie in klaren Augenblicken gegenüberstehen.

Diese Schlußfolgerung zog ein Team von Psychiatrie-Forschern nach einer Drei-Jahres-Studie über die Frage, warum sich einige chronisch Schizophrene standhaft weigern, Medikamente zu nehmen, die die Psychose mildern, während andere Schizophrenie-Patienten unerschütterlich und gewissenhaft die Behandlungsanweisungen befolgen.

An der Untersuchung nahmen 59 Patienten teil. 29 davon verweigerten die Medikation konsequent, die anderen 30 Patienten holten ebenso konsequent ihre Medikamente im Brentwood Veterans Administration Hospital in Los Angeles ab.

Der entscheidende Faktor zur Trennung dieser beiden Gruppen ist offenbar die Eigenart der ganz persönlichen Psychose.

Während sich die Medikations-Verweigerer in ihrem Wahn, Napoleon zu sein, badeten, litten die kooperationsbereiten Schizophrenen viel eher unter akuten Angst- oder Depressionsttacken, sofern sie ihre Medikation versäumten und in ihren psychotischen Zustand zurückverfielen....

Der harte Kern der Medikations-Verweigerer kann mit dem Wiederauftreten einer floriden Psychose mit Größenwahn und relativ wenig dysphorischen Gefühlen wie Angst und Depression rechnen. Doch, so die Forscher, darf man daraus nicht unbedingt schließen, daß er aus diesem Grunde mit der Medikation aufhört...

"Die drei Jahre Erfahrungen mit diesem Karussell der Einweisungen und Entlassungen zwangen uns zu der Einsicht, daß es wirklich eine Gruppe schizophrener Patienten gibt, die sich mit der Notwendigkeit antipsychotischer Medikamente niemals abfinden und den durch Medikamente erzeugten Realitätszuwachs nicht hinnehmen können."

Die Forscher zitierten den Fall eines 30-jährigen Mannes, der 19 mal eingeliefert wurde, weil er den Wahn hegte, ein Komponist zu sein, "Milliarden" zu besitzen und "der bedeutendste Luftfahrtsingenieur der Welt" zu sein.

In der Klinik verbrachte er seine Zeit mit dem Entwerfen von "Satellitenstationen" und von Zeit zu Zeit verlangte er, seinen imaginären Verleger sehen zu dürfen.

Als die Medikamente, die seinen psychotischen Zustand aufklaren sollten, dann Wirkung zeigten, "fing er an über seine Einsamkeit und seinen Mangel an Lebenserfüllung zu reden und entwickelte etwas Krankheitseinsicht."

"Zu diesem Zeitpunkt wollte er die Klinik unbedingt verlassen und lebte wieder in einem einsamen Hotel. Er kam danach immer nur zu einer einzigen Spritze (Antipsychotikum). Drei Monate später wurde er wieder eingeliefert, genauso psychotisch wie vorher."...

Die Autoren dieser Studie waren Dr. Theodor Van Putten, Evelyn Crumpton und Coralee Yale.

The Denver Post,
16. Februar 1977

Einige Theoretiker sind der Ansicht, daß Wahnvorstellungen dem Psychotiker zur Angstreduktion dienen.

mangelnde Aufmerksamkeit für die äußere Umgebung kann zu niedrigen IQ-Testwerten führen.

In einigen Fällen erfolgt der Ausbruch der Schizophrenie in sehr dramatischer Weise und wird von den Betroffenen als etwas beschrieben, was ohne ihr Zutun mit ihnen geschieht. Wenn die Symptome relativ plötzlich auftreten, wird die Störung den **reaktiven Psychosen** zugeordnet. In diesen Fällen ist die Wahrscheinlichkeit einer Genesung (Prognose) recht hoch. Wenn die Symptome über Jahre hinweg schleichend einsetzen, zusammen mit einem fortschreitenden Rückzug von anderen Menschen, einer ansteigenden Beeinträchtigung des Denkens und einem langsamen Einsetzen von Halluzinationen und Wahnphänomenen, so wird diese Schizophrenie den chronischen **psychogenen Psychosen** zugeordnet. In solchen Fällen ist die Prognose ziemlich schlecht (siehe auch Fundgrube 11-4).

Verschiedene Formen der Schizophrenie

Alle schizophrenen Störungen im DSM-III haben ein oder mehrere Krankheitsbilder gemeinsam, zum Beispiel Wahnphänomene, Halluzinationen, inkohärente Sprache und unlogisches Denken. Innerhalb der Kategorie gibt es drei Hauptklassen, von denen jede bestimmte Symptome besonders hervorhebt. Diese Klassen sind (1) die desorganisierte (ehemals Hebephrenie genannt), (2) die paranoide und (3) die katatone Schizophrenie.

In der **desorganisierten Schizophrenie** bestimmt in der Regel die Inkohärenz des Denkens das Bild. Der Patient oder die Patientin zeigt dümmliche oder unangemessene Affekte (lacht z.B. über ein trauriges Geschehnis), kann aber auch affektiv vollkommen abgestumpft sein (Fehlen jeglicher Gefühlsäußerungen). Wahnvorstellungen sind nicht typisch, doch findet sich in der desorganisierten Schizophrenie häufig eine extreme soziale Zurückgezogenheit. Diese Form der Schizophrenie verläuft normalerweise prozeßartig und hat eine schlechte Prognose.

Typisch für die **paranoide Schizophrenie** sind Wahninhalte der Verfolgung durch andere und der Verdächtigung von anderen Menschen. Der Eindruck, zum Opfer der Verfolgung bestimmt worden zu sein, verführt den Paranoiden zu dem Schluß, daß er eine ganz besondere Persönlichkeit ist, die wegen ihrer ungewöhnlichen Kräfte oder Eigenschaften ausgewählt wurde. Daher ist der *Größenwahn* ein häufiges Merkmal bei der paranoiden Schizophrenie. In einem Fall griff ein junger Mann einen völlig Fremden an, der bei einem Baseballspiel zufällig neben ihm stand. Als man ihn später befragte, warum er dies gemacht hatte, antwortete er, es sei doch allseits bekannt, wie sexuell anziehend er auf Frauen wirke, und dieser Mann habe versucht, mittels elektrischer Wellen seine sexuelle Attraktivität zu stehlen. Die paranoide Schizophrenie sollte nicht mit der paranoiden Persönlichkeit verwechselt werden, einer Störung, die durch übermäßiges Mißtrauen und Eifersucht charakterisiert ist, aber keinen Realitätsverlust aufweist.

Die **katatone Schizophrenie** kann sowohl zum reaktiven als auch zum psychogenen Typus gehören. Der reaktive Katatoniker hat wahrscheinlich die beste Prognose von allen Schizophrenen. Typisch für Katatone ist das Einnehmen einer starren oder fast bewegungslosen Haltung, in der sie stundenlang oder sogar tagelang ausharren können, falls sie nicht gestört werden. Trotzdem können und werden sie sich bewegen. Die Betroffenen lassen es ohne jeden Widerstand zu, daß jemand ihre Arme in verschiedene Positionen bringt (die sogenannte *wächserne Biegsamkeit*) und bleiben in diesen Positionen weitaus länger, als es normale Menschen aushalten würden. Die Tiefenpsychologen deuten dieses Verhalten dahingehend, daß der katatone Mensch versucht, durch Unbeweglichkeit mit seinen aggressiven Regungen umzugehen. Und in

FUNDGRUBE 11-4

Psychotisch werden

Ein paar Wochen vor Ausbruch der Krankheit fing ich an, in Erfolgs-Tagträume zurückzufallen, die denen in meiner Jugend ziemlich ähnlich waren, wenn auch nicht ganz so naiv und großartig. Ich war von dieser Neigung verwirrt, aber nicht sehr beunruhigt, weil es kaum so aussah, als ob mein Tagtraum-Selbst ein Teil meines moralischen Erwachsenen-Selbst sei. Beim Einsetzen meiner panischen Angst war ich plötzlich mit der überwältigenden Überzeugung konfrontiert, daß ich die Geheimnisse des Universums entdeckt hatte, die sich mir schnell und mit unglaublicher Klarheit offenbarten. Die entdeckten Wahrheiten schienen mir sofort und direkt bekannt, mit absoluter Sicherheit. Ich hatte keine Zweifel, nicht mal den Hauch eines Zweifels. Trotz meines früheren Atheismus und meiner stark antireligiösen Einstellung war ich plötzlich überzeugt, die Existenz Gottes rational beweisen zu können. Ich erinnere mich, daß ich die ganze Zeit versuchte, einen Aufsatz über das Erkennen Gottes zu schreiben. Ich fing zwanghaft an zu schreiben und genau zu dieser Zeit wurde mir klar, daß ich schizophren wurde. Später fand ich unter meinen wirren Notizen, die ich vorsichtig versteckt hatte, ein paar Passagen, die völlig einleuchtend waren, während andere keinen Zusammenhang hatten und voller sexueller Symbolik steckten. Ich fühlte auch, daß ich mich gerade auf ein großes prometheisches Abenteuer einließ. Ich war erfüllt von einem Geist der Kühnheit und der Unbesiegbarkeit. Als dann die Panik anstieg, hatte ich immer mehr Angst vor dem Alleinsein und empfand den intensiven Wunsch mich mitzuteilen. Für kurze Zeit hatte ich das Gefühl, für eine Sondermission auserwählt zu sein, aber ich war noch fähig, gegen messianische Wahnvorstellungen bewußt anzukämpfen. Diese Neigungen wurden durch ein Gefühl der drückenden und besonderen Verantwortung ersetzt, das all die Jahre der Krankheit hindurch anhielt. (Anonym, 1955) der Tat können Katatone von Zeit zu Zeit Erregungsphasen haben, die mit den Phasen der starren Zurückgezogenheit abwechseln.

Obwohl diese Formen der Schizophrenie in diagnostischen Handbüchern und Psychopathologiebüchern sorgfältig beschrieben werden, sollte man sich immer vor Augen halten, daß Menschen sich nur selten in solche übersichtlichen Schablonen einordnen lassen. Die beiden meistverwendeten Diagnosen innerhalb der Schizophrenie-Diagnostik sind die **paranoide** und die **chronisch undifferenzierte** Schizophrenie. Die letztere Diagnose ist eine Art "Papierkorbkategorie", deren Gebrauch anzeigt, daß es sich um einen Menschen handelt, dessen Merkmale zu mehr als einer Unterkategorie passen. (Siehe auch Fundgrube 11-5).

Ursachen der Schizophrenie

Es folgt ein kurzer Abriß über die Forschung zu genetischen, biochemischen und Umgebungsfaktoren, die bei der Schizophrenie eine Rolle spielen. Die Ergebnisse dieser Forschung zeigen deutlich, daß alle 3 Faktoren an der Entstehung von schizophrenen Störungen beteiligt sein können.

GENETISCHE FAKTOREN Es gibt heute nur noch wenig Zweifel daran, daß eine genetische Komponente wenigstens teilweise für die Schizophrenie verantwortlich ist, obwohl verschiedene Forscher die unterschiedlichsten Konkordanzraten bei eineiigen Zwillingen gefunden haben. So fand Kallman, dessen Forschung auf diesem Gebiet am bekanntesten ist, daß bei 174 Zwillingspaaren, bei denen ein Zwilling bereits als schizophren disgnostiziert wurde, in 103 Fällen der andere Zwilling ebenfalls schizophren war (siehe Tabelle 11-4). Dagegen fand Essen-Moller überhaupt kein Zwilingspaar, bei dem beide Zwil-

FUNDGRUBE 11-5

Ein Fall von paranoider Schizophrenie

Bevor ich zu meiner Arbeit beim War Department (Kriegsministerium) nach Washington, D.C. zurückkehrte, verbrachte ich ein paar Tage bei Verwandten auf Long Island. Eines Tages fuhr ich nach New York City, um die East Side auszukundschaften. Ich - dort völlig unbekannt- war sehr überrascht, als ich jemand zweimal rufen hörte: "Erschießt ihn!", womit offensichtlich ich gemeint war. Das schloß ich aus der beängstigenden Unterhaltung, die zwischen dem Drohenden und seiner Begleitung stattfand. Ich versuchte, sie zu sehen, aber die Straße war so überfüllt, daß ich niemand erkennen konnte. Ich dachte, das müssen Verbrecher sein, die mich für einen anderen Verbrecher halten, dem ich zufällig ähnlich sehe. Ich ging davon aus, daß einer oder mehrere von ihnen mich wirklich erschießen wollten, und versuchte, so schnell wie möglich da wegzukommen. Diese Unbekannten, die mich erschießen wollten, verfolgten mich. Ich wußte, daß sie mir weiterhin folgten, denn ich hörte ihre Stimmen so nah wie vorher, egal wie schnell ich lief.... Tage später war ich wieder in New York und wurde von neuem von denselben Verfolgern erschreckt, die mich vor ein paar Tagen schon bedroht hatten. Das war nachts. Wie beim ersten Mal konnte ich Teile ihrer Unterhaltung hören, aber in der Menschenmenge konnte ich sie nirgends entdecken. Ich hörte, wie eine von ihnen sagte: "Du entkommst uns nicht; wir lauern dir auf, und irgendwann kriegen wir dich!" Zusätzlich zu diesen geheimnisvollen Vorgängen wiederholte einer der "Verfolger" laut meine Gedanken, Wort für Wort. Ich versuchte, wie beim letzten Mal, zu entkommen, aber diesmal versuchte ich es mit U-Bahnzügen, stürzte die U-Bahneingänge und -ausgänge hinauf und hinunter, sprang in die Züge hinein und heraus, bis nach Mitternacht. Aber bei jeder Station, wo ich den Zug verließ, hörte ich die Stimmen der Verfolger so nah wie eh und je. Es stellte sich mir die Frage: Wie können mir so viele Verfolger so schnell und ungesehen hinterherkommen? Waren das Gespenster? Oder war ich gerade dabei, mich in ein spirituelles Medium zu verwandeln? Nein! Unter diesen Verfolgern - das mußte ich später schrittweise durch logische Herleitung entdecken - waren offenbar einige Brüder und Schwestern[1], die von ihren Eltern einige erstaunliche, unerhörte, absolut unglaubliche okkulte Kräfte geerbt hatten. Ob Sie es glauben oder nicht, einige von ihnen[2] können, abgesehen vom Gedankenlesen, auch noch ihre magnetischen Stimmen aussenden. Man sagt sonst "Radiostimmen" dazu. Über eine Entfernung von einigen Meilen, ohne laut zu sprechen und ohne sichtliche Anstrengung klingen ihre Stimmen so, als ob man sie durch einen Kopfhörer[3] hören würde, und all das ohne jegliche elektrische Vorrichtung. Diese einzigartige, magische Kraft, ihre Radiostimmen über so lange Entfernungen zu übertragen, scheint von ihrer natürlichen Elektrizität im Körper herzurühren, wovon sie mehr haben als normale Menschen. Möglicherweise ist das Eisen in ihren roten Blutkörperchen magnetisiert. Die Vibration ihrer Stimmbänder erzeugt offensichtlich drahtlose Wellen. Und diese vokalen Radiowellen werden von menschlichen Ohren ohne Gleichrichtung empfangen[4]. (Kaplan, 1964, Seite 133-135)

1 Vielleicht waren einige Halbbrüder oder Halbschwestern oder halb Brüder, halb Schwestern.

2 Es gibt wenig Zweifel, daß mehr als einer von ihnen Gedanken lesen kann.

3 Daher die Bezeichnung "Radiostimmen".

4 Neulich las ich etwas über einen Mann, der die Rundfunksendungen einer lokalen Radiostation ohne Empfänger durch seine Zähne hören konnte. In der Fabrik, in der er arbeitete, war die Luft voller winziger Siliziumkarbidkristalle, und einige davon hatten sich auf seinen Zähnen angesammelt.

Die Patienten auf diesem Bild sind katatone Schizophrene. Sie können eine bewegungslose Haltung für Stunden oder Tage einnehmen, falls sie nicht dabei gestört werden.

linge schizophren waren.

Inzwischen ist man sich allgemein einig, daß durch Kallmans Daten der Grad der Erblichkeit von Schizophrenie erheblich überschätzt wurde. Einige von den Problemen bei diesen Methoden haben wir schon in dem Abschnitt über affektive Störungen beprochen, aber in Verbindung mit seinen Arbeiten über die Schizophrenie sind weitere Fragen aufgetaucht. Beispielsweise wurde kritisiert, daß Kallmans Patientenstichprobe nur aus den schwersten Fällen und überwiegend aus Frauen bestand. Einige Befunde (Gottesman & Shields, 1966) weisen darauf hin, daß der Grad der Konkordanz unter Zwillingen mit der Schwere der Störung ansteigt. Dies wiederum legt den Schluß nahe, daß es sich bei der Schizophrenie um keine einheitliche Störung handelt, und daß der chronische Formenkreis eher genetisch bedingt ist als der reaktive Formenkreis.

Die vielleicht beste Schätzung dessen, wie weit Schizophrenie genetisch determiniert ist, wird erreicht, indem man aus den Ergebnissen der verschiedenen Studien einen Pool bildet. Aus den Ergebnissen der sieben Studien in Tabelle 11-4 schließen wir: Wenn ein Zwilling schizophren ist, wird in 46 von 100 Fällen auch der andere Zwilling schizophren (das entspricht einer Wahrscheinlichkeit von 0,46). Für normale Geschwister läge dieser Wert etwa bei 0,10 bis 0,15. Diese Daten sprechen stark für eine genetische Komponente. Wenn der andere Zwilling nicht schizophren ist, ist die Wahrscheinlichkeit, daß er oder sie eine andere deutliche Verhaltensabweichung aufweist, immer noch recht hoch. Wenn ein Teil eines eineiigen Zwillingspaares schizophren ist, wird in 88% der Fälle auch der andere Zwilling schizophren oder leidet an einer anderen Verhaltensstörung (Summe der Spalten 2 und 3 in Tabelle 11-4)*.

Höchstwahrscheinlich sind in allen Fällen von Schizophrenie (genau wie bei den affektiven Störungen) sowohl die Vererbung als auch die Umwelteinflüsse von Bedeutung. Auf diese Annahme stützt sich das Diathese-Streß-Modell. Laut dieser Theorie entwickelt sich eine Schizophrenie dann, wenn eine genetische Prädispositionierung (Diathese) mit Umweltfaktoren (Streß), die die Störung auslösen, zusammentrifft. Wenn einer dieser beiden Faktoren fehlt, wird die Störung auch nicht auftreten. Diese Theorie entspricht eher dem heutigen Wissensstand als ein Modell, welches eine Form der Schizophrenie für

* Anmerkung der Übersetzerin: Diese Darstellung ist einseitig. Berücksichtigt man auch die Daten von Untersuchungen, bei denen die Zwillingspaare nach der Variable "gemeinsam oder getrennt aufgewachsen" unterteilt wurden, so sprechen die Ergebnisse durchaus nicht so eindeutig positiv für eine Erblichkeit von psychischen Störungen.

TABELLE 11-4 Schizophrenie: Konkordanzraten bei eineiigen Zwillingen

Forscher	Anzahl der untersuchten Zwillingspaare (ein Zwilling als schizophren diagnostiziert)	Anzahl der Zwillingspaare, bei denen beide schizophren sind	Anzahl der Paare, bei denen ein Zwilling abnormal, aber nicht schizophren ist
Kallman	174	103	62
Essen-Moller	9	0	8
Slater	37	18	11
Tienari	16	1	12
Kringlen	45	14	17
Inouye	53	20	29
Gottesman-Shields	24	10	8
Summe	358	166 (46.4%) Konkordanzrate = 0,46	147 (41.1%) Konkordanzrate = 0,41

genetisch bedingt (chronische Formen), und die anderen für umweltbedingt (reaktive Formen) hält.

BIOCHEMISCHE FAKTOREN Gibt es überhaupt biochemische Faktoren bei der Schizophrenie? Gelegentlich wurden chemische Verbindungen im Blut gefunden, die angeblich nur bei Schizophrenen vorhanden sein sollen. Aber keine einzige chemische Substanz wurde durchgehend von allen Forschungsgruppen gefunden. Es wurde angenommen, daß Schizophrenie das Ergebnis einer biochemischen Umwandlung von Neurotransmittern im Gehirn sei, die dazu führt, daß die Neurotransmitter wie Halluzinogene wirken. Neuerdings schenkt man der Möglichkeit viel Aufmerksamkeit, daß schizophrene Symptome aus einem Übermaß an einem bestimmten Neurotransmitter, dem Dopamin, resultieren könnten. Leider ist unser Wissen über die Funktionsweise von Neurotransmittern alles andere als vollständig, aber dieser vielversprechende Forschungsansatz wird weiterverfolgt.

Alle Studien über biochemische Vorgänge bei Schizophrenen kranken -was die Interpretation anbelangt- an derselben Schwierigkeit: Es ist niemals ganz eindeutig, ob der gefundene biochemische Faktor Ursache oder Wirkung der Störung ist. Zum Beispiel sind viele psychiatrische Anstalten unhygienisch und überfüllt. Die meisten Patienten müssen Medikamente nehmen, die unbekannte biochemische Nebenwirkungen haben. Unter Umständen achten Psychotiker nicht auf eine richtige und ausreichende Ernährung, und manche rauchen mehr Tabak und trinken mehr Kaffee als andere Leute. Alle diese Faktoren können die verschiedensten biochemischen Wirkungen nach sich ziehen. Die derzeit verfügbaren Daten verleiten dazu, biochemische Abweichungen als Hauptgrund für die Schizophrenie anzusehen. Aber es handelt sich um Korrelationen, die bekanntlich nicht geeignet sind, kausale Schlußfolgerungen zu ziehen.

UMGEBUNGSFAKTOREN Bei dem Versuch, die entscheidenden Umgebungsfaktoren zu isolieren, wurde das Familienleben von Schizophrenen ausgiebig erforscht. Lidz, Alanen und Cornelison nahmen an, daß in diesen Familien eine *eheliche Asymmetrie* existiert, und zwar so,

Widersprüchliche Befunde zur angeborenen Schizophrenie

von W.HERBERT

Eine von der Regierung in Auftrag gegebene Studie läßt an den oft zitierten Untersuchungsergebnissen zweier kalifornischer Forscher Zweifel aufkommen. Diese berichteten kürzlich, daß die Schizophrenie (eine chronische psychische Erkrankung, die im frühen Erwachsenenalter auftritt) tatsächlich mit einer Fehlanordnung von Hirnzellen zusammenhängen könnte, die schon vor der Geburt im Gehirn auftritt. Die Wissenschaftler aus Kalifornien, die ihre Ergebnisse ursprünglich vor drei Jahren veröffentlichten, haben nun weitere Beweise für massive strukturelle Veränderungen im Gehirn von Schizophrenen gesammelt. Aber bei dem einzigen Replikationsversuch fanden die offiziell beauftragten Forscher Abweichungen im Gehirn sowohl bei Schizophrenen als auch bei gesunden Kontrollpersonen.

Laut dem Psychiater Arnold Scheibel und der Neuroanatomin Joyce Kovelman von der University of California in Los Angeles zeigte eine neuere Untersuchung des Gehirngewebes von zehn Schizophrenen, daß die normalerweise exakt schichtförmige Anordnung der pyramidenförmigen Zellen des Hippocampus in hohem Grad nicht vorhanden war. Obwohl eine leichte Abweichung von dieser Zellstruktur auch bei normalen Kontrollpersonen gefunden wurde, sagte Kovelman zur SCIENCE NEWS, seien die Zellen im Hippocampus von Schizophrenen bis zu 90 Grad verschoben, und das Ausmaß der Verschiebung scheint die Schwere der Erkrankung widerzuspiegeln. Die frühere Studie an schwerer behinderten Schizophrenen ergab eine Abweichung von der normalen Zellanordnung von bis zu 180 Grad. Wenn das Gehirn erst einmal angefangen hat, sich zu entwickeln, und synaptische Verbindungen bildet, haben die Zellen keinen Raum mehr für eine Rotation. Daher legen die Befunde den Schluß nahe, daß Schizophrenie mit pränatalen Bedingungen verknüpft sein könnte.

Der Versuch des Psychiaters Daniel R.Weinberger vom National Institute of Mental Health, die Ergebnisse von Scheibel und Kovelman zu replizieren, scheiterte. Wie er im neusten SCHIZOPHRENIA BULLETIN berichtet, zeigte seine viel breiter angelegte Studie massive Fehlanordnungen im Gehirn von Schizophrenen und Gesunden. Er merkt jedoch an, daß er nur die spezifische Hippocampus-Region untersucht hat, um die es ja ursprünglich ging. Eine umfangreichere Analyse könnte sehr wohl strukturelle Abnormitäten bei Schizophrenen aufdecken.

Der Hippocampus ist von theoretischem Interesse, weil er Teil des limbischen Systems ist, von dem man weiß, daß es in Bezug zu emotionalen Vorgängen steht. Kovelman vermutet, daß die geordnete Schichtung des Hippocampus für eine saubere Verarbeitung eintreffender Informationen nötig ist. Eine Verzerrung der Schichten würde wiederum eine Verzerrung der Informationen bewirken, die zu anderen Gehirnsystemen laufen. Die schlimmste Verschiebung wurde im sogenannten "Subiculum" festgestellt, dem Hauptzugang vom Hippocampus zu anderen Gehirnregionen. Verzerrte Botschaften an die Amygdala (wo Gefühle und Erinnerungen verknüpft werden) könnten die emotionale Abstumpfung von Schizophrenen erklären. Entsprechend -so Frau Kovelman- könnten verzerrte Botschaften an den Kortex bei floriden Symptomen wie Halluzinationen und Paranoia beteiligt sein.

Science News,
18. Juni 1983

Es gibt viele Hypothesen über die biologischen Grundlagen der Schizophrenie. Aber bis heute hat noch niemand definitive Beweise geliefert. Dieser Artikel illustriert die Bedeutung der Replikation in der Forschung, ein wichtiges Grundprinzip der wissenschaftlichen Methodik.

"Ob Wahnsinn erblich ist? Ich dachte immer, Eltern kriegen ihn durch ihre Kinder."

Es gibt erhebliche Hinweise auf eine genetische Komponente bei psychischen Erkrankungen, besonders bei schweren Psychosen. Es könnte aber auch an einem speziellen Elterntyp liegen (im Fall der Schizophrenie werden sie schizophrenogene Eltern genannt), die eine familiäre Umgebung schaffen, die zur Krankheit führt. Natürlich leiden auch die Eltern unter dem gestörten Verhalten ihrer Kinder, aber das DSM-III verwendet den Ausdruck *Geisteskrankheit* (Wahnsinn) grundsätzlich nicht. Es handelt sich dabei eher um einen juristischen als um einen psychologischen Begriff.

daß schwere psychopathologische Erscheinungen bei dem einen Ehepartner von dem anderen Ehepartner akzeptiert oder unterstützt werden. In anderen Familien ist die Schwierigkeit eine *eheliche Spaltung,* ein offener Krieg zwischen Mann und Frau. Streitigkeiten sind an der Tagesordnung, und die Ehe ist dauernd in Gefahr zu zerbrechen. Es kann einen bedenklichen Mangel an Verständnis und Kooperation zwischen den Eltern geben, was zu Mißtrauen und Rivalität führt. Meistens wird der Vater als unsicher und schwach, die Mutter als dominant und aggressiv dargestellt.

Gregory Bateson bezeichnete eine bestimmte familiäre Kommunikationsstruktur in Konfliktsituationen als sogenannten *double bind.* Dieser kann ernsthaften psychischen Erkrankungen wie der Schizophrenie Vorschub leisten. Dabei konfrontiert ein Elternteil das Kind mit widersprüchlichen Denkweisen, Gefühlen und Aufforderungen. Auf einem Kommunikationsniveau wird Liebe ausgedrückt, auf einem anderen Zurückweisung. Auf einem dritten Kommunikationsniveau wird verhindert, daß das Kind dieses paradoxe Verhalten offen anspricht. Das klassische Beispiel dafür ist ein Elternteil, das zu seinem Kind aufmunternd sagt: "Setz dich auf meinen Schoß!" (Zuneigung ausdrückend), aber wenn das Kind auf dem Schoß sitzt, windet sich der Vater oder die Mutter und zeigt, wie unbequem das ist (Zurückweisung ausdrückend). Wenn das Kind die Zurückweisung aufnimmt und vom Schoß wieder runter will, bekommt es zu hören: "Was ist los? Liebst du mich nicht?" Daher die "Doppelbindung", denn egal, was das Kind tut, es ist immer der Verlierer. Es wird unsicher, wie es auf soziale Kommunikation reagieren soll, entzieht sich und baut keine sozialen Beziehungen auf. Der Prototyp des Elternteiles eines Schizophrenen wird *schizophrenogenes Elternteil* genannt. Es wurden große Anstrengungen unternommen, um dessen charakteristische Merkmale herauszufinden.

Jedoch kann man die Familien nicht in allen Schizophreniefällen verantwortlich machen. Es gibt sehr viele Überlappungen zwischen der Familiengeschichte von Schizophrenen und denen normaler Leute. Auch können Leute aus völlig verschiedenen Familien schizophren werden. Daher ist die Rolle der Familie und anderer sozialer Einflüsse bei der Entstehung der Schizophrenie ebenso unklar wie die Rolle der biologischen Faktoren.

DSM-III: KATEGORIEN AUF ACHSE II (PERSÖNLICHKEITSSTÖRUNGEN)

"Du wolltest doch die Außentür reparieren!"

"Ja, ich weiß. Ich machs schon noch. Ich hatte bis jetzt noch keine Gelegenheit dazu."

"Aber ich hab dich schon vor 2 Monaten darum gebeten."

"Schau, ich hab gesagt, ich mach es, und ich werde es auch machen."

(Zwei Wochen später.)

"Mein Lieber" (mit unterdrücktem Ärger) "Sagtest du nicht, du wirst die Außentür reparieren?"

"Du hast völlig recht, Liebes. Ich hab jetzt im Moment keine Zeit, aber ich werde es in Ordnung bringen. Du brauchst nicht rumnörgeln deswegen."

Das ist nun 2 Jahre her, und die Tür ist immer noch nicht repariert!

Sie fragen sich jetzt vielleicht, was das obige Beispiel mit klinischer Psychologie zu tun hat. Sicher ist die Bedeutung einer reparierten Außentür gering im Vergleich zu dem Leid und den Beeinträchtigungen, wie sie mit schweren Angststörungen oder Psychosen einhergehen können. Aber es gibt eine Gruppe von Verhaltensstörungen, die nicht so sehr durch ungewöhnliches Verhalten, Angst oder Stimmungsschwankungen charakterisiert ist, sondern durch hervorstechende Persönlichkeitsmerkmale, die weniger dem Betroffenen selbst als seiner nächsten Umgebung Unbehagen bereiten. Von solchen Menschen sagt man, sie hätten eine **Persönlichkeitsstörung.** Die Diagnosen dieser Störungen werden auf Achse II des DSM-III vermerkt, oft in Verbindung mit ernsteren Schwierigkeiten auf Achse I, aber manchmal auch allein.

Persönlichkeitsstörungen werden definiert als *dauerhafte, vorherrschende Persönlichkeitszüge, die zu auffälligem Verhalten führen können.* Dieses auffällige Verhalten hat oft eine kriminelle oder gewalttätige Komponente, aber in den meisten Fällen zeigt der Betroffene nur ein Verhalten, das auf irgendeine Weise unerwünscht ist. Deswegen tragen Werturteile mehr als bei anderen Störungen zur Diagnosestellung bei. Menschen mit Persönlichkeitsstörungen suchen fast nie von selbst psychologische Hilfe auf, denn sie fühlen sich weder ängstlich noch verwirrt. Tatsächlich sind sie eher der Ansicht, daß andere Leute die Hilfe viel nötiger hätten als sie. Wenn sie einmal mit psychologischen Beratungsstellen in Kontakt kommen, dann in der Regel durch ein Familienmitglied, das bereits in Behandlung ist, oder weil sie per Gericht zur Behandlung geschickt wurden. Das macht sie nicht gerade zu idealen Therapiekandidaten.

Streß und Persönlichkeitsstörung

Anders als die Neurosen und Psychosen sind die Persönlichkeitsstörungen in der Regel nicht mit Streß verknüpft. Zwar gehören zu einigen Persönlichkeitsstörungen auch auffällige Reaktionen auf Streß, aber diese Streßreaktionen sind nicht bezeichnend für die Störungen. Persönlichkeitsstörungen basieren auf tief eingefleischten Gewohnheiten oder auf persönlichem Charakter, und nicht auf Angstabwehrmechanismen, biochemischem Ungleichewicht oder ähnlichem.

Das DSM-III beschreibt auf Achse II viele verschiedene Persönlichkeitsstörungen. Wir greifen davon fünf bekanntere Beispiele heraus: (1) die passiv-aggressive, (2) die paranoide, (3) die antisoziale, (4) die dependente (abhängige) und (5) die zwanghafte Persönlichkeit.

Die passiv-aggressive Persönlichkeit

Der Ehegatte mit seiner Verschleppungstaktik aus dem obigen Beispiel besitzt einige Grundzüge der passiv-aggressiven Persönlichkeit und veranschaulicht eine außerordentlich wirksame Technik, um andere zu manipulieren. Passiv-aggressive Menschen sind oft auch abhängig und haben daher Angst, ihren Ärger unmittelbar kundzutun (sie befürchten, daß ihre Abhängigkeitsbedürfnisse dann nicht mehr gestillt werden). Weil sie offen gezeigten Ärger oder jedes Verhalten, das zu Streit führen könnte, vermeiden müssen, können sie Verhaltensweisen entwickeln, die nach außen wie Einwilligung und Übereinstimmung aussehen, aber in Wirklicheit passiven Widerstand darstellen. Das Beispiel oben demonstriert die willige Zustimmung zu der Anweisung der Hausarbeit, und dann die Verschleppung als einen Weg, um diese Hausarbeit zu vermeiden.

Andere Strategien der passiv-aggressiven Persönlichkeit sind Halsstarrigkeit und *passive Verweigerung.* Passiv-aggressive Menschen können sich auch passiv-abhängig benehmen, also hilflos, entscheidungsunfähig und anklammernd. Die Strategie ist sehr effektiv, weil sie jegliche Diskussion über den Ärger abblockt, der aus dem Gebrauch der Strategie erwächst. Alles, was der passiv-aggressive Mensch zu tun hat, ist, die Kritik bereitwillig anzunehmen, sich überschwenglich zu entschuldigen und weiterhin nichts von dem zu tun, was verlangt wird. Solche Menschen können sehr leicht eine selbstgerechte Märtyrerrolle spielen, indem sie darauf aufmerksam machen, daß sie doch immer gefällig gewesen seien, und die Forderungen der anderen nur deren Intoleranz aufzeigen würden. Diese Persönlichkeiten sind häufig sehr zufrieden mit sich selbst und würden gerne so weitermachen, wenn die anderen sie bloß in Ruhe lassen würden.

Die paranoide Persönlichkeit

Verdächtigung und Mißtrauen gegenüber anderen sind die grundlegenden Züge der *paranoiden Persönlichkeiten.* Diese beiden Grundzüge machen die Betroffenen sehr anfällig dafür, alle zwischenmenschlichen Beziehungen mit Übervorsichtigkeit und Wachsamkeit anzugehen. Sie sind starr, argwöhnisch und dauernd auf der Hut, ob sie nicht betrogen oder bedroht werden. Sie meinen grundsätzlich, daß andere Menschen nur darauf aus sind, ihnen irgendetwas anzutun, sogar dann, wenn es für das Gegenteil Beweise gibt.

Paranoide Persönlichkeiten beschäftigen sich oft sehr viel mit moralischen Themen, einige verwenden viel Zeit dafür, Leserbriefe zu schreiben oder bei Talkshows anzurufen. Sie sind streitbare Persönlichkeiten, die besessen sind von ihrer Anschauung darüber, was "richtig" ist. Diese Menschen werden von anderen oft für zurückgezogen, kalt und humorlos gehalten, während sie sich selbst lediglich als objektiv und sachlich bezeichnen würden. Sie neigen dazu, sich von sozialen Kontakten auszuschließen und haben in der Regel wenig Freunde.

Der Paranoide geht mit einer trotzigen Haltung durchs Leben, die andere Menschen befremdet, er paßt sich gerade eben noch so an, z.B. indem er regelmäßig zur Arbeit geht und eine Familie gründet. Er oder sie entwickelt vielleicht niemals ausgesprochene psychische Probleme oder bedarf nie stationärer Behandlung. Jedoch können paranoide Grundzüge auch Begleiterscheinungen von schweren psychotischen Störungen wie der paranoiden Schizophrenie sein. Wenn die paranoiden Züge zu dauerhaften Persönlichkeitseigenschaften geworden sind, würde der Betreffende auf Achse II die Diagnose paranoide Persönlichkeitsstörung -zusätzlich zu paranoider Schizophrenie auf Achse I- erhalten.

Die Grundeigenschaften, die eine paranoide Persönlichkeit ausmachen, sind tief verwurzelt und nur schwer zu behandeln. Menschen mit diesen Eigenschaften finden meistens nicht, daß sie irgendwelche psychischen Schwierigkeiten hätten, sondern sie schreiben ihre Probleme den anderen zu. Wenn sie dann doch mal in einer psychologischen Behandlung landen, bleiben sie allgemein distanziert und mißtrauisch dem Therapeuten gegenüber. Tatsächlich versuchen sie eher den Therapeuten zu verändern als sich selbst!

Die antisoziale Persönlichkeit

Antisoziale Persönlichkeiten, oft auch Psychopathen oder **Soziopathen** genannt, sind vergnügungssüchtig (hedonistisch) und völlig gleichgültig gegenüber den Bedürfnissen und Sorgen anderer. Sie beuten andere für ihre selbstsüchtigen Ziele aus und haben dabei weder Angst- noch Schuldgefühle. Wenn sie erwischt werden, während sie andere übervorteilen oder schädigen, scheinen sie meistens reumütig und bitten um "noch eine Chance", aber sie bedauern ihr früheres Verhalten nicht wirklich und werden es in Zukunft kein bißchen anders machen.

Anfang des 20. Jahrhunderts nannte man die antisozialen Persönlichkeiten "moralisch Verrückte" und hielt sie für unfähig, zwischen richtig und falsch zu unterscheiden. Heute wissen wir jedoch, daß diese Menschen überdurchschnittlich intelligent und besonders geschickt im

"Glaubt mir doch... Der CIA-KGB-MI5, die roten Brigaden und der Deutsche Kleingartenverein sind hinter mir her"

Vielleicht leidet dieser Mann an dem, was das DSM-III als *paranoide Persönlichkeitsstörung* diagnostizieren würde (auf Achse II, dauerhafte Persönlichkeitsstörungen).

Manipulieren anderer sind. Sie sind auch äußerlich oft sehr attraktiv, was ihnen in vieler Hinsicht einen gewissen Vorsprung vor anderen gibt. Mit Bestrafung erreicht man bei ihnen wenig. Vielmehr veranlaßt man sie durch Strafe eher dazu, sich bessere Methoden auszudenken, damit sie nicht erwischt werden, als daß man sie von strafbaren Handlungen abhält.

Menschen mit antisozialer Persönlichkeitsstörung kommen häufig in Konflikt mit dem Gesetz und viele von ihnen -besonders die schweren Fälle- landen im Gefängnis. Sie sind oft Wiederholungstäter, weil sie durch die Bestrafung nicht lernen können. Ihre impulsiven Handlungen wirken so, als ob sie sich wünschten, erwischt zu werden. Ein junger Mann zum Beispiel hatte wegen Autodiebstahls 2 Jahre im Gefängnis gesessen, und zur Entlassung kaufte ihm sein Vater einen neuen Wagen. Es war noch keine Woche vergangen, da stellte er sein Auto ab und machte eine kleine Spritztour mit einer alten Schrottkiste, die er von dem Parkplatz eines Einkaufszentrums geklaut hatte, nur um verhaftet zu werden und wieder zurück in das Gefängnis zu kommen. Noch viel extremere Beispiele von kriminellen Psychopathen beschreibt Truman Capote in seinem gruseligen Roman *Kaltblütig*.

Die Behandlung antisozialer Persönlichkeiten ist schwierig. Solche Menschen sehen nichts Falsches an ihrem Verhalten und benutzen die Therapie nur, um aus dem ganzen Ärger herauszukommen. Ihr auffälliges Verhalten ist gekennzeichnet durch einen Mangel an *Motivation* zu angemessenem Verhalten. Daher bewirkt eine Psychotherapie nur selten eine Veränderung. Die Einzeltherapie mit einem Soziopathen ist oft unwirksam, denn sobald die Behandlungssituation gefühlsmäßig anstrengend wird, will der Patient "fliehen" und vermeidet die Probleme. Es wurde von einigen positiven Ergebnissen mit der Gruppentherapie, unter Anwendung von sozialem Druck durch Gleichaltrige in kontrollierter Umgebung berichtet. Wie dem auch sei, eine antisoziale Persönlichkeit ist immer ein herausfordernder und schwieriger Patient. Sein oder ihr Lebensstil hat sich über lange Zeit hinweg ausgebildet, und gefühlskorrigierende Erfahrungen lassen sich nur schwer in einer Weise künstlich arrangieren und ausführen, die auch Wirkung zeigt. Wenn nicht viele von ihnen um das 30. Lebensjahr herum zu "ausgebrannt" wären, um ihre Manipulationen weiterhin aktiv zu verfolgen, würden sie ein größeres gesellschaftliches Problem darstellen, als sie es zur Zeit sind.

Die dependente Persönlichkeit

Dependente (abhängige) Persönlichkeiten lassen es zu, daß andere Menschen über sie dominieren und die Verantwortung für wichtige Lebensbereiche übernehmen. Sie haben wenig Selbstvertrauen und halten sich für unfähig, ihre alltäglichen Entscheidungen alleine zu fällen. Sie überlassen gerne ihrem Ehegatten Entscheidungen wie z.B. ob sie umziehen sollten oder nicht, über einen Arbeitsplatzwechsel, den Kauf eines neuen Autos, den Urlaub und andere mehr oder weniger wichtige Entscheidungen. Ein Problem, das in der klinischen Praxis häufig auftritt, ist die mißbrauchte Ehefrau, die aus Angst vor Entfremdung oder Verlust ihres Ehemannes schwere physische oder psychische Mißhandlungen erträgt. Solche Frauen haben offensichtlich keinerlei Selbstvertrauen und bleiben in unerträglichen Situationen, weil sie befürchten, es allein nicht zu schaffen.

Die zwanghafte Persönlichkeit

Verschiedene Verhaltensmerkmale, die zu Leid und beeinträchtigten Sozialbeziehungen führen, kennzeichnen die *zwanghafte Persönlichkeitsstörung*. Solche Menschen neigen zum Perfektionismus und beschäftigen sich vorwiegend mit Einzelheiten auf Kosten von wichtigeren Aufgaben. Sie sind starr und eigensinnig und können die Ansichten anderer nicht akzeptieren. Weil sie oft entscheidungsschwach sind und befürchten, Fehler zu machen, sind sie unfähig, Anweisungen auszuführen und Fristen einzuhalten. Zwanghafte Menschen sind gewöhnlich konventionell und halten sich allzusehr an vorgegebene Regeln. Den anderen Menschen erscheinen sie meistens zu ernst. Warme Gefühle auszudrücken fällt ihnen sehr schwer, daher halten andere sie oft für kalt und wenig liebevoll.

Bill P., ein 51-jähriger Buchhalter und neu ernannter Abteilungsleiter in einer größeren Firma, ist ein gutes Beispiel für einen zwanghaften Menschen, der versucht, sich anzupassen, indem er sich mit Arbeit überhäuft. Alle Angestellten in der Abteilung haßten Bill. Er kritisierte ihre Arbeit, war pingelig in der Einhaltung der Arbeitszeiten und bestrebt, zu jeder Zeit eine nüchterne und formelle Atmosphäre aufrechtzuerhalten. Bill beschäftigte sich überwiegend mit den Bürovorgängen und verbrachte zu viel Zeit mit "Verbesserungen" der Vorschriften. Damit wollte er sichergehen, daß die 30 Angestellten immer "auf Zack blieben". Oft aber hatte er organisatorische Schwierigkeiten bei der Einhaltung wichtiger Termine. Bill erwies sich als völlig entscheidungsunfähig, wenn die Zeit für die Abschlußberichte herangekommen war. Zu häufig mußten seine Angestellten die Papiere nachprüfen, oft sogar, nachdem die Frist schon abgelaufen war. Bills Entscheidungsschwierigkeiten und sein äußerst zwanghaftes Verhalten führten zu seiner Rückstufung auf die Stellung eines Buchhalters, denn dort war seine vorsichtige Art erwünscht und angemessen, dort mußte er keine Entscheidungen fällen oder mit einer Gruppe von Leuten umgehen.

ZUSAMMENFASSUNG

1. Unter einer psychischen Störung versteht man die Unfähigkeit zu sozial angemessenem Verhalten, so daß die Folgen dieses Verhaltens für den Betroffenen selbst oder für die Gesellschaft unangenehm sind.

2. Es gibt verschiedene theoretische Modelle für psychische Störungen. Der medizinische Standpunkt sieht psychische Störungen als Symptome eines zugrundeliegenden Krankheitsprozesses an. Der tiefenpsychologische Ansatz hält die Psychopathologie für das Ergebnis eines Konfliktes zwischen bewußten und unbewußten Anteilen der Persönlichkeit. Die Verhaltenstheorie nimmt an, daß psychische Störungen die Folge positiver und negativer Verstärkung seitens der Umgebung des Betroffenen sind. Der phänomenologische Standpunkt betont die Bedeutung der inneren Wirklichkeit jedes einzelnen Menschen. Und nach der ethischen Auffassung entsteht dann, wenn ein Mensch unverantwortbare Lebensentscheidungen trifft.

3. Heutzutage ist das verbreitetste Klassifikationssystem für abweichendes Verhalten das von der American Psychiatric Association herausgegebene "Diagnostic and Statistical Manual " (Diagnostischer und statistischer Leitfaden), dritte Auflage (DSM-III). Bei diesem System werden die Patienten auf 5 Achsen klassifiziert: (1) aktuelle Verhaltenssymptomatik und Probleme, (2) dauerhafte Persönlichkeitsstörungen, (3) aktuelle körperiche Erkrankungen, (4) aktuelle Streßbelastung und (5) Niveau der sozialen Anpassung.

4. Sieben Kategorien der Achse I wurden diskutiert: organisch bedingte Störungen, substanzinduzierte Störungen, Schizophrenie, affektive Störungen, Angststörungen, somatoforme Störungen und psychosexuelle Störungen.

5. Organisch bedingte psychische Störungen werden durch anhaltende oder zeitweilige Veränderungen im Gehirn oder im Rückenmark verursacht.

6. Eine Angststörung, früher den Neurosen zugeordnet, ist ein funktionelles Problem, in dessen Mittelpunkt das Erleben starker Angstgefühle sowie die Entwicklung von Verhaltensweisen und Gedanken liegt, die helfen sollen, die Angst zu beherrschen.

7. Somatoforme Störungen treten auf, wenn ein psychisches Problem sich in physischen Symptomen äußert, für die es keine nachweisbare körperliche Ursache gibt.

8. Mit substanzinduzierten Störungen ist der Mißbrauch von Alkohol oder anderen Drogen gemeint.

9. Es gibt 4 Arten psychosexueller Störungen: (1) Störungen der Geschlechtsidentität, (2) Paraphilien, (3) psychosexuelle Dysfunktionen, und (4) die ich-dystone Homosexualität.

10. Affektive Störungen sind extreme Stimmungsschwankungen. Die Spanne reicht von der leichten dysthymen Störung (neurotische Depression) bis zu schweren affektiven Störungen (typische Depression und bipolare Störung).

11. Schizophrene Störungen gehören zu der Gruppe psychotischer Störungen, die durch starke Verwirrung der Denkvorgänge und der Gefühle sowie durch deutliche Realitätsverzerrungen gekenneichnet sind. Das DSM-III nennt vier verschiedene Arten: desorganisierte, paranoide, katatone und undifferenzierte Schizophrenie.

12. Achse II des DSM-III beschreibt viele Arten von Persön lichkeitsstörungen, die definiert werden als dauerhafte, vorherrschende Persönlichkeitszüge, die zu Verhalten führen, welches für den Betroffenen selbst oder die Gesellschaft untragbar ist. Fünf bekannte Beispiele sind die passiv-aggressive, die paranoide, die antisoziale, die dependente und die zwanghafte Persönlichkeitsstörung.

So sieht das in der Praxis aus

Psychische Störungen in ihren vielfältigen Formen können nicht nur auf das Leben des Betroffenen nachhaltige Wirkung haben, sondern auch auf seine Familie und seine Freunde, auf Kollegen und therapeutische Helfer, sowie auf die Gesellschaft als Ganzes. Lassen Sie uns einen Blick auf einige der Bereiche werfen, in denen die Einwirkungen psychischer Störungen spürbar werden. Einer der wichtigsten Belange der Psychopathologie, nämlich der Bedarf nach Entwicklung effektiver Behandlungsethoden, wird allerdings nicht hier, sondern in Kapitel 12 behandelt.

WER ENTSCHEIDET, WER VERRÜCKT IST?

Wir haben bereits darauf hingewiesen, daß die Definition von abweichendem Verhalten -bis zu einem gewissen Grad- kulturell bedingt verschieden ist. Ein Verhalten, das in dem einen Kulturkreis völlig akzeptabel ist, wird in einem anderen als hochgradig deviant angesehen. Thomas Szasz war einer der ersten Psychiater, die die entscheidende Frage stellten: "Wer definiert die Normen und somit auch die Abweichung?" Einerseits kann jeder Mensch für sich selbst entscheiden, daß er oder sie von der Norm abweicht. Aber häufiger trifft jemand anderes (Familie, Freunde, Nachbarn, Lehrer, Arbeitgeber) diese Entscheidung. Daher sollten wir uns immer bewußt sein, daß jede Diagnose, ob nun formell oder informell, in einen *sozialen Kontext* gestellt wird und in der Regel die Werte und Normen einer Gesellschaft widerspiegelt.

Doch die Gesetze, Regeln und Kriterien einer Gesellschaft sind keineswegs unfehlbar. Hinsichtlich psychischer Störungen brauchen wir uns nur an die Entscheidung der American Psychiatric Association von 1973 erinnern, als die Homosexualität (ausgenommen die ich-dystone Form) von der Liste der psychischen Erkrankungen gestrichen wurde. Wie willkürlich solche Urteile über Störungen sind, wird durch die Tatsache veranschaulicht, daß diese Veränderung nur auf Grund der Abstimmung eines geschlossenen Komitees stattfand.

R.D. Laing ging in seinem Angriff auf Etiketten und Kategorien sogar noch weiter als Szasz und schloß auch die schweren Störungen mit ein. Schizophrenie ist für ihn keine "Geisteskrankheit", sondern eine angemessene Reaktion auf eine verrückte Welt. Laing sieht die diagnostischen Bezeichnungen als "Zwangsjacken", die uns von einer wirklichen Kommunikation mit auffälligen Menschen abhalten.

So radikal ihre Haltungen in einiger Hinsicht auch sein mögen, so erinnern uns Szasz und Laing doch daran, daß Gesellschaften genau wie Individuen gestört sein können. Wenn eine Gesellschaft (so wie unsere) es zuläßt, daß Menschen durch eine Diagnose als unnormal qualifiziert werden, kann dies der erste Schritt zur Hilfe sein. Aber es kann den Betroffenen auch noch mehr Schwierigkeiten schaffen, als sie ohnehin schon haben (oder würden Sie gerne als "Ex-Geisteskranker" bezeichnet werden, nur weil Sie einmal eine entsprechende Diagnose erhalten haben?). Leute, die einmal als *krank* "abgestempelt" wurden, können außerdem leichter manipuliert werden. In einigen Ländern, z.B. in der Sowjetunion, wird die Psychodiagnostik tatsächlich als politisches Werkzeug mißbraucht, um "Abweichler" in eine Anstalt (Gefängnis) einzuweisen, deren "Geisteskrankheit" hauptsächlich darin besteht, daß sie andere Ansichten als die Regierung vertreten. Jede Gesellschaft, die bereit ist, Abweichende als Abnormale hinzustellen, sollte erkenen, daß diagnostische Urteile immer auch Werturteile sind. Die Leute, die diese Urteile abgeben, sollten sich ihre Objektivität bewahren und besonders bei Grenzfällen vermeiden, daß sie Menschen abstempeln, deren Verhalten ihnen einfach nicht paßt. Natürlich gibt es in allen Gesellschaften Verhaltensweisen, die nicht mehr tolerabel sind. Das Spektrum von möglichem, menschlichem Verhalten ist einfach zu groß, um jedes Verhalten ohne jegliche Kontrolle zuzulassen. Gesellschaften, die ihren Mitgliedern eine größere Bandbreite an harmlosem Verhalten zugestehen (das heißt ein Verhalten, welches Sicherheit und Wohlbefinden anderer nicht gefährdet), sind wahrscheinlich gesünder und anpassungsfähiger.

DIE QUALITÄT DER DIAGNOSTIK

Die relativ klare Beschreibung von diagnostischen Kategorien in diesem Kapitel könnte zu der Annahme verleiten, daß die Diagnostik für den Kliniker eine unkomplizierte Aufgabe ist. Die verteilten Etiketten erscheinen *reliabel* (d.h. die meisten Kliniker würden mit der Diagnose übereinstimmen) und *valide* (d.h. die Diagnose teilt uns wirklich etwas Wichtiges über den Betroffenen mit). Und schließlich könnte man meinen, daß die Diagnose etwas über die Art der Behandlung aussagt, die der Patient erhalten wird.

So einfach ist es aber nicht. Die frühen DSM-Systeme (DSM-I und DSM-II) waren von der Reliabilität her so dürftig, daß in Untersuchungen, bei denen mehrere Kliniker denselben Patienten diagnostizieren sollten (ohne miteinander zu sprechen), oft herauskam, daß sie bei den Hauptkategorien (z.B. Psychose oder Neurose) nur in etwa der Hälfte der Fälle übereinstimmten. Bei den Unterklassen (z.B. paranoide oder undifferenzierte Schizophrenie) war die Übereinstimmung sogar noch geringer. Wenn die Diagnostiker sich vorher absprechen können, wie sie das System anwenden wollen, kommt es bei den Hauptkategorien zu Übereinstimmungen von 70%, aber bei den Unterklassen bleibt es bei etwa 38% (Beck, Ward, Mendelson, Mock & Erbaugh, 1962). Die diagnostischen Regeln bedürfen einer klaren Übereinkunft, damit alle Kliniker das System konsistent anwenden und ein Patient in zwei verschiedenen Städten auch wirklich dieselbe Diagnose erhalten würde. Beim DSM-III wurde versucht, die Reliabilität zu verbessern, indem sorgfältig für jede Störungskategorie genaue Kriterien festgelegt wurden. Erste Untersuchungen über das neue System

Bekannter Psychiater nennt Geisteskrankheit einen Mythos

Von MARILYN WEBB
Es gibt keine Geisteskrankheit und daher auch keinen Bedarf an Psychotherapie, laut Dr.Thomas Szasz. Das Ganze ist eine gigantische Lüge.

Szasz ist Psychiater und Professor an der Medical School der Syracuse University.

Seit den frühen 60er Jahren ist er berühmt für seine unkonventionellen Ansichten, denn damals schrieb er das Buch: "Geisteskrankheit - Ein moderner Mythos?"

"Geisteskrankheit ist eine Bezeichnung für eine große Vielfalt von sozial abweichendem Verhalten und dürfte eigentlich nur viel vorsichtiger verwendet werden", sagte Szasz am Montag in einem Interview. Und: Abweichung werde immer von denen definiert, die gerade an der Macht sind.

Diejenigen, die unsere Gesellschaft "geisteskrank" nennt, hätten lediglich andere Wertsysteme, meint Szasz, und im Idealfall sollte die große Vielfalt dieser Wertvorstellungen in offener Diskussion ausgefochten werden.

"Es steht doch nirgends in der Verfassung, daß keiner hier unvernünftig sein darf."

Aber die heutige Psychiatrie sperrt aus "Vernunftgründen" die Leute mit anderen Ansichten ein.

Während die klinischen Praktiker sich über Szasz' Behandlungsvorstellungen aufregen, verkündet dieser, daß das gesamte psychiatrische Establishment "auf massiven Lügen basiert", die von einer verfilzten Bürokratie aufrechterhalten werden.

Die Psychiater sind die Werkzeuge, die teilweise unwissentlich der hiesigen Bürokratie noch mehr Macht verleihen. Sie werden gleichzeitig zu Opfern, wenn sie jetzt der Fahrlässigkeit bei Einweisungen und Entlassungen angeklagt werden.

Wenn dieses System weiterbesteht, so warnt Szasz, sind wir vielleicht am Ende der Freiheit, wie wir sie kennen. Szasz führt Hitler als ein Beispiel an. In unserer heutigen Gesellschaft würde er als Irrer angesehen, aber im Nazi-Deutschland galt er als gesund, weil er an der Macht war.

Die Definitionen von Verrücktheit und geistiger Gesundheit sind rein gesellschaftlich begründet, glaubt Szasz, und deswegen sollte man ihnen wenig Bedeutung beimessen.

"Es gibt keine Norm, es gibt nur Willkür. Kein Mensch kann beweisen, ob jemand schizophren ist oder nicht", aber den Psychiatern wurde die Macht verliehen, über solche Fragen zu entscheiden, wie z.B. über Zwangseinweisungen in eine Anstalt, über Zurechungsfähigkeit vor Gericht und über schwere körperliche Eingriffe mittels Elektroschocks und medikamentöser Therapie.

Statt der Psychiatrie die -seiner Meinung nach repressiven- Machtbefugnisse zu überlassen, sollte sie, wenn es nach Szasz ginge, einfach als eine weitere Religion auf dem freien Markt der Überzeugungen angesehen werden.

Wenn die Psychiatrie wie andere Religionen behandelt würde und ihrer Macht (z.B. ihrer Unterstützung durch Steuergelder, ihrer Gutachterbefugnis vor Gericht und ihrer gesetzlich gebilligten Zwangsgewalt) beraubt wäre, würde das ganze Feld sehr schnell seine Bedeutung verlieren, genauso wie die Hexenjagden vor Jahrhunderten verschwanden.

Danach befragt, ob die Psychotherapie, angenommen, sie wäre ihrer Macht beraubt, immer noch eine Lebenshilfe für gestörte Menschen darstellen könnte, antwortet Szasz: "Jenseits des Zwanges gäbe es dafür keinen Markt. Die Unterhaltung zwischen zwei Menschen -also zwischen Therapeut und Klient- wird natürlich weitergehen, weil die Menschen nach Belieben das glauben können, was sie möchten.

Aber "die Ärzte täuschen eine Behandlung von angeblich kranken Patienten vor", weil es eine gewinnbringende und einflußreiche Tätigkeit ist. "Sie sind die Priester im weißen Kittel, die Hohen Priester unserer Gesellschaft geworden..."

"Psychiater sind falsche Ärzte und die Patienten sind falsche Patienten, denn sie sind gar nicht krank. Sie tun nur so, wie ein junger Mann, der nicht zum Militär will, oder wie der klassische Fall einer Frau, die nachts Kopfschmerzen hat, um ihren Ehemann hinzuhalten", so Szasz.

Szasz bleibt dabei, daß Patienten, die Krankheiten vortäuschen, nur die Verantwortung für ihr Leben abgeben wollen.

Er empfiehlt, den Patienten Gelegenheit zu geben, zu ihren eigenen Werten zu stehen und diese verteidigen zu können, statt sie mit Medikamenten vollzupumpen, bis sie "normal" oder unterwürfig sind....

Boulder (Colorado) *Daily Camera*,
20. März 1979

zeigen schon Reliabilitätsverbesserungen im Vergleich zu DSM-I und DSM-II, besonders bei den Hauptkategorien; unterchiedliche Diagnosen bei bestimmten Subkategorien kommen jedoch noch häufig vor.

Abgesehen von der Frage nach der Reliabilität gibt es noch die Frage der Validität: Was sagt die Diagnose über einen Menschen wirklich aus? DSM-I und DSM-II entsprachen auch hierin den Anforderungen nur wenig. Zum Beispiel fanden Zigler und Phillips (1961) in ihrer bekannten Studie heraus, daß Patienten mit sehr unähnlichen diagnostischen Kategorien (wie Schizophrenie im Gegensatz zur Persönlichkeitsstörung) tatsächlich zum Teil dieselben Symptome hatten. Zudem findet man recht häufig, daß Patienten mit derselben Diagnose ziemlich verschiedene Verhaltensauffälligkeiten zeigen. Nicht alle Schizophrenen -nicht einmal alle paranoiden Schizophrenen- verhalten sich gleich. Daher kann die Diagnose nur einen *Problemtyp* und einen bestimmten Umfang an Symptomen umschreiben. Sie erlaubt aber keine unfehlbare Prognose des Verhaltens. Und dies stimmt ganz besonders, wenn wir uns von den offensichtlichen Störungen wie dem Alkoholismus abwenden (da kann man recht sicher vorhersagen, daß der Betreffende weiterhin viel trinken wird), und uns Problemen wie der Angststörung zuwenden, bei der eine Vorhersage, wie ängstlich eine Person reagieren wird, weniger eindeutig zu treffen ist.

Ein weiteres Problem bei der Diagnose ist, daß der Diagnostizierte sich in Übereinstimmung mit den Erwartungen des Diagnostikers verhalten könnte (z.B. suizidal). Ein Therapeut, der ängstlich darauf bedacht ist, die Korrektheit seiner Diagnose nachzuweisen, legt vielleicht besonderes Augenmerk auf die Anteile der Persönlichkeit des Patienten, die seine Diagnose unterstützen, und versäumt dabei, auf andere wichtige Aspekte zu achten, die nicht zu seiner Diagnose passen. Dann wird die diagnostische Prophezeiung (Prognose) zu einer sich selbst erfüllenden Prophezeiung. Einige Leute sehen in der Vergabe einer diagnostischen Bezeichnung auch eine Art "Schimpfnamen", durch den sie von einer status höheren zu einer status niedrigeren Person abklassifiziert werden.

Und schließlich stellt sich noch die Frage, ob die sorgfältige Differenzierung zwischen den Kategorien auch einen Nutzeffekt hat. Im Idealfall sollte das Wissen über jede Störung vollständig sein, das heißt, wenn wir wüßten, daß eine Person unter einer bestimmten Störung leidet, könnten wir ihr die beste Behandlungsmethode verschreiben. Aber unser derzeitiges Wissen ist nicht so präzise und die Kritier der Diagnostik weisen darauf hin, daß die spezifische Bezeichnung nur wenig über die Behandlung aussagt, die der Patient erhalten wird. Tatsächlich werden die am schwersten gestörten Patienten -was auch immer ihre genaue Diagnose ist- wenigstens für kurze Zeit in eine Anstalt gesteckt und starken Medikamenten oder sogar einer SchockBehandlung ausgesetzt, während die weniger schlimm gestörten "Neurotiker" nur leichtere oder gar keine Medikamente erhalten und an einer Einzel- oder Gruppenherapie außerhalb der Anstalt teilnehmen können.

DIE GEFAHREN VON LAIENDIAGNOSEN

Halbwissen ist immer gefährlich. Es ist nicht ungewöhnlich, wenn Leute, die zum ersten Mal etwas über abweichendes Verhalten lesen, sich dann fragen, wie es denn um ihr eigenes Verhalten und Anpassungsniveau

Psychiatrische Diagnostik: Gewaltige Irrtümer

In vier von zehn Fällen stellen Psychiater und Ärzte falsche Diagnosen über Verhaltensstörungen. Oft mißinterpretieren sie eine Medikamentenvergiftung als psychiatrische Krankheit und noch öfter halten sie behandlungsfähige psychische Störungen fälschlicherweise für eine irreversible Demenz. Dieses sind die wichtigsten Ergebnisse einer Studie, über die der Psychiater Robert S. Hoffman in der neuen Ausgabe des JOURNAL OF THE AMERICAN MEDICAL ASSOCIATION berichtet. Hoffman führte gründliche neurologische Untersuchungen an 215 Patienten durch, die nacheinander in das St. Mary's Hospital und das Medical Center in San Francisco eingeliefert wurden. Er fand heraus, daß 41% der ursprünglichen Diagnosen unrichtig waren. Weil organische Störungen und funktionelle psychiatrische Störungen oft verwechselt wurden, hatten die Fehldiagnosen in klinischer Hinsicht schwerwiegende Folgen. Falls sie unentdeckt blieben, führten sie zu einer völlig ungeeigeten Behandlung. Die Ärzte hielten häufig die Nebenwirkungen von verschriebenen Medikamenten für psychische Störungen, wie Depression oder Delir. Und von den Patienten, die laut Diagnose eine Demenz haben sollten (eine organische Hirnstörung, die fortschreitenden intellektuellen Verfall zur Folge hat) litten 26% an einem reversiblen Delir und weitere 11% an behandlungsfähigen psychiatrischen Störungen, meistens an Depression.

Science News,
11. September 1982

Bei den psychischen Erkrankungen sind Fehldiagnosen leider immer noch ziemlich häufig.

bestellt ist. Wir erwähnten an anderer Stelle schon das "Medizinstudentensyndrom", das oft auch bei Studenten der klinischen Psychologie auftritt. Auch Sie könnten sich mit dem Gedanken herumquälen, daß Ihr eigenes Verhalten den hier beschriebenen Verhaltensweisen ähnelt, und Sie folglich schon psychopathologische Anzeichen hätten. Doch, wie wir bereits sagten, hat jeder Mensch von Zeit zu Zeit das eine oder andere "Symptom".

Am besten behalten Sie die Definition vom Anfang dieses Kapitels in Erinnerung: Eine psychische Störung ist die Unfähigkeit, sich sozial angemessen und akzeptabel verhalten zu können, entweder aus organischen oder aus psychischen Gründen, so daß der Betroffene oder die Gesellschaft an nachteiligen Folgen leidet. Nehmen Sie mal an, Sie wären unglücklich über eine schlechte Schularbeit. Niemand fände es dann merkwürdig, wenn Sie Angst hätten, von der Schule zu fliegen, und niemand hielte eine Psychotherapie für angezeigt. Wenn Ihre schlechte Leistung jedoch von panischer Prüfungsangst herrührt, würde diese Angst schon eher als unangemessen gelten, und Sie könnten von einer Therapie profitieren, bei der die Angstreaktion durch eine zweckmäßigere Verhaltensweise ersetzt wird.

Wenn Sie übermäßig empfindlich auf kleinere Ängste und auf Deprimiertheit reagieren, könnte es passieren, daß Sie sich mehr Gedanken über die Normalität Ihrer Gefühle machen, als über den Streß, der diese Gefühle ursprünglich ausgelöst hat. Jedoch, starke Mißgefühle dauernd zu ignorieren vor lauter Angst, Sie könnten "unnormal" sein, hat vielleicht zur Folge, daß Sie ein viel weniger lohnenswertes Leben führen, als Sie es sonst tun würden. Viel zu oft machen sich die Leute mehr Gedanken darüber, ob sie nun als Neurotiker oder Psychotiker diagnostiziert werden könnten, statt sich viel grundlegendere Fragen zu stellen und zu beantworten: *Verhalte ich mich den Umständen entsprechend? Handle ich verantwortungsbewußt? Bin ich glücklich? Arbeite ich den Zielen, die mich glücklich machen können, entgegen?*

Die Laiendiagnose anderer kann genauso problematisch sein wie die Selbstdiagnose. Ihre Freunde und Ihre Familie würden wahrscheinlich nicht gerade entzückt sein, wenn Sie ihnen nach der Lektüre dieses Kapitels erklären, daß sie an einer Persönlichkeitsstörung oder einer Angststörung leiden.

Ein schillernde Persönlichkeit mit Rissen und Brüchen

BERLIN - Das Borderline-Syndrom sei die Krankheit unserer Zeit, sagte Dr. Günther Ammon, Präsident der Deutschen Gesellschaft für Dynamische Psychiatrie, auf dem siebten Weltkongreß der World Association for Dynamic Psychiatry in Berlin. In einer Mannheimer Untersuchung hätte die Hälfte der Patienten einer psychiatrischen Klinik typische Symptome von Grenzfall-Patienten gezeigt.

1976 hatte Ammon das Borderline-Syndrom als eigenständiges Krankheitsbild definiert. Schizophrene Züge, psychosomatische Symptome, Suizidgefährdung, Depression und psychotische Episoden könnten scheinbar völlig unvermittelt auftreten. Der Patient werde häufig nicht als psychisch krank erkannt. Er könne sich leicht anpassen, sei eine schillernde, oft intellektuell brillante Persönlichkeit, die in der Arbeitswelt gut funktioniere. Doch in Krisensituationen wie Prüfungen, Trennung, Heirat, zeige sich das innere Defizit. Der Patient leide an Identitätslosigkeit: ihm fehle eine ethische Grundeinstellung. Die Vielfalt der "Pseudo-Identitäten" bräche auseinander. Wie bei der Schizophrenie handele es sich beim Borderline-Syndrom um eine Störung zentraler Grundfunktionen des Ich wie Ich-Abgrenzung, Aggression, Angst und Narzißmus. Der Patient sei ständig auf der Flucht vor seiner Angst, vor sich selbst, habe das Gefühl der inneren Leere und formale Denkstörungen.

Dem Borderline-Syndrom liegt nach Ammon ein reales Verlassenwerden in der frühen Kindheit zugrunde. In der Familie sei nur die Leistung des Kindes gefördert worden, nicht aber die Entwicklung einer eigenständigen Persönlichkeit. Mit Hilfe psychologischer Tests, MMPI, Wartegg-Zeichentest, ISTA (Ich-Struktur-Test nach Ammon), EEG-Untersuchungen im Schlaflabor und dem Autokinetischen Lichttest ließe sich das Borderline-Syndrom von anderen psychischen Störungen abgrenzen.

Auch die Therapie müsse die hinter den Symptomen versteckte Angst und Wut des Patienten ansprechen. Als Therapie schlägt Ammon deshalb eine Kombination aus Gruppen- und Einzeltherapie vor. Tanz-, Theater-, Mal- und Milieutherapie in Arbeitsprojekten und ein intensiver menschlicher Kontakt mit dem Therapeuten, der die Freudsche Zurückhaltung aufgeben, Stellung beziehen und Gefühle zeigen müsse, seien geeignet, dem Patienten Zugang zu seinen Ängsten zu ermöglichen, den realen Verlust nachträglich auszugleichen und die Ich-Funktionen schrittweise aufzubauen.

Die neue Ärztliche,
28. Mai 1984

Mit freundlicher Genehmigung von Verlag und der Autorin Frau Claudia Waßmann

Die multiple Persönlichkeit ist eine sehr seltene und äußerst verblüffende Störung. Im DSM-III ist diese Störung als Unterklasse einer Kategorie auf Achse I aufgeführt, die "Dissoziative Störungen" heißt, was bedeutet, daß sich ein oder mehrere Teile der Psyche vom Rest abgespalten oder getrennt haben.

DIE NACHWIRKUNGEN PSYCHISCHER ERKRANKUNGEN

Man schätzt, daß im Laufe der letzten 10 Jahre über 100.000 Menschen aus psychiatrischen Anstalten entlassen und in die Gesellschaft zurückgeschickt wurden, und dies mit wenig Vorkehrungsmaßnahmen hinsichtlich der laufenden Bedürfnisse dieser Menschen, bzw der Gemeinden, in die sie kommen. In den meisten Staaten gibt es amtliche Stellen, die für ambulante Psychiatrie-Patienten zuständig sind. Weil diese kommunalen Behandlungsstellen aber nur mit beschränkten finanziellen Mitteln ausgestattet sind, haben sie große Schwierigkeiten, ihrer Zuständigkeit nachzukommen. In einigen Staaten werden keinerlei Aufzeichnungen über den Verbleib von entlassenen Psychiatrie-Patienten gemacht. Normalerweise bekommt der Patient bei der Entlassung einen Vorrat an Medikamenten und die Adressen von ambulanten Kliniken oder kommunalen Hilfseinrichtungen mit. Eine große, aber unbekannte Anzahl dieser Patienten erscheint nie in einer solchen Klinik und erhält daher -so weit wir das wissen- niemals weitere Behandlung. Eine Folge von diesem Stand der Dinge ist, daß über 50% aller entlassenen Psychiatrie-Patienten innerhalb eines Jahres wieder in die Anstalt eingewiesen werden. Kürzungen der Mittel für kommunale Einrichtungen scheinen in einem gewissen Zusammenhang mit der Anzahl der Rückfälle zu stehen. Dieses "Drehtür"-Phänomen kann praktisch endlos so weitergehen.

Wie gut die entlassenen Patienten klarkommen, hängt weitgehend davon ab, ob geeignete Wohnungen zur Verfügung stehen. Die meisten Entlassenen müssen von einem kleinen monatlichen Unterhalt vom Staat leben, der gerade zur Erfüllung der Minimalbedürfnisse an Nahrung und Kleidung ausreicht. Für die Miete bleibt fast kein Geld übrig. Die verfügbaren Wohnungen sind außerdem für chronisch Kranke nicht geeignet und auch nicht konzipiert. Viele Patienten leben in heruntergekommenen Pensionen, die nicht mal den Mindestanforderungen an sanitärer Ausstattung genügen. Andere laufen hilflos auf der Straße herum.

In einigen Staaten konnten die privaten Wohlfahrtsverbände für eine bessere Wohnraumsituation sorgen. In New York City z.B. haben engagierte Bürger mehr als 100 Appartments für Erwachsene oder Mütter mit Kindern zur Auswahl zur Verfügung gestellt. Aber solange nicht mehr Mittel für die Wohnraumbeschaffung und für die kommunalen Hilfsdienste zur Verfügung gestellt werden, müssen wir wohl weiterhin Horrorgeschichten über die Isolation, die Krankheit und die Verwahrlosung hören, in der entlassene Psychiatrie-Patienten leben.

DIE SCHULDUNFÄHIGKEIT

John Hinckley unternahm vor Dutzenden von Zeugen einen Attentatsversuch auf Präsident Ronald Reagan. Er wurde vor Gericht gestellt, für 'nicht schuldig wegen Unzurechnungsfähigkeit' befunden und in die Psychiatrie eingewiesen. Der öffentliche Aufschrei über diese offensichtliche Ungerechtigkeit, nämlich die fehlende Verurteilung, ließ wieder die Kontroverse darüber aufkommen, ob Leute, die als geisteskrank diagnostiziert wurden, für begangene Straftaten verantwortlich gemacht werden können oder nicht. Der Begriff Geisteskrankheit -ein juristischer Ausdruck und kein psychologischer- sollte im Idealfall nur dann bemüht werden, wenn eine Gefängnisstrafe für bestimmte Handlungen als ungerechtfertigt angesehen wird. Diese Entlastung durch Unzurechnungsfähigkeit basiert auf der Annahme, daß eine Person nicht für ihre Straftaten verantwortlich gemacht werden sollte, falls zum Zeitpunkt der Tat eine psychische Erkrankung vorlag, die verhinderte, daß die Person (1) einsehen kann, daß ihr Verhalten falsch war und/oder (2) dem Impuls zu dem Verbrechen widerstehen konnte. Folglich wird ein Verteidiger mit dem Einwand argumentieren, daß sein Mandant an einer psychischen Krankheit oder Schwäche (Geisteskrankheit) litt; die Staatsanwaltschaft muß beweisen, daß das nicht stimmt und der Angeklagte zum Tatzeitpunkt völlig zurechnungsfähig war. Jede Seite stellt dann eine ganze Batterie aus Psychiatern und Psychologen auf, die den Angeklagten untersuchen und vor Gericht Zeugenaussagen zum Geisteszustand des Angeklagten machen sollen. In der Regel berichten die Gutachter der Verteidigung, daß der Angeklagte unzurechnungsfähig war, und die der Anklage behaupten das Gegenteil. Für die Geschworenen kann das ein verwirrendes und frustrierendes Erlebnis sein, denn sie sind keine Fachleute für psychische Gesundheit, sollen aber auf Grund widersprüchlicher Aussagen von Leuten, die Fachleute sind, ein Urteil fällen.

Wenn das Urteil "nicht schuldig aus Gründen der Unzurechnungsähigkeit" lautet, wird der Angeklagte meistens in eine psychiatrische Anstalt geschickt (falls er oder sie immer noch krank ist). Dort verbleibt er, bis er als geheilt entlassen werden kann. Falls die psychische Störung zum Zeitpunkt der Gerichtsverhandlung schon behoben ist, kann der Angeklagte sofort entlassen werden.

Verband der Psychiater attackiert Schuldunfähigkeit

von VICTOR COHN
WASHINGTON - Die umstrittene "Schuldunfähigkeit", wegen der John Hinckley für nicht schuldig an dem Attentatsversuch auf Präsident Reagan erklärt wurde, sollte enger gefaßt werden, damit Menschen mit einer antisozialen Persönlichkeitsstörung nach einem begangenen Verbrechen nicht mehr auf die Gesellschaft "losgelassen" werden.

Dies forderte am Mittwoch die American Psychiatric Association (APA), die wichtigste psychiatrische Organisation in den USA. Sie rief nach neuen Wegen, um die Öffentlichkeit sowohl vor "antisozialen" als auch vor "geisteskranken" Verbrechern zu schützen.

Auch Psychiatern ist es unmöglich vorherzusagen, ob eine Person andere gefährden wird. Die Aussagen von Psychiatern vor Gericht sollten auf deren Fachgebiet -den Geisteszustand und die Motive des Angeklagten- beschränkt sein.

Gleichzeitig verteidigt die APA die Schuldunfähigkeit auch, weil sie auf einem Grundsatz des Strafrechts beruht : Bestrafung für Unrecht sollte auf moralischer Einsichtfähigkeit beruhen. Von Menschen, die geistig so verwirrt sind, daß sie nicht mehr verstehen, was sie tun, sollte man nicht verlangen, daß sie die Verantwortung für etwas übernehmen, das sie gar nicht einsehen können.

Die APA, die 28.000 amerikanische Psychiater vertritt, drängte auf 4 weitreichende Veränderungen im Umgang mit Angeklagten, die auf Unzurechnungsfähigkeit plädieren:

1. Angeklagte sollten nur dann wegen Schuldunfähigkeit freigesprochen werden, wenn sie als "erheblich" geistig gestört diagnostiziert wurden; in der Regel ist damit eher eine Psychose gemeint als eine weniger schwerwiegende "antisoziale Persönlichkeitsstörung". Ein Psychotiker hat häufig überhaupt keinen Kontakt mehr zur Realität. Ein Soziopath hingegen weiß meistens genau, daß er gegen die gesellschaftlichen Regeln handelt, aber er kümmert sich nicht darum.

2. Laut den neuesten psychiatrischen Erkenntnissen kann ein Mensch mit einer antisozialen Persönlichkeitsstörung sehr wohl für sein Verhalten "zur Rechenschaft gezogen werden".

3. Psychiater sollten nur auf ihrem Fachgebiet als Zeuge* auftreten, also über den geistig-seelischen Zustand und die Motive des Angeklagten Aussagen machen, aber sie sollten keine Aussage dazu machen müssen, ob der Angeklagte "geisteskrank" ist und ob er gesetzlich zur "Rechenschaft gezogen" werden kann. Hierbei handelt es sich um juristische oder gesellschaftliche Fragen, über die nur der Richter und die Geschworenen entscheiden können.

4. Möglicherweise gefährliche Personen, die als "nicht schuldig aus Gründen der Unzurechnungsfähigkeit" beurteilt wurden, sollten nur auf freien Fuß gesetzt werden, nachdem eine Fachkommission den besten Weg zum Schutz der Öffentlichkeit festgelegt hat. Denn die Psychiater selbst können "Gefährlichkeit" nicht vorhersagen.

Boulder(Colorado), *Daily Camera,*
20. Januar 1983

Die Verfechter der Schuldunfähigkeit sehen darin einen wichtigen Schutz für psychisch Kranke. Die Gegner glauben nicht so recht an die Idee der psychischen Krankheit, und falls sie doch daran glauben, sind sie der Ansicht, daß sie die Leute nicht von der Verantwortung für ihre Handlungen freisprechen kann (denken Sie an die ethische Sichtweise psychischer Störungen). Die Gegner weisen auch darauf hin, daß in vielen Fällen, in denen eine Person für bestimmte Verbrechen (z.B. Einbruchdiebstahl) für nicht schuldig wegen Unzurechnungsfähigkeit erklärt wurde, derjenige dann mehr Zeit in der Psychiatrie verbringt, um "geheilt" zu werden, als er Zeit im Gefängnis abgesessen hätte, wäre er einfach für schuldig erklärt worden. Einige Gegner kämpfen auch für die völlige Abschaffung der Schuldunfähigkeit. Um einen Kompromiß zu schaffen, haben sich andere für eine neue Gesetzgebung ausgesprochen, die inzwischen in einigen Staaten auch eingeführt worden ist. Dort wird jetzt Schuld, bzw. Unschuld von der Verantwortlichkeit getrennt behandelt. Diese Gesetze ermöglichen es den Geschworenen, den Angeklagten zwar für schuldig, aber psychisch krank zu sprechen. Das bedeutet, daß die Geschworenen nur noch entscheiden, ob der Angeklagte das Verbrechen begangen hat, oder nicht. Die Entscheidung, ob der Angeklagte ins Gefängnis oder in die Psychiatrie kommt, können sie nun dem Richter (mit Unterstützung von psychiatrischen Sachverständigen) überlassen. Wieder eine andere Gruppierung meint, der Gerechtigkeit wäre mehr gedient, wenn die Beweislast der Schuldunfähigkeit bei der Verteidigung läge (eine sehr schwere Aufgabe) und nicht bei der Anklage die Beweislast für die Schuldfähigkeit.

Die Fälle von Entlastung durch Unzurechnungsfähigkeit finden in der Öffentlichkeit meist sehr viel Beachtung (z.B. John Hinckley oder Patty Hearst), obwohl sie eigentlich sehr selten sind. Rein statistisch verfolgen nur wenige Verteidiger diese Strategie und noch weniger haben Erfolg damit. Wenn es jedoch gelingt, löst das viele Kontroversen in juristischen und psychologischen Kreisen aus und führt verständlicherweise zu Empörung in den Familien der Verbrechensopfer.

* Anmerkung der Übersetzerin: Die hier beschriebenen Verhältnisse vor Gericht gibt es in der BRD nicht. Hier wird grundsätzlich die Zurechnungsfähigkeit angenommen. Erst bei Zweifeln kann der Richter ein Gutachten einholen. Psychiater treten vor Gericht nur als Sachverständige auf, nicht als Zeugen. Geschworene gibt es in der BRD nicht, die Entscheidung über die Zurechnungsfähigkeit trifft allein der Richter.

Psychotherapie

487 Eine Definition der Psychotherapie
Der Klient/Die Klientin

488 Medizinisch orientierte Therapien
Medikamentöse Therapie / Hospitalisierung / Psychochirurgie und Krampftherapie

494 Psychodynamische Therapien
Psychoanalyse / Neue Versionen der Psychoanalyse

498 Verhaltenstherapien und kognitive Verhaltenstherapien (Verhaltensmodifikation)
Historischer Hintergrund / Verhaltenstherapeutische Techniken / Kognitive Verhaltenstherapien

507 Phänomenologische Therapien
Klientenzentrierte Gesprächspsychotherapie / Gestalttherapie / Encounter-Gruppen

512 Eine alternative Behandlungsform: Gemeindepsychologie
Primäre Dienste / Sekundäre Dienste / Tertiäre Dienstleistungen

516 Ein abschließender Kommentar

517 Zusammenfassung

519 So sieht das in der Praxis aus
Wie effektiv ist Psychotherapie? / Welcher Therapeut oder welche Therapeutin ist am geeignetsten? / Wie fühlt man sich als Klient/Klientin? / Schweigepflicht und therapeutische Beziehung / Die wachsende Zahl an Helfern/Helferinnen

12

Überraschend viele von uns hatten schon einmal das Bedürfnis nach professioneller Hilfe bei der Lösung eines psychischen oder emotionalen Problems, oder werden dieses Bedürfnis noch irgendwann haben. Dabei kann es sich um ein eigenes Problem oder um das eines Menschen, der uns nahesteht, handeln. In den meisten Familien gibt es von Zeit zu Zeit Krisen, die psychisch bedingt oder auf Streß zurückzuführen sind. Solche Krisen können durch Krankheiten (wie Migräne oder Magengeschwüre) hervorgerufen werden, aber auch durch eine depressive Phase nach einer Scheidung oder nach dem Verlust des Arbeitsplatzes, durch Alkohol- bzw. Drogenabhängigkeit oder sogar durch eine tiefgreifende psychische Störung wie z.B. eine Schizophrenie entstehen. Einige Leute glauben tatsächlich, daß die meisten erwachsenen Amerikaner in irgendeiner Weise psychisch beeinträchtigt sind. Scheidungs- und Selbstmordraten, ebenso wie Verbrechen und Delinquenz, sind in einigen Regionen in die Höhe geschossen. Psychische Leiden und Störungen sind heutzutage in unserer Gesellschaft so häufig, daß die psychischen Störungen ein wichtiges soziales Problem geworden sind.

Schwere Störungen in den psychischen Funktionen kommen in der Tat so oft vor, daß es absurd wäre, sie mit einem besonderen Stigma zu versehen. Früher wurden psychisch Kranke wie Verbrecher, Hexen oder noch schlimmer behandelt. Und auch heute noch betrachten manche Leute diejenigen, die professionelle Hilfe für ihre psychischen Probleme aufsuchen, "von oben herab". Sie empfinden sie als nicht "ganz geheuer" oder schwach. Aber langsam verändern sich die Stereotypen über "Geisteskranke"; immer öfter werden psychisch Beeinträchtigte als Menschen angesehen, die Schwierigkeiten haben, mit dem Leben zurechtzukommen. Und in dem Maß, wie sich unser Wissen über psychische Störungen und ihre Ursachen erweitert hat, steigt auch die Vielfalt und Effektivität der Methoden, damit umzugehen. Diese Methoden sind allgemein bekannt als *Psychotherapie*.

Nur einige der vielen verschiedenen Arten, mit denen eine Gesellschaft auf Verhaltensprobleme reagieren kann, sind therapeutischer Natur. Manche Reaktionen, wie z.B. Haft oder Absonderung sind geradezu schädlich im Hinblick auf zukünftige Anpassungsbemühungen. Zu der Zeit, als Geisteskranke für vom Teufel besessen gehalten wurden, war es vielleicht eine verständliche "Therapie", in den Kopf des Betroffenen Löcher zu bohren, damit die bösen Geister entweichen konnten. Später betrachtete man Geisteskrankheit als ein Symptom für Charakterschwäche und moralische Verkommenheit und versuchte, diese mit Ketten und Peitschen zu bessern. Entsprechend unserer modernen Auffassung über psychologische Ursachen für sozial unangemessenes Verhalten, sieht die Konzeption und Durchführung von Behandlungen heutzutage völlig anders aus.

EINE DEFINITION DER PSYCHOTHERAPIE

Psychotherapie kann definiert werden als eine korrektive Erfahrung, die einem Menschen hilft, sich sozial angemessener und angepaßter zu verhalten. Die Therapie kann sich auf einen Mangel an Wissen, einen Mangel an Können, einen Mangel an Motivation zu angemessenem Verhalten oder auf das auffällige Verhalten selbst konzentrieren. In den meisten Fällen sind einer oder mehrere dieser Faktoren an der Problematik beteiligt, und die Therapie wird dementsprechend ausgerichtet. Wenn wir hier von Therapie sprechen, meinen wir in der Regel die Hilfe durch Angehörige der professionellen Berufsgruppen, also Psychologen, Psychiater, psychiatrische Sozialarbeiter oder psychiatrisches Krankenpflegepersonal (siehe Tabelle 12-1). Das soll aber nicht heißen, daß korrektive Erfahrungen ausschließlich durch professionelle Helfer ermöglicht werden. Enge persönliche Freunde, Gemeindehelfer, kirchliche Helfer und andere Laienhelfer übernehmen oft einen großen Teil der Beratungstätigkeit. In diesem Kapitel werden wir uns jedoch hauptsächlich mit formaler Psychotherapie beschäftigen, wie sie von professionellen Therapeuten angewandt wird. Schließlich ist es noch wichtig zu erwähnen, daß viele von denen, die sich mit dem *Korrigieren* des auffälligen Verhaltens befassen, sich auch um die *Prävention* auffälligen Verhaltens kümmern. Während die Therapeuten früher auf die Prävention kein großes Augenmerk richteten, wurde sie in den letzten 20 Jahren zunehmend wichtiger.

Der Klient/Die Klientin

Eine der ersten Fragen, die ein Therapeut bei der Begegnung mit einem Klienten im Kopf hat, ist: "Warum ist dieser Mensch hier?" Der häufigste Grund, warum Menschen eine Therapie aufsuchen, ist eine große Unzufriedenheit mit der eigenen Lebensführung. Sie können ängstlich in der Interaktion mit anderen sein oder sie meinen, daß sie Schwierigkeiten bei der erfolgreichen Bewältigung ihrer Arbeit oder ihrer Ehe haben. Aber sie können auch aus anderen Gründen in eine Therapie kommen. Jemand kann zur Therapie gezwungen worden sein, zum Beispiel, wenn eine Ehefrau droht, ihren Mann zu verlassen, falls er nicht endlich Hilfe aufsucht. Die Polizei kann jemand in ein Krisenzentrum oder ein Krankenhaus zwangseinweisen, weil er/sie sich in der Öffentlichkeit auffällig verhalten hat. Ein Arzt kann einem Patienten eine Psychotherapie empfehlen, weil seine Magengeschwüre oder Kopfschmerzen psychische Ursachen haben. Ein Gericht verlangt von einem Jugendlichen, daß er als Teil einer Bewährungsauflage eine Therapie mitmacht. Unter solchen Voraussetzungen kann die Therapie sehr schwierig werden, weil diese

Klienten unter Umständen weniger motiviert sind, als andere Klienten, die Angst, Ärger oder Depression erleben; diese wollen wissen, warum das so ist und wie sie es unter Kontrolle bringen können. Jemanden zu behandeln, der gar keine Hilfe will, kann sehr mühsam sein. In den Fällen von gerichtlich auferlegten Behandlungen hat der Therapeut die moralische Verpflichtung, dem Klienten die Therapieziele klarzumachen und ihn auch darauf hinzuweisen, inwieweit diese Ziele von den eigenen Zielen des Klienten abweichen können.

Genau wie bei der Persönlichkeit (Kapitel 9) und den psychischen Störungen (Kapitel 11) hängt es weitgehend vom eigenen Standpunkt ab, welchen Psychotherapieansatz ein Therapeut vertritt. Von daher sollte es auch keine Überraschung sein, daß wir in diesem Kapitel (1) biologische oder medizinische Therapien, (2) psychodynamische Therapien, (3) Verhaltenstherapien und (4) phänomenologische (humanistische) Therapien erörtern werden. Dabei werden auch verschiedene Formen oder *Modalitäten* der Therapie beleuchtet, nämlich die Einzeltherapie ("unter vier Augen"), die Familien- und Gruppentherapie, sowie die Therapie innerhalb der Gemeinde.

MEDIZINISCH ORIENTIERTE THERAPIEN

In Kapitel 11 haben wir gesehen, daß Geistesstörungen jahrhundertelang als eine Art körperliche Krankheit betrachtet wurden, und daß solche Ansichten auch heute noch sehr einflußreich sind. Wenn auffälliges Verhalten eine Krankheit wiederspiegelt, sollten die Behandlungsmethoden auch darauf abzielen, diese Krankheit zu heilen.

Im alten Griechenland verschrieb Hippokrates gegen Depressionen eine gesunde Lebensweise, die eine vegetarische Diät, leichte Gymnastik und viel Ruhe umfaßte, aber Alkohol und Sex verbot. Andere Störungen wurden wohl durch Aderlaß, Abführmittel (Einläufe), Kopfrasur oder Arrest in völliger Dunkelheit behandelt. Die alten Römer verschrieben Übungen mit Spannung und Entspannung für eine Vielzahl von psychischen Störungen (Ullmann & Krasner, 1975). Im 15. Jahrhundert, als die ersten Irrenhäuser eingerichtet wurden, waren die Behandlungsmethoden recht ähnlich wie in der Antike: Arrest, Aderlaß und Einläufe waren die Haupttechniken. Im Laufe des 18. Jahrhunderts wurden kompliziertere Methoden entwickelt. Manche Ärzte -wie Benjamin Rush (bekannt als der Vater der amerikanischen Psychiatrie)- glaubten, daß psychische Krankheiten in einigen Fällen geheilt werden könnten, wenn man den Patienten erschreckt. In dieser Absicht

Tabelle 12-1: Berufsgruppen im Bereich der seelischen Gesundheitsfürsorge

Bezeichnung	Titel	Spezialgebiet	Ausbildung
Klinischer Psychologe/ Klinische Psychologin	Diplom-Psychologe/in (Dipl.-Psych.), evtl. promoviert zum Dr. phil.	Forschung, Therapie, Diagnostik	Hochschulstudium der Psychologie mit Schwerpunktausbildung in klinischer Psychologie
Psychiater/in	Doktor der Medizin (Dr. med.)	Verschreiben von Medikamenten, Elektrokrampftherapie, Psychotherapie	Medizinstudium und Facharztausbildung in Psychologie und Neurologie
Psychoanalytiker/in	Dr. med. oder Dipl.-Psych.	Psychoanalyse	Zusatzausbildung in Psychoanalyse
Sozialarbeiter/in	Diplom-Sozialarbeiter/in	Einzel- und Familientherapie, Beratung, Einbeziehung der Gemeinde	Studium an der Fachhochschule für Sozialarbeit
Schulpsychologe/in	Diplom-Psychologe/in Diplom-Schulpsychologe/in Diplom-Pädagoge/in	Beratung von Schülern, Eltern, Lehrern; Leistungs- und Entwicklungsdiagnostik	Hochschulstudium der Psychologie, Schulpsychologie oder Pädagogik
Psychiatriepfleger/in	Staatlich anerkannte Krankenpfleger/in	Pflege von hospitalisierten Psychiatriepatienten, Beratung	Ausbildung zum Krankenpfleger/in Zusatzausbildung Psychiatrie
Laienhelfer/in	nicht nötig	Fähigkeit, mit Menschen zu kommunizieren und umzugehen	Kurze Lehrgänge über verschiedene Hilfs- und Versorgungsmöglichkeiten

gingen manche Ärzte so weit, ihre Patienten so lange unter Wasser zu tauchen, bis sie fast ertrunken waren. Leider waren die meisten dieser "Behandlungsmethoden" nicht mehr als eine Gelegenheit, die Patienten zu unterdrücken, zu bestrafen oder zu erniedrigen.

Im 20. Jahrhundert ist die medizinische Behandlung von Verhaltensstörungen viel raffinierter, und vieles davon basiert auf weit einleuchtenderen Theorien als denen von Hippokrates oder Rush. Trotzdem haben diese modernen medizinischen Ansätze, zu denen Hospitalisierung, Medikamentenanwendung, die künstliche Erzeugung von Krämpfen durch Elektroschock oder durch Insulin und sogar Gehirnchirurgie zählen, starke Kontroversen hinsichtlich ihrer Effektivität hervorgerufen.

Medikamentöse Therapie

Medikamente und Drogen wurden zur Behandlung psychopathologischer Erscheinungen zumindest schon so lange benutzt, wie es geschichtliche Aufzeichnungen gibt. Viele der Substanzen, die heute zur Behandlung verwendet werden, wurden ursprünglich zu anderen Zwecken gebraucht und ihre psychische Wirkung rein zufällig entdeckt. Auch heute noch haben die Wissenschaftler oft nur vage Vermutungen, warum manche Medikamente wirken. Die Substanzen, die in der medikamentösen Therapie (sogenannte Chemotherapie) verwendet werden, können grob in vier Kategorien unterschieden werden: Sedativa, Tranquilizer, Antidepressiva und Antipsychotika (Neuroleptika), siehe Tabelle 12-2.

Sedativa und Tranquilizer

Sedativa und Tranquilizer werden hauptsächlich eingesetzt, um sehr ängstlichen Personen, die unter vorübergehendem Streß leiden, oder solchen, die erste Anzeichen von Neurosen und Psychosen zeigen, zu helfen. Während die Tranquilizer erst seit Mitte der 50-er Jahre im Handel sind, werden Sedativa schon seit langer Zeit verschrieben. Ein **Sedativum** ist ein Medikament, das Angst und Anspannung reduziert, indem es Muskelentspannung, Schlaf und Hemmung der kognitiven Gehirnzentren erzeugt. Obwohl sie starke Angstreaktionen mindern können, haben Sedativa auch große Nachteile, denn wegen der schlaffördernden Eigenschaften des Medikaments können sedierte Patienten nur schlecht solche Aktivitäten ausführen, die komplexes Denken erfordern. Das populärste Sedativum ist der Alkohol; zu den anderen Sedativa zählen die Barbiturate (die typische Schlaftablette), Bromide und Chloralhydrat (auch "k.o.-Tropfen" genannt).

Mitte der fünfziger Jahre wurde eine neue Medikamentengruppe eingeführt, genannt **Tranquilizer**. Diese haben den Vorteil, daß sie die Ängste von Neurotikern und Psychotikern (ebenso wie von Leuten unter ungewöhnlichem Streß) reduzieren können, allerdings ohne die dämpfenden und schlaffördernden Nebenwirkungen der Sedativa. Tranquilizer, wie z.B. Valium, sind enorm populär geworden, weil angespannte, ängstliche Menschen schon bei niedriger Dosierung den Streß des Lebens bewältigen können, ohne dabei viele körperliche Beschwerden zu haben.

Sowohl Sedativa als auch Tranquilizer haben eine große Kehrseite, die auch für die Antidepressiva und Neuroleptika zutrifft: Wenn der Patient mit der Einnahme aufhört, kommt das seelische Problem wieder. Außerdem können die Patienten sehr leicht von Tranquilizern und Sedativa abhängig werden, und zwar ebenso psychisch wie körperlich. In den USA werden jedes Jahr Millionen von Tranquilizer-Rezepten ausgefüllt, und zahlreiche Ärzte und Nichtärzte befürchten, daß wir dadurch die seelischen Probleme lediglich verdecken und nicht wirklich

Geist-Körper Verwirrung

Wann ist eine psychiatrische Krankheit keine psychiatrische Krankheit? Wenn die psychiatrischen Symptome von einer undiagnostizierten medizinischen Krankheit herrühren. Laut einem Bericht der September-Ausgabe der ARCHIVES OF GENERAL PSYCHIATRY, scheint dies öfter der Fall zu sein, als man allgemein annimmt. Die Untersuchung wurde geleitet von C.W.Hall, Earl R.Gardner und August F. LeCann von der University of Texas Medical School in Houston, Michael K.Popkin von der University of Minnesota in Minneapolis und Sondra K. Stickney vom Herman Hospital in Houston.

Einhundert psychiatrische Patienten nahmen an der Studie teil. Die meisten kamen ursprünglich aus einem großen psychiatrischen Aufnahmezentrum in der Stadt, in das sie von ihren Familien oder der Polizei gebracht worden waren. Sie sollten eigentlich in ein psychiatrisches Landeskrankenhaus überführt werden, aber sie erklärten sich freiwillig bereit, an dem Forschungsprojekt teilzunehmen, und kamen stattdessen in eine klinische Forschungsstation. Dort wurden sie dann gründlichen körperlichen und psychologischen Untersuchungen unterzogen. Bei 46% dieser Patienten fand man frühere undiagnostizierte medizinische Krankheiten, die nach Ansicht der Forscher "in spezifischem Bezug zu den psychiatrischen Symptomen standen oder diese bedeutend verschärft haben". Weitere 34% wiesen undiagnostizierte Krankheiten auf, die in keinem Bezug zu den psychiatrischen Symptomen standen...

Die Forscher schließen daraus, daß "die zur Zeit durchgeführten diagnostischen Untersuchungen an Patienten in psychiatrischen Landeskrankenhäusern ungeeignet sein könnten, um vorliegende medizinische Störungen vollständig zu identifizieren. (...)

Unserer Ansicht nach hat eine mangelhafte Untersuchung der Patienten auf körperliche Krankheiten hin tiefgreifende rechtliche Konsequenzen."
Die Testbatterie kostet schätzungsweise 400$ pro Patient.

Science News,
11. Oktober 1980

Körperliche Krankheiten haben oftmals psychische Folgen. Deswegen ist jeder gut beraten, sich vor einer Psychotherapie gründlich vom Arzt untersuchen zu lassen.

Tabelle 12-2 Rezeptpflichtige Medikamente in der Chemotherapie

Sedativa	
Wirkstoff	Handelsname
Amobarbital	Amytal
Chloralhydrat	Noctec
FlurazepamHydrochlorid	Dalmane
Methaqualon	Quaalude
Phenobarbital	Luminal
SodiumSecobarbital	Seconalsodium
Sodiumpentobarbital	Nembutalsodium
Triclofos	Triclos
Tranquilizer (Anti-Angst-Medikamente)	
Wirkstoff	Handelsname
Chlordiazepoxid	Librium
Clorazepat	Tranxilium
Diazepam	Valium
Hydroxyzin	Atarax
Meprobamat	Aneural, Miltaun
Oxazepam	Adumbran
Neuroleptika (Antipsychotika)	
Wirkstoff	Handelsname
Acetophenazin	Tindal
Butaperazin	Repoise
Carphenazin	Proketazine
Chlorpromazin	Megaphen
Haloperidol	Haldol
Molindon	Moban
Perphenazin	Decentan
Prochlorperazin	Compazine
Thioridazin	Melleril
Trifluoperazin	Jatroneural
Triflupromazin	Psyquil
Antidepressiva	
Wirkstoff	Handelsname
Amitriptylin	Saroten
Desipramin	Pertofran
Imipramin	Tofranil
Isocarboxazid	Marplan
Phenelzin	Nardil
Protriptylin	Maximed
Nortriptylin	Nortrilen
Tranylcypromin	Parnate

lösen. Trotzdem können diese Medikamente effektiv eingesetzt werden, um Menschen bei kurzfristigem Streß zu helfen oder die Ängste von Neurotikern und Psychotikern bis zu einem Punkt zu senken, an dem sie fähig sind, ihre Schwierigkeiten in einer Therapie zu bearbeiten.

Antidepressiva

Während Tranquilizer depressiven Menschen nicht helfen können, ist eine andere Medikamentengruppe hier nützlich, nämlich die *Stimmungsaufheller* oder **Antidepressiva**. Iproniazid war die ersteSubstanz, deren antidepressive Wirkung entdeckt wurde. Ursprünglich war Iproniazid für die Behandlung der Tuberkulose bestimmt, doch dann beobachtete man einen unerwarteten Nebeneffekt: Die Patienten wurden weniger deprimiert und gewannen an Lebensfreude. Erst später fand man die antidepressive Wirkung anderer Substanzen, die zur gleichen chemischen Familie gehören oder ähnliche biochemische Eigenschaften haben (siehe Tabelle 12-2). Antidepressiva scheinen zu wirken, indem sie die Ausschüttung an Norepinephrin und Serotonin im Gehirn ansteigen lassen. Wie wir in Kapitel 11 gesehen haben, regulieren diese beiden Neurotransmitter wahrscheinlich unsere Stimmung und unseren augenblicklichen Gefühlszustand. Obwohl die Hersteller natürlich über sensationelle Erfolge mit antidepressiven Medikamenten berichten, sind sie nicht uneingeschränkt wirksam und bringen auch verschiedene unerwünschte Nebeneffekte mit sich. Ihre wohltuendste Wirkung haben sie als Begleithilfe bei einer verbalen (Gesprächs-) Therapie.

Das Element *Lithium* -genau genommen das Salz Lithiumkarbonat- wurde in den letzten Jahren ebenfalls eingesetzt, um Depressionen zu behandeln und den extremen Stimmungsschwankungen bei bipolaren affektiven Störungen (manisch-depressive Reaktion, siehe Kapitel 11) vorzubeugen. Obwohl es sich hier oft als effektiv erweist, bleibt Lithium doch ein tödliches Gift, und das Blut der Patienten muß regelmäßig untersucht werden, um lebensgefährliche Überdosierungen zu erkennen.

Neuroleptika (Antipsychotika)

Das erste **Neuroleptikum** war ein Extrakt aus der Pflanze *Rauwolfia serpentina,* die schon vor 2500 Jahren in alten Hinduschriften erwähnt wurde. Mit der Wurzel dieser Pflanze behandelte man in Indien Schlangenbisse (wogegen sie überhaupt nicht hilft), Epilepsie und Ruhr (die sie verschlechtert), sowie Schlaflosigkeit und Wahnsinn (wogegen sie hilft). Bis in die späten 40-er Jahre wurden die therapeutischen Wirkungen dieser Pflanze in der westlichen Welt überhaupt nicht registriert. Der aktive Bestandteil, das Reserpin, wurde erst in den 50-er Jahren isoliert.

Reserpin beruhigt zwar erregte Psychotiker, aber gelegentlich erzeugt es auch unerwünschte Nebenwirkungen wie eine schwere Depression. Deswegen wurde Reserpin weitgehend durch eine andere Medikamentengruppe ersetzt, die Phenothiazine, die einen deutlich beruhigenden Effekt auf agitierte Psychotiker haben. Chlorpromazin, das erste Phenothiazin, welches zur Behandlung von Psychotikern eingesetzt wurde, entdeckte man -wie die Antidepressiva- nur durch Zufall. Man gebrauchte es ursprünglich zur Anästhesie von chirurgischen Patienten, die es vor der Operation in eine tiefe Ruhe versetzte. Viele hospitalisierte Psychotiker werden auch heute noch unter Chlorpromazin-Einwirkung entlassen, aber sowie die Patienten das Medikament nicht mehr einnehmen, tauchen die Symptome wieder auf. Manche Patienten beschweren sich über sehr unangenehme Nebenwirkungen, z.B. über Muskelsteifheit und Mundtrockenheit. Erst kürzlich wurde große Sorge über die Langzeitwirkungen von Neuroleptika geäußert. Die *Tardive Dyskinesie*, eine entstellende Störung der Bewegungskontrolle, ist eine oft irreversible Nebenerscheinung der Phenothiazine und hat Bedenken gegen den übermäßigen Gebrauch von antipsychotischer Medikation hervorgerufen.

Wir wissen relativ wenig darüber, wie diese Medikamente eine Veränderung bewirken. Neuroleptika beeinflussen genau wie Antidepressiva und Tranquilizer die neuronale Übertragung (wahrscheinlich durch Reduktion der Dopamin-Aktivität; siehe Kapitel 11) und hemmen so auf irgendeine Weise die bizarren psychotischen Denkprozesse, die ansonsten den Realitätskontakt und die Bewältigung des Alltags behindern. Bis wir über die Wirkungsweise dieser Medikamente mehr wissen, können wir nur spekulieren.

Hospitalisierung

Für Menschen, die den Anforderungen des täglichen Lebens nicht gewachsen sind, denen durch ambulante Therapie und/oder Medikation nicht geholfen werden kann, ist unter Umständen eine Krankenhauseinweisung erforderlich, sofern ihr Verhalten sie selbst oder andere gefährden könnte, oder eine intensivere Behandlung nötig ist, als sie ein Therapeut im Rahmen einer Praxis zu geben vermag.

Jedes Jahr werden in den USA eine Viertelmillion Menschen zum ersten Mal in eine Institution der seelischen Gesundheitsfürsorge eingewiesen. Zu jedem beliebigen Zeitpunkt sind etwa eine Dreiviertelmillion Menschen wegen emotionaler Schwierigkeiten hospitalisiert - das sind mindestens ebensoviele, wie wegen aller körperlicher

Neue Behandlung für Schizophrenie

von MURRAY OLDERMANN

Dr.Jack Barchas hat folgende Vision, die nach seiner Einschätzung zwar erst in 20 Jahren Wirklichkeit werden könnte, aber für ihn trotzdem jetzt schon lebendig ist:

Ein Patient kommt in die Praxis seines Psychiaters, offensichtlich in agitiertem Zustand, seine Zunge rollt im Mund herum, er ver- und entkrampft seine Hände, seine Augen starren eindringlich, also klassische Manifestationen bei einem Schizophrenen im Kampf mit der Angst.

Dem Betroffenen wird eine Blutprobe, oder vielleicht auch eine Liquorprobe, entnommen. Die Ergebnisse von deren chemischer Analyse werden in eine raffinierte Maschine eingegeben (die vielleicht einem Massenspektrometer ähnelt), ein Apparat für 160000 Dollar, den Barchas schon in seinem Labor stehen hat.

Gleichzeitig wird der Psychiater eine Krankengeschichte des Patienten erstellen. Dann, nachdem die Maschine die Testergebnisse ausgespuckt hat, erklärt der Seelenklempner (um es volkstümlich auszudrücken): "Hören Sie mal, sie haben den und den Typ der Schizophrenie, es gibt davon 6 Arten. Und entsprechend werden wir Sie behandeln."

Schizophrenie hätte dann nichts mehr mit dem uralten Gemeinplatz der gespaltenen Persönlichkeit zu tun. "Sehr wahrscheinlich handelt es sich bei der Schizophrenie um mehrere, verschiedene Krankheiten, sagen wir mal ein halbes Dutzend, die wir in einen Topf werfen, weil wir bis jetzt nichts anderes tun können."

Vor 20 Jahren brachte der schwedische Wissenschaftler Arvid Carlsen Licht in das Dunkel der komplizierten Machenschaften des menschlichen Geistes und eröffnete uns damit völlig neue Einblicke. Während er chemische Analysen an Neurotransmittern durchführte, bemerkte er einen seltsamen Klecks auf einem Blatt chromatographischen Papiers. Alarmiert fragte er sich: "Was ist das für ein Fleck?" So etwas wurde nie vorher identifiziert. Er erkannte schnell die Ähnlichkeit zur chemischen Struktur von Adrenalin.

"Das führte zu völlig neuen Ansichten über die Schizophrenie.", meint Barchas. "Plötzlich lag es nahe, daß es biochemische und genetische Aspekte dieser Störung gibt. Und der wichtigste Beweis betrifft einen der Neurotransmitter im Gehirn, das Dopamin." Dieses Dopamin hatte Carlsen isoliert.

"In Frankreich," stellte Barchas fest, "entdeckte man beinahe durch Zufall, daß eine Gruppe von Substanzen, die sogenannten Phenothiazine, bei der Behandlung von Schizophrenie wirksam sind." Von diesen neuroleptischen Substanzen (genau wie von Thorazin, Stelazin, Meloril u.a.) vermutet man, daß sie die Gehirnrezeptoren für Dopamin blokkieren und die übermäßige Ausschüttung stoppen, indem sie die Neurotransmission auf den drei Bahnen zum Gehirn hemmen, die mit Bewegung, Gefühl und Denken in Verbindung gebracht werden.

"Diese Medikamente waren wie ein Wunder", sagt der Wissenschaftler aus Stanford. "Schizophrenie war vor dem 2. Weltkrieg eine Krankheit, die zwangsläufig ein sehr schlechtes Ende nahm. Heute kommt ein akut Schizophrener, nimmt seine Medizin, fühlt sich besser und scheint wieder o.k. zu werden. Nach einiger Zeit kann er die Krankheit sogar ganz loswerden."

Rocky Mountain News, Denver
24. Januar 1982

Medizinische Therapeuten setzen auf die Chemotherapie die größte Hoffnung bei der Heilung von psychischen Krankheiten, besonders der Schizophrenie. Medikamente haben die Behandlung der Schizophrenie schon sehr erleichtert, und es gibt einige Anhaltspunkte dafür, daß wir hinsichtlich der zukünftigen Entwicklung optimistisch sein können.

Krankheiten zusammen im Krankenhaus liegen. Glücklicherweise liegt die durchschnittliche Aufenthaltsdauer heutzutage bei rund zwei Wochen, das ist drastisch weniger als früher und wohl größtenteils der modernen Chemotherapie zu verdanken. Aber noch immer bleibt jeder Fünfte länger als ein Jahr im Krankenhaus und über 50% werden im Laufe ihres Lebens später erneut eingewiesen.

Einige hospitalisierte Patienten wurden durch zivilgerichtliche Verfahren *zwangsweise eingewiesen*. Dies kann für einen bestimmten Zeitraum von Tagen oder Monaten, aber auch für unbestimmte Dauer geschehen. Entlassungen können nur nach freiem Ermessen der Anstaltsbehörden vorgenommen werden. So ein Einweisungsbeschluß ist eine schwerwiegende Entscheidung und zur Zeit sehr umstritten. In vielen Bundesstaaten der USA werden den durch Einweisungsbeschluß in eine Anstalt eingewiesenen Personen die meisten Bürgerrechte aberkannt, das heißt, sie dürfen nicht wählen, nicht heiraten und keine Scheidung einreichen. Einige Staaten haben die Bürgerrechte für solche Patienten gesetzlich festgelegt, aber andere bieten wenig oder gar keinen Schutz. Es kam früher allzu häufig vor, daß psychisch Kranke in eine Anstalt eingewiesen und "vergessen" wurden. Inzwischen wurden rechtliche Schritte eingeleitet, um sicherzustellen, daß diejenigen, die zur Behandlung in einem psychiatrischen Krankenhaus sind, auch wirklich eine Behandlung erhalten, und ihre Fälle regelmäßig wiederaufgenommen werden*.

Die meisten staatlichen psychiatrischen Krankenhäuser waren früher kaum mehr als Verwahrungsanstalten und Haftzentren für emotional gestörte Menschen. Eine Behandlung gab es kaum oder überhaupt nicht. Die Patienten, oft Tausende, wurden nur von einer Handvoll Personal versorgt. Da durch den Einsatz von Antipsychotika das Patientenaufkommen sinkt, werden die Abteilungen für "Lebenslängliche", wo die Leute früher unter Umständen ihr gesamtes Leben verbrachten, immer seltener. Heutzutage wird die Hospitalisierung vorwiegend als Hilfe zur Therapiedurchführung gesehen, und nicht mehr als Therapie selbst. Die Regierung und einige Staaten treten dafür ein, die Größe von psychiatrischen Krankenhäusern zu reduzieren, indem die Betroffenen in ihren Heimatgemeinden belassen werden, dort Aufgaben verrichten, so gut sie können (wenn nötig mit Medikamenten) und eine Art ambulanter Behandlung erhalten.

Die chronischen Patienten in Nervenkliniken waren die "Ausgeschlossenen" der Gesellschaft, sie verblieben oft viele Jahre lang in diesen Anstalten, ohne jegliche Hoffnung auf Genesung und in der Regel auch ohne angemessene Behandlung. Aber auch chronischen Patienten kann sehr geholfen werden, und ein hoher Prozentsatz von ihnen wird sogar erfolgreich wieder in die Gemeinden (Gesellschaft) eingegliedert. In einem breit angelegten 6-Jahres-Programm haben G.L. Paul und R.L. Lentz (1977) einen Vergleich zwischen der *sozialen Lerntherapie* (beruhend auf den Prinzipien des Lernens), der *Milieutherapie* (Selbstbestimmung der Schützlinge) und der *traditionellen* psychiatrischen Versorgung (Medikamente und Aufenthalt in einer geschlossenen Anstalt) angestellt. Sie fanden heraus, daß 90% der Patienten nach sozialer Lerntherapie und 70% der Patienten mit Milieutherapie nach der Entlassung in ihren Gemeinden blieben, während die traditionelle, psychiatrische Versorgung nur in 50% aller Fälle zu gelungenen Entlassungen führte. Diese Studie weist darauf hin, daß auch schwer gestörten chronischen Patienten geholfen werden kann, falls sie die richtige Behandlung erhalten. Eines der dringendsten Erfordernisse der heutigen psychischen Gesundheitsfürsorge sind ausreichende *Nachsorgeprogramme*, die den Patienten nach der Entlassung weiterhelfen (siehe "So sieht das in der Praxis aus").

Psychochirurgie und Krampftherapie

Unter den medizinischen Therapien, die in psychiatrischen Krankenhäusern in den letzten 40 Jahren angewendet wurden, sind die **Psychochirurgie** und die **Konvulsionstherapie** die beiden umstrittensten. Im Vergleich zum reinen Krankenhausaufenthalt oder der Einnahme von Medikamenten wirken sie auf uns ziemlich extrem. Wir sollten uns jedoch vor Augen halten, daß diese Methoden zu einer Zeit entwickelt worden sind, als die Nervenheilanstalten noch sehr groß und überfüllt waren. Die heutigen Medikamente gab es noch nicht und Zwangsjacke und Gummizelle waren die einzigen Mittel, um agitierte, gefährlich depressive oder gewalttätige Patienten zu zügeln.

Unter Psychochirurgie versteht man das Durchtrennen von Nervenbahnen zum Gehirn, um gewalttätiges, aggressives Verhalten abzuschwächen. Die beliebteste Technik, zuerst in den 40-er Jahren von einem Portugiesen namens Moniz berichtet, ist die Zerstörung von Gehirngewebe in der präfrontalen Region (über den Augen) und wird Präfrontal-Lobotomie genannt. Grundlage dieses Verfahrens war eine Theorie, die auf der Beobachtung beruhte, daß lobotomisierte, aggressive Tiere nach dem Eingriff zahm und fügsam wurden. Dies ließ weiterhin darauf schließen, daß die Präfrontal-Region für überschießende Emotionalität verantwortlich ist. Daraufhin wurden in den USA in den 40-er- und 50-er Jahren Tausende von Lobotomien vorgenommen, hauptsächlich an hospitalisierten Schizophrenen und Depressiven.

Leider wurde der Nutzen der Präfontal-Lobotomie niemals eindeutig nachgewiesen. Aber es traten schwere Nebenwirkungen auf, etwa Anfälle, katatonieartiger Stupor und auch Todesfälle. Diese Schwierigkeiten, zusammen mit dem Erscheinen der Antipsychotika Mitte der 50-er Jahre, trugen viel dazu bei, daß die Präfrontal-Loboto-

*Anmerkung der Übersetzerin: In der BRD verliert man seine Bürgerrechte nur durch ein Entmündigungsverfahren oder -in Einzelfällen- durch Verurteilung nach Schwerstverbrechen, nicht aber durch einen bloßen Einweisungsbeschluß in eine Heilanstalt.

mie inzwischen nahezu ausgestorben ist. Wenn sie heute noch angewendet wird, dann wird sie sehr viel präziser durchgeführt. Es wird nur eine kleine Gewebsmenge zerstört und so werden weniger Nebenwirkungen verursacht. Doch trotzdem ist es für die meisten psychopathologischen Erscheinungen wohl kaum die Methode der Wahl.

Ein anderes medizinisches Vorgehen wurde während der 30-er Jahre erstmals praktiziert. Man hatte beobachtet, daß (1) ein Koma infolge unbeabsichtigter Überdosierung von Insulin psychotische Symptome reduziert und (2) Epilepsie (ein Anfallsleiden) unter Schizophrenen recht selten ist. Ausgehend von der Annahme, daß Koma und Anfälle schweren psychischen Störungen entgegenwirken könnten, begannen mehrere europäische Ärzte und Psychiater Anfälle und Komas bei schizophrenen und depressiven Patienten künstlich zu erzeugen. Sie verwendeten dazu Insulin, Metrazol (ein krampferzeugendes Mittel) oder einen am Kopf verabreichten Elektroschock. Die letztere Methode, die *Elektrokonvulsions-Therapie (EKT)*, bekannter als Elektroschock, wurde populärer, als die Idee der Krampftherapie nach Amerika gebracht wurde. Bei einer EKT wird der Patient auf eine Liege plaziert, bekommt Muskelrelaxantien und erhält -während er von Helfern leicht festgehalten wird- einen Elektroschock an die Schläfen von ausreichender Intensität, um einen Anfall herbeizuführen. Die Krämpfe dauern bis zu einer Minute;auf sie folgt eine halbstündige Bewußtlosigkeit. Eine häufige Begleiterscheinung ist die retrograde Amnesie, d.h. der Patient kann sich nicht an den Schock, an die Krämpfe oder an unmittelbar vorausgegangene Ereignisse erinnern. Obwohl wir nicht genau wissen, wie eine EKT funktioniert, scheinen sowohl die Krämpfe, als auch das folgende Koma für eine wirksame Behandlung nötig zu sein. EKT ist wirksam zur Besserung oder Beseitigung von Depression (nach mehrmaliger Verabreichung), aber sie ist unwirksam bei anderen Störungen. Die Behandlungsmethode mag uns sehr drastisch erscheinen, aber sie kann Monate des Leidens verhindern und einem möglichen

Neue Untersuchungsergebnisse zur Wirkungsweise von EKT

von J. GREENBERG

Elektrokonvulsions-Therapie, oder EKT: Villeicht das geheimnisvollste aller Hilfsmittel in der unvollkommenen Wissenschaft der Psychiatrie. Der Psychiater Frank M. Mondimore drückt das ganz einfach aus: "Wir wissen nicht, wie es funktioniert." Aber Mondimore vom Phillips Psychiatric Service am John Hopkins Hospital in Baltimore und eine Reihe anderer Wissenschaftler sind mit die ersten, die einen Schlüssel zu den chemischen Auswirkungen einer EKT auf Gehirn und Körper gefunden haben.

Besser bekannt als Elektroschock, wurde die EKT jahrzehntelang bei der Behandlung schwer Depressiver eingesetzt. Obwohl die Ergebnisse unterschiedlich waren, ist es offensichtlich, daß es einigen Patienten nach der Behandlung mit elektrischem Strom an einer oder beiden Schläfen und nach der künstlichen Induzierung eines Anfalles besser geht -wenigstens kurzfristig.

Wie und warum diese Verbesserung eintritt, bleibt unklar. Psychiater der University of Arizona haben kürzlich die antidepressive Wirkung der EKT mit einem Anstieg des Beta-Endorphin-Spiegels bei den Patienten in Verbindung gebracht. Beta-Endorphin ist ein "natürliches Opiat" und wird im Gehirn produziert, um Schmerz und Streß zu bekämpfen. Der Anstieg im Blutserum von sieben hospitalisierten Patienten könnte auch einfach eine Reaktion auf den Streß des Schockes gewesen sein. Aber der Forscher John Misiaszek (University of Arizona) glaubt, daß "mehr dahintersteckt. (Beta Endorphin) hilft den Patienten irgendwie dabei, sich nach einer EKT besser zu fühlen." Auf dem letzten Treffen der American Psychiatric Association (APA) in New York präsentierte er die Ergebnisse seiner Forschungsgruppe. Der Wissenschaftler fand, daß der angestiegene Beta-Endorphin-Spiegel im Blutserum, der 20 Minuten nach dem Schock vorhanden ist, innerhalb von 48 Stunden wieder auf sein Ausgangslevel (vor EKT) fällt.

Misiaszek hält es für möglich, daß der Plasma-Endorphin-Anstieg nur "die Widerspiegelung eines größeren Vorgangs, der sich zentral in der Hypophyse abspielt, sein könnte." Es kann sein, daß das Gehirn sogar noch größere Mengen Beta-Endorphin erhält, als im Blutserum nachweisbar ist. Und während die letzten Konsequenzen dieser Arbeit noch gar nicht erforscht sind, meint Misiaszek, daß mehr Wissen über den Umfang biochemischer und physiologischer Veränderungen durch EKT die Möglichkeit schaffen könnte, "bei den geeigneten Patienten die EKT durch neurochemische Behandlung zu ersetzen".

In ihrer Studie, die sie ebenfalls bei dieser APA-Tagung vorstellten, untersuchten Mondimore und seine Kollegen das Blutserum von 20 Patienten auf eine negative Folge der EKT hin: Die zeitweilige Verwirrtheit, die oft eine halbe bis ganze Stunde lang nach dem Schock eintritt. Laut ihren Ergebnissen spielt dabei eine Substanz, die vorher injiziert wurde, um das Risiko von Herzarrhythmien so gering wie möglich zu halten, eine auslösende Rolle. Atropin, eine Substanz aus der Familie der "anticholinergischen" Stoffe, wird routinemäßig zur Blockierung der Rezeptoren von Acetylcholin im Vagusnerv des Herzens verabreicht. Einerseits schützen diese Stoffe das Herz während des Schockes, andererseits stehen sie aber im Verdacht, die Acetylcholin-Rezeptoren im Gehirn zu blokkieren. Dies ist ein Effekt, der die Verwirrtheit nach einer EKT erklären könnte.

Mondimore fand, daß die Patienten mit dem höchsten anticholinergischen Spiegel auch die verwirrtesten waren. Die pure Anwendung von anticholinergischen Stoffen ohne EKT löst keine Verwirrtheit aus. Diese Ergebnisse könnten zu vorsichtigerer Dosierung von Medikamenten vor einer EKT führen oder zur Anwendung von Medikamenten wie Physostigminen, die einer anticholinergischen Vergiftung entgegenwirken.

Science News,
21. Mai 1983

Obwohl die Vorteile der EKT schon seit einiger Zeit bekannt sind, weiß niemand wirklich, wie oder warum sie funktioniert. Diese neueren Ergebnise stellen einen Zusammenhang her zu den Neuromodulatoren (Beta-Endorphin) und Neurotransmittern (Acetylcholin), welche wir in Kapitel 2 und in Anhang B erörtert haben.

Selbstmord vorbeugen. Leider senkt eine EKT nicht die Wahrscheinlichkeit von zukünftigen Depressionen.

PSYCHODYNAMISCHE THERAPIEN

Ganz im Einklang mit dem dynamischem Erklärungsmodell für psychische Störungen gehen auch die psychodynamischen Therapien von der Annahme aus, daß emotionale Störungen von Konflikten zwischen bewußten und unbewußten Vorgängen stammen. Um solche Konflikte zu lösen, muß sich der Betreffende dieser unbewußten Prozesse *bewußt* werden oder Einsicht in sie erlangen. Daher werden die Therapiemethoden, die der folgende Abschnitt behandelt, auch als *Einsichtstherapien* bezeichnet. Die bekannteste aller psychodynamischen Therapien ist natürlich Freuds Psychoanalyse. Doch genau wie die Freudschen Persönlichkeitstheorien von den Neo-Freudianern und Ich-Analytikern revidiert wurden (siehe Kapitel 9), wurden auch die Therapiemethoden von seinen Nachfolgern modifiziert. Wir werden hier sowohl die "orthodoxen" Freudschen Therapietechniken als auch einige der späteren Modifikationen vorstellen.

Psychoanalyse

Die Psychoanalyse ist die therapeutische Technik, die Sigmund Freud auf der Grundlage seiner psychoanalytischen Persönlichkeitstheorie entwickelte. Freud nahm an, daß emotionale Schwierigkeiten zum Teil eine Folge der Verdrängung von Trieben, Gefühlen und Erinnerungen sind, und daß eine Bewußtwerdung dieser unbewußten seelischen Vorgänge die meisten Gefühlsstörungen beseitigen könnte. Zum Beispiel wird es als therapeutisch wirksam angesehen, wenn jemand erkennt, daß er mit seinem Lehrer überhaupt nicht zurechtkommen kann, weil noch ungelöste, unbewußte Konflikte mit dem Vater bestehen. Intellektuelle Einsicht in die Ursache der Symptome allein reicht aber nicht aus, sondern der Klient muß die Gefühle, die mit dem Ursprungskonflikt verbunden waren, noch einmal erleben und sie "durcharbeiten", wobei er sich mit allen Konsequenzen dieser Gefühle intensiv auseinandersetzen muß. So wird der Klient mit dem Lehrerproblem auch irgendwann einsehen, wie sehr *alle* seine Beziehungen zu Autoritätspersonen (Chefs, Polizisten, selbstbewußt auftretende Freunde) durch den unbewußten Ursprungskonflikt beeinträchtigt werden. In unserer Gesellschaft wird der offene Ausdruck von sexuellen oder aggressiven Gefühlen allgemein für unakzeptabel gehalten, und zwar bei Erwachsenen wie bei Kindern. Von klein auf wird uns beigebracht, solche Gefühle zu hemmen, zu unterdrücken und zu verdrängen. So kommt es, daß sexuelle und aggressive Gefühle das Hauptthema der Psychoanalyse sind.

Als erstes Ziel will die Psychoanalyse dem Klienten dabei helfen, den unbewußten Widerstand zu überwinden, der auftritt, wenn er sich an angsterzeugende Gedanken, Gefühle, Wünsche und Triebimpulse erinnern und sich diese bewußt machen soll. Freud entwickelte zur Überwindung des Widerstands eine Vielfalt von Techniken.

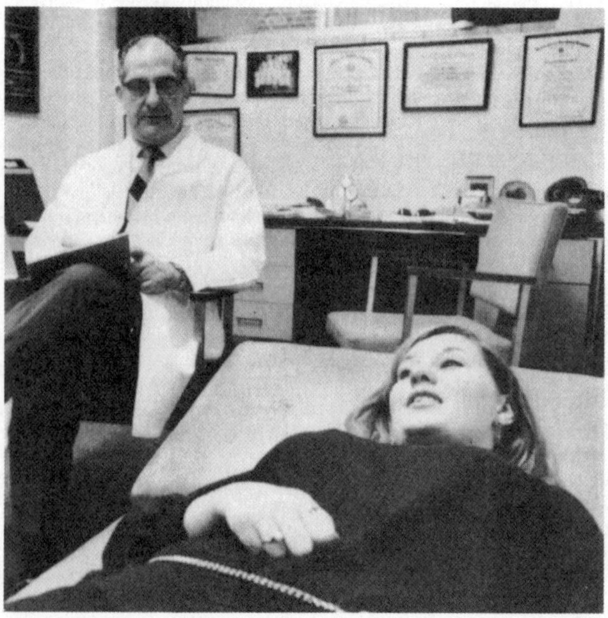

Bei der klassischen Psychoanalyse liegt der Patient bequem auf einer Couch, während der Therapeut außerhalb der Sicht des Klienten sitzt.

Die freie Assoziation

Zuerst versuchte Freud mittels Hypnose die Erinnerungen seiner Patienten wiederzuerwecken, aber leider kann nicht jeder Mensch hypnotisiert werden. Aus diesen und anderen Gründen führte er eine alternative Technik ein, die sogenannte *freie Assoziation*. Die Klienten werden angewiesen, alles und jedes, was ihnen in den Sinn kommt, auszusprechen, ihre Gedanken so frei wie möglich zu äußern und nichts zurückzuhalten, ganz egal wie banal oder schockierend es sein mag. Diese Grundregel der Analyse klingt relativ einfach, aber in Wirklichkeit finden es die meisten Leute extrem schwer, sich nicht darum zu kümmern, welchen Eindruck sie wohl auf andere Menschen -auch auf den Therapeuten- machen. Um die Klienten bei der freien Assoziation zu unterstützen, sollten sie sich auf eine Couch hinlegen, während Freud selbst außerhalb ihres Blickfeldes hinter ihnen saß. Diese Sitzanordnung erlaubte es den Patienten, ihre Gedanken frei wandern zu lassen und ihre Aufmerksamkeit nach innen zu richten, ohne sich ablenken zu lassen, z.B. von Blickkontakt. Außerdem befreite es den Analytiker von der Aufgabe, seine Mimik oder paralinguistischen Reaktionen auf das, was der Patient sagt, unter Kontrolle zu halten. Solche Reaktionen könnten als Urteile oder Bewertungen des Patienten interpretiert werden und sollten in der klassischen Analyse vermieden werden. In Freuds Fall bewahrte ihn die Idee mit der Couch außerdem davor, daß die Leute ihn den ganzen Tag lang direkt ansahen, was er angeblich nicht mochte.

Doch trotz der Couch gibt es häufig immer noch einen unbewußten Widerstand gegen die Grundregel der freien Assoziation, der zum "Blockieren" führen kann; der Patient weiß dann einfach nichts zu erzählen. Dies bringt natürlich Probleme mit sich, doch gleichzeitig erhält der Analytiker dadurch Hinweise, welche Bereiche und Konflikte besonders stark verdrängt werden, und es zeigt ihm den Weg für die weitere Exploration mit ergänzenden analytischen Methoden.

Symptomatische Handlungen

Freud glaubte an den "psychischen Determinismus", das heißt, im Grunde genommen kann jedes verbale und nonverbale Verhalten von psychologischer Bedeutung sein. Daher achtete er sehr auf "Fehlleistungen" wie Versprecher, Schreibfehler, Zuspätkommen zu Verabredungen und sogar auf scheinbare Zufälle, die er als mögliche Hinweise auf unbewußte Botschaften wertete. Ein kleines Beispiel: Finden Sie heraus, was die wahre Botschaft hinter dem kleinen Fehler in dieser Notiz ist: "Liebe Ruth, Deine Dinnerparty war ganz toll! Wir können es abwarten, Dich wiederzusehen." Ob wir nun den Namen oder den Geburtstag von jemand vergessen, bestimmte Formen von aggressivem Humor an den Tag legen oder ein geliehenes Werkzeug kaputt machen, all das könnte unbewußte Bedeutung haben.

Traumdeutung

Wie schon viele vor ihm, glaubte auch Freud, daß unsere Träume versteckte Bedeutungen haben, und so lag es für ihn nahe, diese für die Psychoanalyse zu verwerten. In seinem Buch *Die Traumdeutung* vertritt Freud die Ansicht, daß es zweckdienlich sei, Träume als Symbolisierung der unbewußten Konflikte und Wünsche des Träumenden (siehe Anhang D) anzusehen. Um Ängste zu vermeiden, die den Träumenden aufregen und aufwecken würden, sei die Traumbotschaft immer symbolisch verschlüsselt und nie klar und direkt. Diese anregende Idee hat inzwischen große Popularität gewonnen. Doch die symbolische Bedeutung der Traumelemente kann kaum interpretiert werden, ohne etwas über die assoziativen Verknüpfungen des Träumenden zu wissen. Es wurden viele "Traum-Bücher" herausgegeben, die vorgeben, Traumsymbole interpretieren zu können. Die Autoren dieser Machwerke neigen zu angeblich "Freudschen" Interpretationen und machen jeden spitzen Gegenstand in einem Traum zu einem Phallussymbol, jeden offenen Raum zu einem Vaginasymbol und jede lange Reise zu einem Todessymbol. In Wirklichkeit verbreiten solche Bücher eine völlig falsche Auslegung, denn obwohl Freud auch von der Existenz einer allgemeinen Traumsymbolik sprach, spürte er doch, daß jeder Mensch einzigartige Assoziationen hat, die zu höchst indivuellen Symbolen führen. Es ist die Aufgabe eines Analytikers, für jeden einzelnen Patienten die individuelle Bedeutung solcher Symbole zu entschlüsseln.

Nachdem der Klient oder die Klientin den Traum als solchen beschrieben hat (den **manifesten Inhalt**), fordert der Analytiker ihn oder sie dazu auf, zu den verschiedenen Elementen des Traumes frei zu assoziieren, um die verschlüsselte Bedeutung zu entdecken (den **latenten Inhalt**). Beispielsweise erzählte eine Frau, daß im Traum ein ihr unbekannter Mann ihr Auto gestohlen hat und dann durch einen Unfall getötet wurde - der manifeste Inhalt. Der latente Inhalt dieses Traumes war nicht gleich ersichtlich, wurde aber durch freies Assoziieren und das Wissen des Analytikers um die Persönlichkeitsdynamik dieser Klientin identifiziert. Der Analytiker erkannte in dem unbekannten Mann ein Symbol für den Ehemann der Klientin. Diese Frau kannte und verstand ihren Ehemann nicht besonders gut ("ihr unbekannt"); er nutzte sie sehr oft aus ("stahl ihr Auto"); und sie war sehr zornig auf ihn wegen seines manipulierenden Verhaltens ("er wurde getötet"). Ihre aggressiven Gefühle dem Ehemann gegenüber waren für die Patientin nicht akzeptierbar, und sie fürchtete sich davor, ihrem Ärger Ausdruck zu verleihen, weil sie glaubte, er würde sie dann verlassen. All das kam in maskierter Form in ihrem Traum heraus. Der Wert einer Traumanalyse steht und fällt mit der Richtigkeit der Übersetzung des manifesten Inhalts in den latenten Inhalt. Die wissenschaftlichen Belege zur Stützung der Unterscheidung zwischen manifestem und latentem Inhalt sind aber alles andere als überzeugend, und folglich bezweifeln viele Psychologen die Brauchbarkeit der Traumdeutung.

Analyse der Übertragung

Eine weitere, wichtige Informationsquelle über unbewußte Prozesse und Probleme liegt in der Beziehung zwischen dem Klienten und dem Analytiker. Freud glaubte, wenn der Analytiker (die Analytikerin) neutral bleibt, seine (ihre) Beurteilungen zurückhält und die Enthüllung persönlicher Informationen über sich vermeidet, würde der Klient eine Beziehung zu ihm (oder ihr) aufbauen, die in einigen wichtigen Punkten der Beziehung des Klienten zu seinen Eltern (oder anderen wichtigen Personen der Kindheit) sehr ähnlich wäre. Er vermutete weiterhin, daß der Klient die Gefühle, Konflikte und Probleme aus diesen frühen Beziehungen auf die neue Beziehung zum Analytiker "übertragen" würde, und somit eine Miniversion der Neurose entstünde. Das ist in diesem Fall zweckdienlich, denn die Gefühle und das Verhalten des Klienten gegenüber dem *Therapeuten* können jetzt analysiert werden und stellen gleichsam einen Schlüssel dazu dar, wie sich der Klient gegenüber wichtigen Personen seiner Vergangenheit gefühlt hat. Dieser Vorgang wird Analyse der **Übertragung** oder der **Übertragungsneurose** genannt. Nehmen wir an, ein Klient scheint recht "dünnhäutig" zu sein und faßt alles, was der Analytiker sagt, als Kritik auf. Daraus könnte der Analytiker schließen, daß der Klient entweder ungewöhnlich kritische Eltern hatte oder sich seine ganze Kindheit hindurch kritisiert *fühlte*.

Freud bemerkte das Übertragungsphänomen zum ersten Mal, als ihm klarwurde, daß die Patienten ihm Eigenschaften von Gott (oder dem Teufel) zuschrieben oder ihm ihre rasende Liebe gestanden. Die Übertragung wird als erwünscht, ja sogar notwendig, angesehen, aber sie ist nur ein vorübergehendes Ziel der Psychoanalyse. Sobald der Klient oder die Klientin beginnt, die bedeutsamen unbewußten Vorgänge zu verstehen, die sein oder Ihr Verhalten beeinträchtigen, gibt er oder sie die neurotische Abwehr auf. Und sowie die Abwehr nachläßt, ist die Übertragungsneurose verschwunden. Der Klient kann dann angemessener auf den Analytiker reagieren und zeigt nicht länger das Bedürfnis, sich gegen unbewußte Konflikte zu verteidigen.

Interpretation

Nach vielen Sitzungen, in denen der Analytiker seine "freiflottierende" Aufmerksamkeit aufrechterhält, Traumerzählungen und freien Assoziationen zuhört, "Versprecher" notiert und sich auf die Übertragung konzentriert, beginnt er wahrscheinlich, Hypothesen über die unbewußten Grundlagen der Probleme des Patienten zu erstellen. Aber der Analytiker muß noch weitergehen und dem *Klienten* irgendwie dabei Hilfestellung leisten, die mögliche unbewußte Bedeutung dessen zu verstehen, was der Klient sagt oder tut. Bei dieser schwierigen Aufgabe baut der Therapeut weitgehend auf *Interpretationen*. Wenn er zum Beispiel hört, wie sich eine Klientin darüber beklagt, daß ihre ältere Schwester früher häufig zu Verabredungen ausging, ohne vorher ihren Anteil an der Hausarbeit zu machen, könnte der Analytiker sagen: "Wissen Sie, ich frage mich, ob Ihr Ärger nicht zum Teil auch Eifersucht auf die Beliebtheit ihrer Schwester war."

Wenn sich ein Analytiker (eine Analytikerin) einer Interpretation schließlich relativ sicher ist, muß er (oder sie) entscheiden, wann er (oder sie) diese dem Klienten präsentieren soll. Wenn die Interpretation ausgesprochen wird, bevor der Klient fähig ist, sie zu akzeptieren, wird das Angst erzeugen, Abwehr wird eintreten, und der Klient unter Umständen sogar die Behandlung abbrechen. Im Idealfall sollte die Interpretation auf den Plan treten, wenn dem Patienten ein wichtiger Punkt schon im Bewußtsein "dämmert", aber er ihn noch nicht ganz genau fassen kann.

Im Gegensatz zu den herkömmlichen Klischees löst eine einzige richtige Interpretation noch lange nicht die Probleme des Patienten. Unbewußte Schwierigkeiten zeigen sich in der Regel in ganz verschiedenen Lebensbereichen, und wiederholte Interpretationen und Gespräche sind erforderlich, damit der Klient seine vielen verschiedenen Abwehrmethoden gegen diese Probleme aufgibt. Erst das *Durcharbeiten*, also die Interpretation und die beharrlichen Anstrengungen des Klienten, seinen Konflikt zu lösen, beseitigt das psychopathologische Problem.

Nachteile der Psychoanalyse

Nach heutigen Standards ist die klassische Psychoanalyse unökonomisch. Der Analytiker kann immer nur eine Person behandeln, und die Klienten kommen manchmal an bis zu fünf Tagen in der Woche für 45 bis 50 Minuten -eine "Sitzungsstunde"- zur Behandlung, und das über viele Jahre hinweg. Weil eine Analyse so viel Zeit in Anspruch nimmt, kann ein Analytiker im Laufe seines Berufslebens nur sehr wenige Menschen behandeln. Und weil der Analytiker eine lange und hochqualifizierte Ausbildung genossen hat und die Behandlung so zeitraubend ist, sind die Gesamtkosten für den Klienten sehr hoch. Die Kosten allein schließen viele potentielle Patienten von einer Psychoanalyse aus. Bei einigen Menschen, z.B. bei Kindern, ist die Psychoanalyse unwirksam oder ungeeignet, denn diese Patienten bringen für eine vorwiegend verbale Technik (noch) nicht die nötigen Voraussetzungen mit. Andere Patienten wiederum sind einfach zu gestört, um von der Behandlung zu profitieren. Die meisten Psychoanalysepatienten sind aus der Oberschicht oder der gehobenen Mittelschicht, aber inzwischen haben einige Psychoanalytiker versucht, ihren Behandlungsspielraum zu erweitern.

Neue Versionen der Psychoanalyse

Einerseits als Reaktion auf solche Schwierigkeiten wie die beschriebenen, andererseits aus theoretischen Gründen, wie sie in Kapitel 9 umrissen wurden, haben viele tiefenpsychologisch orientierte Therapeuten Freuds klassische Verfahrensweise abgeändert. Diese Korrekturen betrafen sowohl Änderungen im Detail, z.B. seltenere Sitzungen und eine Sitzanordnung von Angesicht zu Angesicht, als auch eine Verlagerung des Behandlungsschwerpunktes. *Analytisch orientierte* Therapeuten bieten heute den Klienten, die keine ausführlichere Behandlung benötigen (oder gar nicht davon profitieren könnten), eine weniger ausgedehnte unterstützende Therapie an. Die *Ich-Analytiker* konzentrieren sich weniger auf infantile Konflikte mit Sexualität und Aggression (das Es) und dafür mehr auf die angemessene Entwicklung der Ich-Funktionen eines Patienten, die schließlich zu einer selbstbestimmten Problemlösung führen soll. Patienten können ebenso Kinder wie Erwachsene sein, und die Behandlung kann für Familien und Gruppen ebenso wie für Einzelpersonen angeboten werden. Trotz der Kritik an den früheren, ursprünglichen Behandlungsformen haben diese ganzen Veränderungen sehr dazu beigetragen, den dynamischen Ansatz zur Behandlung psychopathologischer Erscheinungen am Leben zu erhalten.

In dieser Hinsicht war die Anpassung der Psychoanalyse an eine Gruppen- oder Familiensituation besonders wichtig. Die Gruppentherapie kam erst nach dem 2. Weltkrieg auf, vielleicht, weil zu viele psychisch Verwundete aus dem Feld nach Hause kamen, als daß man sie alle einzeln hätte behandeln können. Durch die Gruppentherapie können mehr Menschen (am günstigsten sind 8 bis 10) gleichzeitig behandelt werden. Aber diese ökonomische Effizienz ist nicht der einzige Vorteil. Vorausgesetzt sie wird von einem kompetenten Leiter geführt, dann kann die Gruppenpsychotherapie einem Klienten Erfahrungen eröffnen, die in einer Einzelsituation nur schwer herzustellen wären.

Herauszufinden, daß andere Leute "im selben Boot" sitzen, kann bei der Gruppentherapie dem Einzelnen helfen, seine Probleme zu bewältigen. Die meisten Gruppenleiter verwenden Techniken, die die ehrliche Kommunikation unter den Gruppenmitgliedern fördern.

Zum einen glauben die Menschen im allgemeinen, daß nur sie allein diese Probleme hätten, und ihre Probleme schlimmer sind, als die von irgendjemand sonst. In einer Gruppe müssen sie häufig feststellen, daß andere durchaus ähnliche Probleme haben. Zweitens bekommt ein Gruppenmitglied aus mehreren Blickwinkeln Rückmeldung (Feedback) darüber, wie er oder sie auf andere wirkt. Dieses Feedback von mehreren übt einen stärkeren Einfluß aus, als er vom Therapeuten allein jemals ausgehen könnte. Weiterhin können Gruppen ihre Erfahrungen zusammentragen und ein Mitglied dazu ermutigen, neue Problemlösungen zu wagen. Drittens erfüllen die Gruppenmitglieder gegenseitig ihre Bedürfnisse, und dieses Helfen hat oft auch einen therapeutischen Effekt auf den Helfenden. Und schließlich kann der Einzelne neue Verhaltensweisen gegenüber anderen in der relativ sicheren, akzeptierenden Atmosphäre der vertrauten Gruppe ausprobieren.

Eine weitere Form der Gruppentherapie, die auch oft tiefenpsychologisch orientiert ausgeführt wird, ist die Familientherapie. Häufig sind die Probleme eines Klienten in pathologische Interaktionen innerhalb seiner Familie eingebettet. Auch wenn der Therapeut dem Klienten mit einer Einzeltherapie helfen könnte, würde das Familienleben weiterhin die alten, unangemessenen Verhaltensweisen unterstützen. In diesen Fällen bewegen sich die Familientherapeuten weg von der Arbeit mit der Person, die als Patient in Behandlung kommt (Primärpatient), hin zur Arbeit mit der ganzen Familie, um deren Interaktionsweisen zu verändern.

Das erste Ziel des Therapeuten ist es zu bestimmen, was jedes einzelne Familienmitglied als die Probleme in der Familie ansieht und was jeder einzelne durch die Therapie zu erreichen hofft. Der Therapeut legt dann fest, in welcher Beziehung das Ursprungssymptom zu dem Familiennetzwerk steht, und wie die Familie ein Gleichgewicht unter ihren Mitgliedern aufrechterhält. Familienregeln werden aufgedeckt. Einige sind offensichtlich, z.B. wann die Familie in der Regel ins Bett geht und wer immer den Mülleimer runterträgt, doch einige sind verdeckt, z.B. "laß' Vati mit Deinen Problemen in Ruhe; er ist zu beschäftigt." Ein Familienmitglied wird zum Sündenbock abgestempelt (häufig der Symptomträger), als ob er oder sie alle Probleme dieser Familie hätte. Der Familientherapeut bemüht sich dann, (1) die Kommunikation innerhalb der Familie zu verbessern, (2) Autonomie und Einfühlung unter den Familienmitgliedern zu verstärken, (3) der Familie bei der Entwicklung neuer Möglichkeiten der Entscheidungsfindung zu helfen, und (4) die Konfliktlösung zu erleichtern.

Eine weitere Form der tiefenpsychologischen Gruppentherapie ist das sogenannte *Psychodrama*. Das Psychodrama hat eine lange Vergangenheit in der Geschichte der Gruppentherapie, und wir werden einige Aspekte daraus später bei den verhaltenstherapeutischen und den phänomenologischen Versionen der Gruppentherapie wiederfinden.

Beim Psychodrama erklärt sich ein Gruppenmitglied dazu bereit, den "Protagonisten" zu spielen (die Hauptfigur eines Dramas), der normalerweise ein Problem bei zwischenmenschlichen Beziehungen schildert. Andere Gruppenmitglieder (einschließlich des Therapeuten) spielen andere Rollen in dem Drama, verkörpern einzelne Aspekte der Persönlichkeit des Protagonisten oder beobachten nur als Publikum. Weil die Situation nicht real ist, und die Leute, mit denen der Protagonist Schwierigkeiten hat, nicht wirklich anwesend sind, fühlt sich der Klient weniger bedroht und ist eher fähig, seine Gefühle frei auszudrücken und mit größerer Spontaneität zu reagieren. Alternative Problemlösungen können in dem Drama völlig gefahrlos ausprobiert werden. Nicht selten kommt es vor, daß Zuschauer mit ähnlichen Problemen gefühlsmäßig ganz genauso in das Drama verwickelt werden, wie der Protagonist.

VERHALTENSTHERAPIEN UND KOGNITIVE VERHALTENSTHERAPIEN (VERHALTENSMODIFIKATION)

Die Verhaltenstherapien und kognitiven Verhaltenstherapien haben ihren Ursprung in den experimentell gefundenen Lernprinzipien (siehe Kapitel 4 und 5). Die Verhaltenstheoretiker und kognitiven Verhaltenstheoretiker glauben, daß auffälliges Verhalten denselben Regeln folgt wie "normales" Verhalten, daß es also erlernt ist und verstärkt, gelöscht oder bestraft werden kann. Die frühen Behavioristen konzentrierten sich ganz auf das direkt beobachtbare Verhalten, während sie die kognitiven Prozesse, die dieses Verhalten begleiten, praktisch ignorierten. In letzter Zeit legten die kognitiven Behavioristen jedoch den Schwerpunkt auf nicht angepaßte "verdeckte Verhaltensweisen" oder Gedanken, die einer Modifizierung bedürfen, um so mit vielen Formen von psychischen Störungen angemessen umgehen zu können.

Historischer Hintergrund

Die Verhaltenstherapie, oft auch Verhaltensmodifikation genannt (siehe Tabelle 4-4), entwickelte sich als Gegenreaktion auf die traditionellen tiefenpsychologischen Therapien. Die frühen Behavioristen kritisierten an den Psychoanalytikern, daß sie sich vor allem mit schwer meßbaren, unbewußten Verhaltensdeterminanten befaßten und auf subjektive Interpretationen vertrauten. Stattdessen schlugen sie vor, die exakten Maßstäbe der Laborforschung auch auf psychologische Behandlungen anzuwenden. Das bedeutete für sie nichts anderes, als das Konzept des Unbewußten zu verwerfen und sich auf das direkt beobachtbare Verhalten zu konzentrieren. Ihr Ziel wurde die direkte und unmittelbare Beseitigung des Problemverhaltens eines Patienten. Auch die Behavioristen sahen die Notwendigkeit ein, daß man zur Behandlung die Ursachen einer Störung kennen und verstehen muß; sie forschten aber nach diesen Ursachen nicht in Träumen oder freien Assoziationen, sondern in der Lerngeschichte des Patienten.

Wie wir schon in Kapitel 1 festgestellt haben, war John B. Watson der erste Verfechter der Verhaltenstheorie. Seine Studie, die er 1920 gemeinsam mit Raynor zur Konditionierung des kleinen Albert durchführte, wird immer wieder als empirischer Test zu Watsons Theorie des Verhaltens und der emotionalen Entwicklung zitiert. Wie berichtet, konditionierte Watson dem 11 Monate alten Albert die Furcht vor einer weißen Ratte an, indem er jedesmal, wenn Albert die Ratte berührte, ein lautes, erschreckendes Geräusch machte. Nach mehrmaliger, gleichzeitiger Darbietung von Tier und Geräusch reagierte Albert mit Weinen und Vermeidungsverhalten, wenn die Ratte allein dargeboten wurde. Auch nach 5 Tagen reagierte Albert noch mit einer starken Angstreaktion auf die Ratte. Interessanterweise reagierte er auch ängstlich auf einen Hasen, einen Hund und einen Pelzmantel; außerdem zeigte er eine deutlich negative Reaktion auf eine Nikolausmaske mit weißem Bart und auf das Haar von Watson. Auf eine Packung mit weißer Baumwolle reagierte er ebenfalls leicht negativ. Hingegen hatte er überhaupt keine Angst vor Dingen, die in keinem Bezug zu der Ratte standen, beispielsweise Holzklötzchen oder das Haar von Watsons Assistenten. Für Watson und viele andere Behavioristen beweist die Studie mit dem kleinen Albert, daß Phobien erlernt sein können und -wie die Reaktion des Kindes auf Dinge zeigt, die in einem Zusammenhang mit der Ratte stehen-, die Prinzipien der Reizgeneralisierung auf sie angewendet werden können. Obwohl diese originelle Studie vielleicht gar nicht die gewaltige Überzeugungskraft hat, die anfangs von ihr ausging (Harris, 1979), stellt sie doch ganz sicher einen der Faktoren dar, die das Interesse an der lerntheoretischen Auffassung psychopathologischer Phänomene anregten.

1924 folgerte die Kindertherapeutin Mary Cover Jones aus der Studie mit dem kleinen Albert: Wenn Watson kleinen Kindern Ängste ankonditionieren konnte, können solche Ängste auch wieder “abkonditioniert” werden. Watson selbst diente ihr dann als Berater bei der Behandlung ihres bekanntesten Klienten Peter, der von sich aus ähnliche Ängste hatte, wie sie dem kleinen Albert ankonditioniert wurden. Die Behandlung von Peters Furcht vor Kaninchen mit “direkter Konditionierung” hat viel Ähnlichkeit mit den Verfahren, die wir später als Desensibilisierung und Modellernen diskutieren werden. Das Ziel war, Peter zu *lehren,* trotz Anwesenheit von Kaninchen entspannt zu sein. Das Kind wurde in einen hohen Stuhl gesetzt und bekam sein Lieblingsessen. Dann wurde ein Kaninchen in einem Drahtkäfig neben das Kind gestellt, bei jeder Sitzung näher und näher, solange wie die Anwesenheit des Tieres Peters Wohlbehagen und Essen nicht störte. Gelegentlich wurden auch andere Kinder, die keine Furcht vor Kaninchen kannten, zu den Behandlungssitzungen mitgebracht, damit Peter deren fuchtlose Reaktionen auf das Tier beobachten konnte. Am Ende konnte Peter das Kaninchen streicheln, ohne Angst zu haben. Daraus schloß Frau Jones, daß ihre Behandlung erfolgreich war, und hob in ihren weiteren Arbeiten immer die potentielle Bedeutung des verhaltenstheoretischen Behandlungsansatzes hervor.

“Also der Freud soll erst mal seinen Femina-Komplex sublimieren ehe er uns mit seinem Kastrationsdings vor der Nase rumfuchtelt.”

“...aber sehen Sie doch, Harvey,...immerhin haben Sie endlich angefangen, der Realität ins Auge zu blicken!”

Eine weitere frühe Anwendung der Konditionierungsmethoden auf die Behandlung von Verhaltensstörungen wurde 1938 von O.H.Mowrer beschrieben, der eine klassische Konditionierungsmethode entwickelte, um Enuresis (Bettnässen) zu beseitigen. Enuresis wurde von den Psychoanalytikern lange Zeit als Symptom einer zugrundeliegenden tiefenpsychologischen Störung angesehen, aber Mowrers Behandlungsansatz konzentrierte sich ganz auf das Problemverhalten selbst. Er installierte im Bett des Kindes eine Vorrichtung, die schon beim kleinsten Tröpfchen Urin einen Alarm auslöst (das sog. Klingelbett). Das Alarmgeräusch weckt das Kind, damit es zur Toilette gehen kann. Mowrer hatte vermutet, der Reiz der vollen Blase würde eventuell mit der Reaktion des Erwachens und der Hemmung des Harndrangs verknüpft (konditioniert). Er hatte recht, und dieses Behandlungsprinzip wird auch heute noch viel angewandt.(*)

Obwohl zwischen 1920 und 1950 noch viele andere Fallstudien mit verhaltensorientierter Behandlung veröffentlicht wurden, dauerte es noch bis in die 50er und 60er Jahre, bis sich die Verhaltenstherapie als Alternative zu den Einsichtstherapien klar etablierte. Die Verhaltenstherapie gewann an Popularität durch immer mehr Klinik- und Laborforschung über das Lernen, durch den Nachweis, daß Skinners Verfahren der operanten Konditionierung auch zur Veränderung des schwer gestörten Verhaltens von hospitalisierten Schizophrenen genutzt werden kann, und durch die sich häufende Kritik an der Effektivität der traditionellen Psychotherapie. Viele, die von den frühen Formen der Verhaltensbehandlung noch nicht zu überzeugen waren, weil diese die kognitiven Faktoren einfach überging, ließen sich durch den Ansatz des prominenten Behavioristen Albert Bandura dann doch einnehmen. Bandura betonte, daß menschliches Verhalten nicht nur von klassischen und operanten Konditionierungsvorgängen, sondern auch durch kognitive Vermittlungsprozesse gesteuert wird. Er machte daher die Gedanken - ebenso wie das von außen beobachtbare Verhalten- zum Mittelpunkt der Verhaltenstherapie. Obwohl einige radikale Behavioristen auch heute noch Begriffe wie “innerpsychische Vorgänge” und “Gedankenwelt” in das Reich der Psychoanalyse verweisen, ist die kognitive Verhaltenstherapie ein rasch wachsendes Gebiet in Forschung und Therapie.

* Anm.d.Ü.: Inzwischen hat man aber auch viele Nachteile dieses Klingelbetts erkannt. Es kann nicht ohne schädigende Folgen bleiben, ein Kind (auch ein Schulkind) dauernd nachts aus dem Schlaf und aus den Träumen zu reißen. Die Kinder werden übermüdet und nervös, Schulleistungen sinken folglich ab.

Verhaltenstherapeutische Techniken

Systematische Desensibilisierung

In den späten 50er Jahren veröffentlichte der Psychiater Joseph Wolpe ein Buch über die erfolgreiche Anwendung der klassischen Konditionierung in der Psychotherapie, besonders bei der Behandlung von Angststörungen und Neurosen. Wolpe stimmte mit Watson darin überein, daß neurotische Gewohnheiten durch die Verknüpfung neutraler Reize mit einer Angstreaktion entstehen und erlernt sind (wie beim kleinen Albert). Die Angstreaktion setzt sich zusammen aus einem subjektiven Gefühl und einer physiologischer Anspannung. Wolpe nahm an, daß dann, wenn man eine Reaktion, die mit Angst unvereinbar ist (beispielsweise Entspannung, sexuelle Erregung oder Selbstbehauptung), in Anwesenheit der angstbesetzten Reize erzeugen könnte, die Verknüpfung zwischen Reiz und der Angst abgeschwächt würde (wie bei Peter). Eine solche Paarung von gegensätzlichen Reaktionen (Angst und Entspannung) nennt man *reziproke Hemmung*.

Die wichtigste Therapiemethode, die Wolpe entwickelte, wurde **systematische Desensibilisierung** genannt und basiert auf dieser reziproken Hemmung. Die erste Stufe einer Desensibilisierung besteht darin, diejenigen Reize zu ermitteln, welche zu einer Angstreaktion führen. Aus Gesprächen mit dem Klienten wird eine Hierarchie der angsterzeugenden Reize erstellt, die von Situationen mit sehr geringer Furcht bis zu solchen, die ganz intensive Angst auslösen, reicht. Beachten Sie hierbei, daß der Therapeut nur die unmittelbare Ursache des Problems sucht (die angsterzeugenden Reize), und sich nicht für irgendwelche tieferen oder unbewußten Ursachen interessiert. Dahinter steckt die Annahme, daß man gegen solche vagen Ursachen nur sehr wenig, aber gegen die unmittelbaren sehr viel tun kann.

Schon während die Hierarchie noch erstellt wird, beginnt das **Entspannungstraining**. Wolpe benutzte Muskelentspannungsmethoden, bei denen der Klient erlernt, sich bestimmter Muskelgruppen im ganzen Körper bewußt zu werden und diese zu beherrschen, indem jeder einzelne Muskel abwechselnd angespannt und entspannt wird. Tiefes und langsames Atmen, verbunden mit der Entspannung von zunehmend mehr Muskelgruppen, kann zu einem sehr tiefen Entspannungszustand führen.

Zu Beginn der eigentlichen Desensibilisierung entspannt sich der Klient und wird dann angewiesen, sich die am wenigsten bedrohliche Situation seiner Angsthierarchie vorzustellen. Sowie der Klient bei der Vorstellung der Szene irgendwelche Angst verspürt, gibt er ein abgemachtes Zeichen, und die Szene wird abgebrochen. Dann wird es mit einer kürzeren, vielleicht auch weniger furchterregenden Version diese Situation noch einmal versucht. Wenn er sich eine Szene mehrmals ohne Angst vorstellen kann, wird der Klient gebeten, sich die nächsthöhere Szene aus der Angsthierarchie vor Augen zu führen. Weil sich die mit der einen Situation erfahrene Entspannung langsam auf die anderen Situationen überträgt, kann die nächste Szene als etwas weniger "stressig" empfunden werden. Trotzdem wird jede Szene mit derselben Sorgfalt behandelt wie die erste. Wenn der Klient die ganze Liste von Situationen vollständig entspannt durchgehen kann, stellt er in der Regel fest, daß das Fehlen von Angst gegenüber einem vorgestellten Reiz generalisiert und dazu führt, daß er auch keine Angst mehr vor der "Realität" empfindet. Diese Verbesserung wird oft noch durch eine *in-vivo*-Desensibilisierung (angstbesetzte Gegenstände und Situationen sind wirklich vorhanden) gefestigt, wobei der Therapeut dem Klienten hilft, die tatsächliche, gefürchtete Situation "durchzustehen". Im Fall einer Autofahr-Phobie würde der Therapeut den Klienten im Auto erst bei kurzen, dann bei längeren Fahrten begleiten, ihn bei der Bewältigung der Angst unterstützen und ihm dabei helfen, jedes auftauchende Angstgefühl schnell unter Kontrolle zu bringen. Später macht der Klient solche praktischen Übungen alleine (Siehe auch Fundgrube 12-1).

Positive Verstärkung und Shaping

Die klinischen Anwendungen der positiven Verstärkung und des Shapings (Verhaltensformung) stammen von den grundlegenden Prinzipien des operanten Konditionierens. Wie wir in Kapitel 4 schon gesehen haben, bedeutet Shaping die Verstärkung von einzelnen Komponenten einer komplexen Verhaltenssequenz mit dem Ziel, die gesamte Sequenz zu lehren. Shaping wurde zum Beispiel bei Konzentrationsschwäche angewandt, die ein häufiger Grund für Störungen im Unterricht und schlechte schulische Leistungen ist. Statt sich auf die vermuteten zugrundeliegenden Ursachen der Störung zu konzentrieren, kann der Therapeut das Kind für seine Aufmerksamkeit belohnen, z.B. mit einem kleinen Preis. Falls der längste Zeitraum, über den ein Kind aufmerksam lernen kann, ohne sich ablenken zu lassen, zum Beispiel eine Minute beträgt, so wird das Kind zunächst am Ende jeder Minute, die es sich wirklich auf seine Arbeit konzentriert hat, belohnt. Sowie sich das Kind an dieses Verfahren gewöhnt hat (vielleicht nach ein paar Tagen), werden die Anforderungen erhöht. Das Kind wird dann nur noch nach mindestens 2-minütiger Aufmerksamkeit belohnt. Die Dauer der Lernzeiten wird schrittweise erhöht, bis das Kind eine halbe Stunde oder mehr ohne Unterbrechung lernen kann. Durch wohlüberlegten Einsatz von Verstärkern kann ein Therapeut das erwünschte Verhalten aus einem bescheidenen Anfang herausbilden. Wenn die neuen Verhaltensweisen erst ein-

FUNDGRUBE 12-1

Desensibilisierung einer Akrophobie (Höhenangst)

Die systematische Desensibilisierung ist gut geeigent für jeden, der in einer ganz bestimmten Situation ängstlich ist. Prüfungsängste, Angst, vor großem Publikum zu sprechen, oder Phobien -all dies wurde schon mit einem Desensibilisierungstraining erfolgreich behandelt. Die erste Stufe des Verfahrens ist die Erstellung einer Angsthierarchie, also einer Liste von verschiedenen Situationen und Szenen, beginnend mit der am wenigsten, endend mit der am meisten angsterzeugenden Szene.

Die folgende Hierarchie diente zur Behandlung eines Akrophobikers mittleren Alters (Rimm & Masters, 1979).

1. Sie wollen gerade anfangen, eine Leiter hinaufzusteigen. Ihre Hände sind an den Außenseiten der Leiter, ihr rechter Fuß steht auf der ersten Sprosse.
2. Sie stehen auf halber Höhe der Leiter und schauen herunter auf die Wiese unter Ihnen.
3. Sie fahren im Auto. Die Straße beginnt anzusteigen.
4. Sie fahren eine Küstenstraße entlang mit einem Steilabhang zu ihrer rechten.
5. Sie stehen etwa 2 Meter entfernt vom Rand einer Klippe am Meer.
6. Sie fahren auf den Gipfel eines hohen Berges zu.
7. Sie sitzen in einem Verkehrsflugzeug kurz vor dem Abheben.
8. Sie sitzen in einem Verkehrsflugzeug in der Höhe von 10000 Metern.
9. Bei 10000 Metern stößt das Flugzeug auf beträchtliche Windturbulenzen.
10. Sie sind ungefähr 60 cm vom Rand der Klippe entfernt und sehen nach unten.
11. Sie ersteigen einen hohen Wasserbehälter und sind jetzt ungefähr 3 m über dem Boden.
12. Sie befinden sich jetzt 6 m über dem Boden auf dem Wasserbehälter.
13. Sie stehen jetzt auf einem schmalen Steg an diesem Wasserbehälter und streichen den Tank.

Diese Szenen wurden von dem Klienten selbst -entsprechend dem Grad an Angst, welche die Vorstellung auslöst- geordnet. Die Therapie beginnt mit Entspannung und Vorstellung der ersten Szene. Der Klient versucht währenddessen, entspannt zu bleiben. Verspürt der Klient einen Anflug von Angst, gibt er dem Therapeuten ein Zeichen und stoppt die Vorstellung der Szene. Die Entspannung wird erneut hergestellt. Das geht so weiter, bis der Klient Szene 1 ohne Unbehagen erleben kann. Als nächstes wiederholen Therapeut und Klient den Vorgang mit Szene 2. Über eine Reihe von Sitzungen hinweg lernt der Klient sich zu entspannen und bei keiner der folgenden Hierarchiestufen Angst zu haben. Dieses Verfahren half dem Klienten erfolgreich seine Akrophobie zu überwinden. Befürworter der systematischen Desensibilisierung haben die klinische Literatur durchgesehen und behaupten eine Erfolgsquote von bis zu 90% für diese Therapiemethode (zum Beispiel Leitenberg, 1976) mal gefestigt sind, können die künstlichen externen Belohnungen zurückgezogen werden, weil dann soziale Verstärkung (z.B. Lob, das gute Gefühl, eine Leistung vollbracht zu haben, gute Noten) wahrscheinlich das verbesserte Verhalten aufrechterhalten.

Wie bereits erwähnt, war die positive Verstärkung in einigen Fällen von schweren psychopathologischen Erscheinungen erstaunlich effektiv. Autistische Kinder können sogar dazu gebracht werden, mit anderen zu sprechen, wenn sie im richtigen Moment verstärkt werden. Das Verhalten von hospitalisierten schizophrenen Erwachsenen kann verändert werden, indem man sie belohnt, wenn sie mit anderen Patienten sprechen, Körperpflege betreiben oder ihre Betten selber machen. Das Krankenhauspersonal benutzt entweder Zigaretten oder Süßigkeiten als Belohnung, oder verteilt Gutscheine, die gegen bestimmte erwünschte Vergünstigungen eingetauscht werden können. Einige psychiatrische Kliniken stellen ein umfassendes "Token Economy" (zu deutsch: "Münzsystem") Behandlungsprogramm auf, bei dem operante Verfahren auf das Verhalten aller Patienten einer bestimmten Station angewendet werden (siehe auch Kapitel 4). Ein Patient auf einer Station, die ein Münzverstärkungsprogramm durchführt, kann nur durch das Verdienen von "Tokens" (Gutscheine oder Münzen) Vergünstigungen erwerben (zum Beispiel Fernsehen, Süßigkeiten, Wochenendausgang). Diese Programme haben sehr dazu beigetragen, die Probleme mit der *Institutionalisierung* (Folgen der Anstaltsunterbringung) zu reduzieren.

Dieser Begriff bezieht sich auf das passive, abhängige Verhalten des "musterhaften" Patienten, der niemand belästigt, der immer tut, was er tun soll, der aber nichts mehr unternimmt, damit es ihm besser geht, meistens weil von ihm oder ihr so wenig erwartet wird. In ganz extremen Fällen von Institutionalisierung ziehen sich die Patienten vollständig aus der realen Welt zurück und müssen gewikkelt und gefüttert werden. Auf Stationen mit einem Token Economy Programm sind solche Verhaltensweisen selten. Das Verfahren wurde auch mit Erfolg in Anstalten für geistig Behinderte, in Gefängnissen und im Schulunterricht eingeführt -allerdings nicht ohne Kritik. (Siehe auch Fundgrube 12-2).

Die Gegner dieses Verfahrens beklagen, daß ein Münzverstärkungsprogramm die Betroffenen entwürdigt. Obwohl es sicherlich Fälle gab, bei denen ein solches Programm nicht richtig eingesetzt oder sogar mißbraucht wurde, ist die Grundidee doch sehr brauchbar und kann zur Besserung eines großen Spektrums auffälligen Verhaltens sehr hilfreich sein. Jedoch müssen alle Behandlungsmethoden, ob nun verhaltenstherapeutisch oder nicht, sorgfältig geplant und durchgeführt werden. Alle Beteiligten müssen sich bemühen sicherzustellen, daß die Patienten auch wirklich den maximalen Nutzen aus der Behandlung ziehen. Im nächsten Abschnitt stellen wir eine weitere, etwas umstrittene und oft mißverstandene verhaltenstherapeutische Behandlungsmethode vor, Bestrafung und aversives Konditionieren.

FUNDGRUBE 12-2

Vom Umgang mit chronischem Schmerz: Ein neuer verhaltenstherapeutischer Ansatz für ein altes Problem

Eine neuartige Anwendung der Verstärkungstheorie wurde in neueren Arbeiten über den Umgang mit chronischem Schmerz gefunden. Viele Leute mit chronischen Schmerzen sind im allgemeinen einer psychologischen Interpretation ihrer Beschwerden nicht zugänglich und folglich können sie mit einsichtsorientierten Therapien nicht behandelt werden. Vielmehr werden ihre Probleme immer noch komplizierter, weil die Patienten zahllose Medikamente (oft stark suchterzeugende Substanzen) eingenommen haben. In der Regel erfordern Schmerztherapien die Krankenhauseinweisung der Patienten, um einen Entzug von diesen Tabletten durchzuführen und ihnen angemessenere Reaktionen auf den Schmerz zu zeigen. So ein Programm wendet gewöhnlich die folgenden Verfahren an:

1. Zur Ergänzung des Medikamentenentzugs muß der Patient oder die Patientin eine Liste aller Medikamente und Dosierungen erstellen, die er bzw. sie eingenommen hat (auch Aspirin). Diese Substanzen werden zu einer einzigen Medizin zusammengemischt, die vom Aussehen und Geschmack her neutral ist (ein sogenannter "Schmerzcocktail". Diese Schmerzcocktails werden nach einem Intervallplan (siehe Kapitel 4) verabreicht, unabhängig davon, ob der Betreffende Schmerz empfindet. Diese Technik schwächt die Verknüpfung zwischen den Medikamenten und der Erleichterung der Schmerzen. Die wirksamen Bestandteile des Schmerzcocktails werden jede Woche reduziert, bis überhaupt keine mehr in der Flüssigkeit enthalten sind.
2. Die Schmerzreaktion des Patienten wird gemäß den Prinzipien des Lernens, der Verstärkung und der Löschung modifiziert. Das Personal wird trainiert, Schmerzbeschwerden zu ignorieren und angepaßtes Verhalten, z.B. körperliche Aktivität und Arbeit, positiv zu verstärken.

Verhaltenstherapeutische Schmerztherapien wurden für das effektivste Mittel zur Veränderung der Schmerzreaktion und zur Reduzierung der Medikamentenabhängigkeit von chronischen Schmerzpatienten befunden.

Bestrafung und Aversionstherapie

Bestrafung und andere aversive Techniken haben eine lange Geschichte und wurden von je her mit dem Ziel eingesetzt, das Verhalten eines Menschen zu verändern (siehe Kapitel 4). Bei den alten Römern empfahlen die Ärzte, zur Abschreckung bei Alkoholmißbrauch Schlangen oder andere unangenehme Sachen in die Weinkrüge zu legen. Verbrecher ins Gefängnis zu schicken und Kinder zu schlagen sind andere geläufige Beispiele. Die Verhaltenstherapie benutzt ähnliche Verfahren. In der Regel werden die Klienten für unangemessene Verhaltensweisen bestraft, oder solches Verhalten wird mit unangenehmen Reizen gepaart (ähnlich wie beim kleinen Albert).

Bei der B*estrafung* wird ein unangenehmer Stimulus (ein lautes Geräusch oder ein leichter Elektroschock) verabreicht, sobald ein bestimmtes unerwünschtes Verhalten (z.B. auf den Boden urinieren) auftritt. Dies senkt die Wahrscheinlichkeit, daß das bestrafte Verhalten sich wiederholt, und kann die Gelegenheit geben, alternative Reaktionen (z.B. nach der Toilette zu fragen) zu lehren und zu belohnen. Tatsächlich funktioniert die Bestrafung am besten, wenn sie mit der Belohnung für ein erwünschtes Verhalten gekoppelt wird. Das Prinzip der Bestrafung steht auch hinter der einfachen Methode, die manche Leute anwenden, wenn sie versuchen, mit Rauchen aufzuhören: Sie lassen ein Gummiband auf ihr Handgelenk schnalzen, sobald sie Schmacht nach einer Zigarette haben.

Die *Aversionstherapie* basiert auf den Prinzipien des klassischen Konditionierens mittels eines aversiven oder unangenehmen UCS (siehe Kapitel 4). Die Therapie verknüpft die unerwünschte Reaktion mit einem unangenehmen Reiz. Beispielsweise wird ein Alkoholiker angehalten, kurz bevor ihm übel wird (durch ein Medikament, das er vorher eingenommen hat) noch Alkohol zu trinken. Dahinter steht die Absicht, daß der Betroffene Alkohol mit sehr negativen statt sehr positiven Gefühlen assoziiert.

Um den Unterschied zwischen Bestrafung und Aversionstherapie zu verdeutlichen, betrachten wir uns einen sehr übergewichtigen Patienten, der zur Verhaltenstherapie in eine Klinik kommt. Diäten und Bewegungsprogramme haben nichts genutzt, und danach kann nur noch die Chirurgie helfen. Falls hier die Bestrafung zur Anwendung kommen sollte, würde der Patient immer dann, wenn er unerwünschte Eßreaktionen zeigt (z.B. in der Cafeteria nach einem sehr kalorienhaltigen Nachtisch greift) einem sehr unangenehmen Reiz ausgesetzt. Beim aversiven Konditionieren könnte man dem Patienten Bilder von Lebensmitteln mit vielen Kalorien zeigen und ihm bei jedem Bild einen Elektroschock versetzen. Erscheinen Bilder von gesunden kalorienarmen Lebensmitteln, hört der Elektroschock auf, oder man könnte angenehme Musik ertönen lassen.

Obwohl das Prinzip der Bestrafung in unserer Gesellschaft überall vorhanden ist, oder gerade deswegen, wurden die Verhaltenstherapeuten für ihre systematische Anwendung dieser Verfahren in der Therapie scharf kritisiert. Die Frage ist, ob -oder ob nicht- ein Klient Entbehrung und Unbehagen als Teil einer Therapie erleben sollte, wenn diese Entbehrungen doch letztlich dabei hilfreich sind, die Probleme des Patienten zu beseitigen.

Dies ist eine sehr heikle ethische Frage. Die meisten Verhaltenstherapeuten stimmen darin überein, daß Bestrafung und Aversionstherapie nur angewendet werden sollten, wenn andere Methoden nicht verfügbar, nicht geeignet oder gescheitert sind, und auch dann nur für die kürzest mögliche Dauer. Demzufolge erscheinen diese beiden Techniken nur in Fällen von sehr schwer zu ändernden Verhaltensweisen (z.B. Sucht), in Fällen von lebensbedrohlichen Situationen (z.B. schwere Anorexie), oder wenn ein Verhalten so massiv gestört ist, daß keine belohnungswürdigen Verhaltensweisen auftreten. Wir sollten auch noch darauf hinweisen, daß diese Methoden fast nur in Verbindung mit positiver Verstärkung oder anderen reaktionsbekräftigenden Methoden angewandt wird. Der Therapeut will nämlich dem Klienten dabei helfen zu lernen, was er tun *soll*, und nicht, was er *nicht* tun soll.

Die Meinungsverschiedenheiten über Bestrafung und Aversionstherapie sind besonders heftig, wenn es um Kinder als Klienten geht. Die Vorstellung, Kinder Elektroschocks auszusetzen, ist den meisten Leuten zuwider, aber es ist nun einmal eine Tatsache, daß manche autistischen, psychotischen und schwer retardierten Kinder ein selbstzerstörerisches Verhalten zeigen (z.B. mit dem Kopf an die Wand schlagen), das auch lebensbedrohlich sein kann. Die

"Heute versuchen wir's mal mit der Aversionstherapie. Jedesmal, wenn Sie etwas Blödes sagen, werde ich Ihnen einen Eimer Wasser über den Kopf schütten."

Basiert dieses Beispiel einer Aversionstherapie auf klassischem oder auf instrumentellem Konditionieren?

Alternative zur Bestrafung (die nachweislich solches Verhalten beseitigen kann) ist vielleicht noch weniger wünschenswert: Die Kinder an Armen, Beinen und Kopf an ein Bett oder einen Stuhl fesseln, damit sie sich selbst keine irreparablen Schäden zufügen können. Bei weniger schweren Störungen werden auch weniger drastische Bestrafungsmethoden angewandt. Der Technik des "Time-out" oder der *Auszeit* (das heißt eine Zeit ohne positive Verstärkung), bedient man sich in vielen Klassenzimmern und Heimen. Immer wenn ein Kind sich schlecht benimmt, (wenn es z.B. einen Radiergummi nach einem anderen Kind wirft), wird das Kind für ein paar Minuten in einem speziellen "Auszeit"-Stuhl oder "Auszeit"-Raum isoliert. Später kommt das Kind wieder in seine Ursprungsumgebung zurück und wird gebeten, sein Fehlverhalten zu korrigieren. Wenn sie richtig angewandt wird, ist die Auszeit ein sehr hilfreiches Verfahren zur Korrektur von Problemverhalten und beseitigt die Notwendigkeit, die Kinder dauernd anzubrüllen. Doch soll noch darauf hingewiesen werden, daß die Auszeit -wie alle anderen Bestrafungssysteme- immer mit einem Programm von positiver Verstärkung kombiniert werden muß, um wirklich effektiv beim Aufbau von erwünschtem Verhalten zu sein.

Biofeedback

Durch Biofeedback können Menschen erlernen, eine gewisse Kontrolle über ihre physiologischen Reaktionen - auch die auf Streß- zu erlangen (siehe auch Kapitel 2 und Anhang D). Die betreffende Person wird beim Biofeedback an ein elektronisches Gerät angeschlossen, welches einige emotionsbeeinflußte physiologische Reaktionen überwacht, wie z.B. den Herzschlag, die Muskelspannung oder die Hauttemperatur. Die erhaltenen Daten werden dann verstärkt und in Form von Tönen, Ticken oder verschiedenfarbigen Lichtsignalen dem Klienten rückgemeldet. Ein hoher Ton, schnelles Ticken oder ein rotes Licht könnte hohe Muskelspannung, niedrige Hauttemperatur oder schnellen Puls anzeigen. Umgekehrt kann ein tiefer Ton, langsames Ticken oder ein grünes Licht niedrige Muskelspannung, warme Haut und langsamen Puls anzeigen. Mit Hilfe verschiedener bildlicher Vorstellungen, durch Entspannung und Meditationstechniken oder andere Methoden können die Betreffenden lernen, das Feedbacksignal und damit gleichzeitig ihre körperlichen Reaktionen zu steuern. Indem sie -als Beispiel- die Rückmeldung über die Muskelspannung in der Stirn als Hinweisreiz benutzen, können die meisten Menschen eine tiefe Entspannung aller Muskeln erreichen. Die auf diese Weise erlernten Entspannungstechniken können später auch in streßreichen Situationen angewandt werden. Einige Leute, die Schwierigkeiten mit der progressiven Muskelentspannung (verwendet in der systematischen Desensibilisierung) haben, können mittels Biofeedback doch noch eine tiefe Muskelentspannung erlernen. Biofeedbacktechniken wurden zur Behandlung so verschiedenartiger streßinduzierter Zustände wie Kopfschmerzen, hoher Blutdruck, Asthma und sogar Arthritis benutzt.

Obwohl diese Methode so vielseitig verwendbar ist, wurde der Wert des Biofeedback für die klinische Praxis in Frage gestellt. Einige wichtige, frühere Forschungsarbeiten über das Biofeedback konnten nicht repliziert werden, und die Effektivität des Verfahrens scheint heute etwa gleichgroß zu sein wie die von anderen, einfacheren Methoden (z.B. die progressive Muskelentspannung). Wenn sich dies als richtig herausstellt, ist die teure und aufwendige elektronische Feedbackausrüstung nicht mehr nötig. Tatsächlich kann die Popularität des Biofeedback als psychologische Behandlungsmethode wohl zum Teil dem Einfluß der Hersteller der Instrumente und deren Werbung für die Biofeedbackausrüstung zugeschrieben werden. Manche Forschungspioniere auf diesem Gebiet wurden inzwischen skeptisch, ob es sich beim Biofeedback nicht nur um eine Steckenpferd einiger weniger handelt, und forderten mehr Grundlagenforschung, um die wirkliche Effektivität dieses Verfahrens herauszufinden.

Modellernen

Bandura maß den Kognitionen -oder dem Denken- große Bedeutung für die Verhaltensregulation bei. Er betonte, daß unsere Handlungen nicht nur von Belohnung und Bestrafung, sondern auch sehr stark von dem beeinflußt sein könnten, was wir bei Vorbildern oder *Modellen* um uns herum beobachten. So wie wir durch Zusehen lernen können, wie man einen Knoten bindet, können wir auch

Eine beliebte Neuentwicklung zum Biofeedback ist das Lehren von Muskelentspannung, um die nachteiligen Wirkungen von Streß zu reduzieren und den Krankheiten, die durch Streß entstehen können, vorzubeugen.

die Bewältigung von Streß erlernen, indem wir andere dabei beobachten, wie sie mit Streß umgehen. Tatsächlich können wir uns durch Beobachtung neue Bewältigungs"stile" aneignen. Bandura hat in seiner klinischen Forschung eindrucksvolle Beweise dafür gesammelt, daß allein das Beobachten eines Modells bei der Bewältigung einer furchterregenden Situation die Bewältigungsfertigkeiten eines Klienten signifikant verändern kann.

Das Modellernen wird häufig zur Verhaltenstherapie von phobischen Störungen (z.B. Furcht vor Hunden, Schlangen oder Zahnärzten) und zur Korrektur von Defiziten (z.B. mangelnde soziale Fertigkeiten) benutzt. Es wird auch viel eingesetzt, um die Ängste von Patienten (besondern von Kindern) zu mindern, die sich in Kürze einem belastenden medizinischen Eingriff, z.B. einer Operation, unterziehen müssen. Der Patient kann dann eine Geschichte hören, einen Film ansehen oder eine "live"-Demonstration beobachten, die ihm verschiedene Arten des angstfreien (oder wenigstens kooperativen) Umgangs mit der Prozedur vermitteln sollen.

Ein Beispiel für eine Therapie, die auf dem Modellernen aufbaut, ist das *Training sozialer Fertigkeiten,* ein Verfahren für Patienten, die bei bestimmten sozialen Interaktionen Schwierigkeiten haben. Oft spielt der Therapeut dabei als "Modell" eine geeignete soziale Verhaltensweise vor, z.B. jemanden um eine Verabredung bitten. Viel anspruchsvoller für den Therapeuten und den Klienten ist das Rollenspiel einer Situation aus dem wirklichen Leben, die für den Klienten problematisch ist. Hierbei kann der Therapeut dem Klienten eine geeignete Verhaltensweise vormachen, sie können die Rollen tauschen, und der Klient versucht, das Verhalten nachzuspielen. Besonders effektiv ist diese Methode in verhaltenstherapeutischen *Gruppen,* weil dort jeder von mehreren Klienten jede Rolle ausprobieren kann, und die Klienten sowohl voneinander als auch vom Therapeuten lernen können.

Trainingsgruppen für soziale Fertigkeiten und Selbstbehauptung, die in der Regel auf den verhaltenstheoretischen Prinzipien des Modellernens und der Verstärkung beruhen, haben in den letzten Jahren an Beliebtheit gewonnen. Wir schon in Kapitel 9 erwähnt, sind solche Kurse und Workshops inzwischen in vielen Hochschulen üblich geworden. Das Training sozialer Fertigkeiten vermittelt dabei eine viel breitere Spanne von angemessenen Verhaltensweisen als das Selbstbehauptungstraining. Beim letzteren wird den Mitgliedern hauptsächlich beigebracht, wie und wann sie Gefühle zum Ausdruck bringen sollten, und sie lernen für ihre Rechte einzustehen, falls das nötig wird. Beide Trainingsverfahren werden für die verschiedenartigsten Probleme eingesetzt. Das Spektrum reicht von schüchternen Studenten, die den angstfreien Kontakt mit Mitgliedern des anderen Geschlechts lernen sollen, bis zu chronischen psychiatrischen Patienten, denen grundlegende soziale Verhaltensweisen beigebracht werden müssen, wie Blickkontakt und Lächeln. In solchen Gruppen wird das Rollenspiel, das Modellernen und die Verstärkung kombiniert mit "Hausaufgaben", die von den Mitgliedern verlangen, die neuen Fertigkeiten, welche sie gerade in der Gruppe gelernt haben, schrittweise auch in der "realen Welt" auszuprobieren. Wenn jemand zwar eine neue Fertigkeit gelernt hat, es ihm aber immer noch Probleme bereitet, diese auch einzusetzen, besteht die Möglichkeit, daß er oder sie sich selbst mit bestimmten *Gedanken* (wie "ich werde das nie wirklich fertigbringen") dem Fortschritt selbst im Weg steht. Und genau an diesem Punkt setzt das Konzept der kognitiven Umstrukturierung an.

Kognitive Verhaltenstherapien

Albert Bandura war zwar einer der ersten, die die Bedeutung der kognitiven Prozesse für die Verhaltenstherapie hervorhoben, aber auch viele andere haben durch ihre theoretische Forschung und klinische Arbeit gezeigt, wie wertvoll dieser Aspekt sein kann.

Rational-Emotive Therapie (RET)

Statt sich ausschließlich auf das beobachtbare Verhalten einer Person zu konzentrieren, interessierte sich Albert Ellis, ein New Yorker Psychotherapeut, zunehmend für die Denkgewohnheiten der Menschen, für ihre subjektive Sicht der Ereignisse. Ellis nahm an, daß auffälliges Verhalten auch entstehen könnte, wenn Menschen mißverstandene oder verzerrte Überzeugungen über sich selbst und über andere beibehalten. Und weil es so viel auffälliges (speziell neurotisches) Verhalten gibt -so folgerte Ellis-, muß es auch von solchen falschen Überzeugungen geradezu wimmeln. Laut Ellis werden solche irrtümlichen Überzeugungen und Selbsteinschätzungen schon früh im Leben erlernt. Seine inzwischen berühmt gewordene Liste von irrationalen Ansichten geben wir in Fundgrube 12-3 wieder. Die von Ellis entwickelte Therapie wird r*ational-emotive Therapie (RET)* genannt. Sie findet in Einzel- oder in Gruppensitzungen statt, die den Klienten helfen: (1) die irrationale Natur ihrer Überzeugungen zu sehen, (2) zu erkennen, wie sehr solche Überzeugungen ihr Verhalten beeinflussen, und (3) neues, geeigneteres und nützlicheres Denken und Handeln einzuüben.

Nehmen wir einmal an, eine junge Frau beschwert sich darüber, daß sie unfähig sei, Einladungen von Männern abzulehnen, und sie deswegen dauernd endlose, langweilige Verabredungen durchstehen müsse. Sie berichtet weiter, daß sie die Gefühle der Männer nicht verletzen und von ihnen nicht abgelehnt werden wolle. Als Folge davon fühle sie sich gefangen und belästigt von einem Bataillon unerwünschter männlicher Wesen. Ellis würde dieser Frau wahrscheinlich klarmachen, daß sie nach den irrationalen Überzeugungen Nr. 1, 6 und 11 lebt. Und er würde ihr helfen, einzusehen, daß (1) sie die Gefühle anderer Menschen auf Kosten ihrer eigenen schützt und (2) sie eigentlich jeden Beteiligten verletzt, indem sie zu keinem ehrlich ist. Ellis würde die Klientin dann bitten, es doch mal mit "offenem, ehrlichem Denken" zu versuchen (z.B. "Ich muß nicht jedem gefallen" - "Ich verbringe meine Zeit, wie es mir gefällt") und sich auch dementsprechend zu verhalten.

Andere kognitive Verhaltenstherapeuten arbeiten auch mit den Kognitionen der Klienten, indem sie angeleitete Phantasien benutzen oder einzelne Phantasievorstellungen mit Entspannung verknüpfen. Statt sich -bei der Desensibilisierung beispielsweise- unter tiefer Entspannung bloß eine angsterzeugende Szene vorzustellen, könnte man den Klienten auch bitten, sich eine Szene zu vergegenwärtigen, bei der er die Situation erfolgreich *bewältigt*. Es wurde nachgewiesen, daß eine gewisse Übung in solchen Phantasievorstellungen zu effektiverer Bewältigung von Streßsituationen führt.

Viele kognitive Verhaltenstherapeuten lassen ihre Klienten deren Aussagen über sich selbst aufzeichnen, damit sich diese besser nachvollziehen und verändern lassen. Eine junge Frau, die in Behandlung war, weil es ihr schwerfiel, einmal entstandene Gefühle des Ärgers wieder unter Kontrolle zu bekommen, wurde gebeten, alles aufzuschreiben, was sie zu sich selbst sagte, wenn sie sich ärgerte. Schon während des Schreibens merkte sie, daß viele ihrer Selbstaussagen sie nur noch ärgerlicher werden ließen (z.B. "Sowas passiert doch immer nur mir" oder "Ich stell mich immer so blöd an"). Sie lernte, sich auf das zu konzentrieren, was sie im Ärger zu sich selbst sagte, und die noch mehr Ärger erzeugenden Selbstaussagen durch geeignetere Selbstinstruktionen zu ersetzen (z.B. "Was muß ich tun, um aus dem Schlamassel wieder rauszukommen?" und "Immer mit der Ruhe. Es wird alles wieder gut, wenn ich das Problem ganz ruhig angehe"). Diese Modifizierung der Selbstinstruktionen ist eine sehr erfolgreiche Behandlungstechnik, wie ein neuer, ausführlicher Überblick über die Literatur ergab, den David Dush, Michael Hirt und Harold Schroeder von der Kent State University

FUNDGRUBE 12-3

Gängige irrationale Überzeugungen

Albert Ellis betrachtet die irrationalen Überzeugungen als den innersten Kern der Störungen bei vielen Menschen. Laut Ellis sind folgende irrationale Ansichten sehr häufig:

1. Man sollte von jedem anderen Menschen für alles, was man tut, geliebt werden.
2. Gewisse Handlungen sind schrecklich oder böse. Leute, die sie ausführen, sollten ganz schwer bestraft werden.
3. Es ist entsetzlich, wenn die Dinge nicht so laufen, wie man es gerne hätte.
4. Menschliches Elend entsteht viel mehr durch äußere Einwirkung, andere Personen oder Ereignisse als durch die eigene Sicht der Umstände.
5. Wenn etwas gefährlich oder furchterregend ist, sollte man sich auch ganz fürchterlich darüber aufregen.
6. Es ist besser, die Probleme des Lebens so weit wie möglich zu vermeiden als ihnen ins Auge zu sehen.
7. Jeder Mensch braucht etwas, das stärker und mächtiger ist als er selbst, worauf er vertrauen kann.
8. Man sollte in jeder Hinsicht absolut kompetent, intelligent und leistungsstark sein.
9. Weil irgendetwas unser Leben einmal sehr berührt hat, wird es das auch für immer und ewig tun.
10. Man muß Selbstbeherrschung haben und sie perfektionieren.
11. Glück kann durch Trägheit und Faulheit erreicht werden.
12. Man hat praktisch keinerlei Kontrolle über seine eigenen Emotionen, und man kann es nicht ändern, daß man bestimmte Gefühle nun mal hat.

Diese Bilder illustrieren eine häufige Fehlauffassung über das Selbstsicherheitstraining. In Wirklichkeit lehrt ein Selbstsicherheitstraining den *angemessenen* Ausdruck von Gefühlen, und bezieht die Gefühle anderer Menschen sehr wohl mit ein.

erstellt haben. Diese Art der Behandlung - so einfach sie scheint - hat sich in der Praxis sehr bewährt.

Verdeckte Sensibilisierung

Eine weitere Art, kognitive Prozesse für die Verhaltenstherapie zu nutzen, ist die verdeckte Sensibilisierung. Sie wurde gewissermaßen als ein Versuch entwickelt, einige der Unnannehmlichkeiten und ethischen Probleme mit aversiven Stimuli (wie Elektroschocks) zu beseitigen. Anstatt in Wirklichkeit den unangenehmen Reizen ausgesetzt zu werden, wird der Patient bei einer verdeckten Sensibilisierung gebeten, sich solche Reize *vorzustellen*.

Der Patient wird dazu angehalten, sich vorzustellen, wie er das zu beseitigende Verhalten gerade ausführt (z.B. Alkohol trinken oder sich eine Droge spritzen) und wie ihm daraufhin sehr unangenehme und peinliche Dinge passieren, als Folge des unerwünschten Verhaltens. (Falls Sie einen schwachen Magen haben, sollten Sie den Rest dieses Abschnittes vielleicht überspringen.) Betrachten wir als Beispiel einen übergewichtigen Patienten, der gerade dabei ist, zuviel zu essen. Er soll sich nun die Empfindungen von Übelkeit und Erbrechen während des Essens vorstellen. Man hofft, daß nach mehreren Wiederholungen dieser Phantasie, die vom Therapeuten in plastischen Details ausgeschmückt wird, die Person irgendwann den Gedanken des überreichlichen Essens mit Übelkeit verbindet. Sehen wir uns folgendes Beispiel an:

> Ich möchte, daß Sie sich jetzt vorstellen, wie Sie in einem Restaurant sitzen. Sie haben gerade ihre Hauptmahlzeit eingenommen und gehen jetzt zum Nachtisch über, einem Apfelkuchen. Während Sie gerade zur Gabel greifen wollen, bemerken Sie ein komisches Gefühl in Ihrer Magengrube. Sie fühlen sich übel, ekelhaft und total schlecht. Während Sie die Gabel berühren, merken Sie, daß Ihnen einige Essensreste langsam in den Mund hochkommen. Sie sind kurz davor zu erbrechen. Während Sie die Gabel in den Apfelkuchen stechen, füllt sich Ihr Mund mit Erbrochenem. Sie versuchen, Ihren Mund geschlossen zu halten, weil Sie befürchten das Erbrochene über Ihren ganzen Platz zu speien. Sie führen das Stück von dem Apfelkuchen zu Ihrem Mund. Gerade als Sie Ihren Mund öffnen wollen, übergeben Sie sich. Sie kotzen auf Ihre Hand, auf die Gabel und auf den Kuchen. Das Erbrochene läuft über den Tisch und über das Essen von anderen Leuten. Ihre Augen tränen, Ihre Nase und Ihr Mund sind voller Rotz und Schleim. Ihre Hände fühlen sich klebrig an. Es stinkt fürchterlich. Während Sie auf dieses Durcheinander sehen, können Sie nicht anders, als sich immer wieder und immer mehr zu übergeben, bis nur noch wässriges Zeug kommt. Alle Leute starren Sie schockiert an. Sie wenden sich von dem Kuchen ab, und sofort geht es Ihnen besser. Sie rennen aus dem Restaurant, und fühlen sich immer besser. Sie waschen und reinigen sich und fühlen sich wundervoll. (Cautela, 1967, S. 462)

Obwohl diese Methode intuitiv schnell Anklang findet, hat die Forschung bisher nur wenig stützende Daten für ihre Brauchbarkeit geliefert.

Streß-Immunisierungs-Training

Ein weiteres kognitiv-verhaltenstherapeutisches Verfahren ist dazu bestimmt, Angstzuständen vorzubeugen, indem der Klient auf den Umgang mit dem Streß vorbereitet wird. Es handelt sich um das *Streß-Immunisierungs-Training,* auch Streß-Impfungs-Training genannt. Bei diesem Ansatz wird erst einmal analysiert, welche Art von Streß der Betreffende vor sich hat, damit er daraufhin lernen kann, diesen Streß zu bewältigen. Das Streß-Immunisierungs-Training wird in 3 Phasen durchgeführt und ist in mancher Hinsicht der rational- emotiven Therapie von Ellis recht ähnlich. In der ersten, der *Vorbereitungsphase,* hilft der Therapeut dem Kienten, das Wesen des Stresses zu verstehen, und befragt den Klienten über dessen Überzeugungen und Sorgen hinsichtlich streßreicher Situationen. Besonderer Wert wird dabei auf die "Selbstaussagen" gelegt, das heißt, auf das, was der Klient im Streß zu sich selbst sagt. In der zweiten Phase, der *Aneignung und Erprobung,* lernt der Betreffende geeignete Selbstaussagen und übt deren Anwendung für jedes Stadium eines streßreichen Ereignisses (z.B. "Nun gut, bleib ganz ruhig, Du kannst damit umgehen" oder "Das ist sehr ärgerlich, aber erinnere Dich an Deine Vorsätze"). In der *Anwendungsphase* schließlich übt der Klient dieses Verfahren in der Praxis des Therapeuten unter leichten, kontrollierten Streßbedingungen.

PHÄNOMENOLOGISCHE THERAPIEN

Die phänomenologische (oder auch humanistische) Sichtweise der Persönlichkeit und psychischer Störungen wurde schon in den Kapiteln 9 und 11 beschrieben. Dieser Standpunkt geht von der Voraussetzung aus, daß menschliches Verhalten nicht hauptsächlich von unbewußten Prozessen oder Belohnung und Bestrafung gesteuert wird, sondern davon, wie jeder einzelne Mensch die Welt wahrnimmt. Folglich wird auch normales und auffälliges Verhalten als die natürliche Folge der Ansichten des Betreffenden über sich selbst und über die anderen gesehen. Also ist jeder Mensch selbst der kompetenteste Experte für seine eigenen Probleme, während dem Therapeuten die Rolle des unterstützenden Helfers und nicht die des allwissenden Richters oder des "Verhaltensveränderers" bleibt. Und schließlich nimmt der humanistische Standpunkt an, daß dann, wenn der Klient sich der Gefühle und Konflikte vollständig bewußt wird, die bisher seine angeborene Tendenz zur Selbstentfaltung (Selbstaktualisierung) erstickt hatten, eine positive Veränderung im Denken und im Verhalten ganz von selbst auftritt, also ohne irgendwelchen Druck oder Anleitung seitens des Therapeuten. Die Hauptaufgabe des Therapeuten ist hier, Bedingungen zu schaffen, unter denen der Klient oder die Klientin sich der eigenen Empfindungen, die sein oder ihr Verhalten bestimmen, bewußt wird.

Während einige psychodynamische und verhaltenstherapeutische Verfahren zwar auch Aspekte dieser Ansicht beinhalten, stellt der phänomenologische Ansatz diese Voraussetzungen über alles andere. Die verschiedenen humanistischen Therapien, die wir hier vorstellen, werden diesen Schwerpunkt verdeutlichen.

Klientenzentrierte Gesprächspsychotherapie

Viel mehr als daß er versuchen würde, Einblick in die verdrängten Erinnerungen der Vergangenheit zu bekommen, konzentriert sich der klientenzentrierte Therapeut auf die Gegenwart und hilft dem Klienten, sich aller Aspekte seines Selbst bewußt zu werden und sie zu akzeptieren. Emotionelle Störungen werden hier als Folge eines Mangels an Selbsterkenntnis, der Leugnung bestimmter Gefühle und der Unfähigkeit, alle Gefühle voll auszuleben, angesehen.

Carl Rogers, dessen Ideen wir schon in Kapitel 9 begegnet sind, schrieb das erste Mal im Jahre 1942 über seine Theorie der klientenzentrierten Therapie. In seinen frühen Gedanken legte er den Schwerpunkt auf das Erkennen und Verdeutlichen der Gefühle, welche der Klient zum Ausdruck bringt. Damals wurde das Verfahren noch **nondirektive Therapie** genannt, weil ihre Hauptregel war, daß der Therapeut nur auf geäußerte Gefühle des Klienten reagieren und auf keinen Fall das Gespräch lenken (dirigieren) sollte. Die Absicht, die hinter diesem Verdeutlichen der Gefühle des Patienten stand, war, den Klienten einen angemessenen Gefühlsausdruck zu erleichtern, in ihnen das Verständnis für ihre eigenen Gefühle zu steigern und ihnen beizubringen, daß Gefühle als Grundlage für Handlungen dienen können. Der Begriff *nondirektiv* wurde später in *klientenzentriert* geändert, um den Akzent mehr auf das zu setzen, was getan wird (das heißt, den Klienten in den Mittelpunkt stellen) anstatt auf das, was nicht getan wird.

Die klientenzentrierte Gesprächstherapie basiert auf der Persönlichkeitstheorie von Carl Rogers, deren Hauptkonzept, wie wir wissen, das Selbst ist. Das **Selbstkonzept** wird definiert als ein *relativ stabiler und überdauernder Rahmen von Einstellungen zur eigenen Person.* Bei gestörten Menschen stimmen die Erfahrungen und Gefühle nicht mit dem Selbstkonzept überein, und daher leugnen sie, daß diese Gefühle zu ihnen gehören. Und wenn ein Mensch Teile seines Erlebens verneint, können diese Gefühle und Erfahrungen nicht mehr als Richtschnur für Handlungen dienen.

Betrachten wir als Beispiel eine Frau, die während der Therapie auf jede Frage betreffs eines negativen Ereignisses in ihrem Leben mit dem Kommentar antwortete, sie sei "verwirrt" darüber. Als der Therapeut sie fragte, was sie denn mit "verwirrt" meine, antwortete sie, daß sie es nicht wisse. Später wurde aufgedeckt, daß ihre Mutter in ihren Entwicklungsjahren den Ausdruck jeglicher negativer Gefühle mißbilligte, und zum Beispiel sagte: "Du bist nicht wütend auf mich; du bist verwirrt." Auf diese Weise hatte die Frau gelernt, Gefühle des Ärgers, der Traurigkeit, der Eifersucht und der Angst einfach abzuschalten, und in Situationen, die normalerweise solche Gefühle hervorrufen, eine verschwommene Reaktion von Besorgnis und innerer Unruhe zu zeigen. Durch die Therapie lernte diese Frau, solche Gefühle zu verstehen und zu akzeptieren, daß sie Gefühle hat und sie in geeigneten Situationen auch ausleben kann. Statt in schwierigen Situationen verwirrt

SYLVIA

© 1983 Nicole Hollander

Mit den eigenen Gefühlen in Kontakt kommen, kann ein gemischtes Vergnügen sein: Was für Sie gut ist, kann für Ihre Freunde schlecht sein.

und durcheinander zu sein, konnte sie nun spontaner und offener reagieren.

Die klientenzentrierte Gesprächstherapie treibt diese Art der Selbstexploration voran. Der Therapeut versucht, eine Atmosphäre der Akzeptanz zu schaffen, in der der Klient es wagen kann, seinen bisher abgelehnten Gefühlen zu begegnen. Als Folge davon entwickeln die meisten einen innerlichen Bezugsrahmen, bei dem *sie selbst* entscheiden, wie wertvoll sie sind, statt sich immer nach der Bewertung durch andere zu richten. Der Schwerpunkt liegt hierbei auf der Entstehung einer therapeutischen Beziehung, die echt, offen und erfüllt von wirklicher Kommunikation ist. Unter Umständen stellt die Therapie die erste Beziehung dieser Art im Leben des Klienten dar. Im Idealfall wird der Klient oder die Klientin auch andere zwischenmenschlichen Beziehungen verbessern, wenn er oder sie erst einmal gelernt hat, wie wohltuend das sein kann.

Aber wie erzeugt der Therapeut diese Beziehung zu dem Klienten? Rogers behauptete, daß der Therapeut drei Einstellungen vermitteln können muß: **einfühlendes Verstehen (Empathie), bedingungslose positive Wertschätzung (Akzeptanz)** und **Kongruenz (Echtheit)**. Empathie bedeutet, daß der Therapeut die augenblicklichen Gefühle des Klienten wirklich versteht (oder es wenigstens versucht). Bedingungslose positive Wertschätzung bedeutet, daß der Therapeut den Klienten wirklich gern hat und ihn als wertvollen Menschen anerkennt. Für dieses Gernhaben stellt er oder sie keinerlei Bedingungen, und daran ändert sich auch nichts, wenn der Klient Aspekte seines Selbst enthüllt, für die er sich schämt oder vor denen er Angst hat. Das heißt nicht, daß der Therapeut in jeder Hinsicht mit dem Klienten einer Meinung sein muß, sondern vielmehr, daß dem Therapeuten an dem Klienten als Mensch wirklich etwas liegt. Es gibt keine "Bedingungen für Wert" (siehe Kapitel 9). Kongruenz bedeutet Übereinstimmung zwischen dem, was der Therapeut innerlich fühlt und denkt und dem, wie er sich dem Klienten gegenüber nach außen gibt. Nur dann ist der Therapeut echt und kein "bezahlter Freund", der den Helfer nur mimt.

Hier ein kurzes Beispiel, wie ein Gesprächstherapeut das in die Praxis umsetzt:

> KLIENT: Eigentlich sollte ich wirklich sofort nach der Arbeit nach Hause gehen und meiner Frau mit den Kindern helfen, aber nach einem vollen Arbeitstag im Büro, da.....ach, ich weiß nicht.
>
> THERAPEUT: Das klingt, als ob Sie sagen wollten, daß Sie manchmal nicht gerade gerne nach Hause gehen.
>
> KLIENT: Ja, so ist es. Ich fühl' mich wie ein Schwein, wenn ich das sage, aber manchmal wünsche ich mir wirklich, diese Verpflichtungen, meine Frau, meine Kinder, mein Haus, alles würde einfach verschwinden.
>
> THERAPEUT: Es wär schön, mal nichts davon um die Ohren zu haben, nicht wahr?
>
> KLIENT: Oh ja, das wär' wirklich schön, aber es tut auch schon ziemlich gut, dieses enge Gefühl aus der Brust loszuwerden.

Beachten Sie, daß der Therapeut den Klienten nicht verurteilt, sondern einfach versucht, dessen Gefühle (und dem Klienten hilft, seine eigenen Gefühle) zu verstehen.

Rogers skizzierte mehrere Stadien im Ablauf einer erfolgreichen Gesprächstherapie. Im ersten Stadium sind die Klienten wahrscheinlich noch recht starr, sich ihrer Gefühle nicht bewußt und kommunizieren nur wenig oder gar nicht mit anderen über sich selbst. Später kommen die Klienten so weit, ihre Gefühle zu akzeptieren. Sie machen Fortschritte bis zu dem Punkt, wo sie ein paar Gefühle zwar zulassen können, aber immer noch weit entfernt sind vom unmittelbaren Ausleben der Gefühle. Beispielsweise sind die Klienten schon fähig, dem Therapeuten zu erzählen, wie sehr sie sich letzte Woche geärgert haben, leugnen aber noch jedes Gefühl des Ärgers zum gegenwärtigen Zeitpunkt. Irgendwann können die Klienten dann vielleicht ihre augenblicklichen Gefühle ausdrücken, können gegenwärtige Alltagserfahrungen in ihr Selbstkonzept integrieren, können ihre guten und schlechten Seiten akzeptieren und der vollen seelischen Selbstentfaltung entgegenwachsen.

Gestalttherapie

Bei der klientenzentrierten Gesprächstherapie bleibt der Therapeut relativ passiv, orientiert sich ganz nah am Klienten und reagiert hauptsächlich mit Kommentaren, die dazu bestimmt sind, den Klienten seinen eigenen Weg und in seine eigene Richtung gehen zu lassen. Bei der Gestalttherapie von Frederick (Fritz)Perls werden die Ziele aller humanistischen Therapien (vollere Bewußtheit und Wachstum) auf sehr viel aktivere Weise verfolgt.

Wie wir bereits gesehen haben, betont die Gestaltpsychologie die Wahrnehmung von Gestalten oder Ganzheiten mehr als die Wahrnehmung einzelner Elemente eines Reizes. Die Gestalttherapie entstand aus den Versuchen, Menschen dabei zu helfen, daß sie auf die Ganzheitlichkeit ihres augenblicklichen Erlebens achten. Laut Perls neigen Menschen mit Gefühlsproblemen dazu, sich nur auf einen Teil ihres Fühlens und Tuns zu konzentrieren, ganz besonders bei der Kommunikation mit anderen. Im Mittelpunkt einer Gestalttherapie steht nicht, *warum* ein Klient sich auf bestimmte Weise verhält, sondern vielmehr, *was* er fühlt und *wie* er sich verhält. Der Therapeut hilft dem Klienten, die Barrieren zur Selbstbewußtheit zu überschreiten, was typischerweise in Gruppentherapie-Sitzungen geleistet wird. Das Ziel für die Klienten ist, sich bewußt zu werden, was sie jeden Moment tun, und die Verantwortung für dieses Verhalten zu übernehmen. Gestalttherapeuten stützen sich auf verbale und nonverbale Verhaltensweisen der Klienten, um die Bewußtwerdung voranzutreiben. Sie benutzen auch viele Formen des kreativen Rollenspiels, damit die Klienten mit ihren Gefühlen in Kontakt kommen und diese auch kommunizieren können (siehe Fundgrube 12-4).

Encounter-Gruppen

Die Ziele der Gestalttherapie und anderer humanistischer Therapien sind darauf zugeschnitten, den Menschen bei einem ganzheitlicheren Persönlichkeitswachstum und dem offeneren Austausch mit anderen zu helfen; kurz gesagt, ein besseres, erfüllteres Leben zu führen. Und weil nicht nur Menschen mit schwerwiegenden Problemen, sondern eigentlich jeder Mensch vielleicht ein bißchen offener sein könnte, als er ist, haben die Anhänger des phänomenologischen Ansatzes alle Leute ermutigt, ihre persönliche Entwicklung durch eine Gruppenerfahrung zu bereichern. Eine der bekanntesten Formen von Selbsterfahrung ist die En**countergruppe**. Eine Encountergruppe zielt nicht auf das Bearbeiten der Probleme einzelner ab, sondern versucht jedes Mitglied für seine oder ihre Gefühle, oder für

Ladies Home Journal, © 1972, Reprinted by Permission of S. Gross.

"Regen Sie sich nicht auf. Wir sind eine Encountergruppe."

Manche Leute haben ein großes Vorurteil gegenüber Encountergruppen entwickelt und sehen darin ein allseits offenes "Ringelpietz mit Anfassen" oder eine "Gruppenfummelei".

FUNDGRUBE 12-4

Auszug aus einer Gestalt-Gruppentherapiesitzung

Die Klientin hat einen Traum erzählt, in dem ihre tote Mutter vorkam. Der Therapeut bemerkt, daß die Klientin plötzlich weinerlich und traurig ist, und fragt sie, ob sie noch irgendein "nicht abgeschlossenes Kapitel" mit ihrer Mutter hätte. Die Klientin antwortet:

R.(die Klientin): Nun...wenn sie mich nur geliebt hätte, dann wäre alles anders. Aber das hat sie nicht und...ich spürte niemals wirkliche Mutterliebe (weinend).
S (Steve Tobin, der Therapeut): Setzen Sie Ihre Mutter in diesen Stuhl und sagen Sie es ihr.
R.: Wenn sie sich nur um mich gekümmert hätte, ginge es mir heute viel besser.
S: Ich möchte, daß Sie das zu ihr sagen und nicht zu mir. Können Sie sich Ihre Mutter vorstellen, wie sie hier vor Ihnen sitzt?
R: Ja, ich sehe sie so, wie sie aussah, als sie noch lebte. Mutter, wenn Du mich nur geliebt hättest. Warum konntest Du mir nie sagen, daß Du mich liebst? Warum hast Du mich immerzu kritisiert? (fast schreiend; mehr Tränen).
S: Schalten Sie jetzt auf den anderen Stuhl um und spielen Sie Ihre Mutter. (Sie setzt sich auf den anderen Stuhl und sagt nichts.)
S: Wie fühlen Sie sich als Ihre Mutter?
R: Ich-ich-ich weiß nicht....ich weiß nicht, was sie sagen würde.
S: Natürlich wissen Sie das nicht. Sie ist nicht mehr unter uns. Sie spielen den Teil von Ihnen selbst, der Ihre Mutter ist. Sagen Sie einfach, was Ihnen in den Sinn kommt.
R: Oh, ich verstehe. Nun, ich weiß nicht, was ich ihr sagen soll.
S: Dann sagen Sie ihr das.
R M (R als ihre Mutter): Ich weiß nicht, was ich Dir sagen soll. Ich wußte *nie,* was ich Dir sagen soll. Ich habe Dich wirklich geliebt, das weißt Du. Denk nur an alles, was ich für Dich getan habe, was Du mir nie gedankt hast (Stimme klingt abwehrend und weinerlich).
S: Schalten Sie jetzt um und antworten Sie als Sie selbst.
R S (R als sie selbst): Du und mich geliebt! Du hast immer nur auf mir rumgehackt. Nichts, was ich gemacht habe, war gut genug (Stimme beginnt weinerlicher zu klingen). Als ich J. heiratete, warst Du dagegen. Dauernd bist Du rübergekommen und hast mir gesagt, was ich alles falsch mache mit den Kindern. Oh, nein, Du hast es nie geradeheraus gesagt, sondern hast immer spitze Bemerkungen fallen lassen: "Nun, meine Liebe, willst Du nicht lieber noch eine zweite Decke über das Baby legen?" Du hast mir mein Leben *versaut*; dauernd hab ich mich mit Deiner Nörgelei herumgequält. Und jetzt hab ich denselben Ärger mit J. (bricht zusammen und beginnt zu weinen.)
S: Haben Sie Ihre Stimme gehört?
R S: Ja.
S: Was haben Sie rausgehört?
R S: Nun, ich finde, ich klang ein bißchen klagend, als ob es mir leid — als ob ich wütend wäre.
S: Sie klangen eher selbstmitleidig. Versuchen Sie es nochmal: Sagen Sie zu Ihrer Mutter: "Schau, was Du mir angetan hast. Du bist an allem schuld."
R S: Schau, was Du mir angetan hast. Alles ist Deine Schuld.
S: Jetzt können Sie selbst umschalten und die Rollen tauschen, wann immer Sie es für richtig halten.
R M: Ach komm, hör doch auf, mir die Schuld für alles in die Schuhe zu schieben. Du beschwerst Dich doch dauernd wegen irgendetwas. Wenn Du eine bessere ——,wenn Du eine *anständige* Tochter gewesen wärst, hätte ich Dich auch nicht so viel kritisieren müssen.
R S: Oh, oh (beim Atmen). Verdammt. (Sie schwingt ihr rechtes

die Gefühle anderer Menschen zu sensibilisieren. Die Teilnehmer setzen sich so, daß eine Begegnung (= Encounter) von Angesicht zu Angesicht möglich ist und erhalten die Anweisung, alles auszusprechen, was sie fühlen und dabei "kein Blatt vor den Mund zu nehmen". Rein theoretisch soll dieses Verfahren dazu führen, daß die Teilnehmer ihre Gefühle stärker erleben und nachdrücklicher äußern können.

Das Encounter-Verfahren variiert von einer Gruppe zur anderen ganz gewaltig. Allen Encountergruppen gemeinsam ist die Konzentration auf die Gefühle im Hier-und-Jetzt, auf negative und positive Rückmeldung für jedes Gruppenmitglied und die Beseitigung von Fassaden, die einer ehrlichen, offenen Kommunikation entgegenstehen. Die meisten Gruppenleiter benutzen eine Vielfalt von Techniken, um die Teilnehmer zu einer ehrlichen Kommunikation zu bringen. Einige dieser Techniken sind folgende:

1. Selbstbeschreibung. Alle Gruppenmitglieder schreiben die drei Adjektive auf, die sie selbst am besten beschreiben. Die Zettel werden gemischt, einer herausgezogen, und die Gruppe diskutiert darüber, was für ein Mensch die beschriebene Person ist.
2. Von Auge zu Auge. Bei dieser Technik müssen sich zwei Teilnehmer gegenseitig für ein oder zwei Minuten in die Augen starren, dabei so viel wie möglich von sich mitteilen, und hinterher über ihre Gefühle sprechen.
3. Blind Spazierengehen. Alle Mitglieder suchen sich einen Partner. Einer der beiden ist der Führende, der andere bekommt die Augen verbunden. Der "Blinde" geht nun durch den Raum oder draußen herum und wird so empfänglicher für seine Umgebung. Eine Variante dieser Übung ist, wenn die "blinde" Person versucht, nur durch Berührung zu kommunizieren.
4. Vertrauensübungen. Die Teilnehmer werden der Reihe nach von den anderen hochgehoben und in einem Kreis aus Gruppenmitgliedern herumgereicht.
5. Heißer Stuhl. Ein Gruppenmitglied sitzt in einem speziellen Stuhl, und die anderen geben ihm oder ihr ehrliche Rückmeldung darüber, wie sie denjenigen

---

Bein ganz leicht hin und her).
S: Achten Sie mal auf Ihr Bein.
R S: Ich-Ich bewege es.
S: Übertreiben Sie das mal, wackeln Sie stärker.
R S: (Wackelt stärker mit dem Bein, es sieht aus, als wolle sie jemand treten.)
S: Können Sie sich vorstellen, das mit Ihrer zu Mutter zu machen?
R S: Nein, aber ich-ich-ich bin sicher ziemlich sauer auf sie.
S: Sagen Sie es ihr.
R S: Ich bin stinksauer auf Dich! Ich hasse Dich!
S: Sagen Sie es lauter.
R S: Ich hasse Dich!! (schon etwas lauter, aber immer noch zurückhaltend)
S: Noch lauter!
R S: ICH HASSE DICH, DU GOTTVERDAMMTES WEIBSSTÜCK! (Sie streckt das Bein durch und kickt den Stuhl um.)
S: Schalten Sie jetzt um.
R M: (Stimme klingt jetzt viel schwächer) Ich-ich glaube, ich habe Dir nicht viel Liebe gezeigt. Ich habe sie wirklich gefühlt, aber ich war so unglücklich und verbittert. Du weißt doch, was ich alles durchgemacht habe mit Deinem Vater und Deinem Bruder. Du warst die einzige, mit der ich reden konnte. Es tut mir so leid....ich wollte immer, daß Du glücklich wirst...ich hab es mir so für Dich gewünscht.
R S: Sicher hast Du das!... Ich weiß, daß Du mich geliebt hast. Mutter, ich weiß auch, daß Du unglücklich warst (Stimme jetzt viel sanfter, klingt aber echt, nicht weinerlich oder mechanisch). Ich glaube, ich habe auch einiges getan, was schle— falsch war. Ich hab immer versucht, mir Dich vom Hals zu halten.
R M: Ja, Du warst auch ganz schön sarkastisch zu mir. Das tut weh.
R S: Wenn Du mir das nur gesagt hättest. Ich habe überhaupt nicht daran gedacht, daß ich Dich verletzen könnte.
R M: Nun, das ist doch jetzt sowieso alles vorbei.
R S: Ja, das stimmt. Ich glaube, es hat keinen Sinn, Dir etwas vorzuwerfen. Du bist ja gar nicht mehr da.
S: Können Sie Ihrer Mutter jetzt verzeihen?
R S: Mutter, ich verzeihe Dir...Ich verzeihe Dir wirklich. (Beginnt wieder zu weinen, aber nicht so jammernd wie vorhin. Es hört sich wirklich schmerzvoll an, und sie weint einige Minuten lang.)
S: Schalten Sie jetzt nochmal um.
R M: Ich vergebe Dir auch, mein Liebes. Du mußt jetzt weiterleben. Du kannst mir nicht ewig Vorwürfe machen. Ich habe meine Fehler gemacht, aber Du hast jetzt eine eigene Familie und versuchst, es richtig zu machen.
S: Sind Sie jetzt bereit, sich zu verabschieden?
R S: Ja, ich-ich glaube schon (beginnt zu schluchzen). Lebwohl, Mutter, Lebewohl. (Bricht zusammen und weint einige Minuten lang)
S: Wie fühlen Sie sich jetzt?
R: Ich fühle mich besser. Ich fühle mich...irgendwie erleichtert, als wäre mir eine Last von der Schulter genommen worden. Ich fühle mich ruhig.
S: Nun, da Sie sich von ihr verabschiedet haben, von dieser toten Person, können Sie herumgehen und die lebenden Leute hier, die Gruppe, begrüßen?
R: Ja, das würde ich gerne tun.
(Sie geht durch den Raum, begrüßt die Leute, berührt einige, umarmt andere. Viele aus der Gruppe haben Tränen in den Augen. Als sie zu ihrem Mann kommt, beginnt sie wieder zu weinen, sagt ihm, daß sie ihn liebt, und sie umarmen sich.)
(Tobin, 1971, Seite 154-155)

oder diejenige finden.

6. Positives und negatives Bombardieren. Diese Methode ähnelt dem heißen Stuhl, aber es werden nur positive oder nur negative Rückmeldungen gegeben.

Manche Gruppen verwenden überhaupt keine vorgegebenen Techniken und entwickeln ihre eigenen Methoden, um sich zu offener und ehrlicher Kommunikation zu ermutigen.

Die meisten Teilnehmer von Encountergruppen berichten, sie hätten sich durch die Teilnahme positiv verändert. Eine Untersuchung (Yalom & Lieberman, 1971) stellte jedoch fest, daß 16 von 170 Studenten, die an der einen oder anderen Selbsterfahrungsgruppe teilgenommen hatten, sich erhebliche psychische Schäden infolge ihrer Teilnahme zugezogen hatten. Andere Studien wiesen ebenfalls auf mögliche psychische Schäden hin und rieten, daß jeder, der eine Selbsterfahrung mitmachen will, sehr sorgfältig eine Gruppe mit einem erfahrenen, nicht überfordernden und offenen Leiter auswählen sollte.

Solche Gruppen, besonders die phänomenologisch orientierten, sind so bekannt geworden, daß viele sich spontan gebildet haben, und viel zu oft mit unausgebildeten und unqualifizierten Leitern gearbeitet wird. Manchmal fühlen sich schon Leute, die nur an einer einzigen Selbsterfahrungsgruppe als Klient teilgenommen haben, kompetent genug, selber eine Gruppe zu leiten. Wenn nichts besonderes passiert, ist das vielleicht nur minimal gefährlich. Doch die Intensität der Gefühle, die in solchen Gruppen erzeugt wird, erfordert in jedem Fall einen erfahrenen Leiter, um sicherzustellen, daß keine negativen Folgen auftreten. Wer an einer solchen Gruppe teilnehmen will, sollte sich erst nach der Kompetenz des Gruppenleiters erkundigen, bevor er sich anmeldet. Diese Vorsicht ist selbstverständlich bei allen Arten der Psychotherapie angebracht. (Siehe Fundgrube 12-5)

EINE ALTERNATIVE BEHANDLUNGSFORM: GEMEINDEPSYCHOLOGIE

Eines haben alle Behandlungsformen, die wir bis jetzt betrachtet haben, gemeinsam: Sie helfen den Klienten, einzeln oder in Gruppen, mit Problemen umzugehen, *nachdem* diese Probleme aufgetaucht sind, und in der Regel *nachdem* sie schon beträchtliche Nöte verursacht haben. Nun, das ist bei der Psychotherapie traditionell so; jetzt aber gibt es einen neuen Ansatz zum Umgang mit psychischen Störungen. Dieser Ansatz versucht unter anderem, den psychischen Störungen *vorzubeugen*, bevor sie auftreten, oder sie wenigstens so früh wie möglich anzugehen. Diese sogenannten **sozialpsychiatrischen Dienste** wurden als eine mögliche Behandlungsweise von vielen Psychologen der verschiedensten Orientierungen (medizinisch, psychodynamisch, verhaltenstheoretisch und phänomenologisch) aufgegriffen.

In den frühen 60-er Jahren wurde klar, daß es unmöglich ist, für alle, die sie benötigen, eine traditionelle psychiatrische Versorgung bereitzustellen. Es gab nicht genügend professionelle Helfer, und viele bedürftige Menschen konnten oder wollten einfach keine Behandlung aufsuchen. Es war auch klar, daß die professionellen Helfer einen aussichtslosen Kampf in dem Sinne führten, daß (1) sie oft mit Störungen konfrontiert wurden, die schon so schwer waren, daß man kaum noch etwas ändern konnte und (2) sie immer und immer wieder dieselben Probleme sahen (zum Beispiel mißhandelte Kinder, schlechte Schulleistungen, unglückliche Ehen). Der Ansatz der Gemeindepsychologie wurde aus folgenden Gründen heraus entwickelt: (1) aufgrund des Bedarfs nach effizienterer und umfassenderer psychiatrischer Versorgung und (2) als Versuch, psychischen Störungen vorzubeugen, indem eine Gemeinde oder ein ganzes soziales System statt eines einzelnen Individuums in der Gemeinde "behandelt" wird.

Um diese Ziele wirklich zu erreichen -was nichts anderes erforderte als eine Neustrukturierung des ganzen staatlichen Systems der psychiatrischen Versorgung-, waren Veränderungen in der sozialen und politischen Ordnung nötig. Diese kamen 1963, als Präsident John F. Kennedy dem Kongreß vorschlug, landesweit psychiatrische Gemeindezentren aufzubauen, die eine Behandlung für psychisch Gestörte *innerhalb* der Gemeinden ermöglichen sollten. Damit verlegte Kennedy den Schwerpunkt weg von den Landeskrankenhäusern, die oft weit entfernt von den Heimatorten der psychisch kranken Menschen sind. Unter Präsident Lyndon B.Johnson wurde die Comprehensive Community Mental Health Centers Act (etwa Gesetz zur umfassenden, gemeindenahen, psychiatrischen Versorgung) verabschiedet. Diese Zentren sollten folgendes ermöglichen: (1) kurzfristige Hospitalisierung; (2) ambulante Behandlung, in der Regel traditionelle Psychotherapie; (3) Notfallversorgung rund um die Uhr, einschließlich Selbstmordprävention und Krisentherapie; (4) Tagesstätten für Leute, die während des Tages eine geordnete Umgebung brauchen und nachts nach Hause gehen können; (5) Schlafstätten für Leute, die nachts einen geschützten Platz brauchen, aber tagsüber arbeiten gehen; und (6) Beratung der Gemeindebehörden.

Obwohl diese gemeindenahen Versorgungszentren nicht den Bedarf vieler Menschen nach langfristiger Versorgung in einem Landes- oder anderem Krankenhaus beseitigt haben, so bieten sie doch günstiger gelegene Behandlungsmöglichkeiten und mehr Dienstleistungen, als voher verfügbar waren. Die Zentren streben danach, ihre Aktivitäten auszudehnen, damit sie bei Krisen in der Gemeinde einschreiten können, bevor emotionelle Störungen auftreten. Ein solches Zentrum war z.B. sehr hilfreich bei der Vereitelung eines Rassenaufstandes, wobei ein Team von Krisenarbeitern in eine Schule geschickt wurde, die stark von Rassenunruhen betroffen war.

Sozialpsychiatrische Programme bieten im allgemeinen drei Arten von Dienstleistungen an: primäre, sekundäre und tertiäre.

Primäre Dienste

Primäre Dienstleistungen zielen auf die *primäre Prävention* ab,das heißt, man versucht, dem Auftreten von psychischen Störungen vorzubeugen, indem man die potentiellen Ursachen des Problems herausfindet und beseitigt. Ein Beispiel für primäre Prävention ist der Versuch, Armut, Krankheit oder Rassendiskriminierung zu bekämpfen, weil diese Faktoren mit der Entwicklung psychischer Störungen eng verknüpft sind. Die größten Erfolge könnte die primäre Prävention bei der Bekämpfung der psychischen Störungen haben, aber bis jetzt wurde noch relativ wenig dafür getan, und wir haben hier noch einen weiten Weg vor uns. Zum Teil ist das so, weil dieser Ansatz der Prävention am schwersten zu erfüllen ist, da die zugrundeliegenden Ursachen einfach überall vorhanden und so schwierig zu beheben sind, daß schon größere gesellschaftliche Veränderungen nötig wären, um irgendetwas zu bewirken. Und obwohl sich viele Psychologen große Hoffnungen auf mögliche Veränderungen in der Gesellschaftsstruktur machen, die die Häufigkeit von psychischen Störungen und seelischen Leiden senken könnten, setzen solche Veränderungen kostspielige Programme voraus, für die die Steuerzahler nicht aufkommen wollen. Außerdem gibt es einige Meinungsverschiedenheiten über die Veränderungen, die wir tatsächlich brauchen.

In vielen Fällen kann auch eine Neuverteilung der Macht erforderlich sein, um einen gesellschaftlichen Wandel in Gang zu setzen, aber diejenigen, die die Macht haben, sind kaum willens, sie herzugeben. Zum Beispiel glaubt

FUNDGRUBE 12-5

Vergleichende Ansätze zur Psychotherapie

Fall 1

John ist ein zwanghafter Esser, der 158 kg wiegt. Bei der Suche nach Hilfe würde er sehr wahrscheinlich auf Therapeuten stoßen, die sein Problem auf verschiedene Arten angehen würden.

Arzt (Medizinischer Ansatz)

Der Arzt vermutet, daß das Verhalten die Folge einer physiologischen Störung ist, und verschreibt vielleicht Amphetamine, um Johns Appetit zu hemmen, oder Tranquilizer, um die mit Streß verbundene Angst zu reduzieren. Ein therapeutisches Fasten nach Diätplan oder ein chirurgischer Eingriff, bei dem ein Großteil des Dünndarms umgangen wird (damit keine Nahrung mehr absorbiert werden kann), kann in Fällen von schwerster Fettleibigkeit angewendet werden.

Psychoanalytiker (Dynamischer Ansatz)

Der Psychoanalytiker erforscht Erinnerungen aus der frühen Kindheit, Trauminhalte, freie Assoziationen und Fehlleistungen wie Versprecher, um die symbolische Bedeutung des Eßverhaltens zu bestimmen. Der Psychoanalytiker würde auch die Möglichkeit in Betracht ziehen, daß John durch die Nahrungsaufnahme sein starkes Bedürfnis nach Liebe befriedigt.

Verhaltenstherapeut (Lerntheoretischer Ansatz)

Der Verhaltenstherapeut interessiert sich für den belohnenden Aspekt des Zuviel-Essens und dafür, ob dieses Verhalten John die Vermeidung von angsterzeugenden Situationen ermöglicht. Der Therapeut könnte ein konditionierendes Behandlungsprogramm erstellen, bei dem John bestraft wird, sobald er zuviel ißt oder an das Essen denkt, und belohnt wird, wenn er nichts ißt. Der Therapeut könnte versuchen, Verhaltensweisen, die mit dem Essen unvereinbar sind, zu fördern oder Johns Eßgewohnheiten zu verändern. Wenn das Essen zur Angstreduktion dient, könnten Entspannungsmethoden eingesetzt werden, um das Angstniveau zu senken. Anders als der Arzt versteht der Verhaltenstherapeut das Zuviel-Essen als erlerntes Verhalten und nicht als Krankheit.

Fall 2

Jane ist eine 25-jährige Studentin, die sehr stark stottert. Bei der Suche nach Hilfe würde sie auf Therapeuten treffen, die ihr Problem auf folgende Weise behandeln würden:

Arzt (Medizinischer Ansatz)

Der Arzt geht davon aus, daß Stottern eine neurologische Störung in den sensorisch-motorischen Arealen des Gehirns ist. Er wird Medikamente verschreiben (Tranquilizer) oder ein sensorisch-motorisches Training empfehlen.

Psychoanalytiker (Dynamischer Ansatz)

Der Therapeut nimmt an, daß das Stottern der Ausdruck eines unbewußten Konfliktes -verknüpft mit Aggression, teilweise gegen Janes Eltern- ist. Bei einer Therapie würde er versuchen, diesen zugrundeliegenden Konflikt durch die Interpretation von freien Assoziationen, Träumen, Versprechern und frühen Erinnerungen ins Bewußtsein zu bringen.

Verhaltenstherapeut (Lerntheoretischer Ansatz)

Der Therapeut untersucht die Möglichkeit, ob das Stottern eine klassisch konditionierte Reaktion ist. Behandlungstechniken gegen Stottern können negative Übungen beinhalten, das ist ein Verfahren, bei dem der Patient aufgefordert wird, dauernd absichtlich zu stottern. Auch rhythmisches Sprechen und Belohnung für stotterfreies Sprechen können Anwendung finden. Schließlich kann noch ein Entspannungstraining angebracht sein, falls das Stottern mit zunehmender Angst stärker wird.

eine Nachbarschaftsgruppe, daß mit einer neuen Freizeiteinrichtung der Jugenddelinquenz vorgebeugt werden könntc, aber die Stadt will dafür kein Geld bereitstellen. Die Gruppe merkt nun, daß sie eines ihrer Mitglieder in den Stadtrat oder sogar in das Bürgermeisteramt schicken muß, damit ihren Forderungen entsprochen wird, und so entsteht in kurzer Zeit ein politischer Kampf. Man kann sich gut vorstellen,daß professionelle Helfer, die einen gemeindepsychologischen Ansatz vertreten, durch ihre Arbeit sehr schnell in soziale und politische Angelegenheiten verstrickt werden.

Dies ist ein sehr umstrittener Punkt, weil nicht alle, die in der seelischen Gesundheitsfürsorge professionell tätig sind, die aktivistische Haltung teilen, aber trotzdem alle von gesellschaftlichen Veränderungen betroffen sind. Einige Psychologen arbeiten aktiv auf eine Neudefinierung des Normalitäts-, bzw Abnormalitätsbegriffes der Gesellschaft hin. Mehrere Staaten der USA haben Gesetze zum Sexualverhalten mündiger Erwachsener (z.B. Homosexualität) gestrichen oder überlegen gerade, sie zu streichen. Psychologen haben versucht, Veränderungen in den Bestrafungsmethoden in Gefängnissen herbeizuführen und sie durch moderne Verstärkungsprinzipien zu ersetzen. Einige wollten auch die Kaution abschaffen, die man benötigt, um aus der Untersuchungshaft vor der Gerichtsverhandlung entlassen zu werden. Dahinter steht die Überzeugung, daß arme Leute nicht durch Inhaftierung bestraft werden sollten, nur weil sie das Geld für die Kaution nicht aufbringen können. In den Schulen arbeiteten Psychologen, die sich mit gesellschaftlicher Veränderung beschäftigen, daran, den Schwerpunkt der Lehrpläne weg vom Auswendiglernen von Fakten und hin zum Problemlösen zu lenken. In den betreffenden Gebieten zu arbeiten ist jedoch sehr frustrierend, weil große Institutionen eine erhebliche Trägheit entwickeln und sich nur sehr langsam verändern lassen.

Sekundäre Dienste

Sekundäre Dienstleistungen zielen auf die *sekundäre Prävention* ab, indem sie versuchen, die Belastungen oder den Schweregrad einer Störung zu mindern, nachdem sie schon aufgetreten ist. Zum Beispiel kann eine psychologische Notfallbehandlung für die Opfer von schweren Verlusten, wie sie Naturkatastrophen, Überschwemmungen oder Tornados mit sich bringen, deren derzeitige Symptome erleichtern und später eine schnellere und bessere Anpassung gewährleisten. Einer der effektivsten Behandlungsansätze in der Gemeindepsychologie ist die **Krisenintervention**.

Eine Krise kann man definieren als eine Situation im Leben eines Menschen, mit der er nicht mehr fertig wird. Die Krisenintervention (siehe Fundgrube 12-6) basiert auf der Annahme, daß einem Menschen am besten geholfen werden kann, wenn er mitten in der Krise steckt, z.B. wenn seine Ehe oder seine Beziehung gerade zerbrochen ist. Zu diesem Zeitpunkt ist ein Mensch eher bereit, Hilfe anzunehmen und kann in kürzerer Zeit mehr verändern als sonst. Die Krisentherapie hilft den Betroffenen, ihr derzeitiges Problem zu definieren und alternative Lösungen zu suchen, da Menschen sonst sehr schnell in Panik geraten, wenn sie keinen Ausweg aus ihren Problemen mehr sehen. Eine Krisentherapie ist direktiver und konfrontierender als die meisten anderen Formen traditioneller Psychotherapien. Erhält ein Betroffener während einer Krise eine sofortige Kurzzeittherapie, kann dies oft eine Krankenhauseinweisung, Medikamente und eine Langzeitpsychotherapie verhindern. Schüler, die in Gefahr sind, aus der Schule zu fliegen, Leute, die ihren Arbeitsplatz verloren haben oder Menschen in Tausenden anderer Krisensituationen können einen Therapeuten für vier oder fünf Sitzungen brauchen, der ihnen über die Krise hinweghilft, obwohl sie zu anderen Zeiten psychisch völlig normal und stabil sind

Ein besonderer Fall der Krisenintervention ist die *Selbstmordprävention*. In vielen Städten über das ganze Land verteilt gibt es Nottelefone, die eine potentiell selbstmordgefährdete Person mit einem Berater in einem Suizidverhütungs-Zentrum verbinden. Solche Zentren arbeiten sehr effektiv, weil die Betroffenen in der Regel dem Tod sehr zwiespältig gegenüberstehen. Sie wollen zwar sterben, aber sie wollen auch leben. Es ist allseits bekannt, daß die meisten Leute, die an Selbstmord denken, dies in ihrem Verhalten oder in Gesprächen über den Selbstmord einige Zeit vor dem ersten Versuch zum Ausdruck bringen. Und schließlich treten Selbstmordversuche meistens dann auf, wenn ein Mensch in einer Krise steckt und daher sehr empfänglich für Hilfe ist.

Eines der ersten Dinge, die ein Telefonseelsorger macht, wenn er eine selbstmordgefährdete Person am Apparat hat, ist, das Risiko abzuschätzen. Die folgenden Faktoren helfen dabei zu bestimmen, wie hoch die Wahrscheinlichkeit ist, daß ein Selbstmordversuch tödlich endet:

1. *Alter*. Je älter die Person ist, desto größer ist das Todesrisiko. Eine Ausnahme sind männliche Schwarze, deren Risiko zwischen 20 und 24 Jahren am größten ist.

2. *Geschlecht*. Durch Selbstmord sterben etwa dreimal so viel Männer wie Frauen, wohingegen Frauen dreimal so häufig wie Männer einen Selbstmordversuch unternehmen.

3. *Ausführungsplan*. Je genauer der Plan schon ist und je tödlicher die Methode, desto größer ist das Risiko. Waffen signalisieren eine größere Gefahr als Tabletten oder Pulsaufschneiden.

4. *Hilfsquellen*. Menschen, die weniger Bekannte haben, an die sie sich in einer Krise wenden können, haben ein höheres Selbstmordrisiko. Jene, die von ihrer Familie,

von Verwandten und Freunden isoliert sind und sich auch nicht an einen Arzt oder einen Geistlichen um Hilfe wenden können, haben ein hohes Risiko. Die Selbstmordrate von Geschiedenen ist drei- bis viermal so hoch wie der Bundesdurchschnitt.

Wenn das Todesrisisko hoch ist, wird der Berater dem aktiver entgegenwirken. Wenn das Risiko niedrig ist, versucht der Berater zuerst über das Telefon eine Beziehung herzustellen, damit der Kontakt nicht abreißt, und auch, um Informationen zu erhalten. Der Berater versucht, Interesse und Optimismus bezüglich der Lösung der Probleme zu vermitteln. Der zweite Schritt ist dann, die Probleme herauszufinden und zu klären. Ein selbstmordgefährdeter Mensch ist oft zu konfus und zu unsicher, um präzise beschreiben zu könnnen, welchen Problemen er gegenübersteht. Danach werden alternative Lösungen für das Problem vorgeschlagen. Die Hilfsquellen des Betroffenen werden aufgezählt und man versucht, ihn in Kontakt mit ortsansässigen professionellen Helfern zu bringen.

Um die psychosozialen Dienste auch den ärmeren Schichten zugänglich zu machen, wurden in Stadtteilen mit überwiegend ärmerer Bevölkerung sogenannte *storefront-Kliniken* oder "outreach-Zentren" eingerichtet. In solchen Kliniken arbeiten in der Regel Leute aus der Gemeinde oder Gemeindehelfer als Problemlöser und

FUNDGRUBE 12-6

Krisenintervention: Ansatz zur Behandlung und Prävention

Die Krisenintervention, eine wirksame und relativ neue Therapieform, beinhaltet sowohl die Behandlung akuter Symptome als auch die Vorbeugung gegen psychische Störungen (sekundäre Prävention). Eine Kriseninterventionstherapie beschäftigt sich mit der Symptombekämpfung, dem Umgang mit der unmittelbaren Streßsituation und der Entwicklung von Methoden zur Bewältigung zukünftiger Probleme. Die Techniken der Krisenintervention entstanden aus der Arbeit von Eric Lindemann, der die Überlebenden und Angehörigen der Opfer bei dem tragischen Feuer im Nachtclub Coconut Grove im Jahre 1943 behandelt hat. Seit damals wurde die Krisenintervention bei Opfern von Tornados, Überflutungen, Bränden, Flugzeug- und Zugunglücken und Terrorismus eingesetzt. Der Zeitungsartikel unten berichtet über eine psychische Soforthilfe für die Rettungsleute, die bei der Flugzeugkatastrophe 1978 in San Diego die Trümmer wegräumen mußten.

Flugzeugunglück fordert Tribut von Rettungsleuten

SAN DIEGO (UP) - Noch mehr als drei Wochen nach der schlimmsten Flugzeugkatastrophe in den USA, bei der 144 Menschen getötet wurden, wacht ein Polizeibeamter mitten in der Nacht schreiend auf und ein anderer hat Alpträume, er wäre in einer "Leichentüte" gefangen, die in solchen Fällen benutzt wird, um die Toten wegzutragen.

Andere Beamte, Feuerwehrleute und Rettungsarbeiter erinnern sich schmerzlich an die verstümmelten Überreste von kleinen Kindern, die bei dem Umglück getötet wurden, oder sie sehen in ihren Träumen explodierende Körper. Einige leiden an Kopfschmerzen und Depression, haben Eß- und Schlafstörungen und fragen sich, ob sie nicht einen anderen Beruf ergreifen sollten.

"Wir versuchen, ihnen klarzumachen, daß ihre Gefühle nach einer Katastrophe dieses Ausmaßes völlig normal sind," erklärt Dr. Allan Davidson, der Präsident der Akademie der Psychologen in San Diego.

Seine Vereinigung arbeitet in der Innenstadt von San Diego und bietet den 800 Polizisten, Feuerwehrleuten, Sanitätern und Fahrern, den Rettungsarbeitern und Soldaten, die die ersten Augenzeugen der Verwüstungen waren, welche am 25.September durch den Absturz eines Verkehrsflugzeuges in ein anliegendes Wohngebiet entstanden waren, eine kostenlose Psychotherapie an.

Bis jetzt haben nur 16 Polizisten, viele davon ältere Beamte mit mehreren Jahren Berufserfahrung, sowie zwei Feuerwehrleute und sechs Rettungsarbeiter diesen Dienst in Anspruch genommen, für den 100 klinische Psychologen ihre Zeit freiwillig zur Verfügung stellten.

Davidson weist darauf hin, daß die Betroffenen eventuell erst in einem Jahr ernste psychische Probleme bekommen könnten, wenn sie jetzt ihre Gefühle aufstauen.

"Die meisten dieser Leute versuchen zu vergessen, was sie gesehen haben und benutzen dazu Verdrängungsmechanismen", sagt er. "Wir versuchen diese Abwehrmechanismen zu durchbrechen und ihnen einen äußeren Rahmen zur Verfügung zu stellen, in dem sie ihren Gefühlen freien Lauf lassen können. Wenn sie ihre Gefühle nicht herauslassen, können die Alpträume, das Schreien und andere Symptome weitergehen."

Die 16 Beamten, die bisher teilgenommen haben, waren normale, unauffällige Menschen. "Als sie die Todesszenerie das erste Mal sahen, waren sie zuerst geschockt. Besonders schlimm war es, die vielen Kinderleichen zu sehen, weil viele selbst eine Familie haben.

Wenn der Schock vorbei ist, kommt eine Phase des Fragens. Sie wollen wissen, warum es ihnen nicht viel schneller besser geht. Das ist eine völlig normale Reaktion."

Davidson sagt, eine Therapie dauert in der Regel 3-4 Wochen mit Einzelsitzungen von einer Stunde oder mehr, und dies zwei- bis dreimal pro Woche.

Die klinischen Psychologen, die für dieses Projekt ausgesucht wurden, sind alle in Kriseninterventionstechniken ausgebildet, die sich auf unmittelbare psychische Probleme konzentrieren. "Ein paar unserer Leute arbeiteten mit den Opfern des Tornados 1974 in Ohio, wo Überflutungen, Brände und Unglücksfälle viele Todesopfer gefordert hatten."

Boulder (Colorado) *Daily Camera*, 18. Oktober 1978

sympathische Zuhörer. Diese Hilfe durch *Nicht-Professionelle,* die einfach in der Gemeinde wohnen oder örtliche *Paraprofessionelle*, die vielleicht eine Art psychologisches Training absolviert haben, spiegelt ein allgemeines Prinzip der Gemeindepsychologie wieder: Man braucht kein Diplom und keinen Doktorgrad, um anderen Menschen helfen zu können. Obwohl es dafür natürlich gewisse Grenzen gibt (unter bestimmten Umständen kann eine entsprechende Ausbildung außerordentlich wichtig sein), lindert es den Mangel an professionellen psychologischen Helfern und ermöglicht es, einige präventive Dienste in den Gemeinden, in denen sie am dringendsten benötigt werden, aufrechtzuerhalten. (Siehe auch "So sieht das in der Praxis aus").

Tertiäre Dienstleistungen

Tertiäre Dienstleistungen, oder Bemühungen um eine *tertiäre Prävention*, haben zum Ziel die Langzeitauswirkungen von psychischen Störungen zu erleichtern. Diese Behandlung wird im allgemeinen *Rehabilitation* genannt. Menschen, die sehr schwere psychische Probleme hatten, haben vielleicht ihre Arbeit oder ihre Familie dadurch verloren und brauchen eine Beratung, wie sie wieder in die Gemeinde eingegliedert werden können. Dies kann auch eine berufliche Weiterbildung bedeuten oder die Teilnahme an Kursen, in denen sie lernen, wie man sich um Arbeit bewirbt oder wie man soziale Fertigkeiten entwickelt. Auf diesem Gebiet begegnet man dem schweren Problem, wie man den vielen ehemaligen Psychiatriepatienten helfen soll, die in die Gemeinden zurück entlassen wurden, die aber nicht fähig sind, ganz für sich selbst zu sorgen.

EIN ABSCHLIESSENDER KOMMENTAR

Wenn Sie diese zwei Kapitel über Psychopathologie und Psychotherapie oberflächlich gelesen haben, könnten Sie zu dem folgenden, vereinfachten Schluß kommen: Ein Psychologe, der mit einem Fall von Verhaltensstörung konfrontiert wird, diagnostiziert zuerst die Störung, wendet dann eine Behandlung oder eine Therapie an, um die Störung zu beseitigen oder zu "heilen" und hilft schließlich dem Patienten, seine normalen Aktivitäten in der Gemeinde wieder aufzunehmen. Mit anderen Worten, das Verfahren scheint dem medizinischen Modell der Behandlung körperlicher Krankheiten (Diagnose-Behandlung-Heilung-Nachsorge) ziemlich ähnlich zu sein - alles verläuft scheinbar schön geordnet und reibungslos. In der Realität sieht es jedoch ganz anders aus, und wir möchten das Kapitel gerne mit der Hervorhebung dieser Tatsache abschließen.

In Kapitel 11 haben wir gesehen, daß die Diagnostiker über bestimmte Diagnosen sehr verschiedener Ansicht sein können. Und, was noch wichtiger ist, wir haben festgestellt, daß sich Psychologen bei unserem derzeitigen Wissensstand über psychische Störungen kaum sicher sein können, was die Ursache oder die richtige "Heilmethode" für eine bestimmte Störung ist, auch wenn sie sich einig sind, wie sie die Störung nennen. In diesem Kapitel haben wir gezeigt, daß es viele verschiedene Psychotherapien gibt, und daß jede Methode für mehrere diagnostische Kategorien angewendet werden kann. Jeder einzelne Therapeut gehört wahrscheinlich einer Therapierichtung an, in der er gut ausgebildet und reich an Fachkenntnissen ist, und die er auf fast alle Fälle anwendet, denen er begegnet. Aber Psychotherapie ist nicht einheitlich effektiv. Ob sie wirkt, hängt in unbekanntem Ausmaß von den Fähigkeiten und der Erfahrung des Therapeuten ab, und wahrscheinlich in noch größerem Ausmaß von der Art des Problems, das der Klient hat. Manche psychische Störungen scheinen ziemlich resistent gegenüber den bekannten Behandlungen zu sein, während andere Störungen auf die eine Methode sehr gut anspringen und durch die andere verschlechtert werden. Jede Therapie ist bei bestimmten Problemen wirksam und keine Therapie ist bei allen Problemen wirksam. Deshalb hängt ein erfolgreiches Behandlungsergebnis von vielen Faktoren ab, nicht zuletzt vom Glück des Klienten, einen geeigneten Therapeuten zu finden.

Aber es ist gibt auch ein paar neue Trends, die wir gerne kurz ansprechen würden. Erstens wird heute weniger Wert auf eine diagnostische Klassifizierung gelegt, der Therapeut versucht, die Probleme des Klienten zu identifizieren und macht sich nicht so viele Gedanken darüber, ob er nun jeden Klienten sauber in eine Kategorie der psychischen "Krankheiten" einordnen kann. Zweitens sind die Therapeuten heute sehr viel häufiger als vor 10 Jahren in mehreren Behandlungstechniken ausgebildet. Dahinter steht der Wunsch nach einem angemesseneren Verhalten seitens des Therapeuten. Drittens sind die neuen Methoden der Verhaltensmodifikation bei bestimmten Störungen sehr vielversprechend, und immer mehr Psychologen lernen, diese Techniken anzuwenden. Viertens sehen die Psychologen heute ein, daß eine traditionelle Psychotherapie nicht die Antwort auf jedes Problem ist: Sie kostet zu viel; es können nicht genügend Leute therapiert werden; nicht jeder profitiert davon; und das Versorgungssystem, wie es heute ist, ist immer noch uneffizient. Und als Ergebnis all dieser Faktoren sehen wir noch einen fünften Trend, nämlich den Trend weg von der Einzeltherapie -nachdem jemand eine Störung entwickelt hat-, und hin zu einem gemeindeorientierten Gesundheitssystem, hin zur Prävention, zur Krisenintervention, zur kurzzeitigen Psychotherapie und zu minimalen Krankenhausaufenthalten. Wir sehen heute den dauernden Einfluß der Gemeindepsychologie, ihre Versuche, die sozio-kulturellen Quellen von Verhaltensstörungen zu beschreiben und anzugreifen.

Daraus sollten wir nicht schließen, daß die Psychologie bald alle Fragen zu psychischen Störungen beantworten wird. Aber wir glauben, daß die nächsten 20 Jahre noch mehr Fortschritte bringen werden als die letzten 20 Jahre. Das heißt nicht, daß diese Fortschritte notwendigerweise die Entdeckung neuer großartiger "Heilmethoden" für neurotische Störungen mit sich bringen (obwohl wir hoffen, daß dies für die psychotischen Störungen der Fall sein wird). Vielmehr erwarten wir völlig neuartige Grundannahmen über die psychische Gesundheit und wir erwarten, daß diese in einem drastischen Konflikt mit dem "Diagnose-Behandlung-Heilungs"-Modell stehen werden, das für lange Zeit die Arbeit von klinischen Psychologen und Psychiatern charakterisiert hat. Wir meinen, daß dies so kommen wird, weil die Probleme mit der seelischen Gesundheit für diese Gesellschaft zu belastend sind, als daß sie ein einzelner Ansatz oder ein traditionelles Versorgungssystem meistern könnte.

ZUSAMMENFASSUNG

1. Psychotherapie wird definiert als eine korrektive Erfahrung, die dazu führt, daß ein Mensch sich auf sozial angemessenere Weise verhalten kann. Die Therapiearten können in verschiedene Kategorien unterteilt werden: Biologische oder medizinische Therapien, psychodynamische Therapien, Verhaltenstherapien und kognitive Verhaltenstherapien und phänomenologische Therapien.

2. Die medizinischen Therapien umfassen die Psychochirurgie, die Elektroschocktherapie und die Chemotherapie. Lobotomien (Durchtrennen von Nerven im Stirnareal des Gehirns) und Elektrokrampftherapie (bei der eine Person einen Krampf durchmacht, der durch einen Elektroschock an den Schläfen induziert wurde) sind Verfahren, die durch die Verwendung von Medikamenten in der Psychiatrie seltener geworden sind. Die Substanzen und Medikamente, die in der Psychiatrie eingesetzt werden, um psychische Störungen zu behandeln, können in vier Kategorien unterteilt werden: Sedativa, Tranquilizer, Antidepressiva und Neuroleptika.

3. Psychodynamische Therapien gehen davon aus, daß psychische Störungen von Konflikten zwischen bewußten und unbewußten Prozessen stammen. Die Behandlung hilft dem Patienten hauptsächlich, Einsichten in diese Konflikte zu bekommen und sie zu verstehen; das wiederum führt zur Problemlösung.

4. Bei einer klassischen Psychoanalyse wird der Patient gebeten, frei zu assoziieren und alles zu sagen, was ihm in den Sinn kommt. Die Interpretation von Träumen und Felhleistungen gibt dem Analytiker Hinweise auf die Inhalte des Unbewußten.

5. Der Verhaltenstherapeut und der kognitive Verhaltenstherapeut benutzen anerkannte Lernprinzipien zur Verhaltensmodifikation. Die Verhaltenstherapie baut auf zwei hauptsächlichen Quellen auf: Dem klassischen und dem operanten Konditionieren. Zusätzlich vertreten die kognitiven Verhaltenstherapeuten die Ansicht, daß auch kognitive Prozesse wichtig für eine Verhaltensveränderung sind.

6. Vier verbreitete verhaltenstherapeutische Techniken sind: (a) die systematische Desensibilisierung, bei der ein Entspannungstraining mit bedrohlichen Stimuli gepaart wird, wobei man sich langsam von dem am wenigsten bis zu dem am meisten gefürchteten Stimulus vorarbeitet; (b) positive Verstärkung und Shaping, wobei einzelne Komponenten einer Verhaltenssequenz mit dem Ziel verstärkt werden, die vollständige Sequenz herauszubilden; (c) Bestrafung und Aversionstherapie, mit denen man versucht, unerwünschte Verhaltensweisen zu beseitigen; und (d) Training sozialer Fertigkeiten, bei dem der Klient lernen soll, Fähigkeiten zu entwickeln und anzuwenden, die er für soziale Situationen wie z.B. zufällige Begegnungen, Gespräche oder Verabredungen benötigt.

7. Zwei weitere verhaltenstherapeutische Techniken sind das Biofeedback und das Modellernen. Beim Biofeedback lernen die Klienten die physiologischen Prozesse, die durch Gefühle in Gang gesetzt werden, zu steuern und können so die Auswirkungen von Streß und physische Symptome wie Kopfschmerzen unter Kontrolle bringen. Das Modellernen geht von der Grundannahme aus, daß eine Verhaltensänderung nicht nur durch Verstärkung, sondern auch durch Beobachtung einsetzen kann.

8. Drei wichtige kognitiv-verhaltenstherapeutische Techniken sind: (a) die rational-emotive Therapie, (b) die verdeckte Sensibilisierung und (c) das Streß-Immunisierungs-Training. Bei einer rational-emotiven Therapie entdecken die Klienten die irrationale Natur einiger ihrer Selbstaussagen und kommen zu einer rationaleren, angemesseneren Sicht der Welt. Bei der verdeckten Sensibilisierung werden unangenehme Vorstellungen und Phantasien mit dem Verhalten verknüpft, das der Klient gerne ändern möchte. Das Streß-Immunisierungs-Training beugt unnötigen Ängsten vor, indem es den Klienten neue Wege des Umgangs mit Streß aufzeigt. Auch die systematische Desensibilisierung ist technisch eine kognitive Verhaltenstherapie, soweit sie mit Vorstellungen des Gefürchteten arbeitet, statt mit den lebendigen Objekten selbst.

9. Bei den phänomenologischen Therapien, z.B. der klientenzentrierten Gesprächstherapie, steht im Mittelpunkt, dem Klienten dabei zu helfen, daß er die Ablehnung und Leugnung bestimmter Gefühle und Erfahrungen aufgibt und statt dessen alle Gefühle und Gedanken im Hier und Jetzt akzeptiert und auslebt. Der Gesprächstherapeut erzeugt eine Atmosphäre des einfühlenden Verstehens, der bedingungslosen positiven Wertschätzung und der Echtheit, womit er den Klienten bzw. die Klientin zu dem Risiko ermutigt, seinen oder ihren abgelehnten Gefühlen ins Auge zu sehen.

10. Die Gestalttherapie, ein weiterer phänomenologischer Ansatz, versucht beim Klienten Bewußtheit zu erzeugen, indem auf jede Inkonsistenz im Verhalten aufmerksam gemacht wird. Eine Bestärkung der widersprüchlichen Aspekte der Persönlichkeit des Klienten führt zu ansteigendem Selbst-Bewußtsein und in

Folge davon zur Lösung seiner oder ihrer Probleme.

11. Die meisten Therapiearten finden in Einzelsitzungen, in Gruppen- oder Familiensitzungen statt. Die Gruppentherapie eröffnet den Mitgliedern die Gelegenheit, andere verstehen zu lernen, Rückmeldung zu erhalten, zu Lösungen beizutragen, ein Therapeut für andere zu sein und neue Verhaltensweisen zu üben.

12. Psychische Störungen können auch vom Blickwinkel der Gemeindepsychologie her behandelt werden. Die Gemeindepsychologie beschäftigt sich mit der Prävention von Störungen; mit einer effizienteren psycho-sozialen Versorgung, besonders für die Armen; und vorwiegend mit der "Behandlung" einer ganzen Gemeinde oder eines ganzen sozialen Systems statt mit der Behandlung einzelner.

13. Die primäre Prävention konzentriert sich auf die Beseitigung der Ursachen von psychischen Störungen. Die sekundäre Prävention behandelt Störungen, die schon vorhanden sind. Die tertiäre Prävention beschäftigt sich mit der Rehabilitation und den Nachwirkungen von psychischen Störungen.

So sieht das in der Praxis aus

In diesem Kapitel haben wir Psychotherapie definiert und erörtert, wie Therapeuten aus mehreren verschiedenen Blickwinkeln an psychische Störungen herangehen. Lassen Sie uns nun einen Blick auf ein paar Fragen über die Psychotherapie werfen, die von allgemeinerem Interesse sein können.

WIE EFFEKTIV IST PSYCHOTHERAPIE?

In den frühen 50-er Jahren forderte Hans Eysenck die Psychologie zum Nachweis auf, ob Psychotherapie überhaupt wirkungsvoll ist oder nicht. Aus einer Zusammenfassung von 19 experimentellen Studien mit insgesamt 7000 Fällen von psychoanalytischer und nicht-psychoanalytischer Behandlung (die Verhaltenstherapie war damals noch nicht so bekannt) schloß Eysenck, daß Patienten, die keinerlei Psychotherapie erhalten hatten (sondern entweder pflegerische Obhut oder die Behandlung durch einen praktischen Arzt), genausoviel oder gar mehr Besserung aufwiesen als Patienten, die eine Psychotherapie erhalten hatten! Als Besserungskriterium benutzte Eysenck die erfolgreiche soziale und berufliche Anpassung und ermittelte so eine Besserung bei 66% der Patienten, die eine Psychoanalyse abgeschlossen hatten, bei 64% der Patienten, die eine nicht-psychoanalytische Behandlung erfahren hatten, und 72% bei denen, die keine formelle psychotherapeutische Behandlung erhalten hatten (Eysenck, 1952).

Sie können sich vorstellen, was für ein schwerer Schlag Eysencks Veröffentlichung für die Psychiater und Psychologen war. Schien er doch nachgewiesen zu haben, daß Psychotherapie völlig nutzlos ist, oder zumindest nicht besser, als gar keine Behandlung. Nach und nach stellte sich dann jedoch heraus, daß an Eysencks Schlußfolgerungen einiges nicht stimmte. Erstens erhielten die Menschen, denen es ohne jegliche formale Psychotherapie besser ging, häufig Hilfe aus anderen Quellen. Zweitens unterscheiden sich die Menschen, die Hilfe suchen, von denen, die das nicht tun, und es gibt einige Hinweise dafür, daß die Hilfesuchenden zu den Menschen gehören, die sich ohne Hilfe nicht erholen würden. Eysencks Behandlungs- und Nichtbehandlungsgruppen waren in mehrerer Hinsicht, z.B. was die Schwere der Störung anbelangt, nicht vergleichbar. Und er benutzte für die beiden Gruppen verschiedene Heilungskriterien. Schließlich und endlich gibt es einige Störungen, die ohne professionelle Intervention einfach nicht besser werden; beispielsweise verschwinden die Symptome einer Neurose in der Regel nicht spontan.

Erst vor kurzem haben Mary Lee Smith und Gene V. Glass von der University of Colorado die Unmengen an Literatur über Psychotherapie-Ergebnisse noch einmal durchgesehen, wobei sie moderne statistische Auswertungsmethoden benutzten. Obwohl keine einzige Studie, einschließlich der von Eysenck, wirklich schlüssig ist, weist die Summe der Ergebnisse sehr stark darauf hin, daß Psychotherapie sehr wohl eine effektive Behandlung für psychische Störungen darstellt. Wie zu erwarten war, hat Eysenck (1983) diese Schlußfolgerung angefochten.

Trotz dieser Untersuchungsergebnisse ist es unbestreitbar, daß viele Menschen sich auch ohne eine Psychotherapie wieder erholen. Jene, die glauben, daß beinahe jeder Mensch irgendwann in seinem Leben einen Therapeuten braucht, unterschätzen bei weitem die Fähigkeit der Menschen, ihre persönlichen Probleme selber zu lösen, oft mit Hilfe von Verwandten und engen Freunden.

Jeder setzt das Kriterium für eine "Heilung" durch Psychotherapie woanders an. Der Psychoanalytiker wird ermitteln, ob die unbewußten Konflikte bereinigt sind; der Rogers-Anhänger wird sein Augenmerk auf die Qualität des Gefühlsausdruckes und des Erlebens legen; der Verhaltenstherapeut wird sich um Veränderungen in dem bestimmten Verhalten kümmern, dessentwegen jemand in die Therapie gekommen ist. Daher ist es schwierig, ein einheitliches Kriterium der Besserung für alle Therapieformen zu finden.

Warum fragt man nicht einfach den Klienten, ob es ihm besser geht? Ein häufiges Problem, das die Bewertung der Therapie durch den Klienten verzerren kann, ist bekannt als der "Anspruch auf Besserung". Am Anfang der Therapie ist der Klient gewöhnlich unglücklich und beunruhigt und übertreibt tatsächlich, um den Therapeuten von der Ernsthaftigkeit seines Problems zu überzeugen. Am Ende der Therapie bemüht sich der Klient so "geheilt" wie möglich zu erscheinen (wenigstens um die aufgewendete Zeit und das Geld zu rechtfertigen) und den Therapeuten als sehr effektiv zu beurteilen. Dieser sozial angemessene "Wandel" kann sehr leicht als wirkliche Besserung mißverstanden werden; letztere darf nicht nur nach Klienten-Befragungen beurteilt werden, sondern auch durch die Erhebung von Nachfolge-Daten über die persönliche, soziale und berufliche Anpassung des Klienten.

Ideal wäre es, die Therapeuten, die am effektivsten für jede einzelne Art von Störung sind, zu bestimmen, und die Leute zum geeigneten Therapeuten zu überweisen, genauso wie ein praktischer Arzt Patienten zu Fachärzten überweist. Es ist zum Beispiel nachgewiesen, daß die Verhaltenstherapie bei Phobien und Angstzustände, die einen bestimmten angsterzeugenden Reiz betreffen, sehr wirkungsvoll ist. Die entsprechenden Berichte gehen davon aus, daß 90% der Klienten mit solchen Störungen durch eine verhaltenstherapeutische Behandlung (z.B. eine systematische Desensibilisierung) geholfen werden kann. Sowie man die Verhaltenstherapie auf komplexere Störungen anwendet, ist die Besserungsrate nicht mehr so hoch. Wegen all dieser Unsicherheiten sind wir noch weit davon entfernt, die Frage nach der besten Therapie für eine bestimmte Störung als geklärt anzusehen.

WELCHER THERAPEUT ODER WELCHE THERAPEUTIN IST AM GEEIGNETSTEN?

Der Versuch, der Störung des Klienten die optimale Therapieform zuzuordnen, ist nur ein Teil des Problems. Man muß auch danach fragen, wer diese Therapie durchführen wird. Auch die besten Verfahren können in der Hand eines unsensiblen Therapeuten unwirksam sein, andererseits kommen einige Klienten mit so einem Therapeuten sogar besser zurecht. Welche Therapeutencharakteristika sind also wichtig?

Tatsächlich hat es relativ wenig Forschung zu den persönlichen Eigenschaften eines guten Therapeuten gegeben. Viele Ausbildungsstellen für klinische Psychologen legen großen Wert auf intellektuelle Eigenschaften, auf Notendurchschnitte und auf Testergebnisse, wenn sie darüber entscheiden sollen, wen sie in das Ausbildungsprogramm aufnehmen. Aber bedeuten hohe Intelligenz und hervorragende Noten, daß jemand einen guten Therapeuten abgeben wird? Die meisten von uns würden doch zustimmen, daß auch andere Persönlichkeitseigenschaften ganz entscheidend sind. Sogar in der Verhaltenstherapie, die viele für eher "unpersönlich" halten, hat die Persönlichkeit des Therapeuten Einfluß auf die Effektivität der Behandlung.

Niemand bestreitet, daß sich Therapeuten in ihren Erfolgsquoten sehr stark unterscheiden. Ein Faktor, der zu dieser Unterschiedlichkeit beiträgt, ist die Berufserfahrung. Man hat festgestellt, daß die Effektivität im Aufbau einer idealen therapeutischen Beziehung zu dem Klienten mit der Erfahrung steigt. Tatsächlich kann die Erfahrenheit des Therapeuten mehr Bedeutung für den Erfolg haben, als seine therapeutische Ausrichtung.

Weiterhin vermutet man, daß beim Therapeuten drei Persönlichkeitseigenschaften (alle abgeleitet von Rogers' Therapietheorie) für den Therapieerfolg entscheidend sind: *genaue Einfühlung, nicht besitzergreifende Wärme und Echtheit.*

Eine Studie hat aufgezeigt, daß Therapeuten, die bei diesen drei Eigenschaften niedrige Werte erzielten, eine 50% Erfolgsquote bei ihren Klienten hatten, aber diejenigen, die hohe Werte erreichten, konnten 90% ihrer Klienten zu einer Besserung verhelfen. Der Mittelwert aus diesen beiden Gruppen, 70%, entspricht beinahe der Besserungsrate, die Eysenck bei unbehandelten Kontrollpersonen fand. Diese Untersuchung blieb jedoch nicht unbestritten. Einige Forscher fragten, ob diese Variablen mit geeigneten Mitteln und objektiv gemessen wurden. Andere sind der Ansicht, daß diese Therapeuten-Eigenschaften nur bei schwächeren Interventionen wichtig sein könnten.

Es gibt jedoch noch andere Therapeutenvariablen, die für den Erfolg einer Therapie bedeutend sind.

Hilfe! Wie finde ich den richtigen Therapeuten?

Von CAROL KLIEMAN

Achtung! Therapie gefährdet Ihre Gesundheit!

So lautet die Warnung eines Therapeuten, Dr. Manny Silverman, außerordentlicher Professor für Beratungspsychologie an der Loyola University of Chicago.

Dr. Silverman, selbst ein staatlich geprüfter Psychologe mit einem Doktortitel in Beratung, behauptet, daß die Wahl des Therapeuten ein Problem des Klienten ist, das auch nur der Klient selbst lösen kann, und zwar vorsichtig, sehr vorsichtig.

"Viele psychologische Studien zeigen, daß der reine Nutzen von Therapien gar nicht so groß ist. Und die Ärzte, Geistlichen und andere, die versuchen, die Leute mit dem richtigen Therapeuten zusammenzubringen, haben nicht immer Erfolg dabei. Manchmal wirkt es, und manchmal nicht," so Dr. Silverman.

"Das alles läuft darauf hinaus, daß jeder selbst am besten beurteilen kann, was für ihn gut ist."

Zuerst entschließt sich der Kunde, eine Therapie zu machen. Dann muß er sich entscheiden, zu wem er geht.

"Die Entscheidung, eine Therapie zu machen, ist sowieso überfrachtet mit weiteren Entscheidungen, die schon in guten Zeiten schwierig genug wären, geschweige denn, wenn es einem miserabel geht. Aber es ist ganz wesentlich, sich den Menschen, bei dem man Hilfe sucht, ganz genau anzusehen."

Um den Leuten bei der Suche nach einer Therapie zu helfen, hält Silverman Workshops an der Greenerfields Unlimited und an der Loyola University ab. Daran nehmen die potentiellen Kunden selbst teil, aber auch Therapeuten, Ärzte, Rechtsanwälte und Geistliche, die häufig gebeten werden, jemand zu empfehlen.

"Caveat emptor - hütet Euch vor der Kundschaft, war zu lange die Regel der Therapie", meint Silverman.

Der Professor, der auch als Privat-Therapeut arbeitet, fügt hinzu: "Das soll nicht heißen, daß es lauter schlechte Therapeuten gibt, sondern, daß es bestimmte Empfehlungen gibt, die für Sie als Klienten wichtig sind, und die entscheidenden Einfluß darauf haben können, ob Ihre Therapie erfolgreich wird oder nicht."

Das Schönste daran, dem potentiellen Therapeuten direkte Fragen zu stellen, ist, daß allein schon das Fragen ein Teil der Antwort ist.

Solche Fragen wären zum Beispiel:

Wo wurden Sie ausgebildet?

Wie ist Ihr Familienstand? "Das ist eine sehr persönliche Frage", meint Silverman, der selbst 11 Jahre lang verheiratet war und zwei Kinder hat, "aber wenn ein Therapeut zum dritten Mal geschieden ist, kann Ihnen das eine Einstellung verraten, über die sie Bescheid wissen sollten. Wenn Sie das betrifft, dann fragen Sie es."

Wie lange praktizieren Sie schon?

Welche Arten von Störungen behandeln Sie?

Welche Störungen behandeln Sie gern?

Welche Störungen behandeln Sie am wenigsten gern?

Verlangen Sie routinemäßig eine körperliche Untersuchung vor der Therapie?

Wie lange dauert eine Behandlung bei Ihnen durchschnittlich?

Wieviel verlangen Sie dafür? Stellen Sie auch ausgefallene Sitzungen in Rechnung? Wie lange vorher kann ich absagen?

Und jede andere Frage, die Ihnen wichtig erscheint.

"Die Grundvoraussetzung für jede Therapie ist Vertrauen", sagt Silverman."Die Art, wie diese Fragen beantwortet werden, können Ihnen sehr viel über den Therapeuten sagen. Denken Sie immer daran, da sitzt jemand vor Ihnen, zu dem Sie eine Beziehung aufbauen wollen, der fähig sein sollte, Ihnen zuzuhören und Sie zu verstehen"...

Boulder (Colo.) *Sunday Camera,* 20. Juni 1976

Carl Rogers betonte immer, wie wichtig es ist, daß der Therapeut bedingungslose positive Wertschätzung für den Klienten zeigt. Das heißt, unter anderem, daß der Therapeut das Verhalten des Klienten nicht verurteilen sollte. Falls der Therapeut als verurteilend wahrgenommen wird, kann es gut sein, daß der Klient wichtige Informationen bei sich behält, was den ganzen therapeutischen Prozeß gefährden kann.

Keine Überraschung: Je mehr der Klient den Therapeuten mag, desto wirksamer wird die Therapie sein - und desto länger wird sie dauern. Weiterhin gibt es Hinweise dafür, daß Therapeuten, die ungelöste Konflikte auf dem Gebiet der Abhängigkeit, der Wärme, der Intimität und der Feindseligkeit haben, den Menschen bei ihren Problemen weniger gut helfen können. Ob Empathie, Wärme und Echtheit wirklich die entscheidenden Variablen der Therapie sind oder nicht, ist noch ungelöst, aber es gibt immerhin schon Hinweise für die Bedeutung der Variable 'Wärme des Therapeuten'. Ein liebenswerter, konfliktfreier Therapeut wird höchstwahrscheinlich mehr Erfolg haben als ein kalter und neurotischer Therapeut.

Eine interessante Hypothese hinsichtlich der Beziehung zwischen Persönlichkeit und Effektivität eines Therapeuten besagt, daß bestimmte Persönlichkeitseigenschaften einen Therapeuten geradezu ideal für die Behandlung einer bestimmten Art von Verhaltensstörung machen können, derselbe Therapeut aber für die Behandlung anderer Störungen ganz und gar ungeeignet ist. Viele Therapeuten erkennen das stillschweigend und überweisen Patienten mit Störungen, die sie selbst nicht so erfolgreich behandeln können, an Therapeuten, die bei solchen Fällen bessere Ergebnisse hatten.

Tabelle 12-3 Persönliche Probleme, deretwegen Leute professionelle Hilfe aufgesucht haben - Umfrageergebnis

Problemfeld	
Ehegatte; Ehe	42%
Kind; Beziehung zum Kind	12%
Andere familiäre Beziehungen - Eltern, Verwandte u.a.	5%
Andere Beziehungsprobleme; Art des Beziehungsproblems unspezifiziert	4%
Probleme in Arbeit oder Schule; Berufswahl	6%
Anpassungsprobleme, die im Selbst begründet sind, unabhängig von der Arbeit (allgemeine Anpassung, spezielle Symptome und Ähnliches)	18%
Situationsbedingte Probleme im Zusammenhang mit anderen Menschen (Tod oder Krankheit eines geliebten Menschen), die eine extreme psychische Reaktion hervorrufen	6%
Nichtpsychische, situationsbedingte Probleme	8%
Nichts Bestimmtes; eine Menge kleiner Gründe; kann mich nicht erinnern	2%
Nicht feststellbar	1%
Zusammen	*
Anzahl der Befragten	(345)

* Gesamtprozentsatz über 100, weil einige der Befragten mehrere Antworten gegeben haben.

Tabelle 12-4 Wohin wenden sich die Leute um Hilfe?

Hilfsquelle	
Geistlicher	42%
Arzt	29%
Psychiater (oder Psychologe):Privatpraxis oder nicht ermittelbar, ob privat oder institutionell *	12%
Psychiater (oder Psychologe) in einer Klinik, Krankenhaus oder Beratungsstelle; Psychiatrie	6%
Eheberatung	3%
Andere privat Praktizierende oder soziale Stellen der psychologischen Beratung	10%
Soziale Beratungsstellen für nicht-psychologische Probleme (z.B. finanzielle Schwierigkeiten)	3%
Rechtsanwälte	6%
andere	11%
Insgesamt	†
Anzahl der Befragten	(345)

* In Wirklichkeit haben nur 6 Personen besonders erwähnt, daß sie eine Privatpraxis aufgesucht haben. Diese Kategorie soll daher hauptsächlich nur die Befragten repräsentieren, die "Psychiater" angekreuzt haben, ohne zu erklären, ob es sich um eine psychiatrische Einrichtung gehandelt hat.

† Gesamtprozentsatz über 100, weil einige der Befragten mehrere Antworten gegeben haben.

WIE FÜHLT MAN SICH ALS KLIENT/KLIENTIN?

Wenn man sich schon einmal dazu durchgerungen hat, wegen eines psychischen Problems Hilfe aufzusuchen, dann muß man auch etwas dafür tun. Tabelle 12-3 zeigt die Ergebnisse einer Umfrage, warum Leute psychologische Hilfe aufsuchen, und Tabelle 12-4 zeigt, daß die meisten Leute für diese Hilfe nicht zu einem Therapeuten, sondern zu Geistlichen oder Ärzten gehen. Bei den meisten Fällen, in denen die Störung wirklich schwer ist, ist es leider jemand anders, der entscheidet, ob ein Mensch eine Behandlung braucht. Dann wird eine Zwangseinweisung beantragt. In der Tat haben immer noch viele Menschen die falsche Auffassung, daß man offensichtlich psychotisch oder seelisch am Ende sein muß, damit es legitim ist, eine Beratung aufzusuchen. In Wirklichkeit reicht schon der bloße Wunsch, sich zu verändern, völlig aus. Unzufriedenheit mit seinem gegenwärtigen Leben war auch im folgenden Fall die Therapiemotivation des Klienten:

> "Das (die Psychotherapie) ist was, worüber ich schon sehr lange nachdenke. Ich wußte, daß das was ist, was ich brauche und will, aber ich habe einfach nichts dafür getan. Doch vor kurzem wurde mir wieder richtig klar, daß ich nicht so bin, wie ich sein will. Ich bin nicht sicher, was ich bin, ich bin nicht mal sicher, ob ich es wissen will, aber ich bin sicher, daß ich diesen Zustand nicht mag. Ich weiß nicht mal genau, wie ich sein möchte - manchmal so, manchmal anders. Ich weiß nicht, wo ich stehe oder wohin es jetzt geht, aber ich habe mich endlich dazu entschlossen, es herauszufinden" (Fitts, 1965, S.16).

Natürlich kann es gräßlich sein, um Hilfe wegen eines persönlichen seelischen Problems zu bitten und es darauf ankommen zu lassen, daß der Therapeut einen nicht kritisieren oder er das Problem trivial finden wird. Der Klient bzw. die Klientin muß das Gefühl haben, daß er oder sie dem Therapeuten vertrauen kann, sonst werden Offenheit und Freimut nie möglich sein. Der Klient in dem folgenden Fall war wahrscheinlich noch nicht bereit dazu, von einer Therapie zu profitieren, solange er seine anfänglichen Zweifel über die Therapie und den Therapeuten nicht überwunden hatte:

> Bei den ersten paar Sitzungen fühlte ich mich unbehaglich, weinerlich, verlegen, verschämt, schuldig und deprimiert. Ich sagte dauernd zu mir: "Es könnte mir sicher besser gehen als so; warum ist das ausgerechnet mir passiert?" Was denkt der Doktor jetzt von mir? Wie soll er wissen, was ich durchgemacht habe? Was soll es ihn kümmern? Warum soll er seine Zeit an mich verschwenden? (Soll er sie jemand anderem schenken, aber ich muß doch fähig sein, das mit mir selbst auszumachen!)
>
> Als ich in diesem Stuhl saß, war ich geschüttelt von Gefühlen und schämte mich so dafür, daß es mir sehr schwer fiel, etwas zu sagen. Wenn ich ein Gefühl hatte, und es ausdrücken wollte, war das Gefühl so verschwommen, daß ich keine Worte dafür finden konnte. Nach drei Sitzungen, in denen ich nur wenig gesagt hatte, merkte ich: Das führt zu nichts, ich verschwende nur die Zeit des Arztes. Ich wollte doch, daß der Therapeut stolz auf mich ist. Was er von mir gehalten hat, war mir immer wichtig. (Fitts, 1965, S.26)

Auch unter den besten Umständen ist eine Therapie immer schwierig. Es gibt Zeiten, wo der Versuch, sich selbst zu verstehen, sehr schmerzlich ist, schon allein die damit verbundene Anstrengung ist erschöpfend. Die Klienten entwickeln auch Gefühle der Wut und der Zuneigung für den Therapeuten, die dem klaren Denken im Weg stehen können. Manchmal werden die Klienten über die einseitige Natur dieser Beziehung ärgerlich, denn sie erfahren wenig oder gar nichts über den Therapeuten. Wenn die Therapie sehr lange dauert, werden die Leute verbittert, weil ihre unerfüllten, großen Hoffnungen erhebliche Enttäuschungen erfahren. Außerdem können sich einige Therapeuten in bestimmte Klienten niemals einfühlen. Um einer sehr schweren Enttäuschung vorzubeugen, ist es daher oft besser, es mit einem anderen Therapeuten zu versuchen, als die Therapie als einen Weg der Problemlösung ganz aufzugeben.

SCHWEIGEPFLICHT UND THERAPEUTISCHE BEZIEHUNG

Der Kern der therapeutischen Beziehung ist das Vertrauen. Der Klient muß dem Therapeuten vertrauen, daß dieser in seinem besten Interesse handelt und seine Würde schützt. Ein Aspekt dieser Beziehung ist, daß das, was der Klient dem Therapeuten erzählt, eine *vertrauliche Mitteilung* ist. Das heißt, daß der Therapeut bzw. die Therapeutin unter normalen Umständen von Gesetzes wegen nicht gezwungen werden kann zu enthüllen,

Was Klienten den Therapeuten nicht erzählen

von LORI B. ANDREWS

Die Hauptregel der meisten Psychotherapien ist Freuds Dictum, daß der Patient alles enthüllen muß. Eine kürzlich in Texas erstellte Studie kommt zu dem Ergebnis, daß die Kommunikation zwischen Klient und Therapeut noch längst nicht diesem Ideal entspricht.

Die 79 befragten Patienten dieser Studie waren für eine mittlere Zeit von 3 Jahren in einer Therapie, und die meisten hatten wöchentliche Sitzungen. 40% von ihnen gaben zu, daß sie ihrem Therapeuten Informationen vorenthalten und erstellten eine Liste der zensierten Themenbereiche. 36% dieser Themen betrafen sexuelle Handlungen und 34% sexuelle Gedanken. Gewaltvorstellungen und finanzielle Angelegenheiten kamen jeweils auf 9%. Der wichtigste Grund für diese Zurückhaltung war "die Furcht vor der persönlichen Beurteilung des Therapeuten".

Obwohl immerhin 4% der vorenthaltenen Informationen mögliche Verbrechen betrafen, schien die Furcht vor der Mißbilligung des Therapeuten hemmender zu sein als ein anderer Befangenheitsgrund, den die Forscher prüften: Die Furcht, der Therapeut könnte vor Gericht aussagen, was er über den Klienten weiß.

Ein Jahr vor dieser Studie wurde in Texas ein Gesetz verabschiedet, das den Patienten das Recht gab, ihre Therapeuten von einer Zeugenaussage abzuhalten. Doch nur 27% der Patienten gaben an, das Gesetz zu kennen, vielleicht weil es noch so neu war. Trotzdem gaben immerhin 12% an, daß sie sich auf diese garantierte Vertraulichkeit verlassen hätten. 8% meinten, wenn sie gewußt hätten, daß es dieses Gesetz gibt, hätten sie früher therapeutische Hilfe aufgesucht. Aber, ob sie nun das Gesetz kannten oder nicht und darauf vertrauten oder nicht, beinahe alle Patienten (96%) hatten grundlegendes Vertrauen in die Berufsmoral des Therapeuten, daß er für sich behielt, was sie ihm erzählten.

In den letzten Jahren wurden Gesetze, die die Vertraulichkeit von psychiatrischen Sitzungen schützen, in allen Staaten der USA verabschiedet, außer in South Carolina und West Virginia. In allen Staaten, abgesehen von diesen beiden und von Alaska, Iowa, Nebraska und Vermont, schützt das "Therapeut-Patienten-Geheimnis" auch Sitzungen mit Psychologen. Mit Hilfe dieses Gesetzes soll vermieden werden, daß die Furcht vor Entdeckung die Patienten vor einer notwendigen Therapie zurückschrekken läßt (einer Therapie, die sie vielleicht davon abhält, ein Verbrechen zu begehen), daß die Angst vor einer Zeugenaussage des Therapeuten die Qualität der Therapie beeinträchtigt, und daß diese Angst die Patienten dazu bringt, die Therapie frühzeitig abzubrechen, wenn die Behandlung an das heikle Thema "kriminelle Verhaltensweisen" rührt. Die Untersuchung wurde von einem Juraprofessor der Southern Methodist University und einem Psychiater der University of Texas durchgeführt. Sie kamen zu dem Ergebnis, daß die Begründung für dieses Gesetz wohl etwas übertrieben, aber auch alles andere als überflüssig war.

Psychology Today,
September 1982

was er oder sie von oder über den Klienten weiß. Tatsächlich verpflichtet auch das Berufsethos den Therapeuten, daß er solche Informationen *nicht* ohne Zustimmung des Klienten weitergeben darf. Diese Regelung macht es dem Klienten leichter, sich ganz sicher zu sein, daß das Gesagte "niemals diesen Raum verläßt". Allerdings gibt es doch einige Ausnahmen für diese Regel. In den meisten Staaten der USA kann das Schweigerecht in folgenden Fällen aufgehoben werden: Wenn der Klient Angeklagter in einem Strafprozeß ist und seine Verteidigung sich auf Unzurechnungsfähigkeit beruft, wenn der Klient minderjährig ist und der Therapeut glaubt, daß er oder sie das Opfer eines Verbrechens ist (z.B. Kindesmißhandlung), oder wenn der Therapeut der Ansicht ist, sein Klient sei eine potentielle Gefahr für andere oder sich selbst. Das sind jedoch recht ungewöhnliche Umstände. Bei den meisten Therapiefällen hat niemand, nicht einmal die engsten Familienangehörigen oder Gerichte, Zugang zu den Informationen darüber, was in der Abgeschlossenheit der therapeutischen Beziehung vor sich geht.

Sind Therapeuten mitverantwortlich für gewaltsame Handlungen ihrer Patienten? Kürzlich hat ein Gericht in Kalifornien entschieden (Das Tarasoff-Urteil, 1977), daß der Therapeut verpflichtet ist, potentielle Opfer, die in Gefahr sind, zu warnen, wenn die Patienten Drohungen ihnen gegenüber aussprechen. (Im Fall Tarasoff hatte der Therapeut zwar die Polizei verständigt, nicht aber die Person, deren Leben bedroht wurde. Diese Frau wurde vom Patienten ermordet.)

Wenn ein Therapeut die Gefährlichkeit eines Patienten nicht rechtzeitig erkennt, oder es versäumt, etwas zu unternehmen, wenn der Patient Gewalt androht, kann das rechtliche Schwierigkeiten für den Therapeuten nach sich ziehen. Dennoch darf er auch nicht überreagieren, denn dies könnte die therapeutische Beziehung untergraben: Wieviele Klienten wären wohl noch offen zu ihrem Therapeuten, wenn dieser gesetzlich verpflichtet wäre, die Unterhaltung weiterzugeben? Die neueren Urteile seit dem Tarasoff-Fall weisen darauf hin, daß die Verpflichtung zur Warnung potentieller Opfer (und damit der Bruch der Schweigepflicht) hauptsächlich auf Umstände beschränkt ist, bei denen der Klient Drohungen gegenüber einer bestimmten Person ausspricht.

DIE WACHSENDE ZAHL AN HELFERN/HELFERINNEN

Wie bereits erwähnt, gibt es einfach nicht genug Therapeuten, um allen zu helfen, die eine psychologische Beratung bräuchten, und die Bevölkerung wächst schneller als die Anzahl an Psychologen und Psychiatern. Durch die Gruppentherapie, durch den Trend zur gemeindenahen Versorgung und durch die Bereitstellung anderer Dienstleistungen für Hilfebedürftige wurde diese Last schon etwas vermindert. Ein Ansatz, der aus der Gemeindepsychologie entstanden ist, ist der Einsatz von *Paraprofessionellen*. Als Paraprofessionelle bezeichnet man interessierte Mitglieder der Gemeinde, die mit einer minimalen Schulung als zeitweilige Therapeuten dienen können. Hausfrauen, Wirte und Friseure haben sich in dieser Rolle erfolgreich betätigt. Menschen aus Armenvierteln, aus Ghettos und anderssprachigen Stadtteilen reagieren häufig eher befremdet auf einen traditionell ausgebildeten Kliniker, der aus der Mittelschicht stammt. Paraprofessionelle können mit solchen Leuten oft besser kommunizieren und sind sich des kulturellen Drucks, unter dem diese Leute stehen, bewußter. Paraprofessionelle lassen sich besonders gut in der Krisentherapie und in der Gemeinde einsetzen.

Sogar Computer haben begonnen, das Feld der Psychotherapie zu betreten. Sie helfen den Therapeuten, effizienter zu arbeiten. Viele psychiatrische Kliniken benutzen interaktive Computerprogramme, die grundlegende Interviewdaten und einige vorbereitende Daten über die Probleme neuer Klienten speichern, während das Personal mit anderen Patienten persönlich arbeitet. Später finden dann natürlich persönliche Gespräche statt. Einige Persönlichkeitstests können vom Computer durchgeführt und ausgewertet werden, was das Personal ebenfalls für direkte therapeutische Dienste freistellt. Interaktive Computer werden sogar für einige experimentelle Beratungsprogramme benutzt, durch die die Leute allgemeine Problemlösungs-Fertigkeiten entwickeln sollen (z.B. wie man Entscheidungen trifft oder Kosten gegen Nutzen abwägt), die sie später im Umgang mit Alltagskonflikten und Problemen anwenden können.

All dies heißt nicht, daß Computer letztlich die Menschen in der Psychotherapie ersetzen können; der Faktor "menschliche Beziehung" erscheint viel zu wichtig, als daß man auf ihn verzichten könnte. Aber Computer können es in der Tat jedem menschlichen Therapeuten erleichtern, sich mehr Klienten zu widmen.

Anhänge

Anhang A Elementare Statistik

527 **Deskriptive Statistik**
Maße der zentralen Tendenz / Streuungsmaße / Die Normalverteilung / Korrelation / Regression
537 **Inferenzstatistik**
Schätzung / Das Testen von statistischen Hypothesen
540 **Fortgeschrittene statistische Methoden**
Varianzanalyse / Faktorenanalyse

Das gebräuchlichste Hilfsmittel in der Psychologie ist die Statistik. Alle Gebiete der Psychologie stützen sich auf eine oder beide grundlegende Formen der Statistik: (1) die *deskriptive Statistik,* die die Forschungsergebnisse zusammenfaßt, und (2) die *Inferenzstatistik,* mit der man zu Schlußfolgerungen über die Ergebnisse gelangt.

DESKRIPTIVE STATISTIK

Maße der zentralen Tendenz

Nehmen Sie an, ein Professor läßt 10 Studenten einen Intelligenztest ablegen. Wie würde er die Testergebnisse beschreiben? Eine Möglichkeit wäre es, alle Studenten mit ihrem jeweiligen IQ aufzulisten: also 10 Namen und 10 Werte. Bei einem kleinen Seminar würde das wahrscheinlich gut klappen. Aber bei einer Vorlesung mit 500 Studenten wäre diese Vorgehensweise sicher nicht effizient und eher verwirrend. Außerdem sagt eine Auflistung von Zahlen nicht viel über die Gruppe als Ganzes aus. Es wäre auch hilfreich, den durchschnittlichen, typischen oder repräsentativsten Testwert zu kennen, und somit benötigt man ein Maß der *zentralen Tendenz* aller Werte, eine Zahl, die den Durchschnitt repräsentiert. Wir werden drei der gebräuchlichen Maße beschreiben.

Das arithmetische Mittel **Der Mittelwert** ist die Zahl, die man erhält, wenn man alle Meßwerte addiert und durch ihre Anzahl dividiert. Im obigen Beispiel würde man die 10 IQ-Werte addieren und durch 10 teilen. In Tabelle A-1, die auch einige elementare statistische Symbole einführt, haben wir eine Liste mit 10 Werten erstellt und das arithmetische Mittel (den Durchschnitt) errechnet. Der Wert für eine einzelne Person X könnte ein IQ-Wert, ein Angstwert, ein Maß für die Körpergröße oder ein beliebiger anderer Wert sein. In Tabelle A-1 ist X ein IQ-Wert, und so addieren wir die 10 X. Der griechische Großbuchstabe Sigma (Σ) ist eine Abkürzung für "addiere diese Werte", und so bedeutet ΣX, daß man die X-Werte addieren soll. Tabelle A-1 gibt auch die Körpergröße jedes Studenten in Zentimetern an, und um die Körpergröße von den IQ-Werten abzugrenzen, bezeichnen wir sie mit Y. Sehr häufig hat man bei einer Aufgabe zwei Werte pro Person - wie hier -, und so benutzt man X und Y, um sie auseinander zu halten. ΣY besagt also, daß man die Werte für die Körpergröße zusammenzählen soll, wie das dementsprechend in Tabelle A-1 geschehen ist.

Als letzter Schritt bei der Berechnung des Mittelwerts muß man die erhaltene Summe durch die Anzahl der darin aufsummierten Meßwerte (symbolisiert durch ein N) teilen. Es gibt 10 IQ-Werte, so daß man ΣX durch 10 teilt und den Mittelwert erhält: 108,5. Ebenso teilt man ΣY durch 10 und erhält die durchschnittliche Körpergröße: 170,4 cm. Durch einen Strich über der betreffenden Zahl zeigt man an, daß sie ein Mittelwert und nicht ein einzelner Wert ist. Der Mittelwert der X-Werte wird demnach als $\overline{X}$ geschrieben (gesprochen "X quer"), und der Mittelwert der Y-Werte ist $\overline{Y}$ (gesprochen "Y quer"). So gelangt man zu einer verkürzten Schreibweise, um das arithmetische Mittel für eine Reihe von X-Werten zu finden:

$$\overline{X} = \frac{\Sigma X}{N}$$

Und das arithmetische Mittel einer Reihe von Y-Werten wird entsprechend durch die Formel berechnet:

$$\overline{Y} = \frac{\Sigma Y}{N}$$

Wenn die Professorin jetzt von den Studenten gefragt wird, wie die Seminargruppe im IQ-Test abgeschnitten hat, könnte sie einfach den Wert von $\overline{X}$ angeben, und die Frage der Größe mit $\overline{Y}$ beantworten. Das ist offenbar viel einfacher, als alle X- und Y-Werte aufzulisten, und gibt eine bessere Vorstellung davon, wie intelligent und groß die Studenten im Allgemeinen sind.

Der Median Der Mittelwert der Werte ist nicht immer geeignet, um den *repräsentativsten Wert* zu bestimmen. In diesen Fällen werden oft zwei andere Maße der zentralen Tendenz benutzt. Der **Median** ist der *mittlere*

Tabelle A-1 Mittelwertsberechnung für den IQ und die Größe von 10 Studenten

Name des Studenten	X (IQ)	Y (Körpergröße in cm)
Rita	125	170
Petra	120	166
Karl	105	160
Detlef	100	185
Hans	130	179
Julia	95	172
Sabine	90	168
Ralf	110	160
Frank	85	181
Heike	125	163
	ΣX = 1085	ΣY = 1704
	N = 10	N = 10

Der Mittelwert der X-Werte beträgt dann

$$\overline{X} = \frac{\Sigma X}{N}$$

oder

$$\overline{X} = \frac{1085}{10} = 108{,}5$$

Entsprechend beträgt der Mittelwert der Y-Werte

$$\overline{Y} = \frac{\Sigma Y}{N}$$

oder

$$\overline{Y} = \frac{1704}{10} = 170{,}4$$

Wert in einer Reihe von Meßwerten, die in aufsteigender Reihenfolge sortiert wurden. Ist die Zahl der Werte ungerade, liegt nur ein Wert genau in der Mitte. Wenn also 11 Studenten am Seminar teilnähmen, wäre der Wert des sechsten Studenten in der Rangfolge der Median - es gäbe 5 höhere und 5 niedrigere Werte. Oder wenn es 27 Werte gäbe, wäre der 14. Wert in der Rangfolge der Median.

Bei einer geraden Anzahl von Meßwerten gibt es keinen einzelnen mittleren Wert. Statt dessen gibt es zwei Werte, die die Mitte bilden: einer liegt über, einer unter der theoretischen Mitte. D.h., bei 10 Werten, die ihrer Reihenfolge nach angeordnet sind, ist nicht der fünfte Wert von unten der Median, denn es gibt zwar fünf Werte darüber, aber nur vier darunter. Ebenso ist auch der sechste Wert nicht der Median, weil es dann vier höhere und fünf niedrigere Werte gibt. Deshalb schließt man einen Kompromiß und nimmt die Mitte zwischen dem fünften und sechsten Wert als den Median der 10 Werte. Der Median von 28 Meßwerten wäre der Mittelwert des 14. und 15. Wertes. Tabelle A-2 zeigt die 10 IQ-Werte aus Tabelle A-1, aber diesmal wurden sie nach ihrer Höhe aufgelistet. Der mittlere Punkt liegt irgendwo zwischen dem fünften und sechsten Wert, irgendwo zwischen 105 und 110. So berechnet man den Mittelwert dieser beiden Werte und nimmt ihn als Median. Die Lösung lautet dann 107,5.

Tabelle A-2 Berechnung des Medians vom IQ-Wert der 10 Studenten

Name	X		
Hans	130		
Heike	125		
Rita	125		
Petra	120		
Ralf	110	←	Die Mitte liegt hier, irgendwo zwischen 105 und 110
Karl	105		
Detlef	100		
Julia	95		
Sabine	90		
Frank	85		

Der Median ist der Mittelwert der beiden Werte, die dem mittleren Punkt am nächsten sind, in diesem Fall 105 und 110. Wir berechnen den Mittelwert von 105 und 110:

$$\frac{105 + 110}{2} = 107{,}5$$

Dies ist der Median. Wichtig ist, daß er sich nicht verändert, wenn man z.B. Hans' Wert von 130 auf 160 verändern würde. Aber der Mittelwert würde sich verändern. Wie hoch wäre er in diesem Fall?

Der Mittelwert und der Median liegen in der Regel nah beieinander, stimmen aber nicht immer überein. Sie sind nur dann gleich, wenn die Verteilung der Meßwerte symmetrisch bzw. wenn sie gleichmäßig um den Mittelwert verteilt sind. Schauen Sie sich jetzt die Gehälter in Tabelle A-3 an. Hier sieht man, daß die meisten der 10 Angestellten bei der Zappo Müsli GmbH nicht viel Geld verdienen, doch ein Einzelner - offenbar der Geschäftsführer - macht einen Reibach. Diese Verteilung der Werte ist asymmetrisch und unausgewogen. In der Fachsprache nennt man eine solche Verteilung schief. Die Verteilung in Tabelle A-3 neigt sich in Richtung des hohen Wertes (rechtsschief). Das durchschnittliche Wochengehalt für Angestellte bei Zappo beträgt $ 1.395, so daß man denken könnte, daß die Firma gut bezahlt. Aber der Median liegt nur bei $ 425, das gibt ein gänzlich anderes Bild von der Firma. Wenn der Geschäftsführer sich eine große Gehaltserhöhung genehmigt, bleibt der Median davon unbeeinflußt, doch der Mittelwert steigt. Es ist also klar, daß in diesem Fall der Median repräsentativer für die Gruppe als Ganzes ist als der Mittelwert. Außerdem wird der Median von Extremwerten wie dem Gehalt des Geschäftsführers nicht beeinflußt.

Der Modus Das dritte Maß der zentralen Tendenz wird als **Modus** bezeichnet. Der Modus ist ein schnell errechnetes, aber grobes Maß, das als der *am häufigsten vorkommende* Wert definiert wird. Bei nur wenigen Werten, wie in den Tabellen A-1, 2 und 3, ist es möglich, daß

Tabelle A-3 Vergleich zwischen Mittelwert und Median des Wochenlohns für Angestellte der Zappo Müsli GmbH

Personalkennzahl	Wochenlohn X (in Dollar)	
1	10.000	
2	600	
3	550	
4	500	
5	450	←Mittelpunkt
6	400	
7	375	
8	375	
9	350	
10	350	
	ΣX = 13.950	
	N = 10	

Aus dem Mittelpunkt kann man ersehen, daß der Median des Lohnes der Mittelwert von 400 und 450 ist, also $ 425.

Das durchschnittliche Gehalt aber beträgt

$$\overline{X} = \frac{\Sigma X}{N} = \frac{13950}{10} = \$\ 1.395$$

Welcher Wert, Mittelwert oder Median, ist Ihrer Meinung nach für die Gehälter bei Zappo repräsentativer?

keiner der Werte mehr als einmal vorkommt, so daß es keinen Modus gibt. Aber nehmen Sie an, ein Psychologe läßt eine Gruppe von 200 geisteskranken Patienten einen Angstfragebogen ausfüllen. Bei einer so großen Gruppe ist es vorteilhaft, eine *Häufigkeitsverteilung* zu erstellen, die die verschiedenen möglichen Werte im Test aufzeigt und für jeden davon angibt, wie viele Personen (*f* für frequency, Häufigkeit) ihn tatsächlich erreicht haben (vgl. Tabelle A-4). Nehmen Sie z.B. an, daß 27 Personen beim Angsttest einen Wert von 15 erhalten. Wenn Sie die Spalte für die Häufigkeit in Tabelle A-4 hinabgehen, sehen Sie, daß 27 der höchste Wert ist. Das bedeutet, daß 15 der *Modus* oder der *Modalwert* ist, weil er der Wert ist, der am häufigsten erzielt wurde. Beachten Sie, daß die Summe aller Häufigkeiten in der Spalte für f gleich N ist, d.h. die Zahl der Personen, die am Test teilgenommen haben - hier also 200.

Häufigkeitsverteilungen können auch graphisch dargestellt werden. Abbildung A-1 zeigt eine Häufigkeitsverteilung der Daten aus Tabelle A-4. Die horizontale Achse (in der Fachsprache die *Abszisse*) gibt den Wert von X an, den Angstwert, und die vertikale Achse (die *Ordinate*) gibt die Häufigkeit des Wertes an.

Die Häufigkeitsverteilung ist ein wichtiger Begriff in der Statistik. Weitergehende Methoden basieren in sehr hohem Maß auf dem Prinzip der Häufigkeitsverteilung, deshalb sollten Sie sicher sein, daß Sie es verstanden haben.

Tabelle A-4 Häufigkeitsverteilung der Angstwerte von 200 geisteskranken Patienten

Wert (X)		*f* oder Häufigkeit
20	höchster Wert	10
19		10
18		12
17		15
16		20
15		27
14		15
13		21
12		22
11		12
10		10
9		8
8		7
7		5
6		3
5		0
4		2
3	niedrigster Wert	1
2		0
1		0
		$\Sigma f = 200 = N$

Der Modus - der Wert, der am häufigsten vorkommt - ist 15.

Streuungsmaße

Menschen unterscheiden sich. Nicht jeder bekommt bei einem Test den gleichen Wert oder ist so groß wie andere, d.h. es gibt **individuelle Unterschiede** zwischen den

Abbildung A-1 Graphische Darstellung der Häufigkeitsverteilung der Daten aus Tabelle A-4

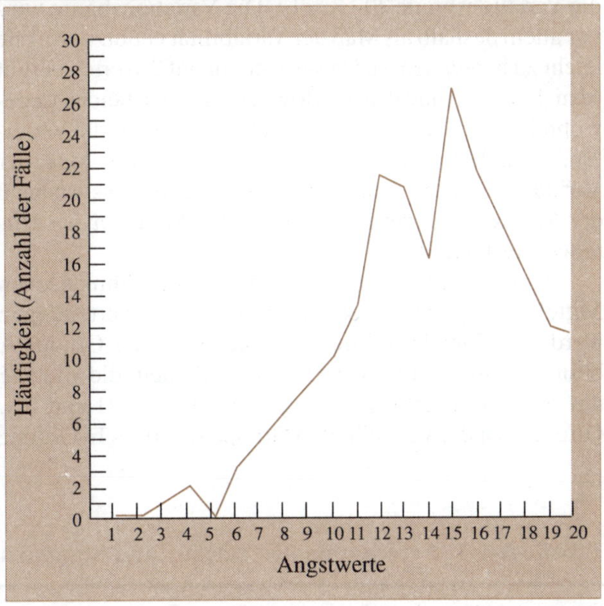

Tabelle A-5 Zwei Häufigkeitsverteilungen, die den gleichen Mittelwert haben, sich aber in ihrer Variabilität unterscheiden

Gruppe A	Gruppe B
22	36
22	32
21	28
21	24
20	20
20	20
19	16
19	12
18	8
18	4
$\Sigma X = 200$	$\Sigma X = 200$
$N = 10$	$N = 10$
$\bar{X} = \frac{200}{10} = 20$	$\bar{X} = \frac{200}{10} = 20$
Variationsbreite = 22 - 18 = 4	Variationsbreite = 36 - 4 = 32

Menschen. Sie können sich in Angst- oder IQ-Werten stark unterscheiden, in der Anzahl ihrer Finger aber kaum. Gibt es eine bequeme und genaue Methode, das Ausmaß der Streuung in einer Reihe von Werten zu messen?

Das schnellste und am wenigsten informative Maß der Variabilität für eine Reihe von Meßwerten ist die Variationsbreite. Die **Variationsbreite** wird als *höchster Wert minus niedrigster Wert* definiert. In Tabelle A-4 sehen wir, daß die Angstwerte der Patienten vom niedrigsten Wert 3 bis zum höchsten Wert 20 variieren, und so beträgt die Variationsbreite 20 - 3 = 17. Die Variationsbreite wird vor allem deshalb als Maß der Variabilität benutzt, weil sie leicht zu berechnen ist. Da sie aber nur auf 2 Werten beruht (dem höchsten und dem niedrigsten, also den beiden ungewöhnlichsten Werten), sagt sie sehr wenig über die Verteilung aus. Ein besseres und gebräuchlicheres Maß der Variabilität ist die *Standardabweichung*, die das Ausmaß der Ausbreitung oder Schwankung der Werte *um den Mittelwert* reflektiert.

Gehen wir von 10 Werten mit einem arithmetischen Mittel von 20 aus. Zwei solche Häufigkeitsverteilungen werden in Tabelle A-5 gezeigt. Die Werte der Gruppe A bestehen aus nur fünf verschiedenen Zahlen, die alle eng um den Mittelwert von 20 liegen (18, 19, 20, 21 und 22). Offenbar ist die Variabilität in Gruppe A gering. In Gruppe B haben wir den gleichen Mittelwert, nämlich 20, aber die Variabilität ist wesentlich höher. Es gibt 9 verschiedene Werte, und manche von ihnen liegen weit entfernt vom Mittelwert. Wenn man beide Gruppen mit einem Maß der zentralen Tendenz mißt, könnte man nicht zeigen, daß sie sehr unterschiedlich sind. Um genau zu sein braucht man ein Maß der Variabilität.

Die **Standardabweichung** ist die *Quadratwurzel aus dem Durchschnitt der quadrierten Abstände der Meßwerte vom Mittelwert*. Das ist recht kompliziert, also lassen Sie es uns schrittweise untersuchen. Zuerst zieht man von jedem Wert X den Mittelwert ab, wie es in Tabelle A-6 geschehen ist. Machen Sie sich bitte klar, daß diese neuen Werte, die durch ein kleines x symbolisiert werden, lediglich Maße für die Abweichung jedes Wertes vom Mittelwert sind.

Warum berechnet man nun nicht einfach den Durchschnitt bzw. Mittelwert dieser Abweichungswerte? Ein Blick auf Tabelle A-6 zeigt ihnen, daß sich durch die Addition der Abweichungswerte, um einen mittleren Abweichungswert zu erhalten, immer eine Summe von 0 ergibt. Für jeden Wert über dem Mittelwert (ein positiver Abweichungswert) gibt es einen anderen Wert unter dem Mittelwert (einen negativen Abweichungswert), der ihn ausgleicht, d.h. die Summe der Abweichungswerte ist immer 0. Statt dessen quadrieren wir jeden Wert, was die negativen Zahlen beseitigt, und haben eine neue Größe: den quadrierten Abweichungswert x^2: Die x^2-Werte werden ebenfalls in Tabelle A-6 gezeigt. Jetzt können wir diese Werte summieren und davon den Mittelwert berechnen:

Tabelle A-6 Berechnung der Varianz und Standardabweichung für zwei Wertegruppen

Gruppe A (Alter von 10 Studenten auf einer Fete)			Gruppe B (Alter von 10 Spaziergängerinnen im Park)		
X	**$x = X - \bar{X}$**	**x^2**	**X**	**$x = X - \bar{X}$**	**x^2**
22	2	4	36	16	256
22	2	4	32	12	144
21	1	1	28	8	64
21	1	1	24	4	16
20	0	0	20	0	0
20	0	0	20	0	0
19	-1	1	16	-4	16
19	-1	1	12	-8	64
18	-2	4	8	-12	144
18	-2	4	4	-16	256
	$\Sigma x = 0$	$\Sigma x^2 = 20$		$\Sigma x = 0$	$\Sigma x^2 = 960$

Gruppe A:

s^2 = Varianz $= \frac{\Sigma x^2}{N} = \frac{20}{10} = 2{,}00$

s = Standardabweichung = $\sqrt{s^2} = \sqrt{2{,}00} = 1{,}414$

$$s = \sqrt{\frac{\Sigma x^2}{N}} = \sqrt{\frac{20}{10}} = 1{,}414$$

Gruppe B:

s^2 = Varianz $= \frac{x^2}{N} = \frac{960}{10} = 96{,}00$

s = Standardabweichung = $\sqrt{s^2} = \sqrt{96{,}00} = 9{,}798$

$$s = \sqrt{\frac{\Sigma x^2}{N}} = \sqrt{\frac{960}{10}} = 9{,}798$$

$$\frac{\sum x^2}{N}$$

So erhalten wir den Durchschnitt der quadrierten Abweichungen vom Mittelwert.

Der Durchschnitt der quadrierten Abweichungen vom Mittelwert hat eine besondere Bezeichnung, die **Varianz,** und ein spezielles Symbol, den griechischen Kleinbuchstaben Sigma zum Quadrat (σ^2). Die Quadrierung soll uns natürlich daran erinnern, daß es sich um den mittleren *quadrierten* Abstandswert handelt. Die Varianz ist ein sehr gutes Maß der Variabilität, wie man erkennen kann, wenn man diesen Wert in Gruppe A und Gruppe B vergleicht: σ^2 ist für B (96,0) viel höher als für A (2,0). So sollte es auch sein, denn die Werte aus Gruppe B streuen mehr (von 4 bis 36) als die Werte aus Gruppe A (von 18 bis 22).

Die Varianz kann allein als Maß der Variabilität verwendet werden, aber gewöhnlich ist es bequemer, die Quadratwurzel daraus zu ziehen. Vor der Addition haben wir die Abstandswerte quadriert, und so werden wir die Quadratwurzel aus der Varianz wieder herausnehmen, um zur ursprünglichen Meßskala zurückzukehren. Die Quadratwurzel aus der Varianz ist die Standardabweichung (durch σ gekennzeichnet). Je größer der Wert der Standardabweichung, desto größer die Variabilität der entsprechenden Meßwerte.

Die Normalverteilung

Die Häufigkeitsverteilung in Abbildung A-2 wird als *Normalverteilung* bezeichnet. Eine Normalverteilung ist symmetrisch: wenn man sie im Mittelwert zusammenklappt, liegen die beiden Hälften übereinander. Außerdem hat sie die Form einer Glocke: am häufigsten sind Werte in der Nähe des Mittelwerts, in Richtung der Extreme nimmt die Häufigkeit langsam ab. Die Normalverteilung ist die wichtigste Verteilung in der Statistik, weil viele psychologische Faktoren in der Bevölkerung "normalverteilt" sind. Der IQ ist ein gutes Beispiel dafür. Er ist mit einem Mittelwert von 100 und einer Standardabweichung von 15 normalverteilt. D.h., wenn man für alle Menschen einen IQ-Wert erhebt und daraus den Mittelwert berechnet, wäre er 100, und die Standardabweichung wäre 15. Außerdem wäre eine Kurve, die die Häufigkeit jedes möglichen IQ-Wertes anzeigt, glockenförmig - normal - und würde wie in Abbildung A-2 aussehen.

Wenn man weiß, daß ein Merkmal normalverteilt ist, und wenn man seinen Mittelwert und seine Standardabweichung kennt, kann man die theoretischen Eigenschaften der Normalverteilung nutzen, um mehr Informationen über das Merkmal abzuleiten. Dies ist möglich, weil man jede Normalverteilung mit Hilfe der Standardabweichung in Abschnitte mit festen Prozentsätzen der Gesamtzahl der Fälle teilen kann. Abbildung A-3 zeigt eine Normalverteilung, die entsprechend aufgeteilt ist - wieder haben wir IQ-Werte verwendet. Die festen Prozentsätze sind in die verschiedenen Abschnitte der Häufigkeitsverteilung eingetragen. Z.B. liegen etwa 34% der Fälle zwischen dem Mittelwert und 115, d.h. 34% der Personen haben IQs zwischen 100 und 115. Weil die Standardabweichung 15

Abbildung A-2 **Die Normalverteilung der IQ-Werte**

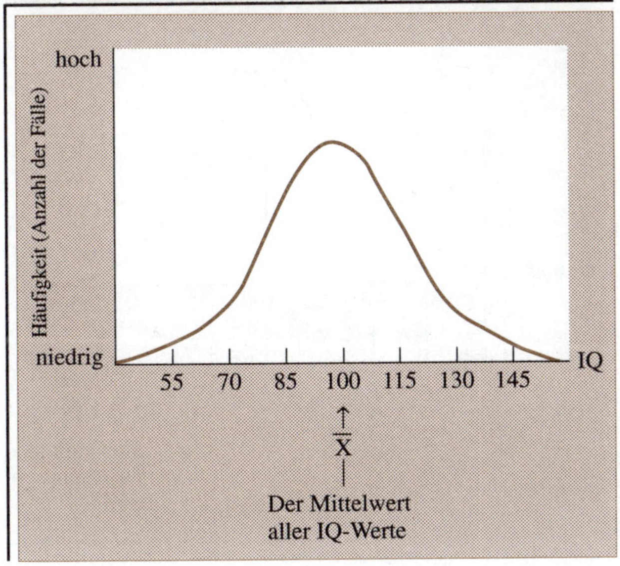

Abbildung A-3 **Die Normalverteilung, eingeteilt in Standardabweichungen**

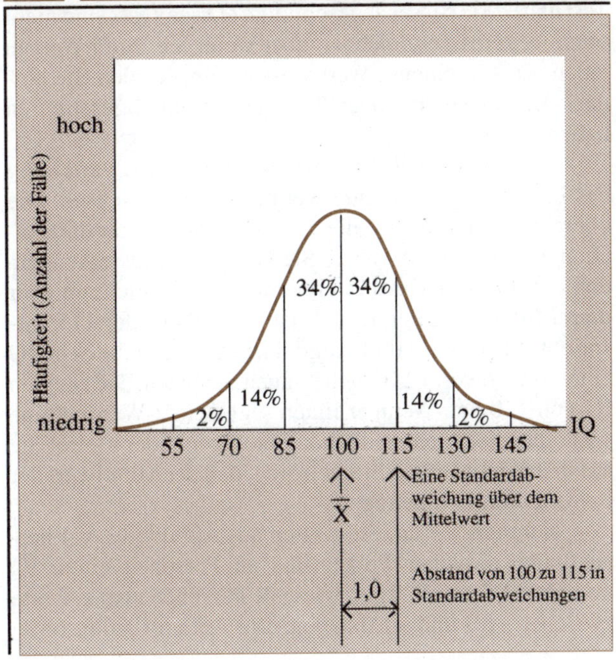

beträgt, kann man sehen, daß ein Wert von 115 eine Standardabweichung über dem Mittelwert liegt (115 - 100 = 15 = die Standardabweichung). Denken Sie daran, daß die Standardabweichung ein Maß für die Abweichung ist, und so ist die "Abweichung" von 115 zum Mittelwert von 100 eine Standardabweichung. Zwei Standardabweichungen über dem Mittelwert wäre die Abweichung bis zu 130, und drei Einheiten wäre die Abweichung bis zu 145. Natürlich kann man auch in die andere Richtung gehen, also unter den Mittelwert. Eine Einheit darunter wäre ein IQ von 85, zwei Standardabweichungen wäre 70, und drei Einheiten wäre 55. Mit dem Bereich von drei Standardabweichungen *unter* dem Mittelwert bis zu drei Standardabweichungen *über* dem Mittelwert (von 55 bis 145) deckt man fast alle Werte ab, weil nur sehr wenige Leute einen Wert unter 55 oder über 145 haben. Die Streuung der Werte, gemessen in Standardabweichungen, reicht von -3 bis +3. Es ist sehr praktisch, die IQ-Werte in Standardabweichungen zu überführen, die sogenannten *z-Werte.*

$$z = \frac{X - \overline{X}}{\sigma}$$

Ein Hauptvorteil des z-Wertes liegt darin, daß er als allgemeine Meßlatte für alle Tests benutzt werden kann und es somit ermöglicht, Werte aus unterschiedlichen Tests zu vergleichen. Nehmen Sie z.B. an, Sie erhalten bei einem Englischtest, der einen Mittelwert von 70 und eine Standardabweichung von 10 hat, 80 Punkte. In einem Psychologietest dagegen erhalten Sie 90 Punkte, wobei der Mittelwert 80 und die Standardabweichung 10 war. Bei welchem Test haben Sie besser abgeschnitten? Diese Tests sind nicht ohne weiteres vergleichbar, aber wenn Sie Ihren Wert in jedem Test in einen z-Wert verwandeln, werden Sie entdecken, daß Sie in beiden Tests gleich gut abgeschnitten haben.

Abbildung A-4 zeigt wieder die Normalverteilung des IQ, aber diesmal mit zwei horizontalen Achsen. Die obere zeigt IQ-Werte, die untere zeigt Standardabweichungswerte oder z-Werte. Sie können daraus erkennen, daß ein IQ-Wert von 115 eine Standardabweichung über dem Mittelwert liegt, und so ist der z-Wert, der 115 entspricht, +1,0. Wenn Ihr Freund Ihnen sagt, er habe beim IQ einen z-Wert von +2,0, dann können Sie sehen, daß er einen IQ von 130 hat. Wenn er Ihnen sagt, sein z-Wert betrage +4,0, dann ist er entweder hochintelligent oder nimmt Sie auf den Arm. Merken Sie sich bitte, daß der Mittelwert der z-Werte immer 0 beträgt.

Nehmen wir an, Sie sollten aus Abbildung A-4 herausfinden, welcher Prozentsatz an Personen einen IQ zwischen 85 und 115 hat, wieviele Personen also z-Werte zwischen -1,0 und +1,0 haben. Die Antwort lautet 68%, d.h. 34% zwischen 85 und 100, und weitere 34% zwischen 100 und 115.

Wichtig ist, daß diese Prozentsätze und das Vorgehen beim z-Wert sich auf *jede* Normalverteilung anwenden lassen, nicht nur auf die Verteilung der IQ-Werte. Der einzige Unterschied zwischen der IQ-Verteilung und jeder anderen Normalverteilung liegt darin, daß sie wahrscheinlich unterschiedliche Mittelwerte und unterschiedliche Standardabweichungen aufweisen. Aber wenn Sie wissen, daß etwas normalverteilt ist und Sie den Mittelwert und die Standardabweichung kennen, können Sie eine Abbildung wie die unter A-4 zeichen.

Nehmen Sie z.B. an, wir sagen Ihnen, daß die Taillenweite der amerikanischen Männer mit einem Mittelwert von 34 Inches und einer Standardabweichung von 4 normalverteilt ist. Sie könnten jetzt eine Normalverteilung wie in Abbildung A-5 aufstellen. Die Werte der Taillenweite reichen von 22 Inches im unteren Bereich (z-Wert -3, 22 liegt drei Standardabweichungen *unter* dem Mittelwert) bis zu 46 Inches im oberen Bereich (z-Wert von +3, drei Einheiten *über* dem Mittelwert). Jetzt können Sie die Prozentsätze einsetzen und die folgenden Fragen beantworten:

1. Welcher Prozentsatz der Männer hat eine Taillenweite unter 30 Inches?
2. Welcher Prozentsatz der Männer hat eine Taillenweite über 38?
3. Ist es ungewöhnlich, wenn Joes Taillenweite 47 beträgt?
4. Wenn man zufällig einen Mann aus der amerikanischen Bevölkerung auswählt, wie groß wäre dann die Wahrscheinlichkeit, daß seine Taillenweite größer oder gleich 38 ist?

Abbildung A-4 Die Normalverteilung und z-Werte

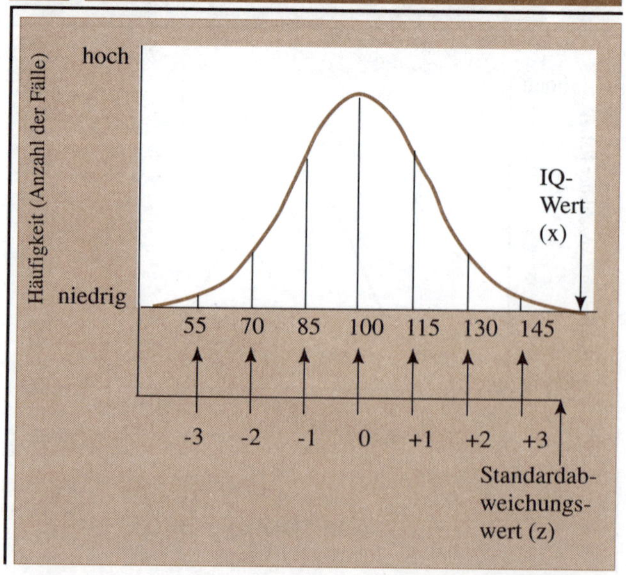

Diese letzte Frage bringt uns zum Begriff der Wahrscheinlichkeit. Die **Wahrscheinlichkeit** bezieht sich auf den *Anteil der Fälle, die auf eine bestimmte Beschreibung passen.* Im allgemeinen ist die Wahrscheinlichkeit für A (die Wahrscheinlichkeit, daß ein zufällig gewähltes Objekt ein A-Objekt ist) gleich der Anzahl der A-Objekte geteilt durch die Gesamtzahl aller möglichen Objekte. Die Anzahl der A-Objekte geteilt durch die Gesamtzahl der Objekte ist natürlich der Anteil der Objekte, die A *sind,* und so ist die Wahrscheinlichkeit lediglich ein Anteil, eine Proportion.

Nehmen wir an, ein A ist jemand mit einer Taillenweite größer oder gleich 38. Um die Wahrscheinlichkeit zu finden, mit der man zufällig auf einen A-Mann aus der Bevölkerung trifft, muß man wissen, welcher Anteil aller Männer A-Männer sind. Abbildung A-5 sagt uns, daß 14% der Männer Taillenweiten zwischen 38 und 42 Inches und weitere 2% über 42 haben, und so addieren wir 14% und 2% und stellen fest, daß 16% der Männer A-Männer sind. In Anteilen ausgedrückt wird dies zu 0,16 (man verschiebt die Dezimalstellen um zwei nach links, um die Prozente in eine Proportion zu verwandeln). Zusammengefaßt: die Wahrscheinlichkeit, auf einen Mann mit einer Taillenweite von größer oder gleich 38 zu treffen, ist 0,16. Das bedeutet, daß wir bei 16 von 100 Begegnungen auf einen Mann treffen würden, auf die erwähnte Taillenweite zutrifft.

Nehmen Sie an, daß die Werte auf einer Angstskala in der Bevölkerung mit einem Mittelwert von 50 und einer Standardabweichung von 10 normalverteilt sind. Sie sollten jetzt in der Lage sein, die Wahrscheinlichkeit zu berechnen, daß eine zufällig ausgewählte Person einen Angstwert hat, der *kleiner* oder gleich 40 ist. Gelingt's Ihnen?

Korrelation

Die letzte deskriptive Statistik, die hier besprochen werden soll, ist der **Korrelationskoeffizient,** der bereits in Kapitel 1 erwähnt wurde. Der Korrelationskoeffizient beschreibt nicht einzelne Meßwerte, wie der Mittelwert oder die Standardabweichung. Statt dessen erfaßt er den Zusammenhang zwischen zwei unterschiedlichen Meßreihen. Er ist im Grunde ein Meßwert für den Umfang, in dem die zwei Meßreihen sich gemeinsam verändern bzw. *kovariieren.* Meßwerte können auf zwei Arten miteinander kovariieren: (1) eine positive *Kovariation,* bei der hohe Werte in der einen Reihe tendenziell mit hohen Werten in der anderen Reihe einhergehen (und niedrige Werte mit niedrigen), oder (2) eine *negative Kovariation,* bei der hohe Werte in der einen Gruppe, in der Regel mit *niedrigen* Werten in der anderen Gruppe einhergehen (und umgekehrt). Wenn es eine positive Kovariation gibt, sagt man, daß die beiden Meßreihen *positiv* oder *direkt* korreliert sind, und wenn eine negative Kovariation vorliegt, sagt man, sie sind *negativ, indirekt* oder *invers korreliert.* Ein gebräuchliches Beispiel für eine positive Korrelation ist die Beziehung zwischen Größe und Gewicht. Je größer man ist, desto eher wird man ein höheres Gewicht haben. Ein bekanntes Beispiel für eine negative Korrelation ist die Beziehung zwischen der Alkoholmenge, die jemand getrunken hat, und seiner Fähigkeit zum Autofahren. Je mehr er getrunken hat, desto niedriger wird die Fähigkeit sein, sicher zu fahren.

Bitte beachten Sie den Ausdruck "tendenziell". Korrelationen sind fast nie perfekt: nicht alle großen Personen sind besonders schwer, und nicht alle kleinen Personen sind federleicht. Natürlich besteht auch die dritte Möglichkeit, daß nämlich *keine* Korrelation bzw. eine *Nullkorrelation* zwischen den beiden Meßreihen besteht. So kann man wahrscheinlich eine Nullkorrelation zwischen der Größe und der Fähigkeit, Psychologie zu studieren, erwarten. Zwei Variablen können also *positiv* oder *negativ* oder *überhaupt nicht korreliert* sein. Weiterhin kann die Korrelation groß oder klein sein. Man braucht einen Meßwert, der das Ausmaß und die Richtung der Korrelation (positiv oder negativ) zwischen zwei Variablen bequem mißt, und genau das tut der Korrelationskoeffizient.

Tabelle A-7 zeigt die Werte von 10 Probanden bei zwei Tests. Jeder Proband hat an einem Angsttest teilgenommen sowie an einem Test, der die Fähigkeit mißt, glücklich zu sein. Die möglichen Werte in jedem Test reichen von 1 bis 10, wobei 1 im Angsttest wenig Angst und 10 sehr viel Angst bedeutet. Im "Glückstest" bedeutet 1 ein geringes Ausmaß in der Fähigkeit, glücklich zu sein und 10 ein hohes Ausmaß. Intuitiv würde man eine negative Korrelation zwischen den beiden Variablen Angst und Glücklichsein erwarten. Je glücklicher man ist, desto weniger Angst hätte man und umgekehrt.

Der Bequemlichkeit halber haben wir die Angstwerte in Tabelle A-7 ihrer Reihenfolge nach aufgelistet. Dies bewirkt, daß die Werte im "Glückstest" in genau *umge-*

Abbildung A-5 Die Normalverteilung der Taillenweite bei amerikanischen Männern (hypothetisch)

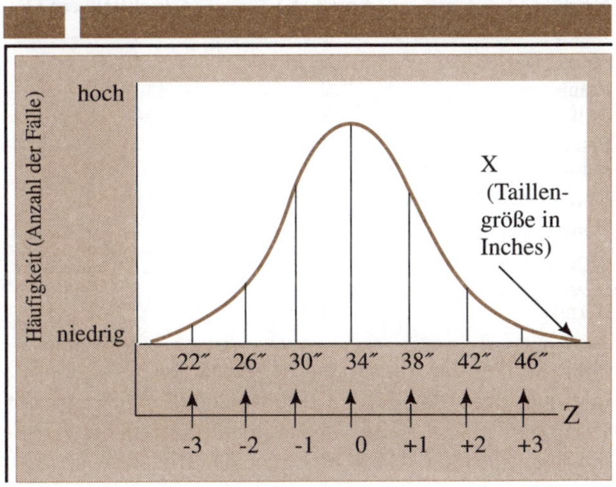

kehrter Reihenfolge liegen. Mit anderen Worten ist es in dieser Tabelle offensichtlich, daß es eine perfekte negative Korrelation zwischen Angst und Glück gibt. Dies wird am besten durch ein *Streuungsdiagramm* der Daten dargestellt, wie in Abbildung A-6 geschehen. Hier ist die Horizontale der Angstwert und die Vertikale der Glückswert. Jede Person wird durch einen Punkt auf der Kurve repräsentiert, der sie in den beiden Tests kennzeichnet. Peter hatte z.B. einen Angstwert von 4 und einen Glückswert von 7. Also geht man (nach rechts) zur 4 auf der Angstskala und dann nach oben zur 7 auf der Glücksskala, und an die Stelle setzt man einen Punkt, um Peter auf der Kurve darzustellen. Alle 10 Personen werden so auf der Kurve erfaßt. Sie sehen, daß die 10 Punkte alle auf eine Gerade fallen, d.h. die Korrelation ist perfekt. Weiterhin ist deutlich, daß die Gerade nach rechts unten verläuft, d.h. die Richtung der Korrelation ist negativ. Steigende Werte auf der Angstskala bedeuten also fallende auf der Glücksskala.

Wie schon erwähnt, sind Korrelationen aber fast nie perfekt, so daß die Punkte wahrscheinlich weit verteilt sind - deshalb auch der Ausdruck *Streuungsdiagramm*. Je näher die Punkte um eine Gerade liegen, desto höher das Ausmaß der Korrelation. Man fertigt ein Streuungsdiagramm an und versucht dann, eine Gerade zu ziehen, die am besten zu den Punkten im Diagramm paßt. Wenn alle Punkte nahe bei oder auf dieser *bestpassenden Gerade* liegen, dann ist die Korrelation hoch. Aber wenn die Punkte weit gestreut sind und nicht nahe an einer möglichen Gerade liegen, dann ist die Korrelation Null oder fast Null. Wenn die bestpassende Gerade schließlich nach rechts unten verläuft, dann ist die Korrelation negativ, wie in Abbildung A-6. Steigt die Gerade nach rechts oben, ist die Korrelation positiv. Abbildung A-7 zeigt drei Streudiagramme. In Bild A korrelieren die beiden fraglichen Variablen negativ: die Punkte liegen nahe an der Geraden, die nach rechts unten führt. In Bild B ist die Korrelation positiv: die Punkte sind wiederum nahe der Geraden, aber diesmal führt die Linie nach oben rechts. In Bild C besteht keine Korrelation: die Punkte sind überall verstreut, und es gibt keine Gerade, die gut paßt.

Der *Pearson Produkt-Moment Korrelationskoeffizient* (durch r_{XY} symbolisiert) ist das am häufigsten verwendete Korrelationsmaß. Es kann jeden numerischen Wert von –1,0 über 0,0 bis +1,0 annehmen. Eine perfekte negative Produkt-Moment-Korrelation ist, wie in Tabelle A-7, –1,0, und eine perfekte positive oder direkte Korrelation ist +1,0. Korrelationen nahe bei Null bedeuten, daß es eine geringe oder keine Beziehung zwischen den beiden Variablen X und Y gibt. Der Wert der Korrelation zwischen 0,0 und 1 (um das Vorzeichen außer Acht zu lassen) repräsentiert das Ausmaß der Beziehung. Das Vorzeichen vor der Korrelation (positiv oder negativ) sagt nichts über das Ausmaß der Korrelation aus, sondern gibt ihre Richtung an. Eine negative Korrelation von -0,77 ist eine genau so starke Korrelation wie eine positive Korrelation von +0,77, der einzige Unterschied besteht in ihrer Richtung. Tabelle A-8 zeigt die Schritte für die Berechnung des Pearson Produkt-Moment Korrelationskoeffizienten, falls Sie genau wissen wollen, wie man ihn berechnet.

Tabelle A-7 Die Korrelation zwischen Angst und Glücklichsein

Name	Angst (X)	Glücklichsein (Y)
Anne	1	10
Frank	2	9
Ralf	3	8
Peter	4	7
Sabine	5	6
Heike	6	5
Hans	7	4
Susi	8	3
Helga	9	2
Bernd	10	1

Hier wurden die Angstwerte der Reihe nach aufgelistet, und man sieht, daß dies dazu führt, daß die Werte für die Fähigkeit, glücklich zu sein in genau *umgekehrter Reihenfolge* auftreten. Der Korrelationskoeffizient wäre -1,0.

Abbildung A-6 "Streuungsdiagramm" der Daten aus Tabelle A-7: Verbindung von Angst und Glück

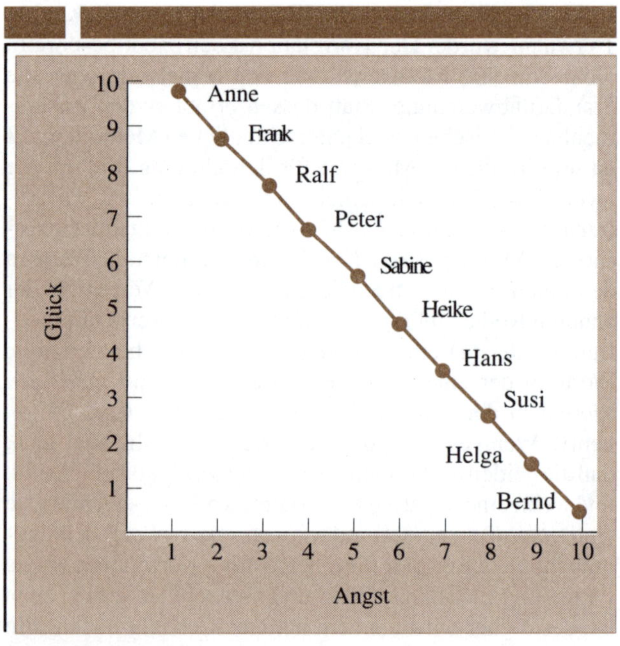

In den bisherigen Beispielen haben wir immer die Werte einer Person in zwei verschiedenen Tests korreliert, aber das muß nicht so sein. Man könnte die Werte einer Person im gleichen Test, den sie zu zwei verschiedenen Zeitpunkten ausgefüllt hat, korrelieren. Damit würde man fragen, ob der Test reliabel oder zuverlässig ist, d.h., erhält eine Person tendenziell den gleichen Wert, wenn sie den selben Test zweimal ablegt? Wenn es ein guter Test ist, sollte er reliabel sein (vgl. Kapitel 1 und Anhang C). Ein weiteres gebräuchliches Korrelationsmaß ist die Validität oder Gültigkeit des Tests: mißt der Test das, was er messen soll? Wenn man einen Intelligenztest entwickelt, hofft man, daß er positiv mit den Schulleistungen korreliert. Ist das der Fall, können wir eher davon ausgehen, daß der Test wirklich Intelligenz mißt. (Zur Validität vgl. Kapitel 1 und Anhang C.)

Regression

Eine wichtige Anwendung der Korrelationsstatistik ist die Methode, die als **Regression** bezeichnet wird. Ein Korrelationskoeffizient nennt das Ausmaß, in dem die Meßwerte einer Person in zwei Tests sich ähneln. Nehmen Sie an, wir würden versuchen, Ihr Gewicht vorherzusagen. Wir haben keine Vorstellung, worauf wir tippen sollen, weil wir von Ihnen lediglich wissen, daß Sie dieses Buch lesen. Wenn wir wüßten, daß der durchschnittliche Leser dieses Buches 65 Kilo wiegt, würden wir auf 65 Kilo tippen müssen, wie auch bei jedem anderen Leser. Wenn wir aber Ihre Größe kennen würden und auch die Korrelation zwischen Gewicht und Größe wüßten, könnten wir Ihr Gewicht viel besser raten. Wenn wir z.B. wüßten, daß Sie 190 cm groß sind, würden wir kaum auf 65 Kilo tippen. Ebenso wäre 65 Kilo eine unangemessene Schätzung, wenn wir wüßten, daß Sie 150 cm groß sind. Wir würden unsere Gewichtsschätzung auf ihre Größe abstimmen. Die Regression ist eine phantasievolle und schwierige, dabei aber genaue Methode, diese Abstimmung vorzunehmen.

Schließlich sollte eine kurze Überlegung Sie überzeugen, daß wir Ihr Gewicht um so besser vorhersagen können, je höher die Korrelation ist (in positiver oder negativer Richtung), d.h. desto näher liegen wir an Ihrem wirklichen Gewicht. Ist die Korrelation zwischen den beiden Variablen perfekt (+1,0 oder -1,0), können wir den Wert der einen Variablen perfekt vorhersagen, wenn wir den Wert der anderen kennen. Aber weil Korrelationen fast nie perfekt sind, liegt unsere Vorhersage etwas daneben, und je geringer die Korrelation ist, desto größer ist wahrscheinlich der Fehler.

Die Regression wird in vielen Zusammenhängen benutzt. Viele amerikanische Schüler nehmen an Aufnahmeprüfungen für das College teil. Aus früheren Untersuchungen weiß man, daß es eine positive Korrelation zwischen dem Ergebnis in der Aufnahmeprüfung und dem Erfolg im College gibt. Deshalb kann man jetzt aufgrund des Ergebnisses in der Aufnahmeprüfung ungefähr vorhersagen, wie gut der Bewerber im College sein wird. Diese Vorhersagen unterstützen die Entscheidung darüber, wer zugelassen wird.

Ein ähnliches Vorgehen findet in den USA bei den unterschiedlichsten Aufnahmeprüfungen statt. Mit Hilfe von Regressionsmethoden sagt der Psychologe den Erfolg des Bewerbers bei der Arbeit oder in der Hochschule vorher, und diese Vorhersagen werden für die Entscheidung benutzt, ob der Bewerber eingestellt bzw. zugelassen

Abbildung A-7 **Streuungsdiagramme von drei Korrelationen**

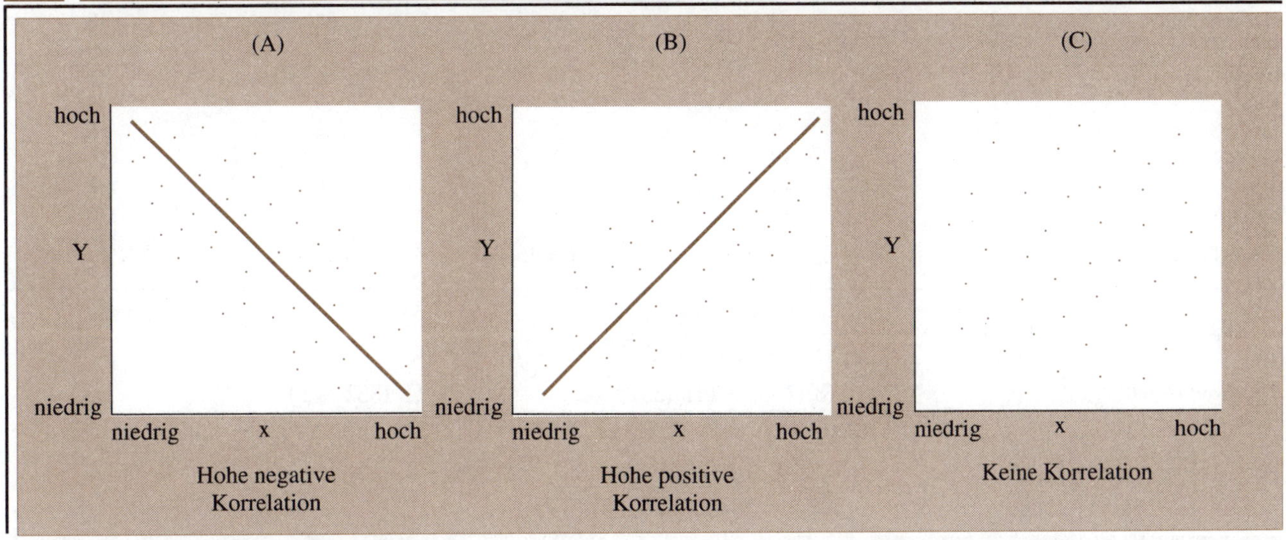

wird oder nicht. Es ist klar, daß solche Entscheidungen für die Betroffenen äußerst wichtig sind.

Die einfachste Art der Regression (fachsprachlich als *lineare Regression* bezeichnet) besteht in der Lösung einer mathematischen Gleichung für eine Gerade (deshalb der Ausdruck *linear*), die auf die Daten "paßt". Man sucht nach der Geraden, die den meisten Punkten des Streuungsdiagramms am nächsten kommt (vgl. Abbildung A-8). Abbildung A-8 zeigt zwei verschiedene Streuungsdiagramme, die die Werte in der Aufnahmeprüfung und den Notendurchschnitt im College darstellen. Jeder Punkt im Diagramm stellt einen Studenten dar. Zieht man eine Linie von einem beliebigen Punkt (einem beliebigen Studenten) gerade nach unten zur X-Achse, kann man den Wert des Studenten in der Aufnahmeprüfung erkennen, und wenn man vom besagten Punkt eine horizontale Linie zur Y-Achse zieht, kann man den Notendurchschnitt des Studenten im College erkennen.

Mit diesen Daten, die den Wert in der Aufnahmeprüfung und den Notendurchschnitt in Beziehung setzen, kann man als nächstes mit Hilfe der Regression für zukünftige Studenten Prognosen erstellen. Zuerst löst man die Gleichung für die bestpassende Gerade (bekannt als *Regressionsgerade*) - ein komplexer Vorgang, den wir hier nicht beschreiben wollen. Dann zeichnet man die Gerade ins Streudiagramm ein. Nun kann man diese Gerade verwenden, um den Notendurchschnitt vorherzusagen, wenn der Wert in der Aufnahmeprüfung gegeben ist. Nehmen wir z.B. einen Studenten, der 700 Punkte bei der Aufnahmeprüfung erzielt. Man zieht von 700 eine Senkrechte bis zur Regressionsgeraden und dann eine Waagerechte von dort bis zur Y-Achse und liest am Schnittpunkt den vorhergesagten Notendurchschnitt ab. In diesem Fall gelangt man für den Notendurchschnitt des Studenten zu einer Vorhersage von 3,6.

Dieses Vorgehen liefert keine perfekten Vorhersagen, wie Sie aus Abbildung A-8 erkennen können. Nicht alle Studenten mit 700 Punkten hatten im College eine Durchschnittsnote von 3,6; manche lagen darüber und manche darunter. Wie schon gesagt, ist der Hauptfaktor für die Genauigkeit der Vorhersage das Ausmaß der Korrelation zwischen den beiden Variablen. Korrelieren sie hoch, wie im Bild (A), liegen alle Punkte nah an der Regressionsgeraden, und keine der Vorhersagen wird stark am eigentlichen Wert vorbeigehen. In der Tat würden alle Punkte direkt auf der Linie liegen, wenn die Korrelation perfekt wäre, so daß es dann keinen Fehler gäbe. (Alle Studenten mit einem Wert von 700 in der Aufnahmeprüfung bekämen einen Notendurchschnitt von 3,6.) Auf der anderen Seite sind die Punkte bei einer niedrigen Korrelation weit verstreut, und wie in Bild (B) aus Abbildung A-8 werden viele von ihnen weit von der Regressionslinie entfernt liegen. In solch einem Fall können unsere Vorhersagen stark vom wirklichen Wert abweichen. Betrachten Sie die Studenten, die in den beiden Bildern etwa 700 Punkte erreicht haben. Diese Punkte sind durch ein Kästchen hervorgehoben. Im oberen Bild, das eine hohe Korrelation darstellt, können Sie erkennen, daß alle Studenten im College einen guten Notendurchschnitt erhielten bzw. alle nahe der 3,6 lagen, dem Durchschnitt, den man anhand der Regressionsgeraden

Tabelle A-8 Berechnung des Pearson Produkt-Moment Korrelationskoeffizienten

Name	Angst (X)	X^2	Glück (Y)	Y^2	XY (X mal Y)
Herbert	2	4	9	81	18
Ralf	5	25	6	36	30
Heide	9	81	4	16	36
Rita	1	1	3	9	3
Jan	3	9	2	4	6
Boris	7	49	2	4	14
Marta	8	64	4	16	32
Sylvia	6	36	5	25	30
N = 8 Personen	$\Sigma X = 41$	$\Sigma X^2 = 269$	$\Sigma Y = 35$	$\Sigma Y^2 = 191$	$\Sigma XY = 169$

$$r_{XY} \text{ (die Korrelation zwischen X und Y)} = \frac{N\Sigma XY - (\Sigma X)(\Sigma Y)}{\sqrt{[N\Sigma X^2 - (\Sigma X)^2][N\Sigma Y^2 - (\Sigma Y)^2]}}$$

Für diese Daten: $r_{\text{ANGST} \cdot \text{GLÜCK}}$

$$= \frac{(8)(169) - (41)(35)}{\sqrt{[(8)(269) - (41)^2][(8)(191) - (35)^2]}} = \frac{1352 - 1435}{\sqrt{(2152 - 1681)(1528 - 1225)}}$$

$$= \frac{-83}{\sqrt{(471)(303)}} = \frac{-83}{\sqrt{142713}} = \frac{-83}{377.77} = -.219$$

vorhersagen würde. Im Gegensatz dazu zeigt Bild B, daß sich hier die Studenten mit 700 Punkten in der Aufnahmeprüfung stark in ihrem Notendurchschnittt unterschieden. Manche erhielten nicht mehr als 2,2 andere dagegen bis zu 3,95 Punkte. Die Regressionsberechnung hätte für alle von ihnen 3,6 vorhergesagt und demnach bei vielen Vorhersagen deutlich daneben gelegen. Je niedriger die Korrelation zwischen den zwei Variablen, desto geringer die Genauigkeit bei der Vorhersage anhand der Regressionsberechnung. In der Tat ist die Regressionsberechnung dann, wenn die Korrelation auf Null fällt, sinnlos . Man könnte genauso gut raten. Besteht jedoch eine gewisse Korrelation, kann

Abbildung A-8 Streudiagramme für eine hohe (A) und niedrige (B) Korrelation zwischen dem Notendurchschnitt im College und dem Wert in der Aufnahmeprüfung

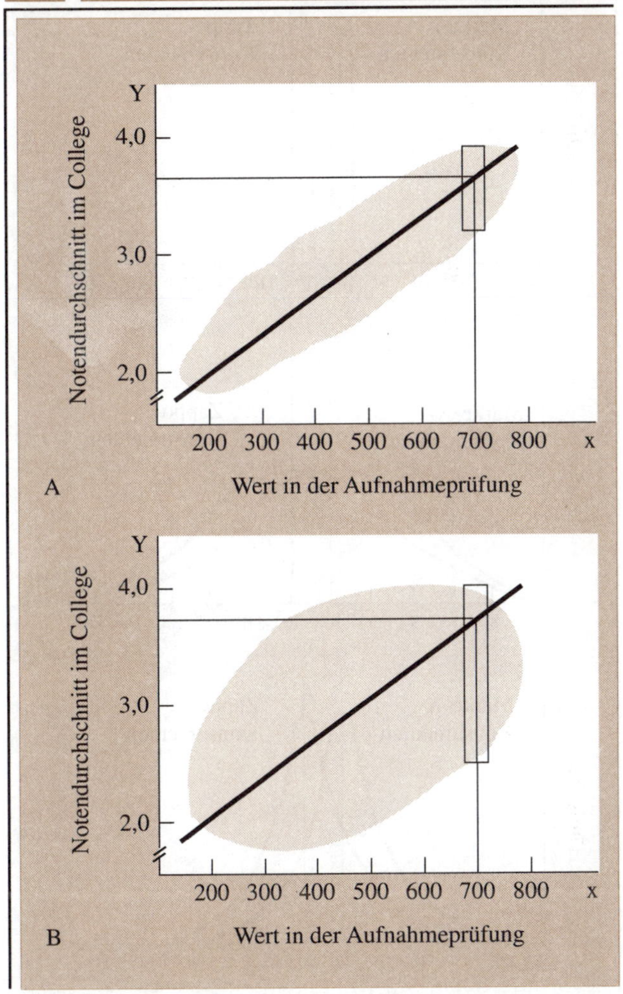

Mit der Regressionsrechnung versucht man, mit Hilfe eines Testwerts einer Person ihren Wert in einem anderen Test vorherzusagen.

man mit der Regressionsberechnung bessere Vorhersagen treffen als durch einfaches Raten, und je höher die Korrelation ist, desto besser ist die Vorhersage.

Oft ist mehr als eine einzige Variable mit dem Kriterium (der Zahl, die man vorherzusagen versucht) korreliert. In diesen Fällen gibt es die Methode der *multiplen Regression*, die die Genauigkeit der Vorhersagen verbessern und maximieren kann. Zusätzlich zu den Werten in der Aufnahmeprüfung z.B. ist vielleicht der Notendurchschnitt jedes Studenten in der High School sowie sein Rangplatz in der Klasse bekannt. Rangplatz, Notendurchschnitt in der Schule und Wert in der Aufnahmeprüfung könnten dann kombiniert werden, indem man die multiple Regression benutzt, um den Notendurchschnitt im College vorherzusagen.

INFERENZSTATISTIK

Die Inferenzstatistik wird benutzt, um Schlüsse zu ziehen und um Hypothesen zu testen. Zwei Grundkonzepte in der Inferenzstatistik sind *Schätzung* und *Hypothesentestung*.

Schätzung

Eine Anwendung der Inferenzstatistik ist die Schätzung des tatsächlichen Wertes eines Populationsmerkmals. Nehmen wir z.B. an, wir wollten wissen, wie intelligent Amerikaner im Durchschnitt sind. Man *könnte* alle 220 Millionen Amerikaner testen und einen Mittelwert berechnen. Aber es wäre angenehm, eine weniger aufwendige Methode benutzen zu können, wenn sie auch nur eine Schätzung darstellt.

Um den Mittelwert und die Standardabweichung einer Population zu schätzen, zieht man eine *Stichprobe* der Population und testet die Teilnehmer dieser Stichprobe. Dann berechnet man die Statistiken der Stichprobenwerte und benutzt diese, um zu schätzen, wie der Mittelwert und die Standardabweichung wären, wenn man jedes Mitglied der Population testen *könnte*. So könnte man eine Stichprobe von 200 Amerikanern ziehen und ihre Werte benutzen, um zu schätzen, wie es in der Gesamtpopulation aussieht. Genauso geht man bei öffentlichen Meinungsumfragen und in Meinungsforschungsinstituten vor.

Man muß sichergehen, daß die Stichprobe *repräsentativ* für die Population ist. Das geschieht meistens dadurch, daß man als Stichprobe eine zufällige Auswahl aller möglichen Mitglieder der Population trifft. **Zufällige Auswahl** bedeutet, daß jeder aus einer bestimmten Population die gleiche Chance hat, in die Stichprobe zu gelangen. Es wäre z.B. keine gute Stichprobe für die Schätzung der Intelligenz der Amerikaner, wenn man nur weiße weibliche Bürger der Stadt La Mirada in Kalifornien testet. Der zweite Faktor beim Ziehen der Stichprobe ist ihre Größe. Je größer die Stichprobe, desto genauer werden die

Schätzungen sein. Wenn Sie aus dem Telefonbuch zufällig eine Person wählen, ihr einen IQ-Test vorlegen, einen Wert erhalten und dann schätzen, daß dies der durchschnittliche IQ aller Amerikaner ist, würden Sie fast mit Sicherheit daneben liegen. Man braucht mehr als nur einen Wert. Aber wie viele Werte sollte die Stichprobe enthalten? Das Erstaunliche beim Ziehen der Stichprobe ist, daß ihre Größe, die für eine recht genaue Vorstellung von der Population erforderlich ist, viel kleiner ist, als Sie vielleicht glauben. Eine Stichprobe von 30 oder 40 Amerikanern aus 220 Millionen würde, wenn sie gut gezogen wurde, eine sehr genaue Schätzung der Gesamtpopulation liefern. Es gibt Schätzmethoden dafür, wie groß die benötig-te Stichprobe sein muß, um eine bestimmte Genauigkeit zu erzielen. Wenn die Stichprobe allerdings nicht gut gewählt wurde, so daß sie nicht repräsentativ ist, hilft eine Vergrößerung der Stichprobe natürlich überhaupt nicht.

Das Testen von statistischen Hypothesen

Wenn man ein psychologisches Experiment durchführen will, beginnt man stets mit einer Hypothese. Für unsere kurze Erörterung werden wir das Beispiel eines Psychologen benutzen, der wissen will, ob Zappo Müsli die Intelligenz der Leute, die es essen, erhöht. Seine Arbeitshypothese lautet: "Personen, die Zappo essen, zeigen im Vergleich zu Personen, die Marke X essen, einen Anstieg ihres IQ." Der Psychologe gewinnt 20 Versuchspersonen dazu, freiwillig an dem Experiment teilzunehmen, und ordnet sie zufällig einer von zwei Gruppen zu, so daß er also 10 Personen pro Gruppe hat. Die zufällige Zuordnung dient dazu, zwei Gruppen zu schaffen, die in ihrem durchschnittlichen IQ zu Beginn des Experiments gleich sind, mit durchschnittlich 100 Punkten. Die Zappo-Gruppe ißt ein Jahr lang Zappo, die andere Gruppe ißt ein Jahr lang Marke X. Am Ende dieses Zeitraums testet der Psychologe alle 20 Versuchspersonen hinsichtlich ihrer Intelligenz und stellt fest, daß der durchschnittliche IQ der Zappo-Konsumenten 105 beträgt und der von den Marke-X-Essern 100. Was kann der Psychologe bezüglich der anfänglichen Hypothese folgern? Wenn die Zappo-Gruppe und die Marke-X-Gruppe sehr nahe beieinander lägen - etwa mit 99,5 und 100,1 als Mittelwerten -, würde er wahrscheinlich folgern, daß Zappo die Intelligenz nicht erhöht. Lägen sie sehr weit auseinander - etwa 125 für Zappo-Esser und 75 für Marke-X-Esser - würde die Schlußfolgerung sein, daß das Essen von Zappo die Intelligenz erhöht. Aber was folgert man aus Ergebnissen, die zwischen diese Extreme fallen?

Man muß objektiv entscheiden können, ob die Hypothese des Psychologen angenommen werden kann oder nicht. Man kann die Entscheidung nicht der Intuition überlassen - besonders nicht der Intuition des Besitzers der Zappo Müsli GmbH -, und so ist dies ein Fall, in dem Statistiken zum Hypothesentesten benutzt werden. Es gibt viele verschiedene Statistiken. Hier werden wir nur eine betrachten, den *t-Test,* der wohl die bekannteste statistische Methode zum Hypothesentesten darstellt.

Wir wollen entscheiden, ob der Unterschied zwischen 100 (dem Mittelwert der Konsumenten von Marke X) und 105 (dem Mittelwert der Zappo-Esser) ein wirklicher Unterschied ist. Ist er ein *signifikanter Unterschied*? Einen Unterschied bezeichnet man als signifikant, wenn es sehr unwahrscheinlich ist, daß er zufällig zustande gekommen ist, d.h. wenn die Zufallswahrscheinlichkeit für einen Un-

Abbildung A-9 Drei experimentelle Ergebnisse mit unterschiedlicher Variabilität und Überschneidung aber jeweils gleichem Mittelwert (100 und 105) und gleichem Unterschied im Mittelwert (105 -100)

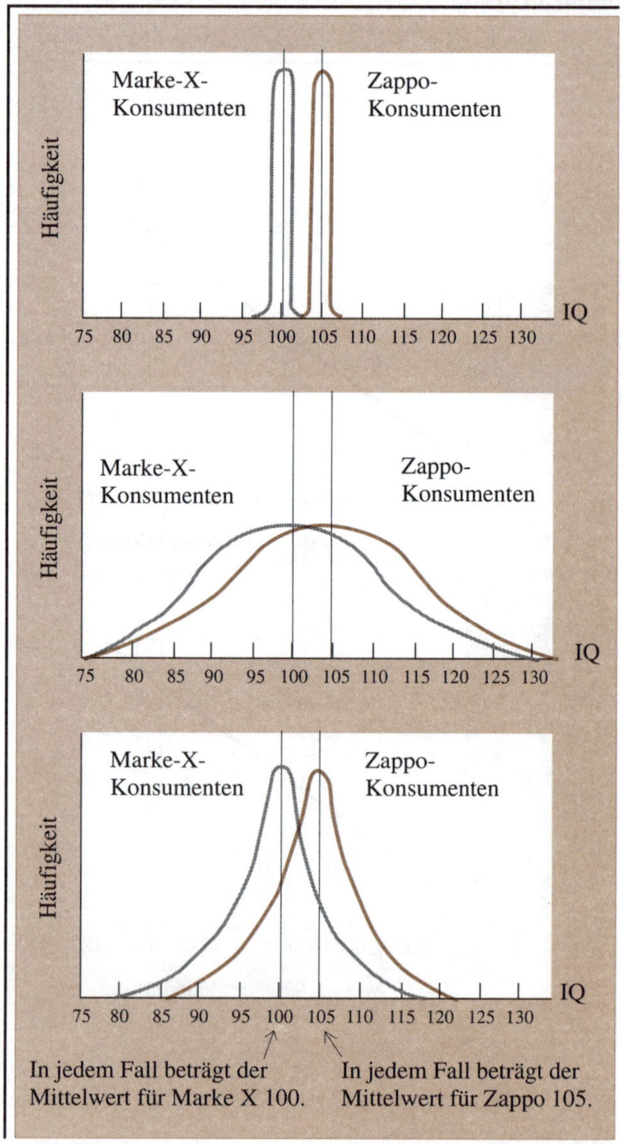

terschied dieser Größe gering ist. Der Unterschied zwischen den Mittelwerten für Zappo und Marke X beträgt 5,0 (105 - 100 = 5,0). Lassen Sie uns einen Moment annehmen, daß Zappo keine Auswirkung auf die Intelligenz hat. Dies wird als Nullhypothese bezeichnet (Denken Sie daran, daß die Arbeitshypothese des Psychologen lautet, daß Zappo den IQ erhöht). Unter der Nullhypothese sagt man vorher, daß die Variable, die man beeinflußt - die unabhängige Variable - keinen Effekt auf das gemessene Verhalten - die abhängige Variable - ausübt. Die Ergebnisse eines Experiments liefern einen Test der Hypothese. Man versucht nachzuweisen, daß die Nullhypothese falsch ist.

Man muß folgendes wissen: *wenn die Nullhypothese wahr ist* (Zappo beeinflußt den IQ nicht), wie groß ist dann die Wahrscheinlichkeit, daß die beiden Stichproben sich um 5 IQ-Punkte oder mehr unterscheiden? Wenn Zappo nicht anders ist als Marke X, dann sind Unterschiede zwischen den beiden Gruppen nur zufällige Unterschiede. Schließlich würde man auch nicht erwarten, daß zwei zufällige Gruppen von 10 Personen genau den gleichen Mittelwert haben. Die Mittelwerte von Stichproben werden sich häufig unterscheiden, und ab und zu wird es allein durch Zufall einen Unterschied von 5 oder mehr IQ-Werten geben - ohne jede Hilfe von Zappo. Die Frage ist die, wie oft man einen Unterschied dieser Größe erhält oder wie groß die Wahrscheinlichkeit dafür ist, daß der Unterschied allein durch Zufall auftritt.

Um diese Frage zu beantworten, muß man nicht nur den Unterschied zwischen den beiden Mittelwerten kennen, sondern auch die Standardabweichungen in den beiden Stichproben. Man muß wissen, wieviel Variabilität zwischen den IQ-Werten besteht. Betrachten Sie zum besseren Verständnis die drei Bilder in Abbildung A-9. Jedes Bild zeigt zwei Häufigkeitsverteilungen, eine für eine Zappo-Gruppe und eine für eine Marke-X-Gruppe. Beachten Sie, daß in jedem Bild der Mittelwert der Zappo-Gruppe 105 und der der Marke-X-Gruppe 100 beträgt. Aber die drei Bilder zeigen recht unterschiedliche Kurven für die Variabilität des IQ. Im oberen Bild ist die Variabilität sehr gering (alle Zappo-Esser haben ungefähr den gleichen Wert, etwa 105, und auch alle Marke-X-Esser haben ungefähr den gleichen Wert, etwa 100), und die beiden Verteilungen überlappen sich gar nicht (alle Zappo-Esser haben höhere IQs als alle Marke-X-Esser). In diesem Fall sieht es so aus, als ob der 5-Punkte-Unterschied zwischen den Mittelwerten signifikant ist.

Im mittleren Bild sind die IQ-Werte sehr variabel (nicht alle Zappo-Konsumenten haben ein Ergebnis nahe dem Mittelwert von 105, und die Werte von Marke-X-Konsumenten häufen sich nicht bei 100). Das bedeutet, daß die beiden Verteilungen sich stark überschneiden. Manche Zappo-Esser haben einen niedrigeren IQ als manche Marke-X-Esser, und manche Marke-X-Esser haben höhere IQs als manche Zappo-Esser. In der Tat besteht so viel Überschneidung in den beiden Verteilungen, daß man raten würde, daß der Unterschied zwischen 100 und 105 (den beiden Mittelwerten) nur ein zufälliger Unterschied ist. Die beiden Verteilungen sehen nahezu identisch aus.

FUNDGRUBE A-1

Fehler, die der Forscher begeht

Experimente sind nicht perfekt - sie führen einen nicht immer zu der korrekten Entscheidung. Es gibt zwei Arten von Fehlern, die auftreten können, wenn man aus experimentellen Daten Schlüsse zieht, und diese werden in der untenstehenden Tabelle abgebildet. Fehlertyp I: Man folgert, daß die unabhängige Variable (Zappo essen) eine Wirkung hat, obwohl sie in Wirklichkeit keine hat. Fehlertyp II: Man folgert, daß die unabhängige Variable keinen Effekt hat, obwohl sie in Wirklichkeit doch einen hat. Jeder Fehlertyp taucht mit einer bestimmten Wahrscheinlichkeit in jedem Experiment auf, und deshalb minimieren die Forscher die Wahrscheinlichkeit für den Fehlertyp I, indem sie einen großen numerischen Unterschied verlangen, ehe sie die Nullhypothese ablehnen. Dadurch erhöhen sie jedoch die Wahrscheinlichkeit für Fehlertyp II.

		Aufgrund Ihres Experiments folgern Sie: Zappo erhöht den IQ	Zappo erhöht den IQ nicht
In Wirklichkeit	erhöht Zappo den IQ nicht	<u>*FEHLERTYP I*</u> Die Nullhypothese wird abgelehnt, obwohl sie in Wirklichkeit zutrifft	<u>*RICHTIGE ENTSCHEIDUNG*</u> Die Nullhypothese wird nicht abgelehnt, was der Wirklichkeit entspricht.
	erhöht Zappo den IQ	<u>*RICHTIGE ENTSCHEIDUNG*</u> Die Nullhypothese wird abgelehnt, was der Wirklichkeit entspricht.	<u>*FEHLERTYP II*</u> Die Nullhypothese wird nicht abgelehnt, obwohl sie in Wirklichkeit falsch ist.

Weder im oberen noch im mittleren Bild benötigen wir einen statistischen Test, um zu entscheiden, ob wir die Nullhypothese annehmen wollen oder nicht.

Situationen wie die im oberen Bild sind in Wirklichkeit sehr selten. Leider kommt das mittlere Bild sehr viel häufiger vor, es zeigt, daß das Experiment ein Flop ist. Das untere Bild stellt das häufigste Ergebnis dar, und das einzige, bei dem die Schlußfolgerung unklar ist. Die beiden Verteilungen überschneiden sich etwas, wesentlich stärker als im oberen Bild und wesentlich weniger als im mittleren. Die Variabilität liegt also dazwischen. Kann man schlußfolgern, daß der Unterschied von 105 zu 100 im Mittelwert ein wirklicher Unterschied ist? Besteht ein signifikanter Unterschied zwischen den Mittelwerten?

Der t-Test gibt im Grunde ein Verhältnis an, und zwar das *Verhältnis* des *durchschnittlichen Unterschieds zu einer Schätzung* der *Variabilität* dieses Unterschieds. Im oberen Bild beträgt der Unterschied 5 Einheiten, aber die Variabilität ist sehr klein. Wenn man also 5 durch diese sehr kleine Variabilitätszahl teilt, erhält man als Antwort eine große Zahl. Der t-Wert wird groß sein, so daß man den Unterschied für signifikant erklärt. Im mittleren Bild wird der gleiche Unterschied zwischen den Mittelwerten, 5, durch eine sehr große Variabilitätszahl geteilt, was ein sehr kleines t-Verhältnis liefert. Man erklärt den Unterschied für nicht signifikant. Im unteren Bild hat man einen Grenzfall, und so teilt man 5 durch eine mittelgroße Variabilitätsschätzung, d.h. der t-Wert wird mittelgroß sein. Was schließt man daraus? Zu unserem Glück haben Statistiker Wahrscheinlichkeitstabellen für verschiedene t-Werte, die zufällig auftreten, vorbereitet. Man berechnet im Experiment den t-Wert und schlägt ihn dann in den statistischen Tabellen nach, um die Zufallswahrscheinlichkeit festzustellen, daß ein t so groß wie das gefundene t ist. Wenn man aus der Tabelle ersieht, daß der t-Wert in der Regel nicht durch Zufall vorkommt, wird man schlußfolgern, daß kein Zufallseffekt, sondern ein wirklicher Unterschied vorliegt. Üblicherweise ist diese Wahrscheinlichkeit 0,05. Wenn das t-Verhältnis also in nur 5% der Fälle oder weniger durch Zufall auftritt, dann wird angenommen, daß das vorliegende Ergebnis nicht durch Zufall zustande gekommen ist. Es ist wahrscheinlich, daß dieser Effekt nicht ein zufälliger Effekt, sondern einer wirklicher Effekt ist, den wir signifikant nennen.

Die Nullhypothese besagt: "Es gibt keinen Unterschied zwischen Zappo und Marke X." Wenn man einen signifikanten t-Wert bekommt, folgert oder, daß die Nullhypothese falsch ist. Die statistische Inferenz ist im Grunde ein Vorgehen, um Schlüsse über die Nullhypothese zu ziehen. Die t-Test-Methode erlaubt uns, die Nullhypothese abzulehnen, wenn man einen t-Wert erhält, der sehr unwahrscheinlich zufällig auftritt. Wenn man die Nullhypothese aufstellt, die das Gegenteil von unserer Arbeitshypothese besagt (Zappo verbessert den IQ), dann ist eine Ablehnung der Nullhypothese ein Beweis zur Unterstützung der Arbeitshypothese.

Diese Denkweise läßt sich auch auf den Korrelationskoeffizienten und den Unterschied zwischen zwei Mittelwerten anwenden. Wenn man zwei Zahlenreihen erhält, indem man sie zufällig aus einem Hut zieht und korreliert, wird die Korrelation fast niemals genau Null sein, obwohl die Zahlen von einander unabhängig sind (man hat sie ja blindlings aus einem Hut gezogen). Nehmen Sie an, die Korrelation wäre sehr hoch, etwa .80. Man würde wahrscheinlich schlußfolgern, daß die Korrelation signifikant ist. Nehmen wir an, sie ist sehr gering oder nahe bei Null, z.B. -.07; vermutlich würde man sagen, daß keine signifikante Beziehung oder Korrelation besteht. Aber was ist, wenn sie bei .30, -.42 oder -.28 liegt? Wo zieht man die Grenze und sagt, daß es höchst unwahrscheinlich ist, daß dies zufällig vorkommt? An welchem Punkt kann man eine wirkliche Beziehung zwischen den beiden Variablen folgern? Wiederum gibt es Vorgehensweisen in der Inferenzstatistik, die objektiv entscheiden, ob die Korrelation signifikant ist oder nicht. Die Nullhypothese würde besagen, daß die Korrelation Null beträgt, und man würde diese Hypothese dann testen, um zu sehen, ob sie abgelehnt werden kann.

Wir werden hier nicht ins Detail gehen und tatsächlich einen t-Wert berechnen. Sie können die Information in jedem einführenden Statistikbuch finden. Merken Sie sich einfach, daß die Ergebnisse aus einem Experiment immer einen Unterschied zwischen den Bedingungen in der Untersuchung anzeigen. Der t-Test und viele andere Inferenzstatistiken werden benutzt, dem Forscher bei seiner Entscheidung zu helfen, ob die Unterschiede relativ zur Variabilität groß genug sind, um die Ablehnung der Nullhypothese zuzulassen und Unterstützung für die Arbeitshypothese zu liefern. (Vgl. auch Fundgrube A-1.)

FORTGESCHRITTENE STATISTISCHE METHODEN

Varianzanalyse

Man benutzt den t-Test, wenn man den Unterschied zwischen zwei, aber nur zwei Gruppen untersucht. In den meisten Experimenten jedoch hat man mehr als zwei Gruppen, und somit wird der t-Test in solchen Fällen nicht verwendet. Statt dessen verwendet man eine komplexe statistische Methode, die *Varianzanalyse*. Wie der Name besagt, wird die Varianz der Daten untersucht und so ähnlich wie in einem t-Test mit dem durchschnittlichen Unterschied verglichen. In der Tat reduziert sich die Varianzanalyse auf einen t-Test, wenn es nur um zwei Gruppen geht. Der Test bei der Varianzanalyse wird nach dem berühmten englischen Statistiker R.A. Fisher als *F-Test* benannt. Im Grunde ist das Vorgehen das gleiche wie beim t-Test. Es ermöglicht dem Forscher, Schlüsse oder Folgerungen über die Unterschiede in einer Reihe von Mittelwerten zu ziehen. Der F-Test ist jetzt eine sehr gebräuchliche Methode, so daß Sie mit Sicherheit auf den F-Test stoßen, wenn Sie eine neuere psychologische Fachzeitschrift lesen.

Faktorenanalyse

Die *Faktorenanalyse* ist eine höchst ausgefeilte korrelative Methode, um die grundlegenden Faktoren zu bestimmen, die einem psychologischen Phänomen zugrunde liegen. Die Methode besteht im Kern darin, daß man Bündel (engl.: cluster) von Tests findet, die miteinander korrelieren. Nehmen Sie an, wir geben die folgenden sechs Tests an 100 junge Männer: (1) Wortschatz, (2) Fähigkeit, Basketball zu spielen, (3) Fähigkeit, einen Aufsatz in Philosophie zu schreiben, (4) Zeit beim 100-Meter-Lauf, (5) Fähigkeit, Statistik zu verstehen und (6) Fähigkeit, auf Bäume zu klettern. Jeder Mann nimmt an allen sechs Tests teil, und dann interkorrelieren wir die Tests. Wir korrelieren Test 1 und 2, 1 und 3, 1 und 4 usw. Nehmen Sie an, wir finden heraus, daß die Tests 1, 3 und 5 hoch miteinander korrelieren und daß 2, 4 und 6 ebenfalls hoch miteinander korrelieren, aber daß 1, 3 und 5 überhaupt nicht mit 2, 4 und 6 korrelieren. Warum könnte das so sein? Sehen Sie die Tests einmal an. Man kann leicht erkennen, daß 1, 3 und 5 Denken oder Wissen beinhalten, sie alle erfordern "geistige Fähigkeiten". 2, 4 und 6 dagegen verlangen physische Fertigkeiten. Also messen 1, 3 und 5 wahrscheinlich etwas Gemeinsames, was wir als Faktor A bezeichnen können. Könnte man nicht vermuten, daß Faktor A etwas mit Intelligenz zu tun hat? Test 2, 4 und 6 scheinen auch etwas Gemeinsames zu messen, und so werden wir es Faktor B nennen. Weil 1, 3 und 5 nicht mit 2, 4 und 6 korrelieren, folgern wir, daß Faktor A, den wir jetzt als *Intelligenz* bezeichnet haben, nicht das gleiche ist wie Faktor B. Betrachten wir Test 2, 4 und 6, geben wir Faktor B die Bezeichnung *sportliche Fähigkeit.*

Kurz gesagt, wir haben zwei Faktoren isoliert, die an der Leistung in den sechs Tests beteiligt sind. Einen nennen wir Intelligenz, den anderen bezeichnen wir als sportliche Fähigkeit. Die Faktorenanalyse ist im Grunde eine korrelative Methode, die es ermöglicht, die Leistung in einer großen Anzahl von Tests in Faktoren aufzudröseln, indem man Testbündel isoliert (wenn die Bündel nicht so offensichtlich sind wie im vorangegangenen Beispiel). Die Korrelationen innerhalb eines Bündels sind hoch, zwischen den Bündeln aber gering. Wir gehen davon aus, daß die Bündel dann psychologische Faktoren messen und "darstellen".

Diese Methode wurde besonders auf zwei Gebieten der Psychologie angewendet, der Intelligenz- und der Persönlichkeitsmessung (vgl. Anhang C). Die Intelligenz setzt sich aus zahlreichen Faktoren zusammen, ebenso die Persönlichkeit. Mit Hilfe der Faktorenanalyse kann man diese Faktoren herausfiltern und hoffen, dadurch ein besseres Bild von Intelligenz umd Persönlichkeit zu bekommen.

Anhang B
Neurophysiologie

543 Der Aufbau der Neuronen
Die Nervenzelle / Die Synapse
544 Funktionale Eigenschaften der Neuronen
Das Ruhepotential der Membran / Das Aktionspotential / Synaptische Übertragung / Neurotransmittersubstanzen

Das menschliche Nervensystem ist bei weitem der komplizierteste Teil im Körper. Nach Schätzungen besteht das Gehirn aus mindestens 10 Milliarden Nervenzellen oder **Neuronen,** von denen jede im Durchschnitt mit 200 bis 1000 anderen Nervenzellen direkt verbunden ist. Die meisten Nervenzellen sind bei Geburt schon vorhanden, doch viele der Verbindungen zwischen einzelnen Neuronen werden erst später im Lauf der Entwicklung gebildet. Bis spät ins 19. Jahrhundert glaubte man, daß alle Nervenzellen ein durchgehendes Netzwerk bilden. Später stellte sich heraus, daß das Nervensystem aus einzelnen Neuronen besteht, die funktionell durch sogenannte Synapsen verbunden sind. Die komplexen Funktionen des Nervensystems hängen von der Struktur und Physiologie individueller Nervenzellen und ihrer Verbindungen untereinander ab. Diese Funktionen - Informationen empfangen und weitergeben - sind das Thema dieses Anhangs.

DER AUFBAU DER NEURONEN

Neuronen müssen wie alle anderen Zellen Sauerstoff verwerten und Energie bereitstellen. Darüberhinaus haben Nervenzellen jedoch zusätzliche Aufgaben, weil sie erregbar sind und Informationen weiterleiten. Die Erregbarkeit und die Weiterleitung von Informationen beruhen auf der *axonalen* und *synaptische Übertragung*. Wie das geschieht, hängt von dem Aufbau des Neurons ab sowie von seiner Fähigkeit, sich chemisch zu verändern, wenn es entsprechend gereizt wird.

Die Nervenzelle

Neuronen bestehen meist aus den gleichen Einzelteilen, die auch in anderen Tierzellen vorhanden sind (vgl. Abbildung B–1). Der *Nukleus* (Zellkern) steuert alle Aktivitäten der Zelle, und weitere sogenannte Organellen ("kleine Organe") sorgen für das Funktionieren der Zelle. Zu den Organellen gehören z.B. die Mitochondrien, die für die Energiesynthese und die Ribosome, die für die Proteinsynthese verantwortlich sind. Darüberhinaus besitzen die Neuronen zusätzliche Teile, die bei den sonstigen Zellen nicht vorkommen. Es sind Fasern, die vom Zellkörper ausgehen, z.B. die sogenannten ***Dendriten,*** die im allgemeinen recht kurz sind und von denen es recht viele gibt. Aber auch ein einzelnes Axon gehört dazu. Das Axon kann sich in ein oder zwei Äste teilen, die als *Kollaterale* bezeichnet werden. Die sogenannten Nerven, die durch den ganzen Körper verlaufen, sind Bündel von Axonen von vielen verschiedenen Neuronen. Die Zellteilung, ein gemeinsames Merkmal fast aller anderen Zellarten, kommt bei den meisten ausgewachsenen Nervenzellen nicht vor. Nervenzellen, die aus irgendeinem Grund absterben, werden nicht ersetzt. Man nimmt an, daß täglich im Durchschnitt 10.000 Neuronen absterben.

Abbildung B-1 Das Neuron

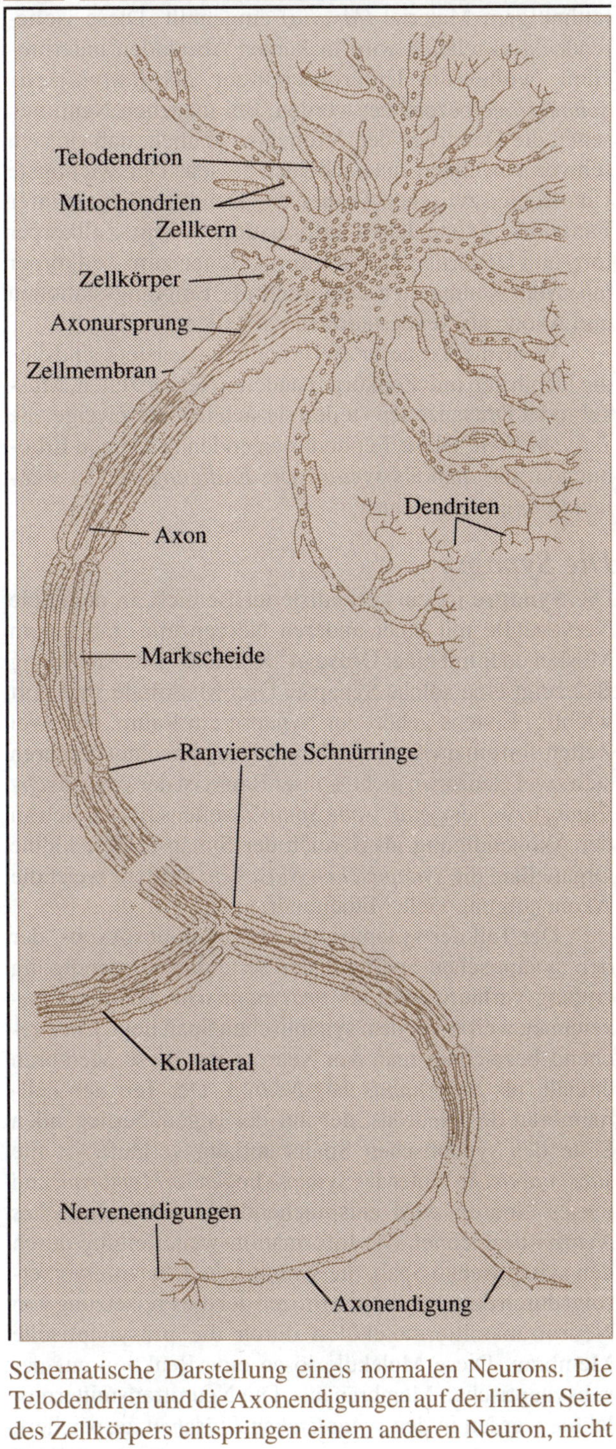

Schematische Darstellung eines normalen Neurons. Die Telodendrien und die Axonendigungen auf der linken Seite des Zellkörpers entspringen einem anderen Neuron, nicht dem hier gezeigten.

Die axonale Übertragung beginnt im *Axonursprung*, dem Punkt, an dem das Axon mit dem Körper der Nervenzelle verbunden ist. In manchen Neuronen ist das Axon von fetthaltigem Material *(Myelin)* eingehüllt. Diese isolierende Markscheide wird in kurzen Abständen unterbrochen, wobei die Unterbrechungen als *Ranviersche Schnürringe* bezeichnet werden. Bei manchen Neuronen sehen die Dendriten den Axonen so ähnlich, daß sie sich schwer von ihnen unterscheiden lassen. Der wichtigste Unterschied zwischen Axonen und Dendriten liegt in ihrer Funktion: Axone leiten Informationen vom Zellkörper fort, und Dendriten führen Informationen zum Zellkörper hin. Man könnte sich Dendriten als Empfangsstationen und Axone als Sendestationen vorstellen.

Wenn die Axone ihr Ziel erreichen - meistens sind dies die Dendriten und Zellkörper anderer Nervenzellen, Muskel- oder Drüsenzellen - teilen sie sich in viele Zweige, die *Telodendrien*. Diese Telodendrien enden in kleinen Erhöhungen, die man als *synaptische Endigungen* oder *Axonendigungen* bezeichnet.

Die Synapse

Die **Synapse** ist ein spezialisierter Bereich, in dem eine Nervenzelle mit einer anderen Nervenzelle, mit einem Muskel oder mit einer Drüse in "Kontakt" tritt. Abbildung B-2 zeigt eine solche Synapse. Drei Merkmale sind dort wichtig. Erstens gehört zur Synapse ein Raum, der zwei Zellen von einander trennt, denn genau betrachtet berühren sich zwei Neuronen nicht. Dieser Raum ist der *synaptische Raum*, bzw. der *synaptische Spalt*. Zweitens finden sich an der Axonendigung im Bereich der Synapse viele kleine Organellen, die *synaptischen Bläschen*. Drittens weist die Axonendigung viele Mitochondrien auf.

Der Teil der synaptischen Membran des Axons, der den synaptischen Spalt auf der Seite der Axonendigung entlang verläuft, wird als *präsynaptische Membran* bezeichnet, weil er vor dem synaptischen Spalt liegt. Entsprechend bezeichnet man das Neuron, das diese Membran enthält, als *präsynaptisches Neuron*. Der Teil der Zellmembran des Neurons, der auf der gegenüberliegenden Seite des synaptischen Spalts entlang verläuft, ist die *subsynaptische* (unter der Synapse liegende) *Membran*, und dieses Neuron wird entsprechend als *subsynaptisches Neuron* bezeichnet. Die Informationsweiterleitung durch den synaptischen Spalt, die *synaptische Übertragung*, erfolgt durch den chemischen Prozeß der die Freisetzung von Neurotransmittermolekülen durch die präsynaptische Membran. Diese Moleküle lösen eine Reaktion auf der subsynaptischen Membran aus. Die Neurotransmittermoleküle werden in den *synaptischen Bläschen* gespeichert, man findet sie aber auch freifließend in der Axonendigung. Weil die synaptische Übertragung ein Vorgang ist, zu dem Energie benötigt wird, ist die Synapsenregion reich mit Mitochondrien versorgt, die in allen Zellen für den Energiestoffwechsel zuständig sind.

FUNKTIONALE EIGENSCHAFTEN DER NEURONEN

Das Ruhepotential der Membran

Wie alle lebenden Zellen besitzt das Neuron an seiner Membran ein elektrisches Potential, das man als *Ruhepotential* bezeichnet. Dieses Potential zeigt an, daß die Zelle lebt und normal arbeitet. Es kann mit Hilfe eines Geräts zur Spannungsmessung - einem Voltmeter - gemessen werden. Bei einer solchen Messung wird das eine Kabel des Voltmeters außerhalb der Zelle angebracht und das andere - eine sogenannte Mikroelektrode - in der Zelle. Solch eine Anordnung wird schematisch in Abbildung B-3 dargestellt. So kann man einen Spannungsunterschied zwischen dem Inneren und dem Äußeren der Zelle messen. In den meisten Nervenzellen liegt dieser Spannungsunterschied in der Größenordnung von 70 Millivolt (Tausendstel eines Volts), wobei das Innere der Nervenzelle im Vergleich zur Umgebung elektrisch negativ geladen ist. Dieser Unterschied im Potential besteht nur an der Zellmembran, und wird als *Polarisation* bezeichnet. In dieser Hinsicht kann man das Neuron mit einer Batteriezelle vergleichen. Analog würde das Innere der Nervenzelle den negativen Pol und das Äußere der Zelle den positiven Pol der Batterie darstellen, wobei die Spannung an der Batterie ungefähr 70 Millivolt beträgt. Wir wollen uns zuerst ansehen, wie das Ruhepotential der Membran erzeugt und aufrecht erhalten wird, ehe wir uns Störungen dieses Potentials widmen, die auftreten, wenn die Zelle aktiv wird. Die elektrische Aktivität, die die neuronale Arbeit charakterisiert, läßt sich nämlich anhand von Veränderungen im Ruhepotential der Membran erklären.

Um das Ruhepotential im Detail zu verstehen, muß man erst mehrere physikalische und chemische Prinzipien kennen. Diese können wir uns anhand von Salzwasser veranschaulichen. Wenn Salz, ein Molekül aus zwei Atomen - Natrium (Na) und Chlor (Cl) - in Wasser aufgelöst wird, teilt es sich in zwei Ionen, von denen eins negativ und eins positiv geladen ist. Als Ion werden die Teile eines Moleküls bezeichnet, die eine elektrische Ladung aufweisen. Wenn Salz (NaCl) in Wasser aufgelöst wird, teilt es sich also in Natrium- (Na^+) und Chlor- (Cl^-) Ionen. Die positiven und negativen Zeichen, die hinter den chemischen Symbolen stehen, geben an, daß diese Ionen in gelöstem Zustand eine elektrische Ladung aufweisen - positiv im Fall des Natriums, negativ im Fall des Chlors. Salzwasser enthält zahlreiche Natrium- und Chlorionen.

Nervenzellen liegen in einer Flüssigkeit, die dem Seewasser recht ähnlich ist. Die Flüssigkeit, die die Nervenzellen umgibt, enthält Natrium- (Na^+), Chlor- (Cl^-), Kalium- (K^+), Kalzium- (Ca^{++}) und Magnesium- (Mg^{++}) Ionen, weiterhin andere komplizierte Moleküle wie negativ geladene Proteine (Eiweiße). Einfach gesagt ergibt sich das Ruhepotential der Membran aus einer ungleichen Verteilung dieser geladenen Partikel an der Zellmembran. Der Nettoeffekt dieser ungleichen Verteilung an der Nervenmembran ist ein Unterschied im Potential, der 70 Millivolt beträgt.

Die geladenen Ionen sind an der Nervenzellmembran ungleich verteilt, weil die Membran selbst *semipermeabel* ist, d.h. sie läßt bestimmte Ionen durch, z.B. Kalium und Chlor, andere Ionen, z.B. Natrium, dagegen nicht ohne weiteres. Bei einer semipermeablen Membran kann man die ungleiche Verteilung von Ionen an der Membran anhand zweier chemophysikalischer Prinzipien verstehen, die als *Diffusion* und als *Anziehung geladener Partikel* bezeichnet werden. Das erste dieser Prinzipien, die Diffusion, besagt, daß gelöste Substanzen dazu neigen, sich von einem Gebiet mit höherer Konzentration hin zu einem Gebiet mit niedrigerer Konzentration zu bewegen. Das zweite Prinzip, das die Ionenverteilung an der Membran bestimmt, ist ihre elektrische Ladung, wobei ungleich geladene Partikel einander anziehen und gleich geladene Partikel einander abstoßen.

Lassen Sie uns jedes Ion betrachten, das für das Ruhepotential wichtig ist. Die Membran ist völlig un-

Abbildung B-2 Die Synapse

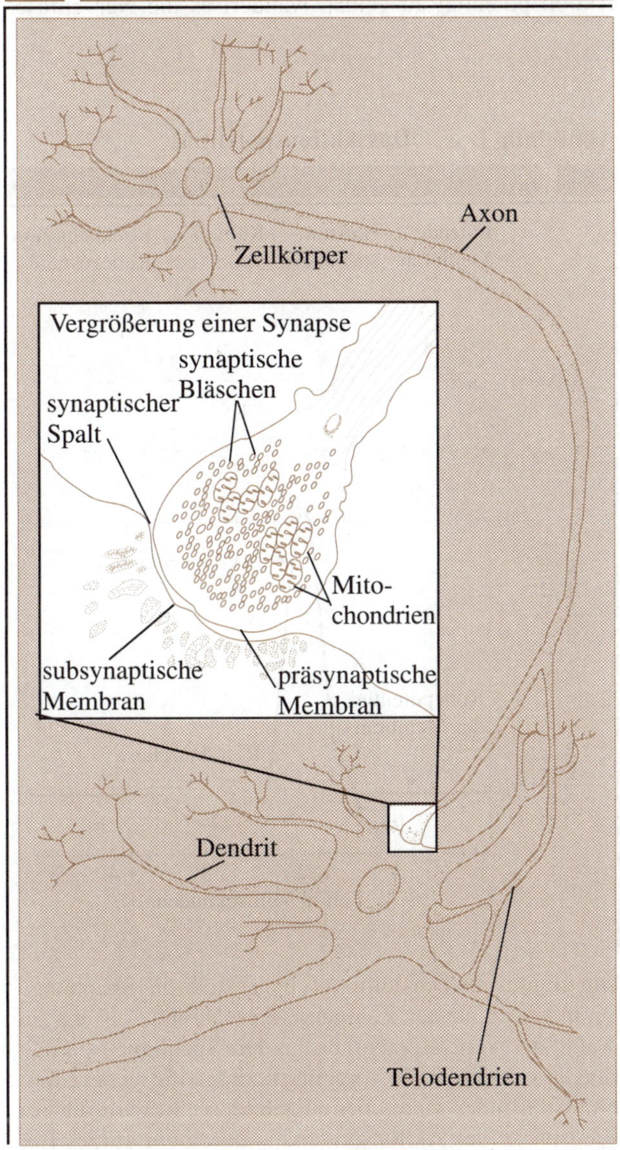

Die Abbildung zeigt eine einzelne vergrößerte synaptische Verbindung, um die Einzelteile zu veranschaulichen. Das präsynaptische Neuron enthält synaptische Bläschen, die die Neurotransmittermoleküle speichern.

Abbildung B-3 Die Ionenverteilung

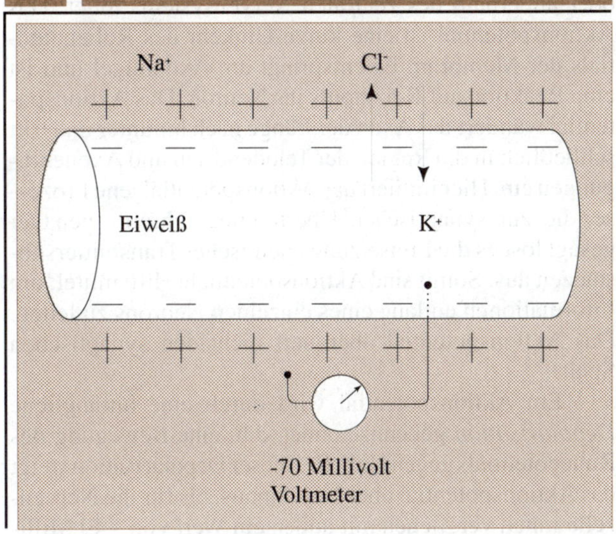

Hier wird die Verteilung der Ionen an der Zellmembran eines Neurons veranschaulicht. Die Membran ist fast vollständig durchlässig für Kalium (K^+) und Chlor (Cl^-), aber undurchlässig für Natrium (Na^+) und die großen Eiweißmoleküle. Sowohl elektrische Kräfte als auch sogenannte Diffundierungskräfte wirken auf die Ionen ein. Dadurch entsteht ein Membranpotential von -70 Millivolt, das innen negativ und außen positiv ist.

durchlässig für die großen, negativ geladenen Proteine, folglich sind diese in der Nervenzelle gefangen (vgl. Abbildung B-3). Ähnlich ist die Nervenzellmembran im Ruhezustand für positiv geladene Natriumione (Na^+) undurchlässig, die deshalb außerhalb der Zelle konzentriert sind. Die Membran ist jedoch fast völlig durchlässig für Kaliumionen (Ka^+). Diese Ionen gelangen in die Zelle, indem sie von den negativ geladenen Eiweißmolekülen angezogen und von den positiv geladenen Natriumionen (Na^+) außerhalb der Membran abgestoßen werden. Auch Chlorionen können sich frei durch die Membran bewegen. Sie haben die Tendenz, aus der Nervenzelle herauszuwandern, weil sie von den positiv geladenen Na^+-Ionen außen angezogen und von den negativ geladenen Proteinen innen abgestoßen werden. Aufgrund des Diffusionsprinzips wandern manche Chlorionen in die Zelle hinein (wo Chlor weniger konzentriert ist), und manche Kaliumionen wandern aus der Zelle heraus, wo Kalium weniger konzentriert ist. Der Nettoeffekt ist ein geringfügiger Überschuß an negativ geladenen Partikeln innerhalb der Zelle, was an der Membran ein Ruhepotential von -70 Millivolt bewirkt, d.h. innen negativ im Vergleich zu außen.

Das Aktionspotential

Das **Aktionspotential** ist das Mittel, mit dem das Neuron Informationen entlang des Axons zu einem Ziel innerhalb oder außerhalb des zentralen Nervensystems leitet. Das Aktionspotential ist eine kurze Umkehr des Ruhepotentials der Membran. Es entspringt am Axonhügel und ist eine Reaktion auf Reizinputs ins Neuron. Das Aktionspotential wandert das Axon der Länge nach hinunter und tritt schließlich in die Region der Telodendrien und Axonendigungen ein. Hier initiiert das Aktionspotential jene Prozesse, die zur synaptischen Übertragung führen - genauer gesagt löst es die Freisetzung chemischer Transmittersubstanzen aus. Somit sind Aktionspotentiale Hilfsmittel, um Informationen entlang eines einzelnen Neurons zu leiten. Das Aktionspotential überquert nicht den synaptischen Spalt.

Ein Aktionspotential wird durch eine anfängliche *Depolarisation* gekennzeichnet, d.h. eine Bewegung des Ruhepotentials gegen Null. Bei dieser Depolarisation steigt das Aktionspotential über Null hinaus, bis für die Nervenzelle innen verglichen mit außen ein Wert von +40 Millivolt erreicht wird. Somit ist das Aktionspotential eine deutliche Umkehr des Ruhepotentials. Das Aktionspotential wird ausgelöst, wenn ein Reiz der Nervenmembran so verändert, daß sie für positiv geladene Ionen durchlässig wird. Ein Aktionspotential wird insbesondere dann ausgelöst, wenn die Membran für Natrium durchlässig wird, dann strömt Na^+ in die Zelle.

Nach diesem Gipfel von +40 Millivolt fällt die Spannung an der Membran wieder ab. Dies geschieht dadurch, daß Kaliumionen aus der Zelle strömen. Die Spannung an der Membran beginnt zu fallen, bis sie einen Wert geringfügig über ihrem ursprünglichen Ruhewert erreicht, ungefähr -75 Millivolt. Nach einer kurzen Zeitspanne kehrt das Membranpotential zu seinem normalen Wert zurück. Die Zeitspanne unmittelbar nach dem Feuern des Aktionspotentials ist als **Refraktärphase** bekannt, weil es schwierig ist, das Neuron während dieser Zeitspanne wieder zum "Feuern" zu bringen, ehe die Ruheverteilung der Ionen weitgehend wiederhergestellt ist (vgl. Abbildung B-4).

Ist erst einmal im Bereich des Axonursprungs ein Aktionspotential ausgelöst, wandert es die Nervenfaser

Abbildung B-4 **Das Aktionspotential**

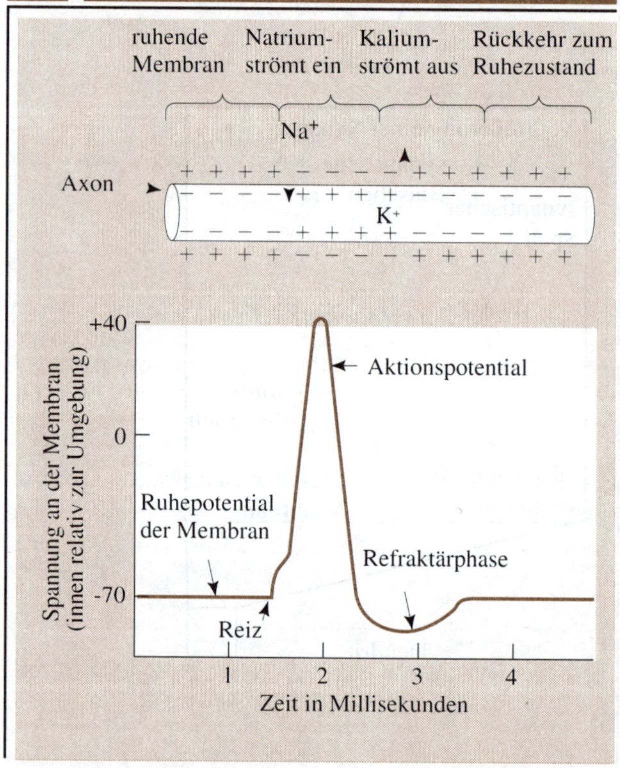

Die graphische Darstellung (unten) stellt die Spannungsveränderung an der Zellmembran während Anstieg und Abfall des Aktionspotentials dar. Die Spannungsveränderungen sind durch die Vorgänge bedingt, die an der Membran stattfinden (wie oben abgebildet). So wird die Anstiegsphase des Aktionspotentials durch ein kurzes Einströmen von positiven Natriumionen verursacht, und die *Hyperpolarisation* (Bewegung des Membranpotentials fort von Null) wird durch das Ausströmen positiver Kaliumionen hervorgerufen. Das gesamte Aktionspotential ist relativ kurz.

entlang. Man kann sich das wie eine Welle vorstellen, die übers Wasser wandert. Allerdings - und das ist wichtig - behält das Aktionspotential im Gegensatz zur Welle seine ursprüngliche Amplitude, Form und Geschwindigkeit über die gesamte Länge des Axons bei, weil das Aktionspotential jedesmal neu ausgelöst wird. Dies ist als das *Alles-oder-Nichts-Gesetz* der axonalen Übertragung bekannt. Das Aktionspotential wandert die Gesamtlänge des Axons entlang, ohne auch nur eins seiner Merkmale zu verändern, was ein wenig an eine durchbrennende Sicherung erinnert.

Die Mechanismen, die an der Ausbreitung des Aktionspotentials beteiligt sind, sind eigentlich recht einfach und werden in Abbildung B-4 schematisch dargestellt. Die anfängliche Depolarisation des Aktionspotentials, während der das Membranpotential von etwa -70 auf +40 Millivolt steigt, tritt auf, weil die Durchlässigkeit der Membran für Natriumionen plötzlich steigt. Der kurze Einbruch der Membranschranke für Natrium führt wegen der elektrischen und Diffusionskräfte, die in dieser Richtung wirken, zu einem plötzlichen Einströmen von Na^+ (Influx) ins Innere des Neurons.

Diese Veränderung in der Durchlässigkeit für Na^+ hält nur recht kurz an - sie dauert nur eine Millisekunde -, dann ist die vorherige geringere Durchlässigkeit der Membran für Natrium wiederhergestellt. Die Natriumionen innerhalb des Neurons werden "hinausgepumpt", und das Ruhepotential der Membran kehrt wieder auf - 70 Millivolt zurück. Damit beginnt das Aktionspotential wieder zu fallen. Dies wird verursacht durch eine vorübergehende absolute Membrandurchlässigkeit für Kalium. Sie werden sich erinnern, daß die Membran normalerweise schon recht durchlässig für K^+-Ionen ist. Nun fallen die Schranken vollständig. Die sich ergebende Bewegung nach außen (Efflux) der K^+-Ionen verursacht, daß das Membranpotential von ungefähr +40 auf -75 Millivolt fällt. Das ist charkteristisch für die jetzt eintretende Erholungsphase, während der die Membran leicht negativer als normal ist. Wenn die ursprüngliche Durchlässigkeit für Kalium wiederhergestellt ist, wird auch das normale Ruhepotential der Membran wieder erreicht. Diese Vorgänge sind schematisch in Abbildung B-4 abgebildet.

Wurde erst einmal ein Aktionspotential ausgelöst, wird es ohne Verluste entlang des Axons weitergeleitet. Das bedeutet, daß das Aktionspotential bei seiner Fortpflanzung längs des Axons seine ursprüngliche Amplitude beibehält. Die Übertragungsgeschwindigkeit der Nervenimpulse verändert sich mit dem Durchmesser des Axons: je dicker der Nerv, desto größer die Geschwindigkeit. Diese wird aber auch beeinflußt von der Myelinhülle, d.h. sie ist in Nerven mit einer Myelinhüllen viel größer. Die Geschwindigkeit von Nervenimpulsen variiert zwischen ungefähr 0,5 Metern pro Sekunde bei kleinen Fasern ohne Myelinhülle bis zu ungefähr 130 Metern pro Sekunde bei Fasern mit großem Durchmesser und Myelinhülle.

Die Übermittlung der Nervenimpulse entlang des Axons kann wie folgt erklärt werden: Während das Aktionspotential abläuft strömt Na^+ in das Neuron. Natriumionen aus angrenzenden Gebieten strömen in das erregte Gebiet, was zu einer teilweisen Depolarisierung dieser angrenzenden Region führt. Dies wiederum führt zu einem lokalen Aktionspotential in der angrenzenden Region. Natriumionen aus dem nächsten Gebiet strömen hinein, ein weiteres Aktionspotential wird ausgelöst, und der Nervenimpuls wird am Axon hinab weitergeleitet.

Bei Nerven mit Myelinhülle läuft die Übertragung etwas anders ab. Das Aktionspotential bildet sich lediglich an den Ranvierschen Schnürringen, den Lücken der Myelinhülle bzw. Markscheide. Anstatt also das Axon entlang zu laufen, "springt" das Aktionspotential von einem Ranvierschen Schnürring zum nächsten. Diese Weiterleitung des Aktionspotentials wird als *saltatorische Übertragung* bezeichnet, sie ist relativ schnell. Die Umhüllung mit Myelin ist eine evolutorisch neuere Entwicklung, und ihre Bedeutung liegt darin, daß sie großen Organismen - z.B. Menschen - eine schnelle Weiterleitung der Nervenimpulse von einem Ort zum anderen ermöglicht. Dies hat natürlich einen hohen Anpassungswert, weil die Axone bei großen Tieren sehr lang werden können. Manche Ihrer Neuronen z.B. reichen vom Kortex bis hin zum unteren Teil der Wirbelsäule, ein Abstand von mehr als einem Meter. Die Weiterleitung der Nervenimpulse über solch große Abstände würde lange dauern, wären die einzelnen Axone nicht mit einer Myelinschicht umhüllt.

Synaptische Übertragung

Durch die Alles-oder-Nichts-Übertragung von Aktionspotentialen entlang der Axone, leiten die Neuronen Informationen aus dem Gebiet des Axonursprungs zu den fernen Ausläufern der Axonendigungen. Der Transfer von Informationen über den synaptischen Spalt erfolgt durch den Vorgang der *Erregungsübertragung*. Folgende Vorgänge laufen bei der Erregungsübertragung an der Synapse ab: (vgl. Abbildung B-5):

1. Das Aktionspotential, das das Axon hinunterläuft, dringt in dieTelodendrien und die Axonendigungen ein.
2. Dieser Vorgang setzt einen chemischen Transmitter frei, der bis dahin in der präsynaptischen Endigung gespeichert war.
3. Der Neurotransmitter breitet sich durch den synaptischen Spalt entsprechend den früher besprochenen Prinzipien der Diffusion aus.
4. Die Transmittersubstanzen treten mit der subsynaptischen Membran in Kontakt und verändern ihre Durch-

lässigkeit für bestimmte Ionen. Genauer gesagt verändern die Transmittermoleküle, nachdem sie mit Rezeptoren an der subsynaptischen Membran reagiert haben, die Durchlässigkeit dieser Membran entweder für Na^+- oder K^+-Ionen. Man nimmt allgemein an, daß die Transmittermoleküle ihre Effekte durch das Öffnen sogenannter Natrium- oder Kaliumporen in der subsynaptischen Membran hervorrufen.

5. Schließlich wird die Transmittersubstanz durch das präsynaptische Neuron chemisch abgebaut oder reabsorbiert, so daß sein Effekt neutralisiert wird.

Diese Vorgänge sind im Grunde bei allen Nerven gleich, obwohl Transmittermoleküle von Neuron zu Neuron anders gestaltet sein können. Verschiedene Arten von Nerven setzen unterschiedliche Arten von Transmittermolekülen frei, und die Neuronen werden auf der Basis der Transmitter klassifiziert, die sie absondern. Neuronen, die Noradrenalin als Transmitter freisetzen, werden als *adrenerge Neuronen* bezeichnet, die, die Acetylcholin freisetzen, als *cholinerge Neuronen*. Von einem funktionalen Standpunkt aus betrachtet gibt es im Nervensystem im Grunde zwei Arten von Synapsen. Dies sind die *exzitatorischen (erregenden) Synapsen*, deren Aktivität zur Erregung des nächsten Neurons führt, und *inhibitorische (hemmende) Synapsen*, deren Aktivität zur Hemmung des nächsten Neurons im Kreislauf führt. Bei exzitatorischen Synapsen wird das nächste Neuron depolarisiert, zum großen Teil wegen des Einströmens von Natriumionen ins Neuron, wohingegen bei inhibitorischen Synapsen das nächste Neuron hyperpolarisiert wird, vor allem wegen des Ausströmens von Kaliumionen aus dem Neuron. Nach einer kurzen Betrachtung der elektrischen Erregung und Hemmung von Neuronen, werden wir weitere Einzelheiten der chemischen Vorgänge bei der neuralen Übertragung erörtern.

Abbildung B-5 Schema der Grundschritte bei der chemischen Neurotransmission

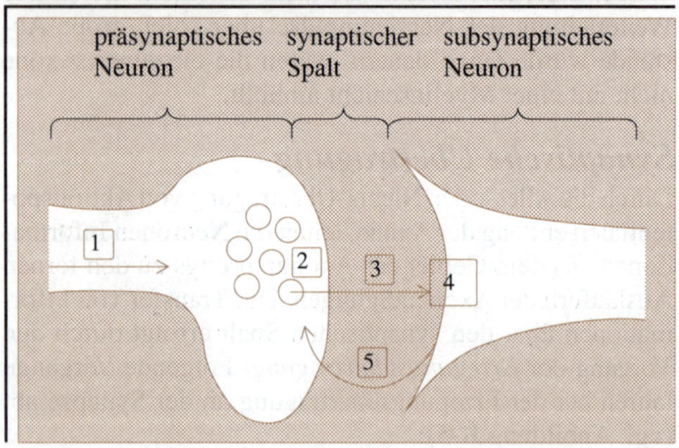

Die chemische Neurotransmission besteht aus fünf Schritten: (1) das Aktionspotential dringt in die Region der Axonendigung ein und verursacht (2) die Freisetzung des Transmitters aus der präsynaptischen Endigung; (3) der Transmitter verteilt sich durch den synaptischen Spalt; (4) er reagiert mit einem Rezeptormolekül auf der Membran des subsynaptischen Neurons; und (5) der Transmitter wird aus dem Bereich der Synapse entfernt, entweder durch chemischen Abbau oder durch einen Wiederaufnahmemechanismus, der ihn zu den präsynaptischen Neuronenbläschen zurückbringt. Verschiedene Medikamente können die chemische Neurotransmission beeinflussen, indem sie an einem dieser Schritte ansetzen.

Erregung Wir haben zwar die Mechanismen betrachtet, die die Aktionspotentiale erzeugen und sie das Axon entlangtragen, aber wir haben noch nicht erörtert, wie ein Aktionspotential überhaupt ausgelöst wird. In manchen Fällen werden die Aktionspotentiale durch externe Reize erzeugt. Das Auge z.B. hat spezialisierte Zellen (Stäbchen und Zapfen), die Lichtenergie in elektrische Energie umwandeln, was in den optischen Nervenfasern Aktionspotentiale hervorruft. Innerhalb des zentralen Nervensystems jedoch werden Aktionspotentiale durch den Vorgang der *exzitatorischen synaptischen Übertragung* erzeugt. Durch diesen Prozeß erhöht eine Nervenzelle - das präsynaptische Neuron - die Wahrscheinlichkeit für ein Aktionspotential in einer anderen Nervenzelle, der subsynaptischen Zelle.

Wenn ein Aktionspotential die Region der Telodendrien erreicht, werden synaptische Transmittermoleküle, die vorher in den synaptischen Bläschen aufbewahrt wurden, in den synaptischen Spalt abgegeben und diffundieren durch den Spalt in Richtung der subsynaptischen Membran. Hier verändern die Transmittermoleküle die Eigenschaften der subsynaptischen Membran, so daß diese für Natrium-, Kalium- und Chlorionen durchlässiger wird. Die Natriumionen haben den stärksten Effekt auf die exzitatorische synaptische Übertragung, weil sie höchst ungleichmäßig an der Zellmembran im Ruhezustand verteilt sind. Im Zusammenhang mit der exzitatorischen synaptischen Übertragung spricht man häufig von einer Öffnung sogenannter Natriumporen in der subsynaptischen Membran. Wenn die Durchlässigkeit der subsynaptischen Membran für Natriumionen erhöht ist, folgt daraus ein Depolarisation, also die Bewegung des Ruhepotentials der Membran gegen Null.

Anders als die Depolarisation, die die Anstiegsphase des Aktionspotentials charakterisiert, verläuft die Depolarisation, die durch die exzitatorische synaptische Übertragung ausgelöst wird, graduell, wobei das Ausmaß der Depolarisation von der Stärke des Reizes abhängt und nicht nach dem Alles-oder-Nichts-Gesetz verläuft, wie es für das Aktionspotential charakteristisch ist. Diese abgestufte Veränderung im Membranpotential wird als *exzitatorisches postsynaptisches Potential (EPSP)* bezeichnet. Die Beziehung zwischen einem EPSP und der Herstellung eines Aktionspotentials wird in Abbildung B-6 schematisch dargestellt.

Manchmal wird eine Analogie zwischen exzitatorischer synaptischer Aktivierung und dem Abdrücken bei einem Gewehr gezogen. Der Abzug beim Gewehr kann langsam gezogen und in seine ursprüngliche Position zurückversetzt werden, ohne daß das Gewehr feuert. Dieses Ziehen des Abzugs stellt das EPSP dar. Aber wenn der Abzug bis an einen kritischen Punkt gezogen wird, der die Schußschwelle darstellt, gibt das Gewehr einen einzelnen Schuß ab, was der Alles- oder-Nichts-Auslösung bzw. dem Aktionspotential entspricht. Aktionspotentiale werden im Bereich des Axonursprungs ausgelöst, weil dieser Teil der Neuronenmembran die geringste Feuerungsschwelle hat. Im Fall der Neuronen kann die Feuerungsschwelle durch die Addition der EPSPs erreicht werden, die an den Dendriten und dem Zellkörper in räumlicher oder zeitlicher Nähe auftreten. Im ersten Fall spricht man von *räumlicher Summierung*, und im zweiten Fall von *zeitlicher Summierung*. Beide Arten der Summierung tragen zur Auslösung des Aktionspotentials bei.

Abbildung B-6 Erregung und Hemmung

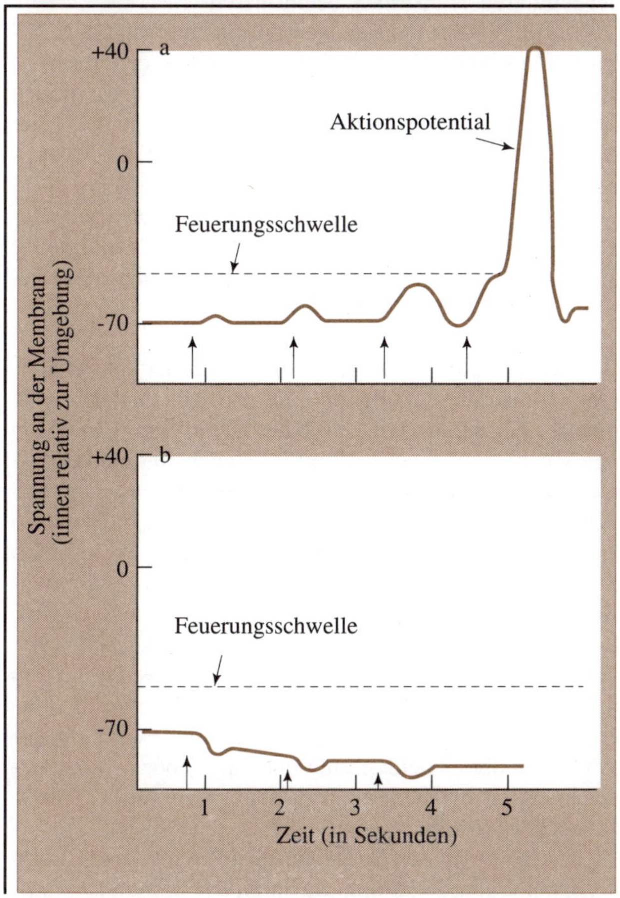

Die Aktivierung exzitatorischer Synapsen führt zu exzitatorischen postsynaptischen Potentialen, wie in der oberen graphischen Darstellung gezeigt wird. Jeder Pfeil zeigt eine Aktivierung an der Synapse an. Der letzte Reiz bewirkt ein EPSP, das groß genug ist, um die Feuerungsschwelle zu erreichen und ein Aktionspotential auszulösen. Inhibitorische postsynaptische Potentiale werden in der unteren Darstellung veranschaulicht. Jeder Pfeil stellt eine Aktivierung einer inhibitorischen Synapse dar. Jede Aktivierung ist stärker als die vorhergehende. Beachten Sie, daß das Ruhepotential der Membran durch inhibitorische synaptische Aktivierung von der Feuerungsschwelle entfernt wird.

Hemmung Viele Neuronen im zentralen Nervensystem üben inhibitorische Funktionen aus. Die Vorgänge, die zur inhibitorischen synaptischen Übertragung führen, sind im wesentlichen denen ähnlich, die oben für die Erregung dargestellt wurden, nur daß die Veränderungen in den subsynaptischen Membranen anders sind. Die hemmende synaptische Übertragung wird wahrscheinlich durch eine Veränderung in der Durchlässigkeit der Membran für Kalium- und Chlorionen verursacht. Der Nettoeffekt der Hemmung ist ein Ausströmen der K^+-Ionen und ein Einströmen der Cl^--Ionen, was die Innenseite der Membran im Vergleich zur Außenseite negativer macht. Somit wird das Membranpotential hyperpolarisiert, d.h. es bewegt sich weiter weg von Null und weiter weg von der Feuerungsschwelle. Analog kann man sagen, daß der Abzug jetzt schwerer zu ziehen ist.Genauer gesagt braucht man einen stärkeren Reiz (mehr EPSP-Aktivität), um ein Aktionspotential im subsynaptischen Neuron hervorzurufen.

Die Veränderungen des Potentials, die sich aus der hemmenden synaptischen Aktivität ergeben, werden als *inhibitorische postsynaptische Potentiale (IPSPs)* bezeichnet. Beispiele für IPSPs werden in Abbildung B-6 schematisch veranschaulicht.

Neurotransmittersubstanzen

Neurotransmittersubstanzen sind Moleküle, die in den präsynaptischen Bläschen gespeichert werden und die entweder EPSPs oder IPSPs hervorrufen, wenn sie auf Rezeptormoleküle auf der subsynaptischen Membran treffen. Man hat viele verschiedene Moleküle identifiziert, die eine Neurotransmitterfunktion besitzen. Manche Moleküle rufen immer EPSPs hervor (sind immer erregend), andere lösen immer IPSPs aus (sind immer hemmend), und noch andere können sowohl EPSPs als auch HPSPs bewirken, je nachdem, wo sie aktiv werden. In Tabelle B-1 wird vermutlich eine Reihe von chemischen Stoffen aufgeführt, die Neurotransmittermoleküle sind, ebenso werden ihre anatomische Lokalisation und einige ihrer Haupteffekte angegeben. In diesem Abschnitt werden wir zuerst einige der allgemeinen Eigenschaften der Neurotransmission besprechen und dann im Detail zwei Moleküle betrachten, die wohl die wichtigsten synaptischen Transmitter darstellen.

Allgemeine Merkmale des Neurotransmitterprozesses Im folgenden einige wichtige Merkmale der chemischen Neurotransmission :

Die Moleküle, aus denen chemische Neurotransmitter gefertigt werden - die Vorläufermoleküle -, müssen zuerst in die Neuronen transportiert werden. Dieser Vorgang ist nicht passiv, weil er Energie und spezialisierte Transportmöglichkeiten erfordert. Verschiedene Neuronen besitzen unterschiedliche Transportmöglichkeiten, und erhalten dadurch ihre chemische Eigenart.

Sobald die Vorläufermoleküle in eine Nervenzelle transportiert worden sind, müssen sie zu dem Stoff zusammengesetzt werden, der Transmittereigenschaften aufweist. Die Herstellung von Transmittern - ihre Synthese - erfordert spezialisierte Enzyme bzw. organische Katalysatoren. In manchen Fällen erfordert die Synthese der Transmittermoleküle nur eine einzige Reaktion, die durch ein Enzym katalysiert wird, in anderen Fällen sind viele Schritte zur Herstellung erforderlich, von denen jeder durch ein spezifisches Enzym hervorgerufen wird. Unterschiedliche Nervenzellen enthalten unterschiedliche Enzyme. Dies träge ebenfalls zur chemischen Eigenart der Neuronen bei.

Nach ihrer Synthese wird ein Vorrat von Transmittermolekülen in den synaptischen Bläschen gespeichert (siehe Abbildung B-2), um die Transmittermoleküle, die in der synaptischen Endigung frei verfügbar sind, ersetzen zu können.

Die Transmittermoleküle müssen als Reaktion auf das Eintreffen des Aktionspotentials von den präsynaptischen Endigungen freigesetzt werden. Das Eintreffen des Aktionspotentials an der Endigung erhöht das Einströmen von Ca^{++}-Ionen, das die Freisetzung der Transmittersubstanz auslöst, wenn gleichzeitig spezielle Proteine (Neurin und Stenin) in Aktion treten.

Als nächstes muß der Transmitter über den synaptischen Spalt diffundieren und mit spezialisierten Rezeptormolekülen reagieren, die auf der subsynaptischen Membran liegen. Verschiedene subsynaptische Neuronen enthalten unterschiedliche Rezeptormoleküle, und auch dies trägt zur chemischen Eigenart der synaptischen Einheiten bei.

Diese Rezeptormoleküle sind Proteine, die in die äußere Oberfläche einer Lage fetthaltiger Moleküle (Lipide genannt) eingebettet sind, die den Hauptteil der Neuronenmembran ausmachen. An die Rezeptoren aus Protein hängen sich die Neurotransmitter an, wenn sie chemisch genau zueinander passen. Es ist, als ob die Rezeptoreiweiße den Transmitter "erkennen" und nur bestimmten Transmittern gestatten, sich anzuhängen. Die Rezeptorproteine können jedoch durch chemische Stoffe, die den wirklichen Transmittern ähnlich sind, "ausgetrickst" werden. Solche Stoffe können dann die Rezeptoren besetzen, ohne daß sie selbst das Neuron stimulieren, und dadurch können sie einen großen Teil der Tätigkeit des eigentlichen Transmitters unterbinden. Manche Substanzen, die im Körper natürlich vorkommen und Hormonen ähnlich sind - wie etwa die Endorphine -, reagieren offenbar auf diese Weise mit den Neurotransmittern. Sie wurden in Kapitel 2 besprochen und heißen Neuromodulatoren, weil sie die Effekte der regulären Transmitter beeinflussen.

Schließlich muß der Neurotransmitter aus dem synaptischen Spalt entfernt werden, nachdem er seine Wirkung getan hat. Man hat zwei verschiedene Methoden entdeckt, die dieser Funktion dienen. Dies sind (1) der Abbau des Transmitters durch Enzyme und (2) die Absorption des Transmitters in den präsynaptischen Nerv.

Wie wir noch sehen werden, beeinflussen verschiedene Arten von Medikamenten die Nervenaktivität und somit das Verhalten, indem sie die verschiedenen hier beschriebenen Schritte verstärken oder hemmen.

Acetylcholin *Acetylcholin* (ACh) ist der synaptische Transmitter an der Synapse zwischen peripheren motorischen Neuronen, d.h. Neuronen, die mit Muskeln und Muskelgewebe in Verbindung stehen. Durch die Freisetzung von ACh wird die Muskelaktivität erzeugt und aufrecht erhalten. Es kann als sicher gelten, daß ACh in diesem Fall als exzitatorischer Transmitter wirkt. ACh erzeugt EPSPs und Aktionspotentiale, um ein Zusammenziehen der Muskeln zu bewirken. Es gibt Unmengen an Belegen dafür, daß man ACh auch in den Bläschen der präsynaptischen Neuronen im zentralen Nervensystem findet. Es ist jedoch nicht klar, ob ACh in diesem Fall als erregender oder hemmender Transmitter wirkt. Wahrscheinlich übt es beide Funktionen aus, aber in verschiedenen Teilen des Gehirns, je nach der Struktur der subsynaptischen Rezeptoren.

ACh wird in den Nervenzellen aus Acetat und Cholin hergestellt, eine Reaktion, die durch das Enzym *Cholinacetylase* ausgelöst wird. Hat es auf das subsynaptische Neuron gewirkt, wird es durch Enzyme wieder abgebaut. Dieser Abbau wird durch das Enzym *Acetylcholinesterase* bewirkt.

Man nimmt an, daß sich ACh hemmend auswirkt sowohl auf die Erregbarkeit als auch auf die Reaktionsbereitschaft auf sensorische Stimulation, die z.B. als das Gesamtniveau der Erregung eines Tieres gemessen wird. Medikamente, die den ACh-Spiegel im Gehirn erhöhen, rufen oft eine Verminderung der Aktivität hervor, wohingegen Medikamente, die diesen Transmitter beeinträchtigen oder inaktivieren, oft zu einer Übererregbarkeit führen. Möglicherweise geht diese Hemmung der Aktivität allerdings völlig indirekt vonstatten. ACh wirkt vielleicht auf Synapsen im zentralen Nervensystem erregend, aber wahrscheinlich beeinflußt es die dann nachfolgenden Neuronen hemmend, so daß der Gesamtorganismus gehemmt wird.

Noradrenalin Die Tätigkeit des zweiten wichtigen Transmitters, des *Noradrenalins* (NA), wurde zuerst in den peripheren Nerven entdeckt. Neuerdings hat man NA auch im Gehirn gefunden und nimmt an, daß es auch ein synaptischer Transmitter ist. Aufgrund der Forschungsergebnisse beeinflussen NA sowie mehrere verwandte Stoffe die Erregbarkeit des Organismen und erhöhen seine Reizbarkeit, so daß es vermutlich antagonistisch zum ACh wirkt.

NA wird in Nervenzellen aus der Aminosäure Tyrosin hergestellt. Dazu ist eine Reihe von Reaktionen, die durch Enzyme ausgelöst werden, erforderlich. Tyrosin wird erst in *Dopa* umgewandelt, dann in *Dopamin* (DA), und schließlich in NA. Jeder dieser Schritte erfordert ein spezifisches Enzym. Es wurde nachgewiesen, daß DA selbst als Neurotransmitter funktioniert. Den Nervenzellen, die DA als Neurotransmitter einsetzen, die sogenannten *dopaminergen Neurone*, fehlt das Enzym, das die Umwandlung von DA zu NA bewirkt. Sowohl NA als auch DA werden wahrscheinlich durch *Wiederaufnahme* inaktiviert

Tabelle B-1 Die wichtigsten Neurotransmitter und ihre vermuteten Wirkungen

Neurotransmitter-molekül	Wirkung
Acetylcholin (ACh)	wirkt exzitatorisch auf die Verbindung zwischen Neuron und Muskel; ebenso auf die autonomen Ganglien und im Gehirn; wirkt sowohl erregend als auch hemmend auf die Endorgane des parasympathischen Nervensystems
Noradrenalin (NA)	wirkt hemmend im Gehirn; wirkt im autonomen Nervensystem sowohl erregend als auch hemmend
Dopamin (DA)	hemmend im Gehirn
Serotonin (5-HT)	hemmend im Gehirn
Gamma-aminobutyrische Säure (GABS)	hemmend im Gehirn
Glyzin	hemmend in den Zwischenneuronen des Rückenmarks
Glutaminsäure	erregend im Gehirn und den Empfindungsnerven des Rückenmarks

und nicht durch einen Abbau durch Enzyme. Sie werden wieder in die präsynaptischen Endigungen absorbiert und wahrscheinlich erneut in den Bläschen gespeichert.

Eine besonders interessante Theorie über bestimmte Verhaltensstörungen ist durch die Arbeiten an den *biogenen Aminoverbindungen*, wie NA und verwandte Verbindungen genannt werden, entstanden. Diese Theorie - die Erklärung von Stimmungen mit Hilfe von biogenen Aminoverbindungen - besagt, daß die biogenen Aminoverbindungen Veränderungen in der Stimmung eines Menschen beeinflussen können, selbst bis zu den Extremen Manie und Depression. Obwohl sie nur vorläufig ist, ist die Theorie doch faszinierend, weil sie Verhaltensstörungen mit Stoffen in Verbindung bringt, die natürlicherweise im Gehirn vorkommen.

Dopamin In dieser Hinsicht hat *Dopamin* mehr Aufmerksamkeit auf sich gelenkt und wird nun - besonders im zentralen Nervensystem - als einer der wichtigsten Neurotransmitter angesehen. Man hat ihm so viel Aufmerksamkeit geschenkt, weil es an der Verursachung bestimmter Krankheiten beteiligt eine wichtige Rolle, darunter Schizophrenie und Huntington-Chorea. Dabei spielt offenbar eine Überproduktion von Dopamin in den Basalganglien des Gehirns eine wichtige Rolle. Die Dopaminhypothese zur Schizophrenie beruht auf Forschungsergebnissen, die zeigen, daß im Gehirn von Schizophrenen abnorm hohe Dopaminspiegel vorliegen. Noch interessanter ist die Tatsache, daß die übermäßigen Dopaminspiegel offenbar hauptsächlich im limbischen System auftreten, d.h. im emotionalen Steuerungssystem des Gehirns. Kritiker dieser Hypothese haben darauf hingewiesen, daß die meisten Schizophrenen starke antipsychotische Medikamente einnehmen und daß der erhöhte Dopaminspiegel nicht eine Ursache der Schizophrenie ist, sondern eine Folge der Medikamentenbehandlung. In jedem Fall steht Dopamin in der Liste der interessantesten Neurotransmitter immer noch oben.

Dopamin scheint auch eine Hauptursache der Parkinsonschen Krankheit zu sein, aber diesmal wegen eines Mangels, nicht wegen eines Überflusses. Eine allgemein übliche und erfolgreiche Behandlung der Parkinsonschen Krankheit besteht mittlerweile darin, Dopa zu injizieren, das in Dopamin verwandelt wird, sobald es das Gehirn erreicht. Schließlich ist Dopamin an einigen Aspekten der Senilität beteiligt, besonders dem Verlust der Muskelkontrolle, die oft im hohen Alter auftritt. Es gibt einige Tierexperimente die zeigen, daß die Injektion von Dopa die Fähigkeit sehr alter Ratten oder Mäuse erhöht, sich zu bewegen oder zu schwimmen. Eines Tages werden wir vielleicht alle Dopa einnehmen, um die Folgen des Alterns erträglicher zu machen.

Medikamente und die neurale Übertragung Wenn Medikamente das Verhalten beeinflussen, geschieht das häufig bei den Übertragungsvorgängen an der Synapse. Hierfür gibt es vier verschiedene Möglichkeiten.

1. Medikamente können die Wirkungen von Transmittern nachahmen. Das ist oft der Fall, weil das Medikament in seiner chemischen Zusammensetzung dem natürlich vorkommenden Transmittermolekül ähnlich ist, und so kann es es den Transmitter ersetzen und den gleichen Effekt - Erregung oder Hemmung - bewirken.
2. Das Medikament kann die chemischen Reaktionen beeinflussen, die den Transmitter abbauen, und somit deren Wirkungen aufheben. Manche Medikamente behinder z.B. das Enzym Acetylcholinesterase, das den Transmitter Acetylcholin abbaut, und verhelfen dem Transmitter somit zu einer verstärkten Wirkung. Andere Medikamente verhindern die Wiederaufnahme von Noradrenalin und Dopamin, was deren Wirkung natürlich verstärkt.
3. Medikamente können die neurale Übertragung und letztlich auch das Befinden beeinflussen, indem sie den Transmitter direkt stören, weil sie ihn entweder chemisch inaktivieren oder seine Rezeptoren auf der subsynaptischen Membran besetzen. Natürlich wird dadurch die Wirkung der Transmitter behindert. Solche Medikamente werden als *blockierende Wirkstoffe* bezeichnet, weil sie die Tätigkeit der Transmitter blockieren. Ist der Transmitter erregend, wirkt der blockierende Wirkstoff hemmend, und ist der Transmitter hemmend, wirkt der blockierende Wirkstoff erregend. Die

Wenn der Geist hungrig ist: Dem Appetit im Gehirn auf der Spur

Von W. HERBERT

Hunger ist ein psychischer Zustand, und zwar ein komplexer Zustand, den zu verstehen sich die Wissenschaftler sehr bemühen mußten. Es scheinen mehrere verschiedene Hormone an der Steuerung des Appetits beteiligt zu sein, aber es ist immer noch nicht geklärt, wie die verschiedenen Neurotransmitter reagieren. Jetzt laufen die Ergebnisse aus zwei Laboratorien auf eine mögliche Erklärung dafür hinaus, wie das Gehirn Hunger und Sättigung steuert - oder zu steuern versäumt. Diese Forschung könnte zur Entwicklung von neuen Appetitzüglern führen, die frei von den Nebenwirkungen der bereits existierenden Medikamente sind.

Drei Neurowissenschaftler - Steven M. Paul und Bridget Hulihan-Giblin vom National Institute of Mental Health sowie Phil Skolnick von den National Institutes of Health berichten am 29. Oktober in SCIENCE, daß sie im Gehirn von Ratten zwei Rezeptorfelder für Amphetamin, einen bekannten Appetitzügler, gefunden haben. Es ist zwar zu früh für gesicherte Aussagen, meint Paul, aber diese Gbiete könnten sich als neuronale Rezeptoren erweisen, durch die Diätmedikamente (und vielleicht ein natürliches Gehirnhormon) ihre anorektische, d.h. appetizügelnde Nachricht überbringen. Die Ergebnisse der genannten Untersuchungen unterstützen eine solche Annahme. Die Rezeptorgebiete finden sich in hoher Zahl vor allem in den Nervenendigungen, so daß sie vermutlich an der Neurotränsmission beteiligt sind. Weiterhin nimmt ein bestimmtes Gebiet Amphetamine und ähnliche Medikamente in einer Menge auf, die genau ihrer appetitzügelnden Wirkung entspricht. Außerdem beeinflussen sehr wahrscheinlich die genannten Rezeptoren nicht die weiteren Effekte von Amphetaminen, z.B. anhaltende Hyperaktivität. Damit würden die Medikamente ohne Nebenwirkungen gezielt nur den Appetit beeinflussen.

Die Wissenschaftler berichten, daß die höchsten Konzentrationen sich im Hypothalamus befinden. Und sie vermuten, so Paul, daß das Rezeptorfeld für Amphetamin auch die Stelle sein könnnte, an der die Neurotransmitter Serotonin und Noradrenalin freigesetzt werden, von denen man seit langem vermutet, daß sie an der Appetitsteuerung beteiligt sind.

Dieses Forschungsergebnis stimmt - wenigstens teilweise - mit neuen Erkenntnissen von zwei Neurowissenschaftlerinnen der Rockefeller University überein, die die Biochemie des Appetits untersucht haben. Sarah Leibowitz und Meena Jhanwar-Uniyal fanden in einer Untersuchung, daß Rezeptorfelder sowohl für Adrenalin als auch für Dopamin eine Rolle beim Appetit spielen. Eine sehr komplexe Rolle, die davon abhängt, an welcher Stelle im Hypothalamus sich die Rezeptoren befinden. Im mittleren Hypothalamus regt Noradrenalin den Appetit an, erklärte Leibowitz den Science News, aber im lateralen Hypothalamus hemmt es ihn (so wie Dopamin und Amphetamin). Wie sie nächste Woche beim Treffen der Neurologischen Gesellschaft in Minneapolis berichten wird, erhöht sich die Anzahl der Rezeptorfelder für Noradrenalin im lateralen Hypothalamus bei futterdeprivierten Tieren drastisch, wohingegen solche Stellen im medialen Hypothalamus fast vollständig verschwinden. Weil die Anzahl der Rezeptorfelder sich erhöht, wenn die Transmission niedrig ist, und sich verringert, wenn die Transmission hoch ist, würde man logischerweise erwarten, daß ein hungriges Tier weniger Rezeptorfelder in der Region besitzt, wo der Appetit angeregt wird. Das liegt daran, daß die appetitanregenden Neurotransmitter "auf die Rezeptoren fliegen wie bekloppt", sagt Leibowitz. Paul und seine Kollegen haben auch festgestellt, daß sich die Anzahl der Amphetaminrezeptoren verändert, wenn das Tier am Verhungern ist oder sich überfressen hat, aber sie haben diese Änderungen noch nicht in umschriebenen Gehirnregionen beobachten können. Es ist unklar, meint Leibowitz, ob beide Laboratorien die gleichen Rezeptorfelder untersucht haben.

"Wir glauben, daß sowohl Dopamin als auch Noradrenalin die Wirkungen der Amphetamine verändern", erklärt Leibowitz. Wie sie jedoch hinzufügt, hat sie keine Beweise dafür gefunden, daß Amphetamin auf dem Weg über die Serotonintransmission wirkt – wie es die staatlichen Forscher annehmen – obwohl es klar ist, daß Serotonin an der Appetitregulation beteiligt ist.

Science News,
30. Oktober 1982

Das menschliche Verhalten wird häufig auch von neurochemischen Stoffen beeinflusst. Hier werden einige Forschungsergebnisse vorgestellt, nach denen Dopamin und Noradrenalin an der Steuerung der Nahrungsaufnahme beteiligt sind. Andere Forscher meinen, daß ein Mangel an diesen Transmittern am Gedächtnisverlust und dem Verlust der Muskelkontrolle beteiligt ist, also an Erscheinungen, die oft im hohen Alter auftreten.

blockierenden Wirkstoffe sind also ein Ersatz für die Inaktivatoren der Transmitter.

4. Medikamente beeinflussen die neurale Übertragung, indem sie den Spiegel und/oder die Aktivität der neuralen Modulatoren beeinflussen, also die hormonähnlichen Proteine, die eine langsamere, aber länger anhaltende Wirkung auf die neurale Erregbarkeit haben als die Transmitter. Man führt z.B. die Wirkung des Medikaments *Naxolon* darauf zurück, daß es den Effekten des natürlich vorkommenden Endorphins - des körpereigenen "Morphiums" - entgegenwirkt. Solche Medikamente wirken vermutlich, indem sie entweder den Modulator chemisch inaktivieren oder aber die Rezeptoren auf der subsynaptischen Membran, mit denen der Modulator reagiert, besetzen.

Bei mindestens vier verschiedenen Wirkungsmöglichkeiten und vielen verschiedenen Arten von Transmittern ist es kein Wunder, daß viele verschiedene Medikamente einen tiefgreifenden Effekt auf das Nervensystem und das Verhalten haben können.

Gehirnnahrung Der Körper benötigt Rohmaterial, um Neurotransmitter herzustellen, und er gewinnt dieses Material aus unserer Nahrung. Aus diesem Grund sind z.B. manche Vitamine für unser Wohlergehen entscheidend. Es ist klar, daß das Nervensystem, wie auch andere Systeme des Körpers, von einer gesunden Ernährung profitiert. Drei chemische Stoffe enthalten die Bausteine einiger wichtiger Neurotransmitter: (1) Tryptophan, das in den meisten eiweißreichen Nahrungsmitteln vorhanden ist, wird vom Körper zur Herstellung von Serotonin benutzt, welches vermutlich an der Schlafregulierung beteiligt ist. (2) Aus Cholin stellt der Körper Acetylcholin her, einen Neurotransmitter, der unter anderem mit der Gedächtnisfunktion in Zusammenhang gebracht wird. Daraus zieht man den Schluß, daß eine cholinreiche Ernährung (z.B. haben Leber, Eier und Sojabohnen viel Cholin) das Gedächtnis verbessern könnte. (3) Tyrosin ist der Baustein für Dopamin und Noradrenalin und ist in den meisten Nahrungsmitteln enthalten. Eines Tages wird der Arzt bei bestimmten Störungen des Nervensystems statt eines Medikaments womöglich eine spezielle Diät verschreiben.

Anhang C Psychologische Tests und Beurteilungsverfahren

555 **Testkonstruktion**
Die Auswahl der Testitems / Die Evaluation von Tests und Testitems / Reliabilität / Validität / Ein neuer Ansatz zur Testkonstruktion
560 **Was testen Tests?**
Wozu braucht man Persönlichkeitstests? / Welche Arten von Persönlichkeitstests gibt es?
566 **Kritik**
Eigenschaft oder Verhaltensausschnitt? / Der Wert von projekiven und subjektiven Testergebnissen

Das, wofür Psychologen am berühmtesten (oder berüchtigtsten?) sind, sind ihre Tests. Wie werden psychologische Tests konstruiert? Woher stammen die Verfahren zur Messung der Persönlichkeit und des Verhaltens? Sitzen Psychologen nur an ihren Schreibtischen und entscheiden willkürlich darüber, welcher Test funktioniert und welcher nicht? Wie können sich Psychologen sicher sein, daß das, was sie da austüfteln, auch wirklich das messen wird, was sie zu messen behaupten? Sind Testwerte aussagekräftig? Diese Fragen mögen Ihnen durch den Kopf geschossen sein, als wir psychologische Meßinstrumente wie Intelligenztests, Kreativitätstests, Lerntests, und Tests der Wahrnehmung, der Motivation und der Persönlichkeit diskutiert haben. In diesem Anhang erörtern wir nun die wichtigsten Themen zur Testkonstruktion und -auswertung.

TESTKONSTRUKTION

Die Auswahl der Testitems

Ein psychologischer Test wird aus einer Anzahl von individuellen Items aufgebaut. Items sind Fragen, Aufforderungen zu bestimmten Verhaltensweisen oder Reize, auf die die Testperson reagieren muß. Wie diese Items im einzelnen aussehen, hängt vom Zweck des Tests ab. Um Wortschatz und Sprachflüssigkeit zu messen, wird die Testperson nach Definitionen von Wörtern gefragt. Um das Kurzzeitgedächtnis zu messen, muß sie beispielsweise 5 Zahlen rückwärts aufsagen. Und um die Kreativität zu messen, wird sie gebeten, so viele ungewöhnliche Nutzungsmöglichkeiten für einen Ziegelstein zu nennen, wie ihr nur einfallen.

Aber wie entscheiden die Psychologen darüber, daß gerade diese Items in einem Test angewendet werden und andere nicht? ("Warum wollen die bloß wissen, ob ich manchmal nachts lange aufbleibe?"). In der Regel findet die anfängliche Auswahl und Bewertung von Testitems auf zwei verschiedene Arten statt. Die eine davon nennt man den *rationalen* und die andere den *empirischen* Ansatz.

Beim rationalen Ansatz beginnt der Testkonstrukteur mit einer sehr einfachen Frage: Welche Items sind sinnvoll, um das zu testen, was ich testen möchte? Die Antwort darauf wird bis zu einem gewissen Grad vom gesunden Menschenverstand geleitet (wenn Sie z.B. einen Test zur Aggression ausarbeiten wollen, sollten die Items irgendetwas mit Aggression zu tun haben. Aber es kann auch sein, daß der Tester sehr stark von einer psychologischen *Theorie* beeinflußt ist, die ihm dabei hilft, gute Testitems auszuwählen. Deshalb wird der rationale Ansatz manchmal auch *theoretischer* Ansatz der Testkonstruktion genannt. (Von Items, die nur dem gesunden Menschenverstand sinnvoll erscheinen oder sich logisch aus einer Theorie ableiten lassen, sagt man, sie besäßen *Scheinvalidität*).

Ein Psychologe, der sich für die Angstmessung interessiert und den rationalen Ansatz verfolgt, würde zuerst selbst eine Angsttheorie entwickeln oder sich eine aneignen, die auf früherer Forschung und anderen bereits bekannten Faktoren beruht. Danach würde er einen Test entwerfen, der die Ängstlichkeit so mißt, wie sie von dieser Theorie definiert oder beschrieben wird. Angenommen, die Theorie besagt, daß Angst ein Trieb ist, also eine motivierende Kraft, die Menschen zur Handlung antreibt. Dann impliziert dies, daß Menschen mit hohen Angstwerten auch ein hohes Motivationsniveau aufweisen sollten. Man könnte das die "Triebtheorie der Angst" nennen. In einem anderen Fall mag der Psychologe die Theorie vertreten, daß Angst nur wenig mit Motivation zu tun hat und es sich stattdessen um einen Persönlichkeitszug handelt, der in Zusammenhang mit der Fähigkeit eines Menschen steht, adäquat mit Streß umzugehen oder den Streß zu bewältigen. Sehr ängstliche Menschen haben Schwierigkeiten mit streßbelasteten Situationen und weniger ängstliche haben diese nicht. Das könnten wir die "Streßtheorie der Angst" nennen. Beachten Sie, daß die Streßtheorie behauptet, Angst sei unabhängig von der Triebstärke oder von der Motivation. Menschen können sehr ängstlich sein und trotzdem wenig Motivation haben, oder sie können wenig ängstlich und trotzdem hoch motiviert sein.

Die theoretische Auffassung des Testkonstrukteurs darüber, was Angst tatsächlich ist, wird die Art des Tests, der zur Angstmessung eingesetzt wird, bestimmen. Jemand, der an die Triebtheorie der Angst glaubt, wird zweifellos eine andere Art von Test zur Angstmessung entwickeln als jemand, der von der Streßheorie überzeugt ist. Der Streßtheoretiker entwickelt wahrscheinlich einen Test, mit dem man messen kann, wie Menschen mit belastenden Situationen fertig werden. Folgendes Item könnte darin enthalten sein: "Stellen Sie sich vor, Sie werden von Ihrem Chef vor mehreren Kollegen heruntergemacht. Wie würden Sie am wahrscheinlichsten reagieren?: (a) Zusammenbrechen und anfangen zu weinen, (b) dem Chef Ihre Meinung sagen, (c) dem Chef erklären, daß Sie sich neulich nicht wohl gefühlt haben, oder (d) nichts zum Chef sagen, aber hinter seinem Rücken über ihn herziehen." Der Triebtheoretiker andererseits könnte ein Testitem bevorzugen, das auf eine Einschätzung des Motivationsniveaus abzielt, z.B.: "Welche der folgenden Beschreibungen trifft am besten auf Sie zu?: (a) Ich bin dauernd in Bewegung, ich kann nicht stillsitzen, (b) ich nehme mir immer Zeit, (c) ich arbeite intensiv und gestalte auch meine Freizeit intensiv, (d) ich bin im Grunde ein fauler Mensch."

Der empirische Ansatz zur Testkonstruktion verfolgt zu Anfang völlig andere Verfahrensweisen. Der Psychologe, der gerne einen Test für irgendetwas (nehmen wir an, es handelt sich wieder um Angst) mit Hilfe des empirischen Ansatzes entwerfen möchte, würde damit beginnen, eine Reihe von *Bezugsgruppen* aufzustellen, von denen *bereits bekannt* ist, ob sie sehr ängstlich sind oder nicht. Diese Gruppen können durch schon vorhandene Angsttests, durch

Selbstberichte, Fremdeinschätzungen, psychiatrische Diagnosen, durch ihre physiologische Reaktionen auf Streß, durch ihre Leistung bei relevanten Laboraufgaben oder durch andere Datenquellen bestimmt werden.

Danach würde der Psychologe viele Testitems sammeln (aus anderen Tests, aus Vorschlägen von Experten, die mit der Angstthematik vertraut sind und aus anderen Quellen) und sie alle an "ängstlichen" und "nichtängstlichen" Gruppen testen. Alle Items, die von den Mitgliedern der beiden Gruppen verschieden beantwortet werden, würden im Test verbleiben, weil sie offenbar zwischen hoher und niedriger Angst *diskriminieren* können. Items, die von allen Versuchspersonen eher gleich beantwortet werden, können dies offenbar nicht und werden aus zukünftigen Testversionen ausgeschlossen. Wenn alles gut geht, endet dieses Verfahren mit einer Reihe von Items, die etwas darüber aussagen können, ob eine erstmals getestete Person (über die wir keine Vorinformationen besitzen) zu Ängstlichkeit neigt oder nicht.

Als ein weiteres Beispiel wollen wir annehmen, daß unser Psychologe eine Altersskala der Intelligenz entwickeln möchte. Er (oder sie) wünscht sich Items, die zwischen verschiedenen Altersgruppen diskriminieren können. Ein perfektes Item wäre eines, an dem alle Versuchspersonen bis zu einem bestimmten Alter scheitern, während alle, die dieses Alter erreicht haben, das Item lösen können. Ein Item, das zu annähernd dem gleichen Prozentsatz von Vpn jeden Alters bewältigt wird, ist schlecht geeignet und muß verworfen werden. Ein Item, das kein Dreijähriger löst und an dem kein Fünfjähriger scheitert, würde beibehalten und in der Skala für Vierjährige eingesetzt werden (Item A in Abbildung C-1). Item B in Abbildung C-1 ist auch sehr gut, allerdings auf einem höheren Altersniveau, es würde auch beibehalten. Item C ist ein Grenzfall und würde verworfen, falls der Psychologe genug andere Items zur Verfügung hat, um es zu ersetzen. Item D ist völlig unbrauchbar und muß unter allen Umständen entfernt werden.

Abbildung C-1 Brauchbare und unbrauchbare Testitems

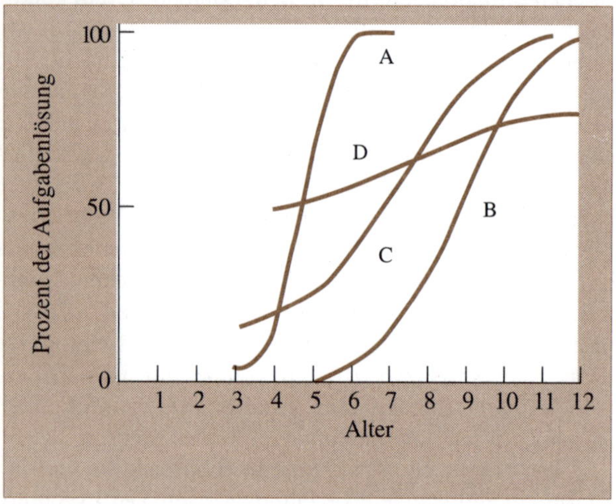

Die Kurven zeigen den Prozentsatz an Testpersonen, die im angegebenen Alter vier verschiedene Testitems gelöst haben. Item A und B wären in einem Test zur Entwicklung einer Altersskala der Intelligenz brauchbar. Item C könnte eingesetzt werden, obwohl es nicht so gut diskriminiert. Item D muß verworfen werden.

Viele Tests wurden auf diese Weise konstruiert. Zur Entwicklung des MMPI verwendete man Versuchspersonen mit verschiedenen psychiatrischen Diagnosen als Bezugsgruppen. Auch Rorschach benutzte eine ähnliche Methode bei der Entwicklung seines Tintenklecks-Tests. Bei einem sehr bekannten Berufsinteressentest dienten erfolgeiche Ärzte, Rechtsanwälte, Geschäftsleute und andere als Bezugsgruppen. Wenn Sie sich dem Berufsinteressentest unterziehen, so werden Ihre Antworten gezählt, um vergleichen zu können, wie sie zu den Antworten der verschiedenen beruflichen Bezugsgruppen korrelieren. Wenn Sie die Items auf ähnliche Weise beantwortet haben wie die erfolgreichen Rechtsanwälte, aber ganz anders als die Ärzte, lautet die Vorhersage, daß Sie eher Anwalt werden sollten als Arzt. Dieser Ansatz mit Bezugsruppen ist – in verschiedenen Abwandlungen- vermutlich das Grundprinzip der meisten psychologischen Tests.

Ein ganz anderer empirischer Ansatz wäre die Anwendung des als Faktorenanalyse (siehe Anhang A) bekannten statistischen Instruments. Dieses Verfahren nutzte Raymond Cattell zur Entwicklung des 16 PF-Tests. Bei diesem Ansatz würde der Psychologe, der ein Angstmaß entwickeln möchte, eine große Anzahl von vorhandenen Tests auswählen, sie sehr vielen Leuten vorlegen und die Ergebnisse dann faktoranalysieren, um die wichigsten zugrundeliegenden Faktoren zu isolieren. Nehmen wir beipielsweise an, es existieren zwei Gruppen von Tests oder "cluster": Das eine bietet Indikatoren für unspezifische Erregung (arousal), das andere mißt eher Zwangstendenzen. Der letzte Schritt besteht darin, die zwei Tests auszusuchen, die diese Faktoren am besten messen. In diesem Fall wird vorwiegend ein statistisches Verfahren und weniger eine Reihe von Bezugsgruppen verwendet, um über das sich ergebende Meßinstrument zu entscheiden.

Obwohl wir diesen Abschnitt in einen empirischen und einen theoretischen Ansatz unterteilt haben, werden diese beiden Ansätze in der Praxis fast immer kombiniert. Manchmal hat der Psychologe oder die Psychologin keine formale und vollständig ausgearbeitete Theorie als Leitlinie, und deswegen sagen wir, er oder sie verfolge einen empirischen Ansatz. Aber jeder und jede hat immer persönliche Vermutungen, Überzeugungen und Ideen, die als theoretische Forschungsgrundlage dienen. Im Fall des theoretischen Ansatzes können die Psychologen eine sehr stringente Theorie haben, nach der sie sich richten, aber sie werden ebenso den empirischen Ansatz der Bezugsgruppen und die Faktorenanalyse verwenden, um ihre Testverfahren zu verbessern, um die Konstruktvalidität zu sichern und um ihre Theorie unter Berücksichtigung der neuen Tatsachen, die ihre Forschung hervorgebracht hat, abzuändern.

Die Evaluation von Tests und Testitems

Egal ob ein Test nun rational oder empirisch *konstruiert* ist, auf jeden Fall muß er verbessert und empirisch ausgewertet oder *evaluiert* werden. In der Regel beginnt dieser Prozeß mit der *Standardisierung*, das heißt, den Test großen Stichproben von Probanden vorzulegen.

Akademie der Wissenschaften sieht keine Benachteiligung bei Schul- und Berufstests

WASHINGTON (AP)- Tests, die im öffentlichen Dienst, zum College-Eintritt oder für andere Zwecke in Schulräumen oder am Arbeitsplatz vorgelegt werden, sind nicht systematisch voreingenommen gegenüber Minderheiten, die in der Regel bei diesen Tests unterdurchschnittliche Werte erzielen - so lautete am Dienstag die Schlußfolgerung einer Kommission der National Academy of Sciences (Akademie der Wissenschaften). Die Kommission stellte fest, die Tests seien ein Hilfsmittel zur Leistungsvorhersage sowohl für Schwarze als auch für Weiße. Aber sie warnte auch vor ungerechtfertigtem Vertrauen in Testwerte und drängte die Arbeitgeber, Schulen und Universitäten, endlich Schritte zu unternehmen, um die möglichen ungünstigen Folgen solcher Tests für Minderheiten zu verringern.

Der nationale Forschungsausschuß der Akademie bildete vor vier Jahren ein aus 19 Mitgliedern bestehendes Kommitee für Leistungstestung, das den überall vorhandenen und oft umstrittenen Gebrauch von Tests in den USA erforschen sollte. Die Kommissionsmitglieder sind Professoren einer Vielzahl akademischer Fachbereiche, nur ein paar von ihnen sind Testexperten.

Der Bericht forderte auch die College-Zulassungsbeamten dringend auf, die obligatorischen Zulassungsprüfungen neu zu überdenken, denen sich nahezu 2 Millionen High-School Abgänger jährlich unterziehen müssen. Die große Mehrzahl der Colleges geht nicht selektiv vor; somit könnten der Scholastic Aptitude Test (Hochschuleignungstest) und der American College Test nur eine "unnötige Ausgabe und eine lästige Unannehmlichkeit" für Studenten sein, die sich an solchen Colleges bewerben.

Der 241 Seiten lange Bericht sieht Tests weder als Sündenbock noch als "Wundermittel gegen tiefverwurzelte soziale Mißstände" an.

"Würde man alle Tests abschaffen, würden die Streitfragen im Zusammenhang mit fairen Prozessen, Chancengleichheit, dem Recht auf Privatsphäre und anderen wichtigen sozialen Belangen die amerikanische Gesellschaft weiterhin herausfordern".

Allan Nairn, der 1980 einen Artikel von Ralph Nader -einen Angriff auf die standardisierten Tests- herausgab, kritisierte den Bericht der Kommission. "In den wichtigsten Punkten spiegelt er nur die Interessen der Industrie wider". Dies gelte besonders in der Frage der Voreingenommenheit von Test gegenüber Minderheiten.

Die Kommission billigt den Einsatz standardisierter Test in den Grund- und Mittelschulen, die 1978 zum Kauf von Tests 52 Millionen Dollar aufwendeten. Aber -so die Kommission- "keine wichtige Entscheidung über die schulische Zukunft eines Menschen sollte auf einen einzigen, isoliert betrachteten Testwert gegründet sein".

Jegliche Vorschrift auf Landes- oder auf Kommunalebene, die einen numerischen Wert als Entscheidungskriterium dafür festlegt, ob ein Kind retardiert ist und eine Sonderschule besuchen soll oder nicht, "muß ernsthaft in Frage gestellt werden".

Für die Arbeitswelt konnte die Kommission keine "Alternativen zu den Tests finden, die gleichermaßen informativ, technisch durchführbar sowie...ökonomisch und politisch unbedenklich wären".

Der Bericht verlieh seinen Bedenken Ausdruck, daß ein starres Durchsetzen der Civil Rights Act von 1964 sowie Anstrengungen, den Anteil von Minderheiten in der Berufs- und Arbeitswelt zu steigern, "eine Situation geschaffen haben, in der angebrachte und sinnvolle Tests abgeschafft oder zusammen mit den schlechen Tests verdammt werden".

Lyle V. Jones, ein Testexperte von der Universität von Carolina, meint dazu: "Egal wie wissenschaftlich valide ein Test sein mag, er kann immer Auswirkungen haben, die unsere Gesellschaft unakzeptabel findet". Jones sagte, das Komitee wolle die Bundesregierung dazu bringen, "die Arbeitgeber mit einer Reihe von gesetzlich geschützten Auswahlvorschriften auszustatten, die die konkurrierenden Ziele der Produktivität und der Chancengleichheit in ein Gleichgewicht bringen."

Die Regierung stimmte 1981 einer Regelung gegen Arbeitsdiskriminierung zu, die dafür sprach, in den nächsten drei Jahren den unspezifischen Berufstest durch spezielle Tests für 118 Arbeitsplätze in der Bundesverwaltung zu ersetzen. Schwarze und lateinamerikanische Bewerber hatten Klage eingereicht und sich darüber bechwert, daß die bisherige Praxis bei Einstellungsprüfungen im Bereich der Verwaltung diskriminierend gewesen sei.

Alexandra K. Wigdor, die Personaldirektorin der Kommission, meinte: "Wir haben keine Hinweise darauf gefunden, daß es möglich wäre" neue Berufstests zu entwickeln, bei denen Minderheiten proportional ebensogut abschneiden wie Weiße...

Gregory R. Anrig, Präsident der ETS, brachte den Standpunkt beider Organisationen folgendermaßen zum Ausdruck: "Sollten Colleges die Eignungstests nicht anwenden wollen, sollte man dies auch nicht von ihnen verlangen". Aber er meinte, daß abgesehen von Zulassungsentscheidungen der Hochschuleignungstest nützlich sei für die Ausbildungsplanung und Studienberatung.

Rocky Mountain News, Denver
3. Februar 1982

Tests sind keineswegs perfekt, aber trotzdem ermöglichen sie es, die schulische oder berufliche Leistung mit einiger Genauigkeit vorherzusagen. Die gut standardisierten Tests sind auch relativ frei von systematischen Verzerrungen und sind der subjektiven Beurteilung weit überlegen.

Ein Zweck der *Teststandardisierung* ist, die endgültigen Details des Testverfahrens herauszuarbeiten. Um jedem Individuum gegenüber gerecht zu sein, muß der Test unter vergleichbaren Bedingungen und auf möglichst konstante Weise angewendet werden. Testwerte können beispielsweise nicht vergleichbar sein, wenn der Test bei einigen Versuchspersonen unter sehr günstigen Umständen (gute Beleuchtung, ruhiger Raum, Versuchsperson ist ausgeruht) durchgeführt wurde, bei anderen jedoch unter ungünstigen Bedingungen (dunkler und lauter Raum, Versuchsperson ist müde). Besonders bei Intelligenztests können scheinbar unbedeutende und unwichtige Abweichungen (z.B. die Zeitspanne zwischen den Items) signifikante Auswirkungen haben. Das Ziel ist, diejenigen Testbedingungen herauszufinden, die die Testleistung maximieren und sicherstellen, daß alle Probanden unter diesen gleihen Bedingungen getestet werden.

Die Standardisierungsphase der Testkontruktion dient noch einer weiteren Funktion, nämlich der Bereitstellung von *Testnormen.* Dies ist ein komplexes Gebiet und läßt sich nicht leicht in allgemeinen Begriffen beschreiben. Die Normen für einen Persönlichkeitstest sind grundsätzlich andere als die Normen für einen Intelligenzest. Die Erstellung von Normen legt das *durchschnittliche* oder *typische Leistungsniveau* für diesen Test fest und führt zu einem Maß für die Variabilität der Testwerte. Daher sind die relevanten Statistiken die Maße der zentralen Tendenz, z.B. der Mittelwert, sowie die Maße für die Streuung in der Häufigeitsverteilung der Testwerte, z.B. die Standardabweichung.

Betrachten wir als Beispiel einen punktskalierten Intelligenztest. Jedes gelöste Item in jeder Unterskala wird belohnt mit einer bestimmten Anzahl an Punkten. Der Gesamtwert entspricht der Summe aller erreichten Punkte. Um den Meßwert eines einzelnen Probanden richtig interpretieren zu können, muß der Versuchsleiter die Vergleichswerte von ähnlichen Probanden kennen. Zu wissen, daß der 16-jährige Peter 75 Punkte im Test erzielt hat, ist nicht besonders informativ. Um diesen Wert aussagekräftig zu machen, muß der Versuchsleiter den durchschnittlichen Wert von mit Peter vergleichbaren Personen kennen. Es macht einen beträchtlichen Unterschied, ob der Mittelwert bei 100 oder bei 70 liegt. Weiterhin ist es hilfreich, eine Ahnung von der Variation der Meßwerte zu haben. Ein Wert von 75 in einer Verteilung mit dem Mittelwert 70 und einer Standardabweichung von 2 läßt auf eine erheblich bessere Leistung schließen als derselbe Wert 75 in einer Verteilung mit dem Mittelwert 70 und einer Standardabweihung von 15 (vgl. Anhang A).

Die Testnormen bestehen in der Regel aus Mittelwerten und Standardabweichungen für alle relevanten Untergruppen von Versuchspersonen. In der Praxis liefern die besser entwickelten Tests solche Informationen für verschiedene Klassifikationsgruppen gleich mit (z.B. verschiedene Altersstufen und verschiedene Unter- oder Subskalen). Um die Interpretationen zu vereinfachen, werden viele Normen in Standardwerte umgewandelt, die für alle Unterklassifizierungen gelten. Es ist beispielsweise üblich geworden, Intelligenztestwerte so zu transformieren, daß -ohne Rücksicht auf das Alter des Probanden oder auf Subskalen des Tests- der Durchschnittswert 100 erreicht wird. Für alle Unterklassifizierungen des Wechsler-Intelligenztests beträgt die Standardabweichung 15 IQ-Punkte.

Reliabilität

Gleiche Testbedingungen und normative Daten sind für das psychologische Testen sehr wichtig, aber die primären objektiven Kriterien für einen guten Test sind die **Reliabilität** und die **Validität.** Die Reliabilität bezeichnet den Grad, mit dem ein Test konsistente Ergebnisse ergibt, das heißt: erhält man jedes Mal, wenn man den Test einer bestimmten Testperson vorlegt, dasselbe Ergebnis? Eine strenge Überprüfung der Reliabilität kann auf drei Arten stattfinden und gelegentlich werden auch alle drei Arten angewendet. Bei der *Test-Retest-Methode* wird der Test zweimal innerhalb einer kurzen Zeitspanne mit denselben Probanden durchgeführt. Falls es zwei vergleichbare Ausgaben des Tests gibt, was besonders wünschenswert ist, wenn die Möglichkeit eines Transfers (einer Lernübertragung) bei wiederholter Anwendung des Tests besteht, kann auch die *Paralleltest-Methode* genutzt werden. Dabei wird der Grad der Reliabilität durch die Korrelationen zwischen den Meßwertreihen von Probandenruppen angegeben, die an zwei verschiedenen Formen desselben Test teilgenommen haben. Die *Split-half-Technik* bietet die leichteste und ökonomischste Überprüfungsmöglichkeit. Die Testitems werden in zwei vergleichbare Gruppen oder Hälften geteilt, und die sich ergebenden Meßwertreihen werden miteinan-der korreliert.

Jedenfalls gilt: Je höher die Korrelation zwischen den beiden Meßwertreihen ist, desto reliabler wird der Test und damit auch alle seine Items. Die bekanntesten Intelligenztests haben Reliabiliätskoeffizienten von.90 und darüber, d.h. ausgesprochen hohe Korrelationen. Solch ein hoher Korrelationswert zeigt an, daß eine Person sehr wahrscheinlich jedes Mal, wenn sie diesen Test macht, annähernd denselben Wert erreichen wird.

Validität

Validität nennt man das Ausmaß, in dem ein Test mit einem anerkannten Kriterium für den zu messenden Sachverhalt korreliert. Wir werden kurz drei Arten der Validität betrachten. Die *Kriteriumsvalidität* wird überprüft, wenn ein neuer Test mit bereits existierenden Tests, die zu demselben Zweck entworfen wurden, verglichen wird. Ein Psychologe oder eine Psychologin kann beipielsweise die Werte auf seinem oder ihrem IQ-Test mit den Werten vergleichen, die dieselben Versuchspersonen beim bekannten HAWIE-Test erhalten haben. Wenn diese Korrelation hoch ist, kann der Psychologe daraus schließen, daß sein Test dasselbe mißt wie der Wechsler Test, also in erster Linie Intelligenz.

Die *Vorhersagevalidität* schließt die Gefahr eines Zirkelschlusses, die bei dem eben genannten Verfahren gegeben ist, weitgehend aus. Der Testkonstrukteur fragt sich hierbei, ob sein Test spätere Leistung vorhersagen kann. Ein Beispiel wäre, wenn man die späteren Schulleistungen zur Validierung eines IQ-Tests benutzt. Wenn ein Psychologe einen Test zur Auswahl von Studenten mit hoher technischer Begabung entworfen hat, wäre der spätere Notendurchschnitt auf einer Technischen Hochchule ein mögliches Kriterium. Auch hier wird die Validität durch die Höhe der Korrelation zwischen Test und dem zur Vorherage benutzten Kriterium angegeben.

Wenn der Test schließlich entwickelt wird, um eine theoretische Annahme zu überprüfen, wird seine Validität daran gemessen, wie weit er den Anforderungen der Theorie entspricht. Bei dieser sogenannten *Konstruktvalidität* geht es um die logische Analyse, nicht um mathematische Korrelationen.

Um zu bestimmen, ob ein Test Konstruktvalidität besitzt, würde ein Psychologe oder eine Psychologin aus einer Theorie eine Vorhersage darüber ableiten, inwieweit sich Personen mit hohen bzw. niedrigen Testergebnissen in manchen Situationen verschieden verhalten werden. Er oder sie würde dann eine Gruppe von Versuchspersonen mit hohen und eine Gruppe mit niedrigen Testwerten erhalten und würde diese in den entsprechenden Situationen prüfen, um zu sehen, ob die Vorhersage sich bestätigt. Wenn dem so ist, besitzt der Test Konstruktvalidität. Die Idee dabei ist, daß viele solcher Vorhersagen geprüft werden müssen, ehe man eine endgültige Schlußfolgerung über die Konstruktvalidität dieses Tests treffen kann. Die Bestimmung der Konstruktvalidität ist daher ein langer Forschungsprozeß, bei dem man Detail für Detail zusammenfügen muß.

Wir wollen das durch Vorhersagen illustrieren, die auf den beiden oben erwähnten verschiedenen Angsttheorien basieren. Der Streßtheoretiker könnte folgende Situation zur Vorhersage des Verhaltens von stark und schwach ängstlichen Probanden in seinem Test benutzen: Beide Gruppen werden mit einer Lernsituation konfrontiert. Sie sollen sich z.B. eine Liste von Wörtern einprägen. An einem bestimmten Punkt des Lernprozesses wird ein belastendes Ereignis eintreten, z.B. wird der Versuchsperson erzählt, ihre Leistungen seien derartig schlecht, daß sie Elektroschocks erhalten wird, wenn sie weiterhin Fehler macht. Aus der Theorie, die Angst als Unfähigkeit zur Streßbewältigung interpretiert, leitet sich die Vorhersage ab, daß die Leistung der Gruppe mit starker Angst abfallen wird, während die der Gruppe mit schwacher Angst unbeeinflußt bleibt oder sich sogar verbessert. Wenn das Experiment die Vorersage bestätigt, wird der Test des Streßtheoretikers an Konstruktvalidität gewinnen.

Der Theoretiker, der Angst als Trieb auffaßt, kann stattdessen die folgende experimentelle Vorhersage treffen: Wenn ich zwei Gruppen (eine mit starker und eine mit schwacher "Triebangst") Objekte, die sich in Farbe und Gestalt unterscheiden, sortieren lasse, werden die stark ängstlichen Probanden aufgrund ihres höheren Triebniveaus mehr Objekte einsortieren als die schwach ängstlichen. Wenn diese Vorhersage bestätigt wird, gewinnt der Test an Konstruktvalidität.

Ein neuer Ansatz zur Testkonstruktion

Trotz energischer Bemühungen um die Teststandardisierung, die Erstellung von Testnormen und um andere Verfahren, mit denen Objektivität, Reliabilität und Validität von Tests verbessert werden sollen, schafft die grundsätzliche Notwendigkeit eines Vergleichs des Testwertes eines neuen Probanden mit den Testwerten einer Vergleichsgruppe, die denselben Test schon einmal gemacht hat, große theoretische und praktische Probleme. Das Hauptproblem besteht darin, daß das "durchschnittliche" Leistungsniveau und die erwartete Variabilität der Meßwerte gänzlich abhängig sind von den Ergebnissen der Leute, die den Test früher gemacht haben. Wenn beispielsweise jene, an denen die Normen für einen Mathematiktest erstellt wurden, alle Raketeningenieure waren, liegen diese Normen vermutlich recht hoch, und die Ergebnisse einer neuen Testperson mit dem mathematischen Wissen eines Oberstufenschülers werden wahrscheinlich erheblich unterhalb des überhöhten Durchschnitts liegen. Wenn andererseits die Testnormen wirklich auf einer Zufallsstichprobe aus allen Mitgliedern einer Population beruhen, würde die Leistung desselben neuen Probanden schon erheblich besser aussehen, wahrscheinlich sogar über dem Durchschnitt liegen. Dieses extreme Beispiel veranschaulicht das Problem: Der Meßwert eines Probanden bzw. einer Probandin -und damit auch unsere Einschätzung seiner oder ihrer Fähigkeiten,ihrer Persönlichkeit oder was auch immer-wird teilweise durch die Fähigkeit oder Persönlichkeit und teilweise durch die Leistungen jener bestimmt, an denen die Normen erstellt worden sind. Das ist etwa so, als wenn sich Ihr Körpergewicht nach dem Gewicht der Leute bemißt, die vor Ihnen auf derselben Waage gestanden haben.

Ein weiteres Problem ist, daß dann, wenn jemand einmal an einem bestimmten Test teilgenommen hat, er oder sie denselben Test nicht unvoreingenommen noch einmal machen kann. Jedoch ist das wiederholte Testen der Fähigkeit oder Persönlichkeit oft wünschenswert.

Einen Versuch, diese und andere Probleme auszuschalten, stellt das in den letzten Jahren entwickelte *computer bearbeitete Testen* oder *maßgeschneiderte Testen* dar. Dieses Verfahren wurde erst durch den Einsatz von Computern und durch die **Item-Response Theorie** (Guion & Ironson, 1983; Lord, 1980) ermöglicht. Dabei werden die Fähigkeiten eines Menschen, die Ausprägung einzelner Persönlichkeitszüge usw. anhand seiner oder ihrer Leistung bei bestimmten Testitems - also nicht der Leistung im gesamten Test - eingeschätzt.

Das geht folgendermaßen vor sich: Eine Versuchsperson, die sich beispielsweise einem Test für intellektuelle Fähigkeiten unterzieht, sitzt an einem interaktiven Computerterminal. Der Computer hat in seinem Speicher Tausende von Testitems, von denen ein jedes einen bekannten Schwierigkeitsgrad besitzt. Der Computer beginnt mit einer mittelmäßig schwierigen Aufgabe. Wenn die Versuchsperson die Aufgabe bewältigt, spielt der Computer eine neue, schwerere Aufgabe ein (wenn die Aufgabe nicht bewältigt wurde, folgt entsprechend ein leichteres Item). Dieser Vorgang wiederholt sich so lange, bis die Versuchsperson die Aufgaben nicht mehr lösen kann. Dann bringt der Computer Items, die geringfügig schwerer sind als das schwerste der gelösten Items und ein bißchen leichter als das leichteste der nicht gelösten Items. Mit anderen Worten, der Computer "schießt sich ein" auf den Übergang zwischen Lösen und Scheitern. Wenn diese Grenze schnell erreicht wird, liegt das geschätzte Niveau der Fähigkeiten dieses Probanden wahrscheinlich um den Durchschnitt herum. Wenn die Grenze jedoch trotz sehr schwieriger Aufgaben noch nicht erkennbar ist, liegt die geschätzte Fähigkeit weitaus höher.

Beachten Sie, daß hierbei jede Versuchsperson ein anderes Aufgabenpaket vorgelegt bekommt, denn was zählt, ist der Schwierigkeitsgrad und nicht der spezifische Inhalt eines Items. Das bedeutet auch, daß dieselbe Versuchsperson am nächsten Tag erneut den Test mit denselben Aufgaben machen kann, ohne ein einziges Item zum zweiten Mal lösen zu müssen. Weil der Computer nur auf die Grenzen der persönlichen Fähigkeit programmiert ist, muß keine Versuchsperson vor lauter leichten und langweiligen bzw. vor Unmengen von frustrierenden, übermäßig schweren Aufgaben sitzen. Und schließlich beseitigt diese Methode auch das Problem der Voreingenommenheit: Wenn es sich herausstellt, daß Leute mit gleichen Fähigkeiten bei einem bestimmten Item signifikant besser oder schlechter abschneiden, nur weil sie einer anderen Rasse oder ethnischen Gruppe angehören, können solche Items aus dem Testpool ausgesondert werden.

WAS TESTEN TESTS?

Heutzutage gibt es buchstäblich Tausende von Tests und obwohl jeder davon einen eigenen Titel hat, mißt jeder tatsächlich nur eines der folgenden vier Gebiete: (1) Intelligenz, (2) Persönlichkeit, (3) Fähigkeiten und (4) Einstellungen, Interessen, Präferenzen und Werte. Psychologen sind aktiv mit der Entwicklung, Anwendung und Evaluation aller vier Arten beschäftigt, aber zu Anschauungszwecken werden wir uns auf die Persönlichkeitstests beschränken. Wie wir bereits in Kapitel 9 gesehen haben, sind Persönlichkeitstests einer der wichtigsten Wege zur Einschätzung der Persönlichkeit.

Wozu braucht man Persönlichkeitstests

Grundsätzlich gibt es für die Persönlichkeitstests zwei Einsatzbereiche: die diagnostische Entscheidung und das tiefere Verständnis der Persönlichkeit. Man unterscheidet zwei Formen der diagnostischen Entscheidung, die auf der Basis von Testergebnissen getroffen werden: (1) therapeutische Entscheidungen, das heißt, ob eine Person psychopathologische Störungen aufweist oder nicht, welche Therapie angebracht ist, welche Teilaspekte der individuellen Persönlichkeit abnormal sind und ähnliches; und (2) prognostische Entscheidungen, also Vorhersagen darüber, ob jemand auf irgendeinem Gebiet, z.B. in der Schule oder am Arbeitsplatz, erfolgreich sein wird oder nicht.

Die wichtigste und häufigste Anwendung finden psychologische Tests bei der Diagnostik psychischer Störungen. Sie wissen wahrscheinlich, daß Psychologen und Psychiater oft an die Gerichte gerufen werden und bestimmen sollen, ob jemand "dem Gesetz nach" geistig gesund (zurechnungsfähig) ist. Aber nicht alle Menschen, die unter einer psychischen Störung leiden, kommen mit dem Gesetz in Konflikt. In der Regel ist es ein Therapeut, der psychologische Tests anwendet, um die Probleme seines Klienten verstehen zu können und um vernünftige Vorgehensweisen für die Therapie zu entwerfen. Für viele klinische Psychologen bedeutet eine Störung des Erlebens oder Verhaltens dasselbe wie Persönlichkeitsstörung, und ein Persönlichkeitstest ist dann der erste Schritt in ihrer Diagnose und Therapie. Therapeuten müssen zur Persönlichkeitsmessung befähigt sein, wenn sie ihre Behandlung auf die Annahme gründen, daß mit der Persönlichkeit des Klienten irgendetwas nicht stimmt. Die Entscheidungen, die auf der Basis solcher Beurteilungsverfahren getroffen werden, haben für den Klienten oft unglaublich weitreichende Folgen. Die Ergebnisse können beispielsweise festlegen, ob er oder sie in eine Anstalt eingewiesen oder zu Haftstrafe verurteilt wird, ob es ihm gestattet wird, weiterhin zu arbeiten oder seine Kinder bei sich zu behalten. Deswegen müssen solche Persönlichkeitsmessungen und die Verfahren, die zu solchen Beurteilungen verwendet werden, unbedingt das Beste sein, was Psychologen zur Verfügung stellen können. Es mag viel Spaß machen, aus der Schrift, dem Kaffeesatz, Handlinien oder den Sternen zu lesen, weil sie aber alle keine nachgewiesene Validität besitzen, sind solche Beurteilungstechniken leider keine akzeptablen Mittel, um Entscheidungen über die Persönlichkeit eines Menchen zu treffen.

Beurteilungsverfahren werden auch für nichtklinische Entscheidungen und Vorhersagen über zukünftiges Verhalten benutzt. Im pädagogischen Bereich nutzen Psychologen Einschätzungstechniken zur Entwicklung von Fähigkeits-, Begabungs- und Leistungstests. Mit Intelligenztests diagnostizieren sie geistige Retardierung, Lese- und Rechtschreibschwäche und Disziplinschwierigkeiten und sie nehmen Einstufungen vor, in welche Klasse ein Kind gehört, oder wer auf ein College gehen sollte, oder wer eher zum Arzt oder zum Jurist geeignet ist und ähnliches. In der Wirtschaft und Industrie ist die Persönlichkeitsbeurteilung ein wichtiger Aspekt bei der Anstellung von Führungskräften geworden. Ebenso gibt es Tests für manuelle Fähigkeiten, mit denen darüber entschieden wird, wer in einer Fabrik eingestellt wird und wer nicht. Das Militär gebraucht Tests bei der Planung der Trainingsprogramme für neue Rekruten und zur Feststellung der Qualifizierung für die verschiedenen Dienste. Auch bei staatlichen Behörden findet eine Personalauslese mit psychologischen Tests statt. Fast jeder unserer Lebensbereiche ist durchdrungen von Leuten, die psychologische Tests für Entscheidungen über uns benutzen, Entscheidungen, die oft große Bedeutung haben.

Trotz der Wichtigkeit dieser Thematik stimmen die Psychologen nicht völlig darin überein, was Persönlichkeit eigentlich ist und wie sie gemessen werden kann. Es gibt sehr unterschiedliche Persönlichkeitstheorien, und daher wird ein großer Forschungsaufwand diesem Thema gewidmet. Um Persönlichkeitsforschung zu betreiben, braucht man Persönlichkeitstests, die man zum Testen der Hypothesen darüber verwenden kann, was Persönlichkeit eigentlich ist. Psychologen, die glauben, Persönlichkeit beruhe auf einer Reihe von relativ unveränderlichen Charakterzügen, benötigen Verfahren, um dies zu beweisen. Neue Persönlichkeitstheorien bedeuten immer auch die Entwicklung neuer Verfahren zur Persönlichkeitsbeurteilung. Deswegen sind Persönlichkeitstests ganz entscheidend für die Entwicklung und Verfeinerung solcher neuen Persönlichkeitstheorien.

Welche Arten von Persönlichkeitstests gibt es?

Es gibt zwei Arten von Persönlichkeitstests: *objektive* und *projektive*. Bei objektiven Tests (auch als Fragebogenmethode- oder Selbstbericht bekannt) wird die Versuchsperson gebeten, eine Reihe von objektiven Fragen über sich selbst -in der Regel schriftlich- zu beantworten. Man geht entweder davon aus, daß der Betreffende die wahren Tatsachen berichtet, oder der Test wird so aufgebaut, daß sich bestimmen läßt, ob die Versuchsperson ehrlich war oder nicht. Wie Sie wohl schon vermuten, ist dies eine sehr umstrittene Methode: Kann man mit Fragebögen überhaupt eine *akkurate* Messung der Persönlichkeit vornehmen?

Projektive Tests sind erheblich weniger objektiv, weil sie die Versuchsperson nicht vor klare Fragen stellen, sondern sie mit unbestimmten Reizen (z.B. Tintenklecksen, zweideutigen Zeichnungen, unvollständigen Sätzen oder der Bitte, etwas nur wenig Spezifiziertes wie "einen Menschen" zu zeichnen) konfrontieren.

Die "projektive Hypothese" nimmt an, daß die Reaktionen der Versuchspersonen auf diese Reize (oder besser auf das, was sie darin "sehen") unbewußte Aspekte der Persönlicheit widerspiegeln. Doch lassen diese Tests sehr viel Raum für unterschiedlichen Auffassungen über die Bedeutung dieser Reaktionen. Diejenigen, die solche Tests anwenden und verteidigen, argumentieren, daß deren Wert gerade in der Unspezifiziertheit liegt, die von anderen so kritisiert wird. Die Testsituation ist derart unstrukturiert, daß die Versuchspersonen keinerlei Möglichkeit haben, Reaktionen vorzutäuschen, weil sie überhaupt nicht wissen können, wie eine "normale" Person im Vergleich zu einer "verrückten" antworten würde. Kritiker führen an, daß das grundlegende Problem mit projektiven Tests in der Schwierigkeit besteht, reliable, valide und weitgehend anerkannte Wege zur Analyse der eigentümlichen und oft sehr ungewöhnlichen Antworten der Versuchspersonen zu finden.

Objektive Tests Ein Persönlichkeitsinventar besteht in der Regel aus verschiedenen objektiven Fragen zum eigenen Verhalten. Die Befragten sollen über ihre Einstellungen, Hobbies, persönlichen Gewohnheiten, Freunde, Familie u.a. Auskunft geben. Der Test kann 10 Subskalen haben, von denen jede vermutlich einen anderen Aspekt der Persönlichkeit mißt, und zu jeder Subskala können 10 bis 20 Fragen gehören.

Das MMPI Das bekannteste und weitverbreitetste objektive Persönlichkeitsmeßinstrument ist das *Minnesota Multiphasic Personality Inventory,* bekannt als MMPI. Es besteht aus 550 Aussagen, die die Versuchsperson als "richtig" oder "falsch" oder mit "weiß nicht" ankreuzt. Die Items wurden ursprünglich ausgewählt, weil sie von normalen Leuten und verschiedenen Untergruppen psychiatrischer Patienten eher verschieden beantwortet wurden. Das MMPI wurde entwickelt, indem Menschen mit bekannten Verhaltensstörungen getestet wurden. Es wird hauptsächlich als diagnostisches Instrument zur Aufdeckung psychiatrischer Störungen eingesetzt, obwohl es genauso gut zur Einschätzung der individuellen Unterschiede zwischen normalen Persönlichkeiten benutzt werden kann.

Die folgenden Items sollen die Vielfalt der Feststellungen im MMPI zeigen:
1. Ich habe Schwierigkeiten, neue Freunde zu finden.
2. Ich habe selten Alpträume.
3. Manchmal bin ich ganz durcheinander.
4. Meine Eltern haben mich oft geschlagen.
5. Ich habe selten Kopfschmerzen.

Die 550 Items werden in der Regel anhand 10 "klinischer" Skalen und 4 "Validitäts"-Skalen (um zu bestimmen, ob die Versuchsperson den Tests valide und ehrlich beantwortet hat) analysiert. Die 10 klinischen Skalen sind:

1. Hypochondrie (HS). Skala gibt an, wie oft sich die Testperson über ihren körperlichen Zustand beschwert.

Das MMPI und der "normale" Mensch von heute

von M.HERBERT

Der weitverbreitetste psychologische Test der Welt basiert auf völlig veralteten Informationen über die "normale" Persönlichkeit - das behaupten Forscher, die diesen Monat ein Buch veröffentlicht haben, das eine völlig neue Sammlung "zeitgemäßer" Persönlichkeitsnormen enthält. Wegen der Werteverschiebungen, die seit den 40-er Jahren stattgefunden haben, lassen die ursprünglichen Normen die heutigen Menschen psychisch abweichender erscheinen, als sie tatsächlich sind, so die Autoren. Ein führender Experte für Persönlichkeitstests hält diese Revision jedoch für übertrieben und befürchtet, sie könne dazu führen, daß Kliniker ernste psychische Erkrankungen bei Patienten übersehen.

Bei dem fraglichen Test handelt es sich um das Minnesota Multiphasic Personality Inventory (MMPI), welches an der Universität von Minnesota in den späten 30-er Jahren entwickelt wurde. Der Test wurde zur Feststellung von Persönlichkeitsproblemen entworfen und besteht aus mehr als 500 Aussagen, die die Testpersonen als "richtig", "falsch" oder "keines von beiden" kennzeichnen. Aus diesen Antworten ergeben sich Werte auf 10 Persönlichkeitsskalen, die z.B. Paranoia, Depression und soziale Introversion messen. Obwohl ursprünglich für psychiatrische Patienten gedacht, ist das MMPI bis heute in über 40 Sprachen übersetzt worden und wird häufig als erstes diagnostisches Mittel bei psychologischer Beurteilung, zur Personalauswahl oder bei Sorgerechtsentscheidungen eingesetzt. Die Probanden werden auf verdeckte Persönlichkeitsstörungen hin durchleuchtet, indem man sie mit einer Gruppe gutangepaßter "normaler" Leute vergleicht.

Laut Robert C.Colligan liegt in dieser Gruppe von angeblich normalen Menschen das Problem des MMPI. Er ist Psychologe an der Mayo-Klinik in Rochester (Minnesota) und Hauptautor des Buches: *The MMPI: A Contemporary Normative Study (Praeger).* Colligan berichtet, daß die Stichprobe "normaler Leute" des Psychologen Starke R. Hathaway und des Neurologen John C. McKinley (die den MMPI entwickelten) eher nach Bequemlichkeitsgesichtspunkten als nach wissenschaftlichen ausgesucht wurde. Ein großer Teil ihrer Stichprobe kam aus dem Krankenhaus der University of Minnesota, wo die Forscher die Besucher in den Korridoren ansprachen und sie baten, den Test auszufüllen. Weiterhin nahmen sie eine Gruppe von WPA-Arbeitern und Highschool-Abgängern, die eine Berufsberatung wünschten, in die Stichprobe auf. Das Endergebnis war, daß die typische "Normalperson" 35 Jahre alt und verheiratet war, in einer Kleinstadt oder ländlichen Gemeinde wohnte, und 8 Jahre lang die Schule besucht hatte. "Die Bedeutung der ursprünglichen "Normalgruppe" kann nicht genug hervorgehoben werden", meint Colligan. "Wer auch immer das MMPI heute ausfüllt, wird mit den Antworten verglichen, die ein Mann oder eine Frau aus Minnesota in den späten 30-er oder frühen 40-er Jahren gegeben hat. "

Zur Beantwortung der Frage, ob das MMPI veraltet sei oder nicht, legten Colligan und seine Kollegen den Test einer Zufallsstichprobe von über 1400 Leuten aus Haushalten in der näheren Umgebung der Mayo-Klinik vor. Sie fanden heraus, daß die modernen "Normalen" auf jeder der 10 Persönlichkeitsskalen signifikant erhöhte Werte hatten, was auf eine höhere Tendenz zu Störungen hindeutet. Die Unterschiede (die bei Männern größer waren als bei Frauen) sind erheblich genug, um Auswirkungen auf klinische Diagnosen zu haben. Während man diese Ergebnisse auch als Hinweis auf die gestiegene Krankheitsrate in der modernen Gesellschaft deuten könnte, neigen Colligan und seine Kollegen eher zu einer anderen Interpretation. Weil sich die gesellschaftlichen Begriffe über die 40 Jahre hinweg geändert haben, sagte er zu SCIENCE NEWS, haben viele der Items heute nicht mehr dieselbe Bedeutung für die Menschen und werden folglich auch anders beantwortet, was zu den unterschiedlichen (aber nicht unbedingt aussagekräftigen) Persönlicheitsprofilen führt.

Um brauchbare moderne Persönlichkeitsnormen ableiten zu können, sonderten die Autoren die Extremwerte, die vermutlich auf unbekannte Persönlichkeitsstörungen zurückzuführen waren, in ihrer Stichprobe aus, um eine gleichmäßige Verteilung der Normalwerte zu erhalten und dadurch Abweichungen besser feststellen zu können. Zusätzlich zur Entwicklung allgemeiner Normen für Erwachsene nutzten sie ihre neuen Daten auch zur Erstellung von Normen für verschiedene Altersgruppen zwischen 18 und 99. Auf den meisten Skalen steigen die Werte mit dem Alter an, was vermuten läßt, daß eine einzige Norm -z.B. für Depression- nicht bei allen Altersgruppen brauchbar ist.

Das MMPI selbst wird unverändert bleiben, aber Kliniker haben jetzt die Wahl, ihre Ergebnisse anhand der traditionellen oder anhand der modernen Normen zu interpretieren. W.Grant Dahlstrom, ein Psychologe an der Universität von North Carolina in Chapel Hill und einer der führenden Experten für Persönlichkeitstests, akzepiert weder die neuen Normen noch die Argumentation, die dahinter steht. Er behauptet, der Effekt dieser neuen Altersnormen sei, daß die Wahrscheinlichkeit, mit der bei älteren Menschen psychische Störungen diagnostiziert wird, absinken würde, einfach deshalb, weil es als Norm für ältere Menschen gilt, daß sie gestörter seien als jüngere. Und ähnlich legen die statistisch angepaßten Normen nahe, daß es in der Gesellschaft Normale gibt, die in jeder Hinsicht kerngesund sind. Wenn ein Test, der künstlich entworfen wurde, den wirklichen Krankenstand in der Gesellschaft nicht erfaßt, ist er nicht nur unlogisch, sondern erweist den Menschen, die wirklich Hilfe brauchen, einen schlechen Dienst, indem eine genaue Diagnose -und somit auch eine angebrachte Therapie- verhindert wird. Für Dahlstrom bleibt es eine offene Frage, ob die angehobenen MMPI-Werte von 1980 wirkich eine sich verändernde Kultur widerspiegeln, oder ob die psychischen Störungen tatsächlich zunehmen. "Was bewirken die neuen Erziehungsstile, die Arbeitslosigkeit und die Bedrohung durch die nukleare Massenvernichtung in Hinblick auf unsere seelische Gesundheit? Wenn man anfängt, die Varianz eines Tests mit Gewalt zu verringern, so beseitigt man unter Umständen auch die tatsächlich bestehende Varianz, die man eigentlich gerne ermitteln wollte."

Science News
8. Oktober 1983

Ein isoliert betrachteter Testwert ist bedeutungslos, er muß immer mit normativen Daten verglichen weren. Die Normen aller Tests müssen von Zeit zu Zeit auf den neuesten Stand gebracht werden. Wie Sie aus diesem Artikel ersehen können, herrscht über die geeigneten Normen nicht immer allgemeine Übereinstimmung.

2. Depression (D). Skala gibt an, wie deprimiert und pessimistisch die Testperson ist.
3. Hysterie (Hy). Dient als Maß der neurotischen Reaktion auf Streß durch Problemleugnung mit begleitenden medizinischen Beschwerden.
4. Psychopathie (Pd). Dient als ein Maß für die Einstellungen der Testperson gegenüber Regeln, Gesetzen, moralischer Haltung, Ethik usw.
5. Maskulinität-Femininität (MF). Dient als Maß für die Orientierung der Testperson gegenüber traditionellen männlichen oder weiblichen Verhaltensrollen.
6. Paranoia (Pa). Dient als Maß für das Mißtrauen der Testperson, besonders auf dem Gebiet zwischenmenschlicher Beziehungen.
7. Psychasthenie (Pt). Dient als Maß, wie sehr die Testperson von bestimmen Gedanken verfolgt wird und wie zwanghaft (rigide) sie ist.
8. Schizophrenie (Sc). Dient als Maß, wie sehr sich die Testperson aus der wirklichen Welt zurückgezogen hat, und wie abnorm ihr Denken ist.
9. Hypomanie (Ma). Dient als Maß, wie erregt und aktiv die Testperson ist; besonders für die Neigung, extrem gehobene Stimmung und Erregung zu zeigen.
10. Soziale Introversion (Si). Dient als Maß für Introvertiertheit/Extravertiertheit.

Als Beispiel dafür, wie das MMPI zwischen genau definierten Gruppen von Individuen unterscheidet, betrachten wir die Ergebnisse einer Studie, bei der der Test an delinquenten und nicht delinquenten Jugendlichen angewendet wurde. Wie Sie sich denken können, entstand der größte Unterschied zwischen den beiden Gruppen auf der Psychopathie (Pd) Skala (vgl. Abbildung C-2). Das MMPI hat sich als sehr nützliches klinisches Instrument erwiesen und auch sehr viel zur Erforschung von Verhaltenstörungen beigetragen. Aber als Mittel zum Aussieben von Bewerbern (z.B. für Arbeitsplätze) wird es massiv kritisiert. Oder fänden Sie es angebracht, wenn ein großer Betrieb von allen seinen Angestellten und Arbeitern verlangt, sich dem MMPI zu unterziehen?

Der 16 PF Test (16 Persönlichkeitsfaktoren) Ein weiteres bedeutendes Inventar, der 16 PF-Test, wurde ausschließlich mit normalen Versuchspersonen entwickelt. Es handelt sich hier um den Test, den Raymond Cattell entworfen hat, um die grundlegenden Eigenschaften der normalen Persönlichkeit einschätzen zu können. Wie Sie sich erinnern werden, wiesen schon Cattells faktorenanalytische Studien darauf hin, daß die menschliche Persönlichkeit durch 16 Basiseigenschaften adäquat charakterisiert werden kann. Der Test wurde 16 PF (16 Persönlichkeitsfaktoren) genannt, weil er aus getrennten Skalen für jede dieser Eigenschaften (traits) besteht. Abbildung C-3 stellt ein Testprofil dar, das die 16 von Cattell entwickelten Skalen beschreibt.

Nehmen wir einmal an, ein Psychologe oder Psychologin hat das Gefühl, daß auf diesen Skalen noch irgendetwas fehlt. Vielleicht hat man vergessen zu messen, wie introvertiert oder extravertiert jemand ist. Er oder sie könnte einen anderen Test für Introversion/Extraversion entwerfen und ihn gleichzeitig mit dem 16 PF Versuchspersonen vorlegen. Eine Faktorenanalyse hieße dann, jeden der bereits vorhandenen 16 Tests (die 16 Faktoren) mit dem neuen Test zu korrelieren. Wenn der neue Test mit keinem der 16 Faktoren korreliert, dann mißt er vermutlich etwas, das in den 16 Faktoren noch nicht enthalten ist. Es besteht jedoch die Möglicheit, daß der neue Test mit einem der bereits vorhandenen Faktoren, wahrscheinlich dem Faktor H (Threctia-Parmia) hoch korrelieren wird. Das bedeutet, er mißt überhaupt nichts Neues. Durch umfassende Anwendung dieses Verfahrens kann der Persönlichkeitsheoretiker zu einer minimalen Anzahl von Skalen gelangen, die nötig sind, um Persönlichkeit zu beschreiben. Jede der Skalen würde etwas anderes messen, was bedeutet, daß keine zwei Skalen hoch miteinander korrelieren würden. Neue Skalen sind unnötig, wenn sie nicht etwas Neues messen, also etwas, das die vorhandenen 16 Faktoren noch nicht erfassen. Mit anderen Worten, solange eine neue Skala mit den 16 vorhandenen korreliert, ist sie nicht brauchbar. Das Persönlichkeitsverständnis der Psychologen wird durch das Hinzufügen eines Introversions/Extraversionstests als 17. Faktor nicht bereichert, falls dieser Test mit Faktor H oder irgendeinem anderen Faktor hoch korreliert. Auf diesem Weg hilft die Faktorenanalyse bei einer Minimierung der Skalenanzahl und ermöglicht es dem Psychologen, mit so wenig Tests wie möglich die Persönlichkeit immer noch adäquat zu beschreiben.

Der 16 PF Test (in dem eigentlich 16 Tests untergebracht sind) besteht aus multiple-choice-items. Vier Beispiele:

1. Ich sehe gerne bei Mannschaftsspielen zu:
   a) Ja b) gelegentlich c) nein
2. Ich bevorzuge Menschen, die:
   a) zurückhaltend sind b) weder zu a noch zu b gehören
   c) die schnell neue Kontake knüpfen
3. Geld macht nicht glücklich:
   a) ja (richtig) b) weder a noch b
   c) nein (falsch)
4. Frau verhält sich zu Kind wie Katze zu:
   a) Kätzchen b) Hund c) Junge

Projektive Tests Der berühmteste projektive Test, der *Rorschach Tintenklecks Test*, wurde 1921 von Hermann Rorschach entwickelt. Der Test besteht aus 10 Tintenklecksen ähnlich dem in Abbildung C-4. Fünf der Kleckse sind in Schwarzschattierungen, die anderen fünf in verschieden starken Farben gedruckt. Die endgültigen 10 Testtafeln wurden aus einer großen Anzahl von Tafeln ausgewählt, die

-bereits nach ihren Störungen klassifizierten-psychiatrischen Patienten sowie einer Kontrollgruppe von Normalpersonen vorgelegt worden waren. Diese endgültigen 10 Tafeln waren diejenigen, welche die Antworten von Nicht-Patienten am besten von den Antworten der Patienten abgrenzen konnten und mit denen sich außerdem bis zu einem gewissen Grad zwischen den verschiedenen Störungen innerhalb der Patienengruppe unterscheiden ließ.

Die Karten werden der Testperson in festgelegter Reihenfolge einzeln nacheinander in die Hand gegeben, und sie wird gebeten zu beschreiben, was sie darin sieht. Die Instruktionen sind absichtlich so einfach, um die Situation so unstrukturiert wie möglich zu halten und die Antworten in keiner Weise einzuschränken. Der Testleiter zeichnet die Antworten der Testperson auf und notiert zusätzlich andere Aspekte des Testverhaltens, z.B. die zeitliche Dauer der Antwort, den Gesichtsausdruck, wie der oder die Betreffende die Karte hält usw. Alle Aufzeichnungen werden dann anhand von bestimmten Dimensionen bewertet: die Art der Beschreibung, Reaktionen auf Farben, wahrgenommene Bewegungen, gesehene Figuren und die Details eines Kleckses, auf die reagiert wurde. Die Auswertung ist zweifellos ein Problem, denn sie hängt größtenteils von den Interpretationen des Psychologen ab, der darüber entscheiden muß, ob eine Antwort tatsächlich Bewegung, Bezug zu Tieren, Farben oder sonst etwas bedeutet. In so einer zweideutigen Situation beeinflußt nicht nur die Persönlichkeit des Patienten das Ergebnis, sonern es kann ebensosehr von der Persönlichkeit des Psychologen beeinflußt sein .

Abbildung C-2 Differenzierung von Gruppen mittels MMPI

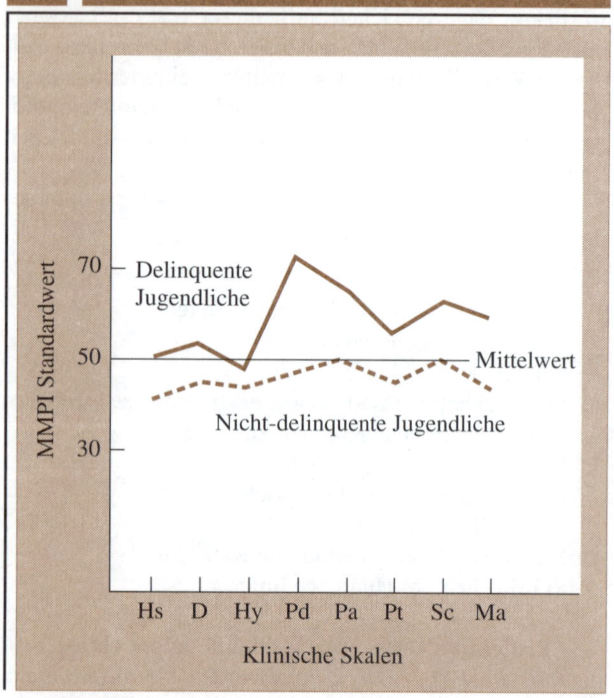

Die Meßwerte für zwei Gruppen von delinquenten bzw. nicht-delinquenten Jugendlichen auf 8 der 10 klinischen Skalen des MMPI. Der größte Unterschied zwischen den beiden Gruppen ergab sich auf der Pd-Skala (Psychopathie).

TAT Der andere viel verwendete projektive Test ist der *Thematische Apperzeptionstest*, genannt TAT. Wir sind diesem Test schon einmal in Kapitel 7 begegnet, weil er sich als sehr geeignet zur Messung der Leistungsmotivation erwiesen hat. Beim TAT bekommt die Testperson ein Bild vorgelegt, zu dem sie eine Geschichte erzählen soll. Diese Geschichte soll einen Bezug haben zu dem, was auf dem Bild gerade passiert, was zu der Situation, die das Bild zeigt, geführt hat und was in Zukunft geschehen wird. Der Test besteht aus 18 schwarz-weißen Bildern und einer leeren Karte (hier muß sich die Testperson ein Bild auf der Karte vorstellen und eine Geschichte dazu erzählen). Eine Kurzversion des Tests enthält nur 10 Karten.

Die Geschichten werden anhand mehrerer Dimensionen ausgewertet. Eine entscheidende Dimension ist die Person im Bild, die der Proband als die zentrale Figur identifiziert hat. Weitere Kriterien sind, wie die Geschichte bestimmte Bedürfnisse und Sorgen der Testperson widerspiegelt, und welche Faktoren die Befriedigung dieser persönlichen Bedürfnisse fördern oder verhindern. Es existieren zwar "Normen" für typische Antworten, die dem Psychologen als Richtlinien dienen können, aber im Grunde wird der Test *interpretiert* und nicht quantifiziert. Das bedeutet, daß das Auswertungsverfahren höchst subjektiv ist und vielleicht - genau wie der Rorschach-Test - sehr leicht von nicht zugehörigen Variablen beeinflußt werden kann.

Andere projektive Verfahren Andere projektive Beurteilungstechniken sind beispielsweise Traumanalyse, Trauminterpretation, Wort-Assoziationstests, Analyse von Zeichnungen oder anderen Kunstwerken der Testperson sowie der Satzergänzungstest. Beim Satzergänzungstest wird der Testperson ein Satzanfang vorgegeben und sie wird gebeten, den Satz so zu vervollständigen, daß deutlich wird, wie er oder sie sich wirklich fühlt. Dieser Test ist der objektivste der projektiven Tests, weil die Reaktion der Testperson vorher durch den festgelegten Satzanfang strukturiert wird. Die Versuchspersonen sind sich bei diesem Test auch viel klarer über die Folgen dessen, was sie sagen, als sie es z.B. bei der Reaktion auf eine Karte des Rorschach-Tests oder des TAT sind. Folglich erfaßt man beim Satzergänzungstest in erster Linie Einstellungen und Überzeugungen und nicht so sehr unbewußte Prozesse (die sich am besten durch den Rorschach Test oder den TAT enthüllen lassen). Trotzdem können hier -ebenso wie beim TAT- Wahrnehmungsverzerrungen, die vom Probanden angesprochenen Themen und ungewöhnliche Antworten einen Schlüssel zu den gedanklichen Vorgängen in einem Menschen geben.

Projektive Tests stellen einen Kompromiß zwischen einem umstrukturierten frei fließenden therapeutischen

Gespräch und der starren Strukturierung eines Fragebogens dar. Das Reizmaterial setzt zwar gewisse Richtlinien und Determinanten für das Klientenverhalten, aber es ist

Abbildung C-3 **16 PF-Testprofil**

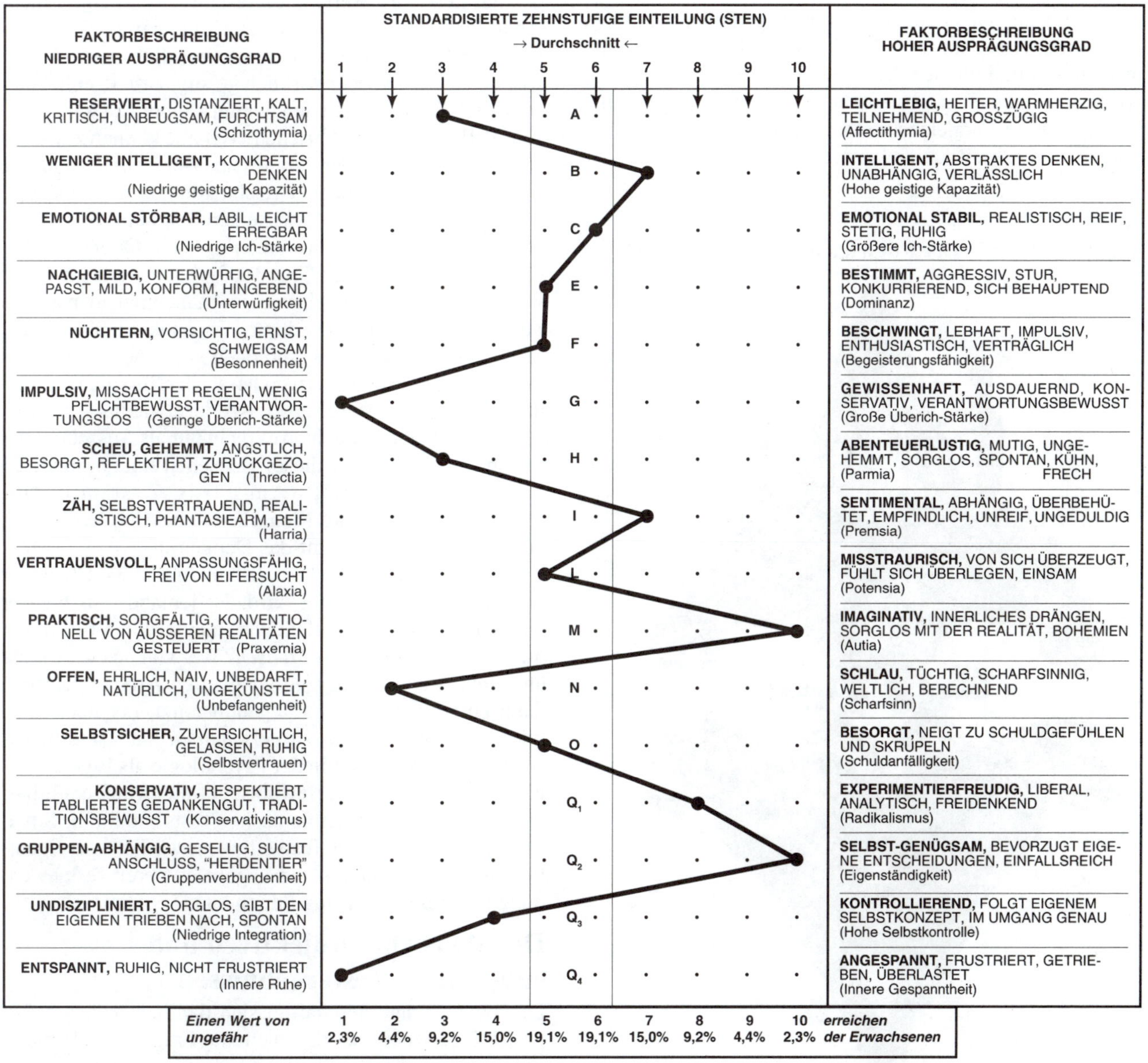

Dies ist das Original-Testprofil eines männlichen Probanden. Beachten Sie, daß er auf den Skalen M und Q_2 hohe Werte, auf Q_1 recht hohe, auf den Skalen A und H recht niedrige und auf G, N und Q_4 sehr niedrige Werte erreicht hat. Auf den verbleibenden Skalen liegen seine Werte um den Durchschnitt. Versuchen Sie, aus den Beschreibungen an den Endpunkten der 16 Skalen eine Persönlichkeitsskizze dieses Mannes zu machen. Was für ein Mensch mag er sein? Glauben Sie, daß Sie durch diesen Test viel über ihn wissen? Für Anfänger: Es handelt sich um einen 21-jährigen Studenten an der Universität von Colorado.

dem Therapeuten freigestellt, durch gezieltes Nachfragen die verschiedenen möglichen Problempunkte, die der Klient aufdeckt, zu verfolgen. In der Tat vertrauen viele Diagnostiker überhaupt nicht auf standardisierte Auswertungsmethoden für projektive Tests, sondern nutzen sie einfach als Einstieg, damit ein Klient frei über Dinge sprechen kann, die er ansonsten verdrängen oder verstekken würde. Trotzdem kann das Verhalten einer Testperson ausgewertet und mit dem Verhalten von früheren Testpersonen mit bekannten psychischen Störungen verglichen werden. Diese Vergleiche werden dann zur näheren diagnostischen Klassifikation benutzt.

Abbildung C-4 **Der Rorschach Tintenklecks Test**

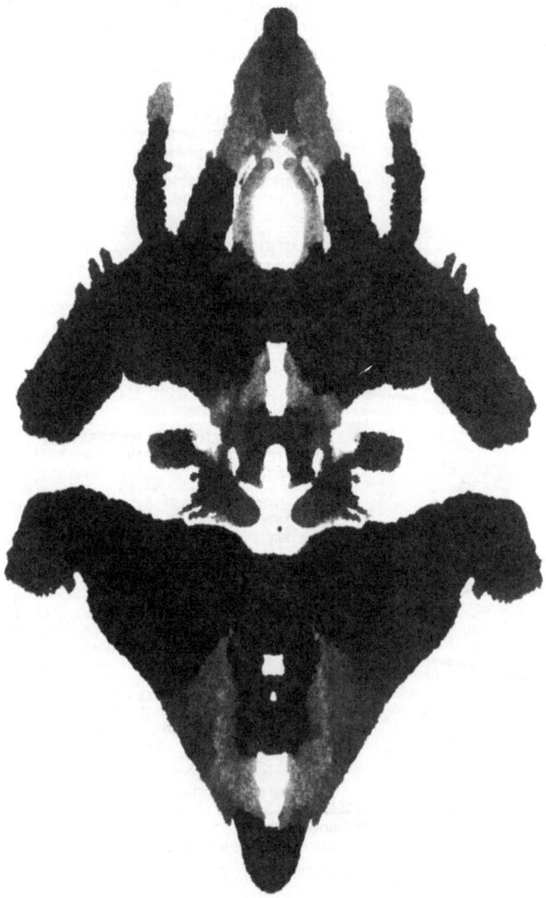

Dieser Tintenklecks ähnelt den im Rorschach-Test verwendeten Karten. Eine typische Antwort wäre: "Sieht aus wie ein Tier oder ein Mensch", während ein Psychotiker mit einem abwegigen Kommentar reagiert, der nur wenig Bezug zur Gestalt des Kleckses hat, z.B. "Blutlache, die aus einem Baum strömt".

KRITIK

In diesem letzten Abschnitt wollen wir zwei heiß umstrittene Fragen zum psychologischen Testen aufwerfen. Einfache Antworten darauf gibt es nicht, aber wir halten es für wichtig, daß Sie sich dieser Fragen bewußt sind.

Eigenschaft oder Verhaltensausschnitt?

Ist das Verhalten einer Person, die sich einem Test unterzogen hat (also ihre Werte oder Testantworten) eine Eigenschaft, die dem Psychologen Aufschluß darüber gibt, was diese Person in Wirklichkeit ist (wirklich gesund oder wirklich ängstlich oder wirklich geistig zurückgeblieben), oder sind die Testreaktionen nur ein kleiner Ausschnitt aus dem Verhalten eines Menschen? Wir alle können zuweilen ängstlich, verrückt oder dumm sein. Wenn ein Psychologe uns im falschen Moment erwischt, könnten wir schlechter (oder besser) wirken, als wir eigentlich sind. Haben wir eine Eigenschaft wirklich ununterbrochen? Oder verändert sich unser Verhalten von Grund auf je nach Situation, in der wir uns befinden? Handeln wir also manchmal, in manchen Situationen, albern oder dumm, in anderen Situationen aber ängstlich? Wenn Psychologen von einem Menschen sagen, er sei ängstlich, verwenden sie den Test als Merkmal dafür, daß dieser Mensch etwas ist oder etwas hat (Angst als Eigenschaft) und betrachten es nicht nur als Ausschnitt der Art und Weise, wie sich dieser Mensch in einer besonderen Testsituation verhält (Angst als Zustand). Das "Diagnostizieren" eines Menschen heftet ihm ein Etikett an. Dieses Etikett scheint das Denken über diesen Menschen derart zu beherrschen, daß der einmalige Charakter des Verhaltens überdeckt wird. Ist jemand, nur weil er während des Tests ängstlich war, nun wirklich für immer und ewig ein *ängstlicher Mensch*? Wer von uns wäre nicht ängstlich, wenn er oder sie verzweifelt Arbeit sucht und dann einem Psychologen gegenübersitzt, der über seine oder ihre Qualifikation zu *entscheiden* hat? Traditionell werden Testergebnisse in der Psychologie als Eigenschaften betrachtet, aber das Bewußtsein für den ausschnitthaften Charakter von psychologischen Tests und für die Situationsdeterminanten des Testverhaltens wächst, was eigentlich nur zu gerechterer und angemessenerer Testanwendung und Testauswertung führen kann.

Der Wert von projektiven und subjektiven Testergebnissen

Die zweite Frage beschäftigt sich damit, was besser ist: projektive Ergebnisse oder solche aus Fragebogen? Projektive Tests werden am heftigsten kritisiert, weil sie viel subjektive Beurteilung und Interpretation des Psychologen erfordern. Deswegen haben projektive Tests niedrigere Realiabilitäts- und Validitätsmaße, was darauf schließen läßt, daß es gefährlich ist, solche Tests bei extrem wichtigen Entscheidungen zur Grundlage zu machen. Selbstberichte, also Fragebogentests, sind vergleichsweise objektiver. Sie können leichter validiert werden (was nicht unbedingt heißt, daß sie auch valider sind), sie können unpersönlicher eingesetzt und objektiver ausgewertet werden. Andererseits bauen die Fragebogentests sehr auf die Ehrlichkeit der Testpersonen. In einigen Fragebögen legen viele der Items der Versuchsperson nahe, was die "beste" Antwort ist, und daher können diese Tests leicht verfälscht werden. Eine ehrliche Versuchsperson kann sogar dafür bestraft werden, daß sie ehrlich war. Ein weniger intelligenter Mensch kann dagegen benachteiligt sein, weil er oder sie die Psychologen nicht so gut irreführen kann wie eine schlauere Versuchsperson. Aus diesem Grund haben die Testkonstrukteure vielen Fragebögen spezielle "Lügen-Items" beigefügt.

Und schließlich: Selbst angenommen, die Klientn ist ehrlich und versteht die Fragen eindeutig, kann sie sich aller wichtigen Aspekte ihrer Persönlichkeit bewußt sein? Das ist eine Frage der unbewußten Motivation - gibt es Persönlichkeitsaspekte, die jemand selbst nicht kennt? Und falls es so ist, wie kann man dann von einem Menschen erwarten, daß er über diese Bereiche angemessen Auskunft gibt? Viele Psychologen nehmen an, daß sich solche Persönlichkeitsmerkmale in projektiven Tests niederschlagen, was in einem Fragebogen-Test offensichtlich nicht möglich ist. Als Reaktion auf diese Kritik wurden einige Fragebögen entwickelt, die objektiv auswertbare Tests unbewußter Vorgänge sein sollen. Derzeit ist es leider noch zu früh, ihre Nützlichkeit zu beurteilen.

Wir hoffen, daß Sie jetzt besser verstehen, warum psychologisches Testen ein umstrittenes Thema ist. Es stellt ein Gebiet dar, in dem die Psychologie in das Leben von fast jedem Menschen auf die eine oder andere Art eindringt. Wenn Tests angewendet werden, um zu entscheiden, wer eingestellt wird, wer auf eine Sonderschule geschickt wird, wer ins Gefängnis oder in eine Anstalt muß, dann werden die Emotionen zwangsläufig hoch gehen. Menschen, für die ein solches Eindringen in ihre Persönlichkeit negative Folgen hat, werden sich sicherlich fragen, welches Recht irgendein fremder Mensch hat, ihre Persönlichkeit zu beurteilen. Alles, was Psychologen in so einem Fall tun können, ist, gerechte Tests zu entwickeln, sie unter fairen Bedingungen anzuwenden und sie mit äußerster Vorsicht zu interpretieren. Solange Entscheidungen wie die genannten von irgendjemand getroffen werden müssen, ist es wahrscheinlich am besten, so viele Fakten wie nur möglich mit einzubeziehen. Wir erwarten, daß die fortschreitende Erforschung der Persönlichkeit uns viele solcher Fakten liefern wird.

569 **Schlaf und Träume**
Die Funktionen des Schlafes / Hypnagogische und hypnopompische Zustände / Normales Träumen / Schlaf ohne REM (Traumloser Schlaf?)
578 **Hypnose**
Psychologische Effekte / Zur Frage der Validität / Nutzen und Gefahren
582 **Drogen**
Alkoholkonsum / Marihuana / Drogenkonsum und Drogenmißbrauch
588 **Meditation und Biofeedback**
Meditation / Biofeedback: Elektronisches Zen?

Anhang D Veränderte Bewußtseinszustände

Der menschliche Organismus ist ein Informationsverarbeitungssystem. Er nimmt Informationen aus seiner Umgebung auf, holt andere Informationen aus dem Gedächtnis dazu, verarbeitet diese und reagiert. Menschen können zu einem Zeitpunkt immer nur einen Teil des gesamten Informationsflusses beachten und sich seiner bewußt sein. Diesen Zustand nennen wir das *Bewußtsein.* Seine Inhalte bestehen aus den Dingen, auf die wir in dem uns umgebenden Informationsfluß achten. Gleichzeitig durchläuft aber auch vieles dieses System, ohne beachtet zu werden, also ohne Bewußtheit. Diejenigen Informationen, die ohne Bewußteit verarbeitet werden, liefern die Inhalte des Unbewußten.

"Das Bewußtsein ist die primäre Realität", sagte der Physiker und Nobelpreisträger Eugene Wigner. Tatsächlich wurde die Psychologie früher definiert als die Wissenschaft des Bewußtseins, und viele Psychologen glauben, daß sie in späteren Jahrzehnten wieder so definiert werden wird. Aber, um das Bewußtsein zu studieren, müssen wir das Bewußtsein benutzen: Wie kann das Bewußtsein sich selbst verstehen?

Die Wissenschaft versucht, *objektive* Kenntnisse zu erlangen. Deswegen würden wir gerne ein wissenschaftliches Verständnis des Bewußtseins entwickeln, das unabhängig von den Besonderheiten und der Subjektivität des einzelnen Beobachters ist. Die Schwierigkeit beim Verständnis des Bewußtseins aus rein introspektiver Sicht ist, daß unser Geist offensichtlich die Fähigkeit besitzt, sich Dinge so lebhaft vorzustellen, daß sie Wirklichkeit werden.

Trotz dieser Schwierigkeiten, die möglicherweise verhindern, daß wir je ein völlig objektives und umfassendes Wissen über das Bewußtsein erlangen, können wir aus der Beobachtung unseres eigenen Bewußtseins und unseres Verhaltens viel lernen, ebenso wie aus der Beobachtung des Verhaltens anderer und ihren Berichten über ihr Bewußtein. Weil unser Bewußtsein der Angelpunkt unserer individuellen Existenz ist, kann alles, was wir darüber dazulernen, von großem Wert sein.

Eine der deutlichsten Erfahrungen, die wir hinsichtlich unseres Bewußtseins machen, ist, daß unser Erleben sehr veränderlich ist. Es bleibt allerdings in der Regel innerhalb eines bestimmten Rahmens, den wir *gewöhnlich* oder *normal* nennen. Das bedeutet, Sie können eines Morgens mit leichten Kopfschmerzen aufwachen und sind doch immer noch Sie selbst. Auch wenn diese leichten Kopfschmerzen Sie den ganzen Tag über begleiten, können Sie trotzdem Ihre normalen Alltagsaktivitäten beibehalten und den Tagesablauf einigermaßen in gewohnter Weise erleben. Es ist genau diese Erfahrung, daß die vielen Aspekte Ihres Bewußtseins innerhalb eines gewohnten Rahmens bleiben, die Ihnen den allgemein empfundenen Begriff des *normalen Bewußtseinszustandes* gibt.

An einem anderen Morgen wachen Sie aber mit hohem Fieber auf. Ihre Gedanken wandern auf seltsamen Abwegen - Sie sind *delirant.* Ihr Körper bereitet Ihnen nicht nur Schmerzen, sondern scheint auf einmal auch eine andere Verfassung zu haben. Sie fühlen sich wie ein kleines Kind, statt wie ein Erwachsener. Der Zustand Ihres Bewußtseins ist weit jenseits des gewohnten Rahmens, den Sie Ihren Normalzustand nennen.

Genau diese Erfahrung der *radikalen* Veränderung, also daß die geistigen Funktionen völlig anders ablaufen, als sie es gewöhnlich tun, führt uns zu dem Begriff des *veränderten Bewußtseinszustands.* Wenn Sie plötzlich aus einem Traum gerissen werden, erleben Sie zum Beispiel einen abrupten Übergang zu einer fundamental anderen Art des Erlebens und Funktionierens. Obwohl Sie gemeinsame Elemente finden können (z.B. sprechen Sie sowohl im Traum als auch im Wachzustand deutsch), ist die gesamte Veränderung zwischen Traum und Wachsein so grundlegend, daß es nicht angebracht wäre, das Träumen nur als einen Extrempol des normalen Bewußtseinszustands zu bezeichnen. Bei dem, was wir Träume nennen, handelt es sich vielmehr um eine zeitweise Umorganisierung von vielen Aspekten des Bewußtseins. Machen Sie doch einmal den interessanten Versuch und listen Sie alle Aspekte Ihrer Erfahung auf, die Ihnen die Sicherheit geben, daß Sie jetzt im Moment nicht träumen, sondern wach sind. Einige davon werden einzelne Elemente oder Eigenschaften des Bewußtseins betreffen, z.B. die Kontinuität des Gedächtnisses. Das Erleben im Wachzustand besitzt aber auch eine ganzheitliche Qualität, aufgrund derer Sie genau wissen, daß Sie augenblicklich nicht träumen. Veränderte Bewußtseinszustände sind demnach radikale Veränderungen sowohl individueller Elemente als auch des Gesamtcharakters unseres Bewußtseins. Veränderte Zustände, die praktisch jeder schon einmal erlebt hat, sind z.B. Träume, sexuelle Erregung, Orgasmen, Alkoholrausch und intensiv emotionsgeladene Momente der Wut oder des Schreckens.

SCHLAF UND TRÄUME

Während verschiedener Stadien des Schlafes treten Gehirnwellen verschiedener Frequenz und Amplitude auf, die unterschiedliche Elektroenzephalogramm (EEG)-Bilder für jedes Stadium erzeugen (vgl. Abbildung D-1). Ein Mensch, der zwar wach ist, sich aber mit geschlossenen Augen ausruht, weist vorwiegend **Alpha-Gehirnwellen** (ein regelmäßiger Rhythmus von etwa 10 Zyklen pro Sekunde) auf. Kurz vor dem Einschlafen wird der Alpha-Rhythmus durch langsamere, unregelmäßige Wellen ersetzt, das sogenannte EEG Initialstadium 1. Sobald Ausschläge von etwa 14 Zyklen pro Sekunde, die sogenannten *Spindeln,* auftreten, wird das Muster dem Schlafstadium 2 zugeordnet. Wenn die breiteren, langsameren **Delta-Wellen** (1 bis 2 Zyklen pro Sekunde) zu der unregelmäßigen Aktivität und den Spindeln dazukommen, handelt es sich um Stadium 3, und wenn schließlich die Delta-Wellen vorherrschen, ist Stadium 4 erreicht. Dieser Zyklus durch die Stadien wiederholt sich vier- bis sechsmal pro Nacht.

Eugene Aserinsky fand heraus, daß nach dem Initialstadium 1 ein Elektrookulogramm (EOG) schnelle Augenbewegungen (rapid eye movements: REM) bei Schlafenden aufzeichnet. Wenn er die Schlafenden während dieser Phase aufweckte, erinnerten sie sich in 80% der Fälle an einen Traum. Inzwischen ist es allgemein anerkannt, daß das Träumen normalerweise während des REM-Schlafs auftritt, obwohl manchmal auch aus anderen Schlafstadien traumähnliche Aktivität berichtet wird. Tatsächlich scheint es in allen Schlafstadien kognitive Aktivität irgendeiner Art zu geben. Während des REM-Schlafes dominieren traumähnliche Kognitionen, die Kognitionen in anderen Stadien ähneln jedoch eher dem normalen Denken im Wachzustand. Bei einer Aufzeichnung der REM-Phasen erscheint die erste etwa 90 Minuten nach dem Schlafengehen und dauert 5 bis 10 Minuten. Nach weiteren 90 Minuten kommt es zu einer etwas längeren REM-Phase, und diese Schlafphase wiederholt sich im 90-Minuten-Zyklus und wird jedesmal etwas länger (vgl. Abbildung D-2). Der letzte REM-Traum in einer Nacht kann eine halbe bis ganze Stunde dauern, und im allgemeinen wacht man aus ihm auf. Dieser letzte Traum ist selbstverständlich derjenige, an den man sich morgens am ehesten erinnern kann. Die Folge der beschriebenen Verschiebungen ist, daß der REM-Schlaf vorwiegend in der zweiten Hälfte der Nacht, und der Schlaf im Stadium 4 vorwiegend in der ersten Hälfte der Nacht auftritt. Weiterhin verändern sich das Schlafbedürfnis und die verschiedenen Stadien mit dem Älterwerden (vgl. Abbildung D-3).

Die Funktionen des Schlafes

Trotz massiver Forschungsbemühungen sind die Funktionen des Schlafes immer noch nicht vollständig geklärt auch nicht, ob sie biologischer oder psychologischer Natur sind. Drei Schlußfolgerungen können bis jetzt aus den vorhandenen Untersuchungsergebnissen gezogen werden. Erstens ist Schlaf für eine normales Leben absolut notwendig. Langer Schlafentzug führt beim Menschen unweigerlich zu seelischer und körperlicher Beeinträchtigung. Alan

Abbildung D-1 Gehirnwellen, Schlaf und Träumen

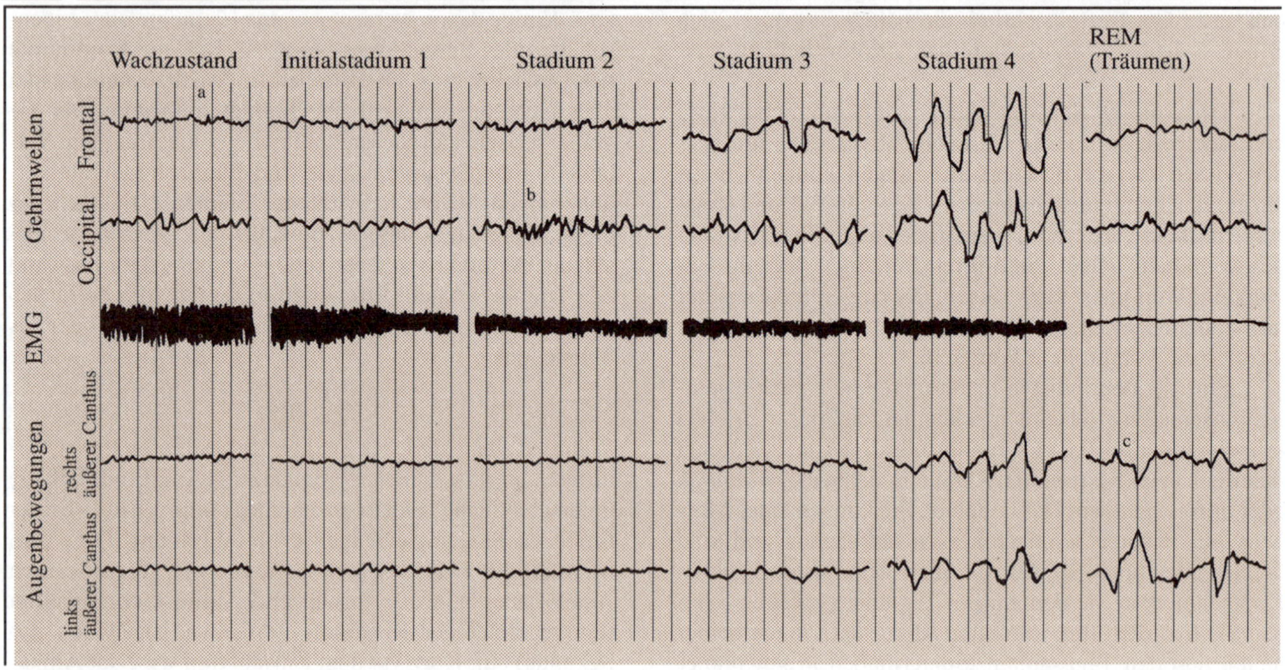

Aufzeichnungen der Gehirnwellen aus drei kortikalen Regionen (frontal an der Stirn, parietal über dem Ohr und occipital am Hinterkopf) und Aufzeichnungen der Augenbewegungen eines Schlafenden. Der regelmäßige Alpha-Rhythmus (a) des Wachzustands wird ersetzt durch langsamere, unregelmäßige Aktivität in dem Initialstadium 1. Spindeln (b) treten in Stadium 2 auf, und Delta-Wellen kommmen zur unregelmäßigen Aktivität und den Spindeln in Stadium 3 dazu. In Stadium 4 herrschen die breiten, langsamen Delta-Wellen vor. Schnelle Augenbewegungen (REM)-gemessen von einem Elektrookulogramm (EOG)-treten während des Träumens in den Initialstadien gegen Ende der Nacht auf. Sie werden durch synchrone, aber entgegengesetzte Ausschläge (c) angezeigt.

Rechtschaffen und seine Kollegen von der University of Chicago konnten zeigen, daß Ratten schwere Krankheiten bekommen, die zum Tode führen, wenn sie dauernd vom Schlafen abgehalten werden. Viele Arten, einschließlich des homo sapiens, haben einen Mechanismus entwickelt, der für regelmäßige Schlafphasen sorgt.

Zweitens erfüllt der Schlaf eine wiederherstellende Funktion, weil er es dem Organismus ermöglicht, sich von der körperlichen und geistigen Anstrengung des Tages zu erholen. Wir wissen nicht, wie diese Erholung vor sich geht, aber vermutlich gibt es chemische Nebenprodukte der Wachaktivitäten, die der Körper von Zeit zu Zeit entschlacken muß. Die kürzliche Entdeckung des Faktor S (vgl. Seite 574: "Schlaftrunk entdeckt") unterstützt diese Vermutung. Der Faktor könnte ein solches Nebenprodukt sein, das sich während der Wachstunden ansammelt, und den Schlafbeginn steuert. Die "Entschlackungstheorie" des Schlafes scheint hauptsächlich auf den langwelligen Schlaf (Stadium 3 und 4) anwendbar zu sein. Colin Shapiro und seine Kollegen von der Universität von Witwatersrand in Südafrika konnten zeigen, daß nach einer extremen sportlichen Leistung, z.B. einem Marathonlauf, (1) die gesamte Schlafzeit in den nächsten zwei Nächten ansteigt, und noch interessanter, (2) der Prozentanteil und die absolute langwellige Schlafzeit wächst, aber Anteil und Dauer an REM- Schlaf sinken. Dieser Unterschied, zusammen mit den großen Unterschieden in den EEG-Bildern, läßt vermuten, daß REM-Schlaf und langwelliger Schlaf verschiedenen Funktionen dienen.

Abbildung D-2 **Eine Nacht mit Schlaf und Träumen**

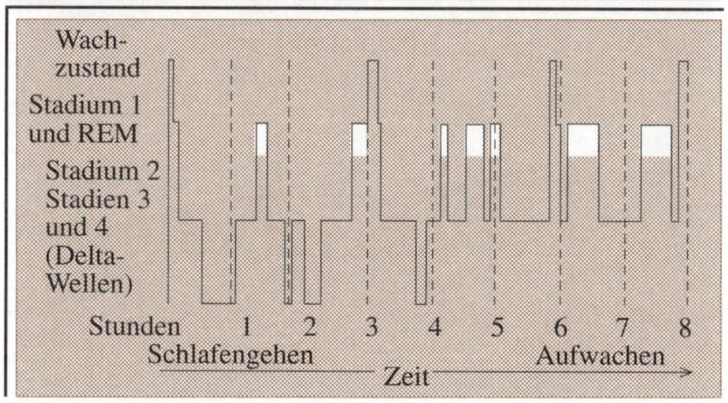

Im Verlauf der Nacht durchläuft der normale Schläfer die verschiedenen Schlafstadien und träumt dabei phasenweise (REM-Schlaf, gekennzeichnet durch die farbigen Streifen). Die REM-Phasen sind charakterisiert durch ein EEG-Bild des Stadiums 1 mit zusätzlichen schnellen Augenbewegungen. Der Muskeltonus der Kopfregion ist stark abgesunken. Beachten Sie, daß jede nachfolende Traumphase länger ist als die vorhergehende, und daß der größte Teil des "Tiefschlafes", erkennbar an den Delta-Wellen (Stadium 3 und 4) in der ersten Hälfte der Nacht auftritt. Umgekehrt finden die meisten Traumphasen in der zweiten Hälfte der Nacht statt.

Drittens gibt es immer mehr Hinweise dafür, daß der Schlaf die Zeit ist, während der das endokrine System einige der wichtigsten Hormone ausschüttet. Zum Beispiel ist der langwellige Schlaf fast die einzige Zeit, in der die Hypophyse Wachstumshormone abgibt.

Andere Hormone, z.B. Prolactin und lutenisierende Hormone, werden ebenfalls vorwiegend während des Schlafes ausgeschüttet. Die Spiegel dieser Hormone und anderer chemischer Stoffe werden vermutlich während der Tagesaktivität dezimiert. So gesehen wäre der Schlaf die Zeit, in der der Körper erschöpfte Vorräte an Substanzen ersetzt, die er für biologische und psychische Vorgänge dringend braucht. (Vgl. Fundgrube D-1)

Hypnagogische und hypnopompische Zustände

Der Bewußtseinszustand, den man beim Übergang vom Wachzustand zum Schlafen durchläuft, wird **hypnagogischer Zustand genan**nt. Er ist ähnlich - oder möglicherweise sogar gleich- dem Zustand, den wir beim Übergang vom Schlafen zum Wachen durchlaufen, dem **hypnopompischen Zustand**. Die bisher durchgeführten Laborstudien haben sich ganz auf den hypnagogischen Zustand konzentriert, der von Mensch zu Mensch ganz gewaltig variieren kann. Bei einigen Menschen ist die Einschlafphase mit ebenso reichhaltigen Erlebnissen angefüllt wie die besten nächtliche Träume. Bei anderen ist diese Phase ziemlich langweilig und in der Regel beinahe sofort vergessen.

Viele hypnagogische Erlebnisse können mit den späteren Träumen identisch sein, obwohl es für einen vollständigen Vergleich noch nicht genügend Forschung über die Ähnlichkeiten und Unterschiede gibt. Auch die besten hypnagogischen "Träumer" vergessen die Vorkommnisse des hypnagogischen Zustands in der Regel schneller als ihre normalen Träume, besonders, wenn der Träumende gleich in den Schlaf sinkt.

Sie können Ihren eigenen hypnagogischen Zustand detailliert beobachten, wenn Sie folgendes tun: Wenn Sie sich ins Bett legen, heben Sie einen Unterarm senkrecht in die Luft, während der Ellenbogen auf dem Bett ruht. Sie können ziemlich weit in den hypnagogischen Zustand hineingleiten und dabei Ihren Arm ohne viel Anstrengung in dieser ausbalancierten, bequemen Position halten. Wenn Sie tief im hypnagogischen Zustand sind, wird Ihr Arm anfangen herunterzufallen. Diese Bewegung wird Sie aufschrecken und zum Erwachen bringen. Nun können Sie versuchen, sich an Ihre hypnagogischen Erlebnisse zu erinnern, bevor sie wieder verschwimmen. Mit dieser Technik kann der hypnagogische Zustand erheblich verlängert werden.

Normales Träumen

Mit normalem Träumen meinen wir eine Erfahrung, die fast alle von uns hatten, wenn wir aufwachen und uns Szenen und Ereignisse wieder einfallen, die in einer Welt stattgefunden haben, die der realen Welt oft ähnelt, die wir retrospektiv aber als rein imaginär ansehen. Es gibt zwar viele Labor- und Heimstudien über Träume, doch die meisten Leute in unserem Kulturkreis haben nie gelernt, ihre Träume gut zu beobachten. Deswegen kommt vieles, was wir über Träume wissen, aus den zusammengestückelten Berichten von schlechten Beobachtern. Können Sie sich erinnern, was Sie letzte Nacht geträumt haben? Wahrscheinlich nicht. Aber mit einer einfachen Technik können Sie lernen, sich an mehr Trauminhalte zu erinnern: führen Sie ein Traumtagebuch. Legen Sie ein Blatt Papier auf Ihren Nachttisch, und notieren Sie die Trauminhalte darauf, sobald Sie morgens aufgewacht sind. Wenn Sie das durchhalten, werden Sie schrittweise Ihr Bewußtsein für Ihre Träume und die Fähigkeit, sich an die Träume zu erinnern, steigern. Viele Menschen wurden dadurch von ihren Träumen fasziniert und fanden in ihrem Traumtagebuch eine reichhaltige Quelle von Gedanken über sich selbst und ihr Leben.

Psychologische Wirkungen

Wahrnehmung Im Vergleich zu allen anderen veränderten Bewußtseinszuständen stellt das Träumen eine der radikalsten Wahrnehmungsveränderungen dar, weil die externe Welt beinahe völlig ausgeschaltet und durch die innere Welt ersetzt worden ist. Es gibt erhebliche individuelle Unterschiede darin, wie “real” die Traumwelt ist. Auf der einen Seite gibt es Menschen, die im Traum praktisch jede sensorische Qualität erleben, genau wie im Wachzustand. Sie sehen die Szenen klar und in Farbe, sie hören und sprechen mit den Traumfiguren, und sie können in ihrer Traumwelt schmecken, tasten und riechen. Das andere Extrem sind Menschen, deren Träume nur wenig mehr sind als ziemlich nebulöse schwarzweiße Bilder.

Gelegentlich bahnen sich Reize aus der Außenwelt

Abbildung D-3 Altersbedingte Veränderungen bei Schlaf und Träumen

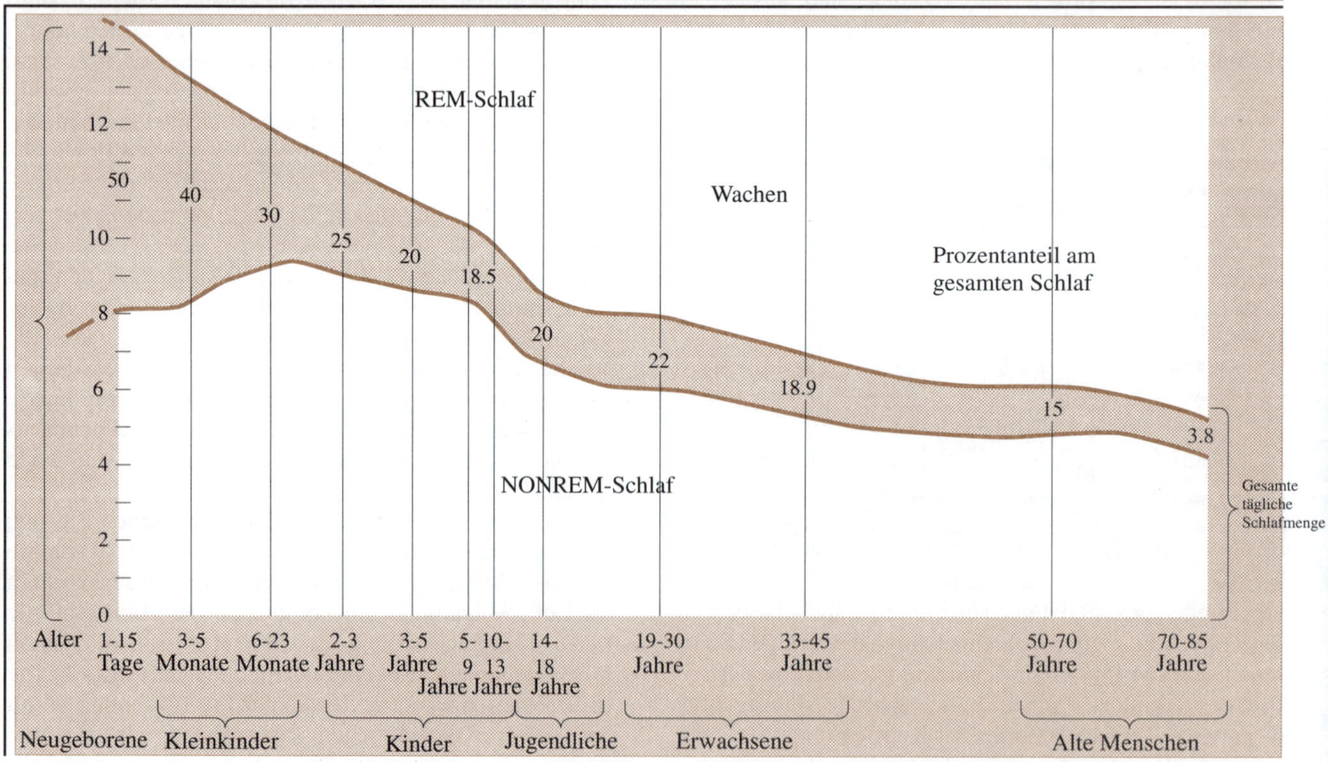

Einer der interessantesten Aspekte des Schlafes ist die Art und Weise, wie sich unser Schlafbedürfnis mit zunehmendem Alter verändert; dies gilt besonders für den REM-Schlaf, der dramatisch abnimmt. Der REM-Schlaf, ausgedrückt als Prozentsatz der gesamten Schlafzeit, sinkt von etwa 50% auf weniger als 10%, wenn jemand das Alter von 70 Jahren erreicht hat. Besonders verblüffend ist der hohe Prozentsatz an REM-Schlaf während des Kleinkindalters. Ist das die Zeit, in der das Gehirn programmiert wird?

ihren Weg in die Traumwelt, wo sie dann irgendwie verzerrt werden, damit sie sich in die Traumhandlung einpassen. Das Klingeln des Weckers z.B. kann in den Traum als das Läuten von Kirchenglocken eingebaut werden. Die Wahrnehmung der Außenwelt während des Träumens ist selektiv, genau wie im Wachzustand (vgl. Kapitel 3). Ein Beispiel dafür wären Eltern, die trotz des Getöses des Straßenverkehrs vor ihrem Fenster durchschlafen, aber beim leisesten Wimmern ihres Kindes, das drei Zimmer weiter schläft, sofort aufwachen.

Motorik Die Motorik ist während des Träumens praktisch ausgeschaltet. Sprechen während des Schlafens und Schlafwandeln findet im Non-REM-Schlaf statt. Laborstudien haben gezeigt, daß während der REM-Phase eine aktive Hemmung der Nervenimpulse im Rückenmark zu den Muskeln stattfindet. Diese Impulse, die den Traumbildern entsprechen, können zwar bei den Muskeln ankommen, aber das hemmende Signal hält die Muskeln davon ab zu reagieren. Gelegentlich können die Muskeln in den Gliedern oder im Gesicht leicht zucken, und manchmal treten auch während des normalen Träumens Vokalisationen auf. Aber für die meiste Zeit ist der oder die Träumende fast vollständig gelähmt. Diese Lähmung im Traumzustand ist sinnvoll, denn wenn die Menschen ihre Träume ausagieren würden, wäre die Welt bei Nacht ein ziemlich gefährlicher Ort, sowohl für den Träumenden, als auch für jeden, der neben ihm liegt. Manchmal kann die Lähmung nach dem Aufwachen auch noch ein paar Sekunden andauern.

Kognitive Prozesse Die kognitiven Vorgänge während des Träumens sind in mehrerer Hinsicht ungewöhnlich. Nicht nur, daß die Träumenden sich selbst darin täuschen, ob sie wach sind oder schlafen, sie akzeptieren auch alle möglichen Inkongruenzen und Absurditäten der Traumsituation, ohne sie im mindesten in Frage zu stellen. So läuft jemand beispielsweise nackt eine Straße entlang, ohne die Aufmerksamkeit auf sich zu ziehen. Im normalen Bewußtseinszustand wäre der Betreffende durch solche Inkongruenzen sofort alarmiert und würde sie detailliert analysieren, aber der oder die Träumende ignoriert Irrtümer bei seinen/ihren kognitiven Vorgängen solange, bis er oder sie wieder aufwacht. Freud stellte die Theorie auf, daß dies so ist, weil tatsächlich unterbewußte Wünsche und Emotionen für die einzelnen Inhalte des Traumes verantwortlich sind, und nicht genug Energie für die "Sekundärprozesse", also für die intellektuellen Funktionen, die den Trauminhalt beobachten können, verfügbar ist. Andere Theoretiker betrachten die "Dummheit" im Traum als eine einfache Folge der unzureichenden Aktivation von höheren Gehirnzentren während des Schlafes.

Emotionen Emotionen können größere Auswirkungen auf das Traumerlebnis haben als kognitive Prozesse. Die Spanne des Gefühlserlebens ist genauso groß wie im gewöhnlichen Wachzustand. Allerdings können die Emotionen durch völlig andere Reize als im Wachzustand hervorgerufen werden und können auch höchst intensiv werden, wahrscheinlich weil das gesenkte Niveau des kritischen Denkens das emotionelle System nicht länger hemmen kann. Sogar wieviel ein Mensch schläft und träumt wurde teilweise auf emotionale Faktoren zurückgeführt.

Gedächtnis Das Gedächtnis funktioniert während des gewöhnlichen Träumens auf sehr hohem Niveau. Fast die gesamte Traumwelt wird mit Gedächtnisbildern von Dingen konstruiert, die der Träumende gesehen oder auf

Nach Freud ist eine Funktion des Träumens die Wunscherfüllung

andere Art wahrgenommen hat oder aus Kombinationen vergangener Erinnerungen neu bildet. In dem Beispiel von vorhin mußte der Träumende das Erlebnis (nackt eine Straße entlangzulaufen, ohne Aufmerksamkeit auf sich zu ziehen) aus Gedächtniselementen konstruieren, weil er oder sie diese Situation niemals wirklich erlebt hat. Die Gedächtnisqualität einer Erfahrung fehlt oft während des gewöhnlichen Träumens, und der Träumende hält eine intensive Traumszene, die er aus dem Gedächtis gebildet hat, so gut wie immer für eine wirkliche Erfahrung. Es ist typisch für veränderte Bewußteinszustände, daß das visuelle Gedächtnis im Traum ganz ausgezeichnet zu sein scheint, viel besser als im Normalzustand. Das Sehen ist in der Regel die dominante Sinnesmodalität beim Träumen, ebenso wie im normalen Bewußtseinszustand.

Die Fähigkeit, sich an Träume zu erinnern, variiert sehr von Mensch zu Mensch. Manche Leute erinnern sich nach dem Aufwachen so gut wie nie an ihre Träume. Andere erinnern sich praktisch jeden Morgen an viele Träume. Diejenigen, die sich morgens an ihre Träume erinnern können, unterscheiden sich noch in der Geschwindigkeit, mit der die Träume im Normalzustand aus dem Gedächtnis verschwinden. Manche verlieren die Erinnerung an den Traum innerhalb von ein paar Sekunden, falls sie sich nicht bewußt bemühen, ihn zu behalten, andere erinnern sich monatelang oder jahrelang lebhaft an einen Traum. Manchmal ist ein Traum scheinbar vergessen, aber durch einen Vorfall später am Tag wird die gesamte Erinnerung an ihn wieder ausgelöst. Viele Leute, die behaupten, sich nie an Träume zu erinnern, können es doch sehr detailliert, sobald sie beginnen, die Träume kurz nach dem Aufwachen aufzuschreiben.

Identität Im Traum ist der Identitätssinn eines Menschen höchst veränderlich. Der oder die Träumende kann sein oder ihr eigenes Selbst darstellen, kann sich mit einer gänzlich anderen Traumfigur identifizieren oder identifiziert sich mit einer Version von sich selbst, die sich in vielen wichtigen Aspekten von seinem oder ihrem eigentlichen Selbst unterscheidet. Zuweilen hat ein Mensch im Traum überhaupt keine Identität und nimmt den Traum wie ein Beobachter "von außen" wahr. Dies ist ein schlagender Beweis für die Willkürlichkeit unseres Glaubens an eine festgelege persönliche Identität. Einzigartige Kombinationen von Eigenschafts- und Persönlichkeitselementen können im Traum ziemlich schnell zu einem "Ich" umgruppiert werden. Beachten Sie, daß vieles von der kognitiven Aktivität des Traumes und der emotionalen Reaktion mit Rücksicht darauf stattfindet, wer der Träumende ist. Wenn er oder sie in einem Traum eine *andere* Person wird, dann lösen auch Ereignisse, die für die Normalidentität wichtig wären oder bestimmte Pläne oder Gefühle hervorrufen würden, im Traum nichts aus.

Zeitsinn Im großen und ganzen scheint die Zeit in Träumen genauso schnell zu vergehen wie bei normaler Wachaktivität. Dies wurde im Labor herausgefunden, indem die Dauer der Gehirnwellen, die während des Träumens auftreten, gemessen und anschließend der oder die Träumende aufgeweckt wurde. Dann mußte er oder sie nachverschiedenen Methoden schätzen, wie lange der Traum gedauert hat. Im allgemeinen lagen die Schätzungen ziem-

Schlaftrunk entdeckt

BOSTON (AP) - Wissenschaftler, die sich mit den Schlafvorgängen beschäftigen, haben eine chemische Substanz beim Menschen isoliert, die sie für eine Art natürlichen Schlaftrunk halten.

Diese Substanz - der sogenannte Faktor S - wurde von Forschern der Harvard Medical School entdeckt, die herausfanden, daß er Tiere in einen tiefen, aber normalen Schlaf versetzt.

Sie glauben, daß diese Substanz irgendwann einmal zur Behandlung von Schlaflosigkeit eingesetzt wird, aber sie gestehen ein, daß noch Jahre des Testens vergehen müssen, bevor man sie am Menschen anwenden kann.

Die Wissenschaftler haben die genaue chemische Formel des Faktor S gefunden und berichten, daß einige pharmazeutische Hersteller daran interessiert sind, sie nachzumachen. Bis jetzt wurden nur winzige Mengen aus menschlichem Urin gewonnen.

Die Isolierung und Analyse des Faktors S krönt die 15-jährige Arbeit der Harvard-Professoren John Pappenheimer und Manfred Karnovsky.

Sie verabreichten den menschlichen Faktor S einer Vielzahl von Labortieren und stellten fest, daß Hasen dadurch 50% länger schlafen als gewöhnlich. Sie schrieben: "Es ähnelt dem Tiefschlaf, in den Tiere fallen, wenn sie nach langem Schlafentzug endlich einschlafen dürfen."

Der in den Tierversuchen verwendete Faktor S wurde sorgfältig aus viereinhalb Tonnen menschlichen Urins herausgelöst, der in Containern in öffentlichen Toiletten gesammelt wurde. Aus dieser Menge erhielten die Forscher 30 Mikrogramm des Faktors S, etwa das Gewicht von ein paar Körnchen Zucker.

Jedoch ist die Substanz äußerst wirksam, nur eine Winzigkeit davon bringt Tiere zum Einschlafen.

Die Forscher fanden, daß der Faktor S sich aus 4 elementaren Stoffen zusammensetzt: Glutaminsäure, Alanin, Diaminopimelinsäure und Muraminsäure.

Diese Zusammensetzung war eine Überraschung. Diaminopimelinsäure und Muraminsäure kommen in den Zellwänden von Bakterien vor, aber es war bisher unbekannt, daß sie auch im menschlichen Körper erzeugt werden. Die Wissenschaftler vermuten nun, daß die Bakterien im Darm notwendig sind, um den Faktor S herzustellen.

Die wissenschaftliche Arbeit begann in den späten 60-er Jahren, als die Forscher feststellten, daß Ratten durch die Rückenmarksflüssigkeit von müden Ziegen eingeschläfert werden konnten. Ohne Erfolg versuchten sie die schlaferzeugende Substanz aus Gehirnen von Tieren zu isolieren. Weil sie vermuteten, daß ein Teil davon wieder ausgeschieden wird, wendeten sie sich dem menschlichen Urin als Quelle für die Substanz zu.

Normalerweise verschläft ein Hase 40% seiner Zeit, aber wenn man ihm Faktor S ins Gehirn spritzt, schläft er 60 bis 70% der Zeit.

Rocky Mountain News, Denver
14. Mai 1982

lich nah an dem tatsächlich gemessenen Zeitraum. Dennoch gibt es einige Träume, bei denen die wahrgenommene Zeit nur sehr wenig mit der Uhrzeit übereinstimmt. Es gibt also Träume, die scheinen eine Woche zu dauern obwohl sie in Wirklichkeit schon nach einer Stunde vorbei sind. Das bedeutet nicht, daß wirklich alle in einer Woche möglichen Ereignisse im Traum stattgefunden haben, sondern nur, daß der Träumende das *Gefühl* hatte, eine Woche sei vergangen.

Physiologische Korrelate Wie wir bereits erwähnt haben, sind nahezu jegliche motorische Funktionen während des Träumens gehemmt, allerdings mit zwei Ausnahmen. Die eine Ausnahme sind die schnellen Augenbewegungen, die ja charakteristisch für den Traumschlaf sind. Diese REMs konnten bei einigen Experimenten (aber weitaus nicht bei allen) zu dem in Bezug gesetzt werden, was der oder die Träumende gesehen hat. Wenn jemand beispielsweise erzählt, er habe Gegenstände aus einem Flugzeug auf den Boden fallen sehen, könnte sein oder ihr Elektrookulogramm lange vertikale Augenbewegungen aufgezeichnet haben. Hingegen könnte ein Traum, in dem man einem Tischtennisspiel zuschaut, lange horizontale Augenbewegungen erzeugen. Die andere Ausnahme für den vollständigen Ausfall der motorischen Funktionen im Traumstadium scheint das autonome Nervensystem zu sein. Herzschlag, Blutdruck und Atmung zeigen sich sehr veränderlich und können beträchtlichen, plötzlichen Schwankungen während des Träumens unterliegen. Es ist noch unklar, ob dies die im Traum entstandenen Gefühle widerspiegelt oder nicht.

Bei Männern ist der Penis fast die gesamte Zeit des REM-Träumens hindurch teileregiert, bei Frauen ist die Durchblutung der Vagina gesteigert. Dies weist nicht notwendigerweise auf bestimmte, offen sexuelle Inhalte des Traumes hin, sondern eher auf eine Art physiologische

FUNDGRUBE D-1

Schlaflosigkeit. Was tun, wenn Sie nicht schlafen können?

Richard Bootzin von der Northwestern University gab den Schlaflosen die folgenden sechs Ratschläge, um ihre Schlafgewohnheiten (oder deren Fehlen) zu verändern *:

1. Legen Sie sich nur zum Schlafen hin, wenn Sie *wirklich müde* sind.
2. Benutzen Sie Ihr Bett ausschließlich zum Schlafen. Damit ist gemeint, Sie sollten im Bett nicht lesen, fernsehen, essen oder grübeln. Sexuelle Aktivität ist die einzige Ausnahme von dieser Regel. In dem Fall müssen Sie die jetzt folgenden Anweisungen hinterher berücksichtigen, wenn Sie dann schlafen wollen.
3. Wenn Sie merken, daß Sie nicht einschlafen können, stehen Sie auf und gehen Sie in ein anderes Zimmer. Bleiben Sie solange auf, wie Sie wollen, und gehen Sie dann zurück in Ihr Schlafzimmer. Sie sollen natürlich nicht dauernd auf die Uhr schauen, sondern Sie sollen immer dann wieder aufstehen, wenn Sie nicht sofort einschlafen können. Erinnern Sie sich: Das Ziel ist, daß Sie Ihr Bett mit dem *schnellen* Einschlafen assoziieren! Wenn Sie länger als 10 Minuten im Bett liegen ohne einzuschlafen und dann trotzdem nicht aufstehen, haben Sie diese Anweisung nicht befolgt.
4. Wenn Sie immer noch nicht einschlafen können, wiederholen Sie Schritt 3. Und tun Sie das so oft wie nötig die ganze Nacht hindurch.
5. Stellen Sie sich den Wecker und stehen Sie jeden Morgen zur gleichen Zeit auf, ohne Rücksicht darauf, wieviel Schlaf Sie in dieser Nacht bekommen haben. Das wird Ihrem Körper dabei helfen, einen konstanten Schlafrhythmus zu finden.
6. Machen Sie tagsüber kein Nickerchen.

Es gibt eine Schlaflosigkeit, die offenbar auf fehlender Übereinstimmung zwischen der biologischen Uhr eines Menschen und der tatsächlichen Zeit beruht. Jemand will -sagen wir mal um 23 Uhr- schlafen gehen, aber seine biologische Uhr ist auf Schlaf um 2 Uhr morgens programmiert. Die Forschung gibt uns Hinweise darauf, daß die biologische Uhr zwar verstellt werden kann, aber nur nach vorne. Folglich muß der Betreffende das Schlafengehen auf einen Zeitpunkt hinausschieben, der später liegt als der von der biologischen Uhr gesetzte Zeitpunkt. Bei einer Behandlung wird der Schlaflose veranlaßt, seine Einschlafzeit um ein oder zwei Stunden pro Nacht hinauszuschieben, um die Uhr solange vorwärtszustellen, bis sie mit seiner gewünschten Einschlafzeit von 23 Uhr übereinstimmt. Natürlich ist ein Nachteil dieser Behandlungsart, daß sie mindestens 10 Tage sorgfältiger Aufzeichnung und Veränderung bedarf, um die innere Uhr umzustellen. Der Betroffene wird sich Urlaub nehmen müssen, um die Behandlung zum Ende zu bringen, aber das ist ein geringer Preis für Menschen, die unter chronischer Schlaflosigkeit leiden.

Und schließlich erfordert Schlaf Entspannung. Deswegen können Entspannungstechniken für Schlaflose höchst wohltuend sein. Eine bekannte Methode ist die systematische Entspannung aller wichtigen Muskelgruppen des Körpers, alle nacheinander, beginnend mit den Füßen und Zehen und endend mit den Kopfmuskeln. Jede Muskelgruppe wird einige Male abwechselnd angespannt und entspannt, bis sie sich vollständig entspannt anfühlt. Wenn man schließlich bei den Muskeln des Kopfes und des Nackens angelangt ist, fühlt sich in der Regel der gesamte Körper entspannt und schlafbereit.

*R.R.Bootzin, *Insomnia*. Evanston, Ill.: Arts and Sciences, Northwestern University (Spring 1981):6.

Entlastungserscheinung. Die "Morgenerektion", früher auf eine volle Blase zurückgeführt, wird heute als eine Folge des letzten Traumes der Nacht angesehen, der meistens kurz vor dem Aufwachen stattfindet.

In den letzten zwei Jahrzehnten wurden viele Medikamente an Versuchspersonen verabreicht (kurz bevor diese zu Bett gingen), um zu sehen, welche Wirkungen diese Medikamente auf den Schlaf und den Traumzyklus haben. Der enorme Konsum an Schlafmitteln (Sedativa) in unserer Gesellschaft macht diese Forschungsarbeiten ganz besonders wichtig. Fast alle getesteten Medikamente, und vor allem die häufig eingenommenen, senken den Anteil des REM-Schlafes an der gesamten Schlafzeit. Dieses Defizit an REM-Schlaf bleibt oft die ganze Phase der kontinuierlichen Medikamenteneinnahme hindurch bestehen, und daher folgt auf ein Absetzen des Medikamentes zuerst ein zeitweiliger Anstieg (über normal) des REM-Schlafes für ein paar Nächte. Das gesamte Defizit wird jedoch nicht nachgeholt. Dies wurde der *REM-Rebound-Effekt* (Rückschlags-Effekt) genannt. Stimulanzien, z.B. Amphetamine, senken den Anteil an REM-Schlaf, während es einige Hinweise darauf gibt, daß niedrige Dosen von LSD oder Marihuana eine Verschiebung der REM-Zeit auf früher in der Nacht verursachen, allerdings ohne große Auswirkungen auf die gesamte REM-Schlafzeit.

Derartige Verschiebungen des Schlafzyklusses sind ganz allgemein schlecht für die Gesundheit. Ein positives Ergebnis war der Befund, daß ein paar Sedativa, z.B. Chloralhydrat, den Schlaf fördern, dabei aber den Schlafzyklus nicht stören.

Zur Frage der Validität Haben Träume auch eine reale Bedeutung? Jahrelang haben die meisten Psychologen angenommen, daß dies so ist. Das gilt besonders für die Psychoanalytiker, für die die Traumanalyse ein wichtiges Werkzeug der Therapie ist. Es wäre jedoch extrem schwie-

Eine "Landkarte" der Traumwelt

Von MATT CLARK, DAN SHAPIRO und MARIANA GOSNELL

So wie Lepidopterologen farbige Schmetterlinge fangen und präparieren, so fangen Schlafforscher Träume ein und bewahren sie zur Untersuchung in ihren Labors auf. Sie haben erforscht, wann Menschen träumen und wieviel, worin sich die Träume von Männern und Frauen unterscheiden, und wie sich die Träume mit dem Heranwachsen verändern. Die wichtigste Frage jedoch müssen sie erst noch beantworten: Warum träumen wir?

Träume zu sammeln ist leicht. Die meisten Träume treten im Schlafstadium mit den "schnellen Augenbewegungen" (REM) auf. Die Forscher brauchen ihre Freiwilligen nur gegen Ende einer REM-Phase aufzuwecken und sie zu fragen, was sie geträumt haben. Die meisten Schlafenden träumen alle 90 Minuten, beziehungsweise vier bis sechs Mal pro Nacht. Der erste Traum einer Nacht dauert in der Regel nur ein paar Minuten, während die Träume gegen Morgen sich bis zu einer Stunde erstrecken. Die meisten Träume werden schnell vergessen, doch Zehntausende von Träumen wurden durch Tonbandaufzeichnungen in den Schlaflabors festgehalten.

Das Geschlecht des Träumenden spielt eine große Rolle. Dr. Milton Kramer vom Veterans Administration Hospital in Cincinatti berichtet, daß Männer eher Szenen außer Haus träumen, Frauen bleiben dagegen im Haus. Männer träumen mehr von Arbeit und Geld, Frauen von ihren Familien. Frauen träumen von Männern und Frauen, Männer träumen von anderen Männern. Männer sind in ihren Szenarien die Angreifer. Anders als die aktiven Amazonen im Weltbild von James Thurber, tendieren Frauen zu passiven Träumen, in denen sie verfolgt werden, meistens von Männern.

Auch mit zunehmendem Alter verändern sich die Träume. Etwa mit 4 Jahren träumen Kinder nur "Schnappschüsse" ohne eine Geschichte und ohne Gefühlsinhalte, z.B. eine Kuh steht im Feld oder ein Fisch schwimmt in einer Glaskugel. "Das Träumen lernen wir im wesentlichen so wie wir Denken lernen, also in vorhersehbaren Schritten einerseits und plötzlichen Erkenntnissen andererseits," meint Dr. David Foulkes von der Atlanta Emory University. Wenn ein Kind dann 8 oder 9 Jahre alt ist, werden die Träume zu Filmen mit einer bestimmten Geschichte und konkreten Details. "Da war ein Nilpferd, das ist aus dem Zoo weggelaufen," erzählt einer von Foulkes jungen Freiwilligen. "Es ist in ein großes Lastauto gestiegen und weit weg gefahren, zu einem Land in Afrika, und fünf Indianer haben versucht, es zu jagen und dann ist es in den Zoo zurückgegangen. Ich wollte nicht, daß es gefangen wird."

Niemand weiß, welchem Zweck Träume dienen. Freud glaubte, daß Träume Wünsche symbolisieren, die ins Unbewußte verdrängt wurden und sich im Traum maskiert erfüllen. Dagegen sind einige der heutigen Schlafexperten der Ansicht, daß die psychische Bedeutung von Träumen -welche auch immer- sekundär im Vergleich zu ihrer neurologischen Bedeutung ist. Bei der Aufzeichnung der Gehirnwellenaktivität während des REM-Schlafes fand Dr.Howard Roffwarg von der University of Texas in Dallas eine Welle elektrischer Aktivität, die in der Pons, einer Hirnregion, beginnt und sich zum zerebralen Kortex hin ausbreitet, dem Zentrum des Denkens und der motorischen Aktiviät. Er vermutet, daß der Kortex einfach versucht, aus dieser Bombardierung mit elektrischen Signalen irgendetwas Sinnvolles zu machen - einen Traum, der sich grob in das Signalmuster einpaßt.

Bei weiteren Experimenten baten Roffwarg und Dr. John Herman die Freiwilligen, in ihren Wachstunden rote Brillengläser zu tragen. Die ersten Träume dieser Versuchspersonen in einer Nacht enthielten daraufhin viele rote Bilder, aber gegen Morgen wurde die Farbe immer schwächer. Diese Ergebnisse unterstützen die Vermutung, daß die frühen Träume kürzliche Erlebnisse wiedergeben, während die späten Träume sich mit der entfernteren Vergangenheit beschäftigen. Dr. Thomas Anderson aus Stanford glaubt, daß Träume die Erinnerungen in ein System bringen, welches das Lernen erleichtert. Erinnerte Erlebnisse würden sich ansonsten den Tag über im Geist anhäufen. Dazu stellt er fest, daß Ratten nach einer REM-Schlaf-Deprivation Schwierigkeiten haben, im Wachzustand ihre Aufgaben zu lernen. "In Träumen", so Anderson, "können wir Ereignisse noch einmal durchleben und sie dann in den Speicher zurücklegen."

Newsweek
13. Juli 1981

Trotz intensiver Laborforschung in den letzten Jahren bleibt die psychische Bedeutung des Träumens ein Geheimnis.

rig, diese Annahme experimentell zu validieren. In der Tat meinten kürzlich einige Forscher, daß Träume nichts anderes als Zufallsbilder sind, Nebenprodukte der normalen physiologischen Prozesse im Gehirn während des REM-Schlafes. Im Schlaf löst der Hirnstamm etwa alle 90 Minuten eine Serie von zufälligen Erinnerungen oder Bildern, die im Kortex gespeichert waren, aus. Kognitive Prozesse versuchen aus diesen Erinnerungen und Bildern eine zusammenhängende Geschichte zu weben, das Ergebnis ist ein Traum. Aber dieser Traum hat keine bestimmte Bedeutung. Wilse Webb, ein Hauptverfechter dieser Theorie, bat wache studentische Versuchspersonen, aus einer Reihe schnell dargebotener Bilder eine Geschichte zu machen. Diese "künstlichen Träume" waren den echten Träumen in ihren Inhalten, ihrer Plausibilität und Länge sehr ähnlich, und Gutachter konnten echte Traumprotokolle nicht von den künstlichen unterscheiden. Diese Befunde stützen Webbs Theorie, aber sie beweisen sie nicht. Aber sie werden wie kein anderer Befund Öl ins Feuer der Kontroverse über die wahre Bedeutung der Träume gießen.

Schlaf ohne REM (Traumloser Schlaf?)

Traumloser Schlaf ist eine Bezeichnung, die in der Regel für die Stadien 1 (ohne REM), 2, 3 und 4 der EEG-Ableitungen benutzt wird. Sie werden nicht von REMs begleitet und werden deshalb gemeinhin als Non-REM Schlaf Stadien oder Non-REM Schlaf bezeichnet. Aber den Begriff *traumloser Schlaf* sollten wir mit großer Vorsicht verwenden. Obwohl es nur ausgesprochen *selten* Berichte über intensive emotionale Träume in Non-REM Stadien gibt, treten sie doch gelegentlich auf. Die Forscher konnten bis jetzt noch nicht klären, ob diese lebhaften Berichte Träume sind, die nur aus einer früheren REM-Phase erinnert werden, oder ob sie sich wirklich im Non-REM Schlaf ereignen.

Wenn Versuchspersonen im Labor aus dem Non-REM Schlaf aufgeweckt und befragt werden, was ihnen durch den Sinn geht, ist die Antwort gewöhnlich "Nichts". Entweder gibt es keine geistige Aktivität in diesen Schlafphasen oder die Erinnerung daran ist extrem schlecht. Nur selten werden die auftretenden Phänomene von der Versuchsperson als Traum bezeichnet. Häufiger werden die Berichte über den Non-REM Schlaf Denken genannt. Die Erlebnisse während des traumlosen Schlafes machen eher den Eindruck eines sporadischen Denkens, also kurze, relativ logische und nüchterne Gedanken. Eine Wahrnehmung der Außenwelt findet im allgemeinen nicht statt. Entweder werden die Reize nicht gut in das fortlaufende Erleben integriert, oder das fortlaufende Erleben wird vergessen. Selbst-Bewußtheit scheint auch nicht vorhanden zu sein.

"Kurzschläfer" verlieren Kreativität

Von CHRISTOPHER DRAKE

"Wer braucht schon Schlaf?" fragt der energiegeladene junge Anwalt. "Ist doch nur Zeitverschwendung."

Er eilt von einem Prozeß zum anderen, von einem Mandanten zum nächsten, wobei er noch Mittagessen, Squash und Tennis, Verabredungen zum Abendessen und Parties einschiebt - eine rasane Mischung, die die meisten anderen Menschen "umhauen" würde.

Diese Gangart kann ihn aber auch ihn seelisch "umhauen", doch er würde es nie wahrhaben wollen.

Einige Forscher glauben heute, daß es einen Zusammenhang zwischen Schlafmangel und dem sich schindenden, ehrgeizigen Menschen gibt, der unter dem Begriff A Typ bekannt ist. Und sie glauben weiterhin, daß der Kurzschlafende vieles von seiner Fähigkeit zum kreativen Denken einbüßt, obwohl er selbst meint, er mache alles ganz großartig, und sich so fühlt, als ob er jedes Problem aus dem Feld räumen könne, das sich ihm in den Weg stellt.

"Die Untersuchungen zeigen bei Kurzschläfern einen auffälligen Verlust in der Fähigkeit zum divergenten Denken," sagt Robert Hicks, ein Psychologe an der San Jose State University, der die Beziehung zwischen Schlaf und Persönlichkeit erforscht. "Sie haben eine weniger bewegliche Intelligenz als Vielschläfer."

Hicks hatte auch Tierexperimente durchgeführt, die bewiesen, daß Schlafmangel Aggression erzeugt, einen Zustand mit erhöhtem Energieniveau. Dies liegt, so glaubt er, an einer Wechselwirkung mit dem REM-Schlaf. REM-Schlaf ist ein Traumzustand, in dem unser Geist vermutlich die vor kurzem aufgenommenen Informationen sortiert und für zukünftigen Gebrauch speichert. Eine Verkürzung des REM-Schlafes führt zu starrem Denken und einer agitierten Abwehrhaltung, sagt Hicks.

"Tiere werden nach längerem Schlafentzug furchtlos, sie riskieren viel und geben ihr normales Selbstschutzverhalten auf."

Hicks ist sich nicht sicher, was nun was verursacht, ob sich die Kurzschläfer in A Typen verwandeln, oder ob ein A Typ einfach weniger schläft als andere. Er glaubt aber, daß sich beides gegenseitig bedingt. Je weniger Schlaf jemand bekommt, desto unruhiger wird er, desto größer wird der Druck, den er empfindet, und daraus wiederum resultiert der Wunsch, weniger zu schlafen.

Dadurch und wegen seines unflexiblen Denkens, kann der Kurzschläfer und A Typ in seinem Leistungen hinter vergleichbare Kollegen zurückfallen - eine Katastrophe für solche Menschen, deren ganzer Antrieb dahingeht, im Leben vorwärts zu kommen.

Boulder (Colorado) *Daily Camera*
2. November 1980

Könnte es einen Zusammenhang zwischen Ihren Schlafgewohnheiten und Ihrer Persönlichkeit geben? Wenn ja, wo liegt die Ursache, wo die Wirkung? Dieser Artikel unterstellt, daß zu wenig Schlaf und die daraus folgende REM-Deprivation dazu führen können, daß Sie sich wie eine Typ A verhalten (vgl. Kapitel 9). Könnte man diese Korrelation auch anders interpretieren?

Der größte Widerspruch zu der Ansicht, daß im traumlosen Schlaf nur gelegentliche, vage und langweilige Gedanken auftauchen sollen, ist der Befund, daß *Schlafsprechen, Schlafwandeln* und der sogenannte *Nachtterror* (im Gegensatz zum Alptraum während der REM-Phase) meistens während des Non-REM Schlafes auftreten. Da der Betroffene sich nicht in einem Zustand der periphermotorischen Lähmung wie beim REM Schlaf befindet, können seelische Erlebnisse in körperlicher Handlung ausgedrückt werden. Die Tatsache, daß der Nachtterror meistens im Non-REM Schlaf erscheint, weist darauf hin, daß hier gelegentlich außergewöhnlich intensive, traumähnliche Vorgänge auf starkem emotionellen Erregungsniveau stattfinden. Unter diesen Voraussetzungen entwickelte sich aus dem Non-REM Schlaf ein weiterer veränderter Bewußtseinszustand, nämlich der im folgenden besprochene Zustand unter Hypnose.

HYPNOSE

Die Hypnose ist einer der in unserer Gesellschaft bestuntersuchten Bewußtseinszustände. Wir können die Hypnose als einen Bewußtseinszustand definieren, der durch eine Art geistige Ruhe, einen Mangel an fortlaufenden Gedankengängen, wie sie in der Regel bei normalem Bewußtseinszustand auftreten, und von Hypersuggestibilität charakterisiert ist. Durch die Hypnose kann man eine große Vielfalt an Erscheiungen und Erfahrungen hervorrufen, indem man dem Bereffenden Entsprechendes suggeriert.

Zu Beginn der Hypnose setzt oder legt sich der zu Hypnotisierende entspannt hin. Der Hypnotiseur bittet sie oder ihn, sich zu entpannen, ruhig und still zu sein, sich keine Gedanken über irgendetwas zu machen. Meistens wird zuerst suggeriert, daß sie oder er nun träge und schläfrig wird, aber stillschweigend weiß sie oder er genau, daß dies nur ein Mittel ist, damit sie oder er ihre oder seine Gedanken treiben lassen kann und vollkommen entspannt wird. Suggestionen, auf die die meisten Leute positiv reagieren, werden zu Anfang der Hypnotisierungsprozedur gegeben, und ein geschickter Hypnotiseur nutzt die positive Reaktion darauf, um das Vertrauen seitens des oder der Hypnotisierten wachsen zu lassen, damit er ihn oder sie in einen noch tieferen hypnotischen Zustand hineinleiten kann.

Die langen Wiederholungen von Suggestionen der Schläfrigkeit und des Einschlafens, die der Hypnotiseur gibt, können zu einem Zustand führen, der allgemein als *neutrale Hypnose* bezeichnet wird, das heißt ein hypnotischer Zustand ohne die spezifische Suggestion, daß irgendetwas *Bestimmtes* passieren wird. Die Hypnotisierten beschreiben dies als einen Zustand der Loslösung und geistigen Ruhe, in dem sie sich vollkommen entspannt fühlen. Wenn man sie befragt, woran sie denken, antworten sie in der Regel "an nichts". Sie beschreiben ihren Geist als leer, obwohl sie munter und aufmerksam gegenüber dem Hypnotiseur sind. Dieser Zustand steht in ausgesprochenem Gegensatz zu unserem normalen Bewußtseinszustand, in dem wir - wie bereits in Kapitel 6 ausgeführt wurde - ununterbrochen irgendetwas denken.

Es gibt immense individuelle Unterschiede in den Reaktionen auf Hypnose. Etwa 5 -10% der Leute reagieren überhaupt nicht, während weitere 10-20% sehr tiefe hypnotische Zustände erreichen und fast alle möglichen hypnotischen Erscheinungen erleben. Die Reaktionen der meisten Leute lassen sich auf einer Normalverteilung für die Empfänglichkeit zwischen diesen beiden Extremen einordnen.

Trotz umfangreicher Forschungsarbeiten über die Persönlichkeitseigenschaften der Reagierenden und der Nichtreagierenden kamen keine eindeutigen Ergebnisse ans Licht. Wir wissen wenig darüber, warum der eine für die hypnotischen Suggestionen so leicht empfänglich ist, und der andere nicht. Ähnlich wurde auch großer Forschungsaufwand über physiologische Veränderungen während der Hypnose getrieben, aber es wurden keine besonderen Veränderungen festgestellt,außer solchen, die auch der körperlichen Entspannung zugeschrieben werden konnten.

Über das Wesen der Hypnose existieren große Meinungsverschiedenheiten. Wenn man die Hypnose beispielsweise einfach als Folge von Hypersuggestibilität definiert, müßten einige Versuchspersonen sehr suggestibel sein und sich im übrigen so verhalten, wie man es von einem Hypnotisierten erwartet, werden aber nur über wenig oder gar keine Veränderung ihres bewußten Erlebens berichten. Ein Forschungsdesign, für das der Psychologe Martin Orne den Weg gebahnt hat, arbeitet sogar mit *Simulanten-Kontrollgruppen*, also mit Leuten, die ausgesucht wurden, weil sie auf wiederholte Versuche, sie zu hypnotisieren, nicht reagierten. Diese wurden darin trainiert, sich so zu *benehmen* wie Hypnotisierte. Oft können sie danach *aufgrund des äußeren Verhaltens* nicht mehr von wirklich Hypnotisierten unterschieden werden. Es sind nur noch die späteren, ehrlichen Berichte über das innere Erleben, was sie unterscheidet.

Im Folgenden werden wir von den traditionellen Ansichten über die Hypnose als einem veränderten Bewußtseinszustand ausgehen, was wahrscheinlich für einige Versuchspersonen auch grundsätzlich richtig ist, aber vergessen Sie nicht, daß manche Fachleute nicht daran glauben, daß die Hypnose überhaupt ein veränderter Bewußtseinszustand ist, sondern sie nur für einen Fall von engagiertem Schauspielern oder für ein Rollenspiel halten.

Psychologische Effekte

Wahrnehmung Aus der Sicht des Hypnotisierten können während der Hypnose viele Aspekte der Wahrnehmung völlig neu strukturiert werden. Bei bestimmten

Sinnesmodalitäten kann die Wahrnehmung in verschiedenem Ausmaß reduziert werden, ein Zustand, der *Hypoästhesie* genannt wird. Zum Beispiel wird den Leuten erzählt, sie könnten nicht mehr klar sehen, dann werden sie berichten, daß ihr Sehen jetzt unscharf oder trübe geworden sei. Hypoästhesie kann bis zu einem Punkt des totalen Blockierens einer Sinnesmodalität getrieben werden. Wenn man den Versuchspersonen beispielsweise erzählt, sie könnten überhaupt nichts mehr riechen, kann man ihnen eine Flasche Ammoniak unter die Nase halten, und sie zeigen praktisch keinerlei Reaktion darauf und erzählen, daß sie nichts gerochen haben. Weil auch die Schmerzempfindung mit Hypnose vollständig blockiert werden kann, wurde die Hypnose als Analgetikum (Schmerztöter) bei medizinischen und chirurgischen Eingriffen eingesetzt.

Andererseits kann auch eine *Hyperästhesie* erzeugt werden, indem man den Versuchspersonen suggeriert, daß einer ihrer Sinne außergewöhnlich scharf sei. Die meisten berichten dann von dem "Gefühl", ihre Sensitivität würde ansteigen, obwohl es für eine tatsächliche Veränderung der Sinnesschwellen keinerlei Beweise gibt. Diese Suggestionen können sogar zu Illusionen und Halluzinationen führen, wobei die Versuchspersonen Dinge sehen, die überhaupt nicht existieren. Einem sehr suggestiblen Menschen kann man zum Beispiel einreden, er sehe einen zahmen Eisbär durch den Raum laufen, und er wird ihn tatsächlich "sehen". Wichtig ist, daß der umsichtige Hypnotiseur bewußt von einem *zahmen* Eisbären sprechen wird, um die Versuchsperson nicht zu erschrecken.

Selbst-Bewußtheit Die Bewußtheit konzentriert sich während einer Hypnose schnell auf verschiedene externe und interne Vorgänge. Zum Beispiel können sich Hypnotisierte besonders ihrer inneren körperlichen Vorgänge bewußt sein. Noch interessaner ist, daß viele Prozesse, die normalerweise in der Bewußtheit liegen, abgespaltet werden können. Wenn man also einem Hypnotisierten sagt, sein Arm würde ohne sein bewußtes Zutun weiter kreisen und kreisen, wird es auch so sein. Einer Hypnotisierten könnte man z.B. sagen, daß sie jetzt gleich völlig blind wird, aber auf eine bestimmte Handgeste des Hypnotiseurs hin wird die Blindheit verschwinden. Sie wird dann berichten, sie sei jetzt völlig blind und sich entsprechend verhalten; doch wenn der Hypnotiseur die vereinbarte Geste macht, hört die "Blindheit" schlagartig auf. Das "Sehen" der Geste findet außerhalb der bewußten Bewußtheit statt.

Die Bewußtheit kann in der Hypnose merkwürdig aufgespalten sein, wie Ernest Hilgard von der Stanford University mit einer von ihm entwickelten Technik zeigen konnte. Er nannte sie *versteckter Beobachter.* Man sagt zu einem tief hypnotisierten Mann, daß ein Teil seines Geistes sich die ganze Zeit vollkommen dessen bewußt ist, was genau in dieser Situation geschieht und was er - der Hypnotiierte- erlebt und außerdem noch, daß dieser versteckte Beobachter auf bestimmte Signalreize hin Bericht erstatten kann. So wird beispielsweise dem Mann suggeriert, sein Arm sei taub, und dieser Arm wird mehrere Minuten lang in Eiswasser getaucht. Dieser *Kältedruck-Test* ist sehr schmerzhaft, besonders wenn das Eiswasser in Bewegung gehalten wird. Der Hypnotisierte wird berichten, daß er nur wenig oder gar keinen Schmerz empfindet

Um die Mitte des 19. Jahrhunderts stand die Hypnose im Mittelpunkt der wissenschaftlichen Aufmerksamkeit. Jean Charcot, ein französischer Professor der Anatomie, war der Ansicht, daß Hysteriker die besten Versuchsobjekte für Hypnose seien, weil sie offener für die Beeinflussung durch andere wären.

und wird sich entspannt und schmerzfrei verhalten. Der versteckte Beobacher jedoch fühlt den Schmerz ganz deutlich.

Emotionen Bei der neutralen Hypnose gibt es im allgemeinen überhaupt keine Gefühlsempfindungen. Emotionen können aber durch Suggestionen jederzeit hervorgerufen, ja jede einzelne Emotion kann in beliebiger Intensität und in Verbindung mit irgendeinem Reizobjekt ausgelöstt werden. Diese Stimuli können auch gänzlich unpassend sein. Beispielsweise sagt man dem Hypnotisierten: "Sie werden gleich einen wahnsinnig komischen Witz hören". Dann sagt der Hypnotiseur: "Kiefernnadeln sind grün", und der Hypnotisierte lacht schallend.

Der hypnotische Zustand kann einem Therapeuten Zugang zu Prozessen verschaffen, die normalerweise unbewußt ablaufen. Durch die Suggestion von emotioneller Gleichgültigkeit kann der Hypnotherapeut seinen Patienten dazu bringen, daß er sich an Dinge erinnert und damit arbeitet, die im Normalzustand zu schmerzlich wären, um damit umgehen zu können. So gesehen kann Hypnose ein nützlicher Zusatz für eine Psychotherapie sein. Wenn man einem oder einer Hypnotisierten suggeriert, er oder sie werde einen Traum haben, wird er oder sie ähnliches Material liefern wie bei normalem nächtlichen Träumen, das zur Aufdeckung der unterbewußten Prozesse bei dem Patienten bzw. der Patientin genutzt werden kann.

Gedächtnis Manchmal scheint es so, als ob sich das Gedächtnis eines Menschen unter Hypnose drastisch verändert. Wenn ein Gedächtnisverlust suggeriert wird, werden sich gut Hypnotisierbare so verhalten, als ob sie keinerlei Erinnerung an die Ereignisse hätten, die sie vergessen sollten. Kritisiert wird an solchen Demonstrationen, daß man unmöglich entscheiden kann, ob der Mensch wirklich etwas vergessen hat oder ob er nur die Suggestionen befolgt und auf die charakteristischen Anforderungen der Situation reagiert. Wenn eine spätere Suggestion zur Erinnerung vorgegeben wird, weist derselbe Mensch tatsächlich ein normales Gedächtnis auf.

So leicht es ist, die hypnotische Amnesie auf Anforderungen der Situation zurückzuführen, so schwer ist es, eine hypnotische Verbesserung des Gedächtnisses zu erklären. Verglichen mit Kontrollpersonen, die sich auch anstrengten, sich zu erinnern, gibt es wenig Befunde, die eine Gedächtnissteigerung durch Hypnose dokumentieren. Betrachten wir eine neuere Studie von Jane Dywan und Kenneth Bowers von der kanadischen University of Waterloo. Ihre hypnotisierten Versuchspersonen produzierten mehr korrekte Antworten auf einen Erinnerungstest als die Kontrollpersonen, aber sie machten auch dreimal so viel Fehler. Es sieht so aus, als ob die Hypnose nicht das Gedächtnis, sondern die Bereitwilligkeit zu raten steigert. Weiterhin sollte die dreifache Fehlerrate jedem zu denken geben, der geneigt ist, die Hypnose als Ermittlungsinstrument zuzulassen, z.B. bei Augenzeugen eines Verbrechens. Eine andere, neue Untersuchung von Jean-Roche Laurence und Campbell Perry von der Concordia University führte zu ähnlichen Ergebnissen. Diese beiden Forscher suggerierten ihren Versuchspersonen das Eintreten eines Ereignisses und stellten später fest, daß sich 50% von ihnen an das Ereignis "erinnerten" und fest glaubten, es habe tatsächlich stattgefunden. Dies legt nahe, daß es sehr leicht ist, einen hypnotisierten Augenzeugen durch unangemessene Vernehmungsmethoden in die Irre zu leiten. Leider ist die Hypnose kein Zauberweg, um etwas zu lernen oder zu erinnern.

Zur Frage der Validität

Die volkstümliche Annahme, daß ein Hypnotisierter wie ein Zombie aussieht, ist teilweise richtig. Viele Hypnotisierte benehmen sich anfangs *wirklich* wie Zombies, weil sie denken, daß man dieses Benehmen von ihnen *erwartet*. Die Erwartungen des Betreffenden, was geschehen wird, sind ganz entscheidend dafür, was dann wirklich geschieht. Ein Hypnotisierter oder eine Hypnotisierte kann sich völlig normal verhalten, wenn dies ihm oder ihr so suggeriert wurde. Unter solchen Umständen ist es dann häufig auch einem erfahrenen Hypnotiseur unmöglich zu unterscheiden, ob jemand hypnotisiert ist oder nicht. Sogar die motorischen Funktionen können in der Hypnose völlig normal sein. Manches weist darauf hin, daß Leute unter Hypnose etwas stärker oder geschickter werden können. Wir hatten bereits erwähnt, daß verschiedene motorische Handlungen ausgeführt werden können, auch ohne sich ihrer bewußt zu sein, ein Phänomen, das *Automatismus* genannt wird. Ein Beispiel dafür wäre das *automatische Schreiben*. Man gibt dem Hypnotisierten Stift und Papier und erzählt ihm, daß seine Hand gleich anfangen wird, Botschaften zu schreiben, ohne daß er irgendeine Ahnung hat, was seine Hand da tut. Eine talentierte Versuchsperson kann sich während der Prozedur in jemand anderen verwandeln und wird nachher höchst überrascht sein, was er oder sie geschrieben hat.

Es soll jedoch angemerkt werden, daß Laborstudien über Hypnose, durchgeführt vor allem von T.X. Barber, gezeigt haben, daß viele Phänomene, die unter Hypnose ziemlich erstaunlich erscheinen, tatsächlich auch *ohne* Hypnose recht gut hervorgerufen werden können. Dieser Befund brachte Barber und andere dazu, alle hypnotischen Erscheinungen motivationalen und sozialpsychologischen Variablen zuzuschreiben, und zu folgern, daß es keinen einheitlichen Zustand mit der Bezeichnung Hypnose gibt, der sich qualitativ vom Wachzustand unterscheidet.

Das typische Experiment von Barber besteht aus zwei Versuchsgruppen. Die eine Gruppe wird hypnotisiert, die andere Gruppe wird durch die Instruktionen des Versuchsleiters hoch motiviert, aber nicht hypnotisiert, was operational durch die Tatsache definiert wird, daß die Versuchspersonen nicht auf die Hypnoseprozedur vorbereitet werden. Das grundlegende Ergebnis ist, daß viele der Handlungen, die die Hypnosegruppe vollbringt, auch von den Personen der motivierten Kontrollgruppe ausgeführt werden können, z.B. ausgestreckt zwischen zwei Stühlen liegen, wobei nur der Kopf und die Knöchel auf den Stühlen aufliegen. Barber will mit solchen Experimenten beweisen, daß Hypnose keine wirkliche Zauberei ist. Daher setzt er das Wort "Hypnose" auch immer in Anführungszeichen.

Kritiker haben entgegnet, daß Barbers Resultate irreführend sind, besonders für jene, die nie mit Hypnose gearbeitet haben und hypnotisches Verhalten nicht verstehen können. Sie glauben, daß eine Definition der Hypnose als das Herunterlesen einer Reihe hypnotischer Instruktionen verfälschend ist, weil viele Personen der Hypnosegruppe deshalb nicht auf Hypnose reagieren und daher kaum als Hypnotisierte bezeichnet werden können. Dagegen können manche sehr suggestible Personen in der Kontrollgruppe durch die Instruktionen tatsächlich hypnotisiert worden sein. Sie sind so hoch motiviert, daß eine Selbsthypnose ausgelöst worden sein kann. Weiterhin werden Kontrollpersonen oft soweit gebracht, daß sie glauben, im Prinzip könne jeder diese Kunststückchen vollbringen, und sie könnten sich so sehr genötigt fühlen, daß sie die erwarteten Reaktionen vortäuschen.

Barber hat auf die Argumente seiner Kritiker wiederum geantwortet, und die Diskussion hält immer noch an. Man scheint sich aber einig zu sein, daß Geist und Körper des Menschen zu sehr merkwürdigen Dingen fähig sind, mit oder ohne Hypnose, und daß Erklärungen für hypnotische Erscheinungen nicht der Anrufung von mystischen oder magischen Kräften seitens des Hypnotiseurs oder des Hypnotisierten bedürfen.

Nutzen und Gefahren

Die Hypnose kann vielen wichtigen Aufgaben dienen, wenn sie richtig eingesetzt wird. Zusätzlich zu ihrer experimentellen Funktion in der Psychologie hat die Hypnose auch großen medizinischen und psychiatrischen Nutzen. Wie bereits erwähnt, wurde die Hypnose häufig als Analgetikum in der Chirurgie benutzt, bevor chemische Anästhesiemittel verfügbar waren, und sie wird auch heute noch häufig dafür genommen, wenn solche chemischen Mittel kontraindiziert sind. Hypnotische Suggestionen können

Ist die Hypnose purer Schwindel?

Auf einen Mord hin, der letztes Jahr in Joliet, Illinois, geschehen war, wurde ein Augenzeuge, der sich an das Gesicht des Mörders nicht erinnern konnte, von einem entsprechend ausgebildeten Polizeibeamten hypnotisiert. Obwohl das Verbrechen bei Nacht geschah und der Zeuge fast 90 Meter vom Tatort entfernt war, konnte er sich unter Hypnose das Gesicht des Mörders vor sein geistiges Auge holen und ihn als einen früheren Klassenkameraden identifizieren. Auf der Grundlage dieser Identifizierung duch einen "Augenzeugen" wurde der Verdächtige vor Gericht gebracht und wäre der Tat überführt worden, wenn nicht ein Ophthalmologe bezeugt hätte, daß unter Bedingungen wie jenen der Mordnacht ein genaues Erkennen von Bildern, die weiter entfernt sind als 10 Meter, unmöglich ist.

Dies ist ein Beispiel unter vielen, so die Verhaltensforscher, wo ein nicht hinterfragtes Vertrauen in die Hypnose bei polizeilichen Ermittlungen zu schwerwiegenden Fehlurteilen führen kann. Der Psychiater Martin T. Orne, der die gesamte Literatur über Hypnose kritisch überprüfte, stellte fest, daß der weitverbreitete Glaube existiert, Hypnose steigere die Erinnerungsfähigkei. Ein Glaube, der größtenteils daher rührt, daß Freud die Hypnose anwendete, um verdrängte Erinnerungen seiner Patienten ans Licht zu bringen. Aber auch Freud fragte sich ernsthaft, ob seine Patienten sich wirklich erinnern oder nur fantasieren, und es gibt bis heute keinen wissenschaftlichen Nachweis der Genauigkeit von Erinnerungen, die durch Hypnose hervorgerufen wurden. In der Tat, fügt Orne hinzu, weisen die wissenschaftlichen Untersuchungsergebnisse eher darauf hin, daß das kritische Urteil unter Hypnose nachläßt. Weil es einfach unmöglich ist, keine Suggestivfragen zu stellen, wenn man nicht genau weiß, was passiert ist, geben die Hypnotiseure ausnahmslos subtile Hinweise, die andeuten, was sie erwarten. Weil die Versuchspersonen wiederum sehr stark auf die Hypnotiseure reagieren, überrascht es kaum, daß sie sich an neue Informationen erinnern, wenn sie hypnotisiert sind. Aber die Unterscheidung zwischen wirklichem Gedächtnis und künstlichem Gedächtnis ist sehr schwierig, behauptet Orne.

Das Problem mit den unglaubwürdigen Erinnerungen wird im Gerichtssaal verstärkt, erklärt Orne, weil die Hypnose dazu führen kann, daß sich ein unsicherer Zeuge auf einmal ziemlich sicher fühlt. Die Haltung und das Selbstvertrauen eines hypnotisierten Zeugen könen nicht nur die Justizbeamten, sondern auch die Geschworenen überzeugen.

Die Psychologin Elizabeth Loftus unterstützt Ornes Folgerungen mit Forschungsdaten zur Beeinflußbarkeit des Gedächtnisses von Augenzeugen. Loftus mußte feststellen, daß Zeugen, denen absichtlich irreführende Fragen gestellt wurden, mit recht hoher Wahrscheinlichkeit das, was sie wirklich gesehen hatten, durch die suggerierten Informationen ersetzten. Vokabular und Satzbau sind entscheidend dafür, wie stark eine Frage das Gedächtnis verfälschen kann. Loftus berichtet, daß unter manchen Bedingungen 80% der Zeugen ihre Erinnerungen nach der Befragung verändert hatten.

Die entscheidende Frage ist: Was geschah mit der ursprünglichen Information? Wir neigen dazu, an die Dauerhaftigkeit des Gedächtnisses zu glauben, aber eigentlich gibt es keine Beweise für eine solche Dauerhaftigkeit. Bevor wir eine Technik wie die Hypnose anwenden, um "wahre" Erinnerungen wiederzufinden, folgert Loftus, müssen wir erst wissen, ob es da überhaupt irgendwas zu finden gibt.

Science News
16. Januar 1982

Hypnose ist kein Lügendetektor. Und es gibt keinerlei Garantien für ein perfektes Gedächtnis unter Hypnose.

auch Spannungen mindern und manchmal den Heilungsprozeß von Wunden beschleunigen. In der Psychotherapie wurden viele spezielle Anwendungen der Hypnose entwickelt, so erst kürzlich in Verbindung mit der Verhalensmodifikation. Tatsächlich hat fast jede Fachrichtung der Medizin Anwendungsmöglichkeiten für die Hypnose gefunden.

Andererseits kann Hypnose bei Mißbrauch auch gefährlich sein. Die Gefahren rühren von zwei Hauptfaktoren her. Erstens erwarten viele seelisch kranke Menschen von Hpynotiseuren eine Wunderheilung. Da die Hypnose die Macht hat, Erfahrungswelten umzustrukturieren, kann sie zufällig auch zu Erfahrungen führen, die die Leute noch kränker machen. Der zweite Faktor ist die Tatsache, daß Hypnosetechniken leicht zu lernen sind. Auch Leute, die keinerlei Ausbildung in Psychologie oder Medizin haben, können aus einem Wunsch heraus, andere zu beherrschen (meistens rationalisiert als der Wunsch, anderen zu helfen) leicht anfangen, Hypnose zu praktizieren. Die Kombination dieser Gefahrenfaktoren kann zu ernsthaften Schäden führen. Selbstverständlich sollten Sie es vermeiden, sich selbst als Versuchsobjekt für ungenügend ausgebildete Hypnotiseure zur Verfügung zu stellen.

DROGEN

Alkoholkonsum

Alkohol -in Form von Wein, Bier oder Schnaps- ist wahrscheinlich die bekannteste und meistverwendete Droge der Welt. Berichte über den Alkoholgenuß gibt es seit den Anfängen der Zivilisation. Die Einstellungen gegenüber dem Alkohol variierten in den verschiedenen Kulturen zwischen Akzeptanz, Verherrlichung und totaler Ablehnung. Diese kulturellen Einstellungen können offenbar die sogenannten grundlegenden "physiologischen" Wirkungen des Alkohols beeinflussen. In manchen Kulturen ist trotz starken Alkoholkonsums so etwas wie ein "Kater" praktisch unbekannt.

Im Vergleich zu seiner Verbreitung ist der Alkoholkonsum reichlich unerforscht. Es gibt zwar eine Menge Literatur über die Wirkungen des Alkohols, aber vieles davon will nur beweisen, daß Alkohol ein "Werkzeug des Teufels" ist oder aber daß "ein paar Drinks niemandem schaden". Wenn man die zwiespältige Einstellung unserer eigenen Kultur gegenüber Alkohol bedenkt, ist dies verständlich.

Natürlich führt nicht jeder Alkoholgenuß zu einem veränderten Bewußtseinszustand. Der Grad der Trunkenheit und die Auswirkungen auf das Verhalten und die psychischen Funktionen korrelieren mit der Alkoholkonzentration im Blut (vgl. Tabelle D-1). Bei niedrigem Alkoholspiegel im Blut kann man den Bewußtheitszustand noch als normal bezeichnen. Wenn der Spiegel aber erst einmal bei 1,0 Promille oder höher liegt, kann man die Trunkenheit schon als einen eigenen Bewußtseinszustand bezeichnen.

Psychische Wirkungen

Wahrnehmung und Selbst-Bewußtheit Bei niedrigem Alkoholspiegel kann es zu einem leichten Anstieg der Hörschärfe kommen. Angenehme Gefühle, z.B. ein Gefühl der Wärme, werden zur vorherrschenden Körperwahrnehmung. Bei höherem Alkoholspiegel tauchen sensorische Beeinträchtigungen auf, z.B. Unfähigkeit zu feineren visuellen Diskriminationen, wie sie etwa beim Lesen verlangt werden. Bei sehr hohem Alkoholspiegel sieht der Betrunkene alles doppelt, dann können auch Übelkeit und Erbrechen sowie ein "Kater" am nächten Tag auftreten.

Der primäre Effekt des Alkohols auf die Selbst-Bewußtheit ist höchst verhängnisvoll. Alkohol erzeugt eher Gefühle der gesteigerten Kompetenz und Fähigkeit, als eine realistische Wahrnehmung der aufgetretenen Beeinträchtigungen von mentalen und motorischen Funktionen. Solche Effekte sind verantwortlich für die Schwierigkeiten, die man hat, wenn man versucht, einen Betrunkenen vom Autofahren abzuhalten, und sind der Grund für viele Todesfälle und Zerstörungen, die betrunkene Fahrer verursachen.

Emotionen Der Alkoholkonsum ist schon lange für seine Auswirkungen auf die Gefühlslage bekannt. Die Entspannung und die geringe Hemmschwelle, die das Trinken begleiten, galten oft als ein Plus für jede gelungene Party, weil Alkohol bewirkt, daß sich die Gäste ungezwungener fühlen und freier interagieren. Man fand heraus, daß Ängste allerdings erst bei ziemlich hohem Alkoholpiegel abnehmen, und daß der Haupteffekt des Alkohols die Auslösung von *Machtphantasien* ist. Bei niedrigem Alkoholspiegel handelt es sich eher um Gefühle der "gesellschaftlichen Macht", das heißt, der Betrunkene glaubt, die Welt retten zu können und ähnliches. Bei höherem Spiegel verwandeln sie sich in Phantasien von rein persönlicher Macht. So muß man sich auch einen großen Teil der Aggressivität erklären, die oft eine Folge der Trunkenheit ist.

Es wird viel für Alkohol als sexuelles Enthemmungsmittel geworben, aber da muß man sich fragen, wieviel davon (genau wie bei anderen alkoholbedingten Verhaltensänderungen) tatsächlich ein direkter Effekt des Alkohols ist und wieviel einfach nur ein kulturell bedingter Effekt. Für Leute, die als "betrunken" angesehen werden, gelten lockerere Verhaltensregeln und ihnen werden Handlungen nachgesehen, die normalerweise mißbilligt würden.

Gefahren Das Gefühl des übersteigerten Selbstvertrauens in die eigenen Fähigkeiten, das Betrunkene haben, macht sie zusammen mit erheblichem Kontrollverlust zu besonders gefährlichen Autofahrern. Sie halten sich dann für *bessere* Fahrer als sonst, fahren schneller und rücksichtsloser als gewöhnlich. Genau wie bei den andeen Bewußtseinszuständen gibt es auch hier beträchtliche individuelle Unterschiede. Motorische Handlungen, die schon lange fest und sicher eingeübt sind, werden durch Alkoholeinfluß weniger beeinträchtigt als erst vor kurzem erlernte Fähigkeiten. Manche Menschen haben auch gelernt, den Allmachtsgefühlen zu mißtrauen und können daher angemessener mit Akohol umgehen, aber das sind nur die wenigsten.

Trotz der großen gesellschaftlichen Verbreitung sollte es klar sein, daß Alkohol und der durch ihn erzeugte Zustand sehr gefährlich sein kann, sogar wenn wir die Gefahr eines entstehenden Alkoholismus einmal außer acht lassen. Alkohol in kleinen Mengen hat keine großen Folgen. Aber wenn große Mengen Alkohol konsumiert werden, und/oder wenn sich bereits ein Alkoholismus entwickelt hat, stellen die Auswirkungen des Alkohols eines der größten Probleme unserer Gesellschaft dar (vgl. auch Kapitel 11).

Marihuana

Marihuana ist der Name für die Aufbereitung der blühenden Spitzen oder der Blätter der indischen Hanfpflanze *Cannabis sativa*. Der aktive Hauptbestandteil von Marihuana ist Tetrahydrocannabiol (THC). Umgangssprachliche Ausdrücke für Marihuana sind Gras, Shit, Dope, Hanf und Mary-Jane. Marihuana ist seit Tausenden von Jahren als Rauschmittel bekannt, aber die Erforschung seiner Wirkung begann erst vor ein paar Jahren. Trotz der manchmal empfindlichen gesetzlichen Strafen für den Besitz oder Verkauf von Marihuana, wie sie in vielen Staaten immer noch bestehen, schätzt man aufgrund einer Umfrage des Gallup-Instituts von 1977, daß mindestens 36 Millionen Amerikaner Marihuana probiert haben und über 15 Millionen Amerikaner es regelmäßig konsumieren. Etwa 50 % der College-Studenten haben die Droge ausprobiert.

Bei der Betrachtung des Marihuana-Rausches als Bewußtseinszustand sollten wir daran denken, daß die Auswirkungen des Rausches größtenteils durch psychische Faktoren -zusätzlich zu den rein pharmakologischen Wirkungen der Droge selbst- bestimmt werden. Tatsächlich sind, abgesehen von Qualität und Menge der eingenommenen Droge, beinahe alle anderen Faktoren, die die

Tabelle D-1 Auswirkungen des Alkoholkonsums

Blutalkohol-konzentration in Promille	Einflüsse auf das Erleben und Verhalten	Menge üblicher Getränke *
5,0%	Tod wahrscheinlich.	
3,0%	Stupor wahrscheinlich.	0,5 l Whisky
1,5%	Trunkenheit für Beobachter bemerkbar: Schwerfälligkeit und Schwanken beim Gehen. Weniger Angst und Furcht. Beeinträchtigung der mentalen Funktionen. Gefühl der persönlichen Macht. Das Gedächtnis ist beeinträchtigt (vgl. Kapitel 5).	5 Cocktails oder 0,8 l Wein oder 10 Fl. Bier
1,2%	Beeinträchtigung der Feinmotorik, leichtes Schwanken beim Gehen und Stehen. Gefühl der gesellschaftlichen und persönlichen Macht.	4 Cocktails oder 0,6 l Wein oder 8 Fl. Bier
1,0%	In den USA gesetzlich festgelegte Grenze der Fahruntüchtigkeit. (In der BRD derzeit 0,8 Promille).	3 Cocktails oder 0,5 l Wein oder 6 Fl. Bier
0,9%	Verstärkte Emotionen, Absinken der Hemmungen.	
0,6%	Entspannung, Wärme, "High"-Gefühl, leichte Beeinträchtigung der Motorik, wenn viel Geschicklichkeit gefordert wird.	2 Cocktails oder 0,3 l Wein oder 4 Fl. Bier
0,3%	Keine erkennbaren Einflüsse auf das Verhalten.	1 Cocktail oder 0,15 l Wein oder 2 Fl. Bier

* Die Blutalkoholkonzentrationen für die angegebenen Getränkemengen basieren auf der Annahme von etwa 70 kg Körpergewicht. Bei geringerem Gewicht führt dieselbe Menge zu höherer Konzentration, und umgekehrt. Ein Cocktail wird festgelegt auf einen Gehalt von 42 g reinen Alkohols (Whisky oder ähnliches). Mit Wein ist normaler Tafelwein gemeint und nicht schwerer Dessertwein.

Qualität des herbeigeführten Bewußtseinszustandes - des "Trips"- beeinflussen, psychischer Natur. Dazu gehören die Persönlichkeit, die Erwartungen, die Stimmung und die Wünsche des Konsumenten (vgl. Tabelle D-2). Weitere drogenunabhängige Faktoren sind die äußere Umgebung und die körperliche Verfassung des Konsumierenden. Wir können uns zwei verschiedene Wirkungen des Marihuanarausches oder der psychedelischen Erfahrung vorstellen. Die eine könnte man den reinen *Drogeneffekt* nennen, der fast unvermeidlich aus der chemischen Wirkung auf das menschliche Nervensystem resultiert. Die andere können wir die *möglichen* Effekte nennen. Die chemische Wirkung der Droge auf das menschliche Nervensystem erzeugt ein Potential für bestimmte Arten von Erfahrungen, *falls* verschiedene drogenunabhängige, psychische Faktoren entsprechende Voraussetzungen erfüllen. Tatsächlich lassen manche Forschungsarbeiten vermuten, daß die genaue Hinwendung zum subjektiven Erleben, die normalerweise nicht vorhanden ist, schon einige der "psychedelischen" Effekte erzeugt, die sonst der Drogenwirkung zugeschrieben werden. Beim Marihuana übersteigt die Anzahl dieser möglichen Effekte die reinen Drogeneffekte um ein Vielfaches. Da wir diese Faktoren in Rechnung stellen, werden wir die häufigsten *erlebnismäßigen* Charakteristika des Marihuanarausches beschreiben, wie sie bei heutigen studentischen Konsumenten unter normalen Umständen aufreten.

Psychische Effekte

Wahrnehmung Der Marihuanarausch hat einen deutlichen Effekt auf die Wahrnehmungsprozesse in der Art, daß die meisten Konsumenten ihre Wahrnehmung im allgemeinen für gesteigert halten und glauben, sie seien näher an den wirklichen, wahren Qualitäten der Wahrnehmungen,

Tabelle D-2 Folgende Faktoren beeinflussen die Wahrscheinlichkeit einer angenehmen oder unangenehmen Drogenerfahrung

	Variablen	Gute Erfahrung wahrscheinlich	Schlechte Erfahrung wahrscheinlich
Droge	Qualität	Rein, bekannt	Unbekannte Droge und unbekanntes Ausmaß an (schädlichen) Verunreinigungen
	Quantität	Genau bekannt, den individuellen Wünschen angepaßt	Unbekannt, läßt sich auch nicht beeinflussen
Langzeitfaktoren	Kultur	Akzeptanz, Glaube an wohltuende Wirkung	Ablehnung, Glaube an schädigende Wirkung
	Persönlichkeit	Stabil, offen, sicher	Unstabil, starr, neurotisch oder psychotisch
	Physiologie	Gesund	Spezielle Anfälligkeit, die der Droge entgegenwirkt
	Drogenerfahrung	Viel Erfahrung, gewonnen unter günstigen Umständen	Wenig oder keine Erfahrung oder Vorbereitung; unangenehme vergangene Erfahrung
Unmittelbare Konsumentenfaktoren	Stimmung	Glücklich, ruhig, entspannt oder euphorisch	Deprimiert, übererregt, wichtige Gefühle unterdrückend
	Erwartungen	Vergnügen, Einsicht, bekannte Faktoren und Eventualitäten	Gefahr, Schaden, Manipulation, unbekannte Ereignisse
	Wünsche	Allgemein Vergnügen, bestimmte vom Konsumenten anerkannte Ziele	Ziellosigkeit (verdrängt), Wunsch, sich selbst für den sekundären Lustgewinn zu schaden oder herabzusetzen
Umgebende Situation	Räumliche Umgebung	Angenehm und ästhetisch ansprechend für den Konsumenten	Kalt, unpersönlich, "medizinisch", "psychiatrisch", "krankenhausartig", "wissenschaftlich"
	Soziale Umgebung	Freundliche, nicht manipulierende Kommunikation unter allen Beteiligten	Entpersönlichung oder Manipulierung des Konsumenten, allgemein aggressive Stimmung
	Formale Anweisungen	Klar, verständlich, zweckdienlich, vertrauenserweckend	Zweideutig, bewußte Lügen, mißtrauenserweckend
	Implizite Anforderungen	Kongruent mit expliziter Kommunikation, förderlich	Widerspruch zu expliziter Kommunikation und/oder Verstärkung anderer negativer Variablen

die sie haben. Die Wirkungen sind in der Regel sehr angenehm. Der Betreffende kann neue Qualitäten des Klanges, des Geschmacks und des Tastens wahrnehmen. Er kann mehr Freude am Essen haben, die Worte von Liedern besser verstehen, merken, daß sein Tastsinn viel empfindlicher geworden ist, und er kann neue und luststeigernde Entdeckungen beim sexuellen Orgasmus machen. Manche können in visuellem Material, das normalerweise zweideutig ist, eindeutige Motive sehen. Häufig kommt es auch zu neuartigen, innerkörperlichen Empfindungen, und in den meisten Fällen ist das Bewußtsein des Berauschten gefesselt und bezaubert von zahlreichen interessanten und angenehmen Sinnessteigerungen. Die bisherigen Untersuchungsergebnisse liefern keinerlei Beweise dafür, daß tatsächlich ein Absinken der Reizschwelle für die Sinnesmodalitäten stattfindet, daher beruhen diese Effekte offensichtlich auf der Verarbeitung der eintreffenden Reize. Der Marihuanakonsument selbst glaubt, daß weniger Informationsverarbeitung stattfindet als sonst, er glaubt sich eher in Kontakt mit sensorischem Rohmaterial als mit der abstrakten Repräsentation des Materials.

Emotionen Erfahrene Marihuanakonsumenten fühlen sich fast ausnahmslos gut, wenn sie etwas genommen haben, aber in der Regel erleben sie sowohl ihre angenehmen als auch ihre unangenehmen Gefühle erheblich intensiver. Neulinge finden diese Erfahrung eher streßreich und haben sehr unangenehme Gefühle dabei. Obwohl es, in Anbetracht der Illegalität des Marihuana, keine exakten Zahlen gibt, lassen grobe Schätzungen vermuten, daß 5-10% der Leute, die es zum ersten Mal versuchen, eine schlechte Erfahrungen machen und es nie wieder nehmen. Auch bei erfahrenen Konsumenten kommt es gelegentlich zu schlechten Erfahrungen, beonders wenn sie versuchen, vor unangenehmen Gefühlen davonzulaufen.

Kognitive Prozesse Die kognitiven Vorgänge können sich während eines Rausches radikal verändern. Der Konsument bzw. die Konsumentin mag fühlen, daß seine oder ihre Gedanken intuitiver werden und weniger an die gewöhnliche Logik gebunden sind. In der Regel glaubt der oder die Betreffende eine recht gute Kontrolle über seine oder ihre gedanklichen Prozesse zu haben, mit Ausnahme der Fälle, wo der Rauschzustand sehr stark ist. Charakteristische Erfahrungen sind : Die Fähigkeit, den Rauscheffekt willentlich abzustellen, falls es notwendig ist; das Gefühl, eher wie ein Kind und offen für neue Erfahrunen zu sein; Schwierigkeiten beim Lesen; das Empfinden, seine eigene Psyche und die Psyche anderer zu durchschauen; weniger an die Zukunft denken, sich mehr im Hier und Jetzt fühlen; hintergründigen Humor schätzen und Widersprüche besser ertragen können.

Gedächtnis Ein Marihuanarausch führt zu einem geringen Verlust der gesamten Gedächtnisfunktion und bewirkt gleichzeitig eine ganz spezifische Änderung der Gedächtnisleistungen. Ein charakteristischer Effekt ist, daß die Gedächtnisspanne verkürzt wird, und der Betreffende z.B. den Anfang eines Gespräches vergißt, obwohl er meint, er könne dies mit besonderer Anstrengung kompensieren. Die Erinnerungen können eher als Bilder der verschiedenen Sinnesmodalitäten denn als abstrakte Gedanken wiederkommen. Bei sehr starkem Rauschzustand kann sogar der Anfang eines Satzes vergessen werden. Diese verkürzte Erinnerungsspanne erklärt vielleicht, warum die Ausführung schwieriger Aufgaben, die verlangen, daß man sich an vorhergehende Schritte erinnern kann, durch den Marihuanakonsum beeinträchtigt wird.

Identität Der Identitätssinn kann sich durch Marihuana grundlegend verändern. Es wurde bereits erwähnt, daß man sich dann ähnlicher einem Kind und offener für neue Erfahrungen fühlt. Man könnte das so beschreiben, daß die Reize mehr als das wahrgenommen werden, was sie sind, statt daß sie vom normalen Ich bewertet würden. Andere typische Effekte sind: Ereignisse eher zu akzeptieren und weniger das Bedürfnis zu haben, sie steuern zu müssen; es schwer zu finden, normale Gesellschaftsspiele

Lungenschädigung durch Marihuana

Veränderte Rauch- und Inhalationsgewohnheiten sind die Ursache dafür, daß Marihuanazigaretten einen etwa vierfach stärker schädigenden Einfluß auf das tracheobronchiale System haben als Tabakzigaretten.

Um das Risiko einer Lungenschädigung durch das Rauchen von Marihuana und Tabak zu vergleichen, hat *Dr. Tzu-Chin Wu* von der University of California die relative Lungenbelastung durch Teer und Kohlenmonoxid bei vergleichbaren Mengen an Tabak und Marihuana untersucht ("New England Journal of Medecine" Band 318, Seite 347 bis 351). Die Messungen wurden an 15 männlichen Probanden durchgeführt, die bis zum Zeitpunkt ihrer Untersuchung über mindestens fünf Jahre gewohnheitsmäßig Tabak oder Marihuana geraucht hatten. Bei jedem Probanden wurden vor und nach dem Rauchen von Tabak- und Marihuanazigaretten der Co-Hämoglobinspiegel im Blut sowie die inhalierte und im Respirationstrakt zurückgehaltene Teermenge bestimmt.

Der Genuß von Marihuanazigaretten führte zu einem fünffach stärkeren Anstieg des CO-Hb. Die inhalierte Teermenge war etwa dreimal so groß und im Respirationstrakt wurden 30 Prozent mehr Teer zurückgehalten. Deutliche Unterschiede wurden zudem im Rauchverhalten gesehen. Beim Rauchen von Marihuanazigaretten waren das inhalierte Rauchvolumen sowie die Inhalationstiefe deutlich größer, und der inhalierte Rauch wurde im Vergleich zu Tabakzigaretten viermal länger in den Lungen gehalten. Die Rauchdynamik änderte sich nicht, wenn Marihuanazigaretten angeboten wurden, aus denen das Tetrahydrocannabinol extrahiert worden war.

Die neue Ärztliche
21. April 1988

Mit freundlicher Genehmigung von Verlag und Autor
Herrn Dr. W. Schauerte

zu spielen, und spontane Einsichten in das eigene Selbst zu haben.

Zeitsinn Die Zeit scheint im Rausch langsamer zu vergehen, obwohl manche Konsumenten gelegentlich glauben, die Zeit verginge schneller. Das Gefühl, mehr in der Gegenwart zu sein, ist ebenfalls charakteristisch.

Motorik Erfahrene Konsumenten fühlen sich im Marihuanarausch entspannt und bewegen sich nicht gerne. Manche berichten auch, daß sie sich ruhiger fühlen als im Normalzustand oder im Alkoholrausch. Doch wenn sie sich bewegen, empfinden sie ihre Bewegungen in der Regel als sehr koordiniert und fließend. Laborstudien brachten im allgemeinen das Ergebnis, daß die meisten motorischen Aufgaben bei *erfahrenen* Konsumenten nicht durch Marihuana beeinflußt werden. Allerdings steigt die Wahrscheinlichkeit einer Beeinträchtigung, sobald komplexere Anforderungen an die Geschicklichkeit gestellt werden. Unerfahrene Konsumenten haben manchmal auch bei einfachen Aufgaben große Schwierigkeiten.

Nutzen und Gefahren Die Anhänger des Marihuanakonsums preisen seine vielen Vorteile: Entspannung, Erlösung von Druck, stark gesteigerter Schönheitssinn, Selbsterkenntnisse und manchmal auch spirituelle oder religiöse Erlebnisse. Einige der gesammelten Daten lassen vermuten, daß Marihuana einen gewissen Behandlungs-

Medizinische Folgen des Kokainabusus

Kokain hat sich in den USA schon vor Jahren als illegale Droge etabliert; in neuerer Zeit ist es auch in Europa zu einem Problem geworden. Kokain hat den Ruf, relativ harmlos zu sein und nicht abhängig zu machen. Im Licht der heutigen medizinischen Erkenntnisse muß jedoch Kokain als eine der gefährlichsten Drogen überhaupt betrachtet werden.

Die Droge der peruanischen Indianer

tr. Die frühesten Zeugnisse der Verwendung von Kokain sind Kokablätter, die um 600 n. Chr. als *Grabbeigaben* für peruanische Mumien verwendet wurden. Das Kauen von Kokablättern wurde in den Anden praktisch von der gesamten Indianerbevölkerung viele Jahrhunderte lang praktiziert. Ein spanischer Arzt berichtete als erster 1596 in Europa über diese Sitte, doch erst 1855 wurde das Alkaloid Kokain aus Kokablättern extrahiert. *Sigmund Freud*, der Begründer der Psychoanalyse, erforschte Ende des 19. Jahrhunderts auf systematische Weise die medizinischen Wirkungen des Kokains. Das heute auf dem internationalen Drogenmarkt vertriebene Kokain stammt fast ausschließlich aus Kolumbien und Peru, insbesondere vom *oberen Huallagatal*. Früher war Kokain sehr kostspielig und wurde als "Champagner unter den Drogen" bezeichnet. Dank großmaßstäblichem, von einigen südamerikanischen Staaten geduldetem Anbau, modernster Verarbeitung des Rohalkaloids und rationellem Vertrieb kostet sehr reines Kokain heute in den USA nur noch etwa 85 Dollar pro Gramm. Auf der "Straße" ist eine Dosis Kokain für fünf bis zehn Dollar erhältlich.

Kokain kann auf ganz verschiedenartige Weise eingenommen werden, nämlich oral, sublingual, rektal und vaginal. Es wird auch geschnupft, subkutan oder intravenös gespritzt und geraucht. Am weitesten verbreitet ist das *Schnupfen* und *Rauchen* von Kokain. In den USA ist der typische Kokainkonsument ein junger Mann im Alter von 18 bis 25 Jahren mit überdurchschnittlichem Einkommen. Auch viele Manager in hohen Positionen sowie Künstler nehmen Kokain. Es handelt sich dabei oft um Leute, die viel Alkohol konsumieren und regelmäßig Marihuana rauchen. Nicht selten werden Marihuana und Kokain kombiniert geraucht. Neuerdings werden mehr und mehr *Frauen* zu Kokainkonsumentinnen; die Droge wird oft als Bestandteil von Sexualritualen eingenommen, da ihr aphrodisiakumähnliche Eigenschaften und eine orgasmusverlängernde Wirkung nachgesagt werden. Solche Wirkungen können nicht abgestritten werden, doch führt der Kokainabusus langfristig zu vollständiger Impotenz.

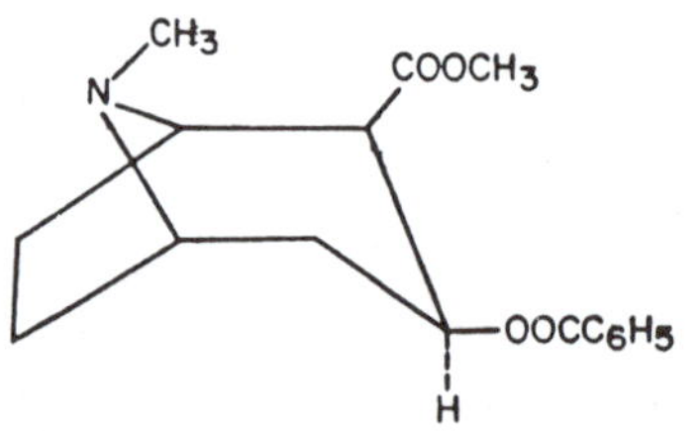

Die chemische Struktur von Kokain
($C_{17}H_{21}NO_4$)

Medizinisch gesehen ist Kokain eine außerordentlich gefährliche Droge; sie übertrifft in ihren schädigenden Wirkungen sogar das *Heroin*. Infolge seiner kurzen Verweilzeit im Organismus führt Kokain sehr rasch zu körperlicher und psychischer Abhängigkeit. Die Konsequenzen reichen vom graduellen Nachlassen der Leistungsfähigkeit bis zu geistigem Zerfall und völliger Verwahrlosung. Die Notwendigkeit, stetig steigende Dosen einzunehmen, führt in der Regel zu kardiovaskulären Läsionen und schließlich zum Tod.

Kokain wird in der Form des reinen Alkaloids (Crack) mehr und mehr geraucht. Dazu wird es mit Tabak vermischt und zu einer Zigarette gedreht. Man kann es auch in einer *Wasserpfeife* erhitzen und inhalieren. Crack ist zwar auf der "Straße" direkt erhältlich, doch kann der Drogenkosument es mühelos aus dem Hydrochlorid selbst herstellen. Dazu genügt es, Kokainhydrochlorid mit einer wässerigen Lösung von *Backpulver* (Natriumbikarbonat) gut umzurühren. Aus dieser Lösung fallen die Crack-Kristalle aus. Beim Rauchen des reinen Alkaloids wird das Kokain über die *Lunge* sehr rasch aufgenommen; die Wirkung ist etwa dieselbe, als wenn Kokain intravenös gespritzt wird. Die so erzielte euphorisierende Wirkung dauert aber nur etwa zwanzig Minuten, während sie beim *Schnupfen* bis zu eineinhalb Stunden lang anhält.

Wirkungen auf Kreislauf- und Zentralnervensystem

Kokainkonsumenten, die bereits einen Herzinfarkt hatten, an Angina pectoris leiden oder eine bisher symptomlose Koronarsklerose aufweisen, sind durch die Droge *akut gefährdet*. Die durch Kokain bewirkte, sehr schnell erfolgende Erhöhung des arteriellen Blutdrucks und der Herztätigkeit kann zu

Kokain ist ein pflanzliches Alkaloid-Derivat aus den Blättern bestimmter Kokasträucher, die in Südamerika wachsen. Die Einnahme von Kokain führt zu einem intensiven, lebhaften und sehr angenehmen Erlebnis von mittlerer wert für medizinische Störungen (wie z.B. hohen Blutdruck, Glaukom, Migräne und Übelkeit infolge von Chemotherapie) haben könnte. Doch die schlimmsten Folgen von Marihuana treten dann auf, wenn es unter den ungünstigen Auswirkungen eines Gefängnisaufenthaltes konsumiert wird.

Es ist sehr wichtig zwischen Marihuana*konsum* und Marihuana*mißbrauch* zu differenzieren. Folgende Probleme enstehen bei dem kleinen Prozentsatz der Konsumenten, die zu Mißbrauchern werden: Ausfallserscheinungen ("Blackouts"), Panikgefühle, kurzzeitige psychotische Symptome, chronische Bronchitis und Übelkeit; weiterhin Probleme mit der Konsumkontrolle (schon morgens rauchen), ausgedehnte Marihuana-Trips oder Unfähigkeit mit dem Konsum überhaupt aufzuhören; schließlich soziale Probleme wie Schwierigkeiten am Arbeitsplatz, Verlust von Freunden oder Verwicklung in Schlägereien. Es wird viel Forschungsaufwand erfordern, um herauszufinden, welche dieser Effekte in Bezug zur chemischen Zusammensetzung des Marihuana stehen, und welche die Folgen eines Persönlichkeitsdefektes sind, der genauso zum Mißbrauch von anderen Drogen führen könnte.

Drogenkonsum und Drogenmißbrauch

Der Konsum einiger Drogen wird automatisch als schädlich für den Konsumenten oder für die Gesellschaft angesehen, während der Konsum von manchen anderen Drogen toleriert wird. Das Thema Drogenkonsum ist in der Tat

einem tödlich verlaufenden Infarkt führen. Doch selbst bei jungen Kokainbenutzern mit völlig normalen Herzkranzarterien treten gelegentlich tödlich verlaufende Infarkte auf, obwohl es vorderhand nicht erwiesen ist, ob Kokain die Bildung von Blutpfopfen fördert. *Herzarrhythmie* ist eine weitere Wirkung des Kokains auf das Kreislaufsystem; ihre Symptome sind Tachykardie, vorzeitige Ventrikelkontraktionen, ausbleibende Diastole und Fibrillation. Ein extrem hoher Kokainkonsum durch Inhalation kann infolge der dadurch bedingten Blutdruckerhöhung sogar zum Platzen der *Hauptschlagader* führen.

Die blutdruckerhöhende Wirkung des Kokains kann Gehirnblutungen und Apoplexie bewirken. Kokain durchquert ohne weiteres die Plazentaschranke: so wurde vor kurzem über den Tod eines *Neugeborenen* durch Gehirninfarkt berichtet. Die Mutter hatte noch kurz vor der Niederkunft Kokain geschnupft. Schwangerschaft und Kokain sind aus weiteren Gründen unverträglich. Die Droge kann nämlich zu starken vaginalen Blutungen und *spontanem Abort* führen. Dafür ist entweder die kokainbedingte Blutdruckerhöhung oder die Vasokonstriktion der Plazenta verantwortlich; beide lösen Uteruskontraktionen aus. Epilepsieartige *Anfälle* und *Krämpfe* gehören zu den schon im 19. Jahrhundert vermerkten negativen Wirkungen des Kokains. Solche Anfälle treten bei einem Drittel der kokainbedingten Todesfälle vor dem Exitus auf. Kokain bewirkt auch in vielen Fällen eine Schwächung des *Immunsystems*, die das Auftreten von opportunistischen Infektionen fördert. Besonders gefürchtet sind Pilzinfektionen im Zentralnervensystem, die kaum therapiebar sind.

Kokainvergiftung

Kokain wird oft oral eingenommen; die euphorisierende Wirkung ist bei gleicher Dosis gleich stark oder stärker, als wenn die Droge geschnupft wird. Das Schlucken grosser Dosen kann eine *instestinale Ischämie* zur Folge haben, die zu Gangrän und zum Tode führt. Auch sogenannte Body packers erleiden nicht selten dieses Schicksal, wenn die zu schmuggelnden kokaingefüllten Gummipräservative im Magen-Darm-Trakt platzen. Die instestinale Ischämie wird durch die vasokonstriktorische Wirkung des Kokains verursacht, durch welche die Blutzirkulation stark verringert wird. Die Symptome einer Kokainvergiftung sind mit steigender Dosis Euphorie, Appetitmangel, geringer Schlafbedarf, die Illusion, über grenzenlose Kräfte zu verfügen, Aggressivität, Paranoia, Delirium, Ohnmacht, Übelkeit, Erbrechen, Brustschmerzen, Zittern, Bluthochdruck, Fieber, Lähmung der Atmung, Herzarrhythmie und Tod. Milde bis mittelschwere Kokainvergiftungen gehen innert 24 Stunden von selbst zurück. Mit *Benzodiazepinpräparaten* kann die kokainbedingte Überstimulation gedämpft werden.

Weitere kokainbedingte Komplikationen hängen von der Art der Verabreichung ab. Chronisches *Kokainschnupfen* führt zum Verlust des Geruchssinns, zur Atrophie der Nasenschleimhäute bis zur Nekrose und Perforation der Nasenwand. Das Rauchen von Crack schädigt die *Lunge*, reduziert ihre Diffusionskapazität für Kohlenmonoxid und kann zu Lungenödem und Lungenperforation führen.

Eine Reihe von *Sexualstörungen* führt viele Kokainkonsumenten zum Arzt. Wie einleitend erwähnt, genießt Kokain den Ruf, ein Aphrodisiakum zu sein. In kleinen Dosen bewirkt es tatsächlich eine Verzögerung der Ejakulation; infolge der euphorisierenden Eigenschaften des Kokains wird der Orgasmus unter seinem Einfluss intensiver empfunden. Hohe Kokaindosen können zu *spontaner Ejakulation* ohne genitale Reizung führen. Männer, die Kokain über längere Zeiträume konsumieren, verlieren jedoch jedes Interesse am Geschlechtsverkehr; Frauen kommen infolge des Kokainabusus nicht mehr zum Orgasmus.

Die kokainbedingten *psychiatrischen Störungen* sind mannigfaltig und reichen von Euphorie über Depression bis hin zur paranoiden Psychose. Die meisten durch Kokainabusus herbeigeführten Todesfälle sind bedingt durch generalisierte Krämpfe, Lungenversagen und Herzarrhythmie.

Kokain ist im Begriff, auch in Europa ein schwerwiegendes Gesundheitsproblem zu werden. Die wirtschaftlichen und sozialen Konsequenzen der neuen "Modedroge" könnten sehr gravierend werden, besonders da Kokain sehr rasch abhängig macht. Besonders *Jugendliche* sollten über die das Kokain betreffenden Mythen wie auch über die gesundheitlichen Konsequenzen des Kokainkonsums orientiert werden.

Quelle: The New England Journal of Medecine, 315/23, 1495 (1986).

Neue Zürcher Zeitung
13. Juni 1987

Dauer. Abgesehen vom Alkohol ist das Kokain zur Zeit die populärste Droge mit großer Gefahr zum Mißbrauch. Dieser Artikel zählt einige der Probleme auf, die aus einem langfristigen Kokainkonsum entstehen können.

behaftet mit vielen Gefühlen und Vorurteilen. Von einem "neutralen" Standpunkt aus könnten wir den akzeptierbaren Drogen*konsum* als ein Ausmaß des Konsums definieren, das weder die Funktionen des Konsumenten oder der Konsumentin entscheidend beeinträchtigt noch dazu führt, daß andere geschädigt werden. Entsprechen handelt es sich andererseits um Drogen*mißbrauch*, wenn die Funktionen oder die Gesundheit des Konsumenten oder der Konsumentin entscheidend beeinträchtigt werden, oder wenn andere Menschen geschädigt werden. Dementsprechend könnte man unter Drogenkonsum einordnen, wenn jemand im geselligen Kreis in Maßen trinkt. Zu Drogenmißbrauch dagegen würde man Alkoholismus und Trunkenheit am Steuer rechnen.

Einige Leute würden jede Droge mißbrauchen (oder irgendetwas anders). Trotzdem gibt es auch wichtige Unterschiede zwischen den verschiedenen Drogen wie weit sie mißbraucht werden können. So gut wie niemand kann mit Amphetaminspritzen ("speed") herumexperimentieren, ohne seiner Gesundheit zu schaden und ohne drastische Beeinträchtigung der psychischen Funktionen auszulösen. Andererseits können viele Menschen gefahrlos Alkohol oder Marihuana konsumieren, weil die Gefährlichkeit dieser beiden Drogen geringer ist als die von injizierten Amphetaminen.

Obwohl es zuviel emotionale Voreingenommenheit gibt, als daß man von einer "objektiven" Rangordnung der Gefährlichkeit verschiedener Drogen sprechen könnte, würden wahrscheinlich die meisten Experten darin übereinstimmen, daß die folgenden Drogen potentiell gefährlich sind (wegen ihrer unmittelbaren Beeinträchtigung der Körperfunktionen, wegen Nervenschädigungen und wegen der Möglichkeit einer Sucht): Alkohol, Amphetamine, Barbiturate, Kokain und harte Narkotika wie Morphium, Opium und Heroin (vgl. Tabelle D-3). Einige Experten müssen auch die Psychedelika (LSD, Mescalin u.a.) hinzurechnen andere dagegen nicht. Aber alle wären sich einig, daß die Verunreinigungen der Psychedelika, wie sie auf dem Schwarzmarkt üblich sind, eine Gefahr darstellen.

Wenn man von der wirklichen Mißbrauchshäufigkeit ausgeht, ist der Alkohol wohl die gefährlichste Droge in unserer Gesellschaft, aber die Tranquilizer (Valium, Librium u.a.) werden heute auch immer häufiger mißbraucht. 1980 schätzte die Food and Drug Administration (FDA), daß jährlich 5 Milliarden Tranquilizer-Rezepte von Ärzten in den USA ausgestellt wurden . Die FDA hat die Warnung ausgesprochen, daß Tranquilizer nicht einfach gegen den Alltagsstreß verschrieben werden sollten, weil zu viele Amerikaner von diesen Mitteln abhängig geworden sind. Auch die Schlafmittel (Barbiturate) werden, mit über 750 Millionen verschriebenen Tabletten jährlich, eindeutig mißbraucht.

Eine weitere wichtige Gefahrenquelle beim Drogenkonsum ist das Einnehmen von mehr als einer Droge gleichzeitig, denn viele Drogen *potenzieren* sich gegenseitig in ihrer Wirkung auf eine Art, die manchmal schwer vorauszusagen ist. Amphetamine beipielsweise steigern die Wirkung des LSD um ein Vielfaches. Daher kann eine scheinbar harmlose Mischung von Drogen wie eine weitaus größere Dosis einer einzelnen Droge wirken, viel stärker als der Konsument eigentlich beabsichtigt hatte.

MEDITATION UND BIOFEEDBACK

Meditation

Meditation nennt man geistige und körperliche Übungen, die dazu dienen, Entspannung, Ruhigstellung der Gedanken und des Körpers sowie tiefe Einsichten in sich selbst und den Sinn des Lebens zu ermöglichen. Es gab bisher nur wenig Forschung über die große Vielfalt der Meditationstechniken und über die damit verbundenen Bewußtseinszustände. Die meisten unserer Kenntnisse entspringen religiösen Quellen, besonders aus dem Osten. Der beste psychologische Ansatz zu diesen Techniken ist der von Ornstein und Naranjo (1971).

Warum praktizieren die Menschen Meditation? Eine Theorie, die fast allen Meditationsschulen zugrundeliegt, besagt, daß die Menschen wegen ihrer stark selektiven Wahrnehmung -die eine Folge der Suche nach Vergnügen und des Vermeidens von Schmerz ist- eigentlich in einer Welt der *Illusionen* leben, die bei den Hindus *Maya* und bei den Buddhisten *Samsara* genannt wird.

Die östliche Vorstellung, daß wir in einer Welt der Illusionen leben, meint nicht -wie oft unterstellt wird-, daß diese Welt nicht real ist. Der Grundgedanke ist vielmehr, daß unsere Wahrnehmung der Welt durch unsere persönlichen Wünsche und kulturellen Beschränkungen ungeheuer verzerrt wird. Unsere sensorischen Rezeptoren sind völlig in Ordnung, aber die Endwahrnehmung (also die Interpretationen und *Bedeutungen* dessen, was wir sehen), funktioniert nicht richtig. Die Formen psychischer Störungen, die in der westlichen Welt eindeutig als Neurosen und Psychosen eingestuft werden, sind aus der östlichen Sichtweise heraus gar nicht so abweichend und werden in einzelnen Kulturkreisen nicht selten als normal angesehen. Man hält sie dort sogar eher für realistische Wahrnehmungen als für Abweichungen, die sie sind.

Die Argumentation verläuft folgendermaßen: Menschen können die Wahrheit oder wirkliches Glück nicht erreichen, weil sie nicht in Kontakt mit der realen Welt und mit sich selbst leben. Ihre Taten beruhen auf verzerrten Informationen und erzeugen unausweichlich unerwünschte und krankhafte Konsequenzen. Deswegen müssen Menschen normalerweise leiden. Meditationstechniken sind dazu bestimmt, die Menschen in eine ehrlichere Beziehung zu sich selbst und zu der Welt zu versetzen. Meditationstechniken sind dazu bestimmt, die Illusionen, die vom menschlichen Geist dauernd neu produziert werden, durch einen nicht-intellektuellen Vorgang zu beseitigen, wodurch der Meditierende die Wahrheit *ohne Umwege* erfährt.

Meditationstechniken Es gibt eine Vielzahl von Techniken, die für die Meditation benutzt werden können. Beispielsweise kann sich jemand aufrecht in einer der klassischen Meditations-Haltungen hinsetzen und sich einfach darauf konzentrieren, sich der natürlichen Bewegungen seines Bauches beim Atmen bewußt zu sein. Oder -wie es beim Yoga der Fall ist- der Meditierende konzentriert sich auf komplizierte, künstliche Atemübungen *(Pranayama). Mantras* nennt man bestimmte Laute, über die meditiert wird; einige davon haben angeblich besondere Eigenschaften hinsichtlich ihrer Wirkung auf den Geist, andere werden vorwiegend als brauchbare Konzentrationspunkte angesehen. Diese Laute kann man hörbar hervorbringen oder sie sich still im Geiste vorstellen. Das alte indische Mantra "Om mani padme hum" ist sehr bekannt. *Yantras* sind dagegen visuelle Bilder, über die meditiert wird. Das können einfache Objekte sein, etwa eine brennende Kerze oder eine religiöse Darstellung, oder auch so Komplexes wie z.B. Diagramme, die das Wesen des Kosmos symbolisieren sollen, die sogenannen *Mandalas.*

Es gibt zwei grundlegende Arten der Meditation. Die eine könnten wir *konzentrative* oder *bewußtseinsverengende Meditation*, die andere *entfaltende* oder *bewußtseinserweiternde Meditation* nennen.

Konzentrative Meditation Der grundlegende Vorgang bei der konzentrativen Meditation ist die lange geistige Vertiefung in einen "Punkt", die verengte Aufmerksamkeit auf ein bestimmtes Objekt. Bei der Zen-Meditation konzentriert sich der Meditierende auf die Bewegung des Bauches beim Atmen. Wenn die Aufmerksamkeit von der Empfindung des Atmens wegwandert, soll der Meditierende sie sanft dorthin zurücklenken. Er soll die Aufmerkamkeit nicht zurück*zwingen* oder sich anstrengen, sie dort zu halten, weil jeder Zwang die Aufmerksamkeit in Richtung Ablenkung verschiebt.

Konzentrative Meditation ist außerordentlich schwierig. Der Meditierende muß oftmals feststellen, daß er sich für längere Zeit in Phantasieflügen oder "wichtigen" Gedanken verloren und darüber die Meditation vergessen hat. Manche Menschen erreichen mit der konzentrativen Meditation schon nach paar Wochen oder Monaten großen Erfolg, andere brauchen Jahre dafür.

Wohin führt die konzentrative Meditation? Erfolgreich Meditierende bestehen darauf, daß nur ein Teil der Erfahrung in Worte gefaßt werden kann. Dieser Teil wird oft durch Worte wie *Leere, Klarheit* oder *Freiwerden* beschrieben. Alle sensorischen Eindrücke, die gesamte Wahrnehmung der Welt, kann zeitweise verschwinden, und es gibt auch keine innere geistige Aktivität (Phantasieren, Denken usw.) als Ersatz. Doch die Bewußtheit bleibt, und zwar die reine Bewußtheit ohne irgendeinen besonderen Inhalt. Dieser Zustand kann (muß aber nicht) zu anderen Zuständen führen, in denen der oder die Meditierende fühlt, daß er oder sie die Wahrheit unmittelbar empfindet.

Menschen, die den Zustand der Leere durch konzentrative Meditation erreicht haben, beschreiben die Nachwirkungen als ein Gefühl einer großartigen Erneuerung und der intensivierten Wahrnehmung ihrer selbst und der Welt. Ein Gefühl, als ob sie die Dinge ganz direkt und ohne die vielen selektiven Filter, die eine normale Wahrnehmung ausmachen, erfahren. Sie empfinden mit absoluter Klarheit, ähnlich wie ein Spiegel, der alles perfekt und ohne Verzerrung reflektiert. Untersuchungen an den Gehirnwellen von meditierenden Zen-Mönchen können vielleicht als Beweis für diese Beschreibungen gewertet werden. Die Mönche zeigten nicht die normale Adaptation auf wiederholte Reizung hin, die als normal angesehen wird, sondern sie reagierten *jedes Mal* auf den wirklichen Reiz, statt ihn automatisch als unwichtig zu "klassifizieren" und ihn nicht mehr vollständig wahrzunehmen.

Entfaltende Meditation Der zweite Meditationsstil, die entfaltende Meditation, besteht daraus, die *volle* Aufmerksamkeit *ununterbrochen* auf alles zu richten, was geschieht. In der Regel wird dies anfangs als sehr anstrengend empfunden und nur für ein paar Minuten bis zu einer halben Stunde geübt. Tagträume oder ein Abschweifen in bequemere Gedanken ist nicht gestattet. Auch unangenehmen Gedanken und Erfahrungen muß die volle Aufmerksamkeit geschenkt werden, ist es doch genau diese Tendenz unseres normalen Bewußtseinszustands, in Phantasien über angenehme Dinge abzuschweifen und unangenehme Dinge zu vermeiden, die die Grundlage des Illusionszustandes ist, der aus der Sicht der Meditierenden unseren normalen Bewußtseinszustand charakterisiert. Die Meditierenden müssen ihre ganze Aufmerksamkeit auf *alles* richten, was ihnen widerfährt und wie sie darauf reagieren. Die bewußtseinserweiternde Meditation führt zu einer sehr viel klareren Wahrnehmung der Welt und seiner selbst, und zwar sofort, nicht erst als Nachwirkung wie bei der konzentrativen Meditation.

Selbstfindung Ein Prozeß, der der entfaltenden Meditation sehr ähnlich ist, wurde von anderen Autoren als Selbstfindung beschrieben. Das Grundprinzip der Selbstfindung ist die Überzeugung, daß sich normale Menschen so sehr mit den Dingen, die ihnen passieren, und mit ihren eigenen Gefühlen *identifizieren*, daß sie deren Sklaven werden. Sie leben in einer Art "Wachschlaf", in dem sie von den Ereignissen mechanisch eingeholt und weggeschwemmt werden. Ihre eigenen Bedürfnisse und Wünsche haben ihre Wahrnehmung -auch die Wahrnehmung von sich selbst- so verzerrt, daß sie in einer Art Wachtraum

Tabelle D-3 Substanzen, die unter das Betäubungsmittelgesetz fallen: Nutzen und Wirkung

	Drogen	Handelsnamen oder andere Namen	Medizinischer Nutzen	Physische Abhängigkeit	Psychische Abhängigkeit
NARKOTIKA (BETÄUBUNGSMITTEL)	Opium	Dovers Pulver, Paregoric Parepectolin	analgetisch, Anti–Diarrhoe	hoch	hoch
	Morphium	Morphin, Hustensaft	analgetisch, antitussiv		
	Codein	Codicept, Codyl, Robitussin A-D	analgetisch, antitussiv	mäßig	mäßig
	Heroin	Diacetylmorphin, "H"	wird erforscht	hoch	hoch
	Hydromorphon	Dilaudid	analgetisch		
	Meperidin (Pethidin)	Dolantin	analgetisch		
	Methadon	Polamidon, Dolophin	analg., Heroin–Ersatz		
	Andere Narkotika	LAAM, Fentanyl, Leritin, Percodan, Tussionex, Talwin, Darvon, Lomotil	analgetisch, Anti–Diarrhoe, antitussiv	hoch bis niedrig	hoch bis niedrig
DEPRESSIVA (BERUHIGUNGSMITTEL)	Chloralhydrat	Chloraldrat	hypnotisch	mäßig	mäßig
	Barbiturate	Amobarbital, Phenobarbital, Secobarbital, Butinol, Tuinal	anästhetisch, antikonvulsiv, sedativ, hypnotisch	hoch bis mäßig	hoch bis mäßig
	Glutethimid	Somvit	sedativ, hypnotisch	hoch	hoch
	Methaqualon	Normi-Nox, Somnibel, Quaalude			
	Benzodiazepine	Diazepam, Valium, Librium, Ativan, Azene, Clonopin, Dalmene, Serax, Tranxene	angstlösend, sedativ, hypnotisch, antikonvulsiv	niedrig	niedrig
	Andere Depressiva	Miltaun, Traxilium, Noludar	angstlös., sedativ, hypn.	mäßig	mäßig
STIMULANZIEN (AUFPUTSCHMITTEL)	Kokain	Koks, Schnee, Flocken	für örtliche Betäubung	möglich	hoch
	Amphetamine	Biphetamine, Desoxyn, Dexedrin, Mediatric	gegen Hyperkinese, Narkolepsie, zur Gewichtskontrolle		
	Phenmetrazin	Preludin			
	Methylphenidat	Ritalin			
	Andere Stimulanzien	Adipex, Bacarate, Cylert, Didrex, Ionamin, Plegine, PreSate, Sanorex, Tenuate, Tepanil, Voranil			
HALLUZINOGENE (RAUSCHMITTEL)	LSD	Säure, Microdot	keiner	keine	Ausmaß unbekannt
	Mescalin und Peyotl	Mesc, Kaktus			
	Amphetamin-Varianten	2,5 DMA, PMA, STP, MDA, MMDA, TMA, DOM, DOB		unbekannt	
	Phencyclidin	PCP, angel dust	Betäubung v. Tieren	Ausmaß unbekannt	hoch
	Phencyclidin-Analoge	PCE, PCPy, TCP	keiner		Ausmaß unbekannt
	Andere Halluzinogene	Bufotenin, Ibogain, DMT, DET, Psilocybin, Psilocyn		keine	
CANNABIS	Marihuana	Gras, Dope, Joint, Thai Sticks	wird erforscht	Ausmaß unbekannt	mäßig
	Tetrahydrocannabiol	THC, Cannabis			
	Haschisch	Hash, Shit, Dope	keiner		
	Haschisch-Öl	Hash-Öl			

analgetisch=schmerzlindernd, Anti-Diarrhoe=gegen Durchfall, antitussiv=hustenlindernd, hypnotisch=schlaffördernd, anästhetisch=betäubend, antikonvulsiv=krampflösend, sedativ=beruhigend

Toleranz	Dauer der Wirkung in Stunden	Übliche Anwendungsmethoden	Mögliche Wirkung	Folgen von Überdosis	Entzugssyndrome	
Ja	3-6	Oral, Rauchen	Euphorie, Schläfrigkeit, verlangsamte Atmung, verengte Pupillen, Übelkeit	langsames, oberflächliches Atmen, feuchtkalte Haut, Krämpfe, Koma, Tod möglich	Wässrige Augen, laufende Nase, Gähnen, Appetitsverlust, Reizbarkeit, Zittern, Panik, Frösteln, Schwitzen, Krämpfe, Übelkeit	NARKOTIKA (BETÄUBUNGSMITTEL)
		Oral, Spritzen, Rauchen				
		Oral, Spritzen				
		Spritzen, Rauchen, Schnüffeln				
	12-24	Oral, Spritzen				
	verschieden					
möglich	5-8	Oral	Undeutliche Sprache, Desorientierung, Verhalten eines Betrunkenen ohne "Fahne"	oberflächliche Atmung, feuchtkalte Haut, erweiterte Pupillen, schwacher und schneller Puls, Koma, Tod möglich	Angst, Schlaflosigkeit, Zittern, Delir, Krämpfe, Tod möglich	DEPRESSIVA (BERUHIGUNGSMITTEL)
Ja	1-16	Oral, Spritzen				
	4-8					
möglich	1-2	Schnupfen, Spritzen	Gesteigerte Lebhaftigkeit, Erregung, Euphorie, gesteigerter Herzschlag und Blutdruck, Schlaflosigkeit, Appetitverlust	Agitation, Anstieg der Körpertemperatur, Halluzinationen, Krämpfe, Tod möglich	Apathie, lange Schlafperioden, Reizbarkeit, Depression, Desorientierung	STIMULANZIEN (AUFPUTSCHMITTEL)
Ja	2-4	Oral, Spritzen				
		Oral				
Ja	8-12	Oral	Illusionen, Halluzinationen, schlechte Wahrnehmung von Zeit und Entfernungen	Längere, intensivere "Trips", Psychose, Tod möglich	Keine Entzugssymptome bekannt	HALLUZINOGENE (RAUSCHMITTEL)
		Oral, Spritzen				
	bis zu Tagen					
	verschieden	Rauchen, Oral, Spritzen				
möglich		Oral, Spritzen, Rauchen, Schnupfen				
Ja	2-4	Rauchen, Oral	Euphorie, gelöste Hemmungen, mehr Appetit, orientierungsloses Verhalten	Müdigkeit, Paranoia, Psychose möglich	Gelegentlich berichtet: Hyperaktivität, Schlaflosigkeit, weniger Appetit	CANNABIS

leben. Die einzige Freiheit, die ihnen geblieben ist, ist die Fähigkeit, einen kleinen Teil ihrer Aufmerksamkeit selbst zu steuern. Wenn nun dieser kleine Teil der Aufmerksamkeit darauf gelenkt wird, *sich des Bewußtseins bewußt zu sein*, so wird angenommen, daß der Betreffende in einen Bewußtseinszustand eintreten kann, in welchem er sich *nicht* mit den ablaufenden Ereignissen identifiziert und deswegen vielleicht doch noch eine echte Freiheit entwikkeln kann.

Meditation beeinflußt die Körpertemperatur

Erstmals gelang es jetzt amerikanischen Wissenschaftlern, konkrete Auswirkungen von Meditation auf den menschlichen Körper nachzuweisen. (Herbert Benson u. a. in der Zeitschrift *Nature*, Bd. 295, S. 234, Januar 1982) Der Dalai- Lama ermöglichte den Forschern die Untersuchung dreier Mönche im Alter von 46, 50 und 59 Jahren in Ober Dharamsala, Indien, wo sich viele vor den Chinesen geflüchtete Tibeter aufhalten.

Es ging um eine Untersuchung des berühmten g Tum-mo (Hitze) Yoga. Immer wieder wird über unglaubliche Leistungen von Mönchen berichtet, die bei eisigen Temperaturen nackt im Freien sitzen und nasse Tücher am eigenen Leibe trocknen.

Konkret wollten die Wissenschaftler feststellen, ob diese Meditation tatsächlich nachweisbare Auswirkungen auf die Körpertemperatur hat.

Nachdem sie die Thermometer an Nabel, Rücken, Brustwarze, Unterarm, Wade, Finger und Zehe aufgeklebt hatten, stellten sie zu ihrer Überraschung fest, daß tatsächlich überall (außer bei der inneren Körpertemperatur - rektal gemessen) erhebliche Temperaturerhöhungen festzustellen waren - in den Fingern bis zu 8° C. Dies scheint einleuchtend, denn die Mönche lebten seit 10 Jahren in fast vollständiger Isolation in unbeheizten, nicht isolierten Steinhütten mit Blechdächern, ohne Boden auf 1800 - 2000 m Höhe im Vor-Himalaya in der Nähe von Ober Dharamsala. Sie praktizierten das g Tum-mo Yoga jeweils seit 6 Jahren.

Für die Mönche ist dieses Phänomen - so berichtet Benson - nur ein Nebenprodukt ihrer religiös motivierten Meditation. Ihnen geht es um das Einfangen des *Prana*, der Lebensenergie, in ihr Zentrum, wodurch die Hitze ausgelöst wird.

Die Wissenschaftler sehen das natürlich anders: Nicht nur erhöhter Stoffwechsel - wie man auch annehmen könnte - ist "schuld" daran, sondern die Erweiterung der Blutgefäße in der Haut und damit ein erhöhter Blutdurchfluß. *Wie* das im einzelnen geschieht, haben die Wissenschaftler jedoch bisher nicht feststellen können. Aber trotzdem ist es vielleicht gar nicht so verkehrt, wenn unsere moderne Wissenschaft endlich anfängt, sich auch einmal intensiver mit den "Dingen zwischen Himmel und Erde" zu beschäftigen, von denen "sich unsere Schulweisheit nichts träumen läßt". Vielleicht bekommt dann östliches Wissen, das seit Jahrtausenden existiert, auch im Westen endlich einen anderen Stellenwert.

Govind, 1989

Körperfunktionen, die man früher für automatisch und nicht dem Willen unterwerfbar gehalten hat, können durch Techniken wie Yoga, Meditation und Biofeedback gesteuert werden.

Diese Technik, die dazu dient, sich von den Ereignissen zu lösen, erfordert die Aufspaltung der Aufmerksamkeit. Während ein Teil davon die normalen Gedanken und Ereignisse beobachtet, ist sich der andere Teil des Bewußtseins dieser Ereignisse bewußt. Es ist etwa so, als ob man sich in einen Handelnden und einen Beobachtenden aufteilt. Der Beobachter ist jedoch nicht identisch mit dem *Gewissen*. Das Gewissen ist einfach ein anderer Aspekt des Selbst und ist kulturell darauf programmiert, bestimmte Handlungen zu billigen und andere zu mißbilligen. Der Beobachter hingegen hat keine andere Eigenschaft als die Fähigeit zu beobachten. Er kann eine Tat nicht anerkennen und nicht verdammen, nicht anfangen und nicht beenden.

Physiologische Korrelate Die wachsende Zahl von physiologischen Studien über Meditation läßt vermuten, daß es bei erfahrenen Meditierenden zu bedeutenden Veränderungen der Gehirnwellen und anderer physiologischer Funktionen kommen kann. Alle Untersuchungen an Zen-Mönchen, an Indern, die Yoga, und Amerikanern, die Transzendentale Meditation praktizieren, zeigen eine größere Anzahl an Alpha-Wellen und bei einigen gelegentliches Auftreten von Theta-Wellen (4-7 Zyklen pro Sekunde). Weiter gibt es Berichte über einen verminderten Stoffwechsel, verlangsamten Herzschlag, verringerte physiologische Reaktionsbereitschaft auf Streßreize, erhöhte Durchblutung des Gehirns und mehr Synchronie der Gehirnwellen von der rechten und linken Hemisphäre. Obwohl "größere Synchronie der Gehirnhälften" sehr eindrucksvoll klingt, gibt es noch keine Ergebnisse über die Bedeutung dieser Veränderungen. Wenigstens einige der physiologischen Veränderungen bei der Meditation sind wahrscheinlich nicht einzig und allein auf die Meditation, sondern auch auf die körperliche Entspannung beim Meditieren zurückzuführen. Ein bekannter Kardiologe hat behauptet, daß eine Entspannungsübung, die nur daraus besteht, im Geiste das Wort *eins* dauernd zu wiederholen, genauso effektiv entspannt wie die Transzendentale Meditation (eine Mantra-Meditation). Andere Forscher fanden heraus, daß bei vielen Leuten, die Transzendentale Meditation praktizieren, während der Meditation häufig kurze Schlafperioden auftreten. Es kann also sein, daß einige der entspannenden und wohltuenden Effekte dieser Meditation teilweise nur auf die Wohltaten eines Nickerchens zurückzuführen sind!

Zur Frage der Validität Es gibt einige Untersuchungsergebnisse, die die positiven Effekte der Meditation auf die Entspannung nachweisen. Wie wir gesehen haben, kann dies auch von einfacher Entspannung oder sogar von kurzen Nickerchen -und nicht von irgendetwas Geheimnisvollerem- herrühren. Im Gegenteil, es gibt kaum andere Beweise als persönliche Berichte und Behauptungen, daß Meditation die Klarheit und Reinheit der Wahrnehmung der Wahrheit steigert oder daß Meditation irgendeinen tieferen therapeutischen Wert hat.

Es gab Berichte über besonders geübte Meditierende, z.B. Yogis, die einen hohen Grad an Kontrolle über ihre "unwillkürlichen" Körperfunktionen aufwiesen. Beispielsweise gibt es eine Yoga-Übung, bei der man im Wasser sitzt und willentlich Wasser in den Enddarm einsaugt, um ihn zu reinigen. Ein anderes Beispiel ist der indische Yogi Swami Rama, der glaubte, er könne seinen Herzschlag anhalten. In einem Labor der Menninger Foundation kam heraus, daß er in Wirklichkeit sein Herz für 17 Sekunden in *Fibrillationen* (Flimmern) versetzen konnte, was bedeutet, daß sein Herz etwa 300 Schläge pro Minute macht. Bei einer solchen Herzschlagrate pumpt das Herz überhaupt kein Blut mehr, und deswegen war sein Puls verschwunden. Berichte über solche ungewöhnliche Übungen wurden von der wissenschaftlichen Literatur des Westens lange Zeit weitgehend ignoriert. Wegen der sich schnell entwickelnden Biofeedback-Forschung schenkt man ihnen inzwischen mehr Aufmerksamkeit.

Das wichtigste Ergebnis der Biofeedback-Forschung ist das folgende: Wenn man eine Versuchsperson mit Hilfe von entsprechenden Instrumenten über die Funktion bestimmter Teile des Körpers (die normalerweise dem Bewußtsein unzugänglich ist) informiert, kann der oder die Betroffene verschiedene Wege finden, diesen Körperteil zu beeinflussen. Wenn die elektrische Aktivität einer einzelnen Muskelfaser elektronisch verstärkt und der Versuchsperson übermittelt wird - beispielsweise in der Form eines Lautes, dessen Tonhöhe sich mit der Intensität der Muskelaktivität verändert-, können viele Versuchspersonen lernen, diese einzelne Muskelfaser total zu entspannen oder sie mehr zu aktivieren. Entsprechend können viele Versuchspersonen lernen, den Anteil an Alpha-Wellen in ihren EEG-Bildern zu steigern oder zu senken, wenn mit Ton oder Lichtsignal der Alpha-Rhythmus angezeigt wird. Das Prinzip der Biofeedback-Techniken ist, daß sie Informationen verfügbar machen, die normalerweise nicht bewußt sind. Sobald die Leute jedoch über diese Information verfügen, können sie verschiedene Methoden ausprobieren, um herauszubekommen, wie sie den unwillkürlichen Prozeß beeinflussen können.

Es gibt zwei Brücken zwischen der Biofeedback-Forschung und den Bewußtseinszuständen. 1. Wenn Versuchspersonen eine *sehr weitgehende* Steuerung z.B. der tiefen Muskelentspannung im ganzen Körper oder die künstliche Erzeugung von großen Anteilen an Alpha- oder Theta-Wellen erlernen, berichten sie über starke Veränderungen in ihrem Geisteszustand, und zwar mehr, als für die Steuerung an sich nötig wäre. Dies legt die Vermutung nahe, daß sie sich in einem veränderten Bewußtseinszustand befinden. Deswegen können Biofeedback-Techniken für manche Leute recht hilfreich sein, um einen veränderten Bewußtseinszustand herbeizuführen. Es ist aber noch ein weiter Weg, bis wir genau feststellen können, um welche Bewußtseinszustände es sich handelt.

Die zweite Verbindung zu den veränderten Bewußtseinszuständen entsteht durch die Untersuchungen der physiologischen Veränderungen während meditativer Versenkung, z.B. der Zunahme des Alpha-Rhytmus und der leichten Verlangsamung seiner Frequenz. Es wäre naiv anzunehmen, daß der Bewußtseinszustand, den Zen-Mönche erreichen, sich *lediglich* in einem gesteigerten Alpha-Rhythmus mit verlangsamter Frequenz beschreiben ließe. Wenn diese physiologischen Veränderungen jedoch ein Teil des Zustands sind, in den Zen-Mönche kommen, könnte dieser Teil vielleicht mit Biofeedback-Techniken gelehrt werden und dadurch viel schneller und effizienter erlernt werden als durch die bisher übliche Zen-Meditation. Es ist denkbar, daß Biofeedback-Techniken als technologische Hilfestellung zur Entwicklung bestimmter Bewußtseinszustände dienen könnten.

Zur Frage der Validität Obwohl sie erst seit wenig mehr als einem Jahrzehnt besteht, ist die Biofeedback-Forschung ein wichtiges Gebiet der Psychologie. Populäre Beiträge haben jedoch die Wirkung des Biofeedback häufig übertrieben. Oft vermittelten sie den Eindruck, daß man automatisch Gesundheit, Reichtum und mystische Kräfte erhalten würde, wenn man lernt, Alpha-Wellen willentlich zu produzieren - eine Art elektronisches Zen. Profitgierige Organisationen schossen wie Pilze aus dem Boden, um Biofeedback-Ausrüstungen mit dem Versprechen solcher phantastischer Vorteile zu verkaufen. Andere "Absahner" boten teure Kurse für "Alpha-Gedankenkontrolle" und Ähnliches an und hielten Trainings von fraglichem Wert ab. Einige dieser Trainingsprogramme laufen immer noch, und die alte Regel "Holzauge sei wachsam" gilt weiterhin. Trotz dieser Versprechungen sind wir in der Praxis des Biofeedback noch weit entfernt vom elektronischen Zen.

Glossar und Literaturverzeichnis

Glossar

Abhängige Variable In der psychologischen Forschung diejenige Variable, die der Psychologe untersucht. Ein Charakteristikum des Verhaltens oder der Leistung in einem Test.

Abrufen Sich Zugang verschaffen zu Informationen, die im Langzeitgedächtnis verfügbar sind.

Absolute (Empfindungs-) Schwelle Maßeinheit für die Fähigkeit einer Versuchsperson, zwischen Anwesenheit und Abwesenheit eines Reizes zu unterscheiden.

Abwehrmechanismen Laut Freud: Unbewußte Strategien, die das Ich einsetzt, um der Angst vorzubeugen.

Akkommodation In Piagets Theorie der kognitiven Entwicklung: Eine Änderung der Denkstruktur, die dazu dient, sich den Anforderungen neuer Informationen (der Realität) anzupassen.

Akkommodation Beim Sehen: Der Vorgang, bei dem sich die Form oder Krümmung der Linse verändert, um das Bild auf der Retina scharf einzustellen.

Aktionspotential Nervensignal in Form eines elektrischen Impulses, der durch das Axon eines Neurons läuft.

Akupunktur Technik zur Schmerzbehandlung, bei der kleine Nadeln in die Haut gesteckt und schnell gedreht werden.

Algorithmus Methode des Problemlösens, bei der man eine einzige Operation so lange wiederholt, bis eine Lösung gefunden ist. Manche Probleme können nur durch algorithmisches Vorgehen gelöst werden.

Alpha-Wellen Bestimmte Gehirnwellen, die im Zustand der "entspannten Wachheit" auftreten. Durch Biofeedback-Training können Menschen erlernen, Alpha-Wellen zu erzeugen.

Androgynie Eine Sichtweise, die davon ausgeht, daß-rein biologisch- alle Menschen sowohl maskuline als auch feminine Züge haben. Ein androgyner Mensch kann je nach Situation entweder typisch weibliche oder typische männliche Verhaltenweisen annehmen.

Angeborene Überlebensfähigkeit In der Soziobiologie: Die Überlebensfähigkeit eines Individuums, die auf die genetische Ausstattung des Individuums zurückgeführt wird.

Angiotensin Ein von den Nieren ausgeschüttetes Hormon, das eine Verlangsamung des Blutflusses an den Hypothalamus meldet.

Anreiz Reizsituation, die man zu erreichen oder zu vermeiden sucht.

Antabus Medikament. Es erzeugt starke Übelkeit, wenn es gleichzeitig mit Alkohol eingenommen wird.

Antidepressiva Medikamente, die die Stimmung anheben und der Depression entgegenwirken.

Antidiuretisches Hormon (ADH) Ein Hypophysenhormon, das die Urinbildung in den Nieren hemmt.

Aphagie Zustand, bei dem sich ein Tier weigert, Nahrung aufzunehmen, Futter ignoriert und schließlich verhungert, falls es nicht behandelt wird. Aphagie wurde experimentell durch operative Entfernung des lateralen Hypothalamuskerns erzeugt.

Archetypus C.G.Jungs Bezeichnung für die Inhalte des kollektiven Unbewußten.

Assimilation In Piagets Theorie der kognitiven Entwicklung: Die Modifikation wahrgenommener Informationen mit dem Zweck, sie bereits existierenden Denkstrukturen anzupassen.

Attribution Begriff aus der Sozialpsychologie, der davon ausgeht, daß wir in Menschen oder Gegenständen die Ursache für bestimmte Ereignisse sehen.

Auslösereiz siehe **Signalreiz**

Autonomes (vegetatives) Nervensystem Teil des peripheren Nervensystems. Es beinhaltet Neuronen, die eine Verbindung zu den Drüsen, zur glatten Muskulatur und zum Herz herstellen, und ist von zentraler Bedeutung für affektives Verhalten.

Autoritär Persönlichkeitstypus, der unter anderem von starkem Ethnozentrismus, Konservativismus, Antidemokratismus und Vorurteilen charakterisiert ist.

Autoshaping Ein Lernphänomen. Es tritt auf, wenn ein Tier sein Verhalten von selbst auszubilden scheint, obwohl diese Verhaltensformung in Wirklichkeit ein Nebenprodukt des instrumentellen und klassischen Konditionierens ist.

Axon Eine relativ lange Faser, die von dem Zellkörper eines Neurons ausgeht. Das Axon sendet Botschaften an andere Zellen.

Basilarmembran Eine biegsame Membran innerhalb des Innenohrs oder der Cochlea, die als Reaktion auf Schallwellen zu vibrieren beginnt.

Bedingungslose positive Wertschätzung (Akzeptanz) Begriff aus dem Therapiemodell von Rogers. Die Auffassung, daß ein Therapeut seinen Klienten gern haben soll, ohne diese Zuneigung an irgendwelche Bedingungen zu knüpfen. Dies gilt sogar dann, wenn der Klient Dinge enthüllt, die für den Therapeuten unangenehm sind.

Bedürfnis Grundlegender Begriff aus der Motivationsforschung, der auf einen Defizitzustand im Organismus hinweist.

Behaviorismus Aus Amerika stammende, einflußreiche Schule, die Psychologie als die Wissenschaft vom beobachtbaren, objektiv meßbaren Verhalten ansieht und untersucht, wie Reiz-Reaktions-Beziehungen gebildet werden. Das Ziel der Psychologie besteht nach dieser Auffassung in der Vorhersage, welche Reaktionen von welchen Reizen hervorgerufen werden.

Beobachtungslernen Das Aneignen von Wissen durch Beobachtung; siehe auch **Kognitives Lernen.**

Beta-Endorphin Neuraler Modulator, der im Hypothalamus hergestellt wird und ähnlich dem Morphium schmerzbekämpfend wirkt.

Bewegungsparallaxe siehe **Parallaktische Verschiebung**

Bewußtes Umfaßt nach Freud alle Ideen, Gedanken und Vorstellungen, die sich ein Mensch jederzeit bewußt machen kann.

Binokuläre Disparität Der Unterschied zwischen den Abbildern eines Objektes oder einer Szene, wie sie von den einzelnen Netzhäuten der beiden Augen wiedergegeben werden. Dadurch ist Tiefenwahrnehmung möglich.

Biologischer Ansatz Modell, das Verhaltensstörungen auf biologische Ursachen zurückführt.

Biologische Uhr Vermuteter innerer Mechanismus zur zeitlichen Regulierung von verschiedenen physiologischen und psychischen Prozessen.

Bystander-Effekt Zuschauer, der einem Menschen im Not nicht hilft.

Chemische Transmittersubstanzen (Neurotransmitter) Chemische Substanzen, die von den Endpunkten eines Neurons ausgeschüttet werden, wenn das Neuron einen Nervenimpuls weitergeleitet hat. Diese Substanzen wandern dann weiter durch das Soma oder die Dendriten einer zweiten, benachbarten Nervenzelle und können in dieser Zelle Aktivität hemmen oder erregen.

Chemotherapie Verabreichung von Medikamenten zur Behandlung psychischer Störungen.

Chromosom Eine aus vielen Genen zusammengesetzte Struktur, die sich in den Zellkernen befindet und die Erbinformationen des Organismus enthält. Ein normaler Mensch besitzt 23 Chromosomenpaare.

Chronisch undifferenzierte Schizophrenie Eine der vier Hauptformen der Schizophrenie. Sammeldiagnose, die benutzt wird, wenn die Symptome nicht eindeutig zu einer der drei anderen Formen passen.

Chronologisches Alter Tatsächliches Alter eines Menschen in Jahren und Monaten; wird zur Berechnung des IQ benötigt.

Chunk ("Block") Einheit des Kurzzeitgedächtnisses, die viele Bits an Informationen enthalten kann.

Cochlea Organ im Innenohr, bestehend aus einer Flüssigkeit, die bei Einwirkung von Schall vibriert, und auditiven Rezeptorzellen, die durch die Vibration der Flüssigkeit stimuliert werden.

Corpus callosum ("Balken") Das große Bündel von Nervenfasern, das die zwei Gehirnhälften verbindet.

Deindividuation Verlust der Identität in einer Menschenmenge, der dazu führt, daß der Einzelne meint, er könne nicht persönlich für die Handlungen der Menge verantwortlich gemacht werden.

Delta-Wellen Eine bestimmte Art von Gehirnwellen beim EEG, bestehend aus einer großen Amplitude, aber langsamen Wellen (1 bis 2 Zyklen pro Sekunde); charakteristisch für tiefere Schlafstadien.

Dendriten Kurze Gewebsfasern, die vom Zellkörper eines Neurons ausgehen und Signale von anderen Zellen auffangen.

Denkgewohnheit Neigung, auf bestimmte Reize zu reagieren, ohne Rücksicht auf die Besonderheiten der Situation. Solche "mentalen sets" können das Verhalten oder die Lösung einer Aufgabe fördern oder beeinträchtigen.

Denotation Logische Bezeichnung für den Inhalt eines Begriffs.

Desorganisierte Schizophrenie Eine der vier Hauptarten der Schizophrenie, charakterisiert durch Rückzug, unangemessene Affekte und Verwirrung.

Dezibel Maßeinheit der Schallamplitude, die der Empfindung von Lautstärke zugrundeliegt.

Differenzierung Das Erlernen der Unterscheidung zwischen den Reizen, die verstärkt werden und jenen, die nicht verstärkt werden.

Disjunktives Konzept Ein Item muß eine oder mehrere relevante Eigenschaften haben, um zu einem Konzept zu gehören. Wenn ihm alle relevanten Attribute abgehen, ist dieser Reiz negativ für das Konzept.

Diskrimination Die erlernte Unterscheidung zwischen zwei Reizen oder zwei Reaktionen.

Diskriminativer Reiz Reiz, der durch einen Lernvorgang die Fähigkeit erworben hat, eine Reaktion auszulösen.

Disparität der Netzhautpunkte siehe **Binokuläre Disparität**

Doppelt-Blind-Versuch Ein Experiment, bei dem weder die Versuchspersonen noch die Versuchsleiter vor Ende des Experiments wissen, welche experimentelle Bedingung für welche Versuchsperson gilt.

Dunkeladaptation Anstieg der Lichtempfindlichkeit. Entsteht, wenn wenig oder gar keine Lichtenergie das Auge erreicht; läßt sich zurückführen auf Veränderungen der lichtempfindlichen Pigmente in den Rezeptoren.

Eigenraum Ein Gebiet ohne sichtbare Begrenzung, das eine Person umgibt und sich mit ihr in der Umgebung bewegt.

Einfühlendes Verstehen (Empathie) Begriff aus dem Therapiemodell von Rogers. Er besagt, wie wichtig es ist, daß der Therapeut die augenblicklichen Gefühle seines Klienten aktiv versteht.

Einsicht In der Gestaltpsychologie: Das plötzliche Auftreten von Verständnis durch einen Wechsel der Perspektive. Einsicht wird als die beste Form des menschlichen Problemlösens angesehen.

Elektrakomplex Bei Freud: Wenn ein Mädchen oder eine Frau sich mit ihrer Mutter identifiziert und ihren eigenen Vater liebt und begehrt.

Elektroenzephalogramm (EEG) Meßinstrument zur Aufzeichnung von elektrischer Aktivität im Gehirn.

Elektrokrampftherapie (EKT) Verabreichung eines Elektroschocks, der beim Patienten ein kurzes Koma erzeugt; manchmal zur Behandlung von Depressionen eingesetzt.

Elektro(krampf)schock (EKS) Starker Schock, der am Kopf angesetzt wird und Krämpfe, Koma und retrograde Amnesie verursacht.

Encounter-Gruppe Gruppenerfahrung, die dazu führen soll, daß die Teilnehmer ihre Gefühle bewußter wahrnehmen und sie genau und effektiv mitteilen können. Allgemeines Ziel ist die Verbesserung der zwischenmenschlichen Beziehungen.

Endokrine Drüse Drüse, die ihre Hormone direkt in den Blutkreislauf abgibt.

Endokrines System Setzt sich zusammen aus allen Drüsen, die Hormone produzieren. Von zentraler Bedeutung für die Steuerung und Regulation des Verhaltens. Arbeitet eng mit dem Nervensystem zusammen.

Enkodierung Prozeß, bei dem die hereinkommende Information (Input) im Gedächtnis abgespeichert wird.

Entpersönlichung siehe **Deindividuation**

Entspannungstraining Erlernen, den Körper zu entspannen, indem man die eigenen Muskeln bewußt spürt und sie dann willentlich anspannt und löst. Teil der systematischen Desensibilisierung.

Enuresis Bettnässen.

Equilibration Bei Piaget: Das Gleichgewicht zwischen Assimilation und Akkommodation,

Equity-Theory Eine Theorie, die besagt, daß zwischenmenschliche Anziehung von der Ausgewogenheit der Kosten und Nutzen dieser Beziehung bei beiden Partnern abhängt.

Erfahrung Das Ergebnis von Lernprozessen, oder die Auswirkungen der Umgebung auf die Entwicklung eines Menschen oder eines Tieres.

Es Eine unbewußte Triebkraft bei Freud. Das Es treibt den Menschen zur Suche nach Lust und zum Vermeiden von Schmerz. Es gilt als der Sitz der menschlichen Instinkte.

Ethischer Ansatz Theoretischer Standpunkt, wonach sich in psychopathischem Verhalten das Fehlen eines Gefühls für Verantwortung widerspiegelt.

Ethologie Erforschung des Verhaltens von Tieren in ihrer natürlichen Umgebung.

Faktorenanalyse Statistisches Verfahren, das auf den Korrelationen zwischen verschiedenen Tests basiert. Wird gebraucht, um die Komponenten oder Faktoren zu isolieren, aus denen sich z.B. "Intelligenz" oder "Persönlichkeit" zusammensetzt.

Farbton Beruht auf der Wellenlänge, entspricht der Farbempfindung.

Fixierung Steckenbleiben der Entwicklung in einer bestimmten Phase, ein Abwehrmechanismus.

Formkonstanz Die Tatsache, daß Objekte eine konstante Form behalten, egal aus welchem Blickwinkel wir sie betrachten.

Fovea Die zentrale Region auf der Retina. Enthält Zapfen, aber keine Stäbchen. Sie ist das Gebiet mit der größten Sehschärfe.

Frustrations-Aggressions-Hypothese Behauptet, daß alle aggressiven Handlungen durch Frustration verursacht werden.

Funktionale Fixierung Beim Problemlösen: Kognitive Einstellung, bei der ein Objekt, das für die Problemlösung entscheidend ist, so wahrgenommen wird, als hätte es nur eine einzige Funktion, die sich aber von der Funktion, die zur Lösung benötigt wird, unterscheidet.

Funktionalismus Ältere psychologische Theorie (Gegensatz: Strukturalismus) die besonders dem Wahrnehmen, Erkennen und Lernen im Dienste von Antrieben und Bedürfnissen wichtige Rollen in der Auseinandersetzung mit der Umwelt zumißt.

Funktionelle Störung Störung im Verhalten oder im Affekt, deren Ursachen nicht im biologischen Bereich liegen.

Gegenkonditionierung Beseitigung unerwünschter Verhaltensweisen durch Löschung oder Bestrafung, während sie gleichzeitig durch erwünschte Verhaltensweisen ersetzt werden.

Gelernte Hilflosigkeit entsteht, wenn Mensch oder Tier unangenehmen Erlebnissen ausgesetzt ist ohne sie beeinflussen zu können. Dies führt dazu, daß der Betroffene auch in anderen Situationen nicht angemessen reagiert, wenn dazu durchaus in der Lage wäre.

Gemeindepsychologie Ein praxisbezogener Ansatz zur seelischen Gesundheit, der die Betonung auf die Prävention psychischer Störungen und eine flächendeckende und effektivere psychiatrische Versorgung innerhalb der Gemeinden fordert.

Generalisierung Die Neigung, auf einen Reiz zu reagieren, der dem CS zwar ähnlich, aber nicht mit ihm identisch ist, oder die Neigung, auf den CS eine ähnliche Reaktion zu zeigen wie die ursprünglich erlernte.

Gesetz des Effekts Vorläufer des heutigen Verstärkungsprinzips. Reaktionen werden als Konsequenz ihrer Wirkung auf den Organismus gelernt oder gelöscht.

Gestaltpsychologie Aus Deutschland stammende Schule, die sich den reduktionistischen Auffassungen des Strukturalismus und Behaviorismus widersetzte und die Vollständigkeit, Kontinuität und Bedeutsamkeit des Erlebens und Verhaltens als Ganzheit betonte.

Gestalttheorie In der Kognitionspsychologie: Die Theorie, daß Probleme nur dann gelöst werden können, wenn man die Einzelteile im richtigen Zusammenhang sieht, wobei Einsicht in die Lösung (als Ganzheit oder Gestalt) erlangt wird.

Gestalttherapie Eine von Fritz Perls entwickelte Psychotherapiemethode, die sich auf die unmittelbare Gegenwart konzentriert und dem Klienten dabei hilft, die Bewußtheit für seine Erfahrungen als Ganzes zu steigern.

G-Faktor Zur Intelligenz: Eine generelle Fähigkeit, die sich durch alle Untertests hindurchzieht; zuerst entdeckt von Charles Spearman.

Gleichgewichtssinn siehe **Vestibulärsinn.**

Gonadotropine Die von der Hypophyse ausgeschütteten Geschlechtshormone: das follikelstimulierende Hormon (FSH), das lutenisierende Hormon (LH) und Prolactin.

Gradient der Reizgeneralisierung Mathematische Kurve, die den Grad der Generalisierung zwischen zwei Reizen veranschaulicht.

Graphem Die Grundeinheit der geschriebenen Sprache. Das Schriftäquivalent zum Phonem.

Größenkonstanz Die Beobachtung, daß die wahrgenommene Höhe von Objekten nicht schrumpft, wenn wir uns von ihnen wegbewegen, obwohl das Abbild auf der Retina kleiner wird.

Haarzellen In der Cochlea-Membran angesiedelte auditive Rezeptorzellen, die durch Vibrationen der Cochlea-Flüssigkeit stimuliert werden.

Hedonische Tendenz Die Neigung, die Ursache von angenehmen Zuständen sich selbst zuzuschreiben, bei unangenehmen Zuständen jedoch die Ursache woanders zu suchen.

Helligkeit Psychische Empfindung, die dem physikalischen Merkmal Lichtintensität entspricht.

Helligkeitskonstanz Beobachtung, daß Objekte ihre Helligkeit behalten, obwohl sich die von ihnen reflektierte Lichtmenge verändert.

Heuristik Methode beim Problemlösen, die einen Kniff liefert, der den Lösungsprozeß abkürztt. Wird oft angewendet, wenn es viele verschiedene Lösungswege gibt.

Hinweisabhängiges Vergessen Unfähigkeit, sich an gelernte Informationen zu erinnern, die von einer Blokkierung der Abrufbereitschaft herrührt. Die Hinweisreize, die beim Lernvorgang da waren, sind beim Abrufen nicht anwesend. Siehe **Spurabhängiges Vergessen**.

Homöostase Tendenz des Körpers, so zu reagieren, daß ein bestimmter, vielleicht optimaler Zustand erhalten bleibt. Aufrechterhaltung des Gleichgewichts innerhalb eines Organismus.

Hormon Substanz, die von einer endokrinen Drüse hergestellt und in den Blutstrom ausgeschüttet wird. Kann eine andere Drüse aktivieren und trägt dazu bei, die Körperfunktionen und das Verhalten zu steuern.

Hypermnesie Verbesserung des Gedächtnisses; in der Regel aufgrund von gesteigerten oder wiederholten Bemühungen, sich zu erinnern.

Hyperphagie Zustand, bei dem ein Tier zu viel frißt und übergewichtig wird. Hyperphagie wurde experimentell durch eine Schädigung des ventromedialen Kerns des Hypothalamus erzeugt.

Hypnagogischer Zustand Bewußtseinszustand beim Übergang vom Wachen zum Schlafen.

Hypnopompischer Zustand Bewußtseinszustand beim Übergang vom Schlafen zum Wachen.

Hypochondrie Neurotisches, übermäßiges Besorgtsein um die eigene Gesundheit.

Hypophyse Die "Hauptdrüse", wird aktiviert vom Hypothalamus und schüttet Hormone aus, die für die Aktivierung vieler anderer Drüsen verantwortlich sind, zusätzlich zuständig für Körperwachstum, Wasserverlust und viele andere Funktionen.

Hypothalamus Gruppe von Nuclei im Vorderhirn. Der Hypothalamus ist bei vielen psychischen Funktionen, besonders den emotionalen und motivationalen, beteiligt. Durch seine Verbindung zur Hypophyse steuert er viele Aktivitäten im endokrinen System.

Hypothesentesten Beim Denken: Theorie, die das Problemlösen in Begriffen des Formulierens, Testens und Überprüfens von vorläufigen Hypothesen beschreibt.

Ich Eine der grundlegenden Persönlichkeitsinstanzen bei Freud. Das Ich sorgt für das Gleichgewicht zwischen den biologischen Trieben und den Anforderungen der Gesellschaft aufrecht. Es übt eine Verhaltenskontrolle im Sinne der Realität aus.

Identifikation Bei Freud: Wenn ein Mensch Persönlichkeitsaspekte eines anderen Menschen, oft des gleichgeschlechtlichen Elternteils, in sich aufnimmt.

Impfeffekt (Inokulationseffekt) Leute sind schwieriger von etwas zu überzeugen, wenn sie vorher bereits ein wenig beeinflußt wurden.

Individuelle Unterschiede Betrifft die Einzigartigkeit von Organismen. Die Tatsache, daß alle Individuen sich von allen anderen unterscheiden, auch wenn manche Gemeinsamkeiten vorhanden sind.

Informationsverarbeitungs-Theorie Theorie des Problemlösens. Die Art, wie ein Mensch Informationen aus seiner Umgebung empfängt, wie er damit operiert, wie er sie mit anderen Informationen aus dem Gedächtnis integriert und sie als Grundlage der Entscheidung zum Handeln benutzt.

Inkubationseffekt Beim Problemlösen: Wenn die Lösung durch Einsicht plötzlich auftritt, nachdem man einige Zeit nicht an dem Problem gearbeitet hat.

Instrumentelles Konditionieren Lernmethode, bei der Verstärker benutzt werden, um die Auftretenshäufigkeit eines Verhaltens zu verändern. Wird auch operantes Konditionieren genannt.

Intelligenzalter Beim Binet-Intelligenztest: Das Altersniveau, bis zu dem ein Kind die Untertests erfolgreich lösen kann. Wird errechnet durch Addition des Grundalters und der Anzahl an Alterseinheiten, die den Items entsprechen, welche die Vp auf zunehmend höheren Niveaus gelöst hat. Ist unabhängig vom Lebensalter.

Intelligenz-Quotient (IQ) Ein Intelligenzindex, der einen Vergleich von Versuchspersonen jedes Alters erlaubt. Der IQ wird errechnet, indem man das Intelligenzalter durch das Lebensalter dividiert und dann mit 100 multipliziert.

Intermittierende Verstärkung Ein Verstärkungsplan, bei dem weniger als 100% aller richtigen Reaktionen belohnt werden.

Intervenierende Variable Faktor, der zwischen einem Umgebungsreiz und einer Reaktion in einem Teil des Organismus steht und eine Beziehung zwischen beiden herstellt.

Introspektion Beobachtung des eigenen, inneren Seinszustands, z.B. der Gedanken und Gefühle.

Item-Response-Theorie Eine neue Testmethode, die sich mehr auf spezifische Items von bekannter und variierender Schwierigkeit konzentriert als auf eine festgelegte Sammlung von Items.

Katatone Schizophrenie Unterkategorie der Schizophrenie. Typisch dafür ist eine wächserne Biegsamkeit von Körper und Gliedern, Verlust der Beweglichkeit und die Tendenz, für Stunden oder Tage bewegungslos zu verharren. Siehe **Schizophrenie**.

Kinästhesie Das sensorische System, das die Stellung und Bewegung der verschiedenen Körperteile zueinander registriert.

Klangfarbe Eigenschaft von Klängen, abhängig von der Struktur der Obertöne eines vibrierenden Objektes.

Klassisches Konditionieren Erlernen einer neuen Reaktion auf einen Reiz, indem dieser Reiz mit einem anderen Reiz gepaart wird, der die Reaktion bereits auslöst.

Kognitive Dissonanz Leon Festingers Theorie, die behauptet, daß eine Person handelt, um die Inkonsistenzen zwischen zwei oder mehr Gedanken oder Überzeugungen zu verringern.

Kognitives Gleichgewicht Die Theorie, daß soziales Verhalten von der Tendenz, die Kognitionen im Gleichgewicht zu halten, geleitet wird.

Kognitives Lernen Eine der drei grundlegenden Arten des Lernens. Der Erwerb oder die Reorganisation von Wissen durch kognitive Fähigkeiten.

Kognitives Modell Ansatz, der pathologisches Verhalten als Symptom von fehlerhafter Wahrnehmung und falschen Denkgewohnheiten betrachtet.

Kollektives Unbewußtes In der Theorie von C.G.Jung: Ein mystisches Konstrukt, das die grundlegenden Bilder und Vorstellungen beinhaltet, die laut Jung von allen Menschen geteilt werden.

Konditionierter Stimulus (CS) Beim klassischen Konditionieren: Der neutrale Reiz, der vor dem Training die erwünschte Reaktion nicht hervorruft.

Konditionierte Reaktion (CR) Beim klassischen Konditionieren: Die Reaktion, die auf die Darbietung des CS hin auftritt, nachdem das Training beendet ist.

Kongruenz (Echtheit) Begriff bei Rogers: Übereinstimmung zwischen dem, was innerlich erlebt und dem, was nach außen gezeigt wird.

Konjunktives Konzept Konzept, bei dem zwei oder mehr relevante Attribute bei einem Reiz vorhanden sein müssen, damit er eine positive Instanz wird.

Konkordanzrate Die Wahrscheinlickeit, daß ein Teil eines Zwillingspaares eine bestimmte Eigenschaft aufweisen wird, falls der andere Zwilling diese Eigenschaft besitzt.

Konnotation Merkmal eines Wortes, das angibt, wie jemand gefühlsmäßig auf ein Wort reagiert.

Konsolidierungstheorie Theorie, daß jede Erfahrung im Gehirn einen Kreislauf von Spuren in Gang setzt, der konsolidiert oder gestärkt werden muß, damit die Erfahrung dauerhaft im Langzeitgedächtnis gespeichert wird.

Konstruktions-/Rekonstruktionsmodell Theorie von Verständnis und Gedächtnis. Verständnis ist die Konstruktion einer kognitiven Repräsentation eines Ereignisses. Gedächtnis ist die Rekonstruktion eines Ereignisses unter Berücksichtigung von allem, was von der ursprünglichen Repräsentation übrig geblieben ist.

Kontiguitätsgesetz Ein Lernprinzip: Ereignisse, die zeitlich oder räumlich eng zusammen auftreten, werden leicht miteinander assoziiert.

Konvergenz Beim Sehen: Das Zusammenlaufen der Blickrichtung der beiden Augen, damit sie auf dasselbe Ziel ausgerichtet sind.

Konversionssyndrom Eine psychosomatische Störung, bei der ein Körperteil bewegungsunfähig ist.

Konvulsionstherapie Therapie für psychopathische Störungen. Basiert auf der künstlichen Erzeugung von Krämpfen durch Medikamente oder Elektroschock, siehe auch **Elektrokonvulsive Therapie**.

Konzept Wisseneinheit; ein Prinzip für systematisches

Reagieren auf Objekte und Ereignisse, die die Umgebung eines Menschen ausmachen. Konzepte können Klassen oder Kategorien von Dingen sein, auch Folgeregeln oder Bezugsregeln, die eine bestimmte Anordnung der Dinge spezifizieren.

Korrelationskoeffizient Statistischer Zahlenwert, der das Ausmaß der Beziehung zwischen zwei oder mehr Werten wiedergibt: kann von -1 bis +1 variieren. Der Wert Null bedeutet, daß keinerlei Beziehung vorhanden ist.

Krise Außergewöhnlich belastende Zeit im Leben eines Menschen, kann zu Verhaltensauffälligkeiten führen.

Krisenintervention Kurzzeit-Therapie. Wird benutzt als Form der sekundären Prävention bei Krisen, ein Aspekt der Gemeindepsychologie.

Künstliche Intelligenz Ein Zweig der Informatik, der sich mit der Simulation von intelligentem menschlichen Verhalten beschäftigt.

Kurzzeitgedächtnis (KZG) Gedächtnis mit sehr kurzem Retentionsintervall für gelerntes Material. Hypothetisches Gedächtnissystem für flüchtige Informationen.

Langzeitgedächtnis (LZG) Gedächtnis mit relativ langem Retentionsintervall (in der Regel eine Stunde oder mehr) für erlerntes Material. Ein hypothetisches Gedächtnissystem zur dauerhaften Speicherung von Gelerntem.

Lappen Teile der Großhirnrinde: Man unterscheidet zwischen dem Frontal-, Occipital-, Temporal- und Parietallappen.

Latenter Inhalt (von Träumen) Unbewußte Wünsche oder Triebe, die in Träumen Ausdruck suchen, symbolischer Aspekt des Träumens.

Laterale Hemmung Der hemmende Effekt auf die Erregung in einem Neuron, verursacht durch die Erregung eines benachbarten Neurons. Entscheidendes Prinzip bei der Bildung neuraler Schaltkreise.

Lautstärke Das psychische Korrelat, das der Amplitude einer Schallwelle entspricht.

Law of effect siehe **Gesetz des Effekts**.

Leistung Beobachtbare Reaktion oder Verhalten auf eine gestellte Aufgabe hin.

Lernen Relativ dauerhafte Verhaltensänderung, die sich auf Erfahrung und Übung zurückführen läßt.

Lerntransfer Die Anwendung von Wissen oder Fähigkeiten, die man bei einer ersten Aufgabe erworben hatte, während des Lernens und der Ausführung einer zweiten Aufgabe. Die Effekte können positiv oder negativ sein.

Libido Gemäß der Theorie von Freud: Die Quelle der instinktiven, motivierenden Energie.

Löschung Beim klassischen Konditionieren: wiederholte Darbietung eines CS ohne UCS. Nach und nach verschwindet die CR. Beim instrumentellen Konditionieren: Die Beseitigung eines erlernten Verhaltens, indem man jegliche Verstärkung vorenthält.

Lustprinzip Ein von Freud geschaffener Begriff. Die Vorstellung, daß menschliche Wesen danach streben, Schmerz zu vermeiden und Vergnügen zu suchen.

Manifester Inhalt (von Träumen) Aspekte des Traumes, an die sich der Träumende erinnert, konkrete Objekte und Ereignisse in dem Traum.

Median Ein Mittelwert; definiert als der mittelste Wert in einer Reihe von Werten. Eine gleiche Anzahl von Werten liegt jeweils höher und niedriger als der Median.

Mediationstheorie des Denkens Theorie, wonach als Konsequenz von externen Reiz-Reaktions-Assoziationen das Individuum intern Miniatur-Ausgaben dieser Reize (Mediationsreize) und Reaktionen (Mediationsreaktionen) ausbilden kann, die als Verbindung zwischen der Umgebung und der Reaktion auf die Umgebung dienen.

Medizinisches Modell Modell, das Verhaltensstörungen als Symptom einer zugrundeliegenden Krankheit interpretiert.

Methadon Medikament zur Behandlung der Heroinsucht, das Entzugssymptomen vorbeugt und das Heroin-"High" verhindert, aber selbst suchterzeugend ist.

Mittelwert Arithmetischer Durchschnitt. Die Summe aller Werte geteilt durch die Anzahl der Werte.

Mittel-Zweck-Analyse Problemlösungsprozeß, bei dem man die Unterschiede zwischen der jetzigen Situation und der Lösungssituation überprüft und so lange weiterhin Operationen durchführt, bis kein Unterschied mehr erkennbar ist. Anwendbar bei jeder eindeutig spezifizierbaren Problemsituation mit eindeutig spezifizierbarer Lösung.

Mnemotechnik Methoden zur Gedächtnisstütze.

Modellernen siehe **Beobachtungslernen**.

Modus Maß der zentralen Tendenz in einer Reihe von Werten. Der Modus ist der Wert, der am häufigsten auftritt.

Monokulare Tiefenhinweise Hinweisreize für die Tiefenwahrnehmung, abgeleitet aus den Informationen im optischen Abbild, die jedem Auge für sich zur Verfügung stehen: Zwischenstellung, Größenperspektive, lineare Perspektive, Schattierung, Luftperspektive, Texturgradienten.

Morphem In der Sprache: die kleinste Analyseeinheit mit Bedeutungsgehalt, in der Regel eine Silbe.

Motorische Theorie Frühe behavioristische Reiz-Reaktions-Theorie des Denkens. Behauptet, daß Denken immer mit irgendeiner Aktivität von Muskeln und Drüsen verbunden ist, demnach wäre das meiste menschliche Denken im Prinzip stimmloses Sprechen.

Nebennierenmark Inneres der Nebenniere. Schüttet die Hormone Epinephrin und Norepinephrin in den Blutkreislauf aus.

Nebennierenrinde Äußere Schale der Nebennieren. Bei emotionaler Erregung sondert sie Hormone (die sogenannten Kortikosteroide) in den Blutkreislauf ab.

Neuroleptikum (Antipsychotikum) Medikament zur Beruhigung und Hemmung psychotischer Symptome.

Neuron Nervenzelle. Die elementarste Einheit des Nervensystems. Ihre Aufgabe ist, Botschaften zu senden und zu empfangen.

Neurose Umschriebenes Fehlverhalten, das ausgelöst wird, um Streß zu bekämpfen und Angst zu vermeiden. Diagnostische Kategorie der Psychopathologie. Typische Symptome sind Angstzustände, starre und erfolglose Versuche, die Angst zu reduzieren und die Unfähigkeit, die Bedürfnisse, um deretwillen das Fehlverhalten auftritt, wirklich zu befriedigen.

Neurotisches Paradox Die Tatsache, daß ein neurotischer Mensch auch angesichts negativer Konsequenzen sein unangepaßtes Verhalten beibehält.

Nondirektive Therapie Entwickelt von Carl Rogers. Diese Therapieform ist einsichtsorientiert und konzentriert sich auf die Gegenwart. Ziel ist, die Fähigkeit zum vollständigen Erleben aller Gefühle wiederzuerlangen.

Nullhypothese Vorhersage, daß die manipulierte Variable keinerlei Auswirkungen auf das gemessene Verhalten haben wird.

Ödipuskomplex In der Psychoanalyse: Psychische Störung, die aus ungelösten Konflikten zwischen einem Sohn und seinem Vater wegen der Zuneigung zu seiner Mutter herrührt.

Operantes Konditionieren Siehe **Instrumentelles Konditionieren**.

Organisch bedingte psychische Störung Probleme im Verhaltens- oder Gefühlsbereich, die eine biologische Ursache haben, in der Regel eine Beeinträchtigung der Gehirnfunktion.

Ovarien (Eierstöcke) Weibliche Fortpflanzungsorgane. Gleichzeitig endokrine Drüsen, die viele Hormone absondern, welche den Zyklus und das sexuelle Verhalten regulieren und eine Schwangerschaft aufrechterhalten.

Parallaktische Verschiebung Ein Hinweisreiz für Tiefe. Entsteht durch die unterschiedliche Bewegung von nahen und weiter entfernten Objekten zueinander, sobald man den Kopf bewegt.

Paranoide Schizophrenie Unterkategorie der Schizophrenie. Typische Symptome sind Verfolgungswahn, übersteigertes Mißtrauen gegen andere Menschen und Größenwahn.

Parasympathikus Teil des autonomen Nervensystems. Steuert das unwillkürliche Verhalten, z.B. die Verdauung, arbeitet als Gegenspieler zum sympathischen Nervensystem und spart Körperenergie.

Peripheres Nervensystem Umfaßt alle Nerven, die als Kommunikationsleitungen zwischen Muskeln, Drüsen und sensorischen Rezeptoren einerseits und dem zentralen Nervensystem andererseits dienen.

Persönliches Unbewußtes In Jungs Theorie: Beinhaltet das, was Freud das Vorbewußte und das Unbewußte nannte. Der Ort aller persönlichen Erinnerungen und Antriebe.

Persönlichkeitsstörung Untergruppe in der Psychopathologie. gekennzeichnet durch sozial auffällige Verhaltensweisen, entsteht durch Motivations- oder Kompetenzmangel im Umgang mit Alltagsstreß. Das Verhalten ist nach gesellschaftlicher Definition, nicht aber aus der Sicht der Betroffenen gestört.

Phänomenologischer Ansatz Nimmt an, daß psychische Störungen sowohl auf der Unfähigkeit, einen Sinn in der Welt zu sehen als auch auf Gefühlskälte beruhen. Konzentriert sich darauf, wie das Individuum die Welt erlebt.

Pheromone Körpereigene biochemische Duftstoffe bei vielen Tieren. Ein Kommunikationsmittel, um Territorien und sexueller Verfügbarkeit anzuzeigen.

Phobie Neurose mit einer starken, irrationalen Angst vor irgendetwas. Laut psychoanalytischer Theorie eine Verschiebung der Angst auf Situationen, die in Wirklichkeit nicht oder kaum gefährlich sind.

Phoneme Laute, die für eine bestimmte Sprache typisch sind (Lautelemente einer Sprache). Kleine Einheiten von Lauten mit bedeutungsmäßiger Differenzierung, die jedoch noch keine Wörter darstellen. Beim Englisch umfassen diese Laute stimmhaft bzw. stimmlos und unterbrochener bzw. frikativer Luftstrom.

Placebo-Kontrollgruppe Die Versuchsgruppe bei einem Experiment, die nur zum Schein behandelt wird, z.B. mit einem Medikament, das keinerlei aktive Wirkstoffe enthält.

Pragmatik Ein Aspekt der Sprache, der sich auf die Absichten des Sprechenden und darauf, wie diese Absichten vom Zuhörer verstanden werden, konzentriert.

Prägnanz Ein Gestaltprinzip der Wahrnehmungsstrukturierung, entspricht der "guten Gestalt".

Primacy-Effekt ("Primateffekt") An zuerst gelernte Items erinnert man sich besser.

Primärer Krankheitsgewinn Bei neurotischem Verhalten: die unmittelbare Reduktion der Angst.

Primärer Verstärker Reiz (oder Ereignis), der von Natur aus (angeboren) verstärkend wirkt.

Proaktive Hemmung Eine alte Erinnerung stört die Aufnahme einer neuen Information, die in Bezug zu der alten Erinnerung steht. Die neue Information wird vergessen.

Prognose Wahrscheinlichkeit der Genesung.

Projektion Prozeß der Verleugnung von vorhandenen unakzeptierbaren Impulsen oder Eigenschaften, wobei diese Eigenschaften an anderen Personen gesehen werden (unabhängig davon, ob diese sie wirklich haben oder nicht), ein Abwehrmechanismus.

Projektiver Test Ein Test, der die Vp dazu ermutigt, ihre Persönlichkeit in die Reaktion auf mehrdeutige Reize wie z.B. Tintenklekse, zu projizieren.

Psychische Störung Unfähigkeit zu sozial angemessenem Verhalten, so daß die Konsequenzen des Verhaltens sowohl für den Betroffenen selbst als auch für die Gesellschaft unangenehm sind.

Psychoanalyse Von Freud entwickelte, einsichtsorientierte Therapie, die auf seiner psychoanalytischen Theorie aufbaut.

Psychochirurgie Die Behandlung abweichenden Verhaltens mittels chirurgischer Eingriffe, in dem Nervenbahnen durchtrennt werden.

Psychodynamischer Ansatz Verhaltensstörungen werden als Symptom eines zugrundeliegenden psychischen Konfliktes betrachtet.

Psychogene Psychose Schizophrene Reaktion mit schleichendem Einsetzen der Symptome über Jahre hinweg. Typisch sind Rückzug von anderen, wachsende Apperzeptionsstörungen im kognitiven Bereich und ein langsames Einsetzen von Halluzinationen und Wahnzuständen, manchmal auch *chronische Schizophrenie* genannt.

Psychogenes Schmerzsyndrom Eine körperliche Störung, bei der Schmerz auftritt, obwohl keine physische Verletzung vorliegt.

Psychose Untergruppe in der Psychopathologie. Typisch sind: starke Realitätsverzerrung oder Verlust der Realitätsprüfung; Unfähigkeit, zwischen Realität und Phantasie zu unterscheiden; Halluzinationen und/oder Wahnzustände.

Psychosexuelle Phasen Die Entwicklungsphasen, die laut Freud alle Menschen während ihrer frühen Kindheit durchlaufen. Jede Phase zentriert sich um eine lustbetonte Körperregion. In jeder Phase besteht die Möglichkeit einer Fixierung.

Psychosexuelle Störungen Beim DSM-III: Hauptgruppe psychischer Störungen auf Achse I, umfaßt verschiedene Formen der sexuellen Abweichung.

Psychotherapie Alle Methoden zur Behandlung abweichenden Verhaltens.

Rationalisierung Abwehrmechanismus nach Freud. Der Versuch eines Menschen, der sich der wahren Gründe für sein unangemessenes Verhalten nicht bewußt ist, sich zu rechtfertigen oder ihr Verhalten durch sozial akzeptierbare Motive zu erklären.

Reaktionsbildung Verleugnung oder Maskierung der eigenen unakzeptierbaren Impulse, indem man genau das Gegenteil der wahren Gefühle behauptet, ein Abwehrmechanismus.

Reaktionsdiskrimination Lernen, in einer bestimmten Situation eine einzige -und nur diese- Reaktion zu zeigen.

Reaktive Psychose Schizophrene Reaktion mit relativ plötzlichem Einsetzen der Symptome, manchmal auch *akute Schizophrenie* genannt.

Realitätsprinzip Von Freud eingeführter Begriff. Grundgedanke: Um existieren zu können, müssen Menschen sich auf eine Art und Weise verhalten, die mit der realen Welt in Einklang steht. Das Ich ist der Teil der Persönlichkeit, der diese Forderung überwacht und erfüllt.

Recency-Effekt ("Rezenzeffekt") Die Tatsache, daß man sich an Items am Ende einer Liste ungewöhnlich gut erinnern kann.

Refraktärphase Auf eine Reaktion folgendes Zeitintervall, in dem so gut wie kein Reiz eine andere Reaktion hervorrufen kann.

Regredieren In einer Hypnose wird jemand zeitlich so weit zurückversetzt bis er/sie psychisch die Vergangenheit noch einmal erlebt.

Regression Abwehrmechanismus bei Freud: Charakterisiert durch die Rückkehr in eine frühere Phase der psychosexuellen Entwicklung (siehe auch **Regredieren**). In der Statistik: ein Verfahren zur Vorhersage des Meßwertes einer Vp hinsichtlich einer Variable, wenn der Meßwert dieser Vp bei einer anderen Variable sowie die Korrelation zwischen den zwei Variablen bereits bekannt ist.

Reifung Wachstum oder Veränderung im Laufe der Zeit. Zusammen mit der Vererbung die Hauptdeterminante der Entwicklung.

Reizdiskrimination Lernen, auf verschiedene Reize, die oft ähnlich sind, verschieden zu reagieren.

Reizkontrolle Verfahren des instrumentellen Lernens, wobei ein Hinweisreiz in der Umgebung das Verhalten eines Organismus steuern kann.

Reliabilität Das Ausmaß indem der Meßwert einer Versuchsperson für eine Variable bei wiederholtem Testen gleich bleibt. Ein entscheidendes Charakteristikum jedes Meßinstruments.

Retentions-Intervall Die Zeit zwischen dem erstmaligen Lernen und der Erinnerung an das Gelernte.

Retina (Netzhaut) Lichtempfindliche Oberfläche auf der Rückseite des Augapfels, der das optische Abbild empfängt, enthält visuelle Rezeptorzellen.

Retroaktive Hemmung Eine neue Information stört eine ältere Erinnerung, die in Bezug zu der Information steht. Die Erinnerung wird vergessen.

Retrograde Amnesie Verlust der Erinnerung an alles, was kurz vor dem Ereignis stattfand, das den Gedächtnisverlust ausgelöst hat. Das Langzeitgedächtnis bleibt intakt.

Rezeptives Feld Eine Region der Retina, die bei Lichtreizung die Aktivität einer weiteren Zelle entlang der visuellen Leitung zum Gehirn beeinflußt. Das rezeptive Feld einer Ganglionzelle besteht aus konzentrischen "an" und "aus"-Regionen. Kortikale Zellen sind oft so eingestellt, daß sie nur auf bestimmte Reize, z.B. eine horizontale Linie in ihrem rezeptiven Feld, reagieren.

Rezeptor Spezialisierte Nervenzelle, die physikalische Reizung in elektrische Information umwandelt.

Rückenmark Einer der zwei Hauptbestandteile des zentralen Nervensystems. Eine kabelartige Ansammlung von Nervenbahnen, die Informationen ins Gehirn hinein- und aus dem Gehirn heraustransportieren.

Sättigung Dimension des Farberlebens, die der Menge und Tiefe des Farbtons einer Lichtquelle entspricht.

Schema Hypothetisches Konstrukt, die Repräsentation des Wissens im Gedächtnis. Wird gebraucht, um neue Informationen über die Welt zu ordnen, zu interpretieren und Schlußfolgerungen daraus zu ziehen.

Schilddrüse Produziert das Hormon Thyroxin und reguliert damit Wachstum und Stoffwechsel.

Schizophrenie Psychotische Störungen, bei denen es zu Störungen der kognitiven Prozesse und der Affekte sowie zu einer deutlichen Realitätsverzerrung kommt. Oft charakterisiert durch affektive Abstumpfung, Störungen in den zwischenmenschlichen Beziehungen, Depersonalisation und vorwiegende Beschäftigung mit den eigenen Phantasien.

Schwelle Mindestreizstärke die erforderlich ist, um einen Reiz zu erkennen.

Sedativum Medikament zur Angstreduktion durch Muskelentspannung, Schlaf und Hemmung der kognitiven Gehirnzentren.

Sehschärfe Fähigkeit, feine Details in einem geordneten Reizfeld zu erkennen.

Sekundärer Krankheitsgewinn Beim neurotischen Verhalten: Weitere positive Konsequenzen zusätzlich zur Erleichterung der Angst oder der Spannung.

Sekundärer Verstärker Reiz oder Ereignis, das nur dann zu einem Verstärker wird, wenn es mit einem primären Verstärker gepaart wird.

Selbst-erfüllende Prophezeiung In der Forschung: Ein Versuchsleiter kann gewisse Erwartungen haben, wie sich die Vpn verhalten sollten, und kann die Vpn unabsichtlich oder anders dazu bringen, sich seinen Erwartungen entsprechend zu verhalten. Wenn man eine Vorhersage macht, tut man alles, damit die Vorhersage eintrifft.

Selbst-Konzept Relativ in sich geschlossene und dauerhafte Einstellungen zur eigenen Person.

Selbsttheorie Persönlichkeitsansatz, der sich auf das Individuum als ganzes, einheitliches Selbst konzentriert. Enthält ein positives Menschenbild und ist Teil des humanistischen Ansatzes zur Psychologie.

Semantik Die Bedeutung oder Botschaft, die in einer grammatikalischen oder linguistischen Aussage enthalten ist.

Semantisches Differential Von Charles Osgood entwickeltes Verfahren, das die Einschätzungen, welche Vpn zu Wörtern abgeben, dazu benutzt, um die grundlegenden Bedeutungsdimensionen eines Wortes sowie dessen Lokalisation auf dieser Dimension abzuleiten. Mißt die Wortkonnotation.

Sensorische Deprivation Wenn die Intensität oder Anzahl äußerer Reize langfristig stark vermindert wird. Sie erzeugt Langeweile, Ruhelosigkeit und Störungen der kognitiven Prozesse.

Sensorisches Gedächtnis Das Kurzzeitgedächtnis, das Eindrücke nur für sehr kurze Zeit behalten kann.

S-Faktor Bei der Intelligenz: Eine spezifische Fähigkeit, die der Leistung bei bestimmten, aber nicht bei allen Tests, zugrundeliegen soll.

Shaping (Verhaltensformung) Prozeß, der das instrumentelle Konditionieren in Abstufungen benutzt, um eine ungewöhnliche oder schwierige Verhaltensweise herauszubilden.

Signal-Entdeckungs-Theorie Eine statistische Wahrnehmungstheorie, die postuliert, daß bei einer Reizentdeckung zwei Prozesse stattfinden: ein sensorischer und ein Entscheidungsprozeß.

Signalreize Umgebungsreize, die instinktives Verhalten auslösen.

Soma Der Zellkörper eines Neurons, der den Zellkern enthält, der alle Aktivitäten der Zelle steuert, z.B. die Sauerstoffnutzung und die Energieerzeugung.

Somatisierungssyndrom Unklare, aber immer wiederkehrende körperliche Beschwerden ohne organische Grundlage.

Somatoforme Störung Hauptgruppe psychischer Störungen im DSM III auf Achse I. Sie umfaßt alle Störungen mit körperlichen Symptomen, für die es keine nachweisbare organische Ursache gibt.

Sozial induzierte Leistungshemmung Leistungsstörung, die durch die Anwesenheit anderer Menschen verursacht wird.

Sozial induzierte Verhaltensaktivierung (social facilitation) Phänomen, bei dem die bloße Anwesenheit von anderen Menschen -als Publikum oder als Mitarbeiter- ohne jeglichen sprachlichen Austausch untereinander die individuelle Leistung beeinflußt.

Sozial-psychiatrische Dienste siehe **Gemeindepsychologie**.

Soziobiologie Biologische Erklärung für soziales Verhalten. Basiert auf der Annahme, daß die primäre Funktion jeglichen Verhaltens ist, das Überleben der Gene eines Organismus zu sichern.

Soziopath Antisoziale Persönlichkeit.

Speicherung Verbleib von enkodierter Information im Gedächtnis über längere Zeit.

Spontanerholung Das Wiederauftreten eines erlernten Verhaltens nach einem Löschungstraining, also ohne nochmalige Einübung.

Spurabhängiges Vergessen Verlust gelernter Information aufgrund des Verfalles von Gedächtnisspuren. Siehe **Hinweisabhängiges Vergessen**.

Standardabweichung Statistisches Maß der Variabilität oder Streuung der Meßwerte um den Mittelwert herum.

Stereopsis Ein Wahrnehmungsprozeß, der Informationen über die Tiefe aus der Umgebung gewinnt und der mit der Tatsache arbeitet, daß die zwei Augen horizontal getrennt voneinander im Kopf liegen.

Strukturalismus Frühe Denkrichtung der Psychologie, die das bewußte Erleben für den Hauptgegenstand der Psychologie hielt. Forschungsobjekt war das Erleben und seine Bestandteile, die wichtigste Analysemethode war die Introspektion.

Sublimierung Die Umleitung sexueller Energie von einem unakzeptierbaren Objekt auf eines, das gesellschaftlich hoch bewertet wird.

Substanzinduzierte Störungen Hauptgruppe psychischer Störungen auf Achse I des DSM III, die jeden Mißbrauch chemischer Substanzen umfaßt.

Syllogismus Ein deduktiver Vernunftsschluß, der auf zwei gegebenen Prämissen und einer Schlußfolgerung basiert, die entweder richtig oder falsch sein kann.

Sympathikus Teil des autonomen Nervensystems. Bereitet den Organismus auf Notfälle vor, macht die körpereigenen Energien zum Einsatz verfügbar.

Synapse Region, in der sich das Ende eines Neurons mit dem nächsten Neuron zu einer Kommunikationskette verbindet. Die Axonendigungen einer Zelle nähern sich den Dendriten oder dem Soma einer anderen Zelle, berühren sie aber nicht.

Syntax Linguistische Regeln zur Konstruktion grammatikalischer Aussagen.

Systematische Desensibilisierung Methode der Verhaltenstherapie, entwickelt von Wolpe, um Menschen bei der Überwindung von Furcht und Angst zu helfen.

Testes (Hoden) Männliches Fortpflanzungsorgan. Drüse, die viele Hormone zur Steuerung des Sexualverhaltens und zur Ausbildung der Geschlechtsmerkmale ausschüttet.

Thalamus Gehirnteil, der Informationen von fast allen Sinnen empfängt und zum Kortex weitergibt. Ist auch beteiligt an Schlaf und Aufmerksamkeit.

Theorie Prinzipien und Behauptungen, welche Tatsachen darlegen, ordnen und zusammenfassen, sowie eine Erklärung dessen vorschlagen, was hinter den Tatsachen steckt.

Tiefenwahrnehmung Fähigkeit zur internen Repräsentation von Tiefe und Distanz.

Tonhöhe Psychologische Entsprechung zur Schallwelle.

Trait Relativ überdauernde Eigenschaft eines Individuums, die es bei vielen Gelegenheiten zeigt.

Tranquilizer Medikament zur Angstreduktion ohne dämpfende und einschläfernde Nebenwirkungen.

Transaktionsanalyse Modell von Eric Berne, der Freuds grundlegendes Modell von Überich, Ich und Es in Eltern-Ich, Erwachsenen-Ich und Kindheits-Ich umgestaltet.

Trieb Zum Handeln verfügbare Energie. Psychologische Entsprechung eines körperlichen Bedürfnisses (z.B. resultiert der Hungertrieb aus dem Bedürfnis nach Nahrung).

Typus In der Persönlichkeitstheorie: Der Gedanke, daß die Menschen sich in ein paar grundlegende Typen mit unterscheidbaren Charakteristika in ihrem Verhalten oder ihrem Körperbau einteilen lassen.

Überich Eine der grundlegenden Persönlichkeitsinstanzen, wie sie von Freud vorgeschlagen wurden. Das Überich enthält die Werte, die moralische Überzeugung und die wichtigsten Einstellungen eines Menschen, wie er sie von seinen Eltern und der Gesellschaft gelernt hat.

Übersprungsverhalten In der Verhaltensforschung: Ein Begriff zur Beschreibung einer Ersatzhandlung, die durch Blockierung oder durch Konkurrenz zwischen Aktivitäten entsteht.

Übertragung (Übertragungsneurose) In Freuds Theorie: Wenn bei einem Patienten in der therapeutischen Beziehung jene Konflikte aus seinem früheren Leben wieder aufleben, die die psychische Störung verursacht haben.

Unabhängige Variable In der psychologischen Forschung: Diejenige Variable, die der Psychologe manipuliert.

Unbewußtes Begriff aus der Theorie von Freud. Der Teil der kognitiven Prozesse eines Menschen, dessen Bewußtwerdung sich dieser Mensch widersetzt: unakzeptable Triebe, Impulse und Material, die einmal bewußt waren, aber aus dem Bewußtsein entfernt wurden, weil sie Angst hervorriefen.

Unkonditionierte Reaktion (UCR) Beim klassischen Konditionieren die Reaktion, die automatisch -also ohne jegliches Training- auftritt, sobald der unkonditionierte Reiz dargeboten wird.

Unkonditionierter Stimulus (UCS) Beim klassischen Konditionieren der Reiz, der automatisch, also ohne jegliches Training, die erwünschte Reaktion hervorruft.

Unterschiedsschwelle Maß für die Fähigkeit eines Menschen, auf einer bestimmten Dimension (z.B. Intensität oder Frequenz) einen Reiz von einem anderen zu unterscheiden.

Vakuum-Aktivität Auftreten eines Instinkverhaltens, obwohl kein Signalreiz anwesend ist.

Validität Das Ausmaß, in dem ein Meßinstrument mißt, was es zu messen vorgibt.

Variable Jedes Merkmal eines Gegenstandes, eines Ereignisses oder einer Person, das mehr oder weniger ausgeprägt sein kann.

Varianz Maß für die Streuung einer Reihe von Meßwerten, entspricht dem Quadrat der Standardabweichung.

Verarbeitungsebene (level of processing) Theorie, die das Gedächtnis in Relation zur Breite und Tiefe der Prozesse stellt, die gebraucht werden, um Information zu enkodieren.

Verdrängung Zurückhalten von stark bedrohlichen Impulsen oder Erinnerungen vom Bewußtsein, weil sie höchstwahrscheinlich Angst oder andere negative Konsequenzen hervorrufen würden, ein Abwehrmechanismus.

Verfallstheorie Theorie, daß wir Dinge vergessen, weil sich ihre Gedächtnisspur mit der Zeit verliert.

Verhaltensmodifikation Anwendung der Lernprinzipien, mit dem Ziel, eine Verhaltensänderung herbeizuführen.

Verhaltenstheoretische Sichtweise Ansatz, der die Ursache von Verhaltensstörungen in einer unangemessenen Lerngeschichte sieht und nicht als Symptom unerklärbarer psychischer Prozesse.

Verleugnung Entfernen einer externen Bedrohung aus dem Bewußtsein, ein Abwehrmechanismus.

Verschiebung Die Umleitung sexueller Energien von einem unakzeptierbaren Objekt auf eines von neutralem Wert für die Gesellschaft. Weiterhin ein Traumvorgang, bei dem Traummaterial verdeckt wird. Dadurch wird die affektive Betonung im Traum von einem Objekt auf ein anderes verlagert. So kann, z.B. etwas, was im wirklichen Leben sehr bedeutend ist, im Traum scheinbar völlig unwichtig werden - oder umgekehrt.

Verschlüsselung siehe **Enkodierung**.

Verstärker Reiz (oder Ereignis), der die Auftretenshäufigkeit der Reaktion, mit der er verknüpft wurde, erhöht.

Vestibulärsinn Das sensorische System, das die Bewegung und Orientierung des ganzen Körpers im Raum registriert.

Vorausplanen Heuristik des Problemlösens, bei der eine Reihe von Unterzielen eingerichtet und eine Folge von Schritten entwickelt wird, um diese Ziele zu erreichen.

Vorbereitetes Lernen Ein eingebautes Konditionierungssystem genetischen Ursprungs, das sich schnell mit bestimmten Reizen verknüpft. Beispielsweise das spezielle System, das Nahrungsreize durch die Geschmackswahrnehmung mit Übelkeit verbindet.

Vorbewußtes Die Ideen, Gedanken und Bilder in der Theorie Freuds, deren sich ein Mensch in einer bestimmten Situation nicht bewußt ist, die aber ohne größere Schwierigkeiten ins Bewußtsein gerufen werden können.

Wahn Unerschütterliche Idee oder Überzeugung, an der auch angesichts von Gegenbeweisen, von einfacher Logik oder praktischer Erfahrung festgehalten wird.

Wahrscheinlichkeit Die Anzahl der Fälle in einer Population, zu der eine bestimmte Beschreibung paßt. Die Wahrscheinlichkeit von A ist gleich der Anzahl aller A, geteilt durch die gesamte Anzahl der Fälle in der Population.

Willkürliches Nervensystem Teil des peripheren Nervensystems, besteht aus den Nerven, die der willkürlichen Muskulatur dienen.

Yerkes-Dodson-Gesetz Die Tatsache, daß eine gesteigerte Motivation die Leistung verbessert bis zu einem Punkt, von dem ab sie sich wieder verschlechtert. Je einfacher die Aufgabe auszuführen ist, desto höher ist das Antriebsniveau für eine optimale Leistung.

Zentrales Nervensystem (ZNS) Besteht aus dem Gehirn und dem Rückenmark und wird von Schädel und Wirbelsäule umschlossen. Es ist die integrierende Zentrale für alle körperlichen und psychischen Funktionen.

Zufällige Auswahl (Zufallsstichprobe) Eine Stichprobe, die so zusammengestellt ist, daß jeder in der Population die gleiche Chance hat, für die Stichprobe ausgewählt zu werden.

Zustandsabhängiges Lernen Der physiologische Zustand eines Lernenden beeinflußt das Lernen. Je ähnlicher dieser Zustand beim Lernen und beim Abrufen ist, desto besser klappt das Abrufen.

Zwangssyndrom Eine Untergruppr der Angststörungen auf Achse I des DSM-III. Sie umfaßt sich ständig wiederholende Gedanken und Handlungen.

Zwei-Prozeß-Theorie Eine Theorie des Vermeidungslernens; umfaßt das klassische Konditionieren eines negativen emotionalen Zustands, und das operante oder instrumentelle Konditionieren von Reaktionen, die diesen Zustand beenden.

Literaturverzeichnis

Adelson, J., Green, B., & O'Neil, R. Growth of the idea of law in adolescence. *Developmental Psychology,* 1969, *1,* 327–332.

Adorno, T. W., Frenkel-Brunswik, E., Levinson, D. J., & Sanford, R. N. *The authoritarian personality.* New York: Harper & Row, 1950.

Ainsworth, M. D., Blehar, M. C., Waters, E., & Wall, S. *Patterns of attachment.* Hillsdale, N.J.: Lawrence Erlbaum Associates, 1978.

Alexander, F. Individual psychotherapy. *Psychosomatic Medicine,* 1946, *8,* 110–115.

Allbrook, R. C. How to spot executives early. *Fortune,* 1968, *78,* 106–111.

Allison, J., Miller, M., & Wozny, M. Conservation in behavior. *Journal of Experimental Psychology: General,* 1979, *108,* 4–34.

Anastasi, A. Heredity, environment, and the question "how"? *Psychological Review,* 1958, *65*(4), 197–208.

Anderson, J. *Language, memory, and thought.* Hillsdale, N.J.: Lawrence Erlbaum Associates, 1976.

Apter, M. J. *The computer simulation of behavior.* New York: Harper & Row, 1970.

Arnold, A. P. Sexual differences in the brain. *American Scientist,* 1980, *68,* 165–173.

Aronson, E. *The social animal,* 3rd ed. San Francisco: Freeman, 1984.

Aronson, E., & Mills, J. The effect of severity of initiation on liking for a group, *Journal of Abnormal and Social Psychology,* 1959, *59,* 177–181.

Asch, S. E. Studies of independence and conformity: I. A minority of one against a unanimous majority. *Psychological Monographs,* 1956, *70* (9, whole no. 416).

Aserinsky, E., & Kleitman, N. Regularly occurring periods of eye mobility and concomitant phenomena during sleep. *Science,* 1953, *118,* 273–274.

Atkinson, J. W., & McClelland, D. C. The projective expressions of needs. II. The effect of different intensities of the hunger drive on thematic apperception. *Journal of Experimental Psychology,* 1948, *38,* 643–658.

Atwood, M. E., & Polson, P. G. A process model for water jug problems. *Cognitive Psychology,* 1976, *8,* 191–216.

Ax, A. F. The physiological differentiation between fear and anger in humans. *Psychosomatic Medicine,* 1953, *15,* 443–452.

Azrin, N. H., & Foxx, R. M. *Toilet training in less than a day.* New York: Simon and Schuster, 1974.

Azrin, N. H., Hutchinson, R. R., & Hake, D. H. Extinction-induced aggression. *Journal of the Experimental Analysis of Behavior,* 1966, *9,* 191–204.

Bach-y-rita, P. *Brain mechanisms in sensory substitution.* New York: Academic Press, 1972.

Baltes, P. B. Longitudinal and cross-sectional sequences in the study of age and generation effects. *Human Development,* 1968, *11,* 145–171.

Bandura, A. Self-efficacy: Toward a unifying theory of behavior change. *Psychological Review,* 1977, *84,* 191–215.

Bandura, A. The self and mechanisms of agency. In Suls, J. (Ed.), *Social psychological perspectives on the self.* Hillsdale, N.J.: Lawrence Erlbaum Associates, 1980.

Bandura, A. The self-system in reciprocal determinism. *American Psychologist,* 1978, *33,* 344–358.

Bandura, A. A social learning interpretation of psychological dysfunctions. In London, P., & Rosenhan, D. (Eds.), *Foundations of abnormal psychology.* New York: Holt, Rinehart and Winston, 1968.

Bandura, A. *Social learning theory.* Englewood Cliffs, N.J.: Prentice-Hall, 1977.

Bandura, A. *Social learning theory.* New York: General Learning Press, 1971.

Bandura, A., Ross, D., & Ross, S. Transmission of aggression through imitation of aggressive models. *Journal of Abnormal and Social Psychology,* 1961, *63,* 575–582.

Bandura, A., & Walters, R. H. *Social learning and personality development.* New York: Holt, Rinehart and Winston, 1965.

Barber, T. X. *Hypnosis: A scientific approach.* New York: Van Nostrand Reinhold, 1969.

Bard, P., & Mountcastle, V. B. Some forebrain mechanisms involved in expression of rage with special reference to suppression of angry behavior. *Research Publication Association Nervous and Mental Disorders,* 1948, *27,* 362–404.

Baron, P. M., Mandel, D. R., Adams, C. A., & Griffin, L. M. Effects of social density in university residential environments. *Journal of Personality and Social Psychology,* 1976, *34,* 434–446.

Barrett, R. S. Guide to using psychological tests. *Harvard Business Review,* 1963, *41,* 139.

Bartlett, F. C. *Remembering.* Cambridge, England: Cambridge University Press, 1932.

Bateson, G., Jackson, D. D., Haley, J., & Weakland, J. H. Toward a theory of schizophrenia. *Behavioral Science,* 1956, *1,* 251–264.

Baum, A., & Valins, S. Architectural mediation of residential density and control: Crowding and the regulation of social contact. In Berkowitz, L. (Ed.), *Advances in experimental social psychology,* Vol. 12. New York: Academic Press, 1979.

Baumrind, D. Parental disciplinary patterns and social competence in children. *Youth Sociology,* 1978, *9,* 239–276.

Beck, A. T. *Cognitive therapy and the emotional disorders.* New York: International University Press, 1976.

Beck, A. T., Rush, A. J., Shaw, B. F., & Emery, G. *Cognitive therapy of depression.* New York: Guilford Press, 1979.

Beck, A. T., Ward, O. H., Mendelson, M., Mock, J. E., & Erbaugh, J. K. Reliability of psychiatric diagnosis: II. A study of consistency of clinical judgments and ratings. *American Journal of Psychiatry,* 1962, *119,* 351–357.

Bem, D. J. Self-perception: An alternative interpretation of cognitive dissonance phenomena. *Psychological Review,* 1967, *74,* 183–200.

Bem, D. J. Self perception theory. In Berkowitz, L. (Ed.), *Advances in experimental social psychology,* Vol. 6. New York: Academic Press, 1972.

Bem, S. L. The measurement of psychological androgyny. *Journal of Consulting and Clinical Psychology,* 1974, *42,* 155–162.

Bengston, V. L. *The social psychology of aging.* Indianapolis: Bobbs-Merrill, 1973.

Benson, H. *The relaxation response.* New York: Morrow, 1975.

Berkowitz, L. *Aggression: A social psychological analysis.* New York: McGraw-Hill, 1962.

Berkowitz, L., & LePage, A. Weapons as aggression-eliciting stimuli. *Journal of Personality and Social Psychology,* 1967, *7,* 202–207.

Bernstein, I. L., & Sigmundi, R. A. Tumor anorexia: A learned food aversion? *Science,* 1980, *209,* 416–418.

Bernstein, I. L., & Webster, M. M. Learned taste aversions in humans. *Physiology and behavior,* 1980, *25,* 363–366.

Bexton, W. H., Heron, W., & Scott, T. H. Effects of decreased variation in the environment. *Canadian Journal of Psychology,* 1954, *8,* 70–76.

Blakemore, C., & Cooper, G. F. Development of the brain depends upon the visual environment. *Nature,* 1970, *228,* 477–478.

Bond, C. F., Jr., & Titus, L. J. Social facilitation: A metaanalysis of 241 studies. *Psychological Bulletin,* 1983, *94,* 265–292.

Bonime, W. *The clinical use of dreams.* New York: Basic Books, 1962.

Boring, E. G., Langfeld, H. S., & Weld, H. P. *Foundations of psychology.* New York: Wiley, 1948.

Bouchard, T. J., Jr., & McQue, M. *Science,* 1981, (May 29) Familial studies of intelligence: A review. *Science,* 1981, *212,* 1055–1059.

Bourne, M. T. The nature of hypnosis: Artifact and essence. *Journal of Abnormal and Social Psychology,* 1959, *58,* 277–299.

Bower, G. H. Mood and memory. *American Psychologist,* 1981, *36,* 129–148.

Bower, G. H. The influence of graded reductions in reward and prior frustrating events upon the magnitude of the frustration effect. *Journal of Comparative and Physiological Psychology,* 1962, *55,* 582–587.

Bowlby, J. *Attachment and loss.* New York: Basic Books, 1969.

Brady, J. V. Ulcers in "executive" monkeys. *Scientific American,* 1958, *199,* 95–100.

Braine, M. D. S. The ontogeny of English phrase structure: The first phrase. *Language,* 1963, *39,* 1–13.

Bransford, J. D., & Franks, J. J. The abstraction of linguistic ideas. *Cognitive Psychology,* 1971, *2,* 331–350.

Bransford, J. D., & Johnson, M. K. Considerations of some problems of comprehension. In Chase, W. G. (Ed.), *Visual information processing.* New York: Academic Press, 1973.

Breuer, J., & Freud, S. Studies on hysteria. In Strachey, J. (Trans.), *Standard edition of the complete works of Sigmund Freud.* New York: Basic Books, 1957.

Brown, R. *A first language: The early stages.* Cambridge, Mass.: Harvard University Press, 1973.

Bruner, J. S., Goodnow, J. J., & Austin, G. A. *A study of thinking.* New York: Wiley, 1956.

Butler, R. A. Incentive conditions which influence visual exploration. *Journal of Experimental Psychology,* 1954, *48,* 19–23.

Byrne, D. Attitudes and attraction. In Berkowitz, L. (Ed.), *Advances in experimental social psychology,* Vol. 4. New York: Academic Press, 1969.

Byrne, D. *The attraction paradigm.* New York: Academic Press, 1971.

Byrne, D., & Clore, G. L., Jr. Predicting interpersonal attraction toward strangers presented in three different stimulus modes. *Psychonomic Science,* 1966, *4,* 239–240.

Cameron, N. *Personal development in psychopathology.* Boston: Houghton Mifflin, 1963.

Campbell, D. T. Ethnocentric and other altruistic motives. In Levine, D. (Ed.), *Nebraska symposium on motivation.* Lincoln, Neb.: University of Nebraska Press, 1965.

Cannon, W. B. *Bodily changes in pain, hunger, fear and rage.* New York: Appleton-Century-Crofts, 1929.

Caracena, P. F. Elicitation of dependency expressions in the initial stage of psychotherapy. *Journal of Counseling Psychology,* 1962, *9,* 329–334.

Carlston, D. E. The recall and use of traits and events in social inference processes. *Journal of Experimental Social Psychology,* 1980, *16,* 303–329.

Casebook on ethical standards of psychologists. Washington, D.C.: American Psychological Association, 1967.

Cattell, R. B. *Abilities: Their structure, growth, and action.* Boston: Houghton Mifflin, 1971.

Cattell, R. B. Concepts of personality growing from multivariate experiments. In Wepman, J. M., & Heine, R. W. (Eds.), *Concepts of personality.* Chicago: Aldine, 1963.

Cattell, R. B., & Ebel, H. W. *Handbook for the sixteen personality factor questionnaire.* Champaign, Ill.: Institute for Personality and Ability Testing, 1964.

Cautela, J. R. Covert sensitization. *Psychological Reports,* 1967, *20,* 459–468.

Cautela, J. R. The treatment of alcoholism by covert sensitization. *Psychotherapy: Theory, research and practice,* 1970, *7,* 86–90.

Cautela, J. R. Treatment of compulsive behavior by covert sensitization. *Psychological Record,* 1966, *16,* 33–41.

Cautela, J. R., & Kastenbaum, R. A reinforcement survey schedule for use in therapy, training, and research. *Psychological Reports,* 1967, *20,* 1115–1130.

Clopton, J. R., Pallis, D. J., & Birtchnell, J. Minnesota Multiphasic Personality Inventory profile patterns of suicide attempters. *Journal of Consulting and Clinical Psychology,* 1979, *47,* 135–139.

Cohen, N. J., & Squire, L. R. Preserved learning and retention of pattern-analyzing skill in amnesia: Dissociation of knowing how and knowing that. *Science,* 1980, *210,* 207–210.

Collins, A. M., & Loftus, E. F. A spreading activation theory of semantic processing. *Psychological Review,* 1975, *82,* 407–428.

Collins, A. M., & Quillian, M. R. Retrieval from semantic memory. *Journal of Verbal Learning and Verbal Behavior,* 1969, *8,* 240–247.

Condiotte, M. M., & Lichtenstein, E. Self-efficacy and relapse in smoking cessation programs. *Journal of Consulting and Clinical Psychology,* 1981, *49,* 648–658.

Cooper, J. Reducing fears and increasing assertiveness: The role of dissonance reduction. *Journal of Experimental Social Psychology,* 1980, *16,* 199–214.

Corballis, M. C. Laterality and myth. *American Psychologist,* 1980, *35,* 284–295.

Cottrell, N. B., Rittle, R. H., & Wack, D. L. Presence of an audience and list type (competitional or noncompetitional) as joint determinants of performance in paired associates learning. *Journal of Personality,* 1967, *35,* 425–434.

Craik, F. I. M., & Lockhart, R. S. Levels of processing: A framework for memory research. *Journal of Verbal Learning and Verbal Behavior,* 1972, *11,* 671–684.

Crowne, D. P., & Marlowe, D. *The approval motive: Studies in evaluative dependence.* New York: Wiley, 1964.

Dahlstrom, W. G. Screening for emotional fitness: The Jersey City case. In W. G. Dahlstrom & L. Dahlstrom (Eds.), *Basic readings on the MMPI: A new selection on personality measurement.* Minneapolis: University of Minnesota Press, 1980.

Dalessio, D. J. *Wolff's headache and other head pain.* New York: Oxford University Press, 1972.

Daly, E. M., Lancee, W. J., & Polivy, J. A conical model for the taxonomy of emotional experience. *Journal of Personality and Social Psychology,* 1983, *45,* 443–457.

Damon, W. *The social world of the child.* San Francisco: Jossey-Bass, 1977.

Dattore, P. J., Shontz, F. D., & Coyne, L. Premorbid personality differentiation of cancer and noncancer groups: A test of the hypothesis of cancer proneness. *Journal of Consulting and Clinical Psychology,* 1980, *48,* 388–394.

Davis, H., & Silverman, S. R. *Hearing and deafness.* New York: Holt, Rinehart and Winston, 1961.

Davis, J. H. Group decisions and procedural justice. In Fishbein, M. (Ed.), *Progress in social psychology,* Vol. 1. Hillsdale, N.J.: Lawrence Erlbaum Associates, 1980.

DeCasper, A. J., & Fifer, W. P. Of human bonding: Newborns prefer their mothers' voices. *Science,* 1980, *208,* 1174–1176.

Deci, E. L. Work: Who does not like it and why. *Psychology Today,* 1972, *6,* 56–92.

Delgado, J. M. R. *Physical control of the mind.* New York: Harper & Row, 1969.

Dermer, M., & Thiel, D. L. When beauty may fail. *Journal of Personality and Social Psychology,* 1975, *31,* 1168–1176.

Deutsch, M. The effect of motivational orientation upon trust and suspicion. *Human Relations,* 1960, *13,* 122–139.

DeValois, R. L., Abromov, I., & Jacobs, G. H. Analysis of response patterns of LGN cells. *Journal of the Optical Society of America,* 1966, *56,* 966–977.

Dion, K. L., Berscheid, E., & Walster, E. What is beautiful is good. *Journal of Personality and Social Psychology,* 1972, *24,* 285–290.

Dollard, J., Doob, L., Miller, N., Mowrer, O., & Sears, R. *Frustration and aggression.* New Haven, Conn: Yale University Press, 1939.

Dollard, J., & Miller, N. E. *Personality and psychotherapy.* New York: McGraw-Hill, 1950.

Domjian, E., & Burkhard, B. *The principles of learning and behavior.* Monterey, Ca.: Brooks-Cole, 1982.

Dush, D. M., Hirt, M. L., & Schroeder, H. Self-statement modification with adults: A meta-analysis. *Psychological Bulletin,* 1983, *94,* 408–422.

Dweck, C. S. The role of expectations and attributions in the alleviation of learned helplessness. *Journal of Personality and Social Psychology,* 1975, *31,* 674–685.

Dywan, J., & Bowers, K. The use of hypnosis to enhance recall. *Science,* 1983, *222,* 184–185.

Eimas, P. D., Siqueland, E. R., Jusczyk, P., & Vigorito, J. Speech perception in infants. *Science,* 1971, *171,* 303–306.

Ekman, P. Facial signs: Facts, fantasies, and possibilities. In Sebeck, T. (Ed.), *Sight, sound, and sense.* Bloomington, Ind.: Indiana University Press, 1978.

Ekman, P., Levenson, R. W., & Friesen, W. V. Autonomic nervous system activity distinguishes among emotions. *Science,* 1983, *221,* 1208–1210.

Ekman, P., & Oster, H. Facial expressions of emotion. *Annual Review of Psychology,* 1979, *30,* 527–554.

Ellis, A. *Reason and emotion in psychotherapy.* New York: Lyle Stuart, 1970.

Engberg, L. A., Hansen, G., Welker, R. L., & Thomas, D. R. Acquisition of key-pecking via autoshaping as a function of prior experience: "Learned laziness"? *Science,* 1972, *178,* 1002–1004.

Epstein, S. Toward a unified theory of anxiety. *Progress in Experimental Personality Research,* 1967, *4,* 1–89.

Ericsson, K. A., Chase, W. G., & Faloon, S. Acquisition of a memory skill. *Science,* 1980, *208,* 1181–1182.

Erikson, E. *Childhood and society.* New York: Norton, 1950.

Erikson, E. *Identity: Youth and crisis.* New York: Norton, 1968.

Eron, L. D. Parent-child interaction, television violence, and aggression of children. *American Psychologist,* 1982, *37*(2), 197–211.

Eskew, R. T., & Riche, C. V. Pacing and locus of control in quality control inspection. *Human Factors,* 1982, *24,* 411–415.

Essen-Moller, E. Psychiatrische untersuchgen an einer Serie von Zwillingen. *Acta Psychiatrica et Neurologica Scandinavica,* 1941, suppl. 23.

Evans, R. M. *An introduction to color.* New York: Wiley, 1948.

Ewald, W. *Street graphics.* Washington, D.C.: American Landscape Architects Association, 1971.

Eysenck, H. J. The effects of psychotherapy: An evaluation. *Journal of Consulting Psychology,* 1952, *16,* 319–324.

Eysenck, H. J. Special Review of Smith, Glass, & Miller. *Behaviour Research and Therapy,* 1983, *21,* 315–320.

Fantz, R. L. The origin of form perception. *Scientific American,* 1961, *204,* 66–72.

Fantz, R. L. Visual perception and experience in early infancy: A look at the hidden side of behavior development. In Stevenson, H. W., Hess, E. H., & Rheingold, H. L. (Eds.), *Early behavior: Comparative and developmental approaches.* New York: Wiley, 1967.

Festinger, L. *A theory of cognitive dissonance,* Stanford, Calif.: Stanford University Press, 1957.

Festinger, L., & Maccoby, N. On resistance to persuasive communication. *Journal of Abnormal and Social Psychology,* 1964, *68,* 359–366.

Festinger, L., Riecken, H. W., & Schachter, S. *When prophecy fails; A social and psychological study of a modern group that predicted the destruction of the world.* New York: Harper & Row, 1956.

Fiedler, F. A contingency model of leadership effectiveness. In Berkowitz, L. (Ed.), *Advances in experimental social psychology,* Vol. 1. New York: Academic Press, 1964.

Field, T. M., Woodson, R., Greenberg, R., Cohen, D. Discrimination and imitation of facial expressions by neonates. *Science,* 1982, *218,* 179–181.

Fitts, W. H. *The experience of psychotherapy.* Princeton, N.J.: Van Nostrand, 1965.

Ford, C. S., & Beach, R. A. *Patterns of sexual behavior.* New York: Harper & Row, 1951.

Foulkes, D. *The psychology of sleep.* New York: Scribner's, 1966.

Fraiberg, S. *Every child's birthright.* New York: Basic Books, 1978.

Freedman, J., & Haber, R. N. One reason why we rarely forget a face. *The Bulletin of the Psychonomic Society,* 1974, *3,* 107–109.

French, E. G. Effects of the interaction of motivation and feedback on task performance. In Atkinson, J. W. (Ed.), *Motives in fantasy, action, and society.* New York: Litton Educational Publishing Company, 1958.

Freud, S. *An outline of psychoanalysis.* New York: Norton, 1949.

Freud, S. *The interpretation of dreams.* New York: Random House, 1950.

Freud, S. Some problems in the treatment of homosexuality. In Eysenck, H. J. (Ed.). *Behavior therapy and the neuroses.* Oxford, England: Pergamon. 1960.

Freud. S. *The interpretation of dreams.* New York: Science Editions, 1961.

Freud, S. Introductory lectures on psychoanalysis (1917). In *The complete introductory lectures on psychoanalysis.* New York: Norton, 1966.

Freud, S. New introductory lectures on psychoanalysis (1932). In *The complete introductory lectures on psychoanalysis.* New York: Norton, 1966.

Frey, D. The effect of negative feedback about oneself and cost of information on preferences for information about the source of this feedback. *Journal of Experimental Social Psychology,* 1980, *16,* 466–471.

Friedman, M. I., & Stricker, E. M. The physiological psychology of hunger: A physiological perspective. *Psychological Review,* 1976, *83,* 409–431.

Garcia, J., & Koelling, A. Relation of cue to consequence in avoidance learning. *Psychonomic Science,* 1966, *4,* 123–124.

Gardner, R. A., & Gardner, B. T. Teaching sign language to a chimpanzee, *Science,* 1969, *165,* 664–672.

Geller, A. M., & Atkins, A. Cognitive and personality factors in suicidal behavior. *Journal of Consulting and Clinical Psychology,* 1978, *46,* 860–868.

Gibson, E. J. The ontogeny of reading. *American Psychologist,* 1970, *25,* 136–143.

Gibson, E. J., Gibson, J. J., Pick, A. D., & Osser, H. A. A developmental study of the discrimination of letter-like forms. *Journal of Comparative and Physiological Psychology,* 1962, *55,* 897–906.

Gibson, E. J., & Walk, R. D. The "visual cliff." *Scientific American,* 1960, *202,* 67–71.

Gibson, J. J. *The perception of the visual world.* Boston: Houghton Mifflin. 1950.

Gibson, J. J. *The senses considered as perceptual systems.* Boston: Houghton Mifflin, 1966.

Glanzer, M., Cunitz, A. R. Two storage mechanisms in free recall. *Journal of Verbal Learning and Verbal Behavior,* 1966, *5,* 351–360.

Glass, D. C. *Behavior patterns, stress, and coronary disease.* Hillsdale, N.J.: Lawrence Erlbaum Associates, 1977.

Glasser, W. *Reality therapy.* New York: Harper & Row, 1965.

Goldstein, K. *The organism.* New York: American Book, 1939.

Gottesman, I. I., & Shields, J. Contributions of twin studies to perspectives on schizophrenia. In Maher, B. A. (Ed.), *Progress in experimental personality research,* Vol. 3. New York: Academic Press, 1966.

Gottlieb, A. A., Gleser, G. C., & Gottschalk, L. A. Verbal and physiological responses to hypnotic suggestion of attitudes. *Psychosomatic Medicine,* 1967, *29,* 172–183.

Grady, D. Picking a jury. *Discover,* December 1981.

Graham, D. T. Psychosomatic medicine. In Greenfield, N. S., & Sternbach, R. A. (Eds.), *Handbook of psycho-physiology.* New York: Holt, 1972.

Graham, D. T., Stern, J. A., & Winokur, G. Experimental investigation of the specificity of attitude hypothesis in psychosomatic disease. *Psychosomatic Medicine,* 1958, *20,* 446–457.

Green, R. F. Age-intelligence relationship between 16 and 64: A rising trend. *Developmental Psychology,* 1969, *1,* 618–627.

Gregory, R. L. *Eye and brain,* 2d ed. New York: McGraw-Hill, 1972.

Griffith, R. M., Miyago, O., & Tago, A. The universality of typical dreams: Japanese vs. Americans. *American Anthropologist,* 1958, *60,* 1173–1179.

Gruber, H., & Vonnech, J. *The essential Piaget.* New York: Basic Books, 1977.

Guilford, J. P. Fluid and crystallized intelligences: Two fanciful concepts. *Psychological Bulletin,* 1980, *88,* 406–412.

Guilford, J. P. *The nature of human intelligence.* New York: McGraw-Hill, 1967.

Guillemin, R. Peptides and the brain: The new endocrinology of the neuron. *Science,* 1978, *202,* 390–401.

Guion, R. M., & Ironson, G. H. Latent trait theory for organizational research. *Organizational Behavior and Human Performance,* 1983, *31,* 54–87.

Gulick, W. L. *Hearing: Physiology and psychophysics.* New York: Oxford, 1971.

Gurin, G., Veroff, J., & Feld, S. *Americans view their mental health.* New York: Basic Books, 1960.

Gustavson, C. R., Garcia, J., Hankins, W. G., & Rusiniak, K. W. Coyote predation control by aversive conditioning. *Science,* 1974, *184,* 581–584.

Haber, R. N., & Hershenson, M. *The psychology of visual perception,* 2d ed. New York: Holt, Rinehart and Winston, 1980.

Hall, E. T. *The hidden dimension.* Garden City, N.J.: Doubleday, 1969.

Hanawalt, N. G., & Demarest, I. H. The effect of verbal suggestion in the recall period upon the reproduction of visually perceived forms. *Journal of Experimental Psychology,* 1939, *25,* 159–174.

Haney, C., Banks, C., & Zimbardo, P. Interpersonal dynamics in a simulated prison. *International Journal of Criminology and Penology,* 1973, *1,* 69–97.

Hardy, K. R. An appetitional theory of sexual motivation. *Psychological Review,* 1964, *71*(1), 1–18.

Harkins, S. G., Latané, B., & Williams, K. Social loafing: Allocating effort or taking it easy? *Journal of Experimental Social Psychology,* 1980, *16,* 457–465.

Harlow, H. F. The nature of love. *American Psychologist,* 1958, *13,* 673–685.

Harlow, H., & Harlow, M. Learning to think. *Scientific American,* 1949, *181,* 36–39.

Harlow, H., Harlow, M. K., & Meyer, D. R. Learning motivated by a manipulation drive. *Journal of Experimental Psychology,* 1950, *40,* 228–234.

Harlow, H. F., & Suomi, S. J. Nature of love—simplified. *American Psychologist,* 1970, *25,* 161–168.

Harrell, J. P. Psychological factors and hypertension. *Psychological Bulletin,* 1980, *87,* 482–501.

Harris, B. Whatever happened to Little Albert? *American Psychologist,* 1979, *34,* 151–160.

Harris, T. A. *I'm ok—you're ok.* New York: Harper & Row, 1967.

Hayduk, L. A. Personal space: Where we now stand. *Psychological Bulletin,* 1983, *94,* 293–335.

Hebb, D. O. *The organization of behavior.* New York: Wiley, 1949.

Heider, F. *The psychology of interpersonal relations.* New York: Wiley, 1958.

Held, R., & Hein, A. Movement-produced stimulation in the development of visually guided behavior. *Journal of Comparative and Physiological Psychology,* 1963, *56,* 872–876.

Held, R., & Richards, W. (Eds.). *Recent progress in perception.* San Francisco: Freeman, 1976.

Helson, H. Adaptation level theory. In Koch, S. (Ed.), *Psychology: A study of a science* (Vol. 1). New York: McGraw-Hill, 1959.

Hess, E. Ethology: An approach toward the complete analysis of behavior. In Brown, R., Galanter, E., Hess, E., & Mandler, G. (Eds.). *New directions in psychology.* New York: Holt, Rinehart and Winston, 1962.

Heston, L. L. The genetics of schizophrenia and schizoid disease. *Science,* 1970, *167,* 249–256.

Higgins, E. T., Herman, C. P., & Zanna, M. P. *Social cognition: The Ontario Symposium on personality and social psychology.* Hillsdale, N.J.: Lawrence Erlbaum Associates, 1980.

Higgins, E. T., & King, G. Accessibility of social constructs: Information processing consequences of individual and contextual variability. In Cantor, N., & Kihlstrom, J. F. (Eds.), *Personality, cognition and social interaction.* Hillsdale, N.J.: Lawrence Erlbaum Associates, in press.

Hilgard, E. R. Toward a neodissociation theory: Multiple cognitive control in human functioning. *Perspectives in Biology and Medicine,* 1974, *17,* 301–316.

Hilgard, E. R. *Divided consciousness.* New York: Wiley, 1977.

Hirsch, H. V. B., & Spinelli, D. N. Modification of the distribution of receptive field orientation in cats by selective visual exposure during development. *Experimental Brain Research,* 1971, *13,* 509–527.

Hirsch, H. V. B., & Spinelli, D. N. Visual experience modifies distribution of horizontally and vertically oriented receptive fields in cats. *Science,* 1970, *168,* 869–871.

Holmes, T. H., & Masuda, M. Psychosomatic syndrome. *Psychology Today,* 1972, *6,* 106.

Holt, J. *How children fail.* New York: Pitman, 1964.

Homan, R. R., & Kanwar, S. Early life of the battered child. *Archives of Disease in Childhood,* 1975, *1,* 78–80.

Horney, K. *Neurotic personality of our times.* New York: Norton, 1937.

Hovland, C. I., & Janis, I. L. (Eds.), *Personality and persuasibility.* New Haven: Yale University Press, 1953.

Hraba, J. G., & Grant, G. Black is beautiful: A reexamination of racial preference and identification. *Journal of Personality and Social Psychology,* 1970, *16,* 398–402.

Hubel, D. H. The visual cortex of normal and deprived monkeys. *American Scientist,* 1979, *67,* 532–543.

Hubel, D. H., & Wiesel, T. N. Receptive fields of single neurons in the cat's striate cortex. *Journal of Physiology,* 1959, *148,* 574–591.

Hunt, E., Lunneborg, C., & Lewis, J. What does it mean to be high verbal? *Cognitive Psychology,* 1975, *7,* 194–227.

Hyde, T. S., & Jenkins, J. J. Recall for words as a function of semantic, graphic, and systactic orienting tasks. *Journal of Verbal Learning and Verbal Behavior,* 1973, *12,* 471–480.

James, W. *The principles of psychology.* New York: Dover, 1950. (Originally published in 1890)

Janov, A. *The primal scream.* New York: Dell, 1970.

Jellinek, E. M. Phases of alcohol addiction. *Quarterly Journal of Studies on Alcohol,* 1952, *13,* 673–684.

Jenkins, C. D. Behavior that triggers heart attacks. *Science News,* 1974, *105,* 402.

Jensen, A. R. How much can we boost IQ and scholastic achievement? *Harvard Educational Review,* 1969, *39,* 1–123.

Johnson, M. K., Bransford, J. D., & Solomon, S. Memory for tacit implications of sentences. *Journal of Experimental Psychology,* 1973, *98,* 203–205.

Jones, E. E., & Davis, K. E. From acts to dispositions: The attribution process in person perception. In Berkowitz, L. (Ed.), *Advances in experimental social psychology,* Vol. 2. New York: Academic Press, 1965, pp. 219–266

Jones, E. E., Kanouse, D. E., Kelley, H. H., Nisbett, R. E., Valiens, S., & Weiner, B. *Attribution: Perceiving the causes of behavior.* New York: General Learning Press, 1971.

Jones, E. E., & Nisbett, R. E. *The actor and the observer: Divergent perceptions of the causes of behavior.* New York: General Learning Press, 1971.

Jones, M. C. Psychological correlates of somatic development. *Child Development,* 1965, *36,* 899–911.

Jung, C. G. *Analytical psychology.* New York: Moffat, 1916.

Jung, C. G. *Psychology of the unconscious.* New York: Dodd, 1925.

Just, M. A., & Carpenter, P. A. Personal communication, 1980.

Kagan, J., Kearsley, R., & Zelazo, P. *Infancy.* Cambridge, Mass.: Harvard University Press, 1978.

Kallman, F. J. *Heredity in mental health and disorder.* New York: Norton, 1953.

Kallman, F. J. The use of genetics in psychiatry. *Journal of Mental Science,* 1958, *104,* 542–549.

Kamin, L. J. *The science and politics of I.Q.* Potomac, Md.: Erlbaum, 1974.

Katahn, M. Systematic desensitization and counseling for anxiety in a college basketball player. *Journal of Special Education,* 1967, *1,* 309–314.

Kaye, H. Infant sucking behavior and its modification. In Lipsitt, L. P., & Spiker, C. C. (Eds.), *Advances in child development and behavior,* Vol. 3. New York: Academic Press, 1967.

Kelley, H. H. Interpersonal accommodation. *American Psychiatrist,* 1968, *23,* 399–441.

Kelley, H. H. Attribution theory in social psychology. In Levine, D. (Ed.), *Nebraska symposium on motivation.* Lincoln, Neb.: University of Nebraska Press, 1967.

Kelly, G. A. *The psychology of personal constructs.* New York: Norton, 1955.

Kelly, G. A. *A theory of personality: The psychology of personal constructs.* New York: Norton, 1963.

Kempler, W. Gestalt therapy. In Corsini, R. (Ed.). *Current psychotherapies.* Itasca, Ill.: Peacock Publishers, 1973.

Kinsbourne, M. Hemispheric specialization and the growth of human understanding. *American Psychologist,* 1982, *37,* 411–420

Kintsch, W. *The representation of meaning in memory.* Hillsdale, N.J.: Erlbaum, 1974.

Kleinmuntz, B. The computer as clinician. *American Psychologist,* 1975, *30,* 379–387.

Kleinmuntz, B. Sign and seer: Another example. *Journal of Abnormal Psychology,* 1967, *72,* 163–165.

Kobasa, S. C., Maddi, S. R., & Kahn, S. Hardiness and health: a prospective study. *Journal of Personality and Social Psychology,* 1982, *42,* 168–177.

Koffka, K. *Principles of gestalt psychology.* New York: Harcourt, Brace, 1935.

Kolhberg, L. The development of moral character and moral ideology. In Hoffman, M. L., & Hoffman, L. W. (Eds.), *Review of child development research,* Vol. 1. New York: Russell Sage, 1964.

Köhler, W. *The mentality of apes.* New York: Harcourt, Brace, 1925.

Kolers, P. A. Bilingualism and information processing. *Scientific American,* 1968, *218,* 78–86.

Kopp, S. B. The character structure of sex offenders. *American Journal of Psychotherapy,* 1962, *16,* 64–70.

Labbe, R., Firl, A., Jr., Mufson, E. J., & Stein, D. G. Fetal brain transplants: Reduction of cognitive deficits in rats with frontal cortex lesions. *Science,* 1983, *22,* 470–472.

Labov, W. The logic of nonstandard English. In Alatis, J. E. (Ed.), *20th annual round table meeting on linguistics and language studies.* Washington, D.C.: Georgetown University Press, 1970.

Laing, R. D. *The divided self.* New York: Pantheon, 1969.

Laing, R. D. *The politics of experience.* New York: Pantheon, 1967.

Landy, D., & Sigall, H. Beauty is talent: Task evaluation as a function of the performer's physical attractiveness. *Journal of Personality and Social Psychology,* 1974, *29*(3), 299–304.

Langer, E. J., Janis, I. L., & Wolfer, J. A. Reduction of psychological stress in surgical patients. *Journal of Experimental Social Psychology,* 1975, *11,* 155–165.

Latané, B., & Darley, J. M. Group inhibition of bystander intervention in emergencies. *Journal of Personality and Social Psychology,* 1968, *10,* 215–221.

Latané, B., & Nida, S. Ten years of research on group size and helping. *Psychological Bulletin,* 1981, *89,* 308–324.

Laughlin, P. Social combination processes of cooperative problem-solving groups on verbal intellective tasks. In Fishbein, M. (Ed.), *Progress in social psychology,* Vol. 1. Hillsdale, N.J.: Lawrence Erlbaum Associates, 1980.

Laurence, J.-R., & Perry, C. Hypnotically created memory among highly hypnotizable subjects. *Science,* 1983, *222,* 523–524.

Laurendeau, M., & Pinard, A. *Causal thinking in the child.* New York: International Universities Press, 1962.

Lazarus, R. S., Opton, E. M., Nomikos, M. S., & Rankin, N. O. The principles of short-circuiting of threat: Further evidence. *Journal of Personality,* 1965, *33,* 622–635.

Lehman, H. C. *Age and achievement.* Princeton, N.J.: Princeton University Press, 1953.

Leitenberg, H. *Handbook of behavior modification and behavior therapy.* Englewood Cliffs, N.J.: Prentice-Hall, 1976.

Leventhal, H. Findings and theory in the study of fear communication. In Berkowitz, L. (Ed.), *Advances in experimental social psychology,* Vol. 5. New York: Academic Press, 1970.

Lewis, M., & Brooks-Gunn, J. *Social cognition and the acquisition of self.* New York: Plenum, 1979.

Lidz, T., Alanen, Y., & Cornelison, A. Schizophrenic patients and their siblings. *Psychiatry,* 1963, *26,* 1–18.

Liebert, R., & Baron, R. Some immediate effects of televised violence on children's behavior. *Developmental Psychology,* 1972, *6,* 469–475.

Liebert, R. M., & Spiegler, M. D. *Personality: Strategies for the study of man,* rev. ed. Homewood, Ill.: Dorsey Press, 1974.

Liebert, R. M., & Spiegler, M. D. *Personality,* 3d ed. Homewood, Ill.: Dorsey Press, 1978.

Lilly, J. C. *Lilly on dolphins.* Garden City, N.Y.: Anchor Books, 1975.

Lindsay, P. H., & Norman, D. A. *Human information processing,* 2d ed. New York: Academic Press, 1977.

Loehlin, J. C., Lindzey, G., & Spuhier, J. N. *Race differences in intelligence.* San Francisco: Freeman, 1975.

Loftus, E. F., & Loftus, G. R. On the permanence of stored information in the human brain. *American Psychologist,* 1980, *35,* 409–420.

Loftus, E. F., & Monahan, J. Trial by data: Psychological research as legal evidence. *American Psychologist,* 1980, *35,* 270–283.

Loftus, E. F., & Palmer, J. C. Reconstruction of automobile destruction. *Journal of Verbal Learning and Verbal Behavior,* 1974, *13,* 585–589.

Loftus, E. F., & Zanni, G. R. Eyewitness identification: Linguistically caused misreflections. Unpublished paper, 1973.

Logan, F. *Fundamentals of learning and motivation.* Dubuque, Iowa: Brown, 1970.

Lord, F. M. *Applications of item response theory to practical testing problems.* New York: Erlbaum, 1980.

Lorenz, K. Der Kumpan in der Umwelt des Vogels. *Jour. Ornith.,* 1935, *83,* 137–213, 324–331.

Lorenz, K. Vergleichende Verhaltensforschung. *Zool. Anz. Suppl.,* 1939, *12,* 69–102.

Louis Harris and Associates, Inc. *The myth and reality of aging in America.* Washington, D.C.: National Council on the Aging, 1975.

Lubin, B., Wallis, R. R., & Paine, C. Patterns of psychological test usage in the United States: 1935–1969. *Professional Psychology,* 1971, *2,* 70–74.

Luchins, A. S. Mechanization in problem-solving: The effect of *Einstellung. Psychological Monographs,* 1942, *54* (whole no. 248).

Mackintosh, N. J., Bygrave, D. J., & Picton, B. M. B. Locus of the effect of a surprising reinforcer in the attenuation of blocking. *Quarterly Journal of Experimental Psychology,* 1977, *29,* 327–336.

Maher, B. A. *Principles of psychopathology,* New York: McGraw-Hill, 1966.

Maier, N. R. F. Reasoning in humans, II. The solution of a problem and its appearance in consciousness. *Journal of Comparative Psychology,* 1931, *12,* 181–194.

Marshall, G. D., & Zimbardo, P. G. Affective consequences of inadequately explained physiological arousal. *Journal of Personality and Social Psychology,* 1979, *37,* 970–988.

Maslach, C. Negative emotional biasing of unexplained arousal. *Journal of Personality and Social Psychology,* 1979, *37,* 953–969.

Maslow, A. H. A theory of human motivation. *Psychological Review,* 1943, *50,* 370–396.

Maslow, A. H. *Motivation and personality.* New York: Harper & Row, 1970.

Maslow, A. H. Some basic propositions of a growth and self-actualization psychology. In *Perceiving, behav-*

ing, becoming: A new force for education. Washington, D.C.: Yearbook of the Association for Supervision and Curriculum Development, 1962.

Masters, R., & Houston, J. *The varieties of psychedelic experience.* New York: Holt, Rinehart and Winston, 1966.

Mathews, K. E., Jr., & Canon, L. K. Environmental noise level as a determinant of helping behavior. *Journal of Personality and Social Psychology,* 1975, *32,* 571–577.

Mayer, R. E., & Greeno, J. G. Structural differences between learning outcomes produced by different instructional methods. *Journal of Educational Psychology,* 1972, *63,* 165–173.

McClelland, D. C. Testing for competence rather than for "intelligence." *American Psychologist,* 1973, *28,* 1–14.

McClelland, D. C., Atkinson, J. W., Clark, R. A., & Lowell, E. L. *The achievement motive.* New York: Appleton-Century-Crofts, 1953.

McClelland, D. C., & Burnham, D. H. Power is the great motivator, *Harvard Business Review,* 1976, 54–71.

McClelland, D. C., & Friedman, G. A. A cross-cultural study of the relationship between child-training practices and achievement motivation appearing in folk tales. In Swanson, G. E., et al. (Eds.), *Readings in social psychology,* New York: Holt, 1952.

McClelland, D. C., & Pilon, D. A. Sources of adult motives in patterns of parent behavior in early childhood. *Journal of Personality and Social Psychology,* 1983, *44,* 564–574.

McClelland, D. C., & Winter, D. G. *Motivating economic achievement.* New York: Free Press, 1969.

McGuire, W. J. Inducing resistance to persuasion: Some contemporary approaches. In Berkowitz, L. (Ed.), *Advances in experimental social psychology,* Vol. 1. New York: Academic Press, 1964.

McGuire, W. J. Personality and susceptibility to social influence. In Borgatta, E., & Lambert, W. (Eds.), *Handbook of personality theory and research.* Chicago: Rand-McNally, 1968.

McGuire, W. J., & Papageorgis, D. The relative efficacy of various types of prior belief-defense in producing immunity against persuasion. *Journal of Abnormal and Social Psychology,* 1961, *62,* 327–337.

McIntire, R. *For love of children.* Del Mar, Calif.: CRM Books, 1970.

Meehl, P. E. Wanted—A good cookbook. *American Psychologist,* 1956, *11,* 262–272.

Megargee, E. I. The prediction of violence with psychological tests. In C. D. Spielberger (Ed.), *Current topics in clinical and community psychology,* Vol. 2. New York: Academic Press, 1970.

Meltzoff, A. N., & Moore, M. K. Imitation of facial and manual gestures by human neonates. *Science,* 1977, *198,* 75–78. Fig. 7-32 from BBK, p. 345, second edition, 2–3-week-old neonates

Meredith, H. V. A synopsis of puberal changes in youth. *Journal of School of Health,* 1967, *37,* 171–176.

Merton, R. K. *On the shoulders of giants.* New York: Free Press, 1965.

Merton, R. K. *Social theory and social structure.* Glencoe, Ill.: Free Press, 1957.

Milgram, S. Some conditions of obedience and disobedience to authority. *Human Relations,* 1965, *18,* 57–76.

Miller, G. A., Galanter, E., & Pribram, K. L. *Plans and the structure of behavior,* New York: Holt, Rinehart and Winston, 1960.

Miller, N. E. Learning of visceral and glandular responses. *Science,* 1969, *163,* 434–445.

Milner, B. Neuropsychological evidence for differing memory processes. Abstract for the symposium on short-term and long-term memory. *Proceedings of the 18th International Congress of Psychology,* Moscow, 1966.

Mischel, W. Toward a cognitive social learning theory reconceptualization of personality. *Psychological Review,* 1973, *80,* 252–283.

Mischel, W. On the interface of cognition and personality: Beyond the person-situation debate. *American Psychologist,* 1979, *34,* 740–754.

Mischel, W. *Introduction to personality,* 3rd ed. New York: Holt, Rinehart and Winston, 1981.

Money, J., & Ehrhardt, A. A. Fetal hormones and the brain: Effect on sexual dimorphism of behavior. A review. *Archives of Sexual Behavior,* 1971, *32,* 241–262.

Moore, O. K. Autotelic responsive environments and exceptional children. In Harvey, O. J. (Ed.). *Experience, structure, and adaptability.* New York: Springer, 1966.

Mosak, H. H. Adlerian psychotherapy. In Corsini, R. J. (Ed.), *Current psychotherapies,* 2d ed. Itasca, Ill.: Peacock, 1979.

Moscovitch, M., & Klein, D. Material-specific perceptual interference for visual words and faces: Implications for models of capacity limitation, attention, and laterality. *Journal of Experimental Psychology: Human perception and performance,* 1980, *6,* 590–664.

Mowrer, O. H., & Mowrer, W. M. Enuresis: A method for its study and treatment. *American Journal of Orthopsychiatry,* 1938, *8,* 436–459.

Murray, H. A. *Explorations in personality.* New York: Oxford University Press, 1938.

Murray, H. A. Techniques for a systematic investigation of fantasy. *Journal of Psychology,* 1936, *3,* 115–143.

Nation, J. R., & Woods, D. J. Persistence: The role of partial reinforcement in psychotherapy. *Journal of Experimental Psychology: General,* 1980, *109,* 175–207.

National Institute of Mental Health. *Television and behavior.* Washington, D. C.: U.S. Department of Health and Human Services, 1982.

Neisser, U., & Hupcey, J. A Sherlockian experiment. *Cognition,* 1975, *3,* 307–311.

Newcomb, T. M. *The acquaintance process.* New York: Holt, Rinehart and Winston, 1961.

Newell, A., & Simon, H. A. *Human problem solving.* Englewood Cliffs, N.J.: Prentice-Hall, 1972.

Nisbett, R. E. Determinants of food intake in human obesity. *Science,* 1968, *59,* 1254–1255.

Nisbett, R. E., Borgida, E., Crandall, R., & Reed, H. Popular induction: Information is not necessarily informative. In Carroll, J., & Payne, J. (Eds.). *Cognition and social behavior.* Hillsdale, N.J.: Lawrence Erlbaum Associates, 1976.

Nisbett, R. E., & Ross, L. D. *Human inference.* Prentice-Hall, 1980.

Nisbett, R. E., & Wilson, T. D. Telling more than we can know: Verbal reports on mental processes. *Psychological Review,* 1977, *84,* 231–259.

Oden, S., & Asher, S. R. Coaching children in social skills for friendship making. *Child Development,* 1977, *48,* 495–506.

Ogden, C. K., & Richards, I. A. *The meaning of meaning.* New York: Harcourt, Brace, 1923.

Olds, J., & Milner, P. M. Positive reinforcement produced by electrical stimulation of septal area and other regions of rat brains. *Journal of Comparative and Physiological Psychology,* 1954, *47,* 419–427.

Ornstein, R., & Naranjo, C. *On the psychology of meditation.* New York: Viking, 1971.

Osgood, C. E. The nature and measurement of meaning. *Psychological Bulletin,* 1952, *49,* 197–237.

Palermo, D. S. Language acquisition. In Reese, H. W., & Lipsitt, L. P. (Eds.), *Experimental child psychology.* New York: Academic Press, 1970.

Palmore, E. Facts on aging. *Gerontologist,* 1977, *17,* 315–320.

Paul, G. L. *Insight vs. desensitization in psychotherapy.* Stanford, Calif.: Stanford University Press, 1966.

Paul, G. L., & Lentz, R. L. *Psychosocial treatment of chronic mental patients: Milieu versus social-learning programs.* Cambridge, Mass. Harvard University Press, 1977.

Pavlov, I. P. *Conditioned reflexes.* New York: Oxford University Press, 1927.

Perls, F. S. *Gestalt therapy verbatim,* Lafayette, Calif.: Real People Press, 1969.

Pervin, L. A. *Personality: Theory, assessment, and research.* New York: Wiley, 1970.

Peterson, L. R., & Peterson, M. J. Short-term retention of individual verbal items. *Journal of Experimental Psychology,* 1959, *58,* 193–198.

Piaget, J. *The language and thought of the child.* New York: Harcourt, Brace, 1926.

Pirenne, M. H. *Optics, painting and photography.* Cambridge, England: Cambridge University Press, 1970.

Posner, M. I. *Cognition: An introduction.* Glenview, Ill.: Scott, Foresman, 1973.

Powley, T. L. The ventromedial hypothalamic syndrome, satiety, and a cephalic phase hypothesis. *Psychological Review,* 1977, *84,* 89–126.

Premack, D. Language in chimpanzee? *Science,* 1971, *172,* 808–822.

Premack, D. Reinforcement theory. In Levine, D. (Ed.), *Nebraska symposium on motivation.* Lincoln, Neb.: University of Nebraska Press, 1965.

Premack, D., & Woodruff, G. Chimpanzee problem-solving: A test for comprehension. *Science,* 1978, *202,* 532–535.

Pritchard, W. S., & Warm, J. S. Attentional processing and the subjective contour illusion. *Journal of Experimental Psychology: General, 112,* 145–167.

Putallaz, M., & Gottman, J. M. Social relationship problems in children: An approach to intervention. In E. B. Lahey, & A. E. Kazdin (Eds.), *Advances in clinical child psychology,* Vol. 6. New York: Plenum Publishing Corporation, 1984.

Raimy, V. *Misunderstandings of the self.* San Francisco: Jossey-Bass, 1975.

Raphael, B. *The thinking computer: Mind inside matter.* San Francisco: Freeman, 1976.

Rebelsky, F., & Hanks, C. Father's verbal interaction with infants in the first three months of life. In Rebelsky, F., & Dorman, L. (Eds.), *Child development and behavior.* New York: Knopf, 1973, pp. 145–148.

Rechtschaffen, A., Gilliland, M. A., Bergmann, B. M., Winter, J. B. Physiological correlates of prolonged sleep deprivation in rats. *Science,* 1983, *221,* 182–184.

Reinisch, J. M. Prenatal exposure to synthetic progestins increases potential for aggression in humans. *Science,* 1981, *211,* 1171–1173.

Reisenzein, R. The Schachter theory of emotion: Two decades later. *Psychological Bulletin,* 1983, *94,* 239–264.

Rescorla, R. A. Effect of inflation of the unconditioned stimulus value following conditioning. *Journal of Comparative and Physiological Psychology,* 1974, *86,* 101–107.

Revusky, S. H. Aversion to sucrose produced by contingent X-irradiation: Temporal and dosage parameters. *Journal of Comparative and Physiological Psychology,* 1968, *65,* 17–22.

Rimm, D. C., & Masters, J. C. *Behavior therapy: Techniques and empirical findings,* 2d ed. New York: Academic Press, 1979.

Rodin, J. Current status of the internal-external hypothesis for obesity. What went wrong? *American Psychologist,* 1981, *36,* 361–372.

Rodin, J., & Slochower, J. Externality in the nonobese: Effects of environmental responsiveness on weight. *Journal of Personality and Social Psychology,* 1976, *33,* 338–344.

Rogers, C. R. *Client-centered therapy.* Boston: Houghton Mifflin, 1951.

Rogers, C. R. *On becoming a person: A therapist's view of psychotherapy.* Boston: Houghton Mifflin, 1961.

Rokeach, M. *The open and closed mind.* New York: Basic Books, 1960.

Rosch, E. Cognitive representations of semantic categories. *Journal of Experimental Psychology: General,* 1975, *104,* 192–233.

Rosch, E., & Mervis, C. B. Family resemblances: Studies in the internal structure of categories. *Cognitive Psychology,* 1975, *7,* 573–605.

Rosenman, R. H., Friedman, M., Straus, R., et al. A predictive study of coronary heart disease: The Western collaborative group study. *Journal of the American Medical Association,* 1964, *189,* 15–22.

Rosenman, R. H., Brand, R. J., Jenkins, C. D., et al. Coronary heart disease in the Western collaborative group study: Final follow-up experience of 8 1/2 years. *Journal of the American Medical Association,* 1975, *233,* 872–877.

Rosenthal, R. *Experimenter effects in behavioral research.* New York: Appleton-Century-Crofts, 1966.

Rosenthal, R. The Pygmalion effect lives. *Psychology Today,* 1973, *7,* 56–62.

Rotter, J. B. Generalized expectancies for internal versus external control of reinforcement. *Psychological Monographs,* 1966, *80* (whole no. 609).

Runyon, R. P., & Haber, A. *Fundamentals of behavioral statistics,* 3d ed. Reading, Mass.: Addison-Wesley, 1976.

Samuels, S. J., Dahl, P., & Archwamety, T. Effect of hypothesis/test training on reading skill. *Journal of Educational Psychology,* 1974, *66,* 835–844.

Schachter, S. Some extraordinary facts about obese humans and rats. *American Psychologist,* 1971, *26,* 129–144.

Schachter, S. *The psychology of affiliation: Experimental studies of the sources of gregariousness.* Stanford, Calif.: Stanford University Press, 1959.

Schachter, S., & Gross, L. P. Manipulated time and eating behavior. *Journal of Personality and Social Psychology,* 1968, *10,* 98–106.

Schachter, S., & Singer, J. E. Cognitive, social and physiological determinants of emotional state. *Psychological Review,* 1962, *69,* 379–399.

Schachter, S., & Singer, J. E. Comments on the Maslach and Marshall-Zimbardo experiments. *Journal of Personality and Social Psychology,* 1979, *37,* 989–995.

Schaie, K. W. A general model of the study of developmental problems. *Psychological Bulletin,* 1965, *64,* 92–107.

Schank, R., & Abelson, R. *Scripts, plans, goals, and understanding.* Hillsdale, N.J.: Lawrence Erlbaum Associates, 1977.

Schiffman, H. R. *Sensation and perception: An integrated approach.* New York: Wiley, 1976.

Schiffman, S. S., & Erickson, R. P. The issue of primary tastes versus a taste continuum. *Neuroscience and Biobehavioral Reviews,* 1980, *4,* 109–117.

Schneider, D. J., Hastort, A. H., & Ellsworth, P. C. *Person perception,* 2d ed. Reading, Massachusetts: Addison-Wesley, 1979.

Schooler, C. Birth order effects: Not here, not now! *Psychological Bulletin,* 1972, *78,* 161–175.

Schwartz, G. E., Fair, P. L., Salt, P., Mandel, M. R., & Klerman, G. I. Facial muscle patterning to affective imagery in depressed and nondepressed subjects. *Signs,* 1976, *192,* 489–491.

Secord, P. F. Facial features and inference processes in interpersonal perception. In Taguiri, R., & Petrullo, L. (Eds.), *Personal perception and interpersonal behavior.* Stanford University Press, 1958.

Seeman, J. Self-exploration in client-centered therapy. In Wolman, B. B. (Ed.), *Handbook of clinical psychology.* New York: McGraw-Hill, 1965.

Selfridge, O., & Neisser, U. Pattern recognition by machine. *Scientific American,* 1960, *203,* 60–80.

Seligman, M. E. P. Can we immunize the weak? *Psychology Today,* June 1969, pp. 42–44.

Seligman, M. E. P. Depression and learned helplessness. In Friedman, R. J., & Katz, M. M. (Eds.), *The psychology of depression: Contemporary theory and research.* Washington, D.C.: Winston-Wiley, 1974.

Seligman, M. E. P. *Helplessness.* San Francisco: Freeman, 1975.

Selye, H. *The stress of life.* New York: McGraw-Hill, 1956.

Shannab, M. E., & Yahya, K. A. A behavioral study of obedience in children. *Journal of Personality and Social Psychology,* 1977, *35,* 530–536.

Shapiro, C. M., Bortz, R., Mitchell, D., Bartel, P., & Jooste, P. Slow-wave sleep: A recovery period after exercise. *Science,* 1981, *214,* 1253–1254.

Sherif, M., Harvey, O. J., White, B. J., Hood, W. R., & Sherif, C. W. *Intergroup conflict and cooperation: The Robbers Cave experiment.* Norman, Okla.: Institute of Group Relations, University of Oklahoma, 1961.

Shoemaker, D. J., South, D. R., & Lowe, J. Facial stereotypes of deviants and judgments of guilt or innocence. *Social Forces,* 1973, *51,* 427–433.

Sholnick, N. J., Ackerman, S. H., Hofer, M. A., & Werner, H. Vertical transmission of acquired ulcer susceptibility in the rat. *Science,* June 6, 1980, 1161–1163.

Shostrom, E. L. *Personal orientation inventory.* San Diego: Educational and Industrial Testing Service, 1963.

Siegel, S. The role of conditioning in drug tolerance and addiction. In Keehn, J. D. (Ed.), *Psychopathology in animals.* New York: Academic Press, 1979.

Siegler, R. S. Five generalizations about cognitive development. *American Psychologist,* 1983, *38,* 263–277.

Sigall, H., & Ostrove, N. Beautiful but dangerous: Effects of offenders' attractiveness and nature of the crime on juridic judgment. *Journal of Personality and Social Psychology,* 1975, *31,* 410–414.

Silverman, L. H., Ross, D. L., Adler, J. M., & Lustig, D. A. Simple research paradigm for demonstrating subliminal psychodynamic activation: Effects of Oedipal stimuli on dart-throwing accuracy in college males. *Journal of Abnormal Psychology,* 1978, *87,* 341–357.

Siqueland, E. R., & Lipsitt, L. P. Conditioned head-turning in newborns. *Journal of Experimental Child Psychology,* 1966, *3,* 356–376.

Skinner, B. F. *The behavior of organisms.* New York: Appleton-Century-Crofts, 1938.

Slobin, D. I. *Psycholinguistics.* Glenview, Ill.: Scott, Foresman, 1971.

Smith, M. When psychology grows up. *New Scientist,* 1976, *64,* 90–93.

Smith, M. L., & Glass, G. V. Meta-analysis of psychotherapy outcome studies. *American Psychologist,* 1977, *32,* 752–760.

Smith, M. L., Glass, G. V., & Miller, T. I. *The benefits of psychotherapy.* Baltimore, Md.: Johns Hopkins University Press, 1980.

Smith, S. M. Enhancement of recall using multiple environmental contexts during learning. *Memory & Cognition,* 1982, *10,* 405–412.

Snyder, M., & Swann, W. B., Jr. When actions reflect attitudes: The politics of impression management. *Journal of Personality and Social Psychology,* 1976, *34,* 1034–1042.

Snyder, M., Tanke, E. D., & Berscheid, E. Social perception and interpersonal behavior: On the self-fulfilling nature of social stereotypes. *Journal of Personality and Social Psychology,* 1977, *35,* 656–666.

Solomon, R. L., & Corbit, J. D. An opponent-process theory of motivation: II. Cigarette addiction. *Journal of Abnormal Psychology,* 1973, *83,* 158–171.

Sommer, R. *Tight spaces.* Englewood Cliffs, N.J.: Prentice-Hall, 1974.

Sperling, G. The information available in brief visual presentations. *Psychological Monographs,* 1960 (74, whole no. 498).

Sperry, R. W. Hemisphere deconnection and unity in conscious experience. *American Psychologist,* 1968, *23,* 723–733.

Sperry, R. W. Some effects of disconnecting the cerebral hemispheres. *Science,* 1982, *217,* 1223–1226.

Spock, B. *Baby and child care.* New York: Simon & Schuster, 1957.

Standing, L. G., Conezio, J., & Haber, R. N. Perception and memory for pictures: Single trial learning of 2500 visual stimuli. *Psychonomic Science,* 1970, *19,* 73–74.

Sternberg, S. Memory-scanning: Mental processes revealed by reaction time experiments. *Acta Psychologica,* 1969, *30,* 276–315.

Stewart, K. Dream theory in Malaya. In Tart, C. (Ed.), *Altered states of consciousness: A book of readings.* New York: Wiley, 1969.

Stone, L. J., & Church, J. *Childhood and adolescence.* New York: Random House, 1968.

Storms, M. D., & Nisbett, R. E. Insomnia and the attribution process. *Journal of Personality and Social Psychology,* 1970, *2,* 319–328.

Strupp. H. H. *Psychotherapy and the modification of abnormal behavior.* New York: McGraw-Hill, 1971.

Strupp, H. H., Fox, R. W., & Lessler, K. *Patients view their psychotherapy.* Baltimore: Johns Hopkins University Press, 1969.

Strupp, H. H., Wallach, M. S., Wogan, M., & Jenkins, J. W. Psychotherapists' assessment of former patients. *Journal of Nervous and Mental Disease,* 1963, *137,* 222–230.

Stryker, M. P., & Sherk, H. Modification of cortical orientation selectivity in the cat by restricted visual experience: a reexamination. *Science,* 1975, *190,* 904–906.

Suggs, D., & Sales, B. D. The art and science of conducting *voir dire. Professional Psychology,* 1978, *9,* 367–388.

Suinn, R. M. Intervention with Type A behaviors. *Journal of Consulting and Clinical Psychology,* 1982, *50,* 933–949.

Sullivan, H. S. *The interpersonal theory of psychiatry.* New York: Norton, 1953.

Swets, J. A., Pickett, R. M., Whitehead, S. F., Getty, D. J., Schnur, J. A., Swets, J. B., & Freeman, B. A. Assessment of diagnostic technologies. *Science,* 1979, *205,* 753–760.

Szasz, T. S. *The myth of mental illness.* New York: Harper & Row, 1961.

Szasz, T. S. *Law, liberty, and psychiatry.* New York: Macmillan, 1963.

Tart, C. *On being stoned: A psychological study of marijuana intoxication.* Palo Alto, Calif.: Science and Behavior Books, 1971.

Tart, C. The "high" dream: A new state of consciousness. In Tart, C. (Ed.), *Altered states of consciousness: A book of readings.* New York: Wiley, 1969.

Taylor, S. E. Hospital patient behavior: Reactance, helplessness, or control? *Journal of Social Issues,* 1979, *35*(1), 156–184.

Terman, L. M., & Merrill, M. A. *Stanford-Binet intelligence scale: Manual for the third revision, Form L-M.* Boston: Houghton Mifflin, 1960.

Thibaut, J. W., & Kelley, H. H. *The social psychology of groups.* New York: Wiley, 1959.

Thigpen, C. H., & Cleckley, H. M. *The three faces of Eve.* New York: McGraw-Hill, 1957.

Thorndyke, P. W. Cognitive structures in comprehension and memory of narrative discourse. *Cognitive Psychology,* 1977, *9,* 77–110.

Thurstone, L. L. *Primary mental abilities.* Chicago: University of Chicago Press, 1938.

Tinbergen, N. *The study of instinct.* London: Oxford University Press, 1951.

Tobin, S. A. Saying goodbye in Gestalt therapy. *Psychotherapy: Theory, research, and practice,* 1971, *8,* 150–155.

Tresemer, D. (Ed.). Current trends in research on "Fear of success." *Sex roles,* 1976, *2,* Complete Issue.

Trivers, R. L. The evaluation of reciprocal altruism. *The Quarterly Review of Biology,* 1971, *46,* 35–57.

Trout, M. D. Potential stresses during infancy: the growth of human bonds. In Tackett, J. J. M., & Hunsberger, M. (Eds.), *Family-centered care of children and adolescents: Nursing concepts in child health.* Philadelphia: W. B. Saunders Co., 1981.

Truax, C. B., Wargo, D. G., Frank, J. D., Imber, S. D., Battle, C., Hoehn-Sarie, R., Wash, E. H., & Stone, A. R. Therapist empathy, genuineness, warmth and patient therapeutic outcome. *Journal of Consulting Psychology*, 1966, *30*, 395–401.

Tryon, R. C. Genetic differences in maze-learning ability in rats. In *39th Yearbook, National Society for the Study of Education*. Chicago: University of Chicago Press, 1940.

Tversky, A., & Kahneman, D. Availability: A heuristic for judging frequency and probability. *Cognitive Psychology*, 1973, *5*, 207–232.

Ullmann, L. P., & Krasner, L. *A psychological approach to abnormal behavior*, 2d ed. Englewood Cliffs, N.J.: Prentice-Hall, 1975.

Valenti, A. C., & Downing, L. L. Differential effects of jury size on verdicts following deliberations as a function of the apparent guilt of a defendant. *Journal of Personality and Social Psychology*, 1975, *32*, 655–663.

Valins, S. Cognitive effects of false heart rate feedback. *Journal of Personality and Social Psychology*, 1966, *4*, 400–408.

Valins, S., & Baum, A. Residential group size, social interaction, and crowding. *Environment and Behavior*, 1974, *5*, 421–439.

Wagner, A. R., Rudy, J. W., & Whitlow, J. W. Rehearsal in animal conditioning. *Journal of Experimental Psychology*, 1973, *97*, 407–426.

Wallace, W. P. Review of the historical, empirical, and theoretical status of the von Restorff phenomenon. *Psychological Bulletin*, 1965, *63*, 410–424.

Wallach, M. A., & Kogan, N. *Modes of thinking in young children*. New York: Holt, Rinehart and Winston, 1965.

Walster, E. The effect of self-esteem on romantic liking. *Journal of Experimental Social Psychology*, 1965, *1*, 184–197.

Walster, E., Berscheid, E., & Walster, G. W. New directions in equity research. *Journal of Personality and Social Psychology*, 1973, *25*, 151–176.

Wason, P. C., & Johnson-Laird, P. N. (Eds.), *Thinking and reasoning*. Middlesex, England: Penguin, 1968.

Watson, J. B., & Raynor, R. Conditioned emotional reactions. *Journal of Experimental Psychology*, 1920, *3*, 1–14.

Wechsler, D. *Wechsler adult intelligence scale, manual*. New York: Psychological Corporation, 1955.

Wegner, D. M., & Vallacher, R. R. *Implicit psychology: An introduction to social cognition*. New York: Oxford, 1977.

Weiss, J. Psychological factors in stress and disease. *Scientific American*, 1972, *226*, 104–113.

Weiss, J. M., Glazer, H. I., & Pohorecky, L. A. Coping behavior and neurochemical changes: An alternative explanation for the original learned helplessness experiments. In *Relevance of the psychopathological animal model to the human*. New York: Plenum, 1975.

Wertheimer, M. *Productive thinking*. New York: Harper, 1945.

White, R. W. Motivation reconsidered: The concept of competence. *Psychological Review*, 1959, *66*, 297–333.

White, W. A. *Outlines of psychiatry*, 13th ed. New York: Nervous and Mental Disease Publishing Company, 1932.

Whorf, B. L. *Language, thought, and reality*. New York: MIT Press-Wiley, 1956.

Wicklund, R. A. Objective self-awareness. In Berkowitz, L. (Ed.). *Advances in experimental social psychology*, Vol. 8. New York: Academic Press, 1975.

Wilson, E. O. *Sociobiology: The new synthesis*. Cambridge. Mass.: Belknap Press of Harvard University Press, 1975.

Winterbottom, M. R. The relation of need for achievement to learning experiences in independence and mastery. In Atkinson, J. W. (Ed.), *Motives in fantasy action and society*. Princeton, N.J.: Van Nostrand, 1958.

Wolf, M., Birnbrauer, J., Lawler, J., & Williams, T. The operant extinction, reinstatement, and re-extinction of vomiting behavior in a retarded child. In Ulrich, R., Stachnik, T., & Mabry, J. (Eds.), *Control of human behavior: From cure to prevention*. Glenview, Ill.: Scott, Foresman, 1970.

Wolpe, J. *Psychotherapy by reciprocal inhibition*. Stanford: Stanford University Press, 1958.

Wolpe, J., & Lang, P. J. A fear survey schedule for use in behavior therapy. *Behavior Research and Therapy*, 1964, *2*, 27.

Wundt, W. *Foundations of psychology*. Leipzig: Engleman, 1896.

Wurtman, R. J. Nutrients that modify brain function. *Scientific American*, 1982, *246*, 50–59.

Wyer, R. S., & Srull, T. K. Category accessibility: Some theoretical and empirical issues concerning the processing of social stimulus information. In Higgins, E. T., Herman, C. P., & Zanna, M. P. (Eds.), *Social cognition: The Ontario symposium on personality and social psychology*. Hillsdale, N.J.: Lawrence Erlbaum Associates, 1980.

Yalom, I. D., & Liebermann, M. A. A study of encounter group casualties. *Archives of General Psychiatry*, 1971, *25*, 16–30.

Yarrow, M. R., Campbell, J. D., & Burton, R. V. Recollections of childhood: A study of the retrospective method. *Monographs of the Society of Research in Child Development*, 1970, *35* (5, whole no. 138).

Youniss, J. *Parents and peers in social development*. Chicago: University of Chicago Press, 1980.

Zajonc, R. B. Social facilitation, *Science*, 1965, *149*, 269–274.

Zajonc, R. B. Family configuration and intelligence. *Science*, 1976, *160*, 227–236.

Zajonc, R. B., & Bargh, J. Birth order, family size, and decline of SAT scores. *American Psychologist,* 1980, *35,* 662–668.

Zajonc, R. B., & Markus, G. B. Birth order and intellectual development. *Psychological Review,* 1975, *82,* 74–88.

Zajonc, R. B., & Sales, S. Social facilitation of dominant and subordinate responses. *Journal of Experimental Social Psychology,* 1966, *2,* 160–168.

Zanna, M. P., & Cooper, J. Dissonance and the pill: An attribution approach to studying arousal properties of dissonance. *Journal of Personality and Social Psychology,* 1974, *29,* 703–709.

Zax, M., & Stricker, G. *Patterns of psychopathology.* New York: Macmillan, 1963.

Zigler, E., & Phillips, L. Psychiatric diagnosis and symptomatology. *Journal of Abnormal and Social Psychology,* 1961, *63,* 69–75.

Zimbardo, P. G. The human choice: Individuation, reason, and order versus deindividuation, impulse, and chaos. In *Nebraska symposium on motivation.* Lincoln, Neb.: University of Nebraska Press, 1969.

Zimbardo, P. G. *Shyness: What is it, what to do about it.* New York: Addison-Wesley, 1977.

Zimbardo, P. G., Pilkonis, P. A., & Norwood, R. M. The social disease called shyness. *Psychology Today,* 1975, *9,* 69–72.

Zimbardo, P. G., & Ruch, F. L. *Psychology and life,* 9th ed. Glenview, Ill.: Scott, Foresman, 1977.

Zuckerman, M. Sensation seeking. In London, H., & Exner, J. E., Jr. (Eds.), *Dimensions of personality.* New York: Wiley, 1978.

Zuckerman, M. *Sensation seeking: Beyond the optimal level of arousal.* Hillsdale, N.J.: Lawrence Erlbaum Associates, 1979.

Zuckerman, M., Buchsbaum, M. S., & Murphy, D. L. Sensation seeking and its biological correlates. *Psychological Bulletin,* 1980, *88,* 187–214.

Literaturnachweis

Literaturnachweis

Für die Erlaubnis urheberrechtlich geschützte Quellen zu benutzen danken wir den folgenden Autoren und Institutionen:

Kapitel 1

Artikel, S. 8, reprinted by permission of Associated Press.
Cartoon S. 8, Jan Steinhilber.
Foto, S. 10, courtesy of Harry F. Harlow, University of Wisconsin Primate Laboratory.
Artikel, S. 15, reprinted by permission of *The Denver Post.*
Abbildung 1-2, S. 16, aus: E.König, W.Wundt,Stgt. 1901.
Abbildung 1-3, S. 17, aus: Th. Flournoy, Die Philosophie von William James, Tübingen, 1930.
Abbildung 1-4, S. 18, courtesy of James B. Watson.
Abbildung 1-5, S. 18, United Press International.
Abbildung 1-6, S. 19, from *Elements of Psychology*, 2nd edition, by David Krech, Richard S. Crutchfield, and Norman Livson. Copyright © 1969 by Alfred A. Knopf, Inc. Reprinted by permission of Alfred A. Knopf Inc.
Foto, S. 20, Bery Goldberg.
Cartoon, S. 29 oben, Jan Steinhilber.
Cartoon, S. 29 unten, Robert Cerny.

Kapitel 2

Artikel, S. 35, copyright 1976 by Newsweek, Inc. All right reserved. Reprinted by permission.
Foto, S. 40, by Robert Houser, Photo Researchers.
Abbildung 2-4, S. 43, Part A: Adapted from Julian E. Hochberg, *Perception*, © 1964, pp 64, 84, 88. Adapted by permission of Prentice-Hall, Inc., Englewood Cliffs, N.J. Part B: Adapted form D. H. Huble and W. Torstenn, „Receptive Fields, Binocular Interaction, and Functional Architecture in the Cat's Visual Cortex", *Journal of Physiology* (Cambridge University Press), 1963, 160, 106-154.
Artikel, S. 44, reprinted with permission from *Science News*, the weekly newsmagazine of science. Copyright 1980 by Science Service, Inc.
Abbildung 2-7, S. 47, adapted from Fig. 4.6 (p.88) in *Foundations of Physiological Psychology* by Richard F. Thompson. Copyright © 1967 by Richard F. Thompson. Reprinted by permission of Harper & Row, Publishers, Inc.
Abbildung 2-8, S. 48, after Figure 14.15 (p. 345) in *A Biology of Human Concern* by William Etkin, Robert M. Devlin, and Thomas G. Bouffard (J.B. Lippincott Co.). Copyright © 1972 by J.B. Lippincott Co. Reprinted by permission of Harper & Row, Publishers, Inc.
Abbildung 2-10, S. 51, adapted from H.F. Harlow et al., *Psychology* (San Francisco: Albion, 1971). Reprinted by permission.
Abbildung 2-11, S. 51, reprinted from Sperry, R.W., „Lateral Specialization in the Surgically Separated Hemispheres." *In The Neurosciences: Third Study Program*, F.O. Schmitt and F.G. Worden (eds), by permission of the M.I.T. Press, Cambridge, Mass. Copyright © 1974 M.I.T. Press.
Artikel, S. 54, reprinted by permission of Associated Press.
Artikel, S. 56 (oben), reprinted by permission of *Science 84* Magazine. Copyright the American Association for the Advancement of Science; (unten), copyright © 1982 by the New York Times Co. Reprinted by permission.
Artikel, S. 60,reprinted by permission of *Science 84* Magazine. Copyright the American Association for the Advancement of Science.
Artikel, S. 61, reprinted by permission of United Press International.
Artikel, S. 62, copyright 1982 by Newsweek, Inc. All rights reserved. Reprinted by permission.
Abbildung 2-15, S. 63, reprinted by permission of Dr. Margery Shaw, University of Texas Health Sciences Center at Houston.
Foto, S. 64, by Michael Hayman, Photo Researchers.
Cartoon S. 64, Robert Cerny.
Artikel, S. 65, reprinted by permission of Associated Press.
Abbildung 2-17, S. 67, from *Psychology in the Making* by Leo Postman. Copyright © 1962 by Alfred A. Knopf, Inc. Reprinted by permission of Alfred A. Knopf, Inc. From data provided through courtesy of R.C. Tryon.
Cartoon S. 67, Jan Steinhilber.
Foto, S. 71, Photo Researchers.
Artikel, S. 74, reprinted with permission from *Science News*, the weekly newsmagazine of science. Copyright 1981 by Science Service, Inc.
Artikel, S. 75, reprinted with permission from *Science News*, the weekly newsmagazine of science. Copyright 1978 by Science Service, Inc.
Artikel, S. 77, reprinted by permission United Press International.
Artikel, S. 78, reprinted by permission Associated Press.

Kapitel 3

Fundgrube 3-1, S. 82, drawings from „Multistability in Perception", by F. Attneave, *Scientific American*, December 1971, p.67. Drawings by Gerald H. Fisher; © 1967 by Gerald H. Fisher. Reprinted by permission.
Abbildung 3-9, S. 92, adapted from S. Hecht, „Vision II: The Nature of the Photoreceptor Process", in C. Murchison (Ed.), *A Handbook of General Experimental Psychology* (Worcester, Mass.: Clark University Press, 1934). Reprint edition by Russel and Russel, 1969. Reprinted by permission of Clark University Press.
Foto, S. 100, reprinted by permission of the Pulitzer Publishing Company
Foto, S. 101, by Lew Merrim, Monkmeyer Press.
Abbildung 3-15, S. 102, adapted from Julian E. Hochberg, Perception, © 1964, pp.64,84,88. Adapetd by permission of Prentice-Hall, Inc., Englewood Cliffs, N.J.
Abbildung 3-16, S. 103, adapted from *Perception*, by D.J. Weintraub and E.L. Walker. Copyright © 1966 by Wadsworth, Inc. Reprinted by permission of the publisher, Brooks/Cole Publishing Company, Monterey, California.
Abbildung 3-18, S. 104, adapted from *Perception*, by D.J. Weintraub and E.L. Walker. Copyright © 1966 by Wadsworth, Inc. Reprinted by permission of the publisher, Brooks/Cole Publishing Company, Monterey, California.
Foto, S. 104, by David Plowden, Photo Researchers.
Foto, S. 107, Wide World Photos.
Foto, S. 107, Samuel Teicher.
Abbildung 3-25, S. 110, adapted from *Man-Machine Engineering* by A. Chapanis. Copyright © 1965 by Wadsworth, Inc. Reprinted by permission of the publisher, Brooks/Cole Publishing Company, Monterey, California. Also adapted from A. Chapanis, W.R. Gamer, and C.T. Morgan, *Applied Experimental Psychology - Human Factors in Engineering Design* (New York: Wiley, 1949). Reprinted by permission of the authors.
Abbildung 3-27, S. 111, adapted from *Hearing and Deafness*, revised edition, edited by Hallowell Davis and S. Richard Silverman. Copyright 1947, © 1960 by Holt, Rinehart and Winston, Inc. Reprinted by permission of Holt, Rinehart and Winston.
Foto, S. 112, Dietrich Skrock.
Abbildung 3-28, S. 113, from *Psychology Today: An Introduction*, 4th ed., p. 281. Copyright © 1979 by Random House, Inc. Reprinted by permission of CRM Books, a Division of Random House, Inc.
Abbildung 3-29, S. 115, from *Psychology*, 4th ed., by Robert S. Woodworth. Copyright 1921, 1929, 1934, 1940 by Henri Holt and Company, Inc.
Artikel, S. 115, reprinted with permission from *Science News*, the weekly newsmagazine of science. Copyright 1980 by Science Service, Inc.
Abbildung 3-30, S. 116, from „The Stereochemical Theory of Odor", by J.E. Amoore, J.W. Johnston, Jr., and M. Rubin, *Scientific American*, February 1964, 210 (2), 42-49. Copyright © 1964 by Scientific American, Inc. All rights reserved.
Artikel, S. 123, copyright 1982 by Newsweek, Inc. All rights reserved. Reprinted by permission.
Artikel, S. 124, reprinted by permission Associated Press.
Abbildung 3-22, S. 125, adapted from *Hearing and Deafness*, revised edition, edited by Hallowell Davis and S.Richard Silverman, p. 102. Copyright 1947, © 1960 by Holt, Rinnehart and Winston, Inc. Reprinted by permission of Holt, Rinehart and Winston and C.C. Bunch.
Artikel, S. 126, by Jon Van. Copyright 1982, Chicago Tribune. Used by permission.
Kapitel 3 Farbtafeln
Tafel 2, from *Fundamentals of Child Development* by Harry Musinger. Copyright © 1971 by Holt, Rinehart and Winston, Inc. Reprinted by permission of Holt, Rinehart and Winston.

Tafel 3, left portion, standard chromaticity diagram, adapted from *Sight and Mind: An Introduction to Visual Perception*, by Lloyd Kaufman. Copyright © 1974 by Oxford University Press, Inc. Reprinted by permission.
Tafel 4, from R.M. Evans, *An Introduction to Color* (New York: Wiley, 1948). Reprinted by permission.
Tafel 5, by permission of Inmont Corporation.
Tafel 6, by permission of Inmont Corporation.
Tafel 7, from AO Pseudo-Isochromatic Color Tests by American Optical Corporation. Reprinted by permission.
Tafel 8, reprinted by permission of The Museum of Modern Art.
Tafel 10, © copyright 1953, 1972 CIBA Pharmaceutical Company Division of CIBA-GEIGY Corporation. Reproduced, with permission, from *The Ciba Collection of Medical Illustrations* by Frank H. Netter, M.D. All rights reserved.
Tafel 11, © copyright 1953, 1972 CIBA Pharmaceutical Company Division of CIBA-GEIGY Corporation. Reproduced, with permission, from *The Ciba Collection of Medical Illustrations* by Frank H. Netter, M.D. All rights reserved.
Tafel 12, © copyright 1953, 1972 CIBA Pharmaceutical Company Division of CIBA-GEIGY Corporation. Reproduced, with permission, from *The Ciba Collection of Medical Illustrations* by Frank H. Netter, M.D. All rights reserved.
Tafel 13, © copyright 1953, 1972 CIBA Pharmaceutical Company Division of CIBA-GEIGY Corporation. Reproduced, with permission, from *The Ciba Collection of Medical Illustrations* by Frank H. Netter, M.D. All rights reserved.

Kapitel 4

Foto, S. 132, aus: Koschtojanz, Ch. S. : Aus dem Leben I.P. Pawlows, Berlin 1948.
Abbildung, S. 137, links, aus: Hubert Rohracher, Einführung in die Psychologie, 7. Aufl. 1960.
Abbildung, S. 137, rechts, aus: Hubert Rohracher, Einführung in die Psychologie, 8. Aufl. 1963.
Abbildung 4-4, S. 138, aus: W. Köhler: Intelligenzprüfungen an Menschenaffen, Berlin 1921.
Cartoon, S. 140, Robert Cerny
Foto, S. 144, aus: H. Hediger: Psychologie des animaux, Paris 1955.
Foto, S. 144, United Press International.
Foto, S. 146, Wide Wourld Photos.
Cartoon, S. 148, Robert Cerny.
Abbildung 4-6, S. 150, reprinted with the permission of the author and publisher from Guttman, N., „The Pigeon and the Spectrum and Other Perplexities," *Psychological Reports*, 1956, 2, 449-460.
Foto, S. 153, by Melissa Hayes English, Photo Researchres.
Foto, S. 159, courtesy of Sears, Roebuck and Co.
Artikel, S. 164, reprinted by permission of *Science 84* Magazine. Copyright the American Association for the Advancement of Science.
Artikel, S. 166, copyright © 1978 The Washington Post Company. Reprinted with permission.
Artikel, S. 168, courtesy of The Denver Post.
Foto, S. 170, courtesy of Leo de Wys, Inc.

Kapitel 5

Foto, S. 174, copyright © 1980 by Maureen Fennelli. Courtesy of Photo Researchers.
Cartoon, S. 176, Jan Steinhilber.
Artikel, S. 183, reprinted with permission from *Science News*, the weekly newsmagazine of science. Copyright 1982 by Science Service, Inc.
Cartoon, S. 184, Jan Steinhilber.
Abbildung, S 188, adapted from A.M. Collins and M.R. Quillian, „Retrieval Time from Semantic Memory", Journal of Verbal Learning and Verbal Behavior, 1969, 8, 240-247. Copyright 1969 by Academic Press. Reprinted by permission. of Academic Press and the authors.
Cartoon, S. 193, Jan Steinhilber.
Abbildung, S. 195, from L. Carmichael, H. P. Hogan, and A. Walter, „An Experimental Study of the Effect of Language on the Reproduction of Visually Perceived Form," *Journal of Experimental Psychology*, 1932, 15, pp. 75, 80. Copyright 1932 by the American Psychological Assocaitaion. Reprinted by permission of the publisher.
Foto, S. 196, aus: Harward Educational Review 1961 Vol 31, S. 382.
Abbildung, S. 200, adapted from J.D. Bransford and J.J. Franks, „The Abstraction of Linguistic Ideas", *Cognitive Psychology*, 1971, 2, 331-350. Reprinted by permission of Academic Press.
Artikel, S. 204, reprinted from *Psychology Today* Magazine. Copyright © 1980, American Psychological Association.
Artikel, S. 208, reprinted from *Psychology Today* Magazine. Copyright © 1982, American Psychological Association.
Artikel, S. 209, courtesy of American Psychological Association.

Kapitel 6

Cartoon, S. 214, Jan Steinhilber.
Abbildung 6-1, S. 215, after W. J. McKeachie and C.L. Doyle, *Psychology*, second edition; © 1970, Addison-Wesley, Reading, Mass. Reprinted with permission.
Artikel, S. 224, reprinted from *Psychology Today* Magazine. Copyright © 1981 American Psychological Association.
Artikel, S. 225, copyright © 1980 by the New York Times Company. Reprinted with permission.
Artikel, S. 239, courtesy of United Press International.
Artikel, S. 242, copyright 1982 by Newsweek, Inc. All rights reserved. Reprinted by permission.
Abbildung, S. 243, from Joy Paul Guilford, *The Nature of Human Intelligence* (New York: McGraw-Hill, 1967), end paper and front fly leaf.
Artikel, S. 250, copyright 1982 by Newsweek, Inc. All rights reserved. Reprinted by permission.
Artikel, S. 255, copyright © 1981 by the New York Times Company. Reprinted with permission.
Artikel, S. 256, reprinted with permission from *Science News*, the weekly newsmagazine of science. Copyright 1982 by Science Service, Inc.
Artikel, S. 258, copyright © 1980 by The Chronicle of Higher Education. Reprinted by permission.
Cartoon, S. 260, Jan Steinhilber.
Artikel, S. 260-261, copyright © 1977 by The Chronicle of Higher Education. Reprinted by permission.

Kapitel 7

Cartoon, S. 266, Jan Steinhilber.
Foto, S. 266, courtesy of Harry F. Harlow, University of Wisconsin Primate Library.
Cartoon, S. 267, Robert Cerny.
Foto, S. 271, courtesy of Neal E. Miller.
Cartoon, S. 272, Bea Ensbach.
Fotos, S. 275 und 276, courtesy of Dr. Peter Milner, McGill University.
Foto, S. 278, courtesy of Bill Warren.
Foto, S. 280, by Michael Philip Manheim, Photo Researchers.
Foto, S. 281, by Doisneau, Photo Researchers.
Artikel, S. 289, reprinted from *Psychology Today* Magazine. Copyright © 1979 American Psychological Association.
Artikel, S. 291, reprinted by permission from *Science News*, the weekly newsmagazine of science. Copyright 1982 by Science Service, Inc.
Fotos, S. 294, (left), by Mary M. Thacher, Photo Researchers; (center), courtesy of United Nations; (right), courtesy of John Isaac/ United Nations.
Cartoon, S. 298, Jan Steinhilber.
Artikel, S. 303, courtesy of United Press International.
Artikel, S. 307, reprinted by permission from *Science News*, the weekly newsmagazine of science. Copyright 1983 by Science Service, Inc.
Artikel, S. 308, copyright © 1979 by the New York Times Company. Reprinted by permission.

Kapitel 8

Artikel, S. 317, reprinted by permission of *Science 84* Magazine.

Copyright the American Association for the Advancement of Science.
Foto, S. 319, Wide World Photos.
Foto, S. 319, by David Linton, *Scientific American*, May 1961.
Abbildung 8-2, S. 320, from „The Origin of Form Perception" by R.L. Fantz. Copyright © 1961 by Scientific American Inc. All rights reserved. Reprinted by permission.
Fotos, S. 320, by William Vandivert, Scientific American, April 1960.
Abbildung 8-4, S. 321, adapted form E.J. Gibson, „The Ontogeny of Reading", *American Psychologist*, 1970, 25, 136-143. Copyright 1970 by the American Psychological Association. Reprinted by permission. Taken from research by Linda Lavine.
Foto, S. 323, from „Discrimination and Imitation of Facial Expressions by Neonates," T.M. Field et al., *Science*, Vol. 218, pp. 179-181, October 8, 1982. Copyright 1982 by the AAAS.
Fotos, S. 324, by George Zimbel, Monkmeyer Press.
Abbildung 8-8, S. 328, Zeichnung von: L. Kraus-Karasek nach dem Buch von B. Inhelder/ J. Piaget: De la Logique de l'Enfant à la Logique de l'Adolescent, Paris, 1955.
Artikel, S. 331 links, reprinted by permission from *Science News*, the weekly newsmagazine of science. Copyright 1981 by Science Service, Inc.
Artikel, S. 331 rechts, reprinted by permission from *Science News*, the weekly newsmagazine of science. Copyright 1982 by Science Service, Inc.
Fotos, S. 333, courtesy of Harry F. Harlow, University of Wisconsin Primate Laboratory.
Artikel, S. 335, copyright 1982 Newspaper Enterprise Association, Inc.
Artikel, S. 336, reprinted from *Psychology Today* Magazine. Copyright © 1983 American Psychological Association.
Artikel, S. 337, copyright 1981 by Newsweek, Inc. All rights reserved. Reprinted by permission.
Abbildung 8-10, S. 340, adapted from F. K. Shuttleworth, „The Adolescent Period," *Monographs of the Society for Research in Child Development*, 3 (3), 1938. Copyright The Society for Research in Child Development, Inc. Reprinted by permission.
Abbildung 8-12, S. 342, from „The Development of Moral Character and Moral Ideology," by Lawrence Kohlberg. In *Review of Child Development Research*, volume 1, edited by Martin L. Hoffman and Lois Wladis Hoffman, p. 403. Copyright 1964 by Russell Sage Foundation. Reprinted by permission.
Artikel, S. 343, courtesy of The Denver Post.
Fotos, S. 345, Martin Schnur, Wölfersheim.
Cartoon, S. 345, Jan Steinhilber.
Artikel, S. 347, copyright 1980 by Newsweek, Inc. All rights reserved. Reprinted by permission.
Artikel, S. 351, by Ronald Kotulak, copyright 1982, Chicago Tribune. Used by permission.
Artikel, S. 352, reprinted by permission of Curtis Brown Associates, Ltd. Copyright © 1983 by Michael Pye.
Cartoon, S. 353, Robert Cerny.
Artikel, S. 354, reprinted by permission of The Dallas Morning News.
Artikel, S. 355, courtesy of American Psychological Association.
Artikel, S. 356, courtesy of The Associated Press.

Kapitel 9

Abbildung, S. 364, after H.J. Eysenck, *The Structure of Human Personality*, 3rd ed. (London: Methuen & Co., Ltd., 1970). Reprinted by permission. of Associated Book Publishers Ltd.
Abbildung, S. 368, reproduced with permission from R.M. Liebert and M.D. Spiegler, *Personality: Strategies for the Study of Man*, rev. ed. (Homewood, III.: Dorsey Press, 1974), p. 67.
Fotos, S. 368, aus: Jones, E.: Das Leben und Werk S. Freuds, Band II, Huber, Bern 1962.
Fotos, S. 379 (oben), Samuel Teicher; (unten), courtesy of Albert Bandura.
Anzeige, S. 380, courtesy of Seagrams Distillers Co.
Artikel, S. 381, courtesy of United Press International.
Artikel, S. 390, courtesy of Margery Rose-Clapp. The author, formerly a correspondent for *The Denver Post*, is currently a columnist and feature writer for *The Arizona Republic*, Phoenix.
Artikel, S. 392, copyright © 1963 by The New York Times Company. Reprinted by permission.
Cartoon, S. 394, Jan Steinhilber.
Artikel, S. 397, reprinted by permission, Boulder (Colo.) Daily Camera.

Kapitel 10

Cartoon, S. 404, Bea Emsbach.
Artikel, S. 411, reprinted by permission, Boulder (Colo.) Daily Camera.
Artikel, S. 413, reprinted by permission from Science News, the weekly newsmagazine of science. Copyright 1980 by Science Service, Inc.
Cartoon, S. 416, Jan Steinhilber.
Artikel, S. 417, copyright © 1981 by New York Times Company. Reprinted by permission.
Artikel, S. 419, copyright © 1980 by New York Times Company. Reprinted by permission.
Foto, S. 423, United Press International.
Fotos, S. 425, by William Vandivert from *Scientific American*, November 1955.
Abbildung 10-3 and 10-4, S. 425, adapted form „Opinions and Social Pressure," by Solomon Asch. Copyright © 1955 by Scientific American, Inc. All rights reserved. Reprinted by permission.
Cartoon, S. 426, Robert Cerny.
Artikel, S. 432, reprinted by permission from *Science News*, the weekly newsmagazine of science. Copyright 1979 by Science Service, Inc.
Artikel, S. 436, reprinted by permission of United Press International.
Artikel, S. 437, copyright © 1982 by The New York Tiems Company. Reprinted by permission.
Artikel, S. 440, by Joan Sweeney. Copyright 1982, Los Angeles Times. Reprinted by permission.
Foto, S. 440, by Susan Rosenberg, Photo Researchers.

Kapitel 11

Artikel, S. 446, reprinted by permission from *Science News*, the weekly newsmagazine of science. Copyright 1983 by Science Service, Inc.
Foto, S. 447, bequest of Samuel J. Tilden, Print Collection, The New York Public Library, Astor, Lenox & Tilden Foundation.
Artikel, S. 455, reprinted by permission from *Science News*, the weekly newsmagazine of science. Copyright 1982 by Science Service, Inc.
Foto, S. 455, United Press International.
Foto, S. 461, courtesy of M.A.D.D.
Artikel, S. 463, courtesy of DHEW Publications. Copyright © 1976.
Artikel, S. 467, Boulder (Colo.) Daily Camera. Reprinted by permission.
Artikel, S. 468, The Associated Press. Reprinted by permission.
Artikel, S. 469, copyright © 1981 by The New York Times Company. Reprinted by permission.
Artikel, S. 470, Newhouse News Service. Reprinted by permission.
Foto, S. 473, by Jerry Cooke, Photo Researchers.
Artikel, S. 474, reprinted by permission from *Science News*, the weekly newsmagazine of science. Copyright 1983 by Science Service, Inc.
Cartoon, S. 475, Jan Steinhilber.
Cartoon, S. 477, Robert Cerny.
Artikel, S. 481, Boulder (Colo.) Daily Camera. Reprinted by permission.
Artikel, S. 482, reprinted by permission from *Science News*, the weekly newsmagazine of science. Copyright 1982 by Science Service, Inc.
Artikel, S. 485, copyright © 1983 The Washington Post Company. Reprinted by permission.

Kapitel 12

Artikel, S. 489, reprinted by permission from *Science News*, the weekly newsmagazine of science. Copyright 1980 by Science Service, Inc.
Artikel, S. 491, copyright © 1982 NEA, Inc. Reprinted by permission.
Artikel, S. 493, reprinted by permission from *Science News*, the weekly newsmagazine of science. Copyright 1983 by Science Service, Inc.
Foto, S. 494, by Van Bucher, Photo Researchers.
Cartoon, S. 496, Robert Cerny.
Foto, S. 497, Martin Schnur.

Cartoon, S. 499, Jan Steinhilber.
Foto, S. 504, copyright © 1982 by Robert Goldstein, Photo Researchers.
Cartoon, S. 506, Robert Cerny.
Artikel, S. 515, courtesy of United Press International. Reprinted by permission.
Artikel, S. 521, Boulder (Colo.) Daily Camera. Reprinted by permission.
Artikel, S. 523, reprinted by *Psychology Today* Magazine. Copyright © 1982, American Psychological Association.

Anhang B

Artikel, S. 552, reprinted by permission from *Science News*, the weekly newsmagazine of science. Copyright 1982 by Science Service, Inc.

Anhang C

Artikel, S. 557, reprinted by permission of Associated Press.
Artikel, S. 562, reprinted by permission from *Science News*, the weekly newsmagazine of science. Copyright 1983 by Science Service, Inc.
Abbildung C-2, S. 564, adapted from Gregory A. Kimble and Norman Garmezy, *Principles of General Psychology*, 3rd ed. Copyright © 1968 The Ronald Press Company, New York. Reprinted by permission. Data from Starke R. Hathaway and Elio D. Monachesi, *Analyzing and Predicting Juvenile Delinquency with the MMPI*. University of Minnesota Press, Minneapolis, © 1953 by the University of Minnesota. Reprinted by permission.
Abbildung C-3, S. 565, profile sheet for the 16 PF, © 1954, 1969 by IPAT, Champaign, Illinois. Reprinted by permission.

Anhang D

Abbildung D-1, S. 570, adapted from N. Kleitman, „Patterns of Dreaming," *Scientific American*, November 1960. Reprinted by permission of Dr. William Dement.
Abbildung D-3, S. 572, from Roffwarg, H.P., Roffwarg, J.N., and Dement, W.C., *Sleep: An Experimental Approach*, edited by W.B. Webb. Copyright, the Macmillan Company, 1968. Reprinted by permission.
Cartoon, S. 573, Robert Cerny.
Artikel, S. 574, reprinted by permission of Associated Press.
Artikel, S. 576, copyright 1981 by Newsweek, Inc. All rights reserved. Reprinted by permission.
Artikel, S. 577, by Christopher Drake, Knight-Ridder Newspapers. Reprinted by permission.
Foto, S. 579, aus: Owen, A.R.G.: Hysteria, Hypnosis and Healing - the Work of J.M. Charcot, London 1971.
Artikel, S. 581, reprinted by permission from *Science News*, the weekly newsmagazine of science. Copyright 1982 by Science Service, Inc.
Tabelle D-2, S. 584, reprinted by permission from chart „Values for Variables for Maximizing the Pro-Ability of 'Good' or 'Bad' Trip" from Charles T. Tart, *On Being Stoned: A Psychological Study of Marijuana Intoxication* (Palo Alto, Calif.: Science and Behavior Books, 1971)
Tabelle D-3, S. 590-591, excerpted from a chart prepared by the U.S.

Sachverzeichnis

Es kann vorkommen, daß ein Begriff nur auf einer Seite behandelt wird, obwohl zwei oder mehrere Seiten angegeben wurden!

Aberglaube, 149-150 (superstition)
Abhängige (dependente) Persönlichkeit, 477-478
Abhängige Variable, 10-13
Abrufen von Informationen, 174-175, 177-180, 190-191, 205-206 (retrieval)
Absichten, 131-132 (intentions)
Absolute Schwelle, 88-89 (a. threshold)
Abwehrmechanismen, 369-371 (defense m.)
Abweichendes Verhalten: *siehe* Psychopathologie
Acetylcholin, 550-551
ACTH, 56-60
Adaptation (an Dunkelheit), 86-89
Adenohypophyse (Hypophysenvorderlappen), 56-57
ADH: *siehe* Antidiuretisches Hormon
Adipositas: *siehe* Übergewicht
Adipsie, 274
Adoleszenz
    und Freundschaften, 340
    und Identitätsbildung, 342
    und moralisches Empfinden, 341-342 (morality)
    und psychosexuelle Veränderungen, 314-315, 371
    und soziale Entwicklung, 340-345, 410-411
Adrenalin, 58-59 293-295 (epinephrin)
Adrenokortikotropes Hormon (ACTH), 56-57
Affektive Störungen, 464-470
    Behandlung, 490-493 (treatment)
    Ursachen, 466-470 (causes)
    Vererbung, 466-467 (heredity)
Aggressivität, 299, 314, 356, 378-379, 437-438
    biologische Komponenten, 60-61, 76-77
Akkommodation (Auge), 84-86, 103-104
Akkommodationsprozeß (Entwicklung), 321-322
Akrophobie, 500-501
Aktionspotential, 38-39, 546-547
Aktive Vermeidung, 143-144 (active avoidance)
Aktivierung: *siehe* Erregung
Akupunktur, 114
Akustische Wahrnehmung (Schallempfindlichkeit), 111-112 (auditory exp.)
Algorithmus, 221
Alkoholiker, 459-461
    Anonyme Alkoholiker (AA), 462-463
Alkoholismus 459-464
    Behandlung, 304, 462-463 (treatment)
    und Gehirn, 74-76 (brain)
    und Genetik, 65-67
    Kosten, 461-462
    psychologische Studien, 24-25
    Ursachen, 461-462 (causes)
Alkoholrausch (Alkoholkonsum), 581-583 (A-intoxication)
Allgemeines Adaptationssyndrom, 310 (general AS)
Alpha-Gehirnwellen, 569-570
Altern, 350-353
    und Persönlichkeit, 390
    und Problemlösen, 330-331
Amblyopie, 123
American Psychological Association (Amerikanischer Psychologenverband), 23-29
Amnesie, 175-176
    retrograde Amnesie, 191-193
Amnestisches Syndrom, 455-456
Anästhesie ("Handschuh"), 458-459
Anale Phase (Entwicklung), 314, 370-371
Analyse
    Aufgabenanalyse, 219-220 (task)
    Faktorenanalyse, 241-242, 364-365, 540-541, 556-558
    funktionale Analyse, 137-138, 376, 377
    logische Analyse, 230-234
    Mittel-Zweck-Analyse, 221-222, 251-253 (means-end-a)
    Transaktionsanalyse, 374
    Varianzanalyse, 540-541
Andere Menschen (other persons)
    als Grundlage zur Selbsteinschätzung, 421
    Effekte, 421-430
Androgene, 60-61
Anerkennung, 401-402 (approval)
Angiotensin, 58
Angst, 298, 306, 369, 449-450 (anxiety)
    und Asthma, 158-159
    frei-flottierende (diffuse) Angst, 298
    Grundangst, 373-374 (basic)

Angststörungen, 457 (a-disorders)
Angstzustände, 457 (a-states)
Anima, 372
Animus, 372
Anlage-Umwelt-Kontroverse 4-5, 34-36, 63-69, 100-101, 257-261 (nature/nurture)
Anna O. (Fallstudie), 5
Anorexia nervosa, 305
Anreize (incentives)
  und Emotionen, 291-293
  und Motivation, 265-267, 274-275, 281-288, 299
Anreizwert, 265-266, 274-275, 281-288, 299 (incentive values)
Antabus, 462-463
Antagonistische Prozesse (Modell), 296-297 (opponent-process)
Antidepressiva, 467-468, 489-490
Antidiuretisches Hormon (ADH), 57-58, 274-275
Antipsychotika: *siehe* Neuroleptika
Antisoziale Persönlichkeit, 477-478
Anziehung (interpersonale), 401-402, 415-416 (attraction)
Aphagie, 271
Aphasie, 43-44
Annäherungsmotiv, 265-266, 268-269, 377-378 (approach m.)
Äquipotentialitätsgesetz, 43-45 (Equipot.)
Arbeitsleistung: *siehe* Berufserfolg
Ärger (Wut), 293-294, 298-301, 467-468
Arithmetisches Mittel, 527-528
"Arousal": *siehe* Erregung
Assertiveness-Training: *siehe* Selbstbehauptungstraining
Assoziationskortex, 50-51
Asthma (psychosomatisch), 158-159, 307
Attachment: *siehe* Bindung
Attraktivität, 401-402, 415-419
Attribution, 168-169, 413
  und Schlußfolgern, 286-287 (inference)
Attributionstheorie, 286-287, 294-295, 366-367, 413-415
Auditive Sinnesverarbeitung, 108-113 (auditory s. p.)
Aufbau des Intellektmodells, 242-246 (structure of i. m.)
Aufgabenanalyse, 219-220 (task a.)
Aufmerksamkeit, 117-118, 127-129 (attention)
  als Verstärker, 139-140
Auge, 84-87, 103-106
Augenzeugen, 207-209 (eyewitness)
Ausbildung (Edukation) /(education)
  Mathematikunterricht, 249-250, 325-328
  programmierte Instruktionen, 249-250, 316
  von Psychologen, 24-26
Auslösereiz, 279-280 (releaser)
Auswahlverfahren (selection)
  und Konzepte, 227-228
  und Persönlichkeitsbeurteilung, 393-395
Auszeit-Technik (time-out), 141-143, 503-505
Autonomes Nervensystem, 47-49, 292-294
Autoshaping, 149-150
Aversion, Geschmack und Konditionierung, 160-162
Aversionstherapie, 462-463, 501-505
Axon, 37-39, 543-544
Axonendigungen, 37-39, 543-544

Basalganglien, 50-51
Basilarmembran, 110
Bedingungslos positive Wertschätzung 509-512 (unconditioned p. regard)
Bedürfnisse (needs)
  nach Bindung, 353-355 (attachment)
  biologische: *siehe* biologische Bedürfnisse
  nach Geselligkeit, 284-285, 289-292 (affiliation)
  Hierarchie, 280-283, 373-374, 385-386
  nach Leistung, 281-286, 290-291 (achievement)
  nach Macht, 285-286, 289-291, 304-305 (power)
  menschliche (Murrays Liste), 280-282
  und Motivation, 265-266, 269-286, 289-292, 375-376
  neurotische, 373-375
  Persönlichkeitstheorie, 365-367, 373-375, 385-386
  psychogene, 280-286
  soziale Billigung 284-286, 289-291, 401-402 (approval)
  spezifische, 271-273
Beeinflussungsversuche, 408-412, 431-435 (persuasion)
Befragungen, 6 (survey)
Begrenzte Kapazitäts-Annahme, 174-175 (limited capacity)
Behalten von Informationen, 174-175, 177-180, 190-196, 205-206 (retention)
Behaviorismus, 16-18, 314-316, 383-384, 468-469
Belohnung, 136-137 (reward)
Belohnungstraining, 141-143, 164-166
Beobachtung (natürliche Bedingungen), 5-6 (observation)
Beobachtungslernen, 131-132, 152-155, 173-174, 196, 289-291, 300-301, 377-381 (observational)
Beratender Psychologe, 24-26 (counseling p.)
Berufserfolg, 393-394 (job performance)
Berufsverband Deutscher Psychologen, 32
Berührung: *siehe* Tastsinn
Beschreibung (als Ziel der Psychologie), 2-4 (description)
Bestrafung, 136-137, 143-144 (punishment)
  Auszeit (time-out), 141-143

effektiver Einsatz, 501-505
Bestrafung in der Therapie, 501-505
Bestrafungstraining, 141-144
Beta-Endorphin, 57-60, 70-71, 113-114
Betriebspsychologen, 9, 24-25 (industrial p.)
Bettnässen, 159-160, 499-450
Beurteilung (Persönlichkeit), 374-375, 381-383, 386-388, 393-395 (assessment)
Bevölkerungsdichte (Effekte), 439-442 (crowding)
Bewegungskrankheit (See, Luft, Auto), 127-129 (motion sickness)
Bewegungsparallaxe, 103-104 (motion p.)
Bewertung(en), 233-236, 407-419 (judgment)
Bewußtes, 365-366, 448-449 (conscious)
Bewußtsein, 15-17, 569-570 (consciousness)
veränderte Bewußtseinszustände, 39-40, 568-593
Bewußtseinsstrom, 16-17 (stream of c.)
Bias: *siehe* Voreingenommenheit
Bindungsverhalten, 333-335, 353-355, 395-396 (attachment)
Binet-Intelligenztest, 235-239
Binokuläre Information, 104-105, 107-108
Biofeedback, 161-164, 504-505, 592-593
Biologische Bedürfnisse, 265-266
und Motivation, 269-283, 287-289
Biologische Faktoren
bei Emotion, 292-295
bei Fettleibigkeit, 306
Biologische Grundlagen des Verhaltens, 33-80
Biologische Psychologen, 23-25
Biologische Sichtweise der Psychopathologie, 447-449
Biologische Uhren, 54-57
Biopsychologie (Anwendungsgebiete), 76-79
Biorhythmen, 54-55
Bipolare Störung, 465-466
Blinder Fleck, 86-87
Blindheit, 122-124
Brailleschrift, 114-115
Farben, 93-94
Klänge, 112-113 (sound)
Bogengänge, 112-113 (semicircular canals)
Bombesin, 58-60
Bonding: *siehe* Bindung
"Bottom-up"-Verarbeitung, 20-21, 81, 95-99, 174-177, 197-198
Bradykinin, 58-60
Braille, 114-115
Brille, 85-86, 122-123 (eyeglasses)
Bulimie, 305-307
Cannon-Bard-Theorie, 292-295
Cerebellum (Kleinhirn), 49-50
Stimulierung, 71-72
Cerebraler Kortex (Großhirnrinde), 47-51
Cerebrale Hemisphären (Gehirnhälften), 51-54
Chemische Substanzen (drugs)
und biologische Uhren, 54-56
und neuronale Übermittlung, 550-553 (neural transmission)
psychoaktive, 39-40
gegen Schmerzen, 113-114 (pain)
und veränderte Bewußtseinszustände, 39-40, 581-589
Chemische Transmittersubstanzen: *siehe* Neurotransmitter
Chemorezeptoren, 73-74
Chemotherapie, 73-77, 160-162, 467-468, 488-492, 575-578 (Drug therapy)
Cholecystokinin, 58-60, 76-78, 271-273
Chromosomen, 60-64
Chronobiologie, 56-57
Chronologisches Alter, 236-239
Chunking, 177-180, 186-188, 206-208, 400-402
Circadianer Rhythmus, 54-57
Cochlea, 109-110
Cochlearnerv, 110-111
Computer, 250-253, 316-318, 325-328, 524
Computeradaptiertes Testen, 560-561
Computersimulationsmodelle des Problemlösens, 219-222
Cornea, 84-85
Corpus callosum (Balken), 49-52
Cortisol, 57-60
Cue: *siehe* Hinweisreiz

Dämonen, 95-102, 118-119
Definitionen, operationale, 10-11
Deindividuation (Entpersönlichung), 422-424, 437-438, 442-443
Dekodieren, 177-180
Delirium, 455-457
Delta-Wellen, 569-570
Demenz, 454-457 (dementia)
Dendriten, 37-39, 543-545
Denken (kognitive Prozesse), 212-261 (thinking/reasoning)
automatisches, 233-234 (natural)
Denkfehler, 231-232
im diskursiven Kontext, 233-234 (discourse)
und Emotionen, 230-231
Gründe für Denkfehler, 231-234
kreatives, 216-217
und Sprache, 331-333 (language)
bei Tieren, 250-251

Denkgewohnheiten und Problemlösen, 216-218 (mental sets)
Depression, 382-383, 464-470
Behandlung, 191-193, 490-493
Denkfehler, 233-234, 254-255
und gelernte Hilflosigkeit, 167-169
neurotische, 465-468
typische, 465-466 (major)
Deprivation
und Motivation, 264-266
sensorische, 275-276
Desensibilisierung, systematische, 499-501
Desoxyribonukleinsäure (DNS), 35-36, 61-62
Detektorschaltkreise, 41-43 (d. circuits)
Detektoren (Meßfühler), 95-101, 271-274
Determinismus
versus freier Wille, 3-4
psychischer, 366-367
reziproker, 378-381
Dezibel, 109-112
Diagnose (Psychischer Störungen) 450-485
Gefahren bei Laiendiagnosen, 482-484 (danger of amateur)
Qualität, 451-453, 480-482
Diagnostisches und Statistisches Manual psychischer Störungen, DSM, 451-485
Dialektische Operationen, 329-330
Diskrimination, 148-150
Reaktion. 148-149
Reiz (Stimulus), 148-150
Diskriminativer Reiz (Stimulus), 143-144
Diskriminative operante Reaktion, 143-144 (d. operant)
Diskriminative Unterlassungsreaktion, 143-144
Diskursive Informationen (Verarbeitung), 197-202 (discourse proc.)
Disposition: *siehe* Veranlagung
Distaler Reiz, 85-86
DNS: *siehe* Desoxyribonukleinsäure
Dopamin, 76-77, 150-151, 550-552
Double-Bind, 474-475
Down Syndrom (Mongoloismus), 63-64
Drogen: *siehe* chemische Substanzen
Drogenmißbrauch, 351-352 (drug abuse)
Drogensucht, 392, 462-465 (d. addiction)
als antagonistischer Prozeß, 298 (opponent proc.)
Behandlung, 463-465
Toleranz, 74-76, 157-159
Ursachen, 74-76, 462-464
Druckempfindlichkeit, 112-113 (pressure sens.)
Drüsen (glands)
endokrine, 56-57
exokrine, 56-57
Hypophyse, 49-50, 56-61 (pituitary)
Nebennieren, 57-60 (adrenal)
Schilddrüse, 56-59 (thyroid)
Speicheldrüsen, 56-57 (salivary)
DSM-III (Diagnostic and Statistical Manual), 451-485
Duale-Kodierungstheorie, 183-184, 187-189
Dunkeladaptation, 86-89
Durst, 269-270 (thurst)
Dynamische Sichtweise der Psychopathologie, 448-450
Dyslexie, 72-74, 76-78
Dysthyme Störungen, 464-465

Eben merklicher Unterschied, 88-89
Egozentrismus, 324-325, 337-338
Eierstockhormone, 58-61 (ovarian h.)
Eigenraum, 438-442 (personal space)
Eigenschaftsausstattung, 360-367 (disposition)
Eignungstests, 3-4 (aptitude)
Einfühlendes Verstehen, 509-512 (emphatic)
Einsicht, 214-215, 217-219 (insight)
versus Logik, 223-225
Einstellungen, 407-419 (attitudes)
Bildung und Veränderung von Einstellungen, 408-412, 431-435
Definition, 404-405
und kognitive-Gleichgewichts-Theorie, 404-406
und Kommunikation, 408-411, 431-432
Verhaltensvorhersage durch Einstellungen, 411-412 (predicting)
Einzelfallstudie (Methode), 5-6 (case study)
Elektrakomplex, 314-315, 371
Elektroenzephalogramm (EEG), 71-74, 569-571
Elektrokonvulsionstherapie, 191-193, 492-494
Elektroschock, 191-193
Eltern-Kind-Beziehung, 339
Elterntraining, 350-351, 396-398
Emotionen, 291-301, 306-311
und Anreize, 291-293 (incentives)
und Denken, 230-31
Dimensionen, 291-93
Effekt antagonistischer Prozesse, 296-298 (opponent p.)
Entwicklung, 332-349
und Gesichtsausdruck, 292-295, 321-323, 334-336 (facial e.)
Klassifikation, 291-93
und Motivation, 291-93
Theorien, 292-98
Empfindung, 80-129 (sensation)
Encountergruppen, 510-513
Endokrines System, 56-62, 287-289, 571-572
Endorphine, 57-60, 70-71, 77-79, 150-151

Enkephaline, 58-60, 113-114, 150-151
Enkodieren von Information, 173-188, 191-195
Enkodierspezifität, 191-193
Entscheiden, 233-236 (decision m.)
    in der Gruppe, 424-427
Entspannungstraining, 162-163, 308, 311, 500-501, 506-507 (relaxation)
Entwicklung (development)
    emotionale, 332-349
    bei Erwachsenen, 329-331, 345-349, 374-375 (adults)
    Geschlechtsrollenidentifikation, 339-340 (sex role)
    und Informationsverarbeitung, 316-318
    intellektuelle, 318-333
    aus kognitionstheoretischer Sicht, 316-318
    kognitive, 321-331
    über Lebensspanne, 346-357 (life span)
    und Lernen, 314-315
    und Persönlichkeit, 366-367, 370-373
    aus psychoanalytischer Sicht, 314-315
    psychosexuelle, 314-315
    soziale, 332-349
    Sprachentwicklung, 318-319, 330-333
    Theorien, 314-318
    aus verhaltenstheoretischer Sicht, 314-316
    der Wahrnehmung, 100-101, 318-322 (perceptual)
Entwicklungspsychologen, 23-24, 313 (developmental)
Entwicklungspsychologie, 312-357
    Definition, 313
    Forschungsmethoden, 316-319
Entzug, 461-463 (withdrawal)
Enuresis, 480-481, 499-500
Epilepsie
    und Biofeedback, 162-164
    und Stimulation des Kleinhirns, 71-72
Equity-Theorie, 418-419
Erbrechen (operante Kontrolle), 163-164 (vomiting)
Erfolg (success)
    Bedürfnis nach Erfolg, 281-284
    Furcht vor Erfolg, 284-285
Erklären (als Ziel der Psychologie), 3-4
Erlernte Hilflosigkeit, 149-152, 167-169, 469-472 (learned h.)
Ernährung, 271-274, 305-306 (nutrition)
Eros, 314
Erregung (Aktivierung / arousal)
    und Emotionen, 294-295, 298
    und Homöostase, 275-279
    und Motivation, 274-279
Erregungsniveau (Steuerung), 308, 311 (arousal level)
Erwachsenenalter (adulthood)
    kognitive Entwicklung, 329-331
    intellektuelle Funktionen, 329-330
    psychosoziale Entwicklung, 345-346
Erwartung, 377-378 (expectancy)
Es, 367-369 (id)
Eßstörungen, 305, 307 (eating d.)
Ethik und Psychologie, 5-6, 27-29, 503-504
Ethische Sichtweise der Psychopathologie, 450-451
Ethologie, 278-280, 287-289
Etikett (diagnostische Benennung), 450-451, 480-482 (label)
Evolution (Darwin), 16-17, 278-279
Evozierte Potentiale, 72-74
Exhibitionismus, 464-465
Exokrine Drüsen, 56-57
Experimentalgruppe, 9
Experimentelle Methode, 6-13
    Fehler, 11-13
Experimentelle Psychologen, 23-25, 27-30
Experimentelle Psychologie, 23-24, 28-29
Expertensysteme, 250-253
Extraversion, 365-366

Faktorenanalyse, 241-242, 364-366, 540-541, 556-558
Faktor S, 58-60, 572-574
Fallgeschichte (Methode), 5-6 (case)
Familientherapie, 497-499
Farbenblindheit, 93-94 (color blindness))
Farbkategorien, 229-230
Farbkontrast, 94-95
Farbton, 91-93 (hue)
Farbwahrnehmung, 91-94
Fernsehen (television)
    Gewalt im Fernsehen, 437-439 (violence)
    und prosoziales Verhalten, 436-437
Fertigkeiten, 131-132 (skills)
    soziale (Training), 395-397, 504-506
Festgesetzter Richtwert des Körpergewichts, 270-273 (set wight 1.)
Feststehende Verhaltensmuster, 278-280 (fixed action p.)
Fetischismus, 464-465
Fixierung, 370-371
Fluchttraining, 141-143 (escape)
Folgern (inference)
    und Attribution, 286-287
    und Nützlichkeit, 286-288 (utility)
    auf Schemata beruhendes, 402-403
    und Sprache, 198-200
    voreingenommenes, 402-404 (biased)
Follikel-stimulierendes Hormon (FSH), 58-60
Formal-operationales Stadium (Entwicklung) 328-330
Formatio reticularis, 49-50 (reticular formation)
Formkonstanz, 105-107 (shape c.)

Forschung und Entwicklungspsychologie, 316-319 (research)
Fovea centralis, 85-86, 117-118
Frauen und Furcht vor Erfolg, 284-285 (women)
Freie Assoziationen, 371, 374-375, 493-495
Freier Wille versus Determinismus (Kontroverse), 3-4
Frequenzen (Töne), 108-111, 124-125
Freundschaft
bei Heranwachsenden, 340-342 (adolescents)
bei Kindern, 337-338, 395-396
Frigidität, 464-465
Frustrations-Aggressions-Hypothese, 299-301
Funktionale Analyse, 137-138, 376-378
Funktionale Fixiertheit, 214-218
Funktionalismus, 16-17
Funktionelle Störungen, 445, 451-454
Furcht, 292-294
vor Erfolg, 284-285 (success)
furchterregende Botschaften, 409-410
Konditionierung, 135-136
vor Mißerfolg, 281-285 (failure)
neurotische, 456-457
siehe auch Phobien

Ganglionzellen, 85-88, 91-94
Geburtenfolge: *siehe* Geschwisterreihe
Gedächtnis, 173-180, 190-196 (memory)
Arbeitsspeicher, 177-180 (working)
echoisches, 176-177
ikonisches, 176-178
primärer Speicher, 175-179 (immediate)
Kurzzeitgedächtnis, 20-21, 174-181, 186-187 (short time)
Langzeitgedächtnis, 20-21, 175-184, 186-193
und Mustererkennen, 176-177 (pattern rec.)
semantisches, 225-226
sensorisches, 20-21, 175-178
Verbesserung, 181-182, 204-208 (improvement)
Gedächtnisstützen, 204-207 (mnemonics)
Gedächtnistest, 177-181 (recall t.)
Gedächtnisverzerrung, 193-196 (m. distortion)
Gedanken: *siehe* Denken
Gedankenkontrolle (Techniken), 588-593 (mind control)
Gegenkonditionierung, 146-148 (countercond.)
Gehirn, 46-54 (brain)
und Appetit, 552-553
und Diät, 553
Geschlechtsunterschiede, 53-55
Programmierung, 36-38
Stimulierung, 50-51, 70-72, 270-275
Gehirnaktivität (Messung), 71-76
Gehirnchirurgie: *siehe* Psychochirurgie
Gehirnlateralität, 51-55
Gehirnscanning, 73-74
Gehirnschaden, 43-45, 175-176, 187-188 (b. damage)
Gehirntransplantation, 79-80 (b. grafts)
Gehör(sinn), 83, 108-113, 117-119 (hearing)
Testung, 159-160
Verlust, 124-126 (loss)

Geisteskrankheit, 447-451 (mental illness)
durch Drogen oder Medikamente, 76-77
Gehirnuntersuchungen, 73-74 (b. scanning)
Nachwirkungen, 483-484 (aftermath)
Gemischte hirnorganische Syndrome, 455-457 (mixed b. s.)
Gene, 35-36, 61-62
Generalisierung, 12-15, 147-149
von Reaktionen, 147-148
von Reizen (Stimuli), 147-148
Genetik
und Alkoholismus, 65-67
und Intelligenz, 242-243, 257-261
und Psychopathologie, 448-450
bei Tieren, 66-69
und Verhalten, 34-36, 61-69, 76-78
siehe auch Vererbung
Genie, 61-62, 239-240
Genitale Phase (Entwicklung), 314-315, 371
Gerechtigkeit (Sozialpsychologie), 431-432 (justice)
Gerontologie, angewandte, 350-353
Gerüche, 115-118 (odors)
Geruchssinn, 83, 115-118 (smell)
Geschichten (Verständnis), 200-202 (stories)
Geschlechtsdifferenzen (sex diff.)
und Aggression, 61-62
und Gehirn, 53-55
und mathematische Fähigkeiten, 328-329
Geschlechtshormone, 53-55, 60-62 (sex h.)
Geschlechtsrollen (Entwicklung), 339-340
Geschlechtsidentitätsstörungen, 464-465
Geschmackssinn, 83, 114-116, 118-119, 271-275 (taste)
und Konditionierung, 160-162
Geschwisterreihe (birthorder)
und Intelligenz, 254-258
und Persönlichkeit, 254-256, 334-335, 373-374
Geschworene (Auswahl), 394-395, 431-432 (jury selection)
Gesetz des Effekts, 137-138 (law o. e.)
Geselligkeitsbedürfnis, 284-285, 289-292 (affiliation)
Gesichtsausdruck und Emotion, 292-295, 321-323, 334-336 (facial e.)
Gesichtssinn: *siehe* Sehen
Gestaltpsychologie, 18-20, 384-385
Gestalttheorie

des Denkens, 214-219, 223-225 (cognition)
des Gedächtnisses, 190-191, 194-195 (memory)
der Wahrnehmung, 101-104 (perception)
Gestalttherapie, 385-386, 508-512
Gesundheit (health)
und Persönlichkeit, 390-393
aus sozialpsychologischer Sicht, 433-435
Gewalt (violence)
und Fernsehen, 437-439
und Persönlichkeit, 389-391
und Sozialpsychologie, 437-439
Gewichtskontrolle, 305-306 (weight control)
Gleichaltrige (Beziehungen), 336-338, 340-342, 410-411 (peers)
Gleichgewichtssinn, 109-110, 112-113, 117-119 (vestibular s.)
Glukorezeptoren, 271-273
Glukose, 73-74, 271-273
Gonadotropine, 56-60
Gradient der Stimulusgeneralisierung, 148-149
Grammatik, 196 (grammar)
von Geschichten, 199-202
Größenkonstanz, 85-86, 106-108 (size c.)
Gruppen
Entscheidungen, 424-427
Therapien, 477-478, 497-498
siehe auch Kontrollgruppe und Experimentalgruppe
Guilford-Zimmerman Temperament Survey, 394

Haarzellen, 109-113
Halluzinose, organische, 455-457
Halo-Effekt, 402-404, 416-419
"Handschuh"-Anästhesie, 458-461 (glove)
Haut: *siehe* Tastsinn
Hebb Modell, 97-99
Hedonistische Relevanz, 309
Hedonistische Tendenz, 413-414
Helligkeit (Farbwahrnehmung), 91-93 (brightness)
Helligkeitskonstanz, 93-94, 105-106
Helligkeitskontrast, 94-95
Helligkeitswahrnehmung, 93-96
Hemmung (inhibition)
laterale, 41-42
reziproke, 499-500
Herzerkrankungen, 390-393
Heuristiken, 221-225
Anwendung, 251-256
Entscheidungen, 234-236
Hilflosigkeit, erlernte, 149-152, 167-169, 468-470 (helpnessless)
Hinweisabhängigkeit (Theorie), 191-194 (cue dependency)
Hinweisreiz (cue)
diskriminativer, 143-144
und Wiedererkennen, 205-206
Hippocampus, 43-44, 175-176
Hirnstamm, 48-50 (brain stem)
Historische Sichtweise der Psychologie, 15-20
Hochbegabte, 239-240 (gifted individual)
Hodenhormone, 58-62 (testicular h.)
Höhenangst: *siehe* Akrophobie
Homöostase, 269-270
und Erregung, 275-279
und Trinken, 269-274
und Essen, 273-275
Homosexualität
ich-dystone, 464-465, 480-481
und Klassisches Konditionieren, 160-161
Hormone, 56-57
antidiuretisches, 57-58, 274-275
und Emotionen, 292-293
Geschlechtshormone, 53-55, 60-62
und Streß, 56-60
Hospitalisierung, 490-493
Hunger und Motivation, 263-266, 269-270
Huntingtonßsche Chorea (Veitstanz), 35-36, 50-53, 448-449
Hypermnesie, 193-194
Hyperopie, 122-123
Hyperphagie, 270-273
Hypnagogischer Zustand, 571-574
Hypnopompischer Zustand, 571-572
Hypnose, 193-194, 371, 493-494, 577-583
Hypochondrie, 458-459
Hypophyse, 49-50, 56-61 (pituitary gland)
Hypophysenhinterlappen, 57-58 (neurohypophysis)
Hypothalamus, 49-51, 56-58, 76-78, 270-271, 273-275, 293-294
Hypothesentesten, 537-541
"Hysterie" (Konversion), 458-461

Ich, 314, 367-369 (ego)
Ich-Analytiker, 373-375, 497-498
Ich-Zustände, 374-375
Identitätsbildung, 342-345
Identitätskrise, 342-347
Imagery: *siehe* Vorstellung
Imitation
Imitationslernen, 321-322
und Persönlichkeitsentwicklung, 377-381
Impotenz, 464-465
Individualpsychologie, 372-374
Individuation, 372-373
Individuelle Unterschiede, 4-5, 359-360, 528-530

Information
Behalten, 173-174, 177-180, 190-196, 205-206 (retention)
Dekodieren, 177-180
Enkodieren, 173-188, 191-194
Levels-of-processing: *siehe* Verarbeitungsebenen
Speicherung, 174-177, 190-191 (storage)
Verfügbarkeit, 177-179 (availability)
Wiedererkennen, 174-175, 177-180, 190-196, 205-206 (retrieval)
zweigleisiger Informationsfluß, 174-176 (two way flow)
Informationsüberlastung (Hypothese), 441-442 (i. overload)
Informationsverarbeitung, 19-22, 81-82, 173-177 (i. processing)
und Attribution, 117-121
und Entwicklung, 209-210
und Intelligenz, 243-245
und Nervensystem, 34-38
und Wahrnehmung von Objekten, 95-99
Informationsverarbeitungsansatz (Kognition), 214-215, 218-224, 328-330, 410-412
Inkubationseffekt, 215-216
Inokulationseffekt (Impfeffekt), 411-412
Instinkte, 278-280
Definition, 278-279
und Freudßsche Theorie, 314, 366-368
und Motivation, 278-280
Instruktion, programmierte, 249-250, 316
InstrumentelleS (operantes) Konditionieren, 131-132, 136-148, 152-155, 171-174, 190-191, 207-208, 289-291, 321-322, 376-378, 449-450
Anwendungsgebiete, 161-168
Arten, 141-145
Insulin, 271-273
Intellektuelle Entwicklung: *siehe* Kognitive Entwicklung
Intelligenz, 213-214, 235-248
und Altern, 329-331
und Anlage-Umwelt-Kontroverse, 64-67, 242-243, 257-261 (heredity)
Effekte der Geschwisterreihe, 254-258 (birthorder)
flüssige (fluide), 241-243
und Informationsverarbeitung, 243-245
Komponenten, 240-244
und Kreativität, 244-248
kristalline, 241-243
künstliche, 250-253, 316-318 (artificial)
Messung, 235-239
und Pubertät, 61-62
bei Stadt- versus Landbewohnern, 236-238 (urban vs. rural)
bei Tieren, 250-251
Intelligenzalter, 236-238
Intelligenzquotient, 238-241, 317-319
Intelligenztests, 235-239
Interferenztheorie (Gedächtnis), 191-194
Intermittierende Verstärkung, 146-148 (partial reinforcement)
Internale/Externale Kontrollüberzeugung (Skala), 377-378, 382-383
Interpersonale Anziehung (Attraktion), 401-402, 415-419
Interpretation (Psychoanalyse), 495-497
Intervenierende Variable, 131-132
Intervention bei Krisen, 514-516
Interview
psychologisches, 5-7, 374-375
Vorstellungsgespräch, 393
Intoxikationssyndrom, 455-457
Introspektion, 15-17
Introversion, 365-366
Inzuchtlinien, 67-68 (inbred strains)
IQ: *siehe* Intelligenzquotient
Iris (Auge), 84-85
Item-Response-Theorie, 560-561

James-Lange-Theorie, 292-295

Kausalität, 6-11, 151-153 (causality)
Kinästhesie, 109-110, 112-113
Kindererziehung (verschiedene Stile), 281-284, 339, 350-351 (child rearing)
Kindesmißhandlung, 354-357 (abuse)
Klang, 108-113 (sound)
Klangamplitude, 109-110
Klangfarbe, 111-112 (timbre)
Klassisches Konditionieren 16-17, 131-140, 144-146, 151-153, 278-279, 314-315, 321-322
-Anwendungsgebiete, 157-162
-Interaktion mit Instrumentellem Konditionieren, 144-149, 161-162
Kleiner Albert (Fallstudie), 498-500
Kleinhirn, 49-50, 71-72 (cerebellum)
Kleinkinder (infants)
Beobachtungslernen, 153-154
und Konditionierungstechniken, 135-136, 158-160, 321-322
und seelische Gesundheit, 395-396 (mental h.)
und Sexualität, 367-368
soziale und emotionale Entwicklung, 332-337
Wahrnehmung, 100-101, 318-321
Klinische Psychologen, 24-30 (clinical)

Kodierung (neuronale), 39-41 (coding)
Kognition
    und Informationsverarbeitung, 19-22
    und Persönlichkeit, 377-381
Kognitive Balance-Theorie 404-406
Kognitive Bewertung (von Situationen), 294-295, 308-309, 311 (C. appraisal)
Kognitive Dissonanz-Theorie, 405-408
Kognitive Entwicklung, 316-318, 321-331
Kognitive Konzepte, 265-266
Kognitive Prozesse, 212-261
    Beschränkungen, 219-221 (limits)
    und Emotionen, 294-296
    und Motivation, 285-288, 291-292
Kognitive Sichtweise der Psychopathologie, 449-451
Kognitives Lernen: *siehe* Beobachtungslernen

Kognitive Verhaltenstherapien, 505-508
Kommunikation
    beeinflussende, 431-435 (persuasive)
    und Einstellungen, 408-411 (attitude)
    siehe auch unter Sprache
Kompetenz, 303, 305
Konditionieren 131-153
    Aspekte, 145-153
    instrumentelles (operantes), 131-132, 136-148, 152-155, 173-174, 300-301, 314-315, 321-322, 376-377, 449-450
    und Kausalität, 151-153
    klassisches, 16-17, 131-140, 144-145, 173-174, 278-279, 314-315, 321-322
    und Kleinkinder, 135-136, 158-160, 321-323
    Zwei-Prozeß-Theorie, 144-146
Konditionierte Reaktion (CR), 133-135, 145-146
Konditionierter Reiz (Stimulus, CS) 133-138, 144-145, 150-151, 154-155
Konflikte
    motivationale, 268-270, 376-377
    bei der Wahrnehmung, 127-129
Konformität, 284-285, 423-426
Kongruenz, 509-512
Konkordanzrate, 467-468, 473-474
Konkret-operationales Stadium (Entwicklung) 324-330
Konsistenzprinzip, 403-405
Konsolidierungstheorie (Gedächtnis), 191-193
Kontiguitätsgesetz, 134-137
Kontingenzlernen, 136-138
Kontrollgruppe, 9
Kontrollmechanismen (Informationsverarbeitungs-System), 174-175
Kontrollüberzeugung (locus of control), 377-378, 382-383
Konvergenz (Auge), 103-104
Konversionssyndrom, 458-461
Konvulsionstherapie, 191-193, 492-494
Konzepte, 225-226
    Bildung von Konzepten, 225 230
    Definition, 225-226
    motivationale, 263-265
    natürliche, 229-230
    schlecht definierte, 228-230 (ill defined)
    und Wissen, 229-230 (knowledge)
    wohldefinierte, 226-230 (welldefined)
Korrelation, 7-8, 532-535
Korrelationsstatistischer Ansatz, 6-7
Korrelationskoeffizient, 6-7, 532-533
Krankheit (illness)
    künstliche Intelligenz bei Diagnosen, 250-253 (artificial)
    und Persönlichkeit, 390-393
    psychische, 342-347
    sozialpsychologisch gesehen, 433-435
    und Streß, 77-79
Kreativität
    und Intelligenz, 244-248
    Tests, 245-247
    Verbesserung, 253-256 (improvement)
Krebs, 160-162, 307, 393 (cancer)
Kreuz-Sequenz-Panel-Design, 318-319, 329-331 (cross sequ.)
Krisenintervention, 514-517 (crisis)
Kultur
    und Intelligenz, 236-238
    und Persönlichkeit, 373-374
    und Psychopathologie, 446, 480-481
    und Sprache, 196, 332-333
Kurzsichtigkeit, 122-123 (nearsightedness)

Label: *siehe* Etikett
Längsschnittuntersuchung, 317-319 (longitudinal)
Lappen (Kortex), 36-38, 49-51 (lobes)
Latenzstadium (Entwicklung), 314-315
Laterale Hemmung, 41-42
Lautstärke, 111-112 (loudness)
Leben und Psychologie, 27-30
Lebensdauer, 351-352 (life span length)
Lebensspanne übergreifende Psychologie, 346-349
Lebensstil, 263-264
Leber, 273-274 (liver)
Leistungsbedürfnis, 284-286, 289-291 (achievement)
Leistungsmotivation, 265-266, 304
Lernen, 130-211, 278-279
    Beobachtungslernen, 131-132, 152-155, 173-174, 289-291, 300-301, 377-381

Definition, 131-132
diskriminatives, 143-144
und Entwicklung, 314-316 (develop.)
erste Zeichen, 321-322
und Funktionalisten, 16-17
Grundprinzipien, 131-171 (basic)
durch Imitation, 321-322
kognitives: *siehe* Beobachtungslernen
Kontingenz, 136-138
Mathematik, 249-250
menschliches, 172-211 (human)
und Organisation, 183-188, 206-208
und Performanz, 131-132
Persönlichkeit und Lerntheorien, 375-384
Reizkontrolle, 143-144 (stimulus)
und sexuelles Verhalten, 288-292
und Verarbeitungsebenen, 180-183, 207-208
verbales, 173-211
und Verhalten, 18, 131-133 (behavior)
Vermeidung, 144-146 (avoidance)
vorbereitetes, 135-137, 149-150 (prepared)
und Vorstellung, 182-184 (imagery)
zustandsabhängiges, 193-194 (state dep.)
siehe auch Konditionierung
Lerngewohnheiten, 204-208 (study habits)
Lerntransfer, 190-191 (transfer of training)
Lesegeschwindigkeit, 209-211, 321-322 (reading speed)
Levels-of-processing-Theorie, 180-183, 207-208
Libido, 60-61, 367-368, 371
Licht
Lichtempfindlichkeit, 86-89 (experiental sensitivity)
physikalische Eigenschaften, 83-85
und Sehschärfe, 91-92 (visual acuity)
Life-span Psychologie, 346-349
Limbisches System, 50-51
Linse (Auge), 84-86
Lithium, 490-491
Lobektomie, 70-71
Lobotomie, 70-71, 492-493
Locus of control: *siehe* Kontrollüberzeugung
Logik, 230-234
formale, 230-232
versus Einsicht, 223-224
Logische Analyse, 230-234
Löschung, 145-146 (extinction)
und intermittierende Verstärkung, 146-148 (partial r.)
und Spontanerholung, 145-148
LRF (Faktor zur Ausschüttung des lutenisierenden Hormons), 58-60
Lustprinzip, 367-368 (pleasure principle)
Lustzentren des Gehirns, 50-52 (pleasure centers)
Lutenisierendes Hormon, 58-60
Machsche Streifen, 95-96 (Mach bands)
Machtbedürfnis, 285-286, 289-291, 304-305 (power)
Maculae, 112-113 (vestibular sacs)
Magengeschwür, 307 (ulcers)
Magersucht: *siehe* Anorexia nervosa
Manisch-depressive Psychose: *siehe* bipolare Störung
Marihuanarausch, 582-587
Masturbation, 289-291
Konflikte, 384-385
und Paraphilien, 464-465
Mathematik
und Geschlechtsdifferenzen, 328-329
Unterricht, 249-250
Maximale Lebensspanne, 351-352 (life span length)
Mechanorezeptoren, 83
Median, 527-529
Medikamente: *siehe* chemische Substanzen
Medikamentöse Therapie: *siehe* Chemotherapie
Meditation, 308, 588-593
Medizinstudentensyndrom, 458-459
Medizin und Psychologie, 26-27
Medulla oblongata, 36-38, 49-50
Meinung: *siehe* Überzeugung
Messung (als Ziel der Psychologie), 2-4
von Intelligenz, 235-239
Methadon, 463-465
Migräne-Kopfschmerz, 392-393
Mißerfolgsangst, 281-285 (failure)
Mittel, arithmetisches, 527-528 (mean)
Mittel-Zweck-Analyse, 221-225, 251-254 (means-end-a)
MMPI (Minnesota Multiphasic Personality Inventory), 389-390, 393-394, 561-564
Modelle, 378-380
Modellernen, 504-506
Modulatoren (Gehirn), 38-40, 56-58, 70-71, 113-114
Modus, 528-529
Mondtäuschung, 107-108
Mongoloismus (Down Syndrom), 63-64
Monokulare Hinweisreize für Tiefe, 102-105, 107-108
Moralisches Empfinden (morality)
bei Heranwachsenden, 341-342
bei Kindern, 337-339
Morphintoleranz, 157-159
Motivation, 262-292, 302-306
und Anreize, 265-267 (incentives)
Anstieg, 302 (increasing)
und Bedürfnisse, 265-266, 269-286, 289-292, 375-376 (needs)
biologische Grundlagen, 269-280, 287-289
und Deprivation, 264-266

und Emotion, 291-293
als erklärendes Konzept, 263-265
und Erregungsniveau, 274-279 (arousal)
und Essen, 269-274
extrinsische, 302-304
und Homöostase, 269-270
und Hunger, 263-266
und Instinkt, 278-279
intrinsische, 302-304
Grundprinzipien, 264-270
und kognitive Prozesse, 285-288
und Konflikte, 268-271
Leistung, 265-266, 304 (achievement)
Macht, 285-286, 289-291 (power)
und Persönlichkeit, 280-286, 304-305, 375-377, 477-478
und Selbstwertschätzung, 419-421 (self esteem)
sexuelle, 287-292
im sozialen Kontext, 401-402
und Triebe, 265-267, 375-377 (drives)
und Trinken, 273-275
und Umwelt, 280-283 (environment)
und Unbewußtes, 19-20 (unconscious)
und Variabilität des Verhaltens, 263-265
vielfältige Quellen, 266-270 (multiple s.)
und Yerkes-Dodson-Gesetz, 277-278, 421
Motive
Annäherung, 265-266, 268-270, 376-377
Vermeidung, 265-266, 268-270, 376-377 (avoidance)
Motorischer Kortex, 49-51
MPI (Maudsley Personality Inventory), 365-366
Mustererkennen, 176-177 (pattern recognition)
Myelin (Nervenmark), 543-544
Myopie, 122-123

Nachsorgeprogramme, 492-493 (aftercare)
Nahrung und Motivation, 269-274 (eating)
Naloxon, 464-465, 552-553
Nanometer, 83
Narkolepsie, 76-79
Naturalistische Beobachtungsmethode, 5-6
Nebennieren, 57-60, 293-294 (adrenal glands)
Nebennierenmark, 57-60 (adrenal medulla)
Nebennierenrinde, 57-60 (adrenal cortex)
Neofreudianer, 373-375
Neokortex, 36-37
Nervensystem, 34-38
Aufbau, 44-54 (organization)
autonomes, 47-49, 292-294
und Informationsverarbeitung, 34-38
parasympathisches, 47-48
peripheres, 44-49
sympathisches, 47-48
zentrales, 44-55
Nervenzelle: *siehe* Neuronen
Netzwerkprinzip, 188-189 (network p.)
Neuroleptika, 489-492 (antipsychotic drugs)
Neuromodulatoren, 38-40, 56-60, 70-71, 113-114 (modulators)
Neuronale Schaltkreise, 40-43 (neuron circuits)
Neuronen, 35-47, 542-553
funktionelle Eigenschaften, 544-553
strukturelle Eigenschaften, 544-553
Neurophysiologie, 542-553
Neurose, 365-366, 372-373, 452-454
depressive, 465-468
Neurotensin, 58-60
Neurotische Bedürfnisse, 373-375
Neurotisches Paradox, 455-457
Neurotische Störungen, 452-454
Neurotransmitter, 38-39, 467-468, 490-491, 549-553
Nieren, 273-275 (kidneys)
Noradrenalin, 58-59, 76-77, 150-151, 293-294, 467-468, 490-491, 550-552 (norepinephrin)
Normalverteilung, 530-533 (normal frequency distribution)
Nullhypothese, 538-541 (nullhypothesis)
Nützlichkeit und Schlußfolgern, 286-288 (utility a. inference)

Obertöne, 109-110 (harmonies)
Objektwahrnehmung, 95-109, 111-113
Ödipuskomplex, 314-315, 371 (Oedipus)
Ohr, 109-111
-künstliches, 125-126
Ökologische Psychologie: *siehe* Umweltpsychologie
Operantes Konditionieren: *siehe* Instrumentelles Konditionieren
Operationale Definitionen, 10-11
Optische Täuschungen, 105-109, 122-125 (visual illusions)
Orale Phase (Entwicklung), 314, 370-371
Organisation und Lernen, 183-188, 206-208
und Langzeitgedächtnis, 183-188 (longterm m.)
Organisationsprozesse, 18-20
Organische Persönlichkeitsstörung, 455-457
Organisch bedingtE psychische Störungen, 445, 448-449, 451-457 (organic disorders)
Organisches Wahnsyndrom, 455-457 (o. delusional syndrome)
Östrogen, 58-61 (Estrogen)
Oxytocin, 57-58

Pädagogische Psychologen, 24-25 (educational p.)
Pädophilie, 464-465
Pandämonium, 95-99
Paniksyndrom, 456-457
Paranoide Persönlichkeit, 476-478
Paranoide Schizophrenie, 471-473, 476-477
Paraphilien, 464-465
Paraprofessionelle, 524
Parasympathisches Nervensystem, 47-48
Parkinsonßsche Krankheit, 50-51, 79-80, 550-552
Partnerwahl und Persönlichkeit, 394-395 (dating)
Passiv-aggressive Persönlichkeit, 476-477
Pearson Produkt-Moment-Korrelationskoeffizient, 533-535
Peptide, 39-46, 58-60, 271-273
  und Hypophyse, 57-59
Performanz und Lernen, 131-132
Peripheres Nervensystem, 44-49
Persönlichkeit, 358-398
  abhängige, 447-448
  antisoziale, 447-448
  und Auswahlverfahren, 393-395 (selection)
  und Bedürfnistheorie, 365-367 (need)
  und berufliche Leistung, 393-394 (job perf.)
  Beurteilung, 374-375, 381-383, 393-395 (assessment)
  Charakterzüge, 361-366 (traits)
  Definitionen, 359-361
  Dispositionstheorien, 360-367
  Entwicklung, 366-367, 370-373
  und Geschwisterreihe, 305, 334-335, 373-374 (birthorder)
  Geschworenenauswahl, 394-395 (jury selection)
  und Gesundheit, 390-392 (health)
  und Gewalt, 389-391 (violence)
  und Kinderfreundschaften, 395-396 (children f.)
  und Kultur, 373-374 (culture)
  und Lerntheorien, 375-384
  und Motivation, 280-286, 289-292, 304-305
  paranoide, 476-478
  und Partnerwahl, 394-395 (dating)
  passiv-aggressive, 476-477
  phänomenologische Theorien, 383-388
  psychodynamische Theorien, 366-376
  Rolle der Theorien bei der Untersuchung, 360-361
  und seelische Gesundheit von Kleinkindern, 395-396 (mental h.)
  und soziale Fertigkeiten, 395-397
  Störungen: *siehe* Persönlichkeitsstörungen
  suchtanfällige, 392 (addictive)
  und Suizid, 389-390
  Tests: *siehe* Persönlichkeitstests
  Typ A-Persönlichkeit, 390-393
  Typen, 360-362
  und Wettbewerbsleistung, 398 (competitive perf.)
  zwanghafte, 499-501 (compulsive)
Persönlichkeitspsychologen, 24-25
Persönlichkeitsstörungen, 475-479
  und Streß, 476-477
Persönlichkeitstests, 365-366, 371, 382-383, 389-391, 393-394, 560-567
Person-Situation-Interaktion, 378-382
Peter (Fallstudie), 499-500
Phallische Phase (Entwicklung), 314-315, 371
Phänomenologische Sichtweise der Psychopathologie, 449-450
Phänomenologische Theorien (Persönlichkeit), 383-388
Phänomenologische Therapien, 507-513
Phenothiazine, 489-492
Phenylketonurie (PKU), 63-64
Pheromone, 117-118
Phobien, 456-457
Photone, 83
Photopigment, 85-86
Photopisches Sehen, 85-86
Photorezeptoren, 83-88
Physiognomie, 360-361
Piagets Stadien, 316-318, 321-330
Piagets Theorie: *siehe* kognitive Entwicklung
Pikrotoxin, 191-193
PKU: *siehe* Phenylketonurie
Placebo-Effekt, 11-13, 433-435
Placebo-Kontrollgruppe, 11-12, 433-435
Planen (beim Problemlösen), 221-225, 251-253
Polydipsie, 274-275
Pons (Brücke), 49-50
Positive Wertschätzung (bedingungslose), 509-512 (p. regard)
Postsynaptische Membran, 544-545
Postsynaptisches Neuron, 544-545
Prädispositionierung, 270-271 (pre)
  und Essen, 270-271
Pragmatik, 199-200
Prägnanzprinzip der Organisation, 102-104
Prämisse, falsche, 232-234 (premise)
Präoperationales Stadium (Entwicklung), 324-325, 328-330 (pre)
Präsynaptische Membran, 544-545
Präsynaptisches Neuron, 544-545
Premack-Prinzip, 139-142
Primäreffekt (primacy effect), 177-179
Proaktive Hemmung, 193-194 (p. interference)
Problemlösen, 213-226, 251-256, 330-331 (problem solving)

Fähigkeiten (Verbesserung), 253-256 (skills)
Gestaltansatz, 19-20, 214-219, 224
in der Gruppe, 424-427
Informationsverarbeitungsansatz, 214-215, 218-225
und Psychologie, 2-3
Problemraum, 219-220 (problem space)
Programmiertes Lernen, 249-250, 316 (p. instructions)
Projektion, 369
Projektive Tests, 365-366, 371, 389-390, 394, 563-567
Prolaktin, 58-60
Prosoziales Verhalten, 435-438
Proximaler Reiz, 85-86
Pseudopsychologie, 28-29
Psychischer Determinismus, 366-367, 494-495
Psychische Störungen, 444-485 (psychopathology)
Psychoanalyse, 4-5, 19-20, 366-367, 492-498
und freie Assoziation, 493-495
und Interpretationen, 494-495
Nachteile, 495-497 (disadvantages)
und symptomatische Handlungen, 494-495
und Traumanalyse, 494-495
und Übertragung, 495-497 (transference)
Ziel, 493-494 (aim)
Psychoanalytische Theorie, 314-318, 398
Psychochirurgie, 70-71, 306, 492 (p. surgery)
Psychodrama, 498-499
Psychodynamische Theorien (Persönlichkeit), 366-376
Psychodynamische Therapien, 492-499
Psychogene Bedürfnisse, 280-286, 365-366 (p. needs)
Psychogene Schmerzstörung, 459-461
Psychologen
Ausbildung, 24-26 (education)
Berufsfelder, 23-25 (types)
verschiedene Ansätze zu Problemen, 24-25
Psychologie
angewandte, 2-3, 316
Definition, 2-3
Entwicklungspsychologie, 312-356
und Ethik, 27-29
gegenwärtige Trends, 19-22 (contemporary)
Gestaltpsychologie, 18-20, 101-104, 190-191, 194-195, 214-219, 223-225, 384-385
grundlegende Kontroversen, 3-5 (fundamental c.)
historischer Blickwinkel, 15-20
humanistische, 4-5, 21-22
Individualpsychologie, 372-374
der Lebensspanne, 346-349
Nutzen, 25-30 (uses)
Ökopsychologie, 438-443 (environmental)
und Problemlösen, 2-3
Pseudopsychologie, 28-29
Sozialpsychologie, 373-375, 399-443
Wesen der Psychologie, 1-31 (nature)
als Wissenschaft, 4-15, 28-30 (science)
Ziele, 2-4 (goals)
Psychologische Tests, 5-7, 555-561
Auswahl der Items, 555-558
Evaluation, 556-558
Konstruktion, 555-561
neuer Ansatz (Computer), 558-561
Reliabilität, 557-559
Standardisierung, 556-558
umstrittene Fragen, 565-567 (issues concerning)
Validität, 2-4, 480-482, 558-559
Psychopathologie, 444-485
Definition, 445-446, 483
und Diagnostik, 450-484, 416-417, 560-561
und Taubheit, 125-129 (deafness)
Theorien, 446-451, 477-478, 481-482
Psychopharmakologie, 73-77, 160-162, 467-468, 488-492, 575-578
Psychose, 365-366, 372-373, 452-454
Psychosexuelle Phasen (Entwicklung), 314-315, 316-318, 370-371
Psychosexuelle Störungen, 464-465
Psychosomatische Krankheiten, 306-307, 390-393
Psychosoziale Entwicklung
Eriksons Theorie, 314-315, 343-345, 373-374
und Erwachsenenalter, 329-331, 345-349, 374-375
Psychotherapie, 486-524
Definition, 487-489
Effektivität, 516-517, 519-521
gegenwärtiger Zustand, 516-517 (state of)
und intermittierende Verstärkung, 168-170 (partial reinf.)
Klient, 487-489
klientenzentrierte, 507-512
neue Trends, 516-517
und Sozialpsychologie, 433-435
vergleichende Ansätze, 513-514 (comparative)
siehe auch Therapie
Psychotische Störungen, 452-454
Pupille (Auge), 47-49, 84-85 (pupil)

Quanten (Licht), 83-86, 92-93, 225-226
Quasi-Experiment, 12-15
Querschnittsuntersuchung, 317-319, 329-330 (cross sectional)

Ranviersche Schnürringe, 543-544 (nodes of R.)
Rasse und Intelligenz, 259-261
Rational-emotive Therapie, 505-507
Rationalisierung, 370-371
Rauchen, 432-435 (smoking)

Räumliche Lokalisierung (visuelle Wahrnehmung), 102-106, 111-113 (spatial)
Rausch (intoxication)
Alkohol, 581-584
Marihuana, 582-587
Reaktion (response)
konditionierte (CR), 133-135, 145-146
unkonditionierte (UCR), 133-136, 144-145
Reaktionsbildung, 369 (reaction formation)
Reaktionsdiskrimination, 148-149 (response dis.)
Reaktionsgeneralisierung, 147-148 (response gen.)
Reaktionskonkurrenz, 193-194 (response comp.)
Realität und Wahrnehmung, 383-385
Realitätsprinzip, 367-368
Recency-effekt, 177-179
Recht und Psychologie, 26-27 (law)
Reflexionsgrad der Oberfläche, 84-85, 93-94 (refelectance of surface)
Refraktärphase, 546-547 (refractory period)
Regression, 370-371, 534-538
Rehabilitation, 515-517
Reiz (Stimulus)
distaler, 85-86
konditionierter (CS), 133-138, 145-146, 150-151, 154-155
proximaler, 85-86
unkonditionierter (UCS), 133-138, 144-145, 151-153
Reizdiskrimination, 148-150
Reizgeneralisierung, 147-149, 215-216
Reizkontrolle, 143-144
Rekonstruktion (Gedächtnis als), 193-195
Reliabilität von Meßinstrumenten, 2-4, 557-559
Reserpin, 490-491
Retardierung, 63-64, 239-242, 314-315 (mental retard.)
Retina, 84-87, 91-92, 318-319
Retinale Disparität, 104-106
Retinotope Kartographierung, 86-87 (r. mapping)
Retroaktive Hemmung, 193-194 (r. interference)
Retrograde Amnesie, 191-193
Rezenzeffekt, 177-179
Rezeptives Feld der Ganglionzelle, 86-88
Rezeptoren, 82-83
Reziproke Hemmung, 499-500 (r. inhibition)
Reziproker Determinismus, 378-381
Ribonukleinsäure (RNS), 61-62
Riechen, 83, 115-118 (smell)
Rollenspiel, 433-435
Rollenübernahme, 337-338
Rorschach-Tintenkleckstest, 371, 382-383, 389-390, 394, 563-565
Rückenmark, 44-49 (spinal cord)
Rückwärts-Arbeiten, 251-254 (working backwards)
Ruhepotential der Membran, 544-546 (resting potential)
Sättigung (Farbwahrnehmung), 91-93(saturation)
Schätzung, 537-538 (estimation)
Scheidung und Bindungsbedürfnisse des Kindes, 353-354 (divorce)
Schemata, 98-101, 189-190, 198-199 (schema)
Begriff allgemein, 400-404 (nature)
Organisation, 206-208
bei Piagets Stadien, 322-323
Selbstschemata, 418-420
soziale, 401-408
Schilddrüse, 56-59 (thyroid gland)
Schizophrenie, 469-476, 491-492
desorganisierte, 471-472
Formen, 471-473
katatone, 471-473
paranoide, 471-473, 476-477
psychogene, 471-472 (process)
reaktive, 471-472
Ursachen, 472-476, 550-552
Schlaf, 569-578
und Biopsychologie, 76-79
traumloser, 577-578
Schlaflosigkeit, 76-78, 573-575
Schlußfolgern: *siehe* Folgern
Schmerz, 38-40, 113-114, 150-151, 501-503 (pain)
Schüchternheit, 65-67 (shyness)
Schwelle, 88-89 (threshold)
16 PF-Test, 364-365, 562-565
Sedativa, 489-491, 575-578
Seekrankheit, 127-129
Seelische Gesundheit (mental health)
Gemeindefürsorge, 511-517 (community m. h.)
des Kleinkindes, 395-396
Sehen, 83-96, 117-119, 127-129 (vision)
beeinträchtigtes, 122-124 (impaired)
Farbensehen, 91-94
bei Kleinkindern, 318-321
photopisches, 85-86
Rundumsehen, 122-124 (ambient vision)
skotopisches, 85-86
Sehschärfe, 91-92 (visual acuity)
Selbst (Rolle im Sozialverhalten), 418-421
Selbstachtung (motivierende Wirkung), 419-421 (s-esteem)
Selbstattribuion, 286-287
Selbstbehauptungstraining, 359-396, 505-506 (s-assertiveness)
Selbstbeschreibungs-Maße, 366-367, 394 (s-report)
Selbstbewußtheit, 419-420 (s-awareness)

Selbstbewußtsein, 419-420 (s-consciousness)
Selbsteffektivität (efficacy), 378-383
SelbsteinschätzunG (andere Menschen als Basis), 421 (s-evaluation)
Selbst-erfüllende Prophezeiung, 402-403, 482 (s-fulfilling)
Selbstfindung, 589-592 (s-remembering)
Selbstidentität, 332-333 (s-identity)
Selbstkontrolle, 166-168 (s-control)
Selbstkonzept, 401-402, 418-419 (s-concept)
  Definition, 508-509
Selbstmord: *siehe* Suizid
Selbsttheorie, 384-386
Selbstverwirklichung, 281-283, 291-292, 384-388, 449-450 (s-actualisation)
Selbstwertgefühl, positives, 384-386 (s-regard)
Semantik, 196-198
Semantisches Gedächtnis, 188-190, 197-198, 225-226
Semantische Verarbeitung, 181-183
Sensibilisierung, verdeckte, 506-507 (covert sens.)
Sensorische Deprivationsexperimente, 275-279
Sensorischer Kortex, 49-51
Sensumotorisches Stadium (Entwicklung) 322-325, 329-330 (sensorimot.)
Serialer Positionseffekt, 177-179
Serotonin, 76-77, 467-468, 490-491
Sexualität (kindliche), 367-368
Sexualverhalten
  und Geschlechtshormone, 60-61 (sex h.)
  bei Heranwachsenden, 341-342 (adolescents)
  und Pheromone, 117-118
Sexuelle Motivation, 287-292
Shaping, 143-145
Signal-Entdeckungs-Analyse, 89-92
Signal-Entdeckungs-Theorie, 89-92
Signalreize, 279-280
Signifikanter Unterschied, 538-539
Simulation (Computer), 250-251
Simulieren, 459-461 (malingering)
Sinne, 83-85
Skinnerbox, 137-138, 147-150, 300-301
Skotopisches Sehen, 85-86
Sodomie: *siehe* Zoophilie
Soma, 37-39
Somatisierungsstörung, 457-458
Somatoforme Störungen, 457-458
Somatostatin, 58-60
Soziale Austausch-Theorie, 416-419 (social exchange)
Soziale Billigung (Bedürfnis), 284-285, 401-402 (s. approval)
Soziale Entwicklung, 332-349 (s. development)
Soziale Fertigkeiten (Training), 395-397, 504-506 (s. skill)
Soziale Lerntheorie, 314-315, 375-384, 395-396
Soziale Motivation, 401-402
Soziales Wissen, 400-408
  Aufbau, 401-408
Sozialhilfe, 166-167 (s. welfare)
Sozial induzierte Leistungshemmung, 422-424 (s. inhibition)
Sozial induzierte Verhaltensaktivierung, 421 (s. facilitation)
Sozial-psychiatrische Dienste, 511-517 (community mental h.)
Sozialpsychologen, 23-25
Sozialpsychologie, 373-375, 399-443
Soziobiologie, 139-140, 287-288
Soziopathen, 477-478
Spaltlampe, 85-86 (slit lamp)
Speicheldrüsen, 56-57 (salivary glands)
Speicherung von Informationen, 174-177, 190-191 (storage)
Spielen, 336-338 (play)
Split-Brain-Operation, 51-53
Spontanerholung, 145-148 (spontaneous recovery)
Sprache, 196-202 (language)
  und Bedeutung, 196-198 (meaning)
  und Denken, 331-333
  kulturelle Unterschiede, 196, 332-333
  Spracherwerb, 318-319, 330-333, 352 (acquisition)
  Strukturkomponenten, 196-198
  Verständnis, 196-198
Sprechen und Ohren, 110-112 (speech)
Spurabhängigkeit, 190-195 (trace-dependancy)
SQ3R, 205-206, 210-211
Stäbchen (Auge), 85-88, 91-94 (rods)
Standardabweichung, 529-531 (standard deviation)
Stanford-Binet-Test, 235-236
Statistik
  deskriptive, 526-528
  und Fehler bei Experimenten, 12-13
  fortgeschrittene Methoden, 540-541 (advanced)
  Inferenzstatistik, 537-541
Stereopsis, 105-106
Stereotypen, 229-230, 361-366, 403-404
Steuerung von Verhalten, 3-4, 70-71 (control)
Stevensß psychophysikalisches Gesetz (Potenzfunktion), 88-89
Stichprobenerhebung, 11-13, 537-538 (sampling techniques)
Stimmgabel, 108-109 (tuning fork)
Stimulation
  Bedürfnis, 274-278
  des Gehirns, 50-51, 70-72
Stimulus: *siehe* Reiz
Störungen (disorders)

affektive, 464-470
Angststörungen, 455-458
bipolare, 465-466
dysthyme, 465-466
Eßstörungen, 305, 307
funktionelle, 445, 451-454
der Geschlechtsidentität, 464-465 (sex i.)
Hypochondrie, 458-459
Konversionsstörung, 458-461
neurotische, 452-454
organisch bedingte psychische, 445, 448-449, 451-457 (organic)
der Persönlichkeit, 475-479
phobische, 456-457
psychogene Schmerzstörung, 459-461
psychosexuelle, 464-465
psychotische, 452-454
schizophrene, 469-476
Somatisierungsstörung, 457-458
somatoforme, 457-458
substanzinduzierte, 459-465
unipolare, 465-466
Zwangsstörungen, 456-458 (obsessive-compulsive)
zyklothyme, 465-466
Streß
allgemeines Adaptationssyndrom, 310
und Biopsychologie, 77-79
Definition, 310
und Hormone, 56-60
und Persönlichkeitsstörungen, 50-51
Quellen in der Umwelt, 441-443, 451-453 (environmental s.)
Streßimpfungstraining, 507-508
Streuung, 529-530 (range)
Strukturalismus, 15-17
Strychnin, 191-193
Subjektive Nützlichkeitstheorie, 286-288 (utility)
Sublime (unterschwellige) Botschaften, 398 (subliminal)
Sublimierung, 370-371
Substanz P, 58-60, 113-114
Substanzinduzierte Störungen, 459-465
Suche nach Erregung, 277-278 (sensation seeking)
Suchtanfällige Persönlichkeit, 392 (addicitve p.)
Suizid, 389-390, 465-467 (suicide)
Prävention, 514-516
Syllogismus, 230-234
Sympathisches Nervensystem, 47-49
Symptomatische Handlungen und Psychoanalyse, 494-495
Synapse, 37-42, 544-545
Synaptischer Spalt, 38-39, 544-545 (s. spaces)
Synaptische Übertragung, 544-545, 547-553 (s. transmission)
Synaptische Vesikel (Bläschen), 544-545

Syntax, 196-198
Systematische Desensibilisierung, 499-501, 506-507

Tagesstätte für Kinder, 353-356 (day care)
Tardive Dyskinesie, 490-491
Tastsinn, 83, 112-115, 320-321 (touch)
Taubheit, 124-129 (deafness)
simulierte, 159-160 (faking)
und Psychopathologie, 125-129
Temperaturempfindlichkeit, 113-114
Territorialverhalten, 438-440
Testosteron, 60-62
Tests
computerangepaßte, 560-561
Eignung, 3-4 (aptitude)
Fähigkeiten, 235-236 (ability)
Gedächtnis, 177-181
Intelligenz, 235-239
Kompetenz, 305
Kreativität, 245-247
Leistung, 235-236 (achievement)
objektive, 561-565
Persönlichkeit, 365-366, 371, 382-383, 389-391, 393-394, 560-567
projektive, 365-366, 371, 389-390, 394, 563-567
psychologische: *siehe* psychologische Tests
Reliabilität, 2-4, 480-482, 557-559
Validität, 2-4, 480-42, 558-559
und Vorhersage, 3-4 (prediction)
Thalamus, 49-50, 293-294
Thanatos, 314
Thematischer Apperzeptionstest (TAT), 280-285, 365-367, 371, 390
Therapeuten
Auswahl, 521-522
Merkmale des guten Therapeuten, 520-521
Therapie
Aversionstherapie, 462-463, 501-505
und Bestrafung, 501-505 (punishment)
mit Computern, 524
Elektrokonvulsion, 191-193, 492-494
Familientherapie, 497-499
Gestalttherapie, 385-386, 508-512
Gruppentherapie, 497-498, 510-513
klientenzentrierte, 507-512
kognitive, 233-234
kognitive Verhaltenstherapie, 505-508
medizinisch orientierte, 488-493
neue Trends, 516-517
nondirektive, 507-509

phänomenologische, 507-513
psychodynamische, 492-499
Rational-Emotive-Therapie (RET), 505-507
Schocktherapie, 191-193, 492-494
und Sozialpsychologie, 433-435
transaktionale: *siehe* Transaktionsanalyse
Verhaltenstherapie, 498-506 (behavioral)
Vertrauen, 523-524 (confidentiality)
siehe auch unter Chemotherapie, Psychotherapie
Thyreotropin, 56-57 (thyroid stimulating hormone)
Thyroxin, 56-59
Tiefenpsychologische Sichtweise der Psychopathologie, 448-450 (dynamic)
Tiefenwahrnehmung, 101-106, 319-321 (depth perception)
Tiergenetik, 66-69 (animal genetics)
Token Economy (Münzsystem), 164-166, 501-503
Toleranz (Drogen), 74-76, 157-159
Töne, 108-112
Tonhöhe, 111-112 (pitch)
"Top-down"-Verarbeitung, 20-21, 81, 98-99, 174-177, 197-198
Training
Belohnung, 141-143, 164-166 (reward)
Bestrafung, 141-144 (punishment)
Eltern, 350-351, 396-398
Entspannung, 162-163, 308, 311, 500-501, 506-507 (relaxation)
Fluchttraining, 141-143 (escape)
von Psychologen, 24-26
Selbstbehauptung, 395-396, 505-506 (assertiveness)
sozialer Fertigkeiten, 395-397, 504-506 (s. skills)
Streßimpfungstraining, 507-508
Transfer, 190-191
Unterlassungstraining, 141-143 (omission)
Traits (Persönlichkeit), 361-366
Tranquilizer, 489-491
Transaktionsanalyse, 374-375
Transduktion, 35-36
Transduktoren: *siehe* Rezeptoren
Träume, 569-578 (dreams)
Interpretation, 371, 374-375
Traumanalyse, 494-495
Trieb und Motivation, 265-267, 278-279, 287-289, 291-292, 375-377 (drive)
Trinken (drinking)
und Motivation, 273-275
siehe auch Alkoholismus

Übergewicht, 305-306 (obesity)
Kontrolle, 76-78
Überich, 367-369 (superego)
Übertragung, 495-497 (transference)
Überzeugungen, 407-409 (beliefs)
irrationale, 505-507
Umgebung (environment)
und Entwicklung, 314-315 (develop.)
Anreicherung, 44-47, 100-101 (enrichment)
und Hören, 124-126
und Intelligenz, 236, 257-261
und Motivation, 280-283
und Schizophrenie, 474-476
und Streß, 441-443, 451-453
siehe auch Anlage-Umwelt-Debatte
Umgebungseffekt, 232-233 (atmosphere e.)
Umgekehrte U-Funktion, 277-278 (inverted u-f)
Umkehrbilder, 102-103 (reversible figures)
Umkehrungen (ungültige) 230-233 (invalid conversions)
Umwelteffekt ("press") bei Bedürfnissen, 280-283
Umweltpsychologie, 438-443 (environmental)
Unabhängige Variable, 10-13 (independent)
Unbewußtes, 19-20, 366-367, 371, 448-450 (unconscious)
Unipolare Störungen, 465-466
Unkonditionierte Reaktion (UCR), 133-136, 144-145 (u. response)
Unkonditionierter Reiz (Stimulus, UCS), 133-138, 144-146, 151-153
Unterlassungstraining, 141-143 (omission t.)
Unterschiedsschwelle, 88-89 (diff. threshold)
Unzulässige Umkehrung, 231-232 (invalid conversions)
Urinbildung, 273-275

Validität (Tests), 2-4, 480-482, 558-559
Vandalismus, 442-443
Variabilität der Meßwerte, 528-531
Variablen, 6-7
abhängige, 10-13
intervenierende, 131-132
unabhängige, 10-13
Varianz, 530-531
Analyse, 540-541
Variationsbreite, 529-530 (range)
Veranlagung, 270-271 (disposition)
Veranlagungstheorien (Persönlichkeit), 360-367
Verarbeitungsebenen (levels of processing), 180-183, 207-208
Verbales Lernen, 177-211
Verdeckte Sensibilisierung, 506-507 (covert s.)
Verdrängung, 369 (repression)
Vererbung (heredity)
und affektive Störungen, 466-468
und Intelligenz, 242-243, 257-261
und Schizophrenie, 472-474

und Übergewicht, 307 (overweight)
und Verhalten, 18, 63-67
siehe auch Genetik
Vergessen, 177-180, 190-194 (forgetting)
hinweisabhängiges, 190-195, 205-206 (cuedep.)
spurenabhängiges, 190-195 (tracedep)
Steuerung, 193-194 (control)
Verhalten (behavior)
abergläubisches, 149-150 (superstitious)
abnormales, 365-366, 444-485
abweichendes (Behandlung mit Klassischer Konditionierung), 160-161
Beschreibung (als Ziel der Psychologie), 2-4 (description)
Bestimmung, 3-5 (determination)
Bewahrung, 139-140 (conservation)
biologische Grundlagen, 33-80
und Emotion, 292-294
Erklärung (als Ziel der Psychologie), 3-4
feindseliges, 375-376 (hostile)
und Genetik, 34-36, 61-69, 76-78
Kontrolle, 2-4, 70-71
und Lernen, 131-133
Messung (als Ziel der Psychologie), 2-4
und Motivation, 262-292, 302-306
prosoziales, 435-438
sexuelles, 60-61, 117-118, 341-342
Variabilität, 263-265
Veränderung: *siehe* Verhaltensmodifikation
und Vererbung, 18, 63-67 (genetics)
Vorhersage, 3-4, 411-414 (prediction)
wissenschaftliche Untersuchung, 4-15 (scientific)
Verhaltensformung (Shaping), 143-145
Verhaltensmodifikation, 131-132, 137-138, 498-508
Beispiele, 164-165
und Verhaltenskontrolle, 3-4
Verhaltenstheoretische Sichtweise der Psychopathologie, 449-450
Verhaltenstherapeutischer Vertrag, 165-166 (behavioral contract)
Verhaltenstherapie, 498-506
historischer Hintergrund, 498-500
Techniken, 499-506
Verlernen, 193-194 (unlearning)
Verleugnung, 369 (denial)
Vermeidung, aktive, 143-144 (avoidance)
Vermeidungsmotiv, 265-270, 376-377
Verminderte Schuldfähigkeit, 483-485 (insanity defense)
Verschiebung, 369-371 (displacement)
Versprecher, 371, 374-375, 494-495 (slips of tongue)
Verstärker, 137-153 (reinforcer)
Identifizierung, 139-142
primärer, 138-140
sekundärer, 138-140
Verstärkung, 137-153, 265-266 (reinforcement)
und abergläubisches Verhalten, 149-150
intermittierende, 146-148, 168-170
negative, 138-139, 141-143
positive, 138-139, 141-143, 468-469, 500-503
sekundäre, 138-140
Verstärkungspläne, 147-148 (schedules)
Versuchsleitereffekt, 11-12 (experimenter bias)
Vestibulärsinn: *siehe* Gleichgewichtssinn
Vestibulärsystem, 127-129
Visuelle Auflösung, 91-93 (visual resolution)
Visuelle Dominanz, 127-129 (visual capture)
Visueller Kortex, 85-87 (v. cortex)
Visuelles Entdecken, 88-92 (v. detection)
Visuelles Unterscheiden, 88-92 (v. discrimin.)
Vokabular (Wortschatz), 331-333
Vorannahmen, 199-200 (presupposition)
Vorausplanen, 221-222, 251-253 (planning)
Vorbereitetes Lernen, 135-137 (prepared l.)
Vorbewußtes, 366-367, 448-449 (preconscious)
Voreingenommenheit (bias)
und Intelligenztests, 236-240
des Versuchsleiters, 11-12
Vorhersage (als Ziel der Psychologie), 3-4 (prediction)
Vorhersage von Verhalten, 3-4
Vorstellung (Imagination) und Lernen, 182-184 (imagery)
Vorstellungsgespräch, 393 (job interview)
Voyeurisus, 464-465

Wachstumshormon, 56-58 (growth hormone)
Wahn, 465-466, 469-470 (delusion)
Wahrnehmung, 80-129 (perception)
Definition, 81
Entwicklung, 318-322
Farben, 91-94
und Gestaltprinzip, 19-21, 101-104, 214-215
Helligkeit, 93-96
beim Kleinkind, 100-101, 318-321 (infant)
Konstruktionsprozesse in der, 101-102
Objekt, 95-109
und psychische Störungen, 449-450 (psychopathology)
Tiefe, 101-106 (depth)
unmittelbare, 101-102 (direct)
Verarbeitung, 81-82 (processing)
Wahrnehmungskonflikte, 127-129 (perceptual c.)
Wahrnehmungskonstanz, 93-94, 105-108
Wahrsager (Persönlichkeitseinschätzung), 363-364 (fortune tellers)

Wahrscheinlichkeit, 532-533 (probability)
Webersche Regel, 88-89
Wechsler Tests (HAWIE), 238-241
Weitsichtigkeit, 122-123 (farsightedness)
Wellenlänge und Licht, 83-86, 92-93 (wavelength)
Werbepsychologie, 27-30 (advertising)
  und Einstellungswandel, 431-432 (attitude c.)
  Ziele, 286-287
Wertschätzung (Bedingungen), 384-386 (worth)
Wettbewerbsverhalten, 397-398 (competitive performance)
Whorfsche Hypothese, 332-333
Wiederholen, 174-175, 180-181 (rehearsal)
  elaborativ, 180-182
  Erhaltung, 180-181
Wissen, 131-132 (knowledge)
  in Aussageform, 187-189 (proposition)
  deklaratives, 187-189
  und Denken, 230-231
  episodisches, 187-189
  und Konzepte, 229-230
  Normwissen, 189-190 (default)
  Organisation, 188-190, 193-194
  und Problemlösen, 214-218
  prozedurales, 187-189
  Repräsentation, 187-190
  sematisches, 188-189
  soziales, 400-408
  Verarbeitung diskursiver Informationen, 197-202 (discourse p.)

Yerkes-Dodson-Gesetz, 230-231, 277-278, 308, 421
Yoga, 308, 588-592

Zapfen (Auge), 85-88, 91-94 (cones)
Zeitreihen-Versuchsplan, 13-15 (time-series)
Zellverband, 97-99 (cell assembly)
Zellen (cells)
  Ganglionzelle, 85-88, 91-94
  Haarzelle, 109-110, 112-113
  Nervenzelle: *siehe* Neuron
Zentrales Nervensystem, 44-55
Zentrale Tendenz (Maße), 527-529
Zoophilie, 464-465
Zuchtselektion, 66-69 (selective breeding)
Zufallsauswahl und -zuordnung, 10-13 (random...)
Zufallsstichprobe, 11-12, 537-538 (random sampling)
Zuhören, 127-129 (listening skills)
Zuwendung: *siehe* Bindung
Zwänge, 456-458 (compulsions)
Zwanghafte Persönlichkeitsstörung, 477-479 (compulsive)
Zwangsstörungen, 456-458 (obsessive-compulsive)
Zwei-Prozeß-Theorie, 144-146 (two process)
Zwei-Seile-Problem, 215-216, 219-220 (two string p.)
Zwillinge und Genetik, 63-67, 257-260, 467-468 (twins)
Zyklothyme Störung, 465-466 (cyclothymic d.)

Autorenverzeichnis

Adler, A., 372-373, 384
Adler, J., 394
Ainsworth, M., 334
Alanen, Y., 474
Albert,kleiner(Fallstudie), 499
Allison, J., 140
Allport, G., 359,364
Amabile, T., 246
Anna O. (Fallstudie) , 5
Ardrey, R., 280
Aronson, E., 417
Asch, S.E., 425
Aserinsky, E., 570
Asher, 395
Atkins, A., 389
Atkinson, J.W., 283-284
Atwood, M., 222
Ax, A.F. 293

Baltes, P., 330
Bandura, A., 315,378-383,438,449,500,505
Banks, C., 382
Barber ,T.X., 580-581
Bard, P., 293,295
Baron, R., 438
Bartlett, F., 194
Bateson, G., 475
Baumrind, D., 339,350
Beach, F.A., 287
Beck, A.T., 450,481
Bekesy, G. von, 110
Benedict, R., 446
Benson, H., 311
Berkowitz, L., 438
Berne, E., 473
Bernstein, I., 161
Berscheid, E., 403
Bexton, W.H., 276
Binet, A., 236-238
Birnbrauer, J., 163
Birtchnell, J., 389
Blakemore, C., 100
Block, J., 348
Blough, D.S., 154,165
Bond, C., 422
Bouchard, T., 65,67
Bower, G., 193
Bowers, K., 580
Bowlby, J., 334
Braille, L., 114
Brand, R.J., 391
Bransford, J.D. 195,198,200
Brim, O., 348
Brooks-Gunn, J., 320,335,339,343
Brown,R., 331
Byrne, D., 415

Cacioppo, J., 286
Camus, A., 384
Cannon, W.B., 293,295
Carpenter, P., 244
Case, R., 328
Cattell, R.B., 242-243,359,365,556,563
Cautela, J.R., 382,507
Chase, W., 186-187,207
Clark, K., 74
Clopton, J.R., 389
Cohen, D., 322
Cohen, N., 187
Cohen, N., 286
Collins, A.M., 189
Condiotte, M.M., 383
Cooper, G.F. 100
Cooper, A., 407
Corbit, J., 296
Cornelison, A., 474
Costa, P., 348
Coyne, L., 393
Craik, F., 181
Crowne, D., 285
Cunitz, A., 179

Dahlstrom, W.G., 394
Dalession, D.J., 393
Daly, E., 292
Damon, W., 338
Darley, J., 435-436
Darwin, C., 17,278
Dattore, P.J., 393
Davis, J., 431
DeCasper, A., 322
Deci, E.L., 303
DeFries, J. 76
Delgado, J.M.R., 71
Demarest, I.H., 195
Dion, K., 403
Dollard, J., 299,376
Doob, L., 299
Dow, R., 71
Dunphy, D., 341
Dush, D., 506
Dweck, C.S., 169
Dywan, J., 580

Edison, T.A., 218
Einstein, A., 218,240,283
Ekman, P., 294
Ellis, A., 505-506

Ellis, H., 182
Ellsworth, P.C., 393
Emde, R., 334
Erbaugh, J.K., 481
Ericsson, A., 186-187,207
Erikson, E., 315,342-346,373-374
Eron, L., 438
Escher, M., 105
Eskew, R., 378
Essen-Moeller, E., 472
Eysenck, H.J., 359,365-366,519-520

Fechner, G.T., 88
Feigenbaum, E., 251
Festinger, L., 406-407,410
Field, T., 322
Fifer, W., 322
Firl, A., 79
Fitts, W.H., 522
Ford, C.S., 287
Fraiberg, S., 355
Franks, J., 200
Freud, A., 373
Freud, S., 4,5,19,278,314,367-375,384, 395,444-448,468,494-496,573
Friedman, M.I., 273
Friesen, W., 294
Frisch, K. von , 278
Fromm, E., 373

Gall, F., 362
Galton, F., 62
Garcia, J., 136,160
Garvey, C., 337
Geller, A.M., 389
Genovese, K., 436
Gibson, E., 321
Gibson, J.J., 101
Glanzer, M., 179
Glass, D.C., 391
Glass, G., 519
Gordon, T., 350,397-398
Gottesman, T., 473
Greenberg, R., 322
Greeno, J., 249
Grice, H.P., 234
Guilford, J.P., 243-245,359
Guion, R.M., 560
Gustavson, C.R., 160

Hall, E.T., 440
Haney, C., 382
Hankins, W.G., 160
Hanawalt, N.G., 195
Hardy, H., 291
Harlow, H., 333-334
Harrell, J.P., 391
Harris, T.A., 374,499
Hartman, H., 373
Hastof, A.H., 393
Hayduk, L., 439
Hayflick, L., 351
Heath, R., 71
Heatherington, E.M., 355
Hebb, D.O., 97-98
Heidegger, M., 384
Heider, F., 404-406,415
Heron, W., 276
Hilgard, E., 579
Hippocrates, 360-361,447,488-489
Hirsch, H.V.B., 100
Hirt, M., 506
Hogan, 334
Homan, 395
Horner, M., 284
Horney, K., 373-374
Hovland, C., 408
Hubel, D.H., 42,96
Huesmann, R., 438
Hunt, E., 243-244
Hyde, T.S., 182,207

Ironson, G.H., 560

James, W., 17,175,278,293
Janis, I., 408
Jenkins, C.D., 391
Jenkins, J.J., 182,207
Jensen, A., 257
Johnson, L.B., 512
Johnson, M.K., 195,198
Johnson, V., 465
Jones, M.C., 499
Jung, C.G., 372-373
Just, M., 244

Kagan, J., 348,355
Kahn, St.., 393
Kahneman, D., 235-236
Kallman, F.J., 466,472-473
Kamin, L., 259
Kanwar, 395
Kassin, S., 26
Kastenbaum, R., 382
Keesey, R., 270
Kelley, H., 416
Kelman, H., 409
Kempler, W., 388
Kennedy,J.F., 512
Kierkegaard, S., 384
Klahr, D., 328
Kinsbourne, M., 52
Kintsch, W., 188

Klatzky, R., 177
Kobasa, S., 393
Koelling, A., 136
Koffka, K., 18
Kohlberg, L., 339,341-343
Koehler, W., 18-19,138,218
Kohut, H., 373
Kraepelin, E., 465
Kraft, C., 125
Krasner, L., 488
Krech, D., 45-46,68

Labbe, R., 79
Labouvie-Vief, G., 330
Laing, R.D., 480
Lamb, M., 334
Lancee, W., 292
Landy, D., 416
Lang, P.J., 382
Lange, C., 293
Lashley, K., 43
Latane, B., 436-436
Laurence, J.R., 580
Lawler, 163
Lentz, R.L., 492
Lepper, M., 339
Levenson, R., 294
Leventhal, H., 409
Levy, J., 53-54
Lewis, M., 335,339,343
Lichtenstein, E., 383
Lidz, T., 474
Liebermann, M.A., 512
Liebert, R.M., 360,373,438
Lockhardt, R.S., 181
Loftus, E.F., 208-209
Logan, F., 170
Lombroso, C., 361
Lord, F.M., 560
Lorenz, K., 278,280
Luchins, A., 216
Luria, A.R., 332
Lustig, D., 398

McClelland, D.C., 282-283,285,304-305
McCrea, R., 348
McDougall, W., 278
McGue, M., 65
McGuire, W.J., 410-411
Mach, E., 95
McLaughlin, M., 27
Maddi, S., 393
Maier, S.F., 150-151
Marlowe, D., 285
Marshall, G.D., 295
Maslach, C., 295
Maslow, A., 4,21,283,291,373,386-387
Masters, W., 465

Mayer, R., 249
Megargee, E.I., 391
Mendelson, M., 481
Milgram, S., 424,442
Miller, N.E., 298,299,376
Milner, B., 176
Milner, P., 50,275
Mischel, W., 359,381-383
Mock, J.E., 481
Money, J., 340
Morgan, C., 280,366
Morris, W., 280
Moscowitz, M., 187
Mowrer, O., 144,299,500
Mozart, W.A., 218,240
Mufson, E., 79
Murray, H., 280-284,286,366

Naranjo, C., 588
Nation, J.R., 169
Neisser, U., 221
Newell, A., 219-220,251

Oden, S., 395
Olds, J., 50,275
Ornstein, R., 588

Paivio, A., 184
Pallis, D.J., 389
Palmer, J., 209
Papousek, H., 382
Paul, G.L., 492
Pawlow, I.P., 17-18,132-137,278,315
Perls, F.S., 386,509
Perry, C., 580
Peter (Fallstudie), 499
Petty, R., 286
Phillips, D.P., 381
Phillips, L., 482
Piaget, J., 316,322-325,328-329,332, 338,339,342
Pilon, D., 282
Plomin, R., 66
Polivy, J., 292
Polson, P., 222
Premack, D., 139-141

Quillian, M.R., 189

Rama, Swami, 593
Raynor, 499
Rechtschaffen, A., 570-571
Reinischs, J., 62
Reisenzein, R., 295

Revusky, S.H., 135
Riche, C., 378
Riecken, H., 407
Riegal, K., 330
Rodin, J., 306
Rogers, C.R., 4,21,384-386,388,468, 508-509,520-521
Roosevelt, E., 283
Rorschach, H., 382,563-564
Rosenman, R.H., 391
Rosenzweig, M., 45-46,68
Ross, D., 398
Rotter, J.B., 377,382,383
Rush, B., 488-489
Rusiniak, W., 160

Sales, B.D., 394
Sapir, E., 332
Sartre, J.P., 384
Schachter, S., 295,305-306,407,421
Schaie, W., 330
Schneider, D.J., 393
Schroeder, H., 506
Scott, T.H., 276
Sears, R., 299
Selfridge, O., 96
Seligman, M.E.P., 150-151,167,469
Selman, R., 338
Selye, H., 310
Shapiro, C., 571
Sheldon, W., 361
Shields, J., 473
Shimberg, M., 237
Shockley, W., 257
Shontz, F.D., 393
Siegel, S., 157
Siegler, R., 329
Sigall, H., 416
Silverman, L., 398
Simon, H., 219-220
Simon, T., 236
Singer, J., 295
Skinner, B.F., 137,165,315,376-377,449,500
Smith, S.M., 193
Smith-Sonneborn, J., 352
Snyder, M., 412
Solomon, R., 144,195,296
Sommer, R., 440
Spearman, Ch., 242
Sperry, R., 52
Sperry Corporation, 128
Spiegler, M.D., 360,373
Spinelli, D.N., 100
Spock, B., 350
Spurzheim, J., 363
Squire, L., 187
Sroufe, A., 334
Stayton, 334
Stein, D., 79
Stevens, S.S., 89
Stricker, E.M., 273
Suggs, D., 394
Suinn, 392
Sullivan, H.S., 341,373
Swann, W., 412
Szasz, T.S., 450,480

Tharp, R., 167
Thibaut, J., 416
Thorndike, E.L., 137
Tinbergen, N., 278
Titus, L., 422
Tolman, E.C., 150
Totman, R., 433
Trout, M.D., 395
Tryon, R., 67-68
Tulving, E., 192
Tversky, A., 235-236

Ullmann, L.P., 488

Valins, S., 295

Walster, E., 403
Ward, O.H., 481
Watson, J.B., 17-18,133,167,278,315, 350,498-500
Webster, M., 161
Wechsler, D., 238-240,330
Weiss, J.M., 151
Wertheimer, M., 18-19
White, R.W., 303
White, W.A., 470
Whorf, B.L., 332
Wiesel, T.N., 42,96
Wigner, E., 569
Williams, T., 163
Wolf, M., 163
Wolpe, J., 382,500
Woodson, R., 322
Wrightsman, L.S., 26
Wundt, W., 16
Wygotsky, L.S., 332,337

Yalom, I.D., 512

Zajonc, R.B., 256-257,295,421-422
Zanna, M.P., 407
Zigler, E., 482
Zimbardo, P., 127-128,382,423-424,442
Zuckerman, M., 277

DSM-III-R

Achse I: Klinische Syndrome und V-Kodierungen

1. Störungen mit Beginn typischerweise im Kleinkindalter, Kindheit oder Adoleszenz
   A. Geistige Behinderung
   B. Aufmerksamkeits- und Hyperaktivitätsstörung
   C. Störungen des Sozialverhaltens
   D. Angsstörungen in der Kindheit oder Adoleszenz
   E. Eßstörungen
   F. Tic-Störungen
   G. Stottern, funktionelle Enuresis
   H. Tiefgreifende Entwicklungsstörungen
2. Organisch bedingte psychische Störungen
   A. Senile und präsenile Demenz
   B. Durch psychotrope Substanzen induzierte organisch bedingte psychische Störungen
3. Störungen durch psychotrope Substanzen
4. Schizophrenie
   A. Desorganisierter Typus
   B. Katatoner Typus
   C. Paranoider Typus
   D. Undifferenzierter Typus
5. Wahnhafte (paranoide) Störung
6. Affektive Störungen
   A. Dysthyme Störung (oder depressive Neurose)
   B. Bipolare Störung
   C. Major Depression
7. Angststörungen (oder Angst- und phobische Neurosen)
   A. Panikstörung mit Agoraphobie
   B. Einfache Phobie
   C. Panikstörung ohne Agoraphobie
   D. Generalisierte Angststörung
   E. Posttraumatische Belastungsstörung